聯合評論

第三輯

聯合評論 週刊

本刊已經香港政府登記
每逢星期五出版
United Voice Weekly
第一三二號
督印人：黃宇人　總編輯：左仲平
社址九龍赫德道二十三號地下　電話68678
承印：嘉羅印刷有限公司　香港灣仔馬師道5號
總代理：友聯發行公司　售價每份港幣一角
本報美洲版總經售處美國紐約中美出版社
CHINESE-AMERICAN PRESS, INC
199 CANAL STREET.,
NEW YORK13 N. Y. U.S.A.
美洲航空版每份零售美金一角

剪不斷、理還亂的美毛談判

李璜

今天（七日）美國與中共又要在波京華沙再開第一百零三次的談判了！談判談到一百次以上，毫無結果，還要繼續的談下去，這樣不怕白費時光，而且不去另作一番打算，眞令人有點莫明其妙！

其實，中共在談判中所開示出來的價錢，乃是很明瞭的，而且是不折不扣的，要美國退出遠東，至少是第七艦隊撤離台灣海峽，不要再過問所謂「中國的內政」問題。在以往的一百零二次會議中，中共從來對台灣問題，沒有向美國讓過價錢；而且中共的反美始終不變；其激烈的態度，也無非為的是美國要防護台灣。如果美國認為台灣的防護沒有讓步的可能，則枝枝節節的談一陣，又有何用！

在艾森豪政府時代，不斷的去談，說是要求中共先釋放中共至今還關起來的五個美國人。這種要求，我們反共的人們可以諒解，因為美國以人民的生命為重，而美國政府的職責是在保護其國民，使之平安生存，所以中共雖仇視「美帝」，但也無妨厚臉的去要求一下。至於甘廼廸政府這次要繼續談判，又說是為的要求交換兩方的新聞記者彼此訪問一下，這有點像艾森豪時代對蘇俄的打算一樣，先之以新聞記者的交換訪問，繼之以政府大員的交換訪問，然後工業成品及文化書刊的交換展覽，於是乎兩國的人物往來不絕，情愫相通，大家便可以談到和平共存了。

不過，這裏有一個前提，就是和平共存必得雙方有一個共同的想法，美蘇之所以能在艾森豪政府時代即由談判而開始交換訪問，交換展覽等等，因為赫魯曉夫先有這一和平共存的想法，換言之，蘇俄當局願意減低一下美蘇雙方箭拔弩張的緊張空氣，以便一面刺激其國內增加生產，豐裕生活，一面再用滲透煽動的方法，一點一滴的去進行其世界革命的活動。因此赫魯曉夫纔贊成交換訪問，而赫魯曉夫本人也纔不惜親身跑到美國去緩和緊張的空氣。本來，民主國家的社會，不管苟安一時也罷，長治久安也罷，其政府為順從其多數國民的志願，無論在任何時代，總是主張國際和平共存的。即令蘇俄只是在表面上願意這樣幹，而美國也不能不順水推舟的去幹這一套；換言之即使蘇俄的這一套是假的，是暫時的，而蘇俄既叫了出來，要大家裁兵，不要大家燬滅，因此為和平共存而開會談判，美國政府是無法根本反對，而不去日內瓦開會的。

至於中共，則與蘇俄所取的態度，其對美方面乃有政策上根本不同之處。中共的力量雖不及俄共遠甚，但俄共不敢聲言獨霸歐洲，而中共則隨時聲言要獨霸亞洲，且明白的要求美國力量退出太平洋，而「滾回」美國去，這是中共要人屢經表示，而共報至今還不絕於主張的。換句話說，美國的力量一天還在韓國、日本、冲繩、菲律濱、以及中南亞擱住，則中共一天便視美國為世界上第一個大敵人，其間毫無和平共存之可言。因是中共在十年前，對韓戰毅然出兵，一直到去年夏在日本大事搗亂，既使美國人力物力大受損失，以至使美國元首大丟面子，中共都無非在表示亞洲是我中共的，你美國人不要來干預啊！——至少我可以說，共產黨要進行他們的世界革命，俄共近年來是要表面和緩，寧願偷偷摸摸的去進行；而中共則不主張和緩其赤化世界的空氣，硬要大張旗鼓的進行，前年中共之所以不惜進兵印度，今日中共又不惜進兵東南亞，都足以証明中共是不打算和平共存的，連暫時的和緩空氣也是不願造成的！像這樣，美毛的華沙會談，即使談一萬次，也是白費時間，絕無結論的！

何況美毛之間，還有一個甚為迫切的台灣問題。台灣的反共力量的存在，乃是中共的附骨癰疽，而美國反在養癰以遺其患，中共豈有不對美國痛恨之理！連英國主張台灣獨立，美國從而附和之，中共且對英國不能加以原諒咧！今天，英國又在主張中共加入聯合國，以為掉換台灣獨立的代價，藉以綏撫中共。我敢相信中共是不會答應以台灣獨立作為進入聯合國的代價的，除非價錢分開來講，中共無條件進入聯合國、高踞於安理會席上，而同時美國第七艦隊還是得撤離台灣海峽，讓中共自行去處理台灣問題，或者照中共的說法，「去解放台灣」！

事實是擺出來很明顯的，中共要「解放台灣」，要獨霸亞洲，一向是言行如一，從不改其聲口與停止其行動，然則美毛的這個談判如何能有結論咧！然而美國的艾森豪政府乃不惜辭費，要去找毛澤東談上一百次，甘廼廸政府還要更進一步去談判記者的交換訪問。甘廼廸總統新上台，或者他本着美國的實驗主義的精神，要去親自嘗試一下，看看中共究竟有好兇，會不會碰釘子，在我想，這個嘗試不會成功的，仍舊碰釘子的。萬一嘗試成功，中共允許了美國記者進入中國大陸；而進入之後，在仇視甚深的環境之中，（中共對美仇視之深，在小學教科書上也有反美字樣可見）一旦又將新進入竹幕的美記者捉來關起、認為是美謀在做破壞活動，豈不令美國新政府更要下不了台嗎！

總之，美毛談判，談大問題，則台灣獨立，兩個中國，中共是絕對不會贊成的；談小問題，釋放美俘，交換記者，中共即使答應，其所索代價也絕對是很大的；如果美國新政府不打算將第七艦隊撤離台灣海峽，而還要想干預東南亞事情的話，則根本任何事情都談不出結論來的。

然而美國新舊的國務院中人都還願意繼續談下去，這或者是在敷衍其本國人的和平意願與英國人的不斷聳動罷了！但是這樣秘密的談下去，結論固然是得不到，然而影响所及，於美國領導自由世界，特別是亞洲的自由世界是很不利的啊！亞洲的中立主義一天盛行似一天，就是亞洲一向靠美國扶助的國家，看見美國都在想與中共談條件，要妥協，除了中、韓、越之外，與中共為鄰的弱國又誰願意再去得罪中共，因此小國如高棉，也大唱其中立主義，對於解決寮戰，寧願接近中共而遠離美國的主張了咧！印度與緬甸且受着中共的兵侵地奪，仍舊不敢向美國特別靠攏，而還要一味中立，而泰國最近也有了中立的傾向，其故均在美國的態度與作法不大相符，對中共侵略所持的態度有時尚能嚴正，而作法則不但不嚴正，而有時且表示退卻，此致亂之道也，於美毛談判還要繼續，便足以預測亞洲的前途是必然加深其亂況的！

「公論報」終於被迫停刊了

朱狷夫

台北當局縱然腐敗專制，但是他們畢竟是堅決反共的；就反共大義來着想，對他們我總存有幾分寬宥與希望。我雖不敢希望他們會革面洗心、發奮有為，但是我仍消極的希望，他們的倒行逆施能有個止境。當孫立人事件發生之後，我會照常情推想，台北當局既已自曝醜穢於中外，今後應知戒懼，最低限度要消停寧靜一些時候，不要再製造事端；豈料事實有出於天理人情之外者，其後，台北當局居然竟連續不斷上演摧殘自由、辱沒國光之活劇。諸如孫秋源事件、修改出版法、毀憲連任，迫害新黨、拘捕雷震、使「自由中國」停刊；現在又以陰謀製造訟案、迫使「公論報」停刊了。

對於「公論報」之被迫停刊，我一點不感到意外，這是台北當局撲滅自由、迫害異己整個計劃的一部分。

因為「自由中國」半月刊的發行人雷震，「公論報」發行人李萬居，都是新黨的主要發起人，而該兩報刊久以自由言論享譽中外，一向被國民黨當權派視為眼中釘；早欲除之而後快了。

「自由中國」及「公論報」雖然同遭被迫停刊，但是被迫的方式和過程卻迥乎不同的。對於「自由中國」，是單刀直入將實際負責人員幾乎一網打盡拘捕下獄；但是對「公論報」則使用迂迴陰險的手法，派黨員張傳祥鑽進董事會，乘該報經濟困難，故意大出資本，篡奪了該報的所有權。堂堂代表一國家的政府，竟以這種卑鄙技倆對付一個民營報紙，實令每個中國人都感到羞恥難堪！

這些年來海外同胞與國際人士，對於號稱自由中國的台灣，縱然有很多批評；但是因為台北當局還能容許「自由中國」、「公論報」、「民主潮」這幾個民營報刊的存在，認為總算保有自由的根苗，而與中共統治下的大陸有本質上的不同。但是現在這點自由的根苗已被斬除殆盡了。影响最大的「自由中國」及「公論報」既已被迫停刊，而份量較弱的「民主潮」，雖然仍維持出版，但是已經在強暴的壓力之下喘息惟艱。該刊最近曾刊出雷震「我的母親」一篇舊稿，編者聲明是連續刊出的，可是祇刊了一期就戛然中斷了，這顯然就是受到壓力的結果。因此我推測，除非該刊放棄立場，改變論調，否則必定難逃被消滅的厄運。

到此為止，台灣的言論自由已降低到接近零點，簡直可與中共統治下的大陸畫一等號。所有的報刊都在國民黨當權派的箝制之下，噤若寒蟬了。此後我們只能聽到歌功頌德的八股，將再難聽到諍諍諤諤的肺腑之言了。拿「中央日報」與「人民日報」來比較，其不同之點是「中央日報」還保有幾分閒情逸緻，刊有武俠小說、裸體畫片及花邊新聞；而二者同是滿紙黨八股；其臭味毫無兩樣。

事到如今，我們以自由眞理、民主大義去責備台北當局固然是不切實際；即使是忠貞分子，眞誠為台北當局的利害着想，恐怕也難有進言之路了。因為他們目前正患了嚴重的不治白痴症。不但不能辨是非，且已不能認識利害。就國際局勢言之，以英國為首的妥協集團正合攏起來逐步對美國加緊壓力，在拼命拉攏中共進入聯合國。根據過去幾年的經驗，我們可以推測毛澤東可能再幫台北當局的忙；毛澤東可能仍堅持先解決台灣問題做為參加聯合的條件；但是今天走頭無路的毛澤東，是否仍能裝硬逞強，已經大成問題。試看他在莫斯科會議前後、與俄共的抗爭是何等氣勢洶洶？可是大陸饑荒嚴重化之後，對俄共立刻就軟化了。最近蘇俄派一個貿易經濟代表團到北平，談了三星期沒有具體結論；俄共這種見死不救、幸災樂禍的姿態，顯然是乘機壓迫中共低頭認錯：如果毛澤東再有辦法；一定要大光其火，重燃對俄共的抗爭，可是他卻派了一個友好訪問團去到莫斯科，到處叩頭作揖，感謝援助，簡直是搖尾乞憐！再看毛澤東當年困在陝北時，不會大喊過擁護三民主義嗎？那麼他今天眼看着大陸上飢火燎原的險狀，怎能保証他不再次右轉呢？如果他出乎意料之外的，答應暫不談台灣問題，把拘囚的幾個美國人釋放，先搶進聯合國，台北當局又怎麼辦呢？

其次我們再看今天大陸的形勢。「總路綫」、「大躍進」、「人民公社」三面紅旗，已闖出了空前大禍，毛澤東不但要拼力對付餓紅了眼睛的人民，並且還要提防黨內反對派（親俄分子）及右傾分子（反共分子）的異動。這正是反攻復國的大好時機。如果台北當局還有一隙之明，即應把握時機，團結海內外，齊力反攻，何至於仍興高彩烈的搶奪「公論報」、做鬩牆之酣鬥？

從上述兩事看來，國民黨當權派已經痰迷心竅、瘋狂失常了。現在海內外同胞，看着這羣瘋子、把國事當兒戲在相鬥，目瞪口呆，束手無策；難道我們就眞的束手無策，任他們把中華民國鬥垮嗎？！

中立集團的解體

（一）「亞非」型動亂的困擾

許子由

最近國際形勢的發展，有一個頗可注意的現象，那便是「中立集團的解體」。中立集團的解體，是世界政治變化到達某一階段的特徵，也許這就是「危險階段」。除非和平是可能的，否則將來回溯第三次大戰的歷史，必定要把今天這一段過程，詳細記入，作爲觸發大戰的導火線之一。

可是我們今日「身在此山中」，很少有聽到對中立地帶問題，作全面的檢討，更用不看說，並沒有研究什麼「對策」了。

然而今日困擾着世界的，並不是柏林、韓國或台灣海峽問題，而是在偏僻的寮國，遙遠的剛果。這種「亞非」型的動亂，當然不是使用不使用核子武器問題，就是致慮使用或已經在使用普通武器，是不是就能夠「解決」？也在未可知之數。這樣，是不是會由「困擾」而進入「困惑」的階段呢？那就太過危險了！

剛果問題，由聯合國及聯合國軍應付；寮國戰爭，由英國出頭與蘇聯折衷。但還有廣大的亞非地區，可以爆發也必然爆發出新的動亂來。那時「極目亞非，千瘡並潰」，要「應付」亦應付不來了。

所以對於今日的亞非問題，中立集團在迅速解體的現象，必須廣泛檢討原因，尋求掌握前途發展的政治方針。否則自由世界的失敗，將不在歐美大陸而在亞非外圍。猶如中國政府在大陸的失敗，不在城市而在農村一樣。

（二）中立集團的解體

「中立集團」，包括曾經倡導或參加「中立主義」的國家，聲稱中立的國家，或不參加集團的國家。印度、印尼、緬甸、高棉、寮國、埃及等，其他非洲新成立的國家，從政治性質上區分，也可以列入這一類。

但是現在這些國家的動向，已經各異其趣。

其中最激烈的是埃及，它庇護阿爾及利亞流亡政府，以武器支持阿爾及利亞戰爭，竭力贊助剛果的魯蒙巴派，在剛果動亂中扮演幾乎首要的角色。一面它又領導阿刺伯集團反以色列。納薩的大阿刺伯集團或入非洲主義是基幹的動力，蘇聯軍火和中共的支援，推波助瀾，煽紅了它的氣燄，它已經成爲「反帝」的急先鋒。

緬甸在六年前與印度印尼同倡中立主義，不外是一些武力不足自衛的國家，尋求自保的政治路線，可是由於被中共滲透成熟，由與中共劃定邊界而至協同進攻緬邊反共中國游擊隊，已接近一面倒向中共的程度，在緬甸本身來說，雖然是引狼入室，必將自食其果。但無論如何，業已失卻前此中立面貌，仰光的反美示威，固是共黨及其同路人之所爲。但宇努的拒絕參加寮國停戰三國委員會，等于執意支持共黨延長寮國的戰爭。最近，緬甸還在洽商購買蘇聯軍火。

高棉年來極受蘇聯中共所尊重及照顧，施漢諾被邀訪莫斯科和北平，他的三個兒子亦送到北平讀書，國內正受蘇聯中共專家的建設，因此施漢諾提出中共方案「召開十四國會議」解決寮局，而拒絕了甘迺廸邀請出任寮國休戰三人委會。以高棉的聶爾，施漢諾似足以「自豪」，實際上他已有所投靠，談不上什麼中立。

印尼自購運大批的蘇聯軍火，蘇加諾和參謀總長納蘇賢，都在高唱「收回西伊里安的聖城」，印尼與荷蘭戰爭的爆發，僅祇是時間問題，這是另一埋伏着的火種，即將燃起新的火頭。與在剛果打擊比利時及北大西洋公約一樣，共黨正計劃假手印尼打擊荷蘭。

只有印度，究竟還是大國，尼赫魯也比較穩健，它仍保持着眞正中立的面貌。

總而言之，這些國家多已沒有集團，並不中立。被分化，被收買，中立集團，已經解體了。

（三）向大戰邁進了一步

儘管「中立」兩字，今日仍在世界某等地區高唱入雲，如像在寮國那樣，美國、泰國、蘇聯、中共，都强調寮國應該中立。但彭庵親王的中立固然不無問題，富馬親王的中立，更是笑話。實際上，中立國家已不存在。

非武裝中立的不可能，已是如所週知。比利時於第一次大戰時宣佈中立，德軍就假道比境進入法國。亞非國家多數是武力不足的國家，中立要靠別人保障，如果强國不願意它們中立，它們的中立就不可能。像寮國的情形，正是「樹欲靜，而風不息」，有了蘇聯軍火，和以巴特寮武力爲基礎的富馬「政府」，寮王的中立政策，就被否決了。

亞洲的中立主義，更不是自稱中立的國家所自發而組成，而是中共以「共存五原則」在萬隆會議所發動。六年之前，周恩來在萬隆揚言，政治解決台灣問題，拖住部份國家使它們不要參加東南亞公約，更便於共方進一步的滲透和爭取。六年以來，中共蘇聯合力爭取到緬甸高棉，大致上印尼也已被爭取過去。只有印度不肯屈服，便形成交惡。寮國傾向西方，便發生戰爭。

中立集團解體，是被分化，被分割。鬥爭更尖銳，緩衝地帶歸於消滅，磨擦也更頻繁，這是大戰之前的形勢，最少，向大戰更邁進了一步。

（四）僅劍與槍不能濟事

這種中立國家被共方吸收，或中立國領土被共方分割，當然不到使用核子武器去解決。目前是說要使用普通武器，但那並不是沒有先例。如韓戰越戰，便是使用普通武器的局部戰爭。韓戰雖然達到保衛南韓的目的，可是並沒有收到懲罰北韓的效果。（縱然北韓中共，都被宣佈爲「侵畧者」。）越戰更是失奠邊府而棄河內，不足爲訓，何況南韓與南越，迄今並不能算是安定。使用武力，有時而窮，這是值得注意的一點。

當然，使用武力也有其必要，如此北韓南侵，不使用武力，則今日日本、已可能是所謂中立國家。但使用武力之後，却不能唯防線是賴，而非建立健全的政治不可。假如說自由民主是自由世界所承認的眞理，便非得排除萬難，把自由民主在非共地區建立起來。萬不能因利乘便，因循苟且，只抓住伊拉克王朝幾個統治者，便架搭了一個巴格達公約，共方只需幾陣槍聲，一場政變，便使巴格達公約非得搬場易名不可。李江政變和目前東南亞公約的狼狽，何嘗不是巴格達舊事，又在重演？

倘若使用軍事，便應有齊一步伐，貫澈勝利的決心。如果說政經競賽，則必須有不打算盤的援助，和政治優點的提出及實現，否則對於亞非問題，將是治絲益棼而已。（三月六日）

談忠貞

宇人

自十年前的今日蔣先生在台自動復職後，「忠貞」一詞，即成了台北官場的時髦口號和登龍捷徑。任何人一經被認爲是忠貞分子，縱然不學無術，甚至貪贓枉法或竟曾做漢奸都沒有關係，而可躍登黨政要津。反之，假如對蔣先生稍作諍言，雖是出於愛護之忱，亦要被目爲不是忠貞分子。不論其對國家，對國民黨曾有何等的貢獻，更不論其政治節操和才識如何，也要遭受歧視，甚至迫害。如此毫無公是公非，而僅以一人爲中心的政治尺度，不但背叛了中山先生天下爲公的遺訓；亦與蔣先生初期的革命主張大不相符。當年蔣先生在黃埔軍校向我們訓話，諄諄告誡：「大家革命要以黨和主義爲中心，不要以校長爲中心。如果你們以校長爲中心，一旦校長死了，或是反革命了，你們怎麼辦呢？」可知，他老人家原無以個人爲中心的思想。

不意，近若干年來，忠貞之意義，在台北又有新的演化。除了對蔣先生個人必須不問是非曲直作盲目的附和而外；還須對經國也要忠貞。而且似乎後者尤重於前者。舉例言之，如當年的雷震先生，在一般人的心目中，固然公認爲是蔣先生的忠貞幹部；即在蔣先生看來，也甚覺其忠貞可靠。因而才支持他發起自由中國半月刊，並一度派他來港有所活動。然而爲時未幾，即被免職除籍，其愛子也受殃及而致殘廢。今日更得了一個掩護匪諜圖謀叛亂的罪名而被科刑十年。再如數年前蔣先生任命胡適先生爲中央研究院長，顯見並未認爲他不够忠貞。可是後者甫抵國門，胡適與國運一書即出現於台北市。自此以後，此一被歡迎回國任職的學人竟變成了可憎恨的人物。更如政府退台後，即有若干立法委員被認爲不忠貞而不得入台行使職權，這本是憲政史上的奇聞。但其中有周君天賢其人，一經出版羣聲雜誌，鼓吹「國共和談」，即透過經國的關係而獲得優先入台。到台後還被配給一幢華麗的住宅。至於其他堅決反共的立委，則至今仍流亡海外。似此例証，舉不勝舉。可見時至今日，僅對蔣先生個人忠貞亦有未足。而且似乎祇要對經國表示忠貞，縱然曾經主張與匪言和，亦無傷大雅。經國的雅量，尤較他老人家寛宏多矣。

曾憶北伐統一之初，蔣先生的功業和聲望蓋於一時。我當時尚是中央黨部的一個小職員，年僅二十有零，即對黨政的若干措施有所批評；並曾阻碍了蔣先生的某些決定，楊虎成與張學良之未獲選爲國民黨第三屆中央委員即其一例。其後，湯山事件發生，我備員江蘇省黨部，曾由蘇省黨部致電中央黨部並通電各省市黨部，指責蔣先生以武力支配中央，顯屬違法亂紀。再後，國民會議討論約法，我對原草案規定五院院長副院長由國府主席任免，認爲是五權集中而非五權分立，堅表反對。更後，國民黨第四次全國代表大會開會，我又聯合若干代表提出糾舉第三屆中央的議案。這些事實，當時蔣先生並未視爲大逆不道。代蔣先生主持中央組織部的陳果夫先生雖不謂然，亦未曾對我有所歧視。因此之故，我雖不滿現狀，却仍對國民黨和蔣先生滿懷信心；從而冒險犯難，毁家蕩產，亦所不惜。

迄德意法西斯主義興起，國民黨內產生了兩個秘密組織。一領袖神聖」之說，遂日漸盛行。黨內的氣氛大變，蔣先生也不再常聞不入耳之言了。我因爲沒有參加任何一個組織，在抗戰中期，曾一度處於夾攻之中。尤其是我在參政會及其他場合猛烈抨擊官僚資本及孔宋財閥，後來更在國民黨中央的會議席上主張應檢討總裁的領導方式，遂成了某些黨政要員的告密對象。然而他們儘管告密，蔣先生不過賜我一個「自由主義者」的雅號而已（這是他在抗戰勝利的那年打電話對青年團的某要人說的）；却並沒有提出忠貞的問題。因此，我對蔣先生的信心雖大不如前，却仍未感絕望。

當年那兩個秘密組織的負責者，在擁護領袖復興民族的口號之下，要求其成員除了對蔣先生效忠而外，還須對他們自己效忠。但兩者雖屬同根，却勢成水火，效忠於此者即見忌於彼。再加以每一組織之內都有若干互不相容的小門戶。於是，相譏相煎，無所不用其極。國民黨人原有的黨德黨誼，爲之蕩然無存。此實爲大陸淪陷前黨事日非，政風日敗的主因。如今困處台灣一隅之地，允宜以前車爲鑒，及早恢復當年蔣先生訓示黃埔學生不要以他爲中心的大公無我精神，則亡羊補牢，或尚可爲。若仍囿於以一人爲中心的私念；尤其是還要在蔣先生之下再建立一個中心，稍不遂意，不惜亂拋紅帽，或竟製造寃獄，岌岌可危的中華民國和國民黨固不堪再受其害，恐怕也非擁護蔣先生和愛護經國之正道吧？

隱憂形勢之不利於台灣

——從國際上醞釀承認中共底暗流說起

李金驊

月來關於美國對華政策的演變，以及日本對中共策畧的轉化，華府與東京的消息極為「混亂」。其間，復由於英國外相荷姆爵士公開提出主張中共「應該被納入」聯合國後，這三國之間對於同一問題所持之態度，在表面上雖各有不同，實際上已是「跨進一步」。不過所謂「跨進了一步」，幷非即謂美國即將作重大之讓步，而是說美國可能在原有的立場上考慮以其它方式與中共作較多的接觸。

在東京，即曾盛傳：「美外交要員，正審慎研究利用日本進行「兩個中國」政策，以作為美國與中共調整關係之開路工作。」上月廿五日泛亞社消息更具體指出，為實現上項目的，所採步驟是：「美國先支持日本在不傷害日本與中華民國邦交之條件下，與中共建立外交貿易關係，然後再由日本出面替美國與中共拉攏。」華府方面的消息則謂，「此項研究，雖猶未達到由國務院及白宮正式考慮階段，但並非紙上談兵之空洞計劃。」

另一方面，英聯邦的其他成員國如澳洲，如加拿大，在外交關係上雖幷未承認中共，但彼此在商務關係上與中共的交往業已頻繁地展開。這種現狀若能賡續下去，也可能逐漸使該二國的立場有所變易，中共為了推行其逐步達到孤立美國幷實施打擊美國的策畧，正在盡量向澳洲及加拿大施好。大陸的嚴重災荒，亦正被中共利用為向該二國作擴大商業往來。上月廿五日華府的消息，已曾透露澳洲總理孟齊斯是贊同英外相荷姆的意見，即主張應納中共入聯合國的。當這項消息傳出時，正值孟齊斯在華府訪問美總統甘廼迪。

可見，即使今日尚與中華民國維持正常邦交的國家，對於利之所趨極為熱中，均有迫不及待地欲相率承認中共。至於美國政府雖然已公開堅持表示「美國將極力履行對中華民國之義務」，但澳洲總理孟齊斯在與甘廼廸會晤後却宣稱：「渠與甘廼廸總統對會討論之問題，雖非意見一致，立塲相同之處則殊不少。」於此益可見美國是站在現有的界線上，等待適當的時機，以便作相當的適應。

華沙會談自一九五三年在日內瓦開始已來，已歷八個年頭，中共的王炳南與美國歷任大使級代表已先後共作了一〇三次會議，儘管成就不大，雙方却均無意於罷手。本月初白宮已決定在三月七日的華沙會議上將由美大使貝姆與中共王炳南磋商雙方如何達成交換記者的協議。原則上美國國務院主張該項協議，應不附有任何政治條件。更進一步還將在華沙會議上「開始試探中共對於裁軍，台灣海峽戰爭威脅，以及釋放五名美俘的立場。」

甘廼廸在與澳洲總理孟齊斯會談之後，不久，即行表露了他與中共初次交手的基本立場，即使這樣的「盤口」，不為中共所能接受，但至少顯露出了美國是希望中共先作若干讓步，俾能進而作更廣泛的接觸。

就目前情況觀察，美國是堅持要中共表明放棄不以武力進攻台灣的，而中共則對此堅不讓步，似乎雙方形成僵局之焦點在此。事實上中共能否有力量攻台是個事實問題，如果美國能始終不渝保護台灣海峽，中共又有何等力量足以攻台呢？

再就英聯邦國家來說，原則上的祇要中共願意坐下來談裁軍問題，就可以允許它進入聯合國。英外相荷姆且認為：「如果沒有中共參加，在裁軍上不可能作出任何實質的進步決定。」美國的「新聞周刊」，且預言英國將在今年秋季於聯大投票贊成中共入聯合國。但美英之間應可能彼此妥協，對中共入聯合國案相約共同棄權！姑不論此項預言之準確程度如何，確無疑是一個危險的信號。去年聯合國經社理事會的理事席位投票結果即是一項對國府鮮明的不利實例！

如果中共在今年僥倖進入了聯合國，或者雖未進入而反對票有顯著的減少，那末日本的立場可能將更為動搖！

上月廿一日，日本政府的一個「國家顧問委員會」曾集會討論應否承認一案。雖無人在會議上主張「立即承認中共政權」。但却有人主張「逐漸承認之」。（按：也有人根本反對承認者）所謂「逐漸承認」，即嗣中共能够進入聯合國後才予以正式承認。日本的池田首相雖無明確的態度表示，實際上並不反對，可能是還在鼓勵日本商人與中共擴張貿易，而較早的消息更透露，日本政府實有意於同中共進行「大使級會議」。二月十四日的「東京新聞」幷謂談判地點可能在華沙；也可能在斯德哥爾摩或維也納。日本外相小阪善太郎何時會實施他的上述的「直覺決定」固不可知，但至少是已把這種意向透露給了中共。其所以如此，也是為了俾在今秋聯大時，好決定「怎樣投票。」

由於國際上醞釀承認中共的暗潮激盪，儘管今日中共在內政上的面對百年未有的災荒，而在對外關係上却幷無絲毫讓步的迹象。不唯毫無讓步的可能，抑且更加表露其兇惡，敲剝的神態，而力圖造成一個不利於美國的形勢，先迫使日本「就範」，使亞洲的反共現狀改變。然後達到它以政治解決「台灣問題」的目的！

這是一項可怕的陰謀。

過去，人們祇担心於中共之以武力進攻台灣。而台灣國府當局也因為陷於形勢，武力反攻大陸的可能性逐漸減低，遂高唱政治反攻。但政治反攻，又因為外在的國際形勢之逐漸不利，和內在團結問題之不獲進展，致成「畫餅充飢」。現在，現實的情勢逐漸過渡到中共在利用國際局勢以圖作政治進攻台灣了！能不為之隱憂！而當局又焉能不為之分外警惕！

從太空武器看杜黑主義

劉裕畧

據法新社波恩三日電：「西德國防部今日稱：蘇聯現有一大批可發原子彈之武器，計開：一大炮則有射程二十四公里的二百米厘口徑大炮及射程三十二公里的二百四十米厘口徑榴彈炮。二、彈道飛彈則有T三號越洲彈道飛彈，射程八千公里，T二號中程飛彈，射程二千五百公里，及十四號短程飛彈，射程一千六百公里。三、潛艇發射的彈道飛彈有由下潛艇發射的慧星式彈，射程一百五十公里及由海面潛艇發射的哥藍式彈射程五百公里。」遠達八千公里之越洲飛彈則尤屬太空攻擊之重要武器。在蘇聯太空火箭及重型人造衛星比美國佔先之此際，依理美國似應全力發展太空武器，並同時裁減地面部隊。但最近幾天又從華盛頓傳出美國除發展太空武器外，並繼續擴展地面部隊三個師，這是為什麼呢？讀了上述兩則消息後，不禁使我想起杜黑主義理論來。

所謂杜黑主義，乃是國防思想方面的一個術語。最先由蔣百里（方震）先生介紹入中國。且為蔣百里先生所推崇。杜黑曾任意大利國防部長，遠在第一次世界大戰時，他目覩飛機之應用於戰爭，遂認定未來戰爭之勝負，將取決於空軍。乃倡為大空軍之說。於是人們遂以此種軍事思想命名為杜黑主義。

從整個趨勢看，杜黑主義並不錯誤且頗具遠見。不過，杜黑主義之眞正實現，則幷不在杜黑所預想的時間內。而是在今天。杜黑原以為第一次世界大戰結束後，隨着而來的再一次戰爭，將必是空中決勝的時代。但第二次大戰時，由戈林將軍所統率的德國空軍，曾經連續以超過一萬「架次」的飛機飛臨英國上空，從事空戰和轟炸，企圖決定戰局。規模之大，眞可以說是杜黑主義之具體實踐了。然而英德之戰是否因此而決勝負呢？却是沒有的。這就可見杜黑主義在當時還沒有眞正實現。這主要是因為二次大戰時的德國空軍或盟國空軍雖已發展到「空前的規模，但由於飛機性能、諸如航程，飛行速度、飛行高度、所携彈藥之數量及種類等均尚屬有限，故直到第二次世界大戰末期，美國在廣島與長崎擲下原子彈，以逼降日本，杜黑主義之實現才眞具端倪。

二次大戰結束以後，隨着共黨集團之不斷擴張所帶來的尖銳對立形勢，美蘇雙方都作空中武器競爭。這其間，空中武器發生了最顯著的突變的地方是太空武器之逐漸出現與核子武器之使用於太空。這樣一來，前此飛機諸種性能不足以實現杜黑主義的情況就完全改變了。可以說，自從核子彈頭應用於太空飛彈之後，杜黑主義之實現就更進了一步，而到達杜黑所預想的眞正地步了。因為，事實現已顯然，太空核子武器及包括海外基地羣等其它諸種太空中作戰系統之配合使用，勢必決定今後的戰爭。祇是這種戰爭，不是決之於防禦或防堵，而是決之於太空中的攻擊或出擊罷了。由此以觀，甘廼廸總統就職後，即致力於美國太空武器之加速發展，那是很有道理而且絕對應該的。

但在此同時，美國為何並不裁減地面部隊甚至還要擴充地面部隊呢？這亦有充分理由。

一個理由是共黨向自由世界的擴張和侵畧是無時無地不進行的。共黨集團現階段侵畧自由世界的策畧是一方面加强和加速準備全面戰爭，另一方面則是用和平共存作幌子，進行局部地區的顛覆。而要對付這種局部地區的顛覆，美國就不得不準備在任何地區進行有限度戰爭以對抗共黨集團的蓄意陰謀（這一點，甘廼廸總統已經在他的第一次國情咨文中談到了）。而要進行有限度的戰爭，就非使用地面部隊不可。因為有限度戰爭是不能使用太空核子武器的，否則，便不可能是某一特定地區的有限度戰爭了。對此，尤須明白的，是美國若不在共黨進行局部顛覆的地區用有限度的戰爭方式對共黨作戰，則該地區就將被赤化。而這種由點而線的赤化，由量的漸變，足以形成整個形勢的質的突變，因而大不利於美國。所以，美國非擁有充足數量的地面部隊以備應付有限度的戰爭不可。

再一個理由，是太空武器雖然將對全面大戰決勝負。但決定勝負之後，尚須佔領陣地結束戰爭。而佔領陣地與結束戰爭之工作並不很簡單，更不是沒有地面部隊就可以行得通的。所以，加緊發展太空武器以爭取空中優勢，從而取得決定性的戰爭優勢是一件事，同時擁有適當數量的地面部隊以便應付有限度的戰爭，並備全面大戰中佔領陣地與結束戰爭之用又是一件事。這兩事相需相成並行不悖。

尖刀集

諸家

中共最近曾號召大陸人民要「千方百計爭取今年農業豐收」。

其實，千方不如一方，百計不如一計。這一方一計就是解散共產黨，恢復人民各種自由。（如）

× × ×

日外相最近會談對中共建交三原則，有發展貿易，不干涉內政等語。

乍看之下，這些話倒好像都是周恩來說的。日外相的意見如果就是周恩來意見的翻版，難道東京眞的準備變成「北京」的分店不成？（芳）

× × ×

香港大公報三月五日報導今日大陸，謂「中國城鄉無閑人，城市無失業者，農村人口無過剩現象」。

這一切，我們都相信。中共不是早已把大陸人民變成奴隷了嗎？若謂再有閑人，那眞才怪！（如）

× × ×

台北傳出消息，說將「總統」已用兵工在台北修了一座蔣氏宗祠。蔣「總統」準備終老是鄉，不復準備反攻，不復準備返奉化掃墓，於此可見了。嗚呼！（雲）

陳立夫回國

見微

（台北通訊）去國十年的陳立夫先生，已於二月二十四日下午由美國飛返台北。十年以前他「遵命」出國，原是靜悄悄的離去；而此番「遵命」回國，則受到熱哄哄的歡迎。在咱們這一個微妙的國度，雖然號稱民主憲政，而却是以一人一姓為中心，一切都隨着一人一姓的喜怒為轉移，向無一定的客觀尺度存在。不但政海人事的沉浮如此，即社會人情的冷暖亦無二致。立夫在北伐統一之初，尚屬翩翩年少，竟蒙當今「領袖」的殊恩，由總司令部機要科長一躍而為國民黨中央黨部的秘書長，其後權勢日大，多少人會欲近之而唯恐不得。但在十年前的某日，又忽然發覺台灣風光雖美，却無容身之地，而不得不黯然遠離；而且一經流放，便是十年。如今雖得重履國土，已是六十老翁，過去的榮耀縱可復得，已逝的年華不能再回。人生幾何，他撫今思昔，當有無限的感慨吧？

立夫之回國，據説，是因為乃父病危，但由於陳誠不見容於小蔣的傳說年來極為盛行，而尤以近二三月為最，觀察家都認為必與政治有關。他們說，即使他在美國動身時沒有政治上的動機；而到台北以後，恐亦將受到環境的影響而難以置身事外。是耶，非耶？那就尚有待於事實的証明了。

被放逐的經過

當民國三十九年春，原已宣告退休並聲言六年之內不再過問政治的蔣介石忽然又自動復職之初，不可一世的孔宋豪門業已失勢，久霸政壇的政學系亦經解體。在衆叛親離的殘局中，陳誠、陳立夫和王世杰三人曾被認為是碩果僅存的擁蔣三巨頭，時會所至，都有受命組閣的可能。後者僅憑幸蒙「領袖」的寵信，前兩者則兼有黨的基礎。立夫在立法院擁有衆多的忠貞立委，更具備組閣的優良條件。後來陳誠雖被提名為行政院長，亦深知非有立夫的支持難以護致立法院的多數同意；因而特約後者在某次由台北開往南部的火車上作竟夕談。據說陳誠曾向立夫表示，「過去人們罵CC（按即二陳，原指果夫立夫昆仲），現在我們倆才是CC（亦即二陳，但却指的是立夫和陳誠本人）」。從此陳誠與立夫即携手合作，立夫的友好余井塘、程天放還出長內政教育兩部，稍後更增加王德溥為司法行政部長。換言之，即陳誠雖為閣揆，而此時的行政院則是二陳（陳誠與立夫）的聯合內閣，這是立夫在政治上最有影响力的時代。在此以前，立夫雖曾主管黨務，創設中統（即國民黨的特務機關——中央調查統計局），並一度出長教育，聲勢煊赫一時。可是，由於蔣介石一向視果立二夫為子侄，親而不尊，故迄無組閣之希望；而是時則旦夕均可取陳誠而代也。

也許就是因為此一新形勢的到來，許多CC系人物都顯得趾高氣揚。陳誠被提名為行政院長雖在立法院獲得同意，但其行政措施，則不時受到CC立委的抨擊。因而對立夫漸存戒懼之心。再加上小蔣為了刻意要取得國民黨的控制權以便造成繼承大統的形勢，久蓄除去立夫之念。黃埔系人物又一向與CC勢成水火，更從而推波助瀾，於是，立夫危矣。但CC分子對此逆勢仍茫然不知也。適行政院向立法院提出電力加價案被否決，而以某些CC立委反對最力。陳誠遂認為立夫有意要推倒他，小蔣乃乘勢與他合謀，向乃父哭訴立夫過去如何不忠於領袖，如何排擠自己以及是時如何在立法院與政府作對等情，竟獻議將他送往火燒島管訓。蔣介石果勃然震怒。據說，還是宋美齡說情，才改為從輕發落，放逐出國。

因此之故，立夫於離台之前，特向宋美齡辭行，並對若干往事有所解釋。後者頗受感動，曾囑他緩行數日，容轉達「領袖」，或可收回放逐之命。但立夫以事已至此，仍願遵命出國，俾得退思補過，這是十年前的一段經過。

兄死不能送葬

立夫被放逐後，CC分子大起恐懼，原在台中深居養病的乃兄陳果夫先生也深感不能坐視不顧，乃扶病還到台北，親自處理一切，期能挽回上意；惟以不勝繁劇，病情隨即加重，竟至不起。CC分子於悲痛之餘，還以為可以藉此請立夫回國奔喪。不料「領袖」的餘怒未消，毫不為動。聞立夫曾致函其在台的某友好，中有「親老不能侍奉，兄死不能送葬，辦黨一生而竟失去黨籍（因國民黨到台後曾舉辦改造總登記，並規定凡未參加登記之黨員即失去其黨籍。立夫當時在美未得參加登記，因而失去黨籍）」之語，知其事者莫不為他浩嘆。後來極峯亦有所聞，也覺得過意不去，乃囑經國給地補寄一個黨証去，此一老黨人才算又恢復了黨籍，並蒙聘為國民黨中央評議委員及總統府資政。雖被投閒置散；但總算恩德無量，較之掃地出門，又聊勝一籌了。

自此以後，所謂CC即已解體，上焉者韜光養晦，不求聞達；次焉者履進履退，以冀苟全；下焉者則投向小蔣，爭逐名利。雖然他們仍未完全放棄立夫終必回國的願望；但已不敢有人在「領袖」之前重提此事了。

小蔣對立夫回心轉意的由來

最近數年，由於小蔣的權勢日熾，漸生除去陳誠之念，又打算挪攏立夫以對陳誠。尤其是在兩年前蔣介石宣告反對修改憲法以後，小蔣固然不願意陳誠繼任總統，CC分子也有同樣的感想。他們認為祇要老蔣仍繼續掌握大權於一身，終有回心轉意而召回立夫之一日，CC也就仍有重整旗鼓之希望。反之，假如陳誠繼位，則將從此無法再起。有一位CC的立委曾向人說，「今天老先生雖然不理我們；但我們畢竟是他的子弟。倘一旦換了陳誠，我們就要被目為外人了」。這可說是一般CC分子的共同見解。因此，在前年小蔣開始發起勸進運動時，即已向乃父獻議召回立夫，責以領導CC的國大代表和立法委員，而鋪平修憲的道路。並將這位當年被他一脚踢開的老將在美國專心養鷄和對「領袖」從無怨言的刻苦與忠貞事實，一再陳明，曾蒙乃父示可。於是經國遂開始與立夫通訊。最初要他做駐西班牙或日本的大使，稍後又要他做聯合國代表團的代表，最後則促他回國。前年夏秋之交，還一度盛傳老蔣已令由中國銀行撥出美金三萬元接辦立夫的鷄場，並內定他為總統府秘書長。後來立夫回國雖未成為事實；但聞曾有長信回蔣經國。首述國民黨與蘇俄建交之初，他倆都在平津讀書，形影不離，迄後經國去俄，他則去美，才依依惜別。次述民國十四五年之交，他由美國畢業回國時，原已應了開灤煤鑛公司的聘，祇因到廣州後，深覺當今「領袖」一身繫黨國之安危，不忍離去，才棄所學而隨侍在側。惟仍感於無法代經國承歡膝下，因於奉命辦理與俄復交時，向莫洛托夫交涉，請讓經國回國。最後則云因與美國某研究機構訂有合同，協助其編訂國民黨在大陸時代的一段史實，須俟今年始能竣事，無法分身；但願總理有靈神州早復，俾得回大陸聚首云云。

從此信的內容看去，立夫不願回國的心情，已可概見。有人說，小蔣接信後大受感動，因而對立夫回心轉意，願與重修舊好。也有人說，老蔣得悉立夫已與美國人訂約編訂中國近世史實，甚恐他在悲憤之餘，可能將其某些尚未為世人所知的虧心事洩露出來，有玷清譽，因而特別示惠。總之，不論如何，兩年以來，立夫早已變為受歡迎的人了。惟以格於「領袖」的尊嚴，當年既將他放逐於先，今日自不便直接召回。以故除了由經國寫信轉達上意而外，老蔣迄未直接去信或去電給立夫。幸而天從人願，立夫的尊翁——九十四高齡的國大代表陳其業老先生忽然病倒，情勢危急。此無異帶給老蔣一個電召立夫回國而又不失其「領袖」尊嚴的良好機會，也是一個不容許立夫再不回國的嚴重關頭。於是，我國駐美大使即奉到「總統」的急電，令即轉致立夫。電文云「尊翁病危，盼即返國」。雖僅寥寥數字，却令人感動萬分。是的，人孰無父母，在一個曾經參與締造的政權之下，宦海的浮沉，竟牽連到家庭骨肉的聚散。立夫當年已有兄死而不能送葬的悲痛；如今親病而幸蒙電召回國侍疾，可謂澤從天降。其決心歸省，自係人之常情也。

歡迎盛況與今後動向

立夫於奉電後，即與夫人孫祿卿女士兼程返國，不但友好大為興奮，即其過去的政敵亦另眼相看。二十四日雖然天雨，但到松山機場歡迎者竟達千人以上，陳誠、蔣經國都在其中。機場貴賓室的玻璃也被擠破兩塊。候在欄杆旁邊的人羣，因無法走近他而以鼓掌代之；有的還高呼「陳先生！」情況的熱烈，前所未有。可見人們對立夫之回國，是如何的重視和期待了。

立夫伉儷下機後，即坐陳副總統的汽車赴安東街寓所探視其尊翁，聞當他在病床前大聲叫「爹爹」時，陳老先生仍陷於昏迷狀態，毫無反應，似乎並不知道一別十年的遊子已經歸來。人們都默祝此老能早日康復，俾陳氏父子得享重叙天倫之樂。否則立夫雖幸而尚能重覩親顏，倘仍無緣再聆庭訓；「總統」賜召的殊恩，恐亦難以填補其一別竟成永訣的哀痛吧？

立夫返寓後，曾發表一篇書面聲明，其中特別提到他此次忽遽回國，在美各事均係託友人暫為照料，日久不便。並說，一俟老人家病癒，仍將返美。似乎仍無在台久居之意。據深悉其在美情形的某君透露，他經過十年的退思和體念，對政治的觀點已有根本的改變，他確認民主政治才是一種具有人性的政治制度。在此制度之下，成功者不能濫用權力，作威作福；失敗者更不會被摒諸異國而父子離散，因此，他雖然愛國愛黨，更愛「領袖」；但在現局之下，則絕無重作馮婦之意。可是，許多關心他的人們仍極為他躭心。因為環境逼人，他在美國時，身心自由，自然理智主宰一切；而一抵國門，形勢即易，如要貫澈初衷，顯然不是很容易的。首先，如果蔣家父子不讓他再出去，他有什麼辦法？尤其是經國目前正擬對他有所利用，勢必力阻其行，他能否毅然不顧？復次，許多不甘寂寞的CC人物，久盼立夫回來而恢復舊勢，他們必將用盡一切可能的方法來包圍他，他能否不為所動？最後，十年來立夫在美國過的是胼手胝足無人理睬的平民生活；而今一入國門，頓成多人瞻望的顯要。這對於一個政治人物，自然是一種極為強烈的誘惑，他能否抗拒？且看數日以來，訪客如雲，川流不息，可知，環境正不容立夫超然物外也。有些人希望立夫能就在美的所見所聞勸服當道，設法團結內外，實施改革。如此，不但於黨於國均有裨益，而於「領袖」，於立夫自己，也屬兩利。然而鑒於小蔣的別有用心，恐立夫縱有此心而仍無此力吧？假如他竟被捲入小蔣的圈子而對陳誠鬥爭，誠恐一旦陳誠被推倒，立夫勢必變為小蔣的第二個目標，那時縱想再回到美國去養鷄也將沒有可能了。總之，人們對立夫的希望仍多，但願他好自為之。

我作毛澤東衛士的經過

（三）

漫雲

十、由長沙走向紅都瑞金

一九三〇年七月初彭德懷的紅五軍，攻進了長沙，我正在大麓中學讀書，學校因戰事停課，我便遷住在長沙北門外大王家巷子四叔家裏，老同事周海濱是以前知道清楚的，一天他走上門來，看見了我，便把我帶到小吳門外聖經學院（紅軍軍部），被紅軍看守，不能外出，第三天他跑來帶我隨紅軍撤退，翌日清晨，經過黃花市在隊伍中看見了毛澤東騎在馬上，他回首向我點頭微笑，到達平江，轉入萬載，在宜春銅鼓等處展轉作戰約十個月；一九三一年，從吉安泰和，進入瑞金，第一年住城北沙箕壩，第二年住城南葉萍。

十一、毛澤東在瑞金的日常生活

周海濱精於手槍射擊，我的技能遠不及他，所以常在毛的左右，供他使喚，毛與賀子珍住在葉萍劉家村，毛氏夏天兩日洗澡一次，冬天四五天洗澡一次，背中央有一大紅痣，兩個上大腿，俱有稍黑色毛，左脚第四趾灣曲，他嗜吃桂魚。晚上開始辦公，臨睡前，看地工的工作總報，或寫段文字，破曉纔睡，睡時，兩眼微張開。

十二、瑞金的紅機關

中共蘇維埃政府第一年在瑞金城北沙箕壩，第二年遷至葉萍，（柿江河左岸），劉家大村內，則為中共中央政治局、財經、組織、宣傳、教育等部，朱德的紅軍總部駐葉萍對河洋溪村，中央鑄造廠，駐陳方村，中央醫院，駐朱方村，紅軍學校駐沙箕壩劉家大屋，婦女部，工總會，農會，青年團等駐王家山，紅一師駐下蘿村，其他紅軍各部駐赣南蘇區各縣。

十三、紅軍生活素描

各戰鬥員主食，以紅薯米粉包穀為主，米飯每星期有兩餐，食鹽每月每人一兩，行軍作戰，停止炊食，以紅薯包穀米粉，用水滲合弄熟成丸，冷水吞服，裝備僅有一枝槍，幾排子彈，無槍的用馬刀帶手榴彈，一個乾糧袋，軍中娛樂，只有政工隊（男女均有），唱歌、跳舞、演話劇，草鞋由農村婦女慰勞隊分配担任，紅軍達到一處，慰勞隊則以情歌慰勞，（加入政工隊節目內）服裝不分季節，僅每人一套，擄獲國軍倉庫，則每年換發一套，着便服亦多，一律頸繫紅帶一條，以資識別。

十四、特種訓練

我被送入紅軍學校，受軍事政治訓練三個月，在校內變成了正式共產黨員，毛澤東又命我進地工特種訓練班受訓，主持訓練者是羅邁王若飛兩人，受訓人數很少，兩人一組，訓練課程五花八門，我頗學會不少特別技能。

十五、我第二次離開了毛澤東

我在特訓班受訓完畢後，羅邁乃向毛澤東建議，調我至白區工作，經毛澤東准後，並對我勉勵一番，指示一些配合地工事件，我於一九三三年二月七日利用地下大車，由蘇區經泰和吉安轉茶陵進入長沙　途中頗經過許多驚險鏡頭。（未完）

透視中共與蘇聯進行中的貿易會談

·陳一鳴·

據北平三月一日新華社報導，中共與蘇聯現刻正在進行經濟貿易會談。中共政務院副總理兼外交部長陳毅於三月一日招待蘇聯經濟貿易代表團的午宴席上說：「二十多天的會談完全是在誠摯友好和充分諒解的氣氛中進行的」，可見這一會談已在北平舉行了二十多天。其會談開始時間應在二月初。

但陳毅在午宴上跟着又說：「由於雙方的共同努力，經過同志式的友好協商，我們已經在一系列問題上順利地達成了協議。不久以後中國政府還將派代表團到莫斯科去繼續會談。我們相信，在初步會談的良好基礎上，中蘇在莫斯科的會談也將會達成圓滿的協議」。如從陳毅前半截所說「我們已經在一系列問題上順利地達成了協議」一句話來看，中共與蘇聯在北平舉行的這一次經濟貿易會談似乎很順利似的。再看陳毅的下半截話：「不久以後，中國政府還將派代表團到莫斯科去繼續這一會談」，又說「我們相信，在初步會談所打下的良好基礎上，中蘇在莫斯科的會談也將會達成圓滿的協議」。則可知這一會談，實未圓滿達成，否則，不必移往莫斯科再談了。

何以不能圓滿達成呢？

二十多天的時間不能算短；而不能達成圓滿協議，基本上只有兩個可能。一個可能是中共對蘇聯的基本態度問題，這是政治性的；另一個可能是貿易上的實際困難，這是經濟性的。

猶憶南斯拉夫之所以脫離蘇聯，狄托曾有說明，認為那完全是由於蘇聯在經濟貿易上剝削南斯拉夫，把南斯拉夫在經濟貿易上當作蘇聯的殖民地的緣故。對此，一九四九年三月三十一日，南國共黨的機關報波巴日報，曾經發表過蘇聯用時價剝削南國的一個事例。它說：作為鋼的主要成份的鉬，其在南國的成本是每噸五十萬帝那（南國幣名），蘇聯獨佔了南國的鉬鑛，而照時價對南國付值，使得南國對蘇聯供給每噸的鉬，都要損失四十五萬五千帝那。因此，南國共黨與南國人民，面對這一事實，當然就看出蘇聯的經濟貿易政策，與它平時所全力攻擊的「帝國主義及資本主義國家」的經濟政策并無任何差別了，由於此類蘇聯對南斯拉夫的經濟剝削事件太多，再加政治上的其它衝突。所以，南斯拉夫便終於勇敢的走上了狄托道路，而與蘇聯分離。

現在的中共，早已奴才成性，自無意走狄托路線（事實上，若干年來，中共還是共黨集團中最攻擊南斯拉夫的），亦毫無反抗蘇聯剝削的決心，所以，可以確定，目前正在舉行的中共與蘇聯之間的經濟貿易會談，其所以經過二十多天而仍不能在北平獲得圓滿協議，那決不是中共對蘇聯的基本政治態度有何改變。

因此，可以確定其不能在北平獲得圓滿協議之原因，乃在經濟貿易本身的某些困難方面。

回顧中共政權建立十一年以來，中共與蘇聯之間的經濟貿易關係，一直在不斷上升，尤以中共輸往蘇聯之物資，其數量之急劇增加，最為明顯。試以一九五九年為例，中共與蘇聯曾簽訂過一個「中蘇一九五九年貨物交換議定書」。這個議定書規定中共與蘇聯貨物交換總額為七二億盧布。這就可見它們之間之貿易額之大。事實上中共輸往蘇聯之數額猶較蘇聯輸往中共之數額為多。這主要原因是中共除必須輸出大量數額之貨物以支付蘇聯之軍火及工廠設備之輸入外，更須償付中共對蘇聯之舊欠。此種舊欠為數龐大，故龍雲曾在北平揚言抨擊蘇聯指使中共參加韓戰而又要中共償付韓戰所耗蘇聯之軍火費用。且中共除必須償付韓戰所耗龐大軍火費外，又須分期償付蘇聯之其它欠債，蘇聯則是將中共對它的這種支付早就列入了預算的，然而中國大陸連年飢荒，去年更達到了空前程度。中共雖仍在殘忍的進行剝削，不惜民命，用竭澤而漁的手段，但人為的災荒加上自然的災荒，中共實已無法償付前所承諾之輸蘇數字，這是這一次中共與蘇聯在北平舉行經濟貿易會談不能達成圓滿協議的真正原因。但蘇聯却仍要向中共壓搾，中共又羅掘俱窮，於是只好將中共所提供之資料，携往莫斯科，再與蘇聯之預算和資料作研究，以重新調整雙方的經濟貿易關係，這是這一會談再移莫斯科繼續舉行之原因了。

看災荒，懷大陸，看蘇聯之猙獰面目，更恨中共奴才政權！可憐大陸人民，在中共之直接剝削下，再加上蘇聯帝國主義式對中國大陸之掠奪，若不把中共政權推翻，大陸人民之嚴重痛苦，顯然是永遠不能解除的。

緬寮戰場打成一片

萬清

東南亞的兩項突發事件——寮國政變和緬甸進攻中國的游擊隊，現在已經「糾纏不清」；由於緬境中國反共游擊隊的退入寮國，加深了複什的國際性，換句語說，緬寮兩個戰場已經結合在一起了！一旦中國反共游擊隊與寮共或李江部隊發生接戰，便會是「東南亞大戰」的開始，很可能也就是世界大戰的號炮。印度總理尼赫魯早些時說過：「寮國危機可以引起世界大戰」。也許就是有見及此呢。

甘廼廸蜜月

幾週來的寮國戰場，表面上是趨於沉寂，但並不能掩蓋內裡的緊張。戰鬥的雙方，正在盤馬弓彎，準備廝殺。由於沉寂的原因，只是爲了「甘廼廸密月」或「甘廼廸——赫魯曉夫密月」，如果這個密月一旦過去了，再來的一幕，恐怕就不止是捉迷藏式的叢林戰爭。

把出兵援寮的艾森豪部署抹在一邊，從事政治和平解決寮局，便是甘廼迪「冷却」寮國熾熱點的新猷，同時赫魯曉夫要在聯大會晤甘廼廸的說法，當時正是甚囂塵上，免不了把緩和寮局當成見面的禮物。蘇機曾一度對寮共停止空投，可能就是上述共方反應下的產物。可是迄今爲止，儘管所有與寮局有關的國家，都在高唱和平解決寮局，但「怎樣解決法」？解決方案却人各一套，這就是寮局「困惑」的地方。

這些人各一套的方案，不只是見仁見智之類，而且是各有背景，各有企圖的。如果所圖的目的不達，便是我拒絕你的方案，而你亦拒絕我的方案。那麼，結果就是各自逞强，疆場相見，來一次瓦瓶平原會戰。

寮王計劃觸礁

當寮王華他納到永珍主持和平統一全國的時候，寮國人民會寄予很高的期望。在寮國，王上是至高無上，幾乎是不可反對的，寮王既然親自出而主持和平，各方面應該一致擁護，才是道理。何况寮王所提出的，還是中立政策和聯合政府呢。可是，寮王的和平計劃，現在却是觸礁。

以馬來亞，高棉，緬甸三國委員會負責結束寮國內戰的寮王計劃，實在是無可非議的，馬來亞距寮國較遠，不像泰國利害關係太深，也不及泰國親西方色彩顯著，至於高棉和緬甸，是著名中立國。更重要的，是「東南亞國家自身處理東南亞國家的事」，用不着遠邀什麼印度，甚至加拿大，波蘭，像以前越寮停戰委員會那樣。

本來，這是十分合理的。

可是，高棉最先表示反對，拒絕充任三國委員會委員之職。施漢諾王子，原來是建議召開十四國會議的，他的主張，不爲英美所接受。所以他反對這次美國同意的寮王計劃，其次緬甸，宇努總理聲稱不參加三國委會，說寮國解決內爭的途徑是自由選擧。

施漢諾明言，參加三國委會，必須承認彭庵政府，因爲，「寮王計劃」乃以彭庵政府爲基礎，雖然該政府蔣付諸改組，成爲和談後的聯合政府，但施漢諾接近共方，不顧對彭庵政府率先承認。宇努的所謂自由選擧，也帶有不肯承認彭庵政府的含義。

原來高棉和緬甸，目前又在與中共的蜜月期中，他們祖護共方，而不肯承認寮國合法政府，自不爲怪。由此，可知共方不願在寮王之下參加中立政策的聯合政府。

中國游擊隊入寮

另一個打擊寮王計劃的，是退職總理親王富馬。無論寮王、彭庵、諾沙旺，都主張富馬應參加改組後的聯合政府。富馬的行情，永當堂「看漲」。永珍政府也知道富馬自江李政變後，是寮國政局中的一位關鍵人物，所以有決定派出諾沙旺前赴金邊，邀富馬返國——返回永珍斡旋大局的決策。

富馬在金邊曾經表示願唔諾沙旺，距知川壙的共黨行政組織，捷足先登，把富馬用飛機載回川壙，讓他執行共方的寮國政府總理職權，宣佈「不與彭庵合作」，要「解放全國」。這似是武力解決的訊號。

在這當兒，緬境中國反共游擊隊，正受中共軍的壓迫和緬軍的攻擊，而渡過湄公河退入寮境。這五千人能征慣戰的部隊，無形中增加了寮國反共軍的聲勢，雖然共方所宣傳的，說寮參謀長拉廸功將軍曾經與中國游擊隊洽商合作一說，無由証實。但寮共聲言如過中國游擊隊，決予攻擊殲滅，已表現出寮共對這枝反共武裝感覺的敏感。當然，如果反共中國游擊隊碰到寮共軍，也一定是迎頭痛擊的。那麼，一場大混戰就會展開。

緊躡反共游擊隊之後的中共軍，可能就在那時藉口「追擊」而開入寮境，那就是「第二韓戰」的爆發了。

．永珍通訊．

印度面臨中共威脅

·涂昌·

尼赫魯雖然扮盡了小丑的咀臉，不斷向中共抛送秋波，但中共是始終不會放過印度的；現在，中共的魔手毫無隱諱地伸到印度了。

中共對印度的政策，是滲透、顛覆、武裝威脅尼赫魯就範。目前，中共正進行到最後一個步驟。

印度，終於面臨中共的威脅了！

中共對印度，刻已部署了「大包圍」的軍事行動，企圖從尼泊爾、錫金、不丹，以迄緬甸，把印度圍困起來，然後迫使尼赫魯在「邊境糾紛」上低頭。尼赫魯怎樣應付呢？從表面看尼赫魯的措施，似乎已由懦弱而轉到强硬，除了公佈「中印邊境糾紛白皮書」外，還指責中共空軍曾屢次侵犯印度領空，又驅逐了「新華社」的駐印記者，和勒令七十多名中共特務出境；可是，再看深一層，印度的態度，依然色厲內荏的。

如所週知：尼赫魯是一向存有「親近蘇聯，拒抗中共」的幻想。這個幻想，能夠實現麼？雖然蘇聯已答允過尼赫魯，給予六億盧布援助，協助他實施第三個五年經濟建設計劃，并曾予價值三千萬美元的軍用飛機，使印度加强國防力量，但這并不是說明就此可以借「勢」來拒抗中共；相反地，根據最近事實的發展觀察，尼赫魯的幻想，終須破滅。曾經主張親蘇最力的梅農，對此也看得很清楚，故最近他已對尼赫魯暗示出：「親蘇的效果，目前和理想尚有很大的距離」。梅農的所謂「很大的距離」，顯然是指親蘇并非容易，即使勉强可以「親」得來，也未必能夠藉此拒抗中共；更何況還有「前門拒虎，後門進狼」之虞？因此，尼赫魯的內心實在無時無刻不在忐忑中。

尼赫魯以前曾在中共的「和平共存」幌子下「相安」過好幾年，被中共的「和平五原則」冲昏了腦袋。於私心慶幸之餘，便滿以爲自己的小丑嘴臉很耍得，於是把秋波向中共抛送得多姿多采，但中共畢竟是豺狼成性的，它的野心永遠不會滿足，於是最近乃霹靂一聲，掀起所謂「中印邊境問題」，使尼赫魯手足無措，「頭大如斗」！雖然雙方的「邊境談判」已展開，但中共祇視「談判」爲拖延時間的騙局，故情況刻已續繼惡化，而中共對印度的軍事壓力，已日益加强。「親近蘇聯，拒抗中共」的幻想，當堂爲之粉碎！

顯然，中共給予印度的威脅是勢必愈來愈兇的了；印度將如之何？

尼赫魯能夠急速起來尋求自救之道麼？那就要看看他是否已翻然覺悟；這點，留待日後的事實來解答吧。

「技術改革」遺下一頁血賬

·薄濤·

大陸糧荒嚴重，中共目前祇歸咎於天災，但到了最近，卻不能不自掌嘴巴，承認這是人禍了！

據「人民日報」指出：農業的失敗，是由於負責領導生產的幹部，進行「技術改革」時，不根據實際情況而「死搬硬套」任意亂改所造成。——由此可知，大陸今日之所以出現空前未有的飢荒，完全是胡亂的「技術改革」的惡果。

「人民日報」曾分別列擧出共幹「技術改革」的四大錯誤：第一是「密植」沒有和土壤、深耕施肥、水利等條件配合，而貿然認爲「越密越多產」，於是把禾稻播種得密至不能再密，怎知這一來，反而弄到產量銳減：第二是「早種」鬧出了岔子，他們也是誤以爲「越早種越好」，而忘卻「適時偏早」的原則，竟然驚蟄下秧，立秋種麥，結果是下種不發芽，苗秧也腐爛；第三則「條播」也是在糊裏糊塗中進行，很多不適宜於條播的耕地，卻硬崩崩的密一塊疏一塊來搞條播，注定了失收的命運；第四是一知半解地任意把一年一熟的地區改作一年二熟或三熟，加深了勞力緊張肥料不足的矛盾．雖然多種了，但反而減少了收穫。「人民日報」承認，這是「農業政策」遭受了嚴重阻礙和打擊的一個最主要的原因。

胡亂的「技術改革」禍延數以百萬計的人民生命也慘遭革掉；這一頁血賬，又該如何清償？！

僑鄉近訊

共幹勾結生產隊員組織盜糧集團（中山）

江水

據中山消息：在飢饉困境下，不特鄉民頻起搶糧，部份共幹，也互相勾結，組成盜糧集團，專向各公社的糧倉下手；他們的行動是有計劃的，除把盜竊得來的糧食分肥充飢外，并將之投入黑市，牟取暴利。這些盜糧集團多數係管理糧倉的共幹和生產隊員朋比爲奸所組成，故盜糧的勾當，進行得頗爲順利。又該縣的灣仔魚市場，於二月廿四廿五連續兩日，均發生鄉民搶奪鮮魚事件。事緣廿四日晨，突有鄉民七八人，湧到魚市場去；要求主管共幹加配鹹水魚，爲共幹拒絕，言語間引起衝突，鄉民大憤，即趨前將該共幹圍毆，并乘機掠走兩筐鮮魚。到了第二日（廿五），另一批鄉民又起而效尤，他們來勢更兇，一湧而入魚市場，即先把共幹監視，然後動手把碩果僅存的四筐鮮魚搬走。該魚市場自發生了這兩次搶魚事件後，刻共方已派出武裝民兵，駐場防守，每天自早至晚，都不斷在場內場外來往巡邏；於是整個魚市場，從此充滿肅殺氣氛。

保山「勞改犯」逃亡釀成血腥慘劇（雲南）

據滇籍旅澳僑胞最近所獲得的消息：雲南保山縣勞改營的「犯人」，曾於一月中旬暴發了一次集體逃亡，而不幸釀成血腥的結果，犧牲性命者九人，受傷者廿三人。據說：該勞改營中，因有「犯人」一逾千。部份「犯人」，因不甘遭受長期的殘酷折磨，乃密謀伺機冒險逃走，以期衝出恐怖的鬼門關而獲得一線生存希望。一月中旬的某一夜，營中共幹，正分別擧行小組會議，於是由幾個較爲精壯的「犯人」，糾合隊中「同志」，乘監視稍疏的機會，在月黑風高中，聯同潛逃，詎剛跑離勞改營數十步，即爲營外的哨兵發覺，立即開動手提機槍掃射。槍聲响後，營內共幹知事不妙，迅即展開應變，而其他「犯人」則嘩然狂奔，情況頓時陷於極度混亂，終於演出九死廿三傷大慘劇！當時有無「犯人」僥倖獲得逃脫，共方未有透露，無從獲悉。

盼望

金陵

傍晚的時候，一大羣學生從車站湧到大路上。早春的天氣，並不很冷，學生們光着腦袋，把帽子甩上空中，爲了剛才在學校打贏了一場球與高采烈，縱聲談笑着。當他們走過蔡大嬸的家門口時，停了下來，拾起一些小石塊朝那座石砌的小平房扔去。

矮小的蔡大嬸來到門邊，向黑暗中覷視。學生們盯望着她好一會兒，其中不知是誰，用一陣的聲音，高叫起「丙土」的名字來。

蔡大嬸連忙跑回房間，端起經常點在窗口的那盞煤油燈，走到前面院子裡。她在房子四周找尋丙土的入影，燈端得高高的，超過了她的頭，這樣她才看得清楚走在那兒，不致於絆倒。整整的把房子繞了一圈以後，她停下來諦聽着她所能聽見的聲音。她一再呼喚着她兒子的名字。

「丙土！丙土！你在那兒呀丙土仔？」

一陣微風吹過院子，燈芯的火焰冒了冒，烟囪頂上烟也瀰漫開去。這時，那羣學生們已經走到老遠老遠，看不見；聽不見的路上去了。蔡大嬸抬頭望望高舉在頭頂上的煤油燈，發現燈盞畧微有點傾斜，便連忙用那隻空着的手，將它扶正，她生怕燈罩摔在地上碎了，那今天夜晚就將沒有光亮照着丙土回家進門的路。

她在前院後院足足搜尋了半個小時，連附近的蔗田裡也去張望了一下。她一直走到公路邊，才折了回來，走進屋子，關上門，將燈重新放回窗邊的桌上。

她在桌邊的櫈子上坐下，理了理鬢邊被風吹亂的髮絲，自己對自己嘟噥。每說一句，就停一陣，聽聽有沒有聲音，同時滿懷希望地瞟一眼窗外。

九年來，鄰居們不止一次委婉地告訴蔡大嬸說，丙土不會回來了。可是不成，丙土是她的兒子，她相信他遲早會得回來的。隣居的話沒法使她相信。

「蔡大嬸，丙土出了事，沒法子回家來了。」一個星期前，還有一位鄰居好意地勸她。

蔡大嬸跟往常一樣，毫不相信地搖搖頭。鄰居不論說什麼，她都不信。丙土是她的命根子，是她世上唯一的寶貝，除掉丙土，沒有什麼值得她關心的了。

十一年前，丙土離開家到南部去，他在那兒的一家工廠找到工作。過了兩年，鄉公所接到工廠的通知，說是丙土不愼，掉進鍋爐，等到發現，屍體已經融化，找不着了。

蔡大嬸因爲沒有見到他的屍體，所以始終不相信丙土是死了的。

「丙土離家的時候，剛只有二十歲。」蔡大嬸對每個勸解她的人說，「要是他今天晚上回來，就是卅一歲了。他一定長得又高又大，又健壯。黑黑的頭髮，黑黑的眼珠，像他爸爸一樣。丙土走的時候，還沒有長全吶，等他回來，一定是跟他爸爸那個年紀的長相一模一樣。那怕他長變了樣，只要他回來看我，我會認得出的。他再變也騙不了我——奶他長大的親娘。」

她坐在窗前桌邊的櫈子上，雙手擱在膝上，聽着，等着。偶然眼睛也會不由得閉攏一會兒，可是她生怕睡着，又趕忙睜開，焦心地望着窗外的黑夜。

「我的丙土決不會忘記回來看我的，」她對自己說，「不論誰來跟我說，丙土不會回家了，我都不信。丙土親口跟我說過，只要一有機會歇工，就立刻回來看我。丙土從來沒有向我撒過謊：小時候他要抓一把米去捉麻雀，都不會瞞我的。我每次問他有沒有作這樣事，他總是眼睛眨也不眨地望着我，跟我說實話。丙土一直是個老實的乖仔。」

火車站傳來了汽笛的聲音，那是北上的快車進站時所拉響的，她趕緊把頭伸在窗邊，看個仔細。現在去睡還太早，她總要等到十一點的南下柴快車駛過以後，才去收拾床鋪。這已經成爲她的習慣了。有時候，甚至於要等到半夜。

一輛汽車慢慢地在路上駛馳。蔡大嬸聽見汽車的聲音，不禁挺直身體。當汽車來到屋前，並不曾停，一直駛遠了。「丙土總會回來的！」她對自己說。「他也許乘汽車，也許走路來。他說過他要回來，他一定會回來的。我不懂爲什麼大家都要跟我說丙土不會回來看我的話。」

他突然坐直、扶住桌子。她覺得聽到了陣聲音。那聲音正好像坐着的櫈子偶爾發出來的憂憂聲；可是在她聽來，聲音是從屋外傳來的——像是前院柵門開動的聲音。

她還來不及判定究竟是什麼聲音時，又有了敲門聲。蔡大嬸握緊了雙手，她不知道該怎麼辦。這麼夜了，沒有人來找她的；她不知道該怎麼辦。她坐在桌邊，身子哆嗦着。敲門的聲音又響了。這一次蔡大嬸興奮地跳起身來。

「是丙土！」她叫道。

她竭力忍住了哭。她跑到床邊，拖出一口箱子，裡面有一件縫製了九年沒有穿過的新衣。她激動地扳開鎖扣。她竭力地忍住眼淚，突然湧滿兩眼，使她看不見眼前的一切。她摸索着打開箱子，要把那件衣服取出來。

這時，她又聽見敲門聲，這是第三次了。她知道是真的敲門聲。她已經聽見了三次，聲音是不會錯的。她終於換上衣服，把脚下的木屐脫掉，要穿上一雙鞋子。可是鞋子不知被她放在什麼地方，沒有時間去找了。

「我來了——我來了——我來了！」她一面叫着，一面扣着衣服的鈕子，一手梳攏着頭髮。「丙土，媽來了！媽來了！乖仔！」

「你到底回來了，丙土！我知道你會回來看媽的，因爲你說過你要回來的！」她跑去端起了燈，儘快地來到門邊。她手戰抖着去摸索門閂。她把燈放在地上，用雙手去開門。

「丙土，你在那兒？」她大聲叫。

「媽，我在這兒！」

「呵！丙土，我真歡喜！」

「你爲什麼不打開門，讓我進來呀，媽？」

「丙土！丙土！」她喊道。

她到底拉出門閂，將門打開了。她轉身去端起燈，跨出門檻。

「丙土，你在那兒？」她叫道。

她站在門口，手上端着燈，張望着院子。她看不見人。院子裏跟往日一樣空闃闃的。

「丙土，你在那兒？」她瘋狂地喊問。「丙土，你在那兒？」

當她跨出院子地上，有人從屋角跳了出來。

「我在這兒，媽！」那人影走過來，帽子斜覆在額上，遮住臉孔，衣領翻豎着。「你不認識我了嗎！媽？」

「丙土，是你嗎？」蔡大嬸激動地說：「走攏來，讓媽看看你！」

一個學生來到她面前，站在蔡大嬸手上端着的燈盞所放射出來的光亮中。

蔡大嬸的臉孔突然變了，彷彿受了難以忍受的痛苦。她左右搖幌，要倒下地去。

「你不是丙土！」她痛心地說。

柵籠邊突然爆發一陣狂笑。原來是一羣學生看了晚場電影回家，存心來捉弄蔡大嬸的。

「你不是丙土！」眼淚湧滿蔡大嬸的兩眼。「你不是我的兒子丙土！」

那學生摘掉帽子，連跑帶跳地隨着一大夥消失在黑暗中了。

蔡大嬸在院子裏站了許久，燈仍然高高舉在她的頭頂上。

「呵，丙土，那不是你！」她對自己說，聲音是那麼清晰，卻又那麼低微，「丙土，爲什麼那個人不是你？我已經等了這麼久！」

蔡大嬸慢慢地拖着身子走進屋去。她把門關好門上，然後脫去了她的那件新衣，當她把衣服疊整齊，鎖進箱子以後，又將煤油燈端在窗前的桌上。像往常一樣，她總是小心翼翼地把燈放在老地方，好讓燈光可以射到窗子外面。她將燈芯捻得大大的，燈焰又藍又亮，才不會把燈罩薰黑。然後，她走回床鋪去，正走到房間中央，她沉重的仆倒在地上了。

當她跌下去的時候，她並不知道是否絆着了什麼，或是脚沒有站穩而摔倒的。她倒在地上，心裏只惦記着，丙土回來的時候，她要趕緊站起來給丙土開門。

小啓：

趙聽先生事忙，「文壇泥爪」，暫停一期。謹此致歉！

七版編者

幸福

黃信男

「啊！不！不！智誠！我，我：……要我怎麼說呢？我曾經一度是那麼卑下的女人！我幾乎毀了你，毀了我們的孩子，毀了我們這個幸福可愛的家……」

於是，帶着喜悅的愧疚與自責，不住地用臉頰撫磨着丈夫的臉頰，哭泣着，美眞開始滔滔不絕的懺悔她的罪過。最後，她說出那件令她猶有餘悸的消息。

而智誠竟還不知道這回事。他吃驚地說：

「眞的嗎？」

「他們家的王媽告訴我的，」美眞說：「怎麼，你還不知道？」

「今天下午我下班下得早。」智誠惋惜地嘆了口氣又說：「老吳是個聰明人，也極有才幹，可惜錢財上的觀念把他毀了！我不想批評愛玲，可是老吳落到今天這個地步，她也是有責任的。不過事情發生了，她一定很需要安慰，妳倒是應該多開導開導她。」

「我會這樣做的。」美眞溫馴地說。想到沒見到丈夫以前的恐懼，覺得好笑，於是笑了笑又說：「倒是忘了告訴你，剛才我還一直害怕會有你一個呢！」

「怎麼會呢？」智誠笑起來說：「我這點窮骨氣怕一輩子也改不了的了；除非妳再像那天晚上似的給我來幾場感情的大風暴。」

「我永遠不許你再提起那回事，智誠！」美眞帶着嬌羞的嫵媚說。這使智誠情不自禁地吻了下他的臉頰。

「哦，」他忽然想起什麼說：「我竟忘了給妳看一件東西了，我提前下班，在街上跑了幾個小時，就是爲了這件東西，卻不知道妳會不會喜歡它。」說着，他輕快地跑進裡間，取出一個簇新的紙包遞給美眞。

那是一張商店的包裝用紙，美眞似乎已經意識到那裏面包的是什麼了，她的手指發起抖來，慢慢地拆開它。

呈現在美眞眼前的是一件青底素花的絲質衣料。美眞楞然地把目光舉向丈夫，眼睛裏忽然又湧出兩顆感動的淚珠；沒有能說出一個字，又一次，她投進丈夫的懷抱……（續完）

記戊戌維新始末 (廿三)

舜生

上面所說光緒帝在「百日維新」中下了好幾十道的改革詔書，現在把這些詔書分析的來看一看。

(甲)屬於政治方面者：一、如鼓勵創辦報紙，提倡各部院司員及一般士民上書，並命譯書局及編譯學堂所出書籍報紙一律免稅之類，這算是給予人民以相當徹底的出版言論自由。二、如裁撤詹事府，通司政，光祿寺，鴻臚寺，太僕寺，大理寺等衙門，歸併內閣及禮、兵、刑等部；裁撤湖北、廣東、雲南三省巡撫改由當地總督兼轄；又把各省不辦漕運的糧道，及僅管疏銷的鹽道一併裁撤，這算是使中央及地方的行政機構漸趨簡化的初步工作。三、如令各部院堂官督飭司員，各將該衙門舊例不適用者刪改，另訂簡明則例，以期盡人易曉，這當然是想杜絕吏胥舞文弄法的一種打算。

(乙)屬於經濟財政方面者：一、如命各省設商務局講求商務，連絡商情，並先於上海、漢口等處籌設商學、商報、商會，調查所出物產，以期逐漸推廣。命各省督撫，勸諭紳民，勸各省可耕之地，兼採中西各法，切實開墾；並命兩江總督劉坤一查明上海農學會章程，咨送總理衙門，查覆頒行；又令各省學堂廣譯西洋農務書籍，以資倡導；同時注意改進絲茶，以利出口。又傳諭各省士民，有能獨立開闢地利，與造槍炮各廠者，給予特賞；並命直隸總督榮祿於北洋各省鼓勵紳商，設廠製造。七月五日，更傳旨於京師設立農工商總局，派端方、徐建寅、吳懋鼎爲督辦大臣，並命各省設立農工商分局，派公正廉明紳士總司其事。以上是關於推廣商業及獎進農工的。二、關於築路與開礦則命盛宣懷趕築蘆漢鐵路，其他如粵漢、滬寧各路，也着承辦各員，迅速開辦。六月十五日，命於京師設立鐵路礦務總局，並派王文韶、張蔭桓專理其事，所有各省開礦築路等事宜，俱歸統轄。未幾，又命胡燏棻勘查盧溝橋至門頭溝一段運煤鐵路，並着手籌欵興辦。三、傳諭各省士民，凡著有新書，創行新法，製成新器而確實有禆於生產者，特予獎賞，甚至給予世職、實官，而製成之器，仍許其專利。四、關於整理財政者，莫要於八月初一命戶部將每年出欵入欵，編制表格，按月刋報，使人人了解國家財政實況，這便是實行預算決算制的一種準備。至於裁去空糧以節餉糈，整頓釐金以杜中飽，清查屯田以裕餉源，嚴防走私以增關稅，也迭有申誡。此外如命旗人各習資生之業以廢止其坐食生活，也是極有意義的舉措之一。

(丙)屬於教育文化方面者：一、命自京師，各省會，及各府州縣創辦各級學堂，並命將原有之官書局及譯書局並入京師大學堂；改省會的大書院爲高等學堂，府城的書院爲中學堂，州縣的書院爲小學堂；民間祠廟不在祀典者，也一律改爲學堂；能獨力捐欵興學者，予以破格之賞。此外如翻譯、醫學、礦務、茶業、蠶桑等，也各設專學。二、廢除八股文，改革科舉制度；凡生童歲科及鄉試會試，仍定爲三場，第一場試歷史政治，二場時務，三場四書五經。又宣布以後一切考試均以講求實學實政爲主，不以楷法的優劣定高下。又着三品以上京官及各省督撫保薦人才定期舉行經濟特科。三、令宗人府察看王公貝勒聽候簡派出國遊歷；令各省督撫挑選學生分送日本留學。此外如廢除驛站，廣設郵政，以便民間通信，自然也與發展文化有關。

(丁)關於軍事方面者：一、令孫家鼐議奏設立京師武備大學堂事宜。二、令各省軍隊一律改練洋操，劃一營規口號，槍炮彈藥；命各省督撫裁汰練勇，挑留精壯，勤加訓練。三、令各省督撫籌欵撥給福州船廠，添造兵輪；令南北洋大臣及沿海各將軍督撫，增加水師學堂學生名額，以培養海軍人才。

假定光緒帝果然有權，更假定上面這些改革的詔書一經頒布之後，自中央以迄地方的一般大小官員便能奉命惟謹，對這些革新事項都能立即着手施行，這誠然可使當時的氣象一新，即令在技術上仍須發生若干困難或波折，但祇要能持以毅力，便眞能做到如明治維新初期的那種情況也不一定。無如光緒帝的本質及其環境，與當日日本明治天皇所有的截然兩樣；而奕劻、榮祿、剛毅之流，以迄地方重要的督撫，除了一個湖南巡撫陳寶箴外，更與日本維新時代的那班元老勳臣不可相提並論；因此，日本的改革居然成功，而中國的『百日維新』，便只能如曇花的一現。蓋當日奕劻及榮剛之徒，都是參與頤和園的陰謀的，在他們的心目中，只知有太后，決不知有所謂皇帝，當慈禧接受了奕劻對光緒帝「欲擒故縱」的那一意見以後，她立即着手爲鞏固她個人的權位，採取了種種的步驟；例如康有爲是在四月二十八召見的，但四月二十七日，慈禧即已強迫光緒帝先下了一道上諭，將翁同龢驅逐回籍。這道上諭的原文是這樣的：

「諭：協辦大學士戶部尚書翁同龢，近來辦事都未允洽，以致衆情不服，屢經有人參奏。且每於召對時，諮詢之事，任意可否；喜怒無常，詞色漸露，實屬狂妄任性，斷難勝樞機之任。本應查明究辦，予以重懲，姑念其在毓慶宮行走有年，不加嚴譴。翁同龢着即開缺回籍，以示保全。特諭。」(見「光緒朝東華錄」第四冊總四〇九七)

這一着，在光緒帝自屬敢怒而不敢言，在翁則爲迅雷不及掩耳，而對康等這班維新派，更無異是兜頭給以一瓢冷水，使得他們意冷心灰！因此第二天康面見光緒帝的時候，心理上實已罩上一層陰影，他其所以只主張擢用小臣，而不敢主張盡去一般舊大臣，所受這一着的影響可能是很大的。

同在二十七這一天，慈禧更強迫光緒帝宣佈：嗣後補授二品以上大臣，均應向皇太后前具摺謝恩陛見。這便是她準備重握黜陟大權而制止光緒帝隨意委任的張本。

慈禧充分了解，在一個專制王朝，軍權與政權是不可分的，她既決心重掌政權，便認定要把軍權交在她最親信的人手裏，乃第一要着。於是她仍在同一天，又命光緒帝將直隸總督王文韶調京，而派榮祿暫時署理督篆，但到五月初五，即實授榮祿督直，而以王文韶爲軍機大臣戶部尚書。原來當時直隸境內共有三支大軍：即董福祥的甘軍，聶士成的武毅軍，還有袁世凱的新建陸軍。榮祿既然督直，這三支軍隊便當然歸他指揮節制。當時的另一陰謀，要光緒帝在本年秋天，奉太后前往天津閱兵，準備乘機以兵力脅光緒帝讓位，也正決於此時；不過後來計劃變更，此着已無必要而未實行就是了。

慈禧認爲單單掌握了直隸境內的三軍仍嫌欠穩，更於四月二十八日，任命刑部尚書崇禮署理步軍統領(其職權等於首都衛戍司令)；五月初六，任命禮部尚書懷塔布管理圓明園八旗，包衣，三旗官兵及鳥槍營事務；同時又任命剛毅管理健銳營事務。

這個時候，內廷中已佈滿了太后的親信太監，稽查各宮門出入，雖王公貝勒，也須經過檢查始得放行；紫禁城內則有步軍統領所派遣的八旗官兵把守，嚴厲盤問行人，稍涉行跡可疑，立即向太后稟報。因此，在政變以前，光緒帝實已落入慈禧所佈置的天羅地網，祇靜待時機一到，這位可憐的傀儡皇帝，便祇好聽憑她惟所欲爲的加以宰割了。

……(本節已完，全文待續)

東風齊着力

亮齋

紅上梨渦，綠侵顋雪，春透眉尖。蘭情水盼，心事總難傳。慣愛人前擷斷，無人處偷並郎肩。又偏是似推似就，堪憎堪憐。

往事化輕烟；千金易得，難買是當年。憑誰問訊，燕雁失長天。人世悲歡聚散，斜陽外，霧重風寒。空凝睇，無情客館，無限江山。

千石見示移居詩賦答

——荔莊——

斯世寧容避地謀，久拌卜宅向矛頭。一廛未了生民願，三徑空憐舊國秋。簾捲納雲留小住，陸沉浮海託幽憂。十年袖手微吟意，坐送滄波檻外流。

析支列傳 (九)

亮之譯註

31至析支所謂飛鳥解羽之野，實大塊噫氣之所獨鍾(註)，欲探其奧，其道末由云云；余則以爲，此實坐析支北壤，特盛風雪，凛冽難居，日唯飛雪濛濛，如羽之降；遂乃摹其物象，字之「雪片如羽」云爾。凡此傳說中之遠洲奧壤，即余就所獲有關材料纂述者。

(註)原註：「參閱上第七節尾」。

32除瞿薩旦外，此區居民，於北風外人均無所述。顧余獨謂縱無瞿薩旦人之言，析支對之亦必當有說，如其對一目民者然。且希西阿(Hesiod)(註一)即已敘述及之；使所述誠信，則固亦見於荷馬哀披哥利(Epigoni)詩中矣(註二)。

(註一)希西阿(Hesiod)：前八世紀末葉之希臘大詩人。

(註二)原註：「乃一種六韻史詩，主題述第一次圍城死者之子第二次圍攻底比斯(Tebes)，爲另一較古史詩之續篇。第一次底比斯戰爭，即發生於底比斯附近。」按底比斯乃希臘波太(Baeotia)之省城，爲希臘多數神話史詩之發源地。

33於此有人焉，其說此事，遙勝衆說，西諾人(Delians)(註一)是已。彼等之言曰：某次以麥桿裹送祭儀，即北風外人(註二)齎致析支者；析支受已，隨送西鄰；繼續傳送，達亞得里亞(Adriatic)(註三)。益轉而南，希臘多朵奈人(Dodonaeans)(註四)首受之。自彼更下馬乃克灣(Maliac Gulf)(註五)，入優卑亞(Euboea)(註六)，墟復一城，遞相傳送，以至於克壘士特(Carystus)(註七)。克壘士特人受已，復立越安德樂(Andros)(註八)，付諸但樂(Tenos)(註九)；最後但樂人始以奉之西諾焉(Delos)(註十)。凡此道路經由，皆得諸西諾人所述者。彼等又曰：北風外人捧祭儀者，實二處女，曰希披羅姬(Hyperoch'e)，曰洛黛絲(Laodic'e)；周行列國，僕僕道途，則別遣五使，共護翼之；是諸人者，西諾稱爲「伯飛利司」(Perpherees)，以尊異之。而此諸人，以其使事之艱苦，失誤之時虞，慮或無以返報也，則率將祭儀，裹以麥桿，以防意外；所至之國，先迎於境，後送出境；國國交遞，循次而前；用終能安全抵達西諾云。余述至此，因憶及色雷斯(Thrace)(註一一)與披里亞(Paeonia)(註一弍)婦女之齎奉祭儀於丹妮聖母(Diana)(註一叁)，亦係以麥桿裹送者；則足証此所陳述，實皦然非誣。

(註一)即西諾(Delos讀如Thelos)人。其國在希臘西羅斯(Syros)島西南，傳係阿波羅(Apollo)神之誕生地。

(註二)原註：「古今來於北風外人均有精詳報導，特一揆其實，彼等初非一歷史的民族，僅爲一想像的民族耳。此「北風」者，被位置於一名飛坪(Phipaean)之山(義即「疾風」)，而假定此北風之外，必有不畏寒冷之民所居留；於是一完整之理想遂漸以屬之此一區域。」

(註三)即今意大利東之亞得里亞海。

(註四)多朵奈(Dodona)：因宙斯(Zeus)神託而著名之希臘古都

(註五)即今拉彌亞灣(Lamia Gulf)，位於希臘半島東岸，愛琴海濱。

(註六)乃希臘東部最大之島，長一六〇公里，幅四至四八公里，面積三千方公里。

(註七)優卑亞島南端之古城，以產大理石及石綿著名。

(註八)優卑亞東南島名。

(註九)安德樂東南島名。

(註十)解見註一。

(註一壹)古國名，在希臘東北，東接巴爾幹半島。

(註一弍)色雷斯西一帶。

(註一叁)原爲羅馬神話之稷神，後與羅馬之頓妮(Diana)神視爲同一。今通指狩獵女神、森林女神及月與光之女神。

本刊已經香港政府登記
每逢星期五出版

聯合評論 週刊

United Voice Weekly

第一三三號

督印人：黃宇人　總編輯：左仲平
社址：九龍嘉林邊道二十三號地下　電話68678
承印：嘉羅印刷有限公司　香港灣仔馬師道5號
總代理：友聯發行公司　信價每份港幣一毫
本報美洲版總經售處　美國紐約中美出版社
CHINESE-AMERICAN PRESS, INC
199 CANAL STREET.,
NEW YORK13 N. Y. U.S.A.
美洲航空版每份零售美金一角

國際現狀與台灣的窘迫

左舜生

（一）

以中國問題為中心的國際情勢，看來頗複雜，實際也很簡單。

從前的人，很少以「和平」為現實，往往以「和平」為一種「理想」；現在的人則以不惜訴諸一戰為「高調」，「高調」的通俗解釋、反而接近「理想」，而有違於「現實」了。

（二）

廿廼廸總統及其高級助手處理中的中國問題，一開始便是低調的，例如：華沙談判一百零三次的內容，只是希望和中共互派幾個記者，或非正式的希望釋放幾多年拘囚在中國大陸的美國人，這自然是與解決中國問題毫不相干的低調；即如所謂「兩個中國」說，讓中共竄入聯合國而以不牽動中華民國在聯合國的地位為條件說，國際托管，或由若干國家或聯合國保証台灣中立說，……還不更是低調之尤嗎？美國正是目前國際這類流行低調的領導者，在這樣一種的空氣之下，究竟在最近的將來會要演變出何種的花樣，這確實是使我們感到非常困惑的。

（三）

在最近，第一個將向甘廼廸總統就解決中國問題有所進言的，可能是英首相麥美倫；第二個便可能是日首相池田勇人。英日兩國是否已秘密就這一問題有過意見上的交換，或僅僅只是「相視而笑，莫逆於心」的一種默契，我們不得而知；但我個人卻有一個基本的看法：就目前說，日本對中國問題可能採取的態度，在表面上是以美國為轉移的，但日本的外交傳統，卻是重視英國的意見遠在重視美國意見之上。若干年以來，日本一直是穩紮穩打，對世界的若干重大問題，從不會輕易發言；不過時移勢遷，加上日本的國力逐漸充實，而中國問題的如何解決，又確於日本具有較切身的利害，也無庸諱言。因此，假定中國問題的明朗化還要經過一段較長的時間，從現在起，日本將介入這一問題的討論而力求取得一有利其自身的發言地位，則屬毫無疑義。我們不宜忘記日本過去曾對台灣有過五十年的佔領；即在今天，仍有少數日本人未能忘情於台灣；我們只看一個謀求台灣獨立的廖某，仍在日本的掩護之下，隨時發出一種不利台灣的言論，也可說明日本態度的巨測！自然；日本在目前還不會有公然出賣中華民國的事實表現，但一面在實際上向中共投以香餌，同時又以空言予台灣以慰藉，以實行其所謂兩面外交，或即從前日本某外交人物所謂的「水鳥外交」，則已確實無法解除吾人的疑慮。日本人總覺得：她是最能了解中國問題的；尤其是於台灣各方面的情況，她更有較深刻的認識；這不僅日本人在主觀上如此想法，即在今天較能關切遠東問題的大國如英美，似乎也不能不在某一種程度上加以默認。前幾年中共曾一度宣稱她的工業建設十五年要趕上英國，而日本的觀察者卻說她五十年也還不容易趕上日本；我們知道，以一個從事大規模而且是多方面的工業建設條件極端缺之的中國，而要來實行一套毛澤東式的盲進，其必然更遭遇到不可思議的挫敗，這是勢所必然的；因為，高度科學技術普遍的取得，決不是靠羣衆運動的方式或一種「不信邪」的精神所能為力，這只是一種常識；而毛劉周這般人，便正是缺乏這類常識十足道地的土包子！他們把目前大陸的饑荒委罪於天災，而不承認當前農業的總崩潰正是他們工業盲進的必然後果，這最足以証實他們的無知是何等的可驚。我所以要拉上中共近年的事實來作為佐証，旨在說明在最近十年二十年之內，亞洲還不能有任何一個國家在工業建設的一面足以凌駕日本之上，而這一事實適足以加強英美關於亞洲一切事件特別倚重日本的信心，亦即為日本將逐漸加強其對中國問題發言的有效資本。我希望台灣當局對於本年六月池田首相的華盛頓之行，應提高警覺而予以密切的注視，千萬不可粗枝大葉，為日本若干訪台的民間使節所輸出的「米湯」所誤，而信以為實！

（四）

當前為多數愛國者所腐心的，似莫如中華民國在聯合國的席位問題。其實這一問題所以弄得如目前的這樣緊張，其原因還不在國際上若干姑息主義者或幻想主義者的種種策動，而實在甘廼廸政府對這一問題的故示軟弱。我們只看他把史蒂文生和羅斯福遺孀這類人物作為美國在聯合國的發言者，即無異美國在事實上已在那裏「開門揖盜！」如不幸而中共終於擠入，則中華民國——這一聯合國的發起國家，除對聯合國表示恩斷義絕的毅然退出以外，似乎已無第二條路可走；可是這一並不名譽的孤立，究竟又何以善後呢？「昔日戲言身後事，今朝都到眼前來！」最近這兩年多以來，我們在本刊上所說的萬語千言，概括言之，要不外希望台灣「自重以取得別人的尊重」；我們說這十二年台灣在一種小康的情況之下，乃最適於逐漸推行民主的一個最好時期，而台灣當局則固執己見而不惜事事與我們所見的相反；我們希望至少應該誘導海外千萬以上的僑胞使他們有過問國事的機會而加強其向心力，而台灣的特殊幕後人物乃始終一馬擋定，使得一個團結象徵的「國是會議」也終於無法實行；我們主張台灣的最高當局總得出去答訪答訪別人以調節國際的空氣，可是因為內部的矛盾與猜防，乃至並這樣一種輕而易舉的措施也只好擱淺！；到了今天，在窘迫萬狀的情勢之下乃不惜高談武力抵抗，老實說，我不知道台灣當局究竟還有不有勇氣，就每一士兵配給一百發子彈作出一種實彈的演習！

建議一個阻止中共進入聯合國的起碼工作

孫寶剛

三年前，我在倫敦，有一天和一位英國工黨的影子內閣的一位閣員談天，偶然間談到中共問題，我發覺他對於中共的知識非常不夠，我就率直地對他說：「以閣下的職位所主管的業務，對中共是相當有關係的，怎麼可以對中共的情形缺少具體而相當深刻的瞭解？並且由閣下的情形，我可以武斷的說一句，恐怕貴黨的負責人員對中共的瞭解都不很充分。我不知道貴黨的對華政策怎樣產生的？」那位先生倒也很率直，他承認對中共沒有瞭解，因為他近年來注意力集中在非洲。他說在英國所能看到的關於中共的報導，不是共產黨的宣傳，就是美國的宣傳，兩者都與事實離得很遠，所以他們不相信、也不大去注意，但是在事實上沒有第三個方面可以供應他們以準確的報導，而中國的文字又使西方人非常為難，中國的一切一切和西方卻完全不同，所以他們就無從來瞭解中國。至於說對華政策，與其說是基於客觀的研究和瞭解而產生的，不如說是基於一種願望的想法。今後唯一希望我能供給他們一些準確的報導。

我聽了這一段話，眞是感慨繫之，而不禁啼笑皆非。後來我由英國而去歐洲各國旅行，更到過亞洲的許多地方，都遇到了許多幹政治的人，每談到中共時，都覺得他們不很瞭解中共。但是他們都在談中共的經濟建設的成就，中共有效的治理了六億七千萬人民，和中共加入聯合國問題等等。

最近聯合國又要開大會了，這幾天報紙上對於中共參加聯合國問題又有許多推測的報導，大體上認為中共參加聯合國的可能性很大，因此美國方面也發表了警告、像國務卿魯斯克就說，把中共參加聯合國而把台灣攆出聯合國，那眞是一個嚴重問題。所以美國國務院在前些日子，說要變更一個策署來阻止中共參加聯合國。他們將勸告各國說，即使通過了中共進入聯合國，中共也不會參加，所以各國又何必去贊成中共進入聯合國呢？

關於中共不會加入聯合國，我也有這個看法，不過要以這個簡單的結論，就使各國不支持中共進入聯合國，我想也不很容易。我認為我們須有一羣懂得中共情形，以及國際關係的人（我在這裡不用專家兩字，因為我覺得專家的知識太專門化了，有時不特不能看到中共的全面情形，並且因為滿口數字，一般的政治家是通材，也許不大欣賞。）應該經常到各國去，和各國的政治家以及各方面的領袖們接觸，以促成各國政治家和各方面的領袖們對中共有最低限度的瞭解，使他們在談及中共問題時，至少不是一種願望的想法，假如能做到這一步，對於阻止中共進入聯合國，定有相當幫助的。

為什麼我說對於阻止中共進入聯合國有相當幫助呢？因為一個國家或一個政治家當決定一條政策時，當然不外平以理想和利害做基礎。依理想方面來說：在自由世界的各國總是以自由民主平等做他們的理想基礎，假如能使世界各國瞭解到中共這個政權的本質，以及其十年來的所作所為，完全對自由民主平等是背道而馳的，那麼在理想方面來說，各國就沒有立場去支持中共。這幾天倫敦在開英聯邦的總理會議，南非聯邦因為歧視有色人種而遭[illegible]各聯邦的攻擊，加拿的總理甚至要以加拿的退出英聯邦來力爭把南非逐出英聯邦之外。從這一點來說，可以証明加拿對於自由民主和平等的重視，但是南非至少還沒有把南非的有色人種都攞在將死未死的飢餓線上；更沒有把餓得將死的人再驅使他們，奴役他們做重工。反之，中共這幾年來，因為政策錯誤，幹部不良，而使中國全國人民餓到這個地步，雖然說天災，但無可否認的，人禍亦是重要的原因，再加以往年殺人清算，奴役，和恐怖的事實，假如使加拿全國的人民都瞭解了，依理論來說加拿就不會去熱烈支持中共了罷？

當然也有些國家，尤其是新與的國家、認為中共這幾年來的經濟建設有偉大的成就，所以對中共有些仰美之意，可是我們如能使他們瞭解中共的經濟建設，緩急不分，重輕工業，或工農的發展，不得平衡，以及浪費，奴役人民，那麼，定可使他們不會仰美而去支持中共的，我這裡不過說個大概，當然還須有計劃的，詳細的去報導中共的實情，使一般注重理想的人們對中共望而卻步。

其次說到現實方面。今日世界政治還沒有脫離現實政治，所以國際間的關係都表演了雙重人格。所有國家明知中共的不正義，為了自由民主和平等的原則，但為了自已國家的利害關係，也就不顧上述的原則而支持中共。我有一欠和日本社會黨的一個要員談話，他就表示了這麼的態度。可是我們試看聯合國九十九個國家，到底有多少國家和中共有利害關係的。非洲的某些新成立的小國，和中共可能有些什麼關係呢？完全因為我們沒有去報導他們，說服他們，使他們瞭解，他們不可能和中共有什麼關係的，即使中共以迷惑的姿態來建立一些關係，也是一時的和表面的，並且非常有限。我們看中共給予細甸的援助，兌現了麼？

所以我說，我們須設法團結一批人，經常到各國去報導中共的情形，務使各國能瞭解中共的實況，那麼各國對於中共的支持定會減少。也許對於中共參加聯合國問題可能得到一良好收穫。

雜憶錄之二十三

「兩個中國」謬說之由來

・幼椿・

「兩個中國」的謬說，本由英國少數政治界中人主張出來的。英國有一批害怕第三次大戰的發生，因而得了恐共病症的少數人，他們總想安撫國際共產黨，特別是劍拔弩張，喊打喊殺的中共。於是在韓戰之後，就已開始誘說美洲各國去承認中共，特別是美國。在這班患有恐共病的英國人心中，似乎認為美國一天不承認中共的統治中國權力，則英國無論如何，都無法去安撫中共，而中共便要在世界上造亂子。然而他們又感到美國是不能放棄台灣這一塊基地，設如這塊基地落入中共手中，則美國將認為她的國防上有了漏洞，將重蹈偷襲珍珠港的危險，因之美國既無法拋棄台灣，而中共又叫囂不已，非得着美國的承認不可，於是英國的恐共病患者纔想出這一個「兩個中國」的謬說來。

這在仿照補償原則

一個獨立國家的領土，在強國會商之下，常常會被分做兩個，或者被割裂去一大塊，拿來作為彼此分贓的酬報，以求兩下相安，暫時各自滿意，這在歐洲列強，乃是一向幹成習慣了的事情。自十七八世紀以來，每一次西方強國戰爭之後，來一個和平會議，其所訂的和平條約，無一次不是在分割弱小的領土。最有名的維也納會議（一八一四——一八一五）即是最對弱國領土分割得利害的一次，所謂鐵腕首相梅特涅，不特胆大妄為的去宰割天下，而且在維也納會議上還出現了一個以羊肉去飽虎腹的酬報強國辦法的原則，叫作補償原則（Principle of Compensation），以求暫時止息爭端，和平相處。

因是在十九世紀，西方列強更宰割到遠東來，亞洲弱國紛紛受害，而中國幾乎受了瓜分之禍。一九一九年的巴黎凡爾賽和約竟把中國的青島與膠州灣權利割讓與日本，還不是在所謂補償原則之下，中國便作了列強彼此酬報的犧牲；也因為這一痛苦的犧牲而激成中國青年學生的愛國運動，仇視列強；國際共產黨方纔有機可乘，利用中國青年的反抗西方列強的愛國情緒，俄共的第五縱隊方能够在中國播起中共的種子，發芽生根，因以有今日中國大陸赤化後，而成為人間最悲慘的血腥世界！

何以未能贏得和平

自二十世紀以來，西方的科學大為進步，社會生活也大為提高，因之一般知識水準均較前增進，高層分子的人道觀念也較為發揚，然而西方政治界對於國際事務的見地並沒有隨着時代向上開展，或者是仍舊抱住弱肉強食的老觀念，或者不知不覺中還向着分贓的老路子，去處理國際事情。以一九四五年二月雅爾達的英美俄鉅頭的會議來說，像那樣並未得着中國的同意，而竟由三強秘密商量，便把中國的外蒙割予蘇俄，這不能不說是不長進的國際政治的老路子，而竟使中國八年抗戰勝利在望時，遭受此不明不白的，領土主權的犧牲；並且因此引起蘇俄更大的野心，始令之敢於獨霸東北，更進一步的扶助中共，打入華北，佔據大陸，以致今日整個亞洲為之不寧。

前事不忘，後事之師，西方民主國家在兩次大戰之所以贏得戰爭，而始終贏不得和平者，就因為處理和平的方法不對，只注意於和平二字，而便忘却了正義二字；要知道正義一天不能勝利，則和平一天是無法確保的。何況在此民族主義思想高漲的時代，連一些落後的弱小民族，如非洲的黑人諸族都不肯再受殖民主義者的割享其權利，而要紛紛的謀取主權的獨立與領土的完整，又何能再向亞洲的文明古國來任意施其分割政策！

英國人竟能於戰後讓印度、巴基斯坦、埃及、伊朗，以致馬來亞聯邦等先後獨立，這是英國政治界識時務的地方與很聰明的舉措！於今這些國度究竟難於為國際共產黨所利用，而對於東方以至世界的和平在在均有甚大的關係。這是在二十世紀以來英國國政治界處理其帝國政策，具有遠見的所在；雖中間不免波折，而最後卒能見其遠者大者，得着了和平的勝利！

對於遠東不免短見

但是，自中共佔據中國大陸後，英國政治界的處理方法就不免於短見了！一味的想把遠東的事件放平，而總是放不平，經過了韓國的抵抗侵略戰，經過了越南的奠邊府之戰，又經過了西藏的屠殺與印度的被侵略，英國政治界好像還未將中共要獨霸亞洲以及國際共產黨在不斷進行其世界革命這一行徑看清楚的樣子，而至今少數人向要堅持其「兩個中國」的謬論，甚至主張台灣託管，用以安撫中共，以求片刻的偷安。

我在美國住過九個月，我曾感到英國政治界的主張常常會去影响美國人的。因此美國在近年來，「兩個中國」的謬論也不知不覺的流行起來，甚至美國的所謂「中國通」還在那裏起草方案，閉門造車的亂想辦法。我認為英美這一些少數人，在想不費氣力的，而且一廂情願的去賭造出種種說法，以為便輕易的做成「兩個中國」，這乃是一種懶人的想法。這些懶人，心裡先有「兩個中國」的懶主意，然後去編造其理論的根據。前兩年，他們每根據其所謂的「法理說」，說在法理上，台灣曾於光緒甲午年（一八九四）中日戰後，由中國清廷割讓與日本了，故台灣已不是中國的。但是此說之不通，早在有此說之前，便已為羅斯福總統與邱吉爾首相在開羅會議（一九四三）所發出的聲明所否認掉了。因為在這個聲明裏，羅、邱、蔣三氏會決定繼續對日作戰外，宣言不需要任何領土，惟日本所佔的土地則必須歸還，如朝鮮應即時獨立，台灣歸還與中國等……。如果說，開羅宣言所歸還的不算數，不是法理，則至少十九世紀以來，一切國際會議的決定都應該推翻，國際法也應該來重寫一道。時間近一點來說，則亞爾薩斯、羅南兩省便不應歸還與法國，而馬爾他島也不應該算是英國的。再遠一點，超出十九世紀來說，則北美合衆國豈不是應該恢復到一七八三年以前的狀態了嗎？

這個法理之不通，簡直不值一駁；故爾近一年來，所謂「台灣不是中國的」的荒謬法理論早已銷聲不聞，不見於英美報刋了。但這些懶人們還不甘心，又來一個民族說，這一說法，還比法理說更是淺薄無聊，而且可惡之至！

民族觀點更是不通

這個無聊的民族說，在美國近月少數報刋登載出來，我們在美的愛國僑胞飽受刺激，原來它在挑撥我們舊日住在台灣的中國人與近十幾年新去台灣的中國人的同胞感情，說是要由台灣人來投票，本大多數的志願！來一個民族自決，民族自決的原則本拿來在這裡用，則來就不懂得這原則的內容是甚麼，不但未曾讀過威爾遜總統的十四條，而且好像在把中華民國來作為對俄戰敗了的戰敗國來處理一樣，這簡直是豈有此理！

我們在美的僑胞，看見了這種怪論，在他們酷愛中華民國的情緒上非常不安，無法忍耐，紛紛來信，要我們作文加以駁斥。香港自由報的雷嘯岑先生也接着這樣的信，於是他請國史教授余又蓀先生寫了一篇「台灣歷史漫談」，從中國隋唐時代說起，那時就有了中國僑民前往開發台灣的事蹟。他又約教近代史的左舜生教授，用中國近代史資料，正在寫明，台灣近三四百年更是以中華移民為基礎，而使台灣及其附近島嶼特別開發，而賦以物質及文化開展的。

在美國舊金山的華文報紙也請我，就此題為文，對於這個無聊的「民族說」加以駁斥，因為那張報只能登載至多一千字的論文，我便寫了近一千字寄去。大意說：就民族血統來說，台灣省百分之九十八的省民都是中華民族，這是不爭之論的。台灣的中國人，大多數是福建省的閩南人與廣東省的客家人，這是至今在他們的語言上証實得很清楚的。如果說，廈門話與客家話的語音不是同國語音一樣，則紐約市民口裏的英語便很明顯然的與舊金山市民的語音有別；法國北部諾爾曼地的語音就不純粹與巴黎的法國語一樣。再說，福建人與客家人原來是晉唐時代，從揚子江以北，中原地方，河南等省移來閩粵的，閩籍的家族譜上，都載有他們的祖先是從中原，某一時代，某一地方經過某處而移來閩粵的。因此現在台灣省的大多數（閩南籍與客家籍）不但他們不是台灣的土人（土著是台灣的高山族，但他已成少數民族），而且以原籍而論，他們還不算是中國南方人，乃是其祖先移來南方的中國北方人啊！

所以用省籍來分裂中華民族，創立什麼民族說，乃是說不通的。即以我這個四川人來說，我的父親原籍是陝西三元府涇陽縣，我的母親原籍是廣東嘉應州的客家。自從明末流賊張獻忠亂川（一六四四）之後，四川省的人煙稀少，移民來落籍四川的，多半是廣東的客家人、湖南的寶慶人。湖北的孝感人，以至甘肅、陝西、浙江、江西等省的人落籍在四川的也很不少。再以四川來說，如要以先到後到而加以分別，則先在四川省的是苗子、擺玀、番人、棘人，也由如最先在北美洲的是印第安人，而並不是歐州的移民啊！如果民族說是不以血統、語文、生活習慣、文化建設來作區分，而要以先到後到為根據，則今日任何文明國家的民族基礎都會被打翻過來，這豈不是一個大笑話了嗎！

五〇、三、一二

（更正小啓）

本刊第一三二期「談忠貞」一文，楊虎成與張學良一句係楊虎與張學良之誤，特此更正。

從寮戰演變論美式中立與俄式中立

劉裕畧

自甘廼廸總統本年一月二十日就職起，到現在為止，共已歷時將近兩月，寮國政局與戰局，在這期間亦已演變到了一個新的階段。

對於這一新階段以前的寮局，筆者曾於一月六日在本報撰「讚揚美英在寮國的行動」加以分析。認為寮共領袖蘇發努萬之突然越獄逃走與李江（香港共報譯為貢勒）突率傘兵在永珍發動叛變，這是共黨集團在企圖用內部顛覆手段爭奪寮國的第一回合，李江用叛變方式佔領永珍後，反共的諾薩萬率軍另建反共據點，瑯勃拉王都的軍隊也隨即歸順了諾薩萬，這是第二回合，諾薩萬跟着進攻永珍，並從李江手裏把永珍爭奪回來，重組寮國合法政府，這是第三回合；李江退出永珍後，蘇聯忽然照會英國，認為只有李江所建立的富馬政府才是寮國合法政府，主張重開一九五四年日內瓦會議並恢復老撾（即寮國）國際監察委員會和監督委員會的活動。另一方面，則由蘇聯與中共同時加運軍火給李江，以謀再舉。這是第四回合。迨李江所部與寮共軍隊合流，蘇共與中共給予之接濟與補充（甚至包括越共及中共傘兵之秘密參戰）完成後，李江又發動攻勢，並用不明國籍之傘兵空降寮中，且即在豐沙里及川壙等地展開反擊，這是第五回合。

就第五回合的當時形勢看，李江與諾薩萬雙方似乎必然要在寮中地區進行一次決戰，以決定永珍和瑯勃拉王都的命運。其時雙方既都已獲得增援，乃如箭在弦，勢在必發。但其時恰逢美國新舊總統交替，故當時新聞電訊雖有美軍隨時可能進入寮國之消息傳來，卒以美國方面決待新總統就職後再作決定，再則當時共黨集團方面亦欲觀望美國之新政策。於是，寮局之第五回合乃轉而陷於拖延中。

及甘廼廸就職迄今，由於美國對寮局之採用新政策：寮局之演變，遂又進入第六回合。且迄今仍在第六回合中。

值得特別提出討論的，乃是這第六回合的特徵。基本上說，第六回合的主要特徵，乃寮局的主要爭鬥方式，已由熱戰變為冷戰。或者說是寮局之決戰方面已由軍事戰變為政治戰。

何以忽然有此一變呢？

若按第五回合的戰鬥形勢看，當時原本很可能把熱戰擴大，東南亞公約會員國的事力及美國的軍力都很可能隨時投入這一場鬥爭的。但甘廼廸就職後，對寮局忽然推行一個美式中立政策，於是寮局峯迴路轉，乃進入當前的這一階段。

筆者之所以把甘廼廸目前的對寮政策稱為美式中立政策，並不是說美國已對寮局採中立不管態度，而是說，美國現在的對寮政策，乃是期望寮國中立。而此種中立，又有異於共黨集團對寮國所期望的中立，故特名之曰美式中立。

使寮國中立，並不是蘇聯對寮國之根本意圖。因為蘇聯對寮國之根本意圖在全盤赤化。但李江叛變之成就只在永珍曇花一現，反共的諾薩萬又非立即可殲，而美泰等國對寮局之演變不但關心，且有不惜進行小型熱戰之決心。於是共黨集團才對寮局改變策畧，或者使其分成兩個寮國或者把寮國走上聯俄容共的左傾中立主義道路。（共黨集團所指望的這種聯俄容共的左傾中立。筆者特名之曰俄式中立）。

與俄式中立相對的所謂美式中立，其內容又自不同，就美國過去之對外政策而言，美國從未正式主張寮國一類小國走中立主義道路。因為中立主義之結果，通常都含有親共傾向，因而削弱了整個自由世界，並在相反的方面加强了共黨集團，故美國對俄式中立一向無好感；甘廼廸政府此次卻正式表明希望寮國中立，然則甘廼廸政府喜歡俄式中立了嗎？卻又不是的。事實上，甘廼廸現時對寮國所指望的中立，又有別於俄式中立，而為一種對內不包括共黨，對外不傾向共黨集團之中立。嚴格言之，這正是一種不聯俄不容共的右傾中立，故筆者對此名之曰美式中立。

說到寮國之中立，既非蘇俄之原來期望，亦非美國之原來期望。不過美蘇雙方內心對寮國現狀卻都有一個估計。那就是假若不能使寮國完全傾向自己這一邊，那就儘量做到寮國脫離敵對的那一邊。這是美蘇雙方都不欲為寮國打熱戰，而又都不能從寮國退卻的次一想法。

正惟其美蘇雙方目前都有這種想法，寮國前線現在也才只有零落的小戰，而暫時無主力熱戰了。於是寮國內部原本尖銳對立的富馬與諾薩萬兩人也才可以互相會面，而且可以進行政治商談。

但這是不是說寮局就此可以澄清和安定下來呢？卻一是決不可能的，第一，如果商談不成，雙方仍可隨時回到軍事爭奪戰去。第二，商談縱然有成，美式中立與俄式中立畢竟仍有衝突。因為它們兩者只在中立的形式上統一，而它們兩者在內容和傾向上的敵對，則是根本的，且諾薩萬集團願意參加在俄式中立嗎？不可能的。不說美式中立原不欲包括共黨份子在內，縱然勉强包括，李江集團又願意參加在美式中立之內嗎？亦是大問題。

所以，俄式中立之路，固然行不通，美式中立之路也不易行通，縱然暫時行通，勉强建立一個表面上的聯合政府，其內部之爭鬥仍是方興未艾，共黨集團既志在顛覆，則寮局之安定，自屬永不可期之事。

從表面上看：美國對寮國現成局勢推行一項美式中立，似乎是美國外交政策方面的一項新猷。實則這項新猷也只是一種糊漿子政策，是經不起風吹雨打，也經不起時間考驗的。寮國問題並不會由此真正解決。局部存在於全體之中，寮國問題之真正解決，還有待於世界問題的總解決，美式中立對寮局縱然收效一時，亦不過頭痛醫頭的暫時止痛藥，雙方均欲在會談中實現自己的願望。而共方堅持富馬政府才是合法政府，另一方則堅持寮王及彭庵親王所組成之政府，所以，要拉攏來會談，也並非簡易的事，更不必說會談能否有結果了。

論中共入聯合國對聯合國之利害

郭其虞

拖延已久之中共入聯合國問題，最近，由於英聯邦總理會議之某些態度之轉變，及非洲若干新獨立國家之大批加入聯合國，這問題便呈現了新的醞釀。

如何對付這不利於中華民國之新醞釀，由於國民黨之領導人及當權派之無能，仍未有傑出之才能表現。筆者以為此一問題，關係中華民國之前途甚大，除呼籲一切愛國志士應共同起來堅決奮鬥外，茲再對中共入聯合國對聯合國本身之利害究竟如何，加以論列之。

我們曉得：除蘇聯及共黨集團外，尚有印度等國早就主張中共加入聯合國，但反對中共入聯合國的國家更多，故中共進入聯合國之企圖因而不逞。

若從正義與道德來看，像中共那樣一個對內殘暴對外侵畧，且其成立之初，即於一九五〇年進入韓國與聯合國軍隊公然作戰，自無允許其入聯合國之理。

但正義與道德尚不是今日世界和今日國際關係的主導力量，今日國際問題之主導力量，乃是利害與所謂「事實」。

强調事實的人認為無論中共怎樣殘暴，無論中共怎樣不人道，中共政權統治着中國大陸數億人口總是事實。而聯合國乃是從實際事實出發來解決國際問題的場合。所以，事實論者便以為雖不喜歡它，但不能不承認它。況聯合國一向以會員國為單位，不分大國與小國，每一個會員國家都只有一張投票權，而新近參加聯合國若干國家的態度，又在事實上影响了舊有的投票形勢，所以，為了面對這一似乎不可避免的形勢，事實論者就更强調了他們之所以要允許中共加入聯合國的理由。

其實，事實有兩面，事實亦非一成不變。且不說中共在大陸的統治并不鞏固，因而這一事實隨時有傾覆和被推翻的可能。再放眼曠觀整個世界大局，中共政權在大陸存在固然是事實，但世界大局之正在變化，又何嘗不是事實？那末，為什麼不把中共問題留待將來和整個世界問題來一起解決呢？況且，即就事實而論，中共迄今亦尚未統治整個中國，僅在緜亘已經三十年的這一國內戰爭中，目前暫時佔有大陸而已。最後勝負并未決定。再說，事實論者之所以主張面對事實，是因為問題存於事實之中，故欲解決問題亦只有從事實出發。但事實論者應該從事實的利害再進一步追問，所謂從事實出發又究竟能否解決問題，其間之利與害又究竟如何？問題很簡單，中共既只是整個共黨集團中之一員，中共以外之共黨政權包括蘇聯在內，既都已參加聯合國，然對世界問題之解決皆無補益，則再准許一個中共政權加入，對問題之解決，又何能有作用。

說到這裏，事實論者也許會反問，既然其它共黨政權都參加了聯合國，則多一個中共政權入聯合國又有何害？

問題的關鍵其實就在這兒。抛開中共入聯合國後對整個亞洲的惡劣影响不談，只就聯合國本身來說，害處也就極大了。如所週知，蘇聯現今是正在借攻擊韓馬紹為題以圖改組聯合國，從而控制聯合國的。然蘇聯只在安全理事會中擁有一票，假如再增加一個中共，聯合國豈不將會被蘇聯與中共鬧得天翻地覆。

又假如允許中共入聯合國，而不准進入安全理事會，由於中共較蘇聯更能誘惑一些亞非集團國家和中南美國家，則中共助桀為虐之結果，亦足以聯同蘇聯把聯合國加以破壞或癱瘓，實無可疑。

所以，不談准許中共入聯合國對聯合國憲章及尊嚴之抵觸，即就中共入聯合國對聯合國之無利而有大害一點而論，為了維護聯合國，各國政府也應該深思其利害，且斷然設法不准許中共進入聯合國才是。

尖刀集

諸家

英工黨領袖蓋斯基爾說：中共應加入聯合國。又說：應加强聯合國。聽其言，好像准許中共加入聯合國，便可加强聯合國似的。

但真正的事實，乃是「如欲加强共黨破壞聯合國，乃可准許中共加入」何！（玉）

× × ×

日本國際貿易促進會理事長山本熊一訪問大陸後過港發表談話說：中共人民公社很成功。

其實我們又何嘗否認它在破壞家庭組織，奴役大陸人民，剝奪勞動果實，製造人為災荒等方面的成功。

山本熊一又說：大陸饑荒雖重，但沒有看見餓死人。

山本熊一這話也許沒有說謊，因為那些即將餓死的人，山本熊一看見他時，他尚活着，已經餓死了的，則山本熊一又根本看不見他了。（如）

× × ×

大陸災情嚴重，蔣「總統」備極關懷，特在台發起「一元救災運動」。

但大陸人民所期待的是反攻。難道一元救災運動就可代替反攻不成？

× × ×

蔣「總統」的一元救災運動，號召大家各出一元。台省軍民及海外僑胞共三千萬，縱然全體响應，總數也不過台幣三千萬，合港幣僅三百萬。而大陸災胞有六億人，每人攤分不到港幣五厘。蔣「總統」「偉大英明」，倒要請教這一元救災運動如何救法？（世）

立委關切我在聯合國的席位

靜吾

（台北通訊）由於國際局勢的逆轉，我國在聯合國的代表權岌岌可危。雖然當權者在表面上力持鎮靜；但朝野間則咸表關切。本月七日立法委員鄧公玄提出訊問，略謂今日對外形勢日漸困難，英外相及美國駐聯合國代表所表示的態度和種種的跡象，頗足憂慮。我外交當局對此有無對策？另一位立委張金鑑亦指出過去我國在聯合國之代表權，因美國等大多數國家之支持，尚能保持不墜。但今日美駐聯合國代表史蒂文生已有中共終將入會之看法；而英外相尤認爲允中共入聯合國之時機已至。我國對此一嚴重趨勢，實應提高警覺，請問外交當局對此有無信心及具體計劃？當鄧張兩位立委提出訊問時，其他委員會熱烈鼓掌，顯見立法委員對此問題普遍關切。但外交部次長許紹昌答覆時則說：政府已就多方面加以努力，並不斷密切注意其發展，詳細情形，須俟沈部長返國後在秘密會議再作報告云云。

本月十日，沈外長列席立法院，立委趙惠謨又提出此一問題，並主張政府應多多爭取機會，尤應特別加強出席聯合國代表團的人選，使其成爲一個強有力而活躍的代表團。沈外長說，政府對這件事的重視和警覺，決不下於任何人，目前正作適當的安排。任何有利的機緣，一定爭取，任何最小的機會，也決不放鬆。並表示對於代表團的人選，自應加強，以發揮最高效用，確保聯合國席位的目的。所謂加強代表團的人選云云，聞係最近有人會建議下次聯大開會時，最好把流亡海外的領袖人物及在台灣胡適、于斌、陳立夫等人亦羅致爲代表團的團員，先形成舉國一致的形勢，以期挽回危局。據說有關方面正在研究中。但觀察家則認爲沒有可能，因爲不但當權者無此雅量；而這種臨危才請他人來供一時之利用的如意算盤，也決不是任何稍有自尊心的人士所能接受的。而且外交原是內政的延長，假如以一人一姓爲中心的獨裁之局仍繼續下去，永是祇顧偏安海隅而不圖反攻大陸，縱然能派出一個包羅萬象的代表團，恐亦無濟於事的。

陳誠又說空話

正當我國在聯合國的席位發生動搖時，大陸上大鬧饑荒的消息忽然外洩，這可說是韓戰以來的又一次天賜良機。海內外都一致主張政府應立即反攻大陸，不但所以弔民伐罪，而且還是確保聯合國席位的最有效辦法。月前監察委員對此問題已有強烈的表示，本月十日立法委員郭登敖又提出訊問。但陳兼院長的答覆，則說：「我在施政報告中曾指出，今年爲反攻復國的時期，並非因大陸發生災荒，而乘人之危；乃是弔民伐罪，解救同胞的一種機會。因爲共產制度與貧困飢餓永遠連在一起，共匪決不能解決糧食恐慌問題。只要我們爲弔民伐罪而有所準備，遇到適當的機會，採取行動，相信沒有任何力量可以阻止」。這番話使人聽了，都有莫測高深之感。尤憶前年西藏同胞起而抗暴時，大家曾主張政府應即全面予以支援，並速發動反攻，互爲配合。陳兼院長曾聲言，將從大陸反攻大陸。如今他既指出今年是反攻復國的時期，又說要遇到適當的時機才採取行動，尤其是還提到並非因大陸發生災荒而乘人之危。好像存心要等到中共的危險期過去以後才準備和朱毛決一雌雄，而表現當權者的眞本領。其武德固然可佩：但恐怕到了那個時候，大陸的同胞固已餓死一半，而台灣的反攻準備也更將無法完成了吧？陳兼院長原是一位說幹就幹的硬漢，不料如今卻變成了這樣一位外強中乾的圓滑人物，即此，亦可見台灣年來是如何的進步了。

雷案的尾聲

雷震被判十年徒刑後，舊曆年前胡適之先生及其他四十餘位好心人士曾上書蔣「總統」，懇其行使憲法所賦予的特權予以特赦。他們竟置憲法保障人民自由和限制政府權力於不顧，而祇談憲法所賦予總統的特權，已充分表現了今日口談民主自由的許多知識分子是何等的微弱和怯懦。然而截至今日爲止，請願書尙無下文。有人說「總統」正在考慮中，不久即將有所批覆；有人說爲「避免以「所請礙難照准」六個字的批示，使胡適等覺得難堪，將不以答覆了之。

至於監察院的雷案小組，在接二連三的遭受阻礙以後，也於本月十日提出一篇長達萬言的調查報告；其要點如下：「（一）雷案偵查過程，頗多令人滋疑之處，尤其對於證據事實方面，審訊上並未盡職權調查之能事，顯違刑事訴訟法第二條及第二百八十條之規定，（二）各機關今後處理文字言論涉嫌違法事件應先適用出版法令及普通刑法，除非同時蒐集匪諜叛國之確據，不得遽認爲叛亂而以軍法從事，並應恪遵蔣總統之指示，對於匪諜牽連案件，不得以先行拘禁爲偵察之方法，（三）審判庭彼時既明知雷震要求對質（按指與劉子英對質）及直接詰問，而唯有經過對質方足使其折服，然仍不予以對質之機會，似難謂盡權職調查之能事，（四）匆匆開庭，如此急促，殊非所宜，（五）雷震等之徒刑或感化處分，業經依法確定，本案雖查有若干瑕疵，然尙無損於其確定性或判斷力。但國防部主任軍事檢察官自得依照軍事審判法第二三九條提起非常審判，警備總部軍事檢察官亦得依照同法第二二九條聲請再審。（六）警備部等機構處理雷案頗多不合或處理失當之處；但念承辦人員或因凛於治安之重要，或因扭於積習之難返，用心非無可原，故擬免予糾彈，但爲懲前毖後，使治安機關今後不致有違誤，本院仍應將上述意見，作成糾正案送請政府切實改善。」

此一報告書既指出雷案的拘捕，偵查及審判均未依法辦理，卻又說本案雖有瑕疵，然尙無損於確定性或判斷力。最後還說檢察官自得依法聲請再審，似乎所謂判斷力或確定性並非正確。我們的監察委員如此閃爍其辭，顯然是格於環境，迫不得已。尤其是提出承辦人員扭於積習難返，用心不無可原，故不擬予以糾核。更可見那些所謂檢察官和軍法官，都只是奉命行事，雷案的主使者則另有其人。至於此人爲誰，大家心裏明白，筆者不用多說了。

總而言之，請願書一經送出，胡博士們的應盡之力即算終了。調查報告一經提出，監察院的功德也就宜告完成。雷案從此即成過去，今後雷震等四人的命運如何，只好聽天由命了。不過，話說回來，監察院雷案小組的調查報告雖然處處避重就輕，但正義之聲仍存於字裏行間。較之不談是非，一味求情的請願書又顯得嚴正多矣。

台省將縮小警察職權

許廼剛

（台中通訊）台灣省政府現擬推動一種省政革新計劃。聞警務部門的革新，將以縮小警察職權範圍，以期確保民權爲總方針。據有關人士透露，台省警察職權，目前過於繁雜，協辦業務太多。如人民向稅捐機關繳納一輛脚踏車牌照稅，竟需由警察機關協助辦理，增加人民的麻煩，也浪費警力。今後對協助業務實應儘量減少，集中力量於本身維持治安之基本任務，注意加強警察機動力、通訊能力、偵防設備等項。

目前警察管理的「特種營業」，純係沿襲日據時期的不合理制度。特種營業如食堂、旅社、理髮等營業者於辦理商業登記外，還須向警察機關辦理申請特種營業許可證。由警察機關派員檢查衛生設備合格後，發給許可證，方准開業做生意。其實，這種檢查衛生設備，應由衛生機關担任。日據時代衛生行政亦屬警察主管，以故警察機關兼辦特種營業。光復後這種制度不但沒有廢止，且訂定更詳細法令規章來管理。目前警察機關管理的行業，計共分爲廿四類：一、飲食業（包括茶室、食堂、酒吧），二、冰類及清涼飲料水業（包括製造及販賣——批發及零售），三、肉類零售業，四、電影戲院業，五、遊藝業，六、舞場業（得兼酒吧），七、說書，八、連環圖畫業，九、旅棧業（包括旅館、客棧），十、理髮業（包括電髮在內），分住商行商兩種），十一、葬儀業，十二、國術館業，十三、僱工介紹業，十四、脚踏車業（包括三輪車、機器脚踏車之零件、製造買賣或出售脚踏車之行號），十五、脚踏車保管業，十六、舊貨業（包括委託商行或拍賣行），十七、刻印業，十八、擺販業，十九、遊艇業，二十、海水浴場，廿一、清潔衛生服務業，廿二、導遊業，廿三、廣告業，廿四、遊藝業。

據悉：在省政革新計劃中，對於有關警務法令將重新檢討，凡是對人民行爲限制過嚴，以及手續繁雜等情形的法令規章，將澈底修改或廢止。原則上除危害公共安全或他人生命之事項外，將儘量放寬對人民行爲之限制。革新計劃於本省警察之員額，運用，以及將作澈底而深入的檢討，由省警務處擬具通盤改善方案，報省府核定施行。

對於警察人員，今後將加強訓練，提高素質，使其在執行任務時，得無偏頗，以增加人民對警察的信心。

照省政府所擬定的警務革新方針看去，雖然尙不完備，但總算指向改革，假如能一件一件實事求是切實施行，當然是一件極可稱道的善政。可是，由於當權者一向是好話說盡，而壞事做盡，將來的成效如何，却尙須有待於事實的證明也。

查封公論報的一幕活劇

聶磊

（台北通訊）台灣「公論報」社長李萬居與「公論報股份有限公司」張祥傳間的債務糾紛，在地方法庭判定李萬居敗訴，要他交出多於張祥傳五倍的保證金二百萬元始免於假執行。由於地方法院又限定李萬居提出的保證金——絕大部份是台省人民捐出的八七水災復興建設有獎儲蓄券，必須以市價計算，結果到了最後限期李萬居無法繳足，於是在三月三日台北地院派出推事孟繼湘會同法警和警察，浩浩蕩蕩開到康定路二十三號公論報社址，強制執行查封工作，這是在十四年前二二八事變後，陳儀封閉十一間報館的歷史重演，政府又一度查封一家民營報館！

截至記者發稿時止，李萬居完全拒絕交出「公論報社」的全部產業。

事實上，李萬居確也無權將兩百八合夥的報館，因他個人的錢債案，雙手奉還給別人的！

三月四日台北「公論報社」發表了一節鄭重宣言；並向監察院及有關機關指控台北地方法院非法查封該社，理由是：一、該報爲一合夥組織，依照出版法之規定，其發行權及一切權利均屬全體合夥人所共有，並非李萬居私產。今張祥傳以所謂公論報股份有限公司法定代理人訴請李萬居移交，而台北地方法院竟法外判決准其請求並強行假執行，使該報社蒙受重大損失。二、據出版物之發行權，係經內政部核准發行，爲憲法第十一條所規定者，內政部對於出版物之核准發行，爲國家行政權之作用，其他治安機關，斷無過問之餘地。今司法機關竟法外判決，又法外執行，司法侵犯行政，顯係雙重違法。三、値茲國家多事之秋，政府當局宣揚民主法治之時，若以李萬居爲一非國民黨之人士，竟遷怒於該報，不惜實行圍剿之，關繫該報事小，對於國家聲譽法紀之影響則事大了！

當地院執行當日，李萬居扶病未到該社，但他也同時發表了個人的意見：他認爲此案僅單純是債務糾紛，他也曾再四表示，對方能核算數目，不敷由他償還，而蓄意非法刧奪「公論報」社的財產，他決計犧牲一切奮鬥到底。他又公開說明地院的判決不公：（一）地院判決李萬居發行公論報之內政部登記証判歸張祥傳，此係司法權侵越行政權。（二）公論報係合夥組織，非私人所有物，張祥傳所組公司，李萬居雖會認股，而想藉此刧奪合夥之報紙，依法李萬居無權交出產權。（三）地院所判免受假執行之保證金被告比原告多出五倍，究以何項標準爲根據，此無異迫使李萬居停止發行，縱使將來三審勝訴，也必無力恢復。（四）所謂「公論報股份有限公司」書明資金二百萬元，現金以外之資產抵押無仕卷面。地院絕不查詢「公論報」設備與資產價值若干？憑什麼要交出給張祥傳？（五）查「公論報股份有限公司」股東，竟無其人者佔有股額，豈非笑話？

「公論報」既被迫停刊，當權者的宿願已償，今後更可作威作福，從此肆無忌憚矣。台灣的法治和安定，又向前邁進一步了？

中共對非洲的做法是怎樣的？

劉裕畧

大陸之窟

非洲雖然是世界五大洲之一，但非洲的文化水準和社會發展程度一直比較落後。所以，在國際關係中，它一直不佔重要地位，直到二次大戰時，由於希特勒派隆美爾兵團經畧非洲，非洲的戰畧地位才比較提高。迨二次大戰後，非洲舊日各國所屬殖民地紛紛相繼獨立，尤以最近一兩年，非洲新興獨立國家大批湧進聯合國，非洲國家的政畧地位才突然升起，如以現今退處台灣的中華民國執政當局而論，他們懵於世界大勢之發展，對非洲的新發展，缺乏敏感，所以，也就缺乏遠見。殊不知，非洲舊日各國所屬殖民地之走向獨立，乃必然之事，獨立後，將紛紛走進聯合國，亦必然之事。它們入聯合國後將影响聯合國的投票形勢，更係必然之事，而這一投票影响，又是必然與中華民國在聯合國地位相聯的。所以非洲雖與台灣相距甚遙，利害之關係則甚切。但國民黨當權派愚昧淺短，未能從近在眼前東南亞各殖民地之紛紛獨立進而推斷非洲各殖民地之獨立，故對非洲之經營，乃較之久蓄陰謀之中共終於落後一步。

溯中共之插手非洲，早在周恩來參加萬隆會議之時。當時參加萬隆會議之亞非國家，其中多具民族主義色彩。於是，周恩來遂亦以共產主義者之身份而加上民族主義之化裝，這是中共對亞洲各國展開外交攻勢之端，也是中共插手非洲問題之始。

不過，當時之非洲獨立國家尚不及今日之多，故其在非洲之實際運用，尚不及今日之廣之切。但數年來，它在非洲方面，與蘇聯配合，從事宣傳從事煽動則不遺餘力。觀乎中共與法國之關係並不良好，若從現實政治觀點看，則中共應該拉攏或示好法國才是。但試一觀看中共對阿爾及利亞反法鬥爭之堅決支持，可知中共對整個世界確抱遠圖，根本無意與英美法等大國妥協，而斷然把它的賭注擺在「反帝」鬥爭的一面。從而示好於更多的非洲新興國家。

對此，着重現實的國際政客也許會覺得奇怪，也許會發問中共何以不着重法國這一方面的現實運用而偏着重阿爾及利亞方面的未來運用，法國在聯合國的地位不是遠較根本尚未獨立的阿爾及利亞不知高出若干倍嗎？法國與中共之間的可能貿易對中共不是更富誘惑力嗎？然而不然，這就可見中共政權的國際屬性深切而堅强的支配着它的政策指導，中共顯然不是站在中國立場考慮問題，而是站在它的國際屬性及它蓄意協同蘇聯進行世界革命的立場考慮問題的。

事實上，直到今天，偽裝民族主義以煽動和利用非洲的民族主義者，仍是中共經營非洲的基本手法之一。

馬列主義認為政治是經濟的上層建築物。毛澤東更認為政治是經濟的集中表現，所以，中共經營非洲的第二個基本手法便是加强它與非洲地區或非洲新興國家的經濟關係。對此，中共且不惜民命，盡量搜括，以完成之。非洲國家之文化水準既落後，中共又冒充濶綽，非洲人對此原是認識不清而易上當的。

對於這一點，遠者可以中共支援阿爾及利亞為例，近者更可以一九六一年二月廿八日簽訂之中共與馬里的貿易協定為例。

據中共新華社三月四日訊：「中共已與馬里共和國簽訂了貨物交換協定和支付協定：其中第八條規定「為了保証支付的繼續進行，中國人民銀行和馬里人民銀行對本協定第五條所規定的帳戶相互給予無息透支二億五千萬馬里法郎。」第九條則規定「馬里法郎的含金量暫定為三・六毫克純金」。此外又規定中共向馬里輸出下列商品：一、各種機械。包括母機、鍛壓機械、建築和築路機械、動力機械、起重機械、礦山機械、紡織機械、木工機械、印刷機械、電工設備、電訊設備等。二、農業機械和農具。三、儀器和電氣用品。四、化工品，包括顏料染料、油漆、輪胎和橡膠製品、氧化鋅、硫化碱、燒碱、純碱、小蘇打、硫酸鉛等。五、醫藥和醫療器械。六、五金鋼材。七、建築材料。八、紡織品。九、食品。十、日用百貨。十一、文教用品。十二、體育用品。十三、土特產品和手工藝品。十四、畜產品。十五、影片、書報、雜誌。十六、其他。」試看上述輸出品類，除土特產品和手工藝品及畜產品應該輸出外。其餘中共本身亦正缺乏；然中共不顧一切，竟爾一律予以訂約輸出。可知中共對非洲之野心甚大，顯欲把馬里共和國當作燕昭王所求的千里馬之屍骨，從經濟貿易方面去誘騙它們。

中共對非洲國家的第三個基本手法，則是協同蘇聯在非洲製造分裂與戰亂，以便混水摸魚。這又可從中共對剛果問題的態度看出來。三月三日中共人民日報曾發表「解決剛果問題的途徑」一文。除故意詆毀美國的剛果政策是帝國主義侵畧行為外，更彰明較著的擁護赫魯曉夫的剛果問題的主張。它說「必須採取措施，給予基贊加為首的剛果合法政府以支持和援助，譴責和制裁比利時侵畧者，逮捕冲伯和蒙博托，解除這些匪邦的武裝，迅速停止聯合國在剛果的行動」。從上述態度，一方面固然可以看出中共政權完全百分之百是蘇聯的應聲虫，另一方面，則中共與蘇聯顯然企圖把盧蒙巴親共集團所成立的非法政府，當作合法政府，企圖在剛果樹立親共的傀儡政權。至少，亦企圖製造分裂，形成兩個剛果。用一個非法的親共政權來與聯合國所承認的剛果合法政府對抗。

綜上所述三點，已足見中共對非洲的陰謀是如何積極的了。再查看中共在拉丁美洲及東南亞各地之積極活動。中共所尋求的顯然是在協同蘇聯對全世界作無限量的擴張，而決不是准許它入聯合國或給予沿海某些小島就可解決的。

我作毛澤東衛士的經過（四）

漫雲

十六、滲入西路軍總部

大麓中學校長原係何鍵兼，我便利用師生關係，並經我的親戚何志超（總部副官處長）保荐乃在總部當一附員，後進入參謀處，作諜報工作，遂與地工楊德安取得單綫連絡。

十七、我所認識的剿共軍

當時西路軍轄三個縱隊，每縱隊轄三至五個師不等，各師派系，光怪陸離，互相傾扎，精神意志，極不一致，就我所知道的說，有保定系，中央系，士官系，醴陵系，講武堂系，武漢學生隊系，八軍教導團系，四路幹部系，明恥社系，各系互不相下。加之部隊學術低落，吃缺嫖賭成風，班長以上，皆有家眷，一旦作戰，無不心掛兩頭，自難望其衆志成城，疆場効命。

十八、絆住了十幾萬的泥脚

湘贛邊區紅軍，以蕭克紅十七師為主，有紅十六師高詠生，湘贛邊區支隊譚余保李天保兩部，合計人槍約八千餘，由蕭克和政委蕭勁光統一指揮，靈活轉戰，西路軍以第十五，十六、十九，三十四，七十七，六十二，六十三、七個師，兩個獨立旅，約十萬餘人，被牽制於湘贛邊區，不能轉用或他調，這多半歸功於地工。消息確實，使得蕭克部隊運動靈便。

十九、為長征鋪路

一九三四年夏季，由於第五次圍剿，蘇區漸漸縮小，困難叢生，黨中央便，有指示，如何向湘桂邊調查駐軍情形，待到是年十月，蕭克在湘贛邊區集結後，沿湘桂邊境山地，向湘西出貴州，毛澤東朱德則率主力，沿湘粵邊出廣西，再沿湘桂邊進入貴州，我遵照組織指示，僅對湘桂鐵路綫負責，紅軍由於地工配合得好，通過湖南，未遭重大阻碍。（未完）

大陸零訊

陸聞

大陸普遍嚴重飢荒　仍運大量白米來港

據香港工商署發表統計：本年一月份中共運來香港的白米，達六千零三十五公噸。佔香港白米入口額百分之二十四點六。較諸一九五九年中共白米輸港的全年平均所佔的比率百分之十六及一九六〇年的百分之十九均見增高。

但目前乃是大陸飢荒最嚴重之一年，人民全靠吃野草及水藻等掙扎生命，中共却為了換取外滙，不顧民命，繼續將白米大量輸港，中共政權與人民利益完全衝突，這又是一個明証。

大陸嚴重缺肥　農產好轉無望

大陸農村缺乏肥料，固不自今日始，中共統治大陸十一年來，對工業設施雖不遺餘力，但中共所着重者乃軍火工業及重工業。且其經建方針一向着重工業。故在疏忽農業之餘，自對農業所需肥料，亦無全盤的根本打算，這也是造成人為飢荒的原因之一，目前中共雖已有見及此，但已挽救不及，被迫只好從利用野生植物幷培養池塘水草藻類，腐化後作為肥料，或更提出口號「向海要肥」。但這都無補於肥荒，於是，由肥荒乃更加重了糧荒。

大陸普遍成災　陝甘災情最重

大陸普遍災荒，這也是舉世週知的事實。但其中何處災情最重呢？直到三月五日晚北平廣播，才透露在東北若干地區去年糧食減產只百分之七，但陝西則減產到了百分之六十。又說陝西、甘肅、山西等是去年受災最重的地方。中共最近雖迫使于右任先生女公子于秀芝寫信給現在台灣的于右任進行統戰，但信中所說「今年全國遭受自然災害，陝西也不例外。據一些老年人講：和光緒三年的災情比，有過之而無不及，比民國十八年的災情就更加了一」。仍然透露了該一地帶災情之嚴重。又據中共近日發佈消息，大陸部分地區已降雨，但陝西甘肅山西等省則災情依舊，預計今年青黃不接時，大陸災情將更嚴重。

日本雖頻送秋波　中共仍大罵日本

對於日本，中共是正從內部顛覆及外部施壓兩方面同時對付的，這不但未隨日本對中共頻送秋波而減輕，相反，中共且以為這是日本示弱之表現，故更變本加厲的逼迫日本和辱罵日本，以期日本完全按照中共意圖行事。

據泛亞社東京八日電：日方人士對中共昨日所作指摘頗感意外。緣中共中央機關報——北平人民日報頃表示日本為美國之軍事盟友，並被美國利用為軍事基地，故不能認為日本是清白者，中共並警告日本說「如果自日本基地出動之美軍一旦公然參加戰爭，則日本即自動成為美軍侵畧戰爭之同謀者，日本人民可能有捲入戰爭之虞」，讀人民日報此文，顯見中共正欲利用寮戰為藉口，對日本施壓力，以挑撥日本與美國之友好關係，誘騙日本脫離日美同盟，從而用中立日本的方式來孤立日本，使尚無軍事自衛實力之日本走上飄零之路，且中共當此日本國內左翼親共分子正在發動反美反池田內閣示威之際，突然發表此一恐嚇性警告，中共對日本左翼顛覆活動，顯亦有推波助浪之意。

漫談糧荒

鍾平

（一）

香港這地方，確乎不愧是「竹幕消息的收聽站」，關於大陸糧荒的故事，眞可以說是聽也聽不完，說也說不盡；說不盡的悲苦酸辛，人間慘事。那一個有家屬親友在大陸的香港居民，沒曾接到幾封報告「祖國近來」沒得吃的家書，一字一淚？

這些家書有一個共通的方式，便是儘其可能的簡約，不露出任何收成不好或飢饉的字樣，也絕對不去觸及所以飢餓的原因。這個大家都心裏有數，無論是强調天然災害，抑或說到人謀不臧，都是觸逆鱗的「揾瘡疤」行為，就是死也不敢妄置一語的，倒不如「忍死須臾待糧包」吧。

當人類已經在飢餓綫上掙扎，與死亡搏鬥的時候，還仍然不敢對於迫害他們的統治者露出憤怒和反抗，你就可以知道，大陸當局過去及現在還在加於人民身上的殘虐是如何之厲害。而這亦就是中共所以能令人民在飢餓綫上掙扎而仍繼續聽其奴役的原因。如派員封鎖災區，不許逃荒等等慘無人道的所為，都是共黨當局「治荒」的慣技。

毛澤東說他「不行仁政」，今天大陸的徧野哀鴻，就是毛澤東不行仁政而推行中共暴政的結果。

（二）

對於當道的統治者，既不敢以一言半語的批評或說明相加，那麼，對粮荒及飢餓，只好都以自怨自艾的方式出之。於是有些家書說：「肚子不爭氣：……」結論自然是希望寄些油、麵、糖之類；醫一醫不爭氣的肚子。白米生油，現在已成為大陸上單方獨味的處方，為的「醫肚子」已成為普遍的疾病，用不着問，聞，切，一望而知。

有一些比較幽默的來信，把由飢餓而引起的疾患，稱之為「時髦病」。時髦者，乃「摩登、流行」之意；換句話說，倘若不是此病，你便非此時此地的大陸人民了。

所謂時髦病者，即由飢餓而引起的水腫病，是餓死過程上的第一個階段。脚腫之後，倘若再沒得飽吃，幾個星期後就難免一病嗚呼了。然而啼笑皆非的大陸人民，對於這種可能導致死亡的病況，却以「時髦」這類幽默諷刺的字眼出之！這究竟是對於「共產主義偉大」的諷刺？抑還是對於自己生命的諷刺？眼看着合家都是「時髦病」，親戚鄰里，也莫不如此，然而對此竟束手無策，坐以待斃，那種悲痛、黯淡、黑暗的情況，似乎只能在地獄裏會有，而不該是所謂「人類生活」的任何一個階段所宜發生的。但，它就是大陸上的人民生活，已經繼續了幾個月，而且看來可能還要延續下去。

（三）

家書的另一些表現，便是當接到海外親友寄到糖油粮食與食品後的覆書。從那裡面所透露出來的感激之情，比「毛澤東的恩情說不完」，還要深過萬倍。「澤東恩情深千尺，不及親友送我粮」。這原是難怪的，「自從出了朱皇帝，十年倒有九年荒」，毛澤東帶來了飢餓，製造了飢餓，而資本主義的人道主義，却能自迢迢的海外，千里饋粮去解決飢餓，在渴時一點如甘露的時候，那能不感天謝地呢！共產主義是唯物的，毛澤東的恩情不是東西，而要塡飽飢餓的肚子，膏潤乾涸的肺腑，却必需一些東西。

「你是那麼慈愛地照顧我們，讓我們得以獲得營養，沒有病痛地活到現在，我們不曉得要怎樣感激妳」。差不多，許多詞句，等於說兩磅重的粮食包，就有「再生之德」的功力。於是，為了報答餽贈粮包的他們或她們的海外戚友，除了善禱善頌地恭祝健康順利之外，他們總會多囑咐幾句：「多吃些營養品」，以保重身體。他們又那裡知道，香港的「時髦病」乃是胃病，這些胃病，非由於營養不足，更非由於飢餓，而是由於米貴上高樓，「飲茶灌水」，吃得太多之故。然而，「罪惡的資本主義」物資豐盈，甚至有些暴殄天物的情形，有似於唐詩「朱門酒肉臭」的情形，又那是那些共產主義時代的兒童或青少年所可能想像的？「為了下一代」。我們怎樣去拯救下一代呢？

三月十日

「營養食堂」

·伍時剛·

中共為「照顧」四邑僑眷，最近乃在各縣城裏增設了所謂「營養食堂」。——但如果祇依照「營養食堂」這四個字的字面來觀測，便貿然以為這食堂裏一定具備了許多營養豐富的粮食供應僑眷享受，那就大錯特錯了。中共的油腔滑調是世界第一的，對「營養食堂」這個名詞當然不會例外。

原來，所謂「營養食堂」也者，僅是一枝含有吸引僑滙作用的幌子；雖然它所供應的食品是比普通食堂畧有點特殊，但以那些食品的本質和份量來說，則與「營養」二字的原則，還有很大的距離。

那些特殊食品畢竟怎樣？說穿了簡直可笑亦復可憐。

據台城居民透露：「營養食堂」平日的供應和普通食堂一樣，祇是每隔若干日才加配一些菜蔬和魚類佐膳，同時中午多配了一個「衛生餅」；這個「衛生餅」，是用玉糠攙雜禾桿末製成，營養成份如何？祇有中共的「科學家」才曉得。

然而鄉民欲進入這種「營養食堂」用膳也不容易，共方業已訂下約法兩章：第一、本身是僑眷，而每月均有外滙港幣一百元；第二、患嚴重水腫病，經醫生証明必須增加營養。——後者顯然是陪襯的條件，前者才是共方增設「營養食堂」的主要原因。

寮局前途仍可慮

·成廣元·

自旬日前寮國國王提出了「遏止戰爭」的呼籲後，詭譎複雜的寮國局勢，似乎寧靜了下來；然而這寧靜是暫時的，并不是說明它已轉趨平息。相反地，它是隱伏着風雨欲來的氣氛，內部的危機，依然充滿爆炸性；前途仍是相當可慮的。

從表面上看，寮國這個彈丸的小境域，原是不可能成為東西方兩大集團「用武之地」的。寮國的人口，還不到二百萬，比「鐵幕之窗」的香港，還少了三份一，而且大部份仍是文盲，不單是沒有知道堅尼特和赫魯曉夫是那裏人，就連帶華盛頓或莫斯科在那裡也不清楚，對民主主義或共產主義更沒有怎樣的認識；可是，她畢竟是東南亞各小國的一環，於是這個迷茫的民族也終於逃不過東西方兩大集團所掀起的衝突巨浪來沖擊，因而也給糊糊塗塗地捲入了鬥爭的漩渦。再說得清楚一點：她之被牽進這渦流裡，是無從自主的，甚至連寮國政府裡的執政人物，或叛黨（寮共）中的領袖，也都是受到外來力量所左右、把持、以至掣肘。永珍的寮國政府，如果不是得到美國的支援，早就已垮台；同樣的，叛黨如果不是得到蘇聯的軍火供應，也早就被消滅。——這都是很明顯的事實呀！

那麼，寮國國王「遏止戰爭」的呼籲，能夠就此發生效果了嗎？顯然，在目前仍是一個幻想。暫時的寧靜，可能正是將來局勢益加惡化的開端。

西方自由國家集團，雖說已準備接納寮國成為一個「不參加任何聯盟」而處在「眞正中立」地位的建議，藉此結束「連續不斷的鬥爭」，及消除其將來「惡劣的發展」；但共產集團，尤其是蘇聯這個居心叵測的傢伙，能夠容這樣的一個寮國存在麼？

國際共黨，是早已存心吞噬整個寮國的！他們是正企圖利用寮國來作為侵畧東南亞的一個立脚點，無論如何，蘇聯是不肯把她的魔手從寮國抽出來的哪！

在蘇聯的陰謀中，對寮局的次一步驟，依然是採取「爭取時間、發展勢力」的手法。莫斯科刻已和她的爪牙大聲疾呼，力促西方集團仿照一九五四年的日內瓦會議形式，舉行一個大規模的「和平會議」，然後在會議當中，不斷地提出爭論來討價還價！使這個會議延續至半年或一年，而在此同時，國際共黨的勢力，便可以獲得充份時間去增强寮共的實力，到了寮共實力壯大時，就可以把西方狠狠一記悶棍，把西方自由國家集團打得手足無措，而終於達成其吞噬寮國的目的。由此再發展下去，寮國比隣的高棉，南越，以至泰國等，到這田地，當然也在國際共黨的支配下了！

東南亞公約盟國對這危機又將怎樣應付呢？這點，在目前還缺乏明朗的事實可供參考；而且美國和盟邦的態度，也尚未一致，要待不久的將來，東南亞公約組織的部長會議舉行時，才能作出決定的辦法。換言之，此時此際，東南亞公約組織的面臨寮國危機，仍是束手無策的。

然則將來東南亞組織的部長會議又如何？一般預測：寮局畢竟是一個相當嚴重的問題；東南亞公約國中的幾個弱小盟國，是不能負得起「實際解決」責任的；如果會議當中陷於「夜長夢多」的話，則寮國前途，當然仍是很值得憂慮了！

僑鄉近訊

共幹迫害孕婦小產數字激增（南、番、順）江水

農曆新年後，南（海）、番（禺）、順（德）等縣的共幹，突再加强壓搾鄉民勞力，不特男子受到非人的役奴，即屬婦女，也被迫從事超體力勞動，連孕婦也無可倖免；因此，該三縣孕婦的小產數字，邇來已告激增，無形中成為農村人口的一大浩刼！據順德縣來客婦人何蓮嬌稱：她有五服內之嬸姆三人，均已懷孕六月，仍被共幹驅策下田翻土，每日工作逾十五小時。其大姆吳氏，在農曆元宵前一日，突於工作中暈厥田間，下體流血不止，卒告小產！其嬸王氏，則於年初十日晚上七時由田間放工回家後，亦因勞動過度而慘罹小產厄運！另一嬸馬氏，則因長期被追勞作，由年初二起，已不斷患腹痛，至年初八日始由醫生証明「恐胎兒有問題」，才獲准休息調理，但將來能否順利臨盆，實為可慮！此種在中共暴政下所釀成的悲劇，誠屬慘絕人寰！何蓮嬌又稱：鄉中男女，多患脚腫，因缺乏醫藥，且喪失營養，故每至潰爛，膿血流個不停，但共幹還要迫他（她）去「生產」，這也是一大慘事！

幼兒園兒童面臨死亡威脅（潮陽）

潮陽縣赤寮鄉幼兒園，收容有兒童三百餘人。自去年該縣遭受水災影响粮食失收後，該園的兒童口粮，亦被大力削減；至去年杪，粮荒愈益嚴重，園中粮食供應，從此時告中輟。該園服務員，乃於粮食供應斷絕時，迫得改以野生植物摻混米糠，給兒童充飢，各幼兒因此營養不足，患病率高達半數以上。今年一月間，因病而至夭折之兒童，竟達三十多名。園中服務員以情况嚴重，乃通知各幼兒父母，着暫將其兒女領回，但他們因自身亦陷於飢饉中，焉有能力再養活兒女，祇得忍痛仍將其兒女留在園內，把兒女們的命運，交由共幹安排。詎至二月中旬，情况繼續惡化，由十一日至十五日之短短五天中，病逝的兒童竟達十一人！中共對此慘况，迄仍未有辦法補救；園內數百名小生命，均面臨死亡的威脅！

兩文魁的故事

定僧

在東方之珠的街頭上，不時會見到一對潦倒模樣的文人；一個P先生，一個S先生。P先生不只留學過法國，用法文寫的散文，就是法國文學家看了也歎爲觀止。S先生呢？也是法國的博士，常用法文寫詩，即使法國第一流詩人，對他的作品曾拍案叫絕。他們兩位的文學天才，眞令人「心嚮往之」！

他們兩位有一個相同之處，都是「身長不滿五尺、心雄萬丈」，由於胸懷大志，所以不屑錙銖計較，於是常常積欠房租，非到被房東緊鎖房門，不付清房錢不許再進門去，無法迫得他們着急籌措房租。他們常挨餓，兩三天難得一飽。挨餓時，就臥倒床上，不出門。他們自己名之曰「隱居高臥」。餓得十分敵不過的時候，就找出一兩本破書，携向收買舊書攤去割愛求售。有時書錢賣得太少，就祇吃一回經濟早點。又美其名爲「節約運動」或「經濟餐」。

一個清晨，P照例去實行節約運動了。跑到一家咖啡店，坐在櫃枱邊卡位上。叫了一客早餐，就是兩片多士，一杯牛奶咖啡。因爲他出門之時，記得錢包中所有餘款，只够付一回「經濟餐」的代價。所以他也不敢多叫多吃。吃完坐定，又偷看了一回隔座客人所買報紙上的大字標題。覺得世界情勢，也沒什麼大的轉變。買報細看，也不過如此這般，不如節約至上，更加節約。這張報紙，也無須破費再買。心想經濟早餐，不能支持太久。該回寓去，繼續高臥，才是長期抵抗的辦法。就向侍者索取賬單。賬單來了，一看倒是不貴。急將錢包掏出。不料一摸再摸，竟是空空如也，摸上摸下也摸不到半個仙。他才知原來出門之時是記錯了。他所記得的還是昨天的事。昨早錢包中，確留下午餐一頓和今日早餐之費。但因爲向人借錢，昨天下午發出幾封信，將餘款都買了郵票。郵資不够，還有一封寫好的信未曾付郵。這些都到此時才追憶出來。他自己也知這是因爲掙扎在飢餓綫上，精神萎靡，所以記憶力更覺衰弱的原故。但賬單一來不付，如何出得門！他想押了一件大衣，他又未着大衣。想押一枝水筆，他來時，好的又沒帶來，而且就帶了那枝水筆，他那枝水筆，也未必可以抵押一頓早餐。他思前想後，焦心異常。最後想定，只有一綫希望。就是等到熟人經過門前，請他入座，同吃咖啡。吃完之後，請他一人而付兩人之賬。主意既定，一心注意店前街上過往之人。

文人畫家坐嘜啡店，尤其在獨坐的時候，總是拿起筆在空紙上或報紙白縫中東塗西抹。那天，P悶坐無聊，沒有報紙，便拿餐牌出氣，塗滿了鴉，又塗滿了雀。最後，他塗出一首詩來：「摸摸錢包無半枚，焦心早點賬難開；早知貧得眞如洗，餓死家中也不來。」

他寫完後，自己又唸了幾遍。正在倍覺傷神之際，抬頭一望，忽見S在街前拐角處，從容徘徊。P十分開心，立即趕上前去，叫他一聲說：「你在此徘徊，幹麼？請進去吃杯咖啡吧。你無聊麼？無聊，我們去談天，正好！」S進了店子，也叫了一個經濟早餐。吃完之後彼此又談了一些文學批評。P說：「老兄！上次我請了你吃嘜啡，今天的早餐，你應該作一次東了。」S說：「我下次準作東的，我作東要我自動請客，今天是你請我進來，該由你作一次東。」P將他自己的錢包拿出與S手中說：「你摸摸看！我今早眞是一錢莫名，一貧如洗！我記錯了。不然，我餓死也不會進店來喝嘜啡早餐的呀。因爲我出不得店門，所以在此等人請客。幸而遇見了你，豈不快哉！如今全盤托出告訴了你，有什麼客氣！不是要你作東，是要你作救星呀，快付賬付賬吧！我想回家睡覺去。」S聽了大笑，也將他的錢包立即掏出交與P說：「請你也摸摸看！我包中倘有一點餘錢，我早入了嘜啡店，何至在街上徘徊呢？我所不幸的，就是我記得太清楚了，所以就不敢闖進店子來。這是我不如老兄之處。」P見此情此景，長嘆一聲說：「眞糟！眞糟！世上眞有這麼巧合的事！眞叫禍不單行了呀！我以爲老兄至少還有兩文，足够代付一回早點。今既如此，正如蘇東坡說得眞好：「飢來字不可羹。」我們認些之乎也者ABCD有什麼用處？」一做文人，就倒霉一輩子呀！現在我要解決目前，老兄！你有什麼別出心裁的妙計麼？」S聽他這番牢騷，確也十分同情，既覺得同病相憐，又感到增加了他一回早餐負担的煩惱，心裡非常抱歉。但他不言不語，祗是苦笑。此時P怨氣冲天，詩興大發，看見S，又氣又憐，想嘲笑他幾句，出些怨氣。他說：「古人說得妙：「詩以窮而後工。」現在窮到了一錢莫名，應有佳詩做我窮的報酬了。奉贈老兄兩首何如？」P出口成章，頃刻之間，一口氣就吟成兩首來：好友相逢亦快哉，街頭何事獨徘徊；無聊只有談天好，請坐嘜啡吃一杯；原想老兄薄有財，談空說有笑成堆，一回早點難清付，翻教如今付兩回。

S得詩，唸完大笑。P說：「你不要老是痴笑，笑解決不了目前的問題，你有什麼別出心裁的妙計麼？」S說：「哭也解決不了目前的問題呀，你不用焦急，妙計不是現成的，你原來有的是妙計什麼？」P說：「我原來有的什麼妙計？」S說：「你不是說等人請客嗎？我們仍將計就計，再等過街的熟人，再請他進來吃杯嘜啡，你想請我來付兩人的賬，我們就請他來付三人的賬，不很好麼？你焦急也無用處，雖然一錢可以逼死英雄漢，但英雄至死也當氣概軒昂，不可有一分頹喪之氣。老兄！抬起頭來！繼續我們的天地縱橫談吧！或者作詩吧！」P說：「我看你倒眞是「處之泰然」了！還在講什麼氣概軒昂，你剛吃飽了，自然可以軒昂得來呀，我吃的早餐快消化完了，我已沒有氣力了，你說我原有妙計，但自從老兄入店，我的妙計還算妙麼？我們老等，又等誰呢？若再等到一個像老兄這樣的人，請了進來，那才是妙不可言了啊！」S說：「我們是特出之士，社會上那容易找到像我們這等的人。天無絕人之路，你千萬不要焦急，大才子F，住此不遠，他總要出門來到這店買報買烟的，我們一瞥見他，就抓住了他，他若老不出門，我們也樂得在此作一長談，他絕不會不出門的，他來了就算是我們的救星了，你的妙計，倒不是兌了現！」P聽了，笑逐顏開說：「你這說的很對！我倒一時忘記了他，很對！很對！他一定會出門來的！」P說完後，忽然一變也露出了他的軒昂概，笑語不休，大才子F雖久不出門過街，他們也不以爲苦，因爲他們已經有了希望，有了信心，就覺得有了辦法有了前途。

他們就這樣的談笑了約莫四小時之久，時快正午，大才子F才出門來買報，他們遠遠就瞥見他，S說：「等他走近枱邊再說，你不要慌張，不要打草驚蛇，我這裡又寫好了四句佳詩，等他來時坐下，就要拿給他看的。」轉眼，大才子F進了店門，一直向枱櫃報攤走來，忽然看見他們兩位正坐枱前，立即握手招呼。S說：「請坐！請坐！吃杯咖啡吧！」大才子F就坐下了，P有些不甚自然的樣子，S侃侃的說：「我們在這裏等候先生許久了，預備了新詩一首，歡迎駕到。」大才子F接了唸去：果有救星走近枱，一聲請坐响如雷；歡迎駕到爲何事，要請高明猜一猜。

大才子F一見他們，早知不大對路，何況又獻上此詩，他說：「我剛才一見你們兩位坐在一處，就知有些不妙，不用猜了；准是沒有錢吃午飯吧。」P只是啞笑，S說：「午飯問題，我們還沒想到，先生好意要解決我們的午飯問題，還得請你附帶着先解決我們的早飯問題呢。」說完後，就將他們兩位先後等人請客的經過詳細叙述了一遍，大才子F聽了，又好笑，又爲他們憤慨不平，S又說：「我們在這裏坐了半天，還有一點「窮而後工」的成績呢。就將他們所作的即景幾首詩，從兩面紙上字畫縫裡一一指點給他細看。大才子F看了非常佩服，非常高興，而又非常感動，於是他有感而發，也立即回敬了他們的一首絕句：乍見已知事可哀，皇天辜負兩文魁：平生最解文人苦，救苦文人總奉陪。

他們讀完此詩，似乎得到了一種分外的溫暖，S對大才子F說：「此所以我們在此恭候大駕於半日之久也！」大才子F與他們又同坐了一回，付清三人的賬，邀他們同回家去共進午飯，在路上他們又如大江放流地大發牢騷。什麼「非才之難，所以自用其才者實難。……」

小啓：

本版園地公開，竭誠歡迎投稿。稿酬約每千字八元。

七版編者

從發行狀況看寫作

曉文

最近一個偶然機會與一位星加坡書報發行的巨子同席吃飯，大家談到了東南亞書報發行的狀況；據他說，最暢銷的是電影畫刊，單是他一家經手銷行的，每月即達廿餘萬份；其次是武俠小說，最好銷的每一種可銷萬餘份，普通的也可銷二三千份；再其次是偵探小說、言情小說，每種亦可銷一二千份，文藝書刊最差，學術著作就更差了。

書刊是供人消遣閒暇的東西，輕鬆有趣、多彩多姿的電影畫刊及武俠小說等當然是最受讀者歡迎了；我們不能據此而悲觀文風日下，其實這種情況舉世皆然，歐美日本各國莫不皆然。至於共產國家禁止出版純趣味性的書刊，强迫人民讀政治書刊，那是違反人性的，那是例外。

根據上述材料，我甚爲文藝作者的處境感到難過。書刊市場的情況，要求他們寫作水準降低，必須多寫些無眞情實感、情節離奇的故事，多描寫容易引起人類原始衝動的場面；總言之把作品庸俗化、低級化，距文藝品格愈來愈遠，否則你就站不住，被社會和書商所遺棄。這一客觀壓力是實在可怕！由此使我體悟到，文學藝術是一種高貴嚴肅的東西，並不是普通人都能領會欣賞的。文藝作家他們在人羣中同樣要感到孤單，正如思想家和宗教家一樣。

在文藝書刊不景的情況之下，有若干著作，却突出的銷得不錯。據那位南洋的發行巨子告訴我說，徐速的「星星、月亮、太陽」及李輝英的「霧都」，都意外的好銷。這兩本書我都看過，前一書的筆調親切細微，有言情小說的風味，讀之如同聽人講故事一般；而後一書則質樸而粗獷，雖然比時下一般文藝小說要高明一些，但並無特別動人之處。但是這兩本書何以會暢銷呢，我發現二書皆以抗日戰爭爲背景，而在南洋的青年知識份子是缺乏近代歷史知識的，因此渴欲知道一些抗戰期間大陸生活的情境。我想這是該二書所以特別好銷的一個主要原因。

今天歐美及日本的文壇興盛、作家的收入都相當高，尤其是日本，作家之多與作家平均收入之佳，不但在亞洲首屈一指，比之歐美也無遜色。其所以有如此成就，主要有三個原因：（一）有固定的、足够多數的讀者；（二）讀者的欣賞水平較高；（三）社會對文藝創作的獎勵。（如各種文藝獎金之設立）（四）文藝批評的發達。就今天海外來看，這四項條件都不具備，因此難以產生震爍時代的作品以及爭譽世界文壇的作品也就不足爲怪了。

記戊戌維新始末（廿四）

弁生

四、『政變』爆發與康梁出走

光緒帝下了幾十道改革的詔書，慈禧則已提前作了再出的準備，「政變」的終於不免，自屬必然的趨勢；不過當時維新派所深憂切慮的，乃在九月天津閱兵一舉，其所以在八月初六即已爆發，則爲當時種種事實的演變所促成。

先是七月十九，因禮部主事王照（小航，直隸）上書請光緒帝奉太后出國遊歷，該部尚書懷塔布許應騤不肯代遞，於是王與許交章互劾；光緒帝以該部各堂官阻塞言路，大爲震怒，傳旨將懷塔布、許應騤及侍郎堃岫、徐會灃、溥頲、曾廣漢全體革職。以王照「不畏強禦，勇猛可嘉，」特賞給三品頂戴，以四品京堂候補。在這件事的第二天，即命楊銳、劉光第、林旭、譚嗣同以四品卿銜在軍機章京上行走（已詳上節）。二十二日，乃將李鴻章，敬信逐出總理衙門。未幾，兩廣總督譚鍾麟，又以「年逾七十」，「昏老悖謬」，並多方「阻抑新政」，「交陳寶箴查辦。凡此種種，都是光緒帝要表示他推行新政的決心，實際即無異與一般頑固分子短兵相接。其時被裁撤了的詹事府通政司等衙門，已有賦閒的京官千人以上，生活前途極感不安；無數恃八股文爲進身之階的士子，也莫不對維新派切齒痛恨；因爲頒布了廢淫祠停書院的詔書，各省的和尚道士以及舊日由科舉出身靠書院這類機構以維持其社會地位的讀書人，也醜詆新政不遺餘力；有人造謠，說光緒帝已經信了天主教，康有爲已在宮中設了禮拜堂；甚至說，康有爲要盡廢六部九卿各衙門，要裁撤各省的督撫藩臬司道，而另建所謂「鬼子」衙門，用「鬼子」辦事；……在這樣一種守舊分子發動總攻勢的形勢之下，於是有湖南舉人曾廉，上書請殺康梁以謝天下。至於更感切身利害的，如懷塔布的太太，便跑到頤和園向太后哭訴；懷塔布本人和李鴻章的親家御史楊崇伊，便到天津與榮祿有所密謀；七月二十九日，光緒帝下詔要一般滿人自謀生業，滿人驟感生活無着，也大爲惶恐，於是內務府總管大臣立山，乃率領着若干滿人到頤和園，跪請太后「訓政」。像這樣一種「天怒人怨」的景象，正是慈禧所求之不得的，她覺得再出聽政的時機已屆成熟，因而與榮祿的聯系也更加密切；於是「政變」形勢的緊張，乃如「山雨欲來風滿樓」了。

康有爲目覩當時北京這種環境，又以天津閱兵的時期一天天接近，他知道光緒帝的地位十分危險，於是他乃提出三個對策：一、收回軍權，由光緒帝自任大元帥；二，改元「維新」，變更服制，以示決心；三、脫離北京，由光緒帝率領少數得力人員遷都上海。以當時的情況來說，在慈禧與榮祿的嚴密佈置之下，這三策已無一可行，甚至這樣一逼，亂子立刻便要爆發，因此光緒帝不敢採用。不得已而思其次，便只要就地想辦法，可是幾個手無寸鐵的書生，畢竟無可如何；必得拉攏個有力軍人，才能把榮祿對付下去，把慈禧的野心制止。第一個，康想到聶士成，他曾要譚嗣同和徐仁鏡（瑩甫，直隸徐致靖的次子）勸王照去說服聶，並許以直隸總督，但王照堅辭，曾有「王小航不作范睢」的話。其次，康乃想到袁世凱，他覺得袁曾駐朝鮮多年，頗明白外情；他也曾加入「強學會」，好像是一位熱心改革的同志；在稠人中又每呼己爲「大哥」（袁小於康一歲），似乎是非常親熱；於是他乃要徐仁錄（義甫，致靖的姪子）到小站（在天津南約七十里）去說袁，並挑動袁對榮祿的惡感。據王照說，徐到小站並未與袁見面，僅由袁的營務處徐世昌（菊人，東海）傳話，袁雖沒有表示拒絕，但語氣甚爲模稜（見王照的「方家園雜詠」附註）。仁錄以爲已得袁的允諾，即據以告康，於是康交譚嗣同代遞一密摺，請光緒帝「撫袁以備不測」，光緒帝同意，因有四月二十六日命袁即行來京陛見之命。

袁是二十九日由天津坐火車到達北京的，寓法華寺，他留在北京的時間，是從七月二十九到八月初五，共七個日子，就是在這七天的時間，便把戊戌維新一幕的命運完全決定。關於這七天的事實經過，公私的記載至爲紛繁，而且眞僞糝雜，非作一審愼的分析，頗難得其眞相。（待續）

東風齊着力　辭京

亮齋

岸綠新稠，牆紅初鬧，巷陌春濃。高城望斷，故國但雲封！却道龍蟠虎踞，英雄幾輩水流東！？香塵隔，雕輪寶馬，依舊春風。

我欲問江峯，年年幾度江上夕陽紅？興亡彈指，底事恁悤悤？萬里雲軿去也，再相見，水遠山重。臺城路，離情正苦，難託飛鴻。

叔雍自海南寄示用東坡壁字均詩疊均奉報

履川

刼罅擁皋比。講說聊送日。老獲親故書。
記九每遺十。何來和蘇唱。淩紙眞氣出。
寒魄燭南天。千里徙窺隙。却憶上庠鐘。
一燈話疇昔。君詩大國土。曹鄶敢爭席。
蛟吟遠寄將。一笑拚瑤璧。

題潘蓮巢墨蘭卷再疊均卷爲亡友孫仲瑛故物

顧齋吾先友。化去疑昨日。珍贉忽到眼。
墨影葳蕤十。左徒夙遺馨。美人呼欲出。
芳洲十年徙。蟻門從觀隙。緘口欲忘今。
抗心每懷昔。顧念九畹滋。自據春風席。
俟時吾將刈。芳意滿素壁。

彌庵以其亡女手寫佛日樓詩屬題中有尊甫木公先生及散原老人評點三疊均

居士姓非龐。一樓揭佛日。寫詩付靈照。
佳篇審域十。朱墨紛爛然。語語精鑑出。
方跨鶴遊天。覺痛駒過隙。天倫文寫契。
微傳況在昔。老至厭朔風。海角聳吟席。
歛哀入長卷。餘憤欲呵壁。

析支列傳（一〇）

亮之譯註

34北風外人所遺處女有歿於西諸者；西諸少年男女皆割髮致哀，相習成風。其少女出閣之前，例割髮一鬈，編繞紡杆，置此素昧平生者之墳頭。墳偏左，橄欖一株，苗生其上；宛如一人子處丹妮之宮焉。其少年，則以某種草科束髮若干，置諸其墓，與少女同。凡此皆西諸人以之哀敬已故之處女者。

35彼等復補充其說曰：北風外人別有二處女，曰亞兒姬（Arge）與阿丕絲（Opis），亦循希披羅姬、洛黛絲故道，來至西諸。希、洛二女既以妥提齋奉祭品於愛利西亞（Ilithyia）獲褒讚矣；而亞、阿二女則竟不幸芳魂同歸天國（註一），爲西諸所痛悼。蓋其時西諸婦女嘗多方徵訪二女姓氏；呂西亞人（Lycian）阿蘭（Olen）則爲讚美詩祝福之；自餘島民乃至亞奧尼亞人（Ionians）（註二），亦無不同情西諸此舉者焉。阿蘭者，自呂西亞（Lycia）（註三）來，雅擅古讚美詩，常行吟於西諸者也。西諸人又謂：祭壇股骨之灰，業周播於亞、阿之墓。其墓在丹妮廟前，東向，而密邇西愛人（Ceians）之餐館云。關於北風外人者止此，不復贅。

（註一）原文爲as the gods of Delos；原註：「阿波羅（Apollo）與丹妮（Diana）」。

（註二）亞奧尼亞羣島在希臘半島西。

（註三）小亞細亞南部山國。

36至於阿伯里氏（Abaris）之故事，據謂乃得諸一北風外人之所轉述；阿氏之言曰：一矢之發，環飛世界，不一食頃；吾且將使之通過而無聲。顧此爲說，殊易明瞭，良以一言及北風外人，亦必有天外奇想隨之故也。在余，則對於有等人士，描繪世界地圖，初無任何根據，輒俾海洋環流世界，世界範成圓周，一如歐亞兩區，小大恰等焉者；殊不能僅以一笑置之（註）。余必繼續以極少之詞句，敷陳事實之眞相，使曉然於各區眞實之範疇，而賦以相當之型軌焉。

（註）原註：「希羅多德此論，初非嘲笑世界球形說，此說希臘人殆無懷疑者，特爲一種想像不實的地球表面大陸分佈說而發耳。」

37波斯人（Persians）之國居南，或傍紅海（Erythraean sea）；其北爲米太（Medes）；越米太爲色斯披里人（Saspirians）；更進，爲柯爾琴人（Colchians）（註一），以至於北海（註二），而佛西斯河（r.Phasis）（註三）入之。是四族者，充斥此土，蓋由此海以至彼海者焉。

（註一）柯爾琴人（Colchians）：柯爾琴（Colchis）乃黑海上之古國；南爲高加索山（Caucasus Mts），而西部與今蘇維埃喬治亞共和國（Soviet Republic of Georgia）同位。水利有佛西斯河（即今壘昂Rion河）；首都爲哀治（Aea）。在希臘神話中，乃所謂「米太魔術之家園」；其處有「神秘之樹叢」，傳即本都（Pontus）國王米梭里德六世（Mithridates VI）發現金羊毛之地（依希臘神話）。

（註二）指黑海。

（註三）即高加索喬治亞西之壘昂河（r. Rion）。

本刊已經香港政府登記

聯合評論 週刊

每逢星期五出版

United Voice Weekly

第一三四號

督印人：黃宇人　總編輯：左仲平

[illegible]

[illegible]

本報美洲版總經售處：美國紐約中美出版社

代理：友聯發行公司　售價每份港幣一毫

CHINESE-AMERICAN PRESS, INC
199 CANAL STREET.,
NEW YORK13 N.Y. U.S.A.

美洲航空版每份售美金一角

承認中共聲中想起美總統的就職演說

黃宇人

（一）

自甘廼廸總統就任以來，國際間承認北平偽政權的暗流，即日趨於明朗化，而尤以美英兩國為最著。首先，是美國駐聯合國首席代表史蒂文生先生表示中共之入聯合國將為不可避免之事。其次，是英國何謨外相向國會宣稱允許中共入聯合國之時機已至。接着，羅斯福夫人又公開發表演說，認為下屆聯大開會，中華民國的代表，祇能代表台灣。週前，英國聯邦總理會議復一致通過，裁軍會議應有中共參加。本月十九日，合衆社更傳出倫敦星期日電訊駐紐約外交通訊員的一篇報導，謂甘廼廸總統正草擬一個與中共「整個交易」的計劃，使中華民國與北平偽政權均在聯合國有代表權，而將安全理事會的永久席位給予後者；並已開始作下列的三方面的幕後努力。即（一）抑制英國勿再對中國在聯合國的代表權問題多發議論；（二）告訴台北此一問題已不能再拖，而必須有一新方案提出於下屆聯大；（三）爭取亞非國家對美國新方案的同情與支持。雖然星期日電訊的報導不一定是美國政府的既定政策；但我們從上述美英兩國各重要官員的言論看去，有理由相信其必非完全無因的。

（二）

廿廼廸總統在就職之初，誓言不惜以任何代價維護美國革命的信念天賦人權；並主張創造一個強弱公正者安全的法治新世界而不是勢力的新均衡。我認為此一主張十分正確，曾在本刊為文寄予希望。如今我們尚未看見他的新世界方案，而竟傳來要與中共作整套交易的消息，實不勝疑懼之至。我們之所以疑懼，並不是單純的為了我們中國自身的利益，而乃兼為自由世界的前途，包括美國的利益在內。

最近十多年來，美國的經援軍援與技術援助，普及於大半個世界，而却不時激起反美的情緒。其主要的關鍵，即在於美國雖然高舉反對共產奴役維護民主自由的大旗；但往往祇顧自己的近利而不計盟邦的安危。以故美援雖處處受到歡迎，而受援國對美國的信心則並不太佳。以中國的例証來說，沒有美援，台灣不可能有今日。不但居住台灣的中國人身受實惠，即我們流亡在外的反共人士亦深為感謝。然而美援的目的，假若祇是為了保存台灣作為美國的軍事基地，而不顧中華民國的前途，那就非我們之所願了。因此，我希望倫敦星期日電訊的報導不會成為事實。否則，不但將激起全中國人的憤怒和反對，而且也是甘廼廸總統創造法治新世界的一項自我諷刺。

（三）

今日某些國家的政治家們以為祇有允許北平偽政權參加聯合國，才能使中共受到國際的約束而不再隨時隨地製造動亂。這何異於癡人做夢。試思自有聯合國以來，蘇俄即已置身其間。但聯合國不但未能約束莫斯科的侵略行為；蘇俄反而使聯合國陷於半癱瘓的狀態（假如再讓中共加入以與蘇俄狼狽為奸，聯合國的前途也就可想而知了。

至於裁軍會議應有中共參加的主張，也是一種不切實際的幻想。依據最近陳毅向匈牙利記者的談話和北平人民日報的社論，中共若不先得進聯合國，則將拒絕參加裁軍會議；而其進入聯合國，則又以美國撤出台灣為先決條件。可見，他們對於裁軍會議並不感興趣。而且，中共頭目桀不反覆無常，狡詐成性，縱然參加裁軍會議，也絕不會遵守其決議的。他們和印度訂立的所謂五項和平共存原則至今已形同廢紙，就是最好的例証。

（四）

我以為甘廼廸總統既誓言不惜一切代價以維護天賦的人權，又有創造法治新世界的偉大抱負，就應本此原則，與自由世界各國政府商訂一個共同方案，以實際的行動來領導自由世界各國的政府和人民，為實現此一共同目標而作持久的奮鬥。假若祇求與蘇俄和中共獲得暫時的妥協而肯置盟邦的利益和鐵幕後的人民於不顧，則其所謂的法治世界，也不過是勢力範圍而已。

近年以來，曾有人對於自由世界與共產集團的鬥爭，認為祇是美蘇的爭霸。蘇俄那一方面，乃以實現共產世界為最終目的。就空間來說，他們沒有一個地區不想攫取；就時間來說，他們沒有一刻停止行動。赫魯曉夫到美國作親善訪問時，且聲言美國的下一代將實現社會主義。足証其侵略的野心是無止境的。但在美國的這一方面，則似乎祇想和蘇俄中共劃定勢力範圍，互不相犯。但求蘇俄和中共不再向外擴張，或擴張而不侵入美國的國防綫，美國即可不加深究。不但鐵幕後各被壓迫人民的反共鬥爭美國不予支援，即盟邦的反共鬥爭美國亦多方防範。以故，寮國共黨發動叛亂，美國祇希望寮國的反共政府步向中立，中共砲轟金馬，美國又主張台北應自沿海島嶼撤退。假如倫敦星期日電訊的報導再成事實而又與中共來一套整個交易，中華民國的反共鬥爭，固將受到嚴重的打擊，而遠東前綫反共國家的形勢亦必然為之一變。到時美國縱欲再作亡羊補牢之計或已晚矣。

談反攻

左舜生

最近香港兩家有地位的報紙，曾一再強調反攻，他們覺得目前國際種種不利中華民國的說法，惟有不顧一切的反攻才可以一掃而空；同時，他們也覺得，由於中共首腦人物的愚蠢，為整個大陸帶來了空前的災害，大多數的老百姓因為饑火中燒，貧病交迫，把中共恨得牙癢癢，已隨時有爆炸的可能，假定能在這個時候反攻，確不失為一個最好的機會。像這類的看法，就純理論來講，原是無可非難的。可是另一家正式代表國民黨的黨報對這一問題反而持了比較慎重的態度。他們覺得：軍事不是兒戲，戰爭並非賭博，發動反攻，是要傾國力於一戰，勝則復國土，敗則殘全軍，決不是可掉以輕心的事，蓋何時反攻與如何反攻，其間經緯萬端，乃屬於最高軍事機密，不宜公開討論，如果發為偏激的空談，片面的責望，既不是精誠謀國之道，而且可能貽敵人以口實。

就我個人對這一問題的看法，毋寧對這一家主張慎重的黨報相當讚許，對前兩家主張立即反攻的却不敢苟同。理由甚多，姑舉其最重要者如下：

一、「天時不如地利，地利不如人和，」今天的所謂「人和」，便是要使海外及台灣兩千萬人民大體上能團結一致。團結之道，首先要使得這兩千萬人對中華民國的興亡成敗感到痛癢相關；要使得他們對國事熱心過問，樂於提供意見；同於政府的意見固可提出；異於政府的意見也可提出；惟容異可以求同，排異則永無同之一日；質言之，便是要使人民有充分的言論自由。而這一點在這十年以來，政府却完全沒有做到。甚至已經走到一個相反的路上而愈走愈遠。

二、所謂「政治反攻，」意思是指政治比賽，而眞正的反攻，則畢竟是軍事行動。如果眞要反攻，台灣究竟能出動多少軍隊、我却不敢斷言。即令中共已十分不行，但說他們連配備一百萬的海陸空人力以防守沿海一帶都無可能，這畢竟不免鄰於武斷。然則我們即以一對五的力量去從事，最低限度也非送二十萬人登上大陸不可。從前大陳撤退幾千人，我們要仰仗美國的運輸船；目前撤退海外的幾千游擊隊，我們又要仰仗美國的運輸機；今天主張立即反攻的人們，是不是假定台灣自身對運輸二十萬大軍的工具已經有了充分的準備呢？

三、而且猶不止此。從前打仗可以因糧於敵，今天大陸的情況則不僅是民無蓋藏，而且是野無青草；我可以承認大陸並無「堅壁，」但「清野」却是清得十分的徹底！因此，這個反攻的運輸問題，不只是要輸送二十萬的軍人與軍資，而且還非輸送足供這二十萬人三月兩月的軍糧不可！否則即令我們的大軍居然登陸，敵人可以對我們不開一砲不發一鎗，我們自己便已勢成坐困，而且越深入危險性也越大！我不知道主張立即反攻的人們是否也考慮到這一點？

四、我相信今天大陸的老百姓確實是希望國軍去反攻的，因為他們實在是餓慌了！可是我們的大軍一經登陸，首先必得要解決的，便是如何去應付這無數漫山遍野的飢民！今天大陸的老百姓希望我們擊敗共產黨為他們報仇是第二，希望我們能有大宗的糧食為他們去救死乃是第一！這個問題的困難我不能想像，但我希望主張立即反攻的人們要承認有這一個嚴重問題存在的事實。

五、有人說，只要我們的大軍果然登陸，以今天大陸的情況來講，大陸上所有的老百姓必然會從四面八方羣起響應，甚至多數共軍，也會羣起參加起義人民的行列，如此，則中共政權便會自然瓦解，而我們不難徐圖收拾。像這樣一個樂觀的假設，我自然也希望眞有實現的一天，不過就當前說，却還有幾種事實，需要我們特別注意：一、十年來的台灣政治，並無確實可以號召大陸人民起來的顯著事實。二、凡歷史上人民起來反抗一個專制王朝，亦必有其領導人物，如古代的陳吳劉項，明末的李張，清代的洪楊，這些人都是凡民中的秀傑，中共在這十餘年來，實已把這些秀傑分子大量屠殺，因此今天大陸的人民，乃成了一個羣龍無首的現象，我們很難想像他們可以自動起來。三、從前的人民起義，可以自由結合，自由流徙，自由裹脅，今天大陸的人民，則已被中共分而制之，而各以軍隊與共幹對他們加以嚴密的監視；他們在平日無走路的自由，您叫他們如何能形成一股較大的力量。四、從前無論在任何時代，總還有無數的武器散在人民的手裡，即秦政的所謂「收天下之兵聚於咸陽，」也並不徹底；現在的大陸，自從經過一度土法鍊鋼的把戲以後，可說民間的武器已被中共搜括殆盡，可能連馬刀，梭標也所餘無幾。您眞要他們以血肉之軀，用徒手與持有現代武器的軍隊去拼命，豈不近於一種非非之想？五、從前的民間，有存糧，甲地沒有，乙地却有，因此，起義的人民只要能形成一股力量，他們便不愁沒有飯吃；今天的大陸已餘糧不多，即有也久已牢牢掌握在中共的手裏，沒有飯吃而可以號召羣衆，這也是我所難於想像的。至於期待軍隊起來，將來或許總有這一天，但過去的十二年，我們還很少看見中共軍隊的公然叛變，可見他們自有一套控制的辦法。而且在目前，人民一經起來，即有一個軍民爭食的矛盾現象會要出現，又如何能搆成軍民的利害一致而期待他們採取共同的行動呢？……

總而言之，我認為反攻的時機沒有成熟，目前台灣所能致力的，只能靠改進政治以求團結，以團結的呼聲鞏固國際的地位，其他還談不上。

來港難胞所述共區近貌（投稿）

犀照

予讀貴報載李幼椿先生之逃來災胞訪問記，所指地方與予家鄉距離不遠，悽然有動於中。適予遇一舊友逃荒來港，所述翔實，特記出投稿貴報，用以印證。

予於新春入市購物，偶遇同鄉舊友某君，我見其形容顑頷，面目枯槁，幾不認識。訝其從何處何時來港，則以舊歷年底駕舟自潮汕附近，冒死浮海而來。予慶其身處魔窟，竟未餓死，而來此自由之鄉；且老友久別，不通音問，忽爾重逢，乃邀其上茶樓暢叙。承老友以逃難經過與共區近貌相告，紀之於下：

逃難經過

某君云：吾自民國三十八年大陸易手後，仍以耕種養家，生活尚可粗安。及至四十七年春，共匪實行公社制度，因而無地可耕，被派充當一名行走內河運貨船之水手，由兩共幹常川駐船監視工作。但工作年復一年，日復一日予以加重，而所配給衣食兩項，則與時俱減；直至去年夏秋之交，則食不能飽，衣服破舊至不堪補綴狀況。一般同事怨恨不已，但一覩農家飢寒交迫情形，則吾人在船中作水手者，尚比較多得幾隻番薯，且間有薄粥可啜，而鄉農則所得之番薯更少，米更久不見面矣！

船中同事水手久思脫離魔掌，投奔自由，一面隨時尋求機會逃離魔窟，一面則與同情者事先聯絡。舊歷十二月下旬某日，船泊於本鄉前之河邊，兩共幹因事先後離船而去，吾人認為機不可失，先將約定逃難之同鄉親友數人，招來船上，潛伏倉底，以貨物掩蓋之，令其斂氣屏聲以俟。及晚兩共幹施施然來，已飲酒半醉，下船不久，即昏昏入睡。吾人亦假寐以待，乘其鼾聲大作，移去貨物，一聲暗號，藏匿之鄉人揭蓋而上，合力將兩共幹制服，加以捆縛，並塞其口，放置倉底，隨即解纜揚帆，船抵約定之五十餘里岸邊，再接約好之同鄉落船，共計男女四十八人。船於黑夜開行，沿內河出海，先向南駛，比遠離海岸，幸無風浪，乃轉舵向香港行駛。時因落船急迫，事出倉卒，每人只有身上兩件破衣，懷中幾隻番薯，並無多量糧食；經五日之海行，既冷且餓，幸海風相送，於臘月二十七日安全抵港。兩共幹在倉底業已奄奄待斃，吾人棄船登岸，各自謀覓親友匿居，也不復顧及之，因此兩共幹作孽甚多，應遭此報，而吾人則似有神助，離鄉抵港，一切順利，並未受阻，毫無驚險，只有感謝上蒼也。

共區近貌

共匪自民國四十七年春實行人民公社，其始，配給尚豐，鄉民大可飽餐。不久糧食即日見減少。四十八年春，雖有米飯，然每餐限定兩碗，食已不飽，而工作則只有加重，於是相率怠耕，為消極之反抗，同時，共幹愚而好自用，不計土壤之肥瘠，強迫密植深種，老農為之解釋，動遭呵斥，且加以反動罪名。如此蠻橫，不可理喻，農人乃取沈默態度，聽其擺佈，欲如何便如何，人乃成為機器，由共幹推之動作，但不推則亦不動也。

在此一切由不懂農情之共幹支配下，農人大都認為精力等於白費，收穫必然不佳，於是在共幹照顧難周之中，怠工情形日益加甚。禾被水淹而不時放水，田生莠草而未嘗除凈。且在秋收時，農人多怨恨終年勞動，食不得飽，於是打稻甚為隨便，穀粒浪散田間，一味馬胡，共幹雖在場監視，然田地甚廣，顧此失彼，共幹亦知大衆心中積怨甚深，不敢過於吹求，深恐激成事變。又在打稻之時，鄉民相率於夜間下田，盜取穀穗，歸以充飢，家家如是，共幹也知之而莫可如何也。

此種偷盜行為，於四十九年更加利害，因之四十九年之收成銳減，不及往年一半！一則由於所謂「新式」種法之不善，再則由怠工情形之加甚，三則由於黑夜偷盜之普遍化；穀未黃，薯未熟，即已被人盜取充飢，所謂「生產大躍進」，直是偷食大躍進，於是此種自欺欺人而亦被人所欺之共區農作與收穫情況，成為廣東自來未有之敗壞景地。

以本人（鄉友自稱）之村社而言，在四十九年夏收（六月）與冬收（十月）時，兩個月中，始有米可吃，但亦不得飽飯。計每一生產分子，一日三餐，每餐配米六市兩，老弱三兩半。過此兩月，則全年皆吃番薯，計每一生產分子，每日配給番薯十二市兩，老弱每日配半市斤，不足，則自採番薯藤及野菜，以為補充。魚肉則久不見面，油則間以塗於鍋底，故營養甚缺乏），病症在去秋以來，老弱多患水腫。壯丁既要日捱苦工，夜上大課，弄至神憊體瘦，精力不支，亦多病倒，共幹對此尚悍然不加顧惜：強追帶病工作，時至冬令，飢寒交迫，大部份之農家多是病人，病者無藥來治，死者日有所聞，其中老弱，大半喪命矣！

予聞至此，追念舊遊，不覺愴然下淚。老友續言，現在匪區之人，如吾鄉中，大都鶉衣百結，有如乞丐，更衣且無以蔽體，每人無所謂鞋襪，每人每年只得配布四尺，有錢亦無布可買。一切日用品均極形缺乏，最普通者，如火柴，匙羹，筷子，亦無從購得。至於鄉中之教育，小學生上午在校上課，下午即由教師率領下田，教師現只有僅識之無之少年共幹，待遇甚低，其生活情形，僅與普通生產分子相等，仍過着食不得飽之生活也。至於吾鄉，則時有共軍駐紮，但不駐於村中，而選擇山坡高地，據高瀕海，設帳幕宿營。聞沿海一帶，潮、汕、惠、寶、一帶皆然。共軍又師日本侵華故智，將山鑿洞，建設防禦工事，但內容如何，則普通人不敢近前；無從洞悉。但鄉民深知共匪怕國軍來攻，故沿海設防，以備萬一。鄉民也嘗想國軍來攻匪軍，登岸救民水火。不過要想共區鄉民自動起義，則鄉民皆手無寸鐵，而且飢疲無力，萬難生出勇氣，如國民政府之所希望也！

談至此，予因有事，付賬與老友走出茶樓，握手道別，途中深念吾民何辜，竟遭此荼毒也！

李萬居之錢債案平議

·宋寂·

一、

落筆我感到無窮的悵惘：中共與美國的「大使級會議」第一百零三次「坐下來談」又在華沙開鑼了！英聯邦總理會議又在討論英國外相荷姆主張中共加入聯合國問題。國際間瀰漫着濃厚的妥協氣氛，「兩個中國」——或者是一個中國、一個「台灣國」——的幢幢魅影，正遍佈於四面八方。然而，偏安台灣的國府，猶不自振作而竟自滿於小天下的權勢，似乎依舊對於翦除異己，做得起勁！雷震之寃獄與「自由中國」之完蛋，已使愛國憂時的國人，扼腕長太息了，而今又搞出一套攫奪「公論報」的把戲。蒿目時艱，聯想到南明末朝的黨錮，眞使我們欲哭無淚，黯然神傷！

嚴格說來，「公論報社」社長李萬居與「公論報股份有限公司」法定代理人張祥傳間的對簿公庭，祇僅僅是債務糾紛而已，在香港人看來這祇是一件錢債庭案，沒有什麼了不起的大事。但在台灣則大謬不然：（一）李萬居係籌組的「中國民主黨」發言人之一，而對手張祥傳却是國民黨員，而且是本屆黨內提名當選台北市議會的議長；（二）張祥傳控訴李萬居是在雷案發生後，而「公論報」純以反對黨姿態出現，猛烈抨擊執政黨方；（三）張祥傳的目的不在李萬居清償債務，而在攫奪「公論報」的發行權。事實上，「公論報」一向是虧本的，世界上居然有人搶做虧本生意，豈非笑話！再說張祥傳祇是地方聞人，其在文化界中無籍籍名，何以會如此熱心於新聞事業呢？因此，綜觀這次「公論報」奪產案的前因後果，不能不使國人肯定牽涉有政治的恩怨是非在其間，而執政黨方是難辭其咎的！

二、

我們對台北地方法院的判決，也深感有失公允的。在「司法配合國策」的今日台灣，「奉命不上訴」已不是新聞了。因而對寓有政治顏色在其間者，本應力求大公無私，但李萬居的錢債案似乎又不盡然了！

李萬居參加「公論報股份有限公司」祇是個人行為，而合夥經營的「公論報社」却自始至終沒有參加「公論報股份有限公司」組織內。判定李萬居敗訴，可以要他交出「公論報股份有限公司」董事長的印信，但似乎無權要他交出「公論報社」發行人的印信，他也無法交出「公論報社」發行人的印信。地方法院強制執行李萬居發行「公論報」之內政部登記証判歸張祥傳，這顯然涉及司法權侵犯行政權了！而且，李萬居從未被控詐騙或霸佔報產，又從未自動宣告破產，而地方法院居然查封他祇是股東人之一的「公論報社」，似乎法律上是講不去的，也站不住脚的。

地方法院在判定查封「公論報社」時，原准張祥傳交出四十萬元准假執行，而李萬居能交出二百萬元可免假執行，以俟三審定讞。事實上李比張要出五倍多的担保金，若非故意刁難，顯係蓄意迫害。試問李萬居個人從何以能籌出這筆驚人的欵額呢？尤其是短暫的時間之內。直至今日止，據稱：現可查出的「公論報股份有限公司」的股東，所有資本僅四十五萬元而已，其中張祥傳十五萬，蔡水勝十五萬，陳祺耀十萬，胡水旺五萬。試問區區四十五萬元就能換得經營十三年而資產何止兩三百萬的「公論報社」麼？天下有是理乎？

當然，地方法院並非最後裁判，李萬居儘可上訴，由二審三審去決定未來「公論報社」的命運，中華民國總算是一個立憲國家，法紀總得保存一二，是非屈直自有公論。不過，地方法院的判決，實不能不使人感到胆戰心寒！

三、

由於李萬居的報產糾紛，由於外來的壓力日甚一日，因而，我們可以顯著地看出，李萬居已在政治鬥爭的戰綫上，猶豫不前。據說，「中國民主黨」之延遲誕生，也是由於李氏設法保護「公論報社」的產權，盡量避免刺激執政當局，一再反對急促產生新黨！最近李氏甚至公開向「中國郵報」記者宣稱，擬退出新黨！這種躡嚅言行，不祇使台灣民主人士心灰意冷，亦使海外關心自由中國前途的朋友深表疑慮。但，事實証明，絲毫無法挽回他底注定敗訴的官司，反而使他失去內外的聲援而已！

我們之所以樂於討論這樁錢債案，固無所偏愛於李氏本人，蓋思及中華民國的法治前途，法律是維護自由、正義與公理的。老實說「公論報社」之被查封是不公平的。我們不能不望政府注意中國一部神聖的憲法與一部莊嚴的六法全書！

「昔日戲言身後事，今朝都到眼前來！」半年以前，我們憂心忡忡談論「兩個中國」的危險，中共進入聯合國的危難，中華民國的禍福安危，進退失據⋯⋯但，半年以後，一切驚險危困都排山倒海的逼到眼前來。今日的台灣是一隻漂浮在驚濤駭浪裡的小舟，祇有大家齊心協力，挽狂瀾於既倒！這是矛頭向外的時候了！箕豆相煎，徒貽笑於千秋萬世而已！

執政黨方何不為李萬居的錢債案來出面和解呢？

論美國對華政策之失當

——從美擬參與「台灣國際化」說起

李金曄

美國與中共間第一〇三次大使級會議，於三月七日在華沙舉行，會議的主題，是爲了商談有關雙方交換記者的問題。惟據中共於三月十三日發佈的公報看，並不以該項主題爲商談中心，其拒絕互換記者的唯一理由是：「美國至今還不願意在中美關係中放棄使用武力威脅」，並謂美國「不願意和平解決美國武裝力量從中國領土台灣海峽地區撤出的問題」。因此，「在這種情況下，中美關係中的其他問題顯然是很難獲得解決的。」這當然也包括交換記者問題在內。

中共進而還強調：「在美國武裝部隊佔領中國領土台灣的實際狀況下，提出和平談判的方式解決這個問題，這是中國作爲一個主權國家的最起碼的要求。」

這裏很清楚表明了中共的意圖，也很清楚反映了美國與中共間談判一直無「進展」的關鍵所在。這個「最起碼的要求」，在美國看來，乃是一個死結，但却是一個渴待解開的死結。可是在步驟上却永遠趕不上中共的狡詐與善變。

美國副國務卿鮑爾斯在十四日且重申「甘迺廸政府願意在對蘇聯和紅色中國談判中「全心的响應」任何合理的措施。」對中共狡詐、善變絲毫不表示失望與灰心！

在十三日，羅斯福夫人亦以她身爲美國駐聯合國代表團代表之一的身份發言說：「美國必須面對一種普遍的看法，即中華民國已經到了不能代表整個中國的時候。」弦外之音表明了美國雖尙未接受該一「普遍的看法」，然至少現政府是已經「必須面對」「這一看法」了；正因爲美國現政府持有「中華民國已經到了不能代表整個中國的時候」底認識，鮑爾斯才明白地表示美國政府願與中共繼續談判的決心。

過去，甘迺迪政府也會不止一次地表示了美國對自由中國的政策「不變」，但就其多方欲與中共維繫交往，甚且其政府官員不顧盟國現存關係與道義而信口發言等事實來看，美國的現行對華政策是足以令人懷疑的，照現況繼續發展下去，則犧牲自由中國的可能性在逐漸增加着。就這一點來說，台灣的反應是極爲強烈而富刺激性的。如果台灣官方沒有接獲更確實的情報，未能眞正洞悉美國政府的意向，相信反應該會緩和得多。就台北的官員和輿論所表示者觀察，便不能不對自由中國的前途更爲憂心怵怵。

較早時，人們祇担心美國會在事實上「認識」「兩個中國」。但現在從台北的反映看，所担心的是「華盛頓擬製造一個「國際化之台灣」。三月十二日台北外電一再報導稱：「中華民國政府人士，對於海外有關變更彼等作爲中國合法政府地位之各項建議，感到莫大之困惱。」根據新聞發展的時間推論，台北的反應是早於羅斯福夫人和鮑爾斯的發言，甚至於較中共所發表的一〇三次華沙會談公報猶早一日，可見華府的眞實意向，台北已早有所聞。前立法院長張道藩且表示「不惜以武力反對強使聯合國或以其它方式實行國際共管台灣之任何企圖。」這種強烈的反應是對「聯合國」而發，却是空洞的。實際上是針對着美國現行的對華政策的。

國際陰謀家在先意欲安排「兩個中國」，嗣後發覺是爲國共雙方所堅拒，那末就只有選擇犧牲自由中國一途。他們是企圖國際化了台灣之後，使中共再也無所藉口，也可便於納中共入聯合國。

這無疑是「如意算盤」。而且是不一定能打得响的「如意算盤」。不過由於國際陰謀家技止於此，他們除了選擇與人與己兩皆不利的道路之外，不會再有更高明的辦法。因爲他們是基於這樣一種觀念：弱肉強食。無疑的，如今日國共兩者所居的形勢來看，那是必然的結論。但顯然的這並不是最正確的結論。

對台灣今天內部的問題，知得最多的美國當然是其一。然而對當權派現實政治知得多，並不等於對中國實際問題知得明。所以美國才會明言支持自由中國，暗中却有所動搖，才會擬於必要時犧牲自由中國。何時犧牲，如何犧牲，看來將取決於其與中共的交道打到何種程度。

中國的實際問題事實上並不決定於國民黨當權派。當權派之不可藥救，至少該是美國在十年前就已了解的了。但美國這十年來却一直在走着扶植當權派的舊路，而現在又開始在新的形勢面前試圖作遺棄的打算。這種灣曲與錯誤，一方面令到國民黨當權派覺得美國的政策「不仁」。對中國的老百姓來說也未免不義。誠然是既有今日，又何必當初。若檢討這十一二年來美國的對台政策，祇是盡到了支持和維持當權派偏安現狀，既沒有作積極支持其反攻，也未推動其作大刀斧濶的政治改革。而現在却又或明或暗地與中共交往着。這說明美國過去和今日的現實政策，祇不過是一無原則的」對腐化政權和暴力政權容忍和低頭。完全沒有顧到和考慮到中國人民的眞正願望。而這政策即使是完全站在美國的長遠利益立場來說，也是自相矛盾的。

美國過去和現在一直在提示要解放鐵幕區的國家，若照目前的傾向來說，不但無此勇氣，甚且連鼓勵鐵幕後人民反抗暴政的意向也沒有了。美國政府祇看到國民黨當權派不可救藥，就意圖隨時遺棄，却并沒認眞地想一想中華民國對中國人民的重要性。這種由把國民黨當權派與中華民國混而爲一的看法所作出的錯誤決定，實在令人失望而又遺憾的！

因此，甚望美國當局當其在最後擬參與國際陰謀，國際化台灣的時候，再作更深一層的考慮，因爲對國民黨當權派「不仁」事小；對中華民國人民不義事大，豈能輕舉妄動！

書評：「宗一著：論人道主義」

劉裕畧

前鋒出版社出版，
友聯書報公司總發行，
定價港幣一元二角。

自馬克思的共產主義出現以後，思想界就多了一條歧路。在此同時，資本主義的一部分毛病雖然被人詬病，被人指責，甚至還被共產主義者的故意誣毀和故意誇大歪曲中傷，但共產主義這一條歧路却也誤人至深，到現在，由於各種事實的累積證明，共產主義雖針對資本主義而發，但其本身却錯誤百出，所造成的罪惡更大過資本主義，且決不能代替資本主義，更不能解決人類社會問題，而只能誘人誤入歧途，甚至可能導世界入毀滅之途而已。惟其如此，所以，如何指出共產主義之錯誤與落後，如何研探人類社會今後之正當途徑，乃成爲今日思想界之主題。宗一兄「論人道主義」這一本書，則是在這種背境下針對這一主題所提出的一套主張一種思想理論。

本來，同時提出這一類主張和思想的人，在今日這一個時代，並不乏人。但其中確有眞知灼見者極少。主要的，是有些人學養不夠，有些人經驗不豐，有些人則更有標新立異之嫌，其本身既對人類社會問題缺乏正確了解，和嚴正態度，又缺乏冷靜觀察和深入的思維，那末所闡述之主張自難眞有價值，而論人道主義這一本十萬字的書，誠如宗一兄自己所說「并不是對現有制度的故意挑戰，而是一個學習中國歷史和制度的學生，從個人的患難，骨肉的流離犧牲中，自東方的基層社會的農村中成長，在中國的知識階羣裏於行政系統上逐步的工作，而醉心於現代文化，到歐美社會的核心，於歐美的政治經濟體系，尤其蘇聯，知者必讀，能者必鑽心研究，於歐美最高層的中央政府和最基礎的城鄉行政活動實際參加，在城市工人的深處自日常生活實地接觸而體會到的結論」。故其內容，乃不同凡响了。

我常常覺得，今日之事，批判共產主義的錯誤，固然很要緊，同時探討和提出可以替代共產主義思想尤屬要緊，因爲前者在「破」，後者在「立」，「立」才是眞正的建設和眞正的積極，而「破」則不過消極工作。

兩年前，我主編「再生雜誌」時，經費困難，宗一兄應君勸先生之邀請爲再生雜誌義務寫稿，會交來「辯中國的民主和新的方向」等極具特見之文。隨後，復將論「人道主義」一文交再生連續刊登，現又印成專書，而我始終參與其事，除衷心深爲感謝外，覺其見解尤多獨到。

其分七章，第一章是「小言」，第二章是「歷史進展的重心及其定律」，其下又分三節，即「人類歷史發展的重心是人類謀生活」、「歷史發展的三大現象：連續而無極，相反而相成和絕對而相對」、「文物制度的作用爲人類謀組織生活方式與美善」。第三章是「現階段人類歷史的發展及其方向」。下分「資本主義的生產方式對人類生存問題的解決和現代文化給與人類的覺醒」、「幸福生活普遍的追求與共產主義之與起」、「共產主義之退却與資本主義之蛻變」。第四章是「現代文化的基本缺陷及其對人生問題之引起」，下分「以唯物爲核心的現代文化並沒有實現美滿的人生」、「機器之役人與政治屠害所引起之危機」、「倫理的中國文化的基礎對人類生活的暗示」。第五章是「人道主義代共產主義而起乃自然的順序」，下分「科學的工具，工業的環境和民主的自由平等爲人道主義的科學基礎」、「人道主義快樂而幸福的美滿人生」、「科學的人道主義的特點及其認識」、「今後人類文化將向那兒走—。第六章是「科學的人道主義的內容及其將來」，下分「人道主義的政治」、「人道主義的經濟」、「人道主義的社會」。第七章是結論，其中見解，決非人云亦云，更非經院式的空理論。它的實踐性和戰鬥性，都是同類書籍中少見的特點。我以爲，在今日世界這一與共黨理論及共黨勢力的對立鬥爭中，凡沒有戰鬥性的理論，就必然缺乏眞正的實踐性，而缺乏了眞正實踐性的理論又必然是空談，我之所以輕視那些缺乏眞正實踐性的那些經院式的自我陶醉式的理論，和我之所以特別喜歡讚揚具有戰鬥性的理論，大概也就全由於此。

由於論人道主義一書認爲「中庸與平衡是一切事物存在的至理，可是一切事物的變易，都來自不平衡」。於是宗一兄因而特別着重從中庸與平衡來討論個人與社會之間的問題以及政治、經濟、變易、革命、生存、生活和生命意義的追求等問題。闡述了很多有價值的新見解，尤其是我個人深深喜愛的新地方。

尖刀集

諸家

近月以來，中共人民日報每日均有「力爭上游」之口號提出。力爭上游，本來是對的。但中共政權奴事蘇俄，自甘下賤。又有什麼資格要求人民「力爭上游」呢？

×　×　×

「力爭上游」之外，中共同時要求人民「鼓足幹勁」。鼓足幹勁，也無不對。但人民願意爲中共鼓足幹勁嗎？只怕不會。況人民靠吃野草維生，縱然中共鞭策相加，人民亦無勁可幹，奈何！（若）

×　×　×

台北消息說：國民黨內部，對反攻大陸問題，已發生爭論，少壯派力主把握時機，進行反攻，當權派則顧忌甚多，云。

其實，見大陸災情而不以兵救，是不仁也；與杜爾斯共同締結聯防協定，而聲明放棄武力反攻大陸，是不勇也；只知自私，不知用民主方式進行團結，是不智也。智、仁、勇三者俱不備，國民黨當權派還談什麼反攻！（尚）

×　×　×

路透社華盛頓九日電：美國務卿魯斯克本日招待記者說：如果中共政府本年九月獲准加入聯合國，而中華民國被驅出，則將爲一個嚴重問題。

魯斯克最後一句話很對。但美國外交人員中何以還有人主張准許中共加入聯合國呢？

×　×　×

再看魯斯克所說：「如果中共政府本年九月獲准加入聯合國，而中華民國被驅出」，則很嚴重。然則在不驅出中華民國的情況下准許中共加入聯合國，以造成兩個中國，難道就不嚴重了嗎？只怕未必！（均）

省民政廳檢討選政

余靜觀

（台中通訊）本省第五屆縣市議員選舉早經竣事，其優點與缺點如何，社會上原已有目共覩。但當權者自認此次選舉乃其最得意的一項傑作，除了由台省黨部主任委員上官業佑向報界發表談話自誇自頌一番而外，最近國民黨中央常會的一次會議，還通知他去列席報告辦理選擧的經過。據說，蔣總裁聆聽之餘，極表嘉許。也許就是因爲省黨部主任委員已經得到了總裁的當面嘉許，於是主管選政的省政府民政廳長陳錫卿也急起直追，於本月十五日特別召集各縣市民政局長，行政課長暨民政廳各有關單位負責人在中興村中興會堂舉行選擧業務檢討會，出席者達百餘人之多。內政部專門委員鄧自謙和台灣省縣市公職人員選擧罷免監察委員會主任委員鄭品聰亦列席。

陳廳長在致開會詞時，希望大家不要諱疾忌醫，粉飾太平，虛應故事，並說必須如此才能從經驗中求進步。可是由於在檢討過程中，有人曾經很誠實的進行檢討，對於若干弊端毫不掩飾。他覺得「過於坦白，容易引起誤會」，於是又改變主意，要大家在不得罪人的原則之下，作有限度的檢討，終於把一切足茲誤解的問題都一筆鈎銷。經整整一天的討論，通過了本屆選擧的優點與缺點如下：

優點：（一）選民投票秩序良好，開票工作進行順利，未發生重大糾紛。（二）候選人發表政見，過去攻訐謾罵的風氣已有改變，民主風度大見提高。（三）候選人均循民主常軌，依法競選，守法精神普遍發揚。（四）候選人推荐監察員制度，已由本屆實施，一般而言，各候選人推荐的監察員，均能負起監察任務，已爲此一始創制度作良好開始。（五）婦女候選人，不依賴保障而以得票較多當選者甚多，足證婦女參政能力增强。（六）本屆投票所較上屆增加六百零一所，且「一人一票秘密投票」確能做到。（七）選擧人名冊編造較前正確。（八）選擧人以指模領取選票，均已做到二人蓋章証明。（九）全省各級選務人員公正守法，任勞任怨。

缺點：（一）全省總投票率爲百分七十三‧八三，較上屆爲低。（二）候選人數與當選名額相同的選擧區達二十六區之多，應於選擧法規上謀求補救。（三）各投開票所監察員由候選人推荐之實施技術，應詳加檢討改進。（四）本屆議員名額係依四十五年戶口普查常住人口之統計計算，修改法規時宜重加考慮。（五）雖法規對投票前遷入選區選民之選擧權已加限制，然選民爲支持某一候選人而遷徙情事，仍有所聞，尤以市區爲然，應在法規上進一步堵塞漏洞。（六）少數候選人賄選情事仍有傳聞，修正法規時應作有效之防止。

聯合報的正論

從選擧業務檢討會所作的結論看去，本省第五屆縣市議會選擧的優點有九項之多，而缺點則祇有六項，換言之，即優點多於缺點。但事實是否如此呢？試以本月十七日聯合報的社論爲証。社論先說「在原則上，一次地方自治選擧結果之後，有關方面能夠本於檢討既往，策勵來茲的総精，徹底加以檢討，是非常必要而且是正確的。可惜這次選擧業務檢討會，祇是採取有限度的檢討。對若干在選擧過程中所暴露的弊端；因有所顧忌，未能坦誠揭出，多少使人有點隱惡揚善、未中肯要之感。因此，這次選擧業務檢討會如果祇是大家交換辦理選第五屆縣市議員選擧業務的觀感和聯歡，還沒有什麼。如果想藉這次會議而對未來選擧補缺救偏，有所改進，顯然是不够。」繼說：「（一）投票秩序良好，開票工作順利，未發生重大糾紛。（二）一人一票秘密投票，已經確實做到。（三）過去攻訐謾罵的風氣已有改變。（四）候選人推荐監察員制度實施良好，已爲此一始創制度樹立風範。凡此種種優點，實在是較任何一屆選擧均爲進步。不過，在缺點方面，檢討會中只輕描淡寫的指出了投票率的降低；候選人數與當選人相同的選擧區達二十六區之多；以及戶口計算，尚未十分準確；選擧人戶口輒多遷徙，賄選情事仍有所聞等數點；而對於徹底根除賄風劣風，提高縣市議員素質，從名與實方面促進地方自治制度的實質進步諸大要點，卻沒有痛陳利害，徹底檢討，實爲這次檢討會的一大缺陷。」

又說：「我們絕不是危言聳聽而是有事實與理論的根據，例如：單就賄選一點而言，已使整個的選風，爲之敗壞。第五屆縣市議員選擧進行中，儘管政府三令五申呼籲候選人節約守法，不得以金錢實物，或其他財產之利益期約給與投票人。但全省各縣市賄選風氣之盛，幾乎成了公開秘密；而賄選手段與花樣之多，也令人嘆爲觀止。以肥皂、味精、香煙等賄選，猶爲小焉者；而專以銀彈攻勢，爭取選票的事實，亦不止一端。如分區買票，一票十元廿元或數十元向選擧掮客「預約」，至當選之票數爲止。另一項是賄購身份證，阻撓對方投票，拉攏對方當選選票。至於競選議長副議長期中各種賄選傳聞，有的地方不幸皆成爲事實。這種選政上的最大弊病，我們始終未聞有關方面事後予以徹查，也未見有關方面沉痛的提出消滅賄選惡風的徹底辦法。須知賄選之風盛行，固然破壞了神聖的選政，也直接助長了壞人的聲勢，阻塞了賢路，關係是何等重大。」

最後，更指出「無可否認，本屆各縣市議員素質，不但未見提高，且有低落現象，旁的不說，單就第五屆縣市議會成立後，不少的縣市議會，怪事頻傳，笑話百出一點，即可以想見一般。當然，各縣市議會中，仍不乏才識品學皆優之士，但究竟是其中之少數而已。」

聯合報這一篇針對選擧業務檢討會而發的社論，既客觀又平和，的是公允之論。由此，可見當權者自詡自炫的五屆縣市議員選擧，在表面上雖有若干改善；而實質則每況愈下。

台北市議員的風範

說到本屆縣市議員素質低落的情形，請以首善之區的台北市爲例。本屆市議會開始時，即擧行秘密會議，商討議員福利事宜。據悉，他們提出三個要求和一個希望。所謂三個要求：即（一）增發車馬費。（二）代安裝住宅電話。（三）撥轎車供用。所謂一個希望，則更爲出色。竟希望市議會能補助他們所用去的競選費用。祇因關防不夠嚴秘，多爲新聞記者所悉，揭之於報端，才暫時擱置下來。迄施政質訊開始，有些議員不滿市政府首長的答覆，竟摔毀播音器，並緊握拳頭準備動武，有的議員拍案叫囂，威嚇旁聽的市民。有的議員在議會發言之後，還領受拜托者的邀約，往北投吃花酒。事洩後，則遷怒於新聞記者，不惜在議會中出言毀謗，卒至各報一致決定從本月十日起停止採訪市議會的新聞，以示抗議，並準備向法院正式提起訴訟。後來經中間人斡旋，由市議會於十七日上午在中山堂擧行一次酒會，歡迎各報館各通訊社及各電台負責採訪市政新聞的記者，以示歉意，並請市政府各單位主管作陪。當權者所謂的選擧進步，即此已可概見矣。

陸軍飛彈射擊表演

（台北通訊）由於美國最近協助我們建立了一個陸軍飛彈部隊，當局決定於本年五月六日至六月十日之間作六次勝利女神力士型飛彈射擊表演，並邀請韓、日、菲、泰、越、澳、紐諸國的參謀總長和陸海空軍各總司令來台參觀。據說，美國國防部屆時亦將派遣一個觀察團前來實地觀察成效。曾憶我國空軍雷虎隊成立後，歷在台灣，美國和菲律濱表演，均獲好評。日來在西貢獻技，出神入化，越南吳總統曾多次鼓掌讚賞，數十萬觀衆更熱烈歡呼。相信即將擧行的陸軍飛彈部隊，亦必有驚人的良好演出。可是話說回來：我們既已有了現代化的空軍和陸軍，而且技術如此優異，足向鄰邦炫耀。假如仍不用以反攻大陸，而祇徒把我們的陸空英雄供表演之用，外國觀客固然大飽眼福，而急待拯救的大陸同胞却不知要作何感想了。

胡適胡適？

純夫

二月二十六日聯合報的「大家談」一欄內載有徐佛觀的一篇文章，題目是「從一個大學校長的角逐看我們的理性校長」，大意說，即將改爲大學的某學院院長爲了要爭取該未來大學的校長一席，竟向該校學生發表公開演說，主張政府應派一架飛機將鼓吹民主自由的胡適等人投到大陸去。由此，可見胡先生自美回台以來，雖然忍氣吞聲，處處表現出無比的委屈求全精神，不但對於雷案不再說話；而且還仰承應旨，同意由毛子水教授出來承編新時代半月刊。然而當權者却仍不放鬆他。否則那位想當校長的某院長又何敢公然以如此這般的言論來作晉身之階呢？月前我們的學人因心臟病復發入台大附屬醫院治療，迄今尚未完全康復。假如他得知此事，也許要深悔不該作過河卒子啊。

公路局購買德車要請示總統

台灣省公路局不經投標手續而逕以議價方式與西德奧圖華爾孚公司訂購朋馳牌柴油車三〇輛一事，引起工商界的反對。本月十七日聯合報又刊載則消息，說交通經濟兩部和貿易委員會三首長商談結果，一致不表贊同。據經濟部一位高級人員透露，有關機關獲得情報，該公司負責人富來托Flatow的政治立場傾向中共，並曾在德國可倫大學學生會公開發表親共言論。照常理言之，交通經濟和貿易委員會都是公路局的上級機關，他們三位首長既反對購買朋馳車，大可明令該局遵照辦理。但事實上不僅他們無此權力，即行政院長亦不能擅作主張。據說，行政院正向總統請示。由此，亦可證明台灣的民主與法治究竟是怎樣的一回事了。

陳誠口中的漢賊不兩立

陳兼院長於本月十七日在立法院答覆黃玉明對反攻復國的質訊，他說：「近十多年來共產集團在亞洲日益擴張，增加了世界緊張的情勢，而亞洲問題，顯然是以中國問題爲中心，所以我們只有改變大陸現狀，推翻匪偽政權，才可以眞正解決亞洲問題，世界才有和平安全可言。我們爲了履行此種對國家對世界的神聖責任，決本「漢賊不兩立」的精神，堅決貫徹反共抗俄的國策，決不是任何力量所能動搖。」又說：「由黑暗而展現光明，現在經過十多年努力，已奠定不拔的基礎，只要我們本身堅決不移，任何力量不能動搖我們。」這一番話，好像是氣勢很壯。然而他所提供的具體方案，則僅是「希望各方面密切合作，集中力量，研究反攻復國的實際問題。」由此可見，若干年來當權者已不止一次的宣稱，我們的政治經濟和軍事已有了若干的長足進步，並說反攻的準備已經完成；但事實上，並非如此。否則現在應該是行動的時候了，爲什麼反攻復國的實際問題還要待大家來研究呢？

滇緬邊區反共游擊隊已開始接運來台

自最近中共與緬甸合力進擊我們留在滇緬邊區的反共游擊隊以後，在衆寡懸殊，腹背受敵的惡劣形勢之下，我們的反共英雄，不得不採取化整爲零的戰略，以期確保實力。不意當權者竟不能予他們以積極的支援；反而屈於國際的壓力，將分散在緬、泰、寮邊境的三千餘人及其家屬空運來台。担負接運任務的第一批空軍運輸機十架，已於本月十七日飛往泰國，預定本月底全部完成。

行政院新聞局並於十七日特爲此發表一篇聲明，原文是：「中華民國政府經由有關友好之政府合作，對緬、泰、寮邊境中國反共義民之自願來台者，現已開始接運。此等反共義民係因不堪共匪暴政之壓迫，近年投奔自由而進入緬、泰、寮邊境，中國政府茲爲顧及與泰、寮諸友邦之友好關係，將其接運來台。共匪部隊已大批出現緬境，該地區各國之安全已受威脅，自由世界實不容予以忽視。」

政府不稱他們爲反共游擊隊，而稱他們爲反共義民，自然是一種外交辭令。可是，此一接運的偉大場面，却使每一個渴望反攻大陸的人都感無比的悲傷。上文曾提到陳兼院長答覆在立法院委員的質詢「祇要我們本身堅決不移，任何力量不能動搖我們」，以接運反共游擊隊來台一事爲例証，不啻是一種自我諷刺呵。

中共何以最恨南斯拉夫？

大陸之窗

劉裕畧

雖然中共是一個共黨政權，南斯拉夫也是一個共黨政權，但中共高唱共黨集團加强團結之餘，却一向予南共以嚴厲抨擊。可以說，其嚴厲與痛恨南共之程度，是比之蘇聯對南斯拉夫之抨擊是有過之而無不及的。中共何以如此最恨南斯拉夫呢？這是一個不但有趣而且頗值得探討的問題，因爲這與中共政權的性質極有關係的緣故。

對此，也許有人會以爲這是共黨內部人事之爭。不錯，共黨內部也確常有人事之爭。但中共領袖毛澤東與南共領袖狄托私人之間，却是一向沒有見過面，自然也就說不上私人之間有什麼直接衝突。且南共之毅然走狄托路綫，遠在中共佔據大陸之前。其時，中共尚忙於內戰，自無與南共發生直接衝突之理。迨中共政權成立，毛澤東朝俄，其在莫斯科國際共黨會議中與毛澤東發生劇烈爭吵者乃戈慕爾卡，而非南共或狄托，因爲其時南共或狄托均未赴會，然莫斯科會議後，中共對南斯拉夫之攻擊更見有加，可見中共之所以特別攻擊南斯拉夫，其間別有原因在。

當然南共看不起中共，輕視中共，也是中共攻擊南共之一個原因。但這不是主因。因爲這一個原因，也還是隨着其它主因而來的。

就馬列主義理論講：它們是最反對資本主義的。而且認爲帝國主義乃是資本主義發展之最高階段。美英法等皆是帝國主義，帝國主義之主要表現對外特徵則是實行殖民主義，對別的國家進行經濟掠奪和剝削。事實上，這完全是與事實的發展不符的歪曲理論。相反，蘇聯對其它共黨政權國家進行經濟掠奪和剝削，則被南斯拉夫予以揭開。這是南斯拉夫所以毅然改走狄托路綫的原因，也是把繼續依附蘇聯的其它共黨政權正在被蘇聯視作殖民地之情作了無情暴露。由於這一暴露，所有依附蘇聯之共黨政權國家之奴才醜態乃無所遁形。而中共也是這樣一個依附蘇聯的政權，其所遭受蘇聯之掠奪與剝削，自不例外。這樣一來，南斯拉夫雖非專對中共而發，但中共政權之殖民地本質，則亦連帶被暴露無遺。這是中共含恨南斯拉夫之一個主因。針對這一個主因，中共乃施行掩飾手法，故意强調指責南共之修正主義，以轉移視綫，表示這是理論之爭。實則這完全是因南共之勇敢作法，使它無地自容而起。

況南斯拉夫乃一小國，人口土地等都絕不能與中共相比，然南共尚且敢抗衡蘇聯，中共則奴事蘇聯，毛澤東雖自誇「秦皇漢武，畧輸文彩，唐宗宋祖，稍遜風騷。…」但毛澤東已在事實上早已被狄托的勇敢行動形容得黯然無光，可憐兼復可恥了。事實俱在，在狄托面前一比，毛澤東只算一個奴才小丑，不說狄托因此看不起他，縱使狄托對毛澤東盡情敷衍，毛澤東也是應該自慚形穢的。這當然也是形成毛澤東最恨狄托的一個主因。

再看現在正被蘇聯及中共等共黨政權奉行之馬列主義理論路綫，它們雖概以社會主義國家爲名，但却把共黨政權國家之建設分爲如下三個階段。即共產主義是最高階段，社會主義是次高階段，人民民主主義是最下的一個階段，蘇聯則自十月革命後自認俄國雖未達到共產主義階段，但一直在社會主義階段。至於蘇聯以外的共黨政權，包括中共南共等在內，則只能是人民民主專政政權，換言之，即皆在最下的一個階段。因此，蘇聯也就自認它是共黨陣營之老大哥，乃共黨陣營中之特殊份子。故要求各國各地共產黨都承認蘇聯是共產主義祖國，大家要爲保衛祖國而戰，大家更要在政治經濟上依附蘇聯，從而使得蘇聯能對其它共黨政權國家進行其赤色帝國主義的掠奪和剝削。對此，中共等皆無恥地接受，故中共政權及東歐等蘇聯衛星國家至今皆稱「人民民主共和國」，而蘇聯則一向自稱爲「社會主義共和國」。而這種區分是完全荒謬的，因爲它只是把蘇聯與其它共黨政權國家之間形成了帝國主義與殖民地之關係，有如狄托所說，再無其它意義。但狄托不接受蘇聯的這種赤色帝國主義觀念，毛澤東則接受這種觀念。目前，南共且宣佈即將實行社會主義憲法，以與蘇聯并駕齊驅，而中共則不敢提出此種與蘇聯平等之主張，而中共又不願南共之獨立行動，把它顯得太不像樣，所以，這也就成爲中共最恨南斯拉夫的另一主因了。

我作毛澤東衛士的經過（五）

漫雲

二十、被指定潛伏一角

紅軍通過後，我奉命改變組織關係，仍與湘東南區組織負責人周禮，取單綫連絡，仍在總部潛伏（總部進駐萍鄉），吸收同志，發展組織，刺探情報，對湘贛邊區所留游擊武裝供消息。

二十一、軍統的眼睛

原湘北區組織負責人楊德安，仍在長沙潛伏，繼續發展組織，吸收青年同志，不幸被軍統長沙站破獲，有一同志、意志動搖，供出組織關係，犧牲同志八人、楊德安被殺，周禮在逃，我亦牽連被捕，以罪証不足，送湖南感化院。

二十二、受感化兩年

國軍感化院，名爲感化，實與監牢無殊，教官根本缺乏政治理解，管理人員能力缺乏，無方法，無耐心，設備簡陋，毫無衛生，醫藥毫無，營養不够，反增加我們的憎恨。

二十三、到了重慶

一九三八年九月從感化院出來後，家父已先逝世，家兄又在海參威被狙擊斃命，家弟不知去向，組織又脫了關係，茫茫大地，寄身無所，每日流浪街頭，時值日寇劉攻武漢，長沙非常緊張，不料在街上碰見原西路軍同事陳春雲，任軍政部直屬交通汽油庫庫員，他很同情我的遭遇，帶我到湘西沅陵，在庫作一臨時僱員，後知王若飛以中共代表駐渝，我利用軍車之便，到了重慶。

二十四、會見了王若飛

到渝，查知王若飛住曾家岩五一號。我先寫信給他，幾天後，他陸續派了幾個同志，不斷跟我談話，又寫了坦白書，後來他約我在南温泉一個地點當面談了一次，又要我重新將出院、在汽油庫、來重慶等事，作了詳細坦白。經過一段短時間，纔安排我在新華日報排字工人室住宿。復經三度傳見，才叫我上延安。

二十五、奔向延安

在未起程北上前，王若飛給我一筆旅費，辦完一些手續，拿着証明書，沿成渝路，經劍閣，廣元，漢中，寶鷄，西安，而到延安。行程數千里，途中貧病交加，備歷艱苦。

二十六、進邊區醫院

到了延安，百病叢生，骨瘦如柴。初見毛澤東時，他瞪眼看我三分鐘久，未作一語，我想他也許在回憶，我十三歲時，以世交關係跟他，竟弄到這步田地，他良心不無感動，也許是他考慮我是否間諜？他把我看了三分鐘後，才隨即把頭一點，叫我到邊區醫院調養，派同志周海濱陪同前去，在醫院又見到了一些老同志，從而知道延安的輪廓。

大陸零訊

陸聞

中共派代表團赴寮

據中共新華社三月九日河內電報導，由李江叛變而成立之寮國非法政府之代理外交大臣貴寧．奔舍那於三月七日會照會中共駐北越共黨政權大使何偉，建議彼此間互換經濟、文化代表團。據說，「其任務是代表各自政府同駐在國政府解決兩國將會感到關心的問題」。中共駐北越大使何偉當卽於三月八日代表中共表示同意，故中共即將派出一個以「經濟、文化」爲名的代表團前往李江及寮共所佔據之區域，其眞正任務當然不是經濟文化，而是軍事作戰和政治顛覆工作。因爲這才眞是它們所最「會到關心的問題」，從而，也就由此可知中共對寮國問題的支援和插手在範圍上又比從前更進一步了。

中共火車經常誤點

在中共嚴密統治下，在鐵路上行駛的火車似乎是不會誤點的。但大陸列車誤點的消息，早經不斷傳出，大概由於此種誤點情況非常嚴重，所以三月十三日的北平人民日報甚至爲這一件事發表社論提出呼籲了。

社論說：「爲了每趟列車都安全正點，鐵路部門還需要健全各項規章制度，嚴格地按照規章制度行事。鐵路運輸既然是一個多工種、多環節的企業，如果沒有集中，統一的規章制度，各工種各環節的關係便不能協調。運輸生產的整體性和連續性便會受到影響」。又說「大躍進以來，鐵路部門破除了一些束縛生產力發展的不合理的規章制度，…但有些單位，由於缺乏經驗和管理工作中還存在缺點，有一些規章制度，破得不當，立而未行。在這些單位，爲了進一步提高正點率，就要發動羣衆整頓，鞏固和健全各項規章制度」，這就充足証明大陸火車誤點的事不是偶發事件，而是經常發生的嚴重事件了。否則，人民日報不會爲此特別發表社論來呼籲的。何至如此呢？主要就由於共幹們平時對事一切根本胡搞的緣故。

中共又派兩個代表赴日活動

對於日本，中共是處心積慮正在用各種方法來顛覆它。去年，爲了煽動和策劃日本左翼工會反美反岸信介內閣反池田內閣，中共先後曾派國際工運統戰頭子劉寧一等代表中共總工會赴日活動，現在，爲了多方面加强這一活動，中共又派「婦聯會」副主席許廣平率領一個「中國婦女代表團」赴日活動，於三月十七日抵東京，一行八人，將在廣島等地訪問一個月，并參加櫻花節。

此外，中共又派著名小說家巴金率領一個作家代表團共十二人到日本，參加三月廿八日在東京舉行的所謂亞非作家會議，以進行國際文化統戰云。但值得奇怪的是素以勇敢能幹著稱的日本人對此竟視若無覩，等於麻木，容許共黨份子橫行，毫無反應，關心日本的人不禁要問日本人的愛國精神和智慧那裡去了？

中共官員豪奢，人民則餓死

中共的口號雖在不斷高唱打倒統治階級，實行無產階級專政。實際上，自佔據大陸以來，中共早已成了吸盡人民血汗的新階級，而其豪奢浪費與不顧人民死活，則更駕秦始皇而上之，上述情形，固早已表現在十一年來的各種事實上。到最近，在大陸普遍嚴重飢荒的情況下，而紅朝新貴豪奢如故，則殊出人意外。據日本富士銀行董事長最近參加「日本經濟友好代表訪問」大陸後在三月八、九日在「朝日新聞」撰文說：「二月十四晚，爲慶祝中蘇友好同盟條約簽訂十一週年和農曆春節，陳毅外交部長在人民大會堂設宴招待在北京的外賓，我們這個代表團也應邀參加，出席的外賓達四十餘國；賓主合計達四千餘人。這種龐大的宴會，確屬歎爲觀止」。如此龐大宴會眞可以說是「朱門酒肉臭，野有餓死骨」的寫照了。

吳廷琰面臨考驗

黎文果

四月九日，南越將舉行總統大選；無疑地，這正是現任總統吳廷琰面臨一個嚴重的考驗。而且這個考驗的結果，不僅關乎吳廷琰個人的得失，同時也牽涉到南越局勢的前途，甚至連整個亞洲的安危，也將受到影响。

曾在南越政府當過四年顧問的費歇爾博士早已指出：「在這次總統大選中，是足以顯劃出南越跟越盟鬥爭了七年的誰勝誰負」。這個意思即是說：如果在這次大選中，越盟的潛伏份子，能夠使出一種「攻擊」的手段，使到選民放棄投票，或煽動反對吳廷琰份子，倒吳廷琰的台，那就足以証明越盟的潛勢力，仍是多麼的强大，並反映出一般人民對吳廷琰的憎恨，是已達到了相當白熱化的程度。但如果越盟「攻擊」失敗，那就顯出吳廷琰的南越政府，仍得到多數人民的支持。換言之，南越人民的反共意志，仍是很堅强；他們雖未完全悅服於吳廷琰的施政，但頭腦還很清醒，決不甘墮下越盟所佈下的深淵。

美國的遠東問題專家也說：「南越政府在與越盟的滲透和威脅作了七年鬥爭後，四月九日的總統大選，將是南越政府成敗的主要關鍵」。這個所謂「關鍵」，當然就是指勝敗方面的顯明事實而言了。

由此可知，這一次的選擧，在吳廷琰來說，其得失固然重大；而在整個南越以至整個亞洲，也將引起很大的作用。而這個作用，正是足以醞釀成自由主義和共產主義在亞洲鬥爭的一個後果。

南越在吳廷琰執政以後，原是一直都沒有安定過的，雖說他在經濟和文化方面，是有不少建樹，但他對各黨派和各教派的意見，迄未能融和，因而不斷地湧出了反對吳廷琰政權的政治浪潮，尤以去年十一月十一日傘兵上校阮文泰率領部下圍攻總統府那一役，表現得更為顯明。這喧動一時的叛亂事件，雖然在二十四小時後已被迅速平息，可是這祇屬於表面上的寧靜，實際上在政局的內層，仍是隱伏着很大的危機。更何況南越人民，依然很普遍地指責吳廷琰是「裙帶政治」，是「家族獨裁政治」？這都是對吳廷琰極端不利的暗流。

南越人民，在推翻保大皇而建立共和國之初，無一不是希望從此獲得自由和安定的生活。然而吳廷琰這幾年來的措施，事實上並不比保大時期進步得許多；反之，使人民不滿的地方却越來越擴大。再加上阮文泰的「兵變」，更使一般人民在尊崇元首的心理上，受到極惡劣的影响；軍人對政府的權力，更產生了懷疑。這對吳廷琰的聲望和地位的打擊，的確太大了！

吳廷琰的個性，一向是獨斷獨行的；他祇依照自己的意志來處理國家的政事，這點「獨裁」的作風，最為南越人民所詬病，甚至政府中的要員，也被激起很大的反感。雖然在理論來說，無論任何政治措施，也不會使每一個人都贊同；但也決不應使大多數人反對。若是不管大多數人的反對，而祇知一意孤行，這樣和專制君主又有甚麼分別？吳廷琰這種固執而頑强的政治手腕，又焉使大多數人民折服？

吳廷琰這種固執而獨裁的政治，正是給予越盟「攻擊」的最好宣傳資料哪！於是，潛伏在南越各市鎮的越盟特務份子，乃藉這「宣傳資料」，對吳廷琰展開「統戰」，並從事於對各黨派和教派作出挑撥的把戲，煽動他們攻擊吳廷琰，使吳廷琰的政權，益趨動盪。

不過，話也得說回來：吳廷琰仍不失為一個心地光明而處事勇敢的政治人物，他的施政，雖未能盡如人意，但他畢竟是一個有領導才幹的堅强反共元首；同時，他在「兵變」以後，已能接納各方面所提供的不少政見，頑固的頭腦似乎已改善了許多，在政治措施上，也已逐漸在好轉中。當然這是會立刻使人對他泛起了一種新的良好印象。南越人民，也是眼睛雪亮的，他們對目前的國家大勢，當然看得很清楚。而且，南越人民反共的仍佔多數；他們自然都知道，在越盟覬覦之下，是需要一個堅强、反共領袖。因此，在現實的環境中，他們或不至於要使吳廷琰立刻場台。

費歇爾現正在編寫一本「自由問題——越南獨立以後」的書籍；他也指出：吳廷琰將會在競選中戰勝一切風暴而得以重行獲選為下屆總統。——然耶？否耶？我們祇好拭目以俟。

總之，下月的選擧，正是對吳廷琰來一次考驗，這却可斷言。而將來這考驗的結果，早已引起東西方國家的關注，也是擺在目前的事實。

這個考驗，對整個亞洲局勢的影响，確是相當嚴重的！

「善良同胞」

・連錦平・

織造廠老板成光×，去年農曆歲杪由港返滬探親，至今年正月廿八日狼狽回來。他說：他身上是携有六千元港幣的，可是剛到達深圳，就被打稅打光了；而六千元稅款，則換回了一個「善良同胞」的雅號。說將起來，真是使人啼笑皆非。

據成光×稱：他為着要救濟鄉中的親友，當時帶有糧食約值六百港元，以為即使課稅百份之百，也可以使親友們治療一下飢餓的肚皮，怎知在深圳報稅時，稅關的共幹，竟不理會他所携帶的糧食數量，而祇疾言厲色地詢問他帶有多少外幣，他照實回報，說明身上有港幣六千零三十四元，詎那共幹竟就此一口咬定，要他納稅六千元，他被嚇了一跳，瞪大眼睛望着那共幹發呆。那共幹突然把臉色一沉，喝道：同志，這是你們應盡的義務呀！難道你要逃避國家的稅收，也企圖抵賴不成？他當堂為之全身顫慄，暗地裏考慮了片刻，知道此時此地，已是肉在俎上，除掉破財，沒法可以擋災，於是祇得忍痛如數獻出。共幹接收了稅款後，臉上立換上了笑容，拍拍他的肩膊，說：這樣才是「善良同胞」囉！隨即揮揮手，表示可以放行。迨到了廣州，因為已再沒川資赴滬，迫得把大部份糧食賣去，得款再往上海；并即揮函港方家人，着再滙一筆旅費到滬，然後才得重返香港。

西江各縣鼠肉漲價（高要、德慶、鬱南）

・江水・

粵省西江的高要、德慶、鬱南等縣，糧荒嚴重，當地鄉民除攀山越嶺採食野生植物外，最近還看中了老鼠，認為這是唯一可以果腹的肉類，於是男男女女，又轉而大擧捕鼠，翻坭挖土，掘渠扒溝，直搗鼠巢，幾乎把所有田鼠家鼠都捕個精光；而鼠乾價格也飛漲。據悉：田鼠乾的售價，目前已漲至每市斤「人民幣」四元餘，家鼠乾則每市斤三元餘，且不是可以輕易購買得到，因凡捕獲老鼠者，他們都把牠臘乾，視作珍饈美味，留給自己享用，誰都不甘願賣出。至於其他糧食，則祇能求諸黑市，始可購得，而購價更相當驚人，計黑市米每市斤七元二角至七元五角，飯焦每市斤三元二角至三元五角，麵包皮每市斤三元半至四元，番薯每市斤二元半，芋頭每市斤二元，番薯籐每市斤五角。而鷄蛋則更被視為「名貴營養品」，每隻竟售至八角。經營黑市者，多屬共幹，或共幹的家屬；黑市買賣，刻已成為半公開化。

福建學生掀起反飢餓高潮（漳州、南安、龍岩）

閩省漳州、南安、龍岩等地的中學生，現已掀起了反飢餓運動的高潮。據僑澳的閩籍商人最近所獲得的家鄉消息，均先後報導謂上述各地的中學內，已經常發現用木炭或白粉寫在牆上的「反飢餓」標語，如「我們要吃飯」，「沒有飯吃祇有拼命」，「我們決不甘活生生餓死」等。校中共幹雖不斷把這些標語抹去，但抹去不久，轉瞬又塗寫了滿牆，共幹大感窮於應付。更有部份學生，聯同各鄉農民，進行偷糧或搶糧。二月十六日，龍岩縣曾有學生八人，勾結農民十四人，深夜衝進糧倉掠刦，管倉的共幹也被擊傷，倉裏所存的少許糧食，全被搶光，事後「縣府」即厲行追究，并將兩名為首滋擧學生拘捕，解往「勞改」；但各校學生的反飢餓運動，迄仍未稍戢。二月十七日，新橋學生多人，也企圖爆窃當地的糧食配給所，惟事前已被所內的職員發覺，加以嚴密戒備，計未得逞。

文人

徐藝

因爲家人不在香港，所以我每晚都到「一家餐室」去吃晚飯，飯後總叫一杯紅茶，一面慢慢呷着，一面享受着那寧靜優美的氣氛。我喜歡在這時憧憬未來，回憶過去，或咀嚼某一文學名著中的情節。這是我一天中最快意的時刻，我不願與人分享，更不願遭到侵擾。

但，今天當我正獨享其樂的時候，不料有一個又高又瘦的中年男人向我走來，他虛僞地笑着，那一嘴參差不齊的黃牙支出嘴外，像要咬人似的；面頰却又向內縮着，兩隻凸起的金魚眼上架着深度的近視眼鏡，他那副尊容，首先就引起我的憎嫌。我剛想扭轉頭不理他，他却很熱絡地叫着：「你好？徐先生，今天這兒人眞多，沒有座位了。」我好奇地看了看他，因爲一時想不起在什麼地方見過，只好敷衍地點點頭說了聲：「找不到座位啦？請坐，請坐！」

誰知他竟老實不客氣地一屁股坐下，由袋中掏出一包香烟問：「抽烟嗎？」

我擋住他湊上來的那隻鷄爪似的瘦手說：「謝謝，我不會。」

他咧着嘴做了個怪笑說：「寫文章的人不吸烟，奇怪！」一面將一支烟插入自己的嘴角。我非常不安地暗自尋思：「他是誰？怎麼知道我姓徐？怎麼知道我寫文章？我們在什麼地方認識的呢？」

徐先生你恐怕忘記了，我姓薛。去年在××報見過面……。我這才恍然大悟，原來是某期刊的總編輯。

侍者走過來了，他忙說了聲：「濃咖啡！」就又用那副怪腔笑着說：「徐先生好久不見，最近在那裏得意？還常寫文章嗎？」

爲了避免麻煩，我順口說道：「早就不寫了，我已轉行，和幾個朋友合夥做生意。」他聽了竟輕浮地拍了拍手說：「轉行了？好消息，你算是得救了！」我不自主地吃了一驚，忙向他請教原故。他却慢吞吞地吸了口烟說：「香港的文化界太黑暗了，所謂文壇被幾個巨無霸攪得烏烟瘴氣，香港沒有一份够水準的雜誌或報紙，沒有一個賣文的人够資格稱爲作家，沒有一本值得一評的書，沒有一篇通順的文章……」我不覺爲之動容，最初那一絲不愉快的印象也一掃而光了。這時侍者將咖啡端來了，他小心地放入四塊方糖，倒了些煉乳，一面用小匙攪着，一面用沉痛的聲音說：「可悲呀！香港的年青學生們！」忽然他又壓低了聲音，半探着身體對我說：「因爲你已轉行了，我才敢對你說這種話，不然……」他又露了露出他焦黃的門牙，做了個可憐的微笑。我不止一次地聽到過：「香港沒有一篇通順的文章」這樣的話，因爲自己就是吃這行飯的，說話的又都是天天見面的熟朋友，做爲自我反省，或互相砥礪，這些話雖然有點過大，也總是好事情；但是今天這位先生也這麼說，我就一肚子不服氣，不禁勾起年青人的火氣，心中打定主意要搶白他一番。誰叫他自己找上門來挨罵呢？於是我只是默默地喝茶，等他說下去。他呷了口咖啡，閉了閉眼才說：「譬如說，在香港文化界知名的×某，他的「那部小說」最近又改編成電影劇本，此人眞可說是鴻運當頭。但那本書成功在哪點呢？文句的油俗，情節的幼稚，眞是「空前」的！但那是暢銷書，中學生都搶着買，讀者的欣賞水準太低，你有什麼辦法？還有幾位成名的老作家，不是昧着良心寫色情文字，就是憑幻想寫大陸題材的反共八股；再說有名的「香港短篇小說之王」，就是老太婆說故事也比他的小說生動得多。有人稱他爲「中國的莫泊桑」，其實，他「就是莫泊桑」麻！你發現沒有，他的很多篇傑作都是一字不易抄自中文譯本。雖然文化界的人士都看得出來，但都一眼睜一眼閉，裝作不知道。最糟糕的是報紙的文藝副刊，是百分之百的封建制度，由老編裂土分封，諸侯各霸一塊地盤，數年如一日，從不換人，聽說稿費是由作者與編者二八對分的……」我忍不住插口說：「先生，我不能同意你的意見，雖然你剛才說的，並非完全空穴來風，但我仍覺得你太武斷了。怎麼能說香港沒有一本值得一評的書，沒有一篇通順的文章，我却覺得實在太過分。」於是我不客氣地問他：「薛先生，你自己不也主編刊物嗎？你的文章不是常在報刊上發表嗎？請問你算不算文化界的一分子？你的文章算不算文章？」（我總算出了這一口惡氣。）他突然有些面紅，喃喃地一時說不出話，想了半天才說：「我所謂的文章，是單指小說而言。」他以爲這可難倒了我，但因我常常寫小說，也正有滿肚子的話要說，我用手勢叫他不要開口，一面笑着說：「『文章』是不是單指小說，先不去說他。但我問你：除了那些『名作家』的小說外，你還看過些什麼小說？」他顯出「超人」的神氣說：「無名作家的小說我根本不看！」

「爲什麼？」

「因爲大作家都寫得那樣糟，小作家的文章會好得了嗎？」

「你錯就錯在這兒，荒謬也就荒謬在這兒。一些人所以高喊：「香港文化界一片黑暗；沒有一本值得一評的書；沒有一篇值得一讀的小說；沒有一篇通順的文章！」這或許是一時的憤慨之言。但有些人則爲了引起別人對他的注意，覺得他不同流合污，自己高人一等，另一些人故意這樣高叫，因爲他們不敢承認有人寫得比他好，不敢去發現新血，唯恐自己會被人取而代之。說這種話的人，純粹出於嫉妒，因爲自己寫不出好文章，所以罵別人來抬高身價，而他所罵別人的種種壞事，自己却樣樣俱全，其實他正是文化界的罪人！……」

我本來還有許多話要說，他却用一種討好的笑聲打斷了我的話：「徐先生，你既已脫離了文化界，又不寫文章了，所以……我並沒有說你……何必……？」

我站起身用一種溫和的口吻說：「如果你能具體的，有理的說出你對我的意見，我很歡迎！因爲兄弟並沒有脫離文化界，也並沒有完全不寫文章，並且仍在×××報做編輯！」我盡情地欣賞着他那副尷尬的面孔，當他正要有所解釋的時候，我有禮貌地向他鞠了個躬，付過了帳，一面得意洋洋地吹着口哨走開了。

文壇泥爪

徐志摩與新運動之二

中國新詩運動具體地談到形式問題，要數晨報詩刊的時代。除了前篇介紹的徐志摩的詩論以外，以聞一多的意見最爲詳明。他主張節的勻稱、句的均齊、音尺、重音和韻脚。他說詩該具有音樂的美、繪畫的美和建築的美；音樂的美指音節，繪畫的美指詞藻，建築的美指章句。但是他們所創造出來的形式，有些不知不覺寫成了西洋詩，有些則更因襲了舊詩每句有一定家數的規律。有人說他們是帶着脚鐐跳舞的時候，聞一多曾反駁道：「越有魄力的作家，越是要帶脚鐐跳舞才跳得痛快，跳得好。祇有不會跳舞的才怪脚鐐礙事；祇有不會做詩的才感覺得格律的束縛。」（十五年五月十三日詩刊第七期「詩的格律」）

聞一多當時很樂觀，認爲這種情形不是開倒車，正是一種進步。然而終竟由於他們提倡格律的影響，發生了可怕的流弊，這流弊一直到現在仍然存在。像只講求形式——每首有一定的行數，每行有一定的字數，在末尾一字押上韻，把美麗的詞藻雜湊成篇，毫無一點詩味，也就算是新格律詩了。徐志摩在當時的確比聞一多高明，他承認這是一種要不得的趨向，更承認這是受了他們的影响，因此他趕快起來矯正，在「詩刊放假」一文中，曾暢談詩的內含的音節的勻整與流動，他說：

「我們覺悟了詩是藝術；藝術的涵養是當事人自覺的運用某種題材，不是不經心的一任題材支配。我們也感覺到一首詩應分是一個有生機的整體，部份與部份的相連，部份對全體有比例的一種東西。」在後面一段講得更精彩：「明白了詩的生命是在他的內在的音節的道理，我們才能領會到詩的眞的趣味；不論思想怎樣高尚，情緒怎樣熱烈，你得拿來徹底的「音節化」（那就是詩化），才可以取得詩的認識。要不然思想自思想，情緒自情緒，却不能說是詩。但這原則却並不在外形上制定某式不是詩某式才是詩；誰要是拘拘的在行數字句間求字句的整齊，我說他是錯了。行數的長短，字句的整齊或不整齊的決定，全得憑你體會到得音節的波動性；這種先、後、主、從的關係在初學的最應得認清楚，否則就容易陷入一種新近已經流行的謬見，就是誤認字句的整齊（那是外形的）是音節（那是內在的）的担保。實際上字句間儘你去剪裁個整齊，詩的境界離你還是一樣的遠着。」他說：「誰都會切豆腐似的切齊字句，誰都能似是而非的安排音節——但是詩，它連影兒都沒有跟你見面！」他有一個比方：一首詩的字句是身體的外形，音節是血脉，「詩感」或原動的詩意是心臟的跳動，有它才有血脈的流轉。」

幸虧他能挽救新詩的危機，不然，後期在「新月」上創辦的「詩刊」就不會有什麼成就。

記戊戌維新始末（廿五）

舜生

康有爲想運用袁世凱以維護新政，這一着在維新派幾個首腦人物的看法，原不是絕對一致的（至少林旭與康廣仁便很懷疑）。但後來逼到譚嗣同不能不去向袁陳述他們的全部計劃，而且要立即取得袁的諾言，則實由光緒帝在七月二十九及八月初二這三道密詔所促成。七月二十九第一道密詔與楊銳，第二道與康，八月初二這一道命康迅速出京。這個時候光緒帝已下了開懋勤殿公開集合若干維新人士以議制度的決心，可是七月十九革禮部六堂官的職，已大觸太后之怒；開懋勤殿將更爲太后所不許，自然是光緒帝的意料中事；因爲他知道自己處境的危迫，同時也知道康如久留北京也無可倖免，於是他才有這三道密詔的交出。這三道密詔使得康等不能不冒險用袁，亦即促成「政變」提前爆發，關係非常重要，茲錄其全文如下：

七月二十九日交楊銳帶出的兩密詔：（詔上的日子是二十八，可能是前一天寫好的）

一、「近來朕仰窺皇太后聖意，不願將法盡變，並不欲將此輩老謬昏庸之大臣罷黜，而登用英勇特達之人，令其議政，以爲恐失人心。但經朕屢次降旨整飭，而並且有隨時幾諫之事，但聖意堅定，終恐無濟於事。即如十九日之硃諭（指革禮部六堂官職事），皇太后已以爲過重，故不得不徐圖之，此近來實在爲難之情形也。朕亦豈不知中國積弱不振，至於阽危，皆由此輩所誤；但必欲朕一早痛切降旨，將舊法盡變而盡黜此輩昏庸之人，則朕之權力實有未足。果使如此，則朕位且不能保，何況其他？今朕問汝：可有何良策，俾舊法可以漸變，將老謬昏庸之大臣盡行罷黜，而登進英勇特達之人，令其議政，使中國轉危爲安，化弱爲強，而又不致有拂聖意？爾等與林旭、譚嗣同、劉光第及諸同志等妥速籌商，密繕封奏，由軍機大臣代遞，候朕熟思審處，再行辦理，朕實不勝十分焦急翹盼之至。特諭。」（此詔與楊銳）

二、「朕惟時局艱難，非變法不足以救中國，非去守舊衰謬之大臣，而用通達英勇之士，不能變法；而皇太后不以爲然，朕屢次幾諫，太后更怒，今朕位幾不保，汝康有爲、楊銳、林旭、譚嗣同、劉光第等，可妥速密籌，設法相救，朕十分焦灼，不勝企盼之至。特諭。」（此詔與康等，由楊銳帶出。）

三、八月初二交林旭帶出促康出京的密詔：

「朕今命汝督辦官報，實有不得已之苦衷，非楮墨所能罄也。汝可迅速出外，不可延遲。汝一片忠愛熱腸，朕所深悉，其愛惜身體，善自調攝，將來更效馳驅，共建大業，朕有厚望焉。特諭。」（按官報爲上海「時務報」所改，命康督辦係孫家鼐所薦，孫用意在擠康出京。除此密詔外，並曾爲此事明發詔書。）

細繹這三道詔書的語氣，則當時緊迫的情況已躍然紙上。在前兩封詔書裡，光緒帝一再提到他隨時向太后「幾諫」，也一再提到他自己的位置不保，可見光緒帝在頤和園不斷與太后衝突的事實；太后在盛怒之下，聲言要撤去他的帝位，也一定是有的。光緒帝有誠意要變法，但又無辦法度過這一難關，因此不能不向維新派呼救，所謂「設法相救」，情辭眞是危迫到極點了。

據康「自編年譜」，康與譚嗣同一直到八月初三才看到這三封詔書（全由林旭手交），讀後痛哭。於是由康召集梁啓超，徐仁鑄仁鏡兄弟，及康廣仁，共籌救帝之策。最可注意的，乃是袁的幕府徐世昌也參加了這一場合。康見徐來了，乃又相與痛哭以感動之，於是徐也哭了。要譚當晚去勸袁並殺榮祿，正是這個時候決定的。從這一事實，我們可進一步了解三點：一、袁這次到北京，徐世昌是同來的，徐是袁隨時離不了的一個智囊。二、徐本來也是強學會會員，在這種極重要的場合，康能讓徐與聞機密，可見徐平日對維新派極盡敷衍之能事；在這一緊要的時候徐去看康，可能正是袁要他去窺探維新派的虛實；這種地方可看出維新派處事的坦率與粗疏。三、要譚嗣同當晚去見袁既決定於此時，而康的紀載並未說明作此決定時徐已退出，可見譚要去見袁徐早知道，也一定於當天即已詳細報告了袁，袁並可能與徐有密切籌劃，因此袁應付譚的一番話，是事前早已想好了的，而並非袁的急智。必須了解這幾點，我們才不致爲袁的那篇「戊戌日記」所欺騙。世人但知出賣維新派的是袁世凱，而不注意徐世昌是袁的最高密探，同時也就是出賣維新派的第一號幫兇，則可能對當時這一件大事不能完全明白其內幕。

（待續）

析支列傳（一一）

亮之譯註

38 余茲當就進入此海兩大區域之西方部族一述之。其一：北自佛西斯河，沿攸克辛（黑海）・黑勒斯奔（Hellespont）（註一）伸至特羅哀（Troas）之賽磯模（Sigeum）（註二）；南自腓尼西亞（Phoenicia）畀連之米尼安得尼灣（Myriandrian Gulf）（註三），直抵特洛披克岬（Triopic Promontory）（註四）；是爲一區域，凡三十不同部族居之。

（註一）黑勒斯奔(Hellespont)：即今土耳其西之達達尼爾峽(Dardanelles)。

（註二）特羅哀（Troas）在小亞細亞（Asia Minor）古國米西亞（Myais——瑪爾瑪拉海）西北・環古城特羅衣（Troy）一帶。自賽磯模岬（Sigeum Promontory）沿愛琴海直抵勒克塔模角（Cape Lectum）；東並包括伊達山（Idi Mts.）及色克曼多河（R. Scamander）之平原。——按賽磯模即今小亞細亞布爾薩（Bursa）東北之燕尼歇黑爾(Yenesehir)。色克曼多河即今曼得里斯河(R. Menderes)。勒克塔模角即今柏柏（Baba）。

（註三）腓尼西亞（Phoenicia——讀如fe. nish'ia但譯腓尼基，非。）：古敘利亞西境，自黎巴嫩山西麓至地中海一帶地方之稱。初屬埃及，公元前十四世紀頃獨立。米尼安得尼灣：原註「或伊薩斯（Issus）之柏驛(Bay)——小亞細亞西里西亞(Cilicia)東南邊境之城市。」按伊薩斯乃位於小亞細亞南部一沿海之狹長平原中之古鎮，南抵陶拉斯山(Taurus Mts.)，北即今愛斯堪得朗(Iskenderon)。西里西亞乃小亞細亞東南古國。

（註四）

39 另一、由波斯人（Persians）之國出發，至於紅海之濱，包括首波斯（Persia），次亞西里亞，次阿拉伯（Arabia）及其終點之阿拉伯灣（Arabian Gulf）。——此特姑視之爲終點耳，非已眞屆終點也（註一）。——此一海灣即大流士（Darius）由尼羅(Nile)(註二）導運河所入者也。而由波斯至腓尼西亞之間，廣土而富饒之國蓋林立焉。至由腓尼西亞循巴力斯坦——敘利亞（Palestine-Syria）以至其終點之埃及（Egypt）此一濱海（註三）地帶，余即將敘述及之。此一地帶僅居三族而已（註四）。而波斯人及亞細亞西部之諸侯，則大率可包舉於上述兩區域中。

（註一）原註：「自埃及連接阿拉伯。」

（註二）此係指大流士所開業已完成之運河。按首開此運河爲埃及王拉美斯二世（Rameses II），繼之者爲勒柯（Neco—?—595B.C.）王，然恐引發巴比命勢力之伸張，卒塡塞之。

（註三）指地中海。

（註四）原註：「指亞西里亞人（其中敘利亞包括於巴力士坦），阿拉伯人及腓尼基人。」

蝶戀花

——亮齋——

月意微茫花意淺，寂寞芳尊，人意難排遣。記得去年春月滿，兩情共醉深深院。

月底濃雲山四面，雲逐山高，明月何時見!?今夜月明春又半，花前逗得人腸斷。

本刊已經香港政府登記

聯合評論

週刊

每逢星期五出版

United Voice Weekly

第一三五號

督印人：黃宇人　總編輯：左仲平
社址九龍赫德道二十三號地下　電話68678
承印：嘉羅印刷有限公司　香港灣仔馬師道5號
總代理：友聯發行公司　售價每份港幣一毫
本報美洲版總經售處美國紐約中美出版社
CHINESE-AMERICAN PRESS, INC
199 CANAL STREET.,
NEW YORK13 N.Y. U.S.A.
美洲航空版每份零售美金一角

人之愛國，誰不如我！

李璜

中華民國的建立是經過無數先烈的頭顱犧牲，血與汗交流而創造成功的。自創建以來的五十年中間，又曾經過三災八難；在民國的災難中，又無一次不是犧牲「許多志士仁人的血和汗，而尤以抗日作戰八年，全民都受着很大的犧牲！有了這一個可歌可泣的全民抗戰史詩」一般的壯烈之舉，今日又誰能說，誰敢說，這個中華民國是少數人纔懂得去愛護她，而多數國民都不愛國，且以爲愛護中國的言行乃是風涼話或在搗亂呢！

很明瞭，近幾個月來，美國僑胞與香港僑報都在向三十多年來一向負起中華民國政府責任的台北當局高呼趕快反攻大陸，鼓勵不已，催促不停，其原因何在？試看下列一些情形：

中央社紐約二十三日電：「百萬人委員會」警告其委員和友人稱，它所從事反對准允中共進入聯合國的奮鬥前途將愈趨困難。該委員會剛出版一種小冊子，以報導其七年來活動的情形。……該委員會在這一小冊的結論中稱：此項奮鬥仍在繼續進行，而確將愈趨困難，姑息權宜主義和畏懼的勢力，並未衰退，他們對承認北平僞政權及准許其進入聯合國的呼聲，或將較以前更甚。本委員會的工作，今日正比七年前還要非常重要。……」

原來，自美國總統競選以至甘迺廸先生就任白宮以來，美國的姑息主義大爲抬頭，承認中共，至少中共加入聯合國；兩個中國，以至台灣獨立或託管的論調，不斷的在美國報紙上登載了出來、怪論連篇，而且美國負責出席聯合國的代表也認爲，中共進入聯合國爲理所當然，而中華民國的政府代表只能代表台灣，一千萬民衆。

在這種近於對中華民國加以侮嫚的態度及言論，不斷的在予美國僑胞情感上以甚大的刺激；美國僑胞對於創建中華民國，對於抗日戰爭當中，都會具很大的熱忱與貢獻的，其愛護中華民國絕不後人，因而痛心於國格的受損，自身的難堪，而感到只有督促台北當局趕快反攻大陸，打倒中共政權，纔足以雪恥救國；否則十二年來，悠忽歲月，變化之來，中華民國這塊招牌，其勢將在國際市場上爲人所卸了下來；在台灣的國民尚可以對之不理，自得其樂，而在美國的國民則顏面掃盡，情何以堪！

至於在香港的僑報，除了左派報紙以外，無日不在據實登載出大陸同胞的飢寒交迫，苦死餓死的悲慘狀況。人間地獄，遍及全國一千九百餘縣，死亡不斷，普及同胞六億五千萬人！港澳僑胞糧食郵包之投寄大陸，有如狂潮；而大陸飢荒的待援，僅特小量救濟，乃如車薪杯水；而且喪心病狂的中共政權已一再拒絕英國所發起的人道援助，且不顧一切的尚將其控制在手的米豆向外輸出！同胞何辜，遭此慘禍；中共如此毫無人性，實在該討該殺！因此，「人窮則呼天，痛極則呼父母」，中華民國既尚有政府存在於台北，愛國的僑報主編者，既對於大陸難民逃來的狼狽情形，對於還鄉歸來女傭的慘況敘述，目擊心傷，情難自已，他們不去向自己的政府主張立即反攻，去要求弔民伐罪，難道還自設政府去召集國民，從事討伐嗎！——如是想法，恐又將被認爲是該死的第三勢力又在想作怪了啊！

何況十年以來，台北當局，時時在宣言反攻復國，曾允諾了一些「今年爲決定年，明年爲勝利年，……」信誓旦旦，息壤在彼！而且我政府以國家預算最大部份來養兵五十萬，人強馬壯，士氣旺盛，隨時表演於我僑胞回國觀光之前，人皆見之，而乃今歲不戰，明年不征，直至中華民國這塊招牌都在發生問題，大陸同胞萬衆一心，都在等待弔民伐罪，在這種危乎殆哉的情勢之下，尚能說愛國的美僑港報的呼籲反攻爲多事了嗎！

至於如何反攻法，全面反攻或局部反攻，正規作戰或游擊作戰，僑胞們既非軍事專家，主筆們又不一定都曾經軍旅之事，而且政府的軍事機密又不能執途之人而告之，我們大可以不必過問。但有兩點：一說是要等到大陸飢寒交迫的同胞，起而向中共政權革命，政府方開始反攻以應之，這不但是想偷安，而且是不仁哉是言也！因爲要手無寸鐵的大陸民衆造起反來，必得要先死不知幾千萬人，迫得無路可走、然後以赤手空拳去與共黨的機關槍、大砲、飛機投彈相馳騁，以求萬一的生機，試問這又要犧牲好多的人命？再則我們在報上一連幾天看見，緬北泰北隨時打擊中共而已有成績的我們游擊健兒紛紛撤回台灣，這簡直與反攻二字剛剛相反，不是前進，反在後退，眞令人灰心喪氣之至！

所可怪者，對於呼籲反攻，主張督促政府反攻的愛國僑胞僑報言論，似不爲辦黨報的主筆先生們所喜，而且好像認爲這種言論有點「少不更事」，加以譏嘲的樣子：言必須反攻，則云，「諱衆足以誤事」，言反攻甚難，則又云，「不應用純數字的計算來指導戰爭」，然則只有悶死不開口，或者方令黨報先生滿意嗎？不過，要知道，人之愛國，誰不如我！像平劇空城計裏諸葛亮所唱，「國家事，用不着，爾等們擔心」，那種氣慨，尤其是在今天，大家流亡到此，已過十年，心情上受不住這種「今之葛亮」的氣慨的！當此清明節近，陌上花開，所謂「暮春三月，江南草長，雜花生樹，羣鶯亂飛，見故國之旂旗，感生平於疇日」，更是要令人念念不忘於反攻的，此「人之情也，將軍豈無情哉」！

五十年青年節

論反攻大陸的時機問題

黃宇人

我在本刊的創刊號上，即寫了一篇論反攻的文章，題目是「揚棄苟安心理，積極準備反攻」。在那篇文章裡面，我曾指出國際局勢不可靠和偏安之局不可久，而歸結爲不反攻必自取滅亡；並認爲改革與團結乃是反攻的基本條件。前年中共開始推行人民公社後，我更主張政府應即乘此時機，實現改革與團結，急圖以自力發動反攻，並對反攻的方式問題有所建議（見本刊第六十號慶雙十，論反攻及第六十六號再論反攻兩文）。此外，我還在其他許多篇文章中提到反攻的問題。我至今仍確認反攻是中華民國唯一的生存之道，捨此則盡屬死路。然而反攻的時機是否業已成熟，則又是見仁見智有所不同，而應詳加研討的問題。

諾曼第登陸式的反攻時機不可能有

所謂反攻，當然指的是軍事行動。但軍事行動，則有兩途可循。其一，可名之曰諾曼第登陸式的反攻。即先由統帥部定下作戰計劃，集結足夠的陸海空軍和供應。然後一聲令下，三軍齊發，一舉而攻進大陸，再舉而深入中原，直搗黃龍。這是正規作戰的戰略與戰術，也是萬全之策。顯然我們日前並沒有具備如此的條件，也可說時機尚未成熟。假如在未來的二三年乃至十年，必然會有如此的時機到來，我想，任何急切的反共人士都要主張等待的。反過來說，假如在可以預見的將來很難有如此的奇跡出現；而我們却在敵人有弱點可乘的今日，瞻顧猶疑，不敢冒險犯難，作死裡求生的搏鬥，以致坐失良機，又豈是謀國之道？

說到諾曼第登陸式的反攻，我們必須在主觀條件上先具備足夠的力量。可是，今日的台灣，自保尤有賴於盟邦的經援和軍援。即再加上十年的時間，以如此的小島，亦不可能形成如彼的力量。若寄望於國際形勢變化，盟邦以大力支援我們；則自韓戰以來，我們已經期待了十年有餘。如今轉戰十年的滇緬邊區游擊隊尚須撤退，金馬的防守也時引起爭論，國際間承認中共之聲，更甚囂塵上，我們怎能再存幻想？這就是說，我們不可能具備諾曼第登陸式的反攻條件。因此，此一反攻方式應不在考慮之列。

孫中山起義式的反攻時機業已成熟

諾曼第登陸式的反攻雖不可能實現，我認爲另一方式的反攻則正大有可爲。此即中山先生起義式的反攻。今日大陸大開饑荒，人心浮動。我主張政府應以當年中山先生發動起義的決心，就台灣現有的軍隊，挑選精壯，以各種方式分批分區進入大陸，貫行避實攻虛，分股流竄的機動戰，而以台灣爲訓練補充的基地。關於運輸問題，既不是集中於同時同地出發，自非無法可想。至於給養則以就地取爲主。若謂大陸民食無着，何來餘粮以供軍用。須知人民雖鬧飢荒，而共軍共幹則仍豐衣足食；亦即大陸上尚有相當的存糧。國軍所到之處，祗要將倉庫打開，除軍用外，儘量讓人民分享。如此，則軍隊攻下一城鎮，人民即有糧可得，自必樂於協同作戰以奪取中共所存的糧食，衣物和武器。若謂十餘年來，中共已將社會上具有領導作用的人物，殺得一乾二淨，人民群龍無首：不易舉事。我以爲也屬過慮。因爲領導人物，原是從運動中產生的。不但古代的許多英雄豪傑在舉事前未曾被認爲是領導人物；即中山先生和辛亥革命諸先烈在起義前也未嘗爲人所知。因此，大陸上原有的領導人物雖已被中共迫害殆盡；但新起而尚未爲我們所知的領導人物正多。即以近年來集體逃出鐵幕的同胞而論，又何嘗無人領導？再說到中共對軍隊和幹部的控制雖極嚴密；實則正如築堤防川，愈高愈易潰裂。許多當年身居中共要津叱咤風雲的先生們，如今不但堅決反對中共，而且變成了馬恩列士義的死敵，即其明証。以故凡有人性者終必反共。今日大陸上的共軍和共幹，縱能熟視一般同胞的苦難若無睹，亦不可能眼看其親友的飢餓而無動於中。祇要我們能將戰爭帶進大陸，我深信他們必然會反正的。何況，既係採取中山先生起義式的反攻；我們不能希望一戎衣而天下大定。相反的，在最初的若干次，很可能遭受挫折，甚至慘敗。然而祇要我們能有中山先生的氣魄和決心，一次受挫，繼以二次；此處失敗，又圖他處。再接再勵，百折不回。則經過相當時間的苦鬥之後，必能在大陸上建立堅固的根據地，並進一步而達到推翻中共的最終目的。

反攻應先求人和

要實行中山先生起義式的反攻，人力和物力方面的條件，台灣都已具備；但最關重要的精神條件，則完全沒有。所謂精神條件，即左舜生先生所說的人和，亦即使海外和台灣的中國人團結一致之意。本來，反攻大陸既是全國人民一致的願望和要求，祇要能以反攻爲前提，則一切問題都可迎刃而解。但由於當權者祇知以一人一姓爲中心，罔顧國家民族的前途，因而師心自用，圈子愈縮愈小。用人但求其可靠，不問智愚賢否，作事但求其便己，不惜枉法違憲。忠言既覺逆耳、諍友尤不順眼。寧可將大陸永遠委之於中共，也不讓國人對國事有所過問。在如此情形之下，他們整天疑神疑鬼，對任何人都不敢相信，焉肯放出其挾以自重的大軍作越海的反攻？自然更不會考慮團結一切反共力量共同奮鬥了。因此，中山先生起義式的反攻時機雖已成熟；但若希望台北能及時發動反攻，則仍屬幻想。主張急圖反攻大陸的反共人士，還得有所努力呵。

民主意識與中西人生觀

謝扶雅

約摸在半年以前，本刊和祖國週刊上曾連續披露了張忠紱先生「民主政治在中國失敗的癥結」一長文，痛論中國人民根本沒有養成民主觀念與習慣，所以無法實現民主政治。這確是一篇診斷精確，分析周詳的最好文字。民主自由是近代西方文化的特質，中國人的人生哲學裡却一向沒有這樣東西。相傳老莊一派哲學具有自由放任的人生觀，然而那種自由觀念恰恰和西方民主政治中的自由人權相反。西方人的民主意識是植根於(1)個人的獨立與尊嚴，(2)自尊心因而亦尊重對方——這即是「平等」觀念，(3)自由發表意見過問及參預公衆的事，限制並監督政府的權力行使。反之，我國道家清談家以及某些文人名士如陶淵明等，以遯世為清高，傾向於無政府主義，漫然求與大自然同化，沒「我」於神秘縹緲之中。所以老莊哲學以至後來輸入的佛教，其人生觀與其說是肯定自我，毋寧為否定自我。至於儒家的所謂人文主義誠然肯定人生，且亦具內聖外王修齊治平的「為政」思想，然而它受了三綱論（君為臣綱，父為子綱，夫為妻綱）的桎梏，易被統治者所利用，其結果，儒者在政治上的地位往往成為「官僚」，而無人民公僕的觀念。他們的責任感大抵是對帝王，而不是對公衆的人民，亦不是對個人的自我。要之儒家的人生觀是籠罩着君與臣、父與子、夫與婦等等互相對待的一套倫常思想，缺乏強烈的個性尊嚴獨立精神。

有名的德國哲學家黑格耳，在其歷史哲學一書中，詳細說明東方人無自由意識（不是沒有，而是未曾覺醒），希臘羅馬只極少數人具自由意識，直至近代西方始普遍意識了自由。民主政治的根荄便在這種自由覺醒。本來希臘（雅典）文明中已宿有個人自由主義的種子；經希伯來系宗教思想的薰陶，更提醒了人的崇高價值。如說：「人是由創造主按照祂自己的形像造的」；如說：「人在上帝之前都是弟兄平等」；如說：「人是由神羔重價贖回來的，不可更論為奴隸」等等。中世紀羅馬教會為應當時蠻族入侵，大陸一片混亂的客觀要求，演出教皇制度，強力統一社會及政治秩序。迨諸蠻族開化，各各成立邦國以後，即發生宗教改革運動，並引起社會改革及政治改革，個人紛紛挺身而起，以與教權及王權抗衡，爭取自由平等。至十六七世紀英國又出現了一批清教徒，反抗國教教會，反抗主教特權階級，反抗君權神授論。那些跟國教分離的地方教會教牧人員，更與社會領袖及國會議員通力合作，展開社會及政治改革運動。有名的所謂「人民協定」(Agreement of the People)因而於一六四七年得以產生。這就是英國民主憲政的開端。再過了一百多年以後，就有美國獨立宣言（一七七六）和法國的人權宣言（一七八九），於是英美法三國遂為世界民主政治史上的先河。雖然一些民主思想家如英之洛克，法之盧梭，美之傑弗遜，對國家學說的見解不盡相同，要皆以個人的自由平等為政治根本理想則並無二致。

我國傳統的政治理論固未嘗抹殺人民的地位，例如經籍中載着「民為邦本，本固邦寧」，「民為貴，社稷次之，君為輕」，「百姓足，君孰與不足」一類教訓。然而從不曾明言「主權在民」，亦不認為老百姓應出來預聞以至主持政治。國家是屬君王所有的，人民只可以出來輔佐他。雖然禮記的禮運篇作者曾主張「大道之行，天下為公」，但接着下句「選賢與能」，便可見人民只能被「選」舉來佐助帝王，雖可位極卿相，而自己終不是這個國家的「主人」。儒家強調「仁政」，只是表明政府應該懷柔人民，這至多在林肯的of People, by People, and for People三原則中占了一點「民享」的成分，根本沒有「民治」和「民有」。詩經上說：「普天之下，莫非王土，率土之濱，莫非王臣」；論語孟子中屢屢說到堯舜湯武之「有天下也」，表示天下只為天子所私有。即使有平民出來革命成功稱帝，也共信為「天命」攸歸，代表天而「有」天下「治」天下。國家永不屬於人民所共有，由人民所共治。因而，雖儘說「天下興亡，匹夫有責」，但匹夫還是無「權」。而且西方這個「人權」的"Right"一字，本義訓「直」或「正」。人權，乃是人的當前應分，無此即失其人之所以為人。所以自由平等乃是人生的基本權利，因而若「不自由」就「毋寧死」之為愈」。我們最崇高的人生觀是孔子之「殺身成仁」，孟之「舍生取義」。然仁義自是另一種美德，與自由平等毫不相干。

我們要到孫中山在其講「民權主義」中喊出「人人都是皇帝」的口號，才是第一次正式把西方民主觀念輸入至中國人的腦海裏邊；而這種語調正是西方已在三百五十年前一位蘇格蘭長老會牧師所曾宣告過的。諾克斯(John Knox, 1514—1572)於其致蘇格蘭教會領袖的書信中便說：「在你們各自的會內，你們就是主教，你們就是君王」。這意思是：不是英王或主教是教會的頭，乃是各個信徒是教會的主人。十七世紀英國瑪麗書院教師魯德福(Somuel Rutherford)，為反對英王至上而發表「法律在上」一論文，引證舊約聖經的記載，證明人民有選立君王及限制其權力之權。此文對一世紀後洛克的政治學說（即代議制及監督權）給予極大影響。與魯德福同時的清教徒詩人彌爾敦，也發表了「為英國人民辯護」一等文，力言人民不應盲目服從君王。又有一位實業家羅賓遜亨利(Henry Robinson)，發表「良心自由論」，主張個人思想的神聖權利，為自由企業張目。此外還有許多匿名或失名的文字，無不引經據典，發揮天賦人權的自由平等思想。英國之能在三百年前奠定民主憲政的基礎者在此。我們自孫中山介紹民權學說以來，不斷地復辟略，辮帝略、勸冲略，由黨天下而家天下，至今台灣官報還繼承前清宮門抄的遺緒，捧總統總裁如皇上，而最近環請特赦雷震的一舉，亦無非仰求仁主法外開恩的心理表現，十足在開倒車。

張忠紱先生在其文中慨乎言之地申說中國人還一點沒有養成民主觀念及習慣，這當然要歸到根本教育問題。可是大陸今日在中共集權統制之下教育自然全屬禁錮、思想的愚民政策，以至洗腦交心的扼殺民主自由政策；而所謂自由中國的台灣呢，依然一片黨化教育，特務控制學校，領袖至上主義，復古還元至「天皇明聖，臣罪當誅」，又如何培養民主習慣，如何而啓發民主覺醒呢？無奈只得期望海外數百萬青年學子可以作未來新中國政治建設的資本。對此，我們首先必須澄清一個「立場」，不要怕被罵為「薄古厚今」，不要怕被罵為「外國的月亮比中國亮」。在民主自由的人生觀這一點上，他們確實比我們先進；我們已落後了三百年以上，豈再能諱疾忌醫？總之，為了實現中國的真正自由民主，希望至今仍在集權控制下受着毒化教育的青年同胞，能夠自我覺醒，辨別自由與不自由，民主與反民主的真義，更希望現在生活在自由社會的海外青年僑胞共同為自由民主的中國前途奮鬥。

一九六一、三、十三自美紐澤西寓。

民主國家應如何對付中共？

劉裕畧

一九六一年開始以來，在這短短的幾個月中，准許中共進入聯合國的可能，似乎是愈來愈高了。這固然一則由於非洲若干新獨立國之大批加入聯合國，從而影響聯合國對這一問題的投票，另一方面，也由於某些民主國家，尤其是英聯邦各國對這一問題的態度的轉變。惟其中共政權有於今年獲准入聯合國的可能，這使人想到民主國家究應如何對付中共這一根本問題來。

對於中共，檢討以往事迹，可以說，民主國家是一直未能認清它的真正面貌的。因此，也可以說，民主國家對中共的估計，一直是在錯誤中。認識既然錯誤，基於認識而製訂出來的對策，當然亦不可能正確。

它們最先總以為中共不過是一個土地改革者，還以為它所打的共產主義旗幟，不過只是一個招牌。及到中共佔據大陸，而且在佔據大陸後，即實行三反五反，並一切唯蘇聯之馬首是瞻，它們才知道中共是一個不折不扣的共產主義者。迨一九五〇年，即中共政權成立之次年，中共奉克姆寧宮之命進兵北韓，公然與聯合國軍隊作戰，中共如此這般的為蘇聯利益和為世界革命目的而戰之後，它們才對中共有了進一步的認識。

然而它們的認識仍不澈底。其時它們以為中共誠然不是土地改革者，而是不折不扣的共產黨，但毛澤東仍有可能變狄托。於是，它們在相當長的時間中，又對毛澤東寄予狄托式的幻想。直到近年，它們才又從事實的証明它們的幻想落空，所以，檢討民主國家以往對中共的認識和政策，可說是無一不錯誤。記得八年前，美國前國務卿杜爾斯曾指斥危地馬拉外交部長連國際共產主義這一名詞也不懂，杜爾斯的這一指斥，使人感覺非常痛快。但放眼今日世界若干民主國家的外長中，又真有幾人懂得國際共產主義這一名詞所包含的真正內容呢？既不懂得國際共產主義的真正含義，自無法認識中共政權之基本性質，既不認識中共政權的基本性質，自亦無從在外交和其它一切方面提出對中共政權的適當對策來了。

嚴格說來，基於中共已對大陸進行統治的事實而提出予以承認或准許其入聯合國的主張，這並不能算是對付中共問題的方案，當然更不是解決中共問題的方案。因為今日中共之所以成為問題，不在准許它入聯合國，而在它之為蘇聯之幫兇，而在役大陸六億人民，以為禍亞洲。而准許中共入聯合國，既不能改變中共之為蘇聯之幫兇這一事實，更不能除去其為亞洲之禍根之這一事實，反而替中共多開闢一條鬥爭門徑，並在聯合國內幫同蘇聯以擾亂世界。那末，准許中共入聯合國，絕對不是解決中共問題之方案，而只是民主國家助長中共侵畧火燄的一種無能表現，一種沒有遠見沒有魄力的短視表現，自屬顯然可見了。即對民主國家而言，民主集團與共黨集團之尖銳對立既早已是事實，則准許中共入聯合國，又何異替共黨集團加籌碼！對民主國家本身，自係毫無好處可言。

然則，民主國家究竟應該怎樣對付中共呢？

我深思熟慮之後，我一再客觀衡量之後，我認為只有民主國家幫助和協同反共的中國人對中共進行有限度的戰爭，才是惟一的一個好方案。

我說這是一個好方案，自與一切尋求苟安尋求妥協的意見不相符合。不過，我相信任何方案，不可只從主觀願望出發，亦不可專為迎合某些人的錯誤意見而設計。我之覺得這是惟一的好方案，並非從我個人或反共的中國人的主觀願意出發，倘若如此，則本方案亦不是一個好方案。而乃從民主集團與共黨集團業已在尖銳對立的鬥爭形勢下，作全盤考慮而設計的。

（下轉第三版）

總動員法斲喪台灣經濟

季夫

三月十日，香港有兩大受人注視的集會。一爲滙豐銀行舉行年會；一爲香港工程師學會年會。

在這兩大集會上，前者由董事會主席端納提出了報告書，內而評述一年來香港工商業發展情況，分析利害，痛陳投機之風不可長；雖然香港仍繼續發展，但也指出了大量游資的流入形成了不健康情形。外則從綜述亞洲各國經濟情況，以至於揭露大陸公社制度失敗，人爲飢饉嚴重，並預示若來年仍屬歉收，中共的前途確屬嚴重。

這是一篇純粹以經濟觀點構成的報告，雖簡略却絕非浮光掠影之談。

在工程師學會年會上，港督柏立基爵士以該會名譽會長資格發言，而所述尤多值得重視者，他鄭重地表明了香港政府對繁榮香港可循的政策和主旨。如果有人要問何以香港十年來有此成就，他的話該是最好的說明。

他說：「如本席在本港所見者，政府之重要任務乃設法供給爲私人發展所必需之各種公共服務，並由此種發展而獲得收入。吾人對於發展所辦者並非空前所無，最低限度，由於私人方面發展所需要而進行所供給之公共服務，包括撥出土地（經常動用鉅欵進行塡海工程），建築道路與渠道，協助工商界在海外開闢銷場。同時，更隨時避免採取維持法律與秩序所必要之外之管制，確保合法的貿易習慣，及維護富有活力的企業活動……」。這段話雖是簡短，但確是說明了在自由經濟制度下，香港政府與私人資本間的關係，職責與分工協調運行的規律。

在同樣的一段十年時間之內，台灣的情況又如何呢？是否完全一如官方及其言論機關所宣佈的那樣美呢？這可就立法委員黃煥如氏於三月十四日在立院院會中所提出的質詢來作反証。

不過在這裏首先必須闡述的還是官方的政策，因爲這是基本上關乎着台灣經濟不能飛躍發展的重大原因。

他指出：「發展經濟首重改善環境，注意投資安全……：最忌戰爭形態與戰時法令加重精神威脅」。最顯明的事實即爲唐榮鐵工廠因週轉不靈，政府「竟引用總動員法，頒佈重要生產事業救濟命令，凍結公司財產及私人存欵，動員國庫資金，組織貸欵銀團，成立資金小組，人心惶惑，莫知所措，工商百業，咸感危懼，唐榮尙未得救，而廠商因受提存影响，頻臨倒閉者，已所在多有。」這裏很淸晰地描繪出了，無確切的政策在先，引用不當法律橫加干涉在後，能使投資者有精神威脅，復感到法律對私有資本之無保障。在這樣的環境，政府欲圖吸收國內外私人資本投資以繁榮，其非椽木求魚何？

而這種做法，不論環境如何，在原則上，在精神上，恰恰與香港政府之謀香港的繁榮底原則與精神相背。香港政府在積極方面是盡速改善予私人發展所必要的環境。在這方面是循着加强「各種公共服務」這條途徑，從撥地、築路、修渠到協助工商界在海外開闢銷塲。消極的則爲「隨時避免採取除維持法律與秩序所必要之外之管制，確保合法的貿易習慣，及維護富有活力的企業活動。」這裡所指的法律與秩序，從法的觀點來解釋，當然是指合乎時宜的法令與秩序而言。豈是台灣當局之迄今仍運用民國三十一年三月爲對日抗戰而制定的「國家總動員法」所可比擬。

於此也就反映出一强而有力的事實，即爲什麼香港同樣是運用中國「難民資本」與「難民勞力」而能一變其面貌；而在台灣却恰是相反。爲什麼游資樂於「游」來香港，却過台灣之門而不入！

在香港，這十二年來，早期却有不少「難民資本」競向投機市塲活躍，早期的對象是金鈔，這批「難民資本」事實上多數是過去的「官僚資本」、「軍閥資本」，眞正有眼光和實力的工商業家，在當時無不着眼於發展實業。因此，不旋踵殘餘的「官僚資本」、「軍閥資本」紛紛倒斃，而正當的工商業却繼起飛躍地獲得了發展。

同時也說明了，祇有私人資本獲得正當出路，受到應有的保障，投資者自然會競競業業地善自經營，既不須投機倒把，也無須恐懼於法令的干涉。

再以台灣而言，儘管政府製訂了一些獎勵投資的條例，看來對投資者雖有「保障」，但由於總動員法之仍然有效，由於戒嚴法令之未能廢除，由於社會環境之繁雜，投資者除了要適應衆多的法令之外，尚須要應付各大小衙門、胥吏、或明或暗的特務之干涉。這些繁瑣的規章和干擾，就絕非安份守己，將本就利的投資者所能忍受的了。

黃煥如立法委員在質詢時曾有較詳的事實敘述。他說：「發展經濟，必須配合政治環境，政府爲獎勵投資，一再修改法令，簡化手續，盡量便利工商發展，但因政治風氣不能澈底改良，以致行政效率低落，妨害工商發展的事實仍所在多有，凡較重大者有下列各點：一、小組政治，權責不淸，會議太多，彼此推諉，不能把握時機。二、商品檢驗，不切實際，以致外銷時常退貨，影响國際商譽，加重工商損失。三、商標審核，濫用感情，任意撤銷，輕重倒置，漫無標準，使工商業無所適從。稅制稅政，諸待革新，納稅退稅，手續繁瑣，稽徵人員，上下其手，貪汚成風，斲喪工商業生機。五、匯率時常調整，物價不能穩定，產品成本無法固定，影响外銷及通貨膨脹。六、公務人員待遇不均，祿不養廉，賄賂不免，以致利用職權公開貪汚之事實，屢見不鮮，工商百業，咸懷戒懼。」

由於上述之現象，今天台灣工商業是「生產依然萎縮，外銷退貨，內銷不振，原有之公私企業，仍多週轉不靈，搖搖欲墜，期待特別救濟。新興之僑資外資事業，殆如鳳毛麟角」。其結論顯然是對當前的經濟情況作了眞實的說明。而其不同於官方的宣傳亦已彰彰明矣！

（上接第二版）

須知以蘇聯爲首的共黨集團其世界革命目的，原是不變的，這一點，美國新舊總統都一致同意。而中共政權之崛起，對共黨集團世界革命目的之達成，却有如虎添翼之作用。這倒不是由於中國人民傾心擁護中共，而是由於共黨極權主義對中國大陸之數億人民可以用奴役的方式來誘迫他們從事經濟生產和從事對外作戰的緣故。所以，假若沒有中共這一幫兇，則單憑蘇聯和東歐衛星國家而欲赤化世界，無論通過冷戰或熱戰，都決不可能。有了中共所挾持的六億人口之後，由於目前亞洲各國都或在經濟上落後，其惟一工業發達之日本，亦在戰敗後而軍力不充，故中共乃有隨時囊括整個亞洲之可能。既有蘇聯和東歐衛星國橫跨歐亞，又加中共雄據亞洲，整個共黨集團之形勢乃爲之一變，而有赤化全世界之可能了。否則它是絕無此一可能的。所以，中共政權之存在與否，乃成爲蘇聯能否赤化整個世界之關鍵。這是今日對立鬥爭中之事實，也是今日國際政治家中事實論者所應眞正認淸的事實。而且也只有從這一事實出發，才可能對整個世界導出眞正的良好結論。

再從中共本身來看，十年來，中共雖一直在擴軍備戰，但截至目前止，中共軍隊尙未眞正現代化。即尙未眞正核子化火箭化。軍需工業雖在不斷擴充，亦尙無雄厚基礎。它所擁有的只不過是在脅迫下的多數人力而已。而在現代小型熱戰中，即有限度戰爭中，徒手決不能作戰。如果中共對外作戰，就必須依靠蘇聯之大量援助，有如中共之參加韓戰然。而所需軍火數量則遠在韓戰之上。所以若與中共展開有限度戰爭，在限度以內的規模愈大，則蘇聯在飛機、大炮、槍械、彈藥各方面的負担亦愈重，反之則愈小。軍火供應愈多，則軍火運輸量亦愈多，軍火運輸一多，則其它的運輸將陷癱瘓，從而影响其整個統治。而蘇聯之軍火生產畢竟是有限度的，假若它在軍火方面負担起中共的鉅大消耗，那末，它在歐洲戰場上的作戰力自非減小不可，這是對中共展開有限度戰爭顯然有利於歐洲及英法等民主國家的一個好處。

再說：美國之兵力，現刻業已分散在世界各個角落，這是因爲蘇聯橫跨歐亞，而中共又崛起亞洲之故。倘若用有限度的戰爭方式把中共由消耗而拖跨，則美軍兵力集中指向蘇聯，屆時，即使不再用戰爭對付蘇聯，蘇聯亦不可能赤化全世界了。

況且今日大陸正發生嚴重災荒，大陸人民對中共恨之刺骨，非心服也，一旦對中共進行有限度戰爭，則中共內部極可能發生大變動，如此則推翻中共更可收事半功倍之利。

至於說到因此引起世界大戰，這是不可能的。因爲蘇聯之進不進行世界大戰，乃繫於它本身之考慮。蘇聯進行世界大戰之條件未成熟時，蘇聯亦不會爲中共而打大戰的。何況對中共進行的，原非核子戰爭或火箭戰爭，而仍是有限規模和有限武器的有限戰爭呢？

所以，在今日這已成的對立鬥爭形勢中，中共之存在與否，乃蘇聯能否赤化世界的一個關鍵，對付之道，不是與中共妥協，因爲妥協只足以助長共黨侵畧火燄，而應毅然對它進行有限度戰爭，消耗它，把它拖跨。

反共游擊隊首批撤抵台灣

志　清

（台北通訊）滇緬泰邊區反共游擊隊的撤退工作，進行甚爲順利。從本月十九日起至二十三日止，總計五日之間，已有七批先後由泰國飛抵屛東飛機場，共約二千餘人。前三批多爲眷屬及普通反共義民，後四批則是戰士。並聞還有一部份是擺族。他們喜歡大自然，崇尙自由；因習於狩獵生活，射擊尤爲專長。在過去十二年中，他們與游擊隊打成一片，且已開始通婚，其生活習慣亦完全漢化，故自願一同來台。據奉派前往泰國主持接運工作的賴副參謀總長名湯於二十一日晚返抵台北時表示，全部接運工作，須俟下月初始能完成。

一度封鎖新聞，安內『讓』外

游擊隊及其眷屬下飛機後，即乘專車到鳳山，住於鳳山軍校及其附近特設的臨時接待處。由某軍團所組織的接待中心負責辦理飲食，住宿及衛生等生活事務。有的人還急迫的需要醫藥照料。爲了保密，屛東機場業已關閉，對外空運交通非經特許一律停止。各接待中心亦門禁森嚴，新聞記者無法接近。聯合報對當局的封鎖新聞，諷爲安內「讓」外。該報在一篇短評內說：

「負責接運反共義民的軍事當局，基於「安全」的需要，對於撤退的人數、地點與時間等等，一概加以保密。雖反共義民並不具有軍人身份，其接運工作不足構成軍事機密；但以共匪的違反人道，絕滅人性，或許會在空運途中加以截擊。爲免發生意外的不幸，對於軍方這種安全措施，我們自屬無話可說。

惟此次反共義民的撤退，是接受國際間的要求，而由泰寮等國協助進行的；亦即在國際觀察的衆目睽睽之下進行的。泰寮等國尤盼對此有所交代，俾免共匪借此有所藉口。因此，軍方的安全措施，只能約束本國記者，未必能約束外籍記者。昨日有關首批反共義民的接運消息，都是來自「起站」曼谷的外電，而「終站」台灣卻稱「並非事實」，如此一件大新聞，讓給外籍記者，本國記者還是跑分屍案吧。」

本來，游擊隊一經撤抵台灣，就無保密的必要；然而當局卻故示神秘，使關心這批反共英雄的同胞，對於他們的一切情形都無從得悉，而祇能從外國的電訊中讀到一點零碎的消息，無怪聯合報要發出怨言」。

寫不完的戰鬥史詩

幸而從二十三日起，新聞記者已被准許進入屛東機場訪問，國防部並在安置游擊隊及其家屬的成功嶺招待記者參觀。於是各報競以顯著的地位，報導游擊英雄們的悲壯戰績。首先被訪問的，是率領第一梯次（即第一批至第七批）來台的副指揮李黎明師長。李將軍是南雲人，現年四十一歲，軍校出身，個子瘦長，他從飛機裏面首先出現時，下面掌聲雷動，攝影記者紛紛攝取鏡頭。跟着下飛機的，傘兵背着輕便包袱的戰士，沒有老弱，也沒有傷患，其中有女戰士，還有幾位十二三歲的小戰士。李將軍說：在過去十二年中，他們和中共作戰的次數實無法計算，他認爲敵人的戰法還是和過去一樣，深取以大吃小的人海戰術，但士氣則愈來愈低落。游擊隊最大的敵人，還是毒蛇猛獸和惡性瘧疾及痢疾等。談到森林的游擊戰術，他說：有三個祕訣，即：忍、等、狠。敵人未來時固然要忍，敵人到來時更要忍，必須等到最有利的時機，才以餓虎擒羊之勢一舉而狠狠的予以殲滅。並說：古人云，殺人三千，損己八百，已很合算。但游擊隊並不如正規軍之有後勤部隊可以隨時補充傷亡。因此我們對於每一個隊員都特別珍惜。

作戰參謀藍方少校也是雲南人，今年四十三歲，已於三年前娶了一位擺族姑娘，並生了一個小孩，但沒有同來。他說：我不掛念他們，反正總有會面的一天。又說此次撤退來台的約有五千餘人，我們大部份都來了，沒有剩下多少人在那邊。那些人不來也沒多大關係，他們會照顧自己。談到最近的戰役，自去年十二月開始，共黨首先用飛機炸我們，隨後又用大炮轟我們；但我們躲在深山裏面的，不怕。可是後來共軍和緬軍協同進入山區，用步槍機關槍和我們肉搏，戰鬥才進入硬碰硬的階段。戰場上屍臭撲鼻，血染溪水。敵人因不熟地形，很吃一些虧。

尹學庭連長也是雲南人。他說：這些年來擺族和游擊隊已成了一家人，而且還有不少的擺族人實地參加游擊工作。游擊隊的日常生活是寓兵於農，不作戰時就在山中耕作。有時還可以到泰國邊境的小城市去購買日用品或看場把電影。醫藥也是到泰國買的。

二十五歲的女隊員王素珍和二十六歲的鄭有能是一對夫婦。她對打游擊的生活，說來津津有味，似乎視打游擊如玩遊戲。她說：我們生活於深山叢林中，沒有東西，敵人會送來，打仗時看見敵人蜂湧而來，然後又一堆一堆的倒下去，眞夠快意。

十三歲的李國華在一年前就做了游擊隊的班長。他說：游擊隊中有百多個小孩，分成兩批。他們大多數是因爲爸爸媽媽都被共黨殺害了，才加入游擊隊爲父母復仇。他們年紀雖小，戰功卻也不少。李班長父母雙亡，自小即由游擊隊收養。他在九歲時就會使用手槍，十二歲時就用卡賓槍打死了好幾個共軍，被稱爲小英雄。有一次的經過是這樣的。在前年的一次戰役中，他奉命到共區去探聽消息，回到中途遇見兩個共軍向他問路，他就把他們引到自己平常埋伏的山坳，乘其不注意時，突然拿起預藏在溝邊的卡賓槍，砰砰兩聲，就把他們解決了。

十一歲的周小兆，是個女孩，雲南人，父母被共黨殺害以後，流落在山區，被游擊隊員李萬全看見，當即予以收養，已能使用三零步槍。而且在幾次的戰役中，担任在炮火下運送步槍子彈的任務，每次百發，從未失手。她說：我要爲我的爸媽報仇。

十五歲的女隊員陳明李，是擺族人，還不大會講國語，她說：我參加游擊隊，就是因爲游擊隊保護擺族，專殺共匪。

總之，每一個游擊英雄不論官階，年齡和性別，都寫下了許多可歌可泣的史詩。假如住在台灣和海外的中國人都能有此心此志，我們打回大陸還有疑問嗎？

成功嶺上的新氣象

已撤退來台的游擊隊，在鳳山略事休息之後，於二十四即乘專車轉赴烏日附近的成功嶺定居。這兒原是國軍的一個訓練中心。花木扶疏，綠草如茵，風景美麗，營房設備，亦頗完全。現在房屋又重新粉刷，更添了幾項新建設——女用睡房，女用浴室，女用廁所等。此外，還有五個診所和一個備有一百張病床的醫務中心。

每一游擊隊員抵達後，先來一次體格檢查，再經防疫注射，然後接種牛痘。據悉，他們今後雖將被稱爲反共義民；但其待遇仍和國軍一樣。記者們前往參觀時，看見他們着的都是新的球鞋和合身的軍裝，寢室裡面都是新的棉被和蚊帳。吃的是香噴噴的白米飯和三菜一湯。聞晚間還有電影和音樂。書報雜誌的供應也應有盡有。此外，舉凡環境介紹，代購物品，代寫書信，和代辦戶籍登記等等，也都有專人辦理。他們異口同聲的說，這種生活實在太好了。

口號向前，脚尖向後

這一次的撤退工作，雖然極爲順利，游擊隊到台後的安排亦甚週到；但其所給人們的印象，則比第一次的撤退還要沉痛。因爲目前大陸普鬧飢荒；海內外都認爲正是反攻的天賜良機；然而在蔣「總統」剛剛聲言今年是反攻勝利年之後，我們轉戰十二年的游擊卻被撤回台灣，豈非「反攻無望」的明證？聯合報在短評上指爲「口號前，脚尖向後」，實爲一針見血之論。短評的原文如下：

「反攻大陸」的口號，時有所聞；而轉戰於滇緬邊區的反共義民，又一次的從大陸撤退，殆令人不無「口號向前，脚尖向後」之感。當然，政府作此決策，是有其不得已的苦衷的；但對反共義民的精神打擊，畢竟是苦痛的，而對於一般人民的心理影響，當也是苦悶的。在政府的「苦衷」、反共義民的「苦痛」、和一般人民的「苦悶」之外，新聞記者更是有苦難言。」

至於我們的游擊英雄們的心情如何，也不難想像。在過去十二年中，他們深入蠻荒，既要與中共和緬軍作戰，又要與毒蛇猛獸和蠻烟瘴氣作戰，終於披荆斬棘，在那兒建立了一個比台灣還要大兩倍的基地。此一基地的每一寸土地都有他們的血和汗，也有他們每逢佳節倍思親時所流的眼淚。如今卻要委之於敵，雖云撤來台灣，即是重入國門，但畢竟距故鄉愈來愈遠了。所以當李黎明將軍步出飛機時，竟眼淚盈眶。此外還有一位張振國團長的談話，也令人感慨。張團長是游擊隊的原始團員，廣西人，今年已四十四歲。因戰功卓著，升至團長。他對聯合報往訪的記者說：「泰緬邊區目前正受共黨的威脅，聽說美國還準備派人前去遏阻，爲什麼不讓我們留在那裏呢？」可見成功嶺的生活雖然美好，但戰士們的心情還是很沉重的。

陳立夫的行止

見　徵

（台北通訊）陳立夫先生因乃翁病危奉蔣「總統」電召回國侍疾的經過，筆者前已有所報導。現在陳其業先生業已逝世，他今後的行止如何，正是政治圈內的主要話題。本月二十一日聯合報載有如下的一段消息：「（本報訊）在野的政治家陳立夫，已作返美的打算。接近陳立夫的人說：如果沒有其他使陳先生非留台不可的原因發生，他將盡速返回美國，經營他的農場。」

這一段消息的眞實性如何，尙不可知。筆者曾經訪問好幾位國民黨籍的立監委員，也不得要領。有的說，當局目前又一次放出空氣，說即將邀集海內外各界名流舉行「陽明山談話會」，假如已回台北的陳立夫都覺得此地不可久留，則尙未來台的人們勢將裹足不前了。有的說，在現局之下，任何人回來都無濟於事。過去十年立夫已幸而能置身局外，如今自仍以離去爲佳。筆者問他們立夫回國後的感想如何。有一位與他接近的立法委員說：「你最好細讀他的那篇祭文。」

筆者回家之後，翻開二十日的報紙，把立夫祭其尊翁的祭文重讀一遍，深覺他回國後的心情並不見佳。他說「惟兒去國十年，聞父疾而歸省者，其間纔二十日耳。縱兒千呼終未一應，抑不知父知兒之歸也歟？聞兒之聲也歟？今竟瞑目不視，棄不孝而長逝矣！今後不孝視息於天地之間……。誠不知所謂生者何樂，所謂達者何榮也。」他特別提到達者何榮，其無意再作馮婦，似已顯然。祭文的末一段又說：「不孝隨亦遠遊異邦，兄死不遑歸，父老不及養，罄南山之行不足以書不孝之罪，傾東海爲淚，亦何以止不孝之哀。」聞兄死不遑歸，父老不及養這兩句話，原是當年乃兄陳果夫先生逝世時，立夫自美寄台北某友好的信所說的，如今他又再次提到，足証其心情之一般了。但誰使陳氏父子不相見，兄弟離散？不知蔣「總統」在向陳其業老先生的靈前行三鞠躬禮時，作何感想？然而過去的已經過去了。假如現在立夫仍將再次遠適異國，重度流亡生活；那更說明他雖然一生效忠領袖，而事到如今，也不能不和流亡在外的數百萬同胞一樣，成爲有國不能投的逸民了。今日的忠貞之士們，也當知所警惕吧？

從毛澤東口中的「半無產階級」看：

中共仍在農村中堅持階級路線的原因

．劉裕畧．

大陸之窗

中共在大陸農村推行人民公社，迄今已經兩年多了。依常理想，凡屬人民公社社員，應該一律平等才是。但值得奇怪的，是中共今日仍在大陸農村中，換言之，即是在人民公社中，把農民仍舊分成幾等，以形成農民之間的階級區別，從而鼓勵其鬥爭。這不能說不是怪事。而對於這種作法，中共則名之曰「堅持農村中的階級路綫」。且據人民日報說，這乃是根據毛澤東的親自指導。

我們曉得：為「進行土地改革，中共乃將大陸農民就其貧富狀況分為富農、中農、下農、貧農等數種，然後利用貧農鬥爭富農，從而掠奪富農的財富，並破壞農村中的原有人事狀況及原有社會結構，迨土地改革工作完畢後，農村中此種階級區分，無論如何也該隨着結束了。因為中共的農業政策其時已隨土地改革工作之結束而走上「農業合作化的道路，若在農業合作化時期，仍堅持土地改革時的鬥爭政策，那末，試問又如何能夠農業合作化呢？然而中共不但在農業合作化的農村中堅持階級路綫，甚至到中共業已把人民公社推行兩年多的今天仍繼續堅持階級路綫，這就可見中共對於農民的態度不簡單而且別有用心了。

關於中共至今仍在大陸農村中堅持階級路綫的情形，中共寧夏日報最近有所報導，而又由北平人民日報於三月十七日加以轉載說：「寧夏回族自治區靈武縣城關公社新龍灘第一大隊，一貫保持貧、下中農的領導優勢，組成了一枝政治上堅強的領導班子。他們堅決貫徹執行黨的政策，密切聯繫羣衆，生產搞得好。……這個大隊從黨總書記、委員、大隊長、副大隊長，到小隊文書、隊長、作業組長、以至炊事員、飼養員等，絕大多數都是貧農和下中農。這些人，在舊社會裡大都是攬工的受苦人，土改時是帶領羣衆向封建地主作無情鬥爭的積極分子。農業合作化運動中，是組織羣衆互助合作的骨幹，人民公社化後，在大辦農業、大辦糧食生產的生產熱潮中，又成為深受羣衆愛戴的當家人」。這就可見把農民加以區別，予以等差待遇，仍是中共今日之政策。

為此，北平人民日報且於三月十七日第一版發表短評式的「編輯的話」說：「樹立貧農、下中農的領導優勢」這個口號，現在是不是過時了呢？新龍灘一大隊用活生生的事實作了答覆，在社會主義建設時期，在公社化後，仍然要堅定不移地貫徹黨的這條階級路綫。在農業合作化時期，曾經也有一些人認為不應當再提出這樣的口號了，認為這個口號只適用土地改革運動而不利於合作化，毛澤東同志回答說：「我們認為這種意見是錯誤的。工人階級和共產黨如果要用社會主義精神和社會主義制度去徹底改造整個農村的小農私有生產資料的制度，便只有依靠過去是半無產階級的廣大的貧農羣衆，才能比較順利地辦到，否則將是很困難的。因為農村中的半無產階級，是比較地不固執小農私有生產資料的制度，比較地容易接受社會主義改造的人們」。因此毛澤東同志明確指出：「合作社的領導機關，必須建立現在貧農和新下中農在領導機關中的優勢，而以老下中農和新老兩部分上中農作為輔助力量，才能按照黨的政策實現貧農和中農的團結，鞏固合作社，發展生產，正確地完成整個農村的社會主義改造」。」

由此可知，中共之所以迄今仍在農村中堅持階級路綫，乃是基於毛澤東的主張。毛澤東之所以作此主張，則又是基於毛澤東對農民政治態度的基本看法。原來毛澤東完全不相信農民，對於貧農，他也只給予「半無產階級」的評價。這充分表現這一位依靠搞農民運動起家的毛澤東，不但不相信一般農民，就連貧農也是不相信的。

據毛澤東和中共宣佈，今日中共之政權乃是「以工農聯盟為基礎」的人民民主專政（見一九四九年九月二十九日通過的「中國人民政治協商會議共同綱領」第一條）。但毛澤東及中共却如此不信賴農民，豈不証明中共所謂政治協商會議及該會議所通過的綱領全是謊言。是的，那一切本來都全是謊言。對於農民，毛澤東與中共原本就一直敵視，而且極不放心，所謂土地改革等等，都不過是一種陰謀。

進行土改，原無不該，但進行土改，並不需要鬥爭和流血。這從若干現代國家及台灣所已進行過的土改成果可以証明。但中共却不走這條適合人道、具有理性的路，而偏要走流血的路。這足見它另有用意在。

它的用意任何處呢？這要從馬列主義對農民的估計和共黨政權的本質說起。

據毛澤東說：「土地制度的改革，是中國新民主主義的主要內容」。（見毛澤東在晉綏幹部會議上講話）而所謂新民主主義則又據說是馬列主義結合中國特殊條件的具體實踐。那末，這很容易看出：中共的土地改革政策，亦由馬列主義對農民的基本估計而來。依照馬列主義的另一論証，它又認為共產黨乃是代表工人階級的一種政黨，且又認為資本主義愈發達的國家，工人就愈多，而工人才又最具革命性。所以，共產黨就在資本主義愈發達的國家裡愈易成功。而中國則恰巧是一個工業並不發達的國家，所以，要在中國發展共黨勢力就不能依靠工人，而必須設法利用佔全國人口百分之八十五的農民了。

但對於農民，「馬克思與恩格斯教導說：工業無產階級是最革命的階級，因而也就是資本主義社會裡最先進的階級。只有無產階級這一個階級，才能把一切不滿意資本主義的勢力集合到周圍，幷引導他們去衝擊資本主義」。「因為無產階級是與最先進經濟形式，即與大生產相聯結，因而也就是具有遠大前途的勞動階級。是政治上發展着的階級，是一年一年增長着的階級，並且它由大生產中的勞動條件而容易組織起來。它由自己所處的無產者地位而成為最革命的階級」。「而農民却不是這樣的。農民雖然人數衆多，但它是與最落後的經濟形式，即與小生產相聯結，因而也就是沒有，並且也不能有遠大前途的勞動階級。農民不僅不是增長着的階級，反而一年一年分為資產階級（富農）與貧農，除此而外，他們由於本身散漫，而不如無產階級那樣走入革命運動」（以上均聯共黨史第一章）。馬克思與恩格斯如此不信任農民，再加以列寧也認為農民是最動搖、最妥協，隨時可能變成敵人的一種階級。所以，中共對於農民，一方面不能不利用他們，一方面又非常小心的戒備他們。因而，中共對農民的政策，也就成了充滿矛盾和充滿殘酷的政策。

毛澤東在晉綏幹部會議席上講話，又曾經說：「我們贊成農民平分土地的要求，是為了便於發動廣大的農民運動。並非提倡絕對的平均主義，誰要提倡絕對的平均主義，那就是錯誤的」。其誘騙農民之心，尤昭然若揭。

事實上，毛澤東認為僅僅把土地暫時分給農民，仍不能完全控制農民。遂於進行土改時，又同時誘迫農民對地主進行鬥爭清算。除便於中共從中掠奪地主財富外又可使一般農民與地主結下血海深仇，以後不得不跟着中共走。這是中共反對和平土改之真正原因，也是中共今日仍然在農村中繼續堅持階級路綫的所以然。

中共迄今仍在農村中堅持階級路綫對中共的好處是在政治上藉以勉強鞏固其統治與控制，在經濟上藉而使於不斷的壓榨和剝削。但它對中共的危害亦極大。第一、是農民內部因而不斷存在矛盾和增加矛盾；第二是它因此在形式上構成了「一支政治上堅強的領導班子」，但却同時在經濟上和生產上形成一般農民的消極抵抗因素，這也就成為今日大陸普遍嚴重災荒的一個原因；第三是因此在大陸廣大農村中普遍孕育着對中共政權的仇恨種子，而這是足以與外來的攻勢共同推翻中共的。

我作毛澤東衛士的經過（六）

漫雲

二十七、我受坦白

在醫院調治三個月，身體復原，出院後，組織上派了陳龍與我作數次談話，最後受羅榮桓嚴格詢問，後來重慶方面，轉據湖南組織上的回報，証實無反動行為，纔恢復組織關係。

二十八、恢復抹棹子的差事

我恢復組織關係後，又送入幹部管理組，受檢討三個月，最後仍調警衛室，和老搭擋周海濱，毛特夫，毛新田等作起警衛員來，毛澤東凡有外出，我們兩人一組，輪流侍衛。

二十九、楊家嶺毛宅

當時中共中央政治局和革命軍事委員會，均在楊家嶺。毛澤東江青住宅，是嶺下一個用磚與新建外用灰色的石灰泥糊刷的一幢平房（原居郊外窰洞），裡面四個大房，一間會客室，警衛室離毛宅約廿公尺，一長方型平房，兩傍植有杏樹，後面有一小花園，風景不惡。

三十、毛澤東與江青的生活

毛江住在楊家嶺下時：生活比在瑞金大相懸殊，生活頗時髦　江青教他跳蹈，打網球，飲食亦改中餐西吃，間或釣魚打獵，爬山，抽烟比較減少，自天睡覺，晚間亦不若在瑞金時寫作之勤，態度比在江西時樂觀。

三十一、邊區經濟源泉

八路軍經濟來源，國民政府按編制發足經費，與紅軍原有人數及政費，遠不相敷，邊區政府乃在陝北各縣打土豪，分出地，沒收公產，擠黑山，為一大收入，次乃抽收農業稅，農民絕無存粮，惟賴雜糧養命，商業絕無獨資經營，皆由邊區政府加股，完全操在邊區政府之手，又鼓勵農村廣植鴉片，設立嗎啡海洛英製造廠，向國內外販運毒品，並有國府要員，經常由香港或重慶暗中津貼巨量金錢。

三十二、紅軍改制中的瑣碎

紅軍改為八路軍後，頗有種種改革，為後來解放軍所遵循，如給養及補給，各種事項，戰鬥員各個裝備，大灶，中灶，小灶　特灶之等級，薪給制，配給制之劃分，度量衡的改革。單軍服，棉軍服，棉風衣種種規定，家眷問題，托兒所，各級醫院內幕，軍中文工團的編組，軍中娛樂，運動比賽，戰鬥員做餃子麵條，各種英雄的給獎。

三三、邊區政府對人民種種

第一步，清匪，反霸，澈底搜繳民間武器，（多數根據地工所報黑名單執行），組織各級工農會，組織民兵隊，各種監巡隊，嚴密戶口。第二步，嚴劃階級，土改，普遍沒收豪紳地主房產家具財物，參軍參幹運動（從十七歲起定年次參加），第三步，婚姻制度，老弱婦孺安置，各地學校教育改革，合作社組織，鼓勵生產，選舉勞模。

三十四、華北解放軍的擴展

林彪聶榮臻分率一一五師，各一部分別進入晉陝綏和冀晉察邊區，劉伯承率一二九師一部，進入冀晉豫邊區，徐向前蕭克各率一二九師一部，出入冀熱遼邊區，陳毅的新四軍駐蘇皖邊區，他們主要目的，當時利用統一抗日口號，吸收青年，分化友軍，收編或消滅游擊部隊，策反偽軍，後來大部達到目的。（未完）

東約部署投入戰鬥

山雨欲來

何之渭

「寮國共軍已接近湄公河了」！從泰國國家電台新聞廣播所播出的這一消息，頓時使泰國首都曼谷，進入了緊張狀態。人們都意識到，一場風暴將會刮起來，而年來和平繁榮的泰國，也可能被捲入這場風暴之中。

「山雨欲來風滿樓」，山城寮國的動亂，給泰國帶來了緊急的氣氛；本來是在潑水的「宋干節」前後，年中最熱的天氣，人們一向在這個時候，都是懶洋洋地作長時間的午睡，到華胥國去尋黃粱夢。可是向着邊境迫來的火藥氣味，這次却使到他們寢不安席，認為比較日軍侵泰一役，還要嚴重。

實際的情勢，也着實嚴重得多。人們回憶日軍侵泰的時候，泰軍只曾有過很短的幾場抵抗，隨着便與日方簽訂了所謂同盟協定。事實上當時越南的法軍既不抵抗，不久後星洲的英軍亦告投降，在那個時候還是蕞爾的泰軍，是無法與日軍爭一日之短長的。但是日軍的駐泰，儘管有了許多暴政，如修築著名的「死亡鐵路」通達緬甸之類，他們可並沒有變更泰國的王室制度，他們亦保護寺廟、崇敬泰國人所崇敬的僧侶及佛教，他們也沒有改變自由貿易的經濟制度……在後者的一點，從事商業的華僑們尤其印象深刻，因為泰人不懂日語，華僑雖亦同樣不懂日語，但他們可以與日人「筆談」，有些人倒着實做了一些生意。

可是現在寮共的反對寮王，並準備進攻王都琅吧喇邦，使勤王的泰國人認為寮共此舉，乃「大不敬」，目無王上。共產黨的無神教，勢必破壞寺廟，凌虐人民素所跪拜的僧長。中國大陸公社制下的飢餓，通過大陸人民寄給華僑們的家書，使魚米之鄉的泰國人，驚訝於那種非人的地獄生活。對於「康謨尼」（共產黨），他們確是談虎色變。

這就是泰國人為什麼會破天荒地站在敵對雙方中之一方的原因——他們的傳統，原來是「坐山觀虎鬥」的，一任別人去「成王敗寇」。譬如日本來了，他們就與它同盟，日本敗了，他們宣佈同盟無效。鑾披汶政府時代，還是襲用這項「水鳥外交」的，却成為他所以倒台的原因。因此乃沙立革命，確乎是帶有獨立氣質的。

乃沙立元帥的聲稱泰國對於寮局，決不能置身事外，已是世所週知。而乃沙立氏的所謂必要時將採行動，這個「必要」的時刻，也似乎已經到來；至少是已經迫近。

這可能是百餘年以來，泰國首次準備投入戰鬥！

驚醒夢中人

被稱為「紙老虎」的東公約機構，這幾天頓告活躍起來。這個東南亞公約機構秘書長，乃沙立革命後首任總理乃樸沙拉信，在他準備提出東約國部長理事會的報告書中，提出了大力的警告，明指蘇聯與中共統治世界政策不變，正要以軍事行動，侵入一些新獨立的國家，現公約的防衛區，受「嚴重威脅」，結論是呼籲「團結戰鬥」！

人們也還記得，在乃沙立元帥與非律濱外長強調應該干預寮局的不久以前，乃樸秘書長却仍說寮戰乃是「內政」，他是站在公約的決議立場說話。當時的東約會議，英法反對參戰，美國不置可否，終於否決了泰非的援寮建議。乃沙立元帥所支持的乃樸秘書長，不得不說出與乃沙立主張相反的說話，充份顯出東約的內部矛盾。

可是現在這項矛盾已消解了。主要是由於寮共「迫近湄公河」所致。寮共軍事行動的並不停止，與蘇聯向寮共空投軍火接濟的並不停止，正說明共產國際與寮國共黨雙軌平行以軍事囊括寮國的野心。什麼三國會議與十四國會議的爭論，承認彭庵政府抑承認富馬政權的爭執，不外是在爭取時間，讓李江及巴特寮部隊從死瓶平原向永珍及琅吧喇邦雙頭發展。倘若王都失陷，寮王蒙塵，永珍頻危，彭庵政府解體，那時還有什麼「寮王計劃」？和談會議？

富馬親王雖然被認為已向寮共靠攏，究竟他還是愛國有良心的人。他在金邊說：「若果要和，那就「要快」，不要讓寮共坐大」！為了証實寮共極可能坐大，他警告說：「蘇聯（對寮共）軍援為美國（對寮政府軍援）之二十倍」。

這一句話，正是「一言驚醒夢中人」。這句話把美國驚醒了。華府如在大夢中回來，開始感到可能會有那樣的情勢：議論未定，兵已渡河——也許，就是湄公河。

於是，美國與泰非以前的看法一致了。這是東公約另一內部矛盾消滅的另一原因。

隨着新任美國務卿魯斯克的東來，（他的上任，還不會滿二個月，這就是說，寮局的緊張重要，已超過了柏林古巴，剛果。）美太平洋司令菲爾特上將也趕來曼谷。在先事舉行的東約軍事顧問會議中，若干援寮軍事藍圖已被提出。菲爾特說：我們已作全部準備，「數天或數小時內」，便可在「寮國及亞洲其他地區作戰」。這句話，說明美國軍方明瞭：寮局可能「牽一髮而動全身」，它可能是「東南亞大戰」或「亞洲大戰」的火引。

據說，魯斯克帶來「呼籲東約國準備出兵」的建議。情形似乎是，部署已定，正等待華府的訊號——菲爾特說：是否要打？得待「政治方面」決定。

「紙老虎」活躍

「紙老虎」現在開始活動了，似乎它早已「鑲上了牙」，要洗刷被稱為「紙老虎的恥辱。

所有參與東約軍事顧問會議的人員，當然都不肯透露任何會議的內容，尤其是軍事計劃。但是任何秘密會議的外圍，都會有若干饒舌者的高論，也許，那是發言者的遐空懸想，也許是原有所本，似乎不妨紀錄下來，俟與事實印證。

據說：東約國中泰菲兩國，已即席承諾出兵援寮，泰國是傾全國之師；菲軍能動員若干參戰，需候國內商定。巴基斯坦是否出兵，要回國報告後決定，不過該代表表示的，最少「象徵式」的出兵是做得到的。澳洲和紐西蘭，可以把在馬來的駐軍，調進泰境，填補泰軍出境後的空虛。英法則暫無出兵的承諾。

主要的美國怎麼樣？據說，由於自南韓日本冲繩台灣一帶美軍的協防，美國在援寮初期不想使用地面部隊，只是供應軍需及運輸，即以糧食、武器、及海空軍協助。但如果情勢有必要的話，將會使用海軍陸戰隊。

這些雖屬「傳說」，但「頭頭是道」之處，使人不敢否定它是「無所本」。泰國方面，自一九五五年以來，寮國每次緊張，泰方沒有一次不是願為前驅，這是切身利害之故。非律濱這次與泰國倡亞洲反共同盟，勢必與泰國共其進退。巴基斯坦既是東約會員國，也是中央（中東）公約會員國，對共黨態度向比印度強硬。印度近正大力派兵剛果支待聯合國，巴基斯坦可能並不後人。只有英法，是東約國中的綏靖主義者，英國在政治方式還充任與蘇聯折衝的角色，當然此時還不會作出兵的承諾。

美國的「先使用海空軍」政策，在韓戰越戰及前兩次寮國緊張中，都會使用或有此決定，是有歷史性的，在韓戰最後危急，終於使用陸軍。鑒於魯斯克「局部戰爭多使用美軍」的理論，經甘迺廸總統宣佈為美國軍事政策之一部份。其準備必要時在寮國應用，也是大有可能。已經實施「游擊戰訓練」的美軍，也許可能在寮國叢林中遇到中共游擊隊，那時就是「「以毛澤東之道」還治毛澤東了。」如與英蘇談判不能「釜底抽薪」，寮局是非打不可了。

·曼谷通訊·

我欣賞了一齣「苦肉計」

．鄒元．

三月廿一日，我乘火車返抵廣州，剛踏出大沙頭火車站，立刻湧來了四五個臉黃骨瘦的男子，爭着要來替我拿行李。我的行李并不多，祇有一個手提包和兩袋粮食吧了；於是婉詞向他們推卻；可是他們依然爭個不休，尋且動起拳脚，為「爭生意」而演出全武行。這時，迅即釀成「街頭熱鬧」。說一句新聞術語，就是「途人圍觀如堵」。

在這紛亂場面中，呵！我的兩袋粮食突然被人搶掉。

我呆了片刻，再望望那四五個上演「北派」的傢伙，却已不知在那時「失踪」。

正當我懊懊喪喪之際，一個人民警察跑來。

於是，我急即上前向人民警察投訴，并將剛才的情形，向他訴說了一遍。

人民警察向我上下打量了好一回，然後撕開嘴大笑，說：「哈哈，你上當了！他們那是打架？這正是他們要拿走你的粮食的苦肉計哪！算了吧，一來你可以當是幹了一件善事，救濟救濟他們，二來你欣賞了這種難以欣賞得到的把戲，就作為付出票價，不也就很心安理得了麼」？

「嗶啦……嗶啦……」！看熱鬧的途人聽了人民警察這一番「偉論」，立刻發出了一片喝彩聲，并「鼓掌如儀」。

我困在這「社會主義浪潮」中，那還敢說甚麼；惟有遵照那人民警察的指示，擺出「心安理得」的神氣，迅即離開現場。

高要民兵爭粮械鬥

．江水．

高要縣第七區大湘和小湘的民兵，於三月上旬間，因粮食配額引起糾紛，曾釀成兩次械鬥，雙方均有死傷；目前事件雖暫告平息，但憤怒的心情尚未消除，械鬥仍有一觸再發之勢。事緣兩鄉的民兵，糧食配額懸殊，大湘民兵，每人每日獲配白米四市両，而小湘民兵，則每人每日僅獲配二市両，因而引起小湘民兵的不平，曾多次向「縣府」方面要求劃一配額，惟「縣府」則祇着令他們「自行解決」。小湘民兵，於是立刻向大湘民兵提出「平均食粮」的辦法，但大湘民兵，無論如何，不肯讓步，僵持至三月二日，小湘民兵乃憤然而起，實行武力向大湘搶糧，大湘民兵也立刻揮械抵抗。這一役，小湘民兵死傷七人，大湘民兵死傷五人。到了五日下午，械鬥再起，戰情尤比上一次激烈，驚動駐防共軍，派隊馳往鎮壓，并將雙方繳械，撕殺始被遏止。而這一次火拼，雙方死傷人數，均超逾十八人。據當地鄉民指出：雙方民兵經過這兩次械鬥後，種下的仇恨必更深；將來第三、四次械鬥的繼續爆發，實屬意中事。

始興農民罷耕釀成血案

始興縣「七約」、「羅壩」、「都亭」三個公社的農民，為反抗共幹強迫枵腹下田，乃於二月廿一日實行罷耕。共幹以農民居然胆敢抗命，為之赫然震怒，急即呈報上司，誣指有「反動份子」潛入，唆使農民破壞生產政策，請求調派武裝部隊到來鎮壓及澈查。迨武裝部隊一小隊（七八人）抵達後，更激起農民的公憤，羣起包圍武裝部隊，並高叫「反飢餓」口號，武裝部隊鳴槍制止，詎因此迅即引起衝突，百多名農民立刻蠭湧上前，向武裝部隊襲擊，企圖掠奪武裝部隊的槍械；但赤手空拳的農民，又怎能抵禦得槍械和子彈？一場混戰後，農民被轟斃的四人，被轟傷的十八人，被拘捕的三十四人，其餘逃脫的，則仍在被追緝中。上述三個公社，現均已加派武裝部隊駐守，監視農民的行動；但直至二月底，生產工作，尚未恢復正常。

江湖

黃信男

「……山伯呵，英台呵、歹命的人兒死做堆呀……」

夜裏的街頭已經不是熙熙攘攘的了，但在一處較爲寬闊的地方，却有一大羣人圍着兩個外處跑來的走方賣藥人，男的一個正拉着一把破舊的胡琴，當那男的賣力地拉起一曲不曉得名字的調子時，另一個女的便開口唱了，她的聲音很清脆，但人們很快地就發現她並不是很情願的，這樣倒更引起了觀衆的興趣，他們打量着這一對穿着不太入時的男女，猜想着他們到底是不是一對夫妻。他們不大關心那些攤在地上的藥品，男人們目不轉睛的注視着她，女人們交頭接耳的議論着一些什麼別的。她的眼睛漠然的望着前面，但嘴却隨着胡琴的聲音單調的蠕動着，如果沒有擴音器的幫助，她的聲音一定是很微弱的，「……西風緊，墓裡的人兒怎知道呵，蝴蝶飛，天堂地獄可相會呵…………」

在夜空下面，一盞慘然的電燈照亮着這一羣人，飛蛾從附近的田裏面撲了過來，然後在燈光底下旋轉着。當她的聲音顯得有點斷啞的時候，她便用眼睛向他示意了一下，於是他們一起停下來。

「各位：小弟今天到貴地來，不必講，你們也都已知道，是要推銷一種祖傳秘方配製的萬靈膏，說到它的效能，它能……」

有幾個站在後面的人開始溜掉，前面的人抱着消遣時間的態度注視着這兩個人，他們望着他手上的那盒「萬靈膏」，心裏幾乎都在想着：如果眞是很有效能的藥，而且價錢不超過三塊五塊的話，那倒也不妨買他一盒。所以他們倒也是心安理得的站着，等着看他怎樣介紹。

「小弟在城裏開有一家藥店，本來可以不必到各處去跑，但爲了要推廣銷路，要爭取大家的信用，所以每年都出來宣傳一次，在宣傳期間，我們的價錢特別優待，今天晚上不打算賣多，五十盒！賣完爲止……」圍着的人等他說出價錢來，但他遲遲還沒表示出來，有幾個人已經不耐煩的走了，其他的人則轉而注意坐在一旁默默不語的她，他立刻覺察了，於是在接連提高了幾次嗓音之後，他終於開了價錢：「……一盒二十塊，不靈包退，小弟的店很有信用，這裡就是我在城裡的店址……」

她抬起頭來看他一眼，然後疲倦的打了個呵欠，不錯，那是他們的店址，那也是他們的家，如果不是爲了維持那即將倒閉的小店，他們是無論如何也不會出來的，雖然那片小店在大都市裡顯得那麼寒酸，但那畢竟是他們自己的家。幾乎有三四年了，他們從東到西，由南到北，他們到過每一處城鎮，每一處鄉村，她不明白他爲什麼那麼熱中，就她自己來說，她實在已經討厭到了極點。

她無論如何也想不到他會出來做這種事情，正如那些人所說的，他們是「賣野藥的」，當她第一次聽到這句侮蔑的稱呼時，她幾乎呼出聲來。當她母親送她上了花車，淚眼叮囑着她時，她也沒有那麼傷心過，但那不過是五年前的事情，一切情景都尚歷歷如在眼前。父親說對方的人品是如何如何好，母親說對方的生意是如何的有前途，當她發現他那家中藥店的實際情形時，她還沒有太大的介意，一天晚上，那是他們結婚後的第六個月，他說他的店馬上就要倒閉，那也沒有使她受到太大的驚愕，他能夠吃苦，而她也並不能，他們可以慢慢地支持起來，但他終於說出了他的主意，她記得他是這樣說的：

「阿敏，妳跟我走吧！我們到外地去歷練歷練，這樣也許可以賺一點錢。」

「你是什麼意思？」她問：

「妳一定看到過那些在鄉下賣假藥的人了，但我們不是那樣的人，我們賣眞藥。」

「到鄉下去跑？像別人那樣的帶着一把胡琴？你是說那樣的嗎？」她的聲音顫抖着。

「是的！就是那樣！」他咬緊他的嘴唇皮，「阿敏，我們跑江湖。」

跑江湖！對於一個中學生的習氣還沒有完全消失掉的少婦，跑江湖實在是一個太陌生的名詞。因此當她初次聽見他這樣講，她還有一點不相信的感覺。

然後是什麼呢？當她第一次拿起那冰涼的擴音器，當胡琴的聲音嗡嗡作響時，她居然羞辱得哭了起來。

那是一連串苦難的日子。白天來到一個陌生的地方，晚上在燈光下斷啞的喊起了調門，她從來沒有那樣的經驗，而對他却好像顯得相當的熟悉，她沒有問他那是因爲她不願再接受更多的回憶了。那些脚踏車與三輪車的鈴鐺聲混雜出一個半醒的夢，她在夢裏是不平靜的，因爲周圍有千奇百怪的人臉，她必須應付他們，更必須向他們顯出笑臉來，時時刻刻她會有一陣突來的驚悸，那就是當她手裡抓着幾盒待賣的「萬靈膏」，在人們面前像馬戲團裏的人一樣走來走去的時候，她分不清到底誰是在善意或惡意的注視着自己。人們散去之後，她會向他輕輕地說些什麼，而每次的結果都是一樣的，她接受了他鼓勵的眼神。

那是眞眞地想不到的，她永遠不會相信她會跟那麼些奇怪的名字每天纏結在一起：虎仔、阿蛇、狗頭鳥，每到一處地方，他就逼着她一起去向這些人行禮。人的名字是每天不同的，但那些人貪婪的眼色却永遠是那樣，她感到火燒般的難受，那橫肉的抽動，眼角的低斜，驚鷩的縱笑，還有他們的永遠半裸着的上身，她看見了無數的古怪的花紋，那發着異味的軀體，那盤着的雙腿，遠有那些劣留烈酒的氣味，花生殼鋪滿了一地，這全是她必須適應的東西，她要強迫自己作出歡樂的樣子，像很多別人都能的那樣，但她知道她天生不是那樣的人。她喜歡的是些什麼呢？如果夜裏沒有星星的話，她會告訴他天空是如何的寂寞；當黃昏微風帶來花香的氣息，她會逼他說出他是怎樣的愛着自己。他們並不是沒有那樣過，在以往的時光當中，他們也曾做過一些同樣的夢。

「我要叫妳永遠沒有委屈的過下去，我永遠不叫人欺侮妳，阿敏！」

那是一個月亮很美的晚上，他對她這樣說過，她記得自己是滿含着感激的淚水的，她不明白那時候自己爲什麼這樣容易流淚，也許是太幸福的緣故吧，她想。因爲一點輕微的撫愛都會使她顫抖，因此當她逐漸麻痺起自己的時候，她知道生命中的某一個階段已經輕輕地溜去了。

溜去了！像蛇一般的滑手，而又有一點恐懼的感覺，她會永遠的記得那些惆悵的日子，當她在心裏低誦着長恨歌、圓圓曲，當校園裏白衣黑裙的影子又在記憶中出現，當級任老師的深度眼鏡被頑皮的女孩子藏了起來，那時候，一切都像流水一樣滾滾而下，而她却能溯着時光的痕跡，向上流走去，邊採着野花……

她感覺到自己的肩膀被他碰了一下，於是警覺的站了起來，習慣的走到場中取了幾盒藥品，然後高舉着雙手在人們面前走來走去，注視着是否有人有想買的動作。但他們失望了，人們並沒有反應。

「一盒二十塊太貴了，好吧！算是我今天請一次客，十塊！一人限買一盒，十塊錢好了！」

她應和着他的聲音，並且急切地注視那些圍着的人。但仍沒有人動。

「不要緊，」他說，她聽得出他的聲調有些異樣，「大家考慮考慮好了，來，阿敏，我們再來一段。」

他取過手邊的胡琴，她握着擴音器，人們又漸漸地多了起來。

「……山伯呵，有情的人哪消息還不來，阮只怪那天壽的做媒人，沒有良心——」

她突然哽咽了一下，使得她沒有來得及接上他的胡琴，人們奇怪的望着她，她發覺他在憤怒的盯着自己。

她知道自己不會再像以前那樣容易的受到寬恕了，他會狠狠地罵自己，似乎一點也沒有憐惜，她突然有一陣想叛反的衝動。

她沒有繼續接着唱下去。（上）

小啓：本版園地公開，竭誠歡迎投稿。稿酬約每千字八元。七版編者

文壇泥爪

徐志摩與新詩運動之三

民二十初，新月書店發行的「詩刊」出現了，與附在晨報出版的「詩刊」相隔已將近五年。在出版前，於「新月月刊」三卷二期上，曾刊載了這樣一個「預告」：

「四年前我們在北京晨報出過十一期的詩刊。這四年內文學界起了不少的變化，尤其是理論方面。詩却是比較的冷靜。有人甚至懷疑新詩還有任何的前途。我們幾個詩刊的舊友想多約幾個對詩有興味的新友再來一次集合的工作，出一個不定期的詩刊，創作當然最注重，理論方面的文章也收，看看新詩究竟還有沒有前途。我們已約定的朋友有朱湘、聞一多、孫子潛、饒子離、胡適之、邵洵美、朱維基、方令孺、謝婉瑩、方瑋德、徐志摩、陳夢家、梁鎮、沈從文、梁實秋諸位，盼望陸續更有多多相熟與不相熟的朋友們加入。」

這個「預告」似是出於志摩的手筆，詩刊即由志摩主編，他在創刊號上發表了「序語」，說「再來一次集會」，「因爲我們有共同的信點」。總括他所說的原則，有如下列：

第一，我們共信（新）詩是有前途的；同時我們知道這前途不是容易與平坦，得憑很多人共力去開拓。

其次，我們共信詩是一個時代最不可錯誤的聲音，由此我們可以聽出民族精神的充實抑空虛，華貴抑卑瑣，旺盛抑銷沈。一個少年人偶而的抒情的顫動竟許影響到人類終古的情緒；一支不經意的歌曲，竟許可以開成千百萬人熱情的鮮花，綻出瑰麗的英雄的果實。

更次，我們共信詩是一種藝術。藝術精進的秘密，當然是每一個天才不依傍的致力，各自翻出光榮的創例，但有時集合的純理的探討與高的藝術的尋求，乃至根據於私交的風尚的興趣，往往可以發生一種特殊的動力，使這一種，或那一種藝術更意識的安上堅強的基築，這類情形在文藝史上可以見到很多。

詩刊大概出了五期吧，就在這年的十一月十九日，志摩逝世了，詩刊也就告終。在這幾期詩刊上發表詩論的，有梁實秋和梁宗岱、志摩和一多仍是領導，發表詩最多的則是孫大雨、陳夢家、方瑋德、卞之琳等，他們儼然是後期詩刊的中堅。夢家是聞一多任教中央大學時的學生，他和方瑋德作的「悔與回」曾承一多特別推薦，他也出過「夢家詩集」，並編選了一本「新月詩選」。在序文中，他表示：人類最可珍貴的是一刹那間靈感的觸動，從這情感的跳躍，化生出美的意象，再用單純的文字表現成有意的形體——這是抒情詩。他一共選了八十多首詩，他說「是這少數人以友誼並同一趣向相締結的人，以醇正態度謹嚴格律所寫的抒情詩。」「雖各人有各人的作風，但也有他們一致的方向。」於是這所謂新月詩派的名稱便固定下來了。

記戊戌維新始末（廿六）

舜生

譚嗣同見袁是八月初三的晚上，在初三以前也還有幾件事必須明白：

一、袁世凱驟被調京，這在袁心裏早經明白必與維新派的舉措有關；徐仁錄原已到小站有過一番遊說，康等準備用他以為己助，以袁的狡獪，豈有不猜到幾分之理？

二、袁去京係從天津出發，必然與榮祿有所接觸，袁不敢背榮以獨樹一幟，榮是有相當把握的；可是為策萬全起見，他還是把董福祥的甘軍移駐在北京彰德門外的長辛店，到八月初三，更有一部進入城內，其目的即在拱衛北京。同時，他又把聶士成武毅軍的部，由蘆台調到了天津，命其駐紮陳家溝一帶；陳家溝在北京以東，小站以西，足以截斷袁軍去京的交通。其時董聶兩軍被調動的可能不少於兩萬，而袁所統的新建軍總數不過七千人，且勢不能全部移動，袁軍固稱精銳，聶軍也素號敢戰，在這樣一種形勢之下，袁如何敢動？這可看出榮祿十分老辣。

三、榮祿在北京的耳目甚多，袁七月二十九到京以後，即四出拜客；八月初一召見，光緒帝給了他不少的誇獎，並傳旨開去他直隸按察使缺，以侍郎候補，專辦練兵事務。初二，袁再見光緒帝謝恩，帝又告以與榮祿各辦各事。其時若干的滿州大員及御史楊崇伊等，隨時奔走於頤和園與天津之間，袁在京的舉動，榮祿自無不知道之理（姑假定袁本人沒有隨時向榮報告）。可是袁留在北京太久，他究竟不放心，因又造出一英俄兩國已在海參崴開戰，而各國軍艦也已雲集大沽口的謠言，促袁迅速回防。袁覺得榮祿對他不能無疑，乃不得不作出京的準備。

關於譚與袁在法華寺見面談話的經過，袁的「戊戌日記」紀載甚詳。但這篇文字一直延到民國十五年二月始於上海「申報」發表，其時去譚之死已二十八年，去袁之死也已近十年，一切死無對証，究竟這篇文字有多少真實性，自然不能無疑。但申報編者說他們是得自張一麐（仲仁），張曾一度是袁的親信，可是洪憲帝制他卻並未苟同，可見他並無代袁顛到是非的必要；而且還為人耿介，根本也不是這樣一種人。即以文字的內容而論，相當黟潔，與當時事實的演變也大體脗合，可能是出自袁的手筆，而經他人代為潤色者。而且他只把譚嗣同描寫得十分莽撞，其意在加重維新派的罪狀，但他自己向榮祿告密一層，卻沒有掩飾，不過一再强調恐累及光緒帝，儼然是義形於色，好像他簡直是一個大大的忠臣。自來的奸雄都懂得這一套，於袁自不足深責。因此，我覺得這一文件，依然有它一定的參考價值，不過凡加重語氣的地方應分別觀之纔是。茲撮述其要點如下：

據袁說，他與譚是不認識的。譚見袁，即「請入內室，屏去僕丁」，並問袁是否初五請訓？袁告以有英船遊弋海上，擬明日請訓即回津。譚云：「外侮不足憂，大可憂者內患耳。」袁急問其故。譚即坦率告袁，謂「……上方有大難，非公莫能救！」袁答以不惜「肝腦塗地，以圖報天恩，但不知難在何處？」譚即告以榮祿將廢立弑君，謂他擬向光緒帝獻一策，因出一草稿，如名片式，內開：「榮某謀廢立弑君，大逆不道，若不速除，上位不能保，即性命亦不能保。袁世凱初五請訓；請面付硃諭一道，令其帶本部兵赴津，見榮某，出硃諭宣讀，立即正法。即以袁某代為直督，傳諭僚屬，張掛告示，布告榮某大逆罪狀。即封禁電局鐵路，迅速載袁某部兵入京，派一半圍頤和園，一半守宮，大事可定。如不聽臣，即死在上前。……」各等語。據袁說，他看見這一稿件，嚇得「魂飛天外」，因問：「圍頤和園欲何為？」譚答：「不除此老朽，國不能保，此事在我，公不必問。」袁說：「皇太后聽政三十餘年，迭平大難，深得人心，我之部下，常以忠義為訓，如令以作亂，必不可行。」譚說：「我僱有好漢數十人，並電湖南招集好將多人，不日可到，去此老朽，在我而已，無須用公。但要公以二事　誅榮某，圍頤和園耳。如不許我，即死在公前，公之性命在我手，我之性命亦在公手，必須今晚定議，我即詣宮請旨辦理。」袁說：「此事關係太重，斷非草率所能定，今晚即殺我，亦決不能定，且你今夜請旨，上亦未必允准也。」譚說：「我有挾制之法，必不能不准，初五日定有硃諭一道面交公。」談到這裏，袁覺得譚「氣燄凶狠，類似瘋狂」，恐激他變，乃設詞推宕，謂兵力不夠，糧彈也不在手，必須先有布置，方可用兵。譚說：「可請上先將硃諭交給收存，俟布置妥當，一面密告我日期，一面動手。」袁表示先交硃諭恐洩露累及皇上，切不可，必須布置半月二十天，方可告你如何辦法。譚說：「上意甚急，……」因示袁以光緒帝所給楊銳之密詔，袁謂非硃諭，且無殺榮及圍頤和園之說。譚謂皇帝叫他們想辦法，即有此兩事在內。袁見譚再三催迫，「至聲色俱厲，腰間衣襟高起，似有凶器，……」因提出另一推宕辦法，謂待到九月巡幸天津，軍隊咸集，只要「皇上下一紙條，誰敢不遵，又何事不成？」這明明是袁的一着緩兵之計；推譚出門，但經袁裝出一忠義奮發的樣子，並表示得異常鄭重，譚居然信以為實，並稱袁為「奇男子」，即與辭而退。（「戊戌日記」原文，見左舜生選輯「中國近百年史資料」初編）（仍待續）

歡送曾后希歐遊畫展紀盛

王世昭

辛丑是牛年，由元旦起至初十日止，沒有那一天不下雨，這是香港的好景象。據故老傳說，元旦下雨，可卜一年的雨水多少，而正月初就不斷下雨，更足以說明今年的香港不怕鬧水荒了。所以，一般朋友見面談起來，便都額手稱慶，說：香港的丑年是水牛年，水牛又肥又大又有力，水量一定極是充足，這比較中馬票來得更形重要，是值得大書特書的。

當正月初五日，好幾位朋友到后希家裏拜年，除了循例彼此吉慶一番之外，知道他這次即將作國畫世界巡迴展覽的壯舉，便談到乘給他祖餞的機會大家來一次雅集的事，不約而同的贊成者一會兒便有了十幾位，遂預定參加的名單，有些發信通知，有些分頭約定，以正月十二日為期，在這天下午三時開始，地點在華則仁醫生的是知也齋；茶點酒席由華醫生安排，節目由徐亮之兄計劃，請柬由林大庸兄發出。恰好天公作美，下了十來天雨，這天竟自「天朗氣清，惠風和暢」起來，因此，到會的士女竟達八十餘人之多，把華醫生夫婦忙得個不亦樂乎，最有味的是座中兩位老太太興緻竟比我們一拍八都高。一位是華老太太，今年九十六歲了；另一位是非律濱的「模範母親」施老太太，今年也已七十五歲了，她們全由下午三時起，一直坐到晚上十時半散會才肯休息。有了這兩位老者，再加上七十三歲的費子彬先生在座，於是我們人家都覺到年輕許多了。左舜老便當場自稱是青年，亮之兄更說后希兄祇是小伙子。

這天到會的嘉賓是：曾后希及夫人李衣雲女士，施老太太（非僑領施維雄之太夫人），費子彬、左舜生、李璜、夏威、陳孝威、劉源沂、易君左夫婦、施維雄、施維翰、張道明、許定寰、周千秋、梁纓、周士心、劉孟華、丘思明、張炳坤、曾克耑、余雪曼、郭仁良、鍾情、李香君、梁君麗、夏侯蘭、于聰、華則仁、趙戒堂、陳文炳、林千石、丘思明、許涵青、吳宗漢、王憶慈、王仲頤、徐亮之夫婦、及女公子、呂培原、應劍民、曾煥章、高玉蓉、蘇李平、林大庸、王世昭等。

雅集之前是園遊，園遊之後是平劇清唱和古樂演奏，總提調則是徐亮之兄；他的一篇典雅清新的開場白，頓使全場喜氣洋溢，輕鬆活躍，真是妙不可言。

平劇清唱的琴師由劉源沂兄和曾后希兄輪班，清唱的則有趙戒堂、張道明、梁君麗小姐、周女士、蕭敬初醫生、李香君小姐、劉源沂、徐亮之等。他們的嗓音，有慷慨激昂的，也有抑揚頓挫的，有低徊宛轉的，也有哀怨纏綿的，可謂各盡其妙，各極其致，博得全場掌聲不少。

平劇完了，是古樂演奏，樂器有雅琴、洋琴、琵琶、短笛、洞簫、二胡、中胡等。或合奏，或獨奏，時如鐵馬金戈，時如落花流水，時如思婦征夫，時如蟲鳴鳥唱，節目繁多，情調各別，美不勝收。最後是王憶慈女士獨唱崑曲「驚夢」壓軸，便在華醫生夫婦精心佈置的華燈如晝的精美花園中開始酒會了。

席散時已十點零，然而客人還是餘興未盡，曾后希、周女士、徐亮之、劉源沂、梁君麗、易君左各人又都搬出看家本領拿手好戲來，直到十時四十分，始歡然而散。

水牛年的新春這樣開始，我倒覺得挺有意思，因而我敬祝大家都以水牛的精神來好好渡過這個不平凡的水牛年。

聯合評論

週刊

United Voice Weekly

本刊已經香港政府登記

每逢星期五出版

第一三六號

督印人：黃宇人　總編輯：左仲平

社址九龍蒔德道二十三號地下　電話68678

承印：嘉羅印刷有限公司　香港灣仔馬師道5號

總代理：友聯發行公司　售價每份港幣一毫

本報美洲版總經售處：美國紐約中美出版社

CHINESE-AMERICAN PRESS, INC

199 CANAL STREET.,

NEW YORK13 N. Y. U.S.A.

美洲航空版每份零售美金一角

閒話兩則

左舜生

（一）

很顯然，要就當前中華民國可能發生的種種危機而力圖補救，已經不是一種普普通通或持之有故而按之無物的辦法所能有效了。好比一個害病的人，病勢已經十分沉重，如果還要諱疾忌醫，或者以爲只要拖到一個相當的時候，病自然會好，這便有點近於拿自己的生命開頑笑。

我相信，今天遷徙到台灣，或脫出中共的魔掌，而至今居留在海外的一部分人民，他們大抵是中華民國的孤臣孽子。他們以一種勞心焦思的心情儘可能的奮志掙扎，其唯一的目的，便在如何能使中華民國的國脉能維持於不墜。

以我所了解，今天在台灣，在海外的多數人，他們並不會對政府抱有一種如何了不起的希望，換言之，他們只期待政府做它力所能做的，而並不期待它做力所不能做的；人民沒有把執政者看成超人，執政者也大可不必以超人自許。就積極的說，人民只希望政治做到清明，簡化而有力，能給予人民一個條理整然而效率甚高的印象；就消極的說，他們最怕看見一些人事上的糾紛，或隔不到若干的時候，又給予他們一種難堪的刺激，使他們在精神上活不下去！

我平心靜氣檢討這十年來的輿論，誠然有一部分相當的激切，或聽來不太悅耳；也有一部分似乎是迂遠而不切事情；但根據事實發言，意在補偏救弊，以收同舟共濟之效，像這一姿態的輿論，似乎也不算太少。要制止人民少說話或不說話，政府有的是方法，多的是工具；可是如果弄到人民由不敢說話而相率不願說話，這便可能減低人民一種關心國事的熱度；我近來打開若干的報紙或刋物，似乎都有一點「顧左右而言他」，我覺得這是一種非常可怕的病態！

政府有權以法繩人民，但另有一點應爲政府所特別注意的，乃是它自身並不能超越於法律之上。惟有一個在法上越站得穩的政府，才有可能眞正成爲一個有力的政府。以一種「莫須有」的罪名加到一個無辜者的頭上，看來似乎很容易，實際却是很難，因爲由此所產生的惡果，其所給予政府的不良影響，乃最爲深刻。

在我的心目中，今天確有許多事，在政府做一做並不十分吃力，而又確於政府有益，甚至比召集一百次什麼談話會還有效得多。我深深相信，只有一個爲大多數人民所信頼的政府，它對內對外的行動與發言才越有分量；如果人民坐着不動，開口勿言，永遠只看見一二當局作出種種表示，這便可能給予一些國際政客們以曲解的機會，而造成種越俎代庖的搆煽。一個現代國家，在一種涉及國際的重大事項，往往是人民的輿論在前，而政府的行動在後，因而配合的作用乃能切實發揮；不過這要在平日一個有充分言論及集會結社自由爲人所共知的國家，始能收效較大，可惜這十年以來政府在這方面的工作實在做得太少太少了。

（二）

因爲近來國際上有種種不利中華民國的言論，甚至已快要由若干國家進入秘密商討的階段；例如「兩個中國」說，拉中共參加聯合國說，在中華民國的報紙，以及若干的外國通訊社的報導，已經有了不少的紀載和討論，我現在願把我對這兩個問題的看法寫在下面。

若干年以來，世界上有所謂「東西德」，「南北韓」，「南北越」，乃至在最近的將來，還可能有所謂「南北寮」，也不一定。在一般世界人士的口頭或筆底，好像對這些名詞都看成當然的樣子。其實這些國家無論就民族，就歷史，就語言，就生活習慣，就各個國家的人民心理，……它們都有不可分，不能分，也不應分的充分因素。其所以釀成如目前的這一悲劇；實由國際姑息主義者的優容養奸，以及共產集團的陰謀勾搭所造出的一種極不自然的結果。假如我們容許他們把中華民國也依樣葫蘆的如法泡製，可能世界上還有若干的國家，也非鬧到分裂不止。

我相信德國，韓國，越南，寮國在不久的將來會要作出一合理的總解決而依然歸於統一。否則世界將永無寧日，而所謂「和平」也者；也將只能作爲一種荼餘酒後的笑談，而終如鏡花水月。因此，我們反對所謂「兩個中國」必須堅持到底。不過；我在這裏必須提醒一句：這一說法，並不是不包含一種出人意料之外的可能演變，我們必須不斷予以密切的注意。

關於「聯合國」，老實說我是相當悲觀的。過去國際的重大事件，往往由少數大國就他們自身的利害私相授受，去隨意安排，自然是極不合理；可是今天的「聯合國」，乃可以由若干歷史短淺，人口寥寥，文化落後的國家，參與決定其他一個歷史悠久，人口衆多，文化先進國家的命運，難道這就是合理的嗎？較理想的辦法，我覺得「聯合國」不只可以分成「兩個」，而且應該分成「三個」：一切共產主義的國家，可以請他們到莫斯科去成立他們的「聯合國」；一切標榜中立的國家，可以請他們到新德里去成立他們的「聯合國」；至於一切堅決反共的民主國家，則依然留在紐約的「聯合國」開會。否則魚龍混雜，同床異夢，而且夜長夢多；一定要閙到三次世界大戰爆發，然後才宜告壽終正寢，一如已往的「國聯」一樣，則未免太遲了。

試猜毛澤東的心境

胡越

在我的印象裡，毛澤東是一個好大喜功，誇示眩耀的人。過去他總是隔一個相當時間，就發表一篇驚世駭民的「偉論」，來總結過去一個階段的經驗，同時定出下一階段的發展路綫；並且尤喜好在各種公共集會上擺架子，出風頭，站在主席台上，下望肩着自己巨像的遊行群衆，聆聽「東方紅，太陽昇，中國出了個毛澤東」的歌聲；陶醉其威加海內的摩登皇帝夢！可是自從一九五八年十一月，在中共八屆二次全國代表大會上，黯然聲明辭讓「人民政府主席」之後，就陷於反常的沉默，並且極少在各種公共集會上露面，屈指算來已經有兩年零五個多月了。毛澤東爲甚變這樣反常的沉默呢？

海外距北平如此之遠，我們所得的資料如此之少，因此要想推測毛澤東個人的心境，未能免望風捕影之譏。即使在北平的居民；以及朝夕在他左右的那些人們；是不是透澈了解現在毛澤東的心境呢，實在也是一大疑問。俗云：「隔層肚皮，如隔層山」，每一個人的內心生活都是一不可鑿穿的秘密。因此，我們要想完全了解一個人的心境，是絕對不可能的事情。這並不是說，對一個人的心境我們毫不能了解；反之；一定可以了解一部分。尤其是政治人物，他們的思想情緒是與他所推行的政策，以及他所處的政治形勢是密切相關的。因此我們要想了解今天毛澤東的心境，不妨從這幾年來，他的政治意向，大陸及國際的政治情況進行採索。

一九五六年十月匈牙利革命，使毛澤東受到了劇烈的震動。他第一個反應是保守的左傾的。這在他所發表的「論無產階級專政的歷史經驗」一篇文章（以人民日報的社論發表，據以後的事實推定是他寫的）可以看出來。在這篇文章裡他爲史大林辯護，反對赫魯曉夫清算史大林的舉動。暗示匈牙利革命是背棄史大林嚴密控制政策所造成的禍害。可是他對這一反應似乎並無信心，所以不久即猛烈的向右大轉彎，不顧黨內多數反對意見，槁「鳴放運動」來。他可能這樣設想：如其讓人民的憤怒藏在肚子裡，拿出革命才，不如使他們宣洩出來以防患於未然。不料「鳴放」引出來猛烈的反共運動，使他痛遭挫折，結果向反對黨派低頭，任由他以「反右派」來收場。

由於俄共支持中共黨內的國際派，引起毛澤東的憤慨，受俄共之命參加韓戰，而韓戰所費軍火仍要由中共負担，亦使毛澤東不平；而中共因向俄共索還旅順大連亦使俄共不快；因此中俄共之間發生了一連串磨擦。到了一九五五年以後，俄共就逐漸停止了對中共的經援，同時則對印度、印尼等中立國家則大送盧布，使毛澤東怒髮衝冠。一九五七年親自去莫斯科，向赫魯曉夫求援，碰了一鼻子灰。回來之後一氣就大喊：「土洋並重」槁「大躍進」，一方面給俄共一點顏色看，一方面也想造出奇蹟，來挽回「鳴放」失敗的聲威。

「大躍進」初期，毛澤東狂迷於浮報的數字而得意忘形，竟相信「畝產二萬斤」的神話！遂至盲目樂觀的制定「社會主義建設總路綫」，在一九五八年八月，更進一步向共產主義飛躍，實行「人民公社」。並將「大躍進」、「總路綫」、「人民公社」稱爲「三面紅旗」勒令共幹恪守凜遵，不得有誤。

一九五八年底，「三面紅旗」製造的人禍現了形，秩序混亂，生產低降，人心浮動；黨內反對派氣焰高漲；於是毛澤東急速採取了「進一步，退兩步」的策畧，一方面辭去「主席」，擬用「罪己詔」的手法來緩和衆憤；但旋於一九五九年八月進行「反右傾」，打擊反對「三面紅旗」的分子。

目前中共的首要們，原都是毛澤東的親信，從瑞金時代起，在歷次黨內鬥爭中都是毛澤東的打手（如劉少奇周恩來等），或投降的敗將（如徐向前，張聞天等），因此到一九五三年爲止並黨內沒有反對派。其後反對派之形成，完全是毛澤東獨手造成的。最初起因於毛澤東獨斷獨行採取激進的農業集體化路線，而遭受高層幹部的反對，毛澤東會破口大罵他們是「小脚女人」。當時反對毛澤東激進路綫的人，主退應借鑑蘇俄的經驗，應恪遵馬克斯唯物史觀的法則，生產關係的發展應跟隨生產力的發展；生產關係走在生產力的前頭，是左傾冒進；主觀盲動。就馬克斯主義教條來說，以及就大陸生產情況來說，反對派的意見都是可取的，可是狂傲的毛澤東，乃大發雷霆，一頓嗅罵將反對意見壓了下去。毛澤東實行「鳴放」時，再遭受黨內激烈反對，甚至在政治局通不過，迫得毛澤東抓住心腹陸定一以宣傳工作會議來推行。據一位親耳聽到關於「鳴放運動」的黨組報告者告訴我，會聽到這樣的話：「鳴放運動是毛主席的遠見，甚至許多黨中央的同志，思想都搞不通云云」，可見當時黨內反對派抗爭之烈。「鳴放」結果，証明「反對派」有先見之明。這使毛澤東是爲憤激。「大躍進」、「人民公社」，同樣遭受黨內的反對，結果也都証明反對派的正確。今年一月，中共九中全會，正式承認大陸飢荒，反對派的氣焰乃高張到巔峯。在這以前，毛澤東曾不斷整肅地方幹部，劃除反對派佈署親信，並且以他的死黨特務首腦羅瑞卿來掌握兵權、更發動「學習毛澤東思想運動」，從中下層來輩固自己的威信，把黨中央的反對派孤懸起來，使他們噤若寒蟬，任聽他擺佈。可是「三面紅旗」偏不爭氣，再再使他丟人，現在飢火燎原，情勢危急，於是毛澤東不得不再以退爲進。在一月向九中全會，他提議復設六個「中央局」，以表面分散權力的手段來安撫反對派的有力分子，同時被他淸算的地方主義分子相繼被恢復職位，同時恢復自由市場，向人民讓步。他唯恐黨中央的反對派，地方主義分子，及餓得發狂的農民連在一起，他的王朝就要踢台了。

毛澤東在對內軟化退縮的同時，對蘇俄老大哥也低下頭來。而老大哥則見死不救，復乘機壓迫中共就範。但看最近的經濟貿易談判就瞭然了。

蘇俄在二月初派了一個經濟貿易代表團到北平。雙方從二月九日談起，談到三月一日尚無結果。代表蘇俄談貿易的庫米金三月一日回俄，由中共派人繼續在莫斯科談判貿易問題；而俄共代表團的阿希波夫則留在北平繼續談經濟問題，直到現在前後談了兩個月，向沒有眉目，這說明雙方所談的絕不是單純的經濟貿易問題，而是關連着政治問題。兩年來毛澤東在國際上和赫魯曉夫搗蛋，現在嘗到懲罰的苦果了。在毛澤東需要緊急援助，解救飢荒，穩定局勢的當兒，老大哥則乘機要求他簽訂城下之盟，皈依莫斯科教主，永不得再叛離作怪！

內外交迫，左右爲難；知道上述的情況，我們也就不難了解毛澤東今天的心境了。

雜憶錄之二十四

外交人才與外交觀點（上）

·幼椿·

因為祖國周刊要我寫一篇十六年前四月間聯合國製憲大會經過的敘述文字，我總把一九四五年的旅美日記翻了一翻，按着簡單的筆記，憑回憶，將彼時的重要情形寫出。但在日記中，記有幾段比較有意義的小插曲，看了，令我撫今思昔，覺得我國的外交人才，老成的凋謝了，新的確有待於磨練；而尤其重要在外交觀點上，必須目光遠大，不宜只顧眼前，即使應付眼前，也不宜過於近視；目光不能四射，自然顧此失彼，質言之，在國際外交上，只圖目前敷衍了事的中國式官僚主義至為誤事，至少是不發生甚麼作用的。下列幾件小事，雖然無關宏旨，也足以見外交人才與外交觀點的重要處。

（一）

一九四五年四月開會的聯合國製憲大會，我國代表十人，中以宋子文為首席代表。宋之為人，最怕會客，而且最不願聽別人發議論，忍耐不住，動輒開「溜」。四月二十日在紐約代表團全體坐上專車之前，代表們應宋首席召飲，大家認為一到舊金山，大會便立即要開，因想在這個宴聚機會，與宋首席領教一番，研究一下。孰知，大家一就座，主人即起立告罪，言有事失陪，請顧維鈞代表招待，並代聆大家高論，辭畢而退，客人甚驚異主人發帖時所訂時間，原來其間是半點鐘的空閒都抽不出來的！

當夜十點一刻上專車，行三日始達舊金山，二十四日全團住入 Max Hopkins 旅店，二十五日即須開大會，由召集國中英美蘇首席代表分別致開會辭，英為出色外交家艾登，蘇為莫維托夫，美為國務卿斯他得留斯，中國當然為宋子文。晚飯後，顧維鈞約代表們聚談，並商明日赴會事，宋久未出席。王寵惠代表問顧，宋首席所應講的開會辭準備好了否？顧答：料已準備；王說，這不是首席個人的事，是全團的事，而且是國家體而攸關的事，必須拿出來大家看看。顧唯唯而去。半點鐘後，顧將演稿取來，王代表立即仔細看了一遍，對顧說道：「要不得！」言後立用紅筆將數處劃了出來，道：「這是三四等番鬼佬寫的東西，簡直沒有中國文化氣味，應該另外寫過。」顧接來又讀一遍，皺一皺眉，跑了一轉返座說，宋首席已經照文唸熟了，明日就要講演，另寫練習不及，便講不好，所以只得將就用。王不禁發怒道：「丟人！」順手遞與胡適之，胡看都不看，便傳與大家團而觀之。張君勱先生與我，雖是代表，但我們知道，我們是陪場作客，大家尚未出台露面，不便事先多所批評，而吳貽芳女士便不客氣道：「如不能另寫，則至少將王寵惠先生所劃出中的兩處必須改過，一是文中所引用孟子的「魚與熊掌二者不可得兼」的一段；二是會議要公開，「不可私自跑去廚房偷小點心吃」一段；為甚麼起草人打比喻，只懂得去說吃東西啊？」大家不禁發笑，顧又拿去，返座言，吳博士所說，將設法改過。

四月二十五日午後大會開幕，二十六日為四召集國講演，當然以英國的艾登最為出色。到會者近萬人，大戲院的樓上樓下擠得水洩不通，我想這些遠道而來的看客都是來看艾登的戲的，他好比譚鑫培與楊小樓，一腔一板，一舉手，一投脚，無不引人注意，全場鴉雀無聲，間中鼓掌如雷。艾登講後，難乎為繼，我宋首席英語既不響亮，而且有點怯場，幸而講辭甚短，聽衆也似未注意其講些甚麼，總算敷衍過去。此後，即分組開會。但每由分組議決憲章之一條，則必開大會一次，加以通過；而通過前，又必須四召集國首席講演一番，對於應通過此條之意義分別讚揚之。第二次大會時，宋首席的講演姿態與聲音，均大為進步，引起會場注意，足見歷練的重要也。

（二）

我認識王寵惠先生，在民十左右，我在巴黎大學讀書時代，其時，彼是寓公，我是學生，並無深交。我初以為王亮老久經宦海，必是老官僚一流人物，但經這次聯合國製憲會議共事兩月，而且見其事事內行，而絲毫不苟；既不怕得罪同事，而又對議案的重要所在，對於同人知無不言，言無不盡，乃深識亮老並未官僚化，既有學者講求真理所在的氣概，而又對國家具有愛護的熱忱，故對全部議案，均能去注意周至，且周至之中，隨時不忘我國家雖名為四強之一，而其實國力有限，不可忽畧條文上有以強凌弱之勢，我國家將因之受其害也。本來，代表係分組而各負其專責的，亮老所負責之一組，為國際法庭委員會。但亮老為中國研究國際法的權威，他對於其所担任之一組，操之有素，游刃有餘，因能隨時照顧及於其他各組。而其他組的負責代表，也甚願向之請教，因開大會時，各國代表多來中國代表團席次，覓亮老致敬，聲言非當學生時即會讀亮老的國際法著作之外國文譯本，至今不忘，同人始知王寵惠博士竟是一個國際法研究的世界權威也！如果說，中華民國代表團在這次製憲會議上，對於憲章有點貢獻的話，這貢獻乃出於王寵惠代表之力。譬如聯合國憲章的序文及第一章的宗旨及原則，原起草上只注重到「基本人權」與「平等權利」，「國際和平」與「集體安全」……等等字樣，而便忽畧了「正義」這一重要性。首先注意到「無正義便不會有和平」，就是中國代表王寵惠博士，而且他在會場發言時引經據典，說得頭頭是道；無人能夠加以反駁，立得全場鼓掌贊成，故於序言中得以加上「創造適當環境，俾克維持正義」字樣，換言之，聯合國的設立，不徒為和平，而且為正義；明白些說，為不顧正義，而犧牲弱小以求苟安的和平，則不必要有聯合國。因此，在第一章宗旨及原則條文中，也特加了第二條第三款上：「各會員國應以和平方法解決其國際爭端，俾免危及國際和平、安全、及正義」的最後「及正義」三個字。

王亮老是時已身體衰退，血壓相當的高，他見宋首席老不露面管事，而宋所拜託管事的顧維鈞代表又終日忙於酬酢各方，於是他當仁不讓的有暇即電話請其他代表到他的房裏去喝咖啡，研討議案。五月九日之夜，已經十二點，我已脫衣上牀要睡了，忽得亮老電話，請我到他房裏喝咖啡。我說：「我已上牀，有無要事？」他笑道：「你比我年少近二十歲，你睡得着，我睡不着；我已電話通知幾位代表，當然有要事相商，你快起來罷！」

我入亮老室，見張君勱，胡政之，吳貽芳，魏道明諸代表及徐模顧問均先到。亮老手持國際託管制度的起草原文，及面前放了一大堆關於連日討論該制度的會場發言記錄（Minutes），正在與諸代表說明。他說道：「這問題很不簡單！我讀連日會議中發言記錄，英、美、蘇各有用意，英對殖民主義還是老想法，美則擬佔日本在太平洋的重要島嶼為根據地，蘇俄高唱民族獨立，乃是假的，蘇俄要想普遍的插足於這些地方，因此發言多有用意，爭論各自所偏；稍不當心，在條文中留下漏洞，必致引起將來之糾紛。要知道，任何託管地上都有我們的華僑，而且在太平洋託管的島嶼中，我們華僑特別多，我們在這制度中，條文擬定時，要想到我們的華僑的來日生存及幸福啊！」

我聽見了這一番話，既感到亮老的過事不苟，見事週至，又深佩其處處不忘國家人民；而且六七組委員會每天各送一大包的會議記錄來，英文的與法文的各一份，堆積滿案，我赴會已來不及，實在慚愧，甚少啓封；而託管制度這一組並非亮老所負責，而乃能在他主管之外，來細讀託管制度這一組的會議紀錄，其用力之勤，真不愧對於代表國家了！結果，大家請亮老臨時參加託管這一組最後討論，而暫時以徐模顧問去代替亮老出席國際法庭這一組會議。國際託管制度在憲章第十二章上議定得至為詳盡，處處顧到託管地居民的根本權利，特別強調不分種族、言語、信仰、等，全體都得受到尊重這一點，乃中國代表所強調而加上也。（未完）

反共救國會議流為清談會

李金華

三月廿一日，台北報紙傳出消息，謂當局將於四月底或五月初召開「陽明山談話會」，且正由行政院負責籌備中。消息在國際政治低氣壓極為沉重的時候傳出來，頗使台北的民營與論界熱鬧起來。不過，官方和黨的報紙並無反應，這是和以往不同的。

對於這項消息可試作幾方面觀察：其一是藉此國際陰謀「台灣國際化」時際，當局鑑於形勢壓力日重，民間激憤逐漸形成，間接傳出消息，用以刺激各方面的情緒；其二是大陸形勢日緊，當局已感需要和各方交換意見，期逐步走向團結；其三是寮國局勢瞬息萬變，萬一真的演變成為局部較長期的國際戰爭，則當局需要有一個「大團結」形式以資運用、策應；其四是海外各方面刻下對台灣當局逐漸不理不睬，「一味睇淡」，僵局既出其一手造成，現時須要稍加刺激，探探反應和行情。

因此，且把七年前的「反共救國會議」原案擱下，暫改以「陽明山談話會」方式，以小型的非正式的談話會來瓜代。

從「反共救國會議」到「陽明山談話會」，七年的變化，說來話長，其所以一拖再拖，一變再變，實因當局缺乏堅強的意識和真正開誠佈公的精神。當其將反共救國作為一黨之事，一人之事或黨內某一集團利益底事看待之後，會議的性質變了，對各方的態度也變了。某些人甚至乾脆將會議當作是「政治分贓」看待，與會者既是邀來給「一杯羹」的，理應只能聽，不能說，祇能「服從」，而不能批評。事實既是如此，會議雖由國民黨中全會於四十二年議決經政府公佈籌備召開，結果拆台的也正是他們自己。

再從另一方面來看看當局的誠意吧：既然號稱是自由中國，理應實行民主政治，並且要力求全國上下團結一致。但在實際的言論自由上，連年來卻採取了間接和直接的不同方式，扼殺了海內外的報刊，和新黨的成立。四十八年秋間接的手段，迫使在香港為反共、為民主奮鬥了八年的「自由人」三日刊無疾而終；繼之以一紙公文，勒令對反共與民主有貢獻的「祖國」周刊不准內銷。四十九年夏，在台灣出版的「自由中國」半月刊主持人雷震以不名譽的「匪諜」罪被捕下獄，該刊遂亦終止出版。五十年春，台灣的「公論報」，因民事錢債糾紛，遭法院判處李萬居應將所有權移轉給張祥傳為首的「公論報股份有限公司」，而張某為國民黨黨員，是台北市議會議長。從表面看，該案為爭奪報產糾紛，然幕後所顯示的是政治陰謀與政治鬥爭，張祥傳是奉國民黨當權派之命，以當權派之錢，潛行竊底於「公論報」，以似「合法」而實非法的行徑打倒李萬居，掠奪「公論報」！

此外，這七年來，據所知，凡是海外內銷台灣的報紙和刊物，共因言論「抵觸國策」而遭檢扣者不勝列舉。

這些事實，不知道究竟與團結反共有何裨益。反之，每當當權派在行動上採取摧殘民主的步驟的前後，就表示要召開「反共救國會議」，或「國是會議」，無非為了用來綏和民間的憤激，和掩蓋其汚行。

所以，儘管在上文曾有四種不同的看法，用來推測此時此際所以放出召開「陽明山談話會」空氣的原因，實則恐與「公論報」事件的結果最為有關，這和製造「自由中國」的雷震冤獄事件前後的放出的召開「國事會議」底空氣是如出一轍的。所以官報和黨報皆不好意思再開腔了。

即使事實如此，但仍願「陽明山談話會」能真的開成。不管被邀參加者究竟代表各方和民意的成份有多强，或者事實上不過是當權派的戲法，召開總比不召開為好。即使與會者多為當局派所認為忠貞可靠之人，但相信其中必有真正的愛國之士，在台灣的國民黨內固有開明份子，在海外的較有代表性的國民黨員，也並非全是唯唯諾諾之輩。即使「陽明山談話會」關起門來開，也可以相信必有人會慷慨陳辭，頃吐其肺腑之言。當然，效果是不會太大的。因為當權派久已乎是目不明、耳不聽了！

我很希望「陽明山談話會」能開成，就算是清一色的變相的黨內的清談會也好，因為這可以供當權派的集團核心份子聽聽各地海外黨員和非黨人士的意見和要求，也可以使這些海外黨員和非黨人士看了那些黨老爺的嘴臉和聽聽他們無味的語言，讓他們真能了解一些「領導中心」的腐爛程度，同時使這「領導中心」感覺到羞慚和無力，由自責而自悲，由自悲而自餒。最後使大家都痛感失望！

這一推斷是極邏輯的，合理的。卻不是心存幸災樂禍，隔岸觀火。對國民黨來說，有這樣的結果，才能使各級黨員痛感需要先破而後立。需要先破當權派之壟斷、無能，才能立民主、講效率。當權派之所以怕真正在大團結的基礎上召開「國是會議」或「反共救國會議」，就因為怕難以繼續壟斷，和繼續獨裁。現在把會議縮變成為「談話會」之後，與會者雖然是清一色份子，但其不民主與壟斷的氣氛必然存在，所以也必然使與會的智者感到窒息和失望，或能因此醞釀產生强有力的要求黨內改革的願望。所以，從積極的一面來說，這個「談話會」即使開成了，對國是雖無補，對國民黨卻有益。

因此，仍願它能順利的召開。

至於有人說，這個「談話會」是「反共救國會議」的起點，或者說是「國是會議」的「一開賣二」、「一開賣三」，那都是錯覺。偏安之局一拖十餘年，即使此時國民黨當權派全心全意地召開「國是會議」，也已經是時不我待了！內有紛擾，外有陰霾，內在的不平和外在的干涉，都不是可以借重「國是會議」可以扭轉的。過去大家認為第一步是改造台灣的政治，現在，在我看第一步是要真心的由國民黨的年青的一代來改造他們的黨，唯有國民黨能有新局面和新氣象產生之後，才會有魄力和氣度來和各方面團結合作。而這國民黨的年青的一代，卻不是指的蔣經國那個系統。特此說明。

論東南亞公約與集體安全

劉裕畧

寮國問題，一變再變，半月前又變到李江叛軍協同寮共進攻永珍和王都琅勃拉的程度了。李江叛軍和寮共的這一攻勢，絕不偶然。因為李江叛軍和寮共早已潰敗，本無進攻永珍和王都的實力，只因蘇聯不斷飛運軍火，中共與北越又予以全力支援，共黨集團顯然仍欲假中立之名以赤化寮國，所以寮國形勢才又惡化。

寮國本來只是東南亞的一個小國，領土不過二十三萬平方公里，人口亦不過三百萬。經濟生產力與富藏都說不上，但因所處地位重要。它的正北方是中共，西北方是緬甸，西方是泰國，西南方是高棉，東南方是越南，東北方是北越。故寮國乃成了共黨進出東南亞的一條戰略走廊。為了便於進出東南亞，共黨集團乃欲打通和佔有這一條走廊，而為了保護東南亞，自由世界就必須保持這一戰略走廊，這是寮國的戰略價值，也是寮國之戰的背景。

我們曉得：美國乃今日自由世界的領導國家，它不僅對寮國的獨立自由具有道義上的責任，抑且對東南亞公約具有援助義務，而東南亞公約中的主要國家——泰國則正是比鄰寮國的國家。若共黨集團攫取了寮國，泰國就將面臨共黨勢力的包圍和威脅了。所以，為了保護東南亞地區中的泰國和越南，不但泰國有權過問寮國的問題，美國和整個自由世界無論從道義講，或者從利害講，實都有保衛寮國之必要。

正因為美國乃今日自由世界反共鬥爭中的領導國家，且值美國新總統甘廼迪就職之始，全世界人們的億萬隻眼睛都在注意美國對弱小國家的作法，都在等待美國的勇敢而正義的表現。假如美國對共黨勢力在寮國的擴張和侵略行動或低頭或讓步，那末美國在人們心中的威望就勢必更加低落，而且勢必還會助長共黨的侵略，並間接鼓勵某些國家的左傾中立了。所以，寮國雖小，寮國之戰的戰略意義及政略意義則極大。

至於東南亞公約，乃是基於一種集體安全原則而建立的，美國國務卿魯斯克於三月廿三日離美飛曼谷出席東南亞公約時，且曾重申此一集體安全原則。論性質，所謂集體安全制度原也不過是防堵性的一種方式，其意義最多止於消極的一面，即防禦的一面，但假若東南亞地區發生嚴重問題時，東南亞公約且不依照集體安全原則而採取實際行動，則何異向敵人公開宣佈所謂集體安全乃是一種虛幻，該公約乃是一張廢紙。所以，為了顯示此一集體安全公約之有效，為了表示東南亞公約不是紙老虎，為了表示東南亞公約各會員國之道義與責任感，更為了解除共黨勢力通過寮國走廊對自己所加之威脅，東南亞公約各會員國均應同仇敵愾，視隣人之危險即自己的危險，毅然為保衛寮國而並然作戰才是。

況基於集體安全原則而訂的公約，並不止於東南亞八國公約，在中東亦有類似的公約，在歐洲則更有著名的北大西洋公約，若此種公約因東南亞公約遭受不起考驗，或因內部意志不一致而顯現公約弱點，則世人對集體安全制度之信心勢將動搖，而自由世界更將予敵人以各個擊破之機矣。故東南亞公約受寮國問題之考驗，其影響實不止於寮局，而是廣及於全世界的。

但很不幸的事是三月廿七日在曼谷開會的東南亞公約第七屆部長會議，美國態度雖表現得很對。美國當時的態度是一方面支持英國為寮國問題對蘇聯提出的建議，另一方面如蘇聯不接受英建議，而在寮國繼續擴大侵略的話，則美國頗有通過東南亞公約而為寮國一戰的決心。對此，且不說蘇聯的軟拖政策，以洩東南亞公約第七屆部長會議之氣，因為敵人運用戰術以對付美國及東南亞公約，那是必然的。而東南亞公約八個國家中之法國，則單獨反對東南亞公約用武，這是東南亞公約最不幸的內部矛盾，亦是共黨集團求之不得的事情。

法國的態度何以如此呢，未必法國有意幫助共黨集團在寮國的侵略嗎？當然不是，只因寮共所利用的富馬親王其人一向比較親法，富馬此次出訪歐洲又先到巴黎，富馬本人既欲利用法國之關係以加强自己的政治資本，共黨乃更從而乘之。於是，法國乃對自己的過時的聲光發生幻覺，由於眼光淺短和自私，遂與東南亞公約其它七個國家持相異之方針，從而形成東南亞公約之內部不一致。殊不知，這完全是法國不明大義之處，像法國這種作法，不但給人以惡劣印象；且極易陷集體安全原則於無效。而法國自身又並非真正强大國家，同其它許多國家一樣，乃是依靠集體安全原則的國家。在以往，法國在大西洋公約內，即常常與其它國家發生意見衝突，今更在東南亞公約內部持錯誤的偏見，這無論對法國的利益而言，抑或是對東南亞公約和集體安全原則而言，顯然都是極不好的。

革命先烈的悲哀

宣平

（台北通訊）本年三月二十九日的青年節，台北照例有一番慶祝，參加的各界代表（實則是青年反共救國團所指定的團員）約二千餘人，由政治大學的學生代表担任主席，蔣「總統」也親臨致訓，並宣讀其長達三千餘言的告全國青年書，要青年們立革命報國實行主義的大志，做成仁取義救國救民的大事。最後還領導高呼「反共復國勝利」的口號。若干年以來，人們閱讀蔣「總統」的文告，每有信口開河，言下由衷之感。如今他把一個主張天下為公的國民黨變為以一人一姓為中心的父子集團，却向青年們侈談革命救國和成仁取義，何異於把全國青年當作白痴。當年廣州起義，革命先烈前仆後繼，慷慨成仁，其目的原在於推翻一人一姓的專制王朝，實現以民為主的共和政體。然而自蔣「總統」當政以來，雖然天天呼三民主義，年年紀念革命先烈，却處心積慮，要建立一個仍以一人一姓爲爲中心的專制王朝，假如革命先烈有知，當然要悲痛萬分的。過去三十年，蔣「總統」先後把國民黨內曾經參與肇造民國的許多革命先進，或拘捕，或通緝，或當衆侮辱，或投閒置散，人們還希望祇是爭取個人的權位而不致有叛黨叛國的企圖。但就其到台灣以後的種種觀之，他不但要將中國國民黨變為蔣家父子黨，而且還要將中華民國變為蔣家父子國。今日的青年們果有志繼續革命先烈的精神，亦當知所努力了。

陽明山話談會的西洋鏡

十年以來，每當國際形勢逆轉，或當權者有所需求（如總統連任）時，即放出召集反共救國會議，或國是會議等空氣；但等到所求既遂，他們又無意於此了。而且有時還把原由他們自己鄭重決議的反共救國會議說是民主人士為了要實現「國共和談」和「聯合政府」的一種「陰謀」。去年為了緩和海內外反對非法連任的空氣，又說即將於雙十節召集國事會議，並且國民黨還成立了一個小組專司其事。但後來的事實，則是迫害雷震，阻撓新黨和搶奪公論報等暴行，接連的演出。國事既是以蔣經國為主體，當然更用不着召集什麼會事了。因此，國民黨的那個小組也從未集會。最近因為國際形勢的危急，於是，當權者又重施故技，再度放出召集陽明山談話的空氣，聽說，前面說的專案小組也曾開了一兩次會，並且還將主持宣傳會報的陶希聖調開而以張羣代之，以期先在宣傳上緩和空氣。據聞海外曾受當權者津貼的某某等人士對陽明山談話會很感興趣，紛紛鑽營，希求能夠側身其間。但據筆者所知，他們似乎太性急了。因為截至今日，當權者仍無召集此一會議的具體打算。他們自知在一切以蔣經國為主的現局之下，舉凡關心國事的人們都不可能來台為一人一姓的獨裁統治作點綴品；而又加以非法連任和迫害雷震等惡行，自然更使人却步了。至於那些為了津貼不惜出賣良心的熱心分子，當權者又覺得沒有請的必要，所以也就遲疑復遲疑，至今尚未有所決定。據熟悉內情者稱，教育部黃部長就任後，曾向新聞界表示將邀請海外學人來台開會，商討教育文化問題，當權者在無技可施時，很可能即將此一原無政治性的會議渲染為所謂陽明山談話會之一環。因此，將來那些被邀來台出席會議的學人說不定將要被迫作一番表演呵。

一元救災聲中的妙事

據聯合報，桃園鎮民代表大會為了慶祝三位鎮民代表，升級為縣議員，於三月二十六日舉行公宴，一時杯觥交錯，與致勃發，大家覺得有酒無色，不能盡歡，於是有人提議召酒女前來作陪。此議一出，哄堂響應，本可無異議一致通過。不料其中有一位鎮代表黃效飛獨持異議，主張移此筆陪酒費來響應蔣「總統」的一元救災運動。但結果却被奚落一番，有的人指責他「煞風景」和「掃大家的興」，有的人則公然說，自中央黨政要員以至各縣市議員宴會無不召酒女作陪，反譏他竟如此思想落伍？黃代表一氣之下，憤然離席，次日鎮代表會議開會，他公開提出檢討，卒以無人附議，未得通過。事後，國民黨負責人還召集他去談話，責其不應該在公開場合暴露黨政的弱點，更使他憤慨填膺。聯合報於刊載此一消息時，譽為衆醉獨醒。總算是非自有公論，黃代表也可以引以為慰了。由這一件事的經過看去，可知蔣「總統」雖然以一元救災號召國人，而其愛子所領導下的一羣，則仍以召酒女陪飲為首要之樂，有人說這正是他父子倆的異曲同工之所在，其然乎？

省農學院的特徵

教育部長黃季陸於三月三十一日在台中市省立商業職業學校召集中部各大專院校校長教授及省立各中學校長六十餘人舉行座談會，研討今後的教育方針，和各院校目前所遭遇的困難。省立農學院農化系教授盛澄淵首先發言，他說：「今天學校內不能培養研究風氣與科學教育之發展，實在是由於人事與制度的問題。例如在農學院一位教授，如不是屬於某人某派的，即使在實驗室有成就，就會受到攻擊或被人在牆壁上寫標語漫罵。一位助教在學術上研究縱有成就，如非屬某人某派，也難升等，甚至教授修房屋也得是某人的私人，才可獲准。其次就制度而言，大專院校非經聯考不得入校，而農學院却有一位姓畢的學生不經考試而入學就讀；本來規定一年級不得轉系，而只要有人事關係，也可轉系。」

最後盛教授還說，他對以上的話願負全責，如果黃部長查明不實，可以將他解聘云云。農學院院長王志鵠是日也參加座談會，對盛教授的指責，並未提出異議或有所解釋。該院教務主任羅清澤則起立發言。他說：「大陸上的共匪實施統戰，到處滲透破壞，無孔不入。因此，一個院校要辦得好，首要是人和。」他雖然只作泛論，沒有舉出實例；但顯然是針對盛教授而發的。由此，可見，該院行政當局已經為盛教授準備好一頂紅帽子，隨時都可以給他戴上。否則盛教授所指責的乃是極為具體的事件，假如該院並無其事，自可請教育部查明處分，羅教務主任又何用把「共匪統戰滲透」等話搬出來作擋箭牌？據悉，那位農學院院長原是蔣經國旗下的人物，前月因為省政府有將農學院改為大學之議，他為了要爭取校長的地位，曾向該院學生發表演說，主張派一架飛機將鼓吹民主自由的胡適等人空投到大陸去。現在盛教授竟在教育座談會上對他提出公開的指責，可說是不識時務之至。黃部長倒不愧為聽明人，對盛教授和羅教務主任之言，均以不問的態度處之。

經濟部長的妙語

自當權者引用總動員法處理唐榮鐵工廠的倒風以後，即引起立法院和輿論的指責。經濟部長楊繼曾在立法院宣佈政府在一次貸給八千萬元與該廠之後，不再貸給。但一月來社會上盛傳政府又將再次貸給該廠五千萬元，立法委員胡鈍俞曾質詢楊部長有無其事。楊部長於四月一日答覆胡委員說：「我過去在立法院報告此事時曾說明政府在貸給八千萬元之外不再貸給；但並不是說永遠不再貸給，為了事實和週轉上的需要，現在我們已不能不考慮這個問題；但在當時確沒有這個意思」。楊部長在官場中還算得是一位想做事的人；但他在兩三個月以前向立法院所作的諾言，如今竟反其道而行。不但不知引咎，反而強辯他祇說不再貸給，並沒有說永遠不貸給」。可見今日政府中人的臉譜之一般了。據熟悉內情者透露，唐榮與當權派的某些特殊人物勾通作弊，該廠的實有資產多被隱沒和移轉；而祇將一個空廠和債務交出。因此，政府縱再貸以五千萬元亦無濟於事。聞尚有十餘位立法委員準備繼續提出質詢。但質詢儘管質詢，而當權者自必我行我素，不會有所改變的。

葉公超的來去

我國駐華盛頓美大使葉公超奉命返國述職，已於四月一日公畢回往。他離台之前，在飛機場上答覆記者說：他每隔半年總要回國一次。上次回來是去年六月。暗示此次回國並無待殊意義。但一般人都認為非同平常。在過去數日中，他接連晉謁蔣「總統」三次，卅日晚蔣「總統」又在官邸召集會議，與會者除葉大使外，還有外交部長沈昌煥和外交部的幾位高級官員（但却沒有陳兼行政院長），討論的內容雖然極為保密；但顯然是有關外交的問題。會後葉大使、沈外長和外交部次長王芝珍又繼續會商，直到深夜二時後才散會。足証形勢之緊迫。

據悉，當局對於我國在聯合國的地位極為憂懼。雖然近月以來，白宮方面一再表示對華政策不變；但鑒於在經濟社會委員會選舉的情形及當前的種種跡象，實不能不格外警惕。葉大使究竟向蔣「總統」報告一些什麼和曾作怎樣的建議，人們尚不得而知。但他列席立法院的外交委員會的報告，則盡屬官樣文章。他說：美國不會承認中共，今年我國在聯合國的代表權不會發生問題，所謂台灣國際化的謬說，更值不得重視，似乎我們的國際環境十分有利。果爾，那當然是每一個中國人都高興的。然而事實顯然正朝着相反的方向發展。葉大使在今天還要向立法院作如此的虛妄之言，在以說假話為樂的當權者當然會嘉許他善於宣傳；但老百姓的眼睛畢竟是雪亮的。

國防經費與外交經費

五十一年度的國家總預算，已由行政院編訂，預定於本月提交政務會議通過後即咨送立法院審議。本來，預算是政策的總標誌，政府實施怎樣的政策，即編訂怎樣的預算。可是，由於十餘年來，我們的預算支出，國防經費一項却佔去百分之八十以上；其餘百分之二十不足的數目，因為微乎其微，照例是照過去各部會的預算分攤。而在國防經費中，又因為事關機密向無細目，其開支情形亦非立法院所能知。以故監察院和輿論都主張應嚴加審核，以防弊端。三月三十日聯合報特發表社論，，主張「拿大魄力，下大決心，把一些不急之務緩辦，不必要或徒具形式及層床疊架的機構裁併，然後集中人力、財力、加強推展重要施政。」又說：「以佔總數一支出百分之八十以上的國防經費言，我們一向主張應該加強審核。所有開支是否必需，而經費的使用有無浪費不當之處，都大可檢討。若謂軍事費用性質特殊，可以從權。其實，數目越大的費用越得有效控制，開支越繁的費用越應核實。在一個政府裏，基於同一的制度與人事的條件，若說百分之二十的行政經費有其督察稽核的必要，然則百分之八十的國防費用亦不可能有例外。我們必須指出，對國防經費的加強審核，有兩項重大的功能：第一，由此有助於財政收支的平衡，亦即保証國防經費的不虞匱乏。第二，經費開支的核實，亦有助於提高軍事業務的效率。這是善用錢者必能善其事的道理。譬如勤儉持家的人必然事事認眞，無所懈怠。反之，若是奢侈浪費，其生活既流於浮華嬉戲，則在講究排場形式之時，自不免荒於實務，影響精神。」

關於預算上國防經費以外的剩餘經費，聯合報主張應多用於外交，社論說：「我們的外交，缺乏人才，更缺乏經費。國家預算用在不急之務者太多，用在於強化外交戰線上的作戰能力者太少。……今後，無論為打擊蘇俄共匪及其同路人的陰謀，或者為軍事行動創造有利的環境，我們應該先在外交戰線上發動攻勢。我們必須集中人力、財力來支援這一戰綫上的攻勢。許多不急要的經費可以減少，不急要的業務與機構可以收縮，但是外交經費必須充實；……政府還得有效的調度預算，不惜花錢的在展開國民外交，加強與自由國家經濟合作、文化交流各方面痛下功夫。

我們希望行政院能夠把握上述國防與外交兩種經費的情形檢討下年度的國家預算，也希望立法院把握這兩點來審核下年度的國家預算。」

聯合報的社論雖然可以代表一般人的意見，可是在現局之下，所謂國防經費已有很不少的數目移作蔣家父子的特別開支。而外交經費中，亦有一部份是蔣經國的海外特務活動費，駐外使領館的業務更多由此輩在幕後操縱一切，而尤以駐美駐日兩大使館為甚。因此，縱然當局能採納該部的建議而寬籌外交經費，也不過為蔣經國增加海外活動費而已，對於打開外交形勢不但無補，而且還可能更有危害的。

大陸何以大鬧紙荒？

陸閘

中共大鬧紙荒的情形，中共一向封鎖很緊，不使外洩。因爲中共年年在吹增產，天天在吹大躍進，結果不但糧荒嚴重，而且連紙張也大鬧缺乏，豈不太丟臉？豈不証明共黨統治下的所謂「社會主義制度」太無效率？但糧荒紙荒等情形之終必洩露，則猶紙之包不住火，人們終會發覺的。

中共紙荒情形，最先反映於中共北平人民日報，自去年十二月起每逢星期一之突然減版。查中共人民日報每日一向出版對開白報紙兩張，但自去年十二月，人民日報每逢星期一減少一張，只出一張，對此，中共雖玩弄手法，不予說明原因，但留心大陸情況的人業已敏感到這必定是紙張缺乏的緣故。否則，中共既極端重視人民日報，把它作爲中共中央黨的機關刋物，不但對外發言，代表共黨，而且對內頒佈法令，發佈新聞，推動運動，指示政策，且兼作教育人民之工具，都是人民日報，豈有隨便減張，而不予說明原因之理。其所以不把原因說明，必有不得已的苦衷在。苦衷者何？紙張缺乏是也。惟其不顧暴露大陸紙張缺乏的情況，所以，遮遮掩掩便不予說明了。

但人們的眼睛是雪亮的。這種遮遮掩掩畢竟騙不了人。相反，連人民日報也因紙荒而減版，則更反映了大陸紙荒的嚴重。

對此，本報早經指出中共有紙張荒的迹象。及至本年一月廿三日，中共人民日報總編輯在人民日報寫了一篇「從借書談起」的文章，初步証實了本報的觀察。而三月十八日的人民日報，則對此更作了進一步的承認。

三月十八日人民日報第八版有一篇署名「樂農」所寫的「片紙可貴」的文章說：「過去，在革命鬥爭中，敵人對我們除了軍事圍攻之外，總是配合着嚴密的經濟封鎖。紙，是我們工作上必需的物品，寫標語、印傳單、印報紙、印文件……。紙，成了我們對敵人進行政治鬥爭不可缺少的武器。因此，它也就成了敵人封鎖中的一種重要物資。抗日戰爭時期，我們軍隊打了勝仗，除了注意搜集軍用品和其它物資之外，總是放不過紙。不但好紙要收來，就是一面用了另一面還可以用的賬簿、表册、記事本等等，也都統統收起。那時，同事之間如果送個紙本本，就覺得是十分珍貴的禮物。那時候，人們還千方百計的節約用紙，經常遇到這種情況，當給戰友寫了信，接到回信的時候，一看反面，還是你用的那個信紙信封。部隊的戰士們學政治、學文化缺乏紙張，便用破舊書在字裡行間和天地空白上寫；也有的把從敵人那裡收集的紙烟盒拆開，訂成筆記本。解放戰爭時期，情況稍好一點，但紙張仍然緊張。我們的部隊反攻到大別山的時候，特別感到紙缺。開始還有土紙和敬神的黃表紙用，後來連這也沒有了。爲了補足擴大宣傳的需要，不得不想盡方法找代用品。舊書籍、陳賬簿，都被用來製作政治「炮彈」。解放後，隨着國家建設事業的突飛猛進，紙張產量也不斷增加，用紙當然不會像過去那樣困難了。但是，由於各項建設事業的迅速發展，人民物資、文化生活不斷改進，紙張產量的增長仍然趕不上日益擴大的需要。因此，我們還應該繼續發揚革命戰爭中那種節約精神，珍惜每一片紙，盡可能使它發揮更多的作用。我在這裏講述了過去節約用紙的故事，對於今天節約紙張不會是沒有好處的吧！」

以上是人民日報這一篇短文的原文，把它全錄下來，讓海外的反共人士大家看看，也可幫助我們對敵情多一些了解。顯然，人民日報的這一篇文字乃迫於大陸缺乏紙張而發。至於爲什麼缺乏紙張它照例推在一個理由上，即「由於各項建設事業的迅速發展，人民物資、文化生活不斷改善，紙張產量的增長仍然趕不上日益擴大的需要。」其實這完全是中共的詭辯和遁詞。我們曉得：中共對於大陸上其它許多物資之所以缺乏，諸如布匹缺乏，猪牛羊肉等之缺乏，中共也是照例推在同類理由上的。多年來，它一直硬說人民沒有新衣穿，是因爲布匹雖然增產，但仍趕不上人民生活水準提高之所需，對於人民三月不知肉味的理由，也是如此。然而明眼人都知道這是中共欺騙人民的宣傳。事實上，十年來，大陸人民之生活水準，不但根本沒有提高，相反，正是大大降低了的。大陸人民之所以衣食無着，飢寒交迫，乃由於中共將這些物資運到了蘇聯和運到了海外去換取軍火和換取外滙的緣故。而決不是由於人民生活提高。

至於紙張缺乏之原因，在前幾年，是因爲大陸紙張之生產量雖有提高，但出口得太多，故大陸紙張無存儲。到去年，香港商人到廣州參加中共的貿易大會時，香港商人已經不能買到所需數量的紙張了。因爲，自去年起，中共已經無法交換，到最近幾個月，由於農業生產失敗，普遍反映和普遍牽連到其它輕工業的情形，益爲顯著，所以，中共造紙工業也大大的受到影响。這是中共紙荒最近幾個月越來越嚴重，因而不得不在人民日報提出呼籲的眞正原因。而中共中央總書記鄧小平已經表示大陸災荒非數年所能解除，那末，可以斷言，因農業生產失敗而牽連的輕工業，當然也非立可挽救。本來，消耗紙張最多的是書報和各學校。但今日大陸各學校之學生多已被在「勞力集中農業第一綫」的口號下放到農村，各學校之紙張消耗可以說是業已絕大部分停止，再看香港平日經銷大陸書籍之各書店，今已存書空空，大陸很少書籍運來，可知今日大陸業已少印新書，然而，這仍無補於大陸之紙荒，可見大陸紙荒情形之嚴重，是更超過一般估計了。

何至如此呢？難道這也可以解釋成天災嗎？總是不可以的。追根究底說來，實在還是由於中共整個經濟建設計劃謊謬，太不平衡。過去數年只知盲目的搞重工業和軍火工業，遂致農業經濟基礎動搖。再加上中共之一切既騎在人民頭上，假冒人民之名，而與人民爲敵是實，所以，人民仇視中共，人民消極反抗中共，於是，中共的一切計劃便都萎縮了失敗了。

共幹衣服新又新 人民衣服補又補

梁襄

大陸人民不但沒有飯吃，而且也沒有衣穿。如果說，糧荒是由天災造成，那末，沒有衣穿又是誰造成的呢？

由於糧荒，大陸人民沒有飯吃，於是，現在只靠吃野草維生。沒有衣穿又怎樣辦呢？於是，就只有叫人民穿舊的爛的破的，同時就只有叫人民補上加補，而且補過一次之後，就得穿上兩年才得再補。

對此，三月廿二日人民日報會有透露：它說：「兩天沒出門，一上街，嗨！大大變了樣，街頭紅旗招展，巷尾機聲相連，到處一片新氣象。原來服裝店的同志爲了滿足羣衆生活需要，辦起流動服務組，開展翻新補舊業務，一個人，一面旗，一部機器，一個賬本，走到哪裡，哪裡就是門市部，現收，現做，現取，手續眞方便。一個圍着羊肚手巾的年輕工人，看看縫紉機旁一大堆舊衣舊褲，正在問服務員說：「喂！同志，這罩衣穿了好些年了，破成這樣，能修不能修」？服務員把衣服仔細打量一番，滿口應承說：「行，行，整舊如新，保您滿意」！說着讓年輕人把罩衣服脫下來，剪起針落，一會兒就補好了。年輕人邊付錢，邊高興說：「這一補，又能對付二年，既給自己省錢，又給國家省東西」。」

人民日報所刋上述一段文字，很值得我們一讀，因爲，從這一段文字裡，使我們清清楚楚的看出大陸人民衣服破濫的可憐情況，幷充分的反映了中共平時經常吹噓大陸人民穿新衣服的那些謊言。

然則中共生產的布料那裡去了呢？中共不是年年在吹噓大陸布匹不斷增產嗎？讀了人民日報上述一段文字後，更清楚的看出，大陸工人的生產布匹，中共並未分配給人民，正如大陸農民所生產糧食，農民本身不能享受，反而要挨餓是一樣，工人們和所有人民都不能自己享受，所有勞動者的勞動果實，都被中共剝奪，都被中共運到國外去換取外滙，以付軍火價欵，都被共幹運到北平，以供中共高級新貴們享用了。

我作毛澤東衛士的經過（七）

漫雲

三五、勝利接收鼓勵了共黨

抗戰勝利後，國府派出接收大員。在上海，天津，北平，青島，廣州，武漢，等各大城市接收，現象極爲惡劣，紅都接到各處地工報告，遂決定對策，提出各級研究討論，決定藉此大肆宣傳，擬定各種歌謠，一方面鼓舞共軍士氣，一方面破壞政府及國軍信譽，並令黨軍各級人員，特別提高警覺，準備戰鬥。

三六、預謀國共破裂的準備

勝利後，毛澤東除暗令八路軍改爲人民解放軍，定出軍師編製，指示各高級將領擬定佔領地區、擬定人力財力集中，幣制改革，銀元現金進入新解放區內使用辦法，柴票，米票，粮票的規定，補給運輸的準備外，又命各級地方黨政人員擬定戶口整理與管制辦法，並大事宣傳三大紀律，八項注意，同時又對白區地工人員加强了派遣。

三七、我再度受訓

國共破裂之前，中共中央各部門顯得特別繁忙緊張，對地下工作人員之訓練也特別加速加强，在棗園受訓之一般地工、黨校的地工及敵委會老地工特別訓練等機構，都漏夜上課，我以往雖曾受過一度訓練，但中間脫離過組織，而環境又早有變化，黨認爲我所學簡陋過時，而且已經生疏，遂奉命再受特別訓練，得知各地工人員血的教訓與經驗。

三八我第三次離開了毛澤東

當共黨組織上派遣地工至白區大城市滲入國軍各級軍事機構工作時，例有監視人員協同各地區組織上最高同志暗中監視，對於國民政府所在地的南京，毛澤東本人尤特別重視。乃派我會同南京區組織上負責同志，週密監視其言動與策反內幕，其時國民政府及國防部內部已有地下工作人員潛伏，我遂於一九四五年九月，用盡種種方法，混入西安，再轉津浦路車，抵達南京，等候組織之指示及連絡。

三九民族國家觀念感動了我

在延安時，抗日勝利，滿耳充塞了由於不妥協的英勇紅軍抗戰，才爭取勝利的那一類宣傳。但到了南京，湘潭人很多，對政府素無關係的人亦自然有，憑他們公正無私的批評，恍如大夢初醒，我才知道八年抗戰，並非共產黨之功，人民流了許多的血，我中華民國更應乘戰勝之餘，謀求國家統一，民族復興，屹立於世界之上才是。決不應稍存私念，或歪曲事實，把黨的利益放在國家民族利益之上，一念及此，愧汗直流，我覺得我應該跳出私人圈子，爲國家民族奮鬥，不應該再爲毛澤東的個人野心和共黨的內戰陰謀努力了，乃決計不顧一切，不顧紀律，放下我罪惡的工作，回家做一個善良的老百姓。

（未完）

「先兵後禮」的寮國時局

萬清

跟若干百年前同樣型式的牛車，在驕陽炎炙下經過永珍的街市，車上的牛壼，雖在崎嶇簸動中也仍然表出懨懨欲睡的狀態，絕不知道「緊張」是什麼一回事。寮國的大部份人民，並不關心也許不知道，他們的國家正繫着舉世的視聽，而爲了像永珍這麼小小的市鎮，許多來自世界另一角落——遙遠底角落的軍事精華，正在寮國內醞釀着，要從事「東南亞大戰」。

這就是現代國際政治尖銳矛盾的地方，對於國際政治中「大國干預」一種強烈的諷刺。自從蘇聯飛機由北越河內飛運軍火接濟李江部隊之後，這個國家的命運已不再操在它本國人民或政府的手裏，甚至富馬、彭庵、李江、諾沙旺他們，這些永珍舞台上的主要人物，也突然低降爲配角的地位。儘管寮王華他納致送尼赫魯的電文中，有「挽救我國，免成瓦礫」的懇切呼籲，可是作爲重要「和談斡旋人」之一的尼赫魯，正跟今天的寮國人民一樣，不知道寮局是和平？戰爭？

寮國人退爲配角

首都與王都交通公路上戰略據點沙拉富昆的陷於寮共之手，是寮國戰局趨於緊急的警耗。而寮共與李江聯合部隊的橫越瓦瓶平原，由川壙出襲沙拉富昆，則是憑藉蘇機所運來的共產國家武器。沙拉富昆這公路要衝，北距王都四十里，南下永珍七十里，正是「莫洛托夫式坦克」可以馳騁的場所。何況共軍進入沙拉富昆之後，還迅速而向伸展，威脅永珍北面屏藩的與文，向非共反共中心的行政首都，作神經戰的打擊。難怪華盛頓接獲訊息，即認爲「情勢緊急」，立即通過美駐寮大使，勸諾沙旺「緊握城市，相機待援」，而白宮的三度討論出兵援寮會議，也就在這同時舉行。

眼前寮國戰爭的局勢，正給富馬親王說中了「不幸而言中」。富馬在金邊與諾沙旺會談時，曾經說過：「如果談和平，那就要快，否則寮共軍將會佔領更多的地方」！爲什麼呢？因爲「蘇聯所給予寮共的武器，超過美國給予寮政府的二十倍」。

曾經親赴共黨控制下的川壙，被擁爲李江寮共所支持的「政府」總理的富馬，居然肯說出「別讓寮共佔領更多地方」，指出蘇聯軍援寮共龐大可驚的事實，這說明了富馬究竟不失爲一個愛國者。他清楚地知道，如果讓寮共佔領更多的地方的話，寮國便會分裂爲二，不復有「統一」的存在。蘇聯軍援既是二十倍於美國，那麼寮共的能够佔領更多地方，也就不難逆料。富馬之迅速與諾沙旺協議，並稍作讓步，接受以緬甸、高棉、馬來亞三國爲仲裁者的寮王計劃，作爲和談的基礎，無非也是希望由寮國人自己的手，把寮國從分裂的危機之前挽救回來。

但「統一」之近似空想，正與「中立」之爲空想相同，尤其是想由寮國人自己去完成中立或統一，更類似「貓頸繫鈴」，問題的關鍵，並不在富馬或諾沙旺手中。

「候鳥」尼赫魯

河內和北平對「富馬、諾沙旺協議」的抨擊，顯示川壙桑怒共方的後台老闆，其志不在和談。而他們一向所標榜的「不要干預寮國內政」，演繹出來，不外是「不要西方干預寮國內政」。果然，富馬的異母弟，那位在川壙機場與富馬擁抱，「象徵寮國兄弟重歸和好」的蘇發努馮親王，也立刻像喇叭筒似的，發表聲明反對富馬、諾沙旺協議。那位置身川壙的李江，掛名爲共方軍委會主席，支持富馬與寮共聯合的李江，對富馬遭受寮共打擊，並不能仆出一言替富馬爭辯；這証明了李江也是傀儡而已。

寮共否決了富馬的代表談判權，富馬也就不能在金邊與彭庵親王的永珍政府代表團談判，雖然他已在金邊曉見這個代表團。放棄了寮國人的談判而「週遊列國」，是富馬的覺醒，他知道要尋求寮國和戰問題的線索，不可能在永珍、川壙、或金邊得到，而是要去到新德里、倫敦、莫斯科。

「社會主義祖國」的莫斯科的影響力，是一直達到蘇發努馮和李江的，正如蘇聯飛機所運的軍火，通過北平河內而達到寮共手裡一樣。如果寮國迅速踏入和談，那麼，一二十倍於美國的蘇聯運寮軍火，豈非一無所用？既然已有二十倍於美援的軍火，爲什麼不拿下多些地方，再攷慮「談判和平」呢？

曾經以割讓河內綏撫共方停息越南戰爭的英國，這次再度出任寮國糾紛的「和事佬」，但倫敦的「先行停火」建議，並不爲莫斯科所接受。原因可能是這樣的：沙拉富昆之役，既已証明李江寮共部隊能够擊敗諾沙旺，而聲明「南越、高棉、寮國」爲「保護區」的東南亞公約機構，當時又沒有攷慮到出兵保護寮國。這自然助長了莫斯科想拿下琅吧喇邦甚或拿下永珍的野心。

新德里的尼赫魯，究竟不愧爲國際政治氣候中的「候鳥」。當他看到共方要「先兵後禮」的時候，他就發出警告說：如果共軍直迫湄公河，東南亞大戰「就要爆發」。

十年之前，麥克阿瑟自釜山大邱揮軍光復漢城之後，尼赫魯也曾發出過一次警告，說聯軍如若越過「三八線」，「中共便會參戰」，這話到底「應驗」了。如今，尼赫魯的觀察或情報，也同樣有其實証上的價值。

「直接估量」戰局

美國的決定並部署必要時出兵援寮、正是寮共遊擊隊企圖從西部迂迴永珍，迫近湄公河的時候。美總統甘迺廸把美國的決心告訴了英首相麥美倫，得到了麥美倫「英美併肩作戰」的許諾，因此英外相賀謨在曼谷的東南亞公約會議席上，也就有了英美一致的強硬表示。美國太平洋艦隊司令菲爾特，更對公約國首腦及軍事官員表示，整個美軍援寮計劃已準備，只待政治方面「開動」的命令。

東南亞公約已經備戰了。現在就等待蘇聯對英國停火建議的答覆，換句話說，和、戰要待莫斯科的決定。不過「莫斯科答覆」可能有兩個方式：其一是用公文致送倫敦。另外的一個方式，就是由蘇發努馮部隊，在戰場上直接答覆。

「莫斯科——倫敦」談判寮國問題這一外圍線，大致會是相當曲折的。即使蘇聯不願拒絕和平解決寮局，但爲了支持它的徒孫們起見，莫斯科也不會爽脆接納英國建議，那麼，過去那些召開日內瓦國際會議、十四國會議，承認富馬「合法」政府那些濫調，必然會被反覆背誦着。而這也即是說，一個新的「板門店式」談判，將會出現。它雖不一定無補於消弭寮國戰爭擴大的危機，然而決不能迅速消弭。此間永珍政府方面的看法，正是這樣。

剩下來的是戰場上的形勢，那些不是唇槍舌劍，而是城市的易手，權威的得失。必須反攻和刺激起報復的。而在東南亞公約會議閉幕後，也即是說西方已明言「必要時出兵」後，寮共部隊還佔領甘結、分頭進攻他曲和沙灣拿吉——後者是諾沙旺的老根據地，他曲則在沙灣拿吉與永珍的中間，正是「迫近湄公河」的地方。同時，蘇發努馮也還在發表談話，說要「呼籲愛好和平國家援助我們」。

美國太平洋艦隊司令菲爾特上將於東南亞公約會議後，仍然趕到永珍來，「直接估量」軍事局勢」。寮局不談判固然是打，就是談判，也仍然大有打的可能。如果有一方面要採取「先兵後禮」的做法，對方是沒有法子不奉陪的。·永珍通訊·

「社委」假公濟私遭羣衆懲戒（澄海）·江水·

澄海縣冠山公社「社委」林儲誠，於三月十四日，因激動民憤，被羣衆包圍懲戒，毆至重傷。事緣那天中午時分，他的鄰居有一位姓吳的農民，發現他的家人拿了一大碗剩餘的飯菜放在門前飼餵雞隻，於是立刻跑去向林質問：「何以我們的糧食分配不足，都要挨飢餓，而你的家裏却有剩餘」？林老羞成怒，厲聲斥吳「犯上」，係「反動份子」。吳幷不示弱，反唇相稽，站在林的門前痛罵不休，指他把公社的糧食擅自拿回家裏給自己享用，而且還有剩餘，顯然是假公濟私的偏差行爲。陣陣喧鬧聲，迅即驚動鄰近居民，趨前圍觀，均不値林之囂張跋扈。突然羣衆中有人高聲喝打，當堂一呼百應，數十農民蠭湧上前，將林圍毆，林寡不敵衆，被毆傷頭臉手等部，倒仆出血泊，各農民始哄散去。事後林的家人把他送到當地的人民醫院治療，幷向「縣委會」投訴，要求嚴辦逞兇的農民，但遭「縣委」拒絕，幷誥誡林儲誠以後要小心，切勿引起羣衆惡感。

民兵協助飢民逃亡（新會）

這是一個出現於新會江門，類似奇迹的故事，係三月廿五和廿八那兩天先後逃抵澳門的大陸同胞所透露的。該兩批逃亡難民：一批姓吳的，是一家六口；另一批姓黃的，是一家五口。他們都說，這次之能够逃出血腥的共區，是全靠一個民兵小隊長的協助。那民兵小隊長爲甚麼冒着這樣大的危險協助他們逃走？是不是獲得了一筆數目頗爲可觀的現金酬報？他們都說：完全不是。據一個姓黃的難胞稱：這是該民兵小隊長的一種「義氣」行動；因爲鄉裏糧荒異常嚴重，他不忍目覩同鄉們都給活生生的餓死，所以凡是決心逃走的，他都願意全力協助，不惜冒艱犯險，設法使他的同鄉脫離死亡的邊緣。那姓黃的還說：鄉中飢民企圖逃走的還有很多，相信他們在「天良發現」的民兵小隊長的策劃和協助下，將可陸續逃出中共殘暴的魔掌。——顯然，逃亡的高潮，又快出現了。

「科學醬油」

·陸綑安·

一位剛從廣州探親回來的朋友告訴我：「中共的「科學家」眞了不起，他們現在又發明了「科學醬油」；而這種「調味珍品」，我也邀天之幸，嘗過了它的滋味」。

我說：「你眞够口福了」！接着問：「那末，「科學醬油」的滋味是怎樣的呢？

「它是具有一種濃烈的腥臭味，頂難入口」。我的朋友瞪了瞪眼睛。

我愕然；好奇的心情給他這句話吸引住了。

我的朋友繼續說：「但根據共幹的解釋，這種「科學醬油」是富有維他命成份，它不特可以增加身體營養，而且還可以治療貧血病。這一來，良藥就該應是苦口了」！說着，他對我扮了個鬼臉。過了好一會，才把個中秘密揭出：「原來所謂「科學醬油」，是用人的頭髮，和家禽的毛，再混合一些野生植物，混合提煉，釀造而成的。眞虧中共「科學家」的「發明天才」，在一切物質原料羅掘俱窮中，連毛髮裏的「維他命」也不放過；祇是人民却苦透了！他們吃了這種「科學醬油」的後果，將不是「維他命」而是「害他命」哪！我僅是嘗過一次，而胃部已感覺到整天不舒服。至謂它可以治療貧血病，那眞是天曉得」！他嘌着我，現出了陰沉的面色。

我聽了他這番話，不禁爲之慄然！

狹橋

金陵

這是一座狹窄的橋，他站在橋頭的崗亭裡，眼睛漠然地望着前面，天氣很悶，他想取出一枝香煙來抽，但他並沒有動。他望見公路上駛來了一部卓子，於是習慣地把手放到電鈕上，輕輕地按着，立時綠燈亮了：卡車開了過去，他把手移開，橋頭又現出紅燈。

這就是他的工作，日復一日，年復一年，他並沒有抱怨，他知道這份工作並不吃力，就是有一點悶人，但那並不算什麼。他想：什麼工作都是一樣的，起初新鮮，日子久了便自然單調乏味。所以他比他的幾個值班同事都想得開，有時候他們發發牢騷，他總是在裏面勸解他們，說什麼「安於工作」，什麼「忠於職守」一類的話，他似乎很會套用成語，所以每次辯論的結果，他雖然不能說服大家，但對他們的情緒總算也有一點鎮定的作用，在大家的靜默裏，他發現他的存在並不是多餘的，所以他一個人值班的時候，想起自己在這個團體裏的重要性，就會從心底泛起一絲絲的快樂。

但今天，他發現自己突然也厭倦了起來，他接連地抽了半包香烟，那使他的嘴唇皮熱得發燙，他在亭子裏轉了無數個圈子，公路上來了車子他也不大理會，他甚至故意讓這些車子等了半天才讓他們過橋，他明知這樣不對，但他確實不想去按那個電鈕，他不知道他爲什麼會這樣，他在心裏責備自己，但那並沒有用，他還是提不起精神來，他知道自己跟他的同事們一樣，也犯上那個毛病了，想到這裡，他不禁有點悶悶不樂。

「喂！停車！」他突然喊了起來，「停車！」

在他前面，一輛載猪仔的貨車停了下來，司機探出頭來，好像還不知道發生了什麼事情似的，滿堆着笑臉。

「爲什麼闖紅燈？」他走到那輛已經開上了橋的汽車旁邊，指着司機問。

「紅燈？什麼紅燈？」司機莫名其妙的。

「他媽的！」他罵了一聲，「退回去，你瞎了眼嗎？他媽的！」

這突如其來的斥責使司機頓時發了怔，這樣更激起了他的怒火，他把司機拉了出來，推他走到橋頭，指着橋頭的紅燈。

「看不見嗎？你幹的什麼司機？」

公路上接連又來了幾部車子，靜靜地停在橋頭；同時橋的另一端也來了訊號，他必須馬上把這輛車子弄到橋頭好讓對面的車過來，他忍住怒火命令這個受驚的司機退回去，但橋頭已經沒有空地可以停車．他指揮了好半天才解決了這個僵局。對面的車子過了橋，他開亮綠燈，猪仔車要開動馬達，他立刻阻止了它。

「你等一等！」他厲聲說。他向後面的一排汽車作了個手勢，後面的車子統統越過這輛車子過了橋。

他讓那輛闖紅燈的車了停在橋頭，不准他過橋時間一久，司機便感覺情形有點不妙，於是下了車，換到他身邊。

「先生，請抽枝烟。」那人巴結的遞上一枝香烟。

「謝謝你！我不抽烟！」他毫不考慮的拒絕了。

「先生，讓我過橋吧！剛才是我不對，不應該，看不到橋頭有紅燈，我不是故意的。」

「不要廢話！」他說。

「先生，我今天第一天開他們公司的車子，老闆知道一定會馬上叫我滾蛋。先生，我已經躭誤了半天啦。」

他懶得再去答他的話，他退到亭子裡，冷眼看着這個滿頭大汗的司機。

「先生，」那人一臉哀懇的跟了上來，「我不能再失業了，先生！原諒我一次吧！」

他不答，他有一點報復後的滿足感，面對着這樣一個低聲下氣的司機，他的憤怒突然消失了，他靜默着。

「先生，」那人的聲調完全變了，「先生……」

那人絕望地退回去，爬上車子，把他的雙手放在駕駛盤上，眼睛無神地望着那座狹橋，似乎在思想些什麼。

他們靜默着。

他突然有了一點冰冷的感覺，從那人伏身在駕駛盤上的姿態，他覺出了一點生活的悽涼，他腦子裏現出了一片吵雜的景象，成千成百的汽車開來開去，乘客們來來往往，按電鈕，紅燈亮了，按電鈕，紅綠燈亮了，寂寞的時候抽一枝烟，晚上值班的時候看月亮

天明了就起床，換班的時候也不跟人打個招呼，整整有五年了，他在心裏默默數着這段不短的日子；他望着那個司機，他不知道自己到底爲什麼要這樣做，他不明白這一切有什麼意義。讓他走了算了，他命令自己。他知道自己並不很容易動怒，但今天的情形他確實動怒了，這說明什麼呢？他不明白。

「成天看住這座窄橋，注意可別讓你的心給變窄了。」他忘了這是誰說給他聽的，但他記得很清楚。他突然覺得臉上一陣發熱，「我臉紅了嗎？」他輕撫了一下自己的臉頰，迷惘着。

都是天氣在作祟！他心裏想。

「喂！」他向司機作了個手勢，「你先走吧！」

汽車馬達開了，司機用力的向他行了一個禮，他矜持的點點頭。

他漠然的把手放到電鈕上，按着。

江湖

黃信男

他發覺了她的變態，於是放下了手上的胡琴，一個人走到場中央，拿起一些散在地上的藥品。

「各位：歌等下再唱，現在再來介紹一下本店的榮譽出品萬靈膏……」

她無力地凝視着他，一時間，她發現他從來不會顯得那麼軟弱過，雖然他的聲音仍和過去一樣洪亮，但她知道他已經受到了傷害。

他看起來突然蒼老了很多，在場子的中央，他擺動着的身影像是風中的楊柳。

她開始有想哭的感覺。

而在昨天的夜裏，當她向他低訴着自己的委屈，那個叫什麼「大頭仔」的一再對自己輕薄，無禮地撫弄她的下巴，又說一些粗野的話……

「阿敏，你怪我沒有出息是不是？」他說。

「不，我只是不想再這樣過下去。」

「我們明天要到另外一個地方去，那裏不會有大頭仔這種人的！」

她無言地點點頭，然後把手臂靠着他的。

她不想再提這些事情，也不想談起自己的厭倦，她只是感覺她老是有想飛的衝動，那也許對她是好的。

但是，她愛丈夫……

她低下頭去，並且暗暗地作了決定，不管怎麼樣，她要嘗試着去愛他，她開始後悔自己剛才的舉動。

他是懂的，這也許就是她唯一的安慰……

她決定爲他活下去，要爲他擺脫過去的羞辱，要爲他把生命的春天置在街頭與市場的塵埃裡……

她要爲他生兩個白白胖胖的小男孩，再生一個小女孩，她會迅速地把自己改變成一個很好的母親。

常常他們從夜市場裏收攤回來，她抱着胡琴，他背着包袱，在那些冷清的街道上，她與他談日月星辰……

她愛明天……

（續完）

文壇泥爪

徐志摩與新詩運動之四

筆者一再說過，新月派的新詩運動在新文學上的影響和作用，是非常巨大的。假使沒有民十五北京晨報詩刊和民二十上海新月書店詩刊之先後出版，四十年來新文壇比較脆弱的新詩這一部門的成績，還得大打折扣。

自「新青年」以後，到晨報詩刊之前，這八九年間創建的新詩，確曾流行過一個時期，其勢並且相當的蓬勃。我曾加以研究追索它所以蓬勃的原因，厥有兩點：其一即是因爲它「新奇」，中國從來沒有這種「玩藝兒」，作者爲了好奇，凡是文人都想嘗試嘗試，藉以表示「我站在了時代的尖端，永不落伍。」讀者也爲了好奇，願意看看這所謂新詩究竟是一種什麼東西。其二即是因爲它「易寫」，不像寫舊詩那樣必須先懂得詩韻平仄、起承轉合、虛實的對偶和特用的辭藻，只要像寫白話散文那樣，有什麼寫什麼，分行寫出來就行。於是舊詩人改寫新詩，從西洋留學回來的新詩人當然寫新詩，甚至連普通文章都寫不通的中小學生也寫起新詩來了。恰似大陸上那位不識字的王老九，胡亂哼出兩句：「夢中想起毛主席，半夜三更太陽起，做活想起毛主席，週身上下增力氣。」中共的全國文聯就以爲發現了天才歌手，把他舉到委員寶座上一樣。這個樣子的新詩豈不是把「詩」這個字都給糟蹋了？如果徐志摩不倡導新詩運動，建立新詩格律的話，說不定新詩會同曇花一現般再給舊詩打倒。

自由詩不是沒有好詩，不過少之又少，宛如沙裏淘金。我常說，最不好寫的是無韻的自由詩，如果寫得讀者能夠讀得懂，就會失却詩味，「這是詩嗎？」如果寫得有了詩味，那人家又讀不懂了，「這是說的什麼？」總論在民十五詩刊出版以前的新詩，似乎不能超出這兩種詩的範圍以外。自格律詩派建立之後，沒有詩味的新詩比較起來是被淘汰了，雖然也有像只有分行押韻的外殼而毫無內容的東西，如志摩舉出的例子：

他帶了一頂草帽到街上去走，

碰見一隻貓，又碰見一隻狗。

但總不能登大雅之堂，誰看到也知道這不是詩了。可惜的是前期詩刊在民十五因人員星散，當年無疾而終，後期詩刊又因爲志摩的慘死而停刊，這一運動沒能繼續擴展開來；而新詩的格律也始終沒有建立得完美而堅固，這一派的追隨者仍然有大量令人不懂的詩出現。不過我們如果現在尋到當年前後詩刊的作品來看，比較優秀的作品還是不少，在後三十年的詩壇上，還沒有出現過像那時新詩的產量和素質呢！假若徐志摩不死，繼續他的新詩運動，或者現在的新詩壇不會這樣凋零冷落，老一代的人不會舊歡重拾」來嵌字弄韻吟詠律絕，新一代的人不會給西洋思潮牽着鼻子走大寫其所謂「現代詩」的吧？中國一向是「詩之國」，中國人的藝術一向是「寫意的」，可歎如今竟然無「詩」！竟然崇尚起「寫實的」藝術！想起志摩當年對新詩的努力，能不令人太息？

記戊戌維新始末（廿七）

弁生

譚說袁殺榮祿圍頤和園，是否如袁所記的這樣斬釘截鐵，這是大有可疑的。但有兩點事實則無法否認：一、幾個赤手空拳的書生，眼見光緒帝的帝位不保，而且光緒帝已發出了求救的呼聲，其催促康「迅速出京，不可延遲，」是他已確實知道康如果不走便有立即被捕的危險。康等在這樣一種的緊急情形之下，一面要保全光緒帝，一面還想貫徹維新並求得他們自身的保障；既已覺得除利用袁以外已無第二條路可走，則勸袁採取非常手段以去榮并制止慈禧的行動，自屬當然的結論。不過他們以爲榮祿與慈禧易與，而又把袁的力量估計過高，使袁不能不藉反噬以自救，這確實是康等考慮欠週密不脫書生之見的過失。二、譚嗣同是一個標準湖南人，確有拚命的勇氣，當他與袁見面的時候，袁對他一定是極力敷衍的；他自己入世太淺，對袁更認識不深，爲袁的一片甜言蜜語所愚弄，誤認袁眞是一個血性男子，確可寄以腹心，於是引得他熱情洋溢，把應該保留不說的話，竟不免傾箱倒篋毫不顧忌的向袁說了，也不是絕無可能。在譚想來，這正所以堅袁之信，殊不知適足以使袁自危。袁覺得：他留在北京七天，已不免大召榮祿之忌；以他的七千人對付董聶兩軍也毫無把握；同時維新派的空虛，與太后在守舊派的擁護之下不易動搖，更屬事實；旣他這七天在北京所接觸的人，所聽到的輿論，又大率不利於維新派者多；袁本來是一個工於自謀的人，自他與譚經過一度緊張的談話以後，選擇於打破現狀與維持現狀的二者之間，他當然只有拋棄前者而採取後者之一法；同時他審度自身所處的環境，在他明瞭維新派全盤的想法以後，想要隱忍不言裝作不知道已無可能；因此他一不做二不休，斷然出於告密，並加重維新派之罪作一網打盡之計，則他自身不僅可以免罪，而且可以有大功，袁之狡獪與凶狠固屬姦人之雄，但康等無知人之明，且於當時情勢，也不無隔膜之處，自亦失敗之一因也。

袁於初五請訓，當日即回天津，向榮祿將譚嗣同與他所談的和盤托出，且加重語氣，以聳聽聞。榮乃大爲驚駭，因即携帶衛隊多名，於當晚專車赴京，與懷塔布、許應騤、楊崇伊、張仲炘赴頤和園，上封事請太后訓政。一說，榮得袁告密後，并未親往北京，僅以蠟丸緘封此一機密報告由專人交奕劻代遞，此說殆不可靠；以榮的性格，像這樣一件機密大事，且關係他自己的死活，決不肯假手於人；而專車往返，只須數小時，初六日榮仍得與袁見面（據「戊戌日記」所記），在時間上，固優有餘裕也。

八月初六早，太后即從頤和園命駕回宮，光緒帝立被送往南海瀛台安置；且由太后數其罪狀而大被申斥，同時仍以光緒帝的口氣，頒布了如下的一封詔書：「現在國事艱難，庶務待理，朕勤勞宵旰，日綜萬幾，競業之餘，時虞叢脞。恭溯同治年間以來，慈禧、端佑、康頤、莊誠、壽恭、欽獻、崇熙皇太后兩次垂簾聽政，辦理朝政，宏濟時艱，無不盡善盡美。因念宗社爲重，再三籲懇慈恩訓政，仰蒙俯如所請，此乃天下臣民之福。由今日始，在便殿辦事。本月初八日朕率諸王大臣在勤政殿行禮，一切應行禮儀，着各該衙門敬謹豫備。」這便是慈禧第三度垂簾的張本（同治元年第一度，光緒元年第二度），其時她的年齡已六十有四，經過她三十餘年的秉政，弄得內訌外侮，交至迭乘，貪污黑暗，登峯造極，但她依然還要自吹自打，認爲是「盡善盡美」！數這一百年來寡廉鮮恥之一徒，她總算是首屈一指的一個。

從八月初六這一天起，即開始逮捕一切維新分子；除康梁逃脫以外，康廣仁、張蔭桓、楊深秀、譚嗣同、楊銳、林旭、劉光第均先後被捕，而徐致靖則自投獄中。楊深秀在初八這一天，仍遞摺阻慈禧訓政，因而被捕；譚嗣同原有在日人保護下東渡的可能，但他決心以流血殉維新，坐以待死；徐致靖之子仁鑄、仁鏡請代父入獄，不許。延至八月十三，康廣仁、楊深秀、楊銳、林旭、劉光第、譚嗣同六人被殺，是爲戊戌六君子。李端棻、張蔭桓革職遣戍新疆。康有爲、梁啓超革職拿辦，逮捕族屬，查抄家產。其他如徐仁鑄、仁鏡兄弟，陳寶箴、陳三立父子，張百熙、王錫蕃、黃遵憲、文廷式、王照、江標、端方、徐建寅、吳懋鼎、宋伯魯、李岳瑞、張元濟、洪汝冲、熊希齡、皮錫瑞、志錡（珍妃胞弟）、馮汝騤、容閎、譚繼洵（嗣同之父）、王燮、王焯（王照的兄弟）均得罪有差；新政均被推翻，一仍舊貫，所謂戊戌百日維新乃宣告閉幕。惟康梁的出走，張蔭桓的暫免一死，均牽涉當時的國際情況，且與二十六年的庚子拳變直接有關；康梁不死，更與此後三十年的中國局勢影響甚大，仍須作一較詳的叙述。（仍待續）

析支列傳（一二）

亮之譯註

40 上述兩區之外，均波斯、米太、色斯披里及柯爾琴所分領之國；其極東，則日所從出之土矣。蓋亞細亞者，於南，則紅海限之；於北，則加斯坪（Caspian）（註一）阿拉克蘇（Araxes）(註二)限之，而阿拉克蘇即流向日出之土者也。遊印度（India）者，僉知其乃民殷物阜之國矣；然更遠之東方，則曠無居人；其地究何情狀，實無人能言之。夫如是而後各區域之地望乃始得有型軌可尋，而所謂亞細亞其範疇之可知者即大率如是焉（註三）。

（註一）即裏海。

（註二）即中央亞細亞之阿姆河。

（註三）由此可見希羅多得所述之亞細亞，僅指今中央亞細亞之一部及小亞細亞、印度、伊朗與阿拉伯等半島而言。

41 利比亞（Libya）直屬上述區域，以其鄰於埃及故也。其在埃及，首端僅爲一山隘；其長畧如自吾人之海（註一）至紅海，不過十萬佛梭母(fathom)（註二）；或千富爾朗（furlong）（註三）而已；特其名爲利比亞之尾部，則頗廣大耳。

（註一）指地中海。

（註二）英尋名，一佛梭母等於六呎。

（註三）一富爾朗等於八分之一哩。原註：「現代測量結果：橫越此地峽，不過八十英里。」

42 顧余書至此，實使余驚愕不置；即世人往往極不公平，而舉利比亞、亞細亞及歐羅巴强爲分割是。夫歐羅巴一地即約當其餘二地之全長；大小本不相等（如余所思），豈得相提並論？抑吾人以爲：如就區區利比亞言，使非以之畫歸亞細亞，其全海岸恐必終且爲海濤冲洗以去耳。考首先發現利比亞者實爲埃及王勒柯(註一)；彼於停開尼羅河與阿拉伯灣間運河時，嘗遣一腓尼西亞人組成之艦隊入海，以進窺赫邱利柱(Pillars of Hercules)，而飭其取道地中海歸埃及。腓尼西亞人因遵紅海，以入南洋（註二）。每屆秋日，輙登陸種黍，熟而刈之；刈已復行。如是或行或止，未及三載，果已越赫邱利柱（註三），完成其海上之壯遊以歸。歸乃揚言抵利比亞時，太陽乃在其右上方云（註四）。顧余對此，殊不之信；其餘諸說，或庶幾耳。而自是利比亞之地望遂見知於世矣。

（註一）原註：「吾人可以推論，自勒柯倆腓尼西亞人往繞赫邱利柱時，對非洲形勢必已明瞭，而此次之繞越，斷非第一次之遠征軍。」

（註二）即今印度洋。

（註三）原註：「彼等謂此並非希腊之英雄，而係突尼利人(Tyrian)之神祇；蓋彼等信仰之對象，恒由腓尼西亞人輸入於其殖民地也。」

（註四）原註：「此處乃彼自己認爲不確之忠實報導，業使吾人之著作家成就最佳之地位矣。部份已信腓尼西亞人之環航非洲，而並不保証其即此洲之發現者。凡每遇希羅多德一再譴責其所傳述之故事爲荒謬時，對之即應考慮，以吾人必已忘懷出爾反爾乃其書之常例故也。」

本刊已經香港政府登記

聯合評論

每逢星期五出版

週刊

United Voice Weekly

第一三七號

督印人：左舜生　總編輯：黃宇人
社址：九龍嘉林邊道二十三號地下　電話68678
承印者：嘉華印刷有限公司　香港灣仔馬師道5號
總代理：友聯發行公司　售價每份港幣一毫
本報美洲版總經售處：美國紐約中美出版社
CHINESE-AMERICAN PRESS, INC
199 CANAL STREET.,
NEW YORK13 N. Y. U.S.A.
美洲航空版每份零售美金一角

中國民主運動的坎坷

胡越

從一八九五年的維新運動算起，中國民主運動已經有六十六年的歷史了。可是直到今天中國同胞依然匍匐在專制淫威之下呻吟。戰後我們眼看着印度、菲律賓、日本、馬來亞、南韓等亞洲鄰邦相繼走上民主的康莊大道，而具有五千年文明的中國，却遠遠的被拋在後面，每一念及這件事，我就感到悲痛和恥辱！

回顧過去六十六年的歷史，中國同胞曾有六次機會，打碎專制的枷鎖，望見自由的陽光，可是都因爲民主運動的微弱、反動勢力的兇暴而失敗了。

康梁主導的維新運動，雖然目標不夠鮮明、主張不夠徹底；但是如果能夠成功的話，在君主立憲的基礎上，從容的發展民治，未嘗不是一條穩健的道路。可是這一個機會，被那個頑拗殘忍的那拉氏一手給扼殺了。

但是，那拉氏殺了六君子，迫使康梁逃亡海外，把民主運動鎮壓了之後，並沒能挽救她自己及滿清王朝的命運。反之很快就招來流血的革命，終受到無情的歷史的制裁。

辛亥革命成功之後，建立民國，頒定約法；當時在議會中宋教仁所領導的國民黨與梁任公所領導的共和黨并立，本可望形成兩黨競替的議會政治，由此走上民主的軌道；可惜曇花一現，由於宋教仁被暗殺，袁世凱稱帝而功敗垂成。

袁世凱與那拉氏一樣，在他毀棄約法、摧抑民主之後，立刻遭受舉國共憤，在護國運動的干戈中覆滅了。「天網灰灰，疏而不漏」，那一個竊國盜權的暴君，能逃脫人民的懲罰？

五四運動是近代中國歷史的一聲春雷。它把這個古老的民族喚醒了。大地上每顆種子都發了芽。維新運動及民初的憲政運動，都只是少數知識分子的覺醒，而五四運動則是士農工商羣衆的覺醒。而五四運動所提出的「德謨克拉西」，無論在廣度上深度上都勝於往昔。可惜這一蓬勃壯濶，元氣淋漓的群衆運動，並沒有形成一個主導力量，反之在軍閥割據的刺激之下，打着「主義」招牌的革命，統一中國的軍事行動正鴻運當頭。於是產生了「爲主義而生，爲主義而死」的風暴時代。五四運動的果實，就被這一陣風暴給捲走了。

國共兩黨合作誓師北伐，北伐中途兩黨分裂，因此發生先清共後剿共；在剿共途中日本帝國主義的鐵蹄踏進國土了，國共兩黨再度合作共同抗日。從一九二四到一九四一這十七年間，民主運動幾陷入中絕狀態，一直到了一九四一年民主同盟成立，才告復活了。可是在國共兩黨的拉扯爭奪之下，這個大雜湊的「政團同盟」很快就分裂了。一部分背棄了民主，向左轉投進中共的懷抱，另一部分則堅持民主憲政的原則與國民黨合作。由於後者的奮鬥與國民黨的協力而產生了一九四六年的制憲與一九四八年的行憲。

一九四八年的行憲，以民主尺度來認眞衡量，固然是不及格的，拋開烏煙瘴氣的選舉不提，單是在憲法後面所加的那個戡亂臨時條欵就等於把憲法束之高閣了；可是，在當時的緊迫的情況之下，能有這麼一個行憲開端，那也就差強人意了。可是就連這一點「憲政」樣品，在大陸上只存在了一年就被滔天赤流給淹沒了。

大陸淪共，中華民國政府遷到台灣之後，中國民主運動開始轉進到一個新的階段。留在大陸上的民主運動，被鐵幕牢牢封住，只在一九五七年「鳴放」運動時一度裂土而出，噴流奔放，可是旋遭反右派的壓制又歸沉寂。而這個期間在海外及台灣的民主運動，則有相當的發展。而運動的目標是非常溫和正大的，只要求國民黨減少違憲的措施，（至少不再增多違憲的措施）尊重言論自由、保障基本人權，建立一個民主憲政的基礎，實現大團結，齊心合力反共復國，以期中華復旦，自由重光。可是國民黨當權派，竟故意抹煞民意，倒行逆施，這十一年來不斷上演非法違憲，摧殘自由的怪劇，更於去年二月以「毀憲」來達到連任的目的，復於十月間拘捕「自由中國」發行人雷震，阻壓新黨的建立，更於最近壓迫「公論報」停刋；這一連串的乖行，把十一年來海內外同胞，最後的一綫希望也熄滅了；歷史進入最慘苦的時代！

回顧六十年來的痛史，面對當前同胞的大難，我們誠然是心如煎熬，涕泣無從；但是歷史的光明，每從地獄裏醞釀出來，黑暗之極恆是光明之始；今天也正是我們困心衡慮，突破黑暗，開創新機的時候。在此謹以左列三點寄語海外爲中國民主運動奮鬥的朋友們：

一、希望散佈在美國、歐洲、日本、香港的各階層的志士們，能夠迅速採取連繫，交流經驗，從互相合作與砥礪中，結成一條陣綫。

二、在各自的崗位上，對反共工作多加努力，我們要以事實証明，在反共復國工作上比國民黨當權派更堅決，更有效果。

三、與台灣的民主憲政的思潮保持呼應；在雷震等沒有恢復自由，國民黨當權派沒有拿事實証明轉向民主憲政之前，我們對台北絕不能再存任何幻想。

決定政策應面對現實

孫寶剛

在今天來說，有四個地區是自由國家和共黨國家冷戰的場所。第一個是柏林，第二個是剛果，第三個是古巴，第四個是寮國。這四個地區，對美國最頭痛的是寮國。自甘廼廸上台以後，對首先的三個地區，還維持美國以前的立場，但對寮國來說，美國是退却了，寮國本來完全在美國勢力之下，現在甘廼廸已經願意使寮國完全中立，這是什麼原因呢？是甘廼廸的軟弱麼？不是的！

柏林這個地區雖然是太重要了，但是自由國家的當局已說得斬釘截鐵，絕對不會讓步，甚至爲此發生大戰，在所不惜，所以赫魯曉夫倒不便再拿柏林來做冷戰，因爲做得不巧妙的話，眞的會引起核子戰爭。所以去年大家都在焦急柏林問題，現在反覺得柏林太安靜了！甘廼廸當然不須在柏林退却。

說到剛果，當然今天還在紛亂中間，但是離開蘇聯倒底太遠了，蘇聯在非洲的基礎原是不夠的，自由國家看準蘇聯不可能在剛果鬧出大的亂子來，所以自由國家以聯合國出面，在剛果處理一切，自始至今態度是堅決的，蘇聯也就毫無辦法。

至於古巴更不用說了，位置在美國的懷抱裡，美國對付古巴，是近水樓台，共產國家到底離得太遠，遠水不救近火，最近幾天的報導，古巴已有革命政府，古巴國內天天有爆炸案，這証明卡氏的政權已在動搖，共黨國家似很難給以有效的支援。

美國所最頭痛的是寮國，寮國的邊境和中共及北越毗連很長，這就是說共黨部隊要滲透到寮國是極容易的。寮國大部地區是原始森林，正是窩藏游擊隊的好地方，再說寮國人民都是信佛的，不嗜殺人，據說寮人去當軍官和當兵祇因他們腦子裡沒有打仗這個觀念，所以他們工作的待遇比一般工作好。所以他們去了，今天要他們去打敵人是辦不到的，他們把鎗砲對着敵人，亂射一陣，絕不瞄準，所以寮國的戰事，傷亡人數極少，偶有幾個傷亡，那是中了流彈，命該死亡，並不是有意把他殺死的。並且每當節日的時候，官兵都回到後方來敬佛，好像把戰事已經忘記了。在這樣一個情形下，美國要保持寮國一直在美國的勢力範圍之內，是相當困難的。易言之，這正是共黨的冷戰的好地區。所以甘廼廸在決定對寮的政策時，便退了一步，願意自完全由美國所控制的寮國，成爲眞正中立的寮國。即是說，美國走了敵人的政策。當寮國事件開始時，是寮國的中立主義者和親美派之爭，所以在美國來說，中立主義者是敵人，現在美國却要把親美的，中立的和親共的寮國各派勢力團結在一個政府之內，成立一個中立性的政府。

我們看甘廼廸採取這個政策是軟弱麼？在我看來不是的。政治不是一個空想或幻想，一個政治家應當面對現實，在現實之下來求獲最佳的成果。把整個寮國置於美國的勢力之下，繼續採取反共的態度，當然是美國所希望的，但寮國的地理是這樣，寮國的人事是這樣，能不能達成這個目的呢？我相信美國經營了寮國這多年，已經瞭解到不可達成這個目的。不可能達成而堅持下去，情形勢必愈來愈壞，終至不可收拾，而全部歸於失敗。所以還是退一步，使對方能接受和平，能來參加政府，也許損失倒小一些。所以我認爲甘廼廸的政策是面對了現實，而是在現實的環境下所能達到的最好的成果。

從這一點，使我迴想到十餘年前的中國，當國共和談的時候，那時中共祇要求三分之一的東北而已，假如那時國民黨政府不在自我陶醉之下，而和中共達成了和平的協議，而一面眞眞地改良內政和軍事。我相信中共不可能在兩年的短短時間內把國民政府驅逐到台灣，或許連要佔領整個東北也不可能。假如是這樣的話，今日世界形勢便完全不同，而國民政府在世界政治中的重要性，眞是非同小可了。

不過這是過去的事情，錯的已經錯了，今天去惋惜也是徒然的。現在國府偏處台灣，又遭遇到進一步的困難了。假如要解除這個進一步的困難，我希望台灣要面對現實，切不可有空想或幻想。

今天擺在台灣面前的，是怎樣的反共，怎樣去改善國際環境，怎樣去改革內政和團結全國的同胞。用軍事作諸門第式的登陸，一舉而把中共擊潰，當然是一件爽快的事，可是力量上能做到麼？假如做不到，那麼連爽快的口號，都應少說，說多了，反而失信於人民，反之，應當使人民知道，爽快的事是做不通的，祇能做些不很爽快而是切實的反共工作，反可收反共之效！

國際的環境當然非常惡劣，但不能說沒法改善。其實依我所知道，假如有一批人材，持之以恆去做一些國際上的工作，至少對許多小國家不是不可能發生一些效果的。那些小國家儘量是落後的，幼稚的，他們的政治家也是幼稚得可憐，但惟其是幼稚的，所以你如去下一些功夫，你就收到了效果。全在台灣能不能面對現實去做。

最後講到改革內政和團結同胞，更應當面對現實。在改革內政之下，當然有一部份和當局有關的冗員，和無能而貪污的人員要受到淘汰，但是這些人不淘汰，台灣在死氣沉沉之下，倒底能維持多久呢？而況依我看來，有許多急須改革的，還是在觀念和認識問題，台灣的當局應當在現實之下需要一些智慧，建立新的觀念和認識，許多問題便可解決，而這些問題的解決，與其說使當局要犧牲什麼，不如說對當局是有利的。至於說團結同胞的問題，我希望當局也要面對現實，瞭解同胞與當局所以不團結的問題在那裡，如能對症下藥，團結自可達到，不是一句空空洞洞的口號，人們便來與你團結了的。

雜憶錄之二十四

外交人才與外交觀點（下）

・幼椿・

（三）

因為蘇俄外長莫羅托夫於回國前設酒會招待中英美代表團中人，莫羅托夫舉杯祝健康時，特以一杯向我首席代表宋子文言，此杯候尊駕來莫斯科一談，我當時即感到中蘇之間將有不平凡的外交商討。次日（五月八日）莫羅托夫返國，我代表團秘書處忽送來美金百元，言此款各代表均有，專為特別分頭招待蘇俄代表團之用。我問，為何要特別招待蘇俄代表？其用意何在？據來人云，宋首席將赴莫斯科，要大家與蘇俄聯絡一下感情，故請各位代表每人各就其分組開會所同組之俄代表及顧問，請其吃中菜一次，不說甚麼，只是表示聯歡之意。我電話詢問張君勱先生與胡政之先生，他兩位回答：「他們也收到此款，只好照辦」，云云。我於是告送錢秘書，我不收錢，訂期發帖，設席買酒，一概由秘書處包辦，錢有餘則送還宋首席，不够，我也不負責任；只將出席當主人的時間早通知我，以便準時到場。

一桌魚翅席設在舊金山唐人街的最濶的廣東酒樓上，與我同組，每日見面的蘇俄發言人馬立克及顧問兩人，專家二人均應邀而來。賓主相見，甚為歡暢，飲酒甚多，亂談不少。來客知我在會場是說法語的，故大家都說法語，（俄國因自有名女皇加德林二世Catherine II 1729—1796喜歡法國文藝，提倡法國語文以來，帝俄時代，法語成為宮庭時髦，學校必修，因之俄國知識分子都長於法語，而俄國人對外，均以法國語文為媒介。但是，此次聯合國製憲會議，為節省時間起見，特規定以英話法語為「工作語言」，凡發言用英法語，則不必翻譯，用中、俄、西三國語，則須翻成英語，甚為費時。不過，法語大都說得很好的蘇俄代表團中人出席絕對只說俄語，而且話每長篇，令人頗感麻煩而不自在），此刻的言語既通，比較自在，大吃大喝，表面均甚歡暢。

照外交慣例，此種應酬，當然不說問題，而且馬立克輩彼時地位也够不上說甚麼。但是，我在本組會議十餘日，每日看見彼輩劍拔弩張的姿態，心中實在有點討厭；酒酣，我這個主人，忍不住向來客笑問道：「貴代表諸位，為何每次開會，對英美代表們不相干的幾句話，也非站起來駁斥不可？我覺得把應該去喝酒的時間都躭誤了啊！」來客中一蘇俄顧問笑答道：「李教授，你不知道，資本主義者說的話，沒有一句是有道理，而可以相信的啊！」我笑道：「我是一個窮教授，中國是一個窮國家，大概中國人說的話，貴代表諸位是可以相信的啊！」於是大家哈哈大笑一場而散。

（四）

四月二十四日中國代表團與英國代表團同時駐入舊金山一個濶旅館，中國佔五六樓兩層，英國佔四七八共三層，出門赴會與上餐廳，中英兩國住客時時碰頭，但兩國甚少往來，除卻彼此公式雞尾酒會招待一下之外，並無彼此分別聯歡之舉。在我的冷眼旁觀看起來，那時的中國外交官對於英國，好像認為英國的戰爭勝利是假的，有點靠不住的，而中國的戰爭勝利纔是真的；同時英國的外交官也對中國好少理的樣子。

但是，在會場中，我對於英國外交的作法老練與言不虛發，就已感到其勢不可侮。每討論一案，通常是英國代表首先發言，挑起蘇俄代表與美國及其他國家代表的舌戰；舌戰到了最後，大家精疲力竭時，又由英國代表出而折衷，其折衷之點多得會場多數以至全體贊成。當其要提出折衷案之前，英代表背後列席的顧問與專家十餘人便分頭在會場活動，往來於各重要國與愛說話的代表席位之間，字條遞去遞來，徵求贊否，推敲之後，然後英國的折衷方案方提了出來，故其人之言有「億則屢中」之勢！譬如英代表總是隨時令一位說法語的顧問--前來我席右，沙發椅子很矮，來人總是屈身蹲下，在我身旁低語，徵求意見，足見其代表團中人捨得用工夫，確能在會場生出影響力量也！

一日，我代表團秘書處忽得英代表團秘書處通知，言，在野黨工黨領袖艾德禮來舊金山住兩日，擬請中國代表兩三位於明日星期六下午五時在旅館中某一小咖啡室酒會談談。我團重要代表均甚忙，都不願意與英國在野黨領袖會晤，免誤要公。於是徐模顧問來向胡政之代表請求同往，政之約我，我笑道：「雖同是代表，我們是否相稱咧。」徐模表示同是在野黨，最相稱。我更大笑道：「為甚麼在朝黨便不願分出一人與在野黨相稱一下呢！」

艾德禮在小咖啡室招待胡政之與我，由徐模介紹，說我是法國留學生，曾譯過一部法國文學史，於是艾德禮很熟練的法語便說起來，大談一陣法國文學，不及其他，且對「味斯克」滲水喝，是個能者，頻頻以大杯的這種淡酒敬客，令人有脹破肚皮之感。——這位在野黨領袖當時固甚有感於冷落，然而歸國不及三月，便成為在朝黨的領袖，做起英國的首相，而出席於波茨坦會議，以與美蘇共同主持國際大問題了！

菲僑何以自處？

壬戈

一、

從今年一月二十三日開始的菲律賓國會的百日常會，是菲律賓第四屆國會的第四次會議，又是菲律賓國會第四屆議員的末次會議。這是面臨大選前夜，國會議員以「菲人第一」蠱惑選民的最後一次身手表現！

今日，擱在國會檔案裡的「菲人第一」的議案：（一）早經衆議院三讀通過，而於參議院二讀程序中的「勞工菲化案」。（二）已經衆院三讀通過的「公司菲化案」。（三）已在參院二讀議程的「木業菲化案」。（四）和又經列入參衆兩院二讀程序的「椰乾菲化案」。（五）尚如「報刊電台菲化案」、「鴨業菲化案」、「新移民法規」、「停止入籍法例」等……五光十色的排擠外僑法案，正等待這班爭取下屆議席的國會議員舉手通過而已！

據說：自一九五四年菲律賓國會通過「零售商菲化案」和一九六〇年成立的「米麥業菲化案」後，菲律賓國家外匯配額數字有顯著的變動。一九五八年起，菲律賓人所獲外匯配額已佔百分之四三・八、美僑佔百分之卅九・六、華僑佔百分之十・一。一九五九年菲律賓人上升百分之五二、美僑佔百分之卅三，但華僑卻下降至百分之六・八。一九六〇年更甚每況愈下。如果今年再通過一二項菲化案件，則華僑的前途越發瀕於絕境了！

如所週知，一九五四年菲律賓總統麥格塞塞所簽署的零售菲化案後，使僅佔百分之十的華資零售商陷入窒息。根據該項法規：此後對旅菲外僑不再發給零售商執照，已持有營業執照之外僑零售商，如屬自然人所經營，得繼續經營至自然人死亡或自動停止營業，但其家屬不准繼承經營。如屬法人團體所經營者，祇准再繼續經營十年而已！這種變相的緩進攫奪華資、已使華僑遭遇到史前未有的襲擊。正因如此！於是華僑在迫不得已而走法律罅洞時，祇好設法更變國籍，由華人變成菲律賓人，冀圖逃避這項法案！

二、

但，菲律賓政府卻自始至終並不因華裔之歸化，轉變其對華資之傳統嫉忌與仇視。

依據我國現行國籍法第十條、第十一條之規定，華僑居異國，在未經呈准內政部許可喪失原有國籍前，並不因其入籍外國，而喪失其祖國國籍，因而具有兩重國籍。事實上，華僑受到上一代根深蒂固的思想教育，不敢背祖離宗，熱愛祖國的傳統觀念，絲毫不能也不易放棄的。毋庸諱言，「歸化」是適應現實的權宜計劃。任何一個華僑，實不可能遽爾改變其對祖國的效忠。何況今日的菲律賓和中華民國同是反共國家，同是站在一條戰綫上的盟邦，效忠祖國和參與華僑社團的活動，並無碍於其做菲律賓的公民所應盡的義務。奇怪的是菲律賓政府並不作此想！

若干月前，菲衆議院移民歸化小組委員會居然建議嘉西亞總統，立即拒絕外僑歸化。不祇此也！衆議院司法委員會也曾經建議撤銷一九四六年後歸化華裔的菲籍公民權，並沒收其財產，而所可藉口的理由是「華僑入籍純以賄賂、欺騙、以及不法行為取得公民權」。

事實上，菲律賓政客再三強調「菲人第一」的「政策」，他們缺乏政治遠見而沒有建立起一個多元民族統一觀念，建立起一個像馬來亞王國的種族調和的多元民族國家！他們的目的祇在吞沒華人資產，而忽視了華人資產對菲律賓的安定和繁榮所具備的重要性和決定性！

三、

本年三月十六日菲律賓衆議院又通過了一項菲律賓入籍法修正案，名為「一九六一年入籍法」。據說為了杜絕現行入籍法的法律漏洞，藉此遏止不良外僑申請入籍及入籍後繼續效忠於祖籍國家社會，苛例百出，例如：

（一）申請人在呈送申請書之最近兩年內，每年至少有六千披索以上的正常收入！

（二）申請人應能流利講寫英文、或西班牙文、或菲律賓任何一種文字與語言。

（三）申請人應將其子女送入至少有百分之六十學生為天生菲人子女之學校；該校應講授菲律賓歷史、地理、社會、生活及政府組織等課程。

（四）任何申請人為外國社團之成員，無論其係政治性或商業性者，均被視為無資格入籍者。任何申請人於正式獲准入籍後，而仍為外國會社之成員者，將取銷其菲籍。

（五）申請人至少在菲律賓居住十五年以上者。

以上所舉條例，均針對今日華裔「歸化」後所產生的若干現象而出現的！顯而易見，菲律賓政府蓄意在「天生」菲人與「歸化」菲人間劃出一條界限。於今其所為的陰謀詭計！一方面不斷通過菲化案，從而窒息華僑生路。一方面限制華裔歸化或對歸化華裔通過諸種法令將來沒收財產等等。總而言之，菲律賓的政客是用狹隘的民族主義來排擠華僑，說是消滅華僑也不為過的。他們希望以華僑的血汗，來改善菲律賓人的生活。因而，我們希尋出歸化的途徑從而作為掩護藉以繼續棲遲於菲律賓本土；亦不能作過分樂觀的看法。

菲律賓華僑往何處去呢？這是當前的大難題。

當然，我們的政府能立即反攻大陸，一切困難不解自解；事實上，反攻顯非一蹴即成；因而我們應作未雨綢繆的打算，否則又重陷印尼華僑悲劇的老路。

「歸化」是值得鼓勵的！我們應該主張華僑盡量爭取條件和時間申請「歸化」。人類歷史已經在大轉變中，不必再唱什麼「生為中國人、死為中國鬼」的老調。歸化可使其脫出「菲化」的束縛，就應該以爭取華裔能在菲律賓繼續生存為第一條件。我們的「血統主義」國籍法必須堅持，祇要華裔一旦重回故國，就承認其為中國人！然而直至今日仍有不少人反對歸化，但他們卻拿不出一點辦法和理由來！

菲律賓有卅多萬華僑，一部分可以入籍，一部分則不可能入籍，因而對一班華僑，我們不妨作撤僑的最壞打算。在華僑尚沒有被迫無法立足時，我們應該設法使華僑可能撤出的資產先移動一部到台灣去！這需要鼓勵和宣傳。改善投資環境是必要的！我們政府似可考慮開設公私合營的公司，以大部份股票在菲律賓僑社普遍發售，使每個華僑都能流出一點資金，作為其萬一撤離後的生活資本！於今不能靜候可怕的必然事實出現了，「萬木無聲待雨來」，結果是遍受摧殘糟塌，菲律賓華僑正面臨困厄！是大家傷腦筋的時候了！我們要拿出辦法來！

內政不修外交日蹙

——論台北當局之擬退出聯合國

季　夫

最近，由於寮國戰局外馳內張，由於中共表面上對美國態度保持其一貫的驕橫；美國朝野也有一些反對容許中共入聯合國的聲浪，日本外相亦聲明中共問題需要透徹研究，於是一般認為中共在今年進入聯合國的可能性是微乎其微的。

於是台北方面的一些消息與言論，又變得釁樂觀似地了。

但根據來自巴黎的消息却透露：當甘迺廸於五月底訪問法國時，他和戴高樂必然會檢討德國和柏林問題。而另一項主題則為檢討「共產中國明年可能進入聯合國的問題。」可見，如何使中共入聯合國的問題，即使今年暫無結論，明年還是有可能性的！且也反映出，持有此項主張的，不僅是英國，法國的影响力也不可忽視。

這是從國際動態來看中共入聯合國問題。

現在再讓我們從台北的動態來看同一問題。這裏先把視線的焦點放在紐約的蔣廷黻身上。蔣氏在數月前便會計劃（應召）返台述職的。但是經過葉公超和他在紐約商談結果，所得結論是，因為蔣氏須在聯大「排開陣勢、預備應付大會九月開會時有人要替中共開路打入聯合國席位」。他既有重大要務在身，自不便輕易離職。三月廿三日外電消息尚謂：「中國人士說：探測出聯合國人士的外交意見係重要的，國府的代表團已密切注意一切美國及其他國家對中國政策的動態。」

蔣廷黻氏既不能輕離，葉公超遂在與美國務卿魯斯克數度接觸後，旋即返台「述職」了。

葉公超此次在台曾與蔣先生有數度密談，從新聞上雖難獲得有關密談的正面內容消息，從許多側面和零星的消息中，却証明台北對中共入聯合國或「國際化台灣」仍懷驚懼。葉公超上月杪在立法院外交委員會作証時，扼要而驚人地提出了兩點值得重視的觀點：

一、除非國府能聯絡到六、七個可靠的非洲國家的支持，否則殊難有阻止中共入聯合國的任何機會。目前在聯大，有等國家如巴西及愛爾蘭等，雖不一定會投票贊同中共入會，但却堅決主張中共入聯合國的問題，應被提出討論。當然，若被正式提出，問題就會另有重大發展，利害便難於預卜了！

二、葉公超又曾謂，並無若何徵象，顯示美國對華外交政策有任何直接之改變，但他曾強烈地警告立委們，這並非係指美國政府將永不承認中共而言。

至於葉公超與魯斯克會談的內容，雖是在立法院外委會的秘密會議上，他也拒絕透露。可見實際情況殊非台北一般官方言論之輕鬆。

葉公超於四月一日離台北返回華府任所後，台北在四月三日與四日即先後爆出了兩條值得注意的新聞：

三日在台北出版的「時與潮」周刋根據外交界人士的看法說，華府的對華政策，雖然大方向上或許不致有大的遽變，但在作法上，已表現出可能改變的趨勢。同時更透露：在紐約的蔣廷黻和在華盛頓的葉公超，都曾先後「向當局力陳必須改革內政以為外交後盾」！益見得外交官員對目前的國內形勢，焦慮不安，日感對外力不從心，難以應付。

事實上，外交是內政的延長。以今日台灣內部的政治與經濟情況之不如理想，確是予外交工作百上加斤！

四日，台北的新聞便更令人吃驚了！外電透露說，國府的若干領袖和他的顧問，已贊成在中共獲准加入聯合國時即行退出該世界組織。並謂「他們認為中華民國一旦退出聯合國，將不復受國際義務所約束」，而「便於採取任何適當的行動。」因為如果仍留在聯合國內，無異是接受「兩個中國」。

這兩條消息無意中間接地証明了，它正是葉公超在立法院外交委員會作証時不允透露的內容之一部份。

台北當局雖已一再表示了將堅決獨力奮鬥到底，以阻止中共加入聯合國，必要時不惜退出。儘管這悲憤的情緒是令人感動的，但究竟問題不是靠拉高了調子便可以解决的。

直到今天為止，美國仍一再表示支持中華民國和不變其對華政策。但可變的是實質上的作法。當然也可以相信，美國會在現階段全力支持到底；當局也表示過，美國的支持在實際上比聯合國的關係更為重要。但美國政府是否會再長期地支持台北的當權派則是一個大疑問。蔣廷黻與葉公超所「力陳」要求當局必須改革內政為外交後盾一點，可以斷言絕非純粹是他們自己的意見。是否出於美國政府的暗示，雖不得而知，但可以推想，當蔣、葉二氏分別陳述其觀點時，必然會引証國際上和盟邦對台灣現局面的觀感與意見，以有助於加強彼等對要求改革內政的主張。

今當局雖認定美國的支持遠較聯合國為重要。但却並不會認定改革內政是亟須的。因為實際上難望其放下現實利益。當權派將來若憤而退出聯合國，與其說是勇氣，不如說是為形勢所退。就退出聯合國與改革內政兩者來說，在當權派的意識中，也是前者較易為，而後者「不可為」。若是將來真的有此不幸的一日而必須退出聯合國，則可以相信，台灣的內政將更不如現況，比現在更為退化。若再不幸而引致任何混亂時，則被「國際化」的可能性當相應增加！

因此，望遠了看，寧可當權派能保有聯大席位，使在國際上仍能保持一個法律上的國家地位，否則以當權派在事實上所能統治的地域來說，必將連事實上國家地位也難以保有，則其處境就更不堪設想了！

也因此，我要在此再進一步來說，台北的任何人，在現時就主張必要時退出聯大，乃屬不智，既說不上可以藉此以刺激民心、士氣，也談不上是什麼勇氣。此時此際有此表示，一方面是顯得氣餒，同時也顯得是不過在「盡人事而聽天命」了！

當局這樣地為中華民國作安排，還談得上什麼希望嗎!?

十多年來各方均不斷提出要當權派改革政治而毫無結果，相反地却變本加厲地倒行逆施。這苦杯雖應由當權派自飲，但國運命脈却因而斲喪了！當權派是百罪難以自贖的！

陳誠口中的光復大陸

念平

（台北通訊）陳副總統兼行政院長誠於四月四日親臨大陸救災總會的年會致詞，他說：「共匪制度，與貧困飢餓永遠連在一起，共匪祇有繼續製造嚴重的災害，決不能解決糧食恐慌。我們拯救大陸災胞的根本辦法，惟有光復大陸，摧毀偽政權，才能使大陸同胞免於饑餓，免於恐懼，重享自由。」又說：「當前大陸情勢的發展，正是我們拯飢救溺的時候，也是我們反共復國爭取最後勝利的關頭。希望救總能擴大救災工作，配合世界難民救濟運動，加強國際間的聯繫；同時對於戰時救濟，安撫流亡等工作，更要預為策劃以配合今後情勢和行動的需要，達到救災救國的目的」。陳兼院長是國家的最高行政首長，既知拯救大陸同胞的根本辦法，在於光復大陸；又知當前大陸情勢的發展，正是我們反共復國的關頭，人們讀報讀到此處，總以為他將對反攻大陸的問題有所提示。然而再讀下去，他却避而不談；祇表示希望救總擴大救濟工作和加強國際聯繫，似乎這樣就可以不戰而光復大陸了。雖然他也提到籌劃戰時救濟的話；可是，政府既無乘此時機反攻大陸的打算，所謂戰時救濟云云，也不過順口說說而已。

聯合報漫談唐榮工廠

聯合報對於政府引用總動員法，凍結唐榮鐵工廠的債務，並組織銀行團貸與該廠八千萬元，現在又要繼續給以鉅額貸款的措施，累有評論。本月六日除著社論，呼籲「政府不可一錯再錯」而外，在經濟漫談欄內更有一段以「一人、一家、大衆」為題的短文，對政府貸款的個中情形有所透露，茲介紹於后：

「楊部長關於唐榮事件答立委質詢中，有「唐榮將來的結果，可能為大衆所有的公司，而不是唐榮一人或一家所有的，也不是政府所有的」一語，頗堪玩味。因為此一問題，正是大家所注意，而至今還是一個謎。一人，一家，與大衆，自然迥然有別。一人，一家的利益，與大衆的利益，意義亦大有出入。政府對於唐榮事件的做法，為維護一人一家的利益乎？抑維護大衆的利益乎？明眼人也洞若觀火。今日楊部長忽發此言，預料唐榮將來可能為大衆所有，我們不能無感。

第一，唐榮雖猶在清查期間，大概政府認為不可收拾，與其將來騎虎難下，不如待五月間清查完畢，立即撤退，交由債權人處理，這樣唐榮就將移轉為大衆所有。

第二，政府以大量資金，接濟唐榮，其資金來源，不外二途：其一是增加發行，其二是運用存款。無論那一個來源，其結果都是由大衆負担。所以我們認為政府不能因為有權在手，便可任意支配，要是唐榮廠仍為一人一家所有，政府貸款將為無底慾壑，等於浪費虛擲。果能如楊部長所言，唐榮將為大衆所有，則監理工作，應儘速結束，交由債權團接管，或另組新公司接管，都是正道。

第三，據說政府貸款利息分文無着，楊部長遂希望借款人減低利息，以期達成收支平衡，這些都是為唐氏一人一家着想，并非為大衆着想。為目前唐榮減小一分利息的支出，就可以減少一分的債務；而實際上政府貸款，照例沒有免息的規定，唐榮私人借款利息也已減低至官銀行貸款利率之下，憑什麼唐榮可享受此優厚的待遇？除非唐榮宣告破產，本息一併倒帳，債權人啞口無言。現在由政府保鏢賴帳，債權人豈能甘心？因此我們竭誠希望楊部長之言，早日實現」。

海外讀者讀了這一篇短文之後，對於當權者與唐榮鐵工廠之間的某些隱情，當可於字裏行間畧知梗概了。

陳立夫再度流亡

去國十年的陳立夫，因乃翁病危，奉蔣「總統」電召，於二月二十四日返國侍疾，即成了台北報紙上的新聞人物。前月十五日陳其業老先生逝世後，人們對於立夫今後的行止，紛作推測，而他本人則終日在台北安東街寓所閉門喪居，不見賓客。數日前蔣「總統」又召他共進午餐，曾盛傳「領袖」以陽明山談話會即將舉行，囑他留在國內協助團結工作；但據確悉，立夫夫婦已在海鷗輪定好船票，將於四月八日由台乘輪赴日轉美，重度流亡生活。一說，他去後仍將於今年夏秋之交回台久居；一說，這不過是一種「外交辭令」而已。究竟真象如何，局外人自不得而知；但以古禮為其尊翁治喪的立夫，却不能遵循古禮於七七之期未滿即將遠適異國，則已是定局了。據一位官邸中人說，蔣「總統」是日寵賜午餐之殊恩，僅畧示餞別之意，並沒有要他留在國內的表示。

聞立夫回國後，蔣經國曾訪談數次，終覺其不可能完全為己所用，於是決定放棄了原來想利用他以去陳誠的念頭。這並不是說，太子對陳誠的態度因而有所改變；而祇是顯示他今後將不再假手他人，而要直接將陳誠鬥倒。立夫是聰明人，雖然回國的日期不久，又當大事；但對於今日台灣的情形已甚了然。因亦決心不再捲入而貽他日之大患，這是他求去的真因。至於政治圈內的反應則頗為紛歧。陳誠當然覺得鬆了一口氣，小蔣更橫了心。愛惜立夫個人的人們為他能不介入今日的政治漩渦而慶幸，熱中權位的舊友好，又以他不再作馮婦而使他們也有機緣再顯身手為憾。此輩中人甚至還在背後罵他「不識枱擧」。尤其是立法院內某些因立夫回國而發動擁張前院長慰問的中心人物更感失望。他們原以為藉慰問張院長而在立法院作一番實力表演，必可增加立夫的政治聲勢，而鋪平其再起的道路。却不料立夫經過十年的退思以後，已不但對蔣家父子大澈大悟；而且對民主政治也有很深切的體驗。飛機場固上的熱烈歡迎，無動於中；立法委員的積極支持，自亦枉然。因此，他還是選擇再流亡的道路。有人說：立夫此番的流亡乃出於自動，可稱為光榮的流亡，較之當年被放逐的情形，當亦可以自慰矣。但據一位深知立夫的立法委員說，當此國家多難之時，任何人稍有良知的人都不容置身局外，且不論立夫過去的功罪是非如何，他是一位愛國愛黨的血性男兒，總是無人否認的。假如沒有不得已的原因，他縱要養雞，也可以回台灣來養，斷無久留異國受他人白眼之理。然而他終於要去了。可知今日的台灣雖號稱祖國却無他容身之地；而美國雖是異邦反可暫時安居，這就是蔣「總統」的偉大所在了。筆者聽了這位立委的話以後，也覺得至矣盡矣。

蔣經國的兄弟會

據確悉蔣經國近來曾與年相若，臭味相投的一些軍政人員如馬××、鄭××、梁××、沈××等秘密結拜為兄弟而被推為大哥。馬等除誓與經國大哥同生共死而外，還要陪他喝酒；替他找女人。所得的代價，自然是升官發財。小蔣也許自知其才其品都不足以服人，因而才以黑社會的方式來羅致死黨；但人們想到他父親的往事，都不禁要為那拳義弟耽心。當年蔣介石因與張靜江、許崇智在陳英士的墓前結拜為兄弟，才得張、許的援引而接近孫中山，並被許任為粵軍的參謀長，這是他在廣東發跡的原始因素。但後來一旦得勢，却又趕走張、許，更指許為叛逆，而予以通緝。北伐中期，他又和馮玉祥、閻錫山結拜為兄弟；而全國剛告表面統一，即回過頭來討伐馮、閻。如今小蔣蓄意纂黨窃國，正與當年乃父無二。而又仍師其結拜兄弟的故技，亦可謂有其父必有其子矣。

我們現在是中華民國，還是蔣家父子國？

朱國則

自當權者散佈消息，說即將於本月底開始召集陽明山談話會以後，曾一再自吹自擂偽稱海外的反應極為良好。但由於這種自騙自的宣傳并不能掩蓋鐵的事實，於是又自發自收，說談話會將不公開，其用意即是想以不了了之。因為會議既不公開，即不但談話的情形，報界無法採訪，即出席人名和開會日期也大可秘密而不宜那麼，沒有開也可以說是開了。何況召集一些販毒走私的所謂聞人和為了津貼不惜出賣良心的各色人物，去聽訓一番，他們原也有此種本領的。

日前，有一家名為黨報而實則奉蔣經國為主子的日報，曾有一篇社論談到所謂各行其事和主張分裂。他們似乎認為此乃大逆不道。就我所知，今日海內外民主人士祇是否認非法總統，反對一人一姓的獨裁統治；尚無人主張另組政府。何來分裂？至於所謂各行其事，我想乃因為蔣家父子以獨裁為是，而我們則以民主為是。他們視國事為家事，準備父傳子繼；我們認國事為大衆的事，不容一人一姓獨佔。他們認為政府是人民的主宰，主政者是民族的救星，是神；我們認為政府是為人民服務的機構，主政者不但不是救星，更不是神而乃是大衆的公僕。人民才是國家的主人，對公僕不但有權批評，而且有權更換。這本來是常識；然而蔣介石父子和那些黨報論客却似乎一無所知而仍以家天下為是，我想任何稍有血性的中國人都不能容忍的。我們堅持「民主」的「是」以抗獨裁的非，自是愛國的正道。當年中山先生領導革命不但要推翻一人一姓的王朝，而且要推翻數千年一脈相傳的專制政體。其後袁世凱及北洋軍伐施行獨裁統治和武人專制，他又在廣州另組政府，不惜使中國陷於分裂之局，也是以民主為是。今天那些號稱中山信徒的人竟師承袁世凱之所為，而與民主為敵，去年紐約一家中文報紙曾謂「中山在世，必然討蔣」，實為一針見血之論。

復次；我以為凡有獨立人格和自由思想的人，其心中一定有一個「是」字以為努力的準則。祇有奴隸們才沒有是字，奴隸們只知以主子的「是」為是，主子說東，他們連聲應道，「是，是，是。」主子說西，他們也連聲應道，「是，是；是」。主子表示要聯絡各黨各派，他們立刻到處請吃飯，陪笑臉。主子有意要實行家天下，他就又奔走於太子之門而唯恐不及。他們的一生全靠沒有一個「是」字混官做；今天也全靠一個「是」字保飯碗。因此之故，他們仰承主子的鼻息，到處亂咬，那就無足怪了。

寫到此處，又看見今天星島日報的一則消息，說所謂陽明山談話會的名單和日期均未定，但反共而不愛國者將不被邀請參加云云。我想海外嘍囉們看了之後，一定一則以喜，一則以懼。喜的是被指為反共而不愛「國」者既不在被邀之列，他們這些反共而又愛「國」者當然更有希望了。懼的是開會的日期又從四月底延到未定期，若竟無期延期，他們的希望豈不付諸東流？至於堅持民主為是的反共人士，我想當權者大可不必枉費心機。因為中華民國的台灣雖然是大家所愛護的；中華民國的前途也是大家所關切的；但要大家去為蔣氏父子的家天下作點綴品，則絕無此可能。今日蔣介石已將中華民國改變為蔣家父子國，請你們儘管關起門來做你們的皇帝夢吧？

大陸之窗

中共何故釋放美囚甘成恩？

·劉裕畧·

美國人甘成恩上週已由中共忽然釋放了。

中共何故忽然釋放甘成恩呢？

甘成恩原是寓居中國大陸的美僑。但由於中共仇視美國的緣故，甘成恩於一九五〇年，即中共佔據大陸之次年，被中共指爲間諜，加以拘捕，判處十五年徒刑，予以囚禁。

算來，甘成恩被中共囚禁的時間，確已不短。從一九五〇年到一九六一年，一共已經被囚十一年了。在這期間，被中共囚禁的美國人，本不止甘成恩一人。另外尙有四個人。爲了這幾個人，美國與中共之間，曾有多次交涉，且經美國在美國與中共的華沙大使級談判中屢次提出釋放要求，但中共均堅決拒絕。直到最近，甘成恩的妻子，才獲許進入大陸，迎接其夫出來，因爲中共忽然決定釋放甘成恩了。

由於美國政府曾經屢次在華沙會談中要求釋放而不果，且此次被釋者也只甘成恩一人。而其他數名美國人，則仍被中共繼續囚禁，可知，甘成恩這一次被釋放，純然不是基於政治原因；也不是中共的反美政策有任何改變；更不是中共忽然有了良心，講求人道主義，實另有原因在，否則，被囚的幾個美國人，就該同時被釋放才是。

甘成恩被忽然釋放，當然也決不是中共特別厚待甘成恩這一個人，而只是因爲甘成恩患了癌症，且已到了即將死去的嚴重時刻，所以，中共才忽然釋放他。

我們曉得：癌症雖是一個很嚴重的病，但並非不治之病。如果及早醫治的話，是仍可治好的。但甘成恩早已被中共所囚禁，且在患病期中被虐待，他的病，當然就只會愈來愈嚴重了。

在世界各文明國家，對於拘捕人和囚禁人，都必須要有充分理由，且必然要經過合法程序，但中共是一個完全不講法律的特務政權，所以，甘成恩之被捕，已經和所有不幸的中國人一樣，乃是遭了冤獄。且在近世文明國家裡，無論是否眞正犯罪，對於犯人的健康，政府照例非常關心，如果犯人生了病，例必予以充分而適當的治療。但仔細觀看甘成恩的妻子陪伴甘成恩由大陸出來經過香港時的病情，則見甘成恩睡在病床上已經不能發一言，四肢也有一部分已經麻木，且全身均已入於極度痛苦的狀態。以致爲甘成恩準備好的飛機，原本一俟甘成恩抵港，即載運其病體飛美治療，但因甘成恩病情太嚴重，遂亦不得不在港稍事停留，到第二天才起飛。至於甘成恩的夫人，目覩其夫之慘遇，故在港招待記者時，更泣不成聲。由上述甘成恩病情已達如此嚴重地步來看，可知甘成恩的病，由來已久，並非突然而起。但在此以前，中共絕未宣佈此一病況，可知中共對犯人的身心健康全不關心，且一直未予充分而適當的治療，尤足証明中共政權之殘暴性格，此種殘暴行爲與性格實完全遠離現代國家之文明水準。

總之，甘成恩的病，現在已經是難望治好的了。我們對此不勝扼腕和同情。檢討原因，這都由於中共的迫害與躭誤。但在此臨死前夕，中共却企圖推卸迫害與躭誤之責，於是才加以釋放。對此，我們不曉得好講人道主義的美國人何以不譴責中共和追究中共的迫害行動？

我作毛澤東衛士的經過（八）

漫雲

四〇、鄉村見聞

回到原籍湘潭銀田鄉韶山冲後，我的舊屋早已易主，幸而我的弟弟被親友幫助轉入上海聖約翰大學讀書，足見白區人情溫暖，內心稍安。農村戰後瘡夷，人民生活艱苦，則使人憂慮，湘潭羅亞夫主辦清鄉，韶山冲毛月秋、毛遠耀，搞雪恥會，暗中與羅亞夫對峙，救濟物品發放，人民尋親尋兒女的啓事，天天在報上登出來，法幣也一天更比一天貶値，社會情況，眞是異常嚴重。

長時間以來，湖南便有甲派乙派之分，即所謂鑽子派與皮刀派。甲派主黨，乙派主團，黨方陳大容韓中石爲首領，團方以王洪波李起霖爲魁，兩方各各爭奪縣政，鄉政，及民意機關。幫會則到處公開開堂放標，在鄉軍官亦與黨團爭奪地方政權，豪紳私組武力，各據一區，自立名目，壟斷鄉曲，魚肉人民。

四一、被迫參加湘中縱隊

中共湖南地工周禮文年生等，謀組湖南地區武力，以國軍被俘受訓的姜亞勳爲湘中縱隊司令員，文年生爲政委，在益陽，湘鄉，寧鄉，湘潭，新化等縣，圍繳團槍，拚命擴張。他們聽說我回居鄉下，便來迫我前往，强我担任參謀長職，隨軍八個月，中經多次游擊戰鬥，收繳頗多民槍，刼奪頗多糧食，又在鑛場吸收了游雜部隊，實力更大。

四二、受管制中所見的新貴

湖南於一九四九年八月四日「解放」，湘中縱隊改編，文年生調湖南益陽軍分區副司令員，姜亞勳調湖南軍管會暗中管制。瑞金延安各老同志如黃克誠，袁任遠，譚余保，等十餘人，初本落落無名，此時皆成了湖南新貴。但新貴們對我的政治立場判斷不定。又因我跟過毛澤東，遂一方面電毛澤東請示，一方面暫委我爲湖南省府參議。

四三、「解放」後的湖南

「解放」初，中共尙頗寛大。初時，中共在表面上所辦者尙不過成立軍管會，公安人員編查戶口，反動黨團登記，工商登記等事，但我知道共產黨初到一地的作風，乃外示寛大，內實緊張。一俟他們掌握了情況，準備工作完成後，他們的工作，便會像暴風雨一般的迅速襲來，果然，隨着而來的便是清匪、反霸、減租退押、澈底繳奪民間武器、復查戶口、組織各級農會、各級工會、假糾正偏差、劃分階級成份、土改準備、實行土改、共幹預排的鬥爭大會等。

人民在中共此等有計劃的殘酷迫害下，被殺者和自殺者極多，其因清算鬥爭而家破人亡，掃地出門，流離失所者，則更無法估計，我內心對共產黨惡恨已久，再親眼看見許多平日爲人善良的親友被鬥爭被殺害，加以我亦深知凡是中途脫離過共黨組織或工作的人，共黨都加倍仇視，必除之而後快。我雖然作過毛澤東的衛士，但我曾經自動離開過組織和中途在南京放棄過工作，自動回到湖南，深知他們終必不會放過我，我遂於一九五〇年從湖南逃亡到了香港。（完）

大陸簡訊

陸聞

中共與錫蘭簽換貨協定

據中共新華社科倫坡四日電：中共與錫蘭一九六一年換貨議定書，已於四月四日在科倫坡簽字，代表錫蘭簽字的是錫蘭貿易部長伊郎加拉特尼。代表中共簽字的則是中共駐錫蘭大使張燦明。

此外，中共與錫蘭間今年的大米，橡膠貿易合同也同時簽了字。

中共在大陸災荒聲中，中共仍將白米運往錫蘭，這是駭人聽聞的新聞，也是中共不卹民命的又一鐵証。

毛澤東抵武漢

毛澤東最近不在北平出現，早已使人揣想到毛澤東離開了北平。主要原因，是到各地視察。如所週知，人民公社乃毛所創立的，但人民公社創辦迄今，成效極壞，尤以去年大陸災荒，民引起了騷動。爲了視察與鎭壓，毛澤東乃離平出行。茲據新華社報導：毛澤東曾於四月一日在武漢接見古巴青年訪問團。足見毛的行踪現在武漢，如非大陸各地情況緊張，當此寮國問題面臨和戰關頭之際，又値世界乒乓賽在北平開會之期，毛是不會離開北平的。而毛竟至在此時此際離開了北平，足見大陸各地情況緊急。

周恩來歡宴奈溫

據新華社三月廿九日訊：「周恩來總理和夫人今晚在迎賓館舉行宴會歡迎緬甸國防軍參謀長奈溫上將和夫人以及他的隨行人員。奈溫上將是在前往蘇聯訪問途中路過北京的」。

奈溫雖然只是路過北平，不但周恩來在北平予以熱烈歡迎，奈溫路過雲南時，據新華社說：「中國人民解放軍駐昆明部隊首長秦基偉中將和夫人，雲南省長于一川和夫人，雲南省副省長劉明輝，中國人民解放軍駐昆明部隊陳鶴橋少將，黎錫福少將，劉懋功空軍少將等到機場歡送」。中共對奈溫何以如此優禮呢？此無它，只是因爲緬甸最近做了中共的鷹犬，對滇緬邊區的反共游擊隊採取了軍事攻勢，同時又把滇緬邊區游擊隊問題故意擴大，到政治和外交方面去使美國爲難，故中共對此鷹犬乃特別賞識耳。難怪周恩來歡宴奈溫時，特別在致詞中強調「慶賀緬甸國防軍擊敗和趕走蔣匪幫殘餘分子」。足見中共之所以優待奈溫，並無他故，只因緬甸做了中共的鷹犬和幫兇而已。

葉季壯等赴莫斯科

中共與蘇聯的貿易會談，本年二月曾在北平舉行。祗因中共去年災荒，物資缺乏，無法達到蘇聯的慾望，而蘇聯又不肯對中共讓步，硬要通過中共賣國傀儡政權，繼續掠奪大陸人民。中共奴才成性，並非不願，但物資缺乏，事實上，雖竭澤而漁，亦無從達成蘇聯之要求，故該項貿易會談，乃未能獲得具體協議而終。最後，乃決定將該項貿易會談由北平移往莫斯科舉行，就近聽候蘇聯主子的安排與分配。茲據新華社三月三十日訊：「根據中蘇兩國政府協議，前往莫斯科就兩國貿易關係問題繼續進行商談的我國一九六一年赴蘇政府貿易代表團團長、對外貿易部部長葉季壯、副團長、對外貿易部副部長李强等，今天上午乘飛機離開北京前往莫斯科。蘇聯駐華商務代表葉列敏也同機前往」云。

中共與印尼簽友好條約

據新華社雅加達四月一日電：「中華人民共和國和印度尼西亞共和國友好條約以及中華人民共和國和印度尼西亞共和國文化合作協定今天在雅加達簽字」。「陳毅元帥和蘇班德里約博士，還簽署了中華人民共和國和印度尼西亞共和國兩國外交部長的聯合公報」。

四月二日北平出版的中共人民日報，對此特別加以鼓吹說這是「進一步發展在反對帝國主義殖民主義鬥爭中的戰鬥友誼」。其實，四月一日乃是著名的愚人節，所謂中共與印尼的友好云云，不過是雙方的互相愚弄，而中共所玩的則是爲裝民族主義來進行國際統戰把戲。回看印尼近年壓迫華僑的情形，再又檢討中共內心對印尼的仇恨，此一所謂友好協定，實在只是互相欺騙的滿紙謊言。

中共向河溝要糧

中共把糧食運到蘇聯和海外換取外滙或抵付軍火後，大陸人民沒有飯吃，中共除了命令人民勞力集中田間外，最近，中共更強迫人民「上山、入林、下河、進溝要糧」。這是四月二日人民日報的消息。

所謂上山入林，指的自然是採集野生植物，下河指的是撈魚，進溝則指的是採集藻類。據中共向大陸人民說：溪溝中的水藻所含營養料之豐富較之雞蛋更有甚焉。驅人民吃藻類，而仍曰營養，這眞是曠古未有之奇聞。

馬來亞開始吃到了中共的悶棍

汪全

馬來亞政府當局雖然對內是勇於剿滅馬共，但對外却怯於中共的威脅，故追隨了英國和印度的手法，不斷地演出圓滑的把戲。

馬來亞目前並沒有參加任何集團，連對東南亞公約組織，也表示絕不感興趣；總理拉曼，而且一再聲言：這是一項適應馬來亞利益的「中立政策」。——「中立政策」爲甚麼能够適應馬來亞的利益？所謂「利益」，究是意何所指？拉曼雖然沒有作進一步的說明，但我們不難可以立刻領悟到，馬來亞政府這種「中立政策」，顯然就是爲着要避免觸怒中共；而所謂「利益」也者，就是企圖藉此消遏中共的威脅。這是拉曼的「聰明笨伯」式的如意算盤。

因此，馬來亞政府邇來對中共的立場，也表現出小丑的姿態，而更漸漸走向印度的路綫。

於是，馬來亞的新把戲演得也更多姿多采了；

馬來亞政府雖然「不同意中共應取得台灣」，但却「承認中共對大陸的控制權」。並公開表示：「馬來亞將同意中共加入聯合國」。

顯然，馬來亞在「中立政策」之下，已演出了向中共討好的鏡頭了。馬來亞的「承認中共對大陸控制權」，這就無異於否定了國民政府返回大陸的計劃。說得清楚一點，就等同了在馬來亞政府的心目中，已再沒有中華民國國民政府的存在；這一來，和印度的立場更接近了。

馬來亞政府將這一個「禮物」送給中共，價值是相當優厚的。因爲，馬來亞境內，有數以百萬計的華籍居民，馬來亞政府既否定了國民政府返回大陸的計劃，漠視中華民國的存在，這就等於將那數以百萬計的華籍居民，全部拉到中共的懷抱去。而且馬來亞這種態度和行動，不僅足以轉變馬來亞境內數以百萬計的華籍居民的意願，同時還足以影响到星加坡、泰國、以至東南亞各地的華籍居民的心理。這可以說：馬來亞政府當局對中共已作出了重大的支持；對中共是已極盡了討好之能事。

馬來亞政府耍起了這種「中立政策」精彩的一齣，估料一定可以博取中共的一些好感了。

可是，從最近的事實發展看來，馬來亞政府的幻想，是破滅了！

野心勃勃的中共，難道對馬來亞政府這些「支持」，就感到滿意了嗎？不！決不！

中共對馬來亞，最近已發出「憤怒的指責」了！

中共的「人民日報」稱：「馬來亞在美國的唆使下，進行把馬來亞和泰、菲聯在一起，積極策劃組織東南亞友好和經濟聯盟，意圖把一些中立國家，通過了文化和經濟的合作方式，拉到東南亞條約組織去」。於是，連日前寮國右翼政府所提出的「寮國和解委員會」中有馬來亞的份兒，中共也表示反對，說馬來亞總理東古拉曼是「美帝」的走卒，馬來亞沒有資格來做這個「寮國和解委員會」的委員。由此可知，中共對馬來亞的「支持」，沒有「接受」；不特沒有「感領盛情」，而且予以反擊。

再從中共「憤怒的指責」中，我們更可以看得出：中共是顯明地指責着馬來亞總理拉曼已做了「美帝」的爪牙。拉曼是否已做了「美帝」的爪牙？這點，局外人當然無從獲悉，不過中共既提出了這樣的指責，則馬來亞縱然向中共討好得再賣力一些，恐怕在中共的野心下，也難得到中共的一點「溫和」的顏色。

此外，中共最近還指責過馬來亞曾經公開破壞日內瓦協議。中共清算舊賬地說：馬來亞以前曾干涉過越南內部事務，以大量戰爭物資和武器供應「美帝」的傀儡吳廷琰集團，協助吳廷琰集團的發展，這都是馬來亞的「罪惡」。

唔！馬來亞開始吃到中共的悶棍了！

我們現在可以斷言：中共打向馬來亞的悶棍，勢將越來越頻繁，越來越兇狠。爲甚麼？原因是中共侵畧東南亞的魔手，要伸向每一地區去的。馬來亞當然不會例外；何況馬來亞政府曾經痛剿了馬共？馬共中不少領袖人物，是受到中共訓練和指揮的，他們與中共早已有了極其密切的關係；馬來亞的痛剿馬共，即是間接打擊了中共在馬來亞以至東南亞的活動潛力，這是中共所深惡痛絕的。因此，即使馬來亞政府再向中共送出更大的「禮物」，作出更大的「支持」，也屬枉然；「多此一舉」。東古拉曼的手法，遠不及尼赫魯，印度在「邊境問題」中何嘗不碰了一鼻灰？何況拉曼？中共的進一步威脅馬來亞，短期內必會發生的；馬來亞政府當局，及早醒覺吧！

中國游擊隊留寮待變

·萬清·

和談聲下的寮國戰局，仍然相當動盪。因此在寮的中國反共游擊隊動向，頗受各方所矚目；尤以寮泰緬邊區的華僑，更格外關心這枝正式人民部隊的前途。

由於在「和談」聲中蘇聯方面拖延停火，使到寮國戰局流動不定。共方拖延停火不外有兩個目的，其一是要利用戰爭作爲談判的背景，從戰場向議場施用壓力。其二則企圖在國際會議下令停火之前，取得攻城畧地的優勢，造成既成事實，迫使會議承認共軍已佔領地區爲合法，從而達到共方分裂寮國的陰謀。

共軍用傘兵降落旺永（永珍北六十里）附近，進迫該城。寮南共軍游擊隊向北汕挺進，距湄公河八里。都表露出共軍配合共產國際和談烟幕急謀進攻的陰謀。政府軍方面，也被迫以傘兵空投到孟卡西附近，計劃反攻沙拉布昆。孟卡西有公路可通沙拉布昆，就算一時未能收復，亦可以牽掣共軍南向永珍及湄公河的攻勢，是一種「圍魏救趙」的戰畧。

這種情勢，形成和談沒有開始前雙方加强軍事活動的緊張之局。也許得打過一個時期，雙方都感到並不上算，然後停火，也說不定。在沒有停火之前甚至是停火無期的情況下，還可能出現雙方增兵的局面。目前是蘇聯對共方的空投武器，繼續源源供應。美國方面也不得不加强對政府軍的援助，特別是在空運方面——寮國公路交通原不便利，現近雨季，軍車行駛更形困難——譬如此次空投傘兵至孟卡西附近，便動用飛機二十架及數百架次。

下一步也許便是雙方增加地面部隊，由緬入寮的中國游擊隊，便是政府軍方預算中的一枝勁旅。中共方面，最近迭次抨擊這枝部隊「已進入琅巴喇邦」，宣稱「不能漠視」，聲明必要時將派兵入寮。正是共方預備增兵的前奏。這與寮共頭子蘇發弩馮的宣稱必要時「請友邦協助」，實是桴鼓相應。

緬境撤退的中國游擊隊，一部份進入泰北約四千餘人，其中老弱及眷屬三千多人，已由清邁空運返回台灣。精銳近一千人則重回緬境，集結緬東喀倫族邊區。入寮部份有二千餘人，却是由在緬總部戰至最後方才撤過寮境的，由貌蘭渡河集結於寮西會西省。全部是戰鬥列兵，及有充份的武器和給養。

台方也曾派員到永珍洽商撤退這些游擊隊，但共軍佔領王都至永珍公路，交通中斷，撤退不易。再則這些戰鬥行列，許多是一九五四年不願撤退回台的份子，他們認爲台灣既不反攻，回台公私均無前途，既是以自願遣返爲原則，他們寧願留寮，比較有與中共作戰的機會。最近該部還曾派一部敢死隊進入雲南，向中共施行反擊呢。

·永珍通訊·

「以肉易肉」

·羅燦·

這是我在廣州長堤一家中型酒店裏所身歷的奇跡：

四月二日晚上十時許，我正獨坐在客房裏發悶的時候，突然閃來了一個臉容憔悴的女郎，嚇得我一跳，以爲是女共幹駕臨「訪問」，呆呆的望着她出神。

那女郎向我拋了個媚眼，旋即挨到我的身旁：「同志，你是由港回鄉探親的吧，覺得寂寞嗎」？

我一愣，心頭還是忐忑得很厲害。

她指指我房裏的行李：「帶了很多東西回來呵」！說着，竟然纏緊了我的臂膀：「同志，客邸無聊，你想解決一下麼」？一股浪態，使我立刻領悟到她的所謂「解決」的意思，同時也明白了她的來意是兜售色相。

歇了半晌，我反問：「你不怕查房發生問題嗎」？

「那會！這是半公開的行動，公安人員早已吃過了我們的水頭了呀」！她說得很坦白。

「那末，多少錢一宵」？我摟着她來問價。

「錢」？她抿抿嘴：「我們拿到錢也買不到東西，要那勞什子來有甚麼用」！

我又呆了起來。心裏想：「她又來玩甚麼把戲」？

她推開了我，跑到了我的行李旁，拿起了一罐罐頭猪肉對我說：「親愛的同志，給我這一罐好了」！

當然，我不致吝嗇這區區，於是就此完成了一齣「以肉易肉」的糊塗劇。

台山新會師生被驅作農奴

·江水·

中共摧殘教育的暴政，刻又推進了一步。所謂「教育與生產勞動互相結合運動」，目前已在廣東新會縣的第一中學開始實施。據此間新會僑胞所獲得的消息稱：該第一中學的「政治組」裡，已有九名教師，被分別派到「禮樂公社」和「大澤公社」去，負責農業生產的「主幹工作」；而該校的學生，則被分批輪流調到各公社去勞動。校中的正常功課，已陷在癱瘓狀態中。共方並規定，各師生在「勞動作業」期間，必須和當地農民「駢肩作戰」，恪遵「四同」的原則。——所謂「四同」，就是和農民共同飲食，共同居住，共同勞動，共同研究。中共這一個運動，顯然是把壓榨人民勞力的計劃，再度加强；而大陸上的教育，也將從此更飽受摧殘了！又：台山縣的華僑中學，已被下令停辦；校中師生，均被驅到各公社去，從事農業生產。由此可知：中共是但求目的，不擇手段。祇圖挽救糧荒，便不惜任令教育破產；祇圖榨取更多的勞力，便悍然加緊驅迫各地的教師和學生去做農奴！

廣州病人被迫「節藥」

穗市不特糧荒嚴重，中藥也奇缺；目前一般中醫，在共幹的命令下，已開始「指導」病人「節藥」。「節藥」的辦法，就是要每一個病人，都把他所配售得的一服藥材，更番三次煎服；即第一次煎後，留回藥渣，第二天再煎，又留回藥渣，待第三天再煎，煎服了三次之後，才把藥渣丟掉。這樣的「節藥」療病，確是中共在九窮十絕中的一項「絕招」；祇可憐病人的生命，却給威脅得太大了！

據穗市中醫指出：中藥之缺乏，是「全國」普遍性，不單獨廣州市爲然。主要的原因，是輸出過多。其次，一部份藥農已轉入其他生產部門，而所餘的藥農，則由於他們目前的生活受到打擊，因而對他們的本業——種植藥材和上山採集生藥——提不起勁，故收穫銳減。此種情況，恐非一兩年內所能改善。

四十與一

宣建人

凡是錢大鵬的親戚朋友，誰不說他幸福。他自己也有這個感覺：他有一位賢淑美慧的太太，（他追求五年方贏得她的芳心。當年，他祇是她的無數個追求者之一，隨後，把對手都淘汰了，方獲得她的愛情。）還有高尚的職業。（他現在担任某鋼鐵廠的工程師，生活過得很優裕的，每年財產數字，總是上升。）然而，他感到美中不足的他將近四十歲，還沒有下一代。難道人間真的沒有完美？完美是追求不到的嗎？是不是上帝一定要用一點缺憾來陪襯那近於完美？這，在他心裏籠罩上一層淡淡的憂鬱。他不把這些憂鬱流露於顏色，生怕影响夫婦之間的感情。

然而，有一次當她靜坐在房間一角看小說，小說上孩子們的天真可愛觸動了她的情懷。家中好像缺少了一樣極重要的調和寂寞的東西。她曉得了：

——缺少一個孩子。

於是她想到瞞着大鵬請著名的婦產科去檢查診治為什麼結婚八年還不能生一個孩子？她巴望生孩子像大旱希望甘霖。

因為那不僅可以增添生活情趣，而且她最怕的是大鵬因此而把愛情分給另一個為他生男育女的女人。這是使她不能安心的。

所以她無形也籠罩上一層淡淡的憂鬱，儘管臉上不露一絲，……

錢大鵬整天埋頭在策劃着工廠的生產率的怎樣可以增加。

「大鵬，不孝有三，無後為大。我們都是近四十歲的人了。」杭遠極關心的說，把黑邊近視眼鏡掠一掠，彷佛為它尋一個適當的位置。

杭遠雖沒有明白的說出要他另尋情感的出路，弦外之音他懂得透徹。

「我不能對不起蓉，她是極賢淑的女人。還有，我當年對她發的信誓，我應該永守不渝。」他圓臉上揚着微笑，輕輕的說。

「歲月不饒人啊，大鵬，我們老了——」杭遠意味深長的嘆息，而更敬重大鵬忠於諾言。

錢大鵬從不想到他的年紀老了，仍然像當年在球場上大顯身手的球員，就是兩鬢斑白了他也不覺得。倒是看到人家天真爛漫的小兒女繞膝之歡，享天倫之樂，當他妻子不在跟前時，往往不禁輕喟一下。

他巴望太太能為他生下一個孩子，最近這兩年巴望得特別強烈。

「大鵬，我怕不能生育了。」蓉在看完「慈母心」電影回家以後，悄悄的說。

「那是電影。我相信你會生育的。」

「我們抱一個孩子來家撫養。」她捏緊大鵬的手，像怕失去他。

他搖頭。

「不！」他第一次對她說這個「不」字，很生硬的：「蓉，你會生育的。」語氣又緩和了。

她內心感到有幾分歉疚，不由的掉下幾顆亮晶晶的眼淚，擦拭着。

「我認為，大鵬，你可以再討小。」

「決不！那是落伍的封建的思想。蓉，別想到那些來痛苦自己。假如說，我們不生育是你的過錯；那麼，我的過錯更多更大！別想它，蓉，聊別的——」大鵬掠掠她鬢邊的髮梢，嗅了一嗅。

蓉笑了，暫時不去想那個苦惱自己的問題，而又是無法解決與補救的問題。

大鵬說：

「昨天下午我在陽明路上撞到周志希，他挽着一位年青貌美的小姐在散步，好像正在熱戀。他還是那樣年青，他問候你。」

「你怎麼不請他到我們家裡玩？」

她的興緻增高了一些。

「你想，人家正在一刻千金的熱戀中，我怎好插進去，多不識相。」他朝她情意綿綿的看一眼，「我們不是從他們這種戀愛生活過來的。要是你，你會樂意接受嗎？」

「你又擺老資格了，什麼都拿自己打比方，討厭！」她斜睨他一眼，略有責備意味的說。

「這才親切可愛。」蓉沒有再接下去說，看窗外月華如水，不禁回憶年青時羅曼蒂克的生活。

「大鵬，今夜月色多好！」

「詩人的氣質。」

大鵬懶懶的抽着煙，身子略微動一下，看樹葉上的月光跳躍，和風拂拂，夜深了。

蓉為彌補夫婦間的感情，儘可能的遷就大鵬一點，把自己的意志捺抑下去。起初，大鵬以為是偶然的，久了，他明白蓉的苦心。他又儘可能的安慰她，不讓她為這個痛苦、煩惱，並且想盡方法使他忘記這個，讓她愉快。

在她每月生理上應有的現象，突然中止了，她很害怕，但她根本不敢往另一方面去想。她以為是病了，只得去請徐婦產科醫師診治。

醫師檢查過以後，再了解她的生理現象，很正常的。然後，笑着對她說：

「錢太太，是喜！」

「喜？」她瞪起一雙秀美的眼睛，楞了。稍過一會，她尖聲的叫了：「不會的，我從不曾生育過，八年，會嗎？」她臉上興奮的色彩又消失了。

「會的。「女醫生肯定的語氣，與豐富的經驗：「結婚十年也有才生第一胎的。」

她雖是三十歲的女人，第一次懷孕，面對醫生還是很難為情的。

她遲疑了。興奮、愉快、歡樂，交織成她的兩滴清瑩的眼淚。

「不用吃藥。以後，有什麼變化，打電話給我，或是來檢查。」女醫生不嫌煩的關照她：「一切小心！」

她回家以後，禱告：主呵，謝謝您給予我再生！

這好比上帝賜她以光輝，啓示她，生命的青春復活了。

這沒有到決定性的階段，她不向丈夫說，瞞住他。她遵照醫師的吩咐，小心謹慎，注意胎兒。

也好，讓他有一天大吃一驚。

她現在好躺在床上，好吃酸的東西，還有嘔吐的現象，……這証實徐醫師的話對了。

她從懷孕以後，臉上的氣色好看多了，有紅似白，增加幾分嫵媚。

這終久瞞不住的，雖然，大鵬在這方面沒有經驗，但看到蓉這種不尋常的現象，不是病，就是喜。

「病了？蓉。」

她微笑不答。

「請醫生看看。」

她搖頭。

「說呀，蓉，是什麼——」他萬分焦急的問。

「徐醫師說是喜。」她臉緋紅。

大鵬喜得雙手捧住太太的臉吻吻。然後，略帶二分責備而帶八分喜的說：

「你怎麼不早說？」

「現在遲嗎？應該在六年前。」

「不遲——」

他像年青了十年。

從此，錢大鵬每天提前一小時回家，隨時注意她的飲食起居，他動作非常可笑。就是她穿一件衣服，佩戴一件首飾，他都特別關心。他謝絕了一些不必要的應酬，專心陪她。不僅此，隔個十天半月，就陪蓉去徐產科檢查，而她的肚子與時間並進，大了，大了。他更對她事事服侍週到。

「大鵬，你看你這種樣子，好像有生過五六個孩子的經驗，我也不是廢人。」蓉嫌他的動作太膩人了，雖然，他是愛護她。

（上）

文壇泥爪

徐志摩與戲劇運動

志摩對於戲劇的興趣之濃，亦不次於對新詩。民十三在北京為印度詩哲泰戈兒慶祝生辰時，他和林徽音會在協和參與演出短劇「齊忒拉」。民十六他在上海與陸小曼合演過玉堂春。民十七他和陸小曼合作的五幕劇「卞昆岡」，在新月月刊一卷二、三兩期發表。死前曾允為梅蘭芳編劇，惜乎沒有來得及。（梅挽志摩聯：歸神於九霄之間，直看噫籟成詩，更憶拈花微笑貌；北來無三日不見，已諾為余編劇，誰憐推枕失聲時？）這些事實，都足以証明志摩對新舊戲的編寫和表演，全不外行。

這裡所說的戲劇運動，是指民十五緊接着「詩刊」停止之後，在晨報繼續創刊的「劇刊」。在這前一年，留美專攻戲劇的余上沅、趙太侔回國，使已停辦的國立藝專復活，開辦了戲劇系，聞一多做了藝專的教務長。他們有了這樣一個戲劇教育機關，便想再創一個定期刊物作為他們的言論機關，於是「劇刊」便在志摩主編的晨副上很容易地出現了。他們抱有大志，想在藝專的基礎上擴建成「北京藝術院」，並再建設新型的劇場。這一運動的領袖和「劇刊」的主編，仍然是志摩。可惜以後因為時局的動盪不寧，經費毫無辦法，而且在奉系軍閥的淫威下，學人亦無法立足，以致他們的計劃全成了夢幻泡影，「劇刊」出到十五期，也於民十五年秋天無疾而終。

十五期「劇刊」中大都登的是些論文和批評，因為限於篇幅不能刊出劇本來。志摩曾向在戲劇上各方面的專家徵稿，希望能集羣彥於一堂，盡量發揮各自的主張和理論，來擴大恢宏這一運動。然而有些人如丁西林（當時名噪一時的獨幕劇作家）、王國維（戲劇理論及歷史的研究權威）、紅豆館主（著名的舊戲評論家），却並沒有給他稿子。不過「劇刊」所刊載的論文，也大都是內行人所作，很有份量。像余上沅、趙太侔、張嘉鑄、聞一多、梁實秋、熊佛西、顧一樵諸人的作品，都曾涉及到新舊劇的各個方面。

在新文學運動的初期，「新青年」上有些文章是主張廢除舊戲，乾脆由西洋的話劇來取代的。像傅斯年、周作人等，都是對舊戲採取一筆抹煞的態度。而由於「新青年」曾出過一期易卜生專號，大力宣揚所謂「易卜生主義」，一時便產生了不少的問題劇——揭出社會上矛盾的話劇劇本。這類的劇本，有的因為粗製濫造，有的則只為表現「問題」，在藝術的戥秤上沒有重量。雖然熱鬧了一陣，不久即自趨沈寂，而北京的劇壇，仍然是皮簧鼎盛。志摩這次的戲劇運動，他們與初期已有明顯的不同，那就是他們承認了舊戲的地位，不遲主張要加以改革而已。

記戊戌維新始末（廿八）

舜生

康有為是八月初五天沒有離開北京的，他的朋友黃紹箕（仲弢，浙江瑞安）勸他經由山東煙台乘船南下，不要道出天津，以免遭榮祿毒手，但他沒有接受。不過他在天津不曾留宿，即於同日坐火車徑抵塘沽。初搭招商局海晏輪，以無頭等艙，且須在初六日午後四點鐘始能開出，乃改搭英太古公司重慶輪，因得於初六日午前十一點離去天津。假定不改坐英輪，或延遲數小時開出，他便有在船上被捕的可能。

過煙台，康還上岸購梨子及五花石，態度甚為安詳；但其時駐煙台的萊青道彭某，已接有天津密電，適該道因急事須即赴膠州，僅將密電帶去，未及翻譯，及到膠州譯出，乃知道要他拿康就地正法，等到這位道台大人趕快折回煙台，重慶輪剛已開行。假定沒有這一傳奇式的巧合，則康便可能死在煙台了。

從初六開始，津京兩地已閉城門兩次，斷鐵道三次，緹騎四出，大舉捕康，及知道康已乘重慶輪赴上海，榮祿乃命飛鷹快艦窮追。飛鷹每小時能走二十九浬，速率倍於重慶輪，原不難追上，但艦長某（據說即入民國後曾歷任海軍總長的劉冠雄）以重慶輪係外國公司所有，即追上未必肯將康交出，而他自己也實在感到沒有作此惡人的必要，因藉口煤盡仍開回天津，該艦長乃以放走要犯嫌疑入獄。

初九，重慶輪到達吳淞口外，時上海道蔡鈞已接到拿康正法密電，並親率小輪前往吳淞，凡船自天津來者，必須搜索始准搭客登岸。先是榮祿等曾揑造光緒帝已被康進丸藥毒死之電布告各方，意在罪康，且以廢立，蔡道即據此電及康照片照會上海各國領事，請其協拿。重慶輪在未入吳淞口數里許，忽見一英人乘小輪到船，出照片將康認出，並示以光緒帝已死密電，康即痛不欲生，預備跳海，該英人告以己係上海領事館派來相救之濮蘭德，皇帝大行不可靠，即携康上小輪，登英兵艦，甫上英艦，蔡道小輪始開到，已無可如何，康乃得英艦護送到香港脫險。當時以為救康者，係上海英領事自動，迄光緒二十六年，康始知被救經過係由廣學會會員程湝建議於李提摩太，由李於初六日電上海英代總領事白利南（R.Brenan），白遲電倫敦英外部請示，得英首相沙士勃雷（Salisbury）許可之結果也。（參考神州國光社中國近代史資料叢刊「戊戌變法」第一冊「康南海先生墨蹟」）

救康者為英人，救梁者為日本。時任日本駐華公使原為矢野文雄，矢野請假歸國，由林權助代理。當政變時，伊藤博文正遊歷北京，即住在日本使館。先是初六日康廣仁、張蔭桓被捕後，梁啓超即赴日使館見林，告以政變經過，希望日本能救護光緒帝，及已離京在途之康有為，而他自己則願靜待逮捕就死。林表示對前兩事願盡力，並勸梁不必死，願救他到日本避難。梁辭去後，林即以此事告伊藤，伊藤亦力主救梁。梁於是晚即赴日使館，曾留居三數日，並與譚嗣同見面，日人亦願救譚，但為譚所拒，僅以文稿交梁保存。時日本駐天津領事鄭永昌正在北京，林以梁托鄭，梁即化裝乘帆船下白河到塘沽，登日兵艦大島號東渡。

張蔭桓能於戊戌暫免一死，係首由英公使竇納樂（Sir C. Mac Donald）以信請李鴻章援救，時李已退出總理衙門，雖仍有發言力量，但與張感情素不融洽，竇知之甚悉；因慮僅由英國單獨提出，力量或嫌不夠，乃遣一參贊赴日本使館晤代公使林權助請其協助，林以告伊藤，伊藤亦認有與英合作必要，於是由林見李，並致伊藤意，告以張如被殺，可能引起國際糾紛，李據以告榮祿，張乃得倖免，改為遣戍新疆。當六君子被殺時，並無罪狀宣佈，對張之遣戍，乃於八月十五日下了如下的一道上諭：

「已革戶部左侍郎張蔭桓，居心巧詐，行踪詭秘，趨炎赴勢，反覆無常，着發往新疆，交沿途經過地方，着各該督撫等遴派妥員押解，毋稍疏虞。欽此。」張與翁同龢接近；於康有為為小同鄉，且有向康洩漏外交秘密之嫌；對李聯英也向不敷衍；因而為慈禧及一切守舊派所深惡。此次雖因國際干涉不死，到庚子拳變爆發，卒不免被殺於新疆也。（參看本刋第四十八號至五十二號「記張蔭桓」）

（全文完）

劉源沂畫序

徐亮之

友人中多以書畫篆刻名，而天趣盎然，有藏休息游之思者，尤莫如閩侯劉源沂。源沂今且六十許矣，雖復白髮盈頭，然容色如少年，心情如少年，乃至謔浪笑傲、酒食徵逐、山水登眺，其意興之濃至，神采之飛揚，亦無不足與少年者並驅而爭先；而又少與菊部耄宿交遊，喜顧曲，善操琴，每朋從雅集，裙屐雜沓，觥籌交錯，一絃在手，一曲引亢，旁若無人，萬慮皆淨，不知老之將至；吾是以知源沂之所以為源沂，蓋深有得於養生之理者矣。夫源沂於書畫篆刻無不能，世固多知之；而其藝事之佳，實由於其養之之至，則世或有所不知耳。孔子曰：「游於藝」；源沂有焉。今年秋，源沂將重展覽其新作於東南亞，因書數言贈其行。辛丑仲春徐亮之。

齊天樂

亮齋

偷安滾滾輪蹄外，無言一腮春閉，萬字平戎，千金買笑，都減當年豪氣。左圖右史，漸入海深藏，虛堂酣睡。地覆天翻，欲還問是甚滋味!?

獨酌孤歡對影，小嬋娟，不管人醒人醉；乍轉花前，旋移柳後，總是逗人無寐。瑤空似洗，正翠輭紅嬌，一簾無際。怕上層樓，拾春愁又起！

辛丑人日

韋齋

細雨飄寒暮入樓，十年繁夢酒邊收。過江冠帶眞如鯽，落紙銜名屢應牛。嘶馬祗今仍北向，祖龍終古誤東游。艱辛世味投荒意，爭使潘郎不白頭。

小少文章慧業憐，消磨筆塚欲齊肩。寧堪浮智爭堅白，漸厭塵名薄太玄。鬢髮寒催滄海意，江山夢入夕陽天。付誰披棘開新運，笑倒亭林說道傳。

壽兼善六十

荷屏

雲樹東湖夢，重溫淡水濱。眼青三舍侶，頭白六旬人。羹酒常相對，傾懷各率眞。曙星明海徼，膠漆更誰親。

次荷屏韻壽兼善六十

云影

變起神州日，投艱左海濱。胆新經十稔，膠漆契三人。處世心常泰，傾懷語最眞。客中新甲子，燈火記同親。

同前

亮之

同學今餘幾？相違各海濱！長懷青眼舊，俱是白頭人。世路憂難遣，琴書樂最眞。無因獻壽酒，跡遠心逾親。

躑躅吟

千石

遵渚聊躑躅，時網久嬰身。主鮪潛南海，晨風翔高旻。潛翔彼一時，懷抱誰與陳。楚狂終寂寞，楚吟良苦辛。秋日銷林影，秋風寬葛巾。逐物逐推遷，永歎舊星辰。

大埔溪行寄懷震旦

千石

日斜高樹長溪陰，漸覺雲多失舊林。釣石不隨潮漲落，酒船聊共世浮沉。巨川注海原無意，老蚌胎珠豈有心。東路角巾歸未許，乘桴萬里欲相尋。

本刊已經香港政府登記
每逢星期五出版

聯合評論

週刊

United Voice Weekly

第一三八號

督印人：黃宇人　總編輯：左仲平
社址九龍蒲德道二十三號地下　電話68678
承印者：嘉羅印刷有限公司　香港灣仔馬師道5號
總代理：友聯發行公司　售價每份港幣一毫
本報美洲版總經售處美國紐約中美出版社
CHINESE -AMERICAN PRESS ,INC
199 CANAL STREET.,
NEW YORK13 N. Y. U.S.A.
美洲航空版每份零售美金一角

要有勇氣認錯！

左舜生

一個人把事做錯了，而能坦坦白白的認錯，這須要絕大的勇氣。「過則勿憚改」，這個「憚」字下得非常有力。平心而論，人孰無過。小而言之，如待人接物；大而言之，如立說著書；更大而言之，如處理一國的政治；那怕您就是聖賢，就是學術思想界的大師，就是一位名聞世界的大政治家，也隨時都在過失之中；這種例子可以說俯拾即是。孔子說得好：「丘也幸，苟有過，人必知之。」從前做聖賢工夫的人，第一怕不能「聞過，」第二怕能見其過而不能「內自訟，」第三怕「欲寡過而未能，」從來沒有那個敢說自己是無過的。

現在的所謂領袖人物不然，他們總覺得自己是不會錯的；而一般擁護領袖的人們，也總覺得他們的領袖不會錯，也不能錯，其所以如此，乃是「威信」兩字害了他們。他們總以為領袖一經認錯，便必然「威信」掃地，以後別人便不怕他，便會失去「令出惟行」的一種作用。因此，在一般自命領袖的大人物，一定要「文過飾非」到底；而一般擁護領袖的小人物，也一定要替領袖辯護到底。殊不知「君子之過，如日月之食；過也，人皆見之；更也，人皆仰之；」果然能做到「人皆仰之」，這難道還不是十足加一的領袖嗎？可惜現在自稱領袖和一般擁護領袖的人們，就不懂這個道理。

毛澤東十一年來在大陸的一切行為，真是罪孽深重。在大陸淪陷伊始，他已經屠殺了無數的人民；隨後所謂「三反五反」，所謂「大鳴大放」，所謂「陽謀」，所謂「勞動改造」，所謂「下放」，所謂「兩條腿」，所謂「大躍進」，所謂「土法鍊鋼」，所謂「人民公社」，所謂「挑燈夜戰」，所謂「吃飯不要錢，」乃至最近所鬧出全國空前的大饑饉，是不知要磨死，病死，餓死多少中國人民，有那一件事不應由毛澤東負最大的責任？可是毛澤東老朽昏庸，依然是昏天黑地，昏憒糊塗，他始終不懂得六億人民穿衣吃飯的問題，決不是中國共產黨所能包辦；他始終不了解所謂「建設，」必須分別先後緩急；乃至到了今天，他還要發揮他那一股「不信邪」的蠻勁，依然不肯以全力救災！以港九一隅而論，救濟大陸的糧包，其品類由三數種擴為七八種，現在已到一百多種，這十足証明大陸人民一切活命的東西，已被共產黨搾取得一乾二淨！可是共產黨對這類救濟物資，還要課以重稅，稅欵要直接在香港以港幣交付，人民幣並不適用，每一樣物資的價格，包括貨價，運費，稅欵，比較港九市價乃高出兩倍三倍不等，港九居民每月無端增加的負担乃在千萬以上，而其勢且方興未艾！同時共產黨不但毫無悔心，用這種方法所刮去的外滙，卻又全部用作他們從事所謂世界革命的資本，於是代表團向各方派遣，滲透人員向各方分佈；向東南亞去伸手，向古巴去鼓勁，向非洲去勾結，向日本去煽動，忘記了自己的一切醜惡，還要打腫臉充胖子，而世界許多瞎了眼的政客，還覺得它真的了不起，還承認它真有所謂建設，還以為聯合國沒有它便不行，豈不是咄咄怪事！

提到台灣，我更是痛心疾首，不忍多說。自從把吳國楨趕到美國，孫立人失去自由，台灣內部的黑暗，已向國際揭穿了一半；隨着「出版法的強迫通過，蔣的不肯修改憲法又硬要非法連任，國家更受了莫大打擊；雷案發生，無端拖出一個入台多年而毫無活動的劉子英，硬要栽誣雷震庇護匪諜，請求覆判不許，上訴不許，一部分人昧着良心，承認雷震有罪請求特赦，還是不許，甚至監察院行使職權，組織委員會從事調查，也不容許與雷震見面！好像舉世為雷案不平的人都是瘋子，惟有領袖個人乃絕對不會錯誤！最近不僅毫無改悔，而且變本加厲，一個籌備已久的新黨，既已被壓得不能動彈；一份台灣人民經營的「公論報」，也被非法封閉；這一切對內的強硬，總算十分徹底，可是對於所召來的國際輕蔑，卻一籌莫展！中華民國在聯合國的席位已發生根本動搖，「兩個中國」已呼之欲出，甚至在友邦元首的口中，中華民國已不成為一個正式名辭，於是乃準備有所謂「陽明山談話會」的召集，試問在一個根本沒有言論自由的環境，將來被召集的各位，打算去談些什麼？有人要去，當然是各人的自由，可是我們必得提醒一句：你們千萬不要冒充人民代表，人民是不許你們代表的。

海外一致促進反攻的時候到了

謝扶雅

目下最心急要反攻的，莫過於旅美的廿多萬華僑了。這心理很簡單，便是「有家歸不得」。一向中國人來美作工經商的，都不曾帶家眷，每五六年或八九年回國一次省親以為常。「葉落歸根」，老了更必求歸到本鄉享些晚福。現在這裡十分之九的僑胞，無不仍在大陸或有妻眷，或有老親，或父子雖均在此，而母妹仍留鄉間，至少伯叔諸姑近親無不皆在大陸。他們已經捱過了至少十一年沒有見面聚首了。雖說透過香港以至星馬，有些信息往來，並經常寄點欵項和食物回去，然而重洋遠隔，顧影自憐，老冉冉其將至，死則異域孤櫬，人孰無情，誰能更忍。其次，鑒於中共勢將闖入聯合國，且神氣十足的龐大代表團來到紐約，僑胞所受精神上的威脅無窮。因而他們對於台灣國民黨政權的太不爭氣，實在非常痛心。本來南京政府一下子把整塊大陸喪失精光，已令他們跌足遺憾，以後國府偏安寶島，十一年來，又錯過了好幾次反攻的機會；最近還要把那枝足以牽掣中共，並可響應國軍登陸的滇邊壯大義勇軍撤退至台，更使得一般僑胞扼腕痛嘆不置。

有幾個華僑很激動地，也很沉摯地這樣對我說：「我們應當以哀的美敦書式去督促國民政府尅期展開反攻。如仍支吾其辭，不明白發表出師的文告，我們便要宣布不承認這政府了」。他們還更憤慨地說，「國府如果確實反攻，而反攻假令全歸失敗，我們情願讓中共把台灣吞併了，也好過這樣不生不死的台灣。爾時的流亡政府，我們倒會予以同情，並更全力支持復國運動。」這些語調可以想見此間僑胞期待反攻的迫切了。三月卅一號本刊（四月七日紐約航空版）黃世人先生討論反攻的一文裡，主張我們在現階段暫不作諸曼地登陸式的反攻，卻應發動孫中山起義式的反攻：這也十分說中這裡華僑的心懷。事實上，華僑在此已在「反共復國」的名號下進行了較廣泛而有規模的組織，計劃到不把台灣力量算入，獨力地推動黃先生所謂孫中山起義式的反攻了。因為孫中山的反清革命運動，固在一般僑胞間記憶猶新。華僑雖不具留美學人般的高深學術，但其愛國赤誠煞可感佩。這真可謂「民氣大可用也」。

我相信，在香港的一般「民氣」也必不下於旅美華僑。留港的中國人單是目擊最近一批一批地自大陸拼死逃出來的難民，便可斷定中共政權崩潰之日已極迫近。在這一點上，香港僑胞對反攻勝利的信心應比留美僑胞為大。而港方那種瘋魔似地寄送糧包至內地的情形，大家已無不了解整個大陸已成災民飢火的火藥庫，只等外間一投火種，立即可見遍地燃燒。問題就只是誰去投這火種。自然，志士仁人如孫中山黃興七十二烈士之輩，今日也確已在海外孕育中，成長中，甚至活躍中。不過，以台灣那麼有利的一個大好反攻基地，若不但不作反攻的主力，而反變成反攻的阻力，這真使得海外千百萬僑胞太不服氣，不堪再忍！

台灣國民黨當權派對內則兇狠異常，對外則卑怯無比。即如最近蔣氏呼籲救濟大陸災荒，千言萬語聲明「絕無政治作用」。這無非怕美國不支持而已。撤退滇邊義軍也是由於受國際壓力所致。質直地說，台灣只怕美援告停，所以惟有力抱巴尾主義。殊不知自由世界或盟邦雖應步伐一致，但一國自有一國本身的利害，一國自具一國自己的尊嚴：這是民主自由國家結合的信條，而不同於共產集團的強制統一。中華民國不是給美國在台灣作看門的狗，中華民國今日存在的唯一任務，只是光復大陸解救六億同胞，為這，犧牲任何一切在所不計。海對面的父老昆季諸姑姊妹緊急呼救之聲徹天，而掩耳不聞，熟視無視，簡直還是人嗎？投袂而起，奮不顧身，是絕對無條件的。旅美僑胞之所以慨然主張，那怕國軍六十萬全師覆滅，那怕台澎金馬全部犧牲，也必應不辭奮身去奔援的，理由即在於此。語云：「置之死地而後生」；可能中共進佔台澎之日，即是內地義師飇起摧毀中共之時。民國的命運正是到了這種最險急的存亡絕續之交！

不錯，歷來美國政府在原則上是反對或不許國府去向大陸挑釁或作軍事行動的，然而所有美國人，都已不願再看中共之坐大。最近廿廼廸政權更碰到一連串的沉重打擊來自共產國際：在聯合國，蘇聯堅持趕走韓馬紹；改組秘書處，在日內瓦，蘇聯再度破壞禁試核子會議，在寮戰事件，中共揚言將如韓戰之參加。若不是英或法接連從中勸阻，一個年青氣盛的執政者決不會有像好好先生兼和平老人艾森豪那樣的忍耐的。我國當局不知相機利用情勢；沒有獨立堅強的外交，不奉民意為己意，而只暗懷保一家一姓之私心，隨而拿美國不肯幫忙為卸責之藉口，這就是終於召致旅美華僑「要不承認這種政府」的反感之所以然了。

台北近又在搞所謂「陽明山談話會」，四處說人去參加。這無非要把「不便反攻」和「中共入聯合國」的兩件事，推卸到各黨各派，名流，僑領所代表（？）的一般人民身上。可是人民眼睛是雪亮的，今日的「陽明山談話會」已不是昔年抗日前夕的廬山談話會了。本來愛國救國，人誰不同此心，羣策羣力，同舟共濟，更誰不願「都來」。只要反攻的號角一鳴，海內外華人將沒有半個不去歸隊於大纛之下。但政府如欲表示反攻的決心，不是空口召開會議可以誘騙。當前作為「立信」之符，起碼必須做出下列的三件事：（一）起用孫立人，（華僑們認為他對美國有些信用）；（二）立釋雷震及劉，馬，傅諸人；（三）開放言論自由（例如准「自由中國」及公論報復版，讓香港一些民主自由刊物入台等）。單是實行這三件輕而易舉的事，馬上會得到海外和台灣的融洽一致，馬上會透射大陸重光之曙，而中共政權的瓦解冰消，自屬指顧間事了。

六一、四、七，自美東紐澤西寓

雜憶錄之二十五

一九四五年游美觀感（一）

・幼椿・

筆者於一九四五年，因赴美國舊金山參加聯合國製憲大會，得機會在美國游歷共八個多月（四月初至十二月初），曾在舊金山住兩個半月，全爲開會與公式應酬；在洛杉磯住兩月，則爲休息與練習英語對話；之後，則個人游歷美中部大城，如支加哥，底特華等城小住，參觀其工商業，到美京華盛頓住一月，偕君勱先生訪問美國國會重要議員，並參觀美國會圖書館及美政府所轄之農部組織等；最後在紐約住兩月，檢查身體，並承陳光甫先生派員引導參觀紐約市之商業及經濟機構，如股票市場，華爾街大銀行，以至紐約時報等組織內容。

然而以美國地方之大，工業設置之繁盛，政府機構之龐大，以及其民族混合之複雜，眞所謂「五光十色」，「目不暇給」，像筆者這樣的走馬觀花，所得當然不足述說，也更不能說到對美國及美國人有甚麼深切的了解。不過，筆者生來性敏易感，在未赴美之前，也曾在歐西少年游歷數載，且研究西洋歷史與社會科學，比較歐西與北美，在書本上（如涂克威爾的名著「美國的民主」（Tocqueville- La Democratic en Amerique）與在接觸上（巴黎大學同學中多美國的青年教師及學生）早有一知半解，故在美八月餘，雖看得不算多，而感想却不少，回憶起來，寫如下式。

一、青年民族

美國的民族，美國的社會心理，以及如涂克威爾所說的「美國的時代心理氣候」（the mental climate of his age），這種種深細的去加以描寫，筆者在此雜憶錄中，乃所謂「未皇及此」，只有照着人云亦云的以「青年民族」四字，去攏統的先說說我的初步對美國的民族觀感。

「青年的」這個形容詞，一般稱道美國民族，雖嫌敷淺一點，然而細味此一判別，也却有一點道理。據我個人的觀感，這個青年的含義是說：活潑，勇敢，好奇，好勝，好摩仿，簡單而能趨赴理想，好羣而喜與人合作，這都所謂青年的長處，也就是美國民族的長處。反過來看，幼穉，浮動，好惡容易變遷，頭腦常欠冷靜，這又是青年所不能免的短處，而在美國民族的日常生活中，以至政治及社會的趨尙中，也最易發現這一些短處。

不過，我在這裏沿用青年民族以形容美國人，並不只是說美國立國歷史短，所以叫青年民族，也不只是說美國人多數的身體強旺，能於奮鬥至老不衰，所以叫青年民族，在我進一步的剖別中，美國民族之所以有青年的特質，覺得是由於兩種原因：一種原因是由於民族混血的結果。在優生學上講來，異樹接種，必然產生新種，而混合結成的新種，必然更爲強健。不過兩民族的混合，則要看種的好壞，而美國民族的混合，其種族自歐洲者多，而且移來美國時，多是一些冒險家，因此在遺傳上的性格說來，美國民族雖混合得相當複雜，北歐，西歐，南歐等地都有，英、法、德、意、斯拉夫等族都備，然而這一冒險家的先天底質乃是美國公民的祖宗所同具着的。

大家都知道美洲是探險家屢次冒險而發現的，而第一批從英國於一六二〇年去到北美的淸教徒，又是爲國內的政治壓迫，不願屈服，而冒險西行，相率從事於當時尙是荒涼之區的開發事業的。因是這個青年民族，先天裡，具着兩種性格：能獨立，能自治，而且在反抗壓迫，自建新邦的社會意識裡，養成了兩種習尙：尙自由平等，能與人合作。本來這種性格與思想，並非美國所特有，而是文明人類所通有，尤其在亞洲古文明裡，早就有此思想，而歐洲在脫出黑暗時代的中古之後，這種思想也就日益的滋長起來。

但是，思想儘管是從歐西來的，或從亞洲來的，然而能够勇敢的把這一些思想首先表現在行爲與制度上便是這青年民族的特色。自由平等雖然由於十八世紀初期歐西的啓蒙運動，由於英哲洛克，法哲伏爾特爾與盧梭等闡揚的很充分，而成爲一時的思潮，但這在美國的英、法、荷、等國的移民子孫一下便把這思想拿來實行，美國的獨立宣言上，明白的將這思潮的主要之點，宣布出來：一、天賦人權，二、政府是由人民的同意所產生，三、任何政府違背人權，得由人民推翻之；這是美國民主憲政的精神所在，政治實踐所依歸的，故美國的林肯總統說：「我們的祖先在這個大陸上產生了一個新的國家，她是有自由的理想，而要爲這「所有的人，生而平等」的信念有所貢獻的。」

因此，一七八九年的法蘭西大革命，這個伏爾特爾，盧梭，孟德斯鳩等哲人的宗邦去實行民主革命，反轉是受了美國獨立及其民主宣言的影响，而且法國大革命之後，保守派與革新派衝突不已，共和與專制糾纏不清，起伏無定，一直亂了七十年，到了第三共和，法國的民主基礎始行奠定。但是美國一開始獨立，不只一勞永逸的便奠立了自由平等的政治基礎，而且澈底的實行了孟德斯鳩的「三權分立」制度，——這也足見美國人的無所瞻顧而一往直前的青年民族的氣概！

蔣先生可能得到忠貞之士嗎？

宇人

我在本刊第一三二期，曾寫了一篇談忠貞的文章，現在想談談一向以忠貞爲用人之本的蔣先生是否可能得到忠貞之士。

在談忠貞的那篇文章中，我曾提到蔣先生主持黃埔軍校時，諄諄告誡我們「應以主義和黨爲中心，不可以校長爲中心」的往事。由於他具有這種大公無我的精神，所以在黃埔校刋上嘗刋載批評學校甚至黨政措施的激烈文章。曾記得我們第四期有一位姓熊（已忘其名）的同學寫了一篇對蔣先生指責備至的文章在校刋發表，蔣先生不但不以爲有損威信，而且不厭其詳的覆了一信。後來，北伐出師，我們還未畢業，他就將這位熊同學帶在身邊工作。因爲他有如此的襟懷，當時黃埔同學除了共產黨後而外，無不對他心悅誠服，我個人更迷信他萬能萬事。這是蔣先生一生功業的基礎所在。

爾後全國統一，國民黨內有勛績有才識的革命先進，大多不能見容，大批官僚政客更乘機滲入黨政中樞，蔣先生以個人爲中心的跡象漸著。他的權勢雖然日益强大，但大家對他的信仰，則大不如前。九一八事件發生後。國民黨內那兩個法西斯主義色彩甚爲濃厚的秘密組織產生，他們在表面上高呼「領袖神聖」和「擁護領袖」的口號；實則祇是藉此爭取和擴大個人的政治地位，而不是對蔣先生仍有任何信心。茲先舉幾位已故的軍政要員爲例。

第一屆國民大會在京開會時，蔣先生聲言不願意作總統，而國民大會的種種紛亂亦令人爲國家前途憂懼。桂永淸同學向我說，「這是二十年來他（指蔣先生）玩弄權術的結局。他今天說不做總統，誰能相信？果眞不做總統，過去二十年的內戰又爲的什麼？」桂同學當時是海軍總司令極得蔣先生的寵信；然而他對蔣先生的觀感竟是如此。再如張鎭同學，某次我和幾位立法院的朋友（其他數位均在台北）訪他閒談，他說我這個憲兵司令實乃無兵司令，因爲我們的領袖一向慣於直接指揮，他如今已經指揮到班了。他不時來電話，吩咐某處應派一班憲兵。一經派定，我當然不敢再調動。就是這樣，我現在祇有門口站崗的數名憲兵可以調動，一旦有事，怎能應付？他這樣的指揮方法，前綫焉得不失利？」張同學也是蔣先生最寵信的人，但從以上的談話，可知其對蔣先生的信心並不見佳。

在黃埔同學以外的黨國要人也有同樣的情形。例如吳鐵城先生，當年貴爲中央黨部的秘書長，是蔣先生的紅人，聲勢煊赫一時。但其在蔣先生之前，雖處處表現得必恭必敬；而在背後却對於蔣先生的某些措施堅決反對。行憲之初，立法院選舉副院長的那一幕，吳先生就是反對方面最出力的人之一。他在未逝世前曾來港小住，約我見面，並說，「我們的黨被他（指蔣先生）弄到這個樣子，我們還有什麼希望？」他說這番話時，香港時報的某君也在，這可說是吳先生對蔣先生的最後觀感。

現在再說幾位活人的例子。

有一位第一期的同學至今尙在台灣，當年在大陸時，我不止一次的聽見他說過一個妙喻。他說「他（指蔣先生）的領導方式，就是設法使你扼着我的咽喉，我扭住你的下部。大家都動彈不得，而迫得向他呼救命。就是這樣，他雖然可以安安穩穩的高座領袖的寶座，但整個的黨政體制却癱瘓了」。這是非身歷其境的人所不能道的。

再如台北某黨報社長，當年在大陸時，也一再說，「蔣先生有兩大特長，其一，是化有用爲無用，其二，是化朋友爲敵人。」前者他指的是蔣先生的幹部，後者則是指的黨外人士。他去年來港勸說朋友們去台北出席國民大會時，也有妙論。他說，「有人說老先生當年不做國家元首，曾經領導抗戰，今日不做總統一樣可以領導反共，爲什麼一定要違憲連任？但當年是訓政時期，老先生可以運用自如。今日乃是憲政時期，有一部憲法在那裡，平常大家對老先生愛直接處理政務，已有很多批評，指責這樣違憲，那樣違憲。如果他不做總統而仍直接處理政務，豈不更加違憲嗎？」他不說蔣先生再連任對於國計民生有何補益；而祇說蔣先生如不再做總統還是要直接處理政務必將更加違憲。亦即是說，蔣先生之必須再連任，並不是爲了國家和人民而祇是爲了不肯放棄直接處理政務的權力。他這番話，也可說是勸說我們擁護蔣先生違憲連任，也可說是激動我們更加反對蔣先生違憲連任。可見此君雖名爲忠貞分子，貴爲中央常委，其對蔣先生依然是毫無信心的。

（未完）

請問當權派「等什麼？」

季夫

四月十四日，美國總統甘迺廸以肯定的語氣表明了對中華民國的「承諾不變」，即「繼續反對在目前情況下允許中共進入聯合國。」但較早一日外電消息却透露說，「甘迺廸政府已決定不反對今年對中共加入聯合國之問題，加以從長之辯論」，並謂：「美國刻正研究一種新之技術行動，以阻止北平將中華民國逐出該世界機構——最少直至一九六二年爲止。」

上述兩節消息顯然並無衝突處，亦未眞正表示了美國將不顧一切地阻制中共入聯合國。於是說「反對目前情況下允許其進入」；和「將繼續觀變至「一九六二年」再看。

那末，美國現在究竟是採循何種「路綫」來對待「中國問題」呢？

四月九日，美國副國務卿鮑爾斯已坦率地說明了在事實上推行「兩個中國」政策。他在電視節目中指出：「美國承認及支持台灣，而同時又在華沙與紅色中國談判。」如果這就是美國的「兩個中國」政策的具體作法，那末不過是民主黨政府繼續走共和黨政府未完的路。所不同的不過是現在由鮑爾斯打開天窗說亮話而已。

美國的對外政策，一向是兩黨政策，現在可以明瞭，共和黨政府時代實並未有所厚於台灣的國民黨當權派；則現時實亦不必苛責民主黨政府，甘迺廸不過是「蕭規曹隨」。唯一不同的是甘迺廸較艾森豪在行動上更爲明顯一點罷了。

這樣的政策配合了台灣海峽的僵持形勢，令人益發覺得台灣武力反攻之渺茫了！時日既久，國際上自然會形成一種氣氛，覺得中華民國政府，不過是由國民黨執政的一個在事實上僅佔有台灣一省及若干離島的政府，逐漸地淡忘了她會是統有整個中國大陸的；以及在概念上慢慢地模糊起來，不再肯定她在法理上對中國大陸的人民所具有的代表性。

這樣的情況勢將繼續發展下去——若國民黨當權派不能振作，也不能迅捷地履行其反攻大陸的諾言，則更壞的情況也將在一九六二年發生。

儘管中共在大陸的統治情況也仍然不能令絕大多數的中國人民滿意，但是難望國際上會長期的對中共採取漠然的態度。

一九一七年蘇俄大革命之後，英國是首先反對共產黨政權最有力的，邱吉爾嗣後會說，後悔未會在搖籃裡就把列寧政權扼殺掉；而美國在拖延了十六年之後，當新的形勢到來時，她也就只有承認斯大林政府了，這期間兩國之間雖然沒有邦交，商務關係却並未中斷。

因此，似也有必要來探討一下，現在美國的政府對於與中共貿易所採的態度，又是如何的呢？

鮑爾斯在四月九日答覆記者詢問時，雙方的問答是這樣的：

「記者問：「給予中共更大貿易機會，是否可抑制中共的擴展計劃？」

「鮑爾斯說：「如果他們的態度改變了，在未來的年份是可以見到的。」」

看來，美國只是在等待中共的態度之改變。那末中共入聯合國和貿易都不成問題。

從這樣的角度來看美國對華的政策的演變和台灣情勢的發展，不免令人沮喪，但是，要改變現狀祇有待國民黨當權派眞能有一天猛然悔悟，能夠自行振作刷新，能夠實行民主政治，中華民國的命運仍然有希望可以扭轉。若誤以爲用召開什麼「陽明山談話會」之類的政治魔術，就可以虛張聲勢，改變國際視聽，那祇是欺人自欺的自誤自殺的手段。

「陽明山談話會」，無論從什麼角度來看，都不能夠是昔日廬山會議的再版。

美國是將繼續支持「在台灣的人民與在台灣的中華民國政府的」，這一點「在目前情況下」也是可信的。但誰能保証「目前情況」會永不起變化？而又會愈變愈不利於台灣呢？

美國已經不再諱言是在事實上推行「兩個中國」政策了，台灣如再自我陶醉，滿足於能夠在聯合國中短暫的保有席位，到一九六二年時，就將很難以自處了！

打回去！打回去是唯一的出路。但國民黨的喉舌已經厭惡別人積極地主張武力反攻了。

可是當局仍會一再强調現在是反攻的最佳時期，但祇有高調並無行動。這無形中是在遵守着現實推行着的「兩個中國」政策，所加予的束縛。

要眞正地打破「兩個中國」的現狀，也只有一條路，打回去。否則師老衆疲，人心渙散，即使有「六十萬大軍」，也只能供當權派自慰、自娛而已。

時間是急迫的，即使今年仍能保有聯大席位，勉强渡此難關，一九六二年却是極端危險的。

退出聯合國嗎？那將連法理上的地位也一併喪失了！後果更壞。形勢是不利的，但等下去會更壞！

請問當權派，「你們還等什麼呢？」

評周恩來宇努聯合公報

劉裕畧

緬甸總理宇努最近訪問中國大陸，並特別到雲南省作所謂「親切訪問」；中共總理周恩來與副總理兼外長陳毅前往作陪。據中共新華社北平四月十七日電，周恩來與宇努經過會談以後，已發表聯合公報，包含三項內容。

公報說：「兩國總理對於中緬兩國的共同鄰邦老撾目前的局勢，表示深切的關懷。兩國總理重申，他們各自的政府的一貫主張，老撾應按照一九五四年的日內瓦協議成爲一個獨立、統一、和平和中立的國家。兩國總理認爲，爲了保衛老撾的獨立自主、民族和睦、和平和眞正的中立，爲了保証老撾的內部事務永久不受外來干涉，必須立即召開柬埔寨國家元首西哈努克親王所建議的、由十四國參加的、擴大的日內瓦會議」。這是公報的第一項內容，它是有關寮國問題的一段文字，顯而易見，緬甸總理宇努現在是完全上了中共的當，作了共黨集團的應聲蟲。因爲宇努夥同周恩來一起來支持高棉元首西哈努克的荒謬而有利於共黨集團的建議，尤見宇努現在實已有意或無意的成了共黨國際統戰工作中的傀儡。而對於緬甸本身來說，是並無任何利益可言的。

公報又說：「兩國總理並且商談了緬甸境內國民黨殘餘部隊問題。由於這些國民黨殘餘部隊不僅是對緬甸聯邦而且也是對中華人民共和國的巨大危害，兩國總理同意在必要時將協同合作解決國民黨殘餘部隊問題。」這是公報的第二項內容。公報又說：「應緬甸政府的請求，中華人民共和國政府同意在最近期間派出由技術專家組成的代表團前往緬甸，根據今年一月兩國政府簽訂的經濟技術合作協定，同緬甸政府代表具體商談中國在工業、農業、水利、水力發電、交通運輸各方面援助緬甸執行四年計劃的工程項目。同時，中華人民共和國政府同意接受緬甸聯邦政府派出的、由農業人員組成的代表團到中華人民共和國雲南省參觀農業機械；緬甸聯邦政府同意接受中華人民共和國雲南省派出的、由農業人員組成的代表團到緬甸聯邦參觀農業生產和熱帶作物」。這是第三項內容。

可以確切的指出：這第二第三兩項內容，對緬甸來說，實無異開門揖盜。宇努對於滇緬邊區反共游擊隊的估計，實犯有基本錯誤；宇努顯然未能瞭解滇緬邊區反共游擊隊之存在，對緬甸來說，只是暫時性質，因爲他們的敵人是中共不是緬甸，他們前進目標是中國大陸，不是緬甸的任何一寸土地。所以說：滇緬邊區反共游擊隊對緬甸聯邦縱有妨害也極小，而且也只是暫時的。中共之爲禍，則是永久的鉅大的。且中共所謂農業人員，與緬甸之農業人員不同。緬甸農業人員是眞正的農業技術人員，中共的農業人員却雜有共黨特務分子在內。宇努與之作此種人員之交換，正是引狼入室。所以，看宇努在此一公報中所作的承諾，除在國際關係上作了中共的傀儡而外，且更在軍事、政治和經濟等方面給予中共以滲透的正式機會。從長遠看，宇努的此種錯誤，是終將使緬甸大吃中共的苦頭的。

層出不已的集體大貪污案

念　平

（台北通訊）儘管當權者嘗自誇台灣的政治經濟是如何的進步，而哄動社會的大貪污案件却隨時隨處都在發生。有人說，蔣「總統」的政權與貪污原是一對孿生的兄弟，許多達官貴人不但因貪污而發了大財，而且其所以能達能貴的妙訣，也就在於貪污。一方面是官愈做得大，貪污也就愈大；另一方面則是凡善於貪污的人，無不官運亨通。至於皇親國戚，幾乎都是貪污的能手，也因而也就成了政海的顯要人物。這是蔣「總統」主政三十餘年以來的傳統。因此，貪污之事，在一般民主國家雖被認為是政治上的污點；而在蔣「總統」的統治下，則正是正常的現象。不過，從個別貪污演變而為集體的貪污，則是在政府退守台灣以後才有的盛事。當局之所謂進步，也許就是指此吧？

市公車處的集體貪污案

且說，在陸軍修配汽車廠的集體大貪污案甫經偵查完畢，提起公訴之後，台灣省公路局，台北市公車管理處及台北市政府三機關的集體大貪污案，又接踵而至。兩案的貪污手法，如出一轍，都是利用購買汽車或配件，官商勾結，共同舞弊。

事緣市公車處於去年購進大型客車百餘輛，車輛底盤由裕隆汽車廠承製。車身工程，則由唐榮鐵工廠台北機械廠承包，每部工程費十二萬五千餘元，全部工程費達一千五百餘萬元之多。當時不但沒有公開招標，且不接受其他廠商參加議價，而僅由該處秘書郁雲梯一手包辦。除拿回扣，索紅包而外，還與廠商勾結，在工程和材料方面以少報多，而將浮報的數目提一份與廠商。廠商既有生意可做，又可得一筆額外之財，自然也就樂意為之了。這種舞弊的方法，本來難以發覺，只以若干廠商因係公司性質，必須將實收實支的數目記入私帳，以備股東的審核。於是，一經知情的人檢舉，查案人員把官方帳目和廠商私帳互相對照，即一目了然。據初步的估計，此等官商勾結的舞弊數字，由於為時已久，可能達一千萬元以上。

本案發生後，市公車管理處秘書郁雲梯，儲備股長張伯英，材料課長莊謙義，主計室主任徐源健，審核員蔡天賜及市政府前後任總務秘書徐德倫、吳振民等均被警備司令部會同台北地檢處予以拘捕。另有主犯採購員羅雲登在逃。根據郁雲梯的口供，該處處長呂志超和他的太太曾先後收受此項貪污款項十餘次，共約六十餘萬元。地檢處乃兩度傳訊呂太太馬德章，並簽發拘票，於十三日晚將呂志超拘捕。

市長太太也傳被訊

在市公車處處長呂志超被拘捕的前一日，台北市上盛傳黃市長啓瑞的太太也被傳訊，十三日的聯合報曾刊載花邊新聞一則，大標題是「謠傳太太受訊，市長頗感困惑。」副標題是「兩任總務均被扣押，因與市長關係均不平常。」其原文如下：

「（本報訊）公車購料舞弊疑案，台北市府及車管處涉嫌人員多人，由於市府前任及現任總務秘書均被扣押，因而此案與黃市長，有沒有關係，各方面頗為矚目，尤其傳說黃市長太太，曾被傳訊，更引起議論紛紜。」

「黃啓瑞太太被傳訊」的傳說，是由於前後兩任市府總務秘書嫌疑被扣所引起，因為總務秘書與市長太太之間，不少人揣測其在財務方面必有密切關係，現在辦案人員的追究根底之下，很可能由總務秘書的供詞而致涉及市長太太。無論如何，這種傳說頗使黃市長受到困擾，引起關心的各方友好不斷詢問。

前任總務秘書徐德倫及現任總務秘書吳振民，在人事關係上，與黃市長非常密切。徐德倫是在黃市長第一任就職的一年多時到任，他的前任總務秘書歐陽元添為黃啓瑞結拜兄弟，徐德倫能接他的市府總務大權之缺，足見其與黃啓瑞之間的關係不平凡。但是他却做黃啓端「半任」的總務工作，到黃啓瑞當選連任後，就另換吳振民了。

吳振民原在圓山兒童樂園售票處任管理員，據說與黃市長有特殊關係，所以任管理員只有短時期，就調他任總務秘書。當總務秘書更換時，曾引起很多傳言，據說內幕頗不簡單，徐德綸之被打入冷宮，到煤氣公司做掛名秘書，當時市屬單位人員，多感到意外，有人說是因為「徐德綸不能盡忠替黃市長做事。」從這一則花邊新聞看去，台北市民對公車處的貪污案的看法如何，已可概見了。

省公路局的集體貪污案

在台北市公車管理處的集體貪污案被揭發的同時，台灣公路局的集體貪污案也被發現了。但後者的範圍則比前者更大，時間也久。因為公路局擁有數以千計的汽車，所需材料之多，遠非市公車處所能比擬。年來業務又極發達，經手人員只要有意，隨時都可以儲備材料為名而大量購入。他們先勾通汽車材料行，進入某些材料，甚至即在市面收購。等到其他材料行無此等現貨時；才公開招標。因而每次招標總是有勾結的那幾家汽車材料行投得。由於每次的數目都很大；他們獲得的賍款也就大有可觀。現已被捕的貪污疑犯，計有機料處長羅大秉，正工程師兼副處長及儲備課長方炳成，供應課長陳鑄仁，機料處工程師葉榮春，儲備處課員王定中，運輸處課員林日倫，北區運輸處額外工務員朱成穗，修車廠額外材料員陳琦及主計課員潘錦松，馬紹絢等多人。此外修車廠長熊詩涵亦涉嫌重大，他雖尚未被捕，他的太太王宮尾却於十三日被傳訊，據說，她曾收受該局材料管理員陳琦送去的貪污欵二十餘萬元。

審計處也拿回扣

在這兩個集體的大貪污案中，審計人員也牽涉在內。本月十一日監察院開會，監委于鎮洲，陶百川，馬慶瑞，郝玉琳等四人，曾提出一項臨時動議，原文是：「查連日報載台灣省公路局，台北市公共汽車管理處在採購汽車材料上發生官商勾結集體舞弊大貪污案，現正由台灣省警備總司令部偵辦中。查此項採購依法均經審計稽核程序，何以竟發生如此重大舞弊情事？且十一日中央日報載警總接獲公車處舞弊案重要資料中有審計處分得回扣總額百分之十，究竟實情如何，擬請蔡審計長在院會說明。」

此一動議提出後，當經院會一致通過。十三日審計長蔡屏藩和台灣省審計處長王肇嘉到院會報告。蔡審計長說，究竟有沒有審計人員串通舞弊，不敢保証。現在祇有靜待司法處理。如果審計人員確有犯法或收取回扣，不但要受行政處分，還要受刑事處分」。監察委員對審計長的報告紛表不滿，陶百川委員更指出，「報上所載審計處人員涉嫌收取回扣，審計長對這一段應有所交代。同時報載北市公共汽車裝置車身底價九萬餘元，何以審計人員同意加到十三萬餘元，此情形合理或是不合理？審計人員有很大的責任。公車處舞弊加帽子，一輛汽車加了四萬餘元，審計人員竟然核准，這事應有說明。」

蔡審計長無法可說，向審計處一推。王處長表示審計處並沒有分得任何回扣，至於職員中是否有人分得，曾經加以檢討，并簽請審計部澈查，以明真相。說來說去，依然是官樣文章，監察委員們也莫之何。

這一連串的貪污案，均經先後揭發，涉嫌人員亦多被拘捕，從表面上看去，當權者似乎已具肅清貪污的決心。然而據熟悉內情的人士透露，將來司法審判的結果，至多也不過將幾個不關重要的人作代罪的羔羊而已。眞正獲得貪污果實的核心人物仍將逍遙法外的，黃市長夫婦之未被牽涉即為顯例。

官商勾結的舊案重提

——光陸油輪的底蘊——

思　義

（台北通訊）本月五日光陸油輪突於高雄十七號碼頭發生爆炸而且連續三次，船長被炸斃，船員和搶救人員亦有傷亡。十七號碼頭附近設有六個油庫，尚幸搶救及時，未受波及。否則全市難免不遭受一場空前的浩刼。

爆炸發生後，高雄市民於驚魂甫定之餘，對於爆炸原因，頗為傳說；台北的街談巷議，亦多以此為中心。民營報紙更以顯著的地位刊載有關該輪的種種消息。本月六日至十七日的立法院會議，立委們一致以憤怒的心情和激昂的詞句向經濟部長楊繼曾提出質詢。空氣的緊張可說是數年來所未曾有的。

周厚鈞委員在長達千言的書面質詢中，提出五個問題，請經濟部長答覆。第一）中國石油公司當年未經政府核准，一口氣向美商莫比爾公司買進舊油輪兩艘，後來又說是租用，租滿十二年後即由該公司以美元一元的代價賣與我方。是否為了逃避採購法令？第二，該輪的所有權既應屬於中油公司，而竟懸掛比瑞亞國旗，是否為了逃避國家管制和捐稅？還是為了懸掛外旗便於打擊中國油輪？第三，這種小噸位的油輪，中國油輪公司原有多艘，均經先後拆除，而又向外國買進該輪，是不是月亮外國的好？第四，該輪原係舊輪，聞當時市價僅值三十萬美元，而我方卻以一百一十五萬元的高價購進，國庫吃了大虧，年來為數甚大的修理費，均由我方負担，其數字究係多少？第五，招商局承辦經理該輪，每年都有虧損，足見當時購入該輪實無必要，而主辦人竟朦蔽政府，越權吃進，致使國庫蒙受極大損失，應嚴究責任。

林棟委員於書面質詢之外，又在楊部長答覆時提出補充意見。他說，該輪既由中國石油公司以分期付欵的方式購進，又委托招商局營運，全船人員都是中國人，為什麼要懸掛外旗？其中有無舞弊，應該查明。復次，他認為該輪鍋爐爆炸，顯見其陳舊不勝負荷。以人民血汗購此陳舊小輪；造成如此慘案，要不是救災人員的冒險搶救，萬一波及岸上附近的油庫，高雄市恐怕要等於挨了一顆小型原子彈，應請追究責任。他更指出該輪船齡已超過十二年，早不合用，經濟部長當年曾在立法院報告，已嚴令中國石油公司不得購進，何以後來又自食其言？

曹俊委員質詢：（一）四十六年間行政院會通過凡與外國租油輪，其期限應盡量縮短，何以光陸油輪的租期竟長達十二年之久？（二）石油公司原向莫比爾公司訂約租油輪大小各一艘，楊部長就任後鑒於租約不妥，已將大的一艘退了，為何光陸舊輪不退？（三）聞三年以來，招商局經理該輪已虧損一百餘萬美元，平均每月虧損三萬多元，眞相如何？（四）該輪現已炸毀，租約是否應止。他並引述中美兩國的法律條欵，說明租用物損毀不堪使用時，租約應即中止。最後他更指出石油公司作事，常令人有含糊不清之感，自從早年人人公司到般台公司以至石油公司，向莫比爾公司租油輪，這一連串的事實，都是老百姓倒霉。他並說：上次在紐約時某主管曾對他說，「般台案我沒有拿到佣金，我會要求美方出具沒有付佣金的証明，但他們不肯。」他問楊部長「現有石油公司中有無當年人人公司曾騙取政府大筆財產的人？」曹委員的此一詢問，楊部長末及答覆，坐在從排的某立委就應聲說，「有，有，金某就是。」其他立委立刻報以熱烈的掌聲。足見當年購進該輪實另有原因存在的。

宋梅村委員接着發言，他說：當年租船的理由，說是為了運油之需；但三年以來，却只運油三次，其他二十餘次都是運糖蜜，其中原因何在？謂楊部長答覆。陸京士委員亦質詢既不運油為何要購入該輪？他更以宏亮的聲音指出今日是官官相護的時代，主張對該輪爆炸事件應追究責任，不容以不了了之。

馬濟霖委員也一反往常而提出激烈的質詢，主張對光陸輪的來歷查個徹底。他說：石油公司與外國公司租船，動輒數百萬元美金，比國內任何貪污案還要大得多，萬不可以不了了之。此外還有十餘位委員要質詢，因時間已不及，經決定下次會議時再提出。

總之，立法委員們對於自人人公司以來那一套官商勾結，共同舞弊的內幕情形，向極憤怒；只以身處淫威之下，不敢明白指出。如今光陸油輪發生爆炸，他們才得機會稍盡言責，因而每一位立委的質詢，都帶幾分火藥氣氛。可是立委們的質詢儘管激烈，在蔣「總統」的有生之日，官商勾結的傳統作風仍將繼續下去的。

中國大陸災情嚴重

中共與蘇聯貿易協定勉强產生
蘇聯秀才人情只借糖五十萬噸

陸閑

本年二月份在北平舉行的中共與蘇聯的貿易會談，由於大陸災情嚴重，無法達成蘇聯掠奪目的，而蘇聯又不肯減少壓榨，於是，這一會談，無結果而散；乃改在莫斯科繼續舉行；中共貿易部長葉季壯，副部長李强，最近特由北平飛莫斯科繼續進行此一會談，各情已誌本報。茲據新華社四月八日電：中共與蘇聯之貿易會談，經在莫斯科繼續舉行後，已勉强達成協議，並已發表公報。

據公報說：蘇聯方面參加這一會議的，有：「代表團長、對外貿易部副部長帕托利切夫，對外貿易部副部長庫米金，東方司司長斯拉德科夫斯基，蘇聯駐中華人民共和國大使館商務代表葉列敏，以及代表團的其他團員和蘇聯對外貿易部負責工作人員」。

按照以往事實，中共與蘇聯之間的貿易會談照例是很順利的完成的。當然，這種順利，並不表明這種貿易關係有什麼公正平等，相反，倒是絕不公正平等的。對於這一點，南斯拉夫曾經說得最清楚。事實上，狄托之所以脫離蘇聯之控制，也並非由於什麼修正主義，而完全是由於狄托與南斯拉夫不能忍受蘇聯通過貿易關係所加的掠奪和剝削。但中共厚顏無恥，毛澤東更甘心忍受蘇聯之剝削，以便做其兒皇帝，所以，蘇聯之經濟掠奪與經濟剝削雖極嚴重極殘酷極無情，毛澤東與中共中央一班賣國賊則甘之如飴，視為當然，習為自然。這是中共與蘇聯之間訂立貿易協定一向順利的原因。

中共統治大陸十一年來，中共與蘇聯之間的貿易會談，發現挫折，發生困難，只有今年二月在北平舉行的這一次。這並不是毛澤東或中共忽然不願意接受蘇聯帝國主義的掠奪與剝削，而乃由於大陸災情實在太嚴重，物資普通缺乏，中共雖欲達成蘇聯帝國主義對中國人民的貿易目的，但在物資普遍缺乏情況下，實亦有心無力，無法達成。只因實際情況是這樣，所以，它們之間的會談才移到莫斯科，就近向蘇聯主子請示決定。

以中共與蘇聯之間的諸種關係來說，貿易關係，本不過一端，且本年度的貿易問題，又不過經年累月的貿易關係中的一段短短過程而已。然蘇聯對此毫不讓一步，亦足見蘇聯平時視吸取中國人民血汗之為當然。當此大陸普遍嚴重災荒之際，蘇聯仍不放鬆中國大陸人民，眞是閻王不嫌鬼瘦了。

正因為如此，所以，這一會談，最後還是經過赫魯曉夫親自出來盤問中共貿易代表團之後，才將協定訂成。中共與蘇聯莫斯科貿易會談公報也說：「蘇聯共產黨中央委員會第一書記，蘇聯部長會議主席尼．謝．赫魯曉夫接見了中華人民共和國政府貿易代表團」之後，「一九六一年中蘇貨物交換議定書」才於四月七日簽字，公報並說：「商定的貨物交換額中包括為了兩國國民經濟需要而供應的廣泛的貨物品種。如同往年一樣，中華人民共和國在一九六一年內將供應蘇聯有色金屬礦砂、錫、水銀、鉛、生鐵、水泥、桐油、生化工品，羊毛、生絲、茶葉、呢絨和綢緞、縫製品和針織品、以及其它工業品和手工藝品，蘇聯將供應中華人民共和國鍛壓、發電和電工設備、石油設備、金屬切削機床、挖土機、泵和壓縮機、拖拉機、汽車、石油產品、黑色和有色金屬、壓延材、化工品和其他蘇聯向中華人民共和國傳統出口的貨物。」

我們曉得：蘇聯是一向對外宣稱中共與蘇聯的友誼是兄弟般的，中共則一向對外宣稱蘇聯對中共之援助是無私的。假若上述說法不是謊言的話，當此中國大陸飢寒交迫，災情極端嚴重之日，而且公報又說這一次貿易協定是「包括為了兩國國民經濟需要而供應廣泛的貨物品種」，那末，雙方所應交換的貨物，便應以有利於雙方的國民經濟生活直接有關的貨物才是。尤其此時此際，蘇聯生活水準遠比中國大陸高，且蘇聯亦未發生嚴重災荒，蘇聯供應中共的貨物，更應該針對中國大陸災情，而將有助於國民經濟生活的貨物運來才是。但仔細查閱上述易貨協定，蘇聯並無一絲一毫米麥運來，亦無一寸一分布匹運來，相反，還將可供穿着之生絲綢緞運去，其所運來者，實無一項是有補於大陸人民生計的。這可見蘇聯强盜雖以供應國民經濟為名，實以掠奪與剝削為實。

我們又曉得：大陸人民今日之所以陷於飢餓，一方面固由於自然災害，但更大的原因實因人禍。而中共將糧食運往蘇聯及東歐又是此一人禍中之一端。一九六一年度中共與蘇聯之貿易議定書，雖未指明再將糧食運往蘇聯，但亦未說明將糧食暫行停止運往蘇聯，如果今後不將糧食運往蘇聯，公報文字必將提及，而所謂「廣泛的貨物品種」，及「傳統的出口貨物」等字眼，實另有文章。大抵中共與蘇聯都避免在公報中提及仍應由中國大陸運糧食往蘇聯等文字，以免刺激中國大陸人心，同時，亦免予外間以太壞的觀感，實則，在所謂「供應廣泛的貨物品種」一句內，實已包含中共一九六一年仍應將糧食運蘇之規定。中共政權對蘇之賣國性與殖民地性，中共政權對內之殘暴性與剝奪性，亦由此更明白了。

最可笑和最可恥的，則還是中共與蘇聯之間的貿易會談，雖由北平移到莫斯科，時間則由二月拖延到四月，且又經過赫魯曉夫對中共貿易代表團之親自盤問，但蘇聯面對中國大陸之嚴重災情又作了什麼「無私的援助」呢？據公報說：「在會談中還討論了由於中華人民共和國農業遭受嚴重自然災害，而在一九六〇年貿易業務中產生的中華人民共和國對蘇聯的欠賬問題。蘇聯方面對中華人民共和國的暫時困難表示充分的諒解，並向中華人民共和國提出，上述欠賬在五年內分期償還，不計利息，中國方面以感謝的心情接受了以蘇聯在今年八月底以前以借用方式供應中華人民共和國五十萬噸糖的建議，糖價在一九六四——一九六七年期間歸還」。當此大陸七億人民普遍遭受嚴重災情之日，赫魯曉夫的秀才人情却只是借貸五十萬噸糖。試問這五十萬噸糖值得幾何？又試問中共統治大陸十一年來，蘇聯强盜通過中共賣國政權之手掠奪了中國人民好多財富？借此區區五十萬噸糖，眞是九牛與一毛之比了。「親如兄弟般友誼」之謂何？「蘇聯老大哥之無私援助」之謂何？中共政權之賣國勾當至此固然暴露無遺，蘇聯强盜之帝國主義猙獰面目至此亦眞可謂揭露無餘了。相信中國七億人民決不會容忍中共賣國政權長期存在，更相信海內外同胞決不會長期容忍蘇聯强盜通過中共賣國政權對中國人民之長期掠奪，同胞們，共同起來打倒蘇俄，推翻中共吧！

撫順煤鑛發生大慘劇
——却把責任推在日本人身上——

郭文廣

雖然「大躍進」不是中共整個統治下的一切經濟生產的眞象。但鋼鐵生產量和煤鑛生產量在不斷增產，却也是事實。這主要原因是鋼鐵生產乃軍火生產之基礎，煤鑛生產又是動力生產的關鍵的緣故，由於中共不斷追求軍火生產和重工業生產的增加，遂致中共統治下的整個經濟失掉了平衡，從而也就成了今日大陸嚴重災荒的人為原因之一。又因為中共特別着重軍火工業和重工業生產之增加，遂亦在事實上疏忽了和不可避免地造成部份工業項目的畸形增加，和許多其它部份項目的減產。這是中共十年來不斷誇張全面大躍進，實則只是少數項目畸形躍進之所以然。

煤生產量之增加，正好是這樣一種畸形。

說到增加生產，煤可能是中共最有把握之惟一種。這，因為增加煤的生產量，幷不十分需要現代機器設備，甚至只用原始的方法，多用勞力即可，求其生產量之增加，所以，我們認為中共在煤的生產量方面有所躍進，那是幷不奇怪的。因為大陸上有的是勞動力，中共又有的是奴役勞工的決心，那末，誰還能說中共的煤產量不能增加呢？

不過，慘劇也正從這裡產生。只因採煤是最簡單的事，所以，中共便不遺餘力强迫煤鑛工人去採挖，至於鑛工的安全如何？中共雖不斷宣傳，但那只是騙人的宣傳；事實上，中共是幷不關心的。難怪十年來，大陸各地煤鑛已曾不斷出現慘劇，只是中共對於這些慘劇之發生一向對內對外都加以嚴密封鎖耳。

是不是這些慘劇都能完全封鎖得住呢？有時當然可以，有時却是不可能的。尤以大慘劇發生的時候為然，以最近撫順煤鑛所發生的大慘劇為例，就知這些慘劇終於不能完全封鎖。甚至，最近的人民日報也不得不間接加以承認了。

雖然，人民日報自始至終沒有把撫順煤鑛的爆炸慘劇的經過及死亡詳情說出來；但從四月七日人民日報轉載中共遼寧日報記者集體採寫的一篇「撫順勝利礦五區調查報告」一文，却將撫順煤鑛確曾發生慘劇的事暴露無遺。

它說：「一九五九年第五區曾經連續三個月產量超過三萬噸，獲得了中央煤炭部的火箭紅旗獎。一九六〇年初，全區日產量約佔全礦總產量的五分之二。當時，人們提起五區職工的幹勁和生產成績，都滿口稱讚。可是，正當大家充滿信心，立志向上的時候，在一九六〇年四月三十日，在一二〇七大掌子裡，突然發生了一次瓦斯燃燒事故。事故發生後，中共撫順市委和撫順礦區黨委領導同志都親臨現場，和對這次事故及時作了認眞嚴肅的檢查和處理。並且拿出一個多月的時間，總結經驗教訓，在全礦區展開了安全教育運動。通過這個運動，一邊向群衆說明，只要遵守規程，摸清規律，事故並不難防，使大家在思想上消除恐懼，樹立人定勝天，安全生產的信心；一邊抓緊組織全礦上下進行保安大檢查，採取措施，建立制度，堵塞漏洞，不給事故以可乘之機。但是瓦斯事故的魔影，使五區廣大羣衆的生產情緒受到了很大的挫傷，一時，出勤率下降，採煤欠產。從此，生產勃勃的五區變成了全礦的落後產區，由五月到九月，月月完不成計劃，被動局面，一直拖延到五個月之久」。這可充分証明撫順煤礦確曾發生大慘劇，而且死亡人數一定很多，所以才使採煤工人大大恐懼，終至中共黨委們親自出動，也不能消除工人內心的懼怕心理。否則，在中共黨委們的誘迫兼施刀鋸斧鉞羅列的情況下，採煤工人斷不敢消沉到如此地步的。

對此，中共的宣傳機器却把事故的起因完全推在日本人身上。它說：「原來，十二道日是日偽時期亂採亂掘丟下來的一個舊採區，舊巷舊坑縱橫交錯，解放以來，周圍煤礦早已採空，只剩了中間一塊殘採煤柱。地壓大，煤層不整，由煤礦基本建設隊伍開鑿出來的溜子道、管子道、皮帶道，沒等移交給五區生產，就不正常。事故發生以前，全區職工雖然疲於「三道」的維護，但情況還沒有發展到影響生產的程度，事故以後，人心不安，管理不善，「三道」情況迅速惡化。這時，全區生產工人的出勤率由百分之九十，顯著下降到百分之六十至百分之五十，每天兩千三百噸的採煤計劃，幾乎連一半也完不成」。但迄撫順煤礦去年四月三十日發生瓦斯爆炸，計算時間，已距離日偽期達十四年。中共佔有撫順煤礦亦已十二年。在此長時間內，中共何以毫不作安全檢查呢？這就可見中共對採煤工人的安全漠不關心，而只知奴役與壓榨，等到事故發生，才把責任推給十四年前的日偽統治者，這無論如何也不能自圓其說。

寮邊泰軍枕戈待旦

何之渦

由於寮國戰局的流動不定，戰火可能蔓延及湄公河岸，因此泰國方面已採取措施，宣佈東北沿寮邊境五個州府，進入緊急狀態，泰國的最精銳部隊，也已源源北開，以防不測。據說這些前進精銳部隊，也準備於一旦必要時，進入寮國參戰。

泰軍的施行北部及東北部邊防部署，已經不自今日始，但軍事調動的龐大，却以這一次爲最具規模。以前泰國也曾多次因四隣邊境發生問題或糾紛，派遣軍隊到邊境增防，甚或備戰，並同時對有關府份，宣佈進入緊急或戒嚴狀態。如泰南方面因與馬來亞會剿馬共，南部四府便經常在戒嚴狀態中。去冬緬匪入寇邊境夜東縣，事發後即趕派兩旅團軍隊，前往彼處搜索。泰國與高棉因爭奪考柏威限山邊界衝突中，高棉突然承認中共，且傳中共進入高棉，一時泰棉邊境，泰軍奉命前往「驅逐」，也曾調動佈防，警告遊擊隊限時離境，否則採取「射擊」。但每一次的軍隊調動，都是防邊性質，並沒有「進軍」準備像這一次一樣。這一次的軍事行動，與其說是實邊佈防，毋寧說是準備援寮參戰。所以規模龐大，自不待說。

泰國對於寮局的敏感，原是不言可喻的。寮族原是泰族的一個支系，種族、語言、宗教、文化、一切相同，地域更是犬牙交錯。因爲這些原故，接近邊界地區如寮都永珍，泰邊廊開，雙方居民在對方境內居住或作貿易營生的，不下五六萬人，這些人的過境往來，大部份是毋需護照簽証的，視如一家。所以自去年八月永珍李江政變，寮政權有左傾之虞時，泰方即已採行戒備。不過那時也還不過是佈防觀變，並沒有這次派兵準備出境的積極性。

泰國一向强調干預寮局的重要性，在東南亞公約會議中不祇一次的主張軍事干涉，並且表示願任前驅。當東南亞公約沒有決策時，泰方且聲稱要「單獨行動」。但直至現在，單獨行動仍未見實現，這大概是鑒於泰軍一旦入寮，越盟共軍必然出而干預之故。泰國軍隊不過十萬，越盟部隊達三十萬。所以泰國終於還是採取忍耐和配合的政策，也即是觀望國際上寮國停火談判的進行，軍事方面，則作與東南亞公約配合行動的準備，換句話說，如果出兵，不會是泰國的單獨出兵，而是東南亞公約的進軍，且可能不只一國的軍隊。這一點，從目前軍事調動的部署上，就可以看得出來。

泰國的陸軍基地，在中部的華富里，南距曼谷一三三公里，是北線（曼谷至清邁）鐵道的一個主要站，南下至曼谷北七十二里的大城，便是轉往東北線（近寮國方面）的交叉站，沿鐵路東北駛到大城東北二六四里的戈叻，便是東北重鎮。戈叻有龐大的現代軍用機場，是由美國建成，於去年移交給泰軍，使用的，移交當時，泰方前國務院長乃他隆，曾到此主持接收典禮，具見各方對此機場之重視。戈叻向北再三百里，就是東北線終點烏汶（也稱烏隆）距極邊廊開四十里。廊開則與永珍隔湄公河相望。

烏汶原有一個不大的機場，但幾月前已加擴建，成立一個前進空軍基地，有數十名（一說百餘名）美國顧問，在該處駐紮，他們責司對寮國方面的聯絡，估計軍事形勢，提供軍事建議，尤其最重要的，是他們將負責緊急的空運輸送軍隊，和軍隊在軍事行動中的補給。軍糧的補給，泰國本身有充足米食，不成問題，如有問題的話則是運輸，因在戰時，即泰軍入寮之後，也許東北線火車會被炸斷。那時由公路輸運所需的車輛，及空運的飛機，便需由美國方面大部負責。至於武器供應，可能自外國來抵曼谷，然後空運至烏隆或色軍方面，支援前線。

目前進入「預備陣地」的泰軍精銳，即分駐於烏汶、廊開、色軍等地的，已有二個旅團，其一屬於精銳第×師的步兵，其一則是裝甲兵團，有數十輛M二四型的坦克。色軍在烏汶偏東稍南，六十里至那坤拍農，與泰國的他曲，也隔湄公河相對，形勢一如烏汶廊開與永珍」的距離。

因爲據報寮共遊擊隊在他曲及北汕區域活動，且有李江的後續部隊，「可能進攻北汕，有進窺沙灣那吉企圖」，泰國當局認爲形勢緊急，戰事已迫近湄公河，故乃沙立元帥特自泰南避暑地華欣趕回曼谷，策劃應付。乃沙立元帥對記者表示，北汕的重要，對於泰國不下於永珍，或且更爲重要。「若他曲陷落，我們便難免麻煩。」

乃沙立元帥已召開一個高級軍事會議，對湄公河沿邊軍事形勢，加以檢討，並下令特別警戒。但對於泰軍在何種情形下方才開入寮境作戰，乃沙立元帥不肯作答，也許，這仍是東南亞公約所要取決的一個問題。（曼谷通訊）

蘇加諾吃下中共的糖衣毒素

據美聯社報導，最近的「每日快報」曾發表過這樣的言論：英國政府撤銷其邀請印尼總統蘇加諾訪問倫敦的請柬。該報指出：蘇加諾的訪問，祇有一種結果，那就是離間英國的友邦。該報並謂：不可爲這個滿臉堆着笑容的人所愚，他是世界上最危險人物之一。該報又很不客氣地揭露：在第二次大戰時，蘇加諾曾當過日本人的傀儡。

英國的應否撤銷邀請蘇加諾的訪問？這點，我們可姑置勿論；但蘇加諾的足以離間英國友邦，却是事實。他不特足以離間英國的友邦；還足以離間自由國家的盟友；因爲，他已吃下了中共的糖衣毒素」！

印尼向是國際共黨在亞洲所爭取的對象，是以她雖曾爲「華僑雙重國籍問題」跟中共一度鬧至關係瀕於惡化，但到了最近，中共却轉而向她低頭，卑躬屈膝地派出「外長」陳毅前往訪問，撕開了狡獪的嘴巴，和蘇加諾商談解決辦法，而終於忍讓遷就，不惜出賣當地僑胞的利益，來博取印尼的「友誼」的恢復。中共這種兀突的行動，當然並不是對印尼有所畏懼，而是抛下了一些糖衣毒素給印尼吞食。從這擺在目前的事實中，我們立刻可以領悟到：國際共產仍要利用印尼，故此中共也不得不要替國際共黨要要把戲，給點甜頭予印尼嘗嘗，而這甜頭裏，却是含有高度的麻醉成份，使印尼吃下了之後，便昏昏迷迷中供國際共黨利用。蘇加諾這傢伙，却欣然承領了中共這「盛情」；換言之，他已甘於供國際共黨利用。

從陳毅最近聲明中，我們可以看得到，國際共黨在亞洲各國間，將繼續煽動起「中立主義」的高潮，加强對自由國家的分化作用。陳毅說：中共要和印尼共同負担起反殖民主義的任務。此外，又提出了「重開亞非會議」的主張，其目的何在？昭然若揭。

國際共黨在亞洲的活動，其主要敵對目標就是美國和英國，故一方面要唆使一些國家陶醉在「中立主義」中而和美國隔離，另方面則挑撥大英聯邦成員間紛亂。此外，并加强下列三項陰謀：第一，擴大西方國家在遠東政策上的矛盾；第二，打擊東南亞公約的組織；第三，破壞亞洲反共國家的團結。上述這些企圖，就是中共抓緊蘇加諾來作「中立」的統戰工具的一項最陰險的手段。蘇加諾既受了利用，則國際共產的所謂「民族反帝鬥爭」和「民族解放鬥爭」，便將可以在亞、非、尤其是在亞洲獲得更進一步的擴展。

蘇加諾受到了陳毅甜言蜜語的引誘，在中共「和平五原則」迷惑下，整個印尼，也快將墮入國際共黨的陷阱裏。今後印尼的動態，當然是很值得我們注意的。姚成。

女同志湧起「減產」浪潮

·廖秀娟·

「水客」張吳氏，四月十二日又匆匆回穗做買賣去了。當她起程前，我發覺她這次所帶的貨品中，有兩種新奇的東西：其一是避孕藥，又其一是「通經丸」。我不禁詫訝起來，呆呆的看個出神。

張吳氏眨了我一眼，微笑地說：「這是新近暢銷的搶手貨哩」！

「搶手貨」？我以爲在大陸嚴重糧荒當中，祇有食品才是必需，怎料得到避孕藥和「通經丸」也變成了奇珍。

「對啦」！張吳氏點點頭；接着解釋道：「在糧荒時期，食品是屬於積極性的療飢，而避孕藥和「通經丸」却是屬於消極性的「減產」，都是同樣急需的囉」！

我大笑：「虧你想得那麼精細，你眞夠投機」。

「不是我投機，而是在我上次返廣州時，許多女同志預先向我訂購的」。張吳氏對我說清楚了此中實情。

大陸的女同志也是人，當然免不了性的需要，但在「毛主席的恩情」下，她們的糧額已被一再削減而受到了飢饉的威脅，倘若「喝了一杯水」之後而產下了乖乖，那就更必然會給活生生的餓死，女同志們在這環境裏，唯一的辦法，祇有乞靈於藥物，實行避孕和「通經」。從張吳氏所透露的情形來推測，我們便可以意料得到，大陸女同志刻正湧起了「減產」的浪潮。

廈門橡膠廠工人怠工反抗迫害

·江水·

廈門鷺光橡膠廠，自入春以來，廠中「黨委」即會同「工會主委」向全廠工人展開「提高質量鬥爭」，不斷舉行「質量對比分析會」和「各小組質量檢討會」，迫令各工人提高產品的質素，並硬性採取「扣罰工資」辦法，如認爲某一組工人的產品不合水準時，則將該組工人的工資扣罰；因此，早已引起工人的反感。各工人一致指出，廠方所用的原料不合水準，而强要工人製造出合水準的產品，係屬無理取鬧的糊塗措施，業經一再向「黨委」提出抗議，詎「黨委」不特悍然不顧事實，反而變本加厲，對「扣罰工資」的數額，日益提高，於是更使各工人憤恨填膺，乃於三月廿一日，實行怠工反抗。據悉：目前怠工情況，仍在日趨嚴重中。又據閩南消息：晉江「龍湖公社」的生產隊中，有男女農民三百多人，因糧食缺乏，營養不足，患嚴重水腫病，不能工作，以致生產額銳減；而當地醫藥又極度缺乏，病人生命，均受莫大威脅；其慘狀非筆墨所能形容！

粵省各農村傳染病流行

粵省各農村，如羅定、懷集、德封、廣四、新興、龍川等地，刻正流行發冷、感冒等傳染病，病人數字日增，因之勞動力削減，影响春耕生產，相當嚴重，共方雖加緊抽調大批醫務人員，組成醫療隊，分赴各農村施治，但中西藥物均告奇缺，醫務人員大感束手無策，惟有改用針灸，及按摩、氣功等手術來替病人治療，因而效果極微。此種情況，目前仍在繼續發展中。又由於共方一方面再削減農民的糧食，一方面加强壓榨農民的勞力，致令農民百病叢生，老弱的固然常受病魔侵害，即青壯的也發育不健全；精神、體力，萎靡不堪，故上述的傳染病，更易流行。據新興的消息：該縣患感冒病的農民，每二十人中即有一人；至於因營養不足而患色盲症的，則約每五十人中便有一人。農民受此浩刧，無不對中共切齒痛恨！

談知堂老人的「立春以前」

方士

知堂老人周作人是五四運動文壇上的健將，其散文沖淡雋永，為人所喜；晚年之作，尤為爐火純青。前年四月間，獲得他的一冊民國三十四年出版的「立春以前」，係上海陶亢德的太平書局所發行。唯此書印成未發行，書店已關門，故市上未之見。這是一本不可不讀的好書。本港一位左派記者數年前進大陸，訪周於北平八道灣苦雨齋，云獲得一本未發行的散文集，也就是這本書。關於此書周在後記中云：「立春以前是我的散文集之第二十二冊。自民國十二年自己的園地出版以後，至今亦已有二十二年，算是每年平均出書一冊，也還不多。但是這一冊裡的文章二十幾篇，差不多全是半年中所寫，略有十萬字左右，那就不能說寫得少了吧。這個原因本來也很簡單，因為我從前說過，以看書代吸紙烟，近來則又以寫文章代看書，利用舊存稿紙筆墨，隨時寫幾葉，積少成多，倏忽成冊」。這時期周的作品前有藥味集，藥堂雜文，藥堂語錄，書房一角，以及苦口甘口；其云以看書代吸紙烟，即是在藥堂語錄序文提及。尤其後來又翻譯希臘神話；和日本文泉子之如夢記，刊登於北平頗具水準的藝文雜誌上，統計起來確是很可觀的。其寫文章自稱「分做三節，其一是乙巳至民國十年頃，多翻譯外國作品，其二是民國十一年以後，寫批評文章，其三是民國廿一年以後，只寫隨筆，或稱讀書錄」。而「立春以前」是隨筆中有興味的一冊。書名因其有篇文章曰立春以前，紀其誕生甲申之立春以前。集中共收文章二十六篇；但最後題目名辯篇題跋，却包括八篇，實際算來便有三十三篇文章。

這些文章很多是筆者所讀過的，如登於藝文雜誌上的文學史的教訓，大阪每日上的雨的感想，載於友人謝五知所編逸文的關於送竈，都似舊友重逢，故份外覺得親切。其餘關於草木蟲魚的蚯蚓，螢火諸篇，由「草木蟲魚，窺知人類之事」，固極精彩。而十堂筆談，冠以小引，再分小題，所談有漢字，國文，外國語，國史，博物，醫學，佛經，風土志，夢；其思想之通達與行文之風趣，最能看出老人的思想風格。如醫學則內云：

「在學校書本子上得來了好些新知識，好像是藥材店的許多小抽屜，都一隔隔的收起來，和歷來在家庭社會上得來的更多的舊知識，並排的存着，永不發生關係，隨時分別拿出來應用。所以學過生理學，知道骨骼臟腑構造的人，有時還仍舊相信舊書上所說的話，例如女人比男人要多或是少一根骨頭，古時某人是鎖子骨的，或靜坐煉氣，這氣可從丹田往上行，向頂上直鑽出去。本來氣這說法在古希臘也是有的，沿至歐洲中世還是如此，因為解剖屍體時發現動脈是空的，以為這是氣的管子，自血液循環說成立，這才只限定於呼吸系統之內了。中國種種舊說在以前都是當然的，現今青年已經習得確實的新學說，總當來清算一下子，屏除虛妄，擇定一種比較正確的道理，以便有所遵循，勿作模稜兩可才是」。又如風土志云：

「新的鄉土志將來讓我們希望再有一天會得復興起來，從新編纂出好書來，現在暫且用一部分舊書，姑且稱為風土志零本，小學無可如何，請中學以上的青年隨意看看，也是好的。我的本意實在是想引誘他們，是的，我老實的說引誘，進到民俗研究方面去，使這冷僻的小路上稍為增加幾個行人。專門弄史地的人不必說，我們不敢去勞駕，假如另外有人，對於中國人的過去與將來頗為關心，便想請他把史學的興趣放到低的廣的方面來，從讀雜書的時候起離開了廊廟朝廷，多注意田野坊巷的事，漸與田夫野老相接觸，從事於國民生活之史的研究，雖是寂寞的學問，却於中國有重大的意義」。這種「無論如何總不想越過常識」，而又流露着思想的好文章，在中國近代的作家中是很少可及的。柳存仁著人物譚，廢名一則內云：「我們平常拿一本散文來讀，最喜歡的境界應該是周作人，尤其他那些「呵佛罵祖」不避於沖淡的隨想」；這便是知堂老人文章的可愛處。

現在的周氏，看其魯迅的故家，魯訊小說裏的人物」，日本狂言選，俄羅斯民間故事，烏克蘭民間故事，歐里庇得斯悲劇集；及近來出版的過去的工作，知堂乙酉文編等書，雖病後體衰，已屆七十一歲高齡，又屢受挫折，多未得意，但其文章風格，却是今不異昔的，思想亦是始終一貫的。民國七年寫歐洲文學史稱：「希臘神話，內容豐富，為他民族所不及」，今日仍是對希臘神話不放鬆的殫精逐譯；民十一到燕京大學教書担任中國文學系的新文學組，以「集中於明代，起於李卓吾，以李笠翁為殿」。一直到今天，仍是喋喋不休的說：「明季的新文學發動於李卓吾，其思想分子很是重要。」所以，當今大陸正要捧魯迅的當兒，來提出周作人的著作，知道一下他的文章並不在魯迅之下。尤其魯迅的文章，除小說外，多及時事，看似潑辣犀利，但時間一過，便索然乏味，反不如周作人有內在的情味，含有無限的滋養性。

因此，今天來介紹這本市出版，書店即關門，而未能普遍發行，使人多見的「立春以前」，不是沒有意義的。

文壇泥爪

徐志摩與戲劇運動之二

「劇刊」的開場白，是志摩在創刊號上發表的「劇刊始業」一文，這等於他們這個戲劇運動的宣言，說明了他們的目的和動機。他首先舉出當年哥德因槐馬劇院要演狗戲而發怒的事為引子，想在中國提高戲劇的地位，他說：

「我們在現在的中國却用不着着急，戲先就是游戲，唱戲是下流，管得台上的是什麼蹄子？這「說不得」的現象裡包含的原因當然是不單簡，但就這社會從不會把戲劇看認真，在他們心目中從沒有一個適當的「劇」的觀念的一點，就够碍路。真碍路！同時我們回過頭來，想在所謂劇界裏找一個莫利哀，一個莎士比亞，一個席勒，一個槐格納，或是一個契訶夫的七分之一的影子，一個永遠規不正的圈子，那頭你也拿不住。」

這裏，他指出了自「新青年」提高易卜生主義以來戲劇運動失敗的癥結：「新青年」那些人會簡單地以為中國舊式的歌劇是中國新式話劇產生的Stumbling-blocks，因此對舊劇採完全否定的態度，却忽略了戲劇這一行業包括演劇和編劇在社會上的受人鄙視。「品花寶鑑」所描寫的名士與相公的那種「調調兒」的傳統，一直影響到民初；文人給名伶編寫劇本，又哪裏是為了戲劇的本身？「吹斷人間紫玉簫，年年春痕總如潮。英雄若是無兒女，青史河山更寂寥。」在抱着這樣心情的文人當中，又怎會產生第一流的劇作家來？志摩等要打破這種惡傳統，但看到過去那些改革的失敗，也知道並不容易，他說：

「這年頭，這世界也够叫人挫氣，那件事不是透裏透？好容易你從你冷落極了的夢底裏撈起了一半輪的希望，像是從山谷裡採得了幾莖百合花，但是你往那裏安去，左右沒有安希望的瓶子，也沒有養希望的淨水，眼看這鮮花在你自己的手上變了顏色，一瓣瓣的往下萎，黃了、焦了、枯了、吊了，結果祇是傷慘！」

「詩刊」的「放假」，在他是引為「傷慘」的。當時那位盲詩人愛羅先珂在北京曾喊過「寂寞的沙漠」，曲高和寡，誰又懂得崇高的藝術？藝術降貶為功利的工具，在新文學一開始就危險地走入這一邪途，「詩刊」只活了十一個星期，就是因此而犧牲的明証。現在再來搞戲劇運動，真是不識時務的呆子了。然而一個忠於藝術的人是永不死心的，「春蠶到死絲方盡，蠟炬成灰淚始乾。」所以志摩又說：「誰說我們這羣人不是夢人，不是傻子？但是完全訣別我們的夢境以前，在完全投降給絕望以前，我們今天又撈着了一把希望的鮮花，最後的一把，想拿來供着在一個藝術的瓶子裏，看它有沒有生命的幸運。這再要是完事，我們也就從此完事了。」後來雖然比「詩刊」多延長了一個月的壽命，但仍不免於是「一個半破的夢」！

四十與一

宣建人

「我，我，我……是遵照醫師的話做的。」他嬉皮笑臉的說。

「你做過護士？」

「蓉，我是護士速成班畢業的。」

從此，他們家庭中的氣氛充滿了希望與喜悅的笑聲和親熱的低語。

「大鵬，你喜歡男孩女孩？」蓉眉毛向上一揚問。

「女孩。」大鵬毫不遲疑的說，「你呢？」

「兒子。」

「女兒好！」

「兒子好！」

兩個人爭論的哈哈大笑。

時間一直在前進——

錢大鵬在產房外轉來轉去，那條長靠椅他是坐不了兩分鐘的，就站起來打轉。香烟一支接一支的抽着，抽得嘴唇舌尖都麻痺了，甚至烟頭燒燙了手指。他微微的聽到蓉在分娩前的痛苦的掙扎，他的左手握成拳頭，願分担她的痛苦。

很久，很久，很久，產房裏傳來了嬰兒的「呱呱」啼聲，他才把緊張的心弦鬆弛下來，吸了一口氣：「啊——」

他想分辨那「呱呱」啼聲，是男是女？這他沒有經驗。遠不及他辨別馬達的聲音。

產房門開了，白衣的護士小姐堆一臉笑，分享一份喜悅：

「恭喜錢先生，添了一位少爺。」

他圓臉上自自然然的泛起歡悅的微笑，洗去往年心裡那種淡淡的憂鬱。

他走下醫院大門前的石階，春天的陽光與階邊的花影，增强他生命的光、熱、與力，他揚手招呼街車，笑迷迷的低語：

——四十（歲）與一（歲）！

孩子，他的生命的延續——

（續完）

記林長民

盧堂

貴刊第一〇二期一文，談到林長民之女林徽因，有「林是段祺瑞內閣時代的司法總長……為東北籍」云云。當係誤會，茲畧述林氏生平如次：

林長民名宗孟，閩縣人，他的父親林孝恂，字伯穎，是光緒十五年己丑科庶吉士。散館時，散為部曹，改官仁和縣知縣。長民於光緒廿八年（一九〇二年）與其從弟肇民、尹民，覺民同往日本留學，長民入早稻田大學習政治經濟。他在東京和梁啓超相識，遂成為後來研究系的重要幹部之一。民國成立後，林長民更活動，袁世凱解散國會，設參政院，以黎元洪為院長，汪大燮為副院長，長民為秘書長。這個「長」本是閒曹，他根本沒有什麼表現，但卻以美髯見稱於時。民六張勳復辟失敗，段祺瑞組閣，羅致名流，研究系的台柱梁啓超、湯化龍、林長民聯翩入閣，長民任司法總長（梁財政、湯內務），後因段與馮國璋相爭，段閣解體，林即下野，其為總長不過三個多月，因閩人刻「三月司寇」一印佩之，學孔子也。

長民下野在民國六年（一九一七年）十二月，翌年即以考察名義赴英倫，林徽因恐怕就是那時候跟他去英國的。但也許遲兩年，還要再考一下，因為民國七年她才十四歲，這樣小年紀到英國留什麼學？長民在歐洲的時間有兩三年，張君勱主張他在倫敦求學，不要用「考察」的名義出動，還說他的英文根底好，那大概是事實。他在英倫歸國不久，陳石遺於民十冬間入京，在長民家中飲讌，有「白話」七古一章贈主人，詩云：「七年不見林宗孟，剗去長髯貌瘦勁。入都五旬僅兩面，但覺心親非面敬。……小妻兩人皆揖我，常服黑色無粧靚。……長者有女年十八。游學歐洲高志行。君言新會梁氏子，已許為婚但未聘。……」這是說長民有兩個姨太太，長的一個養下林徽因，年已十八，在英留學，已許婚梁氏子思成，但尚未過門，這個時候，大概就是徐志摩在倫敦大追林小姐之時了。（林小姐死於一九五五年，墓有宿草，徐志摩死亦三十年了。）

林長民死難事，最好就是抄他的同鄉好友林庚白所寫的一段隨筆罷。庚白的「孑樓隨筆」第二十七頁記云：郭松齡之叛作霖也，欲自樹立一新勢力，而植其基於關外，徐圖號召中原。故舉兵時，羅致聞人，饒漢祥、于正廷、林長民等，咸在延攬之列，又屬其總參議蕭其煊招余，余遜謝，正廷亦未果往。往者僅饒林二君。松齡討張作霖檄，用駢儷，以李嗣源自比，蓋出於漢祥手筆。既戰屢捷，顧以日人之袒張，又部曲諱變，致敗。漢祥長民，各倉皇御「薄笨車」宵遁，途值奉軍，吒問誰某，漢祥悖而墜於車下，奉軍睹其面目猥瑣，衣履尤敝，誤為奴輩，揮之使去，秘書鄧某，亦鄂籍，氣宇軒昂，方華服高據車廂，羣以為漢祥，執之去，遂及於難，則知貌寢者有時轉以此邀倖。長民將就郭之前數夕，折柬約余與方聲濤飲於雪池寓齋，酒半，戲拈「成」字問休咎。余謂君必久留矣。迨松齡軍挫，長民之弟以電覓其兄蹤跡，偶相值，其余忽悟長民所拈之一「成」字乃大不祥，「成」者戈下不成人也，是必無倖免之理，已而果然。此自科學之眼光而言，不得謂非迷信無稽，然其奇中；亦正不可解。

所記頗趣。奉軍既殺長民，見他的形貌似日本人，慮起交涉，乃將其屍火化，因此其弟天民往收屍終不獲。（庚白文中之「其弟」，大約即天民）故李拔可哀長民詩有「死者已忘生者未忘骸」之句也。長民死於民國十四年十二月廿二日，今我草此文又是十二月廿二日（是日冬至），長民死三十五周年了。林庚白也是福建名流，生平喜言星命之學，以民國三十年十二月在九龍被日寇槍殺，其死與長民同而不同，皆死於槍下，庚白避刼，特從重慶飛抵香港，不十日即遇珍珠港事變，長民則因馮玉祥的國民軍與段祺瑞不和，生怕被禍，故毅然就郭之聘，亦思往東北一避也。福建兩林的命運如此，亦一奇。

雪池是長民在北京的齋名，其地在景山附近，庭中有雙栝，故又自號雙栝老人。死後，此屋為胡適之所買，今又不知如何，雙栝料尚無恙。今摘錄梁敬錞哀宗孟的「雙栝行」於此，以結束吾文。（宗孟死時只五十，徽因思成正在美留學。）

主人才高好儀宇，每揖雄談傾衆吐。典章文物出襟袖，將相王侯斥鹵簿。此時吾栝亦有神，怒榦繁枝鬱鬱春……鎖廳秋冷射堂虛，斜巷蒼涼蒿滿目，樹猶如此人奈何，明朝新主買新屋。

武仲翁招食家製粉角雋絕賦謝四疊均

——履川——

馬翁眞鑑家。選客趁佳日。粉角天下雋。
咄嗟辦百十。盈盎金虀呈。牢規玉手出。
醪滲資挹芬。緣密每嚴隙。羊城奔車致。
斷夢語傷昔。豈惟食憲章。詩壇足張席。
會當卷旆旌。逡巡走入壁。

書枚為我校詩絕精核賦謝五疊均

珠海初論詩。深語每移日。我才不及君。
豈只里三十。神劍森寒鉎。在冶躍思出。
却煩歐冶子。灌礲工蹈隙。竹林文酒會。
康莊夢猶昔。何期窮溟聚。談經各據席。
與來吐瓊瑤。輝我屋漏壁。

伯鷹偕其淑儷游西湖寄詩壽我六十媿未能和報以斯章六疊均

我生嗟不辰。今辰負元日。平生百不就。
蹉跎遂六十。萬里辱相厚。名篇脫手出。
聖湖鷗波侶。玄思籠雲隙。少年燕市游。
狂歌儼如昔。何時重使酒。地天忝幕席。
三復遙拜嘉。寒月方映壁。

題王漁洋詩翰卷子七疊均

王卷置我案。泯然忘時日。厥詩吾少誦。
上口不及十。獨標神韻超。法自李何出。
濯濯楊柳姿。春風媚簾隙。揭缽覩新題。
吾見頓易昔。瑰奇寓隱秀。淸初足專席。
拔幟起異軍。世久易趙壁。

析支列傳（一三）

亮之譯註

43 依腓尼西亞人及迦太基人(Carthaginians)（註一）之所述，此一海上旅行，實已圓滿成功，以前此阿克曼尼人（Achaemenian）（註二）狄士培(Teaspes)之子薩特士培(Sataspes)實未嘗航抵利比亞故；以彼雖啣命而往，以憚於旅途艱遠，違母氏之慈睠，功虧一簣而歸故。初，薩特士培以姦汚麥加拜哲（Megabyzus）（註三）公主之子卓披拉（Zopyrus）之閨女，大觸薛西士王（Xerxes）（註四）之怒，判以牛杙戮殺之。而其母者，大流士王姐也，為之請，矢當重懲其子，俾更稱王意。懲之之法，即令其必繞航利比亞，而自阿剌伯灣歸埃及以贖罪。薛西斯許之；薩特士培因率其船徒向赫邱利柱而去。距方踰斯突勒斯（Straits）（註五），明知所見為梭利士角（Cape Soloeis）（註六），竟謬指即利比亞岬，亟折而南。續行數月，又以大海茫茫，蒼波無際，心胆俱寒，卒廢然返棹歸埃及焉。歸因揑奏業登利比亞岬；謂其地民皆侏儒（註七）。衣皆棕櫚。每於彼至，輒棄城鎮，遁入山林。又謂其俗初無罪犯，唯攘人牛羊，乃罪不可逭云。

凡此託辭，即為其未嘗眞繞利比亞而發。彼謂其船不能駛行更遠者，實坐已生故障故，然薛西斯王雅不之信；卒以有虧使命，一仍前判杙而死之。時有寺人，聞其死也，亟竊其部份貲財而逃；至薩摩斯（Samos）（註八），復悉奪於某薩摩斯人。此人姓名，余固稔知；特於此處，寧忘之耳。

（註一）迦太基人（Carthaginians）：迦太基（Carthage）乃古代著名之城市，位於今非洲突尼斯附近。初為腓尼西亞之殖民地，腓尼西亞衰，乃成為獨立國。

（註二）阿克曼尼人(Achaemenian)：阿克曼尼地（Achaemenidae）乃古波斯王室。前五五八——五三〇年由西拉士大王(Cyrus the Great)為君。至前三三〇年大流士三世（Darius III）為馬其頓所滅。

（註三）麥克擺扎氏乃薛西斯一世（Xerxes I）之女。

（註四）薛西斯一世（519?—465B.C.）乃大流士一世之子，前八四五年即位。

（註五）即直布羅陀峽。

（註六）原註：即今斯巴達爾士角（Cape Spartel）。

（註七）原註：此乃第二次述及在非洲之侏儒族。」

（註八）島名，在小亞細亞西岸愛琴海中。

寄售書目

（五〇）舊小說　商務，吳曾祺編，分漢魏六朝、唐、五代、宋、金、元、明、清共六集，二十冊，四十五元。

（五一）唐人說薈　掃葉山房，大字精校，十六冊，布套兩函，十五元。

（五二）三國志演義　上海圖書集成局七十年前印行，大字精校本，十二冊，三十元。

（五三）三國演義　亞東標點本，胡適錢玄同序，四冊，廿元。

（五四）三國志演義　上海春明書店，金聖歎批，八冊，四號大字，十五元。

（五五）水滸傳　中華，金聖歎批改貫華堂原本，附精美插圖上下兩冊，二十五元

（五六）一百二十回的水滸　商務，胡適序，二十冊，四十五元。

（五七）紅樓夢　亞東標點本，胡適考証，六冊，三十元。

（五八）紅樓夢　作家書店，橫排本，三冊，十五元。

（五九）水滸研究　上海文藝聯合出版社，何心著，一冊，五元。

（六〇）宋江三十六人考實　作家書店，一冊，余家錫著，二元五角。

（六一）石頭記索隱　商務，蔡元培著，附紅樓夢董小宛考，一冊，五元。

（六二）紅樓夢研究　棠棣出版社，俞平伯著，一冊，五元。

（六三）紅樓夢新証　棠棣出版社，周汝昌著，一冊，十元。

（六四）紅樓夢人物論　國際文化服務社，大愚（即王崑崙）著，一冊，十元。

（六五）林黛玉的悲劇　千代社，阿印著，一冊，二元五角。

（六六）紅樓夢版畫集　上海出版社，阿英編，一冊，十元。

（六七）紅樓夢寶藏　重慶陪都書店，高語罕著，一冊，十元。

（六八）儒林外史　作家書店，一冊，五元。

（六九）儒林外史研究論集　作家書店，吳組湘劉大杰等著，一冊，二元五角。

（七〇）儒林外史論　上海出版公司，何滿子著，一冊，二元五角。

（七一）東周列國志　作家書店，兩冊，八元。

（七二）精忠傳彈詞　商務，嚴周顯芳著，一厚冊，五元。

（七三）警世通言　作家書店，馮夢龍編，一冊，五元。

（七四）二刻拍案驚奇　古典文學社，凌濛初著，上下兩冊，十元。

（七五）聊齋誌異　掃葉山房，十六冊，廿五元。

要者請向九龍鑽石山大觀路惠和園三號「卓如編譯社」洽購。大學，圖書館，及研究機構購買，一律八折優待。定價已酌改，以此次所登出者為準。

本刊已經香港政府登記

聯合評論

週刊

每逢星期五出版

United Voice Weekly

第一三九號

督印人：左仲平
社址：九龍太子道三十二號三樓　電話68678
承印：嘉羅印刷有限公司　香港灣仔馬師道5號
總代理：友聯發行公司　售價每份港幣一毫
本報美洲總經售處　美國紐約中美出版社
CHINESE-AMERICAN PRESS, INC
199 CANAL STREET.,
NEW YORK13 N.Y.U.S.A.
美洲航空版每份售美金一角

獨裁亡國論

張君勱

古今立國之道，上自古代之君主專制，下迄近代之民主，其間有共同原則，爲人所信守者：曰君主之愛民，則全國人民無不在所愛之中，而不聞有彼此之分界。曰臣民之盡忠，爲臣爲民者，忠於職守，奉公守法，而不聞有所謂疑貳與密報之制。曰事事公開，君之詔告與臣之奏議，一切登諸宮門抄，全國所共曉，不聞有所謂秘密爲若干人所不知，不聞有所謂僞造，以少報多，以多報少。曰公心用人，上自宰相，下至各部員司，其進退黜陟，有一定規程，不聞以黨同伐異爲標準者。如此古代之君主專制，爲廿世紀人所吐棄，然其善惡是非與夫法不法之標準，固昭如日月，非由一人一黨以己意爲好惡者也。

歐美近代政治進於民主矣。美國獨立，法國革命，英國憲政，其間有自由平等，固全國人之自由平等也，有所謂人權，固全國人之人權也，有選舉權，有國會，有責任內閣，固全國人民所共享與平等參與之制度也。自蘇俄革命與希忒拉第三帝國以來，忽有所謂一黨獨裁之制，分爲左右兩派。左派以馬列主義爲師，打倒資本家與地主，政權名爲操諸工農階級，而實由共產黨部操縱。右派以民族主義爲根據，名爲四民平等，而實以對外窮兵黷武爲目的。經第二次大戰以後，希氏與其同志墨氏碎骨粉身而無以立於人世。左派獨裁之蘇俄賴有英美戰時之援助，與史達林之狡獪，至今稱雄於國際，其將造成幸福社會乎，將惹起人間大禍乎，未可知也。世界上其他國家，慕列氏希氏成功之速而欲步趨之者，中國國民黨其尤著者也。始也國共合作，以工農羣衆爲對象，及革命軍克武漢南京後，兩派分裂，與蘇聯絕交，乃轉向德國，與希氏學習，練兵也，黨政也，青年團也，一切隨希氏後亦步亦趨。質言之，由階級性之黨，轉而爲一個主義一個領袖之黨。然千百羣衆之黨，忽轉變爲一個領袖之黨，則黨之羣衆性，階級性，工會性與夫幹部共同監督性，一切失去，而黨之爲黨陷於蔽聰塞明而不堪聞問。試問大陸淪陷前之大錯誤：（一）軍隊何以不堪一戰？（二）九萬萬金元何以數年罄盡？（三）反蘇運動何以發生？何人發號施令？（四）美國何以於戰後袖手旁觀？凡此國家存亡之大事，既不作公開討論，又無一頁白皮書報告。此皆一個領袖之黨將數萬萬人民之事視爲一人之事之所致也。處此國家已臨淪亡邊緣，不能不明白與國人明白檢討。一個人之黨常陷於四失：（一）但知有權力，（二）但知有一己，（三）但知有一己之左右，（四）其心理病爲自是、蔽塞，排斥他人。

所謂但知有權力一點之義如何？君主之制，由父子授受而來，自以爲地位穩固，不虞臣下之篡奪，爲國爲民之事，可以放手做去。今之一黨領袖，心目中但知有軍隊，金錢，發號施令，與夫用人行政，因此數者爲權力所寄託也。然國家事務紛繁，用一善人，施一善政，何嘗不可以收攬人心，鞏固地位，然在獨裁制度下，好以生殺予奪之權，利誘威迫之法，使人服從，而絕不顧人民之廉恥與自尊。此世風所以污濁而趨於下流也。

所謂但知有一己云云。一國中事務之種類不一，有屬於國防軍事，有屬於經濟財政，有屬於文化科學，政府領袖，無法以一人總攬百務而收名譽於一身。國會議員，工商大家與大學教授，平日養之有素，臨時遇有機會，自可使之代表發言，爲國家生色。今也爲領袖者存一己獨擅一切之心，致令政府內外求一軍事家如馬歇爾氏，求一外交專家如肯南氏如艾其孫氏之可以代表國家發言者而不可得。國會中求一如富爾勃蘭氏孟司菲爾氏或周以德氏而不可得。實業界中求一如福特氏如威爾遜（前美國防部長）氏而不可得。人才寥落不知培養，此由於領袖但知以一己包攬一切之所致也。

就但知有一己之左右言之。領袖一己既自以爲是，閉目塞耳，而不樂聞他人見解，即令有之，不過片言晤對，初不以國事本末開懷與人相見。左右供使令之人，樂於奉承意旨，或傳達命令，旁人目之爲親信。其爲領袖者，自以爲處置國事之法，我既詢諸左右，而彼等絕無異言。此乃趙高指鹿爲馬之局面所由以造成也。

台灣國民政府，處孤島之上，除盡集聰明才智於一堂，於無中生有之中，苦心焦思求立國規模之外，可謂已處絕境。例如以裁兵言之；甲以六十萬人爲多，乙以六十萬爲少，其眞正利害如何，是否由一人獨斷，而不必周諮博詢於國人？再以人才言之，與其留青年於台，何如聽其出國求學，或者可以成爲楊振甯李政道，爲國增聲譽？更以科學發展言之，今後作戰，已非以人對人時代，而爲以智鬥智時代，與其消費金錢於軍事，何如以裁兵所節之費，爲發展科學製造新武器爲得？再以外交言之，使領館之設，限於有外交關係之國，除此以外，何妨多遣私人，借講學之名與各國當局作直接或間接接觸？凡此云云，必領袖存一己不能萬能之心，乃肯集衆人之心思，而旁人可以有所貢獻。非然者，由自是之心，推定國人聰明皆出我下，彼一人無辦法即國家歸於無辦法而亡矣！

近四五十年之國際政治爲一種變態。由獨裁制度中產生權力慾，自私心，自是心，小圈子心。彼等中之健者如希氏墨氏遝藉其固有之疆土人民與歷史，尚且不免於滅亡。豈有大陸淪喪之餘，尚以爲一黨一己獨裁之治可以反攻復國者乎？

凡此所云，自政府視之，不免於指摘人過。然短短兩三年中大陸全部淪喪，歷史上是否會有過一次若此之大事？國人竟守口如瓶，不聞有何澈查之舉。苟非不關心國事，即全國中無一敢言力爭之人。孔子對子路問事君之道，告之以六字曰：「不欺也：而犯之。」吾之發爲此言，亦曰愛護民國，義當如是而已。

一九六一年四月中旬金山

要人民怎樣活下去？

比軍閥時代還遠不如

左舜生

「碩鼠碩鼠，無食我黍，三歲貫女，莫我肯顧；逝將去女，適彼樂土，樂土樂土，爰得我所。」

「碩鼠碩鼠，無食我麥，三歲貫女，莫我肯德；逝將去女，適彼樂國，樂國樂國，爰得我直。」

「碩鼠碩鼠，無食我苗，三歲貫女，莫我肯勞；逝將去女，適彼樂郊，樂郊樂郊，誰之永號。」

昨天晚上，爲女孩子講這幾章詩，我眞是感慨萬端。一說到封建割據，大家總以爲是不好的，其實今天人民所受的痛苦，比封建時代還遠不如！這幾章詩，便正是封建時代的作品，我們可以看出：人民住在某一個國度裡，他們末嘗不是想安居樂業的，否則他們便不會住到三年以上，更不會勤勤懇懇地自食其力；可是田裏所出的一點東西，都被執政者橫徵暴斂，搜括一空，實在活不下去，便只好一走了事。不過他們的這種走法，也還是値得我們羨慕：在他們心目中，有所謂的「樂土」，有所謂「樂國」，有所謂「樂郊」，他們想到那裏，便居然可以平安到達；好像並不需要什麼「路條」，也無所謂「入境証」；邊界上既沒有武裝同志把守，也沒有人向你索取買路錢，到達目的地以後，更沒有人叫你去警察局去報到，去登記，或派人到你的住所向你再三盤問，或有人在你後面「釘梢」，……這是何等的愜意！

從前，可能是在遊牧時代，「問國君之富，數畜以對」，現在共產黨惟一的驕傲，便是由他們控制着六億五千萬人民，這便算是他們的牲畜，應該被他們驅使，被他們宰割，走掉一個，便好比走失一條牛，一口羊，這是半點也不能含糊的！近年由港澳邊境偷度出來的人，報紙時有紀載，小則三三五五，多也不過三十五十，聽說有的還出了錢，否則便難免被「同志」開鎗打死，或被廹跳水！您們覺得共產黨這一套，比封建時代怎樣？

說到民國以來的軍閥，這尤其是大家所痛恨的，從民六到民十二三年，我便在南京，上海，杭州這一帶住着，走動，沿滬寧，滬杭兩條鐵路的許多地方我總算是走遍了，其時盤踞在這一帶的軍閥，有李純，馮國瑋，齊變元，盧永祥，孫傳芳等等，現在回想起來，我總覺得他們還算是人：他們對人民的尊嚴，很少公然的侵犯；對於教育文化的發展，他們也沒有干涉，甚至還表示很熱心的樣子，例如齊變元，他促拿出了不少的錢；在東南大學建了一個很像樣子的圖書館。在那個時候，像我這一類的青年，不僅走路可以絕對自由，並且還可以公開組織團體，動輒集合二三十人，到一個學校裏面去開會，好像從來沒有看見什麼特務或維持「安全」的人員，在傍邊監視我們。我們在一種報紙或雜誌上，可以隨意發表意見，也隨時收到各種不同性質的刋物，從來不會使我們感到任何威脅。例如民八「五四」的愛國運動起來以後，北京有不少的學生被捕，因爲他們確曾有過放火打人的行動是無可否認的；可是人民說被捕的學生應該釋放，他們便不敢不放；說賣國賊應該免官，他們便不敢不免；那裏像現在這樣頑梗不化！我記得，當時北大派了兩個代表，到南京上海一帶來運動罷課罷市，我便做了他們的招待員，我們會見了李純的參謀長白堅武，也看見吳佩孚駐寧的代表某君，坐下來喝茶談天，臨走恭送到門口，不僅沒有聽到半句使我們難聽的話，好像還對我們表示關切，慰勞，現在回想起來，我總覺得他們還算是人！又不僅滬寧一帶是如此，像北京濟南這些地方，軍閥色采是更爲濃厚的，我幾乎每年都要去旅行一次或兩次，除晚上有人查查旅館以外，我從來沒有感到其他的什麼不愉快。可見在軍閥統治的下面，人民還是保有高度的自由的。

自從中國有了共產黨和法西斯這兩個怪物，我們的自由便逐漸喪失。今天大陸的人民，自然是窒息到了死亡的邊緣，就在台灣，人民的自由也所剩無幾。他們所受精神上的威脅，比物質上的威脅還要大得多，拿來與軍閥時代一比，在軍閥統治下不算是唐虞三代，至少可說是隆嘉磋時啊！前幾天，台北有一位朋友，在一張名片上寫了幾句話，托人帶給我。他說：「我個人近來所受到的壓迫與威脅，假定我不能忍耐，早已害了精神分裂症，如果我眞正在這種環境下死去，便希望您們爲我報仇！」不久以前，有一位朋友，從台北到香港來看我們，他的年齡也不過和我一樣，第一次看見他，我覺得他比我似乎要頹唐得多：爬上四層樓要流汗，喘氣，坐下休息，說話也很吃力；過了兩個星期，再有兩次和他見面，便覺得他已經好了不少，臉上發出了光彩，紅而且潤，走路表現了活力，話說也談笑風生。這不是我個人在這裏瞎造謠言，凡見過他的朋友都有這種感覺。這兩個例子，使我想像到台北現狀，是何等的令人苦悶得要死！

今後的一兩年，不僅是國家存亡的關鍵，也是人民死活的關鍵，如果您們（包括共產黨與國民黨的當權者），對政治不能自動作多少的改革，或者說，您們連軍閥都趕不上，您們便不必拿什麼「愛國」這類好聽的名辭來欺騙我們，我們只會感到「時日害喪，予及汝偕亡」，您們不和人民妥協，人民是決不會和您們妥協的。

雜憶錄之二十五

一九四五年游美觀感（二）

二、平等自由

．幼椿．

美國這個青年民族之所以顯出特別活潑，勇敢，好奇，好勝，而有不斷的創造表現，亦有賴於其社會與政治上的平等觀及自由好尙；對於任何人的向前奮鬥，不加限制，所以美國人，在一般說來，在我看起來，精神好像永不萎縮的樣子！（我深感我們民族精神之萎縮，是一千五百年來政治及社會上限制人民自由太多之故；自一黨專政實施至今，中華民族的精神愈見衰頹了！）

在美國這個社會裏，你不用怕窮，窮不會有人瞧不起你，只要你在向前奮鬥；而且在這個社會裏，你也不用誇富，富也並不稀奇。一天，我在洛杉磯日報上，看到一個故事：一位老太婆屢請了泥工多人來造房子；內有泥工某愛喝酒，工作做得不好，白耗了材料。老太婆告訴泥工老闆，就把泥工某停工了。泥工某一氣之下，前往開鑛，特別勤奮，十餘年後，他賺了許多錢，經驗也很不錯，打算與人合資去開一個他所認爲有價值的新鑛。不意於街頭碰見這位罵他「酒鬼」的老太婆；他們在街頭愈談愈起勁，這位老太婆聽信他的發奮所得到的成績後，說道：「好孩子，很不錯！我有點錢，我們來打夥開這新鑛罷！」這個新的鑛公司數年後就大爲發達起來。泥工某與老太婆都成了巨富。這位老太婆是洛杉磯人，那天是她去世的日子，故報上特載出這故事來。

美國雖然發財人多，但美國人的物質生活享受，除特殊少數外，大都平等。在我粗淺的觀察上，美國勞工的生活享受，比我們中國發財人還要濶些！勞工坐私家小汽車的很普遍。以洛杉磯城而論，我在那裏的時候，有三百萬人口，就有一百六十幾萬私家小汽車在行動，平均一家人不只有一輛小汽車。我與張君勱先生被介紹去參觀洛杉磯附近一個鑛山的工人生活情形，我們走入一個鑛工的家裏，不料這一家工人房子是一廳兩房，新式現代設備俱全，並且收拾得異常清潔。這個鑛工有一母一幼弟，尙未娶妻。入門坐定，其母便自冰箱裏取出汽水待客。母和幼弟均着新色，一會，青年鑛工歸來，穿的工人服，手臉皆污；見客，問明來意，立刻進入浴室，不半點鐘，便洗得白淨淨，梳得油光光，穿起筆挺西裝，重出陪客，誰看得出他是鑛工呢！在我們窮中國人的眼光裏，又誰猜得出這所明窗淨几的花園洋房，乃是鑛工的府第呢！

至於政治的自由，我們在國內受久了專制的壓迫，放眼一看美國，眞正令人羨慕！信仰是絕對自由，言論是不加限制；（就在戰時的限制，也是很有限的；）美國的報紙，對於政府以至政府首長批評起來，相當的不客氣。我走一地方，總要買當地報紙讀讀。從來沒有讀到一份報不批評政府——地方以至中央的政府，而以華盛頓郵報爲最有趣！我在美京住一個月，每早必讀此報，而此報第一版必有一方漫畫，漫畫上的人物，大都是中央政府要人。漫畫常把當時總統杜魯門畫成一個老太婆，維妙維肖，加以諷刺，而並未聞該報以「大不敬」罪犯了法，或者認爲是惡意的人身攻擊。

世人每艷稱倫敦的海德公園，有政治主張的人都可以在國內各據一角地，自由宣傳其任何主義主張，大放厥辭，軍警不加禁止。其實，在美國各大城中，都有類似海德公園的舉動，而且一個城往往不只一處。我在洛杉磯的城內兩個方場草地中，都曾看到好像中國祝由科拳師賣跌打藥式的政治宣傳家，張開喉嚨，大聲宣傳其政治主張。據旅館老闆說，這類街頭講演的政治主張者，因爲他們沒有足夠的花費去租會堂，去登報與貼廣告，故爾只有在街頭講演。他認爲，其實內多好的道理，好的主張，有時比會堂裏穿禮服的自稱政治家的還能吸引聽衆咧。故美國報館的外勤記者並不忽視了這種街頭方場的講演家。

美國報紙的自由批評，其無所忌諱，並不限於對他國內的事情與人物，有時且及於別的國家。一九四五年七月，波茨坦會議席上，蘇聯外交官曾對美國外交官說：「美國國內有些報紙對於蘇俄政府及其人物的批評，未免過甚，有碍邦交。」美國外交官答道：「言論自由是美國所以稱爲民主的一個起碼慣例，政府不能加以限制；美國報紙對於本國政府及其人物批評還更利害，更不客氣咧。但言論自由不限於平民，而政府官吏也可以發表個人的意見，或對於批評上有錯誤時要求更正。」

因此，英國人在美國便懂得去運用這一自由，以爲英國的政策及行事作宣傳或辯護，在美國大報上不斷有英人投稿，或是論文，或是對一件事的說明與辯護，特別在紐約時報上最多。但這類替英國政策或行事辯護的文章，並不是英國在美的外交官親自出馬署名發表的，而大半是在美的英籍文化界人士，如駐在好來塢的文學家，在美大學教書的教授等類人士。這類投稿，登載出來，明眼人一看，便知是爲英國事物辯護或宣傳的英人作品。但是，像這樣不斷的作下去，而文字內容又寫得好，這是要在美國輿論中生出影響力來的。有人對我說：「紐約時報的主筆中就有英國人」！」我看也未必然，但一個大報既歡迎外界投稿，則寫得好的投稿，當然會登出。中國人的投稿也有登出於紐約時報的，可惜不多罷了。

說到信仰自由，在宗教上，在我這個古板的中國人看法，感到一件趣事，頗覺其不類：美國一位少婦，名叫卜勒曼（Premen），用唱戲的姿態與方式來傳教，自立一個宗派，稱作「四方會」；一時便有許多男女信徒跟隨着她，建教堂，設學校，定出特別禮服，寬袍大袖，花花綠綠的；其發源地便在洛杉磯城西角，我曾前往參觀過這個四方會做禮拜。據說，少婦死後，其道已行於全美，正在發展中。我對於其教義沒有研究，不敢妄加批評，我總覺得這種有趣的宗教作法，未免幼稚一點。——在這個青年民族的國度裏，只要你能自圓其說的拿出主張來宣傳，來向人說教以至於去募化錢財，且只要肯去不斷的作，便會有人信從你，送錢與你。在這個國度裏作生意，特別重視廣告，全國工商業所花費的廣告費，如果統計起來，數字一定駭人！因爲廣告對於不大去懷疑，而且好奇愛新的青年人，乃是特別有效的啊！

蔣先生可能得到忠貞之士嗎？

宇人

從以上的例証，可知大家——尤其是黃埔學生，對蔣先生最信仰，最擁戴的時期，就是他告誡我們應以主義和黨爲中心，不可以校長爲中心的時期。此後他一反所言而以個人爲中心，表面上雖然威望日隆；實則大家對他的信仰已喪失殆盡，而播下了失敗的種子。

然而，由於蔣先生畢竟在國民黨內有悠久的歷史，又曾親聆中山先生的訓示，深知以個人爲中心乃是一種叛黨禍國的罪行，故不得不隨時隨地扮演民主的假戲以爲掩護；近十二年來，還高談憲政和法治。就是這樣，他更造成了一種自我矛盾的死局而無法自拔。反對他獨裁的人，自不可能成爲擁護他的忠貞之士：而贊成其主張民主者，又發覺與事實不符，也無法對他再効忠貞。而且在蔣先生看來，這些信其言而期其行的善良之心，對於他的個人中心主義是有妨礙，因而也就格外的痛恨。

最顯著的例証，還是總統再連任這一幕。四十七年十二月，蔣先生以堅決的態度和肯定的詞句在光復大陸設計委員會宣佈反對修改憲法。爾後，又再而三，三而四的重申此一主張。有些國大代表曾擬修憲以便他再連任，被指爲違反領袖的主張而迫得放棄原議。我們這些反對修憲的人雖是擁護他的主張，又被目爲罪大惡極。這就是說，蔣先生的言論既不許反對，更不許信從。因此，不但黨外人士深感難與交往；即國民黨員亦苦於無所適從。許多人都說，蔣先生的性格和作風，絕不可能得到忠貞幹部和忠實朋友；而祗能得到一些專會察言觀色，先意承志的無恥之徒，的是平允之論。但，此輩既無所謂政見，也無所謂節操。其所企求的，祗是升官發財。蔣先生能給他們高官厚祿，任由他們貪贓枉法，他們自然要裝出一幅鞠躬盡瘁死而後已的忠貞像。可是，一旦情勢有異，他們也就率先委之而去另投新主了。大陸淪陷時，那批平素對蔣先生奉承備至而被引爲心腹的文武大員，竟紛紛投向中共而唯恐不及，即此之故。

總上所述，可知蔣先生的自我中心主義，實爲其招致衆叛親離的關鍵因素。美國協防台灣後，本是改弦更張的最好時機。不幸，他不知深切反省，反而將個人中心的圈子愈縮愈小，還要大家對經國也効忠貞。不但所謂黨務改造以此爲準；即政府的用人和施政亦處處受此限制。如今原以實現民有民治民享爲職志的國民黨，已變成了一個祗知唯唯否否的鄉愿集團，人們或以爲小圈子裡面的諸色人等必然都是忠貞分子；蔣先生大可指揮自如，再無叛變之虞；實則他們雖名爲「忠貞分子」而其可靠性，依然是微乎其微的，尤以身居要津者爲最。

十餘年來，「忠貞分子」們在經國領導之下，不僅沒有替蔣先生解決任何問題，反而給他製造許多亂子，卒將台灣弄成今日的死局。雖然天天侈言這樣勝利，那樣勝利；而自己的命運，却完全操之於人。如果有人指實他們別有用心，就會立刻招來一陣猛烈的圍攻。但，假如他們果眞忠於蔣先生，又爲什麼做出這許多於他有害的事？試舉數例言之。今日的台灣，在在必需美國的援助和支持。但忠貞分子們却不斷的發動反美宣傳。海外民主人士反對違憲連任被誣爲美國所收買；雷震要組織新黨被指爲美國所策動。週前，朱家驊先生來港，據說在台時曾聞本刊每月有美援兩萬美元。最初本不相信，後來聽說的次數多了，也就信以爲眞。到港以後，得知本刊是由參加的朋友們每人每月湊數十元或數百元而維持的。他對我們還能保有學生時代辦刊物的那種傻勁表示驚異。可知，「忠貞分子」們雖然明知本刊的經費完全自籌，也要大造其謠言，誣我們拿了美援。前月，台北政治評論還有一篇妙文，歷述十餘年來美國所給予台灣的不過是不足掛齒的少量經援和一些陳舊無用的武器，而台灣則爲美國保全了太平洋的安全。似乎台灣實大有造於美國，而對美援則並不希罕。這些宣傳被美國人知道，將作何感想？又如海外工作的「忠貞分子們」（其中有人還常把經國先生四字掛在嘴邊）每於茶餘酒後透露台北官場的弊端和黨政人物的穢事，暗示或竟直認台灣沒有希望。但對批評政府主張改革的言論，則又假造情報，亂拋紅帽；或收買打手，作種種無聊的人身攻擊。如此作法，究竟是爲蔣先生爭取支持，還是爲他製造反對？記得當年在南京時，現任國防部某單位主管的龔愚兄曾多次向我提及劉妻是否共黨。因爲他認爲劉所提的作戰計劃都於中共有利。我問他爲何不報告軍事當局，他說，「作戰計劃是在總統的主持下定出來的，誰敢表示懷疑？」當時我對他的話疑信參半；但後來的事實証明他確有先見之明。如今那些「忠貞分子」的所作所爲都於蔣先生不利；但願劉妻的往事不會重演呵！

最後，我還想談談雷案的影响。雷案發生，最受刺激的，還是許多現任的黨政幹部，這是我最近所得到的消息。因爲他們今日雖被認爲是「忠貞分子」；但自知其所處的地位和與蔣先生的歷史關係，實遠不如當年的雷震。如今雷震一且見疑，就被扣上一個掩護匪諜的惡毒罪名而招來十年的冤獄。天威如此莫測，他們想到自己的未來，怎能不人人自危？由此可見那些製造雷案的謀臣策士，無異是挖掘蔣先生的墻脚。（續完）

飢餓・瘟疫・共產黨

李金曄

愈來愈多的飢民，正從大陸廣東省濱海各縣逃奔香港、澳門。從九死一生的微弱希望中，他們逃亡的目的祇是企求能够飽食。

共產主義者所揭櫫的是：「人人有工作，人人有飯吃。」「不勞動者，不得食。」若望文生義地看這兩句話，任何人都會覺得共產主義是治療人類貧困和饑餓的「萬應靈藥」。但是，整個中國大陸已闖入鐵幕已十二年了，也已經沒有一個不勞動者了，但是共產黨並沒有兌現其諾言，使「人人有飯吃」。

嚴格地說，「人人有飯吃」而人人吃不飽，則「人人有飯吃」這口號也是等於零！

三年來持續的天災人禍，中共也承認須待三年或六年後始能恢復。事實上今年仍將再持續欠收、減產，怎能相信中國大陸的人民會坐以待斃。

從一九四九年中共進兵長江下游時起，即使在長江下游最富庶的地區，也會餓死過人。而十二年來，中共所窃據的土地愈大，統治的人民愈衆，而災況也相當地擴大。一個政權是否真正足够稱為「強大」，不在於他有衆多的特務，也不在於他有堅甲利兵，而在於是否真正能够使每個老百姓飽食。

民富，始能國強；民窮，則所謂「強大」只是厚顏自慰。

中共過去曾一再強調國民黨統治留下了一個「窮攤子」；他們發誓要斬斷窮根，可是就中共的十二年的統治事實來看，即使國民黨退出大陸時，留給他們的是一個金礦，也無濟於事的。

沒有人能否認今天的北平都市建設較十二年前更雄偉；也沒有人能否認今天中共所訓練的乒乓選手不是世界第一流的。但是讓六億五千萬的人民掙扎在飢餓綫上，不也是可恥的第一嘿!?

北平新建的高樓、和第一流的乒乓選手，都是靠六億五千萬人的血、淚來維持、供養。中共的統治階級就靠這表面虛腫的「強大」形勢，吮吸六億五千萬人的膏髓以自肥。

這種不惜一切，以各種手段敲剝人民，即使歷史倒退到六十年前，任何曾在中國據有實力的帝國主義者，也是望塵莫及的！

中國，共產黨統治下的「中國」，事實上較過去居於次殖民地地位時代的中國的情況更壞！

如果說一個不恤民、不愛民的政權，因為它擁有一定數字的武備，而必須承認它，我不知道這對於篤信上帝的那些國家的「政治家」，將何以自解。

聯合國憲章載明人權是不容侵犯的。但現在竟有些人主張讓絕對不顧民命的中共政權進入聯合國，又該如何解釋呢？

若謂為了恐懼中共破壞世界和平，而必須對它容忍，則不知西方的和東方的那些贊成讓中共入聯合國的政客們，是否會對共產黨的進行世界革命也一樣加以容忍!?

很顯然的，主張對中共容忍的人士，是因為看不到未來的中國會有新的轉變，他們也不願對民主中國的出現寄於希望。在對舊的國民黨勢力加以否定之後，他們遂迫不及待地承認了中共。實質上，這種做法連他自己也承認並不是基於贊成中共。既不贊成，而又承認它，唯一的解釋是為現實的利益所趨。

然而「不幸的是，即使已經承認了中共政權的國家，也並未能够保有過去「在華權益」。

一個不穩定的中國形勢，必定帶來一個不穩定的世界形勢。世界和平之是否能够獲致，並非基於是否能够對中共加以容忍。即使聯合國容納了中共，而中共仍無法在基本上把中國大陸治理得富足康樂，它還是將會遵循共產主義的教條，以破壞世界和平的。反過來說如果中共真正地有資格居於國際的實力地位上了，那末它隨時發動戰爭威力的可能也只有更強。

一個共產黨徒執政的中國，其政權基本已完全喪失了中國的傳統美德。對一個邪惡的勢力加以容忍，實無疑是在鼓勵世界戰爭的加速爆發！

今日中華民族的痛苦，只是共產主義禍亂人類的開始。因此，中國大陸的現狀，並不是結局。假如全世界的不贊同共產主義的個人或國家，不能傾全力一致地反共，容忍的結果，必然是導致全世界的「民族要起來攻擊民族，國家攻擊國家」，「並且多處要有飢荒、瘟疫和地震」。（借引瑪竇福音第廿四章末世言論。）沒有一個國家或民族可以倖免！

飢餓不僅令人喪失理智，還會令人瘋狂！

要抑止中國共產勢力的侵蝕，目前最好的辦法就是要全世界不贊同和反對共產主義的國家，憑藉實力來解救中國大陸人民的飢餓。

把糧食和醫藥送給他們。不要因為你們的膚色和我們不同而吝嗇，也不要怕挑起戰爭而袖手。自由世界的弱點，看來就只在於怯戰。如果真有不惜一戰的決心，言出必行的決心，糧食和醫藥是不難送達到中國大陸的。

一個飢饉的中國，和一個瘟疫的中國，其對人類的可怕是和戰爭一樣的！

戰爭不能解救中國大陸人民，相反地會被中共藉口是外國干涉，以致不可收拾。把糧食和醫藥輸送給中國大陸的人民，却可以使六億五千萬的人感到人性的偉大；點燃了他們每個人的心燈，讓他們可以更清楚地看透共產主義的面目。糧食和醫藥在現階段將會比炮彈更有效地摧毀共產政權。

中國大陸普遍的飢饉和病疫，已不是中國人自己的事了，基於人類的同情與博愛，我們呼籲自由世界本諸人道主義加以援手。

（四月廿日）

論古巴民主反共人士的反攻戰

劉裕畧

古巴的反攻戰，現已遭受挫敗。朋友問我觀感，我覺得檢討一場戰爭的得失，並不是一件簡單的事。因為，要檢討它，必須切實擁有這一場戰爭的雙方敵、友、我三方面的情況，再加上地形、兵力編組、兵力區分、武器裝備、政略目的、戰略指導、戰術指揮、戰鬥動作等之確切而充分之資料，作客觀而冷靜之判斷，然後才能真正瞭解它。對於古巴民主反共人士這一次的反攻，目前，顯然缺乏許多實際資料，故要詳細檢討它，實不可能。但大的輪廓擺在一個人面前，若從大的輪廓來評論這一戰役的得失，則尚屬可以辦到。

基本上講：世界上的戰爭雖有善惡之分。但古巴這一反攻戰却是值得歌頌的，古巴民主人士能够實事求是，有決心，有魄力來進行這一場戰爭，這已經表明他們是一切自由愛國者的典型，是所有民主反共人士之典範。這與專事空談者相比，這與自由散漫者相比，誠不知相去幾許。可以說，他們真是雖敗猶榮的。反觀我們中國，真是值得反省和慚愧的。且暫時的挫敗並不是最後的真正失敗。所以，他們應該被歌頌；假如這一場戰爭確如外間所傳，是受美國方面的支持和鼓勵的話，則在這場戰爭中應該被歌頌的實還有包括甘迺迪總統和美國方面所有鼓勵和支援這一場戰爭的人們在內。

當然，頌揚並不是檢討的唯一目的，檢討其得失，以資改進；應是檢討的另一目的。

當古巴反攻戰發動之初，亞洲人心都很興奮。論者以為這是美國政府之決心魄力之表現。但初階段之失敗消息竟亦隨着傳來，失敗原因何在？人們都很惶惑。據說失敗原因之一，是美國情報人員對古巴內部局勢估計錯誤，原以為反攻軍事行動一開始，古巴內部即可引發強烈響應，從而迅速推翻卡斯特羅政權。美國情報人員是否曾作此項估計，抑或古巴民主反共人士是否曾作此項估計，誠不得而知，但對古巴內部問題所作估計是否正確，却是極關重要的。因為所謂估計，即是現代軍事上之所謂狀況判斷。狀況判斷乃決心的基礎，決心又是戰畧指導、軍隊部署和戰術指揮的基礎。所以對敵情估計一錯，隨着而來的一切行動便也容易錯了。以卡斯特羅對古巴的統治來說，其不得人心是確實的。況古巴乃一個天主教盛行的國家，此一宗教信仰，亦應該是進行民主反共的良好社會基礎，但這却不能因為卡斯特羅之不得人心，於是就估計為每一個不滿卡斯特羅的人都會因反攻而立刻變為參加實際反共行動的戰鬥員。關於這一點，在估計上，最應明白的是共黨極權式的統治，統治時間愈久，就愈不得人心，就愈容易因反攻而引起實際行動，但在共黨極權式統治之初，由於共黨分子善作偽善的宣傳，一般人容易被麻醉，卡斯特羅現在雖然已在事實上走共黨路綫，但其本人却一直尚未自承是共黨，卻一直仍在對內對外蒙着民族主義的外衣；另一方面，信仰天主教的人雖然都是反共和反卡的人，但在估計上，亦不可把所有信仰天主教的人，認為都是可以立刻變為參加戰鬥的，至於古巴內部軍政方面的反卡力量，誠然也應估計在可能的響應之內，但相反的方面，卡斯特羅對之必採全力撲滅之行動，亦應估計在內才是。所以，古巴的情形，與中共的情形頗有不同。卡斯特羅統治古巴為時尚不久，不像中國大陸人民對中共久已有欲與汝偕亡之決心。所以，此時此際反攻古巴，除非反攻力量相當強大，足以進行一次會戰，把卡斯特羅的作戰主力殲滅或至少予以擊潰，使之失去對內的強制力。古巴內部的反卡活動才會真正普遍發生。否則，希望容易落空。

假如古巴內部的響應一經反攻便容易普遍發生，那末，反攻的兵力和方式，自可不同。以少數兵力分在數處登陸，自可引起重大變動。假若古巴內部的響應不是一經登陸就會普遍發生，而尚須經過雙方主力的一次劇烈會戰呢？那末，情形就完全不同了，兵力的編組與使用方式，便都要另行考慮。這是專從敵情方面來作客觀衡量的話。回顧古巴這一次的反攻戰，當時是以一千左右的部隊，在數處分頭登陸的。觀其此種戰法，似係寄望於古巴內部迅即發生響應，以瓦解卡斯特羅，而未曾作主力會戰之想。否則，現代戰爭使用或抵抗飛機坦克，均須經過相當時間的技術訓練，其兵力編組與兵力使用亦以能進行一次大會戰為宜。因為卡斯特羅原是擁有正規部隊和蘇援飛機坦克的，而現代戰術更密切告誡兵力不可分散；更認為遂次使用不充分之兵力，乃兵家之大忌，又認為戰鬥部署之要訣在於企圖決戰方面，適時將可期必勝之兵力澈底集中，其它方面則節約至必要之最小限度，以使決戰方面之作戰容易。然而古巴之反攻，部隊事前未經充分訓練，人數既少，臨時又在數處分頭登陸，這是顯然違反上述戰術原則。從而造成暫時的失敗的。

當然，這也並不奇怪、因為古巴反攻部隊原太缺乏基礎與時間來作有計劃的嚴密訓練，同時，在估計上又以為一經反攻登陸，便可使古巴內部大變，既已判斷錯誤在先，隨着而來的戰畧指導和戰術指揮便不可避免地將錯誤於後了。

以上是筆者個人對古巴這一次反攻戰的觀感。我以為它的失敗原因在此。但我以為這一失敗並不要緊。因為，古巴內部尚有反卡游擊隊，古巴境外尚有未曾投入戰鬥的生力軍。同時，甘迺迪總統又有對反攻行動的偉大同情，全世界所有愛好自由的人們更有精神上的支助。前途實大有可為，英勇的古巴民主反共戰士，重新衡量重新準備之後，繼續行動吧！勝利一定終屬於你們的。

在此，筆者更願向美國人民和美國政府作一言：須知：古巴卡斯特羅政權乃共黨侵略美洲的橋頭堡，同時，以其鄰近美國，亦為美國的心腹大禍。養癰足以遺患，美國不可不知。所以，除了英勇的古巴民主反共人士應該一方面檢討，一方面再接再厲外，美國政府無論為了美國的安全或美國的威望，都是應該消滅卡斯特羅政權的。如果間接的行動不成功，就直接行動吧！

欺騙國人乎，欺騙自己乎？

直夫

（台北通訊）四月十二日美國總統甘廼廸在記者招待會中談到有關我國的問題時，不說中華民國或中國，而只說福摩薩，和在福摩薩的政府，但我們的中央通訊社却把福摩薩譯為中華民國。他們以為這樣就可以把寶島上的一千萬同胞矇在鼓中。但十五日我外交部發言人沈劍虹招待中外記者，一位美國記者不明白我們政府當局的苦心，也可能是明知而有意要將我們這種自騙自的西洋鏡拆穿，竟當衆提出如下的問題：「美國甘廼廸總統在本月十二日記者招待會中，一再使用福摩薩和福摩薩政府等字樣，中國政府之看法如何？」沈答，我們在習慣上常用一國政府所在的地名來指這個國家，如美國指美利堅合衆國，英國指聯合王國。我希望甘廼廸總統使用此一地名時也是同樣的意義。」那位美國記者聽了沈劍虹的答覆以後苦笑一吓，在場的中國記者則相視無言。十五日聯合報以「從小疏忽中看美國的對華政策」為題而發表社論，雖不敢指明沈劍虹的解釋是一種欺騙人民的罪行；但已使沒有機會或不能看外國報紙的同胞得知此情。該報說，甘廼廸總統根本不提中華民國甚至中國的字樣而只說福摩薩或台灣政府，若是無意，美國應該注意這種疏忽，如果是有意，這種情形實在太驚人，太可怕了。」

本月二十日歷任外交工作的鄭震宇又向聯合報投書，指陳出美總統在記者招待會這種正式場合反覆而不厭其詳的用這樣的一種說法，一定是先經過一番考慮的。沈劍虹以美利堅合衆國和聯合王國兩個例子來証明其所謂「我們在習慣上常用政府所在的地名來指一個國家」，實與事實不合。他說，美利堅合衆國，和聯合王國都是美英兩國的正式名號，而非習慣上的用語。沈只能比喻稱中國即意指中華民國；而絕不應把美總統口中的台灣和台灣政府說是中華民國的習慣用語。他認為甘廼廸已經把我們國家的名稱改了，這是何等重大的一樁事情，我們如何能輕易放過？如果此事發生於其他任何一個國家，必有極強烈的反响。他更說亞歷山大曾云，「東方人不會說「不」，所以是天生的奴隸」。我們不能承認這種說法；但對盟邦應該「不」的時候，我們還得有勇氣說「不」。他對當權者面臨此一極端嚴重的局勢，竟自我陶醉，而示意沈劍虹強作解人，導國人於錯覺，並適足以引起盟邦輕視的蠢行，深致惋惜。最後，他主張政府應發表嚴正的聲明，並正式向美國政府提出抗議。

鄭先生的立論固極正確；但今日的蔣家父子完全是以維護一人一姓的獨裁政權為要務；祇要美援能源源而來，他們的目的就算達到了。至於是中國民國或福摩薩，他們却並不怎樣介意的。

特務教員打死學童

不久以前，台灣曾發生一個身兼特務的國民學校教員將一個學童毒打成傷的怪事。雖經學童家長向法院控訴，但因為兇手是蔣經國旗下的嘍囉，仍迫得以不了了之。上週中縣后里鄉又發生學童被教員毒打重傷內臟致死的慘劇。其經過情形如下：

后里國民學校四年級十二歲學童謝金來，因與同學口角，被級任老師吳某先打頭部，然後又緊握該生的雙肩，用膝蓋猛撞其腹部，該生當即慘叫。回家後不敢報告父母，以後即時感腹痛甚劇，經送豐原鎮內院醫院就醫，據醫生診斷，係肝臟受傷發炎；卒於四月二日不治死亡。死時該生才說是被吳老師打傷的。現在死者的祖父謝明蘭已向有關機關控訴；但據悉吳某乃是蔣經國手下的特務份子，相信很難有任何結果的。

立監委員重提報禁問題

在雷震被處重刑之後，又繼之以搶奪公論報，當權者迫害言論自由的猙獰面目業已暴露無遺；然而我們的立監委員却念念不忘報禁問題。立委錢納水等二十七人於日前向行政院提出一項質詢，畧謂：「言論自由為憲法所保障，若干年來，我國此項自由是否能保持完整？中外輿論對我普遍懷疑與指責。本院委員迭有質詢，時間有逾一年至數年而政府從未置答者。政府對本院議事規則第六十八條規定質詢案應於十日內答覆，似有漠視，理由何在？應該答覆云云。監察委員陶百川亦在院會發表意見，認為行政院對監察院詢問關於限制新聞紙登記之答覆，與憲法及事實均有未合，主張交內政委員會研究處理。他並指出開放報禁對於國際宣傳大有裨益，可使國際新聞學會再沒理由拒絕我國申請入會。因為韓國現在取銷報禁，就被允入會了。

立監委員們身處淫威之下，猶敢提出報禁的問題，固屬可佩；可是，自雷震被非法拘捕以至公論報被非法強奪，他們都明知當權者之非而却無可如何；於今又來主張開放報禁，是不是還想再發生幾件雷案和公論報案呢？因此，人們覺得立監兩院既無力維護言論出版自由，倒不如主張將台灣的一切民營報刊全部封閉，使今後寶島上只有蔣家一家的言論，免得當權者再有迫害報人之暴行而使立監委員諸公感到左右為難，豈不是兩全之道嗎？

集體貪污的又一案

念平

（台中通訊）在陸軍修配廠、省公路局及市公車管理處和市政府的集體大貪污案先後被揭發後，台北市民住宅興建會向商人勒索紅包三百萬元的集體貪污案又相繼發現。事緣四十七年台北市民杜山杉及其他地主多人在南京東路提供兩萬餘坪土地與住宅興建會合作，興建市民住宅。當時杜山杉本人沒有資本，乃與該地的地主，商議合建，並出面與住宅興建會接洽。最後決定由市宅會負責辦理監工及土地劃分過戶等手續，地主負責供應土地及建築資金。建成之後，由市宅會代為公告出售。第一批的公商合營住宅，即由此而來。

住宅施工不及一月，市宅會即一再刁難。該會執行秘書林金殿，工程組長郭炳才，總務組長孫世杜，業務組長黃篤初等約杜山杉等在一家幸福酒吧談判，強索三百萬元紅包，並說工程方面可以偷工減料，而且可將五百幢住宅的售價，每幢提高七千元，業主方面還可多得到五萬元。杜山杉等恐怕偷工減料太多，將來發生問題，不肯答應。繼因郭炳才等百般梗阻，工程無法進行，杜山杉迫得答應，但其他地主多人仍不願意，經多次的討價還價，均無結果，建屋工程乃告停頓。於是林金殿等又勾通國際飯店老闆許江富出面與杜山杉接洽以低價轉讓此項建屋權利。合約簽訂後，市宅會不但給許江富以種種方便，而且還貸與台幣八百萬元及申請美援七百萬元。而對於合約中列明應付杜山杉之三百萬元工料費則食言不付。

本案經人檢發後，經高檢處裁定移轉管轄，由基隆地檢處偵訊，現已將工程組長郭炳才，總務組長孫世杜，國際飯店老闆許江富扣押，前任市財政局長陳茂林涉嫌重大，累傳不到，經明令通緝。孫世杜並已招供曾向地主代表杜山杉要求紅包和串通許江富以買空賣空方式申請貸款建屋平分利潤不諱。聞市宅會主任委總黃市長啓瑞亦將於必要時被傳訊作証。

值得注意的，是市公車管理處的集體貪污案，主從各犯均是黃啓瑞的親信，而市宅會更是黃啓瑞主持。該會談會執行秘書及各組組長均犯集體貪污屬實。而黃啓瑞本人則逍遙法外，足見只要是「忠貞」分子，縱然貪污有據也一樣官運亨通，高枕無憂的。

立委對光隆油輪案的憤怒

思文

（台北通訊）光隆油輪爆炸後，立法委員們對石油公司的憤怒又重新引發，過去兩週的質詢，均集中於本案。本月十七日喬委員會一凡指出石油公司與莫比爾公司所訂之不合理租約，實為一件涉嫌貪污的案件。而且在韓戰期間聯合油輪公司曾將一艘油輪租予蘇俄載運匪區汽油至北韓，供應匪軍；最近已在美國國會引起質詢，政府更不應再視若無睹。他更指出現在石油公司總經理金開英就是當年人人公司負責人之一。這些油蟲在般台公司時，政府處理太寬。主張將在美國的金開英調回移送法院辦理。

閻孟華委員質詢，我國駐美採購團中別的公營事業都沒有派代表，何以石油公司要派夏勤鋒在美？並說金開英目前仍在美國，光隆輪爆炸後不返國處理，顯有逃避責任之嫌。他主張應即將金夏兩人調回，並將租輪合約及其他有關資料送立法院案查。

郭紫峻委員說，自當年聯合油輪公司以米青輪租與蘇俄為韓戰運油案後，繼即有般台公司舞弊案，最後又是石油公司的租輪案。至今舞弊要角魏重慶、屠大奉、夏勤鋒等均在美國逍遙法外，而金開英還是石油公司的現任總經理，楊部長如再不辦，就是明知故縱，應負責任。

江一平委員說，縱觀世界各國，收買舊油輪的只有我國一國。該項油輪，是第二次世界大戰期間的產物，通常只能用十二年，稍有常識的人都不會購買。他更指出當年人入公司的舞弊案，魏重慶、夏勤鋒與金開英都有毛病。

潘士浩委員的質詢更為直率。他說，中國石油公司向莫比爾公司租購光隆輪，是金開英的營私舞弊，他和我國駐美採購團組長夏勤鋒狼狽為奸，由來已久。油蟲魏重慶、屠大奉，也是其做手。他們因經手買油而從中把持運油。十年前米青輪的舞弊案，金開英就是協理。光隆油輪案不過一端耳。他更指出四十六年四月間經濟部邀集有關部會商議核准石油公司購買舊輪時，在美國就成為笑話。雖經立法院同人揭發其弊，經濟部退去二條大船，楊部長就任後，更打算退還光隆油輪。金開英見計不售，才改變辦法，改為租用。此一原已使用十二年的舊船，租期十二年，租費一百十五萬美元，修理費由我方負担，總計須大修三次，小修九次，所費更大於買價。經濟部當時已因立法院同人之攻擊而決定退還大的，楊部長又決定要退此一小輪——光隆輪；而結果仍是長期租下，可見中油公司的神通光大。他又說，楊部長在本月十五日答覆立法院同人的詢問，說中油公司在租用光隆沙輪後，沒有充分利用，確有計劃不週之處，顯然仍在為金開英避重就輕。他問楊部長：「你能說到現在還不知其中有弊嗎？既有舞弊情事，又為何不移送法院？」——

比外還有立委多人，也相繼提出質詢，內容大致相同，不再一一報導。

楊部長的答覆，則極為有趣，他承認石油公司與莫比爾公司所訂的長期租輪合約不妥善，並說經濟部已指定專人成立專案小組進行嚴查，如有貪污不法舞弊情事，對任何人決不姑息；如他本人有錯，亦決不逃避責任。但對立法委員們主張將本案移送法院一節，則仍避而不答。經濟部的專案小組，既然是由部長指定，任何人都知道他們決不敢違背部長的意旨而行事。因此，將來也不會有任何結果的。至於立委們主張將金開英、夏勤鋒兩人調回，楊部長也推說，前者因抗命回國，業已撤職，後者刻已電召。但夏勤鋒既被撤職，政府為何不撤銷其外交護照而向美國要求引渡呢？可見當權者還是要多地方維護他們的。

（編者附記：本版上期的台北通訊第二篇，誤將光隆輪排為光陸輪，特此更正。）

中共殘酷迫害工商人士的自述

陳一鳴

中共在香港及海外的宣傳報刊上，往往虛構大陸工商業繁榮情況，以誘騙海外華僑和外國人中之不明瞭中共情況者。他們甚至還在報刊上經常報導過去大陸上一二著名的工商人士，在中共政權內担任職務的情形。他們以爲別人不懂得這種唱猴戲的統戰手法。其實，在大陸受害過的工商人士很多，三反五反時，跳樓自殺的工商界著名人士比比皆是。即以在中國辦實業著名的民生公司總經理盧作孚來說，其本人亦係無產者出身，三十九年由港返大陸靠攏，猶不免於被迫自殺，其它可知。

誠然，華僑中素居海外之工商人士，或少數外國人亦仍有惑於中共之宣傳者，因爲他們看見中共好話說盡，做夢也想不到中共是壞事做完的。近來，北平出版的中共人民日報，曾有「革命回憶錄」一刊出。都是共幹執筆描寫其過往事跡的。一九六一年三月十日人民日報又有一篇「革命回憶錄」，題爲「魍魎末日」，作者係共軍大校劉德勝，所描述的，則是中共迫害上海工商人士的一段情形。

該文作者共軍大校劉德勝一開始就以突兀之筆，寫道：「劉副旅長，請你們來，是要你們協助我們完成一項特殊的戰鬥任務」。

什麼「特殊任務」呢？作者先未說明，他再寫道：「一九四九年六月七日，上海解放不久，我和參謀長劉春芳同志，奉上海市軍事管制委員會的命令，來到上海市公安局。李士英局長一見我們，就開門見山地提出這個要求，接着又補充一句，「不准放走一個俘虜」。」至此，所謂特殊任務，究竟是什麼？仍未說明。

第三段文字，他才說到「李局長打開一張上海市區詳圖，他的手指落在九江路和漢口路之間的地方，問道：「在這裡，你們知道有個証券大樓嗎」？我和劉參謀長搖搖頭。「這個証券大樓，是不法資本家投機倒把，抬高物價，興風作浪，擾亂市場的大本營。不搞掉它，我們的人民幣就會站不住脚，也就談不上發展生產」。李局長憤恨的說：「經濟戰綫上我們如不能取勝，政權也就難以鞏固。這是一場你死我活的經濟鬥爭，也是一場不可調和的階級鬥爭」。」看完這一段文字後，才知道上海中共軍管會如臨大敵一般來對付的並不是什麼敵人，而是一些商人而已。

可憐這些商人還蒙在鼓裡，頃刻之間，即將大禍臨頭，但是他們還沉浸在毛澤東新民主主義的謊言和欺騙裡。

「第三天上午十點鐘，十輛軍用卡車載着所有參加這次戰鬥的指揮員到達高聳的証券大樓門口。戰士們以極其輕捷的動作，把這座大樓緊緊的包圍起來。

「誇進這座大樓，迎面撲過來一陣夾雜着汗酸和烟酒味的臭氣，嘈雜的叫嚷聲，使人感到像是闖進了一個大猪圈。……擠來鑽去，活像糞坑裡的蛆蟲。……我們進去，根本沒有引起這批傢伙的注意。直到部隊冲上樓後，在甬道和樓梯上的一些奸商，一看苗頭不對，……裝出若無其事的樣子。每一層樓出口處，早已站着我們的戰士。於是他們只好靠邊站着，動也不敢動。……這時，在所有的房間裡，幾乎同時有幾個打扮成油頭粉面、西裝革履的公安人員突然掏出手槍，跳上了桌子，發出了嚴肅的命令：「不准動」！這些大奸商們起初一愣，馬上又氣勢洶洶的問：「你們是什麼人？開什麼玩笑」？「我們是人民的公安人員，我們奉軍管會的命令，前來逮捕你們這些奸商」。一個戴眼鏡、尖嘴巴的傢伙，手裡捧着銀元和金條，望着公安人員，兩腿直打哆嗦」。

下文不必再錄了。不消說，這所有的商人，當然都被一網打盡。跟着而來的事，是一部分被槍斃，一部分被囚禁，一部分被勞動改造。至於白銀與黃金呢，當然就收歸共產黨所有了。本來，在上海，在香港，乃至在自由世界的每一角落，買賣黃金白銀是並不犯法的。尤其是在登記過的交易所裡。但中共却把從事這一買賣的商人，都視爲敵人，其實它不僅把從事這一買賣的視爲敵人，所有商人，它都視爲敵人的。所以才如臨大敵一般去逮捕他們，並掠奪他的財產。假如中共不允許這種交易存在，中共大可事先通告，並事先撤消証券大樓的登記，甚至把証券大樓封閉。何以要故佈陷阱，以期一網打盡呢？這都可見中共政權的强盜本性。它蓄意要陷害商人。對此，現在從大陸流亡到香港的商人吃過中共苦頭的經驗甚多，想必記憶猶新。但中共究竟怎樣設計和策劃來逮捕他們，則讀這一篇共幹的回憶錄，就可完全明白了。但最奇怪的是中共明明敵視商人，且又在海外唱出「在商言商」的口號以欺騙商人，却仍有許多商人上當。這是值得這些商人反省和警惕的。事實上，要商業發達，生意興隆，必非經濟自由而政治民主不可。要經濟自由政治民主，商人們是應該起來共同推翻中共政權的。

從班禪的報告看西藏現況

·陸聞·

「自由，自由，多少罪惡假汝以行」！真的，今天是「民主，民主，多少罪惡假汝以行」。不信嗎？試看中共竊據中國大陸後那一件極權統治，一件殘殺，迫害人民的勾當，不是在民主的冠冕下進行？其它不說，就以中共政權對西藏同胞的殘害來說，現在不正是打着「民主改革」的招牌在進行嗎？事實上，中共是爲了開闢這一塊地區，使之成爲侵畧印度的基地，又爲了掠奪西藏所蘊藏的富源和藏胞所私有的金銀財物，中共遂不顧一切，對西藏進行非法的和不合理壓迫。其結果，遂引起西藏同胞之武裝反抗，暨達賴喇嘛之逃往印度。檢討往事，可以說這一切都由中共一手造成。

但達賴出走後，中共對西藏的壓榨並沒有放鬆，相反，爲了剷草除根，爲了徹底摧毀西藏的反共力量，以便更進一步控制西藏，中共在達賴出走後，是一步又一步的更向着自己的統治目標嚴格在改變西藏。中共改變西藏的手段，一方面是用武力鎮壓反共武裝，一方面是政治經濟雙管齊下，使用已往在大陸各地的慣技，利用西藏農奴鬥倒西藏的地主，利用西藏農奴的辦法則是暫時分配土地給農奴，以誘騙農民。故目前中共對西藏所推行的所謂「民主改革」，乃不斷的在這種陰謀下加緊進行。

據中共新華社拉薩四月十七日電：「西藏自治區籌備委員會第五次全體會議亦已於四月二日到十三日在拉薩舉行。會議由班禪主持。據班禪報告：「一年來西藏地區的民主改革已取得偉大成績，在八十七萬人口的農業區中，已有八十五萬人口的地區完成了民主改革」；「在二十六萬人口的牧業區，已有三分之二以上的地區展開了「三反兩利」運動。經過民主改革和改革複查的農業地區，都充分發動了羣衆，進一步提高了廣大羣衆的階級覺悟，摧毀了封建農奴制度，打垮了農奴主階級的威風。在農村中逐步鞏固着以貧苦農奴和奴隸爲骨幹的群衆的政治優勢。……在寺廟方面，進行了反叛亂、反封建特權、反封建剝削壓迫制度的「三反」運動」。

班禪又說：「隨着民主改革的取得偉大勝利，西藏地區七個專區、一個市、七十二個縣的人民政府機構已經全部建立起來，全區還建立了二百八十多個區級和一千零九個鄉級政權機構。與此同時，培養幹部的工作也很有發展，西藏勞動人民中新生的革命幹部隊伍正在迅速成長。在民主改革的尖銳階級鬥爭中湧現出了大批積極分子，他們之中有很多人担任了鄉政權和各級農民協會的領導工作」。

班禪這一報告說明了中共對西藏所採取的各種措施之積極。達賴與班禪原都是西藏的政教領袖。中共固無愛於他們兩人，但他們始終還是中共可以在名義上利用的傀儡。現在，達賴既已出走，剩下的就只班禪一人，故中共對班禪乃盡力加以利用。今日西藏的真正統治人物是以中共西藏黨委第一書記張經武爲首的一羣共幹，所謂「西藏自治區籌備委員會」及其代理主任委員班禪都不過是傀儡。上述報告，又不過是其幹交由班禪照本宣科的讀出來而已。

西藏同胞現在陷身水深火熱中，近聞馬來亞將在聯合國大會提出西藏問題，如果能彰中共之惡，則亦未嘗不好。

錫蘭宣佈緊急狀態的裏因

慕禪

錫蘭政府昨天宣佈全國進入緊急狀態，並派兵至錫蘭島東北部地區，彈壓泰米爾族的獨立運動。當東南亞各地多事之秋，錫蘭的內部問題，是否會演成分裂，甚至滲入國際化的因素？現時尚難加以逆料。但鑒於錫蘭內部種族宗教問題及政治經濟問題的複什，無論如何，前途倒並不是樂觀的。

兩族爭鬥

錫蘭這個小小的島國，也像許多其他國家一樣，有着她對內對外的困難，如對外貿易及外交路線，這表面是屬於對外的問題，可是基於「外交是內政的延續」，內政政策與外交路線是互相表裡的，這樣，經濟政策方面就涉及到社會主義政策抑是資本主義政策的問題，貿易問題，也同樣對內部發生巨大影响。因此，政治方針，經濟路綫，在在都影响到國內各種族的切身利益，而錫蘭却是一個由兩個種族組成的國家，種族問題是錫蘭的基本病症。這麼一來，便掀起了種族獨立的風浪，而其中夾什着政治宗教等其他因素；情勢絕不單純。

錫蘭的主要種族，有辛海爾人和泰米爾人兩種，在全錫蘭九百多萬人口中，辛海爾族約佔六百四十萬，其餘為泰米爾族。他們不但種族不同，而且語言、宗教互異，這次分裂運動（也即泰米爾獨立運動），則是由於「標準國語」這一語言問題所觸發。

說辛海爾話的辛海爾族，是阿里安系人種，以前由印度孟加拉、阿薩密、奧里薩等省份移居而來。說泰米爾話的泰米爾族，却是達羅維陀族的一系，由南印度方面移居錫蘭的。前者是佛教徒，而後者則信奉印度教。

辛海爾族與泰米爾族，自二千年前他們在印度的時候，由於種族、宗教、言語之不同，早已發生多次的戰爭。一直到今天的錫蘭，他們也仍然沒有和解。辛海爾人一向住居在孟加拉灣附近的富饒地區，養成一種樂天安命的性情；像東南亞若干佛教國家居民一樣，好像「得過且過」地度日。在磽瘠地帶生長的泰米爾人，却每能刻苦奮鬥。終於掌握錫蘭經濟的牛耳。辛海爾人則以多數民族，入主可倫坡，對政治取得控制權。於是，政治與經濟，便成為他們鬥爭的武器。

分裂運動

在經濟上，泰米爾屬既得利益階級，自然而然的，他們維護資本主義路綫，如「泰米爾聯邦黨」，便是右翼政黨，他們因經濟及貿易，且與獨立前及獨立後尚存的外國資本有不解緣。辛海爾既被摒於主要經濟活動以外，加上錫蘭本身的貧困，更使他們傾向於社會主義。這樣原因所形成的情勢，便是辛海爾人要以社會主義政策來削弱泰米爾人的經濟勢力。泰米爾人却在經濟權力以外，更希望取得政治權力。

可是辛海爾究竟是多數民族，始終由他們控制着可倫坡的政治。泰米爾人迄今無法問鼎中原，於是就發展為獨立運動。

獨立運動的觸發，前面已經說過，是為了國語問題。錫蘭政府（辛海爾人）去年早已宣佈：由於辛海爾語為多數人民所使用，規定以辛海爾語為國語，並自今年一月一日起施行。泰米爾人認為，泰米爾語雖屬少數人所使用，但也佔人口的三份之一，應宜一併列為國語，最少，應在泰米爾族人所居的東部北部地區，列為國語。否則，泰米爾人將採「不合作運動」。

泰米爾人的爭持無效，非暴力的「不合作運動」，即消極不與政府合作，原已在兩月前發生，但錫蘭政府並沒有接納泰米爾為國語的意思。遷延到本月中旬，泰米爾族即在他們的區域內，自印郵票，自設郵局，乘坐國營的公共車輛，使用公營事業的水電，都不付費用。這樣，當然引起政府在地方負責當局的干涉，泰米爾人乃自設警察，維持他們的新辦法和新秩序。這就形成與中央政府尖銳的對立。

當泰米爾族已設立自己的警察時，在東北部的泰米爾族領袖，且宜稱他們將設立「自己的政府」。這麼一來，分裂運動便表面化了。政府當局亦急採對策，先在可倫坡將泰米爾聯邦黨的許多領袖逮捕起來，可倫坡京城，氣氛相當緊張。

錫蘭總理班德蘭乃克夫人，於十七日為應付泰米爾獨立運動，在召開緊急閣議之後，即晉謁錫蘭總督古湼克爵士，由總督於是日午夜宣佈：錫蘭全國進入緊急狀態。同時，政府並已派出威治冠少將，率軍馳赴芬那佈防（距可倫坡二五〇英里），以防東北部泰米爾族的變亂。可倫坡方面認為，如泰米爾族實行成立政府，錫蘭就難免有衝突流血或內戰了。○加爾各答通訊。

南越將受共黨內外夾攻

黎文果

筆者曾於三月廿四日在本報「吳廷琰面臨考驗」一文中指出：吳氏雖被許多人民斥為「獨裁作風」和「裙帶政治」，并被傘兵發動過「兵變」，但他畢竟是一個心地光明、處事勇敢的堅強反共領袖，這正適應南越大多數反共人士的需要，在四月九日的改選中，他仍可能擊敗他的反對黨而重任總統；現在，他果然獲選連任了。然而，吳氏的獲選連任總統，并不是顯示出共黨在南越的潛勢力已告消除。相反地，由於吳氏之獲選連任，南越將受到共黨的內外夾攻。這種情況，刻已漸趨嚴重。吳氏的應付手法如何？將更引起世界自由國家的關懷。

誰也知道，吳廷琰是越盟的死對頭。現在吳氏既已獲選連任總統，當然令到越盟更感寢食難安；這當然是共黨在亞洲發展的一大絆脚石。在此態勢下，共黨對南越的攻擊實力，在軍事上和政治上，都一定會有一番劇烈的推動的。——這就是隱伏在南越的新危機。

據有關方面的消息：湄公河的三角洲地帶的越盟游擊隊，刻已增至約二萬人。自吳廷琰連任總統後，這一批越盟游擊隊，迅即奉到他們的指揮部的命令，要立刻加强活動。據說：該一地區的越盟游擊隊，曾一度假冒南越國防軍，衝入當地的地方政府裡，拘捕行政人員，目前該一地帶的治安，已陷惡化；若干地區的行政官員，日間由軍警保護前往處理政務，晚上則退回安全區，因而部份地方行政，已在半麻痺狀態中。此外，宗教色彩的「地方勢力」，仍秘密繼續反吳廷琰，遜皇保大之子保隆，也領導着保大派的在野黨，繼續反吳活動；而他們都是極有可能在愚昧中受到越盟進一步的利用，增加了南越的危機。北越政權，也已準備南下，與潛伏在南越的地工互相呼應。顯然，南越已醞釀着新的騷動。

至於寮共的活躍，對南越衝擊力也很大；這一股從外邊向南越進攻的實力，將很快地就使南越在內外夾擊中。目前共黨在寮國的陰謀，固然是企圖分割寮國，而另方面，也是利用寮國作立足點來與越共協力夾攻南越的。自吳廷琰當選連任總統以後，共黨的後一着步驟，已表現得更為顯露。華盛頓的國際觀察家最近已指出：共黨是堅決利用寮共目前的優勢，擴大地盤。——這就是共黨運用這地盤來與越盟夾攻南越的計劃之一。

在這個內外夾攻的局勢下，南越的安危是很使人憂慮的。尙幸吳廷琰在政治措施上，現已逐漸好轉；但軍事力量的改善，則仍有待於美國的繼續加强支持。南越的安危，對亞洲整個局面的影响，相當重大；甘乃廸對此，又焉可以忽視？

狂風刮起，元帥垮台！

・梁心・

如所週知：中共在一年前，曾十分起勁地耍出了多資多采的「政治掛帥」把戲，不論煉鋼，打紗，繅絲，築路，建隄，撈藻，積肥，以至養猪……等，都大力推動「進軍」，扛起了「掛帥」的高脚牌，迫使人民流出了他們最後的一滴血汗；而「掛帥」人物，則被在口頭上給上「殊榮」，衿頭間插上紅花，就這樣的便算「拉鷄尾」，成為「巴閉」的同志，好不威風凛凛！

然而曾幾何時，威風凛凛的掛帥英雄筋疲力竭了，再加上粮荒嚴重，食堂瓦解，他們的肚皮長期雷鳴，一個一個的倒下去，而終於也免不了受到「整風」的厄運。

事緣到了今年，中共的工業大躍進計劃失敗，「人民公社」制度失敗，農業政策失敗，已表露得更為顯著，在此危機重重當中，便立刻老羞成怒，悍然把猙獰的面孔現出，迅即再掀起了「整肅」的狂風，「右傾」帽子滿天飛，昔日的「掛帥」英雄，也成為「整肅」的對象。

中共的「人民日報」，目前已提出了所謂「三審查」、「兩研究」的澈底「整風」辦法，連「掛帥」英雄也要接受詳細的調查和縝密的研究；據說是要把他（她、們的「病根」掘出。在這種殘酷的整肅狂風吹襲下，顯然，「掛帥」英雄已變成「喪家狗」，面臨「烹」的最後關頭。

粵共驅策近百萬鄉民下海撈肥

・江水・

廣東是亞熱帶的「多熟地區」，故各農村的肥料消耗數量，向來都相當龐大；自中共統治了後，一來由於農業政策錯誤百出，二來祗知胡亂的推動硬幹和蠻幹而缺乏因時制宜的眼光，三來是天然肥料的積肥資源，也被搜刮殆盡，如野雜植物小球藻之類，也給指定作為食粮，四來科學肥料更不能作適時適量的供應，因此更產生了嚴重缺肥的惡果，馴至今年春耕，便陷入基肥普遍不足的困境中。中共為圖補救計，乃於最近倉皇驅策近百萬鄉民，在沿海地區的雷州、饒平、兩陽、潮陽、電白、海豐：等三十多個縣市，大力打撈各種海肥，并在上述各縣市中，草草設立了七百多個海肥加工廠，進行生產肥料。但這些海肥的肥效成份怎樣？共方并未作出試驗後的準確報告。生產數量怎樣？共方也沒有實際數字的報導。一般推測：中共對任何工作，一向都是盲目進行的，此次撈肥運動，極可能又產生了另一種更嚴重的惡果。

閩共搜刮資財開始向學生「吸血」

中共搜刮民間資財的魔手，刻已伸到學生們的身上去。據廈門消息：共方現已在各大、中、小學裡，提出了「支援國家經濟」的口號，以各級學校的學生為榨取資財的對象：目前經有「小銀行」二百餘間，分別在各級學校中設立，而規定各級學生，必須踴躍參加儲蓄。共幹推動「學生儲蓄」的方法，係以硬性的競賽方式進行。同時此種「小銀行」，亦繼續在擴展中。預料每一個學生，都將無法可以逃避被共方「吸血」。但共方此種壓榨手法，無異是間接向當地居民再來一次橫征暴斂；因為各級學生被迫一「競賽」儲蓄的金錢，都是向他們的家長索取得來的，這些被迫「儲」入各「小銀行」裏的一分一角，都是他們的家長的血汗。且此種「儲蓄」，係長期性的；換言之，當地居民遭受此種加重的迫害，也將永無止境！

海上六日
——南遊隨筆之二

黃崖

我們的船駛出了香港，就像一個酩酊大醉的漢子，前後左右的顛簸着。我覺得整個世界都在幌動，連忙倒在附近的一隻沙發上，緊緊地閉上眼睛。

「先生你是不是暈浪？」一個英國船員問我。

我透不過氣來，半晌才說一聲：「是。」

他馬上扶我起來，送我到我的艙房去。我上了牀，他道歉地說：「很對不起，我們船上沒有醫生。——這隻船已改為貨輪了，這是最後一次收儀搭客。」

躺在牀上，我更覺得船在幌動，身體有了依靠，便有安全感，心情一點也不緊張。

中午，僕歐來問我要不要餐廳去用午餐，我覺得身體並沒有什麼不舒服的地方，便決定起身到餐廳去。大餐廳裏有一張長方的大餐枱和四張方形的小餐枱；大餐枱坐滿了英國船員，其他的四張餐枱只有一張擺了一套餐具。船長告訴我，船上只有三位頭等搭客，還有兩位因為暈浪，不能下來用餐。

我在方形的餐枱前坐了下來，我覺得輪船幌動得比以前輕微得多，喝過了湯，我確定自己並沒有暈浪。我的胃口特別好，菜牌上有十一道菜，我一連點了七道，但，肚子還覺得餓，我如果不是怕難為情，十一道菜我會通通點下來。

午餐後，我跑到甲板上去。呼吸了清新的空氣，我的身體和心靈都充滿了活力。我倚着船舷，望着那邊無邊際的大海和天空，近邊的海水是綠色的，遠邊的海水是淺藍色的，而近邊的天空是藍色的，遠邊的天空是白色的，整個世界就是這麼三個顏色：白、綠、藍、白。但我並不覺得這個世界是單調的。大海變幻不定，沒有片刻平靜；浪濤洶湧着，沒有一個浪濤是相同的。洶湧不停的浪濤，像川流不息的生命力；它們引起我的嚮往，也引起我的歡悅。天空雖然是靜的，可是，它却逗起我無限的遐思，同時，也大大的擴展我的心胸。我就倚着船舷，望海、望天，直到僕歐通知我去用下午茶。

晚上，我用過晚餐後便就寢，第二天，我很早就醒過來，望出窗外，海天一片黑暗。我原想轉身再睡一覺，忽然想起海上日出的美景，只會在詩中文中見到，眞情實景尚未目睹過。連忙披衣起床，到上面的甲板去。

整個世界黑黝黝的，我只知道頭上是天，脚下是海，但，却看不出海天的分界線。我倚着左舷的欄杆，往前方望去，什麼東西也望不見，我的面前就像是掛着一塊黑幕。等着，等着，黑幕的中央忽然出現一條玫瑰紅的長線；原來，那兒就是海、天的交界。玫瑰紅的長線漸漸地轉變為深紅色，接着，在那紅線的中心浮起了一隻大紅球的上面部份，它不像太陽，却有些像月亮，它一點也不刺眼，顏色是鮮紅的；它像肥皂泡似地顫動着，輕輕地升了起來。天空的顏色轉藍了，海水也變成了淺綠色；而後，天空像怕羞的少女，泛起了陣陣的暈紅，海水也交織着一條條紅色的線。當太陽全部躍出海水時，它開始變成金黃色，那顏色是耀眼的；天空和大海變得多姿多彩，好像是兩塊調色板，什麼顏色都有。太陽慢慢的升高，顏色又由金黃色變為白色，炫耀得令我呼不開眼來，我只好輕輕地閉上了雙眼。待我睜開眼睛時，發覺太陽已經升上了天空，海天恢復了以前的顏色。

我回到艙房，牀旁的枱子上放着一杯熱氣騰騰的奶茶。無意間低下頭來，看見牀下的一雙舊皮鞋，這雙皮鞋十分光亮；我原先是想拋掉的，現在被船上的僕歐擦得簡直像新的一樣，我眞捨不得丟掉它們了。許多東西原本是廢物，只要我們稍加整理，都是有相當用途的。

早餐後，我在客廳裡看書，不到兩個鐘頭，就把書看完了，這本書是「拜倫傳」，是我帶來的唯一的書本。在我離開香港時，有幾位好心的朋友，勸我不要帶書來，據說新加坡和馬來亞對書刊的入口檢查很嚴緊。現在，我很後悔接受朋友的勸告，沒有了書，我將如何消度海上的日子啊？

用過了午餐，我只好搬出相簿來消磨時間。大副到客廳來，見到我的照片，頗為欣賞。於是，我用生硬的英語和他聊起天來。大副是很喜歡攝影的，我當即和他談起攝影的問題，我是不大會攝影的，不過，在香港時編過兩年的畫刊，知道不少攝影的理論，談起來居然是頭頭是道。大副聽得大為佩服，馬上邀我到他的房間去，請我喝他心愛的美酒，還把他自己拍攝的「傑作」給我批評。我們的友誼就這麼建立起來。一個人如果能夠培養多種興趣，是很容易結交許多朋友的。

第三天早上早餐的時候，我的餐枱多了兩個人，他們就是船長以前所提起的那兩位暈船的頭等客了。他們穿的都是藍色薄絨西裝，打的領帶都是黑色的，一個年紀比我大，大概有三十五六，是姓許的；另一個比我年紀小，大概不到二十五歲，是姓陳的。早餐後，我們又在客廳碰面，談了一陣，知道他們是中共派往印尼的外交官。當時，我即單刀直入地抨擊中共的種種措施，姓許的馬上和我展開辯論，姓陳的在旁助陣，不過，他的話不多，因為他每說一句，就得看姓許的眼色。我們爭得臉紅耳赤，到十一點多，姓許的憤然離開，姓陳的自然也跟在他的屁股後頭。午餐時，他們沒有到餐廳用餐。

午餐後，船上的無綫電發報員來找我，他是中國人，他說早上聽過我和姓許的一些辯論，他覺得姓許的他們的態度很不好，我當即問他對中國前途的看法。

他說：「我對中國的情形搞不清楚。我曾去過大陸幾次，也曾到過基隆多次。大陸設有海外海員招待所，對海員招待得很好，而且還有專人陪伴我們遊山玩水和採購物品，購物還可以打折扣，給人印象甚佳。基隆則不然，若不送美金，我們登岸一定要大找我們的麻煩，後來，我們船泊基隆，乾脆不上岸了。我是反對中共政權的，可是，台灣方面太令我失望，所以，我只好入了英籍。」

我的內心很感痛苦，像這個電報員放棄中國國籍的中國人眞不知有多少，他們殊不知愛國和救國是每一個國民應盡的義務，如果中國的命運眞的只是繫在某一方面身上，中國的前途自然可悲了！

喝下午茶時，大副請我到他的房間去，他準備了一些很像樣的西點請客，同時，還介紹一個愛爾蘭的「大車」和我相識。那愛爾蘭人很天眞，他說他是一個文藝愛好者，也曾投過稿，可是，三次均遭退稿命運。

我笑着問他：「你怨恨編輯嗎？」

他搖搖頭，說：「不，我一點也不。我那三次被退稿，編輯都附有長信，指出我文章的缺點，說得十分有理，這三封信，我一直帶在身邊，你想看的話，我可以馬上到房間去拿。」為了不願令他掃興，我說很想看看那三封信。

那三封編輯的退稿信確是寫得十分精彩，它們不但很扼要地指出來稿的缺點，而且，還作了許多建設性的建議，譬如勸作者應該多讀那些作家的作品，應該如何鍛鍊自己，應該參加某間函授學校——等等，對作者十分關懷。我自己當了五年的編輯，可是，這一類的退稿信却從來沒有寫過，眞是慚愧！

當天晚餐，第四天的早餐、午餐、晚餐，都未見姓許的和姓陳的到餐廳來，他們一直把自己關在房間裡，還未免太自苦了，我覺得很可笑！

不見到他們，我並不覺得難過，因為，我早已和船上的人員混得很熟，一點也不覺得寂寞。

第五天，船長告訴我：「明天，我們可以到新加坡了！」

我感到高興，也感到難過；高興的是可以到達目的地了，難過的是要離開船上的幾位新認識的朋友。

第六天一早，我就坐在甲板上，望天、望海。用過早茶後，我發覺右邊遠處出現了一塊陸地，船員告訴我那便是馬來亞的東海岸了。五天多都是在茫茫的大海中航行，現在見到陸地，內心確是很興奮。我倚着右舷的欄杆，望着那塊南迤長的陸地，到了下午，左舷又出現了一些島嶼，據說那是北婆羅洲的島嶼。三點多，我看到一座黑白相間的燈塔，大副對我說，從那兒往右轉彎，便是新加坡港了。右舷的陸地愈來愈大，我可以清楚地看到富有熱帶情調的椰樹，也可以看到一些漁舟。那陸地對我來說是完全新鮮的，所以，吸引力特別大，我不停地望着它，想從它那兒看到一些我想看的東西。五點多，我們的船才到燈塔那兒向右轉彎，我可以望得見新加坡港了。

「再會吧，大海！」我轉過頭來，望着船後的大海，輕聲說着。

文壇泥爪
徐志摩與戲劇運動之三

雖然對戲劇有着極濃厚的興趣，在編和演兩方面都曾染指過，但志摩究竟不是搞戲劇的人，他們這個運動是借重於所謂「眞正的行家」的余上沅、趙太侔和聞一多，因為他們留美專攻戲劇，回國以後並想以身許「戲」，創建中國的新劇，所以志摩在「劇刊始業」自謙地說：

「這回我的胆又壯了起來也不是無理可說，因這回我們不僅有熱心，加倍的熱心，並且有眞正的行家，這終究是少不了的。呵，我眞高興，我希望——但這是不用說的。說來我自己眞叫是慚愧，因為我始終只是一介搖旗吶喊的小兵。我於戲是一個嫡親外行，既不能編，又不能演，實際的學問更不必問；我是絕對的無用的一個呵，但是，要是知道我的熱心，朋友，我的熱心……——」

然而「操刀必割」，實際上是這個運動的領袖，誰肯如此謙虛？他對戲劇理論，却有頗為精湛的見解，為了保存文獻，我不能不因襲文抄公的伎倆：

「戲劇是藝術的藝術。因為它不僅包含詩、文學、畫、雕刻、建築、音樂、舞蹈各類的藝術，它最主要的成分尤其是人生的藝術。古希臘的大師說，藝術是人生的模仿，近代的評衡家說，藝術是人生的批評；隨你怎麼看法，那一樣藝術能有戲劇那樣集中性的，概包性的，「模仿」或是「批評」人生？如其藝術是激發乃至賦與靈性的一種法術，那一樣藝術有戲劇那樣打得透，鑽得深，搖得猛，開得足？小之振盪個人的靈性，大之搖撼一民族的神魂，已往的事蹟曾經給我們明証，戲劇在各項藝術中是一個不可錯誤的勢力。」

戲劇是多麼精細的製作，如今自以為會寫散文小說，便誤認一通百通，率爾操觚也編寫起劇本之流，大可請他讀一讀志摩在三十五年前的話：

「但戲是要人做有舞台來演的；戲尤其是集合性的東西，你得配合多數人不同的努力才可以收穫某種期望的效果，不比是一首詩或是一幅畫可以由一個人單獨做成的。先不說它那效力有多大，一個戲的成功是一件極複雜、極柔纖、極繁瑣，不容有一絲漏縫的一種工作；一句話聲調的高矮，一盞燈光綫的強弱，一種姿勢的配合，一房門窗的位置，在一個戲裏都佔有不容含糊的重要。這幻景，這演台上的「眞」，是完全人造的，但一極小部分的不到家往往可以使這幻景的全體破裂。這不僅是集合性的藝術，這也是集合性的技術。技術的意思是够格的在行。」

辛亥革命史談（一）

舜生

提要

中國知識分子對政治改革提出熱烈的要求，並採取實際的行動，這是甲午中日一戰以後的事。

孫中山說他立志顚覆滿清創建民國在光緒乙酉對法戰敗之年（一八八五年，即光緒十一年，其時中山二十歲。）這僅僅是後來的追述如此。其實在光緒二十年五月（一八九四，其時中山二十九歲。）他所上李鴻章的一封書其所期待的：「人能盡其才，地能盡其利，物能盡其用，貨能暢其流，」固然只是一種很普通的富強論；就是同年十月，他在檀香山成立興中會，其宣言的內容，也還沒有公開的強調中國非革命不可。到了二十一年的春天，他由檀香山回到了香港，其時中國戰敗的形勢已經確定，他才決心在廣州採取了第一次的革命實際行動。

康有爲在光緒十四年九月（一八八八），即開始以監生向清帝上書，但他所陳述的，要不外「變成法」「通下情」「愼左右」三點，其時，也不見得他便意識到未來的維新一幕會要由他來充當主角。及乎二十一年三月，喪權辱國的「馬關條約」已經由李鴻章簽字，他才發動公車上書力爭；眼見當時的知識分子已形成了一種羣衆運動，覺得改革大有希望，於是他才奔走呼號，在北京、在上海，創強學會，辦報紙，結納朝野若干的開明分子，取得若干國際人士的同情；一直到二十三四年之交，因中日一戰的後果，引起了列強對中國的瘋狂侵略，於是他的改革運動才完全成熟；而居然實現了戊戌的所謂「百日維新。」

中日戰後的中國改革運動，只有孫康兩派，孫派主張推翻現狀的革命，康派則主張改造現狀的維新，可以說是同在一個時候起來的，其同爲由對日戰敗所引起，自屬毫無疑義。

孫康兩人的家世，所受的教育，青年時期的生活，以及由此而分別形成他們兩人的個性，都截然不同，因此，他們兩派走上了兩條完全不同的路子，這是很自然的。

在革命派的興中會時期，維新派的戊戌前後，他們曾有過合作的企圖，但卒以兩個領導者的性格完全兩樣，結果畢竟無所成就。

兩派在活動的過程中，其所運用的方法；從表面上看，好像是差不多的；可是進一步加以分析，則到底差別很大：革命派側重情感，其所憑藉的民族主義，實爲形成一種熱烈情感的動力，由此而發爲行動，乃爲奮什直前；不顧一切的打破現狀，至於大破壞以後可能的演變，却是他們所無暇考慮的。本來，漢滿兩族間的鴻溝是劃得很深的，至少已有三百年的歷史背景，自從經過了太平天國一幕，民族情感乃重復燃燒，而形成「一股熊熊火燄。中山誕育在這樣的一種環境，加上他個人敏感的性格，與外力壓迫所給予的刺激，於是他的民族主義乃形成了對內對外一面鮮明的旗幟：對內是「驅除韃虜」，對外「在求中國之自由平等」。我們可以說革命派之所以博得無數人的同情與參加，而形成一不可抗的力量，乃完全是由於中山飛舞這一面旗幟所號召的結果。至於「民權」「民生」兩義，本來是比較後起的東西，甚至到了光緒三十一年（一九〇五）同盟會在東京成立的時候，多數加盟的會員，也還只是側重「民族」一點，對「民生」固不甚了了，對「民權」也沒有十分強調；中山本人其所以把「訓政」看得十分重要，乃至到了六十年後的今天，「民權」一義依然不爲國民黨所重視，以致使他們陷於如當前的困窘而莫能自拔，這也是由於他們一部黨史所演進的自然結果。

代表維新派的康有爲，他本來是從一大堆中國綫裝書裏攢出來的一個舊式書生或士大夫。在他活動的過程中，我們隨時都可以看見他在講學，在集會，在著書，在宣傳；他側重民智的開發，充分明白言論自由的不可少；自然，中國傳統的文化對他支配的力量很大，甚至他還迷信君權依然具有無上的威力；他一樣不安於現狀，深知道改革的不容或緩，可是他覺得就現狀改造總比完全打破現狀而從頭做起要來得容易，而危險也不太大；而由上而下的改革要比由下而上的改革要來得少費氣力，而流弊也可能減輕；當然他也懂得外力壓迫非常可怕，但他覺得逐漸的自強還來得及，而突飛的躍進則終於不可能。因爲如此；儘管在他的徒黨中如譚嗣同、梁啓超，也或多或少感到存在滿漢間的民族問題相當嚴重而未嘗不想加以擺脫，但在康的立場則不僅要把這一問題置之不談，反而要運用大力對他的徒黨去加以另一看法的說服，假定清廷自同光以來的政治不是已腐敗到十分徹底，換言之，便是當日官僚中的清流不太流於虛憍，或濁流而不太流於惡化；更假定當日實際掌握着大權的慈禧，個性不是那樣的頑強，而自私與無知又不是那樣的達於極點，康派的活動也未必無幾希之望，可惜事實剛剛與此相反，因而所謂維新乃只能曇花一現而立即歸於萎謝。

統觀這六七十年的演變，革命派似乎是成功而實際却沒有成功；維新派似乎是失敗而實際也沒有全敗；而使得國家陷於如目前的現狀，其責任則應由兩派共同負之，這是我在今天來談辛亥革命史所首先深切感到的一點。

（待續）

以曾氏家學分貽來學諸子賸以一詩八疊均

履川

猗歟吾家詩。赫昭爛星日。編排付剞氏。
著代已超十。閩遷始明初。系本南豐出。
繼盛艱繼志。所獲僅微隙。慚對父祖靈。
聽訓聆自昔。諸子上庠秀。侍我談詩席。
[illegible]編襞付授。莫令誚觀壁。

風持族父詞寄久不達疑莫能明詩以志惑九疊均

麗詞三百篇。急遞歷時日。豈伊付浮沉。
詢探累八十。藝天赤熛帝。詞入嚴鞫出。
字奇疑諜符。網密窮語隙。寧知聞歌輿。
比唱鹽昔昔。儒生論于覇。六合卑卷席。
焚坑了無事。吾夢思發壁。

析支列傳（一四）

亮之譯註

44 大流士乃較大部份亞細亞之發現者。彼爲欲知印度河(Indus——除另一河（註一）外，此爲唯一產鱷魚之河。）入河之處，嘗遣大批忠貞幹部於卡累恩打(Caryanda)（註二）之析那克斯(Scylax)下駛此河。彼等自巴克廸加(Pactyica)之卡斯拍推拉城(The city of Caspatyrus)（註三）出發，順流東駛（註四），以入於海。由之轉西，凡三十閱月，果達目的：其所經由，即余上述埃及王遣腓尼西亞人繞航利比亞之路綫也（註五）。此海上旅行完成之後，大流士遂征服印度人(Indians)（註六）而使用此海之上述部份矣。於是亞細亞之命運除其東方外，與利比亞乃如出一轍（註七）。

（註一）原註：「即尼羅河。」

（註二）原註：「卡累恩打(Caryanda)乃卡累恩海岸(Carian coast)之上或其鄰近地。」按卡累亞(Caria)乃古小亞細亞南部份之俾；其他南及西南接愛琴海，北爲呂底亞(Lydia)，東爲腓累基亞(Phrygia)及呂西亞(Lycia)。於此區域下駛印度河，絕不可能；希氏此處所述必有誤。

（註三）原註：「見上第三編第一〇二節。」按該節註三，言Caspatyrus一說即喀布爾(Kabul)，另說爲克什米爾(Kashmere)，究不能確定其位置。

（註四）原註：「印度河實際流向略偏西南。或希羅多德誤認喀布爾河(Cabul)爲印度河。」按Cabul今作Kabul，在阿富汗東北，其河發源於興都庫什山，而流入印度河。

（註五）原註：「見上第四二節。」

（註六）原註：「此所謂征服印度，依吾人所理解，實即征服旁遮普(Punjab)或信地(Scinde——按今作Sind)（雖此點並無確証）；而析支人實爲前鋒（此由碑文可以証明）。」

（註七）原註：「即確劃邊疆界綫。」

寄售書目

（七六）十三經注流　光緒十三年點石齋據阮本影印，有校勘記，與殿本不同。三十二冊，弍百五十元正。

（七七）論語　何晏集解，涵芬樓借長沙葉氏觀古堂藏日本正平刊本影印（大字），十五元。

（七八）論語疏証　楊樹達著，科學出版社，一厚冊，十五元。

（七九）宋槧大字本孟子　商務影印續古逸叢書之一，趙註，七冊，八十元正。

（八〇）詩集傳　涵芬樓影印日本靜嘉文庫藏宋本，綫裝八冊，四十元。

（八一）毛詩說　莊有可說，附詩蘊上下兩卷，商務影印，綫裝六冊，三十元。

（八二）禮記集說　莊有可說，商務影印，綫裝八冊，五十元。

（八三）春秋經傳集解　據明翻相臺本影印，大字，洋裝三厚冊，五十元。

（八四）春秋左傳句解　韓菼重訂，商務，六冊，十元。

（八五）春秋左傳讀本　中華，王伯祥，洋裝一厚冊，十元。

（八六）廣雅疏証（附博雅音）　張揖撰，王念孫疏証，商務影印，九冊，二十五元。

（八七）日知錄集釋　道光木刻本，十六冊，二百元。

（八八）又一部　商務，萬有文庫本，十二冊，五十元。

（八九）明夷待訪錄　中華，一冊，二元五角。

（九〇）述學　汪中撰，兩冊，商務影印，六元。

（九一）癸巳存稿　俞正燮撰，商務，五冊，八元。

（九二）經學歷史　皮錫瑞著，商務影印，一冊，五元。

（九三）周易淺釋　但衡今著，台灣印行，上下兩冊，五元。

（九四）詩經試譯　李長之，大陸印行，洋裝一冊，五元。

（九五）詩經國風新譯　劉光宇，一冊，五元。

（九六）詩經選　余冠英選註，一冊，五元。

（九七）孔子改制考　民國十一年北京重刊本。康有爲，線裝六冊，四十元。

（九八）原儒　熊十力著，上下兩冊，卅元。

（九九）浙東學派溯源　何炳松編，商務，一冊，五元。

要者請向九龍鑽石山大觀路惠和園三號「卓如編譯社」洽購。大學，圖書館，及研究機構購買，一律八折優待。定價已酌改，以此次所登出者爲準。空緘恕不奉復。

聯合評論

週刊

本刊已經香港政府登記

每逢星期五出版

United Voice Weekly

第一四〇號

總代理：友聯發行公司　售價每份港幣一毫

本報美洲版總經售處美國紐約中美出版社

CHINESE-AMERICAN PRESS, INC
199 CANAL STREET.,
NEW YORK13 N.Y.U.S.A.

美洲航空版每份售美金一角

紀念『五四』四十二週年

左舜生

民國八年的「五四運動」，到今天已經是四十二個週年了。當時直接發動和參加這一運動的人物，大多數都已死亡，所剩下的一部分，至少也都是六十七十的老翁，去死不遠。我當時住在南京，還是一個二十六歲的青年，僅僅對於北京派到南京上海活動的學生代表，做過幾天招待員的，實際上對這個運動並無何等的貢獻。可是究竟是目擊其事；儘管我自己沒有直接參加，但我的朋友參加的卻不在少數，因此對於當時的實際情況也知道得相當真切。為了紀念這一幕自民國以來空前的國民運動，我可以就當時事實，作如下的敘述：

一、其時正是軍閥最為橫行的時代，北洋軍閥一個幕後的頭子徐世昌，已做了中華民國的總統，而南方則有所謂軍政府的七總裁，全國已正式分裂。（按七總裁為七年五月孫中山辭大元帥後經非常國會推出，其人選為孫，及唐紹儀，伍廷芳，岑春煊，陸榮廷，唐繼堯，林葆懌，並推定岑春煊為主席總裁，孫未參加，也沒有反對，從此他便到上海住下來從事著作。）

二、「五四運動」可以說是一種純粹的愛國運動，當時最主要的口號為：「取消二十一條」，「收回青島，」「罷免曹章陸等賣國賊」，「反對巴黎和約簽字」，「抵制日貨」，「提倡國貨」，和「外爭國權，內除國賊」：並沒有夾雜其他的任何意義。不過表面上儘管側重在去掉曹章陸；實際却是對軍閥的一個大示威，因為曹章陸僅僅是軍閥的爪牙和走狗罷了。

三、後來毛澤東追述這件事說：「五四運動是在當時世界革命號召之下，是在俄國革命號召之下，是在列寧號召之下發生的。五四運動是當時無產階級世界革命的一部分。……」（見毛所著「新民主主義論」）這完全是閉着眼睛吹：其時俄國革命還不到兩年，他們國內還是一場糊塗，他們憑什麼資格號召？憑什麼力量號召？其時俄國盧布還不曾進入中國，「中國共產黨」還沒有懷胎！僅僅陳獨秀曾在這次運動中以北大文科學長的資格一度被捕，毛澤東是個什麼東西，中國人還毫無所知，他們說這類的話，當然只是以肉麻當有趣！

四、「五四運動」是全國性的，普遍性的，而且擴展到了國外的僑胞社會，如果我們只着眼在北京和上海兩地，便與事實不符。這個運動的高潮，延續將及兩個月之久，一直到曹章陸正式罷免，六月二十八我國出席巴黎和會代表已拒絕了凡爾賽對德和約的簽字，才逐漸的和緩下來，這也可以証明這次的運動是一種純粹的愛國運動，並沒有夾雜其他的任何意義。

五、在這次運動中，學生站在第一綫，商人站在第二綫，上海部分的工人則站在第三綫；一直到最後才有少數工人起來，可以說他們只是對愛國的學生和商人表同情，說他們帶得有階級鬥爭的色采，也只是一種的歪曲。

六、中國新思潮的醞釀，遠在民國三四年反對袁世凱的復古運動和第一次世界大戰爆發的時候便已起來，就沒有『五四』這一幕，新思潮也還是無法遏止的；有人「把新思潮的發展和「五四運動」混為一談，這與事實完全不合。所謂新思潮，僅僅包含『民主』與「科學」兩義，與所謂世界革命全不相干。今天的毛澤東既不相信「民主」，也不相信「科學」，因此我們可以說，共產黨後來的活動，也與這一期的新思潮全不相干。共產黨合中國得勢的惟一背景就是蘇俄，我看不出今天共產黨的任何一個首腦人物，談得上有所謂思想。

七、中國有了「五四運動」，國外第一個受影響的便是蘇俄，他們從這一幕看見中國居然有了大規模的羣眾運動，他們才感到大有在中國宣傳共產的可能。蘇俄兩度發表放棄帝俄在中國的特權，第一度在民八的七月二十五，第二度在民九的九月二十七，便正是受着「五四」的刺激，對中國知識分子們實行的一種欺騙手段！毛澤東不懂得中國的「五四運動」影響了蘇俄，反說蘇俄「號召」了中國的「五四運動」，這完全是一種奴才心理的表現！

八、在國內受着「五四運動」影響最大的，我們不能不說是國民黨！孫中山因為看見了「五四運動』他才感到他的主義有擴大，加緊宣傳的必要；國民黨的「建設」雜誌，是民國八年八月在上海出版的，中山「實業計劃」的中文稿子，便在這本雜誌上陸續發表；而他的「孫文學說，」也在這一年年底才完全脫稿；同時，「中華革命黨」改組為「中國國民黨」，重新公布總章，也正是這一年雙十節的事。凡此，均可看出「五四運動」對國民黨所給予的刺激是何等深刻。後來的國民黨所以能打倒軍閥，統一全國，追本溯源，不能不說是受了「五四運動」之賜！現在國民黨的當權者，一提到「五四」便咬牙切齒的痛恨，眞可說昏瞶糊塗，落伍到不可救藥。

九、在「五四運動」中，學生先後被捕者多至千人以上，「益世報」一度被封，總編輯潘君被捕，其他若干的刊物，也受過嚴格的取締，可是事後都一律釋放，一律啓封，既沒有傷害任何個人的生命，也沒有任何個人被判處短期的徒刑，這可看出當時的軍閥比較今天的還算是相當文明。我們必須從這些觀點出發，才能對「五四運動」得到恰如其分的估價。

五〇、五、三、香港。

興衰成敗繫於民心

李璜

「得民者昌，失民者亡」，這八個字是政治變化上的原則看法，自從中國的聖人，孔子、孟子指明了出來之後，已成為歷史觀察上的一般常識；故讀史或是觀風，弔古或是傷今，大家都注意一代興亡，或者眼前得失，是否是緣於民心的向背，民意的好惡；時無論古今，地無論中外，興衰成敗繫於民心，一直觀察了下來，此一原則眞成了天經地義！

即以近來哄動一時的兩事為例：一是法國阿爾吉利亞的事變，一是古巴狂人卡斯特羅的橫行。阿爾吉利亞的叛將何以失敗得如此其乾脆與迅速？這是戴高羅得着「法國民心」的緣故：阿爾吉利亞問題，拖了八年，拖得法國人民很苦，勞師遠戍，千里餽糧，人民不勝担負，乃由戴高羅將軍出來，以壯士斷腕，作風放棄政治統治，只求經濟聯繫；此一計劃已深得民心，而戴氏又經過全民投票，贏得了多數贊許，然後始一再親往說服阿爾吉利亞中擁有經濟特權的法國人，然後又纔與當地土著領袖從事協商獨立而不離開「法蘭西聯邦」的談判。勇毅而明確，周到而民皆見之，戴氏既得着了民心，少數叛將又何能有為呢！固然在阿爾吉利亞的談判中，國際共產黨還要設法作怪，然而此次叛亂既更增加了戴高羅的威望，談判前途當比以前要能順利一些。

至於古巴近事，古巴反對狂人卡斯特羅的萬命軍雖然好像徹底的失敗了；國際的共產黨正為之大事鼓掌，認為卡氏的統治權力勝利而且鞏固了。然而失敗的登陸革命軍不過千人，而卡氏便須在古巴全國捉拿萬人以上來關起，使所有監獄裝滿不夠，據報載，卡氏還得要捉上十來萬人民，方得安定。像這樣，足見古巴民心之所向背，民意之所好惡：一個政權、既要靠壓迫人民以求苟安；試問又苟安得多久？——民心是不能用壓迫手段使之轉向的，在交通閉塞的古代且不可能，又何況處於二十世紀六十年代的一切空中傳播，地下活動，都進步到無孔不入，眾多受壓迫的人民又豈能長久的坐聽專制魔王胡幹下去呢！

這道理是很明顯的。因此，一句話說明白，如果我們不去相信民心的向背，會發生出甚大的作用，則我們便大可不必相信大陸上的中共政權一定會失敗；更反過來的明白些說；如果我們只相信兵力的雄厚如何，特務的能幹如何，安全的措施如何，統治的權力如何，則以大陸比之於台澎，北平比之台北，中共的軍，特，幹部數字比之於我自由中國的人數；則中共又何懼哉，毛周輩又何致會畏台呢！因此，如果不去相信六億大陸人民的民心，則我們便大可以不必去反共了！請看，港澳的郵包如潮水般的往大陸投寄於啼飢號寒的親友！再請看，每天不斷的沿海災胞幾十幾十的冒萬死逃出竹幕而來港澳，則大陸的民心向背如何，民意的好惡如何，不問可知！在這一情景的不斷表現之下你能說，在美國兩洋的僑胞，在港澳居住的難胞，與其大陸的親友們息息相通，而所感到的「中共已臨末路，民欲予之借亡」的想法為胡塗不懂事嗎？你又能說，大家所想像的「湯一征，自葛始」，及時弔民伐罪，若時雨降，中共便因此會逐步政權崩潰，魚爛而亡、又是完全的空想妄想的嗎？你不要以古巴舉變，人民革命軍要失敗經驗為一慘痛的教訓」，而你要知道，人民革命軍失敗者僅千人，但卡斯特羅便逼得非捉拿萬人以至十萬人去監禁起來，且聲言要以屠殺來對付，這就是好現像！假便古巴的人民革命軍不斷的登陸，並且假定一千兩千的不斷失敗，東一批，剩些少數，散入山中，西一批，剩些少數逃入民間，則卡斯特羅將面臨「八公山上，草木皆兵」，「季孫之禍，起於蕭墻」，也是意中的事！

然而，如果你只相信兵力，而又只相信正規作戰，要以六十萬之眾去對數百萬之眾，還得要籌劃周全，期於必成，此誠所謂「孫子辯善其後，吳起難言其功」，而只有「世事茫茫難自料，春愁黯黯獨成眠」而已！但我則以為在此國際間的不祥醞釀之中；又因我自由中國屢次坐失時機之後，而今頹勢日深，分崩可怕；事到萬難，必須放胆！然則我何所恃，恃乎民心！

日昨我讀本刊上期張君勱先生之文，有「大陸淪陷前之錯誤，……此國家存亡之大事，既不作公開討論，又無一頁白皮書報告……」云云，却引起我的回想與個人心裏的討論，討論結果，我認為大陸淪陷如是之易，可以一言斷之，政府當局之失掉民心而已！不然，以三百萬的正規軍，其中且多美式的新裝備，何以覺不敵破破爛爛的共軍數十萬人，而徐蚌一敗，竟如山倒！此無他，民心影響軍心，軍人也是老百姓，無非穿的褂褂兒不同；民心既普遍動搖，軍心焉有不動搖之理！再進而討論之，則民心何以動搖？很明瞭是通貨的惡性澎脹，而且擅發金元券又不兌現，乃使生活一日之間驟漲數倍，人民皇皇，不可終日；經濟破產；一切隨之破產，在此情景之下，軍隊還有心於作戰嗎？不降則走，到處皆是，而向後走之軍，大半身裏黃金，其心裏所為何事？亦由當時的民心一樣，大家要換黃金美鈔以保待生活的根本依據而已！

我知道，這種檢討法最為今之台北當局所忌諱，然而我之所以要說出來，因為藉此更足夠確切的說明，中共今天又同樣的陷於經濟破產，人民劵漸次無用，大陸老百姓皇皇不可終日的現象且更比大陸淪陷的前夕為甚十倍百倍！僑報外電不絕於報導，逃來災胞更詳細的說得明白，為甚麼我自由中國的當局及其黨報宣傳家尚感到中共的疆士仍是固若金湯，中共的軍隊仍是穩如磐石，而對於主張反攻者，偶然激昂慷慨一點，而還要加以「謀國不忠」的罪名！這就無怪乎美國的那一羣「兩個中國」論的瞎子專家，他們要去老相信毛頭勢不可侮，只好綏靖復綏靖了啊！

興衰成敗，繫於民心，我願自由中國的當局及其左右多多在這原則下檢討其當年失敗之所由來，以為今後一舉一動，發言行事的張本！

五〇、四、三〇

談五四運動

張忠紱

民國八年的五四運動是中國近代史上的一件大事。歷來紀念「五四」的文字，對此項運動，大多譽揚備至。自國民政府退出大陸後，始漸有人將近數十年中國思想的混亂歸罪於「五四」。實則都非持平之論。

筆者當日雖肄業北平，但因五四遊行是前一日決定改期的（原擬爲五月七日），筆者的學校遠在郊外，不及參加。在那一天以後，筆者的學校幾於無役不與。六月三日北京政府拘捕學生達數千人之多，筆者也是被警士送到北大沙灘法學院中的一人。筆者那時中學尚未畢業，只是一名搖旗吶喊的小卒，除爲愛國心所激動外，實不能否認一切行動均由團體支配，也可以說是盲從。

愛護五四運動的人，往往否認「當日有政治背景。以致近來，在國外以「五四」作專題研究的人，也認爲，五四運動沒有政治背景。筆者個人對此點頗爲懷疑。原因是：（一）五四遊行在當日已將近結束時，忽有人提議轉赴曹汝霖住宅，而且有人事先準備了曹、陸、章三人的照片，以便按圖索驥。這都不是學生會事前的計劃！（二）事後進步黨與研究系在京在滬所辦的報紙，一律立即責備政府，爲學生鼓吹。（三）這般人對出席巴黎和會的代表，捧顧（維鈞）而抑陸（徵祥），王（正廷，代表南方）。（四）學校當局左祖學生的態度極爲明顯。北大文科科長陳獨秀且於山東問題將近告一段落時，因散發「北京市民宣言」，主張自由集會，自由言論，並由公民採取直接行動，而被捕（六月十一日），嗣由法院判決監禁三閱月）。（五）歷來的學生運動，以這一次的範圍最爲廣大，普及全國。在運動的高潮期中，且獲得工商界的支持。加以，在山東問題結束後（政府於六月二十八日拒簽凡爾賽條約），學聯的組織與運動竟異於往昔，迄未中斷。

無疑的，絕大多數的學生是爲純潔的愛國心所驅使，至於背後是否有人利用，殊無損於五四運動的眞價值。但爲求歷史的眞實性起見，我們似不應完全否認另有背景的存在。至於毛澤東所說的，五四運動是沒有共產黨人的共產運動，那只是一種向自己臉上貼金的說法。在當時，不僅止陳獨秀還沒有加入共產黨，就連李大釗也還在批評馬克思主義。李氏在民國八年五月號新青年中，曾發表一文，說明他對馬克思主義的看法。談到國民黨與孫中山先生，他們雖表同情於學生運動，但是在事前似無關聯。五四運動發生後，南方政府雖立即有電支持，其目的似在與北京政府爲難。孫先生於第二年（民國九年）正月二十九日（時在上海）始正式命令國民黨人支持學生與新思想運動。

上述只在說明，五四運動在事前似非毫無背景。事後，不僅國內政黨（包括國民黨在內）想以利用，而莫斯科所掌握的國際共產黨更認爲有機可乘，乃於民國八年七月二十五日自動宣佈，準備放棄帝俄在中國所獲得的一切條約下的權利。翌年春（民國九年）國際共產黨派遣其遠東秘書處執行委員之一的 Gregori Voitiusky，偕秘書一行四人（內一人係旅俄華僑楊某，爲共產黨籍），携欵到中國活動。五月後，新青年因內部分左右派而停刊。同月，陳獨秀，戴季陶，邵力子，李漢俊等在上海組織中國共產黨（戴邵二人不久即退出。李大釗時在北京主持）。中國共產黨第一次年會於民國十年七月在上海嘉興兩地舉行。

狹義的說，五四運動本身原是政治性的，其起因在於巴黎和會上外交的失敗。自同治中興以後，由變事而至於變法。戊戌以後，由變法而至於君主立憲。由君主立憲而至於民主共和。辛亥以後，由政治革命而至於思想與社會改革。其間的一貫綫索均在圖謀國家的富强。沒有康梁，遲早終將有變法的要求。沒有孫黃（與），遲早也會有排滿的革命。沒有五四時代的領導人物，五四運動的精神也不會永久湮沒無聞。這是時世造英雄的必然結果。至於英雄對於時世的影響，那就要看他們本身的見解與能力。

廣義的說，在民國成立業已將近十年以後，中國不僅富强無期，而且日益貧弱。民主不成民主；立憲不成立憲。洪憲失敗不久，即有段祺瑞的專政與張勳的復辟。張勳失敗以後，安福系復捲土重來。從對外關係上說，自袁氏被迫簽訂二十一條以後，不久，即又挾日本以帝制自爲。段氏掌握政權後，對日本關係更日益親密。凡此，均使愛國之士痛心疾首，而思所以改革。這種改革的願望與精神，在民國八年以後，透過了五四學潮而達於全國。

陳獨秀先生於民國四年廿一條後由日返國，於九月十五日在滬出版青年雜誌。該雜誌嗣經停刊六月，改名新青年，於民國五年秋復刊。陳氏自始即注意於改革思想與社會制度。他認爲傳統的思想與社會制度，有許多必須改革，以適應現代，以求取中國的生存。他原無意盡去中國舊有的思想與制度，然而他却不知選擇的標準，何去何從。在新青年第一卷第一期中，他曾經自己說明：我不知道傳統的制度中，何者適宜於生存於近代的世界。我寧願捨棄並毀滅一切傳統的制度，以換取民族的長存。（未完）

被漠視了的帝汶華僑危難

宋寂

一、

位於南太平洋上，佛羅里斯海與的摩附海域裏；印度尼西亞一系列島嶼的最末端，澳太利亞洲的北鄰，是一塊一萬八千九百餘方公里的葡萄牙屬地——帝汶島，這是小巽他羣島的唯一大島。島上有一萬華僑，不多也不很少。

十六世紀前葉，葡萄牙人發現摩鹿加羣島後，趁勢佔領整個帝汶；十六世紀晚年荷蘭獨立成功，與西班牙葡萄牙五在南洋羣島爭奪殖民地，於是人工分割帝汶爲兩大部份。二次世界大戰結束，印尼獨立建國，西帝汶即歸入印尼版圖，但東帝汶一直操在葡萄牙人手上，成爲這個小國在亞洲三殖民地之一（一是澳門，一是果亞，另一是帝汶），也成爲澳門重犯放逐的外島。

印尼人要回這塊土地，已不自今日始，但因荷屬西伊亞安問題的爭執，使這芝蔴綠荳島嶼，安撫至今。事實上，遠在萬隆會議期間，中共、印度、印尼就曾意圖聯合收回各人的土地。尼赫魯的果亞進軍，周恩來的「反對澳門開埠四百年紀念」，均係同時並進的戲弄手法，但帝汶知幸未下手騷擾。事實上，印尼誠恐澳洲反對，從而引起聯合國中英聯邦集團之反感，而增加收回西伊里安的阻力。今日的問題非常明顯，西伊里安一日收回，帝汶就會旦夕有事了！

華僑寄人籬下，心情潛伏的恐懼是不言可喻的！

二、

去年五月二十八日，帝汶土著曾一度秘密集會結社，陰謀傾覆葡萄牙政權。結果事機先洩，全部被緝捕流放。據說囚徒的口供，曾供出預先分配華僑的財產與妻女。慓悍的帝汶土著，日本佔領期間，曾橫行殺戮華僑，刼掠錢財，華僑至今猶有餘悸。倘一旦歷史重演，華僑確實死無餘地矣！土著對華僑的仇視（大多由妬忌財富而起）是今日華僑面臨危難之一。

本年三月二十五日，印尼海軍赴帝汶訪問。葡萄牙當局以土著叛亂方息，實不欲張大其事，以影響土著心理，但印尼政府竟開來四艘巨型戰艦，值此局勢震盪之秋，作用所在，不言可喻。印尼與帝汶相隔一小水，印尼人時有往還，排華事件，帝汶土著知之至稔！乃更加重其貪婪之心，從而助長其仇視之意。葡萄牙政府爲安定其殖民統治，盡量設法買撫討好土著。因而舉凡華僑與土著的爭執，葡萄牙政府就以土著爲「葡人」的大帽子壓下來，吃虧的當然是我們華僑，倘長此而往，適足增大土著驕橫氣燄，華僑眞不知將何以立足，這是華僑面臨危難之二。

葡萄牙政府的統治，似乎已形成「過一日、得一日」的趨勢，橫徵暴歛，自一九五五年以還，對稍有儲餘的華僑，可以說苛例百出。如（一）將外僑（主要的是華僑）「人頭稅」加到男女老幼（小童在十二歲以上）每人每年二十五元，一家四口納稅計，每戶每年必須負担一百元，談何容易。而有職業的要徵所得稅，無職業的要還義務稅（又是二十五元）。（二）將外僑「營業稅」加重四倍以上，華僑佔營業戶百分之九十七以上，零售商每年至少一千五百元，出入口商至少三千元，有至五萬元者。（三）首府帝利强迫外僑改造石屎樓房，如無資建設者弔銷牌照。事實上，建屋圖則要由政府劃則師繪劃，小的起碼三五萬，大的至少十多萬元。華僑能有幾家付得出去？但葡萄牙政府却來一套由大西洋銀行代建，以分期付欵式售予華僑，每月清付若干，如一個月周轉不靈，即不僅屋宇被收回，連營業牌照，全部財產都被拿去，貸欵建屋更是死路。因而，最近已有十三家零售商被弔銷牌照，將來更不知有多少？這是華僑面臨危難之三。

三、

帝汶是名不見經傳的小島，消息蔽塞，因而如此重大事體，竟未爲世人所注視。但我們有一萬左右華僑生存於斯，作息於斯，決不容允任何忽視！總有一日帝汶華僑會遭遇尤慘於印尼華僑的處境！政府豈能不動腦筋？

據筆者所知，僑務委員會對帝汶華僑的人選，確甚重視；但外交部對帝汶領館的人選，則嫌馬虎！帝汶幾乎全爲客家，如館長連一句客家話都不能講，如何能和僑胞融洽一片？葡政府官吏，多懂法語，而少識英文，故應挑選能操葡語者固最善，否則應以識法語爲佳。如懂客家語，更可加强對外據理力爭的基本條件。葡萄牙不講理，今後我們應有一個堅强的外交人才，對葡萄牙講道理，領導僑衆爭取合理的待遇，且今華僑尚執全島經濟牛耳，前途尚屬可爲！

調和土著的嫉忌與仇視心理，是當前急切需要做的工夫！也是長時期的艱難工作。今日華僑生活趨於奢侈排塲，必須馬上糾正。某些積年累月殘餘下來的輕視土著觀念，尤須從根拔掉。這需要政府的大力宣傳和勸導，事實上在帝汶與土著婚媾的華僑被一班所鄙賤，其實他們才是種族調和的主要因素，政府不但應予鼓勵，而且更應予以獎賜，以扭轉土著觀感的帝汶的未來，誰都看得出是憂患重重，從僥倖方面看；帝汶華僑一如印尼華僑一樣，被迫走出無路，狼狽地退到台灣去，貧無立錐。如果從壞處着想，也許變成又一次的一文登事件——血流成河！這決非危言聳聽也！

於今，是我們早作準備的時候了！

轟炸中國大陸完全是對的！

劉裕畧

寮戰在雙方冷戰與小型熱戰的交互使用中，一直陷於和既不能戰亦不可的拖延局面。以現階段寮戰的基本性質與情況來看，實在是和既不易，戰亦甚難的形勢。不過，進一步看：不說和談不成，縱使和談有成，寮國問題又何嘗能夠眞正解決。因爲雙方所企求的目標根本不同，而又各自擁有實力與背景，故和談縱然在表面有成，甚至形式上的聯合政府也因而產生，但那不過是把雙方的小型熱戰，變作更複雜的政治戰、思想戰、經濟戰、社會戰而已。富馬的中立主義本是愚蠢的幻想的。可知所謂和平商談與和平解決，都不過只是雙方都想把現階段的寮戰再過渡到自己所理想的另一階段去的插曲而已。無論如何，寮局不可能因此得到眞正解決。

然則，眞正解決寮局之道如何？

據美聯社波士頓四月廿九日電：「昨日甘廼迪總統與麥克阿瑟將軍商談。據昨日此間「旅客」（報紙名）報稱：麥帥幾乎一定警告甘廼迪總統說，美國對寮國任何干涉，則必須對共產中國作成功的（有效的）轟炸。該報謂數週前曾電詢麥帥：「如果美國軍事干涉寮國，而不斷轟炸共產中國和北越軍事目標，以切斷其對寮共的供應和軍隊運入，試問能否成功？如果美國派兵入寮，則情形和韓戰相似，當時杜魯門總統不許閣下轟炸中國東北，閣下曾謂這使美國無法獲得勝利。」麥帥答道：「這時我參加寮局討論，未必適當。來電反映對時局的邏輯估計，似無需我再表示意見了。」麥帥表明他對寮局的觀感和當年韓戰相似。查一九五〇年他請求准許轟炸中國東北省（中共在韓作戰基地），遭杜魯門拒絕。」雖然上述消息并不就是麥克阿瑟所公開發表的意見，但從上述消息可以看到麥帥所透露的轟炸中國大陸的意見，乃是迄今爲止根本解決寮局的惟一辦法。這辦法，不但勇敢，而且充滿了智慧與遠見。事實上，有關鬥爭的事，常常只在勇敢的前提下才能產生遠見與智慧。麥帥不愧爲一個眞正的戰畧家。

想來想去，轟炸中國大陸，以切斷中蘇共對寮共的支援，確係根本解決寮局之惟一辦法。我們曉得：在李江率部於永珍叛變之前，寮共的實力並不大，甚至寮共頭子蘇發努萬也已繫在獄中。只因蘇發努萬越獄潛逃，再加上共黨策動李江叛變，寮國的形勢才開始改變。在此以前，寮共的有形威脅是並不大的，地盤也佔得並不多。即以李江叛變後的初期來說，李江雖佔領了永珍，但諾薩萬一向永珍反攻，它就潰不成軍，倉惶遠逃，這可見寮共合李江叛軍之總實力亦弱，否則，他們大可繼續强佔永珍，何至退出永珍呢？到而今，寮共和李江所部實力之所以突然大大增强，進而到處攻城畧地，以至佔有寮國三分之二的土地，且又再進而有圍迫琅勃拉王都和永珍之趨勢，這都由於中蘇共以大力支援之故。而蘇援軍火，除部分係空投外，大部分仍係通過中國大陸，中共所予之援助，係來自中國大陸，北越本身亦仰賴中蘇共，所以，轟炸中國大陸自然就是解決寮局的釜底抽薪惟一有效辦法了。

說到支援，不能不依賴運輸，而現代之交通運輸，初不限於陸運，但海運不能行之寮國，除非通過北越，進行之亦屬數量有限，空運的情形亦類此。故至今爲止，大量軍火仍靠陸運的。而中共所控制的湘桂黔鐵路所屬柳鎮段，即由柳州到鎮南關的這一條支線却不但是中共陸運大量援寮軍火的孔道。而且也是蘇聯軍火援寮的孔道。筆者去年檢討寮國問題，（見拙作：「中共亟圖經畧寮國」—四十九年九月九日本報）及蘇聯在亞洲的戰畧形勢時，（見拙作：「從中蘇友誼鐵路看蘇聯在亞洲戰畧形勢的一變再變」——四十九年十月廿一日本報）均曾着重指出中共佔據大陸之初，不顧其他之交通情況，而獨最優先的於一九五〇年動工修建柳鎮段，並提前於一九五一年夏完成，足見蘇聯及中共籌謀入侵包括寮國在內的東南亞地區之積極。惜爲自由世界所忽畧。現在這湘桂黔鐵路柳鎮段支線正是中蘇共軍火援寮之孔道，寮共之幕後接濟源源而來，並以寮共及李江所部依托寮國東部及北地山地，寮戰自難了結。所以若要根本解決寮戰，勢非斷其軍援孔道不可。而要斷其軍援孔道，則非轟炸中國大陸不可。

對此，杜魯門當年那一種不許麥帥轟炸東北的類似顧慮是不應該存在的，一則因爲美國當時原子彈存儲量少（據布來德雷近十公佈），二則中共今日大陸正陷於全面飢荒，中共自不敢全面作戰。蘇聯亦不會因此發動大戰。若中共竟因此而投身戰爭之中，有如中共當日之投身韓戰，則正是中共自掘墳墓。因爲中共參加韓戰，係當中共統治大陸之初，人民尚未認清中共之眞面目，今則大陸飢寒交迫，人民皆有「與汝偕亡」之決心，故一旦戰爭發生，縱然這一戰爭只是對中共的有限度的戰爭，其將在大陸內部所引起之反對，實遠超過古巴內部，況台灣六十萬大軍尚可乘機反攻。所以，若中共敢因轟炸中國大陸而參戰，那將正是中共之末日，中共一垮，共黨集團與民主集團在整個世界的對立形勢，亦將根本改觀，因爲自從有了中共，蘇聯才眞正有了赤化整個世界可能，若沒有中共，蘇聯亦不足威脅全世界了。所以，拖垮中共，固不止爲中國着想，也不止爲亞洲着想，實係爲整個世界　尤其爲美國和英國的世界政畧戰畧着想。正因爲如此，中共是極可能忍受轟炸，而不願參戰的。若然，則寮戰豈不可更易迅速解決！

外交工作底人與事

平江

往年關於中共入聯合國問題，只有在每年聯大開會時才提出來大談特談，可是今年不同了，美國人要談，日本人也要談。不用諱言，看笑話的人多，幫中共腔的聲調高，在紐約的成功湖除了我們自己以常任理事國自居外，別人都不把我們放在眼裡了。目不要抱怨美國的「猶疑不決的態度」，台灣的內政和外交的鬥士都難辭其咎的。

爲了「中共入聯合國」懸過去歷年聯大都要提出來討論的唯一應付之道，只有每年照例派出知名之士赴聯大助陣。此關一過，則又沾沾自喜，認爲是外交上最大的成功。一年一度這樣應付着，分明是任人擺弄。却又顯然是安於現狀。內政既不圖興革，外交也毫無作爲。

外交工作需要即時檢討的實質上人的問題比政策還要重要，而這也唯有與外交圈接近的人才知之最詳。

第一，提高外交人員素質：一言以蔽之，「小材不可大用」。現今外交部派出的外交官的官階過高。我方的一等秘書的學識、經驗、歷練事實上絕對不能與其他國家的一等秘書等量齊觀；我們的外交官，以高考及格爲標準，都是未經專業訓練的「新人」，辦辦普通書簡尚可，遇到什麼「法律問題」、「交涉事項」都是力不從心的，若需要草擬一項重要法理俱備的要件，俾送交駐在國政府外交部門作爲一種書面交涉之用，能起草這類文章的實在是鳳毛麟角！因此這種「虛有其表的「新職業外交官」，應該少派出國，徒耗費公帑不算，還要丟醜異邦！

第二，要徹頭徹尾的換湯也換藥：外交部應趕快起草外館組織規程，確立一定不移的業務重心，務使派出一人有一人的職掌，尤其避免派出「尸位素餐」、「專拿外匯」的外交界蛀蟲。外交部若能認眞實行的話，在目前的狀況下仍然有些外館是可以裁去許多冗員的。還有外館的僱員是相當的大數目，也許是有一個館員就有一個僱員，外交部內外互調，張黃李趙走馬換將，但是「根深蒂固」的「僱員」則穩如泰山、他們通駐在國語言，又是土生華僑，在使領館作事是爲了拿美金，油條成性，根本「沒有朝氣」可言的，此姑不論，這些僱員爲了自己的居住權利，所以遇事「不敢過份認眞辦理」，專作有利於己的事，絕不爲「有利於我政府而有害於其自身利益」的事。因外交部派出的「新人」摸不清弄不懂公事，全仰仗僱員們辦，所以實際上外館的業務究竟有多少是抓在僱員手中？只須一看外交部外館僱員的人數就可瞭然無遺了。此外非外交官的享有外交官權益的經濟、新聞、文化工作人員應限於一定的職位，官位過高，下受外交部約束，也不聽館長指揮，生活工作更不能與使館同人合作，最足僨事，貽笑外邦。（即如美國，新聞處既不隸屬美國大使館，也不屬於美國務院，不必說，這般人就不是外交官，——是不是拿外交護照則不得而知——所以他們的見解與國務院派出的外交官往往不同，甚至爲了反對國務院派出的外交官爲出發點，有其另一派主張，康隆報告書的主張即爲最顯著的明證。）

第三，要改正對工作的觀念：因爲多方派出的人既多、小的方面不以使領館爲主體，大的方面自不能以政府爲主體，因之所作的工作只是極其狹窄的代表其所派出的機關，有功或容易的事大家都搶着作，難的事，自然是推的乾乾淨淨，各行其是，永遠難作到羣策羣力，通盤合作。

第四，不要糟塌人才：使領館中高級外交使領人員，官位高的，俸祿厚，享有外交特權，歷官一任，腰纏何止萬金；不用說，這些高官都是了不起的人才，應該加重他們的工作，使他們多有與駐在國的地方和政府機關交往的機會，不能用了這麼多的人老是作內部文書工作，層轉層轉的公文，發發字，一個月辦不了發件大稿，若仍是這樣下去，請問這是不是糟塌人才呢！

第五，缺乏勇於交涉的精神：駐外使頒人員就怕「辦交涉」。簡直是不敢跑駐在國的外交機構。爲什麼？一因對駐在國言語不大通順，滿腹經綸無法表達；二因胆氣不足，一向缺少辦交涉的經驗，所以跡進畏縮，記得七七戰前，中日邦交極其惡化，日本以軍力爲骨幹，外交則對我發橫無理，連我們新聞紙上反日宣傳的文字漫畫一律禁絕，報紙上常常開天窗，我們同胞都能知道××就是指日本，迫日本敗後，現在日本報紙連篇累牘的「中國」「中國」明目張胆指的是中共，那怕中共的三、四流貨色到日本，報紙沒有不大登特登的；反之，對中華民國官員則稱爲「國府」代表，即使政府部長級人物到日本去也不見隻字刊於報上。至於長篇短論承認中共，妄論主張台灣如何如何荒謬論調更是無日無之；國會的一兩個中國」質詢論戰，異常熱烈；根本不把中華民國放在眼裏，却也未聞我方提出口頭或書面的更正或澄清的要求，這豈不是等於是默認人家論說，聽任人家議論！無論如何，一紙要求更正的聲明，應該不會被報館拒絕刊登的。但是從未見有外交官辦這種重要的事！

第六，外館上應少派僱員住在國外交機構：館上面說過，僱員爲顧急其本身居住權利，派出去任交涉工作若不是點」「是」「是」而回，就是以「僱員不夠份量，交涉未獲結果」發呈備案」事，本來僱員只應限於作些事務方面的工作，嚴格說，使領館的事經費都不應該使僱員有所接觸的。僱員只要接觸館內的傭工、司機、廚師就可知道一天之中館長活動作情形，那怕館長夫婦勃谿，僱員也能知道詳詳細細的，倘使一位僱員再踏着人事的內幕，經費的本末，那就是盡知所有的機密」。

今年「中共入盟」問題在美日兩國因循瞻顧下必更較往年熱烈，遙聞日本已有在本年聯大對此一問題棄權之說，看來是不能再作好夢了。外交鬥士責任重大，外交部要愼派人選爲綢繆之舉，臨渴掘井恐爲時晚矣。

（四月廿五日於紐約）

陳立夫在東京的談話

獨清

（台北通訊）據聯合報的一篇東京通訊，陳立夫先生在台灣時雖然守口如瓶，謝絕新聞記者的訪問；但到東京以後，心情顯得愉快，因而破了戒律，接見了該報的特派員司馬桑敦，並打開話匣，暢談國事。據稱：陳先生對於陽明山談話會的意見是「談話會是要聽聽別人的，聽聽別人的意見，總是好的。」雖然只是兩句很空洞的話，在十餘年來習於聽訓的一般老百姓讀來，已經覺得不同凡响了。

談到過去在大陸的失敗，陳先生自稱是敗軍之將，並說：「一個政權和人民生活脫了節，到頭來，人民一定拋棄它的。沒有比這個考驗的結果再殘酷。……在大陸時代，特別是在抗戰時期和以後的一段時期，我們的財政經濟政策處處表現都是違背人民利益，處處與人民脫節，人民爲得不拋棄這個政府？」他還指出若干失信於民的具體事件以爲証。聯合報特派員問他：「何以偌大的一個政府竟如此一任與人民脫節的政策繼續下去？是不是政治上有問題？或者政治領導上不行？」他沒有直接答覆；但却很嚴肅的說道：「說來眞慚愧，一切由於我們當時的無知，我們無知！」陳先生在這裏所說的「我們」，顯然指的是黨政當局，今日台灣的衰衰諸公，可以說都在其列。然而十餘年來，他們却一直把大陸的失敗歸咎於大家對領袖不忠貞，歸咎於有人主張民主。因而不但以忠貞爲政府用人和施政的唯一準則，而且視民主爲唯一的大敵，如今陳先生一語道破，坦率承認過去的失敗，在於黨政當局的無知，政權和人民利益脫」節，才被人民拋棄。聯合報的那位特派員認爲他那番話有兩點啓示：第一，要能認錯，才能改正錯誤；第二，要能自知無知，才能獲得良知；並說，足証陳先生在過去十年的韜光養晦，不是等閒的。」話固然說得很對；可是，今日的當權者雖已千錯萬錯，無知已極，而其自以爲無所不是，無所不知。據熟悉內情者透露，以太子爲首的那一羣，看了聯合報的這篇通訊報導以後，還大罵陳先生存心討好他人哩！

關於中共問題，陳先生認爲中共又走上了我們的老路，與人民利益脫了節。他說：「共匪當年趁我們與人民脫節時打擊了我們，我們現在正應趁中共與人民脫節時來行動。」並强調「我們如今唯一之計就是行動——向接近人民利益方向去行動，而不是與人民利益脫節！」他還主張把中共國歌的首句改爲「起來，不願意受饑餓的人們起來。」據說，陳先生說話的態度是很樂觀的：可是當權者念念不忘的是如何鞏固一人一姓的集權統治，貫徹傳子傳孫的最終目的，他們還管什麼人民的利益呵。陳先生的樂觀恐怕也是屬於一種外交辭令吧？

分屍案餘聞

少將夫婦親祭女屍　十萬懸賞自懸自賞

志清

（台北通訊）轟動一時的分屍案現已破獲。當本案發生之初，警局曾認爲空軍少將柳哲生的住宅爲分屍的可疑現場，除將柳宅的廚子劉子玉及司機陳世有拘押偵訊而外，還向報界發表消息，說屍包裏面的稻草、狗毛及石灰等物，經法醫化驗的結果，証明與柳宅所有者相同。劉子玉房內一件香港恤衫上的血跡，亦與女屍同型。因此，街談巷議，都懷疑柳少將夫婦是本案的主犯。新聞記者甚至競訪柳夫婦，當面詢問他們之間的感情是否和睦。後來本案移轉警備司令部繼續偵查，久無結果。於是各民營報採訪消息的記者，均於字裏行間，透露，當局爲了保全軍譽，有意故佈疑陣，將本案不了了之。有的報紙甚至繪聲繪色，暗示死者和柳少將發生關係懷孕後，不甘被棄，親到柳宅交涉，致與柳夫人發生衝突。在一場劇烈的博鬥下，他失手把她打死了。然後才令廚子及司機將屍體分解後拋棄，以圖滅跡。一般老百姓亦多信以爲眞。因爲既如警局所說，柳宅是可疑的分屍現場，柳夫婦如果不是主使者，其廚子和司機在其住宅內分屍，他們斷無不知之理。但廚子司機均被扣押，而主人則安然無事；甚至連一次形式上的傳訊都沒有，豈非當局有意庇護之明証？現在本案宣告破獲，却與柳宅無關，劉子玉等亦已恢復自由，重投故主。

就本案的經過情形而論，柳少將的涵養工夫實不可及。任何人和他易地而處，縱不大動肝火，對若干新聞記者提出誹謗的控訴；亦必自請上級長官嚴查眞象，以期自白。但柳少將却若無其事，而且隨時和往訪記者們有說有笑，從未以他們那種對他含沙射影的報導爲侮。在本案破獲後，他還於週前某日下午偕夫人前往刑警隊解剖室親祭女屍。他們賢伉儷在刑警隊王大隊長及馮科長的陪同之下，向女屍陳獻香花水果，並一起行三鞠躬禮，然後焚燒紙錢。如此的榮幸，當係死者生前所夢想不到的吧？

當本案發生之初，警局曾懸賞五萬元，後來警備司令部又加爲十萬。凡能指証死者姓名，身份關係或提供綫索者，均可領取。現在本案宣告破獲，雖然在偵訊期間死者的胞妹陳幸妹曾於認屍後即向其父母說是乃姊富妹，死者的同學陳京子，更先認出是陳富美，國都咖啡的女老板苗麗也鼓勵陳京子向警方報告。但據警備司令部發言人王超凡的談話，則認爲事前並無報案或提供綫索的人，懸賞之十萬元將全部移作辦案有功人員的獎金。參謀總長彭孟緝似乎視本案之破獲如在前線打了一個大勝仗，除舉行慶功宴而外，又另發獎金十萬元。據說，還要呈請「總統」明令嘉獎呢！

柳宅之遭受牽連，乃由於警局的法醫驗明該宅亦稻草、石灰、狗毛及恤衫上的血跡，都與屍包上相同，現經証明有誤，可見，法醫並不可靠。幸而被疑爲分屍現場的主人，是一位現任空軍大員，只苦了廚子和司機代受四十多天的無妄之災。雖曾被某種刑訊，總算尚無重大傷害。假若不是柳少將而換了一個老百姓，在警局如此的大胆假設而却不小心求証的作風之下，縱能倖免於殺人分屍的死罪，恐怕也免不少一場冤獄吧？然而在本案宣告破獲後，聞警局還自認爲有功而要爭取獎金，因而只好把原來的十萬元懸賞移爲自懸自賞了。

日新月異的集體貪污妙法

純夫

（台北通訊）一月以來的台北民營各報，均於本地版的顯著地位，報導接連發生的幾個集體貪污案，有的還列爲首條新聞。各貪污案的手法如出一轍，而尤以台北市公共汽車管理處（簡稱市公車處）的購料舞弊案最具代表性。四月二十一日民族晚報專訪市政消息的記者雷聲在「大染缸的傳奇」一文中，曾對本案的來龍去脈有大胆的描述。二十三、二十四兩日，聯合報記者何凡又作「統收統支讚」上下兩篇，指出今日的台灣在貪污方面實在大有進步。由於當權者一向對新聞和言論管制極嚴，動輒以軍法從事，假如沒有充分的事實根據，雷何兩君和這兩家民營報紙又焉敢如此的大胆？

貪污集團，市長爲首

根據雷何兩君的描述及台北一般人之所共知，台北市政府有兩個小圈圈，操縱了建設工程，採購材料及人事調動的大權。這兩個小圈圈的構成分子都是黃市長的親戚故舊，其中一個與黃公館的關係尤爲密切，故又名之曰官邸派。凡是市屬範圍內有油水可撈的機構，他們有時互爭，有時合謀，總不讓第三者置身其間，以免肥水落於外人田。他們使有關的人馬分據各戰署要點，一如章魚之向四面八方伸其脚爪，以獵取食物。爲了避免戰畧要點各自爲戰，紊亂陣脚，他們特在首腦部建立幷鞏固領導中心。此即台北市政府設置總務秘書而其職權且伸到市屬各局處會之由來。

貪污所得，統收統支

貪污所得的贓款，經手人並不能全部納入私囊，而必須由圈子內的主要人物統收統支。市公車處的購料舞弊，因爲時數年之久，數目甚大，各級主管無不有分。以單位而論，市府約佔百分之二十五，公車處約佔百分之六十五，主計室約佔百分之十。據已被捕之市府前後任總務秘書徐莊兩犯供稱，另有人所分得的贓款比公車處處長呂志超爲多，約有台幣八十萬元。聯合報指出此種貪污方法爲「從個人主義」進步到「集體主義」，從個別作戰到組織化的總體戰，其主旨在於廣泛深入，勿使遺漏，並策安全。並說：「這裏面確有很大的學問，它是根據好的頭腦與實際的經驗，再加以不斷的研究和改良才得到的」。

既入染缸，難保清白

據悉，呂志超原是一個有才幹，有操守的好公務員。當年黃啓瑞首次當選市長之初，鑒於大家對公車處之不滿，才請他來幫助整頓。果然不負所望，當任後不久即表現良好的成績。當時市府總務秘書以呂不是小圈子以內的人，竟直轄處理有關該處的購車及購料業務。他多次和採購人員串通買好大批汽車和材料後才要呂蓋章，但呂予以拒絕。並說：「你們的事我可不問；但不能負責。」因此，他們即用盡方法想將呂踢開。後者曾被迫請辭，經黃啓瑞親自挽留，才恢復辦公。但徐德綸等隨即將他的親信秘書郁雲梯和他的太太馬德章先後拖下水，呂志超也就被迫同流合污了。由此，可知以黃啓瑞爲首的市政府好像一個大染缸，凡是身處其中的人沒有一個能夠保持清白的。如今呂志超等雖已被捕，而染缸的主人黃市長却依然逍遙無事；足証只要是蔣家父子的忠貞分子，縱然貪污被揭發，其地位也一樣安如磐石的。

貪污人員，考績第一

四月二十二日銓敘部在全國人事會報中說：現被拘押的市公車處和省工路局的貪污人員，有好幾個在今年度的考績列爲一等。雖然該部曾規定各機關人員在考績後如涉嫌瀆職情事，應即函知該部主管司；但截至目前止，該部尚未收到該項函件。這說明了各貪污人員的集體貪污行動還備受各該主管長官的嘉許，因而才把他們的考績列爲一等。而案發以後，又依然隱而不報，更足証明其存心包庇了。

制度化的高雄港集體貪污案

四月十五日中央日報也刊出鄧根實的一篇報導，透露了另一件集體貪污的案子。高雄港口在四十七年以前要帶私貨上岸，只憑個人的本領，將重重關卡打通，才可來往無阻。當時每一船員每一航次所花費的「開支」，約爲三、四百元。四十七年以後，有人覺得每次都要用鈔票過關斬將，不但手續麻煩，而且容易出毛病，於是來個統收統支的辦法，船員們只要按次交足鈔票，就可大吉大利。雖然每人的開支增了一倍有餘，但手續簡便而安全，因而大家也就各得其所。以光平輪爲例，每航一次，由事務課長鄭某負責向三十二名船員每人收陋規費七百五十元，然後交由某有關方面統收統支。據估計，自四十七年一月一日實行統收統支到現在，高雄綫的二十三艘小型輪船，每航行一次，每艘要向有關單位致送三萬元至四萬元不等。三年以來，已達三千餘萬元之多。因爲集體貪污已進入了制度化的境界，普遍深入，萬無遺漏，所以才有這麼大的實績。

本案居然由中央日報透露，可見十室之邑，亦有忠信。有人說，過去該報曾有某某主筆和某某編輯因爲激於良知，發出了某些正論而遭受譴責或免職處分；如今鄧先生又寫出這樣的一篇報導，可能也要招來煩惱的。

中共對古巴的態度是怎樣的？

毛澤東對美國的基本看法是怎樣的？

劉裕畧

大陸之窗

古巴是美洲的一個小國。論關係，它與中國眞是沒有任何關係可言。古巴與中國不但相距甚遠，而且中間還隔着遼濶的太平洋。古巴與中國，在文化歷史上，在經濟貿易上，在政治關聯上，在學術思想上，無論在那一方面，眞是都無關係可言。因此，對於古巴的問題，中共實無絲毫理由去過問。更何況，中國大陸連年災荒，去年以迄現今的災情尤屬空前嚴重。筆者前此曾在本報估計，對於這一災情，如不把中共政權打倒的話，則十年也不能恢復。對此，中共政務院副總理兼財經策劃人李富春亦承認非五六年不能恢復。可見大陸內部問題嚴重之一般。在此內部問題如此嚴重之日，如果中共眞是一個站在民族和國家立場上的黨的話，如果中共眞是一個愛國愛民的政權的話，則中共今日理應如何埋頭內部建設，理應盡量擯絕不必要之外務，那是誰都知道的。然而中共却不然。它處此內部問題極端嚴重之日，却不卹民命，仍然一味向外多事向外惹事，這固然與毛澤東的好大喜功個性有關，最基本的，却還是中共政權的先天本質早就規定了它的國際屬性遠遠的大過它的國家本位的緣故。否則，它是沒有理由在此時此際仍然如此胡作亂爲的。

中共向拉丁美洲從事滲透工作，不自今日始。遠在前年與去年，中共便已向拉丁美洲大量滲透，古巴則不過是中共協同蘇聯從事滲透已自表現的具體果實。論土地之大小與人口之衆寡，古巴都說不上。但古巴乃拉丁美洲之一個國家，而所有拉丁美洲各國都是一向籠罩在美國門羅主義之內的。且在卡斯特羅政權以前，拉丁美洲一直尚不正式建立過親共的傀儡政權，有之，則自古巴的卡斯特羅開始。所以，這一開始，便有如下的幾個戰畧意義：一、是共黨集團在事實上向門羅主義之公然挑戰；二、是泛美聯盟幷非不可突破；三、是把古巴變成了共黨集團入侵美洲的橋頭堡；四、幷可循此以向其它美洲國家作政畧戰畧擴張；五、直搗美國後門；六、嚴格測驗美國的反共決心和反共實力。此六點中，尤以第三點與第六點最爲重要。蓋第三點所言，把古巴變成了共黨入侵美國的橋頭堡，實爲共黨整個世界革命步驟中表現得最積極之一步。在此以前，共黨世界革命的矛頭是一直指向亞洲和歐洲以及非洲的。今竟指向美洲，而且當眞伸入了美洲，這在民主集團與共黨集團整個對立形勢上，實爲一項不可忽視的極端嚴重的變化，且爲克姆林宮決心赤化世界的顯然的決心表現，又且爲實際行動的確切表現。至於第六點，它之所以是測驗美國的反共決心與反共實力，乃因古巴與美國距離咫尺，古巴自爲美國之戰畧後門。試想敵人的尖刀指向美國的戰畧後門時，美國倘懦然仍予容忍，那就說明美國實已腐爛實已麻木了。倘若美國幷未腐爛幷未麻木，則美國自應對古巴採取斷然行動。又倘若美國對此竟無行動決心，或雖有決心，而竟無能爲力，乃至無法將卡斯特羅親共政權打倒或推翻，那豈不成了一個殘酷的考驗？所以，我們平心靜氣來衡量中共與蘇共在古巴的這一殺着，我們不能對中共與蘇共的魄力和顯殺技術低估。尤不可不從它的國際屬性來仔細觀察它對古巴的態度，以及它從古巴這一實際行動中來看它對美國的基本態度。

對於古巴民主反共人士這一次對卡斯特羅政權所展開的反攻戰，不消說，中共是完全站在古巴的獨裁者卡斯特羅那一邊的。中共除曾經爲此嚴厲指責美國外，又由中共政權以「中華人民共和國政府」名義發表公開聲明，表示決心全力支援古巴。與此同時，中共又在大陸各地發動羣衆示威，以壯大反美聲勢。並強迫大陸各「民主黨派」，即「中國國民黨革命委員會」、「中國民主同盟」、「中國民主建國會」、「中國民主促進會」、「中國農工民主黨」、「中國致公黨」、「九三學社」、「台灣民主自治同盟」等於四月廿日發表支援古巴的反美聯合聲明。此外，中共的宣傳機器、包括人民日報在內的一切御用報刊也無不被中共動員起來從事援古反美宣傳。以四月二十一日這一天的北平人民日報來說，從第一版到第八版，共兩張，除「寮國富馬親王及蘇發努爲訪問北平簡訊」消息外，幾乎全部都是支援古巴與「反對美帝」的文字。更有一篇惹人注意的社論，題目是「向古巴人民致敬」！硬說古巴民主反共人士的反卡部隊是「美國的僱傭軍」。另一方面，又在社論中對古巴「致以兄弟般的戰鬥敬禮和衷心的祝賀」。我們曉得：在習慣上，共黨政權彼此間，即共黨集團國家彼此間，通常才以「兄弟般」的關係見稱。今中共竟對古巴亦使「兄弟般」字樣，這實足証明卡斯特羅政權已經秘密地是一個共黨政權。初不僅卡斯特羅政權只在外交關係上走親共路綫而已。社論還說：「和古巴人民同呼吸共命運的中國人民，對於古巴人民在反對美帝國主義侵畧中所取得的勝利，感到特別興奮。我們把古巴人民的勝利，看成是我們自己的勝利」。這就更顯見得卡斯特羅政權與中共政權是一家，它們都是莫斯科的分店了。

除上述各點外，中共與古巴又在北平高呼援古反美聲中於四月二十日簽訂了一個所謂「中國和古巴文化合作協定一九六六年度執行計劃」。中共官員在簽字時，更作如下的叫囂。說「美帝國主義是不會甘心的，我們必須加倍提高警惕，並準備給這些豺狼以更徹底的打擊」。這眞不是什麼文化之聲，而是獵頭部落的野蠻人之聲了。

最値得注意的，還不是這些，而是毛澤東所親口表現的對古巴的態度和對美國的基本看法。毛澤東最近由北平南遊，視察各地人民公社，四月初到了武漢，本報曾有報導。隨後毛澤東又由武漢到了湖南省會長沙，迄四月十九日，毛澤東又由長沙到達江西省會南昌了。據中共新華社南昌二十日電：「毛澤東主席十九日晚接見了以古巴教育部長阿曼多·阿特·達瓦洛斯爲首的古巴文化代表團全體團員，同他們進行了長時間的親切的談話。毛主席向古巴朋友說：「中國古巴兩個友好的國家，我們相互幫助，相互支持。我們的目標是一個：反對帝國主義。美國帝國主義是帝國主義中最大的一個，它不但壓迫我們，也壓迫你們。它壓迫全世界人民。在一些不是帝國主義國家中，都有一些帝國主義走狗。我們不但要反對帝國主義，也要反對帝國主義的走狗」。毛主席在送別古巴朋友的時候，特別囑托他們向古巴人民的領袖菲德爾·卡斯特羅總理致以親切的問候，幷祝古巴人民在反美帝國主義侵畧的鬥爭中取得勝利。接見時在座的有江西省省長邵式平、中國拉丁美洲友好協會會長楚圖南，對外聯絡委員會秘書長陳忠經」等語。

讀上述消息，一方面固然看出了毛澤東支援古巴的決心，另一方面，也顯現了毛澤東對美國的基本看法。毛澤東對美國的分析和看法早已見諸文字，但言簡意賅，最能表達毛澤東本人對美國的基本看法的是上述這一段消息。顯然，毛澤東不但認美國是帝國主義，而且認美國是帝國主義中最大的一個，於是，毛澤東的世界戰畧，乃是擒賊擒王的戰畧，一切皆以「美帝」爲目標，來從事直接和間接滲透，顚覆乃至武裝作戰。至於印度和日本，大概就是毛澤東口中的「帝國主義的走狗」了。

對於「帝國主義，尤其是對「帝國主義中最大的一個」──美國，及其「走狗」，[illegible]

在此情形下，若謂承認中共，准許中共入聯合國，便可解決中共問題，那眞是痴人說夢，那眞是緣木求魚，而且必有後患啦！

毛澤東猛烈攻擊美國及甘廼廸

在十天內，連續兩次

陸聞

中共抨擊美國詆毀美國不自今日始，但由毛澤東親自出口攻擊美國和美國的現任總統甘廼廸，却是最近才見到的事情。値得注意的，是毛澤東最近且不止一次抨擊美國和美國的總統甘廼廸，在最近十天內，毛澤東第一次攻擊是四月十九日在江西省南昌接見古巴文化代表團時。據中共新華社南昌電：「毛主席向古巴朋友說：中國和古巴是兩個友好國家，我們相互幫助、相互支助。我們的目標是一個：反對帝國主義。美國帝國主義是帝國主義中最大的一個，它不但壓迫我們，也壓迫你們。它壓迫全世界人民。在一些不是帝國主義的國家中，都有一些帝國主義的走狗。我們不但要反對帝國主義，也要反對帝國主義的走狗」。

在十天之內，毛澤東連續發出的攻擊美國和甘廼廸的談話，則是於四月廿八日在杭州發表的。據杭州二十八日新華社電：「毛主席今日在杭州接見了全非人民大會秘書長阿卜杜拉耶·廼亞洛，幾內亞民主黨政治局委員卡馬拉·本加里，幾內亞共和國政府計劃部副主任索·瑪瑪杜·幾內亞教師工會總書記凱塔·庫曼廼安，約旦國家社會黨總書記夏非克·伊爾希達特，南非非洲人國民大會全國執行委員會委員坦尼遜·馬基瓦尼，烏干達教師工會書記埃·奧·奧格瓦拉古爾，塞內加爾非洲獨立黨支部第一書記夏爾·加雷爾，北羅·西亞聯合民族獨立黨東方省主席·阿非·班達，怯尼亞，非洲民族聯盟參加新德里世界和平理事會會議代表團保羅·納勃特·姆渥克等，進行了親切的會談。」

新華社又說：「毛主席對非洲、阿拉伯各國人民反對帝國主義的鬥爭表示親切的同情和支持。毛主席指出當前的國際形勢對非洲、亞洲、拉丁美洲人民的反帝鬥爭是非常有利的。毛主席說，對帝國主義推行鬥爭當中，採取正確的路線，依靠工人、農民，團結廣大的革命知識分子、小資產階級以和反對帝國主義的民族資產階級及一切愛國反帝力量，緊緊地聯繫羣衆，就有可能取得勝利。毛主席指出，革命政黨和力量，在開始時都是處於少數地位的，但最有前途的就是他們。

新華社又說：「毛主席嚴厲譴責美帝國主義對古巴的侵畧，幷指出，美國帝國主義迫不及待地在攻古巴，再一次在全世界面前揭露了它的眞面目，說明甘廼廸政府只能比艾森豪威爾政府更壞些，而不是更好些。美國帝國主義利用聯合國作爲工具侵畧剛果和殺害盧蒙巴的罪行，將非洲人民對帝國主義的認識進一步提高了」。

新華社又說：「毛主席表示，最近萬隆亞非團結會議上表達的亞洲、非洲人民同拉丁美洲人民加强團結的願望，是好的，對世界人民反帝國主義鬥爭的共同事業是有益的。」

新華社又說：「毛主席又說：中國人民把亞洲、非洲、拉丁美洲人民的反帝國主義鬥爭的勝利，看作是自己的勝利。幷對他們的一切反帝國主義、反殖民主義的鬥爭給以熱烈的同情和支持[illegible]。

以上是毛澤東最近連續兩次在旅途中發出的反美和抨擊甘廼廸總統的談話。共產黨人的是[illegible]標準與我們不同。我們認爲是[illegible]的，[illegible]他們認爲是惡的、[illegible]的。他說甘廼廸政府更壞些，[illegible]就說明甘廼廸政府更壞些。看[illegible]澤東上述談話，除毛澤東與中[illegible]將與美國作你生我死的堅決鬥[illegible]在此顯示無遺外，毛澤東顯然[illegible]存誣毀聯合國，同時還在教導[illegible]些在座的亞非國家的共黨走狗[illegible]統戰手法來進行對內對外的反[illegible]鬥爭。所謂團結小資產階級、[illegible]族資本階級，都是毛澤東教唆[illegible]們以自己所曾使用的欺騙慣技[illegible]亞非人民應該警覺，不要上當[illegible]對中共存幻想的美國人更該警[illegible]了。

寮國的奠邊府在那裏？

寮共野心何在

萬清

英國和蘇聯發出了寮國停火的呼籲，而這項呼籲也已爲寮國戰爭的雙方所接受，但所謂接受也者，似乎只有原則而無技術——接受了停火的呼籲，並不等於接受了實際停火的具體辦法。那麼，停火是怎麼樣一個停法？停火到什麼時候才能够實現？或者，停火會不會是很渺茫呢？

最少在永珍方面，就不敢有樂觀的看法。因爲在所謂接受停火之後，寮共軍仍在各綫拚命進攻。寮共盤踞中心的川壙，所發表的言論和採取的行動，顯出他們「志不在小」。那麼，這種在停火聲喧之際的拚命進攻，其第一種可能性當然是企圖在停火之前佔領更多的城市及土地，造成既成事實，建立共方在談判中的優勢和有利地位，這是任何人都能够想像得到的。但是，如果隱藏在共方這項軍事攻勢後面的還有更大的野心——譬如想根本囊括寮國、或最少分割寮國的話，問題就不是多佔領一些鄉村土地或次要城市那麼單純了。目前永珍當局所担心的，恐怕還是認爲共方志在分割寮國。

永珍當局的分析，寮局談判的歸結，不外兩途：那便是（一）統一、與（二）分割。如果是前者，則共方的在停火前多佔土地，不外是想增加在談判中的發言權，換句話說，是在換取政府中部長及國會議員的席位。但如果共方是志在分割的話，它就會違背永珍以至華府及東南亞公約所强調的，「和平、中立、統一」的原則，那麼共方就必須使用壓力，方才能在會議席上迫出這麼一個「分割」的決定，像一九五四年中越共在奠邊府的做法一樣。那麼，寮國的奠邊府在那裏呢？

富馬遊說失敗

如果寮國人是有力量來處理他們自己的國事的話，沒有任何寮國的官員或人民會贊成把寮國分割的，祇是除「寮共」——寮共的路線是河內、北平、莫斯科。恐怕寮共聽從共產集團的意旨分割寮國，永珍當局可以找出了許多根據。

寮國人似乎有一個時機，可能自己解決他們自己的問題，那便是諾沙旺將軍與富馬親王的金邊會談，當時，新、舊永珍政府的代表人都同意寮國中立，擺脫東西兩大集團羈絆的氣氛，非常濃厚。可是，當永珍政府代表團到達金邊，準備進行具體談判的時候。富馬親王却匆匆週遊列國去了。寮國人民（可能包括富馬親王在內）統一寮國的希望，落空了。

富馬曾對諾沙旺說：如要停火，就要談判，就要快，「不要讓寮共佔領更多的地方」，這句話是相當公正，語重心長的，表現出富馬親王希望糾紛早日解決，免致多生枝節。可是其後他的匆匆就道，與他的所言不符，也違背了他與諾沙旺的約定。顯然，富馬是受到了壓力——以寮共爲中心的川壙政權，不支持富馬與永珍談判。他們（寮共）要由莫斯科北平河內出面，與美英法泰印緬棉等談判。這即是目前的印度加拿大波蘭停火會、及所謂「擴大日內瓦會議」的十四國會議。

這就成爲富馬必須走訪河內北平莫斯科的原因，他必須聽取寮共後台老板們的「盤口」，他們（中蘇越共）對於他們已經滲入的寮國，這一盤生意的「底盤」何在？要採的什麼方式？當然，富馬也到緬甸印度，巴黎倫敦，聽聽寮國鄰居的意見，並通過對他信任的巴黎，希望獲得倫敦的同情，最後得到美國的諒解。如果能够打通這些關節，富馬對於改組後的寮國這盤生意，他就可以有把握了。

可是富馬原定訪美的計劃，却在到莫斯科後突然打銷！這說明了赫魯曉夫不肯給富馬任何「盤口」，他的週遊列國計劃失敗了，不能通過莫斯科那一關，也沒有通過華盛頓那一關。赫魯曉夫不讓富馬奔走斡旋寮局，就是共產集團另有陰謀，居心叵測。

王都在緊張中

本來依照英蘇呼籲，是先停火、後開國際會議。美國更作聲明：必須停火而後會議，這亦即是說，非在預定會議期五月十二日之前停火不可。但永珍所感覺的，却是寮共的攻勢加劇：中共和寮共，則以「美軍撤出」爲先決條件，方肯停火。川壙還要永珍派員到他們那邊去開會，不承認永珍行政首都，也不提琅吧喇邦王都，而要以川壙爲新都，氣燄咄咄逼人！寮共的攻勢，在琅——永公路上已陷望文，在中南部已迫北汕。新的攻勢更發自北部，攻陷了王都迤北四十里的孟西，王都裏沙旺故王的奉安典禮，正在軍事緊急氣氛下舉行。寮共的不逕趨永珍和北汕，大概恐怕形成對泰國出兵的刺激。而在北部發動新攻勢，可能是要製造「新的奠邊府」，目標也許就是琅吧喇邦。

·永珍通訊·

潮安共幹生活腐化

·江水·

四月二日，潮安縣「彩塘公社」，演出了一齣清算「副社長」的丑劇。據該縣來客稱：該公社的「副社長」姓郭，兼任黨支部副書記，原是由省級機關下放到社的幹部。鄉民清算他的罪行，共有下列四項：（一）講究私人享受，個人獨佔一所房屋，傢具陳列奢華；（二）浪費公家粮食，他每餐都要吃「特種菜」，指定要上好白米飯，菜式則包括二兩猪肉，四兩魚肉的兩菜一湯；（三）農忙時期，藉詞足部受傷，規避參加勞動；（四）挪用公物，經常把公社裏的用具拿回家裏供他自己私人應用。但是清算只管清算，經過「黨委」導演了一次清算大會之後，在「黨委」的大力官官相衛之下，便完全沒有了下文。隔了兩天，鄉民氣憤難消，乃將該「副社長」的四項罪行，寫了十多張字條，在鄉裏四圍張貼，表示對該「副社長」「繼續鬥爭」。郭某發覺了後，立刻派人去把各字條撕掉；鄉民依然無奈他何。

潮汕農民受迫害破壞公路洩憤

潮汕公路交通，目前已陷於半癱瘓狀態。據最近一位由潮州來港的同胞稱：潮汕陸上交通梗阻，一來是由於所使用的車輛，已十分殘舊，破爛的達百份之八十以上；二來是公路的路面，經常受到農民的破壞。農民破壞公路的原因，完全是爲着洩憤。最近一次的破壞行動，是發生於四月一日；事緣當日有農民五人，因足部水腫病轉劇，不能下田工作，躺在家裏休息，詎給生產隊的小隊長發覺，認爲他們係存心躲懶，立將他們的配粮額扣減，該五人的家屬譁然，聯同到公社去提出抗議，但不獲諒解，致幾與「社委」發生衝突，各人受此委屈，憤恨異常，乃於當日深夜，靜悄悄的跑到公路去，把路面掘毀了一大段，聊作報復，到了第二日，共方雖然發覺，但因爲沒有「目擊証人」，無法追究，祇得倉皇派人去修理，於是交通又受阻了兩天。諸如此類的情形，每月都有二三次發生云。

失責的主任

秦桑

下午的天氣很熱，辦公室裏所有的電風扇都開了，嘈雜的聲音使每一個人都感到緊張，有些拿了張報紙在看，懶懶的靜着，幾位小姐太太們，則低下頭在打毛線，秋天還未來臨，冬天還早，然而她們却已經敏感到似乎明天就是嚴寒的冬天了。

喬南亞心不在焉的把眼光看到角落那邊，那裏坐着一位年青人，只有他正在低首疾書，只有他使喬南亞感到電風扇嘈雜的聲音外，這裏還像是一個辦公室。

這年青人叫費平，是在他出差時考進公司來的，現在正試用期間。他把頭髮梳得很光滑、整齊，衣衫雖然有點破舊，却也乾淨得很。但誰想得到他竟是一個小偷？喬南亞認得他，他驕傲的環視了辦公室一眼，他敢打賭，辦公室內所有的人不會知道費平是小偷。只有他，當孫正光帶費平來見他時，他就記起一年前隔壁人家失竊的往事。

那麼巧，當隔壁吳家亂哄哄的叫起有賊，喬南亞剛好在屋子裏還未睡，他看見一個黑影慌張而迅速的跳進他的園子來，他沒有叫醒妻，也沒有扭開電燈，只是拿了根棍子，躡足的推門出去，正好警察查到這邊來，他一個措手不及的從黑暗裡，把躲着的人拉了出來，交警帶走，在遠處微弱的燈光下，他看到那是一個年青人，在大寒的天氣下，穿了一件短袖的夏威夷襯衫，在冷風中發抖，他就是費平，當時喬南亞覺得他為社會除了一害，週身都輕鬆得很，第二天，這一件事變成了他誇張自己的娛樂題材。

今天是費平試用最後的一日，綜合辦公室各方的意見，這個年青人樸實、誠懇而勤奮，尤其人事室的鄭主任，認為費平來接剛離職的馬小姐的缺，不怕不識貨，最怕貨比貨，拿馬小姐的工作效率來和費平比，無法比，再說費平又那麼聰明，對這繁忙的工作，一天就弄通了，所以鄭主任在副經理辦公室時，把他的意見告訴了經理，又拜托了喬南亞，希望他早調查完畢好錄用他。

喬南亞是安全調查室主任，每一個進公司來的人，都要經過安全室的調查，所以當鄭主任熱心的來拜托時，他感到滑稽而好笑，不用調查，只要他一筆就可以把費平勾出公司去，大家都那麼愚笨的說他老實可靠，人真不可以貌相，誰知道他曾經是一個賊呢？

可能他現在還是，不過喬南亞沒有走過去拆穿他，他準備等一會仍往費平的家去調查一下，再到警察局拿調查費平犯罪的公函，使這齣戲有頭有尾。

他安逸的抽完一根烟，起身出去，經過費平那裏，這年青人抬起他那蒼白無血色的臉，向他謙卑的一笑，他並不像別人所感覺的那樣硬心腸，也微笑的向他點了點頭。

費平的家很難找，他住在南區那堆貧民區的違章建築中，那個地方污穢而狹小、曲折短窄的小巷，脚踏車都無法走動，喬南亞嘔氣的怪着自己，明知有理由使費平馬上滾，何必來家庭調查？簡直是殘忍自己，不過，他馬上自豪的為自己找一個崇高的理由，他有完美的責任感，這是唸了那麼多年書，一板一眼的學習回來的，這是一個人的職業道德，與個人品德的修養。

找了半天，經過幾位好心人的指點與帶領，他終於找到了費平的家，他的家是一所外面破爛，而裡面收拾得很整齊的小房子，費平的母親很老了，髮白如霜，使喬南亞微微有點驚訝的是她的雙目失明。

首先，他把自己介紹了一下，並說明來意。

「我並不願要他出去做事。」費平的母親安詳而緩慢的說：「我希望他多讀點書，可惜我們太窮，我們真是無隔宿之糧，好在老天爺見憐，到底給了他這個機會。」

喬南亞一時很難回答這位充滿了信心的老太婆，他躊躇了一下問：「他父親呢？還有兄弟姊妹沒有？」

「他的父親早死了。只有我們母子相依為命。」

喬南亞為難了半天，不着邊際地問：

「他還好嗎？」

「他是一個好孩子。」母親說：「我的眼已經瞎了三年了，他四處找錢為我治，他是一個孝順的好孩子。」

喬南亞簡單的問話到這裏為止。天氣太悶熱，他看到眼前這位安之若素的老太婆，再看看這所又矮又狹窄的屋子，他開始懷疑她們是怎樣生活的，他措了把汗，逃避似的趕快彎着腰離開那裏，現在，他到警察局去，費平是一個賊，與一個賊共事，喬南亞感到這是對他最大的侮辱。

警察局給他的公函上很簡單的証明費平在一年前某月某日，犯過偷竊案，因為年紀小，又屬初犯，所以法院判了緩刑兩年。

一切辦完，他輕鬆的經過一段炎熱的路程，騎着脚踏車回到辦公事來。

「怎麼樣，調查完了吧？」剛巧碰到鄭主任。

他微笑點點頭，同時回望了費平一眼，這年青人也在望着他，那張蒼白的臉看起來雖然仍那麼平靜，但這瞞不過喬南亞，他已經看出費平眼角的那一份焦急的神色，這孩子的臉長得很清秀，筆直的鼻樑下，有一張緊抿着的嘴，他的眼，充滿了難解的憂鬱，這張臉很吸引喬南亞的注意，他是第一次那樣清楚地看真他，他的身材高大，却不健壯，那是由於營養不良的緣故。

「假如他出生在比較富裕的家庭，他將是一個怎樣光彩的年青人啊？」他想。

這樣想很可笑，經理在等着他的報告呢，於是他開始擬稿，他要在下班以前辦完這種事，這是他的脾氣，對於公事向來不願意積壓。

這張報告頗費喬南亞的神，他有幾次總想起貧民區裏那位充滿了信心的瞎眼的母親。

他擱下筆把費平叫了來，這位年青人顯然有點驚慌，喬南亞失掉那份嘲笑作弄他的心情，他讓他坐下，注視着他那善良的臉好一會。

「你的母親希望你多讀點書。」

「我也這樣想。」

「那麼為什麼不遵從你母親的意思呢？」

「我的母親老了，我希望她在這可數的日子中，能過得好一點，可憐近年來他的雙目又失去了視覺，我不能讓她辛勞的來養活我，我應當負担起責任來。」

「你有把握嗎？」

「我有這個決心，為了母親，我不怕苦。」

「可是……」喬南亞看了看警察局的那封公函：「假如公司不錄用你呢？」

「不錄用我？」年青人深呼了一口氣，良久：「或許我做錯了什麼。但，我可以改正的，不過……」他倔強的站起來：「你們不用我，那我：……謝謝。」他轉身離去。

「費先生！」喬南亞喚住他，他看到費平眼角隱隱的淚水，他站起來：「走，我們到經理那裏去。」

費平怔了怔。

「你很年青。」喬南亞說：「你說得很對，做錯了可以改正的。」

踏進經理室，喬南亞把報告書交給經理，費平有點緊張。

「警察局有過案嗎？」經理照例的問了句。

喬南亞沒有看費平一眼，不過他確實看到費平痛苦與驚嚇的表情，他用手捻住口袋裏那封警察局的公函，似乎不這樣，它就會飛出來一樣。

「沒有。」他緩慢的回答。

「那麼叫人來領他辦手續吧。」

經理的辦公室裝了冷氣，但兩人都出了一身汗。

「喬主任。」費平紅着臉對他說：「我應該坦白的對你說，我曾經：……」

喬南亞裝着不明的打斷他的話：「年青人，趕快去辦手續吧，我希望你為了母親，好好的幹。」

說吧，推了他一把，不讓他再講下去，因為他怕自己的決定會再翻悔，他知道，這次他失責了。

文壇泥爪

乜行

徐志摩與戲劇運動之四

在「始業」裡，志摩當然着重說明他們這個運動的計劃：「我們有幾個朋友，對於戲劇的技術（不說藝術），多少可以說是在行，雖則夠格不夠格還得看下文。我們想合起做一點事。這回不光是「寫」一兩個劇本，或是做一兩次戲就算完了；我們的意思是要在最短的期內辦起一個「小劇院」——記住，一個劇院。這是第一部工作；然後再從小劇院作起點，我們想集合我們大部分可能的精力與能耐從事戲劇的藝術。我們現在已經有了小小的根據地，那就是藝專的戲劇科，我們現在借晨副地位發行每週的「劇刊」，再下去就盼望小劇院的實現，這是我們幾個夢人夢想中的花與花瓶，……」

「劇刊」要做些什麼事呢？「第一是宣傳：給社會一個劇的觀念，引起一班人的同情與注意，因為這戲劇這件事沒有社會相當的助力是永遠做不成器的。第二是討論：我們不限定派別，不論那一類表現法，只要它是戲劇範圍內的，我們都認為有討論的價值，當然，我們就自以為見得到的特別拏來發揮，只是我們決不在中外新舊間在討論上有什麼勢利的成心。第三是批評與介紹；批評國內的劇本，已有的及將來的，介紹世界的名著。第四是研究：關於劇藝各類在行的研究，例如劇場的佈置、配景學、光影學、導演術等等，這是大概，同時我們也徵求劇本，雖則為篇幅關係，不能在本刊上發表。」

關於這一運動的計劃，照志摩所說，後來是大大不合理想。首先是他們的根據地——國立藝專的戲劇系，一直就很不景氣，只招了二十幾位學生，以後越來越少，主持者余、趙兩人離校南下，交給後來的熊佛西接辦，但不久也就因經費無着，由政府下令停辦了。至於小劇院，他們想創辦的藝術劇院始終沒有辦成功；倒是他們在「劇刊」刊行的時期，創辦了一個「中國戲劇社」，可惜壽命也不長，似乎在「劇刊」停刊之後，也就消聲匿跡了。

關於「劇刊」，那是在民十五年九月二十三日出到第十五期後正式宣佈停刊的，其中重要論文，後來余上沅編了一本「國劇運動」的集子，除此以外，有些專門性質論劇藝的文字則未收集。停刊的原因，主要是人員星散，而這位運動的領袖却因為與陸小曼結婚，無暇照顧了。志摩在「劇刊終期」內說：「凋零：又是一番秋信。天冷了。階前的草花有焦萎的，有風刮糊的，有蟲咬的；牆下三兩莖還開着的也都是低着頭，木遲遲的沒一絲光彩，人事亦是一般的憔悴。舊日的榮華已呈衰象，新的生機，即使有，也還在西風的背後。這不是悲觀，這是寫實。」

小啓：
本版園地公開，竭誠歡迎投稿。稿酬約每千字八元。
七版編者

辛亥革命史談（二）

舜生

一、促成革命的五大原因

「英雄造時勢，時勢亦造英雄。」清宣統三年八月十九（一九一一年十月十日）武昌的義旗一舉，其時去「興中會」的成立不過十七年，去「同盟會」的成立不到八年，而革命派所追求的「中華民國」便已居然實現！這從一方面看，固然是由於革命領導者孫中山的天縱之資，另一方面清季的各種情況，要亦具有推進革命的絕大力量。

我們分析清末促成革命的原因，其最主要的不外五個：（一）滿漢種族裂痕的加深；（二）清季政治的腐敗已至無可救藥；（三）甲午以後外力對我的壓迫無法忍受；（四）庚子以後的假改革與日俄戰後的假立憲，到底不能取得人民的信任；（五）廢科舉，興學校，派留學，建新軍加速了新興勢力的抬頭。

（一）原來滿清以北方一種人數甚少而文化甚低的民族入主中國，當最初入關的時候，便予漢族一種極惡劣的印象。如對於揚州嘉定一帶的大屠殺，對於明南渡三帝（福王朱由崧，稱帝改元弘光；唐王朱聿鍵，稱帝改元隆武；桂王朱由榔，稱帝改元永曆。）的窮追，對於明遺民遺老起義者的剷除，以及清初所頒布的「薙髮令」，「駐防制」，乃至順治，康熙，雍正三朝所興的文字獄等等，追無一不予漢族以難堪；更概括的說，滿清自入關以迄滅亡，凡經過二百六十八年，在這二百六十八年中，他們沒有一天忘記他們自己是滿人，同時也沒有使大多數的漢人一天忘記他們是漢人，我們讀這二百六十八年間的公私紀載或著作，常感到字裏行間充塞着滿漢兩族猜疑的空氣，並且這種猜疑一經遇着機會，便隨時隨地都要爆發出來。

當嘉慶道光的時候，清朝本來已經是一天天趨於衰落，及至鴉片戰爭一起，其弱點乃暴露無遺；所以自道光二十二年（一八四二）「江寧條約」訂立以後，僅經過八年的工夫，洪秀全、楊秀清等便已崛起於廣西的金田。太平天國這一幕，雖兵力及於十餘省，時間經歷十五年，而卒歸失敗，但對於後來革命運動的關係是很大的：第一，在太平天國一役以前，滿清很少用漢人專司兵柄，例如康熙準噶爾之役則為費揚古；雍正西南夷之役則有鄂爾泰；乾隆準部之役，回疆之役則為班第、永常、兆惠；大金川之役則為額勒登堡、德楞泰等。即鴉片一役，也不能始終信任林則徐，卒為琦善、奕山、伊里布、耆英等所敗壞。及至洪楊起來以後，以賽尚阿督師無功，始不得已用曾、胡、左、李諸人，後來袁世凱繼李鴻章崛起小站，卒以北洋新軍的勢力取滿清而撲滅之，追本窮源，滿清的軍權逐漸轉入漢人之手，不能不說是始於太平天國一役。

第二，太平天國雖有若干離奇的制度，一種怪誕的宗教，乃至他們一部分首腦人物私生活的糜爛以及他們彼此間的爭權奪利，互不相讓而自行削弱，但他們排滿的色采畢竟是很濃厚的。他們據有東南半壁既經過十餘年之久，其所發出的命令文告，以及若干的宣傳品，實際上已把漢族對於滿族的一切新仇舊恨一齊挑起，我們讀後來孫中山、章炳麟、鄒容、陳天華、汪兆銘等鼓吹種族革命的文字，便可以看出他們所受太平天國這一役的新刺激是何等的深切。同時，太平天國滅亡以後，其舊部逃亡匿跡於國內外而從事種種秘密組織者，既所在多有；而對付太平天國的主幹湘軍，經此一役結束以後，即大部宣告解散，此輩窮無所歸，混入此類組織者，也不在少數。在「同盟會」成立前後，若干次的革命行動，發動於「興中會」，「華興會」，「光復會」，乃至唐才常林圭等在武漢所發動的自立軍者，幾於與此類秘密組織不可分；而「哥老會」，「三合會」與「興中會」團結合作，奉中山為首領，見於當日參與其事的日人宮崎寅藏所記載者，也確有其事。從這觀點，我們可看出革命風潮的鼓盪與擴大，更與太平天國所遺留的影響直接有關。

戊戌政變以後，立憲革命兩派已開始對立，等到光宣之際，這兩派的言論與行動，乃愈趨於積極。如果我們純任理智來判斷，或者把改革的精神集中到政治一點，而置其他的方面於不問，則立憲派的主張也未始沒有相當的理由，然而卒至不能與革命派爭者，一半固由於滿清立憲的毫無誠意，一半畢竟還是由於種族的裂痕無法彌補。至於辛亥革命軍起後一切「驅除韃虜」的文告，若干滿人的被殺，漢人殉滿清者的寥寥，也都可看出辛亥一役的種族背景。（待續）

辛丑自述

——邵鏡人——

愚之行誼經歷，無記載之一值，惟友人吳士選博士以庚子自叙詩相示，依韻和之，藉以自述，效顰可笑也。

彈指驚年華，我生後辛丑，即今猶童心，不樂人稱叟。
幼負了了資，父母相期厚，二十遊白門，結交天下友；
出語驚長老，好辯喧衆口，抗心希古賢，向人寧低首。
教鞭指三徐，欲探文章藪，誤自彈冠初，倏忽念年久；
飄泊心益苦，何若守隴畝。一朝參議席，持論闢左右；
厲此多難途，愧無回天手，濫竽黌宇間，鹿鹿風塵走。
自非楊盈川，敢云耻于後，志屈神獨完，守拙抱敝帚，
論文愜素心，古風追韓柳。

中國名畫選序

徐亮之

繪事之要，非多師古人則不能知其源，非洞明沿革則不能盡其變；不能知源而盡變，則其於繪事也亦不足觀而已矣！

雖然，匪易言也。彼古人之名蹟者，向非藏之內府即攘歸豪強耳；非其人，且不可得而見，遑論從容通其源變而師撫之!?其幸而流散於民間也，則庋藏之家，爭拱璧以收之；骨董之商，求善價而沽之，沽之收之之不已，亦終入於豪強之手，學者撫之師之而末由而已！又幸其人能不自局秘，則既其時攝影套印之未昌，無以傳原作之神，更無以溉衆沾藝惠遠而垂後；又烏從而師撫之通其源變之足云？故曰匪易言也。

然則今者科學昌明，攝影套印日新而月異，而公私藏品及名蹟之流存海外者，亦往往應時影印而問世；其影印之術，且能悉舉古人之精爽靈光燦呈於一旦；則宜若沾溉之廣，學者撫之師之之便大異於前矣；而又其編次或泛濫而無歸，其取捨或偏畸而不正，甚或眞僞雜則，魚目混珠，貽誤初學於無窮；而其索價非恒人所得而購備，猶其餘事。則欲學者得從容師撫涵咏之樂於以通其源變進而有所自得於其心，亦戛戛乎其難已！

吾友林鏞大庸既以善繪事精鑑藏有名於時，愍學者求覓師撫善本之不易也，則慨然聚中外所刊有關中國古人名蹟，汰僞存眞，擇尤選最，益以己所舊藏之銘心絕品，凡得山水人物翎毛花卉並富代表性之力作一百二十幀，以成中國名畫選一書。其所選一依時代先後為經，作者小傳師友淵源作品風格為緯；解說務求其詳，印刷務求其精，售價務求其廉，於以取便初學，冀以普溉而廣傳，其盛事也。而學者即是而從師謙涵咏之，將恍然於中國繪事淵源變革之有自，進而因其所得以益恢揚光大之，可必也；故樂為之序。辛丑季春進賢徐亮之識於亮齋。

寄售書目

（一〇〇）法蘭西文學史　夏炎德著，商務，三十元，邵可侶，洪深序。
（一〇一）法國文學史　吳達元編著，中法教育基金委員會叢書，商務，兩冊，二十元。
（一〇二）莫里哀全集（一）　王了一譯，國立編譯館，商務，三十元，包括莫里哀六篇喜劇和他的詳傳。
（一〇三）盧騷懺悔錄　張競生譯，香港南洋圖書公司，一冊，二元五角。
（一〇四）又一部　王炳焜譯，啓明書局，一冊，二元五角。
（一〇五）活冤孽　雨果著，俞忽譯，三冊，商務，五元。
（一〇六）九十三年　雨果著，董時光譯，兩冊，商務，五元。
（一〇七）維克多·雨果　新文藝出版社譯，一冊，二元五角。
（一〇八）俠隱記　大仲馬著，伍光建譯，兩冊，商務，五元。
（一〇九）又一部　四冊，五元。
（一壹〇）紅與黑　斯丹達爾著，羅玉君譯，一冊，五元。
（一壹一）歐也妮·葛朗台　巴爾扎克著，平明書店，傅雷譯，二元五角。
（一壹二）邦斯舅舅　同上，一冊，平明書店，五元。
（一壹三）高老頭　巴爾扎克著，一冊，宗侃譯，二元五角。
（一壹四）亞爾培·薩伐龍　同上，一冊，一元五角。
（一壹五）驢皮記　巴爾扎克著，一冊，高名凱譯，二元五角。
（一壹六）朱安黨　同上，一冊，二元五角。
（一壹七）胥兒雨·埃露米　同上，一冊，二元五角。
（一壹八）錢袋　巴爾扎克著，鄭永慧譯，一冊，二元五角。
（一弍九）巴爾扎克傳　吳小如，高名凱合譯，一冊，五元。
（一弍〇）盧貢家族的家運　左拉著，林如稷譯，兩冊，商務，十元。
（一弍一）娜娜　左拉著，焦菊隱譯，一冊，十元。
（一弍二）酒窟　左拉著，王了一譯，兩冊，五元。
（一弍三）左拉傳　王道乾譯，一冊，二元五角。

要者請向九龍鑽石山大觀路惠和園三號「卓如編譯社」洽購。
大學，圖書館，及研究機構購買，一律八折優待。
定價已酌改，以此次所登出者為準。空緘恕不奉復。

本刊已經香港政府登記

聯合評論

週刊

每逢星期五出版

United Voice Weekly

第一四一號

督印人：黃宇人　總編輯：左仲平

社址：九龍[illegible]德道二十三號地下　電話68678

承印者：嘉羅印刷有限公司　香港灣仔馬師道5號

總代理：友聯發行公司　售價每份港幣一毫

本報美洲版總經售處美國紐約中美出版社

CHINESE-AMERICAN PRESS, INC
199 CANAL STREET.,
NEW YORK13 N.Y. U.S.A.

美洲航空版每份零售美金一角

香港時報竟否定蔣先生的反攻主張

黃宇人

一、

本月八日香港時報，忽然發表一篇檢討反攻時機的社論，大意說，「反攻應取決於兩個條件：（一）敵我力量的對比，（二）世局全面的態勢。」以言前者，該報認為「十餘來的努力，已使我們從過去所面臨的絕對劣勢，轉化為一全面相持之局，並爭取到局部的相對優勢。但從純軍事的情況說，我們仍有待於進一步的壯大與發展，尚難謂為已操必勝之券」。以言後者，該報認為「反共鬥爭不能脫離國際局勢而孤立。如果國際的反共高潮尚未出現而我們卻性急的展開了「單獨反攻」，是要吃虧的」。該報相信「時間的有利因素，並不在敵人的那一面，比較高潮的國際反共局面遲早必將出現」。因此，雖然也承認「如果這兩個條件已相當成熟而我們的反攻行動還是趑趄不前，就會自陷於一種「萬全主義」的困境」；也知「萬全主義，往往是一事無成」，然而卻以為「如果這兩個條件不太成熟而竟然作孤注式的嘗試，就是犯了嚴重的冒險主義」，更強調「冒險主義的危險性，更十百倍於萬全主義」。

二、

這一篇社論雖然閃灼其辭，但其認為現在「不能輕言反攻」的用意，已昭然若揭。這無異把蔣先生十年以來關於反攻的主張一筆勾銷了。如所週知，蔣先生遠自四十九年自動宣告復職時，即曾申言「一年準備，兩年反攻，三年掃蕩，五年成功」。自此以後，雖無反攻之行動，但仍口不離反攻。去年，他就任非法臨時總統時，又向國大代表矢言將於六年之內回到北平，顯見其決心在第三個五年中，實踐前兩個五年累說未行的諾言。今年元旦，他更宣佈今年是反攻復國的勝利年。雖然大家對蔣先生的諾言，久失信心；但仍有若干善良的心，希望他能以反攻大陸的行動來彌補其違憲連任的愆尤。他在元旦向參加開國五十週年紀念大典的三軍將士說，「三軍將士在台灣十多年來的犧牲奮鬥，忍辱負重已經夠了，勝利的時間到了」。這無異是說，他決定在今年就要有所行動。然而言猶在耳，香港時報忽然發表這一篇主張不要輕言反攻的社論，而指為是「逞一時意氣的冒險主義」，顯然和蔣先生十年來的一貫主張背道而馳。究竟是他老人家又一次自食其言呢？還是朝中的另一有力者不以他的主張為然呢？殊令人費解。或以為這篇社論已聲明是說的「一些很直率的老實話」，是「稍述所見，以作芻蕘之獻」，可知其祇是該報的一種看法和意見，而與蔣先生和那位有力者無關。但稍識內情的人都知道今日的黨報是沒有言論自由的。假如無所秉承，他們焉敢如此大胆妄為而發出違反領袖主張的言論？

三、

猶憶去年雷震被捕時，官方所宣佈的頭一項罪名，即為「倡導反攻無望論」。但自由中國半月刊當年發表反攻大陸問題一文時，曾說「自由中國的全體——尤其是來自大陸的人，誰不想反攻大陸？誰不渴望打回老家去？這是大家一致的願望。」可見，雷震並非不主張反攻大陸。祇以他們依據其所謂公算：（一），國際形式；二，現在戰爭的必要條件）詳加分析，認為「馬上打回大陸的可能「并不太大」；因而主張「培養持久的心理」，作「長期苦幹」的打算。這是自由中國半月刊的論旨。如今雷震被處徒刑十年，香港時報這篇社論所持的兩個反攻「條件」，卻與自由中國半月刊的「公算」僅在字面上微有出入，而實質則并無二致，豈非反攻無望論的再版？記得十九年中原大戰的起因，乃是反對方面主張召集國民會議制定約法，中央斥其為謬，才大張撻伐。可是，鏖戰經年，國家元氣大傷；而戰爭甫告勝利結束，蔣先生忽又於前方軍次通電主張召集國民會議製定約法。換言之，他又以敵方的主張為主張。甚至不惜因此而將在戰爭期間坐鎮南京，苦掙危局的胡漢民先生非法扣留，造成了一生的盛德之累。是不是現在雷震已經被囚，他又要重襲故智，拾取自由中國半月刊的反攻主張而奉為萬全之策呵？

四、

我一向主張政府應力求改革與團結，迅即發動反攻。我對自由中國半月刊的反攻主張雖不認為是所謂反攻無望論，更不認為是一種罪名；但卻不以為然。香港時報的這一篇社論，我更認為是自欺欺人之談。他們以為再等下去，國際間的反共高潮必然來臨，到時我們發動反攻才能事半功倍。這顯然是一種幻想。就擺在眼前的形勢而論，假如再不反攻，則承認偽政權的國家必更增加，我們在聯合國的席位必受挫折。縱然國際間終有出現反共高潮之一日，但我們卻很可能在此以前就被犧牲了。至於敵我力量的對比，今日台灣尚擁一支足以一戰的軍隊。假如不乘敵人大鬧饑荒，人心思變的現局發動反攻；則中共度過此一危機之後，其統治力量必然又將加強；更可能獲得核子武器的配備。而台灣的情形則祇有越等下去越是人心渙散。年來，當權者常自誇安定和進步；實則整天疑神疑鬼；覺得這也不可靠，那也不可靠，而將小圈子縮到祇限於父子兩人。雖然靠了特務和監獄的恐怖，暫時把人民嚇住了；但這樣人心離德的局面怎能久維？說到進步，則祇有貪污之道，確屬大有進步。月來哄動社會的各種集體貪污案層出不已，可為明証。因為既不反攻，大家都覺得國家和個人兩無前途，因而拚命撈錢，準備逃難。這是貪污所以普遍而又深入的關鍵因素。

五、

總之，我始終認為不反攻必自取滅亡。但我所主張的反攻，也不是什麼冒險主義，要把台灣的六十萬大軍傾巢而出和敵人作孤注之一擲；而是實事求是，主張以一半的軍力；分區分期進入大陸，發動中山先生起義式的反攻，而以台灣為訓練補充的基地。既不存任何僥倖之心，即使初期作戰遭受挫折，但仍保有足夠的力量以作再接再厲之圖。不但不致一敗而不可收拾；而且穩握最後勝利的契機。

一般人對古巴的錯覺

孫寶剛

自古巴革命軍登陸失敗後，許多人都自軍事觀點來討論登陸的所以失敗，由於登陸部隊太少，事先不保守秘密，美國空軍不能掩護登陸軍，甚至美中央情報局情報不準確，古巴內部的游擊隊不能呼應等等的議論，紛紛在報紙和雜誌上出現。

我不知道一般人對於古巴近百年來的歷史，以及百年來古巴和美國的關係，有沒有瞭解。卡斯特羅以前的古巴政權是怎樣的政權？古巴的共產黨和卡斯特羅的關係怎樣？卡氏是怎樣一個人？是不是共產黨？古巴的人民是不是擁護他？又在另一方面，美國能不能直接去攻擊古巴，或直接協助革命軍去攻擊古巴？須把這些問題弄清楚以後，我們才能知道廿廼廸總統的處境，他對古巴的政策，應該是怎樣才確當？

現在我先從古巴的歷史說起。古巴本來是西班牙的屬地，古巴的人民在那時雖然已在反抗，想求獨立，可是美國一直支持西班牙而並沒有幫助過反抗者。直至美西戰爭之後，美國佔領了古巴有四年之久，但末了把政權轉移給古巴的資產階級，因為反抗者大多是混血兒和黑人。資產階級專政的結果，當然全無民主政治可言，而一味討好美國的投資者，所以古巴的工商業和農業（甘蔗與畜牧）都在美國人的手中，而古巴政府就賴美商人的賄路自肥。這樣的由米卡杜獨裁者至孟狄泰政府，除了馬丁政府治了四個月不很有利美國商人以外，其他的都是做了美國商人的買辦政府。到了一九五二年巴底斯泰政變成功，貪污更組織化，迫害人民更甚，美國商人更興旺。所以在一般古巴人的心眼中，假如要使古巴獨立，實行社會改革的話，解除美國商人的控制是他們奮鬥的第一個目標。

其次說到卡斯特羅，他原是一個天主教的教徒，他是由耶穌會教育出來的，當他執政之初，他還宣佈過：凡是反基督的人便是反革命的。所以天主教還援助過卡斯特羅政權。不特如此，他是信仰民主的，他的主要目的是要土地改革，以及社會福利。所以當他主政之初，他還准許巴底斯泰的報紙存在，准許批評他，他曾經說過，假如因為政治信仰不同而受到迫害，那個個人都自危了。所以他允許在兩年之內選舉。總之他要儘量避免和不同政見的人們發生衝突，使他的社會和經濟改革可以儘速實施。在一九五九年四月，他本人還去美國希望能獲得借款，以供應其一部份的經濟改革，假如那時美國是聰明的話，這是一百年來的第一次機會，可以和古巴在進步的立場上建立正常的關係，而使古巴在民主的基礎上進行社會和經濟改革，可惜美國沒有這麼做。不特如此，美國的報紙開始攻擊卡斯特羅政權，這使卡斯特羅是非常失望的。其後他又在其他自由國家試獲經濟和技術的援助，但也沒得到。

據我所知，巴底斯泰政府下台時，曾帶走了古巴大量的財富，所以卡斯特羅沒有經濟力量來進行其改革，不得已，祇有求之於蘇聯中共，共黨本來是求之不得，馬上予以援助，但是這樣做以後，古巴的共黨就乘機而起，而使改革自民主的方式而進入激進的和恐怖的，於是原與卡氏合作的智識份子和中上階級者離開了卡氏，美國的技術人員也離開了古巴，並凍結信用，遊客生意也一落千丈，經濟和技術更形困難。如此，成一個循環的現象，經濟技術愈困難，國有化的手段愈激烈，恐怖愈增加，技術人員，中上階級和知識份子愈離開，而造成了今天的局面。而共黨的勢力便一天天增長。

那麼，我們要問卡氏是不是甘心的跟共黨走呢？答案是否定的。古巴的共黨一向和反動的勢力合作的。在一九三三年時共黨就參加擊敗社會改革的政府。後來一直和巴底斯泰合作，因此獲得了巴氏的報酬，而擁有一家報紙，一所無綫電台，並分得一個部，和控制了工會。共黨是和卡斯特羅對立的，當卡氏在領導游擊戰時，共黨還說卡氏是小資產階級的浪漫主義者。一九五八年四月卡氏要發動總罷工以傾覆巴底斯泰政權，全因共黨的破壞而使總罷工失敗。所以當卡氏執政以後，立即驅逐共黨於工會之外，並阻止共黨接收第二個報紙，同時又組織了反共陣綫，在革命後的一九五九年五月還在共黨的出版組織外示威。這完全是因為經濟和技術的缺乏，對自由國家，尤其美國的失望和迫使卡氏走中蘇的路綫，而共黨才能卡氏合作起來。而今天，卡氏當然已拋棄了民主，而不與自由相妥協了。凡是反對他的都加拘捕或迫害，古巴已成了恐怖的世界。中上階級緩和份子一個個都離開了卡氏。

但是情形雖然壞到如此，政治的反對者都受迫害，一般人民，無論是都市內的工人和鄉間的農人，他們的社會是確較往時自由了。他們日常所受的壓迫沒有了，從前他們最怕警察，他們現在可以和警察講道理了。

（下轉第二版）

雜憶錄之二十五

一九四五年游美觀感（三）

·幼椿·

三、生活態度

以我當時年近五十，而又久習於中國社會生活態度：一種處世的應付法，一種人生的莊嚴感，驟然與英國人及其社會相接觸，總感到不大相類與不大投合。在這裏，我並無意於把中美兩民族的人生觀，拿來作為比較，而予以價值判斷；也無意於分辨兩種文明的方向，而從事於文化的比量探討；我只是敘述我於短短數月中參加的幾個場合，對我留下的一些印象，以說明我這個東方人所見解的美國人的生活態度而已。

一到紐約，顧維鈞先生即通知我們，要做禮服，以應付外交讌聚；時間不多，並須趕製。以美國人工之貴，而又要加工趕造，一套禮服，用去了二百美金有多，我真替公家的錢有點心痛。不過我一想起二十多年前，在巴黎、倫敦、柏林，當學生時，與那些位大學裏老師宿儒相見，他們總是終日黑色常禮服不去身，我因此也感到這件衣服也是不可少的，雖貴，錢也是應該花的。然而住上九個月，纔知道這禮服，簡直在美國的外交儀節中，并無用處。美國人在無論任何外交宴會，請帖上總是寫起「不穿禮服」，或「衣服隨便」；這一寫上，我便覺穿起禮服去赴會，反轉使主人受苦，多禮反而失禮。固然美國的正式讌聚，來客也有穿起禮服的，尤其是老外交家，如七十多歲的法國舊外交部長保祿彭古、我國顧維鈞代表幾乎是終日禮服不去身的。但是，做主人的美國外交家，或議員，或國務卿，以至杜魯門總統，（杜魯門曾來一次盛大的雞尾酒招待會）他們從來沒有一位穿過禮服。

美國人在讌聚時，無論是正式與否，他們都講究的是輕鬆，而不是莊嚴；動作要來得自然隨便：喝酒要仰起頭來，笑聲要放開來，握手要相當的用一把力，拍一下肩，大走幾步，完全不像中國的所謂「廟堂之上」，英國的所謂「紳士派頭」，低聲細語，周旋進退，有威可畏；有儀可象的那一種老文明的生活態度！

至於私人聚餐或會面，則更是隨便。與美國人交朋友，是很容易成為相知相好的，只要你不拘儀節，動作天眞一點，說話投合幾句，他便立刻駕起車，請你到他家中，出妻見子，穿房入室，并不對你加以疑懼。這不但與中國人習慣不同，與英國法國人的習慣也不大相同。然而，「話不投機半句多」，與美國人交朋友，也很容易閙翻的。我在洛杉磯住了兩月，為練習英語起見，不管房東老太婆，或是與我在舊金山認識的新聞記者，或是當地南加省大學的學生，我一概周旋，請他們吃「李鴻章雜碎」，游山玩水，玩得非常要好；但偶然議論不合，或者拒絕了他們的約會，便生氣不來再相見了！——無論老少，都好像有點小孩子脾氣！

以我短期的粗淺觀察，感到美國人很好賭。（這個賭字，在這裏作廣義解釋，打牌、賭馬，等想贏錢，固然是賭，而賽球，賽跑，賽房子修得高，橋造得長，動輒要想賽為天下第一，以致賽車跑得快，把生命作為兒戲，也算是賭。）因此，在中國人所講的中庸之道，適可而止；或凡事留有餘地步，做人下克已工夫，這一類生活態度，在美國一般人的生活上，我乃甚少發現過。這或者是我處的時間很短，而且帶起老中國人的有色眼鏡的原故；不然，就是因為美國人立國距拓荒時代未遠，而美國一般民族性裏，便深深具有動輒賭生命以求生存的「西部片」上的習性！

在美國近幾年與中共辦交涉，為幾個美國人囚在大陸的事件，費的神，淘的氣眞不小！這好像美國人對於生命的價值甚為重視，使我們感到千金之子，其價值究竟不同於我們窮光蛋！然而美國每遇假期，尤其是聖誕節，感恩節，復活節，假期多上兩天，則美國的交通失事，碰死在途中，動及數百人，報紙不絕於書，情形甚為悲慘，又未聞美國政府及社會團體，說是想辦法來減少這一類生命的無聊損失！這又是為我這個老中國人所不能了解的！——

我遇見好幾位美國的中年以及老年人，他們說他們的手腕，腿桿却會在跑車時碰斷後接起來的；許多華僑青年人也是如此，——這又誰能說「美國大少爺」是特別愛惜生命價值的呢！

最後，談到尊嚴二字，我們中國做領袖的人物，無論大領袖，中領袖，小領袖，都講究這兩個字的格調，擺出一種姿態，或者習慣一顏章法，不可以令人瞧不起，而要令人一望即知其為領袖人物似的。但在美國，我所接觸的，自總統、國務卿、政黨指揮者、議長、議員、大法官、大經理、大學校長等等，以至於大明星，我都未看出有甚麼特別的架子與章法，好像做總統就有特別的總統尊嚴，其他大法官、議員等等各有其不同的尊嚴，要自己表現出來，並要一般人也感覺得到似的。艾森豪隨時嘻嘻哈哈，在我們中國人看起來，做大總統就不應該有這樣的生活態度，因為太輕鬆了。然而尼克遜競選失敗，美國報紙說他在電視表演上態度太緊張了一點，為美國人所不喜歡。

但是美國人的工作生活，又却是很緊張的，終日匆匆忙忙，一點也不從容，好像一分鐘都不容許隨便浪費似的。我在紐約時，一遇到放工下班鐘點，所謂 Rushing Hour，人潮之洶湧，令我頭為之昏，我簡直不明白為甚麼要那樣忙法！美國人大多數就那樣從小忙下去，一直忙到老，把心臟忙來忽然停止完事！

談五四運動

張忠紱

陳獨秀先生有愛國的熱忱，有改革社會制度的認識，但他的個性流於偏激，缺乏耐性，而他的學力又不足以達到不惑的地步。這種類型的人正是國際共產煽惑的好對象。結果是：他犧牲了自己，（於民國十六年八月寧漢分裂後，被取消共產黨領袖資格。嗣後，又被開除黨籍，並為共產黨所賣，向南京政府告密，以致被捕下獄。直至抗戰軍興後，始移居江津），遺害國家。

由五四運動而轉入共產黨的另一領袖為李大釗氏。以李大釗與陳獨秀相較，更等而下之。他的投機性似遠過陳氏。民國八年五月，他尚在為文，批評馬克思主義。等到上述的國際共產代表攜欵抵華運動，李氏是首先「盲從」共產主義的一人。他在北大學生間組織了一個馬克思主義研究會；到民國九年五月新青年宣佈停刋時，他已經不折不扣的服膺了共產主義。在不到一年的短時期中，要說他對馬克思主義及蘇聯與國際共產的組織與運用，已有透切的認識，我們似乎難以相信。

再看李氏的行動，似乎處處表示他的「盲從」。當國共合作時；陳獨秀氏認為國民黨代表資產階級，中國共產黨不應與之合作。因蘇聯（經由國際共產代表）堅持，陳氏遂不得不默認。是以國共合作交涉的一幕，代表中國共產黨宣言的，不是陳獨秀，而是李大釗。等到國民黨於民國十三年改組，召集代表大會時，在食堂中與國民黨馮自由先生等大打出手的，又是李大釗氏。這種盲從投機，實自誤誤人。

「五四」領袖中的另一派為胡適之，蔣夢麟先生等。他們大部份是留美學生，富於研究與理性。他們贊成羣衆運動與社會改革，但他們却不願捲入政治活動。（見新青年社民八十二月宣言）。嗣後胡先生又提出「少談主義；多談問題」的口號。不過在一種革新運動潮流中，偏激的主張易於發生效力。上述的理性派既不夠積極，又缺乏組織（這也許是理性派的通病），而中國當日內外的環境，使一般青年有迫不及待的感覺。加以考試制度崩潰後，畢業就是失業。於是有抱負，沒有出路，秉性偏激，投機取巧，或喜歡活動的青年們，縱然相信理性派的主張，也不肯，或不能走理性派所提出的迂緩道路。

何況，從另一個角度上看，理性派因為沒有積極的組織與行動，他們自己的主張也往往陷於矛盾的深淵。在上述他們民八十二月的宣言中，他們一方面承認政治是改革社會的一種重要工具，但結論又不主張作任何政治活動，只贊成羣衆運動與社會改造。在這種矛盾的主張下，自然給予了共產黨人以利用的機會。

在民九皖直戰爭，段祺瑞下台以後，胡適之，蔣夢麟，李大釗等曾經於八月一日共同發表一為自由而奮鬥的宣言。這時李大釗已是道地的共產黨，但胡先生，蔣先生等却未必確定的知道。該宣言中說，在人類的歷史中，假若人民不肯犧牲血汗，從無任何國家曾經獲得自由。倘使無人願為自由奮鬥，則眞正的自由，決無法實現。宣言的本身確乎沒有違背歷史的事實，但宣言所指引的道路，却合乎共產黨的主張，而與理性派的主張格格不入。

民主與共產本來都是西方文化下的產品。西方的國家因為有歷史的背景，對於民主與民主集中（共產）的區別，社會主義與共產主義的迴異，立刻可以明瞭。但亞東的中國沒有這種歷史的背景與訓練，霧裏看花，似乎所有的花都是差不多的。無怪乎邵力子於民三十七八年間，尚認為三民主義與共產主義「無甚差別」（見易君左先生的鴉背斜陽記，新雜誌第二期），而他能出入於國共兩黨之間凡四十年，忝不為怪。這也許是國民黨的「容共」政策所造成的錯覺吧！

在五四運動以後，一般青年是被喚醒」。他們醉心西化或近代化。至於什麼是西化或近代化，他們却莫明其妙。他們對於任何社會主義，認為都是一樣的（見杜威教授評語）。這時若有眞正的民主政治領袖挺身而出，劃淸壁壘；為民主而組織，為民主而奮鬥，則過去四十年中國的歷史必可改觀。可惜五四運動理性派的領袖限於讀書人，不是政治行動家，而當日的政治領袖，不是腐化的官僚或軍閥，就是急於功利的革命家。在混亂的時期中，壁壘不淸，勢必徒增混亂。在孫先生逝世後不到一年，國民黨即已自動（？）請求加入國際共產黨為會員，於民國十五年二月由胡漢民先生赴莫斯科代表出席（國際共產執行委員會第六次大會）。同年冬十一月，由邵力子出席（同會第七次大會）。翌年春，寧漢分裂，這一段公案始告結束。

在四十二年後的今日，回視五四運動，我們可以說，「五四」是同治維新以來；一脈相承的復興中國運動。民國的失敗，使愛國的人士，由政體的改革，轉而深入一層，進到社會制度與文化的革新。這是勢所必然，不可避免的事。當日的領導者只有影响該項運動遲速與型態的功能，決無產生或阻止該項運動的力量。換句話說，五四運動精神的爆發是必然的。領導者的影响，只能在型態與時間上，對之發生作用。（未完）

（接第一版「一般人對古巴的錯覺」）

因為今天的警察和軍隊已經不是迫害的象徵，軍人們甚至和老百姓一齊在做工。黑人已不再受歧視，基督教已經可以在這個天主教國家內傳教和組織教會。無產者今天覺得有人在關心他們，他們不再是畜生而成為人了。如窮人們起的房屋，學校，醫院，一所所在增加，人與人間的友情與熱情增加了。你如去古巴的話，可以看到每家都掛着卡氏的相片，他們是熱誠的擁護卡氏的。卡氏也知道這個情形，所以他廣泛的組織人民義勇隊，來代替通常由軍隊負責的防禦工作。

以上是古巴的大概情形。我們明瞭了這個情形之後，便知道這次所謂革命軍向古巴登陸，為什麼古巴國內的人民沒有起來響應，而仍忠勇的保衛卡氏的政權。說到這裏我們也可明瞭，即使這次所謂革命軍登陸，有美國的空海軍支援，前途也不一定樂觀的，而況古巴是一個獨立國家，美國假如直接去參與這個登陸戰，那麼，她和蘇聯在匈牙利的行動有什麼分別呢？美國總統甘廼廸說過美國對為自由而奮鬥，美國今後對南美政策要站在美國國家的前提上，不能再去支援美國商人在南美已往所獲得的特殊利益。是可見美國不能直接去參與古巴的軍事行動。假如這樣做，不特在古巴未必生效，整個南美均將發生問題。因為所有南美國家的問題，本質上都和古巴相似的。今天的報紙上說，美國將增加對南美民主國家的援助，以誘導南美國家走上民主的道路，這是非常準確的，但是美總統對於古巴取孤立的政策，似乎太消極了，我認為美國一面應該極力阻止中蘇力量在古巴的插足，另方面應說用滲透的力量；滲透到古巴去，以阻止古巴共黨的發展，而另方面促成民主勢力的抬頭，假如這樣做能夠收到某種限度的成效之後，美國便應接受古巴的要求，與之談判，必要時并加以援助，而把古巴重新納入民主自由的陣營內來，使美國一百年來對古巴政策的錯誤，到今天可以完全改觀。卡氏今天走向獨裁，申言不和民主自由國家相妥協，乃是一種恨，一種意氣，我相信卡氏的本質並不是如此的。

台灣奇聞三則

子瞻

也許是國家將興必有徵祥的原因吧，數月以來，台灣除了出現一樁哄動月餘的分屍案而外，還接連發生好幾件富於創造性的集體大貪污案。報紙上的本地新聞，天天都顯得多彩多姿，令人百看不厭。茲再報導幾件奇事，也許可作海外讀者茶餘酒後的談助。

一、局長拒交代，跪地求饒命，太太要自殺，風波才平息。

苗栗縣建設局長鄭作櫓，最近由省建設廳調為地方水道工程處工程師，另派董琳繼任局長。董於五月一日上午到建設局接任時，鄭竟拒絕移交。據云他對省建設廳調動認為太不公平，已向銓敘部提出訴願，應候銓敘部查明處理；但新任則堅持必須馬上接收。雙方即在辦公室大鬧一場，鄭隨即以出外打電話向台北聯絡為名，避不見面。繼經縣府派人四處找尋，才將他找着；但到達建設局後拖延不交。至下午六時許，鄭更向監交人——主計室主任劉健華雙膝跪下，兩眼流淚，並說「我向你下跪，求你不必迫人太甚，饒我一命吧！」一時空氣極為緊張，縣府人員紛紛湧至，爭睹此一怪狀。旋經在場之軍事科長將他扶起。為恐發生意外，新任及監交人，乃決定暫緩接收，事為鄭的太太所悉，即勸他遵命移交，以免事情鬧大，影響前途；但鄭仍不肯，兩夫婦並大吵大鬧。當晚深夜，鄭太太一氣之下，乃偷偷起床，寫了一封遺書，準備自殺。幸鄭及時發覺，力加阻止，次日清晨又請縣府新聞室主任賈樹林到家解圍；經賈多方勸導後，鄭太太才回心轉意，決定為孩子們再活下去，鄭作櫓也於下午到建設局辦理移交手續。一場風波，才告平息。

在鄭太太準備自殺的消息傳出後，監交人劉健華立打長途電話向省審計處報告，申明他負責監交，係奉命行事，並非有意逼迫鄭作櫓移交，萬一發生意外，他無法負責，請予備案。直到下午移交已清，劉主任才如釋重負而鬆了一口氣。

鄭作櫓之不願移交，據其所發表的一篇聲明所說，他是北洋大學土木系畢業，歷任國內大學講師，鐵公路局工程師，總段長及處長等職，近二十年。到台以後，亦曾任省交通處工程師及兵工署組長等職，兩越中央大山，深入不毛，戡測橫斷工路並督導工程。四十四年五月調任苗栗建設局長，迄今六年，成績卓著。去年八七水災，重建工程，亦如期完成，曾先後蒙由省方嘉獎一次，記功三次。如今省建設廳長田代廳長竟以廈門大學歷史系畢業的董琳來代替他，顯係安置私人，與公務員任用法規抵觸，特依同法第十八條的規定報請銓敘部依法處理云云。觀此，亦可見鄭的拒交行動雖甚可恥；但其盡忠職守而竟橫遭排斥則似係事實也。

二、局面愈來愈小，口氣愈來愈大

自沈昌煥做了外交部長以後，即獨出心裁，規定凡蔣「總統」宴請外賓時，請貼上的洋文一仍舊貫，但中文則改為「賜宴」。據說，他曾當面報告，認為非如此不足以顯示「領袖」的崇高和偉大，而引起外人的尊敬，頗受嘉許。年餘以來，各國被「賜宴」的貴賓甚多，其中還有貴為副總統者。也許是由於他們不識中文，也許是諒解我們急需自我陶醉的心理作用，均受「賜」而沒有閒言。不料最近日本議員來訪，因係同文同種，他們看見我外交部所發日程冊上的「賜宴」字樣，認為不合國際禮貌，頗表不快；隨來的新聞記者還準備在寫通訊報導時順提一筆，幸經年高的議員某君勸止。事為我立法院某委員所悉，已於週前在院會正式提出質詢；但外交部長至今尚未答覆。據熟悉內情者透露，沈外長原來也想在宴請各國駐華使節時也「賜」一番，現因立法院的此一詢問，也許要暫緩施行。但將「總統」則仍將繼續「賜」下去，直到無人可「賜」，或他人拒絕受「賜」時為止。因為「賜宴」既是他所核定而且又以此為樂，誰也不敢報請更改的。

三、稅吏好威風，校長被嚇死

台中市稅捐處於四月二十四日上午九時四十分派第一課長聶敬堯等率領職員五人，前往自由路麗華皮鞋店調查漏稅。當時店主以調查人員並未出示身份，亦未依照政府規定會同有關里長及該管派出所人員，婉予拒絕。但稅業人員不予理會，並即開始搜查。店主乃急邀請里長蘇賜和派出所警員吳金龍等前來店處理。適該店東之親戚光華工職學校校長黃冕亦來店，乃向查稅人員婉言詢問有無搜查証。詎料聶敬堯等即大聲辱罵，其勢洶洶，黃校長當場嚇得面無人色。他們初則對他作趕出勢，繼便猛力將他一推，年近六十的黃校長以遭此刺激，即倒地不省人事，經店主等延請張內科診治，已告氣絕身死。現在黃校長的遺霜陳惠鈺女士已向台中地檢處告聶敬堯等六人，但稅捐處長謝嵩林則僅發表一篇書面談話，表示遺憾而已。據悉聶敬堯等均係蔣經國屬下的特務人員，平素作威作福，肆無忌憚，預料本案將仍不了了之也。

雖不兩立、卻圖偏安！

季夫

不久前，正當海外輿論力促國府當局反攻之際，香港的當權派喉舌，曾堅持相反的意見，認為茲事體大，乃屬「機密」，不容民間輿論置喙，於是引起了正反兩方的筆戰；繼而，台北的民營報聯合報，也著論力促即行反攻，認為與「漢賊（中共）不兩立」，故「王業不偏安」。且指出「十二年來已好幾次失去反攻大陸的機會」。（據該社論所述主要的機會有三：一、韓戰其間因第七艦隊協防限制不能反攻；二、鳴放期間則又因台北當局「敵情不明，沒有及時對匪幫施用實際壓力」；三、去年底，大陸空前飢饉，徒有「救災運動不能帶來反攻行動。」結論認為，當局「在太多的顧慮下失去了機會；刻必須打破偏安局面」。）可見，不論海內外民營輿論界所處之環境如何不同，大家對十二年的偏安局面，皆同感不堪忍受之苦，這樣的心情與要求，自非御用論客們的心腸所感受得到的。因為，偏安之局使他們保持了殘剩的欲得權益於不墜！則自是樂不思蜀了。

事實上，台灣當局過去所焦心的，也確實不是所謂能否反攻，或何時才能反攻。而一直是在恐懼着台灣之被「國際化」，及聯合國席位之能否保有；誠然，這一問題的重要性不在反攻之下，但如果說不事內政外交之振作，而能倖免於不受國際陰謀壓力之折磨，亦為幻想。即使暫時不起變化，又何能將當前國際矛盾形勢下倖致的苟全，當作常態而安然自處!?

美國現行對華政策雖則對中共仍持強硬，參議員的兩黨領袖也已於五月三日提出議案並獲通過列入國會紀錄，表示支持白宮的「繼續反對中共政府取得在聯合國的席」；並且「是支持美國總統對中共不作外交承認」，但實際上美國外交當局和白宮均不諱言在進行實質上的「兩個中國」工作。而美國政府也似乎根本沒有協助台灣當局反攻的腹案，祇是消極地着眼於如何維持台灣之不被中共侵襲。

甘廼迪政府更決定了自一九六二年起，在較長遠的基礎上擬定美國的一切經濟援外計劃，而台灣當局也正根據此項在從事草擬所謂「十年經濟發展計劃」中。

有誰能對此不加贊同呢？既不修內政，且又無力反攻，又有上述之計劃，看來國府是將牢牢地釘住了！但是當權派雖有興趣再作十年偏安的夢，而人民心理上的反感却正愈來愈大呢！

再一個十年。在台灣當權派來說，是難得的機會；但在毛政權下，何嘗不是同等的機會呢！對中國六億五千萬的人來說，這第一個十年已是難以想象的可怕！近百年歷史上似乎還沒有一個像這樣人口眾多的國家有超過廿年以上的被割裂的痛苦經歷！

而今天，中國人却要眼睜睜地坐待這國破家亡的慘痛局面再持續下去。甚而是台灣當權派且主張不可鼓吹反攻大陸，而意圖更長久地偏安下去了！

寫在立院審議「公務員考績法修正草案」之前

陳五斗

（台北特稿）近見報導考試院將公務員考績法修正草案函送立法院審議，並謂公務人員考績法自四十三年一月九日公布施行已歷七年，這次完全參酌各方意見提出修正云云，筆者願在該法尚在審議過程中提出一點愚見，希望立考兩院諸公平心靜氣想想，尤其主委諸公不要馬馬虎虎草草三讀交差，應確切研究其真正的後果。

不用說，新草案中仍具有與現行考績法同樣的弊害，那就是規定「各機關每年考績考列四等（依法應予免職）人數，不得少於受考總人數百分之一。」這足與說明政府機關中有「劣等公務員」存在其中，平常不能發現，必在考績時提出來交差，因為明文規定：……不得少於受考總人數百分之一……。換句話說，一百名公務員當中，必有一位是不成材的東西，每年考績時必有百分之一的「不良分子」被淘汰。第二年考績時又有百分之一的「不良分子」，一年的時間才發覺百分之一，這不嫌太浪費時間了嗎？因為「不良分子」在混了一年後才被發現；行政效率也就可想見了。我奇怪，為什麼不在任用之初嚴予考核，卻硬要規定在每年淘汰百分之一的人。草案起草人究係是何用心呢？試問公務員吃的是草擠的是奶，一年工作勤勤懇懇，考績不能升級，反而硬性規定必有百分之一是「不良」，即誰都有份，只待年終揭曉了。為什麼不規定「人人應該考績列一等」呢？」這是公務機關不信賴其所雇用的公務員的一個鐵證。一個機關到了互不信賴的程度，其危險可想而知了。請立委諸公對這一條特別要「熱烈辯論」一「坦率研究」。以防那些特殊人員將來憑口藉該法作不法不公的根據。

其次，將來新法實行後，對於過去七年在舊法（現在施行中者）下遭受限制的公務員應該有一個補救的補充辦法，因為一般老公務員服務政府達二十年以上者比比皆是，公佈一次新法，他們便遭受一次打擊。我敢說這些人是最值得同情和敬佩，他們也是各部門的幹部與識途老馬，但新法過份優待新人，老人或許想終其生碌碌無聞也不可能了；因難免不被列入百分之一不良分子的行列中。國家立法是要顧到全面才好。

同草案有「廢除總考」及另予考績制度等等都有規定，所謂另予考績制度未見草案，全文無法揣測，但「廢除總考」則較易明瞭，就是把三年一次總考的規定予以廢止，這七年來，全國公務員參加總考者不可勝數，這些人都受了「總考」的限制，升等晉階已停了三年，本已不合理之至，「廢止」極為得當，但對於上述已受「總考」毒害的公務人員，政府應該予以補救，人生不過數十寒暑，能有幾次「三年一考」，能遭幾度「三年限制」？是不是讓取巧的已經取巧就算了？讓吃苦受限制的永遠挨下去呢？

再有銓敘部曾假「儲備人才」大開方便之門，舉辦了委任、簡任儲備登記，不知這種登記是否繼續有效？或是在什麼場合才發生效力？上述儲備登記已否停辦？還是繼續辦理？似乎在考績修正草案提出時，也得向立法院有一交代，使此一草案之通過能配合其他法令更具效果。

總之，考績也好，升等也好，應該廣蒐世界各國人事制度的法令。歐美各國都注重在公務員的才能。凡一「才能超人」的人是出人頭地的。至於平平常常的人，庸資能的公務人員每年升級，因為一年的工作雖沒有功勞，只要遵守法令，不貪贓，不枉法，一年的辛勞總不是白費的。所以每年升級加薪及獎金是人人平等的。公務員非有觸犯刑章，亦斷無規定每年硬性淘汰人員的。（四月廿七日）

分屍案的餘波

——空軍少將控告報館——

靜吾

（台北通訊）分屍案宣告破獲後，台北的街談巷議尙對其中的眞象表示疑信參半；而却突然另起高潮。其可能產生的影響；也許還較本案尤有過之，筆者覺得有向海外讀者作一報導的必要。

據各報的消息，一度奉派參與偵查分屍案的空軍總司令部檢查官住兵，除已向台北地檢處控告徐佛觀教授及聯合報發行人王惕吾，社長范鶴言妨害名譽而外，現在又向台北地方法院刑庭提出自訴狀，控訴徐佛觀教授誹謗名譽。其所列舉的事實，即爲三月十三日聯合報大家談欄內刊載徐的一篇文章，題目是「分屍案祇有希望因果報應來解決」。因爲任檢查官的控告並非這篇通訊的主題，所以說到此處爲止。

繼任檢查官之後，在本案未破獲以前一直以笑臉迎接往訪的新聞記者，而且有問必答，不以爲侮的空軍少將柳哲生及夫人柳趙哲瑛女士亦委由胡世棻律師於五月二日向台北地方法院刑庭提出自訴狀，控徐佛觀教授及聯合報發行人王惕吾，社長范鶴言誹謗名譽。

訴狀原文

柳少將夫婦的訴狀原文，亦經胡世棻律師分送台北各報記者，茲照抄於后：

「事由：爲無辜遭受誹謗依法提起自訴事。

竊查出版品對於尙在偵查或審判中之訴訟事件，或承辦該事件之司法人員，或與該事件有關之訴訟關係人，不得評論，又不得意圖散布我出版法第卅三條定有明文，又意圖散布於衆而指摘或傳述足以毀損他人名譽之事者，爲誹謗罪，其以散布文字爲手段而犯誹謗之罪者，並應加重其刑，亦爲我刑法第三一〇條所明定。乃被告等罔顧法律之尊嚴，竟藉本年二月廿六日台北市新生南路增公圳內發現之分屍凶案，利用第二被告自行發行之聯合報連續發表文字，對於自訴人橫加誹謗，含沙影射，極盡侮蔑之能事。並借題打擊軍譽，侮辱有關公署，甚至惡意譏刺元首，毫無忌憚，由於該項連續之歪曲報導，整個社會因而陷入與事實完全相反之誤解，自訴人等無辜蒙難四十餘日，哲生因而廢弛軍務，哲瑛不堪精神打擊，曾數度昏厥，子女曾遭同學奚落，親友咸爲驚惶不怡，國軍袍澤莫不痛感失譽；友邦軍民，對我將領之人格且欲存疑；足見被告等肇禍之烈，在我國新聞史上實屬空前未有；現分屍慘案，眞凶業已獲緝，全部眞相已經治安當局詳爲公布，被告等所爲誹言謗語，至此已全被揭穿，社會人士始悟係被與論所愚，因是軍中將士紛紛函電自訴人，對於打擊軍譽者一致表示憤慨，友邦軍民，對我夫婦無辜受謗同有不平之鳴；咸認此風如不遏止，則將人人自危，軍人人格隨時有被打擊之虞，平軍憤，以及端正友邦人士之視聽，不得不予訴追，以期改正風氣，而挽既倒之狂瀾」。

所舉之毀謗事實

自訴狀對聯合報和徐佛觀教授的「犯罪事實」，列舉如下：

（甲）關於被告徐復觀部份

該被告於本年三月十三日假聯合報發表「分屍案只有希望因果報應來解決」一文，意謂該案有關公務員及公署不應爲柳宅開脫，柳宅小人物已經逮捕，柳宅主人竟未一蒙辦案人員照顧，係因死者之關係人已全部控制，故重賞十萬元而無人報案，並指摘政府係以一個有組織之行動，立定周密計劃來掩護凶犯，最後更無恥自裝瘋癲喃喃與鬼對話云「你的冤在陽世已經沒有希望伸了，你應下決心，鼓起勇氣，拖着您殘破的肢體，逕直找向殺你的正兇，助兒，祖兒的一羣人算賬。假定他們的氣焰高，您的胆子小，便可從他們的太太；小孩子們下手，把您身上的血腥氣和怨氣，不斷地吹到他們的臉上，使他們也嘗到一點血腥氣和怨氣的滋味。假定您太孱弱了；不敢直接下手，您便可。到五殿閻羅王那裏去喊冤。他貌雖兇惡，但心頗正直。他會派出牛頭馬面，拿鋼叉鐵索，把您的一羣仇人，一個一個的捉來，投向油鍋劍山裏去。這時您的冤既伸，陽世社會的人羣也稍得平復，您接受我的建議吧」。（物証一——四月十三日聯合報）

（乙）關於被告王惕吾部份

查該被告自增公圳分屍案發生以後，逐日連續藉其發行之聯合報發布誹謗自訴人之文字，如全部編集即成巨帙，茲爲便審理起見，爰舉例於左：

（一）該被告身爲聯合報之發行人，竟同意刊載被告徐復觀誹謗自訴人之文字，其係共同犯罪，自不待言。

（二）該報曾謂女屍案係因姦謀殺事件，被害人之姦情被揭破，並知她懷孕後，乃遭妒憤，必欲剪除而後快，劉子玉等就是這種環境中替人替己鑄成大錯（証物二——三月八日該報）

（三）該報復謂增公圳分屍案的被害人，懷有四個月孕；這個未形成的生命，很可能是這件命案的關鍵。四月之孕，正過了安全的墜胎期而到了初步的出懷期；一個未婚或霜居的女人，如果腹中有了「孽種」，到此時期，最爲煩燥、焦急，勢必要找那位無心插柳者，清算「孽債」。這般「債」務極易引起衝突。第一是「她」與「他」的衝突；「他」爲了避免種種麻煩——如錢財的負担、名譽的損害、家庭的糾紛……可能絕情不認賬。第二是「她」與「他」衝突、如果「他」有家室，而太太又是妒婦（處此情況，他恐將有婦皆妒，無婦不潑。）則爲保衛其主權領土獨立完整，不惜與入侵者一戰，倘戰而有傷亡，事後情急，加以滅跡，乃有棄屍圳中之事。是以四月之孕，最易爲其母體招致煩惱、衝突、鬥爭與殺害（物証三——三月十日該報）。

（四）該報復稱孕婦分屍案偵破專案小組，昨日接獲一項女屍姓名的重要綫索，該一可能就是女屍的女子，與劉子玉、陳世有、李家喜及柳宅主人的家屬均熟稔，過去居住台南虎尾陰曆年前始來台北，被某男子住以專車自車站接至某處秘密居住，因怕懷孕事外洩，影響太大，而該女子牌氣也壞，並不聽別人勸解；致遭不測。又聞該女在台未申報戶籍，也無家屬替她報失踪故難以查出女屍之名。專案小組刻正查証此一綫索中（証物四——三月十一日該報）。

（五）該報復稱：包屍體之各物，發現幾片「猶加利」樹葉，那樹葉柳家亦有之，有人不知該樹葉之名，而把他命名爲「柳葉」，問何以故，答謂：「柳家有那種樹葉」，此種特爲牽引附會之筆，無非暗示柳某與凶案有關，遂其栽誣之目的（証物同前）。

（六）該報又傳述哲瑛曾向某單位投案，而且謂係透過前治安首長陶某引去的，更傳說被分屍的哲瑛家中買來的丫頭，或是哲生的第四個姨太太（証物五——三月十四日該報）。

（七）該報又云本案內情正如八日本報所透露者，係一因妒殺害案件，已涉嫌的疑兒等數人係協助行事。死者據說楊文蘭，爲南部一霜婦，與本案男主角結識，懷孕後被携來台北，担任一家委託行的店員。死者性格倔强，寧不計名份；不甘被棄，事洩後爲男主角的太太所不容，幾經談判，願給死者四萬元斬斷孽緣，最初死者不肯，最後討價十萬元，男方却又不肯，於是衝突表面化，死者並曾直闖男家，與男主角的太太發生爭吵，甚至互毆，終於導致殺人分屍慘案的發生。殺害出於意外抑蓄意，尙未獲悉。又據說，本案發生後，兒嫌方面曾致四萬元給死者的關係人，威脅利誘，使其不可出面認屍舉發。（証物六——三月十五日該報）。

（丙）關於被告范鶴言部份

該被告係聯合報社長，持論自應鄭重，乃於三月二十三日以電話警告空軍總部黃褚彪將軍，謂自訴人等罪嫌已經明確，要求空軍方面勿予自訴人以支持，其誹謗行爲，有黃將軍可以傳證。

爲此狀懇

鈞庭垂察賜傳被告等到庭訊問並依刑法第三百一十條第一項第二項判處各該被告應得之罪，則國家社會幸甚，自訴人幸甚！」

警務處才是眞正的誹謗者

海外讀者，因讀自訴狀所列舉的幾段文字之後，一定會覺得聯合報和徐佛觀確有誹謗之嫌。然而台北的一般老百姓無不知道聯合報的那些報導和徐佛觀的那篇文章，都是在「整個社會對分屍案陷入與事實完全相反之誤解」的環境之後才發表的；而導致整個社會陷入此一誤解的，則另有其人。

如所週知，當本案發生之初，警務處曾向報界發佈消息，不但詳述法醫化驗的結果，証明屍包裏面的稻草、石灰、狗毛及死者的血型都與柳宅所發現者相同；而且還說柳宅廚子劉子玉及司機陳世有被扣押後雖未供認，但其供詞的可疑之點甚多，顯見事前已有串通云云。一般人因爲習於我們官官相衛的傳統觀念，都以爲警方必然掌握了極充足事實根據，才會發佈上述於柳宅極爲不利的消息。換言之，即大家都相信柳宅是分屍的現場，這完全是警務處發佈前項消息的所造成的結果。但是警方既認柳宅是分屍的現場，並將柳宅的厨子和司機扣押，而柳少將夫婦則正如徐佛觀所說「竟未一蒙辦案人員的照顧」，怎能不使人懷疑？再加以恰於此時，本案忽然移轉警務司令部繼續偵察，久無結果，原定每天舉行記者招待會報告偵察情形，也改爲不定期。於是，各式各樣的傳說，才愈來愈多。聯合報的那些記載，不過是把街談巷議隨處可聞的種種消息，摘要報導而已。謂之爲「有失慎重」則可；若謂之爲「歪曲報導，整個社會因而陷入與事實完全相反之誤解」，則未免與事實不符。聯合報又何能有此力量。至於徐佛觀的那篇文章，也祗是把一般下女在厨房在菜市所談的感想而筆之於書，而竟被指爲「借題打擊軍譽，侮辱有關公署，甚至惡意譏刺元首」，顯屬小題大做。而且，假如徐文果有如此重大的罪名，政府檢查官又爲何不出來檢舉一番呢？

一般人對控案的感想

平心而論，分屍案發生後，柳少將夫婦的名譽確曾受了很大的損害。於今全案宣告破獲；他們要訴諸法律以求恢復，自係人情之常。但一般人總覺與其控告聯合報和徐佛觀，則不如直接控告警務處，還要來得正本清源，切合實際。因爲假如警務處沒有發佈前項消息，則社會上的許多傳說根本無從發生，報紙上的各種記載也就不會如此了。如今柳少將夫婦却避開發佈「歪曲報導，整個社會因而陷入與事實完全相反之誤解」的始作俑者——警務處，而祗告誤信警方消息的一家民營報紙負責人和私立大學的教書匠，未免太避重就輕捨本務末了。而且，不但柳少將夫婦應該控告警務處；他家的厨子劉子玉和司機陳世有更應該控告警務處，並依據冤獄賠償法要求賠償，因爲他們兩人所受的損害，實比柳夫婦爲甚也。

別開生面的自訴狀

值得注意的，是自訴狀的措詞和命意。狀內除了自述柳少將無辜蒙難四十餘日，因而廢弛軍務，柳夫人不堪精神打擊，數度昏厥，他們的子女遭受同學奚落而外（筆者按：前兩者不知確否，後者當屬事實），還說：「國軍袍澤痛失軍譽，友邦軍民對我將領之人格且欲存疑」……是以一致主張聲討，自訴人等爲了保名譽、平軍憤，以及端正友邦人士之視聽，不得不予追訴，以期改正風氣，而挽既倒之狂瀾」。更於訴狀的最後一段，要求「處各被告應得之罪，則國家社會幸甚」。令人讀了之後，覺得不大像一本私人的自訴狀，而活像一篇官方的檄文或檢查官所提的公訴。在此一訴狀中，柳少將夫婦不但直言他們之所以提出追訴，乃是因爲「軍中將士」和「友邦軍民」都「一致主張聲討」；而且還表明其追訴的目的在於：一、保名譽；二、平軍憤，三、端正友邦人士之視聽，四、改正風氣，五、挽既倒之狂瀾，而總結爲「國家社會幸甚」。可見，本案雖云自訴，而却充滿了公訴的氣息。因此，敏感的人們，多認爲柳少將夫婦之所以突然對聯合報負責人和徐佛觀教授提出追訴，乃是奉命行事的。而發動指揮者，則另有政治上的大慾在焉。

總之，在警務處所發前項消息已深入人心之後，社會上對於分屍案的疑團尙未盡釋。然而善良的心仍相信柳少將夫婦是無辜的；柳宅上下人等因分屍案而受的種種損害，人們極表同情。如今他們賢伉儷既已提起上訴，但願能得到合法合理的公平解決。可是，假如當權者竟企圖利用本案而再興一次文字大獄，那就恐怕不但不是國家社會之幸，也許更不是柳少將夫婦之幸吧？

大陸各地情況不好

毛劉周朱分赴各地參加勞動節

北平勞動節則由董必武陳雲主持

陳一鳴

「五一」勞動節，並非共產黨所有。乃全世界公訂的勞動節。但共產黨人爲了欺騙工人，裝點和僞裝工人階級，於是，若干年以來，無論蘇聯或中共，皆於五月一日這一天，特別故意舉行隆重的慶祝儀式，在蘇聯，自史大林時代起，且照例在五一這一天，用閱兵的方式，來故意誇耀武力。前幾年，中共亦東施效顰，婢學夫人，也學步蘇聯，在北平舉行隆重慶祝與閱兵，而共黨在舉行五一勞動節時，共黨首要照例親臨出席，故每年此日，共黨首要存這一節日中所列名位之有無，及次序，一向反映該等首要在共黨內部地位之得失與升降。自蘇聯至中共，固皆如此也。所以，五一這一天，它所顯示的共黨內部情況殊不偶然。

以今年五一勞動節前後的情況來講：世界乒乓賽方在北平舉行，古巴的戰鬥，也正由開始到暫息，寮國的親共人士前寮國總理富馬及寮共頭子蘇發努萬亦正前往訪問北平。又當此五一勞動節時，毛澤東是絕對應該親自在北平舉行的。但毛澤東却早已離開北平，到東南各省巡遊。他四月一日在武漢，隨後到長沙，又再到南昌，復由南昌到杭州，終於五月一日到上海的一家「上海電機廠」和該廠的職工一齊參加了五一勞動節。對此，據中共新華社上海一日電說：「我國各族人民的偉大領袖毛澤東主席，今天在上海電機廠同職工羣衆一起歡度五一國際勞動節。

「設在閔行新工業區的上海電機廠，今天下午和閔行區的上海汽輪機廠等工廠的職工舉行了慶祝五一國際勞動節大會，參加大會的還有全市各大工廠的二百九十多名先進生產者，老工人和技術人員。

「毛澤東主席由中共中央政治局委員，中共上海市委第一書記柯慶施陪同，來到了慶祝大會的會場。頓時，整個會場歡聲雷動，人們高呼「毛主席萬歲」，毛主席容光煥發，含笑向會場上的工人、技術人員和幹部親切招手，致節日的祝賀。

「上海電機廠黨委副書記閻鈞向大會作了報告，他說：「今天我們偉大的毛主席和我們一起慶祝五一國際勞動節，給了我們極大的鼓舞，是我們巨大的幸福。我們在毛主席身邊慶祝五一，我們眞高與極了」。這時全場又一齊起立長久地熱烈地向毛主席歡呼起來。閻鈞在報告中說：我們全體職工一定要繼續高擧三面紅旗，鼓足幹勁，力爭上游，立即掀起一個轟轟烈烈而又踏踏實實的社會主義勞動競賽，爭取在生產上取得新的勝利」。

毛澤東不在北平主持五一勞動節，而遠遠的出遊在外，自有其不單純的苦衷。但到上海後，亦不參加全上海的五一勞動節典禮，而只偷偷地去參加一個工廠和其它工廠少數職工的勞動節，則其意向非常顯明，誠如該廠黨委書記所說的，乃在鼓動該廠及上海全市的二百九十多名先進生產者的勞動情緒，以挽救毛澤東的三面紅旗。該廠副黨委說「要立即掀起轟轟烈烈而又踏踏實實的社會主義勞動競賽」，可見在此以前，該廠及上海的一般工人俱未轟轟烈烈的掀起該項競賽，或工人們縱然在中共誘迫下不得不表示轟轟烈烈，但也決未踏踏實實，否則，該廠副黨委就不必忽然當着毛澤東的面對工人們提出「要立即掀起」的要求了。

那末，毛澤東又爲什麼不出席全上海各業各界的勞動節，或所有工人的勞動節，而只選擇了一個廠而又要全市的二百多名的先進生產者來參加呢？這道理也很簡單。若毛澤東參加全上海各業各界的勞動節，由於人多品雜，慶祝的形式雖有，鼓勵工人的眞義則無。而其所以使二百九十多個所謂先進生產者到上海電機廠來，一則由於上海方面的共幹對該廠的控制，自信較有把握；而向全市二百九十多先進生產者提出加强勞動，和在勞動中起帶頭作用，實較對人多品雜的所有工人提出加强勞動要求更爲適合的緣故。然就毛澤東這一個好大喜功，一向喜歡舖張的人來看，他今天忽然不去注重形式，轉而注重實際內容，則正可反映實際內容方面實已給予壓力。試想，在今天的大陸上，三年以來，毛澤東所提出的三面紅旗，即：「總路綫」、「大躍進」、「人民公社」俱不斷褪色，不斷失敗，且一年更比一年失敗，甚至展望前途，亦殊黯淡，那末，老毛怎得不出外巡遊？老毛怎能不注重鼓勵生產呢？

由於大陸民心反抗情緒日增，加以經濟生產不但未能大躍進，而且還在大躍退，不只毛澤東不得不出外巡遊，不只毛澤東無法再在北平主持其好大喜功的慶典，就是毛澤東以外的中共首要，包括劉少奇周恩來朱德等人，也不得不分赴各地去視察安撫和鼓勵了。

據中共新華社長沙一日電：「長沙市各界人民三十多萬人今天廣泛舉行集會和聯歡活動，熱烈慶祝五一國際勞動節。中共中央副主席、中華人民共和國主席劉少奇今天在這裏同全市八民一起歡度節日。今天參加慶祝大會的有中共湖南省委第一書記張平化，黨委書記周禮、譚余保、徐啓文、李瑞山、張孟旭，湖南省長程潛，副省長唐生智、周世釗、章伯森，中國人民解放軍湖南駐軍負責人晏福生、楊梅生……。中共湖南省委第一書記張平化在大會上講話。他着重闡述了國民經濟以農業爲基礎、工業支援農業的意義，並且指出了工業戰線上挖掘勞動潛力大力支援農業的重要性。他最後說：大辦農業、大辦糧食是我們當前的中心任務，我們要以大力支援農業的實際行動來紀念今年的五一國際勞動節」。

讀過上述有關劉少奇的消息後，立即發現劉少奇與毛澤東的作法似有不同。毛澤東在上海只參加了少數工人的勞動節，劉少奇却在長沙參加了三十多萬人的廣泛集會。其實，他們的作法並無實質的不同，亦無動機上的不同，只是湖南與上海的基本情況不同，故他們的表現形式稍異而已。上海是工業區，毛澤東意欲從鼓動上海的少數先進生產者着手，故毛澤東在上海只參加少數工人的集會。湖南却不然。湖南不是大工業區，而是有名的農業區，鼓勵農業生產是不能只從少數農民入手的，而必須從廣泛的人數去着手，所以劉少奇便在長沙出席三十多萬人參加的廣泛集會了。

再看毛澤東在上海參加少數工人的勞動節時，中共該廠黨委副書記致詞中，特別針對工人鼓勵社會主義勞動競賽，而湖南省委第一書記張平化當着劉少奇致詞時，完全針對着農民着重農業生產的鼓勵，可知，毛澤東與劉少奇的作法，在形式雖有異，實質與動機則是全無不同的，都旨在鼓勵生產而已。

周恩來到河北新興工業城市——邯鄲市參加五一勞動節，朱德到四川省會成都參加五一勞動節，背景與動機都和毛澤東到上海劉少奇到長沙差不多。而此四人皆今日中共政權之首要，他們不留在北平主持慶典，而風塵僕僕的分往各地，北平則只留着比較不重要的董必武去主持，這都反映今年大陸各地情況不好，他們不得不分赴各地去安撫和鼓勵。

對於五一勞動節，中共與蘇聯一樣，往年一向是要在莫斯科與北平分別舖張一番，而且照例要利用閱兵來耀武揚威一番的。但若以今年的北平來與今年的莫斯科相比，莫斯科正當太空人加加林發射之後，赫魯曉夫志得意滿，喜氣揚揚，北平則顯得一片凄涼，不但毛劉周朱四巨頭不得不遠離北平，甚至年年照例應有的閱兵式，今年也未在北平出現了。當然，這也幷不奇怪，大陸人民普遍飢餓，以吃野草爲生，北平還有何武可耀？有何威可揚？假如一定要舉行閱兵式的話，那就不如乾脆對一羣一羣的飢民舉行檢閱吧！

印度清醒了麼？

車可法

印度當局是向以圓滑的手法和中共「親善」見稱；尼赫魯的小丑把戲是要得相當有聲有色的，他曾大力向中共討好，並以言論和行動支持中共入聯合國，雖然迄未成功，但他已極盡「大力進行」之能事。

然而，印度所獲得的果報怎樣？

中共對印度的「親善」，不特不感領「盛情」，而且在「邊境問題」上，反而增强了對印度的威脅；自「解放軍」大舉入藏之後，還佈置了對印度包圍的形勢。這種以武力來對付「親善」的行動，於是立刻引起印度當局寢食難安，並反映出印度當局已日趨於尷尬。

關於「邊境問題」，印度現已知道和中共談判是無法解決的了；於是印度政府最近就發表了一項詳述以往六個月來和中共商談「邊境糾紛」的報告書，並運用了很巧妙的詞句來替印度政府的立場作辯護。印度政府這一措施，就更顯露了它目前的困擾和焦灼，陷入極度不安的狀態中。

印度政府，曾指責中共非法佔領克什米爾之拉達克境之印度領土約一二，○○○方英里。總統拉沙德亦曾在國會中公開指出「北京頑固」。這是印度當局最近對中共的一種反感；但它還未領悟到中共是企圖把「邊境糾紛」來將印度牽入冷戰的漩渦，而且藉此來擴大印度和巴基斯坦間的裂痕。——這正是中共奉行國際共產黨所派給的任務；國際共產黨是要把勢力伸張到世界每一角落去的；這正是他們伸張勢力計劃的一部份。

此外，中共也是企圖擴張勢力的，於是它便向印度要求收回現屬印度領土的土地共五萬方英里，同時也不承認印度與錫金、不丹所訂的條約有效（因為錫金是印度的保護國，不丹的外交和國防則歸印度控制），由此可見中共對印度是存有很大的野心，其目的顯係為着要打擊印度在亞洲的聲望和地位，藉此來助長印共的聲勢和實力。到了印共的聲勢和實力增强了後，那時印度政府當局的煩擾也就更多更大；中共之對印度，將又轉換了一副更險惡的面孔，使出了一記更毒辣的殺手鐧。

中共囊括了西藏後，除開闢現代化公路後，還計劃移民一千萬到藏境；當然，印度北邊的新月形地帶所受中共的壓力是將與日俱增了。中共將來由西藏派兵進入岳拉達克地區，是一件輕而易舉的事，而印度由內地出兵前往抵抗，却是相當的困難；這點，印度當局是會憂慮得到而且觀察得很清楚的。那時，印度將如何遏止中共的向南擴張勢力？加以這一態度，將不是單純印度的問題，更且將關連到整個自由世界的局面了！西方的政治觀察家曾這樣的說過：誰控制了西藏，誰就控制到喜馬拉雅山；誰控制了喜馬拉雅山，誰就威脅到印度；誰威脅到印度，誰就可以對整個亞洲惟所欲為。——這嚴重的說法，係屬實情，而決不是危言聳聽的「杞人」空談。

不過，在目前的國際環境下，中共還暫時不會對印度使用武力的；至於伸張潛勢力入印，和加速助長印共發展，則現在業已在實行中了。

印度的新聞界，頭腦較為清醒，眼光也較為超卓，最近，他們在言論上都已一致指出：中共拿起在一九五五年萬隆會議時所通過的「五項和平共存原則」來愚惑印度，既是一種烟幕，同時也是一項陰謀。中共的所作所為，已一再給印度人民看清楚：亞洲各國已再不能用「中立」的幌子來自保了。

那末，印度清醒了麼？

最近，一向「親共」的印度國防部長梅農，也開始嚴厲地攻擊中共了！梅農說：中共在「邊界問題」上的態度，已使人對整個「和平共存」的觀念，有了很大的懷疑和憂慮。他說：中共已露出了對印度的野心。他還說：中共「蹂躪」了印度的友誼。他更老實不客氣地向中共指責：中共「侵入印度領土」，目的在乎協助印度的「反動份子」！印度的內政部長彭德則謂：中共在多年來，已一直對印度作「間諜性」的偵查，「地工網」遍佈全印各地。

從他們這些言論中，可知印度確已深切感覺到中共是「一頭不能親善的野狠」；更已體念到中共的猙獰可怕，而且看透了中共的「地工」魔手在印境所幹出對印度心懷不軌的行動，明白了中共在國際共產黨的指揮下，確是對印度以及對整個亞洲，都有了很大的陰謀。因此，他們便開始向中共提出再不保留「親友」的反擊。

然而，整個印度政府都清醒了麼？

要替這個問題找答案，那就還要再看尼赫魯今後對中共的「表情」。

緬甸和中共「親善」的惡果

沙寬

宇努自給周恩來大力說服了後，緬甸和中共「邊界協定」是簽訂了；據說，緬甸和中共因此便揚溢着「親善」的氣氛。在這「親善」的氣氛中，緬是從中共手上，獲得了一大片從中華民國國土上割給她的土地，和一大筆貸款，同時並得到蘇聯答允賒購一大批軍火；這從表面上看，緬甸是佔着優厚利益的。然而，後果却不堪想象！

中共為什麼要低頭下氣去換取緬甸的「親善」？是不是單純為求緬甸協力來解決邊境上的反共游擊隊？

不，決不！野心的中共，決不會僅僅為着獲這區區的「方便」而付出偌大的代價！

我們還記得，周恩來率領「代表團」訪緬時，那「代表團」的組織，是相當龐大的，它包括了中共軍的「總參謀長」羅瑞卿，「副總參謀長」張愛萍，「雲南軍區司令」秦基偉；顯然，他們決不是普通的訪問。迨至和緬甸簽訂「聯合進攻反共游擊隊」的協定之後，中共軍的三十九、四十一、一零七、一零九等四個師，約五萬餘武裝部隊，便浩浩蕩蕩的開入緬境，這很顯明地露出，中共這龐大的軍事力量的入緬，當然不祇單為着進攻反共游擊隊。

中共是懷有很險毒陰謀的，可是緬甸却懵然上當了！

緬甸竟然被中共的一些「利益」衝昏了腦袋，使中共換來了「進攻反共游擊隊」的藉口，把軍事力量大舉入緬；而這大批武裝部隊在緬的部署，是經過他們的「正副參謀長」親臨緬境視察後才作出有計劃的行動的，他們開入了緬境之後，便迅即在各重要據點上建立起堅強的陣地，同時又派出無數「便衣地下部隊」潛到緬甸的腹地，控制着緬甸的心臟。此外，中共又覬準了目前緬甸政府中在政治上的主要人物是宇努，在軍事上的主要人物是奈温，於是先把這兩人拉緊，作為替它實施陰謀的工具。果然，宇努和奈温都受到中共利用了；宇努已開始排除政府中的反共人員，奈温也在軍隊中進行全部的人事調整，把中共所認為「障碍」的人物，全部剷除。還有，中共的「經濟專家小組」也將派到緬甸去。這一來，緬甸的軍事、政治、經濟，便都將操縱在中共的手裏。緬甸將終於自食其惡果。

除了緬甸自食其惡果外，更有可慮的，那就是中共利用緬甸來做侵略東南亞的跳板，從此把它的魔手，分別伸到泰國，寮國，高棉，南越。大道社業經指出：中共將藉着緬甸這據點，擴展實力到印度支那半島（南越）去。誠然，中共這種行動是必然的，它將和北越的越盟黨軍事力量協同，內外夾攻南越。到了那時，東南亞的局勢，將更難收拾了。

廣州主婦們的技巧

·邢綺·

廣州惠愛東路一帶，有不少「服裝修改檔」，是由家庭主婦們經營的；她們在幹好了家庭裏的工作之後，就跑到檔上去，親力親為，担當起修補和改製的針黹。據說：她們憑着靈活的頭腦，精巧的手工，能够把一條陳舊的男子西裝長褲，改裝成拉鏈衫，或是小孩子的整套恤衫短褲；又能把成年男子的長衫，改製成「解放裝」，還有餘剩的布塊，用來製成手巾仔；此外，汗衫可改製乳罩，背心可改製三角褲；總之，種種式式，花樣繁多，都是由她們的「窮則變、變則通」的心思和技巧改製出來；她們的技術，真了不起。

除了服裝可以修改之外，皮鞋皮包的改製，也大行其道；主婦們對這項工作，也有不少表現得很出色，她們不特能把大的皮鞋改小，窄的皮鞋加濶，舊的皮鞋翻新；而且還能把一個陳舊的皮公事包，改製成幾雙「衛生鞋」。

在今日七窮八絕的廣州市中，任何一個老百姓，都是久矣乎難得縫製一件新衣，購置一對新鞋；這些修改檔的「應運而生」，自屬意中事。而這些修改檔，也充份顯示出在中共暴政統治下的都市寒酸相；所謂「窮人大翻身」也者，無疑地是翻墮於更窮更慘的深坑！

但無論如何，主婦們「應付窮困」的技巧，是值得贊揚的。

僑鄉近訊

新會農民搶救水庫死傷十三人

·江水·

由四月十九至廿二，一連下了四天大雨之後，粵省部份地區開始泛濫了！據共方的宣佈，兩陽和汕尾等地，雨量達三百毫米以上，開平則達二百毫米以上，恩平、江門、和新興等地，也逾一百五十毫米，廣州和珠江三角洲地區，則在一百毫米至百五毫米間；因此，引起了西、北江支流的桂江，柳江，和漠陽江，均急劇上漲，出現了洪水。新會縣內，已有四十八萬多畝早稻和十二萬畝雜粮作物，遭洪水淹沒；高鶴縣方面，也有廿多萬畝稻田和四萬多畝雜粮作物，被水冲毀；恩平和陽春，都發生過山洪暴發冲毀農田的災禍。上述各縣，均緊張地進行抗洪搶救的工作。據新會縣消息：縣裏有個水庫，因水位暴漲而險象環生，共幹立刻驅迫百餘農民冒險搶救；結果，水庫是被搶救好了，但農民因此而被淹死的有兩人，失足滑倒而跌到頭崩額裂的共達十一人。農民怨聲震天，對共幹此種草菅人民生命的奴役，一致表示憤恨，刻已形成一股公開抗暴的怒潮。

湖南共幹公開盜賣公糧

湘省「夏塘公社」粮倉管理員，四月五日被鄉民告發監守自盜，指他由去年八月至今年三月，先後盜賣粮食共五千餘斤。「主委」據報，即裝模作樣，進行清查追究，但歷時七日，迄無下文，鄉民譁然，乃於十六日午間，糾合鄉民六十餘人，湧進公社向「主委」提出質問，「主委」依然支吾以對，鄉民氣憤之餘，幾與「主委」發生衝突，後卒為其他共幹勸息，並答允將該管倉員撤換，至於該案如何了結？則仍沒有下文。事後鄉民獲悉，該管倉人業已勾通了「主委」，故得以「平安無事」；果然，這一宗舞弊案，從此便告石沉大海。據湘籍旅港僑胞最近所獲消息：在嚴重粮荒情況下，共幹盜賣粮食已成普遍現象；他們將盜得的粮食投入黑市市塲，高價售出，故黑市買賣，目前已變成公開秘密，而他們的互相串謀，上下勾結，貪汚之風，也已越來越顯得猖獗。

月眉山的故事

黃信男

「月眉！在想甚麼？」

「沒有呀！」

他把手伸過去，輕輕的握着了她的。

他們並靠着坐在山頂的草地上，微風吹動了她額角的秀髮，夜空遼濶，但離愁和別緒却抑壓着兩顆少年的心，他們只是緊緊的依偎着，靜靜的傾聽着心房的跳動。

「我走了！妳會難過嗎？」

女的把低下去的頭，點了點，把身子更挨近他。

「我很快就會回來的。」

女的抬起頭來，深深的望着他，那一對靈活的眸子，顯得很亮，很大。

「我幫着阿爸把店裏的事料理完了就回來。」他正對着她的面，輕搖着她那小巧的肩說：「月眉！妳……妳會等我回來嗎？」

她眼裏閃着動人的光彩，點了一下頭，就不勝嬌羞的又將頭俯下去。

他托起她的顎，她臉上泛起了一層薄薄的紅。

「月眉！我走了，妳會去嫁給阿牛嗎？」

「我怎麼會！」她急忙的說，臉更紅。

「妳阿媽要妳嫁呢？」

「我不嫁。」

「真的！那太好了！」他攬着她細細的纖腰說：「等我一回來，就託人來向妳媽說親。」

她順勢躺在他的懷裡，玩弄着他胸前的一枚鈕扣：

「那你什麼時候回來呢？」

「店裏的事一完，我就回來，最遲是明年這個時候。」

「我一定等着你，義郎，你到了日本，可要守着信約噢！」她仰起臉對他說。

「妳放心，一到日本，我就先對阿爸說起我們的婚事，好不好！」他捧起她那張白嫩的臉龐，月光正好洒在她臉上。

「就怕你阿爸不答應。」

「不是的，怕的是我回來妳却嫁人了。」

「義郎！我一定等你，我的心就像這山一樣的堅定。」她坐了起來，用手掠了掠那頭長長的柔髮。

「月眉！妳太好了！」

「只要妳永遠不會忘記我。」

「我的心也像這山一樣的堅定。」

初夏的野花開遍了全山，到處都瀰漫着一片芬芳。

「你看，月亮多好呀！」她輕輕的推開他。

「啊！月兒彎彎，多像妳的眉呀！」他看看天上那鈎清澈的月，又看看懷裏人兒那雙清秀的眉，他愉悅的笑了。

「月眉！真的，妳的眉，多像今晚的月呀！」

她看着月，笑了。

山上洋溢着青春的歡笑，剛長出綠芽的嫩枝，在晚風中輕盈的飄着。

……

義郎到日本去了，月眉依然住在山脚的木屋中。

月眉家三代都是養女，她很小就來到這個家，現在全戶十餘口，男的在採煤，女的在耕作，在四脚亭靠山這廿餘戶人家中，她們算是生活得比較優裕的一家。

每天，她一早起來，就是清掃猪寮，調拌飼料，早餐後，就和鄰家女孩結伴上山砍柴。

日子，一天天的過去。……

秋天來了！滿山密茂的綠林，漸漸變黃了。

一天，月眉剛從田裏回來，還未跨進門，就聽見內亭阿三婆的聲音在說：

「哎喲！月眉大了，人又美，和阿牛正好是一對，今年他收成好，又蓋了一棟房子。」

「阿牛確是一個好孩子，能嫁他，這是她的命好。」阿母在屋內嘻嘻的說着。

月眉感到一陣昏眩，她硬着心腸走了進去。

「啊！月眉！回來啦！」阿三婆笑笑的叫着她。

「阿婆！妳來呀！」月眉蒼白着臉，低低的招呼了一聲，就走向後房。

自此，她臉上總隱隱的含着一種憂愁，靜靜的不愛多說話了。

以後，阿三婆又來抄去了月眉的生辰八字。

阿母對於嫁女兒條件也非常苛刻，婚事就在拖拖談談中進行着，一直談到了年底。

殘冬臘月，山在朔風的圍繞下呼嘯着，山下人家，却顯得一團熱鬧，他們都喜氣洋洋的在準備歡度舊歲。

月眉的心情多焦急呀！好不容易才盼望到過年，她多希望義郎早點回來呀！

元宵夜，小孩子們正提着燈在山邊相互追逐着，室內，阿母正在向月眉說：

「月眉！阿母對妳好不好？」

「好！」她莫明所以的回答，感到好像有什麼事要來臨般。

「阿母是真疼妳，妳知道不知道！」她乾笑了幾聲，撫着月眉的背說：「妳已經長大了，女孩子長大，總是要嫁人的，阿母十四歲就嫁給妳阿爸了。」

「阿母！我不要嫁！」月眉撒嬌的斜在養母懷裏。

「那怎麼行，傻孩子！女人怎麼能不嫁？」她扶着女兒坐了起來：「妳聽阿母講，阿牛已託三婆來給妳提親事了，阿牛是一個好人，又能做事，家裏又有田地：……。」

「我不要聽，我不要聽，」她用手掩着耳朵喊着：「我不要嫁！」

「妳不要嫁？」阿母板起臉孔說：「妳要學隔壁的秀霞嗎？妳要我像她媽一樣，把妳送到酒家去嗎？」

嚴厲的語氣，冷峻的眼色，使得月眉顫抖了，她又怎麼敢提起她和義郎私訂的終身事來呢？

回到房裡，她把頭埋在被窩裏哭泣着，屋外的狂歡喧鬧，更增添她內心的紛亂和凄寂。

婚事在阿三婆一再的奔走中談妥了，決定在三月送定，八月過門。

月眉夜夜傷心地衷告着上天，讓義郎快些歸來，只要在送定之前趕回來，一定會轉回她的命運的，她一直這樣的想着，望着。

已經是春天了，送聘的日子快到了，義郎也應該快回來了；月眉的心多急呀！有時她在夢中驚叫，有時又高興歡笑。

終於，送定的日子到了，可是，義郎還沒有回來。

月眉幽幽的流着淚，她不敢反抗養母，但她發誓不嫁，一定要等他，他回來了，她會向他解釋，雖然阿母替她定了親，但不是她心意，她是完全屬於他的。

山，也披上了春裝，可是在月眉的眼中，它却是那樣的凄清、冷靜。

義郎到了日本，很快的幫着父親把店裏的業務料理完畢。

他把自己和月眉的婚事，坦白的告訴了父親，老人家很高興的表示了同意，並給了他一筆錢，讓他早點回台灣。

就在這時，甲午戰爭爆發了，戰事宕延了他的船期，但她却給阿牛順利的定了親。

對於彼岸的戀人，義郎有着說不盡的牽掛和懷思，他恨不得插上翅膀，立即飛到愛人的身旁；相思、渴念、苦惱、憂鬱，他沒有一刻在安靜着。

已是整整一年了！

彎月如眉，多像她的眉呀！

他踏着月色，爬上了一個山頭，又爬上了一個山頭，情感在熾烈的激盪着，他站在高山上大聲呼喊：

「月眉，我一定會回來，一定會回到妳身邊！」

他舉頭望眉月，長長的嘆息。……（上）

文壇泥爪

徐志摩與戲劇運動之五

「新青年」時代主張把皮黃劇當作中國古典歌劇完全保存下來的，只有宋春舫一人。「劇刊」諸人中如趙太侔、余上沅全對舊劇加以肯定，不過更主張在內容與藝術方面，都要加以改良。

趙在「國劇」一文中說：

「舊劇的價值自有它特出之點，是不能不承認的。它是不會消滅的。我們也希望他繼續生存發達。不過舊劇在今日，已成了畸形的藝術，也是無可諱言的。舊劇是歌劇，而音樂却異常之單簡，崐劇曲牌雖多，而音調又一律非常之平衍。皮黃雖然抑揚比較大些，變化比較多些，自由些，然而腔調太有限，實不足以表達現代人生繁複的意境和情緒。」

余在「舊戲評價」一文中說：

「舊戲在純粹藝術上究竟得了多少成就，我們不能用數量去估定它。我們所敢斷定的，是它至少有做到純粹藝術的趨向。剛才提到的文人學士，多半又祇知推敲字句，每每忽畧了全劇的主要精神，以致雖有珠玉，却彼此不能呵成一氣，後來每況愈下，舊戲的全體，遂大半不堪寓目；還可以叫人留戀的，剩下來祇有一麟半爪了。要求一齣戲在歌、舞、樂三方面都是盡善盡美，做到一件天衣無縫的有機整體，恐怕簡直是沒有。但因爲它還是有做到這一步的可能，所以我們終於承認了它高貴的價值。」

此外，他們還對舊劇最受人攻擊的圖譜式的表演做過辯護，進一步研究舊劇特有的藝術技巧，像「劇刊」曾連載的俞宗傑的「舊劇之圖畫的鑑賞」一文，就推舉了舊劇表演上的「辨八形」和「分四狀」，前者是：

貴者——威容，正視，聲沉，步重。

富者——歡容，笑眼，彈指，聲緩。

貧者——病容，直眼，抱肩，流涕。

賤者——藹容，邪視，聳肩，行快。

痴者——呆容，吊眼，口張，搖頭。

瘋者——怒容，定眼，啼笑，亂行。

病者——倦容，淚眼，口喘，身顫。

醉者——困容，糢眼，身軟，脚硬。

後者是：

喜者——搖頭爲要，俊眼，笑容，聲懽。

怒者——怒目爲要，皺鼻，挺胸，聲恨。

哀者——淚眼爲要，頓足，呆容，聲悲。

驚者——開口爲要，顏赤，身戰，聲竭。

這當然不是外行人所能道出隻字來的了。

辛亥革命史談（二）

舜生

（二）在太平天國一役未結束以前，中間還夾着英法聯軍的一幕（一八五六──一八六〇），清咸豐帝奕詝之出奔熱河並死在熱河，即因英法攻入天津北京之故。等到這兩件大事──英法入侵與太平天國──先後告了一個段落，情況似乎是畧見好轉，而且當時居然還有所謂「同治中興」的這一說法；可是一按其內容，則可看出自同治元年迄光緒十年這個二十三年之間，實際只是由一個危險時期進入一個更危險時期的過渡階段，換言之，凡光緒十年以後層出不窮的險惡現象，便已都在前這二十幾年種下了因子：一、咸豐帝死了以後，他唯一的兒子同治帝載淳便做了皇帝，可是他僅僅只是一個六歲的小孩，慈禧「母以子貴」，乃與慈安共同造成一個垂簾聽政之局，這算是開了有清一代一個惡例；自此以後，經過同治光緒兩朝共四十七年，清廷的政權，實際掌握於慈禧之手，而慈禧的貪狠愚昧，乃為促成清室滅亡之禍首罪魁。二、儘管太平天國卒被清廷顛覆，可是北方還有捻亂，西北與西南還有回亂，其時間經過十餘年之久，仍在繼續用兵，人民並未得到真正的休息。三、同治以後，當時的所謂「中興名臣」如曾、左、李等，已使中國進入了一個辦理「洋務」等的時期；其時的日本，已開始了以政治改革為重點的明治維新（明治元年即同治七年），而中國的「洋務運動」，則僅以軍事為主，與政治的改進無涉，而且沒有感到有政治改革的必要。這一「洋務運動」延續了三十年之久，一直到甲午對日戰敗，才宣告破產。四、在同治一代及光緒初年，宮廷中除慈禧外還有一個慈安，軍機大臣中也還有奕訢（恭親王）文祥等，慈安比慈禧正派，奕訢文祥也還知大體，慈禧不能無所顧忌，同治八年，慈禧一個寵信的太監安得海，以慈安奕訢等的決定而在山東被殺，她不敢公然反抗，便可看出她顧忌的一斑。到光緒七年，慈安被她毒死了；光緒十年，奕訢李鴻藻翁同龢等也被逐出軍機；代之而起者乃為世鐸、張之萬，孫毓汶等等，而緊要事件且須與奕譞（醇親王，光緒帝的老子，慈禧的妹婿）商辦。惲毓鼎說：「辛巳後，土木游宴之風始盛」，辛巳即慈安逝世之年，亦即慈禧獨掌大權的開始，而太監李蓮英，也就成了炙手可熱的人物，而為貪污腐化的象徵了。五、慈禧與她親生的兒子同治帝載淳，關係已經不好；與光緒帝載湉的關係乃更趨於惡化；他們母子間惡感之所以產生，慈禧干涉兒子的婚姻問題，實為主要原因之一，同治帝不愛慈禧所賞識的富察氏（慧妃），而偏接近慈安所賞識的阿魯特氏（嘉順皇后），光緒帝不愛慈禧的內姪女葉赫那拉氏（慈禧的老弟桂祥之女，即宣統年間的隆裕太后），而偏愛他他拉氏姊妹（即瑾妃與珍妃），這是慈禧所最感不快的。本來，在甲午戊戌以前，光緒帝在名義上是早已親政的，但慈禧還是要一切包攬，如乙未馬關和約的簽字，次年中俄密約的成立，戊戌維新的橫遭破壞，而造成她自己的再出聽政，乃至己亥的建立大阿哥，庚子的獎勵拳匪排外，何一不是起因於慈禧與光緒帝間的爭權？質言之，何一不是肇端於他們母子間的嫌隙？以國家的大政，而牽涉到了統治者家庭間的糾紛，結果當然不鬧到亡國敗家不止。六、至於同光間的士大夫以及一般的知識分子，實際也糜爛不堪；下焉者，不過專心於八股試帖的鑽研，斤斤於科舉的得失；上焉者，也不過搜羅一點字畫古董，留意一點金石碑版，寫寫字，做做詩，聽聽戲，捧捧相公，玩玩女人：「宗室八旗名士草，江山九姓美人麻」，這是當時學使寶廷（宗室）的故事；竹坡攜帶一個著名妓女作姨太太，到外國去充公使夫人，這便是狀元洪鈞（文卿，江蘇吳縣）的故事；更虛憍一點的乃至羨慕曾左以書生封侯，居然去參加對外作戰，在光緒十年的中法之役，則以張佩綸（幼樵，直隸豐潤）為代表；光緒二十年的中日之役，則以吳大澂（愙齋，江蘇吳縣）為代表；像這類的人，在當時特多到不可勝數，大抵都是所謂名士達官，甚至負有一時的清望；至於國家究竟到了一個怎樣的時代，要如何才足以自存，他們卻素未留意。等到戊戌維新運動起來以後，眞正予以贊助者，其人數寥寥可數，而反對者則滔滔皆是，因此這一次的改革乃完全歸於失敗。七、清末的貪污腐化，是愈演進到最後而愈有增加的：庚子在西安建立行在政府，李蓮英之招權納賄如故，慈禧本人之死要錢，如故；光緒三十二年，因準備立憲而改革官制，是年九月改組政府，奕劻仍為軍機首班，他的兒子載振便做了農工商部尚書，段芝貴以十萬元購歌妓楊翠喜獻載振，以取得黑龍江巡撫，為輿論所攻擊，為御史趙啓霖所彈劾，便是這個時候最有名的貪污案件。等到三十四年慈禧死了，載灃攝政，他所最注意的，仍在收攬軍權與財權，除他自己實際上做了海陸軍大元帥以外，他的兩個親兄弟，載濤做了參謀總長（當時叫做軍諮大臣），載洵便掌握着海軍。宣統三年三月，正式成立所謂新內閣，除奕劻依然担任內閣總理大臣外，載灃的聯襟載澤乃做了財政大臣（當時叫度支大臣），貪污有名的盛宣懷，則做了郵傳大臣，而貝勒載洵乃以海軍大臣的名義出現。當時這個內閣共有大臣十三名，而滿人佔了八個，八個滿人中，皇族又佔了五個，叔姪、兄弟、親戚同掌大權，由腐化更趨於惡化，於是乎革命已到達瓜熟蒂落的階段，這個朝代不亡，便算沒有天理了。（待續）

析支列傳（一五）

亮之譯註

45 然而歐羅巴之邊界，亦殊不十分明瞭；雖就長度言，必伸展至其他二大區域無疑，而實無人能明言其或東或北究環以何一海洋者焉。即以余論，以婦女之名名地固所在多有，而余實不知此三大區域所以命名之故。余既不知埃及人之以尼羅，柯爾琴人之以佛西斯（或其他如妙諦斯之泰拉斯，西美倫渡口等）名其邊界之原因（註一）；亦不能說明孰為此三大區域之命名者或其取義之安在。據一般希臘之傳說，利比亞乃其地一土著婦人之名，亞細亞乃普羅米撒（Prometheus）（註二）之妻之名。而呂底亞人（Lydians）則謂亞細亞之得名，初非因普羅米撒之妻，實由柯提（Cotys）之子孟理（Manes）之孫亞細斯（Asies）而來；孟理並嘗以之名沙爾底（Sardis）（註三）之亞細斯族云。至於歐羅巴，且無人敢斷言其是否曾環海洋；更無論其名之何所取義與夫伊誰名之者矣。否則，唯有承認所謂歐羅巴乃因「泰壘人歐羅披（Tyrian Europe）」之名而名，前乎彼者乃無名號一如他洲耳，顧歐羅披者，實一亞細亞人；從未涉足今日希臘人士所謂之歐羅巴，僅嘗一度由腓尼西亞至克里特（Crete）（註四），及由克里特至呂西亞（Lycia）而已。對此問題，吾人且止於是。吾人將更據此等約定俗成之名詞而繼續使用之。

（註一）原註：「最早之希臘地理學家僅分劃世界為二，即歐羅巴與亞細亞是；其後彼等始括入利比亞。」

（註二）普羅米撒（Prometheus）：依希臘神話乃半神半人之人物。以竊天火授之世人獲譴；宙斯（Zeus）縶之高加索山，日遣一鷲啄其臟腑以苦之云。

（註三）沙爾底（Sardis）：小亞細亞之古城。

（註四）即今日地中海之克里特（Crete）島。

友人以秋節江樓雅集詩寄示慨然有作

——亦園

一時羣彥集江湄。南渡無家賸有詩。明月當尊秋浩浩。清霜凝鬢夜遲遲。新亭淚盡孤臣老。故壘巢傾遠客悲。十載兵塵滿華夏。吟邊豈易問歸期。

友人以海角雜咏詩屬刪爰賡其意報之

——亦園

一角滄江寄此身。水鷗雲鶴共相親。執戈志士烟波老。愧聽人間說避秦。

亂離身世等飄蓬。昨日西陲今日東。十載行踪遍萬國。此生漫說不英雄。

賸水殘山有所思。新亭淚盡幾人知。十年家國胡塵裏。一客天涯兩鬢絲。

苛政新朝忽細論。中原處處有冤魂。蒼天已死黃天立。萬里無人晝掩門。

補天志願未全消。老去狂奴氣尚驕。準備金弓三十萬。錢塘江上射秋潮。

本刊已經香港政府登記

每逢星期五出版

聯合評論

週刊

United Voice Weekly

第一四二號

總代理：友聯發行公司　售價每份港幣一毫

本報美洲版總經售處美國紐約中美出版社

CHINESE-AMERICAN PRESS, INC

199 CANAL STREET.,

NEW YORK13 N. Y. U.S.A.

美洲航空版每份零售美金一角

因美國詹遜副總統東來 畧談反共的攻勢政策

李璜

美國副總統詹遜此次到遠東來訪問共禍邊沿的幾個國家，跑得很快；一國只留一日，會議兩次，講演兩次，立即起飛，又是一國！其實，一位副總統不像總統與國務卿有日常緊急事件的處理，外來走走，大可以不必如是忙法！應該趁機會得點深刻印象與見解的。不過，此次詹遜副總統之來，照他動身時及他在菲律賓所說：他乃是來表示一下美國保証自由的決心及與盟邦共同防衛的態度，只與盟邦當局談談支援方面的原則，所以不用費去更多時間。因此，我感覺到自由中國朝野所顧慮的，詹遜要來勸誘台北當局承認外蒙古加入聯合國等等問題，這位匆匆來去的忙人是不會提出這種夾雜不清的問題來的。——詹遜無非來向中菲越泰等國家朝野打打氣，許許願，談談反共辦法的原則而已！

這是表示美國新政府有幹勁，一如甘迺廸總統上台以來對其國人所表示的強項態度，這種態度總是爲我們愛好自由而反共的人們所歡迎的。但是，要說到反共辦法的原則，則美國一向所取的守勢政策，則大有研究之必要！因爲對於國際共產黨的那種永遠不休不斷的向自由世界的進攻，無論「冷戰」或「熱戰」，他們的「退一步進兩步」，或者「假退眞進」，或者「聲東擊西」，或者「四處放火」……等等都足以使我們反共的國家與人民隨時有「防不勝防，守無可守」之事實感受與存亡恐懼的。故我認爲反共政策是無法採取守勢的政略戰略原則的。這並不是一個空論，而欲以此空論去想改變美國的反共辦法，這乃是據以往的許多事實經驗，種種失敗教訓告訴我們，凡以往對共黨去採取守勢的國家與人民，未有不失敗的：中華民國固失敗得很慘；而美國在韓戰後期，在日本處理，在俄共的「微笑政策」中，在近年共黨的和平共存的攻勢裡，杜魯門與艾森豪政府也應該承認是對共守勢政策失敗了！——失敗而今已到了後門口的古巴發生問題，門羅主義大爲動搖，因此我認爲美國的反共辦法的原則應該是根本改變的時候了！

何以美國前任政府及今日尚居要津的美國謀士會相信反共的守勢政策總有效果呢？這中間，有兩個心理因素：一是認爲只要落後地區的人民吃飽了，安居樂業了，甚至於生活繁榮了，就足以防止共禍發展了。（像美國人的生活情狀，就不怕共黨來煽動，這是「美國之音」屢說而不一說的。）二是對共鬥爭，去採取攻勢，就會引起原子大戰，這要全世界同歸於盡，萬不可以輕於嘗試的。（這也是美國主張對共綏靖，或遇事後退的謀士們所常時形諸筆墨，見於報紙的。）

我並不否認這兩個見地有其理由，然而照我的實驗主義的看法，用我的三十多年來的經驗，一件一件事變的歸納下來的結論是：一、人民吃飽了，……就不會爲共黨所煽動，滲透，與攫取其權力，這是不確實的，至少這只有三分之一的理由。就拿我們中國來作一例，共產黨之公開進入中國，在一九二四，是不是先煽動了吃不飽的中國人呢？再以韓國，越南來作例，在事實上完全是自由世界把北韓北越拋棄了，劃出三八綫與一七線來採取守勢了，這又怎能推說是北韓北越人民沒有吃飽的原故！？固然美國人花錢貼米，來幫助落後國家建設，使當地人民生活水準提高，教育程度增進，這成績是不可無視的，這是要發生反共影響的，然而這種長期守勢的艱苦工作，對於反共的貢獻，只有三分之一有效；還有三分之二，不但無效，反要生出危險。這又何以故？第一，因爲遠東落後國家，無可諱言的，其政府大都是貴族政治。貴族政治之於建設上，不但難於與美國的民主作風相配合，而且更難與其民衆生活打成一片。於是美國人不來幫忙還好點，一來幫忙，則只有引起落後國家的政府既與好心來幫忙的美國人隨時發生磨擦，而同時又以其人民一且與美國人及其思想相接近爲罪惡；大施懲誡。因爲貴族政治是不將他的人民作爲平等看待的；或甚至當作兒童看待，不願意他們去亂學鄰居人的「壞樣子」的。這一來，美援反成了反共的落後國家的政府與人民上下不能合作的根源，其勢必終爲陰謀狡詐的共黨所乘無疑！

其次，如果說，美國政府及其人民都十分相信，對遠東落後國家，採取守勢，加強建設，令人民生活提高；就可以堅強的對抗共黨了；那嗎：國際共產黨就會坐在那裡不動，等候美國去這樣做嗎？因此，美國政府及其民間報紙愈宜稱其這樣的守勢政策，而國際共黨，特別是中共愈要着急的去採取攻勢；因此對南韓、對印度、對緬甸、對寮國、對高棉、對南越；以至對非洲新興諸黑人國家，乃毫不休止的雙管齊下，五管齊下去用盡軍事、政治、經濟等，或明來，或暗來的進攻方式，總得要使美國無法達到守勢的建設而穩定住這些落後國家！

有了以上內憂外患兩個根本原因存在着且發展着，所以美國十年以來，用力甚勤，總想在東南亞、東北亞等太平洋地區中以落後國家作根據，而建立起一個反共的堅強壁壘來，而乃事與願違，老是建不起來，老是爲中共所攻破；攻破一點，美國便後退一點，……目前寮國的壁壘又已突破，退而宣言不再放棄南越南了！

因是，如果美國政府還是想領導自由世界反抗共黨侵畧，則至少對於亞洲的反抗中共，甘廼廸總統的「新境界」裡，必須加強反共的攻勢政策；所請攻勢政策，即於經濟計劃之外，還要注重軍事計劃，明白言之，要向中共作戰！

說到向中共作戰，美國人不要害怕！第一，我們不贊成美國出兵來作戰，因爲要美國人來勞師遠征，這是不合算的，而且是無濟於事的；第二，亞洲已被國際共產黨侵畧的國家及其人民去反攻共黨以恢復其領土，這種內部鬥爭是不會引起原子戰爭的。（在這第二點上，如果美國人不信，我再加上一句話，就是美國人且不肯爲韓國軍事統一而去冒原子戰爭的危險，蘇俄又豈肯爲中共的損失權力而竟會冒原子戰爭的危險嗎？）因此，美國今日唯一有效的保証亞洲國家及人民自由的方法，只有採取反共的攻勢政策，鼓勵中、韓、越、等國去對中共作戰，而暗中積極的予以支援。美國如能這樣的採取積極攻勢策畧，則在這樣的美援之下，亞洲落後國家的政府與其人民間的矛盾及與美國人的矛盾皆可以一且化爲統一，而共同向中共進攻，一力作戰；否則照以往美國的守勢反共，則徒引起亞洲接受美援的國家內部既不和，而且對美惡感，只有日益加深，美國人又何苦來哉！

五〇、五、一四

閒話一則 答復美國一位關心大陸災情的僑胞

左舜生

據中共說，大陸人口是六億五千萬。中共任何一個數字都不可靠，這個人口數字當然也是有問題的。不過話得說回頭，說中國大陸人口之多是在世界任何一個區域以上而佔着第一位，這一點大家是可以相信的。

中共標榜「爲人民服務」；不錯，他們是在「爲人民服務」，而且是在世界一個人口最多的地區「爲人民服務」：他們組織人民，管理人民，凡人民的吃飯，穿衣，遷徙，走路，生孩子；養孩子，教育孩子，乃至人民如何求得一種知識或技能；如何去找工作，如何去動腦筋，一直到一個人的死，大致無一不在他們「服務」的範圍以內。

我們知道，若干年以來，中共對於人民的一切日常用品是一直執行着一種嚴格的分配制，換言之，即每人可能購得的數量是有一定的限制的。好比每一個月，每一個人，米多少，或麵粉多少，布多少，油多少，糖多少，每月能吃幾次肉或魚，分量多少，乃至每年穿鞋子多少雙，每月抽紙烟多少支，……都有規定。本來，民國三十四年丁玲在延安便告訴過我：他們每月月經用紙多少，作家領稿紙多少，也都有一定的配額，中共現在仍推行着這種大同小異的制度，大致是事實。不過這種定量分配的方法，隨區域有不同，大人小人有不同，從事工作者的類別有不同，決不是一致的辦法就是了。

我有一個親戚的女孩子，當大陸淪陷時，她只有十一二歲，她們是母女三人住在廣州，過了幾時，姐姐嫁了，嫁的是一個共幹。母親多年害病，不久便死了，死得很慘，窮，病，無營養，無醫藥，天天發愁，越發愁病也就越重，死，總算是一了百了。再過幾年，這個小女孩也成了人，又嫁了，還是嫁的一個共幹。當時我們聽了這個消息，都爲她高興，因爲無依無靠，教育也受得不多，也就只有嫁人一條出路，好在嫁的是一個共幹，總還可以騎在人民頭上有碗飯吃，豈不很好？果然，自從她嫁了以後，便有兩三年不會來信，我們以爲她還活得不錯。

可是最近信來了，寄給她在香港的一個姨媽，一張薄薄的紙，用鋼筆兩面寫，這一面透到那一面，看不清；字也寫得鬼眉鬼眼，連簡筆帶別字。大致說，他們每人每月只有二兩油，每月平均一尺五寸布，包括毛巾在內，如果每年要用兩條毛巾，每年的一丈八尺布便要扣去幾尺，實在派不了什麽用塲。她還說，知道姨媽手頭也不寬，但無論如何請寄點東西給他們，最要緊的是猪油，紅豆，糖，或小瓶的糖精，……要用兩磅的小包直接寄，不要委托商店用大包寄，每一小包都請用毛巾包裹，另用一小塊白布寫收件地址，縫在毛巾面上。……這封信的末尾另附了南洋某處的一個通信地址，說她的公公（即她的丈夫某共幹的父親）在那裡做生意，有錢，請姨媽寫信去，要她的公公寄點錢到香港，就存在姨媽手中，按月替他們寄東西，千萬不要寄錢，錢沒有用，尤其不要她的公公從南洋直接寄錢給他們。……

從這封信，我們可了解幾點情況：共幹如此，其他的小百姓可知；廣州如此，其他偏僻的地方可知；叮囑不要從南洋直接寄錢，這裏面可能另有文章，他們很怕；聽說近來委托商店用大包寄出的東西，品質不一定好，例如花生米，由寄件者直接寄，可選擇大顆的，商店寄的，便往往是小顆，而且裏面有壞的。

我現在教書的地方，對面便是郵局，我常常順便去買郵票，或者發一兩封掛號信，每次總是碰着寄小包的人在那裡擺長龍，上課前我沒有時間，下課後我要休息，參加長龍簡直不可能，因此使我大傷腦筋。可是我每次總留意看那些包裹，大包擺在櫃柏外邊地上，等待裝車；小包堆積在櫃柏上，或櫃柏外其他的柏子上，無數，十之八九都是用毛巾包裹的！

中共「爲人民服務」還不夠，現在累到海外的僑胞也要爲他們幫忙，這種濫費人力，濫費金錢的工作，究竟要繼續到什麼時候？

從前戰國時代有一位不大聰明的國王，他對孟軻老先生說：「我確實是很熱心「爲人民服務」的，好比甲地遇着了凶年，我便把老百姓搬到乙地，同時還把粮食運到甲地；等到乙地有了災荒，我同樣把乙地的老百姓搬出去，把別處的糧食運到乙地來；我確實費了不少氣力，好像老百姓對我並不感激，這是啥子道理？」孟老先生對他說：「您應該從政治和經濟上去想辦法啊！老百姓是最懂得自己去安排自己的生活的，根本用不着您操心。您現在把人民的糧食都給您的那班「狗彘」吃完了，您從不檢討檢討，等到人民餓死了，您又不用全力拯災，還說怪不得您，只怪年歲不好，像您這樣不負責任，人民瘡恨您還來不及，您還希望他們感激？」毛澤東，難道您不知道這個故事嗎？

論中共內部的叛變問題

劉裕畧

中共統治大陸以後，有些思想糊塗的人，認為毛澤東眞是了不得。他們說，自從毛澤東佔據大陸後，大陸上即無重要的反叛行動，足可証明毛澤東的江山很穩固；說這些話的少數人，當然不過表明他本人思想幼稚和可笑。試一回溯，自毛澤東在北平袍笏登場以來，中共內部何嘗沒有重大的反叛事件呢？先不說別人，只以中共巨頭來講：高崗難道不是要角嗎？高崗不但是中共中央的要角而且還是東北九省的黨政軍三方面的最高負責人，然而高崗終於以「反黨同盟」的罪狀被治罪了。再說饒漱石，他是陳毅任第三野戰軍司令員時的第三野戰軍政委，且兼東南軍政委員會主席；中共中央政治局東南分局第一書記，隨後又調任中共中央組織部長，眞可謂位高權重了，然而他與高崗聯合反毛，成立了有名的「高饒反黨同盟」，此一同盟中，尚包括中共省級首腦多人，由此可見，在中共內部首要中，反毛者大不乏人。

再看毛澤東自己，毛澤東自己要搞「鳴放」，在毛澤東自己心裏，原以為天下業已太平，一切皆已入於老子的掌握，故意讓你們自由說幾句話，諒必你們也不敢說什麼，殊不知，大鳴大放的結果，才是大家起來要求結束共產黨在中國的統治，才是主張言論思想自由，才是主張多黨政治，甚至還把毛澤東稱作「老和尚」。為什麼稱毛澤東為老和尚？這名字想得很妙。它把毛澤東的醜態完全形容出來了。它把自以為不可一世的毛澤東形容成只不過像一個老和尚一樣，只知道把馬恩列斯的教條當作經來唸而已。它諷刺毛澤東的腦筋裏幷沒有什麼新東西啊！這對毛澤東眞是最好的形容和最恰當的諷刺！也是對毛澤東自以為別人不敢說什麼的最妙的答覆。在這種情形下，毛澤東看到了整個思想界對他的輕蔑和反抗，眼見這一思想反抗即將匯成巨流，變成行動反抗，於是毛澤東才不得不鳴金收兵，厚着臉皮把自己主張的大鳴大放取消，同時把自己許下的言者無罪，聞者足戒的諾言也無恥地一同取消，反臉過來，打自己的嘴吧，而曰那是自己的「陽謀」。終於以聞者不戒，言者有罪的可恥騙局來進行血腥屠殺和無情鎮壓作了局，這是毛澤東對自己作的一次開玩笑式的人心測驗，也是大陸人民內心充滿反共情緒的又一充足証明。

中共統治十一年來，由中共內部起來的反共行動，最動人的一幕，要數韓戰中共軍官兵在韓國戰場上投奔自由的那一幕。當時，投奔聯合國軍的共軍官兵，雖在中立的印度軍隊手中，而又再經中共派遣了無數的政治官員到聯合國軍戰俘營中洗腦，但當時毅然決定反抗中共，投奔自由的戰俘，竟達一萬四千人之多，這一萬四千多人都是中共平時在宣傳上誇耀的「與帝國主義堅決作戰的戰鬥員」，甚至還包括若干「戰鬥英雄」在內。但他們都一齊起來反共 這不但把共軍官兵作戰意志堅強的誇耀宣傳証明為謊言，而且也把中共紙老虎作了一個無情的揭露。由此証明共軍官兵不是不反共，只是何時有機會給他們反共罷了。在反共機會沒有到來之前，他們為了自保，他們當然只有偽裝前進，他們當然只有暫時忍受毛澤東的領導，他們當然只有暫時把他們自己的週身打扮得通紅，變成中共所要求的「又紅又專」的人。實際則都只是外紅內白而已。自由世界的人們，若只看見他們外面是紅的，便以為他們內心也是紅色，那便大大的錯了。

中共統治大陸十一年來，由中共內部起來用武裝進行反共行動，最動人的另一幕，是最近一兩年的西藏同胞對中共所進行的武裝反抗，和達賴喇嘛之冒險脫離中共，間關投奔印度。其後，西藏同胞之武裝抗共，雖經中共軍隊之武力鎮壓，但共軍死傷重大，且西藏內部至今尚有零星反抗，這是鐵幕內部幷非不能產生武裝反共行動的又一証明。雖然，我們知道，西藏地區之情況與大陸其它地區之一般情況，畧有不同。因而能否產生成為武裝反抗行動之具體條件亦異，但大陸人民內心之反共怒火，則無分西藏與中原，其內心之火燄熊熊，則是毫無異致的了。

至於共黨幹部和共軍幹部個人投奔自由之事例，往日已經不少，最近復有中共新華社埃及分社職員姜桂林在埃及請求政治庇護，而終於得到了自由，以及中共人民解放軍駐昆明部隊之軍官宋大樓之毅然冒險投奔自由，都是共黨內部和共軍內部愈來愈不穩的明顯例子。

據宋大樓於五月十日在台北公開招待記者說：「大陸人民反共抗暴怒潮，已普遍深入軍中，一般共軍尤其是駐防邊疆及沿海地區的共軍幹部，反共情緒，最為强烈」。他說即以他所曾担任工作的「昆明軍區」思茅邊防區防邊警衛第十一團一營二連的部隊而言，四十八軍一年中，便曾有三個幹部逃亡」。

姜桂林則是吉林人，廿九歲。家有老母，哥哥仍在中共郵電局服務。一九四七年，那時還是個純潔天真的孩子，家鄉裏先是俄國人佔領，後來便是中共部隊開來盤踞。那年的七月份，他考進了華北新華社，被派在哈爾賓接受新聞電台的訓練。到一九四八年十月份畢業後被派在中共第四野戰軍林彪部隊裏的新華分社工作。一九五三年由於工作表現不錯，被中共吸收為候補黨員。隨即又被派到韓國戰場上去工作，到一九五七年又正式成為共產黨員。據他說：「當我從韓國戰場上再調回北平新華社服務時，我曾路過家鄉，探望家人。發覺家中生活困難，吃不飽，穿不暖，田園荒蕪，滿目淒涼，心裏非常難受。我覺得在中共統治下的人民生活水準，還遠不如當年壓榨我們的日本人控制時代的生活，但大家祇是悶在心裡，敢怒而不敢言」。他投奔自由的經過，則是這樣的：「一九五八年；當時新華社派到開羅去的入員僅電務處就達一百多人，這時我已被調到校對課工作。我在阿聯的一年零四個月，情緒越來越糟，對中共的作為也越來越恨。因此我被鬥爭了三次。最後我發現，中共駐阿聯大使館要送我回大陸去處刑……當時我只有兩條路可走，一是重返鐵幕，一是投奔自由。……一九五九年十二月廿七日的早晨，我一點也不動聲色，穿了隨身衣服，什麼也沒有帶，偷偷的溜出了小鐵幕的新華社辦事處，一口氣跑到印度大使館去見印度大使，請他答應我給予政治庇護。那位大使很令人失望，：「很抱歉，我不能幫助你，請你馬上離開我的辦公室。我靈機一動，他雖叫我離開他的辦公室，但並未叫我離開大使館，所以我就退到大使館門口的收發室裡來，這時突有新華社的人追趕得來，想架我回去，但使館就是領土，我在館內，他們不敢貿然闖進來。這時印度大使館恐事態擴大，立刻打電話給阿聯當局，不久就開來一輛警車，兩位警官和兩位警察將我帶到政府政治部去。起初阿聯當局的官員勸我仍是回去，免得他們外交上麻煩。後來經我懇切表明態度後，態度就比較有些轉變，他們叫我寫封信給新華社或中共使館，我照辦了。結果這封信沒有為我送出去，而張貼在門上，作為他們收留我的憑藉，我在阿聯政治部待了一週，便被押送到移民局去，法官、移民官對我說：你有兩條路可走，一送你回使館，一暫時住在監獄裡。結果我毫無考慮地選擇了最後一條坐牢的路。悠悠歲月，長夜漫漫，我在阿聯的監獄裏，竟然度了八個多月。……人到了最危急的時候，往往清醒的智慧會突然降臨。我在陰暗的獄中，寫了三封信向外求援：一封是給阿聯政府，一封是給國際紅十字會，另一封是給聯合國駐埃及難民局辦事處。總算皇天不負苦心人；一週後，我從獄中被提出來與聯合國難民局的官員晤談，經過該局以及紅十字會的協助，我很幸運地獲得了一張阿聯政府的護照，以及去貝魯特的飛機票」。這是姜桂林不惜犧牲，冒險投奔自由的經過。當然，這也只是說明萬千意欲投奔自由，幸而獲得機會的一個，像他這樣一個曾經參加韓戰身為共黨黨員的青年覺亦冒死走上反共的路，這就更為說明大陸內部一般人民對中共的普遍反感。目前日以繼夜，不斷有人從港澳邊境逃生，以及十一年來從大陸流亡到香港的人已逾百萬，這當然更是大陸人民普遍反共的鐵証。所以，美國華盛頓郵報名記者愛索普先生在他最近所撰的評論中，說中共內部不穩，隨時可能發生變動，那是確具眼光的評論。

論美國的「勇氣」與「謹愼」

李金畔

預計，當此文刊出時，美國副總統詹森已經遍訪了美國的亞洲盟邦。不論他此行所獲如何，所予亞洲盟國的印象又是如何，此文都不免有事先預測和放馬後炮的缺憾。但話到嘴邊，不吐不快，實在是不能不說了。

據外電九日的消息稱，詹森先生在美國的加州德里維斯空軍基地發表的談話，此行訪問東南亞和太平洋區，第一重要的事務是爲了尋求「安定與和平」。並謂他「此行是有信心之旅行，不是懷疑之旅行」，是執行美國對東南亞的「有勇氣及謹愼負責」的政策。

不必對詹森先生的談話抱有樂觀，而祗要看一看美國實際推行中的對華政策，就可以了解，美國對太平洋區的政策在是「謹愼」有餘，而「勇氣」不足！至於說「負責」，老實說，形勢需要美國「負責」。不負責，太平洋門戶洞開，亞洲盟國的安危，也就是美國本土的安危。失去了太平洋彼岸的盟國，共產黨即將直叩舊金山了！

我們現在祗須再看一看，古巴在中南美洲帶給美國困擾有多麼大，美國的後園正在起火，前門自是不容再報警了！

因此，所謂「勇氣」，以寮國和古巴的情況來說，美國所表現的是很不够的。

美國曾經表示過要解放鐵幕後國家，但始終未曾見過有一個鐵幕後的國家獲得了新生。匈牙利、波蘭在某一個時期來說，都有足够的形勢從鐵幕中解放出來，但美國政策的「謹愼」變成猶豫；「負責」，變成了懦怯，終於帶來了蘇聯紅軍的鐵蹄鎮壓！

蘇聯人在聯合國指責美國干涉和幫助古巴反共革命軍，史蒂文生却解嘲說：如美國眞的插手，古巴又怎堪一擊。史蒂文生儘管辯材無碍，但古巴的共黨政權，又將拖到那一天才能被推倒呢？如果美國始終「勇氣」太少，而「謹愼」太多。

現在，正在用國際會議來解決寮局，能說是「勇氣」和「負責」的辦法之一嗎？

爲了在莫斯科和北平之間建立一個「收聽站」，美國已擬定要讓外蒙古入聯合國了。

詹森先生此行訪問中華民國，當然要向台北當局提出這一問題，並且希望能說服台北當局。何以美國只能有企圖說服台北的「勇氣」，而不去和莫斯科的人商量，請他們不反對毛里培尼亞入聯合國呢？

世界的「安定」與「和平」，不該是從犧牲小國的利益來謀取的。「擒賊擒王」，要尋求安定與和平，應該到莫斯科去。

美國總認爲必要時出兵就可以維持現狀。實則現狀的維持和改變現狀，都非出兵可以挽救的。韓戰的結果，被美國軍人認爲是奇恥大辱。戰爭的目的是爲了戰勝，而不是在於謀和。韓戰並非是一場「在錯誤的地點、錯誤的時間」所暴發的一場「錯誤的戰爭」。斯大林、毛澤東絕不會作此論斷的。否則他們不會發動。如果要說錯，其錯該錯在美國的政策是一個沒有勇氣的政策！

因此，我覺得，所謂美國政策的「勇氣」，實不過是一種在退却、保守、挨打、被動之下的「勇氣」。毫無進取之可言。否則卡斯特羅焉能在古巴坐穩；寮國局勢也不會如此之糟。

出兵越南，不能稱爲是「勇氣」。事實上越共的猖狂早已經出沒於西貢市郊。如果說，美國出兵越南就可以解決問題，遠則如美國曾在勝利後於中國大陸的天津、青島等地駐軍，並未能使中國的問題得到解決，在韓國，美國也曾駐軍，同樣未能阻遏共黨的活動與成長。可見出兵也並非上策。

美國如果始終祗有縛牢台北當局手足的勇氣，相信祗有促使中共在東南亞以更大的勇氣來從事猖狂的活動。使中共有更大的勇氣來奴役來殘殺中國大陸的人民！

美國應該以勇氣來鼓勵台北當局反攻。尤其是當現在台北當局醉心於繼續偏安下去的時候。

美國應該以勇氣來不惜與共黨作殊死的一戰。如果拖下去，在共黨吞食之下，美國必將獨木難支！

如果美國沒有勇氣和能力在外蒙古促動反共革命的話，我懷疑設立「收聽站」又有何等價值與意義，是收聽中國人、蒙古人和蘇聯人的呻吟、悲痛以自娛嗎？是爲了欣賞共黨統治集團的殘酷手法嗎？

深入點說，美國能利用外蒙收聽站得到些什麼呢？觀察毛澤東政權的風向，在莫斯科不是來得更眞切嗎？

是不是美國欲利用外蒙「收聽站」繞過蘇聯而與中共政權作更近的接觸呢？更便於與中共作外交接觸呢？如果我這一大胆的推測不錯，美國需要讓外蒙古入聯合國的決定，眞正的目的，就不言而知了！

事實上，美國早已肯定中共政權存在的實質性了。鮑爾斯也已早經說過，美國是在實際地從中推行「兩個中國」政策。

鑑於美國對亞洲盟國實際政策的「烏龍」，我深深覺得所謂「勇氣」、「謹愼」、「負責」也者，不過是美國政策自相矛盾的諷刺。

至於欲圖犧牲小國的權益，以維持世界的「安定與和平」，在共產黨人的眼裡，簡直是「豎子可欺」耳！

現在，我倒是希望台北當局第一部要有勇氣拒絕爲詹森的任何利誘與游說所說服；第二步要有勇氣在聯合國再度否決外蒙古加入。

短評　寮國之局合不如分

裕署

寮國前綫已經勉強停火了，日內瓦會議也已經勉強召開了，現階段的寮局，是從軍事的鬥爭，暫時變成政治的鬥爭，但寮國之局是否可以眞正由此解決呢？

截至目前止，形成一個統一、中立、獨立的寮國，仍是各方的口號。實則，寮共及李江部隊之接不接受停火，要靠西方向莫斯科呼籲，其暫時停火，又全靠蘇聯點頭，這還有什麼「獨立」可言？

至於想從「聯合政府」的方式來謀「統一」和「中立」則更是笑話。富馬雖以主張中立著名，實則富馬的中立，對內既已和寮共及李江叛部攪在一起，對外又走的是蘇聯和中共的路，試問又是什麼中立？

所謂「統一」；共黨方面則更堅持以富馬政府爲合法政府來形成，而把絕對惟一能眞正代表寮國的寮王及完全合法的文翁政府擺在一邊，豈不更是滑稽？豈不顯然更是共方企圖不戰而屈人之兵的陰謀？豈不顯然更是共方故意用聯合政府的方式來吞噬反共的合法的文翁內閣的毒計？

在這許多形勢下，若要組織聯合政府，以形成所謂「統一」，西方應堅持以寮王及文翁政府作合法政府，並應以此作基礎來組織聯合政府才是。

如若不能，那末，與其讓共黨利用富馬來組織聯合政府，從而吞噬寮國，則寮國之局，合不如分。雙方各行各是，像南北越、南北韓、東西德一樣，形成兩個寮國實比形成虛僞而危險的聯合政府爲好。

對此，西方應該堅持，否則日內瓦會議便成了斷送寮國的會議。對此文翁政府尤不可讓步，因爲讓步就是自取滅亡。

我所知道的「自由中國美展」

謝扶雅

嶺南何鐵華教授主辦的「自由中國美展」，由台灣而香港，而羅馬巴黎，現在來到紐約。它是包含着他自己和當代自由中國藝人約一百多位的作品，其內容可由觀者爲評賞，毋需外行人的我爲之佛頭着糞，不過我願意指出，這個美展的基本意義，不在爭一幀一軸之短長，或某個作品的線條、鈎畫、色澤的合式與否，卻毋甯是整個美展本身在表現今日「自由中國」的自由創造，及其與自由世界在精神生活上有聲應氣求的和調。

今日在中共大陸上誠然也有不少藝術作品，但都成了教條主義的工具和應聲蟲，即有良知的藝人亦不敢作坦率的自由表現，這是藝術界空前的悲劇。中國傳統的藝術，向來以超脫世俗見長，不受物質權力的枷鎖。現在何鐵華教授本着東方拙樸純眞的性格，溶滙西畫各派之所長，強烈地表現其獨創的心靈活動。這種自由獨立精神，是表示着「自由中國」不亡不死，表示着中華民族正向着「重生」的大路邁進，而與正在孕育中的新世界精神文化合成一個巨流。

觀覽自由中國美展的同道們，應從整個自由世界的精神動向來看取這些代表創作，當更能鑑賞及體會何教授等諸位藝人的內心和功用了。

談五四運動

張忠紱

當日理性派的領袖們，看到了文化與社會改革的必要，但他們除零碎的建議與個別問題研究外，既不願參加政治組織，自不能滿足一般青年「收效欲速」的心理。他們的失策，在於提出了普遍性的革新口號，而又沒有積極而具體的計劃與組織，無法領導一般急不擇途的青年前進。（這也許是主張漸進者不可避免的缺陷）全盤西化一類的提議，雖無法見諸事實，但卻幫助了激烈派毀棄一切傳統價值的主張。

當日激烈派的領袖們，其學力與修養似均不及理性派遠甚。若以近數十年中國思想的混亂歸罪於「五四」，則他們所負的責任最大。陳獨秀，李大釗二氏在五四運動的當日，前者正在提倡民主，而後者正在批評馬克思主義。等到第三國際的代表抵達中國以後，在三四個月的期內，他們兩人居然都變成了不折不扣的中國共產黨領袖，這不能使人無疑，他們不是輕率從事，或無意於投機取巧。民國九年五月陳獨秀在上海組織中國共產黨後，立即有種種活動，如設立中蘇新聞通訊社，外國語文學校，出版勞工雜誌及共產黨機關報（民九十一月），並組織社會主義青年團（嗣改爲共產主義青年團）。其一切所需款項，都係由第三國際（亦即蘇聯）代表供給。

眞正服膺共產主義，尚可以說是誤入歧途。若純粹因蘇聯給與各種便利，而不惜改變信仰，誤己誤人，則其罪實無可恕。在百日左右，作若是重大的決定（服膺共產主義），對國家與對個人的惡劣影響一概不問，只求一己的企圖便於成功，至少，至少；是失於輕率。無怪乎陳獨秀先生後來在江津時期內頗有懺悔的表示。

從事政治活動的人，最低限度，應以不遺害國家民族爲前提。陳獨秀與李大釗二氏似都未遑及此。這與抗戰勝利後，民盟靠攏諸人只求達到個人一時的目的，不問國家民族的災害，如出一轍。在二零年代，蘇聯與第三國際，以大量金錢，人力，與物力在中國遊說。南方所受的影響，盡人皆知。北方則有馮玉祥的倒戈，郭松林的叛變，都是第三國際（也就是蘇聯）所煽惑的（現已有文件可資證實）。於此值得一提的，倒是大衆所認爲頑固的秀才將軍吳佩孚先生，據筆者所知，是當日曾被遊說，而不爲所動的唯一中國領袖人物！

（續完）

局長與議員互揭醜行

見微

（台北通訊）台北市教育局長盧啓華於四月十三日率領一批國民學校校長，以國校教育考察團的名義前往台南。十四日晚九時竟相率在該處的所謂風化區（按即妓女區）尋花。事有湊巧，市議員黃介信、宋霖康、張詩經、李錫卿、何宗儀及林中等六人所組織的一個「考察團」也於同日到達台南。當盧局長等去康樂街（即風化區）時，却於途中被李錫卿等所發現。但李等故作沒有看見，盧局長一行也就按照原定計劃，繼續前往目的地。不料與盡回返其臨時下榻的松金旅社時，一入房門，即看見黃介信等六位議員所留的名片，並附有他們的電話號碼。盧局長覺得有些不妙，乃囑同行的蔡秘書打電話先作試探，不料張詩經接電話時，竟開門見山的說：「原來盧局長的國校教育考察團是來考察風化區的」。盧局長才知道他們的秘密已被這些市議員發現。

黃介信等六議員回到台北後，認為他們發現了教育局長率領國校校長和秘書等人居然以考察國校教育為名，在台南風化區尋歡，是此行的重大收穫，準備市議會開會時提出質詢。但風聲洩露，盧局長乃先發制人，不但透露黃介信等六議員台南考察前曾向市教局、工務局、地政科、魚市場、蔬菜市場、家畜市場、煤氣公司、衛生大隊、自來水廠等單位勒索補助費；並發動各單位向警備司令部提出檢舉。據說，黃介信等向盧局長索取補助費五萬元，後來又減為三萬元，他因為無法報銷，沒有答應，才引起了黃介信等的憎恨。至於逛風化區的事，因為黃介信等已攝有相片，盧局長等無法否認，乃由蔡秘書向外解釋，說當時因為敦化國校張校長（考察團員之一）有一個叫做李正義的學生住在康樂街（按即所謂風化區）十三號，李的祖母在該處開設一家旅社，張校長去看這位學生，盧局長和其他考察團員才陪同前往，他們一行七人僅在該旅社逗留十分鐘便離開云云。校長在風化區的旅社看學生，局長和其他校長也要陪去，顯然不能令人相信。

盧局長除了透露黃介信等六議員曾向以上的市屬各單位勒索補助費外，並散佈消息，說他們所得的補助費有三分之一的市議員都分到。於是激動了許多不會得錢的市議員，紛紛要求召集臨時大會查究此事。有的更主張市議會應即實施自清運動。聞發署請求召開臨時大會的議員已有陳建祿、黃光平等三十餘人，超過三分之一的法定人數，現在祇等待張議長祥傳決定。看情形，黃介信等六議員尚未正式提出檢舉盧局長，而却先成了被檢舉的對象。將來他們互相揭發醜行，當又可以繼月來一般老百姓嘆為大觀的那幾件大貪污案而哄動一番也。

處長信風水，要化棺材為官財

台北市公共汽車管理處的處長課長及其他大小職員多人，因集體貪污案發，均被捕入獄。其人數之多實可坐滿一輛公共汽車。處長的太太，且畏罪自殺。新任何處長接事後，即詳細勘查該處的風水，認為該處房屋成一長方形，頗像一具棺材，主六畜不旺，百事不利。當即首先加以整頓，以期化「棺」為「官」，化「材」為「財」。本月八日曾有一家民營報紙，為短文以諷之。短文之題目，是「談風水」，大意說「貪污乃是自作孽的政治風氣問題，原與天作孽的自然風水無關，何處長到任後不求所以整頓貪污的政風，而却以整頓該處的風水為第一要務，是不是認為祇要風水一經變好，即使貪污也可以逢凶化吉呵？」繼謂：「如整頓風水果有如此的奇效，則其他機關勢必競相延聘這位風水專家去調查他們的風水而蔚為一種「整風」運動；則貪官幸甚！污吏幸甚！」從何處長整頓風水這一件事看去，今日台灣的官場中人，其念念不忘的究竟是什麼，已可想見了。

蔣廷黻的弦外之音

蔣廷黻博士奉命回國述職，除謁見蔣「總統」和陳院長而外，並分別出席立監兩院，對我們在聯合國的席位、外蒙古加入聯合國兩問題報告甚詳。他的結語是，「有困難，但也有希望」，並呼籲「團結」。八日聯合報記者又報導他的一段談話。據說：蔣博士認為史蒂文生的長處在於肯接受別人的意見，例如過去他對中國事務曾有許多問題不大瞭解，甚至有誤解的地方；但經過我國代表團的說明，他便對那些問題重行考慮。談到赫魯曉夫，蔣博士認為他是共黨頭目中最懂政治的一個人，而且有些近代學識，不是單純的「共黨八股」奉行者。因此，他陰險得也令人可怕。但其吃虧之處，則在於也和其他的獨裁者一樣，沒有人敢向他提出反對之意見，圍繞着他的全是Yes-man云云。

許多人都認為蔣博士的話是有弦外之音的。因為我們今日的當權者不但沒有現代學識，而且從不肯接受他人的意見，其左右的一羣更是祇知唯唯諾諾的Yes-man，他不便明言，故藉史蒂文生和赫魯曉夫來為話題。據悉，蔣經國在報上看了他以上的談話以後，曾向其心腹大罵蔣博士原是「胡適的死黨」哩。

特務教員又打傷學童

年來台灣曾不斷發生教員打傷學童的事件，教育當局覺得過意不去，曾一再重申不得體罰的禁令。然而由於若干教員具有一種特殊身份（按即特務人員），他們有所特而無恐，於是就形成一種禁者自禁，打者自打的現象。四月二十四日基隆市東信國民學校教員駱秉智於下午放學時，派四年級班學生集體打掃學校門前的環境衛生。有五個學生遲到，即不問情由，以竹棍亂打一頓。內中有張文龍一人，平素就不為駱秉智所喜歡，被打得特別厲害，以致遍體鱗傷，不能行動，由其他同學扶他回家。其家長覩狀大驚，乃向市議員謝雪峯及家長會呼籲，據謝議員向新聞記者說，他看見張生身上到處都是一條條的血跡斑斑，確屬傷勢很重。基隆林市長得到該生家長和謝議員及家長會長的報告後，因為知道這位毒打學童的教員有特殊背景，不敢直接處理，乃向教育科洪科長一推，洪科長又向該校校長一推，該校長劉鏡如無可再推，乃說：「駱老師因為愛之深、管之嚴，故不免責之重；但想不到一時失手而將張生打得重傷，希望大家大事化小，小事化無事云云。看情形，這位特務教員還是要橫行下去的。年來，人們常在官報上看見蔣「總統」的抱孫之樂，希望他能本幼吾幼以及人之幼的古訓，勸勸經國對在小學校執教的屬下人員稍加約束，學童們就有福了。

輪船的故事

任宣平

（台北通訊）月來台灣曾發生了幾件與輪船有關的事件，雖內容各有不同，但表現今日的政治風氣則一，茲簡述於後：

一、光隆油輪案

自光隆油輪發生爆炸後，立監兩院即興起一陣極為猛烈的暴風雨。他們不但要追究中國石油公司租購此一即將超齡舊輪的原始責任問題；而且還要澈查當年人人公司為了營私舞弊而串通三個美國人成立聯合油輪公司的舊案。最後由陳紫楓、喬一凡、劉啓瑞等一百七十一位立委聯名而提出一項提案，畧謂石油公司當年矇瞞政府高價租購即將超齡的舊輪，顯違國家的利益。而與石油公司總經理有關之聯合油輪公司更曾於韓戰期間為蘇俄從羅馬載運汽油至華北，事關資敵，尤有澈查之必要。主張由院會決議，咨請行政院迅將該公司切實整頓，對違法失職人員依法懲辦，並將辦理情形於一個月報告本院云云。

此一提案經提出四月二十八日的立法院會議，並經多數委員同意變更議事日期，提前討論。在討論過程中，絕大多數委員發言的態度，極為激烈。但經過當權者的種種手法，終於五月五日通過如下的決議：「由於中油公司租購油輪運油所產生之問題以及光隆油輪爆炸事件之嚴重，充分暴露該公司之業務措施，顯有弊端，應請行政院迅予查究，切實整頓，並將處理情形函覆本院。」此一決議文，可謂極盡輕描淡寫的能事。街談巷議都批評立法院此舉為雷聲大，雨點小。至於監察院方面，雖然也決定推專員負責進行調查，但已不為大家所重視了。

二、海宿貨輪案

招商局屬下的海宿貨輪於上月自菲律賓載運銅礦砂和台灣雜貨八千三百九十四噸和旅客十八人赴美，二十五日在日本海面遇風，礦砂移動，船身開始傾斜，二十七日下午九時船長龔煥榮乃宣佈棄船，旅客及船員均由聞訊趕來救助之另一艘招商局貨輪——海黃號救起，祇有生火一人失足墜海遇難。但龔船長全體人員放棄海宿輪而搭上了海黃輪以後，海宿輪並未沉沒，二十九日風浪平息，中午一艘美國商船忽然駛近海宿輪，要把她拖走。海宿輪人員見此情形，也乘小船前往，據說是搶回一些行李；但美國人却亮出武器來保護他們的既得利益。海宿輪人員也就莫可奈何，幸而因為礦砂移動，這艘美國船拖了一時之久，把鋼索拉斷了仍未拉動，才罷手而去。海宿輪人員上船時，發現貴重的行李已拿走。三十日晚，美國的一艘海軍拖船來到，才把她拖到日本橫須賀港內交還我方。據招商局總經理李頌陶於五月十日向立法院交通委員會報告，海宿輪的機器及船身仍是完整的。但龔船長竟宣佈棄船，甚至風浪平息後，眼見船仍歪斜未沉，也不立即回到船上，以致幾乎被美國商船拖走。其輕離職守的事實已昭然若揭。然而當許多立法委員追究棄船的責任問題時，李總經理却說：「海宿輪船上宣佈棄船雖有過早之嫌，但船長當時的措施是否得當？應負什麼責任？將由港務局的海事評議委員會和交通部的海事審議委員會澈底檢討研究」。大概又要以拖的傳統方法來不了了之。

三、海歐客輪案

在高雄港口的集體貪污尚未清查完竣之時，招商局第一艘客輪海歐號船長張錫康又以走私聞。事緣海歐輪於本月七日從日本駛回基隆，被治安機關在船上室內搜出大量的走私品以養珠和尼龍襯衣為最多，據說可值百餘萬元。本案發生後，招商局以無法掩蓋，乃將張錫康撤職查辦。本月十日，該局李總經理在立法院答覆立委的質詢時，則說，張在該局服務十餘年，成績良好，年齡既輕，儀表也不錯，所以派他做船長，想不到他竟如此不爭氣。他對此事感到非常痛心云云。其說話的語氣，大有孔明揮淚斬馬謖。又據中央社的消息，則說走私的貨物，已經台北關估價僅值新台幣八千元，除予沒收外，並課罰金八千元云云。可見官方對張錫康的走私案仍將敷衍了事。

從人民日報社論看中共對美國的基本政策

郭其虞

在毛澤東自連續攻擊美國和美國甘廼廸總統之後，北平出版的中共中央機關報——人民日報又於五月八日發表了一篇以「甘廼廸政府的真面目」為題的社論，繼續猛烈辱罵美國及美國的總統甘廼廸。

人民日報社論除泛論美國在一般地區的政策，一概給美國加上「帝國主義」「侵略」等帽子和字樣外，它更把甘廼廸政府與艾森豪政府作了一個比較，硬說「如果說甘廼廸政府在做法上同艾森豪威爾政府有什麼區別的話，那就是它的欺騙手段更加狡猾，它的姿態更加時新」。中共就是這樣缺乏理性的像一個瘋狗樣的亂咬。當然這也並不偶然。因為甘廼廸政府對付共產黨侵略的態度更為強硬，更有魄力，更有眼光，使得共黨強盜不敢隨便放肆，難怪毛澤東本人忍不住狂吠之外，人民日報也要隨之狂吠了。

然「一犬吠影，百犬吠聲」，毛澤東和中共的這種狂吠仍來自蘇俄，對此，中共雖不自承，反而批評美國和攻擊美國是一種「敗狗政策」。它詆毀美國「調整政策」，即是「採取一種所謂「敗狗政策」。」它說：「不難理解，這種「敗狗政策」絕不是承認失敗，放下屠刀，而是爭取時間，捲土重來」。但這是無法隱蔽中共之所以是俄國的鷹犬這一事實的。至於說到失敗，試問美國幾時曾向共黨集團低頭，承認在自由與奴役、民主與極權的鬥爭中美國業已失敗呢？

人民日報又指責美國的和平政策說：「一個窮兇極惡的帝國主義強盜，怎麼竟然變得這般斯文了，似乎變成了大慈大悲的觀世音菩薩了呢」？這就可見，美國縱然對共黨集團欲謀和平，共黨集團包括中共在內，也決不相信的。換言之，它反而認為這是美國示弱，反而認為這是美國的兩面手法。那末，在這種情況下，試問還有什麼和平共存可言？試問還有什麼妥協可言？

本來，今日世界早已形成尖銳的對立，對立的一方，即民主集團這一方縱然要想與對立的另一方，即共黨集團那一方，相互和平共存，那也原本不可能。因為，共黨集團所相信的乃是馬列主義，所行使的乃是稱號無產專政的共產黨專政，所進行的乃是世界革命，所要打倒的，乃是以美國為首的一切自由國家。而它對這些自由國家，根據其馬列主義教條，乃名之曰「帝國主義」國家。又根據列寧的解釋，認為「帝國主義乃是資本主義發達的最高階段」。且認為是垂死的掙扎階段。所以，兩個集團之間的關係，並不只是一種靜的對立關係。假如兩個集團之間的關係只是一種靜的對立關係，則所謂和平共存，尚屬可能。但今日世界的對立關係，乃是動的對立關係和變的對立關係。這種動和這種變乃來自共黨集團的一無止境的侵略行動和毫不停息的鬥爭動作。所以，它們之間的和平共存，乃成為絕不可能。正因為共產黨的教條和本質決定了這種靜的和平共存關係之不可能，所以，民主集團，尤其是民主集團之領導國家美國雖欲與共黨協調，事實上亦成為絕不可能的事了。反而要被共產黨認為那是一種故意的做作。

再按事實，無論在思想信仰上，或軍事政治行動上，中共又確係蘇俄鷹犬無疑。即以四月廿八日毛澤東親自攻擊美國和美國總統甘廼廸的話來說，他當時的說法是「甘廼廸政府只能比艾森豪威爾政府更壞些，而不是更好些」。這其實只是克姆林宮的應聲蟲的說法。因為莫斯科曾經指責「美國帝國主義是世界反動勢力的主要堡壘，是國際憲兵，是全世界人民的公敵」。可見毛澤東所說「美國是主要敵人」的話，亦不過引申其義而已。

人民日報又說：「甘廼廸政府上台一百多天的所作所為，再一次大暴露了美帝國主義的猙獰面目。美帝國主義即使在它的侵略政策和戰爭政策到處碰壁，陷於十分困難和孤立的地位的時候，縱然它可能作出種種和平姿態，也絕對不會改變它的兇暴殘忍的侵略本性的。人們必須善於透過美帝國主義玩弄的兩面手法，看透它的本質，并且準備對付它的兩面手法」。這一段文字的含義非常重要而且非常顯然。無論美國怎樣誠意謀和，共黨集團也認為你只是手法。而且，共黨集團早已蓄意對付你，準備埋葬你。絕對無意接受你的和平誠意；相反的，而是正在呼籲人們要以埋葬你為目的來對付你。那末，由此可知，民主集團與共黨集團之間，不但靜的和平共存為不可能；同時，由於共黨集團的主觀意願和蓄謀的世界革命目的的行使，民主集團無論怎樣誠心求和平，共黨集團也要選擇時間給你致命的打擊，而不會遲疑的。

，更不會改變的。所以，今日之事很簡單。中共只是俄國的鷹犬，而以俄國為首的共黨集團是決不會與美國為首的民主集團妥協的。因之，中共亦決不會與美國妥協，美國今天除了與共黨集團展開真面目的鬥爭，不是你死，就是我活之外，實無第二條路可走。

林彪秘密到寮國策劃

以寮國問題為主題的所謂日內瓦會議已經正在舉行。但在此以前，中共對於寮局，卻是一面促進日內瓦會議，一方面積極備戰的。中共促進日內瓦會議之目的，當然並不在真正謀和，而只在企圖利用日內瓦會議，一則壯大中共政權在國際間的聲光，再則又想不戰而屈人之兵，想利用這一會議達到由左傾中立的富馬組織聯合政府，從而達到控制和逐漸消滅寮國的反共勢力。正因為如此，共黨集團在會議上所爭者，將是以富馬為中心的合法政府的問題。至於在寮國地區，則中共正在積極策劃作戰。以雙管齊下的手段力求達到共方的巧取豪奪的目的。北平舉行五一勞動節時，毛澤東、劉少奇等不在北平參加，中共國防部長林彪則是照例應在北平參加的。但本年五一勞動節林彪卻未在北平出現，這就可見林彪現已到寮國去策劃戰爭去了。看來，共黨集團處心積慮，是軟硬兼施，正在力求赤化寮國的。（廣）

日本記者親眼看見北平也已大鬧糧荒

黃文

中共統治下的中國大陸大鬧糧荒，這已是人所共知的事實。不過，中共為了裝點門面，粉飾太平，它一直是把北平的糧食供應盡量設法解決的。但，由於大陸糧荒的情形，越來越嚴重，到現在，糧荒的嚴重情形，却已在北平表現出來了。據合衆社萬國社東京四月廿九日電：「方由北平回到日本的日本記者石川於今日稱：因全國亢旱之故，中共首都的粮食狀況甚為惡劣」。石川係體育記者，他最近曾往北平採訪世界乒乓球賽的新聞。他在每日新聞撰文稱：「北平的糧食狀況似每況愈下，余觀北平許多餐室雖開業而無物應市」。又說「中共當局拒絕遊客參觀北平模範人民公社的食堂」云。北平人民公社模範食堂原係中共裝點門面用以在宣傳上欺騙外客的場所，情況亦至如此，其它更可想見了。

請看上官雲珠的一段自述

毛澤東對女明星特別有興趣

陸閒

毛澤東由武漢而長沙而南昌而杭州而上海，雖然停留的地方，不是省會，就是名勝，但心境畢竟是淒涼的嚴重的。因為毛澤東縱然殘酷，但大陸人民到處都是飢餓成羣，到處都是靠吃草根為活。而三面紅旗，即「總路線」、「大躍進」、「人民公社」又都是毛澤東親自提出來的。雖然，大陸上迄今尚未因這三面紅旗的失敗而到清算毛澤東的日子，毛澤東本人心裏有數，他畢竟不敢忽略，而忽忽地離開北平到江南各地巡遊了。這正是「三面紅旗俱褪色，老毛那得不巡遊」？

但好大喜功風流自賞慣了的毛澤東，到上海後一看到漂亮的女明星，却又把大陸老百姓的飢餓慘狀丟到腦後去了。說起來，當然這也并不偶然，因為毛澤東的現任「愛人」（中共現在稱妻子為愛人）藍蘋也正是女明星出身，這就可見毛澤東對女明星素有好感。而藍蘋（與毛同居後改名江青）現在已老，難怪毛澤東一到上海又對別的女明星大感興趣起來。

據中共「中國新聞社上海六日電」：「上海文匯報五日發表了著名電影演員上官雲珠撰寫的一篇文章。」「上官雲珠在文章裏追述五一會見毛主席的情形：五一節下午，她在上海文化廣場為一萬多各界人士的演出結束後，正在後台休息，忽然接到通知，要她和白揚、王丹鳳去參加一個重要的會議。她們來到一間輝煌的大廳，看到柯慶施市長和上海市幾位黨政領導人都在那裏。不久毛主席來到了；親切地和每一個人握手問好，上官雲珠說她已經是第六次和毛主席握手了。每一次都給她增添新的力量和鼓舞。這次會見毛主席時，她激動得連向毛主席問好的話也講不出來。

「上官雲珠說：坐定之後，毛主席慈祥地和我們閒談起來，毛主席是多麼記掛我們，關心着一切啊！

「上官雲珠接着敘述：晚上八點，和毛主席共慶佳節的晚會即將開始，大家陪同毛主席去劇場。她說「那天晚上的演出呀，充滿了無法抑止的激動，幸福的會見，給了我無窮的藝術力量」！」

以上是中共通訊社報導的上海文匯報的原文，毛澤東由午後起一直和上官雲珠混在一起，可見老賊對漂亮的女明星的興頭不淺；難怪上官雲珠要隱隱約約地說「那天晚上的演出呀，充滿了無法抑止的激動」。

記得十幾年前，蔣介石還統治着大陸時，新聞記者描寫蔣氏出巡鏡頭，總是說：「委員長頻頻點首，口中說「好！好！好！」」近年閱讀大陸報紙，其對毛澤東的「特別描寫亦往往特出一格。總是什麼「毛主席的微笑」呀！「毛主席的特別關懷」呀！原來，這些獨裁者都是具有類似醜態的，上官雲珠這一類被毛澤東特別垂青的女人，中共雖名之曰藝人，但她們只圖向主子承恩，只圖向主子爭寵，而完全無視於全大陸人民的飢寒交迫。這就可見這些中共所謂「人民的藝人」，實則都只是毛賊和其它紅朝新貴的玩物而已。由於共報常常描寫毛澤東的這種微笑，這使我想起從前看過的一首新詩。這首新詩題目就叫「毛主席的微笑」，頗有意思，現在照抄在下面，以作本文的結束。

「毛主席的微笑」

自從我在天安門前的人海中，
遙遙地望見毛主席對我微笑，
我頓覺得天上的太陽像一塊膏藥，
萬千的標語都像招租的字條。
從此我身輕如燕，力大如牛，
四十八小時的工作也不需要睡覺，
冬天我穿襤褸百補的衣服煖如皮襖，
每天吃草根樹皮也美於大餅油條。
我知道為什麼水災中無數家破人亡，
為什麼韓戰裏千萬的壯丁死掉，
還有為什麼許多老同志都在貪污，
還因為他們從未見到毛主席的微笑。
而我不再相信帝國主義的宣傳，
說可口可樂如何甜美，瑪麗蓮夢如何窈窕，
他們儘管具人民自由、科學發達、社會幸福，
但是他們始終沒有毛主席對他們的微笑。

擴大中立區的聲浪

泰國看和談

何之湄

作爲「永珍後方」的曼谷，受到寮國政治氣氛的影响最爲迅速，也可以說，曼谷是「寮國的風雨表」。寮局的一弛一張，在曼谷是可以預感到它的程度的。

對於在日內瓦召開的討論寮局十四國會議，泰國是並不作樂觀看法的。乃沙立元帥的公開評論，便認爲寮國聯合政府既不易成立，即使表面宣佈成立，也很難保証如何中立；再者，軍隊的整編更是棘手的問題，因爲數月以來，寮共已兼併土地，以戰勝者自居，自不肯輕易放下武器，如果以「政府軍」爲名而實際則是寮共的武力，不但右翼不能予以接受，即富馬親王也難保他們不發動政變。不過，國際上既然要會議解決寮國局勢，泰國也不能自外。所以泰國也同樣派出她的參加日內瓦會議的代表團，祇不過是抱着去「聽聽」的態度，並不是積極地對會議有什麼期望，更沒有準備提出什麼建議。無論如何，對於一向堅主出兵援寮的泰國，認爲在會議席上與共黨談和平，絕對不可能得到什麼公允的解決。除非會議破裂，否則妥協下來的話，必是親泰的右翼方面的損失。泰國的有識之士，就憂心到妥協的結果會影响到泰國堅決反共的態度——這並不是說執政當局堅決的主觀要有所變遷，而是深恐一度銷聲匿跡的提倡中立的政客們，會乘機再鼓其如簧之舌。況且，共黨既從寮北滲透開始而終於能在中央政府分一杯羹，不費如何氣力，用不着有什麼「三八綫」或「奠邊府」的接觸。那麼他們要「照辦羮碗」向泰國滲透，是必然的事。尤其是在寮局停火聲中，泰國北境竟發現有泰共地下軍的組織，更使當局警惕和不滿。「應該開刀施手術的病症却用內服藥」，迂緩而不切實際；這便是一般的看法。

哈里曼的保証

然而日內瓦會議終於召開了，東南亞公約既不能作出有效的決定，美國在上星期的「作進兵狀」也只是讓英國好催促蘇聯迫令寮共停火而已。原來準備到寮國瓦瓶平原去耀武揚威的泰軍，現在只能在邊境按兵不動，而且有一部份已撤回陸軍中心基地訓練了。正確的主張不被接受，堅決的行動被按捺了下來。泰方的不滿心情是可以想見的。

這裏就來了美總統的巡迴大使哈里曼，這位曾是駐蘇大使、紐約州長，一度傳爲民主黨候選人的哈里曼大使，名氣很大，地位也是重要的。他的前來泰國，此時此際，無疑的是負着「解釋」的任務。

東南亞的要人們，向來是比較坦率的，除了外交人員的很，少使用外交辭令的，就像泰國的負責人物，並不隱諱他們對於寮國和談的不滿一樣。而哈里曼之來，也就是企圖消除泰方對於這次處理寮局的不滿。

據說美國的論調是堅持西方（三强）同盟，認爲抗共是整個的，全世界的，尤其北大西洋公約，爲集體防衛之巨擘，所以美國雖極深切瞭解泰國對寮國關係密切，也極願意於必要時與泰國共同進兵驅逐寮共遠離泰境。但美國却不能不接納英法的意見，這就是寮局「試行」和談的由來。美國並且保証，在會談中必要做到寮國能有眞正的中立，否則美泰「一併退出會議」。在「併肩」退出會議之外，美國更向泰國作另一「併肩」的保証。那即是說，萬一泰境被侵，則美國決與泰國併肩作戰，縱英法不願參加，東南亞公約無所行動，美國也將單獨爲之。

這些由乃沙立元帥左右透露出來的消息，不能說是得自「權威方面」的。但前者與西方的「歐洲第一，北約至上」原則相符。而後者，則與廿廼廸的「第二線」——劃下不准共黨逾越之線——聲明吻合。這「第二線」，便是越南與泰國。

越棉寮中立

劃下「不可逾越」之線，在態度上是堅決的，這等於說是，美國在東南亞已有她的「蘆溝橋」。雖然這樣，已把寮國作爲日內瓦會議桌上的籌碼也不能不說是差强人意，而這就是討論「出兵越南」的由來。美副總統詹森在西貢與吳廷琰總統討論的，就是這麼一個課題。因爲當東南亞公約討論出兵援寮的時候，越南是被作爲與寮國同樣地位來衛量，認爲「寮如有失，越必不保」的。那麼，現在趁着寮局會議的時候，不正是在「第二線」佈防的良機嗎？

可是十四國會議既被稱爲「擴大的日內瓦會議」，地點又仍然在日內瓦，在會議開幕聲中，「擴大中立區」的說法甚囂塵上。高棉王子主張「棉、寮中立」，更擴大爲「緬、棉、寮中立」；共方的說法，則以上次日內瓦決議爲言，也即「越（南越）、棉、寮中立」，共方所要求的緩衝區，顯然不止一個寮國。美國是不是能夠堅決而迅速出兵越南，建立「第二線」的防衛？泰國對於美國的希望，這可以說是「最後的」了。

·曼谷通訊·

越南的軍事問題

阮氏珍

截至本月十二日，在寮國「停火談判」期中，屬於共黨侵畧東南亞計劃之一部份的「放火」指標，已迅即移向越南。換言之：南越被攻擊的危機已告增加。因此，越南的軍事問題，便又引起了世界人士的重視。

南越被攻擊的危機有三：

第一、是來自隔着十七度綫相與對峙的越盟（北越）。越盟的常備軍，目前已達卅二萬，而南越的正規部隊，據說祇得十五萬人。倘若胡志明在國際共黨指揮下，靠着中共的支持，揮軍南下，對南越發動戰爭，那末；雙方兵力，衆寡懸殊，地面作戰，處於劣勢的顯然是吳廷琰。何況越盟的戰畧空軍和坦克部隊，經過中俄共的多年訓練，現已日趨强勁？這對南越當然是有很嚴重的威脅。

第二、是來自潛伏在南越心臟的越盟游擊隊。那些游擊隊，目前滲入西貢西北及西南湄公河口地區的，已逾二萬人，他們業經挾持着當地民衆，組織所謂「解放區」。這些越盟游擊隊，正是吳廷琰的心腹大患。

第三、是來自中共軍透過了寮棉共的龐大側擊攻勢。目前中共軍已由南寮走廊作有計劃的滲透，以高棉的親共政權爲基點，伸入湄公河口的平原區，再利用海上路綫來作機動的活動。吳廷琰對此如何應付？最成問題。

從上述的共黨進攻南越的正面、內部、側面三條路綫看來，可知共黨對南越的陰謀是策劃得相當週到的。他們一方面準備由十七度綫正面進攻，另方面由越盟游擊作內應，再加上透過寮棉共的側擊，很容易便可支解南越政權，而把整個越南吞下！吳廷琰政府本身的軍力，對共黨這種兇險的攻勢是無法抵禦的！

幸而，南越的海權，現已獲得了美國海軍在南中國海的水域作側面的掩護，足以打銷越盟的正面進攻，使胡志明一時尙未敢動彈。但內部的游擊隊和來自寮棉方面的威脅，吳廷琰政府是必須集中全力應付的。但吳廷琰政府的正規部隊，人數既少，且仍未達現代化的程度；因此，美國的支援南越對南越的軍事力量是必須迅速加强的。

從整個東南亞局勢而言；南越也是重要關鍵之一；而共黨對這關鍵的打擊也是一項必然的措施。美國對此，本來也是知道得很清楚的。那末，軍事援助南越，現在正是必須迅即加强的時候了。否則，共黨勢力，即乘寮國「停火談判」之便，將會在南越方面閃電擴展；倘若到了危機演進成事實；那時始謀應付，勢必措手不及。一着之差，很可能鑄成大錯。這決非杞憂，而是實情。此時此際，已再不是美國猶豫莫決的時候了！

左派仁兄的「苦衷」

·于樵·

我的同居住客中有一位經常高呼「毛主席萬歲」的仁兄，他是某赤色工會的理事，風頭相當勁，一舉一動，都充份表現出他是中國共產黨的忠實信徒。

日前，不知怎的，他也竟然帶了大批糧食和舊衣物，回廣州去探親；這一行動，立刻引起了我的「興趣」。

於是，我就以同居之誼，靜靜地問他：

「爲甚麼你竟會忽然泛起了温情主義」？

他愕了半晌，睜大雙眼怒視着我。我知道，他已領會到我的「言外之音」，因此我立刻抓緊了他的弱點，再來向他「進攻」：「中共是最不講温情的，你既是他們的同志，豈不是應該硬着心腸讓你的家人活生生的餓死？然而你却帶了那麼多粮食回去救濟親人，眞是有點那個了」！

「哼！這并不是我的本意；我是有很大的苦衷的呀」！他悍然強辯着，但嗓子却拉得很沉。

我一點也不放過，繼續追問：「甚麼苦衷」？

他頹然地答：「是我的太太叫我這樣做的，我祇是奉命而行吧了」！——

原來所謂「苦衷」也者，就是如此。港澳間不少左派仁兄，也是常常寄糧食包回鄉救濟親人的；在鐵一般的事實之下，他們的解釋，是不是也有如此這般的「苦衷」？

·「苦衷」，這個名詞，在左派仁兄用來的確是可圈可點。

汕市又有六共幹貪污判勞改

·江水·

汕頭市共幹，貪污之風極熾，除日前已被判勞改的蔡子文、林展成二人外，去月廿九日，又有糧食供應站的管理員程光，汪玉陶，張志超，華恒球，蔡炳均，吳釗宏等六人，因串謀作弊，一再尅扣市民糧食配給量，市民不甘橫遭剝削，乃聯同向「人委會」告發，經搜集罪証後，亦將該六人各判勞改五年，并開除「黨籍」。事緣該六人自今年一月開始，便已乘當局減配粮額的機會，互相勾結，從中將配糧的數量，再加尅扣，以飽私囊，每月貪污所得的食米，達五百餘斤，而將之投入黑市，每斤以三元二角賣出。此種行徑，逐漸爲市民獲悉；初時仍敢怒而不敢言，惟彼等竟以市民爲可欺，不特貪污舞弊，且氣燄日盛，市民往配購食糧時，動輒受到彼等呵斥，因而更爲憤激；卒於去月廿九日集結了二十多人，湧到「人委會」去告發，將該六名貪污共幹剷除。據悉：此種告發貪污案，其他各機構，亦將相繼發生。

韶關民兵參加刼粮行列

韶關市入民邇來已給飢餓得發狂了！搶食事件，隨時隨地都有發生；飢民爲着一個餅一塊糕的爭奪，往往不惜出諸劇鬥和流血。四月廿四日，曾有兩家男女各六人，爲着搶奪一條番薯而釀成大混戰，結果十二人均頭破血流。至於三五成羣，身懷利刃，闖進配給所强掠粮食的「糾械刼」型鏡頭，也頻在鬧市中演出；據說，不少民兵也參與此種「糾黨刼糧」的行列。此種風氣，完全係由糧食嚴重荒缺，人民幣變成廢紙所造成。據最近由韶關輾轉逃抵澳門的難胞稱：該市的所謂「自由市場」，其實是絕對買不到東西，而黑市物價，則日趨上昇；在四月中旬間，黑市生油，已每斤索價人民幣十八元，黑市鷄蛋每只索價人民幣七角。經營黑市勾當的，全是共幹和共幹的家屬，他們已好像獲得了特權似的公開地上門「做生意」，向有僑滙收入的居民打着「如意算盤」！

月眉山的故事

黃信男

月眉徘徊在去年他們依戀着的地方。她低喚着：

「義郎！你為什麼不回來？」

「你忘掉你說過的話嗎？」

她擧頭望眉月，長長的嘆着氣；

然後，她哭了，月兒躲進了雲層。

微風依然像舊年的吹着，可是，可憐的月眉，她已沒有舊年的心情了。

他不是說過：最遲今年這個時候就要回來嗎？他早就應該回來了！男人就是這樣不守信用，月眉陷落在痛苦的失望中，她不肯相信義郎會忘記她，但又說不出為什麼到了約期，他還不回來！

常常，她總是獨個兒的在傷心、凝想、流淚。

剛踏上七月，阿母為她裁剪好了幾套新衣裳，全家都在為她的婚事忙碌着，只有月眉，她却是冷冷的，大家還以為她是在害羞！所以誰也沒有注意到，她那兩道秀麗的眉，早已蹙得更緊；過多的憂愁，使她對一切都失去了興趣和好感。

戰爭剛平靜下來。七月底義郎終於擠上了一隻機航船旋里。可是，他又怎麼會知道，八月初阿牛就要來迎娶月眉了呢！

日月只是明滅圓缺，絲毫也不考慮到人間的悲歡離合。

八月的季節來了！婚期到了！翌日，翌日就是阿牛的人了，當晚，她被阿母擺佈着準備了做新娘的一切事體，回到房裏，已經是深宵了。

她心裡煩亂極了，窗外的月色多好呀！往時，她正偷偷的跑到山上去會義郎，多麼的甜情蜜意，如今只留下了一片空虛和絕望。月眉的淚都流乾了，她全身沒有一點力氣，神志在半昏迷中，她對這個世界，已失去了信心和眷戀，她跪倒在院子裏，清楚的記得，去年對義郎說過的話：

「我一定等你，我的心就像這山一樣的堅定。」

她從心裡低低的喚着義郎的名字，天地眞的太大了；為什麼要把兩個人分開呢？明天就是另外的一個世界了，她怎麼能，怎麼能夠去呢？她的手在抖着，慢慢的打開紙包裹的毒藥，和着杯裏的開水，把它呑了下去。

她心裏平靜了很多，山，巍巍的矗立在她的面前。開了後門，像往年一樣，她溜了出去，朝着山上走去。

皎潔的銀光，照着一個孤零零的少女，在蒼茫的山間，悽然的走着。失神的雙眼，佈滿着失望的痛苦。

黑夜、高山、叢林，在呑沒一個瘦小的女人。

……………

子夜，月亮轉到了中天。

一條黑影疾速的奔上山，他對着天空舒了一口氣，不覺喃喃的說着：

「天一亮，我們就可以見面了！」

「眞想死我了！月眉！」

他腳步放慢了下來，一步步的向着他們坐談過的地方走去，他不停的撫摸着半山的矮樹，小草和野花，這曾經有過他們的情和愛。

突然，他看到地上躺着一個人，他急忙跑上前去，把她翻轉過來，掠開披在她臉上的散髮，借着月光，他看清了她是誰，他驚慌的叫着：

「月眉！月眉！」

他一連喊了好幾遍，月眉的臉慘白得像一張紙，氣息絲絲，嘴唇雖然動了一下，但沒有說出話來。

「月眉！我是義郎！我回來了！」

「月眉！月眉！我回來娶妳了！」

月眉的眼開了，呆呆的望着他。

「我是義郎，月眉！我回來了！」

她掙扎着說話了：

「義……郎……」

義郎點點頭，緊緊地抱她，嗚咽的叫着：

「月眉！是我！」

月眉顯得非常的軟弱，想要再說些什麼都沒有力氣了，她掙扎的張着眼，當她對着世界感到留戀的時候，已經太遲了！

「月眉！我回來娶妳了！」他在她耳邊輕輕的說着。

她閉起了眼睛，嘴角浮起了微笑，安祥的躺在愛人的臂彎裏。……

大地上沒有一點聲息，夜空中僅存半輪明月，靜靜的，月仍是那樣的像她的眉……。

月眉被葬在山下，並蓋了一座凉亭，為了紀念這位多情的少女，山，就被稱為月眉山了。

山上搭起了一個廟宇，義郎就住在這裡，伴着月眉的芳魂，終日唸珠誦經，年年月月，月月年年。

（續完）

思親

白山

我是光桿兒，自己動手作飯，一頓飯四把零點就夠吃了。送飯的菜是一罐日本的「新進漬」（鹹菜），間或買五毫錢熟牛肉什麼的，吃得還很舒服，好遲在茶樓叫一盤肉絲炒河。可是我每當吃得太好時，總不免想起媽來，想媳婦時竟往怎樣「恩愛」的地方想；想起媽來，思念就死盯在媽的為兒子受苦上面，想的時間越長，自己的罪狀越多，就算不把在媽身邊時的罪狀擺在心裏，離開媽後的這十年，讓媽朝思暮想長年折磨媽的罪，眞是太不孝了。

老人家沒那位捨得兒子出遠門的，也都盼兒子在外邊能有「出息」，但是，碰上緊要關頭，老人家就顧不得兒子一旦出走後的牽腸掛肚，咬牙皺眉也力主要走就走得快些，為的是留個「活口兒」。還有，老人家都以為自己的兒子乖；在家乖，出外也差不多了；於是，老人家除了想之外，就盼望自己的兒子出人頭地。就算兒子在外邊「抖」起來後，把老人家忘在腦後，她也有藉口原諒兒子；她就是担心兒子潦倒異鄉，因為兒子是她的骨肉，她心疼啊！

我好歹總算給媽留個「活口」，在媽的夢裏出現時，不會是披頭散髮，將媽驚出一身冷汗。如果這樣就是盡了孝道的一半，我還別妄自菲薄眼前的三碗乾飯，一罐鹹菜，和隔三差五的熟牛肉什麼的，像這樣起碼的吃食，換個地方——海外千多萬華僑的家鄉——會當作珍饈美味；我的媽一年之內是否有一塊肉進口都在不可知之列——想到這裏，我往往不由得悲從中來，放聲大哭。

照說，將屆不惑之年的人，比較易於抑制情感，使之不因一件小事激動。但是，想媽和年歲之惑不惑無關，古稀之年如果高堂尚在，他也一樣懷念不已的，因為在媽的慈懷中，是不分老小，她都當孩子看待。老萊子扮娃娃娛親時，已是耄耋之年；後世有誰批評過老萊子的不是？可見不惑之年想媽仍是很正常的。

我猜：未離開家鄉之前，媽死了，而且將媽揀個「風水」好的地方葬了，今天闔家團圓子孫滿堂的人，大概因為對得起媽不想媽了。那他錯了，不明白今日的家鄉景況。今日的家鄉，早就「亂籠」了，說不定，「×母墓」「×母墓」裏的母骨，老早就在「土洋並擧」之下，成為肥田粉了。假若這是事實，為人子的能說把媽葬了就算永遠對得起媽嗎？我想，就算嘴硬硬說對得住了，仍無補於內心的悲痛的！

文壇泥爪

徐志摩與戲劇運動之六

「劇刊」十五期中所刊載的文字，在當時冷寂的戲劇論壇上放出一些亮光。在介紹西洋戲劇理論和劇作家中，有馮友蘭所譯狄更生的「論希臘的悲劇」，張嘉鑄的評介蕭伯納、高斯華綏、貝萊等；在論劇技術方面，有余上沅的「論表演藝術」「演劇的困難」，趙太侔的「光影」「佈景」等；在評論當時演劇和劇作方面，有評藝專所演的「壓迫」「一隻馬蜂」「獲虎之夜」等；在研究中國舊劇歷史中，有恒詩峯的「明清以來戲劇的變遷說畧」，顏頡剛的「九十年前的北京戲劇」等，都是值得保存的文字。

在最後一期即第十五期他們正式宣佈了停刊，志摩的「劇刊終期」沒有寫完，由余上沅來續完。余在開頭即說：「在『人事』已經找着了一條出路，碰上這天上地下都團圓的清夜，不免痛飲到了陶醉。賸下的未盡之意，祗好由我來勉強續完了。」這正是志摩同陸小曼結婚的時候，「痛飲到了陶醉」，所以寫不下去了。拿着愛情當生命的志摩，就是這個樣子的拋掉一切。在對做人處事的態度上來說，這誠然是不足為訓的，然而從此也可以看出志摩的眞和傻。

在余上沅的續文中，他指出了「劇刊」刊登的二三十篇文字，大部分對藝術全體都有相當的發揮，如其中提出來的「程式化」「純形」「除邪及湼槃」「介體」「普遍的情感」「藝術良心與道德良心的平衡」「反實與求實」「抑制的情感」「藝術的規律」等等有關藝術的基本觀點，都不限於戲劇一項。余說了幾句很扼要的話：「本來，藝術的元素，總是息息相關的，要談論戲劇，自然不得不涉及其他藝術；要研究戲劇，也是一樣的不能不論及一般藝術。如果有人以為祇讀讀書本上的戲劇便算研究了戲劇，那是對戲劇有了誤解，老實說，那簡直是躲懶。」如今搞戲劇的對其他藝術茫然無知的不是大有人在嗎？

奇怪的是他們雖然肯定了舊劇，可是因為他們更提倡對舊劇加以改良，卻又引起了當時一般舊劇保守派對他們發生了反感。這一點，余在「終期」中也曾予以辯解。他說有人誤解誠然不幸，但卻絕對相信不能故步自封，他認為要有不拘成見的精神，一切才能日新月異，他們將永遠保持這種態度。最後他着重聲明，「劇刊」雖然終期，他們要做的工作永遠沒有終期，他寄希望於中國戲劇社，並說：「萬一戲劇社也無形消滅了，依然不愁繼起無人，如果中華民族還是一個民族。」

辛亥革命史談（四）

彝生

（三）說到甲午戰爭以後外力對中國的加緊壓迫，我在本刊所發表的「記戊戌維新始末」已詳哉言之，在這裏不想重複多說；但有一點必須特別指出，即一八九九年（光緒二十五年）美國國務卿海約翰（John Hay）所提出，而先後得着英、俄、法、日、德、意各國所一致贊成的所謂「門戶開放」政策是也。這一政策着眼於經濟，其原則性的規定凡三點：

「一、不干涉在中國的所謂一切「利益範圍」或租借地中的一切條約港口及一切既得權益。

二、凡在「利益範圍」內的港口（自由港除外），卸陸或裝船的一切貨物，不問其所屬國籍如何，統適用中國現行條約稅則，並由中國政府征收之。

三、凡征收別國國籍常往來於該「範圍」內港口船舶的港稅，不得超過本國國籍的船舶。在該「範圍」內敷設，管理及經營的鐵道之運費，凡課於通過該「範圍」而運送的他國國籍人民及臣民所屬之商品者，不得超過同距離運送的本國國民所屬之同樣商品。」

要使得這一政策能見諸實行，中國行政與領土的完整自然是最主要條件之一。因此就中國來說，在當時列強對中國瘋狂侵畧的情勢之下，這一政策的提出，自有相當於「鎮定劑」的作用，兩害相權取其輕，不能說對中國絕無好處。可是進一步來看：一、這一政策的精神，根本就是以列強與中國所訂不平等條約為基礎，對中國當時的情況，希望如何改善，當然是不可能的；二、中國門戶的關閉或開放，其權屬於中國自身，不待中國的同意，但求取得列強間的相互承諾，該政策提出的方式，即為蔑視中國主權之尤；三、當時英、俄、日、法、德諸國，各於中國有租借地的取得及所謂勢力範圍的指定，獨美國無之，美國為自身打算，乃有衝破這一樊籬以求得機會均等的必要，絕非有愛於中國。不過美國為求得此一政策的貫徹，用力甚勤，始終不變，甚至就在六十年後的今天，依然可看出美國的對華政策，還是包含得有維持均勢不許任何一國單獨壟斷中國利益的精神在內。茲姑就中國辛亥革命以前之事實舉例言之：

一九〇〇年，中國發生拳變，至引起八國聯軍，美國雖然也參加了此一共同行動，但所出軍隊，遠較英、德、日、法、俄各國為少（英、德、日均出兵兩萬以上，法、俄亦一萬以上，美國只出五千以上，而五千六百人），且在進入北京以後，其軍紀也較為良好；在未入北京以前，即是年的七月三日，美國便以備忘錄通知有關各國，表示美國對此事的基本態度，中有句云：「……但美國之政策，為渴望一種解決，能使中國永遠安寧與和平，保存中國領土和行政的完整，……且保護中國一切地方，為世界樹立之均等公正的通商原則。」

又，當長江劉坤一、張之洞兩督提出東南自保的時候，美國一接到當時中國駐美公使伍廷芳的照會，即首先表示同意，並授權美國上海總領事，與該總督等從事協商，東南自保計劃之得以順利完成，實以美國態度為關鍵。

又，當瓦德西到達北京還不到一個月，他便向德政府報告，說「美軍留在北京者，已減到一千四百人。」同時德政府也接有美方的電報說：「敝國不欲本國軍隊永駐中國，從事戎行，也不能與貴軍助戰，以聽瓦德西統帥的指揮。」

我國對庚子一役的賠款，共為四萬萬五千萬兩，合利息計算近十萬萬兩，可是當最初討論此項賠款數額的時候，美國僅主張兩萬萬兩。同時我們還不應忘記，後來以此項賠款退還中國者，也以美國為最早。

凡此，均可看出庚子一役中國之倖免瓜分，並無任何一國敢於對我提出領土要求，實受美國「保存中國領土和行政完整」這一原則之賜。

俄國藉口拳變大舉出兵佔我東北全境，並威脅中國與她訂立密約，要取得東三省及蒙古新疆的經濟政治特權，這當然也是美國所極端反對的，有一九〇二年二月美國分致中俄兩國及英、日、德、法等九國備忘錄可証（文繁不具引）。而日本在一九〇四年敢於對俄宣戰，雖說是為她自身的切膚利害使然，可是美國的態度和一九〇二年的英日同盟給了她最大的鼓勵，亦為最顯著的事實。美國對日本在作戰中所發行的公債踴躍應募，及俄國波羅的海艦隊東航徹底殲滅以後，美國老羅斯福總統即出面調停，使俄國在一不過分難堪的情況之下，訂立日俄兩國的樸資茅斯和約，這也還是美國不願任何一國獨佔我東北而苦心維持一均勢體系的表現。

所不幸的，日本在勝俄以後，一面為和緩俄國對她的報復，一面乃進一步謀與俄國妥協，以防止美國插足我東北而遂其由日俄兩國平分我滿洲的陰謀。因此，哈利曼（E.H. Harriman）一九〇五年十月收購南滿鐵道的計劃，原是與日本桂內閣已有成議的，既得有日元老井上馨的持支，而伊藤、山縣也不反對，可是卒由小村壽太郎（日本對俄議和的全權）藉口樸資茅斯和約第六條謂只能由中日兩國合資經營而予以推翻，而日本則於一九〇六年六月成立南滿洲鐵道株式會社，以為繼續侵畧我東北的張本。一九〇九年（宣統元年）美國務卿諾克斯（Rnox）有「東三省鐵道中立計劃」的提出，也卒為日俄協力所破壞。同年，伊藤博文在哈爾濱為朝鮮志士安重根所暗殺，日本即於次年（宣統二年）八月正式併吞朝鮮！

凡此一切驚心動魄的事實，當時滿清政府，乃完全東手無策：日俄兩國在中國領土以內作戰，她只能宣告中立；戰後她與日本訂立「東三省善後條約」，日本所得乃遠超出樸資茅斯和約所規定者之上！我們必須了解：中國的革命，發動於甲午戰爭，至日俄戰後乃更趨於積極（同盟會成立於一九〇五年九月，同月，吳樾即在北京車站，炸出洋考察憲政的五大臣），能說不是受了當時這種國際形勢的刺激所使然嗎？（待續）

析支列傳（一六）

亮之譯註

46

大流士所御駕親征之攸克辛海，若干族姓及一枝析支遠征軍即環之而居；以吾人所知，其獷陋實甚於任何區域。蓋其地除依附安那契爾息斯（Anacharsis）（註一）及析支人外，殆無一族能自作明智之主張，亦無一人能自致較高之榮譽者。顧析支人雖鶴立雞羣為其地最高之統治階級；而其作風，則余實不能讚許。余茲為述一事；此乃析支處敗之手段，即每當其放棄佔領區時，使非應約決戰，敵軍殆未有不因而崩潰者。蓋其城市要塞概行放棄，其居民概被強迫與之落荒而走；加之，其平昔乃游牧而非耕稼，人人咸習馬背生涯；其四輪車乃唯一之家室（註二），攻之不易而履險如夷；夫如是，其主力尚何由因敗戰而致傷殘者哉!?

（註一）安那契爾息斯（Anacharsis—600B.C.）：析支哲學家，攸克辛海濱希腊女游牧酋長之子。公元前五八九年出使雅典，與索倫(Solon—雅典立法者，希腊七聖之一）友善，傳曾入雅典教。於雅典盤桓數年後，復漫游各國，歸而以希腊法律及宗教授之國人。希羅多德謂其後為兄弟所殺。生前嘗以簡明而有力之語言，著成有名之「析支雄辯術」；唯傳世語錄則一如其書翰，均屬偽託。（依大英百科全書）

（註二）原註：「古析支人果否全居於其四輪車中，此殊可懷疑。較大可能為：其車上携有帳篷，而支輕便木架以氈若草蓆覆之，車輪運轉庶臻靈便；否則、車行決難靈便。」

南通黃松庵先生范伯子行實編年而苦寫資燕謀兄以苦困寄廿金畀之十疊均

—履川—

長公天人姿。詩炳如皦日。哀吟動九州。
算僅逾五十。述遭丁一世。佳傳嗟未出。
黃侯誠好事。搜討善乘隙。行實紀編年。
羅羅見今昔。學詩獲餘論。往侍延陵席。
微傳承未能。媿咤欲呵壁。

聯合評論

週刊

本刊已經香港政府登記

每逢星期五出版

United Voice Weekly

第一四三號

督印人：黃宇人　總編輯：左仲平

社址九龍森德道二十三號地下　電話68678

承印嘉羅印刷有限公司香港灣仔馬師道5號

總代理：友聯發行公司　售價每份港幣一毫

本報美洲版總經售處美國紐約中美出版社

CHINESE -AMERICAN PRESS ,INC

199 CANAL STREET.,

NEW YORK13 N. Y. U.S.A.

美洲航空版每份零售美金一角

不宜提倡現役軍人鬧政變

李璜

「古跌打」(Coup d' Etat政變)這一名辭，在辭典上的解釋爲：權力的妄用；又稱：公務人員超越其職責的暴力干政。一個國家的中央政府或地方政府，忽然遭遇着古跌打的發生，以暴力而强迫着政權的轉移或爭奪，總是一件不幸的事情！這種古跌打事件，如果是現役軍人仗恃着他手握的武力動起手來，則更爲不幸之至！因爲這種現役軍人妄用其權力以發動政變，行之於小國，則軍紀往往爲之墮壞，國防容易爲之疏懈，以致外敵加深覬覦，或者內亂終於難免；行之於大國强國，則問題更爲嚴重，不但其本國的綱紀蕩然，無理可講；而且大國强國的軍人專政，如果成功，則多半要向外侵畧，爲鄰國帶來災禍，爲人類造出浩刧來的：日本少壯軍人打死犬養毅首相等，使日本憲政敗壞，接着便實現了軍閥專政，雖以天皇之尊，也感到朝不保夕，而中日大戰隨之爆發，中國人的犧牲好大啊！

舉凡政變的口號，總是說爲了國家，而且這種由情感出發的愛國行動，是往往爲一般民衆所贊成的，容易引起多數人的興奮與擁戴的；但是情感之爲物，如果未加以理智化的控制，法律化的調節，則其結果便最易發生兩個後果：一爲情感愈激愈厲，恃其權力的妄用，一度似乎成功，再度更行妄用，發洩過甚，便不免超出人性的常軌，而做出過火不近人情的舉動，結果，其始本爲民情所讚許的政變，而終成民情所厭惡的暴行。

此次南韓少壯派現役軍官於五月十六日發動政變，佔領漢城首都，在我們居於友邦人士的冷靜觀察中，一點也不懷疑張都暎中將等人的愛國赤誠；然就共同反共的立場言，則在我們對於素加愛護反共同志的情感中，則又不免於爲之担心與憂懼：權力的妄用，如不能加以理智的控制，法律的調節，而在一時的興奮與似乎感到多數擁戴之下，要將前政府的民主主張一概抹煞，民主人士一網打盡；一色軍風紀，一律戒嚴法，則久之或又將引起多數人的不滿。因情感之爲物是最容易生出變遷；雖在愛國口號之下，亦難長久令多數人忍耐於軍人專制的作風，而不會不發生反感的！

論者有侈言此一現役軍人鬧政變爲「東方性」者，其意以爲與西方民主性是兩回事，而尤爲美國人所難於了解。筆者也感到在東方，特別在我們中國歷史上，現役軍人鬧政變，簡直是史不絕書；特別在南北朝時代，咱們漢人的南朝；劉裕篡晉，蕭道成篡宋，蕭衍篡齊；陳霸先篡梁；：：類皆現役軍人鬧政變，打倒當朝皇帝，取而代之，簡直成爲往復循環，寃寃相報不已；類此者尙多，如唐末宋初，如民國的軍閥統治時期，史例不勝枚擧，但中國史家一律不大贊成這種東方性的政變，而直稱之爲亂世！

中國聖人孔子要作春秋，還說是就爲貶抑這不合政治常軌的東方式的亂世，而孟子更進而解釋這一亂世的亂源爲：「上無道揆，下無法守，賊民興，喪無日矣！」因此筆者以東方式的眼光感覺到南韓不幸而成爲亂世，其亂源在李承晚的老悖無能，任用私人，貪污遍地，因而引起了民衆普遍不安與不滿。當李承晚被逼下野的前夕，民衆暴動且牽連上軍隊動搖，南韓鼎沸，友邦震驚！此時，一味認爲反共必須無條件的愛國與無條件的服從專制者的論調，大都去推過於張勉，而咀咒主張民主的人士一律該死該殺。當時筆者即曾爲文說過：「李承晚的任用私人，枉法亂紀，貪污顢頇，民怨久深，如一概認爲如此盛大的民衆暴動，皆係張勉等民主人士所操縱，則未免太恭維張勉了，他那有這樣大的本領啊！」果然，今次一夕之間，張勉及其內閣便完全被打倒了，未聞有民衆爲出死力而擁護之者，這足見年前李承晚政權之不得不倒台，其原因不在張勉，而在其自身之太不健全！

今日南韓，現役的少壯軍人既已發動政變，而且以淸一色的三十個軍人組成委員會來統治南韓，這種寡頭政治的作法，就中西歷史的往例看來，不算怎健全的作法，而必然要自身動蕩不定的。而且張都暎中將初而宣言六點，似乎還在表示要將南韓政制納入憲法常軌，與世共見其無乘機貪戀權位之心；繼則自爲總理，在議會宜誓時，便表示得有點毛手毛脚的，令人憂慮其難勝大任；近日則大擧捕人，解散一切政黨與社會團體，令南韓人民緊張心理與日俱增；今日且有一警察奉令沒收韓國人所藏有的任何美國香烟」，故意去刺激盟邦，表示出反美的情緒，更令人感到這一作風，未免粗糙，而未能在揮戈北指，督不退守這種大體上着眼，去團結國人，感動盟邦，而只表現出一些小動作，徒去加深南韓的糾紛與自身的麻煩，而於愛國反共的前途反而多所妨害！何況二十二日漢城電訊傳言，其軍事委員會的內部團結還有問題！「張脈僨興，外彊中乾」，此柄政之大忌也，誠令人對於反共同志之友邦前途，不勝杞憂之至！

在香港有一二反共而又反民主兼反美的報紙，對於南韓此次打倒憲政常軌的政變，且畧帶有反美色彩的現役軍人的暴力干政，似乎覺得快意，而加以稱許或甚至認爲「軍人干政」比「政客干政」好些。但是筆者總覺得現役軍人鬧政變，乃是一個國家的不幸事件，不宜加以提倡的；尤其是在我自由中國朝野上下力求反攻大陸，而已長期鬱悶尙未能做到的今日形勢之下！

五〇、五、二二。

沉痛的呼聲

——讀「同舟共濟」有感

胡越

自從去年十月雷震等被拘下獄，籌組中之新黨隨之解體，接着「公論報」案發生，糾纏數月之久，終亦被迫停刊了。到此，國民黨當權派壓迫異己、箝制言論已經告一段落；但是國人十一年來日夜禱盼、涕泣以求的憲政改革，擧國團結，反攻大陸的一線希望則如石沉大海，渺不可期了。半年來在專橫陰鷙的政治高壓之下，台北的氣氛，正如北國寒冬的午夜，滿目漆黑、蝕骨寒冷；希望的火光熄了，每顆志士的心都在無聲的哀泣！但是就在這種苦悶嚴寒的暗夜中，我們聽到了一個人沉痛的呼聲。在任何人都已不敢說話，不想說話，無話可說的情況之下，文化史學者、名政論家胡秋原先生挺身出來說話了。去年十二月胡先生應民族晚報之請，寫一篇專欄，胡先生初也不願執筆，經該報九次催促，才提筆應命，而筆一着紙就如長江大河一般，一寫而成十五萬言（後以「同舟共濟」書名出版）。先不問本書的內容如何，單說胡先生這份勇氣、這份熱情，就足以使人驚倒和傾服了。而「同舟共濟」這本書的內容，確也表現了作者的熱情和勇氣；我讀過後的印像是：態度正大、辭氣坦誠，忠告善導而擇善固執；而所陳意見又都能面對現實，切中時弊。這是大陸淪陷以來，不可多得的一部論政勵時的書。全書十六篇，爲使讀者了解這本書的梗概，茲抄目錄於下：一、破船在大海中，二、反省錯誤爲希望之本、公道合理爲勝利之本；三、美俄鬥爭與世界大勢，四、鐵幕集團與俄華共黨關係，五、勝利之路與敵人目前的陰謀，六、加强中美合作，七、加强與大陸同胞的合作，八、加强本省與外省同胞合作，九、加强與海外同胞和其他國家之合作（本篇值得特別注意的各節如下：一、反共、冷淡、不滿，是海外華人的普遍情緒；二、團結海外華人之道：整頓內政，誠意與人合作，反共救國會議，執政者不可罵人，怕人批評；三、刷新內政，擧國團結，即可加强外交；四、海外華人亦當自謀團結），十、總論團結之義，十一、力行憲法、發展民力、提高効能，十二、經濟與軍事問題，十三、教育學術文化問題，十四、總論迅速全面徹底改革及提高反共水準之必要，十五、自由中國之存亡其權一半操於知識界與新聞界之手（按：此節最主要，最值得每一知識份子、每一新聞工作者深思），十六、希望在每一人心中——中國盼望每一人盡其責任。

在今天這樣黯淡的景況中，能有這麼一本有勇氣有見解的書，不但表現了作者個人堅强的生命力，同時給提起國事只知歎息的人看看、給一提到中國就搖頭的外國人看看，中國並沒有亡！至少還有一個勇敢負責、眞誠愛國的人！今天大陸以外有兩千四百萬中國人，假使有一萬個中國人能有此見解，并奮起力行（今天說到奮起二字，內心是何等悽愴與惆悵！在大陸以外兩千多萬中國人，究竟有多少人認眞着想苦難的祖國？又有多少人想得出結論、看得出前途？又有多少人能捨棄一點身家利害爲苦難的祖國做點事情？），我就不相信不能促民主憲政的實現；我也不相信打不倒中共！

孫中山先生一生獻身革命，在他臨危的遺囑中告訴國人：「余致力國民革命凡四十年，積四十年之經驗，深知欲達此目的，必須喚醒民衆」！「必須喚醒民衆」！這是今天愛國志士最艱難的課題。我做爲一個文化工作者，一個致力於中國民主運動的人，我必須自感羞愧，十一年來我究竟對「喚醒民衆」有多少貢獻？近年來眼看着中共加速製造否定它自己的條件、已露出必亡的跡象，但同時也眼看着國民黨當權派在胡作非爲，在毀壞反共復國的機途；我心中說不出來的痛苦，我終於用文字來表達主張見解的工作，幾已感到疲憊；但是讀完「同舟共濟」這本書，不禁血氣湧發、感激鼓舞！重新煥發了活力。現在把該書首篇中與末篇中各一段抄在下面與讀者共賞之。

「誠如陶百川先生所言，我們今日是可生可死之局。我想我們今日處境有如一隻大船破了，一羣人逃到救生艇上。這救生艇亦已受傷。大海之上，風浪甚爲險惡。大家謹愼小心，可以渡到勝利的彼岸；但如果要像現在這樣在船上鬥法，而不好好應付風浪，船要翻的。

如果船實在非翻不可，無論大家怎麼辦，都無不可。但船的確是可以不翻的，絕對不是無救的。

（下轉第二版）

雜憶錄之二十五

一九四五年游美觀感（四）

四、第一顆原子彈

・幼椿・

第一顆原子彈是於一九四五年八月五日下午八時半（美國時間），由美國空軍投於日本廣島的！日本因是而無條件投降；中華民國因是而抗戰勝利；第二次世界大戰因是而完全結束；蘇聯紅軍因是而順利佔領我東北，不費事而得日軍二十萬枝槍，以資中共，以為侵略中國，進而攻陷中國大陸的資本！

這一顆造福造禍兼而有之的戰爭利器，是費了美國人五年又三個月的研究及製造時間，二十萬萬有多的金元，然後纔製造出來，為結束這艱苦異常的美日逐島血戰的！因是，這第一顆原子彈在七月十六日纔試驗成功，有二萬噸以上的烈性炸藥的合力，力可摧石鎔鋼，無堅不破，無物不毀，而即於半月之後運往前方，投之於日本重要都市了！

以美國人青年皮氣，在原子彈試驗成功之後，知其事者的絕少數人，其興奮之情，可以說，要高興得跳起來不只一丈高的！他們在此二十日中，竟能保密，而不使此驚人消息外洩，在美國人，眞是難能可貴的了！我何以了解此一情景？因為我當時在美國海軍基地附近的大城羅杉磯閒居，而原子彈的試放場就離此地不遠，在新墨西哥州的荒涼之區，在試放的七月十六日凌晨的時候，羅杉磯的全城人都感到震動，而在投彈的八月五日的頭一天，我便知道，有一枚威力特猛的怪炸彈要投向日本重要城市的了！

八月四日下午三時，張欣海先生忽然同一位美國青年來訪我，對我說：「日本快要完蛋了！快有一顆力大無窮的炸彈投向日本本土，它非俯首投降不可！請我早點準備講演稿，叫日本軍閥投降，以便錄成留聲片子，拿去海邊高架無線電台向日本方面放出。」我當然莫明其妙，答道：「等投了彈再看罷！」美國青年道：「快了！快了！趕速準備！改日再見！」匆匆而去。欣海留下，對我說：「美國人高興得了不得，說快要打敗日本了。」問我此地有中國大員沒有？我認為你是中華民國出席聯合國代表，算是大員，所以他要我帶他來，請你準備播音。」我說：「用英文或用中文？」欣海答：「對日本人說話，當然用中國國語，你準備十分鐘左右的講話罷！」

八月六日午，在羅杉磯的美國海軍軍官請我午餐，主人為美國海軍少校墨飛（O. M. Murphy, Commander U. S. N R.），陪客盡是軍官，名字多未記下，只有海軍中尉福特（Lieutenant T. B. Ford）法語甚好，做我翻譯，席中頻頻舉杯慶祝，一時大家興高彩烈，所為何事，則各人心中有數，心照不宣罷了。午餐後，即約去錄音室錄我的準備好的·叫日本無條件投降的講話。後來又赴欣海家，與他及其夫人韓湘梅女士快談，並舉杯慶祝一番，然後出來買晚報看，關於在廣島投下第一顆原子彈事，已紀載得相當詳細了。

八月八日又在長崎投下第二顆原子彈，八月十日日本無條件投降的消息即已傳來，欣海立來我寓，要我對日本天皇保留問題表示意見，並須立向美國電訊社發言。我認為發言可也，但只責備日本軍閥，並叫他們在中國區域內投降，並要嚴守紀律，規規矩矩的繳械受縛；中國人一向王道主義的，絕不會虐待俘虜，等語。至於日皇應否保留一節，則須先與魏大使電商後再說。欣海甚為興奮，而且英文寫得又快又好；不到二十分鐘，他便將我向美國電訊社談話及致魏道明大使電英文兩稿都擬好了，立即拿去發了。

美國電訊社將我的談話發表後，羅杉磯中國領事館張紫常領事卻為我忙了一陣，（紫常彼時雖只任一個領事，我到羅杉磯不過接觸一兩次，便覺其人有見解，很能幹，是一個有前途的外交人才，）因為羅杉磯的僑胞要慶祝勝利，紛紛請我吃飯，而當地美國人也在託領事館約我會面，每日必有數起。張領事知我正在養息身體，並知美國人與僑胞們都愛鬧熱，這一來，又吃又說，應接不暇，非把我弄病不可！因此承他與我安排會人與吃飯的節目，每天不超過兩次。——我笑對張領事道：「這兩顆原子彈的威力影響到我們兩人的身上來了啊！」

而且這兩顆原子彈確把美國人全體都陶醉了，舉國若狂了！第一，自八月六日起，翻開美國各地報紙、原子彈威力描寫，原子彈發明經過，原子彈投下日本後的閃光與菌雲形態，原子彈殺傷敵人如何利害，原子彈連篇滿紙，令人看不見別的主要新聞了！第二，日本在八月十四日正式承認無條件投降那一天，羅杉磯城在午後四時鳴長笛以為勝利報告。三時半，我在老華僑譚菲軒中醫生醫寓那裏談天；譚說：「請李先生快點回家！一到四時笛鳴，街頭狂歡，秩序必大亂！照往例，一過慶祝，都要亂來；何況這次的原子彈已經把美國人頭腦弄得快要瘋狂了呢！」我的寓所太偏僻，我要看鬧熱，因之特往一個鬧市中十字街口，僑胞好友十樓家中，憑窗俯視。在四時之前，街頭酒店茶館的玻璃門窗，即紛紛用厚木板釘封起來·商家關門閉戶，以防醉漢，十分忙迫。等到長笛一鳴，即聽見四面呼聲：「戰爭結束了！」（The War is Over!）呼聲過後，街頭青年四集，各人手執「味斯克」酒一瓶，拿來瓶口對嘴，你喂我一口，我喂你一口；遇見十字街口的警察，青年們即將警察兩人擒着手，一人拿着酒瓶，直向他口裏貫進去，那警察如似在受刑罰，又搖頭，又擺手、但是喝的是狂歡酒，無奈惡徒何；喝得滿臉通紅，只好逃之夭夭！同時樓上每個窗口撤下五色紙粉，飛滿街中；每家青年都出在街中來亂拉人跳舞。這時有個女孩子經過，立遭慘運·青年男子一齊擁去，這個抱着亂跳一通，那個又強去亂跳一通；幾下一來·女子的上衣下裙都扯爛，狼狽不堪，然而狂笑更甚，直至女子大聲呼救，痛哭不已，青年醉漢始放手，又顧而之他！

大戰幸已勝利結束，看見美國人民這樣高興，彼時我一思及中國的自己國事，眞令人心亂如麻！華僑中之知識分子，如南加省大學中國學教授陳錫恩，及韓玉珊、夏修永諸位請我吃飯：皆謂但願中國不要再啓內戰，好好建設，以養創傷；我心知此願甚難達到：聞言幾乎淚下。張君勱先生也自紐約來電，催我速赴紐約，電云：「十六日報載，蘇俄紅軍尚在東北猛進不已，聲言將推進至於關內，大患未已，速來詳談！」除先復張勱老長函，言一受降辦法，二復員問題，三黨派合作，四防俄要緊、三千餘字，請與彼時在紐約其介弟公權先生同閱外，即於九月十日自羅杉磯動身去紐約。

到紐約後，原子彈的興奮之情，在美國人中仍未減退。承有美國鎢鑛大王之稱的李國欽先生招飲「四十七層樓飯店」，特約原子彈發明人之奧本務穆爾先生與我談原子能的道理；我的物理學知識有限，不甚了了。我只問奧氏：「此種原子彈是否別國也可以仿造得出來？」奧氏答：「科學上的發明，是很難守秘的。何況原子能的基本道理與公式，德國物理學家中了解之者已不只十人也。」我聞其語，不勝隱憂！

（上接第一版「沉痛的呼聲」）

如果船翻了，還有人特別幸運，另有辦法，則無論他們打什麼主意，亦無不可。但必須知道：一旦船翻了，任何人無法再逃的。這理由，我不忍心細說，但可暗示大家，那時候，在技術上一架飛機恐怕也飛不出去；在國際法上，也無一國一地再收容我們這破船上再逃出去的人（再說清楚一點，且中華民國這招牌沒有了，即使已在外國的，護照也無用了）。因此，除了同舟共濟以外，沒有第二個方法，而只要有決心，是能共濟的。

「……如上所說，我的立場也甚明白。政府及其官吏在駕駛這隻救生艇。為一千萬乘客一份子的我，當然支持船長及其水手。我決不願見有人要爭奪船長的位置。因為無論如何，打起架來就要翻船。但是，這並不是說我主張大家一聲不響，匍伏不動。因為這樣，過去並未能保障大船不破，而十年之間，也並未能保障這救生艇、脫離險境。蓋縱使船長勞苦功高，不一定即是其船員茶房之屬個個得力。即令乘客一聲不響，那些船員茶房之類自己亂動，一樣可以將船弄翻。」

作者說到那些「船員茶房」亂動的情形；「更可慮的是：近三四年來我們的氣象日趨疲敝，尤以中美聯合公報為然。我們對最應當自決的問題——首先是經濟問題——不求認眞解決，……」另一面，則忙於不急之務，不斷紮彩慶祝；一面庸人自擾，自造糾紛，甚至目光對內，物色敵人。」

在末一篇作者懇告國人：「根本的覺悟就在今天了。第一須知人類是自食其果的。現在之惡果，皆過去之惡因而來。要實現未來之善果，就看今日大家所種善因如何。報應賞罰再嚴正也沒有。此大裁判者，信宗教的人稱為上帝，不信宗教的人稱為歷史。……世局在好轉；而我們自身，由於十年來所想所行之故，一種最後危險，一種死無葬身之所，無所逃於天地的危險，顯然存在。然就在這個時候，猛回頭還不遲。然上帝不必外求，不必到教堂祈禱，就在自己心中。歷史的機括，也無須到處搜索，也在自己手上。然見上帝，要善意做還証；隔動歷史，要希望為鑰匙。」

以上抄的兩段話，幷非書中的重要具體主張，（實際上反共復國的具體主張海內外有識之士所見都是大同小異的。）而只是一些從心田深處所流露的悲痛之情與希望之光。我數年來即痛切覺悟，今天之事主要不是知見的問題，而是喚醒羣倫、共同實踐的問題。許多人有極好的知識修養，但是冷得像塊冰，這樣的人於苦難待救的祖國何用？而必須從悲痛之情、見希望之光，一個人才能撕破自己的小囚籠，勇敢堅強的回到歷史的行列裡來。

這本書中若干主張見解，我幷不完全同意，通觀全書的文字也不夠整飭，正如作者在「尾語」中所說：「由於丁寧周至之心，不無婆婆脚布之誚。這是一篇很壞的文章，但是一封很誠實的信。」這或許是作者過謙了。這些我都無暇細論，本文所着重的是作者的熱力與願心；人是發光體，也是感光體，一個生命放射出光來，就會感射其他的生命，也發出光來。

從南韓政變談民主

李金暉

李承晚政府下台後一年、南韓又再度發生了政變。去年四月的政變動力，是以學生爲主，軍人站在超然的立場維持一定的秩序，未曾直接介入，但由於軍警的衝突，不幸成爲一次流血革命。這次的政變，雖由軍人策動，倒又是一次不流血的革命。「兵變而不流血；政治運動却能釀成大屠殺，看來似乎不很邏輯，但實際上却有其很合理的發展規迹。

在未曾作較詳的申論前，似有必要先說一說香港左右兩派御用論客的觀點。

左派的那些喇叭，是一貫地依照北平的指示下筆的，實際上並無再多作辭費的必要。反共而又厭惡民主政治的論客，則認爲南韓今次的變局，正好供他們用來鞭撻民主政治。因爲在去年南韓推倒李承晚政權時，他們是以「兎死狐悲」的心情表示了不滿，雖然他們也承認了李承晚政權垮台的必然因素，但認爲出諸那樣的方式是不應該的（實則不出以政變方式，無疑的李承晚將做終身總統，而李氏集團即成爲一獨裁政治的支柱。）並且認爲以南韓方今之局，民主是行不通的。

張勉組閣後，南韓的國情並未有顯著的改變，人民生活困苦依舊，若干官員貪污腐化也依舊，而對外關係又軟弱不前，再加上民間存在着力求統一的願望，更加顯得張勉政府的無能爲力，若這樣的情況一任其自然地發展下去，南韓的混亂，勢將成爲韓共利用的大好形勢，因此可以說，這次南韓的「兵變」，是在這樣迫切的情勢下爆發。

張勉政府的無能爲力，自有其一定的主觀和客觀因素所造成，不過這却不能成爲是民主政治的詬病。張勉政府未符衆望是事實，但南韓在李承晚統治時期所遺留下來的非民主的病根，却也不能苛責張勉在極短時期內剷除的。即以貪污爲例來說，在民主與有效率的政府治理之下，這種惡劣現象雖不可盡免，但也不會「蔚爲大觀」，成爲公開的秘密。然而在長期獨裁統治之下，貪污可以形成爲一種政風，既已年深日久而欲一旦拔除，那確非易事。因此，就形成爲一個既得利益的集團，進而便牢牢把持政權不放，甚或倒行逆施。可是張勉政府畢竟不是一個獨裁政權，從他在躲避了三天的政治風暴之後所作的辭職聲明來說，就可以了解，南韓這次的變局能够避免流血的，還得歸功民主政治的精神。如果張勉是個獨夫像李承晚那樣有警察可供其驅使，相信大衝突還是難以避免的。

現在，張勉不僅未在政變期間作任何形式的「鬥爭」或嘗試作「垂亡前的掙扎」，相反地還申明願意「承担對所會發生的一切事情之道義與政治責任。」極其磊落地向國民謝罪辭職。同時在辭職之前，通過了戒嚴令，使從事政變的「軍事委員會」，獲得政治上的合法的權力，以示其充分地合作。這些舉措，是爲此次軍人政變而不流血的基本原因，應該被看作是南韓實行民主政治以後的初步成效。

當然，軍人干政或以兵變方式來推倒一個政府，畢竟是逸出了民主政治的常規。但是在特殊緊密情況之下，在一個政府陷入軟弱無力的情況之下，權宜之變，不可厚非，要緊的是混亂狀態不能久久延長，應該迅速合法地把政權過度移交給新政府。尤其是當南韓最近共黨滲透活動正在加緊積極進行之中，軍政府迅捷地逮捕了大批共黨份子和共嫌份子，而這項事情正是張勉政府時代所猶豫不決未能實行的。如果軍政府能够不枉不縱地加速處理，則是項行動是完全必要而正確的。

民主政治並非是不反共的政治。有人曲解民主是對共黨寬容的政治，那自然是有意的顛倒黑白。當然，像在英國，共黨是合法地存在並可以活動，但是却不能顛覆國家或作其它不法的活動。共產黨在英國，就像是大理石柱子上盤繞着的幼細的長春藤。對民主的，憲政之母的英國，起不了危害的作用。但是在東方未曾實行民主政治的國家，我們既積極主張實行民主政治，也同樣積極地主張不能對共黨的滋長與活動稍予寬容。然而不主張予共產黨寬容，也並不等於說可以不要民主。如果拋棄了民主，贊同實行任何形態的集權政治，不僅不足以反共，適足以成爲共黨進行腐蝕破壞的溫床。集權政治與獨裁，最容易造成社會的不滿與不公平，沒有興論、沒有公正、也沒有法治，自然就不會有安定與秩序，於是就給了共產黨活動和攻擊的口實。共黨的活動一加强，獨裁者就愈發變本加厲．兩者互相刺激，造成政治上的惡性循環，其結果往往是統治者處於較不利的地位，統治者由於恐懼政權與既得利益的喪失，就會不擇手段地加重對無辜的善良百姓的迫害失去了民心，獨裁政權雖然是死亡了，但代之而起的不過是共黨的集權統治，二者本爲一丘之貉，對國家與人民都無裨益，終使國家長期陷於混亂不安之中，使民族陷於悲痛絕望之中，這樣的情況，正是今日亞洲若干國家現狀的寫照。因此，離開了民主或不建立、不依循民主政治的規範以反共，那是必然失敗而無須懷疑的。

所以凡强調東方的國家不宜於實行民主，這不僅不足以顯示其人的反共的認識，抑且可視爲是間接作有利於共黨滋長、活動的鼓吹，乃屬不智的宣傳。

游擊戰不能打垮卡斯特羅

劉裕畧

最近古巴民主反共人士的反攻戰，只是曇花一現，只是轉瞬間，就被卡斯特羅打敗了。雖然，這一挫敗，也許只是古巴民主反共人士的暫時挫敗，但假如沒有適當而澈底的作戰方案和作戰計劃以付諸再度反攻的話，則這種挫敗，也許不幸就是長期挫敗了。

這一暫行挫敗之後，自由世界的新聞報導是說反攻古巴的健兒已有一部分進入山區與舊有的反卡游擊隊配合。這一消息的正確性如何？尚難確切判斷。反卡游擊隊的實力如何？亦缺少眞確材料。不過，無論如何，我願意在這裏確定的指出：僅憑游擊戰，是決不能推翻或打倒親共的卡斯特羅政權的。

這道理極簡單，先不說游擊隊的實力不够强大，更暫勿討論卡斯特羅統治下的古巴，其政治、經濟、社會等條件是否適合於反卡游擊隊的活動。僅就古巴全國的幅員及地形來看，它就顯然是不合於反卡游擊隊作戰的。

一個最明白不過的道理，那就是游擊戰的基本性質，既名曰游擊戰，則其作戰方式自必以游動的方式來侯機襲擊敵人爲基本作戰方式。而游擊的先決條件，第一又是以較複雜的地形爲前提的。因爲，除非空間廣濶，試問如何能游？如何能動？如不能游，不能動，又如何能侯機襲擊敵人？過去，中共之所以能在中國大陸憑游擊戰起家，儘管原因很多，也儘管中共一向强調那是由於政治、經濟、社會等條件對它有利。但一個眞正對共黨進行游擊戰有利的因素，則還是中國大陸的空間廣大，故毛澤東可以從江西逃竄延安，中間迂迴曲折經過若干省，若干地形複雜之白區，而達「二萬五千里長征」之遙遠。設非有此廣濶空間，則一百個毛澤東也必已被殲滅了。以此例彼，可知若無廣濶空間，足供游動，則縱有其它政治、經濟、社會等條件，也決不能打游擊，打也打不起家。而古巴的幅員並不廣濶，何况地形也不太複雜，所以，要推翻或打垮卡斯特羅，還得採用其它正規方式，庶幾才可改變古巴現狀。否則，單憑游擊，是決不能解决古巴問題的。

美副總統訪台雜聞

見微

（台北通訊）當美國現任總統甘廼迪當選之初，有識之士都認爲在現局之下，美國的對華政策不致有基本上的變動；但官方人士則喘喘不安，深恐民主黨一經登台，我們就要大難臨頭了。月前，美總統決定派副總統詹森東來作親善訪問，台灣也包括在內。於是我們又以一種憂喜交集的心情，期待嘉賓的到來。喜的是美國民主黨的政府總算給我們面子，沒有要詹森副總統過門不入。憂的是誠恐詹森副總統此來將提出我們不能接受的某些問題而使我們和美國新政府正式打交道的第一回合即令對方感到不快。因此，蔣「總統」頻頻與親信研討對策，甚至遠在紐約的蔣廷黻亦奉召回國述職。

中美會談，宋美齡居然出席

詹森副總統此次在台北停留的時間雖然僅有短短的二十四小時，但卻與蔣「總統」作了三次的正式會議。美方出席的人，除了詹森副總統之外，尚有莊萊德大使，美國駐賓國大使史密斯，駐泰國大使楊格，駐華大使館參事葉格爾，國務院中國事務局局長馬丁及斯密士等六人。我國方面，除蔣「總統」而外，也有六人，即陳副總統，張羣秘書長 沈外長，行政院新聞局沈局長，外交部情報司沈司長和宋美齡。許多人都說，詹森副總統的夫人雖然同來，卻未能參與會議；我們的第一夫人，則赫然在座，即此一端已可概見中美國情之不同了。

聯合公報足以振奮人心

蔣「總統」和詹森副總統所發表的聯合公報，雖然提到「雙方對於維持自由亞洲完整之共同目標，意見完全一致」；而對於「採取有效行動所需之策畧」，則僅說「曾作坦誠之探討與考慮」，似乎並未獲得一致的結論。對於美國總統競選時曾一度變爲爭點的金馬防守問題以及目前正爲我國朝野所關切的外蒙加入聯合國問題，亦均避而不談，未免仍使我們覺得憂懼。然而由於詹森副總統不但保証美國無意承認北平僞政權並反對其加入聯合國；而且申言美國認爲保持中華民國在聯合國的地位乃屬重要，並將繼續與我國合作，以支持我們加速發展。無異向我們投下一顆定心丸，對於台灣的士氣民心，自將發生振奮的作用。蔣「總統」向外國記者說，詹森副總統訪問亞洲，是一種安定的力量，實乃由衷之言。

陳副總統是否答訪

由於此次蔣詹會談多屬原則上的討論，對於若干較具體的問題均沒有談到，筆者特專誠拜訪幾位兼悉中美兩國政情的立監委員，叩詢他們的意見。他們多認爲美國政府有意避開這些問題，以便將來視國際形勢的發展而作彈性的決定。我國方面大概也覺得與其談而不能達成協議，不如留得將來再相機行事，所以也就不提了。他們以爲最近的三五個月中，我們除了在內政方面應加速實現改革與團結，以期形成一種有利的形勢而外，還應爭取主動與美國求得進一步的諒解與合作，然後才能穩度下屆聯合國大會開會時可能發生的危機。他們更指出，早已醞釀出國訪問的陳副總統如能乘此時機答訪美國，則對於中美邦交的增進必將發生有利的影響。但同時卻暗示：在現局之下，陳氏雖有此意，恐怕蔣「總統」也不會同意的。有一位立委還很感慨的說：「來而不往，非禮也，」本是我們的古訓。如今我們處處有賴於人；而卻因爲內部的互相猜忌，竟不能回答盟邦的訪問，實在太不幸了。

自由兩字使人萬感交集

達時

在聯合公報中，還有一段話令人看了之後萬感交集，即是「蔣總統和詹森副總統在原則上共同確認嚮往自由及爲爭取自由而努力之人民均應獲得自由，並同認自由非吾人專享，而應予以維護，並擴及所有嚮往自由之人」。這是何等動人的莊嚴詞句！然而按之事實，今日的台灣自由祇爲一人一姓所專享；人民的各項基本自由——尤其是言論出版和集會結社自由，則受到種種非法的干擾。自由中國半月刊爲了爭取言論及和組黨自由而招來了雷案，新黨也因而胎死腹中。這都是舉世皆知的事實。如今蔣「總統」又在聯合公報中確認嚮往和爭取自由的人民應獲得自由，其所言與其所行，是如此的南轅北轍，老百姓眞無所措手足矣。

立法委員對停航補貼的抨擊

獨清

（台北通訊）自光隆油輪爆炸後，立法委員對於中國石油公司在四十九年所訂的「國際運油不景氣期間濟助本國油運航業辦法」，又舊案重提而予以猛烈的抨擊。本月十九日經濟、財政、交通三部部長及對外貿易委員會主任委員應邀列席立法院報告訂定該項辦法的經過。經濟部楊部長首先發言，畧謂當年中國石油公司煉油量由年產五萬噸增爲一百萬噸時，乃與美國海灣公司簽訂購油運油長期合同。以後本國油輪紛紛加入運油，若干貨輪又相繼呈准改爲油輪，油輪噸位大增，而政府與海灣公司所訂的合同又無法取銷，因此又發生輪多油少的問題。爲了救助國內油輪，才訂定航行補貼的辦法。

財政交通兩部長和貿委會主委亦分別有所說明，均不外是爲停航補貼辯護。

立法委員們對於這四位閣員的報告，紛紛表示不滿，登記發言者達三十九人之多。有的指出石油公司一方面增加外商的運油量，一方面對本國油輪則因無油可運而停航，而同時又予以補貼，而且此項補貼連行政院主計處也不知道，顯然別有用心。有的質詢何以濟助辦法規定祇限四家，不再增加，是否專爲滿足少餘油輪大亨而設？金紹賢委員還揭露益祥公司船未造好，而運油卻要優先。他問政府曾借款若干？他根據什麼辦法？借款造輪是否可以同樣借人？楊部長的答覆卻也坦率，他承認以往煉油運油卻無通盤計劃，並說，當年石油公司與海灣公司訂約，已爲輿論所指責，如今立法院又對停航補貼不表同意，只有設法補救。嚴部長亦承認當年曾借與益祥公司三百三十九萬美元，而造輪則約需四百餘萬美元。除借款外，另由台灣銀行保證，設公司向外國銀行借五十萬美元，至今已還二十八萬元，尚三百一十一萬美元未還云云。由此可見所謂益祥公司其資金幾乎完全是政府貸與的。該公司與政府中人必有特殊的關係已極顯然。茲再抄錄一段某民營報的短評，海外讀者當可更知其中的奧妙。原文如下：

「唐榮鐵工廠經營不善，浪費多端，拆下一屁股爛汚；於是實行國家總動員而加以「救濟」。航業界少數大亨取得運油「優先權」而後訂購大油輪，但卻經常無油可運；於是撇開國家總預算而加以「濟助」。眼看着這些甘冒風險，硬搶生意的油輪，經常停航，行將報廢；於是準備收購而加以「救助」，政府以納稅人的血汗，而作如是的善舉，可謂取之於小民，用之於大亨矣。善哉，善哉！」

分屍案餘波平息

（台北通訊）分屍案宣告破獲後，柳哲生少將夫婦和空軍總司令部檢查官任兵少校忽然向台北地方法院提出自訴狀，控告聯合報發行人王惕吾，社長范鶴言；東海大學教授徐佛觀誹謗名譽。柳少將夫人並控告華報發行人朱庭筠，聯合新聞發行人蔡慶發妨害名譽。一時街談巷議，都以爲當權者又將藉此而大興文字之獄。然而五月十八日，柳少將等又分別向法院撤回自訴。據說是曹聖芬李玉階等人從中調解的結果。

報界舉行酒會慰問少將夫婦

台北市報業公會於五月十八日下午四時在記者之家舉行酒會，應邀到會的除柳少將夫婦和任兵少校而外，還有空軍總司令陳嘉尚，副總司令徐煥聲、王衛民，政治部主任魏崇良，國民黨中央黨部第四組主任曹聖芬，行政院新聞局長沈錡，警備司令部政治部主任王超凡，國防部新聞局長胡旭光和新聞界百餘人。氣氛融洽，敘談甚歡，直至五時餘才完滿結束。

在酒會中，曾有多人致詞。報業公會值月常務理事李玉階首先代表報業同人對各位嘉賓的蒞臨表示謝意。繼謂新聞界和空軍的關係一向極爲良好，不幸因爲瑠公圳分屍案使柳少將夫婦蒙受了委屈。現在該案已經治安機關破獲，眞象大白，新聞界本身也因此而接受了一次考驗，發現了許多過去未能察覺的缺點。最後並說，分屍案的新聞中，對於柳少將夫婦私生活的報導，亦不免有傳聞失實之處。據他所知，柳將軍夫婦的感情至爲融洽，生活亦極簡樸，從未雇用下女。他對柳夫人相夫教子的精神，甚爲欽佩云云。

陳嘉尚强調團結

在李玉階致詞後，曹聖芬、陳嘉尚、沈錡等三人，相繼發言；曹聖芬說此次分屍案，柳少將夫婦無辜被牽涉的原因很多，需要從各方面檢討改進，新聞界對此也要負一部份責任。今天新聞界的朋友藉酒會的機會向柳少將夫婦表示慰問，一方面是使他們在精神上得到補賞；同時也是向社會人士有所交待，表示新聞界負責的態度。空軍陳總司令則强調當前最重要的事，是黨政軍民各方面的團結，絕不可因任何小的誤會或隔閡而影響大的團結。並說，我們一切應以國家爲重，今天大家把話解釋清楚了，此後更要加强團結云云。沈錡也說了一段頗有意義的話，他說：美國副總統詹森曾經說過，共產主義的朋友是疾病貧窮和無知，現在我再加上一件，即是「戾氣」。在我們這個反共抗俄的基地上，任何大或小的不團結，都可能被共匪所利用，因分屍案而引起的餘波到此結束，小則對當事人，大則對國家，都是有益的。

王惕吾講國家，人權與新聞自由

王惕吾以台北記者公會理事長兼聯合報發行人的雙重身分發言，首向柳少將夫婦受到流言的困擾，致誠懇的慰問，繼感謝空軍對新聞界的支持，最後則申論國家利益，人權尊嚴和新聞自由三者，是可以並行的。並表示經過此次的經驗，今後新聞界必將有所改進。

最後柳少將夫婦亦被邀致詞，柳少將希望新聞界對軍人多多愛護和鼓勵，柳夫人則表示過去的已經過去了，希望今後不再有類似的事發生，他們一時的蒙冤也就有了代價云云。

有關調解的種種傳說

柳少將等的提出自訴，許多人都認爲是奉命行事，最低限度也是事前經過核准的。爲什麼曹聖芬——這位當年曾經主張對自由中國半月刊採取直接行動的猛士如今卻以和事老的姿態出現呢？有人說，是因爲當權者覺得訟案進行下去，必然要將首先向報界宣佈柳宅爲分屍可疑現場並將廚子和司機拘捕的警務處捲入而可能激成一次空軍與警察的大紛爭，所以臨時決定中止進行。有人說，是因爲美國副總統詹森此次訪台，給與民心和士氣的鼓勵甚大，新聞界雖因受了憲兵的橫蠻阻撓而曾醞釀杯葛運動，後來也顧全大局而隱忍下去，當權者覺得不宜再以本案來刺激他們，所以懸崖勒馬。也有人說是因爲某巨頭向蔣「總統」報告分屍案雖宣告破獲而社會上的傳說仍多，再鬧下去恐將再生枝節，當承指示應適可而止。但無論原因爲何，柳少將等將自訴狀撤回，化戾厲爲祥和，可說是一件值得稱道的事。因爲這一場誹謗官司如打下去，不管誰勝誰負，對於政府都是不利的。

中共對東南亞有新陰謀

大陸之窗

劉裕畧

為了出席所謂和平解決寮國問題的擴大的日內瓦會議，中共派遣了以陳毅為首的代表團於五月十一日乘機經莫斯科抵達日內瓦。

中共代表團的名單，全權代表是中共政務院副總理兼外交部長陳毅。代表團團員則有中共外交部副部長章漢夫、姬鵬飛，外交部部長助理喬冠華，代表團秘書長、國務院外事辦公室副主任張彥，國務院副秘書長馮鉉，新華通訊社社長吳冷西，和顧問熊復、陳叔亮、龔澎、雷英夫、曾濤、熊向暉、龔普生、俞沛文、辛冠浩、陳明、岳欣、彭華、浦壽昌等。

據陳毅到達日內瓦機場時發表談話說：中共代表團「將和各國代表團共同努力爭取達成協議切實保証寮國主權、獨立、統一、領土完整和內政不受干涉」。

但陳毅在五月十六日於日內瓦會議第一次發言時，其發言的一個重點，卻在抨擊和詆毀美國，另一個重點，卻謀在東南亞建立所謂「和平地區」。這顯然暴露了中共出席日內瓦會議，雖名曰是專為寮國問題而來，中共卻想借題發揮，除企圖支持富馬的虛偽中立，以顛覆寮國而外，顯然更想借此實現它對東南亞的新陰謀。否則他是不應該在專為討論寮國問題的日內瓦會議席上，節外生枝的另外提出東南亞問題來的。

據陳毅在日內瓦會議席上攻擊美國和東南亞公約說：「這個組織的成員國大多數不是東南亞國家，它的目的更不是為了防禦。這個組織以主宰者自居。公然把包括老撾在內的印度支那三國劃入它所謂保護地區。幾年以來，美國一直利用這個組織作為工具，干涉老撾的內政，破壞老撾的中立和獨立，並且在整個東南亞地區製造緊張局勢」。「就整個東南亞地區的和平安全來說，老撾問題決不是孤立的，如果不消除目前威脅東南亞地區的和平和安全的因素，老撾問題的本身也決不能得到保障」。「侵畧性的東南亞軍事集團已經成為美國在東南亞地區侵犯各國主權、干涉各國內政、不斷製造動亂的主要工具。這個集團不僅是老撾，而且是整個東南亞地區的緊張局勢的根源。只有取消這個集團，才能維護和鞏固包括老撾在內的東南亞地區的和平和安全」。

跟着，陳毅又對美國副總統到亞洲的友好訪問加以歪曲和詆譭，硬說「美國副總統約翰遜卻在南越、泰國、菲律賓等地進行活動，加緊侵畧和戰爭的部署，嚴重威脅東南亞地區的和平」。然後陳毅又自吹自打的說：「中國（指中共偽政權）一貫主張把和平共處五項原則和萬隆會議十項原則擴大應用到一切國家關係中，並且主張首先在東南亞和亞洲建立和擴大和平地區來代替侵畧性的軍事集團。中國政府堅決支持越南民主共和國和越南人民維護日內瓦協議、爭取和平統一祖國的鬥爭。中國政府一貫支持東南亞各國實行和平中立、維護民族獨立、反對外來干涉和侵畧的正義事業」。

此外，陳毅還猛烈的攻擊了反共的南越和反共的泰國。由此可以看出：中共之所以指責東南亞公約內大多數不是東南亞國家，顯然是不只指美國而言，美國之外，所謂「大多數」，顯然指的是英國與法國。這就可見共黨集團不但想排除美國在東南亞地區之外，同時還想也把英法兩國排除在東南亞地區之外，從而拆散反共的東南亞公約，代之以共方所謂的「和平中立地區」。

這所謂「和平中立地區」，顯然正是共黨集團對東南亞的如意算盤，也顯然正是中共對東南亞地區的新陰謀。我們曉得：中共早已擁有數百萬大軍，且尚在擴張中，若一旦把東南亞諸國都變成所謂「和平中立」國家，則這些國家既已在「和平中立」謀建設的口號下等於解除了武裝，那豈不都成了中共數百萬大軍的俎上肉，且中共軍隊縱然不來，東南亞諸國若均實行「和平中立」，則不待共方之顛覆，也無一國可以倖免了。

所以，從陳毅在日內瓦會議的演辭，可以看出，共黨集團今天不但正在力圖赤化寮國，而且也已正在力圖侵畧東南亞。它嫉視南越與泰國，以及東南亞公約，這就更足說明如要挽救東南亞，美國就必須加强南越和泰國，就必須同時更加强更充實東南亞公約。

今年大陸各地續有災情

糧食增產無望

陸聞

正當大陸各地人民嗷嗷待哺，全靠野草樹根維生的時候，今年大陸各地，又連續發生各種災情。對此，中共所辦通訊社及所辦報刊，已不得不承認。北平出版的中共人民日報，且於五月十二日及十三日連續均有報導。據十二日人民日報說：「山東部分地區遭受風雹雪災，湖北大部地區出現旱情」。「四月底，五月初，旱象尚未解除的山東部分地區，又相繼遭遇風、雹、雪等自然災害的侵襲。」「四月底，臨沂、濟寧、荷澤、昌濰四個專區有十九個縣市先後遭受了八到九級大風的侵襲。五月三日夜間，臨沂、昌濰、濟寧三個專區又有十四個縣遭受了冰雹和大雪的侵襲」。

又據該報武漢十一日電：「湖北大部地區出現旱情；其中旱情嚴重地區的某些小型塘堰已經乾涸，有的地方不僅大田缺水整田，秧田也缺水育秧」。

五月十三日人民日報又報導山東河南蘇北皖北連遭三次大風。河北山東內蒙古等地則發展乾旱。人民日報說：「對於缺雨的地區，最近幾次大風，對小麥生長和春播都是不利的。由於氣温急劇上升和刮風，空氣更加乾燥。正在揚花、灌漿的小麥，將因水分不足和喪失水分，嚴重影響灌漿」。

此外，中共在香港出版的大公報，最近也曾對廣東又發生水災迭有報導。這就可見今年大陸各地又將繼去年之後，再度發生嚴重災情了，因為現在還不過農曆四月，趨勢已經如此，則夏秋之交，將是風雨來臨的季節，則災情豈不將要嚴重？

本來，自中華民族生活於中國大陸以來，何年何月又無風無雨無雪無雹呢？中國歷史上她曾屢有災情記錄。但像中共統治大陸十一年來，年年都有災情，而且一年更比一年重。套句鳳陽花鼓來說：「自從出了毛皇帝，一年更比一年荒」，卻是中國歷史上從未見過的。人們不免要問一個何以如此？何以歷史上的災情只是偶見，而中共統治下則常見？

要解答這一個問題，其實也很簡單。

一則過去由於人們必須自救，所以，人民都自動防災抗旱。但今日之中共則不然。無論有無收成，中共都囊括以去。無論怎樣豐收，中共都壓榨以去。人民只有飢餓的份兒，那末，人民自動抗災防荒的熱情自然消失了。所以，同樣的自然災害，在人民自由的私有財產制度下，災情可以相對的減少，在中共的統治下，則天災復加人禍，災情乃為擴大，這是中共統治大陸十一年來年年有災情，且一年更比一年重的基本原因。

其次，共產極權制度所帶來的集體勞動方式與命令方式當然也是造成人為災荒和加重自然災荒的一個原因。因為集體行動的結果，必然只是形式上的龐大與集中。而農業生產的空間不是集中在點，不是集中在線，而是廣泛的散開在面上，所以形式上的集中，就勢必反而疏漏了面。何況中共不許人民亂說亂動，一切皆聽命令行事。而命令是不可能照顧到每一個時間每一個空間和每一個場合的。命令主義的結果，當然也就往往反而誤事了，不及個別人民分別臨機應變之有效了。這當然也是中共統治下不斷出現災情，且將繼續出現災情的一個重要原因。

中共的整個經濟計劃，一向偏重軍火工業和重工業，不止忽視了農業，且摧殘了農業，這當然也是農業生產情況越來越嚴重的一個原因。

總之，大陸災情，今年又不斷出現，可以斷言，中共是無法抵抗這種災情的，有人說：這就苦了大陸的老百姓。這話當然不錯，不過，縱然大陸沒有災情，只要中共仍然統治着大陸，大陸人民也是苦的。因為人民的勞動的果實仍一樣要被中共掠奪。所以殘酷的事實告訴我們，要拯救大陸同胞，只有把中共政權予以推翻這一條路。

中共用新詩辱罵甘廼迪

陳標

最近以來，中共大肆辱罵甘廼迪，除毛澤東兩次親自出馬罵陣而外，大陸各地共報俱不斷刊登侮辱甘廼迪及猛烈抨擊美國之文字。迄四月廿二日，北平出版的中共人民日報復於第五版刊載了一篇「肯尼迪惱羞成怒凶相畢露」的中共新華社的報導外，又刊載了一幅諷刺甘廼迪的照片，並刊出了一首「題肯尼迪照片」的詩。詩曰：

氣忿忿，恨悠悠，
撅着嘴巴把眉皺。
昨天還是笑逐顏開，
今日何事滿臉愁？
只恨那嘍囉不成就，
養了千日潰在一晝，
出動時人叫馬嘶，
轉眼間片甲不留。
好夢一頓成空，
別是一番滋味在心頭。
豈肯就此罷休，
得動手時便動手。
搗亂、失敗、再搗亂，
要他落淚除非見到棺材後。

除此之外，同天人民日報第八版又同時刊登了一首「白宮夢碎」的詩。原詩是：

肯尼迪，笑嘻嘻，
坐在白宮等消息。
雇傭軍，登陸去，
事情想來會如意。
嘍囉們，很積極，
幫咱美國才出力。
槍和炮，美國的，
一切一切咱供給，
搞訓練，花力氣，
長期計劃很週密。
這一回，定勝利，
叫你古巴够受的。
正高興，正得意，
一通電報傳消息：
雇傭軍，不成器，
全軍潰敗慘凄凄，
包圍圈，像鐵壁，
要想逃命不容易！
又生氣，又着急，
頭上好似巨雷擊！
哎呀呀，怨上帝，
偏不保我肯尼迪！
既賠錢財又輸理，
還要坐上被告席！

中共統治下，就一直只能出產一些這類的壞詩。這固然顯示了文化園地在共黨極權統治下的荒蕪，同時，這當然也反映了中共政權統治層中一羣流氓的粗暴野蠻和無理性。

就當前的形勢說：中共既久想入聯合國而不可得，為其自身計，應對美國採緩和態度才是。但中共的表現，卻恰與此相反。可知中共確係蘇聯之鷹犬，一心一意在想完成世界革命。無論美國贊不贊成中共入聯合國，中共顯然都將一直反美到底。

人民行動黨初次挫敗

一葉知秋

俊華

星洲人民行動黨首次遭受政治上的挫敗，曾經於五十一席的議會中奪得四十三席的行動黨，現在却是集中全黨的力量，而敗於一人之手。

說將起來這很像是一部「傳奇」，但政治本身就是傳奇。只要一天有政治的存在，傳奇性而戲劇化的表演，總會有得看。在獨裁制度的國家，經常發生的是政變；而人們很難預料到政變會以什麽姿態出現。如果在民主的地區，政權的變化決於選擧；同樣的，任何人也不能預測選擧的結果。

選擧是「人民的選擇」，誰又知道人民的意向怎樣？

那麽，星加坡人民行動黨在芳林區選擧的失敗，究竟表現了什麽？而星加坡人民的如此選擇，他們的意向又是怎樣的呢？

星洲議會有五十一席，也即是有五十一個選區，芳林區不過是五十一區中的一區罷了。人民行動黨有四十三個議席，少了芳林，也不過一席罷了。却為什麽那麽轟動？

那是所謂「一葉落而知秋」嗎？

獅子搏兎

在這次芳林區補選中，人民行動黨以全黨總動員的姿態，對付一個獨立人士王永元，人民行動黨方面是以「獅子搏兎」的方針，出盡了九牛二虎之力的。可是，王永元却「兎脫」了，行動黨這獅子撲了一個空，討了一個沒趣。

貼標語、喊口號，開民衆大會，舉行街頭演說，逐戶訪問選民，這些都是行動黨拿手的好戲，這次芳林補選，自不例外。執政黨方面所出動的巨頭，幾乎所有的各部部長都出齊了，還有「行動黨英雄」，曾經下獄獲釋的立委兼職工會領袖林淸祥方水雙等，都親自到街頭去，替執政黨候選人易潤堂助選。職工總會，學生團體，分別發表了「擁護政府」的宣言，也為的是芳林區的補選。但宣言的以「擁護政府」來對付芳林競選，却無意中顯露一項事實，一項政府方面的恐懼——那即是說，芳林競選，可能影响到政府的前途。

除了各部長、各巨頭而外，行動黨的主將，總理李光耀也以統帥的姿態出現。所有這些將帥，抨擊王永元是「投機份子」，「與右翼反動力量聯合」，「愚民政策」。可是總理李光耀却不能不解釋，說政府之所以不能解除人民的痛苦，乃是受了環境上的困難。換句話說，政府也早已自知，人民已有所不滿。

拒收支票

李光耀只好預開支票，說最近公佈的「四年發展計劃」，就是要進一步解除人民痛苦的。

可是被李光耀譏笑為「無計劃」的王永元，却是「幾度散手」就打敗了執政黨。王永元氏說：行動黨執政二十二個月以來，人民並沒有翻身，政府仍在加稅；而翻了身的，却是行動黨各位部長，他說，每位部長現在都有新汽車，每位部長都出國去「食過風」——「食風」，是旅行、遊歷的南洋土話。但是，為人民服務的診療所，却一所也沒有興建！

王永元是曾經以行動黨先鋒的身份「入寇」星洲市府而擊敗了人民聯盟林有福的。當時他和行動黨所用的手法，也不外是幫忙小販及三輪車夫，並把市大會堂供作跣足赤膊的勞働者集會等等而已。來自民間的王永元知道人民的脾氣。他們聽不慣什麽「計劃」或「進度」。但部長有新車及出國旅遊是事實，沒有興建醫療所也是事實。他們就寧願相信王永元。

還有，「四年計劃」還要等待四年，縱使計劃兌現的話。但王永元所指出的也已有二十二個月。二十二個月，在人民已認為相當長久，不耐煩再接受遠期支票了。

於是乎，王永元以簡單明瞭制勝。

驚人比率

王永元的勝利，從比率上說，相當驚人：

計芳林區選民一萬一千八百九十二人，投票率九十點八，廢票二百五十一張。即在一萬零八百一十八票中，王永元得了七千七百四十七票。政府候選人易潤堂只得二千八百二十票，僅比王永元票數三份之一强。

林有福說：行動黨說王永元是「人民聯盟的傀儡」，現在行動黨是否願向民聯承認失敗？整個政府投入芳林選擧而失敗，乃是整個政府的失敗。

王永元說：這是李光耀政府不給人民做事，人民給他們的教訓。

獨立的海峽時報說：行動黨似乎需要尊重民意，檢討它本身的政策和作風！

·吉隆坡通訊·

巴基斯坦近態

賴振强

共黨侵畧的魔手，瘋狂地伸進亞洲的每一地區；人口衆多居世界第六位的巴基斯坦，正與强大的共黨為隣，當然也免不了遭受到强烈的威脅了！

巴基斯坦一向是由英國統治的，一九四七年始獲得獨立，而成為大英聯邦之一員。獨立迄今，僅不過十四年，其國力的脆弱，自不待言；幸而她也是東南亞條約組織的盟國，藉此尚可以抵禦共黨明目張胆的侵畧於一時，可是中共潛力的滲透，仍使這個在「回教世界」中佔有很重要地位的國家感到共黨的壓力已逐漸加强。——這點，正是她的內部的嚴重危機，目前這危機正在不斷發展中。

巴基斯坦政府當局為着要應付這危機，於是毅然實施親美政策，并坦然接受了美國的軍事及經濟援助。最近，她的執政者還公開承認：「美國政府的形式，更為適合於巴基斯坦」。這個態勢，若從「巴基斯坦是大英聯邦之一員」的角度來看，就不能不令人感覺詫異；但其民意的轉變，目前所顯露出來的事實，確屬如此。

此外，還有一種新的趨向，就是她和印度的關係，也已日漸好轉。本來，巴基斯坦自獨立迄今，就一直都和印度交惡的，尤其是由於「喀什米爾問題」的糾纏不清，引起了幾番衝突，形成了巴印雙方的「怒目相向」。迨至她們北方高原上的中共露出虎視眈眈的猙獰面目之後，她們才憬然覺悟，意識到雙方如仍不肯釋前嫌而共同禦侮，則很容易給中共坐收漁人之利，或者給中共各個擊破，於是雙方乃進行「親善」；而巴基斯坦最近更考慮和印度締結一聯防協定——共同携手防止共產黨的進侵。

迄目前為止，巴基斯坦國內，親共份子依然是很少的；同時，她也不會受到印度和緬甸的那種所謂「中立外交政策」和「不合作、非暴力、不締盟」的所謂「中立思想」所影響。

不過，巴基斯坦雖是個回教國家，但她和其他回教國家至今仍沒有打好較廣的關係，這真是相當失策！當她在一九四七年獨立時，她是一個回教大國，同時具有很好的陸軍，有優良的公務員制度，還有豐裕的財富，有在進展中的工業和貿易，便利的交通系統；當時的執政者更有過建立「無疆界的回教兄弟國」的理想，計劃組成一個由卡薩布爾加至泗水的回教大邦，可惜後來埃及和印尼的轉向，她這個偉大的理想便告幻滅；直至現在，伊朗和土耳其亦祗和巴基斯坦締盟而已。

為應付中共威脅的計劃，巴基斯坦和印度「聯防」確是迫切需要的；欲達此目的，巴基斯坦允宜速與印度解決喀什米爾的爭端，減少雙方的懷疑和猜忌，舖平合作之路。這就在今日的巴基斯坦說來，誠屬當務之急。

「改造廠長」吃黃蓮

·程杰·

穗市靠攏商人龔嘉謨，經過十年時間的洗腦後，雖算是「功德圓滿」，最近已被派出擔任某織造廠的廠長了，但共方對他依然還未十分「放心」的，於是規定他在「榮膺」廠長期內，仍須繼續接受「勞動改造」。因此，他的屬下工友便一致稱他為「改造廠長」。

據說，「廠長」祇是個有職無權的虛銜，廠中一切行政，都是操諸「指委」手上的，而他的「勞動改造」，却變成了唯一的主要「公事」。這些「公事」，包括「清潔廠房，打抹器材，收拾雜物，搬移工具，點核產品；此外，最使他傷透腦筋的，就是管理各工友的「借粮」。

管理各工友「借粮」，不單祇工作繁瑣，還有更負累的跟着在後頭。原因是：各工友全是入不敷支，都紛紛伸手向他「借」，每人一元二元的借個不休；而這些錢借出了之後，是要由他自己負責的。工友們事實上生活供應不敷，借了錢後，那能歸還？因而都虧累到他身上，使他每月所應得的工薪，幾乎要全部被扣填了那些「借糧」。也許有人以為他大可以「嚴詞拒絕借糧」吧？然而我們得替他設想一下，如果他真的要拒絕借糧，那末，包管不出一月，他便要被工友們諸多「淸算」；那時，他豈非更吃不消？——這正是靠攏人士的苦悶哩！

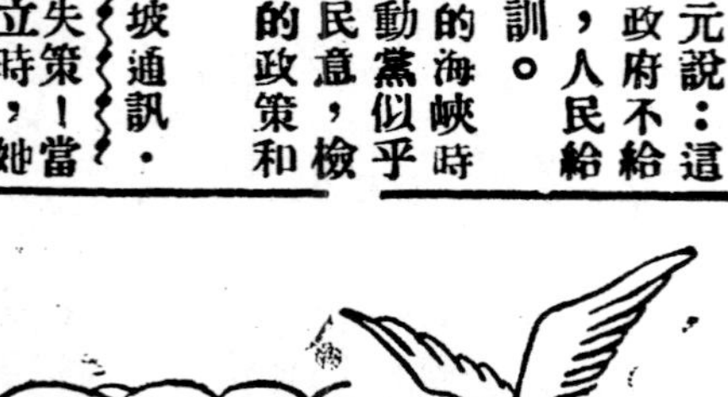

上海自由市場大乱「黑風」

·江水·

據上海消息：自四月下旬以來，「自由市場」中的黑市交易情況，已顯得愈益猖狂。黑市米價，每市斤高達人民幣三元五角至四元。本來，共方是規定禁止糧食在自由市場出售的；但禁者自禁，而經營黑市的却能夠「神通廣大」地把白米運到自由市場上去作半公開式的黑市交易。「公安部」日前雖曾派員前往偵查，并拘捕了兩名兜售黑市「糧票」的人，判處勞改，但黑市買賣的風氣，迄未止戢。此中內幕，就是因為經營黑市勾當的是「特殊人物」，他們都已跟有關方面「勾通」了的；而被拘捕的三幾個人，祇是未經「搞掂」的傢伙吧了。於是，偵查、拘捕祇管偵查、拘捕，而許多「同志」却依舊活動異常；猛刮粗龍，自不待言。又，自由市場中，日用品也很缺乏；購買一條毛巾，往往要花整日時光去排長龍輪候；買鉛製飯鍋，則要事前登記，經過兩三日後，才能購得到手；膠鞋哩，則絕市已經有三、四個月了。

中共要婦女的命

中共壓榨婦女勞力的新方法，刻已在廈門展開。新方法共有五項：第一、婦女須自動獻出勞力，如果發覺有「好逸惡勞」的，任何人可對她提出檢討；第二、實行男女同工同酬，提高婦女勞力的使用量；第三、盡量把婦女的勞力，安排到工業機構去；第四、增加婦女積極性的工作，使她們站到「負責崗位」上；第五、婦女的「出動率」，要達到百份之九十以上，使她們的勞力作出高度的貢獻。——不少婦女，早已在飢餓線上掙扎呻吟，苟延殘喘，且經常因營養不足而受病魔威脅，身體孱弱不堪，今再遭加强壓榨勞力，無異向她們「收買性命」！據當地居民稱：目前有顯著病態的婦女，已超逾半數，相信在不久之將來，婦女們在過度勞動的迫害下，疾病數額，勢必劇增；而市面醫藥缺乏，患病的人，祇有「聽天由命」！中共的暴政，簡直就是間接的集體謀殺！

文化農民

盛紫娟

月色下，第三下放中隊從工地沿着河邊走回去。他們抬着空筐，扛着扁担，鐵鏟，艱難地挪動着麻木沉重的兩條腿，穿進那泥濘的小路。河裏的冰已溶了，大地雖仍是光禿禿的，却已洋溢出春的氣息。

最後的四個人東倒西歪地尾隨着大隊，她們渾身上下已沾滿了污泥，無聲的東倒西歪的走着，那走路的姿態就像是打了敗仗的逃兵。下放的中隊一進了莊子，這沉寂得活像無人住的小韓莊頓時熱鬧起來，那條又臭又髒的小河邊擠滿了人，挑水的、刷便盆的，來來往往絡繹不絕。郭蘭芬她們將鐵鏟、大筐交到中隊部時聽說今晚不開會，高興得差點叫了出來，但因怕被團支書批評為「好逸惡勞」，「思想落後」，所以沉默的歡喜着匆匆向村尾的那間小泥屋走去。這間矮小、陰暗的小泥屋對於已勞動了十四小時的她們來說，則是地獄裏的小安樂窩。一推開那扇歪斜的木板門，一股乾草及乾蘆葦的氣息就迎面撲來。石蕙如三脚兩步走到炕前，連頭上的棉帽也來不及摘就倒下去了，她感到混身的骨節都要散了似的，尤其是那兩個肩膀，因抬了一天大糞，這時疼得發燒，她想可能已磨破了吧！過度的疲乏使她再加不能控制住自己的眼皮，覺昏昏迷迷的睡着了。郭蘭芬叫了她兩聲，見她沒答應，就對張玉珍說：

「她大概太累了，我們倆挑水去吧！趁着今天不開會，燙點水洗洗臉、洗洗脚！我們最少已有一星期沒洗過了吧？」好脾氣的張玉珍露出那一嘴白牙笑了笑，一聲不出就去拿放在牆角的扁胆及木桶，但小心眼的李鳳鳴撇了下嘴說：「今天應該輪到石蕙如打水的，你獻什麼殷勤呢，張玉珍！」

「都是同學何必分得這樣清，她年紀小身體又不好，今天抬了一天大筐，我看她已支持不住了！」張玉珍說着就和郭蘭芬走了。李鳳鳴討了個沒趣，滿肚委屈沒處發洩，就想，趁着今晚沒事寫封信給鄭健仁吧，接到他的信已差不多一個月了，但因每天早晨五點就下地去勞動，為了響應大躍進的號召，人人都已忙得連上廁所的時間都沒有了，哪抽得出時間去寫情書呢。她點亮了煤油燈，從窗台上找出沒用完的筆記本寫起來，屋裏靜得只聽見筆尖寫在紙上的唰唰聲。這是一座一連三間小屋的房子，她們四個女同學住在靠南的一間，中間的堂屋有兩個灶，放着水缸、掃帚等，北房是房東趙大爺趙大娘住的，今天趙大爺挖河還沒回來，趙大娘大概又串門去了。

石蕙如在睡夢中被吱吱喳喳的說話吵醒了，她翻了個身，發覺屋裏只有她一個，煤油燈放在炕中央，旁邊是李鳳鳴的筆記本及鋼筆，堂屋傳來她尖銳的喊聲：「大娘，怎麼好意思喲，您還是拿回去吧，隊長知道了我們就要挨批評了。」趙大娘那慈祥蒼老的聲音說：「傻姑娘，藏起來好了，大娘沒什麼好東西，只有些土豆（番薯），你們過去都是嬌生慣養的，要不是毛主席害了，怎麼會到這偏僻的地方來改造。我見你們大天只吃窩頭、鹹菜，心裏就覺得疼的慌，今天特地去挖了點土豆，你們也可換換胃口，因為東西少拿到隊裡一人一口就沒了，所以偷着拿給你們的，可別笑話大娘偏心呀！」

張玉珍口吃着說：「大……大娘，你對我們太好了，我不知怎樣報答你呢！」

「傻丫頭，送你們一筐土豆就說什麼報答不報答，真羞死我了，快別這麼說吧！要是頭十年你們想吃什麼大娘都拿得出來，這不是年頭趕的嗎？猪、羊、牛都歸了社裡，自己養了幾隻雞，既不許賣又不許吃，得等着社裏折價收買，就是連雞蛋也不敢隨便動……」她們三人只是呆呆的聽着，像聽不懂中國話似的。

平時很會說話的郭蘭芬，也使不出她的口才，她只重複說着這句話：「大娘，你收回去吧！隊長知道了就不得了啦！」

大娘大概真生氣了，說：「你們不收下，就是看不起我，是嫌東西不好嗎？」那三個女孩子異口同聲的嚷道：「不，不是呀！大娘！」李鳳鳴好像在跟郭蘭芬商量：「室長，收下吧！是人家送給我們的！不算違反紀律吧！」身為室長及團員的郭蘭芬似乎左右為難了，因為她們這一室只有她一個人是團員，所以隊長特別不放心，不時叫她去談話，了解每個人的思想狀態，這次收下了大娘的土豆，不知算不算「貪圖享受」。但如果不收下，得罪了大娘不說，就是對這三個同學也要感到抱歉，大概張玉珍及李鳳鳴那可憐的貪心的眼光使她難以開口拒絕，所以最後慎重地向大娘道了謝。趙大娘這才轉怒為喜，說是去串門子，便帶上門走了。

三個女孩子興奮地捧着那小小的筐子，掀開門帘走進裏屋來。張玉珍說：「上次我看見大娘他們吃燙土豆，饞得口水都要流出來了，今天可以解一下饞了。」

李鳳鳴激動得說話的聲音都不正常了：「快數數有多少個，看够吃幾次。」

「瞧你急得那樣，前世大概是個餓死鬼！」張玉珍笑着鎚了她一拳，她就怪叫起來：「喲，你不急呀！我還沒饞到流口水呢！」石蕙如伸個懶腰坐起來問：「大娘送給我們一筐土豆？」張玉珍剛要回答；李鳳鳴就搶着說：「叫你抬水你就裝聽不見，人家送了筐土豆，隔着牆也聽見了，為什麼不接着裝睡呢？」郭蘭芬瞪了她一眼：「你不也沒去抬水嗎？何必那樣貧嘴？」石蕙如眼圈紅了，不聲不響的又躺下去。張玉珍搖着她的脚說：「蕙如，起來洗洗臉，水已燙熱了。」「不洗了，我累得要命！」蕙如閉着眼說。郭蘭芬擺出大姐的態度說：「快去洗，別使小孩脾氣。」石蕙如這才懶洋洋地拿了臉盆毛巾走到堂屋去了。屋裡這三個人仍在吵個不休。郭蘭芬主張拿到中隊部去給全體隊員換換胃口，因為每天三頓吃慣了；再改回兩頓恐怕受不了，再說，隊長曾說過，趙大娘雖是貧農出身，但思想很落後，總是說些反黨的話，因此收下她的土豆，就違反了紀律。張玉珍主張每天每人吃一個，可吃得時間長些。李鳳鳴反對她們倆的意見，第一、她認為既然是趙大娘特地送給她們的，若拿出去恐怕辜負了大娘的好意，而且全中隊五十幾人，也解不了餓。第二、如果每天每人吃一個，固然可吃得久些，但不如「今朝有酒今朝醉」先吃個够再說，不然土豆發了芽就不能吃了，萬一被別人發現也就藏不住了。第三、最近正是大躍進的最高潮，工作時間延長了，而每天仍只吃兩餐，早晨要空着肚子工作四小時才能吃到早飯，下午四點吃過晚飯還要做幾小時工，因此不到夜裏十點人人就餓得手脚無力了，所以她主張有得吃便吃了再說。最後李鳳鳴取得勝利，所以立即揀了廿幾個大土豆叫石蕙如燙。她們三人則在裏屋大事梳洗。

石蕙如獨自坐在灶旁，一小把一小把往灶裡填着乾蘆葦，兩眼呆呆望着那小小的火苗，她很喜歡這種情調，因為這時沒有一個人能干涉得了她的思想，也沒有一個人能知道深藏在她心底的秘密。她可以盡情去回憶、去幻想，這幾年來她一直深深後悔的一件事，就是在香港高中畢業後，輕易地聽信了左派報紙的宣傳，拋離了年老的雙親回「祖國」升學，……她大學一年級時趕上「思想改造運動」。二年級時發生「大鳴大放」、「反右派」。三年級時，為「響應黨的號召」，隨着全校同學而到這窮鄉來做「文化農民」，至於什麼時候才能再做真正的大學生她不知道。而什麼時候她能回到父母的懷抱就更不知道了。她忽然熱切地思念起那在香港銅鑼灣的家，頭髮已經花白的母親及已出國留學的弟弟。她深深埋怨自己，為什麼那時那樣糊塗……。木板吱呀一聲開了，她抬起頭來看見那親切熟悉的高大的身影，不禁羞紅了臉，她的心砰砰的劇烈的跳着。微弱的火光只照亮了她坐着的那一小塊的地方，她想叫他走開，但又沒勇氣開口。但她若不開口，許定國說不定就那樣站一晚上，像餓貓似的眼光光的望着她，她很怕那雙深沈而又熱情的眼睛，那眼光好像要燒化她的心似的。下鄉做「農民」的第一天，她在卡車上無意中遇到了他，自此以後他那雙眼睛便跟定了她，但却從未跟她說過話，只是看着、深思着。只要一有時間，許定國就會到她們的房間來，靜靜地站在旁邊看着四個女孩子寫信、聊天、燒水…因此李鳳鳴便不客氣地叫他「木瓜」農民。起初她們很困惑，不知他是為誰來的，但日子一長，大家發現那雙大眼竟像長在石蕙如身上的，這才明白了他串門的目的。

因為過於緊張石蕙如的手被蘆葦割破了，她不自主地輕輕地哎喲了一聲，許定國邁着大步走過來蹲在她旁邊問：「怎麼了？扎了刺啦？」這是他第一次對她說話，因此她竟不知如何回答，只是嬌羞地低下了頭。許定國握住了她滿是傷痕的小手問：「扎在那裏？疼嗎？」這一聲關切的問話，使她幾乎洒下眼淚來。鍋裏的水早已「噗噗」的響了，土豆可能已燙熟了，鍋蓋下不時發出勾人飢腸的香味。許定國嗅了嗅笑着說：「你們偷着打牙祭嗎？」她不好意思地，忸怩地想抽回自己的手，沒想到門帘一掀，屋裡的三個女孩驚慌地探出頭來張望，李鳳鳴高舉着煤油燈怪叫：「哎喲！真嚇死我了，以為是中隊長來了呢？」石蕙如和許定國的手忙分開了，顯得很尷尬。

「許定國，你的鼻子好尖啊！土豆剛燙好你就來了！」郭蘭芬笑着說，好像沒注意到他們的表情。

「土豆？哪兒來的？」他驚奇地說。

「噓！小點聲，別叫人家聽見！」張玉珍說着跑去門上木門，然後問石蕙如：「熟了吧？味道真香，我還有一點從城裏帶來的白糖……」

「她儘顧了跟許定國談情話，哪會用心去燙啊！」李鳳鳴怪聲怪氣地說着走回房裏，拿了碗和筷子出來。石蕙如憤憤地說：「你今天為什麼總要跟我過不去？」說着一扭身子走到房裏，往坑上一躺，郭蘭芬怕她們會吵起來，便忙把許定國也拉進去說：「今天趙大娘送了我們一筐土豆，因為真正的農民也常吃土豆的，我們這四個有文化的女農民偷偷吃一次不犯法吧？沒想到你來了，我們請你一起吃，不過，你可千萬別告訴任何人！」張玉珍將土豆分好，笑迷迷地走進來說：「喂！有文化的農民，一人一份，我們熄了燈吃好嗎？不然從窗外被人看見可就糟了。」說着一口氣吹熄了燈。五個人就摸黑吃起來。許定國坐在石蕙如旁邊，感到從未這樣快樂過，也從未吃過如此美味的土豆，甚至忘記了自己原是個研究院的學生，是被迫到這裡來做農民的了。

辛亥革命史談（五）

彝生

（四）經過了庚子拳變與日俄戰爭兩役，滿清不能不稍事改革以遮羞，並繼以假立憲以和緩國民的感情，分化革命的力量，這是很自然的。自庚子迄甲辰（光緒二十六年迄三十年）五年間若干改革的事實，我在「記庚子拳變始末」一文已附帶的說過，此處可以不贅，單說假立憲的種種經過。

自光緒三十一年（一九〇五）俄國戰敗，日本以一個新興的立憲國家，於十年之間，竟戰勝了兩個老大帝國，於是立憲派乃振振有辭，說這並不是日本的武力能戰勝中俄，乃是立憲戰勝了專制；不只民間的輿論如此，甚至駐外的使節與地方的督撫，也有人持這種論調。清廷一面見逼於立憲派的要求，一面又鑑於革命派也一天天趨於活躍，尤其在東京上海一帶的行動，更使他們怵目驚心。於是乃在這一年的六月七月，先後派鎮國公載澤，戶部侍郎戴鴻慈，兵部侍郎徐世昌，湖南督撫端方，商部右承紹英，出洋考查憲政。七月二十六（九月二十四日），載澤等集合正陽門車站準備出發，吳樾（孟俠，安徽桐城）乃雜人叢中，餉以炸彈。端方紹英受微傷，樾自斃，樾助手山東人張榕逸去。時同盟會在東京成立未及一月，「民報」且未出版，吳樾此擧，乃完全出於自動，與同盟會無關。據說吳樾原來的目標本在鐵良，以無機會，未及下手；剛好遇着載澤等出國，於是乃改以此五大臣爲對象而奮身一擊。樾在赴北京以前，有一封信寄給他的友人某君，對保皇會表示異常憤慨，且深恐假立憲一旦出現，將爲革命進行的障碍，其改炸載澤等，與他原來的宗旨是脗合的（原信載光緒三十二年四月「民報」第三號）。

儘管派人考察受了這樣一個頓挫，且徐世昌紹英已自請退出；但清廷於是年九月仍改派山東布政使尚其亨及順天府丞李盛鐸，按照原定計劃執行。第二年七月，載澤等考查回來，於是清廷有預備立憲的宣布，並規定從改革官制入手。在這次的詔書中，有所謂「大權統諸朝廷，庶政公諸輿論」，已可窺見他們心理的一斑。原來清廷根據這次考查的結果，已決定了四大方針：一、憲政體制，大體效法日本，側重鞏固君權；二、縮減督撫的權限，使其與日本的府縣知事相當；三、由督撫所掌握的財權與軍權，悉數收回中央；四、中央政府的組織，署與日本現制相等。

首先議定中央官制，內閣軍機處、外務部、學部、禮部名稱如舊，巡警部改爲民政部，戶部改爲度支部，兵部改爲陸軍部，商部改爲農工商部，理藩院改爲理藩部，另加一郵傳部；原有的財政處、稅務處併入度支部，太常、光祿、鴻臚，三寺併入禮部，太僕寺併入陸軍部。有一點值得注意的，乃是除外務部外，原有的每部兩尚書四侍郎，滿漢各半的舊制，改成了每部一尚書兩侍郎，不分滿漢。等到依據新制任官，本來是滿漢平等的，乃變成了滿七，漢四，蒙古一，漢軍旗一，而蒙古與漢軍旗又是與滿人一鼻孔出氣的。第一步預備立憲的工作，已如此摧抑漢人，其足以激起立憲派的反感，當然是不待說了。再等到宣統三年三月正式成立所謂新內閣，尚書已改爲國務大臣，包括一個內閣總理，兩個協理，仍舊一十三人，又變成了滿八，漢四，蒙古一，皇族更佔了五個（奕劻、善耆、載洵、溥倫、載澤），於是有「皇族內閣」之稱，而漢人在政治上的地位，立憲反比不立憲更壞，這還能不促成漢人附和革命嗎？

至於把督撫的軍權收歸中央的這一企圖，自然以進入宣統以後載灃自領陸海軍大元帥並以陸海軍權分掌於他的兩個老弟載濤、載洵最爲顯著（參看上文的第二段），但當光緒三十二年藉改訂官制而決心削減督撫權限的時候，袁世凱便已變成了滿廷親貴眼中第一個必須加以打擊的目標；袁迫不得已，只好將他所手練北洋六鎮中的第一、第三、第五、第六四鎮交歸陸軍部，而他自己則只能藉口維持地方秩序勉強保留了二四兩鎮。但清廷一不做，二不休，到了三十三年七月，乃將地方上兩個最有權力的總督張之洞和袁同時調入軍機，名義上是升遷，實際則爲進一步加以打擊。張之洞在這一年已經是七十老翁，但得窃號自娛，尚無所謂；袁世凱則剛到五十，而且野心勃勃，豈能甘心？何況次年光緒帝一經死去，載灃便於是年十二月將袁世凱「從輕發落」命其開缺回籍養疴呢？這便是袁在辛亥年毅然贊成革命而運用他所豢養的軍人威脅清廷退位的基本原因。

關於收攬財權一層，則於三十三年各省設清理財政監理官及同年命那桐督辦稅務，宣統元年命載澤督辦鹽務等等，都可看出清廷做法的一斑；至於三年宣布鐵道國有政策，在政策的本質上原也無可非難，可是當時的一般親貴，目的乃在藉掌握路權，大借外債以供揮霍，則無法取得人民的信任，而鐵道國有乃變成了革命爆發的導火綫。此外如宣統二年各省代表三次請願提早召開國會，不能得到圓滿的結果，足以使立憲派失望，這自然也是促成革命的助因。（待續）

莘農屬同和坡公日璧韻勉成三首　。水心。

（一）南溪小隱

棄杖化爲林，夸父枉追日。崑崙何迢迢，駑馬駕已十。以無所得故，沈飲不浪出。（杜詩「龐公不浪出」蘇詩「使君不浪出」）溪聲喧枕上，月影穿窗隙。西池渺天末，飛蓋猶憶昔。（秦觀詞「憶昔西池會鵷鷺同飛蓋」）山公煩啓事，平津每側席。鼠嚙清夢斷，秋氣起虛壁。

（二）海隅

汎彼范蠡舟，避此趙盾日。（蘇詩「久苦趙盾日」）流落敢言歸，（蘇詩「十年流落敢言歸」）駸駸稔逾十。不知老將至，白髮幾莖出。高居寂輪鞅，考槃在巖隙。吾祖心如水，繩武念宿昔。軒冕棄如遺，聊復登講席。舊書百回讀，（蘇詩「舊書不厭百回讀」）一燈耿四壁。

（三）感舊

浩蕩秣陵春，鐘鼓樂長日。酒徒中聖人，擧觴常累十。耳熱氣如虎，號令紛紛出。孤往速攻堅，合圍巧抵隙。重過黃公鑪，山河邈非昔。下民墜塗炭，空復思衽席。視天猶夢夢，反袂一呵壁。

析支列傳（一七）

亮之譯註

47 析支之國天然爲若干河流所橫斷，而大有助於其抗拒侵畧之形勢。又其陸地居水平面，故水草豐茂，其橫貫諸河，水量乃幾媲美埃及運河者焉。於此，余茲僅擧其著名而可入海者一述之；即泰拉斯（Tyras）（註一）、黑彭立斯（Hypanis）（註二）、波里閃尼茲（Borysthenes）（註三）、潘地匣浦（Panticapes）（註四）、黑柏細累斯（Hypacyris）（註五）、爓哈斯（Gerrhus）（註六）、及騰納斯（Tanais）（註七）是；而伊思特（Ister）（註八）且擁有入海之口五。凡此諸河經流之域，余將繼續述之。

（註一）即今聶斯德河（R. Dniester），已見上第一一節註三。

（註二）即今布格河（R. Bug）。

（註三）即今聶伯河（R. Dnieper），已見上第一七節註一。

（註四）不詳。

（註五）不詳。

（註六）不詳。

（註七）即今頓河（R. Don）。

（註八）即今多惱河（R. Danube）。

48 上述諸水，伊思特爲大。且水位固定，冬夏皆同。析支西水，此實翹楚；而其能爲巨川，則以多受支水故。計其汪洋恣肆之支水凡五，而以臨析支界上者爲之首；此水析支名之曰波拉大（Porata），希腊則名之曰皮累塔斯（Pyretus）。次之爲斜然塔斯（Tiarantus）；又次爲亞拉拉斯（Ararus），又次爲奈巴累斯（Naparis）及阿爾德薩斯（Ordessus）。此居首之水不特爲巨川，且爲支水中之極東者；斜然塔斯則容積較小而偏西。而亞拉拉斯、奈巴累斯及阿爾德薩斯即於二水之間入伊思特焉。凡上所述，皆析支之水而流入伊思特者。

寄售書目

（壹七三）宋春舫論劇　中華，十元。

（壹七四）西洋話劇指南　王光祈編著，中華，十元。

（壹七五）戲曲改良論集　馬少波，二元五角。

（壹七六）田漢劇作選　包括十四個劇本，十元。

（壹七七）洪深選集　包括「趙閻王」、「五奎橋」、「香稻米」、「刼後桃花」四個劇本，八元

（壹七八）丁西林戲劇集　包括七個獨幕劇本，五元。

（壹七九）朴園史劇　李朴園著，包括『豫讓』、『楊貴妃』、『畫網巾』、『鄭成功』四個劇本。中華，十元。

（壹八〇）西施及其他　顧一樵等著，包括「西施」「昭君」兩個劇本，商務，二元五角

（壹八一）歲寒集　陳白塵著，包括「歲寒圖」、「陞官圖」、「金田村」三個劇本，六元。

（壹八二）屈原　劇本，郭沫若著，二元五角。

（壹八三）蔡文姬　劇本，郭沫若著，五元。

（壹八四）獨幕劇選　包括十八個獨幕劇本，八元。

（壹八五）獨幕劇創作集　包括八個獨幕劇本，五元。

（壹八六）獨幕劇選　包括五個獨幕劇本，三元。

（壹八七）曹禺著劇本六種：一、雷雨三元，二、日出四元，三、原野四元，四、北京人五元，五、家三元，六、蛻變五元。

（壹八八）春　梁石著，獨幕劇，二元。

（壹八九）梁山伯與祝英台　越劇，一元五角。

（壹九〇）西廂記　越劇，二元。

（壹九一）秦香蓮　京劇，二元。

（壹九二）京劇叢刊　合訂本，包括京劇本百種以上，二十元。

要者請向九龍鑽石山大觀路惠和園三號「卓如編譯社」洽購。大學，圖書館，及研究機構購買，一律八折優待。

定價已酌改，以此次所登出者爲準。空緘恕不奉復。

本刊已經香港政府登記

每逢星期五出版

聯合評論 週刊

United Voice Weekly

第一四四號

督印人：黃宇人　總編輯：左仲平

社址九龍蒔德道二十三號地下　電話68678

承印：嘉羅印刷有限公司香港灣仔馬師道5號

總代理：友聯發行公司　售價每份港幣一毫

本報美洲版總經售處美國紐約中美出版社

CHINESE-AMERICAN PRESS.,INC

199 CANAL STREET.,

NEW YORK13 N.Y.U.S.A.

美洲航空版每份零售美金一角

訪問張發奎將軍

談重遊歐美觀感

劉裕略

張發奎將軍自去年八月離港，重作歐美之遊，爲時凡九個多月。在這期間，我們從香港報紙上讀到有關他的不同的報導，有的畧而不詳，有的欠正確。而這是張將軍的許多朋友所關心的。爲了拜訪，爲了明瞭他對此行的觀感，爲了明瞭他此行所接觸各地華僑對祖國的關心和願望，所以，張將軍於五月六日返港後，在我拜訪他時，我就對他此次重遊歐美的動機、經過和觀感，提出詢問，承他作了詳細答覆。

長談之後，我覺得他所談各節，有值得介紹的地方，也有值得民主反共復國鬥士們參考的地方，用特寫在聯合評論發表，以餉讀者，和關心他的許多朋友，尤其是海外各地與張將軍友好的許多僑胞。

首先，我以此行動機叩詢張將軍。

張將軍答覆我說：「我此次重作歐美之遊之主要原因，是應世界道德重整運動創導人布克門博士的邀請，前往瑞士柯峯參加世界道德重整運動會」。

他又說：「最近幾年，我在香港不斷閱讀世界重整道德運動的書籍及畫報，并會不斷參加此一運動在香港的集會，我深深覺得世界道德重整運動不但是改變自己的最好方式，而且也是反抗、打擊和超越共產主義的一種思想形態。因此，爲了自己進一步明瞭和實踐道德重整，所以，便決定偕同內子一齊到瑞士柯峯去參加世界道德重整會」。

問：「幾時由香港動身的呢？是由香港直飛瑞士的嗎？」

答：「我是去年八月十一日離開香港的，先到北婆羅洲斗湖探望我的弟弟，他在那裡行醫。在斗湖住了一個星期，應三打根僑友之邀，於八月十八日到三打根和許多僑胞聚會了一天。才於八月十九日由三打根乘飛機到星加坡。

「在星加坡停留了三天。其間曾赴馬來亞參觀和旅行。離開星加坡飛往黎巴嫩。到黎巴嫩後，曾往耶路撒冷朝聖。然後才於廿三日飛日內瓦，廿四日到達世界道德重整會訓練基地柯峯」。

問：「在柯峯的經過怎樣？」

答：「我由八月廿四到八月卅日，總共在柯峯停留了一個星期。這算是我第一次到柯峯。其後因爲替我翻譯的朱醫生於廿九日離開了柯峯。我因缺乏翻譯，因此我也於次日飛往倫敦。在倫敦住在世界道德重整會的招待所，由我在倫敦讀書的侄女担任翻譯。我爲着受訓便利，我替我的侄女向學校請了兩個星期的假隨同我和我的內子於九月十六日重到柯峯。

「我這次到柯峯曾會見布克門博士，他雖已八十四歲，不良於行，視力稍差，但身體仍甚健康，頭腦也極清醒敏銳。仍不斷的努力推動此一運動，令我非常敬佩。同時我也會見了由台灣來柯峯赴會的何應欽將軍。彼今年已七十一歲，但仍屢次出國參加世界道德重整會，并不斷在國內提倡，這種精神，極值得佩服。」

問：「你對柯峯道德重整會的感想如何？」

答：「我兩次到柯峯都參加世界道德重整會的集體生活訓練。每天早晨五點半鐘起床，七點半早會，八時半早餐，十時午會，十二時半午餐後作個人會談，或小組討論。四時午茶，五時看電影，七時半晚餐，九時電影或話劇，一切都很有規律，很像一個大家庭，大家都很親愛，大家對於道德重整的四大目標，即：「絕對誠實、絕對純潔、絕對無私、絕對仁愛」都有充分的體驗和了解，綜計當時在柯峯參加此一受訓的各國人士共有九百餘人。由於所有參加的人都是那麽誠實、純潔、無私、仁愛；坦白誠懇的自我檢討，所以感動人的事情極多。以我自己來說，就曾經因感動而流過眼淚」。

問：「什麽事情使你如此感動？」

答：「我在柯峯曾親眼看見前來受訓的日本前華北侵華派遣軍總司令鹽澤中將向我們中國人爲日本軍閥侵略中國的事而作誠懇坦白的道歉。令在場的人都非常感動。因此，我對他的誠懇道歉深深地受到感動以至於流淚。但我當時並未向他道歉，因爲我從幼年起，即目睹日本軍閥屢屢侵略中國，所以我對日本人的仇恨，早盤踞在我的內心。一直到抗戰勝利，我對日本人的仇恨未曾消除。直至我看見鹽澤中將的悔改，又聽聞他的誠懇坦白向我中國人道歉時，我內心仍在躊躇。經過三天三夜的掙扎，又經過瑞吉謨罕·甘地（即聖雄甘地之孫）的引導。我覺得侵略中國者原本只是日本軍閥，而不是日本國民，我亦自應爲我內心存在的仇恨而改變。我覺得：用仁愛來代替仇恨，用團結來代替分裂，才是道德重整的眞諦，也才是今後中日兩大民族在反對共產主義思想形態中的共同出路。

「我相信世界道德重整四大目標可以把共產黨的階級仇恨和殘暴行爲去掉。

「大家都知道個人的道德的墮落，不但可以使個人毀滅，而且可以影響家庭社會國家乃至世界，所以我們可以說道德重整的四大目標不但是改變個人家庭社會國家的工具，而且是促使世界和平的唯一工具。也可以說是與共產主義思想鬥爭的唯一武器。」

問：「那末，你何時離開柯峯的呢？」

答：「我於九月十八日離開柯峯，前往意大利。經西德、比利時、荷蘭而再到倫敦。然後於十月四日由倫敦飛往紐約」。

問：「這算是歐洲部分旅行的結束。但不知你對歐洲的整個印象怎樣？」

答：「歐洲是我卅年前舊遊之地。這次重遊，雖不及前次遊歐地域之廣，但綜合說來，現在已看不見二次大戰之痕蹟，尤以西德之復興與進步最爲驚人。西德反共態度之堅決尤值得我們敬佩。從西德回看我們中國；一個由戰敗而迅速復興，一個由戰勝而迅速大陸淪陷，相比之下，眞使人感慨慚愧，也眞值得我們警惕和深思」。

問：「在美國的行程怎樣？」

答：「我於十月初到紐約，後應美國和加拿大各地僑胞友好之邀約，曾到保地摩、華盛頓、波士頓、加拿大之滿地可、渥太華、多倫多。並到道德重整的訓練基地——美國的麥肯尼島。因爲不是開會期間，所以那裡祇有二百多人。他們生活和工作方式完全和柯峯一樣，我在那裡住了三天，除參加早會和小組討論會外，他們要我將中國大陸及香港的情形作了一次報告。他們都對我們中國大陸和台灣的情況非常重視和關心。對我個人尤承厚愛。我在柯峯時，由於日本的鹽澤中將和我都因道德重整而改變，那裡的外國友人會爲我們的改變而寫了一首歌。我到麥肯尼島時，一位美國朋友更爲我單獨寫了一首歌。這使我非常慚愧。因爲我還不過開始學習開始改變而已。

「麥肯尼島之後，我到了支加哥和美國南部及洛杉磯、三藩市、檀香山。然後於四月十九日離開檀香山而於四月廿日飛到了日本。

「在日本，我也曾經拜訪日本世界道德重整會。日本朝野對道德重整運動非常熱心。他們現刻正在東京附近修建一個訓練基地，大概今年底可以完成。完成後，將來，亞洲方面參加世界道德重整受訓的人就不必遠道前往柯峯和麥肯尼島，只需前往日本就行了。」

問：「在你這次旅行中，你感覺中國的國際地位比從前如何？」

答：「我此次重遊歐美，顯然的感覺中國的國際地位及中國人在外國人眼中的地位都完全提高了。對此，中共平時宣傳這是他們建立了政權的關係。但我從實地體驗，及從國際友人告訴我，這完全與中共政權無關，而乃由於中國八年抗戰之故。外國人常對我說：中國的八年抗戰，眞是了不起。以中國軍隊的劣勢裝備，與日本現代裝備的軍隊作戰，大家都知道中國軍隊是要失敗的，可是經過八年的抗戰，中國仍然不屈不撓，抗戰到底，終於贏得最後勝利，這是最偉大不過的事。因此，我在這次旅行中，就常常想到等到中國這一次的反共抗俄戰爭勝利，光復大陸之後，中國的國際地位將更提高。而中共必垮，這是我們對國家前途充滿信心的地方」。

問：「聽說張將軍這一次在各地接觸的華僑很多，他們對祖國的關心和態度怎樣？」

答：「可以說：所有各地的華僑，他們對於祖國都是熱愛的。他們都一致痛恨中共，因此，他們都一致期望一致要求中華民國的政府反攻大陸，推翻中共政權，使他們都能够返回家鄉與家人團聚。如政府再不反攻，恐怕是要令他們失望了。」

問：「香港報載：美國華僑會熱烈歡迎張將軍，并有許多華僑表示擁護張將軍反共復國。他們願流汗流血，出錢出力，你的態度怎樣？」

答：「他們那種堅決反共，熱愛祖國的心情，我深受感動。但我不夠領導他們。我只能呼籲共同團結反共。所以我當時對華僑提出的口號是『團結、反共、自救』！」

問：「現今居住在歐美的青年和留學生對祖國的態度怎樣？」

答：「現在居留歐美的一般青年和留學生都很活躍。尤以刻在西德和紐約的留學生以課餘時間用勞力換取代價來辦民主反共刊物，最爲難得。也是令我們最敬佩的。

維也納之會的背景和展望

許子由

預計本文發表的時候，正是維也納會議的前夕。對於維也納會議，事後的評價當然比較事前的預測更來得確切。不過這裏所試圖檢討和展望的，只是會議前後的一般國際形勢。雖然會議本身也是關鍵之一，並不能抹煞會議對於當前和今後的影響。可是如果以為會議對於當前局勢能有戲劇性的改變——無論改善或變壞——那也未免言過其實。很可能是會議而後，一切的問題都仍然遺留下來，等待着雙方去解決和應付。

但維也納會議的性質——它所形成的背景却並不單純，有幾項值得特別指出的，那便是（一）蘇聯太空人與美國太空人比較上蘇聯更多的成就。（二）古巴革命游擊隊的失敗與卡斯特羅的猖獗對美國的打擊。（三）寮國局勢中，寮共比彭庵政府站在更强的立場。（四）核子停試會議中，蘇聯要求關於管制機構的否決權之强硬。而在這些複什錯綜的形勢下，（五）美國的年青總統甘迺廸距其就職不到六個月，現在一旦和著名狡獪的赫魯曉夫面對談論世界政治，是否能够獲得良好的結果呢？用不着說，這是自由世界以至非共世界最關心的事。

上面所指出這些維也納會議的背景，美國——自由世界方面無疑是站在下風，這一點我們不必諱言。但這並不就是毛澤東之所謂「東風壓倒西風」，也不是什麼所謂「開始壓倒」。因為「壓倒」乃是整個力量：各方面力量總和的比較，並且含着「懸殊」的意味的。但當前的現實，並不是自由世界的政治、經濟、社會、或者軍力方面，不足與共黨集團比衡。（如果是那樣的話，莫斯科早已發動它征服世界的「聖戰」了。）毋寧是在若干個別事件上，自由世界在處理應付上不能盡善，以致形成「不如意事、十常八九」而已。所以在維也納會談裏去認識蘇聯眞正的態度，實在是一個良好的機會，也是自由世界一個自我檢討的良好機會。

假如維也納之會有如美國共和黨參衆兩院領袖聯合聲明所說的：「是最後一次」的話，那麼，值得研究的問題就會簡單了許多。為的是如果「兩巨頭破裂」之後，就頗有可能等待着「兵戎相見」。世界大戰要是一旦「揭盅」，那就用不着大聲叫囂「東風壓倒」之類，「是非」是否自在天壤？眞理有沒有存在於人間，經過攤牌，不是就可以決定嗎！

其奈共黨集團並非敢於攤牌：因為「社會主義國家」只有蘇聯一個——如卡斯特羅的「社會主義國家」，正不知是什麼社會——其餘「人民民主國家」，却大多數正在恐懼人民要求民主之中。且不說波蘭匈牙利東德等附庸，自匈波事件以來幷沒有什麼改進；就說共黨陣營第二把交椅的中共，「三面紅旗」下的飢餓，實在已使中國人民達到「時日曷喪，及汝偕亡」的程度。共黨集團之高唱「和平」，乃是深知軍心不穩民心已失的一種策畧。換句話說，共黨集團只能希望蠶割世界，而並沒有胆量和力量進行鯨吞。

在這樣的一個基調之下，維也納並非共產集團準備攤牌的會晤。它祇不過是加强冷戰的一個步驟而已。「戰爭」的叫囂（如莫斯科「警告」：「積小戰成大戰」）不外是恫嚇；「和平」的標榜却是眞正勒索的藉口。這就是說：利用自由世界希望和平，共產集團就以破壞和平為要脅；如果仍是「既得利益階級」的自由世界是需要和平的話，那就得對以破壞和平為職業的共黨加以賄賂。張伯倫當年的贈送蘇德台區給希特勒，把捷克割入納粹版圖。就是抱着「紳士不與爛仔鬥」的觀念。

西方紳士們幷沒有讀過中國古文：「以地事秦，猶抱薪救火」；沒有張伯倫的鼓勵，希特勒的世界大戰就不會發動得那麼快。假如一九四九—一九五〇年之頃，美國不是宣稱「退出中國、退出台灣」的話，史太林就不會命令金日成燃點韓國的戰火。維也納之會雖然「並非談判」，但赫魯曉夫必然是「小心的窺伺，大膽地要索」，——一如史太林在雅爾達欺騙羅斯福一樣。甘迺廸既然並非軟弱的底牌，在態度上就應該表示强硬——至少與赫魯曉夫一樣强硬。

共產集團向來是「吃硬不吃軟」。杜魯門主義挽救了希腊、土耳其，韓戰掩護日本復興，安定了遠東。英美出兵黎巴嫩，收拾了伊拉克政變後的中東殘局，歷試不爽。現在據說赫魯曉夫不會對柏林問題迫使西方攤牌，也就是老赫知道，柏林是「世界大戰之線」的緣故。可是如像寮國這麼的局面，共產集團就會認為大有玩弄的餘地。失奠邊府而割河內，使中蘇共黨吃爽了，咀。河內既是已經在胃中消化了，當然就想再吃永珍西貢。今日寮局的困難，何嘗不是拜「一九五四年日內瓦會議」之賜！

美國固然不應以為寮國是一個山城小國，與華盛頓距離遙遠，就把它作為維也納會談桌上的籌碼。但東南亞國家以至亞洲國家自身，實在有發動「反綏撫、反遠東慕尼黑」的必要。

李江永珍政變和寮共重佔桑怒，到現在還不足九個月，但「游擊區」已淹有寮國之半。看見游擊戰利息的優厚而訓練游擊戰，在理論上是未可厚非。但游擊戰的「時與地」却不能不審慎選擇。游擊戰不會是以游擊隊對游擊隊，而應該是「你游來，我游去」、「你擊我，我擊你」。譬如東柏林暴動時在東德使用游擊隊，匈波事件時在東歐用游擊隊，韓戰時期高崗不穩之際在中國大陸用游擊隊，甚至達賴出走前後在西藏用游擊隊，那準會事半功倍。假如說游擊隊是準備來與寮共在寮邊森林捉迷藏，那恐怕犧牲了十倍馬來亞剿共戰的人力財力，也還游不出一個端倪來。因為馬共是被夾在反共的馬來亞與泰國的中間。而寮共則左有越共、後有中共，正如韓戰時韓共的有「庇護所」一樣。

甘迺廸總統曾向麥克阿瑟元帥請教：是不是在寮北作戰必須轟炸中共區？麥克阿瑟已作了肯定的答覆。可是我們不知道甘迺廸總統請教了之後，是「成竹在胸」，地準備整個「寮邊作戰（包括必要時炸中共區）計劃」以待使用，抑還是因為事涉中共，因而中止了當時劍拔弩張的出兵援寮？十一年前蘇聯還沒有原子彈，但杜魯門總統因為麥帥要對中共不宣而戰，竟採取「撤麥」；從而我們實在不敢奢望，美國當局會實行杜爾斯聲明：「如韓戰越戰再起，則戰爭不限於韓境越境」。

被共產集團稱為戰爭販子的杜爾斯，並不諱言他的政策是「戰爭邊緣」政策。共產集團之所以毒罵杜爾斯，就是為了他們如果一越過邊緣，就很可能會有戰爭，以致不能遂其擴張共產版圖之企圖。其實戰爭的因素既然存在於兩大集團的對立，則在邊緣地區就必然地會有戰爭。戰爭邊緣與邊緣戰爭，都是事實的存在，絕不是杜爾斯的「陰魂不散」，從別一個星球把戰爭「販」來這個世界出賣的。試問自一九四五年世界和平以來這十餘年間所發生的種種厮殺衆件，難道是自由世界把戰爭强加到「社會主義國家」身上？

對於戰爭，不必諱言，也不必以綏撫去避免。不挑戰不求戰，要應戰要抗戰，是最公允的態度。但鬥爭並不祇是戰爭，韓戰越戰都大打了一場，然並不能使南韓南越安堵，這就是因為政治不够民主，社會沒有健全的原故。美國詹森副總統關懷南越民主，美駐韓大使力說張都暎政府民主改造，正是一條新的合宜的途徑。

美國把一切担在肩上，而友邦領袖則一切都倚賴美國，美國那得不疲於奔命。美國應知援助並非承担，而那些要復國統一的國家，却不可希望美國代為廢立。趙子龍能在百萬軍中救阿斗，諸葛亮却不能使他免於亡國。

（五月廿八日）

南韓民主底危機

李金瑋

南韓政變後，軍政府在積極地反共政策之下，同時進行了解散一切政黨；新外長金弘一在五月廿二日的記者招待會中，並坦率地宣佈：「新政府不會使用武力去統一北韓」。他認為，現時重要的是：「必須盡一切所能令南韓在各方面超越北韓。」根據他的話來解釋，倘南韓不能一强大而有力」，則「國家之統一」也自然無從實現。

金弘一的話，是極自知、自負而又感人的。比空喊反攻口號是要高明一些。也表示了南韓軍人對國家統一的强烈慾望，並非是基於空談和專事依賴外力，或等待客觀形勢的轉變。他們是決定了要在富國利民之道上和北韓的共黨政權作一段較長時期的政治比賽。俾將來等待人民的公正抉擇。

軍政府的領袖們能有上述的這樣認識，應該被看作是一種對現代民主政治有較深切了解的結果，他們所期待的是，要在民主的基礎上實現統一，而這又必須有待於北韓人民慢慢地對民主政治增長共同的體驗和需要，所以南韓必須積極地從李承晚政府的獨裁和張勉政府的軟弱情況之下過渡到另一個新的階次。因此，不論從任何角度來看，南韓軍政府領袖們所表現的謀國的忠誠與强烈的民族自尊感，皆是值得鼓掌的。

但是，其令人不解者，則為在此同時所宣佈的「解散一切政黨」。為了肅清南韓的共黨份子，軍政府刻正在進行大規模的逮捕工作。為了安定社會秩序，為了防止顛覆，自然無人會對軍政府的鐵腕措施非議的，有之，則為共產黨人。但不分青紅皂白地一併解散一切政黨，則顯然是違背了民主政治的規範。軍政府可以頒佈法令，要南韓各該政黨自行作內部的整理，並可通過國家的司法機關，對任何政黨內的不良份子加以懲治。像現在這樣下令將一切政黨解散，實無疑自行表露了有蓄意破壞南韓民主政治基礎之嫌。

對張勉政府來說，可以在嚴格的尺度衡量之下，評論它的「貪污無能」」。但不可否認李承晚政權垮台後僅僅只有一年，從李氏王朝過渡到有一個民主政府，在短暫的時期內，百廢待舉，南韓舊有的內政、經濟、財政等創傷，實難期立時痊愈，至於貪污問題，則又與國家整個的員吏制度，社會經濟情況等等有關。張勉政府絕無可能將李承晚時代的大小官員一體更換，而貪污之存在，在李承晚的獨裁與包庇之下，早已成為「集體利益」。人民之對現實的不滿，主要還是經濟問題與生活問題。任何有頭腦的人皆可以確知這一系列的問題固要解決，民主政治的基礎也不容輕易破壞。

現時軍政府的措施，意味着正在走向軍人獨裁。這實在是可怕的。萬一南韓軍政府在相當的時間內，仍然不能解決國家經濟問題和人民的生活問題，那時是等待人民起來革命呢？還是自動地還政於民呢？如果是不幸而再發生第三次革命，我相信那必然，是一場暴力的革命，是所流的血將遠遠超過去年四月推翻李承晚政權所流的。而同時可能釀成為朝鮮半島的大震動。至於軍政府自動地還政於民，就此時此際的情況推論，只能視作是不可靠的希望了！

第二次大戰前，日本與德國之走上軍國主義及納粹主義的道路，正好用來作為借鑑。南韓會因此走回歷史的老路嗎？

一個國家逸出「民主政治的規道」，就像天河的星星隕落是一樣的 即使產生了剎那間的光輝掠空而過，只是短暫的美麗，最後不免是變成碎落的石塊或粉末。對人民來說，那是在他們痛苦的肩頭百上加斤！我很希望南韓的軍人領袖們能好好地考慮，為大韓民國的千秋基業再行深長地考慮。

南韓軍政府現時確並未明言放棄民主，而是要在民主與統 上達成不戰以勝北韓共黨政權。因此，他們有勇氣表示要和北韓作政治競賽。

既是政治競賽，就必須嚴格地保衛民主政治的幼苗。南韓的軍政府今後若不能迅速還政於文人，有意地或不自覺地發展到走上了軍人獨裁的道路，其政治形態將與共黨的集權統治無何差異！同為一丘之貉，在基本上也就已完全喪失了作政治競賽的本錢，人民只能「非楊即墨」何從選擇。在那樣的情況下，「北部人民之觀念」，又何能如金弘一所希望的那樣「趨於一致」呢？

民主政治不是幌子，民主政治是有其客觀存在的模式與標準的。把切政黨以軍令解散掉了，而倘高談實行民主政治，是令人對南韓軍政府的真正意圖產生疑懼的主要因素。

法國曾在戰後久歷不安，為了維持海外殖民地，軍費支出浩繁。財經狀況的惡劣，與對殖民地政策的不穩定，遂使最有為的法朗斯內閣也不免成為短命內閣之一，政治的動盪可以說已達高峯，人民期望戴高樂出山，戴高樂臨危受命，却並不因此實行獨裁政治。從他膺總統後，嗣後數度解決阿爾及利亞的法國叛軍問題，每一舉動無不依循民主政治的規範，可見軍人執政並不是可怕的事，而主要的是他能絕對的尊重憲法，絕對地尊重民主政治的精神。戴高樂是有機會成為拿破崙的，但戴高樂之所以不是拿破崙，唯一的因素是他的人格深受民主的陶冶，他的軍人的血液裏含有的法國大革命時代的血素！

我對今日南韓各位軍人領袖愛國的情操和人格是毫不懷疑的；對他們那種積極反共和自强的精神是由衷欽佩的。但我實不能苟同他們以軍令解散一切政黨，至自毀民主長城。

如果，不幸而南韓走上了軍人獨裁的路，他們是要對歷史負責的。那麼我又不禁要有一問，為什麼韓國的軍人不在去年四月發動兵變倒李承晚。如果那時順應民心把李承晚推倒了，不是可以免去那殘暴的流血事件嗎？

現在，南韓的軍政府領袖們可以說張勉政府是「貪污無能」的。如果他們又回頭走上了獨裁的路，其發展將不會比李承晚更好一些，殆可斷言

不必為張勉政府辯護。如果那真的是一個「貪污無能」的政府。但是張勉政府的「貪污無能」，却不能抹煞民主政治應有的光彩。那是截然不相關的兩回事。順此寄語一班御用論客，你們得弄清楚這一點。

（五月廿五日）

談台灣社會風氣敗壞問題

孟戈

今日台灣社會風氣之敗壞程度如何？據龔舜衡所云：「今日表現之社會問題是：

一、公教人員服務精神仍不足，貪污案件，仍有所聞。

二、黑社會勢力，日漸强大，殺人越貨之事，每層出不窮。

三、不良學生，到處滋事；甚至大學生竟有搶刼，初中學生竟有結黨殺人，小學生竟有組織盜竊團體。

四、倫常敗壞。竟有毆打親父，炸死生母、奸淫朋友之妻，屍解總角至交，結髮夫妻的隨時反目，親生兒女，棄如敝屣等事。」（見九卷十一期「建設」廿一頁）

稍為關心台灣消息，就可看見貪污，情殺，仇殺層出不窮，大陸淪亡十多年，國府倉皇流徙到台灣去 不但缺乏「生聚教訓」「臥薪嚐胆」的中興現象，反而在上者日事爭奪與排擠，徵逐於聲色犬馬中。在下者朋黨勾結，為非作歹，於是乎貪污者有之、仇殺者有之，黃色新聞連篇累牘，社會風氣敗壞透了。

論原因，決非如某些人所說：「我國自五四運動以後，民主科學的提倡，並無顯著成就；但毀禮教、破道統；學生不知尊師重道，社會不重倫理綱常；共產邪說，乃得乘虛而入。現在一切不良風氣，都由於社會反常的結果，而社會之所以反常，則中毒於共產邪說。」嚴格說來，今日台灣之所以形成社會敗壞原因，歸咎於五四運動而推委於共產邪說，要非存心說謊，就是存大時代列車裡瞓其大覺也。

如所周知，抗戰時期的大西南後方，舉國上下同仇敵愾，勤實淳樸，社會風氣相當良好，可見沒有受到所謂「五四運動打倒孔家店」的影响，原因是朝野一致全面抗戰，一派戰時現象。但今日台灣，當權者獨裁腐敗，圈子愈來愈小，故朝野距離亦愈來愈大，粉飾成一片承平景象，大家流於逸樂，上有好者，下必有甚焉！社會風氣焉能不壞呢？「逸樂」是今日台灣社會風氣敗壞的一個根源！

或曰今日台灣社會風氣之敗壞，是社會問題，而不是戰時或平時的問題。其實，戰時的社會生活當然不同於平時的社會生活，今日台灣，一來由農業社會轉形到工業社會，二來西方高度物質文明影响至深且巨，於是乎，人類的私慾與時俱長，模彷西方的歪風，却引以為「摩登」。如果，我們能對症下藥，全國講求樸素老實，則窮公務員不會因少一套西裝而貪污，男女青年也不會因虛榮拜金而墮落。社會風氣自然然曾扭轉過來！

誠然，優良社會風氣的培養，主要地要靠文化教育的精神潛力，但貫輸文化教育的精神潛力，是固本，而固本決非一朝一夕的事。當前的課題，是治標先於治本，那就是先使今日台灣形成一片反攻復國的朝氣。

嚴格懲治貪污當然重要，所謂「治亂世用重典」是也！但更重要的要使公務員的起碼生活，過得平平穩穩，國家的財庫貧乏，那就要全國立法講求節約，祗要春秋兩件中山裝不會覺得不體面，粗茶淡飯可以過日，誰敢以身試法呢？

今日台灣的特種酒家和舞場，是罪惡的淵藪，有了這些銷金窩，有錢的人一擲千金，引人目紅，無錢的人拼命找錢，貪圖享樂，於是情殺和仇殺亦因此而發生，如果拿這藏垢納污的地方，作為點綴台灣的社會繁榮，那顯然有百害而無一利，要使社會風氣好轉，首先就應向這方面大力開刀。

從整個世界看，社會風氣的敗壞，已不單台灣為然。然而，台灣是反共復國的基地，一塊繼續保留中華民族的文化優良傳統的最後堡壘。作為一個中國人，乃至個人的道德良知，無論從國家觀念，民族意識，均不願亦不欲見台灣之社會風氣敗壞！

我們期望台灣有反攻復國的朝氣！

× × ×

說不盡的好話

疑今

（台北通訊）蔣「總統」剛於數日以前和美國詹森副總統發表聯合公報，申言「嚮往及為自由而努力的人民均應獲得自由」。五月二十五日又和秘魯蒲樂多總統發表另一聯合公報，「重申其堅決遵守自由民主及人權尊嚴之原則，作為公正與進步社會之基礎」。話說得多麼冠冕堂皇。然而事實上我們則只有歌功頌德的自由。當權者自認為是神，是救星，人民對他只能擁護，不能批評。國家的政權更應由一人一姓永遠獨佔下去；他人不能過問，更不能替代。如此的作法，還有什麼自由民主可言？至於說到人格尊嚴，則更是除了一人一姓獨享不可侵犯的至高無尚尊嚴而外，人民的人格尊嚴早已化為烏有了。可是，蔣「總統」卻不斷的發表維護自由民主和尊重人格尊嚴的言論，這是何等強烈的一種自我諷刺！筆者日前在一個偶然的機會聽見平素很少發言的幾位國民黨籍立委聊天，他們對於蔣「總統」所作的這些美麗諾言，卻另有看法。有一位說，蔣「總統」和美國副總統的聯合公報，明明說要嚮往自由和為自由而努力的人民都應獲得自由。今日的一般老百姓雖然嚮往自由，卻並不會為自由而努其全力，就是那位舉世聞名的自由學人也是如此。因此，我們當然不應獲得自由。另一位說，蔣總統和秘魯總統的聯合公報，說他們堅決遵守自由民主和人格尊嚴之原則為公正與進步社會之基礎。我們的台灣尚未到公正和進步的程度，當然不適用於這些原則了。又有一位說得更妙。他說，當一隻猛貓抓到一隻老鼠時，牠決不會馬上將老鼠吃掉的。因為如此牠就不能顯得牠的勇猛了。牠知道老鼠渴望能逃命，所以牠往往故意將老鼠縱開，等老鼠拼命奔逃時，牠又一躍而將老鼠抓回，如是者再，直到牠把老鼠玩得夠了，牠才將老鼠吃下。蔣「總統」知道人民渴望自由、民主，所以也常高談自由、民主；而且他所談的往往比人民所期望的還要多。但等到人民真的要為自由民主而有所努力，他又毫無猶疑的給以最毒辣的迫害，和猛貓縱鼠捉鼠正是同樣的心理作用。猛貓以縱鼠為樂，蔣「總統」也以談自由民主為樂呵！我聽了他們的這些妙論以後，才恍然大悟了。

立法委員對停航補貼的分野

立法院對停航補貼的專案質詢，已經繼續了兩日；登記發言的人已經增加到五十餘人，尚有繼續增加之勢。極大多數的委員對於停航補貼政策都表示不滿；但有的主張停航補貼廢止後，政府不應再以其他方法（如提高運價）便利少數油輪航商的私利。有的雖然反對停航補貼，但卻認為航商得自由提高運價。前者多為一些沒有什麼特殊背景的委員，後者則多與運油航業的大亨們有直接或間接的關係。他們為了此事會再宴請立法委員爭取支持。據說，被邀請的立委達十餘桌之多。以致金紹賢委員還在院會中提出此事與立法院的聲譽有關，不可忽視。然而說者自說，宴者自宴。聞此一暗流已有足夠的力量可以打銷任何主張廢除停航補貼後再限制航業界自由加價的提案。目前台灣的運油航商，僅有四家。其中以益祥公司的來頭最大。他們先向政府借了三百多萬美元，又由台灣銀行担保向美國銀行借了五十萬美元來造船。船未造好，就取得運油的優先權。聞將來油船逾齡時，還要由政府收購。現在又要求自由增加運價。他們這筆無本萬利的生意當然令人羨慕；可是，國家所受的損失，就未免太大了。本來，這種官僚資本的手法，在大陸時代即已盛行。但目前政府僅有台灣一隅之地，此風不但未絕，反而變本加厲，當權者自稱台灣的經濟大有進步，其此之謂乎？

蔣經國的三大宣傳方針

周馬

（台北通訊）國民黨的宣傳小組，原是由陶希聖主持，負責統籌黨政軍各部門的宣傳方針和策略，雷案發生之初，以所謂有關機關的名義發佈的那本小冊子，歷數雷震犯了「宣傳反攻大陸無望論」等六大罪狀，就是該小組的傑作之一。數月以前此一宣傳小組忽然改為由形式上仍是總統府秘書長，實則凡事不敢過問的張羣主持，於是也就顯得沒有過去那麼有聲有色」。茲悉，蔣經國對該小組的工作頗表不滿，另召集其親信舉行秘密會議，經過多次的討論，已決定當前的三大宣傳方針如下：

一、支持韓國政變發動反美

最近南韓軍人發動政變，將總理張勉及政府各部首長一概拘捕，蔣經國大感興奮，認為將來也可以指揮其心腹部隊在台灣照來一次，把陳誠一般人都關起來。因此，決定目前的宣傳方針，應以支持南韓政變並反對美國干涉為中心工作。最初本想在台灣的中華日報上首先發動，後來幾經考慮，又決定黨報暫不出面而由海外受津貼的報刊和職業打手來打先鋒。聞他們將宣揚南韓政變為亞洲前線反共國家樹立了一個新的楷模，足資他們的借鏡，警告美國不可妄加干涉，並於必要時提出「美國人滾蛋」的口號。海外讀者也許要問：「要美國人滾開」不正是俄共的主張嗎？為什麼號稱反共抗俄的台灣也要緊步俄共的後塵呢？假如美國人真的自台灣「滾開」，我們的反共基地豈不立刻就要不保嗎？蔣經國是不是另有打算呢？這些問題，只好留待事實的證明了。

二、抨擊主張反攻大陸的言論

蔣經國最近所決定的第二個宣傳方針，即是反擊反攻大陸的言論。十二年來蔣「總統」幾乎每天都在開出反攻大陸的支票，然而至今仍無準備兌現的跡象。由於反攻大陸是全國軍民一致的要求，也是在現狀之下，中華民國的唯一生路，最近數月海外和台灣的民營報刊一再呼籲政府應迅即發動反攻。這本來可以說是響應蔣「總統」的主張。因為他今年元旦還宣佈今年是反攻復國的勝利年。但蔣經國早經決定，中國的事應該和平解決，過去因限於形勢，他只能對主張與中共和談者給予精神和物質方面的鼓勵，尚不便從正面對主張反攻的言論採取敵對的態度。如今他認為時機已近，因而指示應即對主張反攻的言論作猛烈的抨擊，並要海外黨報先發難。聞他們將罵主張反攻的人為「空談」，為「不愛國」。海外讀者也許會問：難道要主張不反攻的人才「愛國」嗎？如果主張反攻就是不愛國，那麼，在中華民國開國五十週年紀念會中向三軍代表宣佈今年是反攻復國勝利年的蔣「總統」豈不更是不愛國之尤者嗎？但須知他們決定要海外黨報出面罵主張反攻的人，正是對蔣「總統」而發。因為海外津貼報刊蔣「總統」照例是不看的；但海外黨報他卻有時會要侍從人員讀給他聽。蔣經國不以反攻為然而又覺得父子之間不便責善，故利用海外黨報來糾正他老人家的反攻謬論。他們罵主張反攻為徒作空言，其所指的不就是蔣「總統」嗎？至於蔣「總統」是否將接受此一糾正，那就要看他今後的言論如何，才可得而知了。

三、宣傳『俄式民主』

最近兩年以來，黨辦刊物和津貼報刊常言「美式民主」不適用於亞洲國家。字裏行間，顯然他們另有一種適合於亞洲國家的「民主」在焉。但其內容如何，則迄未宣佈，因而人們也就莫測高深。有人說，如果有所謂美式民主的話，孫中山先生的三民主義就是美式民主。因為他不但把林肯所謂的 Government of the Peaple, by the Peaple and For the Peaple 譯為民有、民治、民享，而且還說他的民族、民權、民生三主義就是林肯的民有、民治、民享，豈非「美式」民主的鐵証？我們現行憲法開宗明義第一條就規定中華民國基於三民主義，為民有、民治、民享之共和國，也就是受了「美式民主」的影响。所以，雖然為了美援和種種顧慮，當權者不便立刻宣佈取銷憲法；但始終覺得它是實行家天下的最大障礙。因此，始終視之為廢紙，並發明了美式民主的名詞而斥為洪水猛獸。至於他們隨時暗示的那種適合於反共前綫國家的「民主」究竟是什麼「式」呢？現在已經很顯然了。

如所週知國民黨在民國十三年改組時，曾有採取列寧所發明的所謂民主集權制以為該黨組織原則的決定。蔣「總統」當權以來，更以此為護身符。但因黨章內並無明文規定，領袖雖強調集權，而黨員則主張民主，以致蔣「總統」未能充分發揮其領導的作用。政府退守台灣後，國民黨在蔣經國為中心的局勢之下實行改造，父子倆都認為有將此一俄式民主的組織原則，正式列入黨章之必要。只以當時美援正去而復來，不便引用俄式民主的名詞，乃在新黨章內規定「本黨為革命的民主政黨」，所謂革命民主，也就是民主集權之謂，換言之亦即俄式民主。由於黨章迄未正式公佈，許多人雖已早知此一革命民主之名詞，但以僅係該黨一黨一派的事，尚少置評。聞最近在上述的秘密會議中，有人提出對於美式民主的抨擊工作已做得很多，為了確收宣傳的實效而達到預期的目的，似應在積極方面有以代之。蔣經國即不假思索的答道，「民主集權制」。後來有人獻議，畧謂以民主集權代替美式民主固屬正確的政策，而且早經在各級組織及各項訓練機構中行之已久；但在目前環境之下，似乎改稱「革命民主」較為適宜，他表示首肯。因此，即決定今後的宣傳方針，除了把一切主張自由民主的言論都名之曰美式民主而予以痛剿外，更應強調革命民主之重要。換言之，即要將民主集權制度擴大而為國家的最高組織原則。也即是刻意要在中國來實行這種俄式的民主了。

以上的消息，是筆者從極可靠方面得來的，海外讀者當可在當地的黨報和津貼報刊中得到事實的証明。過去十二年間，當權者一面侈言反共抗俄，而其在政治上的所作所為則幾乎無不以俄共為師，人們還希望他們僅是出於自私和無知；但從以上的三大宣傳方針看去，他們甚至連反攻大陸的話都不許說，就更令人疑懼了。

教員打死學童的又一案

年來台灣曾連續發生特務教員毒打學童造成重傷的慘事。四月初中縣后里鄉國民學校四年級學生謝金夯，甚至被級任吳某打傷內臟致死。雖經該生的祖父謝明蘭向有關機關控訴，但因吳某乃蔣經國旗下的特務人員，至今仍無任何結果。最近北投又發生同樣慘劇。北投國民學校女童林淑華

被級任李月娥用棍子猛打頭部及腹部，回家後即告死亡。臨死時才向祖母說是被李老師打傷的。她的父親林朝向陽明山警察所控訴，經驗查官錢通偕同法醫沈國藩於五月二十六日到北投開棺驗屍，發現死者頭胸腹三處均有可疑傷痕，已將其內臟及腦取出帶往刑警隊法醫室切片化驗。檢驗完畢後，

檢查官並假北投刑警組傳訊證人和死者的父親。被傳作證的一年級八班學生黃國煌、朱文章、石福興都說曾被李月娥用棍子打過手心和頭部，並証實李月娥用棍子打過林淑華的頭部和腹部。李月娥則僅承認打過手心；她說：這是因為愛學生心切的緣故。但矢口否認曾用棍子打學生的頭部和腹部。檢查官又向林

朝問死者生前的健康情形。林朝說：死者身體健康，很少患病。請求檢查官依法辦理，為死者伸冤云云。本案雖然已由陽明山警察所正式受理，並經檢查官偕同法醫開棺驗屍和傳訊証人；但仍將以不了了之的可能性為多。因為凡是動輒毒打學童的教員都具有一種極為特殊的身份，絕不是法律所能限制的。

中共內部人事愈來愈不穩

——被迫提出「疑似之迹不可不察」的口號——

劉裕畧

大陸之窗

中共內部，現在是愈來愈不穩了。一九六一年五月廿二日北平出版的人民日報發出了「疑似之迹，不可不察」的呼聲，此無它，這正是此一內部不穩之充分表現。

本來，這也是必然的。中共既以極權方式壓迫和統治人民，完全不顧人性，完全以刀鋸斧鉞作工具來威脅人民，又以種種調查研究等特務方式監視和控制人民。此外，且又以勞動改造，坦白，鬥爭等迫害人民，而共產黨違反人性的統治，又決非大陸人民所真能接受。在此情況下，人民的態度如何呢？為了求得暫時的生存，當然就只有打進共黨內部去的一條路可走了。這樣一來，中共黨員和幹部的數字誠然不斷增加，顯出一個非常龐大的外形，但隨着而來的、也正是它內部的人事的變質。黨的陣營已經越來越不純粹，有些人，表面上似乎很符合共黨所提出的要求；即「又紅又專」，其實則只是「外紅內白」而已。

正因為這是中共政權不可避免的命運，所以，隨着中共政權統治時日的延長，這一現象也就越來越嚴重。據五月廿二日人民日報所刊「疑似之迹、不可不察」這一篇文章說：「社會現象往往比自然現象更難認識，更難分辨，既要在階級鬥爭中分清敵我，又要在人民內部分清是非。在許多正確的和錯誤的事情之間，在外表和某些方面，也往往有若干相似之處。例如：堅決執行黨的政策和機械搬運某些條文；充分發揮勞動積極性和過分增加勞動強度；自願和自流；充滿信心與驕傲自滿；力爭上游與風頭主義；分工負責和本位主義；勞動協作和打亂勞動組織；獨立思考和自作主張；解放思想和胡思亂想；……這些事情的前者和後者，都有本質上的不同，可是又都有某種相似之處。如果為這些相似之處所惑，而不能明辨它們在本質上是兩回事；自己在行動中和思想上就會犯錯誤；或者不能正確的判斷和處理別人行動，或思想上的問題」。以上一段文章，除表明中共對其內部已感是非難分，情況難明，但最能顯示中共內部業已愈來愈不穩的則是該文如下的另一段文章：「在有的情況下，分清敵我也不是很容易的事情。敵人在一定情況下；例如在作戰時潛入我方窺探，又如在我們革命勝利以後，在我們內部潛伏；總是以「我」之面目出現。他們搖身一變，「站進來」，吃人民的飯，說進步的話，做反動的事。或者本來是我們自己人，但是由於本質惡劣或者受不了引誘，被敵人「拉出去了」，從外表看來似乎沒有變，可是已經從內心裡爛了。更值得注意的是，以「我」之面目出現之敵，又借着人民內部若干是非之難辨，運用把正確的事情做得過頭使之走向荒謬的辦法。在這情況下，更需要精細縝密地分清是非、分清敵我」。

我們知道：中共最近正在提倡調查研究，中共喊出的口號是「大興調查研究之風」。為什麼要大興調查研究之風呢？一方是為了對事，另一方面則是為了對人。其所以要以調查研究的態度對事，則是中共深感大陸的切情況，都愈來愈不好。以至自然災害之外，再加上人為的災害，就形成農業生產的大大減產，從而，不但農業經濟生產失敗，而且工業也受了影響，而連帶有些停工，有些減產。中共自己不從自己殘暴無人道的政策和極權統治的本身弊害去反省，偏以為這是各級幹部未興調查研究之風，本末倒置，故中共喊出「大興調查研究之風」以對事，另一方面則中共又以「大興調查研究之風」以對人。因為人的問題，在中共內部，現在是越來越成問題，現在不但偽裝前進的人進入了中共內部，甚至原本是中共一向認為是很穩當可靠的人，也如該文所說，由於「本質惡劣」和「被引誘」而成了問題。於是，中共就想在「大興調查研究之風」之發動下，把每一個人都變成特務，使大陸上的每一個人，尤其使中共內部的每一個人，人人互相調查研究，從而做到人人互相監視控制，以達到人事上的安定目的。但，這是可能的吧？卻是不可能，中共內部的人的問題正如中共內部的事的問題一樣，中共政權的本質早已決定一切，它的內部，無論人的問題，抑或事的問題，都命定的只有越來越嚴重的了。

廣東荔枝一百三十種 但大陸人民無福嘗試

一部運到北平，由新貴享受 一部運銷海外，以換取外滙

陸聞

（本報廣州消息）海內外著名的廣東名產荔枝，現在又開始上市了。最先上市的一批是有名的品種名叫「三月紅」，這一批荔枝差不多都來自中山縣的各人民公社。

今年的荔枝還像往年一樣的嬌好甜美。它似乎不知道人間的變化，也似乎不知道統治者的殘酷，仍然在農民們的苦心培育下結實。它似乎更不知道辛苦而被壓榨的農民，現在是偷偷的嘗嘗它的味道的份兒也沒有了。

從結實的初期開始，它已經被共幹監視清點，因為它被當作「國家」的財物，其實它像其它所有東西一樣，是完全被當作共黨的財物，早就準備以其中的一部份運到北平；供新貴享受，其另部份則運銷海外，以換取外滙了。所以，一到摘取荔枝的時候，共幹的監視和清點更嚴。農民摘下後跟着就向人民公社有關部門繳納，而由人民公社向上繳納了。杜牧諷刺楊貴妃的詩說：「一騎紅塵妃子笑，無人知是荔枝來」，這所指的誠然是四川涪陵出產的荔枝，但四川也好，廣東也好，今天的情形，則更慘於往昔。因為楊貴妃當時吃的荔枝，在數量上畢竟有限，其餘的大部份總還留在民間，人民多少總有些享受。但今天的荔枝，則除貢獻紅都之外，其餘也沒有人民的份兒，全被運往外國去了。

在以往，每到荔枝上市的時候，人民就羨慕嶺南人的福氣，因為廣東荔枝之好，早已膾炙人口，品種之多，也人所共知。最先上市的有「三月紅」「玉荷包」等品種。此外，跟着而來的還有茶園出產的「黑葉」，羅崗洞出產的「桂味」，畢村出產的「糯米糍」，增城出產的「掛綠」「妃子笑」等品種。據中共廣東省人民政府統計，廣東全省荔枝品種共有一百三十種，遍佈七十幾個縣云。中共別的生產數字不可靠，但搜括人民財富的統計數字則比較可靠。事實上，廣東出產荔枝並不是現代才有名，它在中國歷史上早就有名了。北宋詞人李師中的詞說：「子規啼破城樓月，畫船曉載笙歌發。兩岸荔枝紅，萬家煙雨中。」足見中國人民過去在盛產荔枝的廣東是如何歡樂幸福，但今天的情形兩樣了，人民現在都被中共變成了奴隷，對於荔枝，沒有嘗的份兒，只有勞動的義務：難怪人民的眼淚，也到處隨着荔枝滾滾：假若荔枝有知，恐怕它也很難過哩！

另據中共在香港辦的大公報所載香港商場消息，謂「夏日水果陸續上市，石岐圓枝和深圳甜桃昨日均首批運到：湛江菠羅、三月紅荔枝和李子也源源登場供應。據果商說：昨日石岐圓枝第一批運到，色澤雖畧青，但個子較大，每担成四十元。三月紅荔枝亦同時運到二千五百多羅，旋被新加坡莊買去一百羅，廠家買去八百多羅，其它就是市銷商批購，成盤企穩，每担四十五元」（見五月廿三日香港大公報）。可見廣東荔枝下樹之日，也正是中共壓榨人民勞動果實，運到海外換取外滙之時了。

大陸簡訊

鍾之奇

中共攻擊美國「和平隊」

中共攻擊美國總統甘廼廸所號召和所推動的「和平隊」，已不止一次。五月十八日中共人民日報除刊載了一則美國將派「和平隊」到哥倫比亞的消息，誣指為「名為和平實是擴張」外，并同時為文攻擊「美國和平隊是新殖民主義的工具」。它說：「儘管肯尼廸政府費盡心機給美國的「和平隊」包上各種用來吸引人的裝璜，大肆吹噓，并在最近派施里弗到許多亞非國家去推銷，但也騙不過亞非人民的警覺的眼睛。亞非國大公報很快就指出：這是「戰爭隊」！是「新殖民主義的機構」！是「冷戰」的新工具！是為美國侵畧政策服務的新陰謀」！人民日報并節譯了一批外國共黨報紙如「緬甸先鋒報」、「緬甸新光報」、「印度閃電週報」、「加納時報」等言論作幫襯以誣衊美國對世界服務的良好願望。

汽車運輸推行三包五定

為了強迫人民，中共一律採取所謂「包」和「定」的政策。截至目前止，中共除已在農村及工廠推行所謂幾包幾定，硬性强迫農民與工人必須把中共規定的生產指標承包下來，必須負責完成外，最近又在汽車交通運輸上，基於四川宜賓專區所得經驗，在整個大陸推行所謂「三包」「五定」。所謂「三包」，即是「一、根據車輛技術狀況，行駛路線、貨源等具體狀況。制定每輛汽車的車噸產量和運量指標，包幹完成；二、包安全質量，做到駕駛中無責任傷亡，無責任損壞，滿載運輸，無貨差貨損；三、包車輛狀況完好」。至於所謂「五定」，則是「同時根據三包任務，對每一車輛使用原料、燃料、工具等實施五定。即定每種車型行駛每百公里的燃料消耗量；定每種輪胎從開始行駛到報廢的里程；定小修費用；定大修間隔里程；定隨車的工具」。總而言之，中共的政策，就是又要馬兒跑，又要馬兒不吃草。

中共又派青年代表團到日本

中共總是輕視日本，總是以為日本是一個可欺可騙可以從內部顛覆的國家，所以，中共除了對日本唱出中立和平等幼稚論調外，又不斷派遣特務，打着什麼工人代表團、文化代表團、婦女代表團等招牌公然去煽動日本的工人、知識分子和婦女，以圖從內部推翻日本的現政府，從而達到中立和赤化日本的目的。這對於日本，實在是太輕視了。但中共輕視日本的行為迄今并未改變，據新華社北平五月廿九日電：中共又派遣了一個青年代表團前往日本作「友好訪問」，並出席「日本民主青年同盟第七次大會」。此一青年代表團已於廿九日由北平乘機飛日本，該團係由「中國共產主義青年團中央委員會書記處書記楊海波率領，則所謂「友好訪問」的內容如何，自可想而知」。奇怪的，是日本的一部分左傾幼稚青年竟墮落到向中共青年特務求「友好」，那末，這一部分日本左傾青年的幼稚無知實在也就很可憐可笑了。

中共出口商品交易會閉幕

為了大量推銷向大陸人民壓榨得來的各種物資，同時，也附帶的為了向一部分外商購買所需物資，在廣州一年一度舉行的「一九六一年春季中國出品交易會」，經過了一個多月的交易，已於五月十七日閉幕了。

據中共新華社廣州五月十五日電：「這次交易會成交金額達人民幣三億三千五百多萬元（折合英鎊為四千五百七十多萬鎊）。在成交的我國出口商品中，不僅有大批傳統出口商品，也有解放後特別是一九五八年工農業大躍進以來新增加的大量輕、重工業品。……此外，我國各有關交易團也向參加交易會的客商定購了一批工農業生產建設需要的物資」。

又據新華社說：在「交易會期間，前來洽談和參觀的有來自世界各地的五十多個國家和地區的貿易界人士共三千多人」。主持這一交易會的則是中共出口商交易會主任委員、廣東省副省長魏今非云。

在大陸人民普遍飢餓的情況之下，中共政權仍不斷進行搜括，並將所壓榨得來的物資外賣，中共政權之殘暴不仁，由此更見一斑了。

從新板門店看寮國戰場

萬清

新板門店

十年前韓國戰爭到了「和談」階段的時候，一個陌生不見經傳的名字「板門店」突然出現，成爲世界視線集中的中心。而今天的「欣合」和「納門」，也正是「寮國的板門店」、新板門店。

當然，新板門店與舊板門店，情形不盡相同；猶之乎寮戰並不是「第二韓戰」。從戰爭的情形來說，韓戰是大打過一輪來，然後才有板門店和談。寮戰却在還沒有認眞大打出手的時候，便有了「納門」的停火談判。韓戰是在板門店談妥休戰之後，方才有日內瓦會議。寮戰却是有了日內瓦會議，然後才有欣合以至納門的談判。更有一點重要的差別，那便是韓戰時候，南韓有十六國聯軍參戰，北韓有中共軍參戰。而寮戰直到現在爲止，還是雙方都只有寮軍。巴特寮軍與李江軍，代表川壙和桑怒。諾沙旺軍，代表着王室和永珍作戰。雖然一方面有中共北越的指導員，後者也有美國顧問，但仍屬於幕後，說不上參戰。

韓戰的過程，可以說是雙方「打厭了」，或者說，雙方都不願擴大，方才停火、休戰。現在寮戰還沒有大打，便進行停火，是不是在事態沒有擴大之前便加以抑制，比較易達到休戰的希望？抑還是因爲「不打不相識」，大家都覺得沒有較量過實力，就難以談得攏；所以還是非打過不可，要大打一輪才「過癮」呢？

但無論如何，納門之爲「新板門店」，可已經是鐵定的了。板門店反映了韓國戰爭，欣合便反映寮國戰爭。爲的，根據「戰場與議場的定率」，議場順利，戰場便平靜；議場衝突，戰場也衝突；議場破裂的話，戰爭便再起了。

那麼，從納門談判，可不可以看到寮國戰場的氣息呢？

三首都、兩政府

以一條石橋橫跨過南利河上的欣合，是一個偏僻的鄉村，爲王都至永珍間兩軍佔區接壤的所在。剛在本月初，欣合附近有過一場小戰鬥，寮王軍從欣合以北撤至橋南，寮共軍進佔欣台村，橋上便成無入地帶。現在這度橋，便是寮國的「三八線」，欣合本身却屬於共區；王室軍隊代表到此後，接洽初步談判，，來徇李江之意，將談判地點移至納門，王室政府，可以說是讓步了的。

其先寮共方面是要求永珍派員到川壙（富馬首都）談判。而永珍可沒有要求川壙派員到永珍談判，而提出了到王都琅巴刺邦會談。可是共方却給拒絕了，提出了在欣合以北四十公里的納門。永珍最後讓步了。

如果承認川壙是新首都之一的話，那麼連王都琅巴刺邦與行政首都永珍，寮國便有三個首都。「三都兩政府」、左、右翼各佔一都一政府，則兩政府到第三個首都王都談判，本是順理成章。寮共提出納門，其作用便是不作政府談判，而作軍事單位的談判。川壙方面，向來把李江軍稱爲「政府軍」即富馬政府的，寮共軍則自稱「愛國戰線黨部隊」。軍事單位談判，共方在左翼內面，便可與富馬一平分春色」。因爲兩個政府，沒有理由要求三個代表團。而共方先時因爲國際上的號召，和表面高唱中立，承認了富馬政府，沒有組織共方的政府，且和談，沒有組織可產生代表，乃至不得不廢棄政府，連他們所承認的富馬政府也不承認其代表性，而要求以「軍事單位」，或「各黨各派」來派代表去出席日內瓦會議。

日內瓦會議中就爲了這問題的爭持，永珍代表團迄今拒絕參加會議。寮共只好在欣合提出組織「統一代表團」，以便在日內瓦代表寮國。但是據永珍諾沙旺將軍的看法，這項建議，不過是共方「擱置停火」的一種手法。

原因是儘管談判，火却並沒有停下來。

車轔轔，馬蕭蕭

諾沙旺將軍就說：寮共正對孤立的政府軍施加壓力，「火並沒有停下來」。

川壙以南「巴塘」的苗族區，被共軍進攻，據共軍說：南越和泰國軍「在沙灣那曲區集結」，他們須南進「採防衛措施」。永珍在苗區的士兵被擊傷，已不斷運到永珍來。指責「不肯停火，陰謀再戰」，雙方都一樣指責。

最感困難的是國際監督停火會，該會委員雖北走川壙，南下永珍，但談不出一個所以然來，該會已向日內瓦報告，謂「戰火不熄，制止控制極難」，更危險的，是「雙方都加强軍事及彈藥」，和「雙方被認爲挑釁的軍事飛行仍然繼續」。

瓦瓶平原上，共方有數百輛卡車南開增援，諾沙旺預料巴塘區將有激烈戰事。日內瓦與欣合都談不出什麼，也許得稍微打一下子再說吧？

・永珍通訊・

寮局將繼續在冷戰中

成和靈

寮國可說是個一奇異國家」，人民好逸惡勞，識字的人口不足百份之十五；而尤其「奇異」的，就是日前曾有一位研究寮國問題的美國人，訪問過十六條鄉村，竟發覺了百份之九十人民不知道他們的國王在甚麼地方。寮國的故王、亦會這樣的說過：「寮國祗是一羣互相爭吵的家族」。以這樣的一個國家，竟然也給國際冷戰的浪潮捲入了漩渦。今日的寮局，雖是仍在「和談」中，但顯然的，它仍屬國際冷戰的一部份。不錯，談判中是湧出「中立」的遠景了，可是冷戰的氣氛，迄仍未銷除。

最近某電訊社會有這樣的報導：「據一個非共的權威人士指出，關於解決寮國問題雖然東西方國家已同意一項辦法，即寮國宣佈中立，而各國也發表宣言，尊重寮國的中立，但前途仍有不少困難，最顯著的是監督中立的技術問題。果然，過了不久，國際監督委員會向日內瓦會議的十四國提出報告，披露出寮國停火的監督工作，有了嚴重困難了。而且，蘇聯方面，曾會提出建議：「三國國際監督委員會祗係接受日內瓦會議共同主席英國及蘇聯之指示，該委員會將可調查任何進入寮國的軍事人員；而監委會也必須一致同意，始能作最後決定」。西方國家對此，則認爲若照此實行，即等於蘇聯有否決調查之權，波蘭也有否決調查之權；這樣，當然「殊非妥善」。西方國家的意見，認爲監委會必須能夠在寮國內自由行動，尤其是在北部地區。西方國家，懷疑北越共黨，是由該地區滲入，協助寮共。如此，雙方意見，顯然尚有距離；這就是寮局仍將繼續在冷戰中的主要原因之一。

寮國本身，這「一羣互相爭吵的家族」，能否和衷共濟，實行眞正中立？也是很嚴重的問題；何況他們的左、右、中三派人士，壓根兒是受到東西方國家影響的，所謂「聯合政府」，恐怕也很難組織成功。這就是寮局仍將繼續在冷戰中的主要原因之二。

國際方面，是否能眞正的尊重寮國中立，仍有很大的疑問。在越南休戰時，寮國本來已是獨立的，但終於由於東西方國家擴展冷戰地盤的影響，卒使她陷於今日的局面。那末，所謂「中立」，究竟怎樣「中立」？她將需要一個怎樣的「聯合政府」？在國際舞台上將要扮演一個怎樣的角色？目前，誰也不能尋出適當的答案；這就是寮局仍將繼續在冷戰中的主要原因之三。

不少人都意料到：在寮國「聯合政府」陷於難產的時候，極可能退而思其次，把寮國分裂爲二，成爲南北寮對峙，一如今日的南北越，南北韓。如果眞的這樣，那末，寮局豈不是更要冷戰下去麼！

「請你射殺我們吧」！

・朱映瓊・

五月十七日傍晚時分，一部小型貨車正由廣州市區開出北郊去。車上載滿食糧；押運的是兩名全副武裝的民兵。

貨車風馳電掣的駛至龍歸鄉附近時，突然，一羣飢民湧塞到公路上，大家都攀了枯黃瘦削的手來揮揚，示意要那部貨車停駛。司機在這情況，祗得把車子煞停。

「甚麼事」？車上押運的民兵向羣衆喝問。

「懇求救救我們，我們已餓了好幾天了」！

「請把一些兒糧食轉讓給我們吧！同志，救救我們呵！同志，救救我們呵」！

羣衆不斷地向車上的民兵打躬作揖。

「這怎行」！民兵頓頓脚，猛搖頭。

可是羣衆已一湧上前，準備强搶。

民兵馬上把槍口對準那批企圖搶糧的群衆。

羣衆毫不畏懼；憤怒地叫着：「同志，開槍吧！開槍射殺我們吧！橫豎我們沒有東西吃也要給活生生餓死的了！同志，開槍吧！開槍射殺我們吧」！

羣衆一邊嚷叫，一邊蠭湧登車，七手八脚的把一部份食粮迅速拿走，并拋出一些人民幣來，丟進車廂上，然後一哄而去。

兩個民兵都瞪大了眼睛，旋即頹然把他們的槍桿放下。他們顯然是良心發現了，沒有開槍射殺飢民。

僑鄉近訊

海陸豐鄉民抗暴死傷四十餘人

・江水・

粵東海豐陸豐兩縣，因共幹對農民和工人濫施體罰，曾先後激起羣衆暴動，釀成死傷四十餘人大慘劇。其經過情形是這樣的：（一）五月八日，陸豐縣因豪雨成災，山洪暴發，淹沒不少農田，共幹乃驅策大批農民冒險搶救；工作中，有兩名年逾六旬農民，不堪過度勞苦，乃靜悄悄的坐在基圍上休息，旋爲共幹發覺，指該兩人故意影響他人工作情緒，存心破壞防潦計劃，竟不容分辯，驀然拿起一根大竹竿，狠狠的向該兩人身上擊去，該兩人年老體弱，突遭此毒手，當堂倒仆地上，口吐鮮血，畧一掙扎，即陷昏迷；其他農民見狀羣起湧至，一方將該兩老農民施救，一方面包圍該共幹提出指責，因而引起衝突，民兵聆耗馳至，開槍彈壓；這一役，死傷農民廿七人。（二）五月十日，海豐一工民因身體不適，拒絕參加勞動，致遭共幹鞭笞，因而亦激動公憤，數十人湧前將該共幹圍毆，該共幹急之奔往防軍營房求援，防軍不分皂白，開機槍向追毆共幹之羣衆掃射；結果，鄉民十四人受傷，四人喪命！

中山鄉民帶病捕魚溺斃兩人

中山縣環城公社「共幹，以主糧荒缺，乃驅迫鄉民往河涌間捕捉魚蝦以作副食，老弱鄉民對此，苦不堪言。而尤爲悲慘者，厥爲五月廿二日，該公社庫充大隊—竟有兩名年老鄉民帶病下河捕捉魚蝦而暈厥水中，致被溺斃！死者名王發；五十七歲；一名洗順娣，六十一歲。據該公社鄉民事後傳出消息稱：當肇事時，完全無人發覺，追至晚上，其親屬不見該兩人返家，還以爲他們係已乘機逃亡，距越日該兩人屍體自河中浮出，始知係肇意外慘禍。般推測：該兩人[illegible]頗諳水性者，此次之被淹死，可能係因病體不支，河水沖擊，一時暈厥，以致喪命。又聞該公社目前之搶救春荒運動，仍在大力展開中，各農民即使身上有病，亦須帶病工作，否則停止配糧；共方此種奴役人民的殘酷手段，行見不久之將來，又有不少人民生命，慘遭犧牲！

彆扭

黃信男

鎮上國校三年乙班級任——何玉貞老師，很想知道兒童有沒有把語病改過來。就問：

「假如有人打你，要怎樣報告老師？莉莉，你說說看。」

莉莉站起來說：

「老師，她給我打。」說罷，若無其事坐了下來。

全班人都知道莉莉犯「語病」了。因為，老師曾經說過，「他給我打」是人家要讓你打的意思。試想，天下那有這等傻瓜要讓你來打他呢？現在莉莉就說出這「語病」來了。逗得全班級的人哄然大笑，還有人趁着這鬆懈」的上課氣氛，亂敲桌子，也有大聲大叫的。……何老師只叱一聲，就安靜起來。

「莉莉，放學後，請你留在教室寫一篇「我在上課時惹起同學大笑」的作文，繳完卷再回去。」莉莉這才恍然大悟，自己說錯了。並不是她不知道「給」和「把」字的使用法。她原先要說「他把我打」了的，但不加思索地說了出去，結果竟說成「他給我打」了。於是，她說道：

「老師，我只說錯了一個字，讓我再說一遍好嗎？」

多怪，老師就不准她再說了。一定是，老師以為莉莉故意說錯，何老師向來對再說一遍的人，是很表歡迎的。為什麼這一次老師就不准呢？莉莉想了又想，就認為這種處罰——做一篇作文，是千萬不該的。

放學後，莉莉在教室做那篇「我在上課時惹起：」時，就格外留意着每一句子，凡是用得着「的」字的句子就把「的」字故意不寫進去。

第二天，春假前十天，也是開始練習二部合唱的頭一天。到了下午第三節課時，老師對莉莉說：

「莉莉，請到我這邊來。教他們唱那個歌。」因為何老師的嗓子不滑潤，每一次上音樂課時老師要請莉莉代唱。這一次要莉莉唱的是遊藝會的節目——全班級學生的二部合唱。莉莉早在五天前跟何老師彈出來的風琴聲學會了那個歌　所以老師要她教大家唱。不料，莉莉竟對老師說：

「老師，我不要！」

就這麼一句使得全班級的人都驚呆了。大家都屏住了呼吸似的，連一點聲息都沒有。莉莉久久不敢抬起頭來，看大家對那句話的反應。不過，她從那一天——「把」和「給」的用法說錯時起，就準備着要說「不要」的了。她很知道，今天老師定要她代唱的。現在，說這句話的時候到了！她就決然地說了出去。何老師再三請她唱，莉莉三次都固執着說：「不要！」

老師奈何她不得；索性不上音樂了。便出了難解的算術題讓學生們去做，直做到下午四點。

當天，放學回來的莉莉，還不曉得固執會對她帶什麼樣的後果。莉莉的母親，已聽到何老師親口講，她今天在學校執拗得很。於是，飯桌上只給她擺一碟子醃菜並沒有四菜兩湯的食譜了。顯然，這是一種處罰。不過，即使不准她吃飯，她也不怕的。她要讓媽媽知道，這種處罰對她不發生作用；就拒絕進食了。

第二天，她照常上學。也無法知道在這一天裏人家要用什麼方法對付她。同時，担心着自己能否固執到底。挨到下午第三節，老師又和昨天一樣，問她：

「莉莉，要不要教大家唱歌，呢？」

她還是說：「不要！」說罷，覺得自豪非常。

她一回到家，就困惑起來。因為，飯桌上有四樣菜兩個湯。於是她就問母親：

「媽，今天怎麼不處罰我呢？」

她的母親只微笑着，並不回答什麼。莉莉的腦裡好像被什麼東西塞滿似的，再也不能不自由自在地想這個想那個了。若是被罰了，反而覺得有股活力能頂撞上去。現在，她不能鼓十足的氣了。由於媽媽和往常一樣對她很好的緣故。

第三天，她照常上課。到了第七節課時，又是麻煩的事情來了。何老師很溫柔地對莉莉說，這是最後一次的要求，問她要不要唱，若是再來一次，二次三次……

她倒不感覺什麼。現在，老師說是最後一次了，就覺得有點洩氣了。但，她仍是執拗着。就硬着頭皮說：「不要！」說完這句話後，覺得跌了一交似的痛楚。

老師便對她說：「好啦！你可不能在學年末受頒獎的了。」這句話，使她更難過。

莉莉不尋常的生活開始了。母親對她特別地關照：

「莉莉呀，到我這邊來。你喜歡媽媽吧！」莉莉撒開雙手，緊抱着媽媽的身體。囁嚅的說：「喜歡。」—她媽媽又說：

「那麼，你為什麼這般執拗的呢？是為了被處罰的緣故嗎？你想想看，那一個小孩沒有被罰過的？你要向老師陪不是才對啦。」

莉莉很想說「是的」，但始終說不出來。或許她的內心裏隱藏着「是」的一句子，一旦想要說出來，就顯得很不自在了。仍保持着彆扭。她母親歎了一口氣：

「像你這樣彆扭的人，是多麼的不幸！」

莉莉在自己的椅子上，呆呆地坐着。直望着遠遠的地方．「好像從那遠處「不幸」就會來找她似的。她感傷。淌着淚。

學年末的遊藝會將要來臨了。今年，三年乙班的節目是沒有什麼精采的了。為什麼呢？就是大家所期待的那個女孩——莉莉，那種彆扭使得獻身於教育的何老師也對她無法可施了。只因莉莉不聽話單用風琴聲音也教不好歌的；所以二部合唱就唱不成。很聽話的學生們只好全體朗誦一則故事。至於那則故事，又是家長們很熟悉的。莉莉這個學生，真使人失望。否則，三年乙班的節目定是精采。

看看上學的時間到了。學年結業典禮，快要開始。下午還有遊藝會。

吃罷早飯，看不見莉莉的影子。原來她躲藏在天花板背後、躲在那裏，就不會被人發覺。

她在天花板上頭，盡量的想像何老師是個醜女，但除了有着大臀部以外，無法指出老師的缺點來。接着她想起那天的情形，為什麼用「給」字「就不對，一定要用「把」字？想着想着，真氣死人。這一氣，她覺悟了——老師請她唱時，該答應「好」才對。只說一句「好的」，不是很容易的事嗎！

不錯，她該在天花板背後的棟樑上半坐的。雖然這是很幽暗的地方，很難受；却值得去坐的。坐了一整天，連屁股也坐痛了。她怨恨自己太糊塗。巴不得快快下去，對每一個人說：「我不再彆扭了。」

莉莉趁着黃昏，從天花板爬下來時，就覺得心和氣靜了。就這個當兒，她媽媽不再對她客氣了。「劈拍！」着着實實的賞給莉莉兩記耳光、這兩記耳光對莉莉是最好的救藥。她雖然被打，却也更加喜歡媽媽了呢。

窗

·言杼·

「眼睛是心靈的窗子」，這句話雖然是讚美眼睛的，但是把窗的可愛也說出來了。

窗之特別惹人喜愛，並非偶然的。因為無論就實用觀點、或藝術觀點來說，它都有顯著的價值。就實用觀點說，窗可以增加屋內的光綫，可以敞開放進新鮮空氣，熱天可以通風生涼，其好處是很多的。就藝術觀點來說；窗本身就是一件藝術，一間屋子沒有窗戶，如同一個人沒有眼睛；窗是天然的鏡框，從窗望外看就是一幅圖畫。而從外面看窗戶，也是一幅圖畫。當清晨人們穿着睡衣，慵懶的推開窗戶，迎接新鮮的陽光；或者靜靜的日午，一個少婦在窗前搭竹竿，晒衣裳；或者是黃昏時候，少女臨窗佇立，望着錦繡夕陽輕聲歎息；這些都是美麗的詩。

有人對於苦雨敲窗，認為是一件苦事，在我則是一件樂事。尤其花木臨窗，更有情趣，在淅瀝的雨淋裡。花木別有一番鮮活明淨的美，如果是芭蕉就更妙，雨滴落在那肥大翠綠的葉子上，會叮咚的發出悅人的音樂來；在雨中最美的是金櫻樹，經雨洗滌過之後，那細微的綠葉更綠了，純紅的花更紅了；「斜風細雨漫披紛，紅花綠葉淺低垂」，那是攝吸心魂的一種美。

我最喜愛窗前有一顆柳樹。閒窗淨敞，看柔縵的柳絲，蕩漾起飄飄的絲；如果是月夜，檸檬色的、扇似的圓月，掛在柳梢上，那該多麼迷人。

在北方寒冷的夜裏，當你忍着饑寒趕路，當那望見路旁人家的窗戶，看見窗內橙紅色的燈光，會引起你又羨慕又溫暖的感覺。當深夜失眠，躺在被窩裏，靜聽風沙敲窗的音響，會引起遼遠的悲涼的遐思。如果是清晨醒來，望着魚肚白色的曉色、迴思平生往事，亦足引人心往神馳。

中國古老的房屋，都是紙糊的窗戶，只在紙窗中間鑲有一塊玻璃。而紙糊的部分，是把白紙糊在圖案花紋的木框上，比現在的鋼窗要美觀。而舊式的窗飾，只在窗外掛一竹簾，而簾子也是富有藝術氣息的東西。月上簾櫳固然是絕美的鏡頭，而從細緻瀟疏的簾隙，窺望景物，亦足以增人意趣。

現在的新式建築，鋼骨玻璃窗，在防風雨的實用上雖然遠勝舊式的紙窗，但是遠不如紙窗美觀。而且近代都市建築，大廈櫛比，打開窗戶所見的是蜂窩似的住屋，聽到是喧囂的市聲，煩鬧而醜陋，窗遠不如往昔之可愛了。

犧牲（一）

金陵

一、

黃昏。那是第一次寒流來襲後的週末的黃昏，也是一週來第一個放晴的黃昏。

斗室裡，王先生坐在窗口邊的方桌前，埋着頭批改着作文本子。落日的餘暉透過緊閉着的透明玻璃，微微地染紅了昏黑的牆壁，也染紅了一向就是赤銅色的，王先生的臉孔。

室內似乎比先前暗多了。王先生若有感悟地抬起頭來，也沒捻亮燈，只是望望窗外的落日，又望望被落日染紅了的室內每一角落。冬天的太陽是可愛的，但此刻却是例外了，為什麼？他說不出所以然來。然而，心裏總有一種莫名的空虛與憂傷的感覺。

「對於自然界的必然現象，怎不以美的眼光去欣賞它呢？」他記起了誰曾說過的，除非一切傷感的話語。於是又抬起頭來，將整個房間掃視了一遍，他想從這黃昏的斗室裏，尋找一些不曾發現過的美。

這是一個八塊塌塌米大的小房間；靠裡的牆邊放着一大一小的竹床。大床底下堆着兩隻古銅色的舊木箱，那是幾年前，當他們兩隻大皮箱被偷走後，從估衣舖買回來的。小床下擺着大臉盆和三、四隻舊鞋子。緊接着小床，擺着兩隻竹椅子；再過來，就是自己坐着的籐椅和進膳書寫兼用的方桌。

沒有窗戶那邊的牆上，並掛着兩幅畫像；一幅是貝多芬，另一幅是「小提琴之王」——帕格尼尼。他先把視綫停留在貝多芬的畫像上；他總覺得，樂聖和自己一樣，是個外表不瀟灑的人，但那臉面上的力量，鼻子和嘴巴的堅決，還有高聳的前額上的思想，及棕色眼睛裏閃耀着的權威，却常能令人從萎靡中振作起來。貝多芬曾說：「最美的事莫過於接近神明，而把它的光芒散播於人間。」於是有人便說他是神明與魔鬼的化身。王先生從不把貝多芬當做神明或魔鬼，他總認為貝多芬是人，只因為貝多芬是人，所以他從他獲得了安慰與生活的勇氣。

而帕格尼尼，即是他失落的希望。他本是上海音專的高材生，專攻小提琴，但自從參加一次足球賽而跌斷左臂後，一直沒有復原，便放棄音樂改習文學。（待續）

辛亥革命史談（六）

舜生

上面所舉的四點，——滿漢種族的裂痕，清季政治的腐敗，外力的壓迫，立憲的失敗，——雖都是促成革命的主要原因，然而還不是形成革命的主要力量；可以算得革命主力的，畢竟是清末同光以來一種逐漸膨脹的新興勢力。我們知道中山在清末提倡革命，一直到辛亥革命的成功，其所依據以為革命基本力量的，不外三個：其一為學生，其二為華僑，其三為新軍。學生闡揚革命的思想，華僑資助革命以金錢，新軍供給革命以實力，把這三種力量運用得恰到好處，革命勢力乃能屢被挫折而卒底成功。至於與國內外會黨某種程度的聯絡，以及若干外人的同情，要不過對革命的推進予以多少助力而已。

原來同治末年，清廷已有派遣學生出洋留學之舉，其後對外既屢經挫敗，而同時李鴻章張之洞輩更有所謂「洋務」的舉辦，一面既感到提倡新教育的不可緩，一面凡受過新教育的人，用途也一天天多起來。在戊戌以前，經康有為梁啓超等的倡導，新教育的勢力已漸次擴張；迄庚子以後，廢八股，停科舉的主張，也已次第實現；於是新教育的基礎乃得以確立。在這個時候，革命風潮已一天天趨於激烈；留學生初出國門，飽受外國的新刺激，其救國求治之念，本已高出普通人萬萬，而當時的清廷又腐敗不堪，大家都知道責清廷以立憲，實為絕無希望之事，於是這班留學生的優秀者，乃多數集中於革命旗幟之下。關於排滿的理論，本為明末清初以來吾國的舊學者所固有，關於自由平等諸新說，則不能不賴留學生的輸入；在當時的留學生既成了國內學生的領導者，所以留學生參加革命的愈多，國內學生附和革命的也愈快，國內外桴鼓相應，於是學生乃形成了革命的最大勢力。

華僑是中華民族的孤臣孽子，以勤勞冒險的精神，呼朋引類，餬其口於四方；他們一方面受着各地土著或殖民政府的歧視而無所控訴，一方面且睹當地種種物質上的設備，也頗足引起其歆羨；所以六十年前南洋美洲一帶的華僑，受過完全教育的雖不多，但知道祖國自強的必要，富有改革的精神；却以他們首屈一指。中山籍隸廣東，自其少年時即能操英語，而華僑又以廣東人為最多，所以他一開始宣傳革命，即以華僑為對象，而且也較容易吸取他們的同情。戊戌以後，康梁在海外有保皇會的組織，由當時看起來，好像保皇會只不過是革命運動的一個障碍，然而保皇會既有組織，也有宣傳，同樣以改革中國為職志，其足以引起海外僑民對國內政治的注意，實與革命派有類似的作用。等到後來清廷既一天天使人絕望，而所謂保皇會者，又類多能說不能幹的士大夫，所以多數急進的華僑，乃深寄希望於屢蹶屢起的革命黨。中山自序他在辛亥以前歷次的失敗，幾幾乎沒有一次不得着僑胞的慰藉與掩護，也幾幾乎沒有一次不得着僑胞經濟的支持。例如辛亥三月廣州那樣大規模的舉動，如果不是向華僑募得大宗的金錢，諸先烈的那種壯懷豪志，到底也難於實現。所以我們舉辛亥革命的功績，多數無名英雄的僑胞乃是我們最不可忘記的。

在太平天國及平定捻亂時代，盛極一時的湘淮兩軍，經過了中日一戰，大體上已經是掃土無餘了，於是乎清廷不能不有新軍的創建。袁世凱以七千人崛起於天津的小站，便正是「馬關條約」訂立以後的事。由光緒二十一年到三十一年的十年之間，尤其是在經過庚子一役，袁世凱做了直隸總督北洋大臣以後，所謂有名的北軍六鎮，便已次第成立。自三十二年設立陸軍部，更規定全國軍額為三十六鎮。於是各省督撫紛紛從事編練新軍，而留學日本士官以及在國內武備將弁等學校稍稍受過軍事教育的新軍人，乃一躍成了新軍的領導人物與中堅分子。袁世凱在北洋，還不敢放手多用留學生，南方若干督撫，則多以吸引留學生充當高級將領為務。部分的新軍將領，在國外原已受了革命的宣傳，而新軍的士兵又類多能讀書識字；他們目睹當時清廷的腐敗黑暗，其不安現狀的心情，也正與學生共鳴；於是革命黨的宣傳書報一經到達軍隊，此輩即大受影響。而這種向軍隊宣傳革命的工作，尤其以武漢一帶做得最為徹底。因此，在辛亥以前，凡以軍隊舉革命旗幟者，既無一而非新軍；辛亥武昌首義，發動者固為新軍，各省響應最快者，又何一不是新軍？而當時北方的形勢，有第六鎮統制吳祿貞獨立於石家莊，第二十鎮統制張紹曾及第二協統藍天蔚則擁兵於奉天以迄灤州一線。張紹曾還不過是一個較有新頭腦的軍人，而吳祿貞與藍天蔚，則固正式的革命黨黨員也；他們的這種行動，確實給予清廷一絕大的威脅。袁世凱之敢於附和民軍，一半固由於他個人的野心及他對清廷的怨望，一半也由於他明瞭北方的形勢，知道非贊成革命推翻清室他自己也決無自存之道。所以，當他取得清廷內閣總理大臣以後，一面既派遣議和代表與革命軍互相結托，一面乃授意段祺瑞等這班軍人，以武力威脅親貴迫清廷退位。由現在看起來，利用軍人以促成革命，入民國以後雖釀成一種武人割據陷全國於混戰的局面，而軍隊在當時是有利於革命的一個最大力量，當然是顯著的事實。（本節已完，全文待續）

題丘思明治齋印存

——徐亮之——

思明今印俠，而亦今印隱；唯其以俠隱治印，世人知之苦不盡。我知思明未為深，每覺見之長精神；其目熠熠面黧黑，其言炎炎氣嶙峋；路見不平眞拔劍，偶逢鄙質還揮斤。妻寒子餓晏不顧，終朝唯與石相親。其人如此印可想，操刀翻疑巨靈掌。柔若游絲裊太清，剛如乖龍出泱漭；剛柔相濟足摩挲，還於剛健見婀娜。思明今茲方壯盛，壯盛得此良已多。——顧我獨願思明攻石莫攻世，世固如斯莫奈何！

析支列傳（一八）

亮之譯註

49 自亞該息爾斯（Agathyrsi）國，另一水來，曰瑪累斯（Maris），亦入伊思特；而出自黑麥斯（Haemus）高地迤北之亞特蘭（Atlas），奧拉斯（Auras）及廸必悉斯（Tibisis）三川，復入之。此三川者，色雷斯（Thrace）名之曰亞絲累斯（Athrys），羅愛斯（Noes）與亞爾騰尼斯（Artanes），並穿克羅拜占，色雷斯人（the Crobyzian Thracians）之國而過。別一支出朧尼亞（Paeonia），曰雪斯（Scius）水，其高且與孟特、羅多珮（Mount Rhodope）並；穿越黑麥斯山脈（註一）以入伊思特。自伊利里亞（Illyria）（註二），別一水來，曰安格拉斯（Angrus），其流自南而北，逕瑾奈柏林（Triballian）平原入布朗戞斯（Brongus），再入伊思特（註三）。此外，伊思特復納卡爾披斯（Carpis）（註四）與阿爾卑斯（Alpis）之水（註五），兩水均自安布立亞（Umbrians）（註六）之國之上方北向而馳。由於伊思特之流逕全歐，故自發源克爾特（Celts—除克里特人Cynetians外，此乃歐羅巴西部諸族中之最大者）之國而由之駛越此大洲之餘，比至析支，僅乃側面橫洗之。

（註一）原註：「此點不確；並無水穿踰此山脈。」

（註二）亞得里亞海東方古國。

（註三）原註：「安格拉斯（Angrus）乃西摩拉發河（Morava—按在今南斯拉夫境內）或伊巴爾河（Ibar—按在今門的內哥羅境內），而後者之可能為多。布朗戞斯（Brongus）乃東摩拉發河或保加利亞之摩拉發河。瑾奈柏林（Triballian）即今塞爾維亞（Servia）。」

（註四）原註：「當希羅多德對歐洲更深入時，其知識即欠精密。彼唯知多惱河自其南方（德剌發Drave及撒夫Save）較高部份之航道曾受二水，而初不知其水之眞正位置。」

（註五）原註：「此一大塊土地第一次名阿爾卑（Alp）即仿自希羅多德，乃一趣事，由之，而自波里比阿（Polybius）時代（205—123B. C.）以來，此歐羅巴大洲者始被認識矣。」

（註六）意大利中部人。

聯合評論
週刊

本刊已經香港政府登記

每逢星期五出版

United Voice Weekly

第一四五號

督印人：黃宇人　總編輯：左舜生

社址：九龍嘉林邊道三十二號地下　電話：68678

承印：嘉華印刷有限公司　香港灣仔馬師道5號

總代理：友聯發行公司　售價每份港幣一毫

本報美洲版總經售處：美國紐約中美出版社

CHINESE-AMERICAN PRESS, INC

199 CANAL STREET.,

NEW YORK 13 N. Y. U.S.A.

美洲航空版每份零售美金一角

站穩立場，堅守原則

左舜生

儘管世人正在運用種種可能的方法以使世局趨於緩和，可是表現於各方面的動亂依然方興未艾。

中國是一個歷史悠久，尤其是在近七十年來飽受一切事變困擾最多的國家；因此，無論世人對當前此起彼落的動亂感到如何的惶惑，中國人仍不難保持其一貫冷靜的常態，對目前事象作出審慎周詳的看法。

日內瓦會議，乃至甘赫唔談，不會爲寮局帶來怎樣的奇跡，質言之，即共產集團不會放棄他們對東南亞的推進，這是多數中國人所前知其當然的。

上月十六，南韓突然發生政變，暫時實現了一個張都瑛等少數軍人的獨裁；中國方面爲李承晚不平、下意識反美，同時爲台灣提心吊胆的人們，一時不免心花怒發，手舞足蹈，好像很痛快的吐了他們鬱積一年的一股怨氣！照他們的意思，他們似乎覺得只有軍人才能反共，軍人才能愛國，軍人才能免去貪污，所以他們不惜對南韓這種獨裁，給以過早的歌頌，實際則歌頌南韓獨裁其名，歌頌台灣獨裁其實！及至他們看見張都瑛等過分的毛手毛脚，而美國又不肯十分就範，而這班軍人的代言人金弘一，更正式宣稱他們無意以武力統一全韓，甚至張都瑛還不揣冒昧，不通過任何手續，就定好機位，要親自向甘廼廸去登門請教，雖大碰釘子而決不死心，於是我們的歌頌者乃似乎冷了一半！

緊接着，上月三十一，加勒比海一個僅有二百五十萬人口的多明尼加，那裏一位積有三十一年獨裁經驗的七十老翁，同時還是全國的一位大濶佬，乃不幸爲人所暗殺！儘管這位大獨裁者特魯智奴早有準備，已把他的一位「花花公子」式的大少爺作爲他的惟一繼承者，打算造成他的獨裁世家，可是內外環境並不見得怎樣良好，究竟能不能做到生者歡欣而死者瞑目，看來也並不十分容易。於是我們的獨裁歌頌者，乃更驚駭得目瞪口呆，不知從何說起。

中國小說上有兩句頗有趣味的話：

「天堂有路你不往，地獄無門闖進來，」我們平日總是把逐漸推行民主看成一條坦坦的大道，而實行獨裁則終歸是一條死路；尤其軍人放棄他們「効忠國家，愛護人民」的崇高天職，而一定要把政權與鎗桿混爲一談，我們更期期以爲不可。何以故？因爲我們至少已飽受了近七十年的教訓之故。

自然，我們對於當前的世變，必須隨時隨事加以密切的注意與冷靜的分析，可是尤其要緊的，乃是「站穩我們的立場」，「堅守我們的原則」。

什麼是我們立場？反共復國！什麼是我們的原則？只能一步一步向民主的路上走；決不能向反民主的路上走，以民主去反共才順理成章，以獨裁反共等於以暴易暴。

所謂「政治民主化；軍隊國家化，」乃是要使軍聽於政；不要使政聽於軍，永遠的政聽於軍，即永遠不能實現民主。

我們並不認民主政治便是一種十全十美決不出任何毛病的理想政治，但我們相信在人類進化的過程中，目前只有民主政治是一種比較合於人性而比較容易接近理想的政治。

說中國是「最前綫的國家」，不宜實行民主；這是不合事實的讕言，我們不聽。

說「民主政治只適用於西方國家，不適用於東方國家，」這是六七十年來一貫的濫調，我們不聽。

說美國人要把民主政治強迫一切反共國家實行，這是忘記了我們的憲法第一條：「中華民國基於三民主義，爲民有，民治，民享的民主共和國。」這一條文，富有美國的民主色彩，乃是國民黨所力爭得來，也是三千個代表所一致通過，一定要說美國人強迫中國實行民主，這是抹煞事實，違反憲法，向中山先生倒戈、我們尤其不聽！

有人說：今天的台灣當局仍在實行高度的獨裁，我們要強調民主，乃是唱高調，鬧意氣，故意和台灣當局過不去，但事實剛剛相反：我們正是愛護台灣當局，希望其保全晚節，愛惜自己的歷史，由此擴而充之去愛護國家，團結國民，以完成反共復國的大業！

民主國家和警察國家的分別

謝扶雅

單從四月十二日及五月五日，美蘇兩國先後放射太空人這件事，便可明白看出民主國家和警察國家兩者作風與根本原則各殊之所在了。蘇聯雖於四月十二日宣布其放射第一太空人賈迦林（Yuri Gagarin）繞行地球軌道一周之成功，但僅由官方發出誇大宣傳性的報導，例如：（一）這個空前的第一太空英雄賈迦林是我們蘇聯的公民兼共產黨信徒；（二）社會主義國家在科學技術上的驚人成就，遠超乎資本主義國家之上；（三）資本主義國家，應自悟智力與武力不敵社會主義國家而帖服於「和平共存」之下等等；而對於所謂「東方」號太空船（這個船名已含有極烈強的宣傳作用氣味，表示「東風壓倒西風」的堅強事實）之如何放射，如何收回，以及事前的準備，設計工作，一概本其固有的鐵幕政策，諱莫如深。而復由於其所透露的飛行消息，閃爍矛盾，漏洞滋多，以致西方科學家不但不承認其具有科學性的成就，甚或根本懷疑此舉之全屬作偽。反之，美國五，五，的太空人放射，始終公開地在萬目睽睽之下舉行。這項「水星設計」的詳細內容，準備，試放，人員訓練，起飛及回來之步驟，高空與地面的聯絡，除已於數月前早由太空署不斷發表消息之外，當放射之際及直後，又復原原本本，覼縷詳盡地由電視，由廣播，由報紙，一一報導出來，使讀者聽者觀者恍如身臨其境，恍如自己即是這個太空人辭伯特（Allan Shepard, Jr.）。當然，假定蘇聯的賈迦林東方號全部軌道回航是百分之百地實有其事，美國這次的放射部分軌道太空人就遠不逮蘇聯之成就。然而前者是那麼鬼祟支吾，後者是如此光明坦白，前者是存心巨測，極陰謀恫嚇之能事，後者則實踐「科學成果公有」的原則，以眞知識及眞誠與世界相見。則究竟勝利之屬何方，不問賢愚而立可下判斷了。

按探測太空的事業，需要高度進步而極其繁複的科學技術，隨而須化驚人鉅額的金錢。早在一九五八年，美國太空學家房博朗（Wehrner Von Braun）本有類似蘇聯這次太空人飛行設計的建議，但以爾時艾森豪政府，鑒於需費之過鉅，國家預算之不相稱，單是爲了跟蘇聯冷戰門法，而意外增加人民過重的負担，實與美國的國家目的不符。這次的「水星設計」，參加協助的科學技術機關團體達九千個單位之多，其費用概可想見。迨這次飛行成功後，甘廼廸政府徵得國會同意，立即加撥一億二千八百六十萬美元，作進一步的設施，以能由太空人自行控制繞行地球全軌三匝爲目標。以美國財富之雄厚，負荷此種太化本錢的事業，尚覺喘氣竭蹶；就這比例而論，蘇聯目下的國家經濟情況，根本不可能任此消耗。然而蘇聯極權政府不顧人民死活，勒緊他們的肚子，而傾全國財力於征服太空的示威，換來對自由世界冷戰的勝利。至於他們射人上天，西方科學家有理由懷疑這次的賈迦林決不是第一人，先乎賈迦林入太空而不曾生還者，當巳不知幾多人了。一般極權主義國家根本把個人生命不算一回事，個人不過龐大機器——國家——中的一個小小釘子。民主國家則以個人爲基礎，基督教國家尤其遵奉耶穌的遺訓：「即使贏得全世界，而苟失去一個小子，又有何用！」他們對於太空人的遴選及訓練，都是公開進行，試驗至萬分安全，再四保証，而後眞正放射。政府對於保護人民生命負有神聖莊嚴的責任。這些，皆與蘇聯的變戲法，弄手段，逞陰謀，作嚇詐，而以人民爲芻狗者根本不同。

民主政治和極權政治的比較，在一時的表面的虛榮勝利上；大抵是前者吃虧而後者大有收穫。第二次大戰中的納粹德國，標榜國家至上，領袖至上的主義，一時耀武揚威於世界，所向披靡。然而結局希特拉魔王終不免如商紂之自我焚滅，納粹黨亦全部潰敗，徒貽歷史千古之惡名。蘇聯史太林親嘗此種教訓，却反尤而效之。共產黨效法納粹的集體原則，而伎倆更狡獪陰險。今日台灣的國民黨當局則退化爲以納粹遺骸而步武共產極權，領袖至尊，草菅人命，以特務統制軍政教育，給西方政治學家錫以「警察國家」之名。但其對內雖一倣納粹，而對外却俯仰由人，不能獨立自主，這一點比之大陸中共，更使舉國人士爲之齒冷心傷。

創立三民主義的國民黨總理孫中山先生，本深知而亦服膺英美民主政治的優良傳統，但因鑒於中國人民習染了數千年君主政制的觀念，缺乏民主自由意識，所以在建國大綱中擬定了軍政、訓政、和憲政的三個階段。可是他對於訓政的意義說明得非常透闢而清楚。他把「權」和「能」分開，而以在他那時的中國民衆喻爲劉後主阿斗，以司機比擬作革命黨人政府。司機雖「能」開車，但這汽車的主「權」必爲人民所有。他在辛亥革命以後，便明白宣言從此我們人人都是皇帝。雖以智勇過人的諸葛孔明，絕未曾聞其因阿斗之童騃無知而加以監視，加以欺凌，而將大漢天下據爲己有。孔明的耿耿孤忠，爲千秋萬古所共仰。三國演義之列爲無人不讀的第一才子書，其中心思想即爲孔明的忠義精神。而況按照中山計劃之由訓政進入憲政階段之時，當然阿斗業已成人，有意志和智力，懂得「中國應向何處」的目的地，而命司機開往。何期國民黨政府到了行憲時期，始終不肯守憲，不但仍倒退至訓政階段，綜攬權能；更有意無意地顚覆孔明與漢室的君臣名分，把主人的中國人踏在脚底，全然蔑視民意，兼復濫行摧殘人命人權。這不但成爲孫總理的「不肖子孫」，也實在是整個中華民族文化精神的蠹賊」。

單就國家預算而論，今日占全預算百分之八十的國防經費，一向只以「事關軍事秘密」一語在立法院會中草草通過。這在民主國家看來眞是奇聞醜聞。美國國會分設有國防，外交；經濟：：各式各樣的委員會，對於政府各方面的政策，設施，經費支配，無不充分預知，然後纔可以發揮監督及合作的效能。甘廼廸在對寮國及古巴的重要行動，還親與在野黨前總統艾森豪和前副總統尼克遜熟商，並徵及本黨前任總統杜魯門所罷免的麥克阿瑟元帥的意見。當甘廼廸執政滿百日（四月底止）的一段落，全國輿論界更掀起了一極精密的評論估價其得失成敗的浪潮。返觀台北政權，則連本刊和祖國周刊一類報誌都要嚴禁入口，而當地的刊物亦被檢查極爲嚴厲，視民主言論爲洪水猛獸，特軍警特務爲壓制控馭民主的武器，這些就是警察國家跟民主國家的明顯對照了。

對雷震等人的寃獄，海內外人士如是的普遍呼籲，而一概掩耳不聞，固執到底；實踐憲政，民主革新，亦爲海內外人士所一致要求與勉勵，而不但不睬不理，且反視同蛇蝎，誣爲共謀或共黨同路人；目下最好時機，展開反攻光復大陸，又經海內外人士全力敦促并爲後盾，而惟報以厭急及如何設法推諉。這些，明明都是人同此心，心同此理的事，而這蠻橫的「司機」竟爾全不聽命，還要反過來叱喝汽車主人。大家看，這該怎樣辦？

五、九、自美紐澤西旅寓

雜憶錄之二十五

一九四五年游美觀感（五）

五、檢查身體

・幼椿・

美國人對於人的身體，也提倡加以科學管理，除了日常生活，注重飲食調攝與運動操練外，每年必全身檢查一次，尤其對四十歲以上的人，這一例行檢查，例不可少；因恐疾病潛伏，未加注意；一旦發作，醫療已來不及。不過全身徹底檢查，相當麻煩，費時花錢，在被檢查者還感到一點痛苦。但檢查後，得着了甚爲明確的身體健全與否的判斷，以及病在何處，如何治療與預防，又最能令中年而忙於事業之人安心操作。因此我覺得將我在紐約時所受全身徹底檢查之經過，寫了出來，不是全無意義。

我在國內自三十歲起，一面教書，一面辦黨，事事好強，甚少休息；且初而與國共合作相鬥爭；繼而與一黨專政相鬥爭，已經傷透腦筋，冒盡艱險；民二十以後，又組抗日義勇軍，在長城破落農村中吃苦一年；民二十二三又先與徐向前竄川匪隊相追逐，後與朱毛大隊在川西南邊境相周旋；朱毛未能入川，遠走陝北之後，又值抗戰軍興，奔走於前方後方整整七年，因之體力消耗過甚，患了頭痛失眠重症；在民三十二三時，年未五十，而已成衰翁，骨瘦面青，夏畏炎陽，冬畏冷風，每至夜，則必服鎮痛安眠藥片，始能安睡。

赴美之後，舊金山聯合國製憲會議畢了，即往洛杉磯城休息求醫，醫者主張徹底檢查全身一次；而且認爲在紐約去檢查最好。到紐約後，由胡適之先生介紹約翰遜醫生醫治，又由約翰遜醫生介紹於醫療中心（Medical Center），給我來一套全身徹底檢查。

醫療中心之安排，對於受檢查者甚爲合理，而且科學化，即不必住醫院，而對受檢查者規定出一連串的專門檢查時間，譬如檢查頭部，規定於星期一某時至某頭部專科醫生處；檢查眼耳喉鼻又在另一日去另一專科；繼此，胃部、肝部、心與肺部、腸部、腎部等，各有專科醫生，醫療中心爲我各訂出一定時日，指明去處；如時前往，手續明快，招待周至，設備新式，結果各有照片與說明，眞好像把人身當成一部機器，把這個機器中的各件都用各式的測探及拍照，來看清其中有無內傷外損，給受檢查者一個明白答復。

我覺得手續雖多，而逐日只檢查一部份，並不使病人疲勞。不過檢查胃部與肝部時，稍稍有點難受：檢查胃內有無損傷之拍照，須趁空肚皮呑下一大碗白色漿糊之類的東西，有點困難；而檢驗胃之酸素成份及消化過程，又須從鼻孔裏通下一根細長皮管，直至胃裏，然後再請你吃鷄蛋、牛奶、麵包之類；吃了之後，隔幾分鐘，抽出一些東西來化驗；如是一次復一次，要經過近一點鐘，然後纔取出皮管，令人長舒一口氣。至於檢查肝臟，較爲簡單，不過要喝六七大瓶綠色藥水，使你長長的尿了出來，拿去化驗，也稍稍有點令人難受。

費了兩星期時間，每天或隔一天，檢查一部份，甚至連身上有幾斤瘦肉，幾斤肥肉，都用一種機器，叫你坐着或臥下，用手力脚力東一轉，西一攀的，便檢查了出來。檢查結果：心與肺特別健全，肝臟無病，胃酸爲神經性的，腎亦無病，惟腸壁受損，且運行不佳（因民二十曾患嚴重痢疾），以致消化部份不佳。至於頭痛失眠，則爲神經衰弱，且稱神經衰弱之源，爲過用心思，張而不弛，久之，便引起騷亂（Disorder），以致此病。

約翰遜醫生一一將結果報告解釋與我聽後，他笑對我道：「你的主要的頭痛失眠症無藥可醫，只有休息，玩得好．不想事，三個月後，不但可以好，而且可以發胖。」於是他開了一張藥方，這藥方是：早起，溫水浴後，公園散步，散步歸，早餐，隨便閱讀後，即覓好友亂談，尤其午飯要約好友同餐笑談。午飯後晝寢一小時，起床後再溫水浴一次，又赴公園散步，五時用茶聽音樂，晚飯又覓好友笑談同餐，談至九時安寢。菜單則午晚兩餐均必吃鷄肝、猪肝、生菜及豆類。我一看此方，認爲並不是藥；醫生說，不用吃藥，包你有效。

我拿着這處方去找適之，我笑道：「你介紹的醫生簡直在請我變猪！」適之笑答：「變兩天猪又何妨呢！」我愁道：「我那裏去找這些說笑話的好友，來陪我吃飯呢？」適之答：「容易極了！我就是一個，只要你出錢請客，我記憶中的笑話纔說不完咧。」末了，適之說：「你花了七百美金得來的結論，你應該去試辦一下呀！」

好，試辦一下罷，於是我約了邂逅於紐約，而甚爲閒散的三位朋友：吳俊升兄，邱椿兄，蔣志澄兄，每天一道游玩，有時一同用餐。彼時，士選則愛吟詩覓句，與我有同好焉；大年則拉我跑遍藥房覓購眞正有效的生髮藥水，養椿則好談怕老婆的笑話，比適之的材料豐富得多，可惜這位仁兄在大陸淪陷時，爲家破人亡想不開，而自殺了！彼時，我們四人雖然閒散，終日游樂，但心境則皆未必佳，我記得士選有「身閒心更苦，形獨影還愁」之句，而我有「煙塵餘老病；風雨動鄉愁」之句。不過大家吃飯時一同大說大笑，總是有益於身體的。

自十月初至十一月初，如是者一月，一秤，我體重增加了三磅！我去報告約翰遜醫生，醫生說：「不符預期，應該至少增五磅以上重量的；你一定玩得不够勁！你應該照我的辦法，只游玩不用腦筋！我看你說英語比身體進步還快些，你應該不去注意學說英語！……我包你一個月增五磅，再三個月後，達到一百二十磅，纔勉強合乎身高五尺三寸者的體重標準。」

於是，我決定將學英語對話的一位美國米斯也辭退了，哥命比亞大學圖書館也不去了，又新結識兩對在紐約的中國少年夫婦，終日游玩，吃吃喝喝，到了十一月半，體重又增三磅。並得着一位中國有名的西醫生許君，（他是閩南人，所以美國醫藥界都稱他爲Dr Co），這位名醫改良一種「水解蛋白質」（ProteinHydrolasyte），飯後冲水服，其蛋白素可以在胃裏完全吸收，不費消化之力，對於美國大兵戰後回國的病者大有補益；我服之，也見奇效；體重增至一百磅。然而重慶的電信紛至，催我返國，張勱老也約我同歸，因決於十二月初動身自紐約飛回重慶。

行前，赴適之寓所辭行，並謝其介紹良醫，俾我增加體重，頭痛亦愈。適之笑道：「可惜！可惜！醫生所期待的二十磅以上的增加數字，一回去，被政治糾纏不淸；大傷腦筋，加法還會變成減法，這個數字將永遠成爲期待了啊！」——適之此言，至今不忘。然而我命裏竟無「閒」福，奈何！

五〇、六、五

美援美援，救了不少人，也作了許多孽！

最近美國的國務院，將對美援的運用，作革命性的原則改變，這當然是一個好現象，老實說一句話，這許多年來美國對於美援的運用，眞是問題太大了。大體說來，美援在今天有兩個現象是很令人遺憾的。

第一個現象是國際間有許多小國家，以接受蘇援，投向蘇集團爲威脅，向美國實行敲詐，美國也就在這種敲詐之下，就給予了美援，所以發生了一個現象，就是堅決的與國倒不一定獲得許多美援，游離份子，反多獲美援，如此使已經複雜的國際形勢，更形紊亂。第二是美援支持了許多不良政府和獨裁者，這無異幫助不良政府和獨裁者維持政權，繼續奴役人民，而使那些國家的人民更受苦難。

這種現象怎麼會形成的，我們不得不歸咎於美國政府本身，美國雖一再强調反共，但是爲什麼要反共，以及美國在積極方面想建立一個怎樣的世界秩序，沒有一個明顯的宣示出來。美國動輒以美國生活方式來號召世界，但是美國生活方式的基本精神在那裏？是不是適應其他國家，美國也沒有作深刻的研究。所以凡是反共的就援助，凡是動搖的更援助。結果；美援是用去了不少，反美的情緒遍世界，反共的效果，可說很少。

依照我的想法，所謂美國的生活方式，應依照美國獨立宣言和聯邦憲法的精神。易言之，獨立，自由，不同的民族，宗教能和平共處；才是美國的生活方式，決不在汽車，摩天大厦，或龐大的工農業生產，因爲這許多物質的條件，卻有賴於工農業的發展，工農業非發展到某種程度是無法獲致的。現在所謂未發展的地區，都是貧窮得所有人民都在饑餓邊緣上，外受帝國主義、資本主義的壓迫，不能獨立，內受不良政府；甚至殖民政府的統治，不能自由。所以美國立在人道主義的立場上，使那些地區的人民，免於飢饉，使那些地區的人民，獲得獨立與自由，才是實際的在施行美國的生活方式的精神，也才能够得到那些地區的人民的擁護，所以我認爲今後美援的運用，本質上應和馬歇爾計劃運用的原則，以及以往美援運用的原則，全部不同。馬歇爾計劃的對象是西歐，所有西歐國家，都是民主國家，不過受了戰爭的破壞，民不聊生，美援經由各受援的政府，去救濟人民，計劃復興，當然可以見效。未發展的地區的人民在內外交逼之下，假如美援交給不良的政府，甚至和人民對立的政府、美援是加重了那些地區的人民的苦難，怎能達到預期的效果呢？

再以那些敲詐的國家來說，以投向蘇聯集團爲威脅而敲詐美援，我認爲美國無須被其敲詐，今天美蘇兩集團的最後勝利誰屬，並不在一二個小國家傾入那個集團的問題。

我認爲美國眞能如甘廼廸所說，反共的目的爲了自由，美國的一切政策如眞向這個方向走，最後一定勝利的。但是要全世界人民自由，先須全世界人民獲得獨立與民主，因爲不獨立和不民主，決計不能自由，美國即使以美援送去，結果增加了統治者壓迫人民的力量。

有些美國人認爲美援應直接給工會，農業合作社，或大學等等，以爲這樣不是可以直接發生了效果，對於農人工人和學生發生了益處麼？美國人也許沒有知道不民主國家的工會農民合作社，甚至大學，都是統治者的工具，對於善良的工人農人和學生都不相干的。

也有些美國人認爲直接去做些社會福利和幫助發展經濟不很好麼？那知一個國家的人民，在他沒有被人尊重爲一個人，沒有充份的教育和就業機會，法律不給他應有的保障，單靠社會福利，還是不能使他活得像一個人的。講到幫助發展經濟，也只是使官僚資本家中飽而已！

所以我認爲美援的運用，如眞要使人民獲得自由的話，應該集中其力量去强調民主，祇有走向民主的政府，才能享有美援，這個前提決定了，才能講到去援助工會以及農民合作社或學校等。

我相信，美國假如眞能這樣做，定可使許多不民主的政府變成民主，而使已經開始走向民主的政府，更積極的民主化。而唯有在民主的政府之下來運用美援，才能達成像馬歇爾計劃在歐洲所達成的效果。等到一般人民能在民主政府之下，能免於飢餓，能安居樂業，共黨要滲入就不容易了，正如今天共黨在西歐的失敗一樣。

我記得甘廼廸說過，美國今天的力量，可以阻止蘇聯的核子戰爭，也可以阻止共黨國家自外侵入另一個國家，獨有對共黨的滲入，則辦法很少。我認爲美國如能運用美援，使一般國家民主化，在民主化之下，使人民免於飢餓，獲得自由，那麼，對共黨的滲入也是有辦法的。最後勝利不是屬於自由國家了麼？

末了，我還要提醒美國，美國的本身軍事力量，既可替全世界的任何地區，阻止某個國家侵入另一個國家，那麼對於其他國家的軍援似可以放鬆下來，我敢武斷的說一句；以往美國對弱小國家的軍援，大都是害多利少的。還是把軍援省下來，加强一般美援能！

（孫寶剛）

是坐以待斃？還是反攻！

李夫

海外一些人士，最近掀起了一個談反攻的高潮。無論如何去說，這是一個好現象。尤其是當海外國民黨當權派的喉舌，主張不談反攻，而又欲禁止別人談反攻的時候，能有一些人起而熱烈地談反攻，使談反攻、主張反攻的氣勢透一透頭，確也好叫那些畏首畏尾之徒感到羞慚！

御用的論客們曾說，反攻問題是個「機密」，不該隨便談的。像這樣一個人人可談、可討論的問題，都被認作是「機密」，而不可談，還談什麼？也就難怪當權派要一腳踢翻他們原先自己所提出來的「反共救國會議」了!?這一情況與專制時代、軍閥時代，茶館裏牆壁上貼着的「莫談國事」的紙條作用是一樣的。要封實老百姓的口，不准透氣。時至今日，還有什麼問題比反攻更應該談，更值得談，和需要大聲談的呢？

難道說反攻大陸與「建設」台灣不能並行嗎？祇要「建設」台灣，而不思解救倒懸的大陸嗎？

談反攻大陸這個問題並不是「高調」。忘掉了反攻大陸，建設台灣的意義，也就有限了！

過去，當權派也並不是不談反攻的；過去既然在不合時宜的時候高唱反攻，而現在正當大陸遍地飢寒災情交迫之時，卻要噤若寒蟬，是令人困惑的！

民間提及反攻問題，容忍有難切實際的地方，但這種熱烈的現象，不也正是民心、正義的表彰麼？不談反攻，一如「莫談國事」何異於打擊民心，壓抑正氣。

當權派自可以不以行動來反攻；但老實說無權禁止海內外民間談論反攻的。中山先生當年從事革命運動，如果也像現在的當權派那樣祇許他說，不許人說，我想反清革命的宣傳不會迅速的發生效果；如果中山先生當年也像今日的當權派，祇知保本株守，不能前仆後繼，我想惠州之役失敗後，中國的近代史要另行寫過了。

客觀的時代背景容有不同，但絕不能隨便地以發號施令的態度，來禁止廣泛地談論反攻問題。

就政治宣傳活動的角度來說，執政者貴在要能善用民心，激勵民心，而不是打擊、壓倒民心。實際政治的基礎在於民。民主政治本也是重視民意的政治，不要民意和不以民意為重的，就自然不是民主政治。反共而不實行民主政治，結果是必為其所反。反對共產主義、反對共產黨，是一個較長期的工作。但反攻是不能久拖的。當前，要反共，要澈底的反共，就必要先反攻。如果不談反攻，不研究怎樣反攻，何時反攻或一再地錯過了反攻的時機，那所謂反共的意義，就變得極其渺小了！

民間主張反攻的輿論，在當權派看來或許不會是一「陷阱」。因此才會驚惶失措。但海外，目前對這個問題仍有主張反攻的和主張審慎的兩種觀點（卻沒有主張不反攻的。有之，當為御用論調。）不過，兩者並非不協調的。

主張積極反攻的，是因為大陸的形勢，有劇烈的變化，逐漸地有利於反攻；另一方面是眼看台灣的當權派安於現狀，而社會秩序與經濟情況都在日漸地腐化中，現時不積極準備行動，日後是否尚有行動的可能，頗成問題。

主張審慎的，則也因為眼見台灣當權派不長進、不振作，担心他難以擔當反攻的重任，與其無把握地冒失，不如暫作觀望，期待當權派能稍稍振作一下。

但現實情況極其清楚；當權派既不事振作，也不想反攻！過去是等待國際戰爭；現在是等待大陸起義。這種心理，是想「冷手執個熱煎堆」是圖僥倖的心理。

當權派除了心存僥倖之外，大概也有一些自知之明，即自知難望一戰而勝，也更自知這既得利益集團組織是不夠牢靠的。一個充滿了機會主義、功利主義思想的既得利益集團，當然不可能有真革命的精神。同時，它也絕不可能有號召和領導全民同心協力以赴的機能。因為大家都把當權派看得很透澈了！在這樣的情況之下，因此不免認為主張反攻，乃是意圖拆台！也因此，反攻的聲浪愈高、愈響，當權派的心理也愈感到矛盾、不安！主張反攻的意見，無形中成了對當權派不想反攻、不能反攻的諷刺，也無異於直接對當權派有所批評。而當權派是一向對批評厭惡的。

十二年來，天賜當權派偏安台灣的機會，第七艦隊和台灣海峽既保護了國民黨當權派，並且由美國給予多方的援助，而可惜的是當權派愈來愈像是暖室裏的花，愈來愈怕受考驗了！

國際戰爭的可能性在減少，當權派所期待的大陸上大規模的反共事變，客觀的又珊珊遲來，反攻的機會可以說在減少着，看來除了採取主動之外，當權派祇有在台灣株守下去了。這也是當權派難言之痛，其不欲別人談論反攻，主張反攻，此當亦為原因之一。

除非多難的中國永遠不會統一了，這當然是不可能的，否則反攻總是要來臨的。當權派如果想要長期地偏安下去，而不能滿足全民的統一願望，令人懷疑的將是當權派的統治權再能維持多久。

再往遠一點去說，當權派現在如自甘放棄了領導反攻的地位，也就等同放棄了將來收復大陸後的領導地位。

大陸的情況在日漸地腐爛下去，人民倒懸的痛苦日甚一日，這是一個試圖反攻的良好時機，但眼看着將為國民黨當權派的無力、無能而又一次延誤了！

十二年已逝去，還能再有第二個十二年的機會嗎？

師老矣！兵憊矣！台灣的問題將會因無能、無力反攻而愈趨嚴重的！當權派似乎是難能再繼續自誤了。

赫魯曉夫何以不敢當面侮辱甘迺廸？

．裕署．

去年艾森豪威爾以美國總統前往出席高峯會議時，被赫魯曉夫當面侮辱了一頓，那一籌備了和醞釀了許多時的所謂高峯會議遂亦停開，而艾森豪當時也只好在憤怒的情緒中忍辱回國。

這一次，美國現任總統甘迺迪與赫魯曉夫維也納之會，雖然，這在形式上，似乎是去年那一未開成之會之繼續，但嚴格言之，這一維也納之會，卻根本不能算是會議，而只能算是甘赫二人會面談談的一種有異於會議的會談而已。所以，這一會談，除對雙方提供彼此認識外，實在也不可能產生任何真正會議性的結論。

這維也納之會，實質上既尚不如去年的高峯會議，而赫魯曉夫卻在那一次會議前敢於當面侮辱出身軍人戰功威震世界的美國當時的總統艾森豪，何以這一次又不敢侮辱年輕的美國總統甘迺廸呢？對此，有些人或者會說這是因為去年美國U2機偵察蘇聯，使赫魯曉夫內心憤激，所以，當面侮辱了艾森豪。其實，這是皮相之談。共產黨人一向深沉陰鷙，謀定而後動。赫魯曉夫有時狂放，也完全是做作，他是一個能夠忍受史大林的種種侮辱而取得政權并終於清算史大林的人，其人陰森深險可知。其所以敢於當面侮辱艾森豪者，實以赫魯曉夫早已探知艾森豪一味尋取苟安的和平，對反共鬥爭并無真正戰意，且年老氣衰，又值即將二屆任滿之日，再無續任總統之時。所以，赫魯曉夫輕視他，敢於以U2機事件為藉口來當面侮辱他。事實上，當此自由與奴役、民主與極權、文明與黑暗的世界性的鬥爭之交，艾森豪一副鄉愿樣子，天天尋求苟安式的和平，原也自取其辱，甘迺迪雖年輕，但頭腦精細英明，反共意志堅決，且任期方始，在任之日方長，故赫魯曉夫雖一向狂妄放肆，但他在這一次維也納之會卻也不得不態度審慎沉重，再也不敢當面侮辱甘迺廸了。

由此可知，對付共產黨人的辦法，是對他強硬，給以一切必要的打擊、打垮它、消滅它。

台省議會請將美援列入預算

靜吾

（台北通訊）台灣省議會以美援欵項，原屬政府收支的主要項目，但歷年均未列入預算，五月二十九日乃作正式決議：「請政府將每年所收美援欵項悉數編列入歲出入預算，以符法規，而確立預算制府。如預算編成時不及列入，亦應編列追加預算送會審議。」由於當權者的許多秘密開支，都是利用偷天換日的手段取之於美援，尤以蔣家父子的特別費爲最。以故歷來無論中央或省級預算都未將美援列入，現在省議會題覺得不能再事緘默，而鼓勇作出如此的決議；但當權者必將我行我素，則是可以預言的。聞國民黨台灣省黨部連日頻頻舉行秘密會議研討對策，某些國民黨籍的省議員並受到特別警告云。

縣市議員要求增加待遇

台灣各縣市議會正副議長於五月廿四日在南投舉行所謂不定期的聯誼座談會，通過議決案七項。其一爲，建設省政府參照中央及省級民意代表待遇，合理訂定縣市議員月公費制度或按月支給各種車馬費一千八百元，並於五十一年度編列預算，以符實際需要而昭公允；其二爲，請各縣市政府於下年度起編列縣市議會議員人壽保險費，以鼓勵縣市議員服務。廿六日這些議長副議長帶同主任秘書又到省政府請願，因爲周至柔主席刻正在美國訪問，由秘書長郭澄代見，面允即與民財兩廳等有關機關研究決定。他們在請願書內舉出縣市議員爲選民服務最多而所得待遇則最少。與中央及省級民意代表相較，數目懸殊。中央及省級民意代表們除數月支取公費而外，還享有種種便利，開會時更加領出席費；而縣市議員則僅於開會時每天取出席費六十元，實在太菲薄了。

內政部長連震東於三十日說，縣市議員依照法規，原是無給職：祇於開會期間酌支出席費。如果出席費不够膳宿等必需開支，致使議員們因公而貼本，應由縣市政府向省政府建議調整；但各正副議長集體要求提高待遇，則是不應該的。社會輿論亦以各縣市議會平素對於監督政府確保自由諸端多未盡力而却爲了增加待遇由正副議長集體向政府請願，一致表示不滿，有一家民營報還譏刺他們在南投的會議爲「同行私議」。尤其是他們要求縣市政府爲縣市議員編列預算辦理人壽保險，更屬憲政史上的奇聞。但由於去年三月選舉非法三任總統時，六年才開會一次的國大代表們也乘機提出按月領取鉅額公費的要求，而終如願以償。如今各縣市議會既採取一致的行動，當權者勢需有所應允才能了事的。

議長購車的風波

台北縣議長蘇清波以公欵廿五萬元購置別克牌新轎車一輛，其中一部份並由縣長分派有關單位分担，已引起縣府人員的不滿。日昨該縣議員在一次座談會中，又紛紛予以抨擊。有的議員指出議員因公來縣，以前尚有十元一客的客飯供應，現在却藉口經費困難而予以停止；但議長竟以如此一筆鉅欵購置豪華小轎車獨自享用，認爲是「獨善其身」。有的議員則對議會的經費開支情形表示懷疑，認爲議長管理經費的獨裁作風必須糾正。有的議員甚至主張議會開會時應組織專案委員會淸審會內帳目。一時蘇議長竟變成了衆矢之的；可是，他對一切指責都表示顯得滿不在乎，大有「笑罵由他笑罵，議長我自爲之」的氣慨。由此，也可見其必有所恃而無恐了。

台北國民住宅遲未動工的內幕

台灣省政府爲了發展都市建設，便利民居，曾規定都市土地增值稅應專戶存儲，作爲興建國民住宅的專欵；並限令不得移用。台北市土地增值稅的收入、爲本省其他各市之冠，計自四十八年五月起至四十九年十二月止，已收入七千餘萬元，該市國民住宅興建會亦已根據此欵擬具爲市民與建住宅計劃，報經省政府核准。但至今未見動工，引起省府的疑慮，乃派員來台北調查，發現這筆專欵已被挪用四千二百餘萬元之多。其中約有兩千萬元，可能因爲興建會總幹事陳茂林之貪污被捕入獄而無法追回。據報載這些挪用之欵由黃市長直接動支者有二千四百餘萬元，其餘由與建會動支之二千零六十餘萬元，亦是經黃市長核准的。在押的陳茂林更是黃市長的親信。但省政府方面僅表示財政局長孫石生明知與建國民住宅專欵不能移作別用而竟同意挪用將予以嚴重處分，可見黃市長的神通廣大之一般了。聯合報的黑白集指爲「黑狗吃肉，白狗遭殃」，將孫局長果因此而遭受嚴重的處分，也祇好自嘆命不如人了。

海黃輪船長因功獲懲

前月招商局的海宿輪客貨船遇險，宣佈棄船，幸得該局的另一艘客貨輪海黃號及時趕到，奮力營救，乘客與船員才得脫險。海黃輪於救人之餘，仍守在附近，不肯離去，才使這艘完整的棄船海宿號沒有被美國商船在公海上拖去，不僅爲招商局挽救一筆鉅大的損失，而且也爲海宿輪的輕易棄船行爲稍事遮羞，爲國家挽回「體面。海黃輪船長和海員的功勞實在不可埋歿的。但在我們這一個特別的國度，是非和賞罰都有一套奇異的標準。招商局一方面因海黃輪營救海宿輪有功，除發給獎金而外，還對船長予以記功嘉獎。可是，却又將船長及幾位被獎的船員調爲「儲備船員」。據說是依據輪調辦法的規定。但所謂儲備船員不僅是投閒置散的性質，其待遇也不及航行的十分之一。海宿輪船長輕易宣告棄船至今未被輪調，而有功的海黃輪船長和船員部被打入冷宮，顯然是有別的原因的。據熟悉內情者透露，因爲海宿輪船長是當權者的親信，而海黃輪船長在營救該輪以後，竟向報界往訪的民營報紙詳談經過的情形，當權者認爲有意洩露家醜，故予以免職。有一家民營報紙曾讚嘆該輪船長爲「功成身退」，這可說是唯一的公論了。

香港時報以蔣經國之矛攻蔣「總統」之盾

（讀者投書）

編輯先生：

最近數月，我常在香港時報上發現反對反攻的文章，他們指責主張反攻者「沒有把敵人的實力估計在內」，是「秀才談兵之不足道」，是「情感用事」，是「賣膏藥」。甚至罵爲「毫無是處」和「貌似反共」，是「惡意的」和「可嘲笑的」。最初我很驚異；爲一個平素以「反攻復國非我莫屬」爲標榜的政權：而且十二年來幾乎沒有一天不把「反攻」兩字掛在嘴邊，爲什麼其在海外的機關報竟連續發表如此自我矛盾的論調？今天讀了貴刊的台北通訊，才知道原來是蔣經國新近決定的三大宣傳方針之一。他指定海外黨報正面充當反對反攻的鬥士，其用意並不在於向主張反共者展開論戰。而是藉以糾正乃父的反攻妄念。眞所謂怪事年年有，今年特別多了。無怪他們的立言，處處均以蔣「總統」一爲駁斥的對象。茲畧舉於后：

一、香港時報說：「固不能以同胞赤手起義必然遭遇的重大犧牲大量的鮮血作爲我們反攻的開路本錢。這種期望，是貪民之功，而且先已害苦了蒼生而後坐接其成。」任何人祇要留心香港反共報刊的言論，都知道貴刊和星島日報等許多報刊祇是主張政府應急圖反攻以求自救；並沒有主張大陸同胞立即赤手起義以爲國軍開路。有之，則是蔣「總統」一人而已。他在去年元旦的告全國軍民書中，諄諄號召大陸同胞應即以拳頭、鋤頭、菜刀、火種等爲武器，起而奪取共軍手中的武器以作戰，然後國軍即可前往接應，這不是要求大陸同胞赤手起義，爲國軍開路而何？蔣「總統」自稱此乃我國國民革命的傳統戰術，香港時報斥其爲期望貪民之功而坐接其成，分明是針對蔣「總統」的這個號召而發的。

二、蔣「總統」在過去所作幾年準備幾年反攻的空言，姑不再提。去年他就任非法三任總統時，又聲稱六年之內回到北平。今年元旦，他更宣佈今年是勝利年；但香港時報却以前所未有的堅强詞句，說「現在不是時機」。豈不是給蔣「總統」一個當頭棒喝？既然現在不是時機，今後的海內報刊倘再發表主張反攻的言論，自然要被視爲罪大惡極，可不知蔣「總統」又將如何自處呵？

三、香港時報說：「嚴防敵人以反攻問題來分化我們。」這可謂信口開河，不知所云了。如所週知，反攻是全國人民一致的願望和要求，最近張發奎將軍的重遊歐美觀感也曾經說到。今天大家對於當權者的種種倒行逆施，於抨擊之中所以仍寓有期望改革之意者，並不是由於已經把政府過去的一切弊政忘得一乾二淨；更不是對一人一姓的獨裁政權猶有迷戀，即所謂不可思議的信心；而乃是因爲台灣尚存有足爲反攻之用的力量——主要是軍事。因此，祇要政府能發動反攻，則一切問題都可迎刃而解。換言之，反攻正是尋求團結的唯一之道。所謂分化云云，實不知從何說起。也許黨報所謂「嚴防敵人以反攻問題來分化我們」的「我們」兩字，乃指的是蔣「總統」和蔣經國。因爲全國人民雖可因反攻而立即團結一致；但嘴不離反攻的蔣「總統」却很可能因反攻而使不以反攻爲然的愛子分化出去。與當年全國人民雖因抗戰而團結一致；但不以抗戰爲然的汪精衛等人則終於自抗戰陣營分化出去，正是同一的因果律。果如此，我倒很希望這種分化早及實現哩。

四、香港時報還誣指主張反攻者「祇是在旁邊怒眉瞋目的吆喝：打呀，怎樣不撲上去？」這種論調，不是存心誣蔑，便是以小人之心度人。我相信今天主張反攻的每一個人都沒有祇要求政府當局去犧牲而自己即作袖手旁觀的打算。祇要政府能以國家民族爲前提而發動反攻，而不是利用反攻爲口號以確保一人一姓的獨裁統治，則凡有血性者，均將爭先恐後，投入反攻的行列，決不會觀望不前的。

長期讀者　劍鋒上　六月三日

編者附記：香港時報認爲主張反攻者「祇是在旁邊吆喝：打呀，怎麼不撲上去？」這種語調使我連想起一件往事，當年汪精衛自重慶出走之前數日，曾在中央宣傳部約集國民黨籍的參政員舉行茶話會，席間他發表演說，也有一般與此同調的妙論。他說：今天共產黨高呼抗戰到底，其意若曰：「衝上去送死吧！死得愈快愈好，死得愈多愈好，快給我死光吧！」不數日後我就看到他主張與日本談和的通電。這段經過，今日黨報中人如非善忘，必能記憶。當年抗戰雖然屢戰屢敗；但全國人民無不堅認抗戰到底才是國家民族的唯一生路。不幸汪精衛却認爲敵我實力懸殊不能再抗；甚至誣指抗戰到底乃是中共的主張，是要政府去送死。今天事隔二十餘年，我們的國家民族又面臨不反攻必無生路的另一最後關頭，又有人認爲敵我的實力懸殊不能反攻，並以同樣的語調誣指主張反攻者是要政府撲上去送死，顯然是另有懷抱的。

大量勞動力下鄉能挽救農產失敗嗎？

陳一鳴

當一個國家的工業在真正發展時，無論是輕工業或重工業，無論是民營工業或國營工業，尤其當一個國家的工業比照它的農業而在真正發展時，一個反映在社會的必然現象，是農村的人口必然逐漸走向都市。因爲一批一批的農民是必然會在工業真正發展的前提下，轉向工業，即由農民轉業爲工人。

自中共僞政權成立，及其統治中國大陸十二年以來，中國大陸却也發生一個現象，即大陸各地廣大農村中的農民，不斷的湧向城市，雖然他們未必能在城市中找到工作，但他們成批的湧向城市，確係事實，那末，這是不是說明中共統治下的工業已經有着正常的真正發展呢？

中共的工業是有一定的發展的，但這種發展極不正常極不平衡。所以，我們可以說：廣大農村中的農民之所以湧入城市，誠然有一小部分是由農民轉業爲工人，但大部分却仍然不是爲了這種經濟原因，而另有政治原因在，這是我們平心靜氣從公正客觀來觀察這一問題的結論。

何以說中共的工業發展極不正常極不平衡呢？

第一，是中共的工業發展，主要的只是表現在新工廠的建立。但這些新工廠的建立，無論從資本、設計、科學技術、裝備的製造等來看，都不是中國大陸的本身產物，換言之，它們都不是中國經濟發展下的自然產物，而是從蘇聯移殖來的。所以它不但與中國國民經濟的發展要求衝突，而且，甚至還把中國大陸的工業生產系統變成了紅色帝國主義侵畧中國的機構。其不正常是極爲顯明的。

第二、是中共的工業發展，由於中共政權好戰的先天性格，一向着重軍火工業和重工業，而忽視了其它工業，更忽視了和摧殘破壞了農業的正常情況，所以，中共的整個經濟計劃不平衡，工業方面的發展亦極不平衡。

所以嚴格的說來，中共的工業發展，乃是一種不正常不平衡的病態發展，不是一種對國家民族或人民有利的真正發展。

因此，在這一種不正常不平衡發展下由農民轉業爲工人的人雖不是沒有，但爲數却也極少。

那末，大批農民之湧入都市，又究竟是爲什麼呢？

一個確切的答案，他們之所以湧入都市，實在是經濟原因少，政治原因多。他們之所以湧入都市，實在是由於中共在農村進行減租、退押、反霸、清算、鬥爭等殘暴措施的緣故。一部分有良心而善良的或稍爲富有的農民，無法忍受別人對自己的鬥爭，亦無法支持自己對別人的鬥爭，遂以逃亡者避難者身份進入城市。因爲，中共對城市的控制，固亦嚴格，但較之農村，總是比較稍鬆，大都市又比小城市稍鬆。所以，他們之湧入城市，其最初動機實與到城市轉業的這一問題無關。而這是中共政權統治大陸最初數年所發生的普遍現象，也是中共數年前曾經下令限制農民入城，及勸令農民還鄉的所以然。

然而中共數年前發動農民還鄉與最近一二年動員數千萬勞動力下鄉的基本動機又完全不同。因爲前者旨在促使由鄉村避難到城市的農民仍然回農村去，後者則在動員大量原本聚居在城市的幹部和人民下放到農村去。

爲什麼要把原本聚居在城市的幹部和人民（包括青年學生）下放到農村去呢？這就是「毛澤東思想」的具體實踐了。

毛澤東認爲中國的基本國情是「一窮二白」。所謂「一窮二白，窮自然指的就是貧窮，白則指的是中國一班老百姓的腦筋乃是一張白紙，因此，毛澤東便認爲你們老百姓既然又窮又無腦筋，那就一切聽老子的命令好了。老子喊你東，你就東，老子喊你西，你就西。這是毛澤東對中國問題的基本觀念，他以全體中國同胞爲芻狗。所以他一發瘋的時候，他一忽兒要搞清算鬥爭，就叫大家都一齊搞清算鬥爭；他一忽兒發瘋要搞三反五反，就叫大家一齊去搞三反五反；他一忽兒發瘋要搞大鳴大放，就叫大家非鳴不可，非放不可；他一忽兒發瘋要搞農業合作社，就叫大家都搞農業合作社；他一忽兒發瘋要搞人民公社，就叫大家統通要搞人民公社；他一忽兒發瘋要搞土法煉鋼，就叫大家爬坡越嶺，把一切放下去找鐵砂，又叫大家挨門挨戶，甚至於宋慶齡上海住宅的花園也非擺上土法煉鋼爐不可。到了最近，由於大陸農業生產失敗，人爲災荒之外，更加上了自然災害，於是毛澤東又來一次發瘋，把數千萬原本聚居在城市的老百姓強迫遷徙到農村去，參加農業勞動，而名之曰勞動力下放。

毛澤東如此措施的理由何在呢？據中共人民日報一再宣傳解釋，說這是「集中兵力到農業第一線」，以便「爭取農業豐收」，以便「在農業戰線上再打一個大勝仗」的緣故。

表面看起來，毛澤東這一集中兵力去打農業生產戰的措施似乎很有理由。實則，他的這一措施和他的其它許多措施同樣都是發瘋都是胡鬧。先不說毛澤東在土法煉鋼和大鳴大放等戰役大吃敗仗的情形，只以下放幾千萬勞動力下鄉的這一措施來講：其必然不能挽回中共農業生產之失敗，則是必然的。

這道理很簡單，假如中共農業生產失敗的原因，只是因爲勞動力不夠的話，那末，這一措施，誠不失爲一個對症下藥的措施。但中共農業生產失敗的客觀原因和主觀原因不止一端，且又絕非因爲勞動力不夠，所以，這一措施也就並非對症下藥了。

客觀而冷靜的檢討：中共農業生產失敗的原因很多。諸如：農村人民公社制的推行，摧殘了農民自動勞動的熱情；中共對農民勞動果實的壓榨，使農民無心工作；農民對共黨殘暴極權統治的仇恨與厭惡，使農民不願爲共黨新階級賣氣力；肥料不足；栽種方法錯誤；工業經濟與農業經濟失調；水利建設不好；共黨幹部領導無方等等都是原因，何況更加上自然災害。

誠然，農村勞動力的增加，可以彌補一部分因農民不熱心勞動不願爲共黨賣氣力等因素所帶來的損失。但從另一方面看：大量勞動力下鄉，由於下鄉的這幾千萬人大多都不是真正農民，他們對農事不嫻熟，同時，他們與農村人民的生活情調等都不協和，所以，它將在農村中反而引起損害，也是必然的。如以由幾千萬人下放所引來的損害與由這幾千萬人下放所帶來的好處相比，其間得失之數如何？已是問題。若能得失相抵，那已經很好。但新近下放的這幾千萬人也不是甘心下放的，那末，毛澤東的這一「集中兵力到農業第一線」措施，又怎能不在農業戰綫上再打一個大敗仗呢？

大陸簡訊

鍾之奇

中共民航機試航錫蘭

對於東南亞的擴張，中共一直是利用各種手段在積極進行的。軍事、政治、文化、經濟等滲透外，交通線之開闢，亦爲中共重要擴張手段之一。

據新華社科倫坡五月卅一日電：「將在下月載運佛牙到錫蘭的中國民航局專機今天上午試航到達科倫坡」。

按中共與錫蘭之間開闢民航，早在中共與錫蘭之間談判。錫蘭是一個佛教國家，中共爲了欺騙它，故以運送佛牙與錫蘭以爲引誘。其實，別的國家雖有所謂民用航空，而共黨極權國家則是根本沒有民用航空的。中共的所謂民航，即是屬於中共政權所有而由特務控制的航空。故中共向錫蘭擴展航空線，亦正是中共對外擴張的一部分，徒以錫蘭政府愚蠢，故不能認識耳。

四川也鬧災荒

四川，古稱天府之國，物產豐富，氣候良好，故歷史上一直沒有什麼災荒。但據五月廿三日人民日報報導：「五月十日至十一日，四川省除萬縣、涪陵兩個專區外，各地都遭到六至十級大風或暴雨，冰雹襲擊，小春作物和大春幼苗受到了損害」。但據我們曉得：四川乃一盌地，四周皆係高山，且居內陸，何來如此大風及冰雹暴雨？大抵，這又是四川人民消極反抗中共，大家不熱心農業生產；故四川方面之共幹，乃誇大自然災害，以掩飾人爲災害，從而向中共中央呈報小春及大春受損，以作交代。

大陸各地實行全面清倉

由於工業原料及農業工具缺乏，長久以來，大陸上許多工廠有的已全部停工，有的部分停工，而大批勞動力下放到農村之後，農業生產工具，由於中共一向注重軍火工業和重工業，本來一向不足：勞動力既又一再加多，農業生產工具當然也隨着更見缺乏了。迫不得已，中共在無源可開的情況下，乃命令各地共幹，由當地黨委親自領導，進行全面清倉；企圖將倉存庫存原料和材料全部發掘出來，以應急需。我們曉得：任何極權制度都是最容易走上官僚主義道路的，一經官僚化之後，倉存庫存的東西必然會多的。何況，近年來，毛澤東一發瘋，就來一個到處實行土法煉鋼，再一發瘋，又來一個上山下海找尋野生植物，而毛澤東的這一些發瘋舉動，都是要叫人民全體停止原有工作，一齊去做的。這樣一來，再加上人事變動，許多有用的東西，當然被遺忘在倉庫了。所以，中共最近發動全面清倉的結果，對於物資來說，終算頗有所獲，即以廣東省來着，據中共南方日報說：由於清倉而召開的全省物資交流會就簽訂了二千一百一十份協議，調劑了四千九百多噸鋼材，一千三百多件機電產品，兩千多個軸承，十九萬多件配件，以及大批輕工業化工原料和建築材料。算是暫時部分的補充了一些工廠的原料所需。但，這由清倉所得的有限物資，畢竟不能充分供應大陸各地各工廠之所需，尤以農業經濟生產失敗，中共整個工業所受影響，決不是這點清倉物資所能補償的。但也由此可見，中共的工農業，現在的確已經是羅掘俱窮了。

中共在中南美繼續積極活動

中共目前除在非洲繼續積極活動外，並同時在中南美洲用各種方式作積極活動。近年來，中共派到非洲的幹部已達數千人。據新華社洛美六月一日電：由劉長勝率領的所謂「中國非洲人民友好協會代表團」已於五月三十一日到達多哥共和國首都洛美作活動。

此外，據中共新華社布宜諾斯艾利斯六月一日電：「以中國國際貿易促進委員會主席」的名義率領着一個所謂代表團的南漢宸已於六月一日早晨從智利到達阿根廷。新華社說：他們「將在那裡逗留一個星期，並將與阿根廷出口商及其他工商人士進行接觸」。我們曉得：南漢宸乃中共財經方面重要幹部，其在中南美洲之活動，殊不可等閒視之。

泰共陰謀叛變案規模龐大

何之渭

泰國最近破獲共黨陰謀在東北部叛變案，規模相當龐大。光是在東北三府拘捕解到曼谷來的該案人犯，就有一百一十四人，為首的兩人包括一名前國會議員，已於二十六日執行槍決。其餘的從犯及疑犯，還在繼續詳細鞫訊中，可能還有牽連的逮捕。

寮共份子

這一次「泰共陰謀叛變案」，其組成的份子並不止是泰共，而是有寮共越共中共俄共馬共等份子的參加，換句話說，這是國際共黨企圖分裂泰國的大陰謀。在被捕的人犯之中，就有兩名係寮共份子，自稱屬於寮國「中立政府軍部隊」的，也即是李江部隊的人員。

這項鉅大叛變陰謀的揭露，現在雖還未算有全面的公佈，但可以說在計劃的龐大方面，是空前的——以前的泰共，雖也抱着最終奪取政權的目的，但還沒有採取叛變手段。戰後最初，想通過工會及團體的手法和利用有地位左傾政客（如乃比里）去達到目的，失敗之後，也多數是從事配合馬共及滲透、反宣傳等地下活動。以武裝奪取領土，企圖一舉分裂國家的陰謀，這還是第一次。

在寮國動亂，泰東北部邊境緊張聲中，共黨陰謀叛變案一時震驚全國。泰國人民，多年來都以四境有馬共寮共緬共棉共的亂事，而泰國獨能安堵，因以自慰。現在這項分裂國土的叛變陰謀竟威脅到他們身上來，不禁令人「揑一把汗」。同時對於陰謀叛變案的能夠及時破獲，得遏亂萌，也未會不讚許當局的手腕，並深自慶幸。

蘇俄間諜

據權威方面的透露，東北部軍警邊防當局對共黨的大逮捕，實際上在本（五）月初已告開始，第一次掩捕了大部份的主謀份子；然後再有兩三次拘捕從犯及牽連者。但邊防當局對於這項共黨陰謀的加以注意，卻是遠自去年即已開始了的，這是泰國警方向來的作風，他們發覺了一名共黨份子，並知道他從事什麼勾當之後，並不立即加以拘捕，而只是跟踪監視，直到認識了更多他的同黨，掌握了他們大部份活動計劃，然後進行一網打盡。

對於「東北叛變案」的處理，當局也使用同樣的方法。這陰謀案的進行，開始於去年「八七」寮國傘兵營長李江政變之後，而再追溯上去，則可以追溯到乃比里失敗後，一些失意左翼政客的活動——他們有些逃往寮國，出入於中共區雲南車里（乃比里「自由泰」傀儡的「政權」所在地）之間。但他們並不知道，警方派在寮國的人員，視線始終沒有離開他們的行踪。

還有俄共份子，也是當局所一直注意的。誰都知道蘇俄在外國的人員，每一個都是特務，無論是大使、商人，以至遊客，警方絕不會放鬆對他們的注視。廿二日拘捕的俄人「電影發行人」布加可夫，也便與東北叛變案有關。這位自以為「無問題」的間諜，去永珍向李江部隊放映蘇俄電影，本人與李江站在一起拍照，還把照片帶回曼谷，以為「沒有問題」。事實上他與李江一起拍照不會有問題。但一旦他與潛在曼谷的泰共地下份子接觸，他就「有問題」了。難道布加可夫與泰共洽商，要向泰共地下軍放映蘇俄影片嗎？這是一套耳熟能詳的影片，莫斯科拿來在中國東北、北韓、北越、北寮各地映過的：「滲透，武裝叛變」。

大概國際共黨認為這次泰國東北叛變陰謀可能成功，所以把一向隱蔽得極好的布加可夫（他在泰居住，前後已達十年）也投進這一次的「運動」中。他們原定六月中武裝舉事，所以臨舉事前出動蘇俄人向「同志」們露面。卻想不到「黃雀在後」。

主犯伏法

去年李江永珍政變，使泰當局緊急增加東北邊防，但基於泰寮一家及人道主義，由寮逃泰的難民，泰方卻是儘可能加以容納。可是其中份子良莠不齊，也是邊警所想得到的。而在不久之後，所謂泰共東北地下軍的問題就傳了開來。據說：這些地下軍由李江供給他們以武器，有曾到雲南接受過中共軍事訓練的份子主持，他們晝伏夜動，在邊境那些森林椰林中從事集訓。當局詳細偵知他們的活動之後，再等到一些泰共逃寮份子潛回之後，終於進行掩捕，粉碎了這個「北泰國」的胚胎。

為首的朱打旺（前國會議員）及乃蘇旺，已由乃沙立元帥下令，於廿六日執行槍決。這是根據威脅國家安全法令而由內閣於廿三日批准的。審訊詳情尚在保密中，據內政部長巴博上將宣佈，說根據所捕人犯四十名以上的口供，証實朱打旺和乃蘇旺兩人，係東北地區的共黨領袖，是這次陰謀叛變案的主謀者。

泰國很少處決人犯的，也許是為了宗教的原故。乃沙立元帥登台迄今，只殺過兩名放火犯。另一次就是槍決共黨首領乃素博猜，這一次算是第二次。

·曼谷通訊·

馬來亞第二個五年計劃目標

馬來亞自進入第二個五年計劃階段以後，刻已顯露出初步的成就，使這個「年青的」國家，其經濟發展已開始朝向成功之途邁進。在人口不斷增加中，也奠定了人民合理的生活水準的基礎；全國的財政，也逐漸穩定了下來。

馬來亞的每年人口增加率為百份之三·三，乃世界最高的人口增加率之一；在今後五年中，將更有三十萬新勞工需要工作，而小學學童也將要增加二十萬名。馬來亞政府當局為解決人口問題及與人口問題有密切關係的經濟問題，早在五年前製訂五年計劃來實施；這個五年計劃業告順利完成，現在，昂然進入第二個五年計劃的階段了。

據馬來亞政府當局透露，第二個五年計劃，有下列五個目標：（一）為激增的人口供應就業機會；（二）提高個人生產量；（三）開發鄉村，改善鄉村人口經濟生活條件；（四）加緊促進農工業的發展；（五）擴張社會福利的設施。

馬來亞政府曾宣佈過：在這五年中，必須投資五十億元，始能達到上述的目標。在這五十億中，是以二十億元用於公共事業，餘則屬於私人企業。據當地的專家估計：這將使馬來亞的國家總生產在今後五年中增加百份之二十至廿五，而適齡的勞工，也將可以都獲得就業的機會，連三十萬新勞工也包括在內。

照目前情形看來，馬來亞政府是將這筆投資先用一部份來開發鄉村，儘速修建那些發展農村所必需的道路，和改進灌溉系統，推展林業、漁業、畜牧業，并重建椰子業。而最大的農業建設，則為新土地的墾拓，樹膠和油棕樹的加強栽種；此外，還將新開拓的土地七萬八千至八萬英畝，分配給沒有耕地的農民。

馬來亞政府并發出呼籲：第二個五年計劃的實現，是端賴整個聯邦人士共同努力，才能朝向該五項目標前進而達成任務。政府將動員行政、技術、和經濟各部門的人力和物力，悉力以赴，希望整個聯邦的勞工力量，都攏在一起，把這第二個五年計劃圓滑地推動起來。政府當局又聲言：此後聯邦政府的一切努力，俱將配合第二個五年計劃的五項目標；有關各部門，如鄉村發展部，土地開發局，及各聯邦政府間，都將密切配合工作。至於發展馬來亞聯邦的技術條件，則正在加緊研究中，短期內也可獲致成就。

我們從上述的實況中就可以知道，該五項目標，確是第二個五年計劃最切實際的「主題曲」。這「主題曲」的「快」將在馬來亞聯邦中震撼每一個人民的心弦；而其將來輝煌的成就，也必在亞洲各國中放一異彩。·單仁·

強烈的諷刺

·澳門客·

代寄大陸粮包的商店，為廣招徠，各演手法，出奇制勝，在宣傳上，或大書特書「不限數量，一次齊」，或揚言「任何貨品，保証對辦」，或誇耀「遠近鄉鎮，閃電送到」；總之，店子門前的布招，光管，寫得五花八門，洋洋大觀。這都是久矣乎出現於港澳市民眼簾的事實。

到了最近，各代寄大陸粮包的商店為競爭生意，於是又互出「新綽頭」，爭取顧客。澳門有某商店，目前正耍着一記「絕招」，獲致其門如市。它的「絕招」是：凡屬赤色社團會員，憑會員証來寄糧包，九折優待。

澳門的赤色社團（包括工會）是十步一樓五步一閣的，會員當然相當衆多，該店這一記「絕招」，立刻得到了赤色「同志」的擁護，紛紛湧到該店去光顧；該店老板，立刻撕開了「而」字的嘴巴，笑到一見牙唔見眼」。

從上述情形看來，正反映出澳門的赤色「同志」現已深信「大陸糧荒嚴重」，而不再懷疑「反動報紙」所報導的「大陸同胞餓到皮黃骨瘦」是謠言了。同時，也可以証明：澳門的赤色「同志」，就是投寄大陸粮包的主要顧客；「大陸生產大躍進」的影子，顯然已在他們的腦海中煙消雲散，換來的是「大陸家人垂死待救」哩！不過，澳門赤色「同志」這樣的「不爭氣」，豈不是對他們的「毛主席」諷刺得體無完膚了麼!?

福建學校員生展開反共運動

·江水·

福建的反共運動，刻已在各地展開中；尤以各校學生的反共行動表現得最為積極。同安縣的集美中學，已前後發生過兩次反共潮：第一次是二月十四日，該校員生以每日所配粮額太少，聯同向校長提出抗議，被校長斥責了一番，到了十五日晨，校中各課室的牆壁上，便貼滿了「反飢餓」、「反迫害」等標語，事後該校總務部的鄭某，被指為鼓動學生反動，當堂被抓走，另高中部學生翁文恭等卅人，也被革除學籍；第二次是五月六日，大部份員生反對「課外勞動」，湧到校長室去交涉，幾與校長衝突，到了第二天，校中便出現了許多反共傳單，力指共黨的政策定必失敗，傳單上還印上「打倒毛澤東」，「打倒劉少奇」等口號。校方發覺了後，除馬上派人把這些傳單檢回銷滅外，還將教員吳鼎銓，廖平生，和學生馬雲，陶善民等十餘人扣留。又龍岩第一中學，也發生過反共運動，印尼僑生邱生智，許秉華，郭建輝，連紹，張勉成，吳照心等六人，則被指為「國特」，加以拘捕，至今不知所踪。

穗鋼鐵工友反抗再受奴役

廣州鋼鐵廠工人，刻已奮起抗暴，實行破壞生產，其手法是：一、故意違反技術上的操作過程，使出品誤期；二、故意使出品不合標準；增加廠內的「廢品」。該廠日前接受桂省農業廳定製三十部柴油機時，原屬訂明四十天內交貨的，但該廠工人則以前項手法對付，卒使該批柴油機延期了十二天才交貨，「黨委」雖赫然震怒，派出幹前往調查，但各工友均緘口不言，卒亦無奈之何。又有一次，廠方接製了一大批接駁工字鐵的鋼碼和鋼螺絲釘，但到了起貨後，一經查驗，卻原來有百份之六十以上是不合尺寸的，過一趟，「黨委」更指定五名高級幹部組成調查委員會來調查，可是擾攘了一星期，結果也是不了了之。接着，「黨委」便在廠裏大搞「政治覺悟」的宣傳，意圖繼續把有了「反動」念頭的工人再拉緊；然而工人眞正的覺悟却是抗暴，不甘再做中共的奴工。

犧牲（二）

金陵

他畧將視線往下移，停在他那穿了十幾年的藍色大衣上。大衣本身沒有什麼值得他回憶的事，但鈎着大衣領子的那一根釘子，却又使他想起一樁痛苦的往事；那根釘子上，本掛着一隻名貴的義大利小提琴，是他十幾年來不忍釋手的，父親的紀念品。他曾用它在學校音樂廳演奏過巴哈的「無伴奏奏鳴曲」，並獲得了萬千聽衆如雷的掌聲。而在四年前，當他的盲腸開刀時，他把小提琴當掉了，父親遺留的唯一紀念物與音樂生涯中唯一值得慶幸的事，從此被關進了當舖，於是那一件大衣，竟取代了小提琴的位置。這些都是痛苦的回憶，痛苦的事實雖早已過去，痛苦的回憶却繼續縈廻在他的腦際。

他又看到了擺在門口右角的煤油爐，以及幾隻燻黑了的小鍋；這些東西，算是此房間最後一種佈置了，但他覺得，似乎沒有發現一些美的痕跡。

「黃昏的太陽，或許是最美不過的，雖然有些憂傷。」他自語着，又將視線移到窗外去。太遲了，夕陽早已西下，僅留下一片晚霞，告訴人們夜已來臨。

王先生若有所失地回過頭來，把電燈捻亮了，看看桌上的鬧鐘，想着：「六點多了，太太和小娟怎還不回來？」為了要找醫生，她們已出去了一整個下午了。他着急起來，於是又拿起筆，想藉工作來掩飾心中的不安。當他改不了幾行後，太太跟小娟推門進來。

「回來了！醫生怎麼說？」他焦急地問。

「醫生說，醫生說……」

「說什麼？」

「說，說……說是初期肺病。」王太太吞吞吐吐地答着，坐到方桌旁的竹椅子上去；隆起的肚子使她感到一切動作都很吃力，尤其是近兩個禮拜以來更有此種感覺。

「肺病?!」王先生尖叫了出來，從手上滑落的毛筆，在學生的作文本子上留下了一幅不規則的紅色墨水跡。

他默默地抬起頭來注視着貝多芬，希望從那裡能獲得一份寧靜，然而他失望了，他從貝多芬畫像收回視線，看了看大腹便便的太太，再看看站在太太身邊的小娟。

小娟是他們唯一的孩子，今年才十二歲，只是沒有孩子們應有的天眞活潑，尤其近兩年來，由於準備升學的補習，使得她本來就營養不良的身體更加瘦弱了，甚至染上乾咳與發燒症。

「肺病有什麼可怕的？」王太太看丈夫默不出聲，便打破沉悶的空氣說：「醫生說，只要留意營養多休息，很快就會好的，何況現在多的是肺病特效藥。」

「對！對！肺病並不可怕，只要每天吃它兩個鷄蛋，打它一針，還怕肺病不會好嗎？小娟，放心好了，爸爸一定想辦法替你治好病就是！」王先生附和着太太的話安慰女兒。（待續）

遙寄

陳臨

參加過你結婚觀禮，我悄悄從教堂退出，隨在那熱鬧人流的後面，遠遠目送你挽着那個子高高的新郎手臂，笑容滿面地跨上嶄新的汽車疾馳而去。

不知經過多少時間，我才悅悅悠悠回到這四壁蕭條的斗室裏面，我的理智雖已有點迷糊，但是，當我頹然倒在床上，耳際却還像聽到結婚進行曲奏出那悠揚的琴聲。我在胸前劃上了個十字，心中喃喃地為你向上帝默禱：祝你的生活幸福！

我雖在盡量克制着自己不要再下淚，但是那裏可以忍得住呢？這小小的寢室，使我想起你的地方實在太多了！那褪了色的粉紅窗帘，是我搬到這裡來時你親手掛上的。我記得很清楚：你站立在一條矮櫈上面，一邊敲着釘子，一邊哼着輕鬆的小調；早晨的陽光透過粉紅色的窗帘，照在你的臉頰上，你修長的眉毛，加上那永遠像在笑着說話的一對眸子，啓發了我無窮美麗的希望和遠景。我環顧室內，頓覺這間侷促的陋室，還遠遠勝過富麗堂皇的瓊樓玉宇。

把往事從頭想起，我雖在淌着眼淚，但轉念間，也覺有值得安慰的地方，因為我知道：從今以後，你可以獲致了你朝夕所期望的幸福，而我也可以減輕了良心上的負荷。

記得嗎？那是十一年前的事了，一個大雨如注的傍晚，你奔到我的寓所來，要我與你一道雙雙出亡。原因很簡單，因為你我的家庭，在階級鬥爭裏，都再不能繼續過寧謐的日子，於是乃相約逃亡。及至到達海隅，雖然一身之外無長物，但是患難見眞情，在流浪的歲月裏，我眞料不到彼此間竟然相愛了起來。

而且，還算幸運，飢餓的生活沒有過上半個年頭，我便得到朋友的推荐，進入一間企業公司工作；你也被介紹到工廠裏當職員，生計就不成問題了。現在回想起來，如果日子能再回過頭去的話，我只要再有那一段時間的一一刻就感到很幸福了。

我一向都為自己能獲致你的愛而欣幸，但生活稍告安定以後，我却又感到對你抱歉！因為離亂轉徙，我的經濟拮据，多少年來，我都不會讓你在生活上有過一天豐裕的享受，使你美麗如花的青春，沒有機會在別人面前發放出燦爛的光彩。這也許是我的美思想太庸俗了，我不免希望讓你的美麗，和你對我的愛誇耀於人前。而你呢，雖從不會為沒有物質的享受而微露不悅的神色，可是，每當我們逛街時，看見有一位服飾絢麗的女人走在面前，你却也畧為顯出羨慕的樣子。正由於我愛你太甚，你些微的不快就會構成了我內心極大的負重；常常自怨自艾沒有足夠的經濟能力，使你穿上漂亮的衣服，雍容華貴地出現於同伴之間，使大家為你的美麗而稱羨；我認為這是少女應有的榮耀，而我却沒有能力使你滿足。

有一次，你因為要參加一位同事請客的宴會，那是個相當舖張的場面，事前你曾計劃添置一件比較貴重的旗袍，一對高跟皮鞋，一套耳環及項鍊。我曾花了幾天時間，想盡了辦法，才買下一件你極喜歡的衣料。你穿上新縫的旗袍，在鏡子裡前後左右顧盼着，你的身段因新裝而顯得格外美麗了，我呆呆地望着你，你也感覺到了，回頭向着我嫵媚一笑，說：「你看，我是不是還配穿這襲華貴的衣服？」

「你太美了！」我讚嘆着。

「只可惜沒有一對高跟鞋，太過美中不足了！」你忽然把眉頭一皺，低聲埋怨着說。

我心中一動，只好跑到同事處再借一筆欵子，給你購買了高跟鞋。那晚參加宴會，你又向女同事借來一套首飾，在宴會中，你光彩奪目的姿容，使所有的女賓都羨慕而嫉妒。我得意地看着你，可是却發現你的眼神裡總像有一絲絲化不開的憂鬱。席終人散，回到你的寓所，你脫下高跟皮鞋，嘆口氣說：「為着這場宴會，化用了這麼多錢，眞不值得！」

「可是，你却享受了最光榮的片刻。」

「有什麼光榮可說呢？連項鍊耳環都是借來的。」

我明白你眼瞳深處那一絲絲的憂鬱存在的原因了，於是，我暗暗對自己下了決心，無論怎樣，我一定要盡自己的心力，使你能過着最快樂的日子！那怕是使自己痛苦一點，也是很值得的事。因為你是人間嬌艷的花朵，我必定要使你在春風麗日之中散佈出充分的芬芳。

直到現在，我還不知道自己這種思想是不是錯誤，本着一顆愛你甚於愛自己的心，我仍不覺得這是錯誤的。因為我看出你對華麗的衣飾與豐厚的享受已逐漸露出羨慕的神態，你有時無意地說：「漂亮的女孩子，在不同的宴會裏，最好能穿着不同的衣服。」你說這話的時候，臉上的笑意總漸漸消失，情緒上跟着顯得有點空洞。我沒有勇氣去啓發趨向儉樸生活的美德，只想一味順着你的意思，也許就是這樣，終使我鑄下了畢生難忘的大錯。

我原希望多有一點錢，好讓你能滿足生活上的享受，於是我把多年來隨身帶着的唯一紀念品——父親遺給我的一條金鍊，變賣了現欵，並利用這點錢來和朋友合夥做點小買賣。我做夢也想不到他們所幹的是違法的走私勾當，因此而牽累了我。在法庭上，我找不到半點申辯的理由，只有俯首聆判。當法官宣判我監禁一年有期徒刑的時候，我不忍回頭望着坐在旁聽席上，臉色蒼白而神情沮喪的你；命運判處了你我的分離，我沒有想到自己身陷囹圄以後的歲月，我担心的只是你難以受得住這種不名譽的刺激！

我進入監獄以後，初時你常常來看我，給我送點食品，每次到來，你的臉色，總像被風雨摧殘、零落在泥土裏的花瓣一樣，你的頭髮零亂，眼圈泛着黑暈，牙齒咬着嘴唇。我知道你的內心裏是如何的悔恨，你一定後悔自己不應該貿貿然跟我這麼一個平庸而愚昧的人相愛，以致給自己精神上帶來無窮盡的痛苦。

在監獄的後一半時間，你就漸漸少來看我了。那時，我心裏一點也不敢怪你，更絲毫也不懷疑你少來探望我的原因。探監本就是一件痛苦的事，更何况由此將會逗起你對過去的種種回憶呢！到最後的三個月，你竟絕跡沒有來了，一直到我刑滿出獄的那天，我是多麼盼望能夠見到你！一年的鐵窗生涯，唯一支持我頑強活下去的希望就是你的愛。我想：只要能夠得到你的諒解，我就是被整個世界所遺棄，也甘願默默承受。可是，你却沒有來接我。而我當時是如何希望你能握住我的手，柔聲地說一句我夢寐祈求的話。

到了你那濶別一年的香閨裡，你却已人去樓空，向左右鄰舍打聽，都問不出一點端倪。最後，從你的舊同事那裏查詢，才知道你已於我將出獄前的一個月，跟一位殷商的兒子前往東洋旅行去了。你替我倆的愛情敲响了喪鐘，這消息猶如晴天霹靂，幾乎把我打擊得昏迷！但是，我却絲毫也不敢怪你，我痛恨的只有是自己。

回到臥室，我已漸漸失去了對事物辨認的能力，我當時的內心非常矛盾，只覺得一切都茫無頭緒。但有一樁事情，却很清楚：你的轉變，是這個大都市的一切改造了你，教育了你，使你於神聖的愛情之外，認為虛榮的生活享受更為重要。你雖然是那麼堅決地離開了我，但我絕不恨你，我曾對自己說過：縱使有一天你不再愛我，掉頭不顧而去，我也決不對你抱怨。現在這不幸的日子既已來臨，我只有懷着酸楚而感激的心情，追念你曾經給予我的快樂和幸福。我覺得，一個人如果沒有相愛過，是永遠不會了解愛情能使人變得那麼寬宏和溫厚；你放心吧！那些灑鏹水的卑鄙行為，是絕對不會是一個愛你的人所忍心做的。

我多方面打聽得你們又回到了這裏來，而且定期在莊嚴聖潔的教堂裏舉行婚禮。我似醉如痴的走到教堂裏去，抵步時，神父為你們所辦的證婚儀式剛舉行完畢，在悠揚悅耳的奏樂聲中，你們徐徐步出教堂。我偷眼看見你那粉紅的雙頰，豐盈如初綻的玫瑰，你雖是低垂着眼簾，但我仍彷彿在感到你的眼瞳正作着幸福的微笑。我抹去自己壓抑不住那一簌簌奪眶而出的淚珠，不知你在那層聖潔的面紗裡，可曾望見一年多前，彼此仍在相愛着的舊人的淚眼？

我倚着小窗，看輕風又飄起了無邊的細雨，它淋濕了我的臉頰，也淋濕了數年前你親手所懸掛的窗帘，又似泛起了當年的光彩。我撫摸着它，冷冰冰的，却分不出那是水珠還是淚痕。

辛亥革命史談（七）

舜生

二、從興中會到同盟會

在辛亥以前，中山手創過兩個革命團體：其一為光緒二十年（一八九四）十月（十一月）成立於檀香山的興中會；其一為光緒三十一年（一九〇五）七月（八月）成立於日本東京的同盟會。因此，我們敘述辛亥前中山領導革命運動的經過，可以分作兩期，前一期為興中會時期，為時約十一年；後一期為同盟會時期，為時約六年。

為了了解革命運動的全部過程，及其所以成功之故，我們應該首先了解中山這個人。

中山名文，幼名德明，字帝象，嗣號逸仙。三十二歲時旅居日本，曾署名中山樵，故國人以中山先生稱之；以曾畢業於醫校，外人則多稱以孫逸仙博士。籍廣東，自其高祖時，即卜居香山縣之翠亨村，故為香山人。家世業農，父名達成，母氏楊。兄名眉，字德彰。自同治十年（一八七一，時德彰年十八，中山六歲）即赴檀香山，於墾殖畜牧頗有所成就。

中山生同治五年（一八六六），幼讀書村塾，十一歲時，聞人談洪楊故事，慕洪秀全為人。年十四，隨母赴檀，即留檀就讀於英教會所設之意奧蘭尼書院（Iolani College），三年卒業，轉學美教會所設之阿湖書院（Oahu College）。年十八（一八八三，光緒九年），自檀返粵，曾先後肄業於香港拔萃書室（Diocesan Home）和皇仁書院（Queen's College）。年二十（一八八五，光緒十一年，）受基督教洗禮，同年四月，娶盧夫人。是年十月（十一月）應兄召重遊檀島。是年，以清廷與法簽訂天津條約十款，安南淪為法保護國，始抱傾覆清廷之志。翌年三月（四月）自檀返國，入廣州博濟醫院（Canton Hospital）習醫，與同學鄭士良訂交，鄭為三合會會員，是為中山聯合會黨之始。

光緒十三年（一八八七）正月（二月），中山轉入香港西醫書院（The College of Medicine For Chinese, Hongkong）。在校敦品勵學，天才過人，為其師英人康德黎博士（Dr. James Cantlie）所激賞。（時康任教務長兼外科主任）自是讀於該校者凡五年有半，迄光緒十八年（一八九二）六月（七月），乃以第一名畢業，並考准以內外科、產科開業行醫，時中山二十有七。此數年中，中山與陳少白、尤列、楊鶴齡朝夕往還，暢談革命，意氣激昂，人以「四大寇」呼之。陳少白原名白，廣東新會人，為中山有力同志之一。

光緒十八十九兩年，曾先後於澳門、廣州設西藥局，藉醫術為入世之媒，且資掩護，仍日與鄭士良、陸皓東、尤列、陳少白、程奎光等商討革命進行方針，決定由鄭士良結納會黨，聯絡防營。

光緒二十年（一八九四）春，中山偕陸皓東赴上海；五月，赴天津，上書李鴻章，告以應於船堅炮利之外，別求富強之道；並表示他自己將赴法國考察農桑。李未予接見，僅給以農桑會籌欵護照一紙。於是偕皓東暢遊北京、武漢，以窺清廷虛實，並觀察長江形勢。九月，中日戰爭已爆發於朝鮮，中山認為有機可乘，乃作第三次檀島之遊，即於是年十月二十七日（十一月二十四日），於檀島正式成立興中會，發布宣言；徵收會費。參加者除其兄德彰外，有鄧蔭南、何寬、李昌等二十餘人。是年十二月下旬（一八九五年一月）中山自檀島返回香港。

光緒二十一年正月（二月），設興中會總機關於香港，託名「乾亨行」，並將楊衢雲、謝鑽泰等所組之另一革命團體名輔仁文社者合併，其入會誓詞為：「驅除韃虜，恢復中國，創立合衆政府。」時中國陸海軍已節節敗退，中日即將議和，中山認為機不可失，乃日與同志會商，謀以武力攻取廣州，並規定用青天白日旗為革命軍旗。延至是年七月，一切籌備已大致就緒，以乾亨行已有偵探窺伺，乃將該行結束，改在西營盤杏花樓酒家開會，籌商一切進行方略，並分配任務。由楊衢雲、陳少白、黃詠商、鄧蔭南担任香港後防，中山則率鄭士良、陸皓東、程奎光等親赴廣州發難。在廣州設農學會，並設秘密機關兩處，一在城內雙門底王家祠之雲崗別墅，一在南門外鹹蝦欄張公館，中山駐雲崗別墅指揮，器械則由楊衢雲由港轉運。一切用欵，除由乃兄德彰傾家贊助，並於檀島募得若干公債外，另由黃詠商捐助八千元充之。購有小輪兩艘，聯絡各地同志；並設儲藏器械及招待所數十處。討滿檄文，由同志朱淇起草，對外宣言，則由英人黎德（Thomas H. Reid）及高文（J.Cowen）任之，經何啓加以修訂。何啓者，即西醫書院之創辦人，香港議政局議員，知中山甚深，對革命傾心贊助者也。

原定九月初九在廣州起義，以香港運械未到，而朱淇之兄朱湘，以乃弟列名黨籍，且恐牽累，乃向緝捕委員李家焯告密，而香港運械也由粵方駐港密探所偵知，於是粵督譚鍾麟飭軍警嚴加戒備，並命李家焯於初十日搜查雲崗別墅及鹹蝦欄兩機關，起獲旗幟、軍器、軍衣、鐵斧諸物，捕去陸皓東、程奎光等六人；次日晨，由香港運械的保安輪到達省城，押運的丘四、朱貴全等四十餘人，也束手被捕。陸、程、丘、朱被殺，中山脫險到港，旋偕鄭士良、陳少白赴日，楊衢雲則遠走南非，是即興中會成立後在廣州第一次革命失敗的經過。

（未完）

楊伯安兄書來，知春間另有信，竟未到；頃得其見和拙吟三首，敬以長律為謝。

——幼椿——

春至良朋惠好音，洪喬不意有浮沉。論交自昔同生死，枉道於今計尺尋。伏櫪敢言千里志，飛天聞度萬層陰。年來市隱賒清韻，為報瑤章勉一吟。

析支列傳（一九）

亮之譯註

50 於是、此諸川既波濤洶湧以入伊思特，伊思特遂成為首屈一指之巨浸矣。然如僅舉尼羅與純粹之伊思特相較，則吾人必且以高第許尼羅無疑（註一）；以其並無支流，亦初不依小川增其容積故也。至伊思特之所以冬夏水平如一，亦自有故。蓋析支多不降雨，唯恒風雪；獨屆夏令，雨量特多；蓋以積雪消融，諸川汎濫；忖情度勢，伊思特之水位本宜夏高於冬；第所高之度與太陽炎威蒸發之度相抵相消；結果終臻平衡，故乃常能保持其相同之水平焉（註二）。

（註一）原註：「兩河之長度為——尼羅四、〇〇〇哩；多惱（按即伊思特）一、七六〇哩。」

（註二）原註：「此種「平衡」，希羅多德以為：乃因南方支流夏季所增加之容積（由於積雪沿阿爾卑斯山脈融化故），恰可充份補償北方支流冬季雨量所已消耗之容積。」

51 次於伊思特之第二大川曰泰拉斯（Tyras）。其水發源於一大湖，隔析支與柳里（Neuri）壤地為二，而南入於海。希臘人即居此河之口，而名之曰泰壘地（Tyritae）。

52 析支第三大川曰黑彭立斯（Hypanis）（註一）；其水即起析支域內，其源則出另一大湖；其湖周圍，即白馬之羣之芻牧地也。其湖號稱「黑彭立斯之母」（註二），實絕對正確。黑彭立斯於此發源，行五日許，甘潔而淺；又四日入海，則惡苦異常；以受一惡苦小水故。此惡苦小水源出析支耕夫（Scythian Husbandmen）與阿勒莊人（Alazonians）相接之地；其地，析支名之曰愛克展白（Exampaeus）；義猶「神聖航道」云。泰拉斯與黑彭立斯兩水於阿勒莊人之國中（註三），由相近而遠，一平衍陸地遂位於其間。

（註一）原註：「此黑彭立斯，即聶伯河（Dnieper）之支流無疑。」

（註二）原註：「參照下第八十六節。」

（註三）原註：「即在第四十七與第四十八平行線之間。此處希羅多德所述，實強烈証明彼於各國地理，確具真實知識。」

寄售書目

（弍壹六）浮士德　歌德著，郭沫若譯，羣益版，一冊，十二元。

（弍壹七）浮士德　歌德著，郭沫若譯，重印版，精裝兩冊，十五元。

（弍壹八）少年維特之煩惱　歌德著，郭沫若譯，重印版，一冊，二元五角。

（弍壹九）又一種　同上，香港印，一冊，一元五角。

（弍二〇）赫曼與竇綠苔　歌德著，郭沫若譯，一冊，一元五角。

（弍二壹）赫爾曼與陀羅特亞　歌德著，周學普譯，一冊，三元。

（弍二弍）哀格蒙特　歌德著，胡仁源譯，商務，一冊，二元五角。

（弍弍三）歌德對話錄　愛克爾曼著，周學普譯，商務，一冊，十五元。

（弍二四）歌德論自著之浮士德　梵澄譯，中德學會，商務，一冊，二元五角。

（弍二五）歌德研究　宗白華，魏以新，楊丙辰等著，一冊，中華，十五元。

（弍二六）華倫斯坦　席勒著，郭沫若譯，精裝一冊，八元。

（弍二七）席勒評傳　傅章譯，一冊，一元。

（弍二八）斯托姆小說集　魏以新譯，一冊，八元。

（弍二九）茵夢湖三色紫夢蘭　斯托姆著，張丕介譯，一元。

（弍三〇）海涅詩選　馮至譯，一冊，二元五角。

（弍三一）獺皮　豪布陀曼著，楊丙辰譯，商務，一冊，五元。

（二三二）德蘭之介紹　賀麟，楊丙辰等，商務，一冊，五元。

（二三三）憂愁夫人　蘇德曼著，熙堯譯，一冊，二元五角。

（弍三四）德國史綱　魏以新譯，商務，一冊，十元。

（二三五）德國史　康選宜譯，商務，一冊，五元。

（二三六）德國發達簡史　常乃德著，中華，一冊，二元五角。

（二三七）西德與東德　邢祀章編，一冊，一元。

（二三八）俾斯麥傳　伍光建譯，兩冊，十五元。

（二三九）興登堡自傳　魏以新譯，商務，一冊，十元。

（二四〇）隆美爾傳　予同譯，一冊，五元。

（二四壹）愛德諾　邢祀章編譯，一冊，二元五角。

要者請向九龍鑽石山大觀路惠和園三號「卓如編譯社」洽購。大學，圖書館，及研究機構購買，一律八折優待。定價已酌改，以此次所登出者為準。空緘恕不奉復。

聯合評論
週刊
本刊已經香港政府登記
每逢星期五出版
United Voice Weekly
第一四六號
督印人：黃宇人　總編輯：左仲平
社址九龍赫德道二十三號地下　電話68678
承印：嘉羅印刷有限公司　香港灣仔馬師道5號
總代理：友聯發行公司　售價每份港幣一毫
本報美洲版總經售處美國紐約中美出版社
CHINESE - AMERICAN PRESS, INC.
199 CANAL STREET.,
NEW YORK13 N. Y. U.S.A.
美洲航空版每份零售美金一角

甘赫會談的結論與美國外交的弱點

李璜

本於美國青年民族的好勝心理及其實驗主義的作風，甘廼廸總統一定會親自出馬與赫魯曉夫來上一回合的，這是筆者兩月前在香港自由報上便會說過了。不怕你自稱反共老手，說與赫怪會面容易上當，而拓荒者的精神，一向是「明知山有虎，偏向虎山行」的。

甘赫這次維也納的會談結論很好！很好在那裏？就是老赫親口向甘廼廸表示說：『新興國家中，共產主義必定勝利的！』又說：『柏林問題是不能讓步的！』（老赫近日又再三稱，「柏林問題如骨鯁在喉，非吐不快」！）這不啻是老赫明白表示，我這個老虎是要吃人的！

甘廼廸總統對老赫的會談態度，當然不像前任艾森豪的嘻嘻哈哈，從事敷衍，而所得着的結論也是敷衍；（所謂大衛營的精神乃是敷衍場面而已；）甘之對赫，一定是如他的名著「當仁不讓」中那些位政治家態度，也是當仁不讓的態度嚴正的說話，故逼得老赫不能不說眞話！否則老赫在甘廼廸對他表示保衛自由的決心之下，再事無聊的敷衍，老赫便會在會談中成爲狗熊了啊！

甘赫會談後，甘廼廸回國報告其國民說：『在他與赫魯曉夫之間的裂隙，並未曾實地的削減。』又說：『他與赫魯曉夫有一種完全不同的概念，——關於世界係在那裏，以及它正走向那裏。』這兩句話，在表面看來好像是理論的，其實內容實質指得很清楚：老赫是表明要繼續向自由世界走分化滲透、侵畧之路，以實現其共產世界；而甘廼廸是表明此路不通，所以甘氏最後說：『時間將証明赫魯曉夫是錯誤的，而自由世界將大行其道！』

不錯，筆者也相信，自由世界將大行其道，那違反人性，陰謀詭計，乘機侵畧，到處放火的國際共產黨終必失敗，雖然中俄共目前好像處處得心應手的樣子。但是，政治家固不用着對目前而遽爾悲觀，也不應對將來而一味樂觀；總得面對現實的一個一個的國際問題，去求所以戰勝侵畧者的辦法。既不能打大戰，以求得一個總解決（就是打大戰，也未見就能有總解決；世間上相信而且在等總解決的人很多，）但絕不是政治家，則政治家對於當前問題要分別出輕重緩急，劍及履及的來應付，明白言之來抵抗住中俄共的侵畧行動！

照赫怪所表示以及他要作怪的是兩個問題：一是新興國家的被滲透與被分化而逐步被赤化的問題，一是柏林的中立化以至西方力量退出德國問題。前一個問題，在遠東，在中東，在非洲，在美洲，事實已表現得很明瞭，中俄共的作法在積極進展中；而後一個問題，老赫前年就表示過要假東德之手來獨佔柏林，但是至今不敢動手，只是隨時自定動手日期而已，這足見前者緊急，而後者鬆緩；前者已緊急到處處有小戰，而且戰到了美國後門前；而後者還至今在天天「罵街」，只是在恫嚇的階段中。

然而在西方，特別是西方的英法，對於還鬆緩的柏林問題便比較要緊張得多，（西方電訊社對柏林問題的報導也往往是談虎色變，）而寧願讓國際共產黨在遠東各地得到相當滿意，以爲維持柏林現狀的交換與安撫，——這裏便表現出美國外交的弱點，在對國際共產黨的鐵拳上，美國帶上了一隻英法的橡皮手套，力量大爲減消！以眼前的寮國問題比之柏林問題，就很明瞭：中俄共在寮國一點也不客氣，老赫口裏說可以妥協，而近日行動上還是砲火連天，進攻不已；像這樣，西方還想妥協，而美國也無法不順從英法之意去尋求妥協，直至斷送了寮國前途而後已！（連左傾中立的高棉王子也明白說出，寮國在這樣的妥協下終於要赤化了！）

但是，在十四國的日內瓦會議中被中俄共代表把英法代表的頭搞昏了，其外交部長都各回倫敦巴黎了，而因老赫連日來高喊，西德在柏林違法，以爲恫嚇，好像箭在弦上，已不得不發；這一來，又把英國外相休姆逼來日內瓦設法出賣寮國了！本來在前幾天英國已決定與美會商退出調停會議，因爲寮共不理停火建議，而繼續攻陷巴塘，則寮國之局已無妥協可言，只有讓美國扶助永珍政府去掃蕩赤色叛逆，而美國且不辭在寮國與中俄共來一小戰的；但其奈英法總是怕小戰醞釀爲大戰，使赫怪仇恨英法與美國一致，而在柏林動起手來！

所以，筆者認爲美國外交的弱點，是美國對共的右手，鐵拳套上了一隻英法的橡皮手套，力量已大爲減消。至於左手這一鐵拳，照理也可以用，但又爲新興的或落後的國家，套上了另一隻橡皮手套。因爲這一些國家的政府中人，特別是軍人，又認爲反共抗俄，要照他們所學得來的警察國家的辦法，而不贊成美國用民主自由的方法去從事與共黨鬥爭。這一反共方法上的分歧，從遠東到近東，美國盟邦都在與美國鬧別扭，直鬧得美國人頭昏眼花，手足無措；花錢費神，以至犧牲了許多美國人的生命，至今這許多新興或落後國家還得要美國負保鏢責任；乃因美國要提倡自由民主，反弄得來投局求保的人對於保鏢辦法加以厭惡，大有鏢師比強盜還要討厭，共產極權比自由民主還要可愛一些之勢！

這一來，美國的另一隻對共鐵拳又被套上橡皮手套了，而且左手這另一隻手套，還比英法在她右手套上一隻來得使她遭受痛苦。因爲美國人爲甚麼要花錢出力，晝夜不休的來到自由世界反共抗俄？乃是全體美國人一向仗恃着自由民主，認爲可以戰勝專制極權的原故。在這一信念上，至少英法等西方國家還算得是美國的同志，而新興或落後國家主政者簡直一以中俄共辦法爲師，漸漸要變成美國的敵對了啊！

五〇、六、一二

輿論的尊嚴

雷厲

觀察一個國家的興衰，一方面須看政府的表現，另一方面須看民間的輿論。在一個健全的國家，政府、輿論和民意三者是息息相關、不斷溝通的。具體來說，輿論能夠暢達民意，而政府能夠尊重輿論、順遂民意。政府的措施與民意的趨向經輿論的宣達而連成一氣，此之謂「政通人和」。在次一等的國家，政府雖然昏昧腐敗，但是民間仍有清明剛正的輿論，使政府有所戒懼，不敢暴戾恣睢；同時可以喚醒人心、激礪士氣；在這種情形之下，政府、輿論和民意三者雖然未能連成一氣，但是輿論和民意諧和一致，形成一要求改革的形勢；這樣的國家雖然可憂，但是仍有希望。最怕的是，政府既已昏昧專橫、逆政昭彰，而輿論又瘖啞癱瘓，甚至欺昧良心、助紂爲虐；在這樣情形之下，民意既受政府的壓迫又受莠言的障蔽，於是造成人民與政府的分離和對立，少數倔強者則怨憤塡胸，挺而走險，而多數人民則昏天黑地、鬼混生活。這樣的國家縱無外患侵凌亦必自爛而亡了。胡秋原先生在其近著「同舟共濟」一書中曾慨乎言之，今日「自由中國之存亡，其權一半操於知識界及新聞界之手」，而對新聞界之期許尤爲殷切，實非偶然了。

本上述的了解，來看近年來政局的發展與輿論的表現，使人不禁思危憂深！

第一個可憂的現象，是民間的輿論日少日弱，而黨論、官論充塞。這些年來國民黨當權派就一直在實行一個消滅輿論的計劃。他們一方面禁止民間創辦新的報刊，一方面用種種方法來剷除既有的民營報刊。前者如老報人成舍我所辦，在北平有悠久歷史、被中共查封的世界日報，及天主教系的益世報呈請在台復刊，數年於茲，未被批准；後者如在港出版在台發行的「自由人」半周刊、「地方自治月刊」、「自由中國」半月刊、及「公論報」等，經已先後被迫停刊。在台灣黨辦及官辦的報刊本已經够泛濫了，據知單是反共青年救國團所辦鉛印及油印刊物就有一百多種，可是一年來又增辦了許多報刊報紙就有三份；計有英文的「中國新聞」，國民黨員張傳祥謀奪李萬居的「公論報」，及「台灣新聞報」。（本月二十日創刊）反觀純粹民營的批評時政的報刊則寥若晨星，而在政治恐怖之下久已喪失了應有的言論自由。

台灣內部的民營報刊既已面臨被消滅的邊緣，海外的輿論，尤其是香港的輿論，所負的使命就特別重大了。但是事實的表現就太使人失望了。

今天香港的報刊對國事的態度可以分成三類：（一）對國事採取冷漠的態度，關於中國政治很少發表評論，而關於中國政治有關的消息亦甚少刊載，即使刊載也儘量排在次要地位。這類報刊佔的比數最大。（二）是站在國民的立場、本民主憲政的主張、督責台北當局改革政治、實現團結、鼓吹反攻的報刊；這類報刊數目雖然不多，但是言論頗受中外人士的重視。（三）忠貞派的報刊，儼然是國民黨當權派的喉舌，蠻橫的反對民主擁護獨裁，這類報刊佔最少數。

從上述三類報刊可以看出來，多數對國事不聞不問，一部分主張民主反對獨裁，與此針鋒相對另外一部分則反對民主擁護獨裁。於是在後二者之間便展開了激烈的論爭。從修改出版法、修憲連任、雷震的文字獄等，幾乎每一事件都引起衝突。不同見解的自由論爭本是民主的常軌，俗云：「眞理愈辯愈明」，但是上述兩派報刊之間的論爭，已由見解之爭演成意氣之爭，甚至以不堪入目的惡言污語互相辱罵，這就太失輿論的尊嚴了。而始作俑者則是那些曾一度向中共靠攏不遂，搖身一變而自命忠貞的份子。

香港的民營報刊絕大多數皆以營利爲目的，報紙的老板並無固定的政治主張，往往在一家報館內，左右兩派份子和平共存。因此兩派之間所發生的論爭，絕不表示兩報刊之間的論爭，而只是主持報刊筆政那兩派人的論爭。

對於那些忠貞份子們，我從不認爲他們內心是眞實忠貞的。就連那些黨報的高級負責人士，背地裏駡皇帝的比圈外人要有聲有色得多。這些先生們心裏明明白白，把黑字寫在白紙上才糊糊塗塗。而在所謂忠貞份子當中，有極少一部份血氣方剛的青年，他們由於切齒痛恨中共而不忍責備台北當局，惟恐分散了反共的力量；但是他們未能透切了解；我們反共是爲了實現民主，民主不立反共就毫無意義了。

評述毛澤東與日本社會黨代表團的談話

劉裕畧

由日本社會黨顧問黑田壽男、日本社會黨國民運動委員長田中稔男、日本社會黨國會議員松本七男、日本社會黨國會議員岡田春夫組成的日本社會黨代表團於本年一月上旬應中共政權之邀請前往訪問中國大陸。他們在北平住了約一個月，毛澤東曾於一月廿四日親自在北平中南海頤年堂接見了該代表團，毛澤東并自一月廿四日下午八時四十五分至十時與該代表團作了一點多鐘的談話。該項談話紀錄已在日本世界雜誌四月號公開發表。茲以該項談話內容不僅顯示了中共對日本的野心與做法，抑且透露了中共對亞、非、拉丁美洲以及美國的陰謀。此外，毛澤東又明白的透露了他對共黨世界革命的策畧，所以，極為重要。

毛澤東首先表示「歡迎日本朋友光臨。并對淺沼委員長之遇刺殞命表示哀悼之意」。接着就對那已死日本社會黨左傾領袖淺沼加以恭維，說：「淺沼委員長確已把握問題之本質——日美關係之本質即亞洲、非洲、中南美洲乃至北美加拿大等全世界各國人民問題之本質，亦已完全掌握。當時余曾告淺沼氏謂『贊成此種看法之人，可能時少時多，但最後必為大多數人們支持』。就美國言，如果僅以美國力量，無法統制他國，必須勾結他國內部之反動勢力。在中國有蔣介石，日本則為岸信介，此輩為壟斷資本家之代表。其它各國亦有此種人物存在，例如印度，則有印度之大壟斷資本家。」

毛澤東認為美國若孤立即不能有作為

此段話很值得玩味。毛澤東顯然認為一個孤立的美國是無可作為的，要有作為必須要與其它國家的內部力量連接。故其對美國之總策畧，乃不斷打擊與美國連接之各國內部力量，以孤立美國。至於毛澤東所云印度亦有大壟斷資本家，自係暗指尼赫魯而言。僅以中共與印度關係特殊，尼赫魯在亞非諸國之國際聲望高。故毛澤東尚不敢明白指出其名耳。

至此，日本社會黨之黑田壽男乃向毛澤東獻媚說：「去年日本反日美保安條約運動，雖曾發展為大規模之反對鬥爭，但由於壟斷資本家之壓迫，業已強制通過該約。在該運動發展中，貴國曾舉行大規模集會支援與鼓勵，謹特表示謝意。」於是，毛澤東又說：「不必客氣。吾人立場，無論如何必須予以支援，因國際性鬥爭必須互相支援，貴國正站在鬥爭之最前線。」

加强日本內部分裂

毛澤東繼續又說：「當淺沼代表團——包括在座田中稔男君之代表團到達武漢時，余曾作下列談話：『在美國帝國主義為全世界人民之共同敵人。此事在目前大多數日本國民雖然『不贊成』，但支持之時機必將到來，且不能不抱有此種信心』。現在，尚不到一年，已在去年發生變化，日本人民已發動大規模而且高昂之全民族鬥爭。此外在當時余又謂：『現在日中關係尚未恢復正常，貿易關係亦已斷絕，但此為暫時現象，若干時間後會發生變化』。今日在貿易方面已逐漸展開，但在政治方面恐尚有問題……政治方面可分成兩個問題，茲加以分析，大多數日本人民與中國人民間之關係，在歷史上一向友好。戰後亦然，今後亦將繼續保持良好關係。雖然目前與日本自由民主黨政府及日本壟斷資本家之關係不甚良好，但可期待於未來。現在必須對人民與人民間及政府與政府間之關係分別加以研究。在日本內部意思，似乎亦并不一致。即所謂有『主流派』與『反主流派』之分。例如松村謙三、三木武夫、石橋湛山、高崎達之助、河野一郎等派系，若以吾人立場言之，中國人民為君等之直接同盟軍。換言之，以中國人民言，君等為中國人民之直接同盟軍。自民黨之反對派可稱為間接同盟軍。不是這樣嗎？余之說法是否有幾分理由？」然

毛澤東這一段話旨在對日本的政治勢力加以區分，後從而予以挑撥與拉攏。毛澤東除對日本社會黨拉以「直接同盟軍」之關係，以鼓動和誘騙幼稚可憐的日本社會黨外，復以「間接同盟軍之關係，以拉攏和誘騙日本自民黨內部之反主流派從而孤立和削弱自民黨的主流派。但毛澤東這樣既拉攏日本社會黨又拉攏與社會黨對立的自民黨內的一部分人，毛澤東惟恐日本社會黨吃醋，遂在這一段話結尾時以謙虛口吻說：「不是這樣嗎？余之說法是否有幾分理由」？以試探和測驗日本社會黨代表團的反應。

日本社會黨的奴才心裏果然大有醋意。所以黑田壽男立刻向毛澤東說：「如果自民黨反主流派能對中國有更深之認識，對日美保安條約有更深之了解，則可成為間接同盟軍」。黑田的話顯然是向它的中共主子爭寵，惟恐毛澤東與自民黨反主流派太接近，所以竟然說出自民黨的主流派現在還不夠資格成為中共的「間接同盟軍」的話來。日本社會黨的奴才態度，真是可恥極了。

事實上，中共又何嘗看得起日本社會黨呢？中共之所以拉攏它，原意無非在求日本的政治勢力分裂，從而有利於赤化日本的目的而已。毛澤東一聽黑田不改變他的原意，乃進而教訓他們說：「能使彼等派系間裂痕擴大，使兩者對立、衝突，則對人民有利。在歐洲與美國之間亦有同樣現象，即歐洲之殖民主義國與美國間之意見亦不完全一致。要言之，全世界人民之自覺正日見高漲中。其中尤以亞洲、非洲、拉丁美洲人民為最……貴國目前對非洲、拉丁美洲正進行何種工作？」這就看出：中共對日本的策畧，什麼同盟軍都是假的，促使其內部分裂才是真的。它不僅對日本如此，它對美國與歐洲的策畧亦是如此。

但可恥的日本社會黨，竟奴才成性，懵然不悟，既不知道站在日本國家民族立場以反駁毛澤東，且當毛澤東以日本在非洲和拉丁美洲現正進行何種工作見詢時，乃又以全副奴才像向毛澤東報告其親共的國際統戰工作說：「在日本有亞非團結委員會從事各項活動。此一團體以政黨、勞動組織、民主團體為中心。從反對帝國主義及擁護和平之立場，對美帝國主義阻撓亞非民族獨立之行動作種種反抗活動，今後將擴大組織，展開工作。」

對此，毛澤東儼然以主子的語氣表示：「此事甚為必要」。於是，黑田又繼續報告：「目前美帝國主義正對寮國之獨立實行軍事干涉。記得當美帝國主義依據保安條約使用日本軍事基地時，日本之政黨、勞動團體及其他各種團體即從事反對運動，向美國大使館及池田內閣抗議，現在吾人正鼓勵寮國人民實施反抗。」

對此，毛澤東亦以主子的態度表示這是「非常有意義的工作」。

破壞台、韓、越、非同盟

黑田得意之餘，乃繼續以賣好的奴才態度向毛澤東報告：「現在另有一問題，即日本政府承認『南韓為唯一合法政府，且已進行所謂『日韓會談』，妨害南北韓之和平統一。日本、台灣、韓國與美帝國主義勾結，正企圖組織以中蘇為假想敵之NEATO（東北亞同盟），故吾人在任何時期均反對安保條約及反對日韓會談。」

毛澤東乃問黑田：「此項會談是否在進行中」？

黑田答以「在進行中」。

毛澤東乃發表了一段較長的談話。首先表示對此東北亞同盟「極有反對的必要」。繼續又說：「最近台灣、南韓、南越及菲律賓四外長在馬尼拉舉行會議兩天，日本未曾參加，此即表示日本政府恐懼人民反對之故，實受去年日本人民偉大鬥爭之影響所致。

「日本人民鬥爭係波浪形發展。反美帝國主義鬥爭現正陷於波與波間之低谷，進入暫時之低潮。但下一個新波正準備中。各位必定深知，過去幾十年之中國革命，亦係波形發展。決非每日每年均有高潮，亦非直線進行。各位所指導之羣衆運動，前途希望極大。當每運動進入低潮時，部分人員必表示灰心，甚且表示責難：『你看！這是左派的錯誤！』在此情況下，若以中國人一句話來說有『硬着頭皮頂住』之必要。現在舉一例來說：當辛亥革命那年，即一九一一年三月二十九日，曾經留學日本之黃興——為孫中山國民黨另一派系指導者——在廣州起義失敗後，國民黨中部分人士表示灰心，黃興本人亦逃往新加坡表示失望與悲觀。但此後不久，在同年十月武昌革命起義並推翻滿清。……」

革命在何處最易成功？

毛澤東又繼續說到革命在何處最易成功的問題。毛說：「為何革命無法立刻成功？因為在資本主義發達之國家中必須經過相當時間始能獲得勝利。相反的，在資本主義發達較為遲緩之國家，革命必易於成功。其原因由於資本主義之空氣稀薄易於突破故也。例如俄國與中國空氣甚為稀薄，非洲似亦非常脆弱。美、英、法、義、德、日諸國，資本主義均甚發達，其中只有日本比較處弱。其原因係日本曾被戰敗，並為美國所佔領。從該兩項原因觀察，我以為在某種意義上對日本革命比較有利。

第一、戰爭失敗對日本有利，因殖民地已完全喪失。戰敗本身並非恥辱，而所感恥辱者應屬壟斷資本。壟斷資本之蒙恥卽為人民之勝利。此點對日本人民與革命政黨極為重要。戰敗究竟為恥為樂，此一問題，值得討論。部分人士認為戰爭失敗，有傷日本面子，因此甚有抱憾之意，認為日本人民犯有錯誤。因彼等未將壟斷資本與人民清楚地區別，致獲得上項不正確之結論。事實上，過去之戰爭應由壟斷資本政府及軍國主義者負責，日本人民不應負絲毫責任。如果人民必須負責，則大家不能不反對日本人民，此實毫不合理者。蓋過去之戰爭係壟斷資本政府違反人民意志，欺騙人民及強迫人民當砲灰之戰爭。

第二、戰爭結果，日本為美國所佔領。此點有研究分析之必要。當一國人民自覺，必定在受有他種壓力時發生。在日本，人民內受壟斷資本之壓迫，同時亦受同盟者美帝國主義之壓迫，因此，日本人民早已受到此種敎訓，使日本人民不得不在壟斷資本及帝國主義之奴隸，抑或反對壓迫爭取自由兩者間選擇其一。余不信偉大之日本民族會長期受到外國勢力之支配。中國人民亦曾遭受此種慘痛敎訓，非但在國內有敵人存在，在國外亦有敵人，其中包括日本軍閥在內。」

日本左傾分子竟有人請毛澤東將日本變為中國之一省

毛又說「不久前日本之日中輸出入組合之某友人曾曰：『過去日本侵畧中國，實甚遺憾。將來日本應成為中國之一省。』但余不以為然。並告以過去日本軍閥曾佔據中國一半以上土地，此為對中國人民之一種敎訓。若非如此，中國人民尚不致自覺，亦無法團結。且余等仍將居住山中，並何能在北京觀賞平劇，因有日本皇軍佔領中國大半土地，中國人民無其它出路可想，因此不得不自動武裝，建立甚多之抗日根據地。此種根據地卽以後成為解放戰爭勝利之基礎。」

毛又說：「經吾人調查研究結果，得知國民黨人有武器，吾人雖有雙手，却無武器。如果吾人能從國民黨手中奪取武器，豈非可先打倒帝國主義之走狗，然後打開新局面，吾人即照此進行者，日本情形稍有不同，但上述方式仍可利用」。

上述毛澤東的幾段談話，不但暴露了中共極欲使日本內部分裂，更暴露了他的煽動企圖，他已在煽動日本左傾分子要從日本軍隊奪取武器，以從事武裝叛亂，有如中共之故技。而中共利用抗日戰爭起家之秘密，毛澤東至此也已暴露無遺，故竟然以今日「能在北京觀賞平劇」自得。毛澤東雖故意表示不同意把日本變為中共之一省，但毛澤東在日本社會黨代表團前故意提到此一日奸的話，不僅意在窺探日本社會黨對此之反應，實則毛澤東亦確有將日本變為中共一省之野心。而最值得吾人注意的，則是毛澤東對資本主義自衛能力及世界革命之策畧與步驟與馬克斯敎義完全不同。蓋馬克斯認為資本主義愈發達，則無生產工具之工人愈多，而此類工人最具革命性，故馬克斯認為共產主義在資本主義愈發達之國家愈易成功。毛澤東則認為落後國家之抵抗力比較薄弱，故較易成功。且又認為日本係美、英、法、意、德諸資本主義國家中最脆弱之一國，故共產黨之赤化步驟，除指向亞非及拉丁美洲等落後地國家外，更指向日本。毛澤東的這一策畧，實值得自由世界的深切注意。

極權政治製造罪惡

李金華

根據外國記者的報導，蘇聯對犯罪者現正在積極推廣死刑和加重徒刑。即使不把這一轉變的現象視為開倒車，但確實是顯示出共產主義者的廢除死刑的理論高調是破產了！

我無意於在此「提倡」死刑，也更不是為殘酷的死刑辯護。如果人類真正地能夠得安居樂業的生活，犯罪的事情減少，即或法律上仍訂有判處死刑的刑律，相信也會形同虛設的。否則，死刑的繼續存在，也並不能成為維持社會秩序和善良風俗的保証。

再從另一角度來說，死刑雖是殘酷，確又較共產黨的勞改營更要人道一些。

蘇聯在大革命之後即倡說要廢除死刑，但四十三年後的情況是，赫魯曉夫發覺現在必須恢復死刑來維持政權的威信，而最配受死刑嚴厲處分的，則正是那些犯了嚴重貪污浪費，盜竊國家財產和在農業戰綫上大規模謊報生產數字的黨員幹部，而且大多數是位居要津的幹部。

中共統治了十二年的情況，也和蘇聯大同小異，中共歷年來不斷進行反貪污、反浪費以及不斷地進行整風，「大躍進」之後的重行核實生產數字等等，即是很好的明証。中共究竟處決了多少幹部呢？這是個謎，但至少証明了共產黨徒並非是什麼「特殊材料」和含有「高貴的品質」的高級動物。

共產黨人一直自翊為是具有「高貴的品質」的人。這種自大狂正和希特勒德國時代的納粹強調「日耳曼人是世界上最優秀的民族」是同樣的可笑。而且這種狂論又和共產黨人所學習的政治理論是自相矛盾的。由於這些具有「高貴的品質」的人也在做違反法律的勾當，其下賤的行為正在向「高貴的品質」作諷刺的挑戰，因此中共固一直未敢明言廢除死刑，而蘇聯現在也要加強執行了。

犯罪之在非共的社會裏，那是極少有的事，尤其是在正常的安定的自由、民主、法治的社會裏很少見有普遍的集體貪污、浪費案件發生。至於公務員不盡不實的謊報數字，那更是不可想像的。

但這些現象卻不斷地在極權國家內出現，而不祇是共產國家，不過情況之最嚴重者，當然仍是共產國家。

我們絕不能因為共產黨經常運用各種「政治運動」清洗他們的隊伍，整肅幹部，而認為共產黨懲治貪污、浪費及各種舞弊，比較民主國家的法治更為有效。重要的關鍵是，共產黨統治的國家和任何極權政治的國家，它的政治組織和社會經濟制度的本身，就是製造犯罪者的淵藪。

舉一些實際的例子來說吧，現在大陸上天災人禍並舉，搶刼偸盜之風大熾，在城市裏最誘惑人的是糧票、布票、糖票、油票等，偸竊到了這些維持生活的必需憑証，就可以比別人多買一點生活必需品，雖然為數有限。在農村裏則人們不惜生命搶盜糧庫。這是由於社會經濟制度不良所引起的。中共的幹部，由於是特殊的「新階級」，他們較之某些獨裁政治形態下所形成的既得利益集團更兇惡，更具獨佔與壟斷性。因此，他們不但貪污、腐化、浪費，更敢於集體作惡、謊報生產數值，既壓榨人民，又藉此以邀寵獵取高官厚爵。這是一般的中、下級幹部的卑劣行為的實況。至於中共上層的統治集團的核心，由於他們是權力的中心，他們並不自覺自己的行為是違反了國家和百姓的利益，當然也絕不會感到羞慚可恥。他們會把一切錯誤和過失的責任推到一般幹部的身上，而自行逍遙法外。

極權政治最大的也是最顯著的惡行，是在於每一個參與的份子祇注視較他更上一層的權力運用和經過行使權力所攫得的果實。對於如何向上爬，這不僅是共產黨徒不擇手段和時刻關心的，而且也是共產黨中央上層核心所鼓勵的。每一個統治者在競爭着向上爬的時候，他們絕不顧及人民的利益之被侵害，因此他們貪婪地毫不顧忌地貪污、浪費和謊報數字。共產黨徒的這種犯罪情況，確是其他極權政治幹部所望塵莫及的。但極權政治之形態容或不同，其為患人民，損害國家利益則是必然的，其間祇有五十步與百步之別。

在共產黨和任何極權政治的統治之下，我們固然也經常看到一些對貪污、浪費、腐化的批評與譴責。實無異是「狗咬狗」；也可以說，那不過是這一批人，指責另一批人，而不是直接地循由法律途徑來處理。赫魯曉夫曾經鞭屍斯大林，但赫魯曉夫本人在斯大林生前，就是斯魔忠實集團的有力份子之一。斯大林、赫魯曉夫、毛澤東等，都是喜歡看統計圖表和聽取數字增長的人，幹部們因此就揑造各種生產數值，並向人民來積極榨取。迨生產者的生產熱情因受過度的榨取而影响生活所需，一再降低，並形成全面減產失敗之後，祇要權力核心仍能掌握住權力，就運用各種政治清算運動來向無辜受難的人民作交代！就像舞台上一齣戲告終而另一齣跟着上演，人物雖有更換，本質卻無不同。

因此，對於任何非實行民主政治的國家，我們即使是看到某些人物的浮沉，更調，甚或是死亡，卻看不到它有真正改變面貌的可能。因為不是民主政治，當然也不是責任政治，任何一個統治者，不論其地位高下，他們皆無須對人民負責，也更無須對自己的政見負責。權力在引誘他，而他所見到的，也祇有權力，任何極權形態的政治制度，都不是鼓勵公務員守法和求進取的制度，最要緊的是如何能夠更快地鑽營到能夠更接近權力的核心。愈靠近了權力的核心，便愈安全，便能愈多的享受，而無須有較多的顧忌。同時也就腐化得更澈底。有一位脫黨的共產黨員說：「做官，最過癮的是做共產黨的官；不論職位大小，那遠非過去國民黨的各級官僚所可比擬的。」我相信這話不會假。也因此，我更覺得，如果中國不能完全擺脫極權政治的桎梏，民主政治遲遲不能實現，那末中國人也將難以脫離極權政治的苦難！

甘赫維也納會談之另一教訓

裕畧

在維也納會談中，赫魯曉夫雖不敢當面侮辱甘迺廸有如他去年之侮辱艾森豪，但這並不是說赫魯曉夫對甘迺廸有任何誠意，更不是說共產集團侵畧全世界的目標和策畧有何改變，相反，他是一點改變也沒有的。事實証明赫魯曉夫是在維也納會談中，對甘迺廸再度使用了欺騙和陰謀。

據甘赫會談公報及新聞消息表示：此次維也納之會，雖無任何其它結論，但有一個問題，即寮國問題，卻是雙方都願意立即獲得協議的。但鐵的事實立刻証明了赫魯曉夫對此要手法逞陰謀。因為正當甘赫會談結束，日內瓦會議可能呈現轉機之際，赫魯曉夫卻已密令寮共及親共的李江部隊把寮國合法政府控制的戰畧重鎮—帕東攻了下來。這對於甘迺廸總統和美國難道還不是一項嚴重教訓嗎？

對此，中共新華社的河內七日電訊曾說得很清楚。它說：「據寮國戰鬥部隊電台今天晚上廣播，老撾愛國軍隊最近在川壙省西南地區殲滅土匪和『別動隊』，取得了勝利。」又說「寮國戰鬥部隊電台六日發表評論，揭露美帝國主義及其走狗向川壙西南面的帕東地區空投美國軍官和土匪的事實。」中共在香港控制的大公報報導此一消息時，則更以「老撾在解放區清剿獲勝」「帕東區慣匪已潰散」作標題。

看共方之此一報導，我們可以很顯然的看出它是乘甘赫維也納會談之際，不遵守停火諾言，出其不意，對帕東加以猛烈進攻，以爭取寮國戰場上的有利態勢，從而再在日內瓦會議上爭取全面勝利，以期儘早赤化寮國的。但共方又懼怕外間指摘它在停火期間攻佔帕東的這一事實，遂在宣傳上把帕東地區的寮國政府軍說成是寮國政府軍及美國在停火期間空投下去的，把故意啟釁責任推在對方，實則帕東區一向由反共的苗族所握守，而由寮國政府軍所協防，共方早欲消滅此一反共力量，但又久攻不下，遂利用這一停火期間，用猛烈的炮轟將帕東佔領。其心既狠，其計尤毒。在此情勢下，美國及所有反共國家都應立即退出日內瓦會議才是，但美國及反共國家卻仍繼續參加日內瓦會議。看來，自由世界在日內瓦會議將再打一次敗仗了。難怪寮國合法政府的文翁親王對寮國前途極表悲觀哩！

自由世界的許多大國，如果照此繼續糊塗、懦弱、淺短、愚蠢下去，寮國赤化之後，東南亞和整個亞洲的前途，恐亦難樂觀。

陽明山會談近訊

志清

（台北通訊）醞釀多時的所謂陽明山談話會，將於七月初開始舉行。行政院陳兼院長原決定於本月八日的政務會議以後發表一篇書面談話，對談話會的主旨和辦法有所說明；同時，公佈被邀請參加第一次談話的名單。但臨時又因故中止。據悉，所以延期發表的原因，在於這篇書面談話的某些詞句，「總統」認爲尙須考慮，蔣經國對於名單亦有所主張，在此情形之下，行政院祇好等待了。

談話會變爲「會談」的內因

本月九日行政院舉行政務會議後，終於由袁守謙在記者招待會中正式宣佈第一次陽明山會談定於七月一日舉行，陳誠的書面談話，也由袁守謙向記者們宣讀，於是有關此一會議的許多傳說才告澄清。

依據陳誠和袁守謙的談話，原來摩擬當年廬山談話會而定的「陽明山談話會」的名稱已改爲「陽明山會談」。據悉，當權者誠恐名之曰會，將有人會把它視爲一種固定性的機構而要求舉行定期的會議，增加將來的麻煩。復次，他們誠恐談話會雖然祇是交換意見的性質，對於政府並無拘束力；但既名之曰會，自無法阻止其不作決議。若有決議而又不予以尊重，在宣傳上更爲不妙。因此，幾經專案小組詳細研究，才由獨具匠心的陶某想出「會談」一詞來代替原來所定的談話會名稱。關於會談的方式，也將避免一般的會議形式，而祇是在陳誠主持之下，與會者各持己見，然後由他作結論。顯見當權者祇準備和被邀請者會會面、聊聊天而已。不但沒有接納衆意的雅量，也沒有和與會者認眞討論問題的誠意。至於陳誠在書面談話中所宣佈的會議主旨。不過是官樣文章而已。例如所謂交換對政府應興應革的意見，不但非法總統和一切違憲措施不會取銷；就是蔣經國的特務統治也不會放鬆。在如此形勢之下，應革應興自無從說起。

袁守謙在九日的記者招待會中仍說：「陽明山會談，分次討論，都是以研討如何加強反攻復國的力量爲主旨，純粹是政治性的會談。」但爲什麼卻要費時費事分批分期舉行呢？據內幕人士透露，此中頗此妙用。當權者深知一開始便召集一個包括各方面的綜合性會談，對於那些否認非法總統和反對獨裁統治的民主反共人士，如不予以邀請則自覺有失團結的意義；請而不來更恐自討沒趣而使整個會談爲之失色。因此，他們才想出分批分期舉行會談的妙法。他們選定工商界人士作第一次會談，並不是因爲經濟問題是反攻復國的首要之圖；而乃是因爲工商界易於控制。如所週知，在我們這個官權高於一切的國度，工商界爲了業務第一，往往對當權者百般忍讓，冀求能免除業務上的種種麻煩，或獲得某些便利。例入台灣工業界鉅子吳三連原是發起新黨的要角之一；但卒因業務上受威脅而迫得中途宣告退出。因此，在當權者看來，工商界人士不但有請必到；而且在會談時要他們對一人一姓的獨裁統治作一番歌頌和效忠的表演，也是輕而易舉的。有了第一次會談作示範，以後的會談也就易於運用自如了。這是他們所以選定工商界作第一次會談的眞正用意。

文教界稍費週折

第二次的會談則屬於文教界，聞當權者預定在留美學人中邀請五十人參加。因爲所謂陽明山會談，原就有做給美國人看的用意，假如能將旅美學人多多請來參加，在對外宣傳上自可發揮作用。但據熟悉內情者透露，旅美學人因久居民主國度，對於台灣的獨裁作風，早已不滿；尤其是雷案發生以後，他們對於蔣經國的特務統治更爲深惡痛絕，。因此，雖經當權者派人多方活動，而應允回台參加會談者，至今仍祇有原與官方有關的極少數人物，合計尙不足十人。當權者也許將在港澳方面設法補足，大約不會有多大困難的。至於在台的文敎界，如所週知，自由中國半月刋和公論報易主後，台灣的文化界已經接近了淸一色的境界，而敎育界人士則大都在當權者的虎口下討生活，誰敢和自己的飯碗開玩笑因此種種，將來文敎界的會談，也不會太令當權者失望的。

各黨派的會談尚未定期

第三次的會談，則是各黨派和社會賢達，不但名單未定，即日期亦未確定，顯然是頗費安排的。本來，今日的台灣，早已是一人一姓的天下，不但新黨被迫胎死腹中，即久爲當權者所承認的民青兩黨，也弄得面目全非。就是國民黨亦已名存實亡。換言之，今日的台灣祇有蔣家父子黨的存在和活動，此外則一無所有，或僅虛有其名而已。可是，畢竟時代不同了。當年第一二屆統選舉時，雖然在事實上絕不容許他人稍存染指之念；但在形式上仍得雇人出來陪選一番，藉以表示我們確夠民主。第三次非法連任時，沒有人肯來陪選，至今仍認爲美中不足。同樣的理由，陽明山會談也就少不了各黨各派這一環。據當權者的估計，在工商文敎兩界的會談完滿達成以後，各黨各派的比重也將顯得輕了許多，不患其不來。何況台北方面早已卵翼了一批人在那裏，可供必要時的調遣。將來有人不來，也不關重要。例如民青兩黨在海外的領袖很可能不來；但近若干年來兩黨在台均已另有好幾位唯當權之命是從的新領袖存在，大可用來代替。因此，第三次的陽明山會談雖可能遭遇若干困難，但當權者仍認爲在如此這般的安排之下，依然是可以舉行的。不過爲了審愼起見，不便將邀請名單和會談日期作過早的宣佈而已。

總之，當權者之所以終於舉行所謂陽明山會談，並不是已有反攻的決心或改革的誠意；而乃是利用此會談爲一人一姓等的家天下作點綴品，藉此顯示其獨裁和傳子乃是衆望所歸的德政，如此而已。

將來參加會談的人士如要對歷史作一個好的交代，還須格外警惕呵。

分批舉行會談的妙用

根據袁守謙的談話，所謂陽明山會談將分爲四次舉行。第一次被邀請的是工商界，計現在台灣者佔六十一人，名單已經發表，旅居海外者約在四十人以上，名單尙未發表。會期預定五天到六天。第二次被邀請的將是文敎界，人數約爲百人，會期亦爲一星期，預定在八月一日開始舉行。第三次被邀請的則爲各黨各派和社會賢達，人數和會期都未定。第四次則是綜合性的會議，由參加第一二三次的人士合併舉行，會期亦未定。本來，所謂陽明山會談，原是由當年國民黨所倡議的反共救國會議演化而來。其基本的意義即在於實現海內外的大團結。換言之，是政治性的而非職業性的

百元大鈔出籠

靜夫

（台北通訊）在財政當局一再鄭重否認之後，台灣銀行的百元大鈔終於面世，許多專家學者都發表應景的談話，或說發大鈔可以便利工商界的需要，或說，現在世界各國多有百元大鈔，而我們過去都沒有，實在不可思議。或說，發行大鈔與通貨膨脹無關，不會影響物價。總之，就官方報紙所載的消息而論，各方面對發行百元大鈔的反應都是很好的。然而一般老百姓回想到過去在大陸的情形，每一次大鈔的發行，物價即隨大鈔的票面價值而上升，有時還有過之。以致大鈔愈發愈多，愈發愈大，而整個的財政經濟狀況也隨之愈來愈壞，卒至不可收拾。年來台灣的物價已經不斷的往往升漲，而今又發行百元大鈔，怎能不使大家恐懼萬分？台大法學院院長施建生說，發行百元大鈔，當然會使一般老百姓的心理受到刺激；也可能因此影響到經濟活動。但是如果財政收支能平衡，預算能掌握得住，則發行大鈔也不一定會引起通貨膨脹。」我們的問題就出在這個「但是」上面。因爲不但收支未能平衡；而國家的預算，在當權者隨意動支不受限制的局面之下，早就名存實亡；其發行大鈔的原因和目的，就是在於膨脹通貨以應急需。因此，儘管官方的說話是怎樣的頭頭是道，一般老百姓則無不談鈔色變。

留港青年偷渡入台被押送出境

留港青年同胞吳肇容，廣東人，現年二十八歲，曾投考大陸救濟總會在香港所考取的工業訓練班，被錄在備取，不能入台。因爲渴望投入祖國懷疑，乃於今年二月下旬偷上四川輪來台，結果被發理，由基隆某有關機關問明前情，拘禁一宵，第二天押上原船，遣回香港。本月七日，吳君又偷上漢陽輪第二次來到台灣，但船抵達基隆後又由所謂基港安全協調中心拘禁一夜，於八日下午押上原船遣回香港。這一件事，說明了今日的台灣並不是中國人的台灣。否則吳肇容既是中國人，爲什麼到了台灣以後要被拘禁和遣回香港？難道在當權者看來，香港才是吳君的祖國嗎？假如說因爲吳君沒有取得所謂入境證，那麼，蔣家父子的入境証又是誰給的？幸而香港政府雖然是英國的一個殖民地政府；但卻沒有以台灣對付吳君的方法來對付吳君。否則吳君豈不將永遠在這隻輪上被送來送去，沒有上岸的一日嗎？由此，可見所謂中華民國政府，其對中國同胞的態度還遠不如一個外國的殖民政府呵。嗚呼，當權者！你們如此對付渴望回到祖國的同胞，你們覺得寫意嗎？你們今後還有臉再自稱是中國人嗎？

宋美齡也有紀念郵票！

郵政局最近發行了一種郵票，上面印的是宋美齡的半身肖像，據說是爲了紀念中華婦女反共抗俄而印行的。查世界各國的郵票，如印有人像，必然是現任的國家元首或已故的偉大人物，從無印行總統夫人郵票之例；而我們則獨創一格，首先發行總統夫人郵票，即此一端，已充分顯示在蔣「總統」的賢明領導之下，我們是如何的進步了。生爲今日的中國人，眞應該覺得驕傲呵。預料不久的將來，爲了紀念青年反共救國，我們還將有陸軍上將蔣經國的戎裝郵票。有一位當年曾表示在研讀總理遺敎總裁訓詞以後，現在又來研讀蔣主任（經國）言論集，將來也許還要研讀孝先言論集的立法委員還說：「爲了表示對偉大領袖的忠貞，最好再印行一種四代同堂的郵票。因爲我們的國家，反正是屬於他一家人的，與其分開來零零碎碎的印行各個人的紀念郵票，將來不免有散失之虞；自不如整整齊齊的來一個合家歡的紀念郵票，還要顯得大方別緻，並可使世界集郵者視爲無上珍品，而提高我們的國際地位。」看情形，假如上帝保佑，終有一天會如此的。

議員與酒女

據報載，台中某酒家的女老板，於月前率領一批濃裝艷抹、花枝招展的酒女組成議會訪問團，到省議會作友好訪問，藉以報聘議員先生經常光顧的雅意。當時議會正在進行熱烈的施政質詢；但議員們聽說羣芳駕到，即立刻終止會議，出去排隊歡迎。並在省議會餐廳置酒隆重招待。一時鶯聲燕語，杯觥交錯，使神聖莊嚴的議會爲之生色不少。直到賓主盡歡之後，才依依惜別。這可說是台灣提倡克難的典型生活方式之一。猶憶當年連震東任民政廳長時，曾有於深夜接見鳳凰酒家某名女招待並開懷暢飲的雅事，雖經某議員在省議會道破，但他卻因此而官運亨通，今日已坐上了內政部長的寶座。如今議員們在議會內公開接待酒女，自然比當年連震東的偷偷摸摸顯得大方多矣。將來必然步步高陞，更可斷言。海外讀者也許會躭心此風一開，則凡與民意機關有交情的酒女都競相效尤而組織訪問團到各級議會作同樣的友好訪問，是時將成了怎樣的一種局面？蔣經國所倡行的克難運動和陳誠所頒佈的公務員不得逛酒家禁令，豈不變成廢紙？實則運動自運動，禁令自禁令，而捧酒女者仍自捧其酒女，連震東和在省議會招待酒女的議員，都是小圈子內的人物，他們如果沒有所本又焉能如此大胆妄爲？

大陸之窗

中共人民公社肥料與農具均缺乏

陳一鳴

大陸農業經濟失敗的原因不止一端，而肥料缺乏與農業生產工具不足，要亦為大陸農業生產失敗的原因。

大陸農村之所以缺乏肥料，一方面固然是由於中共一向偏重軍火工業和重工業，以致肥料工廠建立得太少太小，肥料生產量不足供應所需，另一方面，則由於農民對生產不熱心，因而對肥料之收集不努力。目前中共雖然已經對此設法挽救，但成效則仍然極微。這主要原因，又是因為中共雖鑒於目前農村之急切需要，設法擴建肥料廠，但中共資金及設備均有限，既不願取消重工業及軍火工業方面之設施，則兼顧到肥料工廠建立之能力自少；至於鼓勵農民收集肥料，雖亦可以略為收效，但在中共極權統制下，農民的生產熱情，總是不能發揮到自動的最高度的。惟其如此，所以成效亦有限。而大陸農村又急需肥料，於是廣東福建這兩個僑眷最多的省份的共幹，乃想出辦法，規定海外的僑胞如欲寄遞糧食給廣東福建這兩省的僑眷，乃可在港購買肥料運往指定地點，以作交換，即可在僑鄉把糧食交給僑眷，然這也收效甚微，因大陸共幹所能撥交僑眷之糧食，皆品質低劣之糧食，況由港寄運肥料，亦較麻煩，加以大陸缺乏肥料的問題，乃是普遍的，而不止於廣東福建兩省，故這一辦法亦無法解救中共農村之肥料荒。

至於大陸農村工具缺乏之問題，目前中共雖亦力圖補救，但亦未能奏效。何以中共統治大陸以前，農村中之農業工具並不怎樣缺乏？現在則又十分缺乏呢？說來這也與中共的制度有關。一方面是中共十二年來，大陸人民消極反抗中共，無形中毀了許多工具；二方面是從前農村中可以彼此互通有無，但中共今日之制度，尤其實行人民公社以後，所有農民皆在中共號令下同時一齊耕作，所以一切農具也就需要同時使用，這樣一來，農具自將驟感不足；三方面是鄉村勞動力因中共各級人員及城市居民之被大量下放而驟然增多，而所有被迫下放到鄉村的人亦皆在鄉村共幹的命令下一齊同時參加勞作，人多之後，當然更顯得農業生產工具缺乏了。

直到最近，中共才發覺此一問題之嚴重性，於是，也才忍痛把一部鋼鐵撥出來製農具，而在此以前，中共是一直把鋼鐵的用途，指向重工業和軍火工業或交通事業的。試看六月五日北平人民日報，它即是以「國家先後調撥鋼材二十萬噸，各地大量增產小農具」為第一版之頭條新聞，可見，中共調撥鋼材以生產農具之事不常有。據中共新華社六月四日電：「各地農業機械部門正在為夏收夏種製造大批小農具。國家繼第一季度調撥十萬噸鋼材之後，第二季度又調撥十萬噸鋼材用來專門製造小農具。這些鋼材中有作為刀口用的刃鋼，有用來作開刃工具的開刃鋼，以及薄板……等許多品種。……今年至五月中旬，各地已經製造了鐮刀、鋤頭等鐵製小農具五千多萬件，以及上千萬件的扁担、晒席、木板、掃帚、簸箕、石磙等。」但這是否能夠解決農具荒嗎？則仍然是不能的，因為大陸鄉村缺乏的農具種類很多，數量亦不止此，所以，中共人民公社缺乏農具問題，正如中共人民公社缺乏肥料問題一樣，它一直至今未能真正解決。

誰也知道，要從事農業勞動，除需要人（中共稱人為勞動力）外，還需勞動工具。農具缺乏的問題既然不能解決，那末，下放到人民公社的勞動力再多，又假定所有這些下放到人民公社的人都有勞動力，但又何補於農業生產之失敗呢！

人間地獄，畫裏天堂

人民飢餓是事實
潮汕豐收在畫中

陸聞

中共强迫潮汕數十位女工繡成一幅潮汕豐收的圖畫，在香港國貨公司陳列，任人參觀。此畫並買有數萬元港幣之保險。當此大陸人民飢寒交迫之際，中共却在港以豐收圖畫作宣傳，還眞是一種諷刺。

（本報訊）記者昨日午後逛街，走到中共在香港所經營的中國國貨公司大門口，看見十幾個市民正在大門口玻璃窗前圍看一幅抽紗巨畫。記者走近去尚未看清楚那是什麼一幅畫時，已經聽見圍觀的人中有人在罵「丟那媽！大陸人民餓成這樣子，還在宣傳大豐收！」記者走上前去仔細一看，卻原來是一幅繡得相當精緻的巨幅掛畫，這幅畫名叫「大豐收」，乃是宣傳和象徵廣東潮汕地區農業大豐收的。記者當時心裏也不明這幅畫的底細，只覺得當此大陸人民向海外親友函索糧食包以維生活，大陸人民一斑均以吃野生植物維生之日，中共却在大作其豐收方面的虛偽宣傳，中共以為這就可以欺騙海外僑胞，殊不知海外僑胞心裏有數，難怪圍看的人都有反感。今日打開中共在香港控制的大公報一看，竟然在第五版發現一條新聞，正是宣傳昨天那幅畫的。據大公報說：「一幅珍貴的潮汕彩色抽紗掛畫：『大豐收』，由五十位巧手姑娘用一針一線在白蔴布刺繡出五穀豐登、六畜興旺、處處豐收的繁榮景象。這是罕見的珍品，中國國貨公司特別為它購買了數萬元保險，並於昨日開始，陳列於大門口的玻璃櫥窗內。

高九呎、寬七呎半的這幅巨大掛畫，是於一九五九年開始製作的，集中了汕頭五十多位手工最精巧的姑娘，按照美術家、設計人員所繪的畫稿，一針一線地以三千多個工作日刺繡而成。畫中心是以工農業大豐收為主題：奔流的鋼水鑄成的工字鐵、鋼管、車床、拖拉機頭、貨車、金黃色的麥穗、豐富碩大的玉米、雪白的棉花；四周景象也是豐收處處，幹勁冲天。

這幅傑作原是用白蔴布為底的，經過一番刺繡之後，除四邊以外，已不復見那白蔴布了，只顯示了由二百多種刺繡方法繡成的各種豐富多采的圖案。花式之多，針線之巧，可以稱得上是集潮汕抽紗工種之大成，也是這幅巨繡珍貴的地方。例如單以抽紗的邊飾來說，就有：索邊、絞邊、杜龜邊、摺邊、竹節邊、龍眼花邊、拚花邊、補布邊、犬齒邊、美人邊、鑲邊、哥羅紗、邊鑲邊、打丁邊鑲邊、菲立邊鑲邊、打丁邊、菲立邊等；又如綉法有：塾綉、平綉、刁綉、蕾花綉、十字花綉、單挑綉、托地綉、挽窗補布、色彩綉、撈綉、京繡、厘並繡、絞繡、扎繡、硬挽繡、對絲、拚花、帆目、老花、扎目、述心、新老花窗等等。這不過是二百種中的一部份而已。因此，就連那有幾十年經驗的抽紗業老行尊也不能說出全部工種的名稱；有一些是見也未見過的。這幅空前巨繡昨日在中國國貨公司陳列之後，吸引了不少途人駐足欣賞，閣下有空，也可以去參觀參觀，一開眼界。」

是的，這幅畫記者昨天就領教過了開過眼界。參觀的人的內心反應，記者昨天也已親耳聞聽了。說起來，中共的這種舉動，眞是無聊之極。它以為天下人都可以欺騙，其實說也不會被欺騙。古人說：「畫餅充飢」，奸曹操又曾玩弄「望梅止喝」的鬼計，想不到今日之中共竟亦步後塵，想以「大豐收」來欺騙海外僑胞，其奈海外僑胞眼睛雪亮何！

大陸簡訊

鍾之奇

廣西庫存糧食霉變

大陸農業生產失敗固然是事實，但大陸人民吃不飽的重大原因，却還不在農業生產減少，而在中共壓榨農民勞動果實太多。所以，今日大陸之怪現象，除人民飢餓，普遍的均靠野生植物維生外，另一方面，則中共倉庫裏存儲待運往國外抵償軍火或換取外滙的糧食又太多。正因為倉庫內存儲的糧食太多，加以共幹照顧不周，所以，大陸各地損毀的糧食極多，據六月六日人民日報載：「廣西梧州專區今春雨水較多，氣候潮濕，對儲糧的安全威脅很大。根據這一情況，全區在糧食普查工作中，着重查水分、查蟲害、查霉壞變質、查制度、查倉房牢固等環節」，之後，果然發現「岑溪縣糯垌糧所在六雲倉庫檢查時，發現糧食含水分超過了安全標準」，雖經「立即組織力量翻晒、加工、調運」，但亦只挽救了七萬多斤糧食免遭損害，其餘大部則皆已不能挽救了。

福建又有嚴重水災

據中共新華社福州六月三日電：「由於冷空氣南下的影响，福建省從五月卅一日起，從北向南相繼降大雨和暴雨，到六月三日六時止，降雨量在二百毫米以上的地區有順昌、建甌、寧德、連城、福清和福州等十四個縣市。其中福清縣雨量最大，達二百八十七毫米，在一百至二百毫米的有三十個縣市。在一百毫米以下有十九個縣市。以閩侯、南平、福安和龍岩四個專區降雨量最大」。「由於連降暴雨，全省主要江河閩江和汀江、九龍江（北溪）、晉江（西溪）等江河都猛烈上漲，並超過警戒水位，特別是閩江出現了特大洪水。閩江江南橋站（即福州市）三日晨三時的最高水位超過警戒線二點五四米，比歷史上最高洪水位還高零點三二米。目前各江河水位已逐漸下退了，閩江下游由於大潮頂托，水位仍將有回升，由於洪水猛漲，部分地區發生了洪水災害」云。

福州市被水淹

另據中共人民日報六月三日電：「閩江出現特大洪水，福州市人民全力抗洪搶險。……由於雨量過於集中，全市大部低窪地帶受淹，倉山、洪山等地的防洪堤壩數處決口，有些農田被淹。……漫長的閩江兩岸防洪堤上，十萬多名解放軍官兵、工人、農民、大專學校師生和居民分段包幹，晝夜與洪水搏鬥。……全市靠近防洪堤內外的工廠企業，都努力保護廠房設備和搶救機器、物資。」

以上是中共自己的水災報導，自必屬實。但我們平時常常看見中共大吹其水利建設，又大吹其「人定勝天」，每有收獲，輒曰「這是由於毛主席和共產黨的英明領導」，每有災害，則不是說這是由於自然災害，就是說這是反共分子破壞。中共統治大陸十二年來，年年災害頻仍，而且一年大過一年，閩江這一次的洪水且超過歷史上任何時期，這就可見自然災害固然是一種原因，但共產黨胡作亂為則又眞正才是加重自然災害，甚至形成自然災害的重要原因。

廣西又有旱災

據人民日報南寧四日電：「五月份以來，廣西雨水少，西部和東南部受旱比較嚴重。……羅城縣插秧不久，就受乾旱威脅，全縣出動三萬四千多人，攔河築壩，車水戽水」云。

又據人民日報六月五日消息：安徽省及南京市亦均正遭受旱災。

廣東又有水災

據中共新華社六月六日電：「廣東韶關、佛山、汕頭專區的局部地區六月一日到四日間下了大雨和暴雨，始興、清遠、英德、惠陽、博羅、陸豐、惠來等縣雨量分別有一百毫米到二百毫米，其中始興、陸豐兩縣雨量達二百毫米以上，由於降雨，北江、東江、韓江等江河的水位都有上漲，北江清遠站、韓江大埔站的水位一度超過警戒線一米多。……這次因山洪暴發，和江河漲水，始興、惠來、陸豐等縣的部分地區發生了洪水災害，一些稻田被淹。」

武士道與暴民團

觀海

櫻花季節已經過去，盛夏卻還沒有來臨。以旅遊勝地著名的日本，四時景色，春之花，夏之海，秋看紅葉，冬賞白雪；而在目前，可以說正是「青黃不接」的時候。

就在這個時候，日本政治中樞的東京，卻發生了反「政治防暴」的大風暴，正如中共作家訪日團的劉白羽在「櫻花漫記」中所說：日本「正在兩種力量衝擊」中。

左右兩極端

「政治暴亂防止法」案，是本屆國會才提出的——由執政的自民黨和西尾末廣的社會民主黨聯合提出，但要追溯這一法案提出的原因，卻是源流久遠。在這法案提出之前，左翼方面，一共舉行了二十三次的大暴動，若干次的包圍國會，在會內騷擾、會外示威。會內的騷擾工作，由社會黨（左翼）議員負責，如霸佔議長席位、把議長包圍在辦公室不讓他到議場召集會議；會外則由工人及學生為中堅的羣衆，企圖衝入國會搗亂會場，而與警察發生鬥毆衝突。此外如包圍前首相岸信介的官邸，在羽田機場包圍美國前任總統秘書哈格提，以致哈格提祇能坐直昇機脫逃，終於阻礙了美國前總統艾森豪的訪日，這些都是左派的傑作。

為了政治而使用暴力，造成暴亂，左翼已經有了許多令人側目的「成績」。右翼方面似乎也不甘寂寞，也同樣幹出若干「暴亂事件」，但他們更多數的是個人英雄主義行為，如「一人一殺」的提倡——即由這些極右自認愛國份子，「一人殺一人」的去暗殺那些左派活動份子。社會黨委員長（總裁）淺沼稻次郎在日比谷公會堂演講席上被十八歲的山口二矢用短劍刺斃，山口被拘後也在看守所中自殺身死，便是這種「一人一殺」的最高表現。充份採取了「櫻花式」（壯烈式）的日本舊武士道「型式」正如日本著名的古和歌所詠：「在花曰櫻花，於人為武士」，所取其：「雖燦爛兮易落」之意，可能正是青年的山口二矢所嚮慕的，不望大器晚成，但求「轟轟烈烈」。而現在，右翼團體還在為山口二矢建碑呢！

暴亂的癥結

這樣的左、右兩極端的對立和鬥爭——而且是使用暴力去鬥爭，就造成了「政治暴亂」。如果任由發展下去，那麼，左翼的那些政黨及團體領袖，不難在右翼武士的「一人一殺」之下，同歸於盡。而左翼那些「英勇的人民」，在一個像東京那樣有上一千萬人的都市，只要動員百份之一，為數就達十萬，不要說光是搗毀議場，阻止開會，就算要把全部議員，當場活活打死，甚至把著名的國會議事堂拆平，也是綽有餘裕的。

「政治暴亂防止法」，就是針對左右兩翼的非法橫行而草擬的，其中就包括禁止集眾到國會前示威暴動。如果像過去那樣，倘若國會有一件議案為左翼所不喜的，動不動就圍攻國會，議事的程序又何從進行？日本自維新立憲以來，經過坂垣、原敬、犬養、濱口等許多政黨領袖在「一人一殺」下的犧牲，方才建立了代議制度。過去日本軍閥就是因為反對代議制度，自「二二六」事變刺殺犬養毅，開始踏上了侵略之路。現在的日本左翼，極力打擊及摧毀代議制度，也無非是像當年日本軍閥一樣，別有企圖和別有用心。

最主要的癥結所在，就是執政黨「親美」，而左翼則傾向「莫斯科——北京」軸心。所以左翼反對艾克訪日，這次，也為了池田首相將行訪美，左翼要利用反「防暴」案，對池田作打擊。中共的不斷派遣「作家團」、「婦女團」訪日，就是鼓動日本左翼團體，打擊日本當局——政府和國會。日本對於承認中共一事，迄今仍採頑強立場，這當然是中共所痛恨的。中共的不惜以鉅額人民幣支持這些日本左翼團體作「政治暴力」活動，不外乎是為了中共的政治利益而作這些「政治收買」。中共所資助這些團體的款項，日本當局都有數字可稽。

暴力的勝利

左翼的「反防暴」，目前的階段算是「勝利」了，因為執政黨原擬在本屆國會閉幕前通過的該案，終於暫行擱置，迫於左翼以暴力反「反暴力」而擱置。這也就是說：暴力集團反對「反暴力法案」，再次使用暴力，迫使反暴力案不能及時產生。

在這次鬥爭的過程中，因為左翼非法（未報告警察當局核准）舉行示威，當局把左翼工會「總評」負責人拘控，反而加強了左翼的全國示威活動，京都方面羣眾與警察雙方傷者達數百人。所以「防暴法」雖已在眾院通過，但尚未經參院的複決，參院正副議長松野鶴平、平井太郎主張俟局勢和緩再議，最後兩人堅持，如不延緩討論，即行辭職，故該案終於擱置。

日本左右兩極端的鬥爭，不但「劇烈」而已，而是到了不擇手段的時候，這現象，象徵亞洲時局的更加緊張，因為以亞洲而論，寮國之類不外屬於肢體的一部份，日本才是神經中樞。日本共產集團加強在日本破壞，可能預示他們將在亞洲有所作為。

·東京通訊·

堅、赫會談後的寮局

凌鹿鳴

寮局，在一片複雜混亂中。

「納門」談判後，固然一事無成；日內瓦的十四國商談了十多日，也是一事無成。——不特一事無成，而且寮共還於六月八日破壞「停火」，攻下了川壙的叢林村。

至於此次的甘廼廸和赫魯曉夫會談，雖然也談到了寮國問題，但也祇是得到一個空洞的結論：「美蘇已交換了新保証，雙方都希望成立一個中立、統一、及和平的寮國」。然而怎樣的「新保証」？與乎如何使寮國實現真正的「中立、統一、和平」？還是一個謎。更而在甘、赫會談過後，寮共就悍然把甘、赫的「寮國停火實屬重要」的聯合公報撤底破壞。由此可知，寮國問題，不論其在他們本國也好，在國際上也好，在美蘇兩巨頭間也好，都祇是「討論來、討論去」吧了，距離「解決」兩字，迄目前為止。似乎還有十萬八千里！

「談」儘管「談」，而寮國國內的「火」仍然繼續燃燒的；一言以蔽之，雙方的「射擊」，不會停止。

在這樣情形下，因而有人認為寮戰的擴大性，有逐漸擴大可能。據最近來自各報的報導：寮戰擴大無可避免，第一因他們的敵對雙方在前線并未真正的停止射擊，第二是雙方「背後國家」都已作進一步的加緊備戰；而兩者之中，尤以後者對寮局所給予的影響為最大。

台灣的消息稱：中共已在南寧屯駐了十五萬大軍，準備支援寮共。當然，這十五萬大軍是隨時可以開入寮境的。消息又說：寮國政府軍，曾有一個軍事代表團到達昆明，和中共的軍事代表團舉行了軍事會議。

中共方面哩，它則指出：美國已和台灣、南韓、日本進行磋商，并分別授意台灣派出國軍三師，南韓派出韓軍二師，日本組織一大隊「志願軍」，準備開往寮國參戰。

從上述兩項消息看來，寮戰擴大的陰影，豈非越來越大？

不過，以寮國國內的本身條件來說，則所謂「戰爭的擴大」，似乎仍是東西兩大集團在冷戰中的一種「虛張聲勢」的把戲而已。最大的原因，是寮國的地理和人口，都限制了雙方的用武；這就是說：并不適宜於作為大戰的戰場。

甘、赫會議後，寮局既解決不來；而且美國在寮共破壞「停火」之後還聲明將暫退出「寮國會議」。而戰爭哩，也不會擴大。那末，寮國將演變成怎樣的局面？

滑稽點來答覆一句這問題：那就是「寮局依然是寮局」，它將繼續在複雜混亂中。最顯著的事實反映出來的，祇有一個「拖」字。「拖」至無可再「拖」的時候，是否出現「分割」的態勢？這就要「且待下回分解」了。

主要的營養飲品——維他水

蕭亮

筆者最近為着救濟家人，帶了一些糧食回鄉探親，邀天之幸，在佛山市嘗到了一種被視為「珍貴」的營養飲品。據說：這種飲品不但營養價值很高，而且能治百病；它的名稱也很別緻，被叫做「維他水」。

然而讀者諸君請勿誤會，它并不是在港澳市面出售的「維他奶」；但共幹們則說這種「維他水」比港澳的「維他奶」營養成份還要豐富。是否真確？天曉得！

那末，「維他水」究竟是甚麼東西？說將出來，真使人笑刺肚；原來所謂「維他水」也者，就是洗米後的米糠水，經煮沸後，便被指為富有營養質素的「珍貴」飲品，共幹們則稱它為「維他水」，

筆者在佛山所喝到的「維他水」，也是拜領了一位共幹盛意拳拳所「恩賜」的。至那共幹小心翼翼的捧着一碗熱騰騰的「維他水」來贈給筆者的時候，他還煞有介事的說：「這是很難喝得到的主要營養飲品」。

當然，我們是不能絕對否定米糠水的營養成份；同時也不致絕對否定它可以治療某一種在輕微階段中的病症；不過，將它視作「主要的營養飲品」，認為它「能治百病」，那就未免「寒態畢露」，從而更使人領悟到今日大陸是七窮八絕到如何程度了！

僑鄉近訊

新會農民被迫害憤向共幹報復

江水

新會縣睦洲公社，於五月十八至二十八之十天內，曾發生過兩次暴動，鄉民十二人被拘，詎至六月二日，該公社有兩名共幹被人暗殺，陳尸田野。社「主委」懷疑這可能是鄉民的報復行為，迅即下令徹查，但迄未獲結果。事緣該公社有農業生產隊隊員多人，於五月十八日派往田間挖掘蕃薯時，因過於饑餓，乃將掘得的蕃薯先行飽吃一頓後，才交回公社去，共幹發覺，立將他們的糧額扣減，以示懲戒，隊員憤怒，撲前向共幹毆打，當堂演出了一齣全武行；旋民兵聆耗馳至，制止，并將為首滋事的隊員五人拘去。那時，鄉民已是羣情激憤，心胸醞蓄着一股抗暴怒潮。迨過了十天（五月二十八），又有一批農民因不滿被尅扣米額，實行怠工抗議，繼而與共幹發生第二次衝突，再被抓去七人，因而鄉民含恨愈深，祇以共方的槍尖壓制下，一時動彈不得，故迫得暫為隱忍。再過了五天（六月二日），「主委」突發覺了公社中有兩名共幹失踪，急派員四出偵查，後卒在田野間尋獲該二人的尸體，身上充滿刀痕和血漬，死狀異常可怕，顯係遭人謀殺！

潮州壓榨婦女勞力又要新花樣

潮州各公社，刻又實施了一項奴役婦女的新花樣，那就是當地「黨委」訂定的所謂「男女同工同酬新辦法」。說新辦法包括了下列五點：（一）凡可以按件計酬的農作，都重新規定「定額生產，超額獎勵」標準，使婦女們有獲酬的同等機會；（二）不能按件計酬的工作，也合理的提高婦女勞工的「底分」；（三）以前「工分」過少的婦女，可提出交由羣衆重新評定，補給「工分」；（四）加強派工，發揮婦女特長；（五）生產大隊中，必須設婦女隊長，生產隊的「核心領導小組」，也必須吸收一定數量的婦女勞動，提高婦女的獲酬機會，而骨子裏却是加強壓榨婦女的勞力，把婦女們從家庭中拉到工地上去。

犧牲（三）

金陵

「爸爸？」

「什麼？」

「我們哪兒來這麼多錢買鷄蛋和特效藥呢？」小娟仰起蒼白的臉問父親；她本來就是個有一雙大而晶黑的眼睛的孩子，而現在，當她的雙頰消瘦了時，那雙眼睛顯得更大更圓了。

小娟很了解自己的家境一家三口全靠父親微薄的薪水活着。父親每月的收入不過六百元，其中房租就佔去一半，而以另外的一半來維持三個人的吃、穿……等已夠勉強的了，那裏還有錢買營養品或特效藥呢？何況前些日子上公民訓練課時，級任導師曾吩咐她們要特別留意肺病的傳染，因為肺病是一種「富貴病」，一旦染上了，就必須用很多錢才可以治癒——生活的鞭子不僅使得王先生走頭無路，連小娟稚弱的心靈也給抹上了一道赤紅的傷痕。

「錢？」王先生被女兒問的剛要說話，王太太出聲了：

「錢！只要爸爸和媽媽在，還怕籌不到錢嗎？這孩子，也眞是！」她一邊撫摸着女兒的頭髮，一邊瞟着王先生。這雖是在無可奈何中勉強擠出來的話語，却已足够解除丈夫的窘態。

「是啊！只要我和你媽在，還怕沒錢治病嗎？放心，爸爸明天就出去給你買東西。」王先生向太太苦笑着。但一剎那他的臉上便泛現了陰影。他想着小娟這麼小的孩子就懂得這樣多，禁不住嘆了一聲。

「天黑了，我得準備晚飯去了。」王太太很吃力地站了起來，走向爐邊去。

「媽！我幫你淘米吧！」小娟也跟着母親離開了桌旁。

王先生看太太和女兒都走了，便重新提起筆改本子，但改不了幾筆後，又放下筆躺到大竹牀去，那些似通非通的學生作品是驅不走那一陣襲來的憂慮。

二

第二天早晨，當小娟背起書包上學後不多久，王先生也提起破舊的皮包出去了。

黃昏，在小娟回家不久，王先生也回來了，一家三口都默默不言。

第三天、第四天、第五天……一個禮拜過了，生活像一隻古舊的老鐘，有它永恒的規律與冷寂；王先生不管有沒有課，照例一早就出去，照例到黃昏時才回來，也照例一言不發。王太太一直沒向他提起籌欵事；他很懂得丈夫的脾氣。王先生雖是一位和藹可親的人，但是，當他的心中有了煩悶時，偶而也要大發雷霆的。其實，她早就料想到丈夫一個禮拜來的奔走是徒勞的了，因為他的剛直頗近頑固，凡事不輕易向別人低頭；又認為憐憫與同情總是不大光彩的事，其中多多少少含有侵侮的性質。他常常引尼采的話說：「一個人所以要去看病人，就是因為他想起鄰人陷入窘境的時候，突然生出一種優越感來的緣故。」像他如此孤傲的人，怎肯向人家開口借錢？可是，她就愛上他這一份自尊，也尊重他這一份自尊；然而，自尊這一種美德，對於湊一筆欵子給小娟醫病是沒有幫助的。於是，在等待之餘，她也為小娟的治病事失眠了好幾個夜晚。

「明天該輪到我出去想想辦法了。」晚飯時，王太太向丈夫說。

「想辦法？家裏值錢的東西，在我割盲腸時全都當掉了，你還有什麼辦法可想呢？至於那些朋友，窮的窮，有錢的又怕你開口借錢而避不見面！」王先生微微地漲紅着臉說。他說了謊；當掉了家裏的貴重東西是事實，但朋友的避不見面却是假的。當然，他是眞的拜訪過了幾位朋友的，但始終沒提起借欵治病的事，僅是喝杯濃茶或寒暄幾句後，就向主人告辭了；他一向認為開口借錢，是友誼的唯一阻礙，所以始終難以啟口。他的內心雖也為說謊與瀆謗友誼而感到慚愧，但這種羞愧之情立刻消逝了，他只能這麼做，不然，他如何向太太交代幾天來的行踪——總之，他已原諒了自己。

「當然我有的是自己的辦法，你瞧着好了！」王太太垂下着眼睛說。她早已了然丈夫臉紅的根由，她之所以垂着眼睛道出如此充滿信心的話，為的不僅是不忍看見丈夫的窘態，同時想解除丈夫的窘態。

「好吧，看你的！」王先生無精打彩地回答，他發現自己的秘密完全被太太察覺出來了，於是他的臉漲得比先前更紅。眞的，彼此在一起生活了十幾年，一舉一動中所隱藏的意義誰也休想會瞞過誰。從臉龐紅到耳朵，他眞想找個地方躲起來，就如沙漠中的鴕鳥一樣，那怕僅藏起它的頭。然而廚房、臥室、客廳……兼用的房子到底沒有可供王先生藏身之地，於是，他只好提起筷子，夾起一箸包心菜，然後摻着飯往嘴裏送，這也是解除窘態的一種妙法，但直到吃飽飯以前，王先生臉上的紅暈竟絲毫沒有減退。

當天晚上，小娟不但發起高燒，且整個夜晚咳不停；眼看着親生的骨肉被病魔折磨，而自己竟無能為力時，王先生不由得從內心湧起一股悲哀來。

午夜，當王太太從女兒的咳聲中醒來時，她聽見丈夫呢喃着夢囈：「貝多芬是什麼東西，尼采又是什麼東西！」

三

翌晨，王先生沒課，也不再出門了；目送着妻子的背影消失在清晨的行人道上後，便回到方桌來批改本子。他常回過頭來看看小竹牀上的小娟，心裏想着，太太不致像他一樣空着手回來才好。雖然他也知道這種可能性是微乎其微的。

將近正午時，王太太回來了，雙手提着以厚紙包紮好的東西。

「喲！帶些什麼回來了？」王先生驚奇地問道。

「這是五磅奶粉，這是三瓶多種維他命，那是兩打歐特邁辛，是肺病的特效藥，打針用的。而這邊是……不說了，我要你猜猜看！」王太太撇起嘴說，那是她少女時代慣用的一種表情，雖已過了十幾年，却不會完全脫離她的生活。

「？……」王先生只是望着另一包東西縐眉，他是最不喜歡，也最不善於猜東西的。

「媽！那一包是不是鷄蛋？」小娟替父親答道，她早已醒過來坐在牀上了。

「對，那是十四個鷄蛋，怕不能久留，我只買了這麼些個，等小娟吃完了，再去買來不遲。」

「媽，一天吃兩個鷄蛋，十四個就夠吃一個星期了。」小娟興奮地說，她早已把病忘得一乾二淨。

「買了這麼多，共費多少錢？」

「六百多。」王太太舉起手指回答。

「六百多！那裏來這麼多錢？向誰借的？」

「唉，這個年頭借錢談何容易，我把母親遺留給我的金項鍊賣掉了，共賣一千零五十塊。」

「賣掉金項鍊？」王先生喃喃地說，聲音近乎聽不見。頓然間，一種複雜的感情從他的內心底處湧上來，使他感到一陣窒息；為什麼她從不向他提起金項鍊？又為什麼當他割盲腸時，她竟讓他當掉了心愛的小提琴？為什麼？為什麼？懷疑就像灰塵跑進眼睛；不論灰塵如何細微，只要它跑進眼睛，我們總覺得不舒服。

「賣掉金項鍊又有什麼關係！」王太太說：「只要小娟恢復健康，小小的金項鍊又算得什麼？何況我們的家境好轉時，我可以再買一條更好的呀！」顯然的，這些話是為安慰丈夫而發的，為她誤認丈夫是為那賣出去的金項鍊而感到惋惜。

王先生依舊默默不言，但先前那一陣懷疑，伴來的痛苦已被另一種假設的可能性驅散了；縱使割盲腸時不曾當掉小提琴，它也逃不了進當舖的厄運吧。何況當掉它所得的數目竟沒有賣掉金項鍊所得的數目多呀！他雖偶而也免不了懷疑別人，但他決定相信當掉小提琴是對的。他永遠相信較好的一面，如果這種信念不給他帶來任何失望，他想這樣會使他的生活過得好些。於是，他安慰太太說：

「眞對不起你的母親了，但我們會買一條更好的，你說不是嗎？」說罷，他感到一種幸福，那是許久以來不曾見過的東西，他很想抱起太太熱吻一陣，但看到竹牀上的女兒時，他只好作罷了。

那是一個充滿了心思的夜晚。窗外，刺骨的北風呼號着；窗內，一家三口雖都躺在牀上，却久久不能入睡。

小娟被一陣興奮侵襲着。奶粉、維他命、歐特邁辛、鷄蛋，這些都是治療肺病最好的東西，而她，從明天起就要藉它們恢復自己健康了，她很感謝母親，也感謝將金項鍊留給母親的外祖母，她未曾見過外祖母，但在她的想像裏，外祖母一定是母親相像的好人。暗地裏，她許下了如此願望；她要加倍用功，努力考取市立第一女中，因為她常聽人家說，那是台灣最好的女子中學，而且，那巍然矗立的大樓，及一身綠色的制服是她嚮往已久的。

中學畢業後，她還要上大學，大學畢業後，則要做一個女科學家，就像老師向她們提過的居禮夫人一樣，也要得兩次諾貝爾獎金，這麼一來不但能够得到最高的榮譽（她記得國語課裏的「諾貝爾獎金」告訴她們那是全世界最高的榮譽的），也可以替母親買一條金項鍊了。她一定要買一條既高貴又大方的，正和她曾在畫報上見過的，英國女王在加冕禮時所帶的那一條一樣。如果還有錢剩下，她還要替父親買一隻小提琴，也要自己買一樣，一樣，買一樣……，她一時想不起來，該為自己買些什麼，想着，想着，竟睡着了。

（待續）

申包胥和吳三桂

曾滄海

申包胥和吳三桂，都是借助「外援」的人，但在我國歷史上，兩者所得到的評價，卻判若雲泥。前者垂譽千古，後者則被目為漢奸，考其原因，全在兩者借助外援的動機不同而有所區別。

申包胥秦庭哭師，是一個動人的故事。當伍子胥帶着吳兵把楚國滅了，申包胥赤手空拳，出亡國外，就憑着一片丹心，以一把嘴，兩行熱淚，贏得了秦哀公的同情，出兵助楚復國。雖然申包胥到底是如願以償了，但他當時在秦庭所受到的遭遇也够慘。起初，申包胥得不到秦哀公的答覆，傷心得站在秦庭放聲大哭起來，一連哭了七日七夜，人們看了都以為他是個傻子，可能有人還會嘲笑他：「自己不爭氣，光靠別人，太沒出息了。」也可能有人在罵他：「借別人的兵，打自己人，這算什麼心腸？」這些冷嘲熱諷的話，像一支支利箭似的射入了申包胥的心，假如申包胥稍存一點私見，早已倒下了。幸好中國傳統上的忠孝節義的優良品德，支持了申包胥，不管人們說的是善意的責備和惡毒的攻擊，他都不放在心上。申包胥就憑着這堅定的信念，完成了復國的願望。

和申包胥比起來，便顯出吳三桂的小人行徑。

衝冠一怒為紅顏，這是吳三桂向清借兵的動機。他把愛妾陳圓圓被擄一事，看得比國亡家破還要重大，自然更無視於人民遭受到流寇刼掠殘殺的痛苦。為了一己私慾，吳三桂竟不惜引狼入室，斷送了明朝二百七十七年的天下，使我們漢族淪入二百六十七年異族統治的黑暗生活。像這樣的漢奸，自然是歷史上的罪人。

（完）

辛亥革命史談（八）

舜生

二・從興中會到同盟會

自光緒二十一年（一九〇五）廣州起義失敗以後，迄光緒二十六年庚子（一九〇〇），在興中會這一期尙有極可注意的兩事，其一爲二十二年（一九〇六）中山本人在倫敦被難，幾瀕於危；其次則惠州起義及其失敗的經過。

先是，中山於二十一年九月十二日由廣州脫險到港，即偕陳少白、鄭士良赴日，二十六日抵神戶，十月初一（十一月）抵橫濱。旋成立興中會橫濱分會，入會者有馮鏡如、馮紫珊等二十餘人。除命陳少白留日，鄭士良回港外，中山則斷髮易服，隻身赴檀香山。留檀數月，仍宣傳革命，但應者絕少。惟於此有一奇遇，即其師康德黎夫婦，由港赴美回英，路過檀島，雇馬車登岸觀光，中山適於是日偶遊檀市，無意中於途中與之相遇；於是中山躍登馬車，慇懃話舊，陪康氏夫婦暢遊檀島後，乃送其回輪，並告以不日將赴美轉英，再見不遠，然後匆匆握別，此實中山能於倫敦得救之張本也。

二十二年五月（六月），中山由檀抵美國舊金山，聯絡洪門致公堂，勸其贊助革命，但以風氣未開，贊成者仍寥寥無幾。八月（九月）自美赴英，於是月二十四日抵利物浦。時中山以廣州事被通緝，駐美公使楊儒早注意其行踪，至是駐英公使龔照瑗得楊電，謂孫某於某日乘麥竭斯底輪（S. S. Majestic）赴英，將於利物浦登岸。龔即命其英籍二等參贊馬格里勛爵（Sir Halliday Macartney），派密探偵伺中山踪跡，旋得報告，謂中山在輪乘二等艙，登陸後即乘火車前往倫敦。

中山於二十五日抵倫敦後，即於次日訪康德黎於其波蘭德區（Portland Place）覃文省街（Devenshire Street）四十六號寓所，晤談甚歡，並遷居康寓附近之葛蘭旅店場（Gray's Inn Place）八號。九月初四，赴中國公使館訪其鄉人鄧廷鏗，自言爲陳載之，談甚愜，並約次日再往；但不幸已爲鄧所察覺，告龔照瑗密計拘留；及第二天再到使館，即被幽禁，並由龔派鄧及一武官二洋僕輪留看守。鄧對中山威迫利誘，並告以已雇專輪，將送其回國就刑。中山百計欲將自身被囚消息透漏於外，卒不可得，且監視加嚴。延至十二日，始說服一洋僕名柯耳（Cole）者，將其手書求救的名片兩紙轉達於康德黎，柯並告康二十日即將起解，時間已甚危迫。於是康乃與其友人孟生博士（Dr.Manson）共起營救。一面報告總警廳及外務部，一面由孟生赴中國使館晤鄧廷鏗直接交涉，均不得要領；將此消息告諸泰晤士報，也未予登出。康孟兩氏不得已，乃雇用偵探一名，守候於使館左右，以防其將中山偷運出館；另備一節畧致英外交部，於是此事始爲英外長沙里士堡侯爵（Lord Salisbury）所知，即由其次長致函馬格里，命其到外部向沙侯報告。延至十六日（十月二十二日），康德黎更將此消息在『地球報』（The Globe）宣佈，於是英人大譁。十七日，英政府强硬干涉，由外部備文，特派專員會同警察總署偵探長及康德黎到中國使館，龔使不得已，乃將中山交出，聽其恢復自由。時中國使館門前，新聞記者及市民叢集，以一見此中國革命黨首領爲幸，各報記者並詳詢一切，爭相記載，中山於是日偕康德黎及外部人員赴警察總署簽名備案外，即到康寓暫住。十八日，致書英報申謝，文曰：「予此次被幽禁於中國公使館，賴英政府之力，得蒙省釋，並承報界共表同情，及時援助。予於英人之崇尚公德，力持正義，素所欽仰，身受其惠，益堪徵信。且予從此益知立憲政體及文明國人之眞價值，敢不益竭其愚，以謀吾祖國之進步，並謀所以開通吾橫被壓抑之親愛同胞乎？爰馳寸簡，敬鳴謝悃。孫文緘於波蘭德區覃文省街之四十六號。」

十月，中山以英文草『倫敦被難記』（Kidnapped in London）一書，詳述生平及此次遭遇之經過，自此書出版，孫逸仙之名始爲舉世所週知，其革命領袖地位，也由此確定，時中山年三十有一。

自二十二年九月十七日脫險，迄次年六月初三（七月二日）由英乘輪赴加拿大，爲時凡八月有餘，中山即留居英國，計前後赴大英博物院借讀書籍從事研究者共五十七次（據當時英方偵探所報告），於此可見其治學之勤。後來他在『孫文學說』第八章自述其經過說：

『倫敦脫險後，則暫留歐洲，以實行考察其政治風俗，並結交其朝野賢豪，兩年之中（按指光緒二十二迄二十三這兩個年頭，實際不足一年也），所見所聞，殊多心得。始知徒致國家富强，民權發達，如歐洲列强者，猶未能登斯民於極樂之鄉也。是以歐洲志士，猶有社會革命之運動也。予欲爲一勞永逸之計，乃採取民生主義，以與民族民權問題，同時解決，此三民主義之主張所由完成也。……』於此可見其感受銳敏之一斑。

中山離英後的目的地在日本，加拿大僅係路過性質，留加時間不及一月，即已到達日本的橫濱。日人宮崎寅藏及平山周，均曾讀過『倫敦被難記』，且從陳少白略知中山生平及興中會旨趣，至是此兩人乃奉犬養毅之命，歡迎中山前往東京。中山居東京某旅館，於旅客簿署名『中山樵』，即在此時。與犬養見面後，又因犬養之介，得晤大隈重信，大石正己，及尾崎行雄諸人，隨後又識副島種臣，及在野人士頭山滿、平岡浩太郎、秋山定輔、中野德次郎、安川敬一郎、鈴木五郎、犬塚信太郎、久原房之助、山田良政、萱野長知、菊池良士等，其中不乏爲整個東亞大局着想而贊助中國革命者，尤以犬養、山田、宮崎、平山、菊池、萱野等爲中國人所熟知。

光緒二十四年戊戌（一八九八）八月，中國維新運動失敗，梁啟超亡命日本，康有爲不久也由港赴日，犬養、宮崎、平山諸人，想促成兩派合作，但爲康所拒；僅梁與中山有所往還，迄光緒二十六年梁赴檀香山以前，孫梁間仍保持相當友誼。二十六年唐才常、林圭等謀以自立軍發難於武漢，中山曾予以精神上的支持；梁赴檀香山，孫且作書介紹其兄德彰及其他興中會友人與梁見面。可是康有爲堅持保皇主張不變，終不以革命爲然，梁既不能自外於康，因此兩派的合作也卒成泡影，浸假且相互攻擊如仇讎，以迄滿清之亡。入民國後，康仍主復辟，梁則兩度維護共和（一度討伐張勳，一度推翻袁世凱帝制）；可見康梁之立場固自不同；宋敎仁之死，梁曾爲文對宋備至讚揚，表示痛惜；民十四中山病逝北京，梁且曾親往作弔。合孫梁前後交誼言之，孫固無負於梁，梁也無愧對中山之處。（待續）

春暮懷人

・亮齋・

處處春歸盡，紅辭綠漸滋；方驚蟬絮聒，已見燕差池。客失芳時易，心輸濁酒知，何緣追語笑，川上逝如斯！

讀桓譚新論喜其理致率成小詩

・亮齋・

榆樹不久老，歲月換枯榮；無情尚如此，何況諸有情？
老驥服鹽車，噴呼聲聞天；諸卿自無目，枉用猛着鞭！
微蟲亦狡獪，百足舉一身；爪牙作心膂，嗟汝乃爲人！
離雅作新聲，子雲所不曉；曲士束於敎，坐井謂天小。

喜王絅之至

・亮齋・

泥塗忝曳尾，青雲怯繒繳；地僻少送迎，階除馴鳥雀。王子夙所親，空谷肯投脚。一別各中年，塡胸萬哀樂。閱世速華顛，持律還自縛。獨餘飲者名，不辭酒味薄。蕉陰坐夜闌，銀河近可勺。妙緒繭出絲，快語風解籜。此足沃心源，毋使涸鮒涸。何時更得閒？來山看紅藥。

聯合評論 週刊

本刊已經香港政府登記

每逢星期五出版

United Voice Weekly

第一四七號

督印人：黃宇人　總編輯：左仲平

社址：九龍赫德道二十三號地下　電話68678

承印：嘉羅印刷有限公司　香港灣仔馬師道5號

總代理：友聯發行公司　售價每份港幣一毫

本報美洲版　美國總經售處　紐約中美出版社

CHINESE - AMERICAN PRESS, INC

199 CANAL STREET.,

NEW YORK13 N. Y. U.S.A.

美洲航空版每份零售美金一角

讀鮑爾斯演說有感

黃宇人

一

據台北中央社的華盛頓電訊，美國鮑爾斯副國務卿於六月十二日在美國書商聯合會年會發表演說，列舉美國在二十世紀開頭的六十年中所面臨的五大決定，其中的第二個便是對中國的問題。他說，「我們未能在滿清帝國崩潰之後，明瞭中國的革命及其對我們未來安全的關係，這是一項悲慘而貸價昂貴的失敗」。他認爲在中華民國誕生之初，美國原有美妙的地位可瞭解當時中國在物質和心理上的需要及對中國的政治與經濟發展加施一種積極和亦許具有決定性的影響力。可是，由於當時美國太專心於自己的事情，未能注意到中國方面所發出的呼籲，歐洲國家對那種呼籲亦同樣予以拒絕，中國遂向莫斯科要求援助。迄後，國民政府北伐統一，亟欲建設一個非共產的現代國家，美國又得到一次可以彌補過去錯誤的機會；但美國亦因心廣體胖，安分滿足，再次未能瞭解此項考驗。

我對於鮑爾斯副國務卿的見解，大體上是同意的。尤其他是美國國務院的重要官員，能坦率檢討過去的錯誤，這種精神更值得欽佩。可是，我認爲美國對華政策的錯誤尚不僅於此，而且今日仍繼續在錯誤之中。

二

羅斯福總統在雅爾達會議時，不惜犧牲中國的領土主權以就蘇俄的擴張野心所鑄成的大錯，十餘年來，世人已多指出，我不想再說。我想補充的是一九四八年，國軍在濟南和東北先後失利，平津危急，京滬震動，美國如能於此時予中華民國政府以相當的經援和軍援，則中國局勢猶非不可挽救。最低限度，大陸絕不致完全變色。不幸，當時美國政府不但採取隔岸觀火的態度；反而對中共政權備存幻想。東北陷落，美國駐瀋陽總領事奉命仍留在任所。江南不守，蘇俄駐華大使羅申尚隨我政府退到廣州，美國司徒雷登大使反而留在南京，希望能和中共保持接觸。最後，美國國務院更發表著名的白皮書，將中華民國一筆鈎銷。華盛頓方面又宣佈美國在太平洋的防線僅限於日本，南韓和菲律濱，台灣並不在內。直到韓戰發生，中共直接參戰，美國對北平僞政權才開始有所認識。

這次的失策，實比鮑爾斯副國務卿所指出的那兩次錯誤還要嚴重。因爲此一失策的影響，不但世界的局勢立卽爲之一變；卽美國也深受困擾，而且至今仍有增無已。不過，事屬過去，我也無意多說。

三

如今我要特別指出的，則是美國今日的對華政策不但缺乏建設性，而且是在培養亂源。

平心而論，如無美援，台灣早已不保。這是每一個反共的中國人都要感謝美國政府和美國人民的。然而美國一方面援助中華民國，而卻限制其反攻大陸。不但「兩個中國」之說，時隱時現，甚至還有人居然發出所謂中台國的謬論。在日本，在美國，都有所謂台灣獨立的活動。似乎美國不但無意助中華民國重返大陸，而且也無意助其在台灣長久生存下去。美國所念念不忘的，顯然祇是如何保有此一軍事基地而已。果然如此，又豈是中國人之所願？

在另一方面，美國已認清中共爲敵，而卻於限制中華民國反攻大陸之外，還不時發出承認之聲。似乎不但決心要保全北平僞政權；而且更有意使之合法化。此非中國成語所謂「養癰貽患」而何？或謂美國非不願中華民國光復大陸而摧毀中共政權；祇恐因而引起世界大戰，故不得不作如此限制。此亦似是而非之論。中共奪取大陸，韓戰發生，更公然與聯合國爲敵。此後又滲入越戰，目前寮國的戰亂，亦與中共有密切的關係；甚至遠如非洲和南美，他們都要染指。但迄未引起世界大戰。爲何中華民國收復失地就會引起世界大戰呢？可見持此說者，如非杞人之憂，必患恐共之病。

復次，美國限制中華民國不得以美援用於台灣以外的地區，數月前謠傳滇緬邊區反共游擊隊配有美式武器，華盛頓方面卽聲言將進行調查。但台北當權者利用美援以擴張一人一姓的私家勢力，甚至公然迫害人民的人權和自由，不但違背自由世界反共鬥爭的基本原則，而且可能於旦夕之間發生事端而使自由世界蒙受不利的影響；美國政府對此卻不思有所防範，寧非失策？

四

本來，中國局勢之所以演變至此，我們這一代的每一個中國人都不能辭其咎；今後如何光復大陸，重建民有民治民享的中華民國，更是每一個中國人的責任。我們除了自己努力而外，既不必苛責美國過去對華政策的錯誤，也不應對美國現在和將來的對華政策存幻想。祇以美國是自由世界的領導國家，美國的對外政策如何，對於自由世界的安危有決定性的作用。在此形勢之下，我們實在不希望美國的對華政策繼續錯誤下去。因此之故，我讀了鮑爾斯副國務卿的前項演說以後，特稍作補充。中國有一句成語說得好，「前事不忘，後事之師」，鮑爾斯副國務卿既已深知美國過去對中國問題的決策一錯再錯，其對仍在錯誤之中的現行對華政策，亦將知所補救乎？

閒話一則

對所謂『會談』而發

左舜生

一個現代國家，像工商文教這類的事，與政治是不可分的。

在工商言工商，在文教言文教，以爲可以不必與政治相提並論，而儘可分別解決，這種情況已早成過去。

不必說那些工商文教已經極端發達的國家，卽以清末民初的南通來說，如果張季直不憑藉他個人的身分，把他所經營的那點事業與當時地方和中央的政治關係搞好，他就要建設一個南通也決無可能。張季直在當時有『士皇帝』之稱，何以辦一點小規模的工商文教事業，便召來一個『士皇帝』的稱號呢？這正說明他那一點事業，也還是靠政治力量才勉勉強強可以去推動，否則便束手無策。

一個正常的民主國家，凡從事工商文教事業的人們，他們對政治所採的態度只有兩途：其一是以他們的重要分子去參加實際政治；其一則選擇他們願意合作的政黨加以支持，使它到議會裏去作爲他們的代言者。換言之，他們對政治一直是採取主動，決不採取被動。如果一羣從事工商文教的領導人物，在自己的事業上遭遇了何種困難；或者要就自己所營業的事業加以擴充，而僅僅只能由政府找去談談，或訴訴苦，這不僅在形式上已經十分落伍，想要在實際上發生一點積極作用，當然也是不可能的。

不錯，在一個國家裏面從事形形色色事業的人們，確實是各有其崗位和重點的。搞工商的特別知道工商界的艱苦；搞文教的特別知道文教的意義或其重要性；平日專心留意政治的，他們對國內和國際的一般政治實況，也可能有一套比較正確周詳的看法。假定對這班人不加以隔離，而聽其相聚一堂，從容的交換意見，互道經驗，使得搞工商的能多明瞭文教界的現狀，搞政治的能多知道一點現在工商文教各方面的內容，這卽令不能產生何種良好的成績，澈底解決何種重大的問題，就『聯絡感情交換知識』的意義來說，至少總也還有些益處。現在不然，搞工商的，只能和您們的同路人去談工商；搞文教的，也只自和您們的同道去談文教；至於專心搞政治的人們，更好像只是一羣無業遊民，根本便沒有和那班有業者坐在一塊兒談談的必要；在主持其事者的心目中，似乎覺得政治與工商文教全不相干！大家不要對這樣一幕醞釀七八年然後上演的滑稽戲輕輕放過，要知道，這才眞正是一個東方落後國家的寫眞！

本來，在一個有充分言論自由或新聞報導自由的國家，像這種由政府召集若干人士會談，以求得國家重大問題解決的舉動，根本便沒有如何的必要。因爲政府的任何舉措，假定人民認爲是好的，他們自然會以言論去支持；他們認爲不好的，也自然會以言論去反對；何況一個正常的民主國家，人民更有他們所信賴的民意機構去代表他們說話呢？政府根據多數人民的意見，或已形成的一種有力輿論，作爲施政的張本，這還不輕鬆愉快嗎？更還有什麼團結不團結的問題發生呢？我們平日常說：民主制度看來很複雜，實際很簡單，卽令因爲太民主有時也不免暴露若干弱點，但弱點既經暴露，便不難補救；專制獨裁的制度，看來是簡單痛快，卻也很費手腳，儘管平日若干醜惡的事實，都被一床獨裁的錦被掩蓋得密不通風，可是積之既久，醜惡也終於非暴露不可。好比最近的馬步芳事件，假定不是因爲獨裁者忽視了海外主張加強一切駐外機構的輿論，而又不因爲對人問題，雖有比較適當可以做一個駐回教國家大使的人選棄而不用，又何至鬧出這種天大的笑話呢？

近年台灣的輿論，除直接受新聞條例和永遠戒嚴的限制以外，最近更非對一類稍持異議的言論機構根本加以撲滅不可；於是人民對政府的任何舉措，乃一切睡在鼓子裏，人民既對政府不能諒解，政府對任何重大措施也完全不能推動；因而迫不得已，才有什麼『會談』的召集，『朝三暮四』，『暮四朝三』，澈底說來，這當然便是人民平日沒有言論自由的自然結果。

本月二十日，香港的『工商日報』，載有一則『泛亞社』的消息說：『此間接獲紐約華僑『聯合日報』昨日之專訊，謂現已有人發起聯名，在陽明山會談第二、三階段開會商討文化，政治反共救國時，由海內外非國民黨與會人士，提議用會談名義，請中華民國政府釋放雷震，卽使名爲特赦，亦無不可。』

據我看，像這樣的事，有人願意去做不妨試做，但效是不會有效的。因爲過去台北已經有四十幾個人簽名，直接向有權特赦的『總統』去陳請過，可是這件事落到一個無權特赦的行政院，再由行政院落到了國防部，已由國防部駁復不准。平心而論，如果是一種負責任的獨裁，原也不失爲一種政治形態，可是在咱們的中華民國，便連獨裁也不負責任，大家還有什麼話好說呢？

眼底十年談救助

（讀者投書）

黃鐘彝

這問題，提起了來原是一件非常痛心和可恥的事：一個知識份子還需要他人來救助他或她。然而不幸的遇上了這種空前的災難，我們雖萬分不願如此這般的糟塌自己，然而形勢比人強，也不得不含羞忍辱，接受他人的救助。

耶穌說過：「施比受更爲有福」。眞的，我相信誰都願意做一個施者。

當大陸未失掉以前，我們這一羣當中，也有不少的人曾做過「施」的工作或多或少或大或小；然而今天我們却變成了被旁人救濟的對象。是個人的悲劇，也是國家民族的悲劇。

記得十年以前，我們不幸的這一羣，別井離鄉，間關萬里逃出鐵幕，抵達了自由天地的港澳。當時各人的自由和生命固然獲得了安全的庇護；然人畢竟又離不了衣和食的。在自由與生命獲得保障後，踵接而來的就是衣和食的問題了。

因此，不問是大學教授也好，中小學生也好；曾任官叙職的也好，毫沒有沾着官兒邊緣的也好，一律平等的變成了顛沛流離的難民！人數一天天的多了起來，本來是一個政治上的問題，政治權力無法和不願意維護時，却降而爲所在地的社會問題了！

在一個狹小地區，突然闖來這麼多「不速之客」，這問題也就顯得更嚴重。於是在香港有東華三院和調景嶺的收容；在澳門也有漁翁街國軍集中營和氹仔難民營的設立。

以上的這些機構的收容，當然是熱心公益社會人士的奔走呼號，平心而論的確也救活了死亡線上的不少生命。但與其說是受了同情心的驅使，毋寧說爲了避免可能發生社會問題的成份居多。

遠在太平洋彼岸的朝野人士也對此問題特別注意，首先是美國參議員周以德發起救濟中國知識份子機構的創立，據說在該處登記的就有兩萬以上的人，據我所知：也不過僅僅舉辦過一次登記而已！至於該處在救助方面，則採不公開方式，有門路可尋者，則大可得到一次或數次的幫助，甚至還可以遠走高飛。摸不着門坎的，則祇好向隅，徒然的花了郵票和請人打字的手續費。因爲該處的登記表格全屬橫行文字，如果英文程度不佳或丟久遠了的人，眞是無法親自處理。所謂美國的知識份子救濟，亦不過如此而已！外此就是教會團體的救助。

美國教會團體，也爲救助工作出了很大的力，因爲他們本身的力量相當的雄厚，近十年以來，隨時都可以看得到由太平洋彼岸運得來的牛油、奶粉、米、麵和破舊的衣物等等。在數字上眞是一時數它不清，而這些不可數計的東西，不能不說合難胞們的需要。但這些物資，一到當地，即刻的就變成了教會團體的私有財產，明白的說：就是你來聽我們的道（？）和信我們的教，甚至於更進一步的祇要信了「我」（這裏不是『你們信神應當信我』的我，而是某些牧師神父自稱的我），我就可以「慷他人之慨」的救助你一番；否則就請別存希望。新約裏面說：「上帝降雨在義人田裏，同時也降雨在不義人的田裏」，可見上帝原是一視同仁的。而他們的做法則顯係與這「金句」恰恰相反。在教友中與筆者熟識的頗不乏人。據大多數的說法：他們是無可如何才信教的，假若教會沒有支配救濟物資的特權，我敢相信他們門口的盛況，將是兩樣的。

同時他們根本不懂中國讀書人的心裏。小惠技倆是中國人不屑爲的。但教會團體却多拿這一套手法來引導我們中國人。孔子說過：「羣君終日，言不及義，好行小惠難以哉！」這好像是他老先生有先見之明，在三千年以前就提出了如此警告。

再談自由中國大陸災胞救濟委員會的救濟。委員長谷正綱先生，眞可以說得上是很熱心的。但事實上是力有不逮的。記得在六年以前，據說救總撥了三十萬給澳門，要外交專員陳元屏，對留澳難胞辦理生產救濟，那曉得陳某對難胞們的態度有如「秦人視越人」的毫不關心，當時竟把錢退了回去，說不理難民的事。谷正綱曾將此事向江西國代余樂山道及，而余先生函知筆者，故得而知。但他雖說不理難民的事，却同時又對澳門難胞總會的人事權死死抓住不放。這就是說救濟工作上應辦的事與他無關，而用人的事他就非管一個澈底不可。以反共抗俄爲號召的政府竟有如此的外交特派員，狗仗人勢，（筆者有的是材料）豈祇難胞失望；同時還會影響到海外的人心。

在這裏，我有話不得不說，政府當局絕不能忽視了海外流亡十年的難胞，要知難民們的素質，最低的限度也是讀過好幾年書的知識份子。此外是各省各州縣都有人在其中，如果你們不想反攻祇圖長期困處在台灣一隅則已；否則萬一重光能回到大陸上去的話，流亡難友當然不會將十年餘所吃的苦頭隱忍不言。是時倘和盤托出，甚至播之四方，試問這將產生怎樣的影響？筆者是三民主義的信徒，三十年以上的老黨員，眞爲本黨的政治前途躭心啊。在君主時代，誰也沒有把孟柯「君之視臣如犬馬，則臣視君如寇讎」的話删掉，目前政府正研究如何擴大團結海外人士的團結運動，我認你們對於團結難胞的工作，却如此南轅北轍，那裏還談得上其他一切？

其次再談到由陳元屏一手包辦（陳去職已經有了好幾年人事上並無變更因此也可以說是由他包辦）的澳門難胞救濟總會。難胞救濟總會顧名思義是爲救濟難胞而設的，然而自它成立以後是總而不救，高高的騎在難友們的頭上，這樣豈非浪費救濟款項？他們爲難友的工作，僅僅是發了一張「派斯」。此外還爲新逃出來的難友們每人發了二十元「救濟金」和幾十斤美國運來的救濟米。至於以前逃出鐵幕的則不必過問。似乎後來的是難民，先來的則失掉同等身份。不知爲了什麼？

此外是香港中國文化協會在近兩年以來，總算爲難友們做了一點救濟工作，即每年舉辦徵文三次。雖然祇是爲了舉辦徵文，似乎並無特設一個機構的必要；但比較全不做事又聊勝一籌了。不過，話得說回，文協每月向台灣領取的經費是三萬元。除了以些微零數舉辦徵文而外，其餘的一大筆又到何處去了呢？聽說，他們買了幾幢大樓，如今已漲價一倍有餘，還自稱善於理財。但把救濟文化人的錢移作買樓之用，又何不把中國文化協會的名稱改爲×記置業公司呢？在此時此地，做一個置業公司的老板，豈不比做一個文化救濟機構的主任委員還要顯得神氣嗎？

像這樣的胡亂支配，又豈是文協成立的本意？

再就徵文而論，文章好壞本來難說，例如學杜者未必尊李，宗韓者可能黜歐。據我所知：有某位老先生係國內某著名大學畢業，其文與詩，自然不屬不通之類。然而發表結果，榜上無名白貼了稿紙和倩人騰寫費，不知文協諸公，聞之將作如何感想？

去年五月筆者曾以「國際難民年運動中如何解決港澳的難民問題」一文，寄投應徵，結果名在丁等，領得獎金十元。事後翻閱存稿，一時心血來朝，詳細的再看，自問不無價值，盲目投香港某雜誌，事出意外反而換得稿酬比原來的加了兩倍。由此觀之，我等稿件，不堪用者自所難免，而能刋出者亦正不少。文協也許因爲是官辦機關，來頭甚大，標準也特別高吧？

總之十載以來，動用過許多人力與物力，也造成不少的救濟大官；但在我們眼底之所謂救助者，如是而已！今天吾人入台不准，還鄉無期，流亡海外，朝不保夕，有救助之責者，亟宜去掉私念拿出良心，使難友們減少一份痛苦，也就是爲國家保存一分元氣。不知有責者亦以爲然否？

筆者註：本文文責自負。

與蔣先生談「支持大陸人民革命」

李金暉

美國反對承認中共百萬人委員會執行秘書李保曼氏會見蔣介石先生的訪問記，經已散見各報。但讀完了中央社的全篇譯文，令人覺得蔣先生的意見底最高的調子祇是在於「支持大陸人民革命」；而最低的那個音符，則是「沒有理由相信」美國會在大陸人民有所行動時「拒絕採取行動」，至於國府是否會「採取單獨行動，藉口推翻中共政權」呢？蔣先生也並無肯定的答覆，僅謂：「豈可坐視不顧，而任其被共匪殘殺殆盡嗎？」

綜觀全部有關反攻的問答，可以看得出蔣先生是完全放棄了主動反攻的能動性，而祇是等待「大陸人民革命」時，才被動的加以支持。

由主動退到被動，再加上被動的「支持」的能動性又復須看美國是否採取行動始能決定，遂予人以一深刻的印象，即從台灣反攻大陸的可能性雖有，但是，是很少的！這且不說。再讓我們來看看蔣先生對中共暴力統治的估價。

他說：「目前中國大陸上由於共匪政權在經濟上尤其農業上之重大失敗，而引起的政治上更進一步的高壓手段，反共革命的時機，顯然日益迫近，但在共黨殘酷的壓迫控制之下，此項革命的困難，亦不容估計太低！」既不容作太低的估計，則在較高的估計「共黨殘酷的壓迫控制之下」，豈不是又否定了「大陸人民革命」的事實可能性。那末蔣先生所希望加以「支持」的形勢，豈不是要遲遲難產，而竟或落空嗎!?

在蔣先生的心目中，他是等待中國大陸上有一個類似匈牙利革命的形勢到來。而且他認為祇要有這樣的一個情況出現，就是他要揮軍「支持」的時候，他又認為，匈牙利革命之所以失敗，是因為沒有「外在力量的支助配合」。「如果在國境內外有一個自由匈牙利政府存在，則東歐甚至世界歷史的演變方向，則已截然不同了。」

而這一點，正是本文所要討論的中心。

自由中國的存在，這一形勢是關入鐵幕後的匈牙利所沒有的；更加可貴的是自由中國迄今尚保有浙閩沿海島嶼，更非陷共的匈牙利所可企及。但是，在大陸上，自由中國已並無一塊根據地，這情況則和匈牙利今日情況完全一樣的。

再讓我們看一看二次大戰時的法國。戴高樂的「自由法蘭西」雖在倫敦，但法國本土有着無數由游擊隊盤踞着的根據地；在北非，尚有未盡淪喪的後方。但是要光復歐洲，須先光復法國；要光復法國，必先登陸法國。從諾曼弟打上去，那不止是有軍事價值，還有政治價值。在諾曼弟站穩之後，很顯然的，政治價值是遠超過了軍事價值，因為它予淪亡的歐洲各民族、各國家獲得了從暴力統治下解放出來的無限希望，他也使希特拉統治集團因此喪胆。諾曼弟的一戰，遂成為解放歐洲的先聲。

這就可見，雖然在鐵蹄統治下，內外有基地、有政府，但還要有適時的行動，才能把歷史改觀。法國本土及歐洲其他國家領土內的反納粹鬥爭，事實上從德軍佔領的那一天起，就未曾停止過。但那不足以擊垮希特拉。如果祇有一個戴高樂的「自由法蘭西」和法屬北非的一部份領土，而盟軍遲遲不採取堅決的行動，法蘭西的光復也是難以期待實現的。

因此，主動反攻就成為光復歐洲的主要因素了。

也因此，要希望光復中國大陸，也必須要把握主動反共的時機。直率地說吧，「支持大陸人民革命」，祇不過是自慰而已。

匈牙利革命的失敗，當然是歷史上一樁殘酷的教訓。這一教訓令人們懂得革命主要是靠自己的力量，靠自己能下決心，雖然不幸是失敗了。匈牙利革命的隊伍主要是平民，是沒有組織和缺乏訓練的羣衆。他們曾在革命中等待，急迫地等待外來的援助，但是他們失望了，革命也失敗了！

今天，以中國大陸如此廣大的幅員，又在中共如此殘酷的統治下，要想等待一個類似匈牙利革命那樣氣壯山河的形勢到來，然後再加以「支持」，雖非不可能，但若祇是等待，恐怕也非蔣先生所預料的那麼快就能出現的吧？何況，即使有一個匈牙利革命的形勢出現，若國府未能單獨以迅雷之勢加以「支持」，而有待於國際風色的轉變，怕不是好景稍縱即逝！

這就是自由中國容或有較優於匈牙利的條件，但就不能主動反攻，不欲主動反攻來說，這較優勢的不同情況又有何等意義呢？當然，就防衛台灣海峽及台灣本島來說，又自當別論了。

大陸上已經連續三年大災荒。無法掩飾的嚴重災情，已為世界各國所熟知。擺在眼前這樣的一個好機會，蔣先生刻仍祇表示僅有被動地「支持」之意，而無主動反攻的決心，誠是令人不解的。

蔣先生並非不知道國際形勢的發展在實質上對自由中國是不利的。但面對這樣的形勢，似乎是很感滿足地安於現狀了。中共在今年看來是無望入聯合國了，至少一年之內，蔣先生無需對此再有恐懼。但是美國要承認外蒙，和外蒙之入聯合國的可能性，卻在節節昇高。對此又將何以自處呢？

拖下去；偏安下去，終非長久之計！

如果最後連反攻也不談了，或者怕談反攻了，豈不是很難對億萬老百姓交代嗎？

蔣先生既自知有較優於匈牙利的條件，就應該善用所有的條件。如果不能在大陸本土上建立一個較大的據點，在我看蔣先生想象中和願望「支持大陸人民革命」的事情，將是遲遲較難出現的。

「俟河之清，人壽幾何？」我不禁要有此一問！

中共自顧今年又無防治把握

各種災情遍地來

何正全

繼去年之後，大陸各地今年又已不斷出現極為嚴重之水災、旱災，各情已誌本報。而災情迄今仍未已。茲據中共自己報導：河南省現今又發生蝗蟲之災了。在中共人民公社緊密控制下，河南省今年竟又發生蝗災，這當然說明中共當局對蝗災事前未能充分防範，所以才會有蝗災出現。但中共自己不檢討，反而在六月七日的人民日報作出虛偽的宣傳說「各蝗區的黨政領導部門對夏蝗防治工作很重視。」又說：「在防治開始以前，省、專、縣逐級成立了治蝗指揮部，訓練和領導藥、械的製造和調運工作。」但無情的事實則證明中共對蝗蟲的防治的工作毫未見效，這就可見一個已經官僚化了的政權，雖在表面和形式上强調治蝗，實際則是不可能產生眞正效果的。但河南省中共幹部為了推卸責任，遂又謊稱：「河南省是我國歷史上的老蝗區，由於今年春旱持續時間長、地溫高，蝗卵孵化早，幼蟲發育快，有些地區夏蝗的發展比往年嚴重。」其實這正是中共治蝗不力的明証。

事實上，蝗災之發生，現已不止河南。據六月十三日中共人民日報報導，山東亦已發現蝗蟲了。且地區不小。據人民日報說：「山東省部分地區出現夏蝗。為了避免夏蝗播散起見，省民航局派出飛機對越冬蝗卵孵化早、出土比較整齊的濟寧、荷澤、聊城三個專區的部分地區進行防治，目前已防治了二百多萬畝。這三個專區的飛機防治工作在本月中旬就可基本結束，然後將集中到夏蝗出土較晚的北部沿海蝗區進行防治。」這就可見山東省的蝗災相當嚴重，由其所謂已防治的地區二百多萬畝一節來看，可知蝗災區域不少，且此二百多萬畝地區尚屬一小部分，而沿海地區之已有蝗災者尚未計算在內。

然而，今日大陸已發現蝗災之地區猶不止河南山東兩省而已。另據中共新華社烏魯木齊六月五日電：「新疆許多地方正發動羣衆大力防治小麥的黃銹病和初期發現的蝗蟲、地老虎等病蟲害。發生小麥黃銹病的地區有喀什、阿克蘇、塔城等專區和伊犂哈薩克自治州直屬縣市。……新疆今年氣候乾旱，熱得早，發生蝗蟲的農田也比去年有所增加，密度也比去年同期大。從目前偵察結果看：烏魯木齊以西的烏蘇、沙灣、精河、博樂、塔城等縣蝗卵已大量孵化。」

新華社又醜表功的說：「早在兩個月以前就開始進行防治病蟲害的準備工作，有關部門曾專門召開了防銹滅蝗的會議，安排了農藥和機械。」何以兩個多月後的現在，蝗災蟲災卻不但未能防治，而且反比去年更厲害呢？益見中共政權之低能了。

水災旱災蝗災之外，最近湖南又有毛蟲災。對此，六月八日中共人民日報報導說：「湖南省是全國重要林業省份之一，許多山區和丘陵區都有成片的松、杉林。……據省民航局負責人說：今年三月到五月底，治松毛蟲的飛行小時比去年同期增加，治蟲面積近十萬畝。」這說明了今年湖南省的毛蟲災竟亦較去年更烈，而蟲害地區且已近十萬畝了。

以上是最近幾天所看到的大陸災情報導，其它各地今年早已發生的嚴重的水旱災情尚不包括在內。其中尤值得注意的，是有些地區的災情都比較去年同期更重。本報上期報導的福建水災情中，福州市區亦已被淹，這尤可見大陸今年豐收又已不可能。

那末，對於大陸今年如此衆多的各種災情，中共又是否有力防治呢？對此，我們暫不作衡量，且先看看中共自己的估計。據中共「新華社十三日電」：「南北各省最近正在採取措施，加强對江河和水庫防汛的準備工作，預防夏季大汛突然降臨。今年四月間華南珠江水系的北江、西江，長江支流的贛江、湘江等就已先後出現過洪峯；五月間，福建的九龍江，浙江的錢塘江、甌江等河流也發生過洪水；六月初，福建的閩江還發生了歷史上特大的洪水。現在，這些地區在根據防汛中暴露出的某些缺點，對堤防、防汛組織、防汛物資等作進一步的檢查和改進。……現在，雨季已經逐漸北移，北方的雨季即將來臨。長江流域和黃河流域各省也正在加强防汛的準備工作。有關方面認為：今年我國防汛的任務很艱巨，既要修好江河的堤防，又要管好、用好數量很大的大、中、小型水庫工程。」

讀過上述一段新華社的專稿以後，我們很容易發覺中共對今年大陸各種災情的防治實無把握。它對旱災、蝗災、蟲災一字未提，對水災的防治雖然說了很多，但沒有說一句必可防治的話。相反，它倒反而在感嘆和憂慮「今年我國防汛的任務很艱巨」。事實上，現刻才是農曆五月初，尚未到達雨季的高峯，換言之，即是尚未到達洪水大為泛濫的日子。但在過去兩個月，洪水還只小現的時候，洪水業已成災，這就証明中共歷年來自己鼓吹的所謂水利建設，不是無效，就是謊言，另一方面，當然更說明中共今年大陸各種災情之防治是毫無把握的了。

百元大鈔引起一片爭吵

獨清

（台北通訊）自百元大鈔出籠後，官方報紙不斷披露「工商鉅子」和「財經專家」的談話，一致認為發行大鈔有百利而無一害；但立法委員則不以為然，有一位委員指責政府當局是在玩火，更有二十餘人簽署提案主張停止發行。連日以來，立法院曾連續開會對財政部長嚴家淦，台灣銀行董事長尹仲容提出質詢，發言委員已有十餘人之多，還有多人尚待發言。由於大鈔的發行已是既成事實，立委們縱有停發的提議，當權者自絕不會任其通過的；但立法院仍將繼續爭吵一番，則已是必然的事實。

在立委的質詢和官方的答覆中也充分表現了我們的政治特徵。例如發行大鈔的權責本屬是財政部長的事；然而嚴財長雖作辯護，但處處顯得閃爍其辭。立法院本月九日院會，曾有委員提出他曾向立法院保証，在其任內絕不發行大鈔，何以現在又自食其言？十三日嚴財長致函立法院聲明他祇於去年十二月在立法院審查會說過，「政府目前無意發行大鈔」一語，似乎去年十二月的話，在五個月後的今日就不應據以為憑了。可見政府中人是如何的日新月異呵。大學上所謂日日新，也許正是這樣的吧？

倒是尹仲容反而以決策者的姿態出現，他說：此次發行大鈔，他願完全負責；假如做不好，他一定辭職以謝國人。在有功則爭，有過則諉的官場傳統，居然有人表示願對大鈔的成敗負責，也可說是一件值得稱道的好事。可是，就尹仲容在大鈔發行後所發表的談話而論，却未能給人們以任何信心。相反的，他的話愈說愈顯得漏洞百出。首先，他說發行百元大鈔不是通貨膨脹。但當立法委員問他收回的小鈔是否即將銷毀或不再發出流通，他又說，仍將流通。舊的小鈔既然仍將流通，新的大鈔又大量出籠，此非通貨膨脹而何？關於此一問題，嚴財長似乎比較老實，他坦率承認自三十八年迄今，通貨確有膨脹，但不是惡性的而已。似乎還勉強說得過去。復次，尹仲容說，發行大鈔便利工商。乍看去，似乎很有理由；實則亦與事實不符。因為百元大鈔的兌換辦法，規定每人每次祇能兌換兩張。工商界如果為了兩張百元的大鈔而要派專人到銀行去兌換一次，似乎遠不如清點二十張十元的小鈔省時省事得多，有何便利之可言？更妙的，是他說發行大鈔一如使用支票，假如開一張票面百元以上的支票不會刺激物價，為什麼發行百元的大鈔就會刺激物價？他似乎把支票和大鈔混為一談。但任何人——尤其是迭受通貨之害的大陸來台同胞都知道不可同日而語。最顯淺的道理，是支票必須兌現。故開支票者必須先在銀行有足夠的存欵；否則支票不能兌現，就要受到法律的制裁。而這張支票也就不會再為他人所接受。因此，一張空頭支票的受害者僅限於某一人或某一行號而已，其對物價自無從發生刺激。但今日的鈔票則不能兌現。在我們這個預算制度迄未確立，政府收支向不平衡；而當權者又以隨意動支毫無限制為能事的國度，如果沒有充分準備的大鈔大量出籠，法律既不能予以制裁，人民又無法拒絕接受，其結果是鈔票貶值，物價上漲，國家和人民普遍受害。然而，尹仲容却說大鈔與支票無異，顯見他不但缺乏常識；而其記憶力也頗成問題。否則縱然分不清大鈔與支票之別，亦當能記憶過去大陸時代發行大鈔的慘痛呵。

總之，尹仲容雖勇於發言；但却愈說愈使人不能信服。尤其是執政黨籍的立法委員都紛表反對，一般老百姓又怎不疑懼？然而，為了今日的台灣，絕不能再遭受一次金圓券的悲劇，人們還是希其祇能成功不能失敗的。

市公車處的貪污賍欵一覽

台北市政府和公車管理處的集體貪污案，經地檢處月餘的偵訊，已發現貪污賍欵達三百二十餘萬元之多，其分配情形如下：

一、市政府秘書徐德綸所代表的部份七十一萬元。

二、公車處長呂志超五十六萬元（其中有十四萬元被公車處儲備股長張伯英吞沒）。

三、公車處秘書郁雲梯二十五萬元。

四、公車處物料課長莊謙義五十餘萬元。

五、公車處主計室主任徐元健十二萬元。

六、公車處主計室工務員蔡天錫十七萬餘元。

七、公車處儲備股長張伯英四十七萬餘元。

八、公車處儲備股採購員羅登雲六十餘萬元。

九、市議員趙邦平六萬元。

最可注意的，是市政府秘書徐德綸所分得的賍欵七十一萬元，特別註明是所代表的部份。究竟代表何人，地檢處並未深究；但由於徐乃市長黃啟瑞的親信，是經常在黃公舘出入的所謂官邸人物，一般老百姓無不知道他所代表的當然是黃啟瑞夫婦。可是，本案被揭發後，其他的貪污人員雖已被捕入獄；而黃啟瑞仍逍遙自在的做其市長。可見，祇要是忠貞分子，法院也祇好故作不知了。

監察院又促政府杜絕貪污

本月六日監察院舉行院會，監委陶百川等又提議，請內政委員會徵集同人對於懲治貪污的意見，妥為整理，依法定程序送請行政院注意改善。陶委員在說明提案時說，貪污之風如再不戢止，不僅將無可收之稅，抑且無可行之政。王文光委員說，現在政府的官員中，能不貪污者為數很少，目前的公務員服務法和公務員懲戒法均不切實際，主張採用嚴刑峻法，或可制止。另有委員多人發言，都指出現在一些機關依然是「衙門八字開，無錢莫進來」。辯論結果，主張恢復懲治貪污條例，以懲貪頑。會議決議原案通過，由內政委員會召開會議，邀請全體委員參加。聞自市公車管理處等機構的集體大貪污案揭露後，當權者也覺得過意不去，準備採取若干措施稍事掩蓋。但由於今日政治圈內的核心人物原與貪污有不解之緣，將來至多也不過是擇幾個不關重要的小卒作代罪的羔羊而已；眞是的大貪污者，仍將繼續大行其道的。

蔣總統又談大陸革命

據報載，蔣「總統」曾於最近向美國民族評論雙週刊的記者發表談話，說如果大陸的饑荒引起類似匈牙利的革命，政府將不得不加以干預。並說自由中國存在的理由即在此。他更強調，沒有理由相信對我友好的國家，包括美國在內，會蓄意阻撓我們執行協助大陸人民重獲自由的使命。最後他又表示，中國政府絕不接受所謂兩個中國的聯合國解決辦法。

從蔣總統的這一篇談話看去，顯見我們這位「賢明的領導者」雖然號稱擁有亞洲國家最強大的軍隊；但却無意對反攻大陸採取主動；而必須俟大陸上爆發匈牙利式的革命以後才「不得不」去應援。這就是說，他的反共復國計劃完全是寄托在赤手空拳飢寒交迫的大陸同胞身上。也就是期望大陸同胞來救他。蔣「總統」的起家和發達，一向是坐享他人努力的成果。如今他毫不考慮水深火熱中的大陸同胞渴望被拯救的心情是如何的迫切；反而希望大陸同胞首先發難，然後歡迎他回去接收，也就是基於這種傳統觀念。那些侈言反攻復國非他莫屬的官方宣傳，亦可以休矣。

縣市議員力爭待遇

各縣市議長於前月集體向台灣省政府請求增加縣市議員的待遇後，內政部長連震東，民政廳長陳錫卿曾先後發表談話，認為民意代表是無給職的，不得支領固定的待遇，已有明文規定。一般輿論，亦多對他們此舉表示不滿。然而各縣市議會不但沒有死了這條心，而且進行得更加積極。據悉，數週以來，他們已分別在北部、中部和南部各地區交換意見，準備再作進一步的表示。即將舉行大會的台北市議會，對此可能先有反應。議長張祥傳說：「公道自在人心，相信上級機關總有一個合理的解決。」顯見，這位國民黨籍的議長也是與一般縣市議員抱同一的態度。

縣市議員們要求改善待遇的理由中，也自認民意代表是無給職的。但他們強調同為民意代表的省議員，既可每月支二千八百元的費用，國大代表更有三千八百元的固定收入，而縣市議員却祇有三百八十元到四百元，顯然是很不公平的。而且國大代表可兼任政府官吏，省議員亦可兼任公營事業機構的董監事，獨縣市議員連公立學校教員也不准担任，更是一種歧視。所以要求合理解決。如果一定要執行民意代表無給職的規定，則中央和省級的民意代表也應一律執行，不得巧立名目，藉詞支領任何費用。這樣他們也就無話可說了。

總之，今日的台灣，大家都是盡量利用機會爭取利私。三屆總統選舉時，當權者為了要連任而不惜公然違憲，因而國大代表也就有爭取增加待遇的要求。依法六年才開會一次，國大代表既已爭得優厚的待遇，又何能責縣市議員以為援例呢？

梁肅戎控告政治評論

東北籍立法委員梁肅戎自為雷震担任辯護律師後，即為當權者所憎恨；蔣經國派的人物，更視他為眼中釘。雖然礙於他是現任的立法委員不便直接加以迫害，但仍刻意要用種種方法予以打擊。去年十一月十日任卓宣（即葉青，自首的共產黨員）所主辦的政治評論竟在漫談欄中發表一篇「一物傷其類」的文章對梁委員多方詆譭，指其為「漢奸」，與「叛國」同類，意即是與雷震同類。但因平素大家對該刊都不注意，梁委員迄不知有該文，據悉，還是最近梁委員的兒子在學校聽同學偶然談起，回家報告，梁委員才特意買了一份來看。並即聘請富伯平、趙石溪兩律師為辯護人，於本月十四日正式向台北地方法院刑庭提出自訴狀，控告任卓宣及該文作者趙敏英誹謗。並將雷案辯護意旨書副本一併附在狀內。

任卓宣得悉梁委員已提出自訴狀後，曾向報界發表談話，畧謂該文作者對梁委員並無惡意，該文僅係依據資料而作，如梁委員認為有不實之處，甚願代為更正云云。

本案發生後，東北籍立監委員，國大代表及前在東北担任地下工作的人士石堅、李繼武、王常裕、項潤崑、王漁洋、張鴻學、譚學融、金養浩、侯天民、田欲樸、張一中、張偉光、袁樹芳、王鏡仁、馮國卿等十餘人特於日前舉行記者招待會，並發表書面談話，指陳當年東北陷敵時，梁委員從事地下工作的種種事實，及後來身份暴露被捕入獄的詳細經過。他們對政治評論所給梁委員的誣衊，感到非常的憤怒。決意出庭作証。前任遼北省議會議長現任國大代表的林耀山，以當年與梁委員在工作上的關係，証明後者絕不是像政治評論所記載的那樣。他並說，當年選舉立法委員時，候選人均須經過省級和中央嚴密審查，梁委員因為有良好的工作表現，頗得中央和地方同志的信任，才被提名。政治評論說梁在東北光復後曾被判刑入獄，完全是一種毫無根據的誣謗。

立委石堅的太太在追述當年石委員和梁委員被偽敵逮捕的一番經過以後，曾激動得淚流滿面。她說：我們絕不容一個過去忠貞愛國九死一生的地下工作同志現在無故被人詆譭，希望大家一致主持正義。

這天的記者招待會，可說是羣情激昂。然而，由於政治評論乃是蔣經國的喉舌，而任卓宣又是今日國民黨當權派的理論家，將來法院如何處理，尚未可知也。

中共一教授在希臘請求政治庇護

黃華音

（本報訊）中共派往伊拉克担任巴格達外國語文專科學校中文系主任之王民泉已於調返中國大陸路過希臘時請求政治庇護。此訊已由中外各電訊社報導，但該教授之姓名依外文電訊有譯為王敏全者，亦有譯為王民權者。茲悉該教授之眞實中文姓名乃王民泉。

王民泉是雲南省人，現年四十歲，一九四五年曾在美國學習醫學及社會科學，一九四九年回中國大陸，一九五八年加入共產黨。一九五九年被派往伊拉克，一九六一年六月任期屆滿。他在任滿被調回國途中經過雅典時，向希臘政府請求了政治庇護。

據王民泉在記者招待會說：他的妻子在北平，是一個「忠誠的中共黨員」，他沒有把自己的意向告訴她，因為「她會報告中共當局的」。

王民泉又說：「中共相信東西之間的戰爭不可避免，並且已在準備戰爭」。

溯自中共統治中國大陸十二年以來，雖然自大陸逃到海外的人，為數已達數百萬，即以香港一地來說，香港從前的人口本只數十萬，但現刻已逾三百萬，這增多二百多萬，就都是自大陸逃來。但以中共官員的身份而向外國請求政治庇護，則尚不多見。最近，除中共新華社駐埃及分社之工作人員姜桂林已在埃及請求政治庇護，並獲得自由外，其次就要數王民泉這一宗。中共官員之所以如此甚少向外請求政治庇護，並非反映中共官員都忠心共黨或中共政權，相反，他們大多都絕不忠心共黨或中共政權。其所以甚少向外請求政治庇護事件，實有如下幾種原因：一、是凡由大陸向外派出人員，甚少單獨活動，通常皆是一個自成單位的團體。此一自成單位之團體，組織嚴密，互相監視甚嚴，且在旅途中，皆不得與外界任何朋友任何親友接觸，獨自形成一個鐵幕，所以，其中雖有人欲投奔自由，亦難獲得機會；二、是家人妻子通常被視作人質，所以被派出之人員，常因顧念妻室兒女之安全，只好極力忍耐，自我犧牲；三、是凡屬中共派出海外或外國之人員，均係中共認為忠貞可靠之黨員，至少亦係積極分子，本來，這些所謂積極分子或忠貞分子也未必可靠，但以己身被別人監視甚嚴，且又只有團體行動，不可能有單獨行動之故，所以，雖欲投奔自由，亦常不可得了。這一次王民泉在希臘投奔自由，請求政治庇護獲得成功，實是王君的幸運，幸運的主要因素，則還由於在旅途中未被中共內部團體完全控制之故。但一葉知秋，近年來，中共黨員及官員投奔自由者已日漸增多，可知中共內部之人心已更見渙散了動搖了。

羣衆對中共實行反抗

廣東石歧發生大爆炸 共軍司令部已被炸毀

——共軍多人被炸斃中共不敢公佈

陸聞

據澳門六月十六日合衆國際社報導：廣東省中山縣石歧之中共司令部，昨晚已被一次爆炸所毀，傷亡多人。

又據澳門方面通常最可靠人士之消息：據謂廣東中山縣石歧之中共司令部昨晚確已被猛烈之爆炸所毀，共軍及平民之死傷均為數甚多。事件起因，則係因飢餓不堪忍受，乃對中共實行反飢餓示威，中共軍隊則向此五六百名抗議糧食不足之人民開槍，遂終於演變成大爆炸，鬧事後已有平民多人被捕云。

僑鄉消息

海豐村民集體砍斃共幹

犀照

（本報訊）粵東惠州屬的海豐縣，本年春間曾發生民衆集體砍斃共幹事件，一時造成極度緊張氣氛。

據行走汕尾與香港之小輪某船員（為使某君免受禍姑隱其姓名）透露稱：中共自實行公社後，驅策民衆拼命工作，日夜風吹雨打，不得休息；他們受盡了磨折，過着非人的生活，每日勞動達十四小時，連雜糧也吃不飽，既缺乏營養，又疲勞過度，遂致體力不支，相繼病倒，而又無藥可醫，面黃脚腫，死者遍及各村，日有所聞。最近青草公社（後中共改稱赤草公社）屬下之埔邊村，（距竹園墟約三里）村民不堪共幹之壓迫，乃發生集體砍斃共幹事件，株連所及，閭里騷然，至今事尚未了息。共匪之慘無人道，於此具見一斑。

查埔邊村為一小村落，數姓雜處，居民僅四百餘人，實行公社後，派有共幹三名常川駐村監視督率，民衆變成牛馬，任共幹如何鞭笞壓制，只有忍苦啞受。本年春初，共幹強迫村民集體赴附近某地勞動，限期完成，至入夜時分始行回村，如是者凡數日，一般村民已弄至筋疲力竭。某夜村民抵村後，大家飢腸轆轆，爭求一飽，適是日天氣極寒，他們手足僵凍，見飯菜冰冷，不堪入口，乃推選代表向共幹懇情，要求將飯菜煮熱，然後就食。詎該共幹作威作福，毫無人性，聞言之下，竟不容分說，大肆咆哮，謂你們在毛主席領導之下，有工可做，有飯可吃，已算萬幸；你們還敢要求這樣，要求那樣，可謂目無「組織」了！現在飯菜已備，你們要吃就吃，我們奉行政府命令，為節省物力，斷不容你們無理取鬧，妄加要求，你們如果不吃，難道這些飯菜讓牠腐臭不成！這時共幹已失理性，竟出穢語大罵，辱及村民之父母，大喝你們這些壞蛋快些滾出去！村民見共幹這樣橫蠻，不可理喻，乃激起公憤，鬨聲四起。這時有一個韓姓青年，忍無可忍，竟舉起鋤頭奮力向該共幹迎頭砍去，該共幹登時仆地斃命，其他兩共幹見村民如此洶湧，知衆怒難犯，正想奪門逃命，村民見事已至此，一不做，二不休，索性將該兩共幹包圍合力砍斃。村民見已肇事，知大禍臨頭，相率四散逃走。次日天明，駐防赤草公社之共軍大隊開至，一抵村前，即開槍掃射，可憐無辜村民，遭共軍轟斃轟傷者約達百人，其逃走不及的村民，無論老幼男女，悉遭共軍拘禁，並加以毒刑嚴訊，一時哭聲震天，慘絕人寰。該縣共幹旋向人宣稱：該村民膽敢砍斃共幹，顯為反動份子所煽動，必須全體拘捕，寧可殺錯一百，不可放走一個，故該村居民四百餘人，除已被轟斃的百人以外，其餘三百多隨後均被拘捕，迄今下落不明云。

大陸簡訊

鍾之奇

廣東菠蘿上山

廣東省本來是盛產菠蘿的地方，且因廣東與香港地區隣接，便於外銷，以換取外滙，所以，中共便在廣東各地迫令人民多種菠蘿。但要多產菠蘿，就得多佔農業土地，於是中共乃根據菠蘿的特性，想出叫菠蘿在山上種植的辦法。因為如此，所以廣東全省生產菠蘿的面積，據中共在香港控制的大公報報導，已由一九五〇年的二萬畝，擴展到目前的四十九萬畝了。

揭陽、清遠等糖廠改產紙張

廣東揭陽清遠等縣原有許多糖廠，但最近以來，一則由於在蔗糖停榨的期間，二則由於中共向古巴購買了過多的糖無法銷售，因而影響了廣東各地的糖廠，所以，中共乃對廣東各地糖廠提出一個開展綜合利用的口號，叫各糖廠改變生產方向，故廣東揭陽清遠等縣之糖廠目前已改而生產紙張、酒精、農具、冷飲等。所謂冷飲，當然只專供高級共幹享用，所有老百姓，飯都沒有吃，當然更談不到享受冷飲了。

興寧華僑中學學生少

興寧縣神光山山麓有一座華僑中學，那是中共迫令許多替中共做生意的人並誘騙少數不明大陸眞象的海外華僑捐資開辦的。中共對此則一舉兩得，一方面可以因此多有一間學校，一方面又可利用這一間學校來收攬旅外華僑之子弟，以便對華僑子弟進行赤化教育。但中共的這一如意算盤並不很如意。因為最近幾年中共在大陸的殘暴統治，已使海外華僑有了進一步的認識，再加以大批華僑子弟從前都乘興回到大陸，隨後却無不失望的逃奔海外，只前年（一九五九年）這一年，因失望由大陸投奔到香港的各地華僑學生即達四千人之多，所以，無論中共設的何種華僑學校，都不能吸引人了。據中共自己最近報導，這所規模宏大的興寧華僑中學，雖然校舍非常漂亮，但自一九五六年開辦以來，迄今只有五十名學生畢業云。

東莞麻涌公社大力種香蕉

位於珠江三角洲上之廣東省東莞縣麻涌公社是中共在廣東省地區大力種植香蕉的重點區之一。在該公社內，專門從事香蕉種植的就有十四個大隊。種植香蕉的面積，達一萬二千餘畝之多，佔整個東莞香蕉面積的七成。由於麻涌公社的農民對種植香蕉素富經驗，所以所產香蕉皆皮薄肉嫩，但種植香蕉之農民，却無福享用，一齊被中共囊括，到海外換取外滙去了。

俄文一枝獨秀

為了一面倒向蘇俄，一切外國語文都在大陸被歧視，只有俄文一枝獨秀，在共黨政權有計劃的安排下，到處都在學習俄文。福建師範學院亦不例外。茲據中共報導，福建師範學院現正積極展開會話活動，在課內和日常生活中，師生們用俄語進行交談。縣的廣播台亦常朗誦俄語文章和播送俄語歌曲云。

南寧大種中藥

許多種中藥一向生長在北方，但一則由於中共統治大陸十二年來，對中藥之培植不但無整個計劃，且由於動員全民栽種米麥之故，所以原先產藥材之土地，亦被共幹盲目劃去；因而中藥生產近年大大減產，其中若干種中藥甚至到了即將絕跡市場之地步；再加以大陸人民普遍飢餓，營養不良，患病的人既日漸增多，而西藥又缺乏，遂對中藥特別感覺需要。為此，中共中央最近才又提倡栽種中藥，以資補救。茲據中共報導：南寧醫藥站藥材培植場自一九五九年建場以來，先後試種、引種醫藥用途較廣的藥材如牛膝、黨參、元參、生地、白朮等共四十多種。

廣東展開「消滅三類苗運動」

在廣州出版的中共「南方日報」最近透露：中共刻已動員百萬勞動力在佛山、江門兩專區以及普寧、揭陽等縣展開「消滅三類苗運動」；並要求全面加肥及加強田間管理等工作。蓋上述地區或因水災或因旱災，三類苗的田地急劇增高，必須加強田間管理及除草加肥等工作，始可遏阻三類苗面積之繼續擴大云。

南越局面迫近攤牌

林世賢

西貢依然是美麗的，法國式的建築，馬路兩旁高大的合歡樹，像她在以往的「安南」時代，有初夏氣息的南歐婦人和安南少女，撐着花花綠綠的太陽遮在街頭漫步；即使不是首屈一指的，但作爲東南亞最美麗的城市之一，她也可以當之而無愧。

可是這個美麗的城市，自她長成爲一個新生國家的首都以來，便已經歷了許多苦難，敎派軍的叛亂，曇花一現的革命的虛驚，都曾給予這城市的人民以獨立誕生的痛苦，和邁向民主的艱難掙扎。而如今，她却陷於共黨破壞活動的恐怖裏，接着也許會有戰爭，這是對於國族存亡的威脅。

「越棉寮走廊」

與其說東南亞的緊張是起於寮國的變化，毋寧說基本的原因是在南越，寮國的變亂，不外是共黨想打出一條迂迴的通路，從北越共區奠邊府那邊，經過寮棉邊境走廊而通達南越罷了。

北越共黨及中共，通常把南越稱爲「（北）越南部」，這就是說他們否認南越有着「越南共和國」這麼一個國家，同時也表示他們窺粿不忘於湄公河三角洲這一帶肥沃的領土。以財富來說，河內海防一帶的紅河三角洲還得居於其次，西貢堤岸外圍區域，才是眞正的「東南亞米倉」。共黨北越年來雖在高呼「建設」，但只是把河內的鐵路接通到中共去以達莫斯科，和開闢幾條到寮國邊境去的公路，這些都是戰畧性的。也許更由於它的雙重附庸性質的緣故，經濟民生並沒有好轉。它之垂涎着南越豐富的資源，不言可喻。加上中共頻年的飢饉，可能他們會有「移兵就糧」的想法。周恩來的宣稱支持范文同「統一越南」，正是基於他們共同利益的一致。

可是在一九五四年日內瓦所劃定的北緯十七度南北越分界線上，南越正駐着重兵防守，國際監察委員會也仍然注視着這一條界線。共黨不但不易公然南侵，而且如果突破這一條界線的話，便必然地會引起國際行動的干涉。這就是由奠邊府繞道寮南進迫南越的由來。現在這條寮棉邊境走廊已被共軍打通了，作爲東南亞鬥爭中心的南越問題，也就格外地凸現。

二萬「游擊隊」

不敢以武力攻取，便使用滲透顛覆，這是共黨不二的法門。北越共黨對於南越的陰謀，年來也就是循着這一套進行着。起先是在西貢西南六十里的沼澤地帶，舊共黨游擊隊根據地，發現了死灰復燃的，共黨游擊隊。其次，是當年敎派軍的最後將領陳文帥戰敗逃入高棉，他的殘部敗卒，不久就被北越共黨派人組織吸收，也成爲越棉邊境的共黨游擊隊，不久，邊和省，順化省也有零星共黨游擊隊的活動，越南國防軍的進入剿匪戰，已經超過二年半以上。在這些戰鬥中，其先確是像警察驅零星暴徒那樣容易，但後來他們的人數逐漸加多，至於伏擊軍車或兵隊，有時更能作遭遇戰，也逐漸成爲威脅村莊的流寇式盜匪。他們怎能够迅速「茁壯」呢？南越人民都知道北越的生活並非更佳，那裏會有人心嚮往之？實際上，那些並不是南越土地的產物，而是由北越潛入的越盟軍士兵幹部，他們脫下軍裝，經寮國高棉邊境潛入南越，便成爲南越共黨游擊隊了，據粗畧的估計，這些游擊隊人數，業已「超過二萬人」，成爲南越治安嚴重的威脅。

他們在各處沿河刼掠商旅船隻，伏擊軍車，爆炸橋樑，重施昔年包圍河內實行破壞一切的故智，進而他們以南越政府的官員及公務人員爲對象，施行暗殺，造成恐怖，動搖人心。

美國在「考慮」

南越是不會像「已熟的蘋菓」，等待共黨去採摘呢？月前東南亞聯盟會議時，南越被列爲與發生戰火的寮國同等考慮，也就是基於上述的理由。當時討論出兵寮國也就是希望一舉同時掩護南越，但由於東約各國意見不一，寮國的命運被送到日內瓦會議桌上去，南越的局勢便成爲美國單獨應付的問題。

美國詹森副總統在西貢與吳廷琰總統聯合聲明，加强美對南越援助，但「不派美軍入越」，據說後者係吳廷琰的意見，因爲未有戰爭而先行駐軍，反而可能引起各方面的麻煩，如共黨在內部的反宣傳及在國際的指責等等。可是共黨游擊配合寮共的發展，日見猖獗，已使越南國防軍更加頭痛。現在吳廷琰總統已派出特使阮廷端氏赴美，要求美國軍官直接訓練越南軍，不像目前那樣的間接訓練。

華府對此的反應是尙在「考慮」，但西貢的人們却認爲已無考慮的餘地，爲的南越危機，已迫近「攤牌」的局面了。

・堤岸通訊・

尼泊爾醞釀的政治風暴

克兆民

喜馬拉雅山上的尼泊爾，刻正面臨着一個在醞釀中的「政治風暴」。這個處在印度和中共夾縫裏的小王國，將要艱苦地應付兩個極端困難的問題。

第一、在印度的新德里及尼泊爾的加德滿都，那些被禁止活動的尼國「國民大會」黨的流亡政客們，目前正加緊策劃着在今年秋間對他們的國王展開一次强烈的政治攻擊。

第二、尼國國王馬亨德拉所委任的新部長委員會，也要應付那些因飢餓和疾病而被迫由西藏湧入的難民所造成的危機。——爲的是：有不少難民是由「共特」所僞裝。

如所週知：目前由前副總理山舒爾昆在印度邊界領導的尼泊爾國會，在馬亨德拉王運用智謀困扼「尼泊爾民主政府」的時候，顯然是極度憤恨，而勢必準備伺機加以反擊；至於「國民大會」黨，也不相信馬亨德拉王的「訓導民主」是屬於「權宜措施」；再加上各流亡政客們之業已發動了印度型的「不妥協、不服從」運動。

這些政治風暴，很顯明的，都很可能於秋間季候風季節前後便醞釀成熟，而在一個偶然的時機中，閃電般爆發起來。

被禁止活動的尼泊爾「國民大會」黨，雖然不能正面從印度政府方面獲得任何援助，但印度的人民社會主義黨却已公開地予以積極的支持。

馬亨德拉王能否應付這些政治風暴？那就要看看這小王國裏的六千名軍隊在這危急的時候所採取的是怎樣的態度了！

尼泊爾王的權力，是建立在士兵和軍官身上的。因此，他的影響力，從來不能伸出「卡曼都谷」範圍外；而所謂「軍事據點」，在崎嶇險峻的尼國國境內，也不獲多覯。危機一旦爆發，尼王要應付，確是相當棘手。

尤有足以使尼王馬亨德拉惴惴不安者，就是那些由西藏湧入的難民。那些難民中，已被發現有不少是「僞裝者」；這些「僞裝者」，都是中共的特務，他們潛混在難民中滲入尼國，數目已日漸增加。同時，尼國邊境也逐漸陷入飢荒厄境，這顯然更對共特有利，他們可藉此飢荒的困擾來挑撥尼國邊區人民與國王間的惡感，從而製造騷動，加强政治風暴的氣氛和內在紛亂的質量。這樣，尼泊爾王馬亨德拉便將受到四方八面迫來的壓力，偶一不愼，便會墮入由中共擺佈的國際共產圈套。那時，這一塊夾在印度和中共間的「緩衝區」，勢必更岌岌可危！

國際共黨和自由國家鬥爭的手法，最厲害的就是製造小國的紛亂，以遂共滲透、侵畧的野心。自由國家對此，實不應坐視！

中共的「唯物論」

・成光年・

人命和物資孰重？

在中共看來，物資爲重，人命次之。

最近幾個月內，大陸已發生過三次犧牲大批人民生命去搶救物資的「轟烈」事跡：

第一次是廣東英德縣貨倉大火，「黨委」親自指揮着數以百計的農民冒着烈燄衝進倉裏搶救「國家的財富」，結果焚斃了廿五人。

第二次是吉林農安縣哈拉公社的養馬站失火，於是大批生產隊的隊員在濃烟四冒火舌高張中除了搶救馬匹之外，還要搶救馬糧，結果，又有十九人葬身火窟。

第三次是最「轟烈」的，也是最悲慘的；事情是發生於厦門。五月十八日，「政府倉庫」不知如何起火焚燒，於是「人民消防隊」啦，「人民警察」啦，「民兵」啦，以至附近居民啦，都一批一批又一批的被驅迫衝入火場，搶救倉庫裏的物資，被燒至焦頭爛額的達七十六人，被濃烟焗暈的四十二人，被活生生燒死的三十一人。事後，共方還大吹大擂，說這是社會主義的人民「捨己爲國」的英勇精神，讚揚被燒死的人是「社會主義烈士」。

捨身救人，誠然是英勇的烈士；但捨人救物，這就祇有在中共的「唯物論」中才會被視作最動人的宣傳「膏藥」吧了！在這「膏藥」的背面，除了「殘酷」二字，還有甚麼好說哩！

僑鄉近訊

中共又瘋狂「下放」

・江水・

中共爲求急於解決糧荒，最近又瘋狂地大搞「下放」的把戲，驅策大量勞動力到田壟間去，企圖藉此挽救農業生產的大躍退。據悉：四川的綿陽等六個地區，在最近一個月內，「下放」的勞動力已達三十多萬人；新疆人民被驅迫農業生產第一線的，也逾十五萬人；遼寧的瀋陽，旅大，安東，本溪，阜新，錦州，鞍山，撫順，營口，朝陽等十個城市，被「下放」的市民，則達五十五萬人；南京方面，青壯勞動力被抽調下鄉的，約有十萬人。至於華南的福建和廣東、廣西等省，「下放」的演出，尤爲如火、如茶。據「人民日報」連日的報導：福建各市鎮的人民六十萬人，投入農村生產的，已增加四十萬人；廣東則增加六十萬人；廣西也增加三十萬人。——中共這種徒知奴役人民而罔恤人民死活的殘酷政策，勢必更引起人民的反感；農業生產的衰退，在天怒人怨下，是必然挽救不來。相反地，糧荒情況，將必愈趨嚴重！

粵共號召搶種雜糧救荒

廣東省內，月來連日暴雨，始興、清遠、英德、惠陽、博羅、陸豐、惠來等縣，雨量約達一百五十毫米至二百毫米；而東江，北江，韓江的水位，也一度相繼暴漲，直至本月七日，各江水位始徐徐下降。因此，汕頭、海豐、陸豐、惠來、英德、韶關、清遠、三水、南海、德慶、高鶴、順德、開平、新會、恩平、陽江等廿餘地區，早稻的秧苗，被淹害的共達四百餘萬畝。農業生產遭受打擊相當嚴重。粵共不特不體恤鄉民困苦連顛，反而藉詞「搶種雜糧救荒」，驅迫鄉民加緊開墾荒山、荒地，播種雜糧，並把這一項奴役政策，列爲全省「第一重點」措施。該省「黨委」，曾公開承認：「四五月間，省內連續遭受暴雨襲擊，不少水稻被淹死，或被浸壞，早稻秧苗計劃，已刻不能完成，惟一的補救辦法，祇有加緊開荒來搶種雜糧」。至於有關「水利工程」的失敗，則隻字不敢提。

犧牲（四）

金陵

王先生心裏充滿了慰藉，那是興奮與感激的生成物。他想，有這麼一位賢淑的太太，是够幸福的事，於是，他又記起了他們相戀時的情景。那是另一段幸福的回憶，那唯一能屬於他們而能讓他們留存的，並不是相戀的幸福，而是幸福的回憶。深切回味着幸福的溫柔，他感到比幸福本身的感受更來得溫柔。

王太太竟沉溺在痛苦的漩渦中。她第一次感到抉擇的不易與痛苦；抉擇前，她曾失眠了好幾個夜晚，而在抉擇以後的現在，她依舊感到痛苦萬分，於是，她感悟到人生簡直就是痛苦的連鎖。她不禁咽泣了起來，讓淚水洗濕了枕頭，她的咽泣聲沒有吵醒丈夫和女兒，卻招來黎明的第一聲鷄鳴。

四

日子隨着第一次寒流遠去，又隨着第二次寒流回來，當一千零五十塊錢用盡時，王太太分娩了。那是個白白胖胖的男孩子；圓圓的小臉中央，有母親樣的高挺鼻樑，鼻樑下有張小巧的嘴巴，而他的兩隻眼睛，活像他父親，大而且有神。

一個男孩子！王先生雖是個受過現代教育洗禮的人，但對於傳統的「重男輕女」的觀念似乎不曾放棄，所以十幾年來，一直盼望着太太會替他養個男孩子，如今，他的希冀眞的如願了，於是，一副笑容很快地取代了往日板起的臉孔。他就是這樣一種人；雖然學會掩飾一切痛苦的侵擾，對於興奮的感受，却不能瞞過任何人。

第二天一早，他又穿起藍色大衣，挾着舊皮包去了，他想，自己該替太太弄些產婦所需要的東西回來，算是酬謝她替他養下一個男孩子的功勞，像酒啦、鷄啦，他知道那是產婦所不能缺少的東西。啊！她終於替他生下了一個男孩子！一個男孩子！他又被一陣喜悅罩住了；他一定要讓這個男孩子學音樂，他也要他專攻小提琴，成爲中國的帕格尼尼，那麼，他那常失落的希望不就又尋回來了嗎？當一個人自認不能實現他的欲望滿足自己的驕傲時，他便會把這種欲望寄託在孩子身上，無疑的這是一種自私，也是一種愛，而這種自私與愛的交織，却能令人感到陶醉與快慰。然而，這一股陶醉與快慰是短暫的，當他走不了幾步後，陶醉與快慰又被「當舖」兩字驅散了，莫名的空虛與憂鬱又襲上心頭。

他在「當舖」前停下來，脫下身上的大衣後，立即感到周身的寒冷，因爲除去那一層後，僅剩下一件褪了色的綠色衛生衫。他打了幾陣寒噤，之後，把雙手往大衣一塞，便邁着大步走進去。

交易沒談成；當舖老板給他那逾齡的大衣，只開了五十塊價錢，五十塊！天哪，我最好的衣服僅值五十塊！他無論如何也不答應，老板也死不讓步，於是他又只好穿上大衣離開當舖。屋外寒風依舊，他拉緊了大衣的領子免得讓冷風鑽進衣內去。「這麼冷的天氣，實在不能失去這一件大衣。」他自言自語道。話雖這麼說，但當他走進第二間當舖時，他的脚又停下來了；照樣地脫下大衣，照樣地打個寒噤，照樣地邁步，又照樣地穿起大衣離開店舖——。這樣，出出進進，穿穿脫脫，先後連續走了五六家當舖，受盡五六次氣，也享盡五六次安慰，結果，大衣仍舊沒有當出去。他想，當舖的老板與妓館的鴇母同爲人間的吸血鬼，死後都該被打進第十八層地獄。

他在新公園裏繞了幾個圈子，然後走進公園西側的一幢大厦跟前，那是一家醫院。他站在一棵扶疏的冬青樹下，一下子摸摸胸前隆起的兩團肌肉，一下子挺一挺胸膛，然後，在左顧右盼後悄悄地走進醫院大門去，生怕碰到熟人似的。

中午，王先生提着一大堆東西回來了；一隻鷄、兩瓶酒、奶粉、鷄蛋……所有產婦與小娟所需要的都齊備了。他一進門便看見太太擁着嬰兒抽泣着，嬰兒也跟着母親號哭起來。王先生以爲那是產婦常有的情形，就隨便安慰她幾句後，即刻生起爐火，準備宰鷄。

牀上的王太太，看見丈夫提着鷄和酒回來很是詫異，他想，離開發薪的日子還有一個禮拜多，他哪兒來這些錢呢？她懶得問他，她的心被另一種傷心事纏繞着，呵，母親的心總是這樣脆弱。

「我的孩子，這個世界是多麼的醜惡與不公平！無恥者得勢，而像你父親那樣忠實的人，却要受盡折磨，假如你知道這些，你就願意停留在你原來的地方而不到這個世界來了。」她把孩子摟緊後，細聲地向孩子說，她怕王先生聽到這些怨語，而他是最不喜歡發牢騷與聽別人發牢騷的。孩子是聽不懂這些話的，却也用幾個尖銳的哭聲，斷斷續續地回答母親的話。

那是王太太生產後的第十天的黃昏。

當王先生第二次提着鷄和酒回來時，他又發現王太太正蒙着頭，抽泣着，她身邊的嬰兒不見了。

「孩子呢？」王先生慌張地問，第六感告訴他將有不幸事發生。

「?!……」王太太沒回答，似乎哭得更兇了些。

「不要哭！告訴我，孩子到底在哪裏？」王先生提高嗓子說，顯然地，他是不耐煩起來了。

王太太眞的不哭了；他先抹乾眼淚，然後扶着竹牀的欄杆坐了起來，生產才十天身體尙未復原。蒼白的臉上，眼睛與嘴唇却顯得格外堅强；一個人沒有比心死更悲傷的事，她已下定決心接受任何打擊。

「賣掉母親留給我的金項鍊是事實」注視了一下丈夫後，她從容地開口：「但它僅值五十塊錢，因爲那是銅質的，另在表面經過一番鑲鑄而已。至於其餘的一千塊錢……」

「對，其餘的一千塊錢是那兒來的？」

「那是請陳太太幫忙的生產費。」

「陳太太？那個陳太太？不要緊，我們可以慢慢還她，你知道年終獎金快發下來了，而下個月起，我可以到私立學校多兼課。」

（待續）

老人

黃信男

「饅頭……饅頭……」在花架的那邊，老人邁着蹣跚的脚步走來，佝僂的身子背着一個長方形的肥皂箱，箱子上的商標還依稀可見，哪裏面是一些包子饅頭之類的食物。老人沿着走道慢慢地叫賣着，聲音有點兒顫抖。

「饅……頭……饅……頭……」那是一個燠熱的黃昏，但在公園裏這條很長很長的走廊底下，却有一絲兒涼風流動着，這使老人覺得很舒服，他很想在這裏多躭擱一會，但脚步仍然習慣的向前挪動着。

賣饅頭是他的職業，他其實可以不必這麼辛苦，但他喜歡這樣，他知道自己已沒有等待的耐性，他忘不了過去當攤販時那份等候顧客的焦急與寂寞。現在這樣不是很好嗎？老人心裏想，可以到處走走，願意什麼時候回家就什麼時候，累了就倒在長椅上休息一回，也不要付什麼稅，也沒有人來干涉什麼東西不清潔，一天裏面即使沒有一個人買他的東西也不要緊，他可以留着自己當飯吃，他一點也不必發愁，還有，還有，還有，老人不自禁地微笑起來。

誰說我悲哀？老人心裏想，我一點也不悲哀。

老人想起那些好心的遊客，心裏突然有一點憤怒的感覺，他不喜歡那些人的面孔。他們常常故意向自己買一點東西，臉上帶着憐憫的神色，很多次他們買了東西，自己才一轉身，他們就把手上的東西偷偷地丟在肥皂箱裏。老人很憤怒，但他沒有辦法，他好幾次想痛罵他們一頓，但他從來沒有這樣做。讓他們去吧！老人這樣想。

老人很懷疑自己是否眞值得憐憫。這眞是一個可笑的問題，他想。他覺得自己過得並不壞，但是，一定有什麼地方不對，他想，一定有什麼地方叫人看了可憐。他不明白，他也想不出來。老人午夜醒來的時候，有時候想起自己將來沒有人送終的事，不免有點兒難受。他想：大概就是這一點吧！

一想起自己將來的「身後事」，老人就暗笑自己的愚昧。他努力想排遣一點老來的寂寞，他常常安慰自己：沒有人送終有什麼關係？我一個人來，當然還是獨自一個人回去。老人有時很後悔自己年青時沒有娶一房媳婦，這六十多年的日子到底是怎麼過的呵！他只能模糊的記得一點點影子，就像河裏的水一樣渾渾沌沌的，日子眞像是閉着眼過的呢！老人默默地嘆息了。過去的事情好像是撕碎的紙，有的染着笑的，有的是滴着淚的。

他依稀看見自己騎着牛，又似乎看見自己在刈着麥草；趕集的日子去買一點煙絲；回來時要帶一些鎮上的消息。然後是什麼呢？有人拉他上山當老二；沒事時談談館子裏的女人；茶館裏可以坐一整天；革命軍的消息還是很遠；眞龍皇帝聽說又出世了，幹厭了就開開小差……

別再想那些事了，回家去吧，老人想。

「饅……頭……」老人遲鈍的轉過走廊，他突然有一點窒息的感覺，那是懨懨地，像是有什麼東西收緊了他的呼吸似的。

「饅……頭……」他悠長而顫抖的低喊着，像是在自言自語，他覺得自己很累很累。

「賣饅頭的，」在老人走來的這條小路上，一對年青的情侶默默地注視着他，當老人走到他們面前不遠時，男的開口喊了他一聲。

「饅……頭……」老人沒有聽見，他在思想着他的小屋，想着那張舊竹牀，想着回去後是不是馬上就睡一回。平時老人常常挨到很晚才睡，但現在他感覺他須要好好地睡一回了。這是怎麼回事？老人担心自己是不是不濟事了。他突然覺得腦子昏沉得厲害，但嘴裏還是在習慣的拖長聲音叫：「饅……頭……」

「喂！賣饅頭的，」年青人又喊了他一聲，但他仍舊沒有反應，年青人詫異地望了女的一眼，他們目送着老人走過他們身邊，向着落日的方向蹣跚而去。

在他們前面，老人猝然倒了下來。

老人覺得自己似乎睡了一覺，而在醒來的時候，好像滿堂的子孫都已經聚集在他的牀前，要服侍他起身。老人知道自己並沒有兒孫，但他却聽到有一對小男女的聲音，一時間他又有點模糊起來。

「不會是死了吧？」女的焦急的說。

立刻老人感到有一雙柔軟的手在檢視自己的身子，還按着自己的額頭，老人從來沒有這樣被人撫慰過，他感到說不出的感激。

「這個老人眞可憐！」女的說。

老人起初聽了有點憤恨，但立刻他就發覺他很需要這句話的撫慰。老人偷偷地哭了，但又有點想笑的感覺，他想爬起來謝謝他們，但他一點也不能動，他似乎看見公園裏開滿了花朵，園子裏到處都飄浮着香氣。

「大概差不多了。」他聽見男的這樣說，他不懂那是什麼意思。

女的哭了，她哭出聲來。

老人不懂那個女孩子爲什麼要這樣，但他很喜歡有人爲自己哭。從來沒有人哭過自己呵！老人心裏想，傻孩子，這眞是一對令人疼愛的傻孩子呢！——突然老人感覺自己什麼地方被人刺痛了，他感覺自己突然變得小孩子一樣，渴望人家撫慰自己，要人疼。老人靜靜地躺在地上，不知從何處湧上來一股悲辛。

辛亥革命史談（九）

二・從興中會到同盟會

舜生

自光緒二十三年（一八九七）七月，迄二十六年（一九〇〇）五月，中山留日本繼續活動。中間經過戊戌維新的失敗，清廷頑固派氣燄大張，以康梁為外人所庇，而廢立又為外人所阻，因此縱容拳匪，大舉仇外，二十六年庚子五月，津京一帶，燒殺日趨激烈，戰禍已迫眉睫。中山感於人心對清廷絕望，全國或將糜爛不堪，認為時機緊迫，且有隙可乘，乃毅然欲有所行動。先是粵紳劉學詢，與粵督李鴻章頗有關係，曾於是年春間函告中山，謂鴻章有獨立企圖。五月，港紳何啟乃正式說香港總督卜力（Black）勸鴻章與清廷脫離關係，聯合中山救國；何啟以港督可予協助之意，轉告興中會留港諸人，並囑電告中山。於是何乃代興中會起草一致港督的英文函件，由中山領銜，楊衢雲、鄭士良、陳少白、史堅如諸人同署，除歷舉清廷失政外，並表示政見六點：一、遷都於適中之地。二、於都內立一中央政府，以總其成；於各省立自治政府，以資分理。三、公權利於天下。四、增文武官俸。五、平其政刑。六、變科舉為專門之學。港督見此函後，力表贊成，即命沙面英領事徵求鴻章意見，李初頗為所動，可是其時他已屆七十八歲的高齡，既無此遠見，也無此勇氣，且不久即奉清廷之命，北上議和；又已贊助長江劉張兩督與各國訂約，成立一東南互保之局，故此事卒不果行。

是年六月二十一（七月十七日），中山由新加坡到港，但未能登岸，乃於舟中召集興中會同人會議，命鄭士良準備於惠州舉兵，直逼廣州；以畢永年為民政部長，日人平山周為外務部長，原楨為參謀長；命史堅如、鄧蔭南潛回廣州響應；楊衢雲、李紀堂、陳少白等留香港籌劃接濟；中山本人則偕宮崎寅藏前往日本，謀取得一批軍械。本來，在光緒二十一年興中會在香港成立後，楊衢雲以他原係輔仁文社首領，仍欲為興中會會長（時稱總辦），雖選舉結果，會長屬諸中山，但中山為息爭起見，乃轉讓衢雲。經過同年廣州革命失敗後，中山偕陳少白、鄭士良赴日，而衢雲則遠走南非。二十四年春，衢雲赴日，以廣州事調度失宜，頗受中山面責，衢雲俯首接受。是年十月（十一月）興中會與哥老會，三合會在香港開會，共舉中山為會長，衢雲也以興中會會長還諸中山，故在惠州舉義期間，衢雲已與中山合作無間。

是年閏八月十五（十月八日），鄭士良、黃福舉義於惠州三洲田。先是本年八月中山到台北，台灣總督兒玉源太郎，頗贊成中國革命，知道中山可能領導的革命軍，缺乏具有新知識的軍人，乃命其民政長官後藤與中山接洽，允於起事後相助。於是中山乃將原定計劃擴充，擬就地加聘日本軍官，命士良即行發動；同時改變原定戰略，不直趨廣州，先佔沿海地帶，以便他本人前往指揮。但不幸正當士良發動以後，日政府忽告改組，山縣有朋的內閣已變成伊藤博文的內閣。伊藤不許兒玉贊助中國革命，既禁止武器出口，又禁止日軍官投効革命軍，因之中山一切計劃，全歸無效。士良由三洲田出發後，轉戰於新安、深圳、鎮隆、永湖、崩岡墟一帶，本來是以少勝多，所向克捷，清副將杜鳳梧，且於二十二日（十月十五日）在鎮隆被擒；延至二十八日，經龍岡、淡水，轉戰至三多祝，已將新安、大鵬，至惠州、平海一帶沿海之地佔領，等待接濟一到，即將衝入閩境，疾趨廈門，但次日已得中山所遣山田良政帶到函件，告以情況變更，即到廈門，也難期接濟，請其自決進止。士良不得已，乃將大部附從者解散，僅率有槍者千餘人，分水陸兩路，擬退回三洲田根據地；至橫岡，乃為清水師提督何長清所部擊敗。於是士良揮淚散衆，偕黃福等先後避往香港，山田良政以迷路為清兵所擒遇害，士良亦於次年七月（八月）病故香港。

與惠州一役有關事項，有兩件應予紀述：其一為史堅如謀炸廣東兼總督德壽（按李鴻章北上議和，德壽以巡撫兼總督，仍居撫署。）不成遇害；其一為楊衢雲在香港被刺身死。

先是中山為佈置惠州起義，命堅如及鄧蔭南潛回廣州謀響應。及三洲田義旗已舉，堅如以所謀未遂，擬炸斃德壽以振奮人心，且牽掣粵方對惠州壓力，乃售去祖產得三千金，託蔭南等密購炸藥兩百磅，於撫署傍租屋掘洞；九月初五（十月二十七日），堅如置炸藥洞底，以藥綫為引，燃香，閉戶，人即引去。但第一日未爆；第二日堅如仍親往安裝，人離去不久，即轟然爆發！惜所置引綫未如法，只燃燒炸藥一部分，僅炸毀撫署後牆及居民數家，德壽不死。初七，堅如乘輪赴港，中途為營勇截獲，南海縣以酷刑逼供，不屈，於九月十八日就義，年二十有二。

惠州一役失敗以後，楊衢雲在港設帳授徒，教授英文，德壽疑撫署被炸為衢雲所主使，乃暗買兇手陳林，以手槍突擊衢雲於課室，衢雲以西書自掩，卒中槍仆地，次日死於醫院，時二十六年十一月二十一日（一九〇一年一月十一日），衢雲年四十。中山聞訊，於橫濱開會追悼之，並由同志捐金恤其遺族。（未完）

更正：上期本文第一段光緒二十一年及二十二年下括弧內數字筆誤，應更正為（一八九五）及（一八九六）。（舜）

文擢示所為鄧君書序論養心關藝事至詳感而賦之十二疊均

鄧書為引喤。肆觀快旬日。一心為物攖。
撼百何論十。如工畫師喻。斯語華嚴出。
寂思孕衆妙。萬化莫遁隙。喪眞孰箴世。
復性自述昔。粵學振待君。奮筆堪奪席。
顧回斫陣氣。養銳貴堅壁。

太希自星加坡寄惠繼道先生遺著賦謝十三疊均

遺書布侯官。入手方旬日。遠勞海南致。
賚逾球琳十。莊評假自璩。斯編璿也出。
嚴學籠無外。圓融泯際隙。厥書尤芳儁。
皇祖寶之昔。草聖吾夙工。廻翔旭素席。
籤題未我命。龍蛇斬破壁。

新亞心聲刊成賦示來學諸子十四疊均

自我敎上庠。忽逾三千日。哀微痛詩敎。
所期千存十。昭昭正聲揭。漸漸佳句出。
名章孕瓌才。老師艱抵隙。豪桀推一時。
斯語吾鄙昔。義當摧萬古。杜韓試睨席。
絕笑鄉曲儒。慮造矜嚮壁。

素庵為拙集撰序至工賦謝十五疊均

四絕推素庵。相知非一日。鴻篇為我引。
氣乃倍我十。君夙師愼宜。法並摯翁出。
健筆足傳衣。勝義要彌隙。扶衰吾輩事。
僞學欣排昔。故鄉餘摶夢。幾輩安枕席。
天狼射未能。大弨方掛壁。

紹杰為余治印既多且精賦謝十六疊均

平生金石契。纔鏤每忘日。我乞無不應。
拜謝當合十。寸鐵戰風霆。蜿蜿蛟龍出。
自摩秦漢壘。不攻皖浙隙。傳衣波外翁。
沈湘每傷昔。十年磨劍客。彼佼試割席。
大書出殘簡。居延搜斷壁。

聞大千將來港喜而賦此十七疊均

窮溟續古歎。君來可計日。仰天睇高鳥。
屈指數寧十。兒婚乞潑墨。妙筆胡未出。
知君目有靑。矇矓莫辨隙。畫家造物生。
驚天語吐昔。自發董巨眞。憚王當讓席。
何時圖雙鴛。燕都方飾壁。

乞頌舅轉乞墮庵丈寫所為哀時命賦十八疊均

二黃儷體文。天葩麗春日。我序躬庵作。
佳製累七十。墮庵才儷兄。淵哉不苟出。
麗詞蓋六代。繽紛散瓊隙。古芳揚晉宋。
斯詣誰踐昔。機雲試掞張。班張欲分席。
一篇倘寫付。孤吟會倚壁。

聯合評論

週刊

本刊已經香港政府登記

每逢星期五出版

United Voice Weekly

第一四八號

督印人：黃宇人　總編輯：左仲平

社址九龍赫德道二十三號地下　電話 68678

承印嘉羅印刷有限公司香港灣仔馬師道5號

總代理：友聯發行公司售價每份港幣一毫

本報美洲版總經售處美國紐約中美出版社

CHINESE - AMERICAN PRESS, INC

199 CANAL STREET.,

NEW YORK13 N. Y. U.S.A.

美洲航空版每份零售美金一角

繁華舊夢、何時醒來！

李璜

歷史已往的因緣，舊日榮利的回溯，總是令人們要不勝其懷念之情；因之時移世異，環境變遷，而一般人還在因循舊習，夢裏貪歡，要想照樣走着老路，依然尋得昔日繁華，——這在明達的哲人，便看穿了世事變化的無常，而要為一般人悲其「勝地不常，盛筵難再」；這在今日的社會學家，便要說這種陳陳相因，乃是死人支配了活人，所以歷史上一民族的老觀念不易更改，因而進步來得很慢。

日本以工商業立國，靠推銷其製成品於廣大地區的衆多中國人民，在清末民初之交，其所得財富，至為巨大，超過西方在中國的商業所得遠甚！因此日本軍閥纔起了野心，要打算以武力淪中國為殖民地，以便在原料上予取予求，在推銷製成品上使中國變為他們的獨霸專利的市場。不幸，日本軍閥在八年戰爭中，把中國的土地蹂躪殆遍，把中國的軍民精力消耗，中國始為國際共產黨所乘，而被毛澤東政權霸佔了去，日本人固然失敗了，而中國人更為倒霉之至！

而今中國大陸，既已變成了共產極權的試驗場所，而且低能的毛共一羣試驗得一塌胡塗，看看弄得來民窮財盡，連年大鬧飢荒，而日本的財閥政客以及一般日本人乃仍舊的，不斷的在想望與大陸中共政權大做其生意，以為還可以恢復戰前日本人對中國的商業利益。這種「尋好夢，夢難成」的無聊之極的日本政客想法，在左派則表現得十分可鄙，尤其是本年一月日本社會黨代表團前往北平會見毛澤東，表演得肉麻之至！（內容見本刊本月十六日一四六號第二版）日本左派不嘗這樣不斷的前往北平，一句話說穿，無非是在迎合日本一般人要想與中國大陸做生意的心理，而便於爭取選票；日本右派又何獨不然！

日本首相池田這次往訪美國，據連日報載，其主要之圖，還是在日本擴大對中共貿易方面，要求得着美國政府的諒解。故美聯社專電曾兩次報導，「甘廼廸並未反對日本增加對中共的貿易」云云。筆者在此姑不深論池田所云，「政治與經濟是兩回事」，在今日與中共交際是否可以分得開？至少自民黨的領袖們總該瞭解，中共曾花大量金錢，收買日本無知青年與流氓不斷大示威，所為何事？毛澤東對黑田壽男已說得明白：他是要分化自民黨，而打倒自民黨，使左派登台，成為毛的「同盟軍」，以便掀起日本的社會革命。像毛澤東這樣的打算，中共還能與日本現政府擴大貿易，助成日本的社會繁榮，人民安樂嗎？就是日本左派執政，中共也一定不會使日本人在商業利益，有多大的收穫的，因為日本人吃飽了，中共赤化日本的法寶便會施之不靈了啊！

這情形與趨勢，本來是顯而易見的：毛澤東一向只與所謂「親蘇國家」打經濟交道，而搶着首先承認毛政權的英國工黨政府，在貿易利益上，所得還是很少很少；日本政客乃會相信中共一旦會放寬對日貿易，又將資本主義的日本重興壯大起來，成為反共的帝國嗎？然而日本一般人不脫舊習，還想再靠中國大陸，重現繁華，而日本的自民黨與財閥也竟不敢以遠見眞知，去喚醒大衆，另覓前途，民家一齊陷入舊夢之中，只在短視近利裏，繞來繞去，令人不勝以島國終無遠識為憂！

不過，筆者在一般人情方面，也很能諒解日本人這一心境，因為安富尊榮，曾經度過舊日繁華的人們，總是念念不忘於從前所以取得如此生活的因緣的。不特日本人如是，英國人也如是。八十老翁的英哲羅素聲稱：「他寧願向蘇俄投降，也不願打原子戰爭」。這句話，筆者聽見，一點也不驚異，因為羅素一向就是主張安富尊榮的幸福人生的；而在他今日垂暮之年，想必更為嚮往中國人的所謂「清福」。（羅素會到中國，很稱讚中國山明水秀，日暖風和，一碗清茶，二三知友的那種雅趣清福。）但羅素便不深究，投降於俄共後，他是不是連今日英國這種雖不尊榮，總算安富的日子都會沒有了啊！豈特羅素老人，在今日自由世界的人們害怕戰爭，特別是原子彈戰爭，而想勉強維持其安富尊榮的日子，或更爭取其安富尊榮的日子，這種人多的是！此所以俄共中共乃有機可乘，大施其威脅利誘的佼倆；而英美執政者，無論對俄共中共嘴裏說得如何硬，而終於不免對國際共產黨綏靖妥協，也因為其國人要想維持其安富尊榮的生活者太多之故。

但是，國際共產黨是在不斷進行其世界革命的，而且赫魯曉夫說得很明白，就連美國這樣富足的國家，他也料定美國今日人們的孫兒輩便會變成共產主義者的。要像日本左派那樣，想去發共產黨的財，便不惜去睡在毛澤東的懷裏；又像英國政府那樣總是主張綏靖中俄共，以圖暫時維持着現狀，則日本人的財固發不到手，英國人的現狀也很難維持，因為放鬆了中俄共的侵略與敲詐，則中俄共的野心必然愈來愈大，自由世界人們的安富尊榮生活將終於不保！

五〇、六、二六

美與外蒙談判建交問題

孫寶剛

中央社台北廿三日電，立院廿三日上午在院會中一致通過了對美國與外蒙進行建交談判及蘇俄企圖挾帶外蒙進入聯合國問題的決議文。一、認為外蒙本係我國領土之一部，為蘇聯一手製造之傀儡政權，且在韓戰中犯有侵略罪行，絕非獨立之主權國家。二、美國今與外蒙傀儡組織談判建交，不僅損害我國權益，亦違反美國不承認侵略成果之一貫政策，並嚴重損害亞洲及整個自由世界反共團結。

這些理由，在表面上看來是有相當理由的。每一個中國人甚至全世界熟知中國情形的人，都知道外蒙久為中國領土的一部份。可惜在一九四五年十月廿日，外蒙曾經過一次投票，由外蒙的人民自己決定外蒙應不應獨立。當時外蒙應有四十九萬四千九百六十人參加投票，實際投票的有四十八萬七千四百〇九人，而投票的人都贊同了獨立，我們中華民國的國民政府還派大員去監察投票，認為滿意，所以在一九四六年一月五日即正式承認蒙古人民共和國的獨立。並於二月十三日正式聲明願意並準備和蒙古人民共和國建立正常的外交關係。

由於上述的事實，可見我國的國民政府承認外蒙獨立在前，願與外蒙建立正常外交關係也在前，今天去反對美國和外蒙建立外交關係，在道理上似乎有些說不過去。

外蒙是一個傀儡國家，是蘇聯一手製造的，這倒眞是鐵的事實，其沒有獨立性，也是事實所必然，所以我們不應承認它是個獨立國家，這個理由我非常同意，可惜立委們的行動稍遲了些，並且應由我們自己先不承認做起，因此我認為我們的立委們應該在中蘇條約簽訂時，就應該激烈地反對我們中國的國民政府去承認其獨立和建立外交關係。可是在那時非特沒有反對，並且還慶祝中蘇條約的簽訂，也就是說，慶祝我們的國民政府承認了外蒙獨立和願意建立外交關係。到今天反去反對人家做我們十餘年所慶祝與歡迎的同樣的事情，這在道理上也說不過去。

當然國民政府在那時雖然打了勝仗，成了五強之一，但是內心上還是很軟弱的，國民政府很怕那時中共已長大了，蘇聯如去支援中共，那眞是大患，所以在蘇聯承認以道義及軍需品援助完全供給中央政府即國民政府的協議下，也就不管外蒙有沒有獨立性，是不是蘇聯一手製成的傀儡政權，隨隨便便的承認了外蒙的獨立，並且願意要建立正式的外交關係。關於這一點，我們確可憐當時國民政府當權者的心理軟弱，但就國家的立場上來說，國民政府是失職的。不知道當時的立委們同樣犯了心理的軟弱病而沒有激烈反對呢？還是把這麼大的一件事忽略了！所以今天要亡羊補牢，來反對美國與外蒙的建交談判！

我當時看見了中蘇協定的條文，非常氣憤，我認為以一個新勝的國家，五強之一，就簽了這樣一個喪權辱國的條約，那眞是豈有此理。不過有人對我說，今天還是一個強權世界，自己力量不够，成了五強有什麼用呢？而況我國政府在平時對外蒙太不注意了，沒有負起政府的責任，所以蘇聯才能一手製了傀儡，今天蘇聯出面要求外蒙獨立，在民族自決的世界潮流下，又有什麼辦法呢？蘇聯既承認道義和軍需品的援助完全供給中央政府即國民政府，國民政府正求之而不得，所以要全國慶祝，這是失之東隅，收之桑隅。祇要能善用所得，亦未始不是一個做法。我自思也決無辦法可以反對中蘇條約而使之不簽訂，所以也就算了。但可惜，蘇聯的道義和援助乃是假的，國民政府的被蘇聯迫出大陸，國權是失了，得的並沒有得到手裏。可悲也！

因此我在想，政治有時候是「給」與「取」的問題，因為今天還沒有脫離強權政治的範疇。問題在「給」不可有喪國本，「取」的總要辨別眞假。

今天美國和外蒙談判建交問題，在理論上我們錯之在先，而況這是人家的事，我們要反對也不易發生效果，徒然使人見得，自己做的不負責，反來干涉起人來！在今天強權政治之下，美國和外蒙談判建交，又安知不是「給」與「取」的問題，所以我們認為談判建交並沒有什麼嚴重的事，不過我希望美國能辨認眞利之所在。

現在世界上對於反共的方法，有着兩種看法，一種人認為自由國家和共黨國家一律都斷絕來往，甚至已經建交的也要斷絕，不要說沒有建交的了。另外一種人則相反，認為要多多來往，使瞭解共黨的優點，弱點以及實際情形，優點不妨效法，弱點正是我們進攻共黨的好目標。我們如從客觀的去研究，兵法上早已說過，知己知彼乃能百戰百勝，不和共黨來往，就是不知彼，勝的公算已經去了一半，所以除了特殊情形的政權，如國民政府不能與中共建交，南韓不能和北韓，西德不能和東德建交以外，其他自由國家和共黨國家建交，我們不需要大驚小怪，認為是荒謬之舉。因為建交並不等於妥協，祇要反共的決心堅定，建交適足以使反共更容易進行。以外蒙來說，美國與它建交了，難道它就了不起來？事實決不可能！反之外蒙處在中共和蘇聯之間，又是一個落後的地區，中共和蘇聯的矛盾在那裏已經顯著的存在着，美國如能建立外交關係，而使外交人員，甚至一般的人們能合法的進入，我想對反共並不是不利的。

柏林危機的透視

許子由

由於甘赫會談引起的「柏林危機」，目前正成爲西方四强急商應付的主題。美軍在西柏林舉行大演習，北大西洋公約軍局部動員，都表現出西方對柏林的敏感、以及由敏感而產生的緊張的程度。

實際上，「柏林危機」的逼迫，是否已經「緊張」到要用軍事去應付的程度？「柏林危機」的實質，和它的可能的歸趨是怎樣的呢？

蘇聯不敢戰也不願戰

如果赫魯曉夫眞個會在六個月內與東德單獨訂立和約，像他在被稱爲「最後通牒」的致西方備忘錄中所說的話，世局的嚴重，應該是「無以復加」。因爲西方四强既表示爲了柏林不惜一戰；赫魯曉夫又認爲「如骨在喉不吐不快」，而且六個月後就是他要爲吐骨而大咳其嗽的時候。那麼，豈非今年聖誕老人鹿車聲近的前後，便也是戰神巨棒揮舞、核子戰爭降臨的時候？

依照世界現局，各方情勢綜合的檢討，則答案應該是否定的。主要的是蘇聯並不想打世界大戰，同時西方也仍在極力避免戰爭。再者，所謂「柏林危機」，也並不是自今日始。

關於共產集團並非敢於作大戰的攤牌這一點，我在六月二日本刊一四四號「維也納之會的背景和展望」一文中，已曾約畧提及它的原因，計有「人民民主國家」大多數正在恐懼人民要求民主之中，及匈波東德暴動以來這些附庸國並沒有什麼改進，以至中共的飢饉等等。這些提出，還須再加以補充，那便是匈牙利革命中有共產黨軍隊起義對蘇軍作戰，東德波蘭動亂中有共黨工人參加反蘇暴動。這証明了共產集團裏面「民族主義」問題也仍然相當嚴重；共產集團裏面，也仍然有「階級鬥爭」——被稱爲「當家」的工人階級，與眞正的統治階級共黨當局的鬥爭。

至於中共，韓戰中二萬五千名共軍的投向自由，也足與東歐動亂等量齊觀，因爲竹幕儘管有水陸封鎖，偷渡脫逃不易，但最大的漏洞却出在戰場，這確是共黨統治深刻的諷刺。再說，這件事情，還是發生在十年以前中共正在「東方紅」的時候。如果在現在大陸軍民要「到香港飽吃一天便死也甘心」的情況下發生戰爭的話，中共軍的棄甲拋戈而臥以待俘，更可能會有更高的比率！

這些都是共產集團不敢貿然從事大戰的原因。「可能控制不了」，便是「沒把握的仗」，共產集團是不打的。

而且，共產集團既然用不着打大戰（只打小戰）而得到許多甜頭，它又爲什麼要冒險去打大戰？我在「維也納之會……」一文中所指出的：「共產集團只能希望蠶割世界，而沒有胆量和力量進行鯨吞」，確是當前共黨政策的基調，在未來數年之內，也仍將止於如此而已。

西方聯合行動還沒有成熟

西方國家的極力避免戰爭，原因比共產集團複什。美國本身，主權在民的制度使她不能發動戰爭，甚至抗戰也須出於被迫；兩次大戰的經驗便是明証。以目前來說，美國人民的生活，與世界遭受共禍人民的生活，實有很大的距離，他們一時還不會爲東歐或東南亞的人民而戰。「解放鐵幕」口號之仍是口號，和對寮國事件的逡巡，都是美國人民上述態度的表現。泰國總理乃沙立爲了寮國戰火，如坐針毡，對於美國「不感到寮國對美國的重要」，就曾慨乎言之。在「美國的」與「美國的世界」這界限還沒有打破以前，這種情形似乎還無法改善。

其次美國與盟國或友邦間的聯合問題，牽涉的方面太多，關係亦極錯綜，不是三言兩語能夠說得了的。不過簡括地也可以這樣說：美國雖然佔有世界生產力的一半，但因她的人口不多，究竟不能夠每年數次派出美軍東征西討，舉義旗替別人存亡國繼絕嗣。所以一談到戰爭，美國總要求「聯合行動」，這個原則該是對的。不過如在韓戰之中，名爲十六國出兵援韓，主力還是靠賴美國。東南亞公約如果援寮，打下去還是要以美軍爲主力，可是這一聯合行動也還沒有發動成功。這即是說，即使美國願像韓戰那樣負起責任去打，英法還不同意。

大戰對於英國，是打一次、弱一些。第三次大戰對英國決無好處，已是定論。張伯倫犧牲捷克，被譏爲「搭車誤點」。艾德禮支持杜魯門撤換麥克阿瑟，何曾又不造成一場「戰爭錯誤的結束」。在國際外交上「綏撫主義」色彩特濃的英國，實是環境使然。偏生英國在國際政治上，對美國又有極大的影响力。最少，英國不參加聯合行動，美國就打不起來。黎巴嫩及援韓兩役，英國俱隨美國出兵。一九五四越戰及目前的寮戰，便因英國「拖腿子」而中止了。

在「聯合行動」沒有醞釀成熟以前，西方是不願從事、更不會發動大戰。

柏林危機並不自今日始

只有對於柏林，西方可能是一個例外，這也許是聯合行動早已有了規模之故——「北約」就是多年來早已準備，一旦有事，便在易北萊茵兩河間應戰的機構。同時，西方對於柏林，也極敏感。原因是西方四强，德國於柏林爲本身問題，英法則首當其衝，美國，也是「歐洲第一」的。西方會爲柏林而戰，是可信的。（這並不是說絕對沒有不戰的可能，如果有的話，就是「慕尼黑」了，究終不久不免一戰的。）

赫魯曉夫對於西方有百份之九十會爲柏林而戰，是瞭解的。從而赫魯曉夫的「蘆溝橋」，是放在奧得、聶斯兩河之間，如他所說：「有要變更東德波蘭邊界的，蘇聯必出一戰」。這也是千眞萬確。蘇聯既把「大戰之線」放在奧聶兩河之間，那麼柏林仍屬緩衝地帶，毋待解釋。所以雖然有似骨鯁在喉，也得强忍。史太林曾向艾登評論希特勒之失敗說：「他不知道住手，但我可知道該在什麼地方住手」。赫魯曉夫比史太林更狡猾，他必然避重就輕，不會把共黨卅餘年祖宗基業，爲柏林而付諸孤注一擲。除非西方自己攪到分崩離析，取之無傷，那又當作別論。

況且柏林問題，並不自今日始。一九四八年蘇軍封鎖柏林，比較與東德訂約更危險。可是西方決心不作退讓，蘇聯終於由馬立克自動建議解柏林之圍。以後蘇聯若干次提出柏林問題，亦不過說說而已。這次一再申明期限，比較是强硬了一些，這可能是因古巴寮國事件而引起興奮的試探，（像史太林估中國後再打南韓一樣）但究終要失望的。

還有一點應該注意的，便是戰後蘇聯多次恫嚇說要「出兵」，可是如柏林之圍，希士之戰，韓戰黎巴嫩等役，凡有美軍參與的，蘇聯都避免介入。美國如有聯合行動，即肯出兵；蘇聯却更欲居於幕後。鑒於歐洲正面多年平靜無事，中東方面，蘇聯如無傀儡即告無事，遠東因有中共這個「電力變壓所」，就一直在多事之秋，也可佐証。當然，這與西方在歐洲强硬，在中東次之，在亞洲軟弱，也是互爲表裏的。

不過不能忘記的是，柏林之圍的一九四八、九年，正是中國大陸陷共的時候。蘇聯一貫的伎倆，是「聲東擊西」，與其預計蘇聯在柏林挑釁，毋寧說共產集團將在遠東有所行動，更爲接近實際。蘇聯現階段正利用民族主義以孤立美國，柏林刺激德國民族主義及促西方團結，對蘇實爲不利。不如已接受蘇聯軍火的印尼，如發動收回西新畿內亞之戰，就足使東南亞形勢一變。自由世界對蘇，固宜有整個的對策，尤應知眞正危機，乃在遠東。

（六月廿四日）

論太空核子時代的地面部隊問題

劉裕畧

地面部隊的存廢與應多應少問題，是存在於今日自由世界尤其存在於美國軍事思想界的一個重大問題。

美國是一個民主政治制度國家，它的軍事措施，通常都按照一般軍事學理來制定。平日有動員計劃，戰後有復員計劃。惟其如此，所以，第二次大戰結束後，美國軍隊即按照常規逐漸復員。第二次大戰時，空軍雖已逐漸發達，空軍甚至還在大戰中和海軍一樣担任了極端重要的角色。但決定第二次大戰勝負的主要力量，卻仍是地面部隊。這只要回顧一下諾曼第登陸乃第二次大戰之轉捩點的這一事實，即可瞭然。

但第二次大戰後，空軍的性能更加優越，益以原子彈之改進與氫彈的相繼發明，再加近年彈導飛彈等太空核子武器的正式成為美蘇雙方的戰爭手段，地面部隊之重要性遂在理論上和事實上益被否定。由於美國於第二次大戰後的復員，又由於地面部隊的重要性似已被太空核子武器所否定，於是，地面部隊的裁減乃成為美國軍方一部分人士所主張，甚至也為出身軍人，且曾担任二次大戰歐洲盟軍統帥的美國前任總統艾森豪所主張。這是美國地面部隊在理論上應否存廢及應多應少這一問題的背景，也是美國地面部隊在事實上一再縮減的理由。

但眞理是不是如此簡單呢？

如果眞理果然如此簡單，如果地面部隊在今日這種太空核子武器時代眞應裁減，有如艾森豪等人的想法和做法，那末，繼艾森豪而任美國總統的甘廼廸總統便不該提出適當地重新加强地面部隊的主張了。（一九五〇年，蘇聯曾乘美國在第二次大戰結束後之迅速復員與地面部隊之相對裁減而發動韓戰，這對美國應該是一敎訓。但迄甘廼廸總統接任時，美國總兵力又已由一九五一年韓戰最高峯時期之三百六十萬裁減至二百八十萬，陸軍則更由一百五十萬減至一百萬人了。所謂地面部隊是指包括陸軍在內的一切地面部隊而言。）然則，是曾經担任過二次大戰歐洲盟軍統帥的艾森豪對呢？還是只在二次大戰時作過魚雷艇長的甘廼廸對呢？若不仔細思量，對此問題，人們往往容易因其資歷與經驗而信任艾森豪的判斷。其實，甘廼廸對今日世界問題之判斷力，就其表現者言之，實遠過艾森豪之上。何以說呢？

這裏，我們不妨先來看看主張裁減地面部隊之理由。

他們認為在今日世界中眞正能以大戰威脅美國的只有蘇聯。若美蘇發生戰爭，必定就是世界第三次大戰。而蘇聯與美國一樣擁有原子彈氫彈和太空核子武器，故以美蘇為主的世界第三次大戰若一旦爆發，則雙方必皆以太空核子武器投諸對方，以求得戰爭的勝利。因此，空軍在第二次世界大戰時，雖尚非決勝的軍種，但第三次世界大戰的決勝軍種則必然是太空核子武器了，既然如此，所以，美國的國防與軍備，便應以發展太空核子武器為主，地面部隊的價值既已相對的減弱，故地面部隊的數量亦應相對的縮小了。

實則上述看法異常膚淺。

基本上講：上述看法的最大錯誤是根本未能把握共黨赤化世界的策畧究竟是怎樣的？且亦未能瞭解今日反共鬥爭的範疇是如何的？假如蘇聯對美國和全世界的威脅只是世界大戰這一項的話，那末只須擁有充足而有效的太空核子武器自足對付蘇聯。然而蘇聯赤化世界策畧並不僅是這一項，它在範疇上，它赤化世界的手段除熱戰外尚有冷戰，即以熱戰而論，它除世界性的大戰外，亦尚有在許多地區使用小型冷戰，即有限度的戰爭手段以蠶食自由世界，進而求得整個對立鬥爭形勢的由量的漸變到質的突變。

所以，如果領導自由世界的美國只擁有可以進行世界大戰的太空核子武力，而不具有應付有限度戰爭的地面部隊的話，則蘇聯大可在「和平共存」的幌子下，盡力規避世界大戰之爆發，而專用滲透顚覆乃至小型熱戰即有限度的戰爭手段來逐次攻畧自由世界。在這種情勢下，由於美國缺乏應付有限度戰爭的地面部隊，遂只好在許多地區退縮，讓共黨集團逐漸擴大，終至改變整個世界的對立形勢，而陷美國於被孤立與被包圍。再看全人類的共同敵人——蘇聯，它除了極力擴張太空核子武器外，迄今亦同時擴充其龐大地面部隊，據美聯社莫斯科本年四月五日電：「蘇聯軍方報紙星期三撰文稱：蘇聯雖有核子出擊力量，但社會主義陣營的繼續保持龐大的兵力。對於敵人，需要全部兵種聯合出動，始能予以澈底擊退。」又說：「蘇聯應繼續保持適當的國防實力。戰爭勝利，非單憑飛彈部隊所能取得。列强之間的戰爭，需要出動海陸空軍全部兵種。但在核子飛彈戰爭中，將無前綫後方之分，將需要龐大兵員，從事防空、防原子、防化學、保護交通、清理飛彈破壞等國防工作。」觀上述蘇聯既不肯因太空核子武器之已有擴張而減弱其地面部隊，可知蘇聯之所以迄今仍不惜巨資設立龐大的地面部隊，它實懷着進行有限度戰爭的野心在。何況，蘇聯又往往不由自己出面而由所屬各國各地共黨出面進行有限度戰爭，甚或游擊戰爭，所以，甘廼廸總統除加强太空核子武器之發展外，又同時下令美國國防部研究游擊戰（美國人研究游擊戰之主旨當然在如何對付游擊戰，而不在如何進行游擊戰，須知，美國軍隊是不適宜而且不必要去進行游擊戰的）。並適當的擴充美國的地面部隊，以備應付共黨集團蓄意進行的有限度戰爭，這完全必要，因為只有這樣，美國才能對付共黨集團各種方式的挑戰，才能以核子武器應付世界大戰，以適當數量的地面部隊應付有限度戰爭。

以言擴充地面部隊則需增加國防開支一節，自屬顯然。由於地面部隊只是適當數量的增加而不是無限數量或過大的增加，所以開支仍屬有限。以財富言，美國更大過蘇聯及共黨集團，蘇聯及共黨集團且不惜巨資以擴充地面部隊，則為了美國的生存和自由，美國人難過不應該出一點錢來擴充地面部隊嗎？

從台北市長涉嫌貪污說起

季夫

路透社於六月廿日自台北發出消息說：在立法院內，有一百一十二名立法委員聯名提出反貪污法案。該項法案名叫「反共作戰時期懲治貪污條例」。消息並謂：「該法案要求對嚴重的案子，實行對人犯處以死刑，及沒收他們的財產，與對不予死刑處分者，實行勒令繳付巨額罰金。」

同一日，中央社於台北發出消息稱：「台北市長黃啟瑞今天堅決否認此間一家日報所載他和台北市公共汽車管理處購料舞弊案有關的報導。」

中央社在同一日的另一則消息則又報導稱：「外傳省府對台北市黃啟瑞市長是否涉嫌公車處舞弊案，早有充分資料及對代理人選有所安排一節，頃據省府最高級人士鄭重表示絕無其事。」

這裏暫把黃啟瑞是否與公車處集體貪污之「傳說」放開一邊，單就立法委員們以一百一十二名之衆所提出之反貪污法案言，即可以窺知今日台灣的當權派，雖身處「反共作戰時期」，但其中無心肝，無法紀者，仍以**集體營私舞弊之方式，中飽私囊。而**這些不法貪污之行為已成風氣，貪婪之徒，對刑法無所戒懼，至立法委員們要訂立單行特別條例加强懲治。

這樣的事實，强烈的証明台灣的政治風氣，並無絲毫進步。

就當權派內部派系觀察，最接近權力中心者，雖然尚未見有貪墨事實公開，但由於他們是屬於權力中心的構成者，平日既有龐大數字的「特支」領取，故對於半公開的貪污情事，或尚不消染指，但是一般稍有靠山的中下級官員，則既無「特支」可領，就祇於出諸貪污一途了。

所以，就貪污言貪污，實在是一種政治病，切實地說，並非立法院通過了懲治貪污條例」就可以肅清的。即使能收一時治標之功，但終非治本之道。

不民主的政治，必然是促使貪污腐化與之共生！

台北市長黃啟瑞，台灣人，也是國民黨當權派上層台籍黨員中的寵兒。他之能當選為台北市長，是國民黨當權派頃全力以赴而爭取來的。這就可見其背景之强硬了。

正由於黃啟瑞的背景特殊强硬，在第一任內和連任期間，曾憑其優勢的條件也做了些與民有利的事。但是謠傳他與公車處集體貪污案有關，則似並非完全空穴來風。即使將來「水落石出」，黃氏並未牽連在內，但仍是值得懷疑的。

根據六月廿一日台北聯合報消息，十分具體地刊載了黃啟瑞與該案的關係性。

消息說：「此一貪污集團的舞弊總額約為新台幣三百二十餘萬元。」其分配的比例是：「黃啟瑞得總額的百分之廿」，餘百分之八十則由參與該集團的大小貪官按地位大小朋分。

消息又謂：「該貪污集團之另一財源，即為四十八年十一月期間，向國產汽車股份有限公司陳霖所採購之一百一十輛客車底盤，得回扣款六十六萬元，黃啟瑞除涉嫌分得其中三十萬元外，並按百分之廿提成」，餘又「按比例分配。」

由於具體的事實報導如此，而「承辦該案的台北地檢處察官沈嶽華，又將於近期內採取法律行動，傳訊黃啟瑞夫婦偵查。「遂令人益覺黃啟瑞**與該案之關係實已到不容忽視的程度**。

「黃啟瑞在民國四十六年（即一九五七年）當選台北市長之後，即於翌年調派其親信徐德綸、莊謙義二人分別担任市府事務秘書及公車處物料科課長之職。」據消息報導，整個公車處之集團貪污，即由徐、莊二人進行組織推動，並提高國內外採購吸取回佣的成數。

消息更說：「在黃啟瑞涉嫌所分得之七十萬元回扣中，除了其中五萬元提交徐德綸外，實得約六十五萬元左右，其中大部份均係由徐向莊謙義收取後，持往黃啟瑞寓所交由其妻朱金鳳點收。僅有數萬元由徐德綸、莊謙義、吳振民等分別交與黃啟瑞收取。」

像上述這樣具體的事實報導，若非由在押之貪污嫌犯據實供認，新聞界是無從得知的。否則檢察官亦無可根據以控告黃啟瑞夫婦。

這一案件，不僅在台灣是駭人聽聞的。即海外的僑胞當也不能不為之搖頭嘆息台灣當權派政風之墮落！

貪污，是當權政治的必然產物！十多年來，海內外的各方一致要求當權派能眞正的改革政治，現在看來是已成絕望了。

不論黃啟瑞是否眞的與該項大貪污案有關，但以黃之在當權派內之得寵，與權力中心關係之密切，而竟不能約束親信，自己又復不能守正不阿，甚至在所得之「七十一萬元回扣中」，以「五萬元提交（親信）徐德綸」，可見其不僅早已存心參加貪污活動，且復予以鼓勵。

這種上下朋比為奸的現象，除了在極權政治之下，可以從容進行之外，在民主政治之下，是實難完成的，更遑論可繼續進行五個年頭之長久!?

現在很難肯定地說黃啟瑞一定會受到法律的制裁。因為法律本身已有漏洞，更何況黃啟瑞是當權派的核心人物。當權派為了顧全面子，很可能將黃啟瑞成全到底、包庇到底。除非在押的証人能顧全大義挺身作証，法官能秉公辦理。否則，黃啟瑞仍可作其「我自為之」的「好官」!?

從這一案件，實可以管窺到當權派已腐敗到何種地步了！

台北市長涉嫌貪污七十萬

筱微

（台北通訊）自台北市公車管理處的集體大貪污案揭發後，街談巷議，都盛傳市長黃啟瑞夫婦實為本案的主角；報紙上亦一度刊出他們被傳訊的消息。但由於許久不見司法機關有所行動，人們以為黃市長既是小圈子裏的人物，在當權者的掩護之下，這番又可安然無事了。

然而因為已被拘捕並可能被判重刑的各貪污要犯感於有福既然同享，有禍也應同當，乃於口供及自白書中將黃市長夫婦收受貪污贓款的經過詳細道出。據六月二十一日聯合報所刊載的消息，黃啟瑞於四十六年當選台北市長後，次年即調派其親信徐德綸、莊謙義二人分別担任市政府總務秘書及公車處物料課長之職，由徐莊二人授意該處原已收取商家回扣的物料課儲備股長張伯英，採購員羅雲登將購料回扣的百分比提高，計國外採購由百分之四提升至百分之五，國內採購由百分之七提升至百分之十。後來，莊、張、羅三人又私自將國內採購的回扣提升至百分之十五，並利用該處秘書郁雲梯拉攏該處處長呂志超夫婦和主計主任徐源健等人共同組織貪污集團。由郁雲梯、莊謙義等擬定分配回扣比例如下：市長得總數百分之二十；餘百分之八十，再由呂志超等按照比例分配。計自四十六年二月起，黃啟瑞共分得回扣約為三十六萬元。

此一貪污集團的另一貪污傑作，即為四十八年十一月，市公車處向國產汽車股份有限公司陳翊霖採購的客車底盤一百一十輛，得回扣六十六萬元，黃啟瑞除分得回扣三十萬元外，又按百分之二十提成。餘數才由呂志超等按比例分配。恰於此時市議會忽有調查市公車處購料的醞釀，市議員趙邦平因而獲得回扣六萬元，名為議會活動費。

在黃啟瑞所分得的七十餘萬元回扣中，據徐德綸在自白書中所說，他曾得六萬元。貪污贓款大部份是由他向莊謙義收取後再持往黃啟瑞公館交由黃啟瑞之妻朱金鳳點收。僅有少數是由他和莊謙義、吳振民等分別交與黃啟瑞本人。徐德綸並曾以其中的三十萬元代黃啟瑞存入銀行，合夥做生意。有銀行，合會之支票賬冊可稽。

黃啟瑞仍否認貪污

上項消息經台北聯合報刊出後，黃啟瑞夫婦即於二十一日上午在寓所接見往訪的記者。他表示自做公務員以來，一向潔身自愛，他的太太也是一個忙於家務和祇知照顧兒女的人，不大過問其他的事情。因此，對於公車處的購料舞弊案，他們夫婦都毫無所悉。又說：「在今日之前，外間亦有風風雨雨的傳說，因我自信清白，故處之泰然。今天報上所刊載的內容，似係傳聞所得。如各該疑犯確有涉及我分到回扣的控詞，硬要將我牽入本案，不知是何居心？」據報載，他說話的神情是很沉重的。

法官含糊其詞

據聯合報載，台灣高等法院首席檢察官夏唯上於二十一日下午答覆記者的詢問時，對於法院是否將傳訊黃啟瑞及是否將予拘捕，拒作正面的答覆。僅表示站在以法言法的立場，相信承辦該案的台北地檢處檢察官必能獲得明確的答案。他說，依照一般刑事案件的偵查程序，檢察官可有多種的偵查方法。他不知承辦該案的檢察官，是否會傳訊黃啟瑞，亦不知其將採取何種偵察方式。台北地檢處的楊首席在答覆記者詢問時則說，本案尚在偵查階段，依據刑事訴訟法「偵查不公開」與刑法及公務員服務法限制公務人員不得洩漏秘密的規定，他不能對本案表示任何意見；祇希望能慎重迅速的偵查終結，以便對社會有所交代。承辦本案的台北地檢處沈嶽華檢查官在答覆英文中國日報的記者時，也說本案仍在偵查中，如果稍後獲有充分証據，則將提出起訴；但此刻不能有何表示。

從各位檢察官的談話看去，他們顯然是有所顧忌的。據悉：由於黃啟瑞是蔣家父子的親信，有關方面正向太子請示，除非他表示可依法辦理，檢察官們在司法配合國（蔣經國）策的限制下，自不敢採取任何行動的。

省政府的態度

據報載，台灣省政府對於黃啟瑞涉嫌貪污的事件，極為注意，並經常獲得有關案情的資料。對於處理的原則，亦已決定。據省政府的一位高級官員表示，如果黃啟瑞被司法機關扣押，依照公務員懲戒法的規定，省府將予停職並派人代理，俟判刑決定後才能改選。但中央社的消息，則否認省政府曾有此安排。

輿論的批評

台北輿論界的批評，可以聯合報為代表。該報是國民黨員所主辦，當然不會故意作不實或誇大的報導。本月二十一日聯合報以三行大字標題將黃啟瑞分得贓款的數字和經過詳情編排為本地社會版的頭條新聞。二十二日又以半版的編幅續作報導，並發表社論和短評。社論首述自市公車處的集體貪污案發生，黃啟瑞市長夫婦涉有舞弊的傳聞，亦喧騰於道路閭里之間。因治安和司法機關遲遲未見採取行動，益使社會人士感到迷離。各種謠言，更不脛而走。政府威信，法律尊嚴和黃啟瑞個人的清譽，都受到嚴重的損害。繼指出社會上曾有傳說：(一)黃啟瑞是國民黨提名膺選的市長，曾在黨內担任要職，黨方為了面子，不能不予以庇護。(二)黃啟瑞涉嫌索取回扣，是為了籌競選經費。該項經費係由黨方統籌分配；如被揭穿，自必影響黨譽。因而黨方將運用黨的力量設法撤開。最後則主張本案既已移送法院，就應靜候法律作公正嚴明的裁決，才可証明國民黨是尊重法律的。

從這一篇社論看去，一般輿論對於本案的觀感已可概見。目前台北的街談巷議均以本案為中心。將來如何發展以及如何結局，就要看當權者是否覺悟了。

男教員令女生脫光檢查

公亮

（台中通訊）本月十四日省議員陳愷、呂錦花、梁許春菊在省議會的教育質詢中，紛向劉廳長要求嚴禁體罰學生。陳愷議員更揭露一個駭人聽聞的體罰方式。即嘉義等縣的教師竟下令女生脫光讓他檢查。他對此事表示非常憤怒，要求劉廳長嚴辦。呂錦花議員說，年來若干學校發生體罰學生的方式，千奇百怪，不勝枚舉；主張制定一個禁止體罰的單行法規，澈底制止。梁許春菊議員指出有些地方剛剛開過會，說要如何如何的禁止體罰，但最殘酷的體罰事件馬上跟着發生；她認為教育廳必須有一個有效的辦法，切實防止。劉廳長答覆質詢時，對於仍有體罰學生事件表示不勝遺憾之至。他說：現正加强師範教育，希望施教者以愛心來教育學生。至於已發生體罰的各案，均已分別調查處理云云。仍是一篇不着邊際的官樣文章。海外讀者也許會奇怪為什麼今日的台灣，竟有如此沒有人性的教育教員，居然在光天化日之下，以各種野蠻和下流的手段來體罰學生？事發以後，雖經報章指責，議員質詢，甚至家長控訴，也從未聞曾受法律制裁，或行政處分？此中原因，即是這些教員多為蔣經國手下的特務人員或具有某些特殊關係者。他們不但百無禁忌，而且也和我們的「總統」父子一樣，有很深的自卑感和虐待狂。十年以來，「總統」父子因為自覺其所作所為，多為人所不齒，威望掃地。於是乃盡情虐待異己者和人民，以期恢復威望；雷震原是「蔣總統」二十年以上的親信，然而一觸其怒，便加以叛國的大罪，處刑十年，就是此一心理作用從中作祟。同樣的情形，這些特務教育亦自知其所作所為，多為學生們所不滿，於是乃以虐待學生來發洩胸中的積憤。正是上行下效的必然現象。他們愈受社會指責，愈變本加厲，此體罰學生之所以日甚一日也。

『呆料』問題

本月二十日省議員陳愷在建設質詢中，指出公路局和鐵路局的倉庫存有價值達數千萬元之鉅的大批「呆料」。所謂呆料，即是不合用的材料。這些材料都是歷年來依法呈准自國內外採購而來的。因為經辦人員貪污舞弊，報購的是急需用的正貨，進入的卻是不合用的劣品。時間愈久，堆積愈多，以致各倉庫均有料滿之患。這就是公營事業機構時時爭着購料而又時時感到無料可用的原因。有一家民營報紙說，材料雖「呆」，而購入的方法卻「妙」，希望省議員們對於呆料問題能徹查處理；否則議員諸公亦變為「呆料」矣。話雖不錯；但在蔣「總統」的統治下，省議員們縱有此心，恐亦無此力吧？何況他們是否人同此心，亦頗有問題呵！

立法院提出貪污治罪條例草案

志清

（台北通訊）由於台灣的貪風，愈來愈甚，月初監察委員們曾主張採取嚴刑峻法，或恢復懲治貪污條例，嚴予制止。日前立法委員林樹藝等一百一十二人又聯名提出「戡亂時期貪污治罪條例」草案，業經程序委員會列入本月二十三日院會的議程。可見立委們對於戢止貪風，亦具決心。但由於議程擁擠，列在本案以前的議案尚有二十件之多，本會期內不及討論的可能性甚大。林委員等在提案理由中，對於今日的貪風曾有坦率的敘述。茲將其中的一段照錄於后：

「故近年來，台灣各報記載貪污舞弊案件，連篇累牘，確實不少，其大而引人注意者（例如：海關人員勾結奸商使用偽造變造印花稅票以及串通走私集團貪污案，林產管理局主管暨高級職員與商人勾結之集體貪污案，台中中興新村遷建工程之官商勾結集體貪污案，台南高分院推事高嵩違背職務收取賄賂案，台北地方法院某錄事侵佔公款百餘萬元及某書記長侵佔執行罰款四十萬元之貪污案，中信局及台北紗廠高級職員侵佔舞弊大貪污案，松山某汽車修配官商勾結集體貪污案，以及引發台灣省公路局台北公共汽車管理處等各單位官商勾結之購料大舞弊案），形形色色，不勝枚舉。揆厥原因大都由個人起意，逐漸蔓延效尤，形成官商勾結集團舞弊之方式，其因貪污所取得之財物，自新台幣數十百萬元乃至數千萬元不等，數字之大，駭人聽聞。他如少數警察、稅務人員，以及縣區鄉鎮各級自治機構內若干不肖幹部，藉案利用職權機會，直接間接圖利，已成普遍公開之秘密。此種現象，相習成風，任其滋蔓，不予遏止，非但對我民主法治及政府威信一大諷刺，抑且對人心士氣，國際觀瞻，亦將發生最大之不良影響。」

從這一段敘述看去，台灣貪風之普遍與貪污數字之龐大，已可概見。貪污要犯，多係所謂小圈子內的人物，顯見他們原是有所恃而無恐的。即以蔣「總統」的態度而論，他平素最好頒發手令並以罵人為樂事；但對於如此驚人的集體大貪污案層見迭出，卻一直保持緘默。即此一端，已可想見其中的奧妙了。

回憶當年立委袁良驊向院會提出冤獄賠償法草案，歷七八年之久，始獲修正通過。但該法通過以後冤獄仍迭出層見（雷案即為最顯著之一例），亦等於沒有冤獄賠償法。因此，貪污治罪條例草案雖經這麼多的立委聯名提出；但何時才能通過，以及通過後有無實效，大家心裏面都很能了解的。立法委員們大約也不過是盡心焉已耳。

陳冷西與新華社

黃誠

為了寮國問題而召開的日內瓦會議，中共派出了一個以陳毅為首的龐大代表團，代表團的發言人則是陳冷西。

這一個代表團的發言人為什麼會由陳冷西出任呢？原來陳冷西乃中共新華通訊社現任社長。一向是中共對內對外作種種欺騙宣傳和冷戰的重要首腦之一，所以中共派他出任了這一代表團的發言人。本來，出席一個討論寮國問題代表團的發言人並不是一項特別重大的責任。依常理，是不必派新華社社長一類的工作人員担任。但中共終於派遣了他，同時，中共又還派遣了中共新華社古巴分社社長曾濤作這一次出席日內瓦代表團團員之一，這都說明中共對這一次的日內瓦會議，是把宣傳工作特別看得重要。

本來，共產黨人就一直看重宣傳。在民主國家，所謂通訊社，原本不過是民營的通訊機構，其工作旨在報導新聞而已。但共產黨對通訊社的看法不同。它的看法，誠如中共中央宣傳部長陸定一在一九五七年九月二十一日新華社建社二十週年紀念會上所說：「新華社同黨、政府、軍隊、法庭等一樣，也是階級鬥爭的武器之一」。正因為中共把通訊社的工作看成是一種鬥爭的武器，而且是為階級鬥爭的武器之一，所以，中共一向不惜金錢，全力發展它，它不是民營機構，而乃控制在中共手裏從事宣傳、麻醉、顛倒黑白、淆亂是非、從事滲透顛覆等冷戰工作的重要武器。也惟其如此，所以，它的外形雖與一般國家的民營通訊社相似，實質上則完全不同。它不是以單純的報導新聞為主，而是從事鬥爭從事特殊的政治宣傳為主，因此「一件消息發表、遲發表或不發表，都要從政治上鄭重考慮」。

也惟其如此，所以，新華社雖自一九三七年九月一日才正式成立（它的前身是一九三二年一月在江西瑞金成立的所謂「紅色中華社」），但到一九五七年八月止，已在大陸各地成立了分社三十一處。除各省和各自治區均有分社外，還在北平、天津、上海、鞍山和海防前線設立了分社。各分社每日向總社共發稿達五萬字之多。

而在海外，則中共在短短時間中更不遺餘力的發展了許多個分社。一九四八年中共在布拉格設立的新華分社是中共在國外建立的第一個分社。但至一九六一年四月底止，可以統計得出的，中共至少已在國外建立了五十八個分社，比之它在大陸內部所建立的分社還多，這可証明它對外圖謀之積極。

這五十八個分社除十一個分社分佈在共黨集團之蘇聯、匈牙利、保加利亞、羅馬尼亞、捷克、波蘭、東德、阿爾巴尼亞、北韓、北越、外蒙等外，歐洲方面尚有南斯拉夫、比利時、西德、法國、瑞典、丹麥、瑞士、英國、荷蘭、芬蘭、挪威等十一個分社。非洲方面尚有摩洛哥、蘇丹、阿爾及利亞、幾內亞、突尼斯、里比利亞、上沃爾特、尼日爾、加納、馬里、索馬里、塞拉勒窩內、剛果等十三個分社。拉丁美洲尚有古巴、秘魯、巴西、智利、阿根廷、烏拉圭、委內瑞拉、厄瓜多爾、哥斯達黎加、哥倫比亞等十個分社。中東方面尚有黎巴嫩、阿聯、阿富汗、也門、伊拉克等五個分社。亞洲方面尚有緬甸、印度、錫蘭、香港、巴基斯坦．尼泊爾、高棉、寮國等八個分社。上述五十八個分社的所在地，有些是已與中共建立了外交關係的，但也有一些是根本未與中共建立外交關係的。但在未與中共建立外交關係的地方，中共也用種種辦法設法在那裏建立分社，以擴張它的情報網和宣傳網，一則吞入情報，一則吐出顛倒是非，淆亂黑白的宣傳。故嚴格說來，新華社雖是一個披上通訊社外衣的機構，實際上則是一個情報組織。這只要看看香港新華社的外貌也可知道了。它那九龍加拿芬道新華分社周年四季都拉上鐵門，四周圍窗戶也緊閉不通風，中共人員日日夜夜在那裏幹見不得人，見不得天日的勾當。試問這還是什麼文化宣傳機構的樣子？它不是特務機構是什麼？

正因為它的實質內容乃是一個特務機構，所以，它的工作繁複、秘密，而且工作人員特別多，據最近在埃及請求政治庇護，終於獲得了自由的新華社開羅分社電務員姜桂林說：僅以新華社開羅分社的電務處來說，就有「電務員」一百餘名之多。開羅分社的「新聞記者」也有三十名之衆。試問一個開羅分社何需一百多名「電務員」？又何需三十名「新聞記者」？又試問這一百多名「電務員」譯的是什麼「電」？這三十名「新聞記者」又採訪的是什麼「新聞」？

只因新華社在對內方面乃是這樣一個注重政治宣傳政治影響和政治欺騙的通訊社。所以，它的報憂消息尚屬可靠，譬如大陸災情等，如非到了萬不得已，無法隱飾時，它原是不予報導的。到它報導這些消息時，那已經是掩飾不住非報導不可了。它的報喜消息則照例不可靠。而且它的報喜消息又照例是那樣一套共黨八股，單調無聊。所以讀者對它不信任，因而討厭它，只因大陸人民無其它通訊社的消息可看，故平時也只好忍住耐心讀它。當一九五七年上半年中共正在大陸各地進行大鳴大放時，新華社醜態就畢現了。因為人們都不願閱讀新華社的消息，以致當時新華社江西分社社長金凱目覩人民輕視新華社所發新聞之事實，乃聯合其它八個具有同感的八個省的分社長向北平新華社總社提出意見，要求總社「討論稿件出路問題」。金凱等人致新華總社的報告說：「當前地方分配的稿件，出路幾乎陷於絕境」。這是一九五七年十月六日中共江西日報的報導，自非造謠。由此可知新華社的消息，在大陸人民的內心中究竟是什麼一回事了。

又只因新華社在對外方面搞的都是特務工作，所以，印度總理尼赫魯於一九六〇年下半年看見中共新華社新德里分社那位以「新聞記者」高梁以記者身份對印度政府雇員罷工消息發佈完全不根據事實，專以煽動和欺騙為目的從事種種特務活動時，尼赫魯就毫不客氣的把高梁驅逐出境。跟着又通過外僑登記處迫使新華社由新德里撤退回中國大陸。對此，海外各報曾有刋載，一九六〇年八月三日北平出版的中共人民日報亦有刋載。人民日報雖因此事不斷抨擊印度及尼赫魯，但尼赫魯的這一處置顯然很正確。因為任何一地的新華社的工作人員都不是懷着善意而來，也都不是為新聞工作而來，它們只是假借文化自由新聞自由的神聖招牌，幹不能見人和不能見天的特務勾當。所有非共國家都應該把新華社的工作人員驅逐出境，各該國政府並應嚴拒新華社設立分社，如已設立，則應效印度之所為，予以取消才是。

新華社之外，中共尚有一個名叫「中國新聞社」的通訊社。所發消息偏重文化、財經、地方新聞及所謂建設方面的消息。規模遠不及新華社。但宣傳作用則與新華社無殊。同時，它也完全是由中共控制，而非民營，根本上講：中共統治下就根本沒有民營通訊社，因為它根本沒有新聞自由之故。

視人民生命如兒戲
中共製藥廠又擺烏龍

胡光

中共各組機構的弊病、現在眞是越出越多了。試以中共的製藥工業來說吧！以共黨極權制度之緊密控制，加上今日大陸人民因普遍患病而對藥物需要之殷，這就說明無論中共政權之主觀願望與大陸人民之客觀需要，中共製藥人員是應該萬分小心，不應搞出怪事，不應擺出烏龍的。因為藥物不比普通東西，如果搞錯了，就與人民生命交關。但中共製藥及管藥的工作人員，却對此屢屢發生毛病。

據六月十九日中共人民日報所刋出的一幅告白，很顯然的看出中共製藥廠又對人民生命開了一次玩笑，又不知有幾多人因此患病甚至喪生。該宣告全文如下：「收回氣霉素膠囊啟事：我廠產品盒外批號六〇〇五〇八氧霉素（即環絲氨酸）膠囊，有效期應為一九六一年六月，但瓶貼上批號誤為六〇〇九一一及六〇〇三一一，有效期亦誤為一九六三年三月，請各購買單位，於本年六月份過期後，將該批號存貨退回原採購單位滙轉我廠。上海交通路一五一五號中國化學製藥廠一」啟。於此可見中共辦事程序及效率之差。當一種藥品製成後，及正式向外出售時，該廠何以竟至毫不檢查呢？卒見官僚化到何種程度了。

大陸簡訊

鍾之奇

潮陽大量培養膏蟹

廣東潮陽河溪是出產膏蟹的名區，已有一百年歷史，向以蟹體大、卵巢飽滿、耐活期長著名。最近數年以來，中共認為它是傳統的出口商品，可以換取外滙，且河溪農場背倚華陽山與桑田山，面對榕江出海口，港灣廣濶而又風平浪靜，適宜於大量養殖膏蟹，故中共又迫該地農民大量養育，而由中共用廉價悉數收購而去。

高要大種藥材

由於大陸各地中藥藥材缺乏，除出口急需外，又病患日增。所以中共近在大陸極力提倡種植中藥藥材。茲據中共自己公佈：以盛產藥材著稱的高要縣河台公社，今年除已栽種藿香一百多畝外，又種了淮山、生地、紅花、黨參等一百多種藥材云。

儋縣正在打魚

壓搾漁民的勞動果實，用低價收購魚穫，是中共對待漁民的一貫政策，茲據六月二日香港大公報載：「地處北部灣東面的新盈港，是海南島的重要漁業基地之一。春汛結束時，深海作業的漁船紛紛回港，船上岸上一片繁忙，漁工們把魚運上岸，送到國家收購站」，漁民則仍然食不飽，難怪廣東各地漁民，紛紛逃離大陸，前來香港及澳門。不久以前，且有海南島漁民冒險逃到了馬來亞，請求收留。

驅迫廣東人民墾荒

驅迫大陸人民在各地開墾荒地，是中共統治大陸十二年來不斷進行之工作。據中共新華社六月六日電訊透露，中共最近已在廣東驅迫人民在江門、湛江、韶關等專區十五個縣，據不完全的統計，已開荒擴種水稻、番薯、玉米等農作物達二十三萬畝。海南島方面亦正在組織人力砍山開荒，利用山坡種坡稻，全島總計亦已開荒六萬五千多畝。但新開墾之荒地，由於土質不肥，再加以大陸各地肥料本已缺乏，所以，這些新開荒地之收穫量實在很低。但中共認為人民勞苦不足惜，收穫再少，也比沒有收穫好，所以，仍在各地繼續驅迫人民開荒，以彌補各地因災荒而損害之糧食於萬一。

河北也發現蝗災

最近，中共已承認河南、山東及新疆省等已發現了蝗災。復據中共六月十六日報導，河北省現在也繼河南、山東之後發現蝗災了。其先，河南、山東、河北三省俱位於中國北方，地境連接，河北本未發現蝗蟲，但現已發現，可見河南、山東之蝗蟲為害區域實已蔓延，因而擴張到了河北。

中共口口聲聲在宣傳上誇稱人定勝天。又說無論什麼災害，共產黨都能克服。實則中共統治大陸十二個年頭以來，大陸年年都有自然災害，且一年更比一年厲害。這原因除一部分是因人禍而造成以外，主要的則在中共辦事並無效率。尤以近年來，毛澤東既倒行逆施於上，各級幹部又官僚腐化低能於下，更兼朝令夕改，民不聊生，所以，本來可以防治之水災竟至不能防治，本可以救免的旱災不能救免，尋至本來可以消滅之蝗蟲亦不能事先防止，事後消滅了。

行動黨政權遭受挑戰

俊華

星洲政府在芳林區補選失敗，（上次通訊經有報導）似乎顯示執政的人民行動黨的統治，經已經過了峯巔狀態。芳林選舉結果公佈當時，有心人便持着「一葉知秋」的看法，認爲行動黨可能會「走下坡」了。沉寂多年的星洲政壇——由於人民行動黨在首屆大選中壓倒獲勝，發揮優勢統治所形成的局面，可能會要被打破。最少，已經有人準備向着行動黨的這項優勢挑戰。

「李光耀皇帝」

首先出面向行動黨挑戰的，是星加坡首任首席部長馬紹爾，馬紹爾原是星洲最初最大政黨「勞工陣線」的主席，自治前最先執政的第一個政黨便是「勞工陣線」。林有福的繼馬紹爾執政，也是承繼勞工陣線的遺產而崛起的。其後林氏才將「勞陣」改組爲「人民聯盟」。馬紹爾本人則另組「工人黨」，自樹一幟。馬紹爾在參政前是一個律師，素有能言善辯之稱，這次他便發出了獅子吼，首先向李光耀開炮。

馬紹爾稱李光耀爲「李光耀皇帝」，用帝王時代的恐怖及威迫手法施行統治。他在競選安順區補選的民衆大會中說：「李皇帝，一如他以前的許多皇帝之所爲一樣，對於所有反對他的人，如果不是斥爲『離經叛道』，便被指爲『賣國賊』！」

馬紹爾對於李光耀的施政，集中兩點提出抨擊：第一，他指責星洲政府專橫的削減公務人員津貼，是「帝王時代可怖的集體剝削」。其次他抨擊維持公衆安全法令爲「不必要的邪惡」，執政黨利用這一法令，「來消滅工人階級的活動」。工人黨要求釋放一切被拘的政治犯，及廢除公衆安全法令。

釋政治犯之爭

行動黨的報紙「皮廸爾」却堅決反對工人黨的這一項策動，這一釋放政治犯的要求，已由六個行業的工會正式聯同提出；「皮廸爾」說：如果要釋放這些因違反公衆安全法令的政治犯，則政府將被迫辭職，「造成憲法的危機」。

星加坡的治安問題，有一個負責最高機構「內部安全委員會」，那是英、星談判時所規定的，該會委員英方三人，星洲政府三人，另一人由馬來亞聯合邦派部長級人員充任。如果英、星意見對立時，聯合邦委員那一票便成爲舉足重輕的一票。換句話說，如果「英、馬聯合」，也便可以對星洲政府發生掣肘或爲難。「皮廸爾」所謂「憲法危機」，便是指此。

那麼，聯合邦對於行動黨政府的態度，究竟又是怎麼樣呢？

當行動黨競選獲勝的初期，它是以左傾的姿態出現的。然而「星洲國」與馬來亞的不可分性，使到政治上與馬來亞有相當距離的李光耀，也不能不倡言星加坡建國的最終目的，在於能够與馬來亞合併。可是馬來亞總理東姑拉曼，却迭次毫不客氣地表示：倘若星洲過份左傾，有赤化之虞，則一日不能與馬來亞合併。在競選後的這項談話，不啻對李光耀的警告。而在競選前的這項談話，却被認爲是對林有福的支持。

在政治態度上，馬來亞是距李光耀更遠而與林有福接近的。或者應該說，馬來亞終是選擇支持右翼政黨的。

即將到來的安順區補選，就可以看出一個端倪。安順補選是繼芳林補選而後對行動黨政權的一個考驗，李光耀在行動黨安順補選第一次民衆大會中也說：如若失敗，勢須大選。

而也就爲了行動黨在芳林區失敗的破綻，引起了安順補選競爭的劇烈。馬紹爾本人親自出馬，代表工人黨投入安順競選。王永元新組的「人民統一黨」，可能也要參加。但最受注意的，仍是林有福的人民聯盟。

四黨聯盟的聲勢

因爲人民聯盟標榜「四黨聯合競選」，這「四黨聯盟」是人民統一聯盟，馬來民族統一機構（巫統），馬華公會和印度國大黨。後者的三個政黨，即馬來亞聯盟執政黨「巫、印、華聯盟」的黨兄弟黨，與馬來亞方面有密切聯繫。在與馬來亞的關係上，他們顯然佔着優勢。

因此「四黨聯盟」叫得最響的口號，便是「星馬合併」，這是星洲民衆所熱望，而同時也是民衆認爲李光耀所難以促其實現的。巫統議員亞里成就在四黨安順競選的大會上說：「唯有投聯盟的票，才能實現星馬合併」。

聯盟的安順區候選人朱佩珩更公開說：四黨聯合是（馬來亞總理）東姑拉曼五月間來星洲時，指示要各黨這樣做的大聯合，這個意思「就是要聯盟去取代行動黨」。換句話說，聯盟的參加安順區補選競選，並非僅在於一區的議席，而是要以安順爲開始，問鼎中原，爲明示最後要與行動黨爭奪政權。

羣雄逐鹿的安順區補選，將是星洲政治動向的一個轉捩，誰勝誰敗，不久便可分曉。

·吉隆坡通訊·

緬甸的「中立」

·昭逸濤·

如所週知：緬甸是中立的。但她的「中立」，却是充滿了神秘而微妙的氣氛。

從表面看去，目前的緬甸，是一個社會主義與傳統習俗和平共存的佛教國；今日的執政黨，是成立於第二次大戰期中，那時被稱爲「反法西斯人民自由同盟」，戰後轉而領導反英運動，迨緬甸獨立後，「同盟」中的軍事人員，便成爲陸軍將領，政治人員，則接管行政。迨至近年來，陸軍正是緬甸政府的主要支柱和動力，而該「同盟」則標榜着「社會主義」，並以社會主義的原則應用於經濟結構的改造，把外國人所擁有的橡樹園和大農莊，實行沒收，土地則分贈農民，主要出口的大米，亦由政府經營，並規定價格收購農民的農穫物，船務、銀行、和水坭製造等業，也統歸國營，其他較大的企業，也由公私合營，且控制其業務，入口和外滙，亦均由政府嚴密管制。

但是，緬甸却並非共產集團的國家；相反地，她對國際共黨，特別是對中共，乃畏懼而非友誼。正因爲這樣，所以她也表示並不親美。於是乎，緬甸遂打起了「中立」的幌子；這所謂「中立」，便另具一種奇妙的作用。

猶憶在一九五八年間，蘇聯曾贈送緬甸五大建設的設備，作爲「友誼的象徵」，緬甸政府接受了，後來緬甸却給蘇聯運去大批白米，最近緬甸政府和中共解決「邊界問題」後，中共也對緬甸提出了「友誼的援助」，緬甸政府也接受了中共三千萬鎊的長期信用貸欵。這樣的「中立」，緬甸政府的解釋是：「我們不願意觸怒老虎」。就在這種「特殊理由」下，緬甸迄仍扛着「中立」這塊高脚牌。

緬甸的內部，現在仍是受到雙重威脅的：一是共產黨的武裝游擊隊，一是克倫族的游擊隊。遠在一九五四年，共產黨便企圖以武力奪取政權，但爲政府的陸軍敉平，殘餘人馬，竄入山區，便成爲游擊隊。至於克倫族游擊隊，則目的係在爭取克倫邦的獨立；此外，撣邦、克欽邦等少數民族，也是各自爲爭取獨立而作戰的。

緬甸政府原是可以調動大軍去追剿共黨游擊隊，一舉而將之消滅的，但宇努却恐怕因此而開罪於蘇聯和中共，故始終「不敢觸怒老虎」。而且，仰光也已有了不少剃光了頭身披袈裟的青年和尚，就是最激烈的「前進份子」，而這些「前進份子」，可能也足以構成緬甸的心腹大患。——在第二次大戰時，不少青年和尚都成爲日本的間諜哩！宇努當然還不會忘記這事的，他當然深感惴惴不安；但礙於「不敢觸怒老虎」，亦無可奈何！

目前的緬甸，就是在這種微妙的情勢下標榜着「中立」的。

「黨文藝」的波濤

·邵冲生·

文藝塗上了政治色彩，文藝染上了政黨氣息，這就是中共的所謂「黨文藝」。

據說，中共的「黨文藝」是起源於他們的「毛主席」所提倡的「工農兵文藝政策」，而這種已成爲中共八股形式的「黨文藝」，刻已遭受到大陸「文藝界」的反對。

最近中共的「文藝報」已作出這樣的招供：一般「作家」的「文藝思想」和「文藝筆觸」，刻已和「黨文藝」政策脫節了！第一、他們還要求開放題材，追求創作自由；第二、他們也要求在作品上表現完善的家庭生活，愛情生活，大衆生活；第三、他們更要求在眞正歷史中和美好的現實社會中發掘資料。這樣，顯然與「黨」的政策大相徑庭！

該「文藝報」又指出：作者們常常認爲描寫工農兵的題材，已引不起興趣，這就是作者的頭腦已變了質；換言之，他們的心理，已湧起了「反動」的陰影。這樣的演變下去，他們的寫作，將與「黨文藝」背道而馳，極可能產生了一種「脫軌的作品」。因而，該「文藝報」便提出了一項「整肅」的建議；至於怎樣「整肅」？其具體辦法，尚未見報導。但可預料得到的是：從那所謂「黨文藝」的岔子中，勢將掀起了一番驚濤駭浪，且看若干「作家」被捲進這漩渦中吧了！

僑鄉近訊

福建反共情況迅速擴大蔓延

·江水·

據此間閩僑所獲得的「家鄉消息」，該省各地的反共情況，月來已迅速擴大、蔓延；特別是工人們的抗暴情緒日趨高張，罷工反抗和擊斃共幹，縱火焚廠……等事件，層出不窮，最激烈的，有下列五宗：（一）惠安崇武鎮的海軍造船廠，由於「管工」共幹誣指四名領導工人反對減配糧額的工人代表爲「反動份子」而濫施拘捕，激動公憤，終於掀起抗暴潮，於五月十四日，縱火焚燬廠內的器材室。（這是該廠在今年內的第二次火警，第一次是發生於二月十四日）。（二）南安縣安溪鐵鑛場，工人反抗加時奴役，曾與共幹衛突，並奪取共幹的槍械，與共幹開火互擊，結果，雙方死傷共十三人。（三）惠安鹽場，工人亦發動過反飢餓運動，並曾一度夜襲警衛人員，將兩名警衛員刺殺。（四）漳州市的糖廠，紙廠，機械廠，部份工人反對被抽調下鄉支援農業，曾於五月十日至十六日罷工一星期。（五）海澄縣的石炭廠，碾米廠，工人因要求增配米糧被拒，於五月九日曾將一共幹毆斃，並罷工三天。

上海菜荒已達巔峯

上海菜蔬供應，「緊張」已達一年，尤以最近之一兩月內，其「緊張」情況，更湧達巔峯，市民欲求配購蔬菜，比排隊輪購米糧尤爲困難。據此間上海籍人士所獲得消息，指出該市由五月份起，每隔四天始有一次蔬菜配購，而每次每人祗限購買四両；一般家庭主婦，每屆配購菜蔬之日，每晨早六時便須趕赴配購站排隊輪購，其「人龍」之長，及其情況之洶湧，較之最近本港某銀行之「擠提」塲面，有過之無不及。輪購菜蔬的婦女，常須由晨早六時候至午間十一時，始能僥倖購得，且所購到之菜蔬，係質地極壞者，因之咒罵之聲四起，在塲維持秩序的人民警察，對此咒罵聲，亦唯有苦笑而已。消息又稱：該市的布料「配給，停頓亦已逾年，市民所穿的殘破衣服，現已被稱爲「社會主義裝」；市民都說：這就是「毛主席的恩情」。

分期付款（上）

蔡文甫

胡二牽着牛懶懶地走着。駝背的陳老爹提着長烟桿橫過廣場，迎出門口，大聲問：「爲什麼又牽回來呢？」

胡二甩一下頭，硬着頸子說：「不賣了！」

「你這毛頭小伙子，討老婆能賭氣？」陳老爹用力揮着旱烟管，發出「嗚嗚」的斷聲。「今天晚上再不送聘金去，阿花就是汪三禿子的了。」

阿花是前村的姑娘，她請陳老爹說媒，她的爸爸已答應將她嫁給他。可是，聘金要三千塊，他正想把牛賣掉，湊齊聘金。誰知買牛的人，曉得他有急用，都拼命地「殺」價。所以他又把牛牽了回來。

「好吧！」胡二不屑地說：「讓她嫁給汪三禿子好啦！汪三禿子也會給他三千？」

「你怎麼知道汪三禿子不肯出錢？」

「這還用說，」牛已站在廣場，胡二站在牛頭旁，摸着牛的耳朵。「汪三禿子是有名的吝嗇鬼，我這條世界上最好的牛，要值二千六，他連二千都不肯出。」

陳老爹走近了他，故意把腰挺一挺，像扳直了腰，就可以和胡二一般高。「你眞是傻瓜！」他說：「女人要比牛寶貴得多，他買牛殺價，買女人就肯花大錢了。他的聘金是五千！」

「啊！啊！他搶購……」

「還有，」陳老爹接着說，用旱烟管敲着牛角尖。「他知道你爲什麼要賣牛嗎？」

「當然知道。」

「這就對嘍！」陳老爹笑着，烟桿揮舞着。「他不買你的牛，你就無法交聘金。那時，阿花就是他的了。」

胡二突然有一種被愚弄的感覺，鼻腔內有點酸溜溜的。氣彷彿塞住了喉管，呼吸也感到困難。

「阿花有什麼了不起，」胡二賭氣地說：「她長得一點都不好看，矮矮的、黑黑的、拌在煤炭堆裏，要找半天，才能檢出來，讓她『賣』給汪三禿子吧。」

「好、好。你這毛頭小伙子，吃不到葡萄，就說葡萄酸。」陳老爹退後一步，用旱烟管指着他的鼻尖，說：「以前哪，一天到我家五次，央我說媒，現在成功了，倒推三阻四起來。現在我不管，」他扭頭看一看快要落山的太陽，說：「……到晚上八點，再不拿錢來，就回斷吳老頭，他要把阿花怎麼辦就怎麼辦了。」

陳老爹的長旱烟管一路點着地走了。胡二抓着牛繩呆立在廣場上，牛繞着他慢慢轉圈子。

他怎麼辦呢？要阿花？還是要牛？留下了牛，阿花就是別人的了。如果爲了阿花，賣去和他三年朝夕不離的牛，實在太可惜。他現在已有一千塊，再有二年的時間，他就會湊齊。那時，他才三十歲，結婚還不算太遲。沒有阿花他已生活到現在；沒有牛，他就無法幫助別人耕田了。爲什麼一定要爲了那個醜八怪的阿花，賣掉心愛的牛呢？

於是，他牽着牛向牛棚走去。接近牛棚時，他忽然想起賣牛時汪三禿子講的話：「什麼時候請吃喜酒？」他回答：「快了。」「汪三禿子哈哈笑出聲來，說：「快了？什麼時候？不要忘記請我啦……！」

當時，他不知道吳老頭要把阿花嫁給他，所以沒有覺察汪三禿子話中的諷刺意味，現在想起，他不是明明在笑他賣不掉牛就無法娶阿花嗎？

使他感到難於忍受的，並不是他自己不能娶太太；而是快要做他太太的阿花，居然會跟那年將四十滿頭癩疤的汪三禿子生活在一起；那樣，人們不會嘲弄他沒有本領，討太太失敗在汪三禿子手中！

他僵立在牛棚前。牛正低着頭用角尖，輕輕劃擦着他的腰，像是催促他快點把牠牽到牛棚去吃草似的。

爲什麼一定要把牛賣給汪三禿子呢？前村的李老四，也說過要買牛；價錢低一點有什麼要緊。爲了討老婆總要吃一點虧的。

他掉轉身，就想把牛牽回頭。但牛想進牛棚賴着不肯走。他揚起手中的繩子，裝作要鞭打牠的樣子。牛除了感到主人的舉動奇怪以外，也就服貼地跟着走了。

他和牛又走在路上。

（未完）

小啓：

本版園地公開，竭誠歡迎投稿。稿酬約每千字八元。

七版編者

黃家雜貨舖子

宣建人

我們街堂裏：「十八」是姓黃的開的一爿雜貨舖子。它沒有金字招牌，壓根兒就沒有個名字，但是，凡是光顧過它生意的人，都叫它「黃家雜貨舖子」。它，的確給街堂裏居住的人們很多方便。雖然，有很多人瞧它不起。

黃老闆是河南人，爽快的很；說話的嗓音很高，幾乎他一張開嘴，街堂頭和街堂尾的人都可以聽到他的聲音。他的模樣兒：前腦袋光禿禿的，後腦袋留下幾許頭髮，象徵他逝去的青春。黑黝黝的長臉，大鼻頭，右眼微微的往上吊，個子高高的，四十來歲。據說，他的老家有幾頃良田。他過過一陣子舒服生活，帶出來的錢越花越少，日子長啊，不是辦法。俗語說，坐吃山空。他躊躇了，究竟怎樣辦？做買賣他不內行，幹小差事他又不習慣。過慣大少爺的生活，處到艱困的境地，傷腦筋了。他不得不跟他妻子商量：

「美卿，我們這樣生活下去，不是辦法啊！光出不進，很危險的！」他也說不出個所以然來，摸着微禿的腦袋。

美卿是個小小巧巧的中年婦人，看臉模子，年青時蠻標緻的。也許由於生活的磨折，和歲月的飛逝，額角上有好幾條皺紋了。懷裏抱着三歲的孩子，看着丈夫焦慮的樣子，她也着急，抬起頭來向他說：

「那麼，我們祇有省儉過日子：……」她無主意的楞了楞，眉頭緊鎖了。

「怎樣省錢？日子長遠得很，光出不進。我們要想一個掙錢的辦法。」他無意的尋出一條活路，是陌生的活路。

賢慧的妻子被他這句話觸動靈機，把孩子一摟緊，說：「我們開舖子。」

「我一樣也不內行！」他仍然解不開未來的生活的結，也無做生意的經驗，猶疑的說。

「本錢是師傅。」她突然想起這句成語：「內行不內行一樣！」

黃老闆覺得妻子的有道理，也只有這條路可走，碰碰運氣，就依着妻子的主意，決定開舖子。開什麼舖子？經過夫妻倆深思熟慮以後：開雜貨舖子。然後，他選擇了做生意的地方：我們這條街堂。他把那間租的漂亮房子退租了，搬到這簡陋的「十八」號房屋開雜貨舖子。

他的舖子裏的貨色非常雜的：米也賣，麵也賣，香烟，火柴，酒也賣，綠豆，花生，糖果，罐頭食品，木拖板鞋等等也賣，……他的買賣從一角兩角到二三十元都有，祇要是能賺錢的買賣。他和妻子守着這爿雜貨舖子。所有的貨物本錢，幾乎是他們的全部財產。

初初的做買賣太不習慣，顯得笨手笨脚。而且，他對於一角兩角看不順眼，從不和人家計較。他對買主十分和氣，也拉攏了好多主顧；同時，十急於要用的日常用品，上大舖子去買太花費時間，它太方便了。因此，他的生意很好。祇是他很辛苦的，要起早睡晚。

生意好，他賺錢就多了；別瞧不起小錢，若干小錢的累積，就是一筆大資本。他日常在生意上研究，利用錢的翻滾。如果，照他的預算計劃，十年後，他是個小富翁。

黃家雜貨舖子最大的特色，就是人家手頭不便向他掛賬，黃老板楞也不打一個，祇是要街堂裏面熟的人，就賒欠給他。

「好好。沒有關係。」他對於賒欠的人和氣的笑着說。

那人心裏好歡喜。從此，願意光顧他家生意。

他做了四年生意，賺了一些錢，但並不因爲資本多了就濶氣起來，依舊穿那幾年前褪色的補釘衣裳。

黃老板娘唯一的手上多了一隻金戒子，也多了兩個孩子：一男一女。

黃老板光禿禿的腦袋比以前亮得多了。

犧牲（五）

金陵

「陳太太沒生育，而他們夫婦却很喜歡一個孩子，我相信他們會疼愛我們的孩子的。」她又抬起頭，注視他的眼睛。

「於是你把……」王先生的臉孔發青了。

「我把孩子送給他們做養子去了，因爲，因爲……」

「因爲什麼？」

「因爲我們不能看着小娟活活地病死，我們很需要那一千塊錢來治小娟的病！」王太太雖努力使自己不再流淚，但竟無法控制自己流淚。

「一千塊錢！僅爲了那一千塊錢，這簡直就是人口的買賣！」王先生喊了出來，他的希望破滅了，腦袋感到陣陣昏眩，這是近幾天來常有的毛病，而此刻却特別嚴重，他忍不住了，把手上的東西一丟，倒進小竹牀上去。鷄逃開了，瓶子打碎了，舊皮包也掉下去了。

王太太立卽叫醒丈夫，隨後俯下身去檢起從皮包的裂口處跑出來的東西；那是幾張簇新的十元鈔票和兩張淺藍色的醫院賣血証。

「噢，你去賣兩次血！」喊罷，王太太又伏在牀上大哭起來。

王先生靜靜地躺在牀上，他想着，這個世界畢竟是富有詩意的，譬如，命運裏的悲劇和現實中的喜劇便是。

就在這個時候，小娟正在放學的歸途中；她走得很快，因爲她有一個興奮的消息要告訴父母親，今天體重測量的結果，她比上個月多了三公斤半。

「三公斤半呀！三公斤半呀！」她以「快樂誕辰」的旋律唱了出來。唱着，唱着，她彷彿看見了很多東西揮手；綠色的制服，居禮夫人，諾貝爾獎金，金項鍊，小提琴，鋼琴（這是前幾天，當她聽完「月光曲」的故事後，決定替自己買下來的），還有可愛的小弟弟。

「對了，我也該給小弟弟買一件禮物呀！」她自言自語道。她不唱歌了，因爲她須要考慮該替小弟弟買些什麼東西？

金釵記（一）

黎明

本事出明話本，原名「陳御史巧勘金釵鈿」。今改編為電影歌劇，並易今名。辛丑端節後二日，黎明。（版權保留）

人物：
顧秀娘——十八歲
顧員外——秀娘之父
顧安人——秀娘之母
春梅——秀娘之婢，十五歲
小三——顧家小廝
老歐——顧家園公
魯學曾——秀娘未婚夫，二十歲
楊婆婆——學曾女傭，六十歲
梁尚賓——學曾表哥，二十四歲
梁媽媽——尚賓之母，五十歲
田素娥——尚賓之妻，二十歲
田重文——素娥之兄
田張氏——重文之妻
賈青天——石城知縣
陳濂——監察御史
衙役——若干人
轎夫——二人

第一場：

景：顧家莊

（幕後合唱）石城縣，顧家莊；顧家有女花模樣。顧員外，豪富甲一方，金玉滿堂穀滿倉；可惜有女沒兒郎！更可惜婿家窮得太悽惶！這頭親事費思量呀，費思量。

第二場：

景：顧員外書房
時：初秋清晨
人：顧員外　顧安人　小三

（顧員外上，愁容滿面，歎氣）

顧員外：（唱）老年無子太淒涼，一顆明珠掌內藏；明珠怎好落糞土？淑女怎好配花郎?!（焦灼地踱步，旋忽若有所悟，欣然自語：）哦，哦！有了，有了。

（小三傻頭傻腦興緻勃勃地上）

小三：哦、哦！有了，有了。

顧員外：（驚顧，以為小三學他言語，怒責：）呸！你這個奴才倒放肆起來了！

小三：（摸不清頭腦瞠目以對）：咋咋！員外爺！小人不敢；小人眞是有有有了呀！

顧員外：（益怒）住嘴！到底你「有了」什麼來？你說！你說！

小三：（忽然理直氣壯地）喲、我說員外爺！您佬怎麼倒忘壞了？您不是說今日箇要去東莊收租嗎？您吩咐奴才餵的馬，有了；您吩咐奴才備的車，有了；豈不是「有了，有了」；只差您老人家動身了。

顧員外：唔；知道了。外面候着！先請安人出來，我有話說。

小三：（作鬼臉）咋，咋！（向後台）員外爺有請安人！（下）

（顧安人在幕後應「來也」；隨上。）

顧安人：人言有子萬事足，我家有女賽明珠。（與員外相見科；坐定）員外喚我出來，有何話說？

顧員外：安人哪！（唱）自從親家親母下了世，魯氏門中一貧如洗。我有心早把這門親事退，特請安人來商議。

顧安人：員外！您倒是說那裏話來!?（唱）顧魯結親人盡知！我家富來他家貴。聽說魯家公子才學好，暫時貧窮沒關係。

顧員外：安人哪！你那裏知道呵！（唱）親家為官清如水，只有空名沒實際。一朝夫婦大限到，撇得那學曾孩兒好悽慘！沒有田，沒有地；萬卷殘書是家私，三間破屋擋風雨。才學縱好中何用？才高難換柴和米。縱然我肯把女兒嫁，他那裏，那有銀錢備六禮!?沒有六禮怎成親？豈不活活丟盡了我這老面皮!?

顧安人：（唱）我家金銀財寶有的是，就代他家辦上六禮也不奇。倘若嫌貧愛富把親退，這樣的名聲您担帶得起!?

顧員外：安人差矣！（唱）奇，安人越說越稀那有個丈人公反替女婿辦六禮？您這說的分明不是周公倒是那周婆的禮，這樣的禮兒沒道理。（白）安人！為夫主意已定，不必多言；您只派人催魯家趕辦六禮迎親便了。他若辦不起六禮，自然祗有退婚一路。我如今正要去東莊收租，少不得要有幾天耽擱，待回來時再取信息也。（下）

顧安人：（木然目送員外下，歎氣。）哎！這倒是從那裏說起呵!?我不免找女兒商量去。（下）

辛亥革命史談（一〇）

二·從興中會到同盟會

舜生

自庚子惠州一役失敗以後，興中會已無何等直接行動，例如：光緒二十八年底（一九〇三）李紀堂、洪全福（春魁）、謝纘泰等謀起事於廣州失敗，李等雖多數為興中會會員，但所籌劃者係屬自動，中山並未加以指揮，光緒三十年（一九〇四），黃興、劉揆一、馬福益等謀起事於長沙不成，黃劉等係華興會重要分子，馬則為湖南哥老會大龍頭，此時尚與興中會毫無關係。可是自光緒二十七年迄三十一年同盟會的成立，這五年之間，革命的潛力，却於國內外有了長足的進步。質言之，假定沒有這幾年的醞釀，同盟會便不會出現。試舉幾件事實以說明其經過。

一、自庚子一幕結束以後，清廷不得已須舉辦學校，派遣留學，加練新軍，這些都是培養革命的溫床。加上因拳亂而有俄國的佔領我東三省，更進而釀成日俄戰爭，清廷對此依然束手無策，繼續的辱國喪權，這更足以加强一般知識分子改革的願望，亦即加速了革命運動的普遍發展。

二、中山在這幾年中，留居日本（光二十七年），遊歷安南暹羅（二十八年冬迄二十九年夏），重赴潤別多年的檀香山（二十九年秋迄次年正月），遠適美國（三十年），最後更赴歐洲（三十年冬迄次年夏）。所到之處，一面與海外的保皇黨作殊死鬥爭，一面加强興中會的組織，並與日本、美國和歐洲的留學生發生了密切的聯繫，也與未來的新軍人有了接觸。可是他個人活動的用費却異常窘迫。例如由檀赴美，他的哥哥德彰已無以壯其行色；在美國各處奔走，不能不發行革命債券（此券規定實收美金十元，侯革命成功之日，憑券即還本息一百元）以充旅費：由美赴歐，必待比、法、德三國留學生籌寄八千餘佛郎始得成行；凡此都可想像其困難的一斑。

三、黃興等經過長沙失敗以後，逃往上海，又因萬福華刺王之春一案在上海牽連入獄，出獄後與宋教仁、陳天華、劉揆一、張繼等赴日。黃興原名軫，號近午，別字克强，湖南善化人，湖北兩湖書院高材生，以官費留日，入宏文書院習速成師範，光緒二十九年五月回長沙，與宋、陳、劉及譚人鳳等組織華興會，先後入會者達四五百人，策劃革命甚力，並約同張繼等在明德學堂敎書。至是再度赴日，當中山三十一年到日成立同盟會時，正華興會分子在東京異常活躍之際，並出有『二十世紀之支那』雜誌一種，强調種族革命。（待續）

聯合評論

週刊

本刊已經香港政府登記

每逢星期五出版

United Voice Weekly

第一四九號

督印人：黃宇人　總編輯：左仲平
社址：九龍嘉林邊道三十二號地下　電話：68078
承印：嘉羅印刷有限公司　香港灣仔馬師道5號
總代理：友聯發行公司　每份售價港幣一毫
本報美洲版總經售處　美國紐約中美出版社
CHINESE - AMERICAN PRESS, INC.
199 CANAL STREET.,
NEW YORK 13 N. Y. U.S.A.
美洲航空版每份零售美金一角

『兩個中國』我觀

左舜生

很顯然，中國問題在今年九月的聯合國，可能被迫進入到一個攤牌的階段。

美國方面主張『兩個中國』說的不只是一個鮑爾斯；國際上傾向贊成『兩個中國』說的，也不限於英國和日本。可是目前鮑爾斯的地位却相當微妙：據本月三日美聯社紐約電，鮑爾斯已經以一個美國副國務卿的地位，正式向甘迺迪總統提出了他的建議。建議的內容兩點：『一、美國以一般聯合國會員的地位，位置共產中國，其地位與國民黨中國相同。二、安理會的席位，仍由國民黨中國保持。』

美聯社並且說：『甘迺迪總統不久將考慮此項建議，並採取行動！』

該社又說明：

『美國目前必須改變對華政策，計有三個理由：（一）在聯大裏面，美國已不可能控制多數票；（二）美國認中國問題的最後解決，就是國民政府以『台灣國』的名義出席聯大，共產中國則以『中國』的名義出席聯大；（美國會對此，尚未放鬆其反對）（三）如果北平反對鮑爾斯『兩個中國』的建議（即自動拒絕參加聯大），則美國將免除阻碍中共入聯合國的罪責。』美聯社聲明他們這個電報的內容是根據『新聞週刋』的紀載，相當可靠。

英國早已承認了『中華人民共和國』，而對中華民國則原已沒有正式的邦交。從事實來說，美國這次其所以不能不改變對中國問題的態度，與其說她對南美趨勢和非洲若干新興國家感到難於控制，毋寧說英國及其集團首先表示對中國問題不能繼續在聯大與美國合作，使她感到更大的威脅！過去英國對美國在聯大提擱置准許中共參加聯合國的案子予以支持，原來就是很勉強的，因此每次只能以延緩一年討論為限；現在英國覺得時機已屆成熟，所以她不惜掉轉頭來逼美國和她一致；就一般的情況來看，可以說這一形勢是很顯然的。

以日本方面來說，遠在池田決定訪美的當時，我便在本刋表示對他的行動必須加以密切注視。這個道理很簡單：一、池田本人原係經財專家，對目前的國際大勢，他在認識上遠不如吉田的透闢而謹愼，而態度又遠不如岸信介的堅强。岸以不肯敷衍社會黨與和緩左派而倒，池田代岸而起，為保持他本人的地位，乃不能不採取一個剛剛與岸相反的姿態。池田這次動身赴美以前，和由美回去以後，都沒有引起社會黨和左派分子如何的反對，便是他這種姿態所發生的作用。二、自民黨內部原是派別分歧的，準備代池田而起者大有人在，池田內心不能不感到威脅。中共在現階段所採對付日本的方針，第一步是分化自民黨，第二步是推出社會黨，第三步是鼓動左派分子，加强日共力量，以實現他們最後赤化日本的企圖！中共實行這一方針已經有了相當的時間，尤其在阻止艾森豪訪日和推倒岸閣，他們賣的氣力很大，投下的本錢不少，在事實上不能不說是着着奏效。池田為了和緩內部，其勢不能不對中共大送秋波，這是勢有必至而理有固然的。三、池田這次赴美，對解決中國問題一點，口頭上的表示是惟美國的馬首是瞻，實際却是以亞洲的英國自命；換言之，他並不是去接受美國的領導，實際是對亞洲問題，尤其是對中國問題去指導美國！本來，這十五年來日本的復興工作，是相當可觀的；無論是重建工商或重整軍備，其成績都大體良好，甚至對新憲的推行，也沒有鬧出怎樣無法補救的毛病；假定世界再有五年以上的和平，日本便可能沒有特別依存美國的必要，而卓然有以自立。像這樣一個具有活力的國家，而地理上與中國是如此其接近，而過去的一段中日關係史又給了他們有力的暗示，如果中國人（包括大陸的與台灣的）長此如目前這樣的不爭氣，說我們過去的所謂『以德報怨』便永遠可保証日本不『以怨報德』，老實說，十分的靠不住！目前日本對美國的『兩個中國』說可能作出公然的附和，還不過是這一趨勢的開始而已啊！

以上僅就當前的客觀形勢作一簡單的分析，反觀台灣的應付怎樣呢？

首先我們應該指出的，便是敗退台灣以後還要加强一黨專政，力排異己，破壞團結，把圈子弄得小到無可再小，實在是不合時宜。我們三年來已在本刋不斷提出警告，可是當權者依然剛愎自用，一切不肯改進，自己以小朝廷自居，別人卽以小朝廷相待，分所應爾，還有什麼話好說？以事實來看，一個僅可充當翻譯的沈昌煥，居然已經做到外交部長，論資望，論常識，可能連吳國楨也趕不上，能不使人發生問題太大而人物太小之感？就對日外交來說，較早用了一個不懂日本的董顯光，這顯見是因為當時美國控制日本的力量尙强，以為只要能追隨美國，卽不必直接對日多所活動，這在基本觀念上已經大錯特錯。其次用了一搞職業外交的留日學生沈觀鼎，日本話誠然說得不錯，可是沈在外交界初無赫赫之名，也無成績可舉，僅能應付應付，決不足以引起日本人的重視，自屬當然。最後用上一個黨務專家張厲生，這只能說以人就事，決談不到為事擇人，在張任駐日大使這兩年多以來，我們只看見一批一批的中共代表團前往日本大事活動，同時一批一批的日本代表團也隨時到大陸去勾勾搭搭，請問張大使曾向政府提出了任何應付的良策？對日本的動向，有不有詳細深刻的分析，向政府提出過正式的報告？說一句傷心之言：所謂『兩個中國』，還僅僅是國際上一個初步的嘗試，『由今之道，無變今之俗』，說不定有一個比『兩個中國』更為惡劣的托管局面眞會出現也未可知哩！

以目前的情況說，美國假定在聯合國有『兩個中國』出現，中共便可不來，這很危險；台灣打算中共一經進入聯合國，便決然退出，也太簡單；據我看，中共要竄進聯合國是他們多年以來的企圖，中華民國退出他們固然要來，不退出他們也還是要來，而且不來則已，來則必定以一個龐大的陣容出現，其時充當中共代表團的人物，決不以伍修權這類的脚色為限，甚至連宋慶齡，邵力子，張奚若，周鯁生，錢端升，羅隆基之流，也可能充分加以利用！他們懂得：與其坐在大陸反美，不如跑到美國去反美；與其站在聯合國外面反美，不如攬到聯合國裏面去反美；只有反美的宗旨不變，至於『兩個中國』不『兩個中國』，他們是不在乎的。為中華民國計，退出不是辦法，惟有下決心到成功湖與中共去決鬥！有鬥志，則雖十個中國也不足憂；沒有鬥志，則名義的『兩個中國』固然不光彩，難道實際的『兩個中國』就光彩到那裏去嗎？

留美學人對最近國是

謝扶雅

留美華僑對祖國事情的一般態度筆者已於月前在本刋「海外一致促進反攻的時候到了」的一文中報導過了，尤其是老華僑們，無不熱情沸騰地一致主張台灣立即反攻大陸。可是將近一萬的留美知識分子們，對最近國是的態度就比較來得冷靜，而亦相當複雜。其中甚至有若干高級知識分子對祖國政治極度灰心，情願暫置不聞不問。而一部分新舊留學生，尤其是從台灣來的學子，幾乎都想先把留學身分改變作永久居留身分，慢慢在此成家立業，然後把在台的老父母接過來安享天年，以實踐吾先聖「危邦不入，亂邦不居」的遺訓。由於美國目下工作（尤其是在科學技術界）的機會太大，太多，亦太好，而況民主自由國家的政府，對保衛人民生命，財產，思想言論……負起絕對的責任；故或獻身於事業，或託命於學藝，矻矻孳孳，自然也沒有額外的時間和精力來問自己國家的事了。

然而「太上忘情」一留美學人未必都能達到如此「太上」的程度，眞將祖國「忘」掉。至少美國的報章上，電視上，時時傳播着中國的新聞，不要說中國人，連美國人對之亦不能如秦越人之視肥瘠。國務院，中央情報局，以至某些學術機關，皆特別對中共大陸一舉一動，片言隻字，徹底地翻譯過來，細加分析研究。他們雖也承認大陸的嚴重災荒，一般人民的不滿傾向，然以為中共仍能嚴密控制到如此程度，足令老百姓不會立卽餓死（儘管營養太差），而且尙具勞動力相率為公，並亦無從成立反叛革命的組織。所以我們留美同人卽使舌敝唇焦，為他們說明大陸現在已是飢民的火藥庫，從外邊一投火種，必見遍地延燒這類的話，而實驗主義者的他們，以為自己掌握着大批的資料和証據，還是不肯相信我們。港台一般的興論，大抵怪美國不肯支援國府反攻大陸，並切望留美學人多從事國民外交，說服美國朝野，幫助我國發動反攻。但美國人會說：光復大陸（無論自內或自外）純乎是你們中國人的事；美國當然期望無論在台灣，在大陸，在任何地方，都有民主，自由，公道，而為人民謀福利康樂的良好政府，不過我們美國決不會單還美援而干預你們的內政；你們要有一個民主政府[illegible]

（下轉二版）

雜憶錄之二十六

印度中東北非去來

幼椿

一九四五年自重慶飛美國舊金山出席聯合國製憲大會，來去皆經過印度、波斯、埃及、加薩布蘭卡，途中見聞，引起感慨甚多：古文化之衰落，舊繁華之荒凉，氣候之炎熱，人民之窮困，撫今思昔，頓感世事無常，滄桑眼底，史蹟盛況，豈欺我歟！

印度窮困驚人

我於四月六日自重慶動身，乘美國運輸機，飛過喜馬拉亞山駝峯，而至印度之加爾格達；因須以兩日停留，等待後隊同行，乃有機會與同來之張子英顧問一游加市。加爾格達已現代化，但市中馬路未舖路面，天氣既熱，灰塵難受；而且大馬路中，牛隻橫行，人車皆爲之辟易，詢之中國司機，乃知印度敎重視牛神，路人不敢慢牛，恐惹災禍。然而牛糞滿街，夾灰土中，迎面吹來，其味可想！

停車，於路旁烟攤中買紙烟，見其攤上佈滿三四葉一束之青色樹葉，葉上畧塗以紅汁，如辣椒醬然；又詢之司機，答云：『是乃印度一般勞工大衆之主要糧食！』我爲之大驚，問：何以印人習於以樹葉充飢？司機乃爲我詳述云：『印度敎中僧侶及舊日王公，大半富足，過着尊貴享樂的生活，而農工平民，則終日勞作，所得不過十幾個「安拉」（印幣值，一毫錢換十六個名爲安拉之小方銅幣），而一塊兩寸過心之圓麵餅即值三個安拉。先生不見道旁修路之赤脚雜工，每日只以兩個小圓麵餅作午晚兩餐，而佐餅即以此一束一束之檳榔葉子作美味嘉肴；即此兩束樹葉，也須費去一個安拉，不能多食也！』

出城，公路兩側，種有菩提樹，滿目濃陰，炎威頓減。我與子英下車，漫步菩提樹下，想像當年我佛如來，趺坐其下，成等正覺，印度文化，何等風光，而何以印度人今日貧困之至於此極！司機又爲我言：『先生如果夜晚來游，公路兩旁，濃陰之下，盡是臥倒的貧苦大衆，無法走得過去的啊。』果然！次日夜午偕衆乘大車駛往飛機場，沿公路兩旁樹下皆臥有人！汽車一過，大風揚塵，臥者必飽嘘入夾牛糞之灰土於喉鼻之中，然而男女酣眠，習不爲怪。

我上飛機，心頭難過；同行皆欣適於空中涼爽，安然睡去；而我則對於我佛與衆生之義，無法融通，頓生煩惱，口占一絕句：

趺坐菩提願已微，
菩提樹下汽輪飛。
若敎正覺榮茲土，
人自圓通世却非！

經中東至埃及

飛機於八日午降於新德里機場，初降時，有如齊天大聖一個跟斗雲跌入太上老君的丹爐裏面，機場熱度，至不可當！幸匆匆在機場飯後，立即起飛，直向西行。眼底但見一片沙漠，近加拉其，始觀綠海紅樓，向此目的，冉冉而下。但宋首席代表趕路心切，在加拉其只休息四點鐘，時又在夜，未能畧游此一回敎大國新都，以與印度敎之都市比較，大爲歔然。

夜午又自加拉其再度升天，經阿富汗而飛凌中東；過伊朗首都德黑蘭，又折向西南飛行。因氣候晴朗，畢覩下界荒凉，但見古寺巍然而已！遙想兩河流域之古文明，以及上古波斯與希腊之三大戰，亞歷山大大帝之英勇，成吉思汗子孫之馳騁，十字軍之不斷東征，回敎敎徒之最後勝利等等，惜皆未能一一遝弔與欣賞，因又於機中口占一絕句：

飛經眼底紀洪荒，
有史由來百戰場；
文化若從爭勝始，
未應心力付神堂！

以一日一夜之飛行，穿過印度與中東，而於九日正午行抵埃及之開羅，（時鐘相差至四點半鐘，即在加爾格達之鐘點，到開羅尚須加上四點半，）令人疲乏之至！在中國駐埃大使館午餐後，出游開市，立被一羣經紀人或導游人所包圍。此城習說法國語言，或要游人去買珠寶及瑞士鐘錶，或請來客去觀戲劇與肚皮舞；或說珠寶售價奇廉，購得可以獲大利；或說秘戲種種，都是奇觀，爲游人所不能輕易放過。我對此種大商埠之繁華不感興趣，但無一人請我前去欣賞古埃及之文化遺踪！

金字塔前有感

幸大使館之秘書馬天英君，願爲我導游金字塔與斯芬克斯（即獅身人面石像巨製），我欣然從之。憶民七之冬，赴法國留學時，曾經過此，走馬看花，並未能領畧此一遠古王朝的遺蹟情景；事隔三十八年，馬齒雖加長，而對於西方古史涉獵，已畧具根底，興趣自是不同。

自十九世紀中，馬里埃特（Mariette 1821—1881）搜集埃及骨董而加以學理的考証以來，埃及學即大爲發展；近半世紀來，美國人花大量金錢開掘金字塔，以滿足好奇心及研究慾，漸將公元前二十七世紀中以至三十一世紀初的埃及王朝史實整理出了一個頭緒，即史稱「金字塔時代」。最大的金字塔，當以法老王古夫（Pharaoh Khufu）之墓爲出色，役使民夫二十萬，興建至二十年而成，稱爲世界七大「妙品」之一。然而祇今在荒烟蔓草之中，襯以明駝高櫚，徒供游人留連憑弔而已。埃及學因有金字塔的不斷發掘，從墓內得來的雕刻圖畫，以至文書所表現，藝術的探討與史事的整理，比之亞述學之於巴比侖文化，其成績要顯耀得多。眼前雖因大戰而停工，戰後仍必重加發展。因爲尚有埃及後期的較小金字塔與尼羅河畔的岩墓，中間所藏之藝術品，當必更爲進步而精美。

我與馬君留連塔前，遙望尼羅河口，談及尼羅河妖后克列婀巴娜（Cleopatra）之艷史，忽然逸興遄飛，不覺夕陽西下。羅馬帝國三雄中之安多尼（Antony），獨霸地中海東部，已有東帝之稱，乃竟爲半老徐娘之克列婀巴娜之美色所惑，樓船雙棲，樂不思蜀。羅馬元老院憤恨此一威震東方之國家英才，竟爲妖姬所俘，於公元前三二年下令出兵；迫之返國。不意安多尼不愛江山愛美人，拒歸迎戰；三一年戰敗，退入尼羅河口自殺，妖姬隨後也以身殉之。妖后之美，在少年新寡時；即早令凱撒大帝傾倒，成爲閨中俘虜，凱撒事業心重，忍痛遁去。妖后已屆中年，乃能又俘一帝，且後者竟甘與之同生共死！故拿破侖之征埃及，恨生也晚，不及見此絕代佳人，而載其華表以還，豎之巴黎市中。——游罷紀之以詩：

尼羅文化號搖籃，
舊迹皇朝迤邐探；
金字塔前春寂寂，
還留艷史耐人談！

（上接第一版「留美學人對最近國是」）

何消再講，不爭氣的只是我們自己。何以不見美國去承認東德？不見美國曾主張「兩個德國」？還不是因爲西德的能發奮自強。中華民國本與英美爲世界大戰中的盟友，曾自命五強之一，因而得任聯合國內的永久理事席位。西德則以一戰敗國的身分，但美國始終宣言，爲了達成德國統一的目標，爲了保衛西柏林使決不入東德僞政權之手，而不辭一戰。最近美國輿論慷慨激昂地一致願爲甘廼廸的後盾，堅強對付赫魯曉夫再提六個月限期解決西柏林的威脅。眞的，西德今在軍事及經濟上，且已負起並肩參預自由世界工作的責任。日本原亦爲一戰敗國，而目下則在遠東局面上有了強有力的發言權，使美國對於中國問題也要來同她商定。台灣如是其相形見細，而且已弄到幾乎不可救藥，因此，頗有不少留美學人，跟美國大部分人的想法一樣，毋寧期待着中共大陸內部能有漸次的改進或整肅，有如蘇俄今日赫魯曉夫總比史太林恐怖時代要畧進一籌，或者南斯拉夫又比蘇俄要好些。而美國之所以今定承認外蒙古，不久亦願承認中華人民共和國，便基於以上的想法。自然，這一種無可奈何的想法，只要台灣眞能爭氣一點，眞能追及西德十分之一，便可以付諸烟消雲逝，而且應該根本不會發生。

不過，盱衡現實，尋思過去，而展測最近的將來，的確非常黯淡。大體來看，這一羣留美知識分子；對於十年二十年後新中國——秩序大定的新中國之百般建設，可提出極大極優越的貢獻；但欲求撥亂反正的領導復國英雄，則於「學人」中殊難得其選。孫中山原不是留學生，而況時代亦今非昔比。然而一人短，二人長，一矢易折，十矢則堅。志同道合的結集，民主坦誠的商議和籌謀，終會生出辦法來的。而一些有心的留美學人，正在沉着地朝着這個方向走去。

一九六一、六、二五．自美紐澤西寓

浙贛路被淹中斷 上海人繞北南來

（本報特訊）大江以南各省今年又有大洪水爲患，除福州市已被淹外，橫貫江南之浙贛鐵路最近亦已被洪水所淹。最近到達港澳之上海人，均係向北繞道南來，足証浙贛路確已不通。

偏安乎？反攻乎！

季夫

　對於中共入聯合國問題，美國當局一直舉棋不定。從較早的美國輿論來看，似乎美國有堅決反對的傾向，但自從日本首相池田於六月下旬抵達華府後，情況即開始有了變化，及至六月廿七日，美國務卿魯斯克率直表示「美國還沒有確定的策畧去阻止中共在下屆聯大爭取進入聯合國。」並謂：「儘管傳統上美國反對讓共產中國進入聯合國」，但聯合國其他成員已經暗示，他們相信這問題應該予以辯論。」

　這強烈地顯示了截至目前為止，美國並無決心主動地針對中共入聯合國問題予以打擊。

　美國沒有這樣的決心，也沒有確定策畧以阻止中共進入聯合國，還可從另外兩件事象加以說明，其一為美國正在莫斯科外蒙接觸，擬予承認並不反對其進入聯合國；其二為美國並無有效地行動以說服英國和日本轉變他們與中共的明的與暗的交往。

　尤其是日本的意向——一方面希望與中共發展貿易，另一方面又圖對中華民國維持現有關係，是更加值得注意的。其實日本的態度，也可以說是由於美國的態度不够堅定，而在看風駛舵。

　眼前的這許多跡象，當然還不足以預定中共將可於今秋進入聯合國。但是這一連串的事實發展，無疑已使中華民國陷於尷尬的局面之中！

　六月廿四日法新社於華府發出的消息透露出台北最高當局在聽說「甘廼廸政府決定極認真的研究給共產中國在聯大有一個與中華民國相等位置的可能性」時，「氣得臉孔通紅。」但消息中顯然可以看出台北最高當局缺乏有效的積極性的行動，而祇是「恐嚇說，如北京被納入，祇有退出聯合國。」

　美國方面則認為，現在的態度和辦法乃是一種「陷阱戰畧」，使中共在反對「兩個中國」的口號聲中自絕於聯合國門外。

　對於美國這樣地虛浮不切實際的「陷阱戰畧」，我人祇能認為是一種絕無把握的冒險！除此之外，則是可以明顯地看得出美國現行的政策確是在盡可能地朝向「兩個中國」方面推動。愈來愈危險的傾向是，國際上現在正有更多的人傾向於研究製造「兩個中國」的可能性，而並不理睬台北與北平的反對聲浪。

　中共雖然在口頭上對「兩個中國」反對得那樣激烈，但鑑於美國對外蒙關係的發展，又焉能斷定中共一定會跌入美國的「陷阱戰畧」中。再反過來說，美國施用冒險的「陷阱戰畧」，無疑是損害到了中華民國在國際上的聲譽。此項舉措，使人覺得美國對盟友竟那麼輕率而不加尊重。

　我相信台北最高當局之所以在獲悉美國的「陷阱戰畧」之後而臉孔氣得通紅，不僅是因為關於美國舉措之輕率，而是有感自尊之遭受損害，甚或會引以為是奇恥大辱！

　由於美國策畧之失當所引起的損害中華民國的聲譽，是任何中國人都會感到羞辱的。但是追根窮源，這種羞辱，是「自悔」而後「人侮」的結果！

　長期地託庇與依靠第七艦隊，甚至與美國簽訂了蔣杜聯合公報，表示了放棄以武力反攻，以至最近更在黨報上公開反對民間討論反攻大陸問題等等，莫不是自侮的最佳佐証。

　十二個年頭的偏安形勢，在經濟上、軍事上長期的依賴美援，不僅內政不修，經濟不安，抑且政風日窳，官吏貪污，社會風氣與社會道德均已瀕臨破敗邊緣！這些現象在在表現了無能反攻，無能自強！遂不思反攻，亦羞於言反攻了！

　自身既缺乏反攻的動力，更缺乏了政治團結的號召力，無能反攻的事實，不亦正是予人以製造「兩個中國」的最佳口實嗎？

　身為一個中華民國的國民，在心理上，在意識上，我們都有一種渴望盟國尊重我們的國家和政府的願望。我們也渴望，當我們的國家處境日危的時候，我們的盟國會嚴格地尊守道義，予我們以同情與支持。當然，我們同時也願望我們的政府能夠自助、自強。

　但不幸的是由於台北當權派之不能自助，是亦不能自強，遂使國運日蹙，國際地位日益低落！國家的命運竟至被人作為玩弄之物！

　國民要求當權派政治改革，當權派置諸不理；盟國需求經濟改革，而十二年來台北的經濟情況不若香港之穩定；民意機關一再發動要求政府根除貪污，而集體貪污竟然成為風氣。

　民間輿論曾不止一次提出建議，應該速謀團結以反共，而當權派則肆意進行分化、破壞並製造矛盾對立。民間輿論大力鼓吹反攻大陸，而官方黨報竟謂事關機密不應談論。

　民間所認為當為應為者，官方黨方皆謂不應為，不可為。民間認為不可為不應為者，官方黨方則不惜一切大力推行和執行。箝制輿論、封閉報館、逮捕愛國民主人士、發行大鈔、包庇貪官、粉飾太平，無一非為力求偏安，無一非為鞏固既得權益！

　這樣的形勢發展下去，是可怕的。令人覺得即使偏安的局面也終有一日將難以保持的。

　中國歷史上未曾見有一個小朝庭的偏安局面是能夠長保康泰的。如果不圖積極地反攻，中華民國的前途是岌岌可危了！這比失去聯合國的唯一代表中國的席位問題是更加嚴重！

中共何故抨擊泰勒出任白宮軍事顧問？

劉裕畧

　美國前任陸軍參謀長泰勒將軍自七月一日起正式出任白宮軍事顧問了。這是美國總統甘廼廸親自選擇的。泰勒今後的工作，是担任美總統的軍事顧問。顧問是幕僚性質，與三軍參謀長之主管職位性質有所不同。但泰勒出任美總統甘廼廸總統顧問之次日，中共在香港控制的大公報已經對他大加攻擊了。

　中共為什麼這樣留心甘廼廸左右的幕僚人物？並對其中許多人都加以攻擊甚至辱罵呢？這道理很不簡單。原來中共內心萬分希望美國總統都是艾森豪威爾一類尋求苟安式和平的老好先生，更萬分希望美總統左右都是一些低能胆小而無遠見的人物。因為，只有這樣，中共才能償其大欲，可以在亞洲橫行，可以任意侵凌弱小，共黨集團更可以順利的赤化全世界。所以，共黨集團和中共都特別留心美國總統的人選。當去年夏秋之交，美國大選尚在競爭白熱化時，無疑，蘇聯當時是暗中期望民主黨的候選人當選的。因為艾森豪雖然軟弱，只求苟安，但蘇聯害怕共和黨總統候選人尼克遜會比艾森豪強硬，而民主黨候選人甘廼廸則曾經表示美國應為U2機偵察蘇聯事向蘇聯道歉，於是，蘇聯和中共便都、以為甘廼廸對蘇態度緩和，會比尼克遜軟弱，因此，共黨集團都暗中期望民主黨當選，以為這將有利於共黨集團對世界之侵畧。殊不知，甘廼廸上台後的英勇與智慧之表現，遠在共黨集團想像之外，於是，赫魯曉夫不敢在維也納高峯會談中再當面侮辱甘廼廸，有如他去年侮辱艾森豪了，而毛澤東與劉少奇也不得不先後喊出甘廼廸比艾森豪更利害的話來。

　共黨集團不僅對美總統的期望如此，他們對美總統左右幕僚人物人選之看法也如此。他們總希望美總統左右盡是傻瓜。殊不知，共黨集團之侵畧性早已昭昭在人耳目，共黨集團之犯罪事實，早已罄竹難書，難道美國總統不該選擇一些智勇兼備的人才嗎？毛澤東劉少奇以為甘廼廸會選用無能之輩，這就未免大錯了。

　中共之所以抨擊泰勒出任白宮顧問，細讀中共的文章，顯然是由於中共嫉視泰勒的才能和泰勒對付共黨的軍事遠見。

　據中共說：「原來是陸軍參謀長的泰勒是否有搞情報的經驗呢？答案是：不但有經驗，而且是老手。」中共又說：「據美國陸軍內部傳說，泰勒是語言專家，能講法文、西班牙文、還會講日文，他是在一九三五年奉派駐東京美國大使館專門學習日文的。這個人還在一九三七年九月到過當時的北平，住了三個月，瞭解中日當時的『和』『戰』情況。一九四九年他被派駐德任盟軍統帥部參謀長，一九五二年又調任美國第八軍軍長，到朝鮮戰場，與朝中部隊作戰。在第二次世界大戰期間，他曾經搞一次特殊情報，化裝為平民，滲透到羅馬去作策反活動，在那裏用密碼電報與艾森豪聯絡」。泰勒有如此其多的情報經驗，又親身到過中國，並曾担任過韓國戰場上的第八軍軍長，親與中共作過戰，中共自然非常嫉恨他。

　不過，這還不是中共最嫉恨他的地方。中共最嫉恨他的地方，尤其泰勒的軍事思想。筆者曾在上期本報寫過一篇「論太空核子時代的地面部隊問題」，其中談到美國軍事思想界現有兩派戰畧思想：一派以艾森豪為主，主張只須保有龐大的核子報復力量，另一派則主張除應擁有龐大核子報復力量外，還應同時保有適當數量的地面部隊，以便除足以應付大戰外，更可隨時應付有限度小戰爭。泰勒認為既要大戰又要小戰，大小戰結合起來，才會對美國更有利。這後一派主張，便是泰勒的主張。因此，這種戰畧在美國便被稱為「泰勒思想」。

　但泰勒的這種戰畧思想在艾森豪威爾時代行不通，泰勒便辭掉陸軍參謀長的職務不幹。由泰勒的這種智慧和對國家負責的態度看，可知泰勒不是一個很尋常的人。而甘廼廸的軍事思想則恰恰與泰勒相同，那末泰勒之出任甘廼廸的軍事顧問自非偶然的了。

　當然也由此可知既蓄意準備大戰又蓄意進行有限度戰爭的共黨分子之特別重視和抨擊泰勒之出任美國總統軍事顧問亦絕不偶然了。

陽明山會談序曲

直　夫

（台北通訊）當權者為了洗刷迫害雷震和新黨的血手和點綴一人一姓的獨裁場面而召集的所謂陽明山會談，將於明日開始。此次邀請參加首次會談的實業界，原定有一百零五人。由於在台灣的林東嶽病故，和香港方面預定邀請的十四人已有八人表示婉謝，海外其他地區也有類似的情形。因此，實際到達台北參加會談的，當不及此數。好在海外的名單迄未公佈，雖然有的人竟請而不來，此未免太不給主人以面子；而臨時拉些閒人來湊湊數，卻是很方便的。何況在咱們這個特別的國度，那些大大小小的特務人員隨時隨地都可以實業界代表的姿態出現；而在今天他們還可以冒充「僑領」呵。因此，儘管有人不來，陽明山會談一樣要宣告滿座的。據悉，當權者還決定於原定的一百零四人之外，再增加所謂列席人員六十人。預見明日會談揭幕，車水馬龍，必有一番盛況。

新聞記者感到失望

從反共救國會議演化而為陽明山談話會，又由陽明山談話會演化而為陽明山會談，當權者在字面上所用的心思，已經顯得夠多了。聞明日的首次會談，他們幾經研究，決定避免用「開幕」等字樣，而祇稱為「開始」。出席會談的人，也避免稱為代表或其他類似的名義，而祇稱為「人士」。據說，這些一字一詞的斟酌及有關會談階段每一件小事，不但籌備主任袁守謙無權處理；即出名召集「會談」的陳誠也不敢擅專，而必須經過「總統」的批示後，才能決定。今日聯合報曾有一篇特寫，描述內幕的情形，並表示失望，其中有一段說：

『毫無疑問的，陽明山會談，從籌備開始，到明天正式開會時止，它的工作效率，是頗難令人滿意的。而籌備處的執事人在觀念上的某些想法和作法，也不能不使對「會談」抱有希望的人，感到某種程度的失望。

在籌備處進行「籌備」的這一段期間，新聞記者的攝影，曾經遭受過阻止，新聞記者的採訪工作，得不到應得的便利。中上層負責人，在與記者交談時，隨時都在「提高警覺」，卽使談的是一些「雞毛蒜皮」的事，語尾也會補充上一句：「請不要見報。」這種作法，不是對待新聞記者之道。而某些人員對新聞記者所採取的「敵視」態度，將更是不合時代的表現。這種現象，的確是近十年來在採訪工作上所少見的。

但這種情形，與主管公共關係事務的中級職員無關，他們的痛苦，要比新聞記者更深，他們是處於「高級長官」與「新聞記者」交相指責的夾縫中。截至現在為止，辦理新聞聯繫工作的人，還沒有看到一份「會談議事日程」。上面的指令是要把宣傳工作做得好，記者證要發得越少越好——而且有「會場」發一張記者證的指示——。如果目前的作法和某些觀念上的錯誤，不加以修正的話，這次陽明山會談，將不會得到新聞記者的衷心合作。』

接待工作準備甚佳

儘管人們自陽明山會談開始籌備以來，從未嗅到一點兒團結和改革的氣氛，但官方對於接待出席會談人士的種種準備，都充分表現了「招待週到」的雅意。住、食、行三項都有妥善的安排。關於住的問題，原想借用台北賓館。後來覺得該館沒有冷氣設備，乃分別在大同之家、東方飯店和國際飯店等第一流的旅館訂妥房間，以備出席人士下榻之需。食的問題，他們可以在旅館中自由選擇中餐或西餐。吃完之後，祇需在帳單上簽一個名，自有政府代為付帳。至於行的問題，預定每兩人配座車一部。特別重要的人士，還另有特別的招待。總之，在今日的窮困的情況之下，當權者對於出席會談人士的種種招待，可說是隆重之至了。

會談三部曲——聽、看、談

據聯合報的報導，陽明山會談的程序，包括聽、看、談三項節目。所謂聽，卽是聽取政府首長的報導。聞除由陳院長的致開會詞而外，還有王雲五副院長的施政報告，楊繼曾、沈昌煥兩部長的經濟和外交報告，彭孟緝總長的軍事報告和陳建中主任的匪情報告。至於蔣「總統」是否將蒞臨作一番訓話，則尚未宣佈。所謂看，包括參觀軍事演習，視察經濟建設及遊覽名勝。所謂談，卽是出席會談人士就官方所安排的節目發表意見。就目前的跡象看去，大約是聽和看的時間居多；而談的時間反而在其次。會談云乎哉？

據官方所發表的消息：此次會談的要點有六項之多，都是有關經濟建設的問題。但觀察家則認為這些祇是表面文章。因為在以一人一姓的利益為中心而又以特務控制一切為前提的局面之下，任何良好的經濟建設計劃都無從實施。當權者的最大希望和興趣所在，祇是如何引導出席會談人士對一人一姓的王朝作一番歌功頌德的表演，藉以顯示「傳子」乃順天應人之事，如此而已。因此之故，將來會談宣告完滿結束時，假如能避免這一幕醜行，就算為國家民族保留少許正氣了。

六月三十日

公路局集體貪污案與交通處長

公　亮

（台中通訊）與台北市公車管理處購料舞弊案同時被揭發的台灣省公路局購料舞弊案，現在又進入了一個新的高潮。據六月二十六日自立晚報載，前任公路局長現任省政府交通處長的譚嶽泉亦牽涉在內，已由警備司令部檢查組移送台北地檢處偵辦。其他各民營報，亦紛紛刊載此一消息。

在自立晚報刊出上項消息後，譚處長卽於次日簽呈省政府請准辭職，據稱在公路局服務八年，雖無建樹，然尚知奉公守法，潔身自愛。現在自立晚報既有此傳說，不獨損害個人名譽，抑且影響政府威信；願以平民的身份，靜候偵查。據報載譚處長在請辭以前，曾以另一簽呈，請省府派員澈查，並聲明倘有不法行為，自當接受法律制裁。但郭澄秘書長以公路局購料舞弊案現正在司法機關的偵查中，將來自有水落石出之一日，乃將原呈退回。於是譚處長乃決定辭職靜候偵查。郭秘書長於接獲辭呈之後，卽親到譚處長的辦公室當面予以慰留，勸他不必因外間的傳說而放棄本身的公務，並將辭呈退回。

譚處長是否從此打銷辭意尚不得而知。他在接見聯合報的記者時，很感慨的說：「我活到今年已六十多歲，如有舞弊，願受法律的制裁，人生必有一死，但我願清清白白的死，不願不清不白的死」。並說：「一個人的生命微不足道，早死遲死都是一樣，然而名譽卻是永遠存在的。我的子女已在受良好的教育，我不能因此而使子女蒙羞。我希望政府能澈查；如有舞弊，願負法律責任，縱然斬頭也無所謂。否則，亦希望對社會有個清白的交代。」

從譚處長的以上各種表現看去，他顯然比黃啟瑞要高一着了。黃市長在報上連載他涉嫌分得市公車處的貪污贓款七十餘萬元的消息以後，僅僅向記者否認一番，便算了事。六月二十三日中央日報還刊出一篇投書，問聯合報的那一則黃市長涉嫌貪污的消息是從那裏得來的。並主張警總和地檢處應該澈查洩露消息的責任。顯見不但黃市長抱着「笑罵由他笑罵，贓官我自為之」的態度，卽當權者也還在多方為他掩護。而譚處長卻聲明願以平民的身份，靜候法律的制裁，與黃市長的戀棧不去，恰好成為一個尖銳的對照。當然，人們不能以譚處長的請辭而遂認為他與公路局的購料舞弊案不會有任何關係；但就事論事，他願以平民之身靜候法院偵查這一表示，卻是值得稱道的。

土地舞弊案牽涉官員多人

志　清

（台北通訊）本省望族林本源後裔林子畏因勾結政府官員套取公有土地從中舞弊牟利於日前被台北地檢處扣押偵訊。據報載，此一土地舞弊案，牽涉公產代管部、省財政廳、地政局、台北公務局及國有財產局等機關的有關人員甚多，目前已被扣訊者已有七人，被傳訊者則有二十人之多。舞弊款項達二百餘萬元。經地檢處檢查官張濘涵指揮司法行政部調查局偵查一年有餘，最近才開始採取行動。

事緣日據時期，「台北州廳」為開闢北市東門某一馬路，曾征收本省望族林本源的土地數千坪。依照規定，林及其後裔所有權人，可向「台北州廳」請求付給補償費或要求換取其他地區的土地。當時林家極為富有，不以為意。因此，本案一直懸而未決。直至最近數年，擁有該土地所有權的林本源後裔林子畏因在商場上失敗，資產漸漸耗盡。乃憶起此一舊案；才興起向政府請求補償該段土地的念頭。但鑒於須依法令的規定，此種被徵為建築馬路之土地，其補償費不高。於是乃與當時公產代管部的高級職員李某及地產課長劉乃澄等，由代管部以另一公地與林子畏交換。為使舞弊工作得以順利進行起見，又與財政廳、地政局及台北市公務局主辦人員搭上關係，實行集體舞弊。結果由代管部在高雄找到一塊面積達數萬坪的土地與林子畏交換，並報請省政府核定。當時約定，如交換案經省政府批准，林應付酬勞費一百五十萬元。此後不久，省府果然批准，林亦依約付款無誤。以後李某等又要求再增加八十萬元，以便應酬各方，林亦照付。

林子畏獲得批准後，即將其中的一段土地以高價賣與唐榮鐵工廠，並收下定金數百萬元。此一舞弊案本可順利進行。不料此時公產代管部的主管忽被調動。新任到後，認為該案於法不合，乃專案報請省政府取銷此一土地交換案。省府亦予採納，明令收回前令。以致林子畏功敗垂成，全盤落空。

林子畏既不能取得高雄那塊土地交與唐榮鐵工廠，後者乃向前者索還已付的數百萬元。林子畏又轉向季劉等人索回賄款二百餘萬元，以資應付。但竟為季等所拒，因而發生內訌，此案乃告爆發。

嚴家淦又作諾言

在去年年底社會上盛傳政府卽將發行百元大鈔時，財政部長嚴家淦曾在立法院表示在他任部之日，決不會發行百元大鈔。然而言猶在耳，百元大鈔却已宣佈出籠。立委有以此為問者，嚴部長乃聲明他當時祇說政府現在無意發行百元大鈔，並不曾說過此後也不發行的話。人們對於嚴部長向立法院所作的諾言，竟如此前後不符，頗表驚異。但六月二十三日立法院因發行百元大鈔繼續向財政金融的負責首長提出質詢時，嚴財長又宣稱：「公賣品不會漲價」。二十五日的聯合報，卽以「立此存照」為題，發表一篇短評，很能代表一般人對嚴財長此一新諾言的觀察，特照錄於后：

「茲且做照我國古代史家削簡記事的筆法，作如次的記錄，庶幾立此存照：

中華民國五十年（辛丑）、六月二十三日、午後×時××分：財政部長嚴家淦在立法院答覆質詢時宣稱：「公賣品不會漲價」。

筆者不是「好國民」，竟與烟酒無緣，對於國家的公賣事業，殊少報效：惟對公賣品是否漲價，仍不能不深置關切。原因是：烟可以不抽，酒可以不喝；但在百元大鈔問世之後，倘於此際繼之以公賣品漲價，勢必刺激物價，掀起漲風，影響及於全體國民的生計，則受害者又豈止烟朋酒友而已哉。

國人正在憂心忡忡之際，忽然部長先生斬釘截鐵的宣稱「公賣品不會漲價」；如同一帖清涼劑，如同一顆定心丸。聞此福音，固然額手稱慶，咸對部長先生歌功頌德；卽烟酒無緣者，亦將無懼於公賣品領導一般物價上漲矣。

削簡記事，雖不如現在的錄音機，能將某人所說的話，全部如實的錄下來；但我國的「信史」，皆由此而來，可以昭大信於天下，乃至垂大信於百世。比起秘而不宣的錄音帶，更能取信於人民。」

中共建黨四十年劉少奇發表演說

繼續擁護毛澤東三面紅旗的路線
堅決展開與美國針鋒相對的鬥爭
并透露中共現有黨員一千七百萬

陳一鳴

據中共新華社北平六月三十日電：「慶祝中國共產黨四十周年大會三十日下午在北京舉行，毛澤東主席出席了大會。中國共產黨副主席劉少奇在大會上發表了長篇講話」。

劉少奇首先說：「四十年的歷史事實証明，中國共產黨是偉大的、光榮的、正確的馬列主義政黨，它已領導中國人民取得了偉大的勝利，並且將要領導中國人民繼續取得更大的勝利」。這些自吹自打的話。顯然是他無恥地把一種由蘇聯扶植的漢奸政權在大陸的暫時佔有，認為是光榮和永久的勝利了。

繼續擁護毛澤東路線

跟着，劉少奇又說：「毛澤東同志和我們黨中央，運用馬克思列寧主義關於社會主義建設的理論，吸取蘇聯和其它社會主義國家的建設經驗，在我們執行第一個五年計劃的經驗基礎上，制定了我國社會主義建設的總路線，這就是：鼓足幹勁，力爭上游、多快，好省地建設社會主義。……毫無疑問，我們黨的這條社會主義建設總路線，是符合我國全體人民願望的」。這除了表明劉少奇完全擁護毛澤東所製定的所謂總路線政策外，更表明了劉少奇也在完全撒謊。試問中國人民誰願意接受共產黨的領導？共產黨的政策，那一項是符合中國人民的願望？中共之所以暫時佔有大陸，乃因憑藉武力起家。如果共產黨的政策眞是符合中國人民的願望的話，中共大可憑藉民主自由的選舉起家，不必憑藉武力起家了。但劉少奇偏說這完全符合中國人民的願望，這沒有說明別的，只說明了中共完全在强奸中國民意而已。

劉少奇大撒謊

劉少奇又說：「在總路線的指引下，從一九五八年以來，我國實現了連續三年的大躍進。同時，在我國農村中，出現了由農業合作社聯合組成的人民公社。這樣，總路線、大躍進、和人民公社就成為引導人民前進的三面紅旗。在大躍進的三年中，工業方面提前完成了第二個五年計劃的主要指標，建立了相當大的現代化的工業基礎，使基本工業的生產設備能力有了成倍的增長，農業方面，進行大規模的農田水利建設，為今後農業生產的發展創造了重要條件。文化教育事業，在這三年來，也有很大的發展。事實証明，中國共產黨和中國人民高舉總路線、大躍進、人民公社這三面紅旗，是完全正確的，完全必要的」。劉少奇的這一段話顯然更在用撒謊的方法來掩飾毛澤東三面紅旗的失敗。而在此以前，劉少奇在公開演說中撒這種大謊，尚不多見。

我們曉得自一九五八年以來，在這三年中，中共的農業生產曾遭遇了空前的重大失敗，由於農業生產之重大失敗，遂連帶影響部分工業的停工減產。這些事實，中共自己早已承認。去年九月二日中共電台廣播曾承認一九六〇年發生空前災害，受災面積達九億畝，又據去年路透社北平十一月十六日電：美國親共作家史諾訪問北平時，周恩來曾親自告訴史諾說「今年大陸有廣泛的旱災、蟲災，東北省區又有空前嚴重的水患，這等自然災患之嚴重，為本世紀所僅見，結果，今年的收獲，較一九五九年及一九五八年為低」。再回看一九六〇年十二月廿八日新華社電：「今年我國遭受特大的自然災害，對國民經濟各部門的影響都很大，重工業部門也直接受到損失，遼寧、山東、河北等省由於在八月間遭到暴雨和洪水的襲擊，鋼、鐵、煤、炭、電力的生產和交通運輸，都曾陷入不同程度的中斷，使鋼、鐵、煤的產量受到損失，同時由於調動勞動力支援農業生產，一部分地方中、小企業和建築企業也縮小了原定計劃」。這就可見中共去年無論在工業方面或農業方面的生產都是大躍退的。但為了掩飾毛澤東路線的失敗，劉少奇遂厚着面皮撒謊，硬說「從一九五八年以來，我國實現了連續三年的大躍進」。但事實具在，且中共自己的報導猶新，這又如何能騙人呢？大概毛澤東自知無法騙人，但又不能不自我吹噓一番，於是，毛澤東自己就只出席中共建黨四十週年慶祝會而不講話，而由劉少奇出來作報告，劉少奇迫於情勢，遂不得不在報告中撒謊了。

現有一千七百多萬黨員

談到黨的狀況時，劉少奇又說：「中國共產黨是團結全國人民進行社會主義建設的核心，現有一千七百多萬黨員」。劉少奇所說中共是團結全國人民進行建設的核心的話，當然也是胡說。事實上，中共早已成為壓搾中國人民的新階級，它使得中國人民受無限痛苦，它又破壞了中國的傳統文化，摧殘了中國社會的優美的家庭組織，它是破壞與犯罪的核心，決非建設的核心，說到一千七百多萬黨員，這無疑是一個龐大數字，但當我們想到這一千七百多萬黨員都騎在中國人民頭上，從各個角落控制和監視着中國人民，他們又都靠中國人民供養，試想這是何等的殘酷？何等的不公平？但從另一方面看：這一數字儘管龐大，卻又充分証明它決不能代表全體中國人民。因為，照中共自己公佈，中國大陸已有人口六億五千萬，則中共所擁有之一千七百多萬黨員，在中國全人口比例中，實只占百分之二而已，試問這如何能代表中國全體人民？中共的政策又如何說得上那是符合了中國全體的願望？

大力抨擊美國和甘迺廸

劉少奇又說：「我國已經同四十個國家建立了外交關係，並且同遍佈全世界一百多個國家和地區，建立了經濟的、文化的友好聯繫。我們的朋友遍於全世界，美帝國主義在國際上孤立我們的陰謀已經被粉碎了」。「堅決以中國人民為敵的美帝國主義，至今霸佔着我國領土台灣，在我國附近許多地方繼續保持軍事基地，配備着龐大的軍事力量，推行侵略政策和戰爭政策，嚴重的威脅東方和世界和平。我們必須繼續保持警惕，同美帝國主義進行針鋒相對的鬥爭。我國人民解放我國神聖領土台灣的目的，是一定要實現的」。「美帝國主義盡做壞事，充分表現了壟斷資本主義的腐朽性。它的所作所為，使得越來越多的人認識到，美帝國主義是全世界反動勢力的主要堡壘，是全世界人民的頭號敵人，以美國為首的帝國主義戰爭勢力，挑起的世界戰爭的危險，仍然威脅着世界各國人民。美國肯尼廸政府上台以後，極力推行反革命的『兩手』政策，一面狡猾地使用『和平』手段，一面加緊推行戰爭政策，鬥爭中的各國人民懂得，肯尼廸比艾森豪威爾更具危險性。但是他們任意橫行的時代，早已一去不返了。」

像劉少奇這種淆亂是非，顛倒黑白，本來是共黨赤化世界的政策在威脅和迫害全世界的人民，但他卻反而把美國保衛自由民主的神聖措施指為侵略，這都是自赫魯曉夫以下所有共黨分子的慣技。他們口口聲聲冒充中國人民，硬說美國與中國人民為敵，其實，美國從未與中國人民為敵，美國乃中國人民之友，美國乃全世界人民尋求自由民主的希望，被美國敵視者，並非中國人民，實只殘暴犯罪之中共漢奸政權而已。

中共又口口聲聲說：台灣是屬於中國的。這話也不錯，台灣確實是屬於中國的。不過，必須進一步說清楚的，是所謂中國，乃指中華民國而言，並非指中共漢奸們成立的「中華人民共和國」而言。誰說台灣不是屬於中華民國的呢？

至於劉少奇之大力抨擊甘迺廸，那不過說明甘迺廸的英勇強硬政策較艾森豪更使共黨分子害怕罷了。無疑，敵人之所厭惡者，正是我們所應鼓掌的人。綜觀劉少奇全部講演，表明中共峻惡不改，全無悔禍之心而已。

僑鄉簡訊

鍾之奇

台山人民被迫開荒

因為農業生產萎縮，中共迫令各省人民大量開荒，以求增加糧食生產，雖然由於肥料及農具缺乏，開荒後的糧食生產成績並不好，但中共仍強迫人民行之，此種開荒工作目前已在廣東各地普遍展開，台山縣各人民公社亦不例外。據中共公佈，截至六月十二日止，台北縣各生產隊已開荒地種植糧食作物八萬七千多畝。

印尼歸僑在蕉嶺勞動

祗因中共在印尼各地煽動華僑作赤色活動，遂使許多善良的印尼華僑不能在印尼立足。他們原有幾條路可走，一條是到香港一類自由地區，一條是到台灣去安家立業，一條則是返回大陸。今日大陸本是人間地獄，淪陷大陸的人民對此固屬深知。但生活在海外的部分華僑，由於一向熱愛祖國，抱着「落葉歸根」思想，誤聽中共的欺騙宣傳，竟以為大陸是天堂，遂將多年積蓄一併帶返大陸。殊不知中共迫害歸僑之手段毒辣異常，回到大陸後，雖已明知上當，但已來不及後悔，再也不能重離大陸了。這是從海外回到大陸去的一班僑胞所遭遇的慘境。他們原以為可以帶回去養老的資金都被中共用公債貢獻等剝削方式掠奪，又迫於中共的命令不得不參加勞動。但一班華僑在海外既未從事農業生產，而多半一向是從事工商業，現均被迫參加華僑農場，從事集體勞役，身心兩方面的痛苦，眞是筆難盡述。由印尼回大陸之華僑，大部分被遣送海南島開荒，僅其中少數才被派在廣東和福建各縣從事勞動。廣東蕉嶺也開設得有一個華僑農場，他們被迫聚居在蕉嶺筆架山下，日夜勞動，均深悔不該返回大陸云。

佛山增加陶瓷生產

佛山石灣鎮的陶瓷工業歷來有名，為了供應各人民公社的需要，中共早已迫令佛山石灣各陶瓷廠增加生產。現石灣鎮全鎮共有九個陶瓷廠，但中共已迫令其中八個專門生產石灣鎮過去從沒有生產過的羹匙、飯碗、碟子等日用品，現在每月已能生產共達三十多萬件，但工人生活則仍極苦。

請教老農

請教老農，是最近幾個月以來中共在各地開展的一個工作。以前，中共認為一切只有共黨對，一切只有毛澤東對，所以，毛澤東要密植，共黨就叫老百姓全體實行密植，但無情的事實終於証明毛澤東胡鬧，在大陸農業不斷減產下，中共才又發動黨團員幹部向老農取經。據中共公佈，目前已派出六十多個科學和技術人員往廣東省中山、新會、番禺、東莞、寶安等沙田地區，和各地老農在一起研究調查和試製適合沙田使用及增加沙田水稻產量的方法。但老農們心頭懷恨中共，他們雖不得不敷衍中共派來調查研究的人員，但內心都在消極反抗中共，不肯將數十年耕作的眞正心得告訴中共。

樂昌、陽山等縣栽種林間糧食

由於農地歉收，新開荒地的收成亦不好，於是中共又異想天開，迫令人民在林地間利用空隙栽種糧食作物，以增加生產。茲據七月一日中共香港大公報載：粵北的樂昌、陽山、和平、始興等縣和連州各族自治縣的山區人民公社和國營農場已在中共迫令下，在林地間種了糧食作物十萬畝。

福建營建海灘森林

營建防護林與海灘森林，以使農田受益，也是最近福建共幹企圖挽救農業生產失敗的措施之一。據中共公佈：已在福建沿海縣份，積極營造防護林。東山縣已建防沙林四千五百多畝，林帶三十八條，同安縣兩年來亦已營建了一萬三千多畝的海灘森林，最近又種了七千多畝。不過，這對於福建省的農田水利並無多大的實質補益。

彭庵親王的孤立感

何之湄

勞燕分飛

寮國三「王」之一的右翼彭庵總理，昨天自西德法蘭克福乘德航機抵達此間廊曼機場。彭庵親王發表了書面談話，由永珍政府新聞部長諾拉信宣讀；及答覆記者有關蘇黎世「三王會議」和寮局前途觀感後，便驅車趕入市區探視他在醫院臥病中的女兒。昨晚彭庵總理與乃沙立總理會見，由乃沙立總理設宴邀讌彭庵總理，據說在宴會之後，泰寮兩位總理有過四十分鐘的懇切交換意見。今晨他已匆匆乘機趕回永珍，據說一二天內即將轉赴琅吧喇邦，覲見寮王沙旺革他那。從在這位參加寮國和會歸來的白髮親王身上，從他來去匆匆驚鴻一瞥似的曼谷廿二小時的訪問中，人們正在尋求寮局前途的答案。

這個答案是不是能在彭庵親王身上找尋出來呢？任何人都不能作此肯定，甚或是有「樂觀」的看法。單從外表看，「三王」並不是滿有信心及和衷共濟地聯袂歸來，共同一致去解決寮國問題。

彭庵親王歸國的路線，是經過右翼國家西德和泰國，而回去右翼政府所在地的永珍。左翼親王蘇發努馮則當彭庵在曼谷的時候，他已經到達莫斯科了，仍然要再經北平河內，返回左翼的都城川壙。至於「中立」總理富馬的行程，則是巴黎——金邊。他將自金邊返回寮國何處，目前自是未能獲悉。

似此「伯勞東去燕西飛」，仍然明顯的分着「左、右、中」三條路線，也許是象徵寮局前途，「聯合」不易？

看倦了天鵝

蘇黎世「三王會議」的能够開成，高棉中立總理施漢諾之功不可沒，但更主要的，還是十四國會議走廊的空氣使然，尤其是稍後那一段日子的氣氛。在先，永珍代表團既拒絕參加十四國會議，泰國代表團也杯葛了會議。可是不久之後，西方國家不想堅持。「三王會議」開成，永珍和曼谷兩代表團都參加了十四國會議，顯示出「走廊接洽」產生了妥協的效果，而「三王會議」便是一條途徑。

也即是說，組成了「三王會議」，作為日內瓦的補充會議。目的就希望「三王會議」能够彌補十四國會議的缺陷。十四國會議中，東西雙方往往針鋒相對，委實是難以產生和洽甚至接近的結果。「三王會議」雖也非一談便妥，但至少可以把十四國所面對的寮國複什的現實，其中大部份的問題，移交給「三王會議」去討論。現在「三王」離開了瑞士，也就把大部份的寮國問題帶離了十四國會議，免得那些強國代表，被迫如像葛羅米柯所說：「坐在日內瓦湖畔『數天鵝』！」問題解決不了，又不能說不解決、不歡而散，那豈非是十四國會議「破裂」？有了「三王會議」，至少可把問題「拖」下去。

這也就難怪，彭庵親王的談話，與答記者問，情調大不相同。

鼎足而三

彭庵談話說：蘇黎世產生「滿意結果」，被認為係重要步驟，進向解決寮國問題。他對組成聯合政府，「樂觀而有信心」，因蘇黎世的寮國高峯會，各派都保証擁護王室及憲法。

可是在答覆記者詢問時，彭庵親王對於下一次的寮國高峯會議，却並沒有描畫出較完整的輪廓。譬如關於第二次「三王會議」的地點，他只能說他個人認為在王都為最適當，因「可在寮王的公平監視之下」。

這一句話，多少反映出彭庵親王的感覺，即對目前寮國問題有「不公平」的感覺。因為在蘇黎世會議中，「左翼」及「中立」兩派堅持與永珍政府「鼎足而三」，並不以永珍政府與川壙政權雙方作「半斤八兩」的對稱。彭庵親王在蘇黎世一連串的會議中，可能已深深地染上了「孤立感」呢！

所以他現在只能寄希望於寮王對他和右翼的支持，要寮王出來說句公道話。永珍的政府，原是合法國會通過，國王正式任命的。現在竟因「三王」會議之故，川壙政權出了「二王」；竟要求「三分天下有其二」。以後如總理的產生，國會的選舉，右翼能估上風的希望，似乎並不太高。

其實這並不只是彭庵親王的憂慮。早在彭庵總理抵曼谷前兩天，泰國副總理乃他儂上將就說：寮國仍可能成為共產國家，因「三派之中，有兩派是共產黨」。

現在彭庵親王把這個挽回頹勢的希望，寄託在寮王身上。所以他說：總理應依法由國王委派，「假如那些反對派對他們『尊重王室及憲法』的諾言是有誠意的話。」

其實川壙政權正是渺視王室及憲法的破壞者，他們一向抨擊寮王「偏袒」，而現在則正在進行破壞憲法上寮王委派總理的權力。他們可能要以三票得二「選」出總理，强寮王加委。寮王眞個能作「中流砥柱」嗎？

·曼谷通訊·

南越部隊接受美專家訓練

共產黨侵畧亞洲的野心，顯已日趨猛烈。因此，有人認為：共黨拿下了寮國之後，固然會立刻進攻南越，但即使寮國局勢仍在糾纏未決中，共黨為着外在和內在的態勢所驅，也會突然地唆使他的爪牙——盤據在北越的越盟黨——進軍南越的。這個越南危機，遠在美國副總統詹遜訪問東南亞時，業已顯露無遺。那時，美國當局亦已認定：共黨對南越的陰謀，比較對寮國來得兇狠。換言之：即南越局勢，是比寮國嚴重。

在目前最顯而易見的，就是共黨的游擊隊已日益加强，其活動範圍，已深入至南越的心臟，其作戰地區，也已透進了西貢以南的三角洲地帶。——那裏是河道縱橫，叢林密佈，沼澤遍處的，正是共黨游擊隊作戰的有利地形。

吳廷琰為了應付共黨的游擊戰爭，現正採取四項新的步驟：第一、把南越的十五萬陸軍，施以游擊戰術的訓練，使他們每一作戰單位，都足以應用其本身的戰術，打擊越盟游擊隊；第二、擴充陸軍和民防部隊，俾得捍衛每一農村；第三、實行海陸空三方面的軍事協調；第四、加强各農村人民的心理作戰計劃，使每一農民對反共戰鬥都有更深刻的認識。但欲實施上述的計劃，在今日的南越來說，顯然力有未逮，尤其是對陸軍的訓練，使吳廷琰更傷透腦筋；因此，唯一的辦法，祇有向美國請求協助。南越的高級官員阮廷純，日前已到達華盛頓，替吳廷琰帶一封私人函件給甘廼廸，並與美國的副總統詹遜，國務卿魯斯克，國防部長麥南馬拉，援外局長拉蒲斯等，作了一連串會談。阮氏此行目的，正是要求美國派員赴越，直接訓練南越的武裝部隊。

關於上述的「直接訓練」所牽涉的政治問題，雖然其最後決定仍未達成，但美國以新軍器加强南越部隊的裝備，却已成為事實；而美國的軍事技術專家，也已到達南越了！六月廿三日的美聯社電訊已報導過：美國軍事專家特別隊，已在西貢開始進行以各式新武器和各種新技術，幫助共產黨威脅的越南，以抗擊反叛的恐怖份子。該社又稱：新武器的研究是美國與南越經濟和軍事調查的一部份；所調查的，正是有助於對抗越共所必需的問題。那批特別軍事專家，係劃分兩組，一組是由七十名通訊專家組成，另一組（人數未指出）則包括更廣泛的人才，那是由美國國防研究與工程專家戈特邇領導的。由此可知，今日的南越部隊，業已在美國的專家們訓練中了！

不過，今日的「直接訓練」，已成為目前南越對付越盟的一項爭取時間的決定性和嚴重性的軍事競賽了！其後果如何？一時尚難預測。

·阮氏珍·

史艮的供狀

·朱映瓊·

據中共「司法部長」史良最近宣佈稱：大陸人民的反動事件，十年來共達八百三十二萬三千六百八十宗，平均每年有八十三萬二千三百六十八宗，亦即每月有六萬九千三百六十四宗。

在一個月中，便發生了六萬九千三百六十四宗「反動事件」，這個數字當然不算少，若是出自國民黨死硬派人士之口，或是出自自由人士之口，那末，中共或中共的尾巴，尤其是此間中共尾巴的赤色文特，會立刻指為「造謠」；但是，坦白招供的不是別人，而是史良。這個老婆娘，她正是中共的當朝紅員，——司法部長」哪！

而且，史良所說，當然是僅根據有案可稽的而言，但還有許許多多尚未收列在「司法部」案檔裏的，實際上更超出上述數字不知若干倍，如各農村的農民搶糧啦，怠工啦，罷耕啦，毆擊共幹啦……等少數羣衆的零星抗暴事件，幾無日無之，不過這些窮鄉僻壤中少數羣衆的抗暴行動，在中共武裝部隊的槍尖鎮壓下，迅即被平息吧了！

倘若史良深入各農村去澈底調查一下，則她所獲得的「反動事件」的紀錄，當然會更洋洋大觀；同時，她也可以親自目睹一下農村羣衆的「反動」行動的實際情況。

寄語史良：目前大陸人民的「反動事件」又在激增中了！

福建平和縣農民繼續罷耕

·江水·

福建平和縣的琯溪公社，大溪公社，和蘆溪公社，最近又發生了騷動。由於各該公社的生產隊一再要求增加每日糧食配額均被嚴詞拒絕，於是便繼三月間的「罷耕抗議」後而於五月十八日再度實行「罷耕」。當時「黨委」把這次的罷耕事件，認定係受「反動份子」從中煽動所致，竟然派出「特工」四出「深入偵查」，並以「秘密拿人」的恐怖手段企圖遏止農民的罷耕，因此更引起農民的憤恨，羣情洶湧，隨於五月廿一日，廿二日，分別集隊示威，衝進他們的公社去，向「社主任」提出質問，先後發生衝突，上述三公社，均有農民一度搗亂，後卒由民兵到場，開槍彈壓，始暫將事件平息。據事後調查，上述三公社，共有共幹七人受傷，民兵之被槍傷或毆傷者，也共達三十一人。再過兩天，又有農民五人「離奇失踪」。一般預料：此種抗暴事件，在民怨沸騰下，勢必繼續發生；尤其是該縣的大溪公社，人民的反共情緒，更為熾烈。

廣州黑市物價又告暴漲

在廣州被稱為「奢侈食品」的鷄，鴨，鷄蛋等的黑市價格，邇來又告暴漲。計自六月廿八日起，鷄的黑市價已由每斤人民幣六元六角漲至八元；鴨的黑市價則由每斤二元漲至五元（均比公價高出六倍或五倍）；鷄蛋的黑市價也由每隻二角漲至每隻五角五分。而經營黑市勾當的，百份之九十以上是共幹或共幹的家屬，他（她）們都好像是有恃無恐地把糧食和日用品的黑市交易作半公開式的經營。市面棉布的配額，目前也已一減再減，現每人祇准購布四市尺，附市的農村，則減為每人祇准購三市尺。此外，柴薪的供應，也嚴重缺乏，其配購辦法則論家計而不是論人計，即每一家（不論人口多少）每月祇准購買十市斤，市民不敷應用，則唯有將陳舊的家具或板障作燃料，甚至轉而求諸黑市，黑市柴價每担高至人民幣十六元；但照公價的規定，每担，實為四元而已。

孩子們

宣建人

怡住在汪婦產科醫院生第四個孩子，又是女兒。我在家裏權且管理孩子們：兩女一男。往日，怡管理他們輕而易舉，有條有理；現在，輪到我却碍手碍脚，就是跟他們穿一件衣裳，也很吃力。不過，我倒願意跟他們閒談，很有趣味。

「馨馨，你喜歡媽媽生弟弟，還是生妹妹？」我問九歲的大女兒。

「生弟弟！」她不考慮的回答我，臉色很平靜的。

我很奇怪。我沒有重男輕女的觀念，她倒有了。於是，我抓住她的小手，輕輕的問：

「爲什麼？」

「這樣兩男兩女，一樣輕重。」馨馨的眼睛盯住我的臉色轉，不急不慢的說。

大女兒的意思，我懂。這樣平均分享父母的慈愛。

我想：「如今，孩子們是不同了！」

「媽媽生個妹妹。」我微笑的對她說。

「大不幸——」馨馨感喟的說。

「爲什麼？」我問。

「這樣，爸爸、媽媽更喜歡弟弟！」

我很尷尬。

「爸爸、媽媽個個都喜歡。」我如此說，心裏倒是有點不安。說實話，我們都或多或少對兒子好點，他最乖。天下做父母的都喜歡聽話的孩子。

家驊很聰明的，才三歲，長得胖胖的，從不胡鬧。他能背誦唐詩，這當然是媽媽和姊姊們教的，他能記得也不容易，何況他還不識一個字。

「驊，你背『床前明月光，』」

他兩條肥胖小腿，一歪一歪的，兩隻小肥手，一甩一甩的，粗而厚的喉嚨，不慌不忙的誦着：

「床前明月光，疑是地上霜；舉頭望明月，低頭思故鄉。」

「再背『春眠……』驊。」

「春眠不覺曉，處處聞啼鳥；夜來風雨聲，花落知多少？」

我鼓掌。

兒子的胖臉上漾開兩朵快樂的微笑，往我懷裏一撲，抱住我：

「爸爸，糖！」他向我要獎品了。

「大姊姊，拿糖給弟弟吃！」我抱着他，吩咐馨馨。

馨馨抓了兩塊糖給驊，一塊放在她自己嘴裏。

我抱驊很吃力，想法子打發他：

「驊，跟大姊姊去玩！」

「我不！」他猴在我的身上，搖搖頭。

我祇好逗着他玩——

二女兒莉莉，沉默的站在牆角落，右手食指放在嘴裏，像是很寂寞的。於是，我想起幼稚園孫老師跟我說的話：

「陳先生，你和你太太以後能對莉莉好點。」

我吃一驚：「帶她很好！」

「某天，我問莉莉：

「『莉莉，你爸爸喜歡那個？』

「『姊姊。」

「『你媽媽喜歡那個？』

「『弟弟。』

「『你呢？』

「『阿秀（女傭的名字）歡喜我。』」

我怔忡。

「陳先生，請你對她好點！」孫老師再叮囑我。

我自問從不偏愛誰，可能有些小動作上疏忽了，在她剛懂世的幼小心靈上鐫下分享不到慈愛的悒鬱。從此，我特別對二女兒表示親熱，給她更多的愛，彌補她幼小的心靈上的懊喪。我也關照怡多注意到她的教育。

此刻，我看她瑟縮在牆角，馬上用愉快的聲音呼喚：

「莉莉！來！」

二女兒好開心，一跳一蹦的向我奔來，像一隻小兎子奔向草原。

我把她抱在膝蓋上，分享一半的天下。她笑着叫我：

「爸爸！」

我逗着他們玩了一會，阿秀喊我們吃晚飯，馨馨會做事了，她把飯盛好，放在桌上。

我每次拖着疲倦的身子回家。當我捺門鈕，三個孩子象三隻能言鳥飛來了，搶着開門，迎接我。

「爸爸！」三個充滿了喜悅的嗓子。

「噢。」我應着。

我一雙手只能摩兩個孩子的頭，誰先摩，誰後摩，我很爲難。恨不能再伸一隻手，可以同時撫摩。

六隻靈活明亮的眸子望着我，期待我慈愛的撫摩——

「乖！爸爸喜歡你們。」我像逃避這個禮節的使者。

我闖開他們的半圓包圍圈，朝前走，他們跟在後面。手裏的皮包，六隻小手搶着拿，好像能領賞金一樣。

馨馨有用了，能帶弟弟、妹妹出去玩，照應得很好。

「弟弟，不要把花摘掉了，爸爸罵！」她拖開正在摘花的弟弟。「我們到朱伯伯家跟娟娟玩！」

弟弟不大願意她的干涉，嚷了。

「別吵，」馨小聲的說：「爸爸睡覺！」

她拖着弟弟，抓住他的小肥手，滿是泥土：

「你看，弟弟，手上好骯髒啊，快去洗手。」

弟弟勉勉强强的跟她回家。

怡看了，笑笑。

上個月，我得到一筆「外快」，一個月獎金。我帶着一家人乘「的士」到市中心區逛街，參觀商店的橱窗。

我跟怡買了一件她選中的天藍色底紅碎花衣料。花去三分一獎金。馨要買小型鋼琴，能彈簡單的曲子，她歡喜，我照買。二女兒要買小茶壺、小茶杯、小茶盤，我買了。三歲的兒子要買小型馬車，我又買了。一家人歡歡喜喜，我滿足了他們的希望，獎金花完啦。

獨我一文錢也不花，什麼沒買。

當然，我和怡偶而也鬧彆扭，鬥嘴，夫婦之間，那有到老不鬥嘴的，牙齒難保不和舌頭鬥鬥。這給馨馨看了，就生出不良的印象。

「馨馨，你長大了結婚？」我笑着問。

「我不！」她不考慮隨口答出。

「爲什麼？」

「吵嘴！」

我感到有些羞愧。我總是忍讓怡。但是，忍讓有限度的。

「怡，我們是孩子們的模範，在她的心目中，我們是偉大的。我們不能留下惡劣的印象。」

「你應該把性子壓抑住——」怡埋怨我。

是的，我應該警惕自己，强忍住所不能忍的——

怡回家了，抱着「大不幸」的女兒，三個孩子還是環繞着她。莉莉、弟弟爭着要看妹妹，獨有馨馨看也不看一眼。

怡哼着催眠曲：

寶寶的眼睛像爸爸，

寶寶的眉毛像媽媽，

寶寶的鼻子嘴，

又像爸來又像媽，

睡着吧，媽媽的小妹妹，

我站在旁邊，低低的說：「孩子們——」

分期付欵（下）

蔡文甫

走着，走着，快要到前村了。忽然他看到前面來了一個女孩，紅上衣、白底大藍花的裙子，裙邊擺呀，擺的，愈走愈近。「啊！」他內心驚叫起來，那不是阿花嗎？

他的臉感到火辣辣的。從陳老爹說媒以來，他總是想辦法避免與她見面談話。想不到會在此時此刻碰到她。如果這時他不牽着牛，走旁邊的岔路就可以避開她。但這岔路太窄，牛無法通過，他祇好硬着頭皮向前打招呼。

「阿花，好哇。」他盯在她的眼上，覺得她的眼睛很大，眼珠很亮。比剛才想到她時，要好看得多。

阿花點點頭，背轉身避開他的目光。她轉身時，花裙子邊旋裏在他赤裸的小腿上。「你去那裏？」她問。

「去賣牛啊！」

「賣牛？」她又轉過身來看着他。「牛賣了，你怎麼做活？」

他嘆了一口氣，說：「那沒有辦法啦，爲了……」

他沒有說下去，覺得在阿花面前提這問題，是很難爲情的。阿花也沒有追問，像也懂得他爲什麼要賣牛了。

片刻後，阿花說：「我有……話，要和你一個人談。」

他楞了一下側轉身撫摸着牛頭。

「你說吧，我這條牛，是不喜歡多管閑事的。」

阿花的頸子扭了半天。說：「我爸爸……汪三秃子……」

「那太好了，」他的火又起來了。「汪三秃子很有錢哩！」

她白了他一眼。「我們村上的張先生說我可以自己做主，我已經有二十歲了。所以……」她低頭看自己脚上的紅色尖頭鞋。結巴地說：「先到你……家裏，等你的錢齊了以後，我們再……」。

他一下子就想把她抱起放在牛背上；然後再把牛扛在自己的肩上。但他終於忍住了，祇是輕輕地說：「那太好了，你跟我回去吧！」

陳老爹又攔在路口嚷道：「毛頭小伙子，牛又牽回來了，你——」當他看到阿花跟在牛後，說：「究竟是怎麼回事？」

胡二把牛繩抛給牛後的阿花，跑到陳老爹的面前，拿出上衣口袋內的一千塊錢，塞在陳老爹的手裏：「請你和吳老頭說，還有二千，我和阿花會……會分期付欵——回來時，請到我們家裏喝一杯喜酒。」

「分期付欵！」陳老爹眼看他們牽着牛走向牛棚。獨自的說：「毛頭小伙子的花樣眞多哩！」

金釵記（二）

黎明

第三場：

景：顧家花園。實景有圍牆，牆內有楊柳、月季、葡萄架、假山、石洞。園牆外有路。虛景（與實景相連而較遠）園牆內有鞦韆、荷塘、蓮舟、曲欄、水榭。園牆外，山水林木可就勢點綴。

時：初秋中午。

人：顧秀娘　春梅

（春梅在園內邊喊邊走匆匆上）

春梅：小姐！小姐！……（忽見草間遺釵，連忙拾起）喲！這不是小姐的金釵嗎？怎樣倒會掉在這裏？（作活潑而淘氣的思索狀；已而極有把握地）有了，有了！我家小姐一向罵我粗心大意，這回倒是她自己心粗意大起來了。我不免把牠藏過一邊，嚇唬嚇唬她一回則個。我就是這個主意，就是這個主意。（接着四處張望，喊得更高聲）小姐，小姐！……您倒底是在那兒呀？

（秀娘文雅而悠閑地從石洞中上）

秀娘：春梅！你瘋了嗎？儘嚷着則甚？

春梅：喲！我的小姐！那兒不找交了？——咿！怎樣您獨個兒在這裏？蘭心呢？

秀娘：蘭心我要她摘蓮蓬去了，你大驚小怪做什麼？

春梅：老安人等着您說話啦；我的小姐！

秀娘：等我說什麼話？

春梅：這我怎麼知道？（背着她做鬼臉）這我怎麼會知道？小姐！您倒是與我去呀，去呀！

秀娘：去就去；（隨即若有所悟）你這個死丫頭！鬼鬼祟祟做什麼？

春梅：唔；（淘氣而自信）小姐！我看您去不得了。

秀娘：怎麼去不得？

春梅：我分明看見蘭心姐陪您進花園的時候，頭上有金釵，如今却頭上沒有金釵。倘若老安人問起，小姐該用何言對答？這豈不是去不得？

秀娘：（失驚，急摸頭）怎麼？金釵兒不見了？哎呀！眞的不見了！這便怎麼處？這便怎麼處？

春梅：小姐！我春梅是粗心大意慣了的，倒是我這不值錢的荊釵兒嘍，從來沒失落過；不知小姐那貴重的金釵兒却緣何倒失落了？

秀娘：（作勢生嗔）你這個死丫頭，又要嚼舌頭不是？我非先撕了你這張嘴不可。（本欲撲向春梅，見她臉色一本正經而止。）

春梅：小姐呀！（唱）

非是春梅嘴逞強，
失釵的事兒不平常。
小姐你的才學廣，
說幾輩古人你細參詳：
那趙娘娘飛了玉燕釵，
到頭生命不久長。
楊貴妃苦把金釵寄相思，
人間天上兩茫茫。
梁僧濟淘井得金釵，
淘得金釵淚兩行。
唐張籍曾作「古釵歎」，
歎息釵在佳人亡。
小姐今把金釵失，
這件事兒怕不祥。
若還安人知道了，
少不得連我春梅也要惱一場；
怕不打折了我背脊梁!?

秀娘：春梅姐！（若有某種預感似的悽然神喪）

春梅：小姐！（暗自好笑，但仍故作同情神色。）

秀娘：（背了春梅惶惑地自言自語）這件事莫非眞個不祥!?莫非預示我和那魯郎……（忽轉向春梅）啊呀春梅姐！我委實地不知道那釵兒怎的會失落了！這便如何是好？

春梅：喲、我的小姐！（又背着她作了一個鬼臉）您好心有好報，不像我春梅粗心大意；就慢慢地想牠一想，也好找了回來，免得安人又在我春梅頭上出氣吧！

秀娘：唉！也罷！待我就來想牠一想吧！（作回憶撲蝶介）哦、是了；（唱）莫不是，撲粉蝶，掉進了月季叢？

春梅：哦、請問小姐，您是用頭撲蝶，還是用手撲蝶？

秀娘：自然是用手撲蝶。

春梅：招呀！用手撲蝶，緣何倒會把頭上的釵兒掉去了？不對。

秀娘：不對嗎？

春梅：不對的。

秀娘：（沉思有頃，作回憶盪鞦韆介）哦，是了；（唱）莫不是，盪鞦韆，誤掛着垂楊樹？

春梅：哦、請問小姐！您是在垂楊樹上盪鞦韆，還是在鞦韆架上盪鞦韆？

秀娘：自然是在鞦韆架上盪鞦韆。

春梅：招呀！在鞦韆架上盪鞦韆，却與那垂楊樹什麼相干？不對了。

秀娘：又不對麼？

春梅：又不對的。

秀娘：（沉思有頃，作回憶摘葡萄介）哦，哦，是了；（唱）莫不是，摘葡萄，錯膠了松鼠牙？

春梅：哦，請問小姐！您那金釵有糖？

秀娘：無糖。

春梅：有蜜。

秀娘：無蜜。

春梅：招呀！無糖無蜜，怎麼膠得住松鼠的牙齒？也不對的。

秀娘：也不對麼？

春梅：也不對的。

秀娘：（表示思索甚苦，旋忽猛然省悟，作回憶踏上小舟見鴛鴦戲水驚羨介）哦、哦、哦，是了；（唱）莫不是，上蓮舟，丟失在鴛鴦浦？

春梅：哦、請問小姐！您敢莫打散了那鴛鴦？

秀娘：不曾。

春梅：您敢莫光看着那鴛鴦？

秀娘：不錯。

春梅：招呀！看鴛鴦沒曾打鴛鴦，動眼不動手，心到身不到，却緣何會把金釵丟失來？越發的不對了。

秀娘：越發的不對麼？

春梅：越發的不對了。

秀娘：啊呀春梅姐！我是委實地想牠不起來了；還是你大小給我拿個主意吧！

春梅：要我給您拿個主意，却也不難；只是「無功不受祿，受祿必有功」；您得先依我一件事兒才成。

秀娘：漫說一件，就是十件百件我也依得；你就快說了吧！

（未完）

辛亥革命史談（二）

二．從興中會到同盟會

舜生

四、其時的革命活動，有兩個主要的策源地：在國外爲日本東京，在國內爲上海。

光緒二十七八年之交，中國留日的學生驟然增加，雖然不能舉出正確的統計數字，但大致總以數千計。人數愈多，加上國內的情況愈來愈壞，而其時中山正留居橫濱，對他們也有所策動，因此，他們的革命情緒，也就一天一天的趨於熱烈。二十七年春，廣東的留日學生鄭貫一、李自重、馮斯欒、王寵惠、馮自由、梁仲猷等，有『廣東獨立協會』的發起，其意在使廣東對清廷宣佈獨立，中山曾極力加以贊助。二十八年春，各省留學生在東京駿河台組織了一個留學生會館，開幕這一天，吳祿貞演說，即把會館比作美國費城的獨立廳。同年三月十九，章炳麟等更在東京有『中夏亡國二百四十二年紀念會』的舉行，雖爲日警所制止，但紀念會宣言爲炳麟所手草，中有句云：『願吾滇人，無忘李定國；願吾閩人，無忘鄭成功；願吾越人，無忘張煌言；願吾桂人，無忘瞿式耜；願吾楚人，無忘何騰蛟；願吾遼人，毋忘李成梁。……庶幾陸沈之禍，不遠而復。』蓋三月十九爲明崇禎帝殉國的忌辰，這篇文字對鼓動一般人排滿的情緒，確實是有相當力量的。炳麟原名絳，字枚叔，號太炎，曾從遊俞樾（蔭甫，浙江德清）之門，精研經史訓詁音韻之學，喜讀明季逸史及遺民著作，早蓄推翻滿清之志。光緒二十二三年之間，曾助梁啟超辦上海『時務報』。二十五年赴日本，晤中山於橫濱，談革命極相得。二十六年夏，唐才常開國會於上海張園，炳麟與焉，以才常宗旨對革命爲保皇渾淆不清，憤而剪去辮髮。及才常敗，章亦被通緝，乃匿居上海租界。一度在蘇州東吳大學教國文，以『李自成胡林翼論』爲作文題，頗駭人聽聞，蘇撫恩銘索之甚急，乃再避地日本，與中山往還更密。至是有此紀念會的發起，也還是由於中山的鼓勵。同年六月，以駐日公使蔡鈞不肯咨送吳慕良、蔡鍔自費入成城軍校，雖經吳汝綸（摯甫，桐城，時在日考察教育）和錢恂（時任湖北留學生監督）往爲關說，仍被拒絕，於是引起留學生大鬧使館的一幕，結果倡首的學生吳敬恒、孫揆均被押解返國，因此更引起留學生對清廷的痛恨。二十九年元旦，留學生集合千餘人，在駿河台會館舉行新年團拜，馬君武、劉成禺發表排滿演說，主張推翻滿清，恢復漢族主權，引起全場鼓掌，清宗室長福起而駁辯，大遭呵斥。時蔡公使也在座，結果劉成禺被開除學籍。是時俄國藉口拳變出兵佔我東三省，以一九〇二年英日同盟對俄備戰，俄人不得已始與清廷訂立「滿洲撤兵條約』，光緒二十九年（一九〇三）三月十五，第二屆撤兵期屆，俄人不惟不肯履行，反向我迭次提出苛酷要求多項，其勢非囊括我東北全部權利不止；於是日本輿論大譁，我留日學生更有『拒俄義勇隊』的組織。經衆舉留日士官生藍天蔚爲隊長，並公推鈕永建、湯爾和回國，說袁世凱出兵抗俄，學生願爲前鋒。但結果義勇隊被蔡鈞請日政府解散，並禁止學生練習兵操；鈕、湯到達天津，則被清廷目爲亂黨，幾遭逮捕；於是學生以清廷媚外虐民，青年報國無路，因而憤激異常，更有『軍國民教育會』的組織，革命氣氛，愈趨濃厚。

是年六月，中山自安南到達日本，居橫濱約兩月，留日學生如廖仲愷夫婦、馬君武、胡毅生、黎仲實、程家檉、劉成禺、葉瀾、李書城、李自重、李錫青、朱少穆、郭健霄、桂少偉等數十人，均與中山建立了更密切的關係，此實後來『同盟會』成立的一重要因素。又，留日學生以清廷防閑甚嚴，不許自費生在日入軍校，而軍事人材的培養，又爲革命所必需，因就商於中山，請其設法；於是中山轉商於犬養毅，結果由犬養介紹一騎兵少佐小室友次郎，一步兵大佐日野熊藏充當教官，成立了一個所謂『青山革命軍事學校』，僅有學生十四人，時間延續了半年，即因故自動解散；後來在這十四個學生中，僅有胡毅生、黎仲實、劉立羣、饒景華四人加入了同盟會。

至於這幾年中在東京留學界刊行的革命書報雜誌，除二十七年已有楊廷棟、楊蔭杭、雷奮等主持的『譯書彙編』、馮自由、鄭貫一、馮斯欒等主持的『開智錄』，及沈翔雲、戢翼翬、楊廷棟、楊蔭杭、雷奮、王寵惠、張繼等所印行的『國民報』（僅出四期）外，後來陸續出版的，更有『湖北學生界』、『漢聲』、『江蘇』、『浙江潮』、『新湖南』、『猛回頭』、『警世鐘』、『國民必讀』、『最近政見之評決』、『漢幟』、『太平天國戰史』、『二十世紀之支那』等等。總而言之，在三十一年同盟會成立以前，東京留學界的空氣，單就革命言論一點而論，已經有了『山雨欲來風滿樓』的景象了。（未完）

本刊已經香港政府登記

聯合評論

週刊

每逢星期五出版

United Voice Weekly

第一五〇號

督印人：黃宇人　總編輯：左仲平

社址九龍赫德道二十三號地下　電話 68678

承印：嘉羅印刷有限公司香港灣仔馬師道5號

總代理：友聯發行公司售價每份港幣一毫

本報美洲版總經售處美國紐約中美出版社

CHINESE - AMERICAN PRESS, INC

199 CANAL STREET.,

NEW YORK13 N. Y. U.S.A.

美洲航空版每份零售美金一角

反對中共偽政權入聯合國

本社同人

邇來國際間對中共偽政權（以下簡稱中共）入聯合國的醞釀，已逐漸趨於明朗化。雖然鑒於台北的猛烈抨擊和若干美國國會議員的堅決反對，華盛頓方面曾一再聲明美國仍反對中共入聯合國；但卻坦率表示：下屆聯大開會時，恐難再獲得足够的票數，以延擱討論中國代表權的問題。可知美國縱然反對；其反對的程度也頗為有限。我們確信中共一旦進入聯合國，不但將使中華民國遭受最惡劣的影響，給中國人民（已失人性的共產黨徒除外）以最殘酷的打擊；而且對於聯合國的危害，也是很嚴重的。為了我們國家的利益，為了聯合國的前途，我們認為有於此時重申反對中共入聯合國的必要。

依聯合國憲章第四條之規定中共沒有資格加入聯合國

主張允許中共入聯合國的國家，其所持的主要論據，即認為聯合國乃是世界組織，不應永拒擁有數億人民的中共於門外。他們似乎以為倘無中共參加，聯合國就不成其為世界組織，或其世界性就不完備了。但聯合國憲章（以下簡稱憲章）第四條規定：其他愛好和平之國家（按：指未參加舊金山聯合國組織會議及未簽字於聯合國宣言者），接受本憲章所載之義務，經聯合國認為確能並願履行該項義務者，得為聯合國之會員國。第六條又規定：聯合國會員國如累次違反本憲章所載之原則者，大會經安全理事會之建議，得將其除名。可見憲章並無必須容納世界上所有一切國家的含義；而且嚴定會員國的資格限制。不但未加入的國家，聯合國認為其不能或不願履行憲章所載之義務者，得拒絕其加入；即已加入的國家，倘累次違反憲章之原則，聯合國亦得將其除名。準此而論，即令把中共偽政權視為代表中國；但其對內對外的暴行，實與憲章的原則絕不相容。尤其是參加韓戰，更屬公然與聯合國為敵。因此種種，縱然中共正式表示接受憲章所載之義務而請求加入，聯合國亦應認其為破壞和平與不能及不願履行該項義務而予以拒絕。何況中華民國乃是聯合國的創始會員國，而中共又迄未有請求加入聯合國的表示。某些國家卻自作多情而為之推波助瀾，顯然與憲章不符。至於所謂集體加入的辦法，不按各國家是否愛好和平和是否確能及願意履行憲章所載之義務而分別予以接納或拒絕；反而將蘇俄在中國領土以內所製造的外蒙古傀儡政權與非洲新興的獨立國家之申請加入問題，混為一談，更與憲章的精神背道而馳了。

韓戰未結，中共的侵略罪名未撤銷，不能討論中共入聯合國的問題

就法律的觀點言之，韓戰雖已停火；但不戰不結，聯合國與中共之間的戰爭狀態依然存在。聯合國宣佈中共為侵略者的皇皇決議，亦依然有效。換言之，中共至今仍為聯合國的敵人。主張允許中共入聯合國的國家，必須先求結束聯合國與中共之間的戰爭狀態，再為中共撤除侵略者的罪名，然後才可提此一問題。如今他們竟採取一種鴕鳥政策把聯合國與中共之間的戰爭狀態和聯合國宣佈中共為侵略者的現存事實，都視為不曾發生，而貿然提出中共入聯合國的問題，何異於要聯合國向侵略者和敵人投降？實乃對聯合國的一種重大侮辱。聯合國倘若予以接納，豈不等於自我宣告毀滅？還有什麼繼續存在的價值？

美國應堅拒中共入聯合國

甘迺迪總統在就職演說中，曾以莊嚴的詞句，申言誓不惜一切代價，維護美國革命的信念——人權乃是上帝所賦予而非政府的慷慨施給；並主張創造一個強者公正，弱者安全的法治新世界而非勢力的新均衡。這種崇高的抱負和堅強的信心，不但自由世界的人民寄以很大的希望，即共產國家亦深感其不可輕侮而另眼看待。可是，如今為時不過半年，若竟不圖從積極方面領導自由世界各國的政府和人民展開對共產侵略勢力的搏鬥，而爭取最後的勝利；反而不顧盟邦的利益與鐵幕後各國人民的災難，而求與敵人達成暫時的妥協。所謂維護人權，所謂法治新世界，又豈能作如此的解釋？至於承認中共問題，十餘年來，北平一向採取反美的態度，他們對美國的譏諷和辱罵，無所不用其極，任何稍有自尊心的美國人，都應與中共勢不兩立。美國政府果有決心拒絕中共入聯合國，本有憲章和聯合國宣佈中共為侵略者的決議為法理上的依據；又有中共的種種暴行為憑証；更有正義與民意為後盾。自可以堂堂正正的態度行之。如今竟考慮到給予中共入聯合國的機會，而附以北平所不能接受的條件，以期免受阻止中共入聯合國的責難。這種畏怯與形同兒戲的戰略，豈是一個具有崇高理想的青年總統如甘迺迪先生者所應採取？又豈是一個居於自由世界領導地位的泱泱大國如美國者所應為？我們認為不但為了確保中美兩國的傳統友誼，為了維護聯合國的憲章，美國政府必須以堅決的態度，拒絕中共入聯合國；即為了維持美國的聲望和甘迺迪總統個人的信譽，美國政府也非如此不可。

台北還不覺悟嗎？

最後，我們還想和台北當權者說幾句話，國際局勢已演變至此，中華民國在聯合國的席位，今年縱能有驚無險；但長此下去，今後終有不保之一日。為今之計，唯有急圖反攻大陸，作死裏求生的苦鬥，才能產生新機。但以言反攻，則非團結內外，構成舉國一致的反共形勢不為功。而團結之道，又端在於依據憲法，實施民主改革。這原是家喻戶曉的常理。不幸，你們愚昧自私，不顧人民的願望，不計國家民族的艱危，也不管世界的大勢；而祇知緊閉國門，違憲連任，迫害異己，以求確保一人一姓的獨裁統治。你們既處心積慮在台灣實行家天下，又何能抱怨國際間認為你們不能代表中國呢？

東與西

左舜生

最近池田跑了一趟美國，小坂也在歐洲有所活動，他們對美和對英法所談其他問題姑置不論，但『兩個中國』所以鬧得甚囂塵上，卻與日本的態度有關。

日本對當前亞洲的危機，和她自身的處境，不能不採取相當的行動，這一點我們不難理解；我們所熱望的，乃是日本必須以慎重出之。

在歐洲要爭取德國，在亞洲要爭取日本，這是共與反共兩大集團多年來很顯然的一個趨向，德日之足以自豪者在此，其處境危險的深刻化也在此。

不錯，這十年來德日兩國的成就，是舉世所公認的，但德日有一共同的弱點，即她們確已經不起再有一度的慘敗。

就大體說，以美、英、法、為主體的北大西洋公約各國，截至目前為止，態度確實是相當堅決，步調也還是相當謹嚴的；蘇聯最近對柏林大事挑釁，而西柏林人民處之泰然，這說明愛德諾十分沈着，東西德人民的精神原自相通，東歐共產集團的漏洞甚多，而實力有限。在這樣一種情況之下，赫魯曉夫是不是真有決心，甘為戎首，準備以獨力與西歐一拼，我很懷疑；假定北約各國真能以絲毫不讓的堅決態度出之，我看老赫終不免於『銀樣蠟鎗頭』，其表示僅能以恫嚇為限，而德國問題真正的與最後的解決，依然有賴於全德國人民的自決。

返觀亞洲的情況怎樣呢？就反共方面說，南韓確實是站在最前線的一個國家，原不難取得多方的援助，可是他們的軍人過於操切，以致鬧得政變迭起，內部不安，過去是文與文不和，最近是文與武不和，乃至武與武也馴至互相爭奪；這雖不一定如赫魯曉夫所說的『狗搶骨頭，』可是足以削弱其自身的實力，為親者所痛，而為見仇者所快，要為無可否認的事實。以軍隊的數字與實力來說，中華民國也不失為反共陣線上一有力分子，可惜的是十年以來，政治上並沒有做到應有的進步，有若干輕而易舉足以促進團結的事可做，也始終不肯放手為之，以致使援助者的信念發生動搖，而陷於當前的窘象。東南亞這一地區，本來是複雜而又相當脆弱，加上美國的支撐也往往不得要領。寮國問題自難得到切實的解決，尤其可能因勉強解決而種下禍根。至其他方面能否免於動亂也甚難說。差強人意的，乃是菲列濱的態度相當堅定；因中（共）印關係的惡化，尼赫魯的發言也漸趨穩重。本來，在這一羣亞洲的反共國家，日本所具備的條件確實是比較優秀的，可惜的，乃是她隨時只想翹然有以自異，對這羣國家總不肯多下工夫，即有也僅以經濟的為限。如果日本真肯為整個亞洲大局着想，則合中華民國，南韓，南越，泰國，印，巴，菲，及日本自身計之，不難搆成兩百萬以上的地面武力，而海空也足以應付中共而有餘，只要日本不是完全為自己打算，我想任何國家也決無不可與日本開誠合作之理。自然，我們不應該把這一責任完全加在日本頭上，其他各方面也應善自為謀，而彼此減少猜疑，加強團結，要為一必須確定的趨向。

另從共的一方面來說，我們不信中俄共之間真有如何了不起的裂痕，即有，也只是由於中共的怨望與自大所招致。就西歐說，蘇聯對中共無所用之；就亞洲說，則蘇聯仍認中共為不可少。這次金日成在莫斯科與蘇聯簽訂了一個軍事同盟條約，其主要的假想敵為美日與南韓。一方面固可解釋為蘇聯對共產世界的最高領導權不肯放鬆；另一方面也可解釋為蘇聯對中共的實力不願寄以多大的信任。可是在蘇聯與北韓的這一條約簽訂以後，赫魯曉夫立即命金日成到北京去加簽一個，究竟也還是想給予中共一點面子，同時也證明他領導有方。可是中共內心的慚愧，我們已不難從周恩來在機場歡迎金的談話中聽出其弦外之音。從另一觀點來說，因日美有了進一步的接近，而中俄共即以對北韓的兩個同一性質的同盟條約答覆之，日本也應該感到自身責任的嚴重啊！

當前東西兩條陣線的大勢如此，不戰固佳，戰亦似乎不太可怕；拖則雙方的利害共之，而軍事競賽的結果，則似乎雙方都已感到不勝如此重負。過去的歷史告訴我們：只要軍事競賽到了雙方或一方非常竭蹶的時候，則一戰終不能免，以其時考之，大致也就不會太遠了。

雜憶錄之二十六

印度中東北非去來（下）

·幼椿·

我到美國赴會，休憩，游歷，參觀及檢查身體，共費時九個月。因於聯合國創立大會中，親見蘇俄代表之蠻橫不講道理，令人對和平二字之信心爲之銳減。又因自己國內勝利來臨，而內戰難免，爲馬歇爾所主催的調和國共會議事，迫我不得不飛回重慶，心情乃至爲不快。於一九四五年十二月二日，在雨雪霏霏中，乘美國軍用運輸機，由老友邱大年兄相送，惆悵的離開紐約，仍循來路，向東飛還。

宿加薩布蘭卡

加薩布蘭卡（Casablanca）爲北非之西一盡頭臨海城市，屬於摩洛哥（Morocco）回教國。在第二次世界大戰中，當法國被納粹德軍所佔，此地爲法之保護地，法國要人多集於此會商復國；尤其在英國與德國在北非沙漠之戰中，此地更形重要，成爲德意間諜與英法間諜彼此出沒鬥法之所。

此地氣候溫和，綠海不波，濃陰滿市；尤其安宿之奧發旅館（Aufa Hotel），在濱海之一海灣中，頗似香港之深水灣情調，灣爲對面之小山所圍繞，不復覺其爲海洋，而似一湖，但湖面則周沿甚大；無風湖水遠映山樹樓台如鏡。樹木有熱帶性質，矗立千尺，且經人工培植，一望數十成排，虬枝齊展，憑欄遠望，一碧無際，令人塵襟，爲之一頓洗！

奧發旅館，在一九四三年一月底間，羅斯福總統與邱吉爾首相駐節其中，會商「無條件投降」與奠立今後世界和平事。旅館之一客廳，中懸羅邱兩人半身像，店主人告我：羅邱對座而談，中間書案所置筆墨等文具，至今一如當時式樣，令我想見羅氏音容，不勝悼惜！在此幽居，頗似昔游瑞士之羅桑湖畔，不過有一煞風景之事，即雀鳥太多，且一種鳥聲特烈，徹夜不休，睡後時被驚醒，比四川青城山之知更鳥尤爲討厭！黎明將行，店主人持紀念冊來索題名留念，爲寫一七絕：

過德黑蘭小憩

一碧山環似鏡湖，
朱欄掩映樹千株；
不休鳥語驚人夢，
夢得和平勝利無？

自加薩布蘭卡繼續東飛，至波斯京城德黑蘭機場，已是黃昏時候。彼時戰爭甫停，德黑蘭爲汽油出產總滙之一，機場附近，即爲汽油庫，因此英軍戒備森嚴，凡乘機過客，皆不得離開機場一步。以我係乘美軍專機，問明身份，待遇特優，可以與機師同車離開機場出游。但在機場餐室中匆匆晚飯後，業已黑夜。且聞之機場照料人員，此城雖係古城，除博物館外，無可游覽，且半夜即將再行起飛，只與機師在附城跑車兜風一轉。附城所經，無草無木，一片黑土，而所見路旁之波斯人，衣履不周，面目黧黑，蹬在地下，三三兩兩，不知在做甚麼，其窮困狀態，雖不如在印度加爾格達所見之甚，然除石油外，國家無其他多大生產收入，則富在特殊階層，而一般人民必食不飽可知也。遙想西紀前五世紀間，波斯大帝國的盛況，大流士（Darius）之武功征署，使其帝國疆界，東至印度河，南濱印度洋，北到裏海，西括小亞細亞；而其內政制度，開世界史上大帝國中央集權君主專制的先河。昔何其盛，今何其衰，令人不勝感慨！

重臨新德里站

夜午自德黑蘭起飛，天氣不佳，飛凌印度，遭大雷雨，至午後一時始抵新德里。然下機不同來時之熱不可耐，大雨後相當涼爽，機場且甚寂靜。日本既已無條件投降，英美駐印軍事人員均已先後復員，而來往東西行客，在戰爭甫停之後，又甚稀少，因之機場上作地勤之三位空姐，迎得我這專機上的一位乘客，如獲實貝一般，大可解其寂寞。一位印度小姐，一位英國小姐，一位越南籍之中國小姐，皆能說英法兩國語言，而我之僑胞且能說國語，於是嘻嘻哈哈，閩住我講得不停。因軍機恐因雷雨受損，須察看，而又不言何時檢查完備。我要求趁此機會，出錢雇一部汽車，往新德里之南的阿格拉（Agra），去一游覽印度蒙兀兒朝之泰姬陵，此陵在世界美術史上稱為優美第一妙品。相傳，泰姬（Taj Mahal）美絕人寰，不幸年三十餘即死，死時求其誓不再娶之帝王夫埒沙加汗（Shak Jahau），爲築一盡美而又適合其雅靜風流身分之陵寢，留與後人憑弔，俾垂不朽。泰姬陵經十八年之工作築成，全部青白兩色大理石，樹之以松，環之以水，使一塵不染，八方膜拜，我心儀之久矣！且自新德里往，汽車來回，不過半日程途，而機師乃堅不讓我出游，恐誤其飛行計劃。

飯後，雨餘夕陽，令人氣朗，然因悵望泰姬陵，又忽忽若有所失，獨步機場旅館花園中，三位空姐知我心事，皆來安慰，華僑小姐說：『泰姬雖美，死已千年，去看墳墓，並不好玩，我們來玩，豈不更好！』但我一縱觀此三位小姐，一律熱帶美，膚膈充盈，粗眉艷粧，比之我想像中之泰姬，眼前太濃一點，不免膩胃。因署與之談兩句，即坐園中池畔，閉目去聞荷花香氣。華僑小姐還不忍捨我而去，又來坐於我側道：『還在想泰姬嗎？在看荷花嗎，或在參禪打坐呢？』並出手冊，叫我寫首詩給她。我寫道：

花落花開原適性，
風吹風定已忘禪；
泰姬去後留香塚，
贏得詩人不解緣！

誰說中共不是蘇聯的衛星？

兼斥陳毅在日內瓦的談話

劉裕略

中共政權儘管在事實上絕對是蘇聯的衛星（即附庸），有如東歐諸衛星國之如蘇共，但中共一直不肯對此加以承認，以免暴露它的奴才性格，但這事實，卻並不是謹由中共口頭否認所能抹殺的。所以，當中共代表團假充大國前往日內瓦出席寮國問題的會議時，中共代表團雖然在那裏自我陶醉，以泱泱大國自居，但人們心裏有數，總把它看成是一個附庸角色，正如看那些姨太太偽裝夫人，妓女偽裝良家婦女一樣。

對此，中共「外交部長」陳毅也終於惱羞成怒忍不住要發表聲明了。據中共在香港控制的大公報於七月九日第一版日內瓦通訊說：「但是，仍然有人在散播所謂中蘇裂痕的讕言。在酒會上，有一位記者以此來問陳毅。他的回答是：以前有人說中國是蘇聯的衛星，蘇聯最大的衛星是四噸；中國有六億人口，九百六十萬方公里的土地，請大家算算究竟有多少噸？中蘇兩個大國是以建設社會主義、建設共產主義的共同願望結合起來的。兩個大國、兩個大黨之間進行經常的交換意見，是完全正常的。但是，如果誰想在中蘇之間找裂痕，就等於在鴨蛋上找縫」！細看陳毅的這一段話，陳毅顯然沒有用嚴正字句眞正否認中共是蘇聯的衛星的這一事實。本來，陳毅是可以用更嚴厲的字眼來申明的，但陳毅沒有，大概是不敢。陳毅只在顧左右而言它，硬把人們所說的國際性政治性的衛星故意和自然科學方面的人造衛星拉在一起，以圖矇混，人們當然都知道中共乃一個政權，而不是一個人造衛星，蘇聯自無法把它像放射人造衛星那樣放上天去。但這並不能解釋和說明中共政權不是蘇聯政權的附庸和政治衛星呀！

再說：中共建黨已四十年，從最先中共第一次成立起就有蘇聯代表出席指導，於是才受孕成胎，終至呱呱墮地。隨後四十年，又無不依附蘇聯。毛澤東除曾公開表示說：「先生！是的，我們是要一面倒向蘇聯」外，又曾在莫斯科公開宣佈說：「社會主義陣營需要一個頭，蘇聯就是這個頭」。那末，中共政權縱不是蘇聯之尾，也是蘇聯的四肢之一了。試問這還不是蘇聯的政治衛星是什麼？

再仔細研究陳毅最後所說「想在中蘇之間找裂痕，就等於在鴨蛋上找縫！」這話值得注意！因爲中共與蘇聯之間縱然有些歧見！以爲中共與蘇聯將要分裂者，則不過是患有神經過敏症的人們的幻想。中共與蘇聯之間固常有歧見，但那是奴才與主子之間的歧見，是不能解釋爲「裂痕」的。且中共與蘇聯之間的關係，確如陳毅所言，正像一個鴨蛋，蘇聯是蛋黃，中共等衛星政權則恰如蛋殼而已。試問蛋黃與蛋殼之間有何裂痕可找？

由陳毅的話，已充分証明中共確實是蘇聯的政治衛星了。但細讀陳毅的話，卻又引起另一問題：使人重新懷疑中國大陸的人口究有多少？中共高級首要常常今天在這裏說是六億五千萬，明天又在那裏說是六億七千萬，今陳毅又在日內瓦說是六億，不多也不少，那末，這些數字，要就是中共首要信口開河，要就是這其餘的五千萬或七千萬又被中共在最近殺掉了，否則，大陸人口數字何以又在陳毅口中少了幾千萬人呢？

當權派，你當悔改！

李金曄

「中華民國與美利堅合衆國之間的關係」將在「從現在到九月間下屆聯大開幕之間」，「進入風暴期間」！這是法新社於六月廿四日由華府發出的電訊。

中美兩國之間的「風暴」，究竟是「茶壺裏的風暴」呢？抑會變成大海洋上的風暴？這是極端值得愼重注視發展的問題。而關鍵則取決於台北的態度和應變的方法。

中美兩國間的風暴，其實在美國詹森副總統訪問台北時，即已醞釀形成，不過那時只是一股「低氣壓」，但即使是一股「低氣壓」，已經迫使台北最高當局「氣得面紅」了！當時雙方是不得不維持應有的外交禮貌，不祥的消息也並未外洩，所以可以說，那時的風暴，不過是「茶壺裏的風暴」。

現在此一風暴，則正在發展形成為了一種不可知的情況。其徵兆有以下數端：

一、美國當局早已說過是實際在進行「兩個中國」政策；

二、美國與外蒙的接觸至為積極，並擬加承認而不反對其進入聯合國；

三、美國已鄭重考慮解決對中共進入聯合國問題的新辦法，刻正故意大肆宣傳所謂「繼承國制度」；

四、美國當局擬批准慈善機關的代表和人員可以前往中國大陸旅行；

五、盛傳說美副國務卿鮑爾斯向肯尼地總統提議給中共在聯合國內一席位；

六、台北盛傳七月六日回美國述職的莊萊德大使將不再返任，由新大使接管；

七、美國政府對琉球主權問題對日本讓步。從歷史觀點來說，琉球應屬於日本一說是站不住的。因此亦引起了中美間的不愉快。

這些林林總總的情況，用國府外交部長沈昌煥在「陽明山座談會」上的說法是：「處境雖然艱難，但並不悲觀」。姑且不論是否悲觀，但艱難已是不辯的事實！

自由中國今日處境之艱難，可以說是作繭自縛。而責任自然應由國民黨當權派自行承担。不論是內政、外交抑或財政、經濟，除了官報、黨報所宣傳的好景之外，任何一方面都經不起詳細地研究和分析。任何方面祇要稍加研究，就會發現漏洞百出，而政策的擬訂，也似乎無一是出於專家們之周詳研究設計，全部都是當權派官僚的手筆，既不切實際，自亦不能解決台灣的各個現實問題。由於當權派的專斷，由於當權派集團的不智，內政、外交和財政、經濟以至文化、教育，凡百措施無不以當權派的利益為中心，這就構成為當權派實際政治上的大弱點。當權派不重民意、不要民意，民意對實際政治的重要性消失，在內顯得死氣沉沉，對外顯得軟弱無力。因為沒有一個政府是可以不靠全民的萬衆一心而對外的。當權派內為衆多僥倖之徒包圍，外則國際政客欺其有方，既祇圖暫時苟安，更不惜飲鴆止渴，反攻的主動能力一經消失，無異被縛牢手脚，「兩個中國」遂往理論逐漸朝向事實發展。環視今日的「艱難」處境，可知並非突如其來的形勢所造成的。外交是內政的延長。當權派內政不修，焉有外交。

美國的外交政策，很明顯的是以美國利益為重。實際上國際間就沒有道義可言，也不能夢幻單憑道義來維持國家安全。現在，美國雖並未表示將遺棄自由中國，但台北的當權派無疑已感覺到國際壓力之無情。

國民黨當權派從不認為政治上的團結，是重要的，是可以有助於內政的振作和刷新的。當權派不僅不以全力對付共產黨，而且經常將其矛頭指向各民主黨派和民主人士，他們的邏輯是分化或消滅了從事民主政治運動的力量，才能反共。庶不知打擊民主政治的力量，不僅是削減了自身的力量，也分散了反共的力量，抑且是自毀團結反共的長城。由於這樣紛擾的情況，使西方民主國家覺得當權派的地位是不穩的，而且是不受國民歡迎的；在共產國家來看，當權派遲早要自取滅亡的。因此美國的態度祇是盡力來維持台灣的現狀，並不積極有助其反攻；中共的策畧是極力在國際上進行孤立美國的活動，進而使美國對「中國問題」感到有作讓步的需要，間接達到打擊自由中國在國際上的地位，使之再有進一步低落的可能。

因此，目前自由中國處境的不利，可以說是國民黨當權派自行挖了陷阱在自己埋葬自己，並且有可能將同時陷國家於萬刼不復之境地！

台北當局雖曾表示將不惜用否決權阻止外蒙進入聯合國。但據日本駐聯合國首席代表岡崎勝男的看法，「倘中華民國在安理會中行使否決權阻止外蒙加入聯合國，則蘇聯將施毒計，故意決否非洲新國毛里塔尼亞加入聯合國」，他說，「此足以使一般非洲國家對中華民國發生反感而影響中華民國在聯合國中的地位。」因此他說，「希望中華民國保持其在聯合國內地位之國家，咸盼中華民國勿否決外蒙之進入聯合國。」

岡崎的觀點是否正確是一回事，而他的觀察無疑提醒人們對問題的背景有更淸楚的認識。若根據上述觀察，台北一經用否決權的結果，也就可能連帶影響到自己在聯合國內的地位。是以儘管台北作豪語要否決外蒙入會，却不能不因此而為之捏一把汗。

自由中國的安危，往長遠去看，祇有一個問題，即是否能眞正實行民主政治。如果不能實行民主政治，如果不能團結全民，內政的死結不解；財政、經濟的困境不蘇，國際上的地位必然要受大影响。

但是，可惜至今我們看不出國民黨當權派有悔改的跡象與可能！

台灣的財經死結

宋寂

一、

六月九日台灣冒然發行了百元大鈔！據財政部長嚴家淦在立法院會上作供：「此次以五元、十元來兌換百元鈔票，就供給量來說並不膨脹。十元台幣折合美金二角五分，外來的觀光人士和工商界深感不便，因此才發出百元鈔票，調劑市上需要，由有需要者兌換使用。」事實証明了這是掩耳盜鈴的欺人之言。台灣的市面，風吹草動，物價——特別是米價徐徐上漲了！十二年前丟掉大陸的記憶猶新，當年的金元券銀元券出到天文數字，結局是形同廢紙，今日雖不一定重陷覆轍，但社會人心却必然是揣揣不安了！

若干年來，台灣一直陷於國庫收支不平衡的窘境中，為了塡補赤字，祇好用新鈔票來抵塞，因而引起「通貨緩慢膨脹」的現象。毫無疑義，在貨幣交換中，僅得美金二角五分的十元鈔票為最高面額，亦是相當累贅的，能夠發行百元鈔票，表面看來，未免不是便民利商。但，事實上，這次印就的兩億二千萬的百元大鈔，並非全部用來收縮十元五元的小鈔，而是出籠增加發行額。難怪立法院若干委員侃侃陳詞，責之為「玩火」，但台灣銀行董事長尹仲容則作供說：「如果事實和預期的結果相反，我將辭職以謝國人。」試問萬一失敗，殺頭尚不足以辭其咎，以「辭職」來博「玩火」的成敗，豈非笑話？

二、

台灣何以不作前車之鑑，而明知故犯濫發鈔票呢？

六月二十二日的美國經濟合作總署中國分署副署長詹姆士，在台北扶輪社的一篇演講，就可以作為解答了：

「自由中國是一個消費高的國家。消費太多了，貯蓄却不够。……政府歲出逐年增加得非常劇烈。在一九五八年財政年度內，各級政府的總歲出是，新台幣八十五億元。在一九五九年財政年度內，總歲出是新台幣一百〇四億元，在一九六〇年財政年度內，總歲出是新台幣一百二十億元。到了一九六一年財政年度，總歲出又增至新台幣一百三十五億元。

「歲出增加的主要原因，是國防費的增加和一九六〇年政府文武官員生活津貼的提高。一九五九年八月的水災是另一因素。一九六〇年八月的水災也是另一因素，但祇是一個並不重要的因素。

「政府的歲入不能與歲出相抵，而且不相抵的差額日趨廣大至驚人的程度。」

其實政府的歲入已經包括了美援在內了。但一九六〇年的赤字竟達新台幣四億二千三百萬元。據說如不加入美援數字，中央政府在一九五九年的財政赤字是八億九千一百萬元，一九六〇年是一十六億八千一百萬元，一九六一年增到十八萬二千二百萬元。

因而，詹姆士喟嘆地說：「台灣生產一些希奇古怪的作物，但缺乏一株搖錢樹，政府的赤字大部份從台灣銀行借欵來抵補。」事實上，台灣銀行也沒有搖錢樹，祇有乞靈於印鈔機，印刷花花綠綠的鈔票，來塡補這個永難塡補的缺口！於是，百元大鈔應時而生了！

三、

那麼，國民黨當權派所控制的國庫何以收支會不平衡呢？

詹姆士先生坦率地指出：「中央政府支出過多的主要原因，是軍事預算龐大。自由中國的國民總生產大約有五分之十五是用來給養軍事，這大約是全世界各國最高比率了。無論如何，這比率約畧等於美國的兩倍。不幸的是國防所消耗的國民總生產量，祇有遞增而無減少希望，甚而不能保持靜止狀態。」

國府養了六十萬的龐大軍隊——而這支軍隊十二年來均只在「演習」、「表演」而已，並未動用於反攻軍事行動。這沉重的負荷——要刻居在台灣省的人民平均二十個人養一個兵，本來就像死蛇一樣纏着頸項了。何況，所謂國防費，事實上，並非單單指軍事而言，其中最重要的是連國民黨當權派的黨費及特務費都包括在內。

何以國民黨的黨費會開在國防費內呢？何以審查決議預算案的立法院，會批准這項違法的支付呢？

正是詹姆士先生所說：「中國國家預算用於國防的，佔百分之八十或更多，而且為了保密起見，這項預算的龐大部份是嚴守秘密的。」

把戲就出在「國防秘密」四個字了，國民黨當權派在台灣和在海外的龐大黨費支出，就用「國防秘密」的大帽子下遂其「瞞天過海」。立法院的委員據說是無權過問「國防秘密」的。

四、

綜上所述，我們可以一目瞭然，今日台灣之所以發行百元大鈔的主要原因，這是台灣財經的死結。如果不把那「以國養黨」的國民黨黨費等去掉，則國府的唯一方法，就找這株搖錢樹，拼命搖呀搖呀，搖出百元、千元乃至萬元的大鈔來，但誰都明白的，連國府的執政者也明白這是飲鴆止渴的下策。

立法院的立法委員，祇空口指責發行大鈔，而不敢揭發發行大鈔的原因，亦可悲矣！

陽明山首次會談「完滿」收場

子瞻

隱姓埋名的人士

（台北通訊）當權者集數月的勞心焦思而後完成佈局的所謂陽明山首次會談，已於本月七日宣告完滿收場。此次會談所邀請的實業界人士，在台灣者抱着恭敬不如從命的態度，總算都到齊了；但在海外的却有一半以上的人不肯賞光，香港預定十四人，到了一半，南越預定五人祇到了一人，美國預定八人，則全部未到，其他地區的亦沒有到齊。而且其中有若干人雖然來到台灣，也不願公開姓名，或臨時取了一個假名。官方的解釋，是他們具有雙重國籍的身份，不願意所在地政府知道他們來台出席會談，以免引起麻煩。但也有人說，他們雖然為了種種關係不能不來台應景一番；但深知此行並非負有救國救民的神聖使命，而祇是為一人一姓的私有政權作點綴品，心有所不安，以故甘願隱姓埋名。究竟眞象如何，筆者不便妄加臆測。可是，假如這些具有雙重國籍身份的海外實業界人士，果眞為了避免所在地政府的為難而對來台出席會談有所顧忌，他們也許壓根兒就不會來了。顯見那些既來之而却不能安之的先生們，還是另有原因的。

大家心照不宣

此次會談的每一細節，都經過謀臣策士的匠心籌劃，而且還須呈奉「總統」核可，才能付諸實施。例如會場的佈置，避免採取開會的形式而改為西式聚餐的方式。即出席者沿幾條長桌相向而坐，陳誠則坐於橫在上方的一長桌中。沒有發言台，更沒有表決，祇是大家隨便發言，既毫無限制，也無辯論。總計一星期的會談，與會者就官方所宣佈的範圍，本在商言商之原則，也曾各疏所見。陳誠更表示一種虛懷若谷的態度，希望大家多提應革應興的意見，不必說捧場的話；但各人都心裏有數，對於當權者所不願聞的事，一概避免提及，以免引起雙方的不快。例如在會談結束之前一日會場上忽然分發民國四十九年國民黨八中全會所通過的反共建國綱領。有幾位出席會談的人士曾私下向聯合報的記者表示，希望能對這個綱領表示一些意見，可惜不在會談範圍以內。據聯合報會場記者的報導，出席會談中的不少人士，志趣廣泛，似乎還未能暢所欲言，可謂寫實之談。

此次會談，有一值得注意的意見，即台灣水泥公司董事長林伯壽提議，國防經費佔國家預算百分之八十以上，應請美國補助半數。台省工商界出席會談人士游彌堅、許金德、李建興、吳三達、賴森林等亦予支持。但他們都很知趣，並沒有提出國防經費有無舞弊問題。由於國防經費的開支，包括有許多不可告人的隱事。財政金融組在提出結論草案時，也僅僅說：「我國防衛力量，關係世界安全，應洽請美援，加强支助國防支出」數語，並不敢再作深入的研討。而陳誠在作結論時，更祇强調國防經費不可減少，其他有關問題均避而不談。

蔣『總統』杯葛會談

初，在會談開始之際，人們多以為蔣「總統」必親臨會談作一次訓話，藉以表示他對會談的重視。但事實是，他却於此時離開台北出巡。而且臨去之前，還特別到中央銀行巡視一番，似乎有意向人們表示，陽明山會談之開始，其重要性還不如中央銀行之復業。迄後報上又載，他將於本月六日晚邀宴出席會談的全體人士和政府官員；但臨時却改由陳誠代表。據說，他在南部某地不及趕回，特用長途電話通知陳誠。但有人則說，乃因為會談期間，太子派曾打算策動出席人士提出向「總統」效忠的動議，未為陳誠所接受；一向不以召集什麼會談為然的蔣經國認為會談對於他父子倆並未表示應有的崇敬，於是勸乃父採取杯葛的態度。是耶，非耶？那就非局外人所得而知了。不過，官方既不斷宣傳陽明山會談是如何如何的重要，而蔣「總統」却顧而之他，顯然是別有用心的。

現在陽明山首次會談，已經宣佈完滿結束，雖然會談期間也曾一度就「經濟發展問題」、「財政金融問題」及「外滙貿易問題」，分為三個小組，作專題的討論，而且每一小組也提出了一個書面的結論。最後一日，還來一個所謂綜合結論，名之曰「對當前時局及復國建國的意見」。可是，這些所謂結論，都是初步的。因此，陳誠在最後一次會談時，又作了一個綜合結論，較初步結論又簡化得多了。依據陳誠的結論，大家所提的意見，將交政府有關部門研究辦理。從此，政府檔案中又增加了許多新的卷宗；至於財政經濟是否將因此而一番改進，則非筆記所欲預言了。

二、三次的會談可能延期

據聯合報報導，原定八月一日舉行的文教界會談將延期，第三次的黨派會談也有困難重重。聞當權者鑒於第一次會談，旅居海外的工商界人士居然有半數的人請而不來；而在已來的人士中，儘管處處表示恭敬不如從命；但總缺乏他們所希望的那種忠貞之氣。因此，他們誠恐未來的文教界會談，可能請而不來的為數更多。而惠然肯來者，更未必會就事事從命。故有延期舉行的打算。至於第三次的黨派會談，則問題顯得並不如預期的那麼順利。單就在台灣的民、青兩黨而論，當權者原以為祇要多邀請幾位，並給予某些便利，他們一定招之即來的。不料，青年黨的陳啟天和民社黨的戰翼翹雖然因為奉聘為會談的顧問，能與陶希聖等人坐在一起，頗感興奮。據聯合報載，陳啟天認為陽明山會談，是大團結的開始，希望能獲致圓滿的結果。而戰翼翹更說，這次會談，是他多少年來夢寐以求的事，今日得以實現，可使人興奮云云。可見他們自作多情之一般了。但另外的若干民、青兩黨人士則表示不感興趣。他們認為所謂陽明山會談不但與團結無關，而且相去愈遠矣。

鄉鎮民代表會主席的難產

獨淸

（台北通訊）台灣省第七屆鄉鎮民代表大會，早於四、五兩月分別改選竣事；代表大會原應於六月一律宣告成立；但許多鄉鎮却未能按時依法選出代表大會的主席。茲就報上地方版所刊載的消息，作一綜合的報導。

據聯合報載，台北縣淡水鎮在選舉主席的前夕，有五位代表突然神秘的失踪，桃園縣桃園鎮亦發生同樣的情形，而且失踪的代表竟達八人之多。據說，他們都是被送到北投等地去吃花酒。不但如此，若干鄉鎮民代表會的選舉主席，競選者必須支出十餘萬元鉅額欵項，才有當選的希望。票價竟高達六千元一張。為了防止代表們中途變卦，所以採取吃花酒的辦法，實行人身監視。

據中央日報載，雲林縣鄉鎮代表會的正副主席都是花錢買票得來的。票價五千元一張，被買的代表還須在投票時展示選票，証明無誤，才能取得賄欵。該縣四湖鄉代表會選舉主席時，因為競選者勢均力敵，兩不相下，還發生一場猛烈的械鬥，直至警察聞訊趕到，才告平息。但雙方已有多人受傷。

新竹縣的湖口鄉在選舉主席時，十五位代表竟有八位請假，以致不足法定人數流會。在開會前，鄉公所門前還演出一幕綁票的活劇。原來競選該鄉民代表會主席者有黃餘甲、張戴兜兩人，各有七張選票。黃餘甲為了確保安全起見，在兩週前即將六位代表疏散到外縣去，在選舉的當天上午才用小轎車將他們載回。但到達會場門口時，其中一位名為吳長榮的代表，却發現他的太太和兩位胞弟扶持了年近古稀的老母及其子女已在此守候。他們一齊聲淚俱下的向吳勸說，並將吳推進停在傍邊的一輛轎車，駛離鄉公所。稍後吳的家人即將吳的請假單正式提出，於是加上張兜旗下七位代表的請假單，代表會便宣告流會了。竹北鄉的代表會也發生同樣的情形，而且當鄉長於流會後的第三天第二次召集會議時，竟沒有一個代表出席。

台中縣的霧峯鄉，雖是省政府與省議會的所在地，鄉民代表會也因為主席的爭奪戰而兩度宣告流會，雖然有關人士已在幕後盡力斡旋，希望能迅速開會選舉主席，為省政府和國民黨省黨部保存一點面子；但迄今仍未談妥條件。

台南縣的板山、關廟兩鄉民代表會，也一再流會，縣政府在無可如何的情形之下，迫得向省政府請示辦法。

宜蘭市的鎮民代表會主席也至今沒有選出。

這次鄉鎮民代表會選舉主席所發生的種種違法舞弊情事，有報可查者已在十縣以上；而至今仍未選出主席者亦達四縣一市之多。至於尚未經報紙刊載的舞弊案件，當不在少數。因為自從三屆總統選舉，當權者不惜以增加國大代表待遇來換取非法連任以後，省縣鄉鎮的各級選舉無不以賄選為確保勝利的主要法門，「總統」既然以爭加待遇的方式來賄國大代表，下焉者當然可以直接用金錢和「禮品」來賄選了。週前台北報紙刊出市長黃啟瑞分得公車處集體貪污的贓欵七十餘萬元後，黃市長在向記者們發表談話雖然否認貪污；但却坦率承認他在競選市長時花了七十餘萬元，係向各銀行挪借，現在還在按月付息，並說，他早就想建議上級，改善選舉辦法，因為目前的選舉實在花錢太多了。言外之意，似乎暗示他分得了該項贓欵，也不過是酬付競選費而已。這說明台北市長也是用金錢換來的。因此，鄉鎮民代表會主席要用金錢來賄選，而且爭奪如此激烈，正是三屆總統選舉後上行下效的必然結果，並將隨着蔣「總統」父子政權的存在而繼續存在下去呵。

台北市政府又發生貪污案

今吾

（台北通訊）台北市政府和公車管理處的集體貪污案尚在法院繼續偵詢的階段，而另一宗貪污案又被揭發。市府地政科長闕河彩於去年十月一日連跳三級，由稅捐稽征處的稅務員一躍而為地政科長後，適值市內民權路拓寬，該科奉命征收道路兩旁之土地。乃與科員王世哲利用職權向土地所有權人進行勒索。該段土地，以黃姓地主所有者為最多，共需補償三百餘萬元。闕等在黃姓地主向該科地用股領取此項補償費時，百般刁難，後者曾怒向黃啟瑞報告；但黃市長置之不理，無可奈何，迫得央人向闕等疏通，闕開價六十萬元，經多次的討價還價，最後減為三十萬元成交。

事後有人向司法行政部調查局告密，經調查屬實，該局乃報經台北地檢處，先後將王世哲及該科另一職員林某拘押偵詢。於上月下旬再將闕河彩扣押。但數日以來，市政府高級人員始終將此一消息保密，僅說闕因事請假，故未到公。直到七月一日才被聯合報所揭露。由於闕河彩去年竟能連跳三級而升為地政科長，他在勒索頭姓地主時經當事人親向黃市長報告，黃市長也置之不理，而案發被拘後，市政府又多方保密的種種事實看去，他和黃市長的關係，顯然是很不平凡的。本案可能尚有進一步的發展也。

中共怎樣推行兒童教育？

它正在推行崇拜加加林的亡國教育
它正在推行擁護共產黨的赤化教育

劉裕畧

自從蘇聯宣佈加加林乘坐太空火箭到太空飛過一段空間之後，蘇聯固然在宣傳上對此特加渲染，即在中國大陸，中共也是對此渲染不遺餘力的。其實加加林上天有什麼了不得？他既不是太空火箭的發明者，又不是太空火箭的製造者，更不是太空火箭的駕駛者，而僅僅是太空火箭以前裝載太空狗、太空鼠、太空猴子的一個裝載者罷了。假如一定要說加加林有什麼特點，那也只能說加加林的身體恰恰適合於太空飛行而已。然而蘇聯共黨把加加林大捧特捧，還有理由可說，因為蘇聯尚可藉此來誇耀自己，中共也無恥地渲染加加林，那就只足表示蘇聯主子開心的，中共奴才也跟着笑吧了。尤其無恥的，是中共除對加加林作一般宣傳外，竟在大陸各地全力對兒童宣傳蘇聯的加加林上天事件，這就是完全對中華民族的好兒童灌輸奴化教育了。為了討好蘇聯，中共顯然想把中國兒童都變成崇拜蘇聯的奴才。十二年來，中共在大陸一直全力打擊所謂「崇美」思想，凡有人說美國好的，中共就給他加一個「崇拜美帝」的罪名，加以處決，假如中共此類作法，是專為振奮民族自尊心，在動機上，猶可稱道。但中共打擊「崇美」思想之同時，却又到處宣揚「崇蘇」思想，這就可見中共所努力的並不是民族自尊心與民族信心，而是另一種奴才心了，這是我們要為大陸兒童担心，同時，我們為此要對中共予以全力譴責了。

事實上，中共對兒童推行的毒化教育，還不止此。除此之外，它又對所有兒童推行赤化教育，這更罪無可恕。

據本年五月十七日中共出版的「中國青年報」報導，說遼寧省各地少先隊正在各級黨委領導下廣泛開展「聽黨的話，做毛主席的好孩子」的教育活動。「中國青年報」又說：這一活動的中心內容，是培養兒童熱愛黨和毛主席的「高尚」情感，增進黨的知識，激發少年兒童的各種黨性活動。為了達到上述目的，所以，中共又訓練了一批少先隊輔導員，各地中小學都把熱愛黨的教育列為學校政治課和國文課的主要內容，並採取參觀紅軍博物館、訪問解放軍叔叔、閱讀革命故事書籍、唱革命歌、做革命游戲等活動方式。據說，因為這樣，許多少年兒童，以撫順師範附小來說，大多數兒童都已瞭解了「七一」是黨的生日，延安是革命誕生地，井岡山起義，遵義會議等革命故事。低年級的兒童亦能認出黨中央領導同志的名字及照片和黨旗等云。

從上述種種來看，中共對大陸兒童所推行的，顯然不是一種自由自發的教育，而是一種政治灌輸，這種政治灌輸無異就是對少年兒童實施一種政治洗腦，它企圖以先入為主的方式，把對蘇聯的奴化觀念和對中共的赤化觀念在少年兒童的發育期間，利用他們的求知慾，就把他們完全毒化。所以，嚴格說來，這並不是一種教育，而乃是一種對中國少年兒童的殘忍摧殘。這不僅是大陸兒童的不幸，也是整個中華民族的不幸。

陸豐縣博美鄉鄉民集體搶糧

戚戚

（本報專訊）粵東之陸豐縣，所屬甲子、碣石、湖東等港口，原為魚鹽富饒之區。又該縣鄉民赴外洋謀生者為數不少，年中僑滙頗多，自遭共禍，僑滙減少，昔日富庶之縣，今成貧窮之鄉，縣民撫今追昔，欲哭無淚。最近該縣之博美鄉，鄉民因不堪飢餓，竟發生集體搶糧事件，掀起「反飢餓」之一幕，全縣為之騷動，共匪亦提心吊胆，懼事之再發也。

緣陸豐縣西南有鄉曰博美（俗呼壆尾），南隔崎頭渡，即為海豐縣境。該鄉以林姓聚族而居，人口近萬，向為縣中巨族。鄉民素性强悍，多備有自衛槍械，動輒鬥狠。鄉中房與房之間，亦常常械鬥，涉訟公庭，多年不决。至於强房之欺負弱房，殆為司空見慣之事。有此蠻强之民性，處在中共重重壓迫侮辱之下，忍無可忍，遂致一觸即發，造成驚人之集體搶糧事件。

在昔該鄉居民，多富有田產，家給人足，豐衣美食，生活怡怡如也。自中共佔據後，將該鄉列為地主成分最高之鄉，在公審清算，三反，五反幾度風波之下，鄉民慘遭殺戮，及被迫自盡者蓋不知凡幾。實行公社後，將該鄉組成為一公社，附近之若干小村屬之。鄉中之林氏大宗祠則設為糧庫，以儲藏稻穀。由縣派共幹若干名，配以民兵一隊，常川駐守。日驅鄉民勞動，夜又上其大課，常至深夜始得就寢，但甫一交睫，共幹又鳴鑼催人早起下田工作。弄到鄉民睡眠不足，精神萎憊，奄奄欲絕，迫於共幹淫威，敢怒而不敢言，只有恨在心頭而已。公社實行之初，鄉民尚得一飽，其後因鄉民消極怠耕，收成銳減，配糧亦隨而減少，一減再減，以一日十四小時之勞動，竟換不到一飽，而又被迫勞動，因是體力不支，在工作場地猝然倒斃者無日無之。鄉民對於共匪暴政，其始懼禍之及，只有三緘其口，近者共幹亦有怨言，鄉民於私人談話間，漸敢提及批評。鄉中具有胆識之青年，間於夜裏招集同心，秘密聚談，謀所以應付之道。在某次密談中，僉以共匪如此殘酷，草菅人命，長此不抗，將無噍類！吾人面臨危境，等死耳，與其坐而待斃，孰若羣起反抗，或冀其不死。時有一青年起立發言，謂共匪聚歛囤粮，視吾民為牛為馬，任其驅策，乃忍令白白餓死，可見共匪已滅人性；吾人亟應及早反抗，起而殺匪搶糧，縱不幸而遭槍殺，做個飽鬼，死也甘心！言時聲淚俱下，聽者咸動容涕泣。因决定暗中先行聯絡各房有志反共青年，伺機起事。及至上月中旬，駐守糧庫之民兵一隊，適因奉令調往他處工作，糧庫之內，僅有共幹數人居守，共幹亦以駐鄉多年，鄉民馴伏如羔羊，不虞有他。此一秘密定謀之青年，認為機不可失，奔走相告，約於是日午夜舉事，迨時間已到，一聲暗號，鄉民各持火把，蜂擁至糧庫，大力拍門，狂呼殺匪搶糧，呼聲震耳。時共幹猶在夢中，突聞祠外人聲喧閙，知事不尋常，凶多吉少，乃倉皇爬登屋頂，跳牆逃命，連衣服也不及穿。鄉民見大門久久不開，乃駕梯循牆而下，大門一開，鄉民一擁而入。先至共幹寢室，見門虛掩無人，始知共幹已聞風先逃，為之憤憤不已！至是鄉民咸集於糧庫，此數青年指揮鄉民盡量挑糧，但在逃共幹乘夜奔至縣城報訊，天明，共軍大隊開到，未及鄉門，即以機槍掃射。維時鄉民已預知必有大軍壓境，早已漏夜逃避一空。共軍入鄉，見鄉中人聲寂滅，又知該鄉民性强悍，懼其反抗，（民國十六年海陸豐共匪為亂，該鄉曾組織反共白旗隊）。一旦事情閙大，影响至鉅，且鄉民亦難以一一殺盡，暫將垂垂待斃不能走避之父老廿餘人悉予拘捕，傍晚始收隊而去。共匪經此一役，恐消息播揚，其他各鄉羣起響應，乃不敢多加株連，以不了了之，只密令各粮庫負責人員，今後加緊防守，以備不虞。此消息一洩，全縣哄然，共匪雖欲掩藏，亦不可得矣。

上項消息，係由本月逃難抵港者之某君所口述，前週，記者於赴某社團訪友見之，事極可靠，故特記之。

僑鄉簡訊

鍾之奇

廣東部分地區收割早稻

廣東省一部分地區被水淹，所以影响了收成，但另一部未被水災的地區，據中共新華社七月一日廣州電：「生產季節較早的海南島和潮汕平原，已進入收割大忙。北部韶關專區，西部湛江專區，中部佛山專區也先後開鐮。……普寧縣三十三個公社共派出五百多名幹部到大隊和生產隊，幫助收打；各部門還調出大批勞動力到夏收第一線。潮汕地區僅在十天時間內就收割了一百萬畝早稻」。但人民雖在飢餓中，却知所有勞動果實均將被中共囊括以去，所以對收割早稻的事並不熱心，於是中共被迫「進一步健全勞動組織，推行小組作業，適當地提高了大忙期間的勞動報酬」，（見七月二日人民日報），但人民內心仍缺乏勞動熱情，所以隨地有拋撒。對此，中共遂又「制訂夏收勞動公約，訂出精收細打的措施。有的地方還成立檢查小組，力爭收淨打淨，避免拋撒等損失」云（見七月二日人民日報）。

中共在合浦等地積極養珠

合浦珠場是自古有名的。早在漢朝（公元前二千零六年到公元二百二十年），人們便在合浦縣開始採集天然珍珠了。由於珍珠可以外銷，換取外滙，所以，中共佔據大陸後，便不但在合浦迅速恢復了採珠工作，並且還在前「珍珠城」附近的港灣，建立了兩個大型的珍珠貝場，進行人工養珠，此外，中共也還把合浦的優良的珍珠貝和技術人員送到廣東沿海的另外幾個縣去繁殖人工養珠。茲據中共公佈，合浦珠場現已開始收穫。但養珠工人之待遇則甚低，不足溫飽云。

福建花生產區又有旱災

當福建正在鬧水災福州市且已被淹的今日，福建花生產區却又在鬧旱災了。據六月卅日人民日報載：「福建省各花生產區的羣衆，正在積極開展以抗旱保收為中心的花生後期田間管理工作。季節較早花生大部分已開花結莢的漳浦、樂長、惠安、福清等縣的許多人民公社和生產大隊，都成立了抗旱指揮機構，……有些公社的生產隊根據不同的受旱情況，分別輕重緩急，灌溉受旱的花生田」。

廣州舉行萬花會

當此人民嗷嗷待哺之日，在廣州文化公園的中心廣場上，現在正由中共在那裏舉行一個萬花會。據中共說，那裏是「春意盎然」，那裏是「各種奇花異卉爭妍鬥艷」。這都是事實。因為中共早已不遺餘力的搜集各種花草來準備舉行這一次的展覽。自開始展覽以來，參觀的人也確實很多。不過這些人都是好整以閒，故意點綴太平氣象的中級及高級共幹和他們的家屬，至於下級共幹和一般人民，早已下放到農村，只有勞動的份兒，那有賞花之樂？當高級共幹們在萬花會熙熙攘攘之際，人們不免要問：當此災荒與人民飢餓之日，中共何不做點好事，何不做點救濟人民飢渴的事，而要專做這些點綴昇平的虛浮事情呢？

增城耕牛普遍患病

據七月五日人民日報消息：廣東增城縣每於洪水後常有牛炭疽病流行。這一次廣東又有洪水為災，所以牛炭疽病又普遍發生。至六月中旬為止，雖在各人民公社的八千多頭牛身上作了注射，但仍未能遏止牛病的流行。

福建共軍出海捕魚

大陸人民受中共虐待，人民吃不飽穿不暖，但苦無逃跑機會。只有沿海漁民。尚可利用出海捕魚機會逃亡，這是大陸漁民所以逃抵港澳和台灣各地特別多的原因。為此，中共遂採取用共軍夥同漁民出海捕魚的監視辦法。且可因此增加漁的收穫。據七月五日中共人民日報說：「駐閩東北沿海部隊，在春季漁汛期間，派出捕魚隊，同漁民一起揚帆出海，一面在漁場周圍巡視，保護漁民生產；一面撒網捕魚」云。

警告了中共後的印度

唐森

著名的國際政治舞台小丑尼赫魯的笑臉，是最難使人了解的，它的「神機莫測」，正如印度的一般國情。眞的，印度這個國家，不論在過去，現在，以至將來，都是令人無從捉摸的哪！

印度自獨立了後，本已完全取替了英國人，但說也奇怪，今日印度的議會，最常用的語言，依然是英語；這不就是一個說她「使人難以捉摸」的例子了麼？

再以印度的外交態度來說，那就更使人感到詫訝！

印度本來是一向都是「支持」中共的，直至現在，尼赫魯依然不斷地向中共大送秋波，並大聲疾呼，主張中共進入聯合國。

可是，另一方面，她自從和中共發生了「邊境問題」，使尼赫魯驚惶失措了一番，且損失掉一條公路之後，印度的外交政策，便又掀起了一種新奇的轉變；尤其是尼赫魯，他好像從此便認清了中共的猙獰眞面目似的，把多年以來對共產國家的種種幻想，都丟置了一旁，從而把應付中共的軟弱手腕，一變而為強硬；把對中共的和顏悅色，一變而為睜眉突眼。——這不是也使人很難以捉摸嗎？

最近，印度執政的國大黨全國委員會，提出了警告中共的議案，聲言「印度政府及人民，將驅逐對印度任何進一步的侵略」。這項提案，顯然是印度對中共已表現出憤恨的反抗，並充分地顯示出自「邊境問題」發生過了後，印度對中共，已達到了忍無可忍的程度。

然而警告了中共之後，印度又將怎樣？這依然是使人感覺到無從捉摸。

印度在「邊境問題」中雖然失掉了一條公路，却因此打破了尼赫魯對共產國家的迷夢；目前儘管莫斯科千方百計地設法去補救印度這一次在心理上所受到的創痕，但迄今仍無濟於事。印度對共產國際的戒懼心，已一天比一天加深了！因此，在印度國境內，現在已有了許多不利於共黨擴張潛勢力的措施，這都是在「邊境問題」發生了後所引起的。

但是印度畢竟是一個「使人難以捉摸」的國家；她的本身，業已經歷過數千年滄桑，構成了一個「大雜會」般的形態，種種式式的外貌和內情，各宗各派的宗敎和哲學，一方面是多姿多采，另方面是變化離奇，今日國內雖然湧起了憎恨共黨的熱潮，但無可諱言，尼赫魯的左右，依舊還有着不少親共份子。這些親共份子，將會不斷地把糖衣毒素拋進尼赫魯的口中，並運用心理攻勢來改變尼赫魯的「笑臉」，這仍然是很值得憂慮的！

印尼年梢對荷宣戰

星洲所得情報

俊華

東南亞中心地帶的星加坡，似乎不為若干月來的寮國戰爭而困惱。它本身有選舉問題、治安問題、小合併與大合併的問題——前者指星馬合併，後者則指星、馬、北婆羅洲、沙勝越、汶萊的合併——這是第一個原因。其次，在地緣上，星洲與寮國之間還隔着馬來亞和泰國，除非泰馬有事，否則星加坡不會感到唇齒的關切。這可能是第二個原因。

可是，對於來自另一方面——來自南方的政治變化，雖然僅僅是可能的變化，却使到星洲當局和人民，產生了深度的關懷和担心。這一來自南方的可能政治變化，就是印尼，印尼不穩的可能性，日見顯現。而星加坡與印尼，除馬來亞而外，關係要算是最密切的了。印尼這個羣島之國，若干島嶼正向星加坡採取朝拱的姿勢，星洲與蘇門答腊，不過是一衣帶水。

而這個與星加坡迫近並且密切的印尼，可正在醞釀着重大的變化！

作為東南亞海空交通中心的星加坡，有許多用不着採集搜羅的情報，來自東南亞各地，每天的商賈旅客，東南亞各國的官員，英國及其他歐美國家的官員，或負有特殊任務人物，每到東南亞區域從事他們的業務，莫不以星加坡為他們的停留站。這些人物，便會帶來若干眞確的第一手資料，供給給星加坡。尤其是印尼方面的內情，星洲的所得更為詳盡，當一九五七——八年印尼中央政府與革命政府作戰時，對於蘇島的軍情，星加坡比較耶加達或武吉丁宜，都要更為清楚。

現在星加坡所得到的驚人情報，便是印尼將要進攻西新畿內亞，與荷蘭宣戰！而且，這一發動，大概不會太久。

荷人撤出畿內亞

星加坡所最先發覺的，便是這兩個月（五、六月份）來，西新畿內亞當地的荷蘭居民，開始不斷地逐批撤出這個「問題的島嶼」。

西新畿內亞是世界第二大島，介於澳洲與印尼之間，東部屬澳洲，西部向由荷蘭統治，面積比印尼政府所在地的爪哇島大了六倍。當地居民屬巴布亞人，人種與文化歷史，與印尼各島關係甚少。印尼獨立的一九四八——九年，舉行談判的圓桌會議中，荷蘭即以西新畿內亞可獨立於印尼之外，不肯移交。印尼則以其獨立係接收「荷印政權」，西新畿內亞不能例外。最後聯合國印尼委員會調處，暫由荷蘭保持原狀，俟荷、印嗣後雙方提出調查報告，再行決定。這個「問題島嶼」的問題，就一直拖到現在。印尼呼口號要「收回西伊里安」，（即西新畿內亞）已有多年。

現在西新畿內亞荷蘭居民的整批整批不斷撤退，少數撤回本土，更多撤入東部新畿內亞或澳洲本島。便被認為是西新畿內亞問題緊迫，這些荷蘭居民「預為之所」的東遷，正是「候鳥」的行徑，暗示西新畿內亞不穩。

東南亞將有巨變

印尼高唱收回西伊里安口號，並不自今日始。可是最近情況，却確實趨於嚴重。自革命軍反抗中央以來，至今仍有革命軍和回敎軍對政府的游擊戰。政治方面，蘇加諾總統和納蘇賢參謀總長禁止政黨活動，但暗潮不息。經濟更動盪不已。蘇加諾的統治方針，向來採取「聯外以安內」，以國家元首來說，週遊世界訪問各國之多，他是考上了第一名。而近來，他是被中共和蘇聯看上了。於是，「收回西伊里安」，便由口號而變為實質的危機！

蘇聯現階段對西方鬥爭策略，便是「利用民族主義」打擊西方，而荷蘭正是北大西洋公約之一國。何況印尼共黨，成立比中共還要早，目前已成印尼第二大黨。印尼的地理地位，正是東南亞後門。目前共黨在寮國進取不易，這情形正像中東方面，蘇聯不得志於伊朗、但如能拉得印尼，就等於伊拉克政變，東南亞局勢全非。

蘇聯已援助印尼建立一支「東南亞最强」的空軍，這些飛機，已陸續飛入耶加達，蘇援軍事裝備，達數億美元。赫魯曉夫並送給印尼空軍總司令一架豪華的直昇機，蘇聯代辦基斯納斯基在移交該機給蘇雅達瑪總司令時，明言「去為爭取西伊里安領土而奮鬥，直到把它從荷蘭帝國主義手中取出來」！

星洲方面的估計，印尼新空軍五、六個月來就可使用，那將是它對荷宣戰之時。赫魯曉夫最近在莫斯科抱着蘇加諾跳舞，便被認為與當年史太林簽「日蘇不侵」條約後擁抱松崗洋右一樣，能使亞洲甚至世界局勢一變的。

如果蘇加諾成為伊拉克的卡森，或古巴的卡斯特羅，星洲與馬來亞將寢不安席。

·星洲通訊·

中共將遍設「黨校」改造幹部

·江水·

「幹部變質」，刻已成為中共黨內的嚴重問題。頃據大陸中共的尾巴黨人士傳來消息：中共「中央黨部」刻已進行一項「深入的思想訓練」計劃，藉以扭轉其基層幹部動搖或叛離的思想。該項計劃，就是在各省各市廣泛地設立「黨校」，然後將當地的基層幹部分批調入校中，再加改造。各省、市的「黨校」，將由「省委」或「市委」主持云。

——中共此種措施，顯然是在不斷嚴厲整風中的另一套手法；同時，也正反映出中共的「政策」已普遍地引起共幹的不滿。又據中共的「學術月刊」（第五期）指出：絕大多數共幹，他們在學習上，不論是政策上的，或理論性的，最近都已經常犯了「祇知其一，不知其二」，「祇知其表，不知其裏」，「祇知其然、不知其所以然」等毛病。其原因是：第一、在展開學習時，祇把一些片面或表面的事物誇大地作為學習對象，不肯去粗存精，更不肯尋根究底；第二、更多的共幹，只知拿馬列主義來做擋箭牌，專在經典中找尋經驗。共方認為，這種錯誤的頭腦，亦須澈底改造。

粵「省府」進行疏散城市人口

廣東「省府」為減輕各城市的生活物資供應，刻已着令各城市進行疏散人口。據悉：在粵共的計劃中，各城市的人民，在今年內，將有五十萬人移徙至西北及西南等邊區地方墾殖，另有約百萬飢民，將疏散到各農村，參加農業生產。疏散城市人口的目的，據說有下列五項：一、遏止人民湧入城市；二、減輕供應城市生活資料的負担；三、銷除各城市的搶糧事件；四、增闢各邊區耕地，彌補天災人禍所造成減產的損失；五、加强各農村農業生產的勞動力，藉以提高糧食的產額。——從粵共的疏散城市人口計劃來觀察，可預料的是：共方奴役人民的手段，將愈來愈兇狠；而此種高度壓榨人民勞力的後果，勢必更引起人民的反感，不特不能增加農業生產，反而增加了人民的反共怒潮。

沒有徹底勒緊人民的肚皮

華靈

「沒有徹底勒緊人民的肚皮」，中共認為這是一種偏差，犯了這種偏差的幹部，應予整肅。

在廣東羅定縣的「整風運動」中，去月杪有船步公社「黨委書記」林華國，「主任」郭烈，羅鏡公社「副主任」張洪山等二十餘人，因犯了這種偏差而致被「整」掉，一律予以撤職處分。

因此，新上任的公社幹部，現在都戰戰兢兢地，把人民的肚皮徹底勒緊，在無論任何情況下，都要恪遵「黨」的規定，完成繳糧給「國家」的任務；如果生產數量不足，則惟有把人民的配糧額削減，削減，再削減！人民的飢荒是人民的事，繳糧的額數絲毫不能缺少。

目前該縣的配糧額，已削減至每人每月廿四市斤。

然而，這「廿四市斤」，也僅是一個數字而已。實際上，食堂的管理權完全操在共幹的手裏，人民每餐所能吃到的，祇是番薯粒煮稀粥，粥裏有多少米？人民是完全給蒙在鼓裏的。這就是共幹們徹底勒緊肚皮的一種手法。

聞該縣的「整風」運動，刻仍在激烈推行中，並由「縣委」親自出馬，遍往各公社巡視，凡發覺有「不徹底勒緊人民肚皮」的，即立加懲辦。在這種雷厲風行的暴政中，人民的肚皮不知被勒緊至如何程度了！

母與子（上）

蔡文甫

小明伏在紅漆桌面上堆積木，突然停下兩手撐着桌角掉頭問母親：「哥哥不再回來了嗎？」

躺在沙發凝視天花板的母親，像被驚醒似地坐直了瞪着他。「唔——」了一聲，不知是否認，還是承認。但小明知道那是回答他不再回來了。

「姐姐呢？」

母親將面孔埋在手裏，眼皮垂下，像要哭的樣子。

「她住在外婆家裏——」她說時已掏出手帕來。

小明連忙推開積木爬下櫈子，走到母親的身旁。他想不到這兩句話，會使母親這樣傷心。他做錯事，母親打他、罵他，倒不在乎，就是怕母親流淚痛哭。

小明伏在母親的膝上，翹首問她：「媽，我也要去嗎？」他知道母親最喜歡帶他到外婆家去的，父親剛死一年，他和母親一直住在外婆家裏，雖然那時也不快樂，但比現在要好得多了，沒有人跟母親吵架，母親也不會生氣。所以他總想到外婆家去。

母親怔住了，突地緊抱着他，吻着他的額角，「小明，你為什麼要離開我？」她急促着說。

「家裏太冷清。」小明撅着嘴唇回答。他看現在那麼大的一個客廳，擺滿了沙發；吊燈和壁燈都是亮晶晶的，祇有他和母親二人空坐着。他家裏還有一個很大的花園，種着很多紅紅綠綠的花，奇奇怪怪的樹，也沒有人和他一道玩。外婆家裏的小伙伴多，非常熱鬧。他太喜歡外婆了。「媽，你和我一齊去嗎？」她接着問。

母親沒有作聲，祇是搖搖頭，眉頭皺得更緊了。

他爬起跪在母親的膝上，看着母親的眼睛，眼淚從她的眼角爬下來了。這實在是他的不好，他不該提到哥哥和姐姐，他們都是和母親吵架才離開家的，母親還在生他們的氣，他現在應該想點使母親高興的事了。

「今晚四叔還來嗎？」他又接着問。他知道唯有四叔來，母親才會高興，四叔常會帶來小珍，（小珍是四叔的女兒，比小明小二歲。）小珍的母親，三年前就死了，她告訴他說，她家裏也很冷清，所以很喜歡到小明家裏來玩，當然，小明也很高興看到她。他們兩家的牆，連接在一起，以前有側門相通，走起來很方便，現在側門鎖了，要從大門出入，就顯得遠得多了。

為了要使母親高興，他希望四叔會常來，但他的大哥是討厭四叔的。為了四叔，大哥常常和母親吵架，他看到這些非常難過。因為從父親死後，他一直崇拜着大哥，大哥教他讀書識字，講很多好聽的故事給他聽，他認為大哥已很了不起，但為什麼要和母親吵鬧呢？難道他不願意看到母親高興麼？一天，他就這樣問大哥。

「你還是小孩子，不要管這些事，」大哥生氣地說。

「哦，我知道，」小明歪着頭裝着調皮的樣子說：「你是為了四叔和媽生氣的？」

大哥沒有作聲祇有瞪他一眼。

「四叔不是待我們很好嗎？」小明接着說：「他也姓毛啊！」

「你懂得什麼！」大哥吼起來。「那要關係着我們的體面的。」

小明不知道體面有何重要，也不知道體面是什麼，但他認為這與他的家庭有關係。母親告訴他說，他的祖父曾做過很大的官，所以家裏很有錢，他的伯伯叔叔們，都是拿錢出去讀書，讀完書就蹲在家裏吃飯，唯有他父親在中學裏當老師。「你的伯伯叔叔共有八個，祇你父親有眞學問。」

「四叔呢？」他問。

「他……他是學法律的，」母親想了想。「他可以做律師。」

小明根本不懂什麼，他也就覺得四叔沒有父親偉大。現在既然大哥這樣反對四叔，他也就認為四叔常到他家裏來，是一件很不體面的事了。

而且，他看到母親也一天比一天愁悶了。過去，在四叔來的時候，母親還很高興，以後當着四叔的面，也有苦惱的神氣。他們起先是爭論，接着就是他母親流淚和唉聲嘆氣，最後總是四叔帶着滿臉不快的情緒走了。他不明瞭爭執的內容，僅知道他們的意見很不對。四叔來到他家的次數更多，好像四叔已不能離開小明的家，而他母親也彷彿不能不看到四叔，他覺得母親和四叔的意見已慢慢的一致了。一個晚上，四叔走後，母親突然問他：「你喜歡四叔嗎？」

他點點頭。「喜歡的。」他知道哥哥姐姐都反對四叔，但看到母親這時非常快活，便順着她的意思這樣說，他是願意母親時刻高興的。

「四叔做你爸爸好嗎？」母親抱起了他。

他感到很奇怪。「四叔就是四叔嘛，為什麼要做爸爸？」

「四叔做了爸爸，就會更喜歡你了。」

「不要，不要……」他擺搖着身體撒嬌地說：「爸爸已經死了三年，我再也不要爸爸了。」

他從母親的膝蓋滑下，見母親楞楞地看着他，淚也跟着滾下來了。

近來小明感到很苦惱，他覺得大人的心理太複雜，自己太不懂大人們的事了，他眞不希望自己能夠長大。因為哥哥姐姐和母親鬧得更兇了。尤其在今天，他哥哥和母親吵鬧後，便憤恨的說不再回家了。

家庭局面的嚴重，小明已經看出，不常到他家的外公，今天下午也來了。他無法確定外公是由大哥請來說服母親的，但他完全明白，外公的來是與四叔有關。所以在他們談話時，他便在門外偷偷地聽着。

「姓嚴的，再不要你這不爭氣的女兒了！」外公拍着桌子叫道。他的眼睛睜得很大，鬍子在說完話後，還連連地抖動着。外公一定很生氣了，他眞想上前摸摸他的鬍子，因為往常那樣外公就會開心了，但他今天不敢進去。

「我並沒有做丟臉的事呀！」母親本來坐在外公的對面，這時站起走在外公的面前。母親沒有流淚，說話的聲音很大，她從來沒有這樣激動，他眞担心他們會打起來，那樣，母親又要吃虧了。

「名門望族，能讓你胡來？」外公根本不理母親，眼睛瞪着窗外。「你該為三個孩子着想！」

小明也順着外公的視綫看去，他想外公所看到的，一定是他們家的高大的椰子樹，椰子樹被一道很厚的圍牆圍着，樹雖比牆高，但它不會跑出牆外的，他想告訴外公，用不着他焦急。

他不懂什麼叫名門望族，但從外公說話時的神氣看來，他想這可能與大官有關。他聽母親說過，外公家裏也是有很多做過大官的。

「我眞不明白，」他母親抬頭望着外公，很堅決地說。「我的事怎會牽扯到孩子身上去？」

外公與母親爭論很久，但並沒有說服母親，在離開時，外公將姐姐帶走了。哥哥姐姐離開家後，四叔還不知道，他想四叔一定會來的，所以便問母親。

「不知道，」母親想了想說：「大概會來的……你……你喜歡四叔嗎？」母親抱緊了他，嘴唇緊靠着他的面頰。

「不，我不喜歡。」小明堅決地說。

他母親伸長膀子，將他抱至膝前，凝視着他的眼睛，像要看出他為什麼會有這樣的轉變，他以前總說是喜歡四叔的。

母親的淚，很快從眼眶滾出，小明想到母親一直以為他站在她那一方面，現在突然聽到這樣的話，一定感到難受了。他並不討厭四叔，對母親也沒有什麼成見，本想用言語安慰母親，但想起哥哥始終在反對四叔，而外公也認為母親這樣做，會影響到他們兄弟姊妹，所以他也就任母親這樣獨自苦惱了。

（待續）

無聲的歌

于梵

（一）

海濱，聽潮歌，聽晚濤，看碧波上白鷗的翩翩妙舞。

灘畔，落寞者躑躅無語；我期待一艘來自祖國的幸福的船。

（二）

案枱，藥水瓶驕傲地站立；散亂的詩集低低地嘆息。

壁上，古老的掛鐘寂寞地擺動。而沉重的被褥下，我感到更痛苦和更孤獨了。

（三）

黎明了，沉睡了一宵的宇宙已經甦醒，靜靜的長街又載滿歡愉和熱鬧。

到園中去吧！諦聽菊花和曙光的低語。如詩的日子里我有一顆如詩的心。

（四）

『知識如清涼的甘露，洒下，智慧的繁花心頭綻放！』

『愛情如彩色的絲帶，晃動，緊繫着兩顆無邪的心！』

（五）

想妳；在春天、夏天、秋天，在朔風浩蕩的冬日。

哪！幸福隨妳美麗的影子來了。我以微笑迎接妳。又以微笑送走憂鬱的雲！

（六）

新綠的湖邊，垂柳輕梳如絲的長髮，夾竹桃含羞地俯照新姿。

青翠的山頭接受野花的點綴。溪澗的流水伴枝頭的小鳥鳴歌。

（七）

踏幽徑上的露珠。月下，邀晚風邀影子踽踽漫步。唉！把臂私語的日子遠去了，遺下一片綺夢的殘痕。

（八）

肅殺的秋風吹過，憔悴，花卉園中哀傷地飲泣。

院里的梧桐飄下黃葉，歸家的欲望蘊在異客的心頭。

（九）

海上的金色的波光淡了，漁舟載着憂鬱孤獨地回航。幾張疲倦的臉，幾顆破碎的心。

堤畔，流浪者對深沉的微藍苦笑。黃昏又溜走了！

（十）

去吧！朋友，隨淙淙的流水，黛綠的風；願你尋到亞當夏娃的樂土。歡樂里莫把故友忘懷；夜夜，我呼着你的名字入夢。

（十一）

您的聲音如蜜，甜化我淡淡的生命。

您的眼睛有熱，溫暖我冷冷的心！

（十二）

聽小溪與小草的絮聒深談，看楊柳和薰風的擬舞。

我的心滿溢快樂、幸福、歡愉；聽！有繆斯的輕靈的腳步。

金釵記（三）

黎明

春梅：小姐呀！（唱）
聽說那魯家公子才學優，
人品出衆性溫柔。
小姐呀！
您若是過門到得魯家去，
切莫要把我春梅丟。

秀娘：（聽了佯怒，其實則深喜之）你這個死丫頭！人家急得要命，你却只打睹牙較不是？看我不眞撕了你那張嘴才怪。（說着正準備撲過去，又見春梅一本正經而止。）

春梅：（鼓腮噘嘴介）小姐！您不答應不是？——不答應便罷！

秀娘：（又羞又嗔又喜）死丫頭！怕了你！我答應你了。（下五字說得聲音較細；說完羞得以袖掩面。）

春梅：（歡喜跳躍）小姐！您眞的答應了我了？（隨即就懷中取出金釵一晃）小姐您來看！那金釵嘐，在這裏。

秀娘：（見了金釵，又好氣又好笑地）原來却是你這個丫頭搗的鬼！看我這回饒你來！（說着便上前去捉春梅；春梅急逃往假山後邊；秀娘唧尾追下。園中漾滿了嬉笑聲。）

第四場：

景：顧安人經堂。古雅寧靜，香煙繚繞。

時：初秋中午

人：顧安人、顧秀娘、春梅、老歐

（顧安人坐在方桌旁邊，前陳經卷，手持唸珠，低聲唸佛。隱約聽見「南無阿彌陀佛……觀自在菩薩照見五蘊皆空……」等字樣。）

（幕後笑聲由遠而近，秀娘的話「看你這個丫頭逃到天上去」，聽得很清楚。春梅帶着笑聲急上。見了安人，不覺心中一凜，連忙整理衣衿，上前行禮。）

春梅：啟稟安人！小姐到。

安人：（放下唸珠，微慍地盯着春梅）你這個丫頭！怎麼去了這般時候……

（秀娘帶着笑聲追上；見安人正要責備春梅，連忙上前解釋。）

秀娘：母親！不怪春梅；是女兒要她幫着蘭心摘蓮蓬，所以遲了一步。（說完擦汗，對春梅一丟眼色，彼此會心一笑。）

安人：唔！（向秀娘）看你跑得滿頭是汗，也不怕擱壞了身子；先坐下來吧！

秀娘：是；多謝母親！（坐介）啊、母親！您喚孩兒出來，不知有何訓敎？

安人：春梅！這裏沒你的事，去到廚房招呼開飯去吧！

春梅：是。（對秀娘作一鬼臉下。）

安人：兒呀！（唱）你父親要把魯家親事退，叫我快催他家辦六禮。他家貧窮怎將六禮辦？沒有六禮怎迎娶？到那時，你父再把臉來翻，將兒另選高門成婚配。這件事兒爲娘進退兩頭難，我的兒！你可有甚好主意？

秀娘：吓!?（一時驚得目瞪口呆，說不出話來。旋似乎不相信自己的耳朵，急問）啊母親！你才怎講？

安人：兒呀！你父親要把魯家的親事退了。

秀娘：母親呀！（凄楚離座）（唱搖板）
聽一言，急得我，咽喉啞；
不由得，樸蔌蔌，珠淚如麻。
說不祥，不祥事，果然到也；
怪不得，無端端，失却金釵。
啊呀母親呀！
（轉流水）
婚姻大事非兒戲，
婦人從一是正義。
人生一世草一春，
出爾反爾要不的。
當年他家做高官，
爲何不把親來退？
如今他家不過是貧窮，
誰又保長命富貴到百世？
父親做事太無情，
女兒志氣難更易；
母親呀！你女兒今生呵，是魯家的人，
死了呵，是魯家的鬼。

安人：兒呀！（離座安撫，唱）
我兒不必淚雙流，
且聽爲娘說從頭；
你父也是爲兒好，
我兒何必怨不休？
他怕兒嬌生慣養千金體，
怎守貧窮做馬牛？
他怕兒十指尖尖金蓮小，
怎上廚房親井臼？
他望兒奴僕成羣婢成隊，
柴米油鹽永不愁；
他望兒嫁得如意郎君金龜婿，
妻榮夫貴到白頭。
天下父母心一樣，
兒呀！這件事兒呵，
還要三思而行善綢繆。

（第四場未完）

辛亥革命史談（二）

二、從興中會到同盟會

舜生

上海是一個中外雜居的地方，因有租界可資掩護，凡在上海以言論或行動反對政府者，雖談不到絕對的保障，但究竟比內地不容易遭受壓迫；加上交通方便，凡留學生出國，或是國外返回內地，上海也是必經之途，因之於消息的溝通，思想或意見上的交換，人事的接觸，更異常方便。它在清末其所以變爲一個中國革新運動的重要據點，便是這種種的條件所構成的。

光緒二十六年，唐才常在發動自立軍一役以前，即於上海張園有所謂『國會』的召集，一時名流碩彥參加者不少，實爲中國近代政治史上有名的一幕（參看本刊『記庚子拳變始末』一篇的第五節）。

光緒二十八年，章炳麟、蔡元培（孑民，浙江山陰）、黃宗仰（江蘇常熟，別署烏目山僧）、吳敬恒（稚暉，江蘇無錫，他於是年六月由日被逐歸國）等，有『中國敎育會』的發起，其目的原在改編敎科書以改進敎育。是年十月，南洋公學發生退學風潮，學生陷於無所歸宿，章、蔡、黃、吳等乃成立一『愛國學社』以容納之；其時南京陸師學堂一部分退學生如章士釗（行嚴，長沙）、穆湘瑤、何震生、胡敦復等，也相率加入了『愛國學社』，於是學社乃成了一個傳播革命思想的大本營。

這個時候的上海張園，乃是一個討論政治或鼓吹革命的集中地點：二十九年春，以桂撫王之春有借法欵法兵平定匪亂的建議，上海人士曾於此開大會反對之；到了本年的四月，以俄人久佔東三省不退，並要挾多端，迫我改訂撤兵新約，於是吳敬恒、馮鏡如、陳範、鄒容、黃宗仰諸人，又於張園召開一拒俄大會，民氣更日趨熱烈，不久乃有『蘇報案』的發生。

『蘇報』創於光緒二十二年，原係一份在上海日本領事館註冊的報紙；二十五年，乃由陳範接辦。陳範者，湖南衡山人，號夢坡，原在江西做知縣，以敎案落職，移居上海。他深知官場腐敗，非改革不足以圖存，因承辦『蘇報』，天天發表改革主張，其言論隨着潮流一天天趨於激進。他的女兒擷芬，也非常能幹，曾創辦有愛國女學及『女報』。到了二十八年，『蘇報』延聘章士釗任主筆，而章炳麟、吳敬恒、蔣維喬諸人，更隨時在該報發表文字，於是『蘇報』乃儼然變成了『愛國學社』諸人鼓吹革命的機關。是年四月，鄒容著『革命軍』出版，鼓吹種族革命甚力，炳麟爲之作序，士釗書簽，以文字淺近而富有情感，銷流甚廣。五月一日，『蘇報』發表炳麟的『客帝篇』及鄒容的『革命軍自序』，已大引起清吏的嫉視；隨又揭載炳麟的『讀革命軍』及『駁康有爲政見書』，在駁康書中，更有『載恬小醜，未辨菽麥』等語，清廷認爲忍無可忍，乃迭次向租界當局交涉，指名要求逮捕蔡元培、吳敬恒、鈕永建、湯爾和（側重拒俄大會）、及陳範、章炳麟、馮鏡如、黃宗仰、鄒容等人（側重蘇報）。租界工部局初頗持重，但結果卒於是年閏五月在『愛國學社』將章炳麟捕去，鄒容則向巡捕房自首，同被羈押。不久，『蘇報』被查封，愛國學社解散，吳敬恒自上海赴倫敦，蔡元培則赴柏林，陳範挈眷東渡，黃宗仰延律師營救章、鄒無效，也去日本暫避。清廷派員會審章、鄒，原欲將二人引渡置之死地，但爲租界當局所拒；爭執將及一年，卒於次年四月，由會審公堂將章判監禁西牢三年，鄒監禁兩年，期滿驅逐出境。鄒於期滿前七十日死於獄中，由劉三（季平）收其骨葬滬西華涇鄉黃葉樓側。鄒字蔚丹，四川巴縣人，初入上海廣方言館，光緒二十八年赴日，肄業同文學校，二十九年回上海，見章炳麟於愛國學社，章奇其少年英俊，多方誘益之，死時年二十一。光緒三十年，中山曾於美國翻印『革命軍』一萬一千冊，其後各地翻印者甚多，流入湖北軍界者尤不少，故影響極大。炳麟延至三十二年五月始出獄，時『同盟會』『民報』出版已半年，至是派員赴滬迎炳麟主編，故『民報』第六號即有署名『太炎』的文字出現。

光緒三十年秋，蔡元培自青島返滬，與浙人龔寶銓發起『光復會』，元培任會長，炳麟於獄中致書元培鼓勵之。紹興人徐錫麟過上海，見元培於愛國女學，亦慨然入會，錫麟素有大志，訂盟後隱然以匡復爲己任。

自光緒二十八年迄三十一年『同盟會』成立的三四年之間，革命書報在上海出版者，除上舉『蘇報』及『革命軍』外，尙有章士釗、張繼等主持的『國民日日報』、『黃帝魂』、『蘇報案紀事』，章士釗主編的『蕩虜叢書』，劉光漢（即劉師培）的『攘書』、『中國民族志』，陳去病的『秘史』、『陸沉叢書』，蘇元瑛（即蘇曼殊）的『慘世界』，及最後由蔡元培、劉光漢等主持的『警鐘日報』(原名『俄事警聞』)等等，殆不下百數十種。「文字收功日，全球革命潮」，東京與上海兩地相互鼓盪，相互交流，因此到了三十一年，乃卒有革命勢力大團結的『同盟會』出現！（未完）

聯合評論 週刊

本刊已經香港政府登記

每逢星期五出版

United Voice Weekly

第一五一號

督印人：黃宇人　總編輯：左仲平

社址：九龍赫德道二十三號地下　電話68678

承印：嘉羅印刷有限公司　香港灣仔馬師道5號

總代理：友聯發行公司　每份售價港幣一毫

本報美洲版總經售處美國紐約中美出版社

CHINESE - AMERICAN PRESS, INC

199 CANAL STREET.,

NEW YORK13 N. Y. U.S.A.

美洲航空版每份零售美金一角

書生之見與義利之分

李璜

年來因美國國務院顧問機構策士者流，一味迎合共國人厭戰與想恢復中國大陸貿易的心理，且感到英人要圖苟安，期與中共妥協，久等不耐，有不惜與美國反共政策分道揚鑣之勢，於是這班策士們，在不明是非，不辨義利之下，訂出「兩個中國」計劃，加以宣傳，有意咸使聞知，用以安撫其國工商界惟利是圖的心理，一面藉以試探中共之反應爲何如。此種妄圖，分裂人國，以遷就其現實主義的打算，已引起自由中國反共羣衆的忿怒，台灣及海外輿論紛紛起而責難美國策士們「兩個中國」想法之顢頇與苟且；因之也已引起美國在野黨及一向反共美人之注意。

不過，美國多數人要想苟安，少數人策劃與中共妥協，處心積慮，已非一日；此種無聊的「兩個中國」計劃的醞釀，也已經年累月；時至今日，因英政府急欲中共入聯合國，而日本政府又爲此去推波助瀾，詭計方纔大爲顯露。來日情勢，很明瞭的對於我有賊未討，久居孤島之自由中國大是不利！如何的團結起自由中國海內外三千萬民衆，去報「曹沫之辱」，復「魯國之羞」，而一塞悠悠是非之口，只有興論一致督促自由中國執政當局，一面在外交上向美國國務院及聯合國安理會去盡力抗爭，並將「不只以武力反攻大陸」的中美共同宣言交與立法院去否決掉；一面還要突破萬難，力圖反攻，並請美國第七艦隊不要橫梗於中，，老擋住我們反攻復國之路！非如此，不足以使美國人覺察台灣並不是他們唯命是聽的一塊基地，而在台灣島上人們也並不是靠人保護，便早已「此間樂，不思蜀」了！然而要如此，則又非自由中國海內外興論一致督促台灣當局立即實現民主改革，然後始能眞正實行三千萬民衆的大團結，以發生出對外交與對反攻的強大力量！

以上這一段話，我想凡愛護國家民族，不願作外國奴才，而又還能自由表達其意志的中國人，都是一致贊同的；除了共黨尾巴在藉此分化自由中國的反共陣線之外，台灣及海外的輿論大體對這「兩個中國」的來勢，都認爲非拼命加以過止不可的。但是二三接近台灣當權的香港報紙，既對於聯合評論兩年多來督促政府民主改革的主張，總看不順眼，聽不進去，而要加以反駁；則對於我這一段話的最後一句，必仍然要認爲是在「黨派爭政權」，或者又要說是「書生之見」。

在野黨派是否今天還在爭政權？這一事不辯自明。因爲今天自由中國的地盤，只局限於台澎數島；這個孤立島中的政權，除了中共以及要想與中共做生意的外國人在打算爭來把它消滅掉以外，只要愛護中華民國這四個字的人們，誰還忍心去爭！然而，這個政權又有它堅實不可動搖的基礎在，這就是它乃根於全民代表投票通過的憲法而成立，其基礎之穩固不是毛共一羣人的自立爲王的僞政權所能企及。因此，我們不能不愛護這個中華民國的命根的憲法；爲愛護這一憲法，所以我們對於政府當權者有違憲之處，便不能不說話，警告其勿自行斬斷其命根，如是而已！

並且，我個人感到，同人對於台灣當權者的措施不能不加以批評，還因爲同人對自由中國前途的看法，大抵都趨向於積極的一面，換句話說，在反攻復國的一面。如果說，在消極的想法上，看得出台灣可以偏安得下去，中華民國的小朝廷永遠無憂，則以我個人而言，年已六十以上，大可默爾而息，了却餘生，總還不失生爲中華民國之人，死爲中華民國之鬼！我本來在北婆羅洲神山之下，叢莽之中，度過七年中的大半歲月，一直到民四十七的十月，在山打根看到「蔣杜宣言」以後，我立刻感到，中華民國被美國朋友如此其幼稚跟着英國少數人放出的諷言去隨意支配着；其前途一定會被人貶值，會被人賤賣，然後三年以來，始在香港與台灣兩地不斷爲文，批評政府當權的措施，以及美國反共外交之不適當！

固然，三年以來，無論批評美國外交失策也罷，督促政府民主改革也罷，我總是不離民主自由原則，而非難現實主義，這誠難免於「書生之見」。但是「非實現民主自由不能有效的反共」，這一原則，我主張了三十多年，寫了不下兩三百萬字。不幸一向主政者只知有兵力可恃，有黨衆可使，而便忽視以民主團結全民的大力；偏要去以一黨對一黨，以少數對少數，竟自忘了中共這少數乃是以外國人爲主子，其背景不同，靠山甚大；我既不能以外國人爲主子，則其背景與靠山又焉能不倚賴全民的大力！陳立夫先生直到前兩月在東京，始說出「我們與民衆脫了節，故爲民衆所拋棄」，其言可深長思之！

事到而今，如果自由中國的當權者，還要只顧眼前私人現實，認爲可以苟安的拖得下去，而不想翻然改圖，與海內外三千萬民衆打成一片，以抗日初期的心情，爲孤注一擲的打算，則此一現實，在四圍如此惡劣氣氛之中，終難苟全，形勢擺得很明白，並非危言以聳聽！不過要與海內外三千萬民衆打成一片，以厚聲勢，以圖反攻，則仍非實現民主自由原則，力行憲法憲政不爲功！因此，又必然回到我的「書生之見」也。

末了，我得附帶說一句，美國國務院主張「兩個中國」策士們的建議，並不得稱爲「書生之見」！書生之見，是有義利之分的：孔子的王霸之辨與孟子的義利之分，始算得是書生之見。美國策士們雖有的是哈佛大學畢業生，但康隆報告乃是出於康隆「公司」，而拉特摩爾等人乃是有名的共黨同路人，這般人至多只是買辦式的洋書生，潤得很；那像我這個要分清是非義利的士書生，還得靠敎書賣文爲活呢！

內政是外交的基本

胡越

近幾個月以來，由於美國對於中共入聯合國問題的模稜，及與外蒙建交的談判，加上「兩個中國」說的播騰，使台北的政治空氣，呈現了前所未有的緊張。報載最高當局已因此赴台中某地靜養深思去了。所謂「靜養深思」表示遭遇了重大難題，問題已特別嚴重。

其實關於美國安撫中共的態度，「兩個中國」的預謀，近年來海外輿論已不斷大聲疾呼，慨乎言之了；但是一直並沒有引起台北當局的注意，使人感到甚是奇怪。最近立法委員潘朝英，在抨擊駐美大使葉公超一篇講話中，指責葉氏報喜不報憂，貽悞了外交。顯然是指對美外交而說的。事實上報喜不報憂者，又豈止葉公超一人？由此我們可以了解，台北當局何以一直對此問題反應遲鈍，未能早爲之計呢？

今天中華民國在外交上所遭遇的困境，主要是由於內政腐敗造成的，一部分原因是外交的失敗。就外交的失敗來說，顯著的錯誤有四：

一、未能順應國際局勢的演變。其中最主要的一點，是未能堅決一貫支持亞非民族的獨立運動。例如前月聯合國安理會在表決葡屬安哥拉問題時，中華民國代表竟棄權投票。以致在投票之後，提案國家之一的利比亞代表，與中國代表蔣廷黻握手時悲壯的說道：「利比亞及非洲民族將永不能忘記中華民國這次的行動」（原意如此，字句可能有出入）！而利比亞是中國在非洲邦交最好的國家，也是反共最堅定的國家，安哥拉是被壓迫的弱小民族，在國際道義上，支持利比亞的提案是義不容辭的，而「興滅繼絕」不但是中國崇高的傳統，並且也是孫中山三民主義中民族主義的基本精神。可是中國代表竟棄權了。這一錯誤不但是背棄道義，並且是不明利害。拿葡萄牙來說，去年聯合國大會表決中國席位時，它並未支持美國延擱討論的提案，支持葡國（按這次安理會表決安哥拉問題時利比亞等國要求聯合國調查安哥拉情勢一提案，只差一票未獲通過，中國之棄權實在支持葡國）實無必要。反之利比亞是非洲廿八國當中是與中國最友善的國家，中國爭取非洲實賴利比亞從中穿針引線。而中國反倒背棄之，實令人不解。

二、在外交上過分依賴美國。過分依賴美國的結果，一方面損傷自主的精神與獨立奮鬥的能力，一方面勢必受美國外交決定性的影響，同時對美國來說是一沉重的負担。而蔣杜會談公報聲明不以武力反攻大陸一事，尤爲對美外交最嚴重的失敗。

三、未能爭取擴展與國。這些年來，我們但看見台北當局與氣味相投的幾個國家頻繁接觸，有如西班牙、南韓、南越等。而這些國家關係已經親密，實用不着親上加親，而應該擴大範圍，集中努力爭取那些關係較疏、較遠的國家。

四、盲目仇視中立集團國家。無論從反共利益來看、或就國際道義來看，戰後的許多中立國家（瑞士，瑞典等傳統中立國家除外）都是可恥的機會主義者，這是事實。但是其中性質複雜，我們不能一概盲目仇視。從美蘇兩大集團冷戰長期化的趨勢來看，今後中立集團將繼續加大；此種情勢固爲吾人所痛恨，但大勢所趨，實無可如何。對此情勢我們只有靈活的適應之，不能盲目的仇視之。否則將來必吃不盡的苦頭。在中立集團國家中簡言之有四種國家：（一）是中立的共產國家，如南斯拉夫，（二）是親共的中立國家，如伊拉克，（三）是非共的中立國家，如印度，（四）是反共的中立國家。對這些不同的中立國家，我們應該有不同的政策，靈活的分別適應。否則，必使所有中立國家成爲中國的死敵。

以上是外交上的錯誤。

內政是外交的基本，今天中華民國在外交上的不利形勢，實由於內政問題：（一）是中共政權盤踞大陸，政府偏處台灣，（二）是未能實現海內外的反共大團結，大多數獨立反共，或主張在民主憲政基礎上反共者，猶被台北誣指爲「共諜」，千方百計加以迫害打擊，因此造成反共陣營內部的分裂和爭執，削弱了反共復國的實力。因此中華民國要想在外交上重振聲勢，必須解決內政上兩大問題：即反攻大陸與實現反共團結。而實現反共團結，爲反攻大陸的前提，而實行民主憲政又爲實現反共團結的前提。

對於目前外交的困挫，說它嚴重，固然嚴重，說它不嚴重，也就不嚴重。往最壞的結果設想，頂多是中共混進聯合國（美國承認中共一時還不可能）；假如台北當局能夠改革政治，實現團結，反攻大陸，中共政權一被推翻，中共焉能仍於聯合國中存在。再看西德，直到今天仍未能參加聯合國，但是今天誰敢小看西德？美國在處理重大國際事件，那一次不先向西德請敎？假使台北當局能夠修明內政，實行民主，發展經濟，發揚文敎，即使不在聯合國，又誰敢侮之？

被欺騙了的一代（上）

張忠紱

西方的三大民主國家，英，美，法三國，他們的建立民主，都是由於爭取個人自由，而非由於抵禦外侮，或圖謀國家的富強。英國的大革命（一六八八年）對民主的貢獻是立憲政府。美國的大革命對民主的貢獻是聯邦制度。法國大革命對民主的貢獻是平等精神。祇有法國在革命期中招來了外患，結果產生了拿破崙王朝。美國雖需要叛英國而獨立，然而美國十三州的革命，其目的却原不在爭取獨立，而祇在爭取自由。

中國則不然。辛亥革命的主要目的並不在爭取自由，而在圖謀國家的富強，以抵禦外侮。從當日的全盤局勢講，因滿清政府腐化，改革無望，革命的思想始日益抬頭。從革命的領袖個人講，因孫先生上李鴻章書不能發生效果，始決意推翻滿清。是以，姑無論從清季的歷史，或從孫先生個人思想發展史上說，都證明：辛亥革命的主要目的，是為抵禦外侮，復興中國，而不是為爭取人民個人的自由。

辛亥革命的這一種特質，極為重要。因不能希冀滿清政府改革，故不能不推翻滿清。因需要推翻滿清，故提出民主共和。人民個人的自由既不是當日革命的主要目的，是以革命黨人於一九一一年杪所宣布的臨時政府組織大綱（共二十一欵），並無任何保障人權的規定。一九一二年三月十一日所頒佈的臨時約法中，雖包括有保障人權的規定，但臨時約法內同時規定有在特殊緊急狀況下，得以普通法限制之。

上述只在說明辛亥革命期前後的實際情形，筆者個人認為，這與日後中國歷史的發展有密切的關係。嗣後蘇聯與其所操縱的第三國際進入中國以後，他們研究明白了這種情況，因此他們側重於反帝與反封建的口號（蘇聯對遠東的宣傳機構成立於一九一八年；研究亞洲國家的組織成立於一九二一年）。反帝的口號可以與中國原有的抵禦外侮的思想聯繫。反封建的口號可以與中國原有的企圖富強的願望聯繫。他們以革新政治必須有社會基礎之說，打動陳獨秀（參見民國九年四月號新青年雜誌中陳獨秀自撰的一文）。對孫中山先生，他們一面說，蘇聯的新經濟政策已改變了共產性質；一面在莫斯科設立中山大學，並暗令中共黨員返自莫斯科者，向中山先生表示，蘇聯認為三民主義係救中國的良藥，故已令中共黨員改為國民黨員（參閱孫先生一九二四年一月二十一日演講。見國父全集，民四十六年五月版，卷三，三五四頁）。

蘇聯與國際共產的欺騙方法，真是無微不至。一九二四年他們煽動了馮玉祥對吳佩孚的倒戈，因之而有段祺瑞邀請孫先生的北上，共商國是。孫先生逝世後，他們又利用廖（仲凱）案，包圍汪精衛，而推倒胡漢民，並強迫胡氏赴蘇聯一行。一九二六年春，蘇聯復派 Bubnov 所率領的代表團到廣州，企圖攝取黃埔的軍權。三月二十日的廣州事變，使蘇聯的計劃失敗。於是鮑羅庭，加崙，與 Bubnov 又貌為表同情於國民黨，而仍留廣州合作。祇犧牲了汪氏一人（出洋遊歷）。

北伐期中，共黨的陰謀與跋扈為盡人皆知的一段史實，無庸贅言。一九二七年甯漢分裂，武漢政府倒台後，共產國際對於國民黨已無法利用，於是以陳獨秀為代罪的羔羊，而密令中共到處暴動。暴動的策略失敗以後，中共於一九二八年在莫斯科開大會，秉承克姆林宮意旨，決定側重農民運動。此項訓令於一九二八年冬到達井崗山毛澤東處。

同時，李立三日漸得勢。中共中央總部當日設於漢口與上海。直到一九三〇年夏，中共攻進長沙，而不能守，損失慘重，蘇聯乃決心去李。一九三一年正月後李氏被放逐於莫斯科，而繼起者即為毛澤東氏。先是，陳獨秀於一九二七年八月被取消黨秘書資格，係由第三國際代表 Lominadze 出席會議指示。一九二八年在莫斯科代表中共任第三國際的秘書兼主席團者的俄人 Strakhov。一九三一年正月中共中央委員會舉行擴大會議，為驅逐李立三起見，蘇聯特意遣回若干留俄共黨學生（如陳紹禹等），以便於會中取得多數。此外，仍如常有第三國際代表一人出席監督指示。

至如蘇聯的經濟供給，除陳獨秀等開始組織中國共產黨的全部經費，國共合作後建立黃埔軍校的經費等，均由蘇聯供給外，國共合作前，中共每月領取蘇聯津貼約為美金一萬二千元（年共約美金十五萬元）。一九二七年武漢政府失敗後，蘇聯又滙寄大批欵項來華。現已有文件証明者，為美金二百萬元，另日金一百萬元，均由日本轉滙。莫斯科並有訓令，運動中國高級將領叛變。其影響似為一九三〇年的中原大戰。

當然，此種事件均係在秘密中進行。我們現在只能就業已有文件証明者敘述。在中共組織之初，除經濟由蘇聯供給外，一切組織均由第三國際（即蘇聯）專人指導。中共年會亦有第三國際代表指導。名為指導，實具有最高決定權（這是蘇聯用以統制國外共產組織的方法；不獨對中共為然，對美國共產黨及其他各國共產黨，莫不如是）。在國共合作期間，改組後的國民黨黨綱及細則均由鮑羅庭起草。鮑羅庭的權力，除孫先生本人外，幾於無人能與之抗衡。

一九三一年十一月中共在瑞金舉行的第一次中國蘇維埃大會，選舉了毛澤東為中國蘇維埃共和國元首，並通過了中國蘇維埃共和國臨時憲法。從那時以後，中共已放棄了在大城市暴動的路線，而採用了在鄉村組織農民，加強紅軍的辦法。在他們的術語上說，這就是打倒了李立三路線。

嚴格的說，李立三的路線，或毛澤東的路線，都是聽命於蘇聯的。從一九二七年四月寗漢分裂以後，直到一九三一年左右，莫斯科本身的意見即有分歧，給中共的命令也不一致。我們應當知道，在一九二六與二七年左右，史塔林與托諾斯基爭權極烈。直到一九二九年，托氏始完全失敗出亡。共產黨的辦法，向來以黨的失敗（亦即中央領袖的失敗）歸罪於代罪的羔羊。一九二七年八月，陳獨秀已因是被取消中共領袖資格。一九三一年正月，李立三復步陳獨秀的後塵，並被放逐於莫斯科學習。所不同者，陳獨秀沒有抵抗，在表面上，係自動辭職（實亦被迫）。李立三因掌握有中共中央多數人的擁護，不肯聽蘇聯勸告自動辭職。直到一九三一年正月，蘇聯遣回陳紹禹等，開中共中央擴大會議，李立三始失去多數的擁護，被迫去職。

下屆聯大的中國問題

謝扶雅

現在距第十六屆聯合國大會開會，只不過兩個月了。中共取代中華民國在聯合國內席位的問題，曾經鬧過了十年，而年年為美國代表所擬請延置一年再討論的提案所拖過。但美國當局鑒於去年第十五屆聯大通過這老提案時的驚險形勢，決定今屆必須改換方針，另提可以贏取多數票的關於中國代表權問題的新案；於是考慮（並與有關各國分頭協商）引用「分系繼承」的原則，將聯合國創始會員國的中國，分由大陸中共政權及現居台灣的國民政府雙方承受，而仍保留中華民國政府代表占安理會常務理事一席。就國際局勢的推移，新興中立國家的增進而觀，美國這種所謂「兩個中國」的安排，自有其苦心之處。細按過去美國之所以可提請延置討論的涵義，自然為了中共在大陸政權之未穩固，與中華民國打回大陸之不無可能。所以筆者歷來持論，認為我們如欲根本杜絕中共混入聯合國，必須奮力反攻，速謀光復大陸。因為唯有如此，國際局勢才可改觀，而且能以行動事實來表証我們全體中國人絕對只有「一個中國」的堅強信念，使國際間一些糊塗迷幻的觀念和策動為之澄清而消除。

可是海內外一致呼籲的立即反攻，迄未能得台灣國府的迅速接納，以致國際界共信台灣無力而亦無心復國，同時亦更顯出中共政權的越來越鞏固，越來越強大，以致在保衛世界和平問題上，越不能不邀中共參加。擁有六億人民之多的一個獨立國家，而不被納入於國際生活之內，不包括於國際秩序之中，似乎太說不過去的樣子。聯合國本不是一種精神道德的團體，也不是一個教育性的機關，而是維護世界和平的政治組織。政治是不可不注重現實的。大陸與台灣的對峙，已歷十二年之久，而中共政權之已得外交承認，交換使節者，且並不多差於國民政府。下屆聯大之中國席位問題究應誰屬？當然是個再緊急不過的問題了。

吾友某君固亦屬主張台灣惟有反攻才有出路者。但他以為在下屆聯大會中，我國應取「先禮後兵」的步驟，即是先求「和平解決」，不成則作「武力解決」。意思是：國府代表應首先向聯大提出中國根本只有一個中國的絕對原則，而欲和平解決中國問題，請援德韓統一方針，於聯合國有效監視之下，在中國領土範圍內（包括台灣在內）舉行全民投票，如其結果投中華人民共和國票占多數，台灣當然依此歸併大陸，否則大陸可不經武力而復為中華民國。這一提案若聯大加以拒絕，或討論而不予通過，或經通過而中共不肯接受，則中華民國就可昭告世界，堂堂正正出兵討伐，務求恢復大陸，雖死不辭。此種先禮後兵之論，固亦不失為對付本屆聯大之主動聲言。但是聯大有理由不予列入議程，因為德韓兩國皆為第二次大戰中所遺下的問題，而戰後數年中國大陸之淪陷於毛共，純乎屬於一國之內戰。隨而台灣今日反攻大陸，亦屬內政問題，無任何別國可以相阻。某君提出上述這段意見之後，並引胡適之「大胆假設小心求証」的處事方針，以為自己願作這「大胆」的建議。然而我們中華民國目前的命運，已無任何「假設」之餘地，而只是一心「求証」於展開反攻之中。西方人所最鄙視的是「怯懦」。一個丈夫或父親坐視其妻或衆女兒被暴徒強姦毒毆，而不拼死去搶救，若非白痴，必是殘廢無能的半死漢。作「兩個中國」論者之視台灣（以及台灣當局今之自視），已比怯懦還不如，這眞是對中華民族人格的一大侮辱。

我認為台北方面應即放棄家天下的禍國企圖，急求改革與團結，實行反攻然後才可根絕國際間「兩個中國」的陰謀。我們痛惜國民政府從前之曾承認外蒙為獨立共和國。基於國府過去的種種失策及乏寧死勿屈的決心，以致目下竟有一小撮的美國人，慫恿着海外的台灣留學生醞釀台灣獨立運動。傳言這次甘迺廸總統和日本池田首相大家同意台灣並非屬於中國本部。前此哈佛大學遠東問題專家費正清教授，更以為美國應準備承認中華人民共和國對台灣有宗主權而許台灣自治，如日本今所求於琉球那樣。所以下屆聯大中，台灣問題，反可能有人提議由今日居留台灣的人民投票選擇（一）仍屬中華民國，（二）歸併大陸，(三)或台灣本身自治及中立，如今日之寮國然。

事實上，目下聯合國本身已大半淪為冷戰的戰場，無法行使其應有的使命。如果它能改進成一強有力的「世界政府」，則在維護正義的和平上當可作有效的貢獻。例如對中國問題，國際上每以「擁有廣大六億人民」為中共加入聯合國的堅決基礎。然而大家豈不明知這被殘暴奴役被強姦的大羣苦弱民衆，固並緘默之自由而不可得。聯合國的根本理想原為人權之尊嚴。對這六億人民的基本權利之被摧殘，聯合國本不應予以漠視。無奈聯國本身並沒有壯大到可以主持並執行正義，反屢遭共產集團的搗亂，中立集團的牽掣，更可惜是自由世界也並不能協調一致，而且累墜太多；以致邪暴橫行無忌，正義挫折不伸。世界的最近將來，實在暫看不出光明何在。不過今日作為一個中國人的立場，則必要義無反顧地先為唯一的民主自由中國而奮鬥。

一九六一，七，三，於美紐澤西寓。

且從外蒙問題看毛澤東有無羞恥？

劉裕畧

在聯合國方面，在國際間，目前正在醞釀與中國有關的兩個問題。一個是外蒙入聯合國問題；另一個是中共入聯合國問題。對此兩個問題的提出，所有愛國的中國人當然都傷心。所有愛國的中國人當然都發生無比的憤怒。外蒙乃中國領土，今國際間竟把外蒙進入聯合國問題與中共進入聯合國問題併列，不知毛澤東及中共諸首要亦感羞恥否？

外蒙原係中國領土的一部分，這是誰都知道而且誰也無法否認的，外蒙係受蘇聯之操縱而脫離中華祖國，這也是外蒙自己承認的。本年七月十日外蒙駐北平中共僞政權之大使敦・沙拉布在北平中共慶祝外蒙「人民革命四十週年大會」上講話也說「世界上第一個工農國家——蘇維埃俄羅斯給予兄弟般的援助和熱烈的支持，是蒙古人民革命鬥爭中取得勝利的具有決定意義的國際方面的條件。今天，當我們慶祝蒙古革命四十週年的時候，我國人民懷着由衷感激的心情，回憶着蘇聯人民在爲我國人民的解放與進一步自由發展的事業中建立的最偉大的功績。我們深深地體會到，如果革命勝利後沒有蘇聯的全面援助，那麼，我國便保衛不住革命的果實，便不能作爲一個自由、獨立的社會主義國家向前發展，也不能獲得今天這樣的成就。」（見七月十日人民日報）這就可見外蒙自己也承認它是由蘇聯所强奸而產生的。它並不是自發的，更不是根據民族自決原則產生的，它只是基於蘇聯對中國的帝國主義行爲而產生的。所以，四十年來它一直不是什麼獨立國家，一直只是蘇聯的殖民地而已。

對此，中國人當然都異常憤怒，都認爲是國耻。對此，毛澤東本人從前也一度被迫不得不自我解嘲的說，假如中共在中國執政，外蒙便不會獨立了。毛澤東言外之意，即是在說外蒙之所以獨立，蘇聯之所以對外蒙採取帝國主義行爲，乃是由於中共未在中國執政之故。然而，今日之事又如何呢？中共僞政權已在北平袍笏登場，但北平與外蒙同時慶祝四十週年之日，蘇聯却派遣了龐大代表團去了外蒙，而不到北平，這就証明蘇聯絕未因中共僞政權之成立而改變其對中國的帝國主義侵畧行動，但中共安然受之，毛澤東亦食言自甘的安然受之，外蒙四十週年，毛澤東且署名致電祝賀，這說明中共眞已厚顏無恥極了。中共今日又進一步與外蒙同時共同期求進入聯合國，則更証明中共僞政權乃是一個在蘇聯卵翼下與外蒙同等的附庸政權，而且更是一個不惜將外蒙出賣給蘇聯的漢奸政權了。

共黨及其同路人說毛澤東是英雄是愛國的。但我看不出任何表現。毛澤東儘管嘲笑成吉斯汗只識彎弓射大鵰，但成吉斯汗却是俄國的征服者，毛澤東則是俄國的被征服者。成吉斯汗曾在俄國建立附庸國，毛澤東則讓俄國在中國建立附庸國，這如何能成對比呢？如果毛澤東眞正愛國，如果毛澤東眞是英雄，應立即向蘇聯提出抗議，取消外蒙之獨立，將外蒙奪回中國，並應立即表明態度，羞與外蒙爲伍，反對外蒙進入聯合國才是。但毛澤東有此愛國心嗎？有此胆量嗎？

外交上底「亡羊補牢」之計

——論聯合小國共同仗義以保我聯大席位——

李金曄

七月十一日外國通訊社從華府發出的消息說：「國會的反對和國府中國的一些抗議已經阻止了甘廼廸政府爲與共產外蒙建立關係而有的活動。」

但消息中强烈反映出，美國政府對此祇是暫取保留態度，爲的是恐懼四十八億援外法案會因此而不獲國會通過。美國國務院官員也祇是對此表示：「政府尚未作最後決定。」

可是又有兩條側面的消息，却顯現出美國政府對承認外蒙一節，並未「善罷甘休」。

法新社於十一日由外蒙烏蘭巴托（庫倫）發出消息稱：「世界著名的美國外蒙及中國問題專家，著有許多關於中亞細亞的著作的作者拉鐵摩爾教授已經到達了烏蘭巴托。他是應外蒙科學院的邀請正在外蒙訪問。」按拉鐵摩爾歷任美民主黨政府的國務院遠東事務顧問。法新社消息說：「他與甘廼廸總統的『智囊團』有關。」雖然是無法証明他的身份如何。

法新社九日莫斯科的消息說：「美國和蒙古的外交人員，已在莫斯科小心翼翼會談了一個月，討論美國最後承認蒙古的問題。」美國是由駐莫斯科代辦弗里爾斯率領的「代表團」從事與外蒙的外交官員洽談的。另路透社九日的消息說：「外蒙駐蘇大使館參贊希舍基在記者招待會中謂：『如果美國承認蒙古的主權和獨立，蒙古人民共和國準備與美國建立外交關係。』」就其語氣看，外蒙對此是「千肯萬肯」的。

根據上述新聞綫索，實在不能樂觀地認爲，美國政府會因爲國會的小小壓力而擱置承認外蒙案，因爲此舉本是出於美國政府主動，美國政府藉口急於在外蒙設立一個「收聽站」。

同時美國政府在這方面的決心，也可以國務卿魯斯克於七月十日在全美記者午餐會上的講話窺見。他表示：「對於這個問題，我們的同盟友國可以發表意見，以獲致某種協議。須知盟國是不可能始終意見一致的，意見的分歧，不一定就會影响到我們的盟約關係。」魯斯克的態度已是顯然並不關切台灣方面的反映如何。對這樣的一椿有違盟國道義的舉措，大有「我行我素」，「捉住來做」的氣勢！？也已根本不理會外蒙加入聯合國後所將引起的後果了。

設若美國國務院對台北的行情把握不住的話，相信根本不會有這樣的事情發生；魯斯克的說話語氣當然也會婉轉一些的。

現在，台北的手脚已明明是被第七艦隊與中美聯防協約所綁牢了；同時美國也認定國民黨的當權派既不是無可作爲的，不能眞正的領導全民，團結一致，而且還要賴美援以維持財政經濟，現實已使台北當局無從抬頭，美國也就壓根兒不再把台北的反映或抗議放在眼裏了！

不僅此，像連做漢奸還不够格的廖文毅，居然也「被允許發給護照訪美」了！設若台北當局還能有作爲的話，早該把這種偷偷在日本搞「台灣獨立」的鼠輩，運用外交關係引渡回台。

相反的，對於在國外的留學生、知識份子，即使千萬分地熱愛中華民國，却祇能有一句話一篇文章批評蔣氏父子，批評當權派，就會被吊銷護照，停發護照，迫其在國外無法立足容身。台北當局對叛逆廖文毅之流無能爲力，而對善良的愛國知識份子則橫加迫害，豈不是「欺善怕惡」！？

美國居然允許一個廖文毅「堂堂皇皇的前往訪問」，可見在「兩個中國」的陰影後面，尚有更危險的訊號！廖文毅之赴美，似可看作是中美關係將會有遽變可能的紅燈！

當權派偏安了十二個年頭，曾是聲嘶力竭地喊了多年的反攻口號，却因爲既不自强，也不自助，結果反被釘牢在台灣，失去了主宰，變作了冷戰中被人使用的法碼！

外交上失去進攻的能力，十年來全靠美國，在聯合國代爲周全，以保席位，現在連防守的能力也完全喪失了！

美國承認外蒙進入聯合國，實屬推行「兩個中國」「法理化」的先聲。美國之承認外蒙與她的入會問題，雖比中共的入會問題要微小一些，但無疑是一道重要關口，台北如果僥倖因爲奇蹟出現而守得住這一關，中共的入會問題，或尚有轉機的可能，否則危殆萬分！

在台北，最焦急的還是民間輿論，最憤激的也是民間輿論。因爲每一個國民意識到正面臨着歷史的關頭。當權派已把民族和國家的命運引領到了危崖邊緣！現在，既無能反抗，也無力自救！

我建議台北當局，值此關頭，在外交上除了要密切注意華盛頓和紐約的情況變化與動向之外，應該迅速地在遠東和中南美及中近東一帶凡與我國建有邦交的國家廣泛進行外交活動。設法使這些國家的當局能夠眞正明確地了解外蒙入會與「兩個中國」對世界局勢的嚴重性；設法使這些國家的官方輿論和民間輿論，能夠仗義執言。

台北當局應該覺悟，外交上長期地依賴大國，已是鑄成大錯。當前是已經到了，必須「聯合世界上，以平等待我之民族，共同奮鬥」的時候了。進行這項外交工作或許爲時已較晚了些，但仍不失爲「亡羊補牢」之計。

小國雖然國力弱小，不能予我以分毫的財經援助，但是在聯合國內，在世界事務上，發言和投票是平等的、均等的。如果這些與我國有邦交的小國均能如菲律賓那樣仗義反映厭惡外蒙與中共的意見，相信局勢尚有緩和挽回的機會。

以台北久習於走大國外交路綫的傾向來說，進行這樣的辦法顯得是很不易的。但「不能」是一回事；「不爲」又是另一回事。尚望台北當局即起以盡人事。

黃啟瑞貪污案發

志清

（台北通訊）自市政府公車管理處的集體貪污案被揭發後，一時街談巷議均認為黃市長啟瑞必為本案的中心人物，報上亦數次刊出黃啟瑞及其妻朱金鳳被傳訊的消息。但因久無下文，人們以為在司法配合國策的現局之下，黃啟瑞既然是當權者的親信，可能又將逍遙法外了。迄前月底聯合報自台北地檢處獲悉本案貪污賍欵的分配情形，市府總務秘書徐德綸所代表之部份為七十餘萬元。其他分得賍欵的各犯均直書其名，而獨對分得最多的要犯則列為徐德綸所代表之部份，更給人們以強烈的暗示，所謂代表云云，顯然係指代表黃啟瑞而言。本月初聯合報又載徐德綸已在地檢供認公車處的購料舞弊，乃係奉黃啟瑞之命行事，黃所分的賍欵都是由他親交與黃妻黃朱金鳳的，有一次還交與黃本人親收。但中央日報隨即以讀者投書的名義，質問上項消息從何而來；並主張有關機關澈查洩漏消息的責任。顯見當權者仍欲予以掩蓋。但畢竟時代不同了，司法界中枉法求寵的敗類，固屬比比皆是；而能守正不阿者也未始無人。台北地檢處承辦本案的檢察官沈嶽華在經過詳密的偵查以後，於本月十五日正式提起公訴，將黃啟瑞列為首犯。將來審判的結果如何雖然尚不可知；但沈檢官此舉，確已為烏烟瘴氣的司法界爭光不少。足証今日的官場中，人心尚未死完，我們的國家前途，仍是有希望的。

黃啟瑞是貪污主犯

依據起訴書所列舉的事實，莊謙義原任台南糧食事務所課長與黃啟瑞有舊，黃任台北市長後，即於四十七年九月延莊出任公共汽車管理處物料課課長，就職前夕，黃告莊曰，台北市政府開支浩繁，可以合法報銷者不多，希其到職後設法支援，並囑多與徐德綸聯繫。徐德綸係台北市政府總務秘書，為黃啟瑞辦理公私應酬事宜，因開支過大，無法週轉，迭經懇辭總務秘書職務，並請示虧空如何彌補，黃表示盼莊到職後，在經濟上能有所幫助，徐轉問於莊。被告莊謙義因被告黃啟瑞既指示於前，被告徐德綸復轉達於後，益肆無忌憚，即令被告羅雲登、張伯英至其家中，查詢以前向商人收取回扣成例，經羅雲登、張伯英分別答覆，國外部份為百分之三至百分之五，國內部份為百分之六，莊乃囑將國內部份提高至百分之十五；能在國內採購者，儘量在國內採購，俾增加回扣收入。為求事務進行不受阻礙，乃拉攏該處處長呂志超，秘書郁雲梯及主計室等有關人員一體入夥，命被告張伯英向郁疏通，並請試探被告呂志超意見。郁將張意轉達呂妻呂馬德章，呂馬德章初以其夫呂志超素行端潔；不敢苟同，但經郁不斷煽惑，終於為利所動，點首默許。可見黃啟瑞實為此一哄動寶島的集體貪汚案的發縱指使者。

市長分得多，賍欵太太收

張伯英將與郁洽談經過向莊覆命之後，莊謙義即與郁雲梯在辦公室內，逕行談判，決定回扣分配比率，被告黃啟瑞得回扣總額百分之二十，其餘百分之八十，再按百分比比例朋分，被告呂志超得百分之三十，被告郁雲梯、莊謙義、主計室各得百分之十五，被告羅雲登、張伯英各就其所經手者，分得百分之十五，互不參與分配，留百分之十，作為公共應酬費用。被告羅雲登因張伯英係其主管股長，故特自其所分得回扣中每月送張伯英台幣一萬元，張伯英與主計室主管材料預算審核及登記之工務員即被告蔡天賜協商，承允合作後，即與羅雲登分別向商人按其成交情形，索取百分十五之回扣。一般商人，但求目的，不擇手段，多按被告所約定之標準或多或多少交付。交付地點，有在商人之營業塲所，有在被告之住宅或辦公室內，有在其約定之處所，交付之欵，有為現欵，有為支票，計自民國四十七年起，黃啟瑞約分得台幣六十六、七萬元，呂志超約分得台幣四十餘萬元，（應分得五五十六萬元，內十四萬元張伯英尚未交付），張伯英約分得四十餘萬元，（連應酬費及未分配之欵在內），郁雲梯約分得二十五萬元，莊謙義約分得五十餘萬元，主計室分得二十餘萬元由被告蔡天賜與該室主任徐源健朋分：蔡天賜得十七萬餘元（連同私自中飽部份），徐源健得十二萬元。分配與黃啟瑞之回扣，係由莊謙義手交徐德綸，除一次由徐面交黃啟瑞外，餘均由徐遵照黃啟瑞之指示交與黃妻黃朱金鳳收受。

黃妻收受賍欵詳情

起訴書對於黃妻朱金鳳收受賍欵的經過情情形，叙述甚詳。據稱，向商人收取回扣之後，均經徐德綸遵照黃之指示，送交被告黃朱金鳳收受每次數千元，一、二萬元不等，其中一次二萬元，適黃朱金鳳不在，經面交黃啟瑞等情，業經徐德綸、莊謙義質証不移。且國產汽車公司回扣，被告黃啟瑞分得三十萬元，均為彰化商業銀行城中分行支票，每張面額均為台幣十萬元，支票號碼各為AJ四〇三四二、AK二九七五三二、AK二九七五二四），由徐交與黃朱金鳳時，因上開支票尚未到期，黃朱金鳳不願麻煩，囑徐德綸暫為保管，候需欵時再向其提取，不久支票二張到期，徐即提取二十萬元放置辦公室保險櫝內。四十九年二月下旬，被告黃朱金鳳以需欵應用，向徐索欵，適另一支票亦到取欵日期，被告徐德徵得黃朱金鳳同意，向銀行提取現欵一萬元交付黃朱金鳳，其餘九萬元，則換開台灣銀行本票三張（其中五萬元本票一張，號碼為AD二八七二三，另二萬元本票二張，號碼為AD七八七二四、AD七八一二五），用徐妻徐鍾麗霏名義、存入台灣合會儲蓄股份有限公司南門分公司，定期六個月，月息一分五厘，取得AD〇〇九九九一號定期存欵單定期存戶第十七號。迨同年三月十五日，被告徐德綸以在保險櫃存放之台幣二十萬元，不便長期保管，復以其內弟鍾廷倫之名，存入同公司，定期一年，月息一分四厘二，取得AE〇二五九七三號定期存欵單，定期存戶為四七二號。同月廿四日，被告黃朱金鳳又在第十七號存戶中提出二萬元，餘七萬元仍繼續存於該公司，定期六月，月息一分五厘，定期存欵單為AD〇二六〇一，定期存戶第三六六號。同月廿五日被告黃朱金鳳又囑提出三萬元，剩餘四萬元，仍存入該公司同一帳戶內，並經續定期六個月，月息仍一分五厘，定期存欵單為AD〇二六〇一七號。直至五月七日，被告黃朱金鳳需欵，被告徐德綸乃將上開二十萬元及四萬元存欵單各一紙（外附利息），暨徐鍾麗霏、鍾廷倫私章，一併交被告黃朱金鳳轉交曾添丁將欵提出，復經曾添丁供認無異，並有查獲之存欵單可憑。即被告黃朱金鳳，亦不否認自徐處拿到存欵單二紙，計台幣二十四萬（外附利息）及徐鍾黃麗霏、鍾廷倫私章轉交曾添丁提欵。被告黃朱金鳳及被告黃啟瑞雖堅稱係借欵並非回扣，經命徐德綸與黃朱金鳳對質，徐則力言所交付者，均係回扣而非借欵。且據聲稱，渠非富有，何來鉅欵借予他人云云。查徐德綸交與黃朱金鳳之欵，為數不少，既無書立借據，又未約定利息且有零尾尾數（二十四萬連同利息一併提取故有尾尾），其非借貸已極顯然。且依當情而論，如係借貸，即有償還之日，徐德綸主張權利之不暇，豈有故為否認之理。回扣之說，實屬可信。況據國產汽車公司經理陳翊霖佐証，在其與莊謙義洽談訂購汽車底盤一百一十輛及回扣金額尚未成交以前，曾由其陪同呂志超、黃啟瑞前往裕隆工廠參觀，在黃宅及裕隆工廠，黃啟瑞一再向其表示，請為幫忙，及問莊先生有無與你談過等語，而莊謙義與陳翊霖所談者又係回扣之事，前後參互以觀，其有犯意聯絡，益足徵信。

當權者的醜態

本案發展至此，可謂已達高潮。沈嶽華檢查敢作敢為，在起訴書中，將黃啟瑞列為第一被告並將黃妻朱金鳳列為共犯。殊足令人欽佩。至黃啟瑞在得悉已被提起公訴後的態度，據報載，他仍自謂清白，並表示將照常到市政府辦公及出席市議會；但其神情，顯然是外弛內張的。又悉：當權者認為黃案與政府的威信有關，除指示鄭彥棼應嚴飭司法官在審判時將黃啟瑞宜判無罪外；並將策動國民黨籍的台北市議員在市議會提出信任黃市長的議案，聊以掩醜。但有識之士則以為市議會的職權僅限於審議市政，而黃啟瑞的貪污則為司法問題，以一個平素既無權對市長提出不信任案的議會，忽然為要為市長掩蓋貪污的不法行為而對市長提出信任案，豈不更醜上加醜？但當權者壓根兒沒有法治的常識，他們又焉足與此？

監察院對唐榮廠案的吼聲

直夫

（台北通訊）自政府不惜引用國家總動員處理唐榮鐵工廠的債務以後，社會輿論咸表非議。監察院曾組織專案小組，從事調查。本月十三日，小組召集人在該院秘密會議中提出調查報告，十六日該院舉行院會，繼續討論本案，也有人主張開秘密會議。但由於多數委員都主張公開討論，於是調查報告的內容雖未全悉，但監委們的吼聲，則為報報紙所刊載。

據聯合報載，憤怒的監察委員一致指責政府處理唐榮廠案的不當。他們甚至懷疑這是一宗大規模的官商勾結舞弊案，主張對涉嫌舞弊的官員，不論其地位高低，都應予以糾彈。

陶百川的主張

陶百川委員對調查報告提出八項意見：

（一）該廠顧問名單既據該廠自認「其中有化名」，應請會同主管機關查出何者係化名，其所頂替者為何人？以及有無官吏充任該廠顧問。

（二）該廠台北辦事處，既經監查小組查出有六千五百萬元用途不明，其中有無賄欵，應請會同主管機關查明其用途。

（三）經濟部核准及台灣銀行担保該廠發行公司債時，該廠財務狀況本已惡劣，但該部行等尚謂其財務狀況良好，迨發現其不能償債時又未為有效之處理，應請查究有無違法失職之處。

（四）該廠欠稅七百七十萬元以上，稅捐稽征機關何以不照稅法勒令繳納？有無違法失職之處，應請查究。

（五）該廠所欠電費一千四百餘萬元，電力公司何以不依法處理，而任其拖欠？有無違法失職之處，應請查究。

（六）該廠資本從民國四十四年前之五十萬元陸續增資為一萬萬元，據查其歷次增資多以唐家支票充作現金，於法不合，經濟部以下各主管機關有無違法失職之處，應請查究。

（七）法院受理該廠被控案多起，但未能認眞依法處理，有無違法失職之處，應請查究。

（八）行政院所定「唐榮鐵工廠救濟案處理辦法」，以行政命令強制抵押權人不得行使其抵押權，強制債權人不得索取法定利息，強制貨欵購料之債權人必須與該廠繼續交易方得分期收回其債欵，強制公營金融機關將債務轉作股欵，為強制性之轉投資，強制持有愛國公債之公營機關出借一億三千萬元以上之公債為該廠償債，強制經濟部必須核准並強制公營銀行必須担保該廠發行五千萬元之新公司債，強制稅捐機關不得依照稅法勒追稅欵。此等烈性措施，與行政權之擴張及國民法益之保障，關涉甚大。該項處理辦法，似係誤解國家總動員法第十六條之「限制」，而與民法及稅法等有關條文相抵觸。但究竟是否如此，應送請司法院予以解釋。」

葉時修的妙喩

葉時修委員認為本案不能馬虎了事，否則監察委員也可不必做了。他並作一妙喩，指出政府引用總動員法，以維護唐榮，致令有關的刑法、民法、票據法、稅法等一律失效。其情形與唐明皇專寵楊玉環，而使六宮粉黛無顏色的往事，如出一轍。陶百川委員更作補充說：當年唐明皇專寵楊玉環，不但引起安祿山叛變，還為這位心上人招來殺身之禍。如果唐明皇能考慮及此，也許就不會那樣的專寵楊玉環，而楊玉環也不致於遭受那樣的結局了。他希望專寵唐榮廠的政府當局也能注意及此。

曹德宣委員指出唐榮以高利騙取存欵，有如地下分莊，有關當局何以不及早制止，頗使人懷疑。曹啟文委員說：聞存欵人中也有化名，而且是政府的大官員，應查個水落石出。王文光委員主張調查的對象，應擴大到行政院的有關首長。並說：在唐榮廠向政府請求接濟之時，許多有錢有勢的人，都已將存欵提出，現在剩下來的，多數是無力無勢的老百姓，他們都張着眼睛望着監察院。

監察院十六日的院會，因羣情激昂，發言人多，未獲結論，決定十八日上午再加開一次院會，繼續討論。預料今明兩日，當權派的聯絡小組必將澈夜加強活動，以求打銷或冲淡本案，故結果如何，仍未可知也。

農具缺乏是中共農產失敗的又一原因

劉裕畧

大陸之窗

中共農業生產失敗已是擺在我們眼前的鐵的事實。它不但未如毛澤東所說的大躍進，反在大躍退，這已從中共自己公佈的數字得到了証明。何以如此呢？原因不止一端，但農具缺乏却是新近揭發出來的又一原因。

本來，大陸農具缺乏不自今日始，只因中共一向注重重工業及軍火工業，忽視農業，農具缺乏的事實便未被揭開。直到今年，由於自然災害與人爲災害之陳陳相因，大陸農產量劇減，且從而影響了工業，中共才猛省到過去忽視農業之錯誤，遂於年來喊出「農業是國民經濟的基礎」的口號。在此口號下，中共重新調配勞動力，並驅使原本居留在城市包括幹部在內的數千萬人下鄉，而名之曰「勞動力集中農業生產第一線」。而農具缺乏的情形，便也在這種勞動力重新調配下暴露出來了。

但這並不是說鄉村人民公社勞動力之突然增加，於是才有農具缺乏的事發生，事實上，農具早已缺之，只因農村共幹過去一直不敢向上級呈報農具缺乏之實情，而在那裏隱藏困難，勉強挨延，以免上級斥罵他們犯「本位主義」的錯誤，以免抨擊他們不懂「工業第一」的原則。但中共近年下放數千萬人民到各地公社後，中共中央是要強迫這數千萬人立即從事農業勞動的。同時這數千萬人也不敢不勞動，儘管他們對農業生產勞動並不內行。但兩條腿誠然可以走路，兩隻手却不能犁田耕田，更不能割麥打穗，要犁田耕田乃至割麥打穗是除了手以外，還需要各種農具的。然而在早已缺乏農具的情況下，公社共幹何來農具以供應這些新增的勞動力呢？於是，農具缺乏的實情至此不能不暴露了。

北平出版的中共人民日報於六月卅日登載了一篇「中共新疆巴楚縣阿瓦台公社委員會的報告」。這一篇調查報告，據人民日報說：「目前夏收工具到底有多少？添置多少？還缺多少？需要修補多少？對這些情況，心中都還沒有個底。全面調查一下吧，人力有限，又恐影响春播工作；而且這種查法只能查個大概數字，不能掌握更具體的情況，因此採用了深入一點「解剖麻雀」的方法，從公社有關單位抽調了十一名幹部，在第二十大隊調查了四天，這四天裏，召開過幹部會、社員會、也召開過「匠人會」（鐵匠、木匠、口袋匠、繩子匠、篩子匠、木杴匠）；檢查過各隊庫房的大農具，也調查過社員私有小農具的情況，摸清了夏收需要各種農具的準確數字。……算出了夏收中各種農具的需要和缺少數。如鐮刀：以約百分之五十勞力投入收割計算，共需四百零七把，現有三百零九把，還缺九十八把；木杴每場應有十五至二十把，共需一百五十把（全隊十個場），現有六十三把，還缺八十七把；木杴：每場應有八至十把，共需九十把，現有五十一把，還缺三十九把」。又說：「去年二三兩個月兩個生產隊七百多畝麥，合用一個場，只有一個石滾，三個木滾，五個篩子還有三個沒有修好，打場推遲了兩天」。這都是該公社「夏收工具缺多少」？這一篇調查報告透露的數字，可以很顯然的看出，其缺乏程度，少則四分之一，多則甚至超過二分之一，以此例彼，可知大陸農具缺乏的嚴重程度到達何種境況了。然而這還只就夏收工具而言，若把春、秋、冬三季所需各種不同工具綜合來看，所缺當然更多。今年大陸各地調來新增大批勞動力之後，勞動力與生產工具之比例自必更見懸殊。所以，農具缺乏，不但使中共調動數千萬生手到農村成爲毫無意義的事，同時，也顯然的成了促成中共農產失敗的另一原因。

那末，中共是否能够及時趕製農具以補救這一問題呢？從中共的最近措施看，不錯，中共是正在力圖補救。但由於中共過去一直忽視了農業，同時，又沒有由中共中央人民政府全面照顧這一問題，只在盲目的追求重工業與軍火工業，所以，在中共一直沒有設有大型農具廠的基本情況下，只靠各地小廠生產種類不齊的少量農具，那是決不能解救整個大陸的農具荒的。換言之，因農具缺乏而影响農產減縮的這一因素，今後仍將繼續長期存在。因農民人數約佔中國大陸人口百分之八十五，所需農具至多。而中共又一直沒有建立龐大的農具工廠從事大量生產，因之，目前既不能全面大量補充，就只能逐漸的小量補充，而在逐漸補充期間又必然將有消耗和損毀，所以，農具缺乏的問題便不可避免地將是長期問題，而不是暫時的短期問題了。

金日成原是中共黨員

韓光士

金日成這一名字在韓國人民心目中原是一個衆人嚮往的愛國英雄。因爲金日成乃是一個在韓國被日本統治期間用行動反抗日本的愛國志士，金日成的反日愛國活動當時是常在接近韓國邊境的中國東北境內進行的。但那個金日成早已去世了。現在北韓担任內閣首相此次前往蘇聯及中國大陸先後與蘇共及中共簽訂軍事同盟的金日成則是一個襲用那個金日成英名假充韓國愛國英雄的共黨傀儡，這一點，外間早有傳說，而由七月十日中共人民日報所發表的一篇「金日成首相小傳」得到証明，尤其可以從年齡証明這個金日成不是那個金日成。現在北韓這個金日成原來竟是中共黨員！

據七月十日人民日報金日成小傳說：「金日成同志在一九一二年四月十五日生於平安南道萬景台的一個貧農家庭。金日成同志在十八歲的時候，跟着由於日本帝國主義者的迫害而亡命中國的父親，遷移到中國東北地方。金日成同志在一九二六年加入了共黨主義青年團。……金日成同志在青年學生裏面積極開展革命活動的過程中，曾被警察逮捕，從一九二九年到一九三四年在吉林監獄裏過了獄中生活，并且被開除出學校。出獄後，他担任了共產主義青年團東滿特別區委書記。金日成同志在一九三一年加入了共產黨。……一九四五年八月十五日朝鮮依靠蘇聯軍隊獲得解放，金日成同志凱旋歸國。一九四五年十月，朝鮮共產黨北朝鮮組織委員會成立，金日成同志担任了該委員會的總書記，一九四八年九月朝鮮民主主義人民共和國成立，金日成被任命爲內閣首相。一九四九年，南北朝鮮勞動黨合併時，金日成同志被選爲朝鮮勞動黨中央委員會委員長」云云。

值得注意的，是金日成的年齡。當那個眞正的韓國抗日英雄在東北活動時，現任北韓首相金日成當時還只十餘歲，則現任北韓首相金日成不是那個愛國的抗日英雄金日成已屬至爲明顯。大抵，這是因爲那個眞正的英雄金日成很有名，所以，共它許多韓國青年便都取了金日成這樣一個名字，現任北韓首相金日成的名字便也如此襲名而來。

最妙的是人民日報這篇金日成小傳，每提到金日成參加共產主義青年團或共產黨時，都未說明他參加的究竟是中國共產主義青年團呢？還是韓國共產主義青年團？究竟是中國共產黨？抑或還是韓國共產黨？然而人民日報金日成小傳又說得很清楚，它說：「一九五五年十月，朝鮮共產黨北朝鮮組織委員會成立」，而金日成却早在「一九二六年加入了共產主義青年團」，并早「在一九三一年加入了共產黨」，可見金日成在一九二六年及一九三一年加入的乃是中國共產黨主義青年團和中國共產黨了。由此可見，金日成原是中共黨員，它在北韓担任首相，正是中共派去的一個傀儡。

再由於「一九四五年八月十五日朝鮮依靠蘇聯軍隊獲得解放的時候，金日成同志凱旋歸國」，可見金日成又是蘇聯佈置在韓國的一個傀儡。

那末，今天這個北韓傀儡既要與蘇聯訂軍盟又要與中共訂軍盟來求保護，自屬順理成章毫不足怪的事了。

僑鄉簡訊

鍾之奇

廣東提前栽種秋甘薯

廣東省大多數地區本來一年可種春、秋、冬三季甘薯，秋甘薯尤爲其中最重要的一季，但秋甘薯原是應該秋種冬收的，但中共今年迫於農業減收，遂又自作聰明，效法揠苗助長之蠢法，叫農民提前於夏季種植秋甘薯。據七月九日北平人民日報載：「本報廣州八日電：廣東省許多地方正在栽種秋甘薯，到目前止，全省已種下五十萬畝」。

目前原是夏季農忙時節，依理，中共應叫農民從事夏季農忙工作才是。但人民日報說：「即使在目前夏收大忙期間，許多地方仍然抽出一部分勞動力栽種秋甘薯」，於此，足見中共胡鬧之一斑了。

石歧缺少農具

農具缺乏，是今日大陸的普遍現象。對此，廣東各地也不例外。但中共却一直未能眞正解決農具缺乏之問題，而只能在少些地區生產一些農具來供應需要而已。據七月十五日香港大公報消息：「爲了支援農業，石歧工業部門一至五月份生產了五十八萬多件小農具，其中包括犂、耙、鋤頭、禾鐮等共有四十多種。同一時期，全鎮各廠和手工業合作社也生產了各種日用小商品六百七十多件，供應市場需要」。可見農具缺乏之殷。

廣東福建管理油茶林

據中共新華社消息，中共現正加強管理廣東福建兩省之油茶林。蓋目前正是油茶樹開花長果季節，主要油茶區的龍川縣水貝、赤光、黎咀、豐稔等四個公社已組織五百多人上山墾復油茶。不過，一則是經營油茶林的經費缺乏，二則是工具不够。最近中共雖爲此特別貸款給人民公社，以「趕製了一批鋤頭、田刨、柴刀等墾復工具」，同時，「還適當地提高工分報酬」，以刺激人民生產情緒，但人民生產情緒仍然低落，農具亦仍感缺乏云。

廣州平劇團排演新節目

中共雖一直最注重戲劇宣傳工作。但連年以來，人民對中共的宣傳戲劇，照例是那麼一套黨八股的臭味，早已不感興趣了。人民感覺興趣的還是中國傳統劇目。此所以中共新劇目在上海上演時觀衆稀少，而一經演出孫悟空，則又轟動了整個上海。廣州的情形亦復如此，中共「廣州京劇團」遂不得不改變劇目。據中共消息：「廣州京劇團最近挖掘了一批很久不演的京劇目，其中『花田錯』、『十八扯』和『斬經堂』於六日爲廣東省戲曲編導座談會作了觀摩演出。但中共深恐此類戲劇帶有「反共意識」，所以正在「廣泛徵求意見，以便進行加工整理」云。

石歧禾鐮品質愈來愈低

廣東中山縣石歧地方出產的葫蘆牌禾鐮本係有名的農具產品。它的出產，已有一百多年歷史，向以輕便、鋒利、耐用著稱，所以，這種禾鐮過去不僅在珠江三角洲暢銷，而且也遠銷東南亞乃至南美。

大陸陷共前，葫蘆牌禾鐮年產每年雖只八千多把，但一向注重信譽，絕無粗製濫造情事，因之信譽亦一向良好。迨中共佔據大陸，盲目追求產量之增加，工人在中共壓迫下不得不工作，去年產量雖已達到二萬多把，但品質却越來越低。尤以今年頭五個月中共就强迫工人生產了一萬一千多把，品質遂更差。茲據七月七日北平人民日報消息：中共現已「要求工人嚴格按照規程操作，以便保持和進一步提高名牌產品的聲譽」，實則，這都是中共虐待工人與盲目追求生產增加之結果。

佛山鋤頭品質亦降低

不僅石歧禾鐮品質已降低，佛山出產的鋤頭亦復如此。佛山利生利鋤頭亦有八十餘年多歷史，只因價廉物美，所以南海、番禺、三水、東莞等十餘縣的農民都一直使用這種鋤頭。但這種鋤頭現亦因中共虐待工人，及盲目追求增產，其品質也越來越低，據人民日報說：「最近，他們嚴格執行產品驗收制度」。人民日報並透露中共現已强迫「老技工歸隊」，以期改進品質。實則這都是由於中共的奴役制度使然。

馬來西亞聯邦的籌組

俊華

五邦合併

包括星加坡、馬來亞、北婆羅洲、沙勝越、汶萊五個國家和地區。合併組織「馬來亞西聯邦」的活動，月來甚囂塵上。提出「馬來亞西聯邦」建議的馬來亞總理拉曼，最近且曾為此訪問北婆三邦（即北婆羅洲，沙勝越、汶萊），作組織聯邦的遊說。星洲當局，也曾就此提出意見。北婆三邦方面，對此更屬聳動！因為北婆本身，三邦原來已在醞釀合併，其中北婆羅洲和沙勝越，是在等待獨立的英殖民地，汶萊則是英保護國，雖然是地域相連，民族和歷史文化比較極為接近，但三邦本身的合併，已儘有許多等待克服的問題。現在突然提出一個五大邦合併的目標，而且其中的星馬兩邦，與北婆三邦又是遠隔海洋的，星加坡和馬來亞本身，更復有它們本身的合併問題存在。這正像北婆三邦合併聲中，有北婆與沙勝越先行合併（然後再與汶萊合併）問題存在一樣。那麼，究竟是應該一方面星、馬合併，在同一時候北婆三邦合併，然後再合併為大「馬來西亞聯邦」一國？還是能夠五邦同時舉行合併呢？

再從政治方面說，五邦之中，馬來亞已是不折不扣的獨立國；「星加坡國」可還沒有完全獨立，只能說是高度的自治邦；汶萊是保護國；而北婆羅洲和沙勝越，迄今尚未踏入自治階段。那麼，這裏又產生另一問題：即是各邦究應各自通過自治，獨立，然後合併？抑是能夠同時合併，而在合併的同時，全部獲得獨立呢？

大「馬來西亞聯邦」國的理想是美麗的！在南中國海的島羣中，有菲律賓羣島已成為菲律濱一個獨立的國家。前荷印也即印度尼西亞羣島，則已成功為印尼一個獨立的國家。馬來亞羣島與馬來亞半島如果能夠形成一個廣大而獨立的國家，鼎足而立，各自發展其特殊的文化，互相媲美，那能不令人聳動呢？

遠景美麗

「星馬合併」和「北婆三邦合併」，自是比較自然，也是順理成章的事。因為前者星馬，是同在馬來亞半島的「石叻」STRIAT上；而後者三邦，在地理上更是打成一片。這不但合併是「應該」，是理所當然；而且可以說合併是「必然」，是事有必至哩。

可是，星、馬、婆、沙、汶這五個國家地區的合併，固然有地理的和民族的等等根據，可是在這個目前若干國家土地被割裂，民族被分轄的時代。「五邦合併」的提出，當然會有它的原因——而且必需要是「近因」。那麼，究竟這一個或多個的近因，是政治的呢？還是經濟的？抑還是兩者相兼的因素呢？

最先把「五邦」聯在一起的消息，是幾個月前，英聯邦在倫敦開經濟會議的時候，吉隆坡「中國報」的報導，題目是「星馬婆五個地區，籌組東南亞新經濟集團」。

這個東南亞新經濟集團的計劃，是以錫砂，石油，樹膠，木材等四種基本原料為基礎，供輸給龐大的英聯邦，而英聯邦呢？她投桃報李的——以龐大資金力量，支持星馬婆等五個地區的建設，建設為新興的工業國家。

這是英聯邦會議的幕後活動，而且，國際銀行對此正表關注，可能支持。假如能夠照這計劃發展下去的話，則目前星馬婆五地區只有一千多萬的人口，在將來五地區發展之後，就可以「容納一億人」！

這的確是——美麗底遠景。

經濟集團

美麗底遠景！它的展望怎樣呢？據說，展望「良佳」。「報導」的理由，有如下述。

「東南亞經濟集團」，遠在所謂「五邦聯合」之前，就已有此進行。那也是拉曼總理所提倡的：所謂「非政治的」東南亞經濟集團——即所謂泰、馬、菲、星、或者包括印尼的經濟集團。儘管，泰、菲強烈反共，印尼偏左，馬來亞自命比較執中，可以出面提倡：「不談政治，只談經濟」。所以也由拉曼總理建議，並在他訪問菲律濱時，得到菲總統加西亞的贊同，向泰、星、印尼提出。可是，迄至現在，仍然是在胚胎的階段。

但五邦的「東南亞『新』經濟集團」，據說展望更優於前者的「東南亞經濟集團」，為的同是「英聯」，團結較易，「比任何東南亞有關經濟組織，更為實際」。換句話說，它否定了其他的東南亞經濟組織，而肯定了這一個「新」的經濟組織。

實際上，如果以計劃論計劃，是有其「實際」之處的：馬來亞的錫砂，世界著名，產量之豐，首屈一指！天然橡膠，馬婆合在一起，在世界市場上不遑多讓。汶萊的石油，在世界上只除了中東方面，它可以說是東亞的石油王國。北婆山打根的木材，即使斧斤不以時入山林，材木也還是可以勝用的。這些資源，合作起來，當然是極其宏偉壯觀！

可是，如何合作？那正是問題的中心。

政治原因

經濟能夠促進政治的合作，但經濟本身也許是不能夠自動合作，而必須政治來替它（經濟）謀求合作。可能這就是東南亞新經濟集團，有賴於東南亞新政治家拉曼總理出而倡導的理由。

不過，從另一個角度看：經濟的開始，也許可能形成政治的結果。那就是今天大「馬來西亞聯邦」的呼聲了。這呼聲並且得到英國方面的反應。北婆羅洲英總督，英駐汶萊商務專員，就曾於上月前赴星洲，商討組馬來西亞聯邦。據北婆英督戈德氏談話說：他與汶萊英專員，是循英國駐東南亞專員修爾荀克爵士之請，到星與修爵士討論拉曼總理的馬來西亞聯邦計劃。

英國對於北婆三邦，可以說具有控制力。對於星洲，至少有影響力。

那麼，既是馬來亞首倡，英國贊助。「五邦合併」豈非水到渠成？

拉曼總理的特意於上月訪問北婆三邦，就是要切實促進馬來西亞聯邦國計劃。

可是，星加坡首先有所保留。李光耀說：事關星洲人民利益，我們也將提出我們的合併計劃。不過我們將提出兩項條件：一是星洲教育政策必須自主；星洲的勞工政策，也必須自主。

人民行動黨以「工」而執政，勞工政策自主，也即是行動黨對邦政權的戀棧。至於教育政策自主的要求，那當是鑒於馬來亞的華文教育問題，頗與政府發生問題之故。這樣看來，前者政治問題，與後者民族問題，是存在於「合併」的道路上。

對五邦合併首先反應良好的北婆三邦；目前却突然反對五邦立即合併計劃。而他們認為：必須北婆三邦首先合併，然後再與星馬五邦合併。因為，「拉曼總理要把北婆三邦，變作馬來亞的三個州」。也即馬來亞的三個省份。在這種情形之下，三邦必須先成其為獨立邦，然後方可與馬來亞取得聯邦中同等「邦的位置」。

原來星馬合併必有一天終於成為事實，但合併後的馬來亞國中，華人就將成為多數民族。於是拉曼總理便把合併的範圍擴大，由馬來亞，擴為馬來西亞，這麼一來，便可以「冲淡」單是海峽方面「華人的成份」。這樣說將起來，這又是政治性的了。

·星洲通訊·

「雞司令」

·陶宏德·

這是中共「天方夜譚」般的故事：在一個炮部隊中，竟出了一個「雞司令」；這個「雞司令」，名叫張詩光。

原來，中共的「公社」制度失敗了，糧食生產，出現了大躍退的現象，連各部隊的副食品的供應，也大鬧荒缺，因此，各部隊裏，都大搞「生產運動」，並大肆宣傳，於是出現了千奇百怪的「生產能手」；所謂「雞司令」，也就是那些「能手」中頂尖兒傢伙之一。

據中共報章的報導：「雞司令」張詩光，是以十四隻雞起家的。他既「精」於養雞，又能以「出奇制勝」的方法，在雞生蛋、蛋生雞的循廻繁殖率下，半年間便養出了二百三十七隻肥雞來。他還有一手「奇妙」的把戲，就是在山坡上挖窠，用人工來繁殖白螞蟻，使他的雞羣每天都能夠吃到兩頓豐富的白螞蟻，再不需用別的糧食來飼養。更有頂瓜瓜的，他還會訓練雞隻，使每一隻雞都能分辨號令，聽他指揮。吹了一聲口哨，兩百多隻雞聽了便會馬上自動集合，鼓了鼓掌，雞羣聽了又會馬上自動散開。放雞上山的時候，「司令」走在前，二百多隻雞跟在後，宛如士兵出操的絕對服從，十分有趣。

有人說：可惜張詩光還未做到要命令母雞生多少蛋就生多少蛋；如果連這「奇妙」把戲也做到，就真的是「如假包換」的「雞司令」了！

閩省農民反抗加深剝削

·江水·

福建「龍岩衛星公社」，最近又加深剝削農民。過去，公社的收成，是三份均分，三份之一「上繳政府倉庫」，三份之一作為公社開支及福利經費，三份之一是社員的口糧；可是到了六月中旬，「黨委」竟發來一紙命令，把上述的分配辦法變更，從新改訂的是：「上繳」的要十份之四，撥歸公社的十份之三，社員的口糧也是十份之三。這一來，就等同把社員的口糧，加深了剝削，因此引起了人民的不滿，認為共方在荒年歉收時期，竟來攫奪人民的糧食，係屬殘害人民的暴行，於焉羣情洶湧，並於六月十六日秘密集會，商議反抗辦法，到了十八日，全體社員，便把夏收的糧食，既不「上繳」，也不撥入公社，而將之全部均分，迨該社「主任」獲悉，立刻率領兩三個共幹去干涉因而更引起了農民的憤激，一聲喝打，迅即湧前將「主任」打到死去活來，事後「黨委」聆耗，立刻親自趕去調處。這「黨委」也算夠機警，他並沒有拘捕農民，以免再惹出羣衆騷動，而祇隨隨便便追回了一些散失的糧食罷了。一個偌大風波，因此遂暫告平息。

湘共又要出壓搾新花樣

湖南省的臨湘、常德、岳陽等縣的共幹，最近又訂下了四項「保証農活質量」辦法，大力壓搾農民的勞動力。該四項辦法是這樣的：（一）當天農活，當天驗收，評工記分；（二）根據農活的質量和數量評定工分；（三）定期進行檢討，獎勵幹活進度快質量好的「生產隊」隊員，同時，對進度慢質量劣的，則加以處分，最輕的處分就是補工重做；（四）個人「包」的農活和集體「包」的農活，如收穫時不夠標準，必須罰扣工分。——據說：共方無止境的壓搾農民的勞動力，曾企圖將「三包」農活落實，惟遭遇到農民的消極反抗，而共幹亦「領導錯誤」，因此普遍產生了「偏重數量忽視質量」的現象，不特不能增產，反而使「實質」直線下降，故重訂辦法，加强管束農民的勞動力；其結果如何，目前尚難逆料。

衷曲

梅蓮

三弟：

讀完了你的來信，我非常了解你內心的苦悶，我很同情你現在所處的環境；不過，我却不贊成你現在要停止學業，出到社會工作。我的理由是：第一、還欠一年你就高中畢業了，你應該好好地完成中學的階段。第二、一個中學還沒有畢業的學生能幹得什麼？而且，在現社會下，又有什麼工作適合你的呢？

你說你受不了爹娘嚴厲的管束和無理的責罵，你要像我從前一樣的跑出家庭，不受任何人的約束，自由自在的快快樂樂的到外面闖。聽了你這番話，我感動得幾乎流出熱淚來。你的話雖然帶點稚氣，流於天真一點，但我總覺得有一個如此有骨氣、有上進心的弟弟，我內心實在感到驕傲和無限的欣慰。但，你可否知道我當時要離開家庭跑到外面去闖的原因嗎？你又可否知道這幾年來，我在外面過的是什麼樣子的生活嗎？你是不會明白的，這一切一切，你現在還年輕不够了解，就算我告訴了你，你也許還不會相信我的話是真的。與其說了出來你不會相信，同時對你又不會有好處，我還是不說的好。

年青人總是愛好幻想和不滿現實的。當我像你現在一樣年輕的時候，我何嘗不是跟你一樣嚮往那夢幻般的生活！未踏進社會的人——尤其是年青的一輩——他們又怎會曉得社會是如此的使年輕人容易感到彷徨與失望呢？難怪他們要把這個五花八門的大千社會，看成是一個美麗的天國，把希望全寄託在虛幻的夢境中！

在這幾年來，我幾乎把過去那段清苦黯淡的生活忘記了；今天，看了你的信，又使我回憶起當初自己是多幼稚、天真。年青人血氣方剛，總是容易衝動的；我悔不聽大哥的話，好好地去多唸幾年書便盲目地走進社會去。不過，事實上幾年前爹的環境遠遠比不上現在的好，雖然我知道你們現在的生活也談不上怎樣的富裕，但總算比昔日安定得很多。

別以為我現在的生活比較安定一點，就說它是一日的成果，相信你還記得我當初踏入社會的時候是從什麼工作開始幹起的吧？以你現在受着中等教育的人來說，你能捱得起學徒那種清苦的生活嗎？那種辛酸的日子，你可吃得消!?我不敢拿自己的毅力和苦幹的精神在你的面前炫耀，我祇希望你要明白在大都市裏謀生活，沒有豐富的學問知識，是很難應付這個進步一日千里的社會；就算是起碼的生活，在這人浮於事的社會裏，也不見得很容易獲取。你現在還有機會擠在學生的人叢中，已經是比很多人幸福得多了，難道你真的要像我辛辛苦苦地以工讀的方式完成你的學業？

在前一次的來信，你說咱們的國家現在正逢多難，你希望將來畢業後，無論自己的生活如何困苦，也將盡自己一切的力量貢獻給國家。你這種愛國的精神是令人敬佩的。但看完了你今天的來信，我敢說你誤解了愛國的真正意義；你學業未成，又怎能獻身給國家？或許你會反駁我：「小有小的貢獻、小有小的力量嘛！」難道你以為在社會上找得了一份棲身的工作就是已經把自己的力量貢獻了給國家!?顯然不是那末的簡單吧。

我以為你應該在你年青的時候，特別是家庭環境尚能容許你繼續升學的時候，趁早多多充實自己，當你具有豐富的學問知識的時候，你怕還沒有機會獻身給國家？國家需要有一些有志氣的、勇敢的青年；但她更需要一些能經得起考驗的，能跟現實醜惡的社會作殊死掙扎的、有堅毅信心和奮鬥精神的青年。你是個有志氣為國効勞的勇敢青年，但你還欠缺刻苦耐勞，和堅毅奮鬥的精神！三弟，努力向學吧！為咱們底苦難的國家之重振做一柱有力的棟樑而奮鬥吧！

你說你受不了家庭的嚴格管束，你要離開它！三弟，別那樣孩子氣，爹娘對你作多方面的管束，是希望你將來能成為一個有用的人，要不是你是他們的兒女，他會隨便責罵一個跟他毫不關係的人嗎？我以前像你一樣誤解爹娘，所以，我和他們之間的感情一向就不大和睦。但，我現在已經明白了，過去我實在有很多不對的地方。

爹對家庭是很盡責的，正因為如此，故當生意不景的時候，脾氣難免要壞一點。以前我一向都不了解他內心的苦悶，但自從在社會工作之後，加上有了家庭的負担，我漸漸開始了解一個人在事業上受到挫折，或處在窘境的時候，那種煩悶的心境確是不好受的。

現在你大概明白爹娘責罵你並不存着什麼惡意的吧，那你就該原諒他們，更應該了解父母養育子女的苦衷，而要更努力自己的學業，好讓將來他倆老人家能享點晚福。

如果因我這番話影響了你，改變了你一向對爹娘曲解的態度，那麼，在我以往的過失，在心靈上也許可以得到彌補。你不會令我失望吧？

今天我之所以說上這麼多的話，無非是希望你不要重蹈我以往不應該走的路，因為我畢竟是你的二哥，年紀比你長，經驗比你豐富，同時我有責任要這樣勸告你。

三弟，爹娘需要你的侍奉，國家需要你的扶持；你現在好比是一個果園的主人，正要摘採一枚樹上未成熟的果子，你忍心吃了它，酸壞了你的肚子？又扼殺了你包藏在這個果子裏面的無數株果樹的生命？

好了，我不該再寫下去了，你一向都是聽我話的好弟弟，我希望你了解我和接受我的勸告，不要再胡思亂想，忍耐一下現實的環境，為你未來錦繡的前程，努力求學吧，你是會走進成功之路的。

祝你

快樂

你的二哥

母與子（下）

蔡文甫

小明掙脫母親的懷抱，又跪在櫈上，伏在桌旁玩積木，他沒有回頭看母親，但聽到她抽噎的聲音，他知道她哭得很傷心；但他有什麼辦法呢？他是無法勸母親的啊！

他感到屋中的燈光忽然模糊起來，光滑發亮的桌子也變成黑漆漆了。手中的積木，沉重得像一塊塊磚頭，他玩不出什麼新花樣，他覺得太氣悶了。

外面下雨了，雨點濺在窗檻上，發出沙沙的聲音。他像跑進自家花園，和姐姐一起捉螢火蟲，忽然下雨了，他躲在一個假山石下，雨一直下個不停，他伏在那裏睡着了，正覺得甜蜜時，突地有很大的聲音震醒了他。他睜開眼，發覺自己躺在母親的床上，四叔正大聲地嚷着：

「……今天是最後一次談話，我不能再任你拖延下去了！」四叔在房間內來回走着，他穿套藏青色西裝，大紅領帶。上唇有一撮小鬍子修得整齊齊的，頭髮也光光的，一定是剛理過髮。他今天突然覺得四叔很漂亮，難怪母親喜歡他，他自己也有點喜歡四叔了。

「不能等空氣緩和一點再說嗎？」母親倚在門傍低聲地說，眼睛看着自己的手。她的手在相互絞弄着。

「妳一定不知道外面的謠言講得多厲害……」

「他們怎麼說？」母親抬頭逼視着四叔。

「說我們已同居一年了！」

母親嘆了一口氣。「不負責任的話，可以不聽……」

「可是，」四叔走到母親的身旁，「我們得有一個決定哪！」

他母親走到梳粧台旁的一張椅上坐下，枱燈的光撲在她蒼白的臉上。小明看出母親的頭髮亂蓬蓬的，眼皮紅腫，臉上掛滿了皺紋，顯出三天沒有睡覺的疲倦神氣。好像他已有十年沒看到母親，母親已變得很老。小明真担心四叔不會再喜歡母親了。

「我怎末決定呢？」母親左手撐在台上托着下顎，仍盯着四叔。「難道不顧一切的反對？」

「別人反對，與我們何干？要知道，法律是站在我們這一邊的。」四叔揮着手臂，站在母親的面前。「妳懂得法律嗎？法律是規定權利和義務的，根據法律，我們的結合——」

「可是，」母親截斷四叔的話，「我們是名門望族啊！」

聽到「名門望族」這句話，小明的心震驚了一下，好像很熟悉，忽然想起，那是外公說過的，現在又被母親學會了。他明白了，大人說的話，都是互相學來的。

「這是封建意識，」四叔憤怒地說：「墮落的家族，是分文都不值的。」

母親沒有回答，房間裏靜了下來，祇有鐘聲在滴答的響着。他側身睡着，感到膀子麻木，但他不敢轉動，怕驚斷了他們的談話。

接着四叔走到母親的面前，兩手搭在她的肩上。「我們為什麼要留戀這破敗的家族，」四叔輕聲地說：「為了自己的幸福，我們離開這個家，重行建立美滿的……」

「可是，我的孩子呢？」

「孩子長大了，總歸要分離的。」四叔慰解道：「妳還可以帶着小明一道走的。」

小明一直在細心聽着。他們談的話，他雖大半都聽不懂，但他知道這是最激烈的話了。他願意聽四叔這樣高談濶論講些深奧難解的話，他認為這才算是真學問。他並不瞭解他們所談的事和母親為難的情形，反而覺得母親很怯懦，沒有四叔豪爽和勇敢。但聽到四叔要母親帶走他時，倏然想起哥哥姐姐都不願跟着母親，以及外公對母親的談話。

「我不喜歡你，我也不願意跟你們去。」小明從床舖上坐起大聲嚷道。

「你為什麼不喜歡我？」四叔驚詫地走到床前。「你也不願意跟着媽媽？」

「不，我不。」他連連搖頭。「我要跟着姐姐到外婆家去。」

四叔又在房內躑躅了，小明感到空氣非常沉悶，他真不願意再在這房內，但此刻自己無法出去，便又歪倒在床上。

「我不能這樣……」母親像自言自語說：「這樣，孩子的損失就太大了。」

四叔繼續和母親爭論，小明也不願再聽下去。他們爭論了很久，四叔離開時，重重的帶上門。

母親在椅上低聲的哭了起來。小明爬下床，走到母親膝前。問：「四叔走了嗎？」他彷彿做錯了什麼事，該向母親陪小心了。

「唔，四叔不會再來了。」母親哽咽着道。

小明想了想道：「那不是很好嗎，哥哥姐姐都可以回來了。」

母親將他抱緊在懷中，氣息急促地說：「你是孩子，不會知道大人底痛苦。」說完，母親又傷心地哭了起來。

這時，他的心兒一軟，跟淚就灑出眼眶，他真希望四叔明天能够再來。

金釵記

（四）

黎明

秀娘：母親！此言差矣！（唱）富貴都要情義重，不義的富貴轉頭空。自古道男耕女織是正理，夫唱婦隨樂融融。女兒不作薄情女，女兒不作寄生蟲。嫌貧愛富薄情義，半路退親禮數窮。女兒心志如金石，父命萬萬難相從。若是魯家不能備六禮，女兒情願守志終。若是父親苦苦來相逼，母親哪！那錢玉蓮便是女兒好榜樣，要便三尺白綾一包毒藥把命送，要便痴魂一縷永逐大江東！

安人：好呀！（唱）我兒說話有志量，不由爲娘喜洋洋，兒今但把寬心放，這件事兒我承當。（上前邊爲秀娘拭淚，邊說）：我兒休要煩惱，且與我坐下，爲娘我有話講。

秀娘：啊噎噎……！（拭淚回座）

安人：（坐定）兒呀！（唱）你父只催辦六禮，不曾明言把親退。倘然魯家六禮都辦到，「退親」二字他難啟齒。爲娘自有體己錢，備辦六禮沒問題。娘有心瞞住你父找公子，來到我家共商議。等到六禮進我家，看他答應迎娶不迎娶?!（向秀娘云）：兒呀！你看我這個主意如何？

秀娘：（羞答答地回眸一笑）但憑母親。

安人：園公那裏？

（園公老歐幕後應「來也」；隨上）

老歐：忙到眼花髮如霜，到頭還是爲花忙。參見安人。安人喚老奴出來，不知有何吩咐？

安人：我命你去到魯家莊教魯姑爺卽速前來！

老歐：遵命。（拜辭欲行）

安人：且慢！

老歐：是是！

安人：此事千萬不可令員外知道。你可交代姑爺不可打從前門經過，只從後花園進來便了。

老歐：知道了。老奴去也。本是灌園蒔花叟，去作傳書帶信人。（下）

（春梅上）

春梅：啟稟夫人小姐！中飯已準備好了。

安人：吩咐下去！把飯菜開在荷香閣上，老身要和你家小姐痛飲幾杯。

春梅：曉得了。（下）

安人：兒呀！隨我來呀！（起身）

秀娘：來了。待我攙扶母親來。（上前攙扶；歡喜之情，溢於眉宇。同下。）

第五場：

景：梁家客堂。台右爲大門，關着。

時：初秋黃昏。

人：魯學曾、梁媽媽、梁尚賓、楊婆婆。

（梁媽媽坐在主位。魯學曾舊帽敝衣，衣上補痕纍纍，作背起米袋告辭介）

魯學曾：多謝姑媽一再周全，侄兒就要告辭了。

梁媽媽：且慢，侄兒你看天色已晚，還是等你表哥回來，權在姑媽家住宿一宵，明早再走不遲！唉！你表哥近來越不成話；自古道「邪不敵正」，我正要你勸勸他呢。

魯學曾：姑媽呀！（唱）詩書撐腸不療飢，雪中送炭見深慈。我若是不早回家去，楊婆婆明天要斷炊。

梁媽媽：哦、侄兒！外面好像有人聲，敢是你表哥回來了也。

（學曾放下米袋聽介。梁尚賓上）

梁尚賓：詩書和我是冤家，慣愛惹草與拈花；倒吊全無半點墨，胸中卻有鬼一車。開門來！

魯學曾：果然是表哥回來了，待我開門。（開門介）哦、表哥、表哥回來了？表哥您好！

梁尚賓：喲、是你呀！（作極鄙夷介）又是借錢借米不是？借到手可該走了！我家可請不起你這樣的貴公子做門公呀！

魯學曾：（自卑地以袖障面，廻避尚賓咄咄逼人的眼光）慚愧呀慚愧！

梁尚賓：嘿，嘿！你還「慚」什麼「愧」？我家倒霉却是眞。

梁媽媽：尚賓！（怒喝）你這是什麼話？又灌了不少黃湯不是!?

梁尚賓：母親！您好事多做，錢米多捨！孩兒黃湯倒沒灌，只怕我家再多幾門這樣的高親，（用手指着呆若木鷄的學曾）將來你我灌清水倒有份。

梁媽媽：不許胡說！（梁尚賓慣然朝着學曾的背後「呸」了一聲，大剌剌坐在一旁。）哦、侄兒，你表哥醉了，休和他一般見識；還是坐下來敘話吧！

魯學曾：小侄豈敢！（向梁媽媽一揖）姑媽！小侄還是告辭了吧！（說着正往取米袋，忽聽見門外又有人聲，不期停步側耳而聽）

（楊婆婆急上）

楊婆婆：（唱）三步只當兩步走，不覺來到了梁家的門。（白）喲、門開着啦！待我進去。

魯學曾：咿！怎麼？楊婆婆你到來了！

楊婆婆：哦、公子！是呀、老身是特意地趕來的呀！

梁尚賓：（學曾與楊婆婆說話的同時，旁白）：今天我家也不知是倒了那代的霉？一個小花子還沒送走，一個老乞婆又闖上門來了。

楊婆婆：（自言自語）你看我老糊塗了不是？還沒拜見過我家姑奶奶啦！（轉向梁媽媽）姑奶奶在上，老身這廂有禮！

梁媽媽：婆婆少禮！方才我侄兒還提起您老人家啦！

楊婆婆：（轉向梁尚賓）喲、這不是表少爺嗎？表少爺、老身這廂有禮！

梁尚賓：不消！（連忙轉過頭去）那兒有這許多窮禮、花子乞婆禮呀！

梁媽媽：（力圖轉換空氣）婆婆！您累了，快快請坐！

楊婆婆：謝坐。

梁媽媽：侄兒！橫直今晚回不去了，還是與我坐下吧！

魯學曾：侄兒告坐。

楊婆婆：哦、恭喜姑奶奶！賀喜姑奶奶！

（尚賓、學曾聽得楊婆婆道喜，不覺同時一驚。）

梁媽媽：哦、哦！（聽了也是一驚）楊婆婆！但不知這喜從何來？

楊婆婆：喲、我的姑奶奶呀！（喜氣洋洋，唱）：今早顧家園公對我說：顧家安人再三吩咐過；說是員外東莊收租去，要公子速去他家莫蹉跎。看起來，我家公子紅鸞天喜星已動，一定是、小登科後大登科。（白）哦、姑奶奶！您瞧瞧，這豈不是一喜？（轉向學曾）哦、公子！那園公言道，安人再三叮囑：公子千萬別走前門進去，只走後花園進去便了。你要牢牢記住才是啊！

梁媽媽：哦、侄兒！這是你的喜事到了，應該卽速前去才是呀！

魯學曾：這個!?（看自己的衣鞋介）唉，姑媽呀！（唱）：他家富來我家貧，他奴僕成班婢成羣；我本有心他家去，衣衫襤褸羞煞人！

梁媽媽：這個……？

梁尚賓：（在楊婆婆說到不走前門走後園時，早打好了欺心草稿；及學曾說到衣衫問題，便立卽打蛇隨棍上）哦、母親！既是表弟的喜事，要借鞋帽衣袜，孩兒有的是，任憑表弟穿戴便了。

（第五場未完）

辛亥革命史談（一三）

舜生

三．同盟會成立經過及其活動

『中國革命同盟會』以清光緒三十一年乙巳七月二十日（一九〇五年八月二十日）正式成立於日本東京。其時除甘肅一省在東京還沒有留學生以外，其餘的十七省均有人參加。

中山在此會成立後自述其感想說：

『自革命同盟會成立之後，予之希望則爲之開一新紀元，蓋前者雖身當百難之衝，爲舉世所非笑唾罵，一敗再敗，而猶冒險猛進者，仍未敢望革命排滿事業能及吾身而成者也。其所以百折不回者，不過欲有以振起既死之人心，昭蘇將盡之國魂，期有繼我而起者成之耳。及乙巳之秋，集合全國之英俊而成立革命同盟會於東京之日，吾始信革命大業可及身而成矣。於是乃敢定立中華民國之名稱，而公布於黨員，使之各回本省，鼓吹革命主義，而傳佈中華民國之思想焉。不期年而加盟者已逾萬人，支部則亦先後成立於各省，從此革命風潮，一日千丈，其進步之速，有出人意表者矣。……』（見『孫文學說』第八章『有志竟成』。）

按『同盟會』成立爲革命成功的一大關鍵，同時也是中國近代史上值得大書特書的一件大事，茲特詳細紀述其成立經過及組織內容如下。

先是中山於光緒三十一年春夏之交，在英、比、法、德各國有所活動，目的卽在對當時的留歐學生宣傳其革命主張。當時『同盟會』還沒有萌芽，而中山在宣傳的措辭上，也沒有強調『興中會』，在歐洲一般留學生的心目中，所謂『加盟』者，不過是贊成中山的革命主張，加入他所發動的這一革命組織而已，並沒有確定的名稱，更談不到具體的行動方法。據中山後來自述，經他這幾個月活動的結果，比國留學生加盟者三十餘人，德國二十餘人，法國十餘人，而英國則僅有孫鴻哲一人，乃至連當時留在倫敦的吳敬恒，也僅僅只和中山見過面，並未正式加入（按吳加入『同盟會』在這一年的冬天）。當中山本年春天留在巴黎的時候，且曾發生在德加盟的王發科、王楚相及在法加盟的湯薌銘、向國華四人，在中山所居旅館，割開他的皮包，盜去德、法兩國學生加盟的誓詞及法政府交中山致安南總督的介紹函等件，向當時清廷派駐法國的公使孫寶琦告密的一幕。凡此，均可說明當時留歐學生的這種革命組織，並不怎樣堅牢；說他們後來成了『同盟會』的一部分則可，說他們這種組織便是『同盟會』成立的先聲，則與事實不符。因此，我們敘述革命勢力的大團結，自以是年七月在東京成立『同盟會』爲主。這是我們着眼於歷史事實的客觀性所不宜忽視的。（未完）

聯合評論

週刊

本刊已經香港政府登記

每逢星期五出版

United Voice Weekly

第一五二號

督印人：黃宇人　總編輯：左仲平

社址九龍赫德道二十三號地下　電話 68678

承印：嘉羅印刷有限公司　香港灣仔馬師道5號

總代理：友聯發行公司　售價每份港幣一毫

本報美洲版總經售處美國紐約中美出版社

CHINESE - AMERICAN PRESS, INC

199 CANAL STREET.,

NEW YORK13 N. Y. U.S.A.

美洲航空版每份零售美金一角

短評兩則

左舜生

一、陳誠訪美

遠在四十九年的一月一日，正當總統連任問題鬧得烏煙瘴氣的時候，我便在本刊建議，希望蔣先生到國外去走走。我當時基本的用意不外三點：一、最近幾年，各國的總統，副總統，國王，總理大臣或國務卿，到過台灣的確不在少數，能得蔣先生出去答謝一番，不僅禮貌上應該如此，也確於邦交的增進有益。二、藉此擺脫連任派的包圍，得使憲政更趨於常軌。三、蔣先生過去到過日本，到過蘇聯，到過印度，……但於西歐和美國則從未接觸，而西方文化的精髓與民主的示範，則必須於歐西與美國求之，蔣先生能實地加以考察，究竟百聞不如一見，必於中國未來的建設更有把握。不幸我這類的『書生之見』，去現實太遠，終於未見實行。

不久以前，曾一度喧傳陳辭修先生有前往南越之說，後來何以未能實現，則原因不詳。這次陳先生應甘迺迪總統的邀請，已決定到美國作十天的訪問，能藉此對『兩個中國』及外蒙問題作一堅强的表示，可能成為當前局勢改善的一個轉捩點。所可惜者，蔣經國孫立人未能參加為這一訪問團的團員，而其他同行者也不够理想，否則十年以來美國人對中國問題的若干看法，必可大為改觀。據說陳先生除留華府三天以外，並擬對留美學人及僑胞有所接觸，這比較約他們的代表者到陽明山談談，也還是有益得多。假定陳先生此行確能有所成就，我希望對亞洲若干的反共國家，如菲列賓，如南越，乃至如日本，如泰國，如南韓，再由陳或蔣先生本人作一度短期的訪問，我確信於反共陣容的加强，仍斷然有裨。

二、岸信介應邀訪華

另一可注意的消息，則為日本前首相岸信介，將於下月一日應邀訪華。

岸及其介弟佐藤，仍在自民黨內擁有優越的力量，前次他的解除首相職務，僅僅是對當時內外緊張情況一種和緩作用，不能解釋為他的政治潛力有何削弱，也不能解釋為他的政治主張有何變更，因此，我對他的再度訪華，乃不能不寄以相當的期待。

世界最近的將來，會不會突然發生巨大的變化，這完全是不可知之數。但日本在亞洲的地位漸趨重要，且已成為民主與共產兩集體所必須爭取的對象，與歐洲的德國幾不相上下，則係確定的事實。論年事，論經歷，論主張，岸在未來日本政局中，仍為一極可注目的人物，也屬毫無疑義。

日本社會黨擁有三分之一的選民，國內左傾分子對他們存有若干幻想，國際共產黨想利用社會黨作為他們的過渡工具，……這些都是無可否認的現實。儘管社會黨對政權的爭取，還不是自民黨的對手，但他們成事不足，搗亂有餘，因此，無論自民黨的任何一派主政，對社會黨不能完全忽視，這一點我們也相當理解。

我覺得，中華民國應使岸信介先生充分了解的計有下列各點：一、反共復國確為中國朝野一致的意見，也為朝野一致的迫切要求，不會變更，也不能變更，在這一點上，中國可與日本全面合作。二、日本對東南亞的確保與經濟開發，我們對岸信介先生的主張確有同感；我們有力量保証東南亞一帶華僑的經濟活動，決不會與日本平等互惠的原則相違。三、我們了解中俄共對日本的壓力與滲透將繼續增加；我們尤其了解曾一度身當其衝的岸信介先生，對這一點決不會忽視。四、我們承認日本對中國眞實情況的了解，在美國之上，因此，美國一部分人的意見，有的可以贊成，有的不能贊成，尤其對中日親睦有關的問題，我們更希望日本出以審愼。我們承認吉田茂先生的態度針對日本的現狀，確不失為老謀深算。五、概括言之，為現在，尤其為未來，日本若干困難問題的解決，只能寄希望於中華民國的復興，決不能對中共政權存任何幻想；寄希望於中華民國，不得不希望日本仍卓然可以自立，對中共的幻想落空，則可能動搖日本的根本；這一點尤其是值得岸信介先生深長思考的。

談捐除意氣促進團結

李璜

香港×報出版時，送我白讀一年，我便花錢訂閱了近十年，每早起床，必先看香港×報，然後看其它三份日報，因為我感到該報的外電翻譯得較清順，不大費力去猜；而且體育版與兩副刊都比較的合我口胃。尤其最近七月二十三日「選」先生的一節短評，題目是「原則與策畧」，內有兩句話：「我們固然重視實質，同時更不能放鬆原則；原則上如果動搖，便一切都完全改觀：我們期待美方在原則上堅定，同時更希望在策畧上有正確的運用」。——這兩句話說得甚為扼要！因為美國一向在以民主自由原則領導世界反共，軍援經援，花錢不少，為的無非是這一原則。而今少數人訂出「兩個中國」策畧，去期待着中共的拒絕，不錯，「選」先生認為這是「原則上的重大退讓」！我個人之所以連寫四五篇文章，去反對美國策士們之「兩個中國」計劃，也是認為這與美國領導世界反共的民主自由原則，不合乃是在妄行分裂人國，強奸民意，為甚麼美國在德國、韓國問題上主張兩國全民的自由投票，以為統一的依歸，而對中國，一反民主自由原則，而去製造「兩個中國」呢？

不過，我正在贊同「選」先生的短評能在原則上着眼，可謂能見其大，而七月二十五日香港×報的社論，又對我在中華民國內政上「堅持實現民主自由原則，感到萬分痛心」。不知道這篇社評是否「選」先生所寫？日昨短評對美國「只顧現實，不講原則」，既感到莫大遺憾」，而今天對我「遠離現實，而講原則」，又不能不引為嚴重遺憾」，這兩個「遺憾」，前後矛盾，使我讀之，至為困惑！我們既然要美國政府在領導世界反共，「不能放鬆原則」，然則我們就不能不要我們政府領導民衆反共，有個原則，只是絕對服從領袖，不必多所主張，這道理似乎有點不大相貫通罷！

談到捐除意氣，促進團結，我們民衆與今日執政當局，並不是沒有實現過這一盛況，這在抗日戰爭初期的朝野一致的精誠團結，在野的知無不言，言無不盡；在朝的虛己以受，從不『痛心』的，認為「成見」。在廬山談話會席上，青年黨領袖曾琦先生提出非實現民主自由，不足以團結國人，共同抗日，而蔣先生並不以為是「成見」；旋即召集國民參政會，以至各省市臨時參議會，所有各在野黨派與各界知名之士一律參加；蔣先生且於每週六午，必約參政會主席團主席餐敘一次，提出問題商討。

當其時也，甚麼「忠貞」，「不斷效忠」等這類君主時代的老字樣都用不着，因為朝野黨派（除中共別具心肝者外）既已精誠團結，影響所及，人人自動起來為國報效，出錢、出力、出米、出命，一直到八年之久，卒能撐到抗戰勝利，敵人投降，使西洋人認為奇蹟，美國人更肅然起敬。民國三十六年，敵人無條件投降時，我正在美國，大受優待，素不相識的美國人都要請飲，問一問，為甚麼中國的劣勢軍備能支持現代化的日軍攻勢至八年之久？我只有一句話相答：『無他，四萬萬人精誠團結，死拼到底而已！』

我滿心以為這種精誠的民主團結，既可以使抗戰必勝，成為事實，也就可以使建國必成，以民主憲政去打倒中共的專政極權。乃不意在朝黨一開始辦理民主選舉，陷於「無知」（這兩個字是陳立夫先生前兩月過東京對新聞記者自己說的）。

（下轉第二版）

留美僑胞發起反對中共入聯合國五百萬人簽名運動，各地同胞紛紛響應，本社同人全體簽名贊成・

（本報訊）留美僑胞近鑒於國際上已有「兩個中國」及「中共入聯合國」、「台灣獨立化」「台灣國際化」「承認外蒙」等陰謀與謬論，為確切表達中國人民眞意及維護正義起見，特發起中華民族反對中共入聯合國五百萬人簽名運動。消息傳出，即獲得各地同胞之熱烈支持。本報同人亦全體簽名響應。茲謹將旅美僑胞發起此一五百萬人簽名運動之原文及原發起人之姓名列後，凡贊成此一運動之讀者，請即簽名於左列原文之後，並剪下本報之此一原文，寄香港九龍赫德道廿三號地下聯合評論社轉交或逕寄美國Five Million Chinese Anti-Admission of Communist China to United Nations P. O. Box 95 Knickerbocker Station—New York 2, N. Y. 附原文如後：

中華民族反對中共入聯合國五百萬人簽名運動

國際上『兩個中國』之謬論，已至密鑼緊鼓地步。具正義感之外人，尚有『反對中共加入聯合國百萬人委員會』之組織，而我華人自己反無此種正氣之表現，實覺憂愧萬分！展望第十六屆聯合國大會開會在即，我們應即急起直追，表示中華人民之公意，俾全世界皆知吾中國人心不死，且同具民主結合，推倒中共政權之決心。茲特宣佈：

（一）反對中共進入聯合國。

（二）反對外蒙進入聯合國。

（三）反對美國承認外蒙及中共。

（四）反對任何『兩個中國』形式或『台灣國際化』。

（五）主張立即實行反攻大陸，解救同胞。

簽名：

劉孔隆　趙常山　馬　文

陳霆銳　潘公展　宗　一　呂維九

廖慰民　潘　達　劉孔仁　黎明峯

何鐵華　陳華瑞　梁聲泰　江　楓

許　瑾　麥羽菁　陳　銘　梁善儒

溫應星　伍藻池　梁　占　莊世和

梁良知　陳裕文　陳佐治　謝　靈

謝扶雅　程其保　梁冷明

被欺騙了的一代（中）

張忠紱

一九三一年以前，蘇聯對中共的發縱指使，尚比較的露骨。一九三一年十一月以後，莫斯科在中國的策略業已改變。他們重用毛朱，命令他們立即組織中國蘇維埃政府，組織農民，並擴充紅軍實力。蘇聯同時命令中共應暫時不談社會革命（留作第二步），而只側重於反帝與反封建兩點。在一九三一年的中共臨時憲法中，乃有下列的規定：（一）反帝；（二）反封建；（三）節制資本；（四）提高農民生活程度。（見一九三二年中國蘇維埃共和國臨時憲法第五至第八欵）。

蘇聯在中國這種策略的改變，大部份是因為受了國共合作失敗後的教訓，其他的一部份是因為一九三一年後國際形勢已有劇變。九一八事變發生於一九三一年。一九三三年春希特勒登台。一九二九年後，世界經濟大恐慌，包括美國在內。一九三三年羅斯福上台，實行新政。蘇聯因恐懼日德兩國夾攻，其對西方各國與對華政策，已日益以蘇聯的安全為前提。在此期中，蘇聯加入了國聯，中美兩國均先後與蘇聯復交。

此後蘇聯所指導下的中共策略為：（一）不放棄獨立的行政區域並擴充紅軍；（二）利用中國民衆反日的情感；（三）偽為與蘇聯及第三國際無關，或日益疏遠；（四）務使西方各國以中共為土著的農業改良者；（五）靜候有利時機的來臨。一九三五年第三國際對世界各地復採取聯合陣線的策略，因之而中國國內發生西安事變，導致事後國共合作抗日的一幕。

蘇聯的此項欺騙策略，實較以前尤為毒辣。西方國家，包括美國在內，平素對中國既無深刻的認識，又不大注意研究。縱研究，也往往隔靴搔癢。因蘇聯的存心欺騙與作偽，加以國際共產（包括美共）的宣傳，西方各國竟深信不疑，認為中共祇是土著的農業改良者，與蘇聯無關。直到現時，美國研究此項問題的專家，因找不着太多蘇聯於一九三一年後，仍操縱中共的證件，而結論謂：『這段歷史尚有許多不清楚的地方。』（一九六〇年出版的專書尚如是云云。）這已經是美國學者所謂的公平結論了。其實，他們是沒有能透切了解蘇聯與國際共產的作風，更沒有能了解中共的歷史背景與其基本立場。這很像珍珠港事變前中國一般研究日本的專家，始終認為日本不敢與美國開戰。他們專以日本的國力為根據，他們的結論自非錯誤；但是他們理論根據的出發點卻太窄狹。美國過去，甚至於今日，研究中共與蘇聯這段歷史（一九三一年後）關係的專家，其錯誤，據筆者個人的觀察，也正由於理論與研究的出發點過於窄狹。

今日港台兩地研究中共的人們，又往往根據於美國專家的報告或意見，而充實其內容。其結果，自然將與西方專家發生同樣的錯覺與結論。美國的專家，一般的說，用力甚勤，往往各地搜集材料，長篇巨著問世。台港兩地的學人未必能有這種方便。他們的貢獻似應側重在觀點方面。倘若只依據美國人的觀點與立場研究，縱然也可以找着許多理由與證據，但其結論自然不能跳出美國作家的窠臼；不僅不能改變他們的錯誤觀點，反倒代他們廣播了錯誤。四〇年代美國對華政策的錯誤，美國作家實負很大的責任！

研究一九三一年到一九四九年中共與蘇聯間的關係，筆者認為我們必須顧到下列數點：（一）列寧與史塔林在他們的著述中，都主張為目的不擇手段。（二）共產黨的策略，為達到同一目的，必須因時，因地，因人而異。（三）共產黨的理論與組織都是國際性的。除叛黨而外，各國共黨均須受第三國際（亦即蘇聯）節制。甚至於各國共黨大會中，都有蘇聯代表出席並傳達命令。（四）一九三一年後，蘇聯指導的中共策略已有大的改變；其主旨在培植實力，靜待時機，以作偽的方法，欺騙中國人民，並欺騙世界。一九三五年後蘇聯在世界各地已採取聯合陣線的辦法，其作偽的程度更甚。

在一九三一年到一九四九年期中，從中共講，他們偽裝是不折不扣的中國土著農業改良者。從蘇聯講（尤其一九三六年後），他們偽裝為已日益接近舊式的社會主義。從中共與蘇聯的關係上講，蘇聯偽裝為對中共毫不關切。因此，有雅爾達會議中的規定，因此有一九四五年八月的中蘇條約，因此有杜魯門一九四五年十二月的對華政策宣言。美國是受騙了，中國的一般民衆是受騙了。一直等到國民政府搬到廣州，跟着搬去的使館，不是美國的，而是蘇聯的。直等到人民共和國成立，蘇聯方始露出她的眞面目，而立即與以承認。

不過從一九三一年到一九四九年期中，中共與蘇聯間的主奴關係也不是決無跡象可尋。蘇聯以壓力驅逐李立三；李立三下台，而後毛澤東始能上台。此其一。在一九二八年到三一年期中，蘇聯（即第三國際）曾數次訓令中共增強紅軍並成立蘇維埃政府。此其二。中共一九三一年的臨時憲法注重於反帝與反封建，事前也曾有此莫斯科的訓令。此其三。一九三二年莫斯科令中共務以全力推翻國民政府。一九三五年責備中共沒有於兩年前立即援助閩變，嗣後囑以推行聯合陣線策略。此其四。一九三三年後，中共以德籍共產黨Liz為軍事顧問。此其五。一九三五年八月毛澤東，周恩來，張國燾，王明（卽陳紹禹）均被舉為第三國際執行委員會委員。王明且加入任秘書及主席團。此其六。此外，兩方報紙與談話的互為聲援，以及中共領袖人物（包括毛氏）對史塔林及克林姆宮的謳頌與報告，迄未中斷。日本投降以後，蘇聯在東三省對中共的援助，尤為顯著。（未完）

（上接第一版「談捐除意氣促進團結」一）

而硬要包辦選舉，支配選額，生吞活剝的把國青民三黨弄得來各自大起內鬨，同時解體，令我這個青年黨辦內務的人手忙腳亂，應付不了，只得棄甲曳兵而走；蔣先生對於「民主」二字，從此也有聞聲而惡之勢！

然而要打倒共黨的專政極權，為號召全體國民效力，為與自由世界配合，又實在離不了民主二字。至於在這原則下，應實現多少自由纔算合適，則有全民代表所通過的憲法規定得很淸楚，人民都有權依據憲法說話；所以在中華民國現稱立憲國家，至少首應尊重言論自由。近年以來，海內外未能團結一致，而發生言論爭辯的最大原因，就是政府當局太不尊重人民的言論自由，而多方以限制之，打擊之，（改訂出版法，禁止民主反共刋物入口等事，總不能不說是「遺憾」罷！）硬要做到言論淸一色，纔算沒有「成見」，纔算「盡到國民天職」，那嗎，在抗日戰爭中，言論曾是自由的，政府也未禁止過任何報出版與行銷於任何地，是不是抗日之中就沒有過團結，在野的人就沒有「效忠」過國家呢！

要勉強把言論造成淸一色，只有政府少數人的意見發表，而不許有異己的意見發表，這是共產黨統制思想的作風，共產黨之極權專政必然要走向失敗之路，其原因雖甚多，但絕對聽不見異己之論，而永遠自以為是的共黨領袖便必然會日益顢頇妄為，而人民的怨氣無從表白，便只有日益加深，此所謂「防民之口，甚於防川」，其堤岸終必崩潰也！並且，如無異己之論，則在朝黨報的主筆先生，天天只有解釋「宮門抄」，沒有批評與反駁，也實在有點乏味！眞理以愈辯而愈明，我這個老百姓願與共黨為仇，四十年如一日，無非為的民主自由的眞理而已；我與周恩來輩從民國十年在巴黎就大門起來，當時皆是學生，又豈有甚麼「政權得失」，

「私人恩怨」的成見存乎其間！至少我個人是歡迎黨報或接近政府的報紙反駁我的自由發言的。不過，我感到有兩點要稍稍修正一下：（一）黨報主筆先生作社評來反駁我的言論，不可以過於老氣橫秋的做成領袖訓話的味兒，那樣氣派，說是在消除意氣，適足以增加別人意氣，此種官味的文告式文字，眞所謂拒人於千里之外，那一點像有促進團結與開陽明山會談的胸襟呢！（二）是不要反駁得太離譜：如像香港大字報，這兩天（二十四五兩日）的專稿與說明就反駁得離了譜！我對美國策士主張中共加入聯合國，我政府中人不能打「退」的主意，尤其我國外交人員不能說退出聯合國的話（這篇文字是寫與政府中人看的，故未交××評論，而在台灣『民主潮』發表，不料前幾天香港華僑日報把它轉載了），而二十四的大字報專稿有紐約航訊，說是「美國政府最怕中華民國退出聯合國」。如何的「最怕」法，該航訊又未明言，已令人有點迷糊！至於今天（廿五）的新聞說明，為要駁我說的兩個中國去佔據聯合國中一個席位，乃是憲章上的實質問題這句話，說明者好像是飽爾斯的老友一樣，一定認為是程序問題，只有由大會表決，而安理會管不着；因此中華民國固不能投否決票，美國也不能投否決票；再因此，陳辭修先生去美國，說明者都認為是「浪費氣力」！（我固然反對美國政府中少數人的近來主張荒謬，但我不贊成反美以至於不再辦對美外交！）說明者的理由很簡單：「中共未申請加入聯合國」。但聯合國憲章第二章會員第四條中並無「申請」字樣，只有「安理會推薦」字樣。為何說「安理會無權過問，只有在大會中當程序問題來討論」，而大會討論表決時，「美國縱反對，也不過九十一票中之一票」，因此陳先生去美國，在大字報認為，乃是不必要的！一定要反駁我，就不惜把聯合國憲章都改了，此大字報之所以為大字也！五〇、七、二五

論蘇聯的備戰措施及其航空檢閱所顯示的意義

劉裕畧

自赫魯曉夫上台後，一則由於他斷然清算了史大林的許多罪過；二則由於他對內稍稍放鬆了一些統治；三則由於他若有其事的高唱和平共存，於是，在國際間，甚至也在中國反共人士的少數分子間，引起了一種錯覺，認為蘇聯現在眞是在尋求和平，無意於打大戰了。

其實，這些感覺既原本都是一些錯覺，自必經不起時間的考驗，自必終將被事實所揭穿。不過，等到事實揭穿才來體認這個問題，無論如何，在今日這種尖銳對立的世界形勢下，他對自由世界總是一種損失。

事實現在是眞已揭開了。最近幾年，赫魯曉夫雖不斷在高喊和平，但七月九日莫斯科的航空檢閱卻証明蘇聯一直在暗中備戰，赫魯曉夫雖在高喊裁軍，蘇聯却在暗中發展各種新型武器。這些新武器於七月九日在莫斯科舉行「航空節航空檢閱」時之突然出現，它不但使美英等國震驚，而且也在事實上把它自己暗中積極備戰的措施揭發開來。正因為它已經把它自己的這種行為揭發開來，所以，在蘇共和中共等自我得意之餘，赫魯曉夫也正式宣佈蘇聯不再裁軍，並正式宣佈今後要增加軍費了。其實，裁軍之說與裁減軍費之說原都是烟幕。數年來，它之所以不斷作裁減軍費之宣傳，全在麻醉自由世界，一方面企圖遲滯美英德日等國之建軍與擴軍，以爭取自己實力對比之優勢，另一方面企圖欺騙苟安和軟弱之自由世界的人民，從而造成和平氣氛，以壓迫有遠見的政府和政治家，而便於赤化世界而已。

據新華社莫斯科七月九日電：蘇聯的航空檢閱，「今天上午在莫斯科中央航空俱樂部的士希諾飛機場舉行。以赫魯曉夫為首的蘇聯共產黨和政府領導人出席了檢閱。來賓中包括各國外交人員和新聞記者。今天有幾十萬人觀看了檢閱。檢閱節目共分四項：直昇飛機、體育和民航飛機、傘兵部隊、空軍飛機。這次檢閱由於出現了前所未有的許多新式超音速飛機因而引起了人們的特別注意。……接着是跳傘運動員和降落傘部隊的表演，空軍超音速飛機檢閱開始了。首先一架超音速殲擊機低空掠過機場，像一個銀點似的飛過。聲音還留眼前，但機身已消逝在遠處的雲端了。三架另外一種型式的超音速噴氣式殲擊機直上高空，這種新式的超音速飛機在蘇聯駕駛員的高超技術掌握下，曾經飛上了三萬四千多米的高空，創造了世界上絕對飛行高度紀錄。……天空安靜不久，一架架載火箭的重型飛機掠過天空，紅色的火箭在機翼下面閃着耀眼的光彩。這時天空中又出現了一隊接着一隊的載着『空對地』型火箭的超音速重轟炸機，載着『空對空』型火箭的超音速殲擊機。在這些新式飛機中，最新式的一種是四發動機、三角翼、具有針狀頭部的巨型超音速飛機。這是一種供專門用途的飛機。……接着又疾飛來了一架裝備液體燃料噴氣式發動機的新式飛機，機身噴嘴上帶着一股濃烈的火光。一架超音速飛機進行了短距離起飛表演。這架飛機發出了强大聲音，機身上吐出兩團火球，它在普通跑道上，奔跑了一兩百米的距離就像箭一樣地升入了高空」。

同日，赫魯曉夫還在克姆林宮舉行招待會，招待蘇聯武裝部隊軍事學院畢業生。蘇聯國防部長馬林諾夫斯基還在招待會上發表演講，說：「在火箭軍備方面，我們設計者的思想正在大步前進」。

由上述種種事實，可以很明白的看出蘇聯今天不僅積極在發展太空火箭和核子武器，而且出乎許多人意料之外的也同時在暗中積極發展重轟炸機等一般武器，這對於那些以為赫魯曉夫眞正企求和平的想法，固然是一種教訓，同時，對於美國一部分以為發展太空火箭即可對付蘇聯的人們也正是一種教訓，因為七月九日這一次莫斯科的航空檢閱，不但顯示了赫魯曉夫最近幾年一直在利用和平烟幕暗中擴軍，並且也顯示了蘇聯並非只注重太空核子武器，而是同時注意一般武器的。至於對於那些誤信毛澤東才主張戰爭，赫魯曉夫並不主張戰爭的人們，則更是教訓。因為毛澤東固然高喊戰爭，並準備戰爭，赫魯曉夫又何嘗不準備戰爭呢？毛、赫二人不同之處，僅在毛澤東既宣傳戰爭，又準備戰爭，赫魯曉夫則以高喊和平為手段，以掩蔽戰爭準備之暗中積極進行而已。所以，他們之姿態雖然不同，運用雖不同，在實際上準備戰爭則一。他們的好戰是並無實質分歧的。

當然，這也是必然的，因為他們均以赤化整個世界為目標，他們最終目的既不會變，那末，他們對世界戰爭之進行，自非原則問題了。他們的一切原只在用各種手段以爭取時間，他們的戰力一旦超越自由世界時，他們自必就會向自由世界主動進攻，以戰勝自由世界，以赤化自由世界了。所謂和平共存，所謂裁軍，都不過是它爭取時間並以削弱自由世界的一種手段。

所以，歸根結底說來，如果自由世界不趁實力超越共黨集團時主動擊潰以蘇聯為首的共黨集團，則一到適當時期，以蘇聯為首的共黨集團就將主動進攻自由世界了。總之，只要共黨勢力存在一日，鬥爭就不可避免。自由世界與其戰敗而被共黨奴役，何如面對現實趁早主動的擊敗它!?

堅決地否決外蒙入聯合國

季夫

最近柏林的情況顯得緊張，東西雙方都謂抱有「決心」，力求要使對方讓步。美國副國務卿鮑爾斯說：這是由於中共和東德的壓力所促成。這兩個衛星「推迫着赫魯曉夫」，要他「對美國强硬」，並要「在某種程度上，証明他是一個硬漢。」

鮑爾斯並非沒有「眼光」看得到「柏林危機將趨惡化」，因為這危機已是由於蘇聯和東德的行動顯現出來。鮑爾斯也並非沒有「眼光」和不知中共的野心，但是很明顯他對「中國問題」犯了很大的錯誤，這是由於他太過自作聰明的結果。

美國對外政策迄今始終是實行着「跛足外交」。對「德國問題」比較强硬；對「中國問題」就軟弱得近乎可恥。

其實共產國際是一個整體，美國沒有理由在製訂外交政策上採取一貫的傳統的重歐輕亞的路綫，對東德和蘇聯既是採行强硬立場，對中共也就沒有任何理由退縮。

西柏林既不能放棄，為什麼要在外交政策上考慮承認外蒙和在允許中共入聯合國的問題上搖擺不定？

一直到七月廿三日，美國似乎對於外蒙的承認，已不再另作考慮了。華府消息有謂，美國可能擬訂新的「戰術」以阻止中共參加聯合國，但對於承認外蒙古則已成「定案」。

有些消息更謂，美國正在力圖說服中華民國，不得行使否決權以阻止外蒙入會，俾保持其在聯大的席位。

上述消息可能並不正確，但是國際政治上的交易本是千變萬化，誰能保証在外蒙進入聯合國之後。而中共的入會問題會被長期擱置下去呢？

美國本擬設一陷阱，企圖達到延宕或阻止中共入會的，但是這陷阱也可能會成為為國府而設。因為當外蒙進入聯合國之後，國際政客們就有更多的理由去贊成中共之必須入聯合國了！

及至目前為止，尚沒有人能確知台北對比一情勢究竟採取何種決斷。較早時台北方面曾謂將不惜一切否決外蒙入會。如果上項決議未變，則華府是「很難」能說服台北的。

可是鑑於中美聯防協定的前轍，又不能不為台北方面提心吊胆。國府能夠偏安固是出於美國的協助，但國府從此不能自操反攻的主動權也是由於此。

今年，為了要保持聯大席位，國府可不惜退讓一步以不行使否決權阻擋外蒙入聯合國，但是明年又將如何呢？

華府今年可能說服台北，但是台北方面會否自知此項交易決定之後的後果與危險性呢？

因為中共之將進入聯合國，美國已經承認很難再用舊的延宕策畧阻止了。這無疑是說美國在這項問題上，對其他國家的影响力已愈來愈小。美國對阻止中共入聯合國，既經已失去信心，則台北方面又何能對今年外蒙入聯合國掉以輕心!?怎能輕信任何諾言。

這不是說美國不可信，或許是美國蓄意出賣盟友，而實在是形勢之變化，有非美國所能控制的！

台北方面，一才面固要審愼接納美國的意見，但另一方面更應該注意實際情況的統盤演變。

無論如何說，台北方面對於像鮑爾斯之流的行動和言論是應該特別小心注意的。正如上文所說，美國國務院為中共所設的陷阱，也可能成為中美雙方的陷阱的。

中共在現階段，肯定地說是缺乏挑衅的能力的。大陸上的天災人禍固然是迫使它必須愼重考慮，而目前國際政治形勢，無寧說也是對它較為有利，儘管中共也在裝模作樣地反對「兩個中國」。

這些年來，中共一直是被視為「侵畧者」的，現在聯合國內的情況能有變動，主張允許中共參加聯合國的聲浪既在日高，中共當然懂得如何利用此有利形勢。

新的形勢，也可能促使中共考慮到要暫時放棄「用武力解放」台灣海峽沿海島嶼，這也是因為它已明知金馬是非一戰可下的。中共既不能在現階段以戰取勝，自然便會進一步考慮從政治、外交等方面來進攻。

台灣海峽雖然「固若金湯」，但成功湖的聯合國却是漏洞百出。因此可以說，因此中共容或難以奪取金馬，或根本無希望可以奪取金馬，而打入聯合國的可能性則已是存在了的。

基於這樣的情況，我認為首先美國不能自作聰明，不能以為「陷阱戰術」可以困住中共；台北方面也不能輕率地因為取得了一點小利而放棄原定否決外蒙入會的決議。

中美雙方，任何一方在這個問題上走錯了一步，即可鑄成大錯。

千萬不可以為中共無意於入聯合國，或在某種情況之下不會入聯合國。除非聯合國的大門緊閉着。現在經已有相當的多數主張允許容納中共，則不啻聯合國的大門已經祇是虛掩着，輕輕地或用力一推就會洞開的。現在，外蒙入會的可能性已經屆臨確定的階段，外蒙入會後，中共入會問題就會更快地被提出來。

若是能夠盡善地不使外蒙入會，中共的入會問題可能再會有延宕的機會。

希望台北仍堅定立場，否決外蒙入會。

黃啓瑞貪污案續聞

直夫

（台北通訊）台北市長黃啟瑞所發動指使的公車處購料舞弊集體大貪污案，業經台北地檢處沈嶽華檢查官依據偵訊所獲得的貪污事實及人証物証提起公訴；但當權者仍圖予以掩護。他們指使國民黨籍的台北市議員於本月十七日在市議會席上故意指責黃啟瑞用人不當及對人太好。有的還說希望他安心工作，有的甚至希望省政府不要派人代理市長，因為恐怕新來的人不熟識而遺誤市政。其意若曰，台北市長也應和總統一樣，成為終身職，否則終有換新人之一日。所謂恐怕新來的人遺誤市政云云，眞是荒謬已極。

市議會醜態畢露

台北市議會在當權者的導演之下，經過半日的表演，即通過一個名為臨時動議，而實則據說是由鄭彥棻奉命擬的提案：「請省政府在台北市長黃啟瑞涉嫌公事購料舞弊案未經法律判決確定前，暫緩派員代理其市長職務，以利市政而安民心」。如所週知，我們的「總統」繼續連任，而且刻意實行家天下，說是順應全國人民一致的願望，換言之，也就是為了安「民心」。不料如今黃啟瑞貪污案發而猶戀棧不去，也說是為了安民心。我們老百姓的心，竟被當權者如此假借亂用，顯見他們原是一羣沒有心肝的傢伙。

市議會於通過上述臨時動議之後，還設宴招待黃啟瑞，表示慰問。席間，大家遵照導演的指示，頻頻向黃啟瑞乾杯，似乎他貪污舞弊被提起公訴，乃是一種無上的光榮。但最出色的一幕，則是年青貌美的電影明星黃曼也趕來參加宴會，並嬌滴滴的站在黃啟瑞的身傍，任新聞記者拍照。她既非市議員，居然能側身於黃啟瑞的老妻黃朱金鳳尚無緣參加的市議會公宴，更使那天的宴會顯得多姿多彩。

當權者的隱衷

由種種跡象看去，當權者顯然企圖避重就輕，將黃啟瑞貪污舞弊的刑事案轉變而為用人不當和失察的行政責任問題。市議員的質詢是如此，黃啟瑞在市議會的答覆和向報界的談話也是如此。但從沈嶽華檢查官的起訴書看去，黃啟瑞夫婦已承認自市政府總務秘書徐德綸手中拿到存欵單二紙，計台幣二十餘萬元。因証據確鑿無法狡賴；他們乃辯稱，此係借欵。但借欵竟無收據，又無利息，更無還期。徐德綸又是替他管理公私開支的下屬，非富，非親，何來如此鉅欵？又怎肯自作否認而甘受損失？顯見黃啟瑞分得貪污贓欵，已是事實。據其親信某君向筆者透露，他夫婦倆祇得其中之一部份，另一部份則已繳交國民黨中央黨部作競選活動費。這是當權者所以要多方為他掩蓋的主要原因。因為他們誠恐他將秘密全部供出，而使國民黨的「黨譽」遭受到無法估計的打擊。此說據筆者的觀察，似亦有可信之處。

省政府猶疑難決

據報載，台灣省政府主席周至柔曾於本月十七日下午召集民政廳正副廳長陳錫卿，張騰發及人事室主任汪治隆舉行會議，研討應否將黃啟瑞停職的問題，歷時約一小時。會後周向聯合報記者說：「我們曾就有關法令與過去案例詳加檢討，但未作決定。」所謂過去案例，即指前嘉義縣長李茂松，宜蘭縣長甘阿炎，因案被起訴時省府均予停職而言。聞小圈子內亦有人欲乘此時機奪取黃市長的地位而代之。其所持的理由是：案件既已發展至此，與其欲蓋彌彰，不如暫予免職，藉以緩和輿論。俟風波平息後，再派其他重要工作，以酬其忠貞，較為兩全。據說陳誠已表示首肯；但蔣經國仍主張應掩護黃啟瑞到底。省政府所以遲疑不決的原因，即在於此。因是之故，黃案將來的演變如何，尚難預斷也。

台灣的選舉何價

達人

（台中通訊）台灣省議會於本月十八日舉行省政總質詢時，省議員林蔡素女向周主席提出了一個本省各級選舉的費用統計。據稱：以第六屆鄉鎮民代表而言，候選人計一〇六一七人，當選六八三四人，每位候選代表平均花費一萬元，即需一億六百萬元，代表會主席每人平均約花費五萬元至十萬元，副主席約費半數，全省三百六十五鄉鎮，以兩組競選計花費一億多元，第四屆縣市議員候選人一六二一人，當選一〇二五人，每一候選人平均約花五萬元，即需八千多萬元，議長花五十萬元，副議長半數，即需三千多萬元，合計三億多萬元，第四屆鄉鎮縣轄市長候選人五六三人，每人平均花費十萬元，即需五千六百卅萬，第四屆縣市長候選人卅五人，每人平均花費一百萬元，即需三千五百萬元，二屆省議員候選人一二六人，合計亦需花費六千萬元，以最保守的估計，各種選舉一次，共需五億元以上，其他水利會、農會、村里長改選及省議會議長的選舉，尚未計算在內。」她還說：「這是最保守的估計，實際的費用，絕不止此數。」

本來，選舉花錢，乃是常事；但今日的台灣則盛行賄選，尤其是三屆總統選舉以後。上焉者既以增加國代待遇來換取選票，下焉者當然要直接以金錢換選票了。某民營報於二十日特著短評，指為「選災」，並慨嘆「災情慘重」，可知賄選之風是怎麼的普遍和深入了。

奉命不上訴、上訴仍駁回

疑今

（台北通訊）民國四十七年五月，台灣南投縣前任縣長李國楨，涉嫌與地政科長何西共同貪污瀆職，經台中地檢處檢察官黃向堅偵查屬實，提起公訴，被地院宣判無罪，黃檢察官不服，擬具上訴狀，呈送首席檢察官延憲諒核定；延首席竟在卷上批「奉命不上訴」五字，一時輿論嘩然。黃檢察官迫不得已，逕向高等法院上訴。但拖延三年，日前始以逾期一日為理由，裁定「上訴駁回」，惟同案的何西，則又改判徒刑。為什麼同一上訴案，關於縣長李國楨之部則被認為逾期而不受理，關於科長何西之部則又不被認為逾期而予以受理呢？這似乎祇能說是我們的司法獨立，另有其特徵吧？本月十七日聯合報曾賦打油詩一首，並附序言以誌不忘，特節錄序言之一段及打油詩全文於下：「本案二審，歷時三年，最後只落得「上訴駁回」四個字，了結一樁公案。縣長與科長，雖屬「有志一同」，共同瀆職，然以「八字」不同，致有幸、有不幸耳。是以同案李國楨部份上訴駁回，不予受理；而何西就部份卻又受理，改判徒刑。事關訴訟程序，自不敢妄置評。但心中總覺「彆扭」，乃謅打油詩以遣之：「奉命不上訴」，上訴已逾期；貪官可無罪，廉吏何須為？「奉命不上訴」，上訴惹是非；寄語五斗吏，莫與上司違。「奉命不上訴」，上訴遭駁回；休唱清官冊，徒有濁世哀。「奉命不上訴」，上訴亦枉然；三年四個字，留與後人看。」

層出不已的貪污案

台北縣政府秘書室職員楊孟顒於去年十一月板橋國校呈報所用木質印信之字跡模糊，不堪再說，請准換發新印時，乘機簽請將縣屬機構，全部鑄換新印。經縣長批准，即與板橋鎮華文刻印店勾結議定將銅印造價由每顆二百七十五元左右的市價提高為每顆三百七十五元。並通令縣屬各國校、各水廠、各警察分局、各衛生所、各地政事務所及一切附屬單位，一律備價向刻印店換發銅印。計首批銅印共二百〇七顆，約收回扣二萬餘元。本案經縣刑警隊偵查四月，即將移送法院審訊。至於縣府其他人員，尤其是那位批准通令所屬機構一律鑄換新印的縣長，是否有關係，縣刑警隊既未有所佈公，記者也自好存疑了。

陽明山會談的名單之謎

宣平

（台北通訊）所謂陽明山會談，第一次的已經舉行過了。聞當權者在表面上雖宣傳會談極為成功；但幕後的檢討，則認為已經失敗。第一，是會談期間海內海外都沒有預期的反應。而台北的輿論雖不敢明言，但卻於字裏行間盡量表露人民並沒有嗅到一點兒團結的氣氛。第二，是海外被邀請的工商界不但在社會有聲望者多裹足不前；即過去曾與台灣有業務上的關係者，一旦稍有辦法時也站在傍邊冷笑。第三，是已來的人也只有興趣於在商言商，始終無法掀起「效忠領袖」的高潮；而這一點，在蔣「總統」父子看來，是絕不可少的。因此之故，他們對於第二次的文教界會談，也就不得不格外小心了。據悉：因為原擬多邀留美學人（預定五十人）的計劃不售，蔣經國乃主張在香港多邀若干人以資塡補，而免冷場。他並且擬了一張四十人的名單，簽經蔣「總統」批准，其中多屬海外特務人員和雇用嘍囉。為了造成既存事實，他更密令駐外特務機構負責人先行接洽。不久以前，台港兩地某些報紙所刊載的名單，即係由此而來。陳誠見報後，查詢眞象，得悉前情，勃然大怒，立飭籌備處予以否認。但袁守謙不願首當其衝，乃囑該處發言人袁觀賢於本月十八日發表談話。據稱：第二次會談的與會人士名單，迄今仍在審議階段，該處亦未派人赴海外聯絡。港台報紙所傳種種，並無事實根據云云。聞陳誠仍擬多邀請留美學人，日前黃季陸赴美，曾奉命應以全力爭取。但結果如何，尚不得而知也。尤其是蔣經國的所定名單既受阻碍，他很可能又將另出妙計從中破壞。看情形，當權者的內部鬥爭正方興未艾也。

宣傳之技已窮

第三次會談的名單，當權者在最初的階段，還自吹自擂的散佈消息，說反共而不愛國者將不被邀請。他們的傳統慣技，本來是給主張民主改革的反共人士戴上紅帽子，藉以証明全中國人祇有他父子倆才反共。後來也許自覺無聊，才發明了反共而不愛國這一新鮮名詞。但與官方有關的台北英文中國郵報，亦認為不以為然，曾在不愛國三字之下，加了一個頗為幽默的小註，指出所謂不愛國即不親國民黨之意。當權者原以為此一消息發出後，必然引起海內外民主反共人士的指責，然後順水推舟，表示接納衆意，而作廣泛的邀請。如此，即可將海外的民主反共人士誘騙來台，而使一人一姓的政權頻添若干點綴。不料海外民主反共人士置之不理。於是又改變語調，說三次會談時，平素猛烈抨擊政府的旅居海外人士亦將被邀請。並說：某也，某也即將來台，某也已提出釋放雷震為條件。此種卑劣的宣傳，初時確也一度在此引起注意。但時間稍久，即顯出其買空賣空的本來面目。

至於在台的某某兩黨人士，雖然也有熱心分子，渴望能參加陽明山三次會談；但當權者總認為他們不够份量。而他們流亡在海外的領袖人物雖則又對此甚為厭惡。因此，當權者絞盡腦汁，迄未獲得良法，此三次會談名單之所以遲遲未決也。然而這並不是說：三次會談將無法舉行。當權者有的是台灣同胞的血汗和美援，以咱們中國之大和人口之多，自然不患沒有人來的。

分析中共與北韓的所謂友好合作互助條約

劉裕畧

大陸之窗

據中共新華社七月十五日訊：北韓首相金日成此次除與蘇聯訂結友好合作互助條約外，又與中共在北平締結了所謂「中朝友好合作互助條約」。幷發表了「聯合公報」。

對於這一個條約，外間有兩個說法，一個說這是防禦性的；一個說這是中共與蘇聯之間有距離，為了各自爭取北韓，所以中共與蘇聯各自分別與北韓訂約。其實這兩個說法都完全錯誤。

先說第一個說法，金日成回平壤後曾於七月十五月的羣衆大會上表示：「朝蘇兩國和朝中兩國友好合作互助條約，同樣地表現了我們三個國家人民保衛和平的願望，因為它們是保衛我們人民的安全和革命果實使之不受帝國主義侵害的防禦性質的條約」（見七月十六日人民日報）。事實上，共產黨人所謂謀求和平的說法，原不過是謀求侵畧的一種飾詞。因之，他所謂防禦，也就正是準備攻擊的一種手段。這一點，可從金日成在平壤的同一講話中所說「我們黨和我國人民所担負的最重要的國際主義義務，首先是勝利地完成朝鮮革命，不斷加强所有社會主義國家的團結、合作，從而有助於加强整個社會主義陣營的威力和實現國際工人階級的偉大事業」，證明北韓及整個共黨陣營的企圖是在赤化全世界，而不僅僅在於防禦。

再看七月十五日發表的所謂「中朝聯合公報」，它說：「雙方堅決支持老撾、南越、日本、阿爾及利亞、剛果、安哥拉、古巴和亞洲、非洲、拉丁美洲其他國家的廣大人民反對帝國主義和殖民主義的爭取獨立和民主的正義鬥爭」。更可證明它們的目的，不但不在防禦方面，且其攻勢還指向整個自由世界的廣大地區，它們企圖赤化世界之心，昭然若揭。

當然，它們的野心既然如此龐大，甚至有人還以為北韓與蘇聯中共締約的目的只在防備南韓軍人政權之進攻，那就更不切實際了。（南韓內部問題尚多，軍人政權亦尚未穩定，目前是根本說不上去進攻北韓的。）

至於說這是中共與蘇聯分別爭取北韓的說法，這也完全是一種錯覺。這一錯覺是由於許多人根本不明瞭蘇聯與其它共黨政權之間的基本關係。它們之間的關係原本只有兩種形式，一種是狄托式的形式，它雖是共黨政權。但却與蘇聯爭平等，爭獨立；另一種便是東歐共黨政權之附庸形式或曰衛星形式的，它完全接受蘇聯領導，名義上雖仍保持為一個國家，實質上則對蘇聯已無國家主權可言。而中共政權與蘇聯之間的關係則屬於後一種形式，卽東歐附庸形式，或曰東歐衛星形式。既是這一種附庸形式，所以，它是根本不可能與蘇聯來爭取北韓的控制權的了。

對於這一點，「中朝聯合公報」有一段話，尤有意味。它說：「在會談中，雙方重申，始終不渝地忠實於一九五七年莫斯科會議宣言和一九六〇年莫斯科會議聲明，加强社會主義陣營間和國際共產主義的團結」，「雙方一致認為：以南斯拉夫領導集團為代表的現代修正主義是當前國際共產主義運動的主要危險，必須同它進行主要的鬥爭」，這就可見中共完全反對走狄托式的中立道路了，既甘心做蘇聯的附庸，既決不走與蘇聯爭平等爭獨立的路，那末又何能與蘇聯來爭取對北韓的控制權呢？

仔細研究所謂「朝蘇協定」與所謂「朝中協定」，再看「中朝聯合公報」所說：「朝鮮人民堅守在社會主義陣營的前哨」，與金日成平壞講話的最後一句結語所說「我們黨和我國人民今後也將高舉馬克思列寧主義和無產階級國際主義的旗幟，同蘇聯、中華人民共和國等社會主義各國人民堅强地團結起來，……并將牢牢地保衛社會主義陣營的東方前哨」等語。可知蘇聯與中共皆認為北韓是整個共黨集團的東方前哨，這一次的「朝蘇協定」與「朝中協定」端在加强這一東方前哨的地位和戰鬥力，以便在東方進行戰鬥而已。

大陸零訊

陸聞

中共盛大慶祝外蒙「革命四十週年」

據新華社七月九日電：「首都各界人民今天晚間舉行盛大集會，隆重、熱烈地慶祝蒙古人民的光榮節日——蒙古人民革命勝利四十週年。中共中央副主席、國務院總理周恩來、中共中央政治局委員、國務院副總理陳毅、國務院副總理習仲勛、全國人民代表大會常務委員會副委員長郭沫若、陳叔通出席了慶祝大會」。

我們曉得：外蒙乃中國領土，蘇聯對外蒙進行帝國主義式侵畧，外蒙才在蘇聯强迫下搞所謂「獨立」，從而脫離偉大的中華民國的，但這不僅違背外蒙同胞的意願，亦是整個中國之耻。中共反在北平舉行慶祝，足見中共絕不愛國絕不知恥之一斑。

中共與外蒙訂通商條約

不僅此也，為了討好蘇聯主子，中共復命所謂「全國人代會」於慶祝外蒙「革命四十週年」之日，通過了中共與外蒙的通商條約。

據新華社七月九日電：「全國人民代表大會常務委員會今天舉行第四十次會議，會議決定批准『中華人民共和國和蒙古人民共和國通商條約』。」所謂「全國人民代表大會」之不能代表全國人民，於此更足証明。

中共撤銷班禪堪布會議廳

自達賴喇嘛由西藏逃亡印度後，班禪內心深蘊反共意識的說法亦隨達賴之抵達印度而散佈開。雖然，最近所傳班禪已被扣的消息未必屬實，但中共業已採取步驟以削減班禪的權位則甚明顯。

據新華社七月九日電：中共人代會九日開會時，「還討論了西藏班禪堪布會議廳委員會申請結束班禪堪布會議廳委員會的報告。根據班禪堪布會議廳委員會的請求，國務院全體會議通過了關於結束班禪堪布會議廳委員會的決定」。

對此，中共雖說班禪堪布會議廳之結束，係因班禪堪布會議廳之自行請求，但我們曉得它之設立乃根據中共中央人民政府之命令，而非自行成立者，中共中央不叫它撤銷，它如何能自行請求結束。可見中共如此云云，意在淆亂外間聽聞，並避免外間指責耳。

重劃遼魯浙湘等行政區

為了便於控制，中共已一再重劃大陸各省之省區。譬如四川，中共最先嫌其大，乃不成立省，而分設川東、川南、川西、川北四個行署，以分治之。隨後又恢復省的組織，最近，為了便於經營西藏，竟又將西康省撤銷，併入四川省，使川藏接壤。又如中共曾在中原地區設立平原省，隨後又予以撤銷，於此，都可見中共舉棋不定，任意胡鬧之一斑。據新華社說：七月九日人代會又「通過了河北、山西、蒙古自治區、遼寧、山東、浙江、湖南等省、區的縣市行政區劃變更事項」。

何香凝成了百搭

廖仲凱未亡人何香凝本是國民黨老黨員，但為了「夫死從子」的關係，便拋棄了國民黨，醜顏事仇，做了共產黨的傀儡。十二年來，一切靠攏人士中，實以何香凝串演的傀儡角色為最多。除了它曾經為了點綴中共的各種場面，曾以什麼華僑事務委員會主任、國民黨革命委員會中常委及主席、政協委員、人代委員等身份出現外，這一次，中共舉行建黨四十週年慶祝，人民日報刋出一幅巨大像片，毛澤東等分別與慶賀代表握手，此一慶祝代表是誰呢？却原來又是何香凝。何香凝又以什麼身份代表「全國人民」去向中共慶祝呢？把人民日報仔細一看，何香凝竟又是「工商業人士」。何香凝何日成了「工商人士」？誠不得而知，做的是什麼生意？亦不得而知，但她是中共傀儡劇中之百搭則由此可知了。

僑鄉簡訊

鍾之奇

海南島瘧蚊多

雖然，十年來以來，中共早已吹噓大陸無蒼蠅無瘧蚊等蟲類了。但直到如今，大陸各地共報仍在不斷報導滅蚊和打蒼蠅的消息，這就可見蚊與蒼蠅等害蟲在今日大陸仍是和共幹一樣在橫行的，仍是和中共政權一樣在吸食人民血肉的。據七月十九日中共控制的香港大公報「廣州專訊」說：「從一九五九年初，至今年夏天，曾在瓊中區連續展開了六次大規模的滅瘧運動，包括治療、滅蚊和防治措施。……此外，整頓環境衛生、滅蚊、消滅幼蟲滋生等工作，都經常舉行。可見瘧蚊並未撲滅，而是經常的存在着，否則，何必要舉行大規模的撲滅運動。本來，像中共這樣奴役人民，使人民作過度勞動，而又吃不飽穿不暖，人民身體虛弱，又如何能夠抵抗瘧蚊的進攻呢？

福建水災後肥料更缺

據北平出版的中共人民日報福州七月十六日專電說：「福建省去年和今年多次遭受颱風和特大洪水的襲擊，受災地區肥料被冲失很多」。又說：「早稻由於基肥不足，禾苗生長較差」，又說：「在加强積肥同時，還鼓勵社員開展家庭積肥」、「打掃街道，疏通溝渠，清理猪牛欄、厠所、積造土雜肥。運積大量垃圾、糞便、污坭等」，這都可見福建農田缺肥的情形，災後比災前更見嚴重了。

廣東化肥廠品質差

由於肥料不足，已是大陸鄉村人民公社的普遍現象。為此，中共遂勒令各省共幹盡量修建小型化肥廠以謀挽救。廣東地區亦復如此。廣東地區之小稻、薯類、豆類等農作物原以施用過磷酸鈣肥料為最適宜。但，而生產過磷酸鈣則需大量硫酸，所以廣東共幹便以多建硫酸廠來着手。但由於被奴役的工人並不熱心工作，所以廣東各新建肥料廠出產之肥料，品質異常低劣，通常原本規定過磷酸鈣有效含磷量必須達到百分之十四以上，但各廠均未辦到，以致各地農戶頗有怨言。對此，中共才又嚴格要求各肥料廠注重品質。據七月十六日人民日報說：廣東各廠現已「製訂出化肥生產的技術操作規程，並為各地培養了一批化驗技術人員，加强產品的化驗分析工作」。但化肥品質仍甚低劣，於是「汕頭專區各化肥廠教育職工樹立質量第一的思想和對農業負責的嚴肅態度」之後，又更進一步「建立產品質量的三級負責制（卽小組、車間、廠三級負責），嚴格執行操作規程和配料比例，加强生產過程中對半成品的化驗檢查和成品出廠前的質量檢查工作」，以奴役工人。但工人在被迫下從事工作，其工作效率總是不高的。

廣東大量增殖淡水魚

淡水魚是香港的主要食物之一，惟其如此，所以中共中央對外貿易部門便命廣東各級共幹盡力繁殖淡水魚，以便中共換取外滙。

據中共公佈：廣東省今年已生產了鯇、鯪、鰱、鯉等類魚苗四十六億八千多萬尾。比去年同期增產約三分之一。但其中四十二億多尾是從江河中捕撈的，眞正人工孵化的只有四億多尾，這些魚苗除供廣東全省繁殖外，並供廣西、江西、福建等地繁殖。但所有淡水魚都由中共統銷，故養魚農戶之生活則並未因此有絲毫改善云。

各地歸僑被迫從事奴役

十年以來，中共誘騙了許多華僑回到大陸，這主要原因，是華僑熱愛祖國，華僑都有「落葉歸根」思想，而這些華僑又不明瞭中共政權之性質，因而誤聽了中共的騙人宣傳，於是華僑中有一部分人回到大陸，其中尤以東南亞地區的華僑為多。隨後，中共騙人的宣傳逐漸被人揭穿，三反五反之後，各地華僑回大陸者已銳減。但近年又因印尼排華，中共無力護僑，遂勸誘印尼華僑回大陸。因之，印尼華僑被騙回大陸者頗多，但中共除勒索其全部錢財外，復勒令這些從未幹過農礦工作的華僑下鄉種田，下礦挖煤，故華僑皆痛苦不堪。茲據中共控制的香港大公報七月廿二日報導：安置在廣西各工礦的華僑，「他們中大部分是去年從印度尼西亞、柬埔寨等國回來的。據不完全統計，一年來，歸僑被評為年、季的生產標兵、紅旗手、先進生產者和先進工作者的有一百八十多人。」歸僑被奴役之衆，歸僑被强迫勞動之殷，由此可見一斑，由此証明「華僑歸國可以享受」之說，全係謊言。

行動黨晉入攤牌戰

俊華

星加坡政局正在急激地變動，曾經以壓倒優勢統治星洲的人民行動黨，在最近這幾天情勢的發展下，好像失却控制似的踏入了危機的階段，並且爲了危機的迫逼而採取了「攤牌」！

在議會五十一議席中佔有四十三席位的人民行動黨，本來正像一位擁有豐厚財產和金融機構的富翁，誰知一旦「擠兌」，就算是只有幾十塊錢存戶的起碼財主，也就成爲政治豪門的索債者！終於，百萬富翁也只有使出最後的力量，廣東話所謂「冇碟揸老虎」——「盡此一煲」——而作信任投票，最後的攤牌。

人民行動黨其將在朝乎？在野乎？就看這一投票。

迅速陷入危機

於一九五九年奪得政權的人民行動黨，擁有議會席位百份之八十以上，照理應該是垂拱而治了！誰能夠向這麼壓倒優勢的執政黨挑戰呢？可是，在並不算太長的二十二個月之後，形勢「突變」了。

如果說政治這東西有什麼興趣的話，主要點就在於突變，在突變之下，新奇、變幻莫測，使到觀衆不能不提心弔胆地一路看下去，非到一齣完了，不能放棄。那便是「政變」中戲劇性的吸引力。像「秦皇掃六合」，却崩潰於陳勝揭竿的發難；拔山舉鼎的項羽，烏江之濱只餘兒女情長！也許就是爲了政治這戲劇性變化的緣故吧，所以投身政治的海洋的人們，都不管波瀾沒頂，只希望「黃袍加身」。假設時無英雄，豎子也可成名的啊！

星加坡的政局，是不是到了這麼一個階段？「羣雄逐鹿」的階段呢？人民行動黨政權，初次挫敗於五月末的芳林區補選，再受七月中旬安順區補選失敗的打擊，終於引致外力的窺伺，內部的分化，達到這幾天來突變的階段。芳林區補選中行動黨集中全黨力量，而敗於脫黨的王永元一人之手，使人們有「一葉知秋」的看法，是統治權到達顚峯狀態後向下坡開始的破綻。安順區補選被一個小黨工人黨領袖馬紹爾所擊敗，（雖然馬氏曾任前首席部長）更顯出統治力量的動搖。而安順事件中所發現的八議員反黨，更演變爲職工會的分裂，這已是「心腹之患」，使人民行動黨迅速陷入了「危機」！

「安順會戰」檢討

「安順之役」的必然會是劇戰，是在選舉前便已確定了的。李光耀在行動黨的安順補選競選大會中，便早已對黨員發出預言式的警告，說是「倘若安順補選失敗，勢須大選」。另一方面，林有福的人民聯盟，則聯合巫統、馬華、印國大三黨，以四黨聯盟姿態，參加角逐，並聲明此一聯合，乃出於東姑拉曼的指示，以馬來亞聯合邦爲背景。馬紹爾以他曾任首任部長的老資格，逞其本身職業律師的雄辯，呼「李光耀皇帝」而罵之，極能聳人聽聞。於是馬紹爾（工人黨），馬穆德（行動黨），朱佩珩醫生（四黨聯盟）三頭健駒，晉入安順會戰。

事前人們以爲，行動黨有執政的便利，擁龐大力量，鑑於芳林的失敗，出全力企圖在安順挽回。究竟還是熱門。假如行動黨不行的話，那就應該是四黨聯盟跑出頭馬，因爲四黨的全力，馬來亞聯合邦的支持，是物望所歸，不可輕視。「馬來亞支持」的背後意義，便是他們能够迅速妥洽辦好星馬合併，優於其他政黨。

馬紹爾雖曾任星洲第一任政府首席部長，可是他以前的政黨是「勞工陣線」，其後交給林有福，改組爲「人民聯盟」，林有福乃繼馬紹爾爲首席部長，人民聯盟雖被行動黨擊敗而下野，但林有福仍爲議員，掌握黨權。這也即是說，馬紹爾並沒有「舊班底」。

說到馬氏的工人黨，它雖以工人爲名，可是星洲最大的幾個職工會，都掌握在人民行動黨手裏。以前星洲若干次轟動世界的大暴動，是他們；行動黨能奪得五十一席中之四十三席，也是他們；行動黨一九五九年大選勝利，李光耀膺命組閣，親與星督談判：「若非釋放行動黨因暴動被拘之議員林清祥及以下職工會領袖黨員八人，則拒組閣」。也是他們的聲勢。換句話說：「工人」在行動黨旗下，馬紹爾沒有多少工人。

馬紹爾雖然「眩耀個人的才華」，但在個人政團選舉競逐中，個人所佔的分數不多，假設以「聲望」來說，魚雷艇長甘廼廸擊敗統帥艾森豪，是不可思議。

說將起來，在「貼士」中，馬紹爾這頭馬貼出的希望不高，但安順會戰的結果，獲選者竟是馬紹爾！

「黑馬」馬紹爾

冷馬！冷馬！或可以說，熱門中的冷馬。於是，問題來了；爲了什麼緣故？什麼幕後原因與背景？

倫敦泰晤士報說：馬紹爾下野四年之後重返星洲立法議會，「是凶兆的開始，前面擺着麻煩與不安」。路透社星洲電訊說：馬紹爾在補缺選舉獲勝，「星極左翼得勢」。

如果說馬紹爾以前的政治經歷，他應該是右翼，人民行動黨方才是左翼。現在既說馬紹爾獲勝是左翼得勢，即認馬紹爾是左翼了，那麼，人民行動黨豈非是右翼嗎？

不錯，英國人對星洲的事情，總該不至說錯。那麼，是誰錯呢？錯的人多着呢！把李光耀看作共黨同路人的那些人，就都是看錯了。

原來行動黨於星洲政黨中，雖爲左翼，但李光耀杜進才吳慶瑞等，都是行動黨中的右翼。

行動黨本身另有左翼，那便是議員林清祥和職工會領袖方水雙那一批人。林清祥在林有福時代之所以身爲議員而至下獄，便是星洲大暴動中他親自駐在職工會內，指揮工人與軍警作戰，當塲被捕證據確鑿，被判了兩年徒刑的。

而在這次安順補選中，林清祥等八名議員，突然使出他們的力量，幫助馬紹爾。

人民行動黨的八議員，陣前起義，人民行動黨主流派，以總理李光耀爲首的陣營，被自己人「從背後拔刀相向」！

現在行動黨是內變了，「不安和麻煩」，就在於此。

八議員倒戈

八議員的將被行動黨開除，是必然的了。就算黨當局不開除他們，他們亦會另樹一幟的。或者，暫時利用馬紹爾，表面是他們擁戴馬紹爾，實際是馬紹爾及工人黨被他們所吸收。因爲實力並不在工人黨，而在職工會，但六個重要的職工會領袖，行動黨政府原來都給予官職兼差以爲籠絡的，這次參加了倒戈，跟隨林清祥投馬紹爾的票！

於是，對職工會的爭奪開始了，林清祥領導下的左派職工會領袖，公開抨擊李光耀。溫和派蒂凡那所領導的工會，則維護政府，向左派工會反唇相稽。原來，他們及其工會，都是人民行動黨的。現在，職工會分裂，行動黨也分裂了！這分裂，使到原來拒絕馬紹爾「李光耀辭職」要求的李光耀，竟向黨主席杜進才辭職。但黨當局認爲李光耀不能辭職，於是迫至由議會舉行信任投票，倘若投票失敗，就是大選。

行動黨主流派說：「是共產黨製造此次政治危機，意圖接收行動黨，或予以粉碎。因星馬合併展望較近，而合併不利於共黨控制星洲，故危機乃急迫來到」。行動黨抨擊共黨，向來未有如此露骨。現在總算是攤牌了，攤牌的第一關，就是明天的信任投票了。

（七月十九日，吉隆坡通訊）

中共的「沉重包袱」

·丁順·

中共青年團的「中國青年」半月刊，日前曾針對青年幹部的思想和行動走向腐化途徑而發出了凌厲的指責，說：「目前黨團員都普遍存有一個『沉重的包袱』；這包袱就是個人主義。他們無論幹甚事，總是爲個人打算，時時不忘自己，事事計較自己的利益，這實在是一個禍根」。該半月刊最近又說：這個「包袱」近來越來越顯得沉重了！

所謂越來越沉重，據該半月刊指出，就是有黨團員祇知謀求自己個人的私利，竟不惜隱蔽「反共份子」，因而使到「黨團」的政策」，隨時受到破壞：邇來已經常發現，有些團員表面上雖然穿上幹部的衣服，而骨子裏卻是表現着「敵人」的行徑，也有些團員脖子上掛着「馬列主義」的招牌，口裏哼着社會主義的高調，說起話來堂皇冠冕，可是做起事來却儘是爲着私人的權益着想，這個「沉重的包袱」，現在顯然已達到極其嚴重的程度！

從該半月刊這一番「偉論」來觀察，正足以使我們了解到，中共的內部的矛盾，刻已日趨擴大；同時也反映出，反共的潛力，已深入到中共的心臟。換言之，就是中共的「黨團」員中，現在正潛伏有了許多是反共份子。這些反共份子，都是躲在中共黨團員「個人主義」的溫床中。

中共的「沉重包袱」，果然是越來越沉重了！

僑鄉近訊

中共加强農民奴役强度

·江水·

中共刻正在各省農村推行一項遍設「服務網」的計劃；據中共解釋，這是爲着要「提高農民的勞動强度」。其實，中共這項計劃，是提高農民的奴役强度吧了。七月二日，該項計劃的實施，係採取下列三種形式：（一）由國營商業機構，直接在各村鎮建立服務站或修理站，開展「賣甚麼修甚麼」的服務活動，一面加强對農村的物資搜刮，一面遏制了農民對農具提出「修理不及」的推諉；（二）是以手工業爲主的服務站，其活動原則爲「生產甚麼修甚麼」，主要的修理對象係籮、筐、箕、篸等物；（三）是生產隊的「自我服務站」，這種服務站是在「公社」領導下而逐村逐隊建立的，共方還指定了四十多種服務和修理項目，係以不斷提高勞動程度爲最高原則。共方還透露：爲了保証和促進上述三種服務形式的徹底完成，將訂出一項細則，使各村鎮的每一個「公社」社員，都必須納入一種以上的形式組織中，提高各一社員的勞動程度，大力展開各項服務和修理的工作。——這樣，每一農民的勞動力，都將被一點一滴地壓榨殆盡了！

大陸工商界遭受進一步迫害

大陸工商界人士，現又受到中共進一步的迫害。頃據廣州工商業人士傳來消息稱：自七月中旬起；中共已向工商界提出所謂「六好紅旗競賽」。「六好」就是：（一）促進生產好；（二）貫澈政策完成任務好；（三）服務質量好；（四）經營管理好；（五）學習檢討好；（六）安排生活好。在這項競賽中，中共除了把目前商業系統的職工投入「組」與「組」的競賽外，並要他們投入「人」與「人」的競賽。中共這項新措施的目的，就是要將所有的工商業從業員，都受到社會主義「政策」的支配，而毫無些須自由活動的餘地。換言之，就是中共拿出上述的一連串「競賽」來對工商界展開新花樣的奴役，把他們的血汗一吮，再吮，必要吮得乾乾凈凈才肯罷休！

旅伴（上）

盛紫娟

從中午起，人龍就已在碼頭附近的那條街上排得老長，一開始檢查放行，人們就緊張起來，嗡嗡的談話聲，低低的飲泣聲，及喃喃的向海關人員求情的聲音交織成一片。淡月雖然嘴裏含着粒太妃糖，裝出滿不在乎的神氣，其實她的那雙腿正在微微發抖。雖然不過是晚春時節，可是南中國的天氣已使她熱得受不住了，汗水早已浸透她那補綴過的白襯衫，汗珠不時由額角淌下，她手中那一方小手帕，已用得發酸了，但她仍不時用牠去擦額上的汗。她身上那條藍布長褲，似乎比過去重得多了，熱哄哄的纏着她的腿。她隨着人龍蠕動，不安地望着她那幾個大張着口的黑倉房。站在她前面的是一位瘦弱的老太太，從她的膚色、頭髮及衣服看來，這是位過去家境不壞而喜愛清潔的老婦人。淡月突然想起自己的祖母，也是這樣可敬的老太太，可惜已在去年死了，心裏不由得感傷起來。站在她身後的妹妹淡如，突然拉了她一下，她並不回頭，只是低低的問：「什麼事？」

「你看，那些標語！」她偷偷指了右邊的牆。淡月不經意的看了一眼，在心裏唸着：「走私犯是國家最大的敵人！」「坦白者無罪！」她撇了下嘴角，對妹妹說：「我們又沒走私，你這大驚小怪做什麼？」但資質魯鈍的妹妹仍喋喋不休的說：「昨天我們不是買了兩磅糖果，兩雙皮鞋……」淡月不耐煩地打斷她的話：「別自找麻煩吧！我不是告訴你少說話嗎？你要是撞出禍來，我們兩個人這一輩子也別想見到媽了。」

「我好心提醒你，……」淡如像一隻執拗的驢子一樣，預備發脾氣了；淡月馬上拍拍她的肩表示歉意，她仍不滿地嘰咕了一陣，見姐姐不出聲，便自以為取得了勝利。正在這時，有三個穿淺灰「列寧裝」的漢子，邊走邊向排隊的人說：

「誰帶了金、銀、照像機、首飾、人民幣……快些交出來，這是最後一次坦白的機會了；如果現在不坦白，到檢查時查出就當作走私犯處理：……」淡如鬼頭鬼腦地拉了姐姐一下，悄悄說：「走私犯是要槍斃的，你知道嗎？可是我們得偷偷帶一點錢……」淡月狠狠地瞪了她一眼，叫她住嘴，但三人中的一個似乎已聽到了，便走到她們的面前停住了說：「一分錢也不能帶啊！快些把錢拿出來吧！」淡如一面從褲袋中掏出所有的「人民幣」給他，一面問：「同志，我們帶了點糖果，兩雙皮鞋，算走私嗎？」那人笑笑，搖搖頭走開了。淡月的臉色氣得發青，一面暗自慶幸什麼也沒告訴她。突然站在她前面的老太太哭起來了，她抬頭一看，有一對夫妻模樣的中年男女，及四個橫眉豎眼的女孩子對那老太太指手劃脚的說着什麼，她雖沒聽清楚，但已猜出他們叫她拿出什麼東西來。那老太太像小孩子那樣，眼淚鼻涕直流，搖着白髮蒼蒼的腦袋，不停的說：「我一輩子，辛辛苦苦只留下這一點東西，我要留作棺材本呢！我不給，我不給！」

那個年紀最大的小女孩子，尖着嗓子說「『人民政府』不叫你帶，你哭又有什麼用？到了香港舅舅會給你買的……」

「別理她，海關上的同志沒收了她的，她就老實了。」另一個說。那個中年女人拉住老太太的手說：「媽，這幾年我是對不起你，但你的積蓄不能帶去，難道你寧肯扔了也不肯給我們嗎？」

「你們騙我：……」老太太抽抽噎噎的哭着說，一面用昏花的老眼，看着周圍的人，彷彿希望有人出來為她打抱不平，但人人都用漠不相關的眼神望着她，她才不由已的喃喃着：「一輩子，我存了一輩子呵！」

淡月突然感到鼻頭發酸；老太太從她的臉色似乎發現了什麼，輕輕叫着：「姑娘，是眞的不讓帶嗎？」淡月無可奈何地點了下頭。老太太的親屬立即七嘴八舌地說：「誰還騙你，想圖謀你那點東西？」

「你在我們家吃住了那麼多年，我們可沒跟你算過帳啊！」

「哼，沒良心！」

這時，那三個人又走了回來，一面仍說着那幾句話，最後在這一家人面前停住問：「什麼事？」

那個中年男子立即彎了兩彎腰，露出小商人特有的笑容說：「我岳母要到香港投靠她兒子去，想帶着積蓄……」三人中那個領頭模樣的人，沒聽他說完，就對老太太用異常親切的態度說：「我也知道你捨不得放棄一輩子的積蓄，可是你帶到香港去也沒什麼用啊，人家會騙了你的；再說政府的法令你能不遵守嗎？你若不願將東西給你的女兒、外孫女，就捐給國家吧！」說完便又往後面去了。這下子，老婦人不曉得怎樣辦了，眼淚汪汪地抬起自己的兩隻手，淡月和淡如不轉睛地盯着她那雙乾枯得像鷄爪似的手，看見每個手指上都套着大大小小的戒指，有金的、有紅寶石的、有翠的……；前面的人龍已消失了，眼看就要檢查她了，她才慢慢地、肉痛地將戒指一個個地摘下，戀戀不捨地玩賞一番之後，才交給圍着她的那些女孩子。她們興奮地嘰嘰咕咕地說着話，淡月隱約地聽到一兩句：「我早就想要這個戒指了！」

「你已經有了一個大的，這個給我吧！」

「我要這個！」她同情地看了老婦人一眼，見她搖搖幌幌地像是站不住了，不自覺地伸手扶住她說：「想開點吧，老太太！您到了香港後，您的兒子一定會給您買各種好東西的！」老婦人沒有搭腔，痛楚地將臂上的玉手鐲也脫下來了。還有一個人就輪到她檢查了，她卻不慌不忙地掀開了衣襟，從內衣袋中掏出一捲鈔票，一張張地遞給她女兒，有「人民幣」、有金元券、甚至還有港幣。幾個站在旁邊的海關人員忍不住哈哈大笑起來。（未完）

童畫

黃楠

從我的宿舍走過一條狹窄的巷子，在轉角上那幢破房子門前，每次經過那裏，總可以看見一個穿着黑色布衣服的小孩子，獨自玩着擲石子的遊戲。他似乎不懂得厭倦，從不改變他遊戲的方式，也不想另外找朋友，只是在地上爬來爬去。他這種一心遊戲的態度，常常引起我很大的驚奇；他那小小的腦子裏究竟存着什麼念頭，使他這樣愛好孤獨？

有一次，我騎着自行車從他旁邊經過，他的背向着我，雙脚跪在地上，正在畫什麼東西。我想，他大概只能畫畫圈圈之類吧。由於道路不平，我努力控制着車子，很快的就把他和車後的灰塵一樣，丟在後面了。

「停一停，停一停，」忽然有人在後面喊，我不由的剎住車回頭去張望，但是什麼人也沒有發見，祇有那個小孩子依舊在一本正經畫他的。我正在納罕，他側過臉來，用一種漠然的眼光望着我，然後用手指了指路邊。在他所指的地方，我那隻黑色的書夾正安靜地躺在那裏。我趕緊把車子掉過頭，檢起了書夾，安放在車架上。為了表示我的謝意，我從口袋裏摸出一張五元的鈔票，放到他的面前：

「送給你買糖吃。」我說時非常羞澀。

他又用漠然的眼光望了我一眼，很快的伸出手攫取了五塊錢，仍然低頭畫他的圖。他這個突如其來的動作，使我相當的吃驚。

也許是我臉上的表情洩露了內心的秘密，他像是已經察覺我的驚奇，開始侷促起來。

「你在畫什麼？」我問，希望減少他的不安。

「畫一個人！」

「畫一個人？」我不相信他會畫得出一個人的樣子來。

「畫你。」他用骯髒的手指着我，臉上露出羞愧而又神秘的微笑。想不到這小傢伙竟把我當作他的模特兒！我很快的蹲下身子去，看他究竟把我畫成了個什麼樣子？但他的動作比我還要快，於是我的畫像很快地在他雙手一陣亂抹之下毀滅了，我感到異樣的失望。

「這次畫得不好，我還要畫，」他向我甜蜜的微笑；像是安慰我的失望。

「你常畫嗎？」我帶着一種尋求滿足的心理問。

他點了點頭，又神秘的笑了。我不知道他的笑中究竟包含着什麼意思，但我非常高興，也陪着他笑了。

從此，我們成了忘年的朋友，每當我行經他家門前的時候，就停下來讓他描畫。他曾經說過，他要把我畫得很像，而我也希望他能把我畫得很像。因此，我願意做他的模特兒。

我也拜訪了他的家，這個拜訪是非常自然的。他牽着我的手走進那間破敗的房子，在陰暗中會見他的祖母，一個老得彎了背的婦人。我對他的家庭情形，以及他們祖孫兩人如何住到這裏來，至今沒有弄明白。因為我那位小朋友談不來這些事，而他的祖母對於我這位生客的突然造訪，已經激動得流淚，我當然不便提這一類的事了，我只直覺的感覺這個家庭裏一定存着一幕悲劇。

我的小朋友為我畫的像，已經由地面移到紙上。我義務的供給他鉛筆和紙張，有時候他和我面對面坐着，他的祖每則坐在他的身邊。他默默地畫，我默默地做着他的模特兒，祖母則默默的在欣賞。在這種場合，語言往往被遺忘，我們難得有什麼話說的。

日子一天天過去，我們之間的感情也越來越自然，我常常帶他到公園或在戲院裏走走。他對我已不像先前那樣神秘不可測，他有時躲在門角上，等我進去的時候裝狗咬我。當然畫像的事他還是照常進行，並且他已經能夠指出我臉部的幾個特點，如我的臉太長，眉太稀，鼻子太低之類。我相信終有一天他會把我的像逼眞的繪在紙上。

之後，我因事得離開台北一次，為期是一個月的樣子。臨別的時候，我送了他一盒顏料和一大張圖畫紙，我抱着他的身子說：「記着，我的臉很長，鼻子太低，下次要畫一張頂像頂像的。」

他點了點頭，我第一次看見眼淚從他多睫毛的眼中流出來，他的祖母也哭泣了。這是我生平一次傷心的別離。

一個月之後，我回到台北，第一件事就是去看看我的小朋友，並且迫切期待看到自己的畫像。我習慣的走進那間破敗的門，但立刻給眼前的情景驚住了，一個肥胖的中年婦人顫巍巍的立在我面前，我想再衝進去的時候，她毫不客氣的攔住我。

「你找誰？」她不高興地問。

「一個小孩子——，一個老太婆——，」我匆忙的回答。

「搬了，搬了有一個星期了。」她厭煩地說，忽然又若有所悟的囁嚅着：「就是——就是。」她把我領到堂屋裏，用手指着黯澹的板壁。我的腦子頓時暈眩了，在那上面赫然釘着我的畫像；長長的臉，低低的鼻子，而在一雙眼睛下面兩顆晶瑩的眼淚正要掉下去。

「他們搬到什麼地方去了？」停了很久，我問，因為內心的激動，態度也變得似乎無禮了。

「不知道，嗯，我不知道，一個女人來接他們的，走了。他們叫我把這張畫，嗯，你的畫掛在這裏，說你一定會來的，現在你拿去吧！」

我的孤獨的小朋友沒有料錯，我哭了，他知道我是會流淚的！

金釵記

（五）

黎明

梁媽媽：這便才是呀！（轉向學曾）哦，任兒！衣衫你表哥可以借給你了。

魯學曾：表謝表哥！

梁尚賓：（假惺惺地）哦、賢弟！愚兄眞個灌了幾杯黃湯，方才言語多有衝撞，還請賢弟休要責怪則個。

魯學曾：表哥說那裏話來！自古道「兄弟如手足」，愚弟豈有責怪兄長之理。

梁媽媽：這便才是呀！

梁尚賓：哦、賢弟！愚兄還有數言相告：愚兄衣帽自有，只是今日進城，天色已晚，富家門牆不知深淺；人心更是難測。況是只准走後園，不許進前門，難免其中沒有蹊蹺。依愚兄之見，不如且屈草榻一宵，明日只宜早往，不可晚行；不知賢弟意下如何？

魯學曾：就依兄長。

楊婆婆：招呀。表少爺眞說得是！想我家自從老爺夫人謝世以來，顧家有錢有勢，從來連眼角兒也不瞧我家公子一瞧。今日忽然派個什麼園公前來，又無片紙隻字把柄：有道是「知人知面不知心」，正自不知葫蘆裏賣的什麼藥？倒是留心一二爲是；姑奶奶！您看對也不對？

梁媽媽：這個……

梁尚賓：（更得意地）有道是「害人之心不可有，防人之心不可無」；反正今日天色已晚，楊婆婆一路辛苦，也在我家權宿一宵，明早一發動身如何？

梁媽媽：也說得是。

梁尚賓：賢弟！愚兄還要到西村商量一件小事，回來再得奉陪。

魯學曾：表哥請便。

梁尚賓：母親！難得表弟光降，又秉喜訊飛來，少不得還要請母親代孩兒奉勸表弟多飲幾杯。孩兒去也。

梁媽媽：早去早回！

梁尚賓：曉得了。（下）

梁媽媽：任兒、楊婆婆隨我來！

正是：人逢喜事精神爽；

魯學曾、楊婆婆：月到中天分外明。（同下）

第六場：

景：顧家花園。佈置如第三場，但園門卻半開着。

時：初秋初更，月明如晝。

人：梁尚賓、老歐、春梅、蘭心。

（老歐手蒲葵扇坐在門邊打盹，時爲蚊蟲叮醒，用蒲扇撲罵：「打死你這個吸血鬼！」罵完可又盹着了；如是者三。梁尚賓喜孳孳上。）

梁尚賓：今生慣作虧心事，來世甘變採花蜂。我好喜也！（唱）顧安人要見表弟有文章，怎知我陰謀詭計腹內藏？那有個臭蟲蚊子不吸血？那有個游蜂浪蝶不偸香？我說道去西村乃是撒謊，一心心，只想奔，那顧家莊。今夜晚，偸天換日我拼把良心喪，管敎她眞織女會假牛郎。哎呀呀呵咳！（擠眉弄眼，輕挑可惡。）鴛鴦枕上會嬌娘，巫山神女會襄王。（白）說到就到，早來到也。喲！門開着的，待我進去。

（梁尚賓剛一脚跨進園門，老歐恰又被蚊子叮醒，躍起一扇撲去，正撲在梁的頭上）

老歐：打死你這個吸血鬼！

梁尚賓：（猛吃一驚，旋定神一看，乃手持葵扇的糟老頭兒，料是給表弟傳書帶信的園公，連忙陪笑說）：啊、園公！是我呀！

老歐：（睡眼惺忪地）我還以爲是吸血鬼的蚊子臭蟲，原來是你呀！（抹抹眼睛，猛然淸醒，怒介）：吓！你是誰？你呀嘟嚕嚕是誰？

梁尚賓：（胸有成竹而神氣活現地）：小生嘜，便是我家岳母要你去找的梁——不，魯……魯姑老爺！

老歐：哦、原來是姑老爺到了！（再抹抹眼睛端詳，旁白）：原來和我一樣，是個小花臉。（回身道歉介）老漢方才多有得罪；姑老爺海涵則個。

梁尚賓：不妨事。

老歐：哦、姑老爺！隨我來。

梁尚賓：是、是。（擦衣捲袖，搖弄紙扇，態度令人作嘔）來也！（隨老歐行到假山前面。）

老歐：姑老爺：您且少站一時，老漢通報去也。（下）

梁尚賓：呀、好險呀！（唱）蒲葵扇，賽過當頭一棒；險些兒，喝破了，我的鬼行藏。這滿園，美景兒，我也無心玩賞；一心心，只想會，那美呀美嬌娘。

（老歐在前，春梅、蘭心各持紗燈在後，緩緩而來；分花拂柳，行至假山旁邊，梁尚賓還在那兒幻想見小姐後的肉麻動作，兀自不覺。）

老歐：（見梁醜態，又好氣，又好笑，也跟着模仿他的動作。旋忽故意高聲喊道）姑老爺！

梁尚賓：（作吃驚介；回頭見是園公，急連連以手撫胸說）哎呀、嚇煞小生也！

老歐：（畧一拱手）我家安人有請！

梁尚賓：哦、哦，是是是！

春梅：（手持紗燈半跪）參見姑老爺！

梁尚賓：哦，小姐！……

老歐：姑老爺！她第二世才是小姐啦！

梁尚賓：哦、少禮；快快請起！

（春梅起身，橫了老歐一眼，老歐笑作鬼臉以報。）

蘭心：（手持紗燈半跪）參見姑老爺！

梁尚賓：哦、小……（聽得春梅噗嗤一笑，急忙改口）：少禮；快快請起！

（蘭心起身。）

春梅、蘭心：（同時欠身相請）：姑老爺隨我來！（下）

梁尚賓：小生來也！（揮弄紙扇，洋洋得意，下。）

（老歐看在心裏，只搖頭歎息，自去關鎖園門。）

辛亥革命史談

（一四）

舜生

三．同盟會成立經過及其活動

中山以光緒三十一年六月十七日（七月十九日），自歐洲返抵日本橫濱。楊度（哲子，湘潭）告余：『中山以他在東京留學界相當活躍，且與日本學人有商榷學術文字發表於日本雜誌；其時他任日留學生會會長，與君憲派首領梁啟超也往還甚密。中山這次到達日本，即一再勸他參加革命，他則直截了當以不能贊成革命婉辭謝之。中山詰其故，他答：「中國革命成功，滿蒙必不能保。」（其所述理由甚多，不贅。）但中山仍不肯相捨，最後，乃由他介紹黃克强與中山見面。』（參看余所著『萬行樓隨筆』一三一葉『關於楊度』一則）

時『華興會』分子如黃興、宋敎仁、陳天華、劉揆一等，在東京頗露頭角，並出有『二十世紀之支那』雜誌一種，孫黃既已見面，黃且慨允與中山合作。中山意欲造成一革命勢力的大團結，因再請宮崎寅藏介紹宋、陳。宋、陳即於六月二十六日與中山見面於『二十世紀之支那社』。中山淸辯滔滔，力言團結之必要，宋、陳均爲首肯。次日，宋、陳等會於黃興寓所，商討『華興會』與中山合作問題。時華興會內部意見並不一致：黃興主張合作，仍保存『華興會』特點；陳天華主張完全聯合；劉揆一反對聯合；宋敎仁取折衷態度，謂：『既有入會與不入會之別，則當研究將來入會者與不入會者之關係如何。』其他表示意見者尚多，最後乃決定一聽各人自由。

六月二十八日（七月三十日）在『黑龍會』內田良平宅召開『中國革命同盟會』籌備會，到黃興、宋敎仁、程家檉、張繼、陳天華、田桐、鄧家彥、馮自由、馬君武、胡毅生、朱少穆、劉道一、曹亞伯、但燾、汪兆銘（精衛）、朱大符（執信）、李文範、古應芬及日人宮崎寅藏、內田良平、末永節等七十餘人。中山演說全國革命黨各派有合組新團體之必要，衆無異議；並經衆推中山爲會議主席。討論新組織名稱，有主張用『對滿同盟會』者，中山說：『革命宗旨不專在排滿，當與廢除專制，創造共和，並行不悖。』乃定名爲『中國革命同盟會』。又以本會係秘密組織，不宜明用『革命』兩字，簡稱『中國同盟會』。確定誓詞爲：『驅除韃虜，恢復中華，創立民國，平均地權。』會衆有對『平均地權』懷疑要求取消者，經中山辯難解釋，始得大多數通過。最後推定黃興、馬君武、陳天華、宋敎仁、汪兆銘等八人爲會章起草員，約於下次開成立會時提出。

七月十三日（八月十三日），東京留學生在『富士見樓』開歡迎中山大會，到六七百人，後至者不得入，喧嘩甚，經開門放入始已。首由宋敎仁述歡迎詞，中山發表演說，宮崎寅藏、末永節也以來賓資格演說，自午後三時至六時始散會，實爲東京留學界前所未有之盛舉。

七月二十日（八月二十日），舉行『中國同盟會』成立大會於東京，加盟者三百餘人，中山被公推爲總理。會章經討論通過，計分三部（一）執行部：由總理統率，內分庶務、書記、內務、外務、會計、經理六部。（二）評議部：由議長指定一人爲書記。（三）司法部：總長一人，判事二人，檢事一人。又各省分會則置分會長一人。選舉結果，司法部職員八人，總長鄧家彥，判事張繼、何天瀚，檢事宋敎仁等。評議部議員田桐、馮自由、胡衍鴻（漢民）、朱大符、吳鼎昌等二十人，而汪兆銘爲議長。執行部職員由中山以總理資格指任。庶務部黃興；書記部馬君武、陳天華；內務部章炳麟；外務部程家檉、廖仲愷；會計部劉維燾；經理部谷思愼，共八人。曹亞伯、胡毅生等爲各省分會主盟員。選舉畢，復由中山傳授手號。最後黃興提議：將『二十世紀之支那』雜誌改爲本會機關報，經衆一致贊成，大會圓滿結束，會衆大呼萬歲散會。

當同盟會成立後，胡漢民、廖仲愷因事回粵，會後約十日始返回東京，乃補行宣誓入會。

『二十世紀之支那』雜誌因登載『日本政客之經營中國談』一文，被日政府禁止發行，決定改爲『民報』。十月二十一日（十一月十七日）『民報』第一期東京發行，標明六大主旨：（一）顚覆現今惡劣政府；（二）建設共和政體；（三）維持世界眞正和平；（四）土地國有；（五）主張中日兩國國民之聯合；（六）要求世界贊成中國之革新事業。計先後爲『民報』任撰述文字者有陳天華、胡漢民、章炳麟、朱執信、宋敎仁、汪精衛、但燾、汪東、黃侃、劉光漢諸人，內容乃與梁啟超等主張君憲之『新民叢報』完全對立。（未完）

聯合評論 週刊
本刊已經香港政府登記
每逢星期五出版
United Voice Weekly
第一五三號
督印人：黃宇人　總編輯：左仲平
社址九龍赫德道二十三號地下　電話 68678
承印嘉羅印刷有限公司香港灣仔馬師道5號
總代理：友聯發行公司　售價每份港幣一毫
本報美洲版總經售處美國紐約中美出版社
CHINESE - AMERICAN PRESS, INC
199 CANAL STREET.,
NEW YORK13 N. Y. U.S.A.
美洲航空版每份零售美金一角

戰與不戰之間

左舜生

戰，大戰，大家都不願打，不能打，不敢打；科學的發展，已使人類有不敢輕於從事戰爭的可能，同時更普遍給予人類一個可能享受高度精神與物質生活的遠景，這正是科學對人類的一大貢獻。

以當前武器毀滅性之大到不可思議，凡一個敢於發動這種戰爭的國家，它不但要具備根本毀滅敵方整個國家和人民及其所積累的文明的決心，同時還非先具備把自己的國家和人民及其所積累的文明，澈底加以埋葬的決心不可！這除掉理性完全喪失的一二狂人，有誰敢於操切從事呢？這又豈是一個憑藉一二狂人的妄動，而能使其多數國民會輕於附和這種亂命的呢？

舊式的戰爭，死亡的大部分只以前線的戰鬥人員為限，已經够野蠻了；今後的新式戰爭，則專以毀滅後方集體的非戰鬥的平民為務；從前發動戰爭的少數野心者，可以坐在遙遠的後方發縱指示，而不必躬臨前敵；今天，則並此少數的妄人，一旦戰爭發動，也將不知命在何時；試問此少數妄人，這種野心的發揮，更有何絲毫的用處？

過去人類的戰史告訴我們：大凡國與國之間的某一嚴重問題已陷於無法和平解決的時候，乃不得已而訴諸一戰；是戰爭不過為一種手段，而問題的解決，才是眞正的目的。可是一切戰史已澈底的昭示人類，戰爭並不能解決任何問題，而惟有使問題愈趨於複雜與擴大，而戰爭也只有加速加大的繼續爆發而永無已時！

像這種自明的道理，但凡一個稍具常識而良知未盡梏亡的人都可以燭照數計，並不需要一個好學深思如羅素這樣的哲人才能懂得。

我們知道大戰不會或難於爆發，但我們不應反對任何一個國家從事備戰。所謂『先為不可勝以待敵之可勝，』所謂『毋恃敵之不來，恃吾有以備之，』這一原則，就到了今天，也還是完全有用的。因此，我們不僅對氫彈的試爆不必過度的熱心去加以制止，反之，更有效的殺人武器，我還希望繼續產生，而且毫不掩蔽公開的加以實驗，要使得它們可怕的事實，成為人類一種普遍的常識，則庶幾永久的和平才有眞正的希望。

毛澤東等蹯踞中國大陸已十年以上，他們對於政治文化的建設，人民生活的改進束手無策，只懂得眼巴巴的望着他們那三百萬的大兵和所謂千萬的民兵顧而樂之，以為天下莫予毒，這確實是一種澈頭澈尾的落伍思想。反之，所謂反共復國，所謂銷滅共匪，也決不是憑藉區區的武力所能有效，更事屬顯然！

以西德所處的環境，十多年來不斷努力於建設的工作，已經自自然然的爭取了三百五十萬東德的人民，像這樣一種趨勢，您還怕赫魯曉夫眞正對柏林問題輕率的有所妄動，東德的人民不會羣起向共產集團倒戈嗎？以日本十多年來的復興成績，中俄及北韓的共匪，不能不汲汲皇皇，從事多邊軍事同盟的訂立，您以為他們所懼怯的，只是日本繼續重振中不足五十萬人的武力嗎？

我常常感到，今天民主集團的一切反共工作，總多少是不得要領，而且是白費時間，白絞腦經，演變到了今天乃至有少數的無知者，以為把中共拉進聯合國，對外蒙予以承認，便可使當前的局勢逐漸鬆弛，這眞是一個天大的笑話，也是一種不可寬恕的愚昧。

話得說回頭，儘管大戰（即美蘇從正面以氫武器作戰之謂）不能也不會起來，但局部的普通小戰，以及若干由少數落伍分子掌握政權的國內動亂，則終不可免，而且可能有其必要。假如我們看見這類事實繼續爆發，用不着張皇失措，惟有以冷靜的頭腦，有效的方法，使之納入正軌而已。

奴才亡國論

謝扶雅

張君勱先生曾撰「獨裁亡國論」，登載於本刊。張文語語作金石之聲，讀者當無不表示贊服。大陸毛共政權與台灣蔣氏集團的獨裁統治，召致了中華民國的實際滅亡，這決不是言之過甚。筆者更認為獨裁誠足以亡國，而若沒有一幫奴才，奴顏婢膝地把獨裁者捧得高高在上，加以阿諛逢迎，弄得他耳目錮塞，良知昏瞶，遂相率而攬權擅勢，作福作威，倒行逆施，蹂躪無辜人民，則以僅一孤懸之專制元首，亦未必眞能行使獨裁，而致亡國。所以政治上的元惡巨憝，固屬罪不容誅，而一羣幫兇的助成其惡，實更為亡國之致命原因。近代民主國家的立國信念為人權，為自由。個人本其自由意志的選擇而成立一個政治組織，才是所謂民主國家——人人都在「主人」地位的國家。若聚大羣奴隸於一堂，不能抒發自由意志，又怎有成立一個集合體的可能呢？原始的一個奴隸社會，有一個強有力的酋長，壓倒了一羣奴隸，但必須其中有較狡黠者——這些人便可稱為奴才，以別於一般奴隸——助酋長控制羣奴，才可造成奴隸社會。現代的共產國家亦無異於原始奴隸社會，不過前者用了政黨的形式，憑藉軍隊警察和特務的密網，能更有效地制服及奴役整個國家的人民而已。

但是政治落後的中國，不論統治大陸的毛共政權，或控制台灣的國民黨法西斯派，除各有其專制魔王而外，更伴隨着一批「為虎作倀」的奴才，這纔使得中華民族在政治上斷送了國家，復在精神上扼殺了國命。倘若沒有這些醜顏無恥的奴才們，壯「獨夫」之胆，媚其私心而助長其惡，則毛與蔣恐未必能如是其躊躇滿志，狂悍妄為，北平的特務大頭子羅瑞卿是毛澤東的爪牙心腹，且不再去說它。即如號稱向負學術聲望的郭沫若，除高呼「史太林爺爺」而外，尤對毛澤東獻媚效忠（？），不但竭力逢迎其政治思想，還要曲意歌頌其文藝詩詞。這副肉麻醜惡的奴才相，可以說是中共政權下的典型奴才。以郭之天才與心智，豈不深知毛文藝之低能與思想之不值一哂；然竟違心阿諛，領帶全國學人們（郭固久任科學院院長的高位）三呼「主子」萬歲。這種奴顏婢膝的行為，將中華數千年來士林所尚的氣節，一斧頭斬伐無遺，坐令毛澤東陶醉於自大狂，而遂其澈底奴役人民的快意。當然毛共手下的奴才還有不少，我這裏特別指出郭沫若，無非表明中國特有的「士」階級，可以成為文天祥，史可法等，但亦可以變作高等奴才，而促成獨裁亡國的悲運。

昔日南京的國民政府，曾不崇朝而喪失整塊大陸，棄億兆同胞淪沒於直接中共、間接蘇俄的魔掌。追原禍始，實肇自抗戰末期以降，政府中人對「蔣委員長」的擁戴程度，視如神明，奉為萬能的一股怪謬風氣，這風氣的最高潮，事實上已表現於第一次蔣總統選出之日。那時我很記得，南京有一個素日拉我的黃包車夫，便直覺地對我嘆說：中華民國的命運快嗚呼哀哉了！本來我們抗日的一面大旗，明明寫着「全民抗戰」四字。這種守土人人有責，因而從政亦人人有責的公民教育，可為孫中山先生昭示由訓政時期而進至憲政時期的最好機運。不幸中國的奴才心理作祟，把民主中華的正路大路「全民抗戰」，歪曲迷途走上了法西斯「領袖至上」的邪徑。其時，國事無論大小，都要憑委員長一言而決；一切跟着軍事紀律化的結果，所有政務，財務，經濟，貿易，社會，以至教育，文化無不集中於萬能的委員長之一身。那班專家學人們豈不深知蔣之全然不學無術，然而都要把責任往他那裏一推。唉，獨裁者並不是天生成的，毋寧是由於一幫奴才相率簇擁而捧成的。於是，不但一般人民沒有機會成就「主人」的地位，連有官守的飽受教育之士，也不願作其崗位的主人，而甘為「領袖」的奴隸。這又如何而得造成一個民主國家呢？如此這般的中華民國，固早已名存而實亡了。

「起來，起來，不願做奴隸的人們！」是有名的在抗戰中舉國高歌之聲。據說中共政權已把這戰曲作為國歌，可以說是一大諷刺。立國三要素是土地，人民，主權。今所謂「中華人民共和國」，是在一塊被霸佔着的「土地」上，把那根本不能行使「主權」的無告「人民」，都強姦而奴役了一種瘋狂暴虐行為，何足以言國家，亦即不配加入眞正的聯合國。我們正要與大陸六億苦難同胞攜手高呼「起來，起來，不願做奴隸的人們！」以復興中華民國；但我們更要先在反攻基地的台灣，對一千萬同胞喊出「起來，不願做奴隸的人們！」正如昔年的全民抗戰一樣，我們今日需要全民反攻。民主反攻是搶救民國的唯一出路。在專制之下的反攻，等於以暴易暴，何擇，亦何苦來？我們是為自由而戰，為民主而反攻。基本的自由如生命，財產，思想，言論，在大陸上固然全喪失了，但在台灣又何曾有？「請問今日之台灣，竟是誰家之天下？」為什麼在黨報官報上要對總統總裁字樣空出一格，視如昔時的皇上，使神化為中國的希特拉，墨索里尼？只是奴才便屬「忠貞」之士，而言論思想之異己者，被誣為共諜或其同路人，而橫遭壓迫或拘禁。於是較有志氣的，亦只得懾於淫威而不敢直言無忌，或遁飾於「相忍為國」的美名，而自抑良知以浮沉俯仰了。

有中華人民代表之稱的台北立監兩院委員，十數年來，究代表了何種的「主人」公意，抑或被動地儘聽「主子」的命令指揮？即以素具風骨的陶百川，其主持雷案調查會，亦只好敷衍了事，比之君主時代的言官御史猶不如。須知民主國家本絕不同於君主專制。看錯了這一出發點或大前提，便是心理上的無形亡國。立法院中的胡秋原委員，人固共佩其為有學識而肯仗義執言之士；他近著「風雨同舟」一書，隱喻蔣氏為船長，而朝野人衆都是暴風浪中的搭客。和衷共濟，無論在平日或在危時，固同屬必要，但仍必以民主原則為前提。中國人民應該都是船主，而不只是船客。把舵的船長是正如孫中山所喻的司機夫，應聽汽車主人的「民意」，而駛向主人所欲往的目的地。反客為主的觀念，不是出之無知的糊塗，便是奴才意識的遺毒。今日中國人所共要求的廢止蔣杜聲明，始終不見立院提出討論，還不是為了伺候主子的意旨，還不是為了全院受了壓倒多數國民黨委員，或少數當權派委員的壓制而噤不敢聲？至於密切環繞蔣氏父子的一小圈子，更是久習於奴才氣息而不覺了。在這樣一個發號施令的司令台之下，台灣一體軍民怎能不都成為奴隸呢？當雷案發生及判決之後，美國哈佛的費正淸敎授即目台灣為「警察國家」；這意味着：雷震等寃獄成立之日，即民主自由中國被判亡國之年。誠然，獨裁足以亡國，而造成獨裁勢力實有賴乎一幫侍奉主子的奴才。奴才輩出，主子高踞，而眞正的主人便都淪落為奴隸了。眞的不願做奴隸的人們，還不快起來嗎！？

六一、七、二四自美紐澤西寓。

被欺騙了的一代（下）

張忠紱

韓戰以前的美國作者及遠東專家，受太平洋國際協會一班所謂專家的滲透與影響，坐井觀天，以為蘇聯既不能以大量軍火與物資運到江西或延安，於是硬說蘇聯與中共無關。時至今日，又受既存事實的影響，希望蘇聯與中共間關係能日益疏遠，始終不能以大的背景與立場，研究中共與蘇聯的關係。只要北京與莫斯科間的文告或行動略有歧異，即奔走相告，不是說中共可以變成南斯拉夫，就是說蘇聯將需要西方的援助，以抵制中共。他們始終無視中共只是蘇聯的分店。

美國作家的幻想已經於有意或無意中，幫助了蘇聯與第三國際欺騙了美國政府與人民，欺騙了中國民衆。中國作家若再從美國作家的幻想中，與以研究發揮，其結果將無異於幫助國際共產淆亂視聽。我們若以三十年為一代，從一九三一年到今天正是三十年，這被欺騙了的人們，似乎是應當覺醒了。我們縱不能幫助下一代清醒，我們也切不可使下一代繼續迷惑！不可硬說中共與蘇聯如何，如何的不同，硬說毛澤東對共產主義有了不得的貢獻！

至少至少，直到史塔林去世的時候（一九五三年），中共與毛澤東決未脫離對蘇聯的主奴關係。他們放棄在城市中暴動的方法，而採取在鄉村建設紅軍與實力的辦法，那是蘇聯的訓令。他們於一九三一年後集中於反帝與反封建的口號，暫時不談社會革命，那又是蘇聯的訓令。一九三五年後的聯合陣線是第三國際通過的。一九三七年後（斯諾寫Red Star Over China以後），對世界宣傳中共只是土著的農業改良者，那又是第三國際的陰謀。一九四四年左右，史塔林一面令中共正式提出聯合政府的口號，一面誘導羅斯福政府為莫斯科執行對華政策。

秉公研究這一段歷史，實在看不出中共在任何重大政策與策畧上，沒有接受蘇聯的命令，更看不出毛澤東對共產主義有任何重大的貢獻。中共與毛澤東對共產主義若有貢獻，那只是對蘇聯（也就是第三國際）奉命唯謹，而與以有效的執行。列寧與史塔林一向主張，與不同的地區與人民，用不同的欺騙方法。就連這種不同的欺騙方法，也必須經由莫斯科批准。若尚有人認為毛澤東與中共有思想，有政見，有策畧，他們應當先研究一個問題：這些所謂的思想，政見與策畧，是否依據莫斯科所規定的原則與前提而來的？

莫斯科決定說，中國工人為數太少，在大城市暴動犧牲同志太多，應集中於在鄉村建設紅軍，毛澤東於是由井崗山跑到江西，由江西跑到陝北，努力建設紅軍實力。莫斯科說，紅軍中尚有不穩份子，應予劃除。毛朱二人乃整肅紅軍。莫斯科說，現在應當從事於聯合陣線，中共於是自延安發表宣言，主張聯合抗日。莫斯科說，你們不能放棄邊區與紅軍的自主權，故此一九三七年國共合作時，毛澤東聲言，中共對這兩點決不能退讓。以毛氏的幾本小冊子而言，都是用意在推行每一階段莫斯科的政令，不過借毛氏的口與筆，以欺騙中國青年與民衆。再經各國共產黨人的宣傳，又可以欺騙世界各國。

美國向來重視歐洲，重視中南美，而不重視亞洲。美政府與民間對中國的了解極淺。第三國際的這種騙局，經美國所謂的專家烘托，於數年內，立卽成為美國普遍的看法。直到今日，他們對中國問題的看法，尚有很多極嚴重的錯誤。他們研究的努力雖勤，方法雖謹嚴，而又有種種物質上的便利，然而他們往往不了解中國人的思想與心理，專用西方的觀點，是以仍不免於重大的錯誤。四〇年代的情況堪為佐證。今日哥倫比亞，哈佛大學對華的研究方式，仍未脫他們傳統的習慣。這樣下去，他們研究的方法雖謹嚴，研究的功力雖可佩服，我仍不信他們將來不會發生四〇年代的同樣錯誤。

外國人對中國問題，容易錯誤，容易受欺騙，有其必然的道理。中國作家可以用外人彙集的材料，但似不宜一切採用外人的觀點，以免以訛傳訛。近數十年來，中國的作家往往犯這種毛病。舉一個例說，在一九四五年春，美國政府，軍部，新聞記者，與學人幾於一致認為，日本將戰至最後一刻，不易輕於投降，故此他們認為戰敗日本，至少還需要兩年。此一錯誤的認識，影響甚大。雅爾達會議中對蘇聯的讓步，與這種認識有密切的關係。我當時曾經寫過一篇文章說，德國投降後，日本投降將不出半年。有些朋友以為我是在胡猜，甚至於胡說。他們說，美國的看法都有兩年呀！其實，那只是美國人不懂日本人的心理，以為他們將戰至最後一人。因此，他們研究雖勤，方法雖謹嚴，仍無補於結論的錯誤。

在三〇年代與四〇年代，國民政府當局並未被騙，但他們的立場不能堅定，行動不能澈底，既不使青年與民衆了解眞相，又不注意對外國的有效宣傳。他們的行動，無形中也幫助了淆惑視聽，而不自知（例如中蘇條約與歡迎馬歇爾來華）。

筆者衷心感覺，世界上最可憐的人羣是中國這一代的人民（遠溯自二〇年代）！中國這一代的青年與人民，他們愛國家民族，他們有熱血，他們甚至願意為同胞犧牲一切。然而他們這種善良的心願，却反被魔鬼利用，害了國家與民族。英法美等國的大革命，都是為了爭取自由，也就是為了個人或團體的利益。蘇聯的十月革命，完全是因為痛恨帝俄政府的專制，更帶有報復與極端自私自利的心理。唯有中國的青年與革命，其出發點不在『恨』與『報復』的心理，而在救國救民。孫中山先生的言論固然可以証明此點，乃至於陳獨秀以及其他一切革新運動的領袖，莫不皆然。

善良的種子，結出了有毒液的果實。我們如何能說這不是最可憐的一代！如何能說這不是被欺騙了的一代！這些被欺騙的人們，包括多數的中共黨員，幹部，乃至於中國共產黨的領袖！而驅人的魔鬼，却只是少數的克林姆宮中的人物——列寧與史塔林等三數人而已！

向甘廼廸柏林問題演說及備戰措施喝彩

劉裕畧

七月廿五日，甘廼廸總統的柏林問題演說，終於在全世界一致等待的情況下發表了。它立刻獲得了自由世界的支持，美國人民和國會的擁護。它不但表明了甘廼廸演詞內容堅強正確，而且也表明了美國確是一個有生氣的勇敢國家，並不像很多人所估計，以為美國富足，於是，美國人就墮落得不敢打戰。

平心而論：甘廼廸總統確實是一位非常傑出的人才。他的每一篇演詞都是如此動人，如此美妙。

當然，一篇好的演詞，尤其是一篇好的政策性演詞，並不應只求其措詞美妙動人而已，因為它的任務並不在文學方面的價值，主要的，還在它的實質內容，尤其在它所包含的認識和策畧。而甘廼廸這一篇柏林問題演說，則恰巧很好的適應了這一要求。

不過，當此共黨野心威脅着柏林和整個世界的今日，如果我們只像秀才先生那樣只在美妙的演詞中尋章摘句，而不觀察它是否具有實際行動隨其後，那就仍未眞正體認這一篇演詞的重要性，也仍然忽畧了今後世局演變與這一篇演詞的關連。事實上，甘廼廸這一演詞的最值得喝彩和最值得支持的地方，尤在隨着它而來的備戰措施上，尤在它那既為柏林問題備戰，更為柏林以外的問題的備戰措施上。

我們曉得：如果甘廼廸只為柏林問題備戰的話，那仍然不算最高明。因為蘇聯原亦可能在柏林問題上暫時退却，使美國專為柏林備戰的措施失掉意義，而共黨集團屆時却又可在柏林以外的地區進行挑戰的。所以，我覺得最值得讚揚和支持的，就是甘廼廸在柏林問題這一篇演詞所帶來的全面的基本備戰措施，不但適用於今後幾個月的柏林問題上，而且也長期適用於整個世界的每一角落。在備戰意義上說：他對時間與空間，個別與一般都已着眼，這就最值得喝彩了。

柏林的安全與世界危機

李金暐

為保衛柏林，美總統甘廼迪所作的「和戰由蘇方抉擇」的演說，無疑是二次大戰結束以來，美國對蘇聯侵略意圖的最强硬的反映！

為保衛柏林，西方三强的完全一致的步調，也是戰後以來所僅見的。

西柏林的報紙均以頭條新聞地位傳播「甘廼迪願為西柏林之自由而戰」的消息。當然，在晚間，西柏林的電動燈光新聞報導，也一定會將該項新聞耀眼地向東柏林轉播。從柏林傳出的消息，正不斷地証實東德人民恐懼戰爭，而同時反共情緒已達到最高峯。每日向西柏林逃亡的難民數字，也已不斷創出了新紀錄！

赫魯曉夫的恐嚇政策，經已在實際上碰壁。用共黨宣傳機器慣用的宣傳語彙來說，這叫作「赫魯曉夫的恐嚇政策，經已在美國的實力政策面前，碰得頭破血流！」

如果赫魯曉夫不自動「下馬」，他祇有選擇戰爭的一條路。當然，赫魯曉夫仍有機會向毛澤東學習，就像三年前毛澤東炮轟金門之後一無結果那樣，自動地製造藉口「下台」。

我看，赫魯曉夫將會步毛澤東的後塵，慢慢地軟下來，很識趣地軟下來。

因為祇有蘇聯才是真正了解西方的，他們曾携手打垮希特勒，所以蘇聯從未說美國是「紙老虎」。當西方的民主國家真正認真地團結起來之後，戰爭的力量和民主政治的力量，是無敵的。民主的力量，不是獨裁國家所能輕易擊倒的。

很顯然，美國不是為了保衛西柏林而戰，而是為了民主與自由面臨到了最嚴重的考驗關頭，而必須以備戰、應戰來保衛不可。西方設若再度怯懦，那末民主與自由的生活方式必將不保，而為獨裁與共產所替代。

甘廼迪的演詞很顯然的較諸艾森豪的解放鐵幕後的政策更為有力。因為後者祇是一種政治性的煽動口號，蘇聯很明白那是不可能實現的，但為保衛柏林而戰，那將是一個實質的行動。何況戰爭的影響與結果絕不會局限於東德境內。基本上在東德境內的戰爭，不論勝敗如何，都是對蘇聯不利的。

美國很清楚地了解蘇聯對於中歐及東歐安全觀點的敏感。西柏林的安全與自由是不容蘇聯破壞和染指的，因為這同樣也是西方在中歐及東歐的勢力安全最敏感的中心。關於這一點甘廼迪的演詞中的第十點經已有所說明。他說：「現在危機，不獨針對美國，而且針對大西洋公約和整個西方，故此西方的軍力，必須予以加强，同時更需比以前保持更密切的團結。」

甘廼迪總統的演詞也還並非是無瘕可擊的，雖然那已是近十年來罕見的對蘇反應有力的演詞。因為基本上美國仍祇是站在應戰的立場上。因此仍寄望能與蘇聯達成談判。

西方不要戰爭和不願戰爭的傾向，事實上仍很强烈。這一點赫魯曉夫當能看得出來。

但蘇聯很顯然地關心和焦慮，即使在柏林問題上讓了步，東歐國家內部的反共情緒，將會因此受到鼓勵。

共產主義的「天堂」，在事實上正逐漸地趨向破產。大批的東德難民逃向西柏林；而更大批的難民正從中國廣東省的邊界分別湧往香港和澳門。

共產黨人如果不能達到完成維修他們「天堂」的目的，戰爭將仍是難以避免的。飢餓和恐怖雖然能夠便於共產黨徒的統治，但也會引發戰爭的。飢餓的東歐和飢餓的中國大陸，都不是國際共產黨的理想戰場。

不論是東歐或中國大陸，形勢對共黨是不利的。

在這樣不利於共黨的形勢下，甘廼迪總統的演詞祇是保守地表明要保衛西柏林，而並未暗示有進取的意義，相信蘇聯仍將討價還價。

站在自由世界領袖的立場，甘廼迪總統應該向全世界的反共、非共國家呼籲準備應變。戰爭的可能性既然顯著地增加了，那就不可能是一個西柏林的保衛問題。就這一點說，甘廼迪雖也指出了西柏林雖是一個孤獨的前哨，但並不是一個孤立的問題。可是由於缺乏向全世界反共、非共國家作統盤的呼籲，使人覺得這祇是對蘇聯恐嚇的有力反應，却說不上是對國際共產黨的反擊。

把西柏林的安全問題放在這樣重要的地位，並不突出，但是把寮國問題、古巴問題冷淡處之，却現得很不調和。

更重要的「中國問題」，迄今未能有真正的解決途徑，美國搖擺不定的政策，一方面使毛澤東更加可以安枕無憂，另一方面却使每一個為爭取中國民主自由的人感到了不安。

甘廼迪總統的演詞並沒有一語涉及如何地去保衛世界的和平與民主自由的生活方式，雖然他已指出「對方的威脅是世界性的。」

面對具有世界性的威脅，却把世界安全的一環扣在柏林問題上，不免是有失照顧全面。緊張的柏林問題，或者將會因此迫使蘇聯退後一步，但由於美國並未真正有決心領導自由世界全面對抗共產國際的侵略，相信美國即使能夠取勝於這一回合的冷戰，却無助於消弭世界的真正危機！

天府之國成為人間地獄

介鴻

（本報專訊）近來有個奇特的現象，就是從四川各縣居民寫給香港親友要求寄糧包的信，竟敢於將川西壩子的災情、飢餓、病痛、以及一切受共幹虐待的實況，一一的寫在信上，寄了出來。而香港的四川收信人，也居然收到了！這種奇特現象，為以前所沒有：以前香港四川人收到親友的信都只報「平安」二字，至多盼滙少數錢以備添置寒衣之用，聊聊數十字而已。

而今寫信的人竟敢赤裸裸的將其所身受，一五一十的慘狀直書，不怕共幹檢查信，清出寄信人，抓去問罪；而這種暴露共黨罪惡的信，也竟會未被檢查掉，原封寄到了香港，這不能不說是「奇特現象」！據筆者推測，這現象之所以與前不同，不外兩個原因：（一）寫信的人，已臨死亡邊緣，憤懣之極，便一切不顧，硬要將其所受的慘痛情形傾吐為快。即使檢查出來，要犯罪坐牢，他們也不在乎；（二）檢查信的共幹恐怕也吃不飽，或者檢查得很馬虎，或者檢查到了，也讓此種信照寄出來，藉之以一吐共幹本人心中的積怨。

筆者所看到的信是三封，一封是住在成都的一位姪女寄與叔叔的信，這位叔叔每三月滙五十港元去供給他的孀嫂與三個姪兒女。一封是居在新都的一位太太寄與先生的，這先生在香港行醫，近月除寄白糖與猪油去成都，還每月滙百元港幣去。一封是由雙流縣的一個哥哥寄與他的兄弟，這兄弟在香港作事，收入有限，只能每月寄一小糧包，因為他還有一個太太和一個女兒在上海，也要他寄糧包，他甚感困難了啊！

第一封信說：

黑市物價，貴得驚人！

『去年臘月收到叔叔的二十幾元人民幣，說是給媽媽與弟妹做棉衣之用。但是這個錢只够與媽媽縫了一件短襖與棉褲，連弟弟的一件棉背心也七拼八湊才做成。因為布的配給早已對老少停止了，只配了一點點與我這個工作人員。用僑滙去買，雖不犯法，但是一尺黑布要二元人民幣，（按中共滙價折算要四元二角港幣才能買一尺黑布）因此棉花只好用舊的，棉衣內底也是用舊衣折成，而由我親手縫的。現在媽媽因老病而腳腫、咳嗽、夜睡不成，盼叔叔多寄點有養料的東西回來！我仍在學校做事，忙得很；弟妹兩人，雖進學校，但讀不成書，常日被叫下鄉工作，大家食不能飽，而又過於勞動，人却很瘦；媽媽更恐怕活不久，要棄兒女們離去人間啊！』

第二封醫生太太的信說：

中藥絕跡，治病吃糠！

『近來因大家吃紅苕，又吃不飽，弄些野菜來吃，兩個娃娃都患皮膚病，我也患腳腫，我去找醫生，他不願開方子，他說：藥材連薏米都買不到，更不要說雲苓、半夏；最有效，還是每天大家弄點米糠來吃，長吃腳腫或會好；娃娃的水痘，則只用鹽水煮毛巾，將這毛巾熱的敷在瘡上，或者有效。……你來信說，寄乙種維他命丸來，至今沒有收到。如寄到，不知要打多少錢的稅呢？你寄的猪油一小包，收到後，兩個娃娃都不肯吃，要讓與腳腫的媽媽先吃，等我腫消了，他們才吃。他們這孝心使我非常難過。盼你多寄點猪油回來！』

第三封弟弟與老兄的信就更慘了：

溫江人民，隨地倒斃！

據這位在香港某書院作事的老兄對筆者說：『他家鄉溫江自民國四十七年起，老百姓就沒有米吃，只吃紅苕過日子！近半年，因雨水失調，人民怠產，連紅苕已成寶貝，不得多吃，所以距成都不過三十里的溫江人餓得個個生病，隨時倒斃。』於是他拿出他弟弟的信與筆者看，信上說：『你寄來的小糧包，那一點點珍貴的麥粉，我簡直捨不得吃。我的女壻沒吃飽，强迫着下田工作不息，前月十五，倒在田坎上就死了。這情形很普遍，每天田裏都要死人。只剩下我們這些老頭子，難受得很，總想早點死，免得看見難受，但又死不下去。你來信說：在香港作事，收入不多。我們這種讀書人，當然到處都受窮，但在我這裏，讀書人就更沒有用，何況我已五十六歲，在不能賣勞力，不能下田工作，在政府已把我們這種人當死人看待，比老牛老馬不如，因為殺了也賣不成錢，許多親友年青一點的，都往成都、重慶跑，一去也無了消息，留下做活的年老人又隨時隨地，倒下去就死了，你想我這個日子怎能過得下去！

前月你的女兒從上海寫信來，勸我耐心的過日子，不要寫信發牢騷，對自己安全有害。我多謝他的好意，但我是不想活了的。什麼時候捉我去問罪，我就請求槍斃。如果他們捨不得花費子彈，我就一頭撞死在公堂上……』

以上筆者摘錄這三封信，其中沒有一句話是加重了語氣。因為收信的這三位朋友，不肯將原信發表，而只贊成摘錄，所以每信照錄一段。筆者很感慨的說：在抗戰中間，打日本的國軍糧食大半靠成都內十六屬這一個所謂「天府之國」作糧倉，七年之間，供給了前綫後方數千萬担以上的米，而川西壩子人民還是豐衣足食的，未見缺吃少穿。何以毛澤東及其一羣走狗把這天府之國却弄成了人間地獄啊！

陳誠應邀訪美的經緯

純夫

（台北通訊）在台灣正為美國的對華政策感到前所未有的憂慮時，副總統兼行政院長陳誠忽然應美國甘迺迪總統的邀請而有華府之行，自是一件大事。

本來由於交通的發展，國與國之間的距離日益縮短，近年以來國家元首與行政首長的互相訪問，已屬家常便飯，值不得引起驚異。但咱們中華民國卻是一個極為特別的國度，據說，蔣「總統」是不願出國的。究竟是恐怕不受歡迎，或是其他原因，則所言人疏，不敢妄加臆測。因此，儘管若干國家的元首和行政首長——其中還有美國總統都曾來訪；但我們則一律以來而不往的態度對之，誰敢說我們不夠威風呵！

蔣「總統」既然無意出國訪問，在不久以前，曾一度盛傳陳副總統將報聘東南亞鄰邦。但因為朝中有人主張他辭去行政院長的兼職後才能出國，於是，陳兼院長大動肝火，除飭行政院新聞局發表聲明堅決否認而外，他自己還在國民黨中央黨部的總理紀念週上連說兩個「決不」；並稱：假如國家需要他出國訪問，也將以兼行政院長的身份前往對實際問題，作實質上的討論云云。也許因為朝中有人堅持出國訪問與行政院長不可得兼，所以最近數月來也就不再有所聞了。不料，七月二十二日，外交部突然發表公報，說副總統兼行政院長陳誠已應美國甘迺迪總統之邀請，將於本月三十一日到美國訪問。於是，立刻引起種種傳說和議論，有人表示興奮，有人感到惶惑；而最大多數的人則均寄以希望。

陳誠訪美的起因

據悉：在莊萊德大使返國述職時，陳誠並沒有想到他會被允許出國訪問，蔣「總統」更無派陳誠訪美之意。但兩週以前，甘迺迪總統忽然致函蔣「總統」，大意說，他本人和蔣「總統」都抽不出時間離開本國，而有關中美兩國的各項問題，又急需當面商討。因此，他希望蔣「總統」派一位在政府中負實際責任的首長到美國和他面談云云。此信到了台北，當即送往正在台中靜思國家大計的蔣「總統」。傳說蔣經國對於此信很不高興。他認為信中的措詞，在表面上看來，雖屬十分客氣；但在實質上，則等於迫使蔣「總統」派陳誠訪美。因為他一向不願意陳誠出國活動的，尤其是去美國。聞最初還建議由蔣「總統」親訪美國，或另派妥人。但後者經過嚴密的考慮以後，終覺得美總統的來信，既有「我本人和你都抽不出時間離開本國」一語，即無異表明美國並不歡迎他前往訪問；而信中的另一句話：「希望你派一位在政府中負實際責任的首長來美面談」，顯然指的是陳誠。他老人家認為在目前一切均有賴於美援的局勢之下，美國政府的意向既是如此，也祇好委曲求全了。乃毅然函覆美總統，謂將派副總統兼行政院長陳誠訪美，並報聘詹森副總統之訪華。此函到達華盛頓後，白宮方面即發出邀請陳誠訪美的正式函電。全部日程，並經葉公超大使與國務院商定。七月二十二日台北外交部所發表的公報，也是葉大使在美國擬好之後拍發回來的。

隨員陣容太弱

陳誠接到白宮的邀請書後，即向蔣「總統」請示一切，並考慮隨員的名單。據說：蔣經國方面的人原以為他必然會邀請太子同行；而陳誠則有意帶王世杰、俞大維等人。結果，才由蔣「總統」決定現在發表的這張名單。蔣經國雖不在其中，但卻多半是由他安排的。凡是他所不屬意的人都被除去。其用心如何，正是所謂司馬昭之心，路人皆知，用不着筆者再來贅述。本來，國際局勢已演變至此，我們在聯合國的席位岌岌可危。我們的行政院長於此迫切關頭應邀訪美，與美總統對有關中美兩國的實際問題作面對面的商討，關係何等重大。理應多帶第一流的得力人員，從旁襄助，庶可獲良好的結果。可是，今日的台灣，是以傳子為基本的「國策」。保全聯合國的席位固然重要；而傳子尤為重要之至。因此，凡屬被認為不利於傳子的措施，縱使大利於國，也不會被考慮的。陳誠祇能帶如此這般的隨員，自為勢所必然。

可能商談的問題

此次陳誠到美國，究將商討什麼問題？官方的公報僅說是「陳副總統兼行政院長將與甘迺迪總統及美國政府其他官員，就當前世界各項問題，尤其是亞洲方面有關共同利益之各項問題，交換意見。」似乎商談的範圍頗為廣泛；而我們所關心的聯合國席位問題及美國承認外蒙古偽政權問題，美國已對我讓步而不再作討論了。實則據圈內人士的透露，此二者仍是商談的主題。預料美國政府可能當面告知陳誠：美國已決心維護中華民國在聯合國的席位和反對中共入聯合國；但下屆聯大開會，若其他國家提出此一問題時，台北有何良法可以阻止其通過？至於承認外蒙古問題，美國亦可能面告陳誠：此事可暫緩考慮；但下屆聯大開會如有其他國家提出外蒙的入會問題，台北有何良法一面否決外蒙入會，一面獲得非洲新興國家對中華民國席位的支持？假如陳誠對此問題提不出可行之道，勢必被迫承認美國的決策。到時不但台北沒有理由再抨擊美國對共妥協，甘迺迪總統還可向美國人說，他的政策是和台北協議的。因此之故，憂時憂國的人們都希望陳誠此行，能出現奇跡。但從陳誠離台飛美時在機場所發表的書面聲明看去，當權者似乎壓根兒就沒有這種準備和打算。

機場聲明與去職謠言

根據中央社的消息：陳誠在台北機場所發表的書面聲明，沒有透露他此行的任務是什麼。他祇說是代表蔣「總統」到美國去訪問，將就當前世界各項問題，尤其是亞洲方面有關兩國共同利益的各項問題，與美國政府交換意見，他希望此行對增進中美兩國的傳統友誼及兩國有關各項問題的了解，都能有所裨益云云。引人注意的，是陳誠顯然放棄了他過去的立場，不久以前，他曾一再堅稱：假如出國訪問，也將以行政院長的身份前往，對各項實際問題作實質上的討論；而今則自認僅係代表蔣「總統」訪美。換言之，他此行祇是以蔣「總統」的特使的身份，而非以國家行政首長的身份了。本來，陳誠此次應邀訪美，憂時憂國的人們，都希望他能藉此良機，爭取美國對我們的了解和支持，並把當前中美之間各項的歧見設法銷除，然後才不虛此行。可是朝中有人正恐陳誠此行有所成就，增加其政治上的聲勢而使傳子的既定「國策」，遭受影響，因而多方防範。除派親信做隨員，就地監視其活動外，更於日前散佈謠言，說陳誠的行政院長和外交部長沈昌煥均可能被調動（編者按：七月二十八日香港眞報，亦有此電訊）。其用意，顯然是在使美國人知道陳誠的地位並不鞏固，因而不致對他過份信任。他們故意把沈昌煥牽入，不過是一種障眼法而已。

也許陳誠有鑒於此，所以才決心不以國家行政首長的身份而改以蔣「總統」特使的身份訪美，藉以避猜忌。蔣「總統」也對陳誠特表寵信。本月二十九日晨，不待陳誠前往辭行，即玉駕親臨陳公館送別，宋美齡也趕到機場送行。這種殊恩，在蔣「總統」的一生，是一向吝給的。可是，如此一來，陳誠到了華府和美政府討論重要問題時，就得處處向蔣「總統」請示，既無權作任何承諾，更無權決定任何問題，他此行豈不變成了一種親善訪問嗎？怎能期望能有實質上的收穫？但為了國家的前途，筆者仍禱祝陳氏不虛此行。

最後，還想再報導一件小事，陳誠離開台北時，儘管送行的人很多，甚至衰老的于院長右任也親到飛機場；但始終沒有看見蔣經國的影子，似乎此君對於陳誠訪美仍感不快也。

周至柔談黨禁與報禁

靜吾

（台中通訊）七月二十三日青年黨籍的省議員郭雨新在質詢省政時，指出台灣號稱民主憲政卻實行黨禁和報禁。因為當權者控制消息，台灣各報並未將郭議員的質詢原文刊出。就是民營的聯合報，也祇有「郭雨新議員同時就有關實施民主憲政方面提出若干詢問，其中且涉及黨禁及報禁的問題」數字。但周至柔的答覆，則全文刊載，茲抄錄於后：

「周主席說：郭議員所講的各種問題，看起來，好像非常嚴重，非常不民主，雖然郭議員所問的問題，大多是中央主管；但是，本人也願意將若干事實眞象加以說明：

（一）郭議員認為我們有「黨禁」，也有「報禁」。我可以簡單的說，郭議員是青年黨的黨員，你能夠在地方上被選為省議會的議員，這就證明我們沒有「黨禁」，證明我們是民主的。老實說：我從未聽說過有所謂「黨禁」。周主席說，我們的國家裏，除了執政的國民黨之外，還有民社黨和青年黨。這些年來，政府從來沒有禁止這兩個在野黨的活動。同時，政府從來沒有禁止過報刊。今天的民社黨、青年黨是不是有他們自己的宣傳刊物呢？本省現有報紙廿九家，通訊社卅七家，雜誌社六百餘家，廣播電台五十八所。其中以報紙而言，廿九家報社中屬於政府及執政黨者不過三家，其他的均為民營。由此也可以證明是否有「報禁」了。至於報紙的登記，純係「量」的節約問題。在這一方面無論是國民黨或其他人都是一樣的，並無軒輕之分。

主席更指出他在訪問英國時，看到英國只有一個國家廣播電台，而我們的廣播電台已有五十八所，是否我們可以因此就說英國不民主呢？」

周至柔對郭雨新的答覆，官方予以全文發表，顯見當權者自認為於宣傳有利。實則舉世皆知雷震之所以被扣上掩護匪諜的罪名而判處十年徒刑，就是因為他要組織新黨。青年民社兩黨之所以容許存在，就是因為可供點綴之用。假如民青兩黨一旦有取國民黨而代之或與國民黨抗衡的抱負和力量，他們也一樣要招致不幸的。周至柔居然說未聞有黨禁，何異自我諷刺。至於報禁的問題，他還舉出許多數字以証其無。實則今日台灣所有的報刊，除了民、青兩黨各有一個定期刊物祇能對當權者作輕微的批評而外；其餘的報紙雜誌，都是國民黨或國民黨員所有的。不過其中有少數由國民黨員所主辦的報紙，如台北的聯合報，因為激於良知，有時也對當權者的某些小措施，發出正義的批評；但關於重大的問題如違憲連任和雷案，仍不敢表示異議。最顯著的例証，是國民黨籍的老報人陳舍我，和多年以來曾在海外為政府作國民外交活動的于斌主教，請求在台北復刊世界日報和益世報，也至今未蒙許可，此非報禁而何？周主席因最近剛由外國訪問回台，他似乎有意表示他此行所獲得的知識甚廣，還舉出英國祇有一個廣播公司，而我們則有五十八所廣播電台為例，証明我們的民主比英國尤有過之。他似乎不知道或故作不知英國的廣播公司是大家公用的。不但在選舉時，在野黨取得與執政黨同等的機會和時間來廣播競選演說，平時也可使用廣播抨擊政府的施政。而台灣的各廣播電台，則除了供當權者的使用而外，祇能播送時代曲或當權者核定的節目。何曾有一個電台敢於播送在野人士對政府的抨擊？

記得去年台灣大學殷海光教授為該校學生所辦的某刊物寫了一篇短文，大意說：今日的世界有兩類，其一、是說什麼便是什麼；其二、是說什麼並不是什麼。被該校黨團人員認為太刺激，不許刊載。台灣之有黨禁和報禁，乃是鐵一般的事實，而周至柔卻要多方引証，以明其無，正是說什麼並不是什麼的又一顯例。

在中共黨員迫害下

藏胞登山女英雄西繞慘死

黃詠琴

西繞是藏族女同胞，中共進入西藏前，西繞還在西藏過着安靜的生活，中共佔據西藏後，所有西藏同胞，無論男女老，幼都變成了中共的奴隸，被迫參加集體勞動。西繞也不例外，她最先到拉薩的「七一」農場勞動，由於身體結實，遂被中共選爲登山隊隊員，在中共命令下，從事冒險爬山的工作。

在西藏，中共是在經常從事登山活動的。中共的這種活動原有三大目的：一是向國內外炫耀它的登山紀錄；二是藉此摸清楚西藏各高山的地形；三是藉此普遍訓練駐藏各部隊的山地作戰力，以便將來在印度用兵（這一點並不奇怪，因爲印度亦在中印邊境的大山上設立了一個以爬山爲名而以訓練山地作戰爲實的爬山學校）。而藏族男女同胞則往往成爲中共這一登山運動中被迫冒死登山的先行者和犧牲者。

我們曉得：中共一向是自誇它的黨員無論在任何工作中都是要身先士卒的。實則，有利唯恐落後，有害就驅迫別人走先，才是眞正的事實。不信嗎？試看中共自己的公佈：最先登上拔海七千五百九十五公尺的公格爾九別峰頂峰的是誰？還不就是藏族女同胞西繞，而並不是什麼中共黨員嗎？但在中共黨員驅迫下，西繞現在却被害死了，對於西繞之死，中共儘管並沒有發表，被害的消息，但從中共所公佈的文字中，顯然看得出西繞是被害死的。

據中共七月十五日公佈說：「六月十七日，西繞和另一名藏族女隊員潘多登上了公格爾九別峰頂峰，創造了女子登山高度的世界新紀錄。十八日，她們一起回到了拔海七千三百米的突擊營地。十九日繼續下山到達拔海七千米左右的高度時，西繞在大暴風雪中遇難犧牲」。閱讀上述中共公佈：可知登上公格爾九別峰之頂峰者，只有西繞與潘多兩名藏族女同胞，並無別人，更無中共黨員。可見中共所說「一切都依靠黨的領導」的話完全是胡說。事實上，領導中共登山隊的中共黨員是只到達拔海七千三百米的突擊營地，中共黨員並未能再向上爬。這裏尤其值得注意的，是西繞之死，死得太奇怪，她既不死於更高的七千五百九十五尺的頂峰上，又不死在七千三百公尺的突擊營地，而死在更低的七千公尺左右的歸途中，而且據中共說是遭遇大暴風雪，如果在歸途中眞是大家共同遭遇大暴風雪的話，何以其它諸人包括不能登上頂峰的中共黨員都安全，而獨獨死了一個善於登山的西繞呢？況且其時並無山崩等事發生，可見其間的情形不簡單了。

最能看出其間別有隱情的是西繞明明死於六月十九日，但中共的弔唁電報到七月十四日才發出，西繞之死也延到了七月十六日才在北平人民日報公佈，試問中共體育委員會由六月十九日到七月十四日這二十五天在幹什麼？難道不是在研究西繞的死因嗎？對於西繞之死，如果沒有隱情，只須用「遇難」二字就行了。但中共體委會的電報和人民日報的消息却都說是「遇難犧牲」，其中犧牲二字顯見有被害死的含義在內。

再看中共「中國新聞社」七月廿三日北平電對這一次登山所作的報導說：「六月十七日上午，在隊長袁揚的指揮下，一場突擊頂峰的艱苦戰鬥開始了。副隊長王義勤率領潘多、西繞、查母金三名藏族隊員，從突擊營地出發，向頂峰作最後進軍。連續六天的艱苦行軍，她們的體力大大消耗，前進的速度越來越緩慢，足足花了八個多鐘頭，到了當天下午七時二十四分，才上升了二百六十米，到達拔海七千五百六十米的高度。距離頂峰雖然只有三十五米高，但却是一段異常艱險的路程啊！這時狂風暴雪，重霧迷濛，王義勤和查母金已經疲憊不堪，每走幾步，就要坐下來喘氣。：上山和下山都必須冒極大的危險，在這關鍵性的時刻，王義勤果斷地作出決定，把最後突擊頂峰的任務交給體力較好的潘多和西繞去完成，然後和查母金返回突擊營地」。

從上述報導，更很顯然的看到，領導這一登山隊的中共黨員袁揚與王義勤，如何畏難避險，又如何利用自己的指揮權力去強迫西繞與潘多冒險登山，而自己則退回到安全的突擊營地。這說明中共黨員並不是犯難領先，同時也說明了中共對藏胞的迫害。

大陸零訊

陸聞

彭眞被日本拒絕入境

這一次日本共產黨在日本開代表大會，準備通過日共新綱領，爲了鞭策日共和在日本進行各種陰謀，中共原已決定派中共中央政治局委員，中共中央書記處書記兼中共北平市長彭眞率代表團赴日活動。卒被日本政府拒絕簽入境證，日本政府這一措施，顯然是非常明智的。但願日本對中共的其它措施，亦能同樣強硬！

中共準備派兵到突尼斯

據中共新華社七月廿三日電：國務院副總理兼外交部長陳毅今天晚間接見突尼斯駐蘇聯大使艾哈邁德·邁斯提里的時候，代表中國政府和人民堅決支持突尼斯人民要求收回比塞大軍事基地，保衛祖國獨立和主權的正義門爭」。另據突尼斯訪問中共的人員透露，中共有意派兵到突尼斯，幫助突尼斯對法國作戰云。

中共北越簽科學技術合作計劃書

中共對北越，除最近已由中共一再表示將支持北越統一南越外，復據新華社七月二十日電：「中越兩國科學技術代表團從七月八日至二十日在河內就一九六一年兩國科學技術合作計劃進行了會談，並於今天下午在這裏簽訂了一九六一年中越科學技術合作計劃議定書」。「根據議定書，中國將向越南提供優良的農作物和藥物種子；派遣工業、水利、地質、交通、林業等方面的技術專家，在煤鑛、鋼鐵、輕工業等方面接待越南考察和實習人員」云。

湖北旱情重河流多斷流

據中共新華社七月廿三日武漢電：「湖北人民繼續和日益發展的嚴重旱情作鬥爭，部分已經因旱成災的地區，開展了生產救災，節約度荒生活，……湖北省已經連續兩年遭到大旱。今年的旱情比過去兩年更嚴重。過去兩年的乾旱，在六月和七月，而今年四月以來，全省除黃岡等專區的少數地區外，襄陽、荊州、孝感、黃岡等大部分地區沒有下雨或下透雨，普遍呈現旱象。……全省大部分水庫、塘堰蓄水甚少，許多河流斷流。如襄陽專區乾旱嚴重的八個縣，三百二十五條大小河流斷流的有三百一十二條。這些專區的隨縣、襄陽、南漳，荊州專區的京山、荊門、鍾祥等縣某些受旱特別嚴重的地方，人、牛吃水都發生困難。……湖北省今年受旱重的地區，主要是產糧地區，在全省受旱較重的三十一個縣中，隨縣、棗陽、襄陽、宜城、荊門、鍾祥、京山、當陽、黃陂、孝感、安陸等十九個縣是全省商品糧基地。……現在，這些地區的旱情還在發展，旱區還在擴大」。又說：「部分地區因爲乾旱，蝗蟲災害也陸續發生」。

湖南旱災也在發展

據新華社長沙七月廿七日電：「湖南省旱情仍在發展。各級黨委，正加強領導，作長期抗旱的準備，並採取積極措施，力爭中稻、一季晚稻保收，多插晚稻」。又說：「湖南省自六月中旬以來，全省大部地區未降透雨，受旱的面積不斷擴大，當前全省受旱的禾苗，主要是中稻和一季晚稻。因此，當前半個月到二十天的抗旱鬥爭是關係到全年收成好壞的關鍵時期」。

僑鄉簡訊

鍾之奇

高州缺乏盛穀用具

雖然，農民經年辛苦得來的穀米，終將被共黨強迫收去。但秋收後，在農民手中的這段時期，如何保存穀子却也是一個問題，如果保存得不好的話，穀米是顯然要受損失的。但大陸農村今天却仍普遍缺乏此種盛穀的用具。爲此，中共消息說：廣東「高州地區泗水公社彰坑大隊陶器廠，近來趕製瓦缸給社員盛穀。」因「社員普遍需要裝穀的用具」云。

澄海糧食正被搜括

廣東各地今年雖遭遇洪水，但部分地區業已有收割。對於這些已有收割的地區，中共現正開始搜括。據中共澄海縣消息：「澄海縣農村，雖然夏收已經結束，但豐收的氣氛十分濃郁。在各個村的曬穀場上，還堆滿了一堆堆稻穀，一艘艘載滿了穀子的船隻，行駛在蛛網交錯的河溪裏，將餘糧出售給國家。」所謂「將餘糧出售給國家」，當然是中共搜括農民勞動果實的別名。試想今日大陸人民每人每日只有二兩米的配給，有的甚至連此二兩米也沒有，而只能吃野生植物，何來「餘糧出售」之可能？澄海縣是今年幸而豐收的縣，但中共把糧食一船船運走後，人民只有依然挨餓，那末，糧食根本不豐收的地區，自然更不必說了。由澄海縣糧食已被搜括的情形看：各地糧食凡收割得早的則被中共早搜括，收割得較遲的，則遲搜括。但無論遲早，總是皆被搜括，則是相同的。

汕頭專區訓練基幹及黨員

各地基層共幹乃中共廣泛控制大陸之基本共幹，中共中央能否滿意的控制全大陸，與各地基層共幹之關係最大。爲此，中共已在大陸部分地區進行基層共幹及黨員之特別訓練了。

據七月廿三日北平人民日報說：「廣東汕頭地區各級黨委舉辦短期訓練班，分批輪訓基層幹部和黨員。中共汕頭地委決定在今年整風整社運動的基礎上，分期分批把農村基層幹部普遍輪訓一次，以鞏固整風整社運動的成果。今年第二季度中，地委縣委和公社黨委已分別輪訓公社，大隊和生產隊一級的幹部三萬三千多名。訓練班一般以五天至十天爲一期。學習內容以黨的關於農村人民公社的各項政策爲主，同時講解和討論作調查研究，走羣衆路線的工作方法」。所謂地委，卽是中國共產黨汕頭地區黨務委員會的簡稱，由此可知，中共現在是正在各地加強特務統治的。

廣西共幹造成旱澇

今日中共統治下的中國大陸人民，人人沒飯吃，普遍鬧災荒，已是舉世週知的事實。何以如此呢？粮食不够是根本原因，糧食何以不够呢？中共不顧人民死活，盡量搜括，運往蘇聯及外國，換取外滙，以擴張軍備和各種侵畧性開支，這是一個原因，農業生產量萎縮，是另一原因。而天災與人造災荒則又是形成農產量萎縮的兩大原因。人造災荒則又可分三方面：一是中共中央的整個農業政策的錯誤；二是人民反共心理所形成的消極怠工現象；三是共幹的幼稚和胡鬧。

六月十八日中共人民日報有一段消息正是中共幹部形成人造災情的一個典型例子。人民日報說：「廣西貴縣武思江水利系統上游的木格等公社的一些生產隊，雖然水利條件比下游好，但是今年早稻田間管理期間發生了不同程度的旱澇現象」。原因何在呢？人民日報繼續又說：「木格等公社的某些幹部認爲庫滿渠通，不必再用專人看管，因此有時田水多了不能及時排出，少了不能及時灌注。加上今年早稻田間管理中期遭遇了幾次連日暴雨的後期又遭天旱，因而引起一些不應有的旱澇現象發生」。這就可見廣西的這一災情，完全是廣西共幹造成的了。

廣州用說書人教育暑期小學生

在暑期中的小學生，本應該讓他們自修或補習正常功課。但中共消息：廣州當局却以「說書藝人成立一個暑假說書小組」，到各小學去對各小學生講故事。如果講的是愛國愛家的故事，猶可，中共却叫說書人講「毛主席的少年時代」如何在家與父母鬥爭的故事，可見中共存心毒化這些小學生。

李光耀晉封「右翼」

攤牌的背景

俊華

在上星期（七月十九日）的通訊中，筆者曾報導人民行動黨政權的動搖和危機，迫使執政黨採取了攤牌的手法去挽救危機，事後証明，人民行動黨當時的這一個果決性的決定，是成功了的。

當李光耀向黨辭總理職的時候，整個星洲政局可以說是「滿城風雨」，預測紛紜，如對於辭職是否獲准？後繼人選爲誰？政局發展如何？等等，大有「貼士」滿天飛的情況。但無論如何，辭職總是示弱，難免有「經不起打擊」的譏議；正如馬紹爾所說的：「無論由杜進才或吳慶瑞繼任都沒有關係，李光耀必須辭職」！反對派也許知道，不能一下子就打倒人民行動黨，於是，便以打倒李光耀爲目標。如果達到目的的話，就是他們勝利的第一個階段了。

人民行動黨當局當然也知道這種作用，即使李光耀的領導不無問題吧，可是李光耀的去留，却對行動黨的聲威大有影响。所以在李光耀致黨主席杜進才博士（兼副總理）的辭職函件透露以後，黨的中心幹部立刻舉行高級會議，檢討之後，終於否決准許李光耀辭職，並採取對反對黨及反對派攤牌的辦法，以求安定；所謂攤牌，便是在議會舉行對政府的信任投票，並且迅速定於七月二十日舉行。

據說，行動黨當局認爲，局勢的演變是對行動黨不利，拖延下去會出毛病；更換總理也不是辦法，因爲反對黨的口號雖在打倒李光耀，但目標可在摧毀行動黨。要脅李光耀下台不外是他們的手段，李氏下台只能說是「正中敵方之計」，而絕不能緩和危機。倒不如趁在議會還控制有多數票的時候，用信任投票的方法，澄清局面。這就是決定攤牌的原因，和必須「迅速攤牌的原故。」

拿出秘密「武器」

二十日「攤牌」的立法議會，自下午一時舉行至深夜近四時，歷時十三小時之久，「搏殺」之熱烈，得未曾有。因爲是「攤牌」的緣故，確有許多「揭發秘密」的攤牌或暴露。相當「精彩」，也當然驚人。

李光耀在他使出渾身解數的演說中，就有冗長的叙述、尖銳的抨擊。李氏演說，長達一小時又二十分鐘。歷述星洲政局及鄰區影响，行動黨如何苦心應付等等，不在話下。其令人震驚的，竟說是「英國最高專員曾於本月十八日與行動黨極端左派林清祥、方水雙、兀哈爾表示：英國可以考慮接納一個親共的星洲政府」。

「可是在另一方面」，李光耀繼續說：「英國當局却告訴行動黨，必須堅定對付左派，維護『英星共同』立場，『維護他們的殖民主義』！英當局的手法，確很高明」。

杜進才則向議長提出一項秘密文件，是星洲政府致星洲內部安全委員會的！有關拘留政治犯政策的文件中透露行動黨對林清祥的看法，其中說：「在所釋放的八個人中，從安全觀點看來，最重要的是林清祥，因他是一九五五——五六年間，由馬來亞共黨造就出來的一名公開的領袖」。（按內部安全委員會乃最高安全機構，由英、星各三人、馬來亞一人爲委員組成。又林清祥一九五六時係立法委員，於大暴動中在工會指揮工人與軍警槍戰，被捕下獄。行動黨選舉獲勝，以釋林氏八人爲組閣先決條件，方獲釋出。均見上次通訊。）

財政部長吳慶瑞再對李光耀的話加以補充說：英國的計劃，是先使共黨攪垮行動黨，然後，他們再除掉共產黨」。

這些都是難以加以評論的問題，不過以堂堂總理副總理和部長的身份，在議會中公開作這類指述，確是驚人的透露，再就不得不公佈秘密文件來說，也是爲了「攤牌」，不得不爾了！

與共黨「擘網巾」

行動黨在攤牌中的方針已很明顯，首先，行動黨痛罵「英國殖民主義」，說英方利用共產黨陷害行動黨。其次，在另一方面，它明指共產黨是行動黨的敵人，不惜指出林清祥是正牌共黨領袖，而且我們「老早便已知道」，且有文件可稽。雖然，迄至數日之前，林清祥還是行動黨黨員，政府秘書，並且在二十二個月前是行動黨以去就力爭，方才釋放出來的。

是不是這個攤牌的方針得到勝利？那是很難估計的。但無論如何，行動黨總算提出了一點新的東西，那便是他們「反共」。或者照他們自己的說法：「非共」，明顯的「非共」。

漫罵英殖民主義，在行動黨是慣常的口頭禪，不能算新。只有對於共黨，過去行動黨雖有些「桑槐式」的譏諷，但究竟無關宏旨，林清祥並未被抨擊排擠，便是實証。而這一次呢，可却是眞眞正正地「擘了網巾」，行動黨與共產黨，勢成「漢賊不兩立」了。

在立法議會五十一名議員全體的出席，在凌晨（廿一日）三時五十五分的表決中，終以二十七票對八票及十六票棄權，通過信任政府，李光耀獲勝了！棄權票中，行動黨議員十三人，先已脫黨的王永元等三人。許春風（無黨派）投信任票。林有福（右翼反對黨）投不信任票。

立場澄清了，行動黨政權稍獲穩定。於是，它開始採取証實立場的行動：廿一日，星洲政府開除林清祥、方水雙、兀哈爾的職位，林氏是財政部政治秘書，方氏是副總理政治秘書，兀氏是衛生部秘書。因他們在李光耀「背後放暗箭」。當然，這不是公開宣佈的原因。

「鬼話」與「神話」

對付左翼三巨頭不過是第一炮，廿四日，行動黨宣佈開除議員四人的黨籍，計爲前內政部次長李紹祖，衛生部次長盛南君，黃信芳，巴尼。另議員九人由幹部降貶爲普通黨員，計陳新嶸（總理次長），梁景勝（教育次長），劉坡得（財次）王清杉，陳清勤，方韻琴，張福元，張金陵，林猷英。後者九人的政府職務，亦同時被解除，計行動黨二十七名受薪秘書中，被解除職務者過半數，達一十四名。後九名議員合前四名共十三名，便是在議會中投棄權票者。

這些被整肅者現在大部已走在一起，三秘書八議員已聯合舉行記者招待會，抨擊行動黨中央委員會「開始清黨」。指責行動黨不敢召開黨的五十一個支部執委會議，而在議會作信任投票，「利用黨外壓迫黨內」，主要在摧毀黨內的反對者尤其左翼份子。

他們極力「闢謠」說：（李光耀先生）「一方面提及共產主義的鬼話，另一方面指責英國和共產左翼串通的神話……如果有人與殖民主義密謀的話，那就是李光耀先生及其代表團」。

他們的結論說：現在是「社會主義人士與反動右翼份子之間的鬥爭」，即李光耀被封爲右翼。

二十六日，他們宣佈要組織新黨（黨名未定），當然以林清祥李紹祖爲核心，吸收行動黨中的左翼份子，拉攏遊離份子。

以二十日議會信任投票計算：行動黨在五十一席的議會中得二十七票，除許春風一票，實佔二十六票。僅多一票過半數。這就是政局仍然「嚴重」的理由。

李光耀及內長王邦文、健康部長伊伯拉讓，已暫時請假而「到民間去」。回去各工會社團及人民間活動，解釋黨主流派的立場，和政府對星洲發展的展望，進行爭取及說服。非共而不顧反共的行動黨，現在要與宣稱「並非共黨」的共黨鬥爭。這一個新的政治局面，在別處倒是少見的。

・吉隆坡通訊・

僑鄉近訊

豫省農民反抗「三包六定」

・江水

豫共自實施「三包六定」後，省內農民更被迫害得透不過氣來，因而民怨沸騰，憤恨的火燄，普遍地在每一角落每一農民的心坎裏焚燒，刻正醞釀着一股反抗的怒潮，不惜流血、犧牲，決以行動來對付共黨的暴政。據當地農民透露，那所謂「三包」，是這樣的：（一）大隊幹部，包工到底；（二）作業小組，包完任務；（三）生產隊員，包額收成。至於「六定」，就是：（一）定勞力；（二）定地段；（三）定時間；（四）定質量；（五）定工分；（六）定獎懲。——在上述的徹底壓榨辦法下，對農民勞力的剝削，顯然已一般性的加强，而尤其是在這「三包六定」的辦法實施後，農民因體力或環境關係致不能完成任務而被扣除口糧的，正不知凡幾；農民受到奴役和飢餓的雙重迫害，無不切齒痛恨，迅即刺激起了他們的抗暴情緒。據謂：目前已有百份之八十以上農民，已展開着消極的反抗；至於積極的反抗，刻亦已在秘密策動中。

江西共幹迫害水災災民

江西旅港僑胞，最近接獲家書，報告該省此次遭受特大洪水襲擊的災情，和共幹奴役災民的實況。據說：六月中旬間，由於連續暴雨，山洪爆發，該省的贛江、撫河兩岸，突被狂濤淹沒，廣昌、南城、豐城、南康、寧都等縣的二百多個村莊，都受到洪水的威脅，堤壩、基圍、農田被冲毀，房屋、牛棚、猪欄被冲塌；生畜死亡，數目固然巨大；農民失踪，確數亦無從統計；這一場中共也認爲「百年來所未見」的嚴重水災，歷時凡十一天，潦水始逐漸消退。曾受水災的廣大地區，瘡痍滿目，而中共却不從實際方面辦理善後，消除農民痛苦，反而以鎮壓的方式，集中災民的勞動力，大搞扶秧、洗苗、和補種等活動，因此曾一度刺激起災民的憤怒情緒，起而反抗，如太陽，梅崗，新城，南康等公社的農民，就曾連續發生過圍殴共幹的流血事件，並聯合怠工；均一致表示：寧願抗暴犧牲，亦不甘再被加强奴役！

「前進學生」吐苦水

・言惠雲・

友人吳君的兒子，是「回國升學」的「積極份子」，現就讀於廣州某中學，他原定在此次暑假期中，返港探親的，但因被派往農村參加「暑期勞動」，故未克如願，乃揮函其父，作「吐苦水」式的申訴。

據稱：今年暑假期內，所有中上學校的學生，都被集體下放到農村、礦場、工廠，從事「暑期勞動」，直至秋季學期開始，始返回學校上課；這是「教育與勞動結合」的工作之一，乃每一個中上學生所必須履行的一種義務。

這位「前進學生」還說：學校裏的同學，在「黨委」領導下，本以經常組織有「突擊生產隊」，隨時給指派到各農村的「人民公社」去，而此種「突擊生產」的工作，已佔全學年的時間百份之六十以上，由今年春季學期開始至學期終結的五個月內，參加勞動的時間已佔了三個多月，但「黨」方仍認爲一般中上學生對「教育與勞動結合」的任務尚未能徹底完成，故在此次暑假期中，仍要集體下放勞動。他又說：暑期勞動的每天工作時間，照「黨委」的規定，是十二小時；這顯然比「突擊生產」的工作時間還長。後者每天工作時間，祇是十小時罷了。

這位「前進學生」雖然一向自認是「積極份子」，但他終於對他的父親吐了一口苦水，說：他的精神和健康，已受到嚴重的折磨！

旅伴（下）

盛紫娟

淡月和淡如扶着那老太太鑽進那又熱、又悶的船艙，發現大部份床位上已坐了人，一個說廣東話的漢子，看過他們三人的船票及路條後，指給她們三個並排的上床位。

淡月費了九牛二虎之力才把老太太安頓好了，當她喘着氣打量了下四周後，臨上船前的那一陣喜悅已不知跑到哪裏去了。艙中的人已不少，但却沒有人交談、或看報紙，大家都面朝上躺着，不笑也不動，像是一具具木乃伊；艙中的空氣，沈悶得令人窒息，只有播音器中有個女人裝腔作勢地在說着：「旅客們，你們就要離開可愛的祖國了！我代表人民政府祝你們一帆風順！」接着播出「祖國頌」、「二郎山」等歌曲。

乘客陸陸續續地登船，直到坐滿了之後，船就在反常的靜寂中開動了，全船的人只是靜悄悄地躺着，連一絲激動也看不出。淡月偷偷吐了一口氣，幾年來的奮鬥總算得到結果。她想起離別了五年的母親，走時還在吃奶的小弟弟，那個驕縱慣的、任性的大弟，而在爲生活而奔波勞碌的父親。……

開船後不久，天就暗下來，船艙中幾盞昏黃的電燈亮了，像鬼火似的眨着眼。淡月好奇地從頭頂那扇小圓窗中探出頭去看，發現甲板上有兩個全副武裝的「解放軍」在巡邏，嚇得忙縮回了頭；不久船上的伙計將飯開了上來，人們就各自蹲在自己的床上吃起來。淡月及老太太却一口也吃不下，播音器在這時又響了，勸大家盡量吃飯，因爲這是唯一的一頓飯，第二天要到早晨十點才能到澳門。淡月不得已，將那兩小碗飯嚥了下去。飯後，又熄了幾盞燈，艙中光綫更暗了，空氣悶得像凝住了，她覺得透不過氣來。蚊子和臭蟲開始大肆活動；從小窗口不時鑽進一陣令人作嘔的臭味……。淡如却不理一切已睡得像死猪一樣了。淡月和老太太面對面躺着，不敢說話，也不敢動，後來兩人都不知不覺地睡着了。好像是在半夜，那隆隆的馬達聲突然消失了，淡月睜開困乏的雙眼，詫異地抬起上半身看了看，發現大部份的人都已坐了起來，緊張地等待什麼，她想問一聲是否已到了澳門，但見到人們那一副副呆板、無生氣的臉，她始終不敢開口問。這時睡在她身旁的那位老婦人顫巍巍地問：「姑娘，到了嗎？」她輕輕擺了下手，又將一根手指壓在唇上，示意她別出聲。突然她聽到一陣馬達聲由遠而近，繞着這船走了一圈，最後停住了。一分鐘後，一個軍官進了船艙，檢查每個人的路條，檢查完畢後，船上的那兩個共軍也隨着小船走了。

當船又開動的時候，淡月發現每個人臉上都露出一絲笑容，鬆了口氣，像是放下了一副重担子。她聽到別人說：「已出了國界」禁不住歡喜起來。她從小窗口向外望去，看見明亮的月光把河面照得像鏡子似的閃着光，平靜的河面上有一隻小得像玩具似的船在一搖一幌的，船上似乎有個人，看不出在做什麼。沿途的河岸非常平坦，偶而發現一兩座用蕉葉蓋成的小屋，這個景色使她覺得自己在做夢。她盡力吸了口氣，又不知不覺的睡着了。

一覺醒來發現船又停了，從窗口望出去，只見山脚下密密麻麻地擠滿了白得耀眼的小洋房。她回頭看看，旅客們的神情已完全和離開廣州時不同了，人人都像年青了幾歲，開始互相談笑着，談笑聲愈來愈大，淡月知道已到了澳門，忙推醒了還在熟睡的妹妹，告訴她：「到澳門啦！」淡如立即翻身坐起來，揉着惺忪的睡眼問：「你看見媽了嗎？媽來接我們了嗎？」

「傻丫頭，船離岸這麼遠，誰能看得見？」那位老太太也坐了起來，顫動着那沒牙的嘴唇說：「我的兒子，不知來不來接我。」嘆了口氣又說：「造孽！」她又唸叨起她那一生的積蓄，給了她的女兒、外孫女是多麼不甘心，因爲她們一直在虐待她，說着說着就想哭。淡月這時的心早已飛到母親那兒了，心裏充滿了激動，因此沒有留意聽她的話，只是拍着她的背說：「想開點吧，想開點吧！」

播音器又播出臨別贈言，最後說：上岸後叫女人爲小姐或太太，稱男人爲先生。全船的乘客都大笑起來，好像發現了什麼有趣的事。淡月也覺得心裏一陣清涼，她笑着對妹妹說：「記住呵，小姐，可千萬別再叫什麼男同志、女同志了。」

老太太愈來愈顯得不安，她凝視着自己一無所有的手指及手腕，嘆着氣說：「那是我一輩子的積蓄啊！我還要留做棺材本的呢！」

靠岸了，旅客們的喧嚷聲越來越大了，大家開始收拾東西，因此艙中那一點點空處被塞得滿滿的，上床位的人也都爬了下來。淡月及淡如兩人，連抱帶拖地把那愈發憂鬱的老太太扶到地上。淡月這才想起，如果她的兒子不來接她，她兒子不是要流落街頭了嗎？身無分文的她將怎樣辦呢？因此關心的問：「您的兒子，知道您今天到嗎？」

「他知道的，我女兒打了電報給他。」……

上了岸，淡月和淡如兩人手拉手焦急地找尋着五年未見的母親，忽然一個女人用出全身的力量，驚喜地喊道：「淡月，淡月！」接着一位身穿褐色綢長衫的胖婦人，從人叢中擠出來，她們倆先是一怔，但立即不約而同地撲上去叫道：「媽，媽！」當她們神志清醒了以後，淡月發現一直跟在她們身後的那位老婦人不見了，她着急地問母親怎麼辦，母親望了望站滿了人的碼頭說：「她一定被她兒子接去了。」

「但願如此，但願如此，我連她姓什麼也沒有問呵，又不知道她的兒子住在哪兒，萬一她兒子沒來接她，她又怎麼辦哪！」

淡月傷心地倚在母親懷裏，竟像是自己做了件不能饒恕的錯事。（完）

阿蘭

金陵

阿蘭已經兩天不來上班了。

這兩天，每逢我走進辦公室，心頭激起一股莫名的痛楚。桌上的塵埃沒人拂拭了，遍地紙屑沒人打掃了；往日，一坐下就送上來的熱茶也喝不到了。阿蘭——這一個小姑娘的離去，竟使我們感到如此不便。同事們見了面，不約而同的說了句：「阿蘭一定不會回來了。」每個人的表情都夾雜着些惋惜、憐憫和愧懟。

阿蘭到這個機關已經兩年掛零了。記得總務科長初次把她送到這個大辦公室來時，曾給大家介紹：「她是我們新僱來的女工阿蘭，以後這邊的一切雜務便由她來做，大家有事儘可吩咐她。」

總務科長留下她，轉身走了。辦公室裏三十幾隻眼睛一致落在這個小女孩身上。她長得眉目清秀，穿着一件黑裙子，黃童子軍上裝，在胸上還繡着「××國校」的字樣，加上剪得女學童的髮式，一望而知是一個小學生。她經不起大家的打量，立刻羞得低下了頭。於是同事們都好奇地問起她來。

「阿蘭，妳姓什麼？」

「我姓陳。」她羞澀而遲疑地答。

「今年幾歲。」

「十二歲。」

「讀了幾年書？」

「今年國民學校剛畢業。」

「你怎不升中學呢？」

她低頭不語。

「是不是沒考取？」

她搖搖頭。

「那麼，爲了什麼呢？」

「阿母不讓我上學了。」

當時，我們以爲大概是由於家境不好，供不起她讀書了，後來才知道阿蘭原來是一個養女，從四歲就被陳家收養，陳家經濟情況並不壞，他自己的兒子已在×大讀書了。阿蘭停學看來還是因爲她是養女的緣故吧，我這樣想。

阿蘭年紀雖小，人却聰明懂事，只要吩咐過的事情，總做得清清爽爽，因此獲得全室同仁一致的誇獎，大家閒來無事，都喜歡找她聊天。

有一天，她忽然背着雙手站在我面前，對我說：「黃先生，你教我讀書好不好？」

她這一問我倒楞住了。

「你願意讀書？你想讀什麼書？」我問她。

這時她把背後的雙手伸出來，手裏拿着初一的英語和國文。

「書是從那裏找來的？」

「鄰居李姐姐借給我的。」她還告訴我，以後還可以繼續借給我。」

我看到她求知心切，不忍辜負她的一番熱望，便毅然答應了她。自此，每在公餘，便抽空教教她。她天分極好，又知用功，所以進步的情形竟出乎意外的快。如此兩年，從未間斷。最後一次更換課本的時候，我告訴她，若能這樣再自修一年，她就可以參加本機關的雇員考試，升做雇員了。她聽了我的話，臉上浮起一絲希望的笑靨，良久沒有消失。

前天早晨，我走進辦公室，發現阿蘭正站在牆角裏低泣。稍頃，同事們都到了，看見阿蘭哭，大家不由的圍攏起來，關切地問她：

「阿蘭，哭什麼？是不是阿母打你啦？」她是常挨養母打罵的。

她搖搖頭。

「那麼你究竟哭什麼呢？」大家懷疑的問。

「阿母要我來辭職，不要我做了。」她抽噎着說。

「那還不好嗎？在家裏總比出來做事好得多。」

「不是，她要我送到……」

「到哪裏去？」

「去……酒家。講定四千塊錢，今天下午就送我去。」

聽了阿蘭的話，大家不禁義憤填膺。一個年僅十四歲的女孩子竟要賣到酒家去，她這一生豈不活活斷送了？衆人你一言我一語地痛罵她的養母太慘無人道了。

「我們應該想個辦法，把她從火坑邊緣救出來才是。」我提醒大家。

「對，我們一定要救她！」小王激動地說。

商議的結果，我們准定由阿蘭回去再向她養母哀求一次，若仍然不肯，便讓阿蘭到婦女會去。並約定下午在辦公室繼續商討對策。」懷着萬分感激的目光，向大家鞠了一躬，沒等下班，阿蘭便提前回去了。

下午，上班的鈴聲響過了，阿蘭沒有來；下班的鈴聲又響過了，阿蘭依然沒有踪影。

大家沒有心情辦公了，一直在惦念阿蘭，都後悔不該讓她回家，那等於重投虎口。

看到辦公室的一事一物，都使我思念阿蘭，我目覩着一個養女被惡虎吞噬，而竟對她沒有絲毫助力，良心感到深深的歉疚。兩天來，稍一閉目，我就彷彿看到阿蘭正被幽禁，彷彿看到她正遭受着養母的毒打，在遭受着一個個獰笑的野獸蹂躪……

「各位，很對不起，阿蘭走了，一時請不到人，一切煩大家多勞苦，再過一兩天就可以找到了。」快下班時，總務科長走來向大家致意。

阿蘭的工作馬上就有人接替了，可是她悲慘的命運却正在開始，而我心靈的歉疚也將永遠無法消除了。

金釵記

（六）

黎明

第七場：

景：顧家後堂。陳設富麗，燈燭輝煌。

時：初秋初更。

人：顧安人、梁尙賓、春梅、蘭心、劉媽。

（顧安人坐，劉媽站在旁邊打扇，均作專誠等迎嬌客狀。）

顧安人：但願碧梧長栖鳳，安排佳婿快乘龍。劉媽你去看看，怎麼還沒有來？

劉媽：是。（欲行）

春梅、蘭心：（同上，報：）姑老爺到！

劉媽：喲、安人！來了，來了。

顧安人：快快有請！

劉媽：有請姑老爺！

春梅、蘭心：有請姑老爺！

梁尙賓：小生來也！小生來也！（上場時，慌失失地幾乎跌了一交。）（唱）：這樣的氣派兒從來少見，倒叫我渾身上下不自然。醜媳婦終歸要見公婆面，悔不該壞心眼色胆包天。（一眼望見劉媽，急忙跪倒說）：參見岳母大人！

劉媽：喲、（慌忙扶起）：折煞老身了！姑老爺！我家安人在上面呢！

（春梅、蘭心同噗嗤一笑，安人也不覺怔住。）

梁尙賓：（轉向上跪）：安人！……哦、丈母娘！丈母娘在上，小婿大禮參拜。

顧安人：賢婿少禮！請坐！（說得很勉强；同時，立以懷疑的眼光向他搜索。）

梁尙賓：謝……坐……！（因爲自己做賊心虛，迎着安人的眼光，慌得一會兒正正帽子，一會兒整整衣服；引得劉媽只是搖頭，春梅蘭心又幾乎笑出聲來。）

顧安人：（旁白）這倒是從那裏說起啊！？（旁唱）只見他，慌失失，如醉如痴；全不似，讀書種，宦家子弟。莫不是，折磨多，消失了凌雲志？莫不是，貧窮久，短折了英雄氣？——哎呀、這都是我家的不是啊！害得他，破船又遇倒頭風，害得他，屋漏更遭連夜雨。（旁白）是呀！正都是我家的不是啊！（拭淚對尙賓）：賢婿！過去的事兒，都一筆勾銷吧！自古道：「耶有半子勞」；從今以後，你就是我家骨肉了；一切老身替你作主就是。

梁尙賓：哦、是、是，（似懂非懂地）：多謝丈母娘！

顧安人：蘭心！吩咐酒席擺下。

蘭心：是。（下）

顧安人：春梅！快催小姐準備赴席者！

春梅：是。（下）

蘭心：啟稟夫人！酒筵齊備。

顧安人：（起身）賢婿請！

梁尙賓：（跟着起身）小婿不敢；岳母大人請！

顧安人：好、好，賢婿隨我來呀！（劉媽蘭心趕上攙扶；同下。）

梁尙賓：小婿遵命！（一揖到地。抬頭見安人等已去，作揮冷汗介）好險呀！這回有了甜頭了。（揚長下）。

答公遂

·韋齋·

塵海蕭然笑獨行，笙絃倦對感餘情。
玄思作業愁仍健，俗口多譏慣不驚。
用世自嘲瓢五石，求忩偶辯物三名。
故人莫問狂何許，已是終年鳥不鳴。

辛亥革命史談（一五）

舜生

三·同盟會成立經過及其活動

『民報』發刊詞，爲中山所親撰，正式揭出民族、民權、民生主義，實爲三民主義見於文字之始，茲節錄其要點如下：

『……余維歐美之進化，凡以三大主義：曰民族，曰民權，曰民生。羅馬之亡，民族主義興，而歐洲各國以獨立；洎自帝其國，威行專制，在下者不堪其苦，則民權主義起。十八世紀之末，十九世紀之初，專制仆而立憲政體殖焉。世界開化，人智益蒸，物質發舒，百年銳於千載，經濟問題，繼政治問題之後，則民生主義躍躍然動；二十世紀，不得不爲民生主義之擅場時代也（按『擅場』兩字，羅家倫主編的『國父年譜』作『濫觴』，茲據『民報』影印本改正）。是三大主義，皆基本於民，遞嬗變易，而歐美之人種，胥冶化焉。其他旋維於小己大羣之間而成爲故說者，皆此三者之充滿發揮而旁及者耳。

『今者中國以千年專制之毒而不解，異種殘之，外邦逼之，民族主義，民權主義，殆不可以須臾緩；而民生主義，歐美所慮積重難返者，中國獨受病未深，而去之易。是故或於人爲既往之陳蹟，或於我爲方來之大患，要爲繕吾羣所有事，則不可不幷時弛張之。……近時志士，舌敝唇枯，惟企强中國以比歐美，然而歐美强矣，其民實困，觀大同盟罷工與無政府黨社會黨之日熾，社會革命其將不遠。……吾國治民生主義者，發達最先，睹其禍害於未萌，誠可舉政治革命社會革命畢其功於一役！還視歐美，彼且瞠乎後也。……』

其時中山正當四十的壯年，就其十年以上在外觀察研究所得，構成此一結論，可以說一直到他逝世以前，其主張的原則，在輪廓上並無何等改變；與他晚年的容共聯俄既不相違，也與他所倡導的『知難行易』若合符節，此實研究中山政治思想者所不可不知也。

『民報』甫出一期，不幸於十一月十二日（十二月八日）即發生陳天華蹈海自殺事件。陳字星台，湖南新化人，死年三十有一。原爲『華興會』分子，與黃興、宋敎仁交誼甚篤。其所著鼓吹革命之著作，有『猛回頭』、『警世鐘』、『最近政見之評決』、『國民必讀』、『最後之方針』、『中國革命史論』等，尤以『猛回頭』、『警世鐘』流傳最廣，影響最大，殆與鄒容的『革命軍』不相上下。陳自殺的動機，看他在死前草就的『絕命書』便可明白（見『民報』第二期），蓋其時我國在日本的留學生甚多，品類至不齊一，『有爲之士固多，可疵可指之處亦不少。以東瀛爲終南捷徑者，目的在於求利祿，而不在於居責任，其尤不肖者，則學問未事，私德先壞，其被擧於彼國報章者，不可縷數。……』（所引卽見陳『絕命書』）因此，乃引起日本文部省有『清國留學生取締規則』的頒佈，限制頗嚴，妨我自由及侵我主權之點不少，於是有我八千餘留學生一致罷課之擧。陳之自殺，重點不在反對此項取締規則，而在以一死勗勉同學之敦品勵學，發奮自强，蓋以『朝日新聞』斥中國留學生爲『放縱卑劣』，爲陳所最難堪也。

陳在『絕命書』中，也發表了他對革命的意見，他說：

『……近今革命之論，囂囂起矣，鄙人亦此中之一人也。而革命之中，有置重於民族主義者，有置重於政治問題者，鄙人所主張，固重政治而輕民族，觀於鄙人所著各書自明。去歲以前，亦嘗渴望滿洲變法，融和種界，以禦外侮；然至近則主張民族者，則以滿漢終不並立，我排彼以言，彼排我以實；我之排彼自近年始，彼之排我，二百年如一日；我退則彼進，豈能望彼消釋嫌疑，而甘心與我共事乎？欲使中國不亡，惟有一刀兩斷，代滿洲執政柄，而卵育之，彼若果知天命者，則待之以德川氏可也。滿洲民族，許爲同等之國民，以現世之文明，斷無有仇殺之事，故鄙人之排滿也，非如倡復仇論所云，仍爲政治問題也。……』

他這種意見，可能代表當時革命派的較多數，我們看後來辛亥革命成功，對清皇室、皇族、及滿族有種種優待條件的規定，滿人被殺者也不多，可以說正是他這種主張的實現。

（未完）

聯合評論

週刊

本刊已經香港政府登記

每逢星期五出版

United Voice Weekly

第一五四號

督印人：黃宇人　總編輯：左仲平

社址：九龍赫德道二十三號地下　電話 68678

承印：嘉羅印刷有限公司　香港灣仔馬師道5號

總代理：友聯發行公司　售價每份港幣一毫

本報美洲版總經售處：美國紐約中美出版社

CHINESE - AMERICAN PRESS, INC.

199 CANAL STREET.,

NEW YORK13 N. Y. U.S.A.

美洲航空版每份零售美金一角

談「交易」

李璜

這一個多月以來，在美國的電訊上，對於外蒙古加入聯合國的投票問題與對於中國席位在聯大重行投票問題，拉在一起談，而稱之曰，交易！又對外蒙古的入會與茅利塔尼亞入會，要聯在一起來決定，又稱之曰：整批交易！

「交易」這一名辭，本是商場用語，通常做買賣，都名之曰交易。在英文為 Commerce，此字沿於拉丁文的 Cum 與 Mercis 創變出來，Cum 為「同着」之意，Mercis 為「商貨」之意，合起來即「拿着商貨以從事交接」之意。在中文，交易一辭也有來源即「日中為市，以其所有，易其所無，交易而退，各得其所」，這裏很明白是中國古代（不只中國，古民族都是這樣的）的交易，乃是以物相交換，而交換雙方各得其所需要的滿足，此之謂「各得其所」。

因是，於此一名辭的字義解釋上，及此一名辭所代表的行為內容上，所謂交易，得三義焉：（一）交易是兩對手方，各有其需要，而後各以自己的貨品來作為交換，而不能以第三者之物作為交換，除非這第三者之物已被兩對手方之一先行掠奪了去。（二）所謂交易，在原則上，總是物品，特別是交易的兩對手方所各自需要的物品；但有時也將人作為物品來交易，如美國人初初開發美洲時，缺乏人手開墾，英、葡、西班牙商人曾經販賣西非黑人於美洲，以應當時美國拓荒者的需要。但這一販賣人口的交易，在現今文明世界已列為厲禁，而聯合國的人權委員會還經常派出代表赴各地調查此一禁令是否生效。（三）交易既限定於物品，拿人的身體去作為商貨，也已懸為厲禁，當然更不能有以人的靈魂去作商品來交易的道理，因是，基督敎的敎義，無論新舊敎，一律反對「出賣靈魂與魔鬼」！

本此三義，來看近月以來，英美一部份人所主張，而且喧騰於報紙，更進而與中華民國從事商討的上述的所謂「交易」問題，或所謂「整批交易」問題，於理便不大通，於情便說不過去，於政治原則與宗敎敎義上便有違自由世界所標榜的正義和平、自由民主，與不能與魔鬼打交道，而自行出賣其靈魂！

更具體的本此三義以批判此一所謂之交易，則外蒙古與茅利塔尼亞，並不是一種商貨，可以作為交易之用的；而中華民國的老百姓更不承認中國變成了國際市場的物品，來作交易之用的！即退一萬步言，英美要與蘇俄交易，而一定要强將他國的領土主權作為商品看待，則中華民國的領土主權至少在名義上還是屬於中華人民所有的，換句話說，這「商品」乃是屬於交易雙方以外的第三者所有的。因是第三者如不同意，則交易雙方便無法買賣，此其一。第二，所謂「兩個中國」的交易，這兩個中國也者，並不是像在南極新發現的土地，其上只有黑袍白胸，作紳士狀的企鵝，而中國大陸上有五億人口，台灣雖小也有一千萬以上的人口，何況還有在海外各地流寓的中國僑民也近二千萬人口。這麼多的中國人，號稱佔世界四分之一的數目，而且還有五千年的文化，稱為世界四大高級文化型之一，當然英美要與蘇俄講交易時，不能把這一人口眾多的文明民族，都當作從前的西非黑奴看待，把他們欺騙着販賣了就是，一定還得要問問這一「兩個中國」的交易，中國這樣多的人民願不願意，不是只去問問蔣介石和陳誠，或者只去問問毛澤東和周恩來，便算得着中國全體民衆的同意了！第三，現在不是稱為兩個不同的世界嗎？在西方信仰基督敎的世界，不是稱中俄共所把持的另一世界為無神與魔鬼當令的地方嗎？而且在美國，無論共和黨或民主黨主政，都在口稱要堅持民主原則以領導自由世界，與極權專制的共產世界鬥爭到底嗎？像這樣的對立的情勢下，如果西方的基督敎的信仰不是假的，則不會有以靈魂出賣於魔鬼的交易發生，如像「浮斯特」（Faust），將自己的靈魂，甘願出賣於魔鬼「墨非斯多悔來斯」，而換取塵俗的暫時享樂；再如果口稱堅持民主，爭取自由，這一美國人天天在喊的原則，不是欺騙傻人的話，則拿起自己認為不可磨滅的精神原則，去換取暫時的且絕對不可靠的現實利益，則這個不合理的交易，至少是不大合算罷！

而且，即以現實而論，赫魯曉夫拿柏林問題與甘廼廸講交易，甘廼廸乃義正辭嚴的，本其世界和平原則與德人自由原則，說沒有交易可講！但對於外蒙古與茅利塔尼亞，及所謂「中國問題」，共和黨前政府與民主黨現政府都表示過有交易可講！又何以同一民主自由所關的原則問題，而對東方與對西方乃表示出不同而且矛盾的態度？豈西方的民主自由原則，只適用於西方，而不適用於所謂「落後地區」的東方嗎？

五〇、八、九

從晚清變局看今日國勢

胡越

晚清之世，中國面臨千古未有之變局，清廷腐敗專制不足以應此變局，當時有識之士，遂起而倡行改革運動。最早是曾國藩、李鴻章等人倡導的自强運動；繼而是康有為梁啟超倡導的變法運動；最後是一九〇五年以後發生的立憲運動。可是這三個改革運動，都在西太后的壓制和阻撓之下失敗了，因此促成了辛亥革命的迅速成功。

今天的國勢，無論國際背景及國內局面來看，與晚清來比較當然不可同日而語。但是單就國家危急存亡的形勢，當權者之昏庸與專橫，以及改革運動之被壓制，則確有類似之處，撫今追昔，發人深省，而感慨良深！

今天國勢之危急，是人人都見到的。十一年來由於國民黨當權派，末能改革政治，實現團結，反攻大陸，使中共在大陸的統治，與中華民國偏處台灣，對立並存的局面，成為常期化；因此國際間乃有「兩個中國」的陰謀，中華民國在聯合國的地位亦開始動搖。由於這一危急形勢，及國民黨當權派的專制腐敗，乃激起海外的改革運動。分別言之，有海外的自由民主運動，以及籌建新黨運動。

海外的自由民主運動，在基本性格上接近康梁的維新運動。他們的主張可以簡括為下列幾點：（一）堅決反共；（二）忠愛中華民國；（三）廢棄一黨專政一人獨裁，建立民主政治；（四）在民主的基礎上實現海內外反共力量大團結，決行反攻大陸，推翻中共政權。從上述主張來看，與國民黨當權派所持的反共抗俄政策，並不衝突；但是却受到國民黨當權派切齒的忌恨，猛烈的破壞。這些年來台北當局，不斷以造謠中傷，挑撥分化，拉攏收買等手段來打擊海外的民主運動，嚴禁與這一運動有關的任何書刊進入台灣，並且力之所及盡一切手段來迫害參加這一運動的個人。其中對持有中華民國護照的留學生，所加的迫害和控制較之當年的滿清政府迫害革命黨人實有過之而無不及。雖然如此，但是他們並沒有把運動的浪潮壓制下去，反之越激越揚，日益澎湃，數年前海外自由民主運動，差不多只限於香港一地；而現在則普遍於美國、歐洲、日本各地了。「大江東流擋不住」！自由基於人性，民主已成時代亘流；逆天違人的專制權力，終於在順天應人的自由民主之前屈膝低頭的。

台灣內部的民主憲政運動，在基本傾向上雖然與海外的民主運動相同，但是主張和態度却遠較為溫和。他們僅主遵行憲法，保障自由、改革政治。期望台北當局，縱然不能做大幅度的積極改革，至少不要再有公然違憲非法的反自由民主的措施。具體點說，即使不能廢除一黨專政一人獨裁，即使不能廢除一切違憲的積弊（如國防預算始終不送立法院審査之類），但是不要再搬演侵害自由的醜劇（有如非法逮捕倪師壇，囚禁孫立人等事件）。可是這樣溫和，低調的主張亦不見容於國民黨當權派。因而不斷遭受壓制和迫害，有如襲德柏事件，吳國楨事件，倪師壇事件等都是最明顯的例証。

關於地方自治運動，是國民黨當權派包辦選舉而激起的。雖然這一運動的目標較狹，但是就民主改革來看，也有其不可忽畧的意義。主張這個運動的人士多半是台省同胞，乃犯了國民黨當權派的大忌，在他們的迫害和打擊之下，很快就天折了。「地方自治」月刊也隨編輯人的被捕而停刊了，這就是有名的孩秋源事件。國民黨當權派這種愚蠢措施，不但違反民主和法治，並且加深了台省同胞與外省同胞隔閡與反感，其意義是嚴重而深長的。

關於籌建新黨運動，從發展經過的情形來看，實是民主憲政運動與地方自治運動的合流。而這一合流對於中華民國前途及中國民主政治，皆具有積極的意義，就新黨人物來看，包括了國民黨、民社黨、青年黨三黨的民主人士，這種革新基礎上的團結已値得慶幸，對民主憲政的貢獻自不用說，並且是外省人士與台省人士精誠合作、互相融流的轉捩點。新黨如果成功，不但把民主憲政推進一大步，並且對消除地域隔閡，會發生極佳的影響。假如新黨已經成功，今天我們聽到「台灣獨立運動」這件事（按：這次陳誠訪問聯合國，曾遭遇台灣運動獨立份子的示威，不久以前留美台籍學生曾招待記者發表獨立運動主張，日本的廖文毅曾有赴美消息）絕不會這樣担憂難過！可痛，由於雷震事件的發生，新黨運動被腰斬而亡了。

清末由於改革運動的被壓制，激成了辛亥革命；（辛亥革命雖然中國付出「重大的代價，但是它有正面的意義，符合歷史的要求，是每一個中國人衷心擁護的）。近十一年來改革運動的被壓制，是不是會激成「台灣獨立運動」是每個眞正的中國人所痛恨的，這是不須說的，它並無客觀的必要性也是不待多說的，而且到目前為止我還看不出它有任何成功的可能。但是如果任由國民黨當權派繼續胡作非為，恣睢專橫下去，會不會官逼民反，迫上梁山呢？那就很難說了。以往我們憂慮不實行民主改革，及時反攻大陸；但是現在我們不得不憂慮台灣這塊土地能否保得住，中華民國能否站得住了。情勢的危險是這樣顯著，可是國民黨當權派，仍在懵然弄權，迫害異己，粉飾太平，自為得意，難道他們眞想把反共的中國人弄到死無葬身之地嗎？

在這裏我特別向台省同胞作一呼籲，大家要認清一項事實：咱們都是黃炎子孫，日本對台灣六十年的帝國主義統治，台省同胞所受的痛苦和恥辱，正像我的家鄉，受過十四年日本人的統治所受的痛苦和恥辱一樣，這同是中華民國的痛苦和恥辱。我們在血液、膚色上無分畛域，因此我們在榮辱、利害上也不分畛域，今天國事弄得一團糟，大家同感痛心難過；國民黨當權派的所作所為，並不能代表外省同胞，反之，他們對國民的壓迫是不分外省同胞和台省同胞的，雷震和孫秋源不是同住在台北監獄裏嗎？不滿國民黨當權派，外省同胞與台省同胞是無分軒輕的。我們應該共同促進民主憲政，消除專制腐敗。今天台灣的前途，只有在中華民國的基礎上實現民主一途，「獨立運動」是背棄宗祖，荒謬絕倫的。須知在台灣的八百萬台省同胞與二百萬外省同胞，是無法分開的，誰也獨立不了，這是一鐵的事實。硬碰這個事實，不但傷天害理，徒勞無功，並且要頭破血流！

抗戰時期曾有兩句口號，「地無分東西南北，人無分男女老幼」。今天我們致力民主運動，也是如此。一旦民主政治實現，大家都在一條水平線上自由發展，和諧競進，外省與台省的界限根本是沒有的，而是國民黨當權派劃出來的，我們努力的方向應是以民主憲政擦去這條線，而不是把這條線加深成一條縫，使之碎裂！

反共人士應研究毛澤東的戰畧思想

劉裕畧

在毛澤東的所有思想造詣上，眞正說得上有成就的，是他的戰畧思想。

在史大林死後，赫魯曉夫登台之初，蘇聯方面曾經一度把毛澤東在馬克思主義的思想地位提得很高。於是，有些知識淺薄，對馬克思主義和毛澤東思想沒有眞正研究的人，便也以爲毛澤東在馬克斯主義的思想造詣方面，眞有什麼了不得。他們以爲，若非如此，蘇聯何以在史大林死後忽然如此推重毛澤東的思想成就。其實這完全是赫魯曉夫玩的手法。

赫魯曉夫在史大林手下本非數一數二的當權親信。史大林手下數一數二的當權親信是馬林可夫，是貝利亞，無論黨政那方面的地位，都數不到赫魯曉夫。赫魯曉夫在馬克思理論的思想方面，當然無地位可言。但赫魯曉夫卻憑藉巧妙的權謀通過內部的人事鬥爭，先與馬林可夫合謀解決了貝利亞，隨後又與朱可夫合謀打倒了馬林可夫，他用各個擊破的戰畧，掌握了蘇聯的黨政軍大權後，再來清算史大林，最後又再清除了朱可夫。於是赫魯曉夫登上了以集體領導爲名，而以自己獨裁領導爲實的蘇聯最高寶座。他在蘇聯的職位是黨的總書記和部長會議主席。說到他在蘇聯內部地位之崇高，權力的龐大，至此可謂已登峰造極了。但這並不是說赫魯曉夫個人的一切問題都已解決，由於蘇聯並不是共黨集團中的一個普通國家，而乃整個共黨集團之領導國家，所以，作爲蘇聯政權的領導者，便不可避免地就要面臨到他能否成爲或如何才能順利的成爲整個共黨集團的領袖問題。他之所以不可避免要面臨這一問題，主要地，當然是因爲蘇聯這一個國家，原本在共黨集團中地位突出，而且又一直是共黨集團的領導國家的關係。但在另一方面，如以人來說，赫魯曉夫未登上蘇聯最高寶座之前，卻不過只是蘇聯的二三流人物，毛澤東則是中國共產黨第一輩的創導人物，那末，赫魯曉夫本身地位尚未十分穩固以前，尤其在他尙未在整個共黨集團取得穩固的領導以前，如何安撫共黨集團中如毛澤東一類資深望重而又手握實權的他國人物，便是赫魯曉夫當時的一個緊急問題。看起來，赫魯曉夫在權謀方面確有兩手，他當時便以毛澤東在馬克斯主義崇高地位的思想理論地位給予了毛澤東，甚至當時也還以類似地位給了劉少奇，來暫時安撫毛澤東及中共，這是蘇聯書刊當時把毛澤東的思想理論地位列得很高的原因。等到赫魯曉夫在整個共黨集團的領導地位穩固之後，蘇聯的書刊與報章雜誌也就再不那樣捧毛澤東了！所以，由此可見，蘇聯曾經一度高捧毛澤東的思想理論地位，那只是赫魯曉夫的權謀，是並不說明毛澤東在馬克思主義方面眞有什麼造詣。毛澤東的「矛盾論」「實踐論」都是很淺薄的東西。他不過根據馬列主義思想在發揮與闡揚，說不上什麼創見。毛澤東的「新民主主義論」，則更不過是馬列主義中的統戰策畧，東歐衛星國都有這套類似的東西，根本說不上思想，其它等而下之，當然更不必論了。

毛澤東的文學造詣也說不上，偶然讀讀他的一兩首詩詞，也還覺得頗有氣慨，也還雄勁可喜，多讀幾首之後，便覺索然寡味。主要的，毛澤東的詩詞就都是那麼只注重誇張，因而也就單調乏味。

只有毛澤東的戰畧思想，公正冷靜說來，那倒才是確有成就。在我看來，在戰畧思想的造詣方面，甚至在戰畧指導和實踐方面，馬克思與恩格斯固無此修養，就以列寧來說，列寧雖於一九二二年熟讀克勞賽維茲的戰爭論，並擊節欣賞，親作筆記，但列寧在這方面實不如毛澤東，托落斯基和史大林也都不如毛澤東。在這方面，赫魯曉夫當然就更只能給毛澤東當學生了，客觀的評價，毛澤東在這方面確實已把中外古今戰學原理的許多戰畧原則與靈活的思想方法融滙在一起，發現了許多規律，並且在意境上和運用上有許多新的方式和新的範疇。至少，在毛澤東過去的由井崗山起事到一九五〇年佔據整個大陸的這一過程中確然是如此的。

到最近十年，即中共佔據大陸後的十年，由於中共要建立所謂現代化軍隊，反毛澤東戰畧戰術思想業乃在中共內部滋生。這一點，中共所辦「解放軍報」（這一份報紙是中共專供共軍官兵看不許其它所有人看的）亦正式承認，且屢屢記載其事，我在一九四九年九月二十五日本報第五版曾寫「反毛澤東軍事思想的思想在共軍內部存在」一文，曾有詳細評述。據一九五八年八月八日中共「解放軍報」說：「在學習毛主席軍事著作時，有些人對毛主席軍事著作能否指導現代訓練和今後戰爭仍有懷疑。有人說：我們現在學的是陣地戰，毛主席軍事著作中講的多是運動戰和游擊戰，今後還能用得上嗎？還有人說：現在學的是現代技術下作戰，進攻戰術一馬平推，毛主席講的是迂迴包圍，穿插分割的作戰經驗，今後用不上了，等等」。這就可見一般。估計起來：毛澤東戰畧思想今後是否適用？確是一個問題，依我看，其中一部份必然已經不能適用，而且毛澤東的戰畧思想，從好的方面看，雖有創見，也就因爲有創見，（益以他的敵人又太無能）。所以，他才由井岡山而發展到佔有整個大陸，但毛澤東戰畧思想卻不可避免地也有不好的一面，這不好的一面，小而言之，是某些部份不適用於現代化共軍，大而言之，卻由於它的組織體和它的基層建築太違反人性，所以，它就不可避免地替自己最後掘下了墳墓。這只要看一看今日大陸由毛澤東政畧和戰畧思想所融合產生的人民公社就明白。

但筆者在這裏仍然要向中國和外國眞正從事反共的人們提醒一句話，就是不管毛澤東戰畧思想已如何不適用於今後的共軍，也不管人民公社何以是毛澤東政畧戰畧思想自掘的墳墓，另外的一件事實卻很重要，這一件事實就是毛澤東戰畧思想今天卻仍在指導共軍的建軍和戰法，仍然在指導生產與作戰相結合的人民公社，仍然在指導中共對台灣和對亞洲各國的鬥爭，仍然在指導中共對美國的敵對行動。而中共又是我們絕不妥協的敵人，所以，爲了我們對反共戰鬥任務的遂行，爲了達到我們推翻中共政權的目的，我們就必須正視毛澤東的戰畧思想，古人已告訴我們，「知己知彼，百戰不殆」，近代戰學原理亦告訴我們，要從事戰鬥，必先明白敵情，而毛澤東戰畧思想則是一切敵情的發動機，所以，我們爲了明悉敵情，以便打擊敵人，我們對毛澤東戰畧思想有予以客觀分析和冷靜體認並詳加觀察之必要。在我看來，中國大陸之所以淪陷，國軍統帥部不明瞭敵情，尤其在戰畧思想上不明瞭敵情，實爲主要原因之一。

據美國記者報導，甘廼廸總統的白宮辦公桌上擺有毛澤東戰畧思想書藉，我以爲這倒是一個眞正準備從事反共戰鬥的人所應該做的。

斥少數台籍漢奸在美的叛國行爲

孫均義

任何國家，都有內奸，今日中國忽然出現少數在美搞所謂「台灣獨立運動」的漢奸，這並不是什麼好奇怪的事。他們是中華民族的敗類，他們之不能代表台灣省人民，那是非常明白的。

八月四日這一天，人們同時讀到兩段可恥的新聞，一段有關中國，一段有關美國。

據紐約四日合衆國際社電：

「約二十名台灣人今天包圍聯合國幾小時，抗議台灣的國府政權。這批人由台南的陳金堯（譯音）博士的兒子陳一德所領導，陳一德是費城本夕凡尼亞大學的學生，所謂『台灣獨立團結』的組織的主席。這批人大多數是學生，但也包括少數大學講師在內。他們帶着標語牌說：『不僅柏林需要自決，台灣也要自決』。這批人又散發傳單說：『這是台灣當地人反對國府的示威』。」這是有關中國的一段新聞。

另據同天華盛頓四日合衆國際社電：「美參議院調查人員今日聽到：圖刦大陸航空的『波音七〇七』民航機的三十八歲悍匪比爾敦說，因爲他『不再滿意美國政府』而要到古巴的卡斯特政府下生活，於是他就偕十六歲孩子進行刦機。一名邊區巡邏隊員基爾曼曾留在機上作人質之一，昨對參議院航空小組調查委員會作証，他是四名人質之一，把刦匪比爾敦制服，曾拳擊刦匪的下顎。基爾曼告知委員會說：經過幾回與刦匪比爾敦詳談後，發現刦匪是『某種形式心理變態的人』。他說『我們對他所要做的事情，要很冷靜很清楚的看』。」

另據德薩斯州埃爾·帕索四日電：「據可靠的墨西哥方面今日透露：圖刦美國噴射民航機的比爾敦，於去冬曾接觸過古巴及蘇聯大使館」。

現在我們不管圖刦飛機的刦匪比爾敦究竟是內在的因爲心理變態？抑或是因爲受蘇聯大使館或古巴大使館的共黨的外在影響，他失掉了美國人的立場，他是美國的內奸和叛徒，他對不起他的祖國——美國，則是無疑的。同樣的理由，他之不能代表美國人民則更是無疑的。

再看一小撮台籍漢奸在美搞所謂荒謬的台灣獨立運動，如若他們不是外在的受人唆使，甘心做別人的傀儡，便是內在的心理變態有如美國刦匪比爾敦，因而作了中華民族的敗類，這也是無疑的。同樣的理由，他們這小撮人——可憐的少，少到只有二十個人，則他們與臭名遠播的廖文毅一樣，不能代表九百萬台灣省人和六億中國人，自屬更爲明顯。

試看即將在美國展開的反對中共入聯合國與反對台灣特殊化的中華民族五百萬人簽名運動與這一二十個的一小撮人是何等鮮明的對比！

現在，美國正有極少數言論荒謬的美國人倡言台灣人應該自決，他們似乎連歷史和地理常識也沒有。台灣只是中華民國的一個省，一向屬於中國。且其居民皆從中國大陸的福建等省遷往，它並不是中華民族以外的一個少數民族，原本無自決權可言。若說美國方面有上述這一小撮台灣省籍的漢奸在搞可恥台灣獨立運動，台灣便該自決，那末，美國的問題是不是也該由刦匪比爾敦這一類的人來自決呢？

本來人們都知道美國方面有人豢養了少數台籍叛徒，但因他們根本不能代表任何人，所以也就根本不值得重視。不過，這少數的一二十個中國人，竟不知道他們作一個全世界歷史最悠久，人口最衆多的中國人是何等光榮，而被人豢養作漢奸，這就可悲！可憐！可恥了！

虛腫的蘇聯·破敗的中共

——從蘇共新綱領草案說起

李金曄

在製造柏林問題，和促使世界局勢達到緊張高潮之際，蘇聯共產黨中央委員會於今年六月通過的蘇聯新黨章草案，卻延至七月三十日始發表了它的全文。西方的人士有謂該項草案可視作是「赫魯曉夫主義」。赫魯曉夫一方面叫囂戰爭，恫嚇西方；一方面又表示蘇聯不要戰爭，規劃二十年內建成共產主義社會。這種前後矛盾的手法，不啻是戰神手裏拿着橄欖枝，裝樣而已。

蘇聯的方案對西方祇是一種宣傳，但對中共卻是一種刺激。若與中共的「大躍進」與「人民公社」相比較，充分顯示出中共的急燥、冒進。蘇共迄今仍祇自承是「社會主義在蘇聯已經獲得了全部和最後勝利。」（!?）而必須再要經過依循新方案的實施（!?），廿年後，「共產主義社會」才「將在蘇聯全面建設起來。」（!?）這就予世人以强烈的印象，根據共產黨人的觀點，中共的一套真的是成為共產主義的異端了。「人民公社」的失敗、和「大躍進」的失敗，証明了共產黨的主義和政策是如何地違反了人性和自然。蘇聯共產黨的新方案，雖然較為緩和，但是與實事求是的民主政治國家的各項政策、措施相比較，則顯得是劃餅充飢。因為這廿年中有許許多多的屬於自然的或人為的因素是難以控制和適調的。尤其是共產黨人之違背人性的各種措施，不僅不足以促進其計劃之完善地推進，而且具有一定程度的破壞性。中共是這樣，蘇聯自也不能例外。

蘇共這次壓後公佈新方案，並不足以如其所說是「為了保衛和平」。世界的和平並不是靠任何國家的內政方案獲致的。事實上國際共產黨雖宣傳「不輸出革命」，但實際上是從各個角度利用各種不同的方式，在非共和反共國家裏從事有組織、有計劃的顛覆活動。在新方案中，蘇共已經指出「世界資本主義正面臨着無產階級社會革命」。而所謂「無產階級社會革命」，就是從事於在他人國家內作內部的顛覆！

國際共產黨一方面從事在反共、非共國家進行顛覆，而另一方面卻又自稱「繼續舉行不同社會制度國家之間的和平共處政策。」這種假冒偽善的姿態，已於蘇共新方案中暴露無遺。

中共在推行「大躍進」時，曾以英國為其產業競爭的敵對對象，在瘋狂的「一天等於廿年」的口號之下，號稱以「十五年趕上英國」。現在飢餓與窮困的事實，不僅証明中共的無知，抑且更陷中國大陸同胞於水深火熱之中！

蘇共的新方案，很顯然是以美國為其產業競爭的對手。但就該方案所列各節觀察，雖蘇共為共產國家的頭，而其不科學與無知，赫魯曉夫與毛澤東，不過是百步之笑五十步。

新綱領中所表現之可笑點有下述諸項：

「在十年內增加工業總產量大約百分之一百五十，並超過美國工業產量的目前水平。

「在二十年內，工業產量的增加率將不低於百分之五百，把美國工業生產的目前產量遠遠抛在後面。

「在廿年內，治金方面將可以充分達到每年生產大約二億五千萬噸鋼鐵的水平。」

這是蘇共新綱領中有關工業的部份。

單就這一部份而言，蘇共祇能計劃在十年或廿年後，其工業產額可以超過美國目前產額的水平，這一方面証明目前蘇聯的工業產額固然遠遠地落後於美國，同時也說明在十年或廿年之後，美國仍有可能把蘇聯「遠遠抛在後面。」因為蘇聯並沒有任何足以阻擋美國工業在十年和二十年內不進步、不發展的力量。除非美國國內有共黨的「革命活動」發生。

另外一點也必須順便加以說明，美國的化學工業目前正在晉入登峯造極的階段，而蘇聯的化學工業事實上尚未「開化」呢！晚近以來，化學工業的發達，不論在民用或軍用等方面，不僅逐漸地替代了鋼鐵等金屬產品的地位，其成本與效用均較鋼鐵等金屬產品為低、為高、成本低、效用高，這是化學工業突飛猛晉的原因之一，化學工農產品既有偌大的功效，鋼鐵產量的重要性與地位，當然已不如過去。蘇聯由於化學工業的遠遠落後，迄今仍祇能對外炫耀其冶金工業的總產量，這不過是自欺欺人之外，毫無價值。

中共也曾經以土法煉鋼來對外宣傳鋼鐵生產量的增加，結果是將民間鋼鐵銅器搜羅一空，牆上沒有釘，窩門沒有扣，灶上沒有鍋，種田沒有鋤！

現代的工業已經發達到化學工業與核子能的時代，蘇聯的新草案不僅是毫無新義，反而暴露出現在的已經落後與將來仍將落後的窘相。

農業方面，該新草案說：「在十年內農業的生產量將增加百分之一百五十，在廿年內則增加百分之二百五十。第一個十年內，在按人口比例，蘇聯的主要農產品產量將跑在美國前面。」

除非美國的農業生產情況在十年或廿年內停滯不前，否則會像工業一樣，也仍是會把蘇聯拖得遠遠地。美國的糧食生產不僅是穀類和薯類，人民生活的消費主食從大部份是各種肉類和油脂，蘇聯迄今對外宣傳者，主要農產品總離不開是小麥、谷物、甜菜、馬鈴薯。美國的糧食生產年年有剩餘，國家並已訂有對農業生產的補貼方案，不使農民受「谷賤傷農」之害。反之蘇聯年年需要衛星國家輸供糧食。

當每個人的生活資料中有充分的肉類與油脂供應時，他對穀物的需欲，自然減低。因此蘇共新案所謂「第一個十年內，在按人口比例，蘇聯的主要農產品產量將跑在美國前面」也屬無稽之論。

這正如中共年年宣傳豐收，而人民年年餓肚一樣！

就上述各節總括觀察，蘇聯的新方案壓到東西冷戰達到高潮之際始予公佈，無非是要廣收宣傳效果。但狼總是狼，不能因為披了羊皮而變為羊。

自蘇俄大革命以來，國際共產黨對人類唯一的供獻是謊言與破壞！為共產黨人統治的國家，人民付出的多，所得的少，共產黨人是以製造世界貧窮來擾亂世界和平。共產國家是以龐大的飢民與龐大的軍隊來向自由世界進行恫嚇與敲詐，來進行其「世界革命」的目的。

毛澤東製造中國大陸的窮困，用一個飢餓的六億的破敗「力量」來威脅鄰近的國家，並向自由世界討價還價。一個六億飢餓人口的國家，不能不說是世界人類的一大包袱，世界和平面對這樣的飢餓壓力和龐大的武裝部隊，沒有不感到機捏不安的。

現在蘇聯換另一種姿態出現，偽裝表示他的「富有」和廿年後的遠景，同時又高唱「為了保衛和平，奉行積極和不懈的政策」的讕調，又復表示願「改進和發展與一切資本主義國家的關係」，但是就蘇聯過去廿年的發展罪行來看新帝國主義勢力的擴張，即是最佳的說明。人們還能輕信這些宣傳讕調嗎？

朝聖團露原形

宣教

（台北通訊）去月七月天主教組織了一個五十人的朝聖團，秘密的包了一架飛機，由台北飛往德國的慕尼黑，參加天主教第三十七屆國際聖體大會。後經一位熟悉內情的人向聯合報透露：該團團員多屬達官貴人的子女，他們的眞正目的，並不在於朝聖，而是利用此一機會，逃避留學考試的種種限制而轉往美國留學。台灣省議會曾為此大動公憤，提出嚴厲的質詢。天主教人士和政府當局也覺過意不去，經過台北區副主教牛若望與內政部負責官員交換意見後，先由天主教發表消息，謂該團團員朝聖後，將全體回國，內政外交兩部亦一再聲明朝聖團員大多為女孩子，為防止其利用名義於朝聖後前往各國留學，已在簽發護照時，特為註明：本護照之延期及各項加簽，須經外交部核准，各駐外使館不得受理。並表示倘若有不遵照期限返國者，將吊銷其護照云云。這是去年八月的事。

主教是否破壞了第九誡？

去年十月，担任朝聖團團長的于斌主教回國，却沒有一個團員偕歸。他在記者招待會中，當衆表示：「朝聖團員前往朝聖，都是由父母出錢。既然花了錢，當然希望能在各地遊歷一下。政府也能了解，所以給他們一年護照。一年期滿，他們會回來的。」牛若望副主教也說：「朝聖團的目的祇為朝聖，不可能如外界傳說將長期留在外國留學。我相信她們一定如期回國。」但如今護照的期限已到，據聯合報載，內政部和外交部已將他們的護照秘密延期，並由于斌主教直致函美國國務院，担保她們如在美國發生了任何事件，一概由他負責；因而使這批名門閨秀取得了在美國居留的權利。本月五日聯合報的短評，坦率指出：「于總主教曾向國人保証，朝聖團全體團員一定在本年八月前「準時回國」；但到時又向美國國務院保証，這般千金小姐可以留在美國，如有任何問題，「一概由我負責」。前言不對後語，未免犯了「十誡」中的第九誡律。

立法委員嚴詞質詢

立法委員侯廷督看了七月卅一日聯合報的一則新聞「上帝女兒朝聖去，如今遊學變留學」以後，即於本月四日的院會，向行政院提出四點書面質詢：

（一）外交部明明曉得這四十二位女團員是「朝聖」去慕尼黑，為什麼又准她們去美國？有效期間既為十三個月，根據什麼「必要」的理由核准她們「延長有效期間」？自古皆有死，民無信不立，外交部這樣視國家法令如廢紙，不顧政府威信，所送的不是「順水人情」，而是國家命脈！

（二）內政部以先核准這個社會團體是出國朝聖，為什麼以後又同意她們到美國去讀書？如果說她們在美國研究的是「教義」，同樣應該透過留學考試，請將這四十二個女團員所在宗教學校的名稱，函送本院。

（三）教育部應該知道，今年報考自費留學的大專畢業生有六千多人，僅僅錄取一千五百人。如果允許這四十二位「幸運」女兒偷偷摸摸的溜出去留學，將何詞以對這四千五百個落第者？聽說前年某高級軍事首長的公子，因報考自費留學不第而自殺，在遺書上猶囑望家人將他的骨灰送到美國去。這個志切向學的傻孩子，如果知道「朝聖」可變「留學」，他將死不瞑目。對於這樣非法留學的事件，教育部難道就裝聾作啞麼？

（四）有宗教領袖者在報上發表談話說「遊學」不是「留學」，這類遁詞，本不值識者一笑；曾幾何時，「遊學」變成「留學」了。宗教最大的要求是「誠」，也就是不虛偽。懷着鬼胎去「朝聖」，上帝能原諒麼？應請外交部照會羅馬教庭，嚴禁她們的宗教領袖在中華民國破壞法令作留學生走私的勾當。

據侯委員說：在他的質詢案尚未正式提出時，因為消息外露，曾接到二、三十次電話，甚至還有人請他去圓山飯店吃飯，勸他不要提出此一質詢。打電話的人包括若干顯要和中央級民意代表，均經婉辭。他並特別強調：他提此一質詢案的動機，非常單純，祇是認為在法律之前，人人平等。其他學生要出國留學，均須經過考試，為什麼這批學生却可藉朝聖為名而免考留學？如果法律是一套，特殊人物的子弟出國留學又是一套，那還成個什麼國家？

聯合報的評論

八月五日聯合報的社論，題目是不容特權破壞法治，首述利用朝聖為名而留學外國，不但開啟了留學的走私之門，破壞了國家的教育制度，更使我們的法治精神受到嚴重的損害。繼謂，朝聖團中四十二位女青年為什麼可以突破法律的規定而留學，乃因為她們不是朝中權貴的掌珠，便是社會名門的閨秀。她們憑藉父兄的特權，運用壓力和手段終於打通了各種關節。政府當局多少年來，不斷強調法治；而破壞法治的不是平民，反而多是達官貴人，正所謂「法之不行，自上犯之」。最後結論，則指出：政治民主，國家法治，是我們全國朝野多年來追尋的目標，如果讓特權觀念與特權階級繼續存在，民主政治的健全，法治精神的確立，則將不知要到何年何日了……。」

朝聖團團員假藉宗教之名而作逃避留學考試之實，僅係當權者自我造法而又自我違法的慣技之一；實則破壞教育部的留學法規的並非自此始。例如蔣經國的愛子孝文當年以中學生的身份未經考試前往美國留學，也顯然違反了教育部的禁例；但他却拿了外交護照。不過立法委員和報界不敢置喙而已。

立法院再提唐榮案

志清

本月五日立法院財經兩委員會舉行聯席審查會，對唐榮鐵工廠債權人的請願案繼續進行審查，並邀請經濟部次長兼唐榮鐵工廠處理理小組負責人童致誠及處理小組及執行長潘誌甲列席答詢。黃煥如委員首先發言，他說：唐榮廠於民國四十四年資本自五十萬元增為四百餘萬元時，實際已虧空約四百萬元。此後六年間不斷向外詐騙借債，擴充為自己的資產，至去年已增為七億元左右。在監察期中，發現有一億六千萬元的鉅欵下落不明。這些欵項，究竟逃避到那兒去了？應該查明。而且這種以增資為名，一再向外欺騙舉債而以之變為私人資產的非法行為，堅察小組乃至現在的處理小組實有責任將唐傳宗送法院究辦，並可免其仍在幕後操縱，阻碍小組整理的工作。

張九如委員說：監察委員曾以長恨歌的名句「回眸一笑百媚生，六宮粉黛無顏色」來形容政府把唐榮廠視為楊貴妃，由於引用總動員法後，其他的各項有關法律，都如六宮粉黛沒有顏色了。當年楊貴妃一笑傾人城，再笑傾人國，過去數月政府對唐榮廠的偏寵，鬧得滿城風雨，可謂已經傾城了，實在不希望今日的楊貴妃有「再笑」的事情發生。

中信局的大量廢鐵竟被唐榮廠挪用

胡鈍俞委員的質詢，又揭發一件驚人的秘密。三年前台灣禁止廢鐵自由入口時，本省所需廢鐵，統由中央信託局購進，均堆存在唐榮廠。唐榮自身並未存有廢鐵，乃擅自挪用了中信局的廢鐵達八千餘噸之多，約合美金四十餘萬元。以台幣計算，約值一千餘萬元。據說：中信局並不知情，直到清察小組清查時才被發現。然後召集中信局與唐榮廠核對，由後者立據承認挪用。胡委員認為中信局竟將廢鐵存放唐榮廠，任其自由取用，「其中大有文章，而且必有弊端，中信局應負責任。」因為時間關係，尚有其他幾位委員的質詢，未及提出，審查會將再定期開會，繼續審查。

在唐榮廠案發生之初，識者鑒於政府不惜枉法耗帑，多方予以維護，已知其中必有不可告人的弊端。但一般善良的心，仍有認為當權者的主要動機，可能是為了愛護此一規模宏大，建立不易的民族工業，因而曲予原諒。後來由於事實的證明，尤其是監察院的調查報告透露以後，大家都覺得這是一個前所未有的大騙局。如今在立法委員的質詢中，又揭發唐榮廠曾私自取用了中央信託局的大量廢鐵，而該局不但不予追究，且故作不知，顯為官商勾結共同舞弊的鐵證。然而官商勾結，原是非法臨時總統統治下的傳統作風，立監委員們儘管喧喧嚷嚷，也不會發生任何實效的。

周至柔談出差費

念平

（台中通訊）七月二十一日台灣省政府周至柔主席在省議會表示：「省府為健全人事行政，提高工作效率，已命令所屬各機關，對於工務人員出差，應嚴加審核，以免影響公務，或浮報旅費。」如所週知，若干年以來，政府各機關某些人員之浮報出差費，或誑報出差，已成司空見慣。甚至有人沒有動一步腳而却報終年三百六十五日，天天出差；更有報一年出差的日期在三百六十五日以上者。這些有資格浮報出差或誑報出差的人物，也都是所謂忠貞分子，或忠貞要員的親信。因此之故，儘管社會輿論常作嚴厲的譴責，政府當局也不得不一再聲言，將下令或已下令嚴查；但他們仍我行我素，毫無所忌。此中關鍵，周至柔知之最深；然而他却要在省議會作上述的違心之論，無怪有一民營報紙，特著短評，指出今日政治上的最大毛病，在於缺乏綜覈名實的精神，出差費的浮報或誑報，祇不過其中的一端而已。

也許是事實有意和周主席過不去，就在他說將嚴格審核出差費之後的數日，報上又出現一則「闔第視察」的消息。事緣省公路局業務處主管觀光事業的觀察葉封於七月十三日，藉出差視察的名義，攜同其妻及子女三人和女友一人由台北出發至花蓮，經由大魯閣進入橫斷公路，再由台中轉赴高雄大貝湖等處暢遊。一行六人沿途在各公路運輸處或站接受招待，直至二十五日始興盡返回台北，並即擬具報銷請領出差費。經公路局的其他單位人員提出報告，才被發覺；據報載，該處主管聞悉前情，將依法議處；但事隔多日，至今尚無下文。足見周至柔在議會所作的表示，不過是自欺欺人的官樣文章而已。

中共總參謀長羅瑞卿說

中共隨時準備「解放」台灣 並隨時準備對「美帝」作戰

袁家騊

八月一日，是民國十六年，亦即三十四年前中共在南昌舉行暴動，在中國開始從事武裝暴動的日子，爲了紀念這一日子，中共遂定八月一日這一日爲中共的「建軍節」。所有共軍軍旗及軍帽徽都是以「八一」爲記號的。每年「八一」，中共照例要舉行隆重而龐大的慶祝儀式，尤以中共賣國政權在北平袍笏登場以後爲然。今年「八一」也不例外。僅因大陸連年災荒，中共未在今年舉行龐大的閱兵典禮而已。但據中共新華社八月一日電：中共僞政黨之國務院副總理兼人民解放軍總參謀長羅瑞卿大將，曾於晚上舉行招待會慶祝中共建軍三十四周年。陳毅及葉劍英等都出了席。羅瑞卿更在招待會發表了強盜性的好戰談話。

新華社說「羅瑞卿大將在會上講話指出：中國人民解放軍的光榮經歷，說明了一個眞理：任何貌似強大的反動勢力，都阻擋不住人民爭取自由、解放的正義事業的勝利發展。星星之火，可以燎原，進步的力量儘管在開始的時候是很弱少的，只要堅持鬥爭，就一定能夠衝破一切障碍，取得最後的勝利。

羅瑞卿大將說，目前世界形勢的發展，對維護世界和平，對推進各國人民爭取解放的鬥爭，是非常有利的。但是，美帝國主義並不甘心於它的失敗，肯尼廸上台以後，大力推行反革命的「兩手」政策，一面「狡猾地」使用「和平」手段，一面加緊推行戰爭政策。但是，半年來，一系列的事實，已經戳穿了肯尼廸的所謂「和平」，不過是個幌子，是爲它的侵略和戰爭政策服務的。肯尼廸好戰的豺狼面貌，已經在全世界人民面前暴露得愈來愈清楚。肯尼廸政府繼續堅持與中國人民爲敵，至今仍霸佔着我國領土台灣，加緊推行「兩個中國」的陰謀，繼續不斷派遣飛機、軍艦侵犯我國領空和領海，進行軍事挑釁。肯尼廸政府繼續堅持與全世界人民爲敵，它策劃了對剛果盧蒙巴總理的謀殺，擴大了對老撾的內戰，發動了對古巴的武裝侵畧，扶植了南朝鮮的法西斯軍事政變，加緊了對越南南部的侵畧和干涉，不斷阻撓和破壞日內瓦會議的進展，悍然拒絕蘇聯和其他社會主義國家關於普遍裁軍、停止核試驗和締結對德和約、使柏林局勢正常化等和平倡議。最近，更藉口所謂「柏林危機」煽動起新的戰爭歇斯底里，肯尼廸在七月二十五日發表的好戰演說中，宣布了一系列瘋狂擴軍備戰的措施，把美國的備戰活動推到了新的高峯，給世界和平帶來了新的嚴重威脅。

羅瑞卿大將說，事實證明，肯尼廸比艾森豪威爾更壞、更具有危險性。因此，一切愛好和平的國家和人民，對肯尼廸政府的侵畧和戰爭政策，不能不引起高度的警惕，並且隨時準備給美帝國主義的戰爭挑釁以堅決的回擊。

羅瑞卿大將強調指出，美帝國主義最近加緊推行「兩個中國」的陰謀，妄圖使長期佔領台灣合法化，這是全中國人民所絕對不能容忍的。美帝國主義的這個陰謀是永遠不能得逞的。中國人民解放軍隨時準備解放自己祖國的領土台灣，最後完成統一祖國的偉大事業，並隨時準備應付美帝國主義可能發動的侵畧戰爭。我國神聖的領土台灣一定會回到祖國的懷抱。美帝國主義的侵畧和戰爭陰謀一定會遭到徹底失敗，世界和平和人類進步的事業一定會獲得最後的勝利。」

從上述羅瑞卿的談話，固然可以看出他的這一篇談話，不過是共產黨照例顛倒是非，淆亂黑白，明明是共產黨在侵畧整個世界，却硬指別人從事侵畧的千篇一律謊言式的宣傳的翻版，但値得中國反共人士注意和自由世界尤其美國注意的，是中共政權的擴張性和好戰性。我們曉得：羅瑞卿並不是一個不關緊要的共產黨黨員，而乃毛澤東的親信，現任中共僞政權國務院副總理兼中共人民解放軍之總參謀長，他如此彰明較著的聲言要用武力隨時攻佔台灣，並透露中共政權隨時準備對美國作戰，實是値得中國反共人士警惕和美國部分對中共政權認識不清的人的深切體認的。

廣州人民之衣食數

犀照

「食」

民以食爲天，今請先言食。自去年三月起，中共當局即不准市民自己在家弄飯，規定合三家或五家爲一組，一律吃其雙蒸飯，因廣州市區亦已厲行公社化了。所謂雙蒸飯，即是用米煮熟後，蒸後加水再蒸，使飯粒漲大，故名曰雙蒸飯。此種蒸法，用米一斤，可煮成飯四斤，使分量增多，以欺騙人民。菜則依人口平均分配，通常是沒有什麼菜的。魚或肉，每人每旬可得一角五分。開餐時，由公社之各組負責人員將飯過秤，由各家領回自食。其獲得港澳戚友親屬接濟之家，則可以將生油豬油炒飯或撈飯。至於市上食物，凡屬以米麵粉製成者，均在限制之列。如上茶樓飲茶，吃餅一個即扣米一兩，飽一個亦如之。市民上茶樓飲茶，或上飯店吃飯，必先向所屬粮食店請領米票若干斤，該項米票分一兩、二兩、半斤、一斤。如吃餅一個，則交一兩米票；吃飯一碟，則交二兩或三兩米票。以此類推，到買米時則照數扣除。所以市民飲得茶來，每日兩餐即不能飽。肉類極難買到，豬肉牛肉，常數月半年不得一食。但共幹之家，尤其高級共幹，則酒酒肉肉，大飲大食，只苦了小百姓。至去年十二月間，當局又提倡製造「粮食代用品」，其法將樹葉搗爛成漿，加以污水，如洗碗水、洗鑊水等，俟其發酵，生出茸茸之毛，毛現五色，即取其白者而食之，謂之「人造蛋白」，據共幹向人民宣稱，此種人造蛋白，營養豐富，比牛乳雞蛋多七八倍，又將禾稈或蔗渣搗爛成粉，用以作糕，謂之「人造麵粉」，糖每人每月可得二兩，生油亦如之。故市民視油糖爲至寶，粵人所喜吃之「淸補涼」，則久已不知其味了。市民因食不足，大都面有菜色，面目浮腫，四肢無力，蓋缺乏營養也。昔之所謂「食在廣州」者，今已失其眞確性了。又中藥亦告奇乏，（西藥更不待言）醫生處方，走遍各街熟藥店，亦難以配足，其他粗藥亦感缺乏，市民有病，只有坐以待斃。

「衣」

說到衣方面，一向都受到限制，市民不得自由購布裁衣。今年布證規定每人只能購布二尺一寸，以之剪衫剪褲均不足數，只有用以縫補舊時衣服。市上穿着之物，品質十分劣敗，如木屐一着上足就斷，布鞋不一月就穿孔。皮鞋則更難買到，要報准結婚時，方准購用。膠鞋則須取得機關証明，方可以買到。種種限制，有錢之家亦買不到日用品。因是市民衣服襤褸，身無完裙，履不全，腳亦赤，一般人多著犢鼻褲，眞是「鶉衣百結」，憂得吃來又憂穿了。市上之修補店觸目皆是。凡衣服鞋襪以及日用品廚房器具等等，均有修補店替市民修理。昔年所存舊衣，一補再補，至此已補難再補，快要恢復太古時期穴居野處之生活了！

至於學校敎育方面，學生勞動時間多於上課，學生因被迫勞動，所授功課沒有充足時間研讀。敎者既馬馬虎虎，讀者亦潦潦草草，一般學生求學情緒十分低落。共黨日吹其敎條式之宣傳，說得天花亂墜，而証以事實則大相背謬，恰恰相反，因之學生厭不愛聽，乃由向心而變爲離心，尤其是僑生們，過去回國就學，滿懷熱望，今成幻影，午夜夢迴，益感不滿，故借故逃出鐵幕者年達數千人。中共當局鑒于過去學生一出境，即不願再回，所以現在採取担保制以限制之。暑假期間，多數學生被驅下鄉，參加夏收，搾取其無代價之勞力。

以上是廣州的情況，廣州乃一都市，與中外觀瞻有關，故尚較其它各地稍好。廣東其它各縣農村則更苦了。

僑鄉簡訊

鍾之奇

佛山江門等國營農場開始收穫

中共新華社廣州七月卅日電：「廣東省各地國營農場開始收穫夏糧。……海南、湛江地區的熱帶作物農場也抓緊時間收穫甘薯等旱地雜糧。現在各地國營農場已收穫了早稻百分之八十左右。盛產水稻的佛山、江門兩專區的國營農場，已收早稻的畝產量一般比去年增加二、三十斤。……韶關專區在荒山荒地建立的十多個國營農場，去年開墾荒地，使糧食面積擴大百分之六十，提供了大量的商品糧」。

樂昌加强苧麻生產

樂昌縣是廣東省的苧麻主要產區。但由於人民不滿中共之統治與剝削，所以，苧麻的生產情況不良好。現在，中共爲了加强此一生產，據中共宣佈：「有關方面最近召開麻產區公社負責人會議，決定擴大種植面積和具體措施，并在水牛灣成立苧麻生產辦事處，負責發展苧麻生產及技術指揮」。實際上，中共在水牛灣所設立的這一辦事處，即是中共强廹人民種植及用低價强廹收購人民生產品之機構。

中共開發廣東原始森林

乳陽林場是廣東四大林場之一。爲了開闢財源，中共遂在三年前開始驅廹人民來從事這一原始森林的開發了。據中共「中國新聞社」七月廿八日廣州電：「在這個面積達十餘萬公頃的原始森林裏，有一種木質細密、閃爍生光的椰砂，它夏凉冬暖，是極理想的傢具用材；松樹算比較常見了，但這裏却發現一種極其珍貴的高山家族——五針廣東松，它的軀幹長得分外粗壯挺直，一株株矗立在雲霧中，極爲壯觀。此外還有些竹子粗到令人吃驚的程度，隨便鋸下，便可以當盆使用。這裏遍地是寶。三年前，第一批來開發的人們，曾經把玉桂當柴燒；一種後來發現最適宜做高級樂器的泡桐木，起初甚至拿來當柴燒。……林中飛禽走獸不計其數，老虎、山猪、山牛、狗熊、黃麖、飛鼠等出沒無常」。正因爲這樣，所以，中共現今正在大力開發，把這些祖先遺留下來的天然財富，拿來供給中共的各種龐大開支，這正如一個暴亂不肖的敗家子把他祖先的財富隨便變賣以供揮霍是一樣。

廣州恢復生產「織金彩瓷」

「織金彩瓷」簡稱廣彩是廣州著名的手工藝品。在第二次大戰後，這種彩瓷的生產曾經衰落，廣州淪陷給中共後，這一行業更受打擊，其生產因而到達中斷的程度，直至一九五六年，中共才發覺這種彩瓷是可以大量外銷以換取外滙的工業品，於是中共才命令老工人以培養學徒的方式，恢復生產。只因它的外銷可達二十餘個國家，從而換取甚多的外滙，中共乃於最近更加强其生產。一九五六年時只有技工六十餘人，現則已有技工一百五十多人了。但工人們的待遇則仍然很低。

廣西玉林害蟲成災

據中共北平人民日報南寧七月廿四日電：「廣西玉林專區積極加强田間管理，各縣先後出現稻薊馬，螟蟲等危害晚稻秧苗。受害面積約達百分之卅左右」云。如果田間管理得好，這些害蟲原本不該發生的。廣西玉林專區各縣這些害蟲，那是田間管理得不好的最有力的說明，同時，那也就是人民反抗中共統治，對人民公社制度不滿的消極怠工又一具體反映。

海南島繼續乾旱

據中共新華社廣州八月二日電：「七月下旬以來，廣東省除了海南島以外，普遍降雨……原來乾旱的湛江專區、肇慶專區旱象，解除。但七月二十九日至三十日，由於雨量較多，韶關專區個別地出現內澇」。新華社又說：「全省只有海南島降雨很少，七月中旬以來，大部份地區降雨量僅幾毫米。目前全島共有一百四十多萬畝耕地受旱，插秧和秋種雜糧受到影響。」

東南亞協會的背景

曼谷宣言

何之湄

馬來亞總理兼外長拉曼，菲律濱外長施蘭諾，泰國外長乃他納，在經過他們三日的會議之後，昨天發表「曼谷宣言」，成立了「東南亞協會」。這是繼「東南亞公約」後而成立的一個東南亞國際機構，可是性質却不同於東南亞公約。如果說東南亞公約是軍事的、政治的；則東南亞協會將是經濟的、文化的。

在此以前，東南亞不是沒有國際性經濟機構，如「可倫坡計劃會議」，便是純經濟性的，但可倫坡會議設在錫蘭，計劃對象包括錫蘭印度和巴基斯坦等南亞國家。那麼，東南亞協會便是第一個首創的純東南亞的國際經濟機構了。

東南亞協會的產生，並不偶然，而已是有相當長遠的醞釀。早在三年以前，當時在第一任担任馬來亞總理的東姑拉曼，在他一次訪問菲律濱首都馬尼拉時，即與菲總統加西亞提出此項共同的倡導，要組織一個「非政治性」的東南亞經濟聯盟。這是鑒於東南亞國家並不都參加東南亞公約，馬來亞本身即其一例，所以不參加的原故，大概是爲了政治上的原因，東南亞公約既是軍事聯盟的條約，親西方色彩也較顯著，不少國家却不願意有上述的兩項傾向。可是除了有關安全的軍約之外，東南亞國家之間，有採取聯繫必要的事情，多至不可勝數。那麼如果有一個避開軍事政治性的經濟文化機構，共謀東南亞國家本身福利，改進東南亞本身或國與國間關係的，應該會受大多數東南亞國所歡迎吧。

基於這樣的事實和理想，還經過馬來亞與菲律濱的設計，於是確定了「友好、經濟文化聯繫或聯盟」的概念，這便是東南亞國際經濟機構的濫觴。今天的「曼谷宣言」，是由原來的「東南亞友好及經濟條約」，改爲「「東南亞國家協會」，然後再改爲「東南亞協會」——A・S・A——這三個字音，在馬來語爲「願望、希望」之意。

對於A・S・A的成立，究竟寄與怎樣的希望呢？

「非政治性」

如果依照拉曼最早的理想，他是希望這個經濟機構成立之後，能夠逐漸擴大，使到所有東南亞國家都參加進來。最少，「不參加集團」的印尼，却有龐大的經濟潛力，便是拉曼所第一個希望能夠吸引的。去年初越南總統吳廷琰訪問馬來亞時，也曾在吉隆坡與拉曼共同申明，對於成立一個東南亞經濟聯盟的希望，當時並有報導說，馬、菲、泰、越四國之外，還有星洲、寮國、緬甸，贊成有一個經濟文化的聯盟。

泰國方面，一早就與拉曼的經濟機構理想呼應。不過泰國也還有自己的理想，那便是所謂「湄公河聯盟」。這項理想，開始與泰皇訪越，而當時泰國與高棉的邊境糾紛，也經美國的調解而告平息。寮國方面，向有「泰寮一家」之稱，自然不成問題。乃他納外長就在那時，提出了湄公河聯盟的概念。原來聯合國已有修濬湄公河的計劃，在進行中。泰越寮棉四國，早就派員出席這項會議。湄公河流域有共同的宗教，相同或接近的文化。加強聯繫是絕對順理成章的。

可是這些「非政治的」聯盟，也許忽略了政治因素。就在這些聯盟籌備正在交換計劃意見的後幾個月，寮國李江政變引起了動亂，以迄於今。

寮局的影響，使南越也動盪起來。湄公河聯盟當然只好告吹。寮國目前羣龍無首。南越爲了急迫的軍政問題，大約也無暇顧及國際經濟發展。於是東南亞經濟聯盟，終於祇由馬泰菲三國開場。這未始不是在東南亞區域中，這三國是最穩定的的緣故。

政治影響

由安定而發出謀求發展的力量，謀發展是基本的要求，但寮國事件也給以莫大的激刺；因爲東南亞公約對寮戰不採取行動，泰國與菲律濱對公約機構深感不滿，就增加了他們對東南亞經濟聯盟的與趣。

施蘭諾外長在東南亞協會中，曾公開表示，東南亞公約對寮局持續的危機無所作爲，正是對該公約的考驗。認爲公約中的西方三強，抑壓了東南亞國家泰菲的意志。言外之意，就是說東南亞經濟聯盟機構，即東南亞協會，乃是東南亞自己的組織。

至於由「東南亞國家協會」改爲「東南亞協會」，是出於拉曼的意思。因爲原定邀請參加的星洲，以及可能參加的北婆羅洲、沙勝越、汶萊三邦，有些還沒有成功一個完整的國家。同時，不採用「聯盟」兩字，也是給那些「不參加任何聯盟」的國家、如高棉印尼等，預留地步。可是，印尼外部發言人仍廣播說：印尼無意參加此項聯盟。大概這個非政治性機構，仍然免不了受到政治立場不同的牽累吧。

・曼谷通訊・

寮國瀰漫赤色恐怖

車志瑛

陳誠此次訪美，甘廼迪雖然也表示過對寮國問題的意見，說他固然希望日內瓦會議能產生一個眞正中立的和獨立的寮國，但並不贊成使該國受到共黨控制的任何安排。——然而這僅是顯示出美國對寮國前途的關懷，却未說明美國協助寮國有甚麼基本政策；因此，國際共黨仍得在寮境內大肆活動，使寮國內部，危機重重！

日內瓦會議舉行了後，迄今已數月。六月下旬時，三位親王會談，雖曾彼此同意，成立「聯合政府」，採取中立政策，並統一國內軍隊；那時，寮局好像有了點兒好轉的希望，可是事實的演變，却依然得個「僵」字。因爲：第一、有效停火的實施；第二、聯合政府的組織；第三、中立的保証；這三個原則，都由於國際勢力的對立，再加上寮國內部的矛盾，以致弄至「前路茫茫」，迄無結果。而所謂「十四國有限度會議」，對確保寮國中立問題，也仍是「夜長夢多」，沒有怎樣的成就。

回憶在大約一個月前，寮國的右翼總理昭汶翁，就已在法國「巴黎報」上發出過哀鳴；他說：「寮國將在三個月後成爲一個共產國家」！昭氏還悲憤地指出：現在正因爲有了「停火」，却給巴特寮利用着而獲得便利；他們可以悠然地把來福槍托在肩上揚威耀武，而我們却不能。他們的軍事力量已益趨壯大，他們可以奪去琅勃拉邦，奪去永珍，素旺，及任何他們所需要的地方，而我們却無從遏阻。昭氏又說：「所有自由國家都是苟安者，都把眼睛包了起來，拒絕面對現實；在三個月後，我們準會變成共產黨了」！——現在已事實越來越明顯；寮國境內，確已瀰漫着赤色的恐怖！

寮共目前已控制了與中共、北越接壤的豐沙里省，及其他許多戰略地區；而那些地區，現已被組織爲「解放中心」，或「蘇維埃區」，這正是走着昔日毛澤東囊括大陸的老路子。這些「蘇區」，由共黨陸軍把守，由共黨政客統治，並利用爲軍事、政治的出擊基地。蘇聯通過北越而空運給寮共的軍火和其他供應品，已使寮共從森林游擊隊而成爲壯大的地面部隊。至於來自北越和中共的共黨幹部，則負責訓練戰術；據新近所得的消息：每一排寮共陸軍中，便最少有七個越共或中共人員混在其間，負責指導作戰工作，因而人心惶惶，赤色的恐怖越來越厲害！昭氏的所謂「三個月後寮國將全部赤化」，當非杞憂。

照目前美國內部的情形看，如果美國還不能劍及履及的趕速徹底援助寮國政府軍，則寮國的赤化，眞的是勢所難免了！

「特種皮鞋」暢銷

・成光喜・

一個剛由上海來港的土特產商人告訴筆者：華東皮鞋公司有個年青的技工眞了不起，他雖然還不過廿三四歲，但由他「改良」了的皮鞋已不下百種，最近又「發明」了一種「適應實際需要」而花樣離奇的「特種皮鞋」，贏得了「政治掛帥」的榮譽，被稱爲「改良皮鞋專家」。

筆者一時好奇心衝動，遂詳細詢問他所謂「特種皮鞋」到底是怎樣的勞什子？要它來有甚麼用？

他說：那些「特種皮鞋」是專門供應患上脚病的軍人和公務員穿着的。患脚病的軍人和公務員，近來已越來越多，尤以軍人爲最甚。患脚病的情狀，是無奇不有的，除了水腫外，還有許多是變成了畸形的：有些是一脚歪斜，有些是一脚縮短，又有些是一隻「脚板」特大而另一隻「脚板」特小，更有些雙脚的脚背都異常臃腫，因此，普通的皮鞋，他們都不能穿着了，這位「改良皮鞋專家」有見及此，乃充份發揮其「天才」，並表現出高度的「服務」精神，「發明」了「特種皮鞋」，這是專門替他們按照着「脚型」來製造的，極適合他們的「足下」的應用。

他還補充說：在最近三個月內，到那家皮鞋公司訂製「特種皮鞋」的脚病者，平均每天都有八人，其中軍人則佔四份三云。

機械作業效率比人力還低

・江水・

中共的報紙，去年曾大肆宣傳，說上海、青島、天津、廈門、廣州等大港口，都已實現了機械化或半機械化作業，這是社會主義突飛猛進的成就；可是到了最近，「人民日報」却狠狠地自己打了一記嘴巴。據該報指出：上述的機械化裝卸工具，竟陷於有名無實狀態，其效力竟比人力還低，尤以天津的設備爲最壞，該市港務局的現代化機械的完好率，僅得百份之七十點三，而土製機械的完好率，則爲百份之七十點五。由於機械的損壞，影響裝卸緩慢，以致船隻停泊時間過長，造成港口堵塞，不但使港口的吐納量受到嚴重打擊，還影響到爲港口提貨送貨的一系列的運輸工具週轉不靈。爲甚麼那些機械會鬧出這樣的岔子？該報也坦白地指出：第一個原因，是由於原材料及配件不足，檢修力量也未達到適當的程度；第二個原因，是管理制度不健全，領導方面對操作規程和責任制都貫徹不力，而祇着重外表方面的工夫；因此，更弄得一塌糊塗。——這正是中共任何一種設施的最大毛病，「人民日報」說來可謂一言中的。

品質惡劣的傢伙

中共的「紅旗」半月刋，最近對許多「領導同志」大肆筆伐，斥他們是「品質惡劣的傢伙」。據說：這些「傢伙」，在許多工作單位中，不是履行「深入到羣眾去」的領導方法，而是使出十足的官僚氣燄，擺上十足的官僚架子，高高騎在羣眾頭上；在處理問題時，有些是採取單純的「行政命令」方式，有些則祇道聽途說的片面情況來作處理的根據。於是，一切工作都失掉了效能。「紅旗」認爲：那些共幹已到了嚴重腐化的程度。該半月刋還提出了一項堅強的主張，說對那些「品質惡劣的傢伙」，要毫不留情地整肅，嚴厲整肅，徹底整肅。——從「紅旗」這一番議論中，反映出中共的「問題幹部」，刻已構成了共黨內部的重大矛盾；而「整肅」的大刀，又快將要得震天價響。

袍子

含格

在各式各樣的衣服中，我最喜愛的是袍子，能撩起我的懷念而使我感傷的也是袍子。

我上有兩位姐姐，下有一弟兩妹，除了夭亡的珍妹，我恰好是排在中間。因此，巧於針綫而被鄰里稱頌的母親對於子女的衣着，不得不擬訂出一套既週全而又簡約的辦法；尤其是新年期間所穿的袍子，一直都實行「移交式」。今年大姐的舊袍子，經過翻新，明年就成了二姐的新袍子，大姐另做新的；到第三年輪到我接收時，早已是補釘壓補釘的「花蟒袍」了；再經過我一年的磨擦，更是面目全非了。這時縱然下面的接收者不表示拒絕，愛護子女的父親，也會責無旁貸地笑着對母親加以阻止：

「老三太濫費，好衣服一年就穿得『眉目不分』了，不能再往下『移交』了，撕掉做鞋底罷！」

自幼除雙親之外，最愛護我而又怕我吃虧的要算黃姑（我的老褓姆）了。每當我穿着姐姐交下的袍子，當作新袍子一樣的炫耀於人前時，她總是以帶氣憤的口吻為我抱不平。

「別人是親生的，你是檢來的，買來的，穿人家掉丟的舊袍子，還高興呢！」隨即招呼着我：「過來，脫下來扔了，不穿她們的骯髒東西！」

那時我雖僅祇三四歲，黃姑的話也能聽懂幾分，立刻投進她的懷裏，彷彿受了好大委屈似的，一面抽噎地哭泣着，一面以滿含熱淚的眼睛凝視着姊妹們的新袍子，黃姑知道我懂得了她的意思，趕緊「鳴金收兵」；把我的臉貼近她佈滿皺紋的面頰，乾枯的手揩着我淚水，那麼親切地安慰我：

「別傷心啦，明年黃姑給你做新袍子。」

「好，人家是男的，有宅子有田地，咱們女兒家當然要受人家的支配。何況還有個靠山在那裏撐腰。可是，哼！新袍子就是穿不上。」

黃姑對我的話不過是哄騙之意，然而總是換來姐姐們一場嘲弄，說來不甘示弱的黃姑，氣的哭笑不得，乾瞪眼：「看你們這一羣瘋子，一點兒『姐兒氣』也沒有。」

旁邊坐的母親，早已明白其中原委，馬上要做出打姐姐們的姿勢，一面溫和地安慰黃姑：

「黃姐，放心罷，明年一定給老三做件新袍子。」

這樣黃姑才感到心滿意足，立即轉告我：

「娘親口說的，明年做新的，她們都沒有。到時候，我作主問你娘要新袍子就是啦！」

年復一年，新袍子沒有消息，我依舊連任着舊袍子的「接收大員」。每年除夕，黃姑為我的袍子問題在年飯席上和母親爭執，抱怨母親偏心，不公平，母親只是笑笑，什麼也不說。

之後，進了學校，年年按規定做制服，大衣穿着似乎較袍子方便許多，加之年歲日增，慢慢地把袍子也忘掉了。

那年我和姐姐都去省城念書，黃姑也到鄉下去侍奉祖母去了，家裏顯得份外寂寞；大病方癒的母親，身體更加虛弱。暑假裏，我們姊弟回家渡假，黃姑也已返來，全家聚集一堂，母親高興得天天為着我們張羅，嘴角上時時掛着醉心的笑。

有一天，母親趁黃姑在旁，悄悄地走上樓去，打開多年塵封的衣櫃，取出一件淺藍白花的「鐵綺緞」夾袍和一件淡青色緞子衣料。母親說：夾袍是父親結婚時做的，因為窄了一點，後來一直沒有穿過，衣料是外祖母給她的塡箱子嫁妝，二十多年來也一直壓在箱底，現在找出來，準備給我做兩件袍子。

黃姑聽了，馬上給我試穿夾袍。母親一手拉着夾袍襟，手拿着尺子，夾袍既寬又大，下面還拖地七八寸。母親量着布料，嘴裏咕噥着尺碼，一輩子沒有摸過針綫，不曉得一寸等於幾分的黃姑，瞪大眼睛，不時提醒母親：「尺寸要放大些，還有五年呢。」

母親頻頻點頭應諾，不住地計算寬窄長短的尺寸，黃姑上下打量着我拖地的長袍，眼眶裏溢滿着盈盈的淚水，嘴唇顫動着，不知道說什麼好。一旁坐着的妹妹早已忍耐不住，天眞地叫道：

「黃姑哭了！」

「不，誰說我哭了？」黃姑連忙抹了一下眼睛分辯道：「我在笑呢。」

話一出口，惹得哄堂大笑。

隨着母親告訴我，她作主給我答應了談過多年的一門婚事，預定在我二十歲時娶親，這兩件袍子就是準備娶親時穿的。

自此而後，我每次假期回家，母親總凝望着我長高了的身軀，不厭煩地取出那逐漸嫌小的袍子，幫我試穿大小。我紅着臉，跳着心，想着即將到來的——二十歲——穿袍子的年齡，從母親的臉上，看到她心的深處在笑。

這年，故鄉遭了旱災的浩刼，冬過春來，全村十室九空，年輕年壯的人們都遠走異鄉謀生，我也有遠行的打算。飽受別離折磨的母親，怎麼不也願我再離開她的身邊，可是艱苦的生活也不容她阻止。在無可奈何的情形下，她再度打開箱籠，將那兩件袍子取出來，擺在我的面前，目睹着她憂愁而深懷疑慮的面容，我立即醒悟道她的心意，再也無法抑制內心的酸楚，抱着袍子讓淚水盡情地流着，流着……

這年黃姑已年近花甲，母親也將半百。臨行時，她們沒有提到我兩年後的婚事，哽咽沙啞的喉嚨裏久久却迸出兩個字：「袍子……。」

竹馬

宣建人

在我八歲以前的記憶裏，我只騎過一次馬；那是父親抱住我騎在馬鞍上的。我從不曾單獨騎過馬。於是，我每每看到別人騎着又高又大又肥的馬，我就憑空幻想：如若是我騎在馬鞍上，多麼神氣。而那匹馬又似關雲長的「日行千里，夜行八百」的赤兎馬。於是，我展開鵬鳥夢的嚮往——今兒，我脫掉夾袍子，用菜刀砍了一棍竹竿當做馬，過着騎馬的癮呢。

「馬來了！馬來了！」

我手裏抓住一根比我高半頭的竹竿，夾在褲襠裏當一匹千里馬，一跑一跳，嘴裏嚷着，在巷子裏打轉。

「讓開！小三子」

小三子的尖腦袋活像一顆橄欖，一對老鼠眼睛，黃膿鼻涕拖過河（嘴巴），我最不喜歡跟他頑了。他此刻擋阻我的馬路，雙手叉着腰眼：

「不讓！」他說：「讓我騎騎。」

我把馬頭一掉，向他瞪一眼，卑視的吐一口唾沫：

「小三子，撒泡尿照照你這個鬼樣子！」

小三子氣得翻白眼，他跑到我跟前想搶我的竹竿，手還沒有伸過來，被我一竹竿打在他的髁骨上，哭嚎着跑了。

我「騎」馬朝西頭跑了，沿着河邊，好像追趕前面十萬敗兵。自以為是「長坂坡」的趙子龍，十足威風。

「馬來了！馬來了！」我也昂頭學馬嘶——

我從大人們身邊竄過，他們投我羨慕的眼光，夾着他們童年美妙的回憶裏，微笑的讓我跑過去。

猛抬頭，看到天邊一羣雁，翅膀上載着夕陽飛呀，飛呀，在尋找歸宿。

我又嚷着：

「雁雁雁……排個『人』字給我看。」

雁好像懂得我的話，果然排好一個「人」字隊形在飛，在向南飛……。

這喜悅比我對對子受到先生的誇獎還快活。

由於我引頭，左右鄰舍的小孩子們都抓根竹竿當馬騎，跟在我的後面，像馬隊。

我無形的成了他們的頭腦。我向東，他們向東；我向西，他們向西：……。

我還唱着歌：

「打倒列強
打倒列強
除軍閥
除軍閥
革命革命成功
革命革命成功
喜歡暢
喜歡暢」

我唱一句，他們唱一句。我們的歌聲把平靜的水面都揉起粼粼的漣漪，也揉落池邊垂楊的黃葉，飄落在水面上，像小船載去我們的凱歌。

我一嚷：「馬來了，」他們也嚷成一片：「馬來了！」遠遠的有廻音。

天黑下來，夜的羽翼張開了。我的鄰舍家大人們都喊他們的孩子回家，那裏能尋到？說是被我引到河邊上去頑了，都慌張的跑來了。拖着他們的孩子回去。咒駡着。

我也受够他們的抱怨——

「冬齡子，下次不要再帶他們到河邊上頑了。我要稟你姆媽。」

雖然，我一再說明不是我引的，那能得到他們的相信呢。

——小人豪歡必有禍。

「討飯棍！」母親把我的馬兒搶去了，還駡我，在我的後腦勺上打一個巴掌，我楞一楞。她說：「不學好！」

我剛才那份喜悅，隨着一羣一羣的雁，飛到九霄雲外了。

「這大的人了騎竹馬，醜不醜！」

我嘟着嘴，心想：我才八歲啊。

「八歲了，還不懂事——」

最後，我在祖宗龕前，被罰跪在拜墊上。

金釵記（七）

黎明

第八場：

景：顧家客堂。筵開兩席，紅燭高燒，喜氣洋洋。

時：接上場。

人：顧安人、顧秀娘、梁尚賓、春梅、蘭心、劉媽。

（顧安人坐一席，蘭心侍；梁尚賓坐一席，劉媽侍。春梅上。）

春梅：啟稟安人：小姐身體不適，要婢子上覆，安人姑老爺請便！

顧安人：（薄怒）那有的話？再去請！

春梅：是。（下）

顧安人：啊、賢婿！我這個秀丫頭就是老身嬌縱慣了，賢婿休要見笑！

梁尚賓：小婿不敢！

春梅：（上）回安人的話，小姐說吞吃不下，還是安人姑老爺請便！

顧安人：唔！自家骨肉，便見見面有何不可？快快請來！

春梅：是。（下）

梁尚賓：啊、岳母大人！既是小姐身體不適，那就還是請免了吧！

顧安人：賢婿呀！（唱）

那裏是，說什麼，身體不適？女兒家，心腹事，你不曉的。她本是，上苑花，未經風雨，從今後，要賢婿，你多多護惜！

梁尚賓：此乃小婿三生之幸也！

春梅：（上，回頭）：小姐快點兒呀！安人姑老爺等久了也！

顧秀娘：（上，含嗔、含羞、含喜，表情複雜；唱）：

老母堂前聲聲催，催得我，沒躲藏，羞答答地。我豈是，眞不肯，和他相會？怎賴那，畫堂前，衆目睽睽！

春梅：啟稟夫人，小姐到！

（梁尚賓聽了一震，目不轉睛地直釘着秀娘；撟起大姆指旁白：「妙呀」！）

顧秀娘：孩兒參見母親！

顧安人：兒呀！見過魯公子！

顧秀娘：（羞澀地）公子萬福！

（略一施禮，低着頭傍安人坐。）

梁尚賓：（目仍盯着秀娘不捨，下意識地還禮，說）：小姐萬福！（聽見春梅蘭心鬆笑聲，始發覺自己說錯了，連忙改口）：哦、哦，小生還禮！

顧安人：春梅、蘭心，把盞者！

春梅、蘭心：是。（分別把盞介。）

顧安人：賢婿請！（見尚賓一味盯着秀娘，也不覺喜笑在心。）

劉媽：姑老爺，你家安人請您飲酒啦！

梁尚賓：哦、是、是、是，安人請！（却誤把酒杯舉向站在身邊的劉媽。春梅蘭心又掩袖而笑。）

劉媽：姑老爺，安人在那邊啦！

梁尚賓：哦、哦，岳母大人請！

顧安人：兒呀！今日自家骨肉相聚，休要害臊，上前敬公子一盞者！

秀娘：是。（春梅遞酒，秀娘無可奈何地起身接過；旁唱）：

喜氣洋洋滿畫堂；沒成親，先成就，鴻案相莊。我母親，今夜晚，雅興偏長；羞答答，上前去，勉進一觴，免得他，官家子，笑我小方。

（白）請飲酒！

梁尚賓：有勞小姐！（手接酒杯，目盯秀娘，羞得秀娘粉頸低垂。）哎呀妙呀！乾！（一飲而盡。秀娘接過酒杯付於春梅，回座。）（旁唱）：

一心心，只希望，假玉眠香；誰耐煩，飲你那，玉液瓊漿！今夜晚，怎按捺，這心頭癢癢？除非是，我和你，歡同羅帳。

劉、春、蘭：我等借花獻佛，也要奉獻姑老爺一杯。（同上敬酒介。）

梁尚賓：有勞各位！乾！

劉、春、蘭：多謝姑老爺！（同回原位。）

梁尚賓：哦、岳母大人！小婿不勝酒力了。

顧安人：既是賢婿酒已夠了。劉媽蘭心你們扶姑老爺東廂歇息去吧！

劉、蘭：是。（同扶尚賓）

梁尚賓：（臨行，和秀娘打了一個照面，旁白：）哎呀妙呀（同下）

顧安人：（向秀娘）兒呀！為娘現有紋銀百兩、賠嫁首飾一包在此，可為魯公子備辦六禮之用。今夜三更時分，兒就由春梅伴送，親自送與他去吧！

顧秀娘：這個？……

顧安人：我兒心事，為娘已盡知曉。有道是禮有從權，事要機密；這椿事兒，春梅知道不妨。兒還是送了去吧！

顧秀娘：哎呀母親呀！想孩兒與魯郎雖然名份已定，畢竟六禮未收；依孩兒之見，還是不去的好。

顧安人：兒呀！（唱）

魯家孩兒太可憐！這門親，兒的父，他不情願。倘若他，回來了，事有中變；這就是，你夫妻最後的一面！

顧秀娘：（哭介）啊！噎噎噎噎！孩兒送去就是。

顧安人：這便才是啊！哦、春梅！你送小姐前去，只准站在門外；這意思你明白麼？

春梅：明白了。

顧安人：明白便好了。陪小姐先歇息去吧！

春梅：是。（同下）

暑中過快活谷作

·希穎·

奔車犯暑復何尋，直欲拋書就綠陰。馬影已銷塲草合，苔痕不掃墓門深（地有公墓）。經壇歲月空焦舌，旅食虀鹽故擾心。破曉亂蟬聲處處，先生久已罷淸吟。

題是知翁畫蘭

·亮之·

莫作楚臣珮，休當蜀主門；

何如空谷裏，契賞兩忘言!?

辛亥革命史談（一六）

舜生

三、同盟會成立經過及其活動

『民報』共出了二十六期，第二十四期的發行為一九〇八的十月十日，此後即為日政府所禁止。延至一九一〇年二月，又由汪精衛續出兩期。最後兩期（二十五、二十六）的發行地址，名義上改為法國巴黎侶濮街四號，實際仍在日本印刷。

先是革命派與保皇派在廣州、香港、檀香山等處，已屢有言論上的衝突，但影響不大；等到『民報』一經出版，乃與保皇派的『新民叢報』發生了激烈的論爭。

『新民叢報』以梁啟超為主將，其主要論文有『開明專制論』，『申論種族革命與政治革命之得失』，『駁某報之土地國有論』，『中國不亡論』，『暴動與外國干涉』，『雜答某報』，『答某報第四號對於本報之駁論』等篇。

『民報』則以汪精衛為先鋒，其主要論文有（一）『民族的國民』，（二）『駁新民叢報最近之非革命論』，（三）『希望滿淸立憲者盍聽諸』，（四）『駁革命可以召瓜分說』，（五）『駁革命可以召內亂說』，（六）『雜駁新民叢報』，（七）『辨滿人非中國之臣民』，（八）『斥為滿洲辯護者之無恥』，（九）『告非難民生主義者』等篇。除第七篇署名『韋裔』，第九篇署名『民意』外，其他各篇，均出自汪精衛的手筆。

我們經過了革命後這五十年來的教訓，把當日雙方這類辨論文字逐一加以檢閱，自然感到革命派的論點，不失為義正辭嚴，生氣滿滿；可是梁啟超的種種說法，也未始不包含若干的眞理。例如『民報』以為『革命所以求共和』，而『新民叢報』則以為『革命反以得專制』，即以當日為『民報』用力最勤的汪精衛、胡漢民、章炳麟等人來說，何嘗不正是革命後專制下的犧牲者呢？汪一度在國民黨中央黨部遭遇槍擊，迄晚年繼續遭受壓迫乃誤入歧途；胡漢民被蔣介石拘囚，卒鬱鬱死於香港；章炳麟為袁世凱幽禁於北京的龍泉寺，甚至晚年也僅能以講學韜晦終老；不都是人所共知的事實嗎？總而言之，當日兩種刊物的論爭，其在中國近代政治史上的重要性，比較『五四』以後科學玄學之爭在學術史上的重要性，殆有過之而無不及。

以上僅以『民報』說明『同盟會』成立後，革命派在言論上宣傳的梗概，但他們的革命實際活動怎樣呢？

自光緒三十一年以後，迄辛亥革命的成功，計有三十二年的萍、瀏、醴之役；三十三年的潮州黃崗之役，惠州之役，安慶徐錫麟之役，欽廉防城之役，鎮南關之役；三十四年的河口之役，安慶熊成基之役；宣統元年的廣州新軍之役，宣二汪精衛、黃復生謀刺清攝政王載澧之役，以及宣統三年三月二十九最壯烈的黃花崗之役，都是革命派冒險犯難愈挫愈厲的顯著事實；儘管有一部分不完全是由於同盟會的發動，但在當時革命空氣濃厚的大環境之下，却無一不受有同盟會直接間接的影響。

所謂萍瀏醴之役，是指江西的萍鄉和湖南的瀏陽、醴陵這一區域而言。光緒三十二年這一區域遇着荒年，饑民遍地，於是該處會黨頭目李金其，蕭克昌，姜守旦，龔春台等，乃乘機崛起。其最初的目的本是要為他們被端方捕殺的龍頭馬福益報仇，而回國度暑假的同盟會會員蔡紹南，劉道一等也參與其事。可是內容複雜，步驟凌亂，器械又十分雜劣，一經江蘇，湖北，江西，湖南四省合兵圍攻，旋即歸於失敗，龔春台被殺。可是這一役的影響却是很大的：一、這次起事的消息傳到東京，同盟會員回國活動的不少，在湖南被捕繫獄的有寧調元，被殺的有劉道一，禹之謨；在湖北被捕繫獄的有胡瑛；在揚州被殺的有楊卓林；而孫毓筠，段雲書，權道涵，也因此役在南京被捕。因湖北加緊戒備，該地革命團體『日知會』也因而被封，其分子如劉靜菴，季雨霖，朱子龍，殷子衡等，也因此被捕。因南京加緊戒備，軍隊中的革命分子如趙聲，倪映典，林述慶，柏文蔚，冷遹等，也多為江督端方所疑，因而撤差。二、因此役聲勢浩大，牽涉多方，清廷知道策源地在東京，因向日政府交涉，中山被迫不得已偕胡漢民，黃興，汪兆銘等離開日本，而轉赴安南的河內。且因中山接受了日人若干旅費，致引起同盟會內部的風潮，一時革命中樞發生動搖，因之革命的實際行動，乃無法不轉移陣地，後來的欽廉、防城、鎮南關、河口諸役，實際便是這種形勢所逼成的。三、與中會時代的起義，僅限於廣東，因之對全國的影響不大，萍、瀏、醴這一役，却將革命風潮帶到了長江中部，且涉及江、鄂、贛、湘四省，因而淸廷及各省疆吏乃聞革命而談虎色變，這實在給予了辛亥在武昌起義的有力暗示，而且加強了一舉成功的可能。（未完）

本刊已經香港政府登記

聯合評論

週刊

每逢星期五出版

United Voice Weekly

第一五五號

督印人：黃宇人　總編輯：左仲平

社址九龍赫德道二十三號地下　電話 68678

承印嘉羅印刷有限公司香港灣仔馬師道5號

總代理：友聯發行公司售價每份港幣一毫

本報美洲版總經售處美國紐約中美出版社

CHINESE - AMERICAN PRESS, INC.

199 CANAL STREET., NEW YORK13 N. Y. U.S.A.

美洲航空版每份零售美金一角

紀念本刊的第三週年

本報同人

本週報的創刊號，發行於中華民國的四十七年八月十五，到現在已經是整整三年了。社會上從事各種事業的人們，經過了一定的時間——一年，三年，五年或十年，照例要作出一種紀念的表示。我們以十來個人，經營這樣一份不大不小的週報，已經有了三年的時間，而且在國內國外，發生了一定的影響，我們當然也『未能免俗』：對我們的過去，必須有一番檢討；對我們的未來，也必須有一番打算；這便是我們現在這篇紀念文字的由來。不過話雖如此，我們在百忙中來寫這樣一篇四千字的短文，卻也不是完全為了『應景』，實在是要把我們的看法和主張，在這裏作出一提要式的複述。我們以最誠懇的心情，期待親愛的讀者，給予我們一種坦率的批判。

一、我們為什麼辦這樣一份報？

大家都懂得：在這樣一個千瘡百孔，左支右絀，風雨飄搖，微妙驚險的時候來立言，是不太容易的。尤其是在我們：我們要空去一切倚傍，不顧慮自己的黨籍，放輕任何私人的關係，更把一切小小意見上的參差置之不談，只是結合若干的朋友針對現實來獨立發言，就事論事，當然更加覺得異常困難。

我們在本報的第一期的『發刊詞』上，曾有過如下的一段話：

『……我們以為國民黨有兩種為中共所絕對不能具有的特殊武器：其一為國民黨的原始精神，其一為一部中華民國的民主憲法。

『我們回想一八九四年（清光緒二十年）中山先生在檀香山創建「興中會」的時候，他不過是一個二十九歲的青年，赤手空拳，一無憑藉；但他固執着一個崇高的理想，肩負着一個偉大的使命，決心要把君臨中國已二百五十餘年的滿洲皇統，一舉而加以摧陷廓清！他所結納的同志，由最初的三五人，逐漸遍及於全國；由最下層的秘密會社，上至學貫天人的學者名流，甚至改革中國的主張根本與他不同的康梁，他都曾一度願意與之合作，我們試想其廓達大度的氣象為何如？經過一十七年的時間，不斷宣傳，不斷行動，遭遇無數的挫敗，他也決不灰心，決不氣餒，而卒底於成，我們試想其堅忍不拔的氣概又為何如？今天大陸人民的痛恨中共，這在當時一般人的厭惡滿清之上，我們今日所憑藉的力量，乃百倍於中山，只要中山的精神能重復燃燒在每一個國民黨黨員的胸中，中國共產黨還值得一倒嗎？

『中國人追求一部民主憲法，已經有了半世紀以上的時間，曾經過無數次的阻撓，曾遭遇過無數次的打擊，可是這一部現行的「中華民國憲法」，乃卒能於去今十一年即民國三十六年的元旦，公佈於全國！我們今天檢討這部憲法一百七十五條的條文，實無一字一句不合於中山先生創立中華民國的原意，也無一字一句不表現民治、民有、民享的精神，這是本於我全國人民半世紀以來的痛苦經驗所產生的果實，也是我全國人民的血淚所灌溉培育出來的花朵，只要我們眞能本着「崇法務實」的態度予以尊重，本着「擇善固執」的精神付諸實行，中國共產黨還值得一打嗎？……』

在這篇『發刊詞』的開始，還有幾句扼要的話：

『我們不能把反攻復國的希望完全寄托在外援和世界變化上面，我們必須別求所以自力更生之道。

『只有有了眞正可靠的自力，然後才能與外援和世變得到很好的配合，否則卽令外援有加，世變驟起，也可能與我們所要實現的希望全不相干！』

同時，在這篇文字上，我們也曾指出，依照中共的一切做法，大陸的情況便只有一天一天的走向下坡，非陷於全盤崩潰不止。從這三年間大陸所表現的事實，可見中共所害的這個不治之症，比較我們所預測的只有過之而無不及。因此，我們對於台灣一部分的留俄學生，以及由中共反正過來的若干忠貞分子，他們以為只有卽以敵人之道，還治敵人之身的一套辦法始能對反攻復國有效，我們確實不以為然，因而我們的結論乃不能不歸納成為兩點：其一是希望國民黨恢復早年發動革命時候的原始精神，其二則希望以有效的步驟，來逐漸推行這部民主憲法。

這個『發刊詞』是經過本刊發起同人的審查修改而後定稿的，不僅說明了我們創辦本刊的動機，同時也代表了本刊幾年來言論的傾向。經過了這三年的時間，我們把過去這一百五十多期的重要文字逐一加以檢查，覺得我們前後的精神還相當一貫；卽令對於某一臨時的個別事件，持論容或稍近激切，但宗旨要不出發揚民主，維護憲法，我們想這一點，一定為我們高明的讀者所能洞鑒。

二、中華民國當前的政治現狀怎樣？

我們也偶然聽到對本刊的一些批評，他們總覺得我們對台灣政治的指摘過於尖銳，形成對共匪的誅伐反而比較輕微。關於這一點，我們不能不稍加解釋：共匪的罪惡，早為舉世所週知，本刊自出版以來，對共匪殘酷，狡詐，固已暴露不遺餘力，而報導大陸每一角落的黑暗事實，我們幾乎每期都有專版紀載，何嘗對共匪有絲毫的放鬆？概括言之，我們覺得對共匪除討伐與打倒以外，已無商量餘地，而對台灣，——這一反攻復國的惟一基地，究竟不能不存得有一種『庶幾改之，予日望之』的心情；惟其望之也殷，故其責之也切，因此，凡別人所不敢說，不願說的話，我們必痛切言之。現在不妨舉出幾個例子來回顧一下：

一、關於總統連任問題。我們認為憲法不加修改，蔣先生卽無三任的可能，眞要做第三任，則非堂堂正正將憲法加以修改不可。結果憲法既不願改，而三任又一定要連，不得已乃只好找出幾個大法官，隨便對憲法的臨時條欵，再來一次臨時變動，像這樣的漠視憲法，我們無法苟同，因此我們的結論，乃不能不認為非法。

二、關於雷震事件。我們十分了解，一定要把雷震關起，把『自由中國』逼得停刊，這對當前的大局以及中華民國的國際地位，只有損害而決無益處。可是因為幾個不相干的人，對雷震個人深感不快，乃一定要鍛鍊周內，用一種莫須有的罪名，把他辦上一個十年徒刑；他們以為辦到了這一着，便可一了百了，殊不知道對一般不願放棄民主原則，不顧放棄言論自由的國民，這件事決不是這樣輕鬆便可了得了的。

三、關於孫立人王叔銘事件。孫是前陸軍總司令，對陸軍的關係甚深；王是多年的空軍總司令，把空軍的門戶關得很緊。其所以要把孫『圈禁在家，』把王藏入戰署委員會的雪櫃，一句話說穿，不外有人非把控制三軍的權力一元化不可！尤其可笑的，乃是不問對雷也罷，對孫也罷，對王也罷，都要穿插一個匪諜問題，眞所謂『無巧不成書』，單就技術一點而論，已可謂惡劣達於極點；何況今天的台北，乃是一個警憲林立，特務滿街的戒嚴區，假定『匪諜』能在那裏通行無阻，時間留得這樣長久，工作做得這樣深入，試問握有主持特務指揮警憲特權的人，該當何罪！?

此外像隨意逮捕記者；隨便指定某人為甲級流氓或乙級流氓；運用種種手法，一定要把李萬居經營的一份『公論報』擠垮；乃至不許地方人士研究地方自治；不許人民有組黨自由；甚至前在大陸兩份有地位的報紙，也不許在台灣復刊；……像這類的事實，眞是不勝枚舉。在有權可弄的當權者視之，自然把這類事看得十分輕微，可是在我們看來，卻是絕對的違反民主原則，也與這部現行憲法絕不相容。

為了了解目前台灣的政情，我們不得不在此指出，台灣目前局面，有人利用其父之權勢，組織秘密機構，以籠罩一切指揮一切！在這裏只說一個輪廓。就表面上說，一切在憲法上有規定的政治機構，在目前的台灣，可以說應有盡有，但是按其實際，卻大多數名存實亡；而且在它們之間，還彼此有所牽掣，例如：一個從政黨員，尤其是一個機關的首長，國民黨的中央黨部，總有權對他過問，而且在某種場合，他也必得預先向黨部請示。行政院號稱要對立法院負責，一個比較重要的措施，必得經過立法稈序，而且一部分可以公開的預算，也必得向立院提出，有時還可能引起種種的質問或責難。又如：某一機構實在弄得不成樣子，在職責上太講不過去，監察院也不能絕對不問，輕則警告，重則彈劾，雖則這種舉動對於有靠山的多數無效，但面子上總多少難堪。可是除這些表面機構以外，另有一個地下或半公開的機構（其名稱與組織也姑予保留），它都可以不受任何牽掣而惟所欲為，它的權力高出一切機構之上，但同時又滲透一切機構之中，不問黨，政，軍的任何一方，幾無一不受其操縱，控制。

就黨說，例如國民黨中央黨部管組織的第一組，管敵後黨務的第二組，管海外黨務的第三組，管宣傳，文化，黨員訓練的第四組，管民衆運動的第五組，管匪情研究，心理作戰，政治作戰，黨的保密防諜的第六組，乃至軍隊黨部，青年反共救國團，知識青年黨部（指各大專學校的黨務組織）以及中央電影公司，……試問能有那一部分不受這一地下組織的指揮？

就政說，如調查局（包括各級安全室，各級秘密組織，港澳調查站等等），外交部情報司（主管各使領館情報人員），警務處（主管全部警察組織），行政院新聞局，行政院退除役官兵就業輔導委員會，試問那一方面不受這一地下組織的發縱指示？

就軍說，如總政治部（包括各軍種各級政工系統，各軍事機關學校政工系統，以及軍人之友社及各分社等等），憲兵司令部（主管各級憲兵組織及特高組），國防部第二廳（主管技術實驗室，各部隊諜報參諜，各使領館武官，情報學校），國防部情報局（主管海外情報站及大陸組織），警備總部（主管保安處，特檢處，電訊監察處，出入境聯合審查處，經濟檢查隊或組），試問又有那一部門不受這一地下組織的管理與監督？

以上種種，還只是就大畧言之，已經使我們感到其組織的複雜，權力的伸張，可以說是澈上澈下，無微不至，無孔不入！可是若干年來人民基本自由之被剝奪，蔣先生在抗日期間所贏得全國人民一致愛護之發生動搖，國家國際地位之一落千丈，台籍與外籍人民間之顯有裂痕，全國精誠團結之幾於絕望，乃至憲法精神與民主原則甚至道德原則之被根本摧毀，何一不是由於這一地下機構在那裏作崇？

三、今後我們準備怎樣？

簡單言之，一、我們必本着發起本刊的初衷空去一切倚傍，獨立發言，貫徹到底；二、民主原則我們始終堅持；三、反攻復國的國策我們認為絲毫不能動搖，而且必促其提早實現，不能徒托空談；四、政治反攻我們認為重要，但政治現狀則絕對不能發生反攻作用，必須幡然改圖；五、若干年來的所有寃獄，我們主張澈底平反；六、最近流行於國際間的『兩個中國』說，『台灣自決』說，乃至拉中共與外蒙加入聯合國的種種說法，我們根本反對；七、尋求海內外三千萬人的團結方法，以鞏固反攻復國的陣容，我們認為最本要圖，但如最近『陽明山會談』這類不痛不癢的做法，則我們認為斷然無效。

我所主張的反攻

謝扶雅

我所說的「反攻」，以及主張立即出動，理由很簡單，就是為了不忍大陸六萬萬同胞都在捱餓捱病而淪入死亡的邊緣。單由於這「不忍」這一念，便使隔岸相望的我為之無時無刻不泣血槌心，食不甘味，寢不安枕。孟子說得對：「惻隱之心，人皆有之」。他還舉出一個具體而生動的例子，說：無論是誰，只要瞥見一個小孩子快將跌入井裏的剎那，一定「不加思索」地即時跑去一手拉住他，把他搶救過來。孟子更用了許多分析，來反復說明救人者那時的心理狀態。那就是我們倫理學者所樂道，而亦為我國傳統儒家素所持執的「直覺主義」。後來王陽明更直截痛快地提出「知行合一」的學說，來闡明大學篇中「如惡惡臭，如好好色」的名句，把直覺主義發展到了最高峯。接着，孫中山又撰寫了所謂「知難行易說」，而蔣介石先生還本着這一貫的思想，出版過「行的哲學」一書。所以筆者非常同情這裏的華僑，尤其是老一輩深具中國傳統觀念的，無不腸枯心碎，日盼立即反攻。他們這種單純摯烈的心理要求，只是由於再不能忍在大陸家人的陷於絕境。試看，一個母親當她兒女患病垂危的時候，就恨不得自己「代死」；一個戀人當他或她的對方實已被迫無法回到自己的手裏，便不惜自殺「殉情」。這種全無計較，絕不附帶條件的直覺行為，只要不是白痴，不是木石的人生，決不會不耆然發作的。

準此，筆者眞不能不訝異台北的當局，儘高唱空唱「反攻復國」到十二個年頭，而竟如此「忍心」地絕不實行發動。而況另一方面，又如是其在全台熱烈地提倡「讀經」，又領導創立了聲勢浩大的「孔孟學會」，應已日夕寢饋於「視民如傷」，「愛民如子」，「弔民伐罪」，「以不忍人之心，行不忍人之政」，「是其一體之仁，雖小人之心亦必有之，是乃根於天命之性，而自然靈昭不昧者也」：：等等連篇累牘的眞理，然而他們竟可把「行」和「知」分開，竟做到見「好色」而不「好」，聞「惡臭」而不「惡」。這正是孟子所評斷的「無惻隱之心，非人也，無羞惡之心，非人也」。總之，他們根本不配稱作人，更不配做政府。在中國傳統的直覺主義倫理觀之下，他們所搗作的一切託詞，遁詞，就都成為欺騙老百姓，而只予人以「不誠」的印象。他們口口聲聲所說的準備反攻，全屬於王陽明所直斥的「自欺」。

基於這十二年來不反攻的事實，其結果招致了國際上「兩個中國」的論調，以至最近美國國務院中人安排了「兩個中國」的擬議。若不是剛巧逢到西柏林忽告危急這件事發生，美國決不會如此容易打消兩個中國的策劃的。甘廼廸既受了古巴及寮國問題的打擊於前，更接獲蘇聯關於東德和西柏林事件的「最後通牒」，以及接連莫斯科在軍事上的耀武揚威於後，立即劍及履及，全國廣播作「動員」狀，增撥軍費，擴充軍備，加造軍器，宣布不惜為保衛西柏林人民的自由而一戰。在這種高度緊張，一髮千鈞之會，甘廼廸乃邀陳誠遄來華府，決定繼續支持中華民國在聯合國的「席位」，而仍阻止中共加入。所以這次美國方面的決定重再阻止中共加入聯國（這當然只是美國這一方面的態度和立場，至九月聯大如何爭辯及其結果如何，自尚屬一個未知數），可以說是拜赫魯曉夫威脅西柏林之賜。上次有過毛澤東幫了蔣介石的忙，這回更得赫魯曉夫幫了蔣介石一次忙。國際情勢的錯綜變幻，於此亦可見其一斑。

然而我們研究這次的甘陳聯合聲明，實質上即等於我們老百姓所日夕呼籲應予廢止的上年的蔣杜聯合聲明。我們分析及推究這次聲明的涵義，亦不外乎下列三點：（一）台灣應與大陸作政治競賽的對比。這無異依然蒙了「兩個中國」的陰影，而絕無軍事反攻光復大陸的提商。（二）中美雙方共承認保衛西柏林為絕對必要：這後面的意義是：假如為西柏林而眞引起世界大戰，則中蘇共必聯合四圍放火，爾時美國便可用軍火助台灣出兵，南援越南，北援南韓（此所以聲明中提及南韓南越之故），以至謀在大陸海岸登陸，牽制中共軍力；而這就是台北當局所唯一希冀來到的機會。換句話說，台灣本身絕不主動反攻。（三）美國繼續反對中共加入聯國。至於她將如何反對，則據半官方的消息，謂美國將於下屆聯大開會時，提請大會指定一特別委員會研究中共加入聯國這一問題，向一九六二年度聯大報告云云。這個新提案，與過去歷年美國所提延擱一年再討論的老提案，實質上亦無區別，都只是再拖一年而已。然而新提案比舊提案反帶有危險性，即是將來這個委員會的報告，大致會傾向於贊成中共加入。所以我國自身更應急起直追，於此一年內完全改變這台灣與大陸對峙的局面；否則終必實現「兩個中國」甚至「台灣獨立共和國」的醜劇。

無論從情感上講，或從理性上（即是，為了扭轉國際的局勢）講，除立即發動反攻而外，更無它途。但台北當局實只暗懷「關門做皇帝」的鬼胎，以致固有惻隱和「不忍」的情感遏絕，而對國是及國際的理性知識亦復昏蒙。另一方面，由偏安自私出發的計較心，則鑒於六十萬兵力可用以保護蔣氏集團，鎮壓及誅鋤異己，而不足以勝過大陸中共的二百萬雄師，所以更不敢反攻了。卻不知歷史上以寡克衆，以小勝大者，實例正多；然他們和當年在南京未發動抗日前的想法一樣，單從中日雙方軍力統計而致患了嚴重的恐日病；直到後來「全民」抗戰，舉國男女老幼總動員怒吼起來，才發見民心，民氣，民力足以陷「皇軍」於泥足。今日中國六億五千萬人民，人人都有推倒中共暴政的決心勇氣和自救救人的直覺良知，卻亦不無寄望於自由中國政府的領導。可恨台北的當權派偏不肯帶頭，儘自作偽心勞日拙，這才是中華民國眞正的致命傷！

昨夜（八月四日）紐約華僑團體公宴陳兼院長，事前徵集留美人士對國是的意見，以便彙交陳氏。筆者提供了下列的意見書：

內政修明為外交之後盾，實施憲政為反攻復國之前提。此乃根本原則。至於目下急應辦到之具體事項如左：

（一）趕於本年雙十國慶以前，出動反攻，期在大陸有一根據地，在該處高懸青天白日旗，響應共慶祝五十週年雙十；

（二）政府應急鼓勵並促成在野黨，實踐民主國家應有的政黨政治，以免被譏為一黨專政之獨裁警察國家；

（三）開放言論自由，取消出版法；立釋雷震等人，並完全恢復孫立人張學良等之自由；

（四）蔣經國素為友邦人士所懷疑；跡其把持權勢，遍布特務於海內外，實為民國之一大陰謀者，應請密陳最高當局將其驅逐出國，以平公憤而順輿情；

（五）優待華僑投資，招致留美一班科學技術家回台，開發資源，做到經濟自給自足。

我不知道其他等人的意見如何，但是立即發動反攻，必為此間僑胞全體一致的公意。這是人之常情。「孺子將入於井」，見者一定毫不加以思索地立即援手。至於如何才是有效的援救，乃是第二步。但首先必是跑去伸出手來，不該有停足呆視的非人性行為。

六一、八、五

・自紐澤西寓

海豐縣長髮黨暗殺共幹

戚戚

（一）長髮黨之沿革　查海豐縣之有長髮黨，遠在淸末民初，其宗旨在扶持良善，消滅邪惡，黨徒蓄長髮，設有神壇，以符咒為人治病，入黨者須在神壇前宣誓遵守規章。倡言能以咒語抵禦槍礮，大約是義和團之流派。其活動範圍，只限於縣屬第六區青坑轄下之沙港（曾姓）南塗（余姓）兩鄉，因信者甚少，故人數亦不多。民國十六年共黨在海豐大暴動，該黨徒曾一度出現，但不久又告匿跡。抗日時期，縣境淪陷，該黨徒亦曾出而截擊少數日軍，終以缺乏槍械，曇花一現，嗣後便無所聞。最近因憤於共黨之暴政，又出而活動，秘密對抗中共，從事破壞工作。總其行動，不失為一種具有正義感之組織。

（二）暗殺共幹之經過　距海豐城北廿里許，有蓮花、銀瓶兩大山。蓮花山以產茶著名，銀瓶山則產鎢礦，產量甚豐。當一九四九年共黨入據縣境之初，任由縣民自由開採，歸由共方收購。有經年開採而不得者，有一掘開即得巨量者，縣屬一區烏石村葉姓村民，即因掘得大量礦產而成為巨富之家。一時傳播全縣，共府為之眼紅，及一九五五年中共即禁止縣民前往開採，而成立所謂「銀瓶礦業公社」，在銀瓶山麓建築工人宿舍，徵派四鄉壯丁，編入社內為礦工，供其驅使奴役。每天勞動十四小時，待遇低微，食不得飽，數年以來，該場礦工因勞苦過度，體力不支，病無藥醫而死者，為數不少，使幽靜之銀瓶名山，平添若干寃魂，天陰鬼哭聲啾啾。今年三月間，有若干礦工激於義憤，冒死向共幹首腦要求，減少工作時間及改善生活待遇，輒被指為反動，立予拘禁，嚴刑鞠訊之後，隨押解他處勞改，數月來，該場礦工因此而致遭拘捕失踪，生死不明者不下五六十人。該礦工等絕不畏懼，繼起者大有其人。所以不畏死者，蓋以生不如死也。

近者該礦共幹首腦，以礦工胆敢繼續提出要求，認為顯有反共份子潛伏其中，非加高壓，恐難善後，於是變本加厲，對礦工益施壓力。共幹此種暴行，邑人恨之刺骨。事為長髮黨徒所聞，以共幹如此所為，非殺不可，事前得礦工密告，知該礦場管理員施揚忠（客籍人）林鵬飛（本地人）二人，將於前月某日聯袂由銀瓶山前赴沙港鄉公幹，乃派出孔武有力兼有胆識之黨徒三人（兩曾姓，一余姓）先埋伏於虎頭狠地方附近山谷，（該處為一深谷險要之地距楊埔鄉劉姓約五里，距菁坑墟約十里）當共幹施林兩人施施然行經該處山坳時，俟其過後，即從谷裏躍起趕至，出盡平生氣力，以利斧向該兩共幹腦後砍去，斧起頭落，兩共幹當場斃命，即合力移屍於偏僻坑旁，以石壓其屍體，上置字條，署有「海豐縣長髮黨暗殺組專殺作惡共幹」等字，三人得手後，立即循山路分頭逃去無踪。該兩共幹作惡多端，死有餘辜，暴屍數日，臭氣薰天，後由過路行人發覺，報告當地鄉府，獲知為銀瓶礦場人員，途中被人暗殺，即飛報礦場，派員認屍就地埋葬。中共亦派出大隊在該處山谷搜索數日，並拘附近鄉老審問但卒無所獲云。

中共向加所購小麥 竟用助阿爾巴尼亞

・何心・

據合衆國社八月十日電：「昨日獲悉，中共本年四月間向加拿大購買的二百二十萬蒲式耳小麥，竟用以援助共產小國阿爾巴尼亞。中共自己糧食短缺較阿爾巴尼亞更厲害，俾將該項購得之小麥運往阿國，加拿大農業部長哈密爾頓昨在渥大華披露此事」。由此可知西方國家賣小麥或其它糧食給中共，中共並不是全部用來解決大陸人民之飢荒，相反，它只在更利用此批物資來從事政治和經濟的擴張而已。

如果中共眞欲解除大陸飢荒的話，中共大可停止其糧食輸出即可，然而中共一直向蘇聯及東歐各衛星國乃至香港星加坡等地將糧食繼續輸出，可知中共無意解除大陸人民之痛苦，而旨在向外作各種形式之擴張。中共之為國際問題的一個禍根，中共政權之措施之違犯中國人民之利益，於此更足證明。

台灣不產銀樹·財政極度困難

季夫

不久前，美國財政部長狄龍在衆議院撥欵委員會的秘密會議中作証說，台灣是一個「不能確保美國對她的財政支持，故無法推行其長遠財政改革計劃的一個例子。」

狄龍更率直說明了美國對此「實不滿意」，而更不表滿意的是，台灣國府當局在兩年前雖擬訂了一個財政、金融、經濟改革的計劃，却未能迅速確實地實行，美國方面大概有鑒於此，遂取中止或展緩作財政支持，而國府方面則似曾積極交涉要求該項援助付諸實行。於是雙方可能發生了一些必然的齟齬！狄龍對此作証時說：「雖然我們不能發表這裏多年來的報告，但是因為過去我們幫過他們忙，他們應該信任我們的，而且有不少迹象暗示，將來我們會繼續下去。」狄龍的証詞已明顯反映出，祇有台北當局能夠按照已訂的「財政、金融、經濟改革計劃」作有效地實施，美國才能繼續援助。並且認為台北當局不應該表示對美國的財政援助不信任。

事實是，台北當局並未履行計劃，「事實上，距離自給自足尚遠」，「所以台灣要在今後兩三年完全不需援助的機會甚微。」這是狄龍全部証詞被公開的扼要的一部份。

在狄龍於衆議院作証後不久，而且陳誠訪美尚未離開之際，美國參議院外交委員會主席富爾布萊於八月四日在參議院開始辯論建議中的四十三億兩千六百萬元援外法案的時候，也強烈地指出：台灣和南韓是兩個「不成功援助計劃的例子。」並且主張「美國對南韓及台灣的援助將被明年的國會『澈底研究』」，並謂：「其中一些需要有新的理由才能通過。」

富爾布萊也說明了，台灣的情況已構成為「另一個特別個案」，因為「援外投資引起了好多合法的責詢。」他雖未明言這些責詢的內容是什麼，但是就他指責南韓所指陳的一些事實來看是包括：「缺少取得經濟成長的先決條件，政府是慢性的不穩定，行政低下，普遍腐化，除了一個短期間之外，都在極權統治之下。」

在較早的六月下旬，即將卸任的美國經濟合作總署中國分署副署長詹梅思對台北扶輪社演講時，也「對由中國經濟發展的障碍地方，頗多批。」（見六月廿六日香港工商日報轉譯台北英文「中國郵報」刊載之演詞）而這些批，也都是直接間接與財政有關的。主要者有下述各點：

一、他指出政府消費率的增高遠快速於國民總生產的增高率。他說：「不祇以貨幣數字來計算是這樣，就是以國民總生產的百分率來計算也是這樣。」並謂：「由中國政府所用去的國民總生產，逐年增多。在一九五七年政府花銷了國民總生產的百分之一八點八。一九六〇年政府花銷了國民總生產的百分之二十。」同時還指出「在一九六〇年，公私消費合計起來，佔國民總生產的百分之八九」。

由於總消費額「實在太大了」，「從國民總生產中節省下來作為經濟開發用的投資，是不足的」，這樣情況表明台灣的財政狀況確是難望好轉的。

二、詹梅思指出：「政府的歲出逐年增加得很是劇烈。」他把逐年增加的實數資料公開了：「一九五八年財政年度內，各級（中央和省、縣、市）政府的總歲出，是新台幣八十五億元。一九五九年財政年度內，總歲出是新台幣一百〇四億元。一九六〇年財政年度內，總歲出是新台幣一百二十億元。到了一九六一年財政年度，總歲出又增至新台幣一百三十五億元。」

詹梅思指稱：「歲出增加的主要原因，是國防費的增加和一九六〇年政府文武官員生活津貼的提高。」而五九年與六〇年的水災影響，却「祇是一個並不重要的因素。」

他認為在「前幾年的節約精神經已鬆懈了」的情況下，日趨擴大至驚人程度的差額是難以彌補的。

台北財經當局在發行百元大鈔時曾一度宣稱並不是通貨膨脹。現在我們可以再看看詹梅思的意見。

他說：「台灣生產一些稀奇古怪的作物，但我却沒有見過一株銀樹。政府的赤字大部分從台灣銀行借欵來抵補。」

台銀用什麼來支持政府借欵呢？不言而喻，當然是印鈔機！

他說：「如果不計算美援，中央政府在一九五九年財政年度的赤字，是新台幣八億九千一百萬元。一九六〇年財政年度的赤字，是新台幣一十六億八千一百萬元。一九六一年財政年度的赤字，會增至新台幣一十八億二千二百萬元。」他說「現在還沒有一九六二年財政年度的赤字不會更增大的跡象。由美國提供的預算援助，祇能彌補政府的巨大赤字的一部份，却不能抵銷全部。不足之數仍須仰給於台灣銀行的銀樹。」

詹梅思的演詞，非常具體地提供了台灣財政狀況的實情，有理由相信，經濟合作總署中國分署給總署的報告，必然會提供給美國議會作援華撥欵的參考的。

這些年來，我們常常見到美國（和其他國家）一部份議員到台灣觀光之後，照例發表了一些恭維的談話，指稱台灣是如何地進步，台北官方也是這樣地自我宣傳。但現在，我們有更清楚具體的事實與數字証明了客氣的恭維與自我陶醉的宣傳是如何地誤事。自欺欺人的結果，已引起美國財政當局和議會對援華作愼重和嚴格的考慮。

美援對台灣的財政是產生強有力的血漿作用的。減少或停止，都將嚴重影響台灣的穩定。而且還會嚴重地有害於中美的邦交。

諺語說：「長貧難濟」。長期援助而乃不能有助於解決台灣的財政問題，也就顯露出了整個內政問題的嚴重性。

據所知，國民黨當權派是把「國家的預算的百分之八十或更多」用於國防的。據詹梅思所稱：「為了保密起見，這項預算的龐大部分是嚴守秘密的。」

在民主國家，議會是代表人民監督預算和看守國庫的。自從行憲以來，實質的政治環境並不允許立監兩院負起這項責任。國防部的組織法案迄今仍未提交立法院審查，國防部因此在實質上成為一個「黑衙門」。國家的許多支出都經由這個「黑衙門」不明不白地流了出去！

人們並不是因此對當任的國防部長有所非議，俞大維先生的能力與操守都是令人崇敬的。但是國防部內有些機構是非國防部長所得過問的，透過這些機構，當權派的核心人物遂得以予取予求。

除此之外，根據以往的實例，中央銀行對於官邸隨時發出的支欵手諭是必須即時付現的，而每筆支出究係作何用途，則又屬保密範圍，無人無權可以預問。

面對這樣的財政困境，國府當局如果不能即時反攻，而又不能徹底民主化，崇儉務實，整刷政風，外而有國際形勢的壓力，內而有財政經濟死結；反攻既不可能，由保亦有困難，進退失據，究不知國民黨當權派將何以自處，又將領導何國族走向那里？

一個獨立的國家，由於長期依賴外援，由於政治腐化，當道極權，也就自難再為國際社會所重視了。

接受美援的國家並非中華民國一國，何以在有些國家能深受美援之益，而又為援助國所尊重，同時在國際社會上仍保持其有力的發言地位。但為什麼中華民國竟已成為如美國參議員摩斯嘴裏所說的是「美國的傀儡國家」!?摩斯之流雖不免言之過分，而流露出舊帝國主義者的嘴臉，但就國民黨當權派之未能行民主，振國　及其獨裁腐化來說，實也是　其辱哩！

梁、任誹謗官司的來龍去脈

致明

（台北通訊）曾為雷震作辯護律師的東北籍立法委員梁肅戎控告政治評論發行人任卓宣（自首共產黨員）和撰稿人趙英敏（筆名白天）誹謗的官司，台北地方法院已經開了兩次調查庭。在第一次調查庭之前數日，當權者為了給其職業打手助威，特策動控制之下的雜誌協會召開臨時理監事會議，通過了一篇支持任卓宣的聲明。據說：是要運用組織的力量，來影響司法的判決。這就是非法臨時總統統治下的所謂司法獨立！

不料，開庭之日，任卓宣却稱病不到。趙英敏在答覆法官問他寫那篇指梁肅戎曾為漢奸的文章有何根據時，不但舉不出任何事實；反而說，他的立論是推定出來的。使得到庭旁聽的雜誌協會理監事大為驚異，法官也覺得不便再審下去，乃勸諭雙方在外和解。

雜誌協會想作調人不成　忠貞理事洩露機密去職

由於法官既有在外和解的勸諭；雜誌協會具有正義感的若干理監事，亦表示不願再為任卓宣作無理的撐腰。於是，乃有人從中奔走和解，以期一方面不開罪於當權者；同時又可免除雜誌協會再被驅迫。聞梁肅戎曾表示他打這場誹謗官司的目的，祇在於洗刷自己，並不一定堅持須使誹謗者被處應得之罪；祇要政治評論公開道歉，使是非得明，他就可以撤回控訴。可是，當雜誌協會召集第二次臨時理監事會議研討調解的若干技術問題時，國民黨在立法院的黨團書記兼雜誌協會常務理事謝仁釗却透露：該黨中央常務委員，立法院副院長倪文亞曾向他說：國民黨中央已決定不為梁肅戎証明其過去曾在東北從事地下抗日工作，本案任卓宣不會敗訴，不用和解。任卓宣也表示他握有充足的証據，可以打到底。於是雜誌協會的和解努力也就不得不停頓下來。

由於忠貞分子們都是各懷鬼胎，難保機密，謝仁釗在雜誌協會所說的話很快的便傳到立法院。那位身為蔣經國的中央委員，但却最怕開罪立院同人而影響其副座地位的倪文亞，卽向梁肅戎鄭重表示：謝仁釗所說的話毫無根據。蔣經國對於謝仁釗的洩漏機密大為震怒。於是這位可憐的忠貞立委又親到梁家，聲明他並未說過那些話，以資掩蓋；同時並登報辭去雜誌協會的常務理事，藉示自懲。一說，他是受了懲戒而遵命辭職。

唐縱親自出馬

國民黨籍的立法委員，尤其是曾在東北與梁肅戎同時從事於地下抗日工作的東北籍立委，聞悉該黨中央已決定不為梁肅戎証明的消息以後，大動公憤。他們認為當權者竟因為對某一同志有所不滿，而遂抹煞其過去的革命歷史；甚至將其從事地下抗日工作的愛國史實也一筆勾消。若任此風滋長，必致人人自危，因而醞釀有所表示。當權者得悉此情，深慮演變下去，可能迫使這些同志不再接受黨命而導致立法院更無法控制。乃自發自收，由秘書長唐縱親自出馬，邀約立法院的黨團負責人談話，聲明中央當然要為梁肅戎作証；不過雙方都是同志，仍希望和解。

據悉：在當權者決定不為梁肅戎証明時，也深知當年抗戰勝利後既派梁為黨部委員，又提名立法委員，而且當選迄今已十有二年。凡此已足証明梁肅戎原是國民黨的忠貞幹部；如今自不能自相矛盾，從正面否認梁在日本佔領東北時期，曾從事地下工作的事實。他們原來決定採取的方式，是由任卓宣向法院要求梁肅戎提出未作漢奸的反証，而國民黨中央則推說「有關擋案在由大陸遷台的途中散失殆盡，無法查考。」於是便可無限期的拖延下去，而使任卓宣不致敗訴。不料被謝仁釗不愼洩露，此路已經不通，而且可能在立法院引起風浪，才由唐縱作上述的表示。但他不談是非，祇勸和解，可見，當權者對於任卓宣還是要維護到底的。

和解與圍攻並行

在唐縱力勸雙方和解之後，梁肅戎再度表示願意遵照中央意旨和解；但必須任卓宣公開道歉，以明是非。任卓宣則僅應允聲明與梁的誤會冰釋，不願道歉。同時，當權者更發動手下戰將，繼續對梁圍攻。有一位當年曾參加國民黨改組派，後來又投靠CC，今日則為蔣經國主辦「革命思想」雜誌的張鐵君，在該雜誌發表一篇社論，表面上是勸雙方和解，而却以梁肅戎比汪精衛。其他幾個有關期刊，「法治」、「自由亞洲」和「中國一週」亦陸續刊出任卓宣在雜誌協會開會時所散發的那篇誹謗梁肅戎的傳單；甚至「國父遺敎研究會」，亦有人前往策動。足証當權者雖然因為理曲技窮，不得不勸和解，但同時仍利用組織的力量，對梁繼續圍攻不已。

任卓宣的臉譜

因為和解不成，台北地方法院又於八月二日開第二次庭訊，由曹德成庭長任審判長。任卓宣到庭應訊；而趙英敏則缺席，據說：是因為傳票未能送達。法官忽然問梁肅戎：政治評論發表那篇被控誹謗的文章，是去年十一月，為什麼他遲到今年六月才提出控訴？因為依照法律的規定，發現誹謗後六個月內不提出控告，卽失去時效，法院可以不受理。梁乃根據事實，申述他到本年六月九日才知道有這一篇文章，卽本年六月九日才發現被誹謗。被告律師遂緊握此一時效問題，力言政治評論是有地位的刊物，立法院的圖書館裏面也有一份，梁斷無不知之理。但却無法証明梁曾於六月以前看到該刊；而國大代表趙基更以証人的身份，証明他在六月九日和梁肅戎到政治評論社購買該期雜誌的經過。於是時效問題乃告一段落。

法官繼問任卓宣是否看過該篇文章和有何事實根據指梁肅戎曾為漢奸。這位平素巧言好辯的朝廷衛士却一反其在雜誌協會所表現的崛强態度，處處都推諉卸責。他說：他祇任發行人，不是編輯委員，而又忙於寫書，無暇看稿。雜誌編輯為了尊重作者的言論自由，不能問文章內容有無証據。至於舉証，應該是作者的事。又說：來論或投稿均已署名，故文責由作者自負。梁肅戎當庭責問他：為什麼在第一審後，趙英敏還繼續用政治評論的信封寄誹謗傳單給各雜誌。他說：趙英敏雖然住在他家，但他並不知此事。而且趙寄東西給各雜誌社，登載與否，乃各雜誌的自由，他一概不知。梁肅戎說：讀書人應有讀書人的風格，在神聖的法庭上，不可以不負責，事事推說不知。任卓宣對此指責，並未作答。這是二審時任卓宣自辯的概略情形。

假如任卓宣的辯護理由可以成立，卽是雜誌的發行人對於該雜誌所發表的文章並不負責，而文責則應由作者自負；文章內有無事實根據，也與發行人和編輯人無關，而是作者的事。那麼，去年台灣省警備司令部因自由中國半月刊的某幾篇文章裏面的某些詞句被認為有倡導所謂反攻無望之嫌而遂將雷震和編輯人拘捕，又作何解？難道當權者津貼的雜誌發行人不負文責，甚至可以不問有無事實根據隨意發表誹謗性的文章；而其他的雜誌發行人和編輯，雖然所發表的文章都有事實根據，一旦被當權者認為不滿，就應獨負文責嗎？這眞是專制時代「祇許州官放火，不許百姓點燈」的再版了。

經過兩次的審訊，趙英敏既承認他寫那篇指梁肅戎曾為漢奸的文章，是從推論得來的，並沒有事實根據。而任卓宣又推說他不負文責，文章內容有無証據，這是作者的事。本案的是非曲直，實已大白。但台灣的司法原是要與國（蔣經國之國）策配合的。因此，法官却未敢宣宣告審判終結，處任、趙兩人以誹謗應得之罪；反而苦口婆心，力勸雙方在外和解。

當權者的拖延戰畧

從以上的種種事實看去，當權者顯然採取拖延戰畧，更配以冷戰。第一次審訊時任卓宣稱病不到，第二次審訊時趙英敏又借故缺席，是拖延戰畧的運用。雜誌協會試圖調解於先，唐縱力助和解於後，也是拖延戰畧的運用。兩次開庭審訊，是非曲直業已大白；但法官却不宣判而力諭和解，更是拖延戰畧的運用。

除了拖延而外，當權者還採取各種直接和間接的方式，繼續不斷的向梁肅戎圍攻，這就是冷戰。津貼雜誌的吠影吠聲和施放暗箭，已經使他防不防防；而又透過若干好心腸的東北的同鄉和立院同人，苦勸他處於現局之下，忍受一點委屈，沒有關係；不要如雷震一樣以硬碰硬，以免招來更多和更嚴重的打擊。這些友情的表示，雖然是出於好意；但却為當權者的冷戰增加了助力。因為他們的目的，就在於迫使梁肅戎有所顧忌，而挫其銳氣。祇要他顧意和解，任卓宣存心誹謗而却不受法律的制裁，當權者就算勝利了。

據圈內人士透露，當權者已決定由唐縱署名寫一封信給梁肅戎等曾在東北從事地下抗日工作的一批同志，証明他們過去忠黨愛國的史實，然後交由政治評論發表。再由國民黨中央政策委員會副秘書長王任遠出面邀請一個茶話會，為雙方和解。他們的用意，在勉符合梁肅戎堅持必須弄清是非的要求，而又使任卓宣不致作正面的道歉。但聞某顯貴仍主張再拖延若干時間，使梁肅戎多受一些精神上的打擊。因此，本案和解的可能性固然很大，可以說，無可避免，但恐仍將經過若干週拆。

報紙上的「新地新聞」

純明

（本報航訊）本月十三日，聯合報有一篇短評，題目是新地新聞。裏面說：「從海裏長出一塊新土地，在地上成立一個新衙門；此所謂「海埔新生地開發委員會」是也。

過去開發海埔新生地，由於省級地政機關辦理不善，曾發生官紳勾結，壟斷把持的弊端，致使當地農、漁、鹽民不為權益受到損害，乃至生存受到威脅。監察院為此提出調查翔實、措詞嚴正的彈劾案，一時深為各方所關注，但時過境遷，此一彈劾案也和其他的彈劾案一樣，照例「歸檔」無訛；而被彈劾的官員反而官　亨通，升官去也。

其後這項工作，由行政院設置專管機構主持，其進展情況如何，一般知道得並不很多。當然，「為政不在多言」，也許這個機構正在埋頭苦幹，無暇向社會報導。

最近該機構傳出一項消息，其主管首長卽將前往西德、義大利、丹麥、日本……等各國，考察海埔地開發及利用情形。察其行程，包括整個歐洲，外加日本，恐將取過美國，完成「環球性考察」。似此長途跋涉，為國宣勞，殊屬可敬。唯開發海埔地需要主管首長出國考察，其他庶政又何嘗無此需要？與其個別行動，不如統籌辦理，組織一個「中華民國行政首長環球考察團」；整批交易，當可節省不少費用。」

這篇短評雖然是為海埔新生地開發委員會而發；但其所指的事實，則是今日台灣的普遍現象。十多年以來，非法臨時總統雖然不出國門一步，而各機關的權貴，則無不以借機會出國為首要之圖。因為一經出國考察或作其他公幹，不但可以撈得一筆外滙，帶回一批私貨，而且還可增加身價，鞏固地位。所謂最有辦法的，當然去美國，其次的去歐洲或南美，再次的則去香港。這些權貴既視出國考察為一條名義兼收的捷徑，當然要千方百計以求之；至於所主管的政務或業務，因為與陞官發財毫無關係，他們也就無意顧及了。政風如此，聯合報建議組織一個「中華民國政府首長環球考察團」，實行「整批交易」，殊非謔也。

中共怎樣詆毀聯合評論？

劉裕畧

聯合評論創刊三週年了。現在看看中共對聯合評論的態度吧。

中國共產黨是怎樣一個黨？中共政權是怎樣一個政權？聯合評論已有很多文章加以客觀的分析和揭露。聯合評論所主張的是什麼？聯合評論所抨擊的是什麼？也早為讀者所深知。

大陸之窗

無可否認：中共乃是一個蘇聯卵翼下和指導下的黨，中共乃是一個站在以蘇聯為首的國際共產主義立場，而不是一個站在中國國家民族立場上的黨，這也是中共自己所一再宣稱，而為世人所深知的；中共政權以賣國為實而以「愛國主義」為名，中共政權以「新民主」為名，而以反民主反自由進行殘暴統治與奴役剝削為實，這也是衆所週知的，這也是聯合評論自創刊以來就一再揭發和評論的。

正因為如此，所以，聯合評論自一九五八年八月十五日創刊以來，中共的各級報紙，便對聯合評論備加詆毀，備加誣衊，備加攻擊，甚至備加曲解。聯合評論每逢星期五出版，香港的各級共報，大公報、文匯報、新晚報、晶報、商報常常在第二天就或者斷章取義的曲解本報的文字，或者就故意歪曲本報的評論，或者就肆意詆毀本報的立場，本報創刊三年以來，他們三年來就一直如此。

除對本報言論外，對於本報同人，他們也一直加以詆毀與攻擊，在本報各版經常執筆的各位先生甚至包括筆者在內，他們都從不放鬆。他們造謠的胆子之大，他們新聞報導眞實性之少，都是驚人的。這沒有表明別的，這只表明了中共偽政權對民主反共的愛國人士仇恨之深而已。當然，這也並不奇怪，因為他們原本是最怕別人主張自由民主，最怕別人愛國的，因為這就與他們的奴役制度極權制度相衝突，這就與他們的賣國立場奴才立場相敵對，所以，他們詆毀我們中傷我們，就他們而言，那是絕不偶然，就我們而言，却也絕不意外。

到最近，由於本報的民主反共主張更廣泛地獲得海外僑胞的普遍支持，更普遍的獲得熱烈響應，不但銷路激增，而且影響力亦愈來愈大，中共當局看見它的各級嘍囉們的各級報紙不足以詆毀本報，於是中共中央黨的機關報——北平人民日報也出馬來參加他們的詆毀與歪曲的醜行了。

在七月十六日北平出版的中共人民日報對本報曾有這樣一段文字說：「在美國和台灣國民黨集團之間發生激烈爭吵聲中，美國支持『第三勢力分子』在香港出版的『聯合評論』周刊等，繼續要求美國拋棄國民黨集團而進行所謂『民主改造台灣』，也就是扶植一些新的傀儡取而代之」。這就更加暴露了中共對海外民主反共人士的仇視和對聯合評論的一貫誣衊。

不錯，「民主改造台灣」是聯合評論的一貫主張，而且今後仍將這樣繼續的主張；不但主張，而且還要實踐下去。但這是指我們中國人要自己努力改造台灣而言。為什麼要改造台灣呢？還不正是為了要反共復國嗎？只因為我們之所以主張改造台灣，乃是為了反共復國，中共自然要對我們驚慌，要對我們詆毀，要對我們誣衊了。

最可笑的，也是把中共自己表白得最無聊的，則是人民日報硬說聯合評論的同人想當美國的傀儡。他們這樣的無的放矢，也沒有說明別的什麼，只不過恰巧反映了中共賣國政權的奴才本性和傀儡本性而已。他們自己一直在作蘇俄的奴才，一直在作蘇俄的傀儡，他們便下意識的以為別人也和他們一樣奴才成性，一樣想作外國的無恥傀儡，他們不知道中國還有人，還有無數的堂堂正正的人哩！

在這裏，我要正告中共自上至下的各級奴才們，各級傀儡們，中共控制下的深紅色、粉紅色、淡黃色、深黃色的各級報紙們，你們自己睜開眼睛看看吧！你們儘管在自我吹噓自我陶醉，終其極，你們不是和蘇聯的外蒙傀儡一樣而且無恥的想和外蒙傀儡同時混進聯合國嗎？你們與外蒙為伍而不知羞，你們明知中華民國早已在聯合國擁有席位，而你們却想混進去，你們不是想在事實上造成「兩個中國」是什麼？你們在罵臭名遠播的廖文毅，其實，你們與他有什麼區別呢！？

大陸零訊

陸聞

四邑發生霍亂

最近幾天，香港與澳門的報紙及居民都被一個消息所震動，那就是澳門忽然發現霍亂。霍亂的來源則由於大陸。

據由廣東逃抵澳門的難民稱：四邑已發生霍亂，當然，在中共飢餓政策之下，人民被迫從事過度的勞動，而又營養不良，醫藥無着，那確實是容易發生這一類的傳染病的，而霍亂的危險性與傳染性都很大，所以，消息傳來，港澳居民自不免於都吃驚了。

梅蘭芳陳嘉庚相繼去世

梅蘭芳去世後不過四天，陳嘉庚又於八月十二日去世了。這對於中共來說，眞的都是損失，因為中共好容易找到這樣兩個可以在强迫下用作統戰工具使用的人。

梅蘭芳譽滿藝林，人所共知，抗戰時，梅蘭芳緊守國家民族立場，在淪陷區留着鬍鬚，不肯演戲，梅蘭芳這種民族情操，素為人所敬愛。但中共佔據大陸後，梅蘭芳遭遇的命運比抗戰時的淪陷區生活更慘，當時，他尚有任意留鬚和不唱戲的自由，在中共統治下，他却被迫參加共黨，以花甲以上的年齡，猶被迫在各地作勞軍公演，而其生活，雖較一般人民稍好，但亦在半飢餓狀態中，乃至依賴香港的舊日好友寄糧食包以為救助，則梅蘭芳之死，自不意外了。

至於陳嘉庚，自在新加坡破產後，便一直居留在中國大陸，大陸陷共後，目覩祖國人民之種種慘狀，但已無法離開鐵幕，所以，陳嘉庚雖素以敢言著稱，但陳氏已無說話之自由，更無自由進出鐵幕之自由，陳氏內心之不滿，中共使之無從外洩，於是，陳嘉庚便和梅蘭芳一樣被中共囚在大陸作對外的宣傳工具和統戰工具。在如此情況下，梅陳兩氏原本認定死比活更快樂的。

印藏邊境仍多糾紛

中共與印度邊境，目前仍有很多糾紛。當然，這些糾紛都是隨着中共與印度的基本矛盾而發生的。

據新德里八月十日路透社電：「今日此間官方人士稱：印度已向中共提出抗議，謂反對最近中共飛機侵入印度領空五次。侵犯事件在本年三月內至六月之間。最後一次係在六月三日。當時飛機飛往烏魯普拉德殊省之卡班尼上空，離西藏邊境約七英里」。

又據新德里八月十日法新社電：「尼赫魯今日告參議會稱：截至今年六月底止，進入西藏之難民三萬三千人，其中有若干懷疑是中共間諜。尼赫魯稱：政府曾調查少數西藏難民，其難民身份不能建立，懷疑是中共間諜。尼氏向議會保証，已採取充分措施，并將繼續對付此等案件」。

我們覺得印度能對眞正的難民與中共間諜加以區分，那是極好的事，事實上，在韓戰時中共戰俘未個別選擇自由前，就確有共諜滲雜在內，西藏難民的情形當亦如此，不過不可因此影响眞正難民。

共諜之主要目的恐在企圖行刺達賴及擾亂眞正難民兩點上，這是值得留意的。

僑鄉簡訊

鍾之奇

廣東各地共有一千二百台拖拉機

拖拉機是蘇聯最愛吹噓的農業設備，對此，中共亦往往吹噓之。其實，美國的許多私人農場不但早已機械化，拖拉機並不算什麼，因為許多美國農民今天早已有了飛機和汽車，但中共却厚顏吹噓之。

據新華社廣州八月七日電：「廣東各地已修理好的拖拉機，在夏耕中發揮作用。到七月中旬止，全省已有一千二百多台（混合台）拖拉機在田裏進行機耕作業。這些拖拉機担負了一百八十五萬畝稻田的夏耕任務，效能相當於五千三百多個勞動力，四萬頭耕牛」云。

由此可知中共拖拉機數字之少，少得來太可憐，中共大吹特吹之餘，廣東全省拖拉機的工作能力却只等於五千三百多個人力而已，中共偽政權建立業已十二年，所謂農業機械化，却不過化了五千三百多人的勞動力而已，那末，照此速度下去，一百年之後，廣東全省也不可能全用拖拉機的。

廣東各地拖拉機均破敗不堪

何況，廣東全省這一千二百多台拖拉機均屬破敗不堪早已損壞呢？

據中共新華社八月七日同一電訊說：為了修理這些破敗不堪的拖拉機，「廣東省農業機械系統的三十三家重點專業修配廠有關單位，早在夏耕以前就安排力量，趕製出大量拖拉機配件和機引農具。到七月中旬為止，全省共供應拖拉機配件三十多萬件，機引農具五百五十二台，機引農具配件五萬多件」。統計新華社上述數字，為了修復這已破敗不堪的一千二百多台拖拉機，全省共供應了拖拉機配件三十多萬件及機引農具配件五萬多件，可知為了修復這已破敗不堪的一千三百多台拖拉機，全省實已供應了四十萬件左右的配件，換言之，即每台拖拉機，均已供應了三百多件配件，然後才勉强修復使用，那末，事情很明顯，這些五癆七傷的拖拉機是今年勉强修復的，必不耐用，明年的破敗程度，則將更甚了。

湛江專區擴種秋花生

秋花生是一種油料作物，這種油料作物在今日大陸的貧窮情況下，已顯得越來越需要，所以，中共目前便設法擴種它。

據中共人民日報廣州八月五日電：「廣東湛江專區採取各項措施，擴種秋花生，到七月三十日止，全區已種七萬五千四百畝，超過了原定的種植計劃。今年湛江專區為了進一步發展油料作物，多方鼓勵有條件種植花生的地區因地制宜地擴大種植。電白縣各公社認眞貫澈執行了國家對油料生產的各項政策，同時鼓勵生產隊在保証完成包產任務的前提下，進行擴種，社員開荒擴種的秋花生也規定歸社員自己支配，使生產隊和社員種植秋花生的積極性大大提高」。

讀上述新聞，人民日報一再用「多方鼓勵」四個字，可知湛江人民對生產早已不熱心，早已普遍呈現消極怠工態度，所以，中共鞭策之餘，才又「多方鼓勵」之。但猶恐人民不感興趣，乃又施以「社員開荒擴種的秋花生也歸社員自己支配」。但中共却規定人民先要完成包產，然後開荒所得才歸己有，而中共的包產數字又照例是高得來使人民無法完成的，所以，包產的數字既無法完成，又如何能有時間有勞力有肥料有地區去私自開荒呢？所以這又都不過是中共的騙人把戲而已。

福建北部各縣加强晚稻管理

由於人民普遍反共，所以，對於農業生產物的管理，農民也完全不熱心，中共現已知道這將影响收成，所以，閩北各縣共幹對轄區晚稻已定下四定制，强迫人民負管理責任。

據八月六日人民日報載：閩北各縣各人民公社，「本着一種就管的精神，立即加强田間管理。尤溪縣梅仙人民公社雙蕉大隊各生產隊組織遠耕組，上山安營扎寨，實行定人、定壠、定質量、定工分的責任制」云。

寮局重燃戰火

萬清

沉寂一個多月的寮國各戰線，由於寮共軍的突然進攻沙拉旺而呈現全面的緊張。目前戰爭雖還沒有大規模或全面的發動，但因為政治氣氛的沉悶，和談協議的沒有眞正進展，使到人們都發生一種沉重的預感，認為戰爭可能再度爆發。

三項談判

寮局的政治談判，十四國國際會議在日內瓦舉行，雙方代表則在納門村斷續接觸，至於「三王會議」，可以說是沒有固定的會議地點，但却以「三王會議」為最重要。

日內瓦會議雖是一個「宣傳講台」，發言抨擊對方多，積極建議少，因之進展遲緩，但不能說絕對沒有成就，如原則上的撤退在寮外軍及不設基地（除了早期法、寮所協定者外），便是重要的一點。這一協議的達成，是美國實踐甘迺廸總統願讓寮國中立的諾言，一項較具體的確定。共產集團方面對此是多少感到滿意的；即使他們對於如何查察撤退外軍的技術問題，還在進行阻撓。

可是日內瓦會議的協議雖有助於寮局的鬆弛，却並不能解決當前寮國的問題。如不設基地，是今後不予設立，並非現在已設，及把已設的立時實行撤廢。以「外國軍隊」來說，親西方方面只有美顧問團，人數不多。共方所指責的所謂「泰軍入寮」，實際並無其事。至於在緬甸被迫退入寮國的中國反共游擊隊，如果寮局澄清，他們的撤退也將是必然的，不致有多大的困難。倒是共黨方面，北越軍與巴特寮軍事實上幾乎混在一起，要認眞查點清楚絕不容易。不過當前問題的焦點，也並不在此。

納門村談判自開始便是停火談判，其後更變為低級談判，因為雙方都沒有派出高級的代表團。這一會議，簡直可以說對寮局沒有什麼影響。最重要的一項會議，當然是「三王會議」了。

三王會議

彭庵、富馬、蘇發弩馮都是親王，代表了右翼，親左的中立，左翼三方面，當他們三人在蘇黎世會議時，曾經給予日內瓦會議以一種希望，即是如果他們對於寮國國內問題能够獲得協議的話，則在原則上確定讓寮國中立的國際會議，問題便會簡單了許多。否則的話，儘管國際上達成許多協議，仍然不能解決寮國對立的事態。因為規定了不干涉內政的原則，如政府形式，軍隊改編等極重要事項，都是內政範圍，十四國絕不能越俎代庖。

彭庵親王和諾沙旺將軍的率領龐大代表團前赴金邊，便是希望能够在那裏召開三王會議，或者說，在那裏打穩了三王會議的基礎。他們的計劃，是全部寄托在富馬身上的，雖然富馬標榜中立而實際親共，永珍方面不大願意讓富馬全權領導，恐怕他受共方所左右，不利於寮國。但如果由右翼推出領導人物，却絕不為共方所接受。所以彭庵、諾沙旺所携去金邊的方案，有進一步或退一步的兩個方案，採取機動的應付。

比較合於永珍理想的方案，便是寮王自兼總理，而由富馬任副總理，由寮王掌握行政的實權，右翼方面就可放心。寮王有他固定的權威，加上行政實權和他本人的手腕，可望能够收拾殘局，使全國逐漸穩定。但如果上述方案不克實現，必須讓富馬出任總理的話，則對於聯合政府中的組成成份，就必須大傷腦筋，也即右翼對於各部長人選的分配，必須有較多及較重要的部門能加控制，方才可以防止富馬過份受共方的影響。

基本爭持

富馬原來是表示他可以代表「中立」及左翼的，名義上，他也是川壙政權的總理。可是金邊會談的結果，富馬對於右翼方面許予蘇發弩馮以一個不重要部長（如衛生部）的條件，却不能負責承諾，同時，他更以「三分天下」的原則，代左翼要求在聯合政府中三份之一的席位，假若如此，再加上中立的三份之一，那麼，川壙政權在新政府中的比重，就是「三分天下有其二」了。

在金邊談判的期間，川壙方面不斷抨擊永珍的方案，更抨擊為實現此一方案的修憲案，按修憲案的主旨，即在使國王在必要時可以自兼總理，或委派總理的同時，一併派定其他的閣員，不必由總理提名由國王加委。

授權國王的緊急修憲案，於八月的國民議會中並沒有提出通過。如果有提出，是可以通過的。但鑒於川壙的態度不明，恐怕太早通過，反成僵局，所以暫予保留，等待富馬回川壙後的消息。但在這個時候，寮共軍已進攻沙拉旺了。究竟寮共是以軍事威脅談判？抑是配合共產國際在東南亞點火的大行動？目前還未能判斷。

·永珍通訊·

南越實施新防衛計劃

阮氏珍

吳廷琰自獲得甘迺廸的加强支持後，在美國的援助下，刻已實施新的防衛計劃了。

據南越當局所傳出的消息：美國的特種部隊是由國務院的一名職業官員所主持；這官員名叫柯特里爾，現年四十七歲，他是曾經在東南亞腳踏實地幹過一番軍事工作的堅强、傑出人物，向來主張運用强硬的、非正式的方法來遏止共黨力量的擴張，曾與國防部游擊戰專家朗斯達作過相當密切的合作，表現出他的超卓手腕。

在該計劃下，新式的武器，將儘量供應給「自衛團」，替代了他們疇昔所使用的舊式步槍；由後備警察改編的「民防隊」，也予以擴充，實力增加了一倍；並由這兩項步隊接管了固定防衛軍的工作，替代了許多正規陸軍的人力。而正規陸軍的人數，也由十五萬擴充到十七萬，並加强叢林戰的訓練，使他們用「以毒攻毒」的方法來對付「越抗軍」，全面阻遏「越抗軍」在叢林地帶的活動。

援越的美國軍事顧問，刻已指導着當地的將領，運用新的流動性突擊戰術；目前已訓練了六千五百名新成立的游擊隊，專門用來對付共黨的游擊隊。在南塘地區，八個新近組成的「突擊連」，刻已學習着新技術，爬山越嶺，在滑車上跳來跳去，無聲無息地在叢林裏走動；「射擊手」的成就，也已成為個別射殺敵人的能手。「胡志明小路」，現在已被打通，成為來往通路，不再是「神秘地帶」了。

「心理戰術」是新計劃之一，目前南越軍隊，包括自衛團，民防隊，都已接受了這項「心理戰術」的嚴格訓練，並使他們都徹底認識清楚，軍事上的行為不檢，足以招致農民對政府的不滿；愛護人民，才可以獲得羣衆的擁戴；一定要有了羣衆力量的協助，始能順利制敵。

同時，又加强了各個村落和軍事總部（西貢）的聯繫，在各個村落中，都配備了無線電機，以便村民得以經常和軍事總部聯絡，當共黨游擊隊來攻時，他們也可以迅速地向總部報告求援。管理無線電通訊站的是南越政府的青年團，他們將被組成一個情報網。

「農民徙置」也繼續在新計劃下施行；目前更籌備着在十二個月內，至少要再建立一百個適合農民家庭居住和作業的「發展區」，使前線的農民得以徙移到安全地方來。

新防衛計劃是軍事和政治並行的，因此，南越的行政官員，也是在訓練中，目的是使他們都能獨立行使職權，在各個行政單位上，發揮政治的效率。

在新防衛計劃實施了後，整個南越局面，相信在短期內快可換上一個新面目了。

矛盾重重

·華鎮平·

中共最近已公開承認：黨員內部，已出現了嚴重的矛盾；農、工、商業政策，其矛盾現象，也達到了尖端。

據共方指出：前者是由於黨員們滋生了官僚主義和主觀作風；各級幹部對奉行黨的政策提不起勁，因而犯上了因循苟安的毛病，再則擺架子，鬧官腔，每當開會討論解決某一問題時，都祇循例作一般性的號召，泛泛的討論一下就作了，而對黨所規定的原則，不但不遵守，甚至背道而馳，於是內部的矛盾，愈益加重。後者則由於各行各業中，壓根兒就失掉了聯繫，各行業的本身，也是「各自為政」的胡幹瞎搞，於是手工業中的織工、木工、竹工等，各有各的矛盾；畜牧業中的耕畜、飼養、和養猪養牛等，也都發生了互相矛盾的問題；至於商業，更像是孤立似的而和農、工業脫節，種下了失敗的遠因。

最近的中共「人民日報」曾對上述的矛盾加以嚴厲的抨擊，並認為：要解決這些矛盾，對黨員必須施行「再改造」；對農、工、商業，必須訂出一個共同的有系統的辦法，予以徹底改善。此外，「國家」，「集體」，和「個人」，三者之間也是出現着矛盾的，這些矛盾，也必須從速妥為解決；若仍糊裏糊塗的搞下去，必更弄至一團糟。

——從上述的情形看來，我們大可以替中共下一個結論：共產主義根本就是矛盾重重！

僑鄉近訊

粵省實施「政治到食堂」

·江水·

中共最近又把「政治到食堂」的口號叫得震天價响。粵省的共幹下放政策，刻已配合了上述的口號，經有一部份共幹，被下放到各公社或工廠、礦場的伙食房。據說：這項「政治到食堂」措施，其目的係純然為求解決存在於各食堂間的種種複雜問題，及消除人民與共幹間所發生的矛盾。共方並指出：由於「政府」實施糧食節約政策，而大多數人民對此政策尚未徹底了解，因而經常引起誤會，不斷與管理食堂的職員發生衝突，甚至釀成流血事件；此種現象，目前已有普遍性和擴大性的趨向，故不能不要派出幹部，把「政治」帶進食堂，以期將這種惡劣的現象撲滅。又：省內部份農村，由七月份起已實行「糧食到戶」辦法；將社員的口糧，給他們回家裏去自己煮吃，藉此減輕農民對公社的不滿情緒。但這個辦法實行後，農民的炊具和燃料便又立刻發生了困難：「自由市場」的炊具，馬上漲價，中型飯鍋，每具竟售至人民幣十四五元；窮苦的農民，祇得聯合三四家人共同購買而輪班使用。農民都憤懣地說：這就是毛主席給我們的「恩情」！

贛粵公社多陷癱瘓狀態

贛省大部份地區的「人民公社」，刻已陷入癱瘓狀態中了。該省的「省委書記」，最近對此情況也表示承認，並公開指出：有關人民公社日趨癱瘓的主要原因，是由於幹部的能力太差，在工作方法和作風，都有了嚴重的錯誤。他還認為：要糾正錯誤，非徹底加以整肅不可！又：廣東的「汕頭專區」，刻已展開了「整風整社」運動，並由各級「黨委」舉辦短期訓練班，分別輪訓在各公社工作的基層幹部和黨員。粵共認為：這項措施，是挽救各地公社癱瘓的重要手段之一；各地公社的幹部，應於最近短期內，輪流調訓一次。據共方所宣佈的計劃，在今年第三季至第四季內，僅汕頭一區，需要調訓的幹部，共達四萬餘人。在這「整風整社」運動中，相信又將有盈千累萬共幹被「開刀」了！

晚娘

宣建人

張金福的小名叫小虎子。我們是光着頭長大的改不過口來，仍然叫他小虎子，就如他叫我冬齡子，而不叫我吳長春一樣。他家住在後街上，跟我們是老鄰居。我們幾乎一天到晚在一塊：豎蜻蜓、打馬乂、捉迷藏……再就是同書房（私塾）讀書。他讀完了「論語」讀「孟子」，我讀「左傳」。我們都是年齡較大的學生，先生教我們對對字，但是小虎子的對字都很出色。他的課本上常有先生圈的硃紅雙圈，最惹眼。我們心裏都有點氣憤、嫉妬，私下說先生偏心。我們課本上偶爾也有一兩次雙圈，雖然很開心，但不能和小虎子相比。他究竟好在那裏，我們不知道。先生說好就好吧，反正也沒有獎賞的。

不過，我們背地裏常開小虎子玩笑。

「小虎子，先生喜歡你，要把女兒嫁給你做堂客呢！」

趙德斌，小狗子……他們跟我幫腔，好像証人一般。

小虎子瘦尖的臉上紅通通的：「你們胡說，明天稟先生去！」他一個人敵不過我們幾個人，說了，扭頭就跑：「不和你們頑了。」

「你敢！小虎子！」趙德斌把胸脯一撲，威嚇他。看他像一條夾着尾巴奔跑的狗，「哈哈哈」的笑開了。

小虎子總有些縮頭縮腦的，畏怯怯，十三歲了，怎麼還是這樣？我姆媽總是說我：「你今年十三歲了，再過兩年成丁了！」成丁，就是大人了。

小虎子面黃肌瘦的，萎靡的沒有一點精神，好像有暗病，或是三天沒有吃飽飯，一對眼睛無光彩。他和我同年的，個子沒有我高。我從沒有看過他穿新衣服，倒常看見他娘打他，打的好兇。

我姆媽說小虎子可憐，沒有親娘的孩子好苦。我最不解的：我叫母親「姆媽」，他叫母親「娘」。我問過姆媽。她說：「小虎子的姆媽死了好幾年了。這個娘是他的晚娘，他不是他娘生的。」

小虎子常來我家頑，碰到好菜的時候，我姆媽就悄悄的留他吃頓飯，還不敢講。不然，他娘就要打他的嘴子罵他：「小鬼，你嘴饞，我沒有給飯你吃！」他娘不但不領情，還要牽扯的罵人家。

以後，沒有人家敢留小虎子吃飯了。

小虎子娘那副兇惡相：畧圓的臉、高顴骨、一對大眼睛、大嘴巴、嗄喉嚨，說話不乾不淨的，粗手笨脚，身體又高又大，二十七八歲。她抓住小虎子打的時候，好像老鷹捉小鷄一般。

我嚇的不敢看。

最初，小虎子娘待他還好。自從小虎子添了弟弟，就給他帶來了壞兆頭，他娘不時的用巴掌、掃帚、木板打得他哭哭啼啼的。碰到他娘氣頭上，抓住什麼東西就打，不問輕重死活。

小虎子爹爲兒子也和塡房老婆吵過嘴、打過架，鬧得天亂人怨，那晚娘依舊不改變性格，祇有嘆息：「家門不幸——」

小虎子有了這個兇晚娘，皮肉遭殃。但小虎子娘還要向鄰居們訴苦呢：

「人家却說我帶小虎子偏心。我把心剜出來給他，誰知道？劉嫂子，你說。難怪人家都說晚娘難做，待他一千椿好，沒有人說；有一椿壞的，馬上傳遍一條街！」

「是啊，晚娘心難做！」劉嫂子心裏有話不敢說，說深說淺都不好，祇好順着她講。

「啊呀，阿彌陀佛！你說良心話！」

小虎子等如是娘的眼中釘，非拔不可。

小虎子和我們頑得正開心的時候，祇要他娘的喉嚨一響：「小虎子！」他的魂就散了，趕緊跑回來，像取彩金一樣。

我們家鄉落雪天最冷了，屋簷口掛了尺把長的冰錐子。這時，可憐的小虎子身上還穿着破夾袍子，脚上套一雙破草窩子，耳朶上、手背上、脚後跟上都害了凍瘡，疼得要命。也冷得他縮着頸項打抖。

他娘心好狠，還要他每天淘米、洗菜、掃地、抱弟弟……。抱弟弟這差使最難做的。

小虎子娘喜歡打麻將，手氣好贏了錢，小虎子稍微安穩一點，遇到他娘輸了錢，就是小虎子倒霉的日子，找他却頭；對也不好，不對更糟。於是，鷄毛掃帚在他頭上抽，打得小虎子在地上滾，一下一條血痕。他老子也不敢拉一拉。實在看得心裏痛，阻擋一下。他娘鬧開了：「你們父子兩人齊心要把我折磨死，好，我不活了，讓你們——」她摜東西，搥桌子，一不做二不休的。

小虎子爹祇好讓步，心裏難過，埋怨自己錯娶她。

他爹本想把兒子送到他舅舅家去養，免得家不和。跟女人商量商量：「我想把小虎子送到他舅舅家去養，你也免得和他淘氣，他舅舅家也不多他一個人。好嗎？你今晚把他的東西收拾收拾，明天他舅舅來帶他去。」

你猜怎樣？那女人先冷笑笑（使得做丈夫的渾身發麻），把頭點點：

「你盡想這壞心思抗我。好呀，我的名譽壞透了！都是你糟蹋的！你要把兒子送到舅舅家去養。好，你先把我退掉（離婚）好了！」

丈夫束手無策，急得跺脚。

「吵什麼呢，不去好了！我是好心啊！」

「我看過了，小虎子病死了，要我償命！好吧，我讓你們！」他娘哇的哭了。

小虎子爹沒主意，倒過來賠不是，勸她，好話說了幾籮筐，總算止了她的哭。

小虎子在旁邊楞得直發抖。

這樣，他爹就左想右想才想出來一個好辦法，把他送去當學徒。那麼，家裏可以清靜了。他像是家裏多餘的一個東西。

那晚，小虎子爹和藹的對兒子說：「小虎子，你今年十三歲了，我看你學個雜貨生意吧。行行出狀元。」他爹最先好像抱極大的希望，望子成龍。現在，看看他實在不能夠，再在家裏住下去了，改變主意。

跳動的豆油燈光照射在父子兩人的臉上，紅紅的。

小虎子不作聲，一雙眼睛滑碌碌的，對他爹臉上直轉，好像有許多話蹩在肚裏不敢講。他爹是明白的，心裏難過。

「三年學徒很苦的，掃地抹櫃台，起早睡晚……向先生們討教要嘴甜。……」

小虎子眼淚汪汪的點頭答應了。

「你看，董家現在有田有地有房產，還不是做生意賺來的。」

他爹又舉了一個實例，說。

「哼，他還不是『販逃子』啊！」他娘插了一句嘴，鄙屑的看小虎子一眼，意思是說：你還不是一個不成器的東西。

「孩子，你要不吃饅頭爭口氣！」他爹眼淚落到嘴角上：「你媽死的……」他爹馬上想到他娘會多心的，趕快改口：「免得你娘操心。」

「爹，……」

小虎子哭了。

「孩子，好好的學生意。」他爹看妻子走到後院子裏去了，悄悄的說：「你等在家裏，神呀，人呀，鬼呀，都不得安穩。乖，小虎子。」

小虎子沒有讀完「孟子」，就到聚財雜貨店去做學徒。他人小巧和櫃台一般高，如若不留意看，他就活像一根支着櫃台的柱子。

學徒是很苦的，但小虎子反而比在家好得多，至少，少挨他娘打罵的生活，他用心的學。我想，小虎子一定會學得好的。

我很記掛小虎子，每次走過聚財雜貨店門口，總要去看看他。他和我打招呼，臉上漾開一個微笑，從他心底泛上來的，好像人生的春天正籠罩他，他將創造幸福的明天。

可是，我少了一個頑耍的伙伴。

我爲他祝福。

廢兒

黃楠

臥室裏一片寂靜——寂靜得有些可怕，像一個經過肉搏的戰場，軍隊遠去了，遺留下的只是殘缺不全的屍體，和炮火的灰燼，而沒有一些聲息。

室內又是一片慘白！那雪白的牆壁，雪白的桌布，雪白的蚊帳，再加雪白的床單……原來是一個純潔安詳的環境，心目中，却有一種反常的感覺，那一種景象似乎代表着悽涼與絕望！這一切的佈置，豈不是像醫院的太平間，像殯儀舘的陳屍室……

室內的床上，躺着一個病人——黃太太，今年已是五十開外了，她獨自靜靜地躺在病床上，眼前的一切，使她衰老的心靈上，產生了寂寞與恐怖的感覺。

她用力地喊了一聲，那聲音嘶啞而微弱！「喂……有人嗎？……」這時，她想招呼一個人，不管那個人都好，只要進來同自己談談，排遣這一個寂寞的時光，消除那一種恐怖的氣氛……

但是叫了好幾聲，依然沒有人答腔，她心中不禁感到有些懊惱，她閉上眼，「唉」的一聲，長長的嘆了一口氣。

接着，她開始安慰自己，她內心裏對自己說：「這是不能怪他們的，年輕人都有他們自己的事，老大老三上學去了，當然不會在家的，下女阿萊大概又到隔壁林家玩去了，老二呢？唉，他不懂事，當然也不能怪他的……」想着想着，她又嘆了一口氣。

黃太太的丈夫在十年之前死去了，現在家中有五個人，除她自己外，大女兒麗麗，在附近一個中學裏讀書，今年高二。老三明剛，今年初三，同他姊姊一起讀書。阿萊嗎，眞是一個野丫頭，除了替家裏洗衣燒飯外，成天在外邊亂跑亂玩。至於老二，雖然也有十六七歲了，却是一個白痴，黃老太太從小就不喜歡他，他的奶名叫費兒，就是因爲他白痴的緣故，所以大家都叫他廢兒，反正他不知道這些名詞的意義，人家叫他廢兒，他也就嘿嘿，嘻嘻地傻笑個不停，黃太太看見他這個樣子就討厭，因爲廢兒是她一生中的累贅。

黃太太害的是心臟病算起來有十幾年了吧。這一次又是老病發作了，在床上躺了一個多月，在寂寞的當兒，她就會胡思亂想，想來想去，她總是想到廢兒身上，想到廢兒，她總是感到有些討厭，但又不禁有些哀愁，她知道自己的病是不可能復原的了，萬一自己撒手西歸，老大老三都可以有個交代，但是廢兒應該怎麼辦呢？

現在，她的思潮又集中在廢兒身上，她想來想去，除了廢兒仍有些討厭之外，如今更泛起了一些憐憫。

（上）

金釵記（八）

黎明

第九場：

景：顧家東廂，桌椅床帳，陳設清雅。

時：初秋三更，月色甚好。

人：梁尚賓、顧秀娘、春梅。

（梁尚賓獨對孤燈，坐立不安）

梁尚賓：這叫我怎生睡得着啊！

（唱）

夜深深，明月照紗窗；
心搖搖，魂夢繞畫堂。
自從我，見了那嬌模樣；
暗思量，怎能彀，傍她一傍？
倘若是，眞能彀，傍她一傍；
也不枉，到人間，走這一趟。

（自言自語，百無聊奈）這叫我怎生睡得着啊！

（春梅扶秀娘上）

顧秀娘：（唱）萬籟無聲秋夜長，月明如水浸東廂。
哎呀母親呀！
我本是冰清玉潔金閨女，
倒做了夤夜偷踰宋玉牆！

春梅：小姐！您且少等，待我叫門。（拍門介）開門來！

梁尚賓：外面何人叫門？

春梅：我家小姐來了。

梁尚賓：（起身，自語介）「小姐來了？」那有這等事？莫非我在做夢不成!?啊、是了；我是在做夢啊！（說完頹然而坐。）

春梅：（再拍門）開門來！

梁尚賓：吓！眞是有人拍門；待我開門來。——吓、是你……。

春梅：噓！（連忙制止他發言）休要聲張，我家小姐來了。——小姐請進！

（秀娘携銀両首飾包入，春梅順手把門帶上；下。）

梁尚賓：不知小姐駕到，未曾遠迎，當面恕罪！（說罷一揖。）

顧秀娘：魯郎少禮！（回禮）這有紋銀百両，首飾一包，乃母親相贈之物。就煩魯郎點過；明天回去，趕辦六禮。（說罷，交給尚賓，尚賓接介。）

梁尚賓：多謝小姐！鄙人遵辦就是。（將包放過一邊。）

顧秀娘：魯郎呀！（唱）

我父由來性情剛，
你我的親事他不主張；
多虧老母恩義重，
贈金助聘做周方。
魯郎明日回家去，
趕辦六禮來催妝。
倘若不把六禮辦，
難回老父狠心腸。
倘若辦了六禮——父不允，
那便是，他棒打鴛鴦各一方！

梁尚賓：小姐呀！（唱）

多謝岳母恩義廣，
救出一對苦鴛鴦。
恨只恨，我父官清貧到骨，
撇下我，只有才學沒米糧；
恨只恨，我父母雙亡少兄弟，
撇下我，只會吃飯、拉屎、寫文章。
倘若是、郎有情來姐有意，
織女終要配牛郎。
倘若是，收了六禮不放人，
岳父大人臉無光。
倘若是、我空有才學沒有你，
萬世也難爭個狀元郎。

（秀娘感泣介）

小姐但把寬心放，
莫因往事斷柔腸；
你看今夜花好月圓無人賞，

（上前假殷勤給秀娘拭淚，秀娘半推半就介。）

我爲你拭去珠淚一行行。

顧秀娘：魯郎！方才奴家的話，千萬在心！倘若事有中變，奴家唯有一死明志，誓不相負！天色不早，魯郎安歇了吧；奴家要告辭了。

梁尚賓：（連忙攔住，順便把門門了）小姐何必去心忒急？鄙人還有話兒相商。

顧秀娘：（羞澀不勝）魯郎有話快說，外面耳目甚多。

梁尚賓：小姐呀！（唱）

你見我面不尋常，
這刻骨相思實難當！
今夜晚，你不把我的願來償，
說不定，我明朝，就要見那閻羅王。
我和你，顚鸞倒鳳在紅羅帳。
學一個，天上織女會牛郎；
巫山神女會襄王。

（急向前抱持）

顧秀娘：（掙扎介）魯郎！使不得！使不得！

梁尚賓：（吹燈介）（唱）

門外既然耳目廣，
小姐你，千萬逆來順受莫聲張！

（室內漆黑，但聞其聲，不見其人。）

辛亥革命史談（一七）

舜生

三・同盟會成立經過及其活動

在光緒三十三這一年的潮州黃崗之役（四月中旬），惠州之役（四五月之交），欽廉防城之役（七八月之交），鎭南關之役（十及十一月之交），以及次年的河口之役（三四月之交），儘管起事的時間非常接近，起事後的舉動也有聲有色，可是事前談不上周密的計劃，餉械及官軍方面的響應也毫無把握，加上對手方的人物如廣東方面的李準，廣西方面的陸榮廷，其軍隊都相當能戰，因此一一歸於失敗，而且弄得南洋一帶幾乎使革命黨不能立足。

領導潮州黃崗這一役的爲余丑、陳湧波等，曾一度佔領黃崗，成立軍政府，可是在洋洲一度與官軍接觸，卽告失敗，實以軍械過於窳劣，射擊力遠不及清兵。加上他們知道李準率精兵兩千已抵汕頭，衆寡顯然不敵，乃不得已於四月十六日宣告解散，其距四月十一在黃崗發難，爲時不及一星期也。

惠州七女湖之役，是鄧子瑜奉中山之命發動的，原意欲與黃崗同時並舉，使官軍無法兼顧。初起時聲勢頗盛，曾擊敗官軍管帶洪兆麟、李聲振各部，但不幸黃崗義師，僅能曇花一現，李準汕頭之兵卽奉命壓迫惠州，革命軍先後與官軍鏖戰十天以上，仍歸失敗，乃於五月初三宣佈解散。

這個時候，中山偕胡漢民等住在安南的河內，他理想上的革命藍圖，總希望在兩廣或雲南邊境，能確立一個革命根據地；因此在潮州惠州失敗以後，他又着眼於欽廉。先是三十三年的四月，因欽廉兩府的糖稅太重，人民羣起反對，並推舉紳耆數十人向兩府陳情，結果爲府吏所拘禁。於是人民大憤，聚衆抗捐罷市，自動組織鄉團，由紳士劉思裕率領，衝入城內，釋放獄囚，形同暴動。粵督周馥聞訊，立派統領郭人漳，新軍標統趙聲分別共率二千人；又電廣西提督丁槐調撥衡軍兩營，綏遠軍一營，前往鎭壓。中山以趙聲本爲革命黨人，郭人漳（葆生，湖南湘潭）與黃興有舊，乃派胡毅生與黃興，分別往說趙、郭，希望他們能發動革命；並派人與劉思裕等接洽，希望他們與革命軍採一致行動，可是郭人漳並沒有革命的決心，接洽也沒有十分妥貼，而鄉團的實力又極端有限；經郭派林虎率一營進攻，鄉團卽告潰敗，劉思裕死於亂軍；欽州的『三那』（那添、那彭、那黎）向稱富裕，清吏指爲匪巢，也爲官兵所毀，這是欽廉一役的前段。

到了本年的七月，中山乃正式派王和順起義於欽州的王光山。時郭人漳駐欽州，趙聲駐廉州，由胡毅生介紹王和順與趙聲見面，談甚洽；『三那』的地方人士梁建葵、梁少廷在各鄉組織革命軍，有槍數百枝；劉思裕的姪子劉顯明，也率數百人來會；而黃興及譚人鳳等，則尚留郭營，謀相機策應，聲勢可謂浩大；原擬逕攻南寧，但運動南寧清軍未能得手。時中山已委托萱野長知前往日本購械，可是要等到日械運到欽州，頗需時日，而駐紮防城的衡軍，則已有一部分經接洽願意反正，和順認爲機不可失，乃決定變更計劃，先取防城，請命於中山，中山也以爲然，於是王和順乃於七月二十四日，以三百人舉義於欽州之王光山。二十七日一舉攻下防城，衡軍如約反正，軍勢大振；民心甚爲悅服，鄉民携械從軍者，多至萬餘人，本擬長驅直入，而運械事被破壞終不能到。和順迫不得已，乃轉迫欽州，希望郭人漳響應。郭不僅藉口欽城有備不動，和順退轉靈山，郭且派一營尾隨，同時更派兵將防城攻陷。和順攻靈山不克，退入廉州境，希望趙聲響應，趙以郭不動，也就不敢單獨動了。於是和順退到獅子山，與其他清軍兩營遭遇，激戰一晝夜，已疲乏不堪，乃托詞向中山請示，率二十餘人轉入安南。餘衆退回『三那』，卽宣告解散，僅梁建葵率精銳數百人退入十萬大山，於是欽廉防城這一役，又歸失敗。

（未完）

本刊已經香港政府登記

聯合評論 週刊

每逢星期五出版

United Voice Weekly
第一五六號
督印人：黃宇人　總編輯：左仲平
社址九龍赫德道二十三號地下　電話68678
承印嘉羅印刷有限公司香港灣仔馬師道5號
總代理：友聯發行公司　售價每份港幣一毫
本報美洲版總經售處美國紐約中美出版社
CHINESE - AMERICAN PRESS, INC.
199 CANAL STREET.,
NEW YORK13 N.Y. U.S.A.
美洲航空版每份零售美金一角

從毛澤東的戰畧思想看中共對日本的挑戰

劉裕畧

不管毛澤東將來如何失敗，不管中共政權何時崩潰，不管毛澤東戰畧思想是否完全正確，也不管它是否眞正適用於今後的共軍，但在今天，一個無可否認的事實，乃是毛澤東的戰畧思想正在指導和支配中共的一切。僅僅爲了這一個理由，我就覺得反共人士對毛澤東的戰畧思想有仔細留意的必要。因爲只有這樣，我們才能眞正了解敵情，也才眞有可能針對敵人行動的軌迹製訂出打擊中共的有效方案來。孫子兵法說：「故知兵者，動而不迷，舉而不窮。故曰知彼知己，勝乃不殆」。又說：「故明君賢將，所以動而勝人，成功出於衆者，先知也，先知者，不可取於鬼神，不可象於事，不可驗於度，必取於人，知敵之情者也」，也就是這個意思。

毛澤東的全部戰畧思想，牽涉甚廣，自非本文所能一一道及。且其戰畧對象之情況及其本身相關連之諸條件亦時有變異，故本文所要討論的，只限於中共政權在毛澤東戰畧思想支配之下，現階段對日本所採取的攻勢而已，

當然，我在這裏所說的戰畧，乃是指廣義的戰畧意義和廣義的戰畧範疇而言。它超出於純軍事的技術範疇，而着重在政畧與戰畧的運用方面。

同時，由於篇幅所限，本文只將着重討論毛澤東戰畧思想中的下列幾點：一、量的漸變到質的突變；二、加強對方的內在矛盾；三、避免全盤劣勢，造成局部優勢；四、找尋敵人的薄弱部分，予以斷然進攻；五、把敵人拖得精疲力竭，然後再打；六、造成敵人的過失，然後乘隙進攻。因上述六點與中共現階段的對日攻勢正自密切相關。

爲了明瞭毛澤東這些戰畧思想的實際運用，不妨以共軍在毛澤東親自指揮下的一個戰例來談談。這一個戰例詳情，見於現任中共空軍司令員劉亞樓所寫的一篇文章，該文乃劉亞樓的「革命回憶錄」之一，係「中國人民解放軍三十年徵文稿」。它以「偉大的第一步」爲題，所描寫的是國軍於民國十九年十二月廿七日至民二十年一月一日第一次圍剿時，共軍如何在毛澤東的親自指揮下進行反擊的戰鬥經過。

劉亞樓的文章說：國軍「在結束軍閥混亂之後立即掉過頭來，與師十萬，分兵八路，從江西吉安、福建建寧之線，由北向南，對中共根據地發動了大規模的圍剿。對中央蘇區來說，反圍剿戰爭這是第一次；對紅軍來說，同敵人這樣大量的正規軍作戰，也是第一次。打不打？怎樣打？成了當時紅軍指戰員和蘇區羣衆熱烈討論的中心，當時曾有這樣兩種意見：一種主張仍用游擊戰的一套辦法來對付；另一種則兩眼照舊死盯着南昌、九江不放，要拿大城市。毛澤東同志認爲，這兩種意見都不是正確的。持前一種意見的人，只看到敵人的強大，而沒有看到自己的巨大變化：建立了方面軍，有了幾百萬人口的根據地；持後一種意見的人，不顧當前的客觀條件，只知進攻，不知防禦，根本無視敵強我弱的現實。究竟怎樣打呢？毛澤東同志指出，在強敵進攻的面前，不是要分散，而是要集中；不是向敵前進攻，而是先退却然後反攻」。劉亞樓敍述到這裏的時候，又引毛澤東自己所解釋的理由，說：「退却之所以必要，是因爲處在強敵的進攻面前，若不退讓一步，則必危及軍力的保存」（見毛澤東選集第一卷），毛澤東並認爲退却並不是爲了消極避戰，而是爲了「選擇和造成有利於我不利於敵的若干條件，使敵我力量對比發生變化」（見毛澤東選集第一卷）。事實上，這種退却戰畧自古就有。不過，在一般戰術上，大都認爲兵力不足，欲圖利用地形來彌補，或待後續部隊之到達，或欲形成內線作戰之利，然後才作暫時退却。但毛澤東所說的「使敵我力量對比發生變化」一語，則偏重在「由量的漸變到質的突變」那一辯證法則上，毛澤東認爲國軍總兵力有十萬，若迎而擊之，則國軍十萬兵力集結在一起，己方則顯然居於劣勢。但若己方後退，則國軍所佔的空間愈大，其兵力分散之程度亦將愈高。所謂局部優勢，即是在總兵力上，自己雖不如敵人，但敵人分兵八路，平均每路不過一萬二三千人，再讓與空間之後，則敵人兵力將隨空間之擴大而更薄弱，而自己的三萬人則集中在一處，那末，就總兵力言，三萬對十萬，誠屬劣勢，但就局部而言，此集結在一處之三萬人，却較分散後之任何一股敵人爲優。孫子兵法說：「我專爲一，敵分爲十，是以十攻其一也，則我衆而敵寡。能以衆擊寡者，則吾之所與戰者約矣！」所以，從毛澤東自己對這一戰役的指導來看，他很懂得如何從量的漸變以求質的突變，他很懂得如何造成敵人的弱點，以乘其勢，他很懂得找尋敵人弱點，以便進攻，從而達到各個擊破之目的，則是無疑的。（下轉第二版）

「柏林之圍」的看法

許子由

在蘇聯授意下，東德政權實行封鎖西柏林交通，造成了柏林之圍，目前已成爲東西鬥爭的熾烈點，世局的重心，以及和戰所繫。世界各國政治家的看法，大多數認爲柏林問題不致引起世界大戰，可是同時也沒有任何人敢於確認柏林糾紛決不致引起世界大戰。世界的輿論的觀測，一般認爲柏林之圍的前途，可能仍然走的是談判之路，但是對於談判的能否解決柏林問題，也沒有任何人敢於寄予肯定的信心。說將起來，這是絕對的矛盾，然而事實上確是到處出現矛盾的現象，包括東西陣營各自內部的情勢。也許東西兩陣營各自能够自我控制，避免大戰的衝突。也許大戰的必然爆發，超出了東西兩陣營力量所能控制以外。無論如何，「東西對立」是造成世界分裂的當代致命傷，德國和柏林的分裂，却是世界分裂的最危險典型。能不能够渡過這個危險的關頭？是東西兩陣營所共同面臨的考驗，也是歷史給予人類共同的考驗。

誰在「求戰」？

當這「戰神陰影籠罩」的時候，如果提出一個問題詢問：「誰要戰爭？」答案應該是：「赫魯曉夫」。赫魯曉夫說：西方如要在柏林求取戰爭，他們將得到它（戰爭）。又說：如果西方試圖以空運應付柏林封鎖，那些飛機將被擊落。赫魯曉夫又說：蘇聯能以十至十二個氫氣彈毀滅英國，毀滅西德及意大利。「這場核子戰爭將會毀滅二億人，（他）不相信西方會爲了西柏林二百萬人而犧牲二億人的生命」。

可是溯本尋源，是赫魯曉夫提出與東德訂約而引起柏林問題的緊張，是赫魯曉夫正式支持東德掀起柏林之圍的駭浪。然則，並不是「西方要在柏林求戰」，而是赫魯曉夫試圖在柏林求戰。照赫魯曉夫的說法，便是倘若西方不以二百萬人的柏林慷慨見讓，他便不惜從事犧牲二億人的大戰。

赫魯曉夫眞個要爲柏林而戰嗎？

「不相信」論

赫魯曉夫的自言獨語，究竟充滿了矛盾。

如果說西方應爲犧牲二億人的戒懼而在柏林遲疑，那麼難道赫魯曉夫就不應爲犧牲二億人而在柏林問題上有所遲疑？退一步說，如果赫魯曉夫犧牲了二億人而保証能够得到柏林他將絕不遲疑，但最少他應對於犧牲二億人而不能保証得够柏林表示遲疑。而在事實上的可能性是：核子戰爭確乎首先要犧牲二億人，（這二億人可能東西各半，或四六或六四之比——因爲目前雙方的軍力大致上勢均力敵）。但在核子戰爭之後，誰能得到柏林？却在不可知之數。

那麼，赫魯曉夫實在並沒有把握。他的「把握」，只是在「不相信西方會爲二百萬柏林人而犧牲二億西方人」的「不相信」上面。換句話說，赫魯曉夫玩火，而不相信會引起火警

戰爭「邊緣」

玩火而認爲不會引起火警，毋乃太爲危險？這就是戰爭可能錯誤（意外）發生及估計錯誤而發生的由來。沒有任何人能够保証不會發生世界大戰，便是基於火的本身危險性、以及火的被用作玩弄品的緣故。可是從在玩火者的主觀方面說，他必認爲玩火而不縱火，尤其不縱火以致自焚或玉石俱焚，在「玩」與「縱」之間有一個限度。赫魯曉夫的想法及做法，便是如此。玩弄戰爭而不挑起戰爭，說穿了，不外是所謂「戰爭邊緣」的政策。

「戰爭邊緣」的涵義，應該是無論冷戰或小戰，都只該到達大戰的邊緣。倘若在邊緣再跨一步，便會離開懸崖而跌落深淵。但反之，雖然一旦達到了邊緣，「使用邊緣術」者便必須停止前進；可是在它還沒有到達邊緣以前，它却絕對不應停止，否則便失去了邊緣的效用。所以要使玩火者停止再玩下去，唯一的辦法是使他知道已經到了「邊緣」。

這便是西方的任務。

「和談」機會

西方在柏林的倉皇，顯非求戰而係應戰。西柏林人民曾有「被出賣」的指責，「請甘迺迪來柏林」的口號，都是他們恐懼不被保衛的表現，詹森宣慰西歐之行，就是爲了免除此種恐懼及不滿的心理。實際上，西方的行動太遲緩，在「團結」的課題上太不易一致，在宣示決心上也還有欠明朗。盟邦人民既感懷疑，赫魯曉夫也很可能持續他的「不相信」論。

不過美國究竟已經進入局部動員狀態，並由於美法的強硬，英國亦已不再以調人自居，採取了西方四強一致的表示。赫魯曉夫乃有致函阿登諾表示談判的緩和舉動，同時，一千五百名美軍的開入西柏林，也未受到共方封鎖的阻止。美國陸軍部長史泰爾廿一日說：柏林如有戰爭，昨天（美軍通過走廊時）便已開始了」。可見共方並不願眞正向美軍挑釁，去「求取」戰爭。

西方的任務，便是要明示赫魯曉夫以「戰爭的邊緣」何在，使之「幸勿誤會」。但應戰必需是確實的，尤不在言辭宣示，貴乎有行動的表現。行動和決心，發生於四強的團結，所以團結一致應戰，是弭戰的唯一原則。

柏林危機可能進入談判，若談判失敗，局勢必又再度移到戰爭的邊緣。可是解決的方案難求，談判成功的機會不大。所以西方必需「保持強大」。談判成固可喜，敗也無傷，才是避免戰爭的正確途徑。（八月廿二日）

從毛澤東的戰畧思想看中共對日本的挑戰

（上接第一版）

劉裕畧

正因爲毛澤東本人確有上述各點戰畧思想，所以，在那一戰役的誓師大會上，據劉亞樓的回憶說：「毛澤東同志親自在大會上講了話。他指出當前的局勢是緊張的，敵人大兵壓境，可是我們有足夠的條件制勝。哪些條件呢？毛澤東同志舉起左手，用右手一個一個地按下那張開的手指，講了六個條件，並作了詳細的解釋。第一條，我們軍民一致，人民積極援助紅軍，這是最重要的條件；第二條，我們可以主動選擇有利作戰的陣地，設下陷阱，把敵人關在裏面打；第三條，我們可以集中優勢兵力，殲滅敵人的一部分，一口氣把敵人吃掉；第四條，我們可以發現敵人的薄弱部分，揀弱的打；第五條，我們可以把敵人拖得精疲力盡，然後再打；第六條，我們可以造成敵人的過失，乘敵之隙，加以打擊」。毛澤東後來也就按着上述幾點而親自指揮那一場戰爭，而終於反擊了國軍的圍剿，並活捉了國軍的圍剿將領張輝瓚。

由此可知，毛澤東決不是一個糊塗蟲，他有他的戰畧思想上的一套，他這一套戰畧思想，不僅用之於軍隊打戰，同時，也用之於一切場合。因爲他認爲一切都是戰鬥，無論政治、經濟、外交，甚至對今日大陸的農業生產方面，他也依照他的戰畧思想提出了「調動勞動力大軍」、「把農業勞動力大軍集中農業第一線」等戰畧性口號，可知毛澤東現在是把他的這些戰畧思想應用到何等廣泛的地步了，他如此廣泛應用其戰畧思想，自將在結果上發生大錯，但他如何發生大錯，不是本文所要討論的問題，本文所要討論的乃是毛澤東現階段對日本的戰畧思想究竟怎樣的問題。

要進一步明瞭毛澤東現階段對日本的戰畧思想，不妨再看看毛澤東下列幾句話：「第一個戰鬥的勝敗給予極大的影響於全局，乃至一直影響到最後的一個戰鬥」，「必須打勝；必須照顧全戰役計劃；必須照顧下一戰畧階段」（均見毛澤東選集第一卷）。這幾句話說明毛澤東對任何局部問題的考慮，都力求從全局或全過程着眼。這也就是說在思想方法上，對任何事物不要孤立的看，而要聯繫的看的意思，也正就是局部在全體中存在的意思。就日本而言，它乃自由世界的一部分，故毛澤東考慮日本問題時，它不能不考慮到自由世界的整個問題。就中共本身說，中共乃是整個共黨集團的一分子，故中共對日本的作法，自亦不能離開以蘇聯爲首的共黨集團對整個自由世界的赤化企圖，所以，綜合言之，毛澤東對日本的戰畧，是仍從整個共黨集團對整個自由世界的赤化企圖着眼的。對此，毛澤東於今年一月廿四日下午八時四十五分至十時在北平中南海頤年堂接見日本社會黨代表團時，實已作了徹底的透露。當時毛澤東曾泛論革命在何處最易成功的問題，毛說：「爲何革命無法立刻成功？因爲在資本主義發達之國家中必須經過相當時間始能獲勝。相反的，在資本主義發達較爲遲緩之國家，革命必易成功。其原因由於資本主義之空氣稀薄，易於突破故也。例如俄國與中國空氣甚爲稀薄，非洲似亦非常脆弱，美、英、法、義、德、日諸國，資本主義均甚發達，其中只有日本比較虛弱。其原因係日本曾被戰敗，並爲美國所佔領。從該兩項原因觀察，我以爲在某種意義上對日本革命比較有利」。這就可見在毛澤東對整個自由世界的衡量中，他認爲日本是比較虛弱的，而毛澤東的戰畧思想之一，乃是「發現敵人的薄弱部分，揀弱的打」，所以，抛開中共與日本的其它矛盾不談，單就這一戰畧理由，已知中共不斷的將各種攻勢指向日本，絕不偶然。

再說中共與蘇聯的力量，雖不比自由世界的整個反共力量大，但中共的力量加上蘇聯的力量遠比日本一國的力量大，則是事實，而避免全盤劣勢，以造成局部優勢，既是毛澤東戰畧思想的又一部分，那末，中共與蘇聯之合謀日本，自屬必然。這是中共歷年來企圖以貿易爲餌，蘇聯現又派米高揚以貿易爲名訪問日本，蘇聯與北韓訂立軍盟之後，中共跟着也與北韓訂立軍盟，威迫利誘同時使用以對付日本的所以然。

孫子兵法說：「故善動敵者，形之，敵必從之；予之，敵必取之；以利動之，以卒待之」，其此之謂歟！

基本上講，中共現階段對日攻勢，雖以削弱自由世界和孤立日本（由孤立日本而中立日本，由中立日本而弱化日本，再由弱化日本而赤化日本）爲不變的雙重目的，但手段卻有多種。

包括毛澤東在內的所有共產黨人，既然根據他們所信仰的辯證唯物主義來觀察事物，自亦根據矛盾律來處理問題，何況毛澤東一向更把加強對方的內在矛盾，視作自己的戰畧思想的重要部分。他一向認定加強對方的內在矛盾與加強自己的統一戰線乃是互相爲用，裏應外合的。最近幾年，中共之所以不斷派遣各種代表團訪問日本；中共之所以對日本部分工商人士展開貿易方面的心理作戰；中共之所以對日本左翼工會——日本「總評」及日本社會黨和日本左傾學生不斷予以煽動與鼓勵，甚至不惜予以鉅額資助；中共之所以還想拉攏日本自民黨的反主流派；毛無非說明毛澤東努力加強敵人內部矛盾，和想把敵人拖到精疲力盡的那一戰畧思想在作崇。毛澤東自己曾說：「錯覺和不意，可以喪失優勢和主動，因而有計劃地造成敵人的錯覺，給以不意的攻擊，是造成優勢和奪取主動的方法，而且是重要的方法」。這該是毛澤東對日戰畧的一節最好的說明。

毛澤東本年一月接見日本社會黨代表團時又曾說：「今日在貿易方面已逐漸展開，但在政治方面恐尙有問題……政治方面可分爲兩個問題，茲加以分析。大多數日本人民與中國人民間之關係，在歷史上一向友好，戰後亦然，今後亦將保持良好關係。雖然目前與自由民主黨政府及日本龔斷資本家之關係不甚良好，但可期待於未來。現在必須對人民與人民間政府與政府間之關係分別加以研究，在日本內部意思似乎並不一致。卽所謂主流派與反主流派之分。例如松村謙三、三木武夫、石橋湛三、高崎達之助、河野一郎等派系，若以吾人立場言之，中國人民爲君等之直接同盟軍，換言之，以中國人民言，君等爲中國人民之直接同盟軍。自民黨之反對派可稱爲間接同盟軍」。對此，日本社會黨代表團黑田壽男乃向毛澤東爭寵，表示不能同意日本自民黨反主流派乃中共間接同盟軍之說法，於是，毛澤東乃更露骨的對日本社會黨代表團說：「能使彼等派系間裂痕擴大，使兩者對立、衝突，則對人民有利。在歐洲與美國間亦有同樣現象，卽歐洲的殖民主義國與美國間之意見亦不完全一致」（以上均見本年四月份日本世界雜誌）。則更顯示了毛澤東對日本加強分化之用心。

所以，把理論和事象歸結起來，毛澤東及中共政權早已根據其戰畧思想，認定日本是資本主義諸國家中最脆弱的一環，並從政治、經濟、貿易、心理等方面將攻勢指向日本，且至今一直尙在加強此一挑戰，已係不容否認的事實。在毛澤東此一攻勢下，日本政府如何加強其內部團結？如何削弱和打擊日本內部的親共勢力？如何重整其軍備？如何在亞洲地區加強其盟友？又如何在整個自由世界加強其與國？均是日本目前所面臨的緊急課題。

曠觀今日世界，美國及整個自由世界正面臨蘇聯的挑戰，在亞洲，日本則是關係共黨挑戰成敗的關鍵性國家，有如德國之在歐洲。關於挑戰與反應，對一個國家之存亡關係也許可以作成下列公式：「對於挑戰有堅決反應者強；有微小反應者弱；無反應者亡」。

現在面對這一切，就要看日本的反應如何了！

寄糧包寄出了麻煩

介鴻

筆者在北婆羅洲亞庇埠敎書的同事K君，爲人誠實而富於情感，孤身異鄉，所有收入，除簡單生活費用外，經常寄與留在大陸的妻女及親友，非如此，他心裏不安、偶接到他的妻女因在家鄉——成都西北八十里之彭縣——食不飽，營養不良而病，輒對我談至聲淚俱下，令我爲之不安者久之。

日昨在港，偶值K君於統一碼頭輪渡上，握手之後，始知其近在香港高中敎國文，收入較前爲豐，因問訊其妻女近況。K君聞之，忽然鼻酸聲變，淚眼向筆者說道：『我眞胡鬧！我替他們惹出麻煩來了！』筆者急詢其故。他續說道：『在過端午節之前，我覺得鄉中親友都吃不飽，而又看見每條街上的糧食店，士多舖，都在宣傳「千里送親情」，「收寄糧包，包寄包到」，於是我因近半年來收入尙好，便傾其積存，與我的妻女，妻父，姨母，表兄及老同學等，各寄了兩個糧包，一共寄出十四包，內裝無非猪油、白糖、奶粉、麥皮之類，所費也不過百數十元而已。殊不料這一下，乃爲我的妻子惹出麻煩來了！』

K君言至此，哽咽不能成聲，我甚驚訝，寄粮包乃是中共准許這樣做的，爲甚麼你會寄出麻煩來了呢？K君勉抑悲情，道：『當民三十九年九月，我從上海逃來香港，我在彭縣城南有上好稻田二百餘畝，退租還押之時，我妻子將家中所有當盡賣光，也只繳了一半。但彼時因我未通消息，中共清算地主之後，對我掃地出門之老妻弱女，也就未追究下去了。自我在亞庇埠四十七年敎書後，始經由妻父處與妻女通信，將音訊聯絡起來。我每月按期滙寄叻幣百元（約換人民幣九十元）去接濟妻女，她們因爲有了僑滙，也還受優待，因此，我三年以來，按月滙錢，未嘗間斷。

『這次，我太不應該普寄糧包於親友，同日寄出十幾包，雖然我的親友都收到了，也很感謝我不忘親人故舊，但被縣中共幹查覺了，認爲我發了財了，不然，何以這樣大方，糧包普送。因此，縣中共幹給我妻子一紙命令，叫我補繳十年前未繳足的退租還押之欵，共須立繳人民幣四百二十五元。我於七月底收到此信，當時大哭一場。你想，我敎書，月入不過四百港紙，那能發財；且每月都寄滙妻女一百港紙，我是毫無積蓄的。何況我非專任，暑期又無薪水可拿。我收到此信，悲憤塡膺，立刻回信與妻女，將我的生活及收入情形，詳明的告訴了後，我表示，我爲妻女，四年來，我貢獻的僑滙在港幣七千多元以上，像這樣毫無天良的，還想來再壓搾我這個敎書匠，就請他共幹們把我的妻女捉去殺了算了，以免牽腸挂肚，繼續再滙錢回去！』

K君言至此，泣不成聲，船至佐敦碼頭，我與之作別時，安慰他道：『我想共幹待閱你信，或能覺悟，絕不會再維難嫂夫人與令愛的，請寬懷些！不可過於悲傷！』我知這位仁兄太富情感，十年孤處，身體已經受病，憂能傷人，面色難看，說話氣已不足，將不久於人世也！

天下事無獨有偶，筆者過海去九龍，是赴一位業西服的同鄉H君招飲的；席間遇見一位他的同業寧波人F君，此君西服生意近年很盛，賺錢不少。因筆者向H君述及路遇K君之事，這位老裁縫憤然道：『錢與粮包，都不能太寄多了，回去，寄多了，共幹便生出野心，反把你的親友害了！』F君敘及他的太太在上海遭遇，就是他經常滙錢回家太多之故。

F君之妻因捨不得其女兒，前幾年未來香港，現其女已嫁，心願已了，甚想來港與丈夫相聚，且她害心臟病，日益加劇，上海缺乏良藥，數次請求來港就醫，均不爲共幹允許，因F君按月有二三百港元滙去，其妻乃是爲中共爭取僑滙之可靠人物，故必須羈之於上海。據F君說：『我的妻子年已五十歲上，近來心臟病之外，又加上腎炎，我去求香港名醫設法証明，此症來港醫治最便，而証書去後，仍批不准。我在上海時是個工人，妻子也安份守己，爲何別人妻女，常有從上海來香港的，都被批准，而我妻獨被留難。近來一位親戚女眷回上海省親，回來對我說，就因我經常滙寄家用比較多些，而且可靠，中共認爲是個財源，因此我的妻子便沒法出來了啊！』

F君最後說：『中共自來眼中只有錢，沒有人，而且把人不當人看待，故只要我的錢，便不管我的妻子的死活了啊！』

五○、八、一四

不民主便不能反共

李金暐

在中國反共的陣綫上，一向有兩種不同的主張。其一是主張以實行民主政治爲基礎達到澈底反共和根本消滅共產主義思想的活動與影响；另一是主張以極權政治爲基礎反共，他們始而學法西斯，繼而學納粹，而現在則墮落到學共「反共」的地步了！

極權政治誠然有它獨具的「效率」，但是歷史也証明了它的脆弱。

民主政治看起來比較溫和、散漫，歷史却証明它是抗拒共產主義和共產黨的最有力制度。

當今人類社會中，唯一和民主政治對立的，就是共產黨所行的極權政治，他們雖然也表榜「民主」，但是與傳統的民主概念和生活方式，完全兩樣。以共產主義爲本的「民主」不過是爲極權政治披上一層外衣而已。

民主政治並不是不講效率的，主張民主政治的人也不是不愛國的。今天有人別具用心的說，民主政治不合中國當前的需要，因此就說：堅持實行西方民主政治制度的人，欠缺愛國熱誠。事實上因爲他們反對個人崇拜，也反對建立權力中心；他們願意效忠於國族，却不甘也不能向某一人、某一姓表示忠貞。他們崇高的是法治，反對的是人治、黨治。

國民黨當權派現今的「權力中心」，實質上已經盡棄該黨的傳統精神。構成權力中心的人物，多爲從中共內部脫黨出來的份子和留俄的學共份子。他們雖然是因爲不滿於共產黨才脫黨的，但畢竟由於長期的師俄學共，習染既深，知識與精神也就都難以和其所學相背了。

對於某種社會制度，人是容易對它不滿和反對的，但是却很難對他自己習染已深，根深蒂固的意識形態反抗。很多從共產黨內脫黨出來的份子，儘管他們也反對共產黨，但也對它所反對的黨予以若干保留或敬意。這是由於這些份子多年來受黨養育、潛移默化的結果。因此，他們很難澈底反共，更無法從心底裏發揮出澈底反共的智慧出來，一舉手、一投足，仍多少帶有相當程度的共產黨徒的習性與氣息。國民黨當權派的「權力中心」，既由這班人構成，那末他們所表現出來的諸般行爲，和所擬實行的各項措施，也就很自然的和共產黨的模式相當接近了。

明白了這一點，也就不難明白，爲什麼國民黨當權派的「權力中心」是那樣的嫉惡民主政治了。他們很了解，如果眞正地按照中華民國憲法實行民主政治，他們勢必將爲時代所汰除。

這裏試舉一例說明：

民主政治的基礎是在民選的議會，議會的每一議員，是代表了他的選民來實行監督政府的責任，政府該向議會負責，政府每一部門的主管官員應出席議會報告和被質詢，議會有不信任政府和推倒政府的權力。

在蘇聯的蘇維埃和中共的「人民代表大會」，我們看不到有上述這些事例。政府首長照例地是出席作冗長的報告，「代表」們則照例鼓掌予以通過。雖然也有討論，但確絕無相反的意見。

在西方國家，政府首長是絕對不可能揑造各項數字以欺騙議會、欺騙人民的。但在共產國家，一切在保密的大帽子下，政府可以製造各種美麗的謊言，欺人自欺。赫魯曉夫鞭屍斯大林時固是暴露了蘇聯在斯大林統治時代的醜陋眞相，在他自己治理之下，亦復如是。而中共「大躍進」失敗的事實，也得出了同樣的結果。

在台灣，國民黨當權派的「權力中心」也慣於運用共產黨的這一套辦法。雖然程度上不若共產國家，但各項措施和財政，經濟之所以紊亂，就是因爲不許可立監兩院充分發揮民主政治作用的結果。

再反過來說，台灣的國民黨當權派及其「權力中心」之所以不能安全「以俄爲師」，也正是受了在野各方不斷主張實行民主政治的結果。中華民國的憲法，是一部民主的憲法，當權派雖可陽奉陰違，究不能一脚把它踢開。因此，當權派才可以不時把這件民主的外衣用來對外宣傳。可是也正如同本刊上期所載「紀念本刊的第三週年」一文中所縷述的各節，今天的中華民國在國民黨當權派的統治之下，實在不能也不配被視作是一個民主國家。

反共與民主實際是不容分割的。沒有民主，就過去和現在的史實來說，很難令人可以相信反共能够成功。任何形態的極權政治，都具有其共通性，更何況是學共反共。

二次大戰結束之後，西歐各國家內部的共產黨甚爲活躍，意共、法共的發展態勢，尤其令人爲之側目，但近二三年來，事實証明西歐國家由於實行民主政治，共產黨的勢力並不足以危害國家的安全。

相反的，在蘇聯統治下的東歐，雖然鐵幕低垂，而人民反共的情緒，却愈來愈爲強烈，從波蘭、東德到匈牙利情況之動亂和人民逃亡，無不顯現出人民渴望民主與自由之殷切。

在中國大陸，毛澤東政權愈搞愈爛的事實，更進一步証明了極權政治的罪惡。

戰後的日本，直到現在，日共的勢力雖不可小視，但正由於民主政治在日本得到了充分的發展，基本上日本是獲致了安定。日共的影响較前已日漸微弱。

中華民國過去和現在，都因爲未能實行民主政治，當權派也無意於放棄獨裁，終爲中共竊取了大陸，而又無法把台灣治理得井井有條。台灣當前的情況，也就愈來愈令人心焦了！

不論從理論或實際上出發，都已証明任何極權政治，包括學共反共在內，都是無法與共產黨拮抗的。國民黨如果不能擺脫當權派的「權力中心」，最後必然是國既難保，黨亦難救。

國民黨人若認爲救國必先救黨，那麼必須先把目前把持黨內位居要津的當權派的「權力中心」加以適當的處理，庶能與民主思潮合流，庶能號召全國同心合力的反共，而反共才有希望，反共才會成功。

自救乎？抑自殺乎？

讀者投書

距今年的聯大開幕僅僅只有一個月又十天了，只要是一個忠心的愛國者，任誰也無不爲可能到來的悲劇而憂心惚惚。但是台北的一切的象跡仍使我們看不出的一綫曙光，當權派一意步向自殺的途徑，我們固不必爲獨裁者悲，但却無法不爲我們國家民族的前途躭心。

據八月七日的美國新聞週刊載「台北——政治的自殺？」一文，署謂聯大九十六國中許多國家都準備考慮中共入聯合國的問題；英國外相及何謨及日首相池田均同意有「承認現實」有關中國問題的必要。奈及利亞首相更云中共實際控制中國已十年不論他的行爲如何必不應排拒於聯合國之外。近來所聽所看見的均是一片令人咀喪的消息。但是我們能怪世界無道義嗎？究竟我們有些什麼好的表現給人家呢？只誇稱擁有亞洲最强大的反共武力，是無法取信於人的。更何況十餘年來，除了施行專制與獨裁鎮壓人民尚有餘威外，而實際反共的成績又在那裏？

儘管台北對於陳誠先生的訪美寄以極大的期望；但是靜心想想，憑什麼人家會牽就我們？內政不修外交無方。何況每年還要伸手乞求啊！我唯有祈禱他不被對方說服已是不虛此行了。而能否如此，還有待來日對外蒙入會案的否决權之行使與否才可証明。據新聞週刊所載，陳誠在回請甘廼廸宴會時雖有中國低音家斯義桂先生獨唱中國名曲助興，但無法修補二國之間的創痕。果眞如此，台北方面的自吹自擂的種種誇大宣傳，不過是欺騙國人而已。

在陳誠訪問華府的前夕，七月二十九日，俄立崗州之參議員摩斯在院會中發表長達二小時的演講攻擊蔣氏集團「充滿貪汚腐敗，壓迫人民，無民主自由」，甚至說「美國國會可以不斷通過反對中共入聯合國的議案，但並沒有改變聯合國之票數。」儘管他一向的言論是偏激的，但所指的事實又何能去否論呢？即就是陳誠取得了甘氏的保証；但縱觀大局，美國是否仍能牽住許多亞非國家，甚至部份南美的國家，即連史蒂文生從南美訪問回來後亦無此自信。這就是說，美國縱給予我們的保証。也不一定就能達到我們的希望。今天唯有自强自救才會得到人助。

台北的當權派，十餘年的時光，你們僅用來建立傳子的獨裁政權，迫害人民；却荒蕪了反攻復國的時機。現今你們必需要做的，只是趕快結束獨裁政治，以及父傳子的勾當。唯有實行眞正的民主政治才能救國家於危亡之秋。使政治經濟與財政步上正軌，貪汚腐敗自然遁跡而國家才有重生之機。一切問題均可不解而自解矣！我更希望你們勿太信任那班所謂「忠貞之徒」。據我們所知，那些出自他們的手筆的，盡是些漏洞百出的傑作，徒然讓人批評得你們體無完膚而已，難道你們還看不出此種人忠貞的程度嗎？一個人的根性，是很難有極大的改變的。他們既然曾做漢奸和共黨，又何不再作馮婦呢？最後我還要提醒你們的記憶，乃是根據你們檢查官的起訴書，「台北公車處集體貪汚案，徐德綸與莊謙義均供稱台北市長黃啟瑞共同貪汚。」請你們不要忘記有極好的判例可用判黃啟瑞鐵定貪汚有罪，甚至可不必讓黃啟瑞與徐、莊對質即可，就是引用「雷震等案」的判例——共同被告所爲不利於己之陳述可証明其他共犯犯罪之效力。如果黃啟瑞最終被判無罪，則雷震先生更要申請寃獄賠償了。

曾欽若八月九日於美國

參加「陽明山會談」的人士也分兩等

——「特」字的眞義——

（讀者投書）

編輯先生：台北當權者把他們喧嚷多年的反共救國會議改變爲陽明山會談，識者早知其用意所在，僅是藉此粉飾其一人一姓的獨裁政權；絕無改革與團結的誠意，更無反攻大陸的決心。但許多人仍以爲當權者既是玩弄政治魔術的老手，他們必將在形式上作一番假戲眞做的表演，以求欺騙一般善良的心於一時。不料，第一次會談，蔣介石却藉故離開台北。後來陳誠及其左右的人覺得過意不去，特爲他安排了一個節目——宴請會談人士，他也表示認可；但到時却又不到，臨時改由陳誠代作主人，充分表現他對於國民黨中央在自吹自擂的陽明山會談毫不重視。

現在第二次會談，更出現了奇跡。據本港津貼報載，當權者在原來邀請的名單以外又添了一批所謂特邀人士。這就是說，參加第二次會談的人士共分兩等，一爲普通談士，即首批發表的名單；一爲特邀談士，即所謂特邀名單。照我們中國的習慣，特等的當然比普遍的要重要一些。所以有人曾經爲了首批名單不見己名而急得向其雇用頭目痛哭流涕，說他如此忠貞賣力而竟不蒙賞臉，實在寒心，大有重投故主——「人民政府」之勢。後來「特邀」有份，又沾沾自喜；誠恐他人有所不知，還在津貼報上自我宣揚一番。這種十足的奴才相，殊令人噴飯；而公然名列「特邀談士」，我不知那些被聘爲普通談士的先生們將作何感想？有人說：「特邀」之特，並非特等之特，而乃特字號之特。因爲所謂特邀名單，在台北官方通訊社和黨報上均無此訊，顯見縱有其事，也足見不得光天化日的。今有人焉，竟自以爲榮而將其特字號的身份暴露，足証其已經失去羞惡之心了。

長期讀者蠅拍上

黃啓瑞的貪污案在演變中

宣　平

（台北通訊）台北市長黃啟瑞及其妻朱金鳳涉嫌貪污案，前經台北地方法院檢察官沈嶽華偵查屬實，於七月十七日正式提起公訴，港台等地的報刊已有報導。本月十四日開庭審訊，由葛義才推事承審。在押的市政府總務秘書徐德綸忽然推翻前供，否認本案與黃啟瑞有關。次日中央日報刊載審訊的消息時，更誇大其辭，加了一個副標題，「各被告供詞都說黃啟瑞不知情」。顯見經過當權者週密的部署之後，黃啟瑞也許又將逍遙法外了。然而所謂事實勝於雄辯。鐵一般的証據却不是單憑徐德綸的翻供和黨報的一個標題就可以掩蓋得了的。

黃啓瑞的辯術

黃啟瑞在自辯時，表現了一套極為特別的投術。據聯合報載，他三天以來，就沒有睡過好覺。經過了深思苦慮，反覆研究之後，結果決定採取「一問三不知」的方式。庭上問他：你的應酬費不够用如何報銷？他答：「不知道，要問徐德綸。」庭上問：「每月不敷多少？」他答：「不知道。」庭上又問：「你競選市長花了多少？其中一部份是向何人借的？」他答：「競選花了八十多萬元，向何人借的，則不知道。」庭上問：「還了沒有？」他答：「不知道。」庭上問：「四十八年七八月間，徐德綸送一萬元到你家，你正睡覺起來，他將錢放在你大廳中，你知道否？」他答：「不知道。」庭上問：「向裕隆汽車材料行買車盤時，你有否向莊謙義暗示收取回扣？」他答：「根本不知道收取回扣的事。」庭上問：「你太太向徐德綸拿了二十四萬元，你知道否？」他答：「不知道，家中事我不管。」

黃妻收受鉅款無可否認

黃啟瑞雖然事事推說不知；但其妻朱金鳳曾收受莊謙義交來的鉅款二十四萬元，因有銀行支票為據不容否認。徐德綸在答覆庭上的訊問時，則說：「四十九年一月間恰值年關，市長又選舉，黃市長夫人叫我借錢，我乃叫莊謙義調頭寸。」庭上問：「這些錢是你自己借，抑是黃市長借的？」徐答：「不清楚。」庭上斥以「何人借的應該直說，為什麼不清楚？」徐答：「是莊謙義替市政府借的。」庭上問：「該款既是市政府所借，為什麼離職時不移交下任而却交與黃市長的太太？」徐答：「因無人接任，市長又不管錢，錢都是由太太管，所以我交與她。」庭上問：「三十萬元的借款有否辦過借錢的手續？」徐答：「沒有。」

黃朱金鳳的供詞承認曾叫徐德綸借了二十四萬元。庭上問她：「有否立借據？有無利息？準備何時還？」她答：「沒有立借據，準備賣房子還，利息則是照銀行利率計算。」庭上問：「徐德綸有否說過是向誰借的？」她初答：「不知道。」繼又說：「說是他太太的錢。」庭上問：「既是借的，為什麼徐德綸說是移交與你？」她答：「確是借的，不是移交。」庭上問：「你曾與徐約有暗號，要一萬元就打電話說這一本便條紙，二萬元二本便條紙，有無其事？」她答：「沒有此事。」

在押的公車處物料課長莊謙義則供述在他到職的前夕，黃啟瑞曾囑他以後多與徐德綸聯繫；但却辯說可能是指多了解業務，並不是指經濟上的支援。他更供認其所分得的賄款曾分了一部份給徐德綸，並說：「因為徐德綸說市長有指示，所以我送錢去。」庭上問他是否曾於四十九年七八兩月前後兩次送錢萬餘元給黃啟瑞，他說沒有此事；祇承認曾透過張伯英向國產汽車公司借了三十萬元交與徐德綸，因徐說要調頭寸週轉一下。

就憑各犯在調查庭的口供而論，黃妻朱金鳳已承認托徐德綸借了二十四萬元。市長太太吩咐經管總務的市府秘書挪借如此一筆鉅款，而却未立借據，又無還期，其為贓款自無疑慮。因此，儘管黃啟瑞事事推說不知，徐德綸翻供而否認與他有關，當權者更有意為他掩蓋，而其貪污罪証却已確立不移了。

法律之前，人人平等的自我諷刺

自非法臨時總統在雷案發生時高談法律之前人人平等以後，官方宣傳機構亦常在人民對獨裁統治表示有所不滿時，即將這句法搬出來作為護身符。實則當權者所頒佈的那些如毛的法律一向祇是用以束縛老百姓和限制異己者；而他們自己則高高的雄踞於一切法律之上。即以本案而論，同案的貪污疑犯早經被拘入獄，日前出庭應訊時，還各帶手拷；而黃啟瑞夫婦却至今仍自由自在。他倆顯然成了案中的特殊階級，受到了法外的優待？若說他因為身為市長，不便在審判尚未確定前予以拘押，以免影響公務。那麼，其他各犯也都有公務在身。呂志超更身為處長，為何竟先予以拘押，而且還要加上手拷？可見，當權者之所謂法律之前，人人平等，不過是無恥的謊言而已。

貪風遍寶島

高雄運輸處的集體貪污案

靜　吾

（台南通訊）在台北市公車處和市住宅會的集體貪污案正鬧得滿天風雲之時，省公路局高雄市運輸處的集體貪污案又經地檢處偵訊屬實而提起公訴。楊作民檢察官在起訴書中指出：該處材料管理員包益斌在承辦採購業務時，並未實行比價或招標，因得從中作弊牟利，與福德汽車材料行之老板梁漢鉛勾結，將價款提高一成，由包益斌中入私囊。梁、包兩人共同所獲之不法利益共五萬一千二百餘元。包又以同一方式向福源汽車行購料索回扣三萬一千餘元，又向錦鋒鐵工廠修造零件索回扣八千餘元，該廠老板蔣隱錦受包之托，虛開統一發票四張，供其向運輸處報銷詐財。

總務課理員何明主辦營繕事宜，曾串通能建營造廠老板許文能承包該處工程，將工程費提高，謀取不法利益二萬六千五百元。何明又以同一方式，向中央電氣行索取回扣一千餘元，並囑該行老板謝清宏虛開一發票，供其報銷圖利。

主計員周介夫、王澤瀛為該處主計室担任審核單據報銷事宜，二人每月收受包益斌賄款三百元至五百元不等。王澤瀛收受何明賄款五次，二人因接受賄賂，對包、何所經手之單據，並未審核，違背職務。

該處前主任蘇某，材料課長楊信驥，主計室主任孫岳虞等三人，雖亦牽涉在內，據云因証據不足，未予起訴。

黃啓瑞夫婦禍不單行
市宅會集體貪污案發

志　清

（基隆通訊）恰當黃啟瑞涉嫌台北市公車管理處的集體貪污案正在台北地方法院開始審訊時，基隆地檢處檢查官葉正青又於本月十五日提出公訴，指控黃啟瑞利用其兼台北市民住宅興建委員會主任委員的身份，官商勾結，集體貪污，觸犯刑法第一百廿一條，一百卅一條。同案被起訴的尚有黃朱金鳳及興建會總務組長孫世杜，工務組長郭炳才，業務組長黃篤初，執行秘書陳茂林，營造商許富江和前任市議員楊逢春等七人。

該案係於本年四月經台灣警備司令部函台灣高等法院檢察處轉移基隆地檢處偵辦。地檢處首席檢察官褚劍鴻以審慎態度，指派檢察官葉正青、陳仲芳兩人進行偵查，歷時四個多月，始於昨日偵查終結。

起訴書指出被告等之犯罪事實有三：（一）台北市南京東路市民住宅原由市民杜山杉與興建會訂約興建，被告孫世杜、郭炳才、黃篤初、黃啟瑞等人，藉詞原工程估價每棟高出六千元，共有額外利益三百萬元，要求杜山杉提出四分之二與被告黃啟瑞，其餘則由興建會人員與杜山杉平分，為杜拒絕，乃多方刁難，被迫停工。（二）杜山杉被迫停工後，將未完工之一部份工程，轉讓與包工許江富、楊逢春承建，該會兼主任委員黃啟瑞，於四十八年元月，為包商許江富代向土地銀行借款三百萬元，一面由黃妻朱金鳳暗示交付利益，因而取得賄款一百萬元，由黃朱金鳳存於銀行優利生息。黃啟瑞乃命興建會執行秘書陳茂林，對許、楊營建工程多予方便配合，並代向行政院平民住宅計劃貸款項下，借得貸款一千萬元。（三）陳茂林利用職務上之關係，於四十七年十二月及四十八年二月間，先後收受許江富賄賂一萬元。

在起訴書中指出：被告黃啟瑞先與孫世杜、郭炳才、黃篤初共同向杜山杉要求賄賂，雖未如願以償，核其所為已觸犯刑法一百廿一條第一項要求賄賂之罪。被告黃啟瑞藉其興建會主任委員身份，對於主管事務，與許江富、楊逢春共圖不法利益，觸犯刑法一百卅一條第一項對主管事務圖利罪嫌。許江富、楊逢春、黃朱金鳳無公務員身份，但與公務員共同犯罪，均依刑法一百卅一條第一項提起公訴。陳茂林對於職務上之行為連續收受賄賂，犯有刑法一百廿一條第一項之罪，各犯所得之賄賂及不法利益，均應沒收。

黃啟瑞深感意外

黃啟瑞在得悉已被基隆地檢處提起公訴之後，向台北報界發表談話。他說：「南京東路市民住宅案，是在我第二次競選市長之前，即四十八年十二月由治安機關着手偵查，前後將近兩年，今天聽說已由基隆地檢提起公訴，使我深感意外，我對本案，自信清白，問心無愧。我們是民主法治國家，既被提起公訴，自當靜候法律公平審判。」話雖如此，但據報載，他的表情，却是很緊張的。

黃啓瑞禍不單行的內因

黃啟瑞是非法臨時總統父子的寵信，揭發這兩個集體貪污案的警備司令部的遊查組更是蔣經國轄下的機構，海外讀者也許會驚異他們為何會公然自己扒糞，遺臭中外。據熟悉內情者透露，此中大有文章。據說，在年初台北盛傳陳誠辭職出國訪問，而陳誠則連說兩個「決不」時，黃啟瑞被其主子疑為有不可靠的傾向。於是，不但市公車處的集體貪污立被揭發；即事隔數年的市宅會集體貪污案亦被舊事重提。再加以黃妻朱金鳳對市府人事的派系鬥爭，有所偏袒，內部分贓不均，失意派的人也就乘機紛紛告密。於是，黃啟瑞危矣。在此形勢之下，黃啟瑞當然知道解鈴還靠繫鈴人，乃多方設法向主子陳情，表白其一向忠貞不二的心跡，並請主子左右的某某親信為他作証和担保。但主子答以案情發展至此，已不易收拾；只允在審判時透過黨團關係，要法官設法緩和。這是這兩大貪污案被揭發的經過和當權者現在又決定為黃啟瑞掩蓋的原因。

黃啓瑞終不得不請省府派員代理

在市公車處集體貪污案被提起公訴之初，黃啟瑞戀棧職位，仍想以貪污嫌疑犯的身份，緊抓着市長的寶座不放。後來其主子允予設法緩和，並囑市議員設宴慰問，又囑黨報為他掩蓋，他以為可望安然渡過難關。不料基隆地檢處又對他提起公訴，他深感主子的恩寵似乎不大可靠。於是，不得不請省政府派員暫行代理。表面的理由，是因恐個人涉訟而影響政務的推行；實際的用意，則是藉此試探其主子是否確已對他恢復了舊日的恩寵。所以不請辭而祇請派員暫代。假如省政表示要他繼續做下去，他仍將笑罵由他笑罵，贓官我自為之，則是可以預言的。

中共承認大陸青年普遍反共

——請看今日大陸青年種種反共事實

劉裕畧

大陸青年對中共的內心態度如何？是對中國大陸前途和對中共政權前途均有極端關係的一個問題，因為，假若大陸青年都反共的話，則中共政權之必然崩潰，乃是可以預期的。因為作為中共黨的組織的基幹，作為中共政權的各級幹部，作為新建中共軍隊的骨幹，都不能不要青年。

當然，大陸青年縱然普遍不滿，但大陸統治權卻仍握在少數中共首腦手裏，何況中共還有大批老共幹作其統治和控制的核心，所以說中共政權會立即自行崩潰，那是不當的。但話說回來，大陸青年對中共普遍不滿的時候，則中共政權之貌似強大與實際脆弱之這一事實，則顯露無遺。

據巴黎八月十六日法新社電：「北京電台今日發表高等及中等學校中的青年知識份子，有『普遍的不滿』。該台引用了青年日報的讀者來信，指出青年們是因糧食缺乏和共產中國目前遭遇的其他困難，致感不滿。

據引用的一封青年來信說：『革命英雄生活水平提高，是建築在羣衆生活水平降低上的』。另一封來信說：『社會主義大家庭制度忽畧了小家庭，『所以羣衆都失去了家庭溫暖和人生樂趣』。」

青年日報的這一封讀者來函說得很好，它雖然只是由一個青年署名的信，卻道出了今日大陸所有青年的心聲，所以中共也不得不承認這是大陸青年對中共普遍表示不滿的反映。

事實上，大陸青年對中共表示不滿的真情流露，也不止這一封讀者投函。遠在去年三月，中共青年團所辦機關刊物「中國青年」第五期就有過類似的一篇「讀者投書」，是由一個在中共中央機關工作身為共青年女團員名叫「蕭文」寫的。她雖一再聲明她「不會反對社會主義革命和社會主義建設」，但她卻又說：「最好是平平穩穩的革命，舒舒服服地建設，而不是經常處在大風大浪或者沸騰的生活漩渦裏，如果工作崗位上難以逃避這樣地戰鬥生活，我們則希望家庭是一個平靜的避風港，在這裏過着自由自在輕鬆閒適的生活」。因為她認為「平靜就是幸福，安逸就是最大的享受」。

她並且還說：「我們革命的目的也是為了這幸福的生活，……我們共產主義者又不是苦行僧，革命建設都應該是既為將來也為現在，要勞動、建設、創造，同時也要享受，勞動創造的成果。如果建設社會主義，共產主義，只是為了別人，共產主義者每天只是勞動和學習，把生活搞得乾巴巴的，那還要建設社會主義共產主義做什麼呢」？

蕭文的信，引起了正反兩面的熱烈討論，而且中共高級人員還在長時間的延續討論中乘機宣傳共黨思想以及所謂無產階級立場等玩意，但青年們的思想並沒有被拉回來。據一位上海讀者名叫張震的人（也是共產主義青年團團員）今年投函「中國青年」第八期說：中共的這種黨性教育「往往只能激動一時，當我一回到工作和生活中時，卻又不知從何學起」。而且他還坦白承認現在這一代的青年和上一代的「英雄人物」「不同」，上一輩的「英雄人物」入黨入團時，「在思想上早已有了準備吃苦、犧牲以至貢獻自己生命的決心」，這一代的青年「卻沒有要準備犧牲什麼的感覺」。值得我們特別注意的，是這一位張震居然還搬出了馬克思教條來作辯論的依據。他說「存在決定意識」這一教條既是「真理」，那末，今日之情況既已不同，這一代的青年思想自然也與上一代的青年思想不同，他又還和蕭文一樣的質問中共，「如果在今天有條件提高生活的時候，還一味要求吃苦在前，那我們的革命目的又是為了什麼呢」？

張震又還批評中共的學生下田的政策說：「一個學生志願當科學家，就應該充分滿足他的上學願望，沒有必要動員他去當農民」。

又據中共「中國青年」雜誌描述中國大陸一般青年的態度說：有的「在看『甲午海戰』時，看到帝國主義如此欺負我們，非常憤恨，在看電影『庫茲別依』（蘇聯影片）時，看到他的英勇行動，感動得流下眼淚，……但是第二天一起來，又換了一個世界，精神一疲乏，什麼激動也無影無踪了」。有的則認為自己「根本不能與革命英雄相比」，有的認為「在理論上，誰都有一套，但一碰到實際問題時，又不能那樣想了」。看過許多革命故事，看到革命英雄不惜犧牲的動人事蹟，理論上也都認為他們確實偉大，確實了不起，應該向他們學習，但是再想一想，假如真的要我犧牲，我還年青的，未免太可惜了」。有的則更認為「學習革命故事的效果如何？與各人性格有關，有些人喜歡虛心學習別人的長處，有些人卻不然。看過革命英雄故事後，雖然激動了一時，但是一想，英雄是英雄，是別人家，我有我的性格，青山易改，本性難移。根本不能千篇一律，何必裝模作樣模倣做別人呢」？

又據人民日報調查人民公社後的報導說：給中共下放到農村的青年，大都不甘給下放，不肯安心於農業。以湖南新寧縣廻龍公社為例：「勝利大隊分為五個生產大隊，共有男女勞動力一百四十六個。在八十七個男女勞動力中，青年佔二十六個，其中有十二人目前還不會犁耙，有二十五人基本上未掌握四時八節等農事活動規律。第五生產隊有十個男勞動力，其中六個是青年，而青年中只有一個會犁田耙田」。「常常推遲了插秧進度」。

這就可見大陸青年不滿中共和反對中共的一斑情勢了。當然，這也並不奇怪，實因中共的一切太違背人性，因之也太違背青年的意願與性格了。

兩廣消息：

送信粗心　一再找錯「對象」
檢查馬虎　三角買個「健康」

有一封信，本來是寄給廣州市結核病院三零五房吳某收的。因為吳某已經出院，院方特代為查明住址，寫了條子，貼到信封上，在本月三日退回給郵局轉投，誰知過了兩天，這封信依然回到市結核病院；六日再次轉投，八日，此信又在市結核病院出現。為何如此「藕斷絲連」？信封上沒有寫明原因，只是多蓋了兩個「投遞員徐殿安」的印鑑。（見六月十四日廣州「羊城晚報」）

有的醫生進行游泳健康檢查十分馬虎，只是翻翻眼皮，聽聽心肺，提提褲筒，就算大功告成。有人打趣說：出三角錢可以買個「健康」。雖是俏皮話，衛生管理部門卻不能一笑置之。但實際上，衛生部門卻從未過問。（見六月十四日羊城晚報）

廣西共幹財務賬目不清
中共只好開展五好競賽

八月九日北平大公報報導：「廣西昭平縣城關鎮手工業行業有十個獨立經濟核算單位。這些單位的財務會計人員雖然大多數都有兩年以上的工作經驗，但人員還不能完全適應當前手工業生產發展的需要。為了改變這種情況，昭平縣手工業聯社把這些單位的財務、會計人員組成業餘學習小組，平時自己學習黨對手工業的各項方針、政策和業務；定期討論交流經驗。對於一些業務能力較低的財務會計人員，則登門訪問，進行輔導。為了促使這些人員努力學習，積極搞好工作，從七月份起還在他們中間展開了「五好」紅旗競賽。五好是：執行黨的政策好，執行財務制度好，旬清月結好，按時上報好，大公無私好。」

據說由於採取了以上措施，一個多月來，十個單獨經濟核算單位的財務賬目才搞得比前清楚了一點。

廣州木器產品低劣
被迫實行三包制度

廣州市廣南木器生產合作社，由於產品質量低落，銷路不好，最近對銷出的產品實行了包用、包修、包換的制度。據八月十六日「新華社電訊」報導：他們規定，用戶購買這個社的木器，在正常使用情況下，包用一年。在這期間，如果發現榫口不合、摘片斷裂、漏水等現象，都可以拿回來更換或修理。

該電訊又報導：由於曾經一度只管生產，放鬆了其他工作，以致產品質量低劣。今年六月，他們才根據社員和消費者的建議，發動社員擬訂了產品包用、包修、包換的辦法。同時被迫建立了各工廠的檢驗制度，每件產品在出廠前，都蓋上社名和出廠日期以及產品合格檢驗章，對消費者負責。

僑鄉簡訊

鍾之奇

共幹强迫高州人民吃木薯

據人民日報說：「在廣東省西部的高州縣，有一個大量種植木薯的泗水公社」「一九五七年，這個公社發生了一件令人驚異的事」。原來這個公社的「坑尾生產隊利用周圍貧瘠的荒地栽種了許多木薯，並且得到了相當好的收穫」，於是，共幹就認為「找到了解決的口糧問題」。

但木薯究竟是不是一種安全食物呢？又據七月六日人民日報說：「木薯是經濟作物和飼料作物，鮮塊根澱粉含量佔百分之三十左右。木薯澱粉還有顆粒小、粘度强、糊化溫度等優點。在工業用途上比其它澱粉更深歡迎。木薯含有一種氰氫酸的毒素，吃了它還使人中毒」。但廣東高州縣的共幹卻以木薯代替人民的口粮，試想這是何等的危險！

欽縣共幹强迫人民增產

所謂包產制度，乃是今日中共在大陸推行最得意的一種制度。所謂包產，即是由共幹先在辦公室裏閉門造車的亂定一個高額生產量作必須完成的生產指標，然後勒令人民按照這個高額生產指標來包產，名義上，雖說達到包產指標後的餘額可以用獎勵的方式分配一些給農民，實際上，生產指標既定得太高，農民們無論怎樣賣氣力也難於達成包產，於是所謂獎勵，固然落空，為了要先將包產指標完成，於是，農民們的口糧當然也只好縮減了。可見中共現今在大陸普遍推行的包產制度，完全是一種殘暴無人道的搾取制度。

據新華社八月十日廣州電：「欽縣在開展晚稻超產面積、超單產、超總產活動中，首先認真處理早稻預分、落實晚稻三包方案，調動羣衆生產積極性。在夏收分配過程中，各大隊堅決按照三包合同獎罰，同時，還對晚造三包進行了檢查和調整。……各地發動羣衆『查包產面積，查秧苗够不够，查政策執行的情況』，同時千方百計挖掘土地潛力，大搞擴種，目前開荒擴種活動已遍及全縣，沿海地區的生產隊修圍築圍，擴種水稻，人少地多的附城、平吉等丘陵地區利用荒坡栽稻，山區開荒和利用多年丟掉的邊遠山坑田擴種」。這就可見共幹奴役欽縣人民之一斑了。

閩侯農具廠所產農具低劣

據八月十八日人民日報福州訊：「福建閩侯縣大湖公社農具廠實行出廠的農具包退、包換、包修，推動全廠提高了產品的質量」。何以要實行包退包換包修這一規定呢？原來是因為閩侯這一農具廠所生產的農具，品質都很低劣，完全不堪使用。對此，人民日報特別舉了一個例說：「例如有一次上苑大隊陳尚統生產隊有一個社員買了一把鋤頭，沒有幾天鋤嘴就卷口了，拿到農具廠門市部一檢查，發現卷口的主要原因，是工人在製造時火色看得不準，硬度不够」，於此可見其粗製濫造了。

馬來西亞團結協商會

俊華

由於北婆羅洲和沙勝越政治領袖訪問團蒞臨馬來亞，大「馬來西亞聯邦」計劃似乎又促進了一步。一個由馬來亞、星洲、北婆羅洲、沙勝越、汶萊等五個邦國代表混合組織的委員會，定名爲「馬來西亞團結協商委員會」的，可能開始籌組了。

大馬來西亞聯邦計劃的能否實現、及能否迅速實現？那就要看這五邦「協商」的結果，和「團結」的程度如何了。

歷史發展的諷刺

關於由馬來亞發展開去的合併計劃，目前可以說共有三種。第一種是最常聽見的「星、馬合併」；第二種是星、馬再加上汶萊合併、或者單獨馬來亞與汶萊合併；第三種才是星、馬、北婆、沙勝越、汶萊五邦的大合併。單是星馬合併，仍稱馬來亞。與汶萊合併，才稱馬來西亞。五邦完全合併的話，就是大「馬來西亞」聯邦了。

大馬來西亞聯邦理想中的五個邦國，都同在馬來亞羣島上，地域廣濶，資源豐富。土著的種族宗教，相同或接近，政治上又同與英國有關，合併是很合理也很可能的。但合理及可能是一個問題，能否合併成功又是另一個問題。即使大合併在最後會不成問題，可是橫在目前的如何合併，仍然是大大的成爲問題。

這其間所牽涉的「點、線、面」，極爲廣泛，它雖是一幅遠景美麗的圖畫，可不是三描兩筆所能勾劃得成功的一幅圖畫。

本來，星馬合併是比較老的問題，也可以說是比較基本的問題，因爲地域相連的緣故，在開發史上，她們也在同一時期、有共同的發展。同樣的，北婆三邦，也是地域相連，甚且犬牙交錯，成爲一邦是比較分爲三邦更爲自然而直截了當的。可是迄今爲止，她們仍然是五個邦國，而且在政治成熟的程度上，各各不同——馬來亞是獨立國，星加坡是自治領，汶萊是保護國，北婆羅洲和沙勝越，還仍然是殖民地！

這是歷史發展過程中所形成的諷刺！現在的大馬來西亞理想，就看能不能夠否定這一項歷史的諷刺。

「政治成熟」問題

說到「政治成熟」，這一句馬來亞總理拉曼所提出的術語，馬來亞應居「成熟」的首位。不但成熟，而且可以說有了成就。馬來亞立國於今，不過四年，大體上剷平了馬共，地方安定，經濟向榮。拉曼更北聯泰菲，組成了東南亞（文化經濟）協會；東向三邦，建議大馬來西亞計劃；成爲東南亞新興國家的一個重要中心。

星洲的政治成熟程度，以文化和人物來說，該不至稍遜於馬來亞。可是資源缺乏是先天不足的痼疾，共黨活動是她的致命傷。溫和右翼，易於促成星馬合併的人民聯盟林有福一派，在左翼圍攻下，不能執政。左派中的右翼李光耀，還因人民行動黨黨內潛伏共黨份子，同親共左翼的造反，最近幾乎被轎伕們從轎子上摔了下來！顯然的，政治人物不能說不成熟，但政治秩序可不能說是成熟。

不但馬來亞對星馬合併，持有戒心。英國方面，對星洲也持有戒心。

英國馬來亞合流

馬來亞在柔佛橋上採取警戒，以防星洲綁票之風侵入馬來亞，正像香港未發生霍亂之前，對疫埠澳門採取警戒一樣。星洲左翼的囂張暴動，更是馬來亞所警戒的。而最基本的，卻是星洲百份之八十以上的華人，加入了馬來亞便會變成多數民族。

英國對馬來亞的不能言聽計從，當不無「不感習慣」之感——最近馬來亞就曾反對英方由馬調兵赴寮的擬議。但作爲一個獨立國，這是不足爲怪的。星加坡左翼所叫囂的「單獨獨立」，即不與馬來亞合併而獨立，和「英軍撤出」，才是倫敦泰晤士報所認爲「惡兆」。英國因此已決定逐漸不使用星加坡英海軍基地。但英國不能放棄遠東防務，於是一切軍事設施，也已逐漸移到北婆羅洲去。

這就是拉曼在國會報告：英國對星馬合併「無表示」，而對大馬來西亞的五邦合併計劃，則「表示贊成」的原因。

在大馬來西亞計劃中，非華人仍將佔多數，也即是說，馬來民族將執大馬來西亞的牛耳。而在馬來民族當中，以人口資源「政治成熟」程度而論，仍是馬來亞族首屈一指。

這樣，可以說是馬來亞與英國志同道合、「合流」了。於是，北婆羅洲聯合民族黨黨魁史蒂芬斯，和沙勝越政黨領袖代表團，就在英方的催促之下到吉隆坡訪問，作爲對拉曼月前訪問三邦的報聘。「馬來西亞團結協商委員會」即將籌組，史蒂芬斯說：大馬來西亞目標已在望了，現在的問題是，北婆三邦的「政治成熟」，是否能加速趕上馬來亞的程度？

・吉隆坡通訊・

緬甸撣族豎起獨立幌子

費棠

伏處於緬、印邊的緬甸撣族人士，原是由若干不同部落所組成的一個集團，他們不僅聚居於緬、尼邊境，還有一部份散處於巴基斯坦內；這落後的民族，其中有些是有點政治頭腦和學識的，因爲受到了世界的自由風氣所冲激，乃於去月豎起了「獨立」的幌子，叫出了「撣人團結自建國家」的口號，並發表了宣言，畧謂：「在英國人併吞印度和緬甸之前，撣人本是過着獨立生活的，現在印、緬既都已獲得獨立，所以撣族人民，也應迅速恢復其昔日獨立的地位」。不過，這祇是他們的「一時行動」；既沒有具體計劃，也缺乏領導人才，更未能取得國際上的聯絡，因此，所謂「獨立運動」也者，刻仍是處在「萌芽時期」；也僅僅的向着緬甸政府當局閃電般的現出了一些影子吧了。

撣族人民所聚居的地方，是全屬外人所罕到的雨季氣候的森林地帶，民族性好勇鬥狠；風俗和習慣，都相當奇特；敎育和知識，還很低落；人民的生活，大部份依然是在中古時代狀態中。

在第二次世界大戰時期，日軍佔領了緬甸以後，英國人曾秘密派遣了不少「特工」，冒險跳傘降落到該族的中心地區去，從事組織及訓練當地人士，並空投了許多武器、彈藥、和作戰裝備，並利用着他們的勇敢好鬥的民族性，替他們組成了一支對日作戰的勁旅，以游擊方式，分頭襲擊印、緬境的日軍。這些游擊隊，確曾使到日本「皇軍」吃過大虧，前哨崗位以至駐防陣地，都有不少被他們夷爲平地；而且他們諳熟地形，在自己的森林沼澤中伏擊日軍的巡邏隊，當然很易大奏膚功，着實替英軍建下了不少輝煌的戰果。

迨日本投降了後，英軍撤出了印度和緬甸已多時；到了今日，英國人早已忘掉了這些「戰績彪炳」的戰友了。因此，印度和緬甸雖然都已獨立，但却沒有人去注意到改善一下他們的生活環境。在政治上來說，他們還是給統治者壓迫着和宰割的可憐份子。他們之所以發動「獨立運動」，就是由於一部份「有識之士」所身受到的「迫害政治」，感覺異樣痛苦，於以引起反響，這正是「不平則鳴」的一種必然反應。不過，他們智識低落，雖然豎起了「獨立運動」幌子，一時仍未能掀起全體人士的警覺而欣然追隨；甚至連「獨立」二字的意義，也還未能徹底了解和認識。是以他們的「獨立運動」，在目前來說，尚未能引起得怎樣作用。

但話又得說回來：有志者事竟成，也是一定的道理，倘使他們從此精誠團結，繼續不斷的努力下去，假以時日，他們的前途，也是光明的。

鐘聲

黃信男

一、

「叮──噹──」

星期日我在校長室隔壁的值夜室裏休息。剛閉上眼睛，便聽到微微振响的鐘聲，但我未理睬它；把落在胸的「愛的敎育」夾上書箋，想安心的睡一覺。

「叮──噹──叮──噹！」

擾人的鐘聲又响起，比第一次的聲音更大。我打開窗戶，看不到敲鐘的人，只見懸在屋樑下的銅鐘搖曳着，餘音縈廻於晌午沉寂的空間。

我掃視空無一人的校庭，咳了兩聲以示警告，然後重重地關上窗戶。當我躺下時，已無睡意了。心裏開始埋怨着那剝奪我難得一回午睡的人。

「噹！噹！噹！」

又是一陣急促的鐘聲，接着是一陣慌亂的足音。我躍身探視；一切仍歸靜止，只有鐘依然在我眼前晃盪，像一個頑强者發出勝利的微笑！

我氣極了，決心接受冒失鬼的挑戰。於是，抑住滿腔的憤怒和衝動，靜悄悄地走出後門，繞到校長室的後廊。

果然，有一個孩子躲在拐角處窺視！

我無聲無息地走近去，一把抓住他的衣領，等不得他喊叫，便狠狠地向他揍了兩三拳頭！「搗蛋吧！」我怒吼着，乘勢把他摔倒。

他雙手掩着臉跑開去了；沒有哭，也沒有回顧一眼。我舉起拳頭一看，手背竟沾了鮮紅的血！

×　×　×　×

每當鐘聲响起時，我便看到一個掩面逃竄的孩子，血在他的指間淌流……

雖然，那已時過三年。

二、

回到值夜室，我不知要做些什麼事？只在長廊走來走去，最後踱到銅鐘下，悵然依傍着廊柱沉思。

現在我真期待有一個孩子走來，我將幫助他拉這條垂在鐘錘下的繩子；我想只要他多拉一下，便會增我一分欣慰，而且那鐘聲一定很好聽，一定的。

×　×

第二天，朝會時，我花了好大工夫才在五年乙班的隊伍裏，找到那個敲鐘的孩子。

他一看到我，便把臉撇過去；他豈知我是懷着滿心的歉疚想來慰問他？雖然我堆起笑容，但我知道一次的兇暴顏色已足够使小小的童心對我感到恐怖。

校長上台講話，我在孩子後面等。當時我很想伸手在他的肩膀上輕輕的捏一捏，然後把他摟進懷裏，問他還痛嗎？昨夜睡得好嗎？

散會了，學生們一鬨而散；我立刻叫他，他却閃身鑽進人羣裏。

「小朋友，來來！」我笑着向他的背影招手。

他跑得很快，身影時隱時現。

「小朋友，來！乖乖。」我仍叫着。

他連頭都不回，直向前奔闖。

「來！我不會打你，老師問你。」我還露着牙齒，但裝不出笑容；隨即舉步跟蹤他。

本來我可以放棄他，但我發現操場上所有的學生都注目我，一向老師的話學生無不服從，今天却在這大場合裏，把我的臉丟光。

「來！過來！」我瞪着眼，高聲下令：『不要跑』！」

想不到他竟如此固執；我怕他跑掉，更怕周圍冷冷的目光。於是我上前追他。可恨的狡猾者，逗我在樹下兜了幾圈，才被我揪住。我氣得腦袋幾乎要爆炸，只記得瘋狂的亂打一陣……

最後，他伏地不起；我走到校長室，圍觀的學生遠遠地開一條路。

「校長，我打了學生，您可以報上去，我不幹敎員了。」我邊喘邊說。

「哦！」校長慢慢地抬起頭來，目光從鏡片裏投射在我臉上，歉然地說：「學生真壞，我該好好訓斥他。」

「……」我一肚子的火氣，頓時消散無遺，支吾的說不出話來。

校長端了一杯開水過來，遞給我。「你累了，喝杯水，我們慢慢談吧。」

「謝……」接杯時，我的手還抖得很厲害。

隔壁的醫務室裏，來了嘈雜的人聲。護士問這兒痛嗎？那兒痛嗎？但被問的人都不回聲，也沒哭泣。

「你為什麼不聽話？老師叫你還敢不來？活該。」五乙的級任老師說。語氣很低沉。

瓷盤裏，傳來鉗子的鏗鏘聲。

我跟校長都不動，也不開口。我仔細聽着，我知道校長想些什麼？

「沒什麼？皮膚擦傷很快就會好的。」護士說。大概是在向級任老師安慰。

我鬆了一口氣，勉强看校長一眼。

「這不怪你，因為你還年青沒當過父親。」他摸着半白的頭髮說：「從前我也一樣。」

走出校長室，經過醫務室前，想不到我竟裝着憤怒未消的樣子，走過數十隻眼前。我恨自己為什麼沒有勇氣進去看看可憐的羔羊？

三

隔了幾天，我買了一個玩具去找他。

「林武雄的媽媽！」領路的學生指着說。

她在井邊洗衣服，憔悴的身邊堆了一大堆衣物。

學生跑去告知我的來意，她趕忙起身迎接我。

「來坐！來坐！」也許蹲得太久的關係，使她站着挺不起腰背，有如馱着重担。

原來他父親早逝，哥哥到外頭做工，家裏只留老人家替人洗衣，賺錢餬口。

「武雄這兩天為什麼不上學？」我問她，也在欺騙她。

「哦！不。」她非常驚異。「他天天背書包去。」

她思索了半晌，失望的又說：「孩子變了？他會騙我嗎？」

「不，他很乖、很聽話。」我說：「送他一個聖誕禮物，請告訴他：老師疼愛他。」

「老師，武雄回來了！」學生在門外叫。

我拿了玩具鐘出來迎他，他怔了一下，隨即丟下手中的竹籃返身便跑。籃裏的衣服倒在地上。

「武雄回來呀！老師要見你呀！」他母親大聲的叫喚着，氣得要去追他。

「我沒事兒，不過來走走而已。」我攔阻她。「回來千萬不能打他。」

臨走時，我把玩具鐘扭緊了發條，鐘裏的滑稽人隨着輕脆的鐘聲跳舞。

四、

聖誕前夕，我接到一張珍貴的賀卡，上寫着：謝謝老師的禮物。那鐘聲很好聽，我真喜歡它。學生林武雄。

×　×　×

平時我很少見過他（我知道他設法躲開我）。畢業後，他在家裏幫助母親，送衣服；農忙期間，替人看牛。

×　×　×

年前，適逢校裏缺一個工友，校長曾徵求我的意見。

「啊！對了！」我想起一個人，如獲至寶。「我們的畢業生林武雄。」

「誰？」校長問。

「曾被我打過的學生。」

「哈哈！」校長大笑道：「你還沒有忘記他？」

「我欠他太多了。」我祈求。「請給我一個機會彌補它。」

五、

「老師，對不起，我要打鐘了。」武雄突然站在我身邊。

「上課了？」我看看腕錶。午覺的時間已經過去了。「我們一齊拉吧。」

我一手和他拉繩，另一手搭在他肩上。

「叮噹──叮噹！叮噹──叮噹！叮噹──噹！」

「最美麗的音樂。」我讚美着，兩人相顧而笑。

廢兒

黃楠

她驀一抬頭，向窗外望去，卻見廢兒一個人，坐在窗邊的一把竹椅上，兩隻眼睛目不轉睛、痴痴地望着自己。

「唔，原來還有廢兒在這裏。」黃太太自言自語着。她看見廢兒，先前那種寂寞與恐怖的感覺就減少了一些。

她用勁而費力地將上身向上移，把身體靠在床頭上，背部用枕頭襯好，對這一個自己平日不注意的孩子，現在卻想多看一眼，她仔細看着他那定神的眼睛，似乎放射出一種希望的光芒，哀求自己對他愛撫似的……

她看着看着，使他感到了慚愧；十多年以來，她對他太不注意了，她所給予他的愛太少了，自己對老大和老三的愛是那麼真摯，對老大和老三更是那麼關心，對於廢兒又為什麼那樣的冷漠與厭惡？同樣是自己的親生骨肉，何以有這樣的差別？只是為了老三比較聰明，而廢兒是個白痴而已。在過去，她認為待孩子有這種不同的待遇是對的，但是現在她對這一種看法卻有些改變了，她受到了廢兒那兩道眼光的逼視與啟示。她的良心告訴她：過去的想法是錯誤的，而且是一個嚴重的錯誤啊。

「唔，是的，既然上帝給予他的智慧太少，做父母的就應該給他格外的愛護，這才是公平的。」她自言自語的說，不由的流下了幾滴懺悔的淚珠。

隔了一會兒，她的神情稍為鎮靜了一些。

「來，廢兒，坐到媽媽這邊來。」她慈祥地招呼廢兒。

廢兒聽見母親叫喚，兩隻眼呆呆地望着母親。他簡單的腦筋只能告訴他：「母親叫我。」他站了起來，從窗邊走到母親的床前，他看見床前的桌子上，放着一隻茶杯，他想母親也許要喝茶吧，他就揭開熱水瓶的塞子，向茶杯中倒水，但是一不小心，竟把熱水瓶滑落地上，轟然一聲，滾熱的開水，濺了一地，把母親驚得嚇了一大跳。

廢兒被這突然的變故嚇呆了，像木鷄似的癡立着，他單純的直覺告訴他，母親又會像過去一樣，把自己痛打一頓，於是他急得幾乎要哭起來了。

但是，她今天與過去絕然不同，她輕輕地喊着廢兒：「費兒，不要害怕，那是沒有關係的，過來到媽媽這邊來。」接着，她又重複地叫了一遍。

幾分鐘之後，廢兒才向前站在母親的床邊，他似乎等待母親的懲罰。

母親費勁地伸出雙手，那並不是打他，她卻是撫摸着廢兒的頭，愛撫着他的臉，接着，她又把廢兒摟在懷裏，她的嘴唇輕輕地吻着廢兒的頭和臉。

「費兒，媽過去對不起你，到今天我才知道過去做錯了，媽從今天起要改過自新。……」

她深深地感到，自己留在這個世界上的歲月不會太久了，她要利用這段僅餘的短少的活着的時間，把以前對他少付的母愛，補償給他。

她摟着廢兒，又撫摸着他的頭和臉，把一行晶瑩的淚珠，滴落在廢兒的臉上。（下）

金釵記

（九）

黎明

第十場：

景：梁家客堂。

時：初秋黃昏。

人：梁媽媽、魯學曾、梁尚賓、田素娥。

（魯學曾負手徘徊，焦灼萬狀。）

魯學曾：昨晚表哥一去不歸，倘若今天再不回家，豈不誤了我的大事？我不免請出姑媽商議。有請姑媽！

梁媽媽：（上）姪兒，何事？

魯學曾：啟稟姑媽！表哥一去不歸，姪兒今日倘若尚無衣帽更換，豈不誤了大事？還請姑媽作主！

梁媽媽：是呀！想這個奴才昨晚又不知在那裏醉倒了。我不免叫媳婦拿出與你便是。媳婦那裏？

田素娥：來了！無端嫁得浮浪婿，終朝幽恨鎖眉尖。參見婆婆！

梁媽媽：兒呀！見過你家表少爺。

田素娥：表少爺萬福（施禮介）。

魯學曾：表嫂少禮。（還禮介）

梁媽媽：兒呀！你家表少爺要去探親，你且把尚賓的衣衫，將出幾件來與表少爺更換去吧！

田素娥：啟稟婆婆！衣箱鑰匙一向都是尚賓掌管，不在媳婦身旁；這便如何是好!?

梁媽媽：哎呀！這便如何是好!?

魯學曾：哎呀！這便如何是好呀!?

梁尚賓：哎呀、妙呀！（喜孳孳挾着銀兩首飾包上）（唱）

昨夜晚好事從天降，財色兼收心酣暢。

表弟呀！你那裏，明修棧道是空想，誰知道，我早已，暗渡了陳倉!?

我必須，施巧計，把時間延宕；捱到那，員外回，你便絕了企望。

緩步兒，行至在，自家門巷；卻早見，日沉西，東山月上。

（叩門介）開門來！

魯學曾：啊、表哥回來了，待我開門。（開門介）啊、表哥你回來了?!

梁尚賓：回來了。（瞥見母親田氏皆在，知道必在議論自己，故作鎮定，橫了田氏一眼，趨向梁媽媽施禮）參見母親！

梁媽媽：你這個奴才！為何這般時候才回？豈不誤了你表弟的大事！

梁尚賓：母親！你那裏知道啊！（唱）外面的人言已嘖嘖，員外要把親事退。口說會面心不良。表弟不如不要去。

梁媽媽：明是顧家親母呼喚，焉有不去之理？你只快把衣衫給表弟便了；外面閒言閒語理它則甚？

梁尚賓：母親呀！（唱）

不是兒把衣衫惜，

顧家實在沒道理；

那有個前門不走走後門，

後花園中會女婿？

那有個親家不喚親母喚，

怕的是，後花園中有埋伏，

赤手空拳難迎敵！

怕的是，文弱書生遭暗算，

船到江心補漏遲！

梁媽媽：你便是一輩子不存好心眼，顧家與表弟無仇，苦苦要害他性命則甚？你只索將出衣衫便了；休得胡言！

梁尚賓：既然母親不信，孩兒也無話可說；只是今天又已晚了！（轉向魯學曾）啊、賢弟！依愚兄之見，咱們「明人不做暗事」；您且仍屈草榻一宵，明早換了衣衫，還是大大方方從他家大門進去，千萬別從後花園進去，也好萬一出了事兒，撈摸得街坊鄰里做個見証，免得他家圖賴乾淨；這便是所謂「防而不備，備而不防」也；不知賢弟意下如何？

魯學曾：就依兄長。

梁媽媽：這倒使得。姪兒！米嗲，老身明日自派人跟隨楊婆婆送到府上；你便一直前往顧家，休再躭誤。喜訊定了，速報我知！

魯學曾：姪兒遵命。

（田素娥扶梁媽媽下，魯學曾同下。）

梁尚賓：這就好了！這就好了！（好笑介）表弟、你中了我的圈套了啊！正是：背後害他當面好，有心人對無心人。（下）

第十一場：

景：顧家大門口等

時：初秋中午。

人：顧安人、小三、魯學曾、劉媽、春梅、顧秀娘。

魯學曾：嗯吥！（衣帽全新，氣概亦與前迥別；從容上）：緩步青雲寧有日？頻遭白眼只為貧！來此已是外家大門；待我叩門。開門來！

小三：何人叫門？（開門介）

魯學曾：小生魯學曾要見你家員外安人。

小三：來遲了。

魯學曾：怎麼來遲了？

小三：三天前東莊收租去了。

魯學曾：小生要見員外安人，不是你家員外呀！

小三：怎麼？要見我家安人？（連搖兩手）越發的來遲了。

魯學曾：怎麼越發的來遲了？

小三：我家安人有事不出中門，無事不出大門；自從今年端陽節和我家小姐看過龍船以後，別想她老人家再出這大門。——你明年再來吧！

魯學曾：哎咦！我乃你家安人請來的；一定要見！

小三：請來的？怎麼我小三一點兒也不知道？（又連搖雙手）沒有的事！八成你找錯頭門了。

魯學曾：我乃你家姑老爺奉岳母大人之命前來，豈有找錯頭門之理？

小三：吓！你是我家姑老爺？（忙搔頭皮）這這這我的天！您老人家怎麼不早說？害得我猛出這洋相一籮筐！（陪笑介）啊、姑老爺！喏喏喏，小三這廂有禮了。（施禮介）

魯學曾：（也變得大剌剌地）免！

小三：啊、是是是，免。姑老爺隨我來！

魯學曾：帶路！

（學曾隨小三入大門，穿前院，進中門，至客堂而止。客堂富麗堂皇，骨董書畫，琳瑯滿目；左為圓門，後院景物，可見一角。）

小三：姑老爺、請您少候一時，我通報安人去也。（下）

魯學曾：請便。（冷笑介）這才眞是：龍游淺水遭蝦戲，虎落平陽被犬欺！（隨意負手欣賞骨董書畫介。）

（劉媽小三同上）

劉媽：小三！姑老爺在那裏？

小三：（忙趕上一步指着學曾）這位便是姑老爺。

劉媽：吓！（和學曾打個照面，幾乎失聲驚叫。旋覺事有蹊蹺，冷眼端詳了一陣；邊退出，邊喚：）小三、你這裏來！

小三：啊、是。（受了劉媽態度的影響，也望着學曾出神；答應呼喚後，立即跟着退出。）

魯學曾：（見了他二人的神態後）他們二人搞的什麼鬼呀！（旋忽若有所悟）哎呀且住！昨夜表哥言道，到了他家，必須「防而不備，備而不防」；莫非這兩個鬼鬼祟祟正要下手於我？唔、不錯；有理！（用紙扇敲着左手掌，堅決地）我必須要來它個「防而不備，備而不防」啊！

小三：（怒冲冲上，指着學曾）：呔！你這個小子到底吃了什麼獅子心、豹子胆、兎子鬚、王八羔子尿，也不打聽清楚，竟敢冒裏冒失，就冒充起我家姑老爺來!?

魯學曾：（忿然，傲然）怎見得你家姑老爺是冒充?

小三：還說不是？好小子！你再說；你別動；看三爺我不嘟嚕嚕打你!?（捲袖握拳作欲打介）

劉媽：（上；喝止）小三！不得無禮！

小三：啊、是。（立刻休手挺立）

劉媽：這兒再沒你的事，看門去吧！

小三：啊、是。（怒盯學曾一眼，下。）

魯學曾：嘿！眞眞豈有此理！

（未完）

辛亥革命史談（一八）

三、同盟會成立經過及其活動

舜生

鎮南關一役是革命史上頗有名的，其原因由中山本人曾偕黃興、胡漢民、胡毅生、盧仲琳、張翼樞及日人池亨吉、法炮兵大尉狄氏，親登鎮北炮台，停留三日。

先是中山以欽州失敗，而一部精銳尚留十萬大山，乃命王和順改圖鎮南關，謀奪取炮台以作根據地。但當地土司李某不顧聽王指揮，因改派黃明堂，即以土司李某為副，並從會黨首領梁某借得槍械若干，率鄉勇八十人，潛從鎮南關之背，向關上右輔山炮台攻擊，守兵百餘，以事前有聯絡，稍抗即降，於是十月二十六日，鎮南、鎮中、鎮北三台，全部落革命軍之手。次日，中山在河內得明堂捷電，即偕黃、胡等乘火車前往，並登鎮北台大行犒賞。初擬炮台一經佔領，即利用炮台藏械，集合十萬大山之衆，會攻龍州。及登台後，始知台上除若干炮口向安南裝置的炮台以外，別無其他器械可資利用，而十萬大山之衆，又以道遠而難於集合。時廣西提督龍濟光及防軍統領陸榮廷已率悍卒四千人到達。台炮革命軍合歸降者不足兩百人，衆寡懸殊，勢難堅守，於是除連發數炮以警官軍外，中山等乃接受明堂勸告，於二十九日先行下山，赴河內籌餉。但中山一行於途中為法警識破，因而法政府乃命中山不得在越南境內繼續居留。明堂堅守至十一月初四，以子彈告罄，也只好將炮台放棄，率衆退入安南燕子大山，於是此一有名的鎮南關之役，僅經過七晝夜而宣告閉幕。

鎮南關雖告不守，但中山乃命黃興再圖欽廉，命黃明堂規取雲南屛邊縣之河口。三十四年二月，已向安南法商及香港方面購得盒子炮百數十桿及子彈炸藥若干，於是黃興於是年二月二十五日率黎仲實、梁建葵等及越南華僑二百餘人攻入欽州，轉戰欽廉上思一帶凡四十餘日，屢敗絕對優勢之官軍，延至四月初旬，卒以彈盡援絕，不得已宣告解散，仍退入安南，檢點所率之二百餘人僅死四人傷二人，於是黃興敢戰的威名大震。

三月二十九日，黃明堂及王和順等起義於雲南河口，黃興則被任為雲南革命軍總司令。河口位於滇越邊境，清於此設有督辦，駐有重兵，且地當滇越鐵路孔道，上通蒙自阿迷，臨安及雲南省城；右通剝隘、廣南以達桂邊，為鐵道工人及遊勇會黨出沒之區，頗便運用。明堂奉命於此起義，即於邊境潛伏百餘人，鐵道沿綫潛伏二百餘人，而督辦王邦鎮部下之管帶黃元貞及守備熊通，已與革命軍通欵。對胡漢民在河內策應，命明堂等速發，於是二十九日革命軍乃於河口突起，結果四月初一王邦鎮為熊通弁兵攢擊斃命，餘軍多數歸降，四炮台也被佔領，河口乃完全入革命軍掌握。是月初八，黃興赴河口指揮，原擬逕攻昆明，以官軍新附，信心不堅，而明堂和順，也未受基本訓練，深以兵疲彈缺為慮，黃興見直搗省會的計劃不能實行，也深感非有革命基本部隊無法使各軍聽命，乃決計本人退歸河內，擬集欽廉舊部，徐圖再舉。興到河內住一日，晤漢民有所商談，仍乘火車出發，行至老街，為法警識破，結果被法兵遞解出境。河口以指揮無人，而雲貴總督錫良所調滇桂援兵大至，十倍於革命軍，於是延至四月二十七日，河口乃告不守，明堂率六百餘人退入安南，擬假道前往桂邊，結果被法兵繳械，並發給旅費，解送出境。於是河口一役，不及一月，又告幻滅。（未完）

聯合評論 週刊

本刊已經香港政府登記

每逢星期五出版

United Voice Weekly

第一五七號

督印人：黃宇人　總編輯：左仲平

社址：九龍荔枝角道三十二號地下　電話：68678

承印者：嘉羅印刷有限公司　香港灣仔馬師道5號

總代理：友聯發行公司　售價每份港幣一毫

本報美洲版總經售處美國紐約中美出版社

CHINESE - AMERICAN PRESS, INC

199 CANAL STREET.,

NEW YORK13 N. Y. U.S.A.

美洲航空版每份零售美金一角

俄共新黨綱的傾向

胡越

最近俄共公佈了赫魯曉夫擬寫的新黨綱草案，自由世界觀察家對此已發表了很多評論；但是多屬枝枝節節的窺測，並未將新黨綱的全貌和基本傾向指出來，更少對其歷史的意義做扼要的衡量。本文擬對上述各點，試做一簡要的說明。

根據八月五日中共人民日報所發表的俄共新黨綱，全文凡達九萬字；導言除外，內容分爲兩大部份：第一部份總題爲「從資本主義向共產主義的過渡是人類發展的道路」，這一部份共有八節，（一）從資本主義向社會主義過渡的歷史必然性，（二）十月革命和社會主義在蘇聯勝利的歷史意義，（三）世界社會主義體系，（四）世界資本主義的危機，（五）工人階級的國際革命運動，（六）民族解放運動，（七）反對資產階級意識形態和改良主義意識形態的鬥爭，（八）和平共處和爭取普遍和平的鬥爭；第二部份總題爲「蘇聯共黨建設共產主義社會的任務」，計有七節，（一）黨在經濟建設方面，在建立和發展共產主義的物質技術基礎方面的任務，（二）黨在提高人民物質福利方面的任務，（三）黨在國家建設和進一步發展社會主義民主方面的任務，（四）黨在民族關係方面的任務，（五）黨在思想、培養、教育、科學和文化方面的任務，（六）蘇聯的共產主義建設和社會主義國家合作，（七）全面展開共產主義建設時期的黨。

將上述兩部十七節的內容，仔細讀過之後，我認爲值得注意的傾向及意義有左列七點。

一、史大林主義的正式結束、赫魯曉夫主義宣告誕生。在史大林時代，所謂馬列主義實是馬、恩、列、史主義。而在新黨綱中對史大林主義已抹去不提，因此今天的馬列主義，就應做馬、恩、列、赫主義來了解了。

從全文內容來說，抽象的理論所佔成份甚大，尤其是第一部份，理論性更強，對於自由世界若干重要思想觀點，如「福利國家」、「人民資本」等，皆不厭其煩的提出加以批判（武斷的），証明赫魯曉夫曾搜羅和研究當代的自由世界經濟思想，蓄意造成赫魯曉夫主義，否則用不着以如此冗長的文字來談這些抽象的理論。

二、苦心孤詣打擊中共。新黨綱中雖然未提及中共，但是許多話都是針對中共而發的，儘管經過細密謹慎的掩飾，但是明眼人則洞如觀火。對中共的打擊最重要者有四點：（一）針對毛澤東瘋狂的自我崇拜，新黨綱有「全面展開黨內民主」，消除「個人迷信」的顯明主張。（二）針對毛澤東一窮二白的「人民公社」，冒向共產主義躍進的狂想，新黨綱提出了從社會主義進向共產主義的具體原則，即必須建立客觀的物質條件，那些條件是全國實現機械化、自動化、電氣化，使生產力提高到足以普遍提高人民生活水準，縮短勞動時間。（三）針對中共的瘋狂的暴力主義，新黨綱肯定工人階級革命可以從議會政治奪取政權。（四）新黨綱雖然同時提出反修正主義及反宗派主義和教條主義，但是反修正主義的辭氣溫和，而反教條主義及宗派主義則聲色俱厲；使人得到這樣的印像：宗派主義、教條主義的中共遠較修正主義的南共可惡可憎。

三、打着反資本主義招牌，偷運資本主義私貨。在帝俄時代彼得大帝是打開傳統之窗吸取西化的功臣，一九一七年共產黨奪得政權以來，赫魯曉夫可以說是解凍共產主義教條，竊取西化的走私販子。縱然二者的動機並不相同，前者是出於仰慕西化，而後者是受西方生活方式的競賽不得不如此。

在新黨綱中西化傾向有下列各點：（一）在政治方面舉步試行民主，明言以不記名投票方式，改選各級負責人；屢見不鮮的標舉「個人自由」，「民主自治」等與民主有血緣的名詞；（二）在經濟方面，棄除發展重工業第一主義，而以提高生活享用，增縮短勞動時間，進人民生活餘暇爲經濟發展的主要目標，向西方國家人民的生活水準看齊。（三）在談及道德問題時，曾提出人道主義，夫妻互相尊重，樸實，謙遜等這些傳統意味的抽象的道德觀念。從字面上了解，赫魯曉夫心中所想像的人民，不再是呆硬的冰冷的螺絲釘，而是有人情的溫良的人。而這些溫情主義，脫離階級意識的東西，是向來爲共產主義者所不齒的。

四、明裏反對修正主義，暗裏採行修正主義。在一九五八年，當南共新黨綱發表時，曾遭受俄共嚴厲的詆譭和批評；其中批評最厲的是主張在資本主義國家無產階級可以經由議會政治奪取政權，及加强工會的實際權力，改變無產階級專政形式；而這兩點在俄共新黨綱中都完全照抄一份。今天俄共憎惡南共的，大概只剩下它的「民族主義」了。如果南共肯聽莫斯科的話，在赫魯曉夫心中就非常可愛了。

五、舉步民主，在克制官僚主義，一黨專政、一人獨裁本質未變。關於發展「社會主義民主」，新黨綱中提到下列八點，一是「提高社會組織的作用」，即加强工會、青年團等的發言權，加强報刋的言論作用；二、「擴大加盟共和國的權利」，三、硬性規定黨政各級負責人的定期改選。所有這些「民主」步驟，其目的在克制腐敗貪污浪費的官僚主義，而並非把統治權力客觀化與民主化。因爲黨政各級負責人每次只改選三分之一或四分之一，並且規定只能連選連任三次；但是某些「享有公認的威信」，具有高度政治品質」者則可以無限期連選連任。就是說，赫魯曉夫等少數人仍有專權擅位的方便。

六、基本矛盾、重大困難，仍在農業生產。自從赫魯曉夫當政以來，蘇俄人民在政治和經濟兩方面，較比史大林時代的日子都好過得多了，這是事實。今天蘇俄三分之二的城市人民，日用品及半數糧食都從自由市場購買；政治不再像以往那樣隨便捕人，報刋上也刋登若干社會新聞，及拍蒼蠅式的對政府人員的批評，還加上人造衛星領先上天的陶醉。赫魯曉夫這套對內溫和，對外炫耀的辦法和成就，進成了今天蘇俄內部的小康局面。但是他依然抱有隱憂那就是農業生產。在新黨綱中頻數的提到集體農場問題。它一方面誇讚集體農場，一方面又要從根拔它。以往史大林勒緊全國人民褲帶發展重工業國防工業；而赫魯曉夫則勒緊農民褲帶，餵飽城市居民，發展太空競賽。因此最苦的農民一直在鬧情緒。農業生產連年失敗，糧食供應一直不足。而大部份農民都納在集體農場，所以新黨綱大讚了一番集體農場，並且保障在今後廿年內，提高農民生活，消除城鄉的差別。但是另一方面，爲了向共產主義行進，必須建立百分之百的公有制，而集體農場則是集體私有制，該加以改造甚至取消。但赫魯曉夫肚裏明白，農民是不好惹的，如果取消農民的小塊自留地，把集體農場改進成國營農場，則馬上就要遭遇到今天中國大陸實行人民公社的困難。農業生產將再下降。因此新黨綱對此問題，態度模糊，看來尚無良策。

七、對文學藝術的控制，依然難以放鬆。新黨綱中在「提高文學藝術的教育作用」一小節的開頭曾這樣說：「蘇聯的文學藝術充滿了樂觀主義和生氣勃勃的共產主義思想，它們起着巨大的思想教育作用，發展蘇聯人的新世界建設者的品質。它們的任務是成爲千百萬人從中得到愉快和鼓舞的源泉」。因爲俄共正向世界誇耀邁向共產主義樂園，在樂園之內是不能哭聲和眼淚的。因此勢必加强對文學藝術的控制來配合共產主義建設。毛澤東命令大陸作家以「革命的浪漫主義」觀點寫作，要把喜寫成憂，淚寫成笑，黑寫成白；就這一點說，赫魯曉夫倒應該向他學習。

雷震被捕周年痛言

謝扶雅

距今正正一年之前，即是中華民國四十九年九月四日，台灣的「自由中國」半月刋發行人兼籌組中行見成立的「中國民主黨」發言人雷震，突被台北國民政府屬下的警備司令部非法逮捕，誣以叛亂。這是民國政治史上必然要大書特書的一件痛心之事。這事件的嚴重後果，直接地固然食是國民黨當權派的自瀆自毁，間接地却連累到中華民國的終於無期光復大陸而致奄然走入滅亡之運。本刋一一四號曾刋載狷夫氏「雷震與國運」一文，說他於見報得知雷震被判十年徒刑的消息，不由得嘆息一句：「國家完了」。這個雷案與「國家完了」的緊緊聯扣，豈獨在朱君一人心中爲然，凡稍有思想和世事常識的人，都無不要到達這個結論。自然，「中華民國」是一回事，「中華民族」另是一回事。我深深相信這六萬萬人的中華民族終將能生息發展於世界上，而亦終有一日自己組成一個眞正民主憲政的國家。不過現今在如此這般的國民黨政府領導之下，中華民族將顚沛救死之不遑，而五十年前孫中山等所捓造的「民國」，快就會眞個「完了」！雖然我還有樂觀繫於將來，但我的無限悲觀絕望，則因雷震非法被捕一事而已衝湧至最高潮。

姑不論這十一年來台北政府的種種倒行逆施，並非蹂躪人權，毁憲連任，但到了連這象徵民主自由的最後防線——一本「自由中國」刋物和發動一個勉可與執政黨競賽的新黨，而亦遭致當局如此處心積慮的摧毁，顯然它只想利用美國對台灣基地的保持，而自固「小朝廷」的一家權位了。所以，從逮捕至判決以後，不顧當事人辯護人和直親等堅强法理的申辯，不顧立監院中有正義感的委員輩之質詢調查，不顧民間及僑胞或激動或沈靜的抗議，不顧外邦人士國際輿論的不斷非難和譏評，當無更不顧那些聞人賢達們（？）的環請特赦，而悍然貫徹其預定的卑劣計謀了。然而這種陰狡自保權益，誅鋤異己之圖，不但不能一手掩盡天下人耳目，也決不能撲滅公義不平之鳴，其必致內招衛決，外受蔑視，而殘暴政權之終歸自掘坟墓，又何待言。

當雷案發生之時，美國尤其是在野的民主黨人士不少，表示美國政府不應以納稅人的血汗的美援去濟助這種反民主反人權的警察國家。迨今正民主黨上台，「兩個中國」的策畧遂更具體化，表面化，而此間台籍留學生和潛居日本的廖文毅又公開宣佈台灣獨立運動。（下轉第二版）

雷震被捕周年痛言

謝扶雅

（上接第一版）

英國當局復明白聲明今年第十六屆聯大內必須讓中共加入聯合國。直至蘇聯嚴重威脅西柏林的前夕爲止，美國白宮對華政策原在以某種理論，使大陸中共和台灣國府分別繼承中國在聯合國內的代表權問題，一方面又欲藉與外蒙建立邦交，以漸就走上承認中共政權的途徑。這自是所謂「人必先自侮而後人侮之」的顯明眞理。要不是赫魯曉夫這回狂妄地製造柏林危機，美國國會中的外交委員會未必肯通過重再反對中共入聯合國的案子，甘廼廸亦不會邀請陳誠來華應酬一番（無非爲有助於對蘇冷戰）了。美國既在古巴和寮國問題上，在太空人競賽上，受了國際共產集團的嚴重打擊，而若再於赫魯曉夫瘋狂冷戰攻勢之頃，放中共入聯合國的大門，豈不是等於望風投降了嗎？所以今年度「兩個中國」的安排，雖「托赫魯曉夫之福」而在名義上未至實現，但實質上這「台灣國」或「中台國」的底牌，固隱然操在國際局勢的手中，遲早會攤出來。

要使中國只有唯一的「中華民國」，除反攻（還不是大陸內部的革命，因爲那將是出現修正主義的新中共政權）以光復大陸而外，更無任何第二條路。而這反攻是決不能期之於這反民主反人權的國民黨當權派的。當權派固未嘗不亦欲反攻，而的確在刻刻高唱反攻，然而他們心意中的反攻、的反共復國，只是爲報私仇，只是爲奪回自己權信，由於這種私心私見，所以顧忌到自己只六十萬軍隊，對方卻有三百萬及無窮盡的兵源，自己不得到美國的點頭，對方卻有蘇聯的支持供應。在這種患得患失的錯綜心情之下，怎能毅然出動反攻呢？他們亦未始不知軍事上固有以少克衆，以弱敵強的纍纍實例（惠州起師已至完成北伐，蔣不自具這經驗嗎，更不用說對日抗戰了）。然而這樣的全民反攻復國，又非澈底開放政權，開放言論不可，而這，恰正由於拘禁雷震一事而全部根本取消了。所以拘捕雷震，等於斷滅反攻，等於賡續鑄造兩個中國。

而且，雷震所籌組的反對黨，不但使民國切實走上民主憲政的正途，更因其活動聯絡的能力高強，納台灣人與外省人於一爐共冶，而投諸公心及大衆的旗下，可以根本遏絕台灣獨立或國際化的譸張詭謀。這在目下保全中華民國的命脉上實在貢獻太大了。此間台籍留學生必將由此而易與原來大陸留學生肝胆相照，而不致爲某些浪人政客所利用了。在這裏一間美孚油行任職的台籍某君，公開自稱不是中國人而是台灣人。這次陳誠訪聯合國時，門外發見貼有標語「我們不要毛澤東」，「我們不要蔣介石」，「台灣人民自決」。最近美國副國務卿鮑爾斯又在非洲高調「台灣自決」，而招致台北外交部的要求其澄清這話的涵義嗎？空穴來風，不空那有風來。國民黨當權派的迫害雷震，本意在扼殺新黨，而實卽等於扼殺了中華民國，催促着台灣國的快快產生。

就大體而論，歷史的推行是基於人類正常理性之上，但當然容許有偶然的例外。要是在最近，赫魯曉夫或毛澤東竟反理性地瘋狂到挑起世界大戰，那總算是蔣氏父子的紅運再來，但也只是曇花一現。不過，陰鷙狡獪的赫魯曉夫，不像希特拉般的變態心理，毛澤東也始終不曾作冒失鬼去打美國第七艦隊。蔣家那種祈求，或者魔鬼偶會允許。自然，蘇聯這次的柏林鬧劇，只是由於東德難民的更劇烈的西流，而東德難民的不斷出逃西德，則由於西德的民主政治修明。所以三段論法的邏輯上，我們可憐的中華民國國命之不絕如縷，卻是來自戰敗國西德卓然復興之餘光迴蔭。然而一個國家若是自己不爭氣，自我摧殘，世上雖不乏善人君子，亦終無法越俎代你做人。中華民國如不能主動地儘速做到民主團結，反攻復國，海外二千萬華僑本身處境愈來愈艱苦，其向心力必由薄弱而降於零；而台灣呢，黯然孤處一隅（近來民氣銷沉已極，而政風及社會一般腐敗益甚，試一比之西柏林二百萬市民最近慷慨激昂，抗議東德封鎖邊界，並向盟邦呼籲），只有靠賴美國，或經由聯合國託管而演變至台灣國，甚至竟淪入中共的魔掌。總之，中華民國的不幸奄奄消逝，是爲一羣孤臣孽子所最泣血而椎心，而她的最大致命傷，則中於民四九九月四日的暴行。這暴行重重敲響了給全世界聽到民主憲政的中華民國之喪鐘！

正正一年了，痛定思痛，有志之士實當本就仁取義，不自由毋寧死的精神，繼雷震之後，在海外先成立一個像「中國民主黨」一樣的組織，並應創辦刊物在海外刊行，以冀宣達中國人的眞正民意。

民國五十年九月於美東。

廣東霍亂蔓延的內幕

介鴻

廣東省發現霍亂這可怕的傳染病，已在三個多月之前。中共幹部，無論高級下級，要把共區謊飾爲人間樂土，世界天堂，由來諱疾忌醫，不肯宣布霍亂的蔓延情形，使病人隔離，好人預防，故霍亂肆虐，於三個月中，傳遍廣東西南十五六縣；直到最近傳染了出來，令澳門香港，也遭受霍亂，掩無可掩，中共乃誣稱霍亂是由於美國對中國大陸的「細菌戰」結果，眞是無聊可笑之至！

據回新會探親的來人談，霍亂病於五月中初發現於陽江、陽春兩縣，在陽江河流一帶村莊，死人甚多；六月中卽傳至恩平、台山，新會也接着告警，四邑人口比較衆多；而且居民經商者多，見識較廣，於是呼籲共幹設法防疫，於六月底間，方纔開始打防疫針，隔離病人。但因人民一向營養均差，身體抵抗力弱，且飲食無法考究衛生，故霍亂蔓延，無法制止，而台山新會沿鐵路一帶之各重要村鎭，疫勢仍甚披猖，每鎭暴死之人，動以百計；台屬之白沙、赤水、新昌等村鎭死人尤多！

目前在開平、鶴山兩縣，霍亂傳染也猖獗起來，共幹既不懂防疫之隔離辦法，而打針人手甚少；成藥老方又不靈驗，因之兩陽、四邑及靠近四邑的鶴山、高明，兩月以來，遭受疫癘而橫死之人數總有兩三萬人！中共見霍亂無法制止，只有將四邑人民視爲化外，而爲廣州安全起來，於八月初，將廣州通往四邑的水陸交通加以封鎖，檢查來往旅客交通甚嚴，凡僑胞自港澳去廣東，欲返四邑探親者，必須先打防疫針，一星期後，始准前往四邑，而四邑的居民要來廣州者也必須有八天之前打針的証明書，且不准携帶食物及器具。

四邑居民目前由水陸交通前赴廣州已至感困難，但並未能將霍亂的蔓延情形遏止；不但廣州於七月中已發現眞性霍亂，大吐大瀉，手足抽筋，兩日便死，而且沿廣九鐵路而下，東莞，寶安兩縣各村也發現霍亂，順德、中山兩縣也告警了！

到八月初，廣州中共高級要員始大爲緊張，要求北平上海等處辦大量人員及多量針藥帮助；並到處貼出告示，喊人民鎭定，聽候防疫；又在各縣大街小巷，張貼預防霍亂須知八條。至八月十五左右，廣州及各縣城內人民因打針防疫，較有辦法，始行漸次安定，但鄉下各村鎭，防止辦法仍未普遍，尚在霍亂恐怖之中，死人也尚在不斷之中！

這位新會籍的朋友是一向在南洋各大埠華僑中學敎理科的敎員。筆者問他，中共又聲稱，霍亂疫疾是從北婆羅洲沙勝越邦傳到廣東去的，此言是否有所根據？這位朋友認爲，南洋熱帶地方，士人生活簡陋，霍亂病在南洋鄉村裏是最易發生的。但因爲從前殖民地政府不斷注意；不斷防止，多年來沒有蔓延過；卽日本軍閥佔領南洋期間，也厲行防疫打針，非常注意傳染症。但中共在數年來，弄得老百姓一直飯都吃不飽；在近年簡直沒有甚麼吃的，大家在田裏江邊亂掘亂找，只在見着可以充飢的東西，便放入口內，這樣生活之簡陋，不但不如南洋士人，乃回到了原始人的生活狀態，故禁不起病魔來攻，何况還是傳染性最厲害的霍亂呢？不問這個霍亂是否從南洋的歸僑帶入廣東，但香港進口或過境的南洋僑胞不少，爲甚麼，香港不先蔓延傳染病，而要從大陸蔓延開來，然後纔傳到港澳來呢？

這位朋友最後感慨的說道：『這幾天，我回香港來看見香港官廳與市民福利機構，如此其努力的防止霍亂，幾乎大家總動員的在幹，三五天內，就有兩百萬人都打了防疫針，而且醫藥盡心，隔離澈底，很快就把這可怕的「虎列拉」打倒了！中共遇事便稱「苦幹，實幹，快幹！」而且一切都高呼「全面動員起來！」但對於人民死活的大問題，而且關係於共幹本身可能被傳染的死活問題，乃竟諱疾忌醫，坐視人民死亡，以至弄到疫疾猖獗，蔓延十餘縣，死人無算，成爲不可收拾現象，方纔忙亂的從事防止工作，這可見中共的腐敗無能；而平日大吹法螺，稱他們的社會主義地方爲天堂，更是無恥之尤！』

五〇、八・二八

從新聞不自由看陽明山會談

季夫

第二次「陽明山會談」於八月廿五日舉行，會談的中心為文教措施。其四個主題是：一、當前教育措施問題；二、光復大陸後的文化重建問題；三、文化建設與新聞事業問題；四、有關國際情勢及反共復國的意見。

及至執筆為文時，尙未能看到該次會談的全般情況報導。就「談總比不談好」的角度來說，對於「陽明山會談」是應該希望它能眞正開得好的。可是就第一次會談的結果來論，儘管官方的、黨方的和御用的報刊曾不斷宣傳它的「成功」，實際上它是否屬於成功呢？明眼人已經看得很清楚了。不過，台灣的財經問題和工商問題中的那些實質上不能解決的問題，却無異是盡量地暴露出來了。當局雖有聽的雅量，實際上却並無改革的決心，祇要當權派一日執政而又一日不放棄既得利益，問題是顯然難能解決的。

第二次「會談」，實際上較首次討論財政、經濟問題的範圍更為廣泛。第一次會談的問題都屬眼前的現實問題，第二次的問題，除了具有現實性之外，還具對將來影響的可能，例如第二點的「大陸光復後教育文化重建問題」等。即使就第一點而言，「當前教育措施問題」，也不是一個易於談得出頭緒的主題。可是據說在全部會談過程中，祇有二十七小時用來供與會人士發表意見，交換意見和作結論，事實上已經完全喪失了「談」的意義。問題是那樣的錯綜複雜，所給的時間是那樣的少，被邀請到會的人士，除了洗耳恭聽官方的報告之外，說的機會是實在太少了。難怪從美洲赴會的華美協進會總幹事程其保先生，在陳誠限制與會人士發言勿超過五分鐘時，他即起立發言表示反對，他說：「我們遠自美洲返國，有許多話要說，如限制時間，將使我們不能暢所欲言。」

「暢所欲言」。這在台灣的現實政治之下，是可望而不可及的。

在上述的四大主題中，值得在此稍加申論的，是「文化建設與新聞事業問題」。

這個問題實際上與民主與自由的能否體現實踐，有極大的關係。

以新聞事業為例，台灣的當權派最早是以台灣白報紙生產量不足為理由，停止新辦報紙的登記、出版。該項措施實際上是變相的管制了出版自由和新聞事業的發展。這就是首期以來，台灣之所以缺乏較多的民營報紙，而盡多的是屬於官方、黨方的宣傳機器的原因了。

四年前，當權派對扼殺新聞自由意猶未足，在各方強烈反對之下，透過立法程序通過了修正新出版法。此後台灣一連串的發生了幾件與此有關的事件：（一）雷震以毋須有的罪名被捕入獄，自由中國半月刊停止刊行；（二）公論報以產權糾紛之不當判決，為屬於當權派的人物所接收。這期間當權派直接運用出版法迫害新聞自由的也有三次：一次是警告公論報（李萬居主持該報時代）對雷震案的社論批評；一次是警告聯合報，同時也警告自立晚報對台北市長黃啟瑞涉嫌舞弊案的評論。

新聞自由是民主的政治的表彰，文化建設如果不以出版自由為基礎，則所建設者也無非是一些黨教條與黨八股。所以自由文化與新聞自由實質上是民主政治的褓姆。

再就新聞事業而言，要求政府依法保障新聞自由的，不僅是身在海外的人士，就是現在台灣從事新聞事業的人士，亦莫不在積極地爭取中。

在第二階段的陽明山會談中，台北市四家報紙的負責人曾提出建議廢止出版法，而由新聞業自行制訂「自律公約」取代。他們所持的理由仍不敢以正面的意見提出，而祇能說出版法對加強新聞行政管理，「在國際間易滋誤解，對我國家民主政治聲譽，不無影響。」

有史以來，凡是實行獨裁政治的，沒有不對新聞自由加以箝制的，也沒有不對新聞事業加以迫害的。台灣的當權派自不例外。

輿論，是現代民主政治的監督，是國民用來直接反映意見的工具，迫害輿論，限制辦報，無疑是扼殺民主、自由。當權派這些年來所以能毫無顧忌地一意孤行，就因為是新聞自由和出版自由遭受到了傷害，民意一蹶不振，當權派更是目空一切為所欲為了！

陽明山的第二次會談，是否成功，不能以會談的一般情況來論斷，也不能因為主持會議的人士不時表示有的「恭聽」的雅量，而認為成功。陽明山會議的是否成功，當以今後台灣的新聞自由的尺度來衡量。如果新聞和出版自由能够得到充分的保障，我們可以說那是屬於陽明山會談的成功。

如果今後新聞與出版事業仍然像現在和過去那樣奄奄一息，那末可以肯定地說，陽明山會談是澈底的失敗，也可以証明當權派根本沒有誠意改革現狀，台灣的現局仍將繼續腐爛下去！

陽明山二次會談點滴

亦謙

（台北通訊）所謂陽明山第二次會談，已於二十五日上午九時開始，新近訪美歸來的陳誠院長在致詞時說：「政府誠心誠意接受與會人士的批評，深望大家就政府應該做的事或做得不好的地方，坦率提供意見，以促進台灣的進步與光復大陸的早日成功」。這兩句話，使筆者聯想到週前聯合報的一篇社論，題目是「期望於訪美歸來的陳副總統」，其中有一段說：「我們有理由期望陳副總統訪美以後，不祇帶回了中美兩國更密切的團結合作關係，帶回了更高的國家地位；同時也帶回了他的革新政治，創造新政風的思想胚胎。」又說：「我們所以抱此希望，乃因為目前的政治與政風正需要一番革新。尤其因為我們所需要的一切革新，近年來正陷於議而不決，決而不行的狀態中。大家好話說盡，好事却寸步難展。現在我們需要的，是一股自發的，有決定性的領導力量；更需要經過民主洗禮，皈依法治的領導力量。」這篇社論的措詞命意十分明確。也可說正是台灣一般善良的心，在無可如何之下的一種最低願望。從陳院長籲請出席會談人士對政府應該做的或做得不好的事，坦率批評這一表示看去，似乎當局也有改革的意向；然而想之實際則仍大謬不然。因為今天的最大關鍵在於家天下主義從中作祟。假如以一人一姓為中心而且還要傳之子孫的現局不變，一切改革自無從下手。陳院長雖有說好話的勇氣，恐怕仍缺少實踐的決心吧？

胡適丰采如昔

自雷震被判重刑後，年來極少在公衆場合露面的胡適之先生，也以會談顧問的身分出現陽明山會場。據說：他原決定去美國開會的；因為陳誠的專誠拜訪，當面敦促，才臨時取銷出國之行。報載他到會場後，有說有笑，精神煥發；而且還打算和記者們講一個怕老婆的笑話，可惜祇說了一句「太太說，人多的地方不要去。」便停了。有人猜測，胡先生因為說了這句話之後，可能想到陽明山會場的人，包括出席列席及顧問，職員與記者等等，不下兩百餘人之多，而他自己，竟欣然來到，未免有違太太的指示，而與怕老婆的宗旨相抵觸，所以不便再講下去。是否如此，則非筆者所得而知了。

台北報人的正義之聲

出席會談的台北聯合報社長王惕吾，自立晚報社長李玉楷，國語日報社長洪炎秋，及英文中國郵報發行人余夢燕等四人聯名提出書面意見，要求廢止出版法及報禁；王惕吾和余夢燕並作口頭補充說明。陳誠表示自出版法修正公佈後，政府從未輕予援引。並說：過去因為節約紙張，對報紙有所限制。現在台灣的紙張產量逐漸擴充，他相信一定可以照大家的意見改善。無論陳誠的話能否兌現，台北報人在如此的環境之下，仍敢於提出撤銷報禁和出版法的問題，殊足令人欽佩。但來自號稱民主之窗的香港某某兩個談士却指責台灣報人濫用新聞自由，缺乏新聞道德；主張仿效英國辦法，設立報業委員會調查此類行為，亦可謂別有用心矣。預料蔣「總統」父子必將迅予特別召見此二君並有以慰之也。

談台灣的冤獄

長期讀者　克非

昨在友人處得見本月十九日的台北中央日報，據載：台省警務處在一項報告中說，自冤獄賠償法實施以來，在全省警檢機關所經辦的四萬餘案件中，僅有十三件申請冤獄賠償，而經審議通過的則僅三件。這一則消息的用意，顯然是誇耀台灣已經進步到幾乎沒有冤獄的盛世。然而如所週知，今日的台灣，眞正的冤獄却是不敢申請賠償的。例如曾哄動一時的雷案，舉世的輿論都為雷震鳴不平，中外聞名的胡適博士還大嘆冤枉；然而雷震却仍被判徒刑十年。而今連胡博士都祇得去為陽明山會談捧場，並借講怕老婆的故事，聊以解嘲；誰還敢再說雷案為冤獄？可見，中央日報所載台省警務處的上述報導，其眞實性如何，祇有天知了。嗚呼！

為政之道在於「梭」

亞文

（台北通訊）自當局引用早失時效的國家總動員法，救助唐榮工廠以來，立監兩院的抨擊和社會輿論的譴責，至今未已。本月二十六日聯合報又有一篇以「梭了」為題的短文，頗足以助海外讀者了解其中的奧妙，特介紹於后：

「我們一向想不通，猜不透的疑團：政府為什麼為了救濟唐榮鐵工廠的皮漏，不惜逾乎常情，悖乎常理，違反一般法治的常軒，將民法、刑法以及其他一切法令撇開，強詞奪理的斷章取義引用國家總動員法。不但將唐榮的鉅額債務和空頭支票……全部扛了下來；而且在國庫支絀的情況下，撥出數以萬計的鉅款，填進它的無底漏洞，究竟所為何來？實令人百思、千思、乃至萬思而不知其解。但現在，我們明白了，原來這是一場冒險的賭博——梭哈 Shaw Hand。

經濟部次長、兼唐榮鐵工廠處理小組召集人童致誠，日昨在接待立法院經濟考察團時，曾將政府救濟唐榮廠的措施，比做打梭哈的孤注一擲，而且是「梭了」；至於唐榮的底牌是什麼，到現在還摸不清；將來的輸是贏，更是無法預卜。據說在座的立委諸公，大約也都精於此道，聽到童次長這一席妙論妙喻，莫不作會心微笑狀。立委諸公在笑，我們老百姓可要哭了！

我們哭的是：大陸已經給「梭」光了，我們沒有剩下多少賭本；如今又在台灣打起梭哈，為了一家鐵工廠，也可說是一家皮漏公司，不惜將國庫的鉅欵，乃至將政府威信、法令的尊嚴，全都「梭了」進去，如此豪賭，實在太可怕了。」

據經濟部某君透露：唐次長之所以將打梭哈作比喻，並非不知有欠莊重；乃是鑒於立委諸公喜歡這個玩意的頗不乏人，而當今「領袖」也曾是此道中的能手。他希望此一妙喻，不但可使立監兩院心領神會，甚或還可得到「領袖」的特別賞識云云。果爾，則「梭」之為用亦大矣。

貪風吹入郵政局

不怡

（台北通訊）郵政局在傳統上原是一個比較健全的機構。雖然卅年來，我們的政治，早就以貪污無能著名於世；但郵政局却一向是薄具信譽的。不料自三屆總統違憲連任以後，由於貪污之風已由從前的個別行動而演為集體化，郵政系統也就終於被波及了。蔣家父子的感召力，真够偉大呵！

郵政儲金分局居然宣告倒閉

報載，台中郵局為便於省政府員工存儲，特於教育廳及衛生處所在地設置第八分局，專司其事。該廳處員工以郵政儲金，向著信用，踴躍存儲，計達數十萬元之多。但分局長張亦竟將存欵私自移用，無法歸還。乃妙想天開，自我宣告倒閉，並委託律師謝祚蔭負責清理。存欵人接到謝律師召集債權人會議的書面通知時，有如晴天霹靂，不知所措。

據謝律師的初步統計，被張亦私自移用的儲金，有賬可稽者約十九萬七千元。此外還有未記入賬內之儲金及張亦以個人名義邀會之會欵，一時尚無法統計。所謂未記入賬之儲金，可分兩類：其一為存多記少，例如儲金簿上註明某人儲金一萬元；而在收入賬上僅記一千元。其二為私自提取。因張亦與存戶日久熟識，若干存戶以其為郵局高級職員，自可信任；乃將取欵圖章托彼保管，以便支取時代辦手續，較為省時。但張却私自將儲金之一部或全部提出，存戶則不知其事。

因為存戶紛向台中郵局控訴，該局以衆怒難犯，曾將張亦交法院偵訊；但不知何故，法院却予以釋放。據熟悉內情者透露，張亦如此大胆妄為；且種種舞弊，由來已久，縱然上級主管疏於監督，該分局其他人員也斷無不知之理，而竟無人舉發，足証絕非他個人的單獨行動。

自立晚報的一篇報導

本案發生後，一時街談巷議，都嘆為奇聞。台北自立晚報又於十九日刊載一則郵政局集體貪污舞弊的消息，人們才恍然大悟台中郵政分局的自我宣告倒閉，原來不是偶然的。茲將交通部的書面聲明照抄於下，海外讀者就可窺知其中的眞象了：

「郵政業務近數年來加速發展，舊有設備如房屋、土地、運輸工具等顯屬不敷應用，因之資本支出逐年均有激劇增加趨勢，在財務處理本有其嚴密之規定；惟在台當局方面為趕赴事機，其中容有程序未能周愜之處。關於此事，本部亦經注意並予檢討。五十年度資本支出預算曾飭應儘量撙節，並由郵政總局於本年七月間令飭台郵管局在已核定預算中，提出具體撙節計劃。十九日自立晚報所載各節，大部份指責關於建築房屋及土地等事，已在本部前令注意飭辦之中。至其餘各欵亦正飭由郵政總局詳細查復，並派員澈查，如確有違法事實，自當依法究辦」。

交通部的這篇聲明，是在九日晚發表的。以時間計算，他們得見自立晚報時，當是在下了辦公之後。但却如此神速，即於當晚發出此一聲明，可見，事非尋常。

就聲明的措詞命意看去，交通部對於自立晚報所載各節，雖未承認，却也沒有否認。

涉嫌貪污郵員一覽

依據自立晚報所載，郵政局涉嫌貪污的人員包括前任台灣郵政管理局局長，現任交通郵政總局副總局長許季珂，前任郵管局副局長，現任郵管局長曹啓元，現任郵管局的總務科長兼郵電協會辦事處主任及郵政協會總務組長安國基，現任郵管局會計科長兼郵協會計組副組長韓瑞璋，前任郵管局總務科長兼任郵管局靑潭農場負責人現調任花蓮郵局局長黃友礎，現任郵管局總務科產業組長石公愷，現任台北郵局局長簡爾康，前任郵管局產業組購物負責人現任郵協顧問卓周紐，現任郵管局稽核呂進松，現任郵政總局會計處長王縉，現任台北郵局副局長王宜嵩等，達十五人之多，幾乎郵政事業的高級官員都在其中。據說，貪污的欵項，至少在一千萬元以上；國家所蒙受的損失，更五倍於此。並說，郵政儲金已被非法挪用殆盡，迄今無法善後。

何局長的記者招待會

儘管自立晚報所載的貪污人員現任郵政管理總局局長何縱炎並不在內，可是，他却不得不有所表示，一說，他是奉命闢「謠」的。何局長於二十一日特為此舉行一個別開生面的記者招待會，鄭重否認該局有集體貪污舞弊的情事。並陳列有關的賬簿、卷宗等原始文件，以明眞象。聯合報曾讚他此舉為重視輿論，殊非那些「笑罵由他笑罵，貪官我自為之」的常見之徒可得同日而語。但就事論事，他的否認，仍不足以使人信服，姑舉幾件極為明顯的事為例：自立晚報載：「郵局花了十三萬餘元購買一輛一九五八年的順風牌小轎車送與交通部費次長，他嫌不好。又以二十六萬餘元另買一輛一九五九的別克送去，才被接受。」在何局長的記者招待會中，該局業務處長鄭建杰僅辯稱：交通部向郵局借用車輛是照例辦理，並非該局存心討好上級長官。而費次長也說：因為交通部本身沒有錢買車，該部高級官員的座車，一向是向業務單位借用的，產權並不屬於該部。可見郵局買車給費次長，乃是千眞萬確的事。交通部無錢買車，而費次長却非最新式的車不坐，卒使郵政局為了他一個人的要求而耗銷了公欵四十萬元之多，誠不愧為「費」矣。至於產權的問題，則尚有待將來的事實証明，費次長之言，似乎稍嫌過早。

又如自立晚報載，建築台北郵政大厦，原預算工程費五百萬元，後來竟追加一倍之多。而承包商榆華營造廠則是郵局會計處長王縉的親戚，王又是現任總局副局長許季珂的親信。台北管理局局長簡爾康違反行政院嚴禁各機關首長在市區租頂華貴住宅的現定，以三十六萬元的高價在本市延平路頂了一幢花園洋房為官舍，又花十餘萬元作修理費。許季珂於交卸台灣管理局長時，亦動用郵政協會的公欵五十餘萬元在台北臨沂街修建一幢豪華別墅，據為私有。據說：就是因為有了這許多龐大的不法開支，竟將郵政儲金的存欵挪用殆盡。但何局長却說：郵局的修建預算，原有自籌資金一項。他解釋所謂自籌資金，即是指的向外貸欵。並說：既可向外貸欵，當然更可向屬下機構貸欵。他顯然認為挪用郵政儲金來作這些不法開支，乃是理所當然。果爾如此，則將來儲金存戶申請提存無欵可付時，各地的郵政分局都祇有自我宣告倒閉之一途了。台中那位分局長張亦發明此一妙法之首功殆亦不可歿也？

黃啓瑞被停職側記

志清

（台北通訊）台北市長黃啓瑞在涉嫌市公車處集體貪污案之初，報上即有他將被停職的消息。後經中央通訊社否認省府曾有此意，當權者又多方為他掩蓋，人們也就不作此想了。但不料一波未平，一波又起，正當黃啓瑞採取一問三不知的辯術來應付台北地方法院的審訊，被傳為行情看漲時，基隆地檢處却又揭發他夫婦兩人涉嫌市宅會的另一集體貪污案而正式提起公訴，使他不得不嘆為意外。為了緩和形勢，黃啓瑞特於十八日周至柔來台北時，前往謁見，並面遞呈文，請派員暫代市長職務。他不提出辭職而祇請派員暫代，自然含有案件終結時再回任市長之意。假如要他照常負責，當然更是他所望的。却不料周至柔竟決定派省府委員周百鍊醫生代理。周百鍊在台北原有好譽，且曾和黃啓瑞在國民黨內競爭提名為台北市長候選人。黃啓瑞認為省府不就市政府現任官員中指定一人暫時代代拆行，而另派出了周百鍊，顯然意味着：他的控案在短期內不可能了結。亦即他不可能迅蒙宣判無罪，而恢復市長的寶座。經過了兩天兩夜的苦思，決定再作一番最後掙扎；乃於二十一晚發出一封限時送達的急件，向省政府呈請辭職。他的用意，則是使國民黨中央和周百鍊兩感困難，而不得不為他稍留餘地。因為依照台省自治綱要第五十四條之規定，縣市長因故辭職由省政府派員暫代時，須於一個月內公告改選。這就是說，假如黃啓瑞不辭職，則在他的控案未結以前，周百鍊就可以一直代理下去，直到他的法定任期屆滿時才改選（尚有兩年零九個月）。如今他正式辭職，周百鍊就祇能代理一個月就要改選。時間如此迫促，不但周百鍊個人倉促競選難望獲勝；即國民黨亦來不及作各項必須的佈署。

據悉：民政廳於二十二日上午九時收到黃啓瑞的辭呈，一時頗感意外。陳錫卿不敢怠慢，立刻請示周至柔。正好蔣經國也在座，乃即決定不理黃啓瑞呈請辭職的事，應先予以停職處分。如此一來，對黃啓瑞更不利了。因為依照台省自治綱要第五十九條之規定，縣市長如違法失職，情節重大者，除依法處理外，省政府得先予停職。如今省政府決定將他停職，豈不等於宣告他違法失職，情節重大嗎？這當然不是黃啓瑞的始料所及的。

臨去秋波

黃啓瑞得悉已被停職的消息後，深悔自己弄巧反拙。但事到如今，祇好逆來順受，以求其主子能體諒他一時的衝動，而網開一面。於是，先向往訪的記者們發表談話，對於省府能准如所請，使他得抽出時間專心處理有關控案，表示非常感謝。並說：周百鍊原是他的同鄉、同學、同事和老友；代理市長，必能有很好的表現。他又主持市府工作會報，決定在預備金項下，撥欵為市民免費注射霍亂預防針。還說了許多他任內已經擬好計劃尚未及實施或實施尚未完成的各種建設工程，希望不久之後能够完成。凡此種種作態，都不外藉以表示他不但對於主子仍忠心不移，對於周百鍊仍極友善；而且對於台北市民的健康和市政建設還是很關切的。

聯合報的貪案感言

茲再節錄兩段聯合報的貪案感言，以作這篇通訊的結束，原文如下：

「台北基隆連續開審了大貪污案，案子的本身此刻不便批評，但是一些連帶產生的感想却可以談一談。

案揭露後，司法界一位高級人員說，市長被起訴了，司法獨立的懷疑不攻自破。是的，讀者皆當為司法界的努力而興奮。希望以後不再發生「奉命不上訴」的案件（這個案子結束得離奇，研究了三年，才發現原來「上訴逾期」，而管上訴的先生居然也不記日子），而多打幾頭豺狠豹子，以振奮一下人心。

× × × ×

一戶之長或一機關的首領，對於旁人為自己收付的錢財，小數目可以不清楚，大輪廓不能諉為不知。這不是胡塗與明白的問題。如果「不知者不罪」可以實用到這一方面，則世間將無貪污案之可言，一切委託「後堂掌印」的那一位就行了。（下略）」

這篇貪案感言，顯然是對黃啓瑞而發的。可見，不管他如何用盡心思來表演臨去秋波，也不管在司法配合「國策」的現局之下，他將來是否會被宣判無罪；台北市民對於這樣一個勇於貪污，巧於推諉的市長，當然是不容易淡忘的。

中共與加納簽訂友好文化貿易等四個協定

劉裕畧

爲了爭取非洲方面的國家，以便對中共進入聯合國問題有所帮助，以便中共協同蘇聯在非洲推行的赤化工作，以便加强亞非集團的統戰活動，中共最近邀請了非洲加納國的總統恩克魯瑪訪問了中國大陸。

恩克魯瑪是一個思想幼稚而又好出風頭的非洲人，他一向在亞非集團中胡搞。雖然他所强調的是民族主義，但他只看見民族主義而未認清共產主義，對民族主義和對整個自由世界的威脅，所以他的幼稚作爲，便不可避免地對共黨集團從事國際陰謀的有利因素。正惟其如此，所以中共便欲充分利用他爲亞非集團中的主要人物尼赫魯、納薩都已與中共交惡，中共對恩克魯瑪便更故示懷柔了。

恩克魯瑪到達北平之日，中共當局曾極力舖張它對他的歡迎，使這個內心早有自卑感的黑人，有受寵若驚之態。恩克魯瑪到達北平時，毛澤東仍在杭州享福，恩克魯瑪遂前往杭州去會見毛澤東，毛澤東當然也對恩克魯瑪用心很深地週旋了一番，俾使恩克魯瑪把共黨細菌在恩克魯瑪身上繁殖，大概毛澤東的這一陰謀相當成功，所以，恩克魯瑪於八月廿一日離開中國大陸時，曾致電毛澤東才說：「感謝得到在杭州會見你的光榮和機會，……我確信，我們之間所建立的個人接觸，將導致已經存在於我們兩國之間的友好關係之加强」等語。其實，毛澤東對恩克魯瑪是很無禮貌的，恩克魯瑪既是一國元首，毛澤東自應在中共的首都迎接他才是，但毛澤東却高踞杭州，叫恩克魯瑪專程到杭州去見他，這對恩克魯瑪已經算是很缺少禮貌了。無如恩克魯瑪內心太卑污，所以無從察覺，甚至反而與中共簽訂了友好、經濟、技術合作、貿易和支付、文化合作等四個協定。這四個協定已經中共人民日報於八月廿二日在北平公布。這四個協定則是八月十八日在北平簽字的。

友好協定係由周恩來與恩克魯瑪二人各自代表一方簽字，有效期十年，並說明「除非締約一方在期滿前一年用書面通知另一方終止本條約，本條約將無限期有效」。

經濟技術合作協定則由李先念及克羅博・埃杜塞代表雙方簽字，有效期爲二十年。其第一條規定「爲了帮助加納共和國政府發展經濟，中華人民共和國政府同意在一九六二年七月一日至一九六七年六月卅日的時期內，給予加納共和國政府以無息的、不附帶任何條件和特權的貸款，貸款金額爲七百萬加納鎊，並註明每一加納鎊的純金含量爲二・八八二八克）。其第二條又規定由中共對加納提供技術專家和技術人員，提供成套設備、器材和技術以及其它物資，並帮加納培養技術人員和熟練工人等。

貿易和支付協定第一條則規定「兩國間的貿易應以進口商品總值和出口商品總值平衡爲原則。雙方每年各出口四百萬加納鎊。有效期爲五年。

文化協定之有效期亦爲五年。第一條規定「締約雙方互派科學、敎育、青年和學生方面的代表團到對方國家進行友好訪問和考察」。第二條規定「締約雙方互相邀請科學家、學者、敎授進行短期講學和友好訪問。」第三條「締約雙方互聘對方敎師到本國任敎。」第四條「締約雙方互派留學生，並各自設置一定名額的獎學金。雙方留學生應尊重留學國的學制」。第五條「締約雙方交換科學、敎育方面的出版物。」第六條「締約雙方互派文化代表團和文化界人士到對方國家進行友好訪問和考察。」第七條「締約雙方互派藝術表演家和藝術表演團到對方國家進行訪問和演出」。此外尚有向對方推薦出版物、影片及「優秀的文藝作品」規定。總之，恩克魯瑪就像一個傻瓜一樣，開門揖盜，任由中共去滲透和赤化加納。

從中共的現狀看，中共打腫臉充胖子，不顧自己人民之生活，而在經濟上帮助加納，但卻在文化思想技工等方面打開了進入加納之門，那末，中共固然可以由此更加深入非洲，而整個共黨集團在非洲的活動也勢必更加活躍了。試問在其它地區，那能以每年一百萬鎊的低價買得如此難得的赤化機會呢？

巴西副總統古拉特加緊勾結中共

明光

據中共新華社八月廿一日訊：「中國人民銀行和巴西銀行支付和貿易協定今天下午在北京簽字，中國人民銀行總行副行長丁冬放和巴西貿易代表團成員、巴西銀行代表普羅恩薩・德古維斯，分別代表雙方在協定上簽字。國務院副總理李先念、對外貿易部代理部長雷任民、副部長盧緒章，中國人民銀行總行副行長喬培新，中國國際貿易促進委員會副主席冀朝鼎，外交部美澳司司長鄭爲之等參加了簽字儀式。巴西方面參加簽字儀式的有巴西貿易代表團副團長若奧・卡斯特羅，以及參議員巴羅斯・卡瓦畧和烏依特・羅薩多等貿易代表團其它成員」。

這是巴西副總統古拉特親共和加緊勾結中共的又一證明。因爲古拉特已在北平一再發表親共言論，又親到杭州會見毛澤東，由此顯然可見這是中共進侵拉丁美洲，繼古巴之後的又一重大收穫。如若自由世界任由巴西少數親共分子如古拉特之流走向莫斯科和北平，那末，不僅巴西之前途，而且整個美洲的前途顯然是很危險的。

大陸「神仙會」的內幕

陸聞

初看起來，「神仙會」這一名字，很像是一種宗敎性的組織。其實，它不是宗敎性組織，而是中共蓄意推行的一種特務玩意。「神仙會」究竟是一種什麼玩意呢？不妨看一看中共對此的解釋就比較明白了。據本年五月廿三日中共北平中央人民廣播電台的廣播說：「所謂神仙會，這是一個形象生動的比喻，各階層人士在學習和思想改造中，完全採取和風細雨，自由辯論的方式進行。人們可以三三五五自由結合，自由爭論，暢所欲言，每次神仙會都是一個自由講壇，內容極爲廣泛，他們自由的談論國內外大勢，談論黨在每一個時期的方針政策，談論政治、經濟、文化、敎育以及他們個人的工作學習、生活等方面的經驗體會和意見要求，在這些會議上，大家敞開思想，毫無拘束地提出自己不同的看法和意見，會上充滿了民主精神，充滿了自由辯論的空氣」。

但看中共中央廣播電台這一表面描述，幾乎使人忘記中共是一個極權統制思想的黨，事實上，這都不過是中共宣傳機構的花言巧語，從本質上看，所謂神仙會，顯然是中共專對大陸知識分子普遍新設的一個陷阱。它的目的，就在查明一般知識的思想情況，所謂「摸底」是也。

中共之所以出此一招，主要的是因大陸知識分子有鑑於「大鳴大放」時「言者無罪」結果變成了「言者有罪」的敎訓，所以，至今大陸知識分子皆效金人之三緘其口，沉默不言。這樣一來，中共便無法清楚一般知識分子的內心想法了。於是，中共乃設出神仙會這一陷阱，企圖在日常生活的三三五五聚談中來發現和偵察與會者的內心情況，因爲中共揚言神仙會是一種三三五五的自由結合，實則無一神仙會而非共黨分子作核心，且無一神仙會不是共黨分子在暗中操縱，所以，參加了神仙會的大陸知識分子，一不小心，便後患無窮，稍緩時日就將輕則被清算鬥爭，重則被勞動改造被囚被殺了。

僑鄉簡訊

鍾之奇

中共勒令廣東漁民修船補網

秋季捕撈旺汛卽將到來了，爲了多捕魚蝦，以便中共集中出口，賺取外滙，中共廣東共幹已勒令廣西漁民集中勞力，保証先把修船補網工作做好。

據中共新華社廣州電：「汕頭、湛江兩專區到七月底止，已修好大小漁船三千八百九十多艘。」「爲了爭取秋汛豐收，沿海漁民在暑期海洋生產中，分成兩套人馬，一套抓生產，一套抓修船補網，積極爲秋汛做好準備」。「目前，許多漁區正在從各方面集中勞力，保証按時按質把船網修補好。海豐縣組織了一千多名後勤人員修船補網和織漁網。湛江區一部分完成秋汛準備的漁業生產隊，已提前揚帆出海。」

但因中共歷年將漁民所獲搜刮無餘，故「捕魚人兒」仍然世世窮，因而逃到港澳兩地之漁民特多。

巴西副總統路過廣州

廣州本是由香港進出中國大陸的孔道，所以，中共在廣州的迎送生涯也特別頻繁。但共幹並不以此爲苦，因爲他們樂得悠閒擺景，更樂得因此大吃大喝，況且他們有的又是汽車，最苦的只是人民。共幹一聲令下，無論日晒雨淋，人民都得排隊迎送，不但站得久，而且還規定要穿好衣服，並且還要强作笑顏。這一次，巴西副總統古拉特路過廣州，只因古拉特是拉丁美洲國家的親共分子，廣州共幹更奉令大賣氣力，予以熱烈歡迎，以麻醉這些巴西左傾幼稚分子。

據中共新華社廣州八月廿二日電：「巴西合衆國副總統若奧・貝爾希奧・古拉特和巴西部分貴賓，在中國國際貿易促進委員會主席南漢宸陪同下，今天中午從上海乘專機到達廣州」。除女青年獻花外，前往歡迎的計有「廣東省副省長兼廣州市長曾生、廣州市副市長林西、政協廣東省委員會副主席張酥村、中國人民解放軍廣州部隊劉興隆少將、齊勇海軍少將、朱雲謙空軍少將、省人民委員會外事辦公室副主任李治華、省對外貿易局局長嚴亦峻等。各國駐廣州領事也到機場歡迎」云。

共幹强迫廣寧包產松香

據北平人民日報八月廿三日專訊：「廣東省松香生產的重點產區之一的廣寧縣，採取各種措施，積極組織採脂生產。到七月十五日已完成全年採脂任務百分之七十三・九二」。「這個縣今年在組織採脂生產中，堅持……生產隊向大隊包產。生產隊在個人五定（定領導、人員、地段、資源、獎勵）的基礎上，實行三包一獎（包產量、包質量、包工分）制度」。「在採脂工作中，這個縣還組織採脂能手歸隊，發揮他們的技術專家，目前全縣四千八百名採脂社員，這些人常年固定專業採脂」。人民日報又說「松脂是提煉松香、松節油的原料。而松香、松節油是化學工業、機械工業、輕工業、電器工業等許多工業產品的重要原料。松香又是重要的出口物資」。這就是中共要强迫廣東省廣寧縣工人包產松香的所以然了。

中共又强迫做好松香存運工作

惟其松香有上述諸多用途，且又能賺取外滙，故中共特別重視。但人民日報又說「松脂又是流體物質，體積大，儲存保管不便。盛裝松脂不但需要很多容器，而且容器不能用金屬製作，因爲松脂與鐵等接觸會發生化學作用，影響松脂質量」，此外，中共又認爲運輸亦是難題，「否則，收購站積壓過多，無處儲存，將影響收購工作的繼續進行。」於是管理廣寧縣松香生產的各級共幹，乃將一切責任全部擺在工人身上，工人們至感痛苦云。

廣東各地霍亂流行

廣東台山、中山各地早已霍亂流行，但中共封鎖消息不使外洩，直到此一霍亂症傳到澳門，港澳方面始獲証實，但某外國通訊社之駐北平記者猶大發謬論謂大陸無疫症。然事實卽事實，中共北平廣播電台終亦不能不承認了。但中共却說那是「美國進行細菌戰」，中共强迫人民勞動，貧病交迫，營養不良，衛生條件不好，才發生霍亂，但卻一口推在美國身上，故港澳人士對中共此種無恥宣傳無不嗤之以鼻。

日本米酒與伏特加

「屁股一定是紅的」

觀　海

「不要上了赤色陰謀的當」！「不要讓狗子米高揚『入國』一步！」「拒絕、絕對拒絕米高揚進入國境」！這些日本右翼份子「國粹會」所高舉的標語。在東京的「國際空港」羽田機場上，正和左翼份子「歡迎蘇聯第一副總理米高揚」的標語對照。數百名國粹黨黨員及「防共挺身隊」員，淸一色的黑襯衫，米斜褲，銅鼓帽，胸章和臂章，好像消防隊的行列一樣，趕到羽田機場去防止「赤餤」——他們的另一標語說：「勿讓赤餤侵入日本聖地」！

當然，這不過是示威。事實上，米高揚已經着陸了——進入日本國境了。在日本警察及密偵與左翼工會的糾察隊員合力對付之下，右翼國粹黨份子並沒有鬧出什麼大亂子。右翼份子只能向面對的警探罵着說：敵人在你們後面，並非在你們前面，「你們雖有日本人的臉孔，但你們的屁股一定是紅的」！

就在警察及警探前呼後擁，米高揚與日本外相小坂善太郎及通產相佐藤榮作寒暄之後，就驅車到「貍穴」的蘇聯大使館去。

六十六歲的米高揚，是蘇聯政壇上站穩年期最長久者，他自四十年前（一九二二）已是蘇共中央委員，廿六年前入政治局。在史太林時代，名次僅次於莫洛托夫及貝利亞、而在赫魯曉夫之上。赫魯曉夫最近曾在招待外賓的公開場合，說米高揚之能保持職位，乃「由於他能跳得一脚好舞」。但也有人說：射擊貝利亞是米高揚拔槍發難。無論如何，小丑型的米高揚，是赫魯曉夫的親信「馬仔」之表表者。

小狐狸露出「尾巴」

如果說莫洛托夫是「老狐狸」的話，那麼，米高揚應該就是「小狐狸」吧，雖然米高揚年紀小於莫洛托夫不過五歲。但老狐狸顯然是失敗了，倚老賣老，不懂變化，終於被藏進雪櫃。但小狐狸却像不倒翁，始終圍繞在蘇共政權的中心。他是赫魯曉夫訪美的先驅人物；這一次，也是戰後首次以蘇聯官員身份訪日者。

米高揚訪日，是以主持東京蘇聯商品展覽會爲「任務」的。「在商言商」，他盛讚日本的工業技術成就，高呼「日本是蘇聯的鄰人」！他更文學化的說：讓我們不要揮舞原子彈與劍，爲較佳生活及精神滿足而和平合作競賽。他說「日本是蘇聯鄰人」這句話，更是用日語說出來。

可是，狐貍是有尾巴的，這尾巴終於露了出來。在米高揚拜訪日外相小坂的會談中，說到日蘇目前關係不如理想，美日條約對蘇聯「有侵畧性」。在與日本通產相佐藤的會談中，他建議日蘇簽訂一項十至十五年的長期貿易協定。

這就是說，蘇聯要以經濟的利誘，使日本擺脫與美國較爲親密的政治聯繫。

可是佐藤拒絕了米高揚，宣佈日本不擬與蘇聯簽訂此種協定。小坂外相更發表談話說：日蘇雙方應互相尊重對方的意見立場，「不應干預對方的內政」。

當然，與友邦訂立條約，尤其是防衛性條約，是一個國家的自由，也是內政。但米高揚以蘇聯副總理地位，竟故作不懂地加以指責。難怪自民黨幹事長前尾繁三郎正式發表聲明，指責米高揚對美日條約的抨擊，實係干涉日本內政。將會發生與「促進友好」的相反結果。

唇槍舌劍的宴會

米高揚標榜「促進友好」訪問日本，結果又怎樣呢？在小坂外相私人宴會席上的一場唇槍舌劍，就可以看得出來了，那夜的宴會，米高揚依然說日蘇關係「不如理想」的話。小坂外相當即答他道：蘇聯破壞日蘇互不侵犯條約，介入對日作戰，故日本人民對蘇懷有惡感，成爲日蘇關係難以改善的原因。米高揚一時面紅耳赤，無辭以對。只是支吾地說：這些說話，令人「太不愉快」。

那邊廂佐藤榮作也趕着向米高揚說：日本在戰爭末期，曾託當時貌爲對日友好之蘇聯，斡旋與盟國言和，但蘇聯外表答應，陰擱其事不向盟國提出，更反參加對日作戰，割去千島羣島，此種所爲，難怪日本人民對蘇壞印象不能消除，對蘇聯人不敢信任！米高揚又是無辭以答，只說「日本軍隊也曾侵入西伯利亞」。佐藤說：那是歷史了，我又問你，爲什麼蘇聯不邀日人訪蘇？米高揚說：將有許多人被邀訪蘇，只是不邀你佐藤先生，因爲你太親美了。這場宴會，終於不歡而散。

米高揚在東京吃了悶棍，前往關西。大唱「大阪比東京好」，建議要大阪與列寧格勒結爲「姊妹市」。但大阪歡迎他的不多，關西財閥也很冷淡。於是在京都藝妓館大樂了一陣之後，匆匆返蘇。大約是日本米酒比伏特加還强烈的緣故。

・東京通訊・

星加坡「中國化」

・于參先・

有人說：在第二次世界大戰，星加坡是眞正英國式的；但時至今日，星加坡却是「中國化」了。

不錯，今日的星加坡，確是充滿中國的「色彩」和「質素」；尤其在人口方面，最表現得顯著。

星加坡距離赤道約八十哩，位於馬來亞半島的南部尖端，目前已成爲東南亞的運輸，交通樞紐，人口約一百五十萬，但他們種族不同，信仰各異；這些由「四海爲家」的男女聚居而成爲龐大人口，可以說是構成了一個「人種展覽場」。這「展覽場」中，有歐美人，歐亞雜種人，與都人，錫克人，阿拉伯人，猶太人，爪哇人，錫蘭人，英國人和中國人。——人種的複雜，眞的洋洋大觀。

以商業地位來說，星加坡也是具有重要價值的——她就是東方和西方互相接觸的一個大據點。源源輸出的樹膠，木材，錫，棕油，香料，椰乾等，都通達到世界各國市場。

根據當地故老相傳；星加坡原是馬來亞的一個小漁村，係遠在一八一九年，被英國人斯坦福．萊佛士所發現的。他當時從柔佛的蘇丹手中，獲得這塊僅有百餘名漁民的小村落，再經繼後者的不斷努力建設，卒使這小小的村落成爲今日世界人士矚目的星加坡。而萊佛士廣場，更象徵着星加坡的生氣勃勃。據說：萊佛當日曾立下預言，謂星加坡必須經過一、二百年，始可以看得出她將成爲一個怎樣的都市。——但是她竟在短短的幾十年間，却已發展得那麼驚人；這是出乎萊佛士意料之外的。

星加坡的建築物，恰似她的人民一般的多姿多采，其中有自治邦政府的大廳，聖安徒敎堂，回敎堂，博物館，植物園，中國寺院，中國和馬來的戲院，都是膾炙人口而具有極大吸引力的。尤其是中國寺院，更具特色。

至於星加坡的風俗，習慣，和生活方式，在今日來說都已變成中國化。由於當地的人口有四份之三是華僑，因此便受到高度的潛移默化的影響；古老的中國文化意識，更深深地籠罩着星加坡居民的每一階層；甚至許多外籍人士，也受到中國的生活方式所改變。說她已「中國化」，在目前的現實情況下，是很恰當的。

若再說到將來，星加坡將演變成怎樣的情況？現在雖然尚難以獲得正確的答案。其命運如何？仍是一個未知數。但是在今日的世界局勢衝激下，東西方的對峙的任何一角落都會受到影響的；那末，她何去何從？仍要操在佔有人口絕對優勢的華人手中的，這却可以斷言。

星加坡「中國化」了；當然，這更將左右着星加坡的未來地位的哩！

「神仙會」將變「誅仙會」

・鄭兆申・

中共自玩弄過「大鳴大放」的把戲而演出「不愉快事件」以後，深感對智識份子的「思想改造」問題，仍未獲致徹底解決，於是又佈置了一個新陷阱，大搞「神仙會」。

中共雖然標榜着「神仙會」是採取「和風細雨」的方式，對「國內外的政治、經濟、文化、敎育」，展開「自由辯論」，但是中共的猙獰面目，和殘酷手段，是終於掩蓋不住的；「神仙會」裏，當然也是殺機重重。

頃據上海同胞傳來的消息：中共對資產階級和智識份子，是決不會輕易放過的；所謂「神仙會」，骨子裏就是誘致資產階級和智識份子來再作一次清算和整肅，可以說是「階級鬥爭」的一種變個花樣兒的形式，其所含蓄的殺氣，比之「大鳴大放」，實不遑多讓。

中共曾宣佈過，「神仙會」有四大要求：（一）每個人都要自我揭發，敞開思想，露出矛盾，展開鬥爭；（二）每個人都要依據毛澤東思想，來作集體批評，並依據毛澤東思想，來進行鑑定；（三）每個人都要自我檢討，自我認錯；（四）每個人都要表現出前進的積極性。

從該「四大要求」中，我們可以看得出，「神仙會」是快將向資產階級和智識份子開刀的了！必然的，「神仙會」終於要變成「誅仙會」！

農民反征購爆發暴動（台山）

・江水・

台山縣斗山公社秀墩生產大隊六百多戶農民社員，近以共幹下鄉「坐征坐購」，自己用血汗換來的成果，竟遭强搶硬奪，而自己的一家數口，反處在飢餓窘境，因而極端憤恨，卒於八月廿一日，再度掀起反抗「坐征坐購」的狂潮：當日上午十時，乃糾集農民六十餘人，實行向下鄉「坐征坐購」的共幹驅逐，雙方釀成激烈衝突，農民羣起揮動鋤、鏟等農具，向共幹圍擊，紛亂中有共幹一人被擊斃，四人被擊傷，另一僅受輕傷之共幹，急負創突圍而出，奔向共軍防地求援，不久，大隊武裝部隊馳至，開槍鎮壓，一時槍聲卜卜，密如炮竹，擾攘了十餘分鐘後，農民在槍林彈雨下，死傷十二人，餘急四散逃去。事後，共方派出大批武裝部隊，分赴各鄉搜捕「反動份子」；結果，四十餘人被捕，解往「縣府」查究。另斗山墟之公安隊亦派出便衣隊員，深入附近各農村，作突擊抽查，弄至風聲鶴唳，人心惶惶。但農民的抗暴行動，可能仍繼續發生。

生產隊員要求增糧大鬧公社（開平）

開平縣蜆岡公社的夏收工作，刻已結束，但生產隊員的每天糧額，依然是祇配給四市兩，因此引致各隊員的不滿，經一番商議後，乃於八月十九日，派出關英，吳明志，王元光，盧兆昌，盧德，王華强等六人爲代表，前往公社，向「社委」提出增配糧額的要求，詎「社委」不特嚴詞拒絕，且反指關等爲「反動份子」，領導農民叛亂，厲聲申斥一番後，並擬將關等扣留，關等以該「社委」如此蠻不講理，擅作威福，因亦大爲憤怒，撲前質問「何爲反動份子」？「有何叛亂証據」？該「社委」無言可對，一時老羞成怒，竟揮掌向關英面部攔去，王元光在旁，眼明手快，立刻將該「社委」推開，並順手提起一張小櫈，向「社委」迎頭痛擊，「社委」受傷倒地，關等遂將公社搗毀一頓，然後遁去。事後，公安人員四出追緝關等下落，但關等早已逃離蜆岡，不知所蹤。

他和他的狗

白楊

這個黃昏我又看見他跟他的狗，跟我前次在這野外草地上看見他一樣。身體直直地坐在一塊方石頭上，膝蓋上放着一本厚厚的書。帶着熱切的神情，嘰嘰咕咕的對着狗說話。我在他身後站了許久，連臉都沒有轉過來望我；好像根本沒有注意到有我這個人存在似的。

他繼續的對他的狗說話。

「你不要不高興，」他若有其事的說：「你應該懂事了。」

狗慵倦的俯伏在他的跟前，帶着眼脂的眼睛迷惘的望着他，有點不耐煩的樣子。

「你有什麼不高興的？」他又說。眼睛露銳利的光。

他是個中年男人，也許已經四十五六了，看他眼角的紋路可能還要老一點。身上穿着一件灰色的夾克。夾克的領子豎了起來，把後腦袋遮住了一大半。他的頭髮長得長長的，鬍子也有很久沒有剃了。粗黑的眉毛，顴骨凸得很高；夕陽的餘暉使他多皺紋的面孔顯得蒼白而又乾癟。

「爬過來！」中年男人蹲着向後退了兩步，雙手平擺比擬着。

狗慢慢的爬向他，動作遲緩的，不高興的樣子。

「動作快一點。」中年男人不滿意的說。

狗沒有理睬，好像根本沒有聽到他的話。牠仍然是那樣要死不活的樣子爬，眞使中年男人看不慣。

這是一條半土半狼種的狗，有着棕色的長長的毛。身體很肥壯，（好像牠比牠的主人營養還好似的。）耳朵垂下來，嘴巴總是張開着，舌頭露出來，不停地喘着氣。

狗爬到中年男人跟前，他用手拍拍牠的頭頂，似在安慰牠：「要聽話，不要讓我多操心。」狗的尾巴沒有擺動。

狗把頭放在前腿上，沮喪的，眼色非常的苦惱，懶洋洋的；大概是中年男人在先前責備牠什麼了。否則就是牠不願意受這種爬行的訓練。

過了一會兒，中年男人把放在膝蓋上的書拿起，他首先把書在狗前幌動了一下，之後把書放進狗的嘴裏，是很勉強的塞進去的。

「啣住它。」他說。用手捏捏狗的嘴巴，又揩了揩狗的鼻子。

狗有點不願意啣書的樣子，啣了一會，書就掉在地上。

中年男人皺了皺眉頭，然後無語的把書又塞進狗的嘴裏。

「啣緊！」他又對狗的鼻揩着，帶着恐嚇的聲調說：「不要掉下來。」

狗吃力地啣住厚厚的書。刻板的、無可奈何的望着中年男子，好像牠在心裏頭責怨道：「你這傢伙眞無聊！」

中年男人看狗嘴的書沒有掉下來，他又向後退了兩步。（仍然是以蹲的姿式向後退的。）他蹲着、雙手平放在膝蓋上。眼睛睜得大大的凝視着狗的動作。

「慢慢的爬過來。」他謹愼的說。

狗用腿在地上極困難地在草地上一伸一屈的向前爬着。頸子拉得長長的，頭低俯着，尾巴緊緊的貼在屁股上。

「好！就這樣。」中年男人的臉上露出了一絲笑意。他搓了搓手，身體高興的動了一下。但卽時他又收斂起笑容了；因爲正當稱讚狗的時候，狗把嘴裏的書掉落在地上了。

中年男人站了起來，嘴巴撇着，眼睛瞪住牠。然後走近牠，把書拾起來又塞進牠的嘴裏。威脅的用手拍了一下狗背。但他還準備蹲下來向後退的時候，書又掉下來了。

「你怎麼得了！」他悻悻的說，又站起來。

狗似乎沒有理睬他的話，只用鼻子嗅嗅書的封面。

此刻，太陽已經落山了，也吹起了微風。我故意大聲的吸了一口氣。這時候中年男人才發覺我的存在，也許早就知道我在他身後，而不願理我。他轉過頭對我瞟了一眼。沒有說話，面部也沒有表情。但我勉強的笑了笑對他點點頭。

「你的狗？」我不得要領的問。

他把整個身體轉向我，對我打量一番，之後又瞟了狗一眼。

「沒有辦法，」他不看我說：「這狗訓不好。」

「也許時間不夠。」

「兩三個月還算短？」他不屑的，好像我說那樣的話觸怒了他。他把頭仰了起來說：「這狗故意跟我過不去。」

「是的。」我說。

「牠母親要知道牠這樣子，非傷心得流淚不可。」

「牠母親？」我覺得好奇。我望着中年男人。

「唔，」他沉吟了一會說：「牠母親是一頭聰明的好狗。」

「死了麼？」我把目光移向狗。

「就是爲生這個小子。」中年男人回答道。

中年男人蹲下來，不再理睬我，臉朝着狗看，狗一動不動地，書仍啣在牠嘴裏。

「你怎麼樣？」中年男人面孔有了忿怒。

狗怔驚的抬起眼睛望望他，好像也領悟了中年男人的忿怒。她抖動了一下身體，然後用左爪搔搔頸子。

「也許牠累了。」我突然插嘴的說。

中年男人不高興的望望我、看他那付神情，好像罵我這傢伙不應該多管他的事似的。我覺得有點不好意思，想到離開這地方。

「牠根本就不累。」他把臉撇向一邊說：「牠在跟我生氣。」

「牠怎麼會？」

「這狗的心眼壞得很，」他厭惡的說：「牠母親的好性情一點也沒有遺留給牠。」

我點點頭，微笑表示對他的好意。

「我說牠幾句就生氣了。」中年男人又說：「你瞧牠這個壞心眼，好像我欠牠什麼似的。」

「也許牠不懂。」

「嗯！」他在地上吐了一口痰，輕蔑地說：「牠一點也不笨，只是裝糊塗。」

想不到他對一頭畜牲有如此的估價和成見。

我想，中年男人既然說牠不如牠的母親，當然待牠也不會有對牠那死去的母親那樣好。

「還要我對牠怎麼樣？」中年男人對我，已不像先前那樣，他把我當作他訴說的對象那樣說：「我的老婆死了，牠媽媽也死了，我沒有親人，也沒有什麼指望，只有牠這麼一個伴，把什麼都放在牠身上。」

「是的。」我應着。

他望望俯伏在地上的狗，他眼睛帶着苦惱和憂鬱的神色。

「牠根本不把我放在牠心上，」他悵惘的說：「牠以爲我養牠，就是爲了要牠耍點什麼小玩意。」

「是的。」我又以先前那樣的口吻應着。

狗這時候站了起來，使力的抖動了一下身體，之後伸了一個懶腰，張開嘴，瞟了中年男人一眼，又坐下去。

「牠什麼都懂得。」中年男人生氣的望着狗說：「什麼也不在乎，最沒有出息了。」

「牠叫什麼名字。」我問他。

「嘉麗。」他說：「這是牠母親的名字。」

狗帶着沉思的神態，把頭放在前腿，茫然的注視着我。

「爲什麼要取牠母親的名字？」我問。

「牠母親是爲生牠死的。」中年男人突然顯得有點傷感的說：「誰知道竟生出這樣不知好歹的鬼東西。」

「難產麼？」

中年男人沒有回答我，好像懊悔他先前回答我那樣多的話似的。

天漸漸地黑了。風更大地在吹着。

他走近狗的跟前，不再理會我。緘默的對狗注視了許久，之後伸手拾起地上的書放在自己的膝蓋上。狗低低的嗯嗯的叫了幾聲。

「今天我們不回去！」他對狗說，氣憤的。

狗也用鼻子嗯嗯的叫着，彷彿在對中年男人的氣憤予以抗議。然後張開嘴巴喘着氣。

「我沒有什麼對不起你，」他又對狗說。帶着教訓的口吻：「你自己好好的想想，我那樣對得起你了？」

我不明白是什麼原因，使狗跟他生這麼大氣。上次我見到他們在這兒，也是這樣子。這狗眞的連中年男人說牠幾句都不行麼？牠眞的懂得他對牠所說的那些話？牠那付沉默寡歡的神情，和剛才又嗯嗯的叫了幾聲，我從來沒有見過這樣的事情，也想不透；難道他們兩個在心靈有一種什麼言語、或者默契存在！

我已經站得很久，腿已覺得酸疼，天也黑下來了。我想自己也該回去。我仰起頭故意的對着天望望。之後我彎下腰勸慰的對中年男人說：

「回去算了，跟狗有什麼氣好生的。」

「你不懂。」他看也不看我一眼就這樣說。

「我想你的狗也不會懂。」他這話使我有點生氣，便嘲弄的說。

他一下子站了起來，用逼人的眼色瞅了我一眼。狗也隨卽坐了起來，尾巴夾得緊緊的。困惑的打量着中年男人和我。

「我們不回去。」他大聲的對狗說，我知道他說這話的意思。

狗被他的話受了驚嚇；又馴服的俯伏下去。

我楞楞地站住，一句話也說不出來。

中年男人又坐到那塊方石頭上。厚厚的書仍然放在他的膝蓋上。面對着俯伏的狗，露着忿怒的神色，冷漠的，一句話也不說。天已經很黑了，風也大了起來。

我輕輕地咳嗽了一聲。

「我們不回去！」中年男人轉過頭不屑的對我說。

狗也突然的吠了兩聲。

「好的！」我平靜的說：「你知道天已經黑了。」

狗骨碌碌地望着我，我向中年男人點點頭，懷着滿臉的困惑走了；我又聽到中年男人要狗爬的聲音。

金釵記（一〇一）

黎明

劉媽：（禮貌地招呼學曾）：啊、公子請坐！

魯學曾：（輕蔑地看了劉媽一眼）嘿！（憤然而坐）

劉媽：啊、公子！方才小廝多有冒犯；等會兒老身回報我家安人，定有重責；公子且休見怪

魯學曾：（餘怒未息地）狗生狗眼，狗口裏長不出象牙；何怪之有？

劉媽：啊、公子！多因公子一直沒曾來過我家，就是我家安人見了一時也不便貿然相認。老身今有一言，不知當講不當講？

魯學曾：（旁白）嗯、武的過了，文的來了；我只是謹記表哥之言，「防而不備，備而不防」便了。（轉向劉媽，岸然拱手）：有話請講當面！

劉媽：我家安人有心請公子將身世表敘一番，不知公子意下如何？

魯學曾：你且聽了。（唱）
家住城西魯家村，
我父姓魯諱璠，母親郝太君。
父爲巡按官清正，官清不救一家貧。
我名學曾是獨子，
閉門勤苦攻讀文。
我父母在世，因與你家情義好，
情好義好結婚姻。
前天園公把信帶，
要我來見你安人。
我因探親得信晚，
今日特來拜府門。

劉媽：（旁白）哎呀！說來說去，這個姑爺不比前晚那個，到是眞的了！這便如何是好？唔！我自有道理。（轉向學曾）啊、公子你且坐一時，待老身去到上房，請安人出來與公子敘話便了。（下）

魯學曾：請便。嚇！看看他們今日怎樣下手於我？

（劉媽扶顧安人上）

顧安人：畫虎畫皮難畫骨，知人知面不知心。

劉媽：啊、安人！這位便是魯公子。（轉向學曾）公子！這便是我家安人。

魯學曾：小婿參見岳母大人！（行大禮介）

顧安人：（惶愧不勝；側身受了兩拜，連忙扶起；劉媽也扶安人坐上主位，自己旁侍。）賢婿請坐！

魯學曾：（拱手）小婿不敢。

顧安人：有話相叙，那有不坐之理？

魯學曾：如此，（又拱手）小婿告坐。

顧安人：方才賢婿對劉媽所說，老身已盡知曉；但不知老身前日差人送信，賢婿爲何今日方始前來？

魯學曾：啟稟岳母大人！只因小婿探親在外，今早才得還家；所以立即趕來參謁，尚乞大人恕小婿無心遲誤之罪。

顧安人：原來如此。劉媽！你與我速喚春梅出來。

劉媽：是。春梅姐、安人叫你啦！

春梅：（上）來也。姹花風雨鴛鴦刼，一錯鑄成萬古愁！參見安人。（行禮介）

顧安人：春梅！快陪小姐出來與你家姑爺相見者！

春梅：是。（旁白）哎呀且住！適才劉媽在上房與安人言道，前晚來我家的姑爺乃是假的，今天才是眞的；我家小姐聽了却只是哭得死去活來，這便如何是好!?我不免看看眞姑爺的品貌如何？（偷看學曾介）喲！眞和我家小姐是天生一對兒！我正好報與小姐一喜也。（欲下）

顧安人：轉來！

春梅：是。（趨前）安人尚有何吩咐？

顧安人：（專向春梅，幾類耳語）前晚贈聘之事，外人諒難知曉；千萬叮囑小姐別小家氣，一切有我作主，務必出來相見才是；曉得麼？

春梅：曉得了。（施禮下）

顧安人：劉媽！你去鎖上中門，吩咐一切閒雜人等，不許進來！

劉媽：是。（下）

顧秀娘：（幕後唱）九轉柔腸寸寸斷，眼中流血心成灰。（手扶春梅上，哭介）啊噎噎……

春梅：小姐！你怎麼樣了？

顧秀娘：（旁唱）不恨天地不恨人；
不恨爹娘與鬼神。
恨只恨：
自家不合是個女兒身，
自家不合枉用性情眞。
到如今，只落得，
有口難言寃難伸，
自吃黃蓮自苦辛，
打落門牙和血吞！

春梅：小姐！你冷靜些吧！

顧秀娘：春梅姐！你還記得前日園中失釵之事麼？

春梅：過去之事，提它則甚？

顧秀娘：春梅呀！（旁唱）過去是、鴛鴦浦上多風雨，
今日是、桃葉渡口寶釵分！

春梅：小姐！你要好生保重才是。（忽然又天眞活潑起來）哦、小姐你來看！那邊坐的便是劉媽說的我家姑老爺。（見秀娘不理不睬，竟莫名其妙地越發自說自話）喲、你瞧，我好糊塗？竟忘了回報安人了。（趨前）啟稟安人！小姐來了。

（安人學曾原各滿懷心事，枯坐無言；聞春梅報，同時一驚。）

顧安人：兒呀！過來見過你家姑爺！

（秀娘至是始抬頭，恰與學曾打一照面，不禁淚如雨下，移步稍前）

顧秀娘：唉！公子！你、你你你來遲了！辜負了我母女的一番美意了！（說完以袖障面拭淚。）

魯學曾：這個!?（起身，旁白）哎呀且住！適才那個小廝說我來遲；聽岳母之言，也有責我來遲之意；如今小姐又怪我來遲；這到底是何道理？是何道理？（作思索介；旋忽作突有所悟憤然介）哦、我倒明白了；昨晚表哥言道，顧家要退親事，外間全都知曉；看來今日責我來遲，只是退親藉口而已；我必須小心一二才是呀！（轉向秀娘）啊、小姐！前日園公送信之時，適逢小生探親未歸，今日踐約拜府，前後不過三天，何以便來遲了？更何言「辜負」二字？

顧秀娘：公子休要追問！倘若三日前來，此身原是公子之身。如今遲了三日，不堪侍奉巾櫛，攀附清門的了！現有金釵二股，聊表寸心；就請公子勿再以妾爲念，還是另選高門去吧！（說畢含淚自頭上將金釵摘付春梅；春梅接着，亦不禁淚下，邊走邊看，送給學曾）

春梅：姑老爺！（雙手捧着金釵，施禮）金釵在此，請收下了罷！

魯學曾：小姐不把事情說個明白，小生萬萬不敢拜領。（拒收介）

顧秀娘：公子只管收下，不久事情自有分曉。

魯學曾：唉！（勉強收下）這倒是從那裏說起啊！

顧秀娘：啊、公子！奴家話已講完，你、你……（哽咽淚流）留此無益，還是回去吧！（說罷，放聲大哭，掉頭飛步而去。春梅追下。）

（學曾和安人覩此情景，一時都呆若木鷄。過了一陣）

魯學曾：啊岳母大人，這到底是怎麼一回事呀？

顧安人：賢婿！（不禁老淚欸欸而下）老身我也不不知道到底是怎麼一回事呀！

魯學曾：（困惑地望着安人）這？

顧安人：（也困惑地望着學曾）這？

魯學曾：那？

顧安人：那？

魯學曾：哎呀岳母大人哪！（忽上前激厲地拉住安人衣袖，安人隨之起身）外面人言嘖嘖，都說道岳父嫌小婿家貧，有退婚之意；莫非此番前來，正是要小婿出那一紙休書麼？——你道是也不是？

顧安人：賢婿爲何竟出此言？豈不眞辜負了老身與女兒曲意成全之美意?!……

（安人話尚未完，忽然幕後人聲鼎沸，與學曾俱給恠住；春梅氣急敗壞上）

春梅：安人！姑老爺！大事不好了！大事不好了！

顧安人：何事驚慌？

春梅：我家小姐自縊死了！

顧、魯：吓！有這等事!?有這等事!?（急隨春梅同下）

辛亥革命史談（一九）

舜生

三、同盟會成立經過及其活動

上舉潮州黃崗、惠州、欽廉防城、鎮南關、河口諸役失敗的經過，儘管在革命史上各有其重要性，可是其地點僅限於廣東、廣西、雲南三省的邊區，以當時新聞報導的簡陋，而內地報紙且根本不敢紀載，故知者不多，影響不能太大；反之，如光緒三十三年安慶徐錫麟刺恩銘之役，次年熊成基之役，及宣統元年廣州新軍之役，次年汪精衛、黃復生等謀刺載灃之役，影響却大得多。尤其徐錫麟一役，秋瑾被殺，實爲女子參加革命首先被犧牲的一人，人心更爲激動。茲再分別敘述之如下：

徐錫麟，字伯蓀，別署光漢子，浙江紹興人。三十以前，在其鄉中學任數學教員；曾一度遊日本，晤陶成章、鈕永建，已懷顛覆清廷之志；常以手槍習射擊，彈無虛發。光緒三十年秋，『光復會』成立於上海，蔡元培任會長，錫麟以事到滬，晤元培於愛國女學，欣然入會。歸紹興，乃從事會黨聯絡，創體育會，秋瑾與焉，並設大通師範於本籍，特注重兵式體操。錫麟以革命重實行，謀攫政權以傾清室，得友人助，入貲得道員。年三十三，再度赴日本，擬與馬宗漢、陳伯平等習軍事，以短視試不及格，不果。歸國後，乃至北平並出關外游歷，見大盜馮麟閣，與語甚悅。次年，即以道員赴安徽試用，見賞於巡撫恩銘，先後主陸軍小學及會辦巡警學堂，並與諸軍將士相結納。巡警學堂會計顧松以徐係革命黨向恩銘告密，恩始稍稍忌之；徐亦不自安，乃以書召留浙諸同志集安慶謀大舉，陳伯平、馬宗漢諸人到後，即與錫麟同住共策劃。

光緒三十三年五月二十八日，巡警生甲班卒業，錫麟謀於是日集闔省大吏參與典禮，一舉殲之，乘軍民擾亂，即因以舉事。適是日恩銘以他事須提早，乃改於二十六，及期，恩於午前八九時頃偕藩司馮煦臬司毓秀等均到，甫就位，錫麟命顧松鍵門，顧知情，陽諾不爲鍵，錫麟即持手槍擊恩銘，數發皆中要害，左右輿之走，延至午後二時氣絕。其他死傷數人，顧松被殺，馮毓等奪門逃出，即閉城門，諸軍至不得入，乃發兵捕錫麟，錫麟驅學生二三十人據軍械局，爲官軍所包圍，發槍彈丸盡，發炮，炮機關失靈，錫麟登屋被擒，陳伯平戰死，馬宗漢逃出亦被捕。馮煦、毓秀等會審錫麟，錫麟侃侃供蓄意排滿十餘年，爲漢人復仇，先殺恩銘，後殺端方、鐵良、良弼不諱，即於是日被殺，並剖心以祭恩銘；宗漢繫獄五十日，亦被殺於安慶獄前。陳伯平名淵，籍浙江會稽，馬宗漢字子貽（一作子畦），籍餘姚。

秋瑾，字璿卿，別號競雄，又號鑑湖女俠，浙江會稽人。年十八，嫁湘人王廷鈞，生子女各一（女燦貞，曾入青年黨）。瑾與廷鈞不睦，分產別居，曾兩度留學日本，能詩文，入同盟會及光復會，並倡辦女校於上海。錫麟之赴安慶也，秋瑾適任大通學堂體育會教員，與陶成章、竺紹康、王金發等連，陰有所布署，謀與錫麟策應，錫麟死，大通學堂乃陷入四面楚歌，瑾已定六月初十起事，初四傍晚，學堂即爲官軍圍搜，瑾被捕，嚴訊無供，僅書『秋雨秋風愁殺人』七字，但搜得文稿及日記手摺等，瑾親筆，六月六日，被殺於古亭軒口。輿論大譁，浙撫張曾歇及經辦此案的紹興知府貴福，均不容於浙。瑾友徐自華、吳芝瑛葬其遺骸於西湖畔，（後遷湖南）並創『秋社』以紀念之。（未完）

本刊已經香港政府登記
每逢星期五出版
聯合評論
週刊
United Voice Weekly
第一五八號
督印人：黃宇人　總編輯：左仲平
社址九龍彌德道二十三號地下　電話68678
承印：嘉羅印刷有限公司　香港灣仔馬師道5號
代理：友聯發行公司　售價每份港幣一毫
本報美洲版總經售處美國紐約中美出版社
CHINESE - AMERICAN PRESS, INC.
199 CANAL STREET.,
NEW YORK13 N. Y. U.S.A.
美洲航空版每份零售美金一角

為陳誠先生進一解

李璜

前週陽明山的會談，至少在新聞報導上，比前一次要進步點：中央社的官方統一發稿固然比前次會談多得多，而路透社、法新社、美聯社都有專電登載港報，並且還有花邊新聞可讀。如像張國與先生公開主張將中華民國現行憲法拿來束之高閣，全場人士向之瞪眼，這一花邊新聞便使我了解會談席上有兩種人：大多數是明瞭國際情勢，而想去將台灣局面打開來，便與世界反共形勢相配合的人；少數是政治常識都不夠格，而只在揣摩當權者心理，藉此找好賣乖的人。

至於比較重要的花邊新聞，由香港時報在八月廿九日第一版，特用花邊關欄所載的二十八日陳誠先生的答復綜合會談的補充說明，當然更惹起我的注意，因為在這說明裏，陳先生以七年行政院長的身份，很謙虛的說他沒有做好。但何以沒有做好？陳先生又下一轉語，說是，重要的原因，在「歷史的負累太重，現實的要求太多」。這轉語不啻是說，非政府當局之咎也，乃歷史與現實兩皆須任其咎！一位行政首長，負責七年，把歷史與現實都沒有辦法去打破，故陳先生還是自己「深感難辭其咎」。不過陳先生似乎並無引咎辭職之意，而用幾句話去繼續將咎責卸掉，這幾句話是：「落後的社會，現代的要求。苟安的社會，戰時的要求。個人的習慣，民主的要求。有限的財力，無窮的要求。」

陳先生把咎責推卸得這樣廣濶無邊，眞所謂其言浩瀚，在沒有政治見地的人聽起來，或者將必原諒陳先生的權輕責重，不然便是任重道遠，誠哉其難。但在我這個一向對陳先生抱有希望的人看來，則陳先生這幾句說明，便很令我失望，因為其言大而無當，似是實非，不是一位負責的行政首長對當前國事所應有的想法與看法！——這幾句話的說明，如出之於政治理論家，我無間然；陳先生任行政院長既已七年，乃是政治實行家；這說明如在有氣魄、有辦法的政治實行家，便應該將話倒過來說：用現代的要求，去改革落後的社會。用戰時的要求，去打破苟安的社會。用民主的要求，去改良個人的習慣。用有限的財力，去善應無窮的要求。

我這樣倒轉了陳先生的話來說，並不是在文人弄筆，。我認為至少在小小的台灣一省，適應現實要求，去造成現代化的民主政治與社會，以掀動戰時的團結與合作，乃是辦得到的事。如對這小小的一省都辦不到現實要求的適應，則收復大陸以後的設計，豈不更是等於空話！——茲為鼓勵中華民國行政院長的職責所在，（老百姓有此責，因為是民國的主人翁也，）就事論事的，就台局論台局的，就廿八日這幾句說明，一為陳先生進一解：

一、落後與現代

台灣的社會，比之中國其他省區的社會，並不落後；至少比之敝省四川，社會要現代化得多！台灣光復後，我立即去考察過一次；三十七年冬再去，住了三個月，游遍全省，一直到陳誠先生來任主席時，我纔離開。還記得陳先生蒞任的第三天，曾枉顧到我台北寓所，不恥下問的問到「治台方針」。我曾奉答，以台灣方便的交通，政令的徹底下達，初級教育的普及，水電的設備有辦法，出產的趨向工業化，日本人所佈的基礎，實遠超過中山先生建國大綱裏的自治省的基礎；便以此基礎去照着中山先生主張實行好了，不必另立方針。這一段話，不知陳先生尚憶得否。

落後與現代這兩個形容辭，乃是空濶無邊的，要在人們的看法如何。英美人動輒說東南亞是落後地區，乃是指的尚未工業化，而且農業也未能適用科學技術，農產不可靠，分配不平均，而老百姓生活在困苦中，這種落後地區的落後形容辭，我認為不適用於台灣省。因為台灣不但有日治時代的現代化基礎，而今又有陳先生的土改成績，農民的生活都普遍提高了，農業更趨於工業化了，交通更週遍了，教育更發達了；即以台灣本省人那樣熱心於過問政治，要求進一步的自治，自治如此切迫，就足見這是地方富足，教育進步，交通發達（路的交通與耳的交通），小市民了解政治與切身關係所在，恰符工業社會的現代化的結果。因此西方政治中人來一參觀，沒不佩服台灣這一現代化的成績，為甚麼身當其衝的陳先生還說是落後，眞是太謙虛了！

不過，工業達到相當程度，農業也漸次工業化，其地人民必定要求民主自由，這不是舊歷史的負累重，這是新歷史的必然律；這個必然律不是捉一個雷震來關起，可以把必然趨向停得下來的，可以遏止着台灣人不向民主自由的現代化路上走去的！

二、苟安與戰時

在抗戰中，陳先生與今日流亡在台灣的大陸朋友都曾歷過八年的戰時生活；即以區區個人而言，也曾在保衛大武漢一役中，承陳先生招待個人與軍風紀巡察團同人，在湖北通山、通城及湖南平江陣線戰壕中過着多日的戰時生活。何以那時，艱苦奮鬥直到八年，只見犧牲，不聞苟安，而今日陳先生認為在戰時生活中，乃有人們苟安習慣之歎了呢？這個解釋一語說得明白的：乃是戰志與戰況的問題。陳先生是軍界老手，更加明白：政府當局只是空口說反攻，而沒有反攻的行動，並且未下達海內外出錢出力的總動員命令，這怎能形成戰時的要求！枕戈待旦嗎，要有戈可枕啊！政府當局老是在想以民族主義導化為忠君思想，這道理與這作法，我懂得，明眼人都懂得；但這一導化要在反攻的行動中或能實現，否則，只是空口談戰，則大家必然的都去保家眷去了！

三、個人與民主

在中國，個人的習慣是不夠資格談民主的，這是老調，而且是多年來中國政府當權者的老調。我在三十年來做文章，批評這一老調，不下五十萬字；就在台北出版的民主潮半月刊上，數年來我為此也寫了不下十萬字。在這短文裏當不再詳說。我只是問今天的中華民國是不是民主憲政的國家？今天的政府是不是依據全民代表所製定的民憲而產生的政府？如果說是的，則政府的習慣，便應該照着憲法行事，不能違憲；國民的習慣，則應該照着憲法上所規定的權利與義務行事，不應有任何人超越這權利與義務，或包辦這權利與義務；當權者的官職無論再大，就客氣一點，不說他是人民的公僕，而在法律之下，人人平等，總還是一個國民，在民主共和國度裏，從來沒有天生的「超國民」的。

因之，民主自由字樣，不是空濶無邊的哲理，而是有憲法規定出國民與官吏所共同應遵守的條文，亦即是大家的生活應該習慣的。固然，以五千年的專制習慣，而要來實行民主，因之每一個人都有些不習慣。不過，政府官吏，在守法習慣上，總應該先事自檢，以為民之表率。如果官吏不守法，甚至有超於法外的人事人情，則流風所及，人人自便，不但民主政治無法實現，就是專制政治也會弄得一團糟的。——今日台灣的官吏，其人一旦變作執政黨的寵兒，或來自某一派的出身，便多少有點恃寵胡來，甚至胆大貪污，比比皆是，這又豈能完全推之於個人習慣之不宜於民主！

四、有限與無窮

以有限的財力，去應付無窮的要求，這卻是一個難於應付的問題！但誰叫政府要去事事一把抓，不惜包辦一切呢！在昔中國的專制皇朝，其政府管理老百姓的事，只限於錢糧與訴訟，而且就這少數政事，也還要標榜着政簡刑輕或甚至清靜無為。在現代民主國家，其政府只管公益、公安、公用、公法等事項，而對於國民經濟的自由競爭，輿論的自由批判，私事的私的國際來往，私利的合法取予等等，是不加以干涉的。雖然在國際的經濟競爭劇烈時，或是在國家參加戰爭時，在議會同意下，政府要向國民手中收回某一項權利來應付緊急，或向國民頭上特課以某一種義務來對付敵人，這在英國民主先進的國家稱作「委託權」，委託權乃是在應付一時緊急，需要過了後，又由議會去代表國民收取回來的。

共產黨所發明的制度便既不同於中國的專制，更不同於西方的民主；它乃是無論在平時戰時，政府將老百姓的所有公私生活，一概徹底包辦，惟所欲為，抗之者死，是之謂極權政治。不過共產黨實行極權政治時，乃不感到他的黨是在以有限對無窮，而會覺得吃力。因為共黨政權是括盡國民無窮的財力；而只去應付國民有限的要求，如國民誰不願照辦，殺掉了事，乾脆之至！因是，要有共黨那樣無人性，無國性，無一切傳統的近於野蠻性，纔能去實行他那種仗恃特務以鎮住多數的極權政治；於是人民始不敢有所要求。故共黨的極權政治是學不得的；尤其是富於人性，而重視中國道德與政治的傳統的眞正中國人是學不得的。眞正中國人去稍一學點共黨極權政治作法，便必然會感到在以有限度去對無窮了，因為中國政治傳統是在為民父兄師保，而共黨政治認識是在對付階級敵人！

五、有鼓勵有責難

以上為陳誠先生進一解的話，有鼓勵，也有責難；如像對於土改成績，便是鼓勵，對於年前雷案，便是責難。但責難是無法以鼓勵來代替的。陳先生所自勉以勉人的前三句話，尚可以舉手贊成，但須先從政府表示出一個模範或誠意以見之於行事來；至於「以鼓勵代替責難」的第四句話，則無法舉手贊成，因為出版法的修正，雷案的周納成罪，貪污案的疊出，人民自由的妨害等事，都是只有被責難，而不能還去鼓勵的。不過責難一發，必定得罪人的。語云，「父子之間，責善則離」，何況對於朋友，更何況對於執政三十年，而自以為只有我纔有辦法的台北當權者！因此，聯合評論同人之罪，在一部份的台北當權派看來，乃是與中共同科的，這也毫無足怪，只怪同人要不揣冒昧的去盡國民應有的天職而已！

臨了，我還得答復一下陳先生的說明最後一段話，說：『近年許多人士盼望召開反共救國會議之所以未能實現原因之一，即由於各黨本身意見未趨一致，以致在邀請出席人士的問題上，也感到困難」。反共救國是何等的大事！政府要實現許多人士所盼望的反共救國會議，又是何等的誠意！乃因在野各黨自身不團結或意見不一致，以致辜負了政府的誠意，就誤了國家的大事，照陳先生所說，在野各黨眞是罪該萬死，責無可卸了啊！

五〇、九、二

孫子兵法的現代意義

劉裕畧

孫子名武，春秋時代齊國人。後仕吳王闔廬爲將，所傳孫子兵法十三篇，是中國最古的兵書，正因爲孫子兵法是中國春秋時代的兵書，距今已兩千餘年。所以，今天來談孫子兵法。有些人會覺得過時了。

其實，孫子兵法直到現在這一機械化和太空核子化的武器時代，它仍有一定意義和一定的光輝。說它的一部分內容已經過時，誠非錯誤，說它的另一部分內容已絕未過時，亦非錯誤。

過時的部分是指它那軍事技術部分，仍未過時的部分，是指它那戰爭思想和戰學原理部分。而前者在孫子兵法中佔的比例極小，後者佔的比例極大。因此，也可以說：孫子兵法中的大部分內容，即佔着大部分內容的戰爭思想部分和戰學原理部分是絕未過時的。雖然，在今天看來，孫子兵法並未完全括有現代戰爭的一切學理，但它那未過時的部分，仍對現代戰爭和未來戰爭具有一定的指導性和啟發性則是眞的。

我們知道：戰爭乃是一種實際行動而不是一種空談，這種行動必須依靠武器，即戰鬥工具才能完成。就正如經濟的生產目的必須依賴生產工具才能完成一樣。但生產工具雖時有變異，時有發展，經濟學原理却不是隨時跟着生產工具之變而變的。誠然生產工具有時也反轉來影響經濟學原理。同一理由，戰爭工具即武器雖亦有時影響戰爭學理，但原則性和原理性的戰爭學理却常常並不爲戰爭工具所影響。所以，自春秋戰國歷秦漢隋唐而明淸以迄現代，戰鬥工具雖已一變再變，孫子兵法的原理部分則仍在每一時代被重視被歌頌被實踐。

惟其如此，所以，自春秋戰國以來，抛開歷代軍事家對孫子兵法在實際戰爭中的實踐和學習不談，只就理論的研究和探討而言，正如恒河沙數，誠不知已有若干家。到今天，三國時代的曹操，梁時的孟氏，唐時的李筌、杜牧、陳暐、賈林，宋時的梅堯臣、王晳、何延錫、張預等十家注，仍然是史籍中的重要著作。除此之外，歷代注釋、整理、編寫孫子兵法的人正自還有許多。就以近代來說，中國近代軍事學家蔣百里（方震）先生，對此也曾下過苦功，而且在文字上作過註釋的。在中國傳統社會裏的那一個家喻戶曉的人物——諸葛亮，在他前往柴桑激勸孫權聯合劉備以抗曹操時，其對曹操的敵情分析。即曾說：「豫州軍雖敗於長阪，今戰士還者及關羽水軍精甲萬人，劉琦合江夏戰士亦不下萬人。曹操之衆，遠來疲弊，聞追豫州，輕騎一日一夜行三百餘里，此所謂強弩之末，勢不能穿魯縞者也。故兵法忌之曰：必蹶上將軍」。諸葛亮此處所說「兵法曰」也就指的是孫子兵法。蓋孫子兵[illegible]曾說「是故卷甲而趨，日夜不處，倍道兼行，百里而爭利，則擒三將軍；勁者先，疲者後，其法十一而至；五十里而爭利，則蹶上將軍」。可見諸葛亮雖未註釋孫子，却也熟讀孫子，而且還以孫子所昭示的原則來判斷敵情。

本來，推重孫子者，又何止中國歷代兵家，日本方面就曾有人推崇孫子爲「東方兵學之鼻祖」。日人亦曾推崇孫子兵法是「兵學聖典」和「世界古代第一兵書」。這都可見孫子兵法之價值。

數年前，中共在大陸亦頗研究孫子。北平光明日報等曾屢載研究孫子之論文。迄今年八月十八日中共人民日報之「學術動態」專欄更評介「一部影印的宋刻本『十一家注孫子』新書已由中華書局上海編譯所出版。全書分三卷十三篇。卷首是郭化若寫的代序『論孫子兵法』。並把化若的『孫子今譯』作爲附冊」云。

人民日報此處所說「郭化若的孫子今譯」即指的是早已由中共人民出版社出版的郭化若著：「今譯新編孫子兵法」。客觀說來，郭化若著的這一本「今譯新編孫子兵法」並不夠份量。它僅僅表達了和重述了中共對孫子兵法的重視和一般看法而已。而其中的擅自纂改與了解錯誤和了解不夠深刻之處尤多。

中共對孫子兵法的基本看法誠如八月十八日人民日報所云：「關於孫子的軍事思想和哲學思想，郭化若在代序中作了着重的闡述。作者認爲，孫子的軍事思想有一個廣博精深而比較完整的體系，即：對於戰爭問題有唯物的全面分析，對於戰畧問題有深刻的辯証見解，對於軍隊的管理教育也有若干開明的主張，等等。作者特別指出，孫子對於作戰指導特別強調主動靈活，是十三篇中最精彩的部分。同時，作者認爲：孫子偉大的軍事思想是以他偉大的哲學思想爲基礎的。孫子的哲學思想的精華，是樸素的唯物論戰爭觀和原始的軍事辯証法。其主要特點是：在唯物論戰爭觀的基礎上強調主觀能動性；用辯証法宇宙觀來觀實和應用戰爭規律；承認矛盾的普遍性，指出要用不同的戰法去處理不同的戰況；從現象到本質的方法等等」。

以上，雖只是人民日報所介紹的郭化若對孫子兵法的看法，但郭化若的這一看法實則亦是中共的一般看法。因爲光明日報等對孫子兵法所討論的也幾乎是與此完全相同的。

當然，不可避免地，也是必然的，他們對孫子兵法除了好的批評之外，一定還有不好的批評。人民日報說：「此外，作者也指出，由於他的階級性和所處時代的限制，孫子的軍事思想和哲學思想都不免還有缺陷」。這差不多是共產黨人或歷史唯物論者對古人的照例的陳腔濫調的抨擊。因爲孫子兵法確有使共產黨人失望之處，那就是它確未強調階級性，更未作無產階級無敵於天下的預言，共產黨人那能不抨擊它？

不過，這決不是孫子兵法在今日的眞正缺陷，孫子兵法在今日的眞正缺陷，實只小部分技術性內容已不合時代，有如筆者上文所言。而孫子兵法的最精彩部分，又決不止人民日報所說「主動與靈活」而已。

同時，孫子兵法雖有辯證的成分，但却並不全是唯物主義的。他說：「以吾度之，越人之兵雖多，亦奚益於勝敗哉」！可知他決非唯物論者；可知他原本認定兵員多寡這一唯物條件，並非戰爭勝敗之關鍵。

對戰爭指導特別強調主動與靈活，這誠然也是孫子兵法的突出優點，然除此之外，孫子兵法所昭示的戰爭原理，其完全適用於現代者仍多。擧其最精彩者而言，譬如：

「孫子曰：兵者國之大事，死生之地，存亡之道，不可不察也」。

「兵者，詭道也。故能而示之不能，用而示之不用，近而示之遠，遠而示之近。利而誘之，亂而取之，實而備之，強而避之，怒而撓之，卑而驕之，佚而勞之，親而離之。攻其無備，出其不意。此兵家之勝，不可先傳也」。

「夫未戰而廟算勝者，得算多也；未戰而廟算不勝者，得算少也；多算勝，少算不勝，而況於無算乎」？

「故兵聞拙速，未睹巧之久也。夫兵久而國利者，未之有也。故不盡知用兵之害者，則不能盡知用兵之利也」。

「百戰百勝，非戰之善戰者也；不戰而屈人之兵，善之善者也」。

「故君之所以患於軍者三：不知軍之不可以進，而謂之進；不知軍之不可以退，而謂之退，是謂縻軍。不知三軍之事，而同三軍之政，則軍士惑矣。不知三軍之權，而同三軍之任，則軍士疑矣。三軍既惑且疑，則諸侯之難至矣。是謂亂軍引勝」。

「故曰知彼知己，百戰不殆；不知彼而知己，一勝一負；不知彼，不知己，每戰必敗」。

「善守者，藏於九地之下，善攻者，動於九天之上，故能自保而全勝也」。

「凡戰者以正合，以奇勝。故善出奇者，無窮於天地，不竭如江河，終而復始，日月是也。死而更生，四時是也。聲不過五，五聲之變，不可勝聽也。色不過五，五色之變，不可勝觀也。味不過五，五味之變，不可勝嘗也。戰勢不過奇正，奇正之變不可勝窮也。奇正相生，如循環之無端，孰能窮之哉」？

「故善戰者，求之於勢，不責於人；故能擇人而任勢。……故善戰人之勢，如搏石於千仭之山者，勢也」。

「故備前則後寡，備後則前寡，備左則右寡，備右則左寡，無所不備，則無所不寡。寡者備人者也，衆者使人備己者也。」

「故曰勝可爲也，敵雖衆，可使無鬥。」

「故用兵之法，無恃其不來，恃吾有以待之；無恃其不攻，恃吾有所不可攻也」。

「故將有五危：必死，可殺也，必生，可虜也，忿速，可侮也，廉潔，可辱也，愛民，可煩也。凡此五者，將之過也，用兵之災也。覆軍殺將，必以五危，不可不察也」。

「視卒如嬰兒，故可與之赴深溪；視卒如愛子，故可與之俱死。愛而不能令，厚而不能使，亂而不能治，譬若驕子，不可用也」。

「知吾卒之可以擊，而不知敵之不可以擊，勝之半也；知敵之可擊，而不知吾卒之不可擊，勝之半也；知敵之可擊，知吾卒之可以擊，而不知地形之不可以戰，勝之半也。」

「兵之情主速，乘人之不及，由不虞之道，攻其所不戒也」。

「投之亡地然後存，陷之死地然後生，夫衆陷於害，然後能爲勝敗」。

「昔殷之興也，伊摯在夏；周之興也，呂牙在殷。故明君賢將能以上智爲間者，必成大功，此兵之要，三軍所恃而動也。」

以上不過信手拈來，然皆辭句優美，觀察深刻，說理明析，而又朗朗可頌之文。誠中國傳統文化中之瑰實，精深博達之兵書也！以之衡量當前國事和當前世局，亦多可擊節嘆賞。自由世界失去主動，處處陷於被動，與乎台灣之但期敵之可敗，而未求己之可勝，都是顯然違反孫子兵法所昭示之原則的。

故今日而言反攻復國，必先改造台灣不可。蓋今日之中共，誠已自掘墳墓，具備了必敗之道；但台灣方面之可以必勝之道如何呢？則仍是沒有具備的。

德皇威廉第二於第一次世界大戰失敗後始讀到孫子兵法。乃嘆息說：「可惜二十年前未能讀到此書」！然他的嘆息已經遲了，因爲他已經失敗了。但顧今之反共人士能夠早早讀到這本書，庶免再與威廉第二之嘆！

孤忠不救國·民主復中華

——與陳辭修氏談「民主的要求」

李金曄

陳誠氏以前後七年兩度出長行政院的經歷，於八月廿八日在報告中道出了他的感慨。他說：「自政府遷台以後，我兩度在行政院服務，前後共達七年以上，應該做的和沒有做好的事情，實在很多，我深感難辭其咎。我們十多年的成就，為什麼不如理想？我認為最重要的原因，是歷史的負累很重，現實的要求太多，如用幾句話來說明，即是，落後的社會，現代的要求；苟安的習慣，戰時的要求；個人的習慣，民主的要求；有限的財力，無窮的要求。」

陳氏的這番話是值得同情的，可以說這是「巧婦」的衷曲。但也是難以原諒的，因為少不免是在推卸責任。

民主政治，本是責任政治。以陳氏過去歷在中樞位居衝要，他是不會不明白現實政治與國民要求兩者間的距離的。他是更不會不明白國民黨當權系統數十年來秉政之得失所在的。他也應該明白「合則幹，不合則去」的道理。一直到目前為止。姑不論陳氏過去與現在，在他歷任各項公職期間的功過如何，他之所以還能夠得到各方一些較良好的反應，完全是由於他個人的為人瑕疵較少。但是以他在黨內和在政府所居之地位來說，他竟不能促使國民黨和政府作應有的和必要的改進，則是令人難以諒解的。

因此，在我個人來說，儘管可以同情陳氏當前的境遇，也非常了解他的苦衷，可是也總覺得他祇是一個稱職底偏安王朝的孤臣；難以期望他成為一個復興中華的民主首相。做偏安的孤臣易，做民主的首相難。這也當然是他自己所能了解的。尤其是在蔣氏父子的面前。

當然，如果陳氏真能確認國民的民主要求高於一切，確認為實行民主與保衛蔣氏權益兩者之間必須有所抉擇，而決然朝着民主政治的方向邁步，那末他也不難成為中興國族的民主首相。

而這就全在他一念之間了！

這裏須要再就陳氏上述諸言稍加申論：

一、就「落後的社會，現代的要求」來說。中國社會是否落後，要看是和那些地區的國家來比。如果和日本以外的任何亞洲地區的國家來比，中國不能算是「落後的社會」。若以台灣的工農業基礎來說，更不能被視作是「落後的社會」。

「現代的要求」，並非單方面是國民的要求，也是政府應該有的要求，合理地說，是政府應該引導國民共同創造現代的要求。何況是自知我們這個國家仍是一個比上不足的國家，再更進一步說，惟其是自知「落後」，才更須要「現代」。如果沒有這些「現代的要求」一來刺激，精神與物質的文明便不會有進步了！豈不是要大家習於過落後的不民主的生活？

二、就「苟安的習慣，戰時的要求」來說。究竟是那些人習於苟安？是官家嗎？還是庶民？台北的生活正向東京看齊，而造成這種習尚和傾向的，難道也是一般的百姓家嗎？對平民作「戰時的要求」，對達官顯宦和富商巨室則縱容其習慣於苟安。政府究竟是為多數人的要求服務，還是為少數人的既得利益服務。

二次大戰時的英倫，雖貴為皇室，也必須過嚴格的定量配給生活，不能多喝一瓶牛奶，也不能多吃一隻鷄蛋。今天在台灣，能做得到嗎？為什麼做不到？

三、就「個人的習慣，民主的要求」來說。民主的要求是全世界人民的要求。在已實行民主政治的國家，人們仍正在為保障民主生活方式積極不懈地奮鬥；在殖民地和被奴役的地區，人們正在向極權和獨裁者戰鬥。那末，在我們這個號稱「民主」底國家，人們有民主的要求，誰曰不宜?!所謂「個人的習慣」，究竟是誰的習慣。當人們一致要求民主和遵憲的時候，竟然有人要修憲連任毀壞民主；而現在居然更有獨裁者的馬前卒倡言「凍結」憲法了，這豈不是尊「個人的習慣」而貶「民主的要求」嗎？

請問我所尊敬的陳先生，不論在黨內和在政府，你究竟是尊重絕大多數百姓的民主要求呢？還是尊重個人的習慣呢？以你數十年來從黨從政的實際經驗和你對民主政治的了解來論，你是覺得遵循民主的規道推行政治好呢？還是依憑某一個人的習慣和看他的臉色風向來辦事好呢？是那種方式更有益於國家民族呢？

四、就「有限的財力，無窮的要求」來說，任何人都明白國府偏處台灣，財力是有限的。但人們也明白，中山先生當年從事革命運動時的財力不更有限嗎？現在，人們的要求是反攻；當年人們的要求是革命。因為中山先生能夠真正的不折不扣地推行革命運動，因此他能運用有限的財力變為無限的財力而滿足全國人民無窮的要求。有限的財力不足懼，無窮的要求也不用怕。問題的關鍵是能不能真正地反攻，當權派有無誠意實行民主，祇有實行民主政治和反攻，海內外的人民才會覺得出錢出力有保障、有希望。國民黨當權派之不善理財與不善用財，是人所共知的，民意機關之無力監督國家財政收支，也是人所共知的，甚至援助國府的盟國，也對國府的不能按照財政計劃行事而搖首嘆息了。所以形成有限的財力的這種情況不在於民間有「無窮的要求」，而在於當權派有無窮的浪費。以有限的財力，負担超出國家預算的浪費和支持那些名目繁多的「黑衙門」，自然是力不勝任了！

國府撤退到台灣以後，「十多年的成就，為什麼不如理想？」一句話就可以找出根源來的。那就是因為未能真心誠意地實行民主政治。政治不能推行民主，國民不能全心全意地信賴政府，當然也不會竭盡所有與所能來協助政府。由於當權派的跋扈，形成了「奴才治國」的局面，遂使智者遠引。這就使得國府不僅感到能力有限，智慧也有限了！

沒有一個國家是沒有「歷史的負累的」。造成中國的現狀，並不是因為「歷史負累很重」，而是因為國民黨當權系統數十年來太過忽視國民的現實要求。眼前有一條民主大道不走，數十年來一直徘徊往返於學習法西斯，學習納粹，在與共產黨鬥爭失敗之後，又再回頭學共產黨，遂致更加無法擺脫「歷史的負累」了！那末，這十多年來的成就，又能算得了什麼呢？

剿共、戡亂之所以失敗，就因為當時未能下決心推行民主政治。不以民主政治為基礎的任何反共措施，即使能收一時之效，也不過是治標而已。國民黨在當權派專政之下，對共周旋數十年而終於失敗，事理至為清楚，與「歷史的負累」關係不大。如果一定說是與「歷史的負累」有關，則又是誰製造了這慘痛的歷史呢？

陳氏是與這數十年民國史有密切關係的人物，我相信他是已經比較客觀地看清楚了這歷史根源了的。

如果他不能擺脫「歷史的負累」，引導中華民國走上民主憲政的大道，就是非不知，實不為。既甘心於做一姓的孤臣，那末也就祇能終其生自怨自艾了！

陽明山二次會談小記

純　夫

（台北通訊）陽明山第二次會談，現在已經曲終人散。出席此次會談的人數，比上次會談略勝一籌；但却仍未達到當權者的預期目的。不但旅美學人之應邀者顯得零落；即近在香港的某某三書院院長和某大報社長也沒有來台捧場。甚至久已盛傳將携眷還台的某黨在港元老，竟亦躊躇不前，致使他們以敵制敵的慣技未能大展，這更是當權者引以為憾的。

蔣「總統」不再杯葛談士

在第一次會談時，蔣「總統」存心離開台北，避不與談士們見面。此次却於分批約見之外，還於三十日晚在陽明山莊隆重歡宴。出席第一次會談的國內談士亦被邀作陪。宋美齡更特別宴請隨談士來台的夫人和小姐，可謂竭盡地主之誼了。在歡宴席上，蔣「總統」說：「連日與海內外專家學者交換意見，了解陽明山會談不祇對政府收穫很大，對反攻復國的前途，亦將產生決定性的影響，特別感到欣慰。」有一位曾出席第一次會談的與宴人士說：假如他（指蔣）早知如此，也許上月就不會避去台中了。

反攻大陸的呼聲

不久以前，陳誠訪美時，旅美僑胞會向他提出了一份書面意見，呼籲反攻大陸。意見書中，歷述十二年來當權者所作幾年準備幾年反攻的諾言，迄未履行，致使國內外同胞均感失望和怨憤，國家的國際地位亦日趨於危殆。於今內外形勢更加迫切，不容再存苟安之念，他們要求政府早日反攻大陸，庶可自救自立。旅美僑胞的此一呼籲，正是全國同胞的心聲。無如當權者似乎別有懷抱，仍無準備反攻的跡象。前幾日蔣「總統」在接見美國報人時，雖然表示將於五年內返回大陸；可是，由於他過去慣說謊話，人們未敢再存任何信心。此次陽明山會談的談士們，總算做了一件可以大書特書的大事，即是認為目前是反攻大陸的最好時機，一致同意發表聲明，促請政府早日反攻。在討論案由時，有人主張用呼籲二字，陳誠建議用督促二字，最後幾經推敲才決定用促請二字。聲明的措詞遣字，亦煞費斟酌。據中央日報載：『第二次會談全體人士所發表的「促請政府早日反攻大陸的聲明」，最先是由香港某文化人的提議，其後由大會推三人起稿，於提到大會時經過一番討論，復推二人會同三位起稿人進行修改訂正，一直到會談結束前一刻才正式通過。有人說：這個聲明真是「難產」，但有人說這正象徵着多難興邦。』據悉：這篇聲明所以難產的主要原因，在於力求避免有任何可能被認為刺激當權者的詞句，其用心亦云苦矣。但不知年來指使海外嘍囉圍攻主張反攻言論的蔣經國對此又將作何應付？

台灣有無黨化教育

來自香港的王厚生反對黨化教育，並主張各級學校應取銷三民主義的課程，而以憲法代之。但陳誠却否認台灣有黨化教育的事，他說：「中央研究院院長胡適主持的是國家最高研究機構，有無實行黨化教育，可問胡先生就知道。至於其他大學，也沒有實行黨化教育。」陳院長表示：反對政府的人，每每引用實行黨化教育、警察國家、獨裁政治等攻擊我們，此或為引起國際人士誤解的原因之一，大家對此當能有正確的認識。」他說完以後，似乎為了緩和王厚生的情緒，又對海外尤其是香港從事思想文化鬥爭的人士表示欽佩。

陳誠這一篇辯白，大有蔣介石的氣味。蔣介石非法連任，却高談遵守憲法；實行獨裁統治和家天下主義，却自誇民主和法治。今天台灣有黨化教育，乃是鐵一般事實。各級學校除了三民主義的課程外，那些所謂軍事教育和訓導人員，無一不是公然以學校行政人員的身份作國民黨的黨務活動。尤其是蔣經國的青年救國團，强迫大、中學生一律加入；並須研讀「總統訓詞」和「蔣主任言論集」。假如某一學生敢於發表不滿國民黨，特別是指責蔣經國的言論，輕則記過，重則失踪。此非黨化教育而何？陳誠還要胡適為他作証，未免太「大胆假設」了吧！有人說：陳誠之否認黨化教育，實有特別的用意。因為今日的國民黨，早已變為蔣家父子黨了。而今日台灣的教育，表面上是國民黨的黨化，實則是蔣經國的特務化。此乃更深一層的看法。

（下轉第四版）

台北市長交接記

直夫

（台北通訊）一連牽入兩大集體貪污案的台北市長黃啟瑞終於被停職了。早在台北地檢處對市公車處的集體貪污各犯提起公訴之初，台灣省政府即有人主張應按照宜蘭嘉義兩縣縣長的案例，先將黃啟瑞停職，各民營報亦有此訊。但由於國民黨中央尚存心庇護，乃由中央通訊社發佈否認的消息，黃啟瑞也向新聞記者表示，仍將照常負責。現在也許因為案上加案，無法掩蓋，一說黃啟瑞業已失寵，國民黨於八月十八日舉行中央常會時，特將此一問題提出討論，周至柔也趕來出席。會議結果，決定派周百鍊代理台北市長，這是停職命令姍姍來遲的原因。

周百鍊代理市長的由來

據熟悉內情者透露，當年國民黨提名台北市長候選人時，周百鍊是台北市選出的省議員，在社會上薄有聲譽，也頗有意於此，雙方競爭頗為激烈。繼經黨內的巧妙安排，黃啟瑞獲得提名；而周則被任為行政院的參議；不久之後，又作了省政府委員，以迄於今。周百鍊任省府委員後，又奉派為全省環境衛生督導團團長，台北環境衛生的考績，常被列為最差。因而更引起黃啟瑞對他的戒心。

現在省政府派周百鍊代理市長，顯然有意為他競選下屆市長鋪路。因為假如周能善用此兩年又九個月的代理期間，在市政上有良好的表現，則不但將來競選必有把握；而且也可為國民黨稍稍挽回因黃啟瑞貪污而失去的黨譽。所以，周百鍊於二十四日向周至柔作就任前的請示時，周至柔一再面諭：祇許成功，不可失敗。這其間雖然也不免夾有國民黨小圈子內的派系門爭因素；但也說明了周百鍊代理的成敗，與國民黨能否再緊握台北市長寶座頗有連帶的關係。

周百鍊不待省府的正式命令下達，即往訪黃啟瑞，希望早日移交，愈快愈好，大有迫不及待之勢。最初黃啟瑞提議於九月一日。照一般習慣言之，此一交接日期，不算不夠快了。又據黃啟瑞的親信透露，黃原擬在八月二十八日市議會開會時，向這些曾經通過議案請省政府在其控案未經法院審訊終結宣佈判決時，不要派員代理台北市長，以免影響市政，同時，又特別設宴慰問的市議員們發表一篇臨別演說，聊以遮羞。這也可說是人情的常。然而周百鍊似乎懷着誠恐稍縱即逝的急切心情，仍堅請提早。於是，黃啟瑞就率性決定在八月二十八日上午九時，顯然有意使周百鍊於接收後就嘗到應接不暇之苦。因為市議會已排定是日上午十時為市長報告施政的時間。

黃啟瑞大放起身砲

在黃啟瑞被停職的消息發表後，市府主任秘書侯暢，機要股長鄭善祓，市長室額外秘書馮天寶等十餘人即分別提出辭呈。另有若干願意留在市府工作的人員，則請黃啟瑞在移交前，先將他們調派更好的單位。有些尚未補入正式名額的，則請求先給他們補實。為了這些人事問題，黃啟瑞曾於回拜周百鍊時向他表示：希望對市府的舊同仁多多照顧；如果需要補足空額，也希望就原有成績優良者提升。周百鍊則答以他對於人事，一向主張制度化，不會隨便調動，請黃放心。據報載，黃一見周，便說：「以後要萬事拜托」，辭出的時候，又連說了好幾個「拜托」。

話雖如此說，黃啟瑞仍於移交以前，大放起身炮。除了對已提出辭呈的主任秘書侯暢等人一律挽留而外，並把身邊的閒職和額外人員補成實缺。據圈內人說，此事到如今黃啟瑞還存心和周百鍊過不去，也不是他對市府的部屬特別愛好；而乃另有不得已的隱衷。因為他省情度勢，深感若不在移交以前將這些人安插妥當，必將有人對他落井下石，而把尚未為大衆所知的許多貪污案揭發出來。為了防範於未然計，他祇好如此這般的做了。此說，似乎頗近情理。

黃啟瑞心情沉重

據二十九日報載，黃啟瑞以得之頗為不易的市長寶座讓與一向被目為黨內敵手的周百鍊格外有一種說不出的苦味。他昨天拖着沉重的步伐進入市長會客室後，即坐在平素會客時坐慣了的那個皮沙發上；但會客室裏面的多數客人則遙向周百鍊道賀；祇有極少數的走過來和他打招呼。此情此景，更增加他的感慨。移交印信時，攝影人請新舊任作握手狀，他才勉強伸出右手與周百鍊一握。有一攝影記者又請他笑一笑，他的臉上雖然首次露出一絲笑容；但却是苦笑。在交接完畢後，他即以迅速的步伐，離開市府，坐上汽車，絕塵而去。據說，原有幾位好朋友已約定請他吃中飯，表示慰問，也因為他心情不佳而改期。入夜，徐州路的黃公館，更是淡然無光，較諸以往的燈火輝煌，相差實不可以道里計了。

周百鍊的施政重點

在周百鍊的這一方面，正所謂人逢喜事精神爽。據報載，多天以來，他總是笑口常開，喜氣洋洋的。當然咧，黃啟瑞當年爭取市長的寶座時，曾在國民黨內經過了千辛萬苦的活動才得提名；而且在選舉時還花費八十萬大元的鉅欵才得當選。而今他時來運至，不費吹灰之力便取而代之，怎能不喜？因此之故，他於二十八日上午九時到達市府後，即先看看市長辦公室，然後笑容滿面的走入會客室和來賓一一握手。有一攝影記者請他坐在市長辦公桌前的椅子上拍照，他連說「好的，好的」。計在大約五分鐘的時間，哈哈大笑七八次之多。因為賀客太多，他伸出兩手，左右開弓，不停的握了不知多少次，忙得滿頭大汗。到了九時五十分，又趕往市議會作首次的施政報告。廣州街的周內科，更是賀匾與花籃堆積如山，樓上樓下，都是賀客，盛況空前。

可是，周百鍊的態度，雖顯得有些得意忘形；而其施政報告却頗為平實。他提出整飭政治風氣，整理環境衛生，大量興建國民住宅及發展中、小學敎育等四項為施政重點，可說謂切中時弊。並說：「民主政治就是議會政治。市政府好比是一座汽車，各位是車主，我不過是一個司機。今後自當遵重各位的指示，把汽車開到各位所要到的地方。希望諸位議員先生多予嚴促，使我能盡其力量，做一個夠格的司機。」這種認識和態度雖極平常之至；但却是當今朝中人所缺少的。如果他能身體力行，今後台北的市政，也許會有一番進步，願拭目以待之。

陽明山二次會談小記

（上接第三版）

新聞自由與報禁

此次會談辯論最久而又最激烈的，厥為新聞自由與開放報禁的問題，台北報人一致主張由新聞界訂立自律公約以代出版法；並要求開放報禁。但來自香港的某談士和在台的任卓宣却一唱一和，力持相反的意見。某談士認為台灣的新聞自由太多，以致報界濫用新聞自由，不顧新聞道德。因此，他不但反對取銷出版法和開放報禁，而且還主張繼續限制報紙的篇幅。任卓宣對於新聞界的自律公約極表贊同；但堅持公約自公約，法律自法律，不能以自律公約來代替出版法。在分組討論時，雙方爭執激烈，火藥氣氛極為濃厚，召集人乃宣佈休息十分鐘，以為緩和之計。休息後繼續開會，台北報人李玉楷要求發言，召集人乃抱拳長揖，懇求他不要再說。繼有人主張暫時結束辯論，召集人又連連作揖，並大呼請諸位救我。小組才決定暫停討論。海外讀者也許會驚異：為何那位召集人不向香港某談士作揖請他不必再說呢？須知某談士的意見乃是有來頭的，召集人焉敢造次？

除了某談士和任卓宣在會談中奮力維護出版法和報禁而外，蔣「總統」在歡宴談士時又鄭重表示：他對於新聞界將訂立自律公約，甚表欣慰；但最好不要提條件。言外之意，就是要大家不要提廢止出版法和開放報禁的問題。他把這兩個問題視為新聞界向政府提條件，也許自以為善辯；實則不過適足以表示其執迷不悟而已。報載，某談士自覺心虛，為了表示與官方無關，又說：「大家不要誤會我不喜歡新聞自由。我過去在南京任外國通訊社記者時，政府曾對我很不滿，甚至有人說我是匪諜。」這番話的確是事實的。然而所謂今昔異勢，而今而後，某談士當然要被認為忠貞分子了。此中演化，任卓宣是過來人，知之最詳。

某談士的革命妙論

某談士除了維護出版法和報禁而外，還發表了一篇系統井然的革命妙論。他說：「我們應該在蔣總統與政府領導之下把我們的力量組成一個反共抗俄民族復興革命：（一）要革命人：就是要培養好的人，淘汰不好的人，建立好的人事制度。（二）要革命政治，就是要建立上軌道的行政制度，黨政要分開，憲法要凍結。（三）要革命新聞：建立遵守新聞道德、新聞責任、不濫用新聞自由的報紙和刊物。（四）要革命文化：擬訂完整的文化政策，培養作家及藝人，組織強有力的宣傳網，成立文化部來統一指揮與執行，以對共匪加強文化作戰。」他所謂凍結憲法，就是主張蔣介石應一直做總統下去，不必改選，直到光復大陸後再說。可見某談士不但富於革命理論，而且連五年後總統改選的問題都預為顧及。實為深謀遠慮之至。據說：蔣「總統」將聘他為陽明山革命實踐學院的助敎。一說：他可能獲得政府的補助而恢復其美援停止前的一切業務。但確否待証。

貪污市長的榮幸

台北市議員慰問黃啟瑞

志清

（台北通訊）台北市長黃啟瑞因被控貪污，情節重大，經由台灣省政府明令停職。但當權派仍繼續發動所屬作種種醜態，以圖為他遮羞。台北市全體議員於八月三十日下午六時，由議長張祥傳，副議長周財源率領，由市議會分乘兩輛公共汽車，齊到黃啟瑞住宅。因人數衆多，黃家的大客廳容納不下，許多議員都擠在走廊上，站的站，坐的坐，十分熱鬧。張祥傳代表致慰問詞說：「黃市長因案提請辭職，議員同人頗感意外。黃市長私人涉嫌案子如何不談，但他在過去四年多，對台北市的建樹是有目共睹的；即使將來不做市長了，他的政績仍然存在。議會感謝黃市長過去對市政建設的努力，希望他的案子，能夠無事，繼續為市民服務。」

黃啟瑞在迎接市議員時顯得很高興；但致謝的語氣却是沉重的。他首先表示對議員們的慰問不知要說什麼話來表示感謝才好。繼說，他本來準備在市議會開幕時再作一次報告；但廿八日那天移交後，已經喪失了列席議會的資格。想不到今天還有機會和大家在一起會面。他感激大家給他的安慰。並表示不管他做不做市長，朋友還是朋友，請市議員們繼續愛護他。

黃啟瑞說完，全體議員即起立舉杯，共祝他的身體健康。然後辭出。

國民黨市黨部及里長的慰問

國民黨台北市黨部全體委員及工作人員二十餘人，也於九月二日下午四時前往黃啟瑞住宅面致慰詞之意。他們對於黃啟瑞過去的政績，至為稱譽。黃啟瑞也是市黨部委員之一，對黨部同仁的盛意表示感謝，並希望以後繼續關照他。

據報載，龍山區的會長及紳士三十餘人，也於九月三日上午到黃啟瑞住宅作一番慰問的表演；其他各區的里長及紳士亦已準備就緒，即將繼續前往慰問。有人說，國民黨當權派本來就是一個貪污集團，他們要慰問黃啟瑞自是物傷其類，理所當然。然而他們却驅使台北市議員和里長紳士等來慰問這個貪汚市長，直是對台北全體市民的一種公然侮辱。而且，台灣號稱法治，人們當指責當權者以行政（包括黨務行政）干涉司法，他們否認曾有其事。現在黃啟瑞先後被台北和基隆地檢處提起公訴，前案正在審訊中，後案亦已定期審訊；而市議會和市黨等竟於此時對他作集體的慰問，豈非有意和法院唱對台戲？但須知今日的台灣一切都是以一人一姓為中心，不但法律必須跟着一人一姓走，就是憲法也不能倖免。當權者既決定要慰問黃啟瑞，又有誰不敢遵行？更有誰敢說不是？

狐假虎威、狗仗人勢

澄清

舉世譴責蘇聯恢復核爆之際
中共竟自揚言擁護蘇聯措施

據塔斯社莫斯科八月卅一日電：「蘇聯政府今天聲明，決定進行核武器試驗性爆炸。」

對此，世界各界包括美、英、法、德、日等國及亞非集團中之若干國家，無不震驚，且無不對蘇聯予以嚴重譴責。阿拉伯共和國總統納薩九月一日於貝爾格來德的廿四個中立國家會議的開幕席上，即表示「蘇聯恢復核子試爆的決定，使他震驚，正如它震撼了世界的輿論一樣。於此，可見一般。當然，世界輿論之所以譴責蘇聯此一荒謬措施，那是因為這一措施顯將把整個世局拖向更緊，且危及人類生命之故。難怪地理位置接近蘇聯的日本，舉國上下（除親共賣國份子以外）都一致提出抗議。

但最奇怪的，是除將中共好戰本性因此充分暴露無遺外，却是中共對蘇聯的此一荒謬措施，竟單獨表示擁護。

據中共新華社八月卅一日電：中共已於當時立即發表了一個「中華人民共和國關於支持蘇聯政府決定進行核武器試驗性爆炸以捍衛世界和平的聲明」。聲明說：「中國政府和中國人民堅決支持蘇聯政府所採取的這一重大步驟。中國政府認為，蘇聯政府的這一決定，對於頭腦發熱的戰爭策劃者是一服清醒劑」。

聲明又說：「帝國主義應當懂得：如果它們硬要把一場核武器戰爭强加到人民頭上，那末，對於帝國主義來說，其最終結果將不是勝利，也不是簡單失敗，而是整個帝國主義制度從地球上消滅。」

顯然，中共是狐假虎威，狗仗人勢的假借蘇聯之恢復核爆試驗來恫嚇自由世界，幷且假借中國人民的名義發表如此殘酷好戰的聲明。中共奴才是比它的蘇俄主子還要兇惡。自由世界，尤其日本人民，對中共的獰猙面目應該更加清楚了吧！

廣東發現多種古物及遺址
在發掘地下財時

陸聞

一方面是為了考古，另一方面是為了發掘地下財，所謂發掘地下財，是今日大陸常常使用的一個名詞，其意即謂發掘深藏地下之黃金白銀或其它古物之謂，蓋地下古物亦可運到海外變賣以賺取外滙，所以，近年來，中共對於所謂考古工作，便在發掘地下財的心理支配下，特別賣氣力。對此，中共是特別組織了許多探測隊到各地去進行探測。

在發掘廣東各地古墓中，中共究竟發了若干地下財，中共一直未曾公佈。不過對於近年來的有關考古方面的發現，則中共最近作了如下的說明。

據中共說：一九六〇年初，在靈山縣城郊的東勝岩和洪窟兩個洞穴中，發現了可能屬於舊石器時代時期的人類化石及其遺跡。我們曉得所謂舊石器時代是距今幾萬年的。人類化石是屬於新人類型的，包括有兩個頭蓋骨的大部分，一枚門齒，五枚臼齒，還有很多肢、脛、骨脊椎骨和指骨等，代表了大約四個個體。動物化石則有已經絕種的犀牛和現生種的鹿、鼠、蝸牛、田螺、烏獅、淡水蚌等。這些化石上有些尚有火燒痕跡，表明這時已用火。

此外在一九六〇年冬至一九六一年春，還在珠江三角洲發現了兩個規模巨大的新石器時代的漁獵部落的文化遺址。這是距今約三千年至七千年的遺址。它們是包括珠江三角洲十二個縣市七十一處文化遺址及包括韓江三角洲三個縣市六處文化遺址。

骨製的器物，以潮安陳橋村文化遺最豐富。用蚌製的斧、刀也有一些發現。

這些文化遺址，都是由大量軟體動物如蠔、蜆等硬殼堆積而成的。裏面還夾雜有魚、龜、牛、猪、鹿、象、以及人的遺骨。文化遺物也很豐富，打製石器有石核尖狀器、手斧狀石器、砍斫器，敲砸器，網墜等種；磨製石器則有斧，碲，鑿，鏟，鏃，矛，戈，輾輪，紡輪，環，管，礪石等種。

新石器時代的墓葬，直到一九六〇年才有發現。本年春在發掘靈山縣石塘鍾秀山的滑岩中，發現了距今約六七千年的新石器時代初期同一氏族的共同葬地。它的面積不大，僅約十平方公尺，在紫紅色的土堆中，埋有二十個左右的死者，男女老少都有，是死後重疊埋葬的，檢查時，却發現這些死者曾被嚙齒類動物所擾亂，人骨出土時雜亂無章，但已有輕微的石化。隨葬品則僅發現帶繩紋的粗砂黑陶片四片和一枚穿孔蚌珠，這比之年代愈近的帝王或富貴人物墓地隨葬品自較稀少云。

廣東消息：

暴風雨猛襲廣東鹽場　各鹽場俱有重大損失

據八月十三日北平「大公報」報導：七月到九月是廣東原鹽生產的淡季，今年各大小鹽場都抓緊利用晴天，採取搶晒搶收措施。海南島的英歌和東方兩鹽場，七月份在有兩次强台風和六次大雨的情況下，搶收了原鹽一萬四千多噸。湛江的電白和汕頭的海豐鹽場，在七月上中旬連續遭到三、五次暴雨襲擊，由于鹽工們在雨前保鹵保水，雨中隨時排除淡水，雨后立即灌池開晒，七月份仍能完成任務。全省七月份的原鹽產量為八萬多噸。

佛山日用陶瓷供應不足　共幹强迫工人反復試製

八月二十日北平「中國青年報」報導：「廣東省佛山市石灣鎮最近生產了許多過去不生產的日用陶器和瓷器。其中有飯碗，燉盅，湯匙，茶壺，茶杯，碟子等。石灣鎮原來主要生產飯煲，茶煲等日用陶器，居民所用的瓷器大部份靠江西，潮安等地供應。最近，這個鎮的日用陶瓷一廠，電瓷廠，建陶廠等陶瓷工廠挑選了一些技術水平較高的陶瓷工人，組成專門小組試製日用瓷器。這些試製小組在石灣陶瓷研究所技術人員的協助下，經過反復試驗，解決了瓷釉配色和燒成等技術問題，將飯碗等試製成功。現在全鎮除有兩個工廠專門生產瓷器和精陶製品以外，電瓷廠，建陶廠，美術陶瓷廠等也都成立車間或小組專門生產瓷器。」佛山市之所以被迫反復試製日用陶瓷品，是由于外地供應不足。而外地供應不足，則又是由於今年中共把大量人力調往農業生產戰線的後果，使各地地方工業減產，因而影饗了供應。

佛山生產用品損耗多　被迫建立保管責任制

八月十九日北平「工人日報」報導：廣東佛山市紅棉絲織廠建立工具和生產用品使用，保管責任制，規定：生產工具屬於經常使用的，臨時向倉庫借用，用完歸還。生產用品如毛巾，面盆，剪刀等，有的發給使用工人專管專用，有的發給生產小組，由工具保管員負責保管，交班時移交下班使用。不論工具和用品，損壞報費時以舊換新，遺失時照價賠償。實行這個制度後，工具和生產品的損耗大大減少。

僑鄉簡訊

鍾之奇

廣州著名裁縫改行修補匠

對於衣著，廣東人一向是有它的特點的。同時，由於廣東與外洋交通較早，故廣東人對於衣著素亦講究。但自中共佔據大陸以來，人民一天更比一天窮，人民都無錢縫製新衣，所以，許多原本以裁剪著名的技師，現在都無工可做，迫得下鄉，改行專做修補的工作了。

據八月卅一日中共控制的香港大公報報導：「廣州市修理行業的一批名師巧匠，目前到從化、花縣、佛崗等農村墟鎮，幫助當地修理工人提高技術。這些名師巧匠中，有廿多年裁剪經驗的裁剪師李棨，做了廿六年白鐵器修理工作的黃炎，修理膠鞋能手馮文娜等。」於此，可見大陸人民窮苦之一斑。

中共承認陽江電白等縣發生霍亂

自從廣東許多地區發生霍亂的消息傳到香港後，中共在香港所辦各級報紙仍一律否認。迨霍亂症由廣東傳到澳門，又再由澳門傳到香港，共報仍緘口不言。直到八月廿九日，中共新華社才發出電訊，予以追認。據新華社說：「據本社記者從有關方面獲悉，最近廣東省陽江、陽春、電白等縣的部分地區曾發生過副霍亂。……到目前為止，陽春、陽江、電白等縣共發現確診的副霍亂患者二百八十四人，……目前廣東省的重要城市和口岸，業已進行了預防措施」。

這就說明廣東確是早已發生霍亂了。不過，中共盡量掩飾這種疫症，至今還只說副霍亂，其實，傳染到澳門和香港的尚且是眞霍亂，霍亂來源地——廣東豈有反是副霍亂之理？況且中山、台山等地亦早已發生霍亂，人所共知，但中共却仍想欺瞞，中共政權之不人道與殘暴，却由此更得到証明。

福建收花生也訂公約

據八月廿四日中共人民日報載：「福建省陸續開始收獲春花生。收獲季節較高的龍溪、晉江專區已收了十三萬多畝。為了提高花生的收獲質量，漳浦、同安、南安、惠安、仙游、晉江等花生主要產區許多公社的生產隊，根據今年春花生生長期間，前期受旱，後期多雨，收獲時容易發生濫根掉莢等情況，發動社員研究收獲技術，設法提高收獲質量。漳浦縣車敖公社的許多生產隊的社員們還自覺地訂立了收好花生的公約，保証收得精、收得快。晉江縣安海公社仁壽生產大隊，發動社員總結了往年的收獲經驗，訂出了拔淨、摘淨、揀淨等細收復收花生的技術措施」。

在大陸人民普遍不滿中共的情況下，對於收獲花生的事，農民當然也是抱消極態度的。那末，在收花生時發生種種損毀，自係必然的事。於是，中共遂又以訂公約的方式來强迫人民了。因為人民日報所謂人民「自覺地訂立了收好花生公約」，自係中共强迫人民訂約的別名，否則，中共為什麼要人民「保証收得快、收得精」呢？

廣東全省插秧二千九百萬畝

據八月廿四日人民日報載：「廣東省的晚稻插秧工作已經基本結束。據八月十日的統計：全省共插秧二千九百萬畝。佔計劃面積百分之八十四。全省正在轉入田間管理和開展擴種活動」云。

博羅人民組織打獵隊打獵

糧食不夠，大家吃不飽，這是今日大陸人民的普遍現象，在此情形下，有的只靠找尋野生植物維生，有的則尚可入山打獵來解決生活。博羅縣內有著名的羅浮山，峯巒重疊，山高林密，野獸出沒無常，所以，博羅縣屬福田人民公社及橫河人民公社的人民，便組織打獵隊經常到深山密林間狩獵，以彌補糧食和肉類之缺乏。據廣東省共幹統計：「今年上半年打了九百七十九頭野獸」云。

中山縣開始收摘香蕉

中山縣是廣東香蕉的主要產區之一，據中共公布：「全縣現在共有香蕉地一萬九千多畝。又據八月廿六日中共人民日報專訊：「廣東中山縣開始收摘香蕉，目前，已經上市的香蕉有三萬四千多担」了。

亞洲共同市場的呼聲

擁有二億人口

俊華

在英國加入歐洲共同市場聲中，「亞洲共同市場」的建議，也已被公開提出。一個日本官方經濟代表團，在吉隆坡發了亞洲共同市場的呼籲。

這個三人經濟代表團，由日本經濟專家野田卯一率領，前來馬來亞訪問。野田是日本有數的經濟專家之一，岸信介首相時期，他曾任通產省大臣，在現任池田政府中，他的職位是經濟援助委員會主席，這個機構，主持對外經濟援助。

野田卯一在吉隆坡機場發表談話說：「亞洲地區的許多自由國家，計有日本、台灣、南韓、菲律濱、泰國、馬來亞、高棉、寮國、和越南，擁有的人口，數近二億，經濟潛力是巨大的，如果能够在經濟上作更緊密的合作，力量就更强大。

「合作的方式，最好是『共同市場』，像這麼一個共同市場，可以改進會員國的建設，提高生活水準，還可促進彼此密切的合作。歐洲共同市場的建立及擴展的成就，是一個榜樣。亞洲國家團結起來，建立一個類似的經濟聯盟，在目前時勢說，是有其必要的。」

野田代表團的任務，是攷察日本能够援助東南亞獨立國家發展經濟「最良好的方法」，將根據攷察所得，把給予受援國家的財政援助及技術援助，報告日本政府列入明年度預算中動用。他們的代表團在馬來亞逗留五日，然後繼續訪問泰、菲、越南和香港。

技術、資本問題

當世界各地「共同市場」在發展的趨勢當中，尋求較大範圍的貿易及經濟活動，確已形成一項必要的條件。馬來亞的拉曼總理，對這一點似乎早已有了「先覺」，數年前由拉曼向菲、泰建議的經濟文化聯盟，現在已具體化爲「東南亞協會」的籌組。最近倡議星、馬、北婆、汶萊、沙勝越合組馬來亞聯邦，經濟資源的聯合，是聯邦的主要着眼點。東南亞新興國家（除泰國外）都是在戰後這些年中獨立的，地理的接近，以及同樣的有豐富資源而比較屬於未開發的，使他們感到有聯合的必要。

可是開發和建設都不是一蹴可成的事情，資本和技術，是開發過程中不可缺少的要素，但僅靠天然產品輸出的東南亞國家，增加政費的支出，應付增加中的人口，就難以籌集龐大開發的資金。技術及技術人才的缺乏，更形成了「沒有鎖鑰」的狀態。在東南亞國家彼此可以互助及借鏡的地方，究竟不多。

這樣就造成了開發必需向外求助的形勢，如可倫坡計劃，美國的援助，落後區計劃，亞洲遠東經濟委員會等，都曾經成爲東南亞國家開發上的希望。不過一般地說，若干經援技援計劃，免不了受到歐洲共同市場的影響，也即是不能脫離歐洲共同市場的體制。在這一點上說，多少是不能滿足東南亞國家的期望。

日、馬合作成就

這就是造成日本在東南亞經濟貿易上活躍的原因。日本對印度、泰國，都有巨大投資及工業合作，購棉、鐵、米協定等，且不說它。如在星洲，日本決定在農場機械、電器、塑膠等六種工業投資，及與星政府合作設煉油廠，本十月底建廠完成。對馬來亞方面，去年日、馬簽訂爲期三年之貿易協定，馬方廢除了對日貨最高入口限額。日本當時決定向馬方購鐵四百七十五萬噸，也已實踐。日本的「海外工業技術協力會」，特在吉隆坡設立「馬來亞日本工業技術服務所」，爲在開發中的馬來亞農、工、鑛、漁業服務。馬來亞工商部的公報認爲日方的服務有良好成績。換句話說，日本馬來亞的貿易及技術合作，已有良好的基礎。

日本與馬來亞，戰時有一段不易遺忘的憾史。但經過最初的日本訪問團以「謝罪」姿態的訪問。再經吉田茂、岸信介的來訪，仍諄諄提及「謝罪」之意，那一段憾史現在似乎已被遺忘了。馬來亞在東南亞是戰禍最烈的國家，現在却成爲建設進度最速的國家，日本在馬來亞的建設中，却付出了不少的助力。

由岸信介所提出的日本協助開發東南亞計劃，經吉田茂訪問進入具體化階段，到了現在池田勇人時代，則似乎到了擴展的程度。共同市場口號的提出，是希望合作更進一步的表現。岸氏計劃，原來含有日本不與中共合作的意味，是多少帶點政治性的。可是從東南亞國家經濟建設的渴望上來說，日本的致力也合乎東南亞國家的利益。無論如何，接受共產國家的經技援助是危險的，如像印尼的動盪，不但令鄰邦爲印尼憂疑，且深恐受其影響而惴惴不安。馬來亞却在與日本合作中獲得發展和安全感。

——吉隆坡通訊。

越共逐漸滲透西貢

吳文豪

從目前的情形來看，「越抗軍」確已滲透西貢邊鄙了。這決不是故意危言聳聽，而是事實上確屬如此。

南越軍方人士也承認：越盟正規軍，包括所謂「越抗軍」，目前已約有兩團的人數，開到寮國邊境，而這地區，正和西貢北部森林地帶比連；該一地區，南越方面正住有少數民族約三十萬人。吳廷琰政府，刻已深深感覺到南越現有的軍力，幾乎是無法遏止那些共黨武裝部隊的逐漸滲透。而且，「越抗軍」的幹部，滲透手法，相當高明；他們不僅深入到這些「原始民族」的腹地，同時更和那些少數部落人士聯婚，而從中學習着他們的十四種言語。顯然，這是越盟黨南侵的整套計劃的一部份。

至於南越的正規軍（不包括輔助隊、游擊隊、和民防兵團），目前雖然已超過十五萬，但是他們不特還未有足够的力量去應付敵人的一場正面戰爭，就連對付那些「越抗軍」的沼澤部隊，也感到很吃力。在窮鄉僻壤的曲徑小道上，「越抗軍」的暗殺行動越來越兇；而越南的軍隊却常常犯上「棄械而逃」的尷尬毛病，更造成了共黨勢力的猖狂，使「赤色的危機」愈益顯著。

又據另一方面人士指出：在南越境內活動的武裝共黨士兵，已由五千人增至一萬二千人；而受過充份訓練的越盟政治幹部，還未包括在內。——那些越盟政治幹部，是以「地工」的姿態，深入到各村鎮唆使當地農民反對吳廷琰，暗襲或綁走當地的官員，并拉攏部份農民，組織「解放」南越的「民族陣綫」；這些活動，南越政府目前已受到相當嚴重的威脅。反觀吳廷琰的地方官員，仍有一部份是好閙架子，愛發官威，不特不能和民衆親善而爭取民心，反而對一般農民諸多虐待，引起民衆的憎恨，這正給予越盟「地工」作政治宣傳的最好機會，使到不少農民反而漸漸投入「越抗軍」。這些「糊塗官吏」在越盟黨勢逐漸南下滲透的今日，更構成了南越政府政治上的危機。

從上述軍事和政治兩方面來說，都是有利於越盟黨的。吳廷琰現在雖然已重組了他的政府，但對於如何粉碎越共滲透的陰謀，似乎還沒有擬訂具體而有效的辦法；倘到了危機再加深時才倉倉皇皇的去應付，當然會吃到很大的虧。這點，掌握南越命運的吳廷琰，固然應早加警惕，從速阻遏越共勢力的繼續滲透，否則到了整個西貢都陷入越共的潛勢力掌中的時候，那就更無可收拾了！至於太力支援南越的美國軍事代表人員，尤必須迅即着眼於那些潛伏的癥結，加速以實力協助吳廷琰，才可以在禍患尚未到達峯的今日，澈底把它銷除。

「一生」不幸

·侯珠·

在赤流泛濫大陸的初期，被稱爲「三生」有幸的其中之一的學生，到了今日，却反成爲「一生」不幸了。（所謂「三生」有幸的「三生」，是指醫生、先生、和學生）。

下列就是今日大陸學生遭受厄運之一斑：

（一）上海的本屆中上學校畢業，十之七八已被派往邊區，參加墾殖勞作，並由「黨委」頒佈了一項嚴厲的「訓示」，着令他們「爲祖國建設，必須貢獻畢生力量」，又硬性規定：「凡被派出的學生，都不得對所分派的地區和工作，提出任何異議」。於是，這一批中上學校的畢業生，一踏出校門，便立刻被推墮奴工的深淵！

（二）廣西的博白，百色，鳳山，都安等池的學生，目前都已被組織成「採藥隊」，驅迫他們攀山越嶺，幹着採取中藥的工作，每日採藥時間爲十二小時。桂共却說：這正是前進學生的勞動精神；也是協助國家生產所應盡的義務。——這義務，把學生們的體力，壓搾得乾乾淨淨。

（三）江西省各縣被「下放」的中小學畢業生，已達一萬五千人。「黨委」還說：「他們是直接投入農業生產第一線的勞動者；在這第一線中，他們的任務特別顯得重要，所以他們必須吃苦，耐勞，替國家工作」。於是這一批可憐的學生，便立刻被注定了農奴的命運！

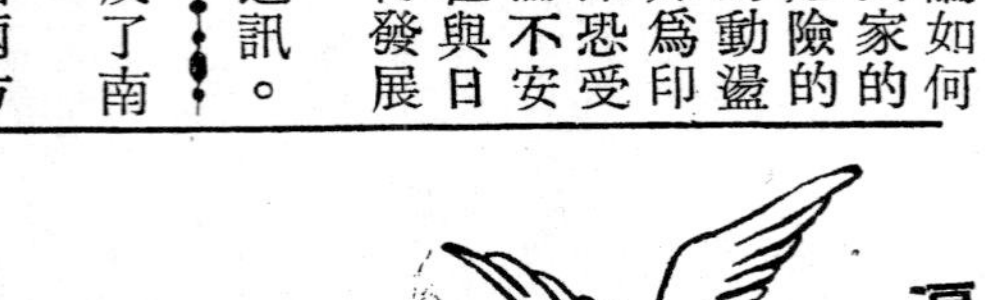

滬設特種商店吸吮僑滙

江水

滬共最近又要出了新花樣來吸吮僑滙：南京路原日先施公司的二樓，刻已闢爲「特種商店」；這「特種商店」裏，是專門經着好些被認爲「奢侈品」的東西，售價是定得特別昂貴的。當然，普通的市民，連生活上起碼的必需品如油、鹽、糖、麵等，都毫無辦法去張羅，那有餘力去購買那些手錶、眼鏡、墨水筆、收音機……等「奢侈品」？但是共方是另有一套手法的。這所「特種商店」的顧客，並不是普通的市民，而是歸僑和僑眷。原來，滬共是以「優待華僑」爲藉口，把他們的僑滙金額，硬派了百份之四十，「優待」到這所「特種商店」去，不管他們買不買東西，祇要他們的僑滙滙單一到達了「人民銀行」，「人民銀行」付欸時，就會在金額中附搭了「特種商店購物券」百份之四十給收欸人。換言之：就是把全部僑滙，先吸吮了四成。這樣的「優待」，一般歸僑、僑眷，無不恨之刺骨。至於港澳僑胞，中共本來是一向不將之視作「華僑」的，但港澳僑胞的留滬眷屬所收到的滙欸，却也要受到滬共的同樣「優待」。

紅星貨輪在西江爆炸沉沒

中共的「西江航運局」的紅星一三一號貨輪，自八月上旬，在羚羊峽爆炸沉沒後，當地防軍，即認爲係反共份子所爲，並懷疑必有大量反共特工潛伏在西江沿岸地區活動，因即派出大隊武裝部隊及便衣人員，分赴沿岸各鄉村實施澈底檢查，凡十六歲以上的男女，都被個別詢問一番。結果，有男子三十七人，被指爲「可疑份子」，帶回軍部偵訊，截至八月廿日，仍在扣留中。據當地鄉民傳出消息：該艘貨輪係替「中南土特產公司」運輸土特產的，當時由梧州載運一批「箱裝貨品」往廣州，隨船押運的有武裝共軍六名，詎航至羚羊峽時，船艙內突發出隆然巨響，艙底隨即洞穿一孔，河水泊泊湧入，船身旋告傾斜，船上人員及共軍知無可挽救，爭相跳水逃生。不久，全船沉沒；船上貨物，亦盡入龍宮。

「弱者女人」

蔡文甫

吳樹芬洗完鍋碗瓢勺，解下藍布圍裙，隨手掛在廚房竹片牆上一隻生滿鐵銹的長釘上。她用一個旋轉的舞姿，轉身看燉在煤球爐上的鋁質茶壺、壺嘴沒冒熱氣，也沒有聽到呼嚕嚕的響聲，距離水滾還不知多少時間。就是水滾了她也得先把滾水灌在大嫂房內和起坐間的兩個熱水瓶，然後再燒一次，準備大嫂洗澡……可是，今晚她沒有時間等那麼久，她要去赴一個約會。大嫂罵就讓她去罵吧！她被罵的次數已太多了。

跨出廚房，一閃就溜進自己小房間，打開衣櫥拿出準備好的自己認為最滿意的一身衣裳。那是一條深灰色夾別丁的緊身裙，配着淺藍的細綫套頭毛衣，白綢襯裙是鏤空花邊。這幾件衣裳都是新的，一次都沒有穿過。為了趕製這身行頭，曾受了大嫂很大的氣。衣服做好，反而不需要了，因為她已和男友鬧僵；却想不到現在又用到這套衣裳了。

她覺得唯有穿起這身衣裳，才可表現出她全身美麗和奔放的青春。今天和他這次會面很重要，她使他改變對她全部的觀感。她要使他自己迷戀，對自己陶醉，然後才可以控制他：……因為她認為上一次她表現得太懦弱了，這次她要彌補上次的損失，把女孩子尊嚴全部收回。上次的事，到現在想起來還覺得有點不舒服……那是上星期六的事。她走出火車站時，便見和她坐在同一座位的男人走在她身旁。一會兒，他已走在她的前面，掉頭轉來注視她。她如避開他的目光就好了。沒有，她也同樣的盯着他，看他究竟要做什麼花樣。

接着他就停下來問：「妳到那兒去呀？」聽他那麼口氣，像三年前就和她相熟似的。

本來她想給他碰個大釘子，搶白他一頓。但立刻轉了一個念頭，和他談幾句話諒也不會壞事。

「到電影街去。」她簡短的說。

「我們一起去看電影好嗎？」

「得寸進尺」，她想。但她是和大嫂嘔氣才走出來的。每個禮拜六大嫂總是要嘲笑她，問：「男朋友又不來找妳啦？」或是說：「年紀輕輕的為什麼不去渡週末？」可是，她已和他鬧僵。說得嚴格一點，她根本就失去了他。他是女人，女人不能主動的去追求男人啊！大嫂已全部知道他們的事了，還要那樣的譏諷她，現在有這樣的男人，會自動的請她，要陪她在一起——她獨自出來，原想是看電影的，但她担心怕碰到以前的男友和別的女孩在一起，她孤單單的可憐相被他們見到了，那是多麼的難堪呀！

「不知道是什麼時間。」她說。

「六點半。」他說，舉起手臂看腕錶。「看七點的一場正好。」

她沒有作聲。這並不表示她已默許他的請求，因為她正氣憤自己為什麼要說出那樣的話？她是可以答應和他一道去看電影的，但他一定要把那句話說得很巧妙，很得體使他覺得她是非常高貴，如果不是他的容貌英俊和態度誠懇，她一定不會答應的。說實話，他的態度並不一定很誠懇；外表的確很「棒」：身裁很高很結實，年紀可能不到三十歲，鐵灰色的細條西裝筆挺，和他走在一起，碰到以前的男朋友，她就可以昂起頭，扭着臂部把高跟鞋踏得特別响……。

「三輪車！」他喊，左手一揚。

「新生戲院。」

順在路旁的三輪車，立刻橫在他們面前，似乎她再也無法拒絕，不，她實在不想拒絕。坐上車時。她聽到他說：「妳很漂亮！」

× ×

她從貯有半盆水的磁盆裏，對着床頭小方桌上的圓鏡擦自己的臉孔。皮膚上的污垢像被擦淨，顯得更細膩滑潤、她想到胭脂和口紅，如果加上這些，她的面龐也許會更漂亮，但只有大嫂房內有那些化裝品，她跑去拿它，大嫂一定會問長問短。在沒有眞正和他建立感情時，還是瞞着大嫂的好。而且，她也不知道他喜歡樸素的自然美，還是人工修飾的鮮艷色彩，這要等和他來往久了，可以從他的言語中聽出他的意見——噢！她不知道事情太多了。他的職業、他的住址，他都沒有告訴她，她也不知道他的年齡、家庭……可是，她自己却付出得太多了。在三輪車上她在空中用手畫着自己的名字，他還說看不清楚，伸手出來讓她寫在他的手心上。她剛寫完，右手就被他握住。三輪車才過半條街，他的手臂已圍繞在她的肩頭。

當然，他做這些動作很熟練，也很自然，像是她多年的蜜友，如果她拒絕了他，就顯得生疏和小氣了。在當時她確有那種把握，只要她的態度和言語，稍表示一點抗拒的樣子，他就會規規矩矩的坐在她的旁邊。但她為什麼要那樣做呢？她是一個女人，絕不願意當一輩子老處女。就讓她對自己親媚一點吧！

在電影院中，他們一直互相握着手，不時他還一直伸過手臂攤着她的腰。她想，只要他不冒犯她的尊嚴，她會容忍一切的。影片上映出男主角在游泳池中熱吻鏡頭時，他的手臂摟得她更緊，她自己也感覺到全身的毛孔鬆散，內心特別緊張。她自己察覺脉膊在劇烈的跳動，銀幕上只是白茫茫的一片。突然她發現他的右手揭起了她的裙邊。她打了一個冷戰，急忙推開他的手。疊架起兩隻腳，用黑地紅方格的棉布厚裙，緊緊裹着膝蓋。以後他就一直很規矩了……

× ×

她脫下身上的黑毛衣和濃咖啡色的大裙子。突然想起那天她沒有穿襯裙。她全部的衣服都很隨便，使別人一看就知道她是一個滿不在乎的女人。可是，她並不是那種女人啊！她大學沒有考取，男朋友就不理她了，考不取大學並不是她的錯。她住在鄉下，早晨趕到考場，已經遲到。第一場考的國文，考卷上寫着：「作文題在黑板上」，她抬頭一看，黑板上只寫「麵條」二字，考卷上寫得滿滿的都是麵條的做法、吃法……一位監考的先生走近一看，說：「妳怎麼寫這題目？」她才知道作文題目已被擦掉，她糊糊塗塗地寫：……落第了，大家都說她是飯桶。現在恐怕那男人要認為她是不規矩的女人，所以她一切的事都不想告訴他。

離開電影院，他和她走進一家有電梯的咖啡館。她問他做什麼工作。他說：「理髮。」她知道那不是眞的，如果眞正是理髮匠，他就不會說實話了。但他究竟做什麼呢？店員？推銷員？廣告員……？她不知道他的職業，想曉得他的住址，那樣她可以偷偷的去到他住的附近看着他的家。他掏出了一本藍面的小簿子，要她把她通信處寫在上面，她很快的寫了，便追問他的住址，他把小簿子翻翻，顯出疊成四面的身份証，先給她看貼在那上面的照片，像是要証明那照片就是他，然後翻轉過去，指着「配偶」欄的空白對她說：「妳這樣放心了能？」

× ×

就憑這一點她就全部放心了。她從圓鏡裏扭轉着身軀看綳得緊緊的上衣。現在衣服已穿得很整齊。鏡子很小看不到全身，但她感覺得結結實實的，她確信自己胴體的美都已顯露出來。他見了她，定會大大的讚美，也可能會向她要求……誰知道這次見面會發生什麼事？上次在回家的途中，他們坐在車廂的角落裏，他的手從她的身後伸向她的脅下，她立刻夾緊膀臂拒絕了他這動作。等到火車進山洞，車廂內變成漆黑的一片，他的臉龐緊靠着她的面頰，她聽到他喘急的鼻息聲，她以為他要藉此機會吻她——沒有，他只是附在耳邊問：「假使我吻妳，妳會答應……？」

她沒有回答，也不好回答。有許多事是等做了以後，才會知道自己的感覺。才會知道怎樣應付。當時她只覺得他很傻，很老實，但她却有些失望，鄙視、詛咒……等等混合的想法。車到站了，她比他早一站下車。他輕揑着她的手再重覆一次下星期六下午七時的約會。她走出車廂，一直向車站出口處走去，沒有回頭看他，但覺得他在窗口盯着她的背影……。

× ×

她低頭看錶面黃得發黑的手錶，這時離開家，加上乘車的時間剛好趕上那約會。她就這樣離開家嗎？現在她倒有點眷戀這又小又霉濕的房間。又這房間又有什麼可愛呢？她突然的明白了。她有點怕，怕見那陌生的男人。上次他老是問她：「妳手心為什麼常常會出汗？」現在她手又沁出冷汗。不錯，她感到空虛、寂寞、需要愛情、需要男人……但並不需要像這個她不知道他的住址、職業的男人。將來她會得到羞辱、玩弄、遺棄……她就立刻想起那「弱者女人」電影中的男主角，是如何的見一個愛一個。他可能就是那種男人哩！

她猛地跳起來，關上房門，脫去套頭的淺藍上衣，鐵灰色的窄裙……把自己身體摔到在床上啜泣起來。

吹捧與中傷

晶文

最近一位旅居美國的朋友來信告訴我說：「我一直認為民主政治只能在少數白種人的社會實行。」他這句話在表示對中國民族性的悲觀。以為中國人根本不能服膺公開、認眞、平靜講理的生活方式。對於他這種看法，我雖不能同意，但是考之實際，底確使人傷心洩氣。拿文藝批評來說，最發人深省。

五四運動以來，中國新文學已經有四十多年的歷史了，到今天為止，中國依然沒有建立文藝批評。除了抗戰前夕，在中國新文學黃金時代，有李健吾氏以劉西渭的筆名寫過些文藝批評之外，就再沒有人執筆寫了。

我們說中國沒有文藝批評，並不是說沒有討論批評文藝作品的文章，其實這類文章一直是斷斷續續出現的，從本質及目的上說，確不是文藝批評。文藝批評是針對一件文藝作品做客觀的分析和品評，而我們在報刋上所見的「文藝批評」則是針對一個作家、發洩其憎愛情緒。具體來說是吹捧和中傷。

說到吹捧，有種種不同的形式。其中較比無傷大雅的是互相標榜。這種自利互利的行徑，雖然有損對文藝的眞誠，但是畢竟動機單純；另一種吹捧是為了巴結或拉攏，以吹捧為手段。達成交結「官」「黨」權貴之目的。大陸文人歌頌工農兵文藝，台北作家高唱戰鬥文藝，都是一例。最使人嘔心的是身為作家，吹捧超出了文藝圈外，竟歌頌政治現實，如郭沫若喊「親愛的太陽，親愛的鋼」，最近參加草山談話會的某談士大叫：「我要跳，我要笑，我要……」互相媲美，前後輝映。郭沫若可謂「德」不孤了。

上述的吹捧，都是捧人，司空見慣，不足為奇。而今天最流行的是自吹自捧。去年本港某報周年紀念，請某報作家寫一篇專論，述評五四以來的新文學，該作家寫到大陸淪陷以後的海外文壇時，只提到他自己，目中再無一人，眞使人拍案叫絕。

比吹捧更下流的是中傷。吹捧雖然可憎，但畢竟是堂堂正正公開的行為。而中傷則是藏在黑暗中，向人背後射暗箭，實在缺乏武德。

有許多人常是當面吹捧，背後中傷。我曾親自聽到過一位仁兄，當面向某作家說：「×先生，您的大作，確是與衆不同，結構謹嚴，文筆美妙……」，等那位作家走開之後，他向我擰起鼻頭：「其實，他寫的東西，不過是中學生程度」！當時我驚訝這兩段話怎麼可能從一個人口中講出來。

金釵記（一）

黎明

第十二場：

景：顧秀娘臥室。

時：接上場。

人：顧秀娘、顧安人、魯學曾、春梅、蘭心、劉媽。

（牙床上懸羅帳，帳門鉤起，左床柱上紅羅仍在。秀娘屍體覆以錦衾，唯留頭部及上半身在衾外；如安睡狀，畧無長怖。顧安人坐在床邊，一手拭淚，一手撫屍。魯學曾垂頭喪氣立在床右。餘人分立在適當地位，抆淚歔欷。呈現一種紛亂與痛哭後之摧傷與哀默氣氛。）

（幕後合唱）

一株名花出上林，無端風雨苦相侵。

顧秀娘，情義眞；

死生一諾重千金。

誰料奸謀禍穽深？

三尺紅羅送青春；

從教汙體不汙心。

可憐人去釵空存！

更可憐愁煞白頭人！

愁煞了那白頭人！

顧安人：賢婿！你今番可知你妻子之心了。此事老身家門不幸！賢婿也不必過於憂傷！此處非你久留之地；一有是非，貽累不少。（聲轉嘶啞，淚隨聲下）還是請回去吧！

魯學曾：唉！岳母大人！事到如今，只怪小婿無福無緣！但人死不能復生，還望岳母大人節哀保重才是。（從懷中取出金釵，看看金釵，又看看遺體；眼淚簌簌而下，泣不成聲。）岳母！你千萬要好生保重！（淒楚地一揖）小婿去了！……（回顧）小婿去了！……（再回顧）

顧安人：（掩淚揮手）去吧！

魯學曾：唉！（似不忍再留，灑袖掉頭急下）

顧安人：劉媽！派人即到東莊報知員外，叫他速速回來！

劉媽：是。（欲下）

顧安人：轉來！吩咐去人不准妄提「公子來過」一字，但說小姐不滿退親之事，自尋短見便了。快去！快去！

劉媽：是。（下）

顧安人：起身，面對遺體，灑袖，哭介）哎呀兒呀！是爲娘害苦了我兒啊！（唱）

未開言，不由我，心如刀割；

哭一聲，我的兒，細聽娘說：

實只望，助聘金，送兒出閣，

又誰知，中奸謀，作繭自縛？

兒好比，花初開，東風作惡；

娘好比，失舵舟，浪裏飄泊。

再不能，與我兒，淺斟低酌；

再不能，與我兒，同飲共樂。

誰憐娘，白髮人，倒送了黑髮人!?

誰憐兒，青梅子，倒先了黃梅落!?

（白）哎呀兒呀！往日我兒與爲娘噓寒問暖，有說有笑，形影不離；今日爲娘與兒講話，兒是怎的不言？兒是怎的不語了啊？唉！怎的不語了啊!?（哭介）

春梅：哎呀安人呀！（義憤塡膺地）小姐已死，儘哭也是無益的。依婢子之見，小姐這次實在死得不明不白；不找出那個假姑爺來，小姐斷難瞑目九泉。安人還是抑哀情，給小姐作主，報仇雪恨才是。

顧安人：啊！（猛然醒悟）不是你提起，我倒忘壞了！哎呀兒呀！（激動地）我兒陰魂不遠，爲娘不與我兒報仇雪恨，誓不爲人也！（唱）

悔不該，要老歐，傳書帶信；

悔不該，要我兒，親送聘金。

想必是，賊禽獸，起了歹心；

黑夜裏，施强暴，作踐兒身。

哎呀不錯，是是了啊！我那苦命的兒呀！

爲娘我，便是兒，勾魂使者！

那老歐，便是兒，收命之人！

（白）啊，春梅！

春梅：安人！

顧安人：去到花園，叫那老歐速來後堂見我！

春梅：遵命。（下）

顧安人：蘭心！

蘭心：安人！

顧安人：準備皮鞭，你和劉媽齊在後堂侍候者！

蘭心：遵命。（下）

顧安人：（最後對秀娘遺體哭介）兒呀！（移）

歲暮書懷集譚嗣同句（一）

——周策縱——

苦月霜林微有陰，蟲聲滿地
此招魂。無端歌哭因長夜，喚起
幽潛共好春。豈有黨人危社稷，
但牽一髮動全身。十年醉夢天難
醒，忍死須臾待杜根。

帝子不來山鬼哭，殘霞嶺表
夕陽紅。懸知背面江山遠，卽較
文詞勢已雄。直到化泥方是聚，
欲從萬里借長風。禪心劍氣相思
骨，積向今朝哭碧空。

二十年來好身手，忽然走入
衆狙中。乾坤劍氣雙龍歗，芳草
汀洲雁淚紅；凄矣其悲今麥秀，
欲追前事已迷濛；賣癡猶恨餐符
少，八表同春有聵聾。

辛亥革命史談（二〇）

舜生

三·同盟會成立經過及其活動

光緒三十四年十月二十六日安慶炮營隊官熊成基起義，次日卽告失敗。熊字味根，江蘇揚州府甘泉縣人，起義時實際年齡僅二十有三（軍冊爲二十六），曾先後畢業於安徽練軍武備學堂及南洋炮兵學堂，與柏文蔚，倪映典同學。初任南洋第九鎭九標炮兵排長，屬趙聲部下，繼調安徽馬營隊官，再調炮營隊官。他這次的起義，完全由於自動，與徐錫麟秋瑾均中山所稱『同盟會會員自動之義師』是也。先是徐錫麟去年刺殺恩銘，軍中同志以臨時不及響應，心常耿耿，適是年十月，淸廷集南洋各鎭新軍於安徽太湖舉行秋操，廕昌，端方及皖撫朱家寳均親往檢閱；而是月二十一及二十二淸光緒帝及慈禧太后又同時死去，人心頗爲恐慌，成基認爲機不可失，因與同志范傳甲，洪承點等於二十六日晚九時，以馬炮營千餘人同時起事，發炮攻城，以彈頭未裝火綫，無一爆發。時朱家寳已返回省城，致原約定在城內開城響應之隊官薛哲臨時退縮，未能實現；留駐安慶的長江兵艦，也受了朱的威脅利誘，開炮攻擊革命軍，炮營基地被毀。相持約一小時，勢漸不支，不得已改變戰畧，向集賢關退却，擬取得合肥爲根據地，然後號召鳳陽，潁州一帶會黨，進窺中原；但到合肥城下，所餘黨軍已不足百人，而淸提督姜桂題之馬炮兵窮追不已；迨退至合肥東鄉，僅存三四十人，不得不宣告解散，成基脫身避匿，同志范傳甲，張勁夫，王品超等十餘人被捕就義，薛哲也以知情被殺；事後軍士學生，被株連者達三百人，致引起皖人公憤，推龔振鵬赴京伸訴，由同鄉御史連名嚴劾朱家寳及協統余大鴻，段祺瑞也對朱、余不滿，結果朱被申飭，余大鴻永不叙用。

成基於失敗後，化名張建勳，於是年十一月潛赴日本，次年（宣統元年）正二月間，曾赴瀋陽長春一帶游歷。在長春時，寓友人臧冠三家月餘。是年六月再渡日本，以東京學生無可與謀，乃決計再赴東省營商，擬稍集資本，另圖大舉；抵長春時，仍寓臧家，旋知臧不可恃，乃決計赴哈爾濱。是年十二月二十日晚，於哈埠秦家崗下坎俄國飯店被捕。先是十八日晚，淸考察海軍大臣載洵薩鎭氷，由西伯利亞鐵道抵達哈埠，因傳聞熊成基在哈，將乘其下車時行刺，因不敢停留，卽乘原車南下。臧冠三負心賣友，向淸吏告密，吉撫陳昭常，乃派警赴哈，將熊捕獲。解赴長春審訊時，熊承認革命不諱，但說明志在推倒政府，改革政治，並無滿漢成見，謀刺載洵也非事實，僅臧冠三一人知其眞實姓名，此外未與任何人發生關係。其被殺時，爲宣統二年正月十八，被捕後所拍照片，固一西裝剪髮之英俊青年也。

（未完）

聯合評論 週刊

本刊已經香港政府登記
每逢星期五出版
United Voice Weekly
第一五九一號
督印人：黃宇人　總編輯：左仲平
社址：九龍赫德道二十三號地下　電話：38678
承印：嘉羅印刷有限公司香港灣仔馬師道5號
總代理：友聯發行公司　售價每份港幣一毫
本報美洲版總經售處美國紐約中美出版社
CHINESE - AMERICAN PRESS, INC.
199 CANAL STREET.,
NEW YORK 13 N. Y. U.S.A.
美洲航空版每份零售美金一角

短評兩則

左舜生

一、中共傾覆與農民起義

最近若干年，中共在大陸所編的中國歷史書籍，無論是各級學校的教科書，以及可供參考或研究的私人著作，凡遇人民起來反抗專制王朝或打擊地方上的一切貪官污吏乃至土豪惡霸等等，他們無不加以歌頌，或予以同情。舉例言之，如秦楚之際的陳勝、吳廣，西漢末年的赤眉綠林，東漢末年的黃巾，隋代的瓦崗，唐末的王仙芝、黃巢，北宋晚年的方臘、宋江，元末的紅巾，乃至明末的李自成、張獻忠，清季的洪秀全、楊秀清、李秀成、任柱、賴文光、張總愚等等，他們無不重新加以估價；甚至連地方上一種小規模旋起旋滅的暴動，其首領人物的姓名早已被人遺忘的，他們也不惜多方發掘，予以詳細紀載，從而加以表彰；在大體上，他們給這類動亂一個概括的稱謂，叫作『農民起義』。一部中國歷史給他們這樣加以重寫與改造，與過去那些傳統的紀載，確實有些兩樣。

我承認：但凡人民在一個腐化惡化的政權之下，遭受種種的壓迫與剝削，以致陷於無法生存，他們是有權起來團結與組織，對這一政權加以打擊，乃至根本予以推翻的。即令不幸而歸於失敗，也確實值得予以同情。

我也承認：自傳說的黃帝以來，這四千六百六十年有關中國歷史的紀載，無論出自官方，或私家，無論是集體寫作或個人著述，也無論是貫穿歷代的一般敍述，或單記一時一事，一人的各種雜史，除極少數天才特達，勤於搜討，長於分析，而文字與組織又特別擅場者外，汗牛充棟的乙部書，眞正值得我們全讀精讀的宏篇巨製，實際也很難列舉到二十部以上！最近七八十年來，中國學人與西方的學術一天天的趨於接近，研究中國歷史的人，也深切的受着西方史學界的刺激，深深感到：中國舊日的史書，無論是編年體，紀傳體，紀事本末體，雖各有短長，但都已不適於一般國民的瀏覽；加以篇帙繁重，文字爾雅，假如不是專攻這一部門學問的人，則並涉獵也無從涉獵。因此，中國史書在體裁上必須加以改造，觀點上必須加以釐定，敍述的重點必須酌予變更，這大致已經是多數研究歷史的人所公認的。梁任公在戊戌以後，便發願要寫一部簡明扼要適於一般青年閱讀的『中國通史』，可是因為造端宏大，而他在三十以前的學力，畢竟也還是眼高手低，再加上一誤於他自己的興趣多方，二誤於他欲罷不能的政治活動，三誤於無可奈何的天不假年，儘管他積累了三十年不斷的努力，在這一方面所提供的貢獻已算不少，但他心目中的一部『中國通史』，卒未完成。近年繼梁而起從事這一通史性質寫作的人，已爲數不少，他們亦自各有其貢獻，但要指定一二種以供今日大學史學系初年級學生的參考，依然很難決定；可見這一艱巨的工作，尚有待於大家繼續努力。

中共自踞大陸以後，爲了要改造一般青年的頭腦，鞏固他們的政權，首先即着手中國歷史的重寫；近十年來他們所出版的書籍，似乎也以這一方面的為最多（包括史料及發掘報告等等）。可是單就通史性質一類的寫作而論，我不願全盤否定它們的價值，但依然是毛病太大：一、在觀點上，不免過分為教條主義所拘；二、敍述的重點，不免顧此失彼；三、過去以一人一姓為中心來寫國家民族的歷史誠然要不得，可是歷代王朝（尤其宮廷）究竟是政權所自出，把這一方面畧去不談，對於其時的一般政象以及各種的黨爭與動亂，將陷於無從解釋；四、因為要就若干方面過分加以誇大與渲染，不免輕重倒置，甚至連事實也加以歪曲。……尤其他們過分強調所謂『農民起義』，可能要自食其果！以中共這十二年來所推行的各種暴政，對人民的空前剝削，不度德不量力的對外擴張，確確實實已把全國國民陷於求生不得求死不能的慘境，眞正等到人民忍無可忍，不得已要起來死中求活，一次空前的『農民起義』，便必然的非爆發不可！誠然，中共已把民間的武器搜括無遺；各種公開的秘密的民間組織已摧毀殆盡；加以兩千萬的共產黨員散布各方，隨時隨地監視着人民的行動；人民要形成一種有組織的大規模暴動，確實是不太容易。可是等到大家不約而同的從幾十處幾百處同時起來造反，這平日監視着他們的一兩千萬共幹，都不難一舉為人民所撲滅。加上幾百萬的軍隊，依然是來自農村，等到那時候，不僅要命令他們對暴動人民所形成的『人海』，用機鎗掃射將為事實的所不許，反之，軍人手中的武器，一轉移之間即可能變成人民的武器！這個趨勢已很顯然，中共倒，依然要倒在『農民起義』，而且為時已可能不遠了。

二、羅素入獄

不論任何一方，如果不首先抱定一自我毀滅的決心，一場大規模的核子戰爭還是打不起來的。

柏林問題自然談是談不好的，但要戰，便只有兩種戰畧可採：一是下決心戰。一開始即由一方以迅雷不及掩耳的手法，火箭與飛機投彈並用，一舉予對方以徹底的打擊，一次死三五千萬人在所不恤；二是聽其自然演變。不幸戰爭終於爆發，基於自我抑制，還是使用普通武器，而且在戰爭中也不關閉談判之門，以談談打打來拖延時日。可是以當前的形勢來說，用第一種戰畧，畢竟無法把對方的報復力量全盤摧毀，決心是很難下的；用第二戰畧，則演變到緊急或最後關頭，核子戰爭依然要出現！

八十九歲高齡的羅素博士，為了反對核子戰爭不惜坐牢，基於人道主義，基於對人類文明的愛護，基於對人類獸性的制止，他這種心情是不難了解，而且是值得尊重的。

赫魯曉夫的戰爭邊緣政策可以一直玩下去麼？

孫寶剛

戰爭邊緣政策原是杜爾斯開始運用的，在運用的當初，蘇聯處在原子彈劣勢之下，所以杜爾斯用戰爭邊緣政策來阻止蘇聯的擴張主義是相當有效的；因為蘇聯恐懼一旦戰爭爆發，蘇聯是擺明了吃虧的。可是後來蘇聯的原子武器漸漸的由劣勢而趕到平衡，所以杜爾斯的戰爭邊緣政策便也漸漸失靈。其後蘇聯的飛箭有了驚人的成就，這就暗示了蘇聯在未來戰爭中可能處於優勢，所以戰爭邊緣政策便給赫魯曉夫所賞識，每到機會來臨的時候，諸如世界任何地區，如有某一小國或某一部份左傾的力量和西方國家或右傾的力量相衝突時，赫魯曉夫必大聲疾呼，將以軍事支援，意思即是說大家應注意蘇聯的軍事力量。甚至在沒有怎樣的衝突時，赫魯曉夫也時時說，幾個原子彈可以毀滅英國，另幾個原子彈可以毀滅意大利，再幾個便毀滅了法國。這也是戰爭邊緣政策的活用，以恐嚇來使人感覺到世界已到戰爭邊緣，不向蘇聯讓步，自己國家便有毀滅的可能！

但赫魯曉夫沒有想到，有時對方已到了讓無可讓的地步，赫氏即使把局面帶到戰爭邊緣，對方不得不在邊緣上硬挺，不作任何的讓步，因為對方已不能作任何的讓步了。那問題便可能弄巧成拙，弄假成眞。柏林問題便是一個例子。

以美國為首的西方國家假如對柏林問題有所讓步，這決不祗限於柏林人民受了影響，實際上，以美國為首的西方集團，便可立即瓦解，以後休想團結西方集團，因為在西方集團內的弱小國家都會想到，所謂美英法的一而再，再而三，乃至無數次的宣言說，「西方國家對柏林問題決不讓步」，都是謊語。易言之，西方國家是姑息的，是不團結的，說的話不當作話的，所以其後果必至蘇聯可以各個擊破，把西方幾個強國的本身都會吞下去。

我相信戴高樂是最明瞭這個原則，所以他認為：現在作了一次讓步，祇是引起第二次的蘇聯擴張行動，並不能眞的就把世界危機解決了，所以他是不主張向蘇聯作任何讓步的，我相信甘廼廸也應該瞭解這個原則的。

但他們假如眞的都瞭解這個原則，而赫魯曉夫却把柏林問題一天天緊張起來，使一天天接近戰爭，而到達了眞正間不容髮的戰爭邊緣上，而西方國家因為知道無步可讓、而在邊緣上硬挺，現在美國增加了柏林的軍隊，就是這個現象。那麼，雙方眞的會老在間不容髮的邊緣上停留着麼？我相信雙方都希望這樣的，因為雙方都不願意眞正有戰爭，雙方都知道現在的戰爭是非同小可的。雙方都希望對方的氣不夠，過了一個時期硬挺不下去而向對方讓步。這種想法果然不能說完全沒有理由，可是我們如讀已往的戰爭史，情形的發展，不是那麼簡單！

第一次世界大戰時德皇威廉並沒有想到俄國會宣戰的，可是事實上俄皇卻很快就宣戰了，所以弄到後來德軍非把西線的軍隊抽到東線去不可，這使整個德軍受到不利。

第二次世界大戰時，希特拉也想，英法在德軍進吞捷克時都沒有行動，那麼，進吞波蘭更不會有什[illegible]，而況那時還有蘇聯作伴，分[illegible]波蘭！可是事情出乎意外，偏在以為英法不會有什麼行動時，英法宣戰了。

今天赫魯曉夫也許也在想，西方國家怎麼會因柏林問題而掀起[illegible]？這在常理來說，不能說沒有一些理由，可是歷史的教訓，使我們不能十分肯定了。

戰畧原則上有這麼一條，歷史上祇有畧取殖民地戰爭是很少意[illegible]指揮官的判斷，可以全無錯誤[illegible]一個強國去對付未開化或半開[illegible]後民族，當然十分容易，因為[illegible]代武器，人以刀矛之類武器來[illegible]我有完整的準備，人則根本無[illegible]，所以準備時，既可一一依照[illegible]劃；準備好後，也可依照預定[illegible]，且一旦開火之後，更可步步[illegible]劃不喪絲毫的獲得完全勝利。

但是在兩個敵對集團，文明程度相等，雙方力量都很雄厚，一[illegible]，不要說勝負誰屬不可預測，[illegible]天爆發戰爭，或會不會爆發戰[illegible]難預料，因為在這樣的一個場[illegible]方都有保密制度，雙方統帥的[illegible]很易錯誤，雙方都存着恐懼的[illegible]神經自然會過敏或過分鈍感，[illegible]可以使在誤會中引起了一場戰[illegible]是因為雙方戰爭的因數既然存[illegible]方於是都有恐懼的心理，某一[illegible]，因為不慎而失火，誤打了一[illegible]出去，可以誤會成對方有計劃[illegible]預兆，而引起一場戰爭。

可知戰爭邊緣政策很可能[illegible]成拙，弄假成眞的，赫魯曉夫[illegible]明的話，應該知道，以往運用[illegible]緣政策，沒有弄出大亂子，而[illegible]當的效果，已是萬幸了，今後[illegible]可而止，不然的話，總有一天[illegible]戰爭的！以蘇聯今天的情形來[illegible]且如眞爆發戰爭，並不一定有[illegible]前線的東德的情形，大家都知[illegible]非常不穩的，東歐的國家更在[illegible]伏中，蘇聯內部也不能說沒有[illegible]一旦爆發戰爭，自己的人可能先亂起來，那時後悔已不及了。

中國為什麼沒有民主？（上）

張忠紱

數千年古老的中國文化，何以沒有產生民主政治？何以不能產生民主政治？這是一個值得思考的問題。

在中國古代書籍，古代思想中，我們縱然儘力去發掘，充其量，也只能找着一點民有與民享的思想，絕對找不着絲毫民治的思想與痕跡。一般人常認為，中國雖然沒有自然科學，但人文各科並不遜於西方文化。何以中國迄無民治的思想與理論？假使我們認定民主政治的組織成份為民有，民享，與民治，則我們不能不承認，民有與民享都必須寄託於民治之上。儒家的哲學，自孟子以後，雖有民有與民享的思想，但以君治與德治達到這種理想，卻不是常期可以辦到的事。

中國的文化思想，在春秋戰國時最為發達。在先秦諸子中，批評德治而力主法治者，以法家為最。法家至韓非子而集法家理論的大成。然而韓非雖反對德治，卻極力主張君治。他說：

『且夫堯舜桀紂千世而一出。世之治者，不絕於中。中者，上不及堯舜，而下亦不為桀紂。抱法處世則治，背法去勢則亂。今廢勢背法而待堯舜，堯舜至乃治，是千世亂而一治也。抱法處世而待桀紂，桀紂至乃亂，是千世治而一亂也。』（見姦刼弒臣篇）

君治原是人治，韓非所抱的治只是幫助君治的一種工具，決不是近代民主國家的法治，因此也不能成為法治。不過韓非認為，與其德治，使千世亂而一治，不如任法，使千世治而一亂。換句話說，中材之人最多，任法術與權力，遠比行仁道為易。世無桀紂，則法，術，與權力可以安民，可以治國。世無堯舜，則仁道必須待其人而後行。

韓非的政治思想，與歐洲馬克阿維里的君主一書中的政治思想已相接近，其同處，在於使道德與政治分離，其不同處，在於後者的目的在使君主以術完成意大利的統一，而前者的目的則側重於治國安民。韓非固然也談勢（權力）與術，但其重點則在任法，所以他說：『能去私曲，就公法者（非今之國際公法），民安而國治。』（見有度篇）他又說：『廢常上賢則亂，舍法任智則亂。』（見忠孝篇）又說：『人主者，守法責成以立功者也。』（見外儲說右篇）至於術，只是治吏的一種方法。所以他說：『任人以事，治亂存亡之機也。無術以任人，無所任而不敗。』（見八說篇）又說：『術者，……以偶眾端，而潛御羣臣者也。』（見難三篇）可見韓非政治理論中的術遠不及馬克阿維里氏政治思想中的術的重要，其用途也有廣狹的不同。

馬克阿維里的政治哲學是非道德的，其在實際上的應用則無異於反道德。韓非的政治思想，不僅不是反道德的，而且不是道德的，所以他說：『法之為道，前苦而長利。仁之為道，偷樂而後窮。聖人權其輕重，故用法之相忍，而棄仁人之相憐也。』（見六反篇）假若仁義可以「長利」，而又無「前苦」，韓非子當不至反對儒家的學說。

從韓非的學說，回到道德政治論，並不太難。加以商鞅，韓非，李斯均不待其死，而實行法家政治理論的秦國，在統一天下以後，不二世即亡。漢高祖入關，與民約法三章，秦氏大悅。故漢初乃雜用霸道王道。至武帝時，「罷黜百家，獨尊孔氏」，道德政治論乃復抬頭。

在中國未能與政治分離，因是而法律與道德觀念混淆，不能有西方所謂的法治。這是中國沒有民主的第一原因。

在封建時代，一般人民只是農奴，無獨立的人格可言。當日的政治思想，只在保民與裕民。保民即所以安民，裕民即所以治國。要保民與裕民，統治者只須「克明德」與「敬厥德」。（見康誥與召誥）周室東遷以後，封建制度逐漸崩潰，因軍事與賦稅的需要，一般人民的地位也逐漸較前增高。但地位逐漸增高的人民，雖已較前取得重視，然並未成年。沒有成年的人民，其個人獨立的人格，自然尚難受到重視。

諸子百家蓬勃於春秋戰國時代。在那個時代，人民方從封建制度下解放出來，尚未成年，故此沒有一位思想家能注意到人民人格及其個性的發展。他們的注意力多半集中於新的社會秩序與安寧。為達到新的社會秩序與安寧，諸子百家（包括儒家）的目的都在安民治國。孔子提倡仁義禮樂，而發揮其道德政治論。他對一般人民與政治的關係，一則曰：『天下有道，則庶人不議。』再則說：『民可使由之，不可使知之。』墨子的目的也在『以治天下為事者也』（見兼愛上），所以他提倡『兼相愛，交相利』的政治哲學。他說：『若使天下兼相愛，國與國不相攻，則天下治。』（見兼愛上）他又說：『天下兼相愛則治，交相惡則亂。』（見兼愛上）可見墨子的目的也在安民治國。他對一般人民與政治的關係，則說：『正者，無自下正上者，必自上正下。』（見天志下）又說：『君，臣萌通約也。』（見經上篇）因此他主張「上同」而不「下比」。

老子（假定實有其人）的哲學應用於政治，也還是在討論治亂的原理，所以他說：『我無為而民自化，我好靜而民自正，我無事而民自富，我無欲而民自樸。』（見五十七章）他又說：『常使民無知無欲，使夫智者不敢為也。為無為，則無不治。』（見三章）老子既主張：『其政悶悶，其民淳淳。』（見五十八章）故其對於人民與政治的關係，僅止說：『聖人無常心，以百姓心為心。』（見四十九章）

孔，墨，老三人都是春秋時期或春秋末期的人物。那時一般人民剛從封建社會中逐漸解放出來，故此孔，墨，老三人都注重到人民的利益，但都不能注意到使人民自動的保衛或爭取其利益。他們的主要目的，都在治國安民，以統治者為討論的對象。他們實未注意到人民個性的發展。人民不能自動發展個性，民主政治自然無由產生。孔子說：『民可使由之，不可使知之。』墨子說：『古者民始生未有刑政之時，蓋其語人異義。是以一人則一義，……十人則十義。其人滋眾，其所義者亦滋眾。是以人是其義，以非人之義，故交相非也。……天下之亂，若禽獸然。夫明乎天下之所以亂者，生於無政長，是故選擇天下之賢可者，立以為天子。』（見尚同上）老子重在無為無不為，在『常使民無知無欲』。自然更談不到人民個性的自動發展。

孟子生於戰國中世；在當時，『務在強兵並敵』。七國皆從事於興革，採用法家的思想與制度，以樹立君主的威權。不過富國強兵的賦稅與兵役，必須出自人民。當時周朝封建制度的崩潰，已接近尾聲。人民雖仍為被壓迫階級，但因封建制度的崩潰與郡縣的設立，人民已從農奴身份中解放出來。且各國改革後的新政，正有賴於人民的財與力。因此，人民的地位與身份，在事實上，已日益重要。

孟子的政治哲學，雖繼續儒家的傳統，但因有鑒於上述的實際環境，故在其理論中，特別注重人民的地位與身份。他說：「諸侯之寶三：土地，人民，政事。」又說：「人皆可以為堯舜。」又說：「左右皆曰賢，未可也。……國人皆曰賢，然後察之……。左右皆曰不可，勿聽。……國人皆曰不可，然後察之。……」又說：「得天下有道，得其民，斯得天下矣。」他更說：「民為貴，社稷次之，君為輕。」

孟子的這種議論，雖然不合於當日君主集權的時代潮流，但卻已注意到當日業已逐漸增高的人民的實際身份與地位。在孟子以前，諸子百家幾無一不以安民保民為己任，所謂「務為治者也。」安民，保民與務為治，都包括有「民享」的思想。孟子的政治哲學，已進而包括「民有」的思想。至於「民治」的思想，不僅在先秦諸子中找不到一點痕跡；直到與西方民主政治思想接觸前，中國傳統政治理論中，也迄無民治的概念。

共幹最怕反宣傳

里仁

我友黃君，現年六十有八，剛直人也。籍廣東北部陽山縣，地與廣西懷集縣交界。一生尚任俠，又富甲一鄉，故於其桑梓中頗有人望，而在抗日戰爭中，出錢出力，號召鄉里子弟從軍，甚為政府所重視，特請其在粵北省府行署中任後方勤務事兩年。

共匪席捲粵北時，黃君又曾組織鄉中子弟，與匪隊周旋數月，游擊兵敗後，始率三十餘青年逃來香港，同做苦工為生；十年來已微有積蓄，但仍住木屋區中，生活簡單，餘錢常以之接濟粵北鄉友，噓寒問暖，因此黃君得由鄉友難民口中，知粵北各縣消息甚多。

黃君與予為同學，常就予小飲，近為我談兩事，頗有趣味，為之紀出。因黃君每聞廣東各縣民不聊生情況，輒函告其鄉中友人；且知友人某之子為共幹，亦將共幹逃來香港訴苦種種情況函告之，故其鄉共幹甚畏黃君之反宣傳，禍將及於己身；因託人轉達黃君，請其加以饒恕，勿再與之通信。

黃君告我：在五月中旬，彼偶遇其陽山同鄉友人之子陳某，昔曾在廣東省府行署任小職員，受彼指揮者，共匪來後，陳某仍在廣州做事，因工作勤力，已成共幹，而派在賓安縣之平湖鄉間，管理人民公社之粮食支配事。共幹陳某之所以冒萬死於五月間逃來香港，一因糧食支配不敷，公社人民鬧事，二因其上級共幹貪污偷粮，謊報賬目，強迫陳君共同負責。陳某在上下交迫之中，且自身亦食不飽，乃不得已冒險出走，逃來香港云云。此種情事，本係大陸各地皆然；高級共幹貪污，暗中尅扣人民日食，以致下級共幹亦食不得飽，人民則更是飢荒，逼得鬧事；香港報紙不絕於紀載者。但黃君聞之大為惱怒，於六月中將逃來共幹陳某所言，一一詳細錄出，寄與其陽山鄉中某共幹，並問其鄉中情形，是否亦如此，而且勸某共幹早打主意，設法逃走，以免災禍。

其鄉共幹因畏黃君之反宣傳，乃將其自香港寄回之糧包扣留兩月，未交與黃君之老妻。黃君甚異之，函其老妻，囑其往問共幹為何他人都收到糧包，何獨我之糧包不到。其妻往詢共幹，共幹云：『我一定為清查出來，送到不誤，但有一條件，要求今後黃君不再寫信給彼，敘述共幹逃亡情事，此種信函，對之實屬危險』云云。

果然不三日，黃君之妻便得到存放兩月未交之糧包，函告黃君今後勿再亂寫信函。近自粵南十餘縣流行霍亂疫疾，死人甚多，黃君又將港報所載，霍亂在陽江、陽春、台山、新會等縣傳染至烈，共幹無法防止，死人上萬等等情況，一一函告其妻，並問訊鄉中是否也有霍亂，早為預防云云。共幹檢出黃君此函，又來警告其老妻云：『他又來宣傳霍亂，搖動人心，如此反動，恐上級知道，將你捉來關起，請函告黃君，不可再亂寫了』云云。

黃君言至此，對予大笑，我妻已六十七歲，活起受罪，早死早超生，捉去弄死，我不在乎！我始知道，共匪最怕反宣傳，我有所聞，只要是眞事，我還將寫給檢信的共幹看看彼等所作所為，無一處，無一事，不是害死老百姓也。予笑答黃君：君眞痛快人也！

五〇、九、四

不畏戰始能止戰

——對蘇聯必須强硬到底

李金暉

八月七日，蘇聯總理赫魯曉夫向全國發表了廣播電視演說。根據中共「人民日報」八月十一日所載完整的譯文研究，可以說這篇演說辭是蘇聯有準備發動第三次世界大戰的証明。赫魯曉夫的本意不僅是向西方國家示威、恐嚇；而且是向國內號召進入動員狀態。

演詞很明顯地說：「我僅以蘇聯共產黨中央委員會和蘇聯政府的名義，向全體蘇聯公民（不論他們做什麼工作，現今在什麼地方），發出號召：我們將加强我們親愛的社會主義祖國的威力。」赫魯曉夫且又向人民重申蘇聯政府已經「決定增加國防開支，停止以前單方面進行的裁減我國武裝部隊的工作。」並且明白地表示要「從蘇聯其它地區調遣師團來增加西部國界的軍隊人數。可能為此而征集一部分後備役軍人入伍，以使我們師團人員滿額。」

事實上就在赫魯曉夫口沫橫飛後不久，蘇聯即宣佈了延長現役軍人的服役期限，並且進而恢復了核子武器的試爆。使世界緊張的局勢從而更形拉緊。

赫魯曉夫曾是主張「戰爭不是不可避免」一說的。但他現在的行動正是証明他過去的謊言是為了麻醉中立主義國家和西方集團。

當然現在還不能說赫魯曉夫正有胆量舞動戰刀，因此他也曾在演辭中向中立主義國家呼籲，要他們「不能袖手旁觀」。並要他們給西方結盟國家「穿上緊身衣」。他恐嚇地說，只有這樣，才能使人類擺脫第三次世界大戰的威脅。赫魯曉夫的意圖顯然是在敲詐，企圖西方在柏林問題上讓步，並迫使西方三強要向東德傀儡政權談判，而真正目的是要向西方國家完全承認蘇聯現已踞有的東德政權的法律地位。

因此，赫魯曉夫不惜表露其帝國主義者的身份說：「我代表蘇聯政府重申這一點」：「我們不要求改變第二次世界大戰後形成的國界。」並以示惠的口脗承諾「絲毫不想損害西方國家的合法利益。」

赫魯曉夫同時也以共產黨人慣有的現實主義者的態度謂西方國家不够現實。他認為蘇聯既可以「同那些同我們沒有友好關係的政府打交道，」（這是指蘇聯和西德在國際事務關係上的接觸）西方國家就不應該堅持「不能就進入西柏林的問題同德意志民主共和國（按：即東德）政府打交道」。

儘管赫魯曉夫的態勢是箭拔弩張，但却如上文所述，不能証明他現在有胆子挑動第三次大戰的戰幕！

不論就任何方面來說，蘇聯還有她不敢戰、不能戰的弱點存在。不要以為她在放射太空火箭上較優勢於美國，並且敢於橫蠻地再度試爆核子武器。

在共產主義的世界革命最終目的上說，是要求達到全世界被赤化。但所採取的策略則是蠶食漸進的。核子戰爭的結論是同歸於盡，這結果對懷抱赤化世界的共產黨徒來說，並不是理想的。他們當然會想到，萬一如果在核子戰爭中倒下的是共產主義國家的頭——蘇聯，或者是這個頭受了無可挽救的戰爭的創傷，那麼自一九一七年以來建立的蘇聯大帝國不僅要在地圖上被抹去，其它的附庸政權也將相率解體。

共產黨徒有什麼把握可以肯定地証明在未來的核子戰爭中倒下的必然是美國和其它西方強國呢？

另一方面，第二次世界大戰中希特勒東進攻伐蘇聯所引起的紅軍的崩潰和集體農場的解體等事實，也証明極權政治統治下的軍隊與人民是不可靠的。因為他們會適時地要求和傾向於真正的解放。對於這一點，赫魯曉夫迄今仍不能忘懷他當時「担任西南戰綫軍事委員會委員」所親眼目覩的事實。他在這次講演中敘述了那種恐怖的實況，他說：「在戰爭開始時，事態的發展並不是對我們有利的，蘇聯軍隊處境艱難。因此，在戰爭的第五天或第六天，我同前綫司令官派遣軍事委員會委員互舒金將軍去到一個坦克兵團，轉達命令：怎樣最好地使用這個兵團的力量。互舒金從兵團回來後見我。他當時處於嚴重慌亂狀態。他說：『全部陣亡了，一切同在法國進行的一樣，全部完了。我要自殺。』我阻止他說：『你發瘋了，清醒一下！』但是，我沒有來得及，他已經拿起手槍，自殺了。」這故事很鮮明地刻劃出了共產黨徒所組織訓練的軍隊及其將領之不濟。這說明了戰爭倒底對誰有利，是不能肯定的。即使蘇聯的領袖要瘋狂地進行戰爭，蘇聯的人民是否會頃力以赴，也是一個疑問。

蘇聯也怕戰爭一開始，就會使她失去附庸國，失去了東歐附庸國，蘇聯就光脫了地暴露在反共國家的陣綫前面了！有什麼堅強的理由可以信任附庸國家的人民贊同而不反對蘇聯所挑起的戰爭呢？如果戰爭被附庸國人民認為是獲得真正解放獨立的大好時機，他們會輕易放棄，而甘願繼續忍受共產黨的統治嗎？

對共產黨的組織來說，戰爭會引起黨內的紛爭和不斷的清算。使黨陷於不穩狀態。戰爭並不一定會使共產黨更團結更堅固。歷史上所有的極權政黨在面臨危機的時候，就必然是逐漸內鬨的。繼之是背叛與投降。因為黨的權力中心首先搖動了，遂影響到黨內產生離心力，進而瓦解。我們經常會看到共產黨一面進行喊團結，而一面進行清算。平時尚且如此，戰時，尤其是在戰爭不利的情況之下，瓦解的可能性便更大。

赫魯曉夫的演說，祇能被看作是恐嚇與敲詐。

西方要是能够站穩了立場，永不退却，蘇聯是不可能為柏林問題和東德傀儡政權進行戰爭的。所以，赫魯曉夫在張牙舞爪之餘，仍然表示「再次向美國、英國和法國政府呼籲：讓我們真心誠意地坐下來舉行圓桌談判。」這很清楚地表示了蘇聯真實的目的，寧願談判，不敢戰爭。

戰爭，不是一定對共產國家有利的。這是現實的結論。西方要有不怕戰爭的胆識，和不惜一戰的決心，才能遏阻蘇聯的侵略野心。

陽明山會談露出了狐狸尾巴

編輯先生：

台北當權者召集的所謂陽明山會談，識者早已看出他們的用心，僅在於藉此冲淡其因迫害雷震和新黨而益顯露的猙獰面目，以期確保家天下的獨裁政權；但若干善良的心，仍希望他們懍於國際環境的惡劣，或具有些許團結和改革的誠意。尤其在二次會談開始時，陳誠表示希望大家對政府沒有做好的地方和應該做的事，盡量提出批評，必將誠意接受，似乎更表示他此次訪問美國後，已對民主政治有所認識。然而，據報載，台北報人聯名向陽明山二次會談提出一項書面意見：主張由新聞界製訂自律公約，將出版法所規定的各項禁條一律列入；但要求取銷出版法和開放報禁。這種極溫和的要求，

照常理常情言之，既是台灣民營各報人一致的公意，當權者縱然認為不合口味，無意接納；至少也應該讓大家盡量發言，庶可表明他們尚有聆聽不入耳之言的雅量，也才符合他們所宣傳的會談初旨。不料，此項意見一經提出，蔣經國埋伏在會談中的談士即大顯身手，此呼彼應，對台北報界猛烈圍攻。據悉；蔣介石父子還引以為快，對兩位猛士特別獎勵；殊不知却因而露出了狐狸尾巴。因為如此一來，盡人皆知所謂陽明山會談原來祇歡迎歌功頌德而不許談改革的。連取銷出版法和開放報禁這種最起碼的事都不許提，誰還再幻想他們會取銷獨裁統治和實現團結反攻？

長期讀者褚斯則

陽明山二次會談瑣聞

靜予

一、蔣『總統』賜宴談士的內因

（台北通訊）陽明山二次會談業已宣告「完滿結束」。此次會談期間，蔣「總統」夫婦一反第一次會談的態度，而對於談士們分別召見，並賜「龍宴」。許多人以為他已覺悟到應該聽聽他人的意見，所以才不再採取杯葛的態度。但據圈內人士透露：他父子倆雖然迫於形勢不得不在表面上同意舉行如此這般的會談；而其內心則自始至今都對會談深為厭惡。他此次對談士們以禮相待的原因，完全為了有部份旅美學人參加。他深恐得罪了這些事實上已是以黃金國為家的談士，而激起他們返美後發出不利於他的言論，所以才臨時決定對他們敷衍一番。至於台灣和其他地區談士之得陪末座，不過是沾旅美談士之光而已。

二、蔣經國召見旗下談士

蔣經國在會談中雖未公開出面；但對於來自海外——尤其是來自香港的旗下談士，却分別召見，慰勉有加。聞那位在雷案發生時主張以一排槍對付雷震的報人和在其會談中不顧一切笑罵而奮力維護某項國（當係蔣經國之國）策的鬥士，還得到特別的賞賜云。

三、蔣經國將在港辦三日刊加强反美，反民主的宣傳

來自香港的某職業打手，此次雖獲得談士的榮銜，但却失去了某某報刊的專欄地盤。聞此君到台北以後，即向蔣經國哭訴，說他為了忠於主子，以致失了地盤，懇求特別照顧。後者答以慢慢設法。他覺得不甚滿意，但又不敢多問，祇得悶在心裏，終日不樂，出席會談時也少發言。後來蔣經國念其忠貞可用，又恐其因失望而倒戈相向，乃決定自特務經費項下，撥欵給他在香港出版一種三日刊，並指示應以反美反民主為中心任務。此君奉命後，喜出望外，於是大做新詩，滿篇都是要叫、要跳、要跪。可謂原形畢露。

四、釋放雷震案胎死腹中

來自香港的某某教授曾準備在陽明山會談中提出釋放雷震案；但到台北以後，深感陳誠與蔣經國之間的形勢已極惡劣。此案一經提出，適足以增其爆炸性。又鑒於台北報人所提爭取新聞自由及開放報禁的意見，雖為出席會談的絕大多數人所贊同；但卒因蔣經國旗下人物的阻撓，未得通過。因而感到釋雷案不但沒有通過的可能，還將為自己招來無窮的煩惱。於是臨時改變主意，決定打消此念。這種知難而退和明哲保身的態度，可說是中國讀書人的傳統弱點。當權者可以自豪矣。

第三次會談的預兆

陽明山第一、二次會談均已過去，當權者雖未達到預期的目的；但總算沒有鬧亂子。關於第三次的會談，現已決定延至十一月中旬再舉行。日前籌備處發出消息，說第一、二次會談時邀請不到的人士仍將再被邀請。依據官方所宣佈的計劃，第一次是工商各界，第二次是文教界，第三次是各黨各派。如今却要把工商文教與各黨各派混為一談，似乎與初旨不符。據圈內人士透露，當權者省時度勢，深知應邀出席三次會談的人士可能為數不多；為了避免冷場，所以才決定把第一、二次會談請而不到的人再請一次，以資填補。至於在台的民、青兩黨人士，雖然熱中此道者並不乏人；但當權者又覺得他們不全够份量，迄無大量邀請之意。正所謂「想請的不想來，想來的又不想請」是也。

民青兩黨的幻想曲

見微

（台北通訊）自政府退守台灣以來，執政的國民黨事實上已變成了一個支離破碎的蔣家小集團；而在野的民社青年兩黨也是四分五裂，面目全非。兩黨人士能堅守立場，不屈不撓者固亦有之；但却限於主觀條件的微弱和客觀環境的惡劣，都一籌莫展。而若干趨炎附勢之徒，則利用各種機會，和當權者明來暗往，以求分一杯羹。甚至還有人以奔走於蔣經國下屬的門下，取得些許津貼為得計。因此之故，民、青兩黨都一分再分，卒至分裂為若干個小單位，各立門戶，互不相下。這是由來已久的事。

民、青兩黨分裂後，也曾有過數度的團結運動，而尤以前年民社黨各派共同籌開全國代表大會那一次最為各社會人士所注意。假設民社黨人能分而復合，團結一致，也可能對於青年黨發生刺激和示範的雙重作用。不幸民社黨那一次的全國代表大會却造成了新的分裂。有人說是國民黨當權派從中破壞；也有人說是內部的權力鬥爭。但，物必自腐而後蟲生之，倘若民社黨的內部沒有問題，國民黨當權派又焉能施其從中破壞的伎倆？

雷案為兩黨帶來希望（？）

自民、青兩黨的團結運動一再失敗後，兩黨有識之士似乎已失了自信，因而動了另闢途徑的念頭。去年雷震等發起籌組新黨時，兩黨的若干要員都曾參與其謀；甚至還有取銷民、青兩黨共組新黨之議。但新黨的鑼聲一響，當權者的鐵棒即已飛來。民社黨的蔣匀田和青年黨的王師曾都有先見之明而能先一步置身事外。雷案發生後，新黨胎死腹中。當權者為了洗刷迫害雷震的血手，特向兩黨人士表示懷柔之意。並許青年黨以行政院的政務委員一名，台灣省政府委員一名，立法委員後補立法委員，列席國大代表及光復大陸設計委員各若干名。另外還可增加黨費。這完全是一種趙孟之所貴，趙孟能賤之的施與。但青年黨的某些人士則認為可以解決許多同志的吃飯問題頗欲接受。惟以海外領袖的反對，在台中委又無法一致，祇得作罷。然而總覺得棄之可惜；民社黨的某些人士亦甚為眼紅。於是兩黨又有團結運動的新醞釀。

兩黨的團結運動

半年多來，青年黨的團結運動，進行頗為積極；而且還擬定了一個新黨章草案，準備於最短期間召開全國代表大會討論實施。惟該黨台灣省黨部已有人發出反對的聲音，將來如何演化尚未可知。甚至有人說，該黨的團結運動，其眞正的用意，在於藉此排除黨內被認為與新黨有關的「不忠貞」分子和抵制旅居海外，反對蔣介石非法連任和特務統治的某某領袖，以期取悅於當權派。確否尚待証實；但青年黨內部也和民社黨一樣有擁蔣（經國）派，則是人所共知的事實。

在青年黨的團結聲中，民社黨的團結運動也不甘落後。前幾日，金侯城等還成立了一個促進團結小組，專負其責。據說：早已聲明毀黨造黨的張君勱先生亦將於最短期間來台主持其事。但觀察家指出，張先生去年曾向行政院某政委表示回國三條件：（一）蔣介石下野，（二）陳誠繼任總統，（三）蔣經國出國。雖然不久以前，台北一家民營報曾載海外某學人的談話，指責張先生的三個條件，違反憲法。但，此間有識之士則認為蔣介石的三任總統既是違憲連任，為了維護憲法，任何一個中國人都有權要他下野。至於特務頭目蔣經國，不但政治身份不明，而且一向以破壞憲法，迫害人民為能事。張先生要他出國，正是確保憲政體制和維護人民自由的必須之道，何得謂為違憲？因此，大家都深感張先生能道出台灣人民敢怒而不敢言的心聲。可是，如今三者都未實現，假如張先生竟於此時回到台灣，不但自毀信譽，大失人望；且將何以自處？所以許多人都以為在現局之下，張先生決不會回國。他們甚至懷疑張先生回國之說，是民社黨的某些人士有意製造出來，藉以自重的。

三黨共同綱領的背景

民、青兩黨雖然已是分崩離析，祇能供當權者的點綴之用；但兩黨的熱心分子仍不能忘情於大陸淪陷前夕國、民、青三黨共同制憲和共同行憲的黃金時代。因而在團結運動中，還打算和國民黨當權派來一個共同綱領。就理論上說，假如民、青兩黨眞能力爭上游，以促進民主改革，和反攻大陸為目的，和國民黨訂立一個共同綱領，以資信守，當然是太好不過了。再不然，兩黨能團結一致，對國民黨當權派發揮些許監督和制衡的作用，使台灣的現局多少有點改進，也可差強人意。然而，從各種事實看去，他們似乎並無此心此志。例如所謂陽明山會談，雖然民社黨的「民主中國」和青年黨的「民主潮」都曾作嚴正的批評；但兩黨的某些人士則多方競逐，以求參加。而被聘為顧問的領導人物，不但不敢提出任何民主改革的主張；而且處處為當權者作啦啦隊。凡此表現都使人不能不懷疑：假如當權者肯請民、青兩黨在台的某些先生參加政府，而擺出一個三黨聯合的形態，他們大概就將認為團結的大功告成。至於有無民主改革和是否反攻大陸，似乎無關宏旨。這也許就是三黨共同綱領的背景和目的。當然，民、青兩黨也有不少的剛健之士，年來已為民主改革，作了不少的努力。可是，由於為數太少了，在現局之下，他們對於黨內的擁蔣派實無可如何。擁蔣派認為蔣介石既刻意傳子，政治重心已移到蔣經國；應該與蔣經國合作（實則正是所謂靠攏）才有辦法。如果不能接近蔣經國，他們甚至連蔣經國的嘍囉都要多方奉承。年來民、青兩黨在台的要員，都競相奔走於那個因做漢奸而得寵的陶某之門而唯恐不及，即此之故。

陳誠的坦率聲明

儘管民、青兩黨的若干人士對於三黨共同綱領特別熱心；但陳誠則顯然並無此意。八月二十八日陳誠在陽明山會談中曾有明確的表示。他說：「目前在台灣，國民黨的黨員約有六十萬人，民、青兩黨各有一萬人左右。三黨不過六十餘萬人，並不足以代表海內外二千餘萬同胞。」他認為與其團結三黨，不如團結海內外的反共力量。他更指出反共救國會議之所以未能實現，各黨派本身的意見不一，以致邀請出席人士的問題無法解決，也是原因之一。陳誠的這番聲明，無異給民、青兩黨那些熱中於三黨共同綱領的先生們一個當頭棒喝。陽明山會談的綜合結論，也祇提出「在反共團結方面；要儘速製定中華民國反共建國綱領、集中意志力量、齊一行動。」如此一來，姑無論所謂反共建國綱領能否產生；兩黨所希望的三黨共同綱領，顯然已成泡影了。

唐榮廠的刁頑

（高雄通訊）自當權者不顧立監兩院的反對和社會輿論的抨擊，而引用早應廢止的國家總動員法，並撥墊近一億元的鉅欵救助唐榮工廠以來，人們早認為必將產生惡果。但絕未料到受益人唐家反而會從中作梗，處處與政府為難。本月九日聯合報有一篇「好人難做」的短評。裏面說：「政府為了救濟唐榮鐵工廠，不惜將國家的法令、國庫的公帑，全部孤注一擲的「梭了」進去；殆可謂「使出了渾身解數」，替唐府上排除困難，承當責任，即使招致種種責難，乃至引起種種流言，也是勇往直前，無所瞻顧。做好人，做到如此地步，實在已是恩重情深，仁至義盡；在唐府人們的心目中，似乎應該視政府以及執行政府救濟措施的官員，為「大大的好人」才是。

然而，天下事實在很多是出人意料所能及的。政府對唐府一番天高地厚的殊恩殊德，到頭來，不僅不感恩，不戴德，甚至還散發一種極盡誣陷之能事的「情報」，意圖在監察小組執行人的頭上，戴上「紅帽子」。這種「以怨報德」的後果，不僅是政府當局所想不到的，而且是任何人所想不到的。」

先是唐榮廠面臨倒閉的危局，向政府請求救濟。政府乃委托開發公司組織監察小組負責清理唐榮廠資產；並先後以七千萬元代該廠支付各項急需而使其得以繼續開工。唐榮廠總經理唐傳宗即一再拖延交出帳目。後經該小組一再催逼，才勉強將帳目交出，但臨時删改很多，已非廬山眞面。迄經濟部另設處理小組繼續整理，亦遭受種種困難。八月十八日，處理小組舉行第六次會議，認為處理工作，已可告一段落，應請唐榮廠於九月五日召集股東大會，辦理減資增資手續，以便成立新公司，並開始償還債務。由於處理小組深恐唐傳宗再施故技，延不開會，勢將對原有股東、員工及債權人產生嚴重後果，乃又決議「如不依期辦理，即將呈准行政院依法辦理。」希望此一決議能喚起唐傳宗的注意。當日會後，小組召集人童次長致誠立即將小組決議通知該廠派駐台北之顧問余祥琴、羅克典二人。更於同日下午四時親自趕赴高雄擬與唐傳宗面談。不意唐傳宗已聞訊避來台北，童次長空有此行。八月二十一日，唐傳宗無可再推，才發出通知，訂定九月五日開股東大會。依公司法之規定，召集股東大會之通知須於會期十五日以前發出；而八月二十一日至九月五日則僅有十五日。童次長曾請唐傳宗注意，並建議延後一日；但唐則告以不會有問題。不料，本月五日股東大會開會時，唐榮廠余、羅兩顧問及股東數人，一致指出開會通知不合法定期限，要求改為談會。原定的股東大會因而流會。

當日中午，經濟部工業司長趙冠先及高雄分區警備部劉副司令曾與唐傳宗夫婦及唐榮廠多人密談，並隨時以電話與童次長聯絡，唐傳宗亦在電話中向童次長報告將在股東大會提出減資增資的報告。但下午股東大會開始，唐傳宗即推翻諾言；趙司長乃憤然而起，意欲拂袖離去。劉副司令仍想挽回，一方留住趙冠先，一面告誡唐傳宗不可再玩弄手法，使股東大會開不成；並提醒他可能發生的後果。可是，唐傳宗仍堅持股東大會應延至二十二日，趙、劉兩人乃同時退出。

本月六、七兩日的台灣各報，均以唐榮廠股東大會流會刊為本地版的頭條新聞；並詳細報導經過情形。中央日報也首次使用如下的標題：「唐榮股東違背承諾，處理小組準備撤退」，更指出股東大會流會乃是一項有計劃的預謀。聯合報則以「政府不可再溺愛唐榮」為題，發表社論，主張應即撤退處理小組，讓唐榮廠破產，再依法重組新公司。

據報載：童次長已於六日上午令知小組代理執行長蔣國華作撤退的準備，即日起停止一切重要支付。唐榮廠董事長唐榮、總經理唐傳宗，顧問余祥琴、羅克典、胡伯華等的薪津，亦於六日起一律停發；並指示：與治安機關密切聯繫，加强工廠治安。台灣銀行也以電話將該行存在唐榮廠的若干物料通知處理小組，請代保管。童次長並向報界發表談話，指責唐傳宗拖延時間，以圖私利。至於唐榮廠方面，則頗表快慰。顧問余祥琴對五日股東大會之流會甚感興奮，認為是一次策略的成功。唐傳宗也以洋洋自得的神情面告蔣國華說：「我這樣做，是要政府注意我。」

九月五日的股東座談會雖決定於九月二十二日召開股東大會，但截至九月六日唐榮廠尚未發出通知。如七日再不發出，又不符「十五日前」的法定期限，勢必又將延期。處理小組指出此乃唐傳宗沒有誠意召開股東大會的又一明証。聞唐傳宗之所以採取拖延策略，乃因為他於數日前特從台北請來一位什麼半仙替他看相。半仙說：「不要緊。祇要拖過今年就轉好運了。」他深信不疑，所以決定遵照半仙的指示去做。因此之故，假如政府當局再不採取有效的辦法，他大概仍將繼續拖的。

中共加緊抨擊日本池田內閣

・峥嶸・

當岸信介內閣時代，中共曾煽動日本左翼工會及左傾學生連續舉行反岸示威，並阻止了艾森豪訪日，似頗順利。但池田登台以後，中共雖對日本仍繼續其一貫的陰謀與挑戰，但由於日本人民之覺悟與乎日本國力之加強，所以，中共對日本之陰謀，乃又入於低潮。不過，這並不是說中共就此罷休，相反，毛澤東認為這種攻勢本來就是一波一波的，有高潮，亦有低潮，所以，目前雖處低潮，中共卻仍在繼續其陰謀活動，企圖對日本的民主反共政府再度展開高潮式的打擊。而中共新華社於九月八日的東京消息中，突然猛烈抨擊日本現內閣池田政府，可視為中共欲謀發動此一高潮的信號。

據新華社說：「日本首相池田勇人七日發表談話，公開拋棄了日本歷屆政府所標榜的所謂日本是亞洲一員的幌子，表示今後在外交上要完全站在西方集團一邊。堅決用自由國家一員的思想處理一切外交問題。池田是在日本內外形勢調查全國大會上談到過去日本政府採行的外交三原則，表示這種更加露骨的賣國政策的」。

本來，日本原是一個反共的而又自由獨立的國家，它現在也正和其它許多亞洲國家一樣，遭受着中共和蘇聯的威脅，中共與蘇聯的軍事同盟，固早已指向日本，最近在莫斯科締結的蘇聯北韓軍事同盟和中共北韓軍事同盟，亦是指向日本。所以，在此重重共黨威脅下，日本毅然站在自由世界的一邊，原本完全應該。但中共卻想把日本變為附庸，惟恐日本走向自由獨立，所以，當池田提出這種談話時，中共官方通訊社新華社便對日本現政府予以猛烈抨擊。其實，如果說日本走自由獨立的路線便是「賣國」，那末，難道要把日本變成共黨的附庸才算是愛國嗎？弄巧成拙，中共的這種抨擊，不過更加暴露中共對日本的侵畧意圖吧了。

毛澤東留戀杭州

・忘憂・

看來，毛澤東的身體健康和內心情緒都越來越壞了。這只要看他今年以來，都久離北平，長期停留在杭州的這一事實就可反映出來。

當然毛澤東之所以長住杭州，亦可作煩厭北平的政治氣氛和基於享樂觀念而留戀杭州來作解釋。但無論如何說，毛澤東今年久住杭州，決不偶然，可能上述幾種原因都存在。

依常理，今年國際間發生過很多大事，北平也有許多重要的國際人客要接見，毛澤東是應該留在北平的。但自今年春毛澤東循漢口、長沙、南昌、杭州、上海之路南來巡視以後，就於五月一日在上海度過勞動節後，卽到了杭州。到現今，卽由五月到九月這一段期間，除毛澤東曾於金日成到北平簽訂中共與北韓的軍事同盟前夕到北平露過臉外，此外就一直住在杭州。其間，加納總統恩克魯瑪和巴西副總統古拉特訪問大陸時，皆不得不卑鄙無恥地飛往杭州晉見毛澤東。

又查中共各省省長及各省黨委第一書記，自八月中旬以來，卽多未在各該本省露面，只有浙江省長仍在杭州露面，再看梅蘭芳於八月八日在北平去世後，在北平舉行之追悼會中，許多與梅蘭芳生前稍有交誼之中共中委皆末出席，又再看朱德於九月三日在杭州所賦「十年勤培養，天堂遜此間」的詩，可知中共最近似在杭州舉行重要會議，最可能的就是中共擴大的中全會，然其所以在杭州舉行，亦是為了還就毛澤東正住在杭州之故。

當此大陸人民窮苦不堪之日，毛澤東猶自留戀杭州，以資賞心樂事，則中共政權之不施仁政，於此，又得一証明了。

近見香港有人作時事打油詩一首，題為「聞毛澤東久住杭州」詩曰：「杭州自古是天堂，此日毛皇久駐驂。不管人民窮與苦，卻將西子百般看。」詩雖不工，所說毛澤東留戀杭州，尋求享樂倒是眞的。

廣東今年水災概述

中共雖自稱水利建設作用大 但災情嚴重農產量并未增多

陸閩

廣東今年的災情如何？農業生產量如何？顯然是海外廣大僑胞所關心的。大概也就為了這一原因，所以本月五日中共在香港控制的宣傳機器──大公報特別在第一版以「抵抗今年險惡的水情」「粵水利建設作用大」「使許多地區早稻獲得好收成」「西江北江洪水大過前」「受災面積僅及前年一成」為頭題，而企圖作一朦蔽僑胞耳目的宣傳，實則，細讀之下，立卽發現該段專訊漏洞百出，所謂水利建設全屬空談。試問：如果受災面積僅及前年一成，如果水利建設眞的作用大，為什麼今年卻未比去年增產呢？

當然，廣東地區今年縱然農業增產，對廣東人民生活的苦況，也並無改善可言。因為廣東人民所生產的糧食，無論多少，都全被中共壓搾剝削去了。中共仍然每天只配給人民二兩米，每月二兩油，迫使人民去吃野生植物的。所以，縱然增產，也與人民無關，何況今年根本未比去年增產。

關於廣東今年的水災情形及收獲情形，據九月五日香港大公報廣州專訊說：「廣東今年的水情比一九五九年還要險惡。四月十六日至二十五日的十天內，全省三分之二以上地區連降暴雨二、三百毫米，雨區廣，强度大，江河水位猛漲。暴雨和風期來得這樣早，這在歷史還很少見。六月份，北江流域緊接着一日至七日降雨一百至二百毫米之後，十日至十三日再普降暴雨一百至二百五十毫米。十二日，曲江的洪水水位一下子升到五十五點一五米，高出一九五九年特大洪水一點八米。十四日，中下游的清遠、石角、蘆苞相繼出現的洪峯，全部超過了一九五九年。同一期間，廣東境內的西江下游雖然少雨，但上游廣西、雲南的暴雨，使西江洪峯叠起，在蘆苞水閘和西南水閘及時分洪的情況下，水位也還接近一九五九年的紀錄。西江北江的鉅大洪峯滙合後，卽以四萬零四百秒立方米的流量，直衝珠江三角洲，持續十多天超過警戒線，在這兩次暴雨洪水期間，沿海各地還曾受到五次颱風的影响」。「這時，珠江三角洲一帶也在外潮內澇夾攻下，有二百五十多萬畝栽下不久的禾苗，浸淹在大水中。……中山縣淹沒禾苗五十七萬畝，全死的只有八萬多畝，經過及時搶救補種，早稻收成跟去年差不多」。「全省仍然有災害，但今年洪災與澇災面積只有一九五九年的十分之一。……災情最重的淸遠縣淹了七萬畝，有四萬多畝減收一半多，其中洲心公社五萬五千多畝早稻，嚴重受災的七千五百畝，算是重災社，但由於今年種植面積擴大及搶救及時，早稻收成比去年一點不少」。

從中共的上述報導看，很顯然的看出廣東今年的水災仍是很重的。而所謂水利建設則幾乎是空談，否則，水災的情形何至如此嚴重？照中共所說災情既只及一九五九年的十分之一，那末，早稻的收獲就該豐收，但中共所報導的全文中絕無豐收兩個字，而只說是跟去年差不多，又只說比去年一點不少，這就可見必不好於去年了。

去年廣東人民甚苦，那末，今年的廣東人民自必又將甚苦了。

僑鄉簡訊

鍾之奇

原料缺乏福建改用野生植物釀酒

好酒必須要以好的原料釀成，這是誰都知道的。過去，中國大陸各地釀酒，一般都以糧食為原料。但大陸現在糧食缺乏，於是，釀酒的原料也被迫改用野生植物了。

對此，九月十一日人民日報有詳細報導。據人民日報說：福建省輕工業廳工作研究的結果，認為「福建省釀酒工業的原料，過去百分之九十以上是依靠國家調撥糧食，一九五九年和一九六〇年兩年，農業連續遭受特大自然災害，糧食歉收，因此如何努力節約糧食，爭取別的原料來源，就成了釀酒工業的重要任務」。「充分利用野生植物，是釀酒工業的一個重要發展方向。近年來，我們就是這樣做的」。

由野生植物釀成的酒，其品質之低劣，當然不在話下。

福建實行「賣」「換」

但野生植物從何處來呢？釀酒廠本身是無法雇用許多人去採集野生植物的。於是，福建共幹遂又想出要人民「賣料換酒」的辦法來。什麼叫「賣料換酒」呢？卽是叫老百姓到各處找野生植物。找到後，照所謂國家收購價格，卽賤價賣給酒廠，酒廠乃以酒的市價，卽高價折酒給人民作為報酬，這便叫「賣料換酒」。據人民日報說：「酒按零售價出售，原料按國家牌價收購……，這個廠去年十月實行這個辦法之後羣衆採集原料的積極性提高，工廠收購原料的數目與日俱增，第四季度共收購到六十五萬斤，比二三季度增加了十倍」。可見共幹對此剝削人民賤價收購辦法還止自鳴得意呢？

南海縣大捕魚苗

魚苗是中共運銷海外以換取外滙的重要產物之一。故中共對各地產漁區無不嚴勵驅迫人民多捕魚苗，南海縣也是華南魚苗主要產區之一，對此，中共自不放鬆。

據中共公佈：「南海縣九江區各人民公社，今年魚苗生產獲得好收成，今年春夏之間，九江區各公社在西江河畔設立十七個魚埗，捕撈魚苗。到九月四日止，已捕獲鱅、鰱、鯇、鯪等魚苗共一億九千八百四十五萬多尾，比去年全年捕獲量增加六成多，是解放以來魚苗產量最高的一年」云。

曲江大養蜜蜂

由於中共財政開支浩大，既要供養數百萬軍隊，又要作工業投資，既要在海外到處搞統戰，又要在國際間冒充大亨，到處經援別的國家，而自己各種舖張浪費之外，又要供養一千七八百萬黨員，所以，中共對錢，尤其對於外滙，便不惜用各種方式以剝削人民而爭取之。蜜糖亦係可以換取外滙物資之一，雖其數量甚微，但中共亦不放過。

廣東曲江縣樟市人民公社瑤族大隊雖地處曲江、英德兩縣交界的瀧溪山區，但因峯巒重叠，山花四時盛開，每逢春暖時節，便有蜂羣飛來定居，採花釀蜜。中共有見於此，據中共公佈：乃命令人民公社「社員們就利用這一優越的自然條件，在綿延百餘里的山上壘石築房，引誘野蜂定居，大量養殖；同時適時分羣飼養和剝搾蜜汁」。又據共報報導：「今年春夏兩季蜜糖有顯著增產，全隊已採到蜜糖一萬五千多斤，比去年全年產量多一半以上」云。

廣州大學畢業生被强迫分配

雖然，中共近年一再强調今日大陸各大學的畢業生，其工作分配並非强迫分配，而是按各人的志願分配，但這完全是宣傳，而不是事實。事實則仍是强迫分配。這種事實是不容否認的。因為中共自己的報紙對此已經有詳細報導了。

試以華南師範學院歷屆畢業生來看，據中共新華社廣州九月四日電說：「他們表示要努力做好工作，完成組織上分配的任務」，又說「中文系學生翁憲山最初希望到湛江市工作」，結果卻是「到粵北一個農村」。「生物系學生李立生的家裏曾屢次來信，希望他回家鄉──廣東潮汕地區工作，但他卻「到海南島工作」。中共提出的口號是「到艱苦的地方去建設美好家園」，於是大家都被迫分配幹苦工了。

星馬合併的鬥爭

樂觀論調

俊　華

星馬合併問題，最近突又轉入密鑼緊鼓的狀態。星洲總理李光耀自吉隆坡返星之後，很樂觀地宣佈說：星馬合併，「兩年內必能實現，甚或早於一九六三年之前實現」。雖然他加上「如果沒有其他因素阻撓的話」這麼一句官式談話的術語。但人們都覺得李光耀的話並不虛泛，似乎星馬合併——本來認為相當遙遠的星馬合併，實現就在眼前。

李光耀赴吉隆坡與馬來亞總理拉曼會談星馬合併，經已發表了原則性的聲明，即國防、外交、安全等重要事項，由聯合邦（馬來亞）控制，但星洲本身，保留其對教育及勞工政策的自治權。

星洲的國防和外交，目前仍在英國手中。安全問題，有一個英星各半的委員會負責，馬來亞聯合邦在這個「內部安全委員會」中，握有舉足重輕的一票。至於教育及勞工政策，星加坡一向要求有本身特殊的政策，無論與馬來亞或與馬來西亞合併。後者的決定，是馬來亞對星洲表示尊重。

拉曼、李光耀會談，馬方有副總理兼國防部長拉剎，外長伊斯梅；星方財長吳慶瑞，他們差不多全面的檢討各項問題，由合併所引起的，如財務包括全國政府協助星洲財政，防務以至星洲英海軍基地。據透露，各方面都獲得原則上的協議，並協議組織一個雙方合組的委員會，對合併細則加以討論，向雙方當局報告。

當然，這些只是表面文章。

星馬合併是一件大事，何以自年來似乎合併困難的情況，會忽然急轉直下？此中必有內幕。合併方法如何？難免意見紛繁，究竟誰是誰非？又會不會構成李光耀氏所說的「意外的阻力」？

反對之聲

李光耀的星洲執政黨，林有福的人民聯盟，自由社會黨（主席黃泗美），都贊成星馬合併。星洲其他反對黨，左翼或接近左翼的，却是一律反對合併；或者說，反對依照「拉曼——李光耀」會談的路線合併。

黃泗美讚揚「拉曼——李光耀聲明」，認為是對合併跨進了一步。林有福說，人民聯盟贊成合併，不過這次星馬會談，他雖在吉隆坡，但未與李光耀有接觸。他更否認外傳人民聯盟與人民行動黨將組聯合政府之說——外間的這一說法，是把星馬合併認為李光耀右傾的表現。

王永元（人民統一黨）對於星馬合併，認為茲事體大，要求召集「各黨派會商」。人民黨，工人黨，社會陣線，大致上可以歸納在「人民公決」的口號中。工人黨馬紹爾說：星馬合併乃「把英帝國主義統治移交馬來亞帝國主義統治」，非在立法議會充份辯論。人民黨抨擊執政黨「獨斷獨行」，社會陣線（人民行動黨叛徒組成的）則由其主席李紹祖致函杜進才（執政黨總裁兼立法議會首腦），反對依照拉曼——李光耀會談合併，要求放棄原有計劃，「重新向人民提出」。

社會陣線在他們另行發表的書面談話中，說現有的星馬合併計劃是「由馬來亞政府代管英國在星權益」，他們要求「星馬統一」，星洲地位與檳城及馬六甲一樣，按人口比率選派代表（議員）出席聯合邦立法議會。同時，他們要求星洲大選，以反對行動黨把星洲人民變為「第二等公民」——依「拉——李會談」，星洲暫不以人口比率選出議員出席聯合邦國會。

社會陣線更明顯地說：合併之後，「星加坡人民如果要進行什麼反壓迫反剝削的鬥爭，就只好拿馬來亞聯合邦政府做衝突的對象，而『英國人』却躲在聯合邦背後，安享利益」。

論爭內幕

左翼原來是主張「星洲獨立」而不贊成合併的。可是現在，合併既如李光耀所說：「歷史上不可避免」者，他們就改唱「星馬統一」。而他們的提出反調，就是要求大選，直接打擊行動黨，間接打擊合併。

「星洲獨立」的口號，就是要由「星洲人民」單獨對付「英帝國主義」，他們寧願把要退出星洲的英國留下來，再設法把它「踢下海去」，而不願英國順利把星洲移給馬來亞」。因為，「與聯合邦衝突」，在自稱星洲人民的左派，並不是愉快的，雖然他們稱聯合邦為「馬來亞帝國主義」。無論如何，馬來亞決非帝國主義，而是民族主義。星洲左翼的同路人馬共，已與馬來亞民族主義衝突過，而失敗的正是馬共，星洲左翼知道，他們可以叫喊「踢英國人下海」，而不能高呼把馬來人趕過柔佛橋以北。

至於「星馬統一」的含義，為「照人口比率」選派議員出席聯合邦國會，這正是馬來亞方面所大忌。星馬合併後，華人人口比巫人為多，拉曼總理的遲遲未願實現合併，及提出大馬來西亞計劃（此計劃有調節星馬合併後華人人口過多的作用），就是為免華人奪取馬來亞政治權。現在星馬左翼堅持要以人口比率產生議員出席聯合邦國會，拉曼無論如何是不會答應的，尤其是在星洲如果是極左翼得勢的時候。那麼，拉曼不答應就等於不能合併。左翼就可以提「統一」之名，作「反合併」之實。他們才可以把英國人「留在星洲」，再「踢下海去」。

實際上，星洲不能離開馬來亞而獨立的，尤其是經濟。李光耀所說，「五年不合併、星洲必赤化」，是確實的。倘若失業不能解決，勞工運動就必然變成暴動。行動黨「奔走致力合併三月之久」，就是為此，而假如星洲赤化，馬來亞難免不被傳染，正如綁票、痢疾都滲過柔佛橋一樣；這就是馬來亞中央願給星洲以財政津貼的理由。星馬形勢，合則兩利，分則兩敗。左翼選擇了後者。

那麼，馬來亞是否「代管英國利益」呢？拉曼說：「英、馬訂有防衛條約，英軍可使用馬基地於防衛用途」。這樣說，似乎合併前或後，沒有什麼不同。但拉曼又說：馬來亞非東南亞公約國家，「而在星洲有基地之英國則是」（東南亞公約國家），故合併後基地辦法，須另修訂。這樣說，又似是不同了。

英在馬用基地，只防衛可用。但用星基地，則可用以進攻。馬來亞曾拒英軍自馬調至寮國之議，便是事實勝於雄辯。

・吉隆坡通訊・

巴特寮八首領

。費穆琛。

寮國自一九六〇年八月九日由一個寂寂無名的傘兵隊長李江發動了武裝叛變而掀起自相殘殺的悲慘局面之後，使到整個東南亞也加深了赤流泛濫的危機。這危機，在一年多時間的發展下，竟把巴特寮培養得日益大。現在，連李江的那枝人數有限的武裝部隊，也跟擴充到相當龐大的巴特寮部隊合併了。因此，使到今日的寮國，幾乎有三份二的土地，落在共黨的控制中。

在巴特寮中，蘇發努馮雖然被稱為首領，但這個首領，僅是有名無實的傀儡吧了。以實權和影响力來說，蘇發努馮的地位，僅能名列第五，而掌握巴特寮權力的，還有蓋松，馮維志，薛拉蘇茨，傅米發納，新家博，郭馬騰，費發乘；茲將這八名首領，分別介紹如下：

第一，最主要的是蓋松。蓋松是「新寮愛國黨執行委員會」的副主席。他的父親是越南人，母親是寮國人；這個越寮混血兒，心術異常陰險，行動也十分神秘，有時居留於桑怒，有時却出現於河內。他雖然是「新寮愛國黨執行委員會」的副主席，却操縱着整個巴特寮的實權，顯然是巴特寮的軍事政治首腦人物。

其次，是參加日內瓦會議的巴特寮首席代表馮維志。這個狡猾傢伙，詭譎善辯，機詐多變，而對巴特寮的影响力，僅次於蓋松而已。他曾任桑怒省長；一九五七的「永珍協定」，他是簽署人；在一九五八年的聯合政府時代，又曾出任過宗教部長。因此，他在行政方面，是頗有經驗的。

第三，是率領着一部份武裝部隊的薛拉蘇茨。他是一個極端左傾份子。據當地人士透露，他還是越盟的「政治委員」，共產黨的政策，正是由他帶到寮國去實施。

第四，是以笑裏藏刀著稱的傅米發納。他是「那蒙談判會議」的政治代表；既滿肚子陰謀，也滿口子計劃，很獲得蓋松的信任。

第五，這才輪至蘇發努馮親王。他雖是寮國三位主要貴族之一，但在巴特寮中，却是位列第五，其所以獲得蓋松尊重者，唯一的原因就是因為他有着「親王」的名銜而已。他是有三位太太的，一在莫斯科，一在北平，另一則在河內。

第六，新家博。他是巴特寮的陸軍司令，掛着「將軍」銜；因為他握有軍權，所以在巴特寮中也頗有地位。

第七，郭馬騰。他是哈族部落的酋長之子，其父是在一九二三年被法國人所殺的。由於哈族部落痛恨寮王的統治，所以巴特寮就利用他來拉攏哈族人民支持反對寮王。現在，他是巴特寮的陸軍上校。

第八，費發乘。他曾充學校教師，工於心計；同時和越盟方面，有着很密切的關係。此人在巴特寮中，似是處在顧問的地位。

鄉愁

黃信男

雨仍在下。那不是悶熱後令人快意的滂沱大雨，而是夾着十二月的冷風綿綿續續，絲絲縷縷落着的。落在房頂的灰瓦上，落在老榕樹的枝柯上，落在不知何時被強風撕了葉子而折垂下來的芭蕉上；單調的、煩燥的、滴滴嗒嗒永不歇停。

街道上是一灘爛泥，屋子裏再找不出一件乾燥的東西，衣服、桌椅，發着刺鼻的霉味，連鄰家孩子們尖銳的哭叫聲，在濃密的水氣中都變得潮濕而重濁了！

眞是煩人的日子！張老頭披着一件十多年前從家鄉帶出來的破大衣，呆呆仰在躺椅上，然而那僵硬冰冷的爛棉絮，並擋不住屋外襲進的風寒。他仍然有些冷，乾癟而爬滿皺紋的面頰，不時在抖動。好幾次想站起來，在屋子裏踱踱步，終因滿身關節疼痛，使他打消這念頭。

遠處什麼都看不見，除了低沉迷濛的雨霧，便是電綫桿在斷續的嗚咽，而且，天就要黑下來。

這時他的兒子亞青正蹲在簷下過道上修理三輪車；頭上頂一塊黑雨布，斜刺飛來的雨滴，滙集在雨布摺皺上像小河一般往下流。他那已浸得慘白如死魚肚皮似的雙手，不時黏滿髒污的黑泥，但很快又被雨布上淌下的水流冲走。車子已破損得不能再修了！兩隻後胎補了又補，前輪的鋼條已斷了好幾根。一載客又常常脫鏈子，可是他依然用心的修，只有他自己明白，他必須把它修好。

有一個輪軸的螺絲釘鬆了下來，亞青握起鉗子，用力旋了好幾次總是旋不好，到達某一個程度，忽又滑回來。那螺絲釘的紋溝已失去作用，最後他只得在綻裂的坐墊上撕一塊破棉布，嵌進螺絲釘裏，他知道這樣很危險，但此外却又想不出更好的法子。

這景象夢一般顯映在十二月冷雨的黃昏裏，使張老頭感到有點酸楚。亞青不過是二十幾歲的孩子，原不該讓他過早挑起生活的重担，這年齡正該坐在大學的課堂上，不……那已該大學畢業的時候，可是……張老頭一邊想，眼圈兒不覺模糊起來。

忽然一陣巨響，鄰家後園的籬笆被強風吹塌了，嘩啦嘩啦，把一隻在牆角正展開翅膀溫暖着一羣小雛的母鷄驚得咯咯叫起來。抖起透濕的羽毛，莫名所以的向雨中狂奔。那些小鷄也驚慌失措的緊跟着，雨無情地打着牠們。有一隻留在後面迷失方向，狂亂地發出呼救的尖叫，聲音在雨勢的擠壓下，顯得微弱、寂寞、而凄涼。

「是回窩的時候了！」張老頭望着那隻迷落的小雛，心頭不禁泛起一陣憐憫，同時對老母鷄的疏忽，更起了一種責備的念頭：「爲什麼不回窩？蠢東西！風雨這麼大，爲什麼不回窩？」

不久，亞青將車修好，已提着仍在滴水的雨布走進屋子，可是他一直沉默着沒說話，只是怔怔靠近老人身邊停下來。

當然，張老頭懂得他的意思的，想向他說些什麼，但也說不出來。

「還要出街嗎？」過了很久很久張老頭才幽幽地說。

「嗯！」

「雨很大呢！」

「雨大生意好。」回答的聲調是柔順的、單調的，以致與說話者的年齡不相稱。

「晚飯？」

「回來再說吧！家裏沒有米。」稍停，亞青忽然又像想起什麼補充說：「爸現在餓嗎？要不，先去買幾個包子。」

「不！」張老頭將頭搖了搖。

眞的，張老頭的確沒有一點餓的意思，不過這時候只是感到一種從未有的空虛，他很想將兒子留下來陪他在風雨中談談話，那怎麼成？今晚上不餓，可以不吃飯，明天，還有明天！想到明天，他沉默了。

「那麼……」亞青深情而憂鬱的望着他，很久才轉身準備離開屋子。

「亞青！」

但當他剛剛走出門檻的時候，却突然又被張老頭叫住了。

「爸！」

「不如……買點酒吧……」張老頭不好意思地說。

「酒？」孩子有些爲難。

「不要緊，偶而喝喝不要緊。」

說這話時，張老頭心中感到非常歉疚，他知道孩子不會有多餘的錢去買酒，酒在他們生活中實屬奢侈的東西，況且自己又患着如此嚴重的風濕病，喝酒是不宜的。可是，風雨交作的漫漫長夜，不喝酒，又做什麼？晴天晚上，他常到街簷下找那個賣餛飩的老頭聊聊天，雖不吃東西，那濃濁的聲音，每使他感到慰藉。連天陰雨，賣餛飩的老頭很久沒來了，他實在懼怕這漫夜的孤寂。

「不要緊，偶而喝喝不要緊。」於是他又重複地說道。

終於，亞青蹣蹣地離去了，張老頭望着孩子在黑暗中消失的影子，眼睛不知不覺已蒙上一層淚影，朦朧的淚影更使他對眼前的一切模糊起來，頓時他像置身空無一物的荒漠裏，有一種被丟棄的感覺。然而唯一在空寂中使他意識到自己仍還有眞實的存在，只有勁厲的風雨，以及遠處不斷跌落的碎瓦的聲音。

電燈亮了起來，跟着一陣強風撞破窗上的一塊玻璃，張老頭趕緊驚惶的站起，但當環顧四周，明瞭是怎麼回事時，却被眼前的事物嚇住了。

眼前一切都是陌生的，亂草似的「榻榻米」，薄得像紙一般的隔牆板，髒污而破損，房頂低得幾乎壓下來，所有的一切在慘淡的燈光下，都顯得那麼頹敗，陰暗和可怕，他好像從來沒見過。

「什麼地方？這是什麼地方？」他不禁喃喃自語起來。

這時，壁上的一張像片映入他的眼簾——那是他的妻子，透過灰暗的玻璃框，正向他微笑着。於是，他急忙走過去把它拿起來，但細細凝視，却更感到困惑，這會是他的妻子？怎地這般年青，想像中他的妻子應該和他一般老，決不會像這樣年青了！然而一時他却忽略那原是很久以前的像片，其間已飛去十幾年的日子。

他若有所思的凝視着它！

「你一定要去嗎？」突然，他像聽見一句微弱的低語。

「什麼時候才回來？」那低語彷彿很遠且帶着飲忍的哭泣。

噢！他明白了！那聲音原是來自他們離別的時候；秋天，空中飄着落葉；夜晚，而且在村外的斷橋上。他記得很清楚，那時他的妻將小青的手親自遞給他，眼裏流着淚。

「我會好好照顧他的。」他堅定地說。

「我等着你回來。」妻子再三叮囑，繼而抽咽着。

「你知道我們不曾讀過書，不知吃了多少虧，小青……」

「我懂……」他悽然地道：「我還年青，眞沒辦法的時候，可以出勞力，拉車子……」

不料，他眞的踏車子了，可是當時的諾言却未能實現。不幾年，在異鄉，在他妻子想不到的地方。他病倒了，是註定永遠無法再用勞力的風濕病。那時亞青初中剛剛要畢業，他不得不殘忍的將孩子從攀爬幸福的階梯上拉下來……

張老頭哭泣了！

雨，仍然沒有停的意思，不但沒停，反而更急，房頂也開始漏起來，那帶有樑木的朽味的水滴，一顆顆落在他的手中捏着的像片上。有一顆正好擊中那個年青婦人的臉，散開、復又凝聚在一起，蒙住她的眼睛像一滴淚，這使張老頭混身起了一陣震顫。

「妳哭嗎？」他望着像片低聲說。

「你不也哭着？」又是一個低語的聲音在他的耳邊繚繞，很近，就像從像片上發出來的。

「唔……不，沒……沒有，我不會哭的。」說着，他苦笑一下，馬上便用破大衣的袖襟將凝在自己眼角的淚水抹掉了，隨着也抹掉了她的。

但當他抹掉了淚水，再度凝看像片的時候，心裏頓覺寬慰了些。彷彿有一道載滿春天陽光的暖流，從他身上週行過去。因爲像片使他的思維接觸了丟去的老日子，這是他久久想望的。但可惜的是這樣的時間並不長久，僅僅一剎那工夫，便又被屋外更大的雨陣毀滅了。

因此，這使他更燃起了喝酒的慾望，不管那是如何有害於他的病，覺得這樣惟有酒才能再次吸引靠近平時所想望的東西。想到酒，於是立刻想到亞青，可是亞青還沒有回來，他失望了！最後只得任自己依然無助地淹埋在無邊空虛和孤寂裏。

但不知過了多少時候，張老頭却開始做起夢，在夢裏，他終於得到酒，並看見了斷橋、落葉，賣餛飩的老頭，以及狂奔着不知所措的鷄雛……

……。然而，雨仍然落着。

兒時憶舊

丁岡

人人都有一個童年，人人都有忘不了童年時代的生活片段。人的一生要經歷許許多多的事情，但成年以後的事情大半皆如過眼雲烟，忘掉的多，記得少了，而童年時代的事情却永遠清新、活潑，並且容易勾起人的回憶——你會看到張嘴吠狺的狗，而想起你小時候曾經飼養過的小動物；看到陳舊的春聯，會想到年初一向媽媽討紅封包的事兒，當你的孩子使你生氣，你打了他兩巴掌，他哭了，這事你很可能會記起你自己小時候挨打的情形；假如你尿過床，那麼你看到嬰兒的尿布，你就準會記起你是怎樣用光屁股暖被窩的事兒來，別看現在你已經是個大人，或許你已經做了爸爸，但說不定你還會臉紅呢！

我小時候最好尿床，並且一直到十七歲我還有這個毛病。這件事給我的刺激很大，爲了我曾經幾次天眞的自殺過，並且有一次幾乎送了小命。就是現在，碰到人拿這件事向我尋開心的話，我還會不由得對自己生悶氣。你說怪不？可是仔細想想，我就想不通了；因爲這件事連累了母親，她爲我尿床的事吃了太多的苦，操了太多心！

因爲我是母親的最小兒子，母親特別愛我，同時也因爲我有尿床的毛病，母親怕我單獨睡了尿床瞞着不說，所以一直到十三歲，我都是跟母親睡的。

「少喝點湯。」每天晚餐時母親就提醒我。其實我早就提防着了，不唯晚飯不敢喝湯，連午飯都是乾着嚥下去的。「只要能不尿床，就是乾死我也情願！」我有這份恒心，可是一睡着了，我竟會那麼沒出息，幾乎每天晚上都要把被褥弄得濕的一大片。

說也奇怪，每天晚上我都要做一個差不多同樣的夢，而那些夢還是十分清醒的：我覺得小便蹩得要死，急着要解手，可是到處找不到厠所，到脹得忍無可忍的當兒，忽然發現一個僻靜的角落，於是我就跑進去，而在這個時候，我還特別驚覺地問自己：「這別是夢吧？」咬咬指頭，証明不是夢，於是我就放心大胆地撒開了；尿完了，我也突然驚醒了；我才知道我尿床！

如果母親發覺了，她就把我往一邊移，使我不被尿浸着，可是她的身子却躺在被我尿濕的地方；如果我尿濕的地方是靠在我的一邊，母親沒有發現，我仍默默地用身子暖着，同時祈望在天亮前暖乾，不致使母親發覺，白天拿出去晒，老引起嫂子們的嘲笑！

「喲！小弟昨天晚上又畫了一幅麼！」

（上）

金釵記（二一）

黎明

第十三場：

景：顧家後堂。

時：接上場。

人：顧安人、劉媽、蘭心、春梅、老歐。

（劉媽、蘭心分立兩旁。劉媽手執皮鞭，恨怒之情，形於顏色。整個氣氛嚴肅而緊張。）

顧安人：（怒氣勃勃上）無明火高三千丈，要與我兒報仇冤。哎呀苦命的兒呀！（揮淚就坐）

春梅：（幕後報）園公到。

顧安人：進來！

（春梅領老歐上，隨即站在蘭心的一邊）

老歐：（施禮）參見安人。

顧安人：嘟！我來問你：前日命你去魯家莊送口信，可曾見過那魯公子？

老歐：沒曾見過。

顧安人：緣何沒曾見過？

老歐：那魯公子探親未回。

顧安人：你既沒見公子，口信傳於何人？

老歐：魯家的管家婆婆。

顧安人：你既然沒見過那魯公子，為何不分青紅皂白，就擅自帶人進來？

老歐：他說他就是魯公子，老奴如何敢不帶他進來？

顧安人：你說的那魯公子究竟是甚等樣人？

老歐：老奴只知道他是魯公子，他是甚等樣人並不知道。

顧安人：他、他、他就是那魯公子麼？

老歐：正是。

顧安人：劉媽，你與我打！

（劉媽打老歐介）

老歐：哎喲！怎麼倒打起我來了呀！

顧安人：我再問你：你帶來的那個魯公子究竟是甚等樣人？

老歐：老奴委實地只知道他就是魯公子，並不知道他是甚等樣人呀！

顧安人：還說麼？劉媽！你再與我打！

（劉媽再打介）

老歐：哎喲！哎喲！啟稟安安：……人：你就打死了我，我、我、我也只是這兩句話呀！

顧安人：嚇！什麼魯公子不魯公子，分明是你這老狗存心不良，通同作弊，也不知你從那裏引來的無賴漢子。如今坑陷死了小姐，你倒想脫卸干係不是？你、你、你你你太過狠心狗肺了！——劉媽！你與我重重地打！

（劉媽又打介）

老歐：哎喲！痛死我了！（暈倒介）

劉媽：（施禮）啟稟安人：老歐再打不得了！

顧安人：拖了下去！（劉媽、春梅、蘭心同拖老歐下）哎呀我那苦命的兒呀！（移下）

第十四場：

景：梁宅前廳，台左為大門，門外為小巷一角。廳上設屏風。

時：秀娘死後第三天的上午。

人：梁媽媽、田素娥、魯學曾、梁尚賓。

（梁媽媽病容滿面，由田素娥攙扶從屏風後上。）

（唱）梁媽媽：家不甯，屋不淨，愁病相乘；年邁人，風雨中紗燈。有佳婦，難與命爭；無兒，但願得，學曾侄，錦片前程。

田素娥：啊、婆婆！您老人家安心養病要緊，家中瑣事，理它則甚？

梁媽媽：媳婦呀！（唱）你本是，金閨秀，女中之英；娘當年，也不枉，百輛將迎。不學好，小奴才，必敗家聲；娘這病，眼見得，藥石無靈！

田素娥：婆婆呀！（唱）婚姻事，原本是，前生註定；媳婦我，恨只恨，相夫無能。家家有，自古道，難唸的經；老婆婆，但願得，福壽康寧！

（素娥服侍梁媽媽坐下，替她捶背介）

魯學曾：走呀！（背負包袱垂頭喪氣上）（唱）顧小姐，她死得，不明不白；這內中，甚情由，令人難測。

實只望，結良緣，天從人願；

又誰知，贈金釵，人天永隔！

我這裏，拖淚眼，送還衣衫；

天又愁，地又慘，淒涼巷陌。（白）來此已是姑媽家中。待我叩門。（叩門介）開門來！

（十四幕未完）

辛亥革命史談（二一）

舜生

三．同盟會成立經過及其活動

宣統二年正月初三（二月十二日），倪映典以廣州新軍起事，為清水師提督李準所統率的防營所敗，死之。倪字炳章，安徽合肥人，曾入安徽武備練軍學堂及江南炮兵學堂，任江南炮兵營隊長，旋調皖，任騎兵營管帶，與趙聲、熊成基等先後同學同事。以在軍中從事革命活動，為江督端方所覺，因易名走廣東，仍投身軍隊，充新軍炮營排長，新軍管帶漆汝漢，亦安徽人，稔知倪為革黨，乃藉事將其斥革。

先是同盟會於滇桂邊境失敗以後，中山赴美，囑同志仍從廣州下手。宣統元年九月，胡漢民、黃興、趙聲等，設統籌機關於香港，名同盟會南方支部，漢民任支部長，從事運動軍隊。姚雨平担任運動巡防營；朱執信、胡毅生任聯絡番禺、南海、順德一帶民軍；運動新軍之責，則一以委諸映典。而鄒魯（海濱）、陳炯明（競存）等，亦於此時加入南方支部。時廣東有新軍三標，映典於廣州設機關不斷活動，經過數月，士兵加盟者已達三千餘人。是年十二月下旬，映典到港報告成績，漢民召集朱、黃、趙等集議，決定於開年元宵前後起義，由映典回廣州佈置。不幸是年除夕，新軍二標士兵一人，因細故與警察衝突，被警拘捕。元旦放假，二標兵士數百人，即持械入城，與警察尋釁，先在第一局與警互毆，並波及五、六兩局，不服制止。新軍一、二標同駐城外燕塘，三標則駐北校場，肇事者本以二標兵士為限，但協統張哲培及一標標統劉雨沛，恐牽動一標，乃將原屬新年假期的初二、初三兩日，命一、二兩標改開運動會。於是一標不服，大肆鼓噪，有兵士二百餘人，即湧出營門，開空槍示威，並聲言如警察大隊來攻，即正式應戰！先是軍警發生衝突，映典即到港報告，認為軍心已動，無法遏止，勢非提前發動不可，於是將起義期改為初六。初二日晚，映典由港返省，見一標已被捲入，而增祺（廣州將軍）、袁樹勛（署理粵督），李準已嚴為戒備，旗兵運炮登城，由燕塘至省城要隘，已為李準兵控制。形勢急迫如此，映典計惟有挺身出而領導，當有幾希之望，否則原定計劃，必無法實現；於是乃於初三日清晨，挾手槍兩枝，闖入新軍營壘，槍斃管帶漆汝漢，即吹號集合士兵，曉以利害，經衆推映典任總司令，並搜得子彈萬餘發，當場宣佈起義，直搗省垣。時李準部精銳兩千，已分佈牛王廟、貓兒崗、三望崗一帶；映典則着藍袍，手執青天白日旗，縱馬馳驅，督師前進；但實際新軍已被李軍三面包圍，迫行至橫枝崗，映典中彈墮馬被殺，新軍陣亡者百餘人，事後被搜捕者十餘人，餘衆均告潰敗。於是此一籌備數月，原可希望得手的一幕，乃因倉卒發動，等於曇花一現，其情況畧同於熊成基之在安慶，惟其係由同盟會直接指揮，故黨人的喪氣殆又過之。於是中山乃不得不由美國遄返南洋，徐圖再舉。（未完）

歲暮書懷集譚嗣同句（二）

——周策縱——

歲歲江蘺哭江渚，昏昏臘酒又迎年。不觀器識才終隱，同住蓮華語四禪。山上蘼蕪望相采，一腔熱血負奇冤。禪深漸喜魔來擾，淨土生生此締緣。

十年血戰感『無衣』，城郭人民有是非。儘有乾坤容電笑，竟教清議付諸夷；歲星小隱依金馬，廊廟伊誰發殺機？燒透紅霞天半壁，楚囚遼鶴兩無歸。（詠近事也。外電及西人頗譏中國時政。報載台灣當局近赴金門馬祖避壽云。）

斯文未喪寄生國？笑看堂堂歲月過。四大從何著悲憫，千秋刧急感山河。事如顧曲偏多誤，老日悲涼吏奈何！且喜無情成解脫，瀟瀟連夜雨聲多。

（一九六〇年除夕前一日於哈佛）

聯合評論

週刊

本刊已經香港政府登記

每逢星期五出版

United Voice Weekly

第一六一號

督印人：黃宇人　總編輯：左舜生

社址九龍福德道三十三號地下　電話68678

承印：嘉羅印刷有限公司　香港灣仔馬師道5號

總代理：友聯發行公司　售價每份港幣一毫

本報美洲版總經售處美國紐約中美出版社

CHINESE - AMERICAN PRESS, INC

199 CANAL STREET.,

NEW YORK13 N. Y. U.S.A.

美洲航空版每份零售美金一角

弔人民公社三周年

李璜

中國大陸上傷天害理，不通人性的人民公社的實施，是由毛澤東於民國四十七年（一九五八）八月二十一日提出辦法，由中共高級幹部通過，定於九月中在整個大陸上開始實現於各省、各區、各業、各團體的。屈指算來，到今天，恰恰是三周年。在這三年之中，人民公社的厲行，把大陸弄得天昏地暗，天怒人怨，結果是天災人禍連緜不斷，而毛澤東及其高級共幹也因之人心更為喪失，聲光更為低落了！

這一個不通人性，只有黨性（新階級的徹底自私的黨性，即美其名曰，從社會主義過渡到共產主義的躍進性），完全由於毛澤東的認識不够，情理不明，而要堅持實施的人民公社制度，本來，一經誕生，便注定死亡，不必等到今日第三周年纔來發喪開弔的。不過，一則因為中國的老百姓習性本懦弱，二因中共高級幹部一向就愚蠢，三因毛澤東「不信邪」的老毛病使得他兇狠過人，幹部莫敢公開反抗；因之，這個注定死亡的人民公社制度，厲行到一年，已經無法維持，中共幹部還未完全貫徹毛的意旨，便使各業的生產數字已經一路下降。然而民國四十八年（一九五九）八月開會研討時，毛澤東不但不知悔過，反展開「反右傾」運動，來鎮壓對人民公社進行不力的幹部；誰鬆了勁，便要治誰的罪！因此在毛的高壓政策之下，其幹部為求免罪免死，只有抱着「寧左勿右」的味着天良去照辦到底。於是乎，在前年冬到去年冬一年中，不但農業、牧畜、漁業、以至機器工業、手工業、等等減產直到無法維持最低的一般需要；而且因人民在田間放水，牧畜飼料，漁業養護種種方面一味怠工；這種怠工情形的普遍與利害，甚至使三千多年來所謂「天府之國」的成都府屬十六縣，也竟鬧起旱災來了，春秋兩季都大大的欠收，以至河流交乂，溝渠遍野的成都附近各縣都種不下去了；則其他各地區因怠工而釀成的所謂「天災」、「失收」，情形嚴重可知！——兩年來，中國大陸的天災不絕於書，其最大原因在於人民不滿於人民公社，而實行怠工，以致弄來大家莫有吃的；飢寒交迫的結果，餓死病死的人不計其數！

於是毛澤東在去年年尾纔開始向廣大的大陸人民面前低頭，而其似通非通的「平衡論」纔很不自然的吐露出來；不能不准許農村集市市場的恢復，以及每一農家拿着分得的糧食，與自種的菜蔬，自養的牲畜，去自由出賣之餘，自炊自食。這一來，毛澤東所主張而且要貫徹的集體生產集體所有與集體消費的社會主義躍進到共產主義的人民公社制度，便完全的崩潰了！

這在本年陰歷正月，香港女工紛紛回鄉省親，每一女工都要買兩三個大號銻鍋帶了回去，說是家人早已無鍋，現在要在家自己煮飯、煮水、燒菜，已足見鄉村的人民食堂解了體！尤其近數月來，九龍新界菜農所儲的菜種籽，售價大漲，香港僑胞紛紛採購，寄回鄉去，以便家人種菜出售兼自食，這些事實，都是人民公社制度瓦解了的事實証據。至於香港三百萬人，幾乎每一個人，一年多來，都在按期為其親友寄糧包回大陸，數量之多，郵局之濟，也在足以証明大陸人民公社制度之所謂「集體消費」已無集體與消費之可言了！

最近，中共的主要刊物，紅旗半月刊第十七期已公開承認人民公社之不得不倒退，公有制度之不得不解體，曾說道：『……對於農村人民公社社員經營家庭副業的範圍，包括耕種自留地；在有柴山和荒坡的地方，可以經營由人民公社分配的自留山。經過生產大隊批准，開墾一定數量的荒地。飼養猪、羊、兎、鷄、鴨、鵝等家畜家禽，也可以飼養母猪；進行編織、縫級、刺繡等家庭手工業生產。從事採擷漁獵，養蠶、養蜂等副業生產。經營由人民公社分配的自留果樹和竹林，以及在屋前屋後植果樹竹木。……永遠歸社員所有。社員家庭副業和自留地的產品和收入，都歸社員所有，都歸社員支配，……社員都可以拿到集市市場上進行交易……。』

雖然，在實行恢復人民私有制度與自由買賣之中，中共堅持着農業上的米麥等主要生產的公有；但是行見私有的所謂「副業」將要非常發達、繁榮，而主要的生產，仍舊保持集體化，則還要一直枯萎下去，減產下去！何以故？這在列寧實行新經濟政策以後，在史太林的集體農場准許私人保有屋前園地以後，一樣也無法增進主要粮食產量，這乃是「老大哥的先進經驗」！不知毛澤東研究及之否？

查毛澤東在實行人民公社時，敢於胆大妄為，其用意不外兩個：一是想將農工勞力所得的一切果實，完全的控在手裏，據為己有，以便於「新階級」隨意分配，盡量享受，而且拿來做向外侵畧，進行世界革命的資本；二是藉着人民公社的徹底實施，將源於溫情主義的家庭制度完全消滅掉；將每一個中國人都孤立起來，無法互助，方纔能够俯首貼耳的去做毛澤東及其新階級的奴隸。在毛頭及其一羣此一打算中，自以為智珠在握，大權在手，加以鐵腕，重以鞭箸，便能如其目的，達到成功了。殊不知中國人民不是死物，而是活人；不是野蠻無知的土人，而是有五千年文化的民族；不能積極反抗，而能消極怠工；只須大家痛恨之後，不怕共幹，完全怠工，人民公社便破產了，死亡了，毛澤東一向情願的打算也就徹底失敗，去整個滅亡之路不遠了啊！

五〇、九、一八

毛澤東碰到了什麼問題

林蕪

中共的第二屆全國人民代表大會，依照他們的規定，是應該在今年早期召開的，因為中共今年的經濟計劃必須提由這個會議審定。中共二屆人代會的第一次會議舉行於一九五九年四月，第二次會議舉行於一九六〇年四月；但現在已經快到了一九六一年的十月了，第三次會議却還沒有召開的消息。而即使召開，也已經沒有什麼意義可言了：一年已過了四分之三，還談什麼年度的生產指標之類？

中共的全國代表大會是規定每年舉行一次的，但可遲延。代表的任期是五年。現任第八屆的代表是一九五六年九月產生的，任期應於本年九月屆滿。依照他們的規定，早該進行產生第九屆代表，召集會議，但目前也還一點消息都沒有。

「國憲」黨章，都給擱在一邊。那位幾個月來一直躲在杭州的毛澤東，到底碰到了什麼問題。

問題倒是不難猜斷的。毛澤東整個好大喜功的工業化政策，破產了。

一個經濟落後的國度，無論其在什麼形式的統治之下，要自力進行工業化，必不能逃離資本累積這個階段。說什麼那一年完成了新民主主義革命，那一年完成了社會主義革命，因而社會經濟便跟着發展到某一階段，這些都是廢話。原始資本的累積則必須在農業生產已經發展到足供本國消費而有餘的階段才有可能。這本來也就是毛澤東們一奪得政權之後便窮兇極惡地向農民搾取的原因。但毛澤東們忘記了一點，向農民加緊搾取並不等於農業生產的增加。憑那一點兒從所謂資產階級刼掠得來的，以及從農民身上剝奪得來的資本，毛澤東們於是大叫「大躍進」，大叫『一天等於二十年』。但客觀現實却是無情的，也不懂共產黨人的蠻橫為何物。兩年多的橫衝直撞，到頭來却只是一場惡夢。別說農業生產失敗，就是不失敗，也斷不能支持共產黨人在工業化上的浪費和胡鬧。到了去年年底，毛澤東們這才驚覺了過來，於是又趕忙把生產的重心擺回到農業方面，說什麼農業生產是國家經濟的基礎；因為人民已經陷入了飢餓的狀態，又把糧食生產，作為農業生產的重心。兩年多狂幹，竟把國計民生弄得有如遭受過另一次長期的戰爭。

但毛澤東所碰到的問題恐怕還不止此。儘速工業化，這是任何共產主義政權所必趨之途。共產主義政權底下人民的慘苦，歸根到底，都在這一點。毛澤東們之回頭集中力量發展農業生產，並非其本意，只是出於萬不得已。目的仍在於從農業生產中吸積工業發展的資金。可是在這上頭，他們却又碰到了一些他們所無法解決的問題，也就是毛澤東們真正頭痛之所在。

中共統治下的農業生產，其落後狀態大體上一如在中共未奪得政權時，單靠像洛陽第一拖拉機廠所產的那些一碰就壞的農業機械是不足以談農業機械化和電氣化的。當前的農業生產是不是够人民自己吃用，實在大成問題。依照中共自己的統計，早在一九五四年，中國的人口便已達六億五千萬。七年以來，除非是虐殺與飢死的人口和出生律扯平了，否則依逐年增百分之二計算，少說一點，也已經到了七億五千萬。後的這個數字却是中共所不敢承認的。要讓這麼多的人民吃飽，而又有多餘可供累積，有過剩的勞動力可供抽調，這在一個經濟平匀發展的社會，在不以軍備為生產重心的國度裏，自有其可循的漸進之路。但在共產黨的畸形經濟政策之下——一會兒全力發展重工業，一會兒全力發展農業，把熟練勞動力像趕鴨子般的趕來趕去，弄得生產運銷諸種關係處處脫節——加上過份的剝削，要達到自給自足的程度，恐怕已經不易，遑論積餘？當前農業生產的衰落，毛澤東們推諉給連續二年的天災，不敢承認是人民公社制度的失敗。但大陸農民對於生產之不感興趣却是主因。要是非歸咎於天災不可，則恐怕這種「天災」還得繼續多年，直至中共減輕了對農民過份的剝削而後已。今年大陸的氣候，雖然不能說全般風調雨順，但水旱虫害等只限於局部地區，並不超過過去一般年情。可是早稻早已收割完畢，關於收成的情形，中共報章電訊，都一字也不敢提及，顯然是預為將來宣佈收成不佳留下地步。老是收成不佳，便老沒有資金的纍積，也老不能够從農業生產中抽調大批的勞動力以供工業使用。在這種情形之下，要發展重工業的話，便只好再加強對勞動者的剝削。難道今天中共的剝削方法不是已經使用到山窮水盡之處了嗎？

今年以來，毛澤東們已經先後向加拿大和澳洲訂購大小麥等價值五億美元之鉅，一時付不出全部價欵，只好訂在九個月內付清。誰都想像得出，毛澤東們要纍積五億美元決不容易。從這一點看也可以明瞭他們要從農業生產中纍積資金的困難。

這恐怕就是毛澤東最感到走頭無路的地方。

路是有的，但都不是共產黨人所能走。要農民生產更多的東西，唯一的方法是讓他們享有其勞力的成果。一切『馬列主義』和『毛澤東思想』都是廢話。但當農民可以享有其勞力的成果時，在一個產業落後的地基上所建立起來的共產主義政權也就不能存在了。

中國為什麼沒有民主？（下）

張忠紱

先秦諸子產生於封建制度崩潰後未久，人民知識尚未大開，農奴地位相去不遠。諸子既已日漸重視「民享」，孟子且更敷陳「民有」的意義。至若「民治」的思想，則必須先能重視人民個性的發展，方能有「民治」的理論。在先秦時代，因囿於實際政治與社會的背景，思想家重視人民個性的發展，似不可能。政治哲學固可改變政治現實，但一切政治思想與哲學，實不能完全脫離社會與政治的現實。秦漢以後，中國統一，專制帝王或焚書坑儒，或罷黜百家，獨尊孔子；其方式雖異，而用意則一，均在維持君主專制政權，使新思想無由產生。

諸子百家的政治哲學產生的時代太早，因之不能完全脫離當日的現實狀況，也不能注意到人民個性的發展。秦漢以後，思想界為統一與君主專制所束縛，迄不能敷陳新義。這是中國沒有民主的第二原因。

歐洲的發展史不同於中國。耶教是一個有組織的宗教。在歐洲中古時，天主教的勢力遍於歐洲。政教之爭，教堂（代表有龐大組織的宗教，下仿此）始終以靈魂別於肉體，帝王只能統制肉體，不能統治靈魂為理由，以樹立宗教的自由與權力。在天主教極盛時代，因帝王本身的靈魂也須受宗教的統轄，故宗教的權力且在帝王的權力以上。帝王既不能管轄靈魂，而人民每人均有靈魂，是以帝王的權力不能完全管轄人民，而人民在帝王的權力下，始終保有其一部份的（屬於靈魂的）自由與個性。

馬丁路德與加爾文等人的宗教革命，僅反對教堂的集權，並不反對新興國家君主的權力。君主因政教之爭，乃不能管轄人民的靈魂部份。又因新教的改革，而不能如前集權。於是人民的自由與個性，因教堂的靈肉兩歧論，而不完全受君主支配，又因宗教革命，也不完全受教堂的支配。這與中國政教（教育，倫理，與道德）合一的傳統不同。在政教（教育，倫理，與道德）合一的傳統下，君主的威權太重，人民的個性與自由是無法發展的。

西歐有組織的宗教，與教堂的靈肉兩歧論，使人民不完全為政權所支配，而能保有一部份個性與自由。中國的傳統沒有有組織的宗教，道德與倫理又為政治中一部份，受政權支配。這是中國不能有民主的第三原因。

宗教革命後，教堂力量日削。新興國家起來以後，聖神羅馬帝國雖已消逝，但新興各國的君主復專權自私。此時歐洲的人民雖已不能再用教堂的力量，維護人民的個性與自由，但為裁抑專制的權力，保障人民個性的發展，思想家乃引用羅馬法中的特性——公正、永恒、與普及，以限制君主的權力，並保障人民個性的發展。自從希臘哲學家以降，「自然法」的思想即已存在。Stoics派認為人民的權利實與有生以俱來。在中古期中，政權與教權之爭，其目的雖不在人民的權利與自由，但兩方的理論家均以最高主權歸之於人民，以爭取人民的擁護。根據他們的理論，任何權力都不能違反「自然法」，不能違反人民的良知。文藝復興以後，思想家特別重視個人的判斷力。宗教改革期中的領袖，例如馬丁路德，雖在政治思想上趨於保守，但對個人的良知仍與重視。加爾文偏重教權，故主張限制政權。十三世紀中英國習慣法的始祖開始以「理的規則」介紹於彼等的著作中，認為法律不是命令，而僅是「理的規則」（亦即自然法）。

法律既是「理的規則」，故一切不合於理的法律應視為無效。「理的規則」就是「自然法」。「自然法」就是上帝的意志。因此洛克以一六八八年的光榮革命為上帝的意志。法國大革命的領導者也深信他們宣言中所列的人權是符合於「自然法」的。美國革命的元勳，如麥廸遜，如雅各威爾蓀等，都大談其「自然法」。於是「自然法」包括人權，而變成革命哲學。

用羅馬法中的特性——公正，永恒，與普及，而將法律解釋為基於包括人權「自然法」，然後以法律（包括憲法）限制君權或行政權，這就是近代民主國家憲政與法治的起源。中國傳統對於法律的看法，不同於歐洲。儒家，墨家談道德而不談法律。道家更鄙視法律。中國法家所談的法律，只是統治者的工具。中國政治哲學家所談的自然法，與理的規則，也不過是厚德載物，或兼愛兼利，與近代法律無關。法家的法律在幫助統治者統治，又絕口不談自然法與理的規則。以近代西方法律限制君權或保障人權，在中國政治發展史上是不可能的。這是中國不能有民主的第四原因。

民主起源於希臘的城市國家。近代民主起源於英倫島國。兩者均地小民寡，且非農業國家。中國為大陸國家，素無中產階級，在地理與人事上，都不易產生民主。這是中國沒有民主的第五原因。

× × ×

民主政治的起源在重視人民個人的人格，維護人民個性的發展，故側重人民應有的權利。中國傳統政治哲學的出發點在維持國家社會的秩序與安寧，在安民或保民，故側重個人（包括統治者）應有的義務。中國政治思想中的「自然法」與「理的規則」，都是屬於道德性的，沒有法律性的意義。其重點在於依據「自然法」或「理的規則」，盡為人的義務，而不在爭為人的權利；故理論的重心在誥戒統治者，而不在啟發一般人民。

加以中國沒有有組織的宗教，道德與政治又未分離，在西方，依據耶教，不僅止靈魂與肉體，宗教與政治截然成為兩事，而且教堂有保衛人民良知與精神的義務。人民對於政權的壓力，可經由教堂出而反抗，出而干涉。教堂失勢以後，人民爭取權利的習慣業已養成，於是乃利用法律（包括憲法）與制度，以保衛人民的權利，限制統治者的權力。中國傳統對統治者權力的限制，只能依賴道德觀念與虛無縹緲的天意，或賢臣與「積禮義之君子」（如荀子的哲學）。但此類限制，其主動力仍操在君主；君主若不顧道德，不畏天意，不尊聖貴賢，則一般人民仍無力與之爭競，與之抗衡，只有出於逃避現實政治之一途。這與歐洲上古時代的情形相似。歐洲上古（中世紀以前）雖已重視人民的權利，但因無教堂或近代法律與制度與統治者抗衡，故亦只能逃避政治現實，而不能使希臘與羅馬的民主綿延。

近代西方的民主因重視人民個人的人格與個性的發展，故注重人民的良知與權利。為抬高人民的良知與權利，思想家乃以之為「理的規則」，為「自然法」，為「上帝的意志」。「自然法」或「上帝的意志」既不可磨滅，而人民良知的表現又未必盡同，於是盧騷乃以人民「共同的意志」解釋人民良知表現的不同，進而發揮其民約論。中國傳統的政治哲學只重視人民道德性的人格，不重視人民個性的發展。中國哲學所謂的良知，也是道德性的，故只重視個人的義務，而不重視個人的權利。道德性下的個人，縱有權利，也必是有彈性的，而不是硬性的。權利若不是硬性的，縱有有組織的宗教，也無法與以保障，近代西方式保障人權的法律更無由產生。

上述是中國在政治與政治思想上，沒有產生民主的原因。這祇是一種淺論。民主已成為一種生活方式，其在社會與經濟上的背景，姑留待他日或他人與以討論。

弔韓馬修先生墮機殉職

劉裕畧

聯合國秘書長韓馬修先生在執行任務時，於九月十八日突然在非洲上空墮機殉職了，除共黨份子稱快以外，這是今天震驚全世界的不幸消息。

關於韓馬修殉職消息的初步報導，據北羅得西亞，尼多拉十八日路透社電：「聯合國秘書長韓馬修，當其所乘搭的飛機今天撞毀於多尼多拉七哩半以外的地方時，即告喪生。羅得西亞空軍曾在失事地點搜索。這位五十六歲的秘書長，昨天下午乘飛機續飛開利奧玻德維爾，原定於昨晚抵達此間，以便與卡坦加辭比舉行和談，飛機所經的旅途為一千多英里。該飛機曾於昨晚午夜過後不久，同尼多拉機場保持聯絡，但隨着飛返機場之後，聯絡即告中斷。然後，羅得西亞政府宣佈該機失蹤」。

另據「利奧玻德維爾十八日美聯社電：「聯合國秘書長韓馬修乘搭的飛機所屬的一家瑞典航空的職員星期一聲稱：他們相信這架飛機是給一架匪盜式的卡坦加噴射戰鬥機擊落的。韓馬修因該機之墮毀而身亡。該DC六式飛機係瑞典環球公司所有。對於此項消息，任何方面均未加以証實」。

隨後，又有韓馬修先生墮機係被謀害之消息。當然，他很可能是被共黨分子謀害的。但不管內情如何，總之，作為聯合國秘書長的韓馬修先生是在非洲上空因執行聯合國對剛果問題的處理而殉職了。這是聯合國秘書長為世界問題殉職的第一人。也是一個作為聯合國秘書長身份的人將他的生命獻給崇高偉大的聯合國的理想的第一人。

韓馬修先生之突然墮機殉職，對剛果問題及聯合國事務乃至今後的人選問題，自將帶來不可避免地的麻煩和影響，但這還不是最大的弔惜之處。最大弔惜之處，尤在他任職聯合國秘書長期間，能對今日世界的尖銳的對立形勢和共產黨對全世界的威脅有深刻認識和堅毅作風。當蘇聯屢次對他採取無禮的野蠻手段予以種種詆毀與恫嚇時，他都能站穩立場，掌握任務，斷然抗拒蘇聯的陰謀與壓力，蘇聯迫他辭職，他毫不動心，仍然依法繼續執行聯合國所賦予的職務，這在充滿苟安，充滿投機取巧，充滿鄉愿作風的今天，實在是難能可貴的人物。

筆者個人常常在想：今日世界的人，無論在體力或智慧，無論在精神或肉體，都比之原始時代的人不知進步了或曰進化了好多，今日之人類社會，無論在社會結構或政治組合，無論在文化創進或經濟生活，比之原始時代的人類社會，也不知進步了或曰進化了好多。但這是回顧人類以往，從數十萬年前人類之最初出現於地球來回溯的話；若將回顧換為前瞻，回溯換為展望，則未來的個體的人和未來的人類社會，在遙遠之將來，誠不知又要比現在再進步或曰將再進化好多，今日之人類其實只在整個進化的過程中，它有許多不如理想和不夠美滿的現象，乃是必然，但也正以此故，它之需要傑出的政治家和軍事家或用和平的手段或用威力的手段就現有基礎來向前推進，那也成為必要了，而超越國家民族意識遵循自由民主原則而結合的聯合國，則又正是現有基礎上可以據以向前推進的一個起點，今日人類社會待做之事真多，所以，今日人類社會極需要韓馬修先生這一類的人。否則連聯合國這一個推動工作的起點亦將被惡魔或壞分子所阻擋，人類社會的順利進步便又勢必將要受到影響了。而企圖用全世界無產階級革命的口號，實行一黨專政，用奴役代替自由，極權代替民主，來赤化全世界，則正是這一惡魔。所以，聯合國秘書長這一職務，看來雖然只是聯合國這一崇高組織的工作執行人，但由於所處地位之重要，便對今日世界之大局及今後世界大局之演變發生關連了。

假如聯合國秘書長不是一個堅強如韓馬修先生一類的人，而是一個只知苟安妥協，只知四面擱平，不問正義不顧大局的鄉愿型的國際政客，或只像哲學家羅素那樣，但知尋求投降式和平，但知機械的呼籲和平，但知呼籲雙方毀滅核子武器，而無視於蘇聯之斷然恢復試爆，但知呼籲全世界科學家和工人反對製造核武器，而客觀事實則是蘇聯鐵幕低垂，被蘇聯驅迫的科學家和工人不但沒有反對製造核子武器之權利，而且也根本聽不到這些呼籲，那末，假若自由世界的科學家和工人都聽了羅素的話，那豈不恰恰是讓蘇聯獨佔了核子武器，從而征服這一世界？無可否認，羅素原是一個在思想上和史學上都有創見的人，然而對世界大事則尚有如此謬見，可知今日世界突然失掉一個更能從客觀實際來推動崇高的聯合國工作的韓馬修先生，實在是今日世界的重大損失了。

再看他敢為聯合國舉債，敢為剛果問題對卡坦加用兵，足見他也很有魄力。

但願今日世界有更多的韓馬修起來！有更多的人來推動人類社會的歷史巨輪，一方面和阻擋人類社會進化的共黨惡魔作決不妥協的鬥爭，一方面向更理想更美滿的人類社會前進！

極權之下無民主

季　夫

共產黨不容它置辯，乃是當今左翼極權主義的政黨。但是共產黨却狡辯謂是實行「民主」的政黨。由於此，遂使右翼的極權主義者有所藉口，指稱非共和反共的，努力於民主運動的奮鬥者為共黨的同路人。這種攻訐，當然不值一笑。因為不論左翼的或右翼的極權主義者，他們的共同志趣就是行施獨裁政治，所以他們同樣地要以民主運動者為敵。

在共產黨人，他們實行一種所謂「黨內民主」。簡單點說，對共黨以外的人，就沒有「民主」可言。即使就「黨內民主」來說，其所謂「民主」的意義也是極其狹隘得可憐的，它明確的規定這種「民主」祇許黨員在各級組織內，「在黨章規定的範圍內盡量發表意見」，而這種「盡量」發表的意見，又必須是「對人民事業的領導工作」有利的。如果不是基於「對於黨的事業的責任心」發言，共產黨就視之為「亂說、亂動」，是嚴格地不許可的。

所以共產黨也并不諱言他們的「民主」是「在民主基礎上的集中和在集中指導下的民主」。其實這句詩應該顛倒過來說，就更能「傳神」了──傳極權主義之神。

集中了一批信仰馬列底高級的極權主義者，各級幹部在他們獨夫思想意識的支配下，接受其指導行事，這樣的一套行事方法就被稱為「民主」。如果有相反的意見，那祇限於非原則性砥觸的和非變更政策的，始能被允許提出討論，這些意見也當然是必須有助於共黨的作惡的，於是這類意見就被視為是「在民主基礎上的集中」的意見，是可取的!?

比如說：當前中國大陸上飢饉的情況嚴重，很顯然這是政策的錯誤所造成的後果。在民主國家這樣的事情固然是不會發生，（因為政府的政策必須經過議會周詳地辯論，在獲得通過之後，才能施行。但中共之所以造成大陸全面飢饉，是由毛澤東的「三面紅旗」政策的惡果。）即使發生，稍有差池，就立刻會從民間得到正確的反映，輿論可繼起而評擊，議會當即從事糾正與監督。但在共產黨，明知是滔天大錯，却沒有人敢對「人民公社」、「大躍進」、「總路綫」說半個不字，如果果眞有「黨內民主」的話，又何致於置人民於水深火熱中而不加顧惜。果眞有「黨內民主」的話，不相信會有一些較具人性的共黨黨員要奮而起來說話和反抗的。

所以，共產黨的「黨內民主」也是假的。關於這一點，似可不必再舉其它例証了。

在右翼的極權主義者這邊，雖然他們是反共的，但是也不是依據民主政治的常規辦事的。他們有時抑且明目張膽地反對民主，甚至就是對民主加以談論，也像共產黨那樣予以禁止。

在內部，是否有「民主」可言呢？也沒有。如果誰欲想爭取民主，就必然遭到排擠、打擊和冷藏。在他們的內部，我們只能看見一羣奴才圍繞着主子阿諛和乞憐！沒有人敢挺直髓骨諍諫。

大抵而言，在醉心於權力和追求既得利益的極權主義者，不論是左翼和右翼的，他們都是反對民主的，是民主運動和民主政治的敵人。但是在極權主義者的內部，他們自家之間，也有敵人。那就是極權主義與生俱來的貪污風氣、官僚主義等等。

同時，極權政治下，最容易竊藏間諜與培養叛徒。故極權政治的死亡，亦每多與此有關。因此，當人民處於國家危難的時候，不免要受到雙重浩刼；先是極權政治統治下的苦難，繼之是統治者內部為爭奪權力中心或指導權所引起的變亂；甚至會因此帶來流血暴動！

民主政治是以全民的共同利益，符合多數人民的實際需要出發的政治制度。它絕不是應該有「黨內」或「黨外」之分的。

民主政治是建立在全民可討論、可批評的建礎之上的，更好地說，乃是受全民監督的。「黨內民主」，很顯然祇是統治集團內部的活動方式，但它的結論和決定則是用來作為「集中指導」的權力來源。廣大的人民既對之無從討論，復無權批評，當然更談不到發揮監督效用了。

實則就共產黨的「黨內民主」再深一層地剖析，即使是在黨內，也並無民主可言。黨員們久已習慣於服從黨的思想權威，同時為了保有他在黨內的地位，也必須依循着他以往向上爬的路綫前進。意識和權益早已使他喪失並放棄了良知和正義。在黨內，除了聽話、附和、鼓掌、應聲之外，實不能有其它的發揮。

領袖的言論，既指引着黨員走向得權益之門，而更大的權力慾望復支配着一個黨員的良心，祇要能夠馴然地走進了既得權益之門，更多的權益和更高的爵位，皆可逐步取得。領袖雖然很「開明」地表示，「大家可以隨便發表意見」，但在這樣多而厚的實益誘引之下，意見早已化為烏有了！

沒有和不容許相反意見存在的統治制度，當然不是民主制度；根據領袖的言論照本宣科似的唱經，當然也不能被看作為是「黨內民主」。所以任何獨裁者嘴裏所强調的「民主」，實質上祇是用來欺騙人民的。左翼的極權主義者，固是如此；右翼的反共極權主義者，亦復如是。他們都祇是口頭上强調要民主，但實質上民主的意義固然有別，而基本上他們却是道道地地的反民主的。

台省各廳處長的轎車風波

宣　平

（台中通訊）近年以來，國家的局勢雖然日益艱難，但官場的風氣，却愈趨於奢靡。尤以各機關首長不惜浪費鉅額公帑，購置新型豪華汽車，以示氣派，最使一般老百姓看不順眼。甚至為了購車而發生貪污舞弊的情事，亦時有所聞。例如不久以前，報上曾載交通部次長某需要坐新車，先由郵政局以十三萬元替他買了一部，他嫌不夠漂亮，又以三十餘萬元再買一部送去，才被接受。由於郵局平素也頗浪費，並無多餘的欵項可支，乃挪用郵政儲金付車欵，因而造成了大規模的貪污舞弊案。即為最顯著之一例。

一個慘烈的故事

可是，黨政要員們及其家屬坐着最新型的漂亮小轎車馳騁於台北市上，雖然確够氣派；然而有時却會招來橫禍。空軍總長王老虎因為常將坐車停在某女伶的香閨門前而被打入冷宮的事，且不必再說。筆者在這篇通訊裏面想引以為証的，則是另一件驚心動魄的故事。兩年多前，曾有一位青年軍官在光天化日之下，駕駛一輛小吉普車，於台北鬧市連撞毀了幾輛小轎車，被警備司令部拘捕。在他的身上，搜出一封寫好的遺書。裏面說：政府大官驕奢淫佚，不圖反攻，禍國殃民，莫此為甚。他深感與其在台灣苟且偷生，重返大陸無期；不若和這批沒有心肝的達官貴人，同歸於盡。祇以半生從事軍旅，不知誰是誰；他想，在今日的台灣，凡是坐漂亮小汽車的必是他們或與其有關係的人，所以特藉故自金門前綫請假來到台北，駕着吉普車存心向他們衝去，以期為國除害云云。當時警備部經辦人員頗受感動，原擬從輕發落，判處有期徒刑。不料呈報蔣介石時，他却批示應予槍決；並認為此事頗足以動搖民心和士氣，嚴飭保密。但以故事慘烈，同情者輾轉相傳，卒至外洩；不過報上不敢刋載而已。

台省各廳處長的轎車風波

上述的汽車故事雖如此慘烈，然而官場中的汽車狂却未因而稍減。本月五日台灣省議會財政審查委員會審議省政府五十年度決算時，又發現省府動支預備金七十二萬元為民政廳長陳錫卿，財政廳長謝耿民，主計處長沙德堅及人事主任汪治隆等五人，每人添購新轎車一輛。議員們認為預備金之編列，係留作最大必要時之急需，不應用作一般消費之支付，大表不滿。惟以新車用欵已是既成事實，無法追回，不予深究；但為防止類似情事再度發生，乃在審查意見中，特作一項附帶決議：請省政府嚴格控制預備金，以後非符合急需之用，一概不得動支。」並指出省府各廳長在台中已各有一輛轎車代步，但在台北又各另有一輛，顯屬浪費；應即各減一輛，移供其他單位應用，或予出售。

克難其名，奢靡其實

若干年來，蔣經國即有所謂克難運動，每年還要選出一批「克難英雄」到台北來誇耀一番，政府當局亦嘗把節約兩字掛在嘴邊，似乎他們頗有臥薪嘗胆的決心。然而按之事實，則處處均顯得克難與節約其名，而奢靡與浪費其實。正如民主與法治其名，家天下與獨裁其實，是一樣的玩意兒。

且說，省議會財政審查委員會在上述決議文中指明省府各廳處長祇能各有轎車一輛，應將另一輛移供其他單位應用。有人說所謂其他單位，指的即是省議會，因為議員們認為省府各廳處長不但在台中辦公時有轎車代步，即其在台北的太太小姐們看電影、進餐館時也有轎車可坐；而省議員則盡為無車階級，殊為氣憤，因而在審查預算時存心和他們過不去。否則其他更為奢靡浪費之事多矣，為何議員們祇拿一人而同時有兩輛汽車這一個小題目來做文章？

據悉：在上述決議經省議會審查委員會通過後，各廳處長認為非同等閒，絕不容其提出大會通過，乃由國民黨台灣省黨部一面請示中央，一面激夜開會，商討對策。最後決定嚴令忠貞議員於大會討論此一審查意見時，將有關廳處長一人而同時擁有兩輛轎車的一段文字刪去，並責成議長黃朝琴，副議長謝東閔負責，務必達成任務。

省議會的激辯

本月十一日上午，省議會綜合審查委員會開會，謝東閔遵照黨命，提出修正案；惟以羣情憤激，未獲通過。據中央日報載，十一日下午省議會舉行大會，最大多數議員均主張維持原審查意見。發言者甚為踴躍，且對各廳處長擁有兩輛轎車，極盡諷刺。有一位議員張富舉了很多次手才獲得發言機會，他最初頗出人意外的為省府官員辯護說：「省府廳處長因公務才去台北，自應備有交通工具。他認為廳處長每人兩輛轎車不能算多。為了公務與工作效率，即使再加一輛，亦未嘗不可。」

「張氏此種獨排衆議的言論，顯得很為勇敢，能為廳處長抱不平。當時頗獲在場的省府列席官員之「欽佩」。惟當其他議員一致轉變目標向他攻擊時，他迅即大聲的說：「各位，我話還沒有說完，上面我所說的，是「畫龍點睛」的手法，且看我最後一筆。」接着他說：「我所以主張廳處長的轎車即使每人增至三輛也無妨，我的意思只是這樣才足以表示省府官員的派頭，這樣，不更顯得省府官員八面威風嗎？」他說罷，並抱拳為禮，弄得其他議員及列席官員啼笑不得。」

黃朝琴不辱黨命

國民黨藉的省議員們雖然羣情憤激，但在當權者的鐵腕控制之下，他們經過了一番發洩之後，也就不得不就範了。後來又經過黃朝琴的一番輕鬆話，頗足解嘲，他說：「我們既是以代表老百姓地位的老闆自居，就應有老闆體諒伙計的困難，和對待伙計的風度，對於座車一事，可以不要提了。」於是上述決議有關廳處長座車部份，即在滿場一片歡愉的笑聲中，一致同意，予以刪除。

筆者所以不厭其詳的報導此一似乎無關重要的消息，乃因為它與今日的政風有關。黨政要員們平素對議會的意見和決議向不重視；但一觸及他們的奢靡生活，便立刻實行總動員，千方百計，軟硬兼施，務必阻止。足証他們所寤寐以求的並非國計民生而乃是個人的宴樂了。

政府處理唐榮廠的經緯

唐傳宗對當權者發動心理作戰

直夫

（台北通訊）本月五日唐榮廠的股東大會流會，唐傳宗及其所謂智囊團的人物，均自慶拖延政策成功。為了擴大戰果，還由一個署名黃國忠的人向國民黨副總裁陳誠上書，提出一件情報文件，表面上是對監察小組潘鋕甲諸多誣陷，實則係對當權者發動心理戰。同時又散佈消息，說將宣佈化名顧問的名單和某些開支的賬目。由於唐榮廠有許多化名顧問，前經警察院調查，該廠曾拒絕公開；後來陳誠追訊，亦不允透露。而在該廠的用途不明賬目中，又有二千餘萬美元係在台北支出。社會人士早已疑惑此二者必與黨政委員──尤其是蔣經國有關。據本月八日中央日報的一則高雄電訊，唐傳宗親信說：「他以為事態擴大，會引起最高當局的重視，或能以一紙命令扭轉乾坤」。由此更可見唐傳宗忽然又要公開化名顧問和某些賬目之用意所在了。

潘鋕甲的辯正

據本月八日中央日報載：「潘鋕甲昨天在該公司一項業務報告的記者招待會中，應記者之請，就唐榮事件有所說明：

他說：當初到高雄去監察，在個人為開發公司派遣，在公司為受政府委託，政府委託開發公司查賬，一切都遵照政府指示與規定。關於賬目清查，十分審重，發動南部公營業機關最優秀會計人員，工作了幾個月，所做出的報告，相信與事實不會有太多的距離。他指出：賬目中最重要且與各方權益有重大關係的，為財產估價。因為重要，所以特別委託中國生產力及貿易中心，請他們以專家身份辦理估價工作，相信一切都公平合理。

潘氏接着說：他們現在一再在攪的，為盈餘與估價。這兩個問題十分簡單，依法有法令規定，不必辯。土地按市價估值，必須征課土地增值稅。任何人不能違法同意免課。情報文件說是挽請三位司長如何如何，顯然是無稽之談。依法論法，不可能有如下的想法，即：土地照市價升值，但不征增值稅。這點相信唐氏並非不了解，而一再把這個不成問題的問題提出，顯然別有用意。

潘氏答覆記者「某一會計師說是不應剔除呆賬一億多及股東往來賬九千萬元」時說，這個剔掉的一億多，並非普通所謂呆賬。呆賬還有收回希望；但這些被剔除的，沒有收回的可能性。因為大部份經我們查詢的結果是，已經償還，而且附有收款憑証影本。至於所謂股東往來，不應剔掉，似乎言之成理。事實上取去九千多萬元的股東，就是唐傳宗。他既不能把用途報出來，在家族資本的唐榮，股東就是公司，是否可以收回，明眼人是非常清楚的。

潘氏接着說：最滑稽的，是情報文件指監查期間故意減低生產和裁員。事實是在監查期內，平均每月產量為八千四百多噸，唐榮過去生產數字能達到嗎？本年一月產量達一萬零一百噸，是唐榮從來沒有的最高生產紀錄。本月三、四、五月產量比一月減少，是配合市場銷售情形。監察期內的資金，係向銀行借貸，不能盲目生產，讓成品銷不出去生銹爛掉。至於裁減工人，並無此事，唐榮廠的工人，素質良好。我不知道這種捕風捉影之談，有何根據；更不知其用心何在。」

監察院的反應

監察院調查唐榮廠的專案小組也於本月七日下午發表書面聲明如次：「頃閱本九月七日徵信新聞報刊登關於唐榮鐵工廠處理糾紛報導內，有著名黃國忠呈副總裁情報一件，其中指稱『潘鋕甲氏在監查期間五月十八日向監察院五人調查小組秘密供給情報資料，復在該院處理小組接管唐榮公司前後，繼續與立監委員往來頻繁，致監察院會議中對「唐榮」事件引起高潮，藉詞對政府救濟措施猛烈攻擊』又稱：『潘（鋕甲）氏……違背政府救濟本旨，造成互相仇恨』等語。查本小組調查本案依法執行調查權，有關人員有提供報告或資料之義務。潘君鋕甲為監查小組負責人，自應接受本小組查詢，不容推諉；其所提出之報告純係根據事實及賬冊文件，並無任何所謂『違背政府救濟本旨造成相互間仇恨』之『跡象』。本小組根據調查所得詳加審核，已向院會提出報告，並已見諸報端。姑不論該項情報來源如何，以及有無其事；惟恐社會不明真相，特作如上的聲明」。

本月八日監察院經濟委員會開會，各委員主張對唐榮廠應採取直接調查的方式，並限定專案小組於本月十八日以前調查清楚，提出報告。

聯合報的短評

本月七日，聯合報有一篇以黑名單為題的短評，原文是：

唐榮鐵工廠似乎不僅是個財團，而且是個政團。其在企業管理上雖是失敗的，但在政治運用上卻是成功的。過去為了政治運用，擁有一個龐大的顧問團；近來又在大圈子裏面劃出小圈子，由部份核心顧問團組成智囊團。這般足智多謀的智囊，真是無所不用其極，繼所謂「第一號情報」之後，刻正運用「半透明」手法，暗示它手裏還掌握有另外一項密件，而這正是一件可以作為王牌的秘密武器。

這項「密件」便是眾所關切的顧問名單。究竟其中是那些人的芳名，老板本人諱莫如深，表示很「够朋友」；但卻經過智囊透露，四十餘位顧問中，十二位是化名隱身的神秘人物；並且揚言於必要時，不惜將「黑名單」公佈出來，可以掀起政潮。這種欲擒故縱的擒拿術和欲蓋彌彰的宣傳術，實在也就是心理作戰，引起社會上種種疑竇、猜測與謠諑。

不客氣的說，這是暗示有高級的政府官員或民意代表，做唐榮的顧問，拿過唐榮的津貼；也就是暗示有把柄捏在唐榮的手裏。事到如今，政府應該有勇氣飭令他攤牌，公佈這項黑名單，即使有毛病，十二個人，亦不足代表整個政府；倘依法予以懲處，更無損於政府的威信與尊。無論如何，總比現在不明不白的揹黑鍋，要好得多。

聯合報的意見，當然是無可非議的；但假如這些化名顧問都與蔣經國有關，那麼，政府不「揹黑鍋」又有何其他良法呢？

唐榮廠資本早已蝕光

本月八日，中央日報刊出一則「唐榮廠資本已蝕光」的「本報訊」，據稱：「政府處理唐榮案有關方面人士昨就唐榮目前的癥結問題加以分析。他首先就唐榮在監查及處理期間的盈虧由誰負責題加以說稱：政府對唐榮案處理辦法中明白規定，監查及處理期間之盈虧應由唐榮舊公司負責，而唐傳宗卻希望由監查或處理小組負担，這是不合規定的。其實唐榮公司經過監查小組查後的資本僅為七三九萬元，而其在監查期中的虧損則達二六〇〇萬元，故其在處理小組七月十七日接管以前不僅資本沒有分文，而且還有虧損。按理唐傳宗等在這時候，已無對公司過問之權；但政府為表示實待，仍准其在新的公司保留部份的股權。不料唐傳宗貪得無厭，得寸進尺，曾經多方勒索，一再苛求，政府對此種無理要求自然予以拒絕。童召集人又稱：唐榮在處理期間，工作人員減少，生產反而增加，故不僅沒有虧損，而且盈餘頗多。計八月下旬（廿一日至卅一日）內銷現金收入達七八五萬元，開支六七七萬元，庫存現金一二二〇萬元，庫存品八六一六噸，庫存物料一〇、七〇〇噸，庫存物料一〇二〇萬元，八月份外銷現金收入廿八萬美元，八月底的工人較接收時減少三〇九人，可見工人減少，產品反而增多。

有關方面繼就唐榮土地增值稅問題說明稱：本來依照資產重估條例，土地不升值；但如用其他方式增值時，必須繳付增值稅。政府過去鑒於唐榮土地不難於增值，曾對其機器設備廠房之價值特予高估以資彌補。乃唐傳宗等一再要求土地值作為新公司股本；但對增值稅卻不見繳納，這完全是一種損人利己的自私行為。政府自然不予採行。其實唐榮的資產除掉土地不算外，其全部機器設備和廠房等，所值無多，因機器設備大多破舊古老。據曾經參觀唐榮廠的美國雨果奴及日本木山二家鋼鐵公司的代表，估計唐榮廠的全部機器設備及廠房，共值美金二五〇萬元，折合台幣一億元，最多也不過美金三百萬元，折合台幣一億二千萬元。而監查小組對其估價卻高達台幣二億八千八百萬元，可見監查小組，對其資產估價非常優厚。

有關方面又指出，許多人以為唐傳宗只辦理鋼鐵事業，其實他對土地的買賣交易，也不遺餘力。過去唐榮公司以有餘款即用以購買地皮企圖以低價買入，高價賣出，從中撈取暴利。如他過去買進磚廠，僅值四五〇萬元；可是此次估價卻高到三千餘萬元，他就賺取一大筆金錢。

有關方面最後又強調指出，政府所訂唐榮救濟處理辦法中規定，唐榮公司於增資改組前，如有淨值或以後發現應歸公司之資產，均應保留作為處理財產時應繳土地增值稅之用。意即唐條應以所餘淨值七三九萬元，繳付土地增值稅；並非在此稅以外，還要其另行籌款繳付土地增值稅。可是唐傳宗及其謀士者流，對外誣稱政府要其他世世代代子子孫孫繳付永遠無法淸償的土地增值稅，這豈不是天大的寃枉和誣告。」

中央日報在這一則消息的後面，還有另一則的「本報訊」，說「唐榮的財產已移日本不少。」由此可見唐傳宗雖然以公佈化名顧問和某些賬目為武器；但當權者既握有生殺予奪的特權，料定他不敢冒此大險；故存心將唐榮廠的秘密由黨報予以揭露。不過，話又得說回來，假如唐榮廠的資本果如中央日報所說早已蝕光，為什麼數年前政府又特許其發行公司債權，並由台灣銀行作担保呢？這正是所謂愛之欲其生，惡之欲其死了。

行政院的處理辦法

行政院於本月七日舉行院會，經濟部長楊繼曾報告唐榮廠股東大會流會的經過情形及其所引起的新形勢。出席官員多認為唐傳宗不體念政府扶植該廠的至意，存心阻撓新公司之成立，應即採取强硬措施。當經決議處理辦法如下：

（一）唐榮公司私人存款在五萬元以下者，一律以愛國公債掉換，其債權由愛國公債借出者受讓；超過五萬元者，視愛國公債之餘額，以存款金額較少者為優先，儘量調換，調完為止。

（二）金融機構債權人依其原有債權及抵押權依法行使債權。

（三）金融機構債權人與（一）項受讓後之債權人合作聲請唐榮公司破產。並在破產程序中達成繼續營業及承受唐榮鐵工廠本身部份改組新公司，另行經營。

（四）在變更處理辦法實施日起，至破產管理人接管之日止，政府以國家總動員法第七條第一須予以管理維持生產。仍由現有處理小組繼續全權執行。

（五）本處理辦法除（一）項即日實施外，其餘（二）（三）（四）三項於九月廿二日唐榮鐵工廠股份有限公司臨時股東會不依照原處理辦法第十條第十一條之規定辦理決議時實施之。

這五項辦法公佈後，中央日報又連日發表短評及社論，歷述政府對唐榮廠已仁至義盡，斷不容該廠再拖延，並要求該廠當局應即拿出誠意來。似乎當權者已忍無可忍了。

唐傳宗仍希望最高當局

由於行政院斷然通過上述處理辦法和黨報對唐榮廠的不尋常態度，唐傳宗似已感到事態嚴重，不能不表示就範。唐榮廠顧問余祥琴表示唐家對政府措施甚為感激。唐傳宗又說：二十一日的股東大會一定如期舉行。但據聯合報的高雄電訊「唐傳宗的情緒甚佳，他相信政府一直是愛護唐榮廠的。此次因股東大會流會而引起的強烈反應，必能衝破中層隔閡而使高層得以作一清晰而公正的處理，唐榮廠就可真正的得救了。」唐傳宗之所以念念不忘政府高層，顯然是有所本的。

由於油料嚴重缺乏

中共又喊出從多方面發展油料生產的口號

劉裕畧

油料缺乏的情勢，在大陸，現在是愈來愈嚴重了。這不僅表現在大陸人民每月只能配給二兩油，主要的，是中共輸往蘇聯與東歐衛星國以及海外以清償債務和賺取外滙的油料亦感供應上的緊張。為此，中共近日乃大聲發出「從多方面發展油料生產」的口號。（見九月十三日人民日報第二版）

中共在這一口號下的實際行動，是在大陸各地根據個別情況極力發展和增產各種油料，並命各地共幹加緊「組織勞動力」（卽用集體强迫的方式奴役人民），來達到目的。

針對這一口號，據九月十三日人民日報說：「湖南資興縣城廂鎮水栗大隊在大抓糧食生產的同時，認眞經營好油茶林，這個大隊推行『三包一定一獎』辦法和貫徹執行增產不增購，超產多留的政策，有效地調動了社員培育管理油茶林的種積性」。

這當然還只是湖南局部地區的部分現象，事實上，除湖南局部地區外，中共現在是在大陸很多地區正在設法尋求油料的增產的。中共最近在海南定植油棕十多萬畝亦是一個例子。

現在，中共正在用奴役的方式，强迫海南島人民種植油棕。

在中共看來，油棕的用途很多；它在工業上是一種防銹劑，經過提煉過的油棕油，還可以製成潤滑油和內燃機油料。油棕除可榨油外，還可以有很多副產品。中果皮經過榨油後，全部是纖維，可作造紙等用途。果實內果皮，可製活性炭，油棕花可以割取花汁，用來釀酒，製糖和做飲料。葉骨片可以編織成提包、籃子和麻繩等日常用品。此外，油棕還有一項最大的用途，那就是可以製取油棕油，可供食用。據中共說：「其營養價值相當於魚肝油」，何況油棕不但用途廣，而且產量高，定植後三年便開花結果，收穫期長達五十多年，故中共認為油棕「全身是寶」。

又據中共研究的結果，認為油棕八至三十年內都是盛產期，在盛產期內油棕的含油量高達百分之四十以上，每百斤可出皮油二十五斤，核仁油十五至二十五斤。每畝每年的產油量，一般比椰子高一倍，比花生高六倍，比大豆高九倍，雨水均勻時，油棕一年四季開花結果，每年可連續收穫八九個月，為此之故，所以，中共認為油棕眞是今日大陸的搖錢樹了。

對於這一個被中共認為「全身是寶」的搖錢樹的種植當然一點不放鬆，於是，中共便叫海南島的人民加緊大力種植。

據中共新華社廣州訊：「海南島各地正抓緊油棕的定植季節，積極組織勞動力種植油棕。目前全島已種下油棕十一萬多畝。進度較快的瓊海、臨高、澄邁、瓊中、保亭等縣的種植計劃已經接近完成。過去，這裏的國營農場、公社農場和大隊集體經營油棕比較多，今年除繼續發展國營和集體油棕生產以外，各人民公社還鼓勵生產隊和社員大量發展油棕生產」。（見九月十三日人民日報）

但據本報記者詢問自海南島逃抵香港之人士稱：則謂中共在海南島大量種植油棕雖係事實，且中共亦准社員在社員的自留地（中共人民公社最初未給人民以所謂自留地，後見人民情緒低落，才又准給人民公社社員以極小量的自留地，以便人民種植蔬菜等）種植油棕，但一般人民對中共所搞的各種活動早已失去信心，中共對人民所提倡的千斤畝萬斤畝與乎所謂密植可以增產等胡鬧行為，固早已認定中共只會胡鬧，不會做事，就是毛澤東本人所提倡的土法煉鋼等亦使人民看清楚了毛澤東本人也就是一個只知胡鬧的大頭目；何況，公社的油棕，固一概歸公（卽歸共產黨），人民只有辛苦的份兒，人民固早已不熱心，以言中共叫人民在自留地種植油棕而言，自留地面積固已極小，且好的土地，都已劃歸人民公社，所有自留地則皆係土壤貧瘠之荒地或石硬地，況又缺乏肥料，以這種自留地來種最易生長的菜蔬且感困難，何況用來種植油棕。且油棕卽令長成而有收穫，亦不過被中共用極低的所謂國家收購價格賤價收去，人民辛苦終年，結果如此，何來好處可言，故人民對中共的提倡皆不熱心云。

新塘近事

犀照

新塘為粵東增城縣之一大市鎮，地處東江下游，凡惠州至廣州之船隻道必經此。有小輪直通廣州，廣九火車橫其北，設新塘站，距新塘市僅數里。地方富庶，交通便利，居民多以務農為生。當地婦女，刻苦耐勞，有以抬轎為業者，是為地方之一特色。市內祀有車公大元帥，每年舉行賽會一次，熱鬧異常，遊客如雲，市民亦耗資不少。

新塘市人口過萬，以湛姓為最大族，為明代大儒湛若水甘泉先生之故鄉。市內有湛氏大宗祠，面臨大江，建築宏偉，內供甘泉先生塑像，有新建伯王守仁題字。其他牌匾甚多。當民國廿一年春，記者隨軍駐居該地數月，曾謁甘泉先生廟，見其唇際有黑痣數處，道貌岸然，恂恂然有儒者氣象，為之瞻仰徘徊不忍去。

事實上：新塘昔原為繁盛之區，舊時縣長蒞任，輒派其親信來掌是區，視為肥缺。自共黨入據後，施行公營制度，加以種種限制，以致民失其業，百業凋敝，市場零落，滿目蕭條。所有市內魚塘悉遭沒收，（該塘業主於塘旁建廁所，屎入塘中，丁冬有聲，羣魚出水爭食，為記者所目擊），奪民之產，而攫為己有，所謂共產原來如此。又該區盛產荔校，（昔為農民收入之大宗，尤以增城掛綠荔枝，馳名南中，膾炙人口。）比及成熟，共幹以賤價收購以去，（種者欲留回若干，自食亦不可得），運港換取外滙，農民恨之刺骨。但在共幹高壓迫之下，敢怒而不敢言，祗有暗中以毒液灌注荔枝樹，使其自行枯萎，以洩心頭之憤。（不令共幹知之，知之必受重懲），以致荔樹減少，產額一年不如一年，農民消極怠耕之心理，於此可見。市內湛氏宗祠大小凡數座，共幹視為封建遺產，一部徵作辦事機關，一部加以拆毀，昔日朝封舊物，悉遭盜毀。過去詩禮故家子弟，今日變作農奴賤役，社會中堅份子，不及逃走者多遭殺害。學校教育，更形低落，地方文物，摧殘殆盡，空前浩刼；天道寧論！

兩廣消息：

農具製作不合規格 廣寧農民提出修改

九月三日北平「大公報」報導：廣東省廣寧縣由於目前在農具工作方面出現了一些新問題，中共廣寧縣委在七月間組織農民羣衆鑑定各種小型農具，在鑑定中發現了以下三個問題。一是有些農械廠趕任務，忽視產品質量，農民不願意購買，造成返工浪費；二是有些產品沒有根據地區特點安排生產，不適合各地區使用，形成積壓；三是有三十二種名牌產品，沒有很好的繼承下來，應該淘汰的農具（如方形禾桶）沒有淘汰，應該推廣的（如圓形禾桶）沒有推廣云。

廣西共幹竟有 貨品惜售思想

九月六日北平「工人日報」報導：廣西省橫縣商業部門全面清查倉庫，把適銷農村的工業品及時運往農村。八月中旬清出來的商品中，有木紗團、各種膠鞋、火油、火柴、縫紉機、面盆、鐵桶、鞋面布料、皮鞋、碗、鍋頭、熱水瓶、棉毡、鋼精鍋、菜刀等三十多種，都是農村需要的商品。而其所以一直堆存倉庫，未能適時銷售農村，則是因為商業部門過去竟存有「惜售」思想，共黨商業部門如此惜售貨品，眞是千古奇聞了。

錯售種子非無意 桂枝千担無主人

八月二十九日中共廣州「南方日報」第三版報導謂南海縣九江公社沙頭商店，在今年春天將一批「遲花沙葛」種子，當「早花沙葛」種子出售給生產隊和社員。現在種下已經半年，都沒有結實，造成了嚴重的損失，目前，這個商店仍有「沙葛」種子出售，並寫上「遲早適種」的牌子，看來他們錯賣種子並非完全無意。因此，南方日報乃籲請有關單位應該迅速檢查。南方日報載云：在距離東興各族自治縣那良墟約三、四公里的公路旁，堆放着一批桂枝，看樣子不下千餘担。這批桂枝堆放在此已有兩年多了，至今無人過問，已經使國家財產遭受了損失。

據廣州來人談，類似這種現象的事情很多，實係有意造成，這是人民對中共不滿的消極抵抗。

中共培養青年雕塑學徒

雕塑藝術是中國傳統的著名藝術之一。對於中國傳統藝術，中共本不感興趣，不過，中國雕塑品一向銷行海外，深受海外僑胞和外國愛好雕塑藝術之人士所歡迎，為了這種原因，所以，中共近年亦特別鼓勵雕塑品外銷，以賺取外滙，玆據中共報導，謂：「廣州雕塑工廠一批青年學徒，去年下半年開始學習雕塑藝術，在雕塑藝人的悉心培養下，他們正在迅速成長。現在已經被其掌握了素描基礎知識和古代石刻、西洋雕塑的臨摹基礎知識，還協助過『馬江英雄羣像』的放大工作」云。

廣深鐵道橋樑被炸

九月十四日香港各報登出可靠消息：據謂九月十二日晚間十時二十分左右，廣九鐵路中共所控制的一段，卽由廣州到深圳之一段，突然發生爆炸，爆炸地點，距離深圳甚近，故九龍方面亦聽到巨大的爆炸聲。尤以九龍新界邊境之打鼓嶺、連麻坑一帶，對此巨大爆炸聲，均清晰可聞，且聽到此一爆炸聲曾連續爆炸兩次。又據深圳方面之消息，謂該項爆炸保共區之鐵路橋樑被反共志士在橋樑下方秘密埋下之炸彈所炸毀，該橋樑遂被嚴重破壞云。在此情況下，共區廣圳段，列車當然因而被阻，火車暫不通行。又云上項消息傳至香港後，香港有關方面曾採必要步驟，九龍新界沙田大埔、粉嶺等處均有警方巡邏隊伍云。

龍川塘魚運銷港澳

凡是可以賺取外滙的物資，中共都叫人民培養。雖然，培養之後，人民毫無所得，但迫於中共之嚴刑峻法，人民亦不得不勉強為之。龍川縣人民之培養塘魚，也正是這種情況的一個例子。

據中共消息：「龍川縣佗城公社是盛產塘魚的地方，有魚塘面積九百二十七畝，常年產魚量達一千七百担左右。另外還有數百畝水庫，養有鯆、鱅、草、鯉、鯪魚等。目前該公社的角子頭、上高潤、連豐、津潤等大隊的塘魚，已源源上市，由中共運銷港澳去了。

僑鄉簡訊

鍾之奇

新會廣闢蠔塲

蠔也是可以出口換取外滙的物資之一，對此，中共當然也不放過。據中共報導：「新會縣崖門口廣濶的海灘上，崖南農場新闢的養蠔場，兩年多來，共投放了二千多畝養殖面積的石塊，經過工人們的細心管理，目前蠔生長良好，今年內，第一批養殖的可以收獲六百畝，以後的養殖面積可擴大至三萬畝」，足見中共正在新會大力驅迫人民養蠔，以便中共賺取外滙。

仁化縣鳥獸為患

廣東仁化縣近來獸害頗為嚴重。據香港中共控制的大公報九月十一日報導：「仁化縣在獸害較為嚴重的扶溪、長江、城口、丹霞、石塘等公社、大隊，半年來共獵獲虎、豹、山猪、箭猪、山牛、山鹿、黃猄、狐狸、豺猄等共計一千多頭，還打了不少害鳥」云。

泰菲醞釀改革東約

何之湄

本月七日，是東南亞公約成立七週年紀念，東南亞公約秘書處所在地的曼谷，响起了一片「加强」公約的呼聲。許多屬於檢討的批評東約的意見，也被提了出來。爲的是認爲東約「軟弱」，方才有加强的必要。軟弱的事實，所以軟弱的原因，以及如何針對這些原因謀求改革，成爲東南亞國家的課題。尤其是在東約機構中心地帶，各方面集中而來的意見，反映出一般對東約的看法和要求。這些看法是否正確？這些要求，又能否成爲「改革」的事實呢？

反對廢止論

對於東南亞公約最憤激的說法，要算是泰國外長乃他納・高曼了。乃他納在八日曼谷記者招待會上說，他認爲泰國的人民，不久將會決定，他們的國家「是否留於東南亞公約之內」。

由外交部長來說出這麼一句話，等於說泰國「有退出東南亞公約的可能」。事實上，泰國政界，對於東約機構，早已與他們的敵人一樣稱之爲「紙老虎」，有些人甚且認爲，東南亞防衛公約既已不能防衛（指寮國），何不直截了當，予以「廢止」！不過，這還不是公開正式的發言罷了。

事實上，「廢止」的呼聲是瀰漫着，以致乃沙立總理對於「廢止」的想法加以糾正，便是証明「廢止」論者並不是人微言輕的人物。

乃沙立並不否認，東約機構在挽救寮國這一課題上的失敗，公約宣稱保衛寮國，但終不能採取行動，以致「外受敵人的攻擊，內有朋友的譏評」。但他指出了公約對會員國的「教育提高、衛生改善、社會進步」這些非軍事的成就。他說：有人建議廢止東南亞公約，「我不贊成」。在目前的局勢之下，不是廢止，而是應加以改革。乃沙立仍然呼籲泰國人民，說「現在還不可對公約失去信心」。

不過，乃沙立也不過是反對「現在」廢止罷了，「將來」如何呢？那就得看將來的東約如何了。乃沙立雖然要求人民現在不要失去信心，但他也同時要求泰國人民「事事靠自己」，確保泰國生存。

乃沙立的態度，與菲律濱外長相似，施蘭諾外長說：他「反對廢止東公約的任何行動，此制度經辛勤乃獲建立，『唯有等到証明它完全無用』，方才予以廢止」。

取消否決權

廢止與否，就在東公約「將來」能否証明是「有用」的，抑或究全無用。

東約秘書長乃樸的說法，比較客氣一些也比較積極。乃樸說：「集體防衛已遏阻共黨『公然』直入的行動」。這就是說，如寮國事件，仍屬政變式、滲透式的。但他不否認東南亞區的危險，因中共雖內部飢餓，仍頑强强調戰爭不可避免，鼓吹武力革命。蘇聯口唱和平共存，又强調階級鬥爭，及在柏林玩火，造成戰爭氣氛。「東南亞國家重臨七年以前的危境」！這是乃樸的結論；所以他强調防衛的必要。他是非正面的反對廢止公約說。

七年前的一九五四年，正是越南戰爭時期。當時美國曾下令菲律濱海的航空母艦開進西貢海域，準備參加越戰，但因英國未肯共同行動，乃告中止，旋於九月七日在馬尼拉結成東約。最近寮國事件，美國同樣調兵遣將，但東約會議席上，美泰菲三國主戰，敵不過英法二國主張和談。實際上等於任令寮局糜爛，因共軍力量甚大，據乃沙立的估計，寮共「隨時可奪永珍或琅巴剌邦」。越南又因共黨游擊隊的活躍而告緊急。泰國首當其衝，正如乃沙立所說的：「把我們放在愁雲慘霧之中」。

乃沙立明顯的怪責英法，說「有些國家」對公約冷淡，不肯對這一地區多負一點責任。但爲什麼主戰的三國，敵不過主和的二國呢？這就是東約機構表決制度的問題了。

東約機構的表決制度，是採「全體同意」的，這種制度，雖不是明言可使用否決權，但實際與有否決權無異，即八個會員國各有一個否決權。因此，用不着英法二國反對軍事行動，只要有任何一國反對，就行不動了。「一人向隅，舉座不安」，是必然的。

乃沙立與施蘭諾的希望，就是改革投票制，要使東約的表決制度，改爲「多數取決」，即在美澳紐英法泰菲巴等八國中，如有五國投贊成票，即可表決，包括採取集體軍事行動。

以泰菲爲東約中强硬派的主體，他們更希望能爭取到美、巴、澳、紐等中之三國，成爲五票。但現在首先是設法改革制度，他們希望明春巴黎理事會中，能够先通過這個多數表決的制度。

乃樸的赴澳洲訪問，就是「加强」公約的第一個旅程。

・曼谷通訊・

印度民主的「敵人」

・姜里平・

印度自獨立後，即實施議會代議制，迄今已歷十有四年，但她的民主的成就，仍在不斷受威脅中。

印度北有中共虎視，內有印共掣肘；雖然目前尚未敢悍然侵印，印共亦未能有所作爲，但印人尚有百份之七十是文盲，而貧困和愚昧者也佔絕對大多數，顯然，這正給予共黨以可乘之機。

無可諱言，印度的政治，是操在一般「中資產階級人士的手中。這些「中資產階級人士」，當然幷非甘地所說的「眞正的羣衆」。而「眞正的羣衆」對於他們的國家，依然一無所知，對於民主權利和個人自由，更是懵懵然，一如曩昔的渾渾噩噩。換言之，印度的民主，祇是「中資產階級」的民主而已。——這是由於領導印度反英獨立運動和創下印度代議制度的「中資產階級」人士，忽略了大衆利益所致。

迨至時移勢易，原日的「中資產階級」人士的頭腦，有不少已陷於迂腐；他們的思想，也有不少已趨於落伍；甚至他們對國家的整個理想，也淪於愚庸。而事實上，爲了國家經濟及其他原因所需要，於是產生了所謂「新智識份子」。這些「新智識份子」把握時機，大肆推陳出新，因而使種種措施，都籠罩着濃厚的社會主義色彩。農民和工人的地位，於焉驟告上升，原日的「中資產階級」乃退居於第二位。在一九五二年至一九五七年的那五年時間中，議會共通過了三百二十多宗法案，其中與建設社會主義型的社會有關者，竟逾半數，而與「中資產階級」利益有關者，則僅佔少數。於此，可見印度政治轉變的一斑。

在印度獨立前受到不合時宜的教育的舊智識份子，因而也逐漸被從羣衆中孤立起來了。英語雖然仍是他們教學的工具，但正因這些「能操英語者」的思想多數是來自西方，不易爲羣衆了解，他們的理論，更不易爲羣衆接納；因此，他們於不知不覺中也漸漸與「當前的社會轉變」隔離。

另一方面，在各項選舉中，家族制和階級制依然深具決定性的影響；同時，也產生了下列兩種極普遍的不良事實：第一是農工份子和一些文盲，祇跟着別人亂投選票，使眞正有才幹的人反遭抹煞；第二是舞弊事件層出不窮，更使純善的選民失掉信心。——於是民主前途，更出現斜坡。

今日印度所有政黨，包括國大黨，它們的政綱、政策，都是充滿了社會主義的意義的。但是今日印度羣衆所希望者，既不是單純的國家社會主義，也不是放任的私人資產主義。他們所嚮往的，却是由上述兩者所綜合的一種新措施；而這種新措施，更需保持議會民主制度和個人的自由。可是今日印度各政黨，都未能滿足羣衆這項需求。

印度的最高統治者，對於羣衆的要求和批評，竟採取不聞不問態度。這樣的發展下去，益加引起一般人的懷疑，認爲批評不能影響政府的政策；行政機構與羣衆之間，已築起了一度高牆。官民的距離，因之愈來愈遠。結果，政府呼籲人民支持其發展計劃，毫無效果；人民則認爲政府是不近人情的傢伙，各項施政，都跟他們沒有關係。

目前印度人民在上述的「變態」環境下，都不知不覺地產生了「畸形的思想」，進而形成四種不正常的傾向：（一）拚命追尋精神安慰，逃避現實政治；（二）祇求樂逸苟安，對一切建設都不感興趣；（三）互相猜疑，對人對事均缺乏信心；（四）趨向於自私主義。因此，在反英獨立運動中歷盡苦難建下的雛形成果，竟逐漸消失於無形！

這種種因素和癥結，就是今日的印度民主制度的敵人！

印度的政治在這種態度的影響下，最後將變成怎樣的形式？目前尚難逆料。印度的羣衆，現在正沿着一條極複雜的道路來滾動，將來發展到怎樣的程度？轉到甚麼方面去？目前更難預測。

骨骼標本（上）

盛紫娟

「宋琪，你倒底是怎麼回事？就要上課了，還不快點把兎子帶到實驗室去，大家都在等你一人！」林綺華離着老遠就大嚷起來，一面邁動着因缺乏營養而發腫的雙腿。蹲在兎籠前泥地上的宋琪，眼淚汪汪地凝視着正在籠中靜靜地吃野菜的那隻小白兎，根本沒有聽見林綺華的話。直到林綺華跑到她背後，用力拉了下她垂到腰間的大辮子，她才猛地驚覺過來。她看見林綺華正好奇地望着自己，便害羞地抹去了眼角的淚珠說：「我眞有點捨不得用牠做實驗，你看，這隻兎子多可愛呀！雖然瘦一點。」

「哦，你原來是爲了牠蹲在大風地裏擦眼淚，抹鼻涕？劉老師不是早就說過，這隻兎子就是爲了解剖、製標本才養的嗎？早知你這樣多情我們就不該交給你養！你不肯捉，躱開！讓我來！」林綺華說着，將衣袖向上一捲就伸手去捉。宋琪尖聲叫起來，一把拉住她的胳臂說：「班長，再等一會兒吧！還沒上課呢！叫牠再多活一會兒吧，謝謝你！」

「你這人眞是婆婆媽媽，牠反正早晚都得死，爲什麼不早點拿到實驗室，叫同學們玩一玩呢！再說我們已這麼久沒好好上課，今天第一次上生物實驗課，你又來推三阻四的，眞不知你什麼意思！你以爲不將牠解剖，牠就能長命百歲的活下去了嗎？老實告訴你，咱班好多同學都預備偷偷劊了牠打牙祭呢！」說到這兒，她也不管宋琪是否被她說服，就一把抓住了兎子的兩隻大耳朵，向實驗室跑去了。宋琪無可奈何地跟在她身後急急地走。她也知道，林綺華說的都是實話，爲了這隻小白兎，自己不知惹了多少麻煩。好多同學一直在打主意，想吃牠的肉，她們就像餓瘋了的狠；如果不是她造了只小籠子出進都帶着牠，恐怕牠早已「魂歸天國」了。

當林綺華抱着小白兎在實驗室門口出現的時候，原來喧鬧得像茶樓的課室，突然安靜下來，大家都很興奮地看着那隻雪白茸毛，晶紅眼珠的小動物。林綺華將牠往講桌上一放，同學們便圍攏過來，有的伸手去揪牠的耳朵，有的想撫拍牠的背。一個同學憐憫地說：「解剖這麼好看的小兎，不是太殘忍了嗎？」

另外幾個團員同學異口同聲的斥責她：「小資產階級意識！」

團小組長用輕蔑口氣說：「我們解剖兎子是爲了求得知識，有什麼殘忍？我眞奇怪，黨和團組織花了那麼多金錢和心血培養你們，怎麼你們就永遠擺脫不了資產階級那一套思想意識呢？」多數同學雖然心裏不服，但都不敢說什麼，全裝做在傾聽她的話；一方面却又爲剛才無意中說「錯」了話的那位同學担心。

上課鈴一響，劉老師就邁着大步走進來，林綺華清脆響亮地喊了聲：「起立！」

同學們一反往常，嗍的一下站直了，起勁地喊了聲：「老師好！」

劉老師意味深長地看了一眼坐在課桌中央東張西望的小白兎，笑着回答：「同學們好！」一面故做輕鬆的說：「同學們，今天大家的精神都很好，喊的聲音那麼大，倒嚇了我一大跳呢！」有幾個同學嘻嘻地笑出聲來，大多數同學則目不轉睛地望着這位大學畢業不久的年青男老師，她們特別喜歡上他的課，不是因爲他講得好，而是因爲他是這女子中學唯一年青漂亮的男老師。他在前面講書的時候，不少同學則坐在座位上胡思亂想，有時他雖然發現了，也不責備她們。考試時他也不肯刁難同學們，因此前些時選舉模範教師時，從初中一到高中三的同學，一致公認他是最受歡迎的老師。

「請大家圍緊一些，後面的同學如果看不見，可以站在椅子上、或書桌上看；請大家注意，不要說話！……哺乳類動物我們已經差不多講完了，今天我們解剖這隻兎子幫助大家記憶！大家一面看我解剖，一面回憶過去我所講過的課程。宋琪、林綺華，你們倆過來幫我解剖！」同學們都羨慕地望着她們倆，林綺華很興奮地走到儀器櫃前拿儀器；宋琪慢吞吞地離開座位，像是一個將赴刑場的囚徒一樣，木無表情地站在講台的一端，用手指輕輕的撫摸那什麼預感也沒有的小白兎。牠習慣地掀開了嘴唇露出四隻雪白的小牙，滑稽地動着耳朵，引得一部分同學笑了出來。林綺華很熟練地將儀器盒放在講桌的一角，將一小瓶乙醚及一小團棉花遞給剛洗過手的劉老師。同學們都屏住了氣，看着劉老師將棉花浸透了乙醚，把那無憂無慮的小白兎拉到他面前，便將那棉花從牠的小鼻子一捂，小白兎用力掙扎了一會兒，便不動了。宋琪情不自禁地啊了一聲，便用雙手遮住了臉，林綺華生氣地瞪了她一眼，一聲不出地接過那已失去知覺的兎子，熟練地將牠綁在解剖板上。劉老師從儀器盒中拿出一把小剪刀，小心地將兎子肚上那柔軟的絨毛剪掉，又換了一把像修指甲用的解剖用的解剖刀，在那剪去絨毛的紅皮上輕輕地劃了兩下，皮便被劃開了，灰綠色的腹膜突了出來，隨着小兎的呼吸一跳一跳的。劉老師將那個裂口拉得更大一些，正預備用刀去刺破這層薄膜，小白兎突然痛苦地吱吱叫起來，一面拚命掙扎。宋琪和幾個胆小的女孩子忍不住哭了起來。劉老師也嚇慌了，連連喊着：「乙醚，乙醚！快點呀！」林綺華手忙脚亂的拾起剛扔在地上的一小團棉花，像殺敵似的直撲到那亂動亂叫的小動物面前，緊緊地用手按住了牠的頭，牠雖然又失去知覺，她也不敢鬆手。劉老師偷偷擦掉額角上的汗，劃破了腹膜，青綠色的腸子冒了出來。同學們也不再喧嘩，靜靜地聽着劉老師講：「這是大腸，這是肺，這是心臟……」宋琪也放下了眼睛上的雙手，凝視着這幾分鐘前還活蹦亂跳的小動物，現在已變成一灘血肉模糊的死屍了。生命眞是最奇妙的東西，就因爲劉老師這一刀，牠便再也不能呼吸，吃東西，跳跑了。她呆呆地想着。忘記了不久以前那種悲痛的心情，此時她只感到很空虛，茫然注視着那一會兒變白，一會兒變紅的小小心臟，一時也說不清自己的思想。同學們排成單行，一個個走到講台前去觀察小兎的內部構造。

因爲下一堂要測驗三角，所以下課鐘一響，同學們就跑光了。只有宋琪和林綺華幫着劉老師收拾儀器。

「你去通知你們班動物小組的同學，放了學別走，今天晚上我們做兎子的骨骼標本！」劉老師對林綺華說，她答應了一聲，剛要走，劉老師眼珠一轉，忽然又說：「慢着，我想起來了，這個冬天你們很忙；我想你們大概沒有時間做課外活動，還是由我一個人做吧！」

「您一個人做？」兩個女孩子，瞪大了眼睛望着他那有些變紅的黑臉。他背轉臉去，假裝看着窗外光秃秃的樹枝，沉吟了半响才說：「做標本是一種細緻的工作，人多了反而做不好。並且你們這學期勞動時間太多，也得省點時間唸唸書。我想還是由我一人來做比較好；如果有要你們幫忙的地方，我會去叫你們的。」

「可是，劉老師，您可記得上學期做兩棲動物青蛙的標本時，您不是還鼓勵我們自己做嗎？現在：」林綺華的話還未說完，上課鐘又響了，宋琪趕忙拉了她一下說：「這堂是三角測驗，快點走吧！」

劉老師眼睛一亮，也催着她們快走；當她們剛邁出實驗室的門，他就趕忙從裏面把門上了鎖。

林綺華一面向課室跑，一面頻頻回頭看，低聲嘰咕着：「不知搞什麼鬼！」

兒時憶舊

丁罔

「今天的一幅比昨天的還大呢！活像歐州地圖！」

「你將來有辦法，一定成爲繪圖家！」

「——————」

這些是嫂子們拿我開玩笑的戲謔話，但她們的戲謔使我受不了！

晚上不管是幾點，只要我尿了床醒來，我就再也無法入睡，羞憤使我一直流淚到天明，我用牙齒咬破嘴唇，用手撕抓着不爭氣的地方，使疼痛鑽到心底，這樣我才能稍稍得到點安慰。白天，羞愧自卑使我像一個失了風的小偷，我怕見人，沒有臉見人。

母親盡量的安慰我，請醫生，找秘方給我醫治；我吃過藥、打過針、嚼過苦辣的柳條，吞過令人作嘔的蠶蛹，但總是治不好。漸漸地，我的心理起了變化；白天不敢解手，怕又是在夢裏，在無法忍耐的時候，我就偷偷地問母親我是不是在做夢？夜晚睡覺的時候，我就偷偷地用一條小繩把小便束住，爲此我竟鬧出了大毛病，得了小便不通症，使母親焦灼不安，幾天沒有睡覺，病好了以後，母親怕我再受刺激鬧出病來，特別關照家裏的人不許跟我開玩笑，並且不再晒被褥。

母親雖然拆洗被子，但是每洗乾淨過後，不到幾天，却反被我弄得臭氣冲鼻了！連我自己聞着都覺得作嘔，可是母親却從來沒有皺過眉頭。當我看到母親幫我晒被子時的情景時，我的心如刀割般地痛苦！

「我尿床，我沒有出息！挨尿浸！聞尿臭是應該的，但是母親也跟着我受罪，我還算人嗎？……」我時常恨罵自己，覺得自己連狗都不如！於是我就會想到死，現在想來，那個傻念頭未免太天真了，但在一個稚弱的小心靈裏有那意念，却是悲哀的。

我自殺過好幾次，起先因爲方法幼稚，對身體沒有多大傷害，但後來不知聽誰說的，說是鹽鹵能藥死人，於是我就用鹽鹵自殺；幸虧母親發覺得早，沒有要了命，可是要命的滋味我可嘗够了，尤其更傷了母親的心，那次以後，我再也不敢胡來了。

就因爲我這個丟臉的髒毛病，所以我不敢走親戚（我怕他們知道我的底細，更怕他們留我住宿），但是他們却抱怨母親，尤其二舅母，因爲她很喜歡我。

十二三歲以後，我的毛病漸漸地好了點，有時我竟能保持一個星期不丟醜了！我非常高興，胆子也大了點，於是在一次二舅母堅持的邀約之下，我就橫了心，昂然首肯了！

二舅母很有錢，吃住都很講究，並且非常愛乾淨！一進她家的門我就特別警惕了：「不能喝水！」

舅母家有許多好玩的東西，表弟他們也都很親熱地邀我和他們一起玩，但我却毫無心情，我的心完全用到「晚上那一關」去了！隨着就寢時間的到來，我開始緊張了。舅母要我跟她一起睡，我死也不肯，她只好在表弟的房中爲我加了張床；舖蓋是簇新的漂白墊褥和一床紅緞子綉花被。我躺在上面，不禁發抖。

「今天晚上不能睡！」我兩眼瞪着天花板，決心熬過一夜！熬着熬着……我的小便憋得要死，我出去解手，但找不到厠所……我終於找到一個僻靜的地方……我警告自己：「別是夢吧？」我咬痛手指證明不是夢，於是……

我驚醒了，我感覺被褥上一片溫熱的濕，天哪，我尿床了！

我立刻起床，悄悄地穿上衣服，天剛剛有點亮意，我溜出舅母的家……

從那以後，我就沒有再到舅母家去過。

尿床這件事現在想起來雖然僅是好笑的回憶，但當時所給我的苦惱，除了母親而外，確實再沒有別一個不落井下石地加以嘲笑的！（續完）

金釵記

（三一）

黎明

梁媽媽：媳婦！何人叩門？

田素娥：待我看來。（開門與學曾施禮介）原來是表少爺；表少爺萬福！

魯學曾：表嫂少禮！（還禮後解下包袱）啊、表嫂！小弟是還表哥的衣衫來了；請表嫂過目！

田素娥：啊！（接過包袱）表少爺您太客氣了！快快請進；我家婆婆正病着哩！

魯學曾：吓！姑媽病了？敢莫又是老毛病？（連忙趨前）啊姑媽！姪兒我來了！（素娥隨手關門，仍站回原處給梁媽媽捶背。）

梁媽媽：（精神萎頓）姪兒來了？請坐！

魯學曾：有坐。啊姑媽！敢莫又是老毛病發了？可曾看過大夫？

梁媽媽：呃咳！呃咳！呃咳！呃咳；只是越發地沉重了！看、看、看、看大夫也不中用了！——哦、姪兒！我正要問你，你的親事怎麼樣了？

魯學曾：哎呀姑媽呀！是姪兒那日去到顧家，那小姐淚流滿面，責我來遲；說是三日前來，身是姪兒之身；如今遲來三日，不堪侍奉巾櫛的了；說完頭上摘下金釵，付與小姪，轉身入內，她、她、她、她竟然自縊而死了！（欷歔拭淚介）

梁媽媽：吓！有這等事？有這等事？這是什麼緣故？這是什麼緣故呀！？

魯學曾：姪兒也正自猜不透是什麼緣故呀！哦、哦；哦，我倒想起來了；（唱）

想必是，我岳父，逼她改嫁；
限定她，三日內，定要回話。
三日後，限期滿，無言對答；
我遲來，她等我，是我負她。
拼一死，踐舊盟，烈性堪誇；
表心跡，留金釵，白玉無瑕。
怪不得，前幾日，人言藉藉；
看起來，表哥的話兒，果然不差。

（向梁媽媽）啊姑媽！你說姪兒說的是也不是？

梁媽媽：這個？——啊姪兒我來問你：你到顧府，你那岳父可在家中？

魯學曾：不在家中。

梁媽媽：這就不對了。

魯學曾：怎麼不對？

梁媽媽：姪兒呀！（唱）

顧小姐，果然是，烈性堪誇；
這件事，還恐怕，另有根芽。
纔三日，不為遲，怎把命捨？
更何況，你岳父，並不在家？
好姻緣，活生生，鬼錯神差；
倒叫我，年邁人，淚珠如麻。

（痰忽上湧，咳嗽得越加厲害；素娥在聽他們對話時，本全神貫注，不知不覺停止了捶背動作，此時又加緊捶了。）

田素娥：婆婆！婆婆！您老人家怎麼樣了？

魯學曾：姑媽！姑媽！您老人家怎麼樣了？

梁媽媽：（喘息稍定，悲歎介）唉！我那賢德的姪媳婦呀！

魯學曾：啊姑媽！人死不能復生，總是姪兒時運不好，後悔也是無益，還是保重身體要緊。姪兒今日約了幾個朋友商議應舉之事，還要趕回家去，不等表哥了，明日再來問候。

梁媽媽：姪兒！你就要回去了麼？

魯學曾：是；就要回去了。

梁媽媽：好、好，啊姪兒！功名雖然要緊，你也要好好保重身體才是。

魯學曾：多謝姑媽！（施禮）姪兒告辭！（素娥連忙走去開門，學曾趨出，回身轉向素娥施禮）表嫂，小弟告辭！姑媽之事要多多偏勞表嫂的了！

田素娥：好說，好說。表少爺慢走！（學曾下，素娥隨手關門；梁尚賓醉得東倒西歪上）（第十四幕未完）

陪亮之看蘇絲黃影片贈關南施，卽寄亮之一粲

——舜生——

也宜歡笑也宜嗔，解舞腰支更可人，眉黛眼波都入畫，最難着筆是丰神。

穠李夭桃一例刪，牡丹風嫋想華鬘，美人家世君須記，盼盼由來本姓關。

次和舜老觀蘇絲黃影畫後見寄

——亮之——

歌殘舞罷賸嬌嗔，雪幕銀燈絕代人，才調如斯誰似得，蘭情水盼玉精神。

墮溷飄茵迹可刪，萬千幽恨壓花鬘，憑誰寄語樓頭燕，難得佳人又姓關。

辛亥革命史談

（三二）

舜生

三．同盟會成立經過及其活動

宣統二年三月七日（四月十六日），汪兆銘（精衛），黃復生在北京謀刺清攝政王載灃被捕，其事在廣州新軍起事以後，但精衛個人決心從事暗殺，則醞釀在前。

先是同盟會自河口一役（光緒三十四年四月）失敗後，精衛眼見同盟會在兩廣及雲南邊境歷次舉動均未成功，而他個人奉命在南洋一帶籌欵又不如理想；其時清廷籌備立憲，在表面上頗足聳動一時視聽，而同盟會在宣統元年這一年，更無實際行動可言。精衛是一個感情熱烈的人，他深慮景象如此，不採用非常手段，將無以振奮人心，因之他打算結合少數同志成立一暗殺小組的決心，乃日趨於堅定。關於精衛籌劃暗殺這件事，黃興與胡漢民都不贊成，且曾力加勸阻，其經過漢民在他的『自傳』中記載甚明，茲節錄一部分如下：

『……精衛自河口失敗以後，遂有行個人暗殺之決心，余屢規止之。及往日本（舜按：為整理同盟會本部及續出「民報」事），余為長函，力言暗殺之無濟，與吾輩所宜致力於革命事業者。精衛亦為長函報余，畧謂：「生平察事，自信不如兄；惟此事則如旋螺，弟已計到最末之點，更無疑義。兄主張軍事行動，無大欵何以能舉？海外奔走，為效甚微，不有劇烈舉動，何以振起人心？弟又不長於軍事，既決志犧牲，只有惟所自擇。」余再三致書阻之。……精衛答書，惟言所志已決，他不置辯。既而偕黎仲實，陳璧君復來港，乃不甚顧談此問題；固與之言，亦祇漫應，而陰擇地試驗炸藥。……初欲入粵殺李準，港同志俱以為危，精衛亦知余等將有軍事行動（卽指策劃廣州新軍起義事）不欲以此惹起敵人戒備，則與仲實，璧君，喩培倫，黃復生，方君瑛，曾醒等入長江，欲殺端方，而行程與相左，乃變計俱入京，謀刺清攝政王載灃。……』

先是精衛曾於『民報』第二十六期以『守約』的筆名發表『革命之決心』一文（此文大約寫於宣統元年冬天，『胡漢民自傳』說是登載「民報」「二十五期，標題為『論革命之道德，』均誤。）說革命黨人有兩種『義理之勇』：一曰『不畏死』，卽決心去犧牲的意思；一曰『不憚煩』，卽動心忍性苦幹到底的意思。他在這篇文章的結論上說得好：

『……是故不畏死之勇，德之烈者也；不憚煩之勇，德之貞者也；二者之用，各有所宜。譬之炊米為飯，盛之以釜，爇之以薪，薪之始燃，其光熊熊，轉瞬之間，卽成煨燼；然體質雖滅，而熱力漲發，成飯之要素也。釜之為用，水不能蝕，火不能鎔，水火交煎逼，曾不稍變其質，以至於成飯，其熬煎之苦至矣，斯亦成飯之要素也。嗚乎！革命黨人，將以身為薪乎？抑以身為釜乎？亦各就其性之所近者，以各盡所能而已。……』

精衛在動身赴北京以前，以指血寫了八個字寄給漢民：『我今為薪，兄當為釜，』便是總括他這篇文章的意思，一面表示他自己決心去死，另一面則希望漢民能善盡其後死者之責。漢民自然充分了解汪這種必死的決心，精衛也充分了解漢民確有能受盡一切熬煎的韌力，這種地方，乃可看出初期革命黨人相互信賴的一斑。漢民收到精衛這封八字血書以後，後來他在『自傳』上曾說：

『余等既不能奪精衛之志，惟有極力進行軍事，余尤冀廣州事成（按卽假定倪映典能成功），精衛或可不死。』又說：

『余懷此書（按卽指此八字血書）數年，及辛亥光復廣州後，石錦泉部闖入水師公所，余倉卒中乃失此書，以重金購求，不復可得，余甚恨之。』

這也可看出胡、汪間私人友誼之篤。（未完）

聯合評論
週刊
本刊已經香港政府登記
每逢星期五出版
United Voice Weekly
第一六一號
督印人：黃宇人　總編輯：左仲平
社址九龍赫德道二十三號地下　電話 68678
承印嘉羅印刷有限公司香港灣仔馬師道5號
總代理：友聯發行公司售價每份港幣一毫
本報美洲版總經售處美國紐約中美出版社
CHINESE - AMERICAN PRESS, INC
199 CANAL STREET.,
NEW YORK13 N. Y. U.S.A.
美洲航空版每份零售美金一角

歷史的期待

——從人才出超談起

胡越

數年前胡適之先生卽曾發出「人才出超」的呼聲，不久以前唐君毅先生，在「祖國」周刊上發表了一篇長文「說中華民族之花菓飄零」，對今天中國知識份子傾心外向、拋棄祖國，表示了深切的哀痛。其後幼椿先生在「祖國」發表了「花菓飄零與政治風雨」一篇文章，闡述花菓所以飄零，主要由於政治風雨的摧殘。

綜合上述三位先生的意見，可以做如下的了解：「人才出超」指出了留學生出國的多回國的少這一事實；「花菓飄零」表示了自甘飄零之不當與可悲；而「政治風雨」則道出了花菓飄零的根本原因。本文擬順就上述各義對此問題做進一步的探討。

首先我們需了解「人才出超」的情況。據李濟博士最近在一個集會上所說，這些年來從台灣去到美國的留學生，共約五千五百餘人，而返回台灣者還不到五百人。學成回國者與留而不歸者相較，還不到十分之一。而上述五千五百餘人，可能只是政府遷台以後出國的留美學生，假如從戰後算起，據不完全的統計，至少有一萬人以上。而這僅僅是留美學生，歐洲、日本及其他地區還不在內。從上述情況來看，我們不能不承認人才出超的嚴重了。

在祖國危急存亡之秋，正迫切需要人才克難復國之際，而受過最高教育、對國家最有責任的知識份子，却相率拋棄祖國而去，這誠然是可悲痛的事情；對於那些飄零而去的花菓，單從一方面看我們有足够的理由去責備他們，但是我認為其中眞可責備者實佔少數；這裏所說的少數是指兩種人：（一）是高官富豪的子弟，受不了反共抗俄之苦，到美國去求安樂的人，二是患有民族的卑劣感，已喪失做中國人的興趣，一心想要歸化外國的人。據我所了解，上述兩種人畢竟較少，而多數人之所以飄零，實有不得已的苦衷！他們並非不想報國，可是報國無路！他們並非不思家，而是有家難投！

在第二次陽明山談話會上，有人為留美不歸的學人辯護，認為他們所以不回國，一是因為國內待遇太苦，二是因為國內學術設備太差，回國之後學無所用，並且不能保持研究；而且還認為學成的留學生在美國的服務成績平均都很優秀，在戰亂時期儲才於異邦，留待將來零存整取，也未可厚非云云。這些話似是而實非。若說待遇苦，難道比抗日戰爭時期更苦嗎？而今天的國勢不是比抗日戰爭更嚴重嗎？為甚麼當初為了抗日大家能够穿草鞋、枕磚頭、吃糙米而不嫌苦，而今天會怕吃苦起來？若說學術設備差，與美國比較當然差，但是否差到不能保持研究呢？這就大可疑問了。據我想除了原子科學以外，其他學科在國內一樣可以保持研究的。尤其是學文法科的，更根本不成問題。至於「儲才異邦」的說法，不過是無可如何的飾詞罷了，試問中國今天是用才的時候，還是儲才的時候？因此，所有這些理由，對人才出超問題都不能做充分的解釋，或正確的解釋。據我的了解，大多數留美學人，其所以飄零不歸，主要原因還是「政治風雨」。歸納來說有左列四點：

（一）對現實政治的絕望。具體來說，是對國民黨當權派的獨裁統治及其父子的自私作風感到深惡痛絕。

（二）不堪政治壓迫。今天除了共產國家及少數獨裁國家以外，都已沒有所謂思想犯的問題。但是今天號稱「自由中國」的台灣，却設有懲治思想犯的集中營。美其名曰「新生營」。某一位海外文化工作者曾被帶到這個新生營去觀光。大概因為他的頭腦還不夠忠貞的緣故，他便問新生營的主持人，這些囚犯刑期有多久？該主持人忙否認道：他們不是囚犯是學生。觀光者接着問，這裏的學生幾年畢業？他答道：三年，五年不等。不過要看效果如何，感化無效的可延長三年或五年。這位觀光者忍不住說道：這豈不是比有期徒刑更厲害？五年有期徒刑，住滿五年可以出獄，可是在這裏進修十年還不一定畢業。（他這段話惹了大禍，事後他曾遭受警備司令部盤問，幾被扣留，不能離台）自由中國半月刊的編輯傅正，就是被送入這種的新生營去受感化的。營中絕大部的人都是青年知識份子。這種思想統制與政治恐怖，使每一個有時代自覺的青年，都感到恥辱和痛苦。並且由於出境限制的森嚴，使他們有身在「鐵幕」的感覺。（這種滋味絕非那些匆忙觀光的大人先生們所能了解的。）因此，他們唯一的希望，就是離開台灣。今年暑期台灣參加留學生考試的大學畢業生有六千多人，超過了本年度大學畢業生的總數。反映了絕大多數大學畢業急於出國的情況。

（三）對於控制的反抗。今天國民黨當權派對留學生的控制和迫害，比當年的滿清政府要進步多了。就一個留學生來說，台灣所發給的護照，實等於控制行動的符咒。因為你拿了這份護照，就使你變成了有脚難行的活動囚徒。在民主國家，人民只要領得出國護照，你可以自由變更你的旅程和居住地（只要你得到想進入的國家之許可），可是今天台灣的護照則不然，你到任何其他地方去，都必須得到台灣使館的加簽，而且加簽的權力不在駐外的使館，要把你的申請轉呈台北外交部，但是外交部也無此權，原件要送警備司令部，警備司令部也無此權，實際處理此事者是聽命於某神秘人物的特務。這樣一周折，費時至少要半年以上，批回來的結果百分之九十九是不准。在空間上把你限死還不算，同時在時間上，凡持有旅居外國護照者每年要到駐在地台灣使館加簽一次。加簽實際上是忠貞考驗。根據特務（也以留學生面貌出現）一年的監視紀錄，來決定你繼續留在外國或者遣返台灣。一位留美學生，只因為在「聯合評論」上發表了一篇反對修憲連任的短文，結果就遭受遣回台灣之禍。國民黨當權派對留學生這種控制，激起了留學生的反抗，於是他們千方百計，設法脫離那張護照的控制，寧在國外飄零下去，誓不返台。

前面我們說過，在飄零不歸的人當中，只有少數是可譴責的，其外的多數人都是迫不得已，情有可原的。但是，這是僅就他們所以飄零的原因來說的。為了個人的自由和尊嚴，為了躲避自己的見解與獨裁統治的衝突，為了等待報國時機而暫時棲身國外，這都是可諒解的。但是，我們必須確切的指出，報國的時機不能等待，必須諸君挺身奮鬥和創造！今天旅居國外的數萬（包括南洋華僑社會的子弟）留學生的動向和作為，是今後國運興替的關鍵。這一代最有知識的中國人，能忍心放棄自己的責任嗎？清代的留學生，曾鼓動思潮，投身革命，推翻了滿清政府，建立了中華民國，難道這一代的留學生，就這樣淡漠消沉，飄零下去嗎？

中共最近為什麼大罵日本？

左舜生

蘇聯要在歐洲解決德國問題，不能不拉攏南斯拉夫以外的若干共產衛星國家吶喊助威，也猶之夫她要在亞洲對付日本不能不利用中共做她的貓脚爪，這是只好如此，也不得不如此的一個必然趨勢。

說中共與蘇聯之間一切都相處得很好，絕無衝突矛盾可言，這是不合事實的；但說到直接對付日本，間接對付美國，中共與蘇共之間也有什麼顯著的差別，這却也與事實不合。

中共妄自尊大，儼然以赤化亞洲的領導者自居，同時要插足到非洲，甚至還要染指到東歐，公然想與蘇聯分庭抗禮，則赫魯曉夫惟有目笑存之。笑的什麼？笑毛澤東太不度德，太不量力。

赫魯曉夫今天所處心積慮以對付中共的，便是教毛澤東規規矩矩，老老實實，死心塌地的做蘇聯的一個附庸，過此以往，便不要胡思亂想！

中共強調戰爭無可避免，蘇聯則認定卽令把恫嚇手段要到危險的邊緣，一場核子大戰也還是不會爆發。最近赫魯曉夫曾公開表示：蘇聯並沒有把核子武器供給她的東歐附庸，也沒有供給中共，這便是給西方國家一顆定心丸，同時也就是表示她對西方集團留有很大的妥協餘地。關於這一點，我們還得分別觀之：所謂不把核子武器供給東歐附庸，這在蘇聯原沒有這種需要，因為大戰不在歐洲爆發則已，果眞爆發，當然是由蘇聯自己挺身硬幹，附庸便只是附庸，好像一羣小鷄，除躱在老母鷄翅膀下求得蘇聯的掩護以外，別無自存之道；她們固無掌握核子武器的必要，實際也沒有運用這種武器的資格。因此，我感到赫魯曉夫這一次的公開表示，拉上東歐不過是作一陪襯，主要的乃是要說明決不把核子武器交給中共；豈僅只是這種武器的成品不給中共而已，乃至製造核子武器的原料和技術，中共也決無分享的可能。假定世人要說蘇聯和中共之間眞有什麼歧見，或毛澤東對赫魯曉夫眞有什麼不開心，這或者便不失為主要的原因之一。因為今天的所謂一等國家，一定要擁有較多較好的核子武器，和準確運用這種武器的技術；工業的潛力甚大，確有製造核子武器的能力，也還不失為二等；如果工業的基礎既不堅實，製造這種武器的能力和資力又談不上，便只好安於三等。以今天的中共比之於美蘇，充其量也不過是三等貨，甚至於求『加二等衛』而不可得，當然只有『聽用』的資格，這却是毛澤東所最不甘心的。於是毛澤東想入非非：他們的第一個口號是『十五年趕上英國』；『第二個辦法是實行『人民公社，』表示他們有提早實行共產主義的決心，雖老大哥也望塵莫及；第三個說法是『核子武器並不可怕，』他們擁有六億五千萬的人口，就死掉三億，也還有三億五千萬人，仍不失為泱泱大國！但不幸得很：一位到過大陸的日本某工業家說，『以大陸的工業現狀，便五十年也趕不上日本！』

（下轉第二版）

駁斥周恩來應恢復中國在聯合國席位謬論

劉裕畧

第十六屆聯合國大會已於九月十九日在紐約開幕，連日中共國務院總理周恩來，副總理兼外交部長陳毅均發表談話，要求聯合國大會「應恢復中國在聯合國的席位」。與此同時，中共黨的機關報——北平人民日報，和蘇聯塔斯社也發表了同類的文章，要求「恢復中國在聯合國的席位」。這些談話和這些文章，當然都充分的反映了中共極謀混進聯合國的企圖，同時，也反映中共與蘇共對此正有陰謀性的密切聯繫，俾便在蘇聯的扶助下，使中共賣國傀儡政權達到進入聯合國的目的。

在這以前，在國際間少數人曾有一種錯覺，以為中共似乎並不急圖進入聯合國。其實這看法是完全天真而且錯誤的。相反，中共政權之想混入聯合國卻早已急不欲待。這主要原因實有下列幾點：

第一、中共政權本質上原本就是一個由蘇聯孕育的賣國傀儡政權，在心理上，這種政權雖然常具誇大狂的性格，但卻也常具自卑感的性格，它的想混入聯合國，以便婢學夫人，證明它儼然也是一個大國，那本是這一類政權的通性。

第二、中共內部問題已愈來愈嚴重，人心離散，幹部動搖，經濟上亦日陷窮困。前幾年所鼓吹的大躍進，現在是再難看到了。在此情況下，不消說，它是急圖謀取外交上和國際地位上的收穫，以穩定其內部的。

第三、中共賣國傀儡政權還有其先天的共產國際性本質。由於這一共產國際性的本質，所以它便也先天的是蘇聯的馬前卒，先天的以達成整個世界的赤化為其任務與圖謀。而欲達成這一任務與這一圖謀，則更非混進聯合國以協助蘇聯來破壞聯合國和癱瘓聯合國不可。所以，有人以為中共並不急圖進入聯合國的看法，那完全是不明中共政權本質及其內部情況的錯誤看法。

當陳毅於九月廿二日在北平發表談話，謂：「中華人民共和國在聯合國的合法權利應迅速恢復」（見中共中國新聞社北平廿二日電），以重申周恩來所謂「應恢復中國在聯合國席位」的同一天，北平人民日報又以「堅決反對美國的新陰謀」為題的社論說：「出席第十六屆聯大的蘇聯代表團團長葛羅米柯已致函聯合國秘書處，向本屆聯大提出一項議程，要求大會討論恢復中華人民共和國在聯合國的合法權利並把非法佔據中國在聯合國的席位的蔣介石集團代表從聯合國的一切機構中驅逐出去的問題。蘇聯代表團的這一建議，是對中國人民爭取恢復中國在聯合國的合法權利的鬥爭的有力支持」。這尤足說明中共在蘇聯卵翼下如何企圖以「恢復中國在聯合國的席位」為名來混進聯合國。

其實，中共與蘇共的這一所謂「應恢復中國在聯合國的席位」之說是最荒謬最胡鬧最缺乏理論根據。當然，這也並不奇怪，它本來就毫無其它合理的理由作要求的根據，又怎能不胡說八道呢？

我們曉得：中華民國乃聯合國的創始國，中華民國的政府現今仍在中國的土地上——台灣省。那末，中華民國之應為聯合國會員國，之應按照憲章而為安全理事會常任理事國，自屬毫無疑問，憑常識與法理，憑理論與事實，中華民國應該堂堂正正的是聯合國的會員國，自係天公地道的事。蘇聯所謂驅逐中華民國不過表露蘇聯急欲破壞聯合國憲章和急欲進一步侵畧中國，以扶持中共賣國傀儡政權而已。

再看周恩來陳毅及人民日報等所謂「應恢復中華人民共和國在聯合國的合法權利和席位」一語，則更是荒謬絕倫，按所謂「中華人民共和國」乃中共政權之別名，它原本不是聯合國的會員國，它原本從未進入聯合國，它亦與聯合國從無中斷或間斷的關係存在，那末，試問又何來「恢復」二字之可言？「恢復」二字，係指原有關係之重新發生，這是誰都瞭解的。今中共政權既從來不是聯合國會員，則周恩來等人所謂「恢復」，誠不知從何說起？

由此可知：中國確實是應該在聯合國擁有合法權利和席位的。但中國只有一個，這一個中國便是最先創始聯合國且至今仍為聯合國會員國及安全理事國的中華民國，絕不是曾與聯合國在韓國作戰的「中華人民共和國」——即中共政權，所以，有正義感有是非辨別能力和有理智的國家，都應力拒中蘇共之陰謀，斷然拒絕中蘇共所謂「恢復」之謬論。

中共最近為什麼大罵日本？

左舜生

（接第一版）

這是真的，只看中共年來在香港和東南亞一帶所傾銷的東西，無非是原料，土產，手工業品，加上少數的輕工業品，拿什麼可與日本和西德去比權量力？說到『人民公社，』則不只毛澤東久已閉口不談，海外的共黨報紙，也早交了白卷，情況不太良好，自在意中。所謂怕不怕的問題，如果核子武器不可怕，『紙老虎』當然更不可怕，中共有的是蘇製飛機，有的是蘇製潛艇，為什麼不飛到，不游到台灣海峽和沖繩島一帶去一顯身手？說了一十二年的大話，到今天只落得這樣下場，假定毛澤東還有一絲一毫的羞惡之心，早應該跳到西湖裏自殺！

可是話雖如此，中共還有的是花招：自從池田和甘廼廸會談以後，日美的關係乃貼得更緊；最近米高揚到日本去利誘威迫，結果更碰了一鼻子灰！於是他們妙想天開，硬說日本的軍國主義已經復活，尤其『人民日報』說得妙：他們說日本不止要重佔台灣，侵畧中國大陸，再搞所謂『東亞共榮圈，』乃至說她還對蘇聯抱有領土野心哩！不錯，蘇聯對日本近年的飛躍，確實是有相當的戒心，尤其蘇聯對歐洲的負担太重，更傳統的不願陷於兩面作戰，她其所以還要對中共相當敷衍，共惟一的作用，便是希望中共牽掣日本。中共抓緊了這一點，於是把日本說得如火如荼，好像明天日本便會對西北利亞出兵，『東亞共榮圈』明天便會出現！實際她其所以要這樣搔首弄姿，無非是對蘇聯老大哥賣弄風情，想扳高自己一點身價！可是蘇聯根本準備與西方集團妥協，她對中共的利用不會完全放棄，但要她出太高的價錢是不會的，說穿了就是這麼一回事。

廣州發生集體中毒案

共幹把變質有毒死鴨給工人吃　結果有八十六個工人都中了毒　人民向中共羊城晚報揭發事實　共幹初猶抵賴隨後不得不承認

有朋

八月二十九日廣州「羊城晚報」第一版報導了一篇署名鄭鏡泉、陳華的讀者來信，說設在廣州市的佛山專區凍食品加工廠的一些負責人，竟無視衛生規定，不顧職工身體健康，大量售賣變質死鴨，造成集體食物中毒事故。事件發生後，還隱瞞真象，企圖逃避責任。引起了人民的氣憤，鄭，陳二人是以讀者立場，在「羊城晚報」上呼籲有關部門對這一事件進行嚴肅的處理，以免類似事件不斷發生。

為了使外界人士明瞭目前中共幹部的官僚主義實況，和這次集體食物中毒的真象，茲錄其原文於后。

編輯同志：

設在本市芳村區滘口的佛山專區凍食品加工廠，經常違犯食品衛生規定，出售死亡變質牲畜，以致連續引起食物中毒事故，嚴重危害人民羣衆身體健康。

本月上旬，該廠先後進場八千多只鴨，其中部份在保養期間死亡。該廠竟不顧衛生要求，單純從減少損失出發，將幾百只死鴨分別售給本廠職工食堂、職工家屬以及附近工廠。這些死鴨出售時大部份已經變質，以致造成該廠先後有八十六個職工集體患細菌性食物中毒，嚴重痾嘔；該廠附近的南海縣造船廠等單位職工亦發生類似情況。以上中毒職工幸得及時救治，才沒有發生死亡事故。

該廠領導在這次售賣死鴨事件中所表現出來的官僚主義是十分嚴重的，本月六日，廠內就發現第一批中毒者，但該廠仍然繼續售賣，所以那幾天，天天有職工因食物中毒而嚴重嘔吐。面對這一嚴重情況，該廠領導仍無動於衷，沒有及時到職工中了解病情，對職工健康採取漠不關心的態度。直至九日，職工中毒現象大量出現時，廠長雖然到職工宿舍看了一下，事後却一直沒有認真發動職工檢查這次集體食物中毒的原因，也沒有採取有效措施徹底解決問題。尤其嚴重的是，該廠領導竟一再對有關衛生部門的調查人員隱瞞真象。本月九日，當本市衛生局及市防疫站負責同志得知該廠發生職工集體食物中毒的嚴重情況時，當晚即趕到該廠檢查，但廠長遲書田却逕自回家去了，不予接見，並事先叮囑廠裏保健室的醫生「不要亂說」。又說：「職工發病是廠內的事，自己解決就算了。」在遲書田的「指示」下，保健室醫生當晚果然對市衛生部門負責同志隱瞞了吃死鴨的真實情況，而且事後也一直沒有向當地衛生領導部門報告情況。直至昨天（廿八日），市除害減病總指揮部派人到該廠了解情況時，廠裏的有關領導仍諸多隱瞞，加工車間主任陳用信並假造事實說：「所有急宰、殘次、死亡牲畜，都按衛生規定檢驗後或決定使用或作共他處理。」而據車間工人反映，該廠所有急宰的鴨子與死亡的鴨子，並沒有分開處理，只是脫毛後由工人憑一般常識用眼睛分辨是否可以食用。為了保護人民身體健康，我們建議有關領導部門及時對該廠有關負責人員的錯誤加以處理，並督促該廠建立嚴格的衛生管理制度，保證類似事件不再發生。

讀者　鄭鏡泉　陳華

在中共統治下的大陸，任何行業都有中共黨委的設置（所謂「黨」委指的即是黨部），而各行業的黨委也就是該行業的最高權力機關，黨委書記是黨委工作的執行人。這次事件，在讀者來信中，雖然沒有提到黨委的字句，但在第一段中，已經清楚的說明，該廠出售變質死牲畜是經常的，引起的集體食物中毒事件也是連續的，而且事件發生後，該廠的領導人無動於衷，也不加以處理。既屬經常，足見是該廠既定的經營政策，可以斷定是由黨委來決定的。沒有黨委書記的許可，廠裏的行政人員，決不敢這樣放胆胡為，否則，不須讀者在報端揭發，而中共黨委早已提出質詢。信中指出這種現象是屬於官僚主義作風，我們認為這是表面的看法，實際不能稱之為單純官僚主義，而是中共該廠黨委有計劃的措施，正因為是有計劃的措施，所以在事件發生後才有無動於衷和不加處理的現象。蓋中共對物資的顧惜，看得比對人命的顧惜更為重要，大陸上的集體食物中毒事件，並不自今日始，小的不提，在大的方面，去年二月二日，山西省平陸縣風南公路民工隊就發生過一次有六十一個人的集體中毒事件，中毒原因和經過中共當時未曾報導，只是報導了些中毒後的救濟情形，事隔兩月，「人民日報」於四月七日才報導出是由於反革命份子放毒所致，但據後來由內地來人透露，是由於工人們吃了野生植物而中毒，採集可食的野生植物，是當時中共所大力提倡用以彌補粮食不足的號召，自然不能公開報導，只好用反革命份子放毒來掩飾，這次中毒事件，就中毒工人來說，明知吃了變質死牲畜有中毒的危險，而人們還是繼續購買。這是由於大陸人民成年吃不到肉的原因，甚至連油也吃不到，每月只發四兩油票，有時還輪不到，而能領到的也是由野生植物榨出來的油。一日有機會購買鴨肉，便不顧肉的種類和好壞，爭相購買，不然機會錯過，便連變了質的死鴨也買不到了。所以，雖然有中毒的可能性，人們仍然不顧一切的冒險嘗試。換句話說，若不是死鴨變質，中共也決不會賣給人民吃，早就全部出口套取外滙了。至於該廠廠長隱瞞中毒真象和拒絕衛生部門檢查，當然是怕陰謀揭發，遭受人民羣衆的反對。同時出售死鴨的政策也不能繼續了。

「我們中國必須實現民主」

李金暐

「我們中國必須實現民主」！這是句多麼有力，而又肯定的說話。說這句話的人，不是別人，正是蔣中正先生。據說，他作如此的肯定、明確的表示，是在十五年前的政治協商會議席上。不僅此，當時他還曾說：「今天我們人民最迫切的要求是求安定，求復興，最低限度也要求他們的生活有保障，使他們得以安居安業，自由不受侵害。對於這一點，政府當然要負責盡職，以滿足人民的願望，解除人民的痛苦，保障人民的自由。」

上述的引文，讀來有金石聲，令人覺得當年的蔣先生和今日的蔣先生是有不同的。這也反映出當年的國民黨與現在的國民黨當權派份子的不同了。這至少表示，當時國民黨內，主張民主者是一股不可忽視的力量，這才由蔣先生提了出來。現在是否時代有了不同，遂使蔣先生的觀念有所改變呢？還是他當年所說的，也不過是等同開一張空頭支票呢？或者是完全受了現在包圍在他左右的人的不同觀念影響而改變了呢？

就以一個政治領袖的言論來說，每一句話都應該是出於至誠的，是假不得的。因為這不祇是他個人的言論和政治抱負，應該被看作是整個國民黨治國的理想；也更應該看作是政府當年決心引導人民走向民主政治大道的標幟。

但很不幸，在蔣先生說過這樣的話之後，中國竟一直沒有能夠走上民主政治的大道。所謂「必須實現」者，經已成為泡影！

正惟其如此。便更使人感覺到今日自由中國要從安定中求反共、復興，仍然祇有一條路，就是走「我們中國必須實現民主」的大路。

這條大路，其實是必須要人人有決心、有勇氣去走，才能走出來的。路本是人走出來的，民主之路也得要大家去走，才能走出來。切不可以為蔣氏的「私家路」，如果他不走了，不提倡了，人們也就不能走了；也不要以為這條路沒有國民黨當權派這架開路機，大家就寸步難行了。對於這樣的問題，應該有重加檢討的必要。

「我們中國必須實現民主」，這本是民國以來全民的一致要求。當年蔣先生作這樣的表示，可以說是順應民意，在大勢不可逆的情況下，他才代表了政府和執政黨表示了有實現民主的意思。這樣的表示究是誠意的，還是非誠意的，是必須用事實來衡斷。這裏所謂事實，不是指有了一部憲法，或有了一批國大代表和立監委員，就等於同時有了民主。而應該是從基本上看全民之生活是否安居樂業，和自由是否不受侵害來衡量。

自十五年以前到今天，中國一直是受共產黨的禍亂。蔣先生當年既能夠順應民意，不畏共禍，而作那樣的斷言，可以說他是同意反共必須實現民主的。換句話說，共產黨既要反，同時也要實現民主。也可以說，他是了解唯有在民主政治的基礎上，才能有效地進行反共。不幸的是他失敗了！於是誤以為其敗，敗在民主，遂將一切的責任與過錯歸咎於民主。甚至現在國民黨當權派內部，有些人竟認為要反共必須先揚棄民主了。

就民主政治的運行來說，那是需要絕對講信實的。稍有虛假作偽，就會遭受人民的厭棄。這對一個既得利益的集團如國民黨當權派者，實在是很難以實踐的，這也正是他們先反民主，再反共的基本原因之一。

但是無論如何說，當權派是不能因此就廢棄實踐民主的原有主張的。於是就加一頂帽子在主張民主運動者的頭上，說凡是主張民主的，就是共黨同路人！這樣當權派反民主就顯得振振有詞了！

今天自由中國內外的困難重重，形勢險惡，是每一個愛國的反共的主張民主的人所能了解的。也正因為如此，大家才意識到，實現民主對自由中國的價值和意義更為重大。大家一致的看法和要求，並不是如同當權派那樣要廢棄民主，而是要澈底實行民主。過去的歷史錯誤已成為歷史教訓，當權派更是應該對此作深刻的研討的。他們應該切實地檢討，過去的失敗與民主是否真有關係？現在學步共產黨，而以獨裁政治反共又是否正確？

國民黨當權派失敗的歷史，過去得尚不遠，是不容歪曲事實的，是不容諉過於民主的。

共匪愈剿愈多，最後終於奪取政權，迫使中華民國政府偏守台灣，這一結局當然不應由民主來負責。因為在實質上，蔣先生過去並未真正領導「我們中國」走上「必須實現民主」的大道。至於現在，也同樣未能實踐他的諾言。因此不禁要問：自由中國的民主與自由何在！？

當權派今日已顯然背叛了民主憲政。作為當權派舵手的蔣先生，該是最能夠看清歷史的真相的。中國共產黨的成長，究竟是因為國民黨的式微腐敗造成的呢？還是該由民主政治來負責。中國過去既然未實行過民主，而現在却要民主政治來負担失敗的歷史責任，並加罪於數十年來力主民主運動人士的頭上，甚至還有人迎合當權派的口胃，逕直主張凍結這部已是癱瘓的憲法，可見得當權派是蓄意繼續倒行逆施下去的，已放棄了十五年前國民黨的「必須實現民主」的政治主張，也放棄了在民主憲政大道上作「開路機」的責任。

今天，已不必再追問當年蔣先生的說話，是否具有誠意，既然當權派經已事實上背叛了民主憲政的歷史，人們就不能，也不應再等待觀望了。

民主，在我們中國必須要求實現的。靠當權派的「恩賜」是不可能得到的。

民主對反共固然是重要，對建國更為重要。當權派在這艱難的歲月，已經棄民主而崇獨裁，我們就不能奢望將來復國、建國的時期會有所改變，忽然變得又要民主的。從獨裁取得的既得利益，是永遠不會放手的。為此，我們必須堅持民主運動，必須堅決地保護這一部憲法，我們必須繼續為民主中國的出現奮鬥！

笑貧不笑貪的政風

獨清

（台北通訊）自三屆總統非法連任以來，台灣的政治風氣，即為之大變。最顯著的，是貪污之道，日新月異——從以前的個別貪污發展而為集體貪污。因為在上者為了貪戀總統權位，以便傳之子孫，既不惜倒行逆施違憲毀憲；甚至公然以長期飯票去換取國大代表的選票，創世界賄選史上前所未有的紀錄。在其下者自然要不顧一切唯利是圖了。以故兩年以來，大大小小的集體貪污案，層見迭出，喧騰報章，貽笑中外。不但貪污要犯不以為恥；黨政人員似乎還以為榮。台北市長黃啟瑞接連牽涉兩大貪污案被法院檢察官提起公訴後，台北市國民黨籍全體議員及市黨部全體工作人員還要結隊前往黃宅慰問，表示致意；並發動里長及士紳等作同樣的慰問，即為顯例。

監察院的防止貪污六方

由於貪污盛行，不久以前曾有數百位立法委員提出了一個懲治貪污條例草案，以為治標之計。本月十一日監察院又以糾正案的方式，向行政院提出六項防治貪污的意見，思作治本之圖。內容是：（一）革新政風；（二）改善待遇；（三）健全法制；（四）嚴密管理；（五）加重刑法；（六）加強審計。這六項意見，雖屬平易之至；但在今日的台灣，則根本沒有實施的可能。即就第一項而論，監委們雖然慨乎言之的指出：「當前社會風氣日趨澆漓，一般浮薄觀念，幾乎不以貪污為可恥，而以清貧為可羞；不以廉潔為可欽，而以濁富為可羨。於是官箴漸墜，人欲滋張，欺偽相吞，變詐相角。或藉公以營私，或弄權而納賄。違法瀆職，屢見彈章……」並認為應嚴禁奢靡與勵行節約。但小圈子內的大小人物，無不以驕奢淫侈為能事。每逢祝壽或就職紀念，還要花費鉅額的公帑，特別自海外招來一批花枝招展的電影明星助興，節約云云，又從何說起？因此之故，儘管立監委員們大動腦經，在非法臨時總統的有生之日，台灣笑貧不笑貪的政風仍將日甚一日的。

貪污小計

茲再將半月以來，報紙上所刊載的貪污案件彙列於后。

一、官商勾結龔斷屠場預留地：台北市東園街六〇一至六〇八地段，原是電動屠宰場預留地，商人沈瓊輝等十餘人得知其情，乃以五十萬元將該地購入。復勾通工務局人員，領得建築執照，在地面上建造地基，搭蓋工柵。然後由工務局以該地段係電動屠宰場，不許私人建築為理由，將執照收回。沈瓊輝等遂乘機提高地價，要求政府補償二百四十萬元。並請市議員李錫卿向市府活動，企圖早日獲得補償朋分。現被人舉發，台北地檢處已開始偵察並傳訊沈瓊輝等十餘人。

二、公務局長及技士貪污被判徒刑：台北市前公務局長林永倉，技士張漢卿於任內以配合軍事需要和美化市容為名，延長敦化路至基隆路；並將兩旁之房屋基地指定為住宅專用屋。依市府通過之延長計劃，自中正路至基隆路均為直綫延伸。後來林張兩人因收受賄賂，私自改為曲綫，以致原應拆除之若干房屋得以保存，並因地價上漲而獲暴利。許多原應保存之房屋反被拆除；經受害人張景輝、徐世彥、王級荃等提出自訴，由台北地方法院刑庭審訊終結，依偽造文書罪判處林張二人有期徒刑各一年，褫奪公權一年。

三、肥五廠員工集體貪污舞弊：台肥五廠員工黃梅芳、李秀隆、陳煥堂、李烈烽、官有熾、李慶霖、陳金士、林鶴燦、鍾鏡煌、劉興章、黃哲東、黃萬、張捷堦、傳阿喜、陳金富、游禮成等十六人利用化驗煤炭機會，將含灰份較高的煤炭改為灰份低的煤炭，便利煤礦商圖利；從而收受賄賂共達十萬元以上。去年十月下旬被人舉發，經新竹地方法院刑庭審訊終結，分別判處有期徒刑。

四、官商勾結，興建違章房屋：台北市建築商陳建松、簡仲仁合股在克難街及東園街興建房屋四十八幢，向公務局領獲建築執照後，復賄通該局管理課經辦職員邱國師、黃文田、謝鴻瑞、及警察第十分局職員任宗燉，巡佐那全毅，警員梁菊生、劉新銘等七人私將建築面積擴大，從中取利。經台北地方法院檢察官唐錦黃偵查屬實，於九月十六日正式提起公訴。

五、兵役課長不動產來源不明：新竹縣兵役科被發現有改換役男體位的舞弊案後，經辦科員鄭紹德已被該縣刑警隊扣押，市民代表黃木水亦被傳訊。據十日報載，縣刑警隊為進一步了解舞弊案的內情，本月乃調查兵役課長秦森松所有不動產的來源。調查結果，發現他在新竹市武昌街國際商場購置一座洋樓出租，又在南大路國校附近及勝利路店仔巷兩處各購平房一座，此外還有一筆鉅款放息。三座房屋的時價，約值一百萬元，來源頗為不明。

六、工務局要紅包發生內鬨：工務局秘書胡大彬日前介紹一位莫姓的朋友至該局申請修建執照。經局長批准。建築課經辦課員認為胡大彬獨佔紅包，竟百般勾難。莫姓當事人無法，祇得致送五百元紅包一個，但仍沒有下文。胡大彬得悉此情，特於十九日找該經辦人理論，予以痛罵。後者見勢不敵，願將紅包退還；但前者仍聲稱將報告代市長。

台北簡訊

靜觀

一、監察院糾正報禁

監察院於九月十二日通過一項糾正案，認為出版法施行細則第二十七條限制報紙登記的規定與憲法抵觸，應予糾正，並函請行政院予以刪改。原文如下：

查言論出版之自由，憲法有明文規定，自不得任意加以限制。出版法施行細則，係屬內政部公布之一般行政法則，未經立法院立法程序，自不能有背憲法及出版法之立法精神。茲查出版法施行細則第二十七條：「戰時各省政府及直轄市政府為計劃供應出版品所需之紙張及其他印刷原料，應基於節約原則及中央政府之命令，調節轄區內新聞紙雜誌之數量」，此種規定，無異給予省市政府對於決定出版品之登記發行有無限之權力，僅以紙張為理由，即可任意准駁出版品發行登記。衡之憲法及出版法之規定，殊有未當。出版法施行細則既非憲法第二十三條及第一百七十條所稱之法律，而該細則第二十七條之規定在法律上復無所依據；即令事實上有此必要，而以行政命令限制及妨害出版之自由，顯違憲。依憲法第一百七十一條及一百七十二條之規定，自屬無效。況目前紙張產量豐富，不虞缺乏，此項限制自非必要。應提糾正，送請行政院予以刪改。」

年來，當權者常否認台灣有報禁，現經監察院正式提出糾正，不啻將他們的假面具完全揭開，雖然如此微弱的聲音必無補於實際，但亦可稍快人心也。

二、立委再催國防部組織法

十餘年來，我們雖號稱行憲；但國防部組織法則迄未送交立法院審議。本月十九日立委劉錫五又向陳誠提出質詢未能送審的原因；並指出立法院對國防部組織法的專案質訊，已有二十三次之多，而在其他質訊案中併案提出者尤不止此。陳誠表示將以書面答覆。

為什麼我國早在抗日末期即設有國防部而至今尚無國防部組織法呢？此中原因約有二者：一、蔣介石父子的許多不可告人的公私開支都是以偷天換日的方式取之於國防經費；二、蔣經國的青年反共救國團名義上也是屬於國防部；其各色各樣的活動都是利用國防部的種種便利。因此之故，假如將國防部組織法送與立法審議，制為法律，他父子倆就不易為所欲為了。所以儘管立法院如何催迫，行政院還是無法交卷的。陳誠所謂書面答覆，不過是拖之別名而已。

三、節約與賭酒

台灣公賣局為了提倡喝酒，擴大銷路，發起喝酒比賽，以喝得最多者為英雄。繼因烈風過境，延期舉行。九月七日立法委員湯如炎投書聯合報，指出「烟酒公賣，旨在以征示禁，如以利為義，則近乎無恥矣。」並說，賭酒與節約政令有違。政府既倡導節約；公賣局則實行賭酒？顯然自相矛盾。其他讀者投書，和報刊短評，亦皆不以賭酒為然。但公賣局負責人則有苦難言。因為政府限令他們必須設法增加收入。據省議員王雲龍於七月下旬在省議會質詢時說，台省財政上的三大收入為：(一)公賣利益，(二)課稅，(三)公營事業盈餘。其中以公賣利益為最大宗，且逐年均有增加，計四十九年為十六億元，五十年為二十億元，五十一年為二十七億元。可見公賣利益與財政的關係是如何的重要了。聯合報的短評說：「我們靠賣烟酒為主要收入，不啻以國民健康賭注。試問比那些靠開賭場為主要收入的國家好得了多少？」話雖說得不錯；但在現局之下，當權者不賣烟酒，又有什麼可賣呵？

四、陽明山三次會談遙遙無期

陽明山第二次會談結束後，會場一切佈置日前已開始撤除。據籌備處人員解釋，係因國防研究院需要場地；將來第三次會談，將從新佈置，以期煥然一新。但政治圈內的人士盛傳當權者鑒於二次會談時，許多原以為必來捧場的枱面人物，如旅居美國的兩位青年物理學家和某幽默大師，香港的何魯之教授以及三大書院和三大僑報的首腦都裹足不前，頗感失望；誠恐三次會談，海外來客更少，不得不從長計議，此其一。復次，二次會談時，居然有人敢於提出廢除黨化教育及出版法的問題。雖因預伏勇士的即時起來，未獲通過；但事後檢討總覺難免給人以祗許談擁護，不許談改革的話柄。朝中有人甚至認為第三次的黨派會談，縱然預伏大批刀斧手，也祗能嚇阻與會者不敢提非法總統的問題；但他們若要求釋放雷震和取銷非法組織青年反共救國團，則將難以應付。也有人獻策：不如要民、青兩黨各自推選出席會談的人士，既可藉此向外顯示政府的民主作風，又可密令各該黨內的「忠貞」分子設法將那些主張民主、反對獨裁的領袖人物自內排除，而推選可以聽命者代表各該黨參加會談。持此說者，更認為如此佈局，不但三次會談必能順利進行；而且當權者還可猩猩作態，對民、青兩黨的某些領袖未獲各該黨推為會談代表而表示惋惜之意。但亦有人認為今日的國民黨已無秘密之可言，此計一經傳出，更將自我暴露弱點。看情形，恐怕還要經過相當時間的考慮，才能有所決定的。不過，無論如何決定，當權者無意改變其傳統的獨裁作風和傳子的既定計劃，則是顯而易見的。可憐民、青兩黨的某些熱心之士，竟因三黨共同綱領之計不售，乃又自己減價，提出一個所謂「低調」的辦法，希望得到當權者的垂青，亦可謂自侮矣。

五、中信局與唐榮廠勾結舞弊

中央信託局高雄辦事處主任趙雅虔和儲運課長陳葛武等利用辦理鋼鐵加工外銷的業務關係，將數萬噸廢鐵售與唐榮廠，價款則由該局貸給，唐榮未付分文。趙、陳兩人即從中獲得鉅利，公家遭受數千萬元的損失。直至去年唐榮廠發生危機時才被發現，經由總局革職，送請高雄地方法院法辦。但數月以來，謠啄紛紜。乃於本月初移轉管轄，發交台南地檢處偵查。一般人都認為趙、陳兩人如此胆大妄為，而且舞弊的時間已達數年之久，總局故作不知，其中必大有文章。

省議員與酒家女

靜吾

（台中通訊）台灣省議會於九月十三日上午九時討論省政府送審的「特定營業管理規則」，女議員主張將第十八條限制酒家、酒吧、茶室等業不得雇用未滿十六歲之女子為服務生之規定，修正為二十歲。男議員亦有人表示贊成，乃無異議通過。但半小時後，台中最大酒家——醉月樓的紅女侍麗嬌即偕另一千嬌百媚的酒女到省議會拜訪，要求取銷此一修正案。有些男議員得到消息，即紛紛溜出會場迎候。此時主持議會開會的是副議長謝東閔，為給大家方便，更宣佈休息十分鐘，男議員們便一擁而前，將兩位名花團團圍住。經過一番「友好」的協商以後，他們的態度即為之作一百八十度的轉變。議長黃朝琴雖是日無暇主持議會開會，但聞得名花光顧省議會，也不敢怠慢，出來親表歡迎。張富議員乃拉着麗嬌到黃朝琴面前，請他設法補救。黃朝琴面對名花，亦覺萬分不安，乃把責任向大家一推。他說：「修正案是你們通過的，我有什麼辦法？」並示意可提請覆議。許多男議員都表示願意為紅顏知己，奮鬥到底。

十時四十分省議會繼續開會，由黃朝琴親自主席。蔡文玉議員即匹馬當先，提議覆議，其他男議員十餘人也不甘落後，競相附議，覆議案遂告成立，激辯隨之展開。由於女議員一致表示反對，黃朝琴乃別出心裁，宣佈採取一男一女輪流發言的方式。女議員們指責修正案通過後還不到二小時，就因酒家女的一番活動而提出覆議，省議會竟受酒家女所左右，實在太不像話。林蔡素女議員並說：未滿二十歲的女子，依民法規定尚無婚姻自主權，今日的酒家女十九都是暗操淫業，省議會若竟立法以縱容未成年的女子去做酒家女，不但在道德上說不過去，且與民法的精神抵觸。男議員劉盛才也表示，每看到十六、七歲的女侍應生來陪酒侍茶時，便不禁想到：「假如她們是我的女兒，我將作何感想？」因此，他希望大家多想想。但其他的男議員則主張顧全事實，將二十歲改為十六歲或十八歲。雙方相持不下，黃朝琴乃宣佈表決。女議員們自覺人數太少，無法獲勝，當即一致退席。但因此一來。議會却不足法定人數，黃朝琴眼見無法在兩位名花之前完成使命，老羞成怒，竟破口大罵女議員不懂民主，聊以洩憤。隨即宣佈暫時休會，下午再繼續討論。

下午開會，各酒家女老板率領大批女侍應生到省議會實地監督和助威。她們高踞二樓的旁聽席，俯視各議員在會場中舌戰。男議員一個個鼓勇發言，冀博美人歡心。情況熱烈，前所罕見。辯論結果，卒以三十四票對十四票通過修正為十八歲。

黃朝琴在宣佈表決後，即向二樓的旁聽席上作會心的微笑。各男議員（除了兩位和女議員一道投反對票的）無不興高彩烈；到場的羣花亦相率奏凱而歸。聞她們即將選擇吉日宴請正副議長和各男議員，酬謝他們一片至情厚意，屆時當必更有一番盛況。據某議員於會後向人表示，男議員們（包括正副議長和他本人在內）所以出爾反爾，不能不覆議該案，乃是深受麗嬌的一番如泣如訴的話所感動而無法自已。她那天先以叩人心弦的媚眼向各男議員掃射一遍，然後又帶着薄怒嬌嗔的口吻向他們說：「現在的酒女，十分之八九都在十八歲左右，因為年紀大了沒有人要。就是你們各位（指省議員）每次光顧酒家茶室，又何嘗不是挑選最年輕的作陪？」各議員經她這一說都啞口無言，祗得改變態度，提出覆議，亦可謂「從善如流」矣。

縣議員明分建設經費

直夫

（台北通訊）台北縣議會審議該縣五十一年度地方總預算案，迭起波折。九月八日傍晚謝文程縣長與蘇議長還為了能否如期完成三讀程序而爭得面紅耳赤，幾至發生衝突。最後，謝文程為順從各議員的意見，期使總預算能順利通過起見，乃囑主計室主任陳健向各議員宣佈：每一議員都可有三萬元的建設經費隨意處理，無論用於水利、橋樑、道路、教育或其他建設事項均可。祇要預算能照原案通過，其變更用途之手續，縣政府願負責辦理云云。果然不出其所料，陳健宣佈此一消息以後，議員們即加緊工作，卒至挑燈夜戰，於當晚十一時許將總預算審查完竣，三讀通過，然後才宣佈閉會。按縣議員共六十四人，此一分脏式的建設經費即達一百九十二萬元之多。因而使該縣總預算擴增至一億九千二百五十餘萬元。較原定數額多了幾乎兩百萬元。如此一來，縣政府與縣議員雖然皆大歡喜；但議會法規限定議會不得作增加人民負担之提議的條款則被撕毀了。有一位縣議員向筆者談及此事時說：蔣「總統」為了自己要連任下去，連憲法都可破毁；我們縣議會為選民爭取建設經費，稍為不顧一點議會法規又有何不可呢？由此亦可知蔣介石的非法連任，其影響是如何的惡劣了。

中共內部益見不穩旬日之內連續發生

香港大公報重要幹部周榆瑞反共起義
中共兩飛行員駕飛機到南韓投奔自由
另有一福建青年由厦門浮海逃到台灣

綜觀

在最近半個月之內，儘管中共加入聯合國的問題，因蘇聯的提議，而在聯合國大會第一次被列入議程，表面形勢似對中共有利。但在此同時，中共內部却發生一連串的事件，這些事情都一再的着重顯示中共內部已愈來愈不穩，共幹們都已對中共的前途失掉了信心，否則這些在中共內部工作多年的共幹，是不會在此時此際毫不留戀的斷然離開中共，舉行反共起義，且冒生命的危險來投奔自由的。

在香港，迄今仍在轟動的新聞，是中共在香港控制的大公報的重要人員周榆瑞的突然反共起義。為這件事，近日香港各報都有詳細記載，事緣周榆瑞於九月初向大公報請病假一個星期，期滿後，不但未往大公報繼續工作，而且失了踪。有些報紙則報導周榆瑞已往英國，只有蔣經國在香港辦的特務報紙，則說周已被中共挾往大陸。為此，英國外交部和殖民部還發表了一個聲明，說周榆瑞未往英國，然則，周究竟去了何處呢？到九月十八日，有關各方才從航空公司証實周已於九月十日乘飛機經曼谷等地前往羅馬，周到羅馬後究竟是前往英國抑或前往美國，則待下回才知了。但周不是被挾回大陸，則已確定。就這一件事情看，已可見台灣特務人員之低能。

周榆瑞反共起義後，香港各共報大公報、文滙報、新晚報等都未作公開表示，只有一家素以黃色小說吸引讀者而又偽裝中立的共報報導了周榆瑞到井裏去了。據它說，周已往倫敦。

據這一家偽裝中立的共報說：二次大戰時，周畢業於西南聯大。並曾在西南聯大任英文講師，又在美國新聞處和英國新聞處做過事。抗戰勝利後，入大公報工作，國共和談時，任大公報南京特派員，對採訪和談消息，很有成績，周在香港新晚報用「宋喬」筆名撰「江南舊事」及「侍衛官日記」，報導蔣官邸秘密，部分資料即由此而來，蓋當時周常與侍從室人員往來，因而從口頭得到部分資料。周之中英文的寫作能力均好，且又善交際，其人事背景亦頗複雜。以周在香港之人事關係而言，除周之太太約瑟芬．周現在香港大學東方語言班任教外，周之岳父周福田牧師及周之妻兄周振勇均在香港大學東方語言班任教。周之連襟則有現任香港市政衛生局民選議員張有興及香港著名眼科醫生程伯京。程伯京夫人（即周榆瑞姨姊）亦係極活躍人物，曾在美國學音樂，現係香港盲人音樂訓練所董事會實際負責人，中共看上了周榆瑞在香港的這些人事關係，以為足以担任共黨之特別工作，故周榆瑞在大公報担任的名義雖然只是大公報的秘書，但因中共曾調派周往韓戰時的北韓採訪新聞，又曾調返大陸受特別訓練。（周體重原本有二百磅，受訓兩年，體重減為一百三十四磅，最近始恢復到一七〇磅）故周之實際工作，則除秘書工作外，還担任印刷公司經理、英文秘書、交際主任、採訪主任等等工作，中共又一直派他參加香港的外國記者俱樂部，從事國際秘密工作。

今周榆瑞突反共起義，中共自然大吃一驚，中共現已命大公報社長費彝民趕赴北平報告一切，另一方面，聞周榆瑞則正在撰寫一本英文North From Hong Kong（香港以北）的書，必將暴露中共若干內幕，故好戲還在後面哩！

另據台北九月廿三日軍聞社電：「空軍總司令陳嘉尚上將今天說：最近在韓國投奔自由的兩名中共飛行員，短期內即可回到自由祖國的懷抱，陳總司令係於廿三日訪問韓國歸來，在機場答覆記者詢問時作上項表示」。據陳嘉尚說：「這兩個飛行員一位是邵希彥（山東人）為中共後備空軍少尉，現年廿九歲；一位是副駕駛員高僑宗，河南人。他們兩人飛到韓國濟洲島降落後，立刻向韓國政府請求政治庇護」。

另據台灣外島金門消息：近有福建青年學生一名，用兩隻籃球作補助，由厦門冒險游水到金門，以投奔自由。

以上均顯示中共內部人事實已非常不穩。

大陸藥材奇缺

中共大量採挖野生藥材

陸聞

近年來，大陸中藥藥材的供應是越來越緊張了。因而，經常銷售海外的部分藥材，現已較中共佔據大陸前漲價一百倍以上了。然而來貨仍然疏落。這當然不是中共不欲將中藥材運銷海外，以換取外滙，主要的，乃是因為大陸藥材減產，而大陸病人又日漸增多，故形成中藥藥材奇缺的現象。

為了彌補這一現象，中共遂又異想天開的想出用野生藥材的代用辦法來。表面看來，這也似乎未嘗不是一種解決辦法。但流弊却極大，且常危及人民的生命。蓋中藥藥材之藥性，乃集中國數千年之經驗所得來。中醫師之處方亦係根據一定的藥性處方，野生藥材則不然，野生藥材之藥性與培養出來的藥材，在藥性上常有極大的差別，甚至常常含有毒性，而中醫師對於這些採挖來的野生藥材的藥性則是無法熟悉的。所以，採用野生藥材實在是相當危險的事。

據九月十二日中共人民日報瀋陽專電：「今年遼寧山區的野生藥材普遍豐收，各地適時組織羣衆採挖和開展收購工作，供應醫療需要。僅七、八兩月全省就收購了各種藥材一百三十多萬斤，為農民增加了八十六萬元的收入。遼寧省百分之六十的土地屬於山區，盛產野生藥材，品種不下二三百種，年產量在一千五百萬斤到二千萬斤。其中五味子、細辛、貝母、黃柏等藥材馳名全國，大量運輸外省。今年各地藥材生長異常繁茂，現已陸續成熟，西部山區出產藥材較多的凌源縣，把集體採集和社員個人採集做了全面安排。明確規定凡是國家統一收購的品種和大面積成片的藥材都歸集體採挖。……現在全縣每天上山挖藥的有二萬多人，到八月底已採挖各種藥材二十六萬多斤」云。

由此看來，中共固可因此賺入一大筆錢，但又不知因此誤了多少人命？

僑鄉簡訊

鍾之奇

岑溪縣用木薯葉養蠶

蠶與糧原本是不相干的兩個問題，但今日大陸却又爆發一個蠶糧爭地的矛盾，怪事年年有，却無中共多了。

原來所謂蠶糧爭地的矛盾，乃是這樣產生的。中共極欲增加糧食生產，於是便將一切土地都用以種植糧食，但要養蠶就得栽種桑樹，因為桑樹才是可以養蠶的最好飼料。但要種桑樹，又得佔去土地面積，這樣一來，便發生了中共所謂蠶粮爭地問題。為了解決這一問題，中共便異想天開的不用桑樹來養蠶，而用一種既可生產糧食又可飼蠶的木薯來養蠶。木薯當然不是一種最好的糧食，而且木薯還有毒，但中共認為木薯可以作糧食，木薯的葉子又可養蠶，故迫令人民不種桑樹，一律改種木薯。

據中共新華社南寧訊：「廣西岑溪縣利用木薯葉養蠶效果良好。現在這個縣木薯蠶的飼養量比去年同期增加了一倍」。又說：「木薯蠶是以篦蔴蠶作蠶種，利用當地盛產的一種高產糧食作物——木薯的葉子作飼料。這種蠶在這裏飼養已有五年的歷史。……飼養木薯蠶最大的優點是不需佔用土地專門種植蠶飼料，避免了蠶糧爭地的矛盾」云。

廣東澄海縣水利建設差

中共佔據大陸十一年以來，年年都在誇吹水利建設，究其實際，則鐵幕低垂，海外僑胞無法自由進出予以觀察，但從大陸連年都遭受水旱災情形，則充分反映了所謂水利建設都是鬼話，九月十三日中共人民日報則對廣東澄海縣十一年來的所謂水利建設作了較詳的透露。它說：「冠三大隊原來水利設備很差，全隊只有兩條排灌渠，三十天無雨，便有大部分耕地受旱，遇上一百毫米的雨量，又有一半左右耕地積水成災。同時田丘支離破碎，田面高低不平，耕作十分不便，土壤結構不是含坭過多，就是含沙過多，有機質含量不到百分之一。由於水利條件和土壤條件的限制，絕大部分耕地無法進行水旱作物輪栽，一年三熟的耕地只有一千一百多畝，佔總面積三分之一」云。

廣東福建同時發生大水災
廣東汕頭韶關等縣淹田一百萬畝
福建晉江出現十二年來最大洪水

廣東最近又發生嚴重水災了。據新華社廣州九月十八日電：「廣東省的暴雨洪水災害是由今年第二十、廿一、廿二號三次颱風引起的。第二十號颱風八月廿六日在福建和廣東交界處登陸後，轉入廣東省東北部使這一帶降雨二百毫米到三百毫米，最多的到六百毫米。汕頭、韶關兩個專區不少縣遭到洪水襲擊，據不完全統計受淹稻田一百萬畝左右。還有一些房屋、小型水利工程等被冲壞，第廿一號颱風是今年南海上較強的一次颱風。九月十日，颱風在廣東惠陽港登陸，中心風力達九級到十級，當時除湛江、海南兩個專區外，佛山、肇慶、汕頭、韶關等專區和廣州普降暴雨，東江和韓江以及北江水位暴漲。這次颱風帶來的暴雨對汕頭、佛山兩專區以及廣州影響較大，擴大了前一次的風雨災區。九月十二日的二十二號强颱風，在福建登陸後，又使廣東部分地區下了大雨和暴雨，廣東東江、韓江以及北江再度水漲，不少水文測站的水位超過了警戒線，東江惠陽站超過了保証水位」。

中共新華社又說：「災情發生後，災區各級黨政機關立即領導羣衆投入抗災鬥爭。……河源縣各級幹部連夜領導羣衆防洪搶險。這個縣的義合、益口等公社有一萬多人曾經被洪水圍困在山頭」云。

在最近期間，廣東之外，福建亦發生嚴重水災。據中共「中國新聞社」福州九月十五日電：「中共福建省委和福建省人民委員會，十三日聯合發出緊急指示：要求全省以抗災防災保秋作為當前的中心任務」。「晉江專區的惠安、莆田一帶地方是二十二號颱風的登陸地點，十二日全區普遍下暴雨，十三日晉江木蘭溪等主要溪流均超過警戒水位，出現了解放後十二年來最大的一次洪水。莆田、惠安、晉江沿海一帶又受農曆八月大潮頂托，造成水患。……晉江縣晉江防洪堤十二晚上被水冲壞七十五處。……福州市十二日中午最大風力曾達十一級。……福建在過去一週中，連續遭受第二十一號和二十二號兩次颱風，由於二十一號颱風的影響，閩南地區，特別是龍溪專區遭到洪水、內澇災害」。（穗生）

印尼拒絕荷女皇建議

俊華

兩項聲明

印尼總統蘇加諾本月廿一日在東京發表關於西新幾內亞的談話，謂「本人堅決拒絕荷蘭政府之所謂（西伊里安）自決政策。蓋該政策唯有釀致未來的糾紛」。在耶加達的印尼外交部，也於同日發表聲明說：「印尼將被迫『採取她自己的辦法』以解決西伊里安（西新幾內亞）的領土，倘使荷蘭不準備以和平方法歸還該領土的話」。

這兩項聲明的發表，蘊藏着嚴重的內容，透露出印尼對於要求西伊里安態度的激烈，它也可能是東南亞另一危機快要爆發的訊號。

蘇加諾的東京聲明，是答覆荷蘭女皇所提出的和平解決西新幾內亞問題的辦法；朱麗安娜女皇十九日宣佈說：「荷國政府已決定任由西新幾內亞人民，執行其自決的權力」。

朱麗安娜女皇的談話，又是一項非正式的答覆，對於印尼方面迭次所作的西伊里安領土的要求。對於西伊里安，蘇加諾曾經不止一次聲稱：荷蘭「唯有無條件交回」，否則的話，印尼將採「其他的方法」、「革命的方法」、「以全國兵力、對付荷蘭帝國主義殖民地主義」，去收回西伊里安。上述印尼外交部所稱的「採自己的辦法」，也無非是暗示使用武力。

印尼會不會眞的使用武力？假如印尼使用武力，荷蘭的態度又會怎樣？東南亞區的另一戰爭，豈不是會爆發了嗎？

爭執理由

西新幾內亞領土問題，自一九四八年印尼獨立之時起便已存在，到現在已經十多年了。荷蘭移交領土給印尼的當時，西新幾內亞是唯一遺留下來的大爭執。而且似乎解決不易咧！

新幾內亞為僅次於格林蘭之世界第二大島，東部屬澳洲、西部隸於荷蘭。面積雖六倍於印尼首都所在地之爪哇島，但居民不過四十多萬，且係巴布亞人，無論從在人種或文化上說，與印尼各島嶼沒有什麼聯繫。一九四八年印尼荷蘭圓桌會議中，荷蘭就是根據歷史人種文化，西幾內亞與印尼不生關係的理由，反對將該土地移交。

印尼方面所持的理由，則以為印、荷協定是移交「荷印領土」，西新幾內亞既在荷印政府統治之下，自非一併移交不可。僵持之下，雙方幾至破裂。

荷方代表終於坦白提出，謂荷蘭在西新幾內亞所得經濟利益，尚不足以充該地行政經費。惟荷蘭一旦全部退出亞洲，喪失在遠東之發言權，必為議員所不滿，而「印、荷協定」予印尼以獨立，必須議員三份之二通過修憲案，方能批准印尼獨立，希望印尼不要「因小失大」。最後才由聯合國印尼委員會提出折衷：西新幾內亞保留現狀，（即仍維持荷蘭統治），嗣後雙方再提出對於當地情況的報告，會商解決該地區政治解決的辦法。

共黨煽動

這就是說，印尼曾經同意通過「會商」，及以「政治解決」辦法去處理西新幾內亞這土地歸屬問題。現在荷蘭並沒有堅持她對西新幾內亞的統治，提出「當地居民自決」，不失為一個公允的辦法。「自決」是既不偏荷又不偏印的。

可是印尼獨立十餘年來，由於國策多變，國勢始終沒有穩定，政治生活缺乏保障，經濟生活尤見動搖，並沒有能夠取得西新幾內亞島上巴布亞人的「向心力」。換句話說，印尼對於西新幾內亞舉行公民投票自決該島前途，實在沒有把握當地居民會投下傾向耶加達的票。

也許他們願意「暫」留荷蘭統治，也許他們要求獨立，也許他們希望聯合國托管，誰曉得呢？但無論如何演變，荷蘭知道這項投票，如在不久後舉行，西新幾內亞不會歸入印尼。

那一方面，蘇加諾是以「反荷」為他發揚民族主義的武器——轉移內爭的以對外的一種手段，也以收回西伊里安為他終生職志，所以他主動宣佈對荷蘭絕交，呼籲全國武力收回西伊里安。除非荷蘭肯把該島「無條件」交給印尼。

蘇加諾的「反帝」，首先獲得印尼共黨的擁護。一九五六年沒收荷人財產，共黨控制的印尼總工會是主要執行人。通過印尼共黨的「路線」，中共、蘇聯，都公開聲言徹底支持印尼對付荷蘭帝國主義。蘇聯幫助印尼建立「東南亞最強」的空軍，在該項飛機移交禮中，蘇代辦就公開鼓勵說：「去從荷蘭帝國主義手中把西伊里安取回來」。

印尼的準備動武，已使荷蘭採取相應的行動，計為在西新幾內亞建立後備隊，派航空母艦到該地增防，派國防部長親赴該島研究當地情勢。準備防禦印尼的進攻。

蘇加諾最近任中立集團代表訪美時說，印尼所以不抨擊蘇聯首先試爆核子武器，因就印尼接受蘇援較美援為多。準此而論，西新幾內亞戰爭何時爆發？就要看莫斯科的時間表了。

・星洲通訊・

蘇加諾與建清眞寺

費惜光

印尼回教的偉大聖殿「獨立清眞寺」，在蘇加諾總統親任籌建委員會主席後，迅即奠基興建了。這偉大聖殿的建築費預算，也被重新修訂為十五億盧比（以前的預算為一億四千萬盧比）；照依印尼的官價外滙率，折合美金達三千三百萬元。單以這個建築聖殿的龐大計劃來說，回教在印尼的成就，豈不是很顯赫輝煌嗎？

然而，事實上卻並非如此！

印尼人民的風俗，雖然很守舊；印尼政府的施政，雖然也很固執；但是印尼的憲法，卻還能很清楚的規定：「任何人都有宗教信仰的自由」和「任何人都有學術和思想的自由」。而政府當局對宗教所採取的態度，也是溫和的、放任的：因此，印尼的回教雖是已有了很根深蒂固的歷史，可是它對印尼人民的影响力，迄目前為止，似乎仍未能起得怎麼樣的大作用。

印尼政府所承認的宗教共有四個，除回教之外，尚有基督教，天主教，和印度教。在這四個宗教中，當然，它們都是各有各的傳教士，分別展開傳教工作；而印尼政府宗教事務部的本身，則並不宜傳任何宗教，也不干涉任何宗教，祇要其傳教動活不妨碍公衆秩序和社會安寧，就對他們絕不過問。回教徒憑着他們本身固有的有利環境和條件，原是可以相當活躍的，但是回教的領袖，現在卻正熱中於政治生活，因而反把傳教事務鬆弛了許多。這點，印尼人民自己也承認的。

目前，印尼國內的回教教師，異常缺乏，其主要原因就是他們都已踏上了政治舞台，參與了政治活動。在這樣的情形下，一般印尼人民對回教教義的研究興趣，便日趨衰退。其次，回教教義在印尼的國民學校課程中，也已不被重視；祇有教堂裏每週五這一天成為回教徒集會傳教的主要日子，雖是有不少教徒仍虔誠地信仰着，但也祇是信仰而已，而不是熱烈地傳教。

在印尼的九千萬人口中，從來沒有辦法可以知道究竟有多少回教徒？而對「回教徒」的定義，更從來沒有人可以來替它定下一個清楚的界說和解釋。

印尼的官方，在數年前，雖然曾作過一次大署的估計，說回教徒約有六千餘萬人。但一般認為：這祇是一個在教徒定義含混、和極度誇張的數字。實際上，在這一大羣被認為是回教徒的人民中，他們能夠遵從教規，每天去清眞寺祈禱五次的，究有幾人？能夠履行義務，將每年收入捐獻百份之四的，究有幾人？能夠依照誡條，捨棄自己個人利益而去眞心眞意救濟窮人的，又究有幾人？

在這樣的情形下，所以目前一般觀察家都認為：回教在印尼的發展，實際是相當緩慢。

蘇加諾總統雖然這麼說過：「因為印度尼西亞是一個大國，所以印尼人民必須協力建築一座富麗堂皇的回教教堂；要使這回教堂成為東南亞、甚至成為全世界最偉大的清眞寺」。可是預算建築費用達十五億盧比的「獨立清眞寺」將來建成了後，就可以立刻使回教在印尼迅速發展？或是立刻加強推進了麼？恐怕還不外是反映蘇加諾好大喜功的性格，要在他「總統」的職權之上，再加上「教主」一般的身份吧！

印尼人民對回教教義逐漸缺乏研究興趣，其主要原因並不是由於沒有一座偉大的清眞寺，而實際的癥結所在，乃完全是回教領袖向於政治生活而忽畧了傳教工作所造成。那末，欲使印尼的回教從「蝸牛式」的進度中跳脫出來而變成蓬勃的擴展，唯一的辦法，還是該由回教領袖自己的本身下手。倘若他們能夠把「政治的嗜好」轉而為「傳教的熱誠」，不再追求政治生活，而將他們全副精神貫注於教義的研究和傳教的進行，則有相當悠久歷史的回教，自然可以在短期內另有一番成就；這相信會比他們的興建「獨立清眞寺」來得更輝煌。

× × ×

真實主義（上）

椿雨

大凡過了三十五歲，而還沒有結婚的男人，多多少少總有點怪。因此，莫之安先生的「怪」便值得原諒——而且值得同情了，因爲他已經四十歲了。

他出生於一個良好的家庭，受過高等教育，在社會上混了十多年，可是，現在他祇是這個縣級機關的委任十幾級的文書員而已。雖然他的低就與他的怪有關，但我要加以聲明，他對此並無遺憾，甚至連一點點懷才不遇的感覺都沒有；他是樂天而知足的，祇有一樣——正如人類有歷史以來，每一個追求眞理的聖哲一樣，他痛恨虛假，服膺「眞實」（根據他的觀點，眞實和眞理是有區別的。如他所說：眞實就是眞實，而眞理有時却非常抽象）。

也許是由於他對「眞實」的追求太認眞，所以在機關裏，他非常孤獨；因爲即使是一個最有天才的雄辯家，要想和他談論一件最普通的問題，也會感到難以應付；他那種打爛砂鍋問到底的精神往往還使對方發火——而且發火也沒用，他寧可陪你打架，也要把那個問題弄明。這種事情發生過好幾次之後，同事們祇好對他敬而遠之了。

可是他追求的眞，並不包括「善」和「美」，原因倒並不是這三字訣被大家用濫了；他認爲這三個字是應該分開的，比方說：一個眞正的蕩婦是不會善的，也不一定是美的！這就是他的邏輯，他能夠隨口說出種種理由，使人啼笑皆非的理由。

「眞實」，可以說就是他所信仰的宗教。自從十年前那個他單戀了七年的「愛人」驟然捨棄他之後，他開始痛恨一切虛假的事物，久而久之，這種意識愈來愈強烈，終於不自覺地在他的心中形成了他所不信任的抽象的，不可捉摸的力量。

儘管美都麗戲院對面那位固定替他理髮的九號小姐如何殷勤，他始終不肯將兩鬢的白髮染黑，因爲這樣便違背了眞實，他不喜歡紙花，不戴近視眼鏡，洗內衣褲的時候不用非肥皂，不吃奶粉，不穿人造絲棉之類的衣物；同時，看電影時，他不買黃牛票和半票，不寫草書和減筆字，不戴手錶（因爲永遠沒有一隻錶準確的），不漿襯衣的衣領，而且憎厭一切褪色變樣的東西；假如下棋，他非要把對方吃光不可，不然就讓對方吃光。

他最痛恨的，莫過於女人燙髮，畫眉毛，塗脂抹粉，戴義乳了。這是他最不能忍受的！

由於最後這個原因，他的命運注定是一個婚姻的失敗者。最初，曾經有些熱心的親友替他介紹過對象，但永遠沒有一個不違反他這種絕對眞實的原則，結果事情非但沒有成功，反而弄得不歡而散。因爲他是講究眞實的，喜歡就是喜歡，討厭就是討厭，於是後來誰也不願意惹這種麻煩。

但，假如說那許多候選人裏，他從沒有對任何一個動過心，那是不眞實的。至少曾經有一個合格了一半——外表。

莫之安先生說過，眞善美是分開的，所以他所要求的外表，並不是美的外表。

的確，那位叫做吳薇的女人並不美；她至少也有三十二、三歲了，腰粗粗的，身材相當高大。在莫之安先生看來，她的美就是眞實！她臉上的皮膚很粗糙，厚厚的嘴唇，小小的眼睛，直直的頭髮，看不出絲毫人工修飾的痕跡；至於身上的打扮，更是眞切不過，祇罩着一件碎花士布裙服，沒有穿內衣，因爲出汗，衣服緊緊貼在背上，當她走動起來，便可以很清楚地看見她身上的每一塊肌肉在抖動。

到花蓮的第一天，他便被吳小姐這副眞實的體態吸引住了。那次他是接受一位遠房表親的邀請，到花蓮作客，吳小姐就是這位表親的堂房姨妹，寄住在他家。

接風的午飯是一起吃的，連同主人家的兩個孩子，一共六個人。吳小姐臉上毫無表情，先幫忙女主人開飯，然後草草地扒了三碗飯，便放下碗筷走掉了。

飯後，男主人和莫之安先生回到客廳，剛坐下來，他便開門見山地說：

「之安，我們不是外人，而且我也知道你的脾氣——你覺得怎麼樣？」

「你指什麼？」莫之安先生微微有點困惑。

「這就是我請你到花蓮的目的！我這位姨妹……」

「那好極了！」莫之安先生連忙接住對方的話，「我正要問你呢！」

「夠你標準嗎？」

「外表是及格了！」

這位巴不得早一天減輕負担的表親放下一半心。

「啊——」他故意把音調拖長，說：「你還知道！她的外表雖然不怎麼好，可是內心呀，那眞是太美了！」

「可是，我看她的樣子……」

「她就是這樣！」這句評語剛出口，這位有點激動的媒人馬上便發現自己說錯了話，當他正想說明那是女人的毛病，莫之安先生却興奮地笑起來了，因爲這正是他所喜歡的地方。

「那好極了！」他喊道：「我生平最討厭的，就是那些裝模作樣的女人！心裏明明不高興，却裝笑來敷衍你！還是她這樣好！眞實！痛快！是怎麼樣就怎麼樣！」說着，他把頭湊近那位媒人。「其實也難怪，第一天見面……」

「呃，是……是的？」媒人訥訥地說：「你們祇要接近接近，我想，嘿……」

可是莫之安先生並沒有和吳小姐接近，第二天他便回到台北來了。不過，他開始和吳小姐通信，互道心曲。三個月後，他正式邀請吳小姐到台北來，當面商討婚姻的事。於是，在約定的日子和時間，莫之安先生親自到車站去迎接這位合乎一切眞實條件的愛人。

那天，吳小姐換了一套比較體面的衣服，但是並不怎麼合身，除此之外，看來和三個月前並沒有甚麼變化。見了面，莫之安先生當然是心花怒放，他緊緊地拉着她的手，問長問短，而她總是望着他笑，最後，當他叫妥三輪車時，她有點忍不住地靠近他，輕輕地問道：

「你沒有發覺我有甚麼不同嗎？」

「沒有呀！」他快活地說。

「你再仔細地看——不，看我的臉！」她得意地霎霎眼睛。

幾秒鐘之後，莫之安先生的臉驟然被扭曲了，他可怕地睜大着眼睛，嘴唇不住地顫抖着，突然，一切都凝固起來了，他絕望而痛苦地迸出一句話：

「噢！單眼皮有什麼不好呢！」

那還要用說，他當面把吳小姐申斥一頓，然後把她趕回花蓮去。在給那位失望的表親的解釋信中，他說：眼睛是靈魂的窗子，她竟然給它動手術，一個連靈魂都不愛惜的女人，「餘無足述矣」！

這一次事情的功敗垂成，莫之安傷心了好久，因爲在今天這個社會裏，像這樣「眞實」的女人實在是太少了。直到不久之前，命運才讓他碰上第二個具備有這些條件的女人。

事情的經過是這樣：機關裏招考兩位打字小姐，但兩位被錄取的小姐中有一位竟然過了三天還沒來報到，於是那位備取的便僥倖地得到這個職位。她就是這樣被莫之安先生發現的。

她姓周，揚州人，但是最討厭別人和她說上海話。單單這一點，就值得莫之安先生對她刮目相看了，而且，她比吳小姐年青，比吳小姐長得漂亮；她的身材瘦瘦長長的，腦後拖着一條長長的黑辮子，上班的時候，總是穿着一件有點發白的陰丹士林布旗袍，平常難得聽見她說一句話，臉上像是永遠蒙着一層厚霜。

一個星期之後，單身的男同事碰過她幾次釘子，便對她失去了興趣，可是莫之安先生的興趣却愈來愈濃；他冷眼旁觀，開始相信這就是他理想中所尋求的那種女人。

骨骼標本（下）

盛紫娟

快放學的時候，一股使人垂涎欲滴的肉香，瀰漫了整座教學樓，正在答卷子的林綺華偷偷用手肘撞了下坐在她旁邊的宋琪，她們倆會意地微微一笑，又皺起鼻子用力嗅了幾下。一個同學忍不住說：「唔，好香！」

「是不是燉雞的香味兒？」另一個同學用力吸了兩口氣，問她左右的同學。

「燉雞？你別饞瘋了吧！我已經兩年沒見過雞了。咱們學校哪兒來的雞。」坐在她左面的同學立即駁斥她。

「也許是燉肉……」一個同學猶疑不決地說。

立即有人打斷她的話：「一個月每人分配不到二兩肉，燉個魂兒！」

這時教室中已經沒有人能安心答測驗試卷了，吱吱喳喳地吵得像一羣麻雀。教三角的瘦瘦的彭老師，一面叫同學們別吵，自己一面走到教室門口去張望，禁不住也吸了兩口香氣。

同學們七嘴八舌的嚷着，林綺華站在椅子上高聲說：「一定是兔子肉的味兒，我們上一堂課剛解剖了一隻小兔，劉老師自己在實驗室做骨骼標本哪！」放學鐘聲一響，全班同學不約而同地向二樓的實驗室跑去。

彭老師又吸了兩口氣，仔細辨別了一番，才用力轉了兩下她的細脖子，肯定的說：「對了，一定是兔子肉！我小時候吃過一次，但是味兒好像沒有這個香……班長，你替我收一下卷子，收齊了放在我的辦公桌上好了。」說着匆匆走了出去。林綺華悄悄做了個鬼臉，對宋琪說：「你先別走！」一面去收同學放在書桌上的卷子。實驗室門口已有不少同學擠在那裏，七嘴八舌地嚷着：「不知誰在打牙祭！」

「這人本事眞大，不知從什麼地方弄來的雞？」

「快走開！再不走我去報告校長啦！」堂役老吳走來把聚集在實驗室門口的女孩子趕跑了。自己却壓低了嗓門，敲着門叫：「誰在裏面哪！我是老吳！不出聲，我就鎖門啦！」

正在這時林綺華氣喘吁吁地跑上來，老吳見了她就惡聲惡氣地說：「放了學，還不回家去？」

「我是動物小組的，我來幫劉老師做骨骼標本，你有本事去打小報告吧！」林綺華不示弱地對他說。

「做什麼標本？」老吳用力抓了下自己的禿頭。林綺華沒理他，便將一隻眼睛湊在鎖匙孔前往裏看，隱約好像看見兩個人，心不覺砰砰的亂跳起來，一面埋怨着宋琪，爲了那隻兔子竟會鬱鬱不樂，說寧可餓死也不願吃她自己養的兔子的肉，不然，挨罵也可有個伴兒。

教師同學也都走光了，教學樓裏被死樣的靜寂包圍，黑暗像濃霧似的充滿了整個走廊，只有匙孔中露出一絲光亮。老吳見林綺華沒有走的意思，嘮叨了兩句，慢慢地走開去鎖門關窗。林綺華聽到實驗室裏嘁嘁嗦嗦的一陣亂響，接着是轉動鎖匙的聲音，門開了，肉香味更濃了；燈光刺得她張不開眼睛，等她看清楚了，劉老師正滿面怒容地站在她面前，她不敢正視他，便偏過臉去，却彷彿看見彭老師瘦瘦的身影，正一面擦嘴，一面向樓下走去。她不自主的羞紅了臉，吞吞吐吐地說：「劉老師，我怕您忙不過來，正想來幫您做骨骼標本呢！」

「如果一定要做，你一個人做去吧！沒看見過這麼不聽話的孩子，眞固執得像頭驢！」說着頭也不回地走了。

林綺華向裏面探了一探頭，但見講桌上骨肉狼藉，氣得往地上吐了口唾沫說：「見鬼去吧！肉吃完了，叫我做標本？」說完就撅起小嘴，無精打彩的向校門口走去。

金釵記

（一四一）

黎明

梁尚賓：啊哈哈哈哈！（唱）
天上織女會牛郎，
人間花開蜂蝶忙。
何時再會一會那嬌模樣？
那嬌呀嬌模樣，
無邊風月滿東廂。
（亂捶門介）開門！開門！怎麼？屋裏全死光了？怎麼還不與我開門來？

田素娥：（開門介）看你又醉成這個樣子！方才表弟還衣衫來了。

梁尚賓：（初聽時，下意識地一驚；旋即笑吟吟地表示得意）表弟他、他、他他他來過了？他說了些什麼沒有呀？

田素娥：他說顧小姐自縊死了。（隨手關門）

梁尚賓：吓！（失驚介）顧小姐死了？她她她自縊死了？是那天死的？

田素娥：見了表少爺一面死的。

梁尚賓：哎呀！好一個賢德的小姐呀！（忽然良心發現，情不自禁，頓足而恨，傾口而出）唉！這分明是我害死了她，是我害死了她啊！

（田素娥和梁媽媽聞言同時怔住）

梁媽媽：你才怎講？你要醒來說話呀！

梁尚賓：（發覺失言，欲圖掩飾）我沒曾說什麼呀！

梁媽媽、田素娥：（同白）你怎麼會認識那顧小姐？人命關天，非同小可；你休要酒言酒語！

梁尚賓：哎吔！（良心與酒力戰勝）事到如今，我就對你們說實了吧！

梁媽媽、田素娥：（緊張地同白）怎麼樣？

梁尚賓：（如鬼使神差，直言不諱，一氣呵成）祇因那天楊婆婆來到我家報信，說顧安人言道：要表弟莫從前門而進，只從後門而進。她言者無心，我聽者有意；當時就定下欺心之計：一面推說天色已晚，故意不借衣衫；一面推說西村有事，冒名前往顧府。都因安人一心祇要成全表弟，贈金助聘，欵欵情深；那時節我這冒名姑爺，不但認識了那顧家小姐，而且親與小姐對面而談，同桌而飲，共枕而眠。我滿以為這件事兒做得神不知鬼不覺，却不料小姐三貞九烈，見了表弟之面，知道失身之人，並非自家夫婿，一時羞憤之餘，故而自縊而死。

梁媽媽：赫！赫！（氣得發抖，顫巍巍地起立戟指責罵）好畜生！好畜生！你、你、你你你活活地……你地……地氣死我了！（口吐鮮血，神色陡變，張目瞪舌移時，直挺挺倒地而亡。）

田素娥：婆婆！婆婆！（撫屍痛哭）哎呀婆婆呀！

梁尚賓：（旁白）這倒是從那裏說起呀！（移

第十五場：

景：顧家花園荷香閣及其附近。

時：秀娘死後第三天的下午。

人：顧員外、老歐、小三、賈青天、衙役甲、乙、丙、丁。

（顧員外滿面愁容，由荷香閣沿着曲欄，慢步向太湖石走去。到了太湖石邊，頹然而止。）

顧員外：唉！（唱）
女兒一死萬念灰，
思前想後痛傷懷！
實只望她共享人間眞富貴，
名花祇合上苑栽；
實只望她飛上高枝配鸞鳳，
莫嫁魯家窮秀才。
又誰知她心如鐵石性如火，
守經守禮想不開；
又誰知她不聽父命和母勸，
無言無語赴泉台！
到如今，只落得，我二老既無兒來又無女，
家中空有萬貫財！
到如今，只落得，我二老風燭殘年愁中盡，
自掘墳墓自葬埋！
（長歎介）唉、我好悔也！（續唱）
哎呀我欲問蒼天，那蒼天無語只雲霾，
蟬聲已死雁聲哀！
我欲問后土，那后土無情石崔嵬；
黃葉紛紛落下來；
更緣何落葉不掃一堆堆!?
（失驚介）哎呀且住！老夫雖不窺園已久，但我女兒死了不過幾日，却緣何這園中竟落得這般一派蕭殺光景!?（若有所悟）哦、哦、哦、是了、是了；想是那老歐人老了；心也老了；園中之事，懶得動了。我不免喚他出來，講他幾句。——老歐那裏？老歐那裏？

（未完）

辛亥革命史談

（一三）

舜生

三、同盟會成立經過及其活動

先是黃復生、汪精衛等七人，於宣統元年秋冬之間先後到達北京，初設一守眞照像館於宣武門外琉璃廠火神廟西夾道作機關，並於東北園租一屋以集同志。覓得十剎海傍甘水橋，其地三面環水，甚僻靜，隔攝政王府最近，為載灃出入所必經，實為一最好下手的地點，乃決定鑄一可盛五十磅炸藥的鐵殼，於二月二十三日（四月二日），由黃復生（一說為喻培倫）埋藏於甘水橋下，施放時則決定由精衛引火。不幸於埋藏工作進行時，即為警察於橋上窺破，復生乃倉猝逃歸。次日，由官方派專人將此項炸彈起獲，並發現鐵殼上有某某五金店製造字樣，由五金店供出係守眞照像館所定製，乃於照像館將復生捕去；又由照像館工役供出東北園，因於東北園又將精衛捕去。其時為宣統二年三月七日（四月十六日）。

精衛在法部第一次被審訊時，供認在日本辦理『民報』，參加革命活動，並來北京從事暗殺不諱。但說明他自己僅為照像館一股東，該館主人黃君並不知道他的目的所在，這是他不想牽累黃復生的意思。第二次供辭，則為一篇洋洋數千言的文章，力言不經過革命，立憲決無希望，而滿清籌備憲政的宗旨又在鞏固君權，則不僅民族問題不能解決，民權問題也不能解決。最後更暢論列強協以謀我之急，國家終不能保，因此，革命黨人乃認為有作澈底解決之必要。（這兩篇供辭原文，見金雄白著『汪政權實錄』）當時清廷覺得精衛這種說法有很大的煽動性，一字未敢發表。

其時清廷的法部大臣紹昌，主張處汪黃以死刑，民政大臣肅親王耆善，知道精衛為革命黨中重要人物，且富有文采，則主張不為已甚，以和緩黨人心理，因此僅判二人終身監禁。直到第二年武昌革命爆發以後，袁世凱向清廷提出六點要求，作為他個人再出的條件，其第四點即為開放黨禁，而資政院也有同樣主張，汪、黃始被釋放。

當精衛初被捕時，自分必死，作有四首絕句：

啣石成癡絕，滄波萬里愁，孤飛終不倦，羞逐海鷗浮。

姹紫嫣紅色，從知渲染難，他時好花發，認取血痕斑。

慷慨歌燕市，從容作楚囚，引刀成一快，不負少年頭。

留得心魂在，殘軀付刧灰，青燐光不滅，夜夜照燕臺。

其中『慷慨歌燕市』一首，尤為一時所傳誦。其實精衛獄中所作詩，讀之最能使人迴腸盪氣的，更莫如題為『秋夜』的一首七律：

落葉空庭夜籟微，故人夢裏兩依依，風蕭易水今猶昨，魂度楓林是也非。入地相逢雖不愧，擘山無路欲何歸？記從共灑新亭淚，忍使啼痕又滿衣。（各詩均見汪著雙照樓詩詞稿）

這首詩由獄卒轉到了陳璧君手裏，璧君又携到香港與胡漢民、趙聲等共讀，趙每讀一過，輒激昂不已。自大陸淪入中共以後，陳璧君仍拘囚上海獄中，汪希文（精衛之姪）告予：宋慶齡、何香凝，曾到獄中探陳，告以繼續反共，即可釋放。陳答：汪先生以反共犧牲，她決不願因求得個人解放而放棄汪先生反共的宗旨。卒死獄中。從這一點來說，陳璧君畢竟還有幾分革命精神，算是對得起汪精衛了。（未完）

聯合評論
週刊

本刊已經香港政府登記

每逢星期五出版

United Voice Weekly

第一六二號

督印人：黃宇人　總編輯：左仲平

社址九龍赫德道二十三號地下　電話68678

承印嘉羅印刷有限公司香港灣仔馬師道5號

總代理：友聯發行公司　售價每份港幣一毫

本報美洲版總經售處美國紐約中美出版社

CHINESE - AMERICAN PRESS, INC
199 CANAL STREET.,
NEW YORK13 N. Y. U.S.A.

美洲航空版每份零售美金一角

預祝國慶
虔誠的表示我三點祝禱

左舜生

本刊本期出版在雙十以前，下期在雙十以後，單獨出一特刊又不可能，沒辦法，我只好在這裏預祝國慶。不過我得聲明：我這裏所謂祝國慶，不是祝賀之祝，而只是祝禱之祝。

五十年，半個世紀，眞也不算太短；像我這樣一個生在遜淸光緒十九年的人，在民國以前已經活了一十八歲，確實已經有點厭倦了；現在那些活到七十以上，八十以上，好像還感到蠻有興趣的樣子，我眞對他們十分佩服，佩服他們的活力夠強。

我大致在十四五歲才感到有看報的需要；入民國以後，我看報的態度便漸漸的認眞，每逢發生一件什麼大事，我總想明白這件事的內幕；當時自以爲已經明白了，可是經過若干時候，又知道完全不是那末一回事，可見報紙只會使人糊塗，決不會使人明白。我現在每天要翻翻的報紙，還是有七八種，可是所花的時間決不超過一點鐘，除掉極少數它們的態度相當中立以外，其餘的都是各有背景，新聞只看看大字，社論只看看標題，通訊專欄只看看作者的署名，它們的內容便大致可以明白，更何必多費氣力？

中國的人口六倍於日本，敎育也相當普及，能夠看報紙的人數，實際不會少於五千萬，可是中國自有報紙以來，無論在任何一個大城市，便很少有實際銷到十萬份甚至五萬份以上的，這比起日本的幾家大報銷數都是百萬計的，豈不值得反省？

照道理說，辦報原不是以賠本爲原則的，可是中國的報紙賠本的總佔十之八九，賺到極少數的錢便沾沾自喜的，却只有十之一二，這也豈不值得認眞加以檢討？

報紙的廣告地位，應受到一定的限制，有可以變更的，有絕對不可以變更的。現在香港中文報紙的第一版，動輒被那些香烟廣告，成藥廣告，鐘錶廣告，銀行，公司的開幕廣告，……全面佔去，而報館方面好像還引以爲榮，而絕不感到難過。您們試想：假定您們的報紙，在這樣一個三百萬人口的大城，有一家已經銷到三十萬五十萬，而您們的廣告刊登費，也比現在提高到了十倍二十倍，您們看那班大亨們，敢不敢輕於嘗試？

報紙要以報導翔實的新聞爲主，出色的社論，短評，通信，專欄其次，如果只懂得在報屁股上下工夫，而且只懂得以黃色，武俠小說來號召，老實說，這便只是一種魔道，這種魔道如果愈陷愈深，這一報紙的本身，便很難有翻身的希望。

至於說到一切的定期刊物，與外國那種動輒以銷數十萬份百萬份計的著名刊物來比較，那便更加可憐了，在這裏姑且畧去不談。

因此，我對今年雙十節的第一個希望，便是期待一切的當局者，充分給予辦報辦刊物者以充分的言論自由和新聞採訪的自由。祇有在自由的原則之下，才會有眞正的好報紙出現，那些官報或黨報之類，祇適於少數特殊人物的閱讀，與大多數的羣衆是毫不相干的。這一層我是側重對台灣說的。

其次，民國這五十年以來，單就我個人所知道的來說，中國有用的人才，大有名或小有名的人物，無端失去自由，無端予以監禁，無端加以誣衊，甚至無端遭遇暗殺的，眞是指不勝屈；在這裏，爲了中華民國之故，我不得不加以保留，對被害者不願在這裏提名道姓的一一列舉，對加害者更不願窮究主名。但有一個原則，我希望大家不要忘記：但凡一個被人民選舉出來同時爲人民出錢養着的政府，不好好去爲人民服務，而要掉轉頭來自命主人，不惜對人民大發淫威，大施壓迫，不論古今中外，這種政府是永遠不會得到人民的支持的。這一層自然也側重對台灣說，但就是那個久已坐在人民頭上放屁，不成其爲政府的共產黨的政權，我也希望他們當心一點的好。

因此，我對今年雙十節的第二個希望，便是期待所有的當局者，特別要尊重憲法所付予人民的一切基本自由，尤其是身體自由第一，對您們已經做錯的事，如果還來得及加以改正的話，便應該毫不猶豫的自動改正，這是您們遷善改過的最後時期，人民的忍耐已經到了最高的限度。

再其次，我們對國慶的共同舉行，在形式上好像祇以海外兩千萬以上的同胞爲限，在精神上卻與大陸上除掉少數共產黨人以外的六億以上的同胞息息相通。我們早已知道您們餓得發慌，餓得面目浮腫，四肢無力，眼睛發黑，皮肉乾枯；我們也早知道您們被毛皇帝等強迫着離鄉背井，仍在繼續的參加勞動改造；我們更早知道您們拖着妻子，拋棄兒女，在田地，在工廠，成日成夜的不斷工作，專供共產黨揮霍，而您們自己一無所有！您們不要相信大陸上眞有所謂三年以上不可抗的天災，實際上大部分祇是毛澤東等的愚昧無知鬧出來的鬼！假定是這樣再有三年，大陸上的六億同胞，可能要死去一半！共產黨的嘍囉們仍在高呼『在毛主席的英明領導之下，』您們期待他們有所改善，不僅在理論上不可能，事實上也決不可能；您們目前惟一的辦法，只有『即以其人之道，還治其人之身，』實行共產黨平日所說的，來一次大規模的『農民起義！』由來的『農民起義』都是拼命，並不一定有什麼良好的武器，今天祗要您們起來，共產黨的軍隊便會把武器分給您們，而且會爲您們打頭陣！假定到了那個時候，台北的政府依然坐着不動，海外三千萬同胞決不會對他們放鬆，這一點您們大可放心。

因此，我對今年雙十節的第三個希望，便是大陸同胞死中求活的趕快起來拼命！

赫魯曉夫的攻勢防衛

許子由

（一）

一度如火如荼的柏林危機，近日已趨向鬆弛。曾經向西方發出緊急呼籲的柏林市長布蘭丹諾，本月二日也發表了「將不會有因柏林而引起之戰爭」，這種樂觀的論調，確是前所未有。如果目前拿西德人民安靜的態度，與美副總統詹森訪問柏林時，德國人民恐懼「被出賣」的憤激情緒相比較，簡直可以說是天淵之別。

柏林危機之所以鬆弛，是由於赫魯曉夫的決定——而且可以說是「預定」。赫魯曉夫，把蘇聯與東德單獨訂約的日子，顯然的準備予以押後，因此「鬆弛」了柏林的危機。

爲什麼說準備延緩與東德訂約是赫魯曉夫「預定」的計劃？道理則很顯淺：共產黨是「不打無把握的仗」，謀定而後動的一流人物，尤其赫魯曉夫是共產黨歷史中最狡猾的人物，他不願觸發柏林這顆大炸彈，而只是想加以玩弄。

當然，玩火是一件危險的事。玩得不好，可能縱火自焚——如果玩弄柏林問題而至觸發世界大戰，蘇聯的進化最少要拖後百年以上，赫魯曉夫本人說不定也要歸於無何有之鄉。但如果玩得很好，玩得適當的話，蘇聯可能得到極大的利益。目前的趨勢，似乎傾向於後者。

赫魯曉夫對柏林問題退一步的做法，主要當然是受西方強硬對策的影響。美國局部動員，英美派兵柏林，戴高樂「不談判」不「出賣靈魂」的堅決，使赫魯曉夫適可而止。不過，西方的強硬，應該也在赫魯曉夫的估計以內——因爲最少也該有軟弱及強硬兩種估計，並且赫魯曉夫也知道，美國能夠毀滅大部份的蘇聯城市，基地，必要時也不惜一戰的。可是赫魯曉夫同時也清楚，西方不會藉口柏林問題而發動戰爭，充其量只是防衛、抵抗。那麼只要蘇聯不以武力對付柏林，不依照他們一再聲言的，「年底」與東德單獨訂約，或實行「擊落空中走廊的西方飛機」，則戰爭就不會發生，赫魯曉夫就有迴旋的餘地。

（二）

現在赫魯曉夫可以把「年底」與東德訂約的時間押後，正是筆者所認爲赫魯曉夫玩弄「戰爭邊緣」政策的一項證明。這項政策，當是經過縝密計劃的。蘇聯可以押後與東德訂約時間，是史巴克所透露的，原因是「如果有談判的話」。那麼，如果關於柏林德國問題的談判要是開始，並且沒有破裂的話，柏林危機就可無限期押後了。

値得注意的是，如史巴克和尼赫魯等的訪蘇，都由於蘇方預先的邀請，這是赫魯曉夫準備與西方談判的伏線，也是筆者認爲赫魯曉夫「預定」鬆弛柏林危機的緣故。歷史上的謀國者，未開戰即預定謀和的計劃，預定可以幹旋講和的第三國。因爲戰爭不過爲達國家的目的，爲追求某種戰果而發動，但如果到了戰果可得、或打了折扣而能得到大部份戰果的話，便希望能夠結束「兵兇戰危」的戰爭。所謂「蘇聯不欲戰爭，但欲求得戰果」，正是此意。不欲戰爭而欲求得戰果，也即是戰場上得不到，希望在會議場上得到。看似矛盾，其實不然。現實的形勢，蘇聯從戰爭中不能得到柏林德國，反必招來對蘇聯的危害。縱使得到，也只是一個廢墟的歐洲，不復是現時繁榮的工業的德國。但如果從事談判，蘇聯頗有得到東德的可能。至於柏林，或不如赫魯曉夫所討價的成爲「自由市」，但如果能夠改變西方的佔領地位，赫魯曉夫也就心滿意足了。這就是打折扣的地方。

（三）

德國問題和柏林問題，可以說是「二而一」，也可以說是「一而二」。如果統一德國，自然解決柏林問題，是二而一。但若分裂德國，另訂柏林地位，是一而二。前者是西方向所主張的原則；後者是蘇聯在策動的計劃。赫魯曉夫明言（與東德訂約後）保持西方在柏林駐軍，保持陸空走廊，列於未來蘇聯東德和約，並在聯合國備案。總括說一句，就是要以「保持在柏林地位」餌誘西方承認東德。也即承認蘇聯的分裂德國政策。

赫魯曉夫曾說：「倘若有人要變更奧得——尼斯河的邊界，則蘇聯不惜一戰」！原來蘇聯令東德把奧——尼兩河以東領土割予波蘭，而由波蘭在其東邊割讓相當領土貢獻蘇聯。可是西德政府標榜統一德國，要收復奧尼兩河以東之德國領土。況且西德的復興，成爲歐洲及北大西洋公約的強國，蘇聯不能無所戒懼。所以蘇聯亟望承認東德，使西方「事實承認」，保衛波蘭的奧尼兩河邊界也即保衛蘇聯所侵得波蘭領土，其次保衛與西德競爭失敗的東德，使免有朝東德發生統一德國的內部革命。對西方的防衛是蘇聯防衛首要的一環，所以蘇聯不惜冒天下之不大韙，恢復核試，作欲戰狀，實際乃是戰爭邊緣政策的執行，不外一種攻勢防衛。

西方方面，英國早就有事實承認東德的說法，麥美倫謂「無人願爲柏林而戰」，更說得太坦白。德國大選的結果，可能影響阿登諾強硬的立場。那些「中立國」，不敢強硬譴責蘇聯恢復核試，尤使美國駭異。在此種情勢之下，被目爲西德救星的美總統代表克[illegible]琪將軍，竟也有兩個德國的說法！

赫魯曉夫的攻勢防衛，看情勢可能局部成功。但共產黨如不得寸進尺，它就不是共產黨。如寮局越局，如何妥協？縱有張伯倫再世，恐怕也很難策劃呢！（十月三日）

執政者的思想訓練是不生效果的（上）

國人所要求於執政者的，不是思想，而是他的思想的兌現

幼椿

我近十年，尤其是近一年，在種種的新聞接觸上，使我不能不感到，中共自執政以來，花了不知多少工夫，費了不知幾許氣力，甚至犧牲了不知幾多人命，要來訓練思想，改造思想；從小孩子起一直到老年，從共幹起一直到所謂民主人士，去進行着一般所稱「洗腦」工作，其結果乃是毫無效力的。——下面我將引出許多的事實証據，來証明這個思想訓練的效果，是等於零的。

何以會等於零？理由在我下面說明起來，也很簡單；何以毛澤東輩竟不知覺，而還要一直幹下去！據法新社九月二十一日電，北平電台廣播，右派分子的思想改造，又重行開始了，而還以所謂「民主人士」黃炎培等担任右派洗腦的主席。

一

本來，在昔年中國政治社會圈於君主專制的體制與系統下，執政者是以三種身份來臨民施治的：一是為民父母，二是作之君，三是作之師。但是，這個體制（Structure）及其系統（System）乃建立在一類概念（Concept）或稱一類原則（Principle）上，就是其在宗教性上是天之子，是天生聖人，而凡民只有崇拜；在家族主義上是全民大家族的父母，唯一的尊長；而在神蹟似的天亶聰明上，乃是口含天憲，「聖諭」即成為經典的。

皇朝王朝之所以崩潰，就是這類概念或這類賴以為基石的原則首先崩潰了。不但中國的皇朝為然，即西歐的帝王所再三堅持的「君權神授」，「朕即國家」等等概念終不能不被銷蝕，則英之查理士一世，法之路易十六，結果上了斷頭台！此所以滿清西太后，及其左右王公要反抗康梁的立憲主張，而不惜將戊戌六君子抓來殺頭，不是無理由的；其理由就是要維持前面所說的這一類概念或原則，而立憲政體一來，這整個的父母、師保、神聖尊嚴等社會性能便必然的解體，而王權皇權終於不保，君主制度便隨之破產了！

君主專制政體，在今日世界上，有如江水東流，一去不能復回之勢！（退位而成為蕩浪王孫的埃及法老王在打撲克牌時，曾感慨道：「世界上的King）恐終只有這棹上牌中的四位了啊！但世之梟雄人物總是想偷渡一關，成為萬人之上，大權獨攬，支配羣倫的。於是在東歐落後地區的俄國，列寧與史太林，便假借馬克斯之說，發明了新的帝王專制作法：一階級專政，其實是一黨專制，黨的領袖又儼然成為民之父母；黨的領導高於一切，其實即是黨中的獨裁者高於一切，又儼然在作之君；黨的主義以及黨魁的言論要使一國之民去學習，而學習須加以思想訓練，又儼然成為昔之「聖諭」，來作之師！

列寧、史太林的帝俄新專制這一套作法，自民十三傳染到了中國來，不但中共習之而自以為得法，而中共之外的向以民主創造中國的政黨及其領袖，也欣然嚮往，習之而不察，於是自民十三以後，北洋軍閥的割據局面雖日形崩以至於消滅，而中國的左右兩黨又以兵力去競爭着誰是天之驕子了！

二

中共之初起，以主義號召於國中，其馬恩列史的一套說法，其反帝、反封建的一套做法，頗足以掀動中國青年知識分子，於是無法對現狀滿意，以及左傾幼稚病者，皆甘為中共之所用，以史太林為祖，以毛澤東為師，而俯首貼耳，受其訓練，為之效死。當其時也，思想訓練確有效果；初而研究會、討論會，繼而青年團、共產黨，三級組織，各分細胞，無不時時刻刻在取螟蛉負於蜾蠃，呼其「似我似我」；而青年人或一念好奇，或處境艱難，或憧憬於未來的平等社會；且甚少讀書，見聞不廣，便以為馬克斯為救世主，史太林為教皇，莫斯科及其第三國際為教宗，毛澤東輩為使徒，為紅衣主教，而自己甘居於信徒；只手持共產主義ABC幾頁書，即等於玫瑰一經（Catechism），朝斯夕斯，背誦如儀，歌唱同聲！於是乎，毛澤東的共產黨隊伍確因是而發生出相當的力量，以之能困守於瑞金，能長征二萬里，能久聚於窮苦之延安，而團結不解！

不過，中共的主張，並不合於國情；中共的力量也並不強大；而終能戰勝國中，席捲大陸，並不是完全靠那一套主義信條及其思想訓練的。事實具在，今之三十歲以上的人們皆能証明，中共之所以勝利，乃趁着當時在朝主政者之一再顢預失策，喪却人心；繼之以日本軍閥的發狂蠻觸，使全中國陷於混亂之中，全國人處於疲敝之勢；最後加之以史太林的陰謀詭計，瞞過了美國，明槍暗箭，皆遠勝蔣氏；更加以器小易盈者，荒於勝利之來，狃於蒲騷之役，志怠心粗，竟使世無英雄，坐令豎子成名！

三

但是豎子因徼倖而得佔據大陸，便貪天之功，以為己力；自已錯覺為他的思想是佔了優勢，於是中共一旦統治大陸，即不斷將思想認為無法改造者，清算之，幽囚之，甚至任意殺死之；務使人們畏其思想改造之威嚴，而俯首以受其訓練，即忝顏以求苟活的老翁且不能免於一再坦白，向毛澤東的思想去學習，其他舉國之中年、青年、兒童更不銷說得，必須一一接受毛澤東思想，不敢或嫚或嬉，此真所謂「俯首甘為孺子牛」也！

十年以來，毛澤東自以為已集馬恩列史的大成，而一再出版其言論集、選集等、厚本小冊，用官式頒布，成為一切大陸民衆所必讀，讀而還須複習；且開討論會時，由共幹分組監督，人必表示了解，加以頌揚如儀，——這不知浪費了好多青年人的讀書光陰，就擱了好多成年人的工作時間積十年思想訓練之力，在毛澤東的錯覺裏，或以為他的共產主義的「正統」思想，已經深入人心，而今而後，又紅又專，任我胡為，舉大陸一切人皆將認為「天王聖明，臣罪當誅」了！

殊不知，當毛之未得勢時，其所標示的思想，曰：「四民平等」，曰「工農抬頭」，曰「窮人大翻身」，等等；不但執政十年皆未能兌現，而且四民在三反五反中皆遭清算，生活之所資，一一為之刮削以去；工農並未抬頭，且在黨的誘迫之下，成為料草都不足的牛馬；至於窮人大翻身，除了少數共幹外，皆一翻身跌入地獄去了啊！——或者毛真相信，人民被喂飽了毛澤東思想後，便可以不用去吃飯也可以做活兒；或者毛更相信，共幹既接受其思想而前進，則始終會為之奴役人民，赴湯蹈火，萬死不辭；或者毛終相信，刮盡六億人民生活之所資，只要以之向外耀武揚威，表示中國強大，人民便能與奮起來，便連飯都不想吃了咧！

這樣的傷天害理，好話說盡，壞事做盡，所謂思想，十年以來，不但未能兌現，而且變本加厲，負義忘恩的，把人民當作牛馬不如，毛澤東還要來注重思想訓練，人民只得還毛一手了！這一手相當的利害：不約而同的怠工！普遍怠工的結果，整個大陸便成了無處不有天災失收，無廠不有怠工減產，兩年以來，大陸整個陷於飢寒交迫之中；素以農業立國，而且屢次宣傳農品增產不已的國家，而要用外滙去向加拿大、澳洲購麥麵，甚至向緬甸購白薯，來內運以救其共幹與共軍之飢餓，毛澤東至此，倘不明白思想訓練，不能兌現；許願太多，而終無黃鷄白酒以酬神，神豈要怒，何況於人！——今日者，大陸上，已經充分表現「民欲與之偕亡」情況，而坐在漢口，想不出絲毫辦法的毛澤東，尚在假手於口是心非，面赤心黑的一般老妖怪們來開其所謂「神仙會」，藉以緩和飢餓到緊張之極的局面，這又是一幕「鬼扮神仙」，絕對騙不了人，除非中國老百姓，都是豬八戒！（未完）

萬頃沙歸僑集體打死共幹

（本報特訊）廣東東莞縣萬頃沙「歸僑生產營」羣衆，於上月底因不堪中共長期飢餓，發生集體抗暴風潮，打死共幹二人，是役參加者凡八百餘人，均為南洋各地之歸僑。在粵省歷次抗暴風潮中，以歸僑為主動者，當推此為第一宗。

由於共黨之花言巧語，以術愚民，使南洋各地僑胞受到欺騙。他們誤信「祖國」前程似錦，紛紛挾其半生積蓄，先後回到大陸，滿擬從此可以過其理想之生活。中共對此一班歸僑，其始尚假仁假義，優予招待參觀，以騙取其所有金錢，令其加入股份，投資生產建設。迨錢已入手，即原形畢露，面目猙獰，此一班歸僑乃遭受管制奴役，身陷地獄，悔之晚矣。

中共以歸僑積蓄搾取已盡，乃迫其參加勞動生產。遠在三年之前，中共在番禺東莞兩縣毗連之萬頃沙，開闢一個大規模之農場，即驅迫南洋各地歸僑，充作長期農奴，美其名曰「歸僑生產營」，並派員管理監視。此輩歸僑身受欺騙，半生積蓄被搾淨盡，早懷不滿。至是陷入長期半飢餓狀態中，思前想後，內心痛苦，越覺難堪。上月為夏收農忙時期，他們把握有利時機，事前密商，決定實行集體罷工，聯向主管人員，要求增配糧額，並一致行動，堅持如不獲得圓滿解決，誓死決不下田收割。該農場負責人焦義平以此輩歸僑突如其來，胆敢抗命罷工，認為事不尋常，對於增糧要求，絕不加予考慮。於是一面限令歸僑立即下田工作，靜候轉報上級指示；一面先發制人，賕使受毒已深之狂妄青年歸僑一名（混名牛魔王）以強暴橫蠻手段，磨拳擦掌向歸僑羣衆示威，揚言「誰敢反抗誰在拳頭下喪亡，諸君如眞不怕死，請即站出來看，我老拳利害不利害」。「牛魔王」威風凜凜，盛氣凌人，使人難堪，於是引起全體歸僑之憤怒，集體抗暴之風潮於焉爆發。時有歸僑鄧柏者，見狀，怒火冲天，即挺身而出，手執鐮刀（一割禾用）迎頭將「牛魔王」殺死，一聲號令，率領羣衆衝入農場辦公室，立將負責共幹焦義平扯下活活毆斃，並將縣於室內之巨型毛澤東像，除下撕成片片，令人踐踏，以洩其憤。事發後，番禺東莞兩縣立派大批軍警馳至彈壓，當場將為首之鄧柏等四十餘人拘捕。鄧柏直認不諱，勉儕胞繼起抗暴，反共到底，聞者皆為感泣。此事經過後，中共特加派武裝一隊駐守農場，以防再有同樣事件發生云。（吼聲）

中共不斷詆毀尼赫魯

印抗議中共惡意攻訐

平子

中共傀儡政權之成立現已十二年，在這十二年中，中共不但對內無成績，對外的方面，也除了一意追隨蘇聯作奴隸外，對其它國家，尤其對別國的政治家，中共一向毫無禮貌，充分表露了它那野蠻邪惡的態度。

中共這十二年來罵了許多人，除了共黨分子及親共分子外，它很少不一一罵到，即以共黨分子而論，它對南斯拉夫的狄托也是罵得狗血淋頭的，對自由世界的甘廼廸、艾森豪、杜魯門、戴高樂、岸信介以及現已退休的日本前首相吉田茂等也都一一罵到了。

近年，中共對於它曾經一再吹捧過的尼赫魯，也不斷加以惡意攻擊。這當然更反映了中共與印度關係之愈益惡劣，為此，印度已向中共正式提出抗議了。據北平九月十五日路透社電說：「此間通常可靠人士本日稱：印度已經向中共外交部提出有關印度總理尼赫魯對中共報紙評論的抗議。尤以對貝爾格萊德非加盟諸國會議時尼氏的聲明為甚，該等人士稱：此間代理印度大使班納治已經送交一項強烈的抗議書，指斥中共政府在官報以虛偽及兇惡的宣傳加諸於印度及尼赫魯」云，於此可見一般。

怎樣才能反攻

李金暉

有立法委員在，立法院第二十八次會期揭幕的那天，向陳誠質詢：「何時開始反攻行動？」

又有一位立法委員，則更率直地問：「到底有無反攻的力量和決心？」

另一位女立委，則向陳誠提出了：「收拾民心整頓政風之詳細建議。」電訊說她因此「博得全場掌聲。」

由於國際局勢對「中國問題」的曖昧，反攻的問題，顯得更爲突出。今年下半年開始，海內外各方面幾無不主張國府應積極就反攻作具體的決定。例外的是祇有官方和黨方的喉舌，始作相反的論調。

究竟何年何月始能反攻呢？這已被視爲是「秘密」。誠然，軍事行動是應該保密的。可是「反攻的決心」是無庸守密的。因爲如果眞有決心，從政府的凡百措施上，皆可以窺見其一二。所以說，具體的行動的時間是秘密，有無行動的決心是無法保密的。

正因爲行動的決心是難以保密的，所以在台灣的人，才更能看得出來當局是否正有決心於反攻了！某些立法委員所提出的質詢，正是因此而發，可以說是正中當局缺乏反攻的決心的要害。

有那些現象可以表徵當局有反攻的決心呢？

把未曾講過大學的子女，急急忙忙地送到美國去，甚至不惜用「偷天換日」的方法，把子女送走。這些事都是當今權要顯達們所做的。因爲祇有他們才最清楚，美國比台灣更安全、更可靠，也祇有這樣，才可以免去子女服兵役，盡義務。

上述的一位立委在質詢中，証實了有一些達官們「每週祇實際辦三天半公，而享受則加倍。」她更說，政府官員較老百姓更消沉，更浪費！

這些現象証明了台灣缺乏中興氣象，也間接說明了缺乏反攻的決心。

更令人担憂的是台灣的經濟現況，捐稅重重，市場不景，工廠瀕臨倒閉，這些問題，也反映出政府沒有培養民間的反攻的力量。有人說反攻主要是靠飛機大炮。誠然，但除了飛機大炮，民間如此困窮，豈不証明缺乏動員的力量！就全面反攻來說，民間的財富在支援軍事行動上是不可忽視的。但是現在，顯然台灣的行政、經濟一團糟！對反攻力量的形成無異是有潛在阻擾的。

既然台灣的情況如此之不如理想，從何能要求當局從速反攻呢？有何有利的條件，可供反攻呢？

主要的優勢條件，是中共統治下的大陸，也已經瀕臨崩潰的邊緣了。

毛澤東的爛攤子並不好過台灣。同時由於中共背負着人禍造成和擴大並在持續發展中的災難，中共所面對的問題和困難，實際上遠遠超過了國民黨當權派的負荷。這付重担毛澤東還能挑下去嗎？毛澤東能不能挑下去，完全得看蔣介石是不是給他機會。

蔣氏如果不能斷然率軍反攻，毛澤東就可以運用內外形勢，從從容容地地拖過去。反過來說，若蔣氏能作孤注一擲，勝敗固屬未定之天，但在打開了新形勢之後，死棋也未必不可下活了。

由於中華民國在聯合國地位的不穩，當局既已表示了必要時有不惜退出聯合國的決心，則更有必要以行動來創造新的形勢。這樣的行動，自是宜早不宜遲，宜速不宜慢。株守待發，何異自取滅亡！

無論從任何角度來看，中華民國未來的地位，不論是法理上的或事實上的，都須賴有新的開創的形勢出現，才能得以保存和發展。因此，反攻這一問題，應該被放在最重要的地位上來考慮。

要想反攻，首先得充實反攻的力量。不是僅靠口頭的宣傳和所宣示三年反攻或五年反攻的願望所能達到的。最起碼的要求，要能眞正地符合民間願望去做到「收拾民心，整頓政風」的工作。同時政府應盡速放棄與民爭利，輔助工商業發展，爲工商業打開國內外的市場，使民間財富得以累積，而備反攻動員之需。多年以來，政府曾號召僑資歸國，事實上由於法令規章限制過嚴，僑資難以得到合情合理的保障，僑資遂過台灣之門而不入。這一問題，如果與號召政治團治一併聯系起來研究，也就更容易看清楚關鍵所在了。

政治團結，事實上代表民主憲政的運行，但當權派既無意於眞正地實踐政治團結，在一個變相的一黨獨裁的情況之下，既沒有一個具有實權足以監督政府的機關，民間的財富和華僑的投資，是很難得到保障的。這種認識，尤其是對於海外的華僑，久習於民主政治的生活，私有財產之被肯定地應保護，不是光靠法律，而是得信賴整個的民主政治制度。台灣的當權派既非實行民主政治，僑資自然會因無自由發展的餘地而過門不入了。

在實行政治團結之後，無疑地將使當權派要放下某些既得的權益，而還諸於民。同時也會使現實政治上的各種不光明的弊端顯現出來，這對當權派來說，無疑是有害的，但對國家的全體利益來說，則無疑是絕對有益的。如果這一個結不能解開，政治團結不能兌現，當權派始終和國民的利益相對立，就很難相信能夠積極從速地培養出反攻的實力，也就不能奢望當權派眞有反攻的決心了。

很顯然的，在台灣的人，比在海外的人，更能看清楚當權派反攻這一個問題的惆悵和迷惘。無它，當權派很自知反攻的力量和決心都還是不够的，動搖的。

不能得到民間充分的協作，軍隊和武器祇是有限的力量，有限的力量如果不能獲得民間無限力量的支援，就不能被視爲是有生的力量，若祇憑有限的力量反攻，信心和決心自然就不够了。

因此，我們一方面固要求當局從速反攻，時機稍縱即逝。同時也要當局眞能從問題的根本着手解決，快快地放棄一黨獨裁。

海外過客話台灣（上）

許子瞻

有一位自大陸變色後就羈留國外的朋友某君，最近初次到台灣觀光，並盤桓了兩個多月。因爲他在黨、政、軍及文教、工商各方面都有很多的老朋友，久別重逢，大家都說老實話，所以他的所見所聞，頗爲眞切。他日前道經香港轉回某地，曾與筆者暢談在台觀感，特摘錄於后，以饗聯合評論的讀者。

政風奢靡泄沓，人人悲觀

某君說：儘管當局處處粉飾太平，自誇安定和進步；但政治上的危機則與日俱增。最顯著的現象是：絕大多數的軍、公、教人員均因待遇菲薄，至感生活困難；而少數權貴要津的分子，則備極奢靡。交際應酬的手段，尤爲驚人。搓麻將玩樸克，都用美金，輸贏輒以千計。即因此而貪汚案發，也是錢可通神，往往大事化小，小事化無。至於公務，則此推彼拖，大家都不負責。總括一句，從上到下，毫無砥礪奮發的精神，更無反攻復國的氣象。因此，許多人（包括若干黨政要員）都在私下表示悲觀。有幾位立監委員還向他說：「我們在台灣已混過十二個年頭；誰知道今後還能混若干年呢？至於返回大陸，則此生已不敢存此念了。」

經濟問題，最爲嚴重

某君說：台灣的經濟情形更爲嚴重。由於許多有形（如軍費）和無形（如蔣介石父子的特別費）的龐大開支和種種浪費，有增無減，預算無法平衡。又加以當局對於工商業祇講管制，法定的課稅既重且繁，法外的需索又多而擾。因而使一般工業蒙受許多不必要的困難和損失，大大的加重其生產的成本。外銷方面，又得不到政府的扶助，甚至還不時受到干擾，海外市場自無法打開。以致今春以來，許多原已署具基礎的工廠，都不得不裁員減產，藉以減少開支而固血本。即政府以大力挽救的唐榮鐵工廠，在監察小組負責整理期間雖已一度產量大增；但自四月份起即因外銷困難而開始減產。有些紡織廠已裁減員工三分之一，還不能維持。他認爲這種趨勢如不及時挽救，台灣雖然每年有八千萬美元的外援可得，恐亦無法久維的。

教育前途，未可樂觀

某君說：在表面上看來，台灣的教育頗爲發達。新設的公私立大學也有好幾所；而每年投考留學的大專畢業學生更以千計。足証教育的進步。但按之實情，則亦困難重重。由於教師待遇的菲薄，和教學設備的不充分，年青飽學之士多不願獻身教育。留學生更一去不回。現任教師或已屆退休年齡，無意繼續服務；或以生活困難，無暇自我充實；或因另有機會，改就他職或執教易域。以致優良的教師愈來愈少，無法補充。他認爲長此下去，學校愈多師荒愈甚。各級學校的水準有江河日下的危險。

至於留學問題，某君說：陽明山第三次會談時，有人主張留學從嚴，有人則主張從寬。可說是見仁見智，各有理由。但今日台灣的問題，則在於政府的留學政策原係採取嚴格主義，大專畢業學生如要留學外國，必須經過留學考試；並規定中學生不得留學。而事實則是制訂和執行此一政策的黨政要員，幾乎都有中學畢業或尚未畢業的子女利用其他名義去外國留學。他認爲在此情形之下，已經不是留學政策的寬嚴問題；而是留學限制和留學考試已失其存在的價值了。

蔣『先生』已非蔣介石

某君說：初到台灣時，常聽人提到「蔣先生」三字，以爲指的是蔣介石。由於中山先生在世時，黨人習以先生稱之。他逝世後，大家則稱汪胡兩位爲汪先生，胡先生而不名，以示尊敬。後來北伐完成，蔣介石在黨內的地位增高，才被稱爲蔣先生。對其他的黨國要人多稱爲某某先生，如溥泉先生，覺生先生是。可見先生之稱在國民黨的傳統上原寓有領袖之意。某君在大陸未陷共前習聞大家稱蔣介石爲蔣先生。此次在台灣後，發現忠貞分子們口中的蔣先生原來指的是蔣經國；至於蔣介石則被稱爲老先生。甚至談到蔣孝文亦稱其爲孝文先生。他認爲顯然蔣經國已經被忠貞分子們奉爲國民黨的領袖了。他們稱蔣介石爲老先生，更無異視之爲太上皇。蔣介石雖然刻意傳子，但至今尚未正式讓位，而這些人却先將蔣經國扶上「領袖」的龍座。因此，他認爲聯合評論有時謂今日的台灣爲蔣家父子國，實在是很恰當的。

蔣經國的作風

某君說：由於蔣經國已經成了國民黨事實上的領袖，而且以台灣的主人自居。所以一到台北，便有人問他見過「蔣先生沒有？」他對一般老朋友都表示無此興趣。」但他們一致勸他：既入其境，焉有不拜會主人之理？他們向他說：「來到台灣，你可以不拜見陳誠，也可以不請謁蔣介石；但必須拜候蔣經國。因爲他才是今日台灣的眞正主人。」並說：如去拜候蔣經國，他們相信他必將對我很客氣的。除了請宴而外，說不定還陪我去參觀橫斷公路或金門馬祖。反之，假如我不拜候他，可能被認爲大不敬而招來某些麻煩。某君自謂因爲最怕麻煩，所以立即接受朋友勸告，並請一位朋友代爲登記。數日之後，他就被蔣經國約見，並在退役官兵輔導處設盛宴款待。他覺得蔣經國態度謙和，退役官兵輔導處的成績，也很不錯；尤其是與該處有關的國防醫院，其設備的完善，更非其他醫院可比。因此，某君認爲假如蔣經國能一心一志的致力於退役官兵的輔導工作，而不作非份之圖，其前途將是很有希望的。然而，蔣介石却要傳子，而蔣經國也處心積慮，唯此是圖。以致總管特務，無權不攬，無事不干，毀法亂紀，均所不惜。如今國脈民命固已深受其害；但在今日的時代，對蔣經國來說，也是很不幸的。（待續）

立法委員的微弱呼聲

靜吾

（台北通訊）依照憲法規定，我國的立法監察兩院原是國家的最高立法和監察機關，行政院應對立法院負責。然而事實上立監兩院却祇成了蔣介石政權的附屬品；從來就沒有能够行使憲法所賦予的職權，而尤以政府退守台灣以來為最甚。可是近年以來，立監委員在無可如何之中，也隨時在院會發表若干義正辭嚴的言論。雖然對實際政治仍無半點影響；但在今日的此一無聲地帶，能有人不時發出正義之聲，總算聊勝於無了。本會期立法委員對行政院的施政質詢，業已開始，他們最關心的三個問題如后：

一、要求整飭政治的頹風

週前監察院在防止貪污的糾正案中對於台灣政風之日趨奢靡，已作沉痛的呼籲。九月二十二日立法院女委員王長慧對行政院長的質詢亦指出政風日頹。她說：「歷年以來，政府不必要的開支太多，浪費又大。如中央及省級機關疏散辦公之後，不僅城鄉兩地都有辦公處所，而且城鄉兩地都有職員宿舍和首長公舘。大多數的公教人員，都依靠微薄的薪津，維持最低限度的生活；而少數主管却想法兼差，支取比本薪還高的津貼。此外，政府官員的坐車，不僅一天天增加，也一天天的在掉換更好更新的車子。最近省議會曾公開指責省府高級首長每人擁有兩部轎車，未免過份浪費；而交通部次長座車的來源問題，也成為各報的新聞。至於各級機關的浪費情形，更是不勝枚舉。凡是公營事業都有一個以上的招待所。連石油公司一個小小的台北供應站，也居然在其樓上裝備了一個美輪美奐且有冷氣設備的大廳，這都是納稅人的血汗。」

她又說：「現在人民何以不相信政府？乃由於政府自毀威信。例如留學考試是政府規定的一種制度。凡出國深造的學生，必須經過考試及格方准其出國。然而，事實上許多有權有勢或是有錢的名門鉅富，他們子女出國多未經法定留學考試的程序。他們以為騙得過老百姓，其實老百姓並不完全是瞎子。」她希望陳誠「能澈查一下政府重要官員中，有多少人破壞法令，玩弄手段，把子女們送國外留學，澄清一下民間懷疑。」

她更說：「最近幾年，政府要求人民要過戰時生活，工作要加倍努力，生活應盡量節約。為什麼成效不彰？即因政府官員本身沒有遵照去做；甚至比老百姓還要消沉，還要浪費。例如最近報紙從「花邊新聞」到「方塊文章」，甚至嚴正的社論，都指出台灣省政府的「對折辦公」、「加倍享受」，使我們老百姓感慨系之。所謂「對折辦公」，是指中興新村有兩個週末，星期五是小週末，星期六是大週末，每週實際只辦三天半公。所謂「加倍享受」，因為廳處長都有兩部轎車，一留台中，一留台北。」她認為此二事，對當前政風，是一可驚的暴露。希望陳誠在嚴以律己之外，對部屬能否奉公，更能加以切實監督考核，認真整飭。」

王委員的質詢，雖屬十分平實，可以說並無驚人之談，但因其所舉之例証，都是盡人皆知的事實，所以陳誠頗感難以置答，祇好聲言將以書面答覆。

二、要求取銷報禁

立法委員莫萱元於九月二十六日向行政院提出質詢稱：「依照憲法規定，人民有言論出版之自由。人民以正式手續向政府申請登記辦報，政府自不得拒絕。但自政府還台以來，即以報紙節約的原因，對辦新報一律不准，乃形成報禁問題。此次陽明山會談，與會人士亦多主張開放報禁，足見民意所趨。況目前國內紙業發達，產量大增，以節約紙張為限制辦報的理由，已不能成立。他希望政府能遵守憲法和順從輿論，自動開放報禁。即等於向全世界宣佈我國為具有新聞自由的國家。

莫委員一向在院內發言以謹慎見稱。他質詢的最後一句，即無異說，假如政府仍不遵守憲法，開放報禁，即等於向全世界宣佈我們為沒有新聞自由的國家。可見，儘管陽明山二次會談時，蔣經國所埋伏的職業打手，曾一唱一和的說，台灣的新聞自由太多；但在立法委員的心目中，則仍認為是沒有新聞自由的。且看行政院又將如何答覆。

三、要求團結反攻

四川籍立法委員趙應讜的質詢，則指出陽明山第三次會談既然是屬於政治性的，更應該廣邀具有代表性的人物，並以更大的雅量來承受批評；庶可溝通海內外反共人士的意見，造成大團結的局面，而加速反攻的工作。他問：目前會談人士的名單已否決定？邀請之原則如何？

王雲五答稱：第三次陽明山會談必須召開，但時間可能稍為延緩，原定十月份召集已來不及。至於邀請的原則，則以聽取各方意見為原則。凡具代表性人物，均將邀請云云。

據熟悉內情的某立法委員透露，儘管全國人民都一致希望團結和反攻，但在當權者無意放棄其獨裁作風和傳子計劃的現局之下，他們舉行陽明山會談的目的既僅在於藉此造成一種虛假的團結面貌，以鞏固其一人一姓的獨裁政權；任何稍有愛國良知者自不願為蔣家父子作點綴品。因此，所謂陽明山第三次會談即使見諸事實，而惠然肯來的將是些什麼人，也就可以想見了。

警所集體貪污案調離管區了事

直夫

（台北通訊）年來黨政人員利用職權脅迫人民送紅包之風，愈演愈盛；甚至警察機關亦有集體統收統支紅包的事發生。九月二十三日（即中秋節前夕）上午，台省警務處長郭永接獲密報，得悉台北市警察局第九分局太原路派出所收受紅包，定於是日下午十時許在該所樓上警員宿舍內分配；即派江鮑、黃啟雲兩人負責偵查。江、黃兩人按時前往指定宿舍，果發現三名警員正在依照名單，分發紅包。並當場查獲送紅包的商家名單及分配紅包的員警名單各一紙和現欵若干。有些已領紅包的員警，還在名單上簽了名。就兩張名單所列的數目統計，紅包的總數約三萬六千餘元。

報載：偵查人員在搜查該派出所時，發現選票多張。據說負責分配紅包的三人小組，是由全體員警二十五人以無記投票法選出的。足證蔣「總統」父子統治下的台灣，實在太够民主了。

台北市警察第九分區在今年春節期間，曾一度發生紅包案，牽涉多人，分局長黃介昌亦在其中。後經警務處移送法院，則被認為證據不足，未予起訴；因而至今仍任分局長。如今太原路警所收受紅包，竟實行統收統支，以期利益均霑；而且更創立民主分配的良好辦法，亦可謂青出於藍矣。

據悉：太原路警所的轄區多為旅舘和攤販業。該所收受紅包已非首次。即以本案而論，亦牽涉甚廣。報載偵查人員所查獲的三萬餘元紅包及名單，經核對後發現短少七千餘元，可能已轉送其他有關人員。但案發後，該所員警乃自行貼補，以免牽涉他人。可見案中有案。有一位開旅舘的市議員於二十六日在市議會說，就他所知，在全市警察分局及派出所中，若以收紅包的多少為次序，太原路警所至多也要排在第十名以後。因為拿紅包最多的單位，是管區內有公私娼的；其次則為較繁華的商業地區；但這兩者都非太原路一帶所長。這位議員的這番話，自非不明行情者所能道。

本案發生之初，民營各報都一致主張嚴辦；警務處長郭永亦表示將澈底查究。另一不願露名的警方高級人員還說，無論太原警所收受的紅包係商民自動餽贈或被强索，有關人員均不能辭其咎。因為即是屬於前者，亦為警務處所嚴禁，應受免職或革除的處分。若屬後者，更違反刑事，還應移送法院法辦。但事隔兩日，警察當局的口氣却由緊而鬆，說偵查人曾詳細訊問有關警員和送紅包的各商店負責人，他們都異口同聲，說是自動餽贈，乃屬民間的陋規。九月二十五日，台北市警察局還發表一個書面聲明，裏面說：「本局太原路派出所收受中秋節禮一案，經省警務處派員督同本局人員於九月廿三日晚十時許在該所樓上查獲禮金多筆，及收禮底單一紙。該底單記載所收禮金總計約三萬五千元之譜（外傳六萬元或十二萬元均不確）。本案省警務處極為重視，奉交本局查辦，本局當遵照省處指示澈底查究，依法嚴辦。」

這個聲明的結語，雖仍說「當遵照省處指示澈底查究，依法嚴辦」；但却給紅包加上一個「節禮」的美名。因此，被勒索的紅包商人自然更要說是自動餽贈的了。警務處於九月二十六日隨即公佈將太原路警所全體員警調離太原路管區；並報請省政府將第九分局局長黃介昌調職。九月二十八日報載，則已調升為警務處荐任股長。

本案初發生時，聯合報曾盛讚郭永整飭警風，杜絕積習，不惜家醜外揚，毅然決然，予以查究，殊足欽佩。但九月二十七日刋出上述調動消息時，則作「陋規銘」以諷之，原文如下：

「個別收紅包，謂之受賄；集體收紅包，謂之陋規。偶爾收紅包，謂之受賄；定期收紅包，謂之陋規。

台北市太原路警察派出所集體收受過節紅包一案，據說這是一種由來已久，習以為常的陋規。嗚呼，因「陋」成「規」，陋之甚矣！

目前官場上有兩句很流行的做官要訣，那便是「無例不興，有例不滅」。凡事只要有了成例在先，便可「依樣畫葫蘆」，來一個照例行事，援例辦理，固不論為「善例」抑或為「惡例」。一件壞事，只要有始作俑者，開其先河，創下惡例。大家援例跟進，久而久之，乃成慣例。所謂「陋規」者，莫不由慣例而來。誠所謂「如入鮑魚之肆，久而不聞其臭」。

公務員，尤其是具有執行刑罰職務的公務員，如於所辦事件，收受賄賂或任何餽贈，均為國家法令所不許。收受紅包，不論其出於老百姓的自願，抑或出於公務員的勒索，均為瀆職行為，應負刑事罪責；殊不得視其為陋規而輕易放過。古有「陋室銘」，今作「陋規銘」，銘曰：『位不在高，有權則名；交不在深，有錢則靈，斯是陋規，臭久為馨。紅包滿天飛，鈔票入眼青。談笑有黃牛，往來多白丁……孔子云：「何陋之有」。』

為什麼警務處長郭永在得到太原路警所收紅包的密報時立即派人前往偵查；而在發現收紅包的事實和証據後反而輕輕的將一干員警調離管區就算了事呢？據悉：乃由於偵查的結果發現牽涉甚廣；而且若一層一層的往下追去，還將涉及警務處本身和蔣經國手下的若干要員。因而祇得自發自收。

但他畢竟做賊心虛，所以在宣佈將太原路警所全體員警調離管區時仍說：「該所此次收受禮金，雖已查出一部份係由當地商民自動餽送；但管區員警是否有藉端需索情事，仍須澈底追查，依法究辦。為使追查工作進行便利，乃有上項人事調整措施。」台北市警察局長張毓中在市議會答覆質詢時，亦作同樣的聲明。似乎表示本案仍將有下文；但一般老百姓都知道不過是官話而已。預料這批幸運的員警調到其他地區後，必將本其豐富的經驗，另闢世界；而調換來此的其他員警，也會蕭規曹隨，繼續努力。台灣的警政，更可蒸蒸日上矣，盛哉！

古巴總統多爾蒂科斯訪平

毛澤東返平接見並主持十一僞慶
古巴與中共勢將有更進一步勾結
毛澤東著作今年在古銷廿五萬冊

劉裕畧

爲了進一步加强古巴與中共的關係，古巴總統多爾蒂科斯及古巴統一革命組織之代表團於九月廿二日到達了北平。據中共「中國新聞社」北平廿二日電：「英雄古巴人民的光榮使者——古巴共和國總統奧斯瓦爾多·多爾蒂科斯·托拉多博士，今天上午乘專機由蘇聯飛抵北京。北京五十多萬人夾道歡呼『中古人民友誼萬歲』，熱烈地歡迎第一個到中國訪問的拉丁美洲國家元首。中華人民共和國主席劉少奇、副主席董必武、全國人民代表大會常務委員會委員長朱德、國務院總理周恩來等國家領導人，今天都前往機場熱烈歡迎古巴貴賓。上午十一時，總統的專機到達北京，在機場上舉行了隆重的歡迎儀式。劉少奇主席和多爾蒂科斯總統在機場上發表了充滿友情的講話。劉少奇主席說，古巴革命的勝利是我們當代具有偉大歷史意義的事件。古巴是拉丁美洲第一個實行了徹底的民族民主革命的國家。古巴革命勝利以來，古巴人民在菲德爾·卡斯特羅總理的領導下，同世界上最大的帝國主義——美國帝國主義進行了堅決的鬥爭，並且把革命繼續向前推進。劉少奇主席說，古巴人民的英雄鬥爭，爲拉丁美洲各國人民的民族民主運動樹立了光輝的榜樣，長了世界人民的志氣，減了帝國主義的威風」。

據同一電訊說多爾蒂科斯則在機場發表談話，謂「古巴人民對中國人民懷有最崇高的欽佩，這次訪問將有助於更進一步加强古中兩國人民之間的有力聯繫」。

又據同一電訊說：劉少奇與多爾蒂科斯當即於廿二日下午即在北平「進行了會談」，並謂「會談在親切友好的氣氛中進行。會談時，中國方面參加的有董必武、朱德、周恩來、彭眞、郭沫若、黃炎培、陳毅、李富春、習仲勛、方毅、耿飆、盧緒章，中國駐古巴大使申健等」云。

從以上電訊，可以很容易的看出，中共與古巴即將有更進一步的勾結。中共的作法顯然是一方面加强對古的巴滲透與控制，另一方面則更想把「革命」從古巴轉輸到其它拉丁美洲國家，以擴大反美和擴大赤化工作。故劉少奇乃有所謂「古巴人民的英勇鬥爭，爲拉丁美洲的民族民主運動樹立了光輝的榜樣」云云。

對於古巴與拉丁美洲，中共顯然是極重視的。今春以來，高棉總理施漢諾、北韓傀儡金日成、北非洲加納共和國總統恩克魯瑪、巴西副總統古拉特、乃至寮國的共黨傀儡富馬等先後訪問北平，毛澤東都未在北平接待，其中大多數都專程到杭州會見毛澤東。但這一次古巴總統多爾蒂科斯到北平，毛澤東却趕回北平接待。雖說毛澤東之所以特別趕回北平也是爲了主持中共建立政權的十二週年的所謂國慶，但五一勞動節及八一建軍節毛澤東既都可以不在北平參加，則如果只是爲了所謂國慶，毛澤東自亦可以不回平參加。但毛澤東畢竟趕回了北平，此固然與尼泊爾國王馬亨德拉與王后於九月廿九日訪平有關，但其中最主要的接待對象却還是古巴總統。因爲這與中共今後在古巴及在拉丁美洲的作法都有較深切關係的緣故。

事實上，由於古巴在中共反美工作中的政略戰略地位的重要性，中共是正在各方面加緊對古巴和拉丁美洲的各種活動的。就以毛澤東的著作在古巴推行的情況來說吧！據中共新華社九月廿一日哈瓦那電：「古巴國家印刷局負責人今天說，今年到目前爲止，在古巴全國已經銷售了二十五萬冊用西班牙文發行的毛澤東主席的著作，十八萬冊關於中國各方面的西班牙文書籍，和大量中國雜誌。他還說：古巴讀者要求銷售大量的毛澤東主席的著作和其它關於中國各方面的書籍。爲了紀念中華人民共和國建國十二周年和滿足讀者的要求，古巴國家印刷局最近剛出版了毛澤東主席『延安文藝座談會上的講話』、魯迅小說選和安娜·路易斯·斯特朗所著的『中國的人民公社』。這三本書的總發行量是十四萬五千冊，將在十月二日在古巴各個書店出售」。

由此看來，中共滲透古巴的深度和寬度確實都是驚人的，卽以銷售毛澤東的著作及中共的赤化宣傳書籍而論，所謂「古巴國家印刷局」在實際工作上實已變成中共「人民出版社」的分店了。

中共承認廣九鐵路被炸
廣州殺害反共志士一名

穗生

廣九鐵路被中共控制的一段，卽由深圳到廣州之一段，本報曾報導該段橋樑最近曾被反共志士爆炸之消息，茲經中共承認確屬事實。

據中共新華社九月廿三日廣州電：「台灣蔣介石集團的特務機關派遣潛入我廣東省寶安縣陰謀爆炸鐵路的特務分子葉吉麟，已爲我當地人民公安機關及時發現逮捕歸案，九月廿三日，經廣東高級人民法院依法判處死刑，立卽執刑」。

並說：「特務分子葉吉麟潛入前，在香港接受蔣帮特務機關爆炸鐵路的破壞任務。於九月十二日越境潛入我廣東省寶安縣境內，在布吉車站附近的鐵路上放置炸藥」等語，可見反共志士，設法進入廣東，進行爆炸，確係事實。所不幸者，是這一位反共志士終於被中共捕殺而已。事實上，今日大陸之人民，無不深恨共黨，其所以不能遍地展開爆破與反抗者，只因人民手頭無炸藥無武器耳。倘海外能予以武器，大陸全體人民自將一致起來誅殺共黨。所以，中共今日可以在廣州殺害反共志士葉吉麟一名，但今日大陸實尙有無數葉吉麟站在中共周圍的。

中共新湖南報透露
林糧間作已完全失敗

·澄波·

由於大陸糧食生產失敗，中共遂想出了種種彌補方法，以圖增產。然而，中共所想的各種彌補方法，幾乎無一件不是異想天開，無一件不是荒謬和荒唐的。

在山區叢林中種植粮食，稱爲林粮間作，也是中共企圖彌補粮產失敗的方法之一。這種方法，本來就很荒唐。因爲樹林之中，雖有空隙土地，但陽光與水份以及土壤肥料等却都是問題。但中共不管這一切，硬叫各地幹部強迫農民推行林粮間作。茲據中共湖南省機關報「新湖南報」透露：「林粮間作後，有不少地區既影響苗木的生長，又因缺乏肥料和荒草的滋生，使粮食作物普遍瘦弱，成活率甚低，有些地區甚至連種籽也損失了」云。可見中共這一異想天開，完全胡鬧的增產方法又已證明失敗。

僑鄉簡訊

鍾之奇

福建災情嚴重

福建最近因風災而引起的災情，現據中共正式公佈，實係異常嚴重。據中共新華社福州九月廿一日電說「今年第二十二號强台風九月十二日下午二時在福建省莆田、惠安一帶登陸時，中心風力大，波及範圍廣，台風經過的晉江、龍岩兩個專區，被波及的龍溪、閩侯、福安三個專區和南平專區的部分地區，風力都在八級到十二級以上，……莆田、惠安、平潭、晉江、龍溪、東山等縣在漲水退落後，各縣都出動了數萬人，分別投入修堤排水、洗苗、扶苗、補苗、加工、加肥和改種等災後生產活動」。可見中共一向鼓吹的水利建設，完全是毫無成績的謊言。否則，颱風是年年都有的，何至一有颱風就如此嚴重？颱風成災後，中共各級幹部還自吹防護得力，領導有方，如果眞是如此的話，災情又何至如此嚴重？最可憐的還是現在陷身僑鄉的老百姓啊！

新會舉行種苗交流會

在以往，種苗在農村中原是不成問題的。因爲農家早已各自安排。但自中共推行人民公社後，種苗却成了問題，因爲中共括削太多，人民又食用不够，所以許多地區便出現種苗缺乏現象。爲此，中共最近不得不在新會縣舉行了一次全縣性的種苗交流會。

據中共公佈：這一交流會，「成交各種品種達三十多種，及時地調劑各地間種苗餘缺」。但缺乏種苗的現象，並不限於新會，看來，中共非在各縣都勞民傷財的舉行同類的交流會不可。否則種苗也成問題咧！

百色添建路亭

廣西百色縣最近添建了二十二處路亭。這是從前人民自己開設的用以供過路人客住食的客店現在都沒有了，因而過路人等常常找不到食宿的地方，而不得不在路上露宿。百色共幹鑒於「農村墟鎮與通向凌樂、田林等地交通要道，往來行人很多。這個縣在這一帶開設了二十二處過路店」。全縣僅有這二十二處路亭當然仍是非常不够的。但其它各縣則至今尙無一個路亭；二十世紀的人，在共產黨統治下，眞的只好重過穴居野處的原始生活了。

中共命寶安公社社員到港偸竇

白銀丸是從前在香港被炸沉的一隻船，早就傳說該白銀丸船上載有金銀珠寶。中共窮得發昏，竟異想天開的派了廣東寶安人民公社的七名社員潛入香港，實行偸竊。但被香港水警人員拘獲，於九月廿三日解香港海事法庭審訊。

香港警方控告此七名公社人員以「拆卸爛船未經向本港海事署長領取執照」罪名。七人均認罪，被判儆誡，所有由警方檢獲之物品，包括拆得的廢鐵二百磅，土製魚炮電線等沒收外，一艘長廿尺濶六公尺的公社漁船則發還。

九月廿三日在法庭受審的被告人，是：陳祖高，曾樂，呂平，林來宜，王東，何德，曾針，俱海豐人。主控官陳述案情稱：九月廿一日下午四時十五分，水師帮辦劉啟輝乘第廿八號水警輪，在新界海面巡邏，但當接近深灣海面時，從望遠鏡中看見一艘可疑的小艇在銅鼓灘白銀丸沉沒地點海面附近，此時水警輪與被告等小艇距離處約有一哩。從望遠鏡中，警方人員看見小艇內有兩人從小船潛入海中，約五分鐘後浮起，並取有廢鐵放在船上，水警人員接近該艇及施行檢査後，察悉小船內一共有七個人，有若干人則僞作重傷狀。在船內，警方檢出有三個手製的魚炮，十一個電池，電線六十尺，膠片一捲及廢鐵二百磅。七被告認罪後向法庭表示：他們離港後，再不會進入香港地界，但法官予以警告，如各人再度擅行進入本港，則將受嚴厲之處分云。

査中共在大陸鐵幕低垂，人民皆不得自由進出。今寶安縣人民公社七名社員攜帶工具潛入香港進行偸竊，自係受中共命令而來無疑，由此可見，中共不但是一個强盜政權，而且是一個偸竊政權了。

菲島糧荒與政爭

莊渭泉

今年是菲律濱的大選之年，依照過去的經驗，每一屆的大選，都不免有若干紛爭或騷動，如暴力干涉選舉，毆打以至暗殺候選人之類事件，都曾經發生過。至於假借各項政治或社會問題，作為競選武器，更可以說是司空見慣。不過如果以過去的那些糾紛或騷動，來比諸今年大糧荒的混亂，則以前種種，不外是小巫見大巫罷了。

今年的大糧荒，實際上當不能說是人為的，因為粮食如果充裕，在自由貿易的制度下，是相當難以操縱的。但糧食缺乏的時候，要是有人再加以操縱，當然容易致令情況更加嚴重。

有亞洲米食之稱的東南亞，今年年成不好。緬甸大水，印尼苦旱，南越因游擊戰影響糧食的輸運，原來缺糧的菲律濱，因為未能事先覺察及防範，在人民集中的馬尼拉市，便突然掀起了搶購糧食的大風潮。

這次岷市的搶購糧食風潮，是不是有如何「醞釀」的，迄至現在還屬難以証實。事實上，好像是在一夜之間就爆發了似的，突然間，全市的米店，都出現了長條的人龍。所謂「謠言」也同時出現，如米價漲了一倍，「還要再漲，恐怕可能絕市」；「泰米不能來」等等，正如火上添油，使人們罄其所有，甚至典賣衣飾以搶購糧食，如瘋如狂，加重了混亂。

糧底稀薄，價格飛漲，是基本的原因，「謠言」迎合了恐慌心理，搶購潮一旦發生，就幾乎不可遏止。為了維持秩序，警察被派到各米店監視，為了防備搶糧，政府的米倉米站，也派軍隊防守，軍警一旦出動，情勢就更顯嚴重。

當局對付糧荒的對策，首先是實行限價、限購。總統加西亞於搶購潮發生之翌日的九日，即下令凍結粮價，及不准整袋批購，一面實施配購制度。由國營市場公司，把外地輸入的米糧，分配給代售商，並監督他們普遍售於每一家庭。為求普遍及免重複奪購，又開始製發粮票。這麼一來，必須先獲得糧票然後才能購糧，糧票又成為優先爭取的對象，於是政府發糧票的糧站，一時又湧成長龍。其中更發生羣衆毆打糧站職員的情事。那些糧站，是由原來的衛生站臨時改用的，糧站上紅十字及防疫標語仍在，外地旅客，竟以候領糧票人龍為等候打防疫針。這到是混亂中的插曲。

沒有事先準備的配購制度，自然不能一下子送上軌道，領糧票和購糧食兩條人龍，一直繼續了五天，以致加西亞總統不得不廢然宣佈：全國進入「災難」狀態。因為不但馬尼拉市，就是市郊各地，地方省會，也已發生搶購潮。災難狀態令的宣佈，使政府可以沒收存糧，嚴懲囤積居奇者，及於必要時使用武力對付搶糧的暴衆。後者是鑒於先一日有百餘貧民圍搶政府糧車。當時該車運糧至粮站，貧民持刀一湧登車劃破米袋，幸大批軍警乘吉普車趕到制止，始告無事。

在粮荒的當中，競選戰也同時以罵戰的方式而發展。政府當局認為，一九六〇年中呂宋產粮區水災，影響粮食歉收，「奸商」乘機囤積居奇，乃致造成粮荒，其中大半是屬於人為的。反對派則指責政府未能事先認識粮荒的必然性，未能預先自國外購運米粮，未能對粮食作有效管理，對囤積居奇之外僑（指華商）毫無辦法，以及平常絕無配購準備，臨急抱佛脚，加重了騷亂。反對派的報紙說，倘若政府不能迅速消弭粮荒，人民必定在大選投反對黨的票。

這在菲律濱似乎是慣例了；即無論發生什麼壞事情，必然地派給華僑一份罪名。政府方指「奸商囤積」，在野「政論家」說「外僑囤積」，都是把罪過推在華商身上，以致華商會不得不出而聲辯，陳明華商絕無抬價售賣黑市等行為。

實際上，在緊急狀態下，囤積已絕無可能。因政府已派出陸海空部隊，分為搜查組、保倉組、分配組、警備組、反暴組，合五組執行「第七六八作戰計劃」，對商家及民間存粮作戰。「作戰」人員調動，概由空運。在這樣海陸空總動員「作戰」之下，也並沒有突擊出若干存粮來。只不過恢復了市面秩序和克服購粮的混亂。

據一般的估計，菲國須自外地購入外米二十萬噸，方才可以根本解決粮食的缺乏。中旬粮荒發生後在泰國所購之米七萬五千噸，須十月中方能陸續運抵。此項中等米，已比菲粮荒前之米價，貴六英鎊一噸。而因印尼之扯購，泰國存米已無多了。

競選下屆總統的現任副總統馬卡柏佳，力陳政府經濟政策失敗，管理不善，謂今後菲國需要堅强有力之領導，方能免於「災難」。馬氏更謂，人民困苦目不忍覩，渠寧願放棄競選，集全力於救助人民云云。一面對現總統諷刺，一面爭取人心。至於粮荒是否致令政府黨失敗？在十一月十四的大選，就可以見個分曉了。

印共近態

（印度通訊）

賀淑賢

印共自一九四五年被國大黨逐出黨外之後，雙方對立了逾十年，直至一九五六年，它才跟隨着共產國際策略的轉變，再向國大黨靠攏，並在他們的第四屆代表大會上，坦率宣佈：應與國大黨的「進步愛國份子」合作，組成「反帝」、「反封建」的「國家民主陣線」。那時，正是史太林死後的「共黨風雲幻變」時代，而印共和中共，正處於簽訂「五項原則」的友好氣氛中。

印共所要的把戲，確是相當巧妙，不久，國大黨果然再被他們滲透了。其中一部份自命為「進步份子」的國大黨黨員，竟逐漸變成了公開親蘇，並在議會內外搖旗吶喊，大叫「前進」口號。迨至一九五七年，在克若拉省的大選中，印共獲得勝利了，竟創下了一個世界新紀錄：那就是共產黨能夠循着民主憲政途徑取得政權。如果不是中印邊境事件突然爆發，使印度舉國震驚，印人羣情憤激，則印共那一套「民主」和「聯合陣線」的狡猾把戲，還會繼續上演。

在那期間，克若拉省的印共政權，曾鬧得民怨沸騰，以致激發起其他黨派立刻組成了「聯合反共」的龐大勢力來對印共制裁，而尼赫魯也趁機引用憲法，下令改組克若拉政府。那時印共於是又咬牙切齒地痛恨國大黨。死硬的史太林派，也就把握時機，轉而與中共親近，對中共所說的「民族資產不可靠」，「在建立社會主義革命的工作上，絕不能與民族資產階級合作」的這一套理論，表示信服。

到了這階段，印共內部的派系爭執，顯明地表露出來了。

如今，印共不單是黨員中有「親蘇」，「親華」（中共）之爭；他們的領導階層、下級幹部，和羣衆之間，也頻頻發生極大的糾紛。黨員們多數反對與國大黨合作，甚至連有限度的合作也鬧彆扭。可是領導階層所決定的政策，却要一方面配合莫斯科和北京的國際共產路線，另方面也必須顧慮到羣衆的情緒和意願，而尼赫魯的「對外親共對內反共」的圓滑手腕，也使得「親華」（中共）派感到狼狽。

印共的第六屆全國大會雖是召開過了；但這大會幾乎可以說是毫無成就。陣容强大的親蘇人馬雖然也炙手可熱；大會主席團宣佈蘇聯的加加林進入太空的消息時，雖然也大受鼓掌喝采，但由於缺乏共同意念，而內部複雜的糾紛也愈來愈顯著，遂使大會進行得極不順利。就在不能獲得協議的打擊下，致使「主流派」所提出的政綱也不得不置諸高閣。重大的政治議決案，也是經過七刪八改後才拼奏而成。選舉進行，也未能全部竣事。組織上的報告，也沒有人願意動腦筋去研究。至於「展開大規模的羣衆運動」的提案，究竟「大」到如何程度？運用怎樣方式？也激烈的爭持不下。親華（中共）份子是主張採取激烈手段的，可是當權派却大感苦惱，為的是莫斯科方面，是要求他們跟國大黨修好的，而黨的幹部却偏偏對國大黨異常憎恨。在這種矛盾的因素下，當然很難迎合蘇聯的願望。若果認眞大搞哩，則其滲透政策，自然更難以實行了。

直至目前，印共的內部派系紛爭，顯然仍是陷於僵局的。

那末，由現在起，以迄明年三月大選的這一段時間中，印共的活動又將如何？照目前的情形來看，印共的唯一辦法，祇有因循舊規吧了。這舊規，就是對尼赫魯的外交政策，仍作溫和的支持；對有利於國大黨的內政，則猛烈予以攻擊。此外，對國大黨的「進步份子」，則仍設法與之重修舊好。

在下屆大選中，如果印共得勢，或者維持現狀，則這個「溫和路線」，相信有持續一段時期的可能；但若失勢，或甚至連現狀也不能維持哩，則親華（中共）派定必抬頭了！到了親華（中共）派獲得抬頭的時候，則印共的黨內外勢必有一番激烈的行動出現。這種未來轉變態勢的發展情況，將對整個世界都有重大的影響；因此，它早已把世界政治觀察家的眼光都吸引住了。

眞實主義（下）

椿雨

於是，有一天下班之後，他終於決定去找她說話。

「周小姐！」他直截了當地說：「我叫莫之安。」

「我知道！」這位周小姐向周圍打量一下，發覺辦公室裏祇賸下他們兩個人，並不是害怕，祇是有點厭煩，她冷冷地問：「莫先生有什麼事？」

「我發現我們有許多相同的地方！」他認眞地說。

「是嗎？」她頓了頓。「至少我們的性別不相同吧！」

「所以我想認識你！」

「你不是已經認識了嗎！」說着，她把便當（註）盒子塞進一隻小網袋裏，然後非常生硬地向他說了聲再見，便扭轉身走掉了。

莫之安先生對周小姐這種爽爽快快的作風欣賞透了，當天晚上，他就在宿舍裏忙了一夜，第二天上班的時候，他提着一隻沉重的小箱子到辦公室裏來。

這一天，他發覺周小姐連瞟都沒有瞟他一眼，她祇是低着頭，打字的速度似乎比往常更快。

好不容易才挨到下午下班，正好最後也是賸下他們兩個人。於是莫之安先生便大模大樣地走近她。

「周小姐，」他說：「昨天你曾經說，我們已經認識了！」

「不錯，這話我是說過的。」她冷冷地回答。

「而且，我也說過，我們有許多相同的地方！」

「嗯，我聽見你是這樣說的。」

「所以，我想告訴你一些眞實的事情！」

「是關於我的？」周小姐微微有點慌張。

「不！是關於我的。」莫之安先生連忙把話接下去。

她鬆了一口氣，隨即伸手去拿自己的東西，但，他已經伸手把她按在椅子上坐下了。

「你別急，」他說：「我把所有的東西都帶來了。」

「你要幹甚呀！」她嚷着。

可是莫之安先生並沒有理會周小姐的抗議，他隨手把那隻小箱子擺在辦公桌上，然後打開它。

「我要讓你知道，我的每一件事情！最眞實的，沒有虛假——喏，這就是我的國民身份証，上面有姓名、年齡、籍貫、出生年月日、父母姓名，配偶欄是空的，我還沒有結過婚！」

但是周小姐無心去看他的身份証。由於他堵着路口，使他無從脫身，所以她有點生氣。

「為什麼一定要我曉得你這些事情呢？」她悻悻地說。

「眞實的友誼，當然要從眞實的了解開始，」他說：「喏，這張是我五歲的照片，那年我害過一場大病！這幾張是畢業證書——這是獎狀，這一捆是我這十八年的日記……」

周小姐很快地便看出來，不聽莫之安先生把話說完是不可能的，明白了這一點，她吁了一口氣，祇好隨手翻翻解解悶。

「沒有了吧？」

莫之安認眞地點點頭。

「嗯，都在這兒了！」

「你打算把這些東西帶走嗎？」

「帶走這些？」她詫異地反問，眼睛定定地望着莫之安先生。

但，莫之安先生並沒有聽到這句話，他像是突然發現甚麼似的，連忙摸摸胸口，把一隻牛皮紙套從內衣袋裏掏出來。

「噢，我差點把它忘了！」他笑着說。

當他看見他小心翼翼地將幾隻信封從紙套裏取出來時，她實在忍不住了。

「這又是甚麼！」她大聲說。「人壽保險證書！」平靜地回答。

「那麼這一份就是你的遺囑了！」她完全失去克制自己的能力了。

可是，莫之安先生却對着她微笑。

「你拿出來看看吧！這是最重要的一部份！」

是的，這是最重要的一部。信封裏，是一本銀行的存摺，數目是新台幣十八萬五千零四元——當然，這還沒有包括人壽保險在內。

還有甚麼比這個更眞實呢！

這次談話就這樣告一個段落了。之後，他們一起到館子裏去吃夜飯，然後再到一個僻靜的地方坐下來，繼續他們的談話，現在，該輪到周小姐說她自己的了。

她是一個聰明的女人，因此她故意把自己說得「怪」一點，迎合莫之安先生的興趣，她模倣他的口吻，直截了當地說：

「所以，我想和你結婚！」

莫之安先生陡然燃燒起來，但是有吳小姐的前車之鑑，他正色地問道：

「你不會去割雙眼皮吧？」

「為甚麼？」她叫起來：「我本來就是雙眼皮呀，而且，有些時候還是三眼皮呢——難道你沒有看出來嗎？」

莫之安先生聲明自己是近視眼，而且不願戴眼鏡。但他接着又問：

「那麼眼睫毛呢？」

「你摸摸看！」

他並沒有伸手去摸。

「當然，」她故意說：「照一般的標準，我的身材比較差一點，但並不太壞，三十，三十，二十二。」她眩惑地笑了。「這個早遲你總會知道的！」

數字的本身，就包含有眞實和可靠的意義，莫之安先生用不着再攷慮，便馬上作了決定——結婚。

由於莫之安先生和周小姐都是「眞實主義」的信徒，所以婚禮非常簡單。他們既不請客，也不收禮，兩個人住在一起便算了；因為結婚證書並不能保証愛情的眞實，婚姻的意義，祇是一個男人和一個女人生活在一起而已。

結婚的那一天早上——也就是「談判」的第二天，莫之安先生到周小姐所住的女子公寓裏，用兩部三輪車把她和她的衣物搬回自己的宿舍，然後到長沙街買了一張雙人床；這天晚上，兩人到一家比較實惠的小飯館去吃晚飯，還特意喝了兩杯酒，表示慶祝。

當他們帶着三分醉意回到「洞房」時，一進門，莫之安先生便抑制不住內心的激動，緊緊地把周小姐抱着。

「沒有甚麼比我們這樣更眞實了！」他喃喃地低喊道。

周小姐並沒有躲避……

新婚之夜的樂趣，並不是四十年來從沒有接觸過女人的莫之安先生所能想像出來的，他彷彿飄浮在一個虛幻的夢裏……

當他醒過來，新娘子已經起來了，大概是到盥洗室裏去。莫之安先生甜蜜地反轉身體，隱隱地嗅到她遺留在枕上的髮香，當他閉起眼睛，開始回味昨夜的溫柔時，他的手在枕下忽然觸到一些東西。為了好奇，他輕輕地把它們拿出來……

天！他馬上想起來，她昨夜為甚麼不許他開燈，和不許他撫摸她的緣因。原來那是一隻特製的乳罩和一條緊連在內褲上的義臀——最虛假的東西！

莫之安先生驟然有被侮辱的感覺，他霍然在牀上坐了起來，擺出一付挑釁的姿態，瞪視着通往盥洗室的門。

盥洗室的門終於開了。

當他看見這位世界上最虛僞而醜陋的周小姐——不，現在應該叫莫太太了——披着薄薄的睡衣走出來時，他鄙夷地睨望着她，然後緩緩地舉起手上的東西，當他張開嘴，正要用世界上最惡毒的語句去詛咒她時，他忽然覺得嘴裏有點凉颼颼的感覺，而且缺少了點甚麼似的，他用手一摸，才猛然記起，他睡覺的時候，是習慣把假牙取出來的。（續完）

註：即是「飯盒」，白領階級和走學的學生都帶着當中飯。

小啓： 本版園地公開，竭誠歡迎投稿。稿酬約每千字八元。七版編者

辦學

張馬傳

這幾年來，在我許多朋友當中，老梁算是個「撈」起了的朋友，而我呢，說來可眞慚愧得很，直到如今，我還是窮得一貧如洗。記得當年老梁是跟我同一屆畢業的，他是商管系，而我却是新聞系，他出來做事時，是個商行裏的職員，而我也是一間小型報館的外勤記者，整天跑新聞，一直奔跑了好幾年，連個編輯也撈不到，我眞是不中用；而老梁呢，如今却是撈起了，而且撈得有個名堂，××學校校長、××董事、×××委員、××主席等。端的，他現在在教育界裏差不多是個知名的人物了，其實他對教育，也和我一樣外行。但如今他却幹起校長來啦！

說來一個人的發達與否，還是要講命運的，命生得不好，儘教要倒楣的，像我，就有幾個算命先生說過我的命運是很不濟的，求財是不可得的，兩頓「清茶淡飯」總會有得吃，想來如今這話是應驗了。在許多朋友當中，我是相當倒楣的一個；而老梁早就有個測字先生說他是個發達之人了，照目前看那是有幾分像了。

我說過老梁起初是個商行的職員，但後來不知怎的，竟給他混進了教育界，不多年，他就和幾個教育界朋友，在鄉村裏建立了一所小學校，自己當起校長來了。鄉村教育不普及，而且學校不多，鄉下人的孩子多半沒有書讀，因為進城裏讀書，那是一件相當難的事，除非家中相當的富有。所以多半農家子弟都進附近老梁辦的那所私立學校。這一來，學生一多，學校的收入就多了，換言之，老梁的腰包也就漲了，怎麼不漲呢!?所聘請的教師，月薪少的可憐，簡直是「可恥的待遇」，你不幹嗎，進城裏找工作那就更難，而且城市的消費比較多，所以在他學校執鞭的教師，可說是無可奈何的。

整所學校，只有一位校役，校園內的工作多半是由學生自己做了的，比如校內環境的清潔啦，教室的清潔及佈置啦，都是由學生們做的，說的好聽一點，那是要訓練學生的「服務精神」和「自治能力」，其實老梁替自己的荷包着想，少請一個校役，每個月是省回幾十元的開支，學校處罰學生，不用說多半是清潔課室及洗厠所等，不知道的人，會以為這所學校一定是相當嚴格的。

現在正是開課期間，老梁又想到一個「刮龍」的方法了，他規定所有學生課本都得由學校當局代購，這樣老梁就從中「刮」了一筆，加上要學生一律用學校規定的「校簿」，以資劃一云，其實老梁又在這裏刮了一筆，然而，學校也有一些所謂免費或半費學額之類，這些也是老梁辦學政策之一，老梁此刻下個「命令」，要那些享受了免費的學生，在開課前回校工作幾天，否則就取消免費優待，這一着，學校就簡直用不着再僱用校役了。

早幾年，我也曾想到過如此辦學可以發達，但可惜卜卦先生早說我的命生壞了，只好仍然當記者直到如今。

金釵記（五一）

黎明

第十五場：

老歐：（鞭傷未癒，支着短杖，一拐一蹺，邊走邊哼）哎喲！哎喲！……

顧員外：（失驚介）老歐！你為何這等模樣？

老歐：哎呀員外爺呀！（欲施禮，員外急止介）老奴打壞了啊！

顧員外：你被何人所打？

老歐：被安人責打了啊！

顧員外：安人為何責打於你？

老歐：安人冤枉責打老奴了啊！

顧員外：為何安人冤枉責打於你？

老歐：安人怪我不該放那魯公子進來我家，故而責打於我。

顧員外：吓！你說魯公子他他他曾經來過我家？

老歐：正是。那魯公子不但來過我家，而且還住宿過一宵啦，不但住宿過一宵，而且五更頭上還領了一大包東西走了啦！

顧員外：（又驚又疑）竟有這等事!?——老歐！我來問你：是魯公子走的那天安人責打於你麼？

老歐：不是；是小姐死的那天，責打老奴的。

顧員外：啊！是小姐死的那天麼？（掀髯作驚悟介）

老歐：正是。（說完不再理員外，只顧斷斷續續哼着「哎喲」、「哎喲」！）

顧員外：（也不再理老歐，只抓住老歐「魯公子曾經來住過一宵」、「領了一大包東西去了」和「小姐死的那天才被責打」的話頭，想入非非地加以比畫。他首先比畫的是：斷定魯學曾乃存心敲詐。其次是：斷定安人送一大包東西乃受了他的影响，作為退婚的代價。最後是：斷定魯得財後更起淫心，强奸秀娘，以致秀娘羞憤而死。）哦、哦、不錯，是了啊！（唱）

那畜生，找上門，是存心敲詐；我安人，送財物，是退婚代價。想必是，那畜生，忽起淫心；深宅院，弱女子，失身於他。既騙財，又騙色，有口難言；因此上，尋短見，含羞地下。我必須，向安人，細問分明；這冤仇，不報復，萬世唾罵。

老歐：哎呀員外爺呀！（聽得要細問安人，急忙上前攔阻）安人對老奴言道：此事萬萬不可令員外知曉。老奴此次雖被責打，並無怨恨；倘若員外一同安人言講，老奴這條老命便準死定了！

顧員外：這個？——

小三：（上報）啟稟員外爺，賈大人到！

顧員外：哦，賈大人來了麼？（畧一沉吟，不覺喜形於色，轉向老歐）你且退下！我不說與安人也就是了。

老歐：謝謝員外爺！（一拐一下）

顧員外：（轉向小三）快快說我有請！（趨前迎接）

小三：（向幕後）有請賈大人！（說完站在一旁）

（四衙役先上，賈青天便服繼上）

賈青天：嗯呸！竹深秋意淡，花落訟庭閒。（與顧員外相見介）哦、老員外，您好？

顧員外：（强作歡容）好！好！大人您好!?

賈青天：下官末？也好！也好！——哦、老員外！下官今日閑暇無事，是特來府上看花的喲！

顧員外：甚好！甚好！只恐小園荒淺，不堪大人雅顧的了！

賈青天：好說！好說！

顧員外：（轉向小三）小三！吩咐下去，準備香茗，安排美酒，荷香閣侍候去者！

小三：曉得啦！（下）

顧員外：大人請！

賈青天：老員外請！

顧員外：還是大人請！

賈青天：還是老員外請！

顧員外：如此老夫引路了。唉！兒呀！（忍不住失聲長歎，老淚簌簌而下，連忙以袖拭之。）

賈青天：啊！（失驚，跟着趨前一步）老員外為何長歎落淚？

顧員外：（這個？（突向賈卜通跪下）哎呀賈大人呀！你乃本縣父母之官，要替老夫伸冤雪恨才是呀！

賈青天：（失驚，連忙扶起介）啊老員外！你我乃是世誼，老員外有何冤屈，只管明說，何必如此？

辛亥革命史談（二四）

舜生

三．同盟會成立經過及其活動

清宣統三年三月二十九日（四月二十七）黃花崗一役，確實是自同盟會建立以來最壯烈的一幕，也就是革命最後失敗而接近成功的一幕。後來中山追述說：

『是役也，碧血橫飛，浩氣四塞，草木為之含悲，風雲因而變色，全國久蟄之人心，乃大興奮，怨憤所積，怒濤排壑，不可遏止，不半載，而武昌之大革命以成，則斯役之價值，直可驚天地，泣鬼神，與武昌革命之役並壽』（見黃花崗烈士事畧序）。

這是一點也沒有誇張的寫實。

先是經過宣統二年正月倪映典在廣州失敗以後，中山即於二月十二（三月二十二日）自舊金山赴檀小住，更聽到汪精衛、黃復生的入獄，乃赴日本而轉到南洋，於是年十月十二（十一月十三日）有檳榔嶼會議的召集，到會的有黃興、趙聲、胡漢民、孫德彰、鄧澤如等多人。中山見各同志面有憂色，相對唏噓，乃多方面加以安慰，並勉以再接再厲，即席發動籌欵，當場即得八千餘金，乃決定發出捐冊，分向南洋英屬、荷屬、暹羅、安南及美洲一帶僑胞繼續勸募，以集得鉅欵從事大舉為目的，仍確定以廣州為起義地點。

經過這次會議以後，除中山本人以無法在南洋香港一帶居留，不得已仍赴歐轉美以外，黃興、趙聲、胡漢民則先後到達香港，並於是年十二月在香港跑馬地三十五號成立統籌部。黃任部長，趙任副部長，胡任秘書長，內分調度、交通、儲備、編制、秘書、出納、調查、總務八課，由姚雨平、胡毅生、陳炯明、李海雲、羅熾揚、洪承點等分別担任。鑑於過去側重新軍及民軍的失敗，此次乃決定組織敢死同志為『選鋒』，初定五百人，後擴充為八百餘人。並決定廣州一經得手，即由黃興統一軍出湖南，趨湖北；趙聲統一軍出江西，趨南京；陳其美、宋教仁、譚人鳳、居正諸人，並於統籌部接受約束，屆時在長江上下游發動響應。等到各方滙欵陸續到達，即積極購置槍枝炸藥及其他各種武器，並先後在廣州設立機關數十處，單是預備放火的機關便有九處之多。這便是二十九以前籌備的梗概。

但不幸黨人在南洋一帶的籌欵活動，粵督張鳴岐及水師提督李準等早有所聞；而霹靂黨員溫生才，又有自動於三月初十日刺殺廣州將軍孚琦的一擊，因之張、李等乃得提高警覺，於事前有所準備；再加以規模太大，佈置更難得完全週到；人數太多，步調更難得十分整齊；這些大致都是二十九失敗的主要原因。

正當溫生才刺殺孚琦的這一天（初十），香港統籌部即有發難會議的召集，決定分十路進攻：一、黃興率南洋及閩省同志百人攻總督署；二、趙聲率蘇皖同志百人攻水師行台；三、徐維揚、莫紀彭率北江同志百人攻督練公所；四、陳炯明、胡毅生率民軍及東江同志百餘人防截旗界及佔領歸德、大北兩城樓；五、黃俠毅、梁起率東莞同志百人攻警察署，廣中協署兼守大南門；六、姚雨平率所部百人佔領飛來廟攻小北門延新軍入城；七、李文甫率五十人攻旗界石馬槽軍械局；八、張六村率五十人佔龍王廟；九、洪承點率五十人破西槐二巷炮營；十、羅仲霍（一作羅則軍）率五十人破壞電信局。起義日期原定三月十五，旋以佈置來不及，人械均未到齊，改二十八，再改二十九，且有課會已改在三十日者。原定以趙聲任指揮，後以改期之故，趙聲遲到一天，臨時改由黃興担任。黃以二十五日由港動身前往廣州，臨行有一封信寄給南洋的同志說：

『培臣、螺生、源水、孝章、應章各兄鑒：事冗無暇通候，罪過。本日馳赴陣地，誓身先士卒，努力殺賊。書此以當絕筆，即頌籌安！』

這可看出黃興確實是以領導者的英姿而抱有必死的決心的。（未完）

聯合評論
週刊
本刊已經香港政府登記
每逢星期五出版
United Voice Weekly
第一六三號
督印人：黃宇人　總編輯：左仲平
社址九龍赫德道二十三號地下　電話 8678
承印者：嘉羅印刷有限公司　香港灣仔馬師道5號
代理：友聯發行公司　售價每份港幣一毫
本報美洲版總經售處美國紐約中美出版社
CHINESE - AMERICAN PRESS, INC.
199 CANAL STREET.,
NEW YORK13 N. Y. U.S.A.
美洲航空版每份零售美金一角

論赫毛衝突及毛澤東的悲劇命運

劉裕畧

最近幾年，鐵幕外經常流傳一種說法，謂中共已與蘇聯發生衝突。年前甚至還曾一度傳說大陸已發現南斯拉夫當年與蘇聯破裂前夕的情況。雖然事後並未被証實，但這種傳說並未因此完全停止，且仍有許多文章討論它。

這本是美英等國頗感興趣的一個問題，不過，筆者對此從未專文討論，主要原因是筆者覺得中共與蘇聯之間，最近幾年雖似乎有一些衝突的迹象，但畢竟也只是一些迹象而已，既從未因而破裂，且亦從未獲得充足証據；再則，如果中共與蘇聯之間如只有一些小矛盾，或者中共與蘇聯之間並沒有足以導致分裂的那種矛盾，而美英等主要民主反共國家却把它誇大的加以誤認，因而把反共政策的製訂寄托於這一誤認的話，則對整個世界的反共前途，顯然就將有惡劣影响了。

筆者也時常在研究和思索這一問題：我一直認定現存的中共與蘇聯的衝突的說法，實應說為毛澤東與赫魯曉夫的衝突才是。

何以說呢？中共與蘇聯實在無衝突可言，至少無重大衝突可言。有之，亦只因毛澤東與赫魯曉夫之間有個人衝突，而此二人又恰恰一個是中共之領導者，一個是蘇聯的領導者，故此二人之衝突遂在中共政權與蘇共政權之間表現出來，但這是現象，不是本質，若因此一現象而認為這就是中共與蘇聯之間的衝突。似乎失當。

中共政權與蘇共政權何以沒有衝突呢？這理由很多，主要的是因為中共政權本來就是由蘇聯孕育出來，且一面倒向蘇聯，一直承認蘇聯的領導，一直向蘇聯學習，故其間縱有一些由於國情各異而顯現不協調之處，但那是意中事，決非衝突。

毛澤東與赫魯曉夫之間的關係則不然。要毛澤東崇拜赫魯曉夫有如崇拜史大林一般，却是絕不可能的，首先來說，是毛澤東在共產國際間的地位問題。本來，這一問題在史大林未死之前原不成問題。因為毛澤東原本很佩服史大林，中共的國勢亦不及蘇聯，毛澤東的資望聲光不及史大林，年齡學養和權勢亦不及史大林，何況，史大林時代，蘇聯及各共黨國家，皆推行個人崇拜，那末，史大林坐在克姆林宮做蘇共的「偉大領袖」，兼做國際共黨的「偉大領袖」，毛澤東亦相對的坐在北平懷仁堂做中國的「偉大領袖」，自可相安無事，儘管照赫魯曉夫所說，史大林當時是對中國有殖民地思想，甚至蘇聯後來還不理會中共中央政權的存在，而逕與高崗的東北地方政權直接訂立協定，但毛澤東也只敢清算高崗，不敢對蘇聯提出抗議，而甘心坐在北平懷仁堂，甚至還甘心去作史大林的走卒，參加韓戰。

但對赫魯曉夫則不如此。毛澤東是不甘心崇拜赫魯曉夫的。然而矛盾和衝突的來源亦在此。因為赫魯曉夫儘管在史大林當權之日，只是蘇聯的三流角色（二流角色是馬林可夫和貝利亞等人），但赫魯曉夫却通過了蘇聯內部的人事權力鬥爭，擊敗了馬林可夫等人而取得了他在蘇聯的領導權。於是赫魯曉夫的地位問題遂與毛澤東的地位問題發生直接聯繫。

在赫魯曉夫登台之初，赫魯曉夫也知道人事地位問題很嚴重（儘管共產黨人在宣傳上強調的是歷史唯物主義，實際上他們都知道人事權力才是問題的核心）。所以便對內對外同時要出了兩記手法。一記手法是在蘇聯刋物上故意抬高毛澤東（甚至包括劉少奇）的理論地位，以暫時安撫毛澤東；另一記手法則是對內取消個人崇拜，清算史大林，強調集體領導，以便自己通過集體領導來鞏固自己的權力和提高自己的地位；就當時的處境說：這當然是赫魯曉夫非如此安排不可的，不如此，則問題就會更多。但如此做去，亦有問題，那就是取消個人崇拜並不只是蘇聯一國的問題，依照各共黨政權對蘇聯的主從關係來看，蘇聯推行個人崇拜，各共黨國固不得不一步一趨的推行個人崇拜，蘇聯取消個人崇拜，各共黨國亦不得不一步一趨的取消個人崇拜，否則便不得謂之為效法蘇聯與向蘇聯老大哥學習了。然而毛澤東在中國大陸的個人崇拜，却早已於史大林在世之日就已確立，今忽然又要跟着赫魯曉夫之後來取消個人崇拜，取消對史大林的個人崇拜尚可，要毛澤東俯首貼耳的取消對自己的個人崇拜，則豈不使毛澤東顯然尷尬難堪？但毛澤東又無法站起來反對赫魯曉夫所倡導的集體領導這一原則，於是毛澤東的地位遂在不明不白中，遂在一面強調集體領導，又一面繼續推行個人崇拜，繼續高唱「東方紅，中國出了一個毛澤東」的矛盾聲中，但這一時期赫毛的衝突，尚僅在萌芽，而未趨尖銳。且赫魯曉夫尚在努力鞏固其自身之地位，尚未對毛澤東施加壓力，再則此時赫魯曉夫亦尚在理論地位上給予毛澤東以空頭的崇高地位，以安撫之，故赫毛衝突亦因而尚未尖銳。

但跟着而來的情況就大變了。主要的是赫魯曉夫在蘇聯內部的地位已日趨穩定，權力亦大大提高。而在馬列主義理論上，蘇聯又是所有共黨政權的祖國，蘇聯與中共、波蘭、捷克等雖同是共黨政權國家，雖同是共黨國際一分子，但蘇聯與其它共黨政權國家不同，其餘共黨政權國家皆是兩重性的，對內雖是一國的統治者，但對外却要受蘇聯的領導和剝削。蘇聯則不然，它是全世界共產黨的指揮者和全世界共黨國家的幕後最高統治者，與其它共黨政權根本不可同日而語，本來，就一般情理來講：共產國際既是各國共產黨的共同組合，那末，無論中共、蘇共、抑或英共、美共、其在共產國際的地位應該一律平等。只有一律平等，才眞的算是「兄弟般」的國家，然而各國共產黨却須聽命於共產國際，而蘇聯則不聽命於共產國際，共產國際反而要聽命於蘇聯。這只要看史大林可以下令解散共產國際就可証明，何以如此呢？史大林的理論是說蘇聯乃共產黨最先取得政權和革命最先成功的國家，蘇聯是先進的社會主義共和國，而其它的共黨政權國家包括中共在內，則只是落後一個階段的人民民主共和國，依照馬列主義理論，共黨政權建國應區分為三個階段。最初的階段，即是人民民主專政的形式；第二個階段，亦即比人民民主進步的階段，乃是社會主義形式；第三階段，亦即最高階段，則是共產主義形式。第三階段比第二階段高，第二階段比第一階段高，換言之，即是說社會主義國家形式比人民民主國家形式先進，落後的應該向先進的學習，先進的應該領導落後的，而中共及其它共黨政權既然皆是人民民主專政國家，所以，便都應該受先進國家——蘇聯的領導。共產黨人平時雖反對形式邏輯，但這個權力問題的結論，却就是根據這一邏輯形式確定的。如果毛澤東不在理論上根本修正或反對這一理論的話，中共政權便命定的要成為蘇聯的附庸。因為蘇聯打的招牌是社會主義共和國，而中共的招牌則只是人民民主共和國，是社會主義政權既較人民民主專政先進，中共自必無法否定蘇聯的領導，而赫魯曉夫又是蘇聯那一先進政權的領導人，毛澤東則不過只是落後了一個階段的人民民主專政政權的領導人，那末，中共既應該受蘇聯的領導，難道毛澤東還有什麼理由不受赫魯曉夫的領導？

所以，就個人地位而論，毛澤東雖不甘心崇拜赫魯曉夫，但毛澤東却不得不隨中共政權以受赫魯曉夫的領導。

（下轉二版）

留港民主人士共同慶祝雙十國慶
十月十日正午曾在格蘭酒店聚餐

（本報專訊）雙十國慶原是中華民國的一個偉大紀念節日。五十年前辛亥年的十月十日，中國的民主愛國志士，不但於這一日在武昌放响了第一槍，而且也就在這一日開始成功的推翻了滿清，建立了民國。所以，它不但發揚了民族精神，而且也使中國歷史從此擺脫了帝王專制的羈絆，走向了自由與民主。因此，它無疑地是中國歷史上一個極光榮的關鍵性的日子。

回顧辛亥革命成功後這五十年，中華民國所經歷的道路雖極驚險崎嶇，最先就有袁世凱的竊國，隨後又有軍閥的割據與戰亂，再後又有蔣介石的獨裁和國民黨當權派的誤國，尤其不幸的，則是中國大陸更在十二年前被國民黨當權派的倒行逆施而斷送，以致中華民國處在今天這一空前的危急情勢中。

但我們曉得：五千年來的中國歷史，本就不是在僥倖的平安中度過的，而是在不斷的內憂外患中度過的，正因為偉大的中華民族是一個文化久遠、入口衆多而經得起考驗的民族，所以才在今天仍能屹立於世界，今雖共黨小醜跳梁，暫時竊據大陸。但由於世界潮流已趨向民主自由，故吾人更信民主自由終必數勝共黨之殘暴統治，而五十年前先烈締造之中華民國，亦終必復興，且為期已不遠矣。為了緬懷往哲，為了創進自由民主，為了互相勉勵繼承辛亥革命精神，所以，留港民主人士特於本年十月十日正午假九龍加拿芬道格蘭酒店慶祝雙十國慶，並同時聚餐，以資紀念。計到有：左舜生、李璜、李任難、李芝興、李達生、岑盛軒、梁友衡、許子由、許冠三、徐亮之、胡越、姜黎川、張煥華、黃宇人、陳傑三、孫寶剛、勞思光、劉裕畧、羅鴻、蕭輝揩等人。席間曾舉杯共飲誌慶，並對國內外時事交換意見。以本年雙十國慶與本年十月一日中共偽慶比較，十月一日掛五星旗的越來越少，今年尤其少得可憐，連年十月十日港九居民自動懸青天白日滿地紅國旗的則一年更比一年多，今年雙十則更是國旗如海，在陽光照耀下到處迎風飄動。留港民主人士對此深覺快慰，所抱恨者，是中華民國目前已在國際地位上面臨空前危機，而偏安台灣的國民黨當權派則尚在毀憲禍國，繼續其胡作亂為。因此，留港民主人士深感反共復國與民主建國工作倍加迫切，實已不能寄望刻在台灣的國民黨當權派，而必須大家自己共同肩負起這一責任來，各民主人士交換意見直至午後三時許始散云。（民鋒）

執政者的思想訓練是不生效果的（下）

·幼椿·

四

今日尚有人稱，毛澤東輩之所以能於二十餘年之間，由小而大，由堅苦以底於成功，乃是以思想起家，故始終注重思想訓練。但這一看法，對毛澤東未執政時，還有部份的道理。一到毛澤東一執了政，則大家所要求於執政者的，已不是他的思想，而是他所想的、說的、所持以訓練的種種，要兌現成爲事實，然後纔肯再相信這一思想訓練不是騙人的，否則已執了政的政治首領們，再來做思想的工夫，要學教師、神父、以至主教、教皇，那就「隔行休貪利」了啊！偏偏的，今之極權，獨裁等政治執行者，作之君還要作之師，做了政治當權者，還想如教宗之控制信徒的靈魂，於是在今日極權或獨裁政權之控制，要求人民爲之效忠，還不够，還要表示貞潔，故「忠貞」二字叫得特別響亮；在左曰「坦白」，做一件歷史的交代；在右曰「交心」，表示效忠於領袖；舉凡現代做人的最要義，人格與自由，在「忠貞」二字形成上古妾婦之道，奴才之行下，爲之掃地以盡，此今日極權與獨裁制度統治之下，貪汚無恥之風所以最盛的根本原因所在，非嚴刑峻法之所能制止！

純潔的青年人最看不慣這種，一方面只說大話而不兌現，一方面又高居民上而貪汚無恥，此所以毛澤東在執政以後，加緊青年界的思想訓練，自小學以至於大學，在教科書裏，在歌唱篇裏，在討論大會裏，無所不用其極的使青年知識分子，心中目中，只知有毛澤東及其思想，而結果不生效力，自欺欺人！——茲舉兩例：

五

民國四十四年夏，筆者近鄰有盧姓夫婦，其父爲廣東寓美之老華僑，願其孫男女各一，以難民身份去美，促之再三，盧婦回廣州攜其十六歲之一女兒，十一歲之男孩來港。此一女孩之初來鄰舍居住，一舉一動，一言一笑，都與同居人均隔隔不入，愛唱共黨歌曲，愛跳共黨舞蹈；在申請難民赴美之前，其父深憂其舉止、進退、應對、將發生問題，而致使其祖父之願望；以於天台夜間納涼時，間中問計於筆者。筆者笑應之曰：「勿恐！以半年時間，令其上學校，帶其赴游樂場；勿閉之於屋內，而多份其與親友姊妹往來，不半年，便變樣成爲香港人，赴美合格也！」盧君爲商人，筆者不暇與之陳孟子之義：毛澤東對於青年之思想訓練，不但是「以其昏昏，使人昭昭」，而且是「引而置之莊嶽之間數年」，童而習之，無所比較，所以固陋的「秧歌王朝」之風易中於青年之身。設令此青年在含港社會一加比較，即人性自生，人洛

果也，不到半年，此女孩赴美之後，與其祖父母同居，言行有禮，動靜得法，學英語甚勤，學看護畢業，今且嫁人生子，稱賢內助，盧君常感筆者之言不謬，筆者輒答之以強迫的思想訓練，又爲能及社會的耳濡目染，所以鐵幕必張，史太林輩不過兢兢自保；竹幕則更不濟事也！

此尚語於一個十六歲的女孩童，而二十餘歲之大學青年又如何？筆者有好友章君，來港經商，獲利甚豐，其妹在香港患癌症須開刀，章君不願負責簽字，試函北平其妹居孀之獨生子，囑其來港視母疾，並負責簽字。是時，值大鳴大放日盛，章君之外甥竟得共幹立刻批准來港，侍母疾於養和醫院，經三月之久。筆者甚驚其克盡子職，乃並未沾染「秧歌毛朝」的氣息。其母病既小愈，其舅氏爲之申請赴美繼續學物理，·彼欣然允諾，也並未認爲「美帝」所居爲惡魔世界。筆者曾笑詰之，渠在北平上中學、大學，不曾深受訓練，認爲「美帝」可惡嗎？彼答筆者，共幹乃一味瞎說，以其知識來做我的學生，尚不够格，焉能騙我！香港美領事館中人也甚好奇，聞其舅氏章君言，其外甥初走出竹幕，且在美庚款基金所辦之北平一大學物理系學過兩年；因之研究一下在毛朝肘腋下的大學生思想，且考察一下北平有名的美基金所辦之昔日大學而今程度如何，乃特別爲之通融，電報爲之交涉CIT，不一月，便以其舅氏之保証與資助，前赴美西繼續其物理學的學業。兩年之後，其母癌病復發，醫者斷定只能活三月；而因舅氏去電；此子立即飛回，父親侍湯藥，晝夜不息，送死盡哀，七七之後，昨又趕回美西讀書。

章君之甥今年二十六七，計其受毛澤東之思想訓練，始於十三四歲時，由中學而大學，不知唱過多少遍「東方紅」，看過多少次論文選，開過多少次討論大會，赴過多少回天安門之類集會；然而彼來港對筆者閒談，不是說共幹知識固陋可笑，便是說中共的好話說盡，壞事做盡，足見思想的訓練，敵不過行爲之示範；此夫子之所以稱：「爲政不在多言」！假使說得愈多，做得愈少；甚至做的完全與說的相反，這種言行不符，或言與效相反，則執政者之信用大失，必已無人更信其所訓練之言；到此地步，尚不知自己的思想早有問題，而仍舊認爲別人的思想有問題，而一再清算之，或一再嚴斥之，此之謂極權者之至死不悟！雖然，阿諛逢迎的高級幹部，只圖一己的固寵求榮，而不惜奴顏奉承領袖；無論執政之領袖鑽進牛角尖，走入死胡同，而自以爲聰明時，則總過其親信從而以「天縱之聖」：附和恭維之，此執政之領袖所以認爲一己的道理，纔是對的，反不如「城北徐公」之有一面鏡子在手，自照一下也！哀哉！

五·五〇、九、二

論赫毛衝突及毛澤東的悲劇命運

劉裕畧

（上接第一版）

何況，自赫魯曉夫的地位和權勢在蘇聯內部鞏固之後，蘇聯的理論刋物已不再提毛澤東在馬列主義理論上的崇高地位問題。縱然再提，那也只是虛僞的敷衍了，何況已不再提？須知，實際領導共產國際的乃是蘇聯政權的領導人，若赫魯曉夫再不否定毛澤東的理論地位的話，難道作爲共產國際領導人的蘇共領袖赫魯曉夫面臨理論或國際問題時，還要遠遠地從莫斯科跑到中國來請敎毛澤東不成？這當然是決不可能的。於是，這就變成了赫毛衝突無法調和的焦點，也就成了毛澤東無法戰勝赫魯曉夫的煩惱，這也就是中共政權與蘇共政權在史大林死後逐漸表現矛盾與不協調的主要由來。

當然，面臨赫魯曉夫這樣一個雖不以理論見長，却也以實際行動和鬥爭手法見長的對手，毛澤東也是不敢馬虎的。毛澤東的主要措施之一，是先把中共內部的親蘇分子整肅，以免身陷危機；共次，便是在不對赫魯曉夫低頭的情況下，來應付蘇聯的壓力。蘇聯停止援助或少給援助，毛澤東就喊出土洋並舉土法鍊鋼的口號，蘇聯不給大量經援，毛澤東則加緊壓搾國內農民，爲了儘早擺脫人民民主專政的政權形式，以便迅速通過社會主義建設階段，以期提前進入共產主義社會，毛澤東又大搞人民公社。然而，對毛澤東來說，極爲不幸的是這些努力都遭慘敗，在慘敗期間，大陸人民飢寒交迫之際，赫魯曉夫則仍要中共按期歸還欠償，又只借從古巴買來的五十萬噸糖給中共作連年大飢荒的施捨。其實這期間，中共自己已經把古巴的糖買得太多，無法消化了。赫魯曉夫此時除向國際宣稱不給原子彈予中共外，又隱隱約約的不斷抨擊毛澤東所搞的人民公社呢！

當然，這也並不奇怪，蘇聯不抨擊別的，而特別着重抨擊人民公社：那就因爲人民公社這一方式有着向社會主義政權形式和共產主義政權形式躍進的意味，從而威脅到蘇聯已有的先進政權形式的緣故，別的尚可馬虎，毛澤東要想在政權形式上躍進，足以威脅蘇聯的領導形式，那當然是赫魯曉夫最不滿意的，赫魯曉夫之所以對人民公社之絕不予以援手，這當是最重要的一個原因。

土法鍊鋼人民公社等作法遭遇失敗，更增加了毛澤東的煩惱，實則人民公社制度卽使有因，毛澤東中不能追及赫魯曉夫的。線爲當南斯拉夫及中共對社會主義路進採取曜進姿態時（南斯拉夫已打算的入社會主義，以便與蘇聯爲同一級出社會主義國家）·赫魯曉夫却又要社殺手鋼，宣?蘇共新綱領，準備由，會主義進入共產主義了。這就是說備南共中共準備前進一步，蘇共就準?史前進一步，以便永遠站在南共中導之先須，以確保其先進形式與共領一權。這對於毛澤?而言，自然也房綱聲喪鐘，中共對赫魯曉夫的俄共新綱領未表示熱烈擁護的原因亦在此。

事實上，赫魯曉夫對毛澤東的個人崇拜地位所予的打擊，尚不止此。當史大林在世之日，共產各國間彼此來往賀電時，對毛澤東的賀電，通常是只對毛澤東一人致賀，各國的總理則另對中共的總理周恩來致賀。但赫魯曉夫前次訪平回航蘇聯途中，却開創了另一電?形式、此一形式係將毛澤東、劉少奇、朱德、周恩來等四人名字併列，而不單獨的特別致電毛澤東一人。其排名方式是：「中國共產黨中央委員會主席毛澤東同志，中華人民共和國主席劉少奇同志，中華人民共和國全國人民代表大會常務委員會委員長朱德同志，中華人民共和國國務院總理周恩來同志，親愛的同志們！」這雖然也把毛澤東的名字排在四人中的第一位，但已顯然打擊了毛澤東的個人獨特領導地位，而強調「集體領導」。這一方式與史大林在世之日不同。它開創於赫魯曉夫，到今天且沿由於各共黨國，看今年十月一日十月二日北平人民日報所刋各共黨政權國家包括阿爾巴尼亞在內，其賀電皆一致率採用赫魯曉夫這一方式，就可見赫魯曉夫所採壓抑毛澤東個人崇拜的手法，實已通行於各共黨政權國家，而且顯然佔着上風的。毛澤東與赫魯曉夫的個人衝突，毛澤東是顯然屈居下風的。

其實，這也是命定的。如果毛澤東不跳出馬列主義的圈子，就不能在理論上否定蘇聯的先進地位，就不能否認蘇共政權乃是比中共政權高一級的共黨政權，何況蘇聯比中共强大，乃是事實。那末，一個依存於比較弱小比較落後一級的中共政權身上的毛澤東又如何能够在個人地位上更超越於依存於比較先進比較高一級的蘇共政權身上的赫魯曉夫呢？所以，不止現在，就從長遠的未來看；如果毛澤東不斷然揚棄馬列主義，不根本否定中共政權對蘇共改舊的附從關係，則毛澤東是永遠不能解除赫魯曉夫對他的凌壓，換言之，亦就是說，毛澤東是永遠不能消除自己內心的苦悶與煩惱的。他命定的不是赫魯曉夫的對手，他命定的必將失敗於赫魯曉夫手下。當然，這決不是赫魯曉夫個人一定比毛澤東個人高明，而是大形勢所決定，即是所謂「形勢比人強」是也。

但，假若毛澤東能跳出馬列主義的圈子，則命運又將完全變更，因爲假若毛澤東能跳出馬列主義的圈子，即是毛澤東根本否定了一切羈絆他的大形勢。那就不是形勢比人強，而是人比形勢強了。那時候，海濶隨魚躍，天空任鳥飛，毛澤東眞就可以爲所欲爲；眞就可以數風流人物，還看今朝了。眞就可以老子不信邪，偏要出兩個太陽了。但要把形勢比人強轉變爲人比形勢強，就得看毛澤東的膽識和決心如何？毛澤東有此膽識有此決心嗎？這又是問題。

就毛澤東以往在國內的奮鬥過程看：毛澤東曾「糞土當年萬戶侯」，白手起家打天下，「偏要出兩個太陽」，都似乎不失爲一個可以不肯向形勢低頭的人物；再看他所寫沁園春詞所言「秦皇漢武，略輸文彩；唐宗宋祖，稍遜風騷，成吉斯汗只識彎弓射大鵰，俱往矣，數風流人物，還看今朝」！也還不失有一些英雄主義的個人氣慨。但細察其行爲，則蘇聯強佔外蒙而不知羞，史大林曾對中國有殖民地思想而不知恥，南斯拉夫不過東南歐一小國，狄托尚敢反抗克姆林宮，爭取平等地位，毅然向史大林挑戰，毛澤東則完全不敢，毛澤東雖譏諷成吉斯汗只識彎弓射大鵰，但成吉斯汗曾征服俄國，且在俄國建立子國，毛澤東則反而是俄國的征服者，則毛澤東有何資格訓笑成吉斯汗？因此便難期望毛澤東起而反抗蘇俄，起而與赫魯曉夫爭眞止的平等獨立了。

所以，總結說來，赫毛之間雖有個人衝突，且因此常將此一衡突帶到和表更在中共政權與蘇共政權之間，但主要的衝突却來自個人，中共政權與蘇共政權之間，却無嚴重衝突，此所以劉少奇周恩來可以訪蘇，而毛澤東則不可以訪蘇的原因。但這一衡突，截止目前止，毛澤東實屈居下風，雖然基於毛澤東英雄性格的一面，毛澤?是要掙扎，而且決不甘心的。但基於毛澤東奴才性格的另一面，則毛澤東終將不敢否定蘇聯的領導，因此·中共與蘇共決不致演變爲破裂，分離，毛澤東既不能揚棄馬列主義，以跳出克姆林宮的魔術圈子，則毛澤東?然會變，縱然吹一根毫毛，?係悟?一樣就有七十二個化身，縱然栽一個觔斗，就有十萬八千里，也終將打下出克姆林宮的手掌心，何以故？?只因馬列主義的緊箍咒把毛澤東的頭腦籠罩有制約着的緣故。

看來，毛澤東目前既要受赫魯曉夫的凌辱，將來又要彼中國人民非翻，他的悲劇命運是註定的了。歷史上將來數風流人物、眞數不到一個作兄皇帝的人哩！

中共將為飢餓吞噬

李金瞱

出於中共的強烈宣傳，全世界都知道，中國現有的人口是六億五千萬。

中共也一再強調，龐大數字的人口，不是一種壓力，因為他知道，自由世界的學者，和政治家是非常注意人口壓力對世界和平所引起的影響，從政治的、經濟的、社會的以至戰爭。

中國並非是一個現代高度產業發達的國家，近一世紀來，不僅糧食和貧窮，困擾着這個古國，而且戰爭和疫癘也經常起着破壞的作用。自一九四九毛澤東政權成立以來，由於共產黨狂熱於竭澤而漁的建設，好大喜功地要與英美作工業化的競爭，反使中國大陸人民深陷在窮困的泥淖中，雖然中國大陸上多了幾座大橋，幾條鐵路，在北平多了幾所大樓，但是毛澤東的手段，其殘酷甚於秦始皇。

在長期的暴政之下，最近三年來又繼之以自然災害，人民的痛苦如同火上加油，飢餓與瘟疫在普遍地擴大與發展，自由世界的政治家和軍事家幾已一致認定，中共勢必伺機發動對亞洲鄰近國家的侵略，世界和平面臨嚴重的威脅！因此有人主張必須承認中共政權存在的事實，接納其進入聯合國，以減輕對世界和平的壓力。因為他們有感於六億五千萬這個人口的壓力，實較核子彈的爆炸更可怕，何況現在正處在災荒和飢饉的嚴重情況之下，戰爭可隨時爆發。

在中共方面，也不否認存在的困難是相當的嚴重。但迄未見其有力圖緩和它和解決它的意向。相反的正利用它來拉緊世界緊張局勢，貧窮和飢餓，成了它在東西雙方軍備競爭中的另一種競爭的手段。當然中共也同時必須維持它的統治力量和軍隊，他們實際生活的享受，遂超越於一般人民生活水準之上。

對於其他的共產主義國家，和對民主國家的共產黨徒與所謂中立主義者，中共則以其破家當，極力地宣傳其富有與建設成功。中共各式慶典的鋪張，場面的濶氣，即使是蘇聯現在也要為之瞠目結舌，自嘆莫及了。中共現時雖然尚未公開宣傳有核子武器，但是集結了數十萬人，以軍隊的步伐操過天安門廣場的鏡頭，相信會使任何一個患有神經衰弱而又醉心於獨裁政治的野心家，羨慕不已的。同時，他們便為中共的這種「威勢」所懾服！

翻開中國的歷史，實在很難找到有一個王朝，可與中共統治之殘酷與浪費之浩鉅相比擬的。

方今，即使是多財如美國；極權如蘇聯，怕也無法與之相比。

中共，該是中國歷史上最奢侈浪費的政權，共產黨人曾詛咒晚清慈禧太后的統治與生活的奢靡，但是他們過的日子，又遠非那拉氏所可望其項背了。

北平的「人民大會堂」，其實用來開會的時間少，用作宴遊的時間多，一萬數千人以上的大宴會和大舞會，經常在那兒舉行，在莫斯科，在華盛頓，在巴黎或倫敦不僅沒有這樣大的會所，即使古羅馬也沒有相類的歷史紀載！

據中共報章所載，「人民大會堂」的宴會廳固然這樣大，而供應宴會的四個大廚房，其面積相當於四個籃球場（見本年九月三十日香港大公報）中共把每一次的大宴會形容為是「非常有組織又緊張的戰鬥。」「一次宴會，通常要進行二個多小時，要做十三種左右的菜，菜量達全部加工的一萬五千多斤。」每個廚房裏，每個「炸鍋直徑就有一米二十公分。做湯的燒桶容積為一百公升。在熱加工室的蒸箱，一次可蒸五十個席桌食用的雞。」而且每個廚房都可以在接到指示後的二十分鐘內準備開宴上菜。如果是較小型的宴會，祗要一從會場的南部走到北部的宴會所，前後祗有幾分鐘時間，菜已經上席了。」而且是「南北名菜俱全」。

但是就在「北京」城郊以外的任何中國大陸土地上，今天每個角落都已陷入了飢餓中。中共的報章雜誌和各地「人民電台」都在報導着各地區的災情；南方沿海地區的飢民則，拖着浮腫的體軀，贏抱九死一生的希望，偷渡到香港和澳門。海外各地的華僑，也正在節衣縮食，付出不合理的稅收，購寄糧包送往大陸，接濟飢餓垂死的家人。

有誰會在「人民大會堂」貪婪地豪飲中想到中國有飢餓呢？參與和主持宴會的中共各級幹部固不用說，像英國的蒙哥馬利元帥，面對那樣的場面，自然也不會說掃興和不知趣的說話的。正如同十年前英國工黨的首腦阿特里爵士一樣，他說：他從未在中國大陸看到過一隻蒼蠅。我可以敢說，這兩位舉世聞名的大人物太缺乏觀察力和常識，因為英國人向來是被視為最懂得幽默和會幽默的民族的。

在聯合國，有很多知名的人士，如羅斯福夫人等等，有的是出於政治情感用事，有的實是愚昧無知，所以他們才會積極主張讓中共政權取代中華民國。這些人當然更無須去關心到中國大陸的飢荒，因為他們從不知道飢餓是怎樣的一回事。他們祗覺得，中國共產黨既已在中國大陸上存在了十二年，就必須承認它。

祗有中國人──我們自己，才是真正了解我們這個國家的真相的。

中國共產黨已經把它自己的命運，放在廣大的飢餓的老百姓的手掌中。共產黨徒的貪婪靡費，喜大好功，遠比歷史任何一個暴君要厲害得多。歷史既然已經把他們逐個清算掉了，自也不會容他漏網。

海外過客話台灣（下）

許子瞻

雷案的眞象

某君說：他在台灣所遇見的官方朋友都坦白承認雷震並沒有犯什麼叛亂罪，劉子英也不是什麼匪諜。雷震被捕的原因，完全是為了他要組織新黨。蔣介石覺得雷震若祗限於在自由中國半月上罵罵當局，到是可以勉強忍受的。但他卻要和台灣人聯合起來組織新黨，則就足以動搖其統治基礎，所以非嚴厲對付不可。至於用什麼罪名和處以何等罪刑，則當然是謀臣策士們的建議；而最恨雷震的陶希聖即趁火打劫，還想置雷震於死地。繼因鑒於海外的援雷運動甚為激烈，而舉世的輿論又是一片譴責之聲，不能不有所顧忌，才由蔣「總統」乾剛獨斷，決定判處徒刑十年。

現在雷震在獄中的生活，據官方有關人士說頗受優待。例如他獨居一室，並有電風扇和一個小冰箱。雖說這個囚室就在廁所傍邊，未免臭氣難聞；而且由於每天不時停電，電風扇和電冰箱似乎祗能發生刺激的作用。可是，祗要想到其他囚徒所受的非人待遇，也就不能不承認雷震確被優待了。但關於讀書和看報則不能自由，聞最近他想看一本祖國週刊所出版的小說，亦被拒絕。大約他祗能和張學良一樣的研究明史了。至於接見親友則更限制甚嚴。和家屬見面要被錄音（大約此時是不會停電的）。胡適之所以至今沒有探監，就是不願被錄音之故。

雷案發生後，儘管政府的信譽受了很大的打擊；但卻使新黨至今無法組成。因此之故。當權者還是認為得計的。曾有官方人員向某君表示：並無意要將雷震關滿十年；祗要他不再組黨，隨時都可以放出來。但反過來說，假如他們認為雷震一旦出獄，新黨即有死灰復燃的可能，就是刑期已滿，雷震仍很難有恢復自由的希望。

新黨的問題

某君說：關於和台灣人士聯合起來組織新黨的事，不但當權者絕不容許；即許多平素對當權者諸多不滿的大陸來台人士亦不以為然。因為台灣經過日本帝國主義五十年的奴役統治和奴化教育，自然科學方面──尤其是醫與農的人才尚多；政治方面的人才極少。今日對政治有興趣的台灣人不但對國事的認識和體驗極為不夠；品格亦甚複雜。十二年來，他們備受歧視，若一旦在政治上得勢，為禍為福，殊不可知。曾有一位國民黨籍的立法委員為了常在自由中國半月刊寫文章抨擊當局和與雷震過從甚密而被開除黨籍，也不以為意；但當雷震決意組織新黨時他則堅表反對。後來雷震不聽，他也就和他疏遠了。此即最明顯之一例。

某君說：今日台灣同胞與大陸來台同胞之間，確有很大的隔閡。但這隔閡卻完全是政治不良所造成的。陳儀主台時期的種種弊政且不再說。自政府遷台後，由於國大代表與立監委員之不改選以及主政者老是那一批人，青年一代對政治有興趣的人，都沒有參與國事的機會。因此，他們覺得政府是另一部份人的政府。大陸來台的青年雖然也具同感，但因家中長輩直接間接，或多或少都和政府有若干關係，因而反感並不嚴重。至於台籍同胞的情形就不同了。他們祗覺得政府來自內地，與自己無關，雖然今日台籍人士也有貴為委員廳長，甚至部長院長者；但在台灣同胞看來，這極少數的幸運者，都是全靠投向某一小圈子的門徑才能有此。而此一小圈子雖然也是大陸來台同胞所深受壓迫而一致痛恨的；但台灣同胞卻不怎樣分得清楚。他們祗知小圈子的一羣來自大陸。因此，一旦他們忍無可忍起而有所行動，則凡是大陸來台的人，都可能被當作報復的對象。今日大陸來台人士之深感憂慮者即此。

某君說：假如政治能實施民主改革；使政府不再是一人一姓的壓迫工具而成為替大衆服務的為大衆所有的政府，所謂台灣人與大陸人的隔閡就可不解自解了。但不幸當權者計不出此。因此，他認為台灣可能發生悲劇。

某君說：在現局之下，當權者所作所為既祗足以製造亂源，而中華民國的前途又不容許台灣再發生動亂。唯一的挽救之道，祗有團結海外一切民主反共力量，促成民主改革；但空言團結而無組織，則無濟於事。組織而無台灣同胞踴躍參加，又將如水上浮萍，不能產生力量；太強調台灣的地方性，則又如前所述，可能發生流弊。因此，他不以新黨諸負責人一開始便強調地方性的作法為然；並表示，從這一個角度看去，新黨之未能組成，也不一定是一件憾事。他說：他在台北時，曾有機會與倡組新黨的若干朋友見面，他希望他們再接再厲，繼續奮鬥，但必須強調全國性，把大陸來台和旅居海外的民主人士與台灣的民主人士一律團結起來。換言之，新黨的成員應以民主和反共為標準，而不應以地區為標準。如此才能負起促成民主改革的任務，也才是台灣同胞和中華民國之福。

台北簡訊

志清

一、台灣的十大『病態』

最近美援會投資小組指出工商業有十大病態。即（一）逃稅漏稅；（二）使用空頭支票及不兌現期票；（三）冒牌或偽造；（四）惡性倒閉；（五）以高利吸收存款；（六）偷工減料；（七）盲目擴充；（八）應酬浪費；（九）事業家族化；（十）圖謀法外利益。據報載該小組並試擬改善辦法若干項，建議政府有關機構採取施行。

十月四日，聯合報曾於經濟版發表一篇短文，指出前述的十大病態，有很多項簡直可稱之為罪惡，而美援會僅以病態名之，已經太客氣了。繼謂這些病態的發生，究竟是由於患者本身所自發，抑是由於環境衛生使然，也頗值得研究。該報認為若不檢討政府的政策有無缺點；而把責任完全放在工商界的頭上，是不公平的。最後則主張消滅病態，應自改造環境始。亦即應自檢討政府的政策及實施始。

聯合報這篇短評，自是持平之論；然而在蔣介石父子的統治之下，要希望政府改進政策，顯然是沒有可能的。

二、市政府欠酒賬，議員請澈查

九月二十九日，台北市某里里長江新團在自治檢討會中，公開檢舉市政府公共關係室，因宴請市議員欠了酒家賬款三十餘萬元，至今為時已久，仍未付清。市議員陳鄭岐以市議會同人從未接受該室的請宴，認為有損會譽，乃於十月一日市議會臨時大會提出臨時動議，請市政府澈查，當經通過請市政府依法訴究。據熟悉內情者透露，市府公共關係室假酒家宴請市議員事，確是有的；不過是否用了這麼多的錢，則頗成問題。但因為既有一位里長提出公開檢舉，代表人民的議員先生們自不能不裝腔作勢一番，藉以表示清白。依法議會本有調查權，他們不自行調查而卻要請市府「依法訴究」，原是明知後者不敢公開承認宴請議員竟花費了偌大一筆公帑，故樂得向他們的頭上一推。

三、貪污又打人，警察被控告

九月二十七日台北縣拆除大隊長王某率領數名警察到永和鎮竹林路二十五巷五十六號之一拆除違章建築。屋主朱樂善初不在家：廚房被拆一半時才自外回來，即大吵大鬧。據說：他曾於二十一日上午送紅包一千五百元和月餅兩盒與經管警員于明德，又送紅包五百元與王大隊長，均被收下。如今房屋被拆，心有不甘，故當眾將經過情形宣佈出來。結果被王、于兩人當場打了幾拳；又帶至頂溪派出所，由十幾個警員再圍毆一頓，卒至重傷，才送到永和聯合診所急救。

二十九日上午朱樂善扶傷向台北地方法院按鈴控告王、于兩人傷害。三十日永和鎮鄉民代表大會召集緊急會議，表示聲援。竹林路居民八人更聯名向台北地檢處申請作証。據聯合報載：縣警局為恐事態擴大，即派督察員蔣某負責調眞象，並托地方有力人士從中調解；但為被告人朱樂善所拒絕。十月一日朱樂善因幾日以來，遭受警察人員不斷的威脅，要他趕快撤銷控案，乃具狀請求省警備司令部保護。縣警察局長見此情形又向新聞記者表示，警察違法，上級絕不寬貸，希望朱樂善聽從法律解決，不要意氣用事。觀其語氣，顯然有意緩和。但事隔一宵，該局忽於二日發表書面聲明，說警員于明德涉嫌收受紅包及傷害朱樂善與朱樂善毆打拆除隊員，妨害公務事，均經派員調查，希望有關人士合作，提出事證，以便依法處理；並說案關警紀及工作之推動甚巨，無和解可能。足見警局又憑空給朱樂善加上一個「毆打拆除隊員，妨害公務」的罪名。本案將來如何解決雖不可知；但吃虧的將是老百姓朱樂善，則是可以斷言的。

梁任誹謗官司的慢步曲

純夫

（台北通訊）因為替雷震辯護而聲名大著，也因為替雷震辯而遭受當權者痛恨的東北籍立法委員梁肅戎控告蔣經國的代言者——政治評論發行人任卓宣及該刊編輯趙英敏的誹謗案，過去數月已經在台北地方法院審訊兩次，被告迄未能舉出任何事實以為他們撰文辱罵梁肅戎為漢奸的佐証，誹謗罪顯已成立。但法官卻一再勸諭和解。九月二十日台北地方法院第三次開庭審訊，改由新任庭長賴殊隆主審，任卓宣卻再次不到，據說：因為應邀去警備司令部演講。梁肅戎當庭指出任卓宣在三次庭訊中，兩次不到，顯然藐視法庭，請庭上下令拘捕。任的辯護律師張且平則說任確係無法分身，絕非抗傳不到，實未構成拘提的條件。審訊結果，法官仍勸諭雙方試行和解。梁肅戎的律師則力陳被告在三次庭訊中均不能舉証，本案是非業已大明，被告的犯罪顯已確定，要求庭上宣判。梁肅戎更指出本案自開始迄今，已經一百多天，而且三易審判長。每位承審的法官都要花費很多時間從頭閱讀有關文件；在開庭時，任卓宣和趙英敏又故意一個來，一個不來，實行拖延戰術，如此下去，他在精神上實在受不了。任卓宣的律師則仍要求在外和解，於是三審就這樣的過去了。

據說：在二審以後，任卓宣因為被提名參加第二次陽明山會談，他引為畢生的榮幸，很想在會談前結束此一並不怎樣光彩的誹謗官司，以免給人詰柄。因而似乎頗具調查之誠意，並曾在一項為梁肅戎所同意的書面聲明上簽了字。同時又經雙方調解人約定，一俟此一聲明書在報紙上和政治評論半月刊上刊出，梁肅戎即向台北地方法院申請撤回自訴。這份書面聲明，現仍存放在調解人之一的國民黨中央政策委員會副秘書長王任遠處。茲悉全文如下：

「本人所主辦之「政治評論」半月刊，向以發揚民主自由為宗旨。惟在第五卷第五期曾刊登「白天」（即趙英敏）撰投「物傷其類」漫談一則，有涉及立法委員梁肅戎先生之處，近經梁先生提起自訴之後，始悉趙君所根據之資料，係屬傳聞推測，並非事實，而梁先生為愛國志士亦為當時東北參加抗戰工作人士所共識。本人對於前登趙君稿件不無審閱未週之處。本人既為本刊發行人，願本大敵當前，風雨同舟之義，對此項疏忽表示遺憾，並對各方友好及社會關心人士深致謝忱。

任卓宣（簽字）

趙英敏（簽字）」

這一場誹謗官司本來就可如此和解的，但後來任卓宣忽又翻悔。據說：他不同意聲明中的「傳聞推測，並非事實」八個字，而梁肅戎則認為不堅持要任卓宣正式道歉，已經是大大的讓步。而且對任卓宣如此出爾反爾，很表憤慨，因而和解未成。

從本案的經過情形看去，任卓宣的戰略顯然是拖。法官三審不決，而且每審易人，人們都知其為奉命行事。據熟悉內情者透露，當權者的目的，是要繼續給梁肅戎以精神上的打擊，在法官審而不判的局勢之下，本案的最後歸結，自然仍脫不了和解之一途；但經此以後，如再有雷案發生，不但其他律師不敢再出力辯護，就是梁肅戎本人，恐怕也要從新考慮吧？

唐榮廠案餘波蕩漾

宣平

（台北通訊）自行政院通過五項處理辦法後，唐傳宗雖已表示就範，如期舉行宣佈減資的舊股東大會，因而鋪平了唐榮廠改為新公司的道路。負責處理該廠的經濟部次長董文誠也去電唐傳宗及其父唐榮道賀。顯示此一訴訟紛紜的案子已成過去。然而，事實上卻仍餘波未已。

立法委員的十訊

首先值得報導的，是本月三日立法委員黃煥如的十項質訊。他把唐榮廠的原原本本說得清清楚楚，內容如下：

（一）唐榮原始股本：根據監查報告，唐榮股款表面為一億元，原始股款僅五十萬元，在四十四年已虧損十倍，四十五年勉強增資七百餘萬元，亦僅補償過去虧損，不能作為唐榮真實股本，以後曾有四次增資，均係空中樓閣，用以騙取民間存款及政府貸款，此種詐騙行為，不僅損害商人道德，實違反公司法第一五〇——一五一兩條之規定依照公司法第一五八——一五九條之規定，唐榮應負公司一切損失賠償之責任。（二）騙取民間存款：四十九年十二月，民間存款為二億四千五百三十餘萬元，而四十四年底僅四百餘萬元，五年之間，民間存款增加六十倍，增加最速時期為台銀保證唐榮發行公司債二千萬元期間，予唐榮以有力宣傳，為騙取民間存款最佳機會，四十七年核准發行公司債，兩年之內增加存款一億六千餘萬元，無形中等於政府幫助唐榮騙取民間存款，此中責任應詳加檢討。（三）四種資產估價：截至五十年五月十三日止，唐榮資產負債清查結果，有四種不同估價，而準備償債之資產，係以後處理，增值稅亦可留待處理時繳付，事實上資產升值，增值稅卽應照付，不能承認資產升值而保留增值稅不繳，所以依照折中辦法的估價（鋼鐵廠本身依重估條例升值，其餘準備處理償債之資產按重置價值重估）。唐榮不僅無七百三十九萬元股權，且實虧九千餘萬元。（四）美日外商估價：截至五月十三日止，唐榮資產升值後，共為六億九千餘萬元，但美日外商估計，唐榮固定資產最高值美金二百五十至三百萬元，約值新台幣一億至一億二千萬元，而監查小組所估唐榮資產六億九千萬元，至少高估三分一。（五）有無股權問題：唐榮在新公司有無股權，此項實際問題，似應先解決，土地增值稅究應如何繳納，亦應明確規定。不能含混不清，致有假公濟私之嫌。（六）隱藏外滙問題：外傳唐榮在日本香港均存有外滙，究竟唐榮以往有無資金外流？有無隱匿私產？均值研究。傳聞美日港泰等地均有唐榮代理商，卽為唐榮套購外滙機構，政府應追查，依法嚴辦，追回外滙，減少國庫損失。（七）政府體制問題：唐榮股東大會流產後，報載唐榮曾以公佈顧問名單，公佈六千五百萬元開支之用途要挾政府，並散發傳單，誣譭政府所派負責人員，不知政府何所顧忌，不讓公佈唐榮顧問名單，不肯揭穿唐榮浪費黑幕。唐榮由一民營企業，其股東會決議，依法應由當地縣市政府層轉經濟部核定，乃竟越級要挾，逞請行政院，破壞政府體制，其目無法紀之狂悖行為，實為工商界害羣之馬，負責處理之經濟部次長不加糾正，反去電道賀，有失政府體制，助長唐榮驕氣，似應予以糾正。（八）增值稅問題：根據監查報告，唐榮資產四種估價；任何一種，除掉增值稅，均有虧無盈，唐榮欲保留三百七十九萬元之股權，必須負担九千餘萬元之增值稅，唐榮要求保留股權並要求保留土地升值，而不負担增值稅，此種無理要求，政府是否準備接受？（九）新鋼鐵廠問題：報載政府將與日商建年產二十萬噸之大鋼鐵廠，唐榮年產十六萬噸，規模不小，惟因鍋爐機件年代過久，效能減退，品質不如理想，開支浮濫，成本增加，影響外銷，以致虧累不堪，瀕臨破產。新公司股本以定為一億至一億五千萬元，銀團早期借欵一億餘元，全部轉作投資，估股權百分之八十左右，事實上等於公營，如果不能得到計劃中新鋼鐵廠的合作，勢將在優勝劣敗的競爭下被淘汰，政府當局曾否加以考慮：（十）救濟有無前途：唐榮總共負債，除由政府歷次墊欵及銀團借欵外，連同民間借欵二億四千萬元及其他負債一億七千萬元，總共達七億八千萬元之多，救濟是否有前途？」

黃煥如在質詢中所列舉的事實，雖然條目分明；但經濟部長楊繼曾的答覆則頗為籠統含糊，僅說唐榮有無股權須俟處理後方能明白，因現時均為估計，分為私人財產與唐榮廠本身財產兩部份，前者係依照市價估價，後者乃根據投資條例增值估計。

十一偽慶與雙十國慶比較

十一偽慶全港九共只五星旗七百面
雙十國慶全港九萬旗揮動情緒熱烈

十一偽慶中共已不敢再誇大躍進，毛澤東登上天安門時，中共雖驅迫五十萬人齊唱「東方紅，中國出了一個毛澤東」。但大陸人民却暗中皆唱「東方黑，中國出了一個大毛賊」。

綜觀

中共賣國傀儡政權於一九四九年十月一日在北平成立的十二周年的所謂十一國慶與中華民國雙十國慶的日子都在最近的這兩個星期中過去了。綜觀中共十一偽慶在大陸和在香港的表現，都可以說是得一「慘」字。據調查統計，全港九包括新界離島及海面，連小型紙旗在內，在十月一日中共偽國慶這一天，懸旗的只共七百三十一面而已。這些旗都是中共在港控制的銀行與報館或其它機構懸掛的，以九龍的幹道長長的彌敦道來說，總共就只有十面旗，其它地區更可想而知，猶憶十年前中共偽政機初成立時，一般華僑對中共政權之本來面目認識未清，當時懸旗的確有相當的多。但由於中共十二年來倒行逆施的結果，港九各地懸旗慶祝中共政權成立紀念的已愈來愈少，去年中共十一週年偽慶時，記者調查統計全港九的五星旗，就只一千零九十六面，今年則更慘，慘到只有七百三十一面了。這當然具體反映了海外僑胞對中共政權的仇恨和厭惡，否則，以三百萬居民的港九地區而論，懸旗之少，是斷不會少到這樣凄慘的數目的。

相反，這不但不是任何方面的政治壓力造成的結果，甚至也不是任何報章雜誌宣傳反共的結果，而是中共自己在大陸倒行逆施的結果，而因為無論任何方面的任何宣傳，都絕對無法矇蔽人民的雪亮的眼睛的。

以十一偽慶與雙十國慶來比較，雙十國慶，港九各地眞是萬旗揮動，要數也數不清，情緒之熱烈，更不在話下，相互一比，人心傾向中華民國，那是再也清楚不過的了。本來現在，偏安台灣的中華民國政府仍不覺悟，仍在一直搞獨裁把戲，所以海外僑胞去參加台灣特務所佈置的雙十國慶的人也很少，他們和中共偽國慶的紀念會一樣，年年都是那幾張按月或按年在領特務津貼的熟面孔，然後再點綴幾個人，然而廣大僑胞都知道中華民國不是屬於任何一人一姓的，更不是屬於國民黨當權派的，而是屬於中華民國全體人民的。所以，廣大僑胞雖不屑於參加台灣的特務佈置的紀念會，但廣大僑胞仍然自己高高興興慶祝自己的雙十國慶，由此使我們想到，假如偏安在台灣的現政權能夠眞正民主化，那眞不知海外僑胞將更如何熱烈的來慶祝自己的雙十國慶呢！

對於中共十一偽慶與中華民國雙十國慶的明顯對照，在這短短十天中，今年又一次的在人們眼中表現過了。但記者為了進一步明瞭中共十一偽慶的慶祝會內幕起見，曾經往訪一位曾經參加過九月卅日中共在港人員舉行的晚會及十一偽慶會的商人探詢觀感。這一位商人一向本來是在商言商的，對於中共初無惡意，所以十一年前他即在做大陸生意，但近年來却也暗中變成了反共分子，這主要的是他實在痛心今日大陸人民的遭遇的緣故。他對我說：「今年中共十一國慶，不但外表凄慘，街上難於看到五星旗，更慘的，是主持開會的共幹們也人人做賊心虛，絕口避談生產躍進等話。許多南貨店今年新近被邀參加十一國慶，大家迫於做生意，都不得不勉強參加，但代寄糧食包却是使中共最丟臉的事，所以，大家也都像做了愧心事，絕口不談代寄糧食包的事。於是乎，慶祝會的氣氛變得來很尷尬」。我問他還有什麼別的新人參加中共的慶祝會沒有？他說：完全沒有。仍舊只是年年出現的那幾張老面孔而已。他並且告訴我，他因為看了這些情景，所以做了一首打油詩，他並且把他的這首打油詩唸給我聽，他的詩說：

中共十一眞正慘！
仍然幾個忘八蛋。
人民窮苦是事實，
躍進躍進皆撒謊！

詩雖不好，我聽了倒也覺得很有趣。

十月二日，我特別詳細閱讀香港各報所載十月一日的有關情形。我發現星島日報有一篇筆名「參斧」所寫的精彩短文，題名「寫實之作」。他說：「早就料到，中共今年喊不出口號，寫不出標語。果也，昨天是中共的『十、一』，看不見中共有新口號、新標語，慶祝牌樓、掛畫，沒有什麼好寫，祇好寫一大堆人。這倒是『寫實之作』，今日之大陸，什麼東西都沒有，有的祇是人。有人也好，六億五千萬人，也足以嚇人。但是，六億五千萬的人，並不是健全的人；却大多數是患水腫病，及其他各種病的人。這樣多的病人，而無衣、無醫、無食、無藥、當是人間最慘的事。讓這樣的六億五千萬人，終日在飢寒、疾病中掙扎，是最殘忍的事，中共固然殘忍；其他自由世界人士，熟視六億五千萬人在掙扎若無覩，亦是世間最殘忍的事」。

此外，香港星島晚報亦有一篇專訊報導，謂由於大陸乏善足陳，香港共幹在宣傳上傷透腦筋云。它說：「據悉，中共確曾下令全港代寄糧包入內地的商店不得在門面大事裝綴慶祝今年「十、一」國慶及免掛五星旗，因為中共警覺到這種商業平時已是丟盡面子的招牌，若懸旗紮彩慶祝，更屬挖苦甚大的事。中共一面將這種直接間接的商業擺在和自己無關的位置，但開頭做錯了便是凡此類商店門面裝飾都油上所謂『國色』——紅地黃字，或紅地金字的故宮色，要加改變則更覺顯露。所以今年宣傳總決策便是要封閉這一方面的慶祝。表示這種商業與中共無關，第一在遮醜，其次在求不要挑起寄貨人的反應。……宣傳總決策今年更有一項特別禁忌，就是不准有半粒穀子出現於慶祝門樓的繪畫上。這一點，港九新界各工團澈底乾淨的辦到了。往年宣傳農業大豐收胖姑娘抱着大麥穗微笑的巨幅創作今年出現便是犯罪」。

星島晚報報導的這一段消息，確是眞的。記者十月一日巡視中共所搭各慶祝牌樓及所張貼的巨幅繪畫，確實看不到一粒穀子的畫像，這顯然是中共宣傳人員有計劃的決策，免得諷刺自己。免得使人連想到大陸飢荒和貧病交迫的實情。

然而，在另一方面，毛澤東却就在這種面對人民貧苦的情況下，厚顏無恥的登上北平天安門廣場。據新華社報導，今年北平的十、一偽慶場面虛靡浪費仍不減於往年。而且，當毛澤東登上天安門廣場時，共幹們更驅迫了五十萬人一齊高唱「東方紅」，高唱「東方紅，中國出了一個毛澤東」，甚至今年的天安門上，還有古巴總統多爾蒂科斯站什毛澤東與劉少奇之間，尼泊爾國王馬亨德拉站在毛澤東與周恩來之間，以資點綴，然而大陸人民的痛苦却是從彼驅迫高唱東方紅的五十萬人的內心神情表露無遺，而不是任何歌聲所能掩蓋的。難怪今日大陸人民雖在公共場所被迫高唱「東方紅，中國出了一個毛澤東」，私人則暗中皆唱「東方黑，中國出了一個大毛賊」了。

僑鄉簡訊

鍾之奇

寶安勞動力缺乏肥料亦不夠

據十月一日中共人民日報廣州專電：謂廣東寶安縣「沙田地區原來就是田多人少，自從改種雙季稻後，勞動力不足的困難就顯得更加突出了」。

又說：「為了解決肥料缺乏的困難，沙井公社利用了沿海動物肥源豐富的優越條件，由公社直接建設了一個海肥廠，設了七座窰爐，每年燒出蠔殼灰（牡蠣貝殼灰）三萬担，同時還組織了九十多噸漁船出海打撈海肥，每年採集到海蜆動物肥一萬多担」，但「也只在一定程度上滿足了改種雙季稻的需要」，而並沒有充分解決肥料問題。寶安縣沙井公社幸而是沿海地區，所以，還能幸而採用海肥。其它不靠海的縣份與公社又如何呢？既不能採用海肥來彌補，肥料問題當然就嚴重地顯得缺乏了。

閩北獸害驚人

福建北部地區最近所發生的獸害情況的程度，確實是很驚人的。

對此，中共人民日報於九月廿七日曾專文報導。它說：「山高林密，野獸較多的閩北地區，為了保護秋莊稼免受獸害，許多縣、社展開了羣衆性的除害防獸活動。尤溪縣各公社以生產隊為單位，建立了二百六十三個防獸情報網，組織社員輪流放哨，看守莊稼，追踪驅趕野獸；還建立了七十個打獵隊，白天帶槍下田生產，晚上巡邏圍剿，各地有關部門為了支持防除獸害活動，撥出大批火藥和獵槍等，供應打獵隊」，足見閩北獸害程度驚人之一般。

福建又恢復拓榮等三縣

自中共佔據大陸十二年以來，對於各省縣行政劃分，眞可謂舉棋不定，變更紛紜，而又反覆不定到極度了。

就地方行政劃分來說，基於一種必要，自可作適宜的變更，但中共對此表現得最荒唐的是它並不是對行政區域之劃分，先有什麼獨特的研究，然後再加變更，相反，它根本就完全是胡亂隨意變更，這不但在某一省某一縣是如此，而在大陸許多省和許多縣都如此。因為它常常今年把這一縣併到那一縣，因而撤消原有的一縣，但再過兩年，發覺這一變更並不對，於是又重新恢復重新變更。

這種反復不定的事在各省已經發生多次了，最近又在福建發生。

據中共新華社北平十月六日電：「一九六一年八月一日至八月卅一日全國行政區劃變動情況：福建省，恢復拓榮縣，以合併於福安縣的原拓榮縣行政區域為拓榮縣的行政區域；恢復清流縣，以合併於清寧縣的原清流縣的行政區域為清流縣行政區域；恢復寧化縣，以合併於清寧縣的原寧化縣行政區域為寧化縣的行政區域。撤消清寧縣」。可見輕舉妄動，反復亂搞之一斑了。

廣州手工業官僚化的一個實例

做事的人少，吃飯的人多，吃飯的都掛上一個名，這便是典型的官僚化的風格，於今這種風格是在大陸各個角落存在。當然，這也並不奇怪，因為中共擁有兩千萬黨員，為了供養這二千萬黨員，黨就早已官僚化，其它大小機構自然也就隨着官僚化了。這種官僚化的普遍程度，可以從廣州的一個名叫電强工業社的人事情況看出來。

據中共廣州南方日報報導：「電强社共有社員二十八名。其中脫離生產的管理人員五名。佔全社人數的百分之十七。也郎是說：不到六個社員中就有一個脫產人員。這五個管理人員的職務是：社主任、供銷、會計、出納保管、統計。這個社的生產很單純，產品只有電線碼一種。……管理並不困難。這樣，五個專職管理人員就沒有很多事好做。例如統計員，就沒有多少數字好統計的，而五個人的工資，却佔總成本的百分之七、八。平均每個生產人員每月要負担管理人員的工資十元七角。管理人員過多，還直接削弱了生產」云云，可見官僚化的一般了。

泰國準備防衞戰

何之湄

湄公河流域的雨季就快結束，但一場戰爭的暴風雨很可能來臨；在湄南河下游的泰國京城曼谷，就已經充滿了準備防衞戰爭的戰時色。對於寮國在雨季後爆發戰爭一事，泰國方面的看法是肯定的，認為是必然的。而且已經依據泰國東北邊可能受够威脅影响，去作萬一的準備。內政部長乃巴博，已公開呼籲人民「保衞國土」了。

寮國雨季結束

早在九月下旬，駐在寮國的國際監督停火委員會，便已經發出了警告，謂除非能及早謀致政治解決，或者安排詳細而確實的停火，否則寮戰必定再度爆發，時間可能就在雨季以後。

監督委會向日內瓦呈遞的報告說：寮局將會「迅速惡化」，包括「不可預見，不可計算後果」的敵對行為。而在雨季將屆結束之際，乃是「絕對嚴重的時刻」。

事實上，寮國雙方，對於「和談」並無任何指望。日內瓦會議既不能解決問題，日內瓦所寄望的「三王會議」，幕後也極多暗礁。蘇聯反對嚴格監督停火，謂此為「干涉寮國內政」。美特使哈里曼訪寮，企圖斡旋寮局的，但他只能晤見富馬親王及彭庵親王；蘇發弩馮就拒絕與哈里曼見面！共方在上次寮戰中是勝利者，擴充了不少地盤，他們似乎極力保留動武的餘地。如果不達目的，他們就再動武。

相應地，永珍政府為防備共軍的來攻，在和談期中也同樣整軍經武，當然也不會因為在和談期中而輕易放棄土地。這麼一來，雙方都互有防禦和進攻，以至報復。實際上戰爭並未停止過，只不過在雨季中，道路泥濘，戰車深陷，使戰鬥限於小規模而已。雨季結束，久已盤馬彎弓的雙方，一旦觸發，戰爭一定比上次擴大而劇烈。

預料戰爭擴大

假如戰爭限於寮國敵對的雙方，而且限於寮國境內的話，問題還是不會太過嚴重。不過如果那樣的話，監督委會說「不可預見、不可計其後果」的話，便成為無的放矢了。當然監委會不是沒有所見的，寮戰的雙方，背後都有人支持，非寮國軍準備干預寮戰，已是非常明顯。北越共軍員兵的滲在寮共軍中，早就不成問題。最近整營的北越正規部隊，也通過寮南走廊去進攻南越。這樣就使得南越緊急派兵增防寮邊。泰國軍也在界線外加以監視。後者兩軍的被牽入戰鬥，隨時都有可能，寮局到了這個地步，已具有高度的爆炸性。

因為共黨公開武力進侵南越，所謂游擊戰已打成陣地戰的緣故，更使鄰近的人民担心，越、寮、泰、棉四國，都深恐寮、越戰場被共黨打成一片，把泰國拖入漩渦，就形成一場東南亞大戰。蘇聯在日內瓦阻撓解決寮局，和蘇發弩馮堅持在聯合政府中排斥永珍人物，被認為是一系列的行動。可能蘇聯要利用中共出兵寮越，在東南亞困擾美國，以一洩它不能一舉攫取柏林的積忿。

準備撤退邊民

熟諳寮國內情的泰國，好像把寮戰擴大看得十拿九穩。乃他儂，乃巴博都先後呼籲：「保衞國土」，注視東北邊局勢，並謂「人民報效國家時機已至」！泰國內政部最近發覺寮共招請泰國人數百名赴寮參戰，現實的條件是用金錢收買，但同時並許下諾言：一旦共軍入泰，他們便可有升官發財的機會。這些被收買者中，有百九十多人已向公安局自首。加上公安局月前在東北部破獲泰共的「影子內閣」，經將其主犯槍決。（編者按：見本刋以前曼谷通訊「泰共叛變陰謀龐大」）所以泰國當局認為，這些共黨地下機關及地下軍，乃是寮戰再發共軍侵泰時準備內應者。

對於獨自抵抗越寮共（或加上中共）聯軍的估計，泰國自感力有未足。所以泰國仍將所獲共黨擴大東南亞戰爭的情報，向東南亞公約軍事會議報告，要求於共軍越出寮境（入越或侵泰時），即採軍事行動。乃沙立元帥已親向費爾特上將致意，一方面由外長乃他納謁美總統請援，據透露乃他納覆電曼谷說：「泰國決不會孤立」。

內政部及公安局已傾全力於東北部各省的治安，搜捕共黨，編組民衆防諜、救傷等。並擬議龐大計劃，準備必要時將極邊居民，自邊境內撤。

曼谷至東北重鎮柯叻的空陸兩運，週來極為頻繁，重物資由海港及廊曼機場起卸，由火車及飛機轉運柯叻，再分散至東北邊境各個據點。這種車轔轔，馬蕭蕭的情狀，使人們直覺到這次的軍事準備行動，比以前的規模來得更大也更確實。·曼谷通訊·

寮、越局勢又轉嚴重

·童仲仁·

東南亞局勢，忽弛忽緊；經過一個短時期的寂靜後，目前的寮、越軍事動態，又轉趨嚴重了！

寮國戰火，自日內瓦十四國會議舉行後，確曾一度停息；可是這個會議祇是「打得更多夜又長」，一直都談不合攏。迨至最近，且明顯地陷在僵持狀態中，而寮共却乘機大肆擴張勢力，並從蘇共和中共兩方面獲得了充份的援助，其作戰部隊，實力已大為增强。據寮國人民從有關方面所獲得的消息，已透露出寮共將在雨季結束後，即實行再度出擊。而那時的寮戰，決不會是單純的地區性戰爭。國際共黨為着實現其進侵東南亞的陰謀，勢必先從寮戰中打下一個基礎，然後使它和已發展到高潮的柏林危機互相呼應，藉以困擾美國，那時美國要兼顧歐、亞，自當倍感困難。至於寮國的政府軍，則因得不到有效的支持，當然不能獨靠其本身的力量，與寮共抗衡。寮共既有中共協助，又有蘇共撐腰，而寮政府軍則人力與物力均處在劣勢，怎能負得起捍衞國家的任務？共黨刻已覬準寮國政府軍的不振，同時也看透美國和自由世界各國舉棋不定的弱點，是則在雨季後再發動一次大規模的攻勢，誠然是一件意料中事。從目前寮共的動態來作深入一步的觀察，寮局的危機，確將轉趨嚴重！

越南方面哩？在今日的情勢中，也是日形緊張的。雖說南越吳廷琰部隊曾在最近兩個多月來，連打過幾次勝仗，自七月下旬起，已由被動的「挨打」轉為主動的「出擊」。在建豐省的一役中，吳廷琰的海陸空軍二千人，圍剿越共的五零二及五零四兩個營正規軍，激戰達七小時，卒大獲全勝。半個月後，在建祥省一役中，又給予越共五一四營以嚴重打擊。在隆安省一役中，則將越共五零六營包圍痛剿。迨九月三日，又在豐盈省一役中，毀滅了越共的「西都營」部隊。據南越政府的公佈，殲敵達五百名，擊傷逾二百名，而俘虜及來降的，則近千人，並鹵獲軍火彈藥及重要文件一大批，足使越共喪胆。但越共在南越地區的活動，不單祇軍事一方面的，他們在政治，經濟，文化，及社會各方面，都同時以「統戰」的方式來進行的；他們對上述「統戰」工作的實施，都是採取秘密滲透和惡化宣傳的策畧，按步就班來腐蝕吳廷琰政府的力量和聲譽，俟時機成熟，便進行顛覆；軍事方面，雖經一度挫敗，但他們仍可暫取守勢，化整為零，等待寮局有了轉變時，再來扛起「越南南方解放政府」的招牌，揮舞着「解放軍」的紅旗，再來到處騷擾，擴大叛亂。從「越抗軍」最近動態所顯露，越共的陰謀確屬如此。加以北越的正規軍，刻已不斷滲入南越，補充他們的游擊隊，伺機再起；而北越的正規軍，也正準備對南越展開正面攻勢。這危機，目前顯已在日漸加深中。

美國軍方也作這樣的觀測：在今後兩個至三個月內，東南亞的戰火將再起。寮國和越南，在目前形勢下，都是東南亞的前線；所謂「戰火再起」，其「再起」的地點，當然是寮國和越南。

如寮共再向政府軍進攻，自然立刻加重共黨對東南亞的威脅。北越的揮軍南侵，更使東南亞陷於嚴重的混亂。

寮共的實力，現已證實獲得了蘇共和中共的援助而增强；而政府軍却實力依然單薄；一旦寮戰再行爆發，其惡化程度，可想而知。

至於南越，自經一度奏捷後，表面上的局勢，似稍勝於寮國，但從骨子裏看，實際情況並不如此。南北越的軍力比較，是衆寡懸殊的：北越有正規軍三十萬人，民兵二十萬人，即共達五十萬衆；南越則祇有武裝部隊十七萬。這兩個數字，幾乎是三與一之比。且在南越境內，還有越共游擊隊的活動，足以給予南越政府軍以有力的牽制。

寮、越局勢既轉趨嚴重，其對東南亞的安危，是影响相當重大的；倘戰火一旦再度爆發，而成為國際性戰爭，則其後果如何？目前殊難逆料。

人與魚

金陵

雖然東方才剛剛有了點濛濛白色，但市場裏却已經熱鬧過一陣子。採購副食的機關都已經交易而退，現在他們等着的就是那些家庭的主婦們，雖然這個時候菜販們可以休息一下，但他們却似乎永遠在那裏忙碌着，不斷的整理着自己攤位上的東西，盡量把它們擺得好看，雖然地上的殘葉和水漬看起來凌亂不堪，但他們是不會去理會它的。在一個角落裏，阿火伯今天似乎有點神經緊張，他忙亂的把他攤位上的魚一條條擺直放平，把蝦子放在一個筐子裏，又在一個養着活魚的桶子裏加了些水。那些東西可以賣到好價錢的，他這樣想。他抬頭向市場外面張望了一會。但沒有看到他等待着的人，於是有點失望的自言自語着：

「怎麼還不來？時間已經不早了，說不定這傢伙還在床上沒起來呢！」

這是第一天，阿火伯要看看他兒子是不是有出息，是不是能够一個人接過自己的担子，四十年前他的父親就是這樣把賣魚的生涯傳給了他，現在他也同樣的要把這付担子交給自己的兒子，阿成雖然才十五歲，但他看起來已經相當成熟。他簡直像個小公鷄呢！阿火伯心裏面這樣愉快的想着，但他立刻又有點憂慮起來，他不知道阿成是不是會違抗自己的命令。不會的，昨天他已經答應了，阿成不敢那樣做的，阿火伯這樣安慰自己。他並且暗暗地決定：如果阿成居然敢反悔的話，他一定要痛打他一頓，甚至趕出家門，永遠不准他回來，但他知道他不是那樣硬心腸的人，全魚市場的人都知道阿火伯最心軟，待人最和氣，他也最喜歡孩子，就是因為這個緣故，他的生意最好，他賺的錢也最多，他不知道這樣是不是會引起別人的嫉妬，但他立刻就這樣安慰自己；他們不會的，論年紀，論資格，他們都算自己的晚輩，晚輩不應該嫉妬長輩的生意好，那是他們這一行的規矩。這些年來阿火伯的小茅屋已經變成了紅磚的大瓦房了，這是他努力的結果，但最近的情形使他很躭憂，他發覺自己的動作已經不像過去那麼靈活，看秤的眼睛也變得有點昏花，在過去的那些日子裏，同時應付一大羣人在他是毫無困難的，他飛快的過秤、細綁、找錢，顧客要他代剖魚肚他也應付裕如，一切都那麼順利，他從來不會像最近幾個月來那麼手忙腳亂，因此最近當他不斷的受到顧客埋怨時，他幾乎完全失去了自信，他知道那是什麼緣故，別人也提醒過他，他老了，那是一點辦法也沒有的。

他老了，那天回來之後，他久久的注視着他的兒子，四十年前，他的父親也曾用同樣的眼神注視過他，他把阿成叫到自己的身還，問他喜歡什麼，問他喜不喜歡賣魚，但他得到的答覆却很失望，阿成不願意賣魚，他要像別的孩子們一樣去讀中學，他要跟他們一塊兒玩。阿火伯不常打兒子的，但那天他却用籐條殘酷的打了他，那也許是因為太失望了的緣故。阿火伯望着阿成長大，十五歲了，應該是可以自立的年齡了，他這樣想。因此他一想起福伯的兒子阿慶，他就禁不住的羨慕他們，阿慶也是十五歲開始賣魚，現在還不到兩年，他那靈活的動作使阿火伯隱約的看到自己的過去，於是阿火伯深深的嘆氣了。

魚市場裏又慢慢的有了人影，阿火伯決定不再抬頭去望那條小路了，他猜想阿成一時恐怕還不會來，他心裏有點動怒，當他顫抖着整理魚箱的時候，他發覺自己連力氣似乎都消失了，於是他又開始焦急的張望着前面。

一個臉上帶着淚痕的少年步履艱難的走了過來，他的母親在後面推着他，阿火伯一下子發現了他們，他喜悅的喊了他兒子一聲：

「阿成，過來這邊！」

阿成猶疑的走過來，眼睛恐懼的望着攤子上的魚。

「阿火，這小子怎麼樣也不肯來，要不是我推着他，他說不定又溜到外面去了！」阿成媽說。

「阿成，」阿火伯慈愛的說：「有什麼可怕的？來！替我照顧一下。」

「不！我不會！」阿成恐懼地說。

「不會？怎麼不會？前幾天我就叫你站在旁邊看，這麼久了，怎麼還不會？」

「我不會，我……我不願意！」阿成的眼淚似乎又將奪眶而出。

「不願意？你敢說不願意？」阿火伯有點動怒了，「昨天不是答應了嗎？」

阿成沒有回答。

「你看看人家阿慶！」他指着隔鄰攤子，那裏一個年青小伙子正在老裏老氣的整理着魚箱，臉上並且帶着笑容。

阿成仍然沒有答話。

「為什麼不願意？你講！」阿火伯高聲的說。

「阿成！快點上去！」阿成媽催促着他。

阿成始終一動不動的站在旁邊，眼睛望着那些魚，紅的、黑的、長長的、也有圓得像月餅的，活的魚在水桶裏潑剌着，半死的蝦子在伸展着腿，但他的腦子裏却沒有這些，他想着玻璃珠、皮球、隔壁王家的漫畫書；他想着連環圖畫，想着那裏面的「白菊花」怎麼這樣壞，「展昭」又是多麼的英雄，他想着劍，想着馬，就是沒有魚，他不懂自己為什麼這樣討厭魚。

「聽到沒有？上去！」阿火伯推了他一下。

他還是沒有動，他望着魚想起那些魚在水裏的時候，水蛇在旁邊，螞蟥在旁邊，烏龜和螃蟹也在旁邊，他幻想他們在水裏作的是什麼遊戲，於是他下意識的摸了一下魚，魚是滑滑的，現在它們躺在那兒，一動也不動，它們有的閉着嘴，有的露出牙齒，有的嘴角有血，他看着隔鄰的一個攤子，阿慶正在剖着魚肚，腸子出來了，其他的也許是胃和鰾什麼的，那些東西連着一點點血，都挖出來了，他無聊的轉回頭來。

阿火伯不耐的把他推到攤子前面，有一個人向這邊走了過來。

「沙拉魚多少錢一斤？」

他沒有說話。

「講啊？」阿火伯扯了他一下，「忘記了嗎？」

「喂！沙拉魚多少錢一斤？」那人又問了一聲。

他呆呆的望着阿火伯，然後用一種幾乎像是哭泣的聲音說：

「一斤八塊五。」

那人用指頭尖挑着魚說：「這條，這一條也要。」

他沒有動，阿火伯焦急的走上去，把那兩條魚抓了起來，放到秤上，然後說：

「十四兩，算七塊錢好了。」

「替我剖一下！」

「阿成，」阿火伯把魚交給他，「你來剖！」

他不接，阿火伯盯着他，眼睛幾乎冒出火來，他顫抖了一下，於是接過魚來，拿起刀子，開始替魚剖腹。

「快一點！」那人說。

他加緊動作，突然刀子割破了手，血流出來，他居然沒有什麼感覺，他把魚放到水裏洗了一下，然後放到那人的菜籃子裏。

「阿成！你的手！」阿火伯發現了他手上的血，「你怎麼搞的？」

「我不知道！」他說。

「拍！」地一聲，阿火伯重重的打了他一下耳光。

他搖擺了一下，眼淚立刻流了出來。

「你故意氣我，你故意……你給我滾蛋好了！」阿火伯氣得全身發抖，他走上去，接連的打着耳光，又用脚踢他，有幾個人圍上來看熱鬧，阿成媽立刻跑上去勸解，終於阿火伯把他推開了攤子，對阿成媽說：

「把他帶回去，我等一下好好的治他！一定要好好的治他一頓！他氣急的說：「趕快帶他回去！」

阿成媽拉他離開了攤子，恨恨的說：

「為什麼這樣的不聽話？」

「我不要賣魚！」他流着眼淚，並且怨恨的看了阿火伯一眼，大聲的說：「我討厭魚！我討厭又臭又腥的魚！」

阿火伯怔住了，他感到一陣說不出的難過，這樣話出於自己兒子的口，那是他絕對想不到的，他呆呆的望着兒子的背影漸漸的離去，一陣失望的痛苦襲了上來，侵蝕着他年老的心，他低下頭，望着自己一雙長滿了厚繭的手，那是多少年生活累積起來的結果啊！他嘆息了，他想着自己的家，四十年前父親交給自己的時候是一間小茅屋，現在是紅磚的大瓦房了，四十年前父親第一次帶自己到魚攤前面的時候，曾經說過這樣的話：

「我們家幾代都是賣魚，要記住一句話：日日勤奮，年年有餘，曉得嗎？」

「曉得，阿爹！」

「等你有了兒子，要告訴他，賣魚可以給人平安，也能給自己平安，魚就是餘，知道我的意思嗎？」

「知道，阿爹！」

雖然他將這些話告訴了他的兒子，但他很灰心，因為阿成並不像自己的過去那樣馴服，也不知道一個十五歲的少年心裏面到底在想些什麼，不過他知道他們所想的一定與過去的自己不大一樣，他沒讀過書，阿成讀過，但他又想不起這和讀書不讀書有什麼關係。

「他不是我的兒子！」他喃喃的說，「他不像是我的兒子！」

他迷惘的掉過頭去，看見福伯正坐在一個小吃攤上，悠閒的抽着烟筒，而眼睛却望着不遠處的阿慶，那兒，阿慶熟練的秤着魚，收着錢，剖着魚肚，口裏還招呼着過往的人，一切的一切都和過去的自己沒有兩樣。他看見福伯臉上滿意的微笑，頓時一陣難過浮上心來。他很想走過去和福伯坐在一起，他們是應該在一塊的，但他現在還不能，福伯有了阿慶，而他沒有。他低下頭，呆望着魚。

他突然用手緊抓着魚，像是想抓付一些消失的什麼。太陽露面了，市場裏已開始熙熙攘攘起來。

小啓

這是作者金陵先生最成功的一個短篇，希望讀者留意。

舜生介紹

雷旅
楊勉斯
林霆　先生：

請賜近址，以便聯絡

七版編者啓

金釵記（一六）

黎明

顧員外：哎呀大人呀！只因老夫這幾日收租在外，那魯學曾秀才不合登門逼婚，敲詐我家財物，强奸小女秀娘，以致小女羞憤自縊而死，昨日方纔落葬。還求大人與老夫作主才是！

賈青天：有這等事？哎呀！這乃騙財騙色，因奸致死；人命關天，非同小可；但不知何人可為見証？

顧員外：園丁老歐可為見証。

賈青天：好、好；就請老員外補張狀紙，下官與令媛伸寃雪恨就是。

顧員外：謝大人！

賈青天：啊老員外有事在身，今日不便打擾，改日再來奉候！（轉向衙役）順轎！

衙役：（同應）咋！

顧員外：茶酒已經備下，大人且少屈一時如何？

賈青天：不必了，不必了；下官告辭：（拱手）請！

顧員外：（還禮）請！

賈青天：正是：一生不帶看花眼，都緣身是父母官。（隨衙役下）（移）

第十六場：

景：石城縣衙正堂。

時：秀娘死後第四天。

人：賈青天、書佐一人、衙役八人、魯學曾、老歐。

（書佐衙役等在幕後同呼「升堂」，旋急上各就崗位。賈青天公服繼上。）

賈青天：春秋斷獄仰前賢，人人頭上有青天。（就座，拍驚堂木）帶魯學曾！

衆衙役：帶魯學曾！（衙役甲乙挾魯學曾上）

甲、乙：魯學曾拿到。

魯學曾：（一揖）參見老大人！

賈青天：嘟！大胆魯學曾！你既讀聖賢之書，應知周公之禮；却緣何黑夜私入人家閨闥，巧騙財物，强奸女子顧秀娘致死？（拍驚堂木）與我一一招來！

魯學曾：門生一向安貧守分，從無越禮之事，非義之行。適才老大人所論，實乃黑天寃枉！

賈青天：為何是黑天寃枉？你說！你說！

魯學曾：門生去到顧家，乃奉岳母之召，何言「私入」？去的乃是白晝，何言「黑夜」？坐的乃是前堂，何言「閨闥」？金釵二股乃聘妻親手所贈，何言「巧騙」？至於聘妻以何因由自縊身死，門生是一概都不知道；還求老大人明鑒！

賈青天：一派胡言！來！

衆衙役：有！

賈青天：（拍驚堂木）帶老歐！

甲、乙：咋！（打千後急下，帶了一拐一蹺的老歐上）啟禀大人！老歐帶到。

老歐：（跪）參見大老爺！

賈青天：魯學曾、我來問你！可曾認識此人？

魯學曾：（畧一打量）啟禀老大人！門生並不認識此人。

老歐：喲！（怒向學曾）姑老爺！你今天不認識老漢，老漢却認識你啦。你以為黑夜來、五更走，今日個換了衫，去了粉、小花臉變了小白臉，就可以逃過老漢的眼睛；須知老漢雖然老了，眼睛却沒老呀！你騙財騙色，我兩腿遭殃；你幾好受用，我活該倒霉；今日在大老爺台前，老漢却不能放過你了。

賈青天：魯學曾！你還有何話說？

魯學曾：啟禀老大人！門生委實不認識此人，也從未黑夜去過顧府；此人所言，全非事實；還求老大人作主！

賈青天：嘿、嘿、嘿！（冷笑）諒不用刑，你也不肯招認；人來！

衆役：有！

賈青天：（拍驚堂木）重責四十！

衆衙役：咋！

（甲、乙上前拖翻魯學曾，丙、丁交遞行刑，口宣：「一十」、「二十」、「三十」、「四十」。）

賈青天：（拍驚堂木）有招無招？

魯學曾：（伏地呻吟）無招；寃枉呀！

賈青天：（怒不可遏，連拍驚堂木）再與我打！

（又打了四十）

賈青天：（拍驚堂木）有招無招？

魯學曾：（有氣無力地）哎喲！哎喲！打殺我了！有招。（甲、乙挾學曾跪介。）

賈青天：（拍驚堂木）快快從實招來！

魯學曾：啊喲呵呵呵！（披髮撫臀，委頓不堪。旁唱）：八十板，打得我，皮開肉破；看起來，這狗官，沒奈其何！我只有，拚一死，免受折磨；他要我，說什麼，就說什麼。（第十六場未完）

辛亥革命史談（二五）

舜生

三・同盟會成立經過及其活動

一種短兵相接式的革命行動，等到正式發動時，往往不能如籌備時期所擬議的那樣井井有條，甚至弄得左支右絀，雖明明知道毫無把握，但為情勢所迫，仍只好孤注一擲。事後追述辛亥三月二十九一役失敗經過的文字，以黃興民國元年在南京黃花崗週年紀念會的一篇演詞最為平實。我在下面所紀載的，雖仍然參看了多種資料，但關鍵處則仍以黃的演詞為斷。因為黃是這一次的領導者，而時間又僅隔一年，他個人在當時所得的印象太深，決不會有什麼模糊影響之談的。

黃興是三月二十五日晚到達廣州機關部的，據他所述，可以說在事前已經敗象畢露：

一、有陳鏡波其人，奉李準命投身革命黨內任偵探，他居然担任了運輸槍械的職務，結果因他向李告密，有一百多桿槍和若干子彈，乃被沒收。同時李知道革命黨確實準備在廣州起事，當然更加緊戒備。

二、二十六，粵督張鳴岐已調巡防營數營入城，駐觀音山，廣州城內之有觀音山，猶南京城中之有北極閣，居高臨下，極佔形勢，即令眞有八百『選鋒』同時並起，他們也不難對付，何況並此而不可能呢？

三、二十六已經有人倡議改期，黃興及其他少數同志堅持不可，認改期即無異解散，不僅前功盡棄，且無以對海外捐欵的僑胞。但趙聲所部『選鋒』多外省人，因語言關係，容易為廣州官方所識破，乃決定遣送一部分回港。

四、二十七，姚雨平由港到省，知西貢與日本的軍械仍未到齊，因決定把原定的二十八發動改為二十九。時張鳴岐、李準知道的消息更多，因將新軍的槍械繳收，並加調巡防營兩營，以三哨助守龍王廟高地；同時搜捕黨人，連破機關數處。於是胡毅生、陳烱明以及趙聲在省的代表宋玉琳再提議展期；姚雨平對展期說雖不贊成，但聲言非有槍枝五百桿不能言戰，其時收到的槍枝不過七十餘桿，這也明明是一種無法兌現的高調。因此，黃興痛心異常，決定由他自己以一死拚李準，以謝海外僑胞，藉維黨人信譽，並命令各部『選鋒』速退。於是合前後計之，退去者凡三百餘人，仍留廣州者，僅一小部分而已。

五、二十八，陳烱明、姚雨平到機關報告，謂從順德調回的巡防營中同志，決心反正。午刻會議，喻培倫、林文更慷慨陳詞，謂：『革命軍知有前進，不知有後退，事已至此，非我殺敵，即敵殺我，惟有同心合力，準備殺敵流血！』黃興極以為然，並放棄他的個人行動，仍大致按原定計劃，決心硬拚到底；同時電港約趙聲部速來，聲得電欣然承諾。於是該晚決定二十九日午後三點半發動，由黃興率所部出攻督署；陳烱明等攻巡警教練所；姚雨平等收復小北門槍炮局，延新軍及防營入城；胡毅生攻大南門；在港原定的所謂十路同時並舉，此時便只能勉强的湊成這四路，並決定趙聲不能趕到，即由黃興任總指揮。其時廣州的巡警教練所，有學員四百餘，長槍二百桿，學員均配有手槍，黃興早於本年二月遣其子一歐及陳方度、柳聘農、胡國樑（均湖南人），考入所中受訓；一面聯絡同志，一面熟悉廣東方言及廣州各街道，準備在起義時由他們偕同學員以合法身份作掩護。這原來是有力的一着，而且在二十九起義前，他們已經佈置妥當，只等黨人來攻，便可響應，可惜陳烱明不按計劃進行，結果也歸於無用（參看黃一歐最近所寫『回憶先君克强先生』一文）。（未完）

聯合評論
週刊
本刊已經香港政府登記
每逢星期五出版
United Voice Weekly
第一六四號
督印人：黃宇人　總編輯：左仲平
社址九龍赫德道二十三號地下　電話 68678
承印嘉羅印刷有限公司香港灣仔馬師道5號
總代理：友聯發行公司售價每份港幣一毫
本報美洲版總經售處美國紐約中美出版社
CHINESE - AMERICAN PRESS, INC
199 CANAL STREET.,
NEW YORK13 N. Y. U.S.A.
美洲航空版每份零售美金一角

聯合國在最後考驗中

李璜

一

大凡一種制度之所以能够健全的存在，而足以支配人羣的活動時，都靠在這種制度的背後，有一大家所公認的信念；而此信念，由精神的嚮往，而形之於事態，能充分表現出社會的新秩序，來，然後新的制度便自然落實於坦途之中。因是，一種制度，其重要處不在於法定條文的完備，而在於其所依據的精神是否為奉行此一制度的人羣所同具而公認之，支持之；否則，此一制度便徒有形式，禁不起考驗，而容易破產。

譬之民主制度，其精神所在，為自由與平等；其為一國人羣所公認的信念，為在法律表現之前，國民一律平等；為在法制權利之中，國民同享自由，其間秩序之建立，必須全體共同遵守與享受，並無例外與特殊。在民主制度之下，如權力完全集中於少數，特殊權利收歸於一黨、一派、或一人，則此種民主制度便是假的，便是今日蘇俄所發明而號稱的「新民主」，其實乃是舊獨裁的騙人勾當。因是，蘇俄式的所謂民主制度，也有憲法，其憲法也規定出所謂「人民民主」與「自由權利」，但其根本精神既不為人羣大衆的信念之所公認，而形之事態又恰恰與其法定條文處處相反，於是「新階級」之所謂的「新民主」，便徒有其表，無法健全的存在；既無法落實於坦途，所以終必得隨時靠兵力與特務來鎮壓羣衆，維持秩序！少數人高高乎在上，而不為多數在下只受支配、只盡義務的人羣所理解，則此一「新階級」的專制、獨裁、獨享，終必受不起考驗，而其假民主制度終必為羣衆所推翻的。

二

聯合國制度的發起，所以為實現人類世界的新秩序；其精神所在，亦猶之一國的民主概念，在由和平的法制方式，以實現各個人及各國度的自由與平等。故在聯合國憲章的序文上，第一句即「重伸基本人權，人格尊嚴與價值，以及男女大小與各國平等權利之信念」。本此信念，於是再有下文的「俾克維持正義，尊重由條約與國際法及其它淵源而起的義務，……以維持國際和平及安全」。

如果聯合國的發起與參加的分子中，都一律本此信念，以推行其制度，則聯合國憲章中處處所提到的和平、正義、安全三字樣（就在聯合國郵票上也寫出Peace, Justice, Security）將必能落實於國際的行為上，而使此一制度走入坦途，豈非人類無疆之休！此所以愛好和平正義而且素具人權信念之中華民族，在聯合國發起之初，對之非常熱望，一力贊助，俾底於成立。

不幸，本此信念之多數國家，在聯合國製定憲章時（一九四五），即遇見一個並無、而且反乎此一信念的國家，蘇俄！她首先主張聯合國要由強國來主持，並要大強，不要小強！蘇俄在製憲會議席上所持的理由是：世界之所以有大戰，乃是小強容易自行掀起糾紛，先打起來，然後纔將大強拖下水的，因此必須大強有「否決權」，五大強彼此相抗而達到合作，世界和平，方能確保。蘇俄代表此一正反合的辯證法的理論，翻來覆去，說了一個月，筆者曾於此一月中，忍耐的每日聽上幾小時。結果，在製憲會議上，蘇俄代表這一「強權維持公理」的見地，為英美所接受，而影響多數終於勉強接受了。但這一來，聯合國一開始創會，便已受到了考驗，而且禁不住考驗，參加聯合國多數分子的信念大半為之動搖，大家對於和平、正義、安全，是否能够實現，都不免懷疑起來。

三

但非大強的各會員國總還寄希望於聯合國大會中，因為在聯合國大會裏，並沒有五大強的否決權；而表決時，一票就是一票，總還有點國際平等的民主氣氛。因此於一九五〇年十一月三日，特由大會通過「聯合行動共策和平案」，特別對於聯合國之維持國際和平與安全，「深知安理會若不能代表全體會員國履行其責任，……則會員國仍不能規避其在憲章下維持國際和平與安全的義務，同時聯合國亦不能規避此種責任」。

該案且明白規定，「如果安理會因常任理事國（即五大強）缺乏一致協議，以致威脅和平，破壞和平或侵略行為出現時，未能履行其維持國際和平與安全的基本責任時，則大會須立即討論此一問題，其目的在對於會員國提出集體措施之適當建議，包括遇和平遭受破壞或侵略行動之必要時，運用武力，以便維持或恢復國際和平與安全……。」

因有此案，聯合國大會在一九五〇年後，便有權力「組織一和平觀察委員會，由九至十四個會員國代表組成之，以觀察及報告發生國際緊張狀態的任何地區之局勢。」

這個所謂「七國和平提案」之在聯合國大會以大多數通過（只五國反對，兩國棄權）以來，可以說聯合國雖被蘇俄在安理會用否決權將聯合國的主要任務把持了，把衆多會員國的和平、正義、安全三信念犧牲了，但聯合國尚有大會，乃是不能使用否決權的，而遇着和平與安全受着威脅時，聯合國大會的多數仍可以提出建議，而對於維持或恢復國際和平與安全，盡其基本責任的。

四

因此，筆者認為在此刻聯合國正開大會中，有兩件事，必須立即由大會提出建議，並立即組織和平觀察委員會前往觀察及報告：一為蘇俄在近兩月來，不斷在天空試爆大型、中型各原子彈，其輻射塵四散於歐、亞、美三洲，日益加重其影響人類生命安全的危險性。為此大會必須刻不容緩的，先行討論此一制止蘇俄空中試爆，危及世界安全問題；必要時，派出觀察團監視之。二為東南亞，特別是南越，正在遭受侵畧中，這不能閉起眼睛認為是南越的內亂，而明明是中共在那裏進行侵畧，如其對寮國是一樣的。這一件事，照聯合國大會一九五〇年的議決案，既有「觀察及報告發生國際緊張狀態的任何地區之局勢」的規定，則對於東南亞之不斷發生緊張狀態，今日大會也不能視若無覩。

以上兩事，都在予聯合國以挑戰，如果聯合國衆多的會員國不能應付此一考驗，而還在天天開會去爭議代表席位等小問題，則蘇俄不斷試爆，美國也繼之試爆；蘇俄及衛星國大事演習作戰，美國與北大西洋公約國也以大規模演習作戰應之，似此，和平與安全眞是危乎殆哉！

聯合國臨到最後的考驗了！聯合國大會應迅速決議，制止蘇俄的繼續試爆原子彈與中共的不斷在東南亞動亂啊！

五〇、十、一五

何以還不在今年雙十誓師？

謝扶雅

我曾殷切地期待着國民政府，乘中華民國五十年十月十日的國慶紀念，正正堂堂地昭告海內外，出動所有海陸空軍及後備兵士民衆，並發動全球華僑，共起討伐已佔據了大陸十二年的中共偽政權；但畢竟還是叫我這個最後期望全落了空！多年以來，海外人士，尤其是我所親身接觸的一般留美僑胞，無不眼巴巴盼望着，而亦屢表惶惑地，以至失望地訴問台北當局何以到了今日還不反攻。我們朗誦書經裏的「陽誓」「泰誓」和「牧誓」諸篇，那種順天應人的弔民伐罪，那種號召會師的浩蕩聲勢，那種聲討獨夫和誥勉多士的剴切淋漓，那種情文並茂，聲調鏗鏘的生動描叙，眞令人於千百載以上，千百世以下，盪氣廻胸，激昂慷慨而勿能已。中國歷代的民主制度，雖晦焉而勿彰，但對於湯武以次，各朝開國或中興時，所毅然決然實踐的「以有道伐無道」的義舉，則誠史不絕書，而每必氣壯山河，泣鬼神而動天地。今者中共虐政，極千古未有之兇殘，而其惡貫滿盈，早致大陸人民「時日曷喪」之普遍憤怒。然而局處台灣的國民黨當權派竟因循坐視了十二年之久，儘自空口講白話，反攻，復國，反攻，復國，而絕不作進一步的行動；而且每日捱受自對面來的炮轟金門幾十幾百發，猶不敢出師回擊，徒託存於外國第七艦隊庇護之下，宴安晝夕，喪盡國格，自墮國際聲望，渙散舉國人心。

中華民國今逢正正五十年的壽慶。人生半百，孔聖稱「知命」之年。觀測她老人家的「命」運，確乎極其黯淡而生死難以卜「知」。就最近國內國外的險惡情勢而論，知命之年毋寧應說是「喪命」之年。換言之，明年此日，我們是否將為中華民國舉辦「冥壽」，而難以再見高興的國慶？話雖如此的不吉祥，但民國將只有五十年的壽命，我不得不沉痛地在此文中畧為分析其情由如次：

如所周知，國際間「兩個中國」的策劃和安排，已非一朝一夕的事。所謂「兩個中國」者，一是大陸的「中華人民共和國」，另一是呼之欲出的「台灣獨立共和國」。在這樣的局面之下，五十年前孫中山諸先烈所灑鮮血鑄成的中華民國，豈不是壽終正寢？儘管美國不喜歡中共，亦至多像不喜歡赫魯曉夫或加斯圖一樣。他們也有理由想望着大陸在不久將來會出現「新修正主義」的中共，却不是中華民國的「復國」。美國當局今以對付整個共黨的策畧關係，自己暫時按下「繼承國家」的說法，而企圖把中共入聯國案再拖一年。然而聯大明年小組委員會的報告，當然將仍不脫兩個中國的窠臼，而具體辦法之一，且必是在聯國監視之下，台灣人民自決投票。這時，試問中華民國退出聯國之後，能在台灣關門高臥做皇帝夢嗎？聯合國會場內的中華民國代表席位上，一向只寫着"China"一個字（並非「中華民國」的全稱），國際間心目中一般都認為"China"就是在遠東那塊大陸和其上的六七億廣大人羣。所以蘇聯這次在聯大的提案，只是直捷地說將這標揭着China名牌的位子，「恢復」給大陸上派出來的代表坐上去。眞的，你如在聯合國所在地嗅聞一下四圍的氣氛，張眼看看，凝耳聽聽，與一百個代表們和全球來的新聞記者接觸接觸，你就會感覺到：中共的入代中國席次，以及台灣獨立這兩件事，已由醞釀期進至於瓜熟蒂落的階段了。台灣和大陸對峙並立已達十二年之久，這個成果還不熟到透嗎？外國人因為認為這是很自然，很實在，所以全不覺得奇怪；有心的中國人只是乾急，氣死，羞死。那種危急驚險的鏡頭，要想予以粉碎，掃除，除了國府出師光復大陸而外，更無別的辦法。（下轉二版）

孫子與孫子兵法（一）

——兼評中共出版「今文新譯孫子兵法」

劉裕畧

讀書，看起來似乎是一件很簡單的事，實則要眞能瞭解一本書，却並不一定很簡單，就我個人來講，回顧童年讀書至今，就常常覺得如此。除了依靠天資與勤學外，讀書也很需要方法。

記得童年的時候，我像很多人一樣，很早就開始讀四書和唐詩。對於四書和唐詩也很能背誦，當時甚至也自以為很了解。像杜甫作的一首「別房大尉墓」。我當時就常常喜歡唸它，對於原詩「他鄉復行役，駐馬別孤墳。近淚無乾土，低空有斷雲。對棋陪謝傅，把劍覓徐君，惟見林花落，鶯啼送客聞」。不但很欣賞，也自以為很懂得。於今回想起來，我當時實不懂得。當時實只望文生義的懂得「惟見林花落，鶯啼送客聞」二句的辭義而已。至於其它幾句詩所包含的意義，和整首詩的背景和意向，我當時都不眞正明瞭。等到我後來了解杜甫的一生，了解杜甫的政治立場與乎他和房琯的政治關係，了解他在政治立場上屬於房琯這一派，而房琯被貶摘，以至於死的過程的情況之後，才眞正明瞭杜甫在這一首詩裏何以有「對棋陪謝傅」的句子，又何以有「近淚無乾土」的傷心情形。讀四書更不消說，最初原就只能背誦而不懂，後來明瞭了孔子的一生及孔子的學說才慢慢的懂得四書。所以，就我個人的體念來講：我總覺得要明瞭一本書，是常常需要先明瞭該書的作者的。當然，這也是只指某一類的書而言。讀自然科學方面的書，這一點比較沒有那樣重要。但要眞正明瞭孫子兵法，則我覺得把有關孫子的一切加以研究，實甚重要。這因為孫子兵法與孫子的一生及孫子所處的時代背景都很有關係的緣故。

而中共人民出版社出版郭化若著「今文新譯孫子兵法」則認為「孫子兵法是否孫武寫的，孫武是否孫書的孫兒，孫武是否有其人（有人認為『左傳』記載吳師入郢沒有孫武的名字，只有史記有孫吳列傳，疑是司馬遷臆造），這些在我們看來，都屬偶然性問題，即使沒有孫武其人，也會有張武李武或張文李文來寫這一兵法，這却是必然的。因此，對於孫武家世，這裏就不必作更多的考証了」。這種說法很荒謬，對於孫武的家世，如有缺漏不全，尚無大要，但所云：「孫子兵法不管是否孫武寫的，不管孫武是否有其人，即使沒有孫武其人，也會有張武李武張文李文來寫這一兵法，則更胡鬧了。這忽視了人的重要性，而完全陷入歷史唯物論的濫調中了。

在對孫子兵法的理論研究上，中共一直在強調孫子兵法的思想是「唯物的」。他們硬把孫子的思想，抓在他們那一邊，這亦完全是曲解，同時，這也恰巧証明他們之所以忽視孫子本人乃是別有用心。

事實上，如果我們要進一步研究孫子兵法，實不可不進一步研究孫子的思想及其本人的一切，孫子兵法思想上雖不忽視或否定物質條件的重要性，但它決不是只着重物質的這一面，相反，它是更着重精神和智慧運用的另一面的。對此，我們可以從孫子兵法全書中找到許多証明，更可以從孫子本人的故事中找到証明。孫子名武，齊國人，曾以兵法獻吳王闔廬，並晉見吳王。吳王對他說：你的兵法我都看過了，你是否可以小試一下呢？孫子說：當然可以。吳王對他說：你可以用婦女來試一下嗎？孫子也回答說可以，於是吳王就叫出一百八十個宮中美女來交由孫子小試一下兵法。孫子把她們分作兩隊，並用吳王最寵愛的兩個妃子作這兩隊的隊長，孫子還命這一百八十個美女都持拿着「戟」，然後命令她們說：妳們明白心背的方向和左右手嗎？兩隊美人都說：知道。孫子又說：向前就看心所對的方向，退後就看背所對的方向，向左就看左手方向，向右就看右手方向。兩隊都說「是」！於是孫子乃與兩隊美女一齊約好記號，規定命令動作，宣佈紀律，並把鈇鉞（大斧）排立起來對着鈇鉞頒佈軍法。且對所頒軍法三令五申的加以說明。然後擊鼓發令，命她們一齊向右，但美女們玩耍慣了，嘻嘻哈哈，全無嚴肅氣氛的大笑起來。孫子說：規定不明確，約令不熟悉，以致妳們如此，這是將帥的罪過。乃重申前令，擊鼓發令向左，美女們仍不遵令行動，還是嘻哈大笑。孫子乃再予說明，這是將帥之過，然後又再擊鼓發令，然美女們仍不聽從，於是孫子乃正式宣佈既經三令五申，而兩隊婦女仍不聽從，這就不是將帥之過，而是兩隊官兵之過了。既是兩隊官兵之過，就應依軍法斬兩隊隊長。吳王見孫子將斬那兩個最寵愛的妃子，大為驚詫，急傳令孫子，謂：已知將軍善用兵，不必殺我的那兩個最寵愛的妃子，孫子却拒絕吳王的命令，說：臣已為將，將在軍，君命有所不受。終於把吳王那兩個最寵愛的妃子殺了以示衆。另用一個隊長，重新擊鼓發令，而兩隊婦女均遵命動作，整齊規矩，合乎要求。再也沒有以前那樣嘻嘻哈哈的了。孫子乃使人報告吳王，謂隊伍已訓練好，可以作戰了。王可以來看看，吳王不顧來看，孫子遂說吳王曰：王只愛好兵法的辭句而已，不能眞正接受兵法的原則哩！吳王終於用孫武為將，遂破楚。

以上是孫子兵法以外有關孫子本人的故事，了解這一故事對了解孫子兵法極有幫助。因為這一故事說明孫子不是一個唯物主義者，這一故事說明由一百八十個美女組成的兩隊女兵，由嘻嘻哈哈到嚴肅聽令，前後的物質條件未變，而作戰的效用則全變，它是依靠什麼呢？顯然不是依靠物質條件的變更，而是依靠孫子的智慧的運用和意志的堅定，而這都是精神條件，心的條件，而不是物的條件，更不是唯物的條件。所以，中共說「孫子對戰爭有唯物的全面分析」，那是決不正確的，因為孫子兵法決不是建築在唯物的全面分析上，而乃建築在個人智慧的運用上和意志的堅定上，因此可見中共所說：「即使沒有孫武其人，也會有張武李武或張文李文來寫這一兵法」的說法，是何等荒唐！

本來，這也並不奇怪，歷史唯物論者對歷史人物和人物思想的認識原就普遍的犯着這一錯誤的。

再看孫子兵法原書，一開始，孫子就強調的說：「兵者，國之大事也，死生之地，存亡之道，不可不察也。故經之五事，校之以計，而索其情；一曰道，二曰天，三曰地，四曰將，五曰法。道者，令民與上同意，可與之死，可與之生，而不畏危也。天者，陰陽、寒暑、時制也。地者，遠近、險易、廣狹、死生也。將者，智、信、仁、勇、嚴也。法者，曲制、官道、主用也。凡此五者，將莫不聞，知之者勝，不知者不勝。故校之以計，而索其情。曰：主孰有道？將孰有能？天地孰得？法令孰行？兵衆孰強？士卒孰練？賞罰孰明？吾以此知勝負矣」。這也很清楚的說明孫子對戰爭勝負的看法，並不是建築在唯物的全面分析上。他的公算論，並不是機械的以兵員數字的多寡那一唯物的條件來決定。相反，他却認為精神條件才更重要，他所列的五項因素，仍以「道」居其首，而且還對「道」之含義給予很清楚的解釋，說「道者，令民與上同意，可與之死，可與之生，而不畏危也」。這尤可見孫子是把全軍全民一致之戰鬥心即精神條件擺在戰爭勝敗因素的第一位的。其次才說到「天」與「地」，算是物質條件，但「四曰將，五曰法」兩項又屬於精神條件了。

曠觀古今中外，曾有過許多可歌可泣，光輝燦爛的戰爭，其間原都不是全靠物質條件。古今中外以少勝衆，以弱轉強的戰例太多了，它們何嘗都取決於唯物的條件？事實上，它們都是取決於智慧的運用和意志的強弱的。孫子本人的故事和孫子兵法所昭示的原則原亦如此呀！

何以還不在今年雙十誓師

（上接第一版）

謝扶雅

中華民國在國際間的命運已如上述，而其在自己主權範圍內的信用和力量，也早已一落千丈，而日即於自消自滅自亡了。一般外國人對中華民國的觀念模糊，美國盟邦對中華民國的態度模稜灰色，已不煩再講。但尤可慨痛者，則為中華民國自己的國民也對這個中華民國感到煩惱，鼓不起勁，以致忘懷，甚或由膜視以至仇視。台灣人不是中華民國的國民嗎？我早已在本刋和其它刋物裏屢次提醒過：這裏的一些台灣人，包含着留學生和已在此工作的在內，公然自稱"I am a Furmosan, not a Chinese"（我是台灣人，不是中國人）。他們的意思，以為"China"一名稱乃是代表大陸中共統治下的人民，故而加以否認。但他們也避免稱為屬於中華民國的國籍，顯然他們否定了現行的國民政府。素以台灣國大統領自命的廖文毅，雖迄尚未在聯合國所在地露面，但在日本長受該國朝野人士的蝶育，又與美國國會中人始終保持着密切關係。日前報載他已由東京到了馬尼拉，不日將到美洲來。這已不是蛛絲馬跡的問題，而是有一個具體的組織在活躍，在釘着眼瞧，趁中共混入聯國的當兒，在國際掩護之下，做成台灣的一個獨立國。

中華民國統治下的台灣省人，如此看待中華民國，且不再說它吧。別省人在美國的呢，第一，從前的華僑，大家都知道差不多統是廣東人。他們本來都在想賺一些子錢還鄉享晚福，所謂葉落歸根。現在已至少有十二年不能回至大陸，而且眼看中共就會加入聯國，派遣神氣十足的代表團來此，也眼看美國政府遲早會承認中共，建立邦交，原本中心反共的他們，這就會發生諸多麻煩事。所以近來華僑中請入美國籍者絡繹不絕，以冀身心有所保障。況且最近美國國會通過放寬公民眷屬（直系以至旁親）移民案，更加强了華僑早改身分的吸引力。第二，近十多年自台灣到此的留學生，都在盡力設法由留學護照轉至永久居留身分；且因工作優待關係，以公民為有利。美國民間科學技術研究機關大致與國防有關係，非本國公民不能担任其中工作。中國青年學子向以成績優良著聞，各方爭先羅致；尤其在自然科學界方面，工作機會之多且好，直不可以言語形容。高級知識分子的生命線在學術上，而不在空泛的「國家」。極端自由分子如最近又以入獄聞的大哲羅素，更討厭國家或政府。今日紐約時報社評還因羅素入獄的新聞，提到三十年前紐約州立某大學聘其任特約教授，却為一些納稅人藉口羅素並非美國公民之故而抗議其來講學。我國年輕一代的，隨父母來此邦而讀初級或高級中學的人，因受美國立國精神的公民訓練，不免對自已的古老國家心淡。至在這裏結婚而出生的子女，不用說，已不會講中國話，更對中華民國沒有半點印象了。由此遙望東南亞各處的華僑，只好紛紛歸化其當地國籍，我們更不由不表示同情。總之所有散在海外的中國人，近幾年急速地對中華民國的離心力愈來愈大了。

讀過祖國週刋上唐君毅和李璜兩先生先後寫的「中華民族的花果飄零」和「花果飄零與政治風雨」，以及本刋一六一號胡越先生的「歷史的期待」等文，不能不無限感慨地承認這一大羣華大多數是知識分子，中國的菁華，其不得不紛紛流散，淡忘宗邦，完全是為了政治問題，一句話，由於不良政府所造成。大家心照不宜地都認為大陸的毛政權和台灣的蔣政權，無非是一邱之貉；而其對海外人士，後者的「聯戰」比之前者的「統戰」，手法更是畫虎不成反類犬，怎不令人越發心寒齒冷呢？國之將亡，必有妖孽，現在巨妖，大妖，小妖，遍行「吾士」，眞是哀哀「吾民」了。

民五十、十月自美寄

蒙哥馬利與統戰

李金暉

在自由世界這方面，有些人經常發表一些怪誕之論，爲共產黨捧場。但這些慣爲共黨說話的人，祇要他眞有獨立人格和智慧的，到後來又莫不改悟，表示對自己良心有所懺悔，表示自己對共黨的認識確有不足。

這樣的人，畧舉顯著的，較遠者有英國的哲學家羅素，他是早年有過蘇俄之遊，於是將其所見之浮光掠影，幾乎把蘇俄描繪成了「人間天堂」。但後來，他覺悟早期對蘇俄認識之錯悞，再轉而從理論到實際著述以評斥俄共。這是一例。

抗戰期間，中國正處於危急存亡之秋，又因爲國民黨當時在政治上，又確有相當多值得批評的地方，來自國內國外的對中國政治現狀的評論，可謂極具大觀。有美國副總統華萊士，當時便因而極力爲中共捧場，其人一度訪問莫斯科，後來又到戰時中國來訪問，由於中共的巧安排，和國民黨的腐敗，使他深信中共祇是土地改革者，而非意圖建立共產政權，推動世界革命。由於華萊士、羅斯福夫人等所形成的集團，在當時美國具有對實際政治的影響力，再加以當時美國一些左傾份子之滲入總統智囊團的周圍，遂使中共在美國也獲得了可資利用的友人和宣傳機器，美國對華政策，也因此起了極大的不利影響。

但是，待到中共於一九四九年奪得政權，共產國際發動韓戰，中共終於成爲莫斯科的貓脚爪，於是華萊士頓時天良發現，表示過去對中共所見和所主張者均屬錯誤，公開發表言論，深加自責。

至於再較晚一些，諸如英國工黨首領們，到北平訪問之後，甚至附和共黨宣傳，大談在中國大陸末見到一個蒼蠅飛過等等，就更不值得在這裏多費筆墨了。因爲他們對中國固是知得少，對中共更是一無所知，祇是憑走馬看花的一點表面見聞，用來衡量僞裝的中共而已。

再等而下之如日本左翼社會黨之爲中共吹噓，就更加不值得一笑了。

中共統治大陸十二年，實際情況如何，不僅已是人所共知的事，其獨裁，其殘民，也是史無前例。由於殘暴成性，由於迷信敎條和崇尚個人崇拜，中共之爲患中國，實較國民黨當權派過去與今日之腐敗與無能，猶有過之！

中國大陸各省之普遍飢荒與各種災情，即使是中共當局自身，也已經不加隱瞞了，而英國的蒙哥馬利爵士，這位在二次大戰期間的帝國英雄，後日的英國的三軍統帥，竟然在到北平走馬看花，擾了周恩來在「人民大會堂」爲他擺的酒宴之後，抹抹油嘴，便信口開河說：「中國大陸沒有飢饉，一宗營養不良的事件也看不到。」誠然是妙語一出，駭人聽聞了。

由於我深信蒙哥馬利必然是一個基督徒。他自然知道基督徒是不應該做假見証的。而他今天居然在大英聯邦一員的加拿大，面對着廣大的基督徒而做着假見証，若非已是老而昏瞶，必是其人根本太過天真。儘管他是戰時的英雄，卻畢竟顯得他的政治知識太有限了。也好在他是英國上議院的貴族議員，不必像下議院議員之必須憑政治智慧競選，否則以他那樣淺薄政治的頭腦，他一輩子也休想走入「巴力門」。

由於蒙哥馬利之大胆地作假見証，間接地証明了中共歷年來向國際上邀請訪問的一些人，都是些心智不够健全的；或是好估名釣譽的，以及見利忘義之徒。這些人有的是爲了不甘在本國默默無聞，有的是爲了想找國際關係撐腰，而有的則純粹是爲了有所求做國際帮閒。至於蒙哥馬利，或許是不應該在上述三類之內。但是即使如比，香港的英文「德臣西報」，也不免爲此而斥之爲「除非是他老得糊塗，否則就是別有用心」了。

我們知道，共產黨是善於統戰的，但是共產黨進行國內的或是國外的統戰，也必須是先看清對象，找準了對象，才好進行的。就已知的事實來論，共產黨不外是利用他人之所短、所好，乘隙而入。對共產主義的一知半解，當然是上當的原因之一；而更重要的是，共產黨能不惜一切，滿足統戰對象。根據他所要進行統戰對象的現有「自然價值」，他可以爲之製造身價；擴大宣傳抬高身價；若是在本國的影響力不够，也可以邀請他到北平，爲之製造熱闊場面，再由毛澤東加以召見，於是其人便自覺身在雲端之中，自以爲不知離地多高，而實則仍爲兩腳動物，並未長上翅膀。

根據香港外交界人士的透露，自中共政權開始向國際上拉攏友人以來，拾去那些各國共產黨人不談，歷年來凡被邀往北平參加各項典禮的，不論是組團而去，或是雙身而往，知名之士固然有一些，而絕大多數是在本國無安身立命之所的，中共既然肯不惜一切包吃、包住、包迎、包送、外加豐厚的一疊美金餽贈，而又能使他自覺在「朝山進香」之後，可以增加身價地位，還有不樂意去的嗎？

再就香港、澳門這兩個地方來說，先去大陸觀光，然後又再入台的固不乏人；而先入台，後又上「北京」的，也不少。無它，用廣東話來說，無非是爲一「撈」字！左右逢源，袋袋平安，在他們的腦子裏，那有「恥」字!?

所以，我要說，共產黨的統戰並不厲害，當我們了然共產黨統戰的對象，不過是一些不恥之徒之後，統戰的把戲和價值，就顯底了。

試再舉張治中一例以增強我的立論。

張治中在國民黨內向爲官邸人物，實力派。但由於其人無恥，能高喊「蔣夫人萬歲」，所以就成了中共的統戰對象，在國民黨內，成爲最早叛蔣北上靠攏的一個！

所以，有些人以爲替共產黨幫腔，可以自高身價。在我看來，那是愚蠢。蒙哥馬利，老糊塗耳！

雙十金禧在台北

純夫

（台北通訊）今年雙十節是中華民國開國五十週年紀念，台北一年一度的慶祝，也以今年爲最隆重。中央各機關於上午九時在總統府舉行慶祝紀念典禮，各院部會首長，三軍總司令及國大代表與立監兩院各委員會召集人均出席，由蔣「總統」親臨主持，各界慶祝大會則於下午二時在中山堂舉行。美軍顧問團團長戴倫將軍亦參加，並在會中同時舉行一項軍援裝備的贈與儀式。四時，開始花車遊行，百餘輛多姿多彩的花車，由台北代市長周百鍊作領隊，徐徐通過市區。數十個旗隊和樂隊參加遊行，備極有聲有色。幾位中國小姐也打扮得花枝招展，坐在特備的遊行車上任人欣賞。還有舞獅舞龍，沿途表演。道旁觀衆，人山人海。謂之爲盛況空前，實不爲過。

偉大的閱兵場面

慶祝節目中最莊嚴偉大的一項則是閱兵。總計約有二萬名由各兵種挑選出來的部隊，數十種最新式的裝備和十餘隊空軍編隊在總統府廣場參加檢閱。蔣「總統」身着大元帥服，佩青天白日勛章，由總統府秘書長參軍長和三軍總司令隨侍於十時正蒞臨檢閱台，樂隊奏大禮樂三番，炮隊鳴大禮炮十二響，全場肅立致敬。閱兵指揮官報告受閱人數後，空中分列式即開始。十六架噴射教練機成菱形首先低空飛過閱兵台。接着八六軍刀機，八六D全天候戰鬥機，八四偵察機，一〇四星座戰鬥機又依次結隊掠過，隊形整齊壯觀，操作熟練美妙，萬千觀衆，無不歡欣鼓舞。最後並有美國駐西太平洋地區航空隊特派的三十六架飛機，分成兩批飛過檢閱台，祝賀我國金禧之慶，更增加了空中的聲色。至此空中分列式即告完畢。

地面分列式由克難英雄爲前導。接着是金馬代表隊，他們的出現，受到觀衆的熱烈歡迎。沿途掌聲如雷，幾乎掩沒了他們整齊雄壯的步伐聲。其次是藍衣金扣白裙的政工幹部學校女生隊，再次是陸軍軍官學校和空軍軍官學校的學生隊。又次是由鼓樂隊爲前導的空軍幼年學校學生隊，全是十五歲至十八歲的大孩子，着白制服，佩短步槍。以後是海軍軍官學校的學生隊和海軍陸戰隊。陸軍傘兵和陸軍前瞻部隊則殿後，這是國軍的主力，他們鋼鐵一般的陣容和勇往邁進的氣魄，深映於每一個觀衆的心。

步兵的行列完畢，車隊的行列隨即開始，由戰車樂隊爲引導，憲兵的機械化部隊隨之。陸軍通訊營經過檢閱台時，還放出了兩千多隻軍鴿，以後是赤身着的蛙人裝備，坐在汽車上橡皮船中的蛙人大隊。其次是配有搶奪灘頭時架浮橋，鋪鋼氈及發電，平路等新式裝備的岸勤隊。再次是空軍高射炮隊和陸軍炮隊。又次是陸戰隊登陸戰車營。殿後的，則是陸軍飛彈部隊。當四枚勝利女神力士型飛彈經過時，觀衆無不爭欲一覩女神丰采。

總而言之，在閱兵大典中，每一節目都十分精彩。其中有許多節目，還是前所未有的。而政工幹校女生隊穿着細高跟鞋走正步，更爲別開生面。據聯合報載：有一位坐在該報特派記者旁邊的太太還躭心她們的鞋跟會被踏斷呢。

蔣『總統』又作諾言

就閱兵的情形看去，我們的陸、海、空三軍都已有了最新式的裝備和高度的訓練；而且士氣旺盛，戰技精良，確屬精銳之師。然而如果祇將他們用作紀念節日的表演，則不但不是國家養兵的目的；而且也是對三軍將士的一種侮辱。何況水深火熱中的大陸同胞急待解救，而中華民國在聯合國的地位也朝不保夕。政府負有救國救民的天職，自不容再挾此六十萬雄師以求苟安海隅。且爲自救計，亦必須立即反攻大陸，始可免於危亡。但近年以來，反攻的行動固然沒有；反攻的口號也日趨沉寂。甚至海外黨報還奉命對主張反攻的言論採取敵對的態度。夫既如此，則舉行如此盛大閱兵又有何意義之可言？

幸而蔣「總統」似乎也深知不反攻必滅亡之理，他在中央各機關慶祝雙十國慶的紀念典禮中表示，要立志在明年此日回到南京去慶祝國慶。並在告全國軍民書中，指出民主潮流高漲，暴政終必覆亡，祇須我們更進一步的團結努力，就可將反攻軍事提早完成。又說：反攻復國的指標，不是要使舊有的政治設施和經濟機構復原；而是要朝向倫理、民主、科學從頭做起，重新建設。這原是全國人民的共同願望。假如蔣「總統」眞能大徹大悟，反攻復國的前途當可展開。可是，人們一想到其過去輕諾寡信的史實，也就不能不對他這一番精闢之言保持一種懷疑的態度了。十一日有幾位國民黨籍的立監委員和國大代表在一次私人的聚會中閒談，他們一致指出，蔣「總統」既然刻意傳子，所謂民主和進一步的團結又從何說起？

蔣廷黻以徐蚌會戰自喻

雙十國慶後的次日，台北政治圈內盛傳蔣廷黻代表曾向我國駐聯合國代表團某些團員發牢騷，自稱他已變成了徐蚌會戰的前敵指揮。團員不明所以，問其故。蔣說：當年徐蚌會戰時，前綫指揮官毫無權力，部隊的一舉一動都是由蔣介石在南京遙遙指揮，以致數十萬機械化大軍束手待斃。卒被既無飛機、又無大炮和戰車的共軍吃得一乾二凈。如今對外蒙加入聯合國的問題，台北已舉行會議多次，一致決定應予否決；但蔣介石忽然又要代表團聽由他直接指揮，沈昌煥來了，問以是否否決，也說：要請示總統。以致美國代表團和非洲各國代表團向我們代表團探詢意見時，我們也不知所答。如此下去，我們代表團祇好坐以待斃了。此非徐蚌會戰的重演而何？

台灣簡訊

志清

一、愈來愈依賴美援

年來當權者曾自誇台灣的經濟建設如何進步；但無情的事實，却顯得並不如此。日前美國國際安全總署中國分署署長郝樂遜曾在一次公開演說中，指出由於政府的消耗過高，台灣愈來愈依賴美援，並列舉許多數字為証。他所說的消費，顯然指的是政費——尤其是軍費的龐大支出以及蔣介石父子的種種浪費。

本月六日聯合報的經濟漫談即以談依賴美援為題，裏面說：記得當年我們擬訂第一期四年經濟計劃時，曾說，其目的在於加速經濟建設，以使美援減少甚或停止時，可以自力更生。可是，第一第二兩期四年經濟計劃執行的結果如何？是否能盡如預期或已達成百分之幾十？依賴美援的程度已可減少若干，政府迄無明確的報告。現在開始進入第三期四年經濟計劃，郝樂遜署長却指出台灣愈來愈依賴美援，而政府當局又未作相反的說明，足見我們過去的經濟計劃，不但未能減少對美援的依賴；反而增加了依賴的程度。因此，我們不能不懷疑過去經濟計劃的正確性和其成果的可靠性。（下畧）

聯合報的這一篇漫談，雖然僅是短短的數百字；但却把當權者所謂經濟進步的假面具完全揭開了。

二、尹仲容與唐榮廠

唐傳宗於十月二日在高雄對若干記者發表談話，指尹仲容、李國鼎、潘鋕甲、周茂柏等人圖謀套取唐榮廠為他們的私人集團所有。他說：「唐榮廠決定增資一億五千萬元，除五千萬元優先股外，實際只須增資一億元。」又說：「尹仲容等計劃由商人出面投資一億元的百分之五十以上，再以股權由台灣銀行給予抵押貸款七成，這樣，該等私人集團不費多大氣力，就可掌握唐榮廠了。」

尹仲容得悉上項談話後，即向往訪記者大罵唐傳宗沒有人格，所說完全是一篇謊言。聯合報記者訊以唐傳宗既然公開指出政府官員有私人集團陰謀套取唐榮廠，是否將因此影響政府對於處理該廠的立場，他答「不會。」並說：「希望唐傳宗不再把這篇謊言編得更動人些；不過我不願再多說話，以免製造新聞。」

董次誠則表示：此非處理小組範圍內事，不便表示意見。但接着又說：「可能又是唐傳宗的所謂智囊人物所想出的什麼主意。」

從以上三人的談話看去，唐傳宗所說的話似乎頗為具體；而尹仲容的辯正則殊嫌空泛，董次誠更避免表示意見。究竟眞象如何，自非局外人所得而知也。

三、『人間世』被停刊的內因

人間世月刊於九月十八日被台北市政府通知停刊一年，理由是該刊自本年一月號至八月號所刊在的文章，其中有十篇查與其所登記的發行宗旨不符（該刊登記的發行宗旨：以清新雋永之純粹小品敢文，宣揚反共抗俄國策），有違出版法第四十條第一項第一款之規定，應依同法同條第一項及第二項之規定予以處分。這還是出版法修正以來，政府引用該法的第一次。月前陽明山第二次會談，陳誠向與會人士鄭重表示，政府過去迄未引用出版法，以後亦決不輕用。而今言猶在耳，台北市政府突然引用該法處分一個擁有相當銷路的月刊；而且一經引用，便處以該法所規定之最高處分，顯然太給陳誠過不去了。

據台北「時與潮」雜誌報導，該刊被停刊的主要原因，並不在於前面所說的十篇文章，而是在九月號的這一期。該刊在本社名義的縱橫談一文內，不但多處稱國民黨為做官黨；而且在談到黃啟瑞的貪污案時，還說：「祇因他生不為之江流域的人，又不趕快學之江流域的官話冒充同鄉，以彌補閻王所給予他先天性的錯誤，而貪污所得又不够打點四面八方，所以被人用法律做悶棍，打了一下。」在另一篇談藝術界人士未被邀請參加陽明山會談的文章中，更說：「在台灣，藝人註定了是悲劇性的人物，主要原因是總統先生和副總統先生是保定軍校和日本士官學校出身的，不是藝術學校出身的。我時常想，假設總統先生和副總統先生是藝術學校出身的多好。那他們絕不會把國家的百分之七十的財政支出放在軍事的發展上；一定會用在藝術的促進上……可惜老式軍校的步兵操典和戰鬥敎範沒有這一套理論。總統先生和副總統先生早年熟讀兵書，以後憑着偉大的軍事天才治理國家的軍事、政治、經濟、敎育、文化等等，總以為人生不外立正、稍息與攻擊、防禦。凡與這些直接間接有關的都重視，凡直接間接無關的都忽視。他們以為藝術沒有軍事價值，藝人沒有軍事力量，所以忽視藝術和藝人。多年來，英明偉大的總統先生和副總統先生就本着這種想法和做法，夙夜不懈的為國家建立了一個文化沙漠！」又在提到蔣經國時，稱他為國人背地公稱的太子。

據悉：這兩篇文章雖然也對蔣介石有失敬之處；但他却根本看不到該刊，也無人敢向他轉述。因此，該刊之被停刊可能與蔣介石無關。聞陳誠雖然頗為憤怒；但因剛在陽明山會談宣稱絕不輕於引用出版法，也認為應該暫予容忍。惟蔣經國則因為該刊公然敢在太歲頭上動土，對己不敬，堅持非嚴懲不可。甚至還準備叫警備司令部立即拘捕該刊發行人劉濟民。卒因劉是國民黨員，朋友甚多，有人為他緩和，才沒有成為雷震第二。

當時台北新聞界人士得悉此情，曾於某一場合向國民黨中央宣傳組主任曹聖芬表示，如政府認為該刊侮辱國家元首必須處分，最好依據刑法向法院提出控訴。並舉出前年英國有一家雜誌曾刊載被認為侮辱女王的文字也是如此辦理。但當權者則另有見地，他們以為如向法院指控該刊侮辱元首，無異向世界宣佈我們的這位「元首」並無威嚴可言。否則政府所在地發行的刊物又何敢刊載侮辱他的文章。因而仍引用出版法，並在停刊的通知書中將眞正成為問題的那幾篇文章畧而不提，藉以顯示本案與蔣家父子無關。可是，所謂做賊心虛，又恐消息外洩，給國際間以台灣沒有出版自由的指責，又增加一項証據。乃由主管新聞的有關各方面分別向各報各通訊社會活動「拜托」他們千萬不要刊出此一消息，這就是台灣各報對於「人間世」月刊被停刊一年的事至今故作不知的由來。

四、台灣學童的悲慘遭遇

台灣年來不斷發生敎員毒打學童成傷的慘事，甚至有一學童還因傷重而死。社會輿論雖然猛烈抨擊，敎育當局亦無數次的表示將予以嚴懲，有的家長且曾向法院按鈴控告；但因為這些敢於毒打學童的敎員都具有一種特殊身份任務，不但敎育當局不敢開罪，即法院也無可如何。以故毒打學童之風，至今有增無已。本月六日上午十一時台北市螢橋國民學校五年級甲班學生陳太平在上算術課時，敎員柯正明要他做習題，他不大懂，柯即用籐鞭猛打手心，經久不停，後來又用雙手抓他的兩耳，猛力拉來拉去，直到流血，才罷手。陳生回家後，他的父親發現傷勢，追問之下，他才將經過情形說出。同日下午由家長陪同到市敎育局哭訴，並要求轉學。據陳生的父親說：柯明正曾一再問陳生為什麼不補習（即台灣盛行的所謂惡性補習），陳答以家長因為他身體瘦弱，不願意。致觸其怒，因而隨時藉故濫施體罰。陳生被柯明正毒打已非一次，不過以此次為最狠而已。此事鬧到敎育局後，該局表示已決定進行調查，並將對此一濫施體罰之敎員予以應得之處分。該校敎務主任吳雨泉亦至陳家道歉。

最慘絕人寰的還是另一宗學童被罰跪，憤而自殺未遂的事。高雄市鼓山國民學校六年級十二歲學童王仁欽，因家貧無力按月繳付級任老師繆剛直所規定的補習費四十元，被繆當衆罰跪，並向其他學生宣佈他是一個壞學生，以致遭同學的揶揄，該生羞憤之餘，竟私自向藥房買了幾粒安眠藥，企圖自殺。幸而藥量不多，經家長發現後，立刻到該校大吵大鬧，由校方協助送醫院急救，得免於死。此事發生後，全市哄動。市敎育科於本月四日下午召集該校校長、敎導主任及繆剛直等查詢經過。李正派校長稱：彼因初到接事，對校內情形不大熟悉；但對强迫補習及體罰學生，亦不否認。市敎育科表示決依法懲處。

這兩件事是否尚有下文，雖不可知；但這兩位敎員仍將我行我素，則是可以斷言的。人們唯有希望提倡讀經尊孔的蔣「總統」能體會孟子所謂「幼吾幼以及人之幼」的嘉言，推其愛子之心，囑蔣經國對分佈於各級學校的特務敎員稍加約束，台灣的學童就有福了。

貪污舞弊案何其多

念平

（台北通訊）台灣近來又揭發三宗貪污舞弊案件，茲分述於后：

一、法院書記冒領提存款

台北地方法院書記官陳實符負責辦理提存事務，當事人前來申請提存時，由其查閱案卷，如與提存規定相符，即簽發通知書由當事人領取存款項。乃竟利用職權冒領當事人提存款達十四萬元之多。經該院院長陳宗臯發覺於本月四日移送該院檢查處偵查，由王鎮檢查官開庭偵訊，認為有瀆職、詐欺及偽造文書之嫌，乃予收押。

二、林業公司與商業銀行串同舞弊

本年五月大雪山林業公司將美援資金一千六百萬元存入華南商業銀行台中分行，並將存款單交由該分行經理吳憲璜保管。隨即有「陳敏」者向該分行先後借款三百五十萬元，即以此項存款單作抵押，林業公司亦以之質押六百萬元。最近因吳憲璜調職，才被發現。林業公司即於本月三日派員前往該分行查訊陳敏借款時所塡具之担保物提証供，因依照規定，向銀行借款必須有担保物提証供，否則銀行一定拒絕；但該分行却交不出來。台北地檢處得悉此情，亦由檢查官王遨指揮司法行政部調查局於本月三日開始偵察，先後傳訊林業公司財務經理楊根深，主計室主任林耀星，副管理王沐昌及其他與華南分行有關職員十餘人。據報載：林業公司部屬應訊人員，已供認與吳憲璜有勾結情事，抵押借款之陳敏，即為吳憲璜所偽造。吳亦供認林業公司有多人曾收受賄路。依照規定，公營事業機構的款項必須存入代理國庫的公家銀行，林業公司擅將鉅款存入商業銀行，更將存單交該行代為保管，其預存勾結舞弊的企圖，已昭然若揭。本案的主持者，顯然尚有公司和銀行兩方面更高級的人在內，故事發後，各關係人迄今仍未受任何行政處分；而華南總行更表示不願本案擴大，以免影響其存款信譽，可見其中必另有文章。

三、刑警總隊長浮報辦案費百餘萬元

現任省警務副處長李葆初於去年二月間被人密告在刑警總隊長任內曾浮報辦案費百餘萬元，飽入私囊，經周至柔函請警備司令部調查屬實後移送台北地方法院偵察。本月十二日下午三時，由檢察官余兆平開庭偵訊，被傳訊的証人計有前刑警總隊附現任嘉義縣警察局副局長馮丹白，前刑警總隊直屬隊長現任高雄旗山警分局長吳國藩，前刑警總隊專員現任警務處刑事科專員張培元，及前在刑警總隊任職的李德良、黃成章、王協力等人。

據李葆初辯稱，因許多刑事案件的警方綫索人不願公開姓名，故領取補助費及獎金時均用化名，以致無法依照主計手續報銷；並無貪污情事云云。據悉：本案之被揭發，乃由於內部分贓不均；但因為牽涉甚廣，當權者為了保全警譽，也許會從輕發落的。

中共在平舉行十二周年慶典
雖自承經濟減產人民公社遭遇困難
但仍表示要堅持三面紅旗繼續冒進

劉裕畧

大陸之窗

中共政權業已成立十二周年了。它是在一九四九年十月一日成立的。所以，到今天，它已經踏上第十三年的日子。

十二年來的情況是怎樣的呢？大體上講，中共政權成立之初，是頗能欺騙人和吸引人的。所以，最初的幾年，東南亞的華僑青年，數以千計的一船一船的自動回去，回去「革命」。每逢十月一日中共「國慶」，港九的慶祝旗也曾一度相當的多。但十二年來，中共政權對外參加了韓戰，對內經過減租退押、清算鬥爭、三反五反、下放、勞動改造、農業合作社、乃至人民公社，終於對外則聲譽低落，對內則民怨沸騰，大陸人民皆已懷有與中共偕亡之決心，而海外僑胞則更是眼睛雪亮，大家爭着寄糧食包回大陸救親屬之命，再也不可能揷旗慶祝了。在此情況下，毛澤東被迫南巡，經常在華中、華東、華南巡視，本年八月中旬至九月初，且又在杭州召集會議，於是，當此中共十二周年前夕，有些人不免揣想到中共既已倒行逆施，山窮水盡，便該改弦易轍，另定路線。殊不知，中共政權的本質，早已規定了它興起後的必然不可避免地走向死亡，它自成一套，原不能有什麼重大改變的。從十月一日中共十二周年紀念日所發表的重要文告和中共黨的機關報——北平人民日報所發表的社論來看，顯然看得出，中共現在雖已不得不承認經濟生產的重大失敗，和人民公社的遭遇困難，但中共却是並不改變路線，而是今後仍將繼續堅持它的所謂三面紅旗的冒進政策的。

對於大陸經濟生產失敗的嚴重情況和失敗所牽涉的範圍，中共不得不在社論中承認「在我們前進的道路上，也在經濟方面遇到一些困難，在工作中發生了一些缺點，特別是從一九五九年到一九六一年，連續三年發生的自然災害，造成了農業的減產。農業是發展國民經濟的基礎。糧食、經濟作物和副業產品的減產，既影響了輕工業的生產，也影響了重工業的生產，影響到市場的供應和人民的生活」。中共之作此承認，自然是大陸經濟生產確已嚴重失敗的反映，否則，中共照例報喜不報憂，是決不會作此承認的。但中共是否眞正因此悔禍了呢？却是沒有的。

因爲假若因此眞正悔禍的話，中共就應該檢討和揚棄毛澤東現有的領導或毛澤東自動修改他所製定的三面紅旗所包括的三大政策，即：總路線、大躍進與人民公社。但是中共在十二周年紀念所表示的，雖被迫承認了一些失敗，但並未眞正檢討和反省，更未因而作政策性的變更，相反，而只在推卸責任，隱瞞嚴重程度，且只在枝節上和技術上作改善，而未在本質上作變更。不但未在本質上作變更，且尙繼續堅持其冒進政策。

這可以從中共政權十二周年北平舉行「國慶盛典」時的標語看出來，中共今年十月一日天安門廣場的標語，據新華社說是：「中華人民共和國萬歲」！「馬克思列寧主義萬歲」！「中國共產黨萬歲」！「毛主席萬歲」！「總路線萬歲」！「大躍進萬歲」！「人民公社萬歲」！「艱苦奮鬥，勤儉建國」！「加强農業戰線，戰勝自然災害，力爭農業爭產」！「增產節約，生產更多更好的工業產品」！「一定要解放台灣！美國侵畧者從台灣滾出去」！「社會陣營牢不可破的團結萬歲」！「堅決支持亞洲、非洲和拉丁美洲各國人民的民族民主運動」！「反對帝國主義侵畧！保衛世界和平」！「全世界人民大團結萬歲」！

又可從十月一日北平人民日報以「高舉總路線的偉大旗幟，爭取新的勝利」爲題的社論看出來。社論說：「糧食、經濟作物和副業產品的減產，既影響了輕工業的生產，也影響了重工業的生產，影響到市場供應和人民的生活。但一百多年來反對帝國主義、封建主義和官僚資本主義的鬥爭中歷盡千辛萬苦才取得勝利的中國人深知，在我們這樣一個有六億五千萬人口，在經濟上和文化上都很落後的大國中，進行在我國史無前例的社會主義建設，不遇到困難，不發生缺點，是不可想像的。……我們過去三年中所取得的豐富經驗，將有助於我們戰勝一切困難，更高高的舉起總路線、大躍進、人民公社的偉大旗幟，爭取新的勝利」。又說「在黨的鼓足幹勁，力爭上游、多快好省地建設社會主義的總路線的光輝照耀下，我國人民意氣發揚，實現了農村人民公社化，實現了大躍進，取得了輝煌的成就」。又說：「三年的偉大實踐證明，黨的社會主義建設總路線，我國的社會主義建設的大躍進的方針，人民公社的道路，都是完全正確的」。又說「我國國民經濟目前遇到的困難，是前進中暫時性質的困難」。

從人民日報以上諸說都可看出中共雖不得不承認經濟減產的事實，但它却把主要原因推在帝國主義封建主義及自然災害身上，而不知道自己悔過，甚至還認爲目前的失敗只是暫時性質困難，仍要堅持總路線、大躍進、人民公社三面荒謬錯誤而又破敗了的紅旗，這就可知今後中共是只有向冒進政策愈冒愈深，替自己挖掘墳墓愈掘愈大，非直到最後埋葬自己不可。

希望中共自己有所改變，現又再度証明，那是決不可能的了。

中共正式承認今年夏收又再減產

陸聞

今年大陸的災情如何，本報已有連續不斷的報導。除了自然災害而外，本報也曾指出人爲的災害實爲造成中共最近幾年連續減產的原因。茲據十月一日北平人民日報社論刊載，中共現已正式承認大陸今年夏收收成又已減產了。

十月一日人民日報說：「儘管今年全國不少地方又發生了嚴重的乾旱，夏季收成減產，但是秋季收成有可能比去年稍好」。現在還沒有到完成秋收的時候，大陸今年秋收是否可比去年「稍好」，實在還是問題，因爲這只不過是中共目前的樂觀估計，中共也只敢說是「可能稍好」而已。所謂「可能」，當然也就是並不一定之謂。況去年前年的秋收都是極不好，不但不躍進，而且是大躍退的，那麼縱然秋收稍好，加上夏收減產已是事實，那麼今年的總收成也不會好過去年了。去年是大躍退，今年還不又是大躍退嗎?!

僑鄉簡訊

有朋

廣東各地冬季作物種子缺乏

九月十九日北平「大公報」第二版報導：今年，廣東許多地區按冬種計劃種植面積計算，原來留的冬種作物種子普遍不足，八月份以來，省農業部門以及汕頭、佛山、肇慶等專區先後召開了種子工作會議，對冬種種子的準備作了研究，許多縣先後派出工作組到生產大隊，生產隊檢查種子準備情況，幫助解決困難，農業部門還組織專人到外省外縣採購種子。縣與縣、社與社和隊與隊之間也進行了互相調劑。現在，有些地區尙在繼續作調劑工作，仍未將調劑工作做好。

福建鹽場風災損失大

九月二十一日北平「大公報」第二版報導：九月十二日，第二十二號颱風以秒速六十五米的十二級强颱風夾着暴雨，正面襲擊福建鹽區，重點鹽場正是颱風登陸中心，加上農歷八月大潮冲擊，造成了十多年來未有的災害。以惠安、莆田爲中心，北至福安縣，南至東山島，大小成百個鹽場都受到不同程度的災害損失。

颱風過後，有關部門立即派出幹部幫助各鹽場抗災救災，省化工廳，鹽業局及鹽業局的七個工作組的幹部都趕赴鹽場和羣衆一道共同戰鬥。中共惠安縣委工業交通部部長也被迫親自坐鎮重點鹽場，成立了救災指揮部，並從鹽區附近抽調了一千多名工人、學生和農民，進行搶修和恢復生產工作。福清縣漁溪、龍田兩個公社經營的鹽場受災後，曾立即驅迫大批勞動力，搶修海堤，風災以後，並督促各地鹽工抓住陣雨的空隙，加緊搶晒云。

福建會計人員水準低

九月二十一日北平「大公報」第二版報導：福建省建陽縣供銷合作社所屬獨立核算單位現有三十個，在這些單位中新配備的會計員對加强經濟核算和嚴格掌握資金使用管理等業務不够熟習。縣供銷社爲了帮助這些會計提高核算質量和政策業務水平，採用了「三邊培養」的辦法進行培訓。據稱：所謂「三邊培養」的辦法，就是「邊做」、「邊學」、「邊敎」。「做」是讓會計人員在實踐中去摸索和鍛鍊；「學」是要他們做什麼學什麼，邊學邊做，把實踐和理論結合起來；「敎」是以實際材料作爲敎材，向他們講課。

在培養這些會計人員的具體工作中，採取了以下幾項措施：（一）根據業務水平和地區分佈情況，組織會計人員成立互助小組，組與組之間互相連結成網，以縣供銷社辦事處所在地爲主，組織各基層社會計員定期與不定期的碰頭，交流經驗。（二）實行以老帶新，組織雙方訂立包敎包學合同，師傅定期下點輔導，徒弟不定期上門請敎。（三）縣供銷社印發簡易通俗的會計敎材和講義，利用會議空隙時間進行講解。（四）每月月終，把會計員集中到縣社，互審互查會計科目的適用和報表的編制，尋找存在缺點和薄弱環節，總結成績，推廣經驗，以實際事例作爲敎材，帮助會計員提高業務水平。（五）在敎、學方面採取「吃一節、剝一節」的辦法，即在平時敎、學製記賬憑單，記總分類賬，以及會計科目的適用；月底組織學習調整賬戶，正確計算成本，編製月計表；季度末，組織學習編製季報，做一段學一段，做到那裏學到那裏，循序漸進。

於此，足見中共一般財經幹部之低能了。

美軍準備入越的背景

何之湄

美國將會派兵進入南越，似乎已是「箭在弦上」，假如南越所受的共黨威脅有增無減的話。無論是曼谷，西貢，金邊，永珍，馬尼拉，以至吉隆坡和星洲，這些東南亞國家的首都，都在關懷着美國出兵越南的問題，大致上，他們不希望有一場「東南亞大戰」，可是他們更不願見東南亞被共黨攫割；他們認爲美國出兵越南是「事有必至」，因而也大致上表示贊成，或且希望美國能够迅速行動，「單獨」行動——爲的越局似乎很快地趨向糜爛，要援救就得迅速，要迅速就需要「獨斷獨行」。而他們認爲美國單獨出兵的環境，現在也已告成熟了。

出兵的預料

美國爲了防衛印度支那半島，曾經兩次達到出兵的邊緣：第一次是一九五四年奠邊府之戰時，聯合參謀總長雷德福已下令菲律濱基地的美航空母艦，開進西貢海域。旋因英國臨時不肯出兵併肩作戰，竟作罷論。第二次就是幾個月前永珍與琅巴剌邦危急時，遠東美軍已奉急令作援寮準備，又被英法在東南亞公約會議中反對出兵，不能形成集體行動。可是這一次美國的考慮及準備派兵進入南越，却被認爲有實現的可能。

寮國和越南的局勢，共同造成美軍可能介入的原因，尤其是越局更屬主要。寮國三親王推出富馬担任總理，暫時緩和了戰爭危機；雖然將來閣員分配是否協議，尙不可知；但軍隊整編必不能成功，却很有重新爆發戰爭的可能。但那是以後的事，目前只要共軍不公然攻佔永珍或琅巴剌邦，便不會有美軍入寮的考慮。但越南的西貢西南，共黨「游擊隊」約三十個營有北越正規軍同樣的裝備，戰爭已到了轉入陣地戰階段。示威暴動被用爲顚覆政府的武器，西貢以外的破壞、殺戮、及刼掠，快要趕上一九五三年河內外圍那種情況。高棉中立總理施漢納也說：美國可能出兵南越，「因北越正在干預南越」。這句話說明了只有「兵來將擋」，別無他途可循。爲的南越被干預，証明日內瓦之類紙上文章的破產。

打開了途徑

南越緊急迫使美國準備出兵，但美國考慮出兵，尤其是單獨出兵，却不全因南越。上次因英法反對軍事援寮，菲律濱與泰國極懷怨懟，尤其泰國因憤激關係，「中立」說盛極一時。經詹森副總統與費爾特將軍的極力保証，方把泰當局的立場穩定下來。這保証原來是這樣的：如果泰國遭受侵畧，美決派軍與泰軍併肩作戰，「即使美國是單獨出兵」。

詹森副總統作秘密保証當時，外間尙無所知，只見乃沙立元帥極力抨擊中立，及反對取銷東公約的謬論。最近副總理乃他儂方公開發表，如泰國被侵美決出兵，「且於必要時可在東約組織以外行之」。這樣，等於打開了美國單獨出兵的途徑。

美國既然決定在緊急時派兵援泰，也同樣可在緊急時派兵援越，這是寮局「失策」之後的亡羊補牢，正像在中國失策而致出兵援韓一樣。並且據東約機構人士的估計，因爲東約需「全體一致」通過方能用兵，此辦法預期於來年春天在巴黎會議中修改；共黨很可能要利用此三數月的時間，在南越擴大侵畧，這樣，更迫使美國不得不早日單獨出兵。

非核子戰爭

當然，美國並非喜歡單獨出兵，而只是預定倘若事態緊急時，只好先採單獨行動，再謀集體行動。事實上，上週的東公約軍事會議，因得到越局緊急的情報而延會一天，由越寮局勢，討論到「東南亞大戰」。據透露：當時估計到（一）吳廷琰政府所受威脅嚴重程度，及該政府所能支持的時間。（二）中共及蘇聯在寮國境內潛力茁長的程度。（三）如東南亞有事時對於星洲英海軍基地能否順利加以使用。（四）中共囤兵滇越邊境用意何在？

泰國和菲律濱極力抨擊「日內瓦」，認爲越寮危局乃第一次日內瓦越南會議所遺留。現在第二次日內瓦寮國會議，也不可能使寮國中立。必須有實際的軍事計劃，把共黨趕出湄公河谷以外，寮國的戰畧性，南越的經濟性，於自由的東南亞，是不可分割的。泰菲的陳詞，不但美國澳洲同意，英國也表首肯。

會議終於決定軍事計劃，一是防衛東南亞計劃，一則是使計劃付諸實施的辦法。前者是作戰計劃，後者是出兵計劃。關於後者，決定在明春巴黎公約國理事會議中，把「全體一致」通過方得採軍事行動，修改爲「多數通過」。作戰計劃方面，就是泰菲美都願意出兵，美國則宣佈以非核子的新式武器，交公約國家部隊使用。

大體上，公約會議把中共軍干預寮越計劃在內，而認爲以中共爲主力的作戰，仍是一塲非核子的「有限度戰爭」。

——曼谷通訊・

越局呈現凶兆

蔡文龍

美國政府的官員，雖然認爲越南的局勢，目前仍未達到嚴重階段，因此關於派兵援越的計劃，尙毋須急於決定；但在最近的情況看來，越局確已呈現凶兆。

越盟方面，在未對吳廷琰發動正面的軍事進攻之前，刻已先發動了一項新的政治攻勢，加緊組織大規模的反抗南越政府示威運動。最近南越政府的軍方於西貢南部二十里的陸隆省金蜀區槍斃四名叛徒時，越共的特工卽以此爲藉口，擴大宣傳，煽動羣衆對吳廷琰的惡感，並卽驅策農民四千餘人，作反抗政府的示威大集會，其後且唆使示威羣衆，竪立旗桿，升起白旗，表示對被槍斃者深致哀悼，同時向政府要求賠償被槍斃者的家屬損失；共特這一下手法，確使南越政府在政治上的聲譽，受到重大的打擊。而西貢南部百里的永平省省會，也一度爆發過羣衆示威運動，集結了村民數百人，企圖衝入市中心，要求政府迅卽「建立聯合政府，統一越南」；這一次示威，也使到南越政府當局應付得非常狼狽。此外，西貢西北部七十里之狄寧市，共特也策動了羣衆運動，並散發大量反對吳廷琰政府的傳單；而茶邦區的女共特六十餘人，則策動羣衆舉行示威大巡行；南越政府對此，也爲之傷透腦筋。總之，越盟特工在南越引發的反政府行動，刻正方興未艾。上述一連串的行動，祇是越盟對南越的政治攻勢計劃的一部份吧了；越共陰謀將來的演出，可以說「好戲還在後頭」。

至於越盟的軍事攻勢，在不久之將來，當然也會緊接着政治攻勢而來的。目前，越共游擊隊已開始大規模襲擊南越政府的軍隊。位於西貢以北六十里的橡膠產地霍丹省省府辦公處，已被越共游擊隊投擲過手榴彈，同時把省長阮文敏少校夫婦一併擄到森林去，其後阮文敏被處死刑（斬頭），他的太太則僥倖逃脫。這一役，滲入霍丹省的越共游擊隊數逾千人，使吳廷琰的防軍措手不及，無從應付，除省長阮文敏少校慘遭殺戮外，還有三十多名政府防軍喪生，省府的建築物和文件，大部份被焚燬。這雖然是越共的一項游擊戰的行動，但已使人意味到南越政府已面臨一項大規模的正面挑戰。華盛頓方面，也担心到共黨可能在南越各地展開全面性的攻勢。美國駐西貢的一位高級官員，也曾發表過這樣的警告：「自由世界不應被柏林問題所催眠，而忽畧了共黨在南越的新威脅」。南越的一位高級軍事人員，則估計到越共在南越各地的游擊隊，已達三萬五千人至四萬人，較諸一年前的越共游擊隊總數，已多出三倍，而軍械彈藥的配備，也較諸一年前超出兩倍；這顯然是一個不容漠視的危險訊號。

據最近電訊的報導，華盛頓方面已有若干軍方人士，作出這樣的揣測：越盟可能在不久的將來，實行揮動正規部隊，來配合游擊部隊，外攻內應，擾取南越的一部分領土。他們還指出：這是一項正面的攻擊，可能在十一月或十二月便發動；因爲到了那時，南越雨季結束，正有利於作戰。而且在那時期，柏林問題可能達到攤牌階段，共黨要把握這時機來唆使越盟發動攻勢，藉這兩個相距數千哩的危機，使美國不能東西兼顧，同時也使美國的軍事資源，由於應付這兩個危機而受到沉重的壓力。

又據一位對東南亞情況諳熟的軍事專家表示：北越共黨是必然要在南越境內擾取一個立足點，從而進行成立一個傀儡政權，而與吳廷琰政府對抗。——這個徵兆，在越盟目前的軍事政治活動情況中，確已顯露無遺。

南越局勢既已呈現了凶兆，如果西方國家，尤其是美國，祇顧集中心力在應付柏林危機而忽畧共黨在南越所施展的陰謀的話，則吳廷琰政府將必然難以獨力支持，而面臨重大的厄運。倘若東南亞這一個反共地區的吳廷琰政府到了宣告垮台的時候，則整個東南亞也可能被赤化起來了！作爲自由世界盟主的美國，又焉可再作錯諛的估計而以爲「越南局勢未達嚴重階段」！防患未然，才算得是棋高一着哩！

・西貢通訊・

謀生

黃信男

我的故鄉是偏僻貧苦的漁村，在這裏的鄉人都是窮苦、保守、勞動的老實漁民，他們安分的守着祖父或父兄的遺留下來的魚圈，老死鄉土。他們許多的女兒剛一落地就成了養女被送到村外，雖然生活的重担壓得透不過氣來，可是他們對於這塊海邊的瘠土還是戀戀不捨。

魚圈，就是海邊的水池。從他們的祖父那時起，就在海邊低窪的地方挖許多大小不等的池沼，利用潮水上漲的時候，引水入池，這樣他們從初春養下魚苗守到秋末才行收獲，海上捕魚倒成了副業。

我們的父老們都以為守住先人留下的魚圈方能安身立命，而且是神聖、光榮的事。我的老父親從天未亮就一邊咳嗽一邊披衣起床了，他和我的哥哥推着叮噹響的破車到村外去，那裏有一個小鎮，我們的日用品都是從那裏供應的，他們父子兩人一家挨一家的收集臭氣撲鼻的水肥——這就是魚苗的飼料。對於這些事，我早就厭惡了。太陽的强光照在魚圈時，水面閃着刺眼的光芒，一絲絲的搖曳，父親和哥哥褐黑色的背上流着淋淋的汗水，他們把一桶一桶的「黃金」倒入魚圈，引起魚羣的擾動，這時他們還空着肚子，黝黑的臉孔和用力時所露出的金牙，都讓我感到厭惡，我站得遠遠的揑着鼻孔。父親瞧得不順眼，氣喘喘的指着我，口沫橫飛的駡着：

「你這小子，還站在那裏，吃飽飯也不來幫幫老子。」

晚上吃飯的時候，父親記起白天的事，他很生氣的說：

「你這不長進的傢伙，一點不知愛惜祖上的基業，一天到晚就想往外跑，數典忘祖不會是好東西的，就讓你能在外面混到一碗吃，我也不希罕的。」

於是我向外謀生的請求又被擱淺了。

我無聊的躺在沙灘上看着天上相逐的白雲，海風吹着面頰，向外謀生的嚮往又縈繞在我的腦際，對於這個小半島再也沒有好感了，這裏的人只知道守住魚圈，把所有心血灌注在魚圈上，除外好像沒有別的道路一樣——

三天前的夏天，一個美麗的黃昏，西半天滿佈赭色的晚霞，地面上異常安靜，椰子樹的葉子也不像往日那樣嗦嗦搖着，太陽已經落海了，村人紛紛從魚圈揹着工具回來，他們在沙堤相遇，一個眼球古銅色的漁民指着天上魚鱗狀的雲霞，很興奮的說：

「古話說：『天邊雲鱗起，萬魚皆來臨。』這天色是一種好徵兆。今年魚圈的收獲一定很好。」

他們枯澀的臉上露出笑容，身上的衣裳一塊一塊的汗濕。——忽然他們的笑容收斂了，面面相覷，海面上的天空有兩三隻高鷹翩翩飛翔，相逐打轉，時而衝入雲層，時而俯衝到海面上。憑着漁民的經驗當然知道那是怎麼一回事了。他們默默的說：

「看來，又是一次大颱風了。」

他們頹喪的回去準備應付即將到來的艱難工作，雖然他們忙了一整天，身體疲憊。

閃閃耀耀的火把到處搖幌着，全村也好像明滅搖幌着，所有的村民動員了，不論男女老少，一担一担的泥土石塊在漁民咿啊聲中被搬到村南的低地，海風漸漸的興起來了，火把的火焰更烈了，力壯的男人把山上的青竹統統砍下一束一束的運到海邊，他們在半夜裏强着疲勞的身體，把竹子編成一道一道的竹籬，再把泥土石塊添進去，成為一道堅強的防堤。——村南低地約有二十多公尺的低窪缺口，平時海水從那裏導入魚圈，是漁民命脉所在，現在為了防止海水倒衝，必須將它在一夜之間堵塞住，這工作是艱巨緊張的。風愈來愈大，刮起豆大的沙粒打在臉上怪癢的。

疲倦的漁民還在床上作惡夢，全村已被暴風強雨所困了，怒號的浪舌和激濺的浪花應和海岸椰子樹倒塌的兇勢，這個漁村陷入恐怖世界，漁民們躲在屋裏，担心着魚圈，担心着搖動的牆壁，他們搬着大石頭來壓住，勢將被風雨捲去的屋頂——他們籠罩在恐怖的陰雲裏，婦女們焚香許願，孩子們畏縮的聽着屋頂暴風掀去瓦片的碎聲。

父親說過：「不論風雨如何狂暴，總有過去的一天。」——當我和許多漁民跑到南村時，父親抱着濕漉漉的頭，坐在衝壞的竹堤上老淚縱橫，我們的魚圈積滿了沙土和大大小小的貝殼。

「喂！你躺在沙灘想什麼？害人到處找你。」我所熟習和喜愛的聲音在耳邊響起來，把我從回憶中喚醒。她露出潔白的牙齒，對我笑着。

「你還記得陳家的大皮嗎？他回來了。」

「大皮？是那個出去當水手的大皮？」我的眼光射出驚奇的光芒。

她點頭：「你應該去看看他……你們都是………」我深情的望着她。她是全村唯一了解我的人，我們會心的微笑了。

大皮回來了，但並不如我所想像那樣光彩。只是那張嘴比起從前更有會說話，除外還有一點神秘感，譬如：他現在的經濟狀況究竟如何，那是沒人知道，不過他多少總會比我們要好的，他的衣着用度雖談不上豪貴，可是比起村裏任何人都要强的。她帶回來一架手提收音機，使村人得了許多好處，大家也對他另眼看待，認為是一種功德，每天晚飯後，大皮家門口總有三、四條長板櫈，坐滿了漁民，他得意的把收音機擱在櫈子上，一兩個漁民爭着替他搬出一個較重的乾電池，他駕輕就熟的把電綫接在電池上，於是收音機播出漁民最歡迎的歌仔戲，在歌音中穿插了五花八門的商業廣告，漁民一天來的辛勞就在收音機的說說唱唱中得到了調劑——漁民對他的收音機是感謝的。

大皮在故鄉住久了，神秘感與日俱增，因為白天我們很少看到他，他也好像沒有什麼工作，可是在這個漁村却維持了比我們富裕的生活，有一天在魚圈工作時，我們談起他，有人說：「我真不相信，每天就單靠編草蓆就能夠過這樣好的生活。」另外一個說：「大皮把編好的草蓆帶到港口賣給外國人，一件可以賣得不少美元。再一折算台幣就有千多元的。」可是我却懷疑：憑他那種懶作的樣子，一個月能上一兩件都成問題，而且每件草蓆都能找到高價的買主嗎？不可能是編草蓆過活的。他常炫耀，在港口有許多大洋行、大商店、輪船公司跟他很熟，也許就是這種淵源使他過得這樣好。

然而長此下去，世間一切秘密都有被發現的一天，情形是這樣的：

對於大皮，我非常羨慕，他認識了不少洋行、商店、輪船公司的人，這樣他可以得到不少的幫助，生活過得很好。我更確信：要想過得好日子，必須離開這個鬼地方。在我的心裏常有這樣的念頭，既然不能光明正大的離開這裏，惟有像大皮那樣偷跑了，但是外界對我是那樣的陌生，跑到什麼地方去呢？

晚飯後，我和她在海邊散步，月亮照在她姣好的臉上，柔和的曲綫就像夜晚的平靜，忽然她用肱臂輕推着我：「你怎麼不找大皮給你介紹個去處呢？他是過來人，總會幫忙的。」

我用力的敲敲大皮的門，很久很久都沒有聲音，他是一個人獨住的，（他偷跑後父母相繼逝世了。）「夜已經很深了，他大概熟睡了。」我心裏想着，納悶的回來，也許由於心事重重，我睡不着，想到海邊吸一口清涼的海風，散散心——我又想起她，前天的晚上，也是在這裏的沙灘上，月亮晶瑩，她的眼睛含情脈脈，我們坐在椰子樹下，從星星談到離鄉的事，最後她低頭害羞的說：「只要你還想我……我會等的。」

忽然一絲光綫掠過，我感到奇怪，這個漁村是沒有電燈的，而且大家睡得很早，晚上一過十點就看不到一個人影，我聽見魚圈有些水聲，我有點害怕，蹲下來檢一個石頭，彎着上身，慢慢的走向魚圈，那裏黑黝黝的一片，愈近心胸的跳動愈快，我閃進一塊大岩石，探頭看看究竟——一個幢幢的鬼影，像是蹲在水邊——是人是鬼？我屏住呼吸，亂想起來了；是在喝水？或在洗手？或在哭泣？愈想愈害怕，毛髮豎直。驀的，又有光亮，那是手電筒的光綫，我看出來了，天呀！那是大皮嗎？他在幹什麼呢？

他笨壯的背身，揹着一個大電池，腰上掛着手電筒，一手把着放電的觸柄，另一手拿着能通電的大網，那雙溜溜的眼睛集中在水面，他完全沒有察覺到岸上有人在注意着他的行動。他坐在魚圈的木筏上，觸柄放進水裏，「嘀……嘀……」的放電，很快的，一條一條大魚浮上水面，有的失去知覺，不能游動，有的翻着白肚，他的手電筒又亮起來，水面的反光照出他嘴角勝利的狡笑，一條一條的大魚被撈進網裏——魚，那是我們日夜流血流汗所栽培的，他，他一條一條的放進大簍裏，多自在。

我的血管裏湃澎着憤怒的血液，靠在岩石上，我的牙齒格格的響着，我想叫喚：「大皮，你這可惡的傢伙！」用手裏的石塊狠狠的擊扔他，我想衝下沙坵，給他一頓結結實實的挨揍，我的手腳氣得發抖。——冰涼的岩石好像給了我澆一盆涼水，冥冥中一股力量使我放下手。忽然間，我覺得這個世界太不公平了，真正出力的人沒有得到所應得的東西，而沒有用力的人反而坐享其成，當他們享受別人辛辛苦苦所締造的成果時，還要假仁假義，而那些可憐的人們都誠心感謝他們，讚賞他們。

第二天的半夜，大皮被憤怒的村民揍了，扯扯拉拉的被送到小鎮的派出所去。當然他以後不會回到我們村上來了。

當人潮熙熙攘攘的在通往小鎮的路上消失時，父親低沉的臉色沒有一點表情，手上的火把剝剝的響着，他站在靜靜的路上，久久，目送剛才的一切。他回頭看我：「你還想到外邊去嗎？」我緩緩的點頭，默默的陪他走回自己的家，他不像往日那樣對我咆哮責駡，他粗壯的手放在我的肩上，顯出父性的溫和，他喉嚨咯咯的，好像有些聲音：「也許你是對的。」——只是聲音很小很小，幾乎聽不見。

人生下就有一張嘴和一雙手，這表示人必須吃飯，必須工作，如果只動口不動手，那是不對，同樣的，只動手不動口也是不對，這個意思父親會同意的。

終於有一天，我對着沉默的父親，看着淚眼矇矓的她，搭上揚塵的汽車，離開樸實、可愛的他們。

金釵記（一七）

黎明

第十七場：

景：巡按使行署大堂，即假石城縣的大堂應用。

時：距上場約一月。

人：楊婆婆、陳濂、門子、書吏、四侍衛、四刀斧手、四兵士、魯學曾、老歐。

楊婆婆：（幕後唱）負奇冤、沉海底，天日無光。（上，白）可惱呀！可惱！（唱）石城縣，那狗官，太過莽撞；把公子，問死罪，黑天冤枉。忠良臣，絕後嗣，天道虛誑；眼睜睜，魯門中，沒有下場。拼死命，到按院，伸冤告狀；為公子，我情願，赴火蹈湯。（白）來此已是按院大人行轅，我不免上前擊鼓鳴冤者。（擊鼓大呼）冤枉呀！

眾：呵！（四兵士、四刀斧手、四侍衛、書吏、門子、依次急上；陳濂隨上）。

陳濂：（念）丹心貫日月，正氣掃奸邪；能除乖龍角，要拔猛虎牙。（眾喊堂威，就座，拍驚堂木）傳擊鼓人！

眾：咋！

兩兵士：（急下挾楊婆婆上）擊鼓人告進！

眾：呵！

楊婆婆：（戰戰兢兢跪下）老婦人楊氏叩見按院大人！

陳濂：為何擅擊堂鼓？

楊婆婆：為少主伸冤。

陳濂：少主何人？有何冤枉？

楊婆婆：啟稟大人！我家少主乃已故河南八府巡按魯播之子魯學曾秀才。自幼曾聘顧員外之女秀娘為妻。只因我家老東人一生為官清正，身後家道蕭條，顧員外有退婚之意，事得秀娘知曉，不直乃父所為，故而自縊身死。那買知縣不合偏徇私情，草菅人命，強指我家少主騙財騙色，小姐羞憤身亡；屈打成招，問成死罪；不日就要處決。想我家少主身為名宦之後，生於詩禮之家，老婦人自他幼小看到長大，從未有過非禮非法之行，從未做過喪天害理之事；如今死得不清不楚，不明不白，試問這天理何在？國法何存！？為此哀哀上告；還求大人作主；老婦人縱死九泉也好見老東人於地下！

陳濂：啊！原來如此。（旁白）哎呀且住！昨日顧年伯正為此案面託本院。本院調閱魯學曾口供，正自委決不下；原來這內中倒有許多曲折！（向楊婆婆）這一老婦人，你且站過一旁，本院與你作主就是。

楊婆婆：謝大人！

陳濂：（向堂下）傳魯學曾！（作審閱書吏呈來案卷介）。

眾：咋！

兩兵士：（急下，挾魯學曾披枷帶鎖上）魯學曾帶到！

眾：呵！

魯學曾：（跪）門生魯學曾叩見按院大人！

陳濂：（端詳介）你便是魯學曾？

魯學曾：正是。

陳濂：（手執金釵問）本院問你：這金釵從何而來？

魯學曾：乃聘妻顧秀娘所贈。

陳濂：是初次見面所贈？還是第二次所贈？

魯學曾：門生只去過一次，並無二次。

陳濂：嘟！（拍驚堂木）口供之上分明招認姦汙女子顧秀娘，三日後又去，怎說只去一次？

魯學曾：大人呀容稟！都只為岳父顧員外，嫌門生家道貧寒，欲要退婚，倒是岳母不忍，私差園公帶來口信，許贈金帛助聘；門生當時探親在鄉，以致三日後清晨方得前去。去到顧府，得以只在前堂與岳母聘妻相見；聘妻責門生來遲三日，難侍巾櫛；留贈金釵，旋即自痛哭而去；門生正自縊身死，不知是何緣故。——這奸情乃是屈招的。

陳濂：你真個不曾夜晚去過顧家花園麼？

魯學曾：實不曾去。

陳濂：站過一旁！

魯學曾：是。

陳濂：帶老歐！

眾：咋！

兩兵士：（急下，挾老歐上）老歐帶到。

眾：呵！

老歐：（跪）叩見按院大人！

陳濂：本院問你：你那日去魯家帶信，可曾面見那魯學曾麼？

老歐：小人不曾面見。

陳濂：既不曾面見，夜間來的如何認得就是他？就敢放他進來？

老歐：他自稱魯家姑爺前來赴約，小人奉主母之命引見，如何敢不相認，敢不許他進來？

陳濂：引見之後，幾時去的？

老歐：引見之後，聞得裏面夫人留酒，又贈他許多財物；是五更頭去的。

（第十七場未完）

辛亥革命史談（二六）

舜生

三．同盟會成立經過及其活動

二十八所決定次日午後三點半發動的時間，等到黃興率林文、方聲洞、李文甫、喻培倫、朱執信、何克夫、劉梅卿等百餘人自其小東營機關出發時，實為二十九日午後五點二十五分。沿途掃蕩巡警，即攻到督署門首。黨人以炸彈猛擊衛兵，死數人，並擊斃其管帶金振邦。黃興率十餘人入署搜索，張鳴岐在逃，因置火種於署內退出，時黨人陣亡署內外者已有五人。興等且戰且走，行到東轅門，即與李準大隊遭遇，林文、劉元棟、林尹民等死之，興右手斷兩指，足部亦受彈傷，但猶能調度，將殘部分為三路：一由徐維揚率花縣同志出小北門，擬與新軍接應；一由劉梅卿、馬侶等川閩及南洋同志往攻督練公所；一由黃興親率方聲洞、羅仲霍、朱執信、何克夫、李炳輝等十人出大南門，擬與防營接應。

黃興所率一路行至雙門底，即與溫帶雄所率之防營遭遇，溫本黨人，得機入城謀響應，以未佩白布臂章，方聲洞誤認為敵，即舉槍斃溫，防營還擊，方亦身殉（按此事『胡漢民自傳』及黃興一年後的演詞均未提及，究竟真象如何，仍待研究）。黃興率何克夫、李子奎、鄭坤等出大南門，又遇防營百餘人，再度引起激戰，李子奎陣亡，興四顧已不見同志，避入一小店，仍於門後以槍擊敵，斃七八人，防營畧退。時興指傷痛極，以冷水洗血，易衣裹創避河南一機關，得女同志徐宗漢掩護，始倖免於難。

徐維揚所率一路出小北門，見大隊防營逼近，退入一米店，即以盛米麻袋作壘，與敵相持一夜，彈盡始散走，犧牲尤為慘重。

劉梅卿、馬侶所率往攻督練公所的一路，行至蓮塘街，即與喻培倫、饒國樑、秦炳、熊克武、但懋辛、宋玉琳、莫紀彭等會合，先後與防營及旗兵酣戰，馬侶陣亡；喻培倫、饒國樑被執；莫紀彭、熊克武、嚴驥等逃出。朱執信、何克夫、劉梅卿亦均脫險。其餘被執者，尚有林覺民、陳可鈞、李雁南、宋玉琳、羅仲霍、陳更新、李文甫、陳與燊等四十餘人，經審訊，皆意氣凜然，從容就義。計參與是役者，共一百二十人（據黃興元年演詞），死難者八十四人，事後為黨人潘達微收葬於黃花崗者七十二人，其為革命以來一次最壯烈的犧牲，因此影響全國，使滿人喪胆，因以促成同年八月十九的武昌起義，清帝遜位，自屬毫無疑義。

趙聲、胡漢民率留港同志二百餘人於三十日清晨始趕到廣州，城閉不得入，因分別退港。趙聲迷路，渡到河南，與黃興晤，二人相抱大哭，黃暈倒，及醒，欲裹創渡河與清吏拼命，經聲與徐宗漢勸止，始於深夜一同返港。興入雅麗氏醫院割指，由宗漢從權以其妻的身分簽字，黃徐姻緣，即由此而來。（按徐本為海豐人李慶春之子媳，夫死寡居，頗熱心社會事業，後乃參加革命。）

經過此次慘敗，胡漢民與黃興尚能支持，與猶扶病口授漢民向海外捐款同志報帳，計此役自籌備至發難，共用去十七萬餘元；趙聲則悲憤無聊，輒痛飲，半月後，患盲腸炎，以遲割化膿不治，於是年四月二十四日卒於香港，年三十一。

陳烱明、姚雨平、胡毅生本各有重要使命，二十九均未在廣州出面，頗為黃興所責備，惟『胡漢民自傳』，則謂事後經朱執信、何克夫証明誤會；但究竟如何，仍屬疑案。（未完）

本刊已經香港政府登記

聯合評論 週刊

每逢星期五出版

United Voice Weekly

第一六五號

督印人：黃宇人　總編輯：左仲平

社址九龍赫德道二十三號地下　電話68678

承印嘉羅印刷有限公司香港灣仔馬師道5號

總代理：友聯發行公司　售價每份港幣一毫

本報美洲版總經售處美國紐約中美出版社

CHINESE - AMERICAN PRESS, INC

199 CANAL STREET.,

NEW YORK13 N. Y. U.S.A.

美洲航空版每份零售美金一角

聞台北對外蒙傀儡組織入聯合國放棄否決有感

壯士斷腕乎，剜肉補瘡乎？

黃宇人

關於蘇俄圖使外蒙古傀儡組織進入聯合國的問題，台北當局原已決定堅決反對，必要時並不惜使用否決權。此項政策曾由行政院陳院長於六月下旬向立法院報告，獲得熱烈的支持。其後他應邀訪美，亦能堅守不渝，海內外輿論均表欣慰。但我對於當權者是否能貫徹此一政策，自始即甚懷疑。前月某君自台返港，曾以此問之，他答以此事曾經黨政各機關多次討論，才由蔣先生作最後的決定，當不致再有變更。可是，自週前葉公超大使奉召回國述職後，中外電訊，即紛傳蔣先生已決定改變原有立場。本月十九日，白宮方面忽然發表甘迺廸總統的一篇書面聲明，以近年以來未嘗多見的堅定詞句，重申美國政府繼續支持中華民國，並反對中共入聯合國。同日，原已拒絕外蒙傀儡組織代表團入美的國務院又改變態度，宣稱，即將給予該「代表團」的入美簽証，俾其有足夠的時間到達紐約，趕上聯合國安理會開會對該國申請加入的辯論。由此蛛絲馬跡，識者早知蔣先生改變立場，已是確定的事實。惟官方人士，則尚謂並無所聞。二十一日國民黨中央常會舉行會議，由蔣先生親自主持，當即通過蔣先生的決定，但美其名曰彈性政策。二十四日立法院舉行秘密會議，訪美時奉命堅守立場的陳院長又奉命出席報告此一改變立場的新決策。因病未愈，臨時改由王雲五副院長代為報告。報載立法委員聆聽後，即向現實低頭，已對此項新決策作沉默的同意。至此，台北改變對外蒙傀儡組織入聯合國的態度，才由曖昧而趨於明朗化。

蔣先生決定改變立場的原因，據說，是為了保全中華民國在聯合國的席位。可能還有一個作用，即藉以交換美國保証反對中共偽政權入聯合國。這也許就是十九日甘迺廸總統發表那篇堅定聲明的由來。果能達此目的，長保我國在聯合國的席位，尚不失為一種壯士斷腕的決策。然而在現局之下，我以為無此可能。因而此項新決策，祇是一種剜肉補瘡的愚行，其後果是不堪設想的。

斷送外蒙的最初失策
——中蘇友好條約——

陳院長訪美前夕，陶百川先生曾以三國時代孫權為了討還荊州，請劉備入吳招親，卒至賠了夫人又折兵的故事為喻；指出假如我們為了保全聯合國的席位而容許外蒙傀儡組織加入，必將招致類似的後果。因此，他主張應堅持維護正氣與聯合國憲章的大原則，斷然予以否決。我以為最確切的前車之鑒，莫過於十七年前訂定中蘇友好條約的往事。當年美國以雅爾達秘密協定口頭通知我國時，我們原有自由決定之權。但蔣先生大約為了恐怕影響美援，竟予接受，若干政要又從旁推波助瀾；乃進一步而與蘇俄簽訂所謂中蘇友好條約，有效期間為三十年；並承認外蒙古獨立。為了逃避割地辱國的千古罪名，當權者還自作聰明提出由外蒙人民投票自決的妙法；但結果却反而給予蘇俄一手卵翼的傀儡組織披上一件合法的外衣。當時國民黨人多表反對；而尤以立法委員的態度最為激烈。蔣先生乃召集國民黨中央委員和立法委員舉行會議，強調犧牲外蒙和東北地區的若干權益，即可獲得中俄兩國的三十年和平和保証——確認國民政府為中國的唯一合法政府，保証不給予國民政府以外的任何組織（指中共）以物質或精神上的支援。於是，在雷霆萬鈞的壓力下，國民黨中央委員和立法委員祇得無聲無息的予以通過。其時胡秋原先生任職重慶中央日報，曾撰文表示反對，該報不予刊載；胡乃以個人名義將該文印成單張，分送友好，竟被迫去職。當年主張簽訂中蘇友好條約的某些政要，至今仍備員台北中樞。他們當時趾高氣揚，自以為替國家立了大功。然而如所週知，蘇約的墨跡未乾，蘇俄在東北即自毀諾言。不但處處阻撓我方所派接收人員依據雙方協定前往各省恢復行政，反而多方掩護中共的各種非法活動，甚至以繳自日軍的大量武器和配備轉給中共。這就是高崗東北偽政權和林彪所部野戰軍的成因，也是中共轉敗為勝的關鍵。直到政府退守台灣後，才認識中蘇友好條約的失策而宣告予以廢除；然已為時晚矣。假設當年蔣先生能斷然拒絕雅爾達秘密協定，則在當時的情形之下，美國和蘇俄均對我無可如何；中國的局勢也許不致演變到有如今日的現象。又假如沒有中蘇友好條約的簽訂，現在也不致發生外蒙傀儡組織入聯合國的問題。祇因當權者慮不及此，才鑄成大錯。如今蔣先生又認為容許外蒙傀儡組織入聯合國，即可保全中華民國在聯合國的席位；而且，重施故智，威臨國民黨中央和立法院同意此項新決定。此情此景，與簽訂中蘇友好條約的往事，正復相同。古人有云，前事不忘，後事之師，台北當權者竟一再重蹈覆轍，我們的國勢焉得不日趨危急！

美國和非洲國家的保証不可恃

我說美國的保証不可恃，並不是說甘迺廸總統對我們存有欺詐之心。相反的，我深信他所提供的保証，是很具誠意的。可是，我們有一句成語說得很好，即所謂愛莫能助。由於十餘年來，台北當局但求依賴美援，偏安海隅。雖然不時口出大言，却無自立自強的決心和打算，國際間多認為僅是一個苟延殘喘、朝不保夕的殘餘政權。因而就是反共的國家，也爭先恐後的和中共打交道。美國為確保西太平洋的安全，不得不支援台灣，也常有難以為助之感。當年羅斯福總統一手扶植我們躋於世界四強之一，其對我國的友善和對蔣先生的推崇，可謂至矣，盡矣，無以復加矣。然而不數年間，即由於我們不圖上進，大失所望，乃轉而犧牲我國以就蘇俄。如今甘迺廸總統的政府，主張所謂兩個中國者原已大有人在，我們倘無自救之道而過分依賴其保証，寧不自誤？

復次，非洲各國的可靠性也頗成問題。因為蘇俄發出恐嚇，謂我國如否決外蒙傀儡組織，彼即將否決茅利塔尼亞。他們不敢對蘇俄的敲詐惡行表示抗議；反而要挾我國應依照蘇俄的意旨行事；否則即將在聯合國大會討論中國代表權問題時投我們的反對票。此何異於有人被匪徒恐嚇，謂如不付欵即將焚毀其鄰居的房屋。鄰人不敢抗匪，反而也對事主恐嚇，謂如不應允匪徒的要求而使其遭受波及，即將採取於彼不利的行動。任何國家假如有此情事發生，治安機關除嚴緝匪徒而外，一定還要法辦此一助匪為虐的鄰人。如今若干非洲國家的所為，正與此等鄰人相同。身居自由世界領導國的美國，主張建立法治世界的甘迺廸總統理應領導非洲各國和自由世界對蘇俄的敲詐匪行，作有效的抵制。但據二十四日王雲五副院長在立法院的報告，「如果我們堅持阻止外蒙古傀儡組織進入聯合國，不但會失去聯合國的席位，同時並會失去美國的支持」。顯見美國還以停止支持來脅壓我們屈就蘇俄的敲詐。由此可知今日的聯合國，不但無維護正義可言，且視憲章為廢紙。在此情形之下，我們今年縱能委屈求全，明年聯大開會時，假如蘇俄得尺進寸，再提出其他橫蠻的要求和恐嚇，這些非洲國家的態度如何，恐怕美國總統也不能保証吧？

自救之道端在改革與反攻

再談到外交技術問題，當年韓戰進入高潮，聯合國譴責蘇俄為侵略者，台北未能利用此一有利形勢，打銷聯大對中國代表權問題的討論；而以一年一年的苟延為已足。不但顯得我們外交無能；而且充分暴露了當權者但求苟安，不圖上進的劣根性。今年面臨外蒙傀儡組織加入聯合國的問題，未經深思熟慮，即擺出一種不顧一切後果的態勢，聲言將反對到底；而事到如今，却又畏首畏尾，自甘屈辱。如此前倨後恭，色厲內荏的外交技術，今後更將何以為繼？今年非洲國家，甚至我們的盟邦都以不支持我國在聯合國的席位來威脅，迫台北同意外蒙傀儡組織入聯合國；安知他日他們不再以同樣的理由來脅迫台北同意中共偽政權加入？到時當權者又將怎樣應付？因此，就目前局勢而論，放棄否決外蒙傀儡組織，似乎可以減少若干困難；但從長遠處着眼，則適足以增加未來的危機。

然而事已至此，我們也無可如何。為今之計，唯有急圖反攻，在內政方面開展新局才能扭轉外交的窮途。最低限度也必須立即實現民主改革，化離心離德的家天下局面而為舉國一致的反共大團結；化貪污泄沓的腐敗政風而為廉能奮發的新氣象；庶可在明年聯合國大會開會時給國際間以一種新的認識，然後才能免於再遭受更嚴重的打擊，也才是自救自立的根本之圖。倘再以當年簽訂中蘇友好條約後的玩忽心情，誤認我國在聯合國的席位從此可保無虞，因而槍口向內，以求加強極權統治。則所謂皮之不存，毛將焉附，台灣現局且不可保，一人一姓的政權又焉能存在？

本文與港澳讀者見面時，聯合國安理會當已通過外蒙傀儡組織加入的議案；本刊美洲航空版於下週在紐約出版時，傀儡組織代表團更可能已與中華民國代表團並坐於聯合國大會的席上。我不知台北當權者將作何感想？但我相信每一個反共的中國人目覩此情此景，都要為我們反攻復國的前途更加憂慮。

論奴才（上）

張忠紱

聯合評論第一三八號中載有謝扶雅先生「奴才亡國論」一文，這與筆者一向的看法相近。惟筆者認為中國有專制，而無獨裁。君主時代的帝王祇有專制的權力，決無近代獨裁的權力。近代的獨裁必須有民衆信服的理論，與強有力的政治組織。中國古代的專制，既無獨裁的理論，也無強有力的政治組織。進入民國以後，割據的軍人根本談不上獨裁。第二次革命後的袁世凱，其目的也只在效法歷代帝王的專制，並無獨裁的企圖。三〇年代南京雖有法西斯運動，但當日的國民政府去獨裁制度尚遠。以獨裁與奴才而論，真正為禍於中國的，不是獨裁，而是奴才。

一、奴才的定義

從字面上看，奴才是奴僕中有才的，或至少是有機心的。無才的奴僕，不足以為禍。足以為禍的，正是有才而甘為奴的人。不過奴才的才，却與人才的才迥異。

二、奴才的起源

周室東遷以前，純粹是封建制度，可置不論。春秋，戰國以後，封建制度逐漸崩潰。周末已有郡縣制度。秦朝一統天下，改封建為郡縣，君主的威權始日重。孔孟生於封建制度崩潰的時期，主張以賢人治國，不問其出身是貴族或平民。此孟子之所以有天爵，人爵的說法，以及「國人皆曰賢」的理論。中國當日不知道民治，票決的辦法，是以孔孟承認既存的帝制制度，而以近代的民主精神，寄寓於選賢任能的思想之中。

選賢任能是帝王的責任。賢能的責任，是「致君於堯舜」，以衛民保民，是以有「己飢己溺」的說法。「學而優則仕」的目的，在於「學以致用」，並不在於陞官發財。故此「可以仕則仕，可以止則止」。齊人餽女樂，而孔子行。儒家待價而沽的目的，決不同於後世「干祿」的目的（陳獨秀以為孔子有干祿的學說，而與以攻擊，實屬謬誤）。以「貧賤不能移，威武不能屈」的精神，而求「學以致用」，自無成為奴才的可能。

在秦漢統一天下以後，歷史上著名的第一個奴才，應推趙高。他一面欺矇二世，阿諛逢迎，一面擅作威福，指鹿為馬。劉邦戰勝項羽後，竟以「治產孰大」驕太公。天下既是一人的產業，則人民自然是一人一姓的奴才。叔孫通為迎合這種心理，而定朝儀。趙高不是讀書人，在讀書人中的第一個奴才，應推叔孫通。他不僅止取悅於漢高帝，他並且曲解了儒家的君臣之義，帮助了歷代帝王，以奴才待遇羣臣。

人性好逸惡勞，喜阿諛而惡直言。君權既重，君位又尊；習之既久，帝王視為當然，羣臣懾於威勢，而小人乃日益精研奴才之術。漢光武不以臣禮待故人，歷史上乃傳為美談。劉先主三顧茅廬，師事諸葛，兩千年來竟成絕響。

三、奴才的形成

帝王既縱情傲物，唯我獨尊，而讀書人又無其他能力與職業，不遇則窮無立錐，既遇則高車駟馬。千家詩中說：讀書人做官。這是積中國兩千年的經驗而言。「讀書人做官」的思想，一面是說只有讀書人才配做官，一面却是暗示只有做官才是讀書人的目的。儒家本以「做官」為達到「行仁政」的方法，即范文正所謂的『先天下之憂而憂，後天下之樂而樂』。若以做官為唯一的目的，則自然患得患失，而無所不為矣。

自漢武帝罷黜百家，獨尊孔子以後，歷代帝王利用權位，百般鼓勵讀書人聽其驅使，而不願其犯顏極諫。能容納諍臣，而不奴視羣臣者，在歷史上實百無一二。宋儒墨守章句；明代重用閹寺，且大臣動遭廷杖。清廷入主中原，更乾脆令滿清大臣自稱奴才。士人習之既久，恬不為怪，一若讀書的目的，即係作奴才的準備。其結果，在理論上，曲解了儒家的思想，而在事實上，則不以做官為目的的讀書人竟千無一二。猶憶余留學時，余父曾以詩餞別，其中二句云：『教兒勤識字，原不在為官。』此二句至今記憶猶新，幸尚未隕越。

四、奴才的現狀

孫中山先生以不甘為奴才，而提倡共和。民國成立後，主權屬於人民一項，在約法中已有規定。人非至賤，已無再甘為奴才的必要。辛亥年以前，製造奴才的罪惡，應由帝王負担。壬子年以後，製造奴才的罪惡，奴才至少應與主子平均負担。辛亥革命雖建立了民主共和，但士人的奴性已深。研究社會學的人，發現奴隸依賴主子太久，一旦解放，失其依靠，不知所措，反自願復為奴隸。中國的奴才士人似乎也有同樣的現象。民四向袁世凱勸進的一班人，其中大部份（少數或另有抱負）何異於自甘復為奴隸的被解放者！袁氏逝世以後，約法雖已恢復效力，但自段祺瑞以下的軍人，幾無一不有奴才為之鷹犬。以曹錕之愚，張宗昌之賤，閻錫山之狡，馮玉祥之詐，而士人仍不惜為其奴才。此無他，「攀龍附鳳」，陞官發財而已。

中國士人，以進入民國後，品格最低。其原因大約如下：（甲）歷代末季政治腐化，社會紛亂，故士人易於失去品格。由清末進入民國，政治迄未走上軌道，社會迄未安定，較之歷朝末季，猶為貧窮紊亂（因賠欵與西化為歷朝所無），故士人品格亦最低。（乙）科舉制度廢除後，迄無一公平的文官制度代替。士人做官，全靠夤緣倖進。不為奴才，即無官可做。（丙）教育毫無目的。舊式教育以修身務本為先。中國新式學堂的教育，既不講求修身務本，自不能產生「富貴不能淫」的人格，又不重視公民與崇法的訓練，故也不能產生守法與奮鬥的個性。有中國傳統做官的思想，再加上西方人爭權利的觀念。做官而僅在於爭權利，勢必變成無所不為的奴才。

（丁）[illegible]留學的失策，民國以來，中國學生留學外國，政府迄無一定的政策。大多數的留學生，因研究外國文字，往往先進教會學校，再出國進外國大學。外國的大學，決無暇顧及人格的訓練。西人人格的形成，在於家庭，宗教，以及初中以下的學校。中國留學生出國，大部份已超過了這個時期。在出國以前，他們既未接受中國舊式教育的陶冶，又不能學到西方人的人格培練（在中國的教會學校，其目的只在傳教與灌輸西方的科學技術知識），其結果是，大部份的留學生，不問其知識如何優越，其品格却並無定型。既不能無恆產而有恆心，也不能勤苦耐勞，在法律範圍以內奮鬥。習於享受，隨波逐流；欲其不為奴才，實不可能。何況以「鍍金」為陞官發財的途徑者，大有其人。日本若干大學更開種種速成班，以迎合中國留學生的心理。（戊）民國以後，中國傳統價值觀念已開始動搖，五四運動以後，以新奇為務，整個社會根本無價值觀念之可言。有之，則唯一「新」字。全部價值觀念，以「新」字為標準，則個人必失其理性，社會必失其平衡。失去理性的個人，在失去平衡的社會中，自必日趨於現實。重視現實，正是奴才心理的基礎。此所以五四運動時期的一班學生領袖，嗣後沒有變成奴才，而日唯陞官發財是務者，人數並不甚多。（己）社會貧窮，士風偷惰。在任何狀況下，貧窮都是毀壞品格的一個重要原因。中國在開關以前，甚至於在民國成立以前，士人易於維持生活。在當日，小城市與鄉間生活簡易，數畝之田，即可以維持八口之家。民國以後，此種安定簡樸的生活已不可能。在大都市中，士人若非教讀，則除做官外已無他途。抗戰以後，一切學校均靠公費，即教讀也不能完全脫離政治。安分守己者，不求進取，雖不能完全獨立，但尚可免於奴才之列。僥倖進取者，則以能拜門而列入奴才為榮。

從共黨文藝路線論毛澤東詩詞的個人崇拜問題

劉裕畧

推行個人崇拜的根源，是個人英雄主義。表現個人英雄主義的方式不一，初不限於文藝創作。史大林之由個人英雄主義到個人崇拜，就不是表現在文藝創作上，主要的，是更表現在政治行為的實踐上的。但毛澤東的個人英雄主義和個人崇拜則不但表現在政治行為的實踐上，而且也表現在詩詞等文藝創作上。

當然，這裏所說的，乃是由個人英雄主義以至推行個人崇拜問題，而不是頌揚英雄和崇拜個人的問題。因為前者是個人英雄主義的發揮，後者，如郭沫若一類頌揚史大林是鋼，是太陽，則不過是奴才主義的發揮而已。所以，個人崇拜的具體實現，是除「個人英雄主義者外，還需同時有奴才的存在才能完成的。因之，如果推行個人崇拜真的應該清算應該整肅的話，則那些助桀為虐專以崇拜個人頌揚個人為活的奴才如郭沫若之流也該清算整肅才是。

在自由世界的社會裏，個人英雄主義和個人崇拜原不那麼嚴重，因為自由社會既已先自肯定個人，又先自肯定個人在人類社會和人類社會歷史上的主要鉅大作用，那末，他自可擁有個人英雄主義和個人崇拜的自由，只要不妨礙他人即可；而在共黨極權社會裏，尤其在共黨組織中則不然，因為共產黨人信奉的馬列主義對人類社會和人類社會的歷史是以歷史唯物論為認識和批判為唯一尺度的。他們既否認人的主要作用於先，又肯定生產力生產工具才是人類社會進化的動力於後，那麼，他們自可反對個人英雄主義，反對個人崇拜，甚至認為這是一種宗派主義，一種犯罪是「不可宥」。

是的，從某些角度看：毛澤東確實是充分表現出他個人英雄主義的，他不但欣然自得的在天安門聽五十萬人齊唱「東方紅」中國出了一個毛澤東」，而且還早於打游擊時就在他所創作的詩歌裏強調「秦皇漢武，畧輸文彩；唐宗宋祖，稍遜風騷；成吉斯汗，只識彎弓射大鵰；俱往矣！數風流人物，還看今朝」了。若以共黨文藝政策的現實主義或革命的浪漫主義來衡量，這自然都不相合，就以毛澤東自己所提倡的文藝要為工農兵服務的說法來對照，也全不相侔。對於文藝路線問題，蘇聯的別林斯基實有一個被共黨認為正確的說法。他說「任何一個詩人也不能由於自己和靠描寫自己而獲得偉大，無論是描寫他本人的痛苦，或者描寫本身的幸福；任何偉大詩人之偉大，是因為他的痛苦和幸禍的根子深深地伸進了社會和歷史的土壤裏。因為他是社會、時代、人類器官的代表。只有渺小的詩人才會由於自己和靠描寫自己頌得幸福或不幸，但是只有他們自己才傾聽他們那小鳥似的歌唱，而社會人類是不願理會這些的」（見中共人民出版社出版：「蘇聯人民的文學」）。不消說，這恰巧可以成為清算毛澤東那些充分表現個人英雄主義詩詞的依據。所以，無論毛澤東生前或死後被清算，他都難逃這一關的。

其實，歷史唯物論者和赫魯曉夫所反對的個人崇拜，又何嘗不是自相矛盾。如果說個人在歷史上不重要，則赫魯曉夫和其它所有馬列主義者又為何要特別強調馬克斯和列寧這兩個個人呢？又為何要說高舉馬克思列寧主義的旗幟呢？若說這兩個個人重要，則阿爾巴尼亞又為何不可以特別強調霍查，中共為什麼不可以特別強調毛澤東？這就可見赫魯曉夫所堅持的並不真是什麼個人崇拜的原則問題，而乃權力鬥爭問題，而乃藉此打擊毛澤東和壓迫毛澤東完全降服問題。事實上，毛澤東雖有個人英雄主義的一面，亦有奴才意識的另一面，所以才曾經俯首貼耳於史大林，因之，史大林也並不清算毛澤東。今赫魯曉夫忽然反對和抨擊個人崇拜，並以阿爾巴尼亞為替罪的羔羊來罵毛澤東，則只因赫魯曉夫欲毛澤東完全降服耳，若毛澤東及早降服，在大陸人民面前自視為主子，在赫魯曉夫面前自視為奴才，則中共蘇共今後自可風平浪靜；若毛澤東斷然揚棄馬列主義，自離蘇聯，則毛澤東尚不失英雄氣概；若仍一外託服從之名，而內懷猶豫之計，事急而不斷，則縱非「禍至無日」，也是要將長期受辱的了。

中蘇共歧見與戰爭危機

季夫

蘇聯與中共間的分歧，經已在蘇共第二十二次代表大會上公開的暴露出來。

周恩來且已指出，把共產陣營內部的歧見宣揚出來，並非「馬列主義者處事的嚴正辦法。」他認爲應該悄悄地談判解決。而且要求用悄悄地談判來解決。

蘇共與中共之間存在歧見，實際上早在三年前即已有具體的消息透露出來，但不爲一般研究共產國際問題的人士所注意，且有認爲根本無其事的。

其實，共產國家之間，有歧見應該被看作是正常的現象，絕對沒有歧見，才是反常的，尤其在斯大林死後，共產國際的絕對領袖倒了，再經赫魯曉夫加以鞭屍，東歐的共黨國家內部問題頻仍，不論是對內或對外，蘇共除了可用其影響力來左右附庸國家之外，事實上已很難說是握有絕對的領導權力了。以阿爾巴尼亞這樣的小附庸國，尚且敢與莫斯科抗衡，可見並非完全出於中共的全力支持。莫斯科在事實上無可奈何她，也是一個原因。

中共與蘇共的分歧，恩怨殊多，有思想意識方面的；有內部實際政策方面的；還有對西方國家的對外關係和態度的；甚至在對拉丁美洲和非洲，中共與蘇共間也發生了各自在爭奪對各該地區國家的影響力與控制權。

又如對位於中國與蘇聯之間的外蒙古，則中共與蘇共之間更是相持不下。

簡單的叙述這些事例，並非在於强調中共有胆敢與蘇共抗衡，也並非在於指出毛澤東領導的中共有什麼「民族獨立性」。實質上的問題是共產國際在進行世界革命的途程中，發生了一些內部麻煩，毛澤東的中共是爲了與赫魯曉夫爭奪領導權，因而產生了一些內部矛盾。這些內部矛盾，當斯大林生前，本已存在，不過是未曾表面化和暴露出來而已。

用「血濃於水」的概念來看中共與蘇共間的分歧與關係，會使人更易於了解，他們是自知合則共存，分則偕亡的道理的。這就是爲什麼儘管中共雖敢於和蘇共扯皮，却又口口聲聲要强調要維繫「兩國牢不可破的友誼」的原因。

根據共產國際的精神，在列寧生前死後，共產黨的敎條是積極主張一個經已由共產黨執政的國家，必須不惜一切地援助可以進行共產革命的國家的。而一個新誕生的共產國家，在取得政權之後，也必須馬上服膺這一敎條。那末，庶幾可供世界革命加速推行和完成。

由於蘇聯是共產國家的祖國，使她成爲一個母體，斯大林生前，既沒有一個共黨國家的國情實力凌駕其上，而所有全世界的共產黨組織，又都在吮吸這個母的乳汁，很自然的，便使她成爲共產陣營的頭。也正因爲此，斯大林在生時代，蘇聯人民的生活一直得不到應有的改善，軍備競爭和對附庸的援助以及爲對落後地區拉攏而施捨的錢與物，使她頗有窮於應付之勢。赫魯曉夫執政後，蘇聯國內的生活情況稍有改善，但相反的對於附庸國家的政策則作了新的轉變，對可資搾取的，則絕不放鬆，對應予援助的則視各別情況加以削減，若果不聽命的，則乾脆加以停止援助，相反的則與美國競爭落後地區國家的好感，極力擴大施捨數額。

這種從對共產主義思想意識，到實際政策的改變，遂又釀成所謂「修正主義」之爭。中共因爲不再能獲得蘇聯的貸款援助，憤而張起「三面紅旗」，大搞人民公社，大躍進和總路綫，高唱將經由人民公社而首先進入共產主義社會。這一着在赫魯曉夫看來，不管完全現出了毛澤東的幼稚，而且是企圖在理論和實際方面，與蘇共爭雄，於是蘇共不僅表示不予贊同，進而加以諸般打擊。

在對美國的政策與態度上，中共與蘇共的距離也因而愈來愈大。赫魯曉夫看來比毛澤東沉穩得多，他儘可能地向美國發揮歪纏的天才，有時也不惜破口罵陣，但總是留有餘地以使轉寰，這應該說是他深知戰爭一旦暴發，蘇共不單是要失去對世界共黨的領導權，而且更大的危險是要失去所有的東歐附庸國。這種感受在毛澤東似乎是絲毫也沒有的。因此，中共經常地對美國潑婦罵街，對美國元首肆意攻擊和侮辱，特意不時製造一些緊張氣氛，使蘇聯陷於爲難的處境中，這不祇是爲了要表示中共把美國肯定爲「紙老虎」，而是在向所有的共黨附庸國表示其具有和蘇聯一樣的大國地位。間接顯示其不同意於莫斯科。

共黨陣營內部，確是從來未有像現在這樣「不團結」過，但是如果把目前的這些表面現象看作是將會由分歧而進入分裂，那也是不很正確的。

姑不論中共今日自以爲是何等地「强大」，實際上不過猶如纏繞在大樹上的籐，她不過是一條比較粗壯的籐，和其它纏在莫斯科樹身的附庸國之籐，並無什麼實質上的不同。若是老樹枯死，籐必相繼死亡，中共即能取得了世界共黨的首席地位，也必搖搖欲墜。難期共長久的。老樹不死，由於中共畢竟是一枝較粗壯的籐，使她可以具有自大感，但也祇是空虛的自大感。

目前中共內部的困難日甚一日，一切的做作，都顯得是虛驕的多，但是在虛驕的幕後，周恩來可能正在低首下心地向赫魯曉夫投懷送抱，以圖再度蜜月。這不是沒有可能的。

在外電報導他們兩人互不鼓掌和表示不欣賞對方的發言之後，繼而又報導了他們兩人的態度均已和緩輕鬆。幕後的密斟想來是可以解決一些歧見的。狼狽爲奸，實際上中蘇共之間的分歧並不是不可調和的矛盾。若是一旦彼此往拾舊歡，我相信世界戰爭的危機就會相應的增强，這才是實在值得注意發展的問題。

蘇東啓被捕案續聞

靜吾

（台北通訊）台灣省雲林縣議員蘇東啓於九月十八日夜被警備司令部秘密拘捕，二十日經大華晚報揭載後，警備司令部政治部主任兼發言人王超凡才發表談話稱：「蘇東啓因叛亂行爲，經依法予以拘捕，現正偵查中。」並說：「警備司令部負責國家社會之安全，對本案當依法秉公處理。」自此以後，關於蘇東啓犯的是什麼叛亂以及被捕後如何審訊等情，官方迄無隻字發表，以致社會上傳說紛紜。十月一日民主中國第四卷第十九期刊出龍鑑儀的「蘇東啓的被捕」一文，裏面說：民主國家，一個人的被捕，不是一件小事。愈是大家注意的人物，他的被捕原因愈應向社會詳細說明。因爲稍一引起社會的誤會和疑慮，則受損害的首先是執行機關甚至整個政府的法治信譽；甚至損及人民對政府的信任程度。警備總部實在犯不上爲了一個蘇東啓而使整個政府的信譽和尊嚴冒這樣大的危險。」

十月六日出版的民主潮第十卷第二十期又以「關於蘇東啓被捕事件爲題」，著爲社論，表示兩點關切的意見：

一：「任何國家，政府自然有權逮捕人犯。但在一個民主法治的國度裏，人身自由有憲法及法律爲之保障，政府要拘捕任何人，不僅要有充分的理由，還要依照合法的手續。此次蘇東啓的被捕，據警備總部發言人所說，係「因叛亂行爲」。「叛亂行爲」係一重大罪名，一種叛亂行爲的構成，不論依據刑法內亂罪或懲治叛亂條例的規定，都須具有一定的要件，決非這四個字的本身就可說明一切。我們自然不敢說蘇東啓決無叛亂行爲的可能，但其實情如何，政府對社會似應有所交代。現蘇東啓被捕業已二十餘日，警備總部既只籠統簡單的說是「因叛亂行爲」；而在立法院院會中李公權委員對於本案的質詢，政府尚未作明白的答復。以致謠諑紛紜，羣疑莫釋，這是我們所關切的第一點。」

二：「至於逮捕蘇東啓的手續是否合法，亦不免大成疑問。依法律規定，縣市議員在會期中，不得逮捕。九月十八日正是雲林縣第四屆議會第二次臨時大會召開之日，蘇東啓當日亦照常出席會議，及至晚間回家就寢之後，警備總部予以逮捕。據警備總部執行逮捕的人員說：蘇東啓係現行犯，故不受該項法律的限制。所謂現行犯，依法律解釋，係指一個人犯罪在實施中或實施後即時發覺而言；再依常識言，所謂叛亂行爲的現行犯，必定其人有叛亂的事實並在着手實施中。但蘇東啓白天既在議會開會，晚上又在家中睡覺，警備總部執行人員竟說他是現行犯，自難使人信服。國家對於各級民意代表每規定於其開會期間非現行犯不得逮捕的條文，就是要保障他們能行使職權不受威脅。若現行犯可以隨意指稱，又何必有此規定？這是我們不能不關切的第二點。」

接着又說：「蘇東啓究竟因何被捕，我們至今不明眞相；但有幾點事實，是我們所知道的。

第一，他是一個青年黨黨員，具有極强烈的愛國觀念。在第二次大戰期中，他原是日本駐泰國大使館的譯員，他爲着嚮往祖國，竟逃出日本使館奔赴重慶。在抗戰勝利之後，才由重慶返回台灣。

第二、在去年創立新黨運動時，他是參加新黨活動的人士之一。他對新黨的態度頗爲積極。新黨運動停頓後，我們並未聽說他有任何獨樹一幟的活動，但在地方上，他從此成了受人注意的人物，却極顯然。

第三、他從雲林縣第二屆議會起，即當選爲雲林縣議員，至今已連任三屆。他原是台灣合會儲蓄股份有限公司北區的一個專員，在他當選第四屆縣議員後，國民黨省黨部及省政府用盡種種壓力，不許他兼任；曾經扣發他的當選証書，幾乎引起風波。他曾經抗議，訴願，均歸無效。最後，他選擇了縣議員，而放棄了台灣合會公司的專員職務。像他這樣兼職的人，在本省省級機關及各縣市不知有多少，別人均平安無事，而他獨被另眼相看。

第四、在第四屆縣市長選舉時，他曾作過雲林縣縣長候選人，與國民黨所提的候選人林金生競選，他雖然失敗，但曾得九萬多票，與當選人相差無多。他既有擁護者，自然也就有政敵。

第五、在前一次雲林縣議會時，他曾提出「請政府特赦雷震案」而獲通過。

第六、他在雲林縣議會裏，素以敢言著稱，故被目爲「金剛作風」，又有「蘇大炮」的雅號。據說：「他凡事不肯讓人，年壯自負，鋒芒畢露」。

上述這些因素，其全部或某一部分與他這次被捕究竟有何關係，我們自然不便妄加揣測。但政府遲遲不把事實眞相宣布，也就難怪大家對於這件事紛紛懷疑議論了。」

社論的結論是：「希望政府能切實做到兩點：

一、儘速宣布案情眞相，以安地方的人心。

二、如罪証不足，應即予釋放；若眞有叛亂行爲罪嫌，亦應公開審理以維法治之尊嚴。」

民主潮這篇社論的主張，可謂心平氣和；但就目前的跡象看去，當權者平素既習於使官行專，毫無法治觀念，他們仍將視而不見，則可以斷言的。據接近官方的消息：蘇東啓被捕的原因，係與在日本人卵翼下廖某有關；但一般人則多認爲祇是爲了他最近在雲林縣議會提出請釋放雷震案而獲得通過，當權者誠恐其他各縣市議會起而效尤，故秘密予以拘捕。究竟眞象如何？由於當權者迄未公開審訊，局外人自不得而知也。

台灣簡訊

葉公超奉召回國述職

志清

我國駐美大使葉公超奉蔣「總統」電召回國述職，據本月十四日他飛抵台北時在飛機場上向新聞記者的談話，原說一二日即將返回任所；但至今仍留在台北，而且尚無返任所的確期，可見他此行的不平常了。

葉氏奉召回國的原因，一般人都知道為的是外蒙古傀儡政權加入聯合國的問題。本來我們的對策在陳誠訪美前業已決定採取堅決反對的態度，必要時行使否決權，並曾向立法院報告。但因為美國方面期期以為不可，我駐聯合國代表團雖隨時將成功湖的動態向政府報告；而蔣「總統」則僅吩咐他們臨時以候指示；以致蔣廷黻大發牢騷，竟以全軍覆沒的徐蚌會戰自喻。聞沈昌煥頗知蔣「總統」的特性，喜歡事事向他請示。因此，他到達紐約後蔣廷黻問他是否仍決定行使否決權，他答要請示蔣「總統」。美國政府向他洽商時，他也答：「最好你們直接電詢蔣總統」，非洲各國代表團向他探詢時，他的答覆仍是如此。總而言之，處處都表現我們代表團並無成竹在胸，一切仍須由蔣「總統」臨時決定。因而才有葉公超台北之行。據熟悉內情者透露：蔣「總統」在原則上已決定接受美國的勸告，不反對外蒙古偽政權加入聯合國，將來安全理事會表決此一問題時，我代表團將棄權。目前葉公超所以仍留台北的原因，乃在於等候美國政府再對保証我國在聯合國的席位作一更明朗堅定的聲明後，才携帶蔣「總統」致甘迺廸總統的函件返任，以期中美關係更能因此而加強。觀察家認為蔣「總統」之改變態度，其主要原因自然是為了確保我國在聯合國的席位，但附帶的作用，則是藉此向美國表示，陳誠在今日的台灣並不能作主，一切還是由他本人（指蔣總統）作最後的決定。以故否決外蒙古偽政權加入聯合國的問題，儘管陳誠應邀訪美時態度極為堅決，但祇要美國政府和他本人洽商，他就可以轉變過來的。蔣「總統」希望今後美國政府遇事和他直接商洽，不要再理會陳誠，那麼，他的傳子計劃，就更可順利達成了。然乎？否乎？自非局外人所得而知也。

中共向台灣再放和謠攻勢的用意

目前中共又向台灣放出和謠攻勢，說祇要美國撤退，台灣仍可維持政治現狀和保存現有軍隊。此間多數觀察家——尤其是過去曾是所謂托落斯基派和在俄國留學多年的某幾位政論家，都認為蔣「總統」決不會接受中共的條件，中共必然也知道。北平所以一再提出此項條件，顯然是向蔣經國而發的。因為蔣經國刻意篡黨竊國，已是公開的事實。不但協防台灣海峽的美國時以為慮，即台籍同胞也不能忍。而國民黨內有志節的黨政軍各級幹部更深惡痛絕。中共深知蔣經國如無外力的支持，決難控制台灣的全局；但要他完全投降北平，一切唯命是從，自亦非其所願。因此，才反反覆覆的重申上述條件，以示祇要他投向北平，辭退美軍，中共仍許可並將支持其繼續作台灣王。這就是中共三番四次的向台灣放出和談攻勢的主因和目的。從蔣經國年來的所作所為而論，這種觀察頗值得關心國事者的密切注意。

台灣的特權階級

本月十八日經濟部長楊繼曾在立法院經濟委員會答覆質詢時稱：「我之所以要取銷特權，不但外國人有此主張，就是民間也有相當的反應。取銷特權要使我們能在台灣生存下去免得死無葬身之地。」並說：「美國駐華安全分署長的批評，我曾看了好幾遍，還是對我們讚揚的為多。他主張在政治方面取銷特權，我以為在經濟方面也必須如此。特權問題，不必加以解釋，人人都知道。特權是有的，但不能一手掩蓋天下耳目。」立委魏惜言指出政府決定收購民營油輪公司，使若干航商得到額外的利益；和監察院與國防部可以買到中油公司的液體煤氣而一般老百姓却買不到為例，証明楊繼曾所說的取銷特權，乃是欲蓋彌彰，而且有「此地無銀三百兩」之嫌。關於前者，楊則答以油少輪多，故不得不收買；關於後者則推說他們是以老百姓的身份去買的。雖然楊繼曾的答覆確有欲蓋彌彰之嫌；但他能坦率承認有特權存在，而且體認到不取銷特權必將死無葬身之地，總算是良知未滅。在今日台灣的官場中，已經是不可多得的了。

聯合報於二十日除在短評欄內，希望行政當局「有種」能把特權階級的名單全部揭發出來而外。還發表一篇「消除特權思想與行為」的社論，據稱是響應楊繼曾的呼籲。首段說：「對於楊繼曾部長的慷慨陳詞，不僅要幡然憬悟，更要身體力行；不僅要取銷經濟上的特權，更應當取銷一切特權，包括政治的、教育的以及其他的。我們不禁大聲疾呼：每一個生活在現代社會的中華兒女應共同為取銷一切特權而奮鬥。」社論的二三四各段以服兵役，領建築執照及到外國留學等事為例，指陳有特權的人可以享受超越法律規定的特權；而依循法定程序的反而遭受種種阻碍。第五段指出社會上有了某種特權或是某些人享受特權，就會促使更多的人想盡方法去取得同樣甚至更大的特權，俾自己成為有辦法的特殊階級，俾自己更能高居於法律之上。法律的尊嚴就受到損害，政治的效率亦必因而削弱。並說歷史上「凡是賣官鬻爵，賄賂公行的時代，必然是特權階級最囂張的時代。」最後一段則指出：「我們要免於時代狂流的湮沒和歷史悲劇的重演，從而維新圖強，重返大陸；何能忍見特權階級攫取國家的財富，糟場民族的生機。因而呼籲「生活在這一個時代的人們，為了國家，為了民族，為了祖宗，為了自己，也為了下一代，必須拿出良心，訴諸良知，一方面放棄特權思想，一方面要與一切特權思想與行為抗爭，務使特權消除。」

聯合報的這篇社論，雖然大聲疾呼的叫取銷特權；但在今日的台灣，顯然無此可能。因為蔣「總統」就是特權階級的中心，愈是皇親國戚和接近他的人，其所享受的特權愈多。過去在大陸時的孔宋，雖然國人皆曰可殺；但其權、其勢、其財仍蒸蒸日上。如今愛子愛孫更成了新的特權人物，而蔣經國還刻意要憑藉特權以成大事。因此，希望他們取銷特權，何異於希望他們自殺？立法委員和聯合報的呼籲，不過是在特權重重壓迫下的一種呻吟而已。

發明砲兵射擊新法的退役軍官飢餓無援

獨清

（台北通訊）我國陸軍退役軍官崔興化發明了一種「野戰炮兵假設彈道射擊法」，已被美國列入炮兵學校的正式教材，並成為自由世界接受美國軍援各國的炮兵教材。最近經一位刻在美國受訓的我國炮兵軍官來信証實。據稱美國已將崔君的理論與方法列為炮兵教材一七〇五號。九月一日聯合報刊出此一消息時，並報導崔君最近的生活狀況如下：「崔興化和他一家九口住鳳山鎮縣口路一巷十三號。他除發明「野戰炮兵假設彈道射擊法」外，退役後並研究發明「圓型口琴」，把所有的積蓄和退役金耗費淨盡，雖獲中央標準局專利十五年，仍於生活無補；因該圓型口琴，在國內尚無人投資設廠製造，僅有一家日本樂器製造商在函洽中。崔興化和其家人目前尚陷於窮困和飢餓中。」

本月六日，「民主潮」又刊出胡佛君的一篇投書，題為「為退役軍官崔興化請命」。裏面說：（上略）我們的教育部設有專款，來長期發展國家的科學；來幫助教授們研究，但是，我們試看看；有幾個拿出了像樣的研究成果來？（當然，也有少數的有價值的成果，）我並不是說要從這筆款子中，撥出一點來幫助崔興化君，或反對這個計劃。我的意思：第一、教育當局有責任培養這麼一個人才；第二、教育部無論如何也可以想出辦法，拿幾個錢來幫助崔興化君的。就輔導會來說，從報紙上看，的確替退除役官兵服了不少務，辦了不少的福利。但是，我覺得年來輔導會的政策，只在求安定退除役官兵，使他們不在社會上惹事生非，在本質上，這完全是一個消極的政策；而沒有注意到為退除役官兵開前途、謀出路，這實在是一個很大的失策，崔興化君的遭遇就是一個很沉痛的例子。是不是所有退除役官兵只能做清道夫、做校工、做司機、做警察、做小學教員呢？決不盡然，他們其中也有可以做學者，可以做科學家，可以做大發明家，可以做政治家。試一回顧輔導會幾年來的作法，在在說明只幫助退除役軍人去做低微的工作。當然這些工作也是神聖的；但對於幫助他們完成偉大成就的工作，却顯然做得不够。我相信輔導會對崔興化君沒有什麼積極的援助，決不是沒有錢；一定有其他的原因。（中略）

最可悲的，將是崔君的新理論與新方法，一旦以英文翻成中文，到中國的炮兵學校當作教材時，我們又會當作了不起的東西。我不敢預知這些受教的人將有若何的感想，對我個人來說，我是非常難過的。中國人的發明，中國人自己不能用，而要經過這麼一段曲折的歷程——由美國顧問學回去，再從美國學回來，我們再重視它——這是不是件可悲的事呢？我們天天喊恢復民族自信心，而實際上却是根本沒有民族自信心，這怎麼不叫外國人恥笑？

人才！人才！我們天天喊着求才，難道我們真的沒有人才嗎問題的關鍵在有選人、用人、助人權力的人沒有重視人才的誠意。而真正有才具的人又不會吹、不會拍、不會巴結；他們也不願吹，不願拍，不願巴結。所以弄到結果口裏喊着求人才的人，永遠得不到人才，沒有人可用；而真正有才具的人，也便永遠得不到重視和進用的機會了。這就是國民黨三十年來人事政策的根本作風，也是當前政治問題的癥結。

最後，我希望有責當局，能給予崔君以精神和經濟的支援；也對崔興化君致崇高的敬意。」

崔君於退役之後，能潛心研究，在無任何協助之下，發明了炮兵射擊新法，被美國採入正式教材，不僅是中國軍人的光榮，也是全中國人的光榮。但他可能不是當權者心目中的所謂忠貞分子；而其所發明者又與傳子的「大政」無關，故任其窮困飢餓，迄未予以絲毫的鼓勵和援助。蔣經國所主持的退役官兵輔導處，亦可以休矣。

既率中共代表團出席蘇共大會
周恩來何故不與赫魯曉夫握手？

劉裕略

蘇聯共產黨第廿二屆全國代表大會於十月十七日在莫斯科開幕，中共派周恩來爲代表團長彭眞康生陶鑄等爲團員前往，抵達莫斯科時，赫魯曉夫曾親迎周恩來於機場並熱烈握手。但蘇共大會開幕之日，赫魯曉夫發表了長篇講演，其中有正式公開抨擊阿爾巴尼亞之言，指其現仍奉行「個人崇拜」。據法新社莫斯科十七日電：「當時波共領袖戈慕卡，東德共黨領袖烏布里特，法共領袖多列士等均熱烈鼓掌，周恩來則絕無表示。又據美聯社倫敦十七日電謂「赫魯曉夫星期二指責阿爾巴尼亞採取史大林個人崇拜的路線」。阿爾巴尼亞則無代表參加這次蘇共大會。

又據莫斯科十八日路透社電：「今天赫魯曉夫講話十六小時完畢之後與外國客人握手的時候，中共總理周恩來把手插在口袋走開去了。赫魯曉夫講完話的時候，接受了全場起立四分鐘的歡呼，然後他走向來賓席去，但是他還沒走到，周恩來就行開。赫魯曉夫正在與東歐共產黨領袖握手，周恩來已經走出對面的出口處，兩手插在口袋裏」。以上是表現在公衆面前的公開鏡頭。

周恩來爲什麼不對赫魯曉夫的講詞鼓掌？又爲什麼避與赫魯曉夫在這一講演之後握手呢？若說這是因爲周恩來本人與赫魯曉夫個人之間有什麼衝突，若說這是中共政權與蘇共政權之間有什麼嚴重衝突，當然都不是。事實上，周恩來飛抵莫斯科時，赫魯曉夫固曾與周恩來在機場握手，就在這一講演之後，他們也還在別的場合握手，而其所以不對赫魯曉夫十七日的講詞鼓掌，和避與赫魯曉夫十八日發表講演後握手，則全因赫魯曉夫攻擊和指責個人崇拜，因而與毛澤東繼續維持個人崇拜相衝突之故。而這也就恰恰印証筆者於本報一六三期，在第一版（見本報十月十三日香港版及十月十七日紐約版）所寫「論赫毛衝突及毛澤東的悲劇命運」的觀察。

從表面看：赫魯曉夫所指責的個人崇拜對象是阿爾巴尼亞，但赫魯曉夫指桑罵槐，眞意所指却罵的是毛澤東。因爲阿爾巴尼亞所推行的個人崇拜不過是小焉者，大大推行個人崇拜的却是毛澤東。何況，全力支持阿爾巴尼亞以與赫魯曉夫對抗的也是毛澤東。所以赫魯曉夫所說「決不對阿爾巴尼亞及任何人讓步」一語，顯然暗指毛澤東。在今天，赫魯曉夫是正在企圖利用集體領導的名義來鞏固自己和提高自己，並用以打擊毛澤東的，他這一次在蘇共大會中不顧一切的不惜如此公開的抨擊個人崇拜，正是他對毛澤東的公開打擊。那末，在此情勢下，不管周恩來內心是否贊成赫魯曉夫的抨擊，但周在外表上却決不能對赫的講詞鼓掌，更不能與赫握手。如若鼓掌或握手，豈不表示周恩來亦贊成赫對個人崇拜的抨擊？換言之，則豈不表示周亦隨赫之後反對毛澤東的個人崇拜？然而周今日在中共政權內部之地位雖高，身任中共中央副主席及國務院總理，但中共的黨權及軍權却並非握在周恩來的手裏。所以，即使周內心亦不贊成個人崇拜，周亦不敢明白表示出來，而只能在外表上對赫魯曉夫的抨擊表示反對了。否則，周恩來是將會被毛澤東排除。何況周此行代表中共中央。這便是周恩來不對赫魯曉夫十月十七日講詞鼓掌，又於十月十八日赫講演後避與握手的原因。筆者在十月十三日「論赫毛衝突及毛澤東的悲劇命運」一文亦已說過：中共政權與蘇共政權之間並無衝突，有衝突的只是赫魯曉夫與毛澤東個人。再看周恩來於十月十九日蘇共大會講演時，雖指責赫魯曉夫不應公開共黨集團內部之衝突（因爲赫魯曉夫這種公開是顯然打擊了毛澤東的個人威望），但周恩來仍代表中共政權向蘇共大會「保証中共充分支持蘇聯的外交政策和蘇聯的新國防措施，他稱贊赫魯曉夫昨日提出的蘇共新計劃，繼猛烈抨擊美國」（以上據美聯社十九日電）。可見赫魯曉夫與毛澤東的個人衝突雖已加劇，但中共政權與蘇共政權却並未因此走向分離，有如筆者前所分析。而今後毛澤東的危機雖多，却亦難望中共與蘇共因此分離哩！

中共空談水利長江仍患阻沙

陸聞

中共佔據大陸十二年來，年年都在大吹水利。水利建設究竟如何呢？各地連年不斷的大水災已給中共作了一個諷刺性的証明，証明中共所鼓吹的水利，原來都是吹噓，而北平人民日報於十月十四日刊登了郭沫若「再出夔門」的七首詩，則更透露了長江航運仍時常受阻，坭沙既已常常爲患，航運的速度，且亦較中共未佔大陸前更慢。

郭沫若在這七首詩的序言中說：「一九一三年秋，第一次乘長江輪船，東出夔門，經過三峽。爾來，往返均乘飛機，與三峽不見者四十又八年。今秋九月十四日，由重慶乘江瀘輪東下，再次經過三峽，因在奉節阻沙，十八日始抵漢口，五日間得詩七首，題爲『再出夔門』。」其「奉節阻沙」一首則更作序言說：「十五日傍午，輪至奉節，因江中多沙，不能行駛。據言：江水中含沙量如多至三分之二，舵輪卽可失靈。舊時山林砍伐過甚，水土疏失所致」。可見長江航運，至今仍是問題。阻沙的事，從前雖然也偶而發生，但數年難見一次，至於長江江水的含沙量竟達三分之二，則更是從前所無。且由重慶至宜昌，從前的航程最多只需二日，由宜昌至漢口亦只二日，換言之，由重慶直航漢口，只需四日便夠，今郭沫若却走了五天，故不免有「十八日始抵漢口」之嘆。這一始字，言其慢也。何以如此其慢呢？長江水利建設不佳，而輪船本身又速率低也。

中共與尼泊爾訂邊界條約
額非爾士峯被劃在界線上
中共修通尼泊爾戰略公路

綜觀

尼泊爾國王馬亨德拉於九月底到北平訪問，並於十月五日與中共簽訂了邊界條約，此一條約已於十月十三日由中共新華社公佈。世人注目的世界最高峯額非爾士峯（卽珠穆朗瑪峯）被劃在界線上，顯示該峯各佔一半。原文第一條第十一節說：「從聶魯橋起，界線大體向東行，到赤仁瑪，沿山脊向東，再沿着絨轄河和絨布河爲一方，都得科西河支系爲另一方的分水嶺向北行，到藺巴山口，再沿山脊大體東南行，經過卓奧友山、普莫里山、珠穆朗瑪峯和洛子峯，到馬卡魯山，然後由山脊向東南轉東而行，到波底山口」。

中共之所以不完全佔有額非爾士峯，以與尼泊爾訂約，用意之一，旨在利用這一小國來渲染它的所謂對外五原則，從而掩飾它的侵略野心。實際上，中共對外五原則早已破產，如說中共五原則可以與尼泊爾及緬甸訂約便是未破產，那末，中共何以不能根據五原則而與印度訂約呢？這就可見中共對外五原則是決不能普遍應用的了。何況，中共雖已與尼泊爾訂立了外表似乎平等的邊界條約，但中共却暗中強迫尼泊爾同意中共修建一條由西藏通往尼泊爾境內的公路，而這一條公路則完全是經濟意義少得可憐而軍事意義則大得驚人的戰略公路，它不只像一把尖刀一樣直指尼泊爾之心臟，而且也顯然威脅印度、不丹和錫金，甚至間接威脅到巴基斯坦。所以，中共對印巴等國的擴張企圖至此是更進一步表明了。且看印度和尼赫魯的反應如何？

僑鄉簡訊

鍾之奇

福建漳浦水災嚴重

漳浦是福建主要產糧區之一，但在九月十日前後，連遭兩次颱風暴雨之襲擊，因而造成了水災。據十月十四日中共人民日報福建通訊說：「當時洪水泛濫成災，淹沒了全縣百分之七十一的晚稻和百分之四十七的甘薯，……就以南溪下游的錦江大隊來說吧，這個大隊二千零七十畝晚稻，有一千八百五十畝受淹五天以上，其中六百五十畝在洪水中淹了七天，有一百五十二畝晚稻被冲毀了」。如此可見災情嚴重之一般。

中山縣大養晚禾鴨

據人民日報廣州十月十三日電：「廣東中山縣各人民公社利用水鄉的優越條件，大量飼養鴨子，目前全縣已經飼養了晚禾鴨四十多萬隻，現在仍繼續孵化鴨苗」。

按所謂晚禾鴨是一種帶有季節性的鴨子，中山縣處在珠江三角洲的水網地帶，水中浮遊生物多，原本是飼養鴨子的好地方。所以中山縣人民一向都很勤力蓄養鴨子，成爲該地人民一種家庭收入。中共有見於此，又認爲鴨子可以行銷海外以換取外滙，故勒令各人民公社多加飼養。在水稻收獲前飼養鴨子的好處是可以在水稻收獲前後將鴨子放到田中覓食零散谷粒，因而節省飼料，早造放養的稱爲早禾鴨，晚造放養的便稱爲晚禾鴨。又據人民日報說：「今年早造，中山縣飼養的一百二十多萬隻早禾鴨現在已經養大育肥，大量上市了」。只可惜人民一年辛苦飼養，自己既不能在食用上嘗試，換取外滙亦全被中共賺去，所以，人民對於肥肥的鴨子雖都人人喜愛，但却痛在心裏。

廣州巴士油料缺乏改拖車制

由於油料缺乏，中共早已在大陸各內河航線倡行拖船制。拖船方式，本不自今日始，中共未佔大陸前，各地內河航線原就有所謂拖輪，但把這一拖船式廣泛實行的却是中共，因爲中共十年來已在各內河航線普遍實行拖船式。

至於把拖船制式應用在陸地上，使許多城市的公共汽車（巴士）亦實行拖車式，即由一輛公共汽車拖二三輛公共汽車在後隨行，則始自中共。

茲據絕對可靠消息：廣州之公共汽車，現已實行拖車式。無論在內河普遍推行拖船制抑或在城市的巴士推行拖車制，當然都是由於中共油料嚴重缺乏之故。

梅縣災情嚴重

據中共「中國新聞社」十月十八日電訊的報導：梅縣的災情異常嚴重。據說這是因爲「八月下旬和九月上旬，梅縣連續遭受颱風暴雨襲擊的緣故」。「受災最重的白宮、西陽公社，除了被石塊冲擊本造無法改種的農田以外，都改種上了作物」，「被冲毀的水利、橋樑、公路」很多，「被破壞了多處的梅明公路，正在進行修復」。又說「歷次災後都有大批人口向外逃荒，不少人流離失所」。災情之嚴重，於此可知。

海南島收割晚稻

據中共廣州專訊：「海南島各地人民公社已經開鐮收割晚稻，據有關部門統計：到本月十一日止，各地已收割的晚稻面積將近十萬畝，其中東部的萬寧、瓊海兩縣收割比較快，每縣都已收割了二萬畝至三萬畝」云。

海康縣擴種菠蘿以換外滙

菠蘿也是可以換取外滙物資之一，對此，中共已在廣東海康縣驅迫人民積極擴種。據人民日報所刊「中共海康縣委通訊組」的報告說：「廣東海康縣各公社，積極鼓勵和幫助各生產隊因地制宜發展菠蘿生產，加強田間管理，力爭菠蘿多收。」按菠蘿是廣東四大名菓之一，它具有耐旱、抗病蟲害能力強，適應性強等優點，不但適宜平原丘陵地帶種植，也可以在山上種植。而海康縣荒山多，中共遂迫令人民上山墾荒擴種。據該通訊組報告，「到目前止，今年全縣已種一萬七千多畝，比去年擴大百分之十五」云。

星馬合併的三角關係

無痛分娩？

俊生

馬來亞議會昨晚（十月十八日）通過了拉曼總理的「馬來西亞聯邦」計劃。議會經過兩天半的激烈辯論，方才把這個宏大的計劃，原則通過。

記者已經在以前的通訊中，報導過「馬來西亞」聯邦的藍圖，那便是馬來亞、星洲、北婆羅洲（英屬）、沙勝越、婆羅乃等馬來亞羣島的大合併。而「大馬來亞」，則是把馬來亞擴大，即星馬合併。

這一切的合併，都屬無可非議，甚且可以說是順理成章。因爲，星馬是「不可分割」的，無論星方或馬方的朝野人士，都持同一的觀點。馬來西亞計劃，基於同是馬來亞羣島，過去或現在同是英屬，人種語言文化相同或極接近，更因爲世界趨向「集團勢力」，小國難以自謀國防安全，經濟發展，必須團結以求生存，種種主觀客觀的理由，馬來西亞計劃可以說是「應運而與」。

北婆羅洲方面，北婆與沙勝越、汶萊，合起來乃是一片完整的土地，而目前它們的土地犬牙交錯，在分割狀態下，發展都受到限制；一旦合併起來，就有很大的利益。尤其是在自治和獨立潮流當中，英屬地的北婆和沙勝越，英保護國的婆羅乃，如果與馬來亞合併，便無形中解決了獨立問題，等於「無痛分娩」，快何如之！

迂廻戰術

可是，也許是世事絕不簡單，無論是大合併、抑或是小合併，前途都發生了阻力。這阻力並且不祗來自一方面，而是來自多方面的。像這次馬來亞議會討論馬來西亞聯邦案中，反對黨對此，便是力持反對的，但他們並非正面反對，因爲正面反對是不成理由之故，所以他們提出了「更大合併」的迂廻方法，企圖打亂馬來西亞計劃。所謂更大合併，便是要在星馬北婆沙勝越汶萊之外，再合併菲律濱和印尼。當然，這個計劃是被否決了。

但馬來西亞計劃本身，也有不少爭辯。問題是星馬北婆等五邦同時合併？還是那一面北婆三邦合併，這一面星馬兩邦合併，然後合併爲馬來西亞？拉曼的馬來西亞計劃主張後者，卽北婆方面俟其到達「政治成熟」的程度，再謀與馬來亞合併。但馬來亞可首先與星加坡合併，建立一個堅强的中央政府，便有足够的吸引力去吸引北婆三邦，也有足够的影响力去推動馬來西亞聯邦的實現。

五邦合併，或兩邦合併，既是加强力量——加强現存政治形態下的力量，便有「防共」的意味在內。「聯邦計劃」及支持這計劃的發言人，都並不諱言，「應該迅速合併，否則將局部被共黨所吞噬」。因爲正如事實上所表現的，有了「爭取獨立」的藉口，共黨份子標榜這口號而實行滲透，像在沙勝越那樣。星加坡的情形尤爲緊張，星洲總理李光耀已經警告說：星洲在經濟上沒有獨立生存的條件，倘若星馬不急行合併，則在三至五年以內，星洲就會出現普遍的失業，成爲既熟蘋菓，等待共黨去採摘。

誰司其咎？

倘若星洲陷於紊亂，馬來亞是難以繼續像現在那樣，成爲「東南亞的樂土」的。那麼，星洲既急求合併，馬來亞又屬同意，那爲什麼不迅速進行呢？這裏面也還有兩個大問題阻梗着；其中一個是華人人口過多問題；另外一個，則是星洲英軍基地問題。

馬來亞華人與巫人的人口比率，約爲四十五與五十五之比。但如果把星洲的近百萬華人加入馬來亞國，那就會反轉過來，華人與巫人的比率，爲百份之五十五與四十五之比。依照人口比率產生議員，而華人一旦團結起來，就是執政黨了。過去，拉曼不急於進行星馬合併，就爲這個原因。當行動黨在星執政不久，他就曾聲稱設若星洲「不馬來亞化」，休想合併；他也暗示，星洲若過於左傾，合併也有困難。拉曼提出馬來西亞計劃，也有人指出，他的作用是在於「冲淡星馬的華人人口」。

李光耀已極力使星洲馬來亞化，最近又與他黨內的共黨左翼分道揚鑣，顯出他是右翼。並且到吉隆坡移樽就敎，要求合併。拉曼似乎無可藉口，不得不提出在馬來西亞計劃中「先進行星馬合併」的步驟。

但步驟儘管提出並且通過，另一大問題又告浮現。那便是星洲英軍基地，拉曼明言，合併後此基地不得供東南亞公約使用，而英國可是東南亞公約的一員，基地在東約防衛網中，是一個中心，英國無意對東約的承諾而食言。

共產黨爲便於臠割或各個擊破，反對一切加强非共國家地區的大小合併，這自不成問題。英國原則上是贊成馬來西亞計劃及星馬合併的，但基地問題却是進退不得。「反對星馬合併」這頂帽子，罩到英國頭上來了。

・吉隆坡通訊・

越共游擊隊活動內幕

・黎毡・

目前南越政府當局，正給越共游擊隊困擾中，情勢越來越嚴重。尤其是在西貢以東五十英里的邊和省，該處有大部份是森林地帶或沼澤地帶，更兼接近寮棉邊境，寮共游擊隊已利用着這些有利的環境，建下了堅强的基地，對南越政府不斷加强威脅，使吳廷琰寢食難安，軍事人員疲於奔命。

據當地人士所獲悉，寮共游擊隊的基層組織，是先由數名高級特工，分別潛入南越各鄉村，發動不滿現實的貧苦農民，三五成羣，分別組成反抗政府的「細胞」，然後再由這些「細胞」，編成地區性的聯隊，並由一個「委員會」負責統一宣傳和指揮，並分別配給武器，唆使叛亂。經過長期的醞釀，這種在南越蠢動的游擊隊，目前估計有一萬二千人至一萬四千人；若果這樣的「基層組織」將來擴展至南越的每個地區，則可能再增加一萬人。此外，另有若干北越正規部隊，分別滲入，編到部份地區的游擊隊內，成爲游擊隊的骨幹份子。

當地人士又指出：越共游擊隊，是分成若干等級的；凡有正規部隊編配在內的游擊隊，則等級較高，所獲的武器裝備，也較爲精銳。現在，配備精銳的游擊隊，共有廿七隊，分別駐於南越若干軍事據點上，其餘則軍械較劣，多數是一些舊式的法國步槍，手榴彈，和其他土製武器而已。至於地區性聯隊，目前共有四十三個；担任機動性特種工作的特工隊，則共有廿一隊。據悉：這種特工隊現仍在積極擴展中；依照越共的初步計劃，係要擴充到三十隊。那些配備較劣的游擊隊，則經常被調到「秘密軍事訓練營」受訓。所訓練的，是政治思想和實習射擊。據說：越共所最着重的，是政治思想；軍事訓練，還屬次要問題。

越共游擊隊若單純憑着他們現存的武器，當然不會再增加對南越政府的威脅力，但是他們是繼續獲得蘇共和中共的新式武器援助的，這一來，情況就逐漸顯示得嚴重了！越盟方面，曾發出聲明：一定要把南越從「美帝」手中「解放」出來。越盟要「解放」南越，在揮軍南進之前，當然是要利用游擊隊來加强威脅南越政府的。

更有值得憂慮者：越共的游擊隊，刻已有一部份進一步的秉受陣地戰的訓練，他們已由偏僻的地區發展到市郊，並在附城的農村中，進行有系統的刼擄和謀殺。當地的富豪，地主，行政官吏，都是他們刼擄和謀殺的對象。在上述的情形下，使人意識到越共游擊隊是正在一方面加强恐怖氣氛，另方面則加緊準備於必要時改作陣地戰。這點，吳廷琰總統也已觀測得很清楚。吳氏曾公開說過：我們現在已不能再單獨與越共作游擊戰，因爲越盟軍隊已違反了日內瓦協定，派遣正規軍滲入南越，雨季結束後，很可能配合了曾受陣地戰訓練的游擊隊，來一次大規模的攻勢。吳氏這一番談話，決不是危言聳聽的。目前，遍佈南越的越共游擊隊「特工人員」，已與中共和寮共取得緊密的聯繫，並在南越北部的山岳地帶，煽動落後民族，準備建立「臨時解放政府」，作進一步的發展。這卽是說：越共游擊隊不特在軍事上加强（訓練陣地戰），同時也在政治上展開了有計劃的安排。

美國方面的援助南越，雖是軍事、經濟併進，且特別在反游擊戰方面作出極大的努力，但從事實上的顯示，越共游擊隊的破壞速度和進攻潛力，仍高於南越方面的反游擊戰的一切措施。美國下議院也承認：共黨在南越所施展的壓力，刻正有增無已。——那末，吳廷琰政府又將如何應付呢？南越的對越共游擊隊作戰，一向是採取防禦性的。無可諱言，這是吳廷琰政府的最大弱點；防禦性的鬥爭，是無法可以遏止越共游擊隊的活動的！

國際觀察家已這樣的指出：拯救南越淪亡的唯一方法，祗有改變策署，立刻改守爲攻；這樣，才可以消滅越共的游擊隊，才可以粉碎越盟的陰謀，才可以使南越局勢，化危爲安。最近在曼谷舉行的東南亞協定組織軍事顧問會議，據說可能擬訂對付越盟游擊隊的一項新戰署。當然，全南越人士，都是希望這項新戰署的早日實現，從速把南越目前岌岌可危的局勢，扭轉乾坤。

・西貢通訊・

友情

兆祥

在班上，再也沒有誰比李克環更怪的了。

王瑩告訴我，李克環有點神經病。

我認爲王瑩形容得過分了點，他只是脾氣古怪了一些而已。

他的怪事很多，不勝枚舉，最近他就又做了件難使人了解的怪事。

我記得很清楚，那天下着很大的雨，從上午九點開始，九點以前的天氣可還是好好的，那時李克環一個人正坐在教室外的石墩上，痴痴地不知在想什麼，後來下雨了，而且下得很大，他好像一點也不覺得，仍呆坐在那裏，同學把他拖進來時，他已混身濕透。他一點也不在乎，心安理得的坐下來聽課。

他給人的印象是冷酷而無情，他很少和同學說話，上課下課，他總是一個人獨來獨往，所以，在班上他是孤獨的。

第二天他沒有來上課，我們並不以爲意，可能昨天淋了雨，着了凉，誰知在要放學的時候，一向消息靈通的子林却跑來對我們宣佈一個驚人的消息，李克環昨晚自殺了，現在醫院中。

我們都感到有說不出的驚訝，尤其是我，老實說，我對他的印象不壞，所以在放學時決定去看看他。

他自己可以孤獨得不關心任何一個人。但，却無法禁止別人關心他。

醫院裏的人告訴我，他不見客，我扯了個謊，說是李克環請我來的。

結果，看護小姐半信半疑地讓我進去。

「誰？」他問。

「是我。」我走進去，他躺在床上，看見是我，臉上抽搐了下，粗魯的問：「妳來做什麼？」

他的話冰冷得拒人千里之外，我有點生氣：

「我來看你，如果你想趕我走，現在還來得及。」

他不作聲，憂鬱的眼望着窗外，我嘆了口氣：

「你好好的休養，有空我再來看你。」說罷我預備離去。

「姚麗，」他忽然低低的喚了我一聲。

「怎麼了？」我柔聲的問。

「我，我覺得我老了。」他說。

我望着他，感到有說不出的悽凉。他又說：

「我知道妳們用什麼眼光看我。」

我爲難了半天：「這是因爲大家不了解你。」我說：「好在日子還長，慢慢的來。」

「不，」他搖搖頭：「我只合孤獨。」

看他固執得可以，我笑了一下：

「你好好的休養，明天我再來看你。」

他沒有拒絕，可也沒有表示歡迎。

我是一個虔誠的基督徒，拯救一個垂死的靈魂，我覺得比什麼奉獻還重要。

第二天，我去醫院時，買了束花。

看到我，他笑了下，露出一排潔白的牙齒，很迷人，這不由使我想起一個人，我說：

「你知道不，你很像一位電影明星。」

「哦!?」他心不在焉地。

爲了証實我的話，我又說：「眞的，你跟主演「寂寞春心」的黃鈴好像啊。」

他沒有說話，我坐下來。接着說：

「我最崇拜她了，她的片子每張我起碼都看兩遍。我……」說着，我忽然發覺李克環在流淚。

「李克環。」

「我是黃鈴的兒子。」

我一呆，分不出他說話的情緒，我說：

「黃鈴是你的母親？眞沒想到。」

「可是，我從來沒有喚過她一聲。」

「爲什麼？」我不明白的問。

「爲了她是電影明星。」他恨恨的說：「所以她一輩子也無法告訴人，她有一個廿歲大的兒子。」

我握着他的手，心裏充滿了同情與難過。平時，我們都說他怪，說他冷酷，現在我才知道，那是多麼傷他的心？我們從沒有耐心去了解過他，其實他比我們誰都需要友情的。

「姚麗。」李克環對我說：「不要笑我太軟弱，我很寂寞，我有家，沒有父母，我時常希望，有一天我也像別人一樣，能叫爸，能叫句媽。」

我噙着淚，喚着他的名字：「李克環。」

「我和母親相聚的機會還不及她的影迷多。」他嘆了口氣：「她以爲供給我大量的金錢就可以彌補對我的內疚，她不知道，許多東西，金錢是無法補償的。」

我點頭同意。

「所以，我恨她。」他說。

我拿了塊毛巾爲他拭去臉上的汗與淚：

「李克環，讓我們做個朋友。」

「是爲了憐憫我？」他說。

「不，」我說：我需要你的友情，你不知道，我也是很寂寞的。」

他點點頭，握着我的手。顯出一個令人安心的微笑。

在回家的途中，我的心充滿了喜悅，我預備明天告訴李克環，現在將是他自己成立一個家的時候了，他是一個男人，他不應當對那無可依賴的過去付出太多的感情，那是無謂的浪費，他現在需要來做的，是珍惜將要來臨的明天。

「我們還有明年嗎？」

金珂

西北風呼呼地吹着，天上烏雲密佈，像要下雪的樣子，家家戶戶都關上了門，無論是草房瓦房，街上沒有一個行人……

嗚嗚嗚，一陣火車的汽笛聲，劃破了寂靜，車站上响起了：「旅客們，紹興站到了，到紹興下車的旅客，請拿好行李，準備下車。」旅客下車了，頓時，人聲嘈雜。

揚穿着藍布棉列寧裝，提着小皮箱，從車上下來。一下車，寒氣撲人，他就把頸縮起來。他抬頭望望灰色的天空，自言自話地說：「才十月天氣，已這麼冷。——看樣子要下雪了。」他加快脚步向自己家裏走去，十年沒回鄉的揚，特別是長期來住在煩囂的香港，多麼想呼吸農村新鮮的空氣啊！於是他邊走邊抬頭掃視，只見稻子已經收割。田野裏所種的青菜是既小又老。再看到路旁的樹，咦！奇怪，怎麼都沒有樹皮？

走到一座瓦房門口，看着這古舊的屋，雖分別有十幾年了，可是童年的生活還清晰地在他的眼前，覺得這周圍的一切，都留有他童年的腳印，過去的頑皮、蹦跳、愉快，重又出現在他的眼前。可是，他今天回到了故鄉，却帶着沉重的心情：「祖父的病怎樣？但願皇天保佑，不發生什麼意外……」

門開了，看到一個大腹便便而又走路遲慢的人來給他開門。於是他毫不遲疑地說：「嫂嫂，謝……」猛抬頭，却是個剃平頂頭，而又頭髮稀疏，面色又是那麼黃瘦的男人，他自知失言，馬上改口：「對不起，麻煩你。」

「啊！是你回來了，來看爺爺吧？」

「二叔，是你，怎麼？你也身體不好嗎？」

「我們這裏的人，都害着那樣的病，多了也不稀奇了。快進屋去吧！爺爺正想你呢！」

一進房，看到床上睡着骨瘦如柴的老人，人雖瘦，腹部却隆得很高。揚一踏進這房，只感到滿目悽凉，幾年不見，想不到……放下皮箱，急忙走到床邊：「爺爺！」老人微睜兩眼，問：「誰？」二叔跨上一步：「爺，揚回來了，你看！」

「揚回來了，在哪裏？」

揚握住了老人枯瘦的手，坐在床邊：「爺爺，是我回來了，你怎麼樣了？」

「孩子，你回來了，想不到爺爺在臨死前，還能見到你……」

「爺爺，不會的。你不要多想，好好的養病！」

「不，不行了，我們村裏多少老年人，都生着和我同樣的病，他們都死了，我還能不死嗎？」

「爺爺，你休息一會，不要再多講話！」

「不，不，我趁還有一口氣的時候，讓我把話講完了。孩子，你回來了，可惜爺爺馬上要和你分別了，你以後自己好好的保重……」氣喘着，停了一會又接着說：「孩子，你來了，有沒有……帶帶飯來，現在能讓我吃點飯該多好，我們有三個月沒吃飯了，天哪，我就想吃點飯，唉……」

「爺爺，你躺一下，我給你想辦法弄點來……」

「來不及了，孩子，這裏是不會有飯吃的，啊！我痛……我難受……天哪……」聲音越來越低幾乎聽不到了，慢慢地閉上了晴睛。

「爺爺，爺爺，你怎麼啦？」

「啊！爺！」就這樣，老人與世長逝！，揚再也忍不住，淚像斷了綫的珍珠，掛滿了兩頰。

開飯了，枱子上擺滿了黑褐色的糊。「二叔，這是什麼？」

「這就是我們吃的飯啊！」

「飯！這是什麼飯？」

「是啊！這就是草根和樹皮下的糊啊，我們已經吃了三個月了。你看！」說着，他打開門，「草根挖光了，樹皮剝盡了，現在才十月，到明年青黃不接時，不知該吃什麼啦！揚，你告訴我：『我們還有明年嗎？』」

金釵記

（一八）

黎明

魯學曾：啟稟大人：此乃黑大冤枉，絕無此事。

陳濂：（拍驚堂木）住口！

楊婆婆：啊、按院大人：我家少主確是由他姑媽家中清晨前往，老婦人親眼得見。

陳濂：不准多口，本院自有分曉。啊、老歐！本院再來問你：那魯學曾第二次前來，可又是你引見？

老歐：他第二次乃走前門；小人不知。

陳濂：他第一次為何不走前門，却來後門尋你？

老歐：我家夫人要小人傳口信時，原教他走後園來。

陳濂：魯學曾！

魯學曾：門生在。

陳濂：本院再來問你：你岳母原教你走後園，却緣何反走前門進去？

魯學曾：大人容稟：只因先父去世之後，門生與岳家從無來往；又兼說要退親，門生不知岳母好意是真是假；後園怕遭暗算，故而改走前門。

陳濂：老歐！

老歐：小人在。

陳濂：本院再來問你：那黑夜來的，（指魯學曾）是否就是這個公子？你須仔細認清，如有半點虛誑，打斷你的狗腿！

老歐：這個？回大人的話，黑夜五更，小人老眼昏花，只依稀認得好像就是這個公子。

魯學曾：黑天冤枉呀！

陳濂：（拍驚堂木）不准多口！（轉向老歐）我再問你：你到魯家時，魯學曾既不在家，口信傳於何人？更有何人在場？

老歐：傳於魯家管家楊婆婆，並無他人在場。

陳濂：楊婆婆？（指着楊婆婆）敢莫就是這個楊氏？

老歐：正是此人。

陳濂：楊氏！

楊婆婆：老婦人在。（行近公案）

陳濂：我來問你：老歐帶信時，你家少主往那裏去了？

楊婆婆：往姑媽梁氏家中借米去了。

陳濂：口信再由何人何時帶與你家少主。

楊婆婆：當日黃昏時候，老婦人親自帶與我家少主。

陳濂：傳口信時，除你家少主之外，更有何人在場？

楊婆婆：姑媽梁氏及子尚賓在場。

陳濂：站過一旁！

楊婆婆：是。

陳濂：魯學曾！

魯學曾：在。

陳濂：你姑媽家中與你岳家相距幾里？

魯學曾：相距只四五里。

陳濂：嘟！（拍驚堂木）口信當天帶到，兩家相距不遠，怎說三日之後方到顧家，分明欺瞞本院，扯下去打！

衆：咋！

魯學曾：且慢！大人息怒！門生有下情回禀。

陳濂：快說！

魯學曾：門生本擬當晚便去，無奈衣衫襤褸，怕被岳家下人看輕，只得與表哥梁尚賓權借遮醜，已蒙許下。又無奈表哥當晚有事外出，第二日晚間方始回來。門生專等衣帽，所以遲去了兩日。

陳濂：你借衣帽緣故，你表哥可曾曉得？

魯學曾：不但曉得，要門生只走前門，免遭暗算，還正是他的主意。

陳濂：你表哥現住何處？是個甚等樣人？

魯學曾：現住東門外梁家莊，是一個童生。

陳濂：來！

衆：咋！

陳濂：魯學曾還押隨衙聽審！其餘人犯，不得有誤！

衆：咋！（兩兵士押魯學曾下，楊婆婆、老歐隨下）

陳濂：書吏過來！

書吏：在。

陳濂：掛出憲牌，就說本院偶感不適，各官一應公務，自即日起，俱候另示施行。

書吏：遵命。

陳濂：張千、李萬！

兩侍衛：在。（趨至案前）

陳濂：附耳上來！

兩侍衛：是！（作附耳傾聽介）遵命。

陳濂：退堂！

衆：退堂！（移）

（第十七場完）

辛亥革命史談

（二七）

舜生

三．同盟會成立經過及其活動

孫中山說：『暗殺須顧當時革命之情形，與敵我兩者損害孰甚。若以暗殺而阻我他種運動之進行，則雖殲敵之渠，亦為不值。敵之勢力未破，其造惡者，不過個人甲乙之更替，而我以黨人之良搏之，其代價實不相當。惟與革命進行事機相應，及不至動搖我根本計劃者，乃可行耳。』（見胡漢民自傳』所引）從這一段話，我們可看出中山在提倡革命時，對採取暗殺手段是主張極端慎重的。

可是在辛亥前後，及入民國以來，或為革命者暗殺其敵人，或革命者為反革命者所殺，甚至僅為一種權利衝突與政治鬥爭，而暗殺乃成為一時風氣。舉其顯著的例子來說：最早者如光緒二十六年九月，史堅如謀炸粵督德壽於廣州。同年十一月，德壽購凶刺楊衢雲於香港。三十一年八月，吳樾炸出洋考察憲政五大臣載澤等於北京車站。三十三年五月，徐錫麟槍殺皖撫恩銘於安慶。宣統元年十二月，熊成基謀刺清出洋考察海軍大臣載洵於哈爾濱。宣統二年二月，汪精衛、黃復生等謀炸清攝政王載灃於北京。三年三月溫生才刺殺孚琦在黃花崗一役以前；閏六月，林冠慈，陳敬岳謀刺李準，則在黃花崗一役以後；至李沛基炸斃清廣州將軍鳳山，則距武昌起義已經有半月了。所不幸者，武昌起義未及一月（九月十七），革命鉅子在北方握有軍權的吳祿貞即被刺於石家莊，或曰主謀刺吳者為良弼，或曰即袁世凱，以當時情勢言之，其為出自清廷似無疑義。此實對當時革命全局極不利的一件大事。其與刺吳一幕同具重要性者，則有民國元年一月十六革命黨人楊禹昌、黃之萌、張先培之刺袁世凱；同月二十六彭家珍之刺良弼（參看黃興四烈士碑文題詞，見『黃克强先生書翰墨跡』）。此三事另詳下文，不贅。反之，在革命黨內部所發生暗殺事件之重要者，則有民元一月十四（辛亥十二月十六）光復會領袖陶成章被刺於上海法租界廣慈醫院，此實革命陣綫破裂最初的一大陰影。此外民國以來暗殺事件之有名者，如民二民五宋教仁、陳其美之被刺於上海；民四民七黃遠庸（遠生）湯化龍（濟武）之被刺於美洲；其他如程璧光、朱執信、廖仲愷、楊永泰、楊銓、唐有壬、唐紹儀、曾仲鳴、楊杰等之死，均或多或少與民國以來之動亂有關，以不在本書範圍以內，姑不詳說。

惟辛亥林冠慈、陳敬岳之刺李準，及李沛基之炸鳳山，均緊接着三月二十九失敗以後而來，應當在這裏畧一提及。

中山在原則上不主暗殺，因此汪精衛謀刺載灃，黃興、胡漢民均不贊成。可是在黃花崗一役以後，黃興乃主暗殺甚力，胡也拋棄己見，轉附黃議，因而有林、陳、李這兩次暗殺的出現，實際即由黃、胡等在香港所策動也。

陳敬岳為霹靂華僑，担任刺殺李準，當李赴順德清鄉時，陳僞為流丐，沿途乞食，追踪李十餘日，卒無機會下手。適其時劉師復所組暗殺團團員林冠慈，也以刺殺張鳴岐、李準為目標，陳林乃聯合從事，陳任城外，林任城內，擬殺李於由督練公所至行署途中。閏六月十九，林冠慈在廣州雙門底向李所乘轎猛擲一彈，李傷腰，其衛隊死傷約二十人，林當塲炸斃。陳敬岳西裝剪髮，行跡可疑，在紛亂中為警識破，被捕遇害。

李沛基為李應生之弟，年僅十七，原定由李應生担任炸李準，以準經過林冠慈一擊，戒備甚嚴，無法下手，因改炸將到廣州履新的將軍鳳山。先設一雜貨店於倉前街，應生於配置炸彈時藥發暈倒，改由沛基代其執行。應生裝一重十七磅的炸彈於店前簷際，所懸木機，以繩繫之，繩斷彈即落下爆炸。偵得鳳山於九日初四到省，必於店前經過，即令店內其他各人離去，僅留沛基割繩，鳳山乘輿到達店前，繩斷彈落，鳳山炸斃，並死傷旗兵觀衆七十餘人，沛基從店後從容逃出。鳳山曾繼袁世凱統北洋四鎮，實清廷統兵要員，此舉足使各省疆吏聞而胆落。（未完）

聯合評論 週刊
本刊已經香港政府登記
每逢星期五出版
United Voice Weekly 第一六七號
督印人：黃宇人　總編輯：左仲平
社址：九龍嘉林邊道二十三號地下　電話：68678
承印：嘉羅印刷有限公司　香港灣仔馬師道5號
總代理：友聯發行公司　每份售價港幣一毫
本報美洲版總經售處：美國紐約中美出版社
CHINESE - AMERICAN PRESS, INC.
199 CANAL STREET.,
NEW YORK13 N. Y. U.S.A.
美洲航空版每份零售美金一角

聰明與愚昧之間

一、從聯合國措施談到外蒙的竄入

左舜生

人總覺得自己很聰明，決不會自承愚昧，像咱們中國人，平日偶或自稱『愚兄』，『愚弟』，這不過是故作謙辭，內心滿不是那末一回事。

檢討人類智慧發展到了現階段，簡直是昇天入地無所不能，還要說它愚昧，當然不會為世人所許；可是一按事實，究竟又怎樣呢？姑舉例言之：

聯合國演變成了今天這個樣子，這與最初創立的原意，其距離誠不可以道里計，可是世人好像還是樂此不疲：僥倖擠了進去的，大抵欣然色喜；不幸而被摒於門外的，則往往怨氣冲天；究竟為了什麼，我實在莫明其妙。

現在聯合國的會員國，合最近通過的外蒙和毛里塔尼亞計之，已經是一百零三個。祖孫父子，相聚一堂；文野賢愚，聯袂競爽；中國的大文學家施耐庵，描寫那位玉清教主微妙道君皇帝，當他還在被冊立為端王，要拉高俅下場和他去踢一回氣球的時候，說得好：『這是齊雲社，名為天下圓』！猗歟盛哉，今天的聯合國何以異此？

按照當前的國際現狀，聯合國已經失了效用，原已早為世人所知。現在無論民主一方，共產一方，乃至自命中立的一方，無不另有結合，而且隨時召集開會；在他們心目中，都懂得聯合國決不能幹出什麼，因此他們不能不另行打算，作為未來大決裂的一種準備。本來，今天全世界一百多個國家，有的土地廣大，歷史悠久，人口以億計，以數千萬計，甚至它們確已對於人類的文化與文明，曾作出了或多或少的不朽貢獻；有的在地面上却小到如彈丸黑子，不是一個對地理確有相當素養的人，簡直找不出它們的方位，或舉不出它們的名稱；其人口更有少到幾十萬的（例如外蒙便不足一百萬，毛里塔尼亞更不過六七十萬）；至於說它們對人類的貢獻，則有的連它們自己，也還是初脫蠻荒，更如何談得上？可是，一經加入聯合國，便各有一票，好像是一律平等；過去完全以少數大國支配小國固然不合理，難道今天以多數小國來左右大國便合理嗎？本來，人類要找出一套和平共存的方法，原也不失為一種聰明的想法，但說和平便可從今天這樣一個聯合國機構求之，不是天下第一等蠢人，應該不作此想。

所謂『正誼』，這原不失為人類的一個崇高理想，可是自原始部落一直到列國並立的今天，所謂『正誼』也者，却從來不曾在人類社會中出現過一次！我們所看見的，只是大魚吃小魚，人類要猴子，猴子又騎在狗背上，……所謂人類的意義與價值，最好讓給那些吃飽了飯沒事做的書生們，躲在書房裏去想入非非，一個務實的人或一個務實的國家或民族，應該隨時不忘記厚儲自己的實力；一切力量都生於智慧，更應該隨時不忘記去濬發自己的聰明；假如人類的智慧終於無法到達一個大致不甚相遠的水平，或甚至總有很大的差別，則所謂人類的共存，便無法做到真正的實現，強權也斷然不會絕跡。

今天表現強權最顯著的東西，無論在人與人之間，或國與國之間，不外兩個：一個是武力，一個是金錢；武力可以壓迫人，金錢可以誘惑人；武力非金錢無法構成，金錢也非武力無以神其用；於是當前世界上一切星羅棊布的國家，所有林林種種的人類，大抵便只能在這兩大迷魂陣裏面兜圈子，此所謂自古已然，如今為烈，還有什麼說得。

在這最近五十年我所認識的朋友們中間，確曾有少數好學深思之士。他們常常在逞其堅白異同之辯，發為茫無涯涘之文，尤其歡喜搬弄若干生硬難解的名詞，以表示其確為顯學。在某種場合，他們偶然聽到如前面我所發的狂論，總笑我淺薄，總說這是從前的人已經說得不要說的濫調，何用今天再來複述？在這一情況之下，我只好目笑存之；不過，我也偶然提醒他們幾句：支配今天這一現實世界的，究竟是公等那些空中樓閣的超超元著力量來得大，還是這幾千年以來一貫相承，這類平易近人切合事實的說法來得更為有力？我很少看見在黃金與黑鐵當前而不低頭的，就是公等又豈能自外？我近來也常常聽到有不少的人們在提倡孔孟之道，以新知附益舊說，更高唱得頭頭是道；可是有一奇怪的現象，便是他們惟恐其所領導的青年們捲入了政治漩渦！乃至他們不惜以身作則，絕對不理會政治，甚至他們還鄙薄那些平日在這一方面歡喜談談的人們，不過是一些爭權攘利的政客者流，惟有他們才十分高潔！其實講起來，所謂孔丘孟軻也者，也不過是咱們春秋戰國時代有理想，有主張，有方法的兩大政客，眼見那樣一個亂糟糟的時代，發乎一種不忍人之心，才起而力圖挽救；及至經過一番東跑西跑之後，而他們的抱負終於無法實行，然後才退而講學，著書，質言之，他們是發憤力行在前，講學著書在後，講學著書只是聖人的不得已，所以他們才能言之有物，使我們在兩千年後讀到他們著作的人，還是如見其人，如聞其聲：『知其不可而為之』也；『三軍可奪帥也，匹夫不可奪志也』；『鳥獸不可與同羣，吾非斯人之徒與而誰與？天下有道，丘不與易也！』『是非之心，人皆有之』；『志士不忘在溝壑，勇士不忘喪其元』；『富貴不能淫，貧賤不能移，威武不能屈』；『雖千萬人吾往矣』，『吾何畏彼哉！』這是何等的熱誠，何等的積極，何等的生氣！今天的孔孟之徒，不過是藉講學著書以為藏身之固，表示其於世無爭，與人無忤，優哉遊哉，以遂其象牙塔內的生活，這與孔孟精神何止隔離十萬八千里啊！孔子曾一度表示願『居九夷』，這不過是一時的憤激之談，難道我們真可受盡一切骯髒氣，永遠寄人籬下，或取得一個強國的國籍，求托庇以終老嗎？何況舉世荒荒，想求得一片樂士而不可得呢？

話扯得太遠，讓我仍回到談聯合國的本題。這次台北忍受美國的迫誘，公然放棄否決外蒙的諾言，頗引起輿論的責備；但我覺得這一點不足深責：假定真能反攻，雖暫時聽外蒙混進聯合國何害？如果反攻真的無望，則中共的擠進聯合國且在目前，更何有於一個外蒙？而且進一步來看，世界的核子戰爭或終可避免，可是一個比二次大戰更為擴大的普通武器戰爭，卻已迫在眉睫；只要有十個八個國家牽入了這第三次的世界大戰，則所謂聯合國也者，當然立即壽終正寢，是聯合國的本身已經是存在不足喜，死去無可悲，我們還斤斤於席位的能否保留，是不是近於多事？

二、從俄共核彈試爆談到中共姿態

自從最近俄共繼續不斷的表演核子試爆，而且一次比一次加強，於是弄得舉世皇皇，相驚伯有，以為核子大戰，可能便會爆發在明天。其實訴諸理知，我總覺得這種戰爭，究竟很少實現的可能。誠然，像赫魯曉夫這類的狂人，不可以常理推測；核彈的威力，比較初投廣島長崎的時代，又超過了兩千倍以上；而投射的準確性，更無可置疑。可是有一點，還是差堪慶幸的，即今天擁核彈的國家，畢竟不只蘇俄一個，而且至少是一對三，由蘇俄投下三五顆巨彈，誠然不難把倫敦、紐約、東京這類人口密集的大城化為焦土，但蘇俄有什麼可靠的方法能防止從四面八方在半小時以內召來更大的報復？上次大戰對戰犯的懲治，是執行得相當認真的，赫魯曉夫只是一個最怕死的傢伙，他至今其所以對史達林還恨得咬牙切齒，也就是因為他確曾受過史達林死的威脅。他最近其所以敢冒不韙，連續的試爆，固然是由於他一貫勒索的慣技，但進一步加以分析，也還是由於他怕死的心情使然；只要我們持以鎮靜，對他這種威脅相應不理，他除掉掩旗息鼓以外，也還是別無他技。

不過，核子大戰儘管很少爆發的可能，但從人類的心情的惡化已經到了今天的這步田地來看，『星星之火，可以燎原』，由三處五處的火頭，逐漸蔓延，以致演成為一種普通武器的大戰，則可能性已經很大。這種所謂普通武器的大戰，也還是會比上次的大戰要殘酷得多；戰火燃燒的區域，也還是會比上次廣大得多；將依然是人類一次空前浩劫。像我們這類活到六十七十還不曾死去的人，大有把人類一次，二次，三次相互屠殺的活劇看上一整套的機會，我不知道大家在心理上所感受的情況怎樣？說人類愈來愈聰明，我們不能不贊成；說人類越來越愚昧，我們又怎能否認；如果把人類行為大別之為行善與作惡兩類，我們有什麼方法使人類善進而惡不進？或至少使它行善的程度加強，而作惡的程度減少？我從一切思想家或宗教家去求這類問題的解答，結果是非常失望，甚至所謂思想家或宗教家也者，他們自身的行為，也正徘徊於可善可惡之間，不善不惡之際；看來人類還要繼續在亦聰明亦愚昧的情況之下生活下去，可能便是當前的現實？或善進惡亦進，便正是人類進化的全貌？

在這一整個世界緊張達到最高峯的時候，共產黨內部忽然表現了一道裂痕；我不願大家笑得太早，但真實卻可能有幾分真實。在最近莫斯科二十二屆的俄共大會，全世界共黨的代表們幾乎已相聚一堂，在他們誠不失為一個空前大典。可是當赫魯曉夫嚴厲指謫個人崇拜與對阿爾巴尼亞大張撻伐以後，所有在場的人們，幾乎無不向赫魯熱烈鼓掌，並起而與赫魯親切握手，惟有中共的代表團長周恩來，却坐着不動，既不鼓掌，也不握，而且還板起面孔，表現了一個令人難堪的樣子，他這一套戲惡毒而又嫵媚的表情，我在八年抗戰期間，確實是看得非常熟習的。再加上他不待會終便離去莫斯科以前，他還到史達林墓前去獻了一個花圈，以致弄得赫魯曉夫笑啼兩俱不是，而仍然不能不跑到機場去為周送行；當他飛回北京之際，毛澤東更率領他的徒衆空巢出迎，表示這次莫斯科表演，並不是周個人的傑作，而確實是代表了中共全黨的意見，以致把劇情弄得格外緊張；這究竟是什麼一回事？大家可以見仁見智的去揣測，但我個人却並不怎樣動心：俄共與中共在今天的情勢之下，依然不能不繼續的狼狽為奸，這是一個不可動搖的事實，即所謂形勢比人強，是也。其所以有這一度的表演，所謂對史達林的繼續崇拜，對阿爾巴尼亞的同情，這只是表面文章，實際乃是由於自韓戰以來中俄共間雙方的積怨，這類事實多到不可勝數，且為舉世所周知，我不願在這裏列舉，中共所以有這一反擊，目的只在制止赫魯曉夫的繼續猖狂，同時也希望發生一點作用，或賴債，根本是赫魯；同時他也是勒索專家，中共這一套姿態未必能收到預期的效果。不過這一幕畢竟不失為當前國際劇場的一個精采鏡頭，我們正不妨承認周恩來這一手還表演得不錯。

論奴才（下）

張忠紱

五、奴才與民主

依據上述，民國以來，士人因做官而甘為奴才者，雖迫於環境，但其自甘暴棄，反主為奴，要亦由於陞官發財一念使然。一九二八年國民政府在南京成立後不久，內戰尚未完全消滅前，南京即有人從事於法西斯運動，而北平教授中亦竟有人以法西斯理論家自居（蔣廷黻在一九三三年十二月「獨立評論」第八〇期所發表的「革命與專制」一文，即係在理論上主張獨裁）。此輩先意承志，不顧國家民族的利害，不顧其所阿諛勸進者的得失，而祇為一己陞官發財着想。口頭上為國家，為人民；內心中為權勢，為享受。陳獨秀先生於一九一六年辦「新青年」雜誌，其所痛惡者，即為此輩祇想陞官發財的人。陳氏大聲疾呼說：『做官以張其威，發財以遝其慾。一若做官發財為人生唯一之目的。人間種種善行，凡不利此目的者，一切犧牲之無所顧惜。人間種種罪惡，凡有利此目的者，一切奉行之而無忌憚。』

孔孟周遊列國的目的，在於做官以「行道」，故有「可仕，可止」之說。後世做官的目的，在於「張威遝慾」，故不惜以奴才自居。陳獨秀先生痛惡做官的奴才，故其言切直詳明，獨惜其誤以「干祿」為孔丘的目的，因是而加強其排孔的信念，並進而主張推翻中國的一切傳統，以致誤入歧途。戰後因痛恨貪官汚吏，不滿當日現狀，而轉入歧途的青年，比比皆是。奴才做官之為害，其禍曷可勝言！

民國以來，袁世凱的稱帝，段祺瑞的選舉新國會，以及一切軍人的專橫，倘無奴才為之爪牙，則袁段等人將為「獨夫」，何能為害國家民族？沒有奴才做官，不可能有袁段及一切軍人的專橫。沒有袁段及過去的軍人，卻仍可能有做官的奴才。這是我之所以認為，奴才的罪惡，實在禍國的軍人以上。

奴才的罪惡，在於自己決無主張；而先意承志，阿諛逢迎的辦法卻很多。沒有阿諛的辦法，則不能成其為奴才的「才」。自己若有主張，則又不能成其為奴才的「奴」。奴才最善於利用人性的弱點，以『逢君之惡』。人性好逸惡勞，善諂佞而惡直言。以齊桓公，漢武帝，唐明皇的霸才，尚不能免奴才的包圍。漢武帝晚年為方士所惑，唐明皇晚年為高力士所蔽，齊桓公更非三豎不歡。反過來說，若有一非奴才者存在，國家即可不亡。以武后的陰摯，有一狄仁傑，即可保存唐祚。以楚莊王的躭於宴安，一經警惕，即「鳴必驚人，飛必冲天」。政體無論帝制或共和，人性並未改變。奴才的罪惡，即在專一利用主子的弱點。

奴才的目的，既在張威遝慾，勢不能不排斥異己。趙構不顧徽欽二帝返國，秦檜乃逢其惡，遂不得不殺志在「直搗黃龍」的岳飛。魏閹把持朝政，而東林諸君子不忍見明之亡，魏閹乃不得不興黨獄。有一奴才，即足以亡國。況物以類聚，劣幣驅除良幣，為一定不移之理。孔子說：「事君」之道，『勿欺也，而犯之』。奴才事『君』之道則反是，「勿犯也，而欺之。」欺之之法，在先得其歡心及信任，干以口腹之欲，干以蹤鞠之戲，干以貨財，干以聲色；以是而取得其歡心。或貌為敦厚，或故示廉潔，或諂媚其妻子，或投靠其戚屬；以是而取得其信任。取得歡心與信任的目的，在敝塞其聽明，使無人敢揭發我之罪惡；即揭發，亦不為主子所信；縱或相信，也不至見罪；此鮑叔之所以終不能去三豎。齊桓公為不世出的霸主，雖庇護三豎，但仍能同時重用管仲。遠不如齊桓的人，焉能不完全為奴才敝塞聽明？

今日的奴才，因環境不同而辦法亦異，但其原則則一。或諂媚主子而兼及其妻努；在台北時，竟於部長室內屢屢於會客期間，直電女主人請示，以驕其同僚（此為數年前某「同僚」自台北來言），在國外，復為實力者的情婦自任隨從嚮導。或乾脆效法歷代的奴才，藉遊藝以接近（以橋牌代替葉子蹴鞠諸戲）女主人；這與童貫蔡京等何異？偽飾清高，而心地汚穢。「孟嘗君論」中說：『鷄鳴狗盜之徒之出其門，此士之所以不至也！』童貫，蔡京輩實「鷄鳴狗盜之徒」之不若，而其排擠正士，以己之為奴為僕之方法期諸於同僚，又非「鷄鳴狗盜之徒」之所願為。「鷄鳴狗盜」為彫虫小技，士人或不顧與之為伍，然究無害於士。奴才則必欲他人盡為奴才，如魏閹之以九千歲自居，魏閹而為九千歲，此士之所以眞不能至也！

夫奴才之所以必欲他人盡為奴才者，豈不曰，我之所以甘為奴才者，原在『張威遝慾』。不能張威，則何有於陞？不能遝慾，則何有於發財？且士之不為用者，必不能與我同奸共濟。薰蕕不同器；奴才滿街，而國無一人矣。是故筆者以為，民國以前，製造奴才之罪惡，應由帝王負責。民國以後，產生奴才之罪惡，奴才與主子應分任之。主子以奴才便於驅使；奴才因主子而作威福。

民國以來，掌握實權者雖屢經更迭，而奴才則無時無之。人性喜權勢，有奴才不愁沒有主子。有梁士詒等的勸進，有新華門內印刷的上海申報，當日的總統縱非袁氏，也難保不顧稱帝。孫中山先生為中國民主共和的創始人，然一經惑於民主集權的方法，又有國民黨人的贊助，亦不惜開除反對意見的老黨員，而捨棄眞正民主的方法。反過來說，有主子可能沒有奴才。同時，沒有奴才，也就不能產生主子。英國邱吉爾於大戰後競選失敗，美國尼克遜去年競選，所得票數相差無幾。此兩人的本心姑置不論，但他們若有意違法，或欲藉領導大戰的餘威，或以為擁護者衆多，則他們必將失望，必將身敗名裂。此無他，因為他們不可能找着足够的奴才為之爪牙。英美等民主國家之所以能維持民主制度於不墜者，沒有奴才實為主要的原因！

民主政治繫於人民的觀念與自覺，中國要奠定民主政治，則必須先祛除奴才的觀念與習慣。中國人論事，動輒曰罪魁禍首，對於隨從者往往寬宥。殊不知這正是帝王時代心理的反映。在民主政體下，主權屬於人民。人民的領導階級（知識者）若自甘為奴才，則有實力者又何為而不樂於作奴才的主子？專制時代，權在君主，擒賊固須擒王。民主時代，主權屬於人民，射人宜先射馬。民主時代而不重視奴才之為禍患，不祛除奴才的觀念與習慣，縱無專制與獨裁，民主共和的政體亦難奠定。此民國以來立憲政治之所以終於失敗也！

湯恩比著「遠東與西方」讀後感（上）

幼椿

這個「遠東與西方」（The Far East and the West）題目是現代英國史哲家湯恩比著「世界與西方」（A. J. Toynbee-The World and the West）書中的第四章；這本書曾由鍾果仁、史誠之兩先生譯成中文，載於四十六年出版的「自由學人」雜誌上，筆者當時讀過，並寫有讀後感。昨見「大學生活」又開始重行介紹此書，而台灣某雜誌也在譯介，因覓出舊稿，略加修改，交本評論。

一

湯恩比在遠東與西方這章書上，論到日本、中國之接受西方文明，其前因與後果一節，頗有精到之處，足以破除我們中國一向抱着頑固的自尊者之惑；不過，遠東終究不是西方，雖是遠東各民族，終必走上科學與民主之路，以自救其命運，然而遠東各民族在宗教上，在一般生活的內容及其範樣上，畢竟還是東方的，而不會完全混同於西方的。在這裏，筆者的見地，不但畧異於湯恩比氏，而且與全盤西化論者以及反對主張西化論者皆畧有不同。現在先將湯氏見地畧為談談，然後再說出筆者的見解。

湯氏在本章中，首先提出，何以西方文明侵入日本、中國，在十六至十八世紀皆被排拒，而到了十九世紀捲士重來，始得立脚？湯氏在事實上作答案，這答案與我們中國咸同諸老，從曾國藩到張之洞等人所見畧同：到了十九世紀，西方經過工業革命之後，船堅砲利，這次配備着新式武器前來，其勢非遠東人所能抵禦，於是當時日本、中國的政府為自救計，既無法再保有「退隱者的王國」，永遠閉關，「就只有自動的把遠東門戶開放，給西方的技術進來，以適應並推行此一學習如何製造並使用西方的新式武器，而去反抗西方以圖自存的變通政策」。──湯氏此一說明，特別的形容出十九世紀中，中國創辦漢陽兵工廠的張之洞所主張「中學為體，西學為用」的那一個「用」字之心理狀態。

二

不過，湯氏更進一步說明，為何自十六世至十八世紀西方文明在日本，在中國都遭受到峻拒？對這個答案，著者見地便令人感到其相當的精到處：他認為十九世紀之前，西方文明來到遠東，都是由於傳教士以宗教的姿態出現，一下子就要將基督教的信仰，來攫取初次見面者的靈魂，於是必被排拒無疑。湯氏說得很有意思，特抄一段：

『在第一次的遭遇中，當時日本政治家們所面對的直接危險，還不曾看到他們的國家會被西方的優勢武器所征服，而他們見到的危險，是其國人在西方傳教士宣導之下，那種改信具有不可抵制的誘惑力的西方宗教……日本政治家長其國人之改信基督教，即可以染上了西方基督教的狂熱精神，在這種邪風影響之下，日本有人可能變成令日西方人所稱的「第五縱隊」。假如這個可疑的詭計獲得成功時，即使那時的葡萄牙與西班牙本身不致成為日本的嚴重威脅，而最後亦能假手日奸，自內部加以征服。』

湯氏這一段話，雖指的是日本政府，然而把中國清代士大夫反對洋教，以致引起許多「教案」的心理狀態都被表明了出來。

三

湯氏說完前因，論到後果，更見精到。他說明，遠東人對西方文明前後的挑戰不同，而應戰亦有異：對奇異的宗教難於接受，而對於科學的技術則不能不接受，因為接受者覺得「技術只運行於生活的表層，因此，採用一外國的技術，不致使自身陷於自己不能支配自己的危險」。但是湯氏認為，這個採用外國技術的打算，或者以為這樣只負一有限度的責任，而在其他方面仍我行我素，這種打算是可能錯誤的。他說：

『眞理似乎是，在一切文化體中之一切成素，相互之間，均有一內在的關聯，因此，假使一個民族，放棄了他傳統的技術，而代以外來之技術時，則其影響便不僅限於技術生活的表層了；它將逐漸深入到整個傳統文化底層之內，而整個的外來文化的一點一滴的透過外來技術的楔子，在一文化防衛外圈所洞穿的缺口，湧了進去。』

在這裏，湯氏無疑的是在表示出科學的技術，乃是本於科學的思想及其實驗的方法，而此思想及其方法，又是本於懷疑的精神而來。如果是，從科學的技術，進一步去探究其發展的源頭，則必使學人受到影響，在他思想方法上起了變化，要從懷疑傳統去從事批判，於是禁不起批判的傳統觀念及其信條，便要為之動搖，而一文化的傳統的所謂「防衛外圈」便發生「洞穿缺口」的問題。

在這個觀點上，令筆者想到了，為學習西方技術，而開始於同治十一年（一八七二）派遣年幼學生去英、美留學的往事。其初，限於學習軍事，造船造砲；繼而學習開鑛織布。然而一位派去英國留學造船的福建學生，嚴復，他會從科學的技術上，自然的去注意西方邏輯思想，社會科學，三權鼎立說，生物進化論等，而聚精滙神的去譯出穆勒的名學，斯賓塞爾的羣學肄言，孟德斯鳩的法意，赫胥黎的天演論等，印行出來，影響於清末一代人的思想甚大。筆者六十以上的人，便深深的感覺到，在清末民初，我們讀到嚴復的這類書，（還有林紓所譯的西洋小說），便使我們十六七歲，正在私塾中學國學多年所誘導成功的思想起了變化。

退十步與退一步

——從放棄否決外蒙入會說起

季夫

外蒙終於在本月廿五日進入聯合國，成為聯合國的成員。

我們必須痛切地深記其事，外蒙之能够進入聯合國，是在安全理事會中以九對〇票的一面倒的多數通過的。但也是在美國棄權；我國代表蔣廷黻離席未參加表決的情況下通過的。

更簡單地說，是在國際壓力逐漸增强，不利於中華民國保持聯合國席位的情況下，我們放棄了否決權的運用，卒使外蒙得以進入聯合國。這是一種交易，是一樁可恥的交易！

對於國府放棄使用否決權，讓外蒙進入聯合國，儘管有客觀的諸種因素所促成，同時鑑於當前不利於我的形勢，但使國府不得不「委屈求全」，但對於國民黨當權派在台執政十二年來的因循誤國，實又不能不予痛責！

進一步說，國際上的壓力，不論是來自美國，或來自任何國家，其所以能形成為壓力，也是出於國民黨當權派退居台灣十二年，未能振作有為的結果，是長期依賴他人，毫無作為的應有結果。

中華民國不是一個經不起考驗的國家。八年的長期對日抗戰，是最佳的說明。

而現在竟不能抵抗共黨的敲詐，也不能承受國際的壓力的考驗，不僅此。這以後，中華民國的駐聯合國代表，必須和外蒙傀儡政權的代表，同坐一堂，甚或要受到他的無理攻擊、謾罵、嘲弄，就像坐在音樂廳裏聆聽最可憎的演奏。

聯合國今日可以接納外蒙傀儡政權，有誰能斷言不久的將來不能接納中共呢？中華民國在聯合國的席位，由於今年作了這樣大的讓步與犧牲得以保持，但是明年如何呢？後年又如何呢？今年尚有一個外蒙問題可以權且應變，明年還有什麼呢？或許該輪到用撤出金馬來苟延殘喘了吧？

國民黨當權派曾否想到，退十步固是死無葬身之所，退一步也是死無葬身之所！現在，正在從放棄否決外蒙入會開始，作第一步的退却。看來，這祇是開始，而並非終結！

國民黨當權派，原本以哀兵姿態出現，原本堅持不作瓦全之想的原本決定寧可「光榮」地退出聯合國的。中華民國駐聯合國的代表，必須忍受羞辱繼續就下去。

新聞報導說，幕後的外交活動，有多樣的秘密條欵，滿足了台北當局的要求，才使他首肯不否決外蒙入會。最大的一項是美國再度聲明反對中共進入聯合國的態度不變。

事實很明顯，中共能否進入聯合國，已並不能完全決定於美國的態度是否轉變。中華民國在聯合國的席位，事實上也不能長期依賴美國的扶持。

這次外蒙得以進入聯合國的實例，即為一最佳說明，美國是否能長期為中華民國的聯合國席位問題，操縱三分之二以上的多數票呢？台北當局曾否想過，須要在依靠美國的扶持之外，另謀他途呢？

再從另一方面去看。蘇聯與中共始終在為中共之進入聯合國，作各種方式的積極活動，鍥而不捨，不擇手段地務求要達到使中共擠身入聯合國。因此，即使美國的態度十年、八年也不變，但是在這一問題上，美國的外交影響力却未必能與日俱增！將來，這一問題果真能如美國所願，變成一個須由三分之二多數會員國通過才能讓中共入會的特案，但是贊成與反對之間的消長形勢，不會永遠不變的。現今，聯大的各項重要問題，已不是完全可以由大國來操縱的了，新與的國家和中立集團的態度，事實上左右着最後的表決，這樣的情況，是華府和台北所熟知的。國民黨當權派如果迷信於能够長期獲得三分之二多數的支持以保持聯合國席位，實在是最不現實的打算。

祇有一個理由，可以使全國軍民對放棄否決外蒙入會諒解的，那就是說，為了爭取時間，以俾在短期內進行反攻。為了這樣一個生死的問題，必須繼續保有聯合國的席位，否則將會導致不幸的後果。

但是現在誰都看得出來，儘管海內外一片反攻聲，而當權派竟是無動於衷。儘管大陸上災難重重，渴望重見天日，而當權派竟不加理會。實際上也看不出當權派有具體的行動表現。既不能臥薪嘗胆；又不能破釜沉舟。

因此，我要指出，當國民黨當權派既不能積極有為，自創生機，而又消極地在外交上作偌大的退却，實在是歷史所不能寬恕的錯誤！何況這一讓步並「不能絕對保証中華民國在聯大今年辯論中國代表問題時一定取得勝利。」（見十月廿六日香港工商日報紐約航訊）秘密外交的諾言是最不可靠的！尤其是對實力弱小的國家。諾言也是可以背棄的。再從現實觀點來說，台北當局有什麼足以誘人的利益，可以不斷地滿足非洲國家，而使他們保証長期的反對中共進入聯合國。

正由於國民黨當權派缺乏振作與信心，才愈來愈依賴幻覺和不現實的秘密外交。

我無意於批評盟國，但我是真正的担心美國在聯合國的操縱與控制的能力，因為事實証明美國的優勢在受着挑戰。用一句簡單的話可以說明，聯大中國代表權的問題，既將發展成為一個由三分之二多數來決定的問題，這就足够說明，美國已無力來維持中華民國現在聯大的地位了。反之，在共產黨國家來說，倒是變成了一個有限度的，可以努力的目標了。

國民黨當權派還猶豫什麼呢？等待什麼呢？除了打回去，如果不打回去，聯大的席位——也是中華民國在法理上的地位，就將更加不穩了！

（十月廿六日）

放棄否決外蒙的來龍去脈

見微

（台北通訊）此次蘇聯以跡近勒索的卑劣手段，使其卵翼下的外蒙古傀儡組織得以進入聯合國，海內外反共的中國人多對蔣介石之決定放棄行使否決權深感意外。但據一位熟悉內情者透露：蔣介石反而自慶這番料事不錯，卒能收到預期的結果。

放棄否決早經預定　裝腔作勢別有用心

據說：早在今年春天，蔣介石即認為放棄否決外蒙為不可避免的事。因為他自十一年前自動復職以後，其一貫作風，即是但求確保一人一姓的獨裁統治；其他一切可唯美國的意旨是從。以故，祇要美援源源而來，無論美國有何要求，他都可以免為其難的。例如當年簽訂中美聯防公約時，美國要他不得以美國的軍援和經援移用於台澎以外的地區。換言之，即要他不得以美援從事反攻大陸，他也同意。數年前杜爾斯故國務卿訪台，勸說他聲明不以武力反攻大陸，他也應允。此次美國要他放棄否決外蒙，他當然更不會拒絕。祇因他對民主黨的政府早懷戒心，甘廼廸總統的左右又有人倡議所謂中台國之說。蔣介石在表面上雖然極表反對「兩個中國」；但假如美國能保証台灣為其所有，並讓其傳之子孫，他還是可以接受的。惟對於足以動搖其一人一姓的獨裁統治的所謂中台國，他却絕不能考慮。因此，他才決定利用外蒙入聯合國這一件事來探測美國政府對他的真實態度究竟如何？他首先指示中央日報、新生報等機關報一連發表多篇社論，堅決反對外蒙偽組織入聯合國，並聲言將斷然予以否決，縱因此而影響到中華民國在聯合國的席位亦所不惜。其後，甘廼廸總統邀請陳誠訪美，他更懷疑美國有意扶助陳誠來代替他。於是，心生一計，決定將計就計，於是給陳誠一個難題。諄囑他到達美國後對外蒙入聯合國事，絕對不得作絲毫讓步。在此情形之下，陳誠自不得不唯命是聽。

沈昌煥出席聯大的特殊使命

陳誠訪美時對外蒙入聯合國事既未能與美方達成協議，本屆聯大開會，蔣介石乃自作轉環，於是決定派沈昌煥出席聯大。因為他深知其最能察言觀色，先意承志；必能設法促成美國和他直接交涉。果然，沈到美以後，不但非洲各國向他交涉時，他說須等候蔣總統的指示；即美國探詢我們的最後態度時，他也答以要請示蔣總統；並表示假如美國和蔣直接商洽。蔣對美方的意見一定會很尊重的。葉公超之匆匆回國，即是把美國的意見向蔣當面報告。

葉公超回到台北後，雖然也曾向適因病在家休息的陳誠有所報告及請示，但此不過是禮貌上的應有形式；實則祇是蔣介石一人作主。他認為美國政府既向他直接商洽，足証美方已認識了祇有他才能解決問題；陳誠並無任何的影响力。因此，立即對外蒙入會的問題，作了一百八十度的轉變。但附帶一個條件，即是要求甘廼廸總統發表一篇聲明，美方反對中共入聯合國，並保証繼續支持中華民國在聯合國的一切合法權利。一說，他還要求美國不得允許在東京活動的廖某入台。他明知此項聲在當今的所謂現實外交場合，並不能發生持久的效力；但為了避免今後美國官方再有所謂「中台國」的議論；同時也是為了顧全顏面，他當然非如此不可。其後，甘廼廸總統雖表示同意，但却沒有親自在白宮的記者招待會中發表前項聲明，而祇由白宮發言人代為宣讀。蔣介石固然未感十分滿意；但深知不能再多所强求。因而馬上在台北向美國記者發表談話，盛讚美總統的聲明乃屬明智之舉。放棄否決外蒙入會的決定，至此也就明朗化了。

台灣各界表示擁護如儀

蔣介石決定放棄否決外蒙入會後，為了向外顯示他在今日的台灣是不可代替的，無論他如何喪權辱國，大家對他因有不可思議的信心，無不無條件的擁護，所以作了一連串的表演。除了於本月二十一日召集國民黨中央常會一致通過他變更立場的新決定而外，還要一向對國家大事有權無實的立法院舉行秘密會議，迫使數月以來熱烈擁護政府否決外蒙的立委們又回過頭來擁護他不否決外蒙。蔣介石出爾反爾，國民黨自以為能自收運用自如。國民黨的中央在事實早已成了他父子倆的御用工具，對於如此的改變，也不會有什麼不平常的感覺；但立法院內憂時憂國的剛健之士却深受刺激。蔣介石當然也深知此一形勢，因而才要在去年總統非法連任時曾以商人信用作担保卒能獲得國大代表的信任而使臨時條欵的修正案得以順利通過的王雲五負責代陳誠出席立法院報告。果然王畢竟不負使命，立法委員們在聆聽他的報告以後，未經激辯，便對蔣介石的新決定表示諒解。青年救國團開會，更一致主張應信賴英明偉大的領袖。在此情形之下，民間輿論自也無可如何。於是，容許外蒙傀儡組織進入聯合國的問題，雖然在事實上乃是蔣介石一個人的單獨決定；但在形式上却變成了大家共同支持的國策。他父子倆多年以來的鐵腕統治可總算收到了預期的效果；今後當更為所欲為矣。

（下轉第四版）

台灣簡訊

志清

一、蔣介石如此謙辭祝壽

蔣介石的七十五歲壽辰又快到了。據報載：總統府秘書長張羣於本月二十一日奉諭分函國民黨中央黨部秘書長，五院院長，國防部長，參謀總長，僑務委員長及台灣省政府主席，傳諭停止祝壽，原函如下：

「奉總統諭：『本人生辰轉瞬即屆，當此戡亂復國時期，國人咸應勵行戰時生活，集中力量於反攻準備工作，如因慶祝個人有所勞費，實覺不安，即希轉達海內外同胞，務必深體鄙懷，停止祝壽舉動，是所感盼。』等因，謹此函達，即請察照轉知為荷。」

蔣「總統」雖然要大家停止祝壽舉動，但善於逢迎意旨的人們都知道假如真的如此這般的遵照行事，使他的華誕在無聲無息中過去，即將被疑為不忠貞而可招致他日的麻煩。因此，每年他都照例謙辭一番，每年黨政軍各機關及人民團體仍舊大設壽筵，必恭必敬的慶祝如儀。今年奉召來台慶祝雙十金禧的海外僑領們也和往年一樣，至今尚留在台灣，接受免費招待，好讓他們安心等候慶祝蔣「總統」的華誕以後才各返原地。據報載：「全國各級民衆團體定三十一日在台北西寗南路一三七號民衆團體活動中心，恭祝「總統」七五華誕，活動中心將在四樓大禮堂設置壽堂，自上午九時至下午五時，供各界人士拜壽，參加祝壽的人士並可獲得壽桃、信箋等物。

各民族、各宗教、各團體的領袖將在活動中心的壽堂獻詞祝壽；有些學校、團體等業已向活動中心登記，於是日前往拜壽。參加拜壽的小朋友並可以參加摸獎，獎品包括糖菓、原子筆、健素糖等。活動中心現已收到利百代公司贈送的原子筆一千一百〇四支，每支筆上均刻有「恭祝　總統華誕」字樣。另外可樂糖菓公司贈送糖菓一百包，及銀行公會贈送的一百個供小朋友儲蓄用的「撲滿」，尚有台糖公司和郵政局贈送的禮品不計其數。

活動中心主任委員張寶樹，將於卅一日下午四時在壽堂領導全體人員拜壽後，親自分切特製的巨大蛋糕，分饗拜壽的人士。

活動中心將在其西寗南路的門首豎一幅巨大的「總統萬歲」金字布幅，從五樓垂直豎掛於地面，每字均有一丈見方，此將為全國最大的祝壽標幟。」

似此情形，不但歸國「僑領」被留在台北等候祝壽，也不但台灣各界必須贈送壽糕壽桃及糖菓等壽禮，甚至兒童也不能幸免，而必須也和成年人一樣的到「活動中心」拜壽，所謂停止祝壽，竟是如此勞民傷財。有人說：蔣「總統」一生行事，最憎惡他人不奉行他的命令；但關於連任總統和慶祝壽誕等事，則又最喜歡他人違抗他的命令，此其所以為英明偉大也。

二、警察自稱代表國家

近年以來，國際輿論常謂台灣為警察國家，當權者輒否認之。但本月二十一日聯合報却刊載一則警察自稱代表國家的消息，內稱：「前天夜晚，一位身着制服的警察，到遠東戲院看戲，未經購票即昂然步入戲場。女驗票員問他有沒有票，他倒反問她：「你有沒有眼睛！」女驗票懍於他的惡聲厲色，不敢阻止，祇得讓他大搖大擺的進去；觀衆都向着他注目。這位警察「同志」似有所覺，竟自言自語的說：「我是代表國家的。」」邢副神情，大有「朕即國家之慨」。聯合報很慨嘆的指出「警察代表國家」，是日據時代的用語。現在本省光復已十七年，這句話似乎應該報廢了。警察而居然以代表國家自居，不知當權者今後尚還否認台灣是警察國家否？

三、收受紅包無罪

台北市警察第九分區太原派出所官警集體收受紅包，經省警察處根據密報派員當場破獲一案，本月二十三日報載：市警局情報室經已調查告一段落，致送紅包的商民均係出於自願，該所官警並無強索情事，故不構成刑事責任云云。台北一家民營報連日均有評論。第一篇評論題為「紅包無罪」。原文是：

台北市太原路警察派出所全體警員，在中秋節前夕，集體收受「紅包」數萬元，按照名冊，公開分款；經人向警政當局檢舉，警務處督察前往調查，當場人贓俱獲。此一「紅包」事件，深為社會各方所關注。

最近警政機關調查本案人員提出報告，認為此一「紅包」事件，並無任何刑事責任；但以警務處規定警員過年過節，不得送禮收禮，太原路派出所警員集體收受紅包，乃觸犯行政規定，將予以行政處分。

查我國刑法第四章「瀆職罪」的第一百二十一條條文，「公務員或仲裁人對於職務上之行為，要求期約或收受賄賂或其他不正利益者，處七年以下有期徒刑，得併科五千元以下罰金」。警察與商民之間集體的「交情」，當非「私交」，而為「公誼」，捨「職務」上的關係，將無以建立。以金錢相授受的「紅包」，縱非「賄賂」，當亦為「不正利益」。如此而不負瀆職刑責，誠不知置國家的法治於何地？更不知視國家的法律為何物？

刑事責任的有無，須經司法機關裁定，始為合法，行政機關對此無權遣專。本案未經警務處移送地檢處偵查之前，自行宣稱並無刑責，似屬言之過早，且有越俎之嫌。」

第二篇評論的題目是「銷減紅禍」，節錄如下：

「（上畧）不杜絕紅包，將無以澄清吏治；不澄清吏治，將無以振奮人心；不振奮人心，將無以反攻復國；不反攻復國，將無以消滅共匪。在此，且套用王勃的句法：「貪官與共匪齊觀，紅包與紅禍一色」。消滅紅禍，實不能不以消滅紅包為始，而以消滅共匪為其終。

時下對於「紅包」的觀念，頗多混淆。老百姓向公務員致送紅包，當必有所求於公務員者。而公務員捨職權外，實無殊於老百姓。是以紅包之授受，未有不與公務員的職務有關。質言之，「紅包」即是賄賂。

如謂送紅包出於老百姓之自願，公務員不負刑責，此實滑天下之大稽，荒天下之大謬。老百姓自願行賄而收受之，已犯瀆職罪；如出諸強迫與恐嚇，將更犯勒索罪了。」

四、黑船之謎

二十二日聯合報載：「日前桃園縣觀音鄉附近海面，發現一艘來歷不明的木造漁船，其構造的式樣，在本省早已絕跡。像這種來歷不明的「黑船」，近年來已連續發現了好幾艘；而不久前，竟發現一艘顯然是來自大陸的漁船，因為船上漆有匪方編隊的番號。」這些黑船的下落如何，聯合報沒有透露。

放棄否決外蒙的來龍去脈

（上接第三版）

陳誠的處境

蔣介石此次決定放棄否決外蒙，使陳誠的對內，尤其是對外信譽，遭受前所未有的打擊。他被邀訪美時還有人以為美國政府對他備存希望。他到達華盛頓後，對於美方的壓力堅拒不屈，國內國外的輿論雖表支持；但美國却可能感到他不易就範。如今甘廼廸總統一經與蔣介石接觸，即欣然接受美方的勸告，不但証明陳誠虛有行政首長之名，並無實權可言；而且說明蔣介石比陳誠聽美國的話。最使他有苦難言的，是十月二十一日國民黨中央的決議，雖然在事實上是無條件通過蔣介石個人所作的決定；但在文字上却是「有關外蒙入會的問題，授權從政黨員行政院長決定我國所應採的態度。」顯然反而把放棄否決的責任推在他的身上。據聯合報透露：葉公超回國後，蔣介石曾往陳誠公舘看他的病，並囑他「移居郊區三峽行政院疏散辦公處靜養，行政院政務和出席立法院報告的事，可由王雲五代表；外交問題，暫留葉氏在台備詢。」聞陳誠一則以病，再則也很感難以負責，祇好藉此休息一下。有些敏感的人士還躭心他可能從此長期休息下去。此中的微妙處，自非局外人所能預測。

輿論的沉痛呼籲

在蔣介石決定放棄否決外蒙後，台北社會輿論一致以蔣杜聯合公報聲明不以武力反攻大陸時的沉痛心情來面對此一現實。聯合報除以「打落門牙和血吞」的標題，對於此事之來龍去脈作了相當詳細的分析而外，還發表一篇題為「沉痛的教訓，長遠的打算」的社論，指出我們在外交戰上遭逢了一次慘重的挫敗；凡有血氣之士，無不感到滿腔的怨憤，欲哭無淚。並說：今年還可以拿否決外蒙來換取一部份非洲國家的支持；而在今後則連此最後的憑藉也喪失了，我們將何以為計？因而呼籲當局不可再幻想，應速作長遠的打算。有一位著名的立法委員向聯合報的記者說：「今後國運如何，全看我們本身能否自強。不用說反攻大陸，祇要有力量收復一個海島如海南島，我們的處境和身價就大不相同了。否則頹唐延誤，自暴自棄，今年暫時混過，以後仍有問題。」又說，「我們堂堂中華大國的合法政府，今天祇在一個小島上，如能自強，正所謂楚雖三戶，亡秦必楚；否則無端的風險將接踵而至，將來如何結局，是難以逆料的。」這可說是台灣絕大多數人的共同心情。

當權派的動向

儘管國人對於放棄否決外蒙這一喪權辱國的舉措深感沉痛；但蔣介石父子則頗為得意。他們並不是認為今後中華民國在聯合國的席位可以長保無虞；而乃認為經過此事後，陳誠在美國的聲譽已受到嚴重的打擊，因而美國政府對蔣介石的態度必將好轉。如此，則傳子的預定計劃也就少了一層最大的障礙。聞蔣經國日來正與親信舉行秘密會商加强控台局的部署。看情形，他們在對外屈辱之餘，又可能轉而槍口向內了。

農業生產失敗

中共正向野生植物大躍進　大陸人民將回到原始時代

劉裕畧

大陸之窗

中共統治大陸十二年來，雖然不斷在強調生產大躍進，實則失敗多於成功。到最近三年，由於自然災害再加上人為的災害，農業生產遂更萎縮，迫使中共於今年十月一日於所謂「國慶」紀念日亦不得不承認由於農業生產的失敗，乃嚴重的影響了輕工業和重工業。

目前，中共雖已在高喊「農業是國民經濟的基礎」的口號下，將工作重點改向農業，但人心既去，經濟制度，尤其是人民公社這一生產方式又帶來矛盾重重，所以，毛澤東雖大嚷大叫要「把勞動力集中農業第一線」，且又在實際行動中將幹部及人民下放數千萬人到農村，但農業生產情勢，卻並未因此好轉。於是，中共現在只好向野生植物大進軍了。

中共號召和強迫人民在食物及生產方面大量採用野生植物，原不自今日始，但中共現在迫令人民向野生植物大躍進卻在事實上越來越加緊。據十月十八日人民日報所公佈有關野生植物之資料，中共調查統計之結果，是：「我國可供利用的野生植物共三萬餘種，其中已發現經濟價值較大的重要原料約一千多種。在豐富的野生植物資源中，有可以榨油、釀酒或提製澱粉的，有可生產纖維，是紡織、造紙原料。我國可供榨油的野生油料植物有四五百種，經過試榨化驗含油量在百分之十五以上的有二百二十多種，有些含油量高達百分之七十左右，比大豆、花生、芝蔴等主要油料作物的含油量還高，這些野生油料榨製的油，可以食用，也可以用作機械潤滑油或製造肥皂、油漆、油墨、香料油等。油渣餅還可用作肥田和飼料。常見的分布較廣、含油量較高的野生植物，有榛子、山蒼子、油渣果、山杏、山桐子、蒼耳子、野蓖麻、花椒等。在我國的東北、華北、西北等地，生長着大面積的天然榛子林，黑龍江一省就有一千多萬畝左右。……我國的野生澱粉植物也很多，僅利用果實和塊根的野生澱粉植物就有三百多種。野生澱粉可以用作製造食品、漿洗棉紗布匹、作醫藥配劑等。據天津六個國營棉紡織廠計算，利用野生澱粉代替面粉漿紗，全年可節約面粉一千八百噸左右。……木豆含蛋白質百分之二十二，油脂百分之一點三，營養價值、用途和綠豆、豌豆不相上下。木豆是一種野生灌木，近幾年來湖南廣東等省都有栽培。……我國的野生纖維植物共有一千多種，其中有羅布麻、岩基麻、葛麻、段麻、梧桐麻、芙蓉麻等一百多種。每年購量十萬噸左右，相當於一百三十五萬畝黃麻田的麻產量。這些野生麻類纖維，可與黃麻混紡織成麻布、麻袋、或製成繩索。……野生草類纖維約近千種，其中以龍鬚草、芒草、白茅草產量最大，一年可割幾次，是最優良的造紙原料。這幾種草，一般高四、五尺，不長一個節，纖維長，拉力強，可以製人造棉、高級紙張。一九五八年一九五九年兩年，用於造紙的野生草類纖維約五十萬噸，相當於三萬五千多立方米木材的造紙量。」

另據人民日報西安十月十七日專電：「今年陝西大部山區雨水較多，野生植物葉茂實繁，為了保質保量的適時把山貨採摘回來，大巴山區的洋縣，秦嶺山區的鎮安，嶗山山區的延安等縣各人民公社，根據野生植物成熟期遲早，分段分期安排了勞力。太白山北麓的郿縣營頭人民公社各生產隊，組織幹部和有經驗的老農，深入山，入老林，調查了野生植物的品種、產量和成熟情況，確定了採集範圍和採集順序，……各地商業部門配合小秋收活動，抽調了幹部隨同社員入山，……各縣基層商店和供銷社還新設立了代購代銷店，訂立了收購合同，按質論價收購，並組織羣衆就地加工，方便調運。」

以上是中共調查野生植物的簡畧報告及一個向野生植物進軍的典型例子。顯然，中共已不只強調野生植物的用途，並且確已向野生植物之生產作大躍進。在如此情況下，大陸人民之生活水準，勢必再為降低，將近回復到原始時代的野生生活去了。然而，原始時代的野生尚有覓食的自由和行動的自由，而今日大陸人民則並此自由亦無哩！

蘇試爆原子彈後東北密佈原子塵

危害中國人民生命　中共竟未向蘇提抗議　台灣應即向蘇提抗議

綜觀

蘇聯與中國接壤，若蘇聯試爆原子彈，則帶有原子塵之濃雲飄向中國大陸，勢必危害中國人民之健康與生命，假若今日在大陸執政的政黨如果是一個真正愛國的政黨的話，則其政府為了維護中國人民之生命與健康，就勢必反對蘇聯試爆原子彈，但中共賣國政權則不然，不顧中國人民之死活，在舉世指斥蘇聯兇惡試爆之際，竟公開表示擁護蘇聯之試爆，茲據十月廿七日中共廣播，中國大陸之東北部，現果已密佈原子塵，據法新社巴黎廿七日電：「北平電台本日透露中國的東北部許多大的區域已有濃密的原子塵降落。這是關於東北已遍佈密集輻射活動的北平官方公佈」。「此公佈並稱：該台以華語廣播並稱，北平國防部已提出警告，謂此種濃密落物可能影響東北區域一個長時間。此項廣播並曾呼籲此區域的居民採取緊急的特別衛生措施，來將輻射的影響減至最小」。

中共的這一公佈，無異顯示了中共依附蘇聯的無恥嘴臉，因為在此情況下，中共原本不該支持和擁護蘇聯舉行多次試爆的，如蘇聯竟然舉行試爆，因而危害到中國人民之生命與健康，則中共應一面向蘇聯提出抗議，一面用實際行動制止蘇聯才是。但中共却不作此圖，而只呼籲人民設法來將長期的輻射減至最小，不但自欺欺人，而且完全漠視了中國人民的生命與健康，我們曉得帶有原子塵的輻射雲，係飄留在天上，而且是在很高的天上，人民有何方法以制止之或除去之？且中共奴役人民，無時無日不驅使人民在野外從事勞動，則人民在暴露之曠野，自更易遭受原子塵輻射之害，所以，中共呼籲人民設法防止，實係貓吃老鼠式的一種假慈悲，對此，我們除予蘇聯以抗議外，並嚴格譴責中共。此外，現在台灣的中華民國政府亦應立即在聯合國向蘇聯提出抗議，並譴責其危害中國人民生命和健康之罪行，同時，政府更應立即向大陸廣播，除指出中共賣國政權之此種禍國殃民的事實外，並應向居住在東北及其鄰近地區所有遭受原子塵危害的大陸同胞表示關切。

寫完此文時，中共外交部又發表聲明，謂中共國防部並未發表上述東北密佈原子塵之警報，假如中共真未發出上述警報的話，則中共政權更屬禍國害民，蓋中國東北地區密佈原子塵既係事實，只因討好蘇聯，遂連警報亦不敢發出，難道中國人民是蘇聯試驗原子彈的實驗品嗎？

僑鄉簡訊

鍾之奇

中共加緊奴役廣東各地歸僑

中共對海外僑胞進行種種統戰工作，以欺騙僑胞，這早是人所共知的事了。但很不幸的是仍有少數僑胞被中共的花言巧語所騙，基於自己的落葉歸根思想，以為把自己數十年在外辛苦經營的積蓄，可以回到僑鄉去養老，殊不知，中共平時所言優待華僑，原本都是謊言，等你回去之後，中共便把你的積蓄剝奪了，然後還把許多從未幹過農活的僑胞強迫分配到各華僑農場去勞動，實則中共在廣東各地所設華僑農場，完全就等於是奴役華僑的集中營。茲據十月二十日人民日報刊載，謂「廣東省據興隆、花縣、陸豐、大南山、蕉嶺、英德等八個國營華僑農場的統計，今年上半年已經收穫稻谷四百多萬斤，薯類七百多萬斤，其他雜糧十三萬多斤。同時繼續大力發展了熱帶、亞熱帶作物的生產」。這就可見中共正在利用華僑農場的名義加緊奴役廣東各地的歸僑了。

廣東共有溫泉一百廿五處

由於各級共幹都經常喜歡到溫泉沐浴和休養，所以中共便對大陸各地的溫泉數量作了一次調查。據中共中國新聞社北平十月廿四日電：「據統計，中國有溫泉一千處左右，其中以廣東省佔第一位，有一百廿五處，其次是雲南，有一百零四處，福建則有八處」。中共現在都已將各地溫泉培修為公園，不惜花費鉅資，使之成為休養遊息的場所，名義上則說是讓大衆遊樂，實則今日大陸之人民，皆已被殘酷的奴役，貧病交迫，行動亦無自由，那裏還有機會談到遊樂。所以，為人民服務是名，由各級共幹享受是實。每逢周末或假日，大小汽車載着各級共幹及其家小向廣東各地溫泉飛馳，那就是共幹，尤其是高級共幹享樂的充分証明啊。

藥物缺乏廣州試製草藥

藥物本分中藥西藥，自中共統治大陸後，為了節省外滙，西藥已不准進口，蘇聯又無許多西藥供應，而大陸人民在中共奴役與勞動之下，病人又特多，中藥亦未能相應增產，於是，中共最近遂開始試製草藥。據新華社廣州十月十三日電：中共已命令「廣州市陳李濟、保滋堂、李衆勝、馬伯良等十餘家中藥製藥廠，近年來，選擇了一批民間常用的草藥和單方，試製成膏、丹、丸、散等成藥，經過有關衛生醫療部門的鑑定和一定時間的臨床實驗，已有二十七種療效較好的成藥，正式投入生產，這二十七種成藥適應症有瘡傷外科、流行性感冒、白喉、肺結核、子宮脫垂、神經衰弱、風濕關節炎、腎虧病等很多種」。

海豐縣餓死人、科長逃港

據本港新生晚報的可靠消息：「廣東的海豐和陸豐，都已經因糧荒而餓死了人。

這消息是由上週自汕尾逃到香港來的該地共幹所透露的。最近接近香港的廣東沿海各縣，有大批飢民用各種方法逃出竹幕，目的地都是香港。上週有六名自汕尾逃到香港的青年共幹，其中有兩名是海豐「人民政府」的科長。

他們逃到了香港，已經獲得同鄉親友的接待。據謂海豐糧荒情形極嚴重，今年三月到五月之間，可塘區的南塗等兩鄉，先後餓死了一千二百多人。他們又謂，據他們所知，陸豐的碣石區螺溪一帶，亦有多人被餓死」，按中共統治大陸十二年來，曾於鳴放期間公開承認一九五七年春夏之交，廣西西北部曾發生飢荒，餓死了五百多人。可見中共控制下的今日大陸，餓死人是常事，只是中共把各地餓死人的消息嚴加封鎖罷了。這也正是它要設立鐵幕的一個原因了。

施漢諾權奇自喜

何之湄

高棉於十月二十三日突然宣佈對泰國絕交，議會並授權元首施漢諾王子採取防衛措施，以應付泰國的「侵略」。這項事前絕對沒有任何醞釀的緊張行動，在寮國越南局面糾紛嚴重的時際，難免令人注視到事件幕後的嚴重性。因為高棉指責泰國礪兵秣馬，「準備進攻高棉」，固屬駭人聽聞；而施漢諾王子所聲稱必要時邀中共援助，及「投入共產陣營」等說法，尤使人恐懼到東南亞均勢突然來一個劇變，迅速步入戰爭。

指責乃沙立

高棉不是一個獨裁國，但它是一個「一人國」。高棉有議會、有政府，但都控制在國家元首施漢諾王子的手上，對泰絕交的決定，便是廿三日國民議會及王國會議的聯席會議，接受施漢諾的報告而決定的。所有高棉的決定和行動，人們都知道那是施漢諾王子個人意向的表現。

（一）泰國總理三年來已策劃一個進侵高棉的計劃，希圖併吞高棉的戈公省、馬德望省、傍同省及暹粒省的各一部份；泰報紙已透露此項計劃。

（二）泰國一直霸佔高棉的考拍威限山隆瑞寺，該寺乃高棉人民傳統的朝聖之所。

（三）泰國總理與西貢的宣傳家，異口同聲的說高棉已成為共產黨侵略高棉鄰邦的基地，上項談話，且是當着外國使節而發表的。

因此，施漢諾王子說：泰國是要迫使高棉在「死亡」與「投入共產陣營」中作一選擇，他當然選擇後者，假如一旦被迫的話，雖然那是「違反我們的意志」。他說高棉不是共產基地，任何人或各國的軍事代表團，可以隨時進入高棉，到任何地點去調查。

領土糾紛說

施漢諾王子說泰國準備進軍强佔高棉三省，這一說法恐怕任何人都不會認為有此可能。東南亞局勢的緊張，已經到了牽一髮而動全身的程度，泰國為了寮共擴張的威脅，正求自保之不暇，那裏會有發動侵略的行動去引狼入室？何況對於近二百年前泰國攻佔高棉的土地，在法領時早已歸還印支，泰國從未主張該等領土係泰國故土。泰國與高棉爭奪考拍威限山，即可証明「邊界糾紛」僅係一山之微，並非數省的土地。

考拍威限山位居泰棉邊境，山上的隆瑞寺確係高棉人拜佛之地，但泰國居民亦同樣到寺中禮佛，且因地係名勝，來泰遊客，也甚多到該寺觀光，上山途徑在泰境方面，自一九四一年以來，該山即由泰國警方管理。一九五八年高棉曾主張該山係高棉領土，派兵進駐，泰軍也奉派前往，形成對峙，且曾發生衝突。高棉不忿，即禁止泰航機降落金邊，隨又宣佈對泰絕交——說將起來，這次的絕交已是第二次，並不是新花樣——後來美國極力調解，泰棉雙方同意接受聯合國故秘書長韓馬紹之特別代表費里斯調查邊境糾紛，局勢和緩後，雙方又再復交。

因為考拍威限山的爭執，雙方報紙互有評論及抨擊，泰國報紙確曾有指高棉的馬德望省曾屬泰領的事實，但這也正如高棉報紙主張泰國東部的素葦、武里喃、尖竹汶、柯叻四府應歸高棉一樣，同是不足為據的。

加重了危機

那麼，只有最後的一點成為問題—，那便是施漢諾指責乃沙立元帥在外國使節面前說高棉成為共產黨基地這一點。按乃沙立元帥確曾說過這樣的話，但並非在外國使節面前說的，泰外交部已予澄清了。乃沙立元帥所說，並非沒有根據，並且事情亦不自今日始，自高棉承認中共後，越盟份子及中共份子即自棉邊滲透泰境，不斷地被破獲發現。對於越南方面，一九五五年「和好軍」陳文帥被逐，殘部逃入高棉邊境，該部旋即為共方所吸收，成為共黨遊擊隊，出入越棉邊境。施漢諾為誇稱他的「中立」，指他們為盜匪，而否認他們的政治性。嚴格地說，就算是越南盜匪以高棉土地為巢穴，高棉為什麼不進剿呢？

施漢諾把三個兒子送到北平讀書，他與北平莫斯科有了交誼，自已戴上有色眼鏡，看不見東南亞危機是共黨蠶食，反而因中共對他的拉攏，而對泰越發生歧視。富馬的中立而親共，舉世共曉，但施漢諾就極力支持富馬的「中立」，要寮國整個「像高棉一樣」，從而指責「泰國不願寮國中立」。其實寮國自有它龐大的右翼，反共或反富馬，不能算到泰國的賬上。但施漢諾總有他獨特的說法。

從一個獨立未久小王國的小王子而成為世界聞人，施漢諾王子是權奇自喜的。對泰絕交也許祗是他的噱頭，但加深了東南亞糾紛，引致共黨入侵，說他受共黨利用，似乎也不為過。

·曼谷通訊·

富馬內閣成立難

·春甲圖·

寮國糾紛，目前似是「春雲乍展」：中立的傅馬親王，已獲寮王的委任，組織由他任總理的新聯合政府了。因此，一般人都可能認為，這是走向解決寮國危機的一項決定性的步驟，今後傅馬如能成功地說服從事內鬨的政治黨派人物入閣，則他便可以組成一個「調協的」政府，使內部的紛爭，化險為夷。然而，如何才能「說服」複雜的政黨主要份子？這是一個相當困難的問題。更何況傅馬的受詔組閣，祇是解決糾紛的步驟的開始，而不是止戈息武的最後計劃的成功！他，這位奉委組閣的傅馬，第一，還要取得右翼政黨彭庵人，和親共的蘇法魯旺的對峙黨派的消除成見，同意於組織新閣的十六席的支配；第二，對於軍隊的整編，更要進行得圓滑順利。這兩個難關，尤其是後者，恐怕極不容易通過。是則寮國前途，焉能樂觀？

先來說內閣閣員的名額分配問題：依照三親王的協議，聯合政府中的十六名閣員，將由中立派佔八席，右派佔四席，左派也佔四席；右翼要求永珍政府中的兩名中立人士，列入八席中立派的席位裏，左翼倘表反對。而傅馬親王則意圖把國防部長和內政部長這兩個職位，由中立人士担任，且欲自兼國防部長；至於永珍的「强人」諾沙旺將軍，則表示欲取得上述兩個職位之一；這樣，問題就來了！在閣員職位的分配中，將引起了嚴重的爭執。再以傅馬親王本人來說，他也不是一個眞正的中立人物。他在今年春間，雖然先後訪問過緬甸，印度，法國，英國，但當他於四月間訪問莫斯科時，親共的巴特寮領袖蘇凡努旺，也突然偕同越盟外長雍文謙，趕到莫斯科去和他會面。這一項詭譎的行動，顯然是接受了莫斯科方面指示的。後來，這一對同父異母的兄弟，還聯袂飛到中共的杭州，和毛澤東、周恩來，及越盟范文同等，舉行了一連串的會談，迨返抵寮國，即宣佈取銷訪美計劃。他又曾强烈要求美國的技術人員，須從速撤離寮境，但却從未有提到蘇聯以空運軍用物資接濟巴特寮的行動。他對西方國家之存有偏見，顯已露出了尾巴！這樣，對閣員職位的分配，右派方面又怎能俯首貼耳容忍？

即使閣員職位的分配問題可以僥倖獲得解決了，還有最大的絆腳石整編軍隊問題哩！目前寮國三派中，有兩枝勢均力敵的軍隊對立着，一枝是右派諾沙旺將軍所領導的，現已成為反共的王室政府軍；一枝是由蘇聯幕後支持的蘇凡努旺所領導的巴特寮軍，亦即是「如假包換」的寮共部隊。一九五四年日內瓦和約簽訂後，在該和約的第十四條規定下，曾將巴特寮軍隊都集中於豐沙里及桑怒兩省地方，等候政治解決，但巴特寮部隊後來不特不聽命解決，且更盤據着這兩省來作地盤，發動叛亂。迨至一九五七年十一月，傅馬親王曾與巴特寮談判，獲致協議，雙方並同意將巴特寮的武力解除，而將共軍部隊編入政府軍，另六千名士兵則予以復員，恢復其平民生活，並將該兩省政權，交還給政府；那時，共黨的陰謀，是企圖滲入政府中而運用手法赤化寮國的，故此他們也答允了這條件。但到了一九五八年，寮國情勢轉為不利於共方了，於是巴特寮部隊，立刻「叛變」進入北越邊境的山區，獲得越共的支援，便又捲土重來。一直到了現在，巴特寮的實力，已擴展到足够與政府軍抗衡，而他們所佔據的基地，則比政府軍還多；那末，到了今日，在蘇共、中共、越共的支持和指揮下，除非獲得了絕對有利於共方的條件，否則絕不會接受整編而達成軍隊國家化的原則的。

從上述各點以觀，寮國前途，確是未許樂觀。照目前的情形發展下去，恐怕仍離不了一個「拖」字。「拖」，是對共方有利的。最低限度，他們可以爭取到足够的時間來再加强實力，等待雨季結束後，得以伺機大舉出擊；同時更可以與越共互相呼應，加重對東南亞的威脅。因此，未來情況的演變，是很值得憂慮的。

在柏林危機尚未緩和之前，美國方面却已表示考慮準備出兵越南了；這正反映出甘廼廸總統對目前的寮局，也存有無限的疑懼哩！

朝山（上）

黃信男

一

大青寺座落在離城三十里外的大青山上，從山腳下往上爬去，約摸須費大半個時辰。

大青寺雖說不上是什麼寶刹大寺，一年四季却從沒斷過香火。不用提那年節佳辰，就是平常日子，每天總也有二三十個善男信女來朝山拜佛；有的是結着伴兒的，也有的是獨個兒的。他們或是來求籤，或是來許願。更有那閒散一等的人，他們既不求籤，也不許願，是慕着名來觀光觀光而已。

三月初三這一日，是廟裏擺場的日子。一大早，天剛麻麻亮，寺裏的長工老李就拿着一根雞毛帚，在大殿裏彈着各處的香灰飛塵。他一壁彈着一壁嘴裏不住的打着呵欠，像是隔夜的覺還沒有睡足似的。懶懶散散的，他打從大殿的一端走到另一端，就在他轉身的當口，不知怎的一陣悉悉索索的聲音從西廂傳了來，待他停下腳，響聲却又止了，聽了半天聽不出什麼名堂，他沒甚在意，以爲是蟋蟀在那裏打架呢。那曉得過了不久，響音又起了，他聽在耳裏，這才覺出有些異樣，「這那裏是什麼蟋蟀，倒像是什麼人在號哭呢？」他嘴裏咕嚕着，放下了雞毛帚，就一逕朝西廂門走去。

他兩腳剛一跨過門檻，就聽出聲音是從觀音殿裏傳出來的。

觀音殿就座落在正殿左側方後首，從正殿西廂門出來，約摸再走二三十步，也就可以到達了。這時兩扇殿門正朝外敞開着；遠遠望去，半明不亮的兩團燭火，一閃一閃地照出一尊佛像來，佛像跟前，露出一個女人頭，頭髮蓬蓬鬆鬆的。

長工老李在門檻外邊停住了腳，心裏不覺納罕起來，「怎麼？這麼一大早她就上來哪！上來也罷了，還嚎個什麼勁！」他嘴裏還咕嚕着。心想怕又是那一家的女人，家裏親人沒了，再不就是家裏什麼人害着病，一大早跑來燒香求佛，討個免禍消災的信兒，好安安自己的心……他想着想着，又瞧了瞧那女人邊哭邊訴的模樣，心裏也就想了開去，「可別誤了我的正事。」他嚷着，於是轉身回殿做他的活兒去了。

二

那女人兩手捧着三根香，端端正正地跪在觀音像前，嘴裏只顧在唸着什麼，也沒覺着有人出來瞧她。

「……我的兒！」她有一句沒一句的訴說道：「你在哪裏？快告訴你娘，好讓我去接你啊……你是怎麼着？一句腔也不答，好狠心呀！你娘可白養你一場哪……我的乖！怎麼你一去就去了九年，音訊也沒有一個，出門沒大人照護，你可凍着，可餓着了？乖乖，輕聲告訴你娘一聲，快！只要讓你娘聽見就行了……喲！怎麼？你是怎麼着，我的乖呀！怎麼你一聲都不響喲……。」

她喃喃地說着，漸漸泣不成聲了；兩行眼淚從眼縫湧了出來，順着面頰，直往下滾，落在衣襟上，濕了一大塊。過了一會，她收住了眼淚，彎下腰來，一連朝菩薩磕了三個頭，於是嘴裏又這樣唸着：

「大慈大悲的觀音菩薩！要是我前世作了甚麼孽，罰我今生作牛、作馬，我都不怨，可怎麼也別折磨我那苦命的孩兒！可憐喲，菩薩！他走時還不滿五歲，剛學會走路，就這樣走了，走了！不回來了……我嫁了他爹十年就只有他一個孩子；沒得他時，婆婆一逕說我命裏尅子，生下他來，待要撫養成人，那曉得他却丟開他娘跑了，正好應了我婆婆那句話！菩薩啊！我的命怎麼就這樣苦喲！」

說到這裏，她住了嘴，呆了一呆，又磕了三個頭，這才立身起來，走上前去，把三根香插到銅鼎裏去了。不多一會，她轉過頭，彎下身，打開了擱在貢桌邊的一個黑布包袱，從裏面取出薄薄的幾疊紙錢，重新繫好包袱，於是她又立了起來，一逕向門外天井走去了。

她看起來早已是三十開外的人了；面孔黃黃瘦瘦地，兩邊顴骨突出來一大塊，扭成一個菱角形。灰黑的一堆頭髮梳在後頭，東一束，西一束的散了開來，顯得凌亂極了。她內裏穿了一襲芝蔴色的土布衣裳，上身另外罩了一件暗灰夾外套。一眼望去，就可以看出是鄉下做莊稼的女人打扮。

從觀音殿裏出來，她往西折了一個彎，連正眼也沒瞧一下，就朝離了約摸有十來步的燒爐走了去。

那燒爐是用紅磚砌起來的；大約有兩尺寬、六尺高上下。模樣兒好似一幢蓋了兩層的小閣樓；下面一層是實了心的，那上面一層，中間開了一個大洞，洞的兩旁放了兩盞油燈，燈芯只露出油面一點，火舌就小得可憐了。洞的裏頭，只見黑鴉鴉的一片；四壁污烟不消說得，有那新近燒過的紙灰，一層一層的疊着，壓在陳灰上，還可以分出個你早我晚來。

她走到燒爐跟前，停住腳步，右手拿了幾張散紙，舉起來放在油燈上，待紙着了火，火星直往上冒，於是他就勢塞進了爐裏，過了一會，又加了兩張散紙，眼看星火旺了，她這才一疊一疊的把錢紙輕輕放了上去。那火舌先是往上冲着的，那曉得突然壓了什麼東西下來，只好縮回去了。不多一會。它從縫隙裏又湧了上來，燃着了紙面，慢慢一層一層的燒着。火光熊熊地把爐裏上下照得通紅，她看在眼裏，覺着老大的不自在，像是有什麼東西突然鑽進了她的心裏一樣。到後來，她望的出了神，不知怎的一陣心酸，眼淚乘勢又湧了上來；隔了一層眼波，她只覺眼前一片紅，其餘什麼也都瞧不見……

三

那是將近黃昏的時分了；一個紅紅的大火球，欲隱還現的掛在山巔，從裏面投射出來的火光，直把漫山遍野染得通紅。她獨個兒在廚房裏，一手掌着刀，一手拿着一把白菜，邊切邊望着遠處山腳下一羣孩子正朝村裏走了來。她望着望着，不覺手裏滑溜了一刀；一陣痛楚過後，她瞧見左手食指背上，正朝外慢慢淌着血。她略微皺了一下眉頭，把手指送進嘴裏吮着了。就在這時，擱在灶上的飯鍋水滾了，水氣沖開鍋蓋，乳白的米湯從四面八方湧了出來，滴在灶沿上，刺刺作響。她急急忙忙奔了過去，順手把鍋蓋打開了。不久，她聽見她婆婆的聲音從上房裏叫了出來：「開飯哪！做飯的人到哪裏去了！」

「我在這兒呢，媽！」她應着道。

「就在跟前的人，怎麼也不看一看，偏要讓它流出來了，這才心願！」

「我怎麼沒有看着！只是剛才……」她住了嘴，沒有再往下去說了。

她受了婆婆一番閒話，心裏覺着有些煩悶；待要頂它回去，又怕惹個沒了，這樣轉念一想，也就忍了下去。過了一會，她聽見她婆婆房裏沒有聲音了，這才取出指頭，隨手抓了一塊抹布，撕成長條，緊緊紮住了。

鍋裏的米湯一逕在咕嚕咕嚕的叫個不停，她聽在耳裏，覺着就彷彿是她婆婆在嘰嘰咕咕個沒了似的。她兩眼直睨着灶裏紅紅的餘火，心想明兒又得上山砍柴了，「唉！可真不巧，柴還沒有砍着，倒先把指頭砍到了。」她懊惱的想。

一陣孩子嘻嘻哈哈的笑聲，從遠處傳了進來，她聽着聽着，聲音越來越近，到路過她家門時，那笑聲突地止住了，只聽見其中一個問道：

「桂寶呢？」

「回去了。」另一個答道。

「你怎麼知道？」

「我見他是靠河往這邊走了來的。」

「那我們進去問問他娘看？」

「算哪！算哪！有什麼好問的？他掉到河裏去，你怕他不成！」另外一個大聲嚷道。

她聽出先發問的是方家老三；那孩子平日同她桂兒玩得蠻好，有時她桂兒跟他出去玩，倦了，他總帶他回來。這當口，她見桂兒沒跟他們一道，反聽見方家老三問起他的下落來，心裏不覺犯了疑惑；待要出去叫住他們問個仔細時，那羣孩子早已又呼哨着走了。正遲疑間，猛不防她婆婆的聲音又叫了出來：

「桂兒回來沒有？」

「還沒呢，媽！」她漫聲應道。

「別人家的都回來了！他到那裏去了？」

「我不知道！」

「唉！這孩子近來是怎麼搞的？一野出去就不想回來，也沒個大人敎敎他！」

「……」她沒有作聲；心裏只惦念着她的桂兒，雖則明白她婆婆的話裏有話，也只好當作沒有聽見一般。太陽已經整個沒入山背後去了，剩下幾片緋霞掛在天際。她看着天色暗了下去，又不見外面有個動靜，這才心裏着了慌。偏偏這時大鍋的飯快好了，自己分身不開，沒奈何，只得悶在心裏着急，不到一刻工夫，她起始聞到飯香；手裏拿了塊抹布，正待要端起飯鍋來時，一陣說話聲，從屋後迎風送了進來，她仔細一聽，立刻丟下抹布，出了側門，匆匆忙忙朝屋後走去了。她遠遠望見她男人和他公公走在前面，她小叔牽了一條牛跟在後頭。三個人你一言，我一語的邊談邊走着。慢慢離的近了，她男人猛地一抬頭，對上了她的眼，於是她大聲朝他問道：

「你見着桂兒沒有？」

「沒有呀！怎麼？他還沒有回來！」她男人詫異的道。

「還沒呢，我以為他找你去了。」

「找我？我那裏[illegible]你見他往那方面走的？」

「我不知道，中午他剛吃飽飯，方家老三在外面叫他，他慌着直往外跑，我也沒什麼留意。」

「老三回來沒有？」

「回來了，方才我聽見他問起桂兒，心裏才犯了疑。」

「哎喲！那小王八旦會跑到那裏去了？……」她男人說到這裏，迅即把傢伙從背上放下來，一手遞給了她，然後扭過頭，朝他爹說道：「爹，您先回去，我去瞧瞧就來。」他爹沒有作聲，只點了點頭，於是他飛也似的向着大路奔去了。

（未完）

金釵記（一九）

黎明

第十八場：

景：梁家莊臨河之一面。河邊楊柳樹下艤一小舟，舟中載了很多布匹。

時：接上場第三日上午。

人：梁尙賓、莊戶甲乙丙丁若干人（也可添些婦女兒童）。布商（陳濂飾）、小郎（張千飾）、小廝（李萬飾）。

（陳濂扮布商，頭戴新孝頭巾，身穿舊白道袍。張千扮小郎挑布樣十餘匹，歇在柳樹下面。李萬飾小廝看守舟上布匹。遠遠望去，陳濂和莊戶們正在指手畫脚爭論，但聽不見聲音。）

梁尙賓：（從一村巷出來，信步向河邊走去；唱）。

死了娘，休了妻，一了百了；無人吵，無人鬧，無事也忙。我犯罪，表弟他，給我替死；雖然我，沒良心，倒也清涼。慢步兒，到村前，隨意觀賞；（行近柳岸漸聞嘈雜爭論之聲，注目而視。）又只見，柳陰下，熱鬧洋洋。

莊戶甲：（瞥見尙賓，連忙以手招之）大官人您來得正好！（轉向衆人）你們別吵！看大官人怎說。

莊戶乙：好了，好了；大官人你來評評這個道理。

梁尙賓：列位爲何爭端？

莊戶丙：（向尙賓指着布商）這位客官來莊上買布，却偏偏又不肯賣給我們。

莊戶丁：（也向尙賓指着布商）我們已經應承每人買一兩匹，他却一口咬定必須幾百匹全買才有交易。

梁尙賓：啊、客官！你這却是爲何？

布商：大官人有所不知；只因在下父親亡故，須要趕回南昌奔喪；所以才情願讓些價錢把剩下的幾百匹布，一氣脫手。倘若這樣零零星星，你一匹，他兩匹，在下幾時才脫得手？幾時才回得家？大官人您說是也不是？

梁尙賓：你共剩多少匹呢？共花了多少本錢？

布商：還剩四百來匹；本錢二百兩。

梁尙賓：你說讓些價錢，到底能讓多少？

布商：只要快當，鬆得身子，便照血本讓上十來兩，在下倒也情願。

梁尙賓：（上前翻閱布樣）你這布樣倒過得去，但不知道你船上的貨色也是不是一樣？

布商：你這官人也忒會說笑，生意人將本求利，天地良心，豈有賣兩樣貨色之理！？

梁尙賓：你船上貨色也看得的麼？

布商：笑話！有什麼看不得？

梁尙賓：待我看來。（說着撩衣一躍上船，把布亂翻一陣，口裏只誇）不錯，不錯；倒都是好布！

布商：喂！喂！（生氣地）你又不像個要買的，只管翻亂了我的布包，就擱人做生意則甚？

梁尙賓：怎見得我不像個要買的？

布商：你若要買，就乾脆拿銀子來。

梁尙賓：你若肯讓二成，我便把八十兩銀子給你買下一半。

布商：你這不是笑話嗎？小本生意，怎麼虧得起二成？況且又只買一半，一樣鬆身不得，乾虧二成則甚？所以說你不像個買的。（故意搖頭對小郎）也罷！我們走吧！想不到這東門外就沒一個財主，連幾百匹布也買它不起；還是搖到北門找主兒去吧！（小郎作担布欲上船介）

梁尙賓：且慢！你這不是欺負人嗎？大爺我就全部給買了下來，又算個什麼？

布商：你若眞個全部買下，我便讓你二十兩。

梁尙賓：不成；還是二成，四十兩。

布商：那怎麼成！那怎麼成！（又向小郎）我們還是搖過北門去吧！（小郎又作勢欲上船介）

（衆莊戶七嘴八舌：「敢瞧不起我們東門外人麼？如今人家全部要買，爲何又不賣了？」「也沒見過這樣死心眼的生意人」！「又說要快當，又不肯吃虧，偏只你的算盤精」！布商也爭辯說：「這如何是我不肯賣？人心都是肉做的，兩百兩血本，盤纏使用不算，先虧却四十兩，這又是什麼算盤？」）

莊戶甲：好、大家都別嚷！（轉向布商）我說客人！你要緊的是脫貨；這位大官人要緊的是便宜；你們一個多添十兩，一個少收十兩，合成一百七十兩，成了這樁交易如何？

布商：這個？——也罷！這十兩銀子，就奉承列位面上。大官人就請你兌銀子，在下還要連夜趕路呢！

梁尙賓：銀子湊不來許多，有幾件首飾湊數，使得麼？

布商：首飾也就是銀子，只要公道作價，使得的。

梁尙賓：如此客人少等，待我取來。（揚長下）

布商：（心裏八成猜是梁尙賓）却故意自言自語，啊，這個客官倒是生意老手，這樁交易眞個便宜他了！

戶乙：不錯；他一生貪的就是便宜。

布商：不敢動問：他是什麼名諱？

莊戶乙：梁尙賓。

布商：哦！梁尙賓。（轉向小郎，暗示記下）

莊戶丁：哦、客人想知道這個梁尙賓麼？我們東門外新近還有一隻歌兒呢！

布商：哦！新近還有一隻歌兒麼？這倒有趣！（又目示小郎記下）但不知小哥你可曾記得？

莊戶丁：聽了！（唱山歌式的）

東門外，梁尙賓；
見了娘兒便發昏。
不認故，不認親；
只有色胆沒良心。
竊玉偷香是老手，
花街柳巷顯精神。
氣得老娘兩腿伸，
氣得媳婦回家門，
如今翻做了大單身。

（唱完大家都哄笑起來。）

莊戶甲：別再胡鬧！他來了！

（梁尙賓提包袱上）

梁尙賓：（邊打開包邊對布商說）喏、喏；這兒現銀一百兩；這兒銀盃兩對，金簪金手鐲各一隻，折銀七十兩，共是一百七十兩；客人成也不成？

布商：（收了銀子，再胡亂看了一下金銀飾物）不成也得成，就這樣吧。——只是大官人，我們人手太少，你要幾位幫幫手可使得？

梁尙賓：這倒使得。（轉向莊戶）就煩各位都幫一幫吧！

（梁尙賓、小郎、小廝及莊戶甲乙丙都紛紛搬布下，只有莊戶丁對尙賓投以不屑的眼光負手而去）

（未完）

見螢火

·敬羣·

山居秋夜不尋常，螢火飛時到處光。入戶篝燈催促織，傍籬張燄伴寒螿。偶驚墮地隨星殞，亦作衝天絕漢揚。我自微吟看未厭，漫爲琴劍訝新涼。

遁翁山居多螢，近忽絕跡，有詩云云。昔張芸叟詠螢有：『但取見時增惡思，難窮生處太卑微』之句，鄙之甚矣，今遁翁乃云看未厭，豁達可佩，依韻奉和。

·書枚·

暑夕幽塘見汝常，偶憑黯黯度流光。留形漫儗穿簾月，委化終同抱樹螢。秋入畫屏隨影墮，風飄苔砌逐塵揚。此時歛跡歸何處，物候非關世態涼。

書枚出示和遁翁山居見螢原唱，託與繇邈，次韻志感。

·文擢·

傍戶依籬事等常，了無人處著浮光。骨騰斬爾垂天翼，腸斷愁聞訴月螿。刼底黃華供歷亂，腐餘秋草解飛揚。宵來風露身如葉，爝火難溫滿院涼。

螢　和遁翁韻

·履川·

輝輝弄夜幻非常，絕漢疑爭星斗光。囊底夢迴憐腐草，簾腰影亂雜啼螿。金盤仙露霑彌戀，銀燭瑤階撲更揚。燐爛秋原迷處所，滄江臥念故山涼。

前詩意有未盡用杜韻再作

·履川·

傍水穿林恣意飛，高樓逐逐點羅衣。煙叢霧砌娛魂久，琴軫書囊顧影稀。蝴蝶有情駐春夢，蟪蛄無意借秋暉。霜嚴風急星初隕，絕海荒陬看汝歸。

螢火和遁翁韻

·千石·

篁根腐草孕殊常，欲與星辰鬪夜光。漫傍書聲欺暗室，豈緣落桂泣寒螿。因風忽幻青雲起，向曉相悲白日揚。華表游燐難自暖，籬間吹火意先涼。

本刊已經香港政府登記
每逢星期五出版

聯合評論
週刊

United Voice Weekly
第一六七號
督印人：黃宇人　總編輯：左仲平
社址九龍赫德道二十三號地下　電話 68678
承印嘉羅印刷有限公司香港灣仔馬師道5號
總代理：友聯發行公司售價每份港幣一毫
本報美洲版總經售處美國紐約中美出版社
CHINESE - AMERICAN PRESS, INC
199 CANAL STREET.,
NEW YORK13 N. Y. U.S.A.
美洲航空版每份零售美金一角

這一期我們同時發表兩篇關於南越的文字，內容上似乎有些不同，但相互參看，卻不難得着南越當前的眞相，希望閱者留意！　編者

南越尚有可為

林　蕪

西貢很平靜，達拉依然是消暑勝地，到了週末，頭頓的海灘上照舊擠滿了人，人們對共產黨威脅的感覺，大概和當年四平街戰後上海人對共產黨威脅的感覺差不多：威脅不是沒有，但還遠得很。

其後証明並不遠，而，要是華盛頓重復一下當年的對華政策，則中國的悲劇必將在越南重演無疑。

越共所採取的策略，幾乎完全和中共當年所採取的一樣，在戰略上是孤立城市，在政略上是爭取人心；而兩者互相配合為用。不同之點只是越共把共產黨人的眞正目的，掩護得更為仔細。中共當時雖然以「土地制度改良主義者」的姿態惑衆，但還是開口共產主義，閉口無產階級。越共卻絕口不提這些。

他們一向在越南人民面前所表現的只是一羣「替天行道」的俠客。他們專門謀殺地方政府的官吏，殺後便告訴人民說，這個人是吳廷琰的走狗，專門剝削和欺凌你們，所以我們把他殺了，為你們除害和伸寃。對於一些能夠獲得人民好感的官吏，他們卻着力聯絡，聲稱保護，直到後者失卻中央的信任為止。越南是一個落後國家，獨立以來也不過六七年。由於法國人對越南人的教育從不留心，並且不許越南人取得為政的經驗，所以當前的行政人材非常缺乏。在統治者學識經驗兩俱不足，而被統治者的文化水準又十分落後的情況之下，要政治有效率而又不貪污，恐怕是不可能的事情。這就給予越共以絕佳的機會。在叢林茂密或澗灣交錯的地區，越共的游擊隊經常出沒。碰到官家舟車便劫物殺人，碰到民間的舟車卻連忙道歉，說是事出誤會，並實行護送，不取分文，間或烹肉分食，取酒共飲，我們不能希望一般人都能看穿共黨的奸詐。

最近兩三年來，越共就專做這種收買人心的工夫，而且效果大著。鄉區的人民給他們以掩護，為他們通訊息，同時自然也有若干人入了他們的夥。因之他們的巢穴雖然遠在南端的金甌，或西陲的西寧，但他們卻能夠覬覦騷擾到了邊和，甚至京畿附近。在政府軍不斷兜剿之下，他們的勢力仍然逐日壯大起來，以至能夠集結營級以上的隊伍來奪取政府軍的據點。這裏面北越共軍的滲入自然是一個極重要的因素，但南越共黨本身勢力的膨脹也是一個事實。

恐怕我們必須承認：在落後地區，由共產黨所組織起來的，和窮苦人民打成一片的游擊戰；自由世界方面，雖然已經有了喪失中國大陸以及其他地區的經驗，卻還找不出一個有效對策。提到了這一點，南越的前途，眞使人不寒而慄，而且問題不限於南越。

美國是驚覺了，但應付的辦法又如何呢？由美國直接出兵干預是當前被考慮着的方案之一。但稍有軍事眼光的人都怕不會贊成美國這樣做。戰的目的是勝利，而當前美國的政策卻仍然是不許戰爭勝利的。政策不在勝利，則戰爭自然不會勝利。韓戰不就是一個極明顯的教訓嗎？三兩個美國師團，在叢林沼澤之區，作永無休止的追逐，恐怕不到一兩年，美國的議員們以及報章又會吶吶地在計算死了若干子弟和花了若干美元，希望開一次日內瓦會議了。簡單一句話：美國要是沒有勇氣把敵人的戰略後方作為作戰的對象，則最好不要直接參加這場戰爭。而，依我們的看法，美國不單不會向北平算賬，恐怕連向河內算賬也多所顧慮。然則這場戰爭如何能夠以勝利為結束？不能以勝利為結束，則勞師遠征的意義何在？

退而求其次，那就是加強越南本身對共產主義的抵抗力。

軍事援助是絕對必須的，這不待言。但和軍事援助至少是同樣重要的，是安定和健全越南社會的中產階級。軍事援助加強之後，越共的騷擾未必可以根絕，不能根絕也無妨，能使之退處不易受外援的邊區，無法作大規模的出擊，便算達到了目的。這時越南政府便可以有餘裕來鞏固和組織內部，而以加強中產階級的力量和地位為一切施政的綱領。我們必須明瞭一點事實，因二次大戰而殘破的國家只有那些中產階級還健全的社會，才能夠壓住共產主義的膨脹。日本是一個典型的例子。法國和義大利的共黨之衰落，也是因為其中產階級還能夠維持着社會中堅的地位。中國大陸的淪喪，原因不只一個，但中國新興的中產階級因八年抗戰和戰後的悲慘生活而陷於失望絕望的境地，卻是最為深入，影響最大的原因。越南今天還來得及挽救。從美國那裏得來的金錢，必須有計劃地應用在創造和擴大中產階級的政治和社會機會方面，改善他們的生活，增加他們的責任感，組織他們到反共反極權這方面來。越南政府也和當年的中國國民政府一樣，是倚靠中產階級來支持的。只有中產階級覺得那個政府是他們的政府，值得他們擁護，值得他們為之流血犧牲，則那個政府才算有了民衆的基礎，才不是共產黨人所可摧毀得了。中國的教訓，美國人和越南人都應該看取。這雖則不是一天半天可以見效之事，但見效之後，便已是在對共黨方面取得了澈底的勝利。共產黨在培養其游擊隊時，還不是得經過若干年的努力？

南越問題是政治問題

胡　越

最近馬來亞聯邦總理東姑拉曼，到西貢訪問吳廷琰，歸來之後，曾向自由世界發出緊急的警報：「除非自由世界立刻採取實際的援助行動，否則南越必然的被共黨所蹂躪，結果另一個自由世界國家（指南越）將告被犧牲。」

從近來有關南越的資料來研究，證明東姑拉曼的聲明，絕非危言聳聽。我們現在必須以沉痛的心情，嚴肅的承認，南越局勢確已面臨最後關頭了。

據知目前越共的游擊武力，在南越已建立了二十三個「解放區」，控制了大部分鄉村。南越政府的統治權力，已被局限於少數的幾個大城市之內；過去派往鄉村的醫療機構，現在已完全撤回城裏；在美援支持下的農業復興工作，已經被迫減少百分之五十，因為村民受越共警告不准接受這種援助。南越預計今年輸出米五十萬噸，現在只能希望輸出十五萬噸；過去每月經香港輸出生豬一千頭，現在也停止了。美援工作人員預測，明年二月南越將發生嚴重的經濟危機。

現在南越政府軍與越共游擊隊每天要作戰五次至十次，平均每月要作戰二百五十次。南越政府軍的士氣由於長時期的疲於奔命，及受政治貪污的打擊，正趨向低沉。吳廷琰已取消往「朗海」度周末的習慣，因為沿路治安有問題；在西貢市區內，吳廷琰的弟弟，三個孩子每天上學也要由五個武裝衛隊護送！儘管形勢這樣壞，可是西貢街頭，依然歌舞昇平，熱鬧有如嘉年華會！

從上述簡短的說明，我們已經可以充分了解南越局勢嚴重的程度了。這正是一九四八年中國大陸的形勢。

南越的局勢，是吳廷琰一手造成的。現在他搞糟了，責任落到美國身上。現在我們看看美國有甚麼對策。美國與論的反映，是熱烈爭辯究竟出兵呢，還是不出兵。我們記得寮國局勢在最惡劣的時候，美國也曾大喊出兵，結果終於沒有。其實出兵絕不是好辦法。因為今天南越的問題，不是軍事問題，而是政治問題。南越政府現有美式裝備陸軍近廿萬人，而越共游擊武力只有廿七個營，一萬二三千人。以廿萬大軍對付不了裝備較差，數量少十幾倍的游擊隊，這說明困難根由不在軍事，而是在軍事背後的政治。兩周以前在一篇有關南越的報導中，透露了一件很有趣的事情。在那篇報導中說，越共游擊武力分三級，第一級是有高度組織訓練的，直接受越共指揮的游擊隊（以營為單位），第二級是鄉村的民兵（相當於排的單位，或連的單位），第三級是潛伏鄉村的小組（只有三人或五人）。並認為這第三級的小組份子是第一級和第二級游擊隊的補充兵。試想每作戰一次就死傷數十人以至百餘人，每小組才二三人，如何夠補充？根據過去中共在大陸打游擊的情況來了解，那小組並不是游擊隊員，而是黨的小組。小組雖只有三人或五人，但是憑它就可以控制整個的村鎮。他們潛伏在鄉村中，監視每個人的行動，並把村民組織起來，全力配合游擊隊活動。它同時是共[illegible]」，他隨時將政府軍的情報通知共[illegible]，而同時使政府軍則變成聾子瞎子（因為村民受小組監視絕不敢透露一點消息給政府軍情報人員）。因此今天南越眞正的困難，不在一萬餘的越共游擊隊，而實在於潛伏各鄉村中的黨小組。問題是何以會產生這些黨小組？換句話說，農村青年為甚麼甘心參加共產黨，為他們出生入死？主要因為政治太壞，官吏貪暴，民不聊生。何以官吏貪暴，民不聊生？因為獨裁政治，必然造成的腐敗！

我一向相信民主政治是克制共產主義最有效的武器；自由人的自由合作所產生的力量，是無敵的力量。試看今天的自由世界，凡是建立民主政治的國家，都能保持安定繁榮。反之凡是獨裁國家，不是政變就是革命，翻來覆去，鬧個不停。或許有人說，在正常狀態之下，民主政治的確可以發揮克制共產主義的效用，一旦發展到軍事行動的階段，民主就不中用了。其實不然，試以二次世界大戰後發生剿共內戰的幾個國家來看。希臘、菲律賓、馬來亞這三個國家，都曾有共黨的游擊隊，可是都被政府軍剿敗了。此外中國及今天的南越，亦都有軍事剿共的形勢，可是中華民國政府被逐出了大陸，今天南越已面臨危急的階段，如果沒有意外的奇蹟，也註定要失敗的。何以馬來亞、菲律賓、希臘三國剿共戰爭得到勝利？因為它們都是已建立民主政治的國家，在民主軌序運行之下，政府和人民是息息相通、互為依存的；「政通人和」可以產生整體的反共意志和力量。中國和南越為什麼剿共戰爭失敗？因為二者都是獨裁政府。人民失去作戰的目標，因為他們感到抵抗共產黨不過是為了保護一家一姓，或一黨一派的利益，這樣人民與政府便離心脫節，戰爭持續下去必造成人心渙散，士氣消沉，終致一敗途地！此外，古巴的卡斯特羅，以廿人打游擊起家奪取了政權，也因為前任政府的獨裁腐敗。但是在此必須特別說明一點，卽使在獨裁政治之下，人民也未必眞的同情或歡迎共產黨，但是共產黨用其一套殘酷的統治方法，把人民組織起來，發揮一種受恐怖催生的力量，而獨裁政治，造成虛偽腐化，根本集中不了任何力量。

南越局勢發展到今天，令人已有「病入膏肓」的感覺，我雖不贊成美國出兵，但是我也想不出此外有何善策可以迅速堵截越共的攻勢。因為一切已經太遲了。希望這是自由世界最後的一次失敗，從現在起應該徹底覺悟，必須擴展自由和民主，才是防共的根本之圖。

湯恩比著「遠東與西方」讀後感（下）

幼椿

四

嚴復所譯西方有關科學思想的名著，印行於一八九八至一九〇五之間，他所以要聚精滙神的去譯這些書，在他的「論教育書」中說得很明白，他是要救中國人的愚、貧、弱，為此，非提倡西學不可。書中曾說：『有一道於此，致吾於愚矣，且由愚而得貧弱，雖出於父祖之親，君師之嚴，猶將棄之；等而下焉無論已。有一道於此，足以愈愚矣，且由是而療貧起弱焉，雖出於夷狄禽獸，猶將師之；等而上焉無論已。』且他提倡西學，所以要從科學入手，他說：『中國之政，所以日形其絀，不足爭存者，坐不本科學，而與公例通理違行故耳。』（按嚴氏於此所稱之「公例通理」乃本於其譯天演論中「物競天擇，適者生存」的說法。）

嚴復既已坐廢，一九一一年既經革命成功，建立中華民國，而於民八的「五四」時代來提倡科學與民主，歡迎賽先生與德先生，以為教育思想及政治原則的準繩，似乎應該是順理成章了罷！然而仍引起當時以至後來的自稱「聖人之徒」的反對。他們所以要反對，因為科學的懷疑思想勢必將不復適宜的社會及政治制度加以批判，而使之站不住脚，即所謂「打倒禮教」是。不過，在當時，用科學的懷疑態度，去批判漢宋以來的禮教（制度及其原則），不但未將制度之所以形成，從歷史方面去加以分析，而且囫圇吞棗式的將孔子孟子思想混在漢宋以來的宗法制度一塊兒，以致「打倒孔家店」，這簡直是文人積習，情感用事，而不是現代史學家有分析眼光的科學態度，其引起當時及後來人的非難，也非偶然。但是，反對所謂「新文化」的先生們也同樣的沒有分析的見地，而只以空洞的口號，去抗拒吳虞、陳獨秀諸人的空洞口號，到今天，還未能脫此窠臼，這實在是一件憾事！

現在筆者藉着對湯恩比的見地，在其所論後果方面，要來給與它一個限度之前，願先畧為說明中國文化的高度精神，不會被湧進來的科學思想所完全打倒，因之便必須畧談孔孟之道並非宗教，其影響於中國文化，不是從宗教的「權威」方面立其基礎，因之，孔孟所深入中國人心的思想，也便不會為基督教教義所代替。（湯氏在其歷史哲學的總結論，是想建立一種以基督教為基礎的綜合式的新宗教，用以救世，這在湯氏所著「文化在考驗中」Civilisation on Trial的最後兩章可以明白的看得出來。）

五

筆者認為，（這認為二字或者以筆者的孤陋，未看見別人或前人曾如此認為過，在此恕罪，）漢宋以來的宗法式的一套制度及其原則，與孔孟思想並不相通，不但不相通，而且有時相反。譬如說孝道，在孔子是很理智的說「慎終追遠，民德歸厚」；但他並不堅持「三年之喪」，一定要制度化，所以宰我主張一年之喪，孔子便說「汝安則為之」，並不訓宰我為「大逆不道」。孔子言事親之道，多注重在情與理方面，所謂「事志」，「色難」等等，並不拘於一個死板的制度上的。

因此，論到三綱、三從，以順為正，反之則逆，這種漢宋以來的宗法標準與制度依據，又何能扯到孔夫子的身上去！漢以後的帝王要想藉着古聖先賢的道理以立教，特別建立孔子廟堂，奉孔子為「教主」，以便帝王他自己去當教皇，藉以控制臣民的思想，去牢固他以尊卑順逆為本的宗法制度，這一來，孔子孟子的思想便遭受歪曲了二千年！試問，那些董仲書、劉向劉歆父子之流，是不是在搗亂孔孟思想？又試問那種「帖經」與「八股」的試士辦法，所謂「代聖賢立言」是不是在侮辱聖賢？

我們可以姑且承認，（用社會學家的見地去承認，）宗法社會的形成，應有其一套宗法制度，譬如羅馬的族長政治（Patriarchy）與保護規章（Patronare），日耳曼的血緣特性（Germanism）及歐洲近古的狹義的民族建國，都是宗法社會，但是這些社會制度，起初並未曾扯到蘇格拉底或耶穌基督身上去，而是後來基督教發生了權威，歐洲初期專制的帝王，纔假借教會力量，君權與神權打成一片，更便統治着老百姓；並且要打宗教戰爭，藉以伸張君主的權力。

這一極不自然，而且自相矛盾的政教互相勾結，以壓迫人民，固蔽思想，而且引起國際戰爭，乃實為孔孟的思想所不許，而且在春秋戰國時代，孔孟要向當時國君說仁說義，就是為打破這一類地方性與宗教性的固蔽，而要從以天地為心，生民為重的大道理方面，去喚起「恕道」與「推恩」等人性的愛的本源所在。——這是與排他性的宗教權威及擴張性的政治欲望恰恰相反的見地，而且是用以破除權威，化解欲望的必需至理。因此，歐洲十八世紀中啟蒙運動的第一位大師服爾德（Voltaire 1694—1778）或譯福祿特爾一接觸到孔孟思想，大為佩服，（可惜他還未讀到翻譯得較好的論孟兩書，而只讀到教士們述及孔孟思想的信函）便對基督教會更加深惡痛絕，而批判不遺餘力，以致得罪當時國君，遭受放逐。

六

中國的宗法制度既與孔夫子不相干，而是漢宋以來帝王的及其侍從之臣在賣假藥，也如同今日左傾的專制魔王口稱他所奉的「紅教」乃是正統的，而右傾的獨裁者也不免要去口稱信仰「白教」，一樣的是在賣假藥，一藉以維持或擴張其政治權力而已，看穿了，便不必慨歎這類假藥終敵不住中華民族自有的真藥，狗皮膏藥的叫喚再響亮，不對症，終於不靈的啊！

筆者的讀後感，現在可以回到湯恩比的理論的限度，我的看法上來了。湯氏認為科學的技術、實驗，及其懷疑、批判，足以使社會原有的精神生活為之解體，因之從悲天憫人的情緒，回憶到羅馬帝國末期基督教精神之拯救苦悶與磨難，於是有新宗教的想法；而且這個新宗教要以基督教義為基礎，再加以各高級宗教來綜合化。——湯氏雖還沒有下最後如何綜合的辦法與定論，但在他的「文化在考驗中」各章中都是在這樣憧憬着的。

在此，筆者敢說，湯氏這一綜合，將孔子的思想包括不進去的，因為孔子的思想根本沒有上帝的權威在；任何宗教，無論新舊，離不了超越的權威的樹立；而孔子雖屢言天，言天命，乃是「天何言哉，四時行焉，百物生焉，天何言哉」，並無所謂超越的權威存在！子不語神，然而在「祭神如神在」，也無非「偶然」而已！孔孟之道，並非宗教，其事甚明；因之，二千年來鬧禮教（禮即制度），要勉強將孔子裝成教主，作為護法神，到了今天，禮教雖已倒，宗法制度雖已不復存在（民國十八年所頒的六法已不復用宗法制度），但並不傷於孔孟思想的日月之明。

孔孟思想是本於人性與人格尊嚴，而發揮出仁與恕之道，義與利之分，這種傳統的文化思想，乃是禁得起外來文化的考驗的；人類如果還能和平與彼此尊重的存在下去；則這一做人的精神和道理終會發揚光大的。不過，今之中國聖人之徒不可以再把孔子裝點成為教主易思想成教條，便僵化，而似應一方面學孔子的「席不暇煖」，糾正時政；一方面學孔子的「誨人不倦」，而且要循循善誘人。

五〇、十、二九！

我所知道的上海真況

黃正英

我在上海的生活雖苦，初時並未打算離開，我仍想呆在上海，希望大局有變，我的那被公私合營了的商業仍能回到我的手裏。但我的這種希望，從中共內部看，似有可能，但從自由世界的軟弱，和台灣的無能看，又似乎很渺茫；加以最近三年，大陸人民的生活實在越來越苦，我也熬不住了，所以屢經申請，才幸而獲得批准，終於在本年九月十九日來到了香港。

就一般情形講，上海總算比大陸其它城市好，所以，中共佔據大陸十二年來，由大陸其它各省和上海附近各縣逃到上海的人特別多。蘇浙農民到上海來想當工人的人也特別多，這是上海市人口急劇增加的一個重大原因。

多年來，大陸一直實施糧食配給制，像我這樣一個年邁而勞動力不大的人，近兩年只每天配給二兩米。二兩米當然不夠吃。於是最近兩年就全靠糧食包等的救濟才勉強度過。

中共在上海的配給制並非完全一律。有勞動力的青壯年，每月可配廿五斤或廿八斤。青年學生一般也可每月配廿五斤。魚則每十天配六兩，蔬菜每人每天可買一分錢的菜，油每人每月半斤，至於肉，那就久不嚐斯味了。學生及青壯年勞動者每月廿五至廿八斤米，雖不夠，但所差尚不太多，只因沒有菜蔬及油肉的緣故，他們的飯量相對增加，所以，仍然經常吃不飽。但已經比我們這種沒有勞動力的人好得多了。

比較說來，中共對待工人比對待農民好，一般工人的工資每月約三四十元人民幣，高級的也有多至一百多元人民幣的。每一個人的伙食每月約需十六元人民幣，所以，一個技術工人若只是一個單身漢，足以維持，若要養家，則通常不夠吃。

農民生活最苦，無論勞動力大小，一般都只配給二兩米，和我們一樣，他們當然吃不飽，全靠找尋野生植物勉強維持。全國農民人數多，若每人每日增加少許配給，也將是鉅大的數字，想必這是農民配給量太少的一個主要原因，而上海的工廠有限，正式就業的工人不多，其餘的人，雖都被迫令從事勞動，但這不是正式的就業，也不是正式的工，待遇也根本說不上，打掃里弄疏通陰溝等只是義務勞動，所以，半飢餓着的上海人仍多，有些人能出人意外的長期忍受，但也有些人不能忍，於是挺而走險，大家經常到車站去搶奪食物，因為其它的旅客，譬如由港澳回去的，總多少帶有一些食物，飢餓者看見後，便立刻三扒兩抓，搶來塞進口裏，或立刻把它弄髒，等到公安人員拘捕他時，他已吞進肚裏。對於這些搶奪食物的人，中共公安人員也曾一度嚴辦，但此風未戢，公安人員遂亦無法予以人人槍斃，常常只是抓住後迫使吞入口中之食物立刻吐出，但吐出後，已骯髒不堪，況被搶奪者對此原本心心相印，早具同情，所以也就算了。況今日大陸人民之內心普遍反共，各級共幹亦內心反共，只是口裏不敢說，所以上海車站和上海郊區日夜經常發生搶奪食物的事，大家也就見慣不驚了。

大陸出產的糧食、蔬菜、肉類都大部運去了蘇聯，這是大陸人民個個知道的，但大陸人民都以為毛澤東很寬厚，時常到民間勤求民隱，對於人民的疾苦，大家以為毛澤東一直被朦蔽，因而不知真象，大家又都以為造成今日大陸這一切，都是劉少奇幹出來的，因為大家都認為劉少奇是國際派，及到我到香港後，才知道這些看法都有錯誤，其實毛澤東才是一切罪魁，人民公社也是他要搞的哩！

至於人民公社，上海近郊早已實行，但上海市區的城市人民公社，則因中共最先宣佈的是自願制，不願參加的可以暫不參加，而最先參加的每日需勞動十二小時，而又吃不飽，於是其它的人都裹足不前，於是中共在上海城區原先準備要推行的人民公社遂因而擱淺了，直到現在仍未實行，這是城市人民公社在上海的情形，在我們老百姓眼裏所看見的，除高級共幹吃飽穿暖外，只有軍隊人人吃得好穿得好，軍屬也極受優待哩。

執政黨與在野黨之間

李金曄

據來自台北的消息：「陽明山第三次會談，已決定在十二月間舉行。」一般的看法，都把第三次會談，看作比第一、二次的會談較爲「重要」，原因是它具有「高度政治性」，且認爲是「更具有『國是會議』的性格。」當然這也就說明了它並非是「國是會議」了。

可是由於第三次會談畢竟在性質上，較前二次有很大的不同，而且所涉及的問題也都較具根本性，所以國民黨當權派方面是頗希望這個會能開得更像樣些，更好些。更像樣些是希望在野的各方的領袖們能够到時出席，至於能否更好些，則要待未來的會談結束後，才能知道。從國民黨當權派一向的作風來觀察，好不好倒是無所謂的，反正實際政權一把抓，不虞有它；但爲了對外宣傳和點綴點綴「民主」門面，確是很想把這第三階段的會談搞得像樣一點，所以就又展開了對「友黨」的「促其團結」的活動。若單就這一點而論，我相信當權派的想法，是和各在野黨諸領袖的看法大相逕廷的。

在野黨領袖們對國是的基本態度，早經有文字表達了出來，他們幾乎是一致地認爲憲法尊嚴與完整性既已遭破壞，足見國民黨當權派的眞意並不在於開誠布公地商談國是。參加會談，不過是「抬轎子」。既是爲了「抬轎子」，也就不可能會產生對當前政治問題有裨益和改革的結論。

再從當權派方面過去的手法來看，他們雖把第三次會談宣傳得較前二次會談更重要，實際上不只是已如前述是爲了要運用這個會談來裝點「民主」門面，實質上是把這樣性質的會談，當作是政治的「分一杯羹」的低級聚會，當權派自始至終是擺出了主人的面孔，這種實質的用心，也早經通過當權派的論客和報刊表露了出來。這種虛僞而又具汚辱性的態度，則正是在野黨領袖們所不能接受的。

在野黨領袖們既憎厭於當權派的虛僞與絕無誠意，且又深感其政黨多年來遭受當權派的分化、拆台，欲待收拾破碎之局，不祇是悲感於衷，抑且是深知難以着手，而又難有好結果。鑑於此，對於當權派之熱中於促各在台灣的在野黨的團結，也就甚難有所協助了。

事實也是這樣，當權派一貫並不希望在野黨能够眞正的團結並順利地發展他們的黨務工作，和對實際政治有所主張。當權派基本上早經把在野黨當作是點綴民主的器具。在野黨如果眞正的團結一致了，必然使當權派在實際政治上感到諸多不便。當權派祇希望無事時，在野黨分裂地存在；有事時，就把他們捏攏來以供運用。

我在這裏所述雖稍嫌籠統，且並未提出實例以加强說明，但是這些令人痛心的事實，不僅是耳聞抑且有在野黨人士的言論可資覆按。自是無需再多加贅述了。

但我必須一吐爲快的，不僅止於此，而是迄今尚有人對此誤解，强調在野黨之非，而抹煞在野黨之是，這無論如何是不能不稍加辯正的。

現在有人認爲，中國在半個世紀內，尚未能成立一個或數個健全而有作爲的在野黨，「根本的原因還是在野黨不够長進。自侮自辱，便會招引人侮人辱。」又謂：「如果我們一向有一個或數個强有力的，依循民主的在野黨，中國的政治，便不會糟到讓共產黨囊括大陸的地步。」（見十一月二日台北「聯合報」社論）此外也還說：「中國的民主憲政發展甚緩，五十年來的內憂外患，兵禍連結固是最大原因，但是在野黨的未能發生作用，乃致執政黨當局者迷，共產黨乘機滲透，最後把整個大陸都送掉，亦是很可重視的事實。」（同上）

像這樣的見解，可以說雖略具事實發展的客觀性，但却並非眞正站在客觀的立場來看待在野黨的。這樣的見解，除了讓人看來是各打五十的「公平」之外，似未曾更深一層地去了解民青兩黨數十年來發展成長中所遭遇到來自國民黨的打擊與破壞。在我的看法，「根本的原因」，不是「在野黨不够長進。」若就這一端言，自中山先生逝世之後，國民黨之不够長進，以致禍延國族，其罪之大比在野黨何能以道理計！在野黨自也是不免有弱點，但如果就長不長進來說，在國民黨長期使用分、拆、拉、買等手段的進攻之下，除了少數的領袖人物可以站立不爲動搖之外，一個政黨畢竟不是單靠少數領袖可以維繫黨的正常狀況的。民、青兩黨的內部問題，攤開了說，幾無一不與國民黨當權派的破壞有關。上文經已指出，國民黨當權派，並不願見有一個眞正的强而有力的在野黨存在。若非如此，何以雷震會在新黨呼之欲出的前夕而遭莫須有的罪名逮捕。如果說，這些用以逮捕雷震的罪名早已存在了，何以不在更早的以前即予以逮捕，而要等到醞釀成立新黨時才行動。可見當權派對於良藥苦口言論的痛心，尚能容忍，而對於該有力的在野黨之產生、存在與發展，則是不能片刻容忍的。除非，在野黨內部已被當權派暗中左右陷於分裂軟弱無力的境地，一如現階段在野黨的情況。這難道也非實際的事實嗎？

於此再順筆略述國民黨當權派的情況，目前也不正因爲當權派中蔣經國一系勢力的膨脹而將圈子愈畫愈小嗎？國民黨自身也正距離團結的目標很遠哩！所以當權派中的蔣系不僅是權專事分化、破壞在野黨，同時也排擠自家黨內的非屬該系的成員。當權派蔣系的這種作風，可以說害人害己的作風，這完完全全是學自共產黨和從共產黨那邊帶來的老作風！

即使將在野黨與國民黨之間過去的恩怨擱下不談，祇就近十二年來彼此相處的關係來論，值此國族大難當頭之際，當權派實應坦誠與各方相處。究其實，當權派不僅不此之圖，而且根本不欲在野黨和其他主張民主治國的各方人士有置喙的餘地，甚而變本加厲地乘隙以分化在野黨。這樣的結果，當然就不可能產生强而有力的在野黨了。

捨餘者不論，我實是誠懇的願望今日尚健在而又爲民主中國運動奮鬥的在野黨諸位長者，眞能够更加系統化地詳盡地把數十年來建黨的經過，奮鬥的歷程以及和國民黨當權派相處所遭遇到的各種困難和打擊寫出來，把事實眞相攤開來，在我看是對未來的民主運動有利的，使後來者知所警惕，知所策勵，也使國民黨內的年青一代知道過去的錯誤，唯有大家[illegible]地協助，才能使國運昌隆，唯有先對付敵人，敵人才會倒下，若是敵友不分，則必然是害人害己，陷國家於萬劫不復之地。

我也不願盡爲在野黨辯護。在野黨的先賢們中，不論學問道德，令人尊敬和效示的地方很多，這正如今日遠離實際政治的一些國民黨之老黨人之使人望而起敬是一樣的。但是更重要的一點是，黨的生機不能仰仗於少數的前輩來維護。今日既有人提到了長不長進的問題，儘管這個問題是執政黨也同樣存在的，確也是應該各就[illegible]情。顧我們同爲民主中國運動奮鬥的志者，好自爲之。

有些時候，有些事情，是不可默而不聞的，在台的在野黨的人士，實應該掌握並好好利用現有的言論工具，否則世人將對在野黨誤解日深。曾有人說，中國之有今日，該是所有知識份子都應該負責的。我對這話很以爲然，但畢竟責任也有大小之分。即使是各打五十，我也覺得應有輕重之別。本未倒置，似非所宜。這問題可供討論之處甚多，容後再談，也希望大家多談。

從莫斯科的鞭屍想到台北的祝壽

（讀者投書）

編輯先生：

近日閱報得悉二事：其一爲俄共代表大會已於十月三十日決議把史他林的屍體從莫斯科紅場的巨大陵墓中移去；其二是台北正在熱烈爲蔣介石祝壽。這兩件事在表面上看來似乎風馬牛之不相及；實則頗有連帶關係。茲將管見寫在下面。

史魔在列寧死時尚爲一籍籍無名的三四等小角色；但因其陰毒險狠，不數年即取得俄共的領導地位。無數的俄國人橫遭殺害；甚至曾與列寧共同完成十月革命的共黨元老亦不能倖免於難。列寧的第一助手托洛斯基於流亡到遙遠的墨西哥後還被雇用兇手暗殺。從此，史魔不但成了俄共的主宰，也成了各國共黨的天神。無論其如何倒行逆施，都被歌頌爲英明偉大的領導。他的言論和著作被視爲共產黨的聖經。俄共固然言必稱史他林主義；其他各國的共產黨也莫不以背誦其一言一行爲能事。史魔的銅像巍巍然高矗於每一個共產國家；其相片也高懸於世界各國共產黨的每一個辦事處和集會場。史魔的名字，總是和「光榮」、「偉大」等詞連在一起。北平僞組織的郭文姬沫若還歌頌他是「親愛的鋼」和「人類的太陽」。總而言之，共產黨徒不但把一切光榮都歸之於史魔；而且還認爲人類的智慧也是屬於他的。史魔所受的推崇，可謂前無古人；因而曾令舉世的獨裁統治者百般效法而唯恐不及。

史魔作惡多端，許多俄國人（包括某些共產黨徒在內）都想得而誅之。可是總算他確够倖運，竟得善終。而其死後又葬在莫斯科紅場的巨大陵墓中，與列寧的遺體並列。他也許自慶不但生前飽受全世界共產黨徒的敬畏；死後也可以長保不朽，接受萬人的頂禮。但不料赫魯曉夫崛起，在兩年以前的俄共全國代表大會席上即開始揭發其種種罪惡；並描繪他嘗獨自慢步於克姆林宮陳列其各種各式半身塑像的大廳中，顧盼自豪。他把史魔說得完全是一個行險僥倖的小人。世人似乎有先見之明，早已謂之爲鞭屍。果然，現在他更一不做，二不休，進一步對史魔的屍體採取行動，將其自紅場的陵墓中移去。究竟是拋之於曠野，或棄之於溝壑，尚無下文；但史魔的屍體必不能再保持完整，則是毫無疑問的。似此情形，赫魔雖然尚未對史魔的屍體鞭打三百；而史屍所遭受的凌辱實與此無異也。

假如鞭屍的人是反共的俄人或俄共內曾受史魔迫害的敵對分子，也可謂之爲有寃報寃，理所應爾。但事實却是史魔的忠貞分子赫魯曉夫。赫魔當年因對史魔忠貞，事事唯命是從，才能在史魔死時厠身於俄共主席團十人委員之末。由於史魔一生所作的罪過，赫魔都直接間接參與其間，所以他知道得非常詳盡。現在赫魔大約爲了企圖緩和俄國人民的積忿和鞏固自己的極權統治，却把俄共過去四十年的一切暴行向史魔身上一推。不但把他自己洗得一乾二凈；而且還借此大做文章，將俄共內可以和他抗衡的頭目一律清除。而其所用的手段也正是當年史魔用以對付托洛斯基等的手段，假如史魔地下有知，必當推胸頓足，流涕痛悔也。

史魔遭受如此的報應，正所謂天網恢恢，疏而不漏。將來赫魔和舉世的極權統治者的命運也必然如此。因此之故，我不禁想到日來正在台北大慶七十晉五壽辰的蔣介石。

（下轉第四版）

青民兩黨的團結問題

子瞻

（台北通訊）自政府退守台灣後，在制憲會議時曾取得制衡作用，因而使現行憲法得以通過的青年黨和民社黨即一落千丈。不但對實際政治失去了原有的影響力；而且由於內部的一再分裂，更為國民黨所輕視了。數年以來，兩黨人士也曾有若干次的團結運動；但一則遭受當權派的分化和阻撓，二則兩黨自身的弱點也的確夠多，以致每次的團結運動在開始時似乎頗有希望，而結局卻反而造成了新的分裂。

青年黨的新裂痕

去年雷案發生後，當權者為了掩蓋其摧殘新黨獰面目，乃轉而對青、民兩黨——尤其是對青民黨的某些人士表示安撫之意，據說還邀請他們參加政府。於是，青年黨又有人發動團結運動，繼以該黨多數同志均能認識當權者的奸計，對其趙孟之所貴，趙孟能賤之的施與不感興趣，此項團結運動瞬即趨於沉寂。可是，由於今春以來，所謂陽明會談，逐漸由傳說而見諸行動，當權者更表示第三次會談時，青民兩黨的出席人選可由兩黨自行推定。為了適應此一新的形勢，青年黨的某些熱心之士又一再度掀起團結運動，先有胡國偉等擬了一個新黨章草案，不但要求人事上的新陳代謝，還要作制度上的徹底更張，繼又由李不韙、張子杜、陳啟天、林可璣、朱文伯等商訂一個折衷的四項辦法，獲得在港李、左兩主席的同意後，由五位主席聯函普遍徵詢該黨在台及旅居海外各派人士的意見，經獲得廣泛的支持，始決定於十月二十八日在台舉行全黨一致的全國代表大會，並推定林可璣為籌備處總幹事，規定由他於十月中發出集會通知書。該黨積極派人士原已決定於九月自動召集非常時期全國代表大會，開幕之日，亦決議接受五主席的意見而停止舉行。人們多以為該黨各派人士能如此相忍為黨，這番的團結運動，必能水到渠成了。不料，全國代表大會開會前夕，陳啟天派（近被稱主流派）突然又主張延至十一月再舉行。協商未獲結果，張陳即於當夜發表一封致該黨同志的公開信和登報啟事一則。在公開信中，他僅說：「現已年七旬，身體與精神亟待休養，歉難再負黨務責任。今後黨內如不幸發生紛爭，亦概不與聞。」措詞命意，尚帶幾分含蓄。但啟事則說：「有人用本人等名義發出本黨全國代表大會開會通知，不勝驚異。」又在電話中告訴新聞記者說：不知什麼人用他和張子杜的名義發出此項開會通知。他屬於陳派的台灣省黨部各負責人亦於同日聯名發表聲明，對於「假借名義的非法集會決不承認。」陳派明知二十八日的開會通知乃李不韙等所發，而卻一則曰不知何人假借名義，再則曰對於任何假借名義的非法集會，決不承認，顯然決心作公開的決裂。果然，二十八日該黨全國代表大會開幕，陳派人士一律沒有參加。幸而到會人士尚能自制，不但李不韙的開會詞沒有對陳啟天作任何反擊，而且於宣讀李、左兩位由港寄來的致詞後，即宣佈休會至十一月十一日再開會。關心該黨的人士，咸望李等此舉能緩和陳派的情緒，使團結運動得以達成；否則青年黨的前途將從此更加黯淡。

九月三十日，聯合報曾有一篇有關兩黨的綜合報導，其中說到青年黨時，還特別指出：「據反對陳派的人士說：陳啟天派計劃把青年黨的人事先安排好，再開會議；而李不韙等之積極派認為臨全會應如期舉行。所謂事先安排人士，據說：即是陳啟天仍要連任主席；並要求陳派在該黨下屆中央委員中應有二十席和兩個中常委。其他各派不肯接受，所以他才決定杯葛二十八日的代表大會。究竟真象如何，自非局外人所得而知；但青年黨又發生新的裂痕，則已成了政治圈內的話題。

民社黨的團結仍有所待

在青年黨的團結聲中，民社黨團結運動曾一度有後來居上之勢。然而最近又趨沉寂。據說：與張君勱先生至今尚無入台的確息有關。前文提到的那篇聯合報綜合報導，對於該黨的團結運動也有如下的一段：「在分裂中的民社黨，現在也分了三派，一派是蔣勻田等的八常委派，一派為承徐傅霖衣缽的劉政原派。另一派則為向構父派。這三派人士中，八常委派的實力較為雄厚。可是八人之中，也常有分歧的意見，不久前因為黨內選舉問題，便曾發生過不愉快的爭吵事件。

民社黨在目前並沒有什麼進一步的分裂情形，不過也沒有進一步的團結跡象，但各派都盼望遠在美國的張君勱返國領導。民社黨現在也計劃舉行一次全國代表大會，但他們怕因為開會，會鬧成進一步分裂，所以大家決定，要等候張君勱返國之後，再確定舉行三全大會的日期。」

由這一段綜合報導看去，可知民社黨的團結，實有待於張君勱先生的返國；但張先生不但是海外民主人士中否認非法總統的皎皎者；而且還對官方要員表示必須蔣介石下野和蔣經國出國，才可考慮入台的問題。有人說民社黨人因為深知他們的領袖一向堅守原則；所以才想出一個三黨共同綱領的辦法。他們認為祇要能和當權派簽訂如此的一個綱領，張先生就會轉過頭來承認他曾在一年以前聲明否認的非法總統了。據官方人士透露：某些民社黨人在表面上雖然強調三黨共同綱領；實則祇希望張先生回國後達到下列三項目的：（一）當權派對該黨的交涉，以張先生為對象；（二）恢復並增加對該黨的宣傳補助費；並補發過去數年的積欠，總計約二百餘萬元。（三）該黨黨員可在政府及社會各部門任職，不受歧視。至於張君勱先生和其他海外民主人士所主張的民主改革，他們雖然也很贊同；但卻不十分熱心。據悉張君勱仍無意於此時入台，因而民社黨原擬於今年十一月召開全國代表大會之議也就無期延期了。

聯合報論在野黨的自處之道

本月二日，聯合報發表一篇社論，題目是「在野黨自強自處之道」，顯然是對青、民兩黨而發。茲節錄於後，當可有助於海外讀者對今日兩黨的了解。

「近來我們時常在報上讀到在野黨喊團結而又鬧糾紛的消息，讀了令人忽感興奮忽感難過，以當前幾個大的在野黨而言，其創立的時間與奮鬥的歷史幾與執政黨相若，何以搞了半個世紀的政黨，迄今還不像英美各國，甚至如戰後日本的在野黨般，在政治上有聲有色，舉足輕重？中國的民主憲政發展甚緩，五十年來的內憂外患，兵禍連結固是最大原因，但是在野黨的未能發生作用，以致執政黨當局者迷，共產黨乘隙滲透，最後把整個大陸都送掉，亦是很可重視的事實。我們並不是說，這是在野黨應負的責任，我們要指述的是，如果我們一向有一個或數個強有力的，依循民主的在野黨，中國的政治便不會糟到讓共產黨囊括大陸的地步。（中略）為什麼我們的在野黨經歷了半個世紀的時間，竟然壯健不起來？可能有人說，這是執政黨不讓在野黨發展，阻遏或是壓制在野黨的緣故。這話初聽似乎很動聽，有理由的；其實，最根本的原因還是在野黨本身不夠長進，自侮自辱，便會招引人侮人辱。如果在野黨真有理想，真有作為，真能擇善固執，團結奮鬥，是無人也無力量可以阻遏其發展的。（中略）

我們可以作一個假設：如果說大陸的淪陷證明執政黨的失敗，那麼，為什麼在野黨竟然不能取而代之呢？這豈不同樣證明了在野黨的失敗？

然而，在野黨怎樣才能出頭？我們認為，最重要的一點，是必須守住政治理想與信念。政治理想是一個政黨的靈魂，這個理想的具體化便是主義與政綱。一個政黨不怕自己居於少數黨，只要這個政黨能夠有正確的、合乎潮流的、適應公意的政治理想，並能昇華為政綱，見之於行動，它使遲早會為人民所認識、擁護，而成為多數黨，任何政黨都是經過由少數黨演變為多數黨的過程的，而任何政黨之能成為多數黨，也一定是由於它具備上述的條件。一個政黨若沒有政治理想，它只是利害的結合，一個政黨有政治信念而不能契而不捨，那充其量成為一個官僚集團。執政黨若成為官僚集團會日趨沒落，在野黨若未能執政而先守不住政治理想，那除了加入官僚集團以外，別無前途可言了。

所謂守住政治理想，有積極與消極的兩種解釋，積極的是以實現政治理想為政黨奮鬥的目標，消極的是非符合政治理想絕不還就現實。這是在野黨自強自處之道。（中略）

「當然，在野黨朝上面所說的方向做去，並不一定便能立竿見影的爭得政權，成為執政黨。但至少，可以居於在野的地位發揮其政治上的制衡作用，對本身而言，也至少可以贏得人民與執政黨的尊嚴。

最怕的是在野黨既不能積極的自強，又不能「安貧樂道」的守住政治理想善於自處，大家或者見利忘義，或者以政黨作為與執政黨討價還價的法碼。循至互相傾軋，不唯不加強團結，反而鬧分裂運動，那就不祇在執政黨看來，只是政治上的點綴品，在人民心目中，更是無份量可言了。」

這篇社論的末段，指出在野黨既不能積極自強，又不能堅守政治理想，安貧樂道，反而見利忘義，或以政黨作為與執政黨討價還價的法碼，甚至互相傾軋等現象，實非泛泛之論，而是確有所指的。

從莫斯科的鞭屍想到台北的祝壽

（上接第三版）

如所週知，當年中山先生逝世時，蔣介石在國民黨的地位也和列寧時代史他林在俄共的地位差不多，同是屬於三四等的小角色。但中山先生逝世後，蔣介石即運用與史魔同樣的陰毒險狠手段以對付國民黨人。初則逢迎鮑羅廷騙取中共的支持，繼則擁護汪精衛以取得更大的軍權。繼又秉承鮑汪兩人意旨，假廖案為題，把中山先生的第一助手胡漢民放逐到俄國去，正如史魔之放逐托洛斯基；同時並對其他許多曾與中山先生出生入死，創建民國的革命先進或予以拘押，或迫其離粵。繼又假整軍之名將其頂頭上司許崇智騙去上海而篡奪其軍權。最後羽毛漸豐，則逼走汪精衛。從此成了國民黨的第一要人，集黨政軍大權於一身。北伐統一後，蔣介石有感於自己的威望不足以服全國，於是又先後把胡汪暨其他國民黨要人請到南京替他撐持場面；但局勢稍定，又轉過頭來迫害他們。胡漢民被拘，許崇智被通緝，張繼被辱罵，汪精衛被刺不死卒至走入漢奸的歧途。國民黨的元老幾乎沒有一個未曾遭受他的侮辱。至於非國民黨人的社會領袖之被迫害者更不計其數。

綜觀蔣介石一生的所作所為，實與史魔如出一轍。現在神州變色，收復無期，國家前途岌岌可危；可以說，完全是他一手造成的。可是，他卻把一切責任都委之於他人；把一切功勞都歸之於自己；自認為中華民國只有他一人才能領導，即所謂不可替代。其左右的一群更歌頌他是「天縱之聖」，是「民族救星」。日來為了慶祝他的生日，不惜花費大量的公帑，在海外請人組織團體入台祝壽。在台的老百姓必須在指定的壽堂簽名，各行各業還要捐獻各種壽禮。甚至兒童也要集體到壽堂鞠躬致敬。有的兒童還被領去攀登所謂萬壽山，在山頂上宣讀祝壽頌詞和三呼「總統萬歲」，以示華嵩三祝之意。連日台灣各報均以顯著的地位和廣大的篇幅刊載祝壽消息。標題或為「河山並壽，日月同光」，或為「萬民齊祝萬壽無疆」，或為「總統華誕，普天同慶」，形形色色，似乎我們又已回到帝王專制時代。而各機關各團體的祝壽頌詞，更是千篇一律的古腔古調，幾乎把帝王時代為帝王祝嘏的詞句都套用完了。謂之為肉麻當有趣，實不為過。

蔣介石今日的威望還不及當年的史他林；但其左右對他的阿諛逢迎卻和史他林生前的情景並無二致。現今，史魔正遭受其忠貞份子的鞭屍；而蔣介石卻在台北大慶其壽，我真為他躭心呵。

澳門長期讀者朱篤夫上

尼泊爾開門揖盜

中共貸款三百五十萬鎊助尼修建中尼戰畧公路

大陸之窗

劉裕畧

在中共與尼泊爾國王馬亨德拉於十月五日訂立所謂中尼條約時，本報即已報導中共已誘騙尼泊爾同意修建由西藏直通尼泊爾之戰畧公路，此項詳情，茲已獲得証實。中尼公路協定已於十月廿八日由中共在北平正式公佈。「第一條內稱：中國西藏地區至尼泊爾加德滿都的公路工程，在中國境內的由中國負責修建；在尼泊爾境內的由尼泊爾負責修建。中國應尼泊爾的請求，在一九六二年七月一日至一九六六年六月卅日的時期內，分期給予尼泊爾以無償的、不附帶任何條件和特權的經濟援助，用以修建尼泊爾境內的公路工程。援助金額為三百五十萬英鎊。第二條稱：中國在上述援助金額內，向尼泊爾提供包括下列項目的援助，一、派遣技術專家和技術人員提供技術援助；二、提供修建公路必要的施工機械和材料；三、幫助培養尼泊爾王國的技術人員和熟練工人。第三條規定中國派遣到尼泊爾的專家和技術人員以及尼泊爾派往中國的實習生的待遇，將根據中國和尼泊爾於一九六〇年三月二十一日在北京簽訂的經濟援助協定第四條規定辦理」云。

由以上協定看來，中共無條件貸款三百五十萬鎊給尼泊爾，似乎中共很吃虧。其實中共是另有目的的。何況此三百五十萬鎊經援還是分五年逐次支付呢！

中共的眞正目的是在軍事及交通上經過此一戰畧性質之公路，將尖刀直接深指到尼泊爾的王都加德滿，從而眞正控制了尼泊爾，那末，等於花費三百五十萬英鎊買一個尼泊爾，有何吃虧？況此一由西藏通往尼泊爾之戰畧性公路修通以後不但尼泊爾今後將成為中共的附庸，而且這也將大大的增加中共對印度和巴基斯坦以至不丹錫金等國的戰畧優勢。因為那一帶正是高峻山區地帶，交通原極不便，有了這一條公路，則中共今後對該地區的戰畧戰術運用自將不同。至於假借培養技術人員之名，以培養該地區之共黨細胞，和長期在該地區吸收各種情報，則更是中共的重大收獲了。所以，這是中共在亞洲的實質收獲之一。

在赫毛衝突聲中

中共輪番調訓全黨幹部　同時積極進行整風運動

何固

輪番調訓全黨幹部，雖不是中共近日突然決定的事。因為劉少奇在慶祝共黨四十週年的講話上，就已經表示要「在全黨開展一個新的學習運動」。不過，在莫斯科十月十七日開幕的蘇共代表大會中正式公開了赫毛衝突之後，中共中央現在又再度強調輪番調訓全黨幹部却是事實。

據中共「前線半月刊」最近一期以「認眞做好輪訓幹部工作」為題的社論說：「現在經過三年大躍進，幹部在社會主義革命和社會主義建設的各方面工作中，都面對許多新的、複雜的情況和問題，他們迫切需要進一步認識社會主義建設的規律，作為自己分析情況，解決問題的嚮導。……他們迫切的需要在馬克思列寧主義理論指導之下，加以分析和總結，以便使自己自覺地按照黨中央和毛澤東同志所指引的方向，更加有效地工作。但是在幾年來緊張忙碌的工作中，他們沒有時間冷靜地考慮這些問題和系統地進行學習，因此在目前用輪訓的方式給他們一個讀書、思考和總結經驗的機會，是一件非常必要的大事情。這次輪訓是一九四二年整風以後又一次偉大的馬克思列寧主義的學習運動。……為了達到這個目的，主要要從兩方面着手。一方面是幫助幹部進一步認識和掌握社會主義建設的客觀規律，克服某些片面性的認識，另一方面是要幫助幹部自覺地掌握毛澤東同志一貫提倡、成為我黨傳統的馬克思列寧主義作風。克服各種非馬克思列寧主義作風」。又說：「我們應該特別注意輪訓各級、各方面的領導幹部，讓他們在一定時期內（比如大體上一年左右）普遍受到一次馬克思列寧主義和毛澤東著作的理論訓練」。該社論還說：「一定要採取毛澤東同志所說的『團結——批評——團結』的方法，達到『弄清思想、團結同志、懲前毖後、治病救人的目的」。

當此赫毛公開衝突聲中中共如此這般強調要依照馬列主義及毛澤東思想輪訓全黨幹部，並又強調要克服「非馬克思列寧主義作風」，顯然，這決不是一件偶然的事。實與毛澤東自行鞏固內部有關。因為，如所週知，毛澤東所謂整風，即含有嚴格的排除異己分子的意義在內，故所謂整風，亦正是一種宗派主義行為。今中共把這一次全黨幹部輪番調訓視作自一九四二年全黨整風後的又一件大事，且中共的整風運動，每隔兩年便要舉行一次，目前且尚在整風運動過程中，所以，這一次中共不憚煩的輪番調訓全黨一千七百多萬黨員，規模之大，固屬空前，用意之深，尤值得玩味，因為在毛澤東保衛自己個人崇拜的過程中，赫魯曉夫的一套也正是一種「非馬克思列寧主義作風」哩！

中共承認水利工程缺點多　廣東停修大中型水利工程

陸聞

水利建設是中共佔據大陸以來年年都在自誇的事業。究其實，則大陸各地年年都在鬧水災，廣東也不例外。這就反映中共平時所鼓吹的所謂水利建設，全是欺人之談。

事實上，水利建設並不是只憑蠻幹就可解決的。它也不是強迫人民去勞動就可解決的。它必須先有全面而合理的安排，又必須要有足以充分達成水利建設的科學技術，再加上人民的自願勞動才行。但中共却完全不是這回事。據中共新華社廣州十月廿三日電：「由於安排、布點、和設施方面還存在若干缺點，有的工程工作量過大，一時不容易發揮效益，有的工程可以早見效，或較多地發揮效益，因為沒有及時配套而沒有做到，有的地方適宜於修小型水利工程的，修建了大中型水利工程。根據這些情況，廣東省各地水利部門在安排今冬明春水利工作時，決定根據調整、鞏固、充實、提高的方針，集中力量續建一批明年能夠發揮效益的工程，或擴大效益的工程，其餘工程量大，明年不能發揮效益的工程，則準備三五年時間分期分批建成」。新華社又說：「除對幾年來修建的大中型水利工程，分別情況進行逐件配套外，重點是續建珠江三角洲電動排灌網和建設投資少、效益快的小型工程」。這就可見中共的水利工程缺點極多，除安排、佈局全面不適當外，修建了幾年的工程，竟至今尚未配套，何以如此呢？當然是因為配套的物資和技術缺乏，且從這一電訊，更可看出中共已因資金不夠，放棄大中型水利工程，改向小型工程發展，以求速利。而且只着重珠江三角洲，而放棄廣東其它各地了。這充分的說明了一點，說明中共數年來所搞的水利工程，缺點多，效果少，今已不得不緊縮，放棄大中型工程，那末，今後廣東的水旱災就勢必更猖獗了。

僑鄉簡訊

鍾之奇

中共迫令閩北精收單季晚稻

為了農業生產連年萎縮，中共遂迫令各地農民在收割稻麥時必需顆粒俱收，不得有絲毫浪費或遺失。為了達成上述目的，遂在各地農村推行「五好」公約，以嚴格限令農民。據十月廿四日北平人民日報載，謂「福建閩北地區三百三十多萬畝單季晚稻先後黃熟，各地相繼開鐮收割。許多公社的生產隊，總結了幾年來精收細打的經驗，訂立了『收好、打好、運好、曬好、藏好的五好公約』。邵武縣許多生產隊參加收割的社員，腰間都繫着一個小小的竹簍，一邊收割一邊揀斷穗；打谷的社員也在打谷桶四周圍起席子，桶底舖上稻草，力爭多收一些。建陽縣白洋公社各個地處深山峻嶺的生產隊，為避免因山路崎嶇而增加拋撒浪費，社員們在挑稻谷下山時都在籮筐上覆蓋着竹葉」云云。

廣東饒平大養獅頭鵝

鵝和鷄鴨一樣，也是可以換取外滙的物資之一。為此，中共遂令饒平縣大量飼養獅頭鵝，因該縣飼養此種鵝已有悠久歷史，茲據中共報導，該縣「浮濱公社，於一九五九年舉辦新埔鵝所以來，共繁殖鵝苗二萬五千多隻，不但滿足了本公社的需要，還以種苗支援湯溪、浮山等公社；並調出部份種鵝供應韶關和北京、福州等地」。

湛江設潛水俱樂部

游泳本來是一種運動和娛樂，但中共却為了備戰的需要，遂假借娛樂為名，在湛江設立了一個潛水俱樂部，以訓練潛水人員，備作從事海濱戰爭之用。據中共廣東消息，謂「我國第一個潛水俱樂部，正在美麗的海濱——湛江興建。第一期工程將於今年底完成。這個潛水俱樂部建成以後，將為我國培養更多的潛水人才」。顯然，中共如此大力培養潛水人才，主要的是着眼於未來戰爭的需要的。

廣東各地積極種冬季蔬菜

據人民日報十月廿二日廣州電：「廣東各地正在積極準備發展冬季蔬菜生長。廣東每年冬季蔬菜的收穫量佔全年蔬菜總產量百分之五十以上，品種也比任何一季多。每年從十月中旬開始分批播種，一直到明年二三月才結束。有許多種蔬菜在一季中還可連收連種幾次。……目前，全省各地現有的種子足够種植五百萬畝蔬菜，而去年實種面積只有三百八十萬畝。……為了適應外調和儲存、加工的需要，全省幾個著名的商品蔬菜基地，今年在安排各種蔬菜生產時，都準備多種些適宜遠途運輸，易於儲存和醃製加工的蔬菜。如珠江三角洲的順德、中山、新會、東莞等縣，都準備根據種植習慣，多種大頭菜、大白菜、椰菜、潮汕平原各縣則準備多種蘿卜、梅菜和大介菜。……目前，有些季節較早的地區已及早動手播種早熟的冬菜。潮汕平原和珠江三角洲的菜農，已開始犁田整地，準備移植蔬菜」。

原來中共勒令廣東各地人民積極擴種的冬季蔬菜，乃是擴種一些「適宜遠途運輸、易於儲存和醃製加工的蔬菜」。用意何在呢？這顯然不是為了解決民食，而是顯然為了要運出國外換取外滙，至於廣東各地生產蔬菜的農民，眼見中共把蔬菜一車一車的運走，則仍是不能享受自己的勞動果實的。

翁源縣獸害嚴重

翁源縣的獸害情形至今仍非常嚴重，為此，據中共消息，謂已下令翁源縣壩仔公社十八個山區生產大隊，組織了四百多個獵手防備獸害。同時，組成十六個打獵隊，跟踪追捕野獸，兩個月來，共獵獲山猪、河猪等六十頭，其它小野獸一百多頭。因而稍稍減少了野獸對作物的殘害云。

星洲罷工側影

全部與局部之爭

俊華

東南亞區域中「罷工」最多的城市星加坡，卅一日（十日）晨又發生罷工。飽嘗罷工、暴動、全市癱瘓之苦的市民，對於罷工確是「談虎色變」！這一次的罷工，會不會又蔓延開來，發展到像以前那樣，在市區槍戰的局面？究竟罷工是單純的勞資糾紛？還是幕後另有政治背景？這些問題，不但在星洲的英、星當局，正在審愼尋求解答，小心應付。就是在吉隆坡的馬來亞當局，也寄予以莫大的關懷。

這次罷工，是屬於主要公用事業機構的罷工——支日薪的工人所發動，牽涉的範圍，計有自來水、電力、煤氣、清潔、渠務及築路，隸屬於星政府建設局轄下的事業。這些工人，有他們所自行組織的十三個工會，並自稱已組成「聯合總會」，但實際上後者並未備案，也即政府並未加以承認。於是工方就發動以罷工爲示威，迫使當局認識他們的「力量」，承認他們的組織。

依照罷工的工人方面所宣稱，謂所有公用事業十三個工會的一萬五千名工人，都一致支持罷工。但政府方面則認爲此乃言過其實，謂罷工僅係局部份子所發動。實際上罷工的人數，立時未能詳細統計，尤其是「自願罷工」抑或被威脅罷工，更屬難以查察。因工會方面在罷工開始即派出糾察隊，阻止工人上工，其間雖不同情罷工而屬「長事者」，也就不敢上工。他們造成了事實上的罷工，但罷工並非他們的本意。雖然如此，但各公用事業也仍然開工。煤氣、電力供應，仍屬正常。只是採取「制水」，由全日縮爲六小時，原因自然是工人不足。不過，「不足」並非「沒有」，公用事業供應的情況，可以証實政府方面的罷工「局部」說，比較健全。

執政黨表現力量

政府當局強調公用事業罷工過份影响公衆生活，一面呼籲工人上工，一面並大量增雇臨時工人，補充罷工者的工作。應徵者也相當踴躍，一卡車兩卡車的臨時雇工，由警察押運或由警車保護開至工作場所。因爲沒有入工會的工人，正有不少，許多目前並沒有就業，他們只求有工做，也不理會罷不罷工。也有一部份的臨時工人，是由政府黨所領導的工會抽調出來的。他們把臨時到電燈局自來水管理處工作，看作一種對反對黨的鬥爭。公用事業在部份工人罷工下，仍能維持相當鎮定的態勢，倒表現出政府及執政黨有相當的力量。

罷工工人曾經企圖阻止臨時工人的上工，而致與護運的警察發生衝突鬥毆，罷工糾察隊使用玻璃瓶及一些鐵器，警察只使用盾牌和木棍，沒有開槍，結果雙方傷者六人。不久大隊警察巡邏隊趕到彈壓，罷工工人爲首者被拘捕十餘，其餘都被衝散。但第二天（一號）第三天都仍繼續有罷工糾察隊與警察衝突的事情發生，不過傷者和被捕者，都沒有超過三十人。

一個角力的回合？

三十一號午夜，軍隊已開入市區維持秩序，「接管」全市安全任務」。這是鑒於星洲以前若干次暴動的劇烈，傷亡及損失慘重，因而這一次乃有迅速交由軍隊接管的措施。據說並非因工人糾察隊與警察衝突，方才派遣軍隊。而是當局在事先已預知工人即行發動罷工，爲防免事態擴大，預定迅速由軍隊強力維持秩序。據說當局預料，罷工既屬公用事業機構的工人，如果他們不採正常的罷工程序，而出諸暴亂方法的話，那麼，如電線、自來水管、煤氣管都有被破壞的可能，那就不難造成嚴重的災禍。保護這些公用設備，極屬必要，這就是迅速出動軍隊的原因。也許可能是因爲軍隊已告出動的緣故，所以罷工雖已延續三天，並不像以前幾次罷工一樣，規模迅速擴大終至流入暴動。

當局經已警告：不得暴動，如有發生，「決予嚴厲彈壓」！實際上，如果罷工方面使用暴力，軍警自也非使用暴力不可。人民行動黨原來雖一個工人黨，但今天面臨局部工人的搗亂，似乎也已決心以「鐵腕」對付了。

表面上，目前的罷工還沒有事實可以牽連到行動黨左翼與右翼的分裂，兩月前該黨兩翼的分裂，曾使工會分爲兩派。當然的，這罷工更未能牽連到星馬合併問題的鬥爭——李光耀說是共黨份子反對，而他力謀合併。因爲目下罷工規模不大，許多重要工會還沒有牽入，而那些左翼工運聞人的名字也還沒有在報上出現。同時當局方面也沒有指出罷工的政治性。

不過，分裂既已存在，「角力」門爭似不能免，尤其是雙方都拿手「工運」的好戲。尤索夫元首和李光耀總理連日強調星馬合併的重要，也令人懷疑到是否針對一批要破壞合併者，而呼籲人民警惕？

·吉隆坡通訊·

高棉「轉變」的眞因

·涂錦洪·

在東南亞局勢漸轉惡化當中，佔有印度支那半島重要戰略地位的高棉，突然向其鄰邦泰國宣佈絕交，並公開發表一項兀突的聲明，謂如果泰國仍繼續「進攻」，則決向「友邦」求援。其聲明中雖然沒有明白地指出其所謂「友邦」也者，是那一國？但絃外之音，顯然就是指共黨國家，——既包括蘇聯，也包括中共和越共。施漢諾發出這項聲明的用心，不特恐嚇泰國，而且還是企圖給予山姆大叔以「奇妙的刺激」，藉此試探一下甘廼廸的「心情」。

至於高棉的內部，在施漢諾的曖昧態度下，亦早已表露出許多「引狼入室」的事實。最顯著的，就是高棉境內，早經暗中給予越共作爲南侵的根據地。遠在寮戰尚未爆發之前，越共已獲得施漢諾的給予便利，使越共得以沿湄公河的叢林地帶潛入棉境，因而和寮共、棉共建立起三角地帶的地盤。直至今日，共黨已在棉境立下了政治的基礎，甚至今日高棉的國會中，相信也有不少共黨的潛伏勢力，足以支持施漢諾的外交政策，於是毅然決然，放出一響「一石兩鳥」的「悶炮」，一方面宣佈與泰絕交，一方面表示將投向「友邦」；而緊接而來的，便是中共和越共的大張旗鼓，舉行「抗美援棉」運動。由此可知，施漢諾這一次行動的背景和陰謀，已昭然若揭了！

以目前高棉在東南亞的戰略地位來說，她是把握着「進可以攻、退可以守」的有利形勢的：越共固然可以利用高棉地區來作抄擊南越的基地，而中共也可以利用她來作攻擊東南亞的據點。高棉的地形，正好像一把鐮刀，從寮國的豐沙里，一直揷向暹羅灣，然後向左右橫掃，分割越泰，使越泰兩面受敵。這一來，西貢和曼谷間的聯絡，就祇能倚靠海面交通吧了。至於領空權方面，高棉更可以直接控制着越泰，到此階段，問題就更嚴重了！北越胡志明之所以迅速響應「援棉」，其如意算盤，當然打得更寫意。第一，和高棉「友好」之後，得以公開地把越盟的武力南移，受到高棉大開方便之門的便利；第二，越盟的武力，可以在高棉出擊，使南越分別在十七度線、南寮、和湄公河下游三面受敵，足制吳廷琰於死命。那時，即使美國大力援越，恐亦無濟於事了！

不過，在施漢諾今日的處境中，一般人仍然相信，高棉的「轉變」，仍不致操之過急，最主要的原因，就是施漢諾這傢伙，一向都是個「反覆無常」的人物，說他「猶豫不決」固然有點像，說他「老奸巨滑」更爲中肯；他此次之聲言與泰絕交，並表示將求「友邦」援助，實在是對自由世界（尤其是美國）提出要脅性的「勒索」吧了。其存心既然如此，則當要看清「風頭」，決不致言出即行的。高棉之和泰國絕交固然已是既成事實，但向「友邦」求援，則尚非其時哩！換言之：高棉雖已「轉變」，但其「轉變」的程度，不會是「閃電」式，而是「討價還價」式；這一手法，正是施漢諾的首本戲。

施漢諾爲甚麼在今時今日演出這一齣首本戲呢？

我們如非健忘，當然還會記得，最近泰國國務院院長乃沙立元帥，是曾向高棉正面責難過的；乃沙立的指斥，是說高棉正被共黨利用着，作爲進攻鄰邦的基地。這幾句話，恰踏正了施漢諾的「貓尾」，於是施漢諾立刻「惡人先告狀」，反斥乃沙立現正有意迫使高棉在「死亡」或「附共」之間從事選擇，並宣稱：「如果自由集團准許泰國進攻高棉，則將爲自由集團在東南亞地區之末日，因爲高棉是知道如何藉着「友邦」的援助而從事自衛的」。施漢諾振振言來，不特絃外有音，而且言中有「價」。——這就是講價之價。既然有「價」可「講」，又怎會「操之過急」？最低限度，他還要看看共黨的風頭，看看美國的態度。於是乎，雷聲儘管響，雨點還不致就此驟然下來。

據最近曼谷的消息：在泰國邊界附近，曾發現了一連高棉的軍隊；這是高棉宣佈與泰絕交後第一次軍事調動。——高棉這種軍事調動，一般推測，也祇是「揚威耀武」的一類吧了。

朝山（下）

黃信男

四

一盞安了玻璃罩的油燈，平放在桌上，紅紅的一團焰火，在罩裏慢慢閃爍着。她坐在桌邊，手裏拿了一件裁好的花布小衫，藉着燈光，一針一針的看着縫着。不時，她停下來，仔細傾聽一陣，待聽不出什麼動靜，於是對好綫，又起始縫着了。

她兩眼骨碌碌地直瞟着花衫，初時，見上面條是條，紋是紋，分的一清二白，到後來，她忽地覺着那直條歪了，紋路也不對了，彷彿有什麼東西慢慢在牽扯着它們一樣。她看到在眼裏，心底下猛然一驚，急忙把眼睛閉上了。

大路上響起了一陣急促的脚步聲；她像是驀地從睡夢中醒過來，霍的睜開了眼皮屏氣凝神地聽着它的動向。漸漸，那聲音逼近了，越發顯得雜沓，一剎時，她聽見有人連走帶跑的來到上房門前，一壁拍着門，一壁嘴裏連聲叫着：

「爹！爹！是我。」

隔了一下，門「嗶」的一聲開了；她聽見那是她小叔的聲音。

「沒有，爹，沒有，我都去過了。」她小叔喘氣道。

「方家老三怎麼說？」她公公急着問道。

「他說他先是跟桂寶一起玩着的，後來他自己玩的興起，也就沒留意了……」

「你兄弟呢？」

「不知道，我沒有見着他。」

「你該去找找他看！」

「是，爹，我這就去。」

她聽見她小叔說着，然後一步跟緊一步，往大路上漸漸去遠了。

「不會！不會！」她像失去了魂魄似的自言自語道。

說着，她丟下花布針綫，突地立起身來，上前打開廚房門，摸着黑，一逕向大路走去了。

稀疏的幾顆星斗，忽隱忽現的在閃爍着，一彎新月，孤零零的嵌在天邊，如水一般的月光，有氣無力地傾瀉在大地上，顯得一片凄涼。她在高低不平的泥土路上走着；陣陣冷風襲來，不斷的輕撫着她的衣裙。她覺着一股涼氣，透過皮肉，一直刺進了骨髓。漸漸，她的身子起始抖着了，兩排牙齒也上下直打着顫。

一條狗在遠處「汪汪」的吠着，她順着牠叫的方向慢慢瞧見一個黑影正朝她這邊走來。她心裏先是一驚，後來看得仔細了，這才向它迎了過去。她愈向前走心裏跳動得愈厲害；她知道那是她的男人來了。在這一刻，她既怕見又想見到他；她怕見是因爲她怕他會告訴壞消息，她想見是因爲她想他會帶着桂寶一起回來。末了，她終於看清她男人是獨自走了來的，頓時她心裏冷了半截，一直往下沉着了。

「你來做什麼？」他漫不經心的問道。

「來找你的。」她低聲答道。

「你怕我也丟了不成？」

「唉！不要……桂兒呢？」

「死了！」

「你說什麼？」

「他死了！」

「你瘋了！」

「我沒有瘋，要不信，你去找找他看！」

「……」

「走啊！我帶你去看。」

「你咒你兒子！你咒你兒子！怎麼你咒起你自己的兒子來了！啊呀！我的天！」

「我沒有咒他，我沒有咒他……」

他停住嘴沒有再說下去了。她聽見他話裏有顫聲。

「我明白了！我明白了！你在咒我……」她噙住眼淚道。

「胡說……」他吼道。

「是我的不是！我的不是……我不會養孩子！我也不會侍候婆婆！我該死！我該死！你打死我，打死我吧……」

「閉嘴！……」

「我要說！我還要說……」

「閉嘴！」他突然打斷她的話，大聲吼道。

她抬眼望着他，張着半開的口，像是被他的聲音吓呆了。然後她把頭埋在手中，一逕低聲在飲泣着。

五

那夜裏，她躺在硬崩崩的板床上，翻來覆去的就未曾合一合眼。

第二天，她到四處去打探……但是，沒有，沒有，就像石沉大海般，一點信息都沒有了。

六

往後的日子，她不知道是怎麼過的。

她男人不像從前那樣疼她了，她知道；從他的面孔上，從他的擁抱的手中，她知道他是在嫌棄她了。「是我的錯！是我的錯！我連一個孩子也沒有替他養成！」她心裏總這麼想，一點也不怨他。

她婆婆比從前更嘮叨了，在人前人後她總這麼說：「娶過她來，也不會當家，也不會養孩子，一天到晚只曉得迷她男人，也就不知道我是怎把她男人養大的！唉！你看……」她聽見了就當沒有聽見一般，有時實在熬不過了，也只好背了人，暗自流着眼淚。

她自己從來不信她桂兒是眞死了，「也許是什麼人見他好玩，把他領去了，也許是他走失了路，到別人家裏去了。」她總這樣想。

「有一天，」她跟自己說道：「總有這麼一天，他自己會走回來，回來找他的媽，他知道的，他知道他娘是眞心疼他！」

她等着這一天，她一直在等着這一天；有時在夜裏，她夢見她桂兒從山脚下，沿着大路朝村裏走了來，她兩眼充着淚水，啞然失聲的衝出門檻，一逕朝大路奔了去，「我的乖呀！你娘找的你好苦喲！……」她嘴裏狂叫着……但就只一眨眼功夫，什麼又都沒有了……醒來時，她覺着枕頭上沾滿了淚水；半邊臉是黏濕濕的……

一天一天，一月一月的過去了，這一天並沒有來，似乎永遠不會來了。

七

這樣過了三年，在第四年上，有人叫她上山求菩薩去，她聽了那人的話，以後年年三月初三，就是她丟掉她桂兒的那一日，一大早上山燒香求菩薩，指望以一片誠心，打動菩薩，通個消息給她桂兒，也好捎個音信回來。

一年一年又過去了，她雖通了消息出去，却從來不見片紙隻字回來：……

八

爐裏的火舌漸漸沒了下去，到最後只剩下一堆灰燼在閃耀着。

「敲」、「敲」、「敲」、「敲」，一陣木魚聲從正殿傳了出來，她像突地打夢中驚醒似的，往空拜了三拜，於是轉身向觀音殿走去了。

「南無阿彌陀佛！」

她聽見正殿裏的師父們這樣唸道。然後，接下去一路走着，一路唸着：

「南無阿彌陀佛！南無阿彌陀佛！南無……」

這時，太陽從山背後爬了上來，漸漸滿山遍野浸潤在一片祥光中了。成千成萬的朝山者，從四面八方湧了來，有的在山脚下，有的在半山腰裏，慢慢向上爬着，爬着……（完）

殘生短記

陳菲明

少年時代我很喜愛自然，特別對黃昏落日的海濱有濃厚的情感。可是隨着星移物換，孩提時代的美夢與天眞，都被「生存」兩個字剝奪淨盡了。在陰雲密佈的波濤洶湧的生活海洋裏，我已忘却了美麗的回憶，對自然的嚮往，人性的醜惡，世態的炎涼，這個世界使我感到愈來愈不值得留戀了。

幾年來的筆耕生涯，那種近乎瘋狂的多產，幾乎送掉了寶貴的生命，我曾一次又一次地計劃把筆桿擯棄，然而生活的鞭子却一次又一次地抽打着我，使我不得不一日復一日地過着三分像人七分像鬼的寫作生活。因爲我所寫的全是不能登大雅之堂的鴛鴦蝴蝶式的小說，被人說成「貨腰文章」，出賣靈魂比出賣身體更叫人難堪！然而被別人駡得多了，自家也不以爲然，這也許是阿Q精神罷？但是不做阿Q又怎麼辦呢？我試過各式各樣的職業，印刷廠的學徒，百貨商場的店員，廣告公司的後生；所有這些工作都要吞噬我整天的精力，而天生放蕩不羈，多夢想愛活動，對文學有瘋狂嗜好的我，如何能忍受得了呢？我像冲瀾到沙灘上的泡沫一樣，只好在報屁股上求活了。

然而不愉快的事情也偏偏降臨在我身上，自從前月同行摯友——這在我心目中是個了不起的青年翻譯家芷君患呼吸器官病去世後，我亦生了莫名的恐懼。芷君和我是不滿一百磅重，瘦骨嶙峋的人，然而他每天却有一萬五千字的翻譯能力（西洋色彩小說），而我只能每天寫八千字，他的死使我震駭了。我在傷感與憂患之餘，戰戰兢兢地跑到醫療所去檢驗，醫生說我已患第三期肺病，並且有畸型的變態心理，我被嚇得面色如土（我雖然看不見，但相信我當時的面色確是如此），連多活五年的信心也沒有了。我知道不久必和芷君同一命運，在地獄一起生活了。

所謂「鳥之將死，其鳴也哀」，如今我躺在半山醫院的一張病床上，從窗口遠望維多利亞海灣，霧色迷茫，不禁微喟悲嘆，感慨無限。然而我對躺在柔弱的彈弓病床上而死亦頗感滿足，這使我記起兒時光裸着身體躺在海濱黃昏落日的柔軟細沙的情趣，不覺淚流滿面。美醜、眞僞、善惡，種種事物，編織成一個大羅網，而我就是網裏人。我很慶幸我不久就能擺脫這羅網、擺脫虛榮、也擺脫煩惱！在低吟追思中，我才發覺自己是一個何等微不足道的、庸俗的、沒有靈魂的人。人在時間的空間永遠是渺小的，我的生命就如同黃昏的流星，模糊地閃耀刹那，便無聲無息地殞落了。

金釵記（二〇）

黎明

布商：（目送衆人去後）嚇！嚇！好賊子！（在船上塡寫憲牌，及一書信。）

小郎、小斷：啟稟大人，布已送妥。

布商：唔！張千聽令！

小郎：咋！

布商：這有憲牌在此，明日一早速拿梁尙賓連同布匹行轅侯候者！

小郎：得令。

布商：李萬聽令！

小斷：咋！

布商：這有書信一封，明日一早請顧員外速來行轅敍話！

小斷：得令！

布商：開船！

小郎、小斷：咋！（移）

第十九場：

景：行轅後花廳。桌上有一包袱，內貯梁尙賓的布欵銀子和飾物。

時：接上場第二日。

人：陳濂、顧員外、門子。

（陳濂官服手書上）

陳濂：法重泰山鋤敗類，寃沉滄海救書生。（坐）

門子：（上報）啟稟大人！顧員外到。

陳濂：說我有請！

門子：咋！｜有請顧員外！｜

顧員外：嗯呸。（上）只因女兒含寃死，終朝每日恨難平。（施禮）參見大人！

陳濂：（起迎讓坐）年伯少禮，請坐！

顧員外：謝坐！老朽聞得前日已出憲牌，玉體失和，尙缺候問，當面恕罪！

陳濂：豈敢！小侄並非有病，乃是趕辦一件案子。

顧員外：但不知是那一案？

陳濂：正是令嬡一案。

顧員外：哦、正是小女一案？但不知大人是如何辦理？

陳濂：小侄正要請問年伯：（說着打開包袱，取出銀盃等物）可曾認識這些東西？

顧員外：吓！（失驚介）這正是舍間之物，却緣何會在此處？

陳濂：這都是府上之物麼？

顧員外：正是。

陳濂：好！好！好！年伯且請寬坐片刻，待小侄出堂問這一案，與年伯釋此不決之疑。來！

門子：咋！

陳濂：（指銀盃等）帶下去！升堂！

門子：咋！升堂！（移）

第二十場：

景：行轅大堂。

時：緊接上場。

人：陳濂、門子、書吏、四侍衛、四刀斧手、四兵士、梁尙賓、魯學曾、老歐、楊婆婆

（兵士、刀斧手、侍衛、門子、書吏、依次急上，喊堂威；陳濂隨上）。

陳濂：鐵鑄九州錯，寃飛六月霜！（衆喊堂威，陳就坐，拍驚堂木）人犯可曾帶齊？

衆：俱已帶齊。

陳濂：（拍驚堂木）帶梁尙賓！

衆：咋！

（兩兵士急下挾梁上，堂威）

兩兵士：梁尙賓帶到。

梁尙賓：（嚇得跪伏在地）小人叩見按院大人！

陳濂：（拍驚堂木）嘟！大胆梁尙賓！在顧家莊幹得好事！還不與我從實招來！（再拍驚堂木）

梁尙賓：（如聞晴天霹靂，驚得幾乎說不出話）這｜｜啟稟按院大人！小人與顧家並並無特別來往。

陳濂：好一刁徒！（拍驚堂木）梁尙賓！你抬頭觀看！這是何物？（出示銀盃首飾）

梁尙賓：這｜｜（抬頭看見銀盃，又見昨天的布商正是今天的按院大人，嚇得連忙叩頭）小人知罪！小人該死！

陳濂：（拍驚堂木）還不與我快招！

（衆喊堂威）

梁尙賓：我招！我招！

陳濂：（拍驚堂木）快快招來！

梁尙賓：大人呀！（旁唱）

兩旁的，刀斧手，如狠似虎；

嚇得我，舌頭硬，牙齒打鼓。

想不招，又恐怕，皮肉受苦；

到如今，後悔遲，咎由自取。

陳濂：（拍驚堂木）快快招來！

梁尙賓：我招，我招，招，招，招！（唸）

招供人，梁尙賓；

只因表弟魯學曾；

他家岳母憐他貧；

派園公，傳口信，

自願助聘金；

免得員外要退親。

楊婆婆來到我家報佳音；

表弟想借衣衫就啟程，

我不合欺心緩他行，

藉口有事去西村；

冒名頂替連夜混進顧家門。

顧安人，酒席欵待忒殷勤；

命小姐，親手送我金和銀。

那小姐，容貌勝天人；

乾柴烈火難熬禁，

東廂坐對夜深沉，

乘機奸騙果是眞。

三日後，小姐見了魯學曾，

羞憤自己錯失身；

聊贈金釵了夙因；

三尺紅綾命歸陰。

望大人，莫生瞋；

姑念小人頭次壞良心；

倘若下次再把良心壞，

任打手板，屁股，坐牢與充軍。

（未完）

辛亥革命史談（二八）

舜生

四、大革命爆於長江中部武昌

『窮則變，變則通。』自中山開始提倡革命以來，香港卽成爲一宣傳、組織革命的中心，廣州尤其被視爲一必須取得作爲革命進展的根據地。其所以要這樣做，理由甚爲簡單：一、最早贊助革命者，以粵籍人士較多，地方情形熟習；二、革命機關，在香港比較容易得到掩護；三、南洋一帶參加革命的分子，出進方便；四、籌欵滙欵，絕少阻碍；五、構械，運械與接收，也比較的不感困難；……可是自從光緒二十一年由中山親自領導的一次廣州革命，以迄最後黃花崗的一役，乃至在廣東境內及滇桂各邊區所發動的多次起義，均無一成功，尤其以黃花崗一幕的失敗更爲嚴重。當時以革命重要分子在這一役中犧牲太大；所艱難籌得之欵，也消耗最多；等到黃興、胡漢民、趙聲等退回香港，其精神已相當頹喪，而在港所設立的統籌部，幾已名存實亡，同時趙聲以所受刺激太深，不久卽抑鬱以死；凡此種種，實構成自同盟會成立以來的一最大打擊。

可是，『山重水複疑無路，柳暗花明又一村，』在革命陣線中另一部分沈毅有爲之士，早已看出在邊區起事的難望有成，要把發動革命的地點量予轉移的一種想法，已趨於成熟。提出此一變更計劃的具體建議者，實爲宋敎仁。他因爲鑒於歷次失敗，認今後非統籌全局切實準備不可，因建三策，請同志共同選擇：『上策爲中央革命，聯絡北方軍隊，以東三省爲後援，一舉而佔北京，然後號令全國，如葡士已事，此策之最善者也。中策在長江流域各省，同時大舉，設立政府，然後北伐，此策之次者也。下策在邊隅之地，設秘密機關於國內領地，進據邊隅以爲根據，然後徐圖進取，其地則或東三省，或雲南，或兩廣，此策之又次者也。』（原文見徐天復（卽民立報記者血兒）所撰『宋先生傳畧』）當時一部同志認爲上策運動稍難，下策已行之而敗，故決採用中策。敎仁對實行中策更有進一步的規劃：『以湖北居中國之中，宜首倡義。然武昌爲四戰之地，糧餉不濟，故一俟湖北舉事，卽令湘蜀同時響應，以解上游之圍，而爲鄂中後援。又以京漢路爲南北交通孔道，敵軍易於輸運，故……不欲以武漢爲戰爭區域，以防牽動租界，而啟外人干涉。擬於武昌舉義之後，卽派兵駐守武勝關，使敵兵不得南下，以保武漢之安寧；一面令秦晉繼起，出兵斷京漢路，以分敵勢。而又懼湖北一動，下流阻塞，將使運輸不利也，故又擬長江下游同時於南京舉事，並卽封閉長江海口，使敵軍海軍艦隊孤立，而乘利應便以取之。』（原文見同上）敎仁有了這樣一個切實可行的計劃，於是他乃向同志奔走接洽，多方說明，以求能付諸實行，此實辛亥閏六月初六，一個『中國同盟會中部總會』在上海成立的由來，而敎仁、及譚人鳳、陳其美等，則爲執行此一計劃的主腦人物。當『中部總會』着手組織伊始，他們曾發出宣言，其內容最足以說明革命黨內的各方情緒，其措辭委婉而嚴正，極爲重要，茲特錄其原文如下：

『現政府之不足以救國，除中國喪心病狂之憲政黨外，販夫牧豎，皆能洞知，何況憂時之志士？故自同盟會提倡種族主義以來，革命之思想，統政界、學界、軍界、以及工商界，皆大有人在。顧思想如是之發達，人才如是之衆多，而勢力猶然孱弱，不能戰勝政府者，其故何哉？有共同之宗旨，而無共同之計劃；有切實之人才，而無切實之組織也。如章太炎、陶成章、劉光漢等，已入黨者也，或主分離，或主攻擊，或爲客犬，非無共同之計劃以致之乎？而外此之入主出奴，與夫分援樹黨，各抱野心，更不知凡幾耳。如徐錫麟、溫生才、熊成基等，未入黨者也，一死安慶，一死廣州，一死東三省，非無切實之組織有以致之乎？而前此之朝秦暮楚，與乎輕擧妄動，拋棄生命者，更不知凡幾耳。前之缺點，病不合，推其弊，必將釀歷史之紛爭；後之缺點，病不通，推其弊，必致歎黨員之寥落。前一缺點伏而未發，後一缺點則不自今日摧殘過半人才始。前精衛陷北京，南洋保皇報曾載之曰：『跳來跳去，只此數人。』嗚呼，有此二病，不從根本上解決，維挾金錢之義，臨時召合烏合之衆，雜於黨中，冀僥倖以成事，豈可必之數哉？此吾黨義師，所以屢起屢蹶，而至演最後之慘劇也！同人等激發於死者之義烈，各有奮心，留港月餘，冀與主事諸公婉商善後補救之策；乃一則以氣鬱身死（指趙聲），一則以事敗灰心，一則以燕處深居（指黃興與胡漢民），不能謀一面，於是羣鳥獸散，滿腔熱血，悉付之汪洋泡影中矣！雖然，黨事者，黨人之公責任也；有倚賴性，無責任心，何以對死友於地下？返滬諸同志，迫於情之不能自已，於是乎有同盟會中部總會之組織。定名同盟會中部總會者，奉東京總部爲主體，認南部分會爲友邦，而以中部別之，名義上自可無衝突也。總機關設於上海，取交通便利，可以聯絡各省，統籌辦法也。各省設分部，總攬人才，分擔責任，庶無顧此失彼之虞也。機關取會議制，救偏僻，防專制也。總理暫不虛設，留以待賢豪，收物望。有大人物出，當適如其分，不致鄙夷不屑就也。擧義必由總部召集，各分會提議，不得懷抱野心，輕於發難，培元氣，養實力也。總部對於各團體相繫相維，一秉信義，而籠絡誘騙之手段，不得施也。各團體對於總部同心同德，共造時機，而省縣感情之故見，不可現也。組織之內容大概如是，海內同志，其以爲不謬，首表同情贊助歟？黨人幸甚，中國幸甚。宋敎仁、陳其美、徐潛、鄧道藩、關詠南、陳勤生、史家麟、王藹廬、張仁謐、潘祖彝、林琛、李洽、梁鋆、李光德、倪韓漢、范光啟、姚志强、楊兆岑、呂志伊、江鏡濤、胡朝陽、章梓、張卓身、周日宣、曾傑、沈琨、譚人鳳、譚毅君、陳道。（未完）

聯合評論

本刊已經香港政府登記

每逢星期五出版

週刊

United Voice Weekly

第一六八號

督印人：黃宇人　總編輯：左仲平

社址九龍隸德道二十三號地下　電話68678

承印：嘉羅印刷有限公司香港灣仔馬師道5號

總代理：友聯發行公司　售價每份港幣一毫

本報美洲版總經售處美國紐約中美出版社

CHINESE - AMERICAN PRESS, INC

199 CANAL STREET.,

NEW YORK13 N. Y. U.S.A.

美洲航空版每份零售美金一角

中國如何才能走向民主？

謝扶雅

月前張忠紱先生曾在本刊（一六〇號及一六一號）發表了「中國爲什麼沒有民主？」一文，認爲在中國古代書籍中至多只能找着一點「民有」與「民享」的語調，却絕對找不到「民治」的思想和痕跡。他又以爲民有與民享皆必須寄託於民治之上而始得有保障；若以君治或德治爲前提，則未必眞能辦到民有與民享云云。誠然，在天子或帝王獨尊的政治觀念之下，那裏說得上民有呢？詩經上明明宣稱『普天之下，莫非王土』。土地既不應私有，却亦不是國有，而是屬於天之代表的天子或君王所有的。至於民享的成分如何，亦需仰賴帝王本人之道德心爲準。若有仁君行仁政（這是儒家一向所主張的），則人民或者可以挹惠沾光。於是在一般民間有所謂「帝德乾坤大，皇恩雨露深」的謳歌。但一旦昏君暴主執政，百官庶吏往往狐假虎威，舉國人民便成魚肉或「芻狗」。這跟西方憲政法治的出發點根本不同。所以民有與民享，必須有國家根本大法爲之明文規定其基本條項，加以朝野上下人士願意共守，因爲這個「法」原是人人有分共「立」，所以守法只是遵守自己所訂立的法律，因而法治即無異乎自治自主。

這樣，民主思想是立基於個人自由之上的。個人本其自由意志而運用在管理大家的公事上，即成民主政體。我國傳統文化雖素承認「人之價值」，却缺乏個人獨立自主的思想。儒家的倫理學說以父子君臣夫婦兄弟朋友五倫爲骨幹；而這種倫常道德的根基則爲對待主義的人生觀，與西方傳統的個人本位的人生觀大異其趣。父「待」子而慈，子「待」父而孝，夫「待」婦而義，婦「待」夫而貞……。以此對待倫常應用到政治上，充其量，具有道德心的君王亦只視「民」如「子」，而形成所謂「家天下」的概念，與人人共同立法的體制根本懸殊。幸而（或者，不幸而）在這種對待倫常思想之下，君若不仁無道，臣民亦不需「待」之以忠，更可出以如湯武對付桀紂「獨夫」那樣的革命行動。這是儒家政治上對於無限君權的唯一約制。所以中國政治思想可容許流血革命，却沒有議會憲政制度。

至於中國另一主流的道家思想，雖確具個人自由氣味，然其內涵觀念却與西方哲學上的自由意志及法理上的人權自由不但不同而且恰好相反。道家的自由觀念全然爲放浪逍遙，以至遯世厭世出世（中世紀佛敎便緣着這種遯世思想而輸入神州，一時大行其道），因而道家的個人主義直等於無政府主義，當然不能與民主政治接軌。再有與古代道家立於相反地位的墨家，則高唱其「上同」論，法家則主「嚴刑峻法」。墨子要「使家長綜其家之義以上同於國君，國君綜其國之義以上同於天子，天子又綜天下之義以上同於天」；這是一種神權政治，當然無個人獨立可言。法家雖强調這個「法」字，然主張元首中央集權，政由己出，並以重典酷刑爲統治鎭壓人民的利器；這只可說是刑治，而絕不是法治。

準此，在中國固有文化思想中，實無個人自由意志及共同立法，上下一律共守那種觀念或敎育。縱使史籍中出現着「民爲邦本」，「民爲貴：君爲輕」，「百姓足，君孰與不足」一類嘉訓，但這些話的後面動機，依然不外仁君仁政的德治思想，與民主的本質適不相侔。老實說，賽先生和德先生兩位的確是西方的產物。我們誠欲走上科學與民主之途，必須虛心向西方學習。我國儘有「方術」，但根本沒有（至少不發達）純理科學；儘管有「愛民如子」「視民如傷」的政治道德，但根本沒有個人本其自由意志共同立法的民主制度。我們當然用不着要鄙視自家的固有文化而後才可以接受西方文化，但我永不悲哀我們學習了、接受了西方文化而會失去中國人的自信心和尊嚴。對於已不適用的「敝帚」，如欲「自珍」，儘可送入博物館去，何必一定要藉口自尊心及自信心而還拿來掃地。有誰尙在用銅壺滴漏而不帶手錶呢？在社會交往的日常生活上，原子筆或打字必然要把磨墨濡毫那套優游風度及神情收拾而束之高閣。這與愛國和自尊心的道理根本無干。

所以，對民主政治的認識和態度，我們首先要明白決定，千萬不可藉於中國文化本位或中西文化會通的高論來玩中菜西吃或西菜中吃的把戲，把民主打個折扣，甚或盜名欺世，指鹿爲馬，好話說盡，壞事做盡。果眞我們認爲民主和法治是現代政制上一個比較最妥當的方式，我們必須大家出來切實地躬親實踐，一掃過去「各人打掃門前雪」，以及清高，孤芳自賞的人生觀。民主如游水，一定要實地落水試游，不應徒騖理論，紙上談兵。投票——自由抉擇——的方法多着哩，不一定要能執筆寫字才能表達自己的意志。所以像從前古德諾勸袁世凱恢復帝制，與孫中山之擬定軍政訓政憲政分期進行，都是不切實際的。民主不需「豫備」，不應等候，游水就得跳到水裏去，那怕喝上幾口水，也很值得付這代價。西人謂政府是「必要的惡」（Necessaryevil），執政者當然是有權力，而且一定貪愛權力，所以立法監察機關，反對黨，和民間自由輿論的制衡作用是要充分而暢快地行使；必要時，不惜以身家性命做犧牲來爭取。

按西方自由（Feedom or Liberty）一詞的本義，就是由奴隸身分或被壓迫者爭求「解放」而得，不是從天上自自掉下來，或當權者施恩自動發給的。歐洲在十七世紀以前，各國君權兼敎權的專制暴虐，比之我國秦始隋煬或尤過之，然而他們要求爭取解放，終於達到目的。我們在這方面一向胃慾不强，不想多要，容易知足，安命。

又，我國沿襲日譯，以西文的"Right"爲「權利」；其實原文是意味着「正當」，而與中文裏的「權宜」「營利」等字眼差以千里。儒家嚴「義」「利」之辨，以之爲「君子」和「小人」的分野。而「經」與「權」之別，在中國正統思想中也隱寓有高下邪正的評衡。西文的「人權」毋寧是「人之大經大法」，絕不得以「權宜」論之。還有中國說文上「法」字表示刑罰的意思，與西方「法律」的觀念大殊，至少，中國一般人心目中以爲法律在可有可無之間。常說「天理，人情，國法」，顯然把法律看作三等貨色。諸凡這一類的傳統觀念，都是實施民主憲政的障礙，而有待於澈底改進的敎育。不過民主敎育必須就在民主生活中實踐，兩者不許分離。民主政治沒有什麼豫備科。世上沒有「民主先修班」。尤其是，我們在推行社會敎育時必得處處顧及民主。換言之，民主是敎育的內容，敎育是民主的器具。然而我們到了近代雖把科舉改作學堂，却仍沒有切實地拿發達個性，養成獨立自主的人生觀作敎育的原則及方針。趨而下之，反而厲行黨化敎育，特務控制敎育；這才是扼殺民主的最凶惡劊子手。從知大陸和台灣都是道地的反民主，而爲我們所決不能容忍的。若按西方歷史，自由是從奴隸制度或暴虐政權反激出來的話，現在我們中國人民的實受奴隸敎育，終必將爆出自由民主的火花！

一九六一、十一、四　自美紐澤西寓

偏安局面與苟安心理
——兼論越王勾踐何以能夠反攻復國？

劉裕畧

任何一個人在事業挫敗或在流亡生活過程中，最可怕的不是暫時的挫敗或流亡，而怕的是苟安心理。一個國家或一個民族也是如此，所以，當一個政府處於偏安局面時，最忌諱最可怕最使人躭心的事就是這一個政府和這一個政府統治下的人民在心理上趨向苟安。

偏安之所以並非可怕，是因爲偏安之後仍可再復興，勝敗原屬兵家常事，歷史上以少勝衆，轉弱爲强，由挫敗而中興的例子極多，故不可怕。但另一方面，假如偏安局面而有苟安心理的話，由偏安而滅亡的史例也極多，那就非常可怕了。理論與事實原本都在說明偏安局面有兩種變化之可能：一是由偏安到復興；另一則是由偏安到滅亡。促成這兩種可能變化的原因不止一端，而人的因素畢竟是其中的主要關鍵。苟安心理之有無則又更是人的關鍵中的大因素。

自一九四九年，即中華民國三十八年政府播遷到台灣省以來，由於大陸淪陷，中華民國政府遂隔台灣海峽形成暫時的偏安局面，已是不容否認的事實。算時間，這一偏安局面至今業已十二年。從整個歷史看，十二年的時間眞是很短，誠不過一瞬。但以大陸同胞水深火熱的痛苦情況看，在度日如年的感受下，則此十二年時間又何異百年千年？閒時讀古人描寫偏安與流亡的詩，所謂「遺民淚盡胡塵裏，南望王師又一年」！所謂「南渡君臣輕社稷，中原父老望旌旗」！所謂「舟橋南北是天街，父老年年等駕回，忍痛失聲詢使者，幾時眞有六軍來」？還不正是今日大陸同胞期望今日台灣能夠反攻復國之心理寫照嗎？然而仔細檢討台灣現局，反攻何日？復國何期？偏安之局究竟如何才能打破呢？這就值得我們深思了！

回顧中國歷史，不難發現由弱轉强，以少勝衆的許多戰例。何況中共雖然外形龐大，實質則甚空虛，益以中共推行違反人性之人民公社和加諸人民之諸種剝削，實已具備可敗和必敗之勢，但孫子兵法說得好：「知敵之可擊，而不知吾卒之不可以擊，勝之半也」。敵人雖已具備可敗和必敗之道，吾人可勝和必勝之道則又如何呢？這是我們要問的。

翻開中國歷史，俱如吳越之戰、即墨之戰、鉅鹿之戰、赤眉之戰、赤壁之戰、淝水之戰以及安史之戰等，無不皆是以少勝衆，轉弱爲强之戰爭。然而仔細研究起來，却發覺以上諸戰役之得以取勝則又無一偶然，譬如吳越之戰，設非越王勾踐之年輕有爲和智能超越，再加上人事氣度恢宏與乎臥薪嘗膽，毫不苟且偷安，決難有成；又譬如即墨之戰，樂毅已率燕趙聯軍，以勢如破竹之攻勢，連下齊國七十餘城，繼又圍攻即墨孤城達數年之久，設非齊國堅決奮鬥，毫不苟安，因而有新的人物如田單者突然起來，在政治上對敵國用離間之計，在戰陣上用新的火牛之術，則齊國決不能復興；又譬如鉅鹿之戰，當時楚義帝之大將軍宋義率大軍遲疑不進，買酒高會，苟安在安陽，企圖觀秦趙之門，然後乘其隙，設非項羽奮發有爲，然後殺掉苟安誤國之宋義，然後率兵渡河救趙，破釜沉舟，決一死戰，則鉅鹿之戰不能勝，而章邯所率四十萬秦卒亦不能被逼降，以至終於亡秦；又譬如赤眉之戰，赤眉當時猖獗之勢，亦有類於今日之共黨，一面以宗敎式的信仰迷惑人民，一面又以分田分地作號召以誘騙人民，設非劉秀等人毅然作戰，稍一苟安，亦必不能剿滅赤眉；又譬如赤壁之戰，曹操以雷霆萬鈞之勢，挾天子，令諸侯，雖其兵力，號稱百萬，實不過二十四五萬。

（下轉第二版）

偏安局面與苟安心理

兼論越王勾踐何以能夠反攻復國？

（上接第一版）

劉裕畧

但在兵力數字上確已比劉備孫權聯軍合共不過五萬之數多出四五倍，其它財力物力資源則更十倍百倍之，設非孫權決心以身家性命決心一戰，而有如張昭等人之主張，在江東苟安，則孫劉聯軍斷不能以少數兵力擊敗曹操南征大軍，而寫下中國歷史上極輝煌之一頁戰史，更不能使天下三分了；又譬如淝水之戰，秦王符堅既已霸佔中國北方及西北乃至西南方之大部份土地，更挾百萬大軍，水陸分途併進，符堅且自信投鞭可以斷流，東晉不值一擊，設非謝安謝玄等頭腦冷靜，明辨敵我之眞正強弱，未被有形數字迷惑，斷然以少數的八萬晉軍，在淝水予以一擊，則東晉斷不能維持；又譬如安史之亂，當時安祿山史思明舉兵背叛之後，不旋踵就攻陷了兩京，玄宗避蜀，設非郭子儀等一戰再戰，難成復興之業。除上述各戰例外，其它中外類似史例尚多，不勝枚舉，然皆由於挫敗後毫不苟安，故能奮發有為，其中尤以越王勾踐之能由其本人反攻復國一事，最屬難得，蓋卽墨之戰，戰敗者不是田單，恢復齊國之田單乃是新人；鉅鹿之戰遲疑不進者是宋義，率楚軍在鉅鹿無不以一當十，九戰絕其甬道，使諸侯膝行而前莫敢仰視之項羽亦是新人；再看：王莽之後，繼西漢而起的劉秀，在赤壁之戰嶄然露頭角之諸葛亮與周瑜，在淝水之戰擊敗符堅的謝玄謝石，以及在玄宗避蜀後，平定安史之亂的郭子儀等，亦無不皆是新人。故越王勾踐能由其本人反攻復國，實為史例中少見之典型例子。

然越王勾踐何以能夠由其本人反攻復國呢？分析起來，實有如下幾方面原因：

第一是在敵人方面，他的敵人吳王夫差於周敬王（姬丐）二十六年卽公元前四九四年，為了報父仇，起兵攻打越王勾踐，在吳國夫椒地方把越王打敗。越王只剩五千兵甲由夫椒（山名、在吳縣西南太湖中）向後撤退到會稽，但夫差卻未將越國完全消滅，這是夫差的大錯。其後，夫差又沉迷女色，大興土木，專事討伐，且又不惜揮軍遠征，以求霸主之虛名，而賈越王勾踐以存在，準備和乘隙進攻之實禍。

第二是在社會發展的大形勢方面，人們知道：在中國史籍中，紀載春秋時代之史實者，以春秋經傳較多，然其對越國之歷史亦乏較詳記載。除對越國王室之起源有所傳說外，其它竟至全是空白，故治史者均難明越之先世如何？司馬遷作史記亦僅能自勾踐之父允常開始，這是什麼原因呢？實以社會發展之大形勢所決定之故，蓋中國政治、經濟、文化中心一向在北方，尤在黃河流域一帶。離此中心愈遠的地方就愈落後，同時也愈在政治上受到歧視。事實上，它們既然落後，自亦較為弱小。弱小者對歷史的演變不免缺少作用，這是春秋經傳初期和中期均找不出越國史料的原因。但到了春秋末期，原本較為落後的越國社會業已逐漸起來，（筆者以為除了地形特別有阻礙以外，社會發展的震波通常總是從政治、經濟、文化中心向四週放射。距離中心較近的愈早發達，較遠的愈遲發達，這是一般規律），而越國的地理位置，在今浙江濱海地區，不但山明水秀，而且土地富饒，何況越國此時之治金（主要的是鍊鐵）技術有了進步，故能製出較好的兵器，這亦是形成越王能夠反攻復國的另一方面的原因。

第三則在越王本人方面，亦具備若干傑出品質，越王原本是一個極具政畧戰畧頭腦的人，尤善心理作戰。這只要看他嗣位之初與吳王闔廬大打一戰之經過，便可完全明瞭。吳越兩國原本世仇，加上楚國從中運用，吳越兩國更無法合作，當吳伐楚以報其仇的時候，越曾乘機襲之，故越人入吳之後十年，卽公元前四九六年（周敬王二十四年），吳王闔廬便起兵攻打越國。其時，越王允常已死，勾踐新卽位，闔廬以為越國新君嗣位，年輕而威信未立，正是吳國報仇之好機會，殊不知越王行動迅速，情報亦靈通，在吳軍未入越境之前，便已揮軍進入吳境了。吳越兩軍遂在吳國攜李（今浙江嘉興縣）形成遭遇戰，在戰陣上，越王見吳軍軍容整肅不可犯（吳軍原是孫武子訓練出來的），心理上很有顧慮，乃組織敢死隊去衝，希望由此先將吳軍陣形衝亂，然後亂以取之。但第一批敢死隊衝過去，吳軍陣形全然未亂，且全被吳軍擒獲，遂又派出敢死隊第二批，亦被吳軍擒獲，吳軍且整肅如故。可見由孫武子練出來的吳軍眞是不平凡哩！難怪「左傳」也不禁大書特書曰：「吳伐越，越子勾踐禦之。陳於攜李。勾踐患吳之整也，使死士再禽焉，不動」。面對如此堅强敵人，越王遂在陣上使用出了另一戰法，他把越國依法應處死刑的囚犯弄上陣來，並把他們排列成三行，每人各持一柄劍把劍指着頸項，一齊走到吳軍陣前，揚聲說：在兩軍對陣的時候，我們得了奸犯旗鼓的罪，我們雖然不才，但我們不敢避罪，也不敢逃死，我們願意自行吻劍而死。說畢，這些罪人就眞的紛紛以劍自戕了。這一行動很奇特，它是一種心理剌激，立刻引起陣上吳軍全體官兵的反應，他們都以驚奇的眼光注視這椿怪事，並在心裏思維這椿怪事，越王看見這椿怪事已如預期地完全成功的分散了和擾亂了吳軍全體官兵的心神，形未亂而心已亂，遂卽揮兵進擊吳軍，吳軍果然大敗。越王眞有一手，難怪「左傳」對此也大書特書其經過曰：「使罪人三行，屬劍於頸，而辭曰：二君有治，臣奸旗鼓，不敏於君之行前，不敢逃刑，敢歸死，遂自頸也，師屬之目，越子因而伐之，大敗之」。

吳軍敗後，吳王闔廬因傷致死，其子夫差繼位為吳王，因夫差急於報父仇，初亦頗能戒除苟安，平時，總使人立於庭前，每一見夫差進出，便向夫差高呼：「夫差！爾忘越王之殺爾父乎」？夫差必應其人曰：「唯！不敢忘」！第三年，卽周敬王二十六年，夫差乃將越王勾踐在夫椒地方擊敗。

但越王勾踐敗後，亦極能處心積慮，奮發有為，除在人事上恢宏氣度，廣攬賢能外，更能眞正隨時勉勵自己，决不苟安，故史記稱其苦心焦思，置膽於坐，坐臥卽仰膽，飲食亦嘗膽，更自耕作。夫人自織，食不加肉，衣不重采，折節下賢人，厚遇賓客，振貧弔死，與百姓同勞。

筆者不是歷史唯物論者，故筆者以為越王勾踐之所以能够由其本人反攻復國，人的關係很大，夫差處理錯誤和逐漸形成重大缺點；固是原因；社會發展的大形勢固然又是另一原因；而其本人智能卓越，人事氣度恢宏，决不像今台北國民黨當局那樣自私和狹隘，只把人事圈子越縮越小；越王本人年齡較輕，失敗後仍有十年生聚十年教訓的充裕時間來作有計劃的行動，而越王本人之眞能臥薪嘗膽，决不苟安，更是他所以能够在失敗後仍能復興之主要原因。

反觀今日台灣之偏安局面則如何呢？中共的錯誤和弱點雖不下於越王之敵人，且台灣本省及海外僑胞之人力物力更遠大於勾踐失敗後之會稽，國際上逆流雖多，畢竟還有支援與救助，論形論勢。不但遠比田單劉秀等人之處境為優，亦且更較東晉和南宋之偏安局面為好，但說到人物本身方面，則獨惜台北當局一無越王廣攬人才之恢宏氣度，二無臥薪嘗膽，志切復國之眞正精神，中共入聯合國問題今年剛有不致實現之希望時，台北便又歡樂融融，幾乎忘記再過一年，又將面臨嚴重困難，這具體而充分的反映了台北當局之苟安心理。執筆至此，又讀到十一月十一日香港工商日報的一段文字說：「說到社會風氣，我去過金門之後有一個印象，金門的確是個生活嚴肅的戰門前線，處處充滿「毋忘在莒」的精神。但台北則社會消費與一般國民收入並不平衡，尤其在鬧市中心區，日間車水馬龍，夜間五光十色，已儼然有「歌舞昇平」的氣象，以前我沒有到過「特種酒家」，這次承友人之約，得有機會觀光，雖初出茅廬，也可意味到這是紙醉金迷之地，因此我便發生一個感想，以目前台灣公敎人員待遇的微薄，這是否會構成為一種强烈的對照，未必沒有問題」。筆者並不認識寫此文的黎晉偉先生，却知工商日報係與國民黨當權派有深切關係之報紙，黎先生現在更非反政府人物，其所記述，自屬可靠，决非造謠中傷。本來，苟安原與自私相因，苟安亦與缺乏遠見缺乏雄心魄力為孿生子，國民黨當權派固早已犯上述許多毛病，眞要反攻復國，又豈是只叫金門守軍或其它國軍單獨嚴肅苦幹就行？必也領導這一切的政府和作為一切基礎的整個社會都不苟安才可。

由此可見：偏安台灣之現政府，苟安之積習既成，舊的當權者實已不能單獨負起反攻復國責任，勢非加以改革不可；而要眞能反攻復國，尤需新的人物迅速起來咧！

海豐消息：

傳真

海豐共幹駕船舉家逃港

海豐縣南瀕大海，為魚鹽之鄉，自共黨盤據實行公社以來，百業零落，市場蕭條，昔日樂廳，今成鬼域。年來農怠於耕，生產躍退，糧食因之銳減，鄉民面有菜色。彼共黨滅絕人性，視民命如草菅，驅使奴役，日夜操勞，不得一飽。鄉民在長期飢餓之下，只有淪為餓殍。據海豐來客談：梅隴區屬之孔子門村（葉姓），全村僅達四百餘人，截至現在餓死者已過半數，他如新寮，三墩港等村，村民亦多餓死，共黨報喜不報憂，故外間知者極少。近兩年來，沿海鄉民，操舟逃難來港者，日有所聞。詎最近共黨重要幹部數人，亦駕電船舉家逃亡來港。特為記之，亦以見共黨之失人心，覆亡不遠也。

緣有縣民張某（公平人），彭某（汕尾人），姜某（陶河村人），家庭列為貧農成份，親共色彩特別濃厚。共黨入據邑境後，此三人者，均曾受駕駛專門訓練，思想前進，為共黨中堅份子。共黨分派其駕駛電船，此三人適同派在一船，担任國營公司運輸工作，常川往來於縣境沿海及內河各地，以技術純熟，工作努力，曾受共黨縣委會嘉獎。前月颶風為災，禾苗受損鉅重，糧荒現象已成。此三人者曾相對私語，以家中所配糧食，目下已不足療飢，一且糧荒洊至，慘何可言！若不早為之所，將來必不免於餓死，與其坐而待斃，何如及早逃生，因秘密會商，决定於中秋之夜，携同家人逃走，事前約定各家人於某村河邊集中聽候。是夜風雨驟至，天色昏暗，張某等駕船抵達某村河岸，諸人立卽登船，計三家合共男女二十餘人，船於九月廿四日（中秋）下午八時開行，由內河駛出大海，船抵惠陽縣屬之平海外，風浪特大，幾遭覆沒。又恐遇匪艦，不敢依沿海山邊行，迫得向南駛出外海，再北向駛香港，幾經風浪，直至廿五日上午十一時許，始安抵香港某處登陸。該船原有船長一人，為張某三人挾以俱來，抵港後，該船長立電海豐當局，派艦來拖回此電船，並接伊本人回去，此三人抵港後，懼為左派份子發覺，現尚藏匿，不敢露面云。

十月十二日

海豐公平鎮饑民搶農場殺共幹

海豐縣屬第二區公平鎮，為邑中東北交通孔道，在昔出產豐富，市場繁盛。自受中共統制以來，百業蕭條，民不聊生。中共實行公社後，於公平北部廣原，開闢一大規模之國營農場，徵集各村壯丁充作農奴，日夜勞役，過其牛馬不如之生活。前月廿六日淸晨，公平新樓埔地方，突然聚集村民六千餘人，各携扁担竹籮，此批係來自附近各村之飢民，因受不了長期之飢餓，目的在搶奪國營農場之糧食，消息一傳，四鄉畢至。一時人潮洶湧，浩浩蕩蕩，羣向農場進發，時天色朦朧，共幹猶在酣睡中。帶頭者一聲號令，他們立將農塲大門劈開，羣衆一擁而入，各取所需，不一刻，把場內所有之畜類及存糧，一掃而空。時場內共幹百餘人，不知死神降臨，尙思出而攔阻，飢民見狀，怒火中焚，各將扁担（挑物工具）向共幹用力打去，這百多名共幹在四面包圍之下，走逃無路，結果都被憤怒之飢民活活打死了。其時塲內塲員數人，見大勢已去，俯首帖服，不敢作聲，免受眼前之虧；又懼農塲糧食搶盡，責任攸關，必不容於共黨，於是搶索起義，響應搶糧，隨同大隊農民出走，一時農塲陷入紛亂狀態。比及天明，海豐縣匪軍聞訊，立動用軍車百餘輛，載武裝共軍二千多人開赴公平，將農塲重重圍住，始將飢民鎮壓下去，計當塲被捕之農民，數在五百人以上，卽日押解縣城訊辦。在海豐縣歷次農民抗暴運動中，當以此次為最有意義最驚人云。

十一月十一日

從傳聞陳誠辭職說起

季夫

台北政壇刻正醞釀着人事變化。傳說中，陳誠和沈昌煥都將辭職；葉公超則有回任或棄官執敎的可能。

總之，這是外蒙擠進了聯合國後的反應。不過這次人事變化是可大可小的，究竟將會是如蠡漾的漣漪？還是激成壯濶的波瀾，還很難說。也可能完全平靜無事，一切照舊，就看草山老人是否拍拍胸膛，一力担承，那樣，在國民黨全會上，即或有人提出檢討、攻擊，也會大事化小，小事化無。反之，如他一意犧牲他人，以卸責任，自是又當別論！

問題很簡單，陳誠下了台，又該由誰來幹？傳說中的周至柔，固是人選之一，但周又能比陳好得了多少？今日的行政院，實際上等於草山老人的門房，誰都知道這位子不好幹。除了有人這麼想：幹吧，死後訃聞上可以光彩點。除了有這樣想頭的人，以求死後「哀榮」，行政院這個衙門，是味同嚼蠟的。

以陳誠與草山老人的關係之親之密，尚且當不了家，作不了主；在立法院那樣信誓旦旦，說什麼「寧求玉碎，不作瓦全」的豪語，結果仍不免在最後關頭採取「彈性政策」，放棄否決外蒙入會，可見國家大事固非陳誠所可決定，即使是黨內的會議與行政院政務會議的決定，也都不及草山老人的「金口玉言」。那末，這行政院長還有啥味道呢？陳誠，可算得上是善做小媳婦的了，而且他也確有以死報答知遇的感情，是草山老人所深知的。陳去，還有誰比他更合適的呢？因此，除非草山另有「巧安排」，陳誠被慰留的可能性還是很大的。

就當初原定否決外蒙入聯合國的定案和發展的情況判斷，可知原決議是草山老人所贊同的，也是他所支持的。最後的變卦，除了「一言九鼎」的他之外，誰也負不起這個責任。

這些事情的變化，對年少高官的沈昌煥來說，正是莫明其妙而够納悶的。他浩浩蕩蕩率領了代表團去成功湖，原是想可以藉說一個NO字，而使他「名標青史」，現在可以說是黯然而歸。但我願向沈昌煥進一言，祇要能忍，祇要抱定了繼續做官的念頭，凡事忍下去，即使今次掉丟了這外交部長，定會有更好的位置來調濟你的。這是草山老人一貫的御下法。若是你不諳這做官三味，那就必然摘去烏紗，永不錄用。

至於喬治葉，自從外放美國後，風格已與當年不同。過去人皆以學者部長目之，但在雷案發生後，他竟也屑於爲蔣經國去函紐約時報否認蔣與雷案發生的幕後關係了。說蔣不過是個「行政院的不管部委員」，其專職爲退伍軍人善後工作，全然與雷案風馬牛不相及」；並謂：「捕雷亦與其籌組反對黨無關」可見其人久歷官場之後，也善於做官了。其實他是有資格了解蔣經國這個「不管部委員」，實是各部都管的太上行政院長，可見其人學問品德雖然不錯，而做官的格調却不能算高，亦已不再力爭上游了！

喬治葉的英國文學修養極高，爲他的晚年計，官場實在是不宜於再混下去的，如果他能就此毅然決然去執敎，在我看遠比他回任行政院副院長兼外交部長要有價值得多。

誠然，可幸在犧牲了否決外蒙之後，換來了繼續可能保持聯大席位一年的結果，但美國對台灣的行情如何？國際上不利於我的陰謀活動又如何，相信喬治葉對這些均能瞭如指掌的。祇是他既已立意「好官自爲」了，也當然揣摩到了草山老人祇圖因循苟安，既不作玉碎沉舟的打算，支持否決外蒙便是全無意義了，何況華府又施用壓力呢。

草山老人當國三十多年，「高明」處，令人嘆止，英年時，全心致力於向上爬，爲此不惜製造黨內磨擦、傾軋，個人的地位雖因此得以日高，黨的力量却因削弱而日低。中山先生時代黨內的隆盛氣象，遂因此而消逝。黨內多官僚政客當道，黨的退化，就影响政治；黨政不與，國運日蹙，對外關係遂日見軟弱。

當年外蒙之失，即爲戰後列強犧牲中國利益，以塡蘇俄領土野心慾壑，草山老人竟對此默認接受；至於中蘇條約，也是在人皆以爲不可的情勢下，獨排衆議，力主簽訂（按宋子文，雖屬貪官，但當時却因反對簽訂該條約而辭職。）以爲結好斯大林，即可尅制毛澤東，此種認識上的錯誤，至釀成了歷史刼運！其不諳外事，剛愎自用，於此可見一斑。

此次原定堅決立意否決外蒙入會，却又臨時變策，傳聞與美國有口頭秘約交換，由美國保証拒中共入聯合國。但目今聯大形勢對我日非，美國所能拉攏控制票數日減，即或能保証一時，也難望於保証將來。草山老人既無力於求奮進，偏安之局已成，自是無心多作計較了。

因此，台北政壇如有變，也祇是小小的人事之變，不可能有原則與政策之變。

人事之變，原在老人喜怒好惡之間決定；政策之定捨，也只在他一念之間。當今的既定政策是苟全圖存，人事之變，當必依循此路線。

南宋朝廷既重用了秦檜，岳飛就祇有死難於風波亭了！

一葉落而知秋，外蒙進入了聯合國，中華民國的國運就更加危急了！

經濟部長與粮食局長大開論戰

靜吾

（台北通訊）經濟部長楊繼曾於週前在立法院報告，說台灣的食米生產增加率趕不上人口增加率，台灣省政府糧食局長李連春隨即發表談話，暗示楊繼曾不明瞭本省食米生產的情形。據稱：本省的食米增產率現在仍超過人口增加率，今後十年二十年，糧食自給自足不成問題。本月三日楊繼曾又在行政院新聞局的記者招待會中，對最近若干年來本省食米生產及人口增加的情形作詳盡的報告，並出示經濟部的統計數字爲証，指出自民國四十二年至四十五年第一期經濟建設計劃期間，本省食米的增產率爲每年百分之三·五，人口的增產率則爲每年百分之三·七。自四十五年至四十九年第二期經濟建設計劃期間，食米增加率爲每年百分之一·六；人口增加率則爲每年百分之三·六。若以兩期經濟建設計劃的數字合併統計，則食米的增產率平均爲每年百分之二·五，人口的增加率平均爲每年百分之三·五。他說：「無論如何計算，本省食米的增產速率都落在人口增加率之後。」又說：「要解決問題，決不容諱疾忌醫。如作統計比較，一個採用幾何級數，一個採用算術級數，而向人民謊報食米增產率超過人口增加率，那只是玩弄數字的欺騙行爲，經濟部主管糧政，不願意這樣做。」言下頗有不勝憤慨之意。

據聯合報的社論說：「台灣年來進口的小麥約爲二十五萬噸，相當於十六萬噸米谷，而去年一年中，雖對日本輸出了三萬噸米谷，但却從泰國輸入了五萬噸米谷。本省每次粮價波動，總是大漲小回。去年物價總指數上升百分之十三，而糧價即上升了百分之二十。」足証李連春的說法並不可信。聯合報又說：「去年八月由於省議會和新聞界，對於本省糧政措施之嘖有煩言，省政府曾特地成立了一個調查研擬的專案小組，使對本省糧食問題，在政策上和技術上，從事全盤研究，制訂有效方案。接着，省政府於今年十月初發表的五十二年度施政指導綱要，也曾根據農林廳長金陽鎬所主張的農業政策新觀念，指出本省糧食生產已發生成長速度減緩，且有停滯現象，因此乃有發展畜牧節約食米以對人口增殖壓力的新政策的提示。不幸的是：在這「衆人皆曰」的今天，唯有我們的糧食局長李連春，非但一再堅持他對糧食增加仍舊超過人口增加的樂觀看法；而且還公開排拒農林廳所提，省政府同意的農業新政策，甚之最近，不惜和主管全國經濟大計的楊部長，舌劍唇槍，針鋒相對，暗示楊部長也是「不明瞭本省糧食增產情形」。我們誠不懂，李局長這樣製造數字，玩弄數字的本位主義作風，其理安在？其故又安在？」

就聯合報所舉的事實看去，李連春可謂驕橫無禮已極。祇因他似乎別有所恃；故不但敢於排拒省政府的農業政策；而且公然和上級主管部長在報紙上大開論戰，於門了第一個回合之後，還要來第二個回合。

本月十日，糧食局又以發言人的名義發表一篇書面談話，據稱：關於統計數字問題，由事實去証明，該局已決定不再爭論。惟否定糧食增產與糧食局業務有關，則不能不有所說明。蓋糧食增產的主要條件有三：一爲生產技術的改進，二爲水利灌溉的加强，三爲生產資金的供應。前二者在中央固爲經濟部所主管。在省方則爲水利屬於建設廳的職掌而外；關於生產物資與資金，實以糧食局所供應者爲最多。如認爲糧食生產都是農業單位所管，自與事實完全不符。又說：第一至第三期經濟建設四年計劃，在糧食增產部門，規定由粮食局負責執行的事項很多，如化學肥料及稻麥病害蟲藥品的供應，生產的資金及購買抽水機、耕耘機等的貸欵，晒穀場及堆肥舍的補助，優良稻種的交換和小麥及大豆種子的貸欵等是。更說：周至柔所提的施政指導綱要，對於以上數項均列爲粮政的重點，指定應由粮食局負責。最後還說：「本局對於粮食增產與其業務息息相關，一向列爲最重要的中心工作，祇求粮食問題之解決，並不希望邀功，亦不與人爭權。祇求各方面分工合作，共謀增產工作的順利進行，並不願見有無謂的爭執，而互相抵消力量。至於本局今後對於粮食增產的工作，在本（五一）年度台灣省政府重要工作計劃內粮政部份已經列有米穀增產，雜粮增產，米穀供應，獎勵增加養猪等計劃，自當秉承省府主席的指示，及施政計劃切實執行。」

從這篇書面聲明看去，李連春對於粮食增加率超過人口增加率的原持意見似乎自知理屈，不再堅持；但又以粮食局的職權問題來和楊繼曾展開另一論戰。聯合報在刋載這篇書面聲明時，也標明「粮食局辯駁楊繼曾談話。」

十一日，立法院經濟委員會開會，立委曹俊等多人曾以此事爲詢，楊繼曾說：「最近八年來人口增加率是超過粮食增加率的，這不應該是議論紛紜的問題。農業生產的主管機關是經濟部，下級機關要管粮食增產，就要遵照經濟部的指示；否則即是違抗命令。」又說：「粮食增產，農林廳應多負責，因爲如果沒有水利和病害蟲的防治，單靠分配一點肥料，也不能增產的。」楊繼曾對立委的答覆，顯然是針對粮食局的那篇聲明而言。他雖然擺出上級主管部長的派頭，說下級機關要管粮食增產，如不遵照經濟部的指示，即是違抗命令，但是否有效，顯然是大成問題的。

值得一提的是李連春和楊繼曾在報上大開論戰以來，迄今業已多日，平素强調地方應該服從中央的蔣介石却故作不知，可以想見其中另有奥妙所在了。

台灣簡訊

志清

一：監委慨嘆大官貪污技術高明

一年一度的監察院檢討會已於十一日結束。和往年的情形一樣，本年的檢討，也集中於兩個老問題。其一，是貪風日甚一日；其二，是監察院並沒盡到應有責任；而若干監委甚至甘心為非法者「護航」。就前一個問題來說，陳委員志明慨嘆大官的貪污技術高明。他說由於他們貪污有道，所以監察院只能拍幾隻小蒼蠅；對於老虎，則沒有一點辦法。張國柱、陳達之、吳大宇、劉巨全等委員主張應對貪官污吏挑戰，才可以挽回頹風。關於後一問題，監委們一致認為過去一年監察院的工作退步，曹啟文、王嶽華、劉行之三委員均以沈痛的心情，抨擊監察院的工作遭受干擾，為政府「護航」的監委日增，致使許多糾彈案都無法獲得通過。他主張把「護航」的人檢舉出來。于鎮洲委員指出監委曾立有動員公約，其目的原在於砥礪委員們的風格，但却沒有做到。著名的曹德宣委員主張監察院應來一個自清運動，把所有「護航」、「徇私」、「兼差」等違法犯法行為，一律杜絕。他呼籲監委們「千萬不要再蹈軍閥時代國會議員被收買，利用豢養，養成所謂走狗、豬仔的作風。」其他許多委員亦熱烈發言，內容大致相同。足見監察院的人心未死；但由於每年都是坐而言，並未能起而行，聯合報的短評，曾諷其為「演說競賽」；雖發言盈庭，美不勝收，南腔北調，概可稱絕，但總不過說說而已。」

二：官宦子弟為達出國目的，不惜放棄國籍

十二日聯合報載：「台中省政府消息，各縣市政府近來常接到人民願意放棄本國國籍，申請以外僑身份辦理居留手續的案件甚多，因無法令依據，經呈奉行政院核示，現職軍公教人員之眷屬不得申請變更為外僑身份。據省政府透露，申請放棄國籍者，多為一般富家和官宦子弟，他們不惜以各種方法託人在外國設法買得一張各該國的護照，証明其為某國人民，或將子女送給居留在台的外僑為義子，然後據以申請變更為外僑身份，以便隨時都可以出國。」從這一段消息看去，海外讀者可知台灣一般富貴之家的愛國觀念如何了。當權者自稱人民對蔣介石有不可思議的信心，其在斯乎？

三：沒有號碼和印鑑的大鈔出籠

近來市面發現沒有編號和印鑑的台灣銀行百元大鈔，一時傳說紛紜，本月三日立法委員劉兆勛等三十餘人在院會提出一項臨時動議，畧謂近來中央信託局、華南銀行、合作金庫等金融機關連續發生監守自盜情事；台灣銀行發行鈔票，原須經過嚴密檢查而竟有未經編號和加蓋印鑑的鈔票出現在市面，主管機關迄未聞有任何處分，應請政府有關首長來院報告並備質訊。有一家民營報更諷刺此種似真非真，似假非假的變體貨幣，在收藏家看來，當可成為難得可貴的珍品。但本月六日台灣銀行負責人向報界談話，則說此項漏印號碼和印鑑的鈔票祇發現一張。並說：鈔票經印刷廠印竣檢查無訛後，始交給該行。因數量甚多，事實上，該行祇能整紮檢查，無法逐張檢查，此乃銀行慣例云云；似乎認為該行並無責任可言。因此之故，有些立法委員懷疑該行的檢查制度有問題，顯然是多餘的了。

四：女推事被譽為包公再世

十月卅一日新竹縣前任議長鄭玉田因乃子與人涉訟，前往地院傍聽，對庭上女推事黃雅卿頗為不滿，在退庭時，竟口出穢語。黃推事當飭法警將他追回，並裁定他妨害秩序及當衆侮辱二罪判處拘役三日。該縣地方首長和士紳得訊，紛紛趕到地院請該院院長和首席檢查官向黃推事說情，請求准許保釋，均為黃推事拒絕。結果，看守所長祗得將圖書室臨時佈置一番，作為鄭玉田的下榻之所；並將所長辦公室，作其會客室，種種優待，打破台灣各監獄及看守所一切紀錄。與黃推事執法如山的情形，恰好成為一個尖銳的對照。本月三日鄭玉田拘役期滿獲釋，雖正值大雨，縣府主任秘書、縣議長等多人均親到看守所迎接。若干縣議員並於中午設宴款待。足証鄭玉田實為所謂巨室一流的人物。新竹縣市民鄭某對黃推事此舉特表敬佩，親獻包公再世的錦旗一面，但黃推事不肯接受。

五：水泥廠停工減產

在當權者的經濟進步聲中，台灣的各大工廠均發生存貨滯消迫得裁員減產的反常現象。本月五日報載：台灣、嘉新、五洲等三大水泥公司已決定自十日起停工十天，以期調節水泥產銷之平衡。預計本月產量，將較往月減少約三分之一。據悉：目前水泥外銷和內銷市場均不如預期，為防止水泥儲存過久而發生變質，遭受更大的損失，故祗得減產。

六：政府改變主意，不購民營油輪

不久以前，轟動社會的油輪停航補貼問題在立法院迭起高潮時，經濟部長楊繼曾不顧立委們的反對，堅稱由於油少輪多，政府已決定收購民營航業公司的油輪。其中最被指責的是益祥公司向政府借欵建造的裕民號。但本月四日楊繼曾忽向立法院經濟委員會報告，行政院現已改變政策，決定不再收購。據說是因為時價問題無法獲得一致的意見。查益祥公司前向政府借巨欵造輪為中油公司運油；無油可運因而停航時，中油公司還須給予停航補貼。到明年六月油輪舊了，更要由政府收購，如此的無本生意，正是大陸時代官僚資本的再版。假如行政院已覺悟到官僚資本之風不可再長而停購油輪，尚不失為一種知過能改的明智之舉；若僅因為價格無法協議而作罷論，恐將來仍有收購之一日也。

七：國防部通令整軍風

據軍聞社訊：國防部為發揚革命實踐精神，貫徹「總統」存誠務實之訓示，建立忠孝仁愛信義之軍中倫理，培養求真務實之優良軍風起見，頃特頒佈「發揚革命實踐精神，培養優良軍風實施綱要」一種，通令陸、海、空、勤、警備各總部及憲兵司令部根據綱要提示，衡量本單位實況，於一個月內研訂所需倡導之軍風，加强實施云云。有一位著名的監察委員在報上看見這一則不知所云的消息時適與筆者閒談，據他觀察，這可能不是由於國防部的那些人吃飽了飯無事可做，才想出來的消閒玩意；而乃是蔣經國為了加强其對軍隊的控制，特效法毛澤東的整風運動，要在國軍裏面來一次整風。祗因其不學無術，以致畫虎不成反類犬；國防部的承辦人也不敢擅專，因而才發出這種恐怕連他們自己也不懂的通令。軍聞社把牠當作重要的消息發表，表面上是宣揚軍中的盛事；實則也可說是有意暴露蔣經國的愚昧無知。這位監察委員的觀察可謂入木三分。他還舉國慶日閱兵大典，政工隊的女生們一律穿着細高跟鞋走正步的事為証。他說：要女生穿高跟鞋走正步，這究竟是檢閱她們的三圍和曲綫擺動的姿態美呢？還是檢閱她們的軍中技能呢？蔣經國的知識，即此已可見一般了。

行政院改組之謎

見微

自蔣介石決定放棄否決外蒙後，養病中的陳誠又入榮民醫院作健康檢查；而在回到台北之日聲言即將於一二日內重返華盛頓任所的葉公超又迄無歸期，且於週前去台中訪周至柔，於是台北忽又盛傳陳去周來的舊話。一說葉公超將重長外部並升任行政院副院長，直到本月十一日才有一位不願意透露姓名的國民黨負責人向法新社否認有改組行政院之議。據筆者連日向政治圈內採訪所得，陳誠對於放棄否決外蒙一事，的確感到很大的刺激。這並不是因為他堅決主張否決；而乃是他應邀訪美時，蔣介石曾諄囑他對於此事無論如何都應堅決到底。如今却忽然作一百八十度的轉變，顯然有損於他的對外聲譽。可是，雖然如此，陳誠却至如今仍無辭職之意，其入醫院作詳密的健康檢查，正是表示他仍準備再幹一番的決心。至於蔣介石是否將在此時迫陳去職，則除了他父子倆而外，任何人都不可能知道。

在行政院改組的傳說中，還有兩個看來很滑稽而實則正足以表現今日政治的插曲，即葉公超和沈昌煥兩人的去留問題。前文曾提到葉有重長外部並升任副揆的消息。據說：乃是因為他和蔣廷黻主張對於外蒙入聯合國問題應採取彈性政策；如今蔣介石決定放棄否決，自然要更加重用，藉以加强對美國的關係；但近日又盛傳蔣介石認為他對否決外蒙的原定政策執行不忠，才招來華盛頓對台北的强大壓力，因而要他辭職。關於沈的去留問題，前曾一度傳說，因為他主張否決外蒙最力，引起美國政府之不快，現在蔣介石既已放棄否決，勢必失寵去職；但近日又傳說他能促成甘廼廸總統和蔣介石直接辦交涉，不再透過陳誠，被認為立了大功，因而仍將繼續下去。本月十一日，他奉召提前回國，到達台北時，也向新聞記者否認有辭職之事，可知其仍受寵信。由此種種，足証今日之事，一切皆由蔣介石個人決定，他說要否決外蒙，任何官員都得主張否決。不但如沈昌煥者流必須裝出一副非否決不可的所謂忠貞像；即蔣廷黻、葉公超也得表示服從，至多是向私人友好發幾句牢騷而已。反過來說，蔣介石決定放棄否決，就是支持否決政策的立法院也不能不默爾而息。總而言之，今日的政府中人，全是一些唯唯否否，旅進旅退之徒，既不敢具有獨立的主張，也無法維持獨立的人格，絕不會對任何對外或對內的政策發生主張不同的問題。行政院是否改組，將全視蔣經國的意向和蔣介石的決心如何而定，與放棄否決外蒙事根本不相干也。

日昨報載：陳誠在榮民醫院檢查後，証明他的身體尚好；祗須再經過短時間的休息，即可完全恢復。蔣介石曾有一封親筆信給他，表示欣慰之意，並囑其再事休養。敏感的人們懷疑此可能為陳誠去職的先兆。但國民黨四中全會於十二日開會時，唐縱宣讀陳誠致出席同志的一封信，大意說：他本想力疾與會，因奉蔣介石手諭，囑其作短期休養，俾可早日復元，自當遵命。並盼各同志切實研議具體方案，使一切力量凝聚於蔣介石的週圍，加速完成反共復國之任務。更表示他當誓死耿耿精忠，與全黨同志相期共勉云云。足証他仍想幹下去的。

大陸之窗

中共水利建設遭遇了什麼困難？

劉裕畧

中共水利建設究竟遭遇了什麼困難？這是身居海外的人難於明白的，也是身居鐵幕內，生活在大陸的中國人民難於明白的。因爲，只有中共當局才知道他們鼓吹已久的水利建設究竟遭遇了什麼困難。至於一般人民，雖然也被迫參加了水利建設方面的勞動，但也只有勞動的份兒而已，既未參與策劃，更無權過問內容，那末，除了奉令勞動以外，當然無法知道其它。

但中共報刊最近卻連續暴露了它所遭遇的困難。本報上一期曾根據中共電訊，報導了廣東水利工程遭遇了資金短缺和配套缺乏，因而中共廣東當局已決定停修大中型水利工程，只修對當年有效益的水利工程，對於幾年後才有效益的水利工程，亦暫不修建。同時，並決定將水利工程之重點地區放在珠江三角洲，換言之，即對於其它地區則從畧。

對於廣東地區這一水利建設之變更，原不可以孤立起來看。而必須與其它省區的水利建設動向及中共中央的全盤水利政策聯繫起來看。因爲中共行的是一種絕對的中央極權制度。各省的水利建設政策正如其各種政策都由中共中央的全盤規劃所產生，各省並無獨立自訂政策之權，亦不能隨意自由變更既定政策，若有變更，就必然是或奉中共中央的指令，或已經呈奉中共中央批准，所以，本報上期報導廣東地區情形，決不是偶然的。

再看十月廿九日中共人民日報第一版頭條新聞，即係「據十月初不完全統計，全省各地已有六百五十多座小型工程動工維修，鄱陽湖濱的余干縣計劃修建的配套工程已完成百分之十左右，江西全省四千多萬畝耕地中，約有百分之十左右沒有水利設施，百分之三十至四十的農田雖有水利設施，但抗旱能力不高，原有的墟堤塘也需要修理、配套。根據這種情況，省有關部門確定，重點放在農田水利工程的修維、配套工作上。並根據人工、物力、資金的情況，首先加強墟堤培修，特別是贛江東岸大堤和撫河大堤險段，加高加固，消減隱患，確保墟堤安全。其次是搞好大中型農田水利工程的續建配套工程和整修今年被洪水冲毀倒塌的原有工程」。

人民日報這一篇用作頭條新聞的標題則是「調查情況、統籌安排、分別先後、注意質量」。「江西農田水利工程維修配套」等字。讀完這一條新聞後，再把本報上期所報導的廣東停修大中型水利工程的新聞聯繫起來看，很容易看出：一、中共已將原先大中小各型工程齊頭進行的作法改爲放棄大中型工程，只進行對當前有效益的小型工程的作法；二、這完全是由於資金短缺；三、這再則是由於無法迅即配套。所謂無法迅即配套，即是說以往數年已修好的大中型水利工程，既至今尚未配套，而配套是指抽水機、發電所、電纜的設施而言。修好一個工程之後，無法配置此一工程之抽水機、發電所、電纜等，則此一工程等於未修，徒然耗費資金而百無補益。那末，何以不能配套呢？這當然一方面是由於蘇聯的幫助不夠，另一方面則是中共自己的工業生產力未能供應所需之故。

大體上講：最近幾年，由於中共不斷壓搾農民和在生產方式上摧殘了農業生機，工業方面又未能適時充分供應肥料，人禍加上天災，遂使農業生產萎縮，因而影響了工業生產。工業生產之不足遂又倒轉來影響包括無法完成配套等工作在內的農業利益，工業與農業相互失敗，遂又相互爲因，這便是今日大陸之實況，也是今後展望仍然黯淡的原因，事實上，廣東省和江西省既都是大陸農產富饒的重要省份，而此時此刻又都忽然停修大中型水利工程，改向小型工程而求急效，可以斷言，已係中共中央整個水利建設的後退。換言之，亦就是中共五年計劃之部分失敗性的修改。因爲已表現在廣東和江西的這些水利建設方面的改變，決不是廣東省或江西省省級共幹的隨意修改，而乃經過中共中央的核示者。所以，我們從中共廣東和江西的水利建設政策的改變，可以看出中共水利建設遭遇了資金不足、技術不夠和無法配套等困難，同時也由此窺見中共整個五年計劃之再度緊縮，這不但是中共整個建設計劃的失敗，而且也是所謂「總路線、大躍進、人民公社」三面紅旗的破產哩！

中共紙張缺乏之 人民日報再減篇幅

黃標

北平出版的人民日報，不是一份普通報紙，它如同蘇聯的「眞理報」一樣，乃是中共中央黨的機關報。中共一向把它當作對內對外的宣傳武器，同時，更把它當作對內進行敎育學習的工具。所以，在大陸上，所有機關、學校和工廠等都是要强迫的閱讀人民日報的。人民日報的社論和專論以及新聞消息的側重點，皆一向反映中共對內對外的各種政策，因此，我們可以曉得：由於中共如此重視人民日報，除非大陸紙荒到了絕對嚴重的情況，人民日報是不會減張的。人民日報係一九四八年六月十五日創刊，在北平一向每天出對開白報紙兩張。但自去年十一月份起，已因紙荒，每逢星期一少出一張，只出一張，但其餘日子，每日仍出兩張，直到本年十一月一日，北平人民日報又已由每日出兩張，減爲每日出一張半了，從前每日出兩張，每張四版共爲八版，自十一月一日起，每日出一張半，合共只有六版了。前數月，中共已透露大陸紙荒情形，並由人民日報呼籲紙張節約，現在人民日報本身再作此減縮，可知大陸紙荒的情形現在又更進一步了。

中共青年報說：中國人最先到美洲 比哥倫布早一千年

陸聞

據中共「中國青年報」十一月五日發表的一篇文章說：當歐洲人最初發現新大陸的時候，航海家從美洲的土人中，發現有容貌酷似東亞人的居民，當時就有人懷疑可能有從東亞移居去的民族。可能哥倫布在美洲看到了有酷似東亞民族的民族，才使他至死不悟地以爲到了亞洲。

文章繼續又說：爲了証明亞洲人的確到過美洲，在二十世紀以來，學者很注意地下遺物的發掘工作。最重要的發現當推一九二三年，當時在墨西哥北二十七哩三藩德阿基華坎地方從著名的日月角尖塔的附近，發現了第三個角尖塔的遺址。在遺址的發掘過程中，找到了同中國像形文字相似的像形文字彫刻。之後，在墨西哥又陸續發掘出很多中國古錢、古磚、古彫刻和漢文碑；在厄瓜多爾發現王莽時代所造的貨幣；在秘魯發現刻有「太歲」字樣的石碑；一九三〇年在加拿大大西洋海岸也發現了刻有篆文的石柱等等。以上是中共的說法。

本來，中華民族原是一個文化久遠、歷史最長、活力極充沛的民族。中國人比哥倫布更早到達美洲，那原是極可能的。且此一說法，並非始自中共，況中國人在極早的歷史時日到達美洲，亦與中共無關。假若中華民族的祖宗也像今日大陸一樣全被關在鐵幕內，毫無自由的話，那末，我們的祖宗也決不可能比哥倫布更早一千年而到達美洲了。

可見中共與此光榮毫不相干，相反，中共的極權統治和鐵幕政策只足以扼殺中華民族的生機，乃是我光榮的列祖列宗的不肖子孫罷了。嗚呼！

僑鄉簡訊

鍾之奇

廣州蔬菜市一度枯竭

中共雖勒令人民擴種各種適宜於遠程運輸的蔬菜，以便向國外換取外滙，但老百姓却是每人每天只能買一分錢的蔬菜來吃的。在今年七八月間水災時，玆據中共透露，廣州蔬菜供應，且曾一度枯竭，幾乎斷市，直到十月底才恢復受災前供應量。

對此，中共「中國新聞社廣州四日電」，曾有明白報導，它說：「廣州市郊七月初至九月上旬，連續四次遭受暴風雨襲擊，蔬菜生產受到嚴重影响。災後，爲了迅速恢復生產，廣州市農業領導部門發放了一千五百萬噸化肥並調撥四萬七千斤菜種給市郊各人民公社進行搶種。經過郊區菜農幾十天的辛勤勞動，現在蔬菜的上市已恢復到災前水平」。足見七月到十月底，廣州市的蔬菜供應亦極度缺乏哩！

博羅縣災情極重

十一月一日北平人民日報刊載，謂廣東博羅縣災情極爲嚴重。據說曾有三十八個生產隊以上的幹部到博羅縣去看過：「在平洲早熟的晚稻已進入成熟期，可是，石灣公社却還在揷田。原來這個公社受了水災，一萬九千畝晚稻剛揷下，就被淹死了一萬六千多畝。這個公社的早造也受了災，社員生活困難較大。許多到過災區和有親戚朋友在災區的，也講了許多耳聞目擊的情況，對災區人民表示了深切的同情和關懷」。

人民日報對廣東博羅縣的災情作出上述透露，可知博羅縣的災情是的確異常嚴重了。

陳其尤回海豐參觀

中共雖是一個絕對極權的黨，而且也確是一個絕對反對自由和民主的黨，但自由民主乃人類社會之主流，故中共却又假裝民主，一向極力舖張它的民主外貌。爲了舖張和點綴乃至便於進行統戰工作，中共遂豢養少數傀儡作民主自由之點綴，今日大陸之所以尚有民盟民革民建以及致公黨等名義，其原因亦在此。

驅迫大陸民主人士替中共作虛僞宣傳，當然也是中共一向的勾當。所謂「中國致公黨中央委員會主席」陳其尤最近回海豐原籍視察，並替中共吹噓海豐人民安樂，生活富庶等鬼話當然也是中共的一貫伎倆。但中共「中國新聞社」廣州八日電叙述陳其尤回海豐縣時，說他看見「田野上滿地是人」，又說「今年早造畧有增產，晚稻雖然遭受颱風，陰雨又多，造成內澇，有三萬多畝嚴重受災」。仍露出了海豐災情嚴重的馬脚。所謂田野滿地是人一語，則更反映了中共對海豐人民的普遍奴役哩！

蔡廷鍇回羅定視察

在陳其尤回海豐視察的同時，中共又派蔡廷鍇回羅定原籍視察。陳蔡本來都是被中共控制在北平的御用傀儡，向無旅行自由，今忽同時分別返回原籍，雖以視察爲名，可知絕不偶然。

中共極權統治，本已使大陸人民痛苦萬分，最近三年，人禍再加天災，人民更是怨聲載道，爲了安撫和欺騙人民，這是中共忽然派遣許多靠攏人士分別回鄉代中共進行欺騙的原因，中共「中國新聞社」廣州九日專電報導蔡廷鍇回羅定時，說「蔡廷鍇在羅鏡鎮與他家鄉龍岩大隊的親屬和農民座談，他關切地詢問了大家的生產和生活情況」，可見蔡廷鍇是奉中共之命有所爲而來。陳蔡等靠攏人士此次回鄉，當然也是並無行動和說話的眞正自由的。因爲中共最怕他們藉此逃出鐵幕，所以，中共仍派有特務沿途跟隨和監視他們。一切談話當然也是由中共一手佈置和預擬了的。

印支危機與星英基地

從罷工說起

俊華

在罷工中的星洲市政工人事件，似已逐漸地顯出了問題的政治性。星洲政府當局已經公開地指責，說共黨「阻撓罷工的解決」。

罷工的各工會却否認他們有政治企圖，抑且「沒有政治性」。工方所持的理由，是他們的公會不屬於左翼的系統，他們沒有法外的行動，他們並且致函給馬來亞總理拉曼，申述他們「非政治性」的罷工立場，並且說，他們也是贊同星馬合併的。

如所週知，正如星洲總理李光耀所指出，共黨是反對星馬合併的；李光耀說：共黨寧願以殖民主義的英國為對手，而不願以獨立的合併的馬來亞為對手。故此，共黨反對星馬合併。目下罷工的工會申明贊成合併，就在說明他們並非共產黨，或受共產黨利用。

那麼，內情究竟怎樣呢、關於罷工中共黨活動的問題？假若星洲政府的指責沒有錯誤，那便是工方的聲明虛偽；設使工會的申述正確，就是星洲政府給工方「戴帽子」了。

客觀的看法可能是這樣的：雙方都沒有錯。為的工人不屬於左翼工會是事實，罷工的目的不在於對政府打擊也是事實，罷工以來迄亦未有釀成暴動，是有目共覩的。但是，政府方面也有他們的認識：第一，工人逐漸已分為兩派，一派願意和洽結束罷工，而一派仍要擴大，後者便是受人指使。其次，「支援罷工」的醞釀，便可能擴大到左翼工會正式加入戰線。至於沒有暴動，那不過是軍隊出動彈壓迅速，共黨認為無機可乘罷了。

錯綜的矛盾

這現象表現了目前星洲的矛盾：反對基地的星洲政府，使用基地的軍隊來維持治安。另一方面，星洲現有失業者，數達六萬人，而賴英軍基地以維生者，估計數達二十萬。即使李光耀亦認為是，英國若撤廢星洲基地，應該緩緩縮小以至全撤。倘若一旦退去，星洲就受不了。

經濟上是「受不了」了，治安上是否受得了呢？沒有英軍，星洲治安只能寄望於馬來亞，但馬來亞呢，却又有賴於英馬條約，由英軍及聯邦的澳紐軍協防。可是，有賴英軍協防的馬來亞，却又反對英方於星馬合併後使用星洲基地。拉曼總理和李光耀總理，都曾公開如此表示。

似乎不能說是星馬對基地問題的立場不對。但如果倫敦方面發問：你們究竟要我撤退？抑是不退？得到的答覆可能是這樣的：你們不必在我這邊設立警崗，但是這我們的房屋，你仍得加以看守，那是你們一向所負責的。

這樣，難免令到英國進退兩難。單是為了星馬，就退不得，何況還不只星馬需英軍防衛？但就算不退，却也是進不得的。今年初東南亞公約討論進兵寮國時，拉曼總理就曾表示駐馬來亞的英澳紐軍隊，不得調赴寮國，使倫敦感到「驚異」。

拉曼的轉變

星馬兩總理都一致認為，星馬必須合併，否則星洲有赤化之虞。拉曼且申明在一九六三星洲獨立時，便可能赤化，也即是說，時間不出三年。但星馬要英國撤廢星洲基地，却使英國不能迅速讓星馬合併，雖然英國也贊同此一原則。不過，英國尚有她的任務，其一是英國本身的「遠東防衛」，星洲、北婆羅洲、香港，而以澳洲為後方。其二是英國對東南亞公約方面的責任，主要伸延到印支半島方面。

所以當拉曼發表「合併後星基地不能讓英國為東約而使用」的談話時，倫敦却針鋒相對地聲明，說英國無意放棄她的遠東防衛、及對盟國的義務。後者，自指對東南亞公約而言。

事實上，東約正在被迫考慮出兵印支。寮國局面外鬆內緊，固不待說。越南的危急，似乎比山國寮國的動亂更使鄰邦注目。拉曼總理為報聘吳廷琰總統訪馬，特親身到西貢訪問。他除了把馬來亞如何撲滅馬共的經過和方法，親告吳廷琰總統外，並且帶了一批英馬的游擊戰專家到越南去協助訓練越南軍的游擊戰術。充份表現他對自由越南的關懷。

在西貢幾天的考察，拉[illegible]已更恐越[illegible]終於他表[illegible]次應該採[illegible]能必會採[illegible]不能也不[illegible]寮國事件[illegible]失機宜。[illegible]臨返回國[illegible]並正式向[illegible]統表示：[illegible]援越，[illegible]有開印支[illegible]話；「我[illegible]慮」。

拉曼[illegible]原計劃修[illegible]馬來英軍[illegible]於寮國，[illegible]馬英軍可[illegible]使用。

印支危機關係整個東南[illegible]的認識和[illegible]錯的。同[illegible]共」與「[illegible]趨一致，[illegible]於星馬合[illegible]

・吉隆坡通訊・

星馬合併聲中的北婆羅洲

英國於第二次大戰結束後，為着在遠東方面軍事上的需要，於是刻意努力經營北婆羅洲；這彈丸之地，在目前「星馬合併」聲中，其地位已益形重要和複雜了。

北婆羅洲的面積，僅二萬九千平方哩；東南亞最高的一萬三千四百餘尺的金納巴洛山，正包括在其境內。人口約五十餘萬，絕大多數是棕種；其中也有一些是「杜松人」，「穆律族人」，中國人，及其他種族人（英美人）。中國人經營的商店，目前仍在當地的商業中佔有很大的潛力。當地最主要的問題，乃勞工缺乏；因此，近數年來，不斷向外地招募工人。香港方面，已有不少華籍工人應徵，帶同家眷，前往謀生，構成了一股「開荒壯士」的力量。

遠在一八八一年前，北婆羅洲境內，原設有一間美國貿易公司的；那時，美國對這一塊小小的土地，顯然是存有野心。不過這間「公司」的「業務」，經營不得其法，不久卒告失敗，而轉讓給英國貿易公司。該公司在英國所委任的總督控制之下，管理了全境。其後由於這總督的施政，着實「有幾度散手」，贏得了當地人民的好感，奠定了英國統治的基礎。迨至一九四二年，爆發了太平洋戰爭，經過了日本的「共榮」，以至英軍的接收，這一個新的殖民地，於焉誕生。自此以至現在，英國對這彈丸小地的經營，更為積極。英國的發展北婆羅洲計劃，也獲得了很大的成就。首都「亞庇」，不特人口劇增，地方建設和商業，也有相當發展；東岸的山打根，發展得也很迅速。——山打根和中國人原是有很密切關係的：十四世紀時，中國人已自大陸來此開墾。現在，山打根已成為北婆羅洲最重要的港口了。由這港口輸出的大量木材，是銷至世界市場的。此外，在阿巴加「殖民地發展公司」經營下之「斗湖」種植事業，規模也很龐大。這些種植事業，一部份是樹膠，一部份是大蔴；最近還在該處附近的肥沃土地上，大量蕃殖「可可」。而當地的椰子乾的貿易，也構成了當地經濟力的主流。

北婆羅洲的木材，是大部份產自東部的；而大部份樹膠，則產自西海岸。產自東部的木材，是由山打根輸出；產自西海岸的樹膠，則由亞庇出口。因此，頗能維持貿易上的平衡。自第二次大戰結束後，在英國的經營下，貿易數字，直線上昇：一九四七年的對外貿易為四百五十萬鎊；至一九五七年，已昇至三千萬鎊。

至於對外交通，除輪船外，航空方面，也發展得很迅速。在十年前，僅有馬來亞達哥達航空公司的班機每週一次或二次飛行星加坡、北婆羅洲線吧了；現在，由婆羅洲航空公司主理的內陸航空線，已每天都有班機飛行，而對歐洲及澳洲方面，也已有了直接的航線，打開了對外交通的通路。

英國之經營北婆羅洲，其政策是「穩紮穩打」的；從英國在北婆羅洲所實施的政策來窺察，很快就可以看得出：英國確是有意把北婆羅洲建設成為戰略上的新基地。因此，儘管星加坡總理李光耀力竭聲嘶地發出了「星馬合併」的呼號。這個偌大的問題，刻仍在商談中。以星加坡的本身來說，她僅為半自治區，除內政外，所有外交，國防，及對內安全事務，迄仍操於英國手中。而英國對星加坡和香港的控制，是和她的整個亞洲防務有關的；所以英國對星加坡的軍事基地，也必須保持有「圓滿的利益」。

還有更複雜的，那就是最近馬來亞方面所提出的建立「馬來西亞」的建議；這個計劃，比「星馬合併」來得更為龐大，因為這不僅包括星馬，同時也合併了北婆羅洲，婆羅乃，沙勝越；於是，更牽涉到英國的本身利害。這一來，英國為了「軍事利益」，對此「重要課題」，自然更予重視。

英國鑒於今日星加坡的政治局勢，為着她的本身在亞洲的戰略地位設想，無論如何，她是需要把握緊北婆羅洲的。所謂建立「馬來西亞」，在目前，恐怕還未能輕易獲得實現。

・高平・

麵攤（上）

黃信男

一

「忍住看，」媽媽說，憂愁地拍着孩子的背；「能忍，就忍住看吧。」

但是他終於沒法忍住喉嚨裏的癢，而至於爆發了一串長長的嗆咳。等到他將一口血塊吐在媽媽承着的手帕中時，媽媽已經把他抱進一條窄窄的巷子裏了。他雖然覺得疲倦，但胸腔彷彿舒爽許多。巷子裏拂過陣陣晚風，使他覺得吸進去的空氣涼涼的像喫了冰水一般。

「媽媽，我要喫冰。」

他的兩手環抱着媽媽的肩膀，將半邊臉偎着媽媽的頸項。他嗆了滿眶淚水的眼睛，正看見媽媽背後遠遠的巷口穿梭地來往着各樣的人羣和車輛。除了有些疲倦，他當眞覺得很安適的。媽媽輕輕地搖着他，間或拍拍他的背。

「等大寶養好了病，媽給你喫很多的冰，很多很多的。」

× × × ×

黃昏正在下降。他的眼光，喫力而愉快地爬進巷子兩邊高高的牆。左邊的屋頂上，有人養着一大籠的鴿子。媽媽再次的把他的血揩乾淨，就要走出去了。他只能看見鴿子籠的黑暗的骨架襯在靛藍色的天空裏。雖然今天沒有逢着人家放鴿子，但却意外的發現了鴿籠上面的天空鑲着一顆橙紅橙紅的早星。

「……星星。」他說。盯着星星的眼睛，似乎要比天上的星星還要晶亮，還要尖銳。

二

媽媽抱着他回來的時候，爸爸正彎着腰扇着攤子下面的火爐。媽媽一手抱着他，一手隨手拿起一塊抹布擦着攤板子。他們還沒有錢安上一層鋁皮，因此他們就特意把木板的攤面擦得格外潔淨。大圓鍋裏堆着一塊牛肉；旁邊放着一個籮筐的圓麵餅，大大小小的瓶子裏盛着各樣佐料。

「又吐了麼？」男人直起腰來憂愁地說，一面皺着臉用右袖口揩去一臉的汗水。黃昏分外的濃郁了。也不知道在什麼時候，沿着通衢的街燈早已亮着長長的兩排燈光。首善之區的西門町換上了另一個裝束，在神秘的夜空下逐漸的蠕動起來。

媽媽沒有說什麼，順手舀了一碗肉湯給她的孩子。他喝着濃濃的肉汁。爸爸原先用一種安於定命的冷漠看着他，隨又若有所思地切了一塊肉放到孩子的碗裏，彷彿這樣能聊以補劑孩子被病菌消耗的身體。

肉湯沸滾起來的時候，攤旁已有兩三個人坐着，他們從人潮的行列裏歇了下來，寫寫意意地享受一番，又匆匆投入那不知從那裏來也不知往那裏去的人羣裏。

「加個麵餅麼？」

「您吃香菜罷？」

「辣椒——有的。」

男人獨自忙着。女人和孩子却閒坐在攤子後面。雖然他們來到這個都會已有半個多月，但是繁華的夜市對於這孩子每天都有新的亢奮。他默默地傾聽着各樣不同的喇叭聲，三輪車的銅鈴聲和各種不同的足音。他也從熱湯的輕烟裏看着檯子上各種不同的臉，他們都一樣用心地喫着他們的點心。孩子凝神地望着，大約他已遺忘了他說不上離此有多遠的故鄉，以及故鄉的棕櫚樹，故鄉的田陌，故鄉的流水和用棺板搭成的小橋了。

（唉！如果孩子不是太小了些，他應該記得故鄉初夏的傍晚，也有一顆橙紅橙紅的早星的。）

三

大約是最後一抹夕暉消逝；以及天上開始亮起更多的星星之後，忽然從對街上傳來忽促的轆轆聲。媽媽抱着孩子朝着爸爸竚視的方向看去，兩三個攤車正忙着推過街去。這個騷動立刻傳染了遠近的食攤，於是乎轆轆的聲音就越聚越大了。爸爸也推着他的安着沒有削圓的木輪的攤車，格登格登的走了。這些攤車們衝壞了彷彿也有些規律的人潮，轆轆地擁過通衢去了。而人潮也就眞像切不斷的流水一般，瞬即又恢復了他們潺潺的規律。

女人和孩子依舊坐在原來的地方，不一會果然看見一個白盔的警官他慢慢地從對街踱了過來，正好停在這母子倆的對面。他把紙夾挾在他的左臂下，用右手脫下白盔，交給左手抱着，然後又用右手用力地搓着臉，彷彿在他的臉上沾着什麼可厭的東西似的。店面的燈光照在他舒展後的臉上，——他是個削瘦的年青人，他有一頭烏黑的頭髮，剪得像所有的軍官一樣齊整。他有男人所少有的一雙大大的眼睛，困倦而充滿着熱情。甚至連他那銅色的嘴唇都含着說不出來的溫柔。當他要重新戴上鋼盔的時候，他看見了這對正凝視他的母子。慢慢地，他的嘴唇彎成了一個倦怠的微笑。他的眼睛閃爍着溫藹的光。這個微笑尚未平復的時候，他已經走開了。孩子和媽媽注視着他慢慢地踱進人的流水裏。

——至少女人應該認識這個面孔的。

那是他們開市的第一天，毫無經驗的他們便被一個肥胖而暴躁的警官帶進派出所。他們把攤車排在門口的兩個麵攤和一個冰水攤的中間。

「我是初犯，我們五天前才來到台北……。」爸爸邊走邊說着，並用多皺紋的臉陪着笑，然而那個胖警官似乎沒有聽見他，逕自走進內室，猛烈地搖起扇子。

對面的高櫃檯邊，圍着三個人，兩個年青的都穿着高高的木屐，也差不多都留着很長的頭髮，另一個較老的穿着帶子的黑膠鞋，光光的頭配着一個比孩子的爸爸更皺的臉。孩子的爸爸便不安地站在另一端。爸爸時而張望着門口的攤子，時而看着壁上的大圓鐘，又時而看着門外的夜色——

「到這裏來！」

爸爸於是像觸電一般的走向呼喚他的高高的櫃檯。這時候那三個人正參差不齊的鞠躬以後，陸陸續續的走出去了。櫃檯上坐着兩個人，一個低着頭不住地寫，一個抽着烟望着他們。

「我是初犯，我們——。」爸爸說。

「什麼地方人？」抽香烟的說。

「我是初犯，我們——。」爸爸說。

「什麼地方人？」他的鼻子噴出長長的烟。

「呵，呵！我是——」爸爸。

「苗栗來的」媽媽說。

櫃檯上的兩個人都不約而同地注視着媽媽，那個寫字的警官有男人所少有的一對大大的眼睛，困倦而深情的，媽媽低下頭，一邊扣上胸口的鈕扣，把孩子抱得很緊。

由於附帶的被發現沒有申報流動戶口，他們不得不留下六十元的罰欵才能推走他們的攤子。當媽媽從肚兜裏掏錢的時候，那個大眼睛的警官忽然又埋頭去寫他的什麼了。

× ×

「這個警察，不抓人呢。」孩子說，那個年青的警官已經消失在街角裏。

「大寶長大了，要當個好警官。那時候，你們不用怕我了。」他說。

媽媽一直沒有說話，只是把孩子抱得更緊，一面扣上胸口的扣子。街燈照在他的臉上，也照着她優美長長的頸項。這年青的婦人無言地凝視着晦暗中的人潮，大抵她的心是很荒遠的了。

四

到了行人開始漸漸稀少的時候，他們已經換過許多地方。最後他們終於停在一個街口。孩子可以看見對面的大房子的樓上，掛滿了許多畫像，有拿刀的，有流血的。有男的，也有女的。他也看見一排長長的脚踏車，似乎都在昏昏的路燈下打瞌睡。夜裏像是蒙着霧，潮濕而陰涼的。滿街的燈光在遠遠的夜空中看起來彷彿使這個城市罩着一層惺忪的光暈，人潮漸退的時候，汽車的喇叭和三輪車的銅鈴就顯得刺耳起來。

「加個麵餅麼？」

「……。」

「您吃香菜罷？」

「……。」

「辣椒——呵，您！」

× ×

孩子和女人都抬起頭來望着攤子。爸爸正皺臉笑着，那個客人也新奇地望着爸爸，他的溫情的嘴微笑起來，大大的眼睛顯得困頓而熱情。

女人和孩子都興奮地望着那個疲憊的警官熱心地喫着他的點心，爸爸用笑臉巴結地替他添了兩次肉湯。汽車的燈光偶然掃過坐在陰暗裏的母子，女人下意識地拉好裙子，摸摸胸口的鈕子是否扣好。

年青的警官滿意地直起身來，開始拿起他的皮夾。

「不要，不要啦！」爸爸說，皺着一臉的笑。

年青人注視着爸爸的臉，不久那個溫藹的微笑又爬上了他的困倦的臉，終於留下十塊錢走了。

「呵，呵！不要——」爸爸說：「呵呵！那麼也還得找錢，呀，呵，不要——。」

爸爸着急地拿着十塊錢追了幾步，又跑了回來，慌忙拿了一張紅色的五元鈔正要追上去。這時候孩子看見那左對面的房子裏擁出了大批的人，胸前掛着箱子的小販們，三輪車夫們都在向他們兜售。有幾個人已經坐在他們的攤子邊了。

「呵，呵！」爸說：呵咳，金蓮！你快追呀！」於是爸爸又忙着招呼客人，「金蓮！」爸爸喊着說。

媽媽默默地接過五元鈔，不一會便消失在黑暗裏，孩子獨自坐在角落裏，看着那川流不息的人羣，看着檯子上不同的臉。三輪車夫們載着它們的顧客，拖着不同音色的長長的鈴聲，分別奔向不同的方向去了。街口的自動的紅綠燈機械地變着臉，但不論或紅或綠在它似乎都顯得十分困頓而無聊。這個夜市的最末的人潮也終於漸漸的消退下去。甚至連車聲都變得稀落了。

這時候媽媽悄悄地走了回來，她低着頭只顧走向孩子，甚至沒有回頭看看爸爸。他走近孩子就一把將他抱在懷裏，他感到媽媽的心在異乎尋常地劇跳着。他又把雙手圍住媽媽的肩，將半邊臉偎着媽媽長長的頸項，細膩而冰涼的，他感到舒適，媽媽像是把他抱得更緊了。

這時候打發了最後一個顧客以後，開始忙着收拾起來。媽媽幫着把洗碗的水倒進水溝裏，孩子似乎覺得媽媽出奇的沉默，於是——。

「好警官，不要錢麼！」孩子說。

「追上了麼？」爸爸說，點起一根縐折的香烟：「呵——他是個好人。呵——。」

× ×

他們推着那沒有削圓的木輪格登格登作響的車子離開街口時，這個首善之區的西門町似乎開始沉睡下去了。街燈罩着一層烟霧，排着長長的行列各自拉着他們寂寞的影子，許多的店門都關了起來，有的還在門外拉上鐵柵。幾家尚未關門的也已經開始在收拾着，有些瞌睡的店員，顛顛仆仆地關着板門。街上只剩下稀落的木屐聲。那唯一不使人覺着物權的悲憤的街車在謙遜地尋找它的生活。街道顯得十分寥落。一隻狗嗅着地面竄過一條幽闇的巷子。

（未完）

小啓：本版園地公開，竭誠歡迎投稿。稿酬約每千字八元。　七版編者

金釵記（二一）

黎明

陳濂：嚇！（抹眼睛，注視移時向書吏）記下了！

書吏：咋！（走向尙賓）畫押上來！

梁尙賓：（畫押介）畫押就畫押。

陳濂：帶老歐！

衆：咋！（兩兵士急下，帶老歐上）

老歐：（跪）叩見按院大人！

陳濂：老歐！你須認識仔細，那夜假冒魯公子的可是此人？

老歐：（抹了抹眼睛，注視移時，旁白）啊㖸！不錯！正是這個壞小花臉！正是這個小忘八蛋！（轉陳濂）啟稟按院大人，小人這回確沒錯認，正是此人。

陳濂：帶魯學曾、楊氏！

衆：咋！（兩兵士急下，帶魯楊上，魯仍披枷帶鎖）

魯、楊：（同跪）叩見按院大人！

陳濂：將魯學曾去鎖開枷！

衆：咋！（兩兵士給魯去鎖開枷）

陳濂：魯學曾！

魯學曾：門生在。

陳濂：（手執金釵）這金釵乃你聘妻所贈之物，如今斷回與你。楊氏乃你忠義之僕；這有紋銀百兩，原爲你岳母顧氏所贈。你今無罪開釋；主僕二人拿回度日去吧！（門子接過釵銀轉交魯學曾。）

魯學曾：謝大人！（接過釵銀，叩頭而起）

楊婆婆：謝大人！（叩頭而起，旁白）這才是有王法的所在；這才是眞靑天呀！（與魯同下）

陳濂：老歐！

老歐：小人在。

陳濂：（手執銀盃）這銀盃首飾乃你家主人之物，如今命你領回。下次眼睛須要放亮，休得信口傷人！下去！（門子接過銀盃首飾交老歐）

老歐：謝大人！（接過各物，叩頭，起；轉向尙賓）假姑老爺！我的腿子受用過了，這回得瞧你的了；呸！（下）

陳濂：張千李萬！

張、李：在。

陳濂：布匹付回舖店，取價歸庫！

張、李：得命！（施禮同下）

陳濂：（拍驚堂木）梁尙賓重責八十！

衆：咋！（兩兵士按翻梁尙賓，另兩兵士輪打，打得梁殺猪也似哀叫）

陳濂：梁尙賓合依強奸致死律論斬，發交石城縣監候處決。退堂！

衆：咋！（陳濂下。兩兵士扶梁尙賓起。）

一兵士：（手持魯學曾帶的枷鎖套在梁尙賓身上）你也嘗一嘗這個味道吧！（移）

第二十一場：

景：田家後堂及機房門口，門內機露出織機一角。

時：距上場約三四日。

人：田素娥、田重文。

田素娥：（上、唱）

遭不幸，家貧窮，椿萱早喪；
悲薄命，嫁匪人，狠似豺狼。
氣死婆，寃死弟，害死紅妝；
沒尊卑，無上下，喪盡天良。
奴被休，回娘家，心轉歡暢；
多虧了，賢兄嫂，手足情長。
昨日裏，莊前後，沸沸揚揚；
都說道，陳按院，菩薩心腸。
扮客商，到婆家，暗自私訪；
寃有頭，債有主，天理昭彰。
還金釵，贈銀兩，把表弟釋放；
魯門中，才延得，一脈書香。
移蓮步，奴且把，機房來上；
憑纖手，助家計，理也應當。

（正向機房走去）

田重文：忙將衙中事，說與賢妹知。哎呀！賢妹！大事不好了！

田素娥：（吃驚回身）兄長：何事驚慌？

田重文：愚兄一早在縣衙之前聞得人言：那顧員外一口咬定賢妹身邊還藏有他家財物；因此按院大人勒令石城縣追繳歸案，不日就要派人前來捉拿賢妹。我想那石城縣賈靑天乃一糊塗狗官，賢妹一去，必然凶多吉少！這這這便如何是好？

田素娥：原來如此。（旁白）哎呀且住；我想那梁家既有休書與我，分明便是恩斷義絕，永無瓜葛，豈有連累之理，我不免帶了休書，去到顧家，當面講明，免得拋頭露面，驚官動府，敎員外自行銷案便了。（轉向重文）啊兄長不必驚慌，小妹自有道理。就煩兄長與小妹僱一乘轎兒便了。（未完）

辛亥革命史談（二九）

舜生

四．大革命爆發於長江中部武昌

自上擧宣言發表後，『中國同盟會中部總會』，即於辛亥閏六月初六日（七月三十一日）在上海成立，名曰同盟會中部總機關，由宋敎仁、陳其美、譚人鳳、楊譜笙、潘祖彝五人任總務幹事。其各省分會，南京則鄭贊丞、章木良主持；安徽則范鴻仙主持；湖北則居正主持；湖南則焦達峯、曾傑主持；四川則吳永珊、張懋隆主持，凡長江上下游各省同盟會分子，一時參加者甚夥；而成功的一最大關鍵，乃在確定於武昌發難。

湖北湖南兩省人士平日自稱『大同鄉』，在辛亥以前，因國事而作壯烈犧牲者，戊戌有譚嗣同，庚子有唐才常，曾使兩湖青年最受感動。尤其庚子自立軍一役，張之洞（湖廣總督）在湖北，俞廉三（湖南巡撫）在湖南，更多方羅織，屠殺至數百人，更足以激起兩湖青年的革命情緒。湖北最早的革命團體如『科學補習所』，湖南最早的革命團體如『華興會』，其成立均在『同盟會』以前；光緒三十一年春夏之交，中山在歐洲宣傳留學生參加革命，也以湖北學生響應最爲熱烈。

『科學補習所』發起於光緒三十年的春天，其第一着眼點即爲運動軍隊。表面的宗旨爲研究科學，所員間彼此心照不宣者，實爲『革命排滿』。後來在革命史上有名的人物如胡瑛、宋敎仁、曹亞伯、張難先、孫武、田桐、劉靜菴等，均所中活動分子。以與『華興會』有聯，該會謀於是年十月初十在長沙起事，補習所即籌備於湖北響應。當時宣傳革命的小冊子如『猛回頭』、『孫逸仙』、『黃帝魂』、『革命軍』等，即在湖北散佈不少。『華興會』起義失敗，補習所被株連，幾興大獄；以學生參加者多，當時在湖北主持學務的梁鼎芬恐於已不利，向張之洞緩頰，僅以開除歐陽瑞驊、宋敎仁學籍了事（按宋爲武昌文普通學堂學生），補習所即因此陷於停頓。但其時正值日俄戰爭，清廷於是年七月，派戶部侍郎鐵良到東南各省考察財政武備，實則從事搜括，以十一月抵湖北，劉靜菴、王漢、胡瑛，即挾手槍謀擊鐵良於漢口大智門車站，以車開不及，更追踪至河南彰德，王漢開槍擊之，不中，漢雜人叢中逃去，以搜索急，乃投井死。從響應『華興會』及刺鐵良這兩件事，便可看出補習所員實行精神的一斑。

繼『科學補習所』而起者爲『日知會』。『日知會』原爲基督敎聖公會所附設一閱報室，補習所失敗，劉靜菴避居聖公會，會長胡蘭亭，即聘劉主持其事，劉告胡以革命宗旨，胡慨然贊成，於是『日知會』乃一變而爲湖北有名的革命團體，胡及長沙『聖公會』牧師黃吉亭均加入爲會員（按黃吉亭原爲武昌『聖公會』創辦人，後調長沙，光緒三十年黃興、張繼、曹亞伯在長沙脫險，實得黃吉亭掩護，並介紹黃興於胡蘭亭，其時黃、張、曹三人均曾小住武昌聖公會。余年十二三，曾於長沙得見黃吉亭，其說敎每涉及時事，義形於色，與今之牧師不同也）。

『日知會』改革命團體後，正式開成立會於光緒三十二年正月，到者百餘人，其後逐漸擴充，軍學界加入者以萬計，如孫武、吳祿貞、藍天蔚、彭楚藩、劉堯澂、熊秉坤、吳兆麟、熊子貞（即熊十力）、陸費逵等，均爲會員，而劉靜菴實任會長。東京同盟會成立後，派余誠於湖北組分會，與『日知會』聯絡甚密。是年五月，中山派法武官歐吉羅(Captain Ozel)赴湖北視察軍事，『日知會』開會歡迎之，歐及會衆演說革命甚激昂，統制張彪及巡警道馮啟鈞派有偵探混跡其間，事遂全洩。繼以同年十月，萍瀏革命爆發，長江各省戒備甚嚴，張之洞乃藉以興大獄，劉靜菴、胡瑛、朱子龍、梁鐘漢、季雨霖、李亞東、吳貢三、殷子衡、張難先均被捕監禁（劉靜菴被誣指爲即湖北會黨大龍頭劉家運，拷掠尤慘，實則『日知會』分子對萍瀏一役事前並未與聞也（未完）

本刊已經香港政府登記

聯合評論

週刊

每逢星期五出版

United Voice Weekly
第十六九號
督印人：黃宇人　總編輯：左仲平
社址九龍隸德道二十三號地下　電話 68678
承印嘉羅印刷有限公司香港灣仔馬師道5號
總代理：友聯發行公司售價每份港幣一毫
本報美洲版總經售處美國紐約中美出版社
CHINESE - AMERICAN PRESS, INC
199 CANAL STREET.,
NEW YORK13 N. Y. U.S.A.
美洲航空版每份零售美金一角

寫在國民黨的四中全會以後

左舜生

最近國民黨開了一次四中全會，已於上星期四（十六）悄悄閉幕。在港九這樣一個地方，本來留意台灣政治的人很少，至於說眞正能了解台灣政治實況的人，那便更是鳳毛麟角。即以鄙人本來說吧，在過去的三年，我總算在本刊上說了不少關於台灣的話，即令我所說的一無是處，可是既要把這些話寫成一篇文字，而且還要拿它來佔去本刊一定的篇幅，我在下筆以前，究竟不能不動動腦經，而且還覺得有把與完成這篇文字的有關資料檢出來翻一翻的必要，質言之，這還是表示我對台灣的近況，仍多多少少有些關心。惟獨對於這次國民黨的四中全會，却非常抱歉：一則因爲窮忙，二則因爲舊病復發，三則因爲要償還積欠的文債，不能不節省時間，因此對他們這次開會的一切經過，全未留意；據說還有政治，外交，僑務等等報告，我也一字不曾過目。一直等到上星期六（十八），我也偶然鬧了一次『洋派，』作了半天的週末休息，把六七天的報紙，擇要檢閱了一遍，看到某報有一篇社論，大標題：『强風下的弱調』；小標題：『評國民黨四中全會決議案』；這正是我所不知道的。而且覺得『强風』『弱調』對仗工穩，怪有趣，便居然把這篇短論一氣看完。某報的態度是我一向所熟悉的，因此對這篇文字的內容，我不想說什麼；但使我最高興的，乃是藉此知道這次國民黨的開會，還居然作了不少的『決議。』

據該報所指出這次『決議案』的要點，有關於外交與反攻的兩部分：關於外交的決議說：『繼續加强中美合作』，『尤其盡力維護美國在自由世界的領導地位；』對聯合國，則『今後仍要作聯合國的衛道者；』此所謂只好如此，也不得不如此；換言之，即實姐姐愛我，我固然要愛實姐姐；實姐姐不愛我，我也還得愛實姐姐；不過像這樣一來，在實質上已經談不上所謂外交，一切惟有忍氣吞聲，逆來順受而已。據我看，這次南韓的領導者朴正熙，在赴美訪問以前，曾把張勉等一干政治犯一律加以釋放；在路過日本時，又曾與池田長談，雙方都相當的坦率而融洽，在未來日韓間正常關係的建立，已經舉行了一次奠基典禮；這總算對於『繼續加强美韓合作，』甚至擴大爲『美日韓合作，』有了一些具體辦法，因而幾天來朴在華盛頓的一番接觸，好像也大有收穫，決不會空手而回。一直到現在爲止，我還看不出繼續把孫立人，雷震等的自由繼續加以剝奪，除表示一二當局完全喪失自信的弱點以外，到底有多少作用；我不敢希望當局和愛德諾與戴高樂之徒去競走，難道連一個朴正熙也望塵莫及？

關於放棄否決外蒙竄進聯合國的問題，全會『表示諒解與支持』，認爲『權衡利害得失，不失爲一項明智的措施。』對這件事，我本來早已說過，不足深責：只要能夠反攻，雖外蒙暫時加入聯合國何害？如果反攻眞的無望，中共的擠進聯合國也可能不在今年便在明年，更何有於一外蒙？現在我們不妨進一步檢討檢討全會諸公對『反攻』這一點的看法怎樣？

據他們的『決議案』說：『我們不能坐待大陸全面反共革命，我們要創造時機，以實力行動，策進大陸全面革命。』所謂實力行動，是『迅速加强行動能力，』這能力又包含三點：『第一，要造成局部軍事優勢，準備在台海戰場，打垮敵人；第二，要充實經濟力量；第三，要加速發展科學力量。』第二第三兩點，近於空洞，而且非常渺茫，換言之，即所謂經濟力量與科學力量，究竟要充實發展到何種程度才算及格？十年以來，我們的留美學生，對科學有優良成就的確實不少，我們無法收爲己用，而只好讓他們爲美國去錦上添花，所謂加速發展科學力量，究竟從何談起？而且充實經濟與發展科學是不可分的，必須有了充實的經濟才能發展科學，也必須發展了科學才能充實經濟。十年以來，我們只看見發展了無數的特務機構，安全機構，訓練機構，豢養了若干的無賴文人，增加了無數無人閱讀的無聊刋物，也表演了無數次的大祝壽與大閱兵，招待了千千萬萬川流不息的觀光人物，最近更開過了兩次『完全廢話』的所謂『陽明山會談，』……凡此種種，所濫費的金錢也確實不少，請問這與充實經濟與發展科學，究竟有多少關係？？？

至於說到『在台海戰場打垮敵人』這一層，這更是突梯滑稽，妙不可言！這自然不算是『坐待大陸全面反共革命，』但至少總是坐待敵人送上門來挨打；假定毛澤東果然發狂，居然把他們的海空軍和蘇製潛艇開到台灣海峽來開一次玩笑，我們是不是準備立即通知美國，請他們把第七艦隊掃數撤退，讓我們自己來一顯身手？因爲最高當局早已一再宣言：『中國反攻大陸，決不需要美國犧牲一兵一卒』呀！不，這並不算是『反攻，』而只是防禦，說到防禦，則早有『中美共同安全防衛條約』在，美國自有履行條約的義務；然則這並不是要以自力去『打垮敵人，』而僅僅是仰仗美國去打垮中共，又何必『像煞有介事』說得這樣嘴響呢？三年以前，我在本刋上早已說過：毛澤東的第一狠處，便是決不以武力奪取台澎，而只是靜待台灣內部的傳子傳賢，明爭暗鬥，終有一天瓜熟蒂落！說句老實話，今天台灣所剩下的，只是一種等待的心情，第一，等待世界第三次大戰，第二，等待大陸老百姓的全面革命，第三，則等待敵人送上門來！至於武力反攻大陸，爲了『繼續加强中美合作，』一九五八年的『中美聯合宣言』當然要敬謹遵守！敵人三年不來，我們等待三年；十年不來，我們等待十年；即令歲月蹉跎，美人遲暮，好在鄭成功沒有希望，還有鄭經，鄭經不行，還有鄭克塽，光復大陸的大業，總有一天會實現的！

中國如何才能民主？

孫寶剛

月前張忠紱先生發表了「中國爲什麼沒有民主」一文，上期謝扶雅先生又發表了「中國如何才能走向民主」一文，我讀了很感興趣，並且認爲是個好現象，因爲這確是現在中國最重要的問題，這個問題如沒有一個答案，反共即使成功，結果也是落空的。所以我在此想把我的意見說出來，以就正於方家，也希望引起大家討論，進一步使中國的民主運動走入正軌。

張忠紱先生的文章，偏重於中國傳統的文化，認爲中國文化缺乏民主的傳統，所以影响了今日的政治，而使民主運動不能順利發展。

謝扶雅先生的文章，强調了自由意志和守法精神。並且認爲大家應該起來奮鬥，使能立即實行民主政治，民主政治是不需要訓練和預備，而是在實踐中用自我敎育的方法來完成的。

兩位先生的話，都是非常正確，不過以我三十餘年從事民主運動，以及觀察世界各國的情形後所作的結論，便和兩位先生的意見有些出入。

我承認中國傳統文化缺乏民主的傳統，但是我要請問，中國的傳統文化，對於今天的中國人，到底發生了什麼影响。在我這一代以前，即今年在五十歲上下的人，假如他出身於讀書的家庭，也許讀過四書五經，諸子百家，以及先秦以降，以至清代諸名家的集子，所以在思想上多少受了中國傳統的影响，反之，假如不是出身於讀書的家庭，即使今年在六十歲左右的人，恐怕對於中國的傳統文化就不甚瞭解了。因爲自五四運動以後，中國的新文化雖然沒有建立起來，對於傳統文化的毀除，確是收了相當效果的。尤其自蔣氏執政，勵行法西斯運動以後，學風全變，中國傳統文化更蕩然無存，所以在我看來，今天的中國，除了六十歲以上，以及六十以下極少數專門研究過中國文化的人，受有中國文化影响以外，一般的人可以說並沒有受到中國傳統文化的影响。當然我們不能祇以讀古書爲標準，所謂中國文化，當然還存留於社會的風尚上，關於這一點，我認爲在窮鄉僻邑，固仍有中國傳統文化的存在，人民的風尚，確還囿於中國傳統文化的範疇，但是在通都大邑，尤其我們住在香港，我們常常聽到，金錢是人們的宗敎，鈔票是人們的上帝，中國傳統文化已保留得微乎其微了。所以我認爲中國傳統文化缺乏民主傳統，和今天中國不能發揚民主運動，和尚未能實施民主政治，並無決定性的關係。

而況一國的文化的內涵，總有缺陷的，但在進步的國家，它可以吸收外來的文化，或發展固有的文化，而成爲一個新文化。民主政治最有歷史性的英國，其固有文化不也是缺乏民主的麼？經過人民數百年的奮鬥，發展成了民主政治的典型。美國在數百年前是一塊荒地，人也沒有，根本沒有文化，今天不也自成其一套文化。日本的文化是相同於我國的傳統文化的，明治維新以後變了，它接受了西洋文化，今天也自成其一套文化。我們中國的問題是中國傳統文化到了清末而式微，而不能適應現代的要求，到了民國初年而中斷，幾十年來成了一個中斷或混亂的時期。所以當然建立不起民主政治來。謝扶雅先生所說的自由意志，這幾十年來，不能說沒有相當表現，但守法精神完全沒有，所以自由意志如和有權力的當局者相抵觸，當然也就遭了迫害。

依我的看法，五四運動以後，也可說清末革命運動發起以後，一部份人做了破壞的工作，把中國的傳統文化破壞了，但是這些人，死的死，變的變，沒有身體力行去爲中國建立一個新的文化精神，而所謂變者就是說：有的是消極了，有的則投機取巧，自私自利。在政治方面來說，缺乏眞正的政治家，沒有身體力行，堅苦奮鬥到底，爲中國建立起民主政治的基礎來。執政者已矣，試問在野者又怎樣呢？儘量天天在反對政府不民主，可是一有機會，執政者偶一青睞，便拋棄了一向所倡導的民主，而分贓，而自肥，而運用，而爭權，和執政者一樣，把老百姓置之腦後。這個現象是幾十年來如此，今天仍是如此，那麼，中國怎麼可以走上民主政治的路呢？

民主政治，以民爲主，一般人民的政治水準不够，不關心政治，當然是使國家不能有民主政治的大原因，但事實上並不完全如此，以歐美的民主國家論，眞正關心政治和水準够的人還是極小數，而這少數人就是那些眞眞在幹政治運動的人們。所以我認爲中國能否走上民主，全在看今天在幹政治運動的這一羣人，假如身體力行，至少有水準以上的品格，對於政治是有認識，把民主政治的理論，以及由理論而研究到政策，再由政策而組織起政黨以促進這些政策，眞正堅苦地去奮鬥，民主政治便不難上軌道。我希望今天在幹政治的人們，尤其是幹民主運動的人們首先有個覺悟能。

政治權威與政治藝術

——從赫魯曉夫原子試爆說到雅麗珊郡主訪問香港

幼椿

一

自來在政治上的專制獨裁者流，稱王稱霸，凌壓於本國老百姓以及其他弱國之上，都要靠一種權威的表演，去使別人震懾，而為之屈服。這在上古的帝王，則多半靠鬼神，名曰天命；在中古與近古，則靠兵力與詐術，以示其權威，所謂「馬基雅弗里主義」是。

在十九世紀工業革命之後，人們震於自動的機器生產的速度與變化無窮，於是又有工具權威的崇拜，馬克斯的唯物史觀，就是傾慕工具權威，奉之為神，而他的徒子徒孫共產黨人，便要靠工具權威的表演，來凌壓人民，威懾世界，此赫魯曉夫之所以悍然不顧，非將巨型原子彈試爆出來不可！你說，這一戰爭的工具殺傷太大，死人無算；而赫魯就要特此工具以表示其權威足以凌壓世界！你說，原子雲、輻射塵到處飛揚，毒害人類，太可怕了；而赫魯就要你怕毒害，快點向他投降罷！

二

其實，權威之為物，在政治上運用着的，就是要人們去害怕；如果人們不怕，則詐術漸次失效，權威立刻解體；咱們中國的聖人最了解這一道理，所以說，民不畏死，奈何以死懼之！

因此，從古至今，在政治上，要使人佩服，無論在國內與在國際之間，政治權威的表演都不如政治藝術之有效能，這道理也很簡單：高壓的權威乃是反乎人性，為眾所惡；眾既惡之，焉能久支；調協的藝術乃是合乎人性，為眾所喜；眾既喜之，乃自然樂於接受。這道理也是我們孔老夫子最了解得透澈，所以他主張「禮讓為國」。

固然，在近世的政治演變上看來，我們主張「禮讓為國」的中國人好像是失敗了，凡去學西方權威表演的中國人，無論右傾而學法西斯，曾經勝利過，左傾而學蘇維埃，又已勝利了；然而把眼睛放遠一點來看，法西斯的政治權威，曾鎮壓一切，於今安在；國際共產黨之所謂權威，於今達到頂點，正走下坡；自身矛盾而趨向分裂，普遍減產而陷於枯萎，由自行鬥爭而彼此拆其權威之台，……令我不得不學「夫子之哂由也」，而去笑赫魯曉夫之何其不懂政治藝術啊！

三

當其赫魯曉夫不斷試爆原子中型巨型炸彈，舉世惶惶然都在輻射塵的恐怖之中；在赫魯，一定自命了不起，要大家看看他的權威是有多麼大的啊！忽然日本有人稱，喝紅茶，便可以減卻輻射塵的毒害，多喝紅茶，則輻射之力雖中體內，亦將為之解消，而不必憂慮了。這一傳言，到了台灣，台灣的紅茶便被搶購一空；台灣綠茶商都改做紅茶了；傳到香港，則一向喝香片、龍井的也改喝紅茶了。這令我感到，一杯滾水的紅茶在手，散出一縷一縷的熱氣來，而赫魯曉夫的政治權威便隨着這一縷一縷的熱氣化為烏有了啊！——這一喝紅茶的傳言是多麼懂得政治藝術的啊！

四

當其香港居民也對原子塵感到恐慌，正在要求殖民地政府設置輻射程度的測量器時，英國雅麗珊郡主訪問香港來了！中環一帶，張燈結彩，好像過年。郡主訪問得相當週到：既莊嚴，又輕鬆；高貴而兼平民化，與老漁翁握手，與青年們談談天；並且特去慰問她母親德太夫人所訪過的老人（亦猶之五年前愛丁堡公爵到港要找他從前在港當兵時所認識的服役女工人來慰問一番），這是多麼有人性，多麼富人情味，多麼長於政治藝術啊！

英國在近幾十年來，特別在兩次大戰後，由於國際環境的變遷，民族獨立的高潮，把二百多年來所力征經營的一個大帝國，幾乎為之粉碎！但因英國人的政治藝術高明，加拿大、澳洲、紐西蘭、南非聯邦、印度、馬來亞等，雖由殖民地而自治領，由自治領而獨立，但至今這些似離母體，好像成人，各立門戶的聯邦諸國，仍舊是為共和聯邦的帝國會議之一員，在經濟聯繫上有互惠稅，在精神聯繫上有英女王夫婦以及王室宮主、郡主、太后、太夫人的禮貌訪問，而每一次訪問都做得相當的大方、高雅、活潑、輕鬆，造成皆大歡喜的人們情緒。在這裏，就足見藝術之重要；輕描淡寫的畫幾筆，便顯得很有意味，比那種濃墨滿紙，呆板匠筆，像國際共產黨，特別是史太林、赫魯曉夫輩的毛腳毛手，硬眉硬眼，畫虎不成反類狗，高明得多了！

五

俄國人的立國很淺，在十五世紀以後；不是成吉斯汗的子孫把俄民征服二百年，而給予以文化生活，恐怕這一草原民族還不易在近代之初便脫出蓁莽；因此野蠻之習尚存，只知以打殺恫嚇為權威所在，而只覺到人們怕他，他便足以稱霸世界。殊不知世界文明民族，對於蠻人，固感麻煩，然而以文明民族的經驗，蠻力雖至強暴，絕對支持不久；即使橫決，終必就範。以歐洲中古史後期論之，則最強悍的日爾曼蠻族，雖終於打翻了西羅馬的政權；然而究竟是日爾曼蠻族征服了羅馬呢，還是希羅文化征服了日爾曼蠻族？這個細賬，在文化史家便算得很清楚的。

以政治權威來與政治藝術相比，則中國民間素來對技擊拳術的講求，其比喻頗相類似，即所謂「四兩撥千斤」是也。使蠻力者動輒出以九牛二虎之力，勢不可當；而長於拳法者則借力打力，所費之力不大，而對方自行受其猛力之害。因此，中國的兵法，並不贊成拿破侖之攻堅，而主張乘隙抵瑕或攻心為上；故有佳兵不祥；兵者凶器，聖人不得已而用之的等等主張。在政治上，中國之所謂王道，即是中國一套了不起的政治藝術！可惜，中華民族，文化衰墮，不肖子孫，數典忘祖，而要去以希特拉或史太林為師，只知道政治權威，而不懂得政治藝術；而且在對政治權威的看法，只覺得武力與金錢纔有力量，對國內外都一味去威脅利誘；便不知道，強中更有強中手，而能為威所脅從，為錢所收買者多是奴才，終不濟事的啊！

五〇、一一、二〇

中共何故在乎召開全軍政工會議

劉裕略

中共黨政軍的基本關係是黨領導政，政領導軍，而黨又直接控制軍，所以對於軍隊政治工作，中共一向非常重視，非常認真而積極，它不像國軍中的軍隊政工只有虛名。它澈底的注重政治思想的誘導，和國軍中只注重政治訓練的工作外貌完全不同，因之，中共軍隊中的政治工作人員在共軍中的地位亦非國軍中那種花瓶式的關係可比。共軍政委的地位和決策實權更高於軍隊指揮官。舉一個例來說，前共軍第二野戰軍司令員是劉伯承，政委是鄧小平。但在共軍內部，對第二野戰軍就習稱為「劉鄧大軍」，而不是只着重劉伯承一人。事實上，共軍各級指揮官只負軍隊作戰和軍隊的軍事訓練工作。政委則代表黨負有該軍的決策任務，所以，其地位和影響更高於該軍隊的指揮官。政治部主任和政委無論職務與地位雖都有差別，政治部主任及其下屬人員負的雖亦只是政治思想的訓練工作，其權位自較政委為小，但由於中共對政治思想訓練的重視，所以，共軍中的政工人員在共軍中的地位仍屬重要。因之，在赫毛衝突已公開化的今天，在大陸人民普遍不滿中共的今天，中共忽然在北平舉行全軍政治工作會議，那是絕不偶然的。

據中共新華社十一月十日專訊：「中國人民解放軍總政治部於十月十八日至十一月四日在北京召開了全軍政治工作會議。會議在檢查和總結一年來全軍加強軍隊政治思想工作的成績和經驗的基礎上，研究了如何進一步開展創造四好連隊運動，加強連隊政治工作建設的問題，並且討論和通過了總政治部起草的連隊政治指導員、黨支部、團支部和革命軍人委員會等四個工作條例。會議期間，中共中央主席毛澤東、副主席劉少奇、周恩來、朱德、林彪、總書記鄧小平，政治局委員羅榮桓、賀龍，接見了出席會議的全體同志。到會同志還聽了周恩來副主席、鄧小平總書記的報告。會議認為，一年來政治工作成績很大，部隊有很大的進步。全軍高舉毛澤東思想的偉大紅旗，在一切工作中以毛澤東思想為指針，認真學習和貫徹執行黨中央的各項方針，政策，……會議指出，連隊建設主要是搞好『四好』，即政治思想好，三八作風好，軍事訓練好，生活管理好。……四好不僅是對連隊的總要求，也是對各級領導機關的總要求。為了搞好四好連隊，必須進一步改進領導作風和工作方法，各級領導機關，一定要深入連隊進行調查、研究，把調查、研究、實踐三者結合起來，把抓上頭和抓下頭結合起來，把一般號召和具體指導結合起來，把集體領導和個人負責結合起來，把嚴格要求和耐心說服結合起來。在工作中既要照顧需要，又要照顧可能。總之，一切工作要從連隊實際情況出來，實行活的領導，不斷提高領導工作的質量」。

新華社又說：「會議號召各部隊今後對創造四好連隊的工作，要進一步落實、鞏固和提高，為繼續創造四好連隊和提高我軍的戰鬥力，加強我軍革命化、現代化建設而努力」。

新華社又說：「參加這次會議的有中國人民解放軍軍以上單位的政治委員或政治部主任，部份師政治委員或政治部主任等」。

本來，中共召開所謂全軍政治工作會議，這並非第一次。不過，從上述新華社專訊顯然看得出：這一次的全軍政工會議則有兩大目的。一是再度強調要在全軍中「高舉毛澤東思想紅旗，在一切工作中以毛澤東思想為指針」；另一則是要繼續推行所謂四好連隊運動。

這一次為什麼要在全軍政工會議強調毛澤東思想呢？不可否認，這是與共軍近年來不斷發生反毛澤東戰略思想有關。對此，中共出版專供軍人閱讀的「解放軍報」曾迭有刊載，筆者曾在一九五九年九月廿五日出版之聯合評論第五十八期「反毛澤東軍事思想的思想在共軍內部存在」一文中曾有評述。雖然，共軍中近年所發現的只是反毛澤東戰略思想，認為毛澤東戰略思想只適宜打過去的游擊戰，不適宜打現代化的戰爭，但毛澤東戰略思想亦是毛澤東整個思想的一部份，反對其中的某一部份，即等於在基本上反對這一思想，況今天可以反對其這一部份，明天自可反對其它部份，而這是靠軍隊打戰起家的毛澤東所絕不容許的。因為毛澤東要坐穩他的寶座，必須先把握住和控制住他的軍隊，若軍隊內部有反毛思想蔓延，那對毛澤東就是最大的危險；何況赫魯曉夫與毛澤東的衝突最近已演變到公開化的地步，今後來自赫魯曉夫的威脅正多，這尤其是毛澤東必須在共軍中澈底推行毛澤東思想的理由，而其左右親信當然也要在此時此刻高喊共軍必須一切都以毛澤東思想為指針，以討好毛澤東了。

此外，由於大陸人民普遍反共，而軍官與士兵則皆來自此一普遍對中共表示不滿之基層社會，加以共軍對人民公社制度心懷不滿與懷疑，因而共軍內部情緒問題亦越來越多，所謂四好連隊運動，在中共中央看來，當然更有加強澈底推行之必要了。

惡浪當頭，逆流湧來

「我國目前政治弊端有五：一、貪污；二、浪費；三、偏私；四、違法；五、失職。現在國際情勢的惡劣逼人而來，我們的時日無多，如果一、二年內不把這些毛病糾正過來，我們將萬劫不復，永無翻身之日。」

——陶百川——

李金曄

台灣現實政治情況如何，祇要看監察委員陶百川氏於十一月八日在監察院院會上的痛言，即可想見。這席話和官方唱太平的宣傳，自有相當距離，讀來令人怵目驚心，有大禍臨頭之感！

陶氏的話當非危言聳聽，且再看監委陳志明在早一日的監院總檢討會上的指陳。他說：「現在台灣正流行一首民謠：『大官發財，貪污有道；小官坐牢，貪污無方。』」他說：「這首歌，正顯示出政治並沒有清明，而貪污的技術，倒高明了。」

於此可見，他們的話絕非無的放矢。

值此國家厄難重重，凡是以影響中外視聽的話，即使是負言責的民意代表，也會考慮慎重發言的，非萬不得已，相信他們不會沈痛慨言。

貪污何以盛行如此？監委馬定羣說出了眞相。

「今天貪污風氣的盛行，有兩種勢力在助長。一爲社會沒有是非善惡，一般人却總以爲有錢就有地位，就有榮譽，至於錢如何來的，均可不問，甚至受到社會的讚揚，而貪墨者亦沾沾自喜，洋洋得意。最可痛心者，爲議會竟也無是非，在支持貪污，一爲有權有勢者在支持貪污，很多大人先生們，動輒以家醜不可外揚爲藉口，用種種方法把貪污的事實壓下去，進而官官相衛，上下其手。」他更嚴重地指示：「貪污風氣現已成爲一個惡浪，一股逆流，可以將我們的一切捲走。如果我們不從速加以肅清，我們的一切成就將被摧毀無遺，大家都無法活下去。」

這些引徵，道出了貪污的具體爲害現象和因果關係。也讓我們清楚地看到了台灣政治的實況。

貪污之風一經成爲惡浪，不僅庶政難望有效率，抑且更加重因循苟安的心理。長期發展下去，必然影響反共的民心士氣。這該是當權派終日自我陶醉於反共、反攻的口號之中，而無以振奮自拔的大原因之一。

年來經揭發的貪污案件，大者如以前台北市長黃啟瑞爲首的集體貪污案；小者，則可以台灣紅包滿天飛概括言之。至於無從揭發，和以國庫當私庫的現象，早已是人所共知了。

要了解貪污這一問題，實不能祇從其本身去理解。

貪污既能形成風氣，那麼勤儉又爲什麼反不能成爲風氣呢？社會寧可容忍貪污，大小官員寧可追求貪污，可見這並非是普通的社會問題，實在是嚴重的政治問題底副產品。

十二年來，當權派沒有予全國人民以新的希望。大家既看不見國家未來的新境象，又看不到當權派在實際政治的勵精圖治，上焉者欲以家天下爲首要之圖，下焉者也就醉生夢死了。

人們眼前不見光明，心理上也就失去了追求希望的衝力。喪失了爲開拓國家前途光復中華的熱力，也就同時喪失了忍慾的能力。由精神的空虛，終必發展成爲行爲的墮落。上行下效，遂蔚然成風氣！追本溯源，當權派能對貪污成風不負責任嗎？

黃啟瑞一案本刊迭有報導，即爲事實証明。當權派力捧黃啟瑞與高玉樹競爭台北市長，迨其登上市長寶座後，他特其內與當權派的微妙關係，便毫無忌憚地實行集體貪污。案發後，當權派還盡量予以維護。

黃案的實例，可作一以觀十。這是國家政權操在少數既得利益份子手內的必然後果。

當權派的圈子是層層相應的。政治上的既得利益份子，是必須彼此相衛，而又共同作惡的。這些核心的、內層的份子，又自各有其大小羽翼，以自我爲中心，自成門戶，大小圈圈相聯，最後形成彼此相衛，共同作惡的集團。因此，他們之間必須以容忍各種壞事，包庇護衛每一成員。而當權派的集團也就因爲具有特權，便於吸收和擴張，於是其惡劣的影響，相率擴大。政治的惡勢力對國家的利益便起了徹底腐蝕的破壞作用。

破敗的政風衝擊着社會。社會道德風範的堤岸，便漸次由冲瀾而潰決。人不以貪污爲怪，貪污便可以公然盛行了！所以貪污並不是一個單純的社會問題。

就陶百川氏所指的五項政治弊端來看，貪污爲首，浪費爲次，其實公務人員的失職、違法、偏私，是浪費與貪污的基礎。

在不民主的國家，法律、規章、制度事實上已對失職、違法、偏私失去了防範力與約束力。即使萬一東窗事發，盡可能地通過組織、裙帶、人情、便條和手諭來解決。於是公道是非盡失，獎懲標準便也無用，能浪費中飽者，便假公濟私；有機會上下其手者，便集體貪污。

貪污由半公開進而公開，便由非法而變爲正常了。

當權派爲什麼非包容貪污不法之徒，而坐令之公然橫行呢？因爲這些人與事的問題，都或多或少與政治權力的爭奪、保衛有關。所謂「家醜不可外揚」，其實是蓋住了頭，露了脚；蓋住了脚，露出頭的愚蠢辦法。基本上說，若不剷除培養貪污的當權集團，解除政治上的根本原因，則誠如監委們自己所說，便祇能拍蒼蠅而不能打老虎了。那麼「大家都無法活下去」，也便不是杞人憂天的話了！

當權派，你們正在領導國家走向死亡之路呢！豈不自知嗎？

監察院的傑作

—馬步芳案不了了之—

（讀者投書）

閱報知台北監察委員王文光等三人於最近該院的年終總檢討會中提出前奉院會交辦有關馬步芳案的調查報告，長達五千餘言，詳列各種事實，計關於辱國失職者有五項；關於迫害僑胞者四項；關於亂倫敗德者，則「覇擁妻妾，或誘、或逼、或奸、或婚；明暗不一，方式繁多。」甚至「每以其情婦分贈親朋故屬」；而尤以先奸後逼，脅迫其嫡堂姪女馬月蘭爲其側室一案，最爲哄動一時。王委員等的調查意見，認爲「誠不能不繩之於法，以維國法而快人心」。我讀調查報告至此，對於監察委員們能如此伸張正氣和維護國法，從心的深處感到無限的欽佩。可是繼續讀下去，則見王委員等筆鋒一轉，忽別有天地。調查報告在上述的「而快人心」之後，接着就是：「惟查公務人員違法失職之最重處分，在公務員懲戒法上第不過撤職並停止任用而已，目前該大使業經政府明令免職，遠居海外不歸，事實上已無法再予懲戒。又本案事實及証據，迄仍在繼續查証中，用擬將本案暫存於院，一俟查証資料彙齊後，再作最後之處理。」

這無異說，監察院對於馬步芳案即將如此這般的不了了之。調查報告在開始時，歷述馬步芳的各種罪行，筆力大有雷霆萬鈞之勢；而在結束處却輕輕一轉，忽然化狂風暴雨爲天朗氣輕，眞是下筆如有神助呵！

有人說：馬步芳遠在阿拉伯，事實上不會回國，監察院縱然提出彈劾，也等於說空話；因而他們以不了了之，倒不失爲一種切合實情的辦法。但我以爲假如監察院果能力維國法，即使他拒絕回國靜候法辦；政府亦可撤銷他的護照，並予以明令通緝歸案，這才是伸張國法之正道。當年毛邦初的貪污案可爲先例。因此，馬步芳之逗留國外，並不能成爲即可逍遙法外的理由；而監察委員們明知他的罪行多端而却不敢提出彈劾，當然是別有原因的。

記得在馬月蘭向立監兩院哭訴時，適有一位台北政治圈內的某君來港，據他向筆者透露，蔣介石包庇馬步芳的理由，與當年包庇盛世才的理由大致相同。在重慶時，蔣介石向主張嚴懲盛世才的國民黨中央委員宣稱：盛世才曾向中央獻黃金多少萬兩而無論犯了什麼大罪，都可以抵銷。因此之故，不但盛世才當時在眾人皆曰可殺的局勢之下，能安然無事；即在今日，許多有功於國和黨的國民黨元老均被投閒置散，而他仍能在國防部担任某秘密小組的成員。馬步芳自不識丁，居然被任爲大使；而今控案纍纍，仍逍遙法外，也就是因爲他曾經而且還在繼續捐獻黃金的關係。蔣介石得人錢財，當然爲人消災的。由此，可知監察委員雷聲大，雨點小的原因所在了。

平情而論，在蔣介石父子的獨裁統治之下，若責望監察院充分行使憲法所賦予的職權，自屬不可能的事；然而假如監察委員們都能盡忠職守，不畏強權，不爲利誘；則至少仍可使是非分明。不幸，除了那些甘心爲當權者「護航」的無恥之徒不值一談而外，若干在院外享有盛名的監委亦處處畏首畏尾，避重就輕，祇能彈劾一些芝蔴綠豆的小官；對於有權有勢的顯要，則不敢動其毫毛。因而，不但蔣介石的違憲連任和蔣經國的違法越權，作威作福，監察委員不敢出聲；即一般軍、政機關的不法行爲，祇要與蔣家父子有關連，他們也要退避三舍。例如雷案發生後，監委院也曾哄哄烈烈的成立了一個專案調查小組，當時大家多寄以很大希望。然而專案小組最初是遲遲不開會，後來幾經輿論指責，才勉強開了幾次會，並擬出了三項差强人意的所謂調查重點。以後又推說雷案在審訊期間，不便調查，以免有干涉司法之嫌。直到本年三月十七日才提出了一個長達萬餘言的報告。其要點有五，前三點的內容如下：（一）雷案偵查過程頗多令人滋疑之處；尤其對於証據事實方面，未盡職權調查之能事，顯違刑事訴訟法第二條及第二百八十條之規定；（二）各機關今後處理文字言論涉嫌違法事件，應先適用出版法及普通刑法。非有匪諜叛國之確據，不得以軍法從事及以先行拘禁爲偵查之方法；（三）雷震要求與劉子英對質，審判庭不予以機會，難謂爲盡職權調查之能事；（四）匆匆開庭，急促宣判，似非所宜。看了這三點調查意見之後，任何人都以爲專案小組將對警備司令部提出糾彈；然而報告書的筆鋒一轉，其第四點的意見却赫然是「雷震等之徒刑或受感化，業經依法確定。本案雖有若干瑕疵；然而無損於其確定性或判斷力。」第五點更說：「警備部等機構處理雷案頗多不合之處；但是承辦人員或因懔於治安之重要，或因扭於積習難返，用心非無可原，故擬免予糾彈。但爲懲前毖後，使治安機關今後不致有誤，本院仍應將上述意見作爲糾正案，送請政府改善。」此一調查報告，既指出警備部拘捕雷震等人並未依法，偵查過程又未盡到職權調查之能事，而審判也未依法辦理；但却又說尚無損於判決的正確性。因而對頗多不合的警備部認爲用心可原不予糾彈。前後矛盾，令人嘆爲觀止。和這篇對馬步芳的調查報告，堪稱爲監察院的兩大傑作。嗚呼！

讀者吳乃綱

台灣簡訊

志清

一：葉公超去職內幕

葉公超此次回國述職，促成了蔣介石對外蒙入聯合國的問題，放棄行使否決權；因而換得了甘廼迪總統的一紙堅定聲明，確認中華民國政府是代表中國的唯一合法政府；不但反對中共入聯合國，而且拒絕原已被邀訪美的廖某入美。照常理言之，他乃是有功的人，縱然不被升官，也應該繼續保持駐美大使的寶座，才是獎勵有功之道。然而，近日政治圈內的消息，都說他已奉蔣介石面諭停職。一週以前他拒絕到立法院外交委員會報告的原因即在此。不意立委們不知實情，反認爲他驕傲不到。有人說：蔣介石決定放棄外蒙後又恐葉公超將因此獲得美國政府的賞識，可能造成他日的隱患，乃決定把他去掉；蔣經國本來就不喜歡他，更從旁推波助瀾。於是，這位自政府撤離大陸就一直走紅的外交大員，也就不得不自嘆倒運了。至於繼任的人選，因蔣經國一時尚沒有可以被美國同意的適當人物，大約將由蔣廷黻兼任；但也不過是過渡而已。

二：縣市議員變相支薪

台灣各縣市議員聯合爭取待遇的問題，雖然省民政廳及內政部長指爲於法不合；但他們仍堅持非有固定的待遇不可。其主要理由是國大會代表六年開會一次，依法本爲無給職，而却在三屆總統選舉後獲得與立法委員同等的待遇。各縣市政府爲求「府會合作」，早已用其他名義按月發給各該縣市議員數百元乃至一千元不等；而尤以台北市和台北縣爲高。省政府有鑒於此，經過有關機關多次的商討，現已決定仿照國大代表支領憲政研究費之例，准各縣市議員按月支取研究費。其標準亦由財政廳擬定最高爲一千元，最低爲七百元；至於開會時之出席費則不在此限。聞省政府即將通令各縣市將此項開支正式列入縣市議會經費預算之內。據有關人士透露：「省府決定發給縣市議員研究費是不得已而爲。因事實上各縣市早就以考查費等變相名義發過了。假如不作此項規定，他們仍舊要發的。省府既無法制止，與其讓他們暗來暗去，不如化暗爲明，還可稽核。」省政府的通情達理，於此亦可概見了。

三：警察攤派不力迫得自殺

週前台北市警察第三分局警員呂萬壽自殺身死，據警局的消息，是他欠了二千元的債務無法償還，故迫得自殺。但十三日自力晚報在短評內透露，呂的自殺實乃另有原因。據云：「頃經其未亡人道出其中情節，却是因爲三分局警員均奉命向管區攤派民防隊員服裝費，至低限度每人須派募二千元。呂萬壽因職務調度未久，與管區居民不太熟悉，募不到二千元，曾在大衆面前遭受申斥；請配房屋，亦以「無成績」而不果。憤與羞併，遂萌短見。所謂二千元債務逼死云云，原來如此。」

十四日的聯合報亦以「同聲一哭」爲題著爲短評，其最後兩段說：「呂警員的自殺，的確爲二千元所逼死；惟這項債務，並非私債，而是公債；乃是公家規定他必須向老百姓攤派，然後向公家奉獻的捐款。不能達成「任務」，於是變成「債務」。呂警員因爲繳不上捐款，迫而捐驅，以身殉之。所謂「殉債」，實乃「殉職」耳。」

「有謂自殺是「弱者」的行爲，然而，如果國家不講求法度，社會不講求公道，竟讓惡勢力日趨强大，成爲不可抵抗的「强者」；則善惡之間的强弱之勢過於懸殊，好人自將被迫而爲弱者。呂萬壽的自殺，雖非成仁，却是取義；顧天下的弱者，在其靈前同聲一哭！」

台北警察當局向民間攤派捐款已非一次；而且似乎曾經引起報章的指責和監察院的注意；而今又來攤派民防隊員服裝費，對不能如額完成捐獻的警員還要予以申斥，甚至視爲無成績而拒配房屋。顯有驅迫警員向市民勒索之嫌。呂警不能完成捐獻任務，足証其尚有良知；因而才不忍向市民勒索，而卒以身殉之。他的自殺實可說是「死諫」。然而警察當局非但不知反省；反而謊報因債務自殺。把他們的狼心狗肺自我暴露無遺。現經自力晚報和聯合報先後揭露，當權者究將以不聞不問的態度了之，或有所掩蓋，則尚不可知也。

四：台北市宅會奉令改組

台北市國民住宅興建委員會原以市長爲主席，因有一億餘元的基金，每月又有由土地增值稅提出來的專款二百餘萬元，在市府所屬各機構中一向被視爲肥缺。該會的設立，原在於大量興建國民住宅，爲市民解決住的問題。但自成立以來，雖已收入土地增值稅一億餘元，却一間住宅也未建成。據說：已在三張犂買了土地一萬多坪，但因建設圖樣一直在該會與省社會處公共工程局之間轉來轉去，至今尚未決定，故無法動工。但建築專款却僅有六千萬餘元存於土地銀行；其餘都被挪作別用了。據報載：省政府已令飭台北市政府將該會改組，並限於兩星期內裁撤冗員，及清理被挪用的款項。台北市府於奉命後，即着手辦理。聞關於裁撤冗員部份，該會原有職員六十三人，竟有二十七名專員祗支薪而不辦公，現已大部份裁去。關於挪用款項部份，則有二千五百萬餘元，短期內難以收回；其中又有一百六十餘萬元幾乎是呆賬，牽涉民憲機關，特殊機構及新聞界與市政府內部。雖迭經省府令飭將借欵單位及有關人員名單呈報；但市宅會終未遵行，亦不向外透露，可見其中必有不可告人之處。省政府有鑒於此，特於十五日指派省社會處國民住宅興建管理室副主任戴瀛歐即日前來台北就近督導改組及清理工作，並限於兩個月辦理完畢。但是否有效，則尚有待事實之證明也。

五：立監委員護航重於護法

週前監察院舉行年終總檢討會時，監委曹啟文等曾在會上指出該院爲政府護航的委員愈來愈多，以致許多重要糾彈案都無法獲得通過。據某民營報透露，該院曾有委員對石門水庫官員的浪費和不法開支，提出彈劾；但因有人護航，乃在審查過程中如石沉大海，不知所終。數日前立委劉兆勛以近來若干金融機構連續發生監守自盜情事，在院會上提議請有關首長到院報告，並備質詢，旋又自動撤回，據他說：乃是向護航者低頭。可見立法院的護航隊亦可與監察院的護航隊並駕齊驅。

在監察院年終總檢討會揭幕之日，于院長致詞曾勗勉各委員應維護憲法，立法委員更言必稱憲法。可是，事實上却是護航的人大行其道；而護憲者則勢孤力弱。本月十五日，某民營報指出：「黨員在議會中應支持黨的決策；這原是民主政治與政黨政治的常軌。惟有時政竟有少數大官基於個人的利益，挾政黨以控制議會，乃至假傳指示以唬人；致使私人干託與黨團運用混淆不清，於是而有亂打旗號的護航隊，在黑水洋上做起職權走私的買賣。此去政黨政治遠矣！」又說：「國有國法，黨有黨章，立監兩院乃依據國家憲法而產生者。以言政黨政治，亦當本諸黨章規定；殊不得爲少數官員所假借。國難如斯，護航乎？護法乎？顧立監委諸公有所抉擇。」該報有感於立監兩院的護航隊在黑水洋上做走私的買賣之不當；但却不敢正面譴責當權者用利誘和威脅等不法手段對付立監兩院，以致產生如此的惡劣現象；而祗希望立監委員能懔於國難嚴重，在護法與護航兩途中有所選擇，亦可謂委婉陳詞矣。

六：市長鋪柏油，里長獻金牌

台北市精武路鋪設柏油，已叫囂多年，市長經過二任，迄未實現。直到上月才由邱欽成市長完成。沿路之東區東南里各里長乃定於本月十四日舉行慶祝大會，並向邱市長獻金牌一塊，藉表感謝德政之意。關於所需經費，由東南里里長蕭炳坤等向市民樂捐，並規定每戶至少捐一百元，多多益善。不認捐者即稱聲此乃「上面的意思」，必須遵辦。該市居民不堪其擾，紛向台北某民營報投訴，並提出四點意見，希望市政府說明：「（一）精武路雖已鋪油，但該路東段屢次發生車禍的地方並未拓寬，行車安全堪慮，有什麼可慶祝的？（二）蕭里長向各戶攤派款項，藉以交結市長、慷他人之慨，美其名曰慶祝。由一人意思向市長獻金牌歌頌德政，邱市長是否受之有「愧」？（三）募捐人員所指係「上面」的意思，所謂「上面」者是指區公所抑市政府？（四）這種攤派行爲，違反政府指定，市政府應如何處理？」

監察院彈劾林務局長

宣平

（台北通訊）台灣省林務局長陶玉田，大雪山林業公司總經理王慶敏利用職權，勾串木商舞弊，經監察院陶百川、陳訪先兩委員提出彈劾，並經郝遇林、王嶽華、吳大宇、張靄真、張智廣、段克昌、陳恩元、黃莞萱、陳達元等九委員審查成立，於十五日由院公佈。

據彈劾案指出，陶玉田在四十九年十一月二十五日標售丹大第八林班時，曾囑該局主任秘書陳兆棠全權決定底價，並指示不宜過高。開標結果，振昌木材工廠以二二·三六七·七六六元爲最高標，理應得標；但陶玉田竟擱置不予宣佈，物議嘩然，指陶等收受紅包。陶乃於十二月十九日宣佈廢標，其理由有二，一爲應採擇伐法而不應採皆伐法，二爲貨物稅即將停征，其因停征而節省之一千餘萬元應歸國家所有，不應讓得標人獲得不正當的額外利益。但呈報省府時，則又在在公文底卷上特別註明「呈聽文及通知投標商時，第二點之意暫不提明」，以致振昌木材工廠向省府請求復標時，農林廳僅就皆伐或擇伐兩者考慮，而忽略了停征物業稅的問題，使該工廠獲得鉅利一千餘萬元，亦即使公庫損失了一千餘萬元。顯屬串通舞弊。

又本省檜木銷售日本，前經外貿會及省政府核定交由台灣物資局統籌辦理。經該局於四十八年在日本招商比較結果，僑商萬光會社得標，簽訂合約規定於一年內承銷台檜二萬五千立方公尺。本年合約行將屆滿，外貿會變更政策，接受振昌木材工廠與日本三菱公司所簽訂之五萬立方台檜銷日草約。陶玉田且向木材產銷聯繫小組担保，倘振昌木材來源發生困難，林務局所屬大雪山林業公司及橫斷公路之森林開發處可以供應，隨即與該工廠訂約供給檜木三萬立方公尺。其後未經省府同意，竟准振昌借用檜木五千立方公尺，且予振昌和三菱以種種額外的便宜。同時對於物資局之外銷業務，則又多方阻碍，顯見蓄意爲振昌圖利。

關於王敏慶部份，彈劾案指出日本萬光會社承銷台檜二萬五千立方公尺，訂約之初，大雪山林業公司總經理王慶敏即出面爭取全面供應。後經省農林廳分配該公司供應一萬五千立方公尺。但在合約履行期間，該公司突於四十九年六月聲稱，因限於天然條件，檜木生產量未如預期，交貨困難；不足之數（約七千四百餘立方公尺），已請由橫斷公路森林開發處及振昌木材工廠代交。並於同年十月二日與振昌簽約，由後者代交銷日檜木三千七百立方公尺；更爲振昌向物資局貸欵七百五十萬元。當時木材市價正在下跌，而林務局庫存檜木數量甚多。王敏慶不將此項價格優厚銷日檜木轉讓公營之林務局供應；而乃委諸於振昌，使振昌在木材價格普遍下跌聲中仍能以高於市價之價格出售大批木材，並獲得低利之外銷貸欵，其爲振昌圖利已極顯然。而振昌仍不能如期交貨，復由大雪林業公司代其交出檜木一千〇二百立方公尺。該廠截至四十九年底僅交九百餘立方公尺；所餘一千餘立方公尺至本年一月尚無力備交；但却於此時與日本三菱公司簽約供應銷日檜木五萬立方公尺。大雪山林業公司並拒絕與獲有優先權之物資局簽訂木材供據續約，顯然蓄意使振昌和三菱獨霸木材銷日的利益。

中共抨擊南斯拉夫國營農場 却不知人民公社實比它更糟

黃標

　　由於南斯拉夫駐大陸記者屢次洩露了中共大陸的亂七八糟的情況，中共好不容易才找到了南斯拉夫的一點國營農場的資料來以牙還牙。據十一月十二日北平人民日報刊出中共新華社以「如此南斯拉夫國營農場」為題的消息說：「南斯拉夫勞動報四日報導：南斯拉夫斯列姆戰士國營農場的一批農業工人曾在九月三十罷工，他們責問說：『我們靠什麼過活？喝西北風嗎？』勞動報說：這個農場的三百名工人已整整三個月沒有領到工資，農場的大多數工人都沒有自己的土地，也沒有其它任何收入。對他們來說，三個月不發工資，就意味着挨餓。勞動報報導說，工人們領不到工資並不是因為農業收成不好，而是因為農場在一九六一年九月還沒有提交一九六〇年決算，從而銀行凍結了農場的流水賬」。

　　中共新華社繼而又進一步追問和解釋說：「這個農場為什麼到現在還沒有交一九六〇年的決算呢？這家報紙沒有說清楚。但是它透露說，這個國營農場被經理博．熱阿庫拉的家族統治着，在工人領不到工資時，農場會計主任，却照樣拿到薪金，甚至在一九六〇年還得到四十萬第納爾（南幣）獎金。斯列姆戰士農場工人的困難處境是南斯拉夫農場中的一個典型事例。其它許多農業工人也遭遇着類似的命運。據一九六一年南斯拉夫統計年鑑材料，在一九六〇年，南斯拉夫共有四百五十六個國營農場，它們經常雇用着八萬一千多名農業工人，經濟評論報一九六〇年九月三十日報導：佔百分比很大的工人僅領到最低限度的個人收入。勞動報一九六〇年八月六日也說，只領到最低限度的個人收入的農業工人，僅在蘇堡底察的一個縣就有四千五百名，為了抗議這種待遇，在切利納茨曾有五十名工人三天沒有上工。在農忙季節，南斯拉夫的農場還通過工頭雇用大批臨時工人，那些無地和少地的臨時工的生活則更苦，因為他們受着農場和工頭的雙重剝削。據南斯拉夫報紙報導，這些工人從早到晚在田間勞動，整個時間都是屬於工頭，工頭們最廉價的支付工資，工頭們不勞動，但有大量收入，因為他們把工人們掙的錢也裝進了自己的腰包。農業工人的生活雖然是痛苦的，但農場經理之流的生活却是十分富裕的」。

　　以上是中共新華社根據南斯拉夫報刊的資料所揭發的南斯拉夫國營農場的醜惡之行。當然，南斯拉夫也是一個由共黨統治着國家，凡屬共黨統治下的人民，都絕無幸福可言，那是一定的。不過，應該譴責的，却是中共只看見別人的醜惡，而未在鏡子中照一照自己，自己是比南斯拉夫更何等的醜惡？試想：南斯拉夫的農業工人還有最低收入可領，今日大陸的農民呢？則連維持最低生活的收入也沒有了。每人每日只配給二兩米，其餘就全靠各人自己找尋野生植物維生，而且更無罷工的自由，更被中共日以繼夜的集體奴役，全部予以剝削，中共人民公社難道比南斯拉夫的國營農場更好嗎？顯然是更壞的。

大陸奇聞：青年學生都想當炊事員

許涵

　　從一個正常社會的普遍情形看，可以說：最富有理想氣質的是一般青年，尤其是青年學生。他們的腦筋中，充滿了各種美好的理想。但最可憐的，是今日大陸的一般學生雖然也有他們的理想，但他們今日的理想，已不是從抱負與志氣而自動自願的理想，而是被生活鞭策而來的可憐理想，茲據確息，大陸今日一般學生之理想竟是當炊事員，其故何耶？只因所有大陸人民都吃不飽，高級共幹雖然都吃飽穿暖，但一般青年學生却對當共幹並無興趣，於是，他們今天都可憐的只想當一名炊事員了。他們經常餓着肚子，看見只有炊事員在弄飯菜，而且是吃得飽而且可以在飲食上揩油，所以，他們在生活的鞭策下，都想當炊事員了。這是最近許多青年自己透露出來的，它一方面反映共黨奴化教育的破產，另一方面却也正是今日大陸青年生活困苦的具體反映哩！

中共慶祝阿勞動黨成立二十週年
阿爾巴尼亞駐中共大使 在北平對蘇作猛烈抨擊

陸聞

　　關於赫魯曉夫對阿爾巴尼亞的抨擊，中共人民日報最先似乎避免刊登，但後來由於事實業已在國際間公開，中共始在人民日報署予刊載。十一月八日是阿爾巴尼亞勞動黨（卽共黨）成立二十週年紀念，中共特在北平舉行隆重的集會對阿共表示慶祝，據中共新華社專電：「中共中央政治局委員、國務院副總理陳毅、李先念、中共中央政治局候補委員、國務院副總理陸定一等出席了大會，慶祝大會在政協禮堂舉行，七時卅分陳毅、李先念、陸定一等同阿爾巴尼亞駐中國大使雷茲．馬利列走上主席台，這時場上全體起立，熱烈鼓掌」。

　　阿爾巴尼亞駐中共大使馬利列則在這一慶祝大會上發表了長篇講演，其中公開抨擊蘇聯之處如下：

　　「帝國主義者和現代修正主義者不止一次攻擊阿爾巴尼亞人民和堅決維護馬克思列寧原則的阿爾巴尼亞勞動黨。令人遺恨的是蘇聯共產黨第二十二次代表大會的講台也被一些人用來攻擊和毫無根據地誣蔑阿爾巴尼亞勞動黨。他們說，阿爾巴尼亞的領導人不同意蘇聯共產黨第二十次代表大會的決議，不同意反對對斯大林個人迷信的鬥爭，不同意蘇聯的領導，因此阿爾巴尼亞勞動黨不能成為國際共產主義大家庭的一員。按照他們的邏輯，一個馬克思主義的政黨不同意另一個黨的代表大會的決議時，就不再是一個馬克思主義政黨了。這難道不是反馬克思主義的曲解，難道不是一個黨對另一個黨的內部事務的粗暴干涉和違背馬克思列寧主義關於兄弟關係的最起碼的準則嗎！阿爾巴尼亞勞動黨在一九六〇年莫斯科會議上說過，第二十次代表大會的某些論點無助於共產主義運動，用那種已經採用的方式反對斯大林的個人迷信是有助於修正主義者和社會主義的敵人的。它說過，他們為了反對阿爾巴尼亞勞動黨，使用了令人不能容忍的壓力和陰謀方法來壓服我們的黨。僅僅只是由於阿爾巴尼亞勞動黨大胆地提出了批評，它遭到了毫無理由的攻擊」。

　　馬利列跟着又說：對我們黨和我們國家的攻擊，實際上是反對馬克斯列寧主義，反對社會主義陣營和世界共產主義和工人運動的團結。社會主義陣營和世界共產主義和工人運動團結的分裂者在全體進步人類面前負有嚴重的責任。毫無疑問，不久的將來，他們給社會主義和共產主義事業帶來的巨大損害將被完全揭露出來」。

　　此外，馬利列還特別強調中共與阿共的團結。而中共的人民日報及「中阿友好協會」會長蔣南翔也在這一大會上發言強調了中阿共的緊密團結。

僑鄉簡訊

鍾之奇

肇慶大興土木引起人民反感

　　因為肇慶擁有七星巖、鼎湖等風景名勝，所以，中共便把肇慶列為風景區，並且以此風景區來誘騙外人去遊覽，藉以掩飾大陸人民之疾苦和社會之破敗，實則此種裝修門面之遮手法，是騙不了人民的。據中共消息，「肇慶名勝古蹟甚多，遊覽區除星湖、鼎湖外，市內的閱江樓、崇禧塔等古蹟，亦已修理一新，閱江樓在肇慶城之東，又名石頭庵、崧台書院、崇文閣，是已故的葉挺將軍在大革命時期領導的獨立團團部舊址，閱江樓經修理後，朱紅色的正門上有朱德題的『獨立團團部舊址』金字，大門前是一座石橋」云云。但肇慶人民對此均有反感，認為大陸人民今天根本吃不飽穿不暖，中共不顧恤人命，卻極力裝點門面，實屬殘民以逞云。

廣西大養毒蛇人民都害怕

　　據中共廣西日報載，中共現正在廣西大養毒蛇。據說是為了研究毒蛇，但附近人民卻異常害怕。

　　據廣西日報說：那種毒蛇的毒性最烈？那種蛇咬傷人畜時死亡率最高？這是研究室的任務之一。研究人員把廣西常見的眼鏡蛇、大眼鏡蛇、金環蛇、銀環蛇、竹葉青、蛙蛇、百步蛇七種毒蛇的毒液分別提取出來，然後在同樣的環境下對動物進行實驗，結果發現七種毒蛇的毒性強度各不一樣，最毒的是銀環蛇。一克銀環蛇的毒液可以殺死小白鼠四十多萬隻，一克竹葉青的毒液，可殺死七千隻小白鼠。

　　又說廣西有一個養蛇園，用人工飼養繁殖毒蛇。養蛇園座落在一塊偏僻的地方，四周有水溝和矮牆隔離，蛇園第四區的一條眼鏡蛇，去年七月一日產卵二十多隻，孵化一個多月後，到八月廿七日孵出了五寸長的小眼鏡蛇十多條云。只因該養蛇園養的盡是毒蛇，而又只有水溝與矮牆與外界隔離，而水溝與矮牆根本不能阻止毒蛇向外爬，故附近人民皆起恐怖云。

福建各地準備擴種板栗

　　由於大陸糧食生產萎縮，中共又向板栗動腦筋，認為板栗是一種木本糧食，遂勒令福建人民準備明年擴充此一生產，據十一月十二日北平人民日報專訊，謂「福建省林業部門為明年進一步發展木本糧食生產，已收購板栗、錐栗種子一萬零八百斤。最近一個多月，南平、龍巖、福安等地區林業部門普遍組織工作組，深入板栗、錐栗產區，宣傳發展木本糧食的意義，採取以糧換種、現款收購等辦法，發動羣衆出售栗種」云。

廣州舉行菊花展覽

　　為了故意點綴歌舞昇平，中共又不惜工本在廣州舉行菊花展覽了。據中共消息稱：「今年廣州菊展的特點是品種多。最近由上海、成都分別用火車、輪船運來兩批盆菊，收羅了國內各地的名種，不下一千五百個。有管瓣是嫩黃色，如早春楊柳，婀娜多姿的『柳浪聞鶯』，有色澤嫩綠，花姿如迴風起舞的『入簾春色』，有花形大，花瓣潤，為單瓣佳品的『醉紅袍』，有雍容豐滿、名滿江南的『綠荷』……」等等，真是繽紛奪目，不過，前往觀看的人却差不多都是高級共幹，至於一般人民則因根本無飯吃，那裏還有心思看花。菊展會內所貼中國歷史上著名殺人魔王黃巢的兩首詠菊詩，尤使看花的人聯想到今世何世？大有不寒而慄之感。菊展會內所貼黃巢詠菊詩原文是：

颯颯秋風滿院栽，蕊寒霜冷蝶難來；
他年我若為君帝，移共桃花一處開。

×　×　×

百花開時我不發，我若開時皆嚇煞，
要與西風戰一場，滿身盡帶黃金甲。

廣州交易會閉幕

　　中共一年一度在廣州舉行的秋季交易會，現在又已閉幕了。為了吸引國外工商人士，中共對此交易會是極盡點綴能事，以粉飾太平的。據中共宣稱：此一交易會，在出口貿易方面又做了數億港幣的交易，不消說，這數億港幣的出口商品，都是中共從各地搜括來的，所以，大陸一般人民對此交易均毫不感興趣云。

大選競爭與菲島政情

陸遜的幽默？

莊邨人

菲律賓現任副總統馬卡柏佳，經已獲選爲本屆總統。卽將卸任的總統加西亞，原來也是由副總統而「扶正」的。當競選已告一段落的今天，曾經有人批評這次大選說：如果加西亞不是前任的副總統，卽不是由副總統而「扶正」的話，恐怕馬卡柏佳不易獲得膺選總統。

說這一句話的人士，是接近馬尼剌市長陸遜的人物，更可以說是市長的親信。也許，這話是出於那位幽默市長的批判呢。

加西亞之出任總統，乃由於前總統麥格塞塞在一次赴呂宋的飛行中失事殉職。雖然加西亞在位的措施，尙可以說是蕭規曹隨，沒有重大變革也沒有重大過失，不過假如麥格塞塞若是仍然健在的話，恐怕仍然沒有任何人能够問鼎總統的寶座吧，這一點，倒是任何菲律賓人士所承認的。

無論如何，國民黨七年的統治總是結束了，麥格塞塞所建立的業績並沒有被發揚光大。十年以前，馬尼剌曾經在菲共威脅下一夕數驚，麥氏肅清了菲共，給人民以安穩的生活。可是近一年多來，呂宋島又開始有菲共地下武裝的滋擾。而人民對於菲共，則是談虎色變的。

也許是執政黨諱疾忌醫，它的競選政綱中沒有標出菲共的問題，但野黨自由黨却强調防止顚覆和滲透，擊中了執政黨的弱點。

好好先生去矣

在反共的課題上，國民黨與自由黨是程度相同的，雙方都同樣强烈，這是基於人民曾經飽受菲共殘虐之故。任何灰色主張的政黨，是不能在菲島獲得擁護的。菲律濱是東南亞中最沒有「中立主義問題」的國家，也是這個緣故。

那麼，並不是國民黨政權有意疏忽或放任菲共活動；但菲共活動的死灰復燃却是事實，那又爲的什麼原因？

這就牽涉到另一問題了——行政效率的問題，也可以說，是貪污問題，這次競選中最突出的，也可以說是自由黨擊敗國民黨的主要原因。馬卡柏佳自己就說，他之所以獲勝，主要是在於「指責加西亞政府之腐敗與貪污」。事實上，貪污卽腐敗，腐敗也必貪污。

馬卡柏佳爲使加西亞肩負「貪污腐敗」的責任，他並提倡「領導者負責」說，謂應該是「萬方有罪，罪在朕躬」，使加西亞不能卸責。事實上，菲律濱朝野頗有如下的說法，認爲加西亞是好好先生，外間許多不理於人口的事情，是左右不肖之徒所爲，非加氏本意云云。馬卡柏佳知道這類輿情，特別向這一點突擊，打破了人們對加西亞個人的同情，要求對這後果負責。選舉的結果，顯示馬氏的看法正確，而加西亞和他的國民黨，終於担負了年來政施阻滯的責任。人民的眼睛究竟也是雪亮的。

反中共、排中華

加西亞卅「好好先生」的程度，「好」在大選中甚至鬧了笑話。當馬卡柏佳選票已突出六十餘萬，勝利確定，全國已認馬氏爲總統當選人時，馬西加還不肯承認失敗。他居然聽信左右的策士，仍說他們可最後勝利。那種彼包圍、矇蔽，不能正視現實的情形，「天眞」到了可驚的程度。如果舉此爲例，平日的民間疾苦，如上次糧荒的眞相，物價的騰貴，菲共的活躍等等，他就絕不能瞭如指掌了。而馬卡柏佳所提的政綱第二至第四項，便是「平抑物價」、「增加就業」、「改善農村人民生活」。雖然這是期票，但滿足了人民的希望。

自由黨並且囊括了副總統，當選人前參議員皮里茲氏，可能兼任外長，他將是馬氏政府的智囊。但參衆兩院局部改選之後，自由黨與國民黨的比數，在參院是十一席對十三席，在衆院（一〇四席）中國民黨已獲七十席。這也即是說，一個自由黨的政府，和一個國民黨的議會。馬卡柏佳說他將效艾森豪與反對黨合作辦法，呼籲控制議會的反對黨議員的愛國心。

同時他將不分黨籍 [illegible]

南越籲呼組遠東反共軍事同盟

南越局勢，邇來確已愈益緊張。美國的增援，已見諸行動：（一）美國戰鬥機一批，已於十一月十日飛抵西貢；駐貢的美大使館官員雖然解釋說「這祇是更換南越現有的舊式飛機」，並謂「南越所用的AD六型戰鬥機刻已沒有生產，故易以更新式的戰鬥機及轟炸機」，但是增强了南越政府的反共軍事實力，顯然乃無可否認的事實。（二）美駐太平洋艦隊總司令達斯上將，也於十一月十三日由檀香山飛到西貢去訪問，與美駐越的軍事代表團縝密的討論過有關援越問題；達氏並曾對西貢記者表示，「美海軍對南越局面已認爲達到嚴重階段，若到需要時期，美艦隊將開往協助南越政府。越日（十一月十四），據電訊報導，美國航空母艦「威爾遜號」且已在開往南越途中，艦上是載有一營海軍陸戰隊。電訊又報導，美國第七艦隊將駛往巴拉塞爾島，若干日、美混合部隊將馳援吳廷琰。——從上述情形看來，南越戰爭的氣氛，更爲濃厚了。

猶憶在十月中旬間，越共部隊，突然集結在越中高原地區，那時已使人意料到，越共將會有一個猝然的行動，揮軍南下，向南越政府進攻；迨至南越政府派駐國際監督委員會聯絡代表團團長黃瑞南的被擄，且加以殺害，棄屍河中——，更使人感覺到「風雨欲來」。其後越共所結集於越中高原地區的部隊，已達到十三萬五千人，並開始向南調動，並有數約二千的「先頭部隊」，已迫近南越邊境。據當地居民指出：那十三萬五千名越共軍，有六萬名是南越人，四萬名是中越人，三萬五千名是高原區人（內有部份是越籍高棉人）；這一枝雖是「雜牌軍」，但頗有政治訓練，刻已構成了一股難以堵塞的洪流，將朝向南越泛濫。此外，還有潛伏在南越各省的越共正規軍，游擊隊，特工人員等，數達二萬餘衆。越共的陰謀，就是要在雨季結束後，發動一次全面攻勢；一方面以游擊隊在各地騷擾，另方面則引誘南越部隊在崑嵩和百里居地方，來一次決定性的大會戰，以圖吃掉南越政府軍的主力，造成第二個奠邊府的勝利。假如將來崑嵩一帶果然失守，則越共便可以打通了越、寮、棉間一條走廊，那時，不僅受到嚴重威脅，且連寮國的沙灣那吉、百細兩省的右翼屏障也被盡毀；整個東南亞局面，至此也可能改觀了。因此，南越政府就在那時，宣佈「進入緊急狀態」；而自由世界人士，也爲之震驚。吳廷琰在宣佈「進入緊急狀態」時曾說：「我們必須衷誠的公認，我們尙未達成適應戰爭狀態的需求和努力；……而此一命令的頒佈，首先是警惕自由世界，認清他們對南越應負的任務，並喚醒每一個人民，使他們了解其自身對國家應盡的責任，協力對付共同的敵人」！

南越人民，在吳廷琰總統號召下，刻已立即準備從事於一場生死大決鬥了！但是他們本身的人物、財力、物力，顯然仍感不足；因此，他們除了動員了本身的力量，並要求美國的加强援助外，並對遠東方面的所有反共國家，也寄予期望，呼籲遠東所有反共國家，迅卽給予適當的支援。

最近，南越人民，已作出一個很有見地的主張，建議遠東反共國家，從速締結一項「軍事同盟」；他們還明白地說出：這「軍事同盟」，指的就是「中、越、日、韓的兵力大結合，用以代替東南亞國家組織的聯合軍事盟約。（見西貢「新人民週刋」。）

在南越局勢日趨緊張下，南越人民上述的呼籲，確是最迫切而又最需要的。第一，中日越韓都是使用漢字爲文化基礎的國家，在傳統精神上易於團結；第二，在地理上更易於聯合成爲一係陣線；第三，今天遠東的對峙形勢，中共實力較强，惟有大家聯合，才易於牽制，或直接打垮中共。而我們的對共黨作戰，也非靠自己的力量不爲功，若徒知依賴美國的援助，實在是一種錯覺。第四，美國和其他西方共國家的對付共黨，是核子武器鬥爭，而「有限度戰爭」還是須靠亞洲國家自己的力量。因此，南越人民上述主張，我們認爲不僅適用於越南，卽在整個遠東地區，也是一項最切合實際的需要；中日越韓反共人士，亟宜急起圖之。（阮芳）

羊坪嶺（上）

克勁

——編者按：這是一篇用方言寫的小說，作者的文字技巧縱然不够熟練，但是可從樸實的描寫中嗅到泥土的氣息，與遙遠的鄉音。——

算起來整整有兩年了，我再也沒有到過羊坪嶺。兩年前，我在哪兒住過半年，當時是由區裏派到羊坪嶺搞「土改」清算覆查工作的，任務忙得要命，爲了要深入發現情況，住在一個貧農家中，結識了不少老鄉，這次路過羊坪嶺，正是臘月廿八日，差一天就是農曆新年了。嚴寒的冬天：灰溜溜的天空，好像佈滿了愁雲，冰凍凍的地上，深雪淹埋了我的足跡，凍得我直發抖，趕了十幾里路，快到羊坪嶺時，我遠望村口，有沒有熟識的人，好歇息一會兒，暖和暖和再趕路。眞巧，碰上了一個高個子的老漢，猴猴兒的臉，腦袋戴着一頂雜色油污的破棉帽子，揹了一大捆高粱桿子，迎面而來，突然叫了一聲；咦！這不是克勁同志嗎？那墶來？去那墶？我愣了一會兒，好熟識的滿腔羊坪嶺土音啊？似是在那兒見過面的，走近了一看，正是我兩年前的「親密夥伴」——高海泉，當時的農協會核心組組長。他當時的神態是光光的頭，圓圓的臉，肩膀很寬，胸部挺出，常常緊張的抿着嘴角，聳起眉棱子看人的神態，可以看出是位誠實的老農，善良、樸質而和藹，同眼前的高老漢，判若兩人，怪不得我愣住。他要我進村到他家坐坐，我同意了，我想起初到羊坪嶺時，同高老漢半年的「三同」生活，培養起來的「深厚情感」，雖談不上親同骨肉，但到底還是一個老鄉啊，一個同志啊！

走進他家，高老漢婆姨看我進來，眼睛瞪得黑溜溜，臉上露出一種叫人可怕的神態來。但，她忙讓我上炕暖和暖和，接着她就說：高老漢時常思量我，說我腦筋兒上忘了他們，路上路下也不進村到他家坐坐一趟。我給她解釋說：二年前回區後，就調到縣上，當成大娃娃，排排坐，受訓學習啦，今畢業了，下放回家勞動，趕着去過新年哩，所以，根本兒就沒有路過羊坪嶺啦……。這時，我才發覺炕上冷冰冰，高老漢的衣服遮前沒遮後，蹲在炕上發抖，不要說避寒凍凍，就是左腿上也露出肉根兒，差點凍病了，我急得跳下炕來，解了背包，遞給他一張毯子，披在身上，說了一陣，他才肯把毯子披上，他說我是好人，說了不知多少次感激的話。唉！同樣在這個土窰洞裏，也正好是二年前的今天，他家是新翻身的貧苦佃農，分得土地，分得勝利果實，上碾碾，蒸白饃，炕頭炕尾熱烘烘，快快樂樂，像個過新年的來勢，可是如今呢？同樣在這個土窰洞中，絲毫沒有準備過新年的跡像，歡樂愉快的氣氛，土窰洞中腌腌臢臢，空空洞洞，炕上只有一張破被兒。就在這時，炕上的破被子忽然蠢動起來，鑽出一個小女孩，穿一件黑小布衫，却沒有穿褲子，我說：老漢漢，這是誰家的閨女啊？好似是……說時再注視這小閨女，她那一對大眼睛滴溜溜的瞪住我，我再看看高老漢，只見他忽然的流出滾滾的淚珠來，把我呆住了，還是高老漢婆姨說：冬冬，妳忘啦，還不快叫一聲克勁同志。小冬冬瞧着說：俺娘，咱怎不認得克勁同志，他那時常在咱家，年時冬還在咱家吃過臘年飯哩，臨走時還送給我的一塊小牌牌紀念章。啊，原來是小冬冬，老漢的閨女，怎變成這樣，當前的凄涼情景，更使我追憶起二年前初次下鄉到羊坪嶺，和高老漢的第一次見面經過。

那日，我原是留在區裏過新年的，但初次下鄉到羊坪嶺，心中怕工作搞的不好，羣衆工作做的差，所以趁新年前夕落鄉，好到各家串串聊聊，走進羊坪嶺，碰上高老漢，我問一聲：「老鄉，咱要到鄉政府往啥走」。老漢，熱情的招呼我，愉快的表情，笑笑的說：「咱這位同志，是那墶來」。我說：「區上來的，分配在這裏工作，往後常住在咱村，日子長着哩，望望老鄉幫助幫助。」老漢見我這樣客套，樂壞了，親自帶我到鄉政府，給我介紹了高鄉長，鄉長也給我介紹高老漢——高海泉，三輩子佃農，後來，鄉長就分配我住在高老漢家，高老漢眉開眼笑，我進到他家，他婆姨一見我進去，讓我上炕坐坐，炕上熱得很，我還脫下大棉襖，接着，她就盛出一碗米湯給我喝，問長問短，聊個整後晌，當晚，我還去鄉政府開會，開得很夜，老漢漢家中等我同吃年飯啦，白麵饃饃，西胡蘆燴猪肉，炕上擺滿七盤八碟，我眞感到很不好意思，半開玩笑的對高老漢說：老漢漢：你這思想可不大對勁頭啦，咱不能當成來串串親的客人啊，可要受批評哩。老漢漢笑迷迷的說：托你們的福，有地咱就活出來啦，你們千辛萬苦還不是爲了咱們謀幸福，來到咱家別說吃這一頓飯，就是吃一輩子，咱也難待一席哩，嫌飯不好咱甭做，包包餃子怎樣？我說：行啦，行啦，下頓飯這樣我可要往別家跑啦，那時你可沒怪我，這時，老漢漢閨女小冬冬，穿的是紅小布襖，灰藍褲，大眼睛，紅蛋臉，頭上扎了兩條小辮子，甩東又甩西，像個貨郎兒的小鼓鼓，見我樂嘻嘻，要我教她唱歌，我把她拉到身邊，告訴她說：唱歌可不會，但我最愛聽唱歌，不如唱條歌兒給我聽，她唱了一會，忘了詞兒，就停止了。我說：冬冬，願不願跟我區裏去，挎起挎包兒，落鄉工作當個女小鬼，她說願意，老漢婆姨聽後，樂了，笑到前咀合不得後咀，說：好啦，好啦，讓你把她帶到區上去學習，叫咱幾輩子搗土坷墶的佃戶人家，也有出個女狀元啦，我笑了，老漢笑了，歡天喜地的樂聲，進入這家農民的窰洞中，小冬冬更高興了，說：當個女小鬼，還應留個短蓋子剪髮頭才像哩，看他的天眞活潑，在幼小的純潔心靈上，已烙下一個深刻的陰影了，是多麼的可怕啊！老漢同我深夜談心，拉拉家常，他給我介紹村中一些具體的情況，他告訴我他家分配十幾畝好地，今年麥子長的特別好，好像這老佃農的貧苦跡像，隨着解放已一掃而光。（未完）

麵攤（下）

黃信男

他們逐漸走出了這個空曠的都城，一拐一彎地從睡滿巨廈的大路走向瑟縮着矮房的陋巷裏。

「他是個好人，」爸爸說，半截香烟在他的嘴角一明一熄：「好人。」

走在攤車左側的媽媽只是默默地走着，緊緊地抱住孩子。沉思的臉在洩漏暗淡的燈光裏顯得甚是優美。孩子舒適地偎着媽媽軟軟的胸懷和冰涼的肩項。

「好警官，不要錢麼！」孩子說：「不要，不要——。」

而不幸的，孩子又爆發了一串長長的嗆咳。父母和格登格登的攤車都停了下來。痛苦的咳聲停止以後，只留下媽媽輕輕地拍着孩子的項背的聲音，這聲音在如許沉靜的夜裏聽起來會叫人覺得孩子的體腔竟是這樣的空洞。

「吐到地上去罷。」媽媽說。也不知爲什麼，女人竟而覺得心頭一酸，就簌簌地淌下了眼淚。甚至她不確切地知道這個眼淚是否是由於憐憫自己的病兒，她只是想哭罷了，她覺得納罕，她說不清。男人和孩子都沒有覺察到女人的眼淚。

夜確乎很深了。

孩子的眼眶又噙滿了淚水。——但是除了有些疲倦。他倒當眞很安適的。模糊中。他彷彿從天邊又奔到了廿顆橙紅橙紅的星，在夜空中赫赫地閃爍着。

——……星星。

——他脆弱地說。他看見爸爸拋出去的烟蒂在暗夜裏劃着血紅的弧，撒了一地的火花之後便熄滅下去了。夜霧更加濃厚，孩子吸着凉凉的風，使他記起吃冰的感覺。（「媽媽，我要喫冰」）然而他終於只動了動嘴唇，沒有說出什麼來。或許他是太倦了罷。

孩子在媽媽軟軟的胸懷和冰涼的肌膚裏睡着了。至於他是否夢見那顆橙紅橙紅的早星，我是不能料想的。但是你可以傾聽那攤車，似乎又拐了一個彎，而且漸去漸遠了。——

格登……格登格登

格登……。

我所愛的東西

林吟

我愛從心坎流出的眼淚；我愛爽朗的不加掩飾的笑聲；我愛獨立審愼的懷疑精神；我愛一絲不苟的認眞態度；我愛抑制情執、洞見眞理的智慧；我愛爲獨見的眞理而受苦和犧牲；我愛剝除謊言虛飾、裸露的生命。

我愛民胞物與天地參界的崇高與莊嚴；我愛由於一念不忍流露出來的善意與溫情；我愛只爲不忍傷一人之心無聲的担承痛苦與犧牲；我愛懺悔責訟自己的罪過；我愛當着人前承認錯誤的勇氣；我愛如浮雲掠空一般寬恕別人的罪過；我愛堅忍不拔化敵爲友的大度；我愛怒目流俗、岸然而立的狂者；我愛潔身自矜、耿直不屈的狷夫；我愛當面指出他人過錯的正直；我愛漠視富貴、不阿俗衆的倔強；我愛在兒童與女子面前，比兒童女子更柔弱的男子漢；我愛爲了苦難的祖國和同胞，藏在心底的憂愁；我愛自省無疚心安理得的寧靜。

我愛有鮮明清新個性的人；我愛年青的母親懷抱嬰兒的神情；我愛靄然慈祥、心老了的老人；我愛傻頭傻腦，讀起書來，或做起事來會忘掉吃飯的少年；我愛保有孩子味的孩子；

我愛撥動心弦，唱出來的戀歌；我愛沉默柔和，在行爲中發出音樂的性格；我愛孤獨在一個靜僻的地方，嚼咀一下生活，消除胸中的塊壘；我愛心碰着心、長談永夜；我愛黎明前朦朧的晚色，它使我感到「天方夜譚」裏的荒古和幽奇；我愛沐浴在月亮裏，編織那些荒唐而甜美的夢；我愛躺在陽光照耀的綠草坪上，諦聽鳥唱的每一個拍節；我愛在寒冷的下午或夜晚喝一杯熱酒，秉着微醉盡情的歌唱；我愛在安靜的夜晚，沏一壺熱茶、買一包花生米，手拿一本文學作品，從容的欣賞和品嚐；我愛爬上一個山峯，對着浩濶的天空高聲呼嘯，宣洩胸中的俗氣；我愛一個人在黃昏的時候散步；我愛白茫茫冷森森的大雪原，那晶潔的寒冷可以淨化我的心靈，刺激我踴躍前進，從自己的體內發出熱力來；我愛大自然就像信仰宗教一樣，它是所有生物的母親。

我愛不盲從、不固執，獨立自主的意志；我愛尊重異己的容忍；我愛堂堂正正、英雄氣概的競賽；我愛本於良知、堅持所見，不怕孤獨的漢子；我愛冷靜清澈、從容思量的理性；我愛有如陽光一般的言論自由；我愛自由人的自由合作；我愛聖哲、學者、志士，比電影明星更受歡迎的社會；我愛信仰自由，多元上帝並存同在的國度；我愛國界泯滅、種族渾融、天下一家的世界。

金釵記（二二）

黎明

田重文：賢妹屋轎何用？

田素娥：去到顧家講道理去。

田重文：哎呀賢妹呀！我想那顧員外也不是好人，賢妹前去，豈不是自投羅網？依愚兄之見，還是不去的好。

田素娥：兄長但放寬心！小妹主意已定，保無妨碍，也就是了。

田重文：唉！也罷；就依賢妹。正是：人在家中坐，禍從天上來。（下）

田素娥：（目送重文下，唱）我兄長，他生來，性情溫純，務耕桑，怕官府，守分安貧。他怎知，素娥女，乾坤袖裏？解鈴人，正要那，繫鈴之人。奴這裏，換衣衫，靚妝端正；到顧家，講道理，斬絕紛紜。（下）（移）

> 補：本刊第一六三期所登『金釵記』第十六幕最後一段，在續登時漏排，特此補登，對作者讀者均甚抱歉。

賈青天：我來問你：你是否黑夜私入顧家？

魯學曾：（恨恨而答；（下同）是。

賈青天：你騙取顧家財物可是眞情？

魯學曾：是。

賈青天：你強奸那顧秀娘可是眞情？

魯學曾：是。

賈青天：你是財色兼收，一點不差的了？

魯學曾：一點不差。

賈青天：你既財色兼收，就該罷手才是；為何三日之後，白天又再前去？

魯學曾：這個？

賈青天：（拍驚堂木）快說！快說！

魯學曾：那個？

賈青天：（拍驚堂木）什麼這個那個！——這只不過是你的貪心不足，色胆包天而已；你道是也不是？

魯學曾：哦、哦，是、是。

賈青天：那顧秀娘見你得寸進尺，貪得無饜，一怕事情張揚，二怕難乎為繼，故而羞憤自縊；是也不是？

魯學曾：這個？

賈青天：（拍驚堂木）是也不是？

魯學曾：那個？

賈青天：（拍驚堂木）本縣問你是也不是，不准這個那個！

魯學曾：哦、哦、哦、也是！也是！

賈青天：（向書佐）記下了！

書佐：是；記下了。

賈青天：畫押過來！

書佐：是、是。（拿口供詞和筆給學曾）秀才畫押來！

魯學曾：（雖不敢拒，卻沒有即畫。）這畫押麼？我是不畫的了！

賈青天：（拍驚堂木）嘟！既已招認，為何卻不畫押？敢是戲弄本縣不成？！

魯學曾：啟稟老大人！門生實實地是冤枉呀！

賈青天：嚇！你這分明是衣冠禽獸，斯文敗類，本縣豈肯冤枉於你！（拍驚堂木）人來！

衆衙役：有！

賈青天：（拍驚堂木）再與我重重的打！

魯學曾：且慢！（激昂地）要畫要畫，我這裏就拼着一死，看你再能把我怎麼樣？（用筆一揮，交還書佐。）

書佐：（轉呈賈青天）請大人過目！

賈青天：畧看一看，放在一邊）嚇、怕你不畫！人來！

衆衙役：有！

賈青天：把魯學曾打在死囚牢內聽候發落者！退堂！（下）

衆衙役：退堂！

魯學曾：你、你、（指着賈青天的背影）你你你你，好狗官！好賊子！（由甲乙扶掖下，衆俱下。）（移）

（第十六幕完）

依杜韻和履川螢火・文擢・

投暗還驚百樣飛，亞墻低處亂苦衣。一囊技止欺人餘，萬點光仍信汝稀。作態輕狂終負影，因風爹落尚爭輝。秋壙華表迷離甚，幾日青燐作伴歸。

前題　書枚・

微公小院試羣飛，偶入簾櫳亂點衣。倚暗漫矜新樣巧，羞明應愧舊儔稀。難回氣力綠霜重，欲問行藏向夕輝。終古華胥成大夢！井闌蕭瑟見君歸。

辛亥革命史談（三〇）

四・大革命爆發於長江中部武昌

舜生

日知會雖告失敗，但武漢間的革命火種，並未因以撲滅，例如當時的『公益社』、『羣治學社』、『振武學社』等團體，仍為大部分革命分子所潛伏；後來成為發動武昌革命的『文學社』與『共進會』，實即由『日知會』以來這類的革命組織蛻變而出。他們與黃花崗一役以前若干次的革命行動，有幾個顯著不同之點：一、他們物色同志，着重就地取材，質言之，即以兩湖人士為主幹，分子間的情感，比較的易於融洽。二、他們自『科學補習社』以來，七八年間，經過多度的結合，組織的經驗相當豐富，因而在佈置與運用上，比較的嚴密而靈活。三、他們運動的對象，不着重留學生、華僑、會黨、乃至『民軍』，而完全側重在當地的新軍，他們有不少的重要分子，乃是有計劃的投身軍隊，而且潛伏在下層，因而宣傳容易深入，同志也容易吸收。四、自光緒二十一年中山在廣州革命，以迄辛亥三月二十九之役，其失敗有一共同原因，即軍械不容易到手，不僅在購買與運輸上隨時出毛病，而運到的時間與數量，也無法與行動配合，武昌與漢陽是中國一個製造與儲藏武器最多的地點，因而革命不發動則已，一經發動，對這一絕對不能缺少的東西，眞是如取如携。五、武漢三鎮的規模相當宏大，交通儘管方便，但情況非常複雜，假定雜湊若干海外歸來的各省人士在這裏活動，可能因言語不通，道路不熟，情感不孚，難免呼應不靈，顧此失彼；甚至等不到發動的前夕，機關已被撲滅；活動分子已被逮捕都很難說。但武昌起義的當時，總算把這類不好的情形減少到了最低的限度，因而在籌備期間能安穩進行，等到最後出了毛病，可是已經到了敵我短兵相接的一瞬，弱點反而變成了強點。……凡此種種，看我下面的叙述自明。假定不從這些地方去體會，便以為這次的成功只是得之『意外』；只是由於瑞澂張彪的一逃；只是出於不計成敗的冒險圖功；這是不能使當日這般苦心經營的人士心服的。

『文學社』發起於宣統二年的冬季，其前身即『振武學社』，其所以棄『武』用『文』，實鑑於『振武』兩字易容為官廳所注目。『振武學社』原有分子二百四十餘人，以新軍為主體，因為為協統黎元洪所偵悉，致參加該社的四十一標左營隊官潘康時深受元洪責備，並將在四十一標的活動分子楊王鵬（字子圖，復姓楊王，湖南湘鄉）、鄭士杰、李抱良、鍾偉賓四人開除，楊王、鄭、李等因而離鄂，將社務交由蔣翊武（湖南，澧州）維持，實際已陷於停頓，此宣統二年十月事也。幸同年十一月，詹大悲籌了三千元創刋『大江日報』，與何海鳴（湖南，衡陽）、查光佛等，專以鼓吹革命為職志，居正、田桐、黃侃、胡瑛（原籍浙江紹興，寄籍湖南桃源，時在獄，但未停止活動。）等撰文協助，聲勢大張。在『振武學社』社務飄搖時期，忽得此生力軍宣傳，革命空氣乃愈趨濃厚。『文學社』實即在此濃厚革命空氣中誕生。等到組織一經就緒，乃於辛亥元旦，假新軍團拜為名，在黃鶴樓的風度樓舉行成立大會，由蔣翊武任主席，說明改名『文學社』的意義，通過簡章，並經衆推蔣任社長，詹大悲為文書部長，劉堯澂（湖南常德，原名復基，從軍後改名汝夔）為評議部長，胡瑛則在獄策劃，原有『振武學社』在各標各營代表不動，更加派新代表多人。因社務發展甚速，到本年二月，更加推王憲章（貴州新義，起義前為湖北三十標士兵，光復漢陽、漢口有功，民二討袁，與何海鳴入南京指揮第八師，與馮國璋部隊作殊死戰，民三被騙到寧，為馮所殺。）為副社長。四月，增設總務部，推張廷輔（直隸，起義前任三十九標排長）任部長。我們只要看武昌起義前文學社社員有被犧牲的彭（楚藩）、劉（堯澂）、楊（宏勝）三烈士，便可知道該社對革命的貢獻為何如了。

（未完）

聯合評論 週刊

本刊已經香港政府登記

每逢星期五出版

United Voice Weekly

第一七〇號

印人：黃宇人　總編輯：左仲平
社址九龍輔德道二十三號地下　電話68678
承印：嘉羅印刷有限公司　香港灣仔馬師道5號
總代理：友聯發行公司　售價每份港幣一毫
本報美洲版總經售處美國紐約中美出版社
CHINESE - AMERICAN PRESS, INC
199 CANAL STREET.,
NEW YORK13 N. Y. U.S.A.
美洲航空版每份零售美金一角

論「美國與聯合國」
——兼論中華民國的代表權問題

李璜

一

最近美國駐聯合國首席代表史蒂文生氏談了一大篇「美國與聯合國」，其開頭幾句，頗有意味：『我常常奇怪，爲甚麼首先獻身建立國際秩序這一奮鬥的，乃是美國，而不是舊世界的其他國家？其中的一個理由，自然是由於我國在聯邦組織方面具有經驗。另一個理由，是我以爲純是由於美國人那種固執的天眞。經驗豐富的歐洲政治家們，認識常常比較高明，不致於會去假定世界秩序之類幻想、能有任何達成的機會；只有像林肯、威爾遜和羅斯福這些天眞的美國人，纔敢於作此大胆的、大刀濶斧的美夢。不過這些夢想仍然是人類能從一個歷史紀元邁向另一紀元的道路。』

史氏的這幾句話，確將羅斯福發起聯合國，美國其他政治家以及美國人爲聯合國的宗旨，而犧牲心力，金錢以至生命的精神所在直捷的說了出來。——聯合國的創立與要維護它的健全存在，是爲的甚麼？明白言之，要這十六年前在舊金山大家所簽定的憲章，所乞求的國際正義與和平秩序兩原則發生效力，而且要靠此效力，去停止國際間一向所習慣的強凌弱，衆暴寡的混亂局面。

羅斯福的這一偉大的懷抱，以及美國人贊助羅斯福的這一爲世界人類的正義與和平願望，繼續奮鬥，都同樣的偉大！但我們中華民國，向以「四海之內，皆兄弟也」的「天下一家」爲民族懷抱，而又本於建立民國的「中國華盛頓」孫中山先生「天下爲公」之旨，其維護聯合國的創立與健全存在，在我客觀的看來，也不下於美國與美國人的。

史氏在這裏，曾有兩句話，說：『適如任何一個精神覺醒的運動；這一追求自是一段緩慢痛苦的歷程。凡是像我們這樣曾經親眼看見聯合國誕生時那種分娩陣痛的人，都知道這一歷程會有多大痛楚的。』不錯，這兩句話，史氏說得確實，我也是在聯合國誕生時，親眼看見分娩陣痛的一個人，在當時也已測知此後的聯合國的歷程是相當艱苦的。因此，在舊金山聯合國製憲大會席上，中華民國的代表，首先主張將國際正義與法律字樣要放在和平字樣的一塊兒。我還記得我國代表王寵惠先生在會議席上曾大聲疾呼的說：『和平而無正義與法律，則和平將變成可怕的東西了啊！』至於在憲章上加重「人權」的成份，我國代表數人，分頭出席任何組會議，都與美國協同爭取人權及人類基本自由的字樣，不惜與蘇俄代表舌戰竟日！我們當時即已了解發起人羅斯福的偉大懷抱，就在這人權與人類基本自由兩個原則上；這在一九四一年一月六日他所宣布的美國外交政策，所以要打倒武力強權，解放被征服國家，乃是爲要實現人類的四大自由。——因此，「人權」與「人類基本自由」字樣在憲章內的序言中，大會職權中，國際經濟合作中，凡八次見於條文裏面，這不能不說是聯合國所以發起及存在的重要精神所在！

二

中華民國的代表們，在一九四五年四至六的整整三個月，以大會召集人的身分，去協同美國代表們，大家舌敝唇焦的訂立了聯合國憲章，要想實現國際正義與人類自由，以終止世界混亂局面。到而今，不但世界局面被共產黨人撓得更爲混亂，而且最初發起，繼而召集聯合國會議四國之一的中華民國在聯合國的代表權，在現在反發生問題了！——這眞不能不令愛好和平正義的中國人感慨萬千！我不知曾經參加過聯合國製憲大會，而今又回到聯合國作美國首席代表的史蒂文生氏也同樣感到好自由正義的中國人們也與美國人同樣的天眞否？然而這個趨赴人類自由與正義理想的天眞不是幻想的，不會白白辜負了去的。因此，我更贊成史氏的後面一段話：『然而我們不該沮喪，我相信現在在聯合國中逐日發生的事件，便正代表了今日人類從事的最艱鉅、最特創、乃至最使人興高彩烈的工作。……聯合國是和美國人關於人性及人類命運的深切信仰一致的，我們在未來苦惱日子中必須緊記在心。』

三

目前，爲中華民國的代表權問題，美國大多數與論都主張要認爲是一個「重要問題」來向聯合國大會提出，並加以決議；我中華民國的朝野與論也特別強調聯合國憲章的第十八條。第十八條第二項中所謂「重要問題」，在表面上看來，乃是對會員國的選舉權與被選舉權，以及停止特權，開除會籍等的規定；但在精神上看來；其所謂「重要」，仍是本於維持國際和平與正義而來；不單是精神如是，而事實上也是：第十八條投票的一條乃是屬於第四章大會的一章的；而在大會職權裏，第十一條的一二三項都特重於國際的和平與安全的。故如果要照第十八條來將中華民國的代表權問題交付大會討論，則首應注重國際的和平與安全問題。這其中，包含兩義：一是中共的向外的侵略性及其以往與現在的侵略事實；一是中國大陸上的人權與人類自由十年來受着空前未有的蹂躪，這種蠻橫政權的蹂躪人權與自由，一定使國際無法得着和平與安全的；即是現在中共的同志蘇俄，中共的偏祖者印度，也一樣的威到有不安全，不和平的危險存在了！

要認爲中華民國代表權之決定爲一重要問題，其重要性是在這裏，而並不在地之大小，人之多少。如果，史氏所說，「聯合國本着它憲章的精神，已準備好，起而作爲這一自由的保証」這句話，美國政府眞能爲之奮鬥到底，我想上面我所指出的重要性是必然能爲多數會員國所接受的。

五〇、一一、二八

瘟君不仁，「以萬物爲芻狗」！
——與兩位最近從大陸來港大學生晤談感想

胡越

最近作者接觸了兩位從大陸來港的大學畢業生，對大陸情況有了接近眞實的了解。

近幾年來由於中共嚴密封鎖消息，地方報紙已禁止出口（在大陸內部巳禁止携帶），而准出口的「人民日報」（加上最近准許出口的「光明日報」、「大公報」及「靑年報」）很少刋載反映大陸實況的淆息，甚至連較重要的政令及政策性的文件都不刋載；大部篇幅都刋載國際事件，包括俄共中共在自由國家的滲透活動（與非洲及拉丁美洲國家左傾份子之互相訪問，支持該等國家反美鬥爭等），共產國家的宣傳及報導，尤其是對阿爾巴尼亞、北越等幾個親中共的共產國家，淆息特別多。因此我們單從大陸報刋來了解中共，已經近乎不可能了。在海外的讀者，或許認爲香港守在大陸邊緣，每天都有從大陸出來的人，從這些來人的口中，不難了解大陸實況。但是出來的人，絕大多數是廣東省沿海的漁民和農民，他們被壓在中共暴政的最低層，每天從早到晚都在共幹的指揮控制之下，緊張的活動，造成縣與縣不通音問，鄉與鄉如同隔世，他們所知道的只是吃苦挨餓，此外一無所知，甚至連共幹傳達的命令中那些五花八門的名詞，都不能了解記憶，要想從他們談話中，了解大陸的概況及中共首腦內心的問題，那眞是太難了。

最近中共畧爲放寬出境，華北華中一帶的同胞來到香港的亦復不少，但是批准出來的大多是老弱婦孺，他們也只能告訴每月二十二斤米，終年吃不着肉，沒蔬菜吃，每十天配給一罐腐乳等等生活瑣事，所知並不比廣東沿海的漁民農民爲多。其中極少數是知識份子，但是一般知識份子，被中共整得萎蘼不堪，迫處在一個角落裏，聞見之少，與了解之差，每出人意外。某些人可能有較深之了解與較廣的見聞，但是害了恐共病，或爲大陸親友的安全設想，警在肚子裏不敢說。在上述種種情形之下，要想了解大陸實況，使人有無可如何之感。但是最近作者接觸到的兩位大學生（一位是九月出來的，一位十月出來的），則有不同。他們在大陸就做反共活動，對中共動態有長期的觀察，大學畢業之後都曾做過短時期的工作，並且都曾有機會在各地旅行；因此從他們的談話中，我們才了解了一年來大陸的眞實變化，才証實了許多懸而未決的疑難。現在檢其重要者，列述如左。

一、從去年十二月到今年六月，大陸曾進行一次大整風。這次整風稱爲：「反共產風運動」。整風所根據的主要文件是毛澤東手訂的「農業六十條。」這次整風的目的，在於淆除農民的普遍怠工，所謂「調動農民積極性」，來挽救其農業生產的崩潰。在「農業六十條」中，重要規定包括解散「公共食堂」、「發還自留地」，容許恢復家庭副業，開放自由市場，保証「三包一獎」（減低徵糧定額，超額生產歸農民所有，不足受罰）兇現等等。無非是實質上解散「人民公社」、放棄「大躍進」。毛澤東怕這些退步利誘的辦法仍不足以獲得農民的信任，於是再配合「反共產風運動」，鼓動農民協助中共整風，挑出一批被農民所恨的共幹爲祭羊，開大會鼓動農民鬥爭他們，控訴辱罵毆打，在他們臉上抹狗屎；以這種辦法來表明，這些共幹未能正確的執行政策，所有的亂搶亂奪私有財物，厲行共產弄得天怒人怨的罪惡，都是這些共幹做出來的，黨和毛主席並沒有這種意思！曹操殺楊修以安軍心，現在毛澤東整共幹以平民憤。兩位大奸，前後輝映，同是「以萬物爲芻狗」的大忍人。

二、今年二月間，大陸各大都市普遍發現反共反黨標語，反共標語多喊「打倒毛澤東」，「打倒共產黨」，「迎接海外反攻」等，反黨標語則有「反對劉少奇任主席」，「爭取黨內民主」等。同時期駐上海中共海軍曾發生一次暴動。

三、西北地區缺糧最嚴重。尤其是靑海省（該省生產以漁牧爲主），向來靠外省供輸糧食；由於全面糧荒及運輸困難，現在被迫實行糧食自給。而該省又爲下放繆殖及勞動改造集中的地區。據知一九五九年以前每人每月配給「靑稞」（靑海產的一種雜糧）二十斤，而目前只配米糠十二斤。兒童被餓得不能起床上學，成人半數臥病不起。迫得掘墳挖屍，把屍骨碾碎吃骨粉！（骨粉滲合糠做饃饃，因爲單是糠黏不起來）。武漢三市吃人之風熾烈。滿街都貼着尋找失踪兒童的街招。在自由市場買肉，一定要揀帶皮的猪肉，無皮的肉多是人肉，但是無皮的人肉照樣賣六元人民幣一斤！

四、中共今年徵兵改變了政策，以往徵兵以農民爲主，今年則以都市靑年（尤其是高中學生）爲對象。其原因有三：（一）保存農業勞動力，（二）農村生活太苦，影響士兵情緒，（三）大學多不招生，解決高中學生失業問題。

五、在農產品嚴重歉收情況下，原料缺乏迫使工廠停工。上海的紡織廠已有三分之一停工。工人被驅返鄉，投入農業生產。或關在工廠裏學習政治，停工結料。一九五八年實行「公社」時，從家庭抽出的婦女，因工廠停工已全部重回家庭，公共食堂隨着解散。拿廣州來說，「新華」、「廣州」等四大煉鋼廠；兩廠完全解散，一廠緊縮保持半額生產，唯「新華」鋼廠維持存在。

從上述情形看，今日大陸已不可終日，但是大部分同胞都被餓得舉步維艱，而監視人民的軍隊、特務、警察則被養得腦滿腸肥。拿軍隊來說，每人仍配四十五斤，坐火車、飛機、輪船有特等候車室，可在大飯店、招待所任意吃肉吃酒；陸軍少尉薪金爲中學教師之兩倍；軍官可以在防地攜帶家眷，家眷可在防地安排工作，中共把他們養成既得利益階級，用他們在鎮壓貧血體弱的大陸同胞，因此坐待大陸發生革命，希望甚微。而最近國民黨最高當局接見科學箴言報記者時，猶在說：「一等大陸發生大規模的反共革命，即揮軍反攻大陸」！

從即墨之戰看反攻復國問題

——兼論新人才的出現

劉裕畧

中國當前急務有二，一是民主建國；另一是反攻復國。本文着重討論到的，是後者。

筆者到港十二年，曾屢次發現反共人士中之少數人雖有反共熱心和決心，但惑於我們的敵人——中共的外形太龐大，敵人兵員數字多，台灣兵員數字少，因而未能完全確立反攻復國的信心，這也就是有人提出錯誤的「公算論」之由來。其實，影響一場戰爭勝負的因素極多，豈只簡單的兵員數字多少問題？假若軍隊多兵員多便一定可以打勝仗，軍隊少兵員少便一定會打敗仗，則十幾二十年前之中共軍隊只二三萬人，又如何會能够在江西負隅頑抗？毛澤東隨後突圍，逃奔了二萬五千里，所剩兵卒不過八千，又如何終於佔有今日之大陸呢？當時的國軍不是爲數達五百萬之衆嗎？吾人既非辯証唯物主義者，本不應迷信兵員數字，何況，就是相信辯証唯物主義的共產黨人也否定兵員數字之大小是戰爭勝負的惟一決定因素。再看中國歷史上，以少勝衆，由弱轉強的戰例極多：吳越之戰、即墨之戰、鉅鹿之戰、赤眉之戰、赤壁之戰、肥水之戰、安史之戰等皆是。若少不能勝衆，弱不能轉強，則歷史上改朝換代的事也根本不能發生了。原有的統治者誰不強大呢？新起者初時又誰不弱少呢？若強弱之勢不能變，則歷代王朝便不可能有變易。然而歷史上的朝代屢變，這就充分反証軍隊少兵員少的一方，並非不能轉變爲勝利的一方。當然，這不是說弱小者一定可以轉變爲勝利者，弱小者如果才器薄弱，戰志低沉的話，當然只有趨向死亡，更何語於勝利？所以，強弱轉變之道如何？當視鬥爭雙方的「人」的品質及其運用的智慧的高低而定，今日的反攻復國問題亦是如此。本文之所以特選以少勝衆轉弱爲強的一個典型戰例——即墨之戰來加以討論與分析，用意亦在此。

據說現在金門前綫正樹立着一塊蔣先生所寫「毋忘在莒」的刻石。這四個字對蔣先生個人來說，倒眞的頗有意思，但我却以爲即墨之戰對當前局勢的敎訓意義更大。

關於即墨之戰，歷史上有一段爭論，那是有關燕將樂毅所統帥的軍隊，究由那幾方面的軍隊所組成的問題。有的說是由燕趙兩軍組成，有的說是燕聯合秦楚和三晉之軍組成。田敬仲完世家稱燕秦楚三晉各出師伐齊。徐廣云：「案其餘諸傳，無楚伐齊事，年表云：楚取淮北」（史記田敬仲完世家注）。實則燕召公世家只稱楚與謀，六國年表則只稱燕秦三晉擊齊，是出兵伐齊者似有五國。但樂毅報燕惠王書，言伐齊經過則說：「王（昭）若欲伐之（齊），則必舉天下而圖之。舉天下而圖之，莫若徑於結趙矣。且又淮北宋地，楚魏之所同願也。趙若許約，楚趙宋盡力，四國攻之，齊可大破也。先王曰善。臣乃口受令，具符節，南使臣於趙，顧反命起兵，隨而攻齊，以天之道，先王之靈，河北之地，隨先王舉而有之於濟上，濟上之軍，奉令擊齊，大勝之」（見戰國策燕策三）。再看荀子王霸篇論齊曰：「南足以破楚，西足以詘秦，北足以敗燕，中足以舉宋，及以燕趙起而攻之，若振槁然，而身死國亡，爲天下大戮。」荀卿久住齊，所述當係根據事實，合荀子與樂毅書參証，亦可見燕伐齊，事前雖曾與有關各國聯絡，但初期正式出兵構成聯軍之主力則係燕趙之軍。現在且不論伐齊聯軍之組織成份如何？聯軍在公元前二九四年（燕昭王廿八年）由樂毅統帥伐齊，且大破齊師，攻入齊國之臨淄，齊國數百年來所積得之珠玉財寶，車甲珍器被刼奪一空，齊湣王出走，樂毅連下齊國七十餘城，燒其宗廟，殺其父兄，除莒和即墨兩城外，其餘各地都迅速被佔領，均被列爲燕之郡縣，樂毅且進而圍攻即墨甚急，皆係事實。

若以當時齊國所面臨之危險來比今日偏安台灣之中華民國實在過之，蓋今日台灣尚有台灣海峽與中共相隔，且又有美國第七艦隊保護，台灣省及由大陸遷往之人口超過一千一百萬，陸海空勤各軍總數達六十萬人之多，海外尚有千餘萬華僑，在整個鬥爭形勢上更有反共的民主集團互相支助，自非兵員財力物力均屬有限之即墨孤城可比，而其敵人之強大則更遠遠超過今日之中共，若純從軍隊多寡兵員多寡這一機械的數字來看，則即墨孤城若不被滅亡，亦必餓死了。然而新的人物也就可這時候突然起來。只因齊國當時突然出了田單這樣一個新人，齊國遂終於擊敗了強大敵人而反攻復國。

那末，田單又憑什麼能够在如此微弱困厄的情況下，以少勝衆，轉弱爲強，乃至迅速完成反攻復國的艱巨任務呢？

無可否認，田單之所以能够達成這一艱巨任務，是由於他的智慧和由智慧所產生的運用的緣故。

當然，所謂新人，也不是每一個新人都具備這種智慧都能負担這種艱巨任務的。必也其人先具有卓越智慧，能以其慧眼看破敵人之弱點（法國軍事家所謂局面眼），並又能由此高度智力提出新而有效的戰鬥方案，且其技巧又足能使其新而有效的戰鬥方案付出實踐才行。否則，如果當政者仍是一批頭蓋骨底下缺乏腦髓的舊執政者，既提不出新而有效的方案，有如現今國民黨當權派那樣，擁有數百萬大軍，尚且被弱小敵人由七八千而滾雪球式的越滾越大，以致滾去整個大陸，則謂能反攻復國，其誰信之！

當樂毅率燕趙聯軍攻入臨淄之日，齊湣王出走，僅以身免，燕國人心渙散，楚魏兩國亦乘時分畧其地，最可笑的，是齊湣王此時出走，歷衛、鄒、魯等國，國內不免有人仍對他可以取得外援發生幻想，而他却仍一路大擺其官僚臭架子，有如今日台北之國民黨當權派，難怪其結果是到處碰壁，更難怪他回到莒地之後，也終於被人殺了。回看蔣先生之所以特在今日金門親題「毋忘在莒」四個字，倒反映蔣先生本人的警覺心比較高！

齊國的執政者既然如此，依常理看，齊國一定完了。但新的轉機却也正在此時此際產生，田單原不過是齊國王室的支裔，樂毅率大軍攻齊時，他不過只在臨淄市官手下做一名小吏，敵軍湧來，田單初時也像其它許多難民一樣從臨淄逃難而已。他先逃回他的故鄉安平，但他知道安平亦不能守，曾敎族人把車軸的末端截去，加上鐵套，準備再逃。跟着，燕趙聯軍果然又以風捲殘雲之勢攻入安平，安平人民爭先逃奔，但多因車軸撞毀，行動遲滯，而被敵人追及，擄去爲奴，獨田單和他的族人因爲車軸有了鐵套，得以安全避入即墨，迨敵人進攻即墨，即墨大夫戰死，城中無主，衆人始推田單爲將軍，以抗燕。田單被推後，當即負起責任，親自負版鍤（築城用具）與士兵共勞，盡量把酒肉分給士兵，自己的妻妾亦編入戰地工作隊服務，以同甘苦，只看田單的這些作風，就知道田單不只有智慧，而且眞能負責苦幹。他的作風與越王勾踐的作風很相像，而與今日國民黨當權派在台北的苟安享受則完全不同，完全相反。正因爲他能這樣，所以即墨雖小，他却把人心團結了起來，而且把戰志提高了起來，也只因爲他能這樣，齊國的前途才眞正呈現一線曙光，由於田單先把內部健全了起來，然後所謂待機復國的待字也才眞正有了意義，而在敵我兩軍相持時，敵人內部果然發生重大變化，田單的機會便眞的來了。先是重任樂毅的燕昭王於公元二七九年死去，他的兒子燕惠王即位，惠王與樂毅不睦，田單遂看準機會，利用形勢，以他高度智慧，對燕惠王施用了一個政治性的反間計，以反間正在圍攻即墨的這一個最兇惡的敵人——燕國名將樂毅，燕惠王果然中計，改派一個低能的將軍騎刼來代替樂毅，樂毅一去，田單遂在軍事上以他的高度智慧再使出一套新的戰法，以火牛陣進行反攻了。

當騎刼奉燕惠王令代樂毅爲將時，樂毅懼禍，不敢返燕，奔趙，田單知燕軍可擊，而齊國軍民此時又已完全團結一致，遂先以詐術使敵人懈其備，同時盡收城中牛千餘頭，使人束兵刃於其角，灌旨逐帶於其尾，就城鑿穴而出之，使壯士五千人隨其後，牛尾熱，羣牛均猛如野獸，向前直衝，怒觸燕軍，燕軍皆驚駭大敗，齊人殺燕軍統帥騎刼，追奔逐北，至於河上，遂復全齊。

從上述故事，可顯然看到：戰敗後的齊湣王及其左右，除了昏瞶無能，仍大擺其官架子外，已不能担負反攻復國任務，實已至爲明顯。若非田單這一新人起來，則齊國必已滅亡。而田單何許人呢？不過臨淄一小吏耳。可見眞能負担反攻復國的新人物，並不一定要什麼虛名和什麼資歷，且田單之所以能够起來，則又絕非由齊湣王或繼其位的齊襄王的任何選拔，相反，而是由於人民大衆的推選。這尤其說明只有一種人民選舉的民主制度，才眞能使新人物新人才浮現出來，舊的腐敗的低能的自私的官僚小圈子則恰巧只是出現新人物新人才的障礙。所以今天要反攻復國，要有新人物新人才，非努力打破舊障礙不可。

時代正在期待正在呼喚眞能苦幹實幹智能超越的新人物新人才；而不是需要一些放任的自私的、狹隘的、鄉愿式的、或政客式的人物，但願未曾眞正掌握過國家政權的人們，尤其是二三十歲的青年愛國志士，恢宏氣度，昂揚戰意，把握時機，當仁不讓，加倍努力！

中華五百萬人反共委員會發表宣言
反對聯合國爲中共問題組織特委會

（紐約特訊）中華民族反對中共加入聯合國五百萬人委員會爲反對聯合國大會組織特別委員會審查中國代表權問題事，特發表宣言，除譴責台北當局外交措施失當外，并反對聯合國爲中共問題組織特別委員會。畧稱：

「中共爲侵畧政權，並非爲愛好和平之國家，十二年以來，對內對外所犯罪行，擢髮難數。聯合國二次譴責在先，其不合會員國資格，爲昭著之事實。何需調查？又何需組織特別委員會以調查其事？何況該案縱能順利通過，其組織人選，必類乎「三頭馬車」，結果如何，毋待預測，則明年大會，同一問題又將重新發生，未知彼時吾國代表團再有何種禮物可以奉獻？

為今之計，我國代表團應以往日說服政府之辯才，說服友邦並中立國家，通過有關中國代表權問題之議案必須得三分二票通過方爲有效之一點，即是否決蘇聯無理之議案，而永擯中共於聯合國之外。如此方能不負國民之所期望。

總之，外交決策，應取主動，[illegible]毅力，不受外力壓迫，不受環境支配。昔北京政府拒簽巴黎和約，山東卒歸我有。國民政府委曲求全，承認雅爾達密約，大陸終致淪亡。歷史往事，斑斑可考，心所謂危，謹此宣言，全國同胞幸共鑒之！」（飛）

一個留美學生的感言

程國强

胡越先生的「歷史的期待」看了令人感慨萬千，不禁多看了幾遍。本來嗎！這種問題如果由留學生自己執筆，也許更要切題些或生動些。來美多年的我，所經歷的和看到的總算不少，早就想寫一點留學生的問題；但一直爲生活與功課所纏，終未提筆。以一個學歷史的我，週一到週五上課，週五到週日做工，別說是寫文章，就是上課、吃飯、做工、寫信，也是要排緊時刻，絲毫不課；社交生活早已剝削殆盡的了。到底我只是一個稍可代表一般學文法同學的心情，既非達官貴人子弟，更不是拿津貼的職業學生；既然不受這限制，倒可以暢所欲言，以實事報導。

我很同意胡先生所分析的「人才出超」的結論，但顧就歷史的與現實的理由來說這「花葉飄零」的問題！

歷史的：留學生自考試、受訓、領護照到簽証，於辦妥一切，受盡了政府官吏和洋人的百般爲難，都是一肚牢騷，滿腔憤怒，恐怕只有身歷其境才體會得到。在台時無人敢言，一旦上了船，三五成羣的集在一起，無不破口大罵：總算脫離了這個牢籠，再可說在心理上，已先有了惡感，一呼吸到美國民主自由的空氣時，人人都會想到：唉！不出台灣不知世界之大，自由民主不符其實，一比就顯然了。譬如美國大學有集會、結社的自由，有信仰、言論出版的自由；可是在台灣的團體活動完全是在救國團及國民黨部的控制之下，信仰限於信條，出版限於八股，尤其是不勝其煩的開會遊行，効忠運動，高呼個人萬歲。我剛抵美國西岸時，正值海岸工人罷工，數十人圍成一圈，身背紙牌，繞港而行，三五警察，無可奈何，並無武裝彈壓，這是民主自由的表現。抵校的次日，又值二黨各選的高潮，學生代表對立演講，大爲本黨拉票。當時我的感想是爲什麼時到今日，台灣各大專只有國民黨的特務搖旗吶喊，而無他黨的活動呢？於是在自由和民主的眞僞比較之下，這些學生了解了原來我們才是被欺騙了的一代。共產黨把大陸竊據多年，殘殺和奴役多少同胞，已是惡貫滿盈；可是國民黨丟了大陸而不知改革內政和早日反攻，只知粉飾太平，偏安一隅，這個責由誰負呢？由是這被欺騙的一代，在選擇返國的時候就舉足不前了。何況是近年來達官貴人的子弟可不經考試而來的不計其數，劃着十字，抬着病架，打着商展旗號甚至以爲人僕傭爲名，貓三狗四，只要有一人得道，雞犬皆可昇天。比起我們當年出國之難眞不可同日而語了。前些時陳誠訪美時，我正在此做工，爲了表示對政府外交的關切，特別買了一份報紙，誰知翻開一看，照片是他與二女一男的合照，標題是大團圓。他的兩位小姐怎麼來的我不清楚；但據說已來了六七年，算來當是中學時代就出國，未免有點令人心寒，因爲同一時期我有幾個朋友正被保安司令部刁難呢！其次是上一期的生活雜誌載有蔣「總統」的一幅老少對奕圖，老的滿面慈容，少的不滿二十。標題註明他們都在美國受教育，而回國渡暑假，固然蔣氏日理萬機，需要家庭生活的調劑；但是他的這些子孫怎樣出來的呢？這些事實無寧說都是對政府學留政策的一大諷刺。

大陸上的同胞被共產黨欺騙，已經是悲慘萬狀了，號稱反共的台北當局反而用共產黨的手法來欺騙我們，這一應該如何向歷史交待的問題，恐怕也只有國民黨當權派最清楚了。因此留學生最苦悶的心情莫過於洋人問起台灣的情形，我們總要以中國人的立場來答覆，家醜不可外揚，必須昧着一點良心說話。國民黨的不爭氣是事實，但他總還是奉的正朔，我們爲了中華民國有維護這四字的必要。譬如說二年前筆者曾在奧勒岡日報駁斥波特議員的兩個中國論，同時更在扶輪社數次演講共黨必敗的問題。可是，爲了取得更多資料而寫信找華府的曹文彥參事索取時，他竟連隻字未回。固然筆者的政治份量也許不夠，可是使館的文化參事所設何用，請注意向美國民間爭取同情，恐怕留學生所說的話有時比外交官還要有用呢！

其次是現實的：政府口號喊得響，歡迎留學生返國並有輔導會的成立。我有一位朋友，父親是台灣人中政壇上的第一位，回國已半年，仍無事分發，家中苦坐了半年，總算憑私人關係去淡江文理學院敎書去了。據說他不是學理工的，因此難以安插，外交部派系林立也進不去。我但願這不是歧視台灣人，因爲黃少谷的女壻夏功權也沒經過外交官考試而進部的。

留學生來美第一是求學，其次是謀生，由謀生而感到台灣生活更不易，再加上對歷史現實的不滿，所以生活趣於消極，我的幾位朋友，有的雖在學校掛名，實際上暗操堂倌生涯，每天忙於生活。這是時代的不幸，也是青年的悲哀；但是比起回台灣去坐冷板櫈，和失業等苦況，還是寧可在美國暫時觀望，但這是不得已的心情。當然這只是限於學文法的；至於學理工的，只要一畢業都可以找到一份相當好的職業，有安定的收入，有固定的生活，有女孩願嫁。雖然他們不一定都願做美國人，永遠寄人籬下；但是比起生活在政治氣壓低沉的台灣，他們尚復何求呢？因此，生在這一時代，有時代的悲哀，不幸未學工的更是學文法者的悲哀；理工的同學，也皆「等是有家歸不得」，雖有物質享受，而鄉愁國恨卻是人同此心啊！

總之，留在國外的學生，都是不得已的，而且都有着滿腔難言之苦，政治的、經濟的、婚姻的。正如胡先生所言，他們都在等待報國時機而暫時悽身國外，同時受過民主自由敎育的陶治，能同流合污，俯首稱臣的還是少數。與其回到台灣被監視或失業失踪，倒還是留在外國自由自在的好。固然留學生不應忍心放棄自己的責任，但我們始終希望是在台灣能改革內政，刷新政治是當急之務，而反攻大陸是迫不及待的要圖。我敢說如政府反攻令下，留學生必拋棄一切，返國歸隊。因爲留學生、海外僑胞、大陸同胞以及台灣的同胞的命運是血肉相連的，這倒有就敎於國民黨諸公的必要了。

（十月十四日寄自紐約哥大）

留學生還可再沉默嗎？

岑慶

最近接到一位留加拿大同學的來信，似以大義凜然的口吻對我諸多指責，所謂秀才造反，紙上談兵等等成語，均已用到。如此的觀念，竟會出於一位在民主自由國度享受高等敎育者的思想領域，實不能不令人嘆息。雖然如此，我們相信他決非所謂忠貞分子之流。但無可否認，他顯然受了中國知識分子「明哲保身」這一傳統觀念的遺毒。可是，我們的國家已臨存亡危急之秋，同胞正在水深火熱之中，我們雖幸而能逃出虎口，在有高度物質享受的外國安居，所謂此土並非吾土，我們怎能再沉默呢？

一隻飄零的花果，自然能深切了解同一命運者的心情。今天我們同有一顆國破家何在的心；但面對現實的勇氣却有所不同，更談不到改造現實的決心。我們能留學外國，可說是這一代最幸運的青年，應該對國家民族負更重大的責任。身處中共鐵幕恐怖和在獨裁者統治之下的許多知識分子，倘能不顧一切迫害和犧牲，不時發出怒吼，我們留學外國，自由自在，怎好沉默下去？

五十年前，先輩留學生們痛恨滿清的專制和列强的肆畧，起而奔走呼號，不惜拋家財，擲頭顱，終於達成創建中華民國的目的。如今他們奮鬥犧牲的成果，却又被共產黨與獨裁者摧毀，我們這一代的留學生如不能把它恢復，又將如何向歷史交代？

中國共產黨已經忘記了他們是中國人，我們對他們除了予以從根剷除而外，別無話可說。國民黨當權派雖然還在口稱中華民國；但退守台灣以後，不但不知悔改思過，反而更加窮兇極惡。甚至於違憲連任之後，還要傳子。名曰反共，而實則自信全失，不惜處處效法共產黨之所作所爲，厲行特務統治，迫害人民自由，無所不用其極。居在台灣任何一個中國人祇要被認爲對於一人一姓的家天下局面有所不便，縱不受牢獄之災，亦難逃「受感化」的命運，火燒島上的變相集中營，就是蔣經國留學蘇俄十餘年的心得。爲了搶救這一反攻復國的基地，我們也不能再容忍和沉默了。

這些日子來，祇要翻開報紙或看電視新聞，幾乎每天都有不利於中華民國的消息。我們被趕出聯合國的危險愈來愈大，我們在美國寄居的中國人都得準備着面對未來的可悲的局面。獨裁者的外交努力。竟至連半數國家的支持都找不到，而迫得以外蒙來換取暫時的苟全，實在令人惡心。當年袁世凱爲了想做皇帝，以便傳子傳孫，不惜做出許多出賣國家民族的勾當。現在蔣介石對於獨裁統治毫不放鬆；對於國家利益，則慷慨放棄，我們還能沉默嗎？

我以爲容許外蒙入聯合國，比容許中共入聯合國還要嚴重。因爲後者祇要我們打回大陸的一天，就自然消滅；而前者則不能如此簡單。今天旣已允許外蒙入聯合國，將來如要收回失地，便會被指爲「侵畧他國」。再就法理言之，獨裁者壓迫立法院同意放棄否決外蒙的原有政策，完全是一種自相矛盾的非法行爲，因爲所謂中蘇友好條約旣未經立法院議決廢止，現在該約旣未恢復，依據該約而產生的外蒙傀儡組織根本就沒有資格加入聯合國。據說：獨裁者曾要求美國保証我國再在聯合國的席位五年爲期；但若不反攻大陸，而將中共推翻，在國際間强權重於公理的今日，不僅口頭保証無用，就是黑字寫在白紙上的保証，也不可靠的。獨裁者不思革面洗心，自立自强，而祇圖依賴盟國的保証以維朝不保夕的殘局，我們還能坐視中華民國被他們葬送而無動於中嗎？

十二年前，獨裁者被趕出大陸，並非中共如何强大，僅是人民受不了獨裁者的種種倒行逆施，予以拋棄，中共便乘虛而入罷了。我們不希望這幕歷史在台灣重演；可是現實又偏偏似乎很可能如此。我們當年既經歷大陸變色的慘痛敎訓，實不容再自我欺騙，更不能逃避現實。我們留學在外國的同學們，當此國家民族已到了再退一步即將被毀滅之際，我們雖然逃出了魔鬼的迫害，得着了個人的自由；但是千百倍於我們的同胞仍在水深火熱之中，我們能熟視無覩，充耳不聞嗎？一個一半自由，一半奴役的世界，是絕不能永遠存在的。然世勢之傾向於何方，端視我們願意獻出多少的努力而定。我們爲什麼不用我們的努力去挽救自己國家的命運呢？

今夏我所在的這個小鎮，舉行美國南北戰爭百年紀念，我曾問籌備會的主持人：爲什麼還要來勾起那不愉快的回憶？他說：「百年前不僅黑奴出賣自由，即白人的自由也隨時被侵畧；有良知的人起而領導反抗，發出人權平等的要求，從此個人的自由和尊嚴才奠下不可動搖的基礎，國勢也就日趨於富强。爲使人人有所警惕，人權與自由不會再度淪喪，這就是我們每年此日都要舉行紀念的主要意義。」我聽了之後，非常感動。人家在百年以前就爲人權和自由而犧牲奮鬥，我們號稱有五千年燦爛歷史，仍有人視獨裁者蹂躪人權和自由爲可忍而以保持沉默爲得計，無怪我們的國家淪於如此的苦境了。

台灣簡訊

志清

一：台北市府九代同堂

台北市長及市政府所屬機構中的八個主管，目前都是代理。除省府委員周百鍊兼代市長而外，教育局長由顧問盧啟華兼代，社會局長由秘書唐皇兼代，工務局長由課長劉鼎文兼代，公車處長由業務室主任何伯林兼代，家蓄管理處長由秘書梁鏡吾兼代，秘書室主任由顧問賴春貴兼代，地政科長由股長郭曉鐘兼代，社會教育課長由秘書蔡經兼代，總計有九「代」之多。因此，有人稱之為九代同堂。最可注意的，是原來的九個主管，除了一個死亡，一個辭職而外，其他七個幾乎都是因涉嫌貪污被控而停職。由此，亦可見台灣的貪風已經到了怎樣的一種程度了。

二：國民住宅之恥

報載：台灣省政府要求美國駐華安全分署將歷年所貸給的國民住宅興建費八千餘萬台幣中有關省縣市國民住宅之四千萬作為贈與。該署答以須俟省府收回應收未收房款及出售已建未售國宅，並完成應建未建國宅後，才可贈與。但因國宅專款或被挪用或入私囊，以致預定的建房計劃無法完成；而已建成者又多被特權人物佔用，或抗不交款，或交而不足，事實上無法做到安分署所提的贈與條件，省府甚感為難云云。

有一家民營報在刊出此一消息之後，還慨乎言之的說道：「看了這條新聞，我相信凡有人心血氣，當無不歎息痛恨。我們向洋人要花錢，已經夠瞧老半天了。那想到要來的錢又教「特權份子」無恥吃掉，致使國宅中斷。而官吏無能，甚至混水撈魚，如今幾個大貪污案都發生在國宅上。更有進者，市議員居然對牽扯進去的官吏來個集體拜訪，慰問有加，意態洋洋，自詡為「有人情味兒」。試問人間還有羞恥，世事還有是非乎？

現在花錢的老爺說話了，錢是可以給的，但是要把事情弄好。

「我們沒有理由說安全分署小氣，既要送錢又提條件。要知四千萬台幣不是小數，合到美金百萬元。安分署如果胡里胡塗的送出去，對於美國納稅人也無法交待。況且「君子愛人以德」，美國人監督這一筆錢的用途，是交友的正道，就像我們不能送錢給朋友狂嫖濫賭一樣。

「據說在亞洲諸國中，我們有時還有運用美援比較適當之名，逢洋人有此讚語時，報上常大字刊登，榮於華袞焉。然而在國宅方面却是一塌到底，自行政院國宅興建會到各縣市的國宅興建，到處是貪污舞弊及覇佔賴債。墨吏與特權階級交征利，則國宅未有不危者。

「國父倡民生主義，而他的信徒對於「民住」問題不但毫無貢獻，且以專拆民宅為能事。今更自國宅吸血吮髓，面孔丟到美利堅，興念及此，能不令人頓足痛恨，長太息乎？」

三：陳誠又過一關

在蔣介石放棄否決外蒙，而陳誠又適於此時移住榮民醫院檢查身體時，台北曾一度盛傳陳去周來之說。但國民黨八屆四中全會開會後，除推派委員到醫院慰問陳誠而外，並於政治報告決議案中，認為他「對當前國際形勢與大陸匪區情況的分析，以及今後反攻復國方向與工作重點的提示，均屬正確允當，自當鄭重接受」，顯見陳誠尚可暫安一時。在政治報告決議文中，還首次公開承認反攻大陸的準備未充分；尤其是政治、社會、組織及風紀各方面都需要改進，無異把若干年來自吹自擂的虛妄宣傳都自我否定。可知，所謂形勢比人強，當權者實逼處此，也無法自圓其說了。

四：官商勾結騙貸十萬美元

中央信託局易貨處副理謝滔，襄理兼第三科主任陸增元，辦事員潘懋源等三人，與福隆紡織公司董事長符逸冰串通勾結，騙貸美金十萬元，案發後經台北地檢處偵查屬實，於十一月二十日提起公訴，請從重處罰，並沒收其所獲之十萬美元貸款。據起訴書指出，福隆紡織公司因外銷英國棉布一千二百萬碼，經外貿會核定，由交通銀行借款購料，並交中央信託局監督辦理。但該局以頭寸不足，乃行函中信局及外貿會，祇能借墊美金二十萬元。福隆公司原已向中信局抵押十萬美元。符逸冰（前曾因偽造文書，被高院判徒刑三年，於四十七年服刑期滿出獄，於同年元月任該公司董事長）乃與陸增元等勾結，將該局原擬向交通銀行撥借轉貸與該公司的十萬美元收條改填為二十萬美元，因而騙得十萬美元之貸款。被人舉發，才由中信局報請最高檢查署下令台北地檢處負責偵查。

五：議員與市府職員勾結舞弊

台北市議員楊玉城利用身分為房屋營造商及若干市民向工務局領取建築執照。依照規定，新建房屋必須有原子防空坑之設備，始可發給執照。楊乃與該局有關職員串通，凡申請建房者必須購買他所推銷的原子防空材料才能順利的領得建築執照；否則就會困難重重。一般建築商和市民不堪其擾，卒向治安機關提出檢舉，經市警局刑警隊偵查月餘，發現楊等曾因此獲得不法利益為數甚鉅，幾經傳訊，楊玉城均拒不到案。據十一月二十日報載，有關方面對本案至為重視，已指示警局應擴大偵查範圍，不日即將採取行動。

六：港口司令被彈劾

基隆港口司令文宗萬及基隆市開發委員會主任委員謝貫一等七人因轉借兵工機械供私人利用，從中圖利，被監察委員于鎮洲、陶百川、葉時修三人提出彈劾，經監委陳志明、曹德宜、蕭一山等審查通過，於十一月十八日由該院送國防部及公務員懲戒委員會法辦。

據彈劾案指出，基隆市政府土地開發委員會於四十八年六月向基隆港口司令部借得推土機一部，作為開發該市東明路土地之用。復於八月經謝貫一、文宗萬同意轉借與民營煤氣公司開山達六十九日之久。由於使用過度，保養不良，竟致副引擎部份遭受損毀，乃由該公司付出一萬元，由駕駛上士汪昌煥勾結內湖工兵學校助教上士鹿邦克，竊取該校器材掉換。四十九年該推土機被派參加八七水災重建工作，在停車場試用時即發生爆炸。以致此一價值美金二萬一千六百餘元之美援新機器，不堪使用。總計該推土機為該煤氣公司所作工作，約相當於八十二萬餘元之人工，文宗萬違抗軍令，竟以軍用物品長期借與商人使用，而在該推土機為煤氣公司開山之期間，謝貫一尚支給駕駛人員津貼一千五百餘元，顯有勾結圖利之嫌。被人舉發後，曾經陸軍司令部及台灣省政府派員調查屬實，惟僅予以記過處分。監委們認為案情重大，不能如此了事，故再提出彈劾。

七：台灣的新五害

十一月二十二日監察委員余俊賢在院會指出目前貪污盛行，乃因社會上有新的五害，即司法、警察、稅務、地政及房屋建築等五項政務的若干主辦人員。他說，以言司法，打官司是假的，送紅包才是真的；有了紅包，便可勝訴。以言警察，也以收紅包為辦事的標準。有幾位做生意的人曾告訴他，沒有紅包，就休想作生意。以言稅務也是一樣，祇要送紅包，一年做幾百萬元的生意，祇須上幾百元的稅。以言地政，也要送紅包才能把事情辦通。至於領取建築執照，更非紅包莫辦。他認為這些事實都令人痛心疾首。主張對上述五害從嚴懲處，不能寬恕。

八：海外某文化團體改組

台灣在某埠設立的某文化團體，表面上是以救濟反共文化人為職志，而實際則以為國姐和女明星們送往迎來和導文化顯貴看一元試片等為能事。因其並無固定的工作開支而却有華麗的會所和三萬港元一月的經常收入，一向被認為肥缺。據悉，最近已經改組，改聘某院長為掛名主任委會，而以某馬前卒為秘書，但某要求將秘書名義改為秘書長，俾可光宗耀祖。惟如此則必須修改會章，現正由所謂大陸救濟總會請示蔣經國決定。又聞蔣經國派駐香港的某一特務頭目，奉命撥港幣五萬元交該馬前卒辦一小型報刊，加強反美與反民主之宣傳。但他有感於過去靠美元起家的某出版社社長在美元不繼之後，僅僅於雷案發生時為當權者有所辯白，即獲得獎金五萬元；而他則在過去兩年中曾為當權者出死力，功勞甚大，因而要求將這五萬元交與他全權支配。但國民黨第六組駐在該地的機構却要派一人為會計，兩者相持不決，因而至今尚出刊無期。

監察委員談興亡之道

見微

在當權者剛以歌舞昇平的姿態來慶祝個人的生辰後，監察委員們都感覺到我們的國家已面臨興亡的關頭。一週以來的監察院充滿了挽救政治頹風的呼聲。除了說不盡的貪污枉法而外，陶百川還於十一月二十二日的院會中別開生面，大談國家興亡之道，他說：「前幾天我曾說過國家政治上的五大弊病，今天提出「國家興亡政理六條：

一、敗亡之由：（一）國家之敗，由官邪也；官之不德，寵賂彰也。（二）國家之敗，由吏怠也；吏之失職，賞罰廢也。（三）國家之敗，由財盡也；財之匱乏，舖張過也。（四）國家之敗，由人私也；人之偏私，榜樣少也。（五）國家之敗，由法弛也；法之不行，自上犯也。（六）國家之敗，由政壞也；政之不修，人不滅也。

二、救治之道：（一）救官之邪，祇須嚴懲貪污，不用小人。（二）救官之怠，祇須改善待遇，信賞必罰。（三）救財之盡，祇須減少消費，杜絕浪費。（四）救人之私，祇須用人惟才，天下為公。（五）救法之弛，祇須「行法修制，先民服也」。（六）救政之壞，祇須起用眞才，廣開言路。」

在說明他這一篇道理之時，陶氏還舉了許多例証。如關於浪費者，他說：「韓國政變首要朴正熙此次訪美，受到熱烈的歡迎，據悉是因為他反共、反貪污、反浪費；但我們則動輒邀數千人來台參觀各項軍事演習，由政府供旅費及食宿等等，實在浪費舖張。」又如關於枉法者，他指出「法院改隸問題，早經正式決定；但至今年餘，尚實施無期。」他更認為「今日官邪成風，領導人物應負責任。假如他們能以身作則，用人行政，大公無私，即可轉移風氣。」從陶百川這一番議論看去，可知台灣在「偉大領袖英明領導下」的所謂「進步」，究竟是怎樣一回事了。

如此「小秋收」！
中共驅人民向山林索取食物 安東地區已有十幾萬人上山

陸聞

大陸農業本已連年減產，原已不足民食。但中共猶復竭力搾取，遂使大陸農民全陷於飢餓中，因爲，近年來，大陸農民每人每日只配給二兩米，試問二兩米如何能果腹，在此情形下，中共遂又異想天開，驅迫人民入山索取食物。茲據十一月十四日北平人民日報第一版轉載中共遼寧日報消息，謂遼寧省安東地區已有十萬多人上山覓食。人民日報原文說：「本報訊，據遼寧日報消息：在大雪封山以前，遼寧省安東地區有十多萬人向深山進軍。開展第二次小秋收。據十月廿五日統計，包括第一次小秋收的收穫在內，全地區已揀糧一百四十五萬多斤，打野草、燒柴、猪飼料六千三百多萬斤，採草籽、樹種、山貨野果、橡子各種藥材一千二百九十多萬斤。國營商業和供銷部門已經收購乾鮮野果五百四十萬斤，野乾草二百萬斤，野生纖維二十五萬斤，藥材一百四十八萬多斤，其它一千多萬斤。這些物資活躍了城鄉市場，增加了社員收入，爲發展畜牧業貯備了大量飼草飼料」。

人民日報又說：「在秋收開始前，安東地區就曾開展了一次以割晒野乾草、採集各種山貨野果爲中心的小秋收活動。：目前全區地裏的糧、柴、草和近山的山貨已基本收淨，第二次小秋收活動，正向深山發展」。

又據中共吉林日報消息：『吉林省通化專區許多市縣繼續開展『小秋收』活動，力爭在大雪封山以前，向大自然索取更多的財富。據十月底統計：全專區每天有一萬八千九百多人和三百六十多輛大車參加『小秋收』活動。已經採集榛子、橡子、松樹籽、山芝蔴各種藥材一億零九百二十萬斤，打燒柴和野草四百四十二萬四千斤」。

由以上各消息，可以看出：中共現正驅迫若干萬人進入深山索取糧食。這眞是曠古未有的奇聞，也是曠古未有的慘事，不但遼寧省的安東地區如此，吉林省的通化區如此，不但東北地區如此，全大陸各地區都如此。人民日報之所以把上述消息加以轉載，而且作爲當日人民日報第一版的頭條新聞，它當然並不認爲這是奇聞怪事，而是認爲可以作爲示範的敎育措施，所以，人民日報顯然反映了中共的意圖，是叫各地人民都向上述情況看齊，都向東北人民進入深山索取糧食的行爲學習，妙就妙在中共還把這種行爲命名爲「小秋收」哩！

所謂城鄉市場，就全靠這些野生植物之採集與收購才「活躍」起來，那末，城鄉市場平時死氣沉沉的情況，也就可想而知了。

印責中共去年侵入十一次 中共與印度繼續發生糾紛

自中共與印度因邊界問題發生，因而外交關係惡化以來，一直從未好轉。目前且又繼續發生糾紛。所以，展望中共與印度的關係，勢將難於改善，據新德里十一月二十日路透社電：「印度已指責中共「進一步對印度領土侵畧」，同時要求中共軍隊撤出非法佔領的印度領土。印度政府今日將十月卅一日致交中共的一項照會向國會中提出，在照會中，印度列舉自去年四月至今年九月，中共曾侵入印度十一次。其中六次是在克什米爾的賴達克地區。目前中共已佔領了克什米爾高原地區的一萬二千平方哩土地。另有三次發生於印藏交界處，二次發生在印度東北部邊界上。照會同時指責中共在克什米爾高原的擴大領土要求，及建立三處新的監視哨。這些監視哨是用來連絡較後的基地的。照會中說：『這些新發生的中共侵畧印度領土的事件，証明了中共對印度進一步的侵畧。所有中共相反的抗議，只是企圖掩飾其這些新的侵畧行爲』。」

由上述印度所指責中共的各項事實，可知中共決不願意與印度「和平相處」，有如中共前在萬隆會議及平時所鼓吹的所謂和平五原則。事實上，周恩來所高唱的所謂和平外交五原則，原不過是中共向外擴張的烟幕，和用以欺騙其亞洲隣國的麻醉劑。否則，作爲亞非集團中之三個大國（即印度、埃及、印尼）何至先後均與中共發生不同性質的衝突！

再看中共與尼泊爾於十月五日所簽訂之友好協定，及其後所簽訂之築路協定，該協定規定尼泊爾需自其加德滿首都築一條公路通至西境邊境，以與中共從內地所築一條通至藏尼邊境之公路相接，從而使中共之侵畧箭頭，不但直接指向尼泊爾，而且像一把尖刀一樣，直接深入尼泊爾。由此可知中共所高唱的所謂和平外交五原則，原就是這樣外包糖衣的侵畧棒。那麼，中共與印度之間，又怎能不繼續發生糾紛呢？

（陳牧）

大陸簡訊

北平也大鬧菜荒

兩年前，中共報紙曾刊出新聞，謂北平的菜蔬，也需要從二千里外的瀋陽用火車迢迢運到北平，始能勉强供應。其後，中共宣稱北平蔬菜供應已不成問題。但十一月十六日北平人民日報又刊出專訊謂：「北京市農業科學院蔬菜研究所爲解決本市春季缺菜問題，開展多項科學研究工作。……爲解決北京春季缺菜問題，這個研究所作了擴大根茬播種和近冬播種的試驗。」可見北平蔬菜供應又成問題了。

中共號召人民到山區去

問渠

「到山區去」！這是十一月十六日在人民日報上出現的一個口號，十一月十四日人民日報已轉載遼寧日報及吉林日報所刊數十萬人進入深山索取食物的消息，繼之，又有十一月十六日人民日報以「山區建設有可爲」的社論。同日人民日報第一版且還以「大茅山變成社會主義新山區」的新聞作頭題，同日人民日報第二版且又刊登了幾封「讀者言論」，一致呼籲到山區去，一致鼓吹到山區就有辦法。不消說，這幾封「讀者言論」都是人民日報編輯製造的。其目的無非配合其到山區去的社論和山區大有可爲的新聞以鼓吹和誘騙而已，其實平原萬頃，阡陌相連尚且不能維生，而謂山區更好，顯係荒誕不稽之說。中共意在驅迫飢餓的人民，到山區去變野人，以覓取糧食，如若在山區覓取不到糧食，則餓死在山中罷了。

日共中央將出毛澤東選集日譯本

據中共新華社東京訊：「日本共產黨中央委員會書記處十一月廿八日發表通告說：日本共產黨中央委員會決定由黨的出版部出版『毛澤東選集』。通告說：中國共產黨和中國人民進行反帝反封建的人民民主革命，並且把這一革命發展成爲社會主義革命，今天正在成功地進行着偉大的社會主義建設。毛澤東同志的著作是把馬克斯列寧主義創造性地運用到中國的這兩個革命和社會主義建設中去的文獻，是馬克思列寧主義的偉大文獻。」日共變成中共的應聲蟲，因而把毛澤東奉爲神聖，以日共的淺薄無知，自非怪事，但日共竟說中共「正在成功的進行着偉大的社會主義建設」，這就睜着眼睛說夢話，完全是胡說八道了。因爲，誰都知道中共的所謂社會主義建設，現已完全失敗，三面紅旗皆已破爛不堪，人民公社等皆見過不見功，大陸上，不但農業生產萎縮，而且工廠亦多因而停頓，此點中共亦已自己承認，中共現在甚至已經不得不號召人民向深山大林索食了，那末，還有什麼「成功」可言呢。可知靠中共吃飯的日共眞是完全胡鬧無聊。

僑鄉簡訊

鍾之奇

中共在廣東擴種野生植物

由於農業生產失敗，中共又强迫廣東人民在各地擴種一種名爲「猪油果」的野生植物。

據十一月十三日北平人民日報說：「高產的野生油料植物——猪油果，正在廣東省試種，有的已經開花結果。猪油果別名油渣果或油瓜，是葫蘆科屬、雌雄異株的大籐本植物，它攀援在別的樹上生長。果實形似西瓜，每個約三至五市斤，內有攣生的種仁六顆，種仁含油量最高達百分之七十四點三二，可供食用。這種高產的野生油料植物是中國科學院華南植物研究所調查隊去年在廣東陽春縣山區發現的。……去年九月先後在廣州和粵西的東興、陽春，粵北的英德、樂昌等地試種，經過一年多的培植，廣州市引種的六十多株，最近有一部分開了白花，有十株結了果實。……現在有關部門已在粵西的東興、陽春建立了兩個猪油果的栽培和繁殖場，專門培育種苗」，準備在廣東各地大量普遍擴種云。

福建奴役歸僑的一個實例

據中共新華社福州十一月十四日電：「國營福建常山華僑農場職工，經過八年的艱苦努力，已經把一萬三千多畝稱爲不毛之地的荒野、丘陵和山崗改造成良田。……常山農場座落在雲霄縣境內，這裏原來是一片紅壤土的荒地荒山，並且嚴重缺水，一九五二年底，福建省華僑事務委員會決定在這裏建立農場，來安置一部分歸僑，菲律賓歸僑莊明發帶領了一百七十多個馬來亞歸僑來這裏開荒。……他們把强勞力組織起來，到離場十二華里的海邊去挑海土、撈海青苔來改良土壤。……乾旱也是這裏的一大威脅，插秧時，往戽一片水插一片秧，還是插一片乾一片」。

中共平時經常鼓吹中共政權如何優待歸僑，以誘騙華僑帶資金回國，但新華社這一篇報導却完全戳穿了中共的欺騙把戲。中共把素不習農的華僑工商人士，驅迫到這種不毛之地去耕種，非集體奴役而何？

廣州秋季交易會交易情況

據新華社廣州十一月十五日電：「在廣州舉行的一九六一年秋季中國出口商品交易會，經過一個月的成交活動，已於今天閉幕」。又說：「這次交易會共達成上萬筆交易，成交總額達人民幣三億四千多萬元。主要有各種農副產品、罐頭食品、工藝品、棉布、絲綢、呢絨、日用百貨、文教用品、五金、水泥、鋼材、煤炭、化工原料、機械設備、醫療器械和精密儀器等」云。

以上由中共賣出的各種商品，都是中共向民間搜括得來，難怪交易會成交一筆，廣州人民便心痛一次。

中共刼奪三水人民猪鴨

實行人民公社初期，中共是不准人民自己私人養一鷄一鴨的，到最近一年，由於人民消極抵抗，普遍呈現怠工現象，中共才又在技術上稍加修改，准許人民有極少量的私留地，以種植菜蔬等，同時，又在名義上准許人民自己養猪養鷄鴨，然後由中共商業部門强迫收購。雖然這也是一種收購，不過這是强迫性的收購，且中共出價太低，所以，這一名爲收購的行爲，便在實際上變爲一種刼奪了。

中共如何用强迫收購的方式進行變相的刼奪，可以從中共新華社廣州十一月十七日電所報導的廣東三水縣的情形看得出來。

新華社說：「廣東三水縣農民，提前兩個月超額百分之三·八和百分之廿五·七完成了全年猪和鷄鴨鵝的交售任務，其中向國家交售的生猪比去年同期增加了五百六十多頭，三水縣今年的猪鷄鴨鵝生產有很大的發展，……在生產發展基礎上，三水商業部門認眞執行收購政策，一方面通過和各生產隊、社員協商，落實定購任務，一方面嚴格執行按質論價政策，調動了社員出售猪禽的積極性」。由此可見中共是如何的在以所謂收購爲名，而以低價和强迫爲實以進行變相的刼奪了。

拉曼捷足先登

俊華

在星洲工潮擴大、學潮也將繼起的威脅中，馬來亞總理鴨都拉東姑拉曼，在倫敦與英國舉行重要談判，達成了「大馬來西亞」計劃的協議。在東南亞區域目前如火如荼的共黨擴展與反共非共方面防堵的鬥爭中，「非共」的一方面似乎已獲得勝利。「非共」方面的代表人，是李光耀、拉曼，尤以拉曼的活動更為出色——他已經「捷足先登」。

工潮背景

星洲公用事業日薪工人的罷工，工方雖一再宣稱「沒有政治背景」，但罷工的持續，和巴士等工人「支援罷工」的罷工在醞釀中；英軍雇員號稱一萬六千人的罷工，又在前者的罷工期中爆發，當然加重了局面的嚴重性。工人對美國銀行的罷工，使到所有銀行停收非本行的過戶支票，影響到全市金融的癱瘓。而「學潮」也乘着工潮的泛濫，由中文中學領頭，醞釀罷考及罷課。這些情形，總難免令人担心。

六年前星洲的幾次大暴動，殺人流血以至市內槍戰，給予居民的恐怖，正是記憶猶新。那次大暴動，正是由「支援罷工」的擴大，工潮學潮合流所引起。現在工潮既逐漸趨於擴大，學潮又快爆發，正是「一波未平，一波又起」的形勢，「沒有政治背景」云云，實難以令人置信。

星洲執政的人民行動黨，剛在一次嚴重的分裂之後，被開除的脫黨左翼份子，包括原來領導大部份工運學運的左翼及共黨份子，正在伺機向行動黨右翼的李光耀一派攤牌。而星馬合併的加緊進行，更使左翼及共方，非急速攤牌不可。

共黨企圖

正如李光耀所揭發的一樣，共黨寧願以英國為對手（而從事鬥爭）、而不願以一個獨立的馬來亞為對手（而鬥爭）。」這確是共黨反對星馬合併的基本理由，因為如果以英國為對手，他們便可以高舉星洲「獨立」的旗幟，與「英殖民主義者」鬥爭，要求撤退英軍，撤廢英在星洲基地，「驅英人下海」。

「鬥爭」的重心，就在英基地，直接目標是搶奪星洲政權，間接目標則在赤化馬來亞，從後門來滲透。在步驟上，窺伺馬來亞是長期計劃，打擊英基地，却是目前急切的行動。

英國控制着星洲，這「遠東直布羅陀」，究竟是共黨在東南亞的顧忌。雖說東南亞公約是「紙老虎」，但共方究竟不能担保英國不參加東南亞公約的軍事行動。假如泰寮越棉之間的戰爭爆發，泰國成為前進地區，防衛的中心仍在星馬。東約軍事顧問認為「星洲基地是東約的肌肉」，正說明了這種形勢。

本來，李光耀是反對基地論者，而拉曼是反對基地作東約使用論者。他們之間，對英基地的態度並不相同。但是共黨活動的積極，却使李光耀和拉曼，作了極大的讓步。

明智之舉

當行動黨登台之初，拉曼並不怎樣熱心與星洲合併，星洲的左傾，和星馬合併後華人人口在馬來佔多數這兩件事，都使他有了戒心。但在另一方面，他却看到不合併的遠景會是共黨把星洲赤化，並且認為一九六三年英星修憲就是危機之年，於是他對合併星洲轉採積極的態度。又因行動黨分裂，李光耀明顯表示非共右翼的立場，便利於拉曼的進行。拉曼就迅速爭取時機，赴英談判。

李光耀的讓步，第一點是他把星洲基地的對英談判之權，讓給拉曼，一同代表英星兩個方面。這也是說，李光耀放棄了原來主張撤廢基地的主張。其實這也是說得通的，因為星馬合併，國防之權是在吉隆坡中央，基地問題理應由馬來亞方面決定。再者，馬來亞目前仍有賴英澳軍的協防，沒有理由要求撤廢基地。

李光耀的另一讓步，是對於星洲議員在馬來亞國會的席數上的減少，規定為星洲自選議員十五人，出席（星馬合併後的）國會。若照人口計算，議員數目就會不止此數。但這樣的規定，就可以免除拉曼那種「華人奪取吉隆坡政權」的恐懼。共黨方面通過其代理入左翼政黨發出口號說：「我們不要做二等公民」，就是指此。不過，如果星方不作讓步，合併就有困難，合併而安定總比騷亂為佳，這到是李光耀的明智。

拉曼對英國方面，原來反對星洲基地作為東約使用。但自他訪問南越，目覲共黨擴展可能危及泰國以至馬來亞，他已改變了以前的態度，明告吳廷琰總統說：如駐馬英軍援越，他可考慮。因此，在這次倫敦的英馬談判中，他毅然答應英國保留星洲基地，以防衛東南亞區的安全，雖然公報中審慎避免涉及東約，但為保衛東南亞的必要，在必要時馬方對於英軍的為東約使用，可以作便利的解釋。英國防大臣赫金遜說：談判不影響英對盟邦義務，顯指對東約而言。這也不能不說是拉曼對英的讓步，同時也同樣是拉曼的明智。

・吉隆坡通訊・

寮國能打破僵局嗎？

（寮國通訊）

・符維森・

寮國局勢，幻變無常；由於中立派領袖富馬親王的突然改變了態度，同意寮國政府總理班烏親王所堅持在永珍開會的要求，遂使陰霾滿佈的寮局前途，呈現着一線曙光。永珍部份人士，頗認為寮國三位親王均有早日解決寮國問題的同樣意向，因而促成了富馬的讓步；有些過度樂觀的人還這樣的指出：這是富馬及蘇發努馮二人的讓步，係三國國際委員會主席印人沙馬辛與他兩人會談後所獲得的良好結果。沙馬辛曾與波蘭及加拿大兩國代表，採取了一項有效的外交工作，勸告富馬及蘇發努馮不應再作任何行動來導致寮戰之再起。姑勿論其成就如何，但最低限度，在永珍會議時期內，它總可以使到寮國的戰火在短期內不致重燃，也算是一件可喜的事。

惟是寮國當地人民，心底裏邊存有一種憂慮。他們從目前的內幕情況中獲得了一項觀感，那就是戰火之在短期內不致重燃，並不足以顯示僵局之可以從此打破。換言之，就是在永珍會議中，「拖延戰術」的色彩仍未被完全拋棄；而今日之所謂「讓步」也者，是否含有陰謀，實屬頗耐人尋味。

何況這一「讓步」，僅是三親王會議的地點問題而已；有關解決糾紛的主要問題，仍是各持成見的。其對於「聯合政府」的產生，顯然仍未許樂觀。

如所週知：左右兩派對「聯合政府」重要部門的爭奪，是正在互相勾心鬥角地展開的；在這個癥結上雙方如何退讓？實是寮局紛亂中的一個最嚴重的問題。

本報文友春甲圖君日前已明白地揭露過：第一，新政府十六個席位的分配，富馬是還要取得右翼的政黨和親共的蘇發努馮黨派的消除成見；第二，對於軍隊的整編，更是解決寮國問題的最大絆脚石。——這一觀察，確是洞燭入微，透切竅要；尤其是整編軍隊，更屬困難重重。

關於「聯合政府」內閣閣員名額的分配這一問題，依照三親王日前所協議的辦法，十六位閣員中將由中立派佔八席，左派佔四席，右派也佔四席，但永珍政府中的兩名中立人士，右翼方面要求將之列入八席的中立派席位裏，這點左翼仍在反對中。此外，國防部長和內政部長這兩個席位，富馬親王和諾沙旺將軍亦正在爭奪得難分難解。而整編軍隊問題哩，據一般觀察，更無法可以獲致解決。原因之一，是目前寮國中有兩枝實力均衡的武裝部隊對峙着，一枝是反共的政府軍，另一枝是親共的巴特寮軍。——巴特寮軍是由蘇共、中共、越共所幕後支持，亦即是寮共部隊。這樣，如果整編，從何下手？如要真真正正的把軍隊達成國家化，在目前的情形下，更等同緣木求魚了。原因之二，是寮共現正担承着一項任務，要替越盟黨在寮國境內打開一條走廊，好讓越盟黨利用這走廊來包抄側擊南越，在寮共這項任務尚未達成之前，他們的武裝部隊又怎肯俯首聽命整編？——這兩個難以解決的問題（也可以說是無可解決的問題）橫亘在寮國糾紛中，是則所謂三親王會議，也不過祇是「會議」而已；說它未能完全拋棄「拖延戰術」色彩，當然是「有所見而云然」的哪！

以今日寮共的行動來窺察，我們就不難可以看得出他們目前正運用着一項陰謀。這陰謀，就是等待越局的變化，然後伺機採取攻勢。在越南未有顯著變化之前，或是在越局對他們的影響尚未達到絕對有利階段之前，他們就不妨去遷就一下環境，參加「會議」一番，演出一齣小揷曲，藉以轉移一下當地右派人士以至世界自由人士的視聽。這在寮共的本身說來，也是很上算的。

越南方面，現在雖是雨季剛好結束，但越共游擊隊的行動，正遭遇到種種困難，故越盟黨揮軍南下的大規模攻勢一時尚未敢發動，就在這種情況下，寮共更不能不要「等待機會」了。在「等待機會」的時間和空間中，寮共就要出「軟工」，「機會」來臨時，寮共就會立刻轉要「硬工」。冊末，三親王會議之不能打破寮國僵局，自然是意料中事了。（十一月廿二日）

人性

金珂

每當我撕開親人們從虎口寄來的信封，準備閱讀的時候，在我的眼前就會出現血的一剎那。

這一場恐怖的場面，重又出現在我的眼前。雖已事隔二月，但當我想起了這件事，却仍使我感到心驚膽戰，這是件多麼慘無人道的事呵！

一九六一年的八月二十八日早晨，太陽剛從地平綫上爬起來，在中國以炎熱聞名的漢口，已使人熱得喘不過氣來。我和弟弟漫步漢口的中山大道上，既然咱們倆是到漢口來遊覽參觀的，那麼就讓我們多看看吧！

「姐姐，你看看，這裏馬路上貼着的街招，怎麼都是找尋孩子的？奇怪嗎？現在糧食這樣緊張，誰又願意把別人的孩子領回家去？」弟弟若有所思的說着。

原來沒有注意這些的我，被弟弟一說，不由得抬頭往墻上望去。「真的」，紅的、白的，貼着的都是找尋小孩的街招，這是怎麼回事呢？好奇心在鼓動着我們。

「弟弟，我們走得慢一點，看一下這上面寫的內容，雖然貼了那麼多，也許是一家的。我相信，這家一定只有一個孩子，不然，在這樣的年頭，絕對不會那樣張貼找尋的。」

於是我們一路上就注意閱讀街招，約走了二十分鐘，看到了二十四張。奇怪的是內容完全不同，找尋的有男孩，也有女孩，最小的八個月，最大的四歲半。

「姊姊，你看，這到底是怎麼一回事？我真覺得怪！為什麼有那麼多的孩子失踪？難道這些孩子在家裏都是獨生女兒？或者獨生兒子？而把孩子領回去的人，又難道都沒有小孩？我真覺得奇怪！」弟弟嘴裏雖在喃喃地講着，可是他的兩眼仍凝視在墻上。

「弟弟，你別對着街招發楞了，依我看，這麼多的尋人街招，我認為這絕對不會失小孩與領小孩的問題。我看，可能會產生吃人肉的事……」我悽慘地說。

「啊！什麼？姐姐！你說什麼吃人肉！這多可怕的事！真的會這樣！我，我不相信……」弟弟情不自禁地叫着，看他這樣子好像很激動，而且顯然不同意我的看法。

「唉！我親愛的弟弟，這原來是一件不可相信的事。但是我認為事情的發生並不足怪，只要冷靜的考慮一下，問題就推想得到了。你看，不可能有這樣巧，在這一條街上，我們只走了二十分鐘，就看到了二十四張街招，你想，那裏會有這樣多的人家領孩子？我認為，我的看法，有十之八九不會錯。當然，這不過是咱們的閒談，但事實總究事實，咱們等着瞧吧！」我冷靜地分析着，而且我認為對這問題的判斷很有把握。

「當然，姐姐，你的看法可能是有根據的，但我總還不能完全相信。因為我覺得這樣做太不可能了，也太無人性了，我很難想像，人會張嘴吃人？」弟弟還是激動地說。

「弟弟，你對這些問題沒看透徹，這也難怪你，因為你善良有人性，因此不願意相信泯滅人性的事。你以為人永遠會有感情？有人性？難道你在各項運動中還沒有看出來？多少個兒子，女兒檢舉父親的，多少個妻子檢舉丈夫的，這也是感情？當然大義滅親的作風未必全是錯，可是這些人，他們大的不是義？而滅的却是親。最後還不是為了他們自己的前途——爭取入黨，做一個共產黨員來騎在人民頭上。你想，對自己親骨肉尚且如此，何況是別人的孩子？弟弟，真的，我覺得你看問題太天真了，今後會吃虧的。」我關心地而又理直氣壯地說着。

弟弟沉默了，看他的表情，可以知道我的話在他心中掀起了波瀾。

「到了，」我說：「今天的路程似乎特別短！」於是，我們就一口氣走上樓梯，進入了外婆的家。

×　×

「咦，怎麼啦！外婆和誰生氣啦！為什麼一個人呆坐在床邊出神呢！」我這樣想着。

「外婆！」

「啊！你們來啦！正好，外婆正為這件事心裏難受呢！」說着，她指着籃中：「你們看，昨天晚上，我聽你們舅舅講，在晚上十一點鐘以後，離這兒不遠有黑市肉賣，我想，你們多少年沒來外婆家了，這次來是什麼都沒有吃的啦！所以我聽說有肉賣就高興得不得了。我夜裏出去買了一隻蹄膀，六元錢一斤。街燈的光太暗，再加上我老眼昏花，揀了好半天，買回來了。誰知今天早上一看……」外婆把昨晚的事敘述着，到這兒她再也講不下去了。

我和弟弟交換了一下眼光，我邊說邊走到籃子邊：「外婆，你幹嗎？還客氣呢！現在是什麼年頭？有什麼就吃什麼吧！何必買這買那的。你們這兒的情況，我們早就知道了，你花那麼多錢去買這個幹什麼呢？」我過意不去地埋怨着外婆。

「啊！姐姐你看，這是什麼肉？好像不是猪肉！」弟弟這樣驚叫着。

我在神經緊張的反覆的看着這塊肉，只見血肉模糊，看上去有點像小孩子的大腿，又沒有皮。

「是呀！正因為不是猪肉，所以我心裏在難受。今天早上大家都看了，他們說這是人肉，是小孩子的大腿……天哪！真慘死人了！」外婆一面說着，一面用手朦着眼睛，她再也不願意看籃子一眼。

「人肉，真有這樣的事！這太無人道了。姊姊，我受不了。」弟弟向我這樣說着，他痛苦的面無人色，渾身發抖。「你想，我們買到了一塊人肉，心裏就感到這樣的難受。而那些失掉孩子的父母，當他們看到這塊肉時，不知要怎樣：……」

「外婆，別想得太多了，也別難受了。只要不是我們去殺死他的，也就算了。有什麼辦法呢？」我感慨地說。

「唉！這也只怪吃的東西太少了，我們這裏就將近一年沒嘗到肉的味道了，糧食又不够。自由市場開放了，東西是有了，可是貴得使人害怕，誰又能吃得起？你想，肉賣六元錢一斤，糧食三元錢一斤，為了要塞飽肚子，也難怪這些人傷天害理了。」外婆有氣無力地說着。她雖恨這些殺人的人，但她又感到這是環境所迫。

「哼！我認為這些人太無天良了，真該殺……」弟弟憤怒地說着。

我不同意弟弟這樣的說法，我反駁着說：「誰慘無人道誰沒天良？誰造成他們這樣做？我認為該殺的不是他們……」

講到這兒，我的話停住了，弟弟同意地看了我一眼，雖然他的眼光還在憤怒，可是却又多了一種敢怒而不敢言的表情。

這個答案是誰也沒說出來，但心裏却亮堂堂的。直到今天我一想到它，還感到一陣強烈難抑的噁心。

羊坪嶺（下）

克勁

如今眼前的情景，實在太難堪了，和過去短短的二年情形，聯想起來，不禁使我起了一種心酸的深痛悲感。雖然，我同高老漢只是千千萬萬中認識的一農民，說實在，在這區裏，我走過的大村小鄉，像高老漢這樣的老鄉，多着哩，在當時的生活環境中，幹我們這種工作的人，早朝李家走、晚往張家奔，無論是到那村、那鄉，口若懸河的宣傳一番，同老鄉們打打鬧鬧成一組，熱烘烘的鬧爭一番，那時，正像電動機器上的公模配合工具，盲目的受區控制、利用，人與人之間的情感，只是互相虛偽的瘺瘺騙騙，互相適應的湊合生活，今早還是一對忠誠的朋友，晚間很有可能成為真正的敵人，鬥爭一番並不是新鮮的事情，這還有什麼辦法呢？到底同他們的所謂「真情實感」，「親厚的階級友誼」，還不是驢兒騾子，兩張皮，不相親呵。但這時，我的理智還是冷靜的控制住情感，只有真摯的說：老漢漢，如今咱羊坪嶺，不是建立了「人民公社」嗎？你、為什麼？會變成這樣呢？高老漢聽我提起「人民公社」後的生活，哭得眼淚往鼻裏流。說：『唉！克勁同志，老實說：我受騙了，活了一輩子，盼解放，分了土地，再也不去給地主家交租了，田地是自己的，耕種勤勞，動彈起來，幹活兒心勁格外大，身上輕得多，收一顆落一顆，收一斗算一斗，滿心歡喜，如今呢？土地歸入公社了，大夥早幹活，晚幹活，打下的麥子、莞豆都往「社」裏挑，一担担的粮食，積如山、堆似海，都是「公社」的，唉！今冬挽麥子時，大夥就灰心喪氣了，麥兒長的再好，產量增的再高，還不是「公社的」，左盼右望分口粮，預分到家的是一升半硃粮食。唉，只好一顆顆價數着吃。』高老漢婆姨告訴我，前天「公社」預分新年口粮，他家二斤蘿蔔、一升棒子麵，哭的淚比尿尿還多，叫人如何不傷心呢？正像王小二過年，一年不如一年。

當午，高老漢端出一碗稀飯，擺在炕上，另外還拿出一小圪墶烤熱的米饃饃。現在，窮到沒有酸菜、油鹽，覺得這頓飯很對不起我，心情皇皇不安。我說：今早趕走幾里路，覺得凍，肚子却實在不餓，我背包袋中還有乾粮，接着我從背包口袋中掏出幾個白饃饃來，放在炕上，先遞一個給面黃饑瘦的小冬冬，想是冬冬餓得特別厲害，接過去後就咬了一大口猛嚥，老漢漢看見了，火罐子爆發了，馬上把那個饃，從冬冬手裏搶過來，連同炕上擺的饃饃，慌忙裝進我的背包袋中，接着打了冬冬一巴掌，因老漢漢舉手不小心，把炕上面這碗滾熱的稀飯弄撒了，正好撒在冬冬脚上，冬急爬到她娘懷裏，抽咽了幾聲，想哭又沒有哭出聲，老漢漢還罵小冬冬不懂規矩，叫我莫見怪，老漢婆姨說話了，埋怨老漢漢，不讓小冬冬吃饃便能，不該打孩子，更不該把稀飯撒在小冬冬脚上，吃尿尿的娃娃還能當成人看待麼？這時，我看看小冬冬的脚，哎呀！脚上燒起了一些大燎泡，我難為極了，一切釋解好像沒有力量，毫無用處，我氣憤說：老漢漢，咱批評你啦，這一套牛脾氣幾時在啥地學來的呀，我讓冬冬吃個饃，算是啥，我就願意把袋中的乾粮，全部留下小冬冬吃個痛快，看你怎麼辦。高老漢這時，看看婆姨，看看閨女，對我說：克勁同志，並不是我傻呀，我不曉得疼愛閨女，唉，當今這世道，上，粮食就是命根子啊，怎麼好要你的口粮，叫你過年回家，同咱一樣的挨饑餓不成，這是我窮急的上了火，失手做成的啊，窰洞中充滿了凄涼、憂愁，痛苦像魔鬼一樣的降臨到這家貧苦的農家。

忽然，紛紛揚揚下起雪來了，天空陰陰沉沉了，深邃的羊坪嶺，只見茫茫的銀白色一片，蜿蜒的小路，被大雪遮蓋起來，冒着這場大雪，我辭別高老漢，懷着一顆茫茫然無所托的心靈，空虛的情緒，好像有過創傷的影子，只好留下回家過年的唯一口粮——一袋饃、和幾尺能在地區購買的「布証」，做為送給老漢漢過新年的最高貴禮物，並囑咐老漢漢，暖天氣的些時趕集，給小冬扯幾尺布做條褲子。今後有啥困難，克服啦，慢慢地就會好起來，這是給他的安慰，最後一句並非是一種罪惡的欺騙，回念起來，從前這種話，不知同老鄉們說過千千萬萬遍，良心的疚責，使我胸腔裏感到酸楚。老漢漢定要送我到村口，我謝絕了，獨自拖着疲倦的脚步，在凜冽的狂風暴雨中，走出羊坪嶺路，是熟識的四周的環境，記憶尤新，寒風捲着雪珠，狂漫的迎面猛撲，莽莽蒼蒼的村落，被無邊無際的冰雪籠罩着、淹沒着，就是從前的鄉政府門口，那塊褪了顏色的招牌——「羊坪嶺」人民公社，在風雪中顯得更為破爛淒涼。

金釵記

（二三）

黎明

第二十二場：

地：顧家佛堂。
時：接上場。
人：顧安人、田素娥、春梅、顧秀娘之魂、劉媽、蘭心。

顧安人：（手持唸珠上唱）
佛無靈，神無眼，祖無功德；
夙世寃，前生孽，今生罷休！
恨黃土，埋恨骨，恨流千古，
朝也思，暮也想，老淚長流。
（就坐，歎介）唉、我苦命的兒呀！

春梅：（上，向內白）田小姐請少站一時。

田素娥：（內白）姐姐請便。

春梅：啟稟安人！田小姐有緊急事兒要見安人。

顧安人：那一個田小姐？

春梅：就是魯公子的親眷田素娥小姐。

顧安人：叫她進來！

春梅：（向內白）我家安人有請田小姐！

田素娥：來了。（上，行大禮）田素娥參見安人。

顧安人：（連忙以手示意少禮）快快請起。

田素娥：多謝安人！

顧安人：（素娥起身時，突然發個眼花，看見她竟變做了女兒秀娘，不覺大慟，上前抱住）哎呀，我的兒呀！想煞為娘我了！（旋復拭淚定神，眼中人卻又變回了素娥）吓!?你你你你不是我兒？是田小姐？（頹然就坐）

田素娥：是；安人！我正是田素娥。

顧安人：（旁白）哎呀且住；老身方才一陣眼花，彷彿秀兒來到模樣；卻原來這位小姐品端貌正，倒真有幾分像我秀兒。我有心收她以為螟蛉義女，以慰膝下寂寞，但不知她意下如何？嗯、我自有道理。（轉向素娥）哦、小姐！適才老身一時眼花，錯把小姐認做小女，多有得罪的了！

田素娥：安人說那裏話來？老安人自是思念令嬡情切，真乃慈母心腸；小女子那有這樣的福份!?

顧安人：好說，好說。小姐既是小婿親眷，便是自家人一般；但不知有何事故要找老身？

田素娥：哎呀安人呀！（唱）令愛婿，正是奴，嫡親表弟；奴本是，梁尚賓，結髮之妻。恨兒夫，行不義，傷天害理；因此上，討休書，甘賦大歸。他犯罪，他承當，奴無干係；求安人，對員外，細說端的。（取出休書遞與安人，白）啊安人！現有休書在此，還請安人過目與小女子作主才是。

顧安人：（接過休書觀看）哦、原來如此。

（此時燈光突然黯淡，造成幽靈出現的氣氛；這時素娥已為秀娘陰魂附體，成個變成秀娘模樣，上前扯住安人衫袖，上連春梅也為之驚惶失措。）

顧秀娘、田素娥：（其聲淒厲而長）母親！爹爹害得女兒好苦也！

顧安人：（最初是怔住，恐怕又認錯了，死勁抹着眼睛然後正視着）哦你、你、你、你真是我兒回來了！（又好、好、好！（又緊張，又懷疑，又哀慟，泣隨聲落）有話儘管說，為娘與我兒作主就是。

顧秀娘、田素娥：哎呀！（下為激昂的快白）多因女兒一時錯誤，失身匪人，羞見公子，自縊身亡。何期爹爹不分青紅皂白，險些害了公子性命。如今雖然女兒寃屈伸雪，奸人難逃顯戮；只是公子無家無室，終是我母女就誤了他。還求母親爹爹作主，別斷了這一脈姻親；女兒縱在九泉之下，也是瞑目的了！（說完昏倒於地。）

顧安人：哎呀！慟煞我也！（昏倒座上）

春梅：（慌了手脚，連跳帶嚷）不得了！不得了！你們快來人呀！快來人呀！

（劉媽、蘭心聞聲急上，燈光復明。）

劉媽：春梅！什麼事？

蘭心：梅姐！什麼事？

春梅：（惶惑地拍着安人和素娥）小、小、小姐回來了！

劉媽、蘭心：青天白日，別活見鬼！（但順着春梅手指的方向瞧去，見一個倒在椅上，又一個倒在地上，不覺同嚇得目瞪口呆。）

春梅：（手忙脚亂地）哎喲！壞了壞了！劉媽蘭心你們招扶安人，我招扶田小姐去。

劉媽、蘭心：（急上前為顧安人捶背）安人醒來！

春梅：（急從地上扶起素娥）田小姐醒來！

田素娥：（左手扶着春梅，右手以袖拭目，迷惘地觀望四周）（自言自語）這是怎麼回事呀？

春梅：（扶素娥坐下）田小姐有話請坐下說吧！

顧安人：（驀然醒轉）哎喲兒呀！慟煞為娘了！（睜開眼睛，見又是田素娥，也自言自語）咿！這倒底是怎麼回事呀？（下意識地用手比畫方才的情景，但苦於不得要領；轉向春梅）春梅！方才我分明見小姐回來和我說話，緣何卻不見了？

春梅：這——（怕引起安人傷心，支吾其辭）想是安人眼花了，方才只是田小姐和安人說話啦！

顧安人：是田小姐和我說話？（咀嚼着春梅的答覆，認為不能滿意；轉向素娥）啊田小姐！您把休書給我之後，曾和我說過話嗎？

田素娥：奴只是瞧着安人看休書，並不曾說話。

顧安人：唔、唔，（又自言自語地）這就是了！這就是了！這事定有蹊蹺。——哦、哦、我倒明白了！我倒明白了！（轉向素娥）啊田小姐！老身我來問你，府上二老可都安好？

田素娥：我麼？唉！不幸椿萱早已謝世！如今只依兄嫂紡織度日的了！

顧安人：（旁白，不覺喜形於色）這就越發的明白了！啊田小姐！老身我有一言，不知當講不當講？

田素娥：安人有言，請講當面。

顧安人：我如今膝下空虛，見了小姐就如見了我自家女兒一般；我有心收你以為螟蛉義女，不知小姐意下如何？

田素娥：（連忙離坐跪下）母親在上，受女兒大禮參拜。

顧安人：（悲喜交集，熱淚盈眶，待素娥拜畢，慈愛地拉着她站在身邊，柔和地撫摩着她的纖手和秀髮）兒呀！今後你我就是自家骨肉了；我家有的是園亭院宇，膏粱錦繡，不會多你一人，你也不必再打攪你家兒嫂的了。（未完）

寫在『紅樓夢』搬上銀幕以前

舜生

前些時候，聽說香港方面邵氏和電懋兩家影片公司正爭着開拍『紅樓夢』，我覺得這是一個好消息，不過仍多少有點為他們担心，担心他們費力而不容易討好。

『紅樓夢』是中國第一部小說，內容真是包羅萬象，不但寶玉、黛玉、寶釵這一三角關係是最好的劇本題材，乃至以王熙鳳、薛寶釵、史湘雲、尤三姐、妙玉、晴雯、劉老老這些人為主角，即以他們的故事分別編成一個一個的劇本，如果手法高明的話，也不難出色，雖然在演出時候還要看主演的角色如何。

在半新不舊的舞台戲，我看過『黛玉葬花』、『寶玉哭靈』、『寶釵撲蝶』，聽說某一話劇團還演過『尤三姐』，好像劇名叫『鴛鴦劍』，可惜我不曾見着。梅蘭芳演『黛玉葬花』，唱幾句自然不能說壞，但以一個三十以上的男角，扮演一個病態美的十四五女郎，究竟有些不倫不類，現在梅蘭芳死了，我盼望這種男扮女角的作風，今後能在中國的舞台上絕跡。五十年前，我在長沙看過『湘劇』的『寶玉哭靈』，記得去寶玉的是當時演湘劇的第一個小生名叫寶雲的，唱工真也不錯，但他的身裁和扮相，卻去賈寶玉何止十萬八千里！反之，他演『白門樓』的呂布，以英雄末路的悲涼音調，高唱『莫奈何，進帳去，哀告丞相』，雖姜妙香在『探母』中飾楊宗保所唱的一段，也無以遠過，人各有能有不能，這是無可奈何的。

現在邵氏的『紅樓夢』已經開鏡，樂蒂演黛玉，任潔演寶玉的劇照，也已經在報紙上登出。目前香港電影界的小生人才，要求能演賈璉、賈瑞、賈蓉、賈薔，乃至演蔣玉函、柳湘蓮、薛蟠的，都不難物色，惟獨找不出一個適於演寶玉的。這次邵氏以新人任潔反串，是不得已，很可原諒；好在寶玉的相貌本來有幾分像女孩子，但在情趣上仍要缺少幾分真實感，這是可能的。再，寶玉所穿的衣服，和任潔劇照上的比較，似乎太不一樣，很可斟酌；同時，寶玉的頭髮應該如何處理，也值得留意。樂蒂的劇照頗美，服飾也過得去，我預祝她的演出成功。還有一點我也要提一提，『紅樓夢』上女孩子用的扇子可能不一樣；寶釵撲蝶的扇子可能是宮扇，也可能是摺扇；但被晴雯撕掉的扇子則大概都是摺扇，宮扇有點呆笨，在演劇上不大適用，尤其看過日本舞的人容易有這種感覺。因此，我主張黛玉手上的扇子仍以摺扇比較相宜（實際上黛玉是不大用扇子的），如果鬧點洋派，用羽毛扇子也很好看，本來賈府上吃的用的東西，原已進入初期的洋派時代，於劇情並無不合，似乎值得考慮。

邵氏的劇本內容如何，現在我們無從知道，假定要把老太太、王夫人、王熙鳳、薛寶釵、襲人、晴雯、紫鵑、傻大姐……這一干人都拉上，則對演員的選擇將更費斟酌，因為這干人在這一劇本上可能只是配角，可是在小說上卻都經過作者的千錘百鍊，苦心經營，其個性與神態都描寫得非常清楚，如果有一二演員配合不上，便會使全劇減色。

把『紅樓夢』搬上銀幕，在佈景上也十分困難。我想，整個『大觀園』是無法在幕上具體出現的，但至少要請一位長於工筆的畫家畫上一張圖，在開幕時映出，才能給予全劇一種良好的氣氛，吸住觀衆的注意。至於老太太的那間正房，以及『怡紅院』和『瀟湘館』，卻非參照原著做到具體而微不可。例如：經黛玉在門上敲過，在門前哭過的那張『怡紅院』的大門，應該特別考究；進門後那個大穿衣鏡也不可少，您想，假定一個林黛玉的特寫鏡頭，能在這大鏡子裏面出現，這將使觀衆感到何等的愉快！『瀟湘館』窗前的幾排竹子，以及窗紗的顏色，乃至簷前的一架鸚鵡，都需要運以特別的匠心，才能烘托出這一地方的特色。其實這類佈景，花錢也不太多，而且我相信，這是票房紀錄一種有力的保証。過去大陸在香港放過的幾部片子，例如『梁祝』、『追魚』、『杜十娘』……都過得去，尤其『楊門女將』，尤其演穆桂英的楊秋玲，更應該給以好評。可是他們把『紅樓夢』在舞台演出，卻完全失敗；其原因便是他們在演員的人選上太欠斟酌，佈景更太不成話，甚至連寶玉黛玉所爭吵過的那個枕頭，也決不是林妹妹房間裏應有的東西！這一點很值得參考。還有一層，如果在劇本內容上經過的時間頗長，則主角所穿的衣服決不能只有一套，早晚季節不同，應有變換，這在『紅樓夢』的原著上是分別得非常清楚的。

關於導演一方面，我不知道邵氏的一班演員，對『紅樓夢』這部小說是否都曾好好的讀過？假如精讀過的人不多，則導演者難免要遭遇非常的困難，我在前面所提到的『担心』，便正是對這一層而發。如果每一演出者的一顰、一笑、一哭、一個輕巧的姿態，一個微妙的動作，都要靠導演者詳為分析、指點，則終不免掛一漏萬，而使劇情不容易調和。但願得我這一切一切都是過慮，而他們演出的成功，都能超出我的理想之上。

電懋方面的籌備不知怎樣？演員的名單，頗引起種種揣測。黛玉一角，自以尤敏最為適當，據說有以丁皓反串寶玉一角的意思，這大致也與邵氏方面同樣出於不得已。我相信邵氏和電懋各有優良的條件，我也相信雙方都會力爭上游，我預為一般的觀衆祝福：您們可能會有兩部很好的電影可看！

聯合評論
週刊
本刊已經香港政府登記
每逢星期五出版
United Voice Weekly
第一七一號
督印人：黃宇人　總編輯：左仲平
社址九龍赫德道二十三號地下　電話 68678
承印嘉羅印刷有限公司香港灣仔馬師道5號
總代理：友聯發行公司售價每份港幣一毫
本報美洲版總經售處美國紐約中美出版社
CHINESE - AMERICAN PRESS, INC
199 CANAL STREET.,
NEW YORK13 N. Y. U.S.A.
美洲航空版每份零售美金一角

從「花果飄零」說到民主改革台灣

黃宇人

本年七月我在祖國週刊上讀了唐君毅先生那篇說中華民族之花果飄零的長文後，非常感動。數月以來，此一問題隨時環繞於腦際，不能自已。在此期間，李幼椿，胡越，謝扶雅諸先生曾先後在祖國週刊和本刊上發表高見，或分析花果飄零乃是受了政治風雨的摧殘；或指陳台北當權者迫使留學生不得不在外國飄零的事實；或追述中華民族「賢者避世，其次避地」的悠遠原由，主張海外人士應堅持民主自由的大原則，沉着邁進，加強聯繫，以祝民族的復興。上週本刊發表程國烈和岑慶兩先生寄自美國的兩篇文章，他們更現身說法，道出留學生「等是有家歸不得」的心情，可見大家對此問題都很注意。

唐先生在此時提出中華民族之花果飄零的問題，確夠發人猛省。我對他的這種憂時憂國的精神，更爲欽佩。現在我想談的，祇是稍作補充而已。

首先，我認爲花果飄零的現象不但海外有之，即台灣亦所不免，而且更有甚於海外。十餘年來，流亡海外的中國人，在顛沛流離的困厄環境之下，如唐先生所說的隨風吹散者固不乏人；但仍堅忍自持，確保其所以爲一個中國人之道者亦所在多有。而台灣方面的許多有權有勢者反而競以「在他人園林之下托蔭蔽日，以求苟全，或墻角之旁，沾泥分潤，冀得滋生」爲得計。例如寧願將他們的兒女送入台北的美國學校讀書而不送進本國的小學；如設法托人在外國買一張各該國的護照，藉以証明其具有某國的國籍，或將子女送與僑居台灣的外國人爲義子，以求取得該國的國籍，然後據以向縣市政府申請放棄中國國籍而變更爲外僑身分，以便隨時得假回「國」之名而出國。如不惜將子女偷渡來港進中學，然後以僑生的身分申請出國。又如聯合國規定中文爲官方語文之一，但我國駐聯合國的代表大員則從不在聯合國說國語而祇說英語。凡此種種，都說明今日台北官塲的「精神墮落」已到了何等可怕的程度。假如祇是流亡在外的中國人才有花果飄零的情形，則問題尚非嚴重，因爲我們還可希望一旦大陸光復或台灣實現民主化後，這些人即有國可歸而終止流亡，也就不會再飄零了。可是，在我們賴以復興的基地——台灣，有權有勢的人竟也自甘放棄中國的語言、文化乃至國籍，這就將使復興的大業更難達成。

復次，唐先生認爲花果飄零乃是中華民族的悲劇而非個人的應當與不應當的問題；但對某些人之視此爲自然應有的事而加以合理化者則指爲不可原諒。我也很同意。他希望大家共發大心，願共謀挽救，更是先獲我心。不過我認爲此等人固然應該駁斥；但大體說來，他們多是實迫處此，無可如何，才想出種種說詞聊以自解而已。因此之故，如果我們眞有挽救此一民族悲劇的大願和決心，除了指責此等人而外，更應面對現實，指出其中的關鍵因素而予以清除，才不致徒作嗟嘆。李幼椿先生說得好，花果飄零的原因，乃是受了政治風雨的摧殘。以當前的情形而論，大陸變色後，反共的中國人本來尚有台灣可資憑藉。不幸，當權者卻據爲一人一姓的私家禁地，迫使數百萬同胞流亡在外。在台灣的一般青年也因處於一人一姓的獨裁統治之下，國家和個人兩無前途；幸而獲得留學的機會，即寧願在外流亡。甚至朝中人亦深感「一人一姓的好惡無常，不可久恃，而不惜以上文所述的種種可恥方法將他們的子女送往外國。這是加速近年以來中華民族花果飄零的主要因素。如要挽救此一悲劇，就必須正本清源，首先除去此一因素，換言之，即必須改變台灣的政治局面。

我作此言，也許有人又將指爲「反台重於反共」。但須知反共固然是我們的最大目的；而在現局之下，唯有先促成台灣的民主改革，然後以此爲基地，滙集海內外一切反共力量，發動反攻大陸，才是切實可行之道。假如我們坐視台北當權者倒行逆施而不予以矯正，不但流亡在外的中國人勢將長久飄零下去；即台灣亦終有不保之一日。到了那時，我們豈不更蔣陷於過去猶太人的處境，反攻與復興又將從何着手？

關於民主改革台灣的問題，數年以來，本刊已發表很多的意見。我在此祇能概括的說，民主改革，並不一定需要經過一度變亂。相反的，我們就是爲了要防止變亂，才主張民主改革。民主改革，也不是一定要某一個黨下台而由某一個或某幾個黨上台。我認爲最基本的要求，是取銷一人一姓的獨裁和特務統治，而代以民主與法治。今日台灣內部情形，也是所謂人同此心，心同此理，不但一般老百姓有此要求；即絕大多數的國民黨人也急切的希望如此。因此，祇要海內海外能齊心協力，即可打開民主改革的契機。

我所謂齊心協力，並不是要大家都參加什麼黨派或組織。我祇認爲當此國脈民命不絕如縷之時，每一個中國人都應該本着良知，明辨是非；對國家應革應興的事，作積極的主張。孔子說爲政必先正名，並謂鄉愿爲德之賊。我以爲所謂正名，即是明辨是非；鄉愿不辨是非，所以是德之賊。今日台北當權者違憲連任，卻自稱保持憲法的完整和尊嚴；刻意傳子和厲行獨裁與特務統治，卻自稱民主憲政；迫害雷震，卻自稱法律之前人人平等。凡此以及其他許多舉不勝舉的例証，他們都是做的壞事而卻說是好事，無異把全國人民當作白痴。但在台灣的知識分子身處淫威之下，有時尙能發出一些微弱的聲音，雖然不敢堅持。而在海外自由天地的很多知識分子反而似乎認爲與己無關，而以一種近乎鄉愿的態度處之。大家既然祇顧各奔前程，而不管國事的公是公非，中華民族又焉得不花果飄零呢？

介紹阿共領袖霍查一篇重要反赫演說

・劉裕畧・

自赫魯曉夫於十月十七日在蘇共二十二屆代表大會把國際共黨的內部矛盾公開以來，中共最先的反應，是周恩來當場避與赫魯曉夫握手，以及周恩來的講演，表示不贊成老赫對這一問題的公開。然赫魯曉夫及蘇共領導階層並未因周恩來所反映的中共態度而改變其對阿共領導人的正面直接指責，換言之，亦即是老赫及其左右並未改變其對毛澤東之側面間接抨擊。那末，毛澤東及中共的繼續反應如何呢？中共報紙對此初猶盡力避免正面提及。但北平出版的人民日報隨後刊出了阿爾巴尼亞駐北平大使的公開抨擊老赫的講話，到十一月十七日，人民日報則以巨大篇幅刊登了阿爾巴尼亞共黨領袖恩維爾・霍查的這篇激烈的反赫講演。

據人民日報說，這是「阿爾巴尼亞勞動黨中央委員會第一書記恩維爾・霍查同志十一月七日在阿爾巴尼亞勞動黨成立二十周年和偉大十月社會主義革命四十四周年慶祝大會上的講話」。它不但說明了國際共黨的內部發生人事衝突的原因和經過，同時也揭露了蘇聯對其它共黨國家任意干涉內政，任意橫加壓力的帝國主義嘴臉，更揭露了赫魯曉夫及蘇共要人的許多醜行，而中共人民日報竟予以全文刊載出來，全文長達五萬餘字，由人民日報之第三版的上半版至第四第五第六全版，總共佔去該日人民日報一半以上之篇幅，其中直接提名叫姓抨擊赫魯曉夫之文字，即長達三萬餘字之多，故不但充分表明了阿共反赫態度之堅決，且表明了赫毛衝突之又進一步。因人民日報之如此刊登此文，實係毛澤東反赫態度趨向公開而積極之具體反映。否則，中共人民日報是不會以如此巨大篇幅刊登這樣激烈的一篇反赫演說的。

只因霍查的這一篇反赫講演內容豐富，足可窺見許多問題，而又原文太長，且除中共人民日報以外，其它海內外各報均未刊登，故筆者特從五萬多字的原文中，細心摘錄其足供讀者參考之若干部分。至於筆者對此講詞之評論，則因限於篇幅，故只好從畧了。霍查在這篇講演中，首先是對自己及其左右的不怕事的戰鬥性格作了渲染。他說：「我們黨的幹部並未畢業於高等學校的大學，也不是那些研究室裏的哲學家，而是來自生活的無情風浪的搏鬥中，來自對黨和人民的敵人的鬥爭中」。這當然是對赫魯曉夫的示威，先自表示「老子不怕事」的態度。

其次是表示他獲得了毛澤東的支助。他說：「中華人民共和國和社會主義陣營其它國家給予我們的國際主義援助和支持。……是我們牢不可破的可靠保証」。

跟着霍查就表示，他雖反對老赫，但仍與蘇聯人民團結，更不因此投向西方。

他說「如果赫魯曉夫及其追隨者，由於這種或那種原因不願援助我們，那也休想我們會向帝國主義者及其盟國要施舍。阿爾巴尼亞人民在社會主義陣營裏有自己的朋友和同志，他們過去沒有也不會讓它陷入困境。（暴風雨般的掌聲，全場起立歡呼）但是，儘管如此，我們告訴赫魯曉夫，如果需要的話，阿爾巴尼亞人民及其勞動黨將以野草過活，而決不爲三十塊銀幣出賣自己，因爲他們寧願光榮站着死，不願忍辱跪着生」。（暴風雨般的掌聲，全場起立歡呼。）（下文尚有此類暴風雨般掌聲、全場起立、歡呼以及全場活躍等字眼甚多，爲節省篇幅起見，一律省畧——筆者）

「我們不同意赫魯曉夫及其追隨者的某些機會主義觀點，他們把和平共處看成是：社會主義國家對外政策的總路線，……至於向社會主義過渡的形式，赫魯曉夫在蘇共第二十次代表大會和這次大會以後，也把這個問題搞得糊塗一團……放過赫魯曉夫不加批判，這將是對我們自己的背叛。赫魯曉夫並不喜歡我們的正確批評，這還是比較小的壞事，但是他對我們的批評提出反指控，指責我們，硬說是我們誣蔑了曾經解放了我們和保衛我們的蘇聯，這當然是別有用心的。」

「蘇聯領導人認爲，任何黨在蘇共第二十次代表大會所提出的一些原則性論點上同我們不一致，就是反馬克斯主義的、教條主義的、宗派主義的和反對無產階級國際主義的、等等，前蘇共中央主席團委員福爾采娃甚至在蘇共第二十二次代表大會的講台上宣稱：『不接受我們黨的第二十次代表大會的人，怎麼能自稱爲共產黨人呢』？也就是說，按照某些蘇聯領導人的說法，衡量對馬克思列寧主義的對共產主義和對無產階級國際主義的忠實尺度，竟然是對蘇共第二十次代表大會的態度。這樣的邏輯能是馬克思主義的嗎？如果全世界所有的共產黨和工人黨都採用福爾采娃發明的新尺度，那末我們說，僅僅由於不同意意大利共產黨第八次代表大會的很多修正主義論點，就會使世界數百萬共產黨人陷於不幸，給他們造成困難，因爲他們將不知道把自己的黨証交到那裏去」。

「爲了反對斯大林，赫魯曉夫由於在理論活動和創造方面提不出原則性的論據來駁倒斯大林，於是就採用警察和間諜手段來解決問題，還採取了消滅斯大林遺體的措施」。(下轉二版)

介紹阿共領袖霍查一篇重要反赫演說

劉裕畧

（上接第一版）

「赫魯曉夫還利用斯大林問題來打擊各國共產黨和工人黨領導中的堅定的馬克思列寧主義者，來恫嚇他們，一旦遇到抵抗，就消滅敢於反對的人。……赫魯曉夫絲毫也不關心正確的原則性的馬克思列寧主義的反對個人迷信的這一事實，也說明他借口反對個人迷信而企圖詆毀列寧主義，為修正主義開路。因為如果他關心的話，不管他欺騙性詞句，他不可能不看到，現在蘇聯正越來越多地出現個人迷信的現象，甚至對他本人常常以更公開和更誇張的形式表現出來。例如，很難找到一期沒有赫魯曉夫照片的蘇聯書報，蘇聯報紙上充滿了他的講話的摘引，在各個地方和關於一切問題只由他一人講話，為他的生平攝製了整整一部影片，並且為他到世界各國的訪問攝製了其它影片，各種講話和各種文章都對他作了無數的頌揚，把蘇聯人民在工業、科學技術發展方面的最偉大的成就都歸功於他個人。正在狂熱地力圖把赫魯曉夫說成不僅是『偉大的軍事戰署家』，而且簡直是在第二次大戰中對法西斯取得勝利的『締造者』。那末，在反對個人迷信的鬥爭中，赫魯曉夫的原則性何在呢？而他在反對其他兄弟黨及其領導人的無原則的鬥爭中，卻大肆叫嚷着他的原則性」。

「赫魯曉夫及其集團宣揚各種機會主義觀點，進行無原則性的反斯大林鬥爭，頑固地執行同鐵托修正主義叛徒集團妥協的政策，這帶來了什麼後果呢？……這些歪曲的觀點和行動成了很多國家的機會主義分子和修正主義分子手中對馬克思列寧主義發動修正主義進攻的旗幟，在美國、丹麥、荷蘭、意大利、法國、英國等共產黨內就是這樣。……從而成為整個國際共產主義運動十分嚴重的危機，正是在從『關於個人迷信及其後果』的『秘密』報告（使人驚奇的是這個報告落到了西方反動集團手裏，並由他們大量地加以翻印）援引來的反對斯大林專制主義的幌子下，帝國主義反動派和現代修正主義者，特別是貝爾格萊德修正主義叛徒們──社會主義、蘇聯和社會主義陣營所有各國人民的敵人，組織了在波蘭的反對社會主義制度的反動活動和在匈牙利的反革命事件」。

「赫魯曉夫被迫同意舉行一九六○年十一月的莫斯科會議，在那裏進行了正常的辯論。在那裏明顯地看出，他的觀點沒有受到與會者的熱烈支持，八十一個黨的代表通過的文件，也表現了這一點，而赫魯曉夫的全部活動粗暴地違反了這些文件。所以，為了攻擊我們黨，但由於害怕舉行這樣的國際會議，他就轉而使用陰謀的手段，並為此目的利用了蘇共第二十二次代表大會」。

「我們非常遺恨的是，某些兄弟黨領導人附和了赫魯曉夫的錯誤觀點，我們不想追究迫使他們採取這種態度的原因，我們甚至十分理解他們所處的困難境地。……儘管如此，在蘇共第二十二次代表大會上，並不是所有的兄弟黨和工人黨的代表都是支持赫魯曉夫的，在參加代表大會並在大會上致賀詞或發表書面賀詞的八十個外國代表團中，三十四個兄弟黨的代表沒有附和赫魯曉夫反對我們黨的誣蔑和指責」。

「在蘇共第二十二次代表大會的講台上，蘇共中央第一書記除了進行很多誣蔑性的指責以外，也談到我們黨內缺乏民主，所謂在黨內的生活違反了列寧主義的準則。當然，這是公開干涉我們黨內的內部事務。但雖然如此，我們可以告訴這些民主的『衛士們』：好好的看看自己的事情吧！因為不是阿爾巴尼亞黨內，而是在你們黨內存在着很多破壞最基本的民主準則的丟臉事例。波利揚斯基在攻擊反黨集團，特別是攻擊伏羅希洛夫同志的時候，當然他避免詳細談論自己及其同伙在一九五七年夏天在舉行蘇共中央全會期間所策劃的整個幕後活動。波利揚斯基向表大會隱瞞，但他却把這件事告訴了他們的『女朋友』貝利紹娃，而貝利紹娃報告了我們黨。讓我再舉一個例子，在地拉那法庭給美帝國主義、南斯拉夫和希臘間諜塞科及其同伙作出了應得的判決以後，在歐洲人民民主國家的所有報刊中，只有保加利亞工人階級的報紙勞動報正確的報導了這次審訊。但是，當天，立刻用『最民主』的手段宣佈撤銷保加利亞工會中央理事會主席和兩位書記的職務，其原因在於鐵托修正主義者當天就該報報道地拉那判案一事，向保加利亞政府提出了一份嚴重抗議。最後，在那些談論黨內民主和遵守黨的準則的人們當中，這裏我們特別一提陶里亞蒂，他在蘇共第二十二次代表大會上攻擊我們正常的民主的黨的時候，是怎樣看待自己的行為呢？他事先不知在我們黨和蘇聯領導之間的關係中發生了什麼，是怎樣發展起來的，至少我們黨沒有給過意大利共產黨任何資料，它的中央委員會沒有事先採取什麼決議來指責我們黨，並委託它的代表來指責我們黨，至少，我們不知道任何這樣的事實。那末，這些領導人為了一個人的命運就無緣無故地使自己大出醜相，……他們還談什麼民主呢」？

「為了使阿爾巴尼亞勞動黨屈服，為了不准它有自己的觀點，赫魯曉夫及其追隨者不但在我們各國黨之間，而且在我們社會主義國家關係中，不惜採取任何手段。今天我們不想更多地詳細談論這些問題，因為有無數事實和文件客觀地說明這一切。但我們指出：由於蘇聯領導在解決存在的分歧中採用了反馬克思主義的手段，在經濟、政治、軍事各方面，施加一個又一個的壓力，我國同蘇聯的關係大大的惡化了。這個過程是從去年下半年，即布加勒斯特會議以後開始的。從那時開始，赫魯曉夫本應同意耐心地解決存在於我們黨同蘇聯領導之間的政治思想分歧，但他却把分歧公開化，並把它們擴大到國家關係中去了。這樣，在經濟方面中斷了蘇聯向我國提供的用於第三個五年計劃的一切貸款，其目的在於破壞我國的經濟計劃；毫無理由地單方面撤回了在阿爾巴尼亞工作的全部專家。這些專家是我國經濟十分需要的，並且我們曾試請求他們留下；蘇聯方面以讓我們從今年開始償付過去的貸欵，（雖然按照現有文件規定；應在一九七○年開始償還）作為最後的借口，幾乎也完全斷絕了換貨貿易關係；取銷了在蘇聯學習的所有阿爾巴尼亞留學生和軍事學員的助學金，等等，隨着經濟壓力而來的尚有軍事方面的壓力與限制措施。……歐洲社會主義國家的某些領導人也追隨赫魯曉夫同阿爾巴尼亞人民進行這些反馬克思主義的敵對行為。他們正在聯合起來，想盡一切方法從經濟上、政治上和軍事上孤立阿爾巴尼亞，在阿爾巴尼亞周圍建立一條『防疫封鎖線』。」

「蘇共中央第一書記和蘇聯部長會議主席還不以此為滿足，當他看到他的一切壓力、封鎖和恫嚇都沒有生產預期的結果，都沒有能使我們黨和人民屈膝的時候，他就從蘇共第二十二次代表大會的講台上公開叫嚷用反革命暴動推翻阿爾巴尼亞勞動黨的領導，消滅阿爾巴尼亞勞動黨。而這在涉及到資本主義各國政府時，他都不肯這樣做的，因為他認為那樣做是干涉人家內政，他說『消滅個人迷信，對謝胡、霍查和其他人說來，實質上就是意味着放棄黨內和國家中的指揮職位。而他們是不願意這樣幹的，不過我們相信，總有一天阿爾巴尼亞的共產黨人、阿爾巴尼亞領導人不得不對他們給自己的國家、給自己的人民、給阿爾巴尼亞的社會主義建設事業所造成的損害負責』。……在我們黨和人民鋼鐵般的團結面前，在這一牢不可破的力量面前，赫魯曉夫的一切敵對活動和粗暴干涉都必將遭到可恥的失敗。」

肥田粉大吉利市！

共匪勒索與贖票的新辦法

譽頎

二三年來，毛澤東及其匪黨，因大陸人民怠工減產，以致百物頓成枯竭狀態，財政經濟瀕於破產，兼之要向外國購買小麥、麪粉以至白薯，去養活他的軍隊與幹部，必須付出大量的外匯價欵，於是在「飢餓傾銷」已無物可以向外賺取外匯之後，異想天開，要老百姓捐獻肥田粉，與乎在港澳以肥田粉為名，榨取僑胞外匯，在國內贖取他們的親友出來！

在半年之前，筆者即聽到捐獻肥田粉給中共，港澳僑胞可以將他們的在大陸的老親老友贖了出來。同時又聽聞捐獻肥田粉，比寄糧包還要得法，因為糧包寄回大陸，常常收不到；卽使收到，也多半內面食物壞掉了。至於捐獻肥田粉，則在大陸的親友，可以用去掉換當地的新鮮食物。筆者聽見這個消息後，當即打聽肥田粉的價錢，認為像「卜內門」這類上等肥田粉，或者日本出品，都必然大吉利市，大張其價，因為中共需要港澳僑胞捐獻肥田粉，比糧包還較經濟實惠啊！

但打聽之後，才知道肥田粉並未大吉利市，而中共乃以肥田粉為名，而向港澳僑胞搾取外滙來應其急需。事情是這樣的，搾取方法分兩種：

（一）是勒索外滙：共幹在內地選擇收受糧包較多的人家，叫他們寫信給在港澳的親友，捐獻肥田粉。但所請捐獻肥田粉，並非眞的要購買卜內門或日本的出品，打包寄回大陸，而是要港幣作為肥田粉的代價，在港澳向中共有關的銀行交付現鈔，至少一百港幣起碼；然後由收欵銀行給予一張收條，收條上書某某為其親或友某某捐獻肥田粉若干，某年某月某日照收無誤。於是港澳捐獻現鈔者即將此肥田粉已收到之收條，寄回大陸的親友，其親友便可持此收條向共幹購取價格甚貴之糧食充飢。

（二）是贖票辦法：大陸同胞年來飢寒交迫，身體不強；支持不住者早已死了。人誰不貪生怕死，因之有親友在港澳的大陸人民，特別是老年人，總想脫離大陸，來港澳求得一飽。共幹都已登記起來，調查清楚，看每一個的資格如何，在港澳的親友的家資如何，而訂出贖票的一定價錢。叫你寫信來港澳親友與照所訂的價錢，捐獻肥田粉。也還，前面勒索相同，必須等到港澳親友將港幣向銀行交訖，取得收條，寄了回來，驗明如數不誤，然後共幹才放人，讓你離開家鄉，千山萬水的走來港澳。

據筆者所知，用肥田粉贖票出來的有三位：一位是在香港做廠商的東主，將他在上海的老太爺贖了出來，曾向香港中國銀行捐獻肥田粉共值港幣一十五萬元，取得收條，寄去上海，這位價值一十五萬元的「濶票」，竟於前兩月安全抵港了。一位是個中年太太，他的先生在此地做小買賣，收入每月不過千餘元，她也用六千元港幣的肥田粉代價，在前兩月將他的太太從上海贖出來了。還有一位醫生，生意並不大好，他的母親年已七十，住在四川重慶，實在餓得可憐，這醫生便向此間中國銀行求情，說好一萬五千元港幣，將他母親向重慶共幹去贖票出來。

不過這位醫生的母親年紀老了，必須女兒護送，而她的女兒有工作，請假不准，延遲了兩月，纔找着同伴，由重慶甚為艱苦的到了深圳的中英交界之處。但中英交界之處，有一萬多人等着要來香港，香港政府必須向大陸出去一個中國人，然後纔換一個中國人進來。因此，這位醫生雖已請准香港政府，對他母親的食宿問題完全負責，而得着了他母親的入口准許，但為「出去一個纔准進來一個的問題妨碍着，醫生的母親已在深圳那邊中國界中的旅店住了一個多月，何時進口，還是遙遙無期！

這一下，弄得醫生憂親情切，痛苦之至！他雖然不斷滙錢給他母親在旅店中使用；但老年多病，乏人照料，看看天寒，實為可慮。深圳的大陸那面旅舘中仍以堆存了那樣多的要進入香港的人呢！這些都是捐獻了肥田粉，而被共幹批准離開大陸，且被香港政府准許有親友照料食宿的一萬多相當有錢的「肉票」──這筆肥田粉贖票的代價外滙已經可觀了，而一萬多人留在對着英界的旅店中，每日食住用費，都由香港親友滙錢去，這又是一筆港幣外滙源源而來，中共又大有所得，綁票匪的生意做得如此其精到，眞要正統派的馬克斯信徒纔想得到，做得出，所以毛澤東的生產辦法實在是比赫魯曉夫高明得多！

一二、三

再談執政黨與在野黨之間

李金暉

在本刊一六七號上，曾就台北民間輿論之對在野黨的評論，為文闡述這些年來執政黨與在野黨之間的關係。十一月十日該文刊出後，最近接讀十一月十六日台北出版的「民主中國」第二十二號，其社論「一黨專政與政黨政治」中所論各節，有許多是關涉民社黨和國民黨間的一些關係。而主要的是在說明在國民黨當權派的專政之下，他們如何從中破壞該黨內部的團結等等。

我覺得在野黨能夠把與執政黨相處的一些眞實的事實公諸於世，是一件有助於民主運動的好事，否則其影響不僅如我在前文所述，「世人將對在野黨誤解日深。」恐怕即使是在野黨的基層成員，日久了也將對他們自己的黨產生誤解的，這將使在野黨的發展更形困難。

「民主中國」的這篇社論，至少在我個人認為，是對澄清執政黨與在野黨之間關係的一篇極有助益的文章。如非奢望，我不僅希望「民主潮」能繼起論述，更希望這兩份刊物能更多地談談這個問題。對當今與後世研究中國政黨史的，將具有歷史的價值。

中國為什麼沒有民主？為什麼不能成為一個民主的國家？從文化教育到警察軍隊，為什麼全受一黨的控制？這些問題，都可以一句話來解答，因為國民黨不容許在野黨健全地存在與生長。而並非是因為沒有在野黨。因此，像現在這樣雖是有了可供點綴民主的在野黨，卻並不能替國民黨當權派洗刷其專政獨裁的事實。

中華民國的國運坎坷，是人所共知的，但在野黨並不對此負直接和最大的責任。國民黨一直是一個掌握了軍隊和財政的執政黨，即使十二年前退到台灣以來，當權派也始終無意於在實力上稍有放鬆。即使是一個普通的教員，在當權派的專政之下，也不容有在野黨人員來充任。如果一個在野黨人士，無意間把個人的黨籍洩漏了，當權派就會千方百計，使他不安於位。在這樣的情況之下，而責備在野黨應對現實政治負什麼責任，實在是近於苛責了。

以民社黨來說，在民國三十五年末舉行的制憲大會以前，並未與國民黨人合作過。即使是在國府退守台灣以前，政黨政治也祇是徒有虛名。近十年來，台灣也並沒有走上眞正的政黨政治的道路。

「民主中國」的社論從關鍵上指出，「要想使政黨政治有聲有色，必須先辦好選舉。」而台灣之所以未能步入政黨政治，就因為是「國民黨人包辦了選舉！」地方選舉成為一人競選在台灣固是慣事，但也成了一種諷刺。

過去，當權派的國民黨人常說，中國不配實行民主，因為老百姓知識水準太低，且有文盲，連起碼的選舉也無基礎。遑論實行民主政治。但是台灣的教育水準是夠高的，一般人民的知識水準，對於從事選舉的能力是足夠的，國民黨當權派，卻一樣並無意於在這樣良好的基礎，開步走向民主，因此他們也無必要把地方選舉順利地辦好。「民主中國」對此舉出了一個實例作証。它說：「台灣的初次選舉，始於花蓮，當選的是我們民社黨人，後來在國民黨人的政治壓力下，被迫脫黨，從此之後，凡是我們當選的黨員，很少敢有說是民社黨人。」進而並指稱：「由於國民黨人包辦選舉的結果，造成與本省人士間之勢成水火，去年選舉座談會成立，新黨的醞釀，及自由中國雜誌事件，實際上皆起因於選舉之不公！」

當權派是一個可以公開活動的政黨，不論在能力上，在可運用的實力上，每一個參加競選的人，皆具有優勢條件，但由於不為民衆所愛戴，故對於公平競選是懷有恐懼的。因此不惜一切手段來破壞選舉，包辦選舉。

當權派不僅對於地方選舉的事要包辦，要破壞，而且對於在野黨的黨內選舉，也要加以破壞，而一心一意要製造出一個能受控制的領袖，來分裂人家的黨。「民主中國」為此舉出了這樣的例証：「當民國四十八年八月我們在台北舉行第二次全國代表大會時，國民黨負責黨派聯系的一位常委，曾對我們黨的石志泉老先生說：「國民黨願意支持石先生當主席。」石志泉先生當時拒絕說：「你們托我當徐傅霖來要，我是不幹的。」在當時的代表大會中，我們選舉石志泉先生為五副主席之首，國民黨人又說：我們那五位副主席資望不夠，不能代表我們的黨。隨後他們又找出一位老先生作為交涉的對象。」國民黨人公然指定人家黨的主席，又隨意選擇和人家交涉的對象，這種行為已是完全說明了其用心是在於要破壞在野黨，使之攤瘓，無能為力，找出一二可供利用之人物來作為其傀儡，以期達到在野黨成為其附庸物。

從上述的事例，使我們了解，在野黨的生命是被控制在當權派的手裏。除非是在野黨公然與當權派決裂，否則當權派必然處心積慮，要破壞黨的。

任何政黨都不可能是集賢人而成的，當權派自己就是一個實証，但是如果當權派一心一意要在人家黨內製造問題，就必然要通過收買、分化等等卑鄙的手段。因此，在野黨內部就不可能有長期的穩定。

「民主中國」社論對此愷切地說：「我們承認我們的黨有缺陷，黨的分子不能健全，然這只是少數，只要國民黨人不再利誘我們，不再在報紙上虛構故事，我們的黨自然風平浪靜。我們絕大多數黨人，都在創辦人張君勱先生領導下，為民主而奮鬥，過去數十年如此，現在如此，將來亦然。」

民社黨經已把部份由於當權派的破壞，使該黨陷於困境的事實公諸於世了。然而當權派既無心結束專政，相信在野黨還將有相當長的時期需要艱苦地奮鬥。因此，我願祝禱民社黨人自強不息，好自為之。

特權與奢靡

靜吾

（台北通訊）監察委員葉時修十一月二十五日在該院檢討會中，大聲疾呼，監察院對於貪污和特權階級，不能單是批評批評就算了，應該下一個總攻擊令，向他們進軍。他揮着拳頭，憤慨激昂的說道：「貪污邪風，正方興未艾；特權的為害，更甚於貪污。因為貪污者還多少為人所恥，特權者則以為可以享他人所不能享而視為是一種光榮，足以光耀門庭。現在大衆對於特權階級都有不平之憤；如要團結人心，反共復國，就非消滅特權不可。」他接着列舉許多實例，証明不但政治上、經濟上，有特權存在；甚至在教育方面也有特權作祟。

政治上的特權

關於政治上的特權，葉委員雖然不敢正面指出有人因為是「總統」的兒子，雖無官守，卻可支配海陸空軍的人事，並對人民的生命財產和自由握有生殺予奪的大權，而且儼然以繼承人自居這一個為害國家和社會的中心問題；但卻也有勇氣提出另一顯要人物。他說：有一位紅得發紫的人在台北有一座華麗的住宅，在台中又另有一座，在中興村也有一座，專供中午休息之用；在台北有兩輛最新式的轎車，一供太太出去打牌之用，一供兒女上學之用，而他本人還專用一輛。葉委員認為這位要員自己有專用汽車尚可說是為了公務上的方便；但他的太太和兒子都各有專用汽車，顯然就是一種特權了。當此民窮財盡，政府厲行節約之時，他卻享有這種豪華的氣派，怎能叫人相信政府？

經濟上的特權

葉委員以設立工廠為例，指出有人雖然缺少資本和技術卻可獲得設廠的優先權；其他的人申請設立，則被拒絕，或則公事一入衙門，即如石沉大海，永無消息。銀行的工商貸款也是一樣，有的工廠可以借到鉅款；有的工廠連小款也借不到。唐榮廠欠債不還，由政府引用國務總動員法將債務凍結；水電廠也不向該廠追討欠費，就是一個顯例。他又說：在地政方面台北市有一幅預留為公園的土地，現在已被某些有特權的人在上面建築華美的私人住宅，政府視若無睹；而一般窮苦大衆所搭蓋的木屋則被視為違章建築而被拆除。在交通方面，公路、鐵路每月都有大量的免票送與許多有地位的人，說明這些人享有使用公地建造私宅和免費坐車的特權。

教育上的特權

說到教育上的特權，葉委員以考試為例。他說：考試制度本來是好的。考試是以分數為取捨的標準，應該沒有特權可言。可是，現在也有了所謂加分辦法，一般人的子弟往往因一分一厘之差而名落孫山；而某些人則可以藉種種理由加分，而獲得升學的優先機會。這將使那些本來可以考取祇因加分而被淘汰的學生發生怎樣的感想？他認為今天在台灣投考大學的青年學生，其所受的中小學教育完全是一樣的，為什麼在升學考試時對於某一部人要特別予以優待？他主張將加分辦法廢除。他又提到留學考試的問題，他說：政府限制中學生不准出國留學，大專畢業生出國留學則必先經留學考試及格。但事實上特權人物的子弟則是另尋找其他途徑出國；既不經過考試，更不受任何限制。他認為這些紈袴子弟在求學時代就習於享受特權，將來到社會上做事，自必觀特權為理所當然；如果再讓特權階級繼續作祟，不但影響現在的人心，還將遺害下一代的社會。

車誇冬暖夏涼

除了葉時修暢論特權而外，本月一日的聯合報還有一篇以「車跨冬暖夏涼」為題的短文，頗能表現今日台灣的政風，值得向海外讀者介紹，特照抄於下：

去年省府曾列預算八十萬元，為省委等要人購新汽車代步。曾引起議員指責，並且連帶的談到廳處長一人二車的浪費情形。當時財政廳長無詞以對，情勢危殆。後黃朝琴議長打圓場，他勸議員先生們站在主人的地位，要對人民服務的僕人們寬大一些，不要斤斤計較。這頂高帽子一戴，議士們通體舒暢。也就不再緊守人民代表的荷包，祇是酌減就是了。

坐汽車，坐好汽車，坐公家好汽車，為今日高官與民意首長當務之急。起初還有些顧忌，下官怕上官說話，公務員又怕議員指責。後來大家思想搞通了，又來個「府會一家」雙方車數照比例增加，要換新的大家都換，彼此一樣，就沒有話說了。上次省府的成批買車，可能未給議會送個「汽車紅包」，無怪議員提出質詢。幸虧議長的好心腸，主張寬大，僕人才能穩坐在「那些有輪子的沙發」上，眞是善莫大焉。語云：「好心得好報」，現在議長的好報來了。上月廿九日報載，「議會新為議長自美國購進一九六一年「別克」豪華轎車一輛，淺藍色，流線型，有氣派調節，冬暖夏涼，坐在車子裏，根本沒有季節的感覺。車子開到議會，議員們驚歎不置。

車價四十五萬新台幣，要由議會開支，但是預算中並無這一筆，而且議員們覺得剛挑剔完省府買車花錢太多，現在他們自己的頭兒卻變本加厲，來個琉璃十彩豪華版，實在不好說話。因之預計在議會裏可能引起風暴。不過根據往事估計，這類事總有人疏通化解，使議長有驚無險，遇難成祥。首先秘書長陳翔冰就責無旁貸，因為議長換下來的車子預定歸他坐。反正車子買得進來，就坐得進去。「有志竟成」，就是指這樣的事。再說上次已優待了僕人，這次主人自奉略豐：有何不可？

或有人說，有錢如黃議長，為什麼不自費購置，以免旁人說話，殊不知，要是這樣，一個人就永遠不會有錢，此中道理，窮措大一輩子也不會知道。

「別克」雖非美國一等車，但是美金一萬一千元卻是美國一等車的價錢，無怪有氣溫調節。我們可以想像到，議長出了冬暖夏涼的公館，進入冬暖夏涼的汽車，再到冬暖夏涼的公室辦公，豈非不折不扣的一等生活？（曾直言領導階層奢侈的郝樂遜，你算老幾？）可惜的是，國家淪入三四等的地位，有點兒不大配合耳！

保安隊附不甘同流合污被迫自殺

見微

（台北通訊）基隆市警察局保安隊隊附戚蚨亭於十一月二十一日在警察宿舍內自殺。最初警局拒不透露死者自殺的詳情，並多方避免使各報記者與其家屬見面；而其自殺的方式，又說是以左手持槍向左太陽穴射擊。外間以有悖常情，乃盛傳他不是自殺而乃被殺。此案現已由該局移送基隆地方法院檢查處偵查究竟如何，將來或可大白；但目前則已成為街談巷議的主要話題，正在舉行年終總檢討的監察院也一致議決由內政委員會推派委員二人進行調查。

遺書之謎

戚蚨亭自殺後，基隆市警察局通知其家屬時，僅云戚曾留下遺書兩封，但均簡短，並未透露自殺的原因。其家屬以死者平日為人坦率，如係自殺，必另有遺書說明自殺原因。一說局內有人秘密告知死者家屬另有遺書兩封。乃向該局追問，報上又有種傳說，該局始於事發後的第三日將本案移送地檢處偵察，並將另外的兩封遺書一併送去。雖然承辦檢察官葉正青至今尚不肯透露遺書的內容；但其原文卻被聯合報記者探悉而在該報予以刊出。在留給父母的遺書中（報上稱之為第三封），有如下的一段：「別人要陷害我，但是你知道我是多麼難過。人到了無路可走的時候，必定要走絕路的。我是清白的；但是別人要加諸我的無妄之災，我是一天也無法活下去。迫害一個革命的人員是最殘忍的，而尤其是以譽（輿）論加諸一個清清白白的人。我要以死來洗刷；但我死了一定要為我伸冤……。」在留給妻子的遺書中（報上稱之為第四封）也說：「別人冤枉我，我在一生中最感到難過的事，也是我應當保守的清白，我怨（願）以我的血來洗刷我的清白。環境的壓迫，刺激使我再沒有活下去的信心和勇氣。」

從這兩封遺書看去，警察局宣稱死者乃係自殺，或尚可信；但他的自殺顯然是被迫的，因而才會要求乃父一定要為他伸冤。

由於警局曾一度扣留這兩封遺書，報上又傳還有第五封遺書，于榮岑局長則於二十六日晚向聯合報記者表示：「假如有人發現第五封遺書而他不交出來，他願意接受法律的制裁。」並說：本案之移送地檢處偵查乃是出於該局之自動，該局亦從未阻止記者與死者家屬見面；至於第三第四兩封遺書乃是死者自殺後的次日在其遺物中發現，因已決定送法院偵察，故未交與死者家屬。他更否認外間說他曾受上級申斥的種種傳說。

檢察官偵查的重點

戚蚨亭的父親戚繩武對於死者自殺現場的情形，認為可疑之處甚多。他指出依據進入現場警員的報告，死者的屍體仰臥，槍彈係由左太陽穴向左射擊。如是，則子彈卽應射到右方的牆上；為何現場所發現的彈孔卻在左邊距離約一台尺的牆上？又為什麼死者不以右手持槍射擊而卻用左手？偵查人員亦認為戚父所說，頗值得注意；聞將對第一個進入現場的人進行調查，以期明確現場有所被改變情事。

死者家屬又向地檢處稱：死者生前曾向家人表示「有人企圖陷害他」，「被人跟蹤他」，和「很多人恨不得他早日離開」。更常提及「因不受紅包而遭受忌恨」，有一次還舉出今年中秋節國際戲院曾送板鴨被他嚴詞拒絕的事為例。說明他的自殺與警局人員要收受紅包大有關係。檢察官的偵查重點，也是以死者家屬所提供的錢索為主。十一月二十五日地檢處傳訊全市各戲院的外交經理。報載：他們於二十四日接到傳票後，大起恐惶，乃於當晚先行集議，會商對策。據悉：各戲院對於保安隊的某某等人雖極不滿；惟以深恐報復，更受其害，終於決定在被訊時儘量避免開罪他們。因此，當葉檢查官訊問以曾否被迫送過紅包與警局時，雖是個別傳入法庭，直至全訊問完畢後才准出來，以防止先受訊的人將檢察官的問題轉告他人。但因事前已有協商，都一致答稱沒有。後來大華戲院外交經理林定宇才承認過年過節送過「東西」，檢察官乃又臨時傳訊該戲院總經理李清樹和影業公會理事長，國際戲院總經理蔡某及其秘書，就送禮事續作訊問。二十七日，地檢處又傳訊各茶室的老板，其中已有一部份承認逢過年過節曾向保安隊送過禮。聞將繼續傳訊各菜館及各公共食堂的有關人等。

陶希聖的表示

戚蚨亭自殺身死後，也許因為哄動一時，他的喪事全由警方負責料理；而且格外隆重。由市長林番王為治喪委員會的主任委員；而以市議會議長蔡德良為副主任委員。二十四日舉行公祭時，林市長為主祭，蔡議長和警察局于局長為陪祭。警察局及所屬各分局和港警所等，也分別祭奠。更有陶希聖與前任警務處長陳仙丹，現任刑警大隊長王魯翹等由台北趕來參加致祭。總計參加祭典的各界首長和警局同事連同死者親友等，不下五六百人之多。報載：死者的胞妹是陶希聖的未來兒媳，當她趣前向陶跪謝時，似有話哭訴；但為在場親友拉開。陶除向死者家屬慰問外，還到警局向于局長詳訊本案經過情形甚詳。據其向聯合報記者表示：死者有美滿的家庭，不致因家事而走上自殺之一途。並云「促成戚隊附自殺的原因，現正由有關單位進行調查中。」省警務處長因其他公務來到基隆，也親去慰問戚的家屬，並向報界發表談話，已令警局澈查死者自殺的原因，以期為他伸冤。足見官方高級人員認為死者的自殺是被迫的。

基隆警局除了為戚蚨亭隆重治喪而外，對於他的遺孤也表現得格外關切。據于局長說：死者的妻子已被安置在衛生隊工作，下月一日卽可開始。警局還將於近日成立勸募隊委員會為死者的兒女募集教養基金。戚隊附的冤情也許可望因此而稍減吧？

監察院也要調查

十一月二十二日監察院開會，孫式菴、吳大宇、金維繫等三委員提出一項臨時動議：「據報載基隆市警局保安隊附戚蚨亭於本月廿日在警察宿舍內舉槍自殺，自殺原因警方迄未發表，並儘量避免使記者與死者家屬見面，基隆市全體員警亦絕口不談此事。又據可靠方面消息，戚隊附自殺原因，可能牽涉到一件紅包案，此一紅包案死者握有確實資料而被迫自殺，此外戚隊附自殺時係以左手持槍向左太陽穴射擊，有悖常情，凡此均不無疑竇，現各方推測紛紛，莫衷一是，究竟實情如何，擬請派員調查，以明真相。」

孫式菴委員並作補充說明，他指出近日外間傳說戚隊附並非自殺，係被他殺；他殺之原因係與一件紅包案有關，究竟真相如何，實有調查之必要。

監委葉時修認為本案確有派員調查之必要，並主張在進行調查時，應將不久以前台北市太原路派出所集體收受紅包案，警務處僅以集體調職了事，亦屬不[illegible]，應併案進行調查。

其後由錢用和、陳大榕、陳肇英、張一中等委員繼續發言，均表支持。乃決定交內政委員會派委員二人進行調查。

台灣簡訊

志清

一：接二連三的警察自殺案

在不到一個月的期間，台灣卽接連發生了警察舉槍自殺身死的案件三宗；而且自殺的原因，都是由於不甘同流合污，不為環境所容，故迫得出此下策。第一宗自殺案是發生於本月台北市第三分局的警員呂萬壽，發生於上月他奉派向市民捐募「民防服裝費」兩千元，因初到管區，與居民不熟，不便勸募，又不肯攤派，以致未能達成任務。因而常受長官的斥責和同事的歧視；最近請求配住宿舍，亦被認為工作沒有成績而遭拒絕。羞憤交集乃迫得自殺。第二宗自殺，是基隆市警察局保安隊隊附戚蚨亭，發生於本月二十一日。據報載，他因為拒絕收受戲院茶室等公共場合所送的紅包，為同事所不容，因而遭受陷害和跟蹤，故迫得自殺。現在正由該市地檢處偵查中。第三宗自殺，則是鐵路警察局安全室刑警李行敏，發生於本月二十八日。據報載，他的長官都說他是一個工作謹慎而認真的人，鄰里也盛讚他待人接物，極為和睦，小攤販也說他對他們非常客氣。當去年大風災時，他還和他的太太煮了許多稀飯分給附近的災民。因此鄰居們都對他的死訊表示非常的惋惜，紛紛前往慰問。他在遺書中，自稱為無用的人，並說有人有意造他的謠言，使他無法做人，也無法做事；他沒有勇氣和這個社會奮鬥，祇有結束了這一生。據他的太太崔琳娟說：「他看見基隆警官戚蚨亭自殺的消息時，曾感慨不已；怎想到這種不幸的事竟會在我家中重演？」

聯合報在一篇短評裏面，指出不一個月，卽連續發生三位警察人員自殺事件，是值得研討的嚴重問題。並說：「警察是主持公道，保護安全的主幹。倘其本身有委曲不能伸，有冤不能雪，乃至被迫自殺，則老百姓又將如何過活？」由此，可知當權者所自誇的安定，原來就是這麼一回事。

二：高院庭長貪污案發

高等法院台南分院刑二庭庭長蔡國揚，因承辦轟動社會的嘉義一心亭吳榮宗父子血案，頃被吳榮宗的女兒吳秀英指為貪污瀆職，向司法行政部及最高檢察署提出檢舉，由台南地檢處偵查。

據悉：嘉義一心亭血案上訴二審時，吳秀英為解救她的父親，想盡辦法，知道該案由台南高分院刑二庭推事鄧玉華承辦，乃請人向庭長蔡國揚說情。蔡表示願意幫忙，吳女曾送數千元紅包給蔡。不料二審判決時，吳榮宗仍判有罪，蔡國揚事後不好意思，將該款托人送回。

當被告吳榮宗不服二審判決，提出上訴後，該案再發回更審，此次係由蔡國揚自己承辦，吳女又向蔡連絡，蔡表示可判無罪，不過要付新台幣八萬元現款，吳女表示願意付給支票。雙方未能談妥，而該案已告宣判，仍判吳榮宗有罪。以後雖經被告不服再提上訴，但被最高法院駁回，至此該案已告確定。吳秀英在她父親判罪確定後，非常氣憤，乃揭發過去與蔡國揚談條件時，蔡用台南高分院信紙寫給吳女的文件，大意是某一證據對本案有利，如果根據此一證據可判無罪。該文件係蔡的親筆，經吳女拍照後，附在訴狀內。聞蔡國揚日前曾被台南地檢處傳訊，該案介紹人已被扣押。聞司法行政部，將予蔡國揚以停職的處分。

三：市場改建，官商勾結

新竹縣議會前以該縣新竹市中央市場改建，有官商勾結之嫌，乃成立專案小組，推出陳天賓、藍榮祥、何禮杞、羅兆田、陳玉琨、陳朝光等七議員為委員，負責調查真象。十一月二十四日小組向大會提出報告，其要點有三：（一）市場沒有公開招標，出租也沒有依照法定手續，招致公家損失一百多萬元。（二）楊仕賢等前為承租該地，曾於四十年間付出一萬元為遷建水池工程費，繼因縣警局反對，楊乃放棄承租權，並將一萬元收回。但此次仍由楊重建，顯有官商勾結之嫌。縣議會聽了專案小組的調查報告以後，決議將該案交縣警局繼續調查。

四：教育局長被稱貓王

最近一期的「今日台北」週刊載有一篇專欄報導，題目是「貓王局長獻唱記」。大意說台北市教育局代局長盧啟華於十一月十八日在大橋國校禮堂主持台北省運會代表隊檢討會，在周代市長致詞後，檢討會，卽一變為而聚餐會，筵開四十八席，更有七海樂隊演奏熱門音樂，「歌姬們輪流登台演唱，柳腰款擺，媚眼亂飛」，盧局長情不自禁，不但手舞足蹈，而且還登台客串一支日本情歌。一曲既終，與尤未了，乃再來一支日本黃色名歌。而且當着數百男女青年學生「扭腰擺臀」、「活力四溢」，其「歌喉的響亮」和「姿態之美妙」，決不遜於「貓王」。聯合報引述這一篇報導時，指出「一位首善之區的教育行政首長，竟在青年學生們的面前，作這樣示範的表演，實在是革命壯的。」短評作者慨嘆盧代局長因資歷不够，不能真署，祇能代理；但卻具有貓王的天才，而竟不被派到其他適當的機關去工作，俾得展其所長，無乃太湮沒他了。

中共承認水利工程普遍缺乏配套

劉裕畧

大陸之窗

筆者在十一月十七日出版的本報香港版（即十一月廿三日紐約出版的本報美洲航空版）所寫「中共水利建設遭遇了什麼困難」一文，曾指出由於中共缺乏資金，缺乏配套，因而廣東、江西兩省已停修大型水利工程，只修當年有益的工程。筆者並推斷這不只是廣東、江西兩省的個別情形，而是今日大陸的普遍情形。北平人民日報復於十一月廿三日發表了以「抓緊工程配套、擴大灌溉效益」為題的社論，証實了筆者前文所作觀察，據人民日報轉據中共中央國務院農業部對北方九個灌區的調查，謂「是不是所有水利工程的潛力全部發揮了出來呢？還沒有，以前面談的九個灌區為例，實際灌溉的面積只佔工程控制面積的百分之五十六，其餘百分之四十四應該灌溉的耕地還沒有灌溉，主要原因是工程還沒有配套。這九個灌區，渠首和幹支渠以上的主體工程都是在兩年內基本完成了的，而分支和斗渠只完成百分之三十到百分之七十。農渠毛渠和田間工程只完成百分之二十到百分之四十，支渠以下建築物只完成百分之二十到百分之五十，除個別灌區外，排水渠一般都未修建。另據廣東省統計，全省前後興建的二百一十多宗大中型水庫工程，由於工程不配套，只有一百六十宗發揮效益，其中大型水庫已經澆灌的面積只佔計劃澆灌面積的百分之二十左右，中型佔百分之四十左右，其它地區也程度不同的存在看類似的情況」。

從以上中共農業部對北方九個灌區和中共廣東省所作調查統計，充分說明中共多年來所高唱的水利建設，絕大部份皆屬空談，因為上述調查統計數字中，灌澆面積多只佔計劃面積之百分二十至百分之四十，絕少達到百分之五十者，可知其歷年來所作超額完成之報告，實係連半數都未完成，遑言超額？

然而問題還不只此，因為水利工程不比其它，若修建得不好，或者配套不全的話，它不但無水利效益之發揮可言，甚至還將因而造成災害，對此，中共人民日報社論亦承認如此，這般的水利工程，反足以為害。該社論說：「水利建設的目的是消除水旱災害對農業生產的威脅。因此，既要興水利，也要除水害。有了一套灌水系統，還要有一套排水系統。在完整的水利工程系統中，必須具備排水和灌溉兩個方面的工程，有排無灌，不能防旱抗旱，有灌無排，不僅不能防澇，地下水位升高，還有造成鹽鹼化和沼澤化的可能。」然而中共農業部的調查統計，則是今日大陸各地的水利工程既已配套不全，因而不能適時排灌，更危險的則是「除個別灌區外，排水渠一般都沒有修建」，那末，今日大陸各地的農田安得不年年鬧水災？而且還一年更比一年兇呢？

由中共人民日報所提供的上述資料，足可發現這是中共控制下的中國大陸水災何以特別多的又一原因了。我們要發出一個疑問，那就是中共控制大陸十二年來高唱的水利工程所帶來的效益與災害，究竟是效益大呢？還是災害大呢？

中共在北平成立一家剪報公司

陸閘

據十一月廿二日中共人民日報透露，中共已在北平成立一家剪報公司，專門剪輯大陸各地四十多家報紙，代訂戶剪報。據說這家剪報公司成立於一九五九年，最初只有北平有十幾戶訂戶，但現在除西藏外，大陸各地已向它訂購剪報的訂戶已達五百八十多家了。

人民日報說這家剪報公司「每天工作人員都從全國四十多種報紙上剪貼出八千到一萬份資料，供應訂戶」，並說「剪報公司已決定從一九六二年一月一日起開始複印業務，他們將對人民日報、光明日報、工人日報、大公報、中國青年報、文匯報所刊登的有關方針政策的公報和決議、和重要的報告指示、評論等，進行選擇印刷，供應訂戶」。

讀了上述新聞後，似覺奇怪而又並不奇怪。何以似覺奇怪呢？如果大陸各地有好的圖書舘的話，則此類報紙必在收藏之列，何須剪報公司來專剪，仔細思之，何以並不奇怪呢？是今日大陸的人民，在中共控制下既無思想和言論自由，一切皆以馬列教條為準，當然也無專門收藏各種圖書報紙的圖書舘了。因之，自無各種共報可以查尋，然而中共的殘酷統治異常嚴密，各級幹部皆戰戰競競，惟恐失言，一般人民當然更效金人之三緘其口，等到面臨沒有不說話的自由時，當然就只有而且也只敢向報紙堆找資料了。這是剪報公司必須在北平創立的原因，也是各地訂戶頗為需要的原因，可以斷定，由於一般人民和一般共幹只敢效鸚鵡之發言，這家剪報公司的業務還會發達，訂戶還會增多的。

毛澤東加强控制軍隊 又頒行連隊政治工作四個條例

為了加緊控制軍隊，本年六月中共國防部已頒布過所謂「連隊管理教育工作條例」，但毛澤東仍嫌其不够穩定周密，遂又在上月在北平舉行的「全軍政治工作會議」中通過」所謂「連隊政治工作四個條例」，並已由中共中央正式批准頒行。

這四個條例是所謂中國人民解放軍連隊政治指導員工作條例，中國共產黨連隊支部工作條例，中國共產主義青年團連隊支部工作條例和中國人民解放軍連隊革命軍人委員會工作條例。顧名思義，這都是加强軍隊控制的魔術。

據新華社十一月廿一日電訊說：全軍政工會議認為這些條例「體現了毛主席的建軍思想，繼承和發揚了我軍政治工作的優良傳統，總結了我軍幾十年來連隊政治工作的豐富經驗，既有高度的思想性和政策性，又交代了具體辦法，使連隊工作有了一套馬克思列寧主義的工作方法和切實可行的工作準則。對於加强我軍基層建設……將產生重大的作用和影響」。

中共何以如此其高的估計這些條例的價值呢？拆穿來說，不過是中共中央要使它的黨團組織在軍隊中生根，並進一步控制軍隊而已。按照這些條例之規定：「中國共產黨在中國人民解放軍連隊中建立的支部，是黨在軍隊的基層組織，是黨聯繫羣衆基本紐帶，是連隊統一領導和團結的核心，連隊的一切重大問題，都必須經過黨支部委員會討論決定，由連隊首長分工負責組織實施」，這是毛澤東要運用黨去控制軍隊的具體辦法。

至於連隊政治工作人員，則聽命於黨支部及上級政工人員，而「他的主要任務」，依「連隊政治指導員工作條例」共十條之規定，則是：「以毛澤東思想為指針，進行政治教育和思想工作，進行黨支部工作，貫徹進行黨的總路線政策、國家的法律法令和上級的命令指示，發揚三八作風，加强官兵團結和軍民團結，維護軍事政治紀律，鞏固和提高連隊戰鬥力，從政治上、思想上、組織上保証戰鬥，訓練和一切任務的完成」。對於共青團工作條例，是規定共青團連隊支部「是連隊先進青年的羣衆組織，是黨支部的助手，它的基本任務是以毛澤東思想教育團員……」等，這都可見以上四個工作條例，都是以加强毛澤東思想為中心，當此毛澤東與赫魯曉夫的衝突已達公開化的今天，這顯然是毛澤東加强軍隊控制，以免內部顛覆的措施之一。（陳牧）

僑鄉簡訊

鍾之奇

廣州又槍斃歸僑

由海外歸返大陸的華僑，在大陸被捕和失踪的人已經很多，被公開槍斃者亦已屢見不鮮。

茲據中共公佈，中共又於十一月廿七日在廣州槍斃了一名柯博文的華僑。據中共公佈：「陰謀爆炸廣州文化公園的特務份子柯博文被判處死刑。最近廣州公安局捕獲一名蔣幫特務機關國民黨中央委員會第二組由香港派遣經澳門潛入廣州市陰謀爆炸破壞的特務份子柯博文，十一月廿七日經廣東省司法機關依法判處死刑，立即執行」。

如所週知，中共一向是以甜言蜜語欺騙和引誘海外各地華僑歸國的。但中共存心謀財害命，許多華僑在海外時原不明瞭大陸情形，迨返回大陸後，才知道今日大陸乃是人間地獄，反共思想遂亦油然而生，對此具有反共思想的歸僑，中共就一向加以「美蔣特務」的帽子，硬說這些華僑是居心破壞，而加以槍斃，實則是欲加之罪，何患無辭，中共虐殺歸僑的情況，由此可見一斑了。

中共驅迫粵民加緊生產食鹽

據十一月十七日中共人民日報報導：「今年入冬以來，廣東省雨水特別多，東部地區還受到了一次强台風的襲擊，不少鹽塲的堤圍被海潮冲毁，有四分之一的鹽田被海水淹沒，貯存的滷源也被水冲淡，鹽業生產受到很大的影響」，但在此情況下，粵共為了達成中共中央的規定，乃對廣東人民特別驅迫，下命不惜犧牲，務必達成食鹽生產計劃。據中共新華社廣州電：中共已迫令廣東沿海鹽塲工人於十月份「搶修鹽田，增加生產，十月份，全省原鹽產量比去年同期增長百分之廿五，今年一月至十月累計，全省原鹽產量已完成全年計劃百分之八十七」云。

中共迫令廣東人民上山護林

除了迫令人民到田地中勞動及下海捕魚以外，廣東共幹又迫令人民上山育林護林。據十一月廿三日人民日報消息，謂「廣東山區社員入秋以來已墾復、撫育油茶、杉木、竹林、玉桂等林木四十五萬畝，斬青煉山七萬畝，修築了護林防火線九百三十八公里」云。

中共在廉江加緊搜括糧食

中共搜括人民物資的方式和藉口有很多種，「收購」則是這許多搜括方式中最普遍最兇惡的一種。因為中共所謂「收購」，在本身說，是以最低價强迫購買人民的勞動果實，在藉口方面，中共則又故作義正詞嚴之狀，說這是為了國家的需要而收購，這是為了「加强城鄉互助、鞏固工農聯盟」而收購，實則這都是藉口，真正的事實，則不過是中共政權為了龐大的擴軍和行政浪費以及高級共幹的高度享受而收購而搜括而已。據十一月廿二日北平人民日報刊出消息，就說廣東「廉江超額四百萬斤完成收購任務」是在「加强城鄉互助、鞏固工農聯盟」口號下强迫進行的。

據中共新華社廣州十一月廿一日電：「廣東廉江縣到本月十三日，全縣已超額四百多萬斤，完成了全年糧食征購任務」。又說「新民公社是廉江著名的旱災區，全公社四萬三千五百多畝耕地就有三萬八千畝旱田，……但紛紛展開了快送糧送好糧的競賽，大垌、蛇地等大隊的社員送糧一直到深夜」，於此可見中共搜括之兇惡，廉江人民當然只有挨餓的餘地了。

星洲學潮的高潮

背景意義嚴重

俊華

「非共」的星洲政府與親共的左翼從事工潮學潮的鬥爭，迄今已達一個多月。工潮剛告平息，學潮又被鼓動。不但是一波才平、一波又起，而且一幕比一幕來得緊張；看情勢，雙方都正在出全力以赴，因爲幕後的背景意義嚴重，直接上的目標，是星洲政權的爭奪；間接上的作用，是環繞着星馬合併與星英基地問題、正反雙方的搏鬥。

誰也不能預料，這類致命的搏鬥將以什麼方式交手，並且也不能預料，它將會繼續到若干個回合！

歷時二十五天的市政公用事業工人萬五千人的罷工，到了本月二十四日幸告解決。政府和市議會的代表與工會多次談判後，公用事業日薪僱員聯合總會的代表，已同意宣佈復工，並即日實行。星洲市民得聆復工消息，都不禁透了一大口氣——差不多整個月來，他們在一面制水、一面拒絕清除垃圾糞便的夾攻中，臭氣薰天委實難受極了，更不用說星洲人之對於工潮，原來就有談虎色變的戒懼。

政府和議會與工方的談判，終於接受了以日薪僱員聯合總會爲對象，這也即是說政府已承認了這個聯合總會；其先，政府是以該總會尚未註冊而否認它的合法性，但要求對聯合總會加以承認却是工方此次罷工的主要條件。對於這一點來說，政府是讓步而工方獲得勝利。不過在改善待遇方面，工方並不苛求，也表現了相應的讓步，那麼政府也並不能算是失敗。

雙方換了武器

工潮的得以在未釀成禍亂間宣告解決，「彈壓」與「疏導」並重是重要的原因。左翼方面醞釀「支援罷工的罷工」並沒有拿出來使用——發動不起來，就因軍隊早已出動保護開工及維持秩序之故。當局能當機立斷，相當明敏。掌握部份工運幹部，在工人間疏解成功，說明了以工人起家的人民行動黨，工運領袖人物並非全在左翼，被左翼稱爲「右翼、官僚」的，對於工運也竟有他的一手。無論如何，彈壓止於消極，疏解才能解決問題，以一九五五——六的大罷工爲例，行動黨的應付是比較上有辦法的。

可是，這不過是第一個回合——行動黨分裂後左翼與右翼的第一次正式交手，也許雙方只不過要一個「把式」，「拗手瓜」還在後頭！可能，雙方要試過十八般武藝，然後才算掄科奪元。工潮才平，學潮繼起，就等於雙方都換了武器。

學潮的發生，自然是起風潮最有歷史的華文中學，少數的學生們以拒絕會考爲號召，反對「中四會考」。

政府當局本年首次改行中學四年級會考，採「四、二制」，目的是調整中文中學與英文中學學生的資格使之相等。即中四會考後發給文憑，與英校「九號」同等程度、如再讀高中二年會考後，發給高二文憑，即與英校高級文憑相同。雖說比初中多讀一年，但文憑比初中有用。急於求職者也可以不必讀足六年，對於學生只有便利。可是，反對會考者，實際另有目的。

企圖造成流血

反會考者號召罷考，並使用糾察隊阻止赴考學生，形成了使用暴力的基礎；因爲上月廿七日頭一天會考，應屬二千五百名考生，自動參加會考的一千九百多人，搗亂份子只不足六百人之數。第一天他們分在各試場糾察失敗，第二天便集中起來，集中突擊一個試場，這樣他們成功了阻止多三百名學生與考。第二天應考的學生不少有家長伴送，但分開伴送不敵集體糾察，第三天家長們集體護送，反會考的糾察們竟與家長鬥毆，各傷數人。教育當局採取「搬試場」的辦法對付罷考糾察隊，即某試場發生騷亂，立刻用公共汽車把考生載走，到另一地方考試。當局一直不願出動警察去對付糾察隊。

教育部長楊玉麟解釋不使用警察的原因說：罷考的發動是左翼「社會陣線」及共黨傑作，「激頭激尾」的共黨滲透行爲，「他們願望青年學生與警察衝突而流血」，造成事實，阻止星馬合併。

但僅憑家長護送及搬試場是否足以應付頗成問題。廿九日糾察隊竟把教次李烱才包圍於教育部內，使之不能出席議會。議會聞訊極爲憤怒，即通過警察拘捕此批不法份子，並指責糾察學生「無賴」。馬紹爾更主張由檢察長依法控訴。也許是職業學生們聞訊，當即解李烱才之圍，警察並未捕人。

昨天當局向議會提出了「警察保護應考學生」案，因係臨時議，遭「社陣」反對派拒絕。事實上，當局有權可出動警察，所以要求議會通過，不過是要先取得民意的支持。今天由華校教師總會的呼籲，當局已把尚有兩天的會考暫行停止，俟各有關團體會商辦法，和下週一（四日）議會的討論，這兩天考期能否平安渡過？是第二個回合的壓軸戲。

（十二月一日吉隆坡寄）

高棉侵擾越邊的陰謀

阮芳

棉越兩國，邊境相接，綿連數百里，由南方近海的河仙安江起，向東伸展，連貫建豐、建肇、西寧等省，犬牙交錯，部份疆界，尚未勘定；該兩國的糾紛，遂由此而起。

一九五四年前，越、棉、寮三國，同屬法國統治，稱爲「印度支那」，原是「三位一體」；迨第二次大戰結束後，始分別宣佈「獨立」，勢成鼎足，尋且互相猜忌，各懷鬼胎，且受世界局勢影響，糾紛於焉愈益擴大。

蓋越、棉、寮之所謂「獨立」也者，都是各有其立場，各有其政治背景。高棉的施漢諾，首先是標榜「中立」，但旋即「向左看齊」；寮國各黨派，則先分後合，合了又分，迄今則大演「談判」的把戲；至於越南，更慘遭越盟黨的分割，變成了南北越對峙之局，北越赤化，而南越則反共。在此複雜的中南半島中，既已「同床各夢」，自難免交惡頻仍，因而糾紛的癥結更夾纏得難解難分了。

單以南越和高棉來說，近數年來，互相尋瑕抵隙，尤其是對疆界問題，更鬧得「邦交」日趨惡化。高棉方面，自一九五四年以來，在邊界沿線，普遍建立防守所，派出哨崗駐防，自是而後，棉越的邊界糾紛，便層出不窮。在過去十個月內，大大小小的衝突，不下七八宗。最近的一次，是發生於十月下旬，南越外交部向高棉方提出抗議，指責高棉的武裝份子，侵入南越領土，迫害南越農民，並作出刼掠綁架等行爲，係屬存心挑釁。南越政府並鄭重聲明：今後對這種挑釁行動，決予以武力還擊。而高棉方面，也不示弱，指控南越的軍隊，曾發炮九響，轟向棉邊，其中兩彈落在柴拷省，造成嚴重的損害；同時指責南越這種行爲是有計劃的侵害。——這樣的衝突事件，相信將在繼續發展中。

那末，棉越的衝突，究竟有甚麼內幕呢？

據南越人民稱：南越政府對棉兵的騷擾，其始是採取「睦隣政策」，以審慎的態度來應付的；但棉兵的來犯，是一而再，再而三，政府當局便不能不要奮起抵抗，同時對潛伏在安江、西寧各省的越共游擊隊，也進行掃蕩，藉以防範越共的乘機興波作浪；這是政府當局應有的措施。南越人民還指出：施漢諾之所以頻頻在邊境上向越南挑釁，可能是受了共黨的利用；他們已看得清楚，共黨集團是以河內（北越）爲大本營，金邊（高棉）爲前哨基地，圖向曼谷和西貢兩地區展開「南進的戰畧」，於是首先利用施漢諾來打頭陣，施漢諾還懵懵然，於是一則宣佈和泰國絕交，再則公開聲言「高棉與其對共黨作戰，不如對親西方的隣邦作戰」，這是施漢諾自動地把歷次的侵越背景暴露無遺；南越政府對此，當然是不能忍受！

南越政府的官員，更揭露出施漢諾最近進侵越邊的一項陰謀，說施漢諾是接受了共黨的指示，替共黨負起一項「牽制作用」的任務，將南越的一部份部隊吸引在西陲，好使北越軍得以較爲容易地入侵南越。目前北越軍的行動，是正以「三零五」師團由寮邊開入廣義省；盤據在長山週圍的共軍，是當地的士兵，他們一經會合，則施行「以地方人治地方事」的策畧，建立新根據地；另一方面，則由宣安出發，沿越寮邊境推進，陸續集結於崑嵩百里居，接受俄共和中共的軍援。施漢諾最近的侵越，顯然是欲使南越當局陷於顧此失彼的危機，其用心是相當陰險惡毒！

又據南越報章的報導：施漢諾目前的措施，已使到金邊市區內，也呈現出緊張狀態，大小街道，都挖建避難壕，坦克車日夜巡邏不息，市面上已披上一片戰時景色。中共一個軍事代表團的部份人員，已秉程趕到金邊，是否爲施漢諾運籌帷幄，不得而知云。南越報章這一則報導，是反映着高棉確是做出了一項不利於南越的行動。南越政府當局對這個不友好的隣邦，自然是感到寢食不安了。

施漢諾這樣的爲共張目，若果說得嚴重一點，他不特增加了南越的危機，還擴大了對整個東南亞局勢的威脅。因此，棉越局勢將來的發展，刻正引起了自由人士的注視。中南半島的前途，正影響着整個東南亞的命運哩！

年夜（上）

盛紫娟

已經臘月底了，天氣却反常地暖起來，雪粒夾着雨絲輕輕地飄下來，道路雖然泥濘不堪，但是行人却更爲擁擠。在那些衣衫襤褸挾着書的大學生們臉上，露出罕見的笑容，他們的眼中閃出一種難以抑制的渴望和興奮，今天是大年除夕啊！從今晚起有三整天的假期，在這期間他們不用去開批評會、檢討會、審查會，更不用到鄉下去義務勞動，也不用去挖河。在一年中這三天是唯一能够眞正休息的日子，由自己自由支配的日子。冬天一開頭，他們就盼望這三天假期了，近一個星期每個人都在編織一個夢，儘管夢中的東西是那樣樸素和簡單，但却是成色十足的夢。他們可以吃「一頓」肉，不是代用品啊！在除夕，他們可以嚐到已記憶不清的「麪粉」，儘管麪中摻了些別的東西，但是那味道與小米和紅薯確是有天淵之別。在這三天，他們可以和親友們着實的叙一叙，溫暖一下離別的寒冷。更重要的是鬆弛一下精神和身體瀕近崩潰的緊張，悠悠自在的咀嚼一下時間的滋味。

怡珍頻頻地偷看着腕錶，她盼望克列齊耶夫教授快點結束這堂俄文課，好早一點趕回「家」，雖然這個家並不屬於她的，但是這個家却是唯一收藏她的錦匣，她的父母在大陸易手前同到美國去了，竟來不及把她接走，她便成了獨身，姨母的寵兒。還有幾個遠離父母的表兄弟，也都是這個家的成員。素常家中只有她和姨母過着那冷清清的日子，可是每個大年夜，一羣大孩子從四面八方聚在一處，她一想那熱鬧歡樂的情景，就愈感到課堂空氣的難耐。可是那位俄文教授，仍在絮絮叨叨的講着，多心煩！好不容易下課鈴響了，她感到一陣激動，胸腔裏忽的湧上來一團熱，高興得幾乎要喊出來。連教授最後說的「再見」都未聽到，就匆匆合上俄文讀本，圍上已破損的毛圍巾，三脚兩步的走出了課室，一邊哼着歌連跑帶跳的下了樓。剛下了樓梯，就聽見徐祖光在後面叫她，她停住脚步轉身問：「什麽事？」

「別忘了今晚到我家去吃飯。」祖光一面跟着她向校門口走，一面低聲對她說，雖然因天太暗，她看不出他的臉色，但她想像得出，他那孩子氣的圓臉一定又驚得緋紅，額上一定還冒出幾粒汗珠。她不禁微微一笑，賣弄地掠了一下短髮，故意說道：「到你家去吃飯？難道我就不要回家了嗎？姨母和表哥他們都在等我，今早她還千囑咐萬囑咐，下了課早點回家，我還要幫她包餃子呢。」

「可是你已經答應我，今天晚上到我家去玩，我已經跟家裏說過了，並且給你預備了晚飯，怎麽又變卦了？」

「誰答應你啦？誰叫你那天拉着人家不放，你還好意思提呢？」

「不行，一定得去，不然我怎麽向家裏交代？」

「誰管你怎麽交代，今天你可不能胡來。」她咬了下嘴唇，「我已經把肉票、麪票、鷄蛋票全交給姨母了，我怎能不回家吃團圓飯？再說我也沒有在你家過年的理啊！」

「那今晚我們不能在一起玩了？」他非常失望的說。

怡珍瞟了他一眼，裝出爲難的樣子說：「這樣吧，我吃過晚飯去找你。」

祖光擺出一副不相信的樣子說：「你走得開嗎？萬一你那位表哥……」他一提到表哥兩字，怡珍立時感到渾身不自在，但是臉上又閃着得意的光彩。

「怎麽？我那位表哥有什麽不好？」她頑皮的盯着他問。

祖光出了一大口氣說：「誰管得着你的表哥，今晚來不來由你了。」

說完扭頭就要走，怡珍連忙拉住他說：「吃完飯一定找你去就是，也值得眞生氣！」

「眞的嗎？」祖光高興得跳起來。用大手壓着她的肩說道：

「我早已買了兩張『莫斯科』的電影票，我知道你早就想看袁雪芬的『西廂記』，所以前天特地起了個早跑去買來的。」

怡珍咧着嘴笑起來。祖光接着又說道：「你那一樣都好，只是多了個莫名其妙的表哥！」

「看你，這個勁兒又上來了。」她擰起眉頭滿臉不高興的說。

「好好，不再提了，我陪不是成不成？」

……………

祖光把怡珍送上了公共汽車，才揚揚手走開了。

怡珍下了車後，小心翼翼地把已穿得油污破舊的薄棉褲的褲腿捲了起來，踏着被融化的雪水浸軟的泥路向家裏走去，雖然肚子已經很餓，濕漉漉的泥地很不好走，但是她仍輕快地哼着歌，心中想着那幾個表兄弟今晚不知又要玩什麽新把戲，姨母不知做了些什麽好吃的東西？她想起了姨母爲了辦年菜，連起了幾個早，這次他們幾個人爲了解一下饞，可把姨母忙壞了。

她才走到院子裏，就聽見她和姨母住的西廂房充滿了年青人的笑聲、叫聲，她知道表哥們已到了，便大聲叫起來：「你們在玩什麽？吵得房頂都要塌了。」她隔着門上的玻璃，看見他們正笨手笨脚地包餃子，姨母不在那兒，她猜她一定在廚房裏忙着。

景文表哥首先看見她，忙爲她開了門，接過她手中的書，又幫她脫下那件大棉襖，關心地問：「小珍，冷嗎？」

「還好。」她笑笑往手心裏吹了口熱氣，便將手放在爐前烘着。樹德他們七嘴八舌地問她好，又催她快來幫忙。

景文湊過來小聲說：「小珍，你說你怎麽謝我？」

怡珍抬起頭，望着他的眼睛問：「紅毛衣？」他笑着點了點頭，拉着她走進臥房，但樹德表哥却擋住去路說：「你們倆不幫忙做事，就別想吃年夜飯！」

「你才做了多少事，就來管我！」怡珍一扭身子就鑽進裏屋去，景文趁機把樹德往旁邊一擠，關上房門又上了鎖。彬如和悌如領着頭在外屋大叫大嚷，用脚踢門。怡珍對景文說：「不理他們，紅毛衣呢？快點拿給我看！」景文鄭重其事地打開姨母的破衣櫥，拿出一個花布包，怡珍迫不及待地搶了過去，她一打開包裹，就快樂地嚷：「眞謝謝你！太好看了！」

「小珍，小珍！你在屋裏幹什麽？還不快點洗澡？」這是姨母的聲音。怡珍吐了下舌頭，忙把毛衣包好，放在櫥裏，才跑去開門。姨母見她出來就埋怨她：「這麽大的姑娘了，一點也不懂事，大年下的還不趕快洗澡換衣服……」怡珍做了個鬼臉，笑着跑到廚房去取熱水，忙着洗澡去了。

（未完）

文壇泥爪

許廣平回憶魯迅

本欄已經停筆了很久，究竟當時爲了乜嘢停下來的，在筆者的記憶圈內竟尋不到一點「泥爪」了。也許因爲忙？但再忙七日不滿千字的東西還能擠得出來，似乎還不是主要理由。這可不必去想它了，現在續寫下去，總得先向編者道聲歉呀，否則在這準尖頭不饅的香港社會裏，豈不被人呵斥不懂禮貌嗎？

不知有多少次編者秋先生催我續寫，我都漫應之曰「得」；可是光打雷不下雨，一直是「得」而未「得」。前些日子在大晚報上讀到李輝英先生在作品月刊上讀到謝冰瑩女士所寫這類文壇憶舊的文章，覺得他們寫得都很好，他們都是壇上人，寫來親切有味道，像筆者總是在壇下面的人，勉强效顰，亦是隔靴搔癢。誰知拿這理由搪塞不下，那秋先生還是催寫不已，他這股牧師勸人信教而不舍的勁兒，竟使下走委實不好意思再行推拖，生來醜就豁着再出一次吧。

閒話再叙下去，恐怕沒有正文了，就此停住。

話說現目此間左右各報都紛紛在說許廣平的「魯迅回憶錄」，有人以爲這位未亡人並不眞正了解魯迅，有人以爲其中有一向未曾爲人道過的秘辛如魯迅與成仿吾的會見之類，也有人覺得許廣平的確爲魯迅傳了眞等等。這三種說法，筆者都很難同意。現在畧述在下的愚見。

中共尊魯迅爲聖人，可是十年來未曾給這位聖人寫出一部傳記。今存够條件寫這部傳記的人，第一應數許廣平，第二才是周作人。魯迅自幼年讀書留學到在北平寄居這幾十年間的事，周作人寫的已經不少，人們大都也知道。魯迅自北平而厦門而廣州直到死於上海這十幾年間的事，許廣平最清楚，但她過去所寫的却不多，特別是魯迅怎樣被中共誘脅做了左聯的傀儡太上皇，怎樣受共黨的氣，最後又怎樣和周揚等鬧翻了臉，以至氣死這些情節，她只隱約地透露過一星半點，外人很少知道的。現在這本回憶錄小冊子，據說是前年矛盾請她寫「魯迅傳」，特別在西山給她安排了個清靜地點，送給她一大包資料，她費了九個月的工夫，只寫了些回憶斷片，不能稱爲「傳」，寫好後經過校閱刪改，在去年的「新建設」上連載了十三期。筆者就是那時從「新建設」上看到的。今年印出小冊子來了，據序上說，又經過了刪改。但對上面筆者所舉那些她過去很少寫到的情節，仍然沒有寫出來，很令人失望。過去她還隱約地透露出一點如今連這一點也沒有了。那還不如打開魯迅的日記、通信和雜文來看看的好。不必說魯迅罵周揚、徐懋庸寫信威嚇魯迅、魯迅拒絕加入「文協」這些大事她含糊過了，就是蕭三叫魯迅赴莫斯科參加蘇聯的作協成立會魯迅不去、陳賡叫魯迅寫紅軍的小說魯迅不寫、馮雪峯役使魯迅而魯迅不敢反駁這些次要的過節，她都避而不提；而這些事她是親眼目覩，不會忘却的。我們從這本回憶錄裏看不到這些，怎能不失望？寫出來的大都是人家早已知道的些事，——只有魯迅與周作人打架的事，這次許廣平記得特別詳細，至於如左報某君所說有一向未曾爲人道過的秘辛如成仿吾事，就不能不令人懷疑它的眞實性了。

就筆者看來，許廣平這本小冊子，遠不如她過去所寫的如「欣慰的紀念」等等好，更不如許壽裳寫的「魯迅的生活」和「亡友印象記」好，也不如周作人寫的「雜憶魯迅」好，不值得人們欣賞重視的。

爲什麽許廣平寫不成「傳」，只寫了些斷片還畧去許多魯迅下半生最重要的事蹟呢？一個可能是，左聯的秘密，中共一直不想公開——一公開魯迅就成了中共的敵人了，她不敢觸及；另一可能是，她寫了幾點，在校刪改時被割愛。這樣說來，這本小冊子一無足取嗎？也不盡然，她在寫女師大學潮的時候，沒有避忌現任中共中央文物館館長的章士釗，這比陳白塵就强得多，陳白塵的「魯迅傳」電影劇本，就不敢提「章士釗」三字，把當年這位老虎總長撤魯迅職的「罪過」，轉嫁給了段祺瑞執政。

不過她畧去上面那些重要情節的時候，很會躲閃，她說是當時一有客人來，她就張羅燒菜預備茶點去了，魯迅和來人說些什麽，她不在場，明知有關「黨」的秘密，事後也不敢問魯迅——大意如此。再就是把中共與魯迅間的摩擦，輕輕往胡風身上一推。

如果許廣平和她的海嬰早脫離了中共的魔掌，或是十年前淪陷之前離開大陸，現在海外的自由環境裏從從容容地寫一本回憶錄的話，那就很可觀也很有價值了，我想。

辛亥革命史談（三一）

舜生

四·大革命爆發於長江中部武昌

『共進會』於光緒三十三年由焦達峯（初名大鵬，字鞠蓀，湖南瀏陽）、劉公（仲文，湖北襄陽）等發起於日本東京，未幾，孫武（堯卿，湖北夏口）也加入了。時焦、劉已入『同盟會』，以『同盟會』行動迂緩，主急進；又以『平均地權』四字不易為下層分子所理解，改為『平均人權』。黃興不以焦等立異為然，頗有爭執，達峯笑曰：『兵未起，何急也？異日公功盛，我則附公；我功盛，公亦當附我！』興無以難，亦遂置之。（參看章太炎撰『焦達峯傳』）三十四年十二月，達峯抵漢口，與孫武協商兩湖入手辦法，並於宣統元年三月，在武漢分設機關。次年十月，『共進會』同志楊時傑堅主於武漢發難，因約劉公回鄂進行，公因病回襄陽，時傑則留武漢策動甚力。時居正（覺生，湖北廣濟）奉『同盟會』香港統籌部命主持鄂事，謀策應廣州，正亦共進會會員。辛亥正月，譚人鳳（石屛，湖南新化）復奉統籌部命佈置長江軍事，攜小欵抵漢，因與居正孫武密商鄂事，並因胡瑛之介，訪問『文學社』諸同志，全鄂黨人，異常興奮。先是『共進會』在漢口法租界長淸里設總機關，至是並於武昌胭脂巷加設分機關，與『同興學社』，『同興酒樓』等輔助機關，惟以欵絀，殊感困難，後利用劉公所有之五千元，始得勉強支持。時『文學社』社員同時加入『共進會』者頗不少，乃由『共進會』之楊時傑、楊玉如與『文學社』之劉堯澂、蔣翊武、王守愚商討聯合辦法。初頗有歧見，後經蔣、劉多方斡旋，乃融洽無間。

辛亥八月初三，『共進會』『文學社』開聯合會於武昌胭脂巷，到會者六十餘人，商討首義動員計劃，一致決定首義日期為八月十五，迅即電知湖南焦達峯準備響應。並推『文學社』社長蔣翊武為革命軍臨時總司令，孫武為參謀長。劉堯澂、蔡濟民、張廷輔等為參謀，楊時傑、楊玉如任內政，楊宏勝任交通，鄧玉麟任傳達命令。軍中組織，以十人為一分隊，三分隊為一支隊，三支隊為一大隊，各隊置大隊長一人，副隊長二人。臨時司令部設武昌小朝街八十五號張廷輔寓，政治籌備處設漢口總機關部。牟鴻勳、梅寶璣負責草起義文告，孫武、潘公復負責製造炸彈。其餘各標、各營、各隊代表，均分別指定工作。但是日散會後，因一部分軍中同志，酗酒喧譁，引起官長干涉幾至釀成暴動，大有不能不倉卒發難之勢；幸經鄧玉麟、胡祖舜多方勸止，劉堯澂復主緩發，而瑞澂懼事，亦未敢深究，僅開除一二滋事兵士軍籍了事。但八月十五首義的消息，則已洩露，且見於漢口各報，致使官方提高警覺，此實起義前最初遭遇的一大危機。

我們要懂得當時武漢方面的革命空氣何以突趨緊張？而首義的若干具體辦法又何以迅速確定？有一事不能不於此略加補叙：先是本年四月，淸廷新內閣成立，郵傳部大臣盛宣懷，度支部大臣載澤，主張將先後借得之外債約兩萬萬元，以一部分作為實現鐵路國有政策之用。其中向英、美、德、法四國銀行團所借之六百萬鎊（約六千萬元），即明定為川漢粵漢鐵道借款。當時淸廷所宣示的鐵路政策：幹路均歸國有，枝路准商民量力酌行，從前批准鐵路各案，一律取銷，如有抵抗，即照違制論。同時，又以贊成此一政策的端方充督辦粵漢川漢鐵路大臣，鄭孝胥任湖南布政使。原來粵漢路曾由美國合興公司承辦，後以該公司違約，由人民力爭收回，已批准由商民集股自辦，川漢亦經批准商辦。商民集股已有相當成數，一部分地段且已進行建築，忽聞有此改變，川、鄂、湘、粵四省人民乃大動公憤，認為政府有意將權利斷送外人，而濫借外債，以供淸廷諸親貴揮霍，尤為人民所切齒。於是此利害密切的四省，乃紛紛組織『保路同志會』，即憑借各該省的諮議局作為反抗的大本營，並推派代表赴北京請願，而以川省民情更為激昂。是年七月，川保路會知道淸廷已命端方帶兵入川，乃如火上澆油，因即公舉代表見川督趙爾豐，要求阻端入蜀；爾豐初許代奏，繼又翻悔，並將代表保路會會長鄧孝可，股東會會長顏楷，諮議局議長蒲殿俊及張瀾、羅綸、胡嶸、江立乘、葉秉誠、王銘新等拘押署中，人民到署哀求釋放，不許，且被衛兵槍斃多人，於是全國譁然，風潮愈益擴大。在這樣一種形勢之下，其足以提高全國人民的革命情緒，自屬毫無疑義。

在武昌起義前，任湖廣總督者，為一庸弱無能的瑞澂。時湖北的新軍，計有陸軍第八鎮，統制張彪；又第二十一混成協，協統黎元洪。此外則有巡防營、水師營，各分五路，每路設一統領；各統領上設一提督，由張彪兼任。端方入川，已將新軍調去一部分，其中有革命同志不少；留駐武漢附近的新軍，其約數不足一萬人。此不足一萬人的新軍中，足與革命黨有關係者約十之三，觀望者亦十之三，起義後被逼附和者，則佔十之四。此外各巡防、水師、及警察等，事前並未受有何種運動；而新軍中的第三十標及憲兵第八營，又多屬旗人，可以為革命軍之敵。瑞澂、張彪本已早知革命黨將在武漢起事；八月初九，又接有外務部密電，更證實十五起義之說不誣。於是瑞澂飭軍警嚴加戒備：調集軍隊，排列機槍，保衛總督衙門；命巡警道嚴查武漢各碼頭；命黎元洪以所部新軍保護漢陽兵工廠；又調集長江艦隊及本省巡防艦隊多艘，一律停泊武漢海面（參看曹亞伯著『武昌革命眞史』）。從上舉事實，可見八月十九以前，革命黨確有把握運用的兵力並不雄厚，而官廳的防範則相當周密；但一經發動，居然迅速成功，則黨人事前組織的謹嚴，臨時應付的沈着，功不可沒也。（未完）

金釵記（四二）

黎明

田素娥：女兒正該晨昏侍奉母親爹爹。

顧安人：這便才是呀！哈、哈、哈、哈！劉媽吩咐下去，速速準備筵席，今夜我和員外要給你家小姐接風者。

劉媽：知道了。（喜孳孳下）

顧安人：春梅、蘭心！侍候小姐梳洗去者！

春梅、蘭心：知道了；小姐隨我來！（跳躍下）

田素娥：來了。（活潑而大方地告辭安人）啊母親！女兒去去就來。（下場時再與安人打個照面。）

顧安人：（眉花眼笑）快快去吧！哈、哈、哈、哈！（唱）

今日裏，收義女，喜從天降；
喜的是，她容貌美，舉止端莊。
但願她，與學曾，成對成雙；
我正要，和員外，仔細商量；
也不枉，秀娘兒，叮嚀一場。
（白）唉！我那苦命的兒呀！（下）

宋皇臺夜坐有感於履川書枚相示賦螢佳篇因為長句寫慨　·鉏翁·

高秋清夜絕流塵，樹隙闌陰見野燐。漸倚餘光炫東壁，直忘腐草是前身。蛾眉感往謠無際，鬼蜮羅階迹又新。莫道世紛終許溷，有人摩眼論天人。

書枚示螢火唱和詩敬步原韻　·韋齋·

微塵三界等無常，莫笑陰陰尺寸光。腐竟能生觀大化，鳴終何益厭羣螢。蓬窗燭盡容流照，羅扇風回任抑揚。曾導玉門千萬騎，將軍無奈鐵衣涼。

次原韻奉和　·耀琳·

從來天道是無常，月落燈昏讓爾光。便照微明識亥豕，却撓清韻誤蛩螿。枯荷腐草隨低舞，暝雁飛鴻羡遠揚。長怕穿簾窺妾夢，輕羅小扇撲秋涼。

枚叟錄吟壇諸賢和遯翁螢火韻各長律見寄囑和勉附驥尾即希郢政　·幼椿·

秋來歸夢異平常，惟見荒園熠燿光；恨血千年滋腐草，悲風一夕感寒螿。蒹葭霜重飛還墜，星月輝沉試更揚；恥共莎雞同振羽，傍人榻下藉炎涼。

五十年十一月十三日

聯合評論

週刊

本刊已經香港政府登記

每逢星期五出版

United Voice Weekly

第一七二號

督印人：黃宇人　總編輯：左仲平

社址九龍九龍塘赫德道二十三號地下　電話68678

承印：嘉羅印刷有限公司　香港灣仔馬師道5號

總代理：友聯發行公司　售價每份港幣一毫

本報美洲版總經售處美國紐約中美出版社

CHINESE - AMERICAN PRESS, INC

199 CANAL STREET.,

NEW YORK13 N. Y. U.S.A.

美洲航空版每份零售美金一角

毛澤東的第三條路

左舜生

最近倫敦『經濟學人』週刊，曾就中國大陸的種種危機加過一番分析，指出毛澤東目前只有兩條路可走：其一，向莫斯科低頭，希望仍然得到蘇聯的援助；其二，以軍事力量，向東南亞產米區實行掠奪。

就我所了解，蘇聯過去對中共所採的援助態度，一直便是有保留的：他們從來沒有誠意要把中共扶助到十分强大，足以和她去分庭抗禮。所謂『兩個中國』的說法，英美日本一部分人的態度固然可疑，但蘇聯的眞正態度，也並不希望只有一個中國；赫魯曉夫曾一度表示不反對中共以武力奪取台灣，但這只是在某種場合的一種不得已的應付，並無內容；所謂『不反對』，乃是請您自己去幹的意思，換言之，即『足下好自爲之，恕我不能給以任何帮助』。可是中共眞正要去奪取台灣，便非有與美國一戰的決心不可；蘇聯不出面，或僅僅給以精神上的支持，而要中共單獨與美國作戰，這是不能想像的。把台灣這一顆子保留下來，使中共不敢高枕而臥，實即使中共永遠跳不出蘇聯的掌心，以中共咄咄逼人的態度，蘇聯深切感到有這樣做的必要。

赫魯曉夫也曾公開表示中共沒有核子武器，這是說明不論由中共自造而蘇聯予以技術上的助力，或由蘇聯直接供給，其關鍵總是掌握在蘇聯的手裏；在今天高談戰爭而沒有核武器，這只是証明中共本身乃是一隻十足道地的紙老虎，任何强大國家，固然沒有對中共心存戒懼的必要，即任何弱小國家，也沒有倚賴中共的可能，這無異從國際大拆中共的台。赫魯曉夫還表示過不以中共搞『人民公社』爲然，這件事如果單看做蘇聯不願中共徹底實行共產而搶在她的前頭，還是過於淺薄；赫魯曉夫其所以要這樣說，直接可鼓勵中共黨內對毛澤東的反對，間接更可挑撥大陸人民對中共的反對，這無異從大陸內部大搗中共的亂。

除此兩點以外，再加上蘇聯對中共技術援助的不徹底，對經濟援助而要按期索償，對大陸的連年飢荒而見死不救，對中共向亞非南美向東歐四出活動而存猜忌乃至壓抑，於是毛澤東乃眞感到忍無可忍。

周恩來在莫斯科蘇共二十二屆大會的表演，最初的動機，可能只是戲劇性的，以爲面孔一扳，蘇聯便會妥協，而他們勒索的目的，也就可以達成；沒有想到赫魯曉夫不僅不肯半點放鬆，且進一步掘了史達林的墳；對阿爾巴尼亞不只譴責有加，且進一步對阿斷絕關係，還可能發動東歐羣小對阿加以有效的高壓！同時，阿爾巴尼亞卻眞也可愛，她截至現在爲止，不僅沒有屈伏，反而把赫魯曉夫罵得一狗血噴頭！在這樣一種情勢之下，毛澤東被迫得無可奈何，乃不能不假戲眞做。假定毛澤東在這個時候忽然去向蘇聯低頭，這便要要到連阿爾巴尼亞也不如，以中共平日的牛皮，以毛澤東『不信邪』的個性，看來都不容易辦到，何况就低頭蘇聯也不一定買帳呢？因此，第一條路走不通，事屬顯然。

說到第二條路，即向東南亞大舉侵略，在今天也眞是談何容易：美國固然早已下了不少的工夫；日本也把它視同禁臠；著名的投機者尼赫魯也正想渾水摸魚；台灣這一力量，美國本來早已做就一個鐵籠子，原想一直把它關到死爲止的，可是也未嘗不可活用；假定中共果然要在這一區域大動的話，大陸西南一角，要担心印度進入西藏；正南面必然要遭到美國與泰國南越合作的有力打擊；日本早已具有出擊的武力，朴正熙是個可注目的人物，如果日美同時予以支持，則韓戰必然再起；等到中共的兩頭都被壓死，美國便可能把台灣這個力量放出，從中間搥中共的屁股，到時赫魯曉夫將會只是笑笑，當然不動；形勢的險惡如此，毛澤東敢嗎？

上面兩條路都不可通，爲毛着想，卻還有第三條路：跑到天安門上去站着，以右手指着自己的鼻子，做得更澈底一點，便左右開弓，向自己的臉上，左邊一下，右邊一下，重重的先打自己兩記耳光，要響，響到全場都可以聽到，不能偷工減料，然後下氣柔聲，坦坦白白，承認自己無知，十二年來的所行所爲，一切都是錯誤，今後當與民更始，恢復人民所有的自由：把一切束縛馳驟的做法全部取銷；人民公社徹底解散；把名義上勞働改造實際充軍的人民一律放回；讓人民自耕自食，自織自衣，自由買賣，自由走路，自由就業，自由讀書，自由寫作，自由發表；而且還要對過去錯殺的幾千萬人民，表示深切的自咎；對從前爲建立中華民國而死去的無數革命先烈，表示崇高的敬意；承認過去自己所說過的『一面倒』，簡直是昏瞶糊塗，今後當關起門來，憑藉自力，斟酌先後緩急，作可能的，有條理的和平建設，與全世界和平共存！如此，中共便還可得救；但毛澤東仍得滾蛋。本來，向人民坦白認錯，並不是丟醜的，不過，需要智慧，需要勇氣，需要眞有爲人民的誠意，而毛澤東却正缺少這幾樣東西，看來他依然只有胡鬧到底。如此，則中共所剩下的，便只有死路一條了！

中華民國在聯合國內的席位問題

謝扶雅

距今十六年前，即一九四五年十月廿五日，位列世界五强之一的中華民國，與其它四强——美，英，法，蘇聯，引領了此外四十幾個國家，一同在美國舊金山產生了一個以保衛世界和平爲職志的偉大組織——聯合國，爲之訂定憲章，並成立了其中的一主要機構，稱作安全理事會，而中華民國即任五個永久常務理事之一。想不到十六年後，這一位開國（聯合國）元勳在他所親手創建的這個世界組織之中的「席位」竟至成爲「問題」，而被提出到大會裏來辯論；這實在是每一個中國人所引爲無限痛心疾首的一宗「國恥」。但是這莫大恥辱的招來，應由國民黨政府負其全責，我們老百姓則在今日雖欲共求一雪此恥，而幾無從措手！

所謂「中國代表權」問題，早經這次聯大的總務委員會通過列入大會議程加以討論；雖迄今刻筆者草此文時爲止尚未見輪到提出大會，但聞美國代表團方面，卒經連月在幕後運動，苦心周章之餘，得促由日本代表允於它日大會中提議，將這個有關變更中國席位的問題，應認其爲「實質」問題，而非僅屬「程序」問題，因而按照憲章，須有三份之二以上票數方能表決通過。並爲保障取得這種多數票之故，我方曾「壯士斷腕」地先付出了犧牲否決外蒙的代價，換取蘇聯所故意反對的茅里塔利亞安然加入聯合國，以贏得西非新與說法語的十二國家，即布拉薩市集團的歡心。但是，以蘇聯爲首的共產集團方面，必仍將無理取鬧地力爲中共僞政權爭取「入宮」；而其辯論妥協之結果；或將另由中立國家方面提請大會指派一個特別委員會，廣泛及澈底地研究此一代表權究宜誰屬的問題，而提出報告及建議於下屆（即一九六二年九月問召開的）聯大。對這個擬派特別委員會之一舉，台北當局正在竭力加以反對。殊不知聯大今日已由一百零三個會員國組成，中華民國與美國等同樣各只佔了一票，會場中顯然中立集團佔了極大多數的優勢。而況自由國家當中，例如英國，固早已承認中共政權，毋寧亦願中共速能加入聯國，俾其在裁軍禁核等決議上受國際共同約束。所以就聯合國本身今日的大體觀點，勢必共促中共政權加入，代表"China"（中國），而暫時保留「台灣」問題，作爲未定的懸案。

台北當局對這局勢所採的態度，顯然不外有二：一是，儘爲報喜不報憂；二是，於必要時即退出聯合國。而這兩個態度實皆愚謬莫名。陳行政院長及沈外長等對立法院及國人的屢次報告是：今年我國在聯合國內的席位決無問題；匪幫決不可能混入聯合國。當局一廂情願地以爲在這次聯大的辯論中，決沒有三分二以上投票贊成「中華人民共和國」取代「中華民國」的席位，因而今後中共便永無從加入聯國了。這種估計，可謂全然昧於國際形勢。須知，即使素來討厭中共的美國政府，尚已擬定援引所謂「繼承國家」的原則，將中國代表權一分爲二。它要不是（一）鑒於中共更加叫囂痛斥美國這種「兩個中國」的陰謀；（二）舉國與論一致强硬反對蘇聯製造柏林危機，及違約連續試爆等橫蠻舉動，則在比較緩和冷戰情況之下，容許中共這次加入聯國，已成爲既定政策了。然而美蘇的緊張對抗，無論如何，亦決不會引致爆發三次全球大戰；於是中國大陸與台灣，還是這樣對峙下去，而只要台灣與大陸對峙一日，即實際上「兩個中國」存在一日。這樣，聯國內中國席位之必分爲二，只是會議形式之追認吧了。甚或急轉直下，台灣變作國際化亦大有可能。

還有，台北決定於必要時退出聯國。這事本已於月前決定否決外蒙的方針時，一同作了這個準備。但經美國强力勸告之結果，所以在甘廼廸重再聲明美國仍不贊成中共入聯合國的條件下，對否決外蒙作了一百八十度的逆轉。但聯大內美國本身的一票，究何濟於保証中共之不加入。因而台北當局近來一連串發表關於聯合國之無能，無用，及無濟於時艱這類論調，以備作退出的自我麻醉。聯合國今日飽受共產集團的牽掣、壓迫，而幾形成癱瘓，當然是一大問題；但自由國家集團的根本方針，仍在竭力拉攏中立諸國共謀使聯國强化，以維持這個世界得一比較公道的和平。而欲加强聯合國，又必須自己是一個强有力的會員國，而決非相牽紛紛退出聯國，來拆它的台。況若中華民國一旦退出聯國，即全然成爲孤立狀態，不像西德或南韓雖各非聯國的會員國，但前者是北大同盟之必不可少的一員，後者亦顯爲聯盟軍所共同保障。然台灣則連東約都沒份兒，只藉美國第七艦隊以苟安旦夕；將來也許只好比擬印尼的新幾內亞，而作爲身份不明或未定的國際問題之一吧？今日某些國際浪人之所以暗中扶植廖文毅，就是爲了台灣得離中國大陸而獨立的下場。所以中華民國越早退出聯國，就越早自撞其喪鐘。可是，即使呆在聯合國內，倘若不在實際行動上做到揮師西向，光復大陸，則中華民國本身在聯合國內的席位，亦終無永保之途。這是稍有國際常識的人所皆能歸結的斷論。

附言：姑不論國民政府今日在國際上的地位日即消沉，即就國內，就台灣當地來說，單看今年報考留學美國達六千人之多一節，這樣狂熱地知識青年的外流，等於一個人身內新血的大量噴出消耗，試問自己生命還能支持多久？赫魯曉夫焦急地對西柏林問題說「如同我的一隻爛牙」，無非爲了眼看東德大羣青年在源源出走上，西柏林是一大缺口。我們的最高當局，具有赫魯曉夫般的獨裁權威，却無赫魯曉夫樣的憂急心腸，中華民國在逆浪中的一危舟，而「擁戴」此一意孤行的「領袖」爲舵手；有何法子不遭全部沉沒呢？

一九六一、十一、廿五、自美紐澤西

四論民主政治在中國失敗的癥結（上）

民主政治與自由言論

（原第三論載本刊第一〇〇期）

張忠紱

民主政治組織中最重要的兩件事是代議政治與自由言論。五十年來，中華民國對代議政治祇重外形，很少有人講求其實際運用。代議政治的實際運用需要民衆具有正確的認識，觀念與習慣。民衆的正確認識，觀念與習慣必須經由教育與實踐。不幸而中國提倡民主政治的先進沒有能抓着這種重點，甚至於他們本身對民主政治所需要的認識，觀念與習慣，也未必能完全正確。此所以代議政治在中國祇有外形，而終不能運用。其詳已於前三論中述及。

本文的目的在討論民主政治下的自由言論。筆者不用『言論自由』，而用『自由言論』的原因，是由於本文所將討論的，不是言論與權威間的關係，不是言論應否有自由，也不是言論自由的法理根據，而是自由言論本身的範束與運用。這又是有關認識，觀念與習慣的問題。

在前三論中，筆者已証明——至少自信如是——中國人沒有民主政治所需要的正確認識，觀念與習慣，是以不能完滿運用代議政治。在本文中，筆者願共讀者研討中國民衆與言論界對於『自由言論』的認識，觀念與習慣，看他們是否能運用適宜，恰到好處。

以文字與言論監督政權的，莫早於中國的史官。就是報紙的起源，西方人士也公認應推中國的『政府公報』。但以報紙刋物記載時事，監督政府，如今日的自由言論，當然是在有言論自由以後。若以自由言論與代議政治相較，則英美等民主國家在歷史上爲民主政治奮鬥而有崇高地位的人，如傑佛遜，如佛蘭克林等，都認爲自由言論比代議機關尤爲重要。

從歷史的過程說，民衆爭取言論自由，往往在成立代議機關以前。從本身的性質說，爲代表民意，自由言論機構較之代議機關，廣泛而有深度。任何細微的事，只要有關公家的利益，爲代議機關所不能，或不便討論的，自由言論機構都有權利與責任爲之發表。代議士（各級議員）固然代表人民，但代議士的目光往往爲選區所限，又因團體規則等關係，殊難於無限制的發言，自不能爲每一人民表白其意見與願望。此所以英美富有民主政治經驗的先進樂於承認自由言論機構的重要。

中國自建立民國以來，言論自由在法律上的地位已早爲約法憲章等所承認，但在實際上，自由言論所處的地位往往隨政權的好惡而轉移。民主國家之應有言論自由，盡人而知之，不在本文討論範圍以內。本文的目的只在討論自由言論通常應有的範束與運用。

自由言論通常應有的範束，限於誹謗法的規定。除違犯誹謗法外，言論不應受任何限制。以英國爲例，英國對於誹謗法的規定極爲嚴格，然亦不外兩點限制：（一）所言必須眞實；（二）所言必須有利於公家。自由言論若違反此種法律規定，政府亦祇能經由合法程序，與以制裁。在法理硬性的規定下，言論界明瞭他們本身的權利與義務，不至再無謂的自我限制其本身與民衆（來稿）發言的權利。

數千年的專制政體，在中國，養成「是非祇因多開口」，「多言買禍」的一類社會哲學。進入民國以後，言論界迄得不着法律的硬性保障。加以自國人有自辦報紙刋物以來的許多奇特觀念。這些因素聯合起來，造成了中國言論界的若干錯覺，以至自我束縛了自由言論的自由（政府的非法限制尚不在討論的範圍以內）。

（一）對事不對人：這句成語原應解釋爲，不專攻擊個人而不問事之良否，不能解釋爲完全不能攻擊個人。中國報紙刋物喜以『對事不對人』相號召，而誤解爲完全不應攻擊個人。其實，天下決沒有不涉及人的事；我們可以說：『不以人廢言』；我們如何能說：『不以人責人』？在民主國家中，我們若抨擊敵黨的政策或行爲，我們決不諱言是在抨擊敵黨的候選人或領導者，而且後者往往是我們主要的目的，因爲敵我兩黨的政策有時並無多大的區別。

美國副總統尼克遜第一次被選爲候選副總統的時候，民主黨攻擊他有貪污的嫌疑，因此，他自動的公布私產的數字與來源，並任人檢查，而獲得人民的信任。白宮高級助理亞當士的去職，又是因有人攻擊他貪污，經議會調查結果，証實他曾用過波斯頓城某商人一張地氈，以及旅店開銷（約數千元）。諸如此類的抨擊自然是對事而兼對人。對事而不對人，則一切抨擊必至空洞無力，且貪污違法之徒更無所忌憚，又何貴乎有民主？

以英美等國出版物爲例，筆者從未見過他們聲明只對事，不對人。他們的通常聲明是：『凡所刋載不必然代表本出版物的意見。』這正是自由言論界應有的態度。中國言論界對事不對人的誤解已相沿成風，幾於無人懷疑。其實，他們也無法完全辦到。他們只能隱去被抨擊者的名姓，或含糊其詞，往往使抨擊失去威力。

中國言論界的這種錯誤觀念，其原因大約不外下列數種：（甲）中國舊道德以忠厚待人，作者，讀者與言論界無形中都受了那些觀念的影響。（乙）言論界沒有硬性法律的保障，不敢攻擊個人，只得含糊其詞。（丙）抨擊的事件，尤其關於貪污，雖明知其爲事實，也不易拿出具體的証據。在政治上了軌道的國家，抨擊者可以得着法院與議會（法院與議會均有權調集証人証物）的助力。抨擊是否有據，不難水落石出。在中國，抨擊者不能得着助力，而政府各機關反官官相衞，或爲之陰銷，或乾脆與以拖延。

（二）公私的觀念未能有清晰的分野：與上述『對事不對人』互相表裏的一種觀念是不攻擊私人。不攻擊私人，在原則上，是正確的，但應以個人的私事，與公家絕對無關的爲限。言論界固然不應無故攻擊私人，但也決不能誤認一切爭執都屬於私人範圍。一切事件，一切爭端，本無一不與個人有關。倘以爲凡涉及個人者，無論其因公因私，均不在抨擊之列，則除空談學理或原則外，幾無可抨擊之人，之事，這何嘗是自由言論的本意！

以貪污爲例；中國人囿於傳統的涵養與容忍等觀念，事不干己，多不願過問，更不願揭發。且貪污之徒，除笨伯外，很少有証據落在旁人手中。參與內幕的人，不肯揭發；未曾參與內幕的人，或顧忌一己的利害，或因不易獲得眞憑實據，又不敢揭發。不顧一己的利害祿位，純粹站在國家民族的利益觀點上發言的，筆者深信在中國政界中，決不到百分之一二。言論界若再囫圇吞棗，誤以爲這些都是私人瑣事，將不値一顧，其結果，無異於縱惡養奸！

在西方民主言論自由的國家中，遇有此類消息，報紙刋物必儘量發掘披露，決不至誤認爲私人瑣事，或無意義的爭執。這又是中西傳統觀念與認識不同，以致影響到自由言論的實際運用。

更進一層說，公私觀念的分野若有不易清晰判別者，則應寗濫勿缺。因揭發貪污與攻擊私人兩事相較，對國家民族的利益，揭發貪污遠較不攻擊私人爲難能可貴。且來稿若攻擊私人，自有誹謗法與以制裁。只要是簽名負責的稿件，言論機構固勿須代作者受過。自由言論機構的功用，不在對私人的攻擊，而在維護公家的利益，幫助國家社會發掘黑暗的一面，因而得以澄清政府（中央與地方），洗滌社會。

史太林的爭奪戰

王世昭

赫魯曉夫爲了鞏固自己的統治權，第一刀向史太林的死屍身上猛斫，不但猛斫過，而且現把牠的屍體搬出廣場，放在克姆林宮墻外充守衞。在蘇聯，史太林可謂倒霉之至，也可謂出乎他意料之外之至！

鞭屍運動始於中國春秋末期的伍子胥，距今約二千四百年，那是爲了報殺父之仇的緣故。今天赫魯曉夫還史太林的屍身於廣場之外，雖不是鞭屍，却也到了近於鞭屍的程度了。究竟史太林之於赫魯曉夫，有什麼過不去？那就在馬倫可夫的下野，貝利亞的殺頭，伏羅希洛夫，莫洛托夫等的貶謫，這一連串的事實，表示史太林肉體雖然死掉，靈魂還在。要消滅史太林的靈魂，馬倫可夫，貝利亞等當然變成了開刀的對象。這樣，赫魯曉夫的政權可以鞏固，自身可以確保。中國人如伍子胥，講的是孝道，所以鞭平王之屍。赫魯曉夫講的是霸道，所以還史太林於廣場之外。如果不是阿爾巴尼亞的共黨思想分裂，中共周恩來的拂袖南歸，史太林的骨頭可能已仍在裏海喂魚，或許浸在海底變成了一塊鹹肉啊！

現在，蘇聯捧的是馬恩列，中共，阿爾巴尼亞，胡志明，金日成，甚至印尼，捧的是馬恩列史，前半節相同，後半節不同。我覺到蘇聯所捧的馬恩列，其間雖然兩個是外國人，也還有一個蘇聯人。但是中阿北越北韓印尼，所捧的馬恩列史，全部都是外國人，什麼時候把毛澤東加進去，成爲馬恩列史毛，成爲「五子登科」，要北越北韓等共黨供俸一下，那嗎，「中國人」纔算有了面子，不會只捧外國人啊！

話雖如此說，共黨集團就爲了信仰相同，無論如何，對於史太林的看法，赫魯曉夫與衞星國之間雖有歧見，但對於馬恩列却是永久低首不渝的。所以，在大體上還是合，在小節上則是分。這個分，只是對赫魯曉夫的分罷了。以算命來說，赫魯曉夫的流年似乎不利，威望似乎一天比一天在降落。赫魯曉夫要消弭這個分的迫害，只有兩條路可走，一條路是發動世界戰爭，一條路是準備辦交代，因爲照中國歲計算，赫魯曉夫今年已是「古來稀」之年了。

獨怪史太林生前雖然作惡多端，却也常稱霸一時，這個死鬼，連一個赫魯曉夫也奈何不得，可見他的本事不及中國的曹孟德。曹孟德死後置七十二疑塚，就怕老百姓羣起鞭屍，而史太林却陳屍廣場，最後讓赫魯曉夫搬到克姆林宮墻之外充守衞，一代梟雄，下場如此，亦可作爲獨裁極權者的鑒戒也已！

中共眞有愛於史太林嗎？不錯，赫魯曉夫不愛史太林，爲本身利害衝突，而中共他們呢？依我看，第一，毛澤東對赫魯曉夫吃醋，——老子的輩份並不比你低。第二，測驗一下赫魯曉夫的本事，有什麼辦法坐穩這一把發號施令的交椅。第三，中國的自卑感在作怪，也想向歐美揚威，在軍事上毛澤東雖趕不上赫魯曉夫，但在政治上抓住了南歐一個小國，總算也聊勝於無了。第四，過去，共產集團中，蘇聯是稱第一的，現在，中共也漸假可與蘇聯抗衡了，死鬼史太林就成爲毛澤東對外大吹法螺的武器。

這件事也不能過於看淡，在表面上毛澤東是共產主義者，但在骨子裏，却抓住民族主義向外鬥爭，向內團結呢。如果照這樣鬥爭下去，毛澤東與赫魯曉夫之間，也可能有一天是要眞正分手的；最低限度，現在是在分庭抗禮，這樣的趨勢，可以給我們自由中國的威脅漸次擴大，我們有無對策呢？

所以照我看，史太林的爭奪戰，固是毛澤東與赫魯曉夫鬥法的爭奪戰，但也是中華民國與毛政權另一種爭奪戰啊！

三談執政黨與在野黨之間

李金曄

日前接讀到十一月十六日在台出版的「民主潮」第二四四號，其社論「有感於輿論對在野黨的責望」，與葉時修先生所作「和記者們談在野黨」一文，可以代表在台青年黨多數派的意見。同時，又因為見到張記（祥傳）「公論報」十二月二日的社論與十二月四日的社論，其中均有涉及青年黨及該黨在港領袖左、李二位先生者，爰再就前題，三讀「執政黨與在野黨之間」，蓋事理祇有愈談愈明，實不容有所含混也。

在野黨能否相當地強大到足以和執政黨之間起制衡的作用，本是執政黨自求發展的事。也即聯合報社論中所說的，「在野黨怎樣才能出頭」的問題。

在西方民主國家，執政黨與在野黨，能夠互作公平的政治競賽，乃是基於他們有真正的民主制度。執政黨既沒有軍隊，也不能擅自動用國庫，更不能在各級學校以其政黨教條為教材，雙方是在同樣的社會基礎上作政治活動的。所以在野黨之能否出頭，本不是一個問題，全在他自己的努力，而絕不會遭受友黨的壓力。易言之，在野黨是能夠順利地享有出頭的機會。在台灣，因為政治是非民主的，在野黨是受執政黨壓抑的，黨員連出任公教，尚且受各種限制，故根本無活動和發展的餘地。「出頭」既有困難，要相當地強大到足以和執政黨在實際政治上起制衡作用，也就更難了。這是台灣號稱「民主」，而不能實行政黨政治的基本原因。

青年黨對他們在台灣十二年來的處境，在該黨建黨三十七年的紀念詞中曾簡要地這樣說：「青年黨的主要成份是知識分子與中產階級，這一階級的人能隨政府逃出鐵幕的為數極有限。除流亡港澳與海外和原來在台同志外，由大陸來台同志不過數百人，這數百人都是大陸各省的基本幹部，來台後失去其本鄉本土產業和地位的憑籍，變為窮無立錐之地的流亡者，不得不憑其資歷在公教機構求一職位，以求生存。而公教人員正是執政黨緊密控制的一環，十餘年來，他們隨時在受排斥、遭打擊、以至退黨者有之、加入執政黨有之，青年黨對他們這種困難處境，實在無能為力，亦無可如何。」又謂：「台灣的地區既小，而執政黨自改造以後又恢復了一黨專政的統治，作全面的控制，比過去在大陸上控制更為徹底。我們無像在大陸上在在有活動發展餘地的地區，而且困處海島，進出兩難。」（見「民主潮」二四四號社論）。

從所引上文中，可以看到由大陸撤退到台灣的幹部，想得一吃飯之所尚且困難，遑論苟求該黨「能出頭」，能發展以與執政黨抗衡。當權派既已用形勢迫使青年黨處於逆境之下，遂再不惜一切，尋其隙縫，從其內部分裂，以期徹底折台！甚至執政黨方面，還說「認樹不認林」的話，意即謂執政的當權派，凡事祇找青年黨的少數一二人物為對象，而不以青年黨的多數為對象，當然也不願意見該黨真正的團結了。

民、青兩在野黨，實際上已被當權派分化得四分五裂，但在宣傳上則仍宣稱容許這兩個在野黨存在，因而便振振有詞地表示不容許有其它任何名義的新政黨產生與出現。於是執政黨的當權派便可以獨裁無忌地蠻幹到底了。

新黨無由產生，民、青兩黨又遭忌，不能團結，台灣也自然不可能出現政黨政治了。

青年黨曾經數次試圖謀取內部的團結，其終於失敗者，就是因為執政黨在幕後支持那極少數的「樹」，而不以多數的「林」為對象。因為青年黨的多數派，還是主張民主和維護憲政的。一旦真的走上團結之路，當權派便會感到如坐針氈，因此寧可支持該黨少數一二人物，而使該黨長期分裂，不使因團結而產生對實際政治起制衡作用。

青年黨現在是實行集體領導制的，李璜與左舜生二位先生久居香港，但他們的德望對黨內的多數派起了絕大的領導作用。就所知，當權派曾屢次對他們二位先生下過功夫，但左、李二位先生絕不為名利所誘，而寧願執教鞭，做「白領階級」，甚或以出售心愛藏書以維持清苦生活，十多年來，他們二位始終站定在民主陣綫上，從事民主中國運動，也未曾稍有却步，也正因為此，他們成了當權派的眼眦。當權派過去對他們二位，所保持的相當禮貌，現在也由於他們二位積極支持青年黨多數派主張召開的臨時全國代表大會而拋棄了。當權派已藉題通過張記「公論報」「在十二月二日的社論中加以攻擊了。該報社論指稱：「李、左兩先生這三五年在香港的表現，我們實在不敢恭維。」其所「不敢恭維者」，乃是指他們參加反對修憲連任，和所發表的不承認「非法總統」的共同宣言。

公論報原是台籍青年黨員李萬居所有，由於李氏參加籌組新黨，繼「自由中國」事件，當權派分子張祥傳即起而奪產，過去人們以為此純屬產權糾紛者，至今日迨可恍然大悟，原來還是政治問題。現在張記「公論報」不僅不為民主倡言，而且變成了反民主的急先鋒，凡是當權派機關報所不宜說的話，看來今後都將通過該報表露出來。就單以這件事為例，也就可以看得出執政黨對在野黨之無所不用其極了！

目前兩個在野黨，都已深感被分裂的痛苦，且也真正了解「如沒有外力的影響，決不會深受到如此情況。」由於兩在野黨多年處在被壓抑的逆境之下，而現階段都在逐漸醒悟振奮之中，因此團結不是不可能的，當然內外的困難不少，欲想當權派就此罷手不作破壞，也是奢望，但百尺竿頭，自我努力的可能不是沒有，就這一點來說，我相信在海外從事民主中國運動者，不僅對兩黨在台灣的艱苦奮鬥同情，且深具敬意。我們也已獲知，當權派刻正視「民主中國」與「民主潮」為眼中釘，已將之與「自由中國」作等量齊觀了。可見困難是愈來愈多，執政黨與在野黨之間的關係，在現階段也難望會好轉的。中國之難以出現政黨政治責任誰負，已可不言自明了。

青年黨的團結與再分裂

直　夫

（台北通訊）早經分裂為三的青年黨上月為了團結而舉行的臨時全國代表大會却又帶來了新的分裂。據說：當權者誠恐該黨的團結告成，不便控制，乃由陶希聖鼓動陳啟天仍然保持原有的門戶，並允一次補發該黨的「宣傳補助費」二十四萬元。陳啟天正恐該黨臨全大會一經開會，他即可能失勢，乃欣然接受。於是始則主張延期召開臨全大會，繼則更與主張如期召集的李不韙、胡國偉等（現稱為新派）作公開的決裂。陶希聖又就心陳啟天一派不足與新派抗衡，又去挑動余家菊。余派舉行會議，商討對策時，原任秘書長陳祖貽（現任立法委員）曾堅表反對；惟劉泗英則以為既有利可得，應予接受。卒致陳憤而辭職；由劉繼任。余家菊遂亦對臨全大會採取觀望的態度，李不韙等新派人士也就斷然如期於十月二十八日舉行臨全大會，修改黨章，並選出中央黨部各部門的人事。陳派的人均未參加臨全大會，張子柱、余家菊亦未出席。但臨全大會所選出的中央主席團，除原任主席李璜、左舜生、李不韙、陳啟天、張子柱等五人均獲連選連任外，另加選余家菊、何魯之、胡國偉、于復先等四人共為九人，似乎仍希望能與陳、余兩派達成團結的初旨。

陶希聖推波助瀾

在青年黨臨全大會選舉後，陶希聖忽然向報界發表談話，說政府今後與青年黨交往仍將以陳啟天、余家菊為對象，因為他們自抗戰期間起即和政府共患難，後來又把張子柱加上去。言外之意，即不承認臨全大會所產生的新中央而仍認過去分裂時的陳余兩派為青年黨的代表。有人說：陶希聖此一不承認主義，乃是當年他做漢奸時學得日本不承認當時的蔣委員長為對手的那一套所謂「以華制華」的毒計，想照樣拿來「以青年黨制青年黨」。十一月二十八日青年黨籍監察委員劉永濟在該院總檢討會中，公開指責陶希聖干涉青年黨的黨務，挑撥該黨的團結。他更指出陶希聖祇知陳啟天、余家菊在抗戰期間曾和政府共患難，而却不知當時代表該黨和國民黨交換文書的是左舜生，後來代表該黨參加我國出席舊金山聯合國制憲大會代表團的是李璜，大約因為他（指陶希聖）當時不在重慶的緣故（暗指陶是時正作漢奸）。陶希聖對劉永濟的指責，當然感到萬分的不好受；可是，事實既是如此，他也無法否認的。不過人們却為劉永濟耽心。因為據一位圈內人們透露，雷案未發生前，台北市上突然發現陶希聖在做漢奸時替汪精衛寫的一項親筆文件，其中把當時正在領導抗戰的蔣委員長罵得體無完膚。陶希聖懷疑雷震影印的，聲言將要雷震的命。雷震則堅決否認。雖經當時台北中央日報社長從中解釋，但陶希聖終不相信。不久即發生雷案。由此可見陶希聖的權威是如何的令人可怕，以故許多報刊在登載劉永濟的發言時，都將這一段話略去。可是，事有出人意料者，中央日報的記者却去問余家菊「對劉永濟責陶希聖在抗戰時期離開重慶一節的意見如何？」余答：「陶先生當時何故離開重慶，所負任務為何，祇有當時最高統帥部知道，非外人所得而議論。」余家菊這一答覆，真是可圈可點。因為陶希聖今日雖然是蔣家父子的忠貞分子；但蔣介石總不能否認他曾做漢奸這一鐵的事實呵。

紀念黨慶的紛擾

本月二日是青年黨建黨三十八週年紀念。新派召集該黨各級幹部於是日在台北金華街中園該黨中央黨部舉行紀念大會；陳啟天方面則登報聲明並無此事。是日上午九時許，該黨要員紛紛到達中園（其中多人是現任的立監委員和國大代表），但不得其門而入；因為中園的大門已被陳啟天派關閉，並有若干人手持木棍在門內把守。在羣情憤激之下，該黨秘書裔式賢高呼殉黨，隨即以頭猛撞大門。其他數人則以木柱擊門，幸均被到場維持秩序的警察勸阻，未發生慘劇。接着許多警察便環立於大門口，擺成肉陣，阻止任何人迫進大門。十一時許，到場的人鑒於無法入內，乃即在街上舉行大會，由李不韙主席。他追述該黨創建的艱難和還台後的紛擾蹉跎情形；勉大家互信互諒，一德一心，向反共、民主、團結、進步的目標邁進。李致詞時聲淚俱下，與會人士亦均以手掩面痛哭失聲。據報載，連旁觀的人都頗感動。是日到會人數，約在百人以上，據說都有二十年以上的黨齡。他們在紀念會舉行後，還不肯解散，後經執行長王嵐僧力勸，才分別離去。

中園內有無打手

據新派人士說：據守在中園內的三、四十人中，雜有彪形大漢約二十人，是陳啟天先一日就雇來的打手。陳派則否認有打手在內。但據當時被困於中園宿舍不得外出的胡國偉向聯合報往訪的記者說：「在裏面的人約有二十餘個是他從來沒有看見過的；而且他們都拿了木棍、木板等物走來走去。他們究竟想做什麼，我不知道。」從胡國偉的談話，可知「打手」是有的。

青年黨經過了這一場黨部爭奪戰以後，社會上有兩種不同的批評，一認該黨人士互相踐踏，信譽掃地，今後更沒有前途了。一則認為該黨在那天的紀念會中有很多人曾當場掩面大哭，足證他們尚有血性。以之視國民黨人眼睜睜看見本黨被蔣家父子據為私有而却不敢出聲，顯然又略勝一籌了。

台灣簡訊

志清

一：推行三期經建，希望民間節約

經濟部長楊繼曾於本月二日發表談話，畧謂第三期經濟建設四年計劃的實行期間，政府希望全體國民減少消費，增加儲蓄。因爲經濟計劃所需的資金龐大，約爲新台幣五百億零一千九百萬元，其中一部分資金需要我們自籌，故希望從今年開始，每年能將國民消費的增加率從去年的百分之七．三降到百分之六．九；而將儲蓄增加率提高到百分之十九．九。某民營報在刊出楊繼曾談話的同日，發表一篇以「共勉之」爲題的短評，首述經濟合作郝樂生在不久以前曾謂近年以來我國政府消費率的增加，遠在國民消費率之上。繼指出國民消費尚可刺激生產；惟政府的消費，如修建官衙，位置冗員，設立駢枝機關，擺佈慶典排場等等，則純屬浪費性質。並謂如要減少消費，政府應與國民共勉。這篇短評的措詞雖然尚屬委婉，但已道出了人民的心聲。今日當權者揮霍無度，虛耗國帑，以致奢靡成風，而却要求人民減少消費，亦可謂無恥之尤矣。

二：市府要員租公舘，押金逾四百萬元

本月一日台北市議員洪禮錠在大會上提出一項質訊，畧謂：「市府的很多大員，均以鉅額公欵向外押租房子作爲宿舍，如社會局長、自來水廠廠長、人事室主任、及某一位秘書等，押金多者每棟達三、四十萬元，少者也需十多萬元，總數達四百五十多萬元。以如此鉅額公欵，厚待少數大員；而市府一般職員，每月的房租津貼却只有四十元。相形之下，實在太不公平，市府應設法糾正。」陳鐵科議員說：「有些房子狹小簡陋，而市府竟也花費一、二十萬元押金押租，主管的財政局是否派員去察看過，到底值不值得這個價錢？」財政局長孫石生稱：「省府規定，押租房子是須先報請省府核准的，目前市府所押租的房子中，部份辦公廳舍是按照規定，經報省核准；其他很多宿舍，則未經報准，是前市長因宿舍不够分配，批准押租給一些沒有宿舍的單位主管住，省府曾命令市府追回該項未核准的押金。」楊議員據此進而指責稱：「市府先未依法報准，繼又不遵令收回押金，顯屬違法失職。」但孫石生則默無一言。

三：警察新舊交替，包括紅包名單

本月六日台北市議員宋霖康在大會中揭發了一件驚人的內幕——警察新舊交替時，紅包名單亦可秘密移交新任；但須酬謝「權利金」四、五千元以上。他說：「本市各風化區逢年過節送警察紅包已是衆所週知的事實，當該區警察調動時，因新調來的警察不明地方情形，不知那一家私娼要送多少紅包，而無法去收取，故必須向原該區警察要一份名單，原該區警察自不願輕易交出，要向新來的警察索取四千元、五千元以上的「權利金」後，才肯把這份紅包名單交出，這是千眞萬確的事實。」他問警察局長張銃中知道不知道？

張詩經議員的質訊也說：「今日警察被列爲五害之一，而警政首長雖一再聲言整飭警風，却未收宏效，考其原因有二，一因市民懼怕警察權威，爲恐後患，敢怒而不敢言；其次是官官相護。而警民協會捐募欵項，限定每一警員勸募的數字，這無疑要警察向市民强索或求情，兩者均有失警察的尊嚴。」

張銃中對宋議員的質訊，答以從未聽說過，他認爲可能性很少。但當宋議員再問他是否敢打賭，他却以聽而不聞的態度了之。宋議員接着說：他現在祗是提請注意，暫時還不打算公開這事的具體內容。

四：台北市宅會又一官商勾結舞弊案

本月六日台北市議員林中、楊玉城、王松琳等在大會中揭發了一件官商勾結、欺詐守法市民的案件。據林議員說：信義路公商合營的市民住宅出售後，負責出售的市民住宅興建會限期至四十九年八月繳清全部價欵；但至今爲時已一年多，尚不將應劃分給購屋人的土地辦理過戶。經至土地銀行及地政事務所等有關單位調查結果，發現所有土地均已提向銀行抵押貸欵，土地所有權押存於土地銀行，以致無法辦理劃分和過戶手續。這是百分之百的詐欺行爲。

據林中等議員調查所得：信義路公商合營住宅分爲兩批，共計興建四百多戶，地主爲台灣化學工廠代表人林以德在四十八年興建住宅之前，與市民住宅興建會合作訂約時（由地主出土地及興建資金，市宅會負責出售及監工，謂「公商合營」），曾繳出土地所有權狀，存於市宅會中；但後來市宅會竟被地主取出向銀行抵押借欵，房屋出售後無法辦理土地分劃過戶。

在地籍謄本的証明中記載：地主台灣化學工廠林以德，在四十八年十二月十一日，以該處的一筆土地所有權狀向銀行抵押借欵二百一十萬元，又四十九年十二月六日用另一筆土地所有權狀向銀行抵押借欵一百八十萬元。四百多戶住宅的所有土地，就分爲兩次全部向銀行貸欵抵押。林中、楊玉城、于松琳等人均指責稱；長不應該的，是市宅會限購屋人至四十九年八月繳淸全部價欵後，仍不辦理土地過戶，而拖至當年十二月六日，又將第二筆所有權狀任令地主取去，作第二次抵押借欵，這樣很明顯的是詐欺，尤其地主林以德已溜往日本。

他們三位議員大聲疾呼：市民住宅興建會是政府機關，市民是向這個政府機關購買房屋，價欵如限繳清，一年多以後才發現已買的房屋土地早已被地主向銀行抵押借欵無法過戶，這不但政府失信於民，而且犯了詐欺之罪。同時，地政事務所明知該兩筆土地的地主已與市宅會合作與建住宅且已出售，而仍出具証明供地主取作抵押借欵，如此行爲，顯有官商勾結之嫌。

市議員們都主張要求大會組織專案小組澈查，後來有人提議俟市宅會答覆後，再作考慮，因此未作決定。

五：中信局與伸鐵公司串通舞弊

中央信託局在伸鐵存儲大量進口廢鐵，由該局派員駐廠監督；最近發現被該公司盜用了九千餘噸；該局却把責任推到外貿會。據說：如果該會不批准這種條件，就不會有此等情事發生。外貿會則認爲外銷工廠進口原料如不由政府貸欵而由工廠花錢去買，則利息負担加重，出口產品如何能在國際市場上和人家競爭？因此，該會核准爲該公司担保進口廢鐵，原則並無錯誤；祗因該局監督未盡責任，才被盜用。並指出本年七月該會得悉唐榮廠盜用該局存於該廠的廢鐵時，曾去該局查詢存放於該公司的廢鐵，該局的答覆是一噸也沒有短少。何以現在忽然被盜用了九千餘噸之多？如此大量的廢鐵，如非該局駐廠監督人員與該公司串通舞弊，實不可能被偷偷摸摸的搬出來。一般人也認爲中信局——至少是該局駐廠的監督人員和基隆辦事處的負責人必與伸鐵公司互相勾結，才會有此事發生。貸欵購進這批廢鐵的台灣銀行則因被盜用的廢鐵約值三千萬元，躭心無法向該公司追回。本月五日，中信局、外貿會和其他有關單位曾在台灣銀行舉行會議，伸鐵公司負責人吳能輝也出席。在會議席上，某官員曾大爲光火，當面很嚴厲的責問吳能輝說：「請你看看在座的這些人那一個對伸鐵公司不是盡力幫忙的，你今天這樣做，叫我們如何下台？」吳則悶聲不響。

六：公路局向西德購車不招標

台灣公路局向西德採購朋馳牌卡車底盤三百輛，祗由中央信託局議價，並不依照法令規定公開招標。本月一日監委葉時修在院會上訊詢審計長蔡屏藩對此事將如何審計。後者答稱：本案前經監察院交通委員會議決交審計部依法辦理。據查乃行政院同意採用議價方式，但必須將原訂價降低。中信局原來議定的價格，是每輛卡車底盤合美金四千二百元，現已減低了四、五百元；但仍較過去民間廠商所報的價格高約一千元。據朋馳廠解釋，價格畧高的原因，是此批卡車底盤都經過九點技術改進的，而且包括分期付欵的利息在內。審計部目前尚未同意，已囑該廠將九點技術改進究竟值多少錢詳細說明俟得覆後再作決定云云。有一家民營報在短評內指出，台北市公車和省公路局所發生的購料舞弊案，皆因經辦人員乃至主管首長從中收取回扣。現在公路局向西德廠商購買大批卡車又一反常例，不經公開招標而採單獨議價的方式，其所議的報價，雖經行政院限定必須減低；但仍比民間廠商的報價每輛約高美金一千元。則三百輛即高出美金三十萬元之多，怎能不滋物議？」

七：法院遲不改隸，監察院要調查原因

監察院前鑒於黨政當局藉口「司法配合國策」，往往干涉各級法院的審判，以致寃獄迭出。乃於四十二年五月函請大法官對法院應屬於行政院抑應屬於司法院的問題作一解釋，拖了七年零兩個月之久，大法官會議總算於四十九年八月作了一個解釋，認爲依據憲法第七十七條之規定，高、地兩法院應隸屬於司法院。但迄今又已一年零三個月，始終沒有實施。本月五日監委張維翰等三十四人提議：畧謂法院隸屬問題，大法官會議早經解釋，行政司法兩院自應照辦，以符憲法規定；但迄今各級法院仍未依照大法官會議的解釋，改隸司法院。究竟係何原因，擬請由院推派委員五人組織專案小組，澈查報會處理。本案提出後，王冠吾委員並指出據司法行政部長鄭彥棻報告，法院改隸的癥結，是人事任免權的歸屬問題，因爲行政院仍擬保留對法官的任免權。王委員認爲法院改隸司法院，而行政院却要任免法官，顯然是沒有理由。繼由王文光、梅公任、酆景福等多人發言，均贊成組織小組調查，當經決議通過，並推王冠吾、丁俊生、陶百川、王文光、黃寳實等五人爲小組委員。

八：蘇東啟太太陳情求援

台灣雲林縣議員蘇東啟於九月十九日深夜被警備司令部拘捕後，始則密不宣佈。繼因被某民營報將消息透露，該部發言人才說他涉嫌叛亂；但至今數月，不審不判。週前「時與潮」雜誌和「民主潮」週刊發表了蘇東啟的太太蘇洪月嬌向青年黨中央的一封陳情求援書，據稱：他們夫婦倆人被捕後，便解到台北，她的罪名是「傾覆政府」，她經過了三天三夜的疲勞審訊，到二十一日才被釋放。至於蘇東啟的情形她則不知。她走出警閉司令部後，即先後拜訪陳啟天和李萬居兩人，報告經過，並請他們設法營救她的丈夫。但第二天下午她剛從李萬居的公舘出來，又被拘捕，並迫她寫悔過書後，才押回北港釋放。九月二十八日她又帶同兩歲大的小孩子到警備部探監（因爲該部曾答應她可以探監），但竟被承辦人大罵一頓後，又將母子二人押往軍法處看守所關了一個星期才釋放。她更追述蘇東啟在抗日戰爭期間投到祖國懷抱的經過，呼籲青年黨中央賜與援助（按：蘇爲青年黨黨員）。

在赫毛衝突聲中

金日成艾地都傾向中共

大陸之窗

劉裕畧

在赫魯曉夫與阿共領袖霍查所顯示的直接衝突中，歐洲方面的共黨，（尤其意大利的陶里蒂亞），差不多都一致支持赫魯曉夫，甘心作赫魯曉夫的走狗，亞洲方面各地共黨的態度和傾向又如何呢？這是大家正注視着的一個問題。因爲赫魯曉夫與霍查的直接衝突，即是赫魯曉夫與毛澤東的間接衝突，而亞洲各共黨對此一問題的態度如何，也就表示亞洲各共黨對毛澤東或毛澤東所領導的中共的傾向如何。所以，也可以把這一問題看作中共對亞洲各共黨之間的號召力和影響力的試金石。

截至現在止，亞洲若干共黨的態度尚未表示，但北韓的金日成和印尼的艾地却已對此有所表白，大體上講，金日成和艾地都是並未表示擁護和支持赫魯曉夫的。相反，細細的意味他們的談話，倒是比較更傾向阿共的霍查即更傾向中共的毛澤東的這一邊的。

金日成的態度反映在他的談話上，他的這一談話刋載於十一月廿八日平壤出版的北韓共黨機關報「勞動新聞」上。那是金日成在十一月廿七日北韓勞動黨第四屆中央委員會第二次擴大全體會議上作的「關於參加蘇共第二十二次代表大會的朝鮮勞動黨代表團的工作報告」。

金日成說：「蘇共第二十二次代表大會上也談到了阿爾巴尼亞的問題。近年來，蘇聯共產黨同阿爾巴尼亞勞動黨之間對一系列的問題產生了意見分歧，它們的相互關係是不正常的。這次蘇聯共產黨代表大會對這個問題談得很多，但在這以後，同阿爾巴尼亞勞動黨的關係仍然沒有得到改善，這個問題仍然是一個有待解決的問題。現在蘇聯共產黨同阿爾巴尼亞勞動黨之間的關係反而變得更加複雜了，如果這局面繼續下去，將給社會主義陣營的統一、國際共產主義運動的團結和這一運動的全面發展帶來重大的損失，只會對我們的敵人有利。朝鮮勞動黨對於這種事態表示深深的憂慮。我們黨希望：阿爾巴尼亞問題任何時候都通過旨在消滅現存糾紛和意見分歧、求得相互理解的耐心的努力，根據國際主義團結精神，根據尊重整個社會主義陣營及國際共產主義運動利益的原則，圓滿地得到解決」。

至於印度尼西亞共產黨中央委員會主席艾地的談話（見十二月一日中共人民日報），則雖比較含混和仍圖極力掩飾這一問題，但他也沒有站在赫魯曉夫的一邊。他說：「出席蘇共二十二次的印度尼西亞共產黨友好代表團是携帶着由印度尼西亞共產黨中央政治局擬定的賀詞去的。在草擬賀詞時是以蘇共綱領草案爲依據的，而完全不知道將在這個代表大會中對阿爾巴尼亞進行批評」。「我自己作爲代表團團長，不相信在一個共產黨的代表大會中對另一個共產黨進行批評會使存在着的分歧意見和對立更容易得到解決，我堅持協商一致的意見來解決分歧意見，不僅在共產黨人之間，而且在黨與黨之間、在反對最主要的敵人（卽帝國主義）的集團和力量之間」。又說「如果我也參加批評阿爾巴尼亞，已經在各國共產黨的宣言（一九五七）和聲明（一九六○）的精神下受到敎育的印度尼西亞共產黨員將不能理解我的行爲。這個宣言和聲明說，如果有一個黨要澄清與其它兄弟黨的活動有關的問題，那末這個黨的領導把問題向有關的黨的領導提出，必要時進行會晤和協商。從一九六○年十一月簽署八十一個共產黨和工人黨聲明迄至我在一九六一年十月廿一日在蘇共二十二次大會致賀詞時，據我所知，在蘇共和阿爾巴尼亞勞動黨之間還未舉行過會晤和協商」。

此外，艾地還談到了斯大林問題。他說「關於斯大林，一方面斯大林是蘇共以前主要的領導人。蘇聯共產黨人對於他們從前的領導人斯大林採取什麼做法（批評他，把他的靈柩放入陵墓，後來又把它移出，把斯大林格勒改名，爲伏爾加格勒等），這是他們的權利。從這個角度來看，蘇共對斯大林採取的一切做法，可以視爲蘇共的內部問題，其它共黨無權干預，也不可干預。其他共產黨不可能深入地了解蘇共的黨內生活，正如蘇共不可能深入地了解其他共產黨的黨內生活一樣。另一方面，斯大林是領導繼續列寧在蘇聯建設社會主義事業和在挫敗法西斯主義當中起了重要作用的國際重要人物。斯大林不僅跟全世界共產黨人，而且跟非共產黨人的反法西斯戰士有着精神上的聯繫。每個共產黨人和每個民主人士都能談論關於作爲國際重要人物的斯大林。印度尼西亞共產黨支持蘇共在個人迷信方面批評了斯大林。同時，印度尼西亞共產黨人仍然尊重斯大林，他的演辭和著作。例如包括印度尼西亞革命在內的東方國家革命的演說和著作，至今仍然有很多是有用的」。這就比較明顯地仍然說明艾地是並未支持赫魯曉夫，相反，而是隱隱約約在批評赫魯曉夫了。

中共廣州市長朱光調職內幕

中共廣州市長朱光，本是廣東共幹中炙手可熱的人物。他不但曾經追隨毛澤東作二萬五千里「長征」的老幹部，而且也是與中共領導階層中的許多人有着深厚的人事淵源的人。也就因爲這様，所以，在許多共幹爭相追逐廣州市長這一「寶座」時，只有他一人達到了目的。

從外表看，朱光好像也是一個知識份子，因爲他也時常附庸風雅，做幾首舊詩交到共報上登載。不過，說到私生活，他却是極浪漫的。他隨時要玩女人，有一天，他又要想玩女人，但是他覺得平時所玩的黨團女同志不好，因爲有些黨團女同志裝模做樣，總嫌玩得不够痛快，何況，甚至還有受批評的可能。於是，他決定另想辦法。

就在這期間，中共廣州市人民政府却忽然找不到朱市長了，不知市長那裏去了，一連幾日，他都失踪。共幹們大爲驚奇，只得打電報到北平查問，看朱光是否因公奉召去了北平。電報是報到周恩來那裏，周恩來也不禁吃了一驚。後來中共國務院才復電廣州共幹，叫他們試向香港方面查詢，中共香港地委接到此一通知後，多方打聽，才知道朱光私自到香港來玩女人來了，因爲朱光認爲香港這一資本主義社會的女人才够味呢！

中共香港地委會勸朱光回去之後，周恩來立刻叫朱光到北平當面責問，朱光自恃對中共有功，便也毫不客氣的承認了是到香港玩女人。周恩來認爲如將這事公開將會引起其它不良後果，於是叫朱光自請下放去勞動改造。

周恩來說：去勞動改造三個月吧！但到那裏去勞動改造呢？朱光說：就到青海去罷！周恩來說青海太苦，你吃不消，還是到新疆吧！結果朱光便到了新疆，但他只參加了一個多月的勞改，便感吃不消，因爲他像中共其它許多老共幹一樣，十二年來已經養尊處優，無復當年「長征」時那種幹勁了。於是，又恃着自己的地位特殊，人事背景雄厚就中途單獨由新疆回到了北平，並且再往會見周恩來。周恩來問他：那末，朱同志現在想幹什麼呢？朱說：派我到上海去作市公安局長好了。上海市地方既好，公安局長又有權。周說：上海市公安局現任局長不好馬上換人，你還是到江西省南昌去作市長吧！

於是朱光便這樣離開廣州了。這是我在廣州時從一個與朱光極有密切關係的共幹口裏聽來的。這一共幹向我說這一內幕的動機是誇耀朱光的背景雄厚，朝裏有人好作官，他當然沒有想到我會逃離廣州，他當然更沒有想到我會在香港把這一件事寫出來登在報上哩。（和之）

僑鄉簡訊

鍾之奇

强迫收購福建南平松香

福建是盛產松香的省份，南平專區則又是福建松香產額最高的地區，它每年的生產量，佔福建全省總產量的一半以上。這主要的是因爲南平專區森林多，松樹資源豐富的緣故。

茲據十二月六日中共人民日報報導，謂中共已在「收購」的名義下將福建人民千辛萬苦得來的松香用最低價全部搜去。人民日報說：「盛產松香的福建省南平專區，提前一個月超額百分之十二完成全年生產計劃。到十一月底止，已生產松香四千七百多噸」云。

中共大量搜購廣東「三鳥」

中共把鷄鴨鵝稱爲「三鳥」，由於三鳥都是可以換取外滙和供應高級共幹食用享受的動物；所以，中共普遍强迫人民飼養鷄鴨鵝。在從前初初推行人民公社時，由於中共不准人民有一尺一寸自留地，更根本不許人民私自飼養猪鷄等物，所以，大陸人民爲了消極抵抗中共遂亦對猪鷄等物之飼養絕不關心，因而造成了大陸猪鷄等物的急劇減產。

中共一看來頭不對，才又在手段上稍加修改，准許人民保有極小量的自留地，以便人民自己飼養猪鷄，從而利便中共用低價搜購。中共這種用低價搜購的辦法，當然也使人民非常不滿，不過，迫於飢餓，遂亦只好盡力飼養，以求生命和生活之苟延與維持。

據中共人民日報廣州十二月三日電：「廣東夏季以來，『三鳥』（鷄、鴨、鵝）發展很快。據有關部門統計，最近全省三鳥存欄量比夏收前六月份增長百分之二十以上。目前是三鳥大量上市的季節，各地的公社社員踴躍地把三鳥賣給國家。據商業部門的統計，到十一月上旬，全省農民向國家交售的三鳥共達八百二十八萬隻，超額完成了今年的交售任務。」

人民日報又說「去冬今年以來，廣東各地人民公社都按照政策規定每個社員留一定面積的自留地，允許社員開墾一部份零星荒地，種植雜粮和飼料。同時，又執行了社員定工出勤和休假的制度，使社員在完成集體的生產以後，能利用工餘時間和假日經營家庭副業。因此，社員飼養家禽的積極性也很高」云。

佛山區災情嚴重

據中共「中國新聞社」廣州十二月五日電：中共佛山專區副專員何武，曾在「廣東省人代會上」報告，謂「佛山區各地今年受到風災等嚴重的自然災害，……早造局部地區受災減產……晚造又連續受到三四次的自然災害，內澇漬水十分嚴重，部分地區受到嚴重的損失。……目前全區正掀起各種生產高潮，無論災區和非災區的大隊、生產隊，都一再修訂冬種計劃，力爭今年冬種有一個較好收成」。但可以斷言的，在强迫勞動的奴役情況下，由於人民普遍不滿中共，所謂力爭今冬將有較好收成，也必然只是廢話。否則今年「冬種計劃」何至「一再修訂」呢？

廣東晚稻蟲害面積達七百萬畝

由於早稻收成不好，儘管廣東共幹又在强調要爭取晚稻的好收成，但廣東晚稻的收成却又是非常不好的。翻查人民日報十月四日電訊所說「晚稻後期氣溫變化大，病蟲害、寒露等災害較多」，以及所說「八月以來，廣東地區雨水多，氣溫高，湛江、佛山、肇慶、韶關等專區的許多稻田因而出現三化螟蟲爲害，部分地區發現稻包蟲、剃枝蟲等。據統計，現在全省受蟲害的面積達七百多萬畝」云。那末，中共對此蟲害有無防治呢？人民日報說，中共對此是有防治的。但人民日報又說由於藥物缺乏，「經反復除治蟲害的稻田」，却「只有十一萬八千二百多畝」。換言之，眞正除蟲害的稻田只佔全部蟲害稻田七十分之一。那末廣東晚稻收成不佳自係定論了。

東南亞火藥庫快要爆炸

俊華

東南亞戰爭好像越來越迫近，或者可以說，東南亞戰爭終於無法避免，因爲目前東南亞這個「火藥庫」，共有三個地區正在冒烟，快要爆出戰爭的火焰。

從「黃金半島」的中心吉隆坡瞻望，往北方面只隔着一個泰國，便是古老的寮越戰場，東南亞的癌症地區。最接近的，有星洲充滿政治性的工潮學潮湧起。越過海峽的印尼，與荷蘭就西新幾內亞的爭奪，達到攤牌的階段。稍遠的南亞印度，南面與葡萄牙有果亞的衝突，北邊國界與中共「陳兵觀武」。任何戰線上的雙方都表示，如果「被迫」不惜訴諸戰爭。

儘管美國的哈里曼先生强調地預言寮國必能中立，也儘管泰萊將軍極力避免美國出兵越南；但一波未平一波又起的局勢，正是「樹欲靜而風不息」。以致在黃金半島上最繁榮最安定的國度裏的人們，也感覺到漸漸不能置身事外了。

不過，究竟戰爭會在什麼地方爆發呢？這就是馬來亞所最爲關心的問題。

共方避免在越大戰

寮國的爭奪，一般認爲對於自由世界來說是已經「太遲了」，不但向來激烈的泰國、菲律賓作如此看法；就是比較超然的馬來亞總理拉曼也說出「美國棋差一着」的話。富馬的「中立」並非眞正能中立，那麼「獨立」也就成爲不可能。美國的「寮國中立」說不外是一項飾詞，因爲美國不願在離海太遠的山脈中作叢林戰，就讓寮局糜爛着拖下去。照泰國乃他儂將軍等人的看法，寮共是有力量可以攻下瑯巴剌邦和永珍的。不過共方似乎不急於動武，他們不想過份刺激泰國，而寧願利用富馬聯合政府的圈套，先消磨諾沙旺將軍一派將士的鬥志。

可是越南的危急却使到美國的態度與寮國的態度大不相同，雖然原則上仍然是避免出兵，但轟炸機、巡邏艇、軍火及軍事顧問、像白血球趕上創傷點一樣，紛紛塡補到南越這問題地區去。第七艦隊冲繩島的空軍，和在訓練中的叢林戰士，都整裝預作後備。不但泰菲願意出兵西貢，就是拉曼總理，也聲稱在必要時，美國有出兵入越的必要；他並且答應讓在馬來亞駐防的英澳軍，可以破例的開上越南去作戰。

在南越展開大規模戰爭是對共黨不利的，漫長的越共中共海岸線，處處受到登陸的威脅，空軍威力過於强大，也到了令共軍窒息的程度。看來共黨不會採取陣地戰，迫使泰菲出兵，終於引致美軍的干預。來自西貢的報導，指出共黨要以破壞經濟絞殺越南，可能便是受到美國彈壓後所改採的策略。

中共不敢進攻印度

印度與中共邊境的緊張，由於中共再次入侵印度領土而捲起。目前整個印度，已是民氣憤激，民怨沸騰。孟買的中共領事館被示威印度人民包圍，要求中共人員「滾出去」！示威羣衆呼口號要求國防部長梅農辭職，因其「無力保衛國土」。一再宣稱不顧用武力的尼赫魯，也不得不沿喜馬拉雅山脈一帶開建公路與機場，作保衛國土的準備。可是中共却反責印度「加緊軍事活動」，要求停止防衛，否則中共軍將開入麥馬洪綫以南的印度領土。終於這位聖雄甘地的首徒也迫得宣稱：如果戰爭來臨，「印度不惜一戰」。

不過尼赫魯也附帶警告說：印度與中共戰爭，「終將演成世界大戰」。這一句話，似乎仍是向蘇聯警告，要求蘇聯約束中共，像歷次中共侵印時尼赫魯所採的方法一樣。中共在痛恨印度的程度上確乎超過蘇聯，恨尼赫魯可能超過恨蔣介石，但侵畧印度易致「泥足」，中共終不敢輕於嘗試。

可是兩大集團必需有劇烈的鬥爭，尤其共方，必然設法蹈瑕抵隙。在這個課題下，印尼與荷蘭就西新幾內亞問題的攤牌，却可能更爲迫近。最近半年，印尼攻西新幾內亞的軍事，在蘇聯協助下已部署就緒。荷蘭也派航空母艦及增兵到該島上。日前荷蘭在聯合國提出西新幾內亞「民族自決」案，未能通過，大多數國家仍主張印尼荷蘭談判，印尼則拒絕接受。事實上，印尼七個月來已派八萬名重兵進入對西新幾內亞的攻擊區域，「解放西伊里安（西新幾內亞）青年宣誓」，也已作全國性的舉行。這就是說，海、陸、空軍已佈置就緒，民氣也已被鼓動起來。而荷蘭却在十二月一日起在西新幾內亞升起了「西巴布亞」——當地民族——的國旗。因此蘇加諾已聲明說：「不久」要下令進軍西伊里安。

利用印尼去攻擊荷蘭，不至像柏林那樣容易引起美蘇直接衝突，也不像越南那樣，有使北越及中共與美軍作戰的危險，但可以收到「打擊西方」，「赤化印尼」的雙重效果。所以非共馬來亞人民目下正担心地望着隔岸海峽南邊的烽火。

・吉隆坡通訊・

由大馬來西亞說到新加坡

・施蘭・

去月廿二日，建立大馬來西亞聯邦這一個重大的問題，已於英馬會議中獲致解決了；這完全是由於中共的勢力逐漸威脅到整個東南亞所促成。英國和馬來亞當局，都一致認定：爲面對目前的局勢，應付周遭的環境，免被「各個擊破」，上述的計劃，確是一項最迫切的需要。因此，英、馬雙方，便同時發表了聲明，表示「建立大馬來西亞聯邦」是當前一個正確而有價值的目標；雙方也同意，在大馬來西亞聯邦成立後，除英政府繼續維持其星加坡軍事基地外，英馬間的現存防衛協定，也將擴展至包括其他有關地區，藉以維護整個東南亞的和平。」——從這項聲明中，我們便可以窺見英、馬當局將來實施「大馬來西亞聯邦」計劃的意圖。反共的馬來亞總理東姑拉曼也公開宣佈過：建立大馬來西亞的好處，係足以增加抵抗共黨侵畧和滲透的力量。拉曼同時還透露出：大馬來西亞聯邦，將可在一年內成立，其範圍是包括馬來亞聯邦，星加坡，北婆羅洲，沙勝越，及婆羅乃等地；將來這一個「大聯邦」，必須團結一致，共享繁榮。

未來的大馬來西亞地區，都是英國的舊屬土；在第二次大戰前，英國統治該等地區是分作四個部份的，那就是：（一）海峽殖民地，即星加坡、檳榔嶼、和馬六甲；（二）馬來聯邦，即霹靂、雪蘭峨、森美蘭、及彭亨；（三）馬來屬邦，即柔佛、吉打、玻璃市、吉蘭丹、及丁加奴；（四）婆羅洲，即北婆羅洲、沙勝越、婆羅乃。——上述各地，自第二次大戰後，由於民族主義的勢力勃興，英國許多屬地都已先後獨立，於是馬來亞半島也隨之而發生變化，除霹靂、雪蘭峨、森美蘭、彭亨早於一九三五年解除了中央組織外，其他各邦與檳榔嶼、馬六甲，則於一九四六年合成新馬來亞聯邦，後又於一九四八年改爲馬來聯合邦，惟星加坡則仍單獨保留爲英國殖民地；迨至一九五七年，獨立的馬來亞新國，則包括過去的九邦，和檳榔嶼、馬六甲兩埠，但星加坡仍不在其內。

星加坡雖已於一九五八年便已宣佈自治，但當地人士，早已欲與馬來亞合併，是故此次的「大馬來西亞計劃」，一經提出，就立刻獲致星加坡政府的歡迎。至於英國方面，她所憂慮的祇是星加坡的軍事基地能否保持，現在既獲繼續保持其基地，則對於「大馬來西亞聯邦」的組織，自然也樂意加以贊助了。

從今日英、馬的關係來看，可以預知的將來「大馬來西亞」的遠景，是仍然由英軍基地負起防衛責任的；尤其是在共黨對東南亞虎視耽耽的現實情況下，這一個「大聯邦」在新建成後而國防力量尚未達到理想足够鞏固之前，更加需要英軍的協助。至於星加坡方面，在將來大馬來西亞聯邦建立後，亦將仍然依靠對外貿易來生存的；正因爲這樣，星加坡對外貿易便又不能單靠西方，同時也要向東方集團謀取聯繫，而英國對此，當然也是希望將之仍然維持「自由港」的地位。英國是最講究現實的，爲着現實上的需要，故對現在在當地營業的「中國銀行」和「印尼銀行」，也必將准許其繼續營業，藉以爭取當地的對外貿易關係，而從對外貿易中，謀求當地的經濟安定和發展。據當地人士指出：英國對這基地的投資，每年的消耗達七千萬英鎊。這個龐大的支出數字，又焉能不要依賴當地的對外貿易來彌補？既要依賴對外貿易，則對東西方兩大集團，也就不能不要都加以聯繫，而達成其「商業」化行爲了。

至於將來大馬來西亞聯邦成立後，星加坡在這新聯邦的國會中的議席問題，在星加坡的本身來說，也是很值得重視的。據目前當地人士的估計，預料星加坡在未來的大馬來西亞聯邦國會中，可獲佔十五席。但這個問題，目前只有初步的討論。一般推測：這個議席的多寡問題，可能要留待明年夏季另一次的「倫敦會議」中，才提出討論，以免影響目前即告推動的大馬來西亞計劃的進行。屆時，此「議席」問題，也將視乎該計劃的實施情形如何，而或者有所增減，也是意料中事。

學術叢書

行爲科學概論

徐道鄰著　定價港幣二元五角

行爲科學是一門新的學科，也可以說是一種新的研究方法或思考方法。它把心理學、社會學和人類學中的精華融於一爐，使之成爲一種統一的研究人類行爲的科學。目前這門學問在某些地方已形成爲一種思想主流；爲了便於國人的研究，本書將其發生的背景、重要的基本概念、它的成就以及對於心理學和政治學的貢獻等等，作了有系統的介紹。有興趣吸收新知識者不可不讀。

康德知識論要義

勞思光著　定價港幣二元五角

精嚴的思辨，宏遠的識度，崇高而嚴肅的道德感與神聖感，此三者形成康德哲學的規模。以如此正大的規模，了解起來自不容易。學人勞思光先生，融會了康德全部學說，並依據一種新方法——基源問題的研究法，來介紹康德一部分哲學理論——知識論。其中主要材料出自「純粹理性批評」一書，但爲展示康德知識論中許多觀念的發展過程，故亦涉及其前期著作。在理論線索方面，則依基源問題重新整理出一理論脈絡。皆精審恰當，清晰明確，實爲嘉惠學人的鉅著。

友聯出版社出版

友聯書報發行公司發行

香港九龍塘多實街十四號

門市部：香港德輔道中二十六號A二樓

各大書店・均有代售

年夜（下）

盛紫娟

餃子包完了，他們幾個人排好了隊，端着餃子向廚房進軍。廚房裏瀰滿了葷味的香氣，及氤氤的水霧，他們幾人探頭探腦的都想先偷一口年菜吃，却叫姨母用炒菜鏟趕了出來，大聲嚷道：「除了小珍，你們全回房去，願意玩什麼都行！紅燒肉和雞我早已藏好，不到吃飯時，誰也別想嚐一口。」

等樹德他們離開廚房後，姨母從碗廚中拿出一隻小碟，裏面是已鹵好的雞肝、雞心，她壓低了嗓門對怡珍說：「趁他們不在，悄悄吃了吧！」怡珍圓圓的小臉像一朵花似的笑了。她出其不意地摟住了姨母說：「姨媽，你太疼我了是不是？」一邊撒嬌一邊用手抓着吃。

「別說傻話啦！你快點吃，我把菜熱一熱就開飯了。」說着她仔細地打量了她一下，才笑着說：「你這件紅毛衣是景文送的吧？他花了多少錢買的？」

「我沒來得及問他，我們剛進去，你就像出了人命案似的大嚷，嚇得我連忙跑出來。是不是他們來鼓動你叫的？」姨母笑着點了點頭，見怡珍已經把雞雜吃完，便轉過身把煤火弄旺了，一面吩咐說：「你到外面走廊上把那兩鍋菜給我端來，大鍋是紅燒肉，小鍋是雞。」

「你為什麼把菜放在外面？」怡珍不解地問。

「我今天上午把菜做好，怕那些饞鬼偷嘴吃，就放到外面去了。」

怡珍順便走到西廂房，叫樹德他們擺桌子預備吃飯。那幾位仁兄正在玩紙牌，一聽說就要開飯，立即興奮起來，七手八腳的忙着擺筷子、放碟。怡珍偷偷向景文使了個眼色說：「幫我去端菜！」景文順從地跟着她走出來，一看走廊上根本沒有鍋。

怡珍「咦」了一聲說：「奇怪，難道姨媽年紀大了，記性壞了。她告訴我兩鍋菜放在走廊上，你看哪有影子？」

「再找找，她可能放在這小櫃裏了。」他說着打開小櫃，但裏面只有些舊報紙、破布條、和好多亂七八糟的廢物。怡珍立即飛跑到廚房去，離着老遠就嚷：「姨媽，我找不到啊！」

「真笨，我就放在門左邊花盆旁邊呀！」

「真的沒有，我連小櫃都看過了！」

「你怕把新衣服弄髒是不是？如果我找到了，非把你屁股打腫不可。」怡珍兩手插在褲袋裏，笑嘻嘻地跟在姨母背後回到西廂房走廊上來，姨母一看見花盆旁邊，果然沒有鍋，沉吟了一下馬上說道：「一定是樹德他們搗的鬼，把菜藏起來了。」說着把屋門推開，對那四個身材高大的姪兒說：「你們誰把菜藏起來了，快給我拿出來！」

「菜？」他們呆呆地望着姨母說：「我們根本不知道你藏在哪兒了，怎麼問我們要？」

「我就放在走廊上的嘛！」

「早知放在那裏，我就先嘗嘗味兒了。」樹德嘻皮笑臉的說。然後望着怡珍說：「一定是她和景文的事，剛才她走來叫我們擺桌子，又和景文兩人鬼鬼祟祟的走出去了。」

「你別冤枉好人，剛才是姨媽叫我來端菜的，我順便叫景文幫下忙，景文，是不是呀？」

景文正站在火爐前發呆，見怡珍問他，於是說：「恐怕是被人家偷去了。」

「甚麼？」大家全都愣住了，忙問他怎麼回事，他說：「剛才我出去解手，看見有個人端了兩個鍋向大門口走，我順便問了聲『誰？』那人看了我一眼說『我』，我以為是住在東院的鄰居，所以也沒在意，眼看着他大搖大擺的走出大門去了。」

「他手裏的鍋是什麼樣的？」姨媽焦急的問。

「天那麼黑，誰看得見？我看着好像是……」景文還未說完，樹德就嚷道：「你為什麼不抓住他呢？真笨！我們準備了這麼多天，這下便宜了別人。」

彬如說：「趕快去報警，也許還可找回來！」

「找回來？別作夢了，這時候還不早吃光了，人家等着你去報警嗎？」怡珍說。

「這種人真該死，我去報警，我們吃不到，他也別想吃！」樹德說着就要去拿帽子，景文一把拉住他說：「反正是吃到中國人肚裏去了，算了吧！」

「黃市長頭幾天不還說，現在已是路不拾遺，夜不閉戶是社會主義社會的特點，怎麼還有人偷東西呢？」悌如納悶的問，彬如不耐煩的看了他一眼說：「不要胡說！」

「你心腸倒慈悲，我們辛辛苦苦工作一年，到年底才分到這麼點肉，現在叫那個王八蛋偷走了，怎能饒他？」樹德掙脫了景文的手，仍要去報警。姨母忙拉着他說：「別吵了，都是我不好，如果我放在廚房裏就沒事了。現在東西已丟了，找也找不回來的。幸虧我們還有鹵雞蛋，和一條紅燒魚，再炒個蔬菜將就一頓吧！要不先煮點餃子吃，好不好？」

姨母苦着臉勸樹德。彬如和年紀最小的悌如同意地點了點頭。只有樹德一個人還在嘟嘟嚷嚷地罵着偷菜的賊。怡珍輕輕責備着景文：「都是你不好，你看見他形跡可疑為什麼不抓住他？害得我們過年連肉也吃不到。」

景文正要回答，屋門被人推開，祖光紅着面孔擠了進來，他向姨母行了個鞠躬禮，就對怡珍說：「吃過飯了嗎？」

「吃什麼飯，一鍋肉，一鍋雞都被人偷掉了！」怡珍氣鼓鼓地說。心想不是約好了吃過飯去找你，怎麼這樣早就先來了。

「真的嗎？這個年頭，做賊的也怪好玩的，什麼不能偷，偷人家的年夜菜。」祖光搓着手，輕描淡寫的說，眼睛望着怡珍，似乎在譏笑她：「為什麼不去我家吃飯呢？」

景文一聲不響往裏屋走去，怡珍逗着叫：「景文，你怎麼啦！」

姨母怡祖光多心，忙笑着說：「他們是表兄妹，從小就玩慣了，一會哭，一會笑的，你可別見怪呀！我就去煮餃子。祖光你也一塊吃幾個吧！」

「我已經吃完飯了，我是來約怡珍去看戲的！」祖光不安地望着怡珍的背影說。景文回頭望了怡珍一眼，似乎在責備她。怡珍紅着臉低下頭，想跟景文解釋，一時找不來適當的話。沈吟半天轉過身來對祖光說：「吃過飯，你和我們一起玩牌吧！姨媽也很想看那個戲呢，你把票送給她好嗎？」

祖光面露難色，見大家都在望着他，只得說聲：「好吧！」

樹德自告奮勇地說：「我陪姨媽去看電影吧！」說着做了個鬼臉跑到廚房去報告好消息去了。

怡珍望望景文，又望望祖光說：「今晚過年，吃過飯我們一定要痛痛快快地玩！」彬如和悌如立即响應；景文和祖光都尷尬的苦笑着。

文壇泥爪

許地山二十年祭

也行

許地山於一九四一年秋死於香港大學教授任內，至今年恰恰是他的二十周年祭。他在港大教了六年，二十年前在這頗為洋化的社會上，他還相當出風頭，因此香港文化人對他不算陌生。這個五分之一世紀的時間雖不太長，可是不知經過了多少次大的變化，如今說來已有恍如隔世之感，有些人可能對他早已淡忘了。

他的原籍有說是福建，也有說是廣東，實際上他是於甲午中日之戰出生在台灣。甲午戰敗後，台灣割讓給日本，舉家拋棄了財產，回到福建。在幼小的心靈上已經烙上了國恥的印記，怪不得四十年後抗戰軍興時，一向野鶴閒雲般的他，突然卸下學者的道袍，從書房裏走出來，積極參加了抗敵後援會的工作。他幼年是在廣東讀的書，好音樂，能唱粵謳，會彈琵琶，十九歲起，先後在福建和緬甸等地，教過中小學和師範。

他從小就是一個基督徒，這對於他在二十四歲那一年，到北京考入燕京大學很有關係，說也奇怪，他雖然在燕大讀過神學，得過神學士學位，他特別熱愛宗教史和比較宗教學，因此對印度的佛教和中國的道教發生了興趣。後來他留美在哥倫比亞大學、留英在牛津大學，都是學的宗教史、比較宗教，甚至印度哲學，梵文佛學等等，他也研究。為此他在民十六從倫敦回國時，還特別途經印度住了一些時日。在北京執教時，中間也曾到過印度，並訪問了印度的詩哲泰戈爾。

未出國前已在燕大做過助教，回國後即做了燕大文學院和宗教學院的教授，此外他還在北大兼授印度哲學，在清華兼授人類學，也到廣州中山大學講了幾個月的人類學。民二四，他離開了燕大，由胡適之先生的介紹，來到港大任教，改革了港大的中文系。這時他的聲譽日隆，已是中外聞名的學者和教授了，却不幸遽然病逝，沒有看到抗戰勝利，死時只有四十九歲，實在可惜！

他名叫贊堃，地山是他的字。但在「許地山」三字還未響亮時，他的筆名「落華生」却早已馳譽文壇。他入燕大的次年，即是民八、五四運動發生的時候，民九中國第一個純文學團體——文學研究會的成立，他是發起人之一。當他的處女作「命命鳥」（短篇小說）在矛盾主持的小說月報刊出時，落華生這個名字就引起了廣大讀者的普遍注意。因為它的風格特殊，不同於當時一般小說作品，題材極富浪漫傳奇色彩，而用語亦非常煉淨脫俗，給人以清新之感。這小說是寫了一位篤信佛教的女子敏明，因為戀愛遭受挫折，和她的愛人從容投水自殺，希望轉生極樂國土。這對戀人雖然厭世悲觀，却不像別的小說所寫那樣憤激不平於家庭社會，他們是非常恬適寧靜地嚮往着來生。自此以後，他就不斷地寫作小說，不過後來逐漸寫得少了，遺留的作品中，短篇小說集只有「綴網勞珠」和「危巢墜簡」兩種。

當民十五老舍的處女作「老張的哲學」寄到上海小說月報時，鄭振鐸（時已代矛盾任該刊主編）不予刊載，冷藏了半年。後來還是許地山給老舍向鄭振鐸說的話，這部小說才在小說月報上連載起來。因為他留英時，認識了老舍，老舍寫小說還是他慫恿的。如果不是許地山，或者老舍不會寫起小說來的吧；縱然寫小說，遇到不識貨的鄭振鐸，處女作給冷藏，恐也不會那樣快就成名的吧。

許地山的文學作品還有一部散文集「空山靈雨」。他的學術著作，有「中國道教史」、「大藏經索引」等。他的文如其人，也是那麼恬適寧靜，和朱自清差不多，都是屬於溫文儒雅一型的。如今他逝世已經二十年了，可有誰還想起這位五四初期的文壇健將？

金釵記（五二）

黎明

第二十三場：

景：顧家——佈置得雍容華貴的洞房。

時：距上場一個月後。

人：田素娥、魯學曾、春梅、顧員外、顧安人。

（幕後合唱）

恩報恩，德報德；仇報仇，寃報寃。善惡到頭終有報，舉頭三尺有明神。昨日箇，萬人空巷齊唾罵，唾罵那，衣冠禽獸梁尚賓；惡貫滿盈報應快，人頭落地命歸陰。今日箇，喜氣洋洋員外府，有人親上又加親；郎才女貌世間少，洞房花燭暖如春。姻緣本是前生定，新人原來是舊人。恩報恩來德報德，仇報仇來寃報寃。（細樂吹打，春梅侍田素娥盛妝上）

田素娥：（沒精沒彩）啊、噎、噎、噎！（低頭以巾拭淚）

春梅：啊小姐！今日乃是小姐大喜之期，緣何倒發哀起來了？

田素娥：唉！春梅姐你那裏知道我的心啊！（唱）這親事，原是養父養母拿主意，他二老，一條心，不容反對；全不管，我也是，書香門第良家女。那有個，良家女，竟把二夫配？那有個，好馬兒，肯配雙鞍轡？雖然我，和梁家，斷了恩來絕了義；那有個，昨日裏，人頭碌碌掛高竿；今日價，洞房洋洋滿喜氣？哎呀春梅姐呀！我如今祗是啊：滄海無邊，倒做了那斷梗萍；風狂雨驟，翻成了那沾泥絮！（白）啊！春梅姐！自從我來到顧家之後，你我二人總如親姊親妹一般；事到如今，我是一點主意也沒有了！這便怎麼處？這便怎麼處？

春梅：小姐呀！（唱）你本是，金閨秀，德容無雙；又何必，把往事，苦掛心腸？義父母，原本同，父母一樣；舊金釵，做聘禮，大不平常；生有情，死有義，情義縣長。勸小姐，但把那，寬心來放；木成舟，米成飯，再無商量。（轉為欣喜活潑而又神秘的表情）更何況，郎才女貌，早呀早相當？我春梅啊，願呀願永世，都為你疊被鋪床。

田素娥：啊呀春梅姐！這就是你的不是了。

春梅：怎麼倒是我的不是來？

田素娥：人家此時心煩意亂，你不拿個主意，還則罷了；倒偏是什麼「郎才女貌」東扯葫蘆西扯葉；豈不是你的不是？

春梅：喲！貌在你的臉上，才在他的腹中；而且他呀，他那小臉蛋兒正和小姐是一對呢！我祗不過是見景生情，就事論事罷啦！怎麼倒埋怨起我來了？

田素娥：你瞧你，滿口他、他、他的，敢莫你倒是認識他不成？

春梅：我麼？（用手指鼻，做鬼臉）唔；早就認識你的那個「他」的了。

田素娥：（羞澀有頃，氣色兩降，忸怩地問）好妹妹，告訴我，他、他、他到底是個甚等樣人？（說完羞得以袖掩面）

春梅：這個？（忽聞幕後有脚步聲）——哦，小姐！他、他他他他他來了；我要告辭了。（說完抽身便走。素娥也下意識地一怔，立即低頭坐在床沿上）我且報告員外安人去。（下）

（魯學曾醉意盎然上）

魯學曾：哈哈哈哈！（唱）世間事，倒叫人，難以揣量；想不到，我今日，真做新郎。（白）小生自從聘妻秀娘屈死以來，一時萬念俱灰。不想岳父因為寃獄已白，念我家道貧寒，無辜受累，委實地過意不去，特自親到寒舍，將他義女匹配，即索亡妻所贈金釵為聘，選擇吉日，入贅他家，以便一心攻讀，免得荒疎舉業；小生固辭不獲，只得應允下來。不料事有湊巧，表哥昨日伏法，今日便是我的佳期，真乃所謂天網恢恢，報應不爽；表哥呀表哥，你枉自做了小人也啊！（唱）可歎你，撇嬌妻，氣死高堂；犯王法，異身首，家敗人亡！過去事，我這裏，無心再想；一心心，只想會，美貌嬌娘。哈哈哈哈！

（未完）

集龔定庵詩

費子彬

書懷

浩蕩離愁白日斜，
七行狂草達京華，
落紅不是無情物，
贈與妝臺滿鏡霞。

與樂果長老夜話

沈沈心事北東南，
六祖天台共一龕，
不是九洲同急難，
家園黃熟半林柑。

七十初度

天涯握手盡文人，
樸學奇才張一軍，
賴是元龍樓百尺，
童心來復夢中身。

× ×

萬緣簡盡罷心兵，
極動當筵柄燭情；
十一年來春夢冷，
有人花底祝長生。

辛亥革命史談（三二）

舜生

四、大革命爆發於長江中部武昌

在武昌起義前，『同盟會』總部名義上仍在東京，中山在美國，但香港有一『統籌部』，自趙聲死後，即由黃興與胡漢民主持；另有一『中部總會』，則於辛亥閏六月成立於上海，由宋敎仁、陳其美、譚人鳳等負責。湖北方面，自『文學社』、『共進會』合流以後，內部組織已相當嚴密，且富有自動精神，可是他們並沒有忘記與香港、上海保持聯系。

先是辛亥七月二十四日，居正、楊玉如即奉命赴上海購置手槍，並促黃興、宋敎仁、譚人鳳到湖北主持一切。居到滬以後，即向滬方負責者譚、宋、陳等報告湖北進行實況，以購械及滬寧響應之責期待於陳其美，對譚人鳳及宋敎仁，則希望其提早赴鄂。同時，居又以一詳函交由呂志伊赴港，面交黃興。黃興有八月初九及十四寫給馮自由（時馮在舊金山，負有籌欵責任）的兩封信，可見他們接洽的情形，且與當時整個局勢有關，茲特節錄如下：

『……七月以來，蜀以全體爭路，風雲甚急，私電均以成都為吾黨所得，然未得確實消息。前已與執信兄商酌，電尊處轉致中山先生，請設法急籌大欵，以謀響應，尚未得復。今湘鄂均有代表來滬，欲商定急進辦法，因未接晤（時黃在港），不知其實在情形，故不敢妄斷。至滇之一方面，若欲急辦，儘可辦到，以去年已着手運動，軍界會黨，皆有把握，有二三萬之欵可發動。然此方面難望其成功，以武器甚少，不足與外軍敵也。……滇為蜀應則有餘，為自立則不足。……弟興頓首，八月初九夜。』

『又啟者：鄂代表居正由滬派人來（舜按：當即指携函到港之呂志伊）云：新軍（舜按：指湖北新軍）自廣州之役，預備起事，其運動之進步甚速。（廣州之役，本請居君在鄂部總理其事，以備響應者。）辦法以二十人為一排，以五排為一隊，中設有排長隊長以管領之。平時以感情團結，互相救助，使其愛若兄弟，非他人所能間隔，成一最有集合力之機體，現人數已得二千左右。此種人數，多係長官下士，而兵卒審其程度高者始收之。以長官下士能發起，兵卒未有不從者，不必於平時使其習知；況其中又有最好之兵卒，為之操縱，似較粤為善。近以蜀路風潮激烈，各主動人主張急進辦法，現殆有弦滿欲發之勢。』

『又胡經武君（即胡瑛），亦派有人來，胡雖在獄，以軍界關係未斷，其部下亦約千餘人。去年弟曾通函胡君，請其組織預備，以備響應。胡已擴張其範圍，其進步亦速，胡君之人，在居君部下者有之，擬於最近發動，期兩部合而為一。（舜按：所謂兩部，似即指『文學社』與『共進會』而言）據此，則人數已多；乘此路潮鼓湧之時，尤易推廣。蓋鄂省軍界久受壓制，以表面觀之，似無主動之資格，然其中實蓄有反抗之潛勢；而各同志尤憤外界之譏評，必欲一伸素志。似此人心奮發，倘為主動，實確有把握，誠不可多得之機會。若強為遏抑，或聽其內部自發，吾人不為之指揮，恐有魚爛之勢，事誠可惜。即以武漢之形勢論，雖為四戰之地，未足言守，然亦視其治兵之人何如；胡林翼於破敗之秋，收合餘燼，猶能卓然自立者，亦有道以處之。今漢陽之兵工廠既歸我有，則彈藥不虞缺乏，武力自足與北部之兵力敵；長江下游，亦馳檄可定；沿京漢鐵路北伐，勢極利便，以言地利，亦足優為。吾人之純然注重於兩粵，而不注意於此者，以長江一帶，吾人不易飛入；後來輸運，亦不便；且無確有可靠之軍隊，故不欲令為主動耳。今既有如此之實力，則以武昌為中樞，湘粵為後勁，寧、皖、陝（前本有陝西人井勿幕君在此運動，今已得有多欵，勢足自動，熊克武君已馳赴該處，為之協助。）蜀、亦同時響應以牽制之，大事不難一舉而定也。急宜乘此機會，猛勇精進，較之徒在粵謀發起者，事半功倍；且於經濟問題，尤易解決。茲約計各處，大畧有二十萬左右，即足為完全之預備；至少四五萬，亦可發起鄂事。總之，此次據居君所云，事在必行，即無外欵接濟，鄂部同志不論如何竭絀，亦必担任籌措，是勢成騎虎，欲罷不得。吾人當體驗內地同志經營之艱苦，急為設法籌集鉅欵以助之，使得有以寬裕籌備，不致艱困從事，歸於失敗，徒傷元氣，不勝切禱之至。弟本欲躬行荆聶之事，不願再為多死同志之舉，其結果等於自殺而已。今以鄂部又為破釜之計，是同一死也。故許與效馳驅。不日將赴長江上游，期與會合，故特由尊處轉電中山，想我兄接閱，必為竭力援助。前加屬（舜按：指加州即舊金山而言）於廣州之役，最為出力，此純係我兄血誠所感，故能有此，今更望有以救我，擬得兄等覆電後即行。或南洋之欵，須弟一親往，亦未可知。餘俟續告，手此覆頌文安。弟興頓首，八月十四日。（前函書好未發，適鄂派人來，故特補叙，又及。）』

從這兩封信，可看出黃興原想等待籌得的欵，然後親赴長江指揮，可是武漢方面形勢急轉，不僅不能等待黃興，即由居正邀約譚人鳳、宋敎仁赴鄂也不及久待，一到八月十九的晚上，他們便自動的幹起來了。（未完）

聯合評論

週刊

本刊已經香港政府登記

每逢星期五出版

United Voice Weekly

第一三七號

督印人：黃宇人　總編輯：左仲平

社址：九龍德道三十二號地下　電話68678

承印：嘉羅印刷有限公司　香港仔馬師道5號

總代理：友聯發行公司　每份港幣一毫

本報美洲版總經售處美國紐約中美出版社

CHINESE - AMERICAN PRESS, INC

199 CANAL STREET.,

NEW YORK13 N. Y. U.S.A.

美洲航空版每份零售美金一角

中國人的悲哀

李璜

東望台灣，北望大陸，兩面一樣，黯然無光！身為今日的中國人，無論右傾或左傾，無論主張民主或擁護獨裁，面對着國際上種種面孔，或黑或白，都多少要對中國人擺出一種瞧不起的派頭來，這不能不令留意世局的中國人要感到悲哀罷！

一

在這次聯合國大會裏，美國政府費了九牛二虎之力，台北當局又損失了外蒙主權，然後纔換得一個所謂「重要問題」的三分之二票數。但是明年九月又要舊話重提，再來一次重審。「一年容易又秋風」，像這種每年「秋審」一次，判一個「斬監候」的案文，中華民國的國格如何受得了！

幸好，當年簽字於聯合國憲章的中華民國代表團，今已沒有一個代表留在聯合國大會會議的席上了！不然，看見當時（一九四五）向我們私下請求扶持他們獨立的那些黃色的、黑色的、半黑色的哀懇面孔，今日竟也昂頭吐舌，評判中國，隨便主張；至少是，如果當時曾代表中國強調正義的王寵惠先生未死，他又如果今日在塲，一定會肚皮氣破！

當時，中華民國同着英、美、蘇三國發起了聯合國組織，以召集主人身份，又以中國國名的首一C字的關係，發言總是佔先，小國競來拉攏；就是聯合國憲章議畢，清稿謄出，也是中華民國的十個代表首先簽字於其上，其他國家代表始跟隨其後，照樣簽署。萬不料，到而今，要看當時的客人及續來的後輩的顏色，聽他們去評頭論腳，投票宣判，我眞替我們的代表團自蔣廷黻先生以次的朋友叫屈。想蔣廷黻諸位得着了台北國大代表慶祝勝利的無聊賀電，只有對之苦笑而已，何慶之有哉！

昨日（十八）香港工商日報的「又拖延一年」的社論說得好：『此次所謂「勝利」，極其量不過保持一年的代表權，與我們的要求還相去十萬八千里。我們的要求是一個澈底的決定，而所得到的，卻是一個無期的拖延。或人以為在目前形勢下，能夠達到拖的地步，已算是難得，這種失敗主義的自卑心理固屬要不得，卽誠如上述，這樣一直拖下去，會有甚麼好處？……因此我們對這一次的結果，殊無興奮之理，祇有發憤之道，其道維何？一句話是打倒「對策」觀念，建立起積極的，革命的「決策」觀念。』

在工商日報主筆先生所稱「革命的決策觀念」，是對外交，要有不惜孤注一擲的決心。但是，很令中華民國的國民悲哀的是：這兩年來，台北當局對於主張民主的省民與僑民，倒有不惜孤注一擲的氣概；封報社，捉主編，搶去民間日報，禁止民主刊物入台，以及軍警特務嚴密的監視着主張民主的多數人，大有不惜一拼之勢！這樣對於國民的一言一行絲毫不予以放過，隨時以打、殺、關對付，倒不失為革命的決策觀念；可惜這只是用以對內，用以自行拆散國民的向心力，而非做到又一次的一人一派的孤立不止！——這眞是中國人的悲哀！

二

至於在大陸方面，毛澤東以「中華人民共和國」的唯一領袖自命，「東方紅」好像自以為紅得了不得！然而兩年以來，一連在挨其老大哥赫魯曉夫的耳光，尤其最近為阿爾巴尼亞的問題、挨了最重的一記，打得他頭昏眼花，毛澤東一人跑去杭州，自己悶氣去了！

眞好笑，為阿爾巴尼亞問題，為毛澤東忽然要想同蘇俄老大哥論平等，講獨立，中共頭子也會叫起民族主義來了！但毛周輩要知道，「一日賣身，終生為奴」！誰叫你們一開始就奉史太林為師，受其命令行事；一得意便跑去莫斯科，聲稱「一面倒」；世界革命喊得不停，在韓戰又去當蘇俄的貓腳爪；以蘇俄為社會主義的領袖，事事服從，甘與一切外界絕緣！忽然，數年來得不到蘇俄的好處，而且受不了赫魯曉夫的烏煙瘴氣的作法與指揮，纔想到「平等，獨立」；但奴才身份已定，孤獨零零的，餓得昏昏的，又拿甚麼去與老大哥講平等，講獨立呢？

更好笑，毛澤東隨時說：「世界戰爭不可避免，世界革命勢必實現，這纔算是正統的馬烈主義，而赫魯曉夫的和平共存，生產競賽乃是修正主義』。但試問毛澤東，你的不可避免的戰爭，是不是還是以人海戰術去應付幾千萬噸炸藥力量的原子彈與長短程的飛彈？或者，你的世界革命乃是驅遣出幾億的中國飢民，來向全世界搶糧食吃嗎？——這無怪要令赫魯曉夫瞧不起，要打你的耳光，使你在共產世界裏，也去實現孤立無援的情景了啊！

三

我在前星五（十五）星島晚報的「世界之窗」欄內，看到木訥先生譯的芝加哥每日新聞的議論中一段話，心中很是難過。這段話說道：『早在一九六〇年蘇俄技術人員在中國大陸撤退時，他們曾坦率的預言中共的經濟建設將告失敗。現在擺在一般人眼前的事實，已證明中共的經濟及生產失敗得怎樣的一塲胡塗。這足證明「赫魯曉夫叔叔」畢竟閱歷較深，然而中共統治階層那種無知的傲慢，却是他們特性之一，也是一般中國人的古怪性格……。』

中共毛頭的胡閙，弄來將大陸幾億中國人餓起這種無知的經濟生產「大躍進」，躍進到只有草根樹皮，浮蘋小藻可吃，毛澤東輩的愚昧剛愎，令外人莫解，以致美國記者竟認為是「一般中國人的古怪性格」，中國人裏有了這種荒謬的不肖子孫，而使外人笑話全體中國人，這眞是毛澤東輩的罪孽深重，不自殞滅，禍延顯考了啊！

更可悲哀的是，中國自前清道咸以來，執政者對於外交，不是無知（如道光與其親貴），便是浮躁（如咸豐與其驕吏），甚至胡塗亂來如慈禧之玩義和團，幾致亡國，仍舊不覺悟，一直專制下去，不擇手段阻着憲政的實現，以致國脈民命剝喪幾盡。幸有孫中山先生出來革命，建立中華民國，中國方為之一振。中山先生到臨死遺囑中，第一句就說「必須喚起民衆」，而今中國民衆，無論在大陸，在台灣，除了受壓制外，又有誰去喚起呢？一個國家的民衆都被壓得死氣沈沈的，在外交上又如何生得出力量來？——這不只是中國人的悲哀，卽中山先生死而有靈，也要悲哀的啊！

五〇、二、一九

欣聞南越將實施民主改革

黃宇人

日來華盛頓和西貢的電訊，均稱，美越兩國經過為時數週的商談以後，對於雙方共同努力之方向和計劃已獲得廣泛的協議；美國政府將加強對南越的軍援和經援，吳廷琰總統則同意在政治軍事經濟各方面實施民主改革。協議的詳細內容雖然尚未公佈；但必以泰萊將軍的報告為基礎，當可無疑。卽（一）軍事方面，美國供應南越以適合於該處戰場的特點和需要的新式武器和配備，越方則應改革軍事制度，俾參謀本部與各軍區司令獲得較多的權力，以便前線的指揮靈活；（二）政治方面，希望越南政府擴大基礎、容納各反共黨派和社會領袖，俾能提高人民的反共意識，以便廣泛而有效的動員民衆力量；（三）經濟方面，希望越南政府改革目前的經濟狀態，達到美援運用的一般理想，俾能改善人民的生活。電訊並稱，吳廷琰總統曾面告美國駐西貢諾丁大使，此等改革他已考慮很多時間，現在卽準備付諸實施。由此足見南越當局對於民主改革似乎頗有誠意。

由於中越兩國具有悠久的歷史關係，在當前的反共鬥爭中，中華民國與南越又屬休戚相關，我們對於此一消息，深感快慰。但我審情度勢，除了很誠懇的預祝南越能從此步上成功的大道而外，尚有不能已於言者在。

我認為吳廷琰總統以實施民主改革來挽救當前的危機，確是明智之舉。因為時至今日，民主已成了不可抗拒的時代巨流。而在遭受共禍的國家，更唯有實行民主，才能作有效的反共。西柏林處於東德的四面包圍之中，東德共黨非但不能作滲透和傾覆的活動；東德人民反而紛紛投向西德，此卽西德能實行民主之故。可是在原來本無民主制度基礎的國家，談到實行民主，殊非易事。就以我們中國來說吧，當對日抗戰勝利後，由於中共的威脅日甚，在內外的要求之下，蔣先生也曾實施了某些民主改革。最顯著的，是接納民青兩黨和社會領袖的意見，頒佈了一部尚具民主氣氛的憲法，並組成了一個行憲的聯合政府。然而不僅未能挽救當時的危局，而且還加速了政府的崩潰。其中的因素雖極複雜，但蔣先生之玩弄民主實為主要的關鍵。因其把人民最後的一綫希望都毀滅了。

今日南越局勢雖與當年中國大陸的情形不盡相同；然而其[illegible]

四論民主政治在中國失敗的癥結（下）

民主政治與自由言論（原第三論載本刊第一〇〇期）

張忠紱

（三）忽視小事：中國念書人有一種觀念，那就是『讀書不求甚解』，或『小事不足爲』。這種觀念在行動上的表現是一切都不徹底。中國主張言論自由的人，往往也犯這種毛病。關於大的問題，可以百讀不厭。關於較小的問題，輒認爲不值刊載，殊不知大事常爲小事所積成。十年前大陸人心的渙散，豈盡由於大事的結果？法治不同於人治，決不能富於彈性。觀念與習慣必須由細微處養成！

在民主國家中，人民是國家的主人。人民對一切公共是非，有權過問，而且應當過問。民主政治根基鞏固的國家，也正是人民對一切公共是非，事無論大小，都肯過問的國家。在有軌轍可尋的民主國家，人民對公是公非表示意見的方法，通常有兩種：（一）直函各機關或議會（各級議會）。（二）着論或致函言論機構，請其發表。

以言論機構與代議機關相較，爲代表民衆的意見，言論機構實較代議機關尤爲重要。代議機關性質莊嚴，會期有限，只能集合民衆的意志，擇其要者，製爲法律，或就較大事件，組織委員會，徹底調查。代議機關無法代表民衆，反映他們對於日常細微事件的觀點。在民主國家中，民衆對於日常細微事件的觀點，全靠言論機構爲之表達。此所以美國民主開國元勳如傑佛遜等均認爲言論自由較代議機關尤爲重要！劉先主說：『勿以小善而不爲！』自由言論界應當說：『勿以小事而不論！』

（四）誤解『爲民喉舌』的意義：『爲民喉舌』是中國人用以表揚言論機構的成語。這句成語本極恰當，但中國言論機構對這句成語的含義，是否已都能體驗力行？任何言論機構都有牠本身的主張與立場，牠自不能，且不應輕易放棄牠本身的主張，而遷就讀者的意見。但『爲民喉舌』四字的含義，不祇是僅刊布編者的主張，牠必須儘可能發表讀者與民衆的意見。來稿的意見縱與出版物的主張與立場不符，編者可加以按語或爲文反駁，但不應祇登載出版物的片面意見。否則，那祇是爲出版人的喉舌，何曾爲民喉舌？

自由言論是一種權利，也是一種責任。對政府，自由言論應當爭牠應得的權利。對社會與民衆，自由言論應當盡他應盡的責任，牠不應放棄牠本身的責任，或自行剝削其本身的權力。

×　×

在民主言論自由的國家中，定期選舉的功用在達到人民對政府的管制，代議機關的功用在使民衆的共同意志法律化，而言論機構的功用則在直接（民衆來稿）與間接（出版物社論）表達人民對於日常政治與社會環境的意見（包括評議政府，抨擊官吏，行政，以及一切公是公非）。

中國古時有言官與史官制度；但在專制時代，一切仰帝王的鼻息，每須犯身家的危難，始能直言無隱。進入民國以後，司法始終未曾獨立，立法機關有聲無氣，行政機關掛上民主的虛名，反不若專制的效率。言論機關在漏隙中爭取自由；而對未曾受到限制的自由，反因傳統的錯誤觀念，自行束縛其權力，不能運用，殊堪惋惜！至於結黨營私，阿附所好的言論機關尚不在本文討論的範圍以內。

討論自由言論，而不及讀者與民衆，無疑的猶有缺陷。言論界與讀者（民衆）間的關係本相互爲用。沒有自由言論，不能有開明的民衆。沒有開明的民衆，也難於有完善的自由言論。言論界一面須供給讀者以正確的消息，公正的言論，同時也代表讀者公布他們的願望與意見。讀者一方面直接或間接支持言論界，同時也應關切消息與言論的正確性。每遇有關其本人，或雖與本人無關而爲其所深知的錯誤報告，讀者應著文或去函請予更正。這是民主言論自由國家言論界與讀者（民衆）間不成文的習慣。言論界樂於披露民意，可以鼓舞讀者與民衆過問公是公非的興趣。民衆肯管『閒事』，可以幫助言論界糾正不實不盡的報告。

在中國，言論界本身因受環境與傳統的影響，已有若干不符合於自由言論的觀念，詳如上述。讀者（民衆）受傳統觀念的支配，其觀念與態度尤不符合於言論自由的社會。中國人的不肯管閒事，以及『多言賈禍』的社會經驗與哲學，使自由言論不能不黯然失色。愈是有理由應當說話的人，愈是採取『金人緘口』主義。這種情形的結果是：除言論界的言論代表其本身外，肯說話的人不見得有代表性的意見，更談不到代表多數的意見，而真正有代表性或多數的意見，反湮沒無聞。以這種態度與觀念實行言論自由，實無異於民衆不參加投票而產生的代議制度。眞正的民意既不容易見到，虛僞與惡意的宣傳自然易於散佈，小之則狡黠之徒散佈似是而非的言論，以欺騙民衆。大之則暴徒製造事件，危言聳聽，以攻擊政府，這豈是言論自由的本意？

提倡言論自由，而不普遍發掘民衆的意志，則自由言論實未能完善運用言論自由的權利。政府限制自由言論的政策，固屬愚不可及（例如在大陸時代，政府若能扶助自由言論樹立威信，則青年縱不信任政府，也不至完全信任中共的宣傳），爲自由言論界在所必爭。但自由言論本身應如何運用的問題，似也有研討的必要。這需要喚起民衆的自覺與自動，而自由言論界本身也需要澄清觀念與習慣，以鼓舞民衆，以提起民衆過問公是公非的興趣。

中國人的傳統觀念本以少管『閒事』爲明智，甚至寵以道德的尊嚴性。對本身無直接關係的事，縱然無害，也不願過問，有害，而無直接關係的事，更不肯過問。中國人縱然願意『出風頭』，但他決不願意讓別人批評他喜歡『出風領』。就是要當皇帝，也必定要經過三揖三讓。筆者願意在這裏說一件很小的故事，大約三四十年前住學校的人都有這種經驗。筆者的學校中，當日有一位從美國新到的交換教授，他用美國課堂中的習慣，對學生發問時，只說"Any One?"連問三次，課堂中無人答復，也沒有人舉手。這位教授的臉色，由驚詫而轉紅脹。直到他忍不住而開始詰責時；『你們爲什麼都不預備功課？』學生方告訴他：『你沒有指定問誰呀！』

筆者的學校，在當日，原是中國一般人認爲美化十足的學校，可見傳統觀念入人之深，不是很容易改變的。以這種觀念實行民主，民主如何能達到完善的境地？你管『閒事』，一般人說你愛出風頭；你爭取自己的權利，一般人說你窄狹；你抨擊貪官汚吏，你仗義直言，一般人說你另有企圖。以這種觀念與習慣實行民主政治與言論自由，無惑乎中國自民國成立以來，終於祇能成爲一個『四不像』的國家！

論甘廼廸對消息報的談話及中蘇共的反應

劉裕畧

就我個人來說，雖然我對甘廼廸領導美國領導自由世界以戰勝共黨的行動尚在等待，但我對於甘廼廸的許多言論，却是常常異常欣賞異常敬佩。這主要的是因爲我覺得甘廼廸的許多言論，都確實適當的把握住了問題，而且也常常含有積極而又有建設性的意向，當然，尤其使我讚佩的，是他的那種反共的戰鬥精神。我對他最近對蘇聯消息報總編輯阿朱別伊（赫魯曉夫的女壻）的談話感覺也是如此。

甘廼廸的談話，曾坦白指出蘇聯的世界革命企圖和行動是造成世界第三次大戰的威脅，實是全部談話中最重要最基本的精華。甘廼廸說：如果蘇聯肯放棄其赤化世界的企圖的話，則世界和平可期。這本是極中肯要的卓見。事實上，今日世界之所以面臨第三次大戰的威脅，也確實是由於蘇聯在第二次世界大戰後之不斷擴張。其趨勢自將爆發第三次世界大戰不可。如要和平，如要避免第三次大戰，則除蘇聯改變其赤化企圖，放棄中共及東歐附庸國外，實無他途。所以甘廼廸毅然向蘇聯指出這一關鍵，不但足以考驗克姆林宮有無和平誠意，亦可使蘇聯人民知道事態眞像，因而具有一種心戰作用。

然而共黨方面之反應如何呢？

先就蘇聯來說，甘廼廸十一月廿五日對阿朱別伊的談話，雖全文刊載於十一月廿九日蘇聯消息報，但包括赫魯曉夫在內的蘇聯領導階層却仍在對此進行狡辯，仍在企圖掩飾和隱瞞蘇聯赤化全世界的企圖，這就可見蘇共不見棺材不流淚，決無悔禍之心，而要繼續其赤化世界的陰謀了。

至於中共，則更露骨的惡意的加以歪曲和抨擊，甚至表示還要赤化美國。

十二月八日北平出版的中共人民日報曾以第五版全版刊載了甘廼廸的這一談話。復於同日的第一版以半版的篇幅，用較大字體刊出了一篇署名「觀察家」題爲「甘廼廸的如意算盤」的抨擊文章，如所週知，今日大陸並無所謂「觀察家」。在人民日報以「觀察家」署名撰寫的文章，都是中共中央的首腦的化名。

它說「美國總統甘廼廸在十一月廿五日對蘇聯消息報總編輯阿朱別伊發表了談話。這是一個值得注意的談話；其所以值得注意，是因爲甘廼廸的談話完全暴露了美帝國主義的全球戰略計劃。人們只要不被甘廼廸的花言巧語所迷惑，認眞分析一下這個談話的內容，就不難看到美帝國主義狂妄的侵畧野心」。

跟着，人民日報又說「目前資本主義世界許多國家的革命鬥爭所處的階段，還不是社會主義革命的階段。但是，毫無疑問，全世界所有國家，包括甘廼廸政府統治下的美國，最終都要走向共產主義」。

又說「甘廼廸把這些國家的人民革命鬥爭，說成是社會主義國家把共產主義制度强加於人，這完全是胡說八道。他要忠於無產階級國際主義原則的社會主義國家，放棄對於一切被壓迫民族和被壓迫人民的革命鬥爭的支持，更是痴心妄想，甘廼廸所謂蘇聯必須放棄使全世界共產主義化云云，拆穿來說，就是要使佔全世界人口三分之二的資本主義世界各國人民永遠處於帝國主義、殖民主義的奴役統治之下，這是絕對辦不到的。」

又說「甘廼廸的談話是這樣的混淆是非，顛倒黑白，他的野心又是這樣的直言不諱，他不愧是全世界人民的一個出色的反面教員。因此，本報發表了他的談話全文。從這個談話中，應該得出的唯一的結論是，全世界人民必須徹底揭露美帝國主義的假和平面目，加強團結，堅決反對美帝國主義的侵略政策和戰爭政策，爲世界和平、民族解放、民主和社會主義事業的勝利，奮鬥到底」。

從以上中共人民日報的話，可以很明顯的看出，中共也與蘇聯一樣，是全無悔禍之心，相反，它倒反而在顛倒是非，淆亂黑白，明明共產主義的擴張與侵畧才是人類和平的威脅根源，它却狡賴的反誣自由世界反誣美國在製造禍亂。所以，由蘇共和中共的反應顯而易見，若不以武力予共黨以打擊，期望共黨——無論蘇共或中共，會自動悔改，都是決不可能的了。

台北市議會罷免副議長案的經緯

靜吾

（台北通訊）台北市議會此次集會之初曾因顧問兼秘書賴春貴與安全室主任兼文獻會主委林道衡兩人的問題而引起府會間的緊張局勢，繼經國民黨有關部門從中調處，並以「黨紀」威脅，才勉強鎮壓下來。但正所謂一波未平，一波又起，在閉幕的前夕，突又節外生枝，掀起了罷免副議長的另一高潮。此一史無前例的罷免案之提出，不但出乎一般人的意料，即當權派也感到驚異。將來的演變及結局如何，目前尚不可知。但此例一開，必將對台灣省縣市各級議會發生巨大的影響，則是可以斷言的。

罷免案的起因

先是許多議員對周百鍊的施政總報告提出很嚴厲的質詢。本來在蔣家父子的極權統治下，所謂質詢也不過是發發牢騷，聊洩積憤而已，其對於實際政治的影響，一向是微不足道的。立法監察兩院的質詢是如此，省議會的質詢也是如此；至於縣市議會的質詢，就更等而下之了。可是，當權者總認為質詢祇應捧場，不應指責；否則就是外揚「家醜」，有損政府威信，以故上自立監兩院，下至縣市議會，常因質詢而引起不少的庸人自擾事件。此次市議會集會就是因為當權者壓迫國民黨籍的議員，卒至引起他們以杯葛質詢為武器，而表示抗議。當權者覺得弄巧反拙，乃於本月十二日中午由「有力人物」出而調處，才使這些議員中的若干人恢復質詢。本來這種被搾出來的質詢大都是一些應景話；但市議會的護航人物仍不放心，尤以副議長周財源的表現最為性急。他在十三日下午市議會對市府施政報告總質詢之最後一次會議時恰好担任主席。雖然議會已有決議延長開會時間半小時，以便簽名質詢者都有機會發言；但他却故作不知，仍照往日一樣，在五時正即宣佈散會。他也許以為是怕恐質詢時間延長發生意外，故提前結束，如此不但可以為代市長周百鍊「護航」，還可表現其確有控制議會的機智，以期立下汗馬功勞而獲得主子的恩寵。不料反而引起多數議員的憤怒，當場即有人高呼要罷免他。據熟悉內情者透露：假如周財源能於此時稍表歉意，當可無事。祇因其別有所恃，而平素和他親近的一二議員。更譏諷這些聲言要罷免他的人無此力量。於是火上加油，張詩經、黃介信、何宗儀、林中、楊玉城等議員即於散會後秘密擬就罷免案；並雇一輛計程車，徹夜徵簽署。十四日晨五時許已有二十六人簽署，連提案人張詩經共有二十七人，超過罷免案所需的法定人數。張詩經、黃介信才到某旅館稍作休息，於八時將罷免案送交市政府民政局，隨即向市議會提出報告。

罷免案的原文

張詩經等提請罷免周財源案的原文如下：

「被罷免人台北市議會副議長周財源，罷免理由四點如下：

一、副議長周財源於本月十三日下午主持大會時，竟推翻議會決議程序，違反衆意，故意宣佈散會，剝奪議員的職權，而盡「護航」之能事，此其一。

二、副議長周財源主持會議時，常利用職權，控制議員發言，並一再以惡言加辱於議員同仁，例如：本次大會竟變本加厲，辱罵陳鐵科議員為「瘋子」。此舉不但有失議員體面，更破壞議會尊嚴，實無資格再領導全體議員，此其二。

二、市府放租市產土地與江玉貴涉嫌官商勾結業經第二次臨時大會議決組專案小組，由周副議長任召集人調查一案，因該案涉及周副議長個人利害關係，因此利用職權故意拖延從不進行調查，以利掩護其劣跡，此其三。

四、副議長赴香港觀光費用竟假藉名義，由市府教育局支領體育團體補助費一萬元，以肥私囊，此其四。

以上叙明罷免理由並經簽署人同意提出本罷免案，請依台灣省各縣市議會組織規程第九條之規定辦理罷免投票為禱！」

當權派束手無策

聞周財源於十三日午夜二時許得到親信議員的緊急通知，立刻趕到張祥傳家中，把後者從被窩裏面叫起來告知此事。張即坐着汽車到處追尋張詩經等人的行踪，直至五時許才追到楊玉城家。他懇求他們看在議長的面上，停止這個行動。後來他發覺罷免案在何宗儀的身上，便緊拉着何談話，企圖使他無法分身。但不料罷免案竟在他不注意時傳到黃介信的手中，黃與張詩經即乘機離去。等到張祥傳在市議會開會時看見黃、張兩人，已經來不及阻止了。

依照台灣省各縣市議會組織規程第九條的規定，議長、副議長之罷免需有三分之一以上議員之簽署，然後向各該縣市政府提出。縣市政府在收到罷免案三日內將副本送達各該縣市議會，如在休會期間，須於十日內召開議會臨時會議，舉行投票。被罷免之議長或副議長於收到副本後五日內得提出答辯書交由各該縣市政府與罷免案一併分送各議員。現在張詩經等所提的罷免案既已獲得法定人數的簽署，又已依照規定將該案送交台北市政府。如果沒有其他變化，市府必須於三日將本案送達市議會。

十四日張詩經在市議會中詳細報告提案理由及經過情形後，會場的空氣頗為緊張，議員們三五成羣，議論紛紛。周財源整天沒有出席，張祥傳則四處說項，希望能撤銷此案。十五日國民黨有關部門負責人和某些黨外人士曾一再集議，商討斡旋良策。他們除了仍襲慣技，實行酒肉攻勢而外，還不惜移蹲就敎，分別由張祥傳和市府主任秘書等拜訪國民黨籍參加簽署的十二位議員，由周財源和議會主任秘書等拜訪非國民黨籍的十五位議員。據說：前一部份的議員經不起當權者的壓力已表示首肯，但後一部份的議員則仍堅持如故。依照有關法令的規定，罷免案的撤銷，在未正式提付議會討論時，須得全體簽署人的同意；而在議會開始討論後，則須有全體議員的同意，始能有效。換言之，祇要簽署人有一人不願撤銷，本案即必須提付市議會投票決定。因此，當權者經過三日三夜的奔走活動，但截至現在為止，仍感束手無策。

聞台北市政府已依照法定時限於六日下午五時半將罷免案副本送達市議會；為表示鄭重其事起見，此項公文還是由民政局長張燦堂親自交與市議會主任秘書林家楠簽收的。後者於半小時內即備文送交周財源答辯。誰說台灣的行政效能不高呵？

茶杯裏的風波

見微

（台北通訊）台北市政府與市議會的關係自周百鍊代理市長後即呈現緊張狀態。表面上的原因有三：（一）周百鍊派曾在汪精衛偽政權下面做過漢奸的賴春貴為顧問兼代秘書，其權力還駕於秘書主任之上；（二）派市府安全室（即特務機構）主任林道衡兼文獻會主任委員；而以議長張祥傳為副。（三）林道衡在市議會答覆質訊時竟指黃啟瑞兼文獻會主委時曾利用該會刊物為共匪宣傳。因此，市議員對市府的質訊其激烈的程度，為以往各屆大會所無。他們甚至以凍結文獻會的經費為武器，刻意要迫使周百鍊將賴林二人去掉。最使人注意的，是這些激烈的議員並不屬於在野黨派或所謂無黨無派，而全是國民黨籍。顯見他們同室操戈，是別有隱情的。

有人說周百鍊誠恐黃啟瑞的貪污案可能在司法配合國策的情形之下而被宣判無罪，因而說不定會捲土重來，所以特由林道衡給他戴上一頂紅帽。也有人說，市議會議長張祥傳頗有意競選下屆市長，所以利用議員先給周百鍊以打擊，使其不能和他競爭。究竟真象如何，局外人自難得知，但總而言之，不外是國民黨當權派內部的派系之爭而已。

座談與宴會

由於國民黨籍議員與市府之間的氣氛不佳，國民黨中央和台省黨部有關部門特於本月十日上午派員邀集各該議員及周百鍊在國軍英雄館舉行座談會，調處「府會失和」問題，會中對於林道衡賴春貴兩人的問題，曾有一場激烈的辯論，周百鍊不但為林賴兩人說話；而且抱怨各議員有意找麻煩。各議員則指責周用人不當，尤堅持必須追究林在議會給黃啟瑞扣上紅帽子的失言責任。結果未獲協議，國民黨在市議會之黨團幹事及書記組長等還醞釀集體辭職。十一日原為市議會對市長施政報告開始總質詢的時間，因昨日黨方的調解未成，乃臨時變更議事日程，將質詢壓後一日。下午，市府各單位分別在四個地方設宴招待全體議員，希望借美酒佳肴之助，以緩和府會之間的形勢。但國民黨籍的四十一個議員中，却有三十餘人拒不赴宴，致使宴會場面顯得十分冷落。聞市府仍將再接再勵，邀請第二次的宴會，祇是納稅人的血汗，又要被糜費一筆了。

無言的質訊

由於國民黨中央出面調處，並申言違者將受「黨紀」處分；國民黨籍的議員無論為了派系關係或個人原因，都不能不有所讓步。於是乃以無言的質詢代之。十二月施政總質詢開始，他們都競先簽名，但當議長按照簽名秩序點名請發言時，卻又表示不願質詢。陳鴻韜議員說「今天是表揚好人好事之日，我不想說話，還是做好人吧。」范學偉議員說，「本來要質詢的事很多；但還是不說的好。」女議員張四英說「對不起，我現在不講了。」葉依坤議員說，「為了安全着想，我還是不講的好。」陳連祿議員說「我本來有許多話要講，而且都是有關市府官員貪污的事，但是，還是算了吧。」李清泉議員則祇搖搖手表示不講話。張祥傳一看見點了十三個議員的名都是如此情形，覺得不妙，乃勸道，「今天的施政總質詢是大會議程中最重要的項目之一，議員在議會中應該儘量發言，請大家把握發言的機會。」沈應松議員起而答道，「大家本來都有很多質詢材料；可是，恐怕質詢之後會惹來麻煩，所以，還是不講的好」。

在國民黨籍的議員都不質詢的局面之下，簽名在後的非國民黨籍議員，却得到了提前發言的機會。張詩經、黃介信、李錫卿等都乘機大發議論，有人還詢問周百鍊：「外傳周代市長和黃啟瑞等之間有派系鬥爭，確否？」周雖然否認，却無法掩蓋國民黨籍議員給他造成這種尷尬局面。

場外再交易

國民黨籍的市議員在事實上都是所謂忠貞份子，因而才能獲得當權者的提名和支持；但從此事的經過情形看去，當權者還不惜以個人的「安全」來威脅他們。議員在議會發言也會發生個人的「安全」問題，這就是「蔣式」民主的特徵了。可是，這些市議員雖然為了「安全」計，迫得放棄質詢權；而當權者又認為不質詢亦有未合。正與今日的共產國家下既無言論的自由，亦無緘默的自由的情形如出一轍，於此亦可知蔣經國留俄十餘年的心得了。

報載，十二日中午市議會散會後，國民黨的「有力人物」又作了一次場外的緊急調處，市議會下午繼續市府施政總質訊，有五位國民黨籍的議員總算發了言，因而結束了這一場無言的抗議。不過，據說，許多議員仍感憤憤不平而已。

台灣簡訊

志清

一：鄭彥棻的兩面手法

在去年蔣介石違憲連任時，曾仰承蔣經國的意旨利用國民黨第三組的職權，僞造海外勸進運動的鄭彥棻自坐上司法行政部部長的寶座後，一方面積極推行「司法配合國策」的既定方針，以酬報主子的知遇；另一方面卻表演一些手法顯示其頗具改革司法積習的決心，藉以欺世盜名。去年大法官會議解釋各級法院應隸屬司法院後，他不但至今尙無遵行的跡象；反而節外生枝，主張法院改隸後，法官仍應由司法行政部任免。其處心積慮，不外是企圖透過對法官的任免權以控制其審判權的行使；並利用此一問題的提出而將改隸作無限期的稽延。本月十一日報載：司法行政部又通令各級法院及檢查署處，對於案件偵查須先搜集證據資料，確有罪嫌者方得傳訊或拘控；對疑犯之羈押，應鄭重考慮，其准予交保者，併應實行書面保證，不得强令繳納現金；對於審判務求正確適當，勿倚輕倚重。並說：此一通令的目的在於保障人權。一般人都認爲鄭彥棻此舉，乃因爲最近監察委員曾指責司法爲今日的新五害之首；更決議組織專案小組調查法院迄未改隸的原因。他鑒於輿論對他不利，所以特頒佈這一道空空洞洞，不着邊際的通令，以作障眼法。至於美其名曰保障人權，則更是令人笑掉牙齒。因爲在蔣家父子統治之下，一向是祇有官權而無民權的，人權云云又從何談起？

二：紅包之辯

台北市議員爲警察收受紅包的問題，曾與市警察長張毓中發生激烈的辯論。黃介信議員在質訊時指出：「是否因爲警察的待遇不够維持生活，所以任其收受紅包？」張答：「警察的生活雖然清苦，但已足維持。」並說：「紅包與待遇，是兩事，即使待遇不够生活，拿紅包也要嚴辦。」黃說：「這樣，我們老百姓就安心了」；但太原路派出所集體收受紅包案，爲何又不嚴辦？」張答：「該案經警局查明是商民自願送的，依法不負刑責，故予以行政處分。」黃議員對此一答覆大爲不滿，乃問張局長：「假如我開一家賭場，每月自願送局長三千元的紅包，局長是否要負刑責？」張毓中顯然感到理窮詞竭，故沒有作答。某民營報在一篇以「紅包公行」爲題的短評上指出：「所謂紅包，如爲長輩送給晚輩，彼此之間只有私交而無公誼，並不涉及公務上的職權，當然無所謂刑責。倘公務員接受人民所送的紅包，而彼此之間，具有公務上的關係，固不論在授受紅包的當時，是否有所約定，但這種紅包，實在就是賄賂。公務員接受賄賂，而此種賄賂乃出於人民的自願，已是觸犯公務員服務法及刑法上的瀆職罪，當然不能免於刑責。倘非出於人民的自願而係出之於公務員之需索，乃觸犯刑法的勒索罪，則其刑責更將加重。張局長心目中的法，誠不知何所指而云？縱非「賄賂公行」，然而紅包公行，亦足構成猖獗的紅禍，不可長也哉！」

從張毓中的答覆看去，警察收受紅包之風，今後仍將繼續下去的，無怪這篇短評要嘆紅禍猖獗可怕了。

三：監察院拍蒼蠅

在週前的總檢討會中，曾自稱年來不但未曾打老虎，連蒼蠅也沒有多拍幾隻的監察院，於本月十一日居然一次拍了幾隻蒼蠅。據悉：監察委員陳慶華、田欲樸、陳志明爲台中地方法院檢察處執行檢察官戴慶祥，書記官呂其方辦理廖傑等詐欺一案，有違法瀆職、僞造文書罪嫌；該院執行推事江友鯤，書記官于冠英，辦理廖傑等清償債務一案，有疏忽職務，僞造文書之嫌；彰化縣警察局彰化分局長李得運，刑警任錦元、郭榮玉辦理廖傑等詐欺一案，有違法瀆職罪嫌，特依法提案彈劾，經監察委員劉耀西、丁淑蓉、錢用和、張維翰、陳葵仙、楊羣先、王寶斌、曹得宣、王宣、李不躄審查成立，由該院移送公務員懲戒委員會辦理；刑事部份，並經逕送最高法院檢察署。

四：省政府的『兩車三館』問題

台灣省政府自遷到南投中興村辦公後，各高級人員即一人而擁有兩輛轎車和三個公館，即在台北有一個公館，台中有一個公館，中興村又有一個公館；在台北有一輛轎車，在中興村又有一輛轎車。而且每逢星期六下午，他們即到台北度週末；直到星期一下午才由台北動身回中興村，星期二上午才恢復辦公。因此，省府各廳處在星期六和星期一幾乎都呈了眞空狀態。至於平時藉開會或接洽公事爲名而隨時出差回到台北逗留多日的還不在此限。以故被目爲「一半的工作，加倍的享受。」而周至柔卻不斷的在高談「增加行政效率」，無異是一種自我諷刺。週前監察院的總檢討會曾有人指出此等兩車三館的怪現象，不但荒廢公務；而且奢靡浪費。周至柔覺得過意不去，乃於日前召集各單位首長會商。據云：將設法改善；但一般人都認爲不過說說而已。因爲周至柔本人還是四車三館：所謂上樑不正下樑歪，他既不能以身作則，又怎能要求各廳處長把台北的公館和汽車取銷呢？

五：一任股長，終生受用

台北市議員沈應松於日前在大會進行工務部門的質詢時稱：外界傳說，只要當一任工務局主管發包的股長，就可以吃一輩子，因此，很多人寧願不幹工務局長，而願意去做一個小股長。工務局裏主辦水溝工程興修的職員，據說也是一個肥缺，因水溝工程大都是三、五萬元以上的小工程，依法不必公開招標，而工程是否偷工減料，也很少人去注意。他問代局長劉鼎文是否知情，據說：因時間關係，劉未及答覆。

七：漢奸當顧問，議員提質訊

台北市代市長周百鍊任用賴春貴爲顧問兼代秘書，週前市議會曾有人提出質詢，賴春貴也直認在對日抗戰期間曾在汪政權担任僞職不諱。本月十二日市議會繼續質詢。張四英議員又提出賴春貴在抗戰期間協助敵人殘殺同胞，政府雖未追罪；但亦不應給以高官貴爵。他希望周百鍊維護民族正氣。黃煥榮議員也表示完全贊同張議員的意見。但周百鍊顯然未爲所動。據悉此中原因有二：第一，賴春貴是他帶來的親信；第二，賴春貴當年祇做一個小漢奸，假如因市議員們的質詢而將他去掉，勢必將使大漢奸陶希聖有兎死狐悲，物傷其類之感；因而可能不在蔣經國的面前作不利於他的活動。所以市議員們愈攻擊賴曾做漢奸，他也就愈更予以包庇。

仲鐵公司申請政府救濟

見微

在台灣的第一個大鋼鐵工廠唐榮廠因無法維持請政府運用行政權力予以救濟，至今尙未完全恢復常態之時，第二個大鋼鐵工廠仲鐵公司現又步入唐榮廠的後塵，週前報上曾載該公司勾串中央信託局人員盜用該局存放於該廠之廢鐵九千餘噸，本月初突又傳出該公司因積欠電費已於上月三十日停工的消息。本月八日該公司董事長吳能輝，總經理周世民到台灣省銀行向尹仲容報告經過，並援唐榮廠例向經濟部請求救濟，其主要內容是希望政府以行政力量將民間債務與銀行債務分開，首由民間債權人組織監理小組，監理該公司的業務，民間五萬元以下的債務設法以現款歸還，五萬元以上者則轉作股東，銀行方面的借款則希望凍結兩年，但不必參加監理。至於中信局的廢鐵則希望轉爲長期貸款，攤還期間暫定五年。經濟部特於本月十二日約請財政部、外貿會、中信局、台灣銀行及有關商業銀行代表開會，經作成結論，並由楊繼曾核定如下：「（一）該公司所擬營運計劃及處理債務方案由民間債權人負責監理接管公司而凍結金融機構債權一節，既未獲得全體債權人之同意，且事關金融機構債權人之權益，政府並無法令依據予以核准，仍應由該公司與全體債權人協商辦理。

（二）所請政府予以支持輔導一節，應由該公司檢送各項財務及業務等資料後，再行核議。」

據經濟部官員表示：台灣仲鐵公司對各金融機構的負債達新台幣四千一百多萬，債權人包括第一、華南、彰化、合作金庫、中信局、交通、台銀等單位，另交通銀行又保證該公司發行公司債新台幣一千萬元，在私人方面的債務，也約有新台幣三千多萬元。但據聯合報的報導，該公司目前總負債計約一億五千萬元，其中對一般民間負債及對行局負債各約一半。又行局負債中，抵押貸款及廢鋼價款各佔一半。至於民間負債中，五萬元以下之小戶債務合計約五百萬元。

聞吳能輝、周世民兩人已表示願照經濟部的指示去做，以期克服目前的困難。並說：公司方面將迅速準備一切有關資料呈報經濟部。

監察院將派員調查

本月六日監察院開會，監委張一中、張建中、侯天民、丁俊生等四人提出臨時動議，略謂：「據報載台灣仲鐵公司擅自私用中央信託局存放該公司的廢鋼原料九千餘噸，此一現象幾使現行准許外銷工廠之担保抵押進口原料辦法爲之動搖，其影響可能導致第二唐榮事件之發生；而主管機關事前未能嚴密監督，事後又互推諉責任，有無官商串通舞弊情事，擬請大會推派委員澈查，以明眞相。」

此臨時動議提出後，全體監委均表贊同，當決議交財政、經濟兩委員會迅速推派委員調查。

聯合報的評論

聯合報於本月八日發表一篇以「正視仲鐵公司盜用廢鋼事件」爲題的社論。指出「仲鐵公司是台灣四大鋼廠之一，竟如此撤自己的濫污，豈能說是企業家的正當行徑？而在另一方面，被盜用的廢鋼數量如此之巨，絕非一朝一夕之事，中信局駐廠監督人員非聾非瞽，所司何事，如非官商勾結，串通舞弊，其誰能信？」又說：「有這樣作風的企業主持人，有這樣作風的公營機構負責人，商不像商，官不像官，台灣經濟環境中正是充斥了這類人物，台灣經濟發展的道路困難重重，這些人的不良作風，實爲重要導因之一。」該報認爲：「政府應該鼓勵協助的是正當經營的健全企業，而非欺詐套騙的企業。如竟對這種企業過問，爲其担負責任，企業界還會有什麼公是公非？又有誰願在艱難環境中正當經營呢？」該報主張對於該公司盜用廢鋼原料事件，政府不僅應作爲債務案件追討，尤應訴以詐騙侵佔之罪。同時，中信局對駐廠監督人員，必須嚴加懲辦，切實整頓。已有唐榮廠盜用在先，今又發生仲鐵盜用事件，爲該局聲譽，何能容許再發生事件？

有關當局的亡羊補牢

據悉：有關當局自仲鐵公司盜用廢鋼九千多噸事件發生後，已開始採取緊急的措施：（一）對於所有鋼鐵工廠以保証方式進口的廢鋼存量，重新派員清查，核對數量是否符合？（二）對於今後鋼鐵工廠申請以保証方式進口案件，在核准之前，應澈查其以前保証方式進口廢鋼運用情形是否適當，再予批准。（三）今後負責監督的機構，除了在監督手續方面應予改進外，其寄存廢鋼是否應存放在工廠，亦應檢討。

又據報載：台灣煉鋼公司也有盜用中信局存放的廢鐵情事；雖然該公司負責人曾表示絕無此事，但有關當局現仍派員清查。

從這些消息看去，似乎當權者已作亡羊補牢之計。果能如此，自也未晚。但鑒於蔣介石三十多年的一貫作風，而中信局和中央銀行更是至今仍未脫離孔宋餘孽的影響；官商勾結的事件，一定還要重演。仲鐵的大老板和中信局的經手人把公家的物資盜完，把大衆的金錢吃飽，然後將一個空廠報請政府救濟，既有例在先，當然以後還會發生的。

遭赫魯曉夫猛摑了一個嘴巴
毛澤東厚臉往杭州尚無反應

綜觀

當此赫毛衝突日趨尖銳的時候，當此蘇聯公開宣佈與阿爾巴尼亞斷絕國交的時候，中共內憂外患重重，毛澤東理應留在北平才是。但據中共新華社杭州十二月十五日電：「毛澤東主席今天下午接見了由拉加斯市議會副議長愛德華多·加萊戈斯·曼塞拉率領的委內瑞拉首都加拉斯市議會代表團，同他們進行了親切友好的談話。接見後共進晚餐。在座的有中共浙江省委第一書記江華，北京市副市長馮基平等。這個代表團是在今天由上海乘專機到達杭州的。」由此可知赫魯曉夫公開宣佈與阿爾巴尼亞絕交，無異猛摑了毛澤東一個嘴巴之後，毛澤東臉厚，截至十二月十六日筆者執筆時止，一直尚無反應。且又在此期間，龜縮在杭州。頗值得玩味。另據中共報紙報導，謂中共貿易代表團已於日前抵達莫斯科，即將與蘇聯貿易部門主管人員洽商一九六二年度中共與蘇聯之間的貿易問題，似此，毛澤東是顯然仍舊不敢因蘇聯之宣佈與阿爾巴尼亞絕交而對蘇聯提出強硬指責，否則，便不應再派貿易代表團到蘇聯去。然而中共却在此時此刻派遣了貿易代表團到蘇聯，可見毛澤東雖有反抗赫魯曉夫之心，但仍未够胆哩！據說，毛澤東向來一直自我標榜其本人有「不信邪」的勇氣，但由其過去一面倒向蘇聯之態度看來，再由其對赫魯曉夫不敢眞正強硬看來，毛澤東之所謂不信邪，大抵是只敢在中國人面前敢於表示不信邪，在外國人面前則並非不信邪，而是充分表現其信邪的洋奴相了。

中共統治大陸十二年來，一直在排斥所謂「崇美思想」。凡有人在言論上或思想意識上崇拜美國，中共都給予一頂「崇美思想」的右派帽子，甚或給予一頂「美蔣特務」的帽子，並予清算鬥爭，乃至勞動改造，甚至嚴重治罪。我覺得作為一個中國人，作為一個全世界文化歷史最悠久人口最衆多的偉大的中國人而盲目的崇美，以致失掉了民族自信心，固然可恥，固然下賤，但盲目的「崇蘇」，盲目的信奉俄國人信奉的馬列主義，在俄國人面前是洋奴，而在中國人面前自稱主子，有如毛澤東及中共組織中的崇蘇份子，則其可恥與下賤，又何異於盲目的崇美？所以，毛澤東究竟在俄國人面前最後能否眞正表現不信邪的勇氣，就頗值得使人懷疑了。

又據中共新華社地拉那十二月十五日電：「阿爾巴尼亞政府經濟代表團團長、部長會議副主席凱萊齊和貿易部長恩傑拉於十五日離開拉地那前往中國。到機場歡送的有部長會議副主席蒂奧多西、外交部長什圖拉，交通部長科瓦和貿易部副部長春蘇馬等，中國駐阿爾巴尼亞大使羅士高和使館人員到機場歡送」。另據外電消息：凱萊齊已到了羅馬，轉赴中國大陸。這是因為赫魯曉夫下令宣佈蘇聯與阿爾巴尼亞絕交之後，意欲隔斷中共與阿共之往還，不許阿共人員經過蘇聯及東歐衛星國而與中共交往以期打擊中共和孤立阿共後的不得不取道羅馬的所以然。阿共這一個代表團雖然是着重在經濟貿易方面，期求獲得中共之大力支援，庶幾阿共始能維持，但它所牽涉的範圍顯將涉及全面的黨政關係，所以，阿共代表團到中共去求援，將是毛澤東究竟有無不信邪的勇氣，和是否敢於眞正擺脫崇蘇思想，是否眞正敢於掙脫奴隸鎖鏈以與赫魯曉夫正式抗衡的最後攷驗了。

玩弄統戰手法

中共再頒特赦令
摘一批右派帽子

陸聞

據中共十二月十六日宣佈：「中華人民共和國主席劉少奇今日頒發特赦令」。規定「一、蔣介石集團和偽滿洲國的戰爭罪犯，關押已滿十年，確實改惡從善的，予以釋放。二、判處死刑、緩期二年執行的蔣介石集團和偽滿洲國的戰爭犯，緩刑時間已滿一年，確實有改惡從善表現的，可以減為無期徒刑或十五年以上有期徒刑。三、判處無期徒刑的蔣介石集團和偽滿洲國的戰爭罪犯，服刑期間已滿七年，確實有改惡從善表現的，可以減為十年以上有期徒刑。這個命令由最高人民法院和高級人民法院執行。」這當然又是中共的一套統戰把戲，事實上，誰是眞正的戰爭罪犯呢？除叛國作亂的中共領導階層外，實無他人，況整個大陸已變成一座大監獄，釋放與特赦云云，都原是騙人的。

另據中共新華社十二月十六日電：「國務院關於確實表現好了的右派份子的處理問題的決定，最近又摘掉了一批右派份子的帽子。計有：錢端升、馮雪峰、柳湜、黃藥眠、徐懋庸、許寶騤、陳達、吳景超、傅種蓀、馬松亭、孟鞠如、楊崇瑞、楊逸棠、劉一峰、王一帆、吳紹樹、王枕心、何北衡、李健生、顧執中、丘克輝、吳春選、吳祖光、艾青、白朗、羅烽等三百七十多人」。右派份子如此之多，足見大陸潛伏的反共人士之衆，與實力之大。其實，「左」者錯也，大陸上的右派份子才是思想比較正確的。中共自己錯誤，才虐待比較正確的人。

派葉劍英率代表團入越
中共向東南亞擴張信號

陸聞

正當共黨集團對寮國的滲透與顛覆企圖已到瓜熟蒂落的時候，中共對越南的軍事侵略與支援亦更見公開而加緊了。

目前，由於共黨武裝顛覆份子在南越的猖獗已迫使美國不得不正式以軍事行動支援南越，因為這是美國總統甘迺迪軍事顧問著名的戰略家泰勒將軍親到越南考察後的明智決定。但中共的野心并未因此終止或減弱，相反，它的侵略企圖且是更加公開而積極。茲據中共新華社十二月七日訊：「應越南民主共和國副總理兼國防部長武元甲大將同志邀請，以葉劍英元帥為首的中華人民共和國軍事代表團將於最近前往越南進行友好訪問」。又另新華社北平同日電訊：「越南民主共和國駐中國大使館臨時代辦吳茂六日晚上舉行宴會，歡送即將前往越南進行友好訪問以葉劍英元帥為首的中國軍事代表團，中國軍事代表團全體團員應邀出席了宴會。會上，賓主頻頻舉杯，祝賀中越兩國人民和軍隊兄弟般的友誼萬古長青。出席宴會的還有外交部副部長姬鵬飛，中國越南友好協會副會長孫曉村等」。可知葉劍英等現已抵達北越，而在所謂「友好訪問」名義下進行軍事策劃了。所以，可以斷言的，除非自由世界以適當強大的武力支援南越，打擊共黨集團在東南亞方面的逐次侵佔，否則東南亞的前途是極端危險的。而中共派葉劍英入越，則又不過是共黨積極侵略東南亞的一個步驟和一個信號而已。

僑鄉簡訊

鍾之奇

廣東各地普遍缺乏殺蟲藥

今日大陸各地的農村，眞是千瘡百孔，人民公社給萬千農民帶來的並不是什麼幸福，有如共產黨人所說；相反，它所帶來的只是普遍的災害和痛苦而已。

最荒謬和最滑稽的，是中共天天在宣稱建設，實則一切農村物資却都是缺乏的。不但水利工程配套不全，農具缺乏，肥料缺乏，甚至從事農業生產的殺虫藥也是普遍缺乏的。

茲據中共新華社十二月九日廣州訊說：「廣東農村用的敵百蟲農藥，主要是靠上海、天津等地供應，數量不能滿足需要。」可見廣東各地農村之所以屢次普遍發生蟲害，不是偶然的了。

寶安被搜括「餘糧」七百多萬斤

中共對待農民的手段，一向是不管農民實際生產量之多寡，而要先行按照上級規定數字征購，征購之餘，則謂之曰「餘糧」，其實大陸農民終年千辛萬苦，自己根本吃不飽，那裏還有餘糧？但中共却不管人民能否吃飽，為了達成搜括性的征購任務，却將所謂餘糧亦一併強廹奪去。現在，中共正在大陸各地搶奪此一「餘糧」，廣東各地亦然。

據中共人民日報十二月十一日廣州電：「秋收以來，廣東省寶安縣境內各墟鎮的道路上，從早到晚，送粮的隊伍川流不息，肩挑車載，人們爭着把好粮賣給國家。正是由於社員們這種高度愛國熱情，到十一月廿九日，秋收結束才十天左右，全縣廿三個公社已完成全年糧食征購任務的百份之九十四·二，而又多賣了餘粮七百七十多萬斤。現在，廣大社員還在繼續出售餘粮。」

中共說的當然都是鬼話，人民既已吃不飽，何嘗有餘糧，只因中共強廹搜奪，故此人民只有飢餓，只有期待海外僑胞寄糧食包過活了。

台山「餘粮」亦被搜奪

中共以征購餘糧的方式搶奪人民勞動果實，並不是只在一地進行，而是同時在各地進行。除上述寶安縣已被搶奪餘糧七百多萬斤外，中共對台山縣的「餘糧」亦正在搶奪中。

據中共人民日報十二月一日廣州電：「斗山公社是台山縣的一個先進公社，……今年也全部完成征購糧任務外，多賣了六十萬多斤的餘糧給國家」。斗山公社一個公社就被搜奪了六十萬斤有多的「餘糧」，台山全縣被搜奪的總數更可想而知了。

中共在廣州舉行阿爾巴尼亞圖展

為了鞏固和繼續維持毛澤東的個人崇拜，中共與阿爾巴尼亞採取同一條反對赫魯曉夫的鬥爭。又為了加強中共與阿共的關係，中共遂在大陸各地輪流舉行有關阿爾巴尼亞的宣傳圖片展覽。

據中共控制的香港大公報十二月十五日專訊說，這一展覽已在廣州舉行。它說「阿爾巴尼亞勞動黨領導人民解放祖國和建設社會主義圖片展覽會，於十四日晚閉幕了。展覽會展出期間，觀衆非常踴躍，自上月廿九日開幕以來，共接待觀衆三十七萬五千〇七十八人次。」並說：「參觀了圖片展覽會的觀衆都為阿爾巴尼亞人民在以恩維爾·霍査為首的勞動黨的英明領導下，解放自己祖國的光榮歷史，以及在建設社會主義事業中所取得的巨大成就而歡欣鼓舞，並紛紛在留言冊裏寫下自己的感想，祝賀阿爾巴尼亞勞動黨和人民在建設社會主義社會中取得的成就，祝中、阿兩國人民牢不可破的友誼和社會主義陣營的大團結萬古長青。對阿爾巴尼亞勞動黨和人民，在維護社會主義陣營的團結、維護馬克思列寧主義的純潔性的鬥爭中所作出的巨大貢獻，表示熱烈讚揚；對他們堅決反對帝國主義和南斯拉夫現代修正主義進行毫不調和的鬥爭，表示最大的敬意。」又說「許多觀衆認為：「圖片展覽會不僅增進了對阿爾巴尼亞人民的了解，而且進一步鞏固和發展了兩國人民兄弟般的友誼」云。

果亞事件的三重矛盾

果亞內部矛盾

梟禪

印、葡爭奪果亞之戰「迫在眉睫」，這是報紙的報導，也是葡萄牙向聯合國報告中的措詞。事實上，海陸多方的衝突，零星的射擊，早已開始和不斷發生，局面充滿「爆炸性」，正如尼赫魯所說的；可是，要說印度即會進軍果亞，似乎還嫌言之過早。這次「收回果亞」問題的捲起，原來還另有內幕，印度內部還存在着不小的矛盾。（編者按：這封信是四天前收到的。）

果亞問題原並不自今日始，而是一個古老的問題，自印度獨立時卽已存在。印度獨立前，就有英屬印度和葡屬印度兩個區域，雖然後者的面積與前者相比，有如小巫之見大巫。但不同的是英屬印度在獨立前不斷地有激烈的獨立運動，終於達到印度和巴基斯坦的獨立；而葡屬印度却並沒有獨立運動，直到最近這幾年，果亞民族主義者方才比較活躍。不過，果亞民族主義者只是親印的果亞人，而不是印度人，他們不少操葡萄牙語、及大部份操有葡音的珂甘利語，信印度敎的人也不多，更多的人口是天主敎徒。

由於果亞是葡國東進的中間聯絡站，及葡人進駐果亞已有四百多年的緣故，果亞自三百年前已很繁榮，該地的主敎，統轄所有葡印、澳門、帝汶、莫三鼻給的敎務。更重要的，是三百年來果亞人在葡國的地位，與葡本土的公民平等，果亞人到里斯本任葡政府的部長，最高法院長者，也有數人。受敎育說葡語的果亞人，與葡人十分融洽，與印度人却更隔膜。葡總理薩拉柴說「果亞人與葡萄牙公民不可分」，是有相當根據的。

印度一九四八獨立時，曾照會葡萄牙謂「果亞乃印度之一部份」，但迄今仍未能收回，果亞人大部份親葡，是最主要的原因。

印度內部矛盾

果亞內部多數果亞人親葡，願意果亞仍屬葡萄牙統治；而比較極少數的果亞民族主義份子親印，發動果亞歸印度運動，進行地下活動及破壞。這是果亞內部的對立。

同樣的，印度內部，對果亞問題也可以說分爲兩派。

這次果亞局勢的趨於緊張，是果亞民族主義份子與印度方面的收回果亞激烈派結合的結果。果亞份子雖屬基本的，但力量不大，印度激烈派的推波助瀾，才形成了最嚴重的局面。

一個叫做「果亞政治大會」的團體，在印度組織起來，從事於收回果亞的策動，但主要組成份子是共產黨、社會主義者，雖然也有其他政黨而主張收回果亞人士參加，但左傾力量控制了這個「大會」。

「大會」對收回果亞的進行，並非完全通過議會及政府的，同時還要發動民間武力收回果亞。他們向議會提出，要求政府向葡國提出「哀的美敦書」，限令立卽開始撤離果亞，並定於一月廿六日以前進軍。如果政府不答應他們的要求，不發哀的美敦書、不限期採軍事行動的話，他們就要自行進軍果亞，據他們說，他們的志願軍，有五千之衆，可隨時向果亞進軍。

執政的國大黨中的穩健派，却認爲要引起果亞之戰者乃是共黨，目的在「轉移視線」，把印度對中共侵邊的憤激民氣，引導到對付葡萄牙方面。

尼赫魯左右爲難

印度穩健派與激烈派的矛盾，又牽涉到左翼與右翼的政治問題。但更矛盾的是，作爲印度人，沒有任何人反對收回果亞，甚至很難反對收回果亞的民間武力行動。這也就是總理尼赫魯所面臨的矛盾局面。

把反中共的民氣，轉變爲受共黨利用，尼赫魯可能是不願意的。如果印、葡爲果亞而動武發生戰爭，印度可能就難以抵抗北面中共的蠶食領土。同時，葡萄牙已向北大西洋公約機構呼籲，得到英美相當的同情，而由英美向印度呼籲：「採取談判勿用武力」。印度如果使用武力，可能形成與英美疏遠。

不過面對激烈派的逼迫，尼赫魯也很難作適當有效的措置。所以他只能說政府將採任何步驟去收回果亞，因爲，「我等待已十四年，但等待和平方法，對葡萄牙而言，似是對牛彈琴」。所以他得準備進一步行動，但他反對發出哀的美敦書，「關閉解決問題之門」。可是他却不能不說：「我不阻止任何行動」。爲的「葡萄牙對果亞的殖民統治，將不能爲可以繼續的現象」。

里斯本方面對印度志願軍如果來侵，將視爲「非法入境」而予以制止，看來衝突難免。但因尼赫魯的持重，印軍尙不至就參加作戰。不過美英及聯合國的調處似極必要，情勢已到了無可再拖的地步。

‧加爾各答通訊‧

寮國共區豐沙旺近態

（永珍通訊）‧賀碧‧

「豐沙旺」三個字，照越文的意思，就是「天堂山」；它雖然是位於綫欵省內一個細小的村鎭，但却是符馬親王的政治大本營，也是共黨代表團的所在地。換言之，這彈丸之地，就是越共的佔領區，頗引起國際人士的注視。它的內部，一端駐有中共與捷克的代表團，另一端是北越新聞處的所在地。在這兩者之間，相隔一條長約半哩的通路，而兩旁則有「國家經濟部」，「寮國中立黨總部」，和咖啡室、商店、學校、市場等。全鎭居民，僅得一千五百人至二千人；他們多數是過着艱苦的生活。

鎭中的日用品，都是由外地運來的，價格相當昂貴。有一間所謂「國營合作社」，替北越推銷着大批肥皂，和替中共推銷着大批炮泡；而這些貨品品質雖粗劣，但售價却高得相當驚人，當地村民，很難獲得「享受」。

市場的面積，約有半畝，但却是一塊濘泥的地皮。市場內米和麵頗多，價錢也廉宜，但難得有新鮮的蔬菜出賣。偶然擺售着一些南瓜或馬鈴薯，便被村民視同拱璧；窮苦的男女，他（她）們就攏集在這些攤位前來欣賞，臉上現出了垂涎欲滴的表情。至於乾水牛皮，西米根，土製糖果，米餅等，還算容易買得，而當地居民，也視此爲美味食物。牛肉本來也不致缺市的，但自符馬親王和北越訂下了援助協定後，每天要運出三隻水牛給北越，作爲象徵式的救助，因而影響到該鎭的民食；目前，當地居民想購食一頓牛肉來爭取營養，也要排隊輪候了。

鎭中的貨幣，就是當地「政府」大量發行的鈔票。這些鈔票和寮國官方的鈔票當然大不相同；故寮國官方人士都稱之爲僞鈔。這些僞鈔，都是由中共代印的，係單一色的，票面分爲一基普，五基普，十基普，及五十基普等四種（每一美元，仲值八十基普）。發行數字，當地「政府」嚴守秘密，從來沒有宣佈過，但說它「大量」，相信不至是誇張。當地「政府」，是靠它來養命的哩！

「豐沙旺」的意思雖是「天堂山」，但它的娛樂却少得可憐。倘若在市場上有人吵嘴，或在街道上有人打架，就會立刻引起全鎭居民的「興趣」爭相跑來看熱鬧，迅卽構成「圍觀者如堵」的場面。——也許，這就是當地居民的「娛樂」之一；而且認爲這種「娛樂」很適合他們的「胃口」吧。幸而「表演」這種「娛樂」的雙方，都能「適可而止」，故很少釀成命案。

此外，還有一種「娛樂」，那就是中共或越共所放映的露天電影。這些電影，不用說，都是全部宣傳「社會主義建設的成就」的了。

村鎭裏也有卄來個歐籍人居住。這羣歐籍人中，以蘇聯人佔絕對大多數，共達十八名；其次是法國人，共四名；捷克人，共三名；又其次是比利時人，兩名；最少的是瑞士人，僅得一名。

那十八名蘇聯人，有十五名是飛機技術人員和他們的妻子，餘三人是無線電通訊技師。據當地居民稱：蘇機由北越的河內飛來豐沙旺，每週約有六七次，都是載運汽油和軍械來的。鎭上有一家「友誼旅店」，就是那些蘇聯人的居停。蘇聯男子是從不和普通居民接觸，祇有幾名蘇聯婦人經常到市場去採購食物，和當地的普通居民「親善」一番。據說：她們頗懂得收買民心，每每運用銀彈政策，使當地居民，尤其是小販，都爲之笑哈哈。

那四個法國人，有兩人是符馬親王的「空軍顧問」；但符馬的所謂空軍，僅得三架飛機而已，——兩架是「海獺式」的單引擎機，一架是DC三型機。另兩名法國人，是開商店的，唯一的生意路線，就是供應「友誼旅店」中的歐籍人士的伙食和一些外國製造的日用品。

那三名捷克人，是「經濟、文化團」的團員，但他們似乎總沒有甚麼工作表現。那兩名比利時人，是在「友誼旅店」內經營酒吧部門生意的。那瑞士人，就是國際紅十字會的會員，他是被派到寮境來照顧歐籍俘虜的。

上述的歐籍人，他們還算相處得來。而當地居民，則把他們視作「特殊人物」哩。

賈克與狗

王敬義

賈克本來有他自己的名字，可是大家都叫他賈克，而他也喜歡被叫做賈克，終於他本來的名字被忘記了。他自己也不再記得，因爲他就是這種健忘的人。

他是我們學校伙食團的廚子。我們學校在香港半山區，學生大都住校，伙食吃得很好。遇到菜餚不對胃口，你還可以點菜。賈克燒標準的川菜，紅紅的辣椒絲每一碟菜上都有。他訓練你吃辣。我們都能吃辣椒。新生第一天入伙，準是會辣出眼淚。誰也不能說服賈克燒菜不放辣椒，他會直着眼瞪住你，然後緩緩的搖頭，「辦不到！」他說。而我們擁護他。

他鑲一口金牙，老虎狗鼻子，小三角眼，眼白老是紅紅的，嘴角總掛着兩堆唾沫。講究穿整套的西裝，春夏秋冬各季都有。穿新衣服時，見人便咧嘴笑，慢吞吞走近你，問你一聲「好」，等待你的讚美。他走路的姿勢很特別，左腿比右腿少兩吋，一走一跛，但他願意別人說他像美國西部片中的牛仔。後來他更買一頂濶邊帽，斜戴在頭頂上。

你在校園中遇見他，他輕易不肯放過你。他要告訴你他工作多繁重，生活多單調，當你是他的知己。然後他要你知道他羡慕你，說像他這種沒有讀書的人將來不會有出息。最後他會邀你去喝下午茶，說他山下邊有很多朋友，而你一定說不去。分手的時候，他說：「下次一定要去啊！」有時，他才上街回來，會硬塞一個紙口袋在你手中，再告訴你袋裏是兩塊西點，是從告羅士打糕餅店裏買來的。他愛撞到我們宿舍裏去，掏出皮包，指着一張女孩的像片，說是他的女朋友。

別人都說賈克有幾分神經病。他雖然不時製造小麻煩，但同時也是笑料，所以別人都還喜歡他——喜歡小動物那種殘忍的喜歡。而且他炒的辣椒又是每個人愛吃的。

使賈克在一夜之間失去所有的朋友那件事，發生在快放暑假的時候。那天黃昏，我洗澡，要去餐廳吃飯，忽然聽到人聲鼎沸，大家都朝廚房奔去。賈克在與伙夫扭打。我還能清楚記得他臉角掛着血水的猙獰神氣。伙夫長得比他高大，但被他騎在身上。他把伙夫的臉按到地上，那時，旁觀的人都興奮的喊叫起來。伙夫終於擺脫掉他，反將他壓在下邊，抓緊他的頭髮，將他的頭一下一下撞着。大家看到他狼狽的樣子便哄笑起來。他被壓在下面，始終沒有能力反敗爲勝。當伙夫站起身時，他便悻悻的低着頭溜回廚房去。好奇的同學圍住伙夫，問他們扭打的原因。驀地，有人喊「賈克拿刀來了！」大家慌張逃散了，賈克朝伙夫撲去，追着伙夫跑，好像瘋子一樣。他追不到伙夫，他本來是一個跛子，終於不追了。他拋掉手中菜刀，開始用不堪入耳的話高聲咒罵。

從那次以後，大家不約而同的都躲避他，不肯再在路上停下來聽他嘮叨。同學們聚在一起談話，見他走來便分散開，匆匆走掉。伙食委員會更在開會時決定：必要時另找一位廚子來，犧牲吃辣椒事小，鬧出人命却是麻煩了。

那次鬧事後，我想，賈克心裏一定很懊悔。我注意他時常獨自踱來踱去，下山的次數也少了。不久，他抱來一隻小狗，雜種狗，一身褐灰的毛，無論他走到那裏，小狗都跟着他。同學們背後雖談論賈克與他的狗，但仍都懷着戒心不肯多同他談話。有時，他把小狗舉起來，希望別人誇獎幾句，而別人却裝出不懂他意思，對他假笑一下走了過去。那時，賈克的內心必定是痛苦極了。

有一次，我又看到他沮喪在校園中走，見我朝他走去，居然低下頭躲避。我忍不住喚他：「賈克！」

他應了我一聲，繼續向前走，狗跟着他。

「賈克，」我說，「跟誰吵嘴了？」

「沒有啊，」他站住了。「你說，上次打架怪我嗎？……」他不厭其詳的敍述那事的經過。「現在別人都不理我了，誰都恨我，……」

「都是你要這樣想，」我說，不願再談這個題目，我蹲下身，撫着小狗。「小狗叫什麼名字？」我問。

「查理，名字好不好？」神情中充滿了期待。

「你給牠起的？」我問。「爲什麼都叫外國名字呢？」

他蹲下身，咧着金牙笑着，得意而滿足。

「還有你，誰給你的賈克？」

他不回答，片刻後，笑着說：「賈克就是賈克嘛，誰起的可就記不起了。」

幾天後，學期考試過去，大家都收拾行李預備回家。賈克忽然跑來找我，「狗病了，」他說：「查理病了。」

「不要急，坐下來談，」我說，一邊挪開床上的衣箱。

「查理不要吃也不要喝，病了，」他又說。

「大概是天熱，你找兩個生鷄蛋喂牠，吃了生鷄蛋就會好的！」

「謝謝！謝謝！」他說，一走一跛去了。

晚飯後他跑來，說要幫我細行李。我說都收拾停當了，問起查理的時候，他說查理已經肯吃東西，生鷄蛋吃了很有用。我下山時，他一直送我上車，車開後，我回頭看他，他把小狗高高舉着，他自己在笑。

兩個月後，我又運行李回學校。在飯桌上看到炒菜裏面的紅辣椒，我知道賈克還在。他再見到我，很親熱的問長問短，隨我到宿舍，在床上坐下，眼睛直直的瞅着我。「查理呢？」我問他。

「死了，」他說：「中毒。我又託山下的朋友了，他們答應再給我找一條。」

「查理很漂亮，」我說。「我喜歡查理。」

他咧着金牙，笑了很久。「毒蛇咬死的，」他說。

三天後，我下午上課後回宿舍，賈克正抱着小狗，坐在我床上等我。「你看，漂亮不漂亮？」他的臉偎倚着狗臉，又是一條與查理相似的雜種狗，小黑眼珠轉來轉去。

「好啊，」我說，「你又有伴了！」

「是啊，你說，……我又給牠起了名字，瑪麗，你說好不好！」

「瑪麗，好啊，」我摸着小狗頭。「公狗還是母狗？」

「公狗啊，」他說。「我討厭母狗，母狗髒！」

「瑪麗，好啊，……瑪麗很好聽啊！」看到他緊張的面部表情，我終於把要說的話忍住了。

瑪麗一天一天大起來。賈克散步時，牠跟在後邊，從不遠離。瑪麗是一條好狗。賈克時常故意大聲喊：「瑪麗！瑪麗！」他是喊給別人聽，要別人看他的狗。同學們已恢復同賈克交往，他們也喜歡逗他的狗，但他們總喊：「嘿！公狗瑪麗！公狗瑪麗！」

賈克爲感激他們的熱情，便咧着金牙笑，很久很久的笑着。

文壇泥爪

落華生的小品

新文學散文中的小品文，在林語堂先生辦「宇宙風」時，曾經大力提倡過，也眞有效，當時效顰而專登小品文的期刊，直如風起雲湧，的確熱鬧了一陣子。記得推波助瀾的還有知堂老人。他們似乎是有計劃地形成一種小品文運動，一面推尊西洋雜誌散文，一面讚許公安竟陵張宗子王季重等的明末小品。魯迅雖然也在申報「自由談」上寫些小品，可是因爲他討厭林語堂和他的「老二」，曾爲文譏刺。誰知這一個時期的小品文，我却看不上眼，一般的毛病是：缺乏文學氣息，讀來總覺得不脫雜感隨筆之類的窠臼。後來倒是巴金主編「文學叢刊」時，出版了幾本頗爲不錯的小品文集子，像陸蠡、何其芳、麗尼等人的，都很有味道。

雖然如此，若拿它們和落華生的「空山靈雨」來比，還遠遠不如。原因是後者爐火純青，前者則有些嫌晦澀生硬，句子歐化得過甚。

落華生在文壇上本以小說著名，他的小說在文學研究會以表現人生藝術的寫實主義來號召之下，是不大合流的。我這不是菲薄他的小說作品，正相反，我愛讀它們反而超過我愛讀葉紹鈞和王統照的。他的小說獨有一種脫離現實的浪漫氣息，和葉、王的接近自然主義的作品大不相同，但也不似郭沫若、郁達夫等的放蕩不羈。因此落華生的小說才更富藝術性，或者這也是在當時爲人注目喜愛的原因吧。不過以他自己的小說來比他自己的小品，筆者的私見，我還是更愛後者。

「空山靈雨」共收有四十四篇作品，差不多我篇篇愛讀，覺得篇篇都美。它們有些是寫人生哲理的，有些是寫宗敎思想的，有些是寫閨房之樂的，都是那麼含蓄，那麼耐人尋味，而文字又是那麼明麗，風格又是那麼清雅。這裏抄下他一篇題爲「蛇」的來看看：

『在高可觸天的桄榔樹下，我坐在一條石磯上，動也不動一下。穿彩衣的蛇也蟠在樹根上，動也不動一下。多會讓我看見牠，我就害怕得很，飛也似地離開那裏；蛇也和飛箭一樣，射入蔓草中了。

我回來，告訴妻子說：「今兒險些不能再見你的面！」

「什麼緣故？」

「我在樹林裏見了一條毒蛇，一看見牠，我就速速跑回來；蛇也逃走了。……到底是我怕它，還是它怕我？」

妻子說：「若你不走，誰也不怕誰。在你眼中，它是毒蛇；在牠眼中，你比牠更毒呢。」

但我心裏想着，要兩方互相懼怕，才有和平；若有一方大膽一點，不是牠傷了我，便是我傷了牠。』

他那時還沒有看見現在東西雙方的冷戰，却已預言出來了。我們再舉一篇「蟬」：

『急雨之後，蟬翼濕得不能再飛了。那可憐的小蟲在地面慢慢地爬，好容易爬到不老的松根上頭。松針穿不牢的雨珠從千丈高處脫下來，正滴在蟬翼上。蟬嘶了一聲，又從樹底露根摔到地上了。

雨珠，你和牠開玩笑麼？你看，螞蟻來了！野鳥也快要看見牠了！』

就只這麼幾百個字，表現得如此深刻眞至，這才是高手！他那些寫閨房之樂的篇章，其纏綿繾綣的情意，有些要在沈三白的「浮生六記」之上，這裏不能再舉例了，不然我不成了文鈔公乎？

金釵記（二六）

黎明

（與高彩烈，撩衣入房；醉眼朦朧中見一個花團錦簇的美人兒低着頭坐在床沿，不覺心花怒放，翹起大姆指旁讚：「哎呀妙呀」！隨即上前爲禮）

（白）哦、娘子！鄙人這廂有禮了。

田素娥：（盈盈而起，但頭仍是低着的）奴家還禮。（禮畢障袖旁白）哎呀這聲音好熟呀！怎麼一時我竟記他不起？倒要仔細瞧上一瞧才是。

魯學曾：（旁白；與田同時）哎呀這聲音好熟呀！怎麼一時我竟記他不起？倒要仔細瞧上一瞧才是。（同時轉過臉來）

田素娥：（失驚介）吓！是你？你是表弟！

魯學曾：（失驚介）吓！是你？你是表嫂！

田素娥：（旁白）哎呀且住，聞聽義母言道，乃將我許配她的義子爲妻，不想原來却是表弟；這便如何是好？

魯學曾：（旁白——與田同時）哎呀且住，聞聽岳父言道，乃將他的義女許配於我爲妻，不想原來却是表嫂；這便如何是好？

（兩人各思索移時。春梅引員外、安人潛上，春梅隨手把房門反鎖着，同在門外偸聽）

田素娥：（決然地）這事萬萬使不得；我不免問義母去。

魯學曾：（與田同時）這事萬萬使不得；我不免問我岳父去。（說罷，同時往推房門，却發覺房門已被反鎖，只聽見春梅在門外發話）

春梅：奉員外安人之命，這門末，現在還不是開的時候；請新姑爺和小姐早早安歇了吧！小婢不敢在此打攪貴人，就此告辭，明早再來道喜了。（說罷，並沒離開，只與員外和安人俱各會心微笑）

魯學曾：哎呀這門在外面上鎖了，（失望地和素娥交換了一個眼光，但這眼光中却如有電流似的，顯得這所謂「失望」，倒不如解釋做「燗出了新的希望」，反較貼切。）——却如何是好呀！

田素娥：這？（同樣慵軟而無力）

魯學曾：這？

田素娥：那？

魯學曾：那？

（沉思比畫移時，顯得兩人都有向新希望挺進的勇氣，「祇是還有「表嫂」「表弟」這一層名份障幕無法揭鬨。這時門外的員外、安人、春梅見房中沒了聲息，俱各疑訝地貼耳而聽。）

魯學曾：（忽然若有所悟）這倒是從那裏說起啊！哎呀表嫂呀！（唱）——

表哥和我是仇人，
仇人的妻子怎論婚？
縱然不把恩仇記，
表嫂表弟怎成親？
表嫂呀！饒是我對你千恩和萬愛，
這樣的親事做不成！

田素娥：（端莊而嚴肅）表弟！你此言差矣！

魯學曾：何差！

田素娥：表弟呀！（唱）

自從他，氣死親娘，害死了顧小姐；
奴便已，決心不做他梁家的人；
討了休書娘家去，
自和哥嫂捱光陰；
都只爲，他石城縣裏告枉狀，
說奴藏有顧家金和銀；
因此奴帶了休書來顧府，
從頭到尾說分明。
多虧安人情義重，
收爲義女傍高門。
她說她有個義子人才好，
一心要奴結朱陳。
奴本是敗柳殘花沾泥絮，
古井那復生波紋!?
奴本是書香門第良家女，
綠楊怎作兩家春!?
今日之事不由己，
特向表弟表寸心。
千言萬語表不盡，
倒不如一死了凡塵，
也免得衆口悠悠說紛紜。

（唱罷泣如雨下，咬緊牙關，對準一根柱頭就要碰去，慌得學曾連忙上前抱住）。

（下期續完）

辛亥革命史談（三三）

舜生

五、武昌首義當時的實況

辛亥陰曆八月十九（陽曆十月十日），即每年我們舉行慶祝的雙十節，亦即中華民國開始呱呱墮地的一天，這是每一個中華民國的人所不能忘記，而應該敬虔歡喜舉行紀念典禮的一個日子，對首義諸人的英勇奮發乃至犧牲生命，更應該表示我們崇高的敬意，茲述當時的實況如下：

先是直接發動首義的兩個團體——共進會與文學社於八月初三聯合開會，已確定舉事的日子爲八月十五的中秋節。但不幸這個日子已爲清吏所偵知，其時掌握在清吏手中的武力有新軍近萬人，而水師、巡防營、警察、以及江面的兵艦還不計算在內。於是他們加緊戒備，四出巡邏，於武昌、漢口、漢陽三鎮，各作有週密的佈置。其形勢的險惡，比三月二十九日前的廣州，殆有過之而無不及。當時兩團體的首腦分子如孫武、劉公、王守愚、劉堯澂等，眼見情況如此，深慮一擊不中，反遭失敗，乃開會改期爲八月十八日的午夜，仍照原定計劃進行，一以鬆弛敵人的緊張情緒，一以加强自身的聯絡佈署。

更不幸，十七日正午，孫武在漢口俄租界寶善里機關部趕造炸彈，傍立者不愼，將紙烟火屑，飄入藥中，當即濃煙四起，火勢熊熊，孫武頭手盡爛，血流滿面；幸尚未裝製成彈，火發無聲，即由同志李作棟脫下外衣，將武頭部遮覆，並由其他兩同志扶武到日人河野所設之同仁醫院，告以實況，蒙允留醫，並負保護之責。此一製造炸彈之機關，實即劉公住宅，鄰人高呼火警，俄捕聞聲趕到，劉公乘間逃逸，但所藏手鎗、旗幟、冊籍、文告等，則全部搜去，並將劉公家口捕去兩人，將連同文件等引渡於江漢道，並解交總督署。

其時武昌分機關，亦正趕造炸彈，並向各處分送，不幸送到楊宏勝處者，因楊疏忽爆發，楊即被軍警捕走，因是秘密全洩，官方更緊張萬分。

十八日清晨，蔣翊武自岳州反省，到小朝街機關部問劉堯澂進行實況，劉告以赴上海之楊玉如已返漢，居正未歸，黃興電滬，主張改於九月初十一省同時舉事。時王憲章、彭楚藩、江國光、張鵬程等趕到，十七日漢口武昌機關破壞的消息他們也已知道。劉堯澂認形勢如此，已無法再延，即流血犧牲，亦應在所不惜，並告蔣翊武：炸彈已分發各營，方略及地圖已擬就，於是翊武稱善，即於下午五點鐘在機關部以『臨時總司令』名義發出命令十條，決定本軍於十八日晚十二時舉義。命令第三條包括進攻方略十項，而『工程第八營以佔領楚望台軍械庫爲目的』實翹然居首。並附註：『本軍均以白布紮左膀爲標幟』。

此一命令發出後，蔣翊武、彭楚藩、劉堯澂、梅寶璣、龔俠初、陳宏誥等，乃登樓守候。忽牟鴻勳奔告，謂外面風聲甚惡，……語未畢，即聞扣門聲甚急，堯澂知有變，乃持彈躍起，軍警已破門蠭擁入，劉投彈不中，誤中梯身，劉且因反射受傷仆地，軍警亦稍却，劉即偕翊武踰後墻，登鄰居巡警高等學堂宿舍，椽斷墮樓，即爲軍警團捕，於是翊武、楚藩、堯澂、寶璣、俠初、宏誥、鴻勳同被逮，同時巡警學堂學生及張廷輔家屬，亦共捕去二十餘人，蓋小朝街機關，實即張廷輔住宅也。翊武有髮辮，是日着棗紅馬褂，滿臉村氣，軍警以人多，只注意斷髮洋服者，因得乘間逸走。

十八日所發出命令，以各營及軍警學校均閉門禁出入，多未能到達，因是該晚仍未發動。是夜，瑞澂命武昌知府陳樹屏，督練公所總辦鐵忠及司道雙壽會審彭楚藩、劉堯澂、楊宏勝，經多方拷掠，均直認不諱，惟未供出同志一人，因即命將三人在督署前梟首，是即武昌起義前夕首被犧牲之彭、劉、楊三烈士，其時已是十九日的黎明了。

十九日這一天，瑞澂閉城大索，張廷輔、熊楚斌等二十餘人復被逮，黨人見三烈士已就義，胭脂巷分機關、巡道嶺『同興學社』先後被包圍，且名冊亦已搜去，不難按圖索驥，於是人人自危，悲憤萬狀，誓與三烈士俱死，希望從死中求活，是即工程第八營於是日晚在此種高壓情勢之下，發出第一鎗，首義的光榮歷史，便由此展開它的第一頁了！（未完）

本刊已經香港政府登記

聯合評論
週刊

每逢星期五出版

United Voice Weekly
第一七四號

督印人：黃宇人　總編輯：左仲平
承印：嘉羅印刷有限公司香港灣仔馬師道5號
總代理：友聯發行公司　每份售價港幣一毫
本報美洲版總經售處美國紐約中美出版社
CHINESE - AMERICAN PRESS, INC.
199 CANAL STREET.,
NEW YORK13 N. Y. U.S.A.
美洲航空版每份零售美金一角

近事雜評兩則

左舜生

（一）果亞事件

遠在一星期前的本月十九，印度國防部即已宣稱已將該國境內三處葡萄牙屬地——果亞、達曼，第烏完全佔領。儘管里斯本方面至今還在侈言繼續抵抗，此一既成事實，殆已無法否認，而且很難有所變更。

西力東來，遠在十五世紀下半期，到十六世紀中葉前後，即已漸趨橫恣。其時西方人士對於遠東若干擁有高度文化國家的情況實不甚了了，為了藉通商以追求財富的目的，他們乃不惜採用形形色色的手段以求滿足其野心。印度首當其衝，到了去今百二十年左右，中國亦已感到切膚之痛。可以說中國百餘年來的一切動亂，大抵肇端於此，也並不太遠於事實。但這些都已經是歷史的陳蹟，為了維護人類一種和平相處的氣氛，吾人雅不願有所追論。

就當前的事實來說，我們可從任何另一角度去非難尼赫魯，但說印度以最短的時間，出動少數的軍隊，將境內三處葡屬殖民地予以收復，即屬一種侵略行為，其持論的立腳點，似乎是相當的牽強；尤其站在一個中國人的立場，只要把自身過去所遭受的種種稍一回憶，乃更覺無此隨聲附和的必要。以印度當前的國力來說，原不是怎樣強大，但了此一件小事，她却已恢恢有餘。蘇聯與中共對印度表示支持，這只是奉行它們一貫造亂的原則，『口角春風』，『惠而不費，』這個道理赫魯曉夫和毛澤東固然明白，尼赫魯也一樣明白。如果說印度因為它們有了這一表示，便會對蘇共中共進一步的要好，則未免把尼赫魯估計得太低。英美為這件事曾表示對印度不滿，這也只是站在英美目前的立場，對葡萄牙不能不有的一種『順水人情，』其絕對不能生效，該兩國當局固早已洞若觀火。如果說，因為尼赫魯對英美毫不買帳，便會在印度與英美之間造出一條難於彌補的裂痕，這也未免把尼赫魯看得太傻！

至於提到聯合國，這便連談也不要談：所謂聯合國的煌煌憲章，在蘇聯的眼中，除掉某一部分在必要時對她也可偶然加以利用而外，實早已同於一張廢紙，其不能作為解決任何重大問題的依據，事屬當然。我現在所要為聯合國祝福的，決不是積極的期待她表現如何良好的作為，乃是消極的希望她小心謹慎少鬧笑話而已！

有不少的人在憂慮：可能因果亞這一事件，會要發生其他不良的影響，如蘇卡諾聲言要以武力收復西伊里安，便是一個最顯明的例子；甚至還有人憂慮可能影響到澳門或其他的地點。據我看，這一憂慮也是多餘的：新幾內亞的環境與果亞截然不同，無論就國際關係，或印尼與荷蘭過去和現在經濟關聯，乃至蘇卡諾本人在印尼的政治地位，他都非出以比較慎重的態度不可。蘇聯和中共儘管本着他們的造亂原則聲言對印尼予以支持，但在這一區域，如只能徒託空言，便完全不生作用。我們可以承認蘇聯的海空力量並不太弱，但她究竟只能把重點擺在東歐和波羅的海的命脈地帶，拿到太平洋乃至南太平洋來運用，則尚非其時，而且太犯不着。老實說，蘇聯目前的處境，只能以虛言恫嚇與會議糾纏才能表現她的若干妙用，一涉實際，即滿盤皆成死着。這種地方，赫魯曉夫究竟還是比毛澤東有較高的常識。至於澳門這類地區，經中共審度的結果，總還是以暫維現狀來得穩便，這並不是完全為了每年幾億的外滙問題，乃是覺得偶一不慎，便可能使得美國的力量在這一地區更為伸張，英美的合作更為加密，試問這於中共有何絲毫的好處？假定我這一估量大體不錯，我便可承認毛老弟也還是粗中有細。

（二）日本極右派分子的陰謀事件

本月十二，日本東京警視廳公布了一件右派分子陰謀暴動的驚人事件；結果被捕的重要分子有十三人之多，其中包括得有資本家川南豐作，士官出身的小池一臣，海軍中尉以前參加過五一五事件（卽刺殺犬養首相的事件）的三上卓，和在上次大戰中曾作過日本緬甸兵團長的陸軍中將櫻井德太郎等等。據說他們的目的要打擊國會，打擊政黨，襲擊首相官邸與警視廳，暗殺池田首相及其他的政治領袖人物，而造成一次南韓式軍人政變，以實現他們所謂的『昭和維新！』當然他們的本質是反共的。

東京當局對這件事究竟打算作如何的處理，目前尚無所知，但不妨在這裏表示我個人一點初步的看法：

一、日本戰後有若干極左極右的分子在暗中活動，這本來是一種公開秘密，但兩方的人數都不太多，團結不固，同情者也不容易覓取，很難造成一個像樣子的力量，乃是事實。

二、最近幾年，日本有了一種畸形的經濟繁榮，因而社會上也帶來了一種不平空氣，這倒不失為一個助長他們發展的一個有利條件。

三、說這類極右分子在目前便可能造出一次大規模的政變，這自然是情勢所不許，但說由他們選定三五人來實行暗殺也無可能，這却又未免估價太低，例如去年秋天的『淺沼事件』，還不是一個有力的証據？

四、日本近來若干政要的言行，也往往表示無知或『得意忘形』；而且他們腦經中也幻想重重，並不穩重；尤其一幅動輒瞧別人不起的面孔，也使人生厭；有這類危險分子隨時給他們一些警惕，毋寧說這仍不失為日本政治前途之福。

五、香港近年情況，也大有可借鑑於日本之處，尤其是一般有錢人的胡作亂為，更造成了社會的不安，這很值得若干關心香港前途者的深思熟慮。可惜的乃是香港的知識分子自身麻木了，猶嫌不夠，還要不斷的去木麻一般青年，這却是相當危險。

毛澤東的四面危機與五條出路

劉裕畧

十二年來的演變

從抗戰勝利到大陸淪陷這一階段，卽由一九四五年到一九四九年這一階段，是中共也是毛澤東的勢力膨脹和飛躍的時期。

當毛澤東開府北平，酒酣耳熱之餘，與柳亞子詩詞唱和「一唱雄雞天下白」等句的時候，儼然大有「天下之嗷嗷，新主之資也」之勢。照當時許多人預想，毛澤東邇後的統治，是不難乘勢再為躍進的。但毛澤東統治大陸十二年來的事實証明，尤其是最近兩三年的事實証明，事態的發展，却與上述那許多人的樂觀預想完全相反。十二年來毛澤東一直在走下坡，雖然這走下坡的趨勢，在前幾年還不顯著，但最近兩三年却大大的顯著了，現在則已到了四面危機的狀況。

先看毛澤東的四面危機

毛澤東的鬥爭路線和中共政權的本質，原本不可避免地、命定的具有兩面危機：卽中國內部反共力量的反攻和反抗；和世界反共力量的制壓和可能的戰爭的這兩面危機。

但毛澤東內心對此似乎很有信心，他的言論表示中國國內的反抗力量雖然也可分為兩部分。一部分來自大陸內部人民；另一部分來自國軍可能的反攻。但毛澤東認為中共的人民解放軍和中共的公安部隊以及各級法庭是鎮壓大陸內部反抗分子的「國家機器」，況大陸人民被他緊密而嚴格的層層控制着，大陸四週又垂下了鐵幕，且又經常用整風、清算、鬥爭等方式清除和防止反抗分子和異己分子，更用洗腦和宣傳方法防止和加強人民的向心力，所以他認為大陸內部雖然必有人反抗，但既已手無寸鐵，而又統治嚴密，乃不足畏。至於台灣，如果國民黨當權派眞能切實反省，一切均以反攻復國為職志，恢宏氣度，眞能通過民主方式團結海外一切反共力量，並善於有效的運用國際環境和國際關係，與大陸內部反共人民內應外合的話，毛澤東自必認為嚴重。但毛澤東也早已看穿國民黨當權派在台灣仍然充滿苟安心理，難於反攻。所以十二年來，尤其是佔據大陸之最初幾年，毛澤東並不認為低能自私和苟安的國民黨當權派，眞能越過台灣海峽反攻，這也就是中共在一九五〇年及其後之幾年敢於參加韓戰，並不對台有所顧忌的理由。

以言世界大戰或世界反共力量對中共的制壓和敵對，毛澤東亦一貫認為自由世界的內部矛盾太多，且自由世界並無眞正主動解放鐵幕的決心，所以，對此來自自由世界的威脅，他也認為不但可以用分化、統戰、滲透、顚覆乃至宣傳等手法可以瓦解，可以對付，甚至還可逐步赤化自由世界。

所以從上述來自中國國內和來自世界民主集團的威脅，在最初幾年，毛澤東都視若無物，且從而作出「在戰畧上輕視敵人」的結論。平[illegible]的來檢討一下，我對毛澤東所[illegible]種估計，確也同意。

不過，一切事態並不是停[illegible]演變，而是不斷的演變，並且[illegible]很快很大。最近兩三年的變化[illegible]得驚人的是大陸內部的情勢，[illegible]民經過血與汗的無數教訓，現[illegible]對毛澤東和中共的猙獰面目完[illegible]，尤以毛澤東推行人民公社後[illegible]被拆散，每一個人都吃不飽穿[illegible]而又不斷的被恐嚇與奴役，人[illegible]無寸鐵，難於立卽效法陳勝與[illegible]竿起義。但由於各級共幹之離[illegible]乎農業及許多輕重工業之連年[illegible]敗，中共對內控制，實已初步[illegible]大陸內部業已變成一個火藥桶[illegible]了爆炸性，它雖難於自己着火[illegible]要有適當數量的軍隊用適當的[illegible]外部予以撞擊，則大陸內部將[illegible]鎖性的普遍爆炸，實無可疑，[illegible]方面之國軍實力亦已日見增強[illegible]成為毛澤東的一項眞正的危機[illegible]從前那樣並不嚴重了。這是近[illegible]變之一。

另一方面，以美國為首的[illegible]團，對共黨集團的整個鬥爭，[illegible]鬆，甘廼廸的反共領導，尤較[illegible]有效而積極，這對毛澤東來講[illegible]係一項基本危機。這是近年來[illegible]二。

但現階段的毛澤東所面臨[illegible]還不止於上述兩項，在最近兩[illegible]實又已另外增加了兩項，因而[illegible]四項。

這新增加的兩項：一是來[illegible]曉夫的敵對矛盾，另一是來自[illegible]內的反叛活動。這新演變來的[illegible]機，對毛澤東本人而言，實較[illegible]項危機更為嚴重。

一九六一年十月十三日，[illegible]合評論香港版（卽十月二十日[illegible]空版」曾寫過「論赫毛衝突及[illegible]的悲劇命運」一文，曾經指出[illegible]的、中共與蘇聯的衝突的說法[illegible]說為毛澤東與赫魯曉夫的衝突[illegible]，主要論點是說赫魯曉夫為了[illegible]加強其個人的領導地位，不能[illegible]反對個人崇拜的口號以清算斯[illegible]其集團，然後赫魯曉夫自己才[illegible]所謂集體領導的過程，達到自[illegible]入崇拜之目的。然而這與毛澤[illegible]得地位衝突，因毛澤東既不[illegible]拜赫魯曉夫有如崇拜斯大林，[illegible]曉夫堅持反對個人崇拜，則勢[illegible]澤東已得的個人崇拜的利益有[illegible]赫毛的衝突不可免。

（下轉第二版）

耶穌聖誕前夜談共黨的細胞組織

幼椿

何以在這個市聲喧譁，競「報佳音」，使人失眠之夜，忽然令我想到共產黨的細胞組織？這是研究文化史，以至好用社會學上溯源法好像已成習慣的人，對凡事便自然會生出一連串歷史淵源的聯想，尋根究底的回溯到基督教的初期，去看共產黨細胞組織的來源與其得失意義之所在。

一

記得在今年夏秋之交，一個酒會場中，遇見一位教社會學的美國教授，他向我說他在研究共產黨的細胞組織。他問我，中共的細胞組織辦法，是不是與俄共相同？它中間夾得有中國的質素成份沒有？我答他：中國共產黨由細胞組織的暗中發展，而成為團，更成為黨，一步一步的壯大起來，這一辦法，不但不是中國的，更不是俄共所發明的，乃是基督教開始時所形成的。你應該記得起，耶穌殉難後，在猶太長老與羅馬帝國的雙重反對與壓迫下，基督教信徒由地下的三人組織去滙合成功教團（ecclesia）的結合經過！這位美國社會學教授點頭稱是。

原來，自耶穌死後，在基督徒未能公開建立教會與教堂之前，雖有使徒保祿與彼得等發願將基督教義宣揚國外，播之萬邦，然而教義西行，重重障碍；在羅馬帝國中各民族裏，要想實現希腊人所習做的集團旨講與討論，乃是不可能，而且要受到干涉與壓迫的。因此基督教最早的傳教辦法，乃是三人成一地下小組，中有組長，各組暗中關照；後來這細胞組織在壓迫較輕時連絡各小組，纔自行成為集團（「教團字樣乃是本於希腊字的集會，後來纔擴大與統一，轉變成為教堂或教會的，希腊文 ekklesia 轉變法文為 église 英文為 church，中譯教堂或教會，合所有教會或教堂，纔成為公教會 catholism，公教者希腊文所謂「一切大衆結合而成」之義也）。

二

我們讀羅馬帝國歷史，在耶穌紀元六八年前後，使徒保祿與彼得先後來到羅馬，其傳教方式，還是地下活動，甚至在墳墓隧道中開會，以逃避羅馬暴君的壓迫；當時壓迫甚大，殉難甚烈；這種地下的細胞組織，乃是偏於羅馬城的每個角落：三人也在暗中開會祈禱，五人也在暗中開會宣傳。於是由於「保羅達羅馬人書」「彼得前後書」的昭示，在專制政治的壓迫下，在少數富裕裏，多數困窮的生活，在不安現狀，憧憬未來的希望中，在出黑暗以入光明的天堂信仰上，這無數的細胞小組，滙合起來成為一個信仰的主流，卒把自命萬能的羅馬皇帝戰勝了，而基督教乃於三一五年之後，成為羅馬帝國的國教。

不錯，這一細胞組織曾在黑暗壓迫中，要將不平等的信仰變為平等的「上帝與我同在」，由於「信耶穌得永生」的理想感應，曾發生過偉大的力量，使基督教解放了羅馬人的困苦靈魂，並且感化了日爾曼蠻族的暴亂性格。不過，當其細胞發展成為教會，而基督教會又代表了精神的權威，隨着並取得了政治的權力：在歐洲中世紀，教權支配一切，被壓迫者反成為壓迫者，精神一失，教士腐化，以至於教皇都要斂財，於是發生了基督教教義的修正派！舊教、正教早分為二，新教一來，便分為三，從此，細胞組織時代單純為信仰而犧牲的精神便不可復得，而基督教義也就成為「公式」化，不再能發揮甘心殉難以求永生的力量了！——如果不是在十九世紀中，政與教分了開來，則基督教的精神是否還能至今存在，大是問題！

三

帝俄時代，沙皇的統治，有甚於羅馬皇帝，俄國人在沙皇及其親貴荒淫暴亂下，在其社會的不平與困苦下，我們試一讀當時史家所述，託爾斯泰等文豪筆下所描寫，俄國人對於他所信奉的正教已不再感到純潔，而去求安慰，於是虛無主義戰勝一時之後，列寧便將馬克思的「新福音」帶了回來，如法泡製的，用基督教在耶穌死後，教義開始西行的作法，地下活動，三人小組，稱為細胞；幾組成團，幾團成會，而發生出為信仰而組織的威力來。

但是，一旦列寧當政，共產主義公式化，細胞組織便變成徒有形式，而無精神；一直到史太林統一了政權，他本身細胞也開始發生分裂，自相吞併；只知樹立個人的權威，而去壓迫異己，不復能有細胞組織時代的精神奮與。像現在赫魯曉夫的橫暴專斷，就連公式的共產主義已不復存在，而只是由他個人要去打倒異己時，又自行製造一些欺世的謊言，一會兒說他已完成了社會主義的建設，一會兒又說他要建立和發展共產主義的物質技術基礎，其實他只是叫俄國人去餓起肚皮，信仰他的原子彈的威力罷了！

四

中共在民十五六，受着清黨剿共的大壓迫時，也是以細胞組織，地下活動，不斷被殺，不斷發展，而在各省軍閥專制下，以「人民福音」為號召而起家的。但自毛澤東一霸佔中國大陸之後，即行開始腐化，細胞時代的精神便已不復存在。今日所謂共幹們，雖仍以從前細胞組織來受訓練以至受驅遣，但這些共幹已不復有當時的細胞中自發自動，自行長大的精神，而是要靠金錢，享受等利與祿來使之被動；此即所謂鷹犬之輩是：鷹之為物，飢則為用，飽則颺去；犬之為物，善豢則馴，急則反噬；因之，凡建立政治重心於鷹犬的基礎上者，未有不終於自受鷹犬之禍，或者其所恃的鷹犬力量一旦冰消瓦解，或者更為其鷹犬所反擊，而竟不得善終，中共頭子們的命運，是由此可以看得明白的。但毛澤東輩既以細胞組織起家，而今也只得由特務用細胞組織來鎮壓一切，以求苟安。不過，今昔既已異勢，人情便翻覆難測了啊！

五〇、一二、二四夜午

毛澤東的四面危機與五條出路

劉裕畧

（上接第一版）赫的能力雖不如毛，但在共黨內部，赫係蘇共共一先進政權之領導人，毛則不過是落後於蘇共政權的中共政權的迫導人，中共政權既無法否定蘇共政權之領導，故毛如不跳出馬列主義的圈子，毛的命運將是命定的悲劇。我這篇文章發表後不過四天，十月十七日在莫斯科開幕的蘇共第二十二次代表大會即完全僥倖的証實了我的看法。因為赫魯曉夫在蘇共大會上正式公開直接抨擊阿爾巴尼亞共黨領袖霍查及謝胡，實無異公開間接抨擊了毛澤東。再看赫魯曉夫所言只要霍查及謝胡交出阿共領導權，蘇共即仍可與阿共重行修好的話，以及赫魯曉夫所說：「消除個人迷信，對謝胡、霍查和其他人說來，實質上就是意味着放棄在黨內和國家中的指揮職位。而他們是不願意這樣幹的。不過，我們相信，總有一天阿爾巴尼亞的共產黨人、阿爾巴尼亞人民會說出自已的話」（見十一月十七日中共人民日報）。可知赫魯曉夫在表面上雖只指着鼻子大罵阿共領導人謝胡及霍查，但這與赫魯曉夫指着鼻子大罵毛澤東實無區別，如把赫魯曉夫這一段罵阿共的字眼換成中共，把指責的對象，由謝胡及霍查換成毛澤東，則赫魯曉夫即是在說「消除個人迷信，對毛澤東和其他人說來，實質上就是意味着放棄在黨內和國家中的指揮職位。而毛澤東是不願意這樣幹的。不過，我們相信，總有一天中國共產黨人、中國人民會說出自己的話。」這很明顯，赫魯曉夫不止是在言論上抨擊毛澤東了，而且是在行動上硬要毛澤東下台了。不止公開的硬要毛澤東下台，而且暗蓄意煽動中共黨的內部斷然推翻毛澤東的領導了。對此，我們再回看最近數年蘇聯一再縮減對中共的援助，一再抨擊毛澤東亂搞人民公社，可知赫魯曉夫早已對中共暗中施壓力以迫使毛澤東下台了。這難道不是當前階段對毛澤東最有嚴重危害的一面危機嗎？

至於中共黨的內部，有些人迷信他們之中沒有人會反叛毛澤東。其實這完全是一種淺見，創導中國共產黨的陳獨秀，當時且以共產黨的家長自居，猶不免被清算鬥爭，甚至被驅逐出黨，其後的李立三、陳紹禹等中共領導人何嘗不都是大權獨攬的人物。然皆卒被推翻，而推翻他們的人，不是別人，正就是原日被他們領導的分子；再看斯大林對蘇共的領導總不能不說是精明殘暴了，但今日清算斯大林的赫魯曉夫，還不正是當年潛伏在斯大林左右的人嗎？可見毛澤東左右今日正也潛伏着異日反毛的人哩！

何況毛澤東近年搞的三面紅旗，無一面不褪色，農業破產，輕重工業挫敗，人民窮苦不堪，人民公社尤不得人心，中共軍隊內部且早已存在和發展了朱可夫式的反對黨政領導的思想，且又發展了反毛澤東戰略思想的思想，毛澤東的鼎重要的親信之一前中共國防部長彭德懷且曾挺身出來反對毛澤東的政策，卅末，在赫魯曉夫鼓勵、煽動和運用之下，誰又能說中共黨的內部絕不發生反毛事件呢？顯然，這也正是毛澤東的一面危機。

再看毛澤東的五條出路

在上述四面危機中，毛澤東將何以自處？坐而待斃？當然不會。對此，最近倫敦「經濟學人」週刋曾經指出毛澤東目前只有兩條路可走，第一是重新向莫斯科低頭，第二是以軍事力量向東南亞產米區掠奪。但我認為如對毛澤東的出路作全面客觀而冷靜的分析的話，他的出路實有五條，應不止於「經濟學人」所說的兩條。本報左舜生先生已經在十二月廿五日本刋明確論列過「毛澤東的第三條路」，即毛澤東向中國人民低頭認罪；與民更始，恢復人民所有的一切自由的路，但左先生也認為毛澤東無此勇氣無此誠意。所以，我在這裏就我個人的看法再簡單的論列上述三條路之外的另外兩條路。

事實上，左先生所指的第三條路，實是毛澤東的較好的一條路，不過，毛澤東却心不願走，毛澤東縱然願意早躬折節重行向赫魯曉夫低頭，有如當日之事斯大林，但赫毛衝突之性質係不可調和者，故亦為毛澤東勢所不能走，因為赫魯曉夫不但已在硬迫毛澤東下台，下台後，勢必還會有被清算鬥爭的生命危險。至於向東南亞擴張，毛澤東當然極端願意，但這得要看東南亞諸國的抵抗力及美國的態度如何才能決定。因為中共內部目前問題太多，不說經濟困難，人心浮動，社會不安，已不是一九五〇年中共參加韓戰時那種向上時期，何況，中共參加韓戰打的還是需要分期付款的蘇聯軍火，今日中共兵員數字雖多，但械彈不足，軍火生產也未能達到預期效果，赫魯曉夫會供應軍火讓毛澤東單獨向東南亞去掠奪，因而再來一次韓戰式的局部戰爭嗎？實是問題。所以，毛澤東以小規模的戰爭方式對東南亞進行試探性的進攻還可，同時他也只能繼續用滲透顛覆游擊等方式蠶食東南亞，若言大規模的眞面目戰爭則又力所不及哩！

以上三條路，既然一條是心所不願，一條是力不所及，一條是勢所不能。所以，毛澤東只剩下兩條路。一條是盡力聯絡亞洲各國和各地的共黨，形成對抗赫魯曉夫的一股強大力量，與赫魯曉夫正式破裂，外而破壞赫魯曉夫對國際共黨的領導，從而逼迫赫魯曉夫下台，內而暗中支持蘇聯內部的反赫集團（即赫魯曉夫所指反黨集團），從而推翻赫魯曉夫在蘇共之領導，以其人之道還治其人之身，有如赫魯曉夫之對付霍查及毛澤東一樣。但這條路不僅需要決心和毅力，而且也需要胆力和魄力、且此項鬥爭的前途，亦相當危險和艱苦。但這一條路的成功也並非絕不可能。因赫魯曉夫在蘇聯內部的領導地位畢竟為時不久，且未必絕對穩定，若毛澤東眞能結合相當數量的國際共黨，另行成立國際共黨組織，則亦未嘗不可脅迫蘇共內部推翻赫魯曉夫，進而謀求毛澤東對整個國際共黨的領導。但毛澤東眞有此胆識和決心嗎？只怕未必！

另一條路則是機會主義的路，這一條路的作法是既不與蘇聯決裂，亦不靠向西方，既不向大陸人民悔非，也不根本改變政策，在繼續支持阿共之同時，却向自由世界的攢隊，從加拿大、澳洲等地，用先付少數價款的方式，向它們購買糧食，然後再用不斷賒欠的方法，把賒欠數量越滾越大，而只先付少數現金。若此等國家屆時不再允許賒欠，則將欠賬全部賴去，用以緩和國內經濟危機，從而觀望大局，相機行事。對於赫魯曉夫的公開抨擊，則裝聾作啞，以故作深沉的姿態，以掩飾其本身之無恥，縱然遭赫魯曉夫再摑一巴掌，亦只像現在一樣，從北平悄悄地遠遠地跑到杭州去休養。這便是毛澤東的第五條路，也是他目前正走着的一條路了。

但這條路能解除他本身的四面危機嗎？却又絕對不能。從基本上講，除第三條路對毛澤東較為有利外，這五條路中的任何一條路原本都不能根除那業已形成的四面危機。所以，我的總結論，仍認定不管毛澤東內心如何自負不凡，他的悲劇命運却是早就注定的了。

台北罷免副議長案被否決

直夫

（台北通訊）台北市議員張詩經等二十七人（其中十二人爲國民黨籍）提出罷免市議會副議長周財源一案，在最初的一個階段，頗使國民黨當權者束手無策，因爲他們用盡了軟（拜訪和請客）硬（以所謂黨紀制裁脅迫國民黨籍議員）兼施的手法，仍不能達到撤銷該案的目的。但後來由於張詩經等不但要罷免周財源而且還準備另選一位黨外人爲副議長；而有意競選者又有三人之多，各不相下。有的國民黨籍議員雖然贊同罷免周財源；但爲了黨的立場却不願意支持黨外人來競選。提案人張詩經等則支持無黨無派的蔡萬林，而連署人李錫卿又支持紀明。黃介信也決定參加競選。於是能免周財源的共同努力又因副議長的繼任人選而變爲各自爲政。再加上黃介信忽然向新聞記者發表談話，自稱花得起錢，已準備十五萬元來競選副議長，並預定以兩千元一票的代價付給每一位對能免案投同意票的市議員，更激起衆怒。不但國民黨籍議員在報紙上公開抨擊他侮辱他們的人格和所屬政黨；即非國民黨籍的市議員，也紛表不滿。許多市議員也就因而改變主意，主張一動不如一靜，以免罷免周財源後更引起新的紛擾。形勢演變至此，能免案的失敗，可說已經是無可避免了。這對國民黨當權派當然是喜出望外的。

在另一方面，張詩經等雖然明知大勢已去；但仍不能齊一步伐，共籌對策。有人甚至主張在投票時提案人全體退出，以示抗議；但其他的人則不贊成。張詩經也表示祇要能免案能提出表決，即被否決，亦不介意。顯見他們是有氣無力的。

十二月二十三日上午九時，市議會舉行臨時會議表決能免案，爲了票櫃的位置和監察員的問題，曾引起激辯。楊玉城議員向主席要求把票櫃從右角落移放會場中央。據稱：歷次會議對於人民團體的選舉，都提出指責，認爲受人控制。他認爲議會本身應，爲表率，故主張把投票櫃放在會場當中，以免在角落易受人控制。宋霖康議員也表示附和；但國民黨籍的某某兩議員則認爲票櫃是市府安放的，應相信市府的公正；如認爲有弊端，自可提出檢舉。張詩經議員認爲移動票櫃是輕而易舉的事，主張接納楊玉城的意思。後來有人提議表決，但張祥傳則堅稱議程並未列入此一問題，不能表決。此時國民黨籍某議員突然高呼黃介信以穢語罵人，於是引起多位議員互相指罵，吵鬧不已，會場秩序爲之大亂，等到會場復歸平靜，此一票櫃位置的問題也就不再討論了。票櫃當然依舊是放在會場的一角的。據說：雖名爲無記名投票，但在當權派的匠心佈署之下，投票人在寫票時的一舉一動，他們都能一目了然的。票櫃問題被擱置後，張祥傳進而提名監察員，李錫卿議員建議依習慣以外省籍、本省籍和黨外人各一名爲原則；但未被接受，結果仍是由訓練有素的陳桂杜、陳鄭岐、葉依坤、歐陽斌、蔣淦生等五議員爲監察員，張詩經提出異議，他說：「議會成立時是這五位爲監察員，現在又是他們五位，到底是怎麼一回事？」沈應松則認爲法令並無限制。許多議員也相繼發言，女議員鄭李足說：「年關快到了，大家都很忙，還是趕快投票吧」很多議員鼓掌支持，監察員的問題也就和票櫃位置的問題一樣的原封不動了。

接着舉行投票，全體議員六十人人，出席者六十一人，國民黨籍佔四十人，其中周財源因案涉自身，依法應迴避，故實際參加投票的人數爲六十人。開票結果，計廢票一張，同意能免者爲十一票，不同意罷免者爲四十八票，周財源仍有驚無險，保全了副議長的寶座。

在罷免案被否決後，周財源喜出望外，即於當日下午分訪各市議員，表示謝意。周百鍊、張祥傳和國民黨台北市黨部主任委員羅某都自稱罷免案的一切程序都是依法辦理，可說是本省地方自治進步的象徵，值得欣慰的，大有彈冠相慶的意味。但提案人張詩經等亦認爲他們已獲得了精神上的勝利，則未免近於聊以解嘲了。

據熟悉內情者的觀察，罷免案的提出完全是張詩經等一時的衝動，並沒有預定的計劃。由於周財源之平素爲人所不滿，再加以自周百鍊代理市長後他處處遷就，爲市政府護航，更引起許多國民黨籍的反感，以故罷免案一經提出即有二十餘人參加簽署，假如張詩經等把副議長的繼任人選問題留待罷免案通過以後再說，本案大有通過的可能。祇因張等的戰略太差，在罷免案尚未表決前，即同時進行副議長的安排；而又在人選方面不能獲得協議，以致被當權派逐個擊破。不但參加簽署的十二個國民黨籍議員轉而支持周財源，即黨外議員之簽署者亦有四人改變初衷，結果此一原由二十七人簽署的罷免案在表決時僅有十一人投同意票，亦可謂虎頭蛇尾矣。這位觀察家並指出蔣介石主政三十餘年，久爲國人所不滿；而卒能壓平一切反對，緊握政權不放者，即是因爲歷來的反對者都不能協和一致，而且各自爲政，互相抵消，才給予他以各個擊破之機，罷免案的失敗不過是小焉者耳。

現在還想報導一件與本案的連帶關係的罷免案，以爲本文的結束。聞當權派爲了實行「予打擊者以打擊」的戰略，決定利用黃介信出言不愼爲把柄，在台北市第三區發動罷免他的運動，據悉已有數百人簽名。有人說：現在罷免周財源的議案已經否決，當權者可能避免再作新的刺激而中止進行。也有人說：由於黃介信把台灣的選舉內情一語道破，使當權者頗覺難堪。而且罷免副議長之風一開，其他各縣市議會難免不羣起效尤，爲了懲一儆百起見，他們仍要將他罷免的。究竟下文如何，則尚有待於事實的證明也。

孫家麒君來函照登

編者先生：

最近我寫了兩本有關國民黨內幕的書：一本是我爲什麼脫離台灣國民黨，一本是蔣經國竊國內幕；我以爲在香港這種言論自由的地方，站在非左非右反共反蔣的中國人立場，絞自己的腦汁，敍述自身的不幸遭遇，以及蔣氏父子竊國傳子的「偉大事蹟」，由合法的出版社印行，豈不是易過借火？那知這個想法完全錯了。

「蔣家黨」雖然擁有那樣多的言論工具和以盜自國庫的公帑豢養的無數御用論客，但因爲那些竊國傳子的事實已是人所共覩，任憑他們的生花妙筆寫的文章怎樣精彩，却也無法把鐵的事實改變過來。他們深知此一弱點，所以竭力避免觸及事實本身，而却傾其全力以一連串的無賴手段來對付我。那些手段是：

一、破壞發行——兩本書印成之後，許多報局都不肯代理，最後找到一處不受蔣家影響的報局，才算勉强解決了這個問題，但又發生了報攤不肯出售的怪事；幸而這里不是台灣，蔣家黨的勢力還不能全面控制，終於有些不沾染政治色彩的正當書商代爲經銷了，我方自慶幸突破了包圍圈，不料又發生了意外的枝節。據九龍自由道一號（前誤爲亞皆老街九八號舊址）同德書報社李書銘君來信說：「十一月廿號晚九點幾鐘，有七八人至我處，搶去蔣經國竊國內幕一書一百卅幾本，並惡言恐嚇我，不知是何原因。」我的天！蔣家黨的爪牙們竟然不顧香港法律公然搶刼起來了，這眞和台北對付自由中國和雷震的辦法一樣，到了黔驢技窮時便原形畢露了。有人說：「這些爪牙們太蠢了，如果不願見此書在社會流傳，大可重施收買自由中國祝壽專號的絕招，大量收買，何必幹犯法例做出這樣卑鄙的情事呢？」我以爲此君祇知其一不知其二，當年台灣保安司令部收買祝壽專號，雖然花了不少錢，但祇便宜了對方，使它加印到七版之多，不僅沒有阻止住它的傳佈，相反地却因此使它流傳愈廣；前車可鑑，這次怎肯再蹈覆轍？

二、封鎖消息——這兩本書在香港來說，不過是人們茶餘酒後的談話資料，沒有什麼重大作用，但在台灣便完全不同了：「偉大的領袖」原來是如此的偉大！黨和國原來都已變成了蔣家的私產！「中華民族的救星」的聲譽地位，豈不一落千丈？反攻的濫調還有誰聽？這兩本書雖然不能銷到台灣，但香港許多報紙都是可以入台的，萬一由於報紙的透露而致台灣的軍民曉得了事實的眞象，那還得了？於是發動所有關係封鎖消息，不但搶書的重大新聞不使透露一字，甚至連刊登廣告這種正常的商業行爲也百般刁難；有的更以立場問題乾脆拒絕。我的廣告大意是：「爲什麼脫離台灣國民黨一書現已出版，市面零售二元，直接函購兩種或兩冊以上八折，批發尤廉。購者請函香港郵箱一四九五六號自力出版社」這樣短短的幾十個字，然而某報的辦事人竟說怕我是共產黨；其實他們連中共的上海青年京劇團的廣告也大登特登，不知道他們的立場究竟是什麼。

三、陰謀陷害——在蔣經國竊國內幕發行半月之後，我接到謝斐道一位署名公孫一堂的讀者來函，大意說讀了該書之後，非常欽佩，已將內容函告美、英、日各國友好，現接覆信須再購五冊寄往，因市面買不到，請派人送來。最後又說現擬爲這本書譯爲日文在東京出版，譯爲英文在紐約出版，以表同情之摯意云云。

看了這封信，我的第一個念頭就覺得這是對方的圈套，因爲：第一、書剛出來半個月，美、英、日各地人士的反應怎會如此之快？第二、該書根本未在香港出售，而九龍方面則一直供應不缺，怎會有買不到的道理？第三、公孫先生既然在國外有那麼多的朋友，其本人似乎也不致於太落魄，但一切跡象都和他的身份極不相稱。第四、爲著者的作品譯爲其他文字在國外出版，乃是最受歡迎的事，何以不敢用眞名？根據這些疑點，我斷定這是一個陰謀，想用譯本的香餌誘我上鈎。因此我便答覆他：買書請先寄錢，關於譯本的事請提出具體辦法來。

過了幾天他眞的寄來五本書款，並說「爲譯本事甚盼能與先生面詳一切，至祈賜約，是幸。」我便約定時間地點和他見面，但他却沒有來。

以上這些一連串的卑鄙手段，無疑地是「蔣家黨」港澳特派員辦公處的那班老友記的傑作（特派員辦公處的一處主管組織，二處主管情報，三處主管聯戰和文化宣傳，四處主管民運）。他們爲了對付我這個「蔣家叛徒」竟然發動黨員、工會、文化新聞界對我全面杯葛：這些力量對中共鬥爭雖然不足，而對付孤軍作戰的區區則綽綽有餘，眞想不到「蔣家黨」的這些龐大組織，竟是專爲我而設啊！

我要正告仍在此地爲「蔣家」效忠的那班老友們，你們有的是宣傳工具和宣傳人員，又有無數的御用論客，如果認爲我寫的東西是譭謗了你們的主子，那麼你們儘可以在報紙上逐篇逐段逐句地向我反駁（但原報必須刊載我的回駁以示公允），倘若是我無中生有，社會自有公論，我也甘心認輸；何必要那些卑鄙無恥的無賴手段，在外人統治的土地上丟中國人的醜？縱然你們的主子臉厚心黑不以爲恥，我還以中國人的身分替你們覺得難以爲情呢！

現在我想借用貴刊一些篇幅把這些情形披露出來，好讓社會人士了解蔣家黨的那班爪牙們，是怎樣的在此地無法無天、胡作亂爲，不知能得到貴刊的同意否？最後我要鄭重聲明，這篇短文的法律責任完全由我自負，請您放心。

孫家麒謹上十二月廿五日

台灣簡訊

志　清

一：法院遲不改隸立委提出質詢

立法委員周傑人、周紹成、鄧翔宇、吳鑄人、劉啟瑞、蔣肇周、龐壽峯、曹俊、陳桂清、儲家昌等十人，為法院究竟將於何時改隸及改隸後的檢察及行政部門應如何統屬問題，向行政院提出書面質詢。

據稱，高地院應隸屬司法院，早為輿論所呼籲，並經大法官解釋在案，何以迄今尚未實行？政府方面所考慮者，或因法院改隸後，檢察及行政部門如何統屬問題。」他們認為審檢同一隸屬；檢察官在法制上在習慣上同樣視為法官，在中國已有數十年傳統，故檢察機構實亦有離開行政系統之必要。且推檢如分隸兩院，則推檢不能輪調工作；檢察官將為行政官，而非司法官，彼等失去司法官之身份，當非所願，故全國檢察官曾有一致的表示。

至於司法行政究應屬於行政院抑應屬於司法院，過去曾有多次更迭，迄無定論。周傑人等認為各省之高地院一向均兼辦司法行政工作，改隸後將仍然兼辦，則所謂司法行政者，自當順理成章統由司法院辦理，不能分隸兩院。

周傑人等並主張：高地兩院及檢察處改隸後，今日僅轄有台灣一省，實無獨設司法行政部之必要。且司法云者，原以審檢為主，所謂「司法行政」者，不過其附屬品而已，又何須堂皇設立一部，而有反賓為主之嫌？故主張將司法行政部根本裁撤；其所職掌悉移入司法院，由該院直接辦理，不另設部。正是整飭司法系統，厲行節約，精簡機構，提高效率，一舉而數得也。

周傑人等這一質詢，可謂十分中肯；但觀察家則認為他們主張撤銷司法行政部，將使法院改隸更無實現的可能。因為鄭彥棻好容易才弄到一個部長；而蔣經國的窃國之圖現正日趨積極，其對司法的控制，正唯恐不能加强，更不會放棄司法行政的大權也。

二：安全與便民

國家安全局（即特務總機關）於月前召集各級治安機關負責人舉行會議，報載該局局長陳大慶（蔣經國的心腹之一）曾指示今後一切應以便民為主，各單位所辦案件能够公開的應儘量公開，並便利新聞記者的採訪。據說：該局在不久的將來，將讓人民入內參觀。

某民營報於報導此一消息時，指出該局此一措施，為安全工作確立了新觀念，可以消除人民對安全工作的恐怖感，而使安全工作與民主制度求取精神上的協調。更說：「民主制度下的安全工作，是維護人民的；極權制度的安全工作則是對付人民的。」言外之意，顯然認為今日台灣的「安全工作」，不但沒有維護人民，而且使人發生恐怖感。

筆者常聽蔣經國的親信說：他並不願意做特務頭目，祇因乃父認為其他的人現均不可相信，才要他負責；他為了服從，不敢不接受。說這樣話的人，也自認今日的特務作惡多端；但卻解釋為是下級的少數不肖人員做的與蔣經國無關。實則假如他們不是奉命或蔣經國有意縱容他們，又焉敢如此？因此，陳大慶的這番「便民」指示，而且不出之於行動，卻公之於報端，不過是藉此將一切罪惡都推到下級人員的身上而已，絕不會眞的有所改進的。

三：又是官商勾結舞弊

台北市信義市場攤位承租戶代表張固等六人於本月十九日舉行記者招待會，揭發了又一宗官商勾結舞弊的案件。據張等報告：該市場係於四十八年十月由市府興建，並向各租戶預收租金，每戶最高者二萬八千元，最少者一萬三千元，當時市府言明五個月完工，而結果卻拖延到今年十一月底才告完工。他們大都是退役下來的，領了二、三萬元退役金，本想租一個攤位，做點小生意維持生活；誰知市府一拖二年多，好不容易等到該市場興建完成，市府又於十一月廿七日通知他們去抽籤分配攤位。但到市場一看，原計劃該市場對外的三條通道，只開闢了一條，沒有鋪設水泥，崎嶇難行。另兩條根本就沒有開闢，上面還有違建的房子未拆除；市場的電燈也未裝設。他們以這樣一座交通不便利的市場，自不會有主顧上門，因此，當時拒絕抽籤，要求市府按照原計劃完成，修築三條通道，並將原係違建的舊信義商場拆還到新建的市場內。但市府卻一直敷衍了事，至今道路未鋪設，舊信義市場未拆遷，致新建的信義市場仍然無法開張營業。

據張等說，市府謂工程延誤的原因，是水電承包商倒閉，和市場原址住有衛生隊員待還之故；但據調查衛生隊員於四十九年六月就已還出，水電承包商的倒閉，也只躭誤了二、三個月，但工程卻拖延了十五個月。他們懷疑市府主辦人員與承包商之間「有問題」。其次，市府計劃興建信義市場時，原來違建的舊信義商場即表示反對，當時市府堅持立場，新市場興建完成後，舊商場的攤位即行拆還入新市場。如今新市場已興建完成，而舊商場卻全無拆還的模樣。他們也懷疑市府的主辦人員與舊商場之間「有問題」。故他們除了籲請市府趕早按原來計劃完成道路和拆遷舊市場，及賠償他們因工程逾期不完工所受的損失外；並希望有關單位澈查市府何以拖延工程，何以不按原來計劃於新市場完成時拆遷舊市場？

又據中山區朱馥里里長董傑文，在記者招待會中揭露：該市場共有一五八個攤位，其中八十多個攤位是保留給舊信義商場內的攤戶，剩下的七十多個攤位，則由登記的九百多市民抽籤。他既非舊信義商場內的攤戶，也沒有辦理登記抽籤；但卻弄到兩個攤位，就是送了「紅包」之故。因此他認為信義市場工程的一拖再拖，舊市場的所以不依照原來計劃拆遷，這裏面都有「文章」。

四：大雪山林公司弊端百出

省議員賴榮木十四日在農林質詢中，對大雪山林業公司再提指責，他認為該公司此次僅更換一、二負責人實無濟於事，如欲澈底整頓，最好是將所有職員全部更換。

並揭發該公司三件與包商勾結圖利的案件，要求農林廳長派員澈查。

一、大雪山林業區第八十八、八十九兩林班之次材整理集運工作，由松明公司一手包辦，並違反森林法與包商勾結，越界盜伐集運面積達三公頃，材積約二千立方公尺以上，影響水土保持，使國家蒙受重大損失。

二、大雪山公司第二伐木站第一三三林班殘材整理約四千立方公尺，今年六月發包時，經辦人員未經正式招標手續，擅自指定商人明山木材行承包，其工資單價比市價高一兩倍，使承包人獲得不法利益達三十萬元以上。

三、該公司供應美森公司棄材，舞弊甚大，不法利益估計在數百萬元以上，他指出：美森公司成立年餘，迄未正式開工，大雪山所交棄材數量巨大，多數轉售非法圖利，且美森公司主管人與山上交貨者勾結以原木混入棄材中運出圖利。

賴議員又向該公司協理陳希劍提出四點質詢：

一：身兼福利會主任委員不但對員工不謀福利，且與王敏慶及主辦人員串通勾結，將福利基金四十四萬元流用移於高利貸自肥，迄今無法收回。該欵主計室有賬可查，且已開傳票撥付，而福利社迄今未予列賬，故主計室賬目與福利社賬目不符。

二：大雪山林業公司拿出新台幣二十萬元作為押租替陳在台北租一棟大房子，但陳甚少到台北，都是在東勢辦公，竟敢將公家所租的房子轉租與他人。

三：與某單位人員串通，以偽造文書向大雪山林業公司申購木材三千立方公尺圖利，由陳包辦不需証明，特別准予供應。後因試驗所分賍不均為人檢舉，空軍試驗所軍官被扣押，但陳卻逍遙法外。

四：陳每天赴台中花天酒地，天亮始歸，問陳身為窮苦公務員，費用從何而來？他希望陳不要自以為是某高官的親信，不怕天，不怕地。應該馬上掛冠而去，以免留下毒素，敗了大雪山的風氣。

五　鎮民代表『考察』大腿表演

員林鎮全體鎮民代表三十餘人以考察為名，於本月十四日由台中同乘飛機到台北。當晚因看東京寶歌之後的大腿表演，次日朋分考察旅費，五日自由活動，名曰考察；聲稱考察完畢，宣佈結束考察，代表們乘興而來，盡興而返；惟有少數富有者仍樂不思蜀，逗留台北。某報曾指出這些代表並非大員，卻儼然以大員自居。因其來到台北即首先考察歌舞，正是若干大員考察東京、考察巴黎的翻版。並指出過去中央某部要員於考察日本後發表其考察心得時，即念念不忘於淺草、銀座的脫衣女郎。由此，可知這些鎮民代表之假借考察為名飛來台北欣賞大腿表演，不過是上行下效而已。

議員自揭選舉秘密

宣　平

（台北通訊）台北市議會「無黨無派」議員黃介信於十二月十八日上午在市政府民政局行政課向新聞記者說，有錢萬事通，他準備以十五萬為活動費，競選台北市議會副議長；須定先以二千元一張的代價，付與每一位同意能免現任副議長周財源的議員。至於選舉的行情，有如鮮魚市場一樣，早晚時價不同；自須臨時決定，但十五萬元總足够應付了。又說：他所以能獲得最高的票數當選市議員，就是因為花得起六十萬元。錢花得多，所以票也多了。他更透露，現在為了準備競選副議長，於日前請黨外人士到北投聚會，當天就花了將近一萬元。並說：因為他有錢可花，許多國民黨員已經向他示意了。

黃介信這一番談話，驟然看去似乎頗為荒唐；實則盡是老實話。聯合報的短評，也指其為能「將一般人諱莫如深的議壇秘辛，毫無保留的自我揭發出來，不失為快人快語。」並對其以魚市來比喻市議會，認為「真切」之至。可是，國民黨議員在當權者的策動之下，卻以他的競選妙論給他們以可乘之機，乃於二十日晚召集黨團大會，商討對策，結果決定由四十一位黨籍議員聯名給黃介信一封公開的信，抨擊他自認花了六十萬，才得到最多的票數當選市議員一詞是對台北市第三區選民的「公開侮辱」，其所謂準備以十五萬競選副議長和許多國民黨議員已向他表示等語，更是不止侮辱了他們的人格，而且侮辱了他們所屬的政黨（國民黨）。信的最後一句，還說他不够資格做台北市的議員。

國民黨當權派除了策動這些議員在報上發表這封公開的信而外，又在第三區活動與他們有關的選民，出來罷免黃介信的市議員資格。其目的，顯然在轉移市議會對罷免副議長周財源的目的。據熟悉內情者透露，假如黃介信不發表令他人難為情的上述談話，國民黨籍的市議員既有十人以上簽名於罷免案，周財源之被罷免，很可能成為事實。如今由於他說話不慎，市議員們為了要表演沒有接受他的銀彈攻勢，或不能不有所顧忌了。不過，話得說回來，國民黨籍的市議員指責黃介信侮辱了他們的黨，實非由衷之言。因為假如以金錢換選票就是侮辱了國民黨；那麼，侮辱國民黨的始作俑者不是別人，正是蔣介石自己。因為他在三屆總統選舉時，以增加國大代表的待遇來求得當選連任，也同樣是以金錢換選票呵。

劉寧一在「和平理事會」透露

中共並不打算裁軍

劉裕略

在中共對外進行國際統戰工作的時候，經常都由劉寧一、廖承志、郭沫若三人出面，其中尤以劉寧一最重要，廖承志次之，郭沫若又次之。劉寧一之所以最重要，是因為劉寧一不僅是中共中央委員，而且是中共工人運動的實際主持者。在理論上，工人階級是共黨政權的領導階級，所以，劉寧一的實際地位，不但遠比徒擁學術虛名的郭沫若高，甚至亦較憑藉乃父廖仲凱的聲光而竄紅的廖承志高。而劉寧一最近於十二月十八日在斯德哥爾摩的所謂「世界和平理事會」發言所透露的中共反對裁軍，蓄謀侵略野心，值得自由世界的注意。劉寧一雖在表面上也贊成普遍裁軍。但據中共新華社北平二十日電說「劉寧一指出，有人認為全面徹底裁軍是通向和平的唯一道路，是當前保衛世界和平運動中的基本任務，同時，又是解決當前時代各項迫切問題的關鍵。他們認為民族獨立運動必須從屬於全面徹底裁軍運動，只要爭取全面徹底裁軍，世界的一切重大問題，都可迎刃而解。他說，不能同意這一種錯誤的、十分有害的主張」。

大陸之窗

新華社同一電訊又報導劉寧一曾說「佔全球人口一半以上的亞洲、非洲、拉丁美洲的許多國家，現在都遭受到美帝國主義和新老殖民主義的奴役與壓迫。美帝國主義不僅正在幫助英法等老殖民主義者屠殺被壓迫民族的人民，並且通過新殖民主義的各種方式，如顛覆活動、軍事干涉、軍事條約、政治、經濟、文化滲透等等，正在加緊侵略和剝削亞、非、拉丁美洲廣大地區的人民。因此，反對帝國主義、新老殖民主義、爭取民族解放和完全獨立，就成為這些國家的人民所面臨的最迫切任務」。「對於被壓迫民族說來，不論是老撾、阿爾及利亞、安哥拉或者是額麥隆，它們現在最緊要的，決不是去裁掉僅有的一些武裝，而是建立和擴大自己的武裝，來反對帝國主義和殖民主義。不論是古巴，或者是其它新的獨立國家，他們目前需要的也決不是去裁減剛剛建立起來的軍隊，而是加强他們自己的軍隊，來保衛祖國的獨立」。

劉寧一又說「民族解放運動起着從根本上動搖和打擊帝國主義和殖民主義制度的作用。民族解放運動的力量越擴大，就越能削弱帝國主義的戰爭力量和束縛住帝國主義發動戰爭的手足，世界和平也就越有保障。因此，和平運動必須支援民族解放運動」。

由劉寧一以上的話，可以看出中共中央的決策，並不願意亦不打算裁軍。雖然他也表示贊成普遍裁軍，但那是指「裁帝國主義」之軍而言，那是指裁自由世界的軍而言，至於他們自己，則不但不裁，而且認為和平運動應從屬「民族解放運動」。此所謂民族解放運動，主要地係指一個國家又一個國家的顛覆而言。所以，劉寧一的話，實已透露中共無意眞正裁軍的打算了。今日國際間竟至還有人認為如要進行裁軍，則非邀中共參加國際組織不可，實是幻想，須知中共縱然加入了聯合國一類國際組織，它也不會答應裁軍的。那未，為什麼還要基於幻想而邀中共參加國際組合呢？

中共將在東南亞擴張嗎？

葉劍英已到北越從事戰爭活動

綜觀

中共派遣一個由葉劍英率領的軍事代表團到北越從事戰爭活動的消息，已誌上期本報。茲據中共「中國新聞社」北平十二月十七日電「今天人民日報刊載了越南民主共和國副總理兼國防部長武元甲大將於十五日在歡迎中國軍事友好代表團的宴會上，武元甲大將、葉劍英元帥的講話。武元甲在講話中對以葉劍英元帥為首的中國軍事友好代表團表示熱烈歡迎。他說，中國和越南有着唇齒相依的歷史關係。越南人民和越南人民軍一貫感到中國人民和中國人民解放軍是自己骨肉般的情誼」。

又說「葉劍英在講話中，祝賀勤勞、勇敢的越南人民和越南人民軍，在越南勞動黨、越南民主共和國政府和他們敬愛的領袖胡志明主席領導下所取得的光輝勝利。他說越南人民軍已經成為一支保衛越南人民社會主義建設的爭取祖國和平統一的堅強力量，成為維護亞洲和世界和平的重要支柱，堅強守衛着社會主義陣營的東南亞前哨」。

又說「葉劍英譴責了肯尼廸政府對越南進行的軍事干涉，並堅決表示，中國人民和中國人民解放軍堅決支持越南人民為反對美國的干涉和侵略，為統一祖國而進行的正義鬥爭」。

再看中共所派遣的這一軍事代表團，除團長葉劍英是中共的「十大元帥」之一的元帥身份，且葉劍英原籍廣東，而北越胡志明及胡志明手下許多重要共幹都曾經在廣東潛伏和受過訓練，因而言語無隔膜，可謂人地相宜外，中共這一軍事代表團中尚包括有副團長中共空軍司令員劉亞樓及副團長蕭華（上將）、團員楊成武（上將）、黃永勝（上將）、蕭向榮（中將）、吳瑞林（海軍中將）、雷英夫（少將）等在內，且楊成武曾任中共援韓志願軍司令員，曾率中共軍隊在韓國戰場與美軍作過戰，可知中共這一次派遣葉劍英劉亞樓等前往北越，絕非普通訪問，而是前往策劃如何對南越進行武裝顛覆的實際戰爭了。否則不必派出如此龐大陣容包括陸海空各軍種之高級軍人前往北越。

事實上，由於共黨顛覆份子及武裝游擊隊在南越的活動不斷加劇，南越已面臨共黨威脅之崩潰前夕。而南越乃東南亞地區之戰畧要地。若南越變色，則不但寮國高棉皆將被共黨勢力所囊括，泰國與馬來亞亦將受到威脅，而南越與泰國以及馬來亞又都是在經濟上具有重大地位，盛產米、錫、樹膠等重要物資的。所以，自由世界如要保有亞洲，就必須確保東南亞，而要確保東南亞，則又必須先要保住南越。這是現階段的亞洲戰畧形勢，也是美總統軍事顧問泰勒將軍前往南越考察，甚至日本、菲律賓、馬來亞、泰國、韓國乃至台灣的中華民國都不能坐視南越淪陷的理由。

而從相反的方面看：正因為南越的戰畧價值和政畧價值以及經濟價值有如此之大，所以共黨方面也就更加處心積慮的企圖奪取南越，中共在此時日派遣此一包括葉劍英劉亞樓等在內的軍事代表團前往北越，無疑，這顯然是中共將在南越和東南亞擴大侵畧的意圖的具體反映。中共此一侵畧意圖是否見諸強烈的實際行動，端視美國和亞洲其它反共國的決心如何及行動的實效如何而定。若美國及亞洲其它各國援助南越的決心不堅，或行動的實效不夠的話，則中共在南越及東南亞之行動勢必加劇，若美國及亞洲其它各反共國家能以最大決心和實效（包括強大的軍事行動在內）的話，則中共內部困難正多，是亦可以適可而止的。所以，南越及東南亞的前途如何？中共對南越及對東南亞的進侵行動如何？將視美國和自由世界尤其是亞洲各國的決心和實際行動如何而定了。葉劍英等之前往北越，則必然是會以軍事實際行動來試圖顛覆南越並試行各種進攻的。

僑鄉簡訊

鍾之奇

中共加緊搜括廣西物資

當此秋收後不久的季節，中共正在大陸各地從農村搜括物資，以便先行集運到中共儲存的指定地點。對此，十二月十四日人民日報有一段有關廣西南丹縣的收購及集運情形最能說明此點。

人民日報說：「廣西南丹縣今年收購的土特產品，已有百分之九十以上集運到交通沿線。八墟公社各生產大隊利用民間運輸工具，採取短途往返揹運，長途分段輪運，接力挑運和輕挑快運等辦法，已運出二十九萬多斤土特產品。距離公路、離路較遠的里湖、中保、翁樂等山區公社，開展了支線和幹綫的銜接運輸，把國家收購的農產品運到集中點。」由此可見一般。

廣東各地普遍缺乏農具

廣東各地本不缺乏農具的，但自中共統治大陸十二年來，廣東各地缺乏農具的情況却越來越嚴重了。這其中的主要原因是人民對中共普遍心懷不滿，故農具的損毀率很大。而在另一方面，中共又將製造農具的鋼材全部控制，用以供應軍需工業，於是各地人民公社雖欲添製農具亦不可能。只因目前各地農具之缺乏程度已到驚人地步，甚至已經顯然無法應付明年的春耕，廣東共幹才着慌的請准中共中央撥了兩千噸鋼來趕製明年春耕用的農具。

據中共「中國新聞社」廣州十二月十八日電：「廣東省物資部門已調撥出二千多噸鋼材，供給省內手工業廠、社製造明年春耕用的小農具，這些鋼材中，有一千噸是由國家物資部門直接供應的。其中已有百分之九十運到生產單位，製造明年春耕小農具需要的其它原料材料，有關部門從十一月初就開始調撥」。足見農具缺乏之般。然而二千噸鋼材能製出的農具亦屬有限，杯水車薪，顯然又將在明春的耕種中造成困難了。

福建冬汎捕漁兩千多萬斤

魚蝦也是可以運銷海外可以換取大量外滙的物資，故中共驅迫漁民出海捕魚的工作從未鬆懈。雖然，「捕魚人兒世世窮」，所捕魚蝦都被中共刼奪了。

據中共新華社福州十七日電：「福建沿海各漁區十萬漁民陸續揚帆出海，參加冬汛生產。據最近統計，已捕魚兩千多萬斤」。又說「中山漁場今年冬蝦較多，平潭縣漁民僅在十一月廿一日一天就捕獲冬蝦一千一百多斤」。又說「閩東漁場冬汛旺發，漁民們二十多天已捕獲黃花魚、小帶魚八百七十萬斤」。並說「漁民們除了在福建沿海各漁場捕魚以外，還組織遠航捕魚隊到浙江、廣東沿海漁場捕魚」云。當然，這也供給了閩粵許多漁民逃出鐵幕的機會。香港、澳門甚至南洋一帶經常之所以有由大陸逃出之漁民抵達，也就由此而來。

海南人民深入原始森林採脂

松香可供工業用，又可外銷。而海南島之大量原始森林中却蘊藏松脂甚富，於是，中共乃迫令海南島人民冒野獸和毒蛇的危險去為中共採脂。

據十二月十九日香港共報——大公報消息「在海南島的白沙、東方、瓊中等縣的崇山峻嶺中，長着成塊成片的南亞松，這種熱帶的原始森林，年齡多在一二百年以上，過去由於山區交通閉塞，海南島的松林一直沒有被開發。從去年春天起，人們開始開山闢路，渉無人烟的松林深處出現採脂工人的脚迹，並出現了松香廠」云。

荷蘭準備抵抗印尼進攻

俊華

記者曾於本年七月間發出報導：「印尼年梢對荷宣戰」（編者按：該通訊刊於七月十四日本刊第一五零期。）在五個月之前作出這樣的預測，似乎是「言之過早」。可是時間迅速消逝，事態急激發展；現在已是聖誕前後，距離「年梢」不過一個星期，但照目前星馬所得到的情報判斷，印尼與荷蘭似乎不免一戰。

印尼內部原因

蘇加諾個人的英雄主義色彩，和他利用民族主義去統治印尼，固然是造成印尼進軍西新幾內亞的原因，但國際形勢的緊迫，給予蘇加諾以實質的、精神的鼓勵，更促使新幾內亞的爭奪戰難於避免。內在的，外圍的各種因素，一致地趨向於戰爭，戰爭就非爆發不可。

印尼內部，原來就有穩健與激烈的兩派，前者以前副總統哈達，及曾任革命時期印尼留守政府主席沙弗魯丁爲代表，而蘇加諾則傾向於後者。蘇加諾爲鎮壓穩健右翼勢力的膨脹，於一九五六——七年間開始反荷行動，利用民族主義爲領導，與穩健派決裂，沙弗魯丁率蘇門答臘及西里伯斯島數軍區司令反抗中央，成立革命政府，打了近一年的陣地戰，和數年的游擊戰。革命軍失敗，左翼勢力逐漸膨脹，就趨向更澈底的反荷。

革命政府雖然失敗，但頻年用兵的結果，蘇加諾的耶加達中央，經濟也極度匱乏，通貨膨脹，搶購風盛。人民對生活艱困不滿，有利於反政府的活動。革命軍游擊隊，經過五年仍未能剷除，達魯回敎軍則仍然活躍。慣於玩弄手段的蘇加諾，決心「轉移對內爲對外」，於是發動「收回西伊里安運動」，終於達到今天準備進軍西新幾內亞的階段。

共黨迂迴戰畧

但印尼本身的「民族主義發展」，絕不是西新幾內亞戰爭的主因。印尼之所以實行及能够進攻西新幾內亞，完全是出於蘇聯的鼓勵；正如印度的進兵果亞，是於尼赫魯與蘇聯主席密談二小時之後發動的一樣。

自今年春夏之交，蘇聯卽予印尼以軍援，數額達數億美元，其中尤以對空軍爲最注意。印尼空軍，今日已成「東南亞最强」的，一如蘇聯當時的預期。蘇聯代辦基斯納斯基在移交蘇機給印尼空軍時，就囑咐他們「從荷蘭帝國主義者手中，收回西伊里安」！這對於蘇加諾來說，正是「投其所好」。

當幾個月前人們正在憂慮寮國戰事擴大的時候，蘇聯却一聲不响地進行佈置印荷戰爭，原來寮越之戰如果擴大，不難引致美國的干涉，北越中共可能牽入，誠恐傷及共黨的肢體。但印荷戰爭的當事國是印尼和荷蘭，並不需要共產集團出兵，而打擊西方集團的作用却是一樣。這是蘇聯的迂迴戰畧，成功了並且可以利用這些「中立國」與西方爲敵，並因此終於傾向蘇聯。

遏止惡性反應

荷蘭方面，原想避免爲西新幾內亞而與印尼戰爭，荷女皇朱麗安娜於九月間主張「西新幾內亞人民自決」，便是想尋求折衷辦法。但蘇加諾予以拒絕了，因爲西新幾內亞的土著，以巴布亞人爲多，他們不會投票併入印尼。

蘇加諾拒絕折衷的解決西新幾內亞辦法，一面即行備戰，而荷蘭也準備防守。印尼集中到前進地區的兵力，已達八萬餘人；荷軍也源源增援、及有航空母艦開到防備。在這當中，荷蘭一面在聯合國提出西新幾內亞自決案，一面在西島陞起西巴布亞的旗幟。但聯合國通過的不是荷蘭案，而是「荷蘭與印尼就西新幾內亞舉行談判」。聯合國沒有支持荷蘭，但印尼仍拒絕接受談判的方法。蘇加諾決心採取戰爭威脅，迫荷蘭交出西島，倘若所求不遂，就實行戰爭。

聯合國和美國，都力勸印尼採取溫和的方法，但這些勸諫，似乎不能動搖蘇加諾用武的決心。印度在蘇聯的鼓勵下取得了果亞，更予蘇加諾以鼓勵。何況蘇聯正像煽動印度一樣，與中共先後聲援印尼「收回西伊里安」。

十二月十九日蘇加諾已宣佈了「總動員」，進攻西島，只待下令。二十二日，他更召集重要的決策會議，要採取最後行動。

這個會議，是估計印尼進軍西新幾內亞時，有關國家的反應如何。美國的態度如何，固是估計的對象。統治新幾內亞東部的澳洲，是否會受到印尼進軍的過份刺激？更是印尼所想確切瞭解的。事實上，印尼政府是與共黨合作的聯合政府，印尼軍隊則是由蘇聯軍援建立的軍隊。澳洲對印尼進軍西島，似乎不能視若無觀。

果亞事件造成以武力解決問題的惡例，如果任令惡性反應繼續，恐怕會沒有止境。西方國家可能正在考慮，予以阻截遏止。那麼，印尼進軍，也許會遭遇到荷蘭堅決的抵抗。

・吉隆坡通訊・

印度土匪的活動情況

（新德里通訊）・賀姑・

印度雖於十二月十八日毅然揮軍進入葡屬果亞，作出「强大」的姿態，但她畢竟是一個內憂外患的國家。外患方面，最使她感到寢食不安的，就是中共的虎視眈眈，而內憂方面，則爲土匪的活動日益猖獗。印度和中共的關係將來演變至如何惡劣，刻仍難以逆料；至於土匪的橫行，則已是擺在目前的事實了。被稱爲「德蓋特」的土匪，刻正困擾着印度的內政，成爲一項相當嚴重的問題。現在，且讓筆者來報導一下印度土匪的活動情況罷。

印度土匪是盤據在中北部查姆巴爾河沿岸地區的；土匪的數字，已多至無可統計，現在祇能用一個抽象的名詞來形容，那就是「龐大」兩字。

查姆巴爾河是印度河的支流之一，迂迴曲折地流經烏打巴拉底，什、喇遮斯坦、及馬底雅巴拉德什等三省，盈千纍萬的印度教徒每年都聯羣結隊，不辭跋涉，擁到這河流來，投身河濱，讓滾滾的「聖河之水」，洗掉他們身上的罪惡；而這些教徒，正是土匪刼掠的目標。於是，沿河一帶地區，尤其是險峻的峽谷，便成爲土匪出沒的淵藪，在沿河一千二百方哩地帶內，大肆活動。而河岸兩面，森林密佈，還有不少深入內陸的峽道。這種有利地形，因而變成了匪帮「滿載而歸」的「安樂窩」。

據當地土人指出：印度的匪患，在許多世紀以前，即已存在。一八一三至一八一五，三年時間，英國派駐印度的華倫・希士廷總督，曾下令大舉討伐，並宣佈凡被判有罪的土匪，即解回其家鄉處死示衆，而該匪的家屬，也須貶爲「國家的奴隸」。但此嚴刑峻法，仍未奏效；而土匪且變本加厲，作出有計劃的行動。不少人馬衆多的匪帮，更以嚴密組織的姿態，一方面拒抗官兵，一方面四出掠刼；政府當局，無奈之何！其後印度政府加强了管制武器執照，及增强了警察的力量，土匪的活動雖曾一度有所畏懼，但到了一九四七年，印度大陸分割了後，上述的措施也因之而漸告鬆弛，於是「亡命之徒」乃告復活，直至目前，土匪的猖獗，遂又達到了使印度政府也爲之萬分困擾的嚴重程度。

據當地土人稱：從前最著名而又兇悍的匪帮稱爲「天星帮」，首領名叫「文那星」，他的「手足」則尊稱他爲「印度羅賓漢」，是個魁梧奇偉的傢伙，原爲封建制度中的「藩臣」，橫行印度達三十多年之久，官方宣佈他的罪行，計有謀殺罪二百餘欵，糾黨行刼罪則達一千一百餘欵，至一九五五年，始由官方的居喀籍「神槍手」埋伏在森林裏將他轟斃。他的遺妻「太華女士」，現已六十餘歲，刻仍在查姆巴爾河附近的一條小村落裏度其餘年。自「文那星」被射殺後，第二號匪首「洛勃」就承繼了「衣砵」，繼續率衆四出打家刼舍，攔途搶掠，以至擄人勒贖。這個「洛勃」，綽號「俊男子」，從他的外型觀察，無論如何，不會估料到他竟是一名悍匪。迨至一九五九年，「洛勃」也被官方捕獲處死，名正典刑了。現在，則由「天星帮」中的一個「後起之秀」名叫「式打星」的做了首領，照常活動，幹着殺人越貨的勾當，使查姆巴爾河一帶加重了恐怖的氣氛。

一般土人的估計：目前在查姆巴爾河一帶活動的大小匪帮，最低限度都有十三個。政府當局的剿匪行動雖迄未稍懈，用於剿匪的經費也已超逾七百萬盧比，但收效依然微乎其微。而官方則透露了一個驚人的消息，謂政府之所以難以剿滅土匪，係由於土匪們獲得當地鄉民庇護所致。土匪們之拉攏鄉民，是另有他們的一項手法的；他們是利用着鄉民的頭腦簡單，而施以特異性格的感召，使鄉民們崇拜。同時，又要出奉敎的把戲，向迷信的鄉民討好，因此便互相「親善」；目前仍在不少鄉民，認爲那些土匪是存有「俠義精神」，於是便暗中予以庇護，並替他們探聽官兵的行動和虛實。這樣，確使官兵傷透腦筋。

目前「式打星」的活動，尤爲高明；據說：他是採取「遠交近攻」策畧。這種策畧，就是對在他的巢穴附近的鄉民，則設法和他們結好；對和他的巢穴有相當距離的鄉民，則施以刼掠；同時，更出擊官兵，實行刼糧搶械，成爲印度政府的一大患。（十二月十九日）

得救（上）

金珂

那是個炎熱的夏天，空氣沉悶地使人窒息，樹葉兒靜悄悄地掛在樹梢，一動也不動。太陽還是猛烈地照着，像要把人烤乾似地，雖說已快是下午四點鐘了，可是她還是不肯讓步地發出炎威。在路上走，有一股熱烘烘蒸人的感覺。坐在屋簷下的人們，雖手中在不停地搖着扇，可是額頭上的汗珠還是不斷地流下來。路旁樹上有「知了」在有氣無力地叫着，也想把身上的熱氣散發一下。熱呵，熱呵！路上的行人在叫着熱呵！坐在椅上乘涼的人也在叫着熱呵！到處都是熱，每個人都是汗流夾背地。

「老李，那麼熱的天，你打算上哪兒去？」住在老李隔壁的鄰居，看到老李在匆忙地穿衣服，他好奇地問。

「上哪兒去？這麼熱的天，誰還有胃口穿整齊了衣服出去玩兒嗎？告訴你，上班！」老李牢騷似地說。

「上班？上什麼班？中班已經遲到了。晚班，還太早呢？！這算什麼班頭？」鄰居好奇而又不懂地睜大了眼睛，在繼續追問着——。

「也不知上什麼班？最近因為原料沒有，廠裏在停工待料。唉！雖停工，我們每天還得要上班，不是開會，就是學習，可惱火啦！我寧可上班做工，還乾脆些。有什麼辦法呢？拿他的工錢就得受他的折磨。你看，這樣熱的天，讓我們休息一下該多好。偏要擠在一起，鬨會啦！開會啦！整天開個不完。唉！真個沒辦法……」老李一面穿衣服，一面拿毛巾拭着從額頭上流下來的汗水，滿臉不高興地說。

鄰居聽了他的話以後，暗暗地吃了一驚。他想：「老李是黨員呵！為什麼會講這樣的話呢？平時，他不是挺積極的嗎？他今天和我講這些話，恐怕另有用意。」想罷，他不敢再和老李繼續談下去，只是敷衍了幾句就走開了。目送着老李走了，他的背影消失在人羣中。可是，鄰居心中的怕卻沒有隨着老李消失，「奇怪」這個念頭一直盤旋在他的腦海！「平時，他多麼積極呵！怎麼今天會講這些話？是真的？還是假的？」鄰居心中在自問着。最後，他喃喃地說：「一定是假的，他說的這些話，一定另有用意。我可不能上他的當。哼！黨員的心地是多麼可怕啊！」

×　×　×

在上海××廠的支部辦公室內召開着支部會議，出席會議的有五十七個黨員。支部書記袁向明在向大家傳達着市委工作會議的精神：「同志們，在市委工作會議上給我們提出，今年，一九六一年是我們革命最艱苦的一年，由於農村受到自然災害的影響，使農業歉收，從而也影響了工業發展。因此黨中央提出要『大辦農業，大辦糧食。』工廠內要下放大批工人下農村去支援農業……」支部書記講到這裏。下面發出一陣沙沙的聲音，有的扮着鬼臉，伸着舌頭。有的說着：「大辦農業，大辦糧食是件好事，只是要下放工人不妥當。」有的說：「農業需要建設，但城市同樣需要建設。」有的說：「下放農村，不幹，這樣苦，誰受得了？」

就這樣，三個一組，五個一堆的講開了。他們都担心着會輪到自己下放。

站在講台上的支部書記，聽到下面的聲音越來越大，於是他喊：「同志們，大家別開小組會，讓我把會議精神全部傳達了後，再組織討論。」接着，室內寂靜下來，袁書記又繼續的講下去：「當然囉，要執行這一任務是有困難的，因為這是一個思想鬥爭的過程，但這次下放，並不等於全部去，是要符合條件的：一、新進廠工人，在本廠工作不滿三年的。二、家屬在農村，而其家屬是人民公社社員。三、平時思想和行動有問題的。以上這三條條件是我們內部掌握，不許向外宣佈。但話得說回來，因為我們這次採取的方法，仍是先向羣衆作動員報告，然後再進行集體報名，表決心，雖然這樣做，但作為共產黨黨員和工人先鋒隊的我們，必須要積極帶頭，這樣才不會使羣衆造成錯誤。」

聽了這些話以後，坐在櫈子的聽衆，心裏頓時放下了一塊大石頭，他們面部的表情，先是緊張，接着是不耐煩，認為每年都要搞農業，每年都要下放，弄個不完。最後，聽了袁書記所提出的三個條件，大家都認為沒有一條自己能符合的。於是，幸災樂禍的表情代替了緊張與不耐煩，大家都認為事不關己，高高掛起，要下放，只要不搞農業，只要不下放到自己頭上來，也是天經地義的事。

最後袁書記又說：「雖採取集體報名的方法，但我們還要做到心中有數。現在我們大家討論一下，這樣的方式方法可好？攤下去了羣衆會有哪些看法？會產生哪些思想問題，我們再可以排一下隊，看哪些人符合條件？」

小組討論會是在緊張而又熱烈的氣氛中進行，首先大家一致認為：「黨中央提出的大辦農業，大辦糧食的方針是完全正確的。作為中華人民共和國的公民都有這義務響應祖國的號召，作為共產黨黨員的我們，就更應該積極響應。」他們談了看法以後，接下去就開始排隊：「第一車間二個，第二車間三個，第三車間一個……」一排下來，共有二十個。

會議就這樣結束了，大家離開了黨支部辦公室。在辦公室內留下了黨支部是幾個總負責人，他們在商討着事情怎樣展開？而且也提出了只有羣衆，沒有黨員下放，這樣做也不對頭。因此他們決定在黨員內選擇了平時思想作風有問題的老李下放。當然，這是內部消息，除了這幾個支部的首腦以外，其他一律不知道。

（未完）

文壇泥爪

法國也有阿Q

魯迅的中篇小說「阿Q正傳」，在魯迅生前曾經敬隱漁譯成法文，當時法國文豪羅曼羅蘭看了，大為誇讚，寫了一篇評論的信，又由敬隱漁譯成中文寄給創造社，轉魯迅，創造社沒有轉也沒有刊載，把這譯稿壓下，一直無人知道。

那時正是民國十七年，魯迅在上海和創造社的人筆戰正酣。敬隱漁原是創造社的二期幹部，後來轉到文學研究會去，時正在法國留學。後來他由法國到上海，把此事向魯迅說了，魯迅才初次知道羅曼羅蘭頗為賞識阿Q。

在許廣平影印的「魯迅書簡」手稿中，魯迅於一九三三年十二月十九日答Y先生信裏就提到了這事：「羅蘭的評語，我想將永遠找不到。據譯者敬隱漁說：那是一封信，他便寄給創造社——他久在法國不知這社是很討厭我的——請他們發表，而從此就永無下落。這事已經太久，無可查考，我以為索性不必搜尋了。」所謂Y先生，大概是姚先生寫信給魯訊問到此事，魯迅才這樣回答的。從民十七到民二二有五年了，所以魯迅說「這事已經太久」。那時左聯已成立四年，創造社的巨頭如郭沫若、成仿吾等都不在上海，後期那些共產黨員的創造社幹部雖在左聯，但和魯迅始終是敵對的，因此自知「無可查考」而也「不必搜尋了」。

魯迅死後，日本增田涉寫了一篇「魯迅論」，刊於日本的「改造」雜誌，亦曾談及此事。後來此文譯成中文，刊於台灣的「文藝青年」雜誌。那時正是抗戰的前一年，台灣還未光復，郭沫若也還在日本亡命，沒有回國。當時郭沫若看到增田涉的文章的中譯，曾寫信給「文藝青年」有所辯白，該刊即予以發表。郭沫若在信裏表示，創造社的人還不至卑劣到這樣的地步，敬隱漁和羅曼羅蘭都在，此事不難弄得一個水落石出的。這信被增田涉看到以後，大為光火，就針對郭的辯白發表文章說，他恭候着郭沫若的一個水落石出！誰知郭的「水落石出」卻始終沒有「弄」得出來。

抗戰結束，魯迅的好友許壽裳發表了他的「亡友魯迅印象記」，在「雜談著作」一篇中有這樣一段說：「他又告訴我：羅曼羅蘭讀到敬隱漁的法譯阿Q正傳說道：這部諷刺寫實作品是世界的，法國大革命時也有阿Q，我永遠忘記不了阿Q那副苦惱的面孔。因之羅氏寫了一封給我的信託創造社轉致，而我並沒有收到。因為那時創造社對我筆戰方酣，任意攻擊，便把這封信抹煞了。……魯迅說罷一笑，我聽了為之憮然。」

羅曼羅蘭所說的「法國大革命時也有過阿Q」，當是敬隱漁親口告訴魯迅的。許壽裳發表這篇文章時，郭沫若早已見風轉舵，隨着中共大捧死魯迅了，甚至首先提出要在全國各大都市建立魯迅紀念碑。許文顯然對他是一個很大的打擊，等於揭穿了他的卑劣無恥的行徑。因此他即在許文發表的當天——一九四七年八月三十日，寫了一篇回答的文字，題目叫做「一封信的問題」。他在文章中對此事推得一乾二淨，他說在民十七與魯迅筆戰正酣時，他遠在日本，成仿吾已二次到了蘇聯，創造社的負責人是王獨清，而王獨清不久即南下與陳獨秀合流成了托派。那等於說，如果敬隱漁真的把羅蘭給魯迅的信寄給創造社，不轉給魯迅的責任，應該由王獨清負，而不應由他和成仿吾負。然而他卻不相信真個有這麼一封信，他說敬隱漁神經不正常，是個瘋子，由法回國不久，便發狂跳海淹死了。在這樣情形下，敬向魯迅說的話就是瘋話而不可靠了。此外他還懷疑，敬那時已轉向文學研究會，為何此信不寄由文學研究會轉給魯迅，而偏寄交創造社轉呢？他更懷疑，從歐洲寄信到上海，往往遺失和延期，哪能準知一定寄到創造社？如果延遲到民十八年二月七日以後才寄到，那麼那時創造社已被查封，當然就失落了。總之，他不承認真有這麼一封信寄到創造社，魯迅不應該懷疑他，許壽裳也不應該這樣寫。

直到現在，這仍然是文壇上一件疑案。不過如今羅曼羅蘭、敬隱漁、魯迅、許壽裳、王獨清等都已作了古人，真相似乎真如魯迅所說「無可查考」了。但當我們看到「魯迅書簡」、「許壽裳的「亡友魯迅印象記」、增田涉的「魯迅論」時，似乎又很難相信魯迅當年是假造此事來厚誣創造社的。

金釵記（七二）

黎明

魯學曾：哎呀使不得，使不得！（素娥被抱在學曾的懷裏，幽怨地望了他一眼，又掙扎着要向杜邊衝去，只是學曾又慌又疼，只是死勁抱住不放）表嫂！表嫂！使不得，千萬使不得呀！

田素娥：（因爲抽身不得，倒索性伏在學曾肩上幽幽咽咽地哭了起來。）

（這時門外的安人和春梅三番兩次都想開鎖衝進，却都被員外含笑制止）

顧員外：（最後一次拉過安人細語）你如何却老糊塗了？這門末？還不是開的時候咧！

顧安人：（指了一指）唔、哦、哦、是我老糊塗了！不錯，是我老糊塗了！啊、哈、哈……

顧員外：咻！（怕安人縱聲一笑，驚動房中，急加制止）

魯學曾：表嫂！不必如此，有話還是坐下來說吧！

田素娥：（推開學曾，拭淚生嗔）誰是你的表嫂？誰是你的表嫂？誰愛聽你婆婆媽媽嫂前嫂後的？

魯學曾：哦，是是是，我該打嘴，（說着眞自打了一個嘴巴，素娥見了也禁不住掩袖一笑）以後再也不叫了。——如此小姐、不，娘子請坐！

田素娥：（佯嗔而坐）這便才是呀！表弟你也請坐！

魯學曾：哎吓！誰是你的表弟？誰是你的表弟？誰愛聽你婆婆媽媽弟前弟後的？（說罷佯怒而立，以袖當扇，掉胸扇，好像要扇掉胸中的愁氣一般，逗得素娥又是一笑，而且笑得很媚。）

田素娥：（起身旁白）原來在這兒等着我了。（轉向學曾）哦，是了，公子請坐！

魯學曾：（佯怒如故）誰稀罕你叫我公子？

田素娥：（扭了一扭）哦、哦、是了；相公請坐！

魯學曾：（仍然佯怒，其實却笑在心裏）誰稀罕你叫我相公？

田素娥：咿呀！（羞答答地，暗向學曾戟指而嗔）哦、哦、哦，官、、官……官入請坐！

魯學曾：（背田撲嗤一笑）這便才是呀！（轉身就坐）娘子請坐來！

田素娥：（向魯拋出一個媚笑，然後從容就坐）奴家去坐。

顧安人：（向員外）老糊塗！開門是時候了。

顧員外：嗯、不錯，是時候了；春梅開門來！

春梅：曉得了。（說着連忙上去開門）

（門既開，三人一湧而入）

員外、安人：（同白）恭喜我兒，賀喜我兒！

春梅：恭喜姑爺！賀喜小姐！

（魯、田見三人衝了進來，不覺同時一驚。沒奈何祗得起身爲禮。）

魯學曾：孩兒拜見岳父岳母大人！（說完站在員外一邊。）

田素娥：孩兒拜見爸爸媽媽。（說完站在安人一邊）

顧員外：哎呀兒呀！（唱）你們的話兒我早已聽得眞，才子佳人正好配成親；你是我義兒她義女，這才眞是綠楊分作兩家春。何必聽那悠悠之口空紛紜？

魯、田：（同白）孩兒拜領了。

顧安人：哎呀兒呀！（唱）金釵作聘動鬼神，切莫辜負你秀娘妹妹一片心；從今後百年偕老要和順，紅袖添香助夫君，定然是平步金街上青雲。

魯、田：（同白）孩兒拜領了。

春梅：啟禀員外、安人！婢子我也要祝賀幾句。

員外、安人：（同白）好、好，就聽你的祝賀來。

春梅：姑爺小姐呀！（唱）倘若不是我春梅門戶關得緊，險些兒滑走了我家姑爺，那嫋嫋婷婷的俏呀俏佳人。又倘若不是我家姑爺手兒抱得穩，險些兒，摔壞了我家小姐，那苗苗條條的小呀小腰身。倘若摔壞了我家小姐的小呀小腰身，不止員外、安人、和姑爺，就是我春梅嘐，也要心呀心裏疼！

田素娥：（拉住安人的衣袖撒嬌）媽呀！您看這丫頭貧嘴啵？我不依，我一定要打她。（說着，直向春梅奔去）

春梅：安人！您快拉住小姐呀（邊說邊逃，下）

田素娥：看你這個臭丫頭逃到天上去。（追下）

（房中漾滿了笑聲。幕隨下）

（全劇完）

辛丑冬至前四日

辛亥革命史談（三四）

五、武昌首義當時的實況

舜生

從八月十九日（十月十日）晚工程第八營發動首義，經過二十、二十一、二十二、三天，將武昌、漢口、漢陽三鎭完全佔領，這一莊嚴偉大事實的演出，其情況是相當驚險、複雜，而且是進行得異常迅速的，現在我們就以下數點來加以概括的叙述。

一、首義分子的精誠親愛與堅定決心：照理說，經過十八十九兩天漢口、武昌機關的破獲，以及彭、劉、楊三烈士的慘遭屠殺，假定他們平日不是確有嚴密的組織和相互間積累得有一種親愛的精誠，便可能陷於分崩瓦解，各求倖免，則所謂首義云云，豈不要歸於雲散烟消，和以往歷次的失敗完全一樣？可是事實並不如此：機關儘管破獲，他們不但沒有氣餒，反而加强了他們每個細胞組織的自動決心；彭、劉、楊被殺，不僅沒有使他們胆怯，反而加强了他們的同仇敵愾；其原動力皆由平日積累而來，決非臨時烏合可比，這是我們對首義諸人一個應有的基本認識。

二、步驟嚴謹，大體上能按原定計劃實現：在十九這一天，孫武已因受傷入院，蔣翊武則因被捕脫走，遠赴京山，就實際情況說，原已陷於羣龍無首；可是他們多數重要同志，在平日已將武昌情況爛熟於胸，一切進行計劃也早有規定；因此，工程第八營的總代表熊秉坤及金兆龍、程正瀛（卽程定國）等，乃能乘時蹶起，時十九日晚八九時頃也。究竟第一鎗是誰放的？則若干資料都有明確紀載，乃是程正瀛對當日該營值日官後隊排長陶啟勝的一擊。然而這不是重要問題：當時說服同志必於當晚起義者爲熊秉坤；盜取腰牌號簿偕于都文冒險出營通知二十九、三十兩標響應者爲熊秉坤；其時軍中子彈已被官長收去，設法覓得少許子彈，分發同志，作爲起義憑藉者，仍爲熊秉坤；等到他們將該營代理管帶阮榮發，右隊隊官黃坤榮，司務張文濤擊斃，排長陶啟勝擊倒，然後奪取本營軍裝房子彈，搗毀電話，焚燬營房，率同志四十餘人跑步出營，按照原定計劃直趨楚望台以奪取軍械庫者，也還是熊秉坤！其一種義無反顧的精神，生龍活虎的身手，雖項羽『沈船破釜甑，燒廬舍，持三日糧，以示士卒必死，無一還心，』而卒以破秦軍，救鉅鹿者何以遠過！？

原來駐守楚望台軍械庫者，本屬工程第八營的一隊，負責指揮者，爲本營左隊隊官吳兆麟。兆麟本日知會會員，自該會失敗，卽不再問革命事。是晚本隊同志羅炳順、馬榮等，遙聞本營鎗聲，知已發動，卽鳴鎗響應，兆麟乃驚駭而逃。時負軍械監守之責者，尙有督練公所課員李克果，及軍械所總辦紀某，以召集士兵訓話無應者，也相率遁走。於是炳順等迎秉坤入，乃將軍械庫完全佔領，卽由秉坤任臨時指揮。時三十標方維、謝湧泉等率百餘人來會，測繪學堂李翊東，向許、甘績熙等八十人先後來歸，二十九標代表蔡濟民率數十人，三十標排長馬明熙率全排四十餘人同到楚望台，四十一標闕龍、鄭繼周、王世龍越營垣來歸，其他如杜武庫、吳醒漢、高尙志、徐達明、胡效騫、彭紀麟、徐紹孺、楊選靑等，也各帶一部到達，城外輜工兩隊亦由代表李鵬昇帶來七十餘人，聲勢頓形浩大，此爲革命成功的第一階段。

可是秉坤究竟是起自卒伍，不嫺指揮，其初步調度，似僅以守住楚望台爲目的，還沒有談到攻打總督衙門，等到三十標代表張鵬程率士兵二十餘人趕到，乃認爲徒守楚望台實有莫大危險，一到天明，卽將大受優勢武力的壓迫，可能同歸於盡，應立卽行動，以攻取督署，驅逐瑞澂爲目標。衆以爲然，於是革命的艱苦工作乃進入第二階段。

三、攻佔督署及瑞澂、張彪的逃亡：這一晚，瑞澂正留在總督衙門，張彪則在他文昌門的公館。武昌督署位於文昌門城牆附近，右側及後門，依城爲要塞，無街道可通，其形勢實易守難攻。其時防衛督署者，計有陳得龍所部巡防隊三營，督練隊兩營，機關槍一隊，武裝消防隊一隊，憲兵一隊，水機關槍四挺，兵力相當雄厚；以前二十九標統帶李襄鄰及曾充統帶的白壽銘爲兩路指揮，分防各要道，嚴陣以待，佈置也可算週密。（未完）

聯合評論

週刊

本刊已經香港政府登記

每逢星期五出版

United Voice Weekly

第一七五號

督印人：黃宇人　總編輯：左仲平

社址九龍赫德道二十三號地下　電話 68678

承印嘉羅印刷有限公司香港灣仔馬師道5號

總代理：友聯發行公司售價每份港幣一毫

本報美洲版總經售處美國紐約中美出版社

CHINESE - AMERICAN PRESS, INC
199 CANAL STREET.,
NEW YORK13 N. Y. U.S.A.

美洲航空版每份零售美金一角

新年漫談時局

黃宇人

一　去年的回顧

去年一年，就當前世局的核心問題——冷戰的形勢而論，自由世界總算尚能守住陣腳，未曾遭受重大損失。古巴、寮國和剛果等處的火頭均未成燎原之勢，共產集團對日本的滲透活動，和在柏林所造成的緊張局面，亦未達到其所想的目的。益以美國的國力在甘迺廸總統就任後已有顯著的強化，英法兩國又漸次掙脫殖民地問題的困擾，自由世界的形勢，可以說：較一年前稍勝一籌。

在共產集團的那一面，由於鐵幕內人民的日增不滿——尤其是中共在大陸上所造成的空前災難，共產主義對東南亞及其他所謂落後地區的人民，已失去其一度具有的誘惑力。今日蘇聯的對外宣傳，已不再強調傳統的世界革命口號，而側重於誇張其在太空發展方面的成就。換言之，他們已自知共產主義的遠景並不足以吸引觀衆，而企圖藉放射太空船的領先以懾服他人。在中共與印度的關係逆轉之後，許多平素標榜中立的國家原已提高了警覺；赫魯曉夫又從而不惜自揭面具，恢復核子爆炸試驗，愈使世人對其所謂和平共存的眞面目，有了新的認識。再加上中共俄共的不睦，從秘密的醞釀而趨於表面化，共產集團的聲勢和影響，更受了重重的一擊。因此種種，在過去的一年中，共產集團雖然也曾試圖在世界各地興風作浪，但不特未能取得任何實質上的收穫，而且在宣傳上亦已退居守勢。

二　今年世局可望稍見緩和

就當前的形勢看去，今年仍將繼續冷戰下去，裁軍和德國問題依舊無法解決，核子爆炸試驗，可能還要擴大；但熱戰則不致發生，世局還可望稍見緩和。因爲赫魯曉夫目前所面臨的主要問題，是如何進一步肅清俄共內的敵對勢力，以鞏固其清算斯太林後的既得地位和，如何穩定各附庸國家，以防止因與中共不睦而引起共黨集團內部的離心力。或以爲赫魔爲了要克服這些內在的危機，亦可能狗急跳墻而作對外的冒險。可是，所謂形勢比人強，不但美國今日的國力業已大爲加強；法國自戴高樂總統東山再起後，雖然在處理國際事務上間或使華盛頓和倫敦感到不快，然而法國已從過去的半癱瘓狀態進展而爲自由世界陣營的一個堅強國家，則是極爲顯著的事實。西德與日本也無可乘之機。在此形勢之下，赫魔焉能不有所戒懼。我認爲他爲了誘致東西高峯會議的及早實現，俾得藉安外以攘內，還可能於最近向美國他作試探性的接觸時，故作某些忍耐姿態，以示因柏林問題而掀起的緊張局勢可憑談判而獲得緩和。

至於中共方面，毛澤東正也有一本難念的經。今日大陸，人心思變，不但不容再加忽視；他還須時刻提防因與赫魔的不睦，中共內部歷年被他鬥倒下去的許多異己分子，可能死灰復燃。因此之故，毛澤東雖然野心勃勃，但在目前却是自顧不暇，自無力作對外的軍事冒險。

再談到自由世界的各主要國家雖然標榜民主自由和反對共產主義；實則僅以自保爲能事。就是主張建立一個法治的新世界的甘迺廸總統，也祇要共產集團不再向外擴張，他也不會乘他們目前的內部危機而作解放鐵幕後人民的義舉。所以，我認爲今年的世局可望稍見緩和。然而從較長遠的觀點看去，這却不一定是自由世界的佳音。因爲蘇俄迄未放棄其赤化世界的野心，赫魔亦不能作任何實質上的讓步，一旦他們認爲有機可乘，仍將毫不猶預的向外擴張，乃可斷言。我認爲爲了自由世界的前途，和人類的永久和平自由，世界各主要國家絕不容以苟安現狀爲已足；而必須積極援助鐵幕國家的人民，自求解放，才是正本清源，一勞永逸之道。祇惜美英法當局均志不在此。

三　英國的幻想

繼蒙哥馬利子爵兩度訪問北平，並不惜爲文把今日饑荒遍地的中國大陸，說成富強康樂的人間天堂之後，英國已同意以噴射飛機售與中共。如後者願意，大約還將繼續售與其他的物資。倫敦方面的用意，除了傳統的生意眼而外，可能還想乘俄援不繼之使利用此項交易以吸住中共，而實現蒙哥馬利文內所說的大願——以英國爲東西兩方的金鏈鎖。果如此，則未免太天眞了。因爲今日中俄兩共雖鬧不睦，然而雙方都深知分則兩害之理，因而不可能演成全面的決裂。赫魔對阿爾巴尼亞的絕交，自是對中共的進迫；可是，我認爲毛澤東仍將一面予阿共以支援，一面保持與赫魔神離貌合的現有關係，靜觀俄共內部有無變化，假如赫魔繼續得勢，中共終將向俄共低頭。因此英國如想利用目前中俄兩共不睦的機會而以戰略物資供給中共，其結果不過是助長敵人而已。猶憶大陸變色之初，英國率先承認中共，原也存有一番幻想；然而歷時十餘年，卽正常的外交關係亦不能建立，也應該足够警悟了吧？

四　殖民地問題

去年年底，印度以武力收回葡屬果亞，美英諸國多予指責，共產集團則表示支持。我認爲印度使用武力，自是一件憾事；然而當此之時民族平等已成了不可遏止的時代巨流，葡萄牙却仍沉迷於殖民地的舊夢不醒，不僅是自由世界之羞，而且也是一種禍源。爲今之計，凡尚擁有殖民地的國家，應卽與各該殖民地的人民取得諒解，應允並協助其獨立。其面積太小，人口太少不具獨立國的條件者，亦應儘速與聯合國合作，在聯合國旗幟之下，作妥善的安排，才是兩利之道。若仍企圖憑藉過去帝國主義時代的餘蔭，繼續吸取殖民地的脂膏以自肥，其結果必將招來自身的災害，甚或連累自由世界。因爲共產集團目前雖無發動大戰，鯨吞世界的力量，但必繼續作滲透和傾覆的活動，以求蠶食。則是無可懷疑的。在共產主義業已褪色的今日，殖民地和獨裁政權都是他們最好的營養品。我希望葡萄牙經此失敗後，迅作改弦更張的良圖；更希望其他尚擁有殖民地的國家引以爲鑑。

論美蘇和平談判

孫寶剛

路透社莫斯科二日電：美駐蘇大使湯普遜本日開始刺探，有無合理基礎與蘇談判柏林問題。又合衆國際社莫斯科二日電：蘇總理赫魯曉夫本日強調克姆林宮共存政策之和平性質。綜合這兩個電文，再加上最近赫魯曉夫曾一再提出和平談判的論調，可見去年一年來他所使用的恫嚇政策，似已路不通行，而要轉變姿態了。

去年一年，赫魯曉夫一再以原子彈來恫嚇歐洲國家，認爲幾個原子彈可以毀滅西歐的甲國，另幾個原子彈可以毀滅北歐的乙國，信口吹噓，有如小孩子，他沒有想到，某些國家，固然沒有原子彈，但對原子彈的威力總有人知道的，不需你去恫嚇，問題在蘇聯敢不敢挑起戰爭，把原子彈放射到甲國乙國或丙國丁國去，又卽使它眞的挑起了戰爭而放射了原子彈，對方面是否束手待斃，一無防禦的辦法？

我們知道蘇聯的農業始終沒有走上赫魯曉夫所預期的，工業生產較之美國還差得遠，不要說自由國家生產力的總和了。軍事方面，不是專靠飛箭就可決定整個戰爭，蘇聯的大型飛箭在太空競賽上，雖然佔了先，但其他武器是較美國落後，所以蘇聯的軍事決沒有把握可以戰勝美國，那麼，蘇聯可以用什麼來挑起戰爭呢？假如我們瞭解了這一點，便知赫魯曉夫一連串的恫嚇，都是廢話了。我想他也許有自知之明，因此在最後，祇能在東西柏林之間造起墻來，以斷絕東西柏林間人民的交通。這對於孤立西柏林和阻止鐵幕的人民逃奔自由，固然有些作用，可是在精神上，無可疑問地是示弱了。於是接着放出和平談判的空氣，這不能不說，赫魯曉夫這個人是手段靈活，還能面對現實。

現在美政府既已令其駐蘇大使湯普遜去探刺，有無合理基礎與蘇談判柏林問題，可見赫魯曉夫的和平談判宣傳相當收效，問題是在有無合理基礎上面。因爲沒有合理基礎，談判就無從開始，那麼和平談判的宣傳又白廢了。假如和平談判的宣傳白廢了，餘下來眞祇有挑起戰爭了！假如戰爭又不能挑起，而談判又不成，那就使冷戰加甚。十餘年來冷戰太久了，以這次柏林築墻事件而論，不能不說是到了冷戰的最高峰，可是我們看世界各國報紙，不特世界各地沒有什麼驚恐，連西柏林的人民都很鎮定，所以我相信，冷戰在今後恐怕不能發生多大作用。赫魯曉夫應該也明瞭這一點罷！

所以依照我的看法，蘇聯今日祇有走和平談判這一條路，但是和平談判之前，須有合理的基礎，假如赫魯曉夫是聰明的話，蘇聯可能供給合理的談判基礎。因爲自由國家方面意見頗不一致，利害亦各有不同，所以由蘇聯和西方談判，蘇聯運用技巧和利用西方弱點的機會較多。蘇聯卽使在今日供給了合理的基礎，來日不難在合理的基礎上取回其利益的，反之，卽使不可能，蘇聯也可利用談判決裂而根本推翻了這個合理基礎，假如蘇聯眞的認爲不能接受的話。

假如蘇聯眞的這樣做，先供給合理基礎，繼又推翻，今年一年便很容易的過去了。依照我的看法，蘇聯是在等待，一方面等待其國力的增加，使一旦眞正造成了軍事的優勢，而眞能使西方屈服，另方面在等待西方國家和中立國家進一步的有歧見，蘇聯便可乘機獲利，不須藉軍事而已使西方受到損害。東西方的利害衝突到了這個地步，欲謀根本上去除世界緊張的氣氛是不可能的，除非到了數年之後，雙方的均勢眞正失去了，才會有解決根本問題的一天。

有人說，今年是談判年，我認爲今年也許會談的，可是要有所解決則不很容易。所以在本質上，今年恐怕還超出不了去年甘廼廸的辦法，卽是第一增加生產，使蘇聯在生產力上永遠追不上西方的。第二是加強軍備，使蘇聯永遠不敢挑起戰爭，第三要維持正義，要使自由世界進一步的原則化。這一點我認爲是最重要的，以往自由世界對此做得不够，去年一年尤甚。自印度以武力佔取果亞，而聯合國也好，世界各國也好，在輿論上却沒有予以嚴格的制裁，眞是一件憾事。我在此要聲明，我當然反對殖民地的存在，但是我們要尊重民族自決，尤其要探和平的方式。印度這十年來一再拿了和平的大帽子來玩弄人，今天到了自己，旣不訴之於聯合國，又不和葡認眞談判，而卽以軍隊去佔領，這個例子一開，效尤可慮的。現在印尼居然振軍耀武了。我當然也反對西新幾內亞在荷蘭統治之下，不過印尼要去接收，似乎不很合理，因爲該地的民族並不和印尼相同，地理上亦不須和印尼合在一起，我們總不能說，印尼自荷蘭的殖民地獨立，所以印尼連荷蘭帝國主義的其他產業也要一併承繼。所以我希望自由世界，尤其幾個強國，今年起要有勇氣，更強調正義，使世界更合理化和原則化，這樣做反可使自由世界單純些，團結些，最後可以在對蘇的鬥爭上獲得勝利的！

尼魯赫應重新檢討印度之對華政策

劉裕畧

無可否認，尼赫魯先生乃是印度的一位愛國者，也是今日世界一位蜚聲國際的政治家，他在政治思想方面的造詣甚深，對於內內外外的各種問題都有一定的觀察力和思辨力。也都無可否認，正因爲如此，所以，我覺得才有期望和呼籲尼赫魯先生應重新檢討印度對華政策之理由和必要。假如尼赫魯先生不是一位眞有檢討性格和思辨能力的人，而只是一味糊塗盲幹的人的話，那末，這種期望和呼籲都是多餘的了。

在人類社會演進的現階段，若全以理想與正義作尺度來評析國際問題，那顯然是書生之見和學院式的空談。雖然，在我個人看來，任何一種政策之製定，若遠離了事實，固屬無用，但最好的政策也決不是只着眼現實的政策。最好的政策應該首推能把現實與理想綜合起來的政策，亦即是首推能把現實利益與正義原則和進步理想綜合起來的政策。然而，今日世界，政客多而政治家少，着眼於現實利益的人多，抱高遠理想的人少，對現實的國內政治和國際政治能玩弄幾手的人多，眞有魄力和雄心、眞有政治思想和政治藝術的人少，所以，對於印度的對華政策，我現在也暫時拋開正義與理想的一面，而僅從印度本身之利益，來替尼赫魯先生設想，雖然，在我看來，尼赫魯先生也儘管是並非不可兼談理想的人物。

說到印度之外交政策，它當然是多方面的。但本文如果只從反共的中國人的立場來分析印度問題，那就決不能與印度之需要相合。所以，就我來說，本文決不是反共的中國人的一廂情願，而是完全就印度國家的立場來討論它的對華政策的利與害的兩面的關係的。

基本上講，印度的外交政策雖是多方面的。但印度是一個位置於亞洲的國家，因而，它的亞洲方面的外交政策，應是現實事象中的主要部份。而中國與印度連界，且因西藏問題及中印兩國之未定界很長，再加上中共政權又是今日亞洲的核心，所以，印度的對華政策，實應又是印度在亞洲外交政策中的核心部份。

如果上述分析不錯的話，那末，尼赫魯先生一定首肯隨時檢討印度的對華政策，實爲一個印度的愛國者和領導者所必須經常應做的事。因爲這是關係印度國家利害極現實的問題的緣故。

但進一步分析所謂印度之對華政策，基於現階段之中國實情，又實可分爲兩部分，即對中華民國的部分，與對中共政權的部分。從某種角度看，由於中共現今事實上佔據着中國大陸，中華民國則早已退避到台灣，故印度之對華政策的現實着眼，似應以佔據大陸之中共政權爲中心。在表面上，這會覺得很有理由，正因爲有着這種表面上的理由，所以印度很早就承認了中共，不但在亞非集團中，很早就與中共拍擋，至今且還一直支持中共入聯合國。不過仔細分析印度與中共的關係，仔細分析中共與印度之間不可調協的矛盾關係，便又會知道印度如果只着重表面理由的話，則印度從中共問題上所得到的現實結論，却恰巧不是利益，而是危害，這理由很簡單。

首先是中共與印度的邊界綫很長，由於種種原因，印度不得不與中共打交道，且進一步周旋之敷衍之。但應該仔細辨認明白的是中共與印度之衝突與矛盾，究竟是大抑或是小？究竟是可以調和抑是或不可調和？究竟是可以用周旋敷衍乃至支持其入聯合國就能解決或不能解決？若可以因而解決的話，爲印度本國之利益計，自亦可以斷然如此做去。但事實上中共與印度的衝突却不是用敷衍周旋乃至支持其入聯合國就能解決，這主要的是中共欲獨霸亞洲，而且還要協同蘇聯赤化世界，不但要控制西藏，而且還要經營西北亞，以逐漸打通由亞洲通至中東之陸路，不但要籠絡尼泊爾等小國以改變印度周圍之戰畧形勢，而且還要用顚覆滲透及武裝叛亂的方式在亞洲進行蠶食式的侵畧和擴張。再加上印度在尼赫魯領導下之建國是以和平的、自由民主式的、漸進的社會主義路線建國，中共則以武裝的暴亂的共產主義路線在亞洲與印度作路線式的競賽，毛澤東則更看不起尼赫魯之爲人，有意打擊尼赫魯在今日世界的聲望，何況中共更早欲控制亞非集團加以國際統戰性質之運用，而尼赫魯、納薩等人則又恰是亞非集團中極具影響力的人，所以，無論毛澤東與尼赫魯，無論中共與印度，其間都存在着你死我活的鬥爭，而決非敷衍周旋乃至支持其入聯合國就能了事。惟其如此，所以中共與印度相好的日子極短，交惡的日子却極長，惟其如此，所以中共可以對緬甸、柬埔寨等小國可以欺騙安撫，而對印度却一點也不肯讓步。不但不肯讓，反而圖窮匕見，正式以武裝部隊强駐中印邊界許多尚持爭論之地區。到而今，中共且變本加厲不但對印度大事抨擊，且亦屢次以下流無禮的口吻直接對尼赫魯作人身攻擊了。

這些現象，發生在中共，本不奇怪，因爲共黨政權原本就是這樣一種政權，問題却在印度方面，何以至今對中共政權之本質還認識不淸？何以至今尚不能根據中共與印度之間的不可調和的關係重新改訂印度之外交政策？

中共黨人原是辨証唯物主義者，他們所强調的本不是調和而是鬥爭，他們所認識的原不是敷衍周旋而是實力，他們所長懼的原不是支持它入聯合國而是予以打擊。假如印度之最高決策者在最先就把握住上述中共政權這幾項特質的話，印度最初就不致使用周旋敷衍的方式對付中共，而會使用打擊杯葛等方式去對付中共了。如此，則中共對印度的態度反會不同。假如最初期間中共欲參加亞非集團時，尼赫魯就利用其本身在亞非集團中的高度影響力，以阻拒中共，則中共爲了打進亞非集團，勢必討好印度，而中共與印度之間的許多衛突便可不必發生了。若由於亞非其它國家對中共政權之本來面貌認識不清，因而印度不便阻拒中共參加亞非集團的話，則印度亦可於中共既加入之後，予以孤立和打擊，則中共仍不得不向印度低頭，亦可以免除中共與印度之間的若干問題，再不然，迨中共與埃及、印尼交惡之後，則印度仍可運用尼赫魯與納薩、蘇加諾在亞非集團中的巨頭形勢，以打擊和制裁中共，何況，與中共極端不和的鐵托還是亞非集團和不加盟國的重要人物，勢必還會支持尼赫魯呢？印度不此之圖，難怪中共要用武裝部隊毫無顧忌的昂然進入中印未定界了。

最不可解的，是印度既一面高呼中共武裝部隊侵入印度，一面又仍不改變其支持中共進入聯合國的態度和主張，這就完全違離印度的現實利益了。

須知，中共是極欲進入聯合國並排除中華民國在聯合國的席位的。假若印度針對中共這一欲望而對中共政權改取反對支持進入聯合國和支持中華民國在聯合國的席位的話，則中共勢必大加戒懼。因爲印度不但擁有其本身在聯合國之一票，印度且可聯結亞非集團中其它許多國家進一步打擊中共進入聯合國，若再進而斷絕它與中共之邦交，轉而與現在台灣之中華民國政府締交的話，則中共對印度必不敢像現在這樣放肆，縱不立即向印度讓步求和，亦必不敢再擴大中共與印度的糾紛了。然而，中共近日對印度及尼赫魯之抨擊反而正在加强，這就可見尼赫魯先生與印度所有的愛國者對印度之對華政策有重新修改之必要了。我以爲印度現在僅僅把中共派在印度的間諜與華僑中的共黨分子驅逐出境的做法絕對不够。

至於最近印度方面忽然傳來了印度有用武力收回印邊土地的說法。這當然足可進行，有人以爲中共武裝部隊强大，印度武裝部隊弱小，印度只敢欺軟怕硬，只敢用武力對付果亞，不敢用武力對付中共。殊不知中共武裝部隊人數雖多，械彈却並不絕對充足，何況中共與印度之戰將在印藏邊境進行，而中共軍隊從內地到印藏邊境必須通過遙遙數千里的西藏高原地帶。基於西藏天氣與地理情況之特殊，所以中共根本不可能以强大兵力去對付印度。如印度決心一戰，印度必可戰勝無疑，但這仍然不是根本解決中共與印度衝突的最好辦法。印度之最好辦法是：一方面用武力對中共進行戰爭，一方面撤濇印度與中共之邦交，再一方面則聯結中華民國，在國際間一切場合中打擊中共，那末，這有關的一切問題，就完全改觀了。

汕尾共幹集體率眷逃港

傅真

汕尾地勢瀕海，爲海豐縣南岸重要港口，昔日盛產魚鹽，漁船麕集，有輪船通香港、汕頭，號稱繁華之區。自共匪竊據以來，苛政之下，百業凋敝，變成死港。但以近海之故，縣民之逃難來香港者則仍多取道於此。日前又有一批共幹率家眷等數十人，冒險乘船抵港。

共匪自實行公社後，怠於農耕，生產躍退，以致糧食配給日益減少，造成飢荒現象。近雖稍爲放寬，准人民自由種植蔬薯，亦屬量少而緩不濟急。縣民因迫於飢餓，一遇有機可乘，即夥全出走。（但山區較難），共匪亦防不勝防。如最近共匪老幹部黎致祥（汕尾人，曾任共匪海防局局長，汕尾獨立鎭鎭長等職），亦不滿共匪暴政，棄家逃奔來港，即其一例。黎身爲數十年老共幹，尙不惜棄其老家，逃奔活命，其他可知，而自由之可愛亦即在此。

緣有汕尾當地若干共幹，皆爲工人階級，在大陸淪共初期，以爲工人獲得翻身機會，滿懷高興，其後遠景愈來愈惡劣，在共匪壓迫之下，生活日趨困苦，衣不蔽體，食難果腹，由希望而至失望，釘恨在心。此輩多屬鹽工、渡工，鹽工母日由汕尾駛船至沙尾鹽田（汕尾對岸），載運鹽舫返汕尾墩白埸。渡工則載客往來汕尾沙尾（沙尾爲汕尾通捷勝遮浪沿海孔道），日以爲常。此輩鹽工渡工，飽受共幹奴役，苦在心頭，久思乘機逃走。但汕尾僞公安局爲防止縣民外逃，設有軍艇一艘（號公安艇，日夜在海面巡邏，苦難得逞。十二月十四日適公安艇機件損壞，在汕尾海灘修整，此輩工友，平日暗通聲氣，陸聞此訊，喜形於色，認爲機不可失，決定即晚行事。先將渡船泊汕尾東社鳳山公園前海邊，約於是晚十二時在指定地點取齊下船。首先通過該處步哨站，時守步哨之兩共幹，一已入睡，一在站立，見諸人蜂擁而至，不敢阻止，亦歸家挈仝妻兒隨衆下船，全船男女共五十三人，登船後，立即揚帆解纜，船離港口時，公安艇人員，但開聲吒止，而無艇可追，遂得直駛而出。船經平海外時，風大作浪，船身搖擺，海水入船，男女量浪嘔吐，賴舵工鎭定把持，履險如夷。船抵三門關外，黑夜中與一漁船相碰，因撞擊力太大，船身破裂入水，幸有另一漁船見狀，急駛至援救過船，全船男女過船後，原船隨即沈沒。當由該漁船駛至脊箕灣登陸，讓各人自尋其棲宿去，時爲入夜十一時。

筆者因友人之介，得與逃來之少年憑虔孫（年十七歲）談晤，自云原爲縣城人，八年前，其父來汕尾小學任敎，因家於汕。後其父遭勞改，仍與母弟居汕，生活至苦。所居之屋主郭陳氏，其夫早已逃港，此次携兒出走，因得其通知隨全登船。詢以汕尾近狀，據云：目下汕尾市埸，滿目蕭條，鎭長爲外省人。當地駐有海軍，人數多少不詳。市民每日配米只四兩，較鄉村爲佳。日常食用品悉歸統制，目下魚每斤售僞幣三元，猪肉每斤六元，鷄價亦同之。蔬菜缺少，蕃薯每元僅得四市斤。近雖稍爲放寬，准人民自由買賣，但亦限於自己畜養種植者，例如家養生猪，得自宰在市埸售賣，但必須先向僞稅收機關納稅，其屬於販賣轉售者，則在禁止之列。由香港寄回接濟親屬之生油，市上暗中交易，每公斤可售僞幣十七八元，麵粉每公斤可售二元。人民視人民幣如廢紙，但求有物可買，雖高價亦不惜。原日之學校敎師，以其思想交代不淸，多遭撤職勞改，代之以僅識之無之工人學徒，敎育衰落，更不待言。昔日共幹動輒開大會，大巡行，近亦罷不舉行，民心憎共，已達極點。惟對軍隊則厚加參養，其視人民曾芻狗之不若矣！

五〇．十二．廿四。

蘇聯幫了中共一次倒忙

謝扶雅

喝彩有喝倒彩的，當然幫忙也有幫倒忙的了。這次蘇聯在聯合國大會要拉中共入場，豈料用力太猛，堅主逐走國府代表而讓中共入席，反惹起大多數抱妥協心理的國家不順眼，終於招致了失敗。蘇聯所提的原案措辭是：『擬請立即排除台灣蔣帮代表出此聯國，而以中國席位給予合法的北京中共政權。』大會今日（十二、十五）投票表決的結果，贊成者三十七票（佔全數三分之一强），反對者四十八票（五分之二弱），棄權者十九票。另一方面，美、日、澳、意、哥五國所提，任何變更現行中國席位需要三分之二以上通過的案子，已在當日早幾分鐘前，以六十一對三十四（棄權者七）的過半數而通過了。這樣，下屆聯大如再遇有蘇聯這種提案，便須依據這次議案，看有無出席會員三分二（即七十票以上）的贊成票。照這次的贊成票數不過三十七，而要一躍升至七十以上，雖有一年的時日，恐亦未必得此轉圜。台北當局在這事上似乎大可鬆一口氣，不過，這並不包涵國民黨政權的幸運，更難以說是有利於中華民國的前途。

當這次聯大開幕伊始，在處理議程的總務委員會中，紐西蘭代表本只籠統地提了「中國代表權」案，而躁急鹵莽的蘇聯硬要提「中共應取代中國席位」案。議程交到大會，輪至十二月一日起開始辯論，有五十餘國代表登記發言，足足論戰了十天之久。當然由蘇聯代表左林一馬當先，潑婦罵街式地痛斥台灣；同時譴責美國覇佔中國屬土，並說中共當然有權可用武力或其它手段取回台灣云云。美國首席代表史蒂文生的辯論便致力於導引一般會衆注意到台灣落入中共手裏的問題。他說：如果聯大採取蘇聯提案，即無異於聯合國鼓勵中共再伸展勢力去侵吞台灣了。事實上，由這十天的辯論，可以看出大多數國家有意地或無意地，公然地或含蓄地，都在贊成兩個中國同有代表。除了蘇聯集團及某些左傾的中立國家（注意：這一類票數也有了三十七）而外，便沒有一個國家眞願意聯合國內只讓中共取得席位，而把台灣趕出的。即使美國，也只特別强調台灣一千一百萬人民不容被再圈入於竹幕之內。所以蘇聯如果單提中共加入聯合國，而不說及台灣，則可能博得大大多數的贊成。須知這次反對票的四十八，主要為的是反對逐台而納北平，棄權的十九票，當然更暗示兩個中國同在聯國的主張了。

無如赫魯曉夫近月以來，對美國加緊强硬的冷戰，口頭上盡說和平共存，行動上却結實到處，搗亂、顛覆、滲透、敲詐、恐嚇，在連續試爆上，在加嚴封鎖柏林上，在古巴公開一面倒上，在南越和寮國問題上，逼得甘廼廸動了肝火。所以在這次聯大中，雖以其智囊團素主兩個中國的政策，亦決不甘心再對共產集團退讓。甘廼廸今日且已代美國後悔當年助成大陸易手的失策，這次豈能再容忍台灣奉送中共？所以蘇聯那種極端强硬的提案，迫使美國亦非强硬對付不可，而暫擱起兩個中國的妥協政策了。試看，在這次大會的論戰中，有若干代表曾譏誚美國有了兩個史蒂文生：從前的史蒂文生亦曾認為應使中共得入聯國，甚至美國亦應考慮承認中共政權，而今日之史蒂文生，則一轉而為專力維護台灣，不許中共立即加入。其實史蒂文生本人確實只有一個，不過華府的時價，因赫魯曉夫的死硬而有轉變便了。今日史蒂文生接受了華府的新訓令，對他們素所主張的兩個中國打了一個大折扣。史蒂文生現在的主張是：「現在大會若是好好地安分守己，穩處台灣的中華民國擠出聯國會場，而讓那樣支離破碎、搖搖欲倒的大陸中共政權進來代替，豈不是太不公道嗎？」

在十天辯論期中，此間輿論界最具權威的紐約時報接連發表了兩篇社評。一在第三天瑞典代表發言後所寫，以「中國，一個呢？或兩個呢？」為題，說：像美國最好盟友之一的瑞典，亦尚主張中共加入，我們何能更力排衆議，必須在保持台灣席位之條件下，準備北平進來。大會表決後的翌日社評，則復宣稱聯合國會員資格「普及」的原則已日漸佔優勢；第一次聯大僅五十一國，今日增加到一百○四，美國必須準備在不久的將來，有彼此獨立而主權完整的大陸中國與台灣政權的同時出現於聯國。這種論調就是所謂政治上的現實主義。事實上，台灣國府一天不作反攻光復大陸，即是一天存在着兩個中國。至於聯合國內的出現兩個中國，只要蘇聯不是如此絕叫逐甲迎乙，隨時可得中立集團以至自由世界的全體贊成。

本來這次美國又有擬請大會選派特別委員會對中國代表權問題加以研究的建議。一些中立國家正運動聯名提案中，無如蘇聯又堅決表示反對，當然中共先已痛罵美國這種擬議，無非又是兩個中國的陰謀。同時國方也不滿這種委員會的設立，所以美國對此也就冷下去了。這樣看來，與其說，為了毛澤東的軀體太重，赫魯曉夫拉他這部黃包車上不了聯國的山坡（紐約時報十二月十日的漫畫），毋寧說，赫魯曉夫故意裝模作樣，借中國問題來對美國又打一場冷戰。總之，蘇聯這次在全世界政治組織裏的裝腔作勢是「吹」了，而台灣方面召集的第三次陽明山會議也就可以「免」了。赫魯曉夫今日對毛共幫了倒忙，蔣經國當可更有充裕的時間來準備實現其做赤色王朝台灣總督的大欲吧？

聯大否決中共加入之翌朝

郝樂遜再談台灣經濟

靜吾

十二月十九日美國國際開發總署中國分署署長郝樂遜在中國農村復興聯合委員會發表演說，再度强調當此美國對華經援即將逐漸自贈與轉為貸款時，我國朝野應提高警覺，減少消費，增加儲蓄，才能挽救逐年加重對美援依賴的嚴重性。這是郝樂遜在最近三年以來公開批評當局消費太多，祗圖依賴美援，不求自立的第四次。該分署副署長詹姆斯於數月前離台返美時的臨別贈言，亦曾有同樣的表示；足證此項意見乃是該分署的官方結論。

二十三日徵信新聞根據郝樂遜的演說，指出「時間已經不多了，當局如無十分勇敢而現實的對策而徒恃方案計劃的紙上文章」，實不足挽救美援變更後的艱難局面。

自立晚報以「非不能也，是不為也」為題，列舉台灣的種種奢靡情形。其中有云：「習見之現象乃為：茶樓酒肆，生意興隆；華麗轎車，滿街飛駛；紅男綠女，競尚奢靡；請客送禮，蔚成風氣。僅此數端，即可見舉凡衣、食、住、行、無一而合於當前所處戰時環境之要求；其荒淫無恥之狀，幾若末日將至。政府官員口呼「節約」，標榜「克難」，實際眞能身體力行者百不得一，以一省府二級主管，而能擁有三處公舘，兩部汽車，即可見其一般。由於身居高位者之不能自重，窮奢極欲，相習成風，其財力未逮之中下級公務人員，亦不免見不賢思齊，多方設法，以資肆應。貪污事件之層出不窮，瀆職舞弊之無往不在，莫非此故。類此現象，豈僅經濟成長難抵消費，又何足以言積極建設台灣，準備反攻復國？美援縱屬可恃，其奈人心麻痺，志節隳喪何？現在，主管對華美援的美國政府官員，業已正式發出美援即將削減的警告，我們究當如何竭力消滅貪污舞弊，以及一切不必要的官樣文章，適應此一新情勢，實在已經是刻不容緩之圖。」

聯合日報的社論，題目是「我們豈能無動于衷」，裏面說：「所遺憾的，有關郝樂遜和詹姆斯這樣對我國國計民生大計的高度關切，除了包括本報在內的若干報紙，曾經有過反應之外，我們政府官方人員，只有偶一提及，並未從事認眞商討。……美國朋友說得如此之多，看得如此之嚴重，我們官方說得如此之少，看得如此之輕鬆。在這情形下，作為局外人的我們，對於當前我們的經濟情況和經濟發展，更頻添了無限迷惘，無限困惑。

又說：「在此我們特別要指出的，是政府的消費。因為政府支出增加的結果，不是加稅，便是通貨膨脹。其能發生鼓勵生產，增加就業者，固然有再生產作用。其屬於純消費支出而且浪費者，則人民便必然遭殃。而這些年來，各級政府的歲出，一年比一年增加，台灣銀行通貨發行額一年比一年增加，而我們檢討政府支出中，有多少用於再生產性支出，其百分比恐怕小得太可憐。美國朋友之所以一再强調此點，而我們官方之默爾不作聲者，也許正是這個道理。」

再如，就美國朋友一再强調的我們國際收支的逆差這個主要問題說，郝樂遜曾指出，民國四十五年我們的國際收支逆差，為七千五百萬美元。今年將達一億五千萬美元。這個數字，如果沒有美援物資進口的抵冲，我們又那裏有條件從去年實施單一滙率那樣的勇氣和可能，我們的物價又從那裏有可能和辦法，以保持十多年來逐漸上漲而沒有暴漲的紀錄。

在此我們也要特別指出的，是貿易入超。貿易入超，如果進口多的是生產器材或者加工原料，還不是一件壞事。無奈我們的進口貨，類多消費品。這種大量消費品的輸入，不僅虛擲了我們一嚬糖，一簍蕉而難得換來的外滙，而且更鼓勵了國內公私消費的奢侈風氣，萎縮了國內產品的內銷市場。尤其這一兩年來，我們朝野，以發展觀光事業，生活水準現代化為號召，再加上囫圇吞棗撫拾了提倡消費足以刺激生產的凱因斯經濟理論，消費是公私不明，消費品是華洋不分，更加劇了國際收支逆差的惡果。」

現在，主管美援的美國朋友，一而再，再而三的，强調說明，由於美援重點的轉移，贈予性的美元撥款要減少了，贈予性的新台幣相對基金也要減少了。換句話說，以往在美援計劃下輸入價值一千萬美元的貨品，可產生四億元的新台幣相對基金，贈予我們政府作彌補預算赤字的「支持防衛」支出之用，贈予我們政府作為給予公私生產事業貸款基金之用。今後，一千萬元的貨品，固仍可產生四億元新台幣，但是經過運用，這四億元新台幣，無論短期長期，最後必須再換得美金以償還美國。在這新條件下，別說儲蓄投資，我們朝野，還能和過去一樣的消費，而無所顧忌，無所作為嗎？

記得四十八年六月那一次，郝樂遜曾指出，在十三個被調查的接受美援的國家中，我國在投資方面是倒數第二位，消費率是正數第二位。菲律賓在這二方面，則倒數正數均居於第一位。最近這次郝樂遜的演說，固然對此一說法，未再比較。可是鑒於菲律賓今年所已發生的嚴重外滙危機，經濟危機，甚之招致賈西亞總統的競選失敗。在美國朋友一再提出忠告警語的今天，面對美援重點之轉移，我們是不該無所顧忌，無所作為了！」

從郝樂遜的意見和各報的社論看去，顯見當權者年來自誇台灣的經濟建設，如何如何的進步和美援運用是如何如何的成功，完全是一些自欺欺人的謊言。其中的最大關鍵因素則為官吏的奢靡和政府的浪費；而這種奢靡和浪費又與蔣介石父子有不可分的關係。所以儘管美國在台主管經援的負責官員不斷的提出警告，民間報刋也隨時有所指責；但官方人士則從不敢妄置一辭也。

國大代表與蔣介石鬥法記

子曉

一、行使創制複決兩權的問題

（台北通訊）前年三屆總統選舉時，國大代表們曾作兩項要求，即（一）增加待遇；（二）修改憲法及提前行使創制複決兩權。蔣介石爲了獲得非法連任，關於前者已允給以立監委員的同樣的待遇；關於後者，則同意由他們設立憲政研討會繼續研究，再將研究結果於去年年底提出報告，以便蔣介石召集國民大會臨時會議決定實施。年餘以來，在台的代表們爲了切身關係，工作非常努力，據說曾舉行大大小小的分組討論和綜合研究百餘次之多，已獲得初步的結論。上月下旬憲政研討會如期在台北舉行全體大會，經過了數日的激辯和場外的交易，通過了一項「國民大會創制複決兩權行使辦法草案」初稿如下：

第一章　總則

第一條　本辦法依據動員戡亂時期臨時條欵制定之。

第二條　國民大會行使創制複決兩權，除修改憲法，複決立法院所提之憲法修正案，憲法另有規定外，依本辦法之規定。

第三條　法律與本辦法抵觸者無效。

第二章　創制

第四條　國民大會對中央法律有創制權。

第五條　國民大會創制之立法原則，咨請總統移送立法院，立法院應於同一會期內依據原則，完成立法程序；但內容繁複，或有特殊情形者，得延長一會期。

第六條　前項立法原則，立法院不得變更。

關於國民大會創制之立法原則，經完成立法程序後，非經國民大會決議，立法院不得修正或廢止。

第三章　複決

第七條　國民大會對中央法律有複決權。

第八條　政府移請覆議案時，立法院仍維持原決議時，得由總統咨請國國大會複決之。

第九條　國民大會複決成立之法律，經公佈生效後，非經國民大會決議，立法院不得修正或廢止。否決或廢止之法律，立法院不得再制定相同之法律。

第四章　程序

第十條　國民大會代表提出之創制案、複決案，須有代表總額六分之一簽署。

第十一條　國民大會代表提出之創制案、複決案，須備具提案書，載明左列事項。

一、案由，二、理由，三、內容，四、簽署人，五、年月日。

第十二條　總統咨請之複決案，須備具咨請書，叙述理由，並附送有關文件。

第十三條　國民大會爲行使創制複決兩權之需要，分設各種委員會，分別研究各種法案。

第十四條　國民大會討論創制複決案，非有代表總額二分之一以上之出席，不得開議，非有出席代表二分之一以上之同意，不得決議。

前項決議項經三讀程序，但廢止或否決之法律，得省畧三讀會。

第十五條　經國民大會複決成立或廢止之法律，應請總統於收到後十日內公佈之。

經國民大會否決之創制複決事項，在同一會期內，不能再行提案。

第五章　附則

第十六條　討論創制複決案之議事程序，除本辦法另有規定外，依國民會議事規則。

第十七條　本辦法之修改，以國民大會代表總額六分之一提議，五分之三之出席，及出席五分之三之決議爲之。

第十八條　本辦法由國民大會制定，咨請總統於十日內公佈施行，修改時亦同。

此外憲政研討會綜合會議又擬訂行使兩權之研擬辦法四項，建議國民大會臨時會於修訂臨時條欵時予以納入，也經決議送請國民大會臨時會參考，這四項意見是：

一、關於創制、複決兩權，由國民大會制定辦法並行使之，不受憲法第二十七條第二項所附條件之限制。

二、國民大會爲行使創制、複決權，得依憲法第三十條第四欵之規定，召集臨時會。

三、立法院對於國民大會之創制案，應依照所定原則，於限期之內，完成立法程序。

四、立法院對於行政院移請之覆議案，仍以三分之多數，維持原決議時，總統得咨請國民大會複決之，行政院院長應否接受或辭職，即以複決之結果爲準，不受憲法第五十七條第二欵第三欵所規定之限制。

除了此一項草案初稿而外，憲政研究會還通過另一項文件，名曰「廣泛徵求各方意見辦法」，徵求意見的內容有三項：

（一）國民大會創制案是否以創制立法原則爲限。

（二）複決權之行使，是否以中央法律爲限，抑包括憲法第五十七條第二、三兩欵重要政策在內。

（三）國民大會行使創制、複決兩權究採修改憲法途徑，抑採修訂臨時條欵途徑。

徵求的對象則爲：

一、國內各界人士及各機關團體學校。

二、海外僑胞或僑民團體。

三、大陸淪陷區同胞或反共組織。

至於徵求的方法，據稱：將用座談、通訊、廣播或啟事等方式爲之。並以今年年底爲限期。

從上述的兩項文件看去，國大代表們不但要求有權否決立法院所通過的法律，而且還要有權制定立法原則再交由立法院去完成立法程序。換言之，此項辦法一經實行，立法院就將淪爲國民大會所屬的一個法制局。草案初稿又規定立法院對政府移請複議的案件認爲仍應維持原決議時，得由國民大會予以複決。也就是說：行政院長的政策不爲立法院所同意時，可以不必辭職而訴之於國民大會。這無異於要行政院不對立法院負責而對國民大會負責了。最可注意的，是這些早失時效的國大代表們還要求從他們本屆就開始行使此項創制複決權的辦法。因而社會上的輿論和官方報刋都指責他們的目的祗在擴大自己的權力，並不是爲了國家和人民的需要。

至於廣泛徵求意見辦法，表面看去，似乎是爲了積思廣益；但據熟悉內情者透露，他們不過想藉此造成一種既成的形勢，迫蔣介石不能不實踐諾言而已。

二、修改憲法的問題

關於修改憲法的問題，據聯合報指出，國大代表們最初不但主張提前行使創制複決兩權；而且還要修改憲法，規定國民大會每年召集大會一次，必要時並得自動召集臨時會議；立法院對行政院和監察院審計長的同意及監察院對司法考試兩院院長和大法官，考試委員等的同意權均應移交與國民大會；並聞更有人主張立監委員均應改由國民大會選舉，國大代表亦有被選舉權。但在當權者的幕後疏導之下，蔣介石又再度强調「憲法乃反共復國的重要武器」，主張應維護其「尊嚴」，保持其「完整」，將它「原封不動的帶回大陸」。代表們終於決議將修改憲法的意見留待大陸光復後國民大會的參考。這就是說：在大陸未光復以前，他們已同意不再作修憲的喧嚷了。爲什麼國大代表們如此易於就範呢？大家都知道，當權者之反對修改憲法，並非有誠意維護憲法的完整和尊嚴，因爲自蔣介石違憲連任後，憲法的完整和尊嚴早已受了致命的打擊；他們反對修憲的眞正用意，祗是恐怕這些閒得發狂和窮得要命的國大代表們藉此將自己的權力擴大，更有碍於獨裁統治，如此而已。許多國大代表之所以聲勢兇兇，似乎不達修憲目的不止，也無非裝腔作態，藉此爭取和鞏固自己的利益罷了。

總之，今日的台灣，大家都在爭權奪利，並無絲毫爲國爲民的誠意。蔣介石父子要的是權，但求能維持一人一姓的政權以便父傳子繼；其他一切均可遷就。文武百官眼見國家沒有前途，也祗是千方百計的去弄錢，準備必要時可以溜到外國去安度餘生。國大代表們雖然表面上是在爭權；而實則也是爭利。祗要當權者肯從一些好處，他們也就聽話了。他們每一次集會都是以不惜拼命的兇猛狀出場而却以得其所哉的歡喜像收場，即此之故。

三、蔣介石改變態度的跡象

此次蔣介石和國大代表們鬥法，可謂各有所得，在蔣介石方面，達到了誘迫國大代表們同意在光復大陸前不再談修憲的問題。在國大代表方面，對於創制複決兩權的行使，總算進了一步。然而就實際的情形而論，勝利顯然屬於蔣介石的。因爲國大代表的讓步是立刻兌現的；而蔣介石的承諾則尚有待於未來的國民大會臨時會議來作決定。以他平素慣於出爾反爾和欺詐成性，誰也不能相信他將來一定會如期召集國民大會臨時會議的；即使召集，此項創制複決兩權行使辦法也不一定能够獲得通過。即以這幾天的跡象來說，憲政研討會剛宣佈完滿結束，他的態度顯然已經有了轉變。據二十八日泛亞社電訊：有一位不願意公開姓名的法學家，認爲國大代表今日欲行使此兩權爲根本不可能的事，其理由有三：「（一）憲法二十七條規定，創制、複決兩權，係全國有半數縣市實行自治後，國民大會始可制定辦法行使；現整個大陸由中共控制，僅有台灣一省，倘國大擁有此兩種，即係違憲。（二）國大代表非常任職，故可兼任官吏，及其他公職；倘行使此兩權，則集政權治權於一身，任所欲爲，無人控制，實爲兒戲。（三）憲法規定立法院爲最高機關，行政院並對之負責，在實質上，權責均重於國民大會；今國民大會獲得創制，複決法律之權，無異君臨立法院之上，必將造成政治上的混亂。今日台灣安定第一，倘因少數人私心用事而引起混亂，實非國家之幸。」

這一位法學家是誰，乃至有無其人，自屬疑問；但海外讀者如非健忘，當還記得在三屆總統選舉前也曾有一位不願意公開姓名的法學家談修改臨時條欵並不等於修憲。以後的事實，証明其所談的內容，正是當權者的既定計劃，不過藉他說出來以探測社會各方面的反應而已。因此，蔣介石現在雖然僅表示不主張修改憲法，却尚未反對國大代表們於此時此地提前行使創制複決兩權；但經過這位法學家的此番談話，人們對未來的趨勢，當可窺知若干了。

不過，國大代表們也不是不知道蔣的諾言不可靠。且看江蘇籍代表李鴻儒所賦的一首「詩」吧！詩曰：

「開國百年才及半，風雨萬方會台澎；國父遺言今尚在，民權憲法待融通。創複兩權殭凍久，解除一事又成空！權能劃分何時有？請君把酒問蒼穹。」

報載李鴻儒吟完這首詩之後，還嘆了一口氣哩！他似乎對於未能遵照國父遺敎，即刻實行創制複決兩權引爲最大的遺憾。實則在蔣介石當政後，國父的遺敎早已變成廢紙了。國大代表們平素視若未覩而在此時此地獨念念不忘創制複決兩權，適所以表露其自私自利而已。

為參加聯合國不逞及西藏問題

中共外交部誣衊美國及日本

劉裕畧

大陸之窗

　　一九六一年度中共偽政權企圖混入聯合國的希望業已由於聯合國中絕大多數國家站在正義立場予以反對而失敗了。對此，中共偽政權不自反省，反而由偽國務院外交部於十二月二十一日發表了一篇卑污無恥抨擊美國及日本的聲明。

　　這篇聲明，充滿了無理取鬧的強盜嘴臉和犯罪心理，可以說，這正是毛政權日暮途窮，各項陰謀俱不得逞的具體反映。尤其可笑的是，中共對此無以自圓其說，遂硬說，一切都是由於美國要想永遠佔有台灣。殊不知，菲律濱原是美國的殖民地，美國尚且予以獨立，何來美國企圖永遠佔有台灣？這都可見中共自己理虧，遂不得不閉着眼睛說夢話，對美國橫加誣衊了。

　　中共偽外交部聲明的原文說：「中國本來就是聯合國的會員國，而且是聯合國的創始會員國和安全理事會的常任理事國。一九四九年，中國人民推翻了蔣介石集團的反動統治，成立了中華人民共和國。在這以後，中國在聯合國的一切權利自應由中國人民的唯一合法政府中華人民共和國享有。根據公認的國際法基本原則和聯合國成立以來的許多實踐，這樣的一個簡單的程序性問題，本來早就應該解決了的。但是，十一年來，美國為了長期霸佔中國國土台灣，一直把早被中國人民唾棄的蔣介石集團塞在聯合國裏，剝奪中華人民共和國在聯合國的合法權利」。

　　聲明中又說「真正甘心為美國的陰謀奔走效勞的，只有極少數的國家，其中表現得最為無恥的是日本政府的代表」。

　　聲明又說「本屆聯大在美國操縱下，不僅繼續剝奪中國在聯合國的合法的權利，而且還非法討論了所謂西藏問題，又一次通過了一個誣衊中華人民共和國的決議。……同時，應該指出，有一些已經同中國建交的國家竟然又一次追隨美國對中國人民採取極不友好的態度。對此，中國政府和中國人民不能不表示深切的遺憾。」

　　檢視中共偽外交部的這一聲明、它又誣衊美國霸佔台灣，這已經是白晝見鬼式的胡說八道，其自命為中國之唯一合法政府，更是無恥之尤。中共說中國只有一個，又說中國是創始聯合國的會員國，這些話都不錯。但必須分辨淸楚的，究竟誰才真正可以代表中國？又誰才是創始聯合國的會員國？創始聯合國的會員難道不是中華民國，而是中共偽政權嗎？既是中華民國，而且中華民國現在仍舊不但是聯合國的會員國，抑且也仍舊是安全理事會的常任理事國，那末，中共偽政權怎有資格冒充呢？

　　再看中共所說「一九四九年中國人民推翻了蔣介石集團的反動統治」一語，也完全違離事實。因為中共把中華民國政府說是蔣介石集團，這已經與事實不符，何況，用武力叛變的方式竊據大陸的乃中共政權，而非中國人民。中共政權乃蘇聯共產黨用強奸方式在中國私生的，更無資格代表中國人民，更何況，自一九四九年後，中華民國政府不過在軍事上暫時挫敗，因而偏安在中華民國國土的台灣省而已，迄今峙立無恙，未被消滅，中共偽政權更何能魚目混珠式的來代替它。

　　中共偽外交部自欺欺人的說中華民國已不存在，說美國支持中華民國的政策和拒絕中共偽政權的政策已越來越不得人心。然而藐視今日之國際關係，在外交上承認中華民國者遠比承認中共偽政權者為多，這是鐵的事實，這是客觀事實，中共偽政權難道眼睛瞎了因而看不見嗎？

　　至於國際間反對中共偽政權的國數問題；這一次的聯合國的表決，可謂極為清楚明白，因為這一屆聯大贊成美日等五國提案的遠比去年為多，為數超過六十國，照中共自己的話來說，甚至有一些已同中共建交的國家，亦在西藏問題上站在反對和譴責中共偽政權的一方，這尤可見越來越不得人心的不是中華民國，不是美國，而是中共偽政權呢！

阿共代表團已抵北平

中共將與阿共合組輪船公司以便運輸各種物資支援阿共

綜觀

　　蘇聯雖然已經宣佈蘇共與阿共絕交，且不再准許阿共經由蘇聯前往中國大陸，以便隔離中共與阿共之關係，并孤立阿共，但派往北平求援的阿共代表，已由羅馬轉道飛抵北平了。

　　據新華社北平十二月二十二日電：「阿爾巴尼亞經濟代表團團長、部長會議副主席凱萊齊和副團長、貿易部長恩杰拉等一行四人，今天下午由昆明乘飛機抵達北京。來自社會主義陳營西南前哨的貴賓，在飄揚着中阿兩國國旗的首都機場上，受到國務院副總理李先念的熱烈歡迎。冒着凜烈寒風前來的歡迎的首都羣衆，揮舞着彩旗，高呼『向英雄的阿爾巴尼亞人民致敬！』凱萊齊副主席經過長途跋涉前來訪問，再一次帶來了兄弟的阿爾巴尼亞人民的深厚友誼。下午四時，凱萊齊副主席走下飛機以後，同李先念副總理熱烈握手，擁抱，歡騰的羣衆這時高呼『中阿兩國人民牢不可破的兄弟友誼萬歲！』我國對外貿易部部長葉季壯、副部長李強，外交部副部長姬鵬飛，中阿友好協會會長蔣南翔，北京市副市長萬里等，也走到飛機前同貴賓們親切握手，互道問候。少年先鋒隊員向凱萊齊副主席和恩杰拉部長等貴賓獻鮮花」。又說「人們這裏歡呼『以霍查同志為首的阿爾巴尼亞勞動黨萬歲』！那裏高呼『社會主義陣營的團結萬歲』！凱萊齊副主席不斷接受女青年的獻花，並且頻頻揮手向歡迎羣衆致意」。

　　看中共熱烈歡迎阿共代表團的這一般勁兒和所呼口號，已知中共必將以物資支援阿共。

　　本來，中國大陸人民已經靠吃野草維生，早已窮苦不堪，毛澤東若是真正愛國和有天良的話，毛澤東是不該為着保持一己的個人崇拜而以物質支援阿共的。不過，毛澤東好大喜功，且事關本身榮辱，況阿爾巴尼亞國小民少，如以阿爾巴尼亞的人口與中國大陸的七億人口相比，不過四百五十分之一而已。毛澤東為此增加四百五十分之一的開支以與赫魯曉夫抗衡，毛澤東當然是在所不惜的。

　　當然，阿共代表團此次在蘇共宣佈絕交之後，繞道前往北平，主要的需求，誠然在經濟物資方面，因為阿共比中共更窮，若無毛澤東的支持，阿共勢必崩潰。但為了確定今後反抗赫魯曉夫的做法，阿共代表團此次到北平勢必還會與中共商討許多圍繞此一問題的基本政策及有關工作的。而毛澤東究竟敢不敢以更大的規模公開與赫魯曉夫衝突，抑或還是只敢半推半就的兩面結交，此次亦將有所確定。

　　但阿共在歐洲，中共在亞洲，兩地相距甚遠，中共要支援阿共，亦不會很容易的事。且中共並無長程運輸機可以運送物資給阿共，所以事實上中共要以物資支援阿共便只有依靠船運之一途。

　　另據新華社北平十二月廿六日電：「中共已與阿共代表在北平簽訂了中華人民共和國政府和阿爾巴尼亞人民共和國政府關於組織中阿輪船股份公司的協定。根據協定，中阿輪船股份公司擁有的船舶主要航行中阿兩國的航綫，必要時也可航行其他航綫」。這顯然是它們正在實際情況上着手解決如何才能支援阿共的問題。

　　但如所週知中共也是缺乏船隻的。但為了增加船運，這一中共與阿共合組的公司將來勢必還要向外租借船隻的。否則，一切物資仍將無法運往。

僑鄉簡訊

鍾之奇

福建漁民慘被超額搜括

　　據人民日報十二月十八日的專訊，謂「福建連江縣浦口公社東水大隊漁民踴躍把魚賣給國家。從今年一月到十一月底，全大隊賣給國家水產品達二百四十萬斤，超額四十多萬斤完成了全年交售任務。其中經濟魚佔百分之九十五」云。

　　福建省所屬一個縣的一個公社之一個大隊就被搜括如此之多，福建漁民真是慘極了。中共所謂「漁民踴躍把魚賣給國家」的說法，當然都是鬼話。人民自己吃不飽，穿不暖，誰願意低價賣給中共？只因再無自由市場可以買賣，而中共又強迫收購，且中共早就規定了全年度的收購數量，故福建漁民不得不慘被剝削吧了。

日本赤旗報代表團經過廣州

　　日本赤旗報是日共的中央機關報。為了麻醉和玩弄日共，所以中共便命中共中央的機關報人民日報出面邀請日本赤旗報代表團訪問大陸。中共則趁此機會訓練日共之新聞工作人員，以加強中共在日本的赤化宣傳。

　　為了達成上述目的，所以赤旗報代表團此次到大陸時，中共中央曾暗中密令全國各地共幹優予招待，以資攏絡。故赤旗報代表團於十一月四日到達大陸後，除在北平畧作勾留外，又復由中共派人陪同訪問瀋陽、鞍山、西安、上海、武漢、廣州等地。到達廣州時，更往新會縣作了六天的參觀和訪問。中共則發動新會縣人民故意予以歡迎。又據人民日報十二月十六日訊，「中共廣東省委書記處書記林李明會見並設宴招待代表團全體團員。」日共赤旗報「代表團離開廣州時，中共廣東省委書記處書記林李明，中共廣東省委宣傳部副部長、南方日報總編輯黃文愈等到東站送行，人民日報副總編輯王揖等陪同代表團到深圳。」可見中共對日共籠絡之殷。

廣東全省秋收稍增晚造嚴重

　　關於廣東全省今年糧食生產的一般情形，是今年秋收較去年稍增，而今年晚造的情形則顯見極為嚴重。

　　對此，中共新華社曾於十二月二十日廣州專電報導說：廣東秋收全部結東，多數地區收成較好，今年糧食總產量比去年畧有增加。又說「今年廣東農業生產是在比較困難的情況下進行的，晚造的自然災害比往年嚴重。八月下旬到九月下旬的一個月裏，佛山、汕頭、韶關和肇慶等專區連續遭到五次強台風暴風雨的侵襲，而海南島和湛江專區的一部分地區則又受到嚴重乾旱的威脅」。在同一省之內，有些地區鬧水災，有些地區鬧旱災，可見廣東全省所謂水利建設一場糊塗，並無全盤的適當的建樹。在此情形下，而中共則仍在加緊超額徵購，可知廣東全省縱然秋季真正豐收，廣東人民仍是免不了要挨餓的。

萬寧擴種藿香

　　廣東海南島萬寧縣一向盛產藿香，它也一向是全國藿香的重要產區，只以藿香是一種藥用而又外銷價值高的物資，所以中共便勒令萬寧縣人民設法增產，但因中共對經營之人民剝削過甚，故數年來人民對此均不熱心，中共乃變本加厲的勒迫人民增產，茲據中共消息，謂「海南島萬寧縣今年冬種藿香一千多畝，比去年增加一倍多」云。

廣東冬種缺肥兼有蟲害

　　目前廣東全省正在擴大冬種。據新華社廣州十二月廿三日電：緊接着晚稻收穫以後，廣東農村又「播種一千二百多萬畝越冬作物」。又說：「廣東冬播作物全部是在明年早稻栽秧以前收穫的，這等於是在早晚兩季之外又多收一季。……各地在秋收前，便開始規劃冬播田地，為冬播集肥料，採購和調劑種子。往年，冬播一般是從霜降開始的，今年佛山專區和韶關專區在霜降未到之前就已種下冬作物近二十萬畝。……受災地區冬播更是積極，今年受災減產的汕頭專區，冬播面積達到三十萬畝。」但新華社在同一電報中又報導說：「目前全省冬播作物主要不足的是部分地區缺少追肥；由於天氣暖和，有些小麥過早出穗，發現蟲害。各地正在加緊積肥追肥和撲滅蟲害」。可見在中共勒令之下，雖強迫廣東全省農民今年播種冬季作物一千二百多萬畝，但由於肥料缺乏和蟲害的關係，收穫量仍不可能達到中共預期目的呢！

印尼檢討對荷作戰實力

俊華

一九六一年已是急景殘年，印尼陳兵西新幾內亞邊境，並在全國總動員下聽候「最後命令」發動攻擊，可是根據星洲方面得到的消息，印尼不至於在最近這兩天採取主動射擊；因爲蘇加諾還有所待：他正在估量局勢；機敏的蘇加諾，一面從他的三軍方面聽取進攻後軍事形勢可能發展的報告，一面他亟欲弄清楚，如果印尼發動進攻後國際上對印、荷雙方支持的實際情況，然後才採最後的行動。西新幾內亞究竟不同於果亞，蘇加諾不得不臨事戒懼。

空軍壓倒荷方

由蘇聯軍援所促進的印尼進攻西新幾內亞運動，最主要是在空軍方面，而空軍也是印尼三軍中素來最左傾的一環。因此，空軍成爲進攻西島的急進派，力主迅速進攻，尤其在印度閃電攻下果亞之後，空軍強調仿傚印度一樣「造成既成事實」，打破政治的羈絆。據說，印尼空軍參謀長蘇雅達瑪向蘇加諾列舉印、荷雙方飛機的數字，謂印尼現有蘇式米格機九十五架（噴射戰鬥機），蘇式TU十六機（噴射轟炸機）二十五架；比較荷蘭在西島的軍機，全部包括戰鬥、轟炸、偵察各型，共不過一十五架。顯是實力懸殊，一旦交鋒，印尼必操勝算。

與空軍的強大相反，印尼海軍，可以說還在襁褓時期；一九五七——八年耶加達中央與革命政府作戰時期，中央海軍的小戰艦曾被革命軍方空軍所炸沉，只能使用商輪運兵由爪哇至外島。自此以來印尼海軍，沒有什麼補充。最近向波蘭、南斯拉夫所購的艦艇，只有兩艘在駛來印尼途中，其餘尚未能交貨。

荷蘭方面，却早於冬初自本土調來航空母艦一艘到西島防守，並附有一組服役的各型艦艇，數字雖未盡詳，但比印尼海軍強許多倍，即印尼方面也不能不承認，一旦戰事爆發，倘若荷軍戰略不限於防守，而使用海軍向印尼其他島嶼登陸，勢必造成混戰，這對印尼是不利的。蘇加諾和陸軍方面，據說承認了海軍方面對本身弱點的估計。

海軍攻守無策

陸軍在進攻西島問題上，是屬於穩健的一派，它既不同於空軍的急進操切，却也不似海軍一樣，自認不堪一戰。陸軍參謀長納蘇賢，在近數年對革命政府用兵中，究竟已汲取了若干作戰的實際經驗，而也有比較實際的意見。

依照納蘇賢的意見，認爲印尼雖亟欲仿傚印度，閃電攻取西島，但西島是世界第二大島，又且多山，絕不能與蓖爾的果亞相提併論。若照印尼中央軍進攻武吉丁宜革命軍的過程爲時前後四年來說，實非革命軍叛變之初中央方面估計所及，故他認爲進攻西島決不能急下，而是可能相當長久的長期戰。而且到了兵連禍結，荷方極可能「以攻爲守」，向印尼其他島嶼進攻。這一點看法，納蘇賢與海軍是一致的。

因此在海軍沒有充足力量防衛「群島之國」的印尼各島時，陸軍便須負起海岸防衛，及消滅滲入的荷方陸戰隊之責，最少對中央所在地的爪哇島，經濟命脈所在的蘇門答臘島，進攻西島前進基地的西里伯斯島，必須確保其防衛。這些問題是陸軍部署不易的原因。

現在納蘇賢把以前由革命軍投降過來的部隊，約八萬人以上十萬人以下，放在進攻的前鋒，（這含有消滅「什牌」軍的意味）而由忠貞的中央軍負責鞏衛後方，及作總預備隊的支援。但他認爲佈置尚然未定，軍事行動，最好能夠拖遲五、六個月，比較有把握些。

穩健派納蘇賢

印尼共黨的立場，自然是與蘇聯一致，「唯恐天下之不亂」，天下亂了，他們就可混水摸魚。印尼共的總書記艾狄地，聲言支持武力收回西伊里安（西新幾內亞），也號召他的印尼共黨屬下，爲響應武力收回西伊里安而鬥爭。針對納蘇賢的「陸軍準備不足」論，艾狄地主張廣募民兵，他說：「唯有把槍械交到人民手中，帝國主義者始可被擊敗」。

對於所謂發動民衆運動，蘇加諾也「實優爲之」，蘇氏的呼籲青年參軍、組志願軍、獻身參戰等，已到實際登記組織的階段。在這些運動中，蘇加諾並強調他沒有「恐共病」，不怕與共黨合作。

不過印尼究竟是受過共禍的國家，對共黨武裝不免猶有餘怖，右翼既能武裝奪取政權，一旦左翼有了槍械，也不難掉轉槍口對內，尤其在不久前反荷事件中，陸軍與共黨工會的磨擦，終至制裁工會武裝，糾察隊事件等教訓，似可預料身兼國防部長的納蘇賢，不會把志願軍的組織及統率權，輕易假手給印尼共黨。如果印尼對西島有所延緩，可能就是要消除內部這些矛盾，也可以說是因納蘇賢的部署未週，但何時進軍之權，仍操在「善觀風色」的蘇加諾手上。·星洲通訊·

印度中共「邊境」糾紛的透視

洗力生

尼赫魯雖然演盡小丑的面孔，猛向中共揮送秋波，幷一再聲言中共應進聯合國，但中共之對印度始終是虎視眈眈；尤其是對「邊境問題」迄仍成爲糾紛的癥結。

最近印度進軍葡屬果阿，中共也擺出了扶助弱小的姿態，大聲疾呼支持印度，但這依然是一種「把戲」而已；印度對中共的戒懼，何嘗能稍獲鬆弛？

換言之；印度和中共的關係，時至今日，仍無法好轉！

猶憶去年十一月下旬——那時印軍尚未開入果阿——，中共還以一項新照會送達印度政府，強硬地指責印度，謂如印度東北邊界地區的軍事活動不予停止，則中共勢將採取步驟，可能派遣一部分武裝部隊，越過印度的「麥馬洪綫」。尼赫魯對此，爲之惴惴不安。其後中共外交部又發表了一項更具威脅性的聲明，指印度一九六〇年以來，侵犯中共領土先後已達七十七次，侵入中共境內的印軍達二百餘人；另印機侵入中共領空共四十五次，入侵之飛機，達五十架次以上。印度政府顯已拒絕用談判方式來解決邊境問題；中共對此，實無法忍受。——這一項聲明，其絃外之音，當然是暗示出中共勢將「以牙還牙」。

且就印度與中共的邊境糾紛來說，其纏夾不清的地區有三：第一是西藏、新疆與印度拉達克接壤的一段；第二是西藏阿里與印度接壤地帶；第三是不丹以東的中印邊境。上述三個地區的糾紛，一部份是歷史上的懸案，另一部份是印度乘大陸局勢混亂之際，尤其是在一九五一年中共進入西藏初期，未能控制西藏，而進行逐步侵佔所造成。

說得清楚一點，尼赫魯始終是居心叵測的，所以他一面侵佔中國的邊境，而另一面向中共獻媚，其醜惡的面孔，早已暴露無遺。一九五四年時，他還向毛澤東要出了超級的「太極」，和中共簽訂藏印通商和交通協定，幷將印度在西藏所經營的郵政，驛站，電報，電話等，均讓給中共，藉此向中共討好，掩飾其侵佔邊境的行動。

尼赫魯這傢伙，確是老奸巨猾之尤！但是老奸巨猾的行動，到了目前，終於觸雷了！印度必然的將繼續吃到中共的苦頭！

上文已說過，中共外交部的聲明，已表示出今日中共對印度的政策，已到了「不惜一戰」的階段，惟在某種條件下，仍可與印度不經由戰爭而解決邊境糾紛。這嚇誘兼施的一記悶棍向尼赫魯迎頭一擊，頗使尼赫魯感到狼狽。當然，所謂「不經由戰爭」就是「談判」啦；但「談判」中要有某種條件。而「某種條件」也者，其關鍵就是要看看印度能否滿足中共的要求。且「中共的要求」，可能不單屬於中共的利益，而是屬於國際共黨的需要。這一來，尼赫魯即使足夠老奸巨猾，也必吃不消！

誰都知道，中共此次和印度所爭持的所謂「邊境問題」，當然是不單純着眼於邊境土地，故中共方面對印度所提出的照會，也不堅持要收回全部失地。當一九五九年四月周恩來與尼赫魯在新德里會談時，周氏曾提出解決方案，謂印度如放棄拉達克之一萬五千方里地區，則中共不再要求麥馬洪綫南部之三萬六千萬里地帶。是則中共之用心，係僅屬要求保留西部的一帶關係於西藏和新疆的交通孔道，由喀喇崑崙山出口，到空喀山口，向南到帕里河附近，包括阿克賽領的一段邊界，而對東部廣大區域，仍沒有提及的。當時中共的用心，顯係以此爲「交換」且承認了一九一四年西姆拉會議由英國片面決定的所謂「麥馬洪綫」（當時中國代表對此幷未簽字），而最近中共給印度的照會中，也祇警告印度，謂印度如不停止在西部的拉達克地區的軍事活動，則中共的武裝部隊即將越過「麥馬洪綫」。這是說，如果印度停止了西部的軍事活動哩，則中共不越過「麥馬洪綫」了。很明顯地，中共對「麥馬洪綫」仍是讓步的。

爲甚麼中共力爭西部的邊境而對東部却讓步呢？中共當然是「另有妙計」的。中共的用心，既不是單純着眼於邊境的土地，那自然是和國際共黨的侵略政策有關了！（洗力生）

得救（下）

金珂

全廠的總動員開始了，那是在一九六一年的八月中旬晚上，會場上的佈置是那樣的莊嚴，全場都是紅的，牆上貼滿了「大辦農業，大辦糧食。」和「到農業第一綫去支援農業。」的口號。當你一進入會場，這一緊張空氣的壓力將會使人感到窒息，很多人的嘴角上雖還掛了微笑，可是心卻在忐忑地跳着，他們都担心這不幸將降臨在自己頭上。

支部書記的簡單動員報告以後，接着下來，是大家報名和寫決心書，全廠職工，不分男女老少，不論身體好壞，都紛紛地報了名，和寫上了決心書，沒有一個敢遺漏的，因為幾年來的經驗告訴他們，對待任何運動，心里即使是十二分的不願意，但嘴里的擁護卻要喊得響亮，不然的話，准會吃虧。

在擴音器響起了：「同志們，今天的會議進行得很順利，同志們的情緒也很高漲，大家都積極要求支部批准去農村支援農業，這充分說明我們工人階級的高度政治覺悟。現在還有同志向支部提出，為了更好地把心里話講出來，他要求到台上來表決心，這是件好事，支部同意。現在我們大家熱烈鼓掌歡迎吧！於是，掌聲像春雷般地轟鳴起來。

老李在掌聲中走上了講台，因為他事先已經知道批准的對象和條件，認為自己不可能下放的，今天落得出出風頭，講講漂亮話，想到這裏，他態度自若，有聲有色地講開了：「同志們，今天當我聽到了支部書記的動員報告以後，我周身的熱血都在沸騰，我心臟跳躍得更快了，我更覺得自己年青了。

今天，當祖國有困難，向我們發出號召的時候，我們應該把青春獻給祖國。特別是我，作為一個共產黨黨員的我，應該馬上挺身而出，毫不遲疑地。因為這是共產黨人的光榮義務，所以我堅決要求支部，一定批准我。我已作好了一切準備！」台下又響起了一陣熱烈的掌聲，老李得意揚揚地走下了講台。

由於農村自然災害的嚴重，以及城市工廠的停工待料，需要大批勞動力下鄉，這是個既緊張又艱巨的工作，上面規定在三天之內不但要做好這一工作，而且要被批准的人帶同戶口，立刻回鄉。支部書記開會回來已經兩天了，為了完成這一任務，而且在頭一天黨員討論會上，已做到心中有數了。因此，會議在十分鐘休息以後，袁書記重又弇上了講台。

「同志們，今天我們會議一直在熱烈的氣氛中進行，從大家高漲的熱情，堅決的要求來看，我們工人階級是大公無私的，是熱愛祖國的。當祖國向我們發出任何號召的時候，我們總是首當其衝，從來沒有猶豫不決過。今天，同樣也是如此，我們大家在等待着，希望都能批准，同志們，得告訴大家，雖然這是件大事，但我們不能讓城市內的工廠全部停工，都去辦農業。當然，今天農業需要支援，但工廠還得要開工，在這樣的情況下，因此形成了支援農業的名額有限，不能滿足每個同志的心願。不過我們要知道，去與不去同樣為建設，同樣是光榮的。所以希望大家要堅持「去者愉快，留者安心」的原則。絕對不要因為沒有批准而鬧情緒。由於形勢迫人，支部根據大家自覺的要求同意了二十一位同志支援農業，請組織委員將名單宣佈一下。

頓時，會場肅靜，大家都抬起了頭，睜大了眼睛，像熱鍋上的螞蟻，聽着上面所報的每一個名字。沒被報到名的，心中在緊張地跳着，生怕下面喊到自己的名字。因為這二十一個人還沒全報完吶！被喊到名的，臉上紅一陣白一陣的像是點名到法場處決的死囚似的。老李坐在下面的椅子上，昂起了頭，在為自己慶幸。因為他認為自己是不符合上面所提出的三個條件，絕不可能被批准。「今天上台去講了話，風頭出了，苦到受不着，這是多好的買賣；……」想到這里，他正在得意忘形的當兒，忽聽到擴音器內叫起了：「第二十一個李××」這一個晴天霹靂打斷了老李的思索，他先不相信自己的耳朵，他當坐在他旁邊的同事向他祝賀時，他呆了，簡直不知所措。

散會了，老李慢慢地站起來說，他嘴里喃喃地說：「我以為是逢場作戲，卻原來是假戲真做，唉！真沒想到：……」

×　×

散會以後，全廠工人的心情各有不同：有的為這下放的人婉惜、同情。有的在咒罵着社會的罪惡，也有的在為自己沒被批准而慶幸。

被批准的二十一人，他們的心情是特別的難受，他們知道，現在的處境是羊落虎口，不可能說個「不」字，因為在國務院公佈的勞動教養條例中，最後有一條指出：「不服從統一分配，無理取鬧，而影響了整個工作進展者，勞動教養。」由於這把刀擱在頭上，因此他們無力反抗，真是欲哭無淚，只得等待着命運之神的宰割！

老李步出會場，也不搭車，只是毫無目的地向馬路那頭走去，他的思想像海上的波浪在起伏着，各種念頭一個接一個地在腦海中盤旋，最後他嗯地一下跳起來，拍手叫好：「有了，只有這個辦法，才能不去農村！」於是，他走進一家高級酒館，要了半斤高粱酒，叫了一盤菜，共用去人民幣二十五元，當他吃得走路像踩在棉花田里的時候，急向馬路上奔去，撞在一輛公共汽車的車尾上，他倒下了，總算幸運，只軋壞了一隻左臂。「傷治癒以後，可以不去農村，留在上海。」當他睡在病床上聽到了這一消息，他愉快地笑了：「合算，去了一手臂，可以不去農村。」他的語氣是多麼爽朗，一點兒也不吝惜！

印

黃英

秋末，菜圃收穫季節。

傍晚，鄰居送來一籃白蘿蔔，胖潔嫩白清新誘人，洗淨剖片生食，全家大快朵頤，食後稍息，一股濃馥的鄉情親憶兜上心頭。近來，不知是味覺的改變，抑或是心情的作祟，總感到客鄉的蘿蔔，缺少故鄉那種說不出的味道，清？辣？脆？

祖父晚年宦遊歸來，為了擺脫大家庭的煩囂，求得老年心靈的寧靜，獨自帶着一個老僕人，遷入村東河邊的菓園中，那是祖先留下來的一大片菓園，背山濱河疏朗參差，除了靠河的一邊，密植修竹，三面圍繞一列短墻，一列精緻的瓦房，掩映在綠蔭叢中，祖父就在那裏，養鳥種樹讀書自娛；除了喜慶婚葬，老人很少外出，無事，摒絕大人進入園內，只是小孩例外，尤其是饞嘴的我。

伏天，蟬聲聒耳，濃蔭蔽天，躺在兩株樹幹綳成的吊床上，看書睡眠，跳入小河中洗澡摸魚，西北風一起，霜葉半園，柿子紅透欲滴，石榴笑裂了嘴巴，紫色的葡萄綴串打墜，大雪天，熊熊的爐火彎，剝着花生烘板栗，一列列的簷溜晶瑩剔透，「爺爺，你看屋簷也長了鬍子？」

菓園靠河一側，祖父經營的菜圃內，試種着各類故鄉罕稀蔬菜，一種青皮紅肉的小蘿蔔，最為大家所喜愛，拔下洗淨生食，清脆香甜可口，一股說不出的清香，滯留齒頰久久不散，沒有故鄉那種大蘿蔔，一股刺鼻的辣味，一個星期天，趁老人午睡不在，偷偷拔了兩隻，由河邊吃罷回來，老祖父已口啣烟斗，竚立在他的小園內了。

「小胖，你看見誰拔了咱的蘿蔔嗎？」

「不知道。」我期期艾艾地直搖頭。

「是一個小把戲呢？」祖父用他那隻厚底雙樑鞋尖，輕點着我遺留下來的一隻腳印，我沒敢抬頭，唯恐那股特有的蘿蔔味，撲向老人家。

一幌就是幾年，初中畢業我考了第二名，抱着必勝的心情，渡過了半個愉快的暑假，升學考試也順利過關，放榜時，我自負不成問題，誰知馳名省城的教會中學卻落了榜，只得改考省中。開學前夕，祖父破例的參加了我這個小毛頭的遠行宴，並在宴會進行中，宣佈贈送我一隻懷錶，給那個小小的宴會生色不少，也掃除了我一個多月的鬱鬱心情。

餐後，在菜園中散步，祖父要我陪他到蘿蔔田去拔苗，那時蘿蔔剛剛出土，一株緊挨着一株。

「小胖！」祖父忽然停止了拔苗，「你現在大起來了，以後要叫你的名字，不能再叫你小胖了？」我尷尬的想說什麼，但沒說出。

「我想問你一件事，」老人摸出他那隻精緻的小烟斗，「那是小孩時的事情，你可不要害臊！」

「什麼事？爺爺。」

「那年你在小學五年級，我午睡時，是不是你在這裏拔了兩隻蘿蔔？」老人慈祥的注視着我，一縷縷白烟，從雪白鬍鬚中噴出，我搔着頭皮，一時想不出。

「我問你誰拔的，你說不知道，可是那個小脚印，」老人用拇指甲，比劃着小烟斗，「還有，當時我嗅到了你嘴裏的蘿蔔味了。」

我想起來了。

「是我哪，爺爺，」我把左臂鈎向後頸，扭着上體，擺出小孩撒嬌的靦腆模樣，「那時我怕你罵？」

「現在不怕了？」老人朗聲大笑，撫摸着我的頭髮。

「我今天和你提起這件事，是因為你明天就要遠離家人，住到學校去，你將慢慢變成一個大人了，你要記牢，唸書做人都要像蘿蔔，深入地下埋頭苦幹，不驕傲，不摻假，」老人把小烟斗，上下輕輕揮動，「俗語說得好，『一個蘿蔔一個坑，一個脚步一個印』坑坑印印，誰也瞞不了誰呢！」一陣微風，搖下幾片早落的黃葉。

那年冬天，我又嘗到了祖父派人給我送來的小蘿蔔。

十餘年來，一幅鮮明清晰的圖畫，永遠縈迴腦際，一畦蔥蘢的蘿蔔田邊，呈現出一行行小小脚印，脚印盡頭是兩個凹進去的小坑，一位白髮蒼蒼的老人，同一個光頭短褲的小孩竚立田邊，後面襯托着一片疏朗的菓林，這幅畫，如同烙印，永恒的印在心壁上。

抗戰回憶錄

張發奎

一、前言

回憶起來，從民國廿六年七月至民國卅四年八月，這八年間，眞是中國歷史上最偉大的時日。中華民族無與倫比的堅苦戰鬥精神，曾在這時期充分發揮，所以，它也是中國軍人在其全部戰鬥生活中最光榮的日子和最有意義的日子。

我每覺得人類生活中最感光榮而興奮的，莫過於從自我發生的力量，去壓倒一切仇敵。這不是可惡的欺凌，也不是一種應予咒駡的殘暴，而是生物的本能，而是人類求生存進步的卓越表現。尼采的哲學雖被一部分人抨擊，却不可否認它是强化德國民族的一種活力。

在閱讀歷史的時候，尤其在閱讀戰史的時候，一次民族戰爭的屈服或失敗，常會使人悲哀與失望，也常會爲一個抗戰不勝的民族帶來災難，反之，戰勝後的獲得，則又令人何等誇耀與光榮！可知近代許多國家之所以用國家與榮譽作軍人精神教育之信條，那是確有道理，絕不偶然。

我自己是一個軍人，軍人的生活本質是戰鬥，戰鬥的目的在致勝。在八年的民族抗戰中，我們度過了許多的危險，經驗了許多的艱難，終於獲得了勝利，我自己認爲在我的全部生活史中，這是最可追憶和深感光榮的一頁。

我是一個生長在廣東農村的農民子弟，曾經一度作工人，之後，就轉變爲一個軍人，感謝家庭和時代的賜予，使我成爲一個衝鋒陷陣，百折不撓的勇敢軍人。我幼年未受過高深敎育，僅憑自己的學習和體念努力奮鬥，先後參加國民革命軍的北伐與對日抗戰的兩次戰爭。且在這兩次戰爭中，經常負担一方面的戰爭指揮責任，甚至經常負担最危險的一方面的戰爭指揮責任，在此情況下，雖常常使我感到自身對國家對民族責任之重大，但也正感於這些責任之重大，就常常更能激起我的活力，更能使我奮不顧身。假如我個人努力達成的那些成果對國家命運確有貢獻的話，那末，我自己三十幾年的艱苦奮鬥，尚不失爲我今日寫這一本回憶錄時的差堪告慰之處。雖然，在今天說來，大陸淪陷未復，仍然是我們最感痛苦的事。

在八年的抗戰中，我常常回憶到北伐過程中的第四軍，這一個有光榮歷史被稱譽爲「鐵軍」的軍隊，對於我有過十餘年的關係，他在我的指揮掌握中從廣東伸展到黃河流域，在汀泗橋武漢與河南諸戰役摧破了當時國內著名軍閥的力量，它在國民革命戰爭中建立了輝煌的功業，堪與一切戰史上偉大的作爲相比，這於我個人在八年抗戰中無異鋪下了一幅錦繡的道路，使我在指揮作戰中回味着過去的決心處置來鼓勵我在困難危機中的堅忍與鎮靜，使幾次的會戰在不利的狀況之下安全度過難關，或者挽回頹勢；許多第四軍舊的同事和新的將校們，每當我們策劃一個會戰計劃，或者應付一個突變情況的時候，他們常以第四軍過去的戰例，來具申他們的意見，這對於我們的決策，有時幫助很大。戰爭的形式與兵器的演變雖前後時代不同，但指揮官的戰術運用原則却沒有變化，這於我在八年抗戰中有了深切的認識。

（一）

辛亥革命史談（三五）

舜生

五．武昌首義當時的實況

黨人向督署進攻，最初係由蔡濟民、張鵬程闕龍等所率領。一部直達督署前門，敵方抵抗甚力，不能得手；闕龍向東轅門左側進撲，被保安隊襲擊，龍中槍倒地；王世龍等在門前鐘鼓樓放火，亦以身殉；張鵬程未能抵達督署，在保安門即被消防隊截擊，死傷數人，仍折回楚望台。其時蔡濟民見形勢危急，已命馬明熙等赴南湖迎炮隊進城，至是張鵬程亦率同志百餘人往請炮隊。本來，十九日正午，負交通聯絡責任的鄧玉麟即已到達南湖，炮隊同志徐萬年等，亦已排除種種困難，偕玉麟等整隊向中和門出發，有炮十二尊；適馬明熙、張鵬程等趕到，乃由徐萬民指揮全標入城，據中和門城樓及蛇山陣地架大炮射擊，但以黑夜目標不明，彈多虛發。

先是各方部隊，陸續集中楚望台，形勢相當凌亂；初攻督署，僅憑一股勇氣，難言部署；至是忽由汪長林力勸吳兆麟返回楚望台，吳本參謀班學員，沉毅有聲譽，頗爲士兵所信仰，今見其避而復出，乃羣推其代熊秉坤爲臨時總指揮，並表示願服從命令，熊亦極端贊成，吳始允就職。當此緊急之際，兆麟乃將軍隊重作調度，分前路、後路、側擊；有先發，有後應；將督署多面包圍，並命人於水陸街，保安門，王府口三處放火，瞬息火光燭天，同於白晝，於是楚望台及蛇山兩處炮隊，乃得瞄準向督署猛轟，無不命中；蔡濟民、熊秉坤、馬明熙等也以大隊乘勢衝鋒；紀鴻鈞則衝入督署門房放火，紀雖以身殉，而火已燃燒，且延及大堂；瑞澂眼見炮彈橫飛，火燄與人聲鼎沸，知道生命危迫，乃接受巡防統領陳得龍勸告，將署後圍墻洞穿，由衛隊一排保護，經吳家巷，出文昌門，逃往楚豫兵艦，至天將放曉時，督署乃告攻克。

當督署在緊迫萬狀之際，張彪止留文昌門公館，憂心如焚；乃急趨大都司巷司令部，以電話制止各營不許妄動，無效；就司令部門首放機關槍示威，槍上零件早被取去，放而不發！於是張憤不可遏，自批其頰，乃出司令部，登保安門城樓，一面指揮軍隊，一面以白布揭佈告城上，自咨治軍無法，致遭叛變，諭令『各歸原營，不咎既往，』已根本不生作用；復令消防隊兩次衝鋒，亦不得逞；不得已，仍折回文昌門住宅，將大門緊閉，繞室急走，靜待死神降臨；及聞督署已陷，總督已逃，知大勢已去，乃命馬隊護送其眷口先逃；其自身則赴平湖門外輜重第八營，即率該營渡江，到漢口劉家廟負隅自保。

該晚，協統黎元洪，亦留武昌，聽到所部駐城外的輜工兩營已變，惶恐萬狀。其時他身邊僅有四十一標第三營，黎即駐營內鎮壓，除將營門關閉外，束手無策。有黨人名鄒玉溪者欲奪門出，黎實手刃之。突聞第三十標留守兵鎗聲大作，勢將及四十一標，黎指揮兵士立墻上防守，初命『攻則還擊』，繼命『好言勸告』，最後命『退守營房』，蓋黎知道革命軍已無可抗，再加以蛇山發出之炮聲震屋瓦，四處火光冲天，不即走，有生命危險，不得已乃偕其參謀劉文吉出營，即逃匿黃土坡劉之私宅。時城內藩司聯甲以次各官員，未參加革命各部隊，均已陸續逃竄，延至二十日正午，武昌乃告完全光復，義旗已招展於黃鶴樓頭！

四、外交應付得宜：漢口有各國租界，外艦也有布滿長江，一經牽動，自於革命軍不利。先是瑞澂逃到漢口，即誣革命黨爲義和團復起，請德領事開炮轟擊；德領頗爲所動，惟以一國不能自由行動，於是於二十日召集領事團會議。時法領事羅氏，已得見劉公所草佈告，署名者爲中華民國臨時大總統孫文，羅與中山有舊，法亦曾贊助中國革命甚力，於是羅在會場發言，謂：『孫逸仙爲其老友，深知革命黨目的在改良政治，決非義和團可比，吾人不能妄加干涉！』英、美、俄各領事均表贊成，日領本傾向德領主張，見多數主張中立，亦不復固執。延至二十二日，各領見革命軍已將漢口、漢陽陸續光復，舉動文明，不僅對外人秋毫無犯，租界也不准武裝人員攔入，甚至有條約各機關，如郵政、海關、電報，也未受任何損害，而黎元洪且已出任都督；於是各領事認爲滿意，至本月二十七日，英、俄、法、德、日通過領事會議，乃向租界居民發出正式佈告，表示嚴守中立。

五、經濟相當充裕：武昌光復後，革命軍即嚴密點驗當時省城存貯的欵項，計藩庫實存現銀一百二十餘萬兩；銅幣局存銀元七十萬元，銀八十萬兩，銅元四十萬串；官錢局存銅元二百萬串，官票八百萬張：未蓋印官票二千萬張，銀元票二百四十萬張，現銀二十萬兩，銀元三十萬枚；三處合計，總值不下四千萬元左右。軍興萬端待理，頭緒紛繁，在在須錢應付，得此，實軍心、民心趨於穩定之一大原因。（參看曹亞伯『武昌革命眞史』）

本刊已經香港政府登記
每逢星期五出版

聯合評論
週刊

United Voice Weekly
第一七六號
督印人：黃宇人　總編輯：左仲平
社址九龍赫德道二十三號地下　電話 68678
承印嘉羅印刷有限公司香港灣仔馬師道5號
總代理：友聯發行公司　每份售價港幣一毫
本報美洲版總經售處美國紐約中美出版社
CHINESE - AMERICAN PRESS, INC
199 CANAL STREET.,
NEW YORK13 N. Y. U.S.A.
美洲航空版每份零售美金一角

歷史糾結與人類悲劇

李璜

自印度強調幾百年前被葡萄牙佔據的果亞主權，而最近以兵力攻取之後，印尼便更強調西新幾內亞的主權，而劍拔弩張，勢將一戰；中東方面，則伊拉克也要以武力收併，固惠特，更使英國大爲緊張；而忽然菲律濱人發言，要求北婆羅洲的主權來了！

這一類領土主權的要求，誠然有其歷史上的糾結，然而遠溯至幾百年前，一要清算老賬，並且要求一經提出，好像理直氣壯，動輒就要使用兵力，擾亂和平秩序，像這樣的民族主義的強調法，大足以釀出人類的悲劇。

要以民族主義徹底的清算起來，則任何大國，曾以其權力（不管軍事，的，政治的，經濟的以至文化的），擴大其疆土，在這中間，都有民族的不平存在着的，那就不只是一種，如今日所稱的殖民地主義了！殖民地主義固然要不得，而今日殖民地主義者正在自食其報，已難維持其殖民地所得之果實，而紛紛的吐了出來，讓殖民地的人民去取得自治與獨立。但在這倉卒的躍進式獨立中，如剛果近事，已釀成人類的悲劇，令同情於新興黑人國家之人不勝扼腕！

但剛果雖然成了亂局，然在精神上說來，總還不失爲民族自決，不過在自決之中，同族而部落不同的酋長們無法合作，引起糾紛，以致牽動外力罷了。但像印尼之於新幾內亞，則其民族主義的要求，理由便很薄弱！

新幾內亞又稱巴布亞，因其地土著都是巴布西人，他們大多數還是原始森林中的未經開化的民族，以其皮色言，稱爲棕色人種，以其社會言，尚是圖騰部落，其中並無黃皮膚的爪哇民族，而且在文化上並不說馬來話與信奉回敎；因此我們不能說，荷蘭佔據印尼時曾同時佔據西新幾內亞，因而就應該說是西新幾內亞也當算是今日印尼的領土了啊！所以照蘇加諾曾經講過的，聽巴布西亞民族自決，這道理還講得通，印尼一定要用武力從荷蘭手中奪取，說是收回西新幾內亞領土主權，那道理就很牽強了！

至於菲律濱人要求北婆羅洲的領土主權，則這一所謂民族主義的道理就更爲牽強：北婆羅洲的東海岸一帶，固曾爲蘇祿海中的土王所佔據過，但於一七六三年酬謝英國人把他從西班牙人囚禁中救了出來，這位蘇祿土王便把山打根及其左右地方贈送與英國東印度公司去從事開發。查蘇祿海是介於菲律濱南部與北婆羅洲之間，其間小島很多，蘇祿人多半是些島民，乃菲律濱國裏的少數民族，一向販運或走私，以小木船往來於菲婆之間，我僑胞稱之爲「艇仔客」，文化甚低，常作海盜，而爲菲政府所不甚愛惜之國民，不大加以照顧者；乃今忽以此種三百年前的蘇祿土王這點關係，而要向正在自治獨立的北婆羅洲要求領土主權，這一類攀遠親，算舊賬的辦法，眞是何國無此遠親，何地無此舊賬！這樣的歷史糾結，動輒拉扯到幾百年前，全世界各國都要清算起來時，必定會將天下弄得大亂的。

以上印度、伊拉克、印尼、菲律濱這幾個國家，又一向連自己的內政都未嘗治理得好，國內秩序都未嘗安定，而乃不但醉心民族主義，並且崇拜權力主義，要想用武力向外擴張；這一來，近東遠東固無寧日，而且給予中共的向東南亞侵略的刺激性很大：一個印度支那半島，其中國家都曾受過中國的統治，而其中大半民族又與中國西南土著民族如擺夷、苗子、僮人、黎人等都有血統淵源與文化關係，那嗎，中共更振振有辭，向東南亞進行侵略與擴張了啊！——這豈不是人類的悲劇嗎？

我們讀歷史，看見歷史上民族之間，此起彼伏，領土之間，此得彼失，因之不斷的造成糾結，終致引起糾紛，釀成大戰，如第一次大戰前之巴爾幹問題，第二次大戰前的蘇台德區問題，都是民族主義與權力主義糾纏不清，結果引起世界兩次大戰，死人無算，成爲人類大悲劇；最後算總賬，這個民族主義加上權力主義，其結果還是等於零。

近二三十年來，俄共用民族主義的煽動，去推行其共產國際，眞是無往不利，美國遇見民族主義的主張一來，便爾甘拜下風；英法則此一債賬最多，寃孽最重，脫手糾結，稍爲緩懷，則立受其禍；每遇俄共拿着民族主義的法寶，向亞非兩洲前進一步，則西方國家便立刻要退後一步，勢之所趨，中俄共便大得其手了啊！因此，對民族主義作過度提倡，而不加以範圍，實足引起人類災禍，大日耳曼主義便是前車之鑒！今日新興的獨立國家，自己都還沒有站得穩，也在主張大民族主義：埃及納薩之大阿刺伯主義，黑人新國家之大非洲主義，東姑鴨都拉曼之大馬來西亞主義，是否不會爲共黨所利用，大是問題，有心人不能不爲之憂懼也！

五一、一、七

關於中國民主運動的幾個問題

朱涓夫

最近在台灣的一位年長的朋友來信表示，他已對民主憲政、政黨政治的實現感到絕望，深悔過去白費了幾十年光陰，從現在起發奮讀書著述，期望在思想學術上播殖種子云云。不久以前，一位熟朋友，曾當面勸我；「老朋友，不要再浪費精力了，你看看今天在海外，還有幾個人是關心國事的」？

每一次聽到上述這些意見，雖然引起我深切的感觸，但是對於我自己以及一些前輩，同輩朋友共同從事的工作，從未感到洩氣，並且益發覺得責無旁貸。察考中外歷史，那一個救國運動，不是少數人苦心孤詣，堅苦卓絕搞出來的？我雖然這樣想，但是對若干有見解有才能的朋友，或因環境的限制，不能投身於民主運動，或由於對運動的了解不充分，而自行列中退隱，而深感到焦慮和悲痛！所謂對運動了解不充分，指的是下列幾種錯覺。

一、有些人認爲以文化工作爲基調的民主運動不夠勁，以不能採取革命行動爲空虛無用。其然、豈其然哉？須知任何社會興革、政治轉變都基因於思想運動的成熟，如果大多數的人心轉變了，浮在人心上面的政治，遲早一定要跟着變的。革命四十年的，孫中山在臨終遺囑中還說：「深知欲達此目的，必須喚起民衆」；目前的民主運動，首要工作就是喚起民衆。有人或者認爲，國人倡民主，從戊戌維新算起已有六十多年，自由民主已經家喻戶曉，今天仍然講說民主，既不新鮮，又無意義。國人對自由民主眞的家喻戶曉了嗎？其實大不然。據我了解，家喻戶曉者是民主這一名詞，對於民主之義眞有了解者仍是少得可憐。不要說一般同胞，就是許多大學畢業生，對家長式的獨裁還感到是中國文化的優良傳統，還相信甚麼「西方式民主政治是爭權奪利，中國的民主政治是選賢舉能」等等謬論。從大陸逃出來的知識份子，雖受盡極權專制之苦，可是他們在海外發表的言論和主張，還強調「集體主義」，還認爲個體論（俗稱個人主義）是自私自利、自由散漫！由此可見國人雖受盡獨裁專制之虐，但並未能了解其原因，亦可見推廣自由價值與民主觀念，爲如何迫切了。而今天的民主運動，不止是要傳播自由民主的眞義，更重要的是闡明民主是反共的根本和目的，必須揭破以反共抗俄掩護獨裁統治的昏憒；激起海內外同胞要求民主憲政的浪潮。民主憲政的建立是反共復國的出發點。我們要不厭其煩，傾注全力做這件事。使多一個人有此了解，民主運動就多一分力量，反共復國就多一分希望。我們不但要文字來傳播，用言語來宣揚，並且要以生活行爲來放射。

二、有些人認爲單做運動不組黨太不具體。甚至以爲只要組一個黨，形勢立刻就可改觀。建立一個組織，推動工作，其優點是很顯然的。但是我不認爲這是唯一的辦法，而且在現階段的海外，尚無此必要。因爲運動不成熟，未達到洶湧澎湃的形勢，任何組織都是空的，而且自找一大堆麻煩。反之，先把運動做好，造成了形勢，組黨是自然水到渠成的。拿辛亥革命來說，一九〇五年在東京成立的同盟會，是興中會、華興會、光復會等許多個革命團體聯合而成的，而不是由一個單一的政團領導的。這一發展過程甚合於民主運動的原則，先由自發的個人和小羣，在不同地區、不同階層、不同角度做，他們所能做的實際工作，各自放射出光芒和熱力，等到時機成熟，影響擴大了，它們就自然滙流起來，而形成一聯合體。但是在台灣內部，由於基本情況不同，是早應該組建一個新黨的。可是這個要求被國民黨當權派給扼殺了。（目前存在的民青兩黨，本可以負起在野黨的責任，但是在國民黨當權派的無恥壓制與分化之下，而陷於不死不活。他們收買幾個渣滓在黨內擔[illegible]開除，他們就另成立黨中央和你唱雙包案；如果你放棄黨的招牌，另組新黨，國民黨當權派，就老實不客氣的拿着當匪諜、軍法從事！」

三、有些人認爲當前的民主運動，客觀困難太大，路途太遙遠，而且影響有限，得不到社會鼓勵，所謂：「你看看今天在海外，還有幾個人是關心國事的？」以上所說還是實情，但是這正是我們無可逃避的責任。在另一篇短文中，我曾寫過一段話，正好表示我對此問題的看法，附在下面做爲本文之結束，「就一個有文化自覺的中國人來說，」今天這個時代是太黑暗慘苦了。故土家園，父老同胞正遭受極權暴政的摧殘，而且歲月茫茫，正不知何日是了。唯一的一塊乾凈土，唯一的一點反共復國的力量，却被一羣昏昧無知的小人所竊據，倒行逆施，肆無忌憚，徒令親痛仇快！面對這種漆黑一團的現實，身在海外，要想做一點有利於國家民族之事，還要遭受無窮的艱難和困苦。一方面要與共產黨抗鬥，同時還得戒備自號「反共抗俄」的宵小們的襲擊，而且有時他們使出的明槍暗箭比共產黨更爲無恥和狼毒。當心身疲憊已極的時候，未嘗不這樣想：「國家事管他娘，與其這樣吃力不見好，打落門牙合血吞的受苦受罪，何不跳出是非圈子，規規矩矩做一個大英帝國順民，求得溫飽淨靜算了。」說眞的，我早就嚮往那種雙肩沒有歷史担子，自由自在的生活了。可是我發覺挑担子的人太少了，這使我不忍再放下担子就跑。是非圈子容易跳出，歷史責任難以逃避。誰叫我生爲中國人？誰叫我是一個讀書人？誰叫我了解和體驗到中華民族的悠久和偉大，而產生了只要一息尙存便不能割捨的深情？

回省十一年來，我和志同道合的朋友們所做的事情，不能說沒有成就，就少數個人來說，那些成就已足以自豪，但是拿它來與拯救同胞、復興國家的目標來比，那就微不足道了。可是我們守在大陸門外，與台灣隔着茫茫大海，在這個寄人籬下的小島上，要想達成夙志，那必須走一段崎嶇漫長的路，一段久久不見天日、沒有歡聲、沒有鼓勵的路。

孤獨的夜行者是寂寞的，但是當他自覺到如此，就從心裏生出一種安慰，一種壯志，一種勇氣和一種仰不愧俯不怍的快樂。」

談生活條件與戰鬥條件

劉裕略

有關生活條件與戰鬥條件的規律，是近代中國軍事學理論權威蔣百里（方震）先生提出來的。他公開提出這個問題，是在他所著的「國防論」一書。此書發表在抗戰初期，曾風行一時。在抗戰期間，專門研究戰略戰術的著名軍事學家楊杰（耿光）也曾寫過一本國防論，但出版時候較後，兩書相較，有如天壤。楊杰的國防論，是專門着重軍事技術的書，他當時預言未來的戰爭將是地上摩托，水底摩托和空中摩托，換言之，他的想像力就止於陸海空三軍之摩托化而已，這當然顯示了楊杰想像力的貧乏和他對一般學術的淺陋。事實上，現代國防問題，既不只是技術問題，更不只軍事問題，它是各項學術的高度綜合，而楊杰雖然極能談論理論上的用兵和作戰問題，但對其它學術並無天才和修養，難怪他自以為特具慧眼的陸海空三軍，摩托化的想像和判斷，不過幾年時間，就完全被事實的發展和演變証明為錯誤和低能了。他發表這本書之後不過幾年，武器的變化已超過了摩托化，而入於噴射時代核子時代；作戰空間則更由普通的陸海空而進入了太空。一本論未來國防的書，十年的效用也沒有，這本書之缺乏價值，見解不够高明，也就由此可見。當然，這也並不奇怪，不懂軍事的人固然不能全面談國防，只懂軍事技術的人原也不能全面談國防的。

蔣百里先生則不然，他的國防論，很少談論軍事技術問題，看似空疏，實則極能掌握原理原則，故其效用不同等閒。他這一本國防論所討論軍隊組成方面的「分」與「合」的運用問題，以及岳飛好散戰，宗澤戒之，岳飛答，以「陣而後戰，兵法之常，運用之妙，存乎一心」，他對岳飛此一答語的眞義所加的解釋，都有獨到之見，而他所提出的「生活條件與戰鬥條件一致者強，相離者弱，相反者亡」的規律，則確實是他研讀歷史觀察興亡強弱轉變的結晶。

雖然，仔細分析起來，他所謂「生活條件與戰鬥條件一致者，強，相離者弱，相反者亡」這一規律，仍嫌範疇和內含有點含混不明，因為若加以進一步的追問，究竟什麼是生活條件？什麼是戰鬥條件？又什麼是一致？什麼是相離？什麼是相反？更什麼是強？什麼是弱？就會發生許多基本問題。不過，他畢竟從人類社會的演變和紛繁事象作了深入觀察，而且，在概念上，他的這一條規律畢竟掌握了和說明了它的梗概和它的總方向。雖然，對於究竟什麼是生活條件？究竟什麼是戰鬥條件？究竟什麼是一致？究竟什麼是相離或相反？在各人的意識形態上會有所不同，或有所偏重，但總的概念卻非常正確。

百里先生為了解釋歷史事實，曾舉井田制度作例來解釋井田制度當時就是一種生活條件與戰鬥條件一致的國防制度。因為井田制度不僅規劃了人民平時耕種方式及經濟生活，又同時規劃了人民就地防守和作戰的方式。使井田制度在當時不但利便耕種，同時也利便作戰。

百里先生的治史眼光，確係獨到。我後來根據他所提示這一規律，另外發現了歷代許多謀求生活條件與戰鬥條件一致的措施。譬如，秦廢封建，開阡陌，一變井田制度，原也同樣是在尋求生活條件與戰鬥條件之一致。只是社會發展階段不同，具體情況之不同，故應採取之方式亦各異而已。前此社會結構適宜於用井田制度的時代，為求生活條件與戰鬥條件一致，自應採井田制度。隨後，社會情況發展到了另一階段，若再墨守井田制度，那就食古不化，不但不能使生活條件與戰鬥條件一致，而且還會使它相離甚至相反了。但究竟如何才算一致？如何才是相離或相反？卻是都得視具體情況來定的。所以，秦代的具體情況變了，秦就開阡陌，廢封建。可知，在秦的時代，開阡陌的辦法就正是使當時的生活條件與戰鬥條件一致的辦法。當然，為了謀求這種一致，秦是同時還在其它方面採取了許多同類措施的。

不過，說到國防，精神條件卻很重要。我以為這一條件應包括在生活條件之內，而且還要作為生活條件中的一個主要因素來衡量。因為執政者若只把人民當動物當工具，甚至只注意到人民的物質生活條件而不注意到人民的精神生活條件的話，則人民的經濟生活條件在表面上縱然與戰鬥條件配合，實質上則仍不是一致，而是貌合神離的相離，甚至還可能是同床異夢的相反。試想秦統一六國之後，既使天下書同文，車同軌，又廢封建，設郡縣，又開阡陌，收天下兵器，聚之咸陽，同時，又北築長城以防胡，秦對國防設施，對當時的生活條件與戰鬥條件，寧非周密而充實。然而秦始皇自以為天下可以萬萬世，結果卻異常的短，短得來只有二世就終了。這就可見秦所追求的生活條件與戰鬥條件的一致，並非眞正的做到了一致，主要的，就因為人民的精神傾向並未與統治者一致的緣故。

去年我曾經看見一張共報，其上有一篇報導和評論毛澤東何以要搞人民公社的文章。它也引出了蔣百里先生所談生活條件與戰鬥條件一致問題。來替中共捧場，硬說毛澤東搞的人民公社就正是一種謀求生活條件與戰鬥條件一致的制度。我不知道該文作者內心的眞正觀察如何？或者還只是引蔣百里先生的話來作故意捧場的巧辨。不過，可以指出的，是毛澤東搞人民公社雖未標明它的目的在謀求生活條件與戰鬥條件一致，但毛澤東曾讀過蔣百里先生的國防論，而且在腦筋裏也確實在求生活條件與戰鬥條件一致，則無可疑。因為毛澤東的人民公社是以軍隊式的組織把全體農民組織起來從事農業生產的。中共對人民公社的活動目標，確也一再着重指出人民公社是最好的生產組織和最好的戰鬥組織。它既以此二者作兼籌並顧的任務和目標，則其謀求生活條件與戰鬥條件之一致自係毛澤東內心之所期望。但更可確定的，則是毛澤東的這種措施卻和秦始皇的措施所得的反應和結果相同，甚至還比秦始皇所得的結果更劣。何以故呢？則以人民的生活條件中的若干物質因素及其中的主要因素——精神生活條件與毛澤東所期望的目標完全不一致，且相離相反的緣故。

譬如：勞動者的勞動目的原是想收獲勞動果實，且享受勞動果實，但中共卻通過人民公社將人民的勞動果實予以掠奪。這樣一來，人民雖在中共的嚴密控制下，不得不勞動，但人民公社卻不是與人民的本身的利益一致的組織，甚至反而是與人民利益絕對衝突的組織了。試問這如何談得上生活條件與戰鬥條件之一致？又一般農民原是保守的，這一點，列寧也承認，農民最愛的是他們的家庭，及一定的土地——縱然只是極少量的土地，和農村中的某些氣氛，但中共卻將農民的家庭拆散，土地沒收，並予舊日的農村氣氛以劇烈的破壞，試問這又如何會是生活條件與戰鬥條件的一致？再說，要戰鬥，固然必須體力，要勞動，也是必須要體力的。但中共卻將糧食移作別的用途，致使必須從事體力勞動的人民反而飢寒交迫，試問這又如何算是生活條件與戰鬥條件的一致？

當然，其它完全不一致之處尚多，本文不及一一盡舉。但只看上述幾端，已可確斷毛澤東的想法與其目的是完全背道而行了。孫子兵法對於如何使人民的生活條件與戰鬥條件一致有一個極高明的看法，它說：「兵者國之大事，死生之地，存亡之道，不可不察也。故經之以五事校之以計，而索其情：一曰道，二曰天，三曰地，四曰將，五曰法。道者令民與上同意，可與之死，可與之生，而不畏危也」。如何才能令民與上同意呢？令民與上同欲應是令民與上同意的一個重要因素。而要令民與上同欲，那就要得人心。而要得人心則除了眞正善於安排人民的經濟生活外，同時還要善於安排人民的精神生活。但秦始皇與今日毛澤東所搞的人民公社，卻是用暴力統治，根本違反人民意願的，故絕對不得人心，絕對不能令民與上同欲，更絕對不能令民與上同意。不能令民與上同意，當然也就不能使民赴湯蹈火，當然也就不能使生活條件與戰鬥條件達成一致了。

基本上講，相信辨証唯物主義的中共政權之不能達成此種一致，原因本多，固不止於人民公社一端。所以，毛澤東要想用人民公社等方式來把生活條件與戰鬥條件達成一致，實屬絕不可能。它與秦始皇一樣，只是在使之相離相反，只是在自挖墳墓而已。

再看另一方面，卽台灣的這一方面，我在去年十二月出版的本報所寫「偏安局面與苟安心理」一文，曾作要反攻復國，必須有計劃有步驟的改造台灣的結論，我的着眼亦卽看到偏安局面的當務之急在反攻復國，而要反共復國，就必須尋求生活條件與戰鬥條件之一致，而國民黨當權派把國家視為私產，已經與孫子兵法所說「令民與上同意」的道理相反，而苟安心理則尤其與當前戰鬥任務所需要的生活條件相違，故認為要反攻復國，非先改造台灣不可。事實上，中共政權本身雖力圖把生活條件與戰鬥條件達成一致，卻先天的注定了此種一致之不可能。甚至反而只在使其日益相離和相反；退避到台灣的中華民國政府本來可以獲取此種一致，但國民黨當權派卻又未作此圖，這於是就成了目前這種敵人本有可敗之道，而國民黨當權派卻無可勝的必然把握的形勢了。

惠陽平海共幹冒死逃港

犀照

近數月來，廣東沿海陸豐、海豐、惠陽、寶安、中山等縣人民及共幹，因不堪奴役飢餓，不顧生命危險，相率冒死集體逃亡，日有所聞。日前惠陽平海港口鎮漁民生產隊隊長姜炳等五人亦逃亡抵港。

惠陽縣平海區港口鎮（卽大亞灣暗街）地瀕大海，為漁民麕集之區。中共於此設港口漁民生產隊，驅迫漁民出海採捕，所有漁獲，悉為中共攫去，漁民在中共統治壓制之下，只有吞聲啞受。該隊隊長姜炳，為當地人，初時受中共之誘惑，表現甚為積極，其後見中共所為，大背天理良心，近見大陸一窮二白，荒象已成，自念若不逃生，只有待斃，因與轄下漁民密商逃亡計劃。終於利用職權秘密偷得漁艇乙艘，與漁民二十二人於黑夜共同駛離港口，冒狂風巨浪，經四日夜之航行，當船抵三門關海面時，各人因捱飢抵餓，時間過久，大家筋疲力竭，手足冰硬，再不能划槳，任由船在海面漂流。適為中共之鐵拖梭巡警見，開槍追擊，卒被截獲。隨拖往三門島封鎖站，交該站共幹審訊。姜炳等均因飢餓過度，無氣無力，口不能言，以手作狀，哀求給予食物暖腹。共幹因欲錄取諸人口供，乃給每人蕃薯四條充飢。姜炳等遂偽稱係被船上少數漁民迫脅，他本人並不準備私逃，請允許他把其船廿二人帶回原地，以便呈報上級處理。共幹顧加考慮。當晚天氣嚴寒，共幹監視稍懈，姜炳遂又與其他四人乘隙踰牆，拚命逃出，至海旁，匆忙中踏上一艘空艇，大家協力駛逃，又經半日始安全抵港。又除夕凌晨三時許，有三男一女從共區鹽田乘夜泅水逃亡，當抵中英邊境沙頭角時，其中一人在寒夜泅水達一小時餘，抵岸時卽告不支，僵臥於海灘上，奄奄一息，其餘二男一女，見狀大呼求救，旋失所踪。天明，為鄉民發覺，報警送往沙頭角醫局急救。但因為時過久，不治斃命。死者為一年約十餘歲之少年，身穿破舊長西褲，藍色衛生衣，狀類學生，該少年為逃生而遭凍死，亦云慘矣！

唐榮新公司的人事紛爭

蔣經國向經濟方面發展的先兆

見微

（高雄通訊）當權者爲了唐榮工廠曾付出很大的代價。初則不惜玩法弄權，援用國家總動員法以凍結其大小債務；繼則不斷的墊付公欵，甚至以國家的公債來抵償唐榮的私債，總計國庫支出達五億元之鉅。其所持的主要理由，即是挽救此一頗具規模的鋼鐵工業，使其不致倒閉，並扶助其在業務管理及生產技術各方面步上現代企業之正軌，藉維台灣的經濟繁榮。唐榮廠先後經過銀行團的監查小組和經濟部的處理小組整頓以後，據說：已恢正常狀態，並在產量上創造了前所未有的最高紀錄。依照處理辦法的規定，該廠經整理後，須成立新公司繼續經營，處理小組在新公司成立後即結束。聞新公司經各銀行及民間債權人認股結果，總股金一四二、六九六、六〇〇元，每股一百元，共分爲一、四二六、九六六股，詳細情形如下：

（一）官股部份：

台灣銀行　四二九、二三〇股
第一銀行　二五六、三一〇股
華南銀行　一二六、八四〇股
彰化銀行　一〇八、〇三〇股
合作金庫　一〇〇、〇〇〇股
土地銀行　六五、四六〇股
中信局　一四、一三〇股

（二）民股部份：

民間債權認購
優先股　七二、三八六股
唐榮舊股東　七三、九〇〇股
民間債權認購　二三、一七七股
普通股　二五七、五〇三股

首次股東大會忽然流會

上月二十九日上午九時唐榮新公司召開首次股東大會，報到出席股數八十七萬二千二百七十八股已達過半數。經濟部人員出席次長兼處理小組及大會召集人童致誠，工業司長兼大會籌處秘書趙冠先及其他有關人等先在唐榮廠二樓集中研討戰署，並與楊繼曾以長途電話聯絡；省政府方面出席人員建設廳廳長林永樑，副廳長田維五及銀行團大員則集中於中華園飯店，並與省府保持長途電話聯絡；唐傳宗在新公司的一百四十餘萬股份中僅有七萬三千股，原不足以發生任何影響；但因省府派員與其「協調新公司的人事」，也殺有介事的召集顧問黃占岸等人在其住宅密商。三方出席人員於股東大會前分別在三處密議，人們已感到其中必有文章。果然是日上午八時許，省政府忽以長途電話通知林永樑，囑轉告童致誠延期開會，以便將人事於會前協調妥當。童不敢造次，立即請示楊繼曾，楊答以股東大會日期係事先商定不須臨時變更，仍應按照原定程序進行。省政府遂命令銀行團代表退席，計退席股數爲五十萬〇五千三百一十股，股東大會因而不足法定人數，趙冠先乃於十一時〇五分正式宣佈流會，並云何時再召集，須待上級指示決定。

童致誠感痛心　楊繼曾覺意外

唐榮新公司股東大會流會後，童致誠急電楊繼曾請示，原電云：「唐榮公司流會後，小組人員實感難於應付，可否仍遵前令結束，由銀行團派員維持，乞示。」楊則電覆仍應暫留高雄處理未了事務，以安員工情緒。童致誠並向新聞記者說：「第一、唐榮公司股中公股佔三分之二以上，董事十五人中佔十人，因此有關新唐榮公司一切決定，公股可以確實把握，事實上沒有暫緩開會與唐傳宗等「協調人事」的必要。第二、經濟部調來此間的處理小組人員，過去半年係在極爲艱苦的情況下展開工作，現在都已疲乏得幾乎要「精神崩潰」了；希望在唐榮新公司成立後，順利告退，想不到突然發生變故，本人感覺很痛心。」

據報載，楊繼曾對於唐榮新公司股東大會流會，深感意外。他說：他不知道爲何流會，祇有依法另行定期召集。並表示「新公司性質上爲一省營企業，中央方面並無投資，一切須由省方作主，處理小組目前僅負責辦理結束，將來的問題如何，該小組無權過問。」

省府和銀行團的表示

唐榮新公司股東大會流會後，奉命代表省政府出席的建設廳長林永樑於接見新聞記者時，根本否認他來高雄與該公司有關，他說：他來此的任務，是視察該廳南部的業務。同行的該廳副廳長田維五亦作同樣的表示。祇有台灣銀行總經理周友瑞則坦白承認他原是奉命前來出席股東大會，繼又奉命不出席的。稍後，他又代表銀行團發表聲明，署謂：「以台灣銀行爲主的銀行團投資於唐榮公司，目的在協助唐榮走上復興之路，對唐榮公司並無興趣，更無意永久經營，祇希望於唐榮業務好轉後，逐漸退出。」曾任唐榮廠監查小組組長的潘鋕甲僅說他是奉命代表銀行團來出席股東大會，拒絕答覆其他問題。

省政府方面則以「有關官員」的名義向報界發表談話，據稱：「因爲唐榮廠新組織的人事問題，官股民股的意見，有待進一步的協調，股東大會不得不延期舉行。但此一問題，相信最短期內可獲得解決。」

唐傳宗的風涼話

唐傳宗則以隔岸觀火的態度向報界表示，他無權干涉政府的任何安排，不希望目前政府內部對唐榮新公司的人事之爭，將其牽入漩渦。並「意味深長」的提出一個問題說道，本年六月間，該公司減資增資的股東大會，政府曾說他從中阻撓，將其留職停薪，迄今六個月來，他損失了應得薪金一萬八千元。這次由於省府與經濟部意見不一致，而導至流會事件再度發生，不知當局又將如何處置？

股東大會流會的內因

據熟悉內情者透露：所謂人事問題的內幕是這樣的。經濟部欲以童致誠任該公司的總經理，銀行團則支持潘鋕甲，省政府表面上雖支持銀行團的意見，實則企圖坐收漁人之利。據悉：二十八日晚，省政府已完成佈署，決定由唐榮（唐榮廠現任董事長），周友瑞（台灣銀行總經理），潘鋕甲（中華開發公司副經理、銀行團代表），陳啟清（第一銀行常務董事），田維五（建設廳副廳長）等五人任新公司的常務董事，仍以唐榮爲董事長，並以潘鋕甲爲總經理。省政府的用意，原欲以利用潘鋕甲以抵制童致誠，俟達目的後再利用唐家以去潘鋕甲，而實現以田維五任總經理的最後計劃。他們以爲上述的人事安排，必能在股東大會上獲得順利的通過。不料二十九日上午「有關人員」奉命和唐家幕後接觸時，唐傳宗竟乘機要求由他任新公司的董事長，其理由是乃父唐榮的年事已高，不能勝任繁鉅。此外，他對潘鋕甲任總經理一職，雖屬過渡性質，也堅表反對。他指潘爲唐家的死對頭，無論如何，都不能同意。周至柔覺得如此更可便於實現省府的預定計劃，乃主張將股東大會延後舉行。因楊繼曾不同意，才由長途電話通知省府有關人員當場退席。據唐榮廠的一位高級人士向聯合報記者指出：「省府果有意支持潘鋕甲任總經理，根本沒有流會之必要。因爲新公司的股東、官股董長佔三分之二，即使唐家反對潘鋕甲也不可能發生阻力。他懷疑流會的眞正動機，在於有意使新公司的人事紛爭更顯著化，以便在紛爭的情勢之下，發表一位親近省府的人士代理總經理的職務。」

蔣經國向經濟界發展的先兆

爲什麼周至柔敢於不顧蔣介石一生所强調的「中央威信」而公然和經濟部過不去呢？其中的原因，便是有蔣經國在背後撐腰。如所週知，蔣經國在今日的台灣幾乎對軍隊警察已完成了全部的控制，黨務和青年運動更早已在其一手包辦之中；唯有經濟方面則被認爲是屬於陳誠的勢力範圍。如今他既存心窃國，對於經濟部門自亦要乘機染指。因此，他絕不容本省最具規模的唐榮鐵工廠再被陳派的人奪去，所以才有省政府抗阻經濟部的怪現象發生。也可說，唐榮公司新股東大會的流會，是蔣經國向經濟方面伸展的先兆，成效如何，似乎已可從下面的消息中略見端倪。報載：周至柔於上月三十日在台北與楊繼曾就處理唐榮公司的有關問題交換意見，聞後者已決定於本月二十五日再在高雄召集股東大會，他還向報界表示，中央對於唐榮公司祇在協助地位，其他一切均有待於省府決定。童致誠也發表書面議話，聲明他不可能也不願担任唐榮公司改組後的任何工作。並說：此次唐榮公司臨時股東大會，改期再行召集，並不完全出於意外，因官股董監事是指派的，而民股方面是選舉的，雙方人事事前予以協調，更可使今後的工作順利，故寧願在開端時多做一些互相了解的工作。關於處理的存廢的問題，他說已奉上級指示，持至新董事會產生時爲止，小組工作人員大部係向各機關借用，已分別向各機關洽商再延一段時間歸還建制。」

從楊、童兩人的表示看去，顯然唐榮公司此次的人事紛爭，勝利是屬於省府的，也就是屬於蔣經國的。

聯合報的評論

唐榮新公司股東大會流產後，聯合報於上月三十日以「處理唐榮案不容再紊亂了」爲題發表社論，大意說：股東大會之流會不特影响唐榮工廠本身，且給社會一個深切的不良印象。因爲代表官股的各方向屬於政府的機構，而竟出現此幕滑稽劇（即退席），眞使局外人百思而不得一解。又說：「唐榮鐵工廠監理小組自本年七月中旬，開始工作後，雖然並沒有出現着手回春的奇蹟，但生產成本減低，生產技術改進，工廠管理日漸健全，顯已逐漸步入正軌，這說明了唐榮工廠之敗壞，完全由於經營不善所致，因此，要想唐榮工廠欣欣向榮，而又不存偏私或權利之爭的話，未來主持唐榮工廠的人，應該是一個企業家，絕不應該讓一個經營失敗的人，再來負責新公司，也不應該讓官僚作風混雜其間，否則，如何尙能期望這一遭受過重大創傷的工業，發生起死回生之效。」

聯合報這篇社論的主旨，顯然不以省政府的所爲爲然，可是，蔣經國既刻意要打入經濟部門，誰又能阻止呵。

台北市公車處貪污案判決

直夫

轟動一時的台北市政府與市公車處集體貪污案，已經台北地方法院判決如下：

一、黃啟瑞、莊謙義、羅登雲、張伯英四人共同連續對於職務上之行爲收受賄賂，各處有期徒刑三年六月，褫奪公權二年。

二、徐德綸、郁雲梯二人共同連續對於職務上之行爲收受賄賂，各處有期徒刑三年，褫奪公權二年。

三、黃朱金鳳與公務員共同連續對於職務上之行爲收受賄賂，處有期徒刑一年六月，褫奪公權一年。

四、呂志超共同連續對於職務上之行爲收受賄賂，處有期徒刑二年，褫奪公權一年。

五、蔡大賜、徐源健共同連續對於職務上之行爲收受賄賂，各處有期徒刑二年六月，褫奪公權一年。

六、張加再連續對於職務上之行爲收受賄賂，處有期徒刑二月。

黃啟瑞、黃朱金鳳所收受之賄賂新台幣六十六萬六千四百七十元四角，莊謙義所收受之賄賂新台幣四十一萬四千五百五十七元八角，徐德綸所收受之賄賂新台幣五萬元，羅雲登所收受之賄賂新台幣四十八萬七千九百五十四元二角，張伯英所收受之賄賂新台幣四十六萬三千五百八十六元四角，呂志超所收受之賄賂新台幣三十五萬〇八十四元一角，郁雲梯所收受之賄賂新台幣二十五萬五千八百八十二元二角，蔡天賜所收受之賄賂新台幣十一萬九千九百四十一元一角，張加再所收受之賄賂新台幣二千六百元，均沒收之，如全部或一部不能沒收時，追繳其價額。

台灣簡訊

志　清

一：蔣氏父子玩弄青年的又一幕

自政府退守台灣後，蔣經國的青年反共救國團除了在大中學校強迫學生加入而外，並於每年暑假期間花費大量國帑，舉行所謂戰鬥訓練。本年寒假更別開生面，來一個所謂全國青年代表大會，據說出席代表二百餘人，其中七八還是來自大陸。開幕之日，錢思亮、倪文亞等均應邀觀禮。討論的主題，是確立所謂倫理、民主和科學的中心思想。除了蔣介石曾親臨致訓而外，蔣經國也兩度到會發表演說，勗勉青年們應如何如何，並由中央社鄭重發佈消息，台灣各報亦多以顯著的地位刊載。看情形，這位特務頭目已經準備出場了。

二：省府奉命訂立提審法

報載：最近省府奉行政院命令，令飭所屬機關切實遵照：「一、嚴禁法院以外之任何機關對於人民之非法逮捕拘禁。二、法院以外任何機關於接到提審票後，應依第七條之規定於二十四小時內將拘禁人解交提審法院或即聲復。三、執行逮捕拘禁之公務人員如有違背提審法第二條第一項之規定者，應即移送有審判權之機關依法究辦。四、司法警察機關對於非現行犯不得任意逮捕，須事先秘密調查，俟獲有確切証據，聲請檢察官簽發拘票，方得逮捕；不得以已於逮捕後廿四小時內解送法院即免其責任。」

從這四項辦法看去，台灣的司法似乎可望大有改進了。可是凡是了解蔣介石的人們都知道此不過是掩耳盜鈴的又一顯例而已。讀者如非健忘，當還記得前此當權者也曾頒佈了一個所謂冤獄賠償法。但自是以後，台灣的冤獄不但沒有減少，反而發生了雷案。因此，現在的提審辦法，除了供一時的宣傳而外，恐怕不會產生任何實效吧？

三：新聞局科長貪污案發

行政院新聞局電影檢查處第一科科長李功燾利用職務關係向片商借錢不還，或以空頭支票調換現款及收受賄賂，經台北地檢處偵查屬實，於本月五日依瀆職罪提起公訴。據起訴書稱，李功燾主管電影審查發照，換名及核對片額等業務，竟假借權力，以急用為理由，向影片商人告貪，不再歸還；或以不能兌現之遠期支票調借現款。計於四十七年十一月間，以胡仁禮所簽發之台灣省合作金庫三重代理處面額五萬元支票一張向中國電影公司董事長調取現款五萬元。去年一月及三月又收受中外公司董事長林子能賄賂二萬元。被人檢舉後，由司法行政部移送台北地檢處偵查，經關係人賴春波、林子能、鄭倫、高尚文等先後供証實，李功燾亦直認不諱。檢查官核其所為，認為實犯刑法第一百二十一條第一項及第一百三十一條第一項之罪，應依同法第五十條及第二十六條合併從重論處，其所收受之賄款並請依法沒收之。

四：又是紅包案

中壢警察分局局長嚴達，行政局員周文光，蘇英杰，外事巡官蕭念蘇，派出所警員閻明道，稅捐分處主任姚士榮、徐時恭，鎮稅務員鍾延球，鎮長劉家興，鎮公所秘書劉興國，第二市場管理員蕭某等，利用識務上之關係，於商人申請營業或建築執照時，或查緝私宰及私製煙酒時，向當事人索取紅包，經新竹縣地檢處偵查確實，於本月五日提起公訴，涉嫌人員及行賄商人共計三十六人。

五：公路局購料舞弊案宣判

台灣省公路局購料舞弊案，於本月六日下午四時經台北地方法院宣判。本案被告羅大秉等二十七人，除吳斌（公路局機料處儲備課主任課員）諭知無罪外，其餘被告均以瀆職或偽造文書等罪，被分別判處徒刑，二月至三年；褫奪公權一年至二年；其中羅大秉並另科罰金一萬元，或服勞役六個月，熊詩涵另科罰金三萬元或服勞役六個月。各被告所收受之賄路款一百三十八萬六千九百七十六元，另美金二千五百元，均判決沒收。

此一舞弊案共分為六部份：（一）公路局機料處處長羅大秉，副處長方炳成，儲備課登記股長蔡榮春，課員王定中，副工程司朱振來；幫工程司王勛詩、謝樂夫，主計室料款股長蘇昌良（以上八人在押），幫工程司文國裕等九人，於購買材料時，向商人索取回扣六七四、八七六元。（二）公路局台北區運輸處機料課前任課長王慶華，後任課長周鎮仁，管理員林日倫，額外工務員朱承穗，主計室課員潘錦松等五人（均在押）於購買材料時索取回扣一六四、三〇〇元。（三）公路局修車廠廠長熊詩涵，供應課長陳鑄仁，採購員陳奇，主計課長廖宜民，課員馬詒絢（以上均在押），熊王功偉（熊詩涵之妻），主計室辦事員李其祥等七人，於購果料時索取回扣五三二、八八〇〇元。（四）海關台北海務處幫辦沈其藩，辦事員凌念珠，謝從風等三人，於海關購油漆時索取回扣一二、〇〇〇元。（五）中央標準局台北辦事處工友潘啟泰，向中華造漆公司收受賄賂三、〇〇〇元。（六）中華造漆公司經理嚴忠謹開空頭統一發票二千九百九十元與朱承穗向公路局作假報銷。

六：省議會醞釀罷免台籍監委

台灣省議員鄭宋柳於日前正式向省議會提出一項議案，案由是「罷免本省籍監察委員，並重新辦理選舉新委員以遞其缺而符憲政」並列舉六項理由如下：（一）查監察院監察委員，係行憲後於民國三十七年由省參議會選出，業經十四載。（二）監察委員任期依照憲法第九十三條之規定，應為六年，業已超過法定期限八年。（三）憲法第九十一條，有明文規定：「監察院監察委員，由各縣市、蒙古、西藏議會及華僑團體選舉之」，本會當有選舉罷免之權。（四）政府為顧慮各省平衡，對本省選出之監察委員未曾提出重選，本會亦未曾要求行使選舉之權。（五）最近監察院對本省有關問題討論時，其內容有涉及謬論，而本省籍監察委員未曾加以糾正，任其權利倒施，影響自由中國內政不小，國家前途實可堪慮。（六）監察委員選舉最為簡單，投票容易，罷免重選絕無問題。」

鄭議員在此以前，曾經提議改選立監委員，但未獲通過。現在他又提議罷免台籍監察委員，省議會於本月八日復會時勢必有一番爭辯。照法理而論，憲法既規定監委由省市議會選舉，任期六年。台灣省議會自有依法改選台籍監委之權；但在今日的台灣，憲法不過是一項招牌而已；違憲的事，幾乎無日無之，蔣氏父子且以違憲為能事。因此，鄭議員的提案，可能獲得通過的機會，實在是少而又少的。

台灣的貪風

從『貪官污吏不再錄用』的消息說起

朱篤夫

日前報載：行政院答覆立法委員關於政治風氣的質詢，有謂「公務員貪污瀆職，經法院判決確定者決不再錄用，並追繳其貪污所得之贓款」云云。雖然語焉不詳，但僅此簡短的消息，果能言出必行，已經足以令人興奮了。或謂繼台北市政府與市公車處的集體貪污案和台灣省公路局的購料舞弊案之從各犯先後被判徒刑後，行政院又向立法院提出此項答覆，具見當權者確具肅清貪污的誠意。然而，由於過去三十餘年的經驗，我却不能不對此發表懷疑。

蔣政權與貪污不可分

稍知國民黨歷史的人們都記得該黨當年在廣州舉行第一次全國代表大會時曾公佈對內對外政策十餘條，其對內政策中，即有一項是「建設廉潔而有效能的政府」，這是針對當時貪污腐敗的北洋軍閥而言的。但北伐統一後，蔣介石當政，國民政府竟以貪污無能著名於世，大大小小的皇親國戚，幾乎都是貪污的能手。最近十餘年困守台灣，局面雖然一落千丈，貪污之風反而有一日千里之勢。年來集體貪污案層出不已，甚至首善之區的台北市長黃啟瑞因貪污案發被停職後，該市議會國民黨籍全體議員和市黨部全體委員還要集隊前往黃宅慰問，似乎視貪污為一種「光榮」。據闈內人透露：黃啟瑞之被停職和判刑，表面上雖是為了貪污，實則完全是派系之爭。因為在今日之台灣，比黃啟瑞貪污更大的人比比皆是。與其說黃啟瑞最壞，毋寧說他不夠壞。他人貪污不但平安無事，還可步步高陞；而黃啟瑞貪污就要丟官坐牢，顯見其中別有原因。這位仁兄還說：假如貪污的人政府不再錄用，恐怕各機關都要因無人可用而關門大吉了。

貪污盛行的關鍵因素

如所週知，今日蔣介石的用人行政完全以傳子為中心。祇要對「傳子」的大事表示忠貞的，縱然貪贓枉法，為非作歹，也被引為心腹而予以重用。反之，假如被認為於「傳子」不利者，即是才品兼優，也將視為「不可靠」而遭受排除。以故今日的忠貞分子，無不以貪污為能事。蔣介石父子雖然明知他們貪污自肥，有玷政聲；但一則以自己就不清不白，自不便有所深究；二則舉凡不貪污者又不甘為一人一姓作牛馬走，因而也就祇好視若無睹了。

我說蔣介石不清不白，也許有人還將認為這是對「偉大領袖」的誣辱；實則任何一個稍為留心政情的人，都知道蔣介石一向是公私不分的，國事就是他的家事，國庫也就是他的私囊。不但他可以隨時動用國家的公帑，不受任何限制；而且還可藉種種的名義化公為私。最近和一位過去曾在中央某金融機關工作的某君閒談，他說當年宋家在上海法租界拉都路轉角有一幢住宅，蔣介石有時到上海探親也住在這裏，於是以安全為名，由交通銀行備款將該宅鄰近的數幢洋房購入，而以屋契送與所謂第一夫人；他還說：她在南美擁有很大的膠園，都是用國家的外滙換來的。由此可見蔣介石本人原是貪污之尤者。

又是自欺欺人之談

有人說：蔣介石一生好作自欺欺人之談。假如你要推測他的動向，最好從他說話的反面去看，包準萬無一失。例如他無意反攻而却隨時以「反攻復國」四字掛在嘴邊；他習於獨裁，而却侈談民主憲政；他刻意違憲連任而却矢言應維護憲法的完整和尊嚴。因此之故，行政院所謂對貪官污吏不再錄用，也就是蔣介石更將重用貪官污吏之意。觀察家也認為行政院所以於此時向立法院作如此的答覆，不外是監於年來不斷發生集體貪污的案件，不但立、監兩院猛烈抨擊，社會輿論亦不斷譴責，不得不以「不再錄用」這一句空話來敷衍顏面；絕不會言出必行的。他們指出當年實施幣制改革，發行金元券時，為了取締集團居奇，穩定物價，蔣介石還派蔣經國以打老虎的姿態在上海實查緝工作；但到了他遇見了真正的老虎時，却發現原屬自己人，於是立刻鳴金收兵。這就是說蔣家的人不在此限。以此為例，行政院今日雖聲言不再錄用貪污人員，但其所指的必是一般沒有背景的小公務員；至於蔣家人馬，則都是所謂達官貴人，當然也不在此限的。

不過，我仍要為蔣介石躭心，當年就是因為他以全國人民為可欺，不斷的說假話，做壞事才招致大陸變色的災難。如今祇有台灣一隅之地，他仍不改其說假話做壞事的舊習，甚至明知滿朝親信盡是貪污之徒而竟高談不用貪污人員，是不是又以台灣的同胞為可欺呢？（讀者投書）

中共對蘇聯及東歐衛星國貿易銳減
中共對亞洲其它國家的輸出亦減少

劉裕畧

大陸之窗

關於中共的對外輸出的貿易數字和輸入數字，我都無意引證中共自己報導的「數字作證」。因爲中共一向視其對內對外輸出入貿易數字是一種「國家秘密」，正如同它視其軍隊數字和工農業生產數字是它的「國家秘密」是一樣。所以，中共對這些數字雖然一再強調要做出正確的調查統計，但它要做調查統計的主要目的是在正確了解自己的眞實情況，至於對外則向不公開。它雖然有時候也公開某一些調計數字，但拼已經是基於政治觀點捏造的數字，絕不確實，何況，中共的許多調查統計工作做得並不科學，並不確實。所以，兩年前中共自己公佈的農業生產量是七千五百億萬斤。後來，中共在廬山舉行會議時，竟自己打自己的嘴巴，承認原先公佈的七千五百億萬斤的數字並不確實，改爲五千億斤。中共同時並承認此一數字之所以弄錯，是因爲估計錯誤之關係。試想，中共平時用主觀的估計代替客觀的調查統計，如何能獲得正確的結果。

不過，無論中共如何視其統計數字爲一種秘密，又無論中共的調查統計數字是本身錯誤抑或是經過政治觀點的加工，總的趨勢却是無法掩飾的。最近幾天，英國的「中國協會」作出報告說，中共對蘇聯的貿易數字已銳減，中共對東歐衛星國的貿易輸出銳減，中共對亞洲其它國家的貿易數字亦已銳減，換言之，即是說中共去年的整個對外輸出，在總額上業已銳減，當係事實。

據倫敦一月六日合衆社電，倫敦的「中國協會」最近發表報告說「蘇俄輸至中共的戰略物資，一九六〇年已較一九五九年減少五千二百萬美元」。

又說「一九六一年中共的海外貿易已減低百分之二十五」。

又說「中共與蘇聯在一九六二年往來的貿易，將低於一九六〇年六億鎊的百分之二十，此一預測，係根據蘇聯出版的『遠東貿易』給予中共貿易的詳細數字以及蘇聯於去年四月在莫斯科與中共進行週年貿易會談中所作的聲明」。

又說「中共與西歐以及波蘭和捷克的貿易，以一九六一年的上半年與一九六〇年的下半年相比較，其數額少了一半。而一九六一年上半年中共對西歐的輸出，約值三千二百八十萬鎊，同時，自西歐的輸入則爲三千六百九十萬鎊」。

又說「中共對亞洲諸國的輸出，大約已有百分之二十的減少，同時，中共的輸入則有更多的削減」。

又說「對於一九六一年貿易走下坡的『廣泛的說明』，將表示中共與西歐以及共黨國家的輸出和輸入，將『粗粗的保持平衡』。」

又說「對於購自加拿大以及澳洲的穀類，將成爲有用的貢獻」。

又說「一九六〇年最初五個月內，英國對中共的輸出，價值約一千零九十四萬鎊。英國自中共輸入價值二千三百五十三萬鎊。較一九六〇年增加約三百四十萬鎊。不過，此等輸入，其中大約一千萬鎊是精鍊的白銀，是則其它輸入約較早時期減少了三分之一」。

在上述這些數字之外，倫敦「中國協會」又對英國最近賣子爵式飛機給中共的事，以及洛斯萊斯廠的引擎與零件的專表示意見，認爲是「自然感覺到鼓勵。」並說「那是重要的，因爲那是一個西方國家所製的裝備售給中共的第一次」。

關於英國出售飛機的事，不在本文評論之列，姑撇下不談，以言中共近來對外貿易數字的銳減一節，則極有參考價值。如所週知，倫敦的「中國協會」，大體上就是差不多代表與中共做生意的英國廠商的組合，它對中共經濟狀況的估計和判斷，應屬比較客觀。何況其中一部分數字就與它們直接有關，故比較可信。

誠然，上述數字中，也有一部分是靠估計，但這種估計與眞實的詳確數字相去不遠，所以，這些數字或者比中共官方公佈的捏造數字，當更近於事實，而上述這些事實的總面貌，則是中共近年的整個對外貿易，無論輸出輸入，都在銳減，換言之，這即是反映着中共的整個財力和物力都在向貧弱的方向銳變」。

仔細分析這一反映，可以說，它原是必然的。由於中共政權與中國大陸人民利益的衝突，由於大陸人民普遍不滿中共，乃至實行消極怠工，由於大陸人民飢寒交迫，乃至缺乏體力和勞動熱情，農業減產，自係必然。四五年來，筆者一再指出中共政權的特質就是括削農民。因爲中共十二年前佔據大陸之日，並未獲得大量黃金或外滙，大陸又無大量的工業生產品可以向外推銷，而中共的整個財政支出數字寵大，蘇聯又不能予中共以大量經援，於是，中共遂只有把農民當作主要的括削對象。因爲農民雖然窮苦，但畢竟有一年一度或一年數度的農業生產品可資掠奪。然而，話說回來，過度壓搾和竭澤而漁之後，又加上天災，拼末，整個農業生產量又怎能不大躍退呢？中共縱然盡力刼奪農民的勞動果實，其數量亦至有限，故其對外輸出的總額，又怎能不銳減呢？

輸出銳減之相應結果是外滙缺乏，外滙缺乏之後，中共的購買力當然亦隨之減小，終至不能不將輸入亦隨之減少，於是，中共便只有向外國以賒欠方式進行購貨了。於是中共最近之所以一再以付少數現金的辦法向加拿大和澳洲等國賒欠粮食的原因在此，在中共政權統治下，今後之中國大陸將無許多生意給外國商人做的原因亦在此。

中共打獵隊亂打人畜

望宇

顧名思義，打獵隊原是應該以野生禽獸爲射捕對象的。同時，打獵隊在打獵時也當然應該顧到一般人民和家畜的安全的。但値得奇怪的是中共在各地組織的打獵隊竟常常不以野禽野獸爲射捕對象，而以家禽家畜爲射捕對象，甚至因此常常傷及人民的生命和安全，正因爲這種現象越來越兇，所以，已經有人在北平人民日報正式提出呼籲了。

一月三日人民日報第二版曾刊出下列一段讀者投書，說「嚴冬打獵是好事，但是疏忽大意，就可能發生人、畜傷亡事故。最近有的獵人在大青山下誤打了家畜，在羣衆中造成不好的影響。狩獵要使用武器，在近山區，特別是田野裏，往往有人畜活動，注意安全，應該是獵人時刻注意的事，農場、公社的領導部門，在開展冬季狩獵中，對獵手必須進行狩獵的安全教育」。人民日報對這封讀者投書，則加以「打獵要注意安全」的題目，可知今日大陸，由共幹領導的打獵隊，竟至無法無天的在田野裏打獵，且毫不顧忌人民的安全，甚至還以家畜爲狩獵對象，這眞是亘古奇聞了。

毛澤東已回北平

陸聞

在赫魯曉夫全力打擊毛澤東的個人地位和赫魯曉夫正式公開宣佈與阿爾巴尼亞絕交的時候，毛澤東何以反而離開北平，前往杭州，本報前已有所評述。茲悉，毛澤東現在又已由杭州回到北平了。這可見毛澤東畢竟不能在此時機放心久離北平的。

據中共新華社一月二日北平電：「毛澤東主席今天接見了正在北京訪問的印度尼西亞、古巴、巴西、肯尼亞和洪都拉斯的外賓，同他們進行了親切友好的談話」。此外，一月三日的人民日報又刊出了一幅毛澤東在北平接見上述人士的照片。從外表上看，毛澤東還是有點胖得來有點臃腫的樣子。大抵，由於中共政權內外形勢上和實質上的各種緊張，毛澤東今年恐怕不能再像去年一樣在杭州住上半年的時間了。

僑鄉簡訊

鍾之奇

廣東有五百萬人被迫從事冬耕

雖然，耕種後的收穫一齊都被共黨用徵購和超額收購的名義搜奪以去，因而一般人民都早已毫無自發的勞動熱情，但中共却對廣東全省人民絲毫未放鬆，爲了準備下一季度的生產，據人民日報十二月廿九日電說：現在「全省投入備耕生產的勞動力已超過五百萬」。如所週知，近月以來，正是天氣嚴寒，朔風凜烈，西北利亞寒流一批又一批的進襲廣東省區的時候，人民身體由於長期飢餓，早已疲弱不堪，中共今又驅迫此五百多萬人民在天寒地凍中從事集體勞動，僑鄉人民之苦況與乎他們亟待解救的情形，由此可知了。

廣東有一百多萬人被迫從事水利工作

中共佔據大陸十二年以來，年年在吹水利建設，然而無情的事實却揭露了中共這一宣傳性的吹噓，全是自欺欺人之談，大陸連年發生的旱災和水災，則更在事實上諷刺了中共的這些吹噓，「因此，大多數地區的農民放下秋收鐮刀之後，就奔赴水利工地。現在，全省共有一百一十多萬人活躍在各個水利工地上。」這也是中共人民日報十二月廿九日廣東專電的報導，由中共動員如此龐大的人力去從事水利工程，可知廣東全省水利工程所存在的缺點是如何的多了。然而最緊要的問題，却還在中共動員如此龐大人力究竟能否把廣東全省水利工程問題解決呢？據中共自己透露，却仍是不能解決的。主要原因則在水利工程並不只是驅迫人民去挖土方或挖溝渠的問題，而是尚包含有工程配套等問題在內的。俱如水泵、發電、電纜等都是與水利工程之能否生效密切相關的。而中共目前輕重工業挫敗，蘇聯的援助又已停止，所以，中共縱然動員一千萬人去從事水利工作，其不能眞正解決旱災水災問題，仍是可以確定的。

廣東繼續集中勞動力下鄉

雖然，在海外僑胞看來，中共目前已動員了五百多萬人準備冬耕，一百一十多萬人從事水利，這被奴役的人數似乎已經太多了。但中共當局却還認爲廣東全省被投入勞動的人數太少哩！所以，廣東共幹現今仍在繼續抽調人力下鄉。

對此，十二月廿九日人民日報亦有報導說：「就全省來看，目前備耕生產高潮正在形成，但也有些地區還沒有把勞動力集中到備耕方面來。中共廣東省委決定在元旦前後組織大批幹部下鄉，加强領導」，這就可見今後被集體奴役的廣東同胞，還將在中共驅迫下繼續增加。

共幹驅迫廣東人民四處找肥料

肥料缺乏，始終是今日大陸農村的基本問題。也是今日廣東全省各地農村的基本問題。

我們曉得：肥料充足與否？對農業生產之成敗是有決定影响的。如若缺乏肥料，則土壤貧瘠，農作物之生長必然受到惡劣影响，但中共平時雖高度要求農業生產大躍進，却一直沒有充分肥料給與農民，這是亘古以來未有的大荒唐。當然，這也並不奇怪，因爲中共把平時搜括所得，一方面用以發展軍火生產，擴充軍隊，一方面供給高級共幹享受，並在國際間冒充大亨，不顧人民死活，却將金錢花費在援助別的國家，甚至在國際統戰工作中浪費太多，難怪中共再也沒有資金來設備大規模的肥料廠了。

由於肥料缺乏，於是廣東共幹乃驅迫各地人民向大自然覓取肥料。據人民日報廣州專電說：「各地同時組織了多種多樣的積肥活動：靠山燒石灰，近河挖河泥，靠海撈海肥」。又說「佛山專區農民們撐船划艇挖河泥，……各地還因地制宜改良土壤，燒山開荒等」。由此可知廣東各地肥料缺乏之一般實況了。

美英斡旋印荷幕後談判

俊華

一度似乎箭在弦上的印尼與荷蘭的戰爭，最近又有慢緩下來的趨勢。印尼內部對於進攻西新幾內亞，固然有急進派與穩健派兩種勢力。國際上的主戰派與和談派，也正分別在幕後「鬥法」，而照事勢發展的傾向，和談派好像比較更為抬頭。

戰爭的姿態

印尼的戰爭狀態，在本週末已達到了最高峯。蘇加諾本人率領內閣全體十一位閣員，並邀請了十位駐印尼的各國大使，與蘇聯的太空人鐵托夫等一行，同到西里伯斯島南部的望加錫；發表「解放西伊里安」的激烈演說，宣稱拒絕與荷蘭談判，但他並沒有任何暗示印尼進軍西島的時期，並說是「如果上帝同意，西伊里安『將於今年』歸還印尼」。前者顯出蘇加諾並不敢草率從事，後者也說明了蘇加諾認為收回西伊里安一事，並不是可以迅速解決的。

在軍事的佈置方面，印尼空軍已成立了一個動員會，設計並已經進行把大部份空軍調到西里伯斯島去，這是對西新幾內亞發動攻擊的前進地區。由於西新幾內亞是一個海島，如果印尼發動戰爭的話，必須先使用空軍轟炸，然後才以陸海軍會合，作兩棲的登陸。

印尼陸軍仍繼續向着西里伯斯集結，目下號稱「二十五萬」人。據熟悉內情人士的透露，這二旬來向西里伯斯集結的軍隊，約在十萬人左右，其中一部連原有在該島上的八萬人，其中一部份是革命軍投降過來的隊伍，無論如何總數不會超過二十萬人。西里伯斯島方面的「東印尼軍區」司令巴斯吉里上校，雖然宣稱「二十五萬大軍即可投入戰鬥」。不過實際上那是絕不可能的，由於島與島之間海洋的間隔，部隊的輸送必需依靠海運，但印尼的海軍力量薄弱，甚至徵用商船計算在內，海運力量也並不充足。實際估計，印尼一下子能輸送到新幾內亞登陸的部隊，決不能超過三萬人。所以儘管空軍方面躍躍欲試，但陸軍則寧願持重。換句話說，印尼目下進攻，並沒有勝算的把握。

反戰論抬頭

在國際上，極力挑動印、荷戰爭的蘇聯，已通過替印尼建立空軍而爭取到印尼空軍的左傾，使空軍成為主戰的急先鋒，蘇聯太空人鐵托夫的奉派訪問蘇加諾，也正是一種「打氣」的作用，但一時還不能激起蘇加諾孤注一擲的銳氣。因為國際上的和平勢力，也正向蘇加諾施加相當的壓力。

首先，聯合國雖然沒有通過荷蘭的「西新幾內亞由當地西巴布亞人自決」的議案，但也沒有滿足印尼把該島歸還印尼的要求。聯大所通過印度等十三國提案「印荷談判」，並沒有任何「自決」或「歸還」的原則，而聯合國秘書長宇丹對蘇加諾的勸告，「則是和平解決，勿使用武力」。

東南亞國家如菲律賓、馬來亞，都有和平解決的呼籲，雖然他們並沒有完全抹煞印尼的要求，但最少認為，除非是通過談判不能解決，否則驟然使用武力的話，印尼難免會受到譴責，甚至受到反對。

使印尼不能無所顧慮的，是澳洲的意向；澳洲目下與荷蘭各佔有新幾內亞之一部，荷屬西新幾內亞與澳屬東新幾內亞是一個完整的島嶼。澳洲既是「白澳」，又是東南亞公約之一員，而印尼這次準備進軍則是受蘇聯及國內共黨的支持，澳洲對此自不無戒懼。澳洲反對黨領袖要求政府將駐馬來亞軍隊調回鞏固邊防，謂「蘇加諾之演說一如希特勒當年在慕尼黑所作者然」。實際上澳洲政府已有秘密照會致印尼政府，內容可能是支持「自決」原則的。印尼外長蘇班德里奧說「此時不便公佈澳洲照會及對澳談判」，可能是恐怕宣洩澳洲的態度會影響軍心。但澳洲外長巴羅却在坎培拉說：「蘇班德里奧對澳洲保証：印尼決予西新幾內亞以相當的自治權」。可見澳洲照會曾強調西巴布亞人的權利。

折衷派建議

荷蘭於本月三日宣佈放棄以「自決」原則為與印尼談判西新幾內亞的條件，是使戰爭局勢和緩的主因，據說實際上可能是出於英美的排解。英美早就在幕後斡旋印荷談判，（印尼當年獨立，得力於美國協助為多。）美國並宣佈非正式担任調處。雖然蘇聯和中共都不利於在南太平洋用武，西方集團鑑於葡萄牙的醞釀分裂，儘可劍及履及地支持荷蘭，不過他們仍然認為印荷戰爭是對共黨有利，故此極力斡旋印荷談判，形成國際上「和談派」的主力。聽明的蘇加諾覺得他使用武力既不能迅速奪取西島，倒不如試行談判，看看可否能在議席上取得西伊里安。據說最近在討論中的「國際秘密談判」方案，是荷蘭放棄自決原則，而印尼放棄「主權」原則，而由荷蘭將西島「行政權」移交印尼，在印尼行政權下西巴布亞人有較大的自治權，若干年後再實行「自決」。

・吉隆坡通訊・

蘇加諾野心蠢動

・席桐・

蘇加諾自獲得了蘇聯所「援助」的足够的軍事裝備後，於焉野心勃發，早已策劃到對荷蘭來一次軍事冒險了；迨至最近印度揮軍進入了葡屬果亞，他受到了尼赫魯這種「英雄主義」所鼓勵，因而對新幾內亞這塊土地更立刻湧起了莫大的「雄心」。

新幾內亞問題，本來已是印尼和荷蘭夾纏了十二年而猶未能獲致妥協的一項最嚴重的爭端，致雙方都表示願意進行談判，但在蘇加諾的「意向」正加強蠢動之際，戰爭行動的危機，顯然未容忽視。倘若這戰爭行動不幸一旦爆發，則將立刻影响到東南亞的外圍實力均勢，同時足以為共黨勢力開闢了侵入海洋洲的捷徑；這一來，對自由陣營的打擊，就更不堪設想！

新幾內亞問題的重要性，是由於該一大島的東半部，現為澳洲所有，足以引起另一項糾紛，而她的南岸，與澳洲北部的紐克半島是一衣帶水之隔，尤足以威脅澳大利亞的安全。目前國際共黨的勢力差不多滲遍了世界每一角落，只有澳洲尚能保持其寧靜。蘇聯之所以援助印尼的軍事裝備，當然對此是隱藏着有相當險惡的陰謀；此次蘇加諾受到尼赫魯的鼓勵而蠢動，蘇聯亦力加慫恿，當然，這並不是為了印尼，也不是單純對付荷蘭，而是着眼於一項向自由世界進攻的計劃的實施。說得清楚一點：就是國際共黨要利用印尼，使得共黨勢力能够伸展到西新幾內亞，把西新幾內亞作為侵入澳大利亞的跳板，進而擴張到海洋洲。——這才是國際共黨的如意算盤。

在十二年前，那時印尼正宣佈獨立。一九四九年十一月，荷蘭乃與印尼簽訂了一項協定，把荷屬東印度羣島的主權，移交蘇加諾政府，但西新幾內亞是不包括在內的；到了一九五四年八月，荷蘭和印尼的聯盟解散，荷蘭遂仍保有該島的統治，而印尼則要求移交，從此就互相爭論不決，一直夾纏到現在，因此國際共黨也就正好利用這一點「理由」，煽動蘇加諾指責荷蘭，說荷蘭不應再使用殖民地政策來永久佔領西新幾內亞。其所持的「理由」，從表面上看來，似乎是說得很响亮；但是若細心的研究一下，我們就知道，印尼之要求合併西新幾內亞，也不是絕對合理的呀！新幾內亞這一個地區，在荷蘭佔領之前，是有許多不同的王國和部落的，而這許多王國和部落，從來未有構成過一個統一的國家，是則印尼雖承繼了東印度羣島的主權，也不能強把西新幾內亞合併的。舉個例來說：印度和巴基斯坦過去都是由英國統治的，難道現在印度就可以以此為理由，而要求歸併巴基斯坦？由此可知，荷蘭雖不應永久佔領西新幾內亞，但印尼之要求歸併，也祇是屬於一種野心而已，何嘗是合理的要求？倘蘇加諾這不合理的要求繼續發展下去，火藥氣味一定會將越來越濃厚；此決非危言聳聽，而是在今日的局勢中，事實上此一地區確已顯露着白熱化的危機！

蘇加諾既被蘇聯的利誘迷惑了理智，又給印度的「英雄主義」冲昏了腦袋，此次的蠢動，無形中將成為共產集團暴力出擊的先鋒，「聽明笨伯」的意圖，殊堪冷齒！若再以當地居民來說，則蘇加諾合併新幾內亞的要求，尤為強橫無理，蓋印尼人是馬來人，屬於高加索種，兼有海洋蒙古利亞種的混血，而新幾內亞則為巴布亞人，與非洲黑人同屬尼革羅族。這兩個民族間，在文化傳統上和民族性格上，都迥然不同。是則蘇加諾又焉能強之合併？殖民地主義固然要不得，但假借反殖民地主義來掩飾而作擴展的行為，這種野心，也必須將之擊破。

那末，這一地區，應如何處理才算合理呢？依照大多數國際問題專家的意見，都認為應該根據聯合國憲章第十二章規定，將之置於國際託管之下，使當地居民在若干年中養成了自治能力的時候，然後使他們自決，如果那時願意投歸印尼的話，當然，任何人都不應加以阻撓；如果他們願意獨立建國，則更應予以尊重，使之享受充份的自由。這才是最適當最合理的辦法。

我們可以肯定地說一句：蘇加諾的蠢動，是一種極度愚昧的行為。（一月二日寄自印尼）

逃

金陵

放學的路上，我和學生們拉着手，邊走邊談。

突然，有一個小女孩無聲無息的從我們的手臂下奔闖過去，在人羣裏穿梭，隱去。

緊接着，後頭傳來顫慄的叫聲：

「喂！捉住她！捉住她！捉住她！」

是一個中年的矮胖的婦人。她一手提着裙裾，一手揮着竹條，時而撥開覆在臉上的散髮，嘴巴張得很大，好像要咬人。

小學生們看她氣兇兇的模樣，都嚇得遠遠的退避。

那婦人在我身邊停下來，俯身脫了木屐握在手裏。我正要問她一聲，她却又飛奔追去。

「前面的人，捉住她！捉住她！捉住她！」像呼救的聲音。

「瘋婆！瘋婆！」小朋友們低聲私語着。

××

只因爲被追的人身着學生制服，所以我決心去替她解圍。可是，她們已拐彎不見人了。

雖然我穿皮鞋，但跑起來也夠快的。學生們聽到重重的腳步聲，都回頭驚奇的瞧着我。

那婦人離我約百步光景，但我却很難縮短這段距離。最前頭的小女孩，似乎愈追愈遠。

「捉住她！前面的人！捉住她！」婦人吶喊着。

「喂！停下來吧！前面的人！」我也喊着。

「喂！好心的人，捉住那女孩子吧！」她顯然不理睬後面的人。

從永東路追到永西路，這段路不見學生，只有來往稀少的農人。

婦人仍然一頓一頓的跑着，看來很吃力，但她絲毫沒有停止的意思；這使我懷疑她可能是眞的瘋了！

終於，我追上她了；而且大胆的攔止她的去路。

「她……」我喘得說不出話來。「她是我的學生，幹嗎妳追……追她？」

「她……」白色的唾沫從嘴角垂下，婦人也急得斷斷續續的說：「她……她是我的大女兒！」

「哦？」我怔了一下。

「可憐我的小女兒被水淹死了！」婦人閉上眼睛和嘴唇，手揑着額頭。

我上前扶着她的臂膀，並取下手中的竹條。她猛然掙了一下，狠狠的指着前方，狂叫着：

「是她！她害死了小妹妹……是她！」

「伯母，妳回去吧。」我說：「我去抓她回來。」

當我跑開的時候，婦人放聲痛哭起來。

××

在炎熱的日光下，那小女孩從沒止步的直奔着。沒有回顧，也沒有哭號。

我追了一程，累得幾乎喘不過氣來，於是停身大喊：

「小朋友！妳媽媽回去了，我是老師呀！」

她仍然跑着。

「回來吧！小朋友，我是……」

我又起步追趕，但跟着一想：追趕只會令她更加恐懼，而使她拼命逃亡——最殘忍的體罰。於是，我又停下腳步。

「老師不追妳了，小朋友，回來吧！妳媽回去了。老師會保護妳呀！」

她根本不理我，這使我一氣之下，不顧一切的往前衝。四野已無人跡。

不知那來的力量，竟使這小孩子以同等的速度堅持的跑下去？她的頭從不轉動，或許她知道這是一段可怕而艱險的旅程，必須以堅決的勇氣克服一切吧！

最後，正在我要捉住她的時候，她倒下去了！倒在我的跟前：……

我也感到一陣昏眩……。

××

我抱着她，從福興鄉走回來。她的頭無力的擱在我的臂彎裏，眼睛半闔半睜，像要迷迷入睡的樣子。渾身汗水濕透了，像從水裏撈上來的。

「小妹妹，可別睡了。」我說：「妳知道我是誰嗎？」

她看了我一眼，不作聲。

「當然妳知道，我是常常上台講話的老師啦，我最喜歡和妳們玩，不是嗎？」

她又閉上眼睛。

「不要睡！」我用力的搖了她一下。「妳會做噩夢的。聽我講話……」

不知已走多遠，我又覺得兩腿發軟，腦袋轟轟的響着。

「妳眞勇敢，妳是我所見到最勇敢的孩子！」我向她霎眼點頭，汗珠一顆顆的滴在孩子的胸前。

「媽！我不敢啦！我不敢啦！」她驚醒過來，猛力掙扎着，兩腿亂踢，兩手亂捶。

「安靜！小妹妹……」我險些兒跌了一交。「不要想起它，那過去的。」

她瞪着大眼，直望着我的背後。我感到她身上一陣陣的搐動。

走到永清街時，放學和下午課上學的學生們都驚立在路邊，彷彿送葬的行列。

××

走進她的家，有如走進地獄。冷氣團團的包圍着我。

我把孩子放下，但她却緊握着我不放，慘白的小臉覆在我身上，踢着腳。

「我不敢啦，不敢啦！」

她母親跪在草蓆包裹着的屍體旁邊。久久，才抬起含淚的臉，仰望着我。

「老師，我的孩子死了，死了……」她又低頭哭起來。「怎麼辦？怎麼辦……」

我也不知怎麼辦，只痴痴的站立着；雙手垂在孩子的肩上。

「男人早逝，留下這兩個命根。」婦人繼續哭述着：「現在叫我怎麼活下去……」

我輕輕的把孩子轉過身去，當她看到草蓆包的時候，一骨碌的撲倒下去。

「妹妹！妹妹……」她哭了。想要抱起妹妹。

「阿蘭。」她母親低喚着。慢慢的伸出一隻手，撫摸着女兒的頭髮。

「媽媽！」孩子反身投進母親的懷裏。「我很怕，媽媽。」

「不用怕，阿蘭。」母親拭淨了女兒的眼淚，可是自己的眼淚却汪汪如注。「妳沒有錯。是阿媽不好，叫妳看妹妹，又要妳煮飯，妳做得太多了，阿蘭。」

我轉身掏出手帕，揩去臉頰的汗珠。門口已擠滿了鄰人。

當我默默的在路上走着的時候，我從沒發覺腳下已掉了一隻鞋底。

文壇泥爪

陰陽怪氣的屈羅里

羅曼羅蘭讚美魯迅「阿Q正傳」的信給創造社壓下，揭發這一事實的人，是被郭沫若形容爲陰陽怪氣而渾名叫做「屈羅里」的敬隱漁。敬隱漁這個人，在民十五左右的新文壇上，也只是如曇花之一現，現在的人對他恐怕還很陌生吧。他寫過小說；寫過詩，翻譯過法國法朗士等人的文學作品，曾先後分刊在創造社的「創造週報」、「創造日」和文學研究會的「文學週報」、「小說月報」上。他寫的短篇，如「瑪麗」、「蒼茫的煩惱」，初在「創造週報」上與讀者見面的時候，使人有一新耳目之感。那時創造社的刊物上突然湧現了不少的新作家，如倪貽德、周全平、白采、滕固、淦女士（就是「卷葹」的作者馮沅君，馮友蘭的妹妹，陸侃如的太太），連同敬隱漁，都發表過受人讚賞的短篇。不過敬隱漁寫得不多，也沒有輯集單行本。

郭沫若爲了辯白創造社沒有壓下羅蘭給魯迅的信，他在「一封信的問題」中對敬隱漁怎樣登上文壇作了這樣的敘述：「敬隱漁是我的同鄉四川人，他本來是成都天主堂所收養的一個孤兒。他的天分高，後來便受了天主教的嚴格的教育，法文和拉丁文的教養都很深。我們在辦創造週報的時候，他到了上海，住在徐家滙的一座天主教的學堂裏面。他用法文翻譯了我的函谷關和鵷鶵，都先後登在創造週報上，因此便時常到我寓裏來。後來他竟成爲了創造社的中堅份子，自己也寫小說，仿吾是十分激賞的，曾誇示爲『創造社所發掘的天才』。隱漁很瘦削，個子很小，但一雙眼睛却極大而烱烱有光，每愛瞵視。日本話稱瞵視爲Kiorori，因此我們也就給了他一個渾名叫『屈羅里』。他自己說他懂催眠術，我們雖不曾教他試驗過，總覺得他是帶着幾分陰陽怪氣的。」

筆者沒有見過敬隱漁，却不十分相信郭沫若的話。照他這樣說，敬隱漁之所以能登上文壇，全由於他和成仿吾的垂睞和提拔；而敬在他的眼光中又是不大正常的人。敬歸國不久就發狂跳海自殺，受他提拔出名却又轉變到文學研究會裏去，這樣的人揭發創造社壓下羅蘭給魯迅的信，還會是眞的嗎？郭沫若對於敬隱漁的敘途，動機便是在此。

至於敬隱漁能搭上羅蘭的線，能到法國去留學，郭沫若說也是多虧了他：「不久，創造週報停刊，創造社一時呈瓦解之象。我那時又轉日本去呆了半年回來，敬隱漁落魄在上海，是我勸他翻譯羅曼羅蘭的「若望・克里斯朵夫」。他翻譯了，並由我介紹，到商務出版。因此他和羅蘭通信，並得到了羅蘭的勸誘與資助而遊學法國。這以後的事我就不大知道了，只是聽人說，羅蘭待他很好，而他却是很有些荒唐的地方。再則，他往歐洲後，和創造社疏遠了，而和當時的文學研究會倒發生了更密切的關係。」

「若望・克利司朵夫」是羅蘭的長篇名著，後來經名翻譯家傅雷譯出，非常暢銷，「若望」改譯「約翰」。敬隱漁譯的是「若望」，在民十五年一月出版的「小說月報」第十七卷第一期上開始連載，但只連載到第三期就停止了，似乎他沒有譯完。並不像郭沫若所說，經他介紹到商務出版。「小說月報」雖是商務的刊物，但却屬於文學研究會的機關雜誌，那時創造社與文學研究會正敵對得很厲害，郭不可能把敬的譯作介紹到「小說月報」去刊登，因爲他們的「創造月刊」也已於民十五開鑼了呢。且說在民十四年「小說月報」的第十六卷中，即已有了敬隱漁的作品，羅蘭給敬的信，「小說月報」曾將其手蹟製版刊出，後面附有敬的譯文。這些都可証明郭沫若上面那段話實不足信。眞相是敬打算譯「若望」之先，有些關於書中的問題要向羅蘭請敎，雙方這才通起信來。等「小說月報」刊載這部小說時，敬隱漁已經到了法國，他並且譯出了羅所作「若望・克利司朵夫向中國的弟兄們的宣言」，也刊在「小說月報」上。

創造社的行幫意識非常重，對於轉變到它的敵方陣營去的人恨之刺骨，郭沫若對死了的敬隱漁任意誣陷，是本不足怪的。

文史漫談

採薇歌與麥秀歌的眞僞問題

徐亮之

「採薇歌」與「麥秀歌」的眞僞問題，自來中國文學史的編著者似乎都還沒有觸動過；但這個問題不解決，則「楚辭」這一新興詩體的來龍去脈是無法說明的；而中國文體演變的歷史軌轍也是無法掌握的。

「採薇歌」見於「史記伯夷列傳」，據說乃伯夷在首陽山「餓且死」時所作；其辭曰：

「登彼西山兮，採其薇矣。以暴易暴兮，不知其非矣。神農虞夏忽焉沒兮，我安適歸矣!?于嗟徂兮，命之衰矣！」

「麥秀歌」見於「尙書大傳」和「史記宋微子世家」；據說乃「箕子朝周，過故殷虛，感宮室毀壞生禾黍」而作；其辭依「尙書大傳」是：

「麥秀漸漸兮，禾黍油油兮；彼狡童兮，不與我好仇！」

依「史記」是：

「麥秀漸漸兮，禾黍油油；彼狡童兮，不與我好兮！」

箕子伯夷都是殷末周初的人，如果認爲「尙書大傳」和「史記」的記載可信，則「楚辭」這類的詩體在周初便已經成熟的了。但這樣認定時，卻有左列兩個問題在文體演變的史程上都無法解釋；卽：

（一）「採薇」、「麥秀」兩歌都是文從字順而平易活潑的雜言詩，何以和「詩經」裏面早期中期作品還相當佶屈聱牙者迥然不同？

（二）二歌既作於周初，何以「詩經」裏面並無嗣響的痕迹？何以直到了春秋末期方才始有「楚狂接輿歌」（見論語微子篇）和「孺子歌」（見孟子離婁篇）等風格類似的作品的出現？

我想：稍具文史常識的人，大概都不致不承認這樣的事實；卽從文學演變的歷史看，由於語文本身的演變（千里不同音，百年不同韻），晚期的作品比較起早期來，總是要更文從字順而平易活潑的。如「尙書」的「虞夏書」所以比周誥殷盤顯得文從字順，便是由於後者乃當時的實錄，前者乃後人追述的緣故；也便是前者所以比較文從字順而後者轉覺佶屈聱牙的緣故。散文演變的眞實史迹如此，詩歌的演變自也不能例外。說「採薇」、「麥秀」這樣文從字順而平易活潑的詩歌，會在「詩經時代」的中早期或更以前便已存在，是不合文學進化的原則的；是使人難於置信的。

其次、所謂「詩經時代」，大約起於周初到春秋中期而前後綿亘五百年的時代。說像「採薇」、「麥秀」這樣充滿文學生命有血有淚的文學創作，而五百年中竟然嗣響無人，同樣是不合文學進化原則而使人難於置信的。

於是乎這兩個歌的眞僞便發生問題了。但我卻認爲與其說它是僞，毋寧說它爲眞；只不過這所謂「眞」，並不是像如上所述周誥殷盤「實錄」式的「眞」，而祇能是像虞夏書般「追述」式的「眞」吧了。

那末、我何以說它們都是「追述」式的作品呢？且說先記載「麥秀歌」的「尙書大傳」的由來。「尙書大傳」原題爲漢伏勝撰，而一考其實，其成書的經過卻是如左所述：

一、崇文總目：「漢濟南伏勝撰，後漢大司農鄭玄註。伏生本秦博士，以章句授諸儒，故博引異言，援經而申証。」（此爲勝撰說）。

二、晁公武郡齋讀書記：「勝、孝文時且百歲，歐陽生張生從學焉，音聲猶有訛誤，先後猶有差舛；重以篆隸之殊，不能無失。勝終之後，數子各論所聞，以己意彌縫其間，而別作章句。又特撰大義，因經屬指，名之曰傳。劉向校書，得而上之。」

三、陳振孫書錄解題：「凡八十有三篇，當是其徒歐陽張生之徒雜記所聞，然亦未必當時本書也。」

四、四庫提要：「據玄序文，乃勝之遺說，而張生歐陽生等錄之也。」

這樣看來，「尙書大傳」實伏勝死後門人歐陽生所錄；較之勝在生時親口傳授的其準確性已遜一籌。而且縱使是勝在生時所傳，其時間也祇能在秦而不可能在漢；則入漢時伏勝年事已高，已經口齒不清，音聲訛誤，其記述的準確性仍然是要打折扣的。易言之：「麥秀歌」的內容縱眞，文學上和形式上決不可能是他的本來面目的。

再說「史記」：太史公乃善於譯古語爲今言的大手筆。觀於「五帝本紀」的翻譯「尙書」，其本領卽可想見。那末、這種辦法既在「史記」裏面有例可沿，則把古老的「採薇」、「麥秀」之歌，（「麥秀」似卽採自「大傳」而音節顯較前者爲活潑。）改用當時的語言、流行的形式加以追述，使更能發揮其文學的感染力，誰曰不宜？而當時最流行而雅俗共賞的詩歌形式實莫過於楚聲；秦漢之際，項羽的「垓下歌」，劉邦的「大風歌」，正都是楚聲的代表作；同時，他們也都是楚聲的愛好者；「大傳」和「史記」的作者採取這樣的形式去追述有血有淚的古歌，是更能發揮其沉痛性的，是在文學手法上無可非議的；而「採薇」、「麥秀」之所以都成爲楚聲化的詩歌，其故卽在於此。

由此看來，「採薇」、「麥秀」二歌，在形式上不但不是「楚辭」的前奏曲，倒反而成爲「楚辭」的派生物的了。這種形式形成的時代，是不但遠在屈宋作品之後，而且是遠在「垓下」、「大風」兩歌之後的。必如此而後在文學史上乃能有所交代，而就其本身的文從字順平易活潑看，亦必然如此。

抗戰回憶錄

張發奎

嚴以治軍，是我統御部隊唯一的要求；我以爲立法可以寬，但執法必須澈底；我常常對我的部屬說：「殺敵絕對自由，紀律一律平等」，維持一個集團的生活，非有一種嚴格的規律不可。但嚴的基礎，須建立在「明」和「公」的條件上，一個保持自己威嚴過度的統帥，他常常會犯與部屬隔離的毛病，他一切舉動在嚴厲的態度之下，使部下不敢親近，因此，他對於部下的一切情形，不能得到充分的明瞭，且容易受到各種的蒙蔽，而失去明察和公正的處置，反而容易使嚴正的精神變爲暴戾的行動。我過去的直接治軍與八年間指揮入於我序列的部隊，我是極力避免這種過失的。我常常去和一個士兵閒談，或和一個下級的僚屬討論一個問題。我認爲軍隊是一個共同生死的集團，生活應力求其和諧而愉快，每在一個集團聚會或會餐中，我總流露着親如兄弟的情感，並作幽默而興奮的談話，因爲這樣我才能了解他們的生活，同時也使他們能了解我的性格，這固然是有意的表現，但如一個沒有天賦的本質與習慣這種生活的人，也難勉强做到。

指揮作戰的勇敢條件，於我沒有多大的考慮，數十年來的軍旅生活，把我造成了一個勇敢堅決作戰的人。任何特別困難的任務或危險的情況，對於我個人是沒有畏怯與恐怖心理的。這與其說是因爲責任心或光榮感所發生，毋寧說是爲數十年來生活習慣所養成，我幼年在社會中奮鬥，少年爲革命而奮鬥，大部份的生活都是處於艱苦環境與槍林彈雨之中。在我認爲立於塹壕的戰鬥生活，一個士兵是極平凡的事，四公尺的正面和前面飛來的槍彈，對於我生命的威脅，實在不太足以注意。但在八年中的指揮作戰，對於這個個人勇敢的條件，就不能全部使用。戰場是廣漠的，戰綫是綿長的，欲如拿破崙一樣座騎白馬，手舞金劍，以目視和口令來直接指揮作戰已不可能，他必須依靠指揮機構和工具來指揮部隊的行動，並精密計算時間及空間以及人事上的配合，而前後方補給供應連絡交通等的煩劇事務，更必須時時顧慮，況且在情況不利的時候，自己的位置雖遠距第一綫，但在一張地圖之上，千萬人的生命和整個戰局的影响，都使人驚心動魄，決不是一個士兵式的勇敢可以解決的，而必須對所有的指揮官及部隊要求最高度的奮鬥，自己亦必須確定非常困難的決心，且須要求我所指揮的全部人員的通力合作。（二）

聯合評論 週刊
本刊已經香港政府登記
每逢星期五出版
United Voice Weekly
第一七七號
督印人：黃宇人　總編輯：左仲平
社址九龍赫德道二十三號地下　電話 68678
承印者嘉羅印刷有限公司香港灣仔馬師道5號
總代理：友聯發行公司　每份售價港幣一毫
本報美洲版總經售處美國紐約中美出版社
CHINESE - AMERICAN PRESS, INC
199 CANAL STREET.,
NEW YORK13 N. Y. U.S.A.
美洲航空版每份零售美金一角

民族主義與殖民地問題

孫寶剛

今天（一月十五日）香港虎報的頭條新聞是「北京承諾給予印尼以攻佔西新幾內亞的一切支援。」但是在其他報紙上，就沒有把這條新聞很顯著的登載着，有的報紙，今天就根本沒有提起這件事。這也是很難怪的，蘇加諾大聲疾呼要去攻佔西新幾內亞，已經一而再，再而三，使人們有些聽厭了。也或許有一部份人，我的朋友中就有這種人，在各國的報紙上，也有取這種態度的，認為蘇加諾是一個飛仔總統，所以他的言行不足重視。更有一些人，認為蘇加諾未必有這力量去攻佔西新幾內亞，我們看印尼其他重要人物的談話，就知道印尼並不是不希望用談判來得到西新幾內亞的。蘇加諾的叫囂，乃是他的小丑型的一貫作風，所以大家就不甚注意了。

這個問題真的應當如此的不重視麼？我認為人們固然可以不重視蘇加諾說的什麼話，但是對於印尼要攻佔或藉談判以獲得西新幾內亞這一件事是不容忽視的。尤其在「北京承諾給予印尼以攻佔西新幾內亞以一切支援」以後！

誰都知道西新幾內亞是荷蘭的殖民地，在地理上說，位於印尼和澳洲之間，不能很肯定的說是屬於印尼的，而況島上的人並不是印尼民族，文化水準極低，決計還沒有自治的能力。在這樣一個情況下，印尼反對西新幾內亞繼續作為荷蘭的殖民地，我絕對贊成。因為在廿世紀的六十年代，確已不應有殖民地存在，但是這並不就等於說蘇加諾可以取荷蘭而代之，當然蘇加諾一定會說，我是要把西新幾內亞作為印尼的一部份，並不是把西新幾內亞作為殖民地。這句話在表面上看來似乎不錯，可是以西新幾內亞島上土人的文化水準之低，他們有什麼辦法自治，更有什麼辦法和印尼其他部份的人躋在平等的地位呢？即使做到了，在今天蘇加諾的所謂指導民主的統治下，又有什麼好處呢？十年來蘇加諾在印尼的政績我還不知道麼？

我覺得在第二次大戰以後，亞非許多新興的國家，大體說來，還多能自知國家新興，應求內部的努力改革，使人民解除以往為殖民國人民時的痛苦，但是有少數的國家，因其政治領袖的野心，所以在作風上，頗有把殖民地統治者的野心，也承繼過來了。他們缺乏適合於時代中心原則，他們祗是一個民族主義者。印度的尼赫魯就有這個傾向，我看印度對西藏，對中印邊界，對以前中國的屬國，甚至對巴基斯坦的態度，却在在証明他祗有印度的利益是重，他的博學，祗增強了他對於民族主義的運用，所以有些時候，他竟有些似大英帝國在那一地區的帝國主義的承繼人了。對於這次印度以武力佔領果亞問題來說，確由葡萄牙不願談判，但印度為什麼不訴之於聯合國呢？這不是和尼氏這幾年來所高唱的和平原則完全相反麼？由此可見，尼氏決不是一個真正的和平主義者，尼氏這幾年所以提倡和平五原則，乃在增加他對民族主義的運用能了。

蘇加諾的心理，也是如此，我也可以說是受了尼赫魯的果亞事件的鼓勵。不過我今天應該使蘇加諾知道，果亞事件和西新幾內亞的情況相差很遠，印度的作法，我們已經認為不對，印尼假如真的不顧一切去攻佔西新幾內亞，更是在理論上說不過去。我希望蘇加諾要鄭重考慮。我希望蘇加諾為西新幾內亞擺脫荷蘭的殖民統治而奮鬥，應當適可而止，在西新幾內亞人民還沒有能力自治以前，祗有交聯合國管理一法，以漸漸養成其自治能力，假如蘇加諾不以此止步，而站在民族主義上，有承繼荷蘭殖民主義的野心，那就錯誤了。

說到這裏，我希望全世界擁護正義自由和民主的人們，也應該盡些責任，而不忽視這個問題，人們如果是反對殖民主義的，但是應該以解放殖民地的人民為人們的真正目標，今天世界各殖民地的人民，有些是已經文化水準很高，人們應該鼓勵他們獨立和自治，但是另有一些殖民地，文化落後，還在半原始的狀態中，今天的剛果就是一個很好的例子，聽說西新幾內亞的人民的文化水準，還不及剛果。這種殖民地，假如立即與以獨立，是否對當地的人民有利呢？所以我說應該在聯合國的托管下，教育這些人民，不特提高他們的文化水準，還須提高他們的政治和經濟的水準，漸漸予以自治，到了相當時期，才能使他們完全獨立。不然的話，老的殖民者果然給趕出來了，新的野心者必源源接踵而至，他們拿了新的口號，本質上還是殖民主義的一套，那時，維持正義的人們，要想揷足去拯救他們，更會困難。我在此要警告全世界的人們，對於殖民地的處理，要負起責任來，不是立即予以自治或獨立，便算解決了問題的。同時我更警告民族主義者，祇是信仰民族主義是不夠的，一個民族沒有獨立以前，民族主義是有其價值的，一旦獨立以後，如太強調了民族主義，而竟至成了擴張主義，那就為害了世界，也一定為害其本身的民族。

台灣應儘先進行局部反攻

駁反攻無望論并對蔣先生的無限期等待論及時賢的立即全面反攻論提出質疑

劉裕畧

大陸淪陷十二年了！無論為了恢復國土和解救大陸同胞，無論為了打破偏安局面和挽救中華民國在國際間的危險，台灣都必須進行反攻的一戰。但何時反攻，如何反攻，才真正適合呢？這卻是今日仍待思慮的問題。

基本上講：「自由中國」半月刊以前所發表反攻無望的說法，當然不妥，因為以少勝眾，轉弱為強的中外戰例極多；而今日大陸人民則更已對中共由希望變成失望，由失望變成憤怒與怨恨了。加以大陸農業生產大躍退，輕重工業挫敗，人民公社倒行逆施，中共政權實已危機四伏，毛澤東本人，亦已四面楚歌，客觀而冷靜的來衡量敵情，亦可確定中共實已充分具備可敗之道。故今日而言反攻，已不是反攻有望無望的問題，而是在時機上何時反攻在方式上如何反攻才適合的問題。

由於大陸同胞飢寒交迫，痛苦不堪，又由於中華民國在聯合國之席位及中共可能進入聯合國的威脅，時賢又有台灣應立即全面反攻的議論。此一議論，洋溢着反共愛國熱情，至堪欽佩！對當前民心士氣對國民黨當權派亦具鼓勵及督促作用，故不失其宣傳價值。但說到實際，則我個人則決不敢苟同。我之主要理由，不在理論上應該或不應該反攻的問題，而是在事實上究竟許可或不許可立即全面反攻的問題。

撤開偏安台灣之中華民國政府現行政治結構根本尚未通過改革以加強團結，從而根本並未具備立即全面反攻的政治條件不談，僅以軍事技術來說：現駐台灣省的六十萬國軍，在裝備和訓練上雖已大大加強。但載運六十萬國軍越過台灣海峽的艦艇缺乏，足以空降或在大陸着陸的長短程運輸機亦付缺如，縱然把中美聯防條約取消，又縱然不作其它任何顧慮，而逕行自動立即全面反攻，試問事實上又如何許可？更不必深論整個國家生命應不應該在沒有把握的情勢下冒險付諸一擲了。那末，就該專門等待嗎？當然也不是。

若存僥倖心理等待第三次世界大戰，則第三次大戰誠然未必不發生，但亦未必一定發生；縱然發生，又在何年何月發生？屆時，中華民國尚能乘時利用否？在在都是問題。萬一第三次大戰根本不發生，難道我們就永遠不反攻復國了嗎？謀國之道，應將國家的命運擺在必然和自主的因素上，不應該擺在或然和被動的因素上。所以，第三次世界大戰等待論亦不是上策。

從國民黨當權派的近來言論看，從蔣先生一月十五日香港時報所刋他對西班牙記者的最近談話看，他說：「根據中國歷史的判斷，中國人民對於暴政的忍耐力，有其一定限度，到時革命之火，一經引燃，即可燎原。那時我們復興基地的台灣，將立即採取行動，予以積極支援，和大陸同胞的反共抗暴革命運動相配合，中共政權受到內外夾擊，其迅速崩潰，乃是必然的事」。

我無法証明蔣先生內心是否真的作如此想，抑或這只是一種宣傳上的飾詞。倘真作如此想，則我絕對反對蔣先生的這種無限期等待論的想法。

蔣先生目前的身份是中華民國的「總統」，在國土未復人民淪陷時，任何人作總統，[illegible]解救同胞的責任和義務，既不容放棄，亦不容推諉。孟子說得好：「湯一征，自葛始，東面而征西夷怨，南面而征北狄怨，曰奚為後我，后來其蘇」。武王伐紂亦如此。他們都是主動的去拯救人民，而不是等人民起來後才去支援配合，夫然後，這才是義師，這才是仁者之師，這才是今日「總統」應盡的責任。而國民黨當權派平時的宣傳和蔣先生的上述談話，却將推翻中共政權恢復國土的責任期諸手無寸鐵的大陸人民，竟然說要等待大陸人民之反暴運動起來後才予以積極支援和配合，此種陷「總統」於不義的設詞，如說這不是失言，也該是國民黨當權派不懂心理作戰，在宣傳上的失策。

再說，今日大陸之同胞，雖已人懷「與汝偕亡」之反共決心，中共對大陸之控制，也雖已初步動搖，但人民手裏無武器，且被層層控制，共軍及其公安部隊對內鎮壓仍屬有餘，故認定今日大陸已變成一個火藥桶，倒很正確。若認為此一火藥桶將自行爆炸，有如蔣先生之等待，則與事實遠離。要使此一火藥桶爆炸，還得要從外部予以撞擊才行。

正因為反攻無望論是一種謬論，立即全面反攻論是一種空談，無限期等待論是一種幻想。所以，我個人認為當前救國的基本要着，除應針對反攻復國與民主建國兩大目標，在兼籌並顧的原則下，將台灣現局作有計劃有步驟的改革，使其真能負起復國建國雙重任務外，當務之急，則在儘先進行局部反攻。

我之所謂局部反攻，是異於全面反攻的一種反攻。全面反攻必須動用台灣現有全部兵力，局部反攻則只須動用台灣現有兵力的三十分之一，分成若干縱隊，以輕裝，或空降，或登陸，不但所需船隻不多，且供應方便，分頭進入大陸，到大陸各地去游動，敗亦不致損傷現有國軍之主力，勝利則可以觸發和加速中共政權之覆亡。對此，大陸人民必將紛紛響應，羣起附從，因而他們將會在大陸像滾雪球一樣越滾越大，屆時，台灣就可乘勢進行全面反攻了。且這種局部反攻，並不必須國際力量的支援，台灣本身的力量已可辦到。所以，我認為這是當前形勢可行的唯一反攻方式。必如此，蔣先生所說「中共政權受到內外夾擊，其迅速崩潰，乃是必然的事實」的話，也才真能實現。否則，從大陸帶到台灣省的子弟兵，年復一年，垂垂老矣，前途正自隱憂重重哩！

從甘迺廸國情咨文看美國人的動力主義

幼椿

一

動，美國全國人終日不停的動！這在我們東方人，尤其是習於恬靜的中國老年人側身其中，頭都為之昏眩，好像這眞沒有多大道理似的。前些日子，我就在某雙日刊上讀到在美國的一位中國學人的文章，說到了這點，慨嘆美國人這樣動法的人生，要想動到那裏去啊！

然而，在十九世紀以來，美國的工農商學各業，無不突飛猛晉，把西歐工業革命後得來的成果，精益求精，多所發明，而且普及民間，竟然後來居上；在美國國內，則今日一般生活水準特別的高，一般創建力量也特別的強，食不完，用不盡；在歐亞兩洲各國，貧富不均，吵鬧着經濟上的分配問題，吵了許多年，結果吵出一個惡劣的國際共產黨來，弄得四鄰不安，生活愈成問題。然而美國人已經富足了，還是在不停的忙着經濟上的生產問題，因此他們纔有餘力來「富而好禮」的供給世界貧乏國家以剩餘的糧食救濟，技術人才的義務幫忙，特別是動輒每年幾十億美金的國外貸款助款，這就是，在我看來，美國人不停的動的道理所在！

在今日，如果沒有美國人在農業、工業、科學發明、資源增長，這種種有條有理的，全國人人自動而且合轍的不停的動法，則要想與國際共產黨的惡劣亂動，去求平衡，更不可能！譬如，西歐如無馬歇爾計劃的幫助，北大西洋公約的領導，美國千萬子弟長期不停的駐兵西歐，則今日西歐是何景象：愛端諾，戴高樂等反共的民主英雄便根本登不了台，而英國保守黨便已早為工黨所代替，哲人羅素的不得已而思其次的投降主張，早已實現了啊！

二

以我們中國富於詩意的人生哲學說法，當然，天賜豐收，國課早完，高臥南窗，自命羲皇上人，不失為一種悠游自在的人生；再以印度森林民族的人生哲學看法，岌岌於慾望的追求，反不如求諸於內心的怡然自得。然而今已異於古，時不再來，不但非科學不斷的發明，不足以解決生老病死苦；而且共黨惡魔所以要打到你的門上來，也專門利用這生老病死苦的無法解決，更來加重你民族內的生老病死苦！——東方的詩人啊，哲學家啊，你們在此種情形之下，就只有咀咒魔鬼，嗟嘆命運，而毫無辦法了啊！

要從詩意的或哲學的人生境界方面來說，則今日西方以至美國的學人詩人有時也何嘗不嚮往中國的田園詩歌與印度的佛家哲學，然而西方人特別是美國人並不願意將這境界應用到實際生活上去，因為他們感到，有當前共黨惡魔的問題要解決，衆生的苦惱亟待設法解除，不能像東方當權派也老坐在象牙塔裏講其十五六世紀時的哲學，甚至想像伏羲神農時代的草昧文明，因為這是在原子時代不敵共黨惡魔之一擊的啊！

三

如果從這個角度去看美國甘迺廸國情咨文，總統的國情咨文便更能感到美國的動力主義，有其理想與實際的重大意義！

甘迺廸的這次國情咨文，在香港各右派報紙譯載了三天，還未登完，內容所涉及的範圍之廣，問題之多，我已經讀到了十二標題，還未完結。不過就這十二題中，我們已可以看出這動力主義的理想與實際的向前衝擊力量！試舉咨文中說到「我們的目的」這一點：『我們在國內的一切努力，使我們在國外的種種努力具有意義。二次大戰結束後，遍及全球的內戰使人類四分五裂，陷於水深火熱中。不過最使我們優異於我們敵人的地方，並不是我們的軍事力量，也並不是我比他們高的生活水準，而是我們的信念，深信政府是人民的公僕，不是人民是他們的主人。這個基本觀念上的衝突，還不過是今天重與塑造我們這個世界的力量裏的一個，這個世界正受着希望與恐懼的浪潮冲激，為今日是報紙頭條，而明日已成了註脚的起伏危機所冲洗。過去一年的成就與挫折，仍在我們的議程上，分明是吉事，裏頭卻藏有凶苗——多事的地方，也深予人一線希望，但有一件事是確切不移的，這就是今天沒有一件事是確切或不移的！……』

四

我所以特別舉出這一段話，因其中含有美國動力主義的兩大意義：一個是政府的不斷努力，乃是對人民服務，以至於對人類服務的意義；一個是當着這日亟的世變，美國人向人類世界服務，是在千同百折中，抱着決心，楔而不捨的意義。

如果是，一味的抱住民族的自尊，個人的自大，與乎少數人關起門來做皇帝，而不顧多數人的或死或活，那便看不出美國人這種動力主義的服務意義，而還要覺得美國人多管了別人閒事，冒犯了別人尊嚴，或甚至誤認美國人的善意為惡意！但是我試反過頭來問一問這一類的國家或政府或個人，你能夠學學美國人或美國政府，也願意去挨罵受氣的，花錢貼米的，不斷去為別國政府或人民這樣服務嗎？

尤其是一向習於個人獨裁下的官僚政府，乃以苟且敷衍為常，不動為大，最不能了解美國政府這種為其人民服務，為世界人類服務的動力主義的意義，故自二次大戰以來，中美兩方在精神上始終鑿枘難入，弄得終於敗事，更可嘆是這一類獨裁下的官僚政府老不長進，在所謂「希望與恐懼的浪潮冲洗」之中，顛來倒去，危機四伏，其不早受橫流所淘汰完結，乃仍是靠美國動力主義這一點服務精神在支撐着的，然而惰性已深，殆哉殆哉！

五一、一、一四

論中共對日本的雙鉗攻勢及其雙重統戰活動

劍生

日本乃中共不可調和的敵人，這早已從中共政權之擴張本質及其在中國大陸之崛起，便已構成。對於這一敵人，立刻就用武力來決戰嗎？非中共的現有軍力所許可。因為中共大可使用其龐大陸軍在亞洲大陸，橫掃，但卻沒有大量的船艦運兵登陸日本，更沒有大量的長程轟炸機遠征日本。所以中共目前對日本的攻勢，便除與蘇聯結成軍事同盟，形成中共蘇聯軍事上雙鉗夾擊日本外，便不得不着重地以政治攻勢與經濟攻勢作為對日攻勢之另一兩鉗。

在經濟上，日本與中國不同，日本像德國一樣，人口多而土地小，且是一個高度工業化國家，它勢非對外進行貿易不可。從遠景看：假若中共以其軍力或用逐次的方式，或用一舉攻畧的方式囊括整個東南亞，日本的經濟生產便將遭到致命的窒息，因為東南亞是日本進行貿易的主要地區，屆時，中共雖不以軍力奪取日本，日本也要變成瓜熟蒂落的果實，只待中共來摘取了。

從近處看：二次大戰後，日本與東南亞各地情感未盡恰，而日本對東南亞地區之貿易則迫不急待。所以，中共現階段便把經濟作為對日攻勢之一鉗，除隨時在香港及東南亞地區挑撥和製造反日情緒以圖阻撓和破壞日本之貿易外，中共更在此等地區與日本展開直接的面對面的經濟競爭。這一場競爭，儘管只在雙方本土以外進行，但其實質意義及影響，則非常重大。這一場經濟戰爭，日本現在並未打敗，甚至還在發展，中共倒反而因其內部之生產躍退及政治方面之愈益喪失民心，而屈居劣勢。

但這不是說中共對日本的攻勢，至此便了。毛澤東在去年一月廿四日在北平接見日本社會黨代表團時，早就透露說日本「今日在貿易方面已逐漸展開，但在政治方面恐尙有問題。在日本內部意思似乎並不一致，卽所謂主流派與反主流派之分。例如松村謙三、三木武夫、石橋湛三、高崎達之助、河野一郎等派系，若以吾人立場言之，中國人民為君等之直接同盟軍，換言之，以中國人民言，君等為中國人民之直接同盟軍，自民黨之反對派可稱為間接同盟軍」。毛澤東又說「美、英、法、義、德、日諸國，資本主義均甚發達，其中以日本比較虛弱。」可見毛澤東雖已自認中共未能遏阻日本的貿易擴張，但卻認為日本在政治上仍有弱點可乘，於是，中共對日的政治攻勢便成為中共對日本的整個戰畧攻勢的另一鉗。

而在一九六一年以前，日本各方對中共的雙鉗攻勢仍未充分認識，因而低估了中共對日本內部的左翼勢力的影響，從而犯了疏於防範的毛病，遂使日本左翼勢力在艾森豪準備訪日前發生連次的反岸反美大示威。他們不但成功的阻止了艾森豪訪日之行，而且也成功的迫使日本內閣改組。

照當時的趨勢看，日本國內政治形勢確實很有危險，事實上，毛澤東當時便也是過度低估了日本的反共勢力，過高估計了日本左翼勢力的。因而樂觀的以為日本內部的反政府反美的大示威會將繼續下去，更加波濤洶湧。殊不知那一次高潮之後，中共雖會派遣以劉寧一為首的代表團及其它代表團前往日本進行煽動，日本國內的反政府反美大示威卻反由波濤洶湧而復歸平靜。至少，是暫時復歸平靜。其後，中共又曾打算借日共成立慶祝紀念派彭眞到日本活動，但遭到日本政府的拒絕。毛澤東原本以為日本自民黨的內部矛盾可以擴大可以充分利用的想法，亦完全落空，而在去年秋天，中共是曾以無暇招待的理由，拒絕當時日本社會黨派團訪問而招待了日本自民黨的訪問團？這只因中共認為日本社會黨的價值不高，因而秋扇見捐，轉而直接拉攏自民黨內的反主流派之故。豈知，中共的這一着也因池田所行自民黨內部加強團結的措施而被粉碎。於是，中共對日攻勢才又演變到目前這一雙重統戰活動來了。

這一雙重統戰活動內容之一，是中共透過日共在日本國內再度加強其統一戰線活動。[illegible]

[illegible]主要內容。

英國不要自己打自己

（讀者投書）

編者先生：

我是貴報的長期讀者，素仰貴刊立場公正，沒有接受任何背景的援助，因此我想借貴刊寶貴的篇幅，發表幾句公道話。

我所想要藉着貴刊的推展而使中國及西方自由人民注意的，便是最近英國把飛機和車輛售賣給中共這一件事。從西方國家一向的貿易傳統說，做生意很少揀別主顧，英國又已承認中共，他們與中共貿易，即使有一部份軍用品的貿易，似乎也很平常。可是如果衡量當前的世界局勢，和基於自由世界對共產集團鬥爭的立場出發，則英國的此一舉措，無異是自殺政策。

英國把飛機車輛售給中共的消息，是由美國參議員傑丁，參議員謝威斯，衆議員加拉格等所透露的。傑丁說：英國售與中共的飛機和車輛，「可以被利用為運載共軍到寮國、越南、朝鮮，甚至運到星加坡及香港」。「一個自由世界的國家，竟然採取行動去填塞中共方面經濟的空虛，那實在是不可思議的事。」傑丁要求美國政府，設法說服英國不要採取與共產國家貿易的自殺政策。

謝威斯參議員就英國車輛飛機售與中共一事發表談話說：據汽車商所接到的定單，由中共、捷克、波蘭等共產國家所發出的，總值一百一十二萬美元。目下自由國家的貿易，各自為政，以致雖然共產集團在貿易上視自由世界為敵，但自由世界卻往往予共產集團的工業以重要物資的調劑，結果惟有自招損失。謝氏要求在未來的國際貿易會議上，統一自由世界的貿易政策。衆議員戴溫尼說：北大西洋公約國家，不應該與共產國家貿易，尤其是軍用品的貿易，此舉「等於援助共產黨」。衆議員加拉格認為，英國因香港接近大陸之故，與中共作一部份貿易，不是為奇；但售飛機及車輛予中共，「實不智之舉」，須知部署援助大陸飢民是一件事，但援助中共軍事潛力，又是另一回事。」

上面美國參衆兩院幾位議員對英國與中共從事軍用品貿易的抨擊，都是很扼要、確切的評論。可是究竟還未能全面檢討這一問題的嚴重性，嚴格地說，英國這類行動，不但是資敵自殺的行為，而簡直是「鼓勵侵略」，發生促進戰爭的危險作用。

上次世界大戰的歷史，和目前局勢下發生的事實，都可以証實，我這樣說法，絕不是危詞聳聽。

回憶第二次世界大戰尚未爆發前的中日戰爭時期，美國與英國的軍火，還是一直售賣給日本，任由日本軍閥利用，拿來侵略中國土地、屠殺中國人民。在中國已經撤退到重慶，還西南一隅抗戰的時候，因為國際上調處中日戰爭，為對中國方面施加壓力，英國不把當時中國唯一對外陸上交通滇緬路封鎖，企圖壓迫中國對日作屈辱的妥協。英國幫助日本的做法，不但沒有受到日本感激，反而鼓勵日本的侵略野心，終發動襲擊珍珠港、星加坡，正面對英美宣戰，那些投下珍珠港和在星加坡炸燬「威爾斯親王」號的炸彈，正是美英前此所售給日本的軍火。採行「自殺政策」的結果，「自食其報」，可以說是記憶猶新！

目前的局勢，中共仍在明目張胆地對外擴展侵略，尤其在南越和寮國方面，已經破壞了當年英國所規例的日內瓦協定，造成印支半島的動亂。葉劍英代表團訪問北越，聲言與胡志明共同作戰，明言中共不放棄侵略東南亞的野心。中共與寮共日昨訂立了公路與空運協定，公路由雲南的共臘通至寮北豐沙里，由中共無條件築路援助寮共。空軍則只需雙方同意，中共機便可在寮共佔領區內任何地點降落。英國售予中共的飛機車輛，剛剛讓中共利用來作這些新闢陸空路線上運兵之用。

反觀英國為東南亞緊張而作的軍事部署，一方面有英國在馬來亞的剿共專家譚普拉將軍，長駐越南協助策劃消滅共黨游擊隊。另一方面，以前在馬來亞作戰的英叢林戰部隊，也由英調回馬來亞增防。據馬來亞總理拉曼的透露，如英軍由馬調南越作戰，馬來亞將予以便利。可知此項部隊，是為必要開至越南之用。那麼，英國豈非一面部署到越南抗共，而一方面則以飛機車輛，供北平運中共軍到寮越前線打英國軍？

中共因三面紅旗俱倒，已面臨失敗崩潰的邊緣，所謂自由世界，縱不能助中國自由人民舉義旗出義兵。最低限度，也應解除「限制反攻大陸」，及勿以物資尤其是軍事物資接濟中共，讓中國自由人民有乘機解決中共的機會。可是西方卻採姑息安撫的政策，取直接給中共以重要物資的供給，「毋異援助敵人」！給中國自由人民的反共意志以打擊，使世界所有為爭自由而流亡的人民喪氣。在精神和敵愾上所加予的打擊，使共黨的所獲，比大批軍用物資更為重大！

我還有一點不能已於言者，便是傳說中的美麥供中共一事，與英軍品售中共，實有同樣的壞作用。雖然「救濟中國飢民是一件事」，但救濟有實際價值，與買賣不同。中共既已悍然拒絕救濟，則自由世界決不能放棄救濟的原則，賣任何糧與中共，以抒中共之困。無論中共需麥若干蒲式爾及中共能出若干美元外滙，美國都不該考慮。自由世界優於共產社會是在精神價值，假若唯利是圖，犧牲道德原則，無異鼓勵中共輕視自由世界，發動戰爭。

——讀者　警頑　上

省議員提議延長自己的任期

（台中通訊）本月十日台灣省議會民政審查委員會開會，審議林王紫燕議員所提「建議省政府將省議員任期延長」的議案。原案說：「省議員任期三年，覺得太短。三年一次的選舉，勞民傷財至巨，非常不合實際。故請政府將省議員任期改為四年（即延長一年）。出席各議員均表示贊成；惟李源棧議員獨排衆議。他說：「省議員自己開會通過將自己的任期延長，豈非笑話？此事如被選民知道，將作何感想？」因此，他堅決反對。

十一日，民政審查委員會繼續開會，林王紫燕議員又申請撤回此一提案，其理是有關延長省議員任期的問題，已由郭雨新議員另案提出。聞郭案的內容包括延長縣市議員的任期在內，足見棋高一着。因為這樣一來，各縣市議員可能都將表示擁護了。

十餘年來，蔣介石為了便於連任，不惜授意大法官之流，曲解憲法，已經把國大代表的任期延長了兩倍，又把立監委員的任期延長了五倍，看情形，假設天佑中華，台灣現狀不變，國大代表和立監委員的任期還得無限制的延長下去。過去，台灣省議員亦曾有人指責國大代表和立監委員已失時效，主張應行改選。不料為時幾何，省議員們卻反過來要求延長自己的任期，可謂憲政史上的奇聞。而尤其是像郭雨新那樣高談民主的名議員竟作出如此違反民主憲政常軌的提案，更令人失望。

有人說：今日的台灣，從在朝到在野，都是以自私自利為急務，蔣介石和國大代表與立監委員都決定要做一輩子，省議員們想延長任期，正是上行下效的必然結果，又何足為怪？果如此，則今後台灣的各級選舉也就大可停止了。（達三）

監察院的馬後砲

唐榮案調查小組提出報告

健　民

（台北通訊）監察院對政府處理唐榮工廠案前曾推派熊在渭、于鎮洲、王澍霖、吳大宇等四委員組織專案小組進行調查，本月十日該小組向經濟委員會提出長達五萬餘言的調查報告，內容分為兩部份：

其一、關於唐榮廠內部者，調查報告指出：（一）組織人士不健全，用人不以學識經驗或技術為重，負責人又無企業觀念，以致管理腐敗，行政效率日益低落。（二）財務病態，擴兌無度，唐傳宗累以公司資金投資或濟助其私人企業並利用民間借欵及銀行貸欵作無限度的擴張，希冀通貨膨脹博取巨利，其心可誅。（三）虛張資產聲勢，吸收高利貸，每月支出利息已超過任何商業銀行，依銀行法的規定已屬從事銀行事業，而又不向主管機關申請營業登記，形同地下錢莊。（四）涉嫌刑事責任。除上述種種刑責而外，唐傳宗又（一）先後開出空頭支票十六張，（二）偽造文書以社會人士存欵登記為債權人，（三）以唐榮公司債二千萬元移作固定資產，違反公司法之規定，（四）辦理增資不以現金繳足而以應付票據。其應付票據之唐傳宗戶，即為做花賬之中心，實有虛收增資蒙蔽主管署之嫌。（五）唐榮廠最初申請救濟時表示願將本公司私人親屬及股東存欵全部清理，以其所得加入本公司作為資本。但其後所列戶姓多半改變，總額亦較前減少三分之一（一千四百七十餘美元），顯係食言自肥，有詐欺政府之嫌。

其二、關於政府處理辦法者，調查報告指出（一）引用國家總動員法殊欠允當。國家總動員法對於人民的法定權益，殊多妨害，自不宜輕於引用，以免破壞治法常軌。還台以來，工廠商號雖有倒閉，政府迄未適用該法以限制債權債務之正常行使。此次為救濟唐榮而創例，民法債權篇等於虛設，債權將何保障？社會經濟生活必將遭受惡劣影響。且政府所引用之該法第十六及第十八條僅對履行債務及其資金運用等加以限制，而其所頒佈之處理辦法竟強制貸欵之債權人必須與該廠繼續交易方得分期收回其債欵，強制稅捐機關不得依照稅法詐徵稅欵，實已超過該兩項之規定，尤屬不合。（二）查唐榮自四十七年，由台銀保證發行公司債時，財務狀況已不健全，迄台銀審核會計師稽核報告，發現唐榮虧損，已超過資本額三分之一，公司債二千萬元有轉入固定基金之傾向，銀行以外私人借欵日趨膨脹，四十七年發債當月原為六千六百餘萬，四十八年三月底，則增至一億一千九百餘萬元，財務負荷沉重。此應為唐榮財務危機暴露之首次見諸公文書者，主管機關應當時何不考慮其為主要鋼鐵工業，其成敗足以影響國家經濟社會安全，而竟以一紙公文轉令促其注意改善，推拖應付了事？迄該廠申請救濟，行政院即據以決定辦法，指定銀行繼續貸欵，並分配其數目，欠稅暫緩移送法院，且違反規章，不繳稅欵，而仍發給其納稅卡及統一發票，以便利其繼續經營，電費亦經由經濟部核准其緩繳。迨救濟令之頒行，又屢因個案而產生通案，再藉通案而解決個案，所給予社會之觀感，是一切為唐榮，其基於救濟令之一套處理辦法，對債權人不得其同意，而片面決定，變更其原有的債權關係及利率；對唐榮之監查處理，則必須徵得其同意。是總動員法之效力，只能限制債權人利益，及其有關法律之適用，而不能約束唐榮，使其必須服從政府之決定。且此一辦法之後果，將使金融機構所有債權勢須變成股東，或長期貸欵，資金大量凍結；又使電費由於不知主管機關如何核定而將於何時收回，乃至欠稅亦可由主管機關核定辦法，而不必經財務法庭裁定，使稅務法令亦將失去作用。凡此種種，平時疏於輔導，事後破壞規章，逾格維護，致使政府功能，法律效用，人民權益，所受之損害實不難想像。復查唐榮對顧問名單之化名呈報，對民間借欵利率之差異，申請救濟前後，部份債權人之優先提存，以及暫付欵之龐大，與用途不明等，雖難唯查其有無官商勾結之事證，然撲朔迷離，究不免啟人以疑竇。

監察院經濟委員會聆聽此一調查報告後，當即推派陶百川等三委員負責審查，並限兩星期內提出審查意見。據某委員向新聞記者說：此項調查報告審查確定後，通常是提出糾舉案，情節重大者則提彈劾案；本案處理可能屬於處此。但無論糾舉或彈劾，唐榮案已經過去了，監委諸公不過放馬後炮而已。

台灣簡訊

志清

一：教員競爭赴日考察，實行賄選

自三屆總統選舉蔣介石以增加國大代表的待遇換得了非法總統以後，台灣的賄選之風更加盛行，不但省市議員的選票要用金錢來換取；即各鎮鄉長和人民團體的選舉也非錢不可。不久以前台北市議員黃介信公開向報界發表談話，說他競選市議員時因為肯花大錢，所以得了很多的票，就是一個很好的例証。然而，事實竟有甚於此者，據本月九日聯合報載：「台灣省公立中小學校教職員福利會，準備組織一個教育考察團，定今年四月間去日本考察一個月，經費由公家負担。考察團六十名團員，包括省市立中等學校及省立小學教職員，地方教育行政人員。其中分配省立學校十名，台北、桃園、苗栗、雲林、高雄五縣及台北、高雄二市各三名，宜蘭、新竹、台中、南投、彰化、嘉義、屏東、台南等八縣及基隆、台中、台南三市各二名，台東、花蓮、澎湖三縣及陽明山管理局各一名。以上省立學校部份直接向教育廳申請，各縣市則由縣市教育科局接受申請。由於名額的限制，而申請的人太多，各縣市教育科局有的組織資格審查委員會，有的採取投票推選的方式，有志出國考察的人士，都想盡了方法，爭取此一機會。因此，也傳出「買票」，「請客」等流言；新竹縣投票結果至今仍未公佈」。

二：任用國校教員須經局長口試

台北市教育局最近訂立了一項新的規定，凡是新任用的國民小學教員，須先經局長口試。據說，口試的目的是看他們的儀表，態度和談吐是否適合。因為盧代局長曾於最近向着數百男女中學生扭腰擺臀，大唱日本黃色歌曲，獲得貓王局長的雅號，有人認為他要口試國校教員的眞正目的，可能是藉機會尋找知音。否則聘請國校教員，依照法令應屬國校校長的職權範圍，又何須盧代局長越級口試？

三：台北市民住宅偸工減料

台北市政府花費了大量的公帑，在本市信義路和南京東路兩處建成了兩批公商合營的市民住宅。本月八日市議會專案小組前往實地戡察，國民住宅與建會執行秘書許振緒及監工人員亦到場說明，工務員技術人員則核圖查對。市議員們從地上至屋頂，詳細查看，對於三層樓房的支柱，圖則上規定用八根或六根鋼筋；他們發現有不少的祇用四根，且鋼筋過小，認為是減料。屋頂平台，圖則上規定應舖油毛紙及灰屑水泥混合的防水材料，亦未照規定加舖，每棟約可減少工料七千元，以致新屋漏雨，居民嘖有煩言。其他牆壁等工程亦多偸工減料之處，聞已定於日內再邀請技術人員挖掘地基，作進一步的鑑定。

市議會對市民住宅的興建認有偸工減料，是由於信義路公商合營市宅售與市民居住之後，土地仍延不劃分過戶，經查係市宅會保管的土地所有權狀讓地主取出向銀行抵押貸欵，所以一年多無法過戶，市議員林中、王松琳等人在第三次大會揭發後，乃組專案小組澈查，同時多位議員指出兩處市民住宅建築均有偸工減料情事，因此同時調查南京東路市民住宅及市府新購的三張犂一萬五千坪土地的地價虛報嫌疑問題，亦一併專案澈查。

四：省議會通過『無數字』的預算

台灣省議會於本月九日通過省屬公務機關附屬作業組織綜合預算案時，該案編號為七五〇一號，全案僅有「照審查意見通過」七字，並無數字。議員許世賢等提請主席黃朝琴注意：「預算沒有數字，如何審議？」全場也為之譁然。黃却不慌不忙的答道：「為了不使大會進行受阻，這次姑且通過，下次預算案必須詳列數字」，此語一出，國民黨籍議員大鼓其掌，於是，此一沒有數字的預算案也就有驚無險的過去了。據圈內人透露，此一預算案未列數字的原因，並非臨時疏忽，而乃由於裏面有許多不便公開的支出，故不得不出此下策也。可是，無數字的預算雖然照預定計劃通過，黃朝琴議長處理有方，可能還將領受上級的獎賞；但民營報於刊載此一消息時均不值省議會所為。聯合報更指其為「古今中外前所未聞的奇跡」，並名此一無數字的預算為無字天書，可見社會的耳目，畢竟是不能一手掩盡的。

五：省議會要禁警察刑訊

台灣所謂治安機關的刑訊之風，向極盛行，而尤以年來為最。雖然社會輿論時有譴責，有關當局也常裝腔作態，一再嚴令禁止；但由於這些機關在表面的體制上雖各有所屬，而實則祇有蔣經國才能指揮，因而禁者自禁，刑者自刑。本月十一日省議會民政審查委員會通過省議員賴端平、賴榮木、姚冬聲、蔡李鶱等四人所提的一項嚴禁刑訊的議案，案由是嚴禁警察人員刑求迫供，保障人權，辦法如下：

一、由省府通飭各級警察機關在訊問被告時，絕對不准刑求。二、作成筆錄應使被告充分瞭解，不得強迫簽章。三、獎勵人民檢舉，依法送法院嚴辦。

本案的審查意見，是「原案通過送請政府切實注意改進。」賴議員等不敢涉及令人談虎色變的警備司令部等所謂治安機關，而僅指出警察人員，已經是避重就輕了。可是就過去的經驗，和當前的跡象而論，本案縱能提出大會通過，其效力也將等於零的。因為我們今日的當權者已習於作福作威，不受任何限制的獨裁統治，皇皇的憲法尚被視為廢紙，何況省議會的一個決議？

六：張祥傳利用議長身份為日本推銷貨品

台北市各國民學校校長於前月二十三日舉行校長會議，市議會議長張祥傳假延平路麗都餐室宴請他們。席間張向各校校長推銷日本製造的液體輪轉謄寫機，每部價欵三千九百元，「希望」每校採購一部，價欵則在各該校每年編列的教具設備費五千元項下開支，由市府統一扣除。各校校長因碍於張議長的情面，難以推却，而且價欵由市府在發給經費時扣除，更非買不可。因此，祇得認購。事為代市長周百鍊所悉，乃將教育局的主辦秘書訓斥一頓，罵他循私，並故意將消息外洩，以報張傳祥在市議會和他為難的一箭之仇，張傳祥鑒於外界紛加評議，於十二日向往訪的聯合報記者談稱，他祇向西門、老松、蓬萊三國校推介該謄寫機；其他國校是否購買，他不知情，或有人冒用他的名義前往推銷，他已決定請警察機關調查明白。觀其語氣，顯然旨在推卸責任，以圖緩和輿論。

立委縱火焚廠詐領保險金

靜吾

（台北通訊）立法委員雷鳴龍原在台北縣林口鄉開設聯豐紡織公司，因經營不善，虧本甚鉅，乃邀請其好友范石峯投資十五萬元，並經雙方協議，將聯豐改為永生紡織公司，由後者負責經理。但范原在台北縣永和鎮設有大利紡織公司，因無法兼顧，大利卒告倒閉。雷又建議將永生公司由林口鄉遷到永和鎮大利公司的原址，范表示同意，乃於四十九年九月遷廠，繼續合作經營。不料遷址後永生的營業仍未好轉，負債額增至五十餘萬元。雷又另出主意，主張將該公司的保火險金額由原來的二十萬元提高為七十萬元。辦妥提高保險手續後，雷即於去年三月自行縱火焚毀，並以電綫走火為由，向板橋警局申請發給失火証明書，企圖據以向保險公司領取該項保險金。但板橋分局經派員初步勘查後，對其失火原因甚表懷疑；繼請警務處刑警大隊重行勘查，亦未找出電線走火之證據，因而未允發給失火証明書。該公司又四出活動，卒得永和警察分駐所警員干平夷拉線，與前任永和警察分駐所所長白桂生及台北縣警局刑警隊社會組第二組長張廣文勾結；由這三個人員向板橋警察分局暗中偸取一份空白失火証明書，經他們自行填寫後，於去年六月間向保險公司領到火警保險金五十七萬元。全數均被雷鳴龍獨吞，范未曾分得分文；並因過去投資十五萬元化為烏有，乃萌厭世之念，於十二月卅一日赴日月潭旅館服毒自殺，幸被警方救活，在其留下的遺書中將內幕全部揭發。

據范石峯在台北縣警局供稱：該公司曾致送紅包三萬元與警察人員，計白桂生得二萬元，張廣文得一萬元，干平夷得五千元。台北縣警察局乃將范及白、張、干等四人連同范的口供及遺書一併移送台北地檢處法辦。

報載范石峯還透露：雷在前年四十九年底即已縱火一次，因他當時不知其用意所在，將火撲滅，雷還指他太傻了，要他以後不要再管此事；並說：「以前在大陸時，多少人曾因火災發了大財。」至於本年三月十三日晚的縱火經過，范說：在縱火之前數天，雷曾將廠內機器撤走，以修理為名，寄存於某機器工廠。廠內布疋等物，均先搬走，工人亦以虧本為名，全部解散。然後由雷親自於深夜一時潛入廠內，用煤油作火種放火焚燒。雷鳴龍則向報界否認有縱火及賄警之事；並說：范石峯並未投資永生織造廠，他祇是請范任經理，並允給以乾股五萬元而已。

中央信託局副主任自殺內幕

劍鳴

（台北通訊）中央信託局會計處稽核科副主任陳永江突於本月十一日凌晨二時許在台北寓所服毒自殺，經其同住之叔發現，送往台大醫院急救，現已甦醒。報載：他在服毒前曾留有三封信，兩封致其九叔嬸，一封致其同事林志純。在信中，他說是「受了崔襄理之害，做了一件可怕的錯事，以致含冤莫白。」又說：「我自己是清白的。我在基隆任職其間，沒有去過一次仲鐵公司，沒有接受過他們一次招待，更談不到與他們勾結了。事情發生在四十九年十月底，我竟百依百從的相信崔襄理的話，種下了殺身之禍。」由於他曾任中信局基隆辦事處儲運課員，而遺書中又提及仲鐵公司，各報在刊載他的自殺消息時，都指為可能與該公司盜用中信局寄存之廢鐵九千餘噸一案有關。但經中信局調查後，却又揭露了如下的另一舞弊案。

據該局局長陳漢平說：「經派員調查後，發現陳永江在基隆辦事處任職時，曾經辦代仲鐵公司保稅進口價值二百萬元的廢鐵一批。依照法令規定，中信局代為保稅，必須提供担保作為抵押。當時仲鐵未提担保，陳遵照襄理崔祖羲的吩囑，去函基隆海關為該公司保稅。現在該公司發生週轉不靈，無力繳納稅欵，陳自覺責任重大，故出此下策。其信中所云受了崔襄理的害，根據初步的調查，即係指的此事。至於詳情如何，須候調查完畢方可明白」云云。

又據台大醫院消息：陳永江甦醒時，不斷的喃喃自語：「崔祖羲害了我，他住在永康街六巷十四號。」說後又昏然睡去。主治醫生認為他三天內如無特殊變化，即可脫離險境。至於信中所說的崔襄理，現已奉調為中央信託局易貨處二等專員，在陳永江自殺未遂之次晨仍照常到局辦公；但得知此一消息後，下午即請病假。據他的太太說：他因血壓高，遵醫囑須臥床休息，不接見訪客。聞中信局當局決定將他撤職，並移送法院法辦。

毛澤東賠了夫人又折兵

中共帮助外蒙建成卅四項工程 但外蒙却站在赫魯曉夫一邊反毛

綜觀

外蒙原是中國的領土，其後被蘇聯侵略，乃以傀儡性質的獨立國家姿態出現。實則不過變爲蘇聯的殖民地而已。如果中共或毛澤東稍有愛國心的話，原應先向蘇聯交涉收回外蒙，若交涉不成，便該用武力奪回外蒙，用武力打擊蘇聯的侵略才是。但毛澤東厚顏無恥，中共亦認賊作父，不但不敢對外蒙問題提出半個字的抗議，反而甘心作蘇聯的走狗，把中共的軍隊開到北韓去打毫無意義的戰爭。既犧牲了以百萬計的中華好兒女，又還要分期付還蘇聯軍火的欠債，試問這不是漢奸行爲是什麼？中國對日進行抗戰時，共產黨曾利用抗戰坐大，並貪天之功，以爲己力，硬說中共也曾努力抗戰，如果中共眞有對外抗戰的心，那末今天就該爲外蒙問題對蘇展開抗戰，有如當年爲東北爲華北展開對日抗戰一樣。然而中共不此之圖，却反而與外蒙稱兄道弟，厚顏無恥地說它與外蒙乃是兄弟般的國家，不僅此也，中共且進一步以經濟援助外蒙之賣國傀儡政權，去年且復與外蒙同時爭取進入聯合國之機會，居心把偉大的中華民國分裂爲三個中國，即中華民國、中華人民民主共和國及外蒙人民主共和國，眞是可謂無恥之尤了。

關於中共援助外蒙的情形，據中共自己公佈：「自一九五五年以來，根據蒙古人民共和國政府的請求，我國通過無償援助，長期貸款和貿易、出口等方式先後幇助蒙古建成的工廠、農場、水利工程、社會福利建築物等已達三十四項之多。」

以上是一月三日北平人民日報的話。此外，它又說：「在幇助蒙古建設這些項目中，中國政府應蒙古政府的請求，除了火柴廠、陶瓷廠、肥皂廠等六個小型工廠只由中國提供設備和專家外，其他所有項目，從勘察設計、土建施工到設備安裝等工作，都全部由中國最優秀的工程技術人員、工人、管理幹部進行。這些工程所用的物資，大部份都是由中國運來的。」

它又說：「在建設過程中，中國建築員工和蒙古人民增強了兄弟般的親密友誼。中國員工發揚了高度的無產階級國際主義精神，和蒙古職工合作，使各項工程都能夠迅速建成並及時交付生產和使用。中國工人和工程技術人員在工作中，嚴守紀律，尊重蒙古人民的風俗習慣，並把自己的技術毫無保留的傳授給蒙古工人兄弟。」

但是結果如何呢？外蒙共黨的領袖最近却在蘇聯的報紙上大寫其反對個人崇拜，擁護赫魯曉夫的文章，顯然，對赫魯曉夫與阿共的衝突及赫魯曉夫與毛澤東的衝突，外蒙共黨是完全站在赫魯曉夫一邊的。這就可見，對於外蒙，毛澤東雖然不惜出賣國家利益，與外蒙傀儡政權稱兄道弟，且又從而予以大力援助，但毛澤東賠了夫人又折兵，外蒙却仍然在反對毛澤東哩！

執筆至此，此間報紙忽然傳來了中共與蘇聯爲邊界問題已起爭執的消息。據說中共對蘇邊境爭執中，採用了中共印度邊境爭執的老辦法，出版大量文件地圖指出邊境誰屬。有關中蘇共邊境爭執的文件與地圖，現在已在共產國家中散發。又說中蘇共邊境爭執是雙方交惡的原因之一，中共與蘇聯的邊境爭執，主要在東北與西北。在東北地區所爭執的是烏蘇里江以東的地區，該地區現屬蘇聯濱海省，該地區在一八三○年前就由中國移民開墾，蘇聯百科全書對此也曾記載，但該地在一八六○年却爲蘇俄所侵佔。此外，又說：在黑龍江與烏蘇里江中間的若干小島，也是中蘇共間的爭執地區，在西北，中共以爲蘇聯控制下的帕米爾高原（喀什米爾北）應該屬中共，至少應該是雙方未定界。可是蘇聯則認爲這是蘇聯塔吉克共和國的一部分。新疆與西伯利亞的一部分疆界，也是中共蘇聯爭執着的地區，這一地區蘇俄在朝鮮手中掠奪去的。在外蒙古與內蒙古間，中共對邊界問題也有爭執，中共認爲內外蒙古間疆界均屬未定界，蘇聯則以爲邊界早經劃定了。

以上的消息，並非中共自己公佈的消息，而是鐵幕外所謂「消息靈通人士」的指出，這一指出究竟是否眞實呢？則是問題。假若中共與蘇聯之間眞有這上述許多爭執的話，中共是大可公佈的。因爲這種公佈可以或多或少的反証中共並非一個完全賣國的政權，並非一個完全附庸於蘇聯的政權，這對於中共自有好處。但中共却並無此種公佈，這就可見中共根本未與蘇聯發生上述許多爭執。

從根本講，翻開一部中華民族史，很明顯地看出，自古以來，居住在中國北方或西北方的外族，始終是中國民族的大患，許多歷史事實告訴我們，歷來侵畧我們的外族，差不多都是來自北方或西北方。而俄國對我中國的侵畧，尤史不絕書。事實上，直到今天，我國的許多領土，仍被俄國侵佔着。俄國經過十月革命後，俄國的對內執政者雖已變換爲蘇聯共產黨，蘇聯共產黨雖然幾十年來一直在高喊打倒帝國主義，打倒殖民主義，但它自己却一直在利用這種麻醉別人的口號，在世界各地推行新的帝國主義政策，進行掠奪殖民地的行爲，它不但完全承襲了帝俄之所爲，而且更變本加厲的通過政治、經濟、思想等征服方式在全力推動。其對中國的侵畧，不但一點沒有放鬆，而且還用思想征服的心理作戰方式，在中國樹立了一個崇奉蘇聯爲祖國的中國共產黨；不但從未將帝俄時代所侵中國領土一絲一毫一寸一尺交還中國，甚至還以「外蒙自決」的幌子，把我中國的外蒙古地方變爲蘇聯的殖民地。假如中共眞是一個站在國家民族利益立場的愛國政黨而不是賣國政黨的話，中共早就應該爲外蒙問題對蘇聯採取行動了。因爲外蒙是我國比上述許多邊境問題更大和更嚴重的損失，也是我國更大的國恥。但中共却反而承認蘇聯侵佔外蒙的事實，且更進而與外蒙稱兄道弟，又更與外蒙共同爭取進入聯合國，中共政權之無恥，中共政權之違反國家民族利益，由此益見。那末，現在又如何能望它爲其它邊界問題向蘇聯索取土地？

我相信，中國是終必要從蘇聯手裏將歷年侵佔我們的土地收回的。我也相信中國是終必要將外蒙收回中國版圖的。但這不是中共政權能够做到的事。而乃推翻中共政權後的一個眞正愛國的中國政府。

大陸輕重工業原料均極缺乏 亂用代用品使生產品質低劣

陸閑

目前，大陸各地輕重工業缺乏原料的情形，已經是越來越普遍，越來越嚴重了。在此情形下，中共已不能不把一部分輕重工業減少工作時間，甚至全部停工，另一方面，則中共中央乃命令各地共幹設法使用代用品，以資彌補，但使用代用品之結果却是非常惡劣的。

據一月六日中共人民日報說：「有些輕工業和手工業爲了增產更多市場需要的產品，積極採用代用原料，這是完全必要的。但有個別工廠在使用代用原料中，沒有切實保證產品的質量，結果反而造成損失。如杭州新華蠟紙廠生產的打字蠟紙，原來用的底紙是選用含鐵質極少的紙張來做原料，這樣可以避免蠟紙起化學作用，引起變質，現在這個廠却把一些不合用的紙，拿來代用，結果使打字蠟紙的質量大大降低，安全保管的時間從原來的二年縮短到只有三四個月，有的沒有多久就變質了」。

這很明顯，它說明輕重工業缺乏原料的結果，已經不是設法使用代用原料就能解決，而中共的經濟計劃當然也就根本不能達成了。

僑鄉簡訊

鍾之奇

福建農業用具損毀不堪

由於中共輕重工業挫敗，沒有適時對農村供應和補充農具，加上農民對中共心懷不滿，除所有農民均抱消極怠工態度外，大家對農具亦無心愛護，故大陸各地的農具均呈損毀和缺乏之現象，福建亦不例外。

只因中共無力補充新農具，故中共只好命令各地盡力整補已有的破舊農具。對此，中共新華社福州一月二日曾有專電報導說：「福建省各農業機械廠的職工們，正在趁冬季農事較閒時期，幫助各地人民公社和國營農場修理農業機械」。「許多地方很重視農業機械的維修，養護工作。一般農業機械比較多的地區，由有關部門統一組織技術力量，通盤安排維修養護工作。厦門、同安地區的農業商業手工業等部門，共同組織冬修領導小組，調查農業機械和農具的使用情況，按需要分成保養、小修、大修三類，組織修理工人和機械工人有計劃地檢修養護」，由此可見福建全省各地人民公社的農具是破損到何等普遍的程度了。

福建冬耕實行三分種七分管

把田地耕種之後，如何去管理那已耕種的田地，在中共未佔大陸之前，這原是不成問題的問題。因爲田地既屬於農民自己的，對於他自己的耕地，農民自會自動地予以適當的照顧和管理。於今則不然，由於田地已歸人民公社，耕種出來的生產品又全被中共奪去，所以，大陸農民雖在中共強迫下，不得不去耕種，但對於田地的照顧和管理，就再沒有從前那種自動自發的熱情了。

爲此，中共企圖挽救，遂開始在福建推行「三分種七分管的制度」以強迫農民要把耕地管理好。據一月六日人民日報刊載新華社專訊，謂福建「冬種結束後，許多公社和生產隊根據三分種七分管的精神安排勞力，適時加強冬種作物田間管理，南平專區許多公社建立了田間管理隊」云。

中共承認廣東中學教育大失敗

雖然，中共平時不斷在吹噓大陸的中學教育辦得如何又如何好，不過，人們都曉得中共既強迫學生每學期用去三分之一的時間以從事集體勞動，又用去學生三分之一的時間去開政治性的會議或作啦啦隊式的政治示威，早知中共是不可能把中學教育辦得好的。何況，中學生正在發育年齡，不但需要合理的精神培養，而且也需要充足的營養，但中共對中學生的粮食配給量少，每人每月只得廿五斤或廿七斤，既已吃不飽，又如何能使中學生保持健康，健康且不能保持，其它當然談不上了。更何況近年來，每年夏季利用暑假回海外省親的中學生乘機逃亡者均年達四千人以上，皆可反映中學生及大學生之不滿中共。

去年八月廿四日廣州出版的中共「羊城晚報」則更有如下透露。它說廣州「全市四十多間中學的二百多位體育教師，昨日在風景優秀的廣州體育俱樂部歡聚一堂，回顧上學期的體育教育工作」，發現「不少學校由於經驗不足，沒有做好調查研究，教學內容較單調，結果效果不佳。有些體育教師對如何正確掌握運動量和密度方面理解不全面，教學計劃教材和教法，都存在不少缺點，有些學校只從運動量方面強調適應學生的體質條件，而較少注意把體育與醫務監督、除害滅病等衛生工作結合起來，一些學校沒有很好地組織學生的課外體育活動，處於自流狀態」。其實，上述這些問題又何嘗應由中學教師負責，根本問題是在學生吃不飽，營養既已不良，健康狀態當然也不好，中共不給中學生吃飽，而偏叫他們多運動，在飢餓情況下，運動量越多，病人自然也就越多了。

亞洲共同市場的呼聲

何之湄

被稱為世界「緊張」地區之一的東南亞，迄今並未引起什麼「局部性戰爭」，寮局越局，都是密雲不雨；印尼總統蘇加諾，目下也仍在戰爭邊緣線上徘徊。這種「緊張而不爆發」的原因，自然有它的世界性底因素，這裏不想加以討論，不過這種現象的持續，已使人們逐漸達致一個結論：那便是在這個地區中的問題，也許不能寄望於「訴之一戰」以求得解決。

這本來是古老的見解了，即是所謂兩大集團的鬥爭，是「總體性」的，並非只靠武裝的馬奇諾防線，而應該是政治的、經濟的、社會的，從各方面去進行加强。當「防堵」政策被滲透所破壞而造成裂口（一如在寮越那樣）之後，上述的說法更獲得証實；於是，在這一區域的經濟、社會的問題，更加受到重視。經過一段時期的醞釀，終於滙成「亞洲共同市場」的呼聲。

世界各地正在盛行共同市場制度的今日，「亞洲共同市場」的呼聲決不是偶然，毋寧說它是應運而興的。可以說，這是一種「和平競賽」，也可以說，這是一項經濟的鬥爭。

經濟團結的要求

有十三個國家參加的亞洲地區貿易促進會，已在此間（曼谷）開會，亞洲共同市場的理想，也就在這個會議中被提出來。當然的，「經濟合作」比較「政治合併」並沒有那樣極度的艱難，但經濟集團的形成也必須有其地域和資源的背景，歷史演進的根源，同樣是不容易獲得的。嚴格地說，亞洲共同市場還只是一項理想，而目前所進行的不過是塑造它的鶵型。

東南亞地區開始有「共同的」經濟問題，是在於殖民地制度結束的時候；殖民地附麗於各自的宗主國，無論其如何受「限制、剝削」，仍有如子女的依附於家庭，一旦獨立門戶，就需要兄弟的幫助，和更多的朋友。在不到十五年以前，印支只有對法貿易，星馬只有對英貿易，菲島只有對美貿易；但現在他們已感到有發展彼此相互間經濟關係的必要。新近組成的泰、菲、馬東南亞協會，便是一個純粹地區性的經濟機構。倡導人馬來亞總理拉曼，並歡迎越南及希望印尼在稍遲一步，能夠參加這一個機構。拉曼認為這機構不是政治性的，如泰國和菲律賓是東南亞集團的國家，馬來亞卻是不加盟國家，印尼則是中立集團國家。

同樣由拉曼所發起的「大馬來西亞計劃」，表面是一項政治的合併，但內裏卻是整個經濟的結合，那即是以馬來亞的橡膠錫砂，北婆三邦的石油、木材、橡膠、椰子產物等，滙合成豐富的經濟基礎，作建國的資源。同時也使殖民地的北婆沙勝越及保護國汶萊，自治邦星洲，進入獨立。解決了星洲的左傾，和北婆三邦的落後。

軍事以外的道路

上面這些機構和計劃，是東南亞政治領袖們由自覺而提出的經濟團結的要求。而在差不多同一時候，國際上對這一個區域經濟的團結和提高，要求似覺更為迫切。這項認識，由於前面所說「防堵被滲透」之後，更加確定地肯定必須走向軍事以外的道路。自從泰、菲抨擊東南亞公約的「無用」，泰國且准許商民組貿易團訪蘇，這種類似抗議的「趨向中立」的行動以後，據說白宮的顧問們，已獲得了新的結論，即東南亞公約這個戰鬥體系如果不依照諾言（如「保護印支三邦」的宣佈）從事戰爭，則它的存在並不能遏阻中越共的擴展，反而徒然使東南亞及南亞的國家發生「分裂」的作用，即分成軍事集團與非軍事集團等陣線。所以如在不願動武或不能動武的時候，實在應趕快從事這一區域的經濟團結和發展。

從經濟上以東約國家為基本，有美國，英聯的英、澳、紐，東南亞的泰、菲、巴，可以吸引馬來亞，印度，以至印尼、緬甸等，這就可以形成更擴大的基礎。印支越、棉、寮三邦，也可以獲得同調而發生向心力。它們原是東南亞國家，應使其團結於東南亞，不能任令為中共所蠶食。

「以東南亞抗東北亞」，平衡均勢。原是中國大陸赤化後，有識之士的遠見，何況在東北亞方面，還有自由的日本，有先進的工業技術，可以担任此一區域經濟發展中的重要脚色。歐洲的馬歇爾計劃使法意等國在共產細菌蔓延下獲得免疫性，並產生了堅强的北大西洋公約機構，面對柏林而屹立。那麼，如寮越危機的產生，高棉的反覆無常，豈非由於沒有一個「亞洲馬歇爾計劃」的緣故？

聯合國的亞洲遠東經濟委員會，是一個亞洲經濟計劃集大成的機構，這次曼谷會議，也是亞遠經委會所召集的。這個會議在去年九月，已推日、印、泰草擬亞洲經濟合作機構計劃，本次曼谷會議中已作初步討論修正，將於今年三月在東京舉行的亞遠經委會席上，正式決定設立實施。由於「集大成」的緣故，機構可能是多角關係的，但無論如何，這是「軍事防堵」以外一條本身加强的道路，也是亞洲共同市場的先聲。・曼谷通訊・

馬來亞創造了新財富

・季立和・

馬來亞在獨立之初，政府當局便已發表了一項明智的政策，聲言促進經濟，增加富源，並使各階層獲得公平分配。果然，馬來亞政府自始迄今，都戰戰兢兢地按照了這原則，作為富國裕民的施政準繩，多年來都是大力鼓勵資本的積累，和財富的開發，經濟的推進，從而獲致了使人感到滿意的成果。現在，馬來亞人民是生活於安全，平靜，穩定的環境之下的；於是，他們在興奮的心情中，共同努力，最近更創造了一種新財富。──這種新財富，就是在工業方面，也獲得了很合理想的成就。八打鄰這個衛星城市，現在已建立起來，且日趨壯大了：工廠的煙卣替代了昔日的橡樹林，製成品按日遞增，銷路遍及亞洲以致西歐的市場；這新財富，眞是前途無可限量！

馬來亞當局最近曾這樣的透露過：「我們已逐漸改變了國民經濟祇依賴少數農、鑛產品的情勢；在以往，馬來亞經濟的興衰，有點是像被動的，完全取決於樹膠和錫鑛的國際市場價格的漲落，現在可不同了。目前，我們正努力於經濟的分途發展，藉以消除完全依賴少數出口物產的不健全現象，於為創造了一種穩定國民經濟的工業；許多新的工廠，刻已投入生產，部份日用品曙昔需要進口貨供應的，現在已由自己的產品來替代，並且能以低廉的價格來和外來貨品競爭，而其質量也不遑多讓」。

當然，新工業獲得顯著成就了，國民的就業機會也隨之而大增。青年男女走出了學校之後，現已不愁找不到工作。現在馬來亞各新建立的工廠，都是樂意於敎給青年人以新技術的，並且給他（她）們以機會，使之肩負發展國家經濟的責任；生活水準也提高，使他（她）們都對自己的前途和國家的前途，都有很優良的展望。

與新財富的創造相因而至的，就是加速了工商部推動工業化的進度。到目前為止，已獲得政府發給「開拓証」的工廠，已有六十三家。這六十三家工廠，其投資總額為叻幣一億八千九百六十二萬元，現已徵集得的共達叻幣三千五百五十萬餘元；其中百份之五十四係華僑投資，餘則為當地土人所有。蓬勃的現象，刻仍在直線上昇中。

馬來亞聯邦的工商部長約哈里說：我們的政策是這樣的，如一切條件相等，則國民投資有優先權，但政府也盡一切力量，吸引外資；有馬來亞資金在內的「聯合投資」，則更特別受歡迎，而且樂意給予便利。

八打鄰這個衛星城市，新興工廠很多：半重工業的產品有農業機械，水泥，電池，電綫等：輕工業產品中則有容器，電器，化學製品，通訊器材，及食品，油漆，藥品，塑膠，木材，紙張等。而不久即將建立的，還有製糖，煉油，麵粉，製鋁。至於鋼鐵類的重工業，則目前也在愼重計劃開辦中，距離成功的途徑，相信也不會很遠的了。

馬來亞的工業訓練亦正在增加中。「國家生產中心」這機構，已在聯合國的資助下成立；國際勞工組織的專家已到了馬來亞，正與有關工會及廠商合作，商訂一項生產訓練計劃，構成一幅美麗的遠景。

馬來亞當局，還考慮設立「產品標準局」，藉以衡定產品的產量和質量。而工業金融銀行，亦經成立，其任務係對各項工業作各種長期性貸欵。各邦當局，也在聯邦信托基金資助下開闢工業用地，並促進其發展。

此外，另一項新財富，就是旅遊事業的迅速長成。旅遊事業是爭取外滙的主力之一；而且這項事業，投資不大，而獲利却豐，不少國家，尤其是日本，都對此十分重視，故馬來亞當局也着眼於這項「本少利大」的富源。聯邦政府，早已在工商部中，增設了旅遊事業促進司，協助各邦政府，對外加強聯絡，對內興建旅遊勝地。最近這幾年來，已吸引了不少遊客，這一項財富的收入，也獲得了顯著的增加。

馬來亞聯邦工商部長約哈里說：馬來亞所創造的新財富，足以使國家經濟走向穩定而繁榮的路途。──當地居地現在都有目共覩，這是實情。

偶然

黃信男

「斷—斷！」

他不敢聽這聲音。

「斷—斷—斷！」

可是，這聲音卻愈急促，像一把利劍直戳他的心窩，他想叫，高聲的叫；停止吧！停止吧！……。

他緊緊地把那簍香瓜抱在懷裏，兩掌使勁的壓着頭顱，他似乎記不起一切，只覺得腦袋被車身震盪得幾乎要炸開。

輪下，仍然發出尖銳，急促的斷聲，沒有休止……

不幾時，他的筋肉鬆弛。他仰頭靠着椅背，兩眼無神的茫視窗外。田野在旋轉，山已遠去。漸漸地，景物模糊了。那幕可怕的影像又浮上腦海。

……

列車停在一個新建立的小車站上，這兒沒有街道，沒有欄杆，也不見警察，只有幾個工人在鐵路旁邊釘着木板。呈現在眼前的是一片寧靜的田園和翠綠的矮山，許多農人在田裏忙着。

他聽到遠處有一團吵雜的叫聲，而且那叫聲愈來愈接近。

「香瓜！香瓜！」

原來是一羣賣香瓜的人，沿着車窗兒售着。他探身往前看去；這羣站滿車邊的人，全是婦女和小孩子。於是，他想起這兒是香瓜的出產地，只因時值翻田的季節，田裏剩下的香瓜全要清除，否則只能當肥料。

「香瓜，甜的！甜的！」大人們高高的舉着兩三簍，湊進窗口；有的背上馱着小孩子，而孩子的手也拿着香瓜，無知的揚着。叫賣的聲浪由前頭氾濫下來，淹蓋了整列火車。那些被大人擠下的孩子們，只好退到後面；有的用頭頂着、有的用裙子兜攬着，慌張的在隙縫裏穿鑽。

「先生，」一聲輕脆的叫喚，一個身着制服的女孩子在他的窗口下出現。她仰着小臉兒問：「買香瓜嗎？先生。」

他俯視着，沒有開口。下面那雙烏溜溜的眼睛正對着他，露出期待的光芒。

「多少錢一簍？」他隨便一問。

「三塊。」她高興的上前來，仰高脖子說：「買一簍啦。」

「小姑娘，不，小朋友，」他設法排除這無聊的時間。「妳的臉兒跟香瓜一樣的圓。」

她轉身想走開，他又把她喚住。

「喂，甜嗎？」他知道這是多餘的，不料，她卻搖搖頭說：

「不甜，香瓜已過時了。」

「小朋友，妳讀幾年級？」他不喜歡香瓜，但不能不承認喜歡這孩子。

「香瓜，三年級，香瓜！」她注意別人。

「妳知道我當老師嗎？小朋友。」他提醒她。

「香瓜—老師？」她怔了一下，瞧着他。「誰的老師？」

「哦，那很遠，離這兒有二十站，我的學生很多，妳像他們一樣活潑可愛。」他笑着說：「來，我買一簍。」

「你也教他們唱歌和遊戲嗎？」她放下香瓜，彷彿忘了做生意。

「那當然囉。妳叫什麼名字？小朋友，妳真乖。」在寂寞的旅途上，能認識一個朋友，該是多麼幸運的事，他想。

她講了幾遍，他才弄清楚是：陳梅麗。

「陳梅麗小朋友。」他重複的唸着。兩簍香瓜堵住窗口，他把它推開。孩子沒有走掉。

「妳功課一定很好，來，我買一簍。」

「不好，不好。」她羞澀的低下頭。揉揉眼睛，大概灰屑飛進她的眼裏。

「來嘛，我買一簍，妳不賣？」他掏出一張五元鈔票。

「不甜哦，老師，」她紅着眼眶，像哭過的樣子。

—老師—

「沒關係，我很渴。」他長長的伸出手，要是能摸到孩子的頭多好，他想。

她雙手擎起一簍，他接住，然後輕輕的遞錢給她，並在她粉紅的臉頰上擰了一把。

她拿着錢，想了一下，說「要找你兩塊錢。」

他微笑的看着孩子從衣袋裏取出幾個零錢，放在小小的手掌中，努着嘴唇，點頭數着。

「啊，不夠。」她自語着，反身跑開，沒有徵求他的同意。

他望着蹦跳的背影（兩截粗短的腿），微笑着。陳梅麗跑到後頭一棵榕樹下，蹲下身子，向坐在樹下頭的老人說話。老人的身邊擺着幾簍香瓜。他看出老人是個瞎子，從腰間摸出一個錢包遞給她。

「嗚——」火車微微動了。

陳梅麗拿了錢跑回來，輕快的跳過水溝，越過車軌，突然，脚下不知踢到什麼東西，踉踉蹌的險些兒摔了一交。

「嗚嗚——」火車漸快了。

他起身探出窗外，向孩子揮手。

「再見啦！陳梅麗小朋友，別跑了。」

「等我呀！我找給您錢啦！」她跑得很快，當她快趕上的時候，距離卻又拉長，她已從第一節車廂落到第二節車廂後了。

「不用找啦！送妳好了，以後我會再來看妳，好嗎？」他大聲叫。

「不啦！老——老師，公公說……」她喊不出聲音。只睜着大眼睛、張着嘴巴，跑得幾乎看不見兩條短小的腿。

後面許多人都回頭驚奇的看着小孩子，有的指着手、有的叫着。有一個青年丟下手中的香瓜，急奔過來。

火車的速度繼續在增快。小孩子繼續追趕。

他氣得咬緊牙根，狠狠的揮着拳頭，狂也似的叫着：「停止吧！別跑了！妳不乖！不乖！」

「不啦，老師，公公說……」她拼命的趕上一節車廂，長長的伸着手臂，手中握着錢。後面的青年快抓到她了。

當她靠近車身的時候，驀地，她跌倒了！翻了一滾……便不見了！……

「啊！」他閉上眼睛，急到一陣昏眩；他的手緊抓着慘白的臉。

遲遲地，他強睜開眼睛，一團黑幕漸漸散開，他從指間偷偷望去，在那裏，延着鐵道盡端，一羣人圍繞着；香瓜撒了滿地。沒有聽到慘叫或哀號。

「陳梅麗小朋友，妳……」他哆嗦着、呢喃着。像一隻洩了氣的皮球，上身垂掛在車窗外。

「喂！年輕人。」背上有人拍他。「不怕掉下去嗎？」

他回頭含淚的看去；背後站了一個中年旅客，所有的旅客都注視他。

「她不會死的，年輕人，她會爬起來的。」中年旅客在他身邊坐下。

「她是個好孩子。」

「真的？她不死？」他凝視着對方嚴肅中帶着溫和的臉。

他不禁把臉覆在臂彎裏。風吹弄着他的頭髮。

「你該堅強點，年輕人，再見。」

「再見。」他說，聲音沙啞。

鐵道不斷地拉長，不斷地消逝；輪下輾過的，已不可捉摸，不可挽救，他想。

一聲汽笛長鳴，又使他震驚的躍起，臉上重現痛苦的表情。隆隆聲中，夾着那發自輪下的斷聲。

「斷——斷！」

他真不敢聽這可怕的聲音。

「斷—斷—斷！」

可是，這聲響愈來愈緊促，像一把利劍直戳他的心窩。他想叫，高聲的叫：停止吧！停止吧！……

文壇泥爪

魯黎『腰斬』張資平

張資平是廣東梅縣人，留日學礦，是創造社創辦人之一。他以寫小說登上文壇，他的處女作「冲積期的化石」，和郁達夫的「沉淪」，同是創造社最早出版的小說。他倆雖然都以青年男女之間的性愛作為小說的題材，但郁的格調較高，而張則趨於下流；郁是在極力表現青年男女性的苦悶，而張只是為了描寫色情肉慾，有些簡直近似張競生的「性史」了。大概因為他學礦的原故吧，他的小說標題往往用了礦物學上的專門術語或名詞，除了「冲積期化石」外，我記得還有什麼「雙曲綫與漸近綫」、「愛力圈外」等等。他的小說題材有一個特點，那就是三角戀愛，不是一個男子兩位小姐，就是一位女子兩個男人之間的性愛關係。後來題材擴大，由三角而變成了多角。這種題材確能迎合當時一些淺薄的中學生，以是他的小說非常暢銷，到了他出版「飛絮」、「苔莉」的時候，據說已經腰纏累累了。他一看寫這種小說能夠發財致富，便用賤價收買這類小說稿，然後署上他自己的名字出版，因此有一個時期，他多產得出奇。另外有些人學他，像一般被譏為「都市文學」的穆時英、葉靈鳳之流，也學着寫這類的小說，居然也能暢銷。張資平的這種「流風餘韻」，一直到抗戰時期的無名氏還受到影響，實則即使現在，這種「陰魂」又何嘗散盡呢？

那時張資平開了樂羣書店，在大夏大學教「小說學」，在真茹建築了叫做「望歲小農居」的別墅，以三角、多角戀愛小說而名利雙收，一時真也了不起得很。不過他的小說老是那一套：姨表哥、姑表妹再加上女同學、交際花等等，今日你愛她，明日又愛另一個她，而第三個她出其不意地再來一個橫刀奪愛……這樣的故事情節千篇一律，讀者已經看得厭了，即使沒有人予以攻擊，他自己也漸漸沒落了，何況他在一九三三年遭到一次「腰斬」呢？

一九三二年黎烈文從法國留學回來，因為他和申報老板史量才是世交，史請他到申報主編一個副刊「自由談」。原來的主編是禮拜六派的周瘦鵑，刊登的作品自然是些風花雪月、鴛鴦蝴蝶的玩藝兒了。黎是在法學文學的，他接任後，約請了一些新文學作家如魯迅、茅盾、郁達夫等大牌來撰稿，於是「自由談」煥然一新。魯迅的「偽自由書」、「准風月談」兩本雜文集，就全是輯集的他在「自由談」上刊登的文字。黎於到任之初，曾約了張資平寫小說，張於是寫了「時代與愛的歧路」一長篇，交黎在「自由談」上連載，這小說由一九三二年尾連載到一九三三年初，忽然停止刊登了，編者聲明的理由是：讀者不滿。從此給張資平一個致命的打擊，他的小說便再也找不到發表的報刊，等於宣判了他的死刑。所以當時上海的小報上就出現了「腰斬張資平」的題目。

張資平當時不伏氣，曾用化名在大晚報的「火炬」和時事新報的「青光」上破口大罵，暗指黎之所以做編輯，是因為有漂亮的妹妹嫁作商人妾，並且語侵魯迅，他認為他之被「腰斬」，雖是黎烈文執行的，而黎卻是受魯迅的指使。對於此事黎烈文有聲明刊於時事新報，說：「烈文只胞妹兩人，長應元未嫁早死，次友元現在長沙某校讀書，亦未嫁人，均未出過湖南半步。且據烈文所知，湘潭黎氏同族姊妹中不論親疏遠近，既無一人嫁人為妾，亦無一人得與大商人結婚，張某之言，或係一種由衷的遺憾。」

張資平之疑為魯迅的指使，原因很多：一為他屬創造社，而魯迅與創造社有宿怨；二為魯迅在「自由談」發表文章很多，筆名何家幹是魯迅乃公開的秘密；三為一九三○年魯迅在「萌芽」上就寫過一篇「張資平氏的小說學」攻擊他，這篇文章的結論，是把張資平的全集和他的小說學加以提煉，其精華就是一個三角形。

經過「腰斬」之後，張資平在文壇上吃不開了，他的那麼多三角戀愛的小說全無人問津了。抗戰期間據說他在汪政府做了漢奸，勝利後受到了當受的刑罰。如今是他的人和他的小說早已不存在了。

抗戰回憶錄（三）

張發奎

八年抗戰中，我深刻認識現代作戰於指揮機構的運用與幕僚配合的重要性，這於我在過去北伐戰爭中有着迥然不同的觀念，最後的決心固為我自己的責任，但我必須要求他們都能充分發揮最高的責任觀念，而且要自動的立於工作的崗位，並要求他們的誠實和毫無顧忌的表達他們的意見；我任浦東兵團指揮官時候的參謀長朱暉日將軍，曾有一次為了一個作戰問題和我拍案爭論，但我們並不傷感情；相反，我是極力推獎幕僚意見的差異，與互相激烈的辯論的。不過長官與部屬的情感必須建立在互信的基礎上，同時，幕僚的工作是辛勞的，然而功績簿上的紀錄，他們常被人們所遺漏。所以我常顧把榮譽與功績之勳章掛於他們的身上。

最高統帥部於八年作戰期間，給予我不少的困難，戰術上的意見差異時，必須我去接受他們的計劃，而不能夠貫澈自己的主張。他們過份的直接去干涉部下的行動，不但不能使我充份發揮獨斷專行，且使我於指導作戰時，常因與最高統帥部的指示不符，而發生不適切的處置；其他如人事上的調動，兵員的補充，軍需品之供應，經理上之支絀，都令人於作戰期間發生很多不滿人意的事與困難。尤其他們忽畧我在會戰前的預備工作所需要的要求，而陷於會戰準備之不能充份，此點固應歸咎於整個國家戰爭條件之不完備，而非人事上之作祟，而自己對部下亦常犯有同樣的過失，然在八年抗戰中，我不能不認為這是在指揮作戰方面的一種最大的遺憾。

我的生活是為戰鬥，為祖國為民族而戰鬥，八年間我從未間斷我的戰鬥生活，司令部的位置好像搖籃一樣的在飄盪，大部份的時間，奔馳在戰場上的山野；我沒有想過家庭或處理私事，家庭觀念雖偶然會在我的腦筋裏出現，但亦不過如銀幕上的一閃而已。我始終認為而且永遠留戀這種生活是愉快是光榮。我覺得自己很幸運的生在這個大時代，能為國家民族盡了這種偉大的責任。因為自己是一個平民階級出身的人，所以自己生活過得很簡單樸素而有規律。論我自己的本質原是一個自由不羈的人，但為了戰爭，為了做人的表率，我不顧浪費為作戰以外的精力和時間，與貪圖私人物質的享樂。為了體力的鍛鍊，我每日拂曉，作馳騁運動一小時，馬是我八年中唯一的伴侶，我對於牠有特別的嗜好與愛護。陳樹人先生為了我的一匹伴隨十年而已故的白馬，繪了一幅畫，至今我仍懸於會客室中，認為稀世珍品。

我對於酒，有特別的觀念，朋輩中亦都知道我是一個豪飲的人，其實我並不酷嗜杯中物，我平常從不點滴入口，不過如遇良朋在座，或宴會的時候，我總是以酒引起滿座的興奮，掀起熱烈的空氣，在這場合中，我可以使到朋友或部屬們，增加親熱而活潑的情感，並流露各人的眞情，而我自己也常能藉此來玩味一點人生的眞味。

從晨八時至深夜十一時，我不斷在辦公室生活，事無巨細，必須由我親自處理，我監督部下勤於工作，使他們總能找出事情來做，而不致空閒。我常常出巡前綫，和士兵及戰地居民作親密的接近。

在司令部差不多每一星期，我召開二次以上的幕僚會議，或聽取他們的業務報告，有人議笑我會議太多，但我以為能使各部門的業務緊密連繫的方法，只有利用這一個機會，而且自己的工作太多，在頻頻會報中，他們能够幫助我增加丁解許多事，和許多自己忽畧的問題。

辛亥革命史談（三六）

弈生

五．武昌首義當時的實況

六、擁黎得多於失：黎元洪（一八六四——一九二八）字宋卿，籍湖南黃陂，體肥碩，身短，步履舒徐，天生福相，然實外寬內深。初習海軍，中日甲午之戰，元洪在廣甲艦供職，戰事爆發，廣甲艦適被調與北洋海軍會操，未回廣州，因得參加甲午八月十八日的黃海海戰。致遠、經遠、超勇、揚威四艦沉沒，廣甲突圍，於夜半逃到大連灣外觸礁，仍被敵艦擊沉，元洪與十一人同時落水，僅四人泅抵大連登岸，元洪其一也。時張之洞署理兩江總督，召元洪修江寧江陰炮台，頗堅實中式，之洞回湖廣本任，携元洪到湖北練新軍。曾三赴日本考察軍事，歸任湖北護軍馬隊長，前鋒統帶。不久，以二十一混成協統，兼管馬炮工輜各隊，並提調兵工鋼藥兩廠，監督武中學堂，會辦陸軍特別學堂，統楚字兵船六，湖字雷艇四，凡兩主大操，指揮中度，計前後在海軍七年，大統陸軍十餘歲，能潔己奉公，對士卒有恩意，尤喜接近讀書人，屏除一切苛禮，一任自然，因之名譽遠出張彪上。瑞澂督湖廣，曾一度劾元洪事久未下，因之猜忌益深，平日頗窺伺其行動（參看章炳麟『大總統黎公碑』及唐祖培『民國名人小傳』內『黎元洪傳』）。

八月二十日午，武昌全城既告光復，黨人羣集閱馬廠諮議局商組軍政府及推舉都督。時預定都督劉公隔絕在漢口（其時漢口尚未收復），孫武炸傷留醫院，總司令蔣翊武十八日出亡未歸，黃興、譚人鳳、宋教仁留港滬不在鄂，其他各軍領袖，均以資望淺，謙讓未遑，一時實難得人選。在場省議員劉賡藻說：『統領黎元洪現在城內，如大家認為合選，願導往尋覓。』衆贊成，於是由蔡濟民率少數同志偕劉同往。先是馬榮、湯啟發巡街經過黎宅，見伏役担三皮箱出，疑為匪，詰之，稱奉黎統領命來取，問統領何在，不敢答，迫之，始領馬、湯等到黃士坡劉文吉家。黎聞人聲嘈雜，避入房內，馬、湯力懇出見，黎出而吒曰：『我帶兵十餘年，自問待你們不壞，為什麼與我為難？』衆答：『我等並無惡意，特來請統領，主持大計。』黎說：『你們革命黨人，人才濟濟，要我何用？』馬榮說：『局面緊急，推委恐不便，請統領想想！』黎問：『你們要我做什麼？』衆答：『我們集合在楚望台，請統領前往商量。』黎問：『楚望台現由何人主持？』衆以吳兆麟對。黎說：『有吳一人够了，用不着我。』衆不聽，時闕龍趕來，乃同擁黎到楚望台。兆麟聞黎統領到，命士兵站隊，舉槍致敬，時黎衣灰呢夾袍，愁容滿面，兆麟趨謁，黎說：『你們把事情太鬧大丁！如何得了？』當時有一炮兵高呼：『請統領下令作戰！』傍一人請黎勿允，該炮兵拔刀斫之，黎以身遮蔽，說：『這是我的執事官王安瀾，不許亂動！』李翊東乃為排解，說：『此地下命令不便，請統領到諮議局，』衆以為然，時覓黎者蔡濟民、劉賡藻亦到，乃同擁黎到諮議局，衆高呼舉為都督，時二十日下午一時四十分也。黎登樓，見議長湯化龍已先在，疑早與謀，始稍安。於是由議長湯化龍，副議張國溶、夏壽康，議員阮毓崧、劉賡藻、胡瑞霖及到塲諸黨人共同開會，推舉都督，經衆一致舉黎。黎堅不承認，胡瑞霖、李國鏞、吳兆麟勸之；張振武、李翊東、蔡濟民迫之：朱樹烈舉刀自殺，血濺滿座以咸之；黎屹不為動。翊東乃持一預寫之安民佈告，請黎署名，黎仍堅拒；翊東不得已，乃於都督銜下，代書一『黎』字，交由書記繕寫，於是『中華民國軍政府鄂軍都督黎』的安民佈告乃遍貼全城，黎也莫可如何！

由上舉事實，可見黎原無意贊成革命，黎後來對首義諸人也極不融洽；可是瑞澂初猶觀望，聞黎已出，知大勢已去，始乘軍艦離鄂；軍民知黎已出，乃漸趨安定；外交團亦以黎出，迅即承認革命軍為交戰團，並正式宣告中立；此外如漢口漢陽收復之快，各省嚮應之速，也與黎出不無關係，可看出擁黎這一着，雖由當時的形勢造成，畢竟也還是得多於失的。

七、都督府佈置井井：八月二十日的諮議局之會，黨人見黎毫無決心，終慮誤事，乃由蔡濟民提議組織一『謀畧處』，共同處理緊急事務，名為夾輔黎，實亦挾持黎，當即推定蔡濟民、吳醒漢、張廷輔、鄧玉麟、王憲章等十五人為『謀畧處』處員，是日並由『謀畧處』議決下舉各事項：

一、以諮議局為軍政府及都督府。

二、稱中國為中華民國。

三、改政體為五族共和。

四、稱中華民國年號為黃帝四千六百零九年。

五、以都督黎元洪名義佈告湖北各府州縣。

六、移檄各省，照會各國領事，宣布滿清罪狀，並致書滿清政府。

七、佈告漢族同胞之為滿清將士者促其覺悟。

八、都督府統轄軍民，暫設機關四部，並設立招賢館。……（未完）

寄售書目

全唐詩	精裝十二厚冊，一百六十元。
唐詩紀事	影明刊本，商務，十六冊，五十五元。
又一部	上海雜誌公司印，兩厚冊，十元。
唐人萬首絕句	文學古籍刊行社，四厚冊，五十元。
唐人選唐詩	十種，一冊，中華，十一元。
宋本杜工部集	商務影印續古逸叢書之一，六冊，港幣一百八十元。
錢注杜詩	錢謙益註，兩冊，中華，十五元。
三色批本箋註李義山集	朱鶴齡箋註，沈厚塽輯評，同治初印本，四冊，八十元。
玉谿生詩箋註	中華仿宋本，四冊，二十元。
李義山詩集文集	商務影印本，四冊，二十五元。
隋唐史	岑仲勉著，高級教育社出版，精裝一冊，二十五元。
唐史餘瀋	岑仲勉著，中華，一冊，十二元五角。
白氏長慶集	文學古集刊行社據宋本影印，大字精裝三厚冊，三十元。
元氏長慶集	文學古集刊行影印明鈔宋本，精裝兩厚冊，十五元。
元白詩箋証稿	陳寅恪著，一冊，十五元。
白居易研究	王拾遺著，一冊，五元。
宛陵文集	商務據宋本影印，六冊，二十元。
黃山谷全集	陳三立序，白紙大字，廿冊，五十元。
簡齋詩集	商務據宋厚刊本影印，四冊，廿元。
後山詩注補箋	冒廣生著，三冊，廿五元。
法顯傳考証	足小喜六著，國立編譯館出版，商務印行，一冊，十五元。
渤海史考	津田左右吉著，商務，一冊，十元。
唐語林	宋王讜撰，商務，四冊，三十元。
唐人說薈	即唐代叢書，掃葉山房，十六冊，廿元。

要者請向九龍鑽石山大觀路惠和園三號「卓如編譯社」洽購。大學，圖書館，及研究機構，一律八折優待。定價以此次所登出者為準。

聯合評論 週刊

本刊已經香港政府登記

每逢星期五出版

United Voice Weekly
第一七八號
督印人：黃宇人　總編輯：左仲平
社址九龍赫德道二十三號地下　電話68678
承印嘉羅印刷有限公司香港灣仔馬師道5號
總代理：友聯發行公司　售價每份港幣一毫
本報美洲版總經售處美國紐約中美出版社
CHINESE - AMERICAN PRESS, INC
199 CANAL STREET.,
NEW YORK13 N.Y. U.S.A.
美洲航空版每份零售美金一角

短論兩則

一、金彈與核彈

左舜生

一九六二年的一月，又快要過完了，朋友們見面，總不免把當前世界整個局勢隨便談談，好像是交換意見，但實際也並不怎樣嚴格：彼亦一看法，此亦一看法，大家都沒有意思一定要得出一個怎樣可靠的結論。

在我想來，還是和過去幾年的一樣：核武器的大戰，即以美蘇為主力的真正大戰，今年依然不會起來，今年過了，還有明年，後年……以至於無盡年，或者像這樣的戰爭終於不會起來也正難說。

美蘇雙方，都搞出了幾個太空明星，其實像這類的玩意，最多也只能給予人類一點新鮮的刺激，事過境遷，說真會增加人類一種如何的恐怖也不見得：在球場，馬場，賭場，鬥牛場，乃至男女的情場，也都是各各拿着自己的生命去博得別人痺麻神經的一番掀動，有一種異樣的死法，都可博得大衆一聲異樣的喝采，或一番毫無所謂的唏噓太息，說穿了，只是這麼一回事，也僅僅只是這麼一回事。

美國下年度的總預算，支出為九百二十五億美元；而用於國防者為五百二十六億九千萬美元，我承認，這是暫時維持人類和平的一種有效武器，不只蘇聯是望塵莫及，說到咱們的大陸，那更是芝麻豆子，連提也不值一提。破落戶的頭子毛澤東，過去頂歡喜說美國只是一隻『紙老虎』，可是等到大陸人民窮到如今天喝風的時候，要巴巴結結籌劃幾億錢向外國去購取幾噸麥子；却非以美金計算不可！於是乎老毛連『紙老虎』這個話也不敢多談了。我自然不是說毛老太太藍蘋，周總理的鄧穎超老夫人，乃至劉主席的校花，也一樣窮得沒有褲子穿，可是今天大陸上的大姑娘們真正窮到沒有褲子穿的，確也真不在少數啊！老早老早，那位最歡喜打仗的拿破崙已經說過：『打仗嗎？第一是錢，第二是錢，第三還是錢，』沒有錢動輒講打，豈不是滑天下之大稽？

聽說毛澤東，或中共中的某一部分人，近來和赫魯曉夫，或蘇共中的某一部分人，兩者間搞得不怎樣融洽。毛說：『我才是真正地道的馬恩列斯，赫只算是修正派。』赫說：『社會主義者與資本主義者之間，還是可找出一條和平共存之道，仗原不是一定要打的。』毛說：『不然，帝國主義者和我們之間絕無妥協餘地，我們不去摧毀他們，他們也還是要撲滅我們，因此，惟有繼續備戰，鬥爭到底！』世人為他們這種表面的爭執所迷惑，以為毛赫之間真正在爭什麼理論的或實質的領導權，據我看，這只是一種半吊子的想法，打穿後壁的來講，大抵不離乎幾個臭錢者近是！平心而論，赫魯曉夫原也不對：世界其所以有如今天這樣一條鬧得烏煙瘴氣的共產陣線，這本來是中國大陸捲入共產以後的事，假定蘇聯始終只有東歐那幾個地區作背景，他們的頭子們要攏出像今天的一種面目，乃勢不可能，因為只是這樣，共產集團對民主集團的比重，實在是相差得太遠了；惟其加上了六億以上這個面黃肌瘦破破爛爛的飢餓集團，然後像赫魯曉夫那樣一幅愚蠢面孔，才敢於仰首伸眉，向四面八方去招搖撞騙，胡說亂道，而且世界上也居然有一種期待息事寧人的既愚且懦分子，乃不惜下氣柔聲要和他們去尋求妥協！在毛澤東想來，他們躡踞中國大陸以後，對蘇聯的貢獻之大，實遠在蘇聯這十幾年來對他們所施予的一點小恩小惠之上，赫魯曉夫不懂得另眼相看，在物質上和虛名上給毛以相當的滿足，乃公然以老大哥自居，動輒對毛開教訓，甚至在中共內部施展某種陰謀，使其潛滋暗長一種傾毛力量，使得毛好容易構成的一種對他的個人崇拜也發生動搖，這確實是毛所不能容忍的。赫藉疏遠中共以加弱民主國家對蘇的迷惑；毛即以反赫，擁史；庇阿，以搖撼赫在蘇共內部和共產集團中的地位；這兩種作用交互發揮，於是使得民主國家間的反共步驟或時發生一種或張或弛的凌亂，這便是當前整個世界局勢繼續陷於不生不死狀態的所由來。我不願說毛赫之間事前真有某種默契，或如一部分人想入非非的過分推測，以為毛赫是在故意唱雙簧，但毛不敢公然對蘇澈底破裂，為赫所心照；赫對毛不能繼續高壓，毛也有相當把握；自來妖魔與妖魔之間，也常會幻出一種鬥法的炫人術以惑亂世人，只要世人隨時提高警覺不為所惑，妖魔到最後還是要原形畢現，換言之，只要赫能給毛以實際的好處，毛還是一翻身依然要倒在蘇聯懷裏的。

截至現在為止，美國仍在積極備戰以求和平，金彈的威力決不低於核彈，但美國的弱點在浪費太大，假定用得更有效一點，則最後的勝利乃可更多。

讀『史記』『貨殖列傳』有感

在兩千年前，中國便產生了那樣一位了不起的歷史學者司馬遷，這確實不能不說是中國人的一種驕傲！司馬遷又不只是一位單純的歷史學者，說到他的思想，他的博學和文學造詣，在中國全部的學術史上，究竟有幾個人可以和他抗手，我實在也很難列舉。當我們在十三四歲初進高等小學的時候（清季光宣之交），我們的國文課程裏面便有『史記選讀』這類的東西（現在已經是大學中文學系或史學系的課程了），我不敢說我們的先生們便如何的講得好，更不敢說我們懂得的究竟能到達何等程度，但有了這樣一個底子，已能引起我們自動的去讀書却是事實。出了學校以後，像『史記』這類的書，也還是隨時隨地有機會翻一翻的，可是總不免或作或輟，不能深入，對司馬遷自己所說的，所謂：『究天人之際，通古今之變，成一家之言，』到底也還是有些茫然，不能道出其所以。近二十年左右，因為飽經憂患，所見的世變越來越多，所受的刺激也愈來愈深刻，尤其最近幾年眼見大陸人民所遭受的空前苦難；而自己又以一介難民的資格，隨波逐流過着這種寄人籬下的生活；同時還看到當地三百萬的居民（其中兩百萬以上來自近年的大陸），成日成夜都在為着他們的生活而艱苦奮鬥；當地政府關於經濟財政的措施，也不斷的給我以種種啟示；以當前的情況來說，像香港這樣一個彈丸之地，以它的經濟生活所表現的事實，在亞洲除日本以外，可以够得上說是一枝獨秀；可是因為憑藉的薄弱，發展的畸形，其間所包含的危機，確也一天一天的顯得越來越嚴重。在這樣一種環境之下，我混跡在這一大羣的難民堆裏，再取出我們這位偉大歷史家的大著加以溫習，似乎也增加了我新的理解不少。

司馬遷，他是一位寫歷史而特別懂得着重人民生活和政府經濟財政措施的作家，這我們只要讀他的『貨殖列傳』和『平準書』之類，便可看出一個大概。他的思想，似乎是以道家為體而儒家為用，這也不難從他的大著中看出若干的痕跡。道家對人民生活是主張任自然而反對作過度干涉的，現在我可以舉『貨殖列傳』為例，以窺測他經濟思想的一斑。

司馬遷的經濟思想有幾句最基本的話：

『故善者因之，其次利道之，其次教誨之，其次整齊之，最下者與之爭！』

所謂『因之』，不僅在今天辦不到，就在司馬遷生在漢武帝那樣一個對外大事擴張的時代，也在事實上不可能，姑置不論。司馬遷了解人民生活一個主要的目的是求『富厚』，求生活的舒適，他說：這是『人之情性，所不學而俱欲』的，因而政府在經濟上所能用力的，最多只能加以『利道，』加以『教誨』，或更進一步而加以『整齊，』最要不得的，乃是與人民求『富厚』的基本目的相反，而和他們去鬥。假定您漫無限制要把一切財富都掌握在政府手裏，把人民的自由全部剝奪，而由政府以一種橫蠻的手段去加以支配，其結果便非澈底失敗不止，因此他說這是『最下』而最要不得的。我們試想想今天中國大陸的現狀，我們能說他這幾句話不是深切著明嗎？

所謂『利道』，便是順着人民的希望，由政府去加以『因勢利導』的意思。好比人民手裏有了大宗的游資，而他們希望用在發展工業，政府便指定若干地段，作為『工業區』讓人民有機會以廉價購取土地，作為建築廠房之用，同時政府供給水電，建築碼頭，修築道路，使得他們有充足的動力，而他們的原料與成品，也有了運輸的方便，如此，這個『工業區』還有不發達的道理嗎？同時，政府却也豐富了它的稅源，有以作為更有價值的建設。不過在某一區域，工業還在初步建立，正需要加以保育的時候，政府對於稅率的規定，便須有一番斟酌，只能『養羊剪毛，』決不可『殺鵝取卵』就是了。我們試想想，香港這十年以來一天一天的趨於繁榮，大陸這十年以來一天一天的陷於窮困，難道不正是由於一方面遵照着這一『因勢利導』的原則去做，而另一方面剛剛與這一原則相反嗎？

所謂『教誨』，在今天來處理人民的經濟生活，也確實是政府職責以內之事。大家都知道，香港這十年以來很少看見糧價有暴漲暴跌的危險，這可看出政府確實下了一番潛移默運的工夫，好比前幾天米價微微上漲，政府便向米商提出警告，要他們不可屯積居奇以造成人為的恐慌；同時，地價暴漲，高樓大厦也正在不斷的從事建築，因而地產便也成了一種投機的對象，以致并得房荒雖漸成過去，而房租的上漲却引起了一般居民的困惑，我想，政府對這件事決不會加以忽視，而誤解這便是一種『繁榮的朕兆』的。至於一切公司，工廠規章，條例的釐定，進出口貿易一切手續，罰則的規劃與解釋，凡此，都可歸入『教誨』的一類。當然是不可少的。

所謂『整齊，』如果作出一種嚴格的解釋，這差不多已可歸入所謂『計劃經濟』的一類，可是在範圍上還是有大有小，程度上也有淺有深，好比香港政府對若干人民生活日用的必需品，大致都有一種『公價』的規定，例如牛奶，牛油，奶粉，煙紙，乃至像我們這類老頭子不能不吃一點的『散拿吐瑾，』都有一定價格，只許賤賣，而絕對不許高抬，隨你走到任何一家商店，售價都完全一律，就像我這樣一個窮到無可再窮的教書匠，每星期教課到十一小時，每月的收入也不過六七百元，也還可艱苦奮鬥，量入為出，不曾陷於完全的匱乏，甚至還可抽出時間，每天讀三兩鐘的書，每月產生三兩萬字的文稿，便不能不說是受了這種『整齊』之賜。至於共產黨，只許每一個人民每天吃幾両米，每月吃二三兩油，二三両肉，每年穿幾尺布，而且還要憑票購買，大擺長龍，還要說『毛主席恩情』如何如何了不得，真是所謂『最下者與之爭』！該打屁股一萬板，他們的失敗也真是一千個活該！

我們偉大的太史公，在他所著的『平準書』和『貨殖列傳』裏面還有無數的妙文，使得我們兩千年後的人依然非常感動，可惜我不是一個研究經濟學的人，不能給他加以發揮，就是勉勉強強敎點歷史，把他的書向學生們說說，也還是感到非常的愧慚啊！

再談生活條件與戰鬥條件

劉裕畧

我常常在想：春秋時代，吳越兩國之間發生的兩次鬥爭，實在是極具教育意義的歷史故事。先是吳王夫差的父親吳王闔廬被越王勾踐擊敗，且因傷致死，吳王夫差即位後，志切報仇，經過三年時間，卒償所願，而在夫椒地方把越王勾踐擊敗；越王勾踐敗後，亦志切報仇復國，亦不過經過了二十年的時間，竟亦卒償所願，而將吳王夫差再擊敗。

他們之間，勝敗的反復變化眞大！原因何在呢？是社會的物質條件發生了變化有如馬克思歷史唯物論所說嗎？抑或還是由於其它？

當夫差即位之初，因志切報仇，唯恐自己生活怠墮苟且，平時，總使人立於庭前，見夫差進出，輒高呼「夫差，爾忘越王之殺而父乎」？夫差必應曰「唯，不敢忘」！如此者三年，而於周敬王二十六年（公元前四九四年）乃將越王擊敗。

論國勢，論當時的所謂社會物質條件，在短短的三年間實無任何突變；論智慧、論領導，越王勾踐亦遠比吳王夫差高，若依馬克思理論看歷史唯物論是一貫強調社會物質條件的。它認為物質才是歷史進化的重心，社會的物質條件的變化即馬克思所謂生產工具和生產關係的變化才能使歷史的面貌改變，但在短短三年間，吳越兩國何嘗發生過馬克思所強調的那種變化呢？然而吳越兩國的歷史卻發生變化了，這一方面足以說明歷史變化的原因並不如馬克思歷史唯物論所說，另一方面則恰巧說明了人的因素對歷史變化的決定性影響，比物質條件的影響更大。

人才是決定歷史變化和歷史面貌的主要因素！但人的因素亦可分為幾端，智慧固然是一端，意志也是一端。越王在夫椒一戰被吳王擊敗時，越王還是三年以前擊敗吳王夫差之父的那一越王，但前後戰果卻不同，此無它，只因吳王夫差在志切報仇的那三年，由於意志的極端堅強，生活條件與戰鬥條件遂完全趨於一致之故。

吳王夫差在志切報仇的那三年，每天都使人立於庭前警告自己，其一切生活其一切努力遂能時時對向戰鬥目標。這是吳王夫差所以能使其生活條件與戰鬥條件完全趨於一致的一個原因。

吳王夫差擊敗越王後，勝敗易位，強弱易勢，吳王夫差更被勝利冲昏了頭腦，所以，他此時已不使人立於庭前來對自己作警告。反而好大喜功，不切實際的盲幹，既在國內大興土木，又要迢迢千里到中原去爭霸主的虛名；既日日沉醉在美人醇酒與歌舞中，又對他的臥楊之旁的敵人予以輕視與忽視，這當然就使得他的生活條件與他的戰鬥條件完全相反相離了。

而在另一方面，他的敵人越王勾踐則在敗後反而使他自己的生活條件與戰鬥條件通過意志之堅強而一致起來。這時候的越王，完全像即位之初志切報仇時的吳王。故司馬遷作史記特稱其苦心焦思，置膽於坐，坐臥即仰膽，飲食亦嘗膽，更自耕作；夫人自織，食不加肉，衣不重采，折節下賢人，厚遇賓客，振貧弔死，與百姓同勞。由於越王這時正是如此這般把生活條件與戰鬥條件達成一致的越王，故又能轉弱為強，轉敗為勝，終於又擊敗了吳國，迫使吳王夫差自殺。

誠如史籍所記越王在夫椒一戰被吳王擊敗時，只剩得兵卒五千，退守會稽一地而已。若以歷史唯物論的尺度看，當時吳國是極強，越國是極弱的，越王斷無反攻復國之機會，亦斷無反攻成功之條件，但歷史的演變，卻完全與歷史唯物論者所預期者相反，此無它，不過表明歷史變化的因素甚多，決不僅僅只是社會的物質條件，有如馬克思所說；人才是決定歷史變化和歷史面貌的一個重要因素。而意志之堅強與否？生活條件與戰鬥條件一致與否？又是人這一因素中的重大因子而已。

本來，為國君者，一個人之糜費有限，縱然臥薪嘗膽，又能節省幾何？但風氣之養成，端從一二人始。且其眞意與重大作用，還不在節省區區物力這一端，而在通過這種堅強意志以達成生活條件與戰鬥條件之全盤一致。否則，這種一致便不能達成。

要使生活條件與戰鬥條件一致，自亦並不只是一個意志問題，因為智慧問題也極重要，若無超越智慧，也常常難使生活條件與戰鬥條件一致。但縱有智慧，而無意志，則要達成此種一致，亦不可能。何況，由智慧的花朵結成智慧的果實，非水分不可，而意志卻像水分一般的重要哩！

那末，在智慧的運用上，又究竟怎樣才能使生活條件與戰鬥條件一致呢？我覺得軍事學幾百條戰術原則中有一條談「戰鬥部署」的原則說得好。它說「戰鬥部署之要訣，在對於企圖決戰方面，適時將可期必勝之兵力澈底集中，其它方面則節約至必要之最小限，以使決戰方面之戰鬥容易」。這一條戰術原則，原意雖只在對軍隊之部署及運用而言，但它卻適用於人生的許多方面。譬如某一個人的人生目的，原是想作一個畫家，但他卻把他的大部時間耗費在寫文章上，某一個人的人生目的，原想成為天文學家，但他卻把他的大部時間耗費在工廠裏作苦工，試問時間的使用與人生目的如此的不配合，其人之人生目的為能達成？而其所以難於達成，就因為要成為一個畫家一個天文學家本就不很容易，竭其人之全部時間與精力，能否達成？尚是問題，何況，他根本沒有把他的大部時間集中使用到他所企圖的方面去呢！正如一場戰爭，得勝本不容易，而指揮該一戰爭的指揮官卻未將大部兵力用於決戰方面，而把大部兵力用在不必要的方面，那末，他當然難在這一場戰爭中得勝了。我以為這一條戰術原則，實把吳王夫差最初之所以能夠擊敗越王勾踐，以及越王勾踐最後之所以能夠再敗吳王夫差的道理都已說明白了。

所以，現在把問題說回來，回頭再看中華民國的當前問題，台北中華民國政府現時所強調的戰鬥目的難道不是反攻復國嗎？但國民黨當權派生的活條件是否集中指向這一個反攻復國的戰鬥目標了呢？誰都知道，卻是完全沒有的。正因為沒有，這就形成必須把台灣的一切對準反攻復國和民主建國兩大目標加以有計劃有步驟的改革的理由了。

若再把問題回到整個人類社會和構成這一人類社會的個體身上，則現在活在世上的許多個人，實在都像自有歷史以來許多已死的個人一樣，皆在演悲劇，而且皆在繼續演悲劇。嚴格的說，其中只有極少數的幸運兒才眞正理想的和僥倖的把他一生的全部或大部時間與精力集中指向了他的人生目標。其餘大多數人有的固然由於智慧低劣不知道把自己的時間與精力集中使用，以使自己的生活條件與戰鬥條件一致，但另有許多的人則根本並非由於智慧低劣或意志不強，而乃由於生活狀況所不許可。以致許多想當畫家的人，不得不因生活的壓力而被迫去寫文章，以致許多想當天文學家的人不得不因生活的壓力而被迫到工廠去作苦工。我常常在想，這許多人為生活而掙扎的現象，難道不是非常殘酷嗎？但人們卻認為為生活而工作，是人類社會現象的正常。其實，人，每一個人，原都應該擁有不虞匱乏的自由的。而人生的重大意義，更在指向偉大的人生目標，而不止於為生活而工作。因此，我又常常在想，假如世界上所有的人都能遂生盡性，都能毫無拘束的自由發展自由創造，人類社會將不知如何的美！人類社會將不知如何進步！然而歷史和今日世界的悲劇，卻仍在不斷上演，致使許多人仍在困難中掙扎，雖欲各盡其才各遂所願亦不可能。共產黨人雖也揚言解放，但那不是一種眞正解放，而只是另一種殘酷的束縛與奴役，因此，我覺得面對今日世界這一現實，如欲個人有所成，固必須每個人自己力求自己的生活條件與戰鬥條件的配合，庶幾其個人理想，可望在掙扎中僥倖達成；而欲達成整個世界的美滿與迅速進化，則非提出方案改造這一個世界不可。若整個人類社會能通過改造而將全人類從教條、迷信、吃人的舊禮教、偶像觀念等精神束縛中眞正解放出來，並同時從衣食住行等匱乏和不自由的限制中眞正解放出來，使整個人類社會的生活條件都指向征服自然，創造理想的話，那末，人類社會就眞正可以更接近美滿了。否則人類仍將在痛苦中掙扎下去咧！

評中共與阿共再簽五項援助協定

白帆

自蘇共與阿爾巴尼亞宣佈絕交之後，毛澤東為了支援阿共繼續反對赫魯曉夫，除了仍承認阿共是十二個「社會主義國家」之一分子外，更一再強調中共與阿共的友誼，以作中共對阿共的精神支援和政治支援。但阿爾巴尼亞地瘠民窮，且又孤立在東歐，僅靠精神支援和政治支援，顯然仍有未夠。為此，阿共領袖霍查乃派阿爾巴尼亞部長會議副主席凱萊齊率經濟代表團繞道意大利飛到中國大陸，向中共求援。毛澤東為了積極援阿反赫起見，遂又與阿共作了許多協議。其間除政治性的協議，相誓共同繼續反赫未作公開宣佈外，其已公開之經濟貿易方面之協議則前已商定由中共與阿共共同組織一個輪船公司，航行中共與阿共之間，以載運物資援助阿共。茲據中共新華社訊：中共復於一月十三日晚在北平與阿共經濟代表團「就中阿兩國經濟和科學技術合作問題進行了友好和誠摯的會談，並繼續簽訂了五項協定和議定書」。

計雙方簽訂的各項協定和議定書，有：「中華人民共和國政府和阿爾巴尼亞人民共和國政府關於中華人民共和國給予阿爾巴尼亞人民共和國貸欵的協定」，「關於中華人民共和國向阿爾巴尼亞供應成套設備和給予技術援助的議定書的補充換文」，「中華人民共和國政府和阿爾巴尼亞人民共和國政府關於一九六二年交換貨物和付欵的議定書」，「中華人民共和國政府和阿爾巴尼亞人民共和國關於阿爾巴尼亞人民共和國政府一九六二年使用中華人民共和國貸欵的議定書」，「中阿科學技術合作聯合委員會第六屆會議議定書」等。

以上總共五個議定書，均在周恩來、陳毅、李先念等參加下與阿共經濟代表團簽了字。當晚，周恩來復設晚宴招待阿爾巴尼亞部長會議第一副主席凱萊齊、貿易部長恩杰拉、國家計劃委員會第一副主席希堤以及阿共代表團其它團員。

中共方面出席宴會的則有周恩來及中共國務院副總理李先念、副總理習仲勛、副總理羅瑞卿等。

據新華社說：周恩來曾在席上發表演講說：「阿爾巴尼亞貴賓這次在中國的訪問，以及兩國政府所簽訂的各項文件，標志着我們兩國人民建立在馬克思列寧主義和無產階級國際主義原則的基礎上的友好團結的進一步鞏固和發展！並且體驗了社會主義國家相互關係中平等互利和互助合作的精神。」凱萊齊則說：「我們以無限愉快和滿意的心情注視着我們兩國人民兄弟友誼的不斷加強和發展。我們的會談已經結束，兩個社會主義國家之間所固有的高度眞誠、諒解、兄弟般親密合作的崇高精神，貫穿在我們的會談中」云。這就可見中阿共之勾結已更見加深，看來，毛澤東是不會出賣阿爾巴尼亞這一朋友而向赫魯曉夫低頭了。事實上，赫毛之間的鬥爭原是你死我亡不可調和的個人權利鬥爭，赫如向毛低頭，赫必垮台，毛如向赫低頭，毛亦將被整肅清算，所以，赫今後必將盡力加強其素與接近之東歐國家之關係，毛則除了將盡力爭取其它地區之共黨外，勢必將以不顧自己國內人民死活來繼續加深對阿共之支援，以解自己孤立之危，並且以誘取其它地區共黨對他的傾附。

陳誠遲不銷假的內因

見微

（台北通訊）陳誠先生自去秋因病請假後，至今仍未銷假視事，且於本月十七日赴南部休養，據說預計一個月後始回台北。

陳誠的病倒，是因為在陽明山第一次會談後，接着又應邀訪美，回國後又舉行第二次陽明山會談，前後數月不得休息，身體已感疲乏不支；再加上蔣介石突然改變主意，放棄否決外蒙入會，精神上更受了重大的刺激。於是病情加重，乃入榮民醫院就醫。現在雖已漸次康復；惟仍須作相當時期的休息，始能勝任繁鉅。據說這是他尚未銷假視事的原因。但觀察家認為除此而外，陳誠在此次不算短暫的養病期間，必已對於今日台灣的各項重大問題——尤其是他個人今後的動向，作了一番檢討和籌思，因而他是否將銷假視事，或從此掛冠，已成了政治圈內私下揣測談論的主題，各種傳說也就愈來愈多了。

現在且先報導兩則與陳誠有關的消息：

石井光邀陳誠訪日，台北無反應

此次中日合作策進會在台北舉行會議，日方首席代表前副首相石井光次郎於抵台之日即聲言將邀請陳誠訪問日本，以期加强中日兩國進一步的友好關係。他日前離台返國前又向當局表達此一希望。本月十八日報載，日本反共理論家木下彪最近呼籲應成東北亞聯盟，以對抗蘇俄，中共和北韓的三角關係，亦致函台北某考試委員，建議中國應在日本多做宣傳工作；中國要人——以陳誠為最適當——應及早訪問日本，俾得加强兩國的合作，而使共產勢力不致在日本囂張。但台北官方對此至今迄無反應。

自政府退守台灣後，十餘年來當權者為了爭取日本的友誼，曾付出了鉅大的代價，如放棄賠償要求是；但所獲得的則是日本的依違兩可態度，與中共建交之聲時有所聞；甚至還公然容許廖某在日本作叛國的不法活動。如今日方有力人物希望陳誠訪日，以期加强中日兩國的友好關係，為了國家的利益，我們原應予以接受。可是，當權者也許認為如此將更提高陳誠在國內外的聲譽和影響；對傳子計劃恐有不利，於是不作表示。有關各方面深知此情，因而對於石井光次郎的邀請陳誠訪日也就祇好報以緘默了。

又傳孫科將回國

近日此間盛傳孫科先生將回國參加陽明山第三次會談。據本月十八日英文中國日報載：「政府可能答允於政治會議（按：即指陽明山第三次會談）後改組，但觀察家認為孫科重幹積極政治活動的可能性不大。」所謂積極政治活動與改組政府，顯然指的是孫可能再作馮婦，出任行政院長。

這一則消息的可靠性如何，雖尚有待於事實的證明；但英文中國日報向以消息確實見稱，其為空穴來風，必有所因，則是可以斷言的。凡留心國民黨現代歷史的人，當還記得在過去三十多年中，蔣介石累逢走頭無路，多由孫科出面為他化解，而且每使其因禍得福。舉其要者如下：

一、民國十五年三月二十日，蔣以廣州衛戍司令的身分，藉中山艦事件在廣州演出一幕逼宮的活戲，將當時的國民政府主席汪精衛逼走，而奪取國民黨的黨政軍大權於一身。是年五月，蔣召開國民黨二屆中央第二次全體會議，他雖滿懷野心；但亦自知理曲，不能不提出自請處分的議案。二屆中委原多汪派人物，該案的後果如何，殊無把握。幸得孫首先發言，力陳三月二十日的事件，乃出於不得已，並讚蔣能「及時應變，使黨國的基礎益增鞏固，厥功甚偉。」卒致二中全會不但未予蔣以任何處分，反而推選他為國民黨中央黨部組織部長；又任為國民革命軍總司令，賦以指揮黨政軍各機關的大權。甚至不惜破壞黨章，推他為中央黨部主席。於是，蔣用暴力所攝取的一切權力，都被合法化了，從此他也就從二三等的角色一躍而為國民黨的領袖。其聲望雖尚不及汪精衛、胡漢民諸人；但其實力則遠過之。這是孫科有助於蔣介石的第一幕。

二、寧漢分裂時，孫雖在漢；但北伐統一後，汪精衛重張反蔣旗鼓，蔣正苦於沒有足夠信望的人物為他在南京撐持場面，孫又與胡漢民先生聯袂自海外歸來，倡議試行五權制度，並推蔣為國民政府主席，使蔣不費吹灰之力而得攀上國家元首的實座。在當時的局勢來說，蔣可謂喜出望外。此雖出於胡先生的主意；但假如孫不同意，蔣還是無法實現此一大欲的。這是孫有助蔣介石的第二幕。

三、民國二十年胡被扣，孫憤而反蔣。九一八事變發生，國民黨反蔣各派在精誠團結共赴國難聲中，分而復合，仍堅持去蔣。蔣在無可如何的局勢之下，祇得宣告下野；但因深知孫必能為他化兇為吉，乃同意由孫出任行政院長，並將國民政府改為責任內閣制。雖未幾孫即因江浙財閥的制肘而黯然下台；但蔣則又以軍事委員會委員長的名義重攬大權。這是孫有助於蔣的第三幕。

四、此後孫一度在野，時南京方面形成汪蔣合作之局，蔣除利用汪精衛以緩和日本軍閥而外，復又半公開的授意心腹幹部積極組織法西斯團體，佈置個人獨裁的基礎。從此國民黨即實行特務化。胡在香港不斷力斥其謬。孫亦倡議應頒行憲法，結束黨治，以期及早建立民主制度，還政於民。但未幾，又入京接長立法院；其所通過之五五憲草，顯然旨在便利蔣出任總統後，可以獨攬大權，這是孫有助於蔣的第四幕。

五、對日抗戰中期，孫在重慶大談民主政治，反對官僚主義及統制思想，曾博得國內外的好評；當時國民黨內不滿現狀的青年黨員心向往之。但政治協商會議後，孫被任為國民政府副主席，又處處甘為蔣用。行憲開始，孫被提名副總統候選人未獲當選，對蔣更為依附。大陸變色前夕，蔣在走頭無路之際，又挽他再任閣揆。然後宣告引退。此次孫也是不數月便黯然下台；但蔣仍圓滿達成其預期的目的。這是孫有助於蔣的第五幕。

從上所述，可知孫科先生對於蔣介石是很有貢獻的。他兩次組閣雖然都是不旋踵而失敗下台；但正因其如此，蔣介石才能一方面利用他為緩衝；同時積極作更進一步的部署。從而每一次的事件發生，雖使國家蒙受難以彌補的損失，卒至大陸變色；但蔣介石的權力卻反在失敗之後有增無已。如今蔣介石顯然又已面臨難關，是否又將重施故技，把孫科先生再請出來緩衝一次，也很難說的。政治圈內的人士指出，當年蔣介石提孫為副總統候選人時，原有一番遠大計劃，即利用孫為過渡。先由他將黨政的最高領導地位逐漸傳給孫，而由蔣經國掌握實權；然後再由孫正式讓與後者。蔣介石認為如此巧妙安排，既可以上對中山先生在天之靈，下塞國民黨人悠悠之口；更可以博得傳賢之美名而達成傳子之目的。不料半路殺出個李宗仁來，致使蔣的計劃功虧一簣。時至今日，陳誠雖已取得當年蔣介石準備給予孫科的權位，但卻沒有孫的聲望，而且和蔣經國勢成水火。祇因今日台灣的局勢，在在均須外援，不容再有內鬨；否則陳誠可能早已成為鄧演達第二了。年來，雖然累傳周至柔將出而代陳；但其才、其德、其望均無一足以服人，因而至今仍未成為事實。假如孫科願意再來作一次過渡，對蔣家父子來說應該是有百利而無一害的。不過話得說回來，今日蔣家父子疑神疑鬼，對任何人都不信任，是否仍對孫放心得下，也似乎不是沒有問題的。再就孫來說，他已屆古稀之年，在美國的生活也還過得去，論情論理似乎都無重作馮婦之必要。然而據和他熟識的人士透露，由於中國一般士大夫不甘寂寞的傳統氣息，假如蔣家父子果有誠意敦請他出來，雖然明知是被利用為過渡，他還是可能應允的。

陳誠將往何處去

陳誠先生原是蔣介石的親信，提攜扶植不遺餘力。因此，他對蔣介石一向是忠誠不二的。過去有一段時間，人們都認為他是蔣的繼承人。政府退台後，蔣介石刻意傳子，假如蔣經國能對陳誠表示相當的尊敬，循序漸進，陳誠還是可以接受的。不意他卻操之過急，利用其與乃父接近的關係處處演出「挾天子以令諸侯」的拿手好戲，使陳誠太過難堪，於是漸由情感上的不調而演化為勢力的衝突。

陳過去的實力中心原在於軍隊，目前則幾乎已被連根拔去。在大陸時所謂土木系（即十一師與十八軍之謂，因陳曾任十一師師長和十八軍軍長）幹部，均已離開軍職，或僅具空名，毫無實權。而蔣經國卻暗中控制了三軍的人事行政。因此之故，陳誠雖然在形式上已升為國家最高的行政首長和國民黨的副領袖；但其實權卻已每況愈下。年來他所受蔣經國的牽制，更是日甚一日。以陳的性格來說，他本來是一個不甘屈辱的強人；可是，由於年事漸高，健康欠佳，他是否尚能經得起蔣家父子的上下夾攻而再作一番奮鬥，許多人都很躭心。這也許就是他遲遲銷假的原因吧。據圈內人士透露：陳誠在一個月後，可能將先行銷假視事；但是否做下去，則尚有待於事態的發展。總之，蔣經國一日不去，台灣即一日不得安寧，無論行政院長誰屬，都不可能有所作為的。

蔣介石亦談「仁民愛物」

（讀者投書）

編輯先生：

報載蔣介石向西班牙官報——阿里巴訪台記者發表書面談話，其中有一段涉及他的處世之道。他說：他平生處世得力於中國儒家的仁民愛物思想，故凡事先從自己的致誠入手；然後推己及人。舉凡違反人性，剝奪人權的事，他都深惡痛絕。他四十年來立志與共黨鬥爭，即是為保存人性，維護人權云云。他這一段談話，既然是書面的，當已經過一番字斟句酌的工夫。他也許自以為高攀儒家思想即可神化其流氓的身份，實則反而充分的暴露其毫無民主政治之常識。人權的基本意義，是平等與自由，是以人民為國家的主人；而仁民愛物的觀念，則是期望專制皇帝發仁心、行仁政，是以專制皇帝為國家的主人，兩者南轅北轍，不容混為一談，姑且不論。即以蔣介石的所作所為而論，四十年來，他對於異己者，輕則暗殺或明殺，重則扣留或通緝，更實行特務統治，迫害人民，無所不用其極。他所愛的，祇是權力；他所寬仁厚德以待的祇限於兒子。謂之為殘暴成性，以剝奪人權為能事固可；而自稱得力於為仁民愛物儒家傳統思想，則真不知世間尚有羞恥事矣。據說：現在台灣正有人異想天開，要把他捧為繼承伏羲堯舜禹湯文武周孔的「全能聖人」，以証其傳子乃是天命所歸。他向外國記者發表此一段談話的用意也許在此。我不知那些崇奉儒學的先生們將作何感想？（孔曰否）

台灣簡訊

志清

一：高雄水廠貪污案發

現任台灣省政府建設廳技正劉義與於四十八年任高雄自來水廠長時，與該廠主計室主任杭弼臣，工程股長洪桶生，工程司陳明德，監工員謝墜等四人與包商勾結，共同圖利，經高雄地檢處偵查屬實，於本月十三日提起公訴。

據起訴書稱：四十八年包商曾添壽標得鼓山一路，臨海一路的水管改裝工程，侵吞舊水管一〇三支。劉義與等四人乃與包商勾結，將此項不合格的舊水管移用於他處。復於四十八年六月，由陳明德、洪桶生兩人負責設計原無預算的平等路、九如路配水管工程，雖呈准高雄市府招標承辦；但在施工時，竟不依照原議計劃而改由包商帶料施工；並將該項工程發包與當時省計處認為不合規定之電業商曾添壽，以便其得以將前項舊水管混入使用。在付款時，杭弼臣又故違合約規定之程序，不待工程完竣，即提前分五次將全部工程費五十七萬餘元付與該包商。謝墜在監工時明知包商以舊水管混入新水管使用亦視若無睹。致使高雄水廠蒙受鉅大之損失。

二：兵役紅包黑吃黑

台中市兵役課職員因收受紅包，便利役男逃避兵役，被高考及格的準司法官陳元鎮得悉，乃實行黑吃黑，將其所得的賄賂款項全數吃去，余心有不甘，乃向警方自首，揭出其中黑幕。

據余繩武稱：台中市魚販陳文雄去年九月列入二十九年次應徵役男，因欲逃避，乃就商於他，他告以可收養一個女嬰，然後即以獨負家庭生活為理由，申請緩召。事成後，他即向陳父福麟索得紅包二千五百元。不料本月十三日，突有一個自稱為高檢處檢察官的陳元鎮及一自稱為刑警的廖宜欽到訪，指其收受賄賂，以便利陳文雄逃避兵役，聲言非付二萬元，即將向上級檢舉。他見事發，祇得百般哀求，結果允將所收得的賄款二千五百元全數交出，並當場出具悔過書，陳元鎮等乃指定本月十五日下午四時在東區公所交款，然後離去。陳等去後，他自思此次枉費心思，結果祇是為陳等製造發財的機會，心殊不甘；而且留下一紙悔過書在陳等的手裏，此後陳等難免不利用此一弱點隨時予取予求，後患將無已時，乃於十四日晚向陳元鎮討還此項悔過書。陳不允，他即頓生同歸於盡之念，於是立即向警三分局自首；並坦白將犯罪經過詳細供出。

警三分局據報，囑余繩武不可聲張，仍按照約定的時間和地點交款，同時暗中派刑警在東區公所四週埋伏，屆時陳元鎮果如約而來。俟余交款後，預伏的刑警即一踴而出，當場予以拘捕。並於十六日連同余繩武、陳文雄等分別以瀆職、詐欺、行賄、妨碍兵役等罪移送台中地檢處法辦。陳文雄之父陳福麟及廖宜欽兩人在逃，已予通緝。

報載：陳元鎮現年二十六歲，係五十年度司法官高等考試及格，原將參加受訓，分派工作云。

三：縣議員吞沒稅欵兼行賄

台北縣議員陳添秀兼任該縣林口茶業生產合作社常務理事，駐社負責，為逃避營業所得及不繳付罰款，不惜以一萬三千元賄賂新任稅捐分處稅務員蘇榮華，事務員汪務第五千元。案發後，陳即潛逃躲藏，日來因自己無法躲藏；復經其友好勸導，乃於十四日向司法行政部調查局自行投案。經該局作初步的訊問後，即准予交保。至於涉嫌受賄之稅務員蘇汪兩人及該合作社有關職員三人則已經該局扣押。

據悉：林口茶業合作係由十一家製茶工廠所合組成，屢次於出售茶葉時，在統一發票的存根上將售茶數量以多寫少，有時甚至祇寫零數。例入售出茶葉一萬一千斤，在存根上故意祇寫一千斤，而將前面的大數字畧去。但在向托售的製茶工廠收扣各項稅款時，則照實數計算。其中匿報之稅款即飽入私囊。四十七年案發，曾經台北地方法院判處罰金九十餘萬元，更決定以十萬元為活動費，由陳添秀負責向各有關機關行賄。新莊稅捐分處蘇榮華、汪務第兩人收取賄賂後，即為該合作社出具証明書，証明該合作社沒有財產，企圖藉以免繳該項罰金。事為該合作社監事會主席黃詩立所悉，黃與陳素不睦，乃由其子連同鄉代表會秘書陳實琦出面向法院告發，卒因陳多方活動，並即時隱沒各項證據，法院乃予以不起訴處分。黃等不服，又繼續向監察院，調查局及警察局有關各機關控告。司法部調查局乃於去年十一月進行偵查，傳訊該合作社經辦「禮金」一單據之職員蔡阿龍，據供認不諱，本案的眞相才告大白。

四：法律前不平等，省議員不心服

台灣省議員陳凱於本月十八日在省議會提出一項質詢，據稱省政府規定鄉鎮民代表不能兼任公營事業機構的職員。新化縣北斗鎮某鎮民代表因兼任台省儲蓄合會公司股長，被民政廳限令辭職；但省級以上民意代表則可兼任公營事業機構的董監事和董事長、總經理等職，不受限制。顯然在法律之前，並非人人平等，這樣怎能使人心服？聯合報於次日發表一篇短評，題為「無巧不成書」，其中有一段說：「陳議員作此質詢時，可能便有好幾位兼任公營事業董事長、董監事以及總經理的「同僚」在場。更為巧合的是，他所舉的實例，偏偏出在台灣省儲蓄合會公司，而該公司的董事長，恰巧正是最高立法機關的立法院院長，這眞叫做「無巧不成書」了。鎮民代表依法不能兼任儲蓄合會公司股長，而立法院長卻能不受法律約束，兼任該公司董事長，雖在法律上佔了便宜，但在身份上受了貶損。中央政府五院之一的首長，原本高高在上，但一個觔斗翻到省政府、財政廳、乃至主管科的下面，如此大材小用，實在令人不能不為之叫屈。」

在邏輯上說，聯合報的短評自然是很正確的。既然鎮民代表不得兼任儲蓄合會的股長，立法院長黃國書亦不應兼任該公司的董事長。然而在蔣「總統」的統治下，凡是大官幾乎都與公營事業有不可分的關係；而所謂公營事業又往往是大官們發財的捷徑，過去的孔、宋以至與孔家的財富混為一體的那位盡人皆知的夫人，和現在台灣的許多「黨國要人」，都是靠公營事業起家的。立法院的前任院長也公然在神聖莊嚴的院會上為唐榮作說客，甚至當衆自認唐榮的太太很像他的母親，也使人對於他和唐榮公司的關係發生懷疑。因此：今日黃國書之兼任一個小小儲蓄合會的董事長，也就不足為奇了。

五：審訊貪污庭長，法官要押檢舉人，採訪記者不平，聯名代作担保。

台南高分院於本月十八日開調查庭審訊庭長蔡國揚貪污瀆職案，蔡未到庭，由其委任的律師當庭申請移轉管轄，審判長詢問檢舉人吳秀雲（女）後，因她亦列為被告，傳諭交保一萬元。吳說她是嘉義國民學校的教員，有正當的職業及固定住址，又是本案的檢舉人，應無逃亡之虞。她在台南無親無友，無法臨時籌交一萬元的保款。審判長乃諭命收押。吳女聆悉，當庭與其母抱頭大哭。旁聽席上以主犯不到而檢舉人卻被押，大為不平，一時議論沸騰。到庭採訪的新聞記者十餘人大受感動，當即聯名為吳女作保，延至傍晚七時二十分，審判長乃准吳女由其母負責領回。

台北市的市長問題

靜吾

（台北通訊）台北市代理市長周百鍊自接事以來，由於國民黨當權派內部的派系鬥爭，即與黃啟瑞有關的國民黨市議員們鬧不睦。市議會議長張祥傳也想援當年的黃啟瑞之例，乘此機會從議長的寶座摘取市長的頭銜，更在暗中推波助瀾。於是府會之間的關係日趨緊張。雖經國民黨台灣省黨部派員疏解，並請中央黨部組織組長兼立法院副院長倪文亞出面勸諭，表面上似乎已經緩和下來；但暗鬥迄未停止。

當市公車處的貪污案尚未宣判時，黃啟瑞自以為憑着他對主子的忠誠，而其貪污所得又有一部份是歸還國民黨為他競選市長所花的費用，在司法配合國策的場局之下，縱不被宣判無罪；至少也不會超過三五月的徒刑。報載他曾下了決心，準備坐牢。雖然因貪污而坐牢並不光彩；但為了使周百鍊無法再代下去，以洩積憤，他寧願出此自我犧牲的下策。因為他祇要認罪坐牢，省政府就失去了藉口而不得辦理改選，周百鍊也就不可能再代市長了。但不料法院的判決竟是三年又六個月的徒刑，還要褫奪公權兩年。照此情形看去，市宅會貪污案的判刑還可能更為甚焉。實迫處此，他在大嘆意外之後，祇好進行上訴了，雖然明知上訴對於周百鍊有利。

議員醞釀罷免黃啟瑞

報載：不久以前曾領銜罷免台北市議會副議長周財源的市議員張詩經現正準備發動罷免黃啟瑞。他指出黃啟瑞因公車處和市宅會兩案而被停職，前一案已經法院宣判而黃不服，提出上訴；後一案則尚待宣判。如此纏訟不休，可能延到本屆市長任期屆滿時始能結束。將使本市名為民選市長，而事實上行使市長職權者則是省府所委派的人。民選有名無實。他認為實行民主政治的自由中國不應有此情形。他又說將於日內先訪黃啟瑞勸其再度向省府提出辭呈。如黃不辭或辭而省府不准，當即不顧一切困難，開始罷免簽署。據悉：張詩經的用意，並不是對付黃啟瑞，而是認為在此時改選台北市長，對於黨外的競選人最為有利云。

省議員也提出指責

台灣省議員郭國基於本月十八日在省政總質詢中，對省府不准黃啟瑞辭職而以周百鍊代理台北市長的措施提出指責。他說：省政府的用意，顯然是便利周百鍊，使其得以預為競選下屆市長打好基礎。但這是違反輿情的。他希望省府能及時辦理改選，以重輿情。周至柔沒有及時答覆。觀察家認為郭國基的此一質詢，正好和張詩經遙為呼應，足見黨外人士有意乘此機會問鼎台北市長。

改為院轄市的擬議

此時如改選台北市長，國民黨失敗的成分最多。但當權派另有一套法寶。聞已有人主張將台北市改為院轄市，如此則該市長就可由行政院直接任命，而不必再經民選了。依照法定，院轄市除為首都所在地外須具備兩個條件：其一人口超過百萬；其二為政治經濟文化有特殊情形。今日的台北自已具有第二個條件；至於人口，據說亦有九十四萬之多。反正我們的數字並不一定要事實為依據，祇要官方高興隨時都可再發表一次統計，說台北人口已超過百萬，決不會有人提出異議的。因此，為當權者着想，與其花費大量的金錢和時間來競選，倒不如直截了當的提升台北為院轄市，既可一勞永逸，不必再鬧賄選的笑話，又可多有一個特任官的位置以獎勵「忠貞」，豈不一舉兩得？有人說：這樣一來，豈不更示人以「直把杭州作汴州」嗎？但今日的台灣又有那一件事不是「直把杭州作汴州」呵！

中共與寮共進一步勾結

中共政權與寮共政權簽空運及公路協定

陸聞

對於東南亞各國，中共雖限於內外形勢，暫時不克大舉進攻。但中共赤化東南亞之陰謀，則無時或已，中共現在是運用各種機會循着各種方式正在擴大其侵畧。一個月前中共除已派葉劍英劉亞樓等率軍事代表團訪問北越，以加强北越之武裝反叛力量外，現在，中共又與由寮共設立之寮國偽政權締結了航空運輸和修建公路的協定。不消說，這都是中共加强對寮國及其鄰近地區的明顯侵畧。

據中共新華社報導，中共與寮共（即中共所謂老撾王國政府）的這些協定，都是一月十三日由中共全權代表何偉與寮共代表在寮共所設立之寮國偽「臨時首都川壙省康開」簽訂的。

中共新華社說那一航空運輸協定「充分體驗了中老（即寮國）兩國政府在平等互利和互相尊重領土主權的原則下，進行友好合作的精神。雙方指定的空運企業將在雙方同意的航綫上作定期和不定期的航班飛行」。這就可見中共最近之忽然向英國購買飛機，並不是基於善良企圖，而正是準備用來供應軍援寮共，以擴張侵畧用的。

至於修建公路的協定，據新華社說，亦是一月十三日在川壙省康開簽訂的。新華社又說：「根據這項協定，中國政府和老撾王國政府同意修建自中國雲南省孟臘至老撾豐沙里省的豐沙里的公路。中國政府將負責上述公路的全部修建工程，並同意承担上述公路在老撾境內一段的全部工程修建費用，作為中國政府給予老撾王國政府無償的、不附帶任何條件的經濟援助」。

上述兩項協定，生動地和明顯地說明了中共的殘暴本性和擴張本性。因為，誰都知道，今日大陸人民正是正在飢寒交迫，依理中共政權就該節省對外費用以解民困才是。但中共却不顧人民死活，又將在這一協定之下，驅迫大陸人民前往雲南省與寮國那一交界自古即已以瘴氣著名的地帶從事集體的修建公路的奴役，這是再殘暴也沒有了的表現。而在大陸民窮財盡的情況下，向寮國及東南亞擴張，當然更是它那猙獰面目的顯然暴露。

中山縣衛生院長夥衆逃澳

近來大陸人民逃到港澳者已愈來愈多，廣東省中共地方共幹，棄職逃來者，亦愈來愈多。更有部分重要共幹，不滿當局所為，早存離心，於是利用職權，不擇手段，多方歛財，一俟宦囊充滿，即乘機逃亡，作海外寓公。因是貪污成風，習不為怪。

廣東中山縣共幹以近來縣民逃亡，越來越多，思有以防止，乃三令五申嚴飭水陸共軍，加緊封鎖，但封鎖由他封鎖，逃亡自我逃亡，縣民逃亡者，依然如潮如海，不可遏止。當局乃起疑心，認為係炮艇共軍執行不力，受賄放人，有貪污嫌疑，却又查無實據。最近特派曾受嚴格訓練之基本共幹若干人，偽裝漁民，分批駕駛漁船出海，以捕魚為掩護，實則暗中監視炮艇共軍，執行封鎖工作。由於中共之殘暴酷刻，民怨已深，一般重要幹部，均已決心擺脫中共控制，千方百計，冀達目的。或以巨金賄共幹，設法逃亡；或乘舟泅水，冒險衝出封鎖線。最近中山縣衛生院歐院長等六人，亦於月前安全抵達澳門。

查歐氏出身醫校，為縣中醫藥界聞人，自中山陷共後，先後出任中山岐江衛生院醫院長，石岐市衛生醫藥學校校長，中山縣縣立醫院醫務主任等職。為人慈祥，異於一般共幹，自以多年來歷任地方醫務工作，眼見醫藥缺乏，有醫無藥，病者排長龍，痛苦不忍覩，欲救無力，內疚良多；又鑒於中共之滅絕天良，慘無人道，知不可與共事，以取怨於民，乃決心逃亡，惟以逃亡計劃，遭遇障礙，久久未獲實現。近以進行計劃已達成熟階段，乃暗中聯絡縣府人員及醫務同事，共為六人，利用本人身份，假作落鄉工作，一齊奔向中澳邊區，然後乘艇抵達澳門。

歐氏抵澳門後，中共隨即壓迫其妻多次來信，促其重返大陸，為人民服務，歐氏絕不為動，恐遭中共暗算，不敢露面，一時生活，至為彷徨，幸得友好予以資助。至本月初，乃不顧一切，在澳門某區懸壺問世，以維生活。記者昨晤歐氏於其寓所，與談及大陸一切。據稱：目下粮食恐慌氣氣，已籠罩全部大陸，人民痛苦，水深火熱，朝不保夕，民心已失，日望王師振旂，解民倒懸。（若望大陸起義實不可能。）至於一般共幹，除若干死硬派外，（此輩多為外省籍，屬於中央派，與地方派積不相能。）多認為共匪倒行逆施，覆亡之期，當不在遠，為本身打算，多已積極計劃逃亡，中共雖欲加以防範，亦苦無計可施。今日之共幹，知氣數將盡，冰山將倒，已無復前日之叫囂隳突，盛氣凌人矣。

（澳士）

大陸短波

何輯

針灸與氣功何以在大陸盛行

三天前，一位中醫從上海逃來了香港，筆者曾經問他大陸中藥何以減產？他說：香港的中藥價格雖貴，但畢竟有買有賣，大陸人民就慘了，因中共把所有中藥藥材運出口，以換外滙，故一般人民病了之後，不但無西藥，而且也根本無中藥吃，惟一的醫療之道便只有針灸和氣功。他說：這是近年針灸和氣功在大陸特別被强調的原因。

上海學生散反共傳單

在中共嚴密統治下，說有人敢散發反共傳單，似乎是難於想像的事；在中共政治洗腦之情況下，說青年學生會在大街上散反共傳單，也似乎是不近情理的事。但千眞萬確的事實，則是上海部分學生在一九六一年度內就曾在街上散發過四次反共傳單。

雖然這少數學生終於當場被捕，並牽連着被捕了許多人，而且這所有被捕的人都下落不明，但青年學生之愛好自由，固由此可見，青年們胆敢反抗中共的暴政，也由此可見。

許多人民靠釣魚生活

最近，接到一個親屬自內地的來信，他們實在餓得沒有辦法，父子三人只好利用勞動之餘的空閒時間釣魚。寫信的前一天，運氣很好，居然釣了七斤魚。魚價現在是八元人民幣一斤，因此賣了五十六元（買得起這樣貴的魚的人當然是高級共幹），可以維持一家人一個月的生活云。

最近幾個月，香港市場上釣魚用的魚絲忽然暢銷，而且漲了價，殊不偶然，正因大陸各地現正紛紛來函要求香港親友寄魚絲回內地之故。

各地人民逐漸公開罵共黨

像秦始皇時代偶語者棄市那一暴政一樣，大陸各地人民內心雖反共，却不敢公開罵共黨的。但最近兩三年，這一情形，已在逐漸改變。許多人民都在有意無意的逐漸公開罵共黨了。在以往，見有此種罵共黨的人民，共幹是要立刻拘捕並加上一頂「反動分子」的帽子，輕則勞動改造，重則槍斃的，但大多數共幹現在對此是裝痴作聾，對此不加理睬了。

僑鄉簡訊

鍾之奇

中共令廣東各地因地制宜搜集肥料

大陸各地缺之肥料的情況，本報已屢作報導了。目前，春耕即將開始，中共化肥廠生產不足，無法供應各地農民，遂又勒令各地農民自己就地想辦法搜集肥料。關於迫令廣東各地搜集肥料的情形，中共人民日報廣州一月十三日專電曾有報導說：「廣東各地人民公社因地制宜積極春耕用肥。汕頭區在七天內積集的肥料，達到三千八百多萬担。佛山專區入冬以來已積到肥料一億多担」。又說「廣東各地在積肥中因地制宜的開闢肥源，沿海的地區主要是撈海肥、燒壳灰和挖淤泥，山區以燒石灰、草木灰和熏為主，平原地區則挖塘坭、割綠肥和集積各種土雜肥、佛山專區沿海的惠陽、寶安、中山等三個縣，共出動了二千四百多艘船艇出海撈海肥，現在已積到海肥六十三萬担。韶關專區各縣根據山區特點，除發動羣衆上山燒草木灰和割綠肥外，把百分之六十到百分之七十的積肥勞力投入燒石灰的工作」。

陸豐全縣修建廁所二萬七千多間

在中共佔據大陸以前，糞肥本來是農村主要肥料之一。但自中共佔據大陸後，尤其實行人民公社後，糞肥的供應却成了問題。這倒並不是人民不排洩，而是人民被迫日以繼夜的在各處勞動，排洩的時間便不一致，因之人糞便分散在各地田野而無形耗廢了。後來，中共有見及此，便迫令人民必須將其本人的糞便裝好帶回。但一則由於不方便，再則人民消極反抗心理已普遍形成，故亦收效甚微。於是，中共乃又採取糞便可以換取少量食物之辦法，以資鼓勵。但仍無甚顯著效果，至此，中共遂又再進一步，採取廣修廁所之辦法，以求能將各人之糞便集中。茲據中共一月十四日人民日報報導，謂「去冬今春廣東各地還特別重視進行肥料基本建設，修建廁所，豬欄牛舍，添置糞缸，廣泛收集家庭肥料，增加優質肥。陸豐縣全縣修建廁所二萬七千多間，現在已修好七千多間，新建七百五十多間。信宜縣根據山區田路遠、土地分散的特點，提倡建立田頭糞坑，現在全縣已挖好田頭糞坑二千八百多個」云。

福建共幹勒令人民冒大雪入山伐木

糧荒、紙荒等外，今日大陸木材也是一荒。於是中共乃驅迫各地人民上山伐木。據中共新華社福州一月十一日電：「今年頭一個星期，全省各林區人民公社增加了二萬三千六百多個勞動力，參加木材砍伐、造材、集運和放排工作。僅據建甌、南平和順昌三縣市的統計，七天中砍伐木材二千四百多立方米，集運木材一萬零三百多立方米。全省外調供應棗莊、淮南和徐州等工礦區的礦杜和枕木達一萬一千六百多立方米，供應省內農業急需用材四千五百多立方米。」

新華社又說：「今年年初，福建省大部份地區下了一場歷史上罕見的大雪，給山場作業和溪木材流放造成很大困難。在這冰天雪地，林深路滑的林區裏，廣大林業職工和社員為生產更多木材，冒着風雪，上山下河，大搞砍伐、集運和流放木材。」

淮南煤礦和徐州棗莊等地煤礦需要從福建砍伐木材去供應，可見大陸各地木荒情況之嚴重。而福建人民更被迫在冰天雪地中入深山伐木運木，則更見慘況之一般。

中共中央加緊搜刮廣西物資

連年以來，各地物資均已相繼減產，許多物資連供應地方所需亦已不够，但中共中央却規定了一個「先全國，後地方，先區外，後區內」的原則，以搜刮各地地方物資。

據新華社廣西南寧一月十一日電：「廣西各級商業部門在積極收購工業原料同時，本着先全國後地方，先區外後區內的精神，優先安排國家的外調任務。據到一九六一年底的統計，全省已調給河南、遼寧、廣東，上海、北京、天津等省市松香七百噸，各種造紙原料十七萬多担，以及一部分苧蔴、茴油、牛皮等」。又說「一九六一年自治區收購的松香數量雖比上年有些減少，但通過合理安排內銷與外調關係後，仍按期完成了全年的外調任務，生產數量較多的龍鬚草、紙漿和其它草類纖維，已供應天津、上海、青島、武漢、北京等地的造紙單位」云。

蘇加諾邁向戰爭

英國星洲會議

俊華

在「印尼動亂可能觸發世界大戰」緊張氣氛中的星加坡，英國的亞洲外交及行政首長，日昨在此間舉行會議。自去年柏林事件以來，亞洲的局勢以現在為最緊張，比諸寮局越局吃緊時，尤有過之。西新幾內亞戰爭牽涉的重大，說它是「亞洲的柏林」，似不為過。而自從西島荷蘭守軍向印尼海軍開火，擊沉艦艇以來，戰爭的氣氛突見轉入危急！以致素稱慎重的英國，在寮戰時極力反對介入的英國，也不得不在這一次星洲會議中，從新「檢討亞洲區英軍的任務」。

這雖是一次英方例行的（每年一度）而非特別召集的會議，照例秘密舉行並不發表公報，可是由於目前東南亞情勢的復什，如寮局、越局，大馬來西亞計劃與英星基地，西新幾內亞戰爭等，使會議形成重要。尤其是西新幾內亞問題，澳洲必然發生直接的牽涉。而澳洲除了與英國同為「東約」之一員外，還有英聯邦的直接關係，使英國不得不「另眼相看」。

英國對於寮局，相當漠視，甚至可以說，「予以割棄」也不在乎。但到了越南緊張，她就不能無動於中，派剿共專家到越南訓練越軍，把叢林戰部隊調回馬來亞，以備萬一之用。現在的西島戰爭問題，就更使得英國不得不預為準備：倘若印、荷大戰爆發，星洲英基地如何使用？英國可能被牽入至何種程度，是否得為何種「同盟」或「聯邦」而戰爭？

英國本來是不願從事戰爭，可是戰爭却找到英國的頭上。

恐怕弄假成真

回頭說到印尼與荷蘭的衝突。按照星馬人士一向的看法，認為蘇加諾是「華而不實」的，那些民衆動員與軍隊集中，無非是恫嚇或作態，以為從事政治要索的資本。可是荷蘭在西島岸外首先開火後，上面的看法已有轉變。深恐蘇加諾「弄假成真」。

據西島荷蘭司令沙拉少將的發表，指印尼船隻侵入荷屬領海，「向西島進攻」，故荷軍有權開火。印尼方面則謂荷蘭「在公海上挑釁」。實際上印尼並未「進攻」，但也並非荷方故意挑釁。

海戰事件的發生，緊接在印尼國防部長納蘇賢宜稱印尼軍「已滲透西島」之後，西島荷方反對此否認。可是海牙荷當局却說這是「另一次滲透」。滲透事件這已不是第一次，而只是第一次在海上遇到荷軍截擊，造成印尼方面嚴重的傷亡。

衝突地點究在公海抑在荷領海？現在已不重要，因為將來能否有機會勘察，是另一件事，目前雙方都堅持着己方有利的宣傳。假如有機會談判的話，方才有由雙方聯合或由公認的第三者進行勘察，設法把衝突事件了結。如果由此而訴之戰爭，那就沒有責任誰負的問題，而只是勝敗誰屬的問題了。

澳洲牽入危機

據爪哇方面傳來的消息說：耶加達已瘋狂準備出擊。因為十五日的海戰中，印尼是大「丟臉」了。印尼海軍副參謀長蘇達索，及海軍少校艇長維拉特諾，均在此次海戰中犧牲。維拉特諾係十五日向西島進發的指揮魚雷艇「杜地號」艇長，蘇達索也在該艇上隨時指示機宜，該艇却給荷方機艦擊沉了。　印尼海軍已為兩氏舉喪，蘇加諾高呼「以武力對武力」，要為此次海戰的損失而實行「報復」！

蘇加諾已在「邁向戰爭」，除非他尚有懸崖勒馬的一步。為了消弭和談論，他已在國內實行鎮壓，就在海戰發生的翌日，蘇加諾拘捕了十二位「右翼」政治領袖，其中有兩位巨頭，都是印尼開國元勳。其一是社會黨創設人兼主席沙里爾，日本佔據印尼時，沙氏為地下反日工作之總領導人，支持蘇加諾登位者，戰後曾任總理兩年。其一是隆姆，印尼獨立與荷蘭談判時的印方代表團長，「隆姆——羅英協定」的簽訂者，曾任多屆內閣部長。此外如瑪斯友美黨前主席，社會黨議會領袖，都一同被捕。這些人在數年前並未隨沙弗魯丁一同去革命反蘇加諾，與其說是「右翼」，毋寧應稱為穩健。但蘇加諾恐怕他們反對印尼左傾，沒有宣佈理由而加拘禁。只越兩天，印尼外長蘇班德里奧即親訪蘇聯大使，要求蘇聯加速供給印尼軍火，尤其是海上運輸工具。印尼最缺乏的是運輸工具，要求蘇聯補充的這一步驟，正是實際邁向戰爭。也使西島之戰，牽涉兩集團介入的危機加深。

澳洲總理孟齊斯曾警告印尼，謂若東新幾內亞受威脅，則「澳洲不惜一戰」。蘇班德里奧立卽反唇相稽，謂若澳洲幫助荷蘭，西島之局可能爆發世界大戰」，印尼戰爭倘大規模爆發，恐怕多數重要國家，都難以置身事外。

・吉隆坡通訊・

越共再舉起「統一」幌子

・阮氏珍・

自一九五四年七月廿日簽訂日內瓦協約，越南國土被分割了後，越共馬上改變過一種面孔，狡獪地耍出了別具陰謀的宣傳，高舉着「統一」的幌子，大聲疾呼「解放南越」，進而分別派遣武裝人員，特務份子，及游擊隊等，潛入南越，展開活動，以圖達成赤化整個越南的目的。越共這種險惡的陰謀，完全是接受了國際共黨的支配，故數年以來，其一切行動與措施，都倒向蘇聯，而罔顧越南民族的本身實際利益；所謂「統一」云云，實則是企圖把整個越南都奉獻給國際共黨！

在越北地區內，人民早已給共黨蹂躪得透不過氣來了！胡志明遵從着國際共黨的意旨，拿着鬥爭來作工具，藉此實現獨裁制度，工農專政，剝奪民主自由，沒收人民的土地，濫徵農民的穀稅，恐嚇以至殘殺知識份子，消滅國家思想；於是整個北越，都充滿了恐怖的氣氛。最近，越共為着要進一步掩飾其陰謀，便解散了「聯越陣線」，而成立了所謂「祖國陣線」，並把「統一」的幌子舉得更高，搖得更力，一方加緊準備揮軍南下，一面提議與南越的吳廷琰政府「協商」，討論「統一」國土的辦法，研究選舉總統的方式。但是，誰都知道：越共這項「提議」完全是狡詐而惡毒的宣傳吧了；它何嘗是有半點眞正為國家為民族的誠意？反過來，它的幌子舉得越高，越顯出胡志明醜惡的嘴臉；它的幌子搖得越勁，越顯出胡志明熾烈的野心！

越共提出的所謂「協商」，這一具「西洋鏡」是很容易拆穿的：第一，胡志明是企圖在進行「協商」之時，則立刻以「南越政府已願意讓步」來造成越共的聲勢，利用這聲勢恐嚇其北越地區內不滿共黨的人民，同時藉此來影響南越方面的一部份人心；第二，胡志明是企圖在進行選舉時，利用其北越人口較多於南越的優勢，用威脅、恐怖的手段來控制選舉票，推翻吳廷琰。——說得清楚一點，越共的提議「協商」，「恢復平常關係」，以至「統一」，「選舉」等等，其最後目標，無非為着滲透南越，赤化南越，將整個越南投入國際共黨的懷抱吧了！幸而，南越的政府及人民，都已稔知越共的陰謀和伎倆，不受其愚騙，胡志明這傢伙，因而又傷透腦筋。

然而胡志明決不甘就此罷手的！他於是再挺挺胸膛，把「統一」的幌子繼續舉着，搖着；舉得更高，搖得也更勁：在這幌子之下，便又要出另一套把戲來，那就是越共最近的招募了一部份忘本份子，在南越進行「中立化」運動，倡導組織「聯合政府」，來替國際共黨開闢一條進侵南越路線的第一階段。這在胡志明的如意算盤中，他知道倘若越共能夠進入「中立」的「聯合政府」，就可以逐漸使到南越脫離自由世界而變成孤立；那時，越共便得以運用其武裝實力，控制政權。到了這階段，南越和北越，不是都在共黨的統治下「統一」了嗎？

不過，胡志明雖極狡獪之能事，但南越的政府和人民，經過了數年的反共鬥爭後，意志也更堅强了，頭腦也更清醒了，無論如何，他們都決不會被欺騙的。吳廷琰在執政七週年紀念時曾宣佈過：「今日我們不但須與共黨鬥爭，而且也須與變態的中立論調者鬥爭。現在，有一部份人，曾極力推崇中立論調，視為是一件運用靈活的東西。但是，若看清楚一點，則自然會知道那簡直是一種陷害。我人的自由基礎，是須要選擇，並非拒絕選擇」。吳氏這一番偉論，無異是狠狠地給予胡志明當頭一棒。

吳廷琰政府和他的人民，都早已看得清楚，越共是企圖在所謂「聯合政府」中，將要把其軍事力量滲入，進而製造混亂，到了若干時間，他們認為時機成熟了，便會發動政變的。吳廷琰說：「這是一種陷害」；他眞是把越共的陰謀，揭露無遺。

目前，越共的「統一」幌子雖然再高高地舉起，不斷地力搖，但是南越人民的眼睛是雪亮的，他們早已看透了越共的猙獰面目和殘酷心腸了！

有情世界

兆祥

不是臉上的那一顆大黑痣，我眞的認不出他來。

那天，我爲了採訪一條消息，艱難的跑到城東的貧民區去，就在那兒我碰見他，穿了件破舊的衣服，一頭蒼白的頭髮，背着一個竹籮在垃圾箱內拾廢紙，正有幾個小流氓圍着他在起鬨。欺侮一個老頭子？我看不過，過去喝退了小鬼們，我才驚訝地發現：

「啊，是您，吳老師。」

他當時也楞在那裏，低聲的問：

「你是誰？」

他滿臉的皺紋，經過貧窮的折磨，現在更憔悴異常，往日那厚厚的金絲邊眼鏡不見了，兩隻眼迎着風不斷地流着淚水。

「您的眼鏡呢？吳老師，」我關切地問。

「打碎了，所以眼睛一見風就流眼水。」他嘆了口氣，繼而問：「你是誰？」

「我？」我的心一酸：「我是熊剛。」

「熊剛？」他黯然在思索着。

我過去扶着他：「老師，是力力中學的熊剛吶。」

「熊剛？」他拍了拍頭：「請原諒我，我忘記了，大概有廿年了吧。」

「是的，廿年了。」我笑了下：「當年同班的同學很多都在這裏呢。」

「哦，」他寬慰地笑了下：「有那些人？」

「孫世淸，蘇小東，陳子魯，還有陳藹芬。」

「平時大家都有來往嗎？」他關心地問。

「很少」：

「有空的話應當多聯繫，廿年前的同學，多不容易。」他感嘆地說。

之後他把我帶到他的家，那是一個建築在人家圍牆外，用竹片搭的一小間違章建築。

吳老師看到家，一臉充滿了高興神色。

「很難得見到你。」他一面說，一面推開門讓我進去。

裏面迎出來一個小女孩。

「來。」吳老師對她說，同時告訴我：「這是我頂小的乖女兒。」

「爸。」女孩子投到他懷裏，大方的指着我問：「這是誰？」

「我叫熊剛，是吳老師的學生。」

「是力力中學的。」吳老師加上一句，繼而：「那時妳還沒有生呢，問甚麼？小孩子。」

女孩子不高興的撅了撅嘴，她大概有十四五歲，並不太漂亮，但却是一個令人可愛的女孩子。

「素素，倒杯茶來。」

「只有開水，沒茶葉了。」素素說。

「那爲什麼不去買？」吳老師最愛喝茶了，所以奇怪的問。

「錢呢？」素素伸出手。

「哦，」吳老師一楞：「前天不是給過十塊錢給妳嗎？」

「爸。」她把頭低下來。

我趕快把錢掏出來，吳老師對我擺了擺手，在口袋裏摸出五塊錢來：

「快去，買點茶葉回來。」

素素臨出門，回過頭來：「前天那十塊錢買了兩天菜，剩下三塊錢今天早上上教堂的時候捐了。」

「這孩子，飯都沒得吃了，還要捐：：」

吳老師底貧窮，令我心酸，我一時不知該對他說什麼才好。

離開他那裏，我決心找一找蘇小東他們想一個辦法，雖然我們今天在生活上也並不見得富裕，但、我想我們總應盡點力量。

第二個星期日，在台北的幾個人，把湊來的五千塊包好，一塊去拜訪吳老師。

看到我們，吳老師異樣高興，當蘇小東談話到了一個段落，我把錢拿出來。

「這是什麼意思？」吳老師把眼睛瞪起來問。

我看了他們一眼，委婉的說。

「這是我們幾個人的一點：：」

「謝謝」吳老師生氣地：「我很高興，當年還教出幾位好學生，不過我今天還有力氣賺錢，不用你們救濟我，我不錯很窮，但我不以此爲苦。」

讓他這一數落，大家都很窘，不知該怎麼辦，我望了素素一眼。

「爸最不講理了。」素素頑皮地嘟着嘴說。

吳老師這才微笑起來，頓了頓對我們說。

「只要你們不嫌我這裏髒、小，可以常常來玩，但可不許：：」

「在回去的路上，大家都一籌莫展，陳子魯說：

「錢既不要，介紹工作總可以罷，總比去拾廢紙好。」

「對。」大家都覺得很對，於是大家都分頭找工作去了。可是那不是一件容易的事，第一吳老師年紀太大，再說証件又都丟光了。

是那天晚上，我跟社長談起這件事：

「：：他的脾氣太板，不屬於他的一分一毛他都不要，可是他的生活這樣苦，我們做學生的如果不管，又實在過意不去。」

社長沉思了下：「這樣好不好，我的工作忙，有許多私人東西要抄抄寫寫的，都沒有功夫，我想請你那位老師幫我一個忙，他只獃在家裏就可以，要抄寫的東西我派人送去，我一個月固定給他一點錢。」

這當然好，吳老師答應了。以後，我們更替他找到一間環境比較好的房子，事情做到這一步，我們才心安了一點。

可是，這好景不長，第二年的春天，吳老師終於憂傷過世，人說死就死，那眞快得很。臨死，他噙着淚望着素素，又望着我們，那情景眞悽慘。

辦完吳老師的身後事，安頓好素素，看見桌上還有一包吳老師爲社長抄寫的東西。

我不知社長給他抄寫些什麼，隨手打開來看，不覺一怔，那是報社裏已不用的新聞稿，吳老師抄得一團糟，字是東歪西倒的，像喝醉了酒的人。

明白後我一下子感動異常，我的心底充滿了訴說不出的溫暖，我發覺這個世界上除了黑暗、罪惡、戰爭、還有一個屬於心靈的有情世界，它充滿在這社會的每一角落，使人增加對活下去的信心，那麼我們有什麼理由還對世事憂傷呢？

文壇泥爪

從『禮拜六』到『禮拜五』

也比

新文學興起以後，除了林紓、甲寅、學衡這些死硬反對白話的人出而攻擊之外，還有並不反對白話、也不反對歐化的人出而攻擊新文學。這派人的代表就是蘇州「星社」那一羣舊小說家。他們有刊物，有報紙副刊發載他們的作品，銷路也不錯。他們除用文言外，也用白話寫作，所以不反對白話；他們除用中國小說的傳統體制如長篇的章回體和短篇的以「某生，何處人」開始的格局外，也間採西洋小說倒叙插叙的結構，所以不反對歐化。這樣說來，他們的作品又和新文學有什麼區別呢？區別就在於他們作品的內容和題材是千篇一律的才子佳人，他們的寫作態度是無病呻吟的舞文弄墨。當時人習稱他們爲鴛鴦蝴蝶派，因爲他們出過名爲「禮拜六」的刊物，人也稱爲「禮拜六」派。

這一派在文學研究會把他們的地盤——商務出版的「小說月報」奪過來以後，便激烈攻擊起新文學來，據鄭振鐸事後的追叙說：「鴛鴦蝴蝶派的大本營是在上海。他們對於文學的態度，完全是抱着遊戲的態度的。那時盛行着的『集錦小說』——即一人寫一段，集合十餘人寫成一篇小說——便是最好的一個例子。他們對於人生也便是抱着這樣的遊戲態度的。他們對於國家大事乃至小小的瑣故，全是以冷嘲的態度出之。他們沒有一點的熱情，沒有一點的同情心。只是迎合着當時社會的一時的下流嗜好，在喋喋的閒談着，在裝小丑，說笑話，在寫着大量的黑幕小說，以及鴛鴦蝴蝶派的小說來維持他們的『花酒地』的頹廢的生活，幾有不知人間何世的樣子。恰和林琴南輩的道貌儼然是相反。有人諡之曰『文丐』，實在不是委屈了他們。」鄭振鐸在「中國新文學大系文學論爭集導言」中這樣描述了這一派的輪廓之後，接着就談到他們和文學研究會的筆戰：

「但當小說月報初改革的時間，他們却也感覺到自己的危機的到臨，曾奮其酒色淘空了的精神，作最後的掙扎。他們在他們勢力所及的一個圈子裏，對小說月報下總攻擊令。冷嘲熱罵，延長到好幾個月還未已。可惜這一類的文字，現在也搜集不到，不能將他們重刊於此。文學旬刊對於他們也曾以全力對付過。幾乎大部分的文字都是針對了他們而發的。却都是以嚴正的理論來對付不大上流的誣蔑的話。但過了一時，他們便也自動的收了場。『禮拜六』『游戲雜誌』一類的刊物，便也因讀者們的逐漸減少而停刊了。然而在各日報的副刊上，他們的勢力還相當的大。他們的精靈也還復活在所謂『海派』者的軀殼裏，直到於今而未全滅。」鄭氏寫此文時在一九二四年，可是在八年以後的一九三二年，這一派不但未滅，且更從它派生出來一個新鴛鴦蝴蝶派，魯迅曾稱之爲「禮拜五派」。

「禮拜六」派怎樣派生出「禮拜五派」來的呢？魯迅於一九三一年在上海講「上海文藝之一瞥」時，曾提到這一派的源流和演變。他說上海的文藝，在淸末民初是才子加佳人式的，所謂佳人是當時上海的婊子，所謂才子則是嫖客。「內容多半是，惟才子能憐這些風塵淪落的佳人，惟佳人能識坎坷不遇的才子，受盡千辛萬苦之後，終於成了佳偶，或者是都成了神仙。」後來又由才子加佳人演變成才子加流氓式，他說：「佳人才子的書盛行了好幾年，後一輩的才子的心思就漸漸改變了。他們發見了佳人並非因爲愛才若渴而做婊子的，佳人只爲的是錢。然而佳人要才子的錢，是不應該的，才子於是想了種種制伏婊子的妙法，不但不上當，還佔了她們的便宜，叙述這各種手段的小說就出現了，社會上也很風行，因爲可以做嫖客教科書讀。」再後來新的才子加佳人小說又流行起來，他說：「但佳人已是良家女子了，和才子相悅相戀，分拆不開，柳陰花下，像一對蝴蝶，一雙鴛鴦一樣，但有時因爲嚴親，或者因爲薄命，也竟至於偶見悲劇的結局，不再都成神仙了。」這正是指的「禮拜六」派。再後來創造社的人自稱「才子」，加以郁達夫、張資平那些描寫色情的小說發表、魯迅便把他們稱做「新才子派」，他們繼承了鴛鴦蝴蝶派的精神，改以新文藝的面貌出現了。這一派再後演變成多角戀愛小說以至「都市文學」，到黎烈文在自由談上「腰斬張資平」後，張便和曾今可、張若谷等聯合在一起，那「三國麻將」「國家事，管他娘」的名句，就出之於這一派，魯迅乃稱之爲「禮拜五派」，因爲他們的精神是和「禮拜六派」一致的。

抗戰回憶錄（四）

張發奎

新聞記者或朋友們的來訪，我絕對不會擋駕，而且異常的歡迎，我可以從他們的談話中，知道更多在戰場或軍務以外的事情。戰場中對於世界大事和其他的精神食粮，都很貧乏，可以從他們的手中得到許多的補充，有時他們還能够幫助我做點宣傳謀畧的工作。

關於國事與黨事，無可諱言，我與蔣先生歷來就有一些不同的意見存在。但在對外抗戰的時候，我不計其它，堅決站在國家民族立場，服從最高統帥，更不惜委屈求全，以全部精力來為國家的光榮和民族的生存而作戰。再說，我對國事與黨事雖與蔣先生有不同的意見，但我個人對政治權力素無野心，我是一個純粹而坦白的軍人，只有國家至上與民族至上這一信念支配我的思想與行動，我於民國元年十七歲時加入國民黨，國民黨後來改組為中華革命黨與中國國民黨，但我都一直加入，我當時固深信三民主義是一種救國主義。我當時尤其深信國民黨是惟一可以革命救國的黨。這是我參加國民黨及追隨中山先生並很榮幸的担任中山先生總統府警衛團營長的原因。

對於聯俄容共聯農工三大政策，就當時中國國民黨的處境來說，自有其理由。但我認為當時却不應該容許共黨分子以個人身份參加國民黨。因為這樣一來，就使共黨分子滲透了我們，從而妨碍了革命，傷害了國民黨。我從前屢次用實際行動來護黨，這也是原因之一。

我又一直認為中國國民黨曾經規定凡政府官吏及軍隊官兵皆須一律入黨，是一件決不應該且決不合理的事。其結果，當然就必然會使黨員的品質降低，黨性減弱，這對於中國國民黨也是一種損害。此外，我也一直不贊成把黨務推廣到所有學校。

同時，我更認為在一個統一的政府的指揮之下，黨派鬥爭亦不應該存在軍隊之中。所以，在八年抗戰中，我勉勵我自己，且亦勉勵我的朋友和部屬，都要站在國家民族立場，專心對外抗戰，絕不要捲入任何黨派鬥爭的漩渦。對於企圖利用抗戰起家的共黨分子，我當時亦有很高的警覺性，對於本戰區內的共黨隊伍，我一直不承認他們是友軍，只認為他們是土匪，而予以嚴密防範。現在回想起來，這也尚不失為我今天寫抗戰回憶錄的另一差堪告慰之處。

文史漫談

關於蕭觀音案（一）

徐亮之

蕭觀音案是八百八十六年前一件鬨動遼朝的大宮闈鬥爭案。這案件蕭觀音和她的兒子耶律濬都做了無罪的羔羊而犧牲；其始末之可歌可泣，的確是可以用做小說材料的。

關於蕭觀音的歷史，見於「遼史」（卷七十一）的祇有如左簡單的記載：

「道宗宣懿皇后蕭氏，小字觀音，欽哀皇后弟樞密使惠之女。姿容冠絕，工詩，善談論，自制歌詞；尤善琵琶。重熙中帝王燕趙，納為妃。清寧中（元年十二月，一〇五五）立為懿德皇后。皇太叔重元妻以艷冶自矜，后見之戒曰：「為貴家婦，何必如此!?」后生太子濬，有專房寵。好音樂，伶官趙惟一得侍左右。太康初，宮婢單登，教坊朱頂鶴誣后與惟一私；樞密使耶律乙辛以聞。詔乙辛與張孝傑劾狀，因而實之。族誅惟一；賜后自盡，歸其屍於家。乾統初，追謚宣懿皇后，合葬慶陵。」

從右引蕭觀音簡單的歷史看來，關於她的個性，我們似乎不難窺見一斑；即她乃姿容美麗而愛好文學尤其酷愛音樂的女人；因而也定然是相當驕傲、活潑而多情善感的女人。其次，她「善談論」；所謂「善談論」，實無異說明她有自炫與好勝的脾性而已。本來，女性就似乎都有「善談論」的脾性的，自然這並不能一口咬定乃是壞的脾性；可是，女性而做到了皇后而居然此種脾性不改，則在皇帝至上的時代，除了她眞有呂雉或武則天一型的能耐，否則，沒有不自己吃虧的。而蕭觀音後來的所以吃虧，甚至因而致死，其主觀原因我以為可能即在於此。要說明這原因並不難，只消一看「遼史道中本紀」（卷二十一）對於他這位皇帝丈夫的個性的描寫，便可瞭然。本紀說：

「帝性沈靜嚴毅，每朝，興宗（道宗的父親）為之斂容。」

丈夫既「沈靜嚴毅」到做公公的也不免要「為之斂容」，而做媳婦的却偏偏以「善談論」出名，這如何不「撞板撞到正」？所以，遼王鼎在所著的「焚椒錄」上便有如左一段記載：

「國俗君臣尙獵，故有四時捺鉢（按遼史營衛志中「四時各有行在之所，謂之捺鉢」）。上（道宗）尤長弓馬，往往以國服先驅。所乘馬號飛電，瞬息百里，常馳入深林邃谷，扈從求之不得。后（蕭觀音）患之，上疏，諫獵秋山。上雖嘉納，心頗厭遠。咸雍之末，稀得幸御；后因作詞曰『回心院』，被之管弦，以寓望幸之意。」

事情非常明顯，如果不是道宗平日聽飽了蕭觀音的「談論」，並且早已討厭了她的「善談論」；則對她這回諫獵之疏，決不會表面表示「嘉納」，骨子裏反而「厭遠」的。至於她想藉「回心院」詞去「寓望幸之意」云云，我以為除了激起道宗對她的更「厭」更「遠」以外，也必將一無所獲。所謂「回心院」詞，共凡十首，茲錄如左：

掃深殿，閉久金鋪暗。游絲絡網塵作堆，積歲青苔厚階面。掃深殿，待君宴。

拂象牀，憑夢借高唐。敲壞半邊知妾臥，恰當天處少輝光。拂象牀，待君王。

換香枕，一半無雲錦。為是秋來轉展多，更有雙雙淚痕滲。換香枕，待君寢。

鋪翠被，羞殺鴛鴦對。猶憶當時叫合歡，而今獨覆相思塊。鋪翠被，待君睡。

裝繡帳，金鉤未敢上。解却四角夜光珠，不教照見愁模樣。裝繡帳，待君貺。

疊錦茵，重重空自陳。只願身當白玉體，不願伊當薄命人。疊錦茵，待君臨。

展瑤席，花笑三韓碧。笑妾新鋪玉一床，從來婦歡不終夕。展瑤席，待君息。

剔銀燈，須知一樣明。偏是君來生彩暈，對妾故作青熒熒。剔銀燈，待君行。

爇薰爐，能將孤悶蘇。若道妾身多穢賤，自沾御香香徹膚。爇薰爐，待君娛。

張鳴箏，恰恰如嬌鶯。一從彈作房中曲，常和窗前風雨聲。張鳴箏，待君聽。

這十首詞，幾乎首首都是赤裸裸的色情的挑逗；這樣的詞居然出諸一位皇后之手，而且居然「被之管弦」，是和她平素「善談論」的道學面孔，不調和的。蓋女子固不宜有「艷冶」氣，尤不宜有道學氣也。蕭觀音既道學氣十足地不滿皇太叔重元妻「艷冶自矜」於前，自己却反而形諸筆墨「被之管弦」地刻骨「艷冶」於後，這教「沈靜嚴毅」的道宗看了如何不噁心？他那「心」又如何「回」得來耶?!

本刊已經香港政府登記

聯合評論

週刊

每逢星期五出版

United Voice Weekly

第一九七號

督印人：黃宇人　總編輯：左舜生

社址：九龍嘉林邊道二十三號地下　電話：68678

承印：嘉華印刷有限公司　香港灣仔馬師道5號

代理發行：友聯書報發行公司　每份港幣一毫

美洲航空版每份美金二角　美國總代理：紐約美國華僑日報社

CHINESE - AMERICAN PRESS, INC
199 CANAL STREET,
NEW YORK13 N. Y. U.S.A.

本報啓事：

下期本報出版時間，適逢農曆新年，印刷工友循例休假，故本報亦休刊一期，此後仍照常出版。

一味高壓政策有害反共前途

李璜

有人認爲政治只是一種權謀詐術，而執政者可以利用欺詐的伎倆，同時使出高壓的手段，便足以維持其政權。這在中國稱之爲權術，在西方稱之爲馬基雅弗里主義。但是在二十世紀以來，因爲科學技術上發明了，人們的交通，報導與比較，使人類所識見愈來愈多，而這種欺詐的伎倆與高壓的政治手段，便不足以維持其政權了。而且這不只一般人比較能察覺得出，一般的大多數都會瞭然，這種所謂權術之所恃的伎倆，不過是自欺欺人，毫無足以嚇唬的所謂「紙老虎」而已！

一

極權專制，因此共產黨徒超過了古代帝王，而又懼怕世人類的交通的繁密，乃在國境四周張起鐵幕或竹幕，以禁止一切人們的自由交通，以及一切空中傳音的自由流入。然而陰謀或陽謀的試驗，經過一次大鳴大放，其效果仍是失效，便知識分子以至羣衆，未被毛澤東及其共黨的頭腦所聽從。至東木明，中共的精神與肉體雖已經折磨，多數人在胡風的「毒草」和造謠的欺詐上，在中共施政的罪惡容完全暴露於大鳴大放之下，一羣大小壁報之上，放將大鳴大放收了，下放了，又趕快的是，用手段高壓繼續下去，大躍進，總特以高壓的手段，別作非常的努力，這樣的高壓其無效，而仍敢再反對了，人口雖不言，然而其欺詐已無數的工農羣衆都不動了，大陸的天災人禍，生產的收穫既少，人口又多，而且發生了。

二

權在勢，人們必然已得很的無前，中共反抗俄國，眼見得流亡者的我們，可以打回大陸了，便認為容易，則不以太樂觀，可以不要以向中華民國。觀的基地台灣成為大陸民衆中國中華民國的今天，實在有問題，換句話說，去求之路便，政府在臺灣的派系，是不是結權，反共的能夠團結海內外，恨共黨的人，去中共民衆向大陸攻，而一致早日進去，在解放大陸的劣惡呢？促使這明政的，還在體質素一概都變壞了，弄得一來大家飢寒交迫，不能不向毛澤東資本主義國家去購買小麥大米，去維持其政權賴以支撐的軍隊特務的口糧了！

眼因人都認爲不可能在台灣執政者，近年來乃特別學習在向中共的榜樣，愈來愈欺詐與愈來愈高壓，從漸漸於要使台灣的知識分子以至民衆也一樣的被壓得有點透不過氣來，這又如何能使人們一致的恨共，而奮鬥，與當權派同生死，去忘其患難呢？

以往的說不修憲，而結果變了修憲；說開反共救國會議，而結果也來了一個反共救國會議之說話不算數的欺詐。明山談話會，與以陽明山，這種說話不算數而用再造的冤獄，如近年來雷案一類的手段，以及組織硬壓新黨而且戰時期做法，一樣，復國電傳的音，如同抗日以無線電的政權，世界上的情

三

又只有人民需要的是真實，國家需要的是兩黨而在朝黨與在野黨的糾紛，青年黨如對民社黨的開會，當今又在權派這樣的就判處高壓的手段，以而今的他天的李萬居長組織的事，被一奪去了，只要說黨組，曾到如參加發起不再

前期的雷案，就是如此。台北的新聞記者說：「報紙的忽然社論消息，就聽見他們的政論……」

台灣該試試與中共交手

——修改中美條約之議——

許子由

去年國大代表年會，曾一致通過決議，要求修改中美協防條約，一項「呼籲」，在這同時，台北方面「聯合報」、「反攻之路」、「自立晚報」等，也曾有同樣的主張：認爲這項條約，在「防禦」的範圍下，使我們的武力不能向大陸用兵，束縛着台灣的行動，以致反攻大陸的不能實現，因此主張修改這項條約，使台灣能自由行動，行使自主權；民意的代表和輿論，都已發表了這樣的意見，多年以來，從未有過如此一致的表示。限制了台灣的行動，已經不能自由的，一個台灣的國策，一律變更了，由此可見反攻大陸已經是一個國民的意願，說到站在台灣的立場，一個公道話，和未說出的兩句話。

始終不肯聽到人有所放棄，可是中美聯合，以至「空備」，本着反攻的備空言「以更多的實力，反共的採取對美國，國是何，當局即使是，而不信任台灣，是不能自由行動的，台灣基地的美國，還有一些不能放棄的，估計台灣，在國際上有「戰」準備，共同防禦什麼的，實際的是不是工作？一個多年，是準備反攻的

嚴重的，聯合國的席位，問題，中共的「一年比一年」危機，也隨着時間而來，我們的國際地位上，「兩個中國」之論，

修約並不等於反攻

修改中美條約和廢除蔣杜聲明，

便既不被判爲公開的反叛，而且又是知情不報，也不容許人家使其內幕的高調，不是以表示他們也是反共的，

固然能夠改掉這束縛，當然好處是不少的，限度的「反攻」，是為了反攻，就題中應有之義，不能再有，但不能再推延，何況？我們，不同意，可是萬一由中共，要求反攻，有一點，就是最低信義的國際，其中是非常的有共同條約所，一旦反攻，就要相當的，着中美條約，也不能，可以自由的行動，像「門」，八二三的「金門」砲戰，中共「砲」向當局如何去，撤回更多的美軍，是抗戰的，自動的美國軍隊，對於反攻的，可以說明，且束縛雖不能反攻，有可以說，由的是反攻的，向大陸反攻的，不一樣，實際上仍有可能，約之後去攻打大陸，坐以待，決不會否定強調，是有所保證，國民是不能改變的，

概括起來的說，縱令中美條約改了，台灣也不能自由反攻大陸，因爲美國一向不願意台灣去反攻大陸，中美有共同防禦條約在，故意以向「大特」，修

自從抗戰勝利以後，毛澤東的叛亂，國軍在大陸的潰敗，台灣一隅，能夠維持到今天，是中美協防條約的功效，

繼續民主，中山先生所倡導的，孫逸仙博士逝世以後，漸漸的自從民主，把握住自由的國家，「中華民國」的名義，決不容許反攻者有錯……，知情而不報，其人

原來因爲中美共同防禦條約的自由，反攻，不能實現，台灣不能自由行動的原因，都在於這個條約，台灣的當局，看法有了一個問題，在大陸的中共不斷的勢力，他們的武力，決非，台灣的軍事力量還沒有準備好，反攻就沒有可能，

要嘗試反攻的道路

員調有決心的，從北伐前夕的先生，中山先生，以台灣的六十萬大軍，比較辛亥革命前的人數，至今已比辛亥以前多了，前途滿清，當年的反滿者，正在台灣心存中共，而無論舊的黨與新的黨，本刊似乎都是「一樣」，旗而為革命，人才還有希望，一把子，革命的隊伍，可以清除共產，收穫的成功，

一革命，意外的決心，以有救國的前途，昌道、首期的「辛亥」、仍辛亥革命，大陸中當局的，國內的政局，段落，記「在台灣說的實際一統的」不妨不可以細讀，史中承學可以加以細說，說明，已回到革命的

命味是，憤慨的，天真的人，不如以前，我們的民意，國人還有什麼代表可以說，這個反攻「予及汝偕亡」的，時代的當時歷史的民國，以機會的，

是侯公天下，毒發一個，哀衰，奏、

假們的一怎麼寫法？有一個小種法，攻而，反我們有沒有「台」，灣州台前夕待不待，敗，朝代已經不存在，時代的北京，務治言的，朝的就是復，從功，以自心一然當的，必看不起的，

諒必來台灣當局不致於會不知道，老而台灣是私自由的，在「台」把壓迫，反攻作，起來，

道路的回朝，延續後再，不路的由此

兩個中國，一之問題，美國刺激，灣為台灣，問題發生台灣的，一問題，而希望台灣，以反攻為，有政治的方向，史上的目的，有限度的約，真相，

形勢不過，心？三？所以勢之一，有道最反攻，准備才是有問題，反攻沒有工作，實行是一個是否有，把握在，已經估計在

勢？果如把握住，除實行對反攻所有的，對台灣把握，以大陸的，束縛之不可以，英國美國，一相信美國，

一致反攻中國，日本已有，英國人現在報告了台灣，也已經經過記在台灣，攻民說，國的當前，「到台灣」

機會把握了，謂國軍的，究竟是，國防的，顧開的東南亞的，一群「游擊」，反共的，還有一個派系，出而能夠到大陸，與中共的，這是「一」一個，

外交手，國際外，交不可，並反共形勢，工作，事實上，中國與台灣的，海外，國能否做到台灣去，僑胞的，

因友好，偏反影響，以響國最共，而而僑的，及外交僑務，以台灣為主。

不能建國，何以復國？

謝扶雅

頃見台北當局在一連串的新年文告，「訓話」，和黨報上，又高唱着「反攻」，「復國」，「爭取反攻勝利」，「完成復國大業」一類濫調。光復大陸，當然爲目今海內外人士所最熱烈期望的一件大事，但按我們的判斷，國府退處寶島已十二年，卻連台灣這一地區本身都弄得不成樣子，還講什麼其它。坦直地說，照今日在台灣的政治作風，正是十二年前所以丟掉整塊大陸的癥結所在。簡言之，這種作法，只有「喪國」，絕不可以「復國」。誠欲做到「復國」，必須就在台灣地區示範「建國」。若連台灣建設都是一無所成，自然更談不上建設整個大陸。那就，反攻又有何用？復國又有何用？

首先，有關國計民生的今日台灣經濟，早已淪於破產，要不是靠年有增加的美援來彌補，便立刻無法生存。這點，雖經美國國際開發總署中國分署的主任和副主任作過屢次不一次的鄭重提醒，而當局不是充耳不聞，就是束手無策。美方指出台灣自一九五四年以來，消費已增加了百分之五十，而生產只增加百分之三十三，以致，卽使美援於一九六一年度增至一億二千五百萬，而結果台灣仍虧缺外滙（卽國際收支逆差）一億五千萬元。這個差數已等於一九五六年的足足兩倍。刻又見外報載，台灣去年度對外貿易，輸出爲二億美元，輸入包括美援供應在內逾三億美元，造成入超美金一億元的驚人數額。近代國家的政府，實相當於一間公司的經理職員。像台灣這樣歲歲增高的鉅額負債，經理何以對得起股東？至少他應當立卽引咎去職。然而對此，國民黨當權派毫無反省，「好官我自爲之」。今年起，美方修正了對我美援政策，將過去的「贈予」大部分改爲「借貸」；換言之，這項國債是需要逐年償還的。可是，沒有了心肝的當權派還肯顧到我們子孫後代的負担嗎？事實上，台灣早已因龐大美援而「賣身」，更何能自主發動反攻？

當局標榜「克難」，空呼「節約」，然而奢靡之風，愈接愈厲，舞弊行賄，視同尋常，馴致無官不貪，無吏不污，達官因貪而愈達，貴人因汚而愈貴。豈不知昔年大陸之所以淪陷，禍根卽在於所謂「四大豪門」。現在台灣則「大豪」「小豪」，相率相衛，特權階級遍地橫行；另一方面則加稅，及通貨膨脹，百元大鈔出籠不久，又狂發五十元大鈔，物價直綫地暴漲飛漲。大陸當年「金圓券」的惡夢，恍同昨夜，當局全無悔禍之心，更難期以臥薪嘗膽；說反攻復國，不是自欺欺人嗎？

近一年來，本人和這裏的華僑都主張我們立卽出動反攻，其出發點全由於「不忍人之心」；眼見大陸父老諸姑昆季，悉數瀕於餓斃病斃的邊緣，除立卽「披髮纓冠，而往救之」之外，更能作何計較。然而台北當局所揚言的反攻復國，完全不是出於這種動機，却無非藉「復國」之名，岸然保持過去南京政府那套排場和架子，不肯務實精簡。這裏的一個外國朋友曾這樣問過我：「台灣既有省議會，又有立法院，幹麼如此疊屋架床？」外人固不甚明中華民國今日的處境，然而國府之不實事求是，無可諱言。單舉所謂「光復大陸設計委員會」這一特殊機構，據說十年來已擬就他日建設大陸的方案五百餘件。這種咄咄書空的想像設計，徒耗費精力時間而已。不從爲國「儲才」上努力，任聽大量學子菁英外流，並台灣目下各級學校的師資亦告不繼，這眞是國家命脈上的一大隱憂。還有，當局之所以必須高唱反攻復國，更無非欲借「戡亂」「總動員」「非常時期」一類的大帽子，來剝削甚或全部褫奪一般老百姓的人權自由，尤其是言論思想，集會結社的自由。殊不知這些基本人權，不但是政治上民主建國的大前提，也是經濟建設及民生發展的基本條件。前星期四（一月十一）美駐台大使館商務參贊葛眞格（Norman Getsinger）發表演講，客氣地，亦不客氣地批評台灣，如欲改善商業情況，需要從三方面來革新：一是人身須有更多的自由，二是金錢須有更多的自由，三是貨品須有更多的自由。他又評論：由於台灣人口之迅速增加，軍事負担之極端沉重，物質遂受到龐大的壓力，經濟上嚴重問題亦隨之而生。他談經濟商業而歸結至「自由」這一基本概念，並強調其重要性。然而，這正是對我當局的逆耳之言。

論到軍事負担，目今國府的預算，國防費佔百分之八十。而這項巨額的支配，立監兩院從來不能過問。這種予取予求，監守自盜的作法，與共產極權政治又有何不同？本月廿廼廸總統對八十七屆國會的國情咨文，卽是向全國人民請求撥款。主權在民，當然財權亦在於民。今則國府立監兩院既不能盡職代表人民，而行政當局更是抹殺一切，把國家公器當作一姓或「獨夫」的私產；這不是民主建國的公敵而何？其實，當局既屢公言，反攻復國須待大陸方面義民革命。然則，何不卽將這六十萬軍隊的國防費用，至少一大部分改作經濟建設及大規模發展工業之需，而先做到台灣本身的自給自足。當年孫中山在海外亦手經營反淸復漢，何嘗手頭擁有萬千軍隊？爾時光復大業之完成，的確發難於國內新軍的武昌起義。中山所掌握的政治資本，只是民有民治民享的主張，而其時國內一般便對此遙爲响應，革命軍興，歡迎中山先生回去充任民國第一屆總統，而數千年君主專政制度亦竟爲之剷除。可見民主思想實爲「反攻復國」的根本前提。兵法云：攻心爲上，攻城爲下。王陽明亦說過：「山中之賊易破，心中之賊難除」。大家應都明白，今日反攻大陸，當以攻毛澤東之「心」爲第一。但蔣如欲攻毛之心，應先從攻自己之心做起。中國傳統的儒家政治哲學，不是所謂「正一心以正百官，正百官以正萬姓」嗎？「領袖」而果私心爲己，整個政府豈有不皆走向「歪邪」？當年便曾因此而失了人心，失了大陸；而今怙惡不悛，尤復極權統治一仿中共，以此而侈言復國，又何國之可復？試問：「以暴易暴」，誰願從之！

民五一、一、一七自美紐澤西寓

中共憤恨蘇聯不給原子知識

劉裕畧

今年一月十日北平出版的中共人民日報上有一篇短評，題目是「不憤不啟」。初看之下，還以爲是中共勉勵人民增加生產的文章，仔細一讀，才知道是中共憤恨蘇聯不給原子知識和原子技術的文字。

人民日報這一篇短文說「周恩來總理在歡宴首都科學技術工作者的晚會上，號召科學技術工作者們，爲了祖國的富強，爲了世界人民革命鬥爭的勝利，爲了世界和平，樹立雄心壯志，埋頭苦幹，發奮圖強，自力更生，奮勇前進，在一九六二年取得更新的更大的勝利。這是黨對全體科學技術工作者們的令人振奮的號召，也是一個向科學技術堡壘冲擊的莊嚴的進軍令」。

又說「目前，帝國主義和各國反動派還對我們進行了種種封鎖。包括科學技術的封鎖，他們自以爲他們高明的、尖端的科學技術，對革命的中國人民是一副殺手鐧，但是，他們那裏懂得，這些艱難困苦，只會使我們『憤』而後『啟』，只會增強我們的鬥志，奮勇前進」。

如所週知，周恩來所指高明的、尖端的科學技術，正指的是製造原子彈製造氫氣彈以及製造彈道飛彈和太空火箭方面的科學技術。因爲其它的科學技術都不是周恩來所謂高明的、尖端的科學技術。但自由世界中的美國與英國雖是周恩來所說的那種高明的和尖端的科學技術最發達的國家，可是美英兩國却也正是周恩來所說的「帝國主義」國家。「帝國主義」既是中共的敵人，「帝國主義」自無把這種高明的和尖端的科學技術給予中共之理。所以，「帝國主義」在高明的和尖端的科學技術方面封鎖中共，那是勢所必然，理所當然，中共應不會爲此而憤恨。

除自由世界的美英兩國之外，今日世界還擁有這一高明的和尖端的科學技術的國家就只蘇聯。蘇聯與中共既同屬共黨政權，假如蘇共與中共之間的關係眞如中共平日所說「兄弟般友誼」，假如蘇聯對中共的援助，果如中共多年來所一再宣稱的是「無私的援助」的話，蘇聯既擁有這一高明和尖端的科學技術，那末，中共自可安享其成，中共便亦應該與蘇聯同樣擁有這種科學技術，應亦無憤恨之必要了。但赫魯曉夫早就公開宣佈不給中共原子彈，且中共至今尚不能自製原子彈，且亦至今尚無原子反應堆，這就可見蘇聯對中共並非中共平時厚顏無恥所宣傳的那種「兄弟般友誼」和「無私的援助」。

「帝國主義」不給中共，中共不應憤恨，蘇聯不給中共，中共確該憤恨。周恩來說「帝國主義和各國反動派還對我們進行了種種封鎖」，這所謂「各國反動派」顯然指的正是蘇聯的赫魯曉夫政權哩！

不過，我要告訴毛澤東和周恩來以及中共全體人員的，蘇聯不給原子知識和技術予中共，且予封鎖，中共固然值得憤恨，但還值得憤恨的，是蘇聯不但僅僅對中共封鎖了原子知識和技術這一種，照周恩來所說，它甚至還進行了其它「種種封鎖」，這就太值得既憤且恨了。

不過，我還要更進一步告訴毛澤東周恩來和中共全體人員的，值得中共憤恨的實在還不只周恩來所說的這一些。記得赫魯曉夫就曾經揭發，說史太林一向把中共看成殖民地，事實上，蘇聯確曾無視中共中央政權的存在，而逕與東北的高崗締結協定，以製造高崗的「獨立王國」；此外，史太林又叫中共參加韓戰，所用軍火，却又叫中共償還；此外，蘇聯又年復一年的以低價換取大陸人民的物資，而給予中共的「無私的援助」，却不但附帶了許多苛刻條件，甚至根本還有一些中共無法獨立控制的設備；更有甚者，則是蘇聯竟然把外蒙變爲變象的殖民地，一直至今仍不交還，反迫使中共與外蒙稱兄道弟，以上種種，難道中共還不應該既「憤」且「恨」嗎？

然而，以上種種，中共靦顏受之，已歷十年。並無任何憤恨，十年來反而一再強調要向蘇聯一面倒。這就可見，中共賣國政權對此並無眞正憤恨之心，只因目前赫魯曉夫要打倒個人崇拜，影响了和打擊了毛澤東，毛澤東及其左右才逐漸搬出一些可「憤」可「恨」的事實來激發大陸上的共幹和大陸的人民而已。

所以，周恩來雖透露了上述無恥的事實，但這不表明中共現已有恥。若中共眞已知恥的話，應該立刻脫離蘇聯，並用武力奪回外蒙才對。

省議員指責糧食政策與預算

克　非

（台北通訊）台灣省政府糧食局長李連春，平素有特無恐，矜驕浮誇，不可一世。前年八月省議會和新聞界對本省的糧政措施，嘖有煩言，省政府曾特設調查研究專案小組，負責對糧食問題，從政策上和技術上詳加研究，擬訂有效方案。研究結果，認為本省糧食生產已發生銳減的現象，省府乃於去年十月初制定五十二年度糧政指導綱要，並提示應發展畜牧，節約食米，以對人口增加的壓力。但李連春却玩弄統計數字，強說本省糧食增加率在人口增加率之上，因而予以公開的排拒。十一月他又和經濟部長楊繼曾在報上大開論戰，甚至說今後十年二十年糧食自給自足不成問題。一時有「數字專家」之稱，某民營報更諷之為「李氏幾何學」，指出「其中頗多難以求証的問題，含有若干謎一般的未知數」。但正所謂笑罵由他笑罵，好官我自為之，李局長並未因此而有所顧忌也。

糧食政策與糧局預算

一月十八日台灣省議員王雲龍在省政總質詢中，專題對糧食局業務及預算提出指責。他說：糧食局五十一年度營業預算總收支各為五十九億五千餘萬元，比省預算四十九億多出十億，佔中央預算一百八十億的三分之一，數字相當可觀，對政府財政收入及整個經濟，均影響甚大，不得不提出檢討。他指出：（一）該局之業務預算，係營業預算，而其內容實與行政預算無異，收支平衡。其編列方式是量入為出？究係量出為入？使人費解。（二）該局將所經營事業，糧食、肥料、食品等三項預算分別編列，單獨收支相抵，並無盈餘。（三）在每一項事業預算中，編列有用人費一千七百餘萬元，事務費二千九百萬元，研究費五百餘萬元；而在省府總預算中又編列行政費二千六百餘萬元，其浪費重複程度，可以想見。

王議員對糧食政策及增產是否趕上人口增殖，認為並無多大意義；而問題的焦點，是糧食在經濟上的比重究竟如何？他指出世界上糧食生產不足的國家很多，但糧食不足，並不能影響國民生計。他以日本為例，日本自明治維新以後，糧食即感不足，雖然日本已將每一國民每年糧食消耗自一四九公斤，減為一一〇公斤（以麵粉代替一部份），每年節省三百萬噸食米輸入，但國民生活水準並未降低。他們以發展工商業與國際貿易，來彌補糧食不足。相反的糧食生產過多，並不意味着國民生活水準就已提高。他指出東南亞的泰國、緬甸與越南等國均是糧食生產過剩的國家，每年外銷超過幾百萬公噸，但整個經濟仍落後，國民所得仍未提高，生活水準仍低。其主要原因是經濟沒有基礎，且不健全。因此，他認為糧食生產在整個國家經濟結構中的比重，並不佔極重要地位，亦即是以龐大預算去生產糧食，在整個經濟發展上是否得當，是值得考慮的。

王議員又說：糧食局的業務，主要是田賦征實，隨賦收購，實物債券，征收公有土地租谷及公地地價谷，收購餘糧等；但糧食局却要舉辦貸款、交換肥料、供應自行車、棉布及不必要業務，這種做法值得研究。

他更指出糧食局的預算編制方法，也有蒙混之嫌，既不是行政預算，又非業務預算，內有營業行為却未列盈餘。該局五十一年度預算是五十九億二千五百萬元，總成本為四十九億九千二百萬元，剩餘九億三千二百萬元；而此盈餘支出計採購支出一億八千餘萬元，配銷支出二億八千餘萬元，業務費用支出一億一千餘萬元，管理費用三千三百餘萬元，事業外支出三億九百餘萬元。因此預算中既列有成本，也列有剩餘，應為營業預算；但事實上無盈餘，而以採購配銷管理等費用及事業外支出變為平衡了。

至於預算重複部份，他說：糧食局預算分別編列為糧食事業、肥料事業及食品事業三個單獨預算；而每一預算內，無論在業務管理與事業外支出均列有用人費用。在糧食項下支出用人費一千六百餘萬元；但在省府總預算案中另列用人費一千六百萬元，編制上糧食局僅為一千九百六十人，其中不無浪費重複之弊。又事務費用二千九百萬元，利息支出一億四千四百萬元，損耗四千六百萬元，損失六千一百萬元，研究測驗費五百餘萬元，外銷交際費二百餘萬元，這些龐大支出有無浪費之處，確值得檢討。他認為一億四千餘萬元利息支出皆是以糧食局主辦業務中的各項收入項下來支出，這都是轉嫁給農民負担的。

在糧食局的業務中，王議員認為：「有一項是不必要的，例如五十一年度預定辦理自行車業務，每輛一千六百元，但實際上，每輛自行車價為一千四百卅元，另加手續五十元，運費一元七角八分，利息七十八元三角，業務費二十九元九角五分，如果購買者向銀行借款購買加上利息也只一千五百五十元。他認為糧食局這樣做買賣，使政府信譽遭受莫大損失。

關於搭配肥料問題，王議員認為也有未妥之處，他說：「農民所需要者為硫酸錏肥，而糧食局却要搭配其他肥料，價格方面也比實際價格貴得多。政府辦理三七五減租，使農民受惠不少，但糧局此種作法已將農民感戴政府德意抵消了。」

王議員總結他的質詢，提出：「如果將每年投資在糧食生產的三十億元資金，投入工商業運用，必可發揮很大的經濟效用。他主張，除糧局應辦業務外，其他均可縮小範圍，餘要求省政府將糧食局預算重行檢討，不應由糧局包辦，並糾正其種種不當措施。」

王議員的專題質詢，在台灣省議會來說，實為最有份量的一項質詢。

周至柔在答覆時，也說王議員對糧食局業務及預算的意見很有價值，省政府一定詳加研究，以謀改進；並即席批交財政廳及主計處切實檢討，擬訂改進諸方案具報。表面上似乎他已接受了王議員的意見；實則所謂批交有關財廳處研討具報，在我們的官場習慣中，祇是「推」和「拖」的手法而已。

糧食局長吞沒鉅額佣金

省議員陳愷於十八日曾在省政總質詢時，指出糧食局長李連春辦理台米銷日，有吞沒佣金情事。周至柔答以如有可靠証據，將切實調查處分。二十三日姚冬聲議員亦提出書面質詢，署稱：「周主席曾答覆糧食進口與出口，都是政府與政府間的貿易行為，我方貿易手續是委由中信局辦理。但糧食局經辦食米外銷，都是由李局長親自到日本東京處理的，中信局是出面辦手續而已。分配糧額，經辦收購的米商，完全是李連春的駐日本親信洽辦；經辦的日本米商則為彙松株式會社、江商株式會社、三井、東京食品株式會社等。外銷食米，在日商拿出每公噸二元美金的佣金。中央信託局手續費為每公噸一八〇日圓（合美金五角）中信局手續費是入賬的，那麼每噸還有一元五角美金的佣金那裏去了？糧食局的賬上沒有，但日本商人的賬上是一定有的，一查便知。

陳議員要求周至柔根據以上的綫索會同監察機關人員及檢察官共同調查就可得到証據。」據說周因時間關係，未即席答覆。顯然他尚須有所考慮的。

聯合報的評論

一月二十五日聯合報以「駭人聽聞的台米銷日佣金問題」為題特著社論，裏面說：「這一件事情的嚴重，乃是姚議員的質詢，並非純粹推測或撫拾謠傳之詞。他明明白白的指出，日本戰前迄今，其糧價一直是一噸米合三噸肥料，每噸平均美金四十元至五十元；而日商購買台米出的佣金是每噸美金二元，中央信託局所取手續費是每噸一八〇日元，合美金五角。其餘的一元五角美金那裏去了？糧食局的賬上既然沒有，姚議員斷言，是給李局長及另一個參加採辦的人，飽入私囊去了。據姚的估計，李局長因辦理台米銷日，已得到四十一萬餘美金的佣金。……這麼一項內容確鑿的質詢，對政府而言，是不可迴避的挑戰；對李局長而言，至少已構成刑法第一百廿一條規定：「公務員或仲裁人對於職務上之行為，要求期約或收受賄賂或其他不正利益者，處七年以下有期徒刑，得併科五千元以下罰金。」的罪嫌。無論如何絕不可含糊其詞的答覆了事。」

又說：「食米輸日是李局長一再強調主張的事，甚至不惜從泰國、越南輸入食米來支持這一交易。事實上過去我們把蓬萊米買給日本人，得到的只是易貨美元；而向泰國、越南購米，付出去的却是自由美元。就算兩者之間，在價錢上稍有差懸，也無甚利益可言。何況日本人買我們的米，附有我們必須高價向其購買肥料的苛刻條件。日肥輸台，每噸高達四十美元，已不較西歐國家產品為廉；而日肥在國際市場的價格也不過三十元多一點。對於這般划不來的交易，李局長竟然歷年來一直不肯放棄。甚且，每次交易都親自不遠千里飛赴日本，向日商移樽就敎。如此勤勞盡職，現在竟然被人指為利用職權，謀取私人之不正當利得。姚議員的指責若是事實，豈不太可怕了。反過來，若非事實，這種指責豈不令所有肯做事願負責的公務人員為之寒心？所以，是是非非，絕不可放鬆，李局長個人固屬如此，對於整個政府，更是等閒不得。」

該報又說：「希望緊接着姚議員的質詢以後，李局長趕快挺身出來為自己作一次公佈的洗刷。在政府方面，上自中央，下自省府，乃至於監察院等有關機構，也應有所表示。」

社論最後並指出：「由米穀生產量的辯論，糧食局權責的爭執，到姚冬聲省議員對台米輸日佣金問題的質詢，使我們深切的感到，不管事情的眞相如何，糧食局自李局長主持以來，十多年台灣糧政簡直成了除李局長個人以外，別人無法膫解的奧秘。這種情形，或可反映出李局長對台灣糧政的權威性，但其違背制度化與科學管理原則者，至為彰明。」主張「政府把這項佣金疑團淆解以後，索性一勞永逸的把糧政作個澈底的改革。」

李連春自請撤查

報載李連春已於二十六日簽呈周至柔，請派員調查，並表示如有此事，願受加三倍的嚴重處罰。據說：他在簽呈中，強調此事關係政府威信及個人名譽和操守甚大，務請澈底查明云云。聞周已批交財政廳主計處併同姚議員的質詢案，秉公查報，下文如何，不久當可分曉。

至於監察院和司法當局是否亦將派員調查，則尚未有所聞也。

糧食增產聲中的自我諷刺

最後再報導一則有關糧食局的消息。二十七日該局忽然規定限期出售糧食事項如下：「一、各地區業戶農戶現存谷或米，除依照規定保留其應繳田賦、隨賦征購、承領公私耕地地價稻穀、承租公私耕地佃租、換肥稻穀、償還生產資金貸款本息穀暨其他應還交換物資之稻穀、以及自食糧、雇工食糧、種子外，其餘穀米，應一律按照規定期限及最低數量分期出售，如有藏匿或規避不售者，決依違反糧食管理治罪條例有關條文論處。

二、各糧商或農戶、合作社，應自公告之日起，將其現存與陸續購入之米穀，隨時出售，不得拒售與匿避。每批購進米穀，至遲應於十日內銷售完畢，不得藉任何理由，藉詞存積；如糧價低落，無人購買時，得將屆期未能依限出售米穀之數量，報請當地糧食事務所或分所指定消費團體或糧商或農會合作社處理。倘有違犯，決依違反糧食管理治罪條例有關條文論處。惟澎湖地區情形特殊，糧商每批購進米谷得於十五日內銷售完畢；其遇糧價低落無人購買時，並得免填報表，報請處理。

三、凡持有實物土地債券者，其到期本息屬於稻穀部份，應即領取稻穀，併入現存米穀計算。除業戶農戶糧商或農會合作社依前第一、第二兩款規定出售，一般民戶或公私團體，應依違反糧食管理條例規定除保存其自食糧外，剩餘米穀，務於公告之日起，廿日內出售完畢。如不能依限售畢時，得比照第二款之規定報請當地糧食事務所或分所辦理。其違反者，決依同條例有關條文論處。

四、前二款所指米或谷，不包括糯谷或糯米。」

據中央社的報導，此項規定，是「糧食局顧及舊曆年關及青黃不接期間即將次第來臨，為防止部份糧商及業戶農戶基於心理因素屯存觀望，影響市場糧食供應，故採取限期出售糧食措施。」

李連春曾多次強調本省的糧食增加率高於出入口增加率之上，今後十年二十年，自給自足絕無問題；但如今却頒佈此項緊急措施，無異是自我諷刺了。

台灣簡訊

志清

一：監察院將糾彈處理唐榮廠案的失職官員

監察院的唐榮案專案調查小組於本月十二日向經濟委員會提出報告後，該會曾推委員曹啟文、陶百川、鄧景福三人會同原調查委員熊在渭、吳大宇、于鎮洲、王樹霖等負責審查，並限兩週內擬具審查意見報會。二十三日晨經濟委員會於聽取審查報告後，出席各委員以審慎的態度，經過兩小時的研討和字句斟酌，作成下列五項決議：

（一）行政院依據國家總動員法頒佈救濟令，以救濟唐榮鐵工廠股份有限公司，其所頒之救濟令及其處理辦法，與國家總動員法第十六條、第十八條之規定是否適合，事關行政院責任問題，兩院見解有異。依大法官會議法第七條，應由本院送請司法院予以解釋。本條處理辦法：備文提報院會。

（二）政府有關機關對於唐榮鐵工廠股份有限公司之各項措施，多有失當，應由本院予以糾正。本條處理辦法：由調查委員擬具案文提報院會。

（三）依照刑法第一三一條規定：公務員對於主管或監督之事務，圖利他人者，縱未收受賄賂，亦有瀆職罪責。有關人員涉及上項情事者，應由本院分別查証糾彈。本條處理辦法：交調查委員處理。

（四）凡兼任唐榮鐵工廠股份有限公司顧問之公務員，應由本院分別查証提案糾彈。本條處理辦法：交調查委員處理。

（五）關於唐榮鐵工廠股份有限公司總經理唐傳宗涉嫌刑事部份，應移送最高檢察處依法辦法。本條處理辦法。由院函送。

二：唐榮新公司增資改組

唐榮新公司於本月二十日再度在高雄召開增資改組臨時股東大會。出席股數一·三六六·九二三股，超過百分之九十五，由台灣銀行出席代表陳齊昌主持。通過增資改組及章程修正草案，並選舉董監事。選舉結果為：（一）官股董事：林石城、周友端、李柏齡、田維五（以上代表台銀）、陳啟清（第一銀行）、高湯盛（華南銀行）、鄭貴松（彰化銀行）、袁忠渭（土地銀行）、林榮基（中信局）、朱昭陽（省合作金庫）；（二）官股監察人：項樾方（台銀）、王明陽（台銀）；（三）民股董事：唐榮、唐嘉宏、羅海盛、顧柏岩、林貴生；（四）民股監察人：徐世賓。

當選的董監事於廿日下午二時召開第一次監事會，推選林石城、周友端、李柏齡、田維五、唐榮五人為常務董事，項樾方為常務監察人，並推選唐榮為董事長，李柏齡為總經理。目前代管唐榮公司之處理小組，定本月底辦理移交。

在股東大會中，民股股東曾要求佔常務董事二人但未獲通過。

從唐榮本公司的人事看去，上次該公司召開股東大會時，省政府臨時命令台灣銀行等有關股東代表一律退席，迫其流會的預期目的總算達到了。因為不但經濟部今後不能再過問唐榮廠的事，即原來代表銀行團的潘鋕甲也沒有分了。

三：黃啓瑞又被判徒刑三年

台北市長黃啟瑞在市公車處的集體貪污案中已被判處徒刑三年又六個月，褫奪公權二年。市民住宅興建委員會的貪污案，又經台北地方法院於一月二十五日宣判如下：

黃啟瑞：公務員共同對於主管事務直接圖利，處有期徒刑三年，褫奪公權二年。

黃朱金鳳（黃啟瑞之妻），與公務員共同對於主管事務直接圖利，處有期徒刑二年，褫奪公權一年。

孫世杜（總務組長）、郭炳才（工程組長）、黃篤初（業務組長），公務員共同對於職務上之行為要求賄路，各處有期徒刑四年，褫奪公權三年。

楊逢春（商人）、許江富（商人），與公務員對於主管事務直接圖利。楊逢春處有期徒刑二年，褫奪公權一年。許江富處有期徒刑二年六月，褫奪公權一年。

陳茂林、黃朱金鳳所得之利益，新台幣二十萬元，楊逢春所得之利益，新公幣八十萬元，陳茂林所受之賄路，新台幣一萬元，均沒收，如全部或一部不能沒收時，追繳其價欵·

報載：黃啟瑞聆訊後，表示將上訴於高等法院；希望能與公車案一併在二審時獲得清白；但其神情則甚為沮喪。以中央政府所在地的市長而因貪污瀆職連續受如此嚴重的處分，即在以貪污著名於世的我國，也是前所未有的。由此亦可見今日台灣的貪風，已到了何等可怕的程度。

四：民青兩黨地方幹部熱心陽明山會談

民、青兩黨台灣地方黨部負責幹部三十餘人於一月二十二日在高雄舉行聯席會報，由青年黨省黨部主席林權敏，民社黨南部負責人劉立忠共同主持，決議三點：（一）為防止假借兩黨名義偽裝份子之非法活動，及有不良企圖之份子向兩黨滲透之陰謀，由兩黨分別通飭各級幹部提高警覺，嚴密注意防範。（二）促請政府早日召開陽明山第三次會談，盡量邀請在野各黨派及反共人士參加充實反共力量，以期加速反攻大陸。（三）兩黨聯席會報，定期半年舉行一次。

陳誠即將銷假視事

直夫

（台北通訊）行政院院長陳誠於離開榮民醫院後又復去南部某地休養，因而引起種種揣測與傳說。數日以前曾盛傳他因環境惡劣，健康欠佳，業經決定辭職。圈內人透露，他的確曾經向蔣介石正式提出辭呈；不過後者並未接納，仍要他繼續勉任艱鉅，並再給病假一個月。因此，陳已打銷辭意。而且，在離開台北以前，還在官邸召集行政院各部會首長暨政務委員舉行了一次非正式的會議，對下年度國家總預算的編列，作初步的商討。由於目前的收支不能平衡，美援又已開始逐漸減少，他要求大家必須緊縮開支。此外，他還有種種長遠的打算，似乎尚有再幹一番的餘勇可鼓。報載：他到南部後，因氣候良好，康復甚速，每日已能出外散步；可能於舊曆元宵節後返回台北銷假視事。

其最重要而又最繁難的工作，將是籌開陽明山第三次會談。闢當權者雖鑒於海外民主人士對此不感興趣，深知不可能達到其預期的目的；但以實逼處此，實不容三次會談胎死腹中，因此，他們打算把黨內久被投閒置散的若干人物請出來支持場面。民、青兩黨在台灣的某些先生們本來就非常熱心；如被邀請，當然也將踴躍參加的。因此召開第三次會談還是不愁沒有人來的；不過恐非陳院長的本意而已。

省議會消息一束

宣平

一：呼籲反攻

本月二十三日台灣省議員李源機在施政總質詢中呼籲提早反攻。他說：反攻大陸是我們唯一的目標，也是解決目前政府各種困難的唯一方法，並強調，反攻大陸的主動力量，應操在我們自己手裏，國際情勢只是一個因素，並不是決定的力量，所以他切盼政府能夠把握時機，提早作反攻行動。他指出今日大陸人民的痛恨共匪，只要我們國軍在大陸上任何一處登陸，均足以使偽組織瓦解崩潰。他認為雖具冒險性，一定是會成功的，政府應該提早採取主動。

周至柔答稱：李議員所持的反攻意見非常正確，也可說正是本省大多數人的意見，他一定轉報中央。

二：研究罷免台籍監委

台灣省議員鄭宋郁所提罷免台籍監察委員一案，雖經當權派在幕後阻止，終於二十三日由大會通過，組織五人專案小組，負責研究，提出下次大會討論。小組人選亦經議長指定蘇振輝、黃運金、賴榮木、馬有岳、李源機等五議員，並以蘇振輝為召集人。

三：李萬居的萬言質詢

自雷震被捕和公論報被侵吞後，名震一時的李萬居即在家養病，社會上已許久沒有聽到他的聲音了。本月二十三日他出席省議會，提出長達萬言的書面質詢，內容包括十四項：（一）絕對禁止治安機關的刑求，以保障人權。（二）雲林縣議員蘇東啟之涉嫌叛亂罪被捕，他的太太亦被拘捕，以「知情不報」為由仍未釋放，太不合乎人性。（三）民意代表兼任公營事業機構職務，應予一律取消。（四）征收空地稅應建議中央考慮慎重辦理。（五）前公論報記者現任香港自由報記者白健生於去年七月廿七日無端被捕。（六）對於美安全分署署郝樂遜台灣經濟上之忠告，應決心從事改革。（七）假如美援減少，有沒有應付的辦法？（八）毛猪外銷不應專賣。（九）台灣經濟蕭條至極，應設法改善。（十）利息太重，工商業受累無法開展。（十一）台灣失業者衆多，對社會治安影響甚鉅。（十二）人口壓力問題之解決刻不容緩。（十三）兵工從事建設影響民營造廠商。（十四）台灣新聞處強迫各地營業處推銷書刊雜誌。

周至柔答稱：「李議員的質詢似乎將台灣社會描寫得很不安全，毫無自由。我相信，不但我不同意這種看法，全省民衆以及在座的議員也不會同意這種看法，因為今天本省民衆的生活，事實上是自由的，大家的安全是有保障的。」接着周又以幽緘的口吻說：「我十分瞭解，反對黨的議員當然是要誇大政府缺點的；但是我想如果各位所指的能更眞實公平一點的話，一定會較的力量的。」

四：延長議員任期擬自下屆開始

台灣省議員郭雨新所提延長省縣市議員任期一案，業經省議會於二十三日的大會照案通過，送請政府轉呈中央將省縣市議員的任期由現在的三年延長為四年。值得特別報導的是規定應自下屆開始。年來國大代表們力主擴大國民大會的職權，並要求自本屆開始，社會輿論認為他們並非為了國家和人民的利益着想，而乃是為自己爭權奪利。省議員在要求延長任期之初，人們亦持同樣的看法；但如今省議會卻通過「如政府採納將自下屆議員開始。」以之視早失時效的國大代表們之自私自利，似乎又畧勝一籌了。

五：反對台北改院轄市

台北市長黃啟瑞因貪污瀆職接連被法院兩次判處徒刑共六年半，代市長周百鍊又以派系之爭，難望競選獲勝。國民黨當權派為恐失去此一寶座，有人主張將台北改為院轄市，俾今後得由行政院直接任命市長，不必再經過市民選舉。一月二十六日省議員李萬居、林牛港、蕭添財、李源棧、黃運金等五人提出臨時動議，案由是「堅決反對將台北市升格為院轄市，以重省民利益。」出席議員除台北市的陳愷一人而外，咸表支持，幾乎是一致通過。陳議員也祇主張在該案之後，加入「但須注重該市實際建設」一句；但未獲其他議員贊同。

中共正在大陸各地展開反美大運動並警告美國勿對中蘇共分裂存幻想

綜觀

中國人的個性，原本是最愛平靜的。但自中共佔據大陸後，大陸各地即像一個患虐疾的病人一樣，時常發寒熱，一會兒發動羣衆性的抗美援朝，一會兒發動反對日本的羣衆聚會，一會兒反對印度，一會兒又再反對美國。這難道是中國人民的個性改變了嗎？當然不是，僅因中共在幕後強迫中國人民作此違心的表演而已。

最近，中共又忽然發動了一個反美運動，運動的方式還是千篇一律的老一套，既迫使人民羣衆舉行集會，又迫使傀儡黨派叫囂，更唆使一些御用文化人狂喊亂嚷，其實，誰都知道這不過只是中共政權在倒行逆施能了。

中共這一次的反美運動，是先對美國登記美共而發，隨即又針對美國總統甘迺廸一月所作國情咨文而亂喊亂叫。甘迺廸總統去年一月廿日就職後的國情咨文，原就是舉世讚美的好文章，這一次的國情咨文，也正在獲得來自各地的鼓掌，因為它不但顯示了美國的堅強反共態度，同時還對整個世界的自由民主方向作了明確的強調。但中共既認為美國政府登記美共是對美共的迫害，又因中共自己心懷鬼胎，企圖不斷赤化這一個世界，便誣衊說甘迺廸的這一國情咨文，是重走希特勒路線，更惡意的歪曲說美國想侵畧整個世界。這當然都是中共的胡說八道，但中共為了強迫大陸人民附從它的歪曲解釋與歪曲主張，竟命令各地各級共幹發動各種集會，進行一個羣衆性的反美活動。

這一個反美運動，如往常一樣，仍由中共中央黨的機關報「北京人民日報」舉大旗先後發表反對迫害美共的文章」及一篇以「肯尼廸的狂妄挑戰」為題的社論，指責甘迺廸總統的反共措施，像惡人先告狀一樣，硬說甘迺廸「在這個咨文裏，他公然宣佈要建立一個奴役世界的所謂『由自由獨立的國家組成一個和平的世界大家庭』，並且以此作為美國對外政策的基本目標。這是肯尼廸政府對全世界一切愛好和平、獨立和自由的各個人民的一個極端狂妄的挑戰」。

又說：「肯尼廸還把他的賭注押在社會主義陣營的分裂上。肯尼廸之流對於社會主義陣營上空暫時出現的烏雲，得意忘形，公開表示對於西方世界『前景比過去還要令人鼓舞』。『在冷戰鬥爭中潮流可能已轉向我們』。他們以為有機可乘了。但是你們不要高興得過早，人民革命鬥爭事業，不管會遇到多少艱苦曲折，總是要前進的。任何反動力量，都挽救不了沒落和腐朽的帝國主義命運。也阻擋不了國際共產主義運動和亞洲、非洲、拉丁美洲各國民族民主革命運動的前進」。又說「全世界百分之九十以上的人民是要革命的，是反對美帝國主義及其走狗的，他們是真正決定着時代命運的主流」。

在誣衊甘迺廸總統國情咨文之前幾日，中共原已發動大陸人民反對美國取締美共，以聲援美共，故中共最近乃在大陸各地發動針對上述兩事而舉行反美集會。據新華社消息：一月十六日中共已首先叫所謂「保衛世界和平委員會」在北平開會反對「美帝」迫害美共，十八日又叫中共控制的所謂文藝界在北平集會大罵美國，最近幾天，又復發動北平市、河北省、天津市、武漢、上海、瀋陽等地人民舉行反美集會，看來，中共發動的這一反美運動，還將繼續下去的。

大陸短波

碧星

凱萊齊參觀毛澤東故居

阿爾巴尼亞派到中國大陸向中共求援的經濟代表團團長凱萊齊等在北平簽訂了前後六項協定後，已由昆明飛返阿爾巴尼亞了。

在離昆明前，他們曾在廣州參觀，到廣州前，更曾前往湖南參觀毛澤東故居。對此，中共新華社一月十六日長沙專電說：「正在這裏訪問的阿爾巴尼亞政府經濟代表團團長、部長會議副主席凱萊齊、貿易部長恩杰拉等，今天由中共湖南省委書記、湖南省副省長譚余保等陪同，專程到韶山參觀了毛澤東主席的舊居，受到當地羣衆的熱烈歡迎。凱萊齊副主席在參觀後題詞說：『光榮屬於毛澤東，祝他像我國高山一樣，萬壽無疆！阿中友誼萬歲！』晚上，凱萊齊副主席等貴賓在賓館觀看了湖南省湘劇院和湖南省花鼓戲院的精彩節目」。凱萊齊之所以特往毛澤東故居參觀，當然意在表示對毛澤東的個人崇拜。

中共與外蒙間直達列車通車

據中共新華社一月十六日訊：第一列由北平開往烏蘭巴托的國際直達旅客列車，今天中午十二時二十五分已由北平車站開出，駛往烏蘭巴托。這趟往來於中共與外蒙之間的直達旅客列車，每周將在北平和烏蘭巴托之間對開一次云。

按烏蘭巴托係外蒙傀儡國之偽首都，中共數年來已厚顏無恥與外蒙稱兄道弟予以三十四項工程工廠方面之援助，今天不惜花費財力物力建築此一直達鐵路，但截至現在止，在赫魯曉夫與毛澤東的個人權利衝突過程中，外蒙是仍然站在赫魯曉夫及蘇聯那一邊的。

中共貿易代表團到達河內

為了加強支援北越，中共除了最近曾派葉劍英率領過一個龐大的軍事代表團以訪問北越為名，實則進行軍事策劃外，茲據中共公佈，中共又派了一個貿易代表團到北越去簽訂一九六二年換貨議定書。

對此，中共新華社河內一月十六日專電亦承認說：「由對外貿易部部長葉季壯率領的中國政府貿易代表團，今天下午乘飛機到達河內，代表團是前來同越南民主共和國（即北越）簽訂一九六二年換貨議定書的」。這顯然是中共加強北越經濟實力的另一措施。

大陸人民到處放野火

陸聞

在大陸各地，時常有人縱火焚山，已經不是什麼新聞了。因為這種事件已在大陸屢屢出現。一月十七日出版的北平人民日報第二版，也有一封讀者投書談到此事。他說：「編輯同志：去年十二月初的一天，我從文登縣南黃去肖嶺的途中，看到有兩個放猪的兒童在肯嶺的後山坡上放野火。那天正刮着大風，一刹就燒了一大片荒坡，要不是我幫他們撲打，很快就會燃燒到坡上的林子里，引起可怕的山火。担任放牧的兒童較多時間活動在荒坡和山林邊緣，公社和生產隊應當對他們經常進行護林防火教育。河北省一些山區曾採用過組織放牧人員協助護林的辦法，我覺得這種作法在別的地區也是適用的」。

這封信當然不是眞正的讀者投書，而只是人民日報編輯部本店製造的而已。只因人民日報要想大陸各地都組織護林防火隊，以防止大陸各地人民放火，故特以讀者投書的口吻提出。同時，更假借兩個放猪兒童放火燒山的故事來作話題，以隱藏大陸各地人民時常放火燒山的事實。試想：在大陸嚴密控制下，物資缺乏萬分，兩名放猪兒童何來火柴用以放火？所以，仔細一想，便知這讀者投書所謂放猪兒童放火並非事實。

本來，野火燒山並不是不常見的事，這種事在世界各地都有。不過，却沒有大陸各地多而已。那末，大陸人民為什麼要放火燒山呢？看來似乎費解，其實，一點也不費解，只因大陸人民痛恨中共，而又無法獲得武器來反抗，故縱火焚山以洩心頭之恨吧了。所以，縱火焚山固然不會因此把整個大陸燃燒起來，但大陸人民之反共心情，却可由此小事看到。

僑鄉簡訊

鍾之奇

廣州各中學圖書儀器一團糟

自中共進佔廣州十二年來，中共雖然天天在喊提高教學質量，實則只是驅迫學生把三分之一的時間從事勞動，三分之一的時間搞政治活動，因而眞正讀書的時間就只全學期的三分之一。再加以師資缺乏，圖書儀器管理一團糟，故各學校之學生成績普遍低劣。

由於圖書儀器管理情況太差，且損毀紊亂的情形不一而足，故中共當局亦不得不承認這些事實。對此，中共新華社廣州十八日電訊曾報導說：「廣州市各中學、師範學校培養圖書儀器管理人員，改進圖書儀器管理工作，以便好好地為提高教學質量服務。各學校的圖書儀器管理人員最近都按學校所在地區分段組織起來，每隔一個星期進行一次業務學習活動，……不久前，各校圖書儀器管理人員又分別參加了廣州市教育局舉辦的有關業務知識講座。圖書儀器管理人員增長業務知識後，對圖書儀器管理工作有了不少改進」。可見圖書儀器管理一團糟的現象至今仍未完全改善過來。中學教學工作因而受到不良影響，更可想見了。

靈山縣大種木薯

雖然中共自己也承認木薯是一種有毒食物，但由於糧荒，中共仍不遺餘力的強迫各地多種木薯。據新華社訊：廣東靈山縣去年開墾荒山種下十一萬三千多畝木薯，最近已收獲完畢，共收到鮮薯九千七百八十多萬斤。又說靈山縣是一九六一年廣東種木薯最多的一個縣。全縣荒山山勢不高不陡，山上石頭少，土壤鬆軟，而且獸害少，故中共認為這種地種植木薯最好，因而現正強迫該縣人民繼續開荒擴種中。

陳叔通訪問花縣

最近幾個月，中共中央派了許多靠攏人士分別訪問廣東與福建，揆其用意，一在安撫廣東與福建兩省之人民，因這兩省的人民與海外華僑關係極多，誠恐大陸人民之苦況，因而全被洩露，另一方面，則中共中央現定本年三月召開所謂全國人民代表大會及所謂全國政治協商會議，為了將來能够有人在這兩大會上出來替中共捧場，故中共中央統戰部乃發動許多靠攏人士前往閩粵訪問，中共「全國人代會副委員長」陳叔通於一月廿五日到廣東花縣訪問，正是這一部署之一。

據中共「中國新聞社」說陳叔通到花縣訪問時，曾問起人民公社社員生活，說「要看看他們」，從西頭到東頭，最先到社員畢永藝的家，陳老問道：你一家有多少人？畢永藝告訴陳老，他們夫婦帶三個孩子，和住在一起的伯父，一共六口人。陳老又問你生活如何？畢永藝回答說：去年晚造收成較好，他家分得大批粮食，自己還種了許多雜糧，一家人吃用有餘，說着，他還打開藏穀的大櫃，讓陳老看裝得滿滿的穀子」。以上便是中共的報導，顯然，中共是想利用這種虛構的神話來欺騙海外僑胞的。其實，鐵的事實擺在面前，大陸人民早已飢寒交迫，僑鄉人民全靠海外寄粮食包救濟，誰不知道這是欺騙呢！

福建各地極端缺乏農具

工欲善其事，必先利其器。這是一句中國古話。但今日大陸各地農村則不但其器不利，而且根本缺乏。福建各地農具缺乏的情況，則更屬驚人。

據中共新華社福州一月十八日電：「福建省手工業職工大造小農具，支援農村生產，自去年十一月下旬以來，他們已經生產耘田耙、木犁、水車、鋤頭、犁壁、土箕、谷籮、谷席等鐵、木、竹農具二百一十二萬多件」。

又說「為爭取今年農業生產有較大增長，中共福建省委在去年十一月曾指示有關部門抓緊時機切實把春耕農具的生產、供應和維修工作做好」，但因歷年缺乏農具太多，故至今仍感缺乏云。

印度中共在喜馬拉雅山之爭

「武力驅逐中共」

慕禪

印度總理尼赫魯日昨發表演說，聲稱「決以武力驅中共軍出境」；尼氏這項在新德里藍米拉廣場發表的演說，獲得與會五萬餘羣衆的歡呼。尼赫魯並同時抨擊印度共產黨，謂印共對印度與中共邊境領土之爭「立場不明確」，「只建議與中共談判」，但倘若談判不能解決呢？「我們唯有採取戰爭」！

「解決果亞」成功後的尼赫魯，在積弱的印度人民心目中，一時已成爲民族的大英雄。乘着昂揚的民意，尼赫魯就在競選諾言中強調：西面遏阻巴基斯坦的「侵略」，北邊迫使中共退出已佔的領土。不過，尼赫魯雖就邊境問題宣稱終於難免對中共作戰，但並不是目下就揮軍北上。他說：「與大國作戰，並非易事。戰端一啟，便不容失敗，必須求得最後勝利；同時，在此原子時代，尤恐引起世界大戰」。他是反對那些主張迅速以武力解決與中共邊境糾紛的反對的主張。他認爲作戰應先有充份的準備，而印政府目前在北部山區開闢公路機場及建立交通網，便是實際的準備工作。他說：應該「做負責任的事」，不要「說不負責任的話」。後者，是對速戰派而發的。

除非中共軍繼續向印境南侵迫使印度起而抵抗，尼赫魯大概不會主動對中共作戰。但在可以預見的將來，中共似乎也不妨再進一步侵入印度領土。中共也在採取「準備」的步驟。在西藏南邊作軍事佈置，從錫金、不丹、尼泊爾離間，孤立印度，「迂迴」與印度作戰。最近尼泊爾王被刺事件，正暴露出中共與印度在喜馬拉雅山高原的間接戰爭。

尼王被刺事件

尼泊爾王馬漢特拉二十二日遇刺未中一事，使十二年來幾受世人遺忘的這個喜馬拉雅山王國，重新遭受到注意。尼王遇刺的地點，是尼國南部薩納普特鎮，而南部若干地區和東部大部份地區，實際上早已發生騷亂。連月以來，政府所指稱的「叛徒」，縱火焚燒橋樑、破壞公路，企圖焚燒官署、武裝襲擊警署。十二月十二日，反國王的叛黨在柏哈爾區與政府軍激戰，印度邊境也聞密集槍聲。據在印邊高里克波爾鎮的反國王派「尼泊爾國大黨」人森瑪宣稱：事情起因於國大黨的地下軍襲擊，並佔據三個警署，傷斃警察十餘名，政府軍開到彈壓，發生激戰，地下軍最後退入山區。他們據有若干山洞作革命的根據地。他們並非「暴徒」，而僅僅反對尼泊爾王處理國事的政策，被迫從事游擊活動。這種民衆武裝活動，現在已在行動中取得力量，尼泊爾王如果警醒，他應該早些恢復人民所要求的民主制度，否則將來演變的後果，馬漢特拉王應自負其責。

尼泊爾內部騷亂消息的透露到國外，這眞是第一次；尼泊爾內部騷亂事件爲流亡國外黨派所承認負責發動，這也是第一次；那麽，馬漢特拉王所發出的警告：「叛國份子正在某一外國的庇護下企圖篡奪政權」，便不是無所指而發。

「秘密軍事協定」

據說尼泊爾王雖沒有明言「庇護」「叛國份子」的是那一個國家，但在尼國首都加德滿都的觀察家，都認爲「某一外國」指的乃是印度。這些「耳語」，使得印度駐加德滿都大使館不得不出而闢謠，說「有關印度參加在尼泊爾進行『恐怖主義』活動的指責，俱非事實」。但尼泊爾方面的看法，似乎沒有改變。

事情的本源得迴溯到十餘年前。一九五〇年，世襲首相統治尼泊爾的拉納家族被推倒，印度確曾予以助力。推翻封建世襲後，尼泊爾成立民選議會，標榜自由民主。但政黨政治還沒有上軌道，反對黨「廓爾喀（居加）黨」，曾陰謀刺殺首相蓋伊拉拉。年青野心的國王（現年四十一歲）於一九五五年接位後，更實行獨裁，解散國會及國大黨，捕貶蓋伊拉拉。一九六〇年，廓爾喀黨也被解散，兩黨的重要黨人，大部份流亡印度境內。依照國際慣例，印度當然給予庇護。

尼王的獨裁政變，只能說是政治上的右傾而沒有「左傾」的動因，但反民主或反英印式制度，便是共黨的可乘之機。終於，去年秋天，馬漢特拉王被邀遊說而訪問中共，在北平與中共簽訂了公路協定，由中共「無條件」援助尼泊爾，修建自西藏拉薩通至尼都加德滿都的公路，這條公路的兩頭經已開工，大批中共「技術人員」湧入尼泊爾活動。對於向來與尼泊爾關係最密切的印度，這當然是一種刺激。尤其印度中共交惡以後，印度更認爲中共拉攏尼泊爾，乃是在喜馬拉雅山上印度勢力圈的尼泊爾、不丹、錫金三邦中，從印度勢力最爲薄弱的尼泊爾，開始進行分割。印度實不能熱視無睹。何況還傳說尼泊爾與中共有「秘密軍事協定」。

據尼泊爾財長沙哈在新德里說：「尼國人民無民主經驗，故尼國實不能實行民主政治」。尼王將於二月梢三月初訪尼赫魯就此詳談。印度是否能放棄其對尼泊爾民主人士的同情呢？（加爾各答通訊）

印度應注意中共下一步行動

言尚明

在過去十年中，印度本來是經常向中共獻媚的；尤其是尼赫魯，他還大聲疾呼過，「印度和新中國（中共）是兄弟」。爲了討好中共，印度更諸多作態，事事逢迎；尼赫魯則演盡了小丑的嘴臉，跟中共唱和。然而曾幾何時？「邊境糾紛」爆發了！時至今日，尼赫魯才感悟到日前之向中共猛送秋波，徒然是「枉作小人」，雖大力搖動着尾巴，也乞不到中共的垂憐；而換來的，祇是一記又一記的悶棍！

印度和中共的「邊境糾紛」，遠在七年前已開始發軔。那時尼赫魯曾親赴北平，撕開了半羣半媚的笑臉，向中共當局陳詞，力言「貴、我兩國，從來沒有衝突紀錄，有的祇是友誼」；他並表示：「這是印度和中共間所値得驕傲的遺產」。可是周恩來却不管甚麼是「値得驕傲的遺產」，毅然把一本地圖拿出來，指出中共和印度的邊境那些由印度北部沿着喜馬拉雅山而蜿蜒約二千哩的地區給尼赫魯看，並當尼赫魯面前，聲明那「邊境地區」有一部份是屬於中共的，且顯示出尼泊爾，錫金，不丹，也有部份土地，是屬於中共的版圖。於是，尼赫魯就當堂冒出一身冷汗。就從那時起，印度便更要仰着中共的鼻息而委曲求全了！

然而尼赫魯雖是向中共玩盡「把戲」，却仍不能遏得住中共的「要求」；現在，中共已進入了喀什米爾地區內一萬二千方哩的印度領土，並在印度東北邊境「劃入」了二萬三千方哩土地，且拒絕承認印度遵協定而獲得的那項代表錫金不丹從事談判的權利，同時更否認了喜馬拉雅山邊境是一條已經確定下來的邊界線。因而，尼赫魯便惴惴不安的硬着頭皮來提出抗議，說「印度北部的邊界線是由協定所確立，由慣例所確立，由地理所確立」。又說：「這些邊界，已被認識好幾個世紀，是從分水嶺的地理原則而來的」。但是，中共決不肯就此罷手的，目前，喜馬拉雅山邊境已不斷傳出中共的噴射巡邏機的摩打聲，及開闢道路的爆石聲。這正顯示出：在這「地球屋脊」區域內，一項具有決定性的政治戰爭已在加緊準備中。倘再看深一層，這也一可以說，是世界性的鬥爭的一部份。

若單就印度的本身來說，她目前最應注視的，就是中共下一步的行動；這點，尼赫魯尤須提高萬二分警惕。

印度政府的一位閣員最近曾這樣的說過：「我們不知道中共的意向是甚麼？我們祇能够假設，中共對我們是不懷好意」。那末，中共的意向如何雖然尚未能明顯地指出，但中共的「不懷好意」却已是鐵一般的事實了。而這「事實」，尼赫魯是可以從來自邊境的難民中找到証明的，那些難民曾清楚的向人透露，說數以千計的中共軍隊已佔據着西藏，並派遣一部份武裝部隊屯駐於邊境地區的村落裏；十多個噴射機場已在興建中；一條長達一千五百英里的鐵路正向西藏首府拉薩伸展；西藏內部及其邊境，刻也已由中共奴役着千千萬萬的民工來建築交通網；大批武器和彈藥已儲藏在山地的隧道中；……凡此種種，均足以窺察到中共的用心。還有一項來自西藏的消息，那就是中共將利用西藏來作爲從事顛覆活動的指揮塔。「顛覆活動」的箭頭是指向那一國的呢？尼赫魯該是心知肚明的吧！尼赫魯業經獲悉駐西藏的若干中共人員曾三番四次表示不久就會接管錫金、不丹、和拉達克；那末，印度東北邊區是不是也被中共列入接管範圍之內呢？尼赫魯對此，更該密切注意。

最近又有一項更驚人的消息：在大吉嶺的茶園裏，印度的共黨份子已在熱烈地談論到中共的接管問題。是則尼赫魯對中共的下一步行動，尤須急起應付！

此外，中共更將運用陰謀，孤立印度！目前，緬甸已籠罩着「中立」的氣氛了；尼泊爾的部份報紙，也已出現了反印度的言論了。尼赫魯又將怎樣應付這一項新的挑戰？

據旬日來外電的報導，謂印度的外交人員，刻正積極進行和蘇聯發展友誼。顯然，尼赫魯又在玩弄着「把戲」，是企圖拉攏莫斯科，藉着克里姆林宮的潛力來過制中共。可是，印度這個「把戲」能否玩得如意呢？毫無疑問，這祇是一種幻想！

布票

金珂

廠工會的宣敎委員在黑板上寫着：「今晚六時三十分在大禮堂召開全廠職工大會，傳達市委通知，希同志們作好準備，準時出席！」六一年二月二十八日，寫好後，這塊通知牌掛在總門口。每一個經過的人，都停下來看了一下，然後搖了搖頭，投以一瞥厭煩的眼光，無聲無息地走開了。各車間的擴音器也傳出了：「同志們，今天晚上六點半鐘召開緊急會議，希全體職工準時參加！」坐在車間內參加小組討論的人們，聽了這一通知，暗暗地吃了一驚，心中是老大的不願意，可是嘴裏却誰也沒說。聽完了通知以後，大家仍在輪流着繼續發言：「我認為學習黨史，是相當的重要，在學習過程中，能使我們清楚地了解黨的光榮歷史，也更進一步認識了黨員是光榮的，偉大的……」劍琴在絮絮地說着，她講的既輕又快，臉上一點兒表情也沒有，她只希望快點把這一段不得不講的話講完。

每個人都在挨着發言，大家的情緒都是冷冰冰的，講來講去都是些內容相同而又某些詞句不同的話，每人都講過了，抬頭望望掛在牆上的電鐘，才四點正，還有半小時小組討論才能結束，學習小組長雖然再三啟發，可是室內還是保持着沉默，誰也不開口。

太陽已經偏向西方了，雖然窗口還照有淡淡的陽光，可是室內的溫度却在漸漸的降低。聖芳打了個抖嗦，把兩手放在嘴邊呵了口熱氣。坐在旁邊的劍琴關心地看了她一眼，然後把自己的一件紫不像紫藍不像藍的棉人民裝取下來，搭在聖芳的肩上。聖芳回頭感激地看了她一下，取下了剛披上去的衣服，輕輕地說：「琴，你自己穿吧！我不冷！」

「還說不冷！小芳，看你，嘴唇都凍得發黑啦！別跟我客氣啦！」劍琴一面說着，一面仍舊把衣服給聖芳披着。然後又偷偷地去看了一下掌握會議的小組長，小組長沒有發覺他們在講話，於是她又輕輕地去摸了一下聖芳裏面穿的衣服：「小芳，你穿的什麼衣服？怎麼這樣單薄？你外面一件破棉襖呢？」

「唉！別說了，去年十月間，我寧波的舅媽來上海，他們家共有大小七口人，只依靠我舅舅一個月四十八元錢的工資過活，不要說穿衣，就是連吃飯也不够。眼看着天冷了，弟妹們都沒棉衣穿，沒辦法，她來上海向我們討些舊衣服，憑良心說，現在又不比過去，每人一年只一丈四尺布，做了夏的就沒有冬的，但看看他們也實在可憐。於是把自己在一九四九年做的那件棉人民裝給了他們，雖已破得不成樣子，但到底是棉的，還能抗寒。」聖芳在向劍琴低聲地說了這一串話。

劍琴聽着她的話，不由眉頭一皺，埋怨着說：「傻孩子，你把棉襖給了他們，那麼你自己穿什麼呢？看你，凍得嗦嗦地抖，你這樣做，不是救了田鷄餓死蛇嗎？」

「這一點我也考慮到了，我想反正到一月分又要發布票了。我等布票發了後，想辦法再做件新的。誰知，一等再等，直到今天，布票還沒有發下來。唉！」聖芳在無可奈何地解釋着。

「同志們，時間到了，今天學習就到這裏結束，散會以後，大家準備吃飯，晚上六點半聽報告，別忘了。」

西北風刮得更兇了，大家站起了身，抬頭望望異常陰霾的天空，不由得打了個寒噤。

散會了，各人拿着自己的碗筷，走向食堂，一路上，三個一羣兩個一隊地，他們都穿着褪了色的棉人民裝，看上去都是灰溜溜的一羣。他們的頸子都縮得緊緊地，身子在微微地抖嗦，牙齒在輕輕地打着架。為了抵抗寒冷。聖芳、劍琴、鋭，他們三人在昂起了，頭，唱着：「起來，飢寒交迫的奴隸……」

×　×

「同志們，請大家靜下來，我們會議馬上要開始了。」掌握大會的黨委組織委員在擴音器旁喊着。於是台下鬨鬨的人們頓時靜了下來，大家把眼光一齊投向台上。

「同志們，今天我們請黨委陳書記來給我們作報告，大家鼓掌歡迎！」他講完後，第一個鼓起掌來。於是台下的人們也就三三兩兩地拍了幾下手。不一會兒，陳書記出現在大家的眼前，也不知怎地，大家的眼睛都感到一亮。聖芳輕輕地推了劍琴一下：「琴，你看，他又是一件新棉襖。」

「唔，也許是他太太賢慧，把家裏人的布票都集中給他一個人，不然的話，他怎麼能每年做一件新棉襖呢？」琴低聲答道。

「哼！太太好，我可不相信這些事。在現在這樣的年頭，巧婦也難為無米之炊，誰知道他們是怎麼一會事，到底是黨委書記，神通廣大，有辦法。」聖芳在情不自禁地說。

「小芳，你瘋了，說這些話，你不怕別人聽到……」

「同志們，今天會議不但是緊急，而且非常重要，所以一定要今天向各位傳達。今天的天氣似乎比較冷，但還希望大家能集中注意力聽。」陳書記站在台上，攤開了他的筆記本：

「今天，我要講的是祖國十二年來的偉大成就。祖國自一九四九年解放以後，她的面貌在日新月異着。工業的躍進，農業的豐收，這些偉大成就都是空前未有的……」

「隨着大好形勢，祖國經濟情況好轉了，人民的經濟面貌當然也隨之改變。我們祖國幾千年來，是一個農業國，到目前為止，也仍是這樣，全國有百分之九十是農民。在解放以前，這些農民都過着吃不飽穿不暖的日子。如在農業展覽會上，有一件單布上衣，是一個農民從他年青時一直穿到老死的衣服。這件衣服破了補，補了又破，也不知補了有多少層，拿出來稱稱，一件單衣就有九斤重，有的一家老少只有一件棉衣。解放以後，這些情況是一去不復返了，隨着祖國建設事業的發展，農民的物質生活水平也跟着提高了。你們看，他們都穿上了新衣，不但改變了過去幾個人穿一件衣服的現象，而且他們每個人一年四季的衣服都準備得很整齊了。由於這樣，農村的用布量大大地增加，因此形成了生產上和消費上的脫節。再加上近三年來，農村自然災害的侵襲，消費量大大增長，而生產數字不能相適應，所以在目前來說，在棉布供應方面，的確是有了些困難。但是我們應該要想想過去，比比現在，看看將來，這些暫時的困難，只要思想認識提高了，也一定能克服的。我相信，我們大家也一定會把國家的困難當作是自己的困難，也一定會千方百計地加以克服的。最近接到市委的通知，從今年的三月一日起，也就是從明天起，到十月三十一日為止，全國各地根據不同的情況，補發布票，郊區每人一市尺八市寸，其他省市的居民，每人一市尺六市寸。我們上海的黨和政府是再三的考慮，所以數量也就特別大一點，是每人有二市尺六市寸……」陳書記講到這裏停頓了，他沒法再講下去。因為台下的講話聲是越來越大，幾乎蓋過了他從擴音器裏發出來的講話聲。他稍為停了一下以後，看了看腕表，微微地皺了一下眉：「同志們，請靜下來，我的話還沒講完呢！」隨着他的喊聲，台下的聲音又漸漸地平靜下去了。

「當然，在我們聽起來，這一數字也許是很少，但按照我們全國六億五千萬人來算一下，這個數目却很驚人了。所以我們不能以一個人來做比例。

「今天，黨和政府對我們上海人民是特別的照顧，任何東西的分配，總要比其他地區多一些，我們應該怎樣來體現政府對我們的關心呢？特別是作為工人階級的我們，應該積極帶頭，儘量少買或不買棉織品，特別是我們上海人，由於過去存貨多，大家回去，翻翻箱子、把一些原來壓在箱子底下的不穿衣服拿出來，改一下，不就是好穿了嗎？另外，我們還應該保持幾千年來，中國民族勤儉的優良傳統，穿衣服堅决做到新三年，舊三年，縫縫補補再三年的原則。不但不浪費，而且要做到儘量節省。我們自己要這樣，回家以後，還應該對我們的家人做好說服敎育工作。」

「從明天開始，凡是屬於棉織品，一律要收布票，在這一新的措施中，我們應該怎樣去做好它，希望同志們能很好地注意！」

會議結束了，人們像潮水般地散去，聖芳和劍琴手挽手地走着，一路上，她們還談論着會議的情況。聖芳憤憤地說：「鬼話，我才不相信他們這一套，難道解放前的人民都不穿衣服？他叫我們回去翻翻箱子，啃啃老古董，這和他前面講的不是矛盾嗎，簡直就是亂說一起，有什麼意思呢？」

「他們原來就是在亂說一陣，為了要突出自己，突出他們的領導英明，不把別人說得一錢不值，怎麼能行呢？」劍琴也在不平地說着。

她們路過了百貨店，裏面還是燈光明亮，門還沒全關上，只在門口掛了塊「營業時間已過」的牌子。職員們還在忙碌地換着各種物品的價格牌：「毛巾每條收布票一市尺六市寸，襪子每雙收票六市寸，被單每條收布票一丈六尺……」看到了這些以後，聖芳伸了伸舌頭，情不自禁地叫起來：「啊！乖乖，二尺六寸布票只能買一條毛巾和一雙襪子！」

劍琴到家了，路上只剩下聖芳一個人，西北風在無情地吹着直透她的胸腔。「二尺六寸」，「二尺六寸」不斷地跳躍在她的眼前，她忙伸手去揉了一下眼睛，深深地嘆了口氣：「唉！我左弄右弄，好容易弄到今天，誰知我的棉襖還是做不成……」

抗戰回憶錄（五）

張發奎

二、從準備抗戰到開始抗戰

遠在民國十五年國民革命軍開始北伐的時候，我對中國問題即有這樣一個看法：我認為要把中華民國統一和强大起來，必須先要經過一場革命性的內戰，以便結束國內各軍閥的割據，再經過一場對外抗戰，否則，中國不能統一，帝國主義將繼續利用軍閥的割據局面侵略中國。所以，我在國民革命軍的北伐過程中，固然屢冒危險，奮不顧身，仍以從前在中山先生親自指揮下當敢死隊長的精神勇敢作戰；北伐完成後，我也未稍鬆懈，隨時留意帝國主義對中國的侵略，隨時準備參加對外戰爭。

民國十九年，馬占山在東北對日作戰時，我聞訊後，非常高興，其時，我正率軍駐在廣西。但是，我不計路程之遙遠，立即通電請纓，並立刻率軍離開廣西，準備前往東北對日作戰。可惜其事後來未能實現，軍隊未能到達東北，便被阻止了。

迄民國二十一年，日軍在上海發動一二八事件，我聞訊後，內心亦極興奮。我以為對日抗戰的事機業已到了，雖然，我本人那時已未統率軍隊，但我仍決心參加這一戰爭。所以，我當時立即跑到虹橋十九路軍總部去會蔣光鼐。蔣本係我的舊同事，我對蔣說：「為了國家民族，為了抵抗日本軍閥對中國的殘暴侵略，你應該立即在上海實行對日抗戰，抗戰的原則，應該是盡量擴大這一場戰爭。同時，應該對上海的日軍採取攻勢，進攻虹口。並應堵塞吳淞口，使日軍不能得到後援。」我並且告訴他：「如果你決心作戰，我願意追隨你，幫助你進行這一神聖的戰爭。」但蔣光鼐對我表示他不能這樣做。

隨後，政府派我到歐美各地考察。我很高興這一次的考察旅行，我覺得這將有助於我對世界問題的瞭解，亦將有助於我對中國問題的判斷。我當時是以軍事參議院上將參議的名義於民國廿一年冬天出國的。我首先到了歐洲，然後於民國廿三年冬天到了美國。我在美國住了八個月。我當時的志願是在美國學空軍。我覺得空軍的地位已日趨重要，要報國救國，實有投身空軍之必要。但當時體格檢查不及格，這使我很失望，其時，又恰巧接到蔣先生促我回國的電報，遂結束了為期三年的歐美考察旅行，而於民國二十四年秋回國，到四川成都會見了蔣先生。他那時候正在四川剿匪。他希望我重任軍職，我向他表示，我最希望的事是在未來的抗戰中担任軍職。蔣先生於民國二十五年一月發表了我担任閩、浙、贛、皖四省邊區總指揮，我推辭不獲，遂就任。但同年冬，即轉任蘇、浙邊區主任。這是我很喜歡担任的一個工作。因為蘇、浙邊區主要任務，便是在蘇浙地區建立國防工事。不消說，這是我國整個對日作戰計劃中主要準備工作的一部分，它對日後的抗戰，頗關重要，所以我欣然接受了它。

蘇、浙邊區主任的駐地在浙江嘉興，我的主要工作，是在構築蘇、浙邊境自乍浦至平湖之綫，嘉善至西塘鎮之綫的國防工事。以海及太湖為左右兩翼之依托，並與左翼之蘇州福山陣地相連繫。這是對日抗戰前我國國防設施計劃之一部。是為未來的淞滬作戰而設施的。我當時異常重視我的工作，所幸這些國防工事都恰好在「八一三」戰爭爆發之前夕完成。但可惜的是在淞滬會戰之後，因兵力部署與作戰計劃之變更，再加上軍政兩方面的不協調，結果，這些國防工事都未能充分發揮它的作用和價值。

日本自田中奏摺後，若干年來卽一直蓄意侵略中國。「九一八」事變更强攫了我東北四省。其侵略的猙獰面目，日益暴露。民國二十五年，日本更以外交方式提出華北特殊化之要求，想以不戰而屈人之兵的手段，以達到它侵吞華北之目的。鑒於日本軍閥對中國一連串的侵略攻勢，我全國人民早已料到中、日之間必將有一次大戰。但當時的中國，國力未充，準備不够，且共黨尚在內部為亂，政府尚無意立卽進行全面抗戰。而只在先求國內意志之團結，和國防準備的逐步完成。

文史漫談

關於蕭觀音案（二）

徐亮之

蕭觀音的道學面孔，不但使道宗日久生厭，而且因為上述對皇太叔重元妃的擺出道學功架，就曾惹出過大亂子來。這事遼史蕭觀音及重元本傳均失載，王鼎的「焚椒錄」却載得很詳細，也很合情理；玆錄如左：

「明年（清寧四年閏十二月，一〇五八）后生皇子濬；皇太叔重元妃入賀，顧影自矜，流目送媚。后語之曰：『貴家婦宜以莊臨下，何必如此！』妃銜之，歸罵重元曰：『汝是聖宗兒，豈虎斯（據遼史國語解，「虎斯」亦作「虎思」，乃有力稱，或為道宗兒時的綽號。）不若？使教坊奴得以可敦（突厥語皇后之稱）之態加我？汝若有志，當除此帳，笞撻此婢！』於是重元父子合定叛謀，於九年（一〇六三）駕幸灤水，聚兵作逆。須臾軍潰，父子伏誅。」

重元妃論輩份乃蕭觀音的嬸娘，對嬸娘這樣扳起臉開教訓，蕭觀音的確是驕傲得够瞧的；的確也難怪這位嬸娘生氣的。何況這位嬸娘本身還有她自以為值得驕傲的驕傲呢？原來她的丈夫重元一度曾也有過做皇帝的可能；遼史（卷七一）聖宗欽哀皇后（道宗的祖母）傳說：「已而生興宗（道宗之父，重元之兄），仁德皇后（聖宗皇后；欽哀生興宗時尚為宮人）無子，取而養之，如己出。后（欽哀）以興宗侍仁德皇后謹，不悅。聖宗崩，令馮家奴等誣仁德皇后與蕭浞卜、蕭匹敵等謀亂，從上京害之，自立為皇太后，攝政。……（重熙）三年，后陰召諸弟，議欲立少子重元。重元以所謀白帝（興宗），帝收太后符璽，遷於慶州七括宮。」重元傳也說：「聖宗崩，欽哀皇后稱制，謀立重元；重元以所謀白於上（興宗），上益重之，封為皇太弟；歷北院樞密使，南京留守，知元帥府事。……道宗卽位，冊為皇太叔，免拜，不名，為天下兵馬大元帥。復賜金券，四頂帽，二色袍，尊寵所未有。」而據道宗本紀，重元的獲賜金券，更恰和皇子濬生正是同年同月。重元的地位既然如此，既然是這樣的「一人之下萬人之上」的地位，則在他妃子的心目中，早造成一種自己丈夫乃薄皇帝而不為的印象，或想做皇帝也不晚的信心，亦卽早已不把蕭觀音放在眼中，實在是非常自然的一回事。這樣的印象與信心既已早具，再加上一般的婦人心地的仄狹，又正當在受了蕭觀音一肚皮冤氣的火頭上，則勸丈夫百尺竿頭更進一步，以便把自己一肚皮冤氣出個痛快，也實在是非常自然的一回事。

而且當時不但重元的妃子這種印象與信心業已早具，就是重元的兒子涅魯古亦然。據遼史卷一一二涅魯古本傳說：

「涅魯古小字耶魯綰，性陰狠。興宗一見謂曰：『此子目有反相』。重熙十一年，封安定郡王。十七年，進王楚，為惕隱（國語解：「典族屬官，卽宗政職也」）。清寧二年，出為武定軍節度使。七年，知南院樞密使事，說其父重元詐病，俟車駕臨問，因行弒逆。九年，秋獵，帝用耶律良之計，遣人急召涅魯古；涅魯古以事泄，擁兵犯行宮。南院樞密使許王仁先率宿衛士討之；涅魯古躍馬突出，為近侍詳穩（國語解：「諸官府監治長官」）渤海阿廝、護衛蘇射殺之。」

重元的妃子既如彼，兒子復如此，則自己以皇太叔和天下兵馬大元帥之尊，便自然而然會容易發生「天下之權盡在己」的錯覺，而樂得接受妃子和兒子的包圍以謀一逞的了。至其起事失敗的經過，則遼史本傳記載如左：

「清寧九年，車駕獵灤水，以其子涅魯古素謀，與同黨陳國王陳六，知北院樞密事蕭胡覩等凡四百餘人，誘脅弩手軍陣于帷宮外。將戰，其黨多悔過効順，各自奔潰。重元既知失計，北走北漠；歎曰：『涅魯古使我至此！』遂自殺。」

本刊已經香港政府登記

聯合評論

週刊

每逢星期五出版

United Voice Weekly

第一八〇號

督印人：黃宇人　總編輯：左仲平
社址：九龍赫德道二十三號地下　電話 68678
承印：嘉羅印刷有限公司　香港灣仔馬師道5號
總代理：友聯發行公司　售價每份港幣一毫
本報美洲版總經售處美國紐約中美出版社
CHINESE - AMERICAN PRESS, INC
199 CANAL STREET.,
NEW YORK13 N. Y. U.S.A.
美洲航空版每份零售美金一角

自作孽不可活！

胡越

周鯨文在所著「風暴十年」一書中，講到一九四九年中共初建政權時，大多數中共首要們都曾表示，勝利來得太快了，快得有一點意外。從這一些表示，我們了解，在戰後中共並無信心將國民黨逐出大陸，他們在一九四八所以意外的獲得成功，並非由於民心之傾向，亦非由於毛澤東之特別能幹，而是由於國民黨當局昏而且私，一般幹部太腐敗了，可以說是國民黨當局自作孽的結果。

毛澤東從國民黨手中奪得大陸，是化子拾金，雖然這個化子的腦門上，畫着馬列主義的符咒，但是如果他稍有自知之明，不亂搞亂來，他可以穩抱這堆金子，三十年五十年之內，沒有人能够從他手中奪去。我在歷年來從大陸逃出人士的談話中得知，一九五三年以前，大陸的情況是相當不錯的，縱然土改時在農村殺了五百多萬人，在都市沒收了資本家的財產，但是在馬列主義符咒的催眠之下，絕大多數青年知識份子是狂熱擁護他們的，他們以此為基礎所建立的控制系統，是可以鎮壓任何叛亂和反抗的。同時由於全境交通的恢復，經濟從支離破碎的情況下開始復活。經過清末以來六十年的變亂，大陸同胞多渴望統一的局面，因此中共雖悍然參加韓戰，而並未引起大規模的叛亂，就足以說明其控制力的強固了。

大陸形勢弄到今天這樣兇險，開始於一九五三的肅反運動。毛澤東太無知，加上意外的勝利使他自我狂迷，他竟下令所有黨的單位，要在每一單位中找出百分之五的反革命份子。這一下搞糟了，把許多流着快樂的眼淚擁護他們的青年，送進集中營、送上斷頭台。青年們才慄悟，中共不但殺地主，迫死資本家，並且要殺好人，囚青年。從此人心士氣開始直線下降。

由於肅反的惡劣反應，及匈牙利革命的刺激，毛澤東一個右轉彎在黨內力排衆議，搞鳴放運動，結果引發了普遍的反黨反共，裁了大跟斗，結果以「反右派」收場。在黨內裁了跟斗之後，一九五七去莫斯科向俄共求經援，又碰了一個大釘子，他這個湖南騾子發了性，於是決行「大躍進」，說甚麼「紅雨隨心翻作浪」，認為組織萬能，要甚麼可以有甚麼。「大躍進」還沒下馬，又緊接着搞「人民公社」，他想在一夜之間實現共產主義，以此來對抗蘇聯老大哥，來重建黨內的威信。可是「大躍進」跌斷腿，「公社」翻了船。現在他不得不抱着救生圈逃命了。他的救生圈就是「反共產風運動」。打殺一部份共幹給農民洩憤，把「躍進」及「公社」之禍推之於幹部未能正確執行黨中央的政策。反共產風之後頒布農業六十條，工業七十條，商業四十條，文敎四十條。解散了公共食堂，拆除了公社，把士農工商都恢復到一九五七年的狀態。一九五七到一九六二，中共的政策劃了一個圓圈，白熱鬧了一場，可是在這場鬧劇中，六億同胞已經一窮二白，而農村尤慘，正如毛澤東的詩中所說，「萬戶蕭疏鬼唱歌」了。

現在毛澤東緊抱着救生圈，可是風大浪高，怒海茫茫看不到岸，此所謂；「天作孽猶可違，自作孽不可活」！

轉過頭來看台灣。國民黨當局在大陸罪孽深重，把江山送給了毛澤東，搗着中華民國這塊金字牌匾跑到寶島上，現在已經十二年了。十二年來，他們天天喊反共抗俄，可是從未見到他們對俄共和中共探取積極有效的攻擊行動。反之在反共陣營內部，左手牢獄、右手台幣，大肆腐蝕摧殘。一邊用台幣賞忠貞，一邊用牢獄折磨反共愛國的志士！由於這種蠢行，朝野之間築起一道墻，海內外之間掘了一條鴻溝。把反共陣營弄得七零八落。十二年來，看在中華民國面上，沒有一個反共人士存心打擊過他們，但是他們不斷的打擊自己，而他們尤沾沾自喜以為得計。

當孫立人事發生的時候，我們以為這是最後一次不幸的事情了，可是倪師壇事件又發生了，當修改出版法時，在海內外與論的抨擊之下，我們認為這回反民主的措施，又該勸馬收韁了，可是修憲連任又發生了。當雷案發生時，我們又認為這回他們劃除了最大的眼中釘，從此他們或可平氣歇手了，那知「公論報」案，「人間世」案，蘇東啟案相繼發生，連一個本刊及「祖國」寫通信的許一君也不能容，也在最近捕進牢裏去。咳，我懷疑，如果不抓這些人，不封這幾家報刊，究竟對國民黨當權派有甚麼害處？以上這些人所發表的言論，與一千年之前魏徵對專制皇帝所提的諫諍，要緩和多了，範圍也小多了，而千年前專制皇帝能容（不但容而且賜賞有加），而今民主憲政的當局不能容，時代果眞的進步了嗎？

每當大陸出了事，我們就不禁屬望台北當局有所振作，甚至有人破嗓裂喉陳情反攻，可是台北當局一直蹉跎到今天。而今天是大陸形勢最壞，毛澤東處境最危的時候，而台北猶在埋頭苦幹，封報刊，捕報人！

十二年來「親痛仇快」四個字，已被海內外報刊用得不想再用了，可是在這裏我們仍得無可奈何的用它一次。此外我還有兩句話，請台北當局在夜氣方回時警醒的想一想：「天作孽猶可違，自作孽不可活」！

記新春的雜感與瑣事之一

左舜生

『書當快意讀易盡；客有可人期不來，世事相違每如此，好懷百歲幾回開！』——后山

住在香港的中國人，對於每年的兩個新年都過得很認眞，但也各有所偏重，大多數的孩子們，則似乎對舊曆年更感興趣一些。像我們這類過了六十已快接近七十的老人，則介乎新新舊舊之間，已歷半個世紀以上，回憶過去，想像未來，把自己國家的現實情況和別人的比一比，眼看着許多中年人對他們自己的事業不太留意，有一種進取氣象的更不多；同時，還看到不少的青年人，在求學期間並不怎樣緊張，指導他們的先生們又不盡如理想，像他們這一代，將來究竟能有多少人能對國家民族生出較好的影響，我也很懷疑。最近幾天，因為工作輕鬆一點，照理應該多少有點愉快，可是仍不免為這類的感想所侵襲，在心情上依然籠罩着一層陰影。

陰曆的年前年後，因為學校放了假，大家都有工夫走動走動，在最近兩週，承他們枉駕到我這裏談談的也還是以敎書的先生們為較多，從這一羣的舊雨新知，我聽到的珍聞眞也不少。有一位在台灣敎歷史的先生，以前我不認識，甚至他有著作在我的書架上，我也不曾看過；這次見了，談得很痛快，我知道他非常用功，研究興趣濃厚，最近更與美國和日本的史學界有過一番接觸，而且年富力強，太可愛了，我希望以後再有機會見到他，而且期待我們再見的時候，不要使他感到我太落伍。

另有一位先生，也是現在在台灣和過去在香港敎歷史的，因為他的太太和小孩都住在這裏，因此趁年假回來園聚團聚。承他告我：他這次回到香港來，曾搜購了若干種最近幾個月大陸出版有關歷史的書籍，因為這類書刊無法帶進台灣，他只好在這裏匆匆忙忙的翻閱一個大概，那怕在輪渡上或巴士上的時間，也得充分利用。談次，他從皮僚中取出一本小書給我看，他說：『像這一本，便是剛才在輪渡上看完的！』這一事實，眞引起我無限感慨：記得三十年前，其時我還在上海中華書局編譯所服務，有一天，書局收到『上海市黨部』一份公文，另表開列禁止出售的書籍計兩百多種，其中有二十幾種是中華出版而且是由我經手的，因此，書局的當局才把這件公文交給我看。我記得很清楚：這件公文是由三位市黨部的委員署名，其中一位，現在美國艱苦卓絕的辦報，依然沒有失掉反共和維護國民黨的立場，我很欽佩。另一位，是近年在監察院錚錚有聲的監察委員，我也很佩服。第三位，現在在台灣，但已與現實政治無關，只做做生意，幾年前，我和他在香港見過面，已變得非常的平易近人，我還和他在某紗廠老板家裏吃過飯，叉過麻將。可是在當年，他們却都是炙手可熱的人物！就當時中華書局的立場說，所謂『不怕官，只怕管』，既已收到這樣一件公文，當然只能把他們出版的二十幾種書一律停止發行。可是就我所知道，在這兩百多種書刊中，眞正出自共產黨人手筆的最多不超過十分之一，其餘十分之九的作者或譯者，則明明白白並非共產黨人，至少在當時還不是共產黨人，可是國民黨的一貫作風，永遠是疑神疑鬼，不把所有的朋友都變成敵人總覺得不够味！

上面所舉的這個例子，僅僅是我親自經手無數這類例子中的一個，而且是三十年前的往事了；最近這十多年來政府還到台灣以後又怎樣呢？可以說不僅沒有絲毫改善，而且是毫無悔心的做得變本加厲！舉例來說：友聯出版的一本『祖國』周刋，現在已出到三十七卷了，他們的立場是一貫反共的；誠然，他們偶然也要觸到政府的瘡疤，觸到瘡疤而覺得癢或感到痛，總比麻木不仁要好一點，因此要撤銷他們的登記證，不許在台灣繼續發行，究竟也還算得有一種不成理由的理由；可是老早在台灣便已風行的一本『兒童樂園』最近也被禁止，這又怎麼說呢？如果說怕這類書刊在台灣流行太多，對政府的外滙便構成一種威脅，但東鄰的大腿姑娘們到台灣去亮上一個月以上，您們何以又看得眉飛色舞呢？每年以幾百萬的外滙派人坐到香港來亂花，專做壞事，不做好事，甚至一經貪污，便以幾十萬的港幣計，您們又何以毫不吝惜，而還要把這類分子捧為『匪情專家』呢？

今天收到二〇二五號的『天文臺』，看到黎晉偉先生一篇期待台灣及時努力的文章，我才知道黎先生去年出了一本『國事諍言』，曾按照規定手續，向台灣有關機關申請內銷，但經過了三個月，還不曾得到肯定的答覆，因而不免發了幾句牢騷，並說明他的立場是『反共而又反七十三裂士，』而感到自己做了『走狗』與『打手』為『愚不可及。』鄙人忝居『裂士』之一，因此不能不向黎先生申述幾句：在我們心目中；所謂『走狗』與『打手』，黎先生原不在內，其原因便是因為黎先生在『工商日報』所寫的社論，儘管委婉曲折站在維護政府的立場，但確實也向政府進過『諍言』不少，假定政府能稍稍採納，也未必於國事無益。再從實際說來，今天在香港這類的『走狗』和『打手』，最多也不超過半打，他們的目的很單純，而且被孫家麒的兩本書拆穿了西洋鏡，我們是從來不理的，請黎先生不必誤會。照我想，經過黎先生這一度抗議，他這本書或許可以解禁，不過我仍希望黎先生推廣範圍，如有『諍言』，不妨多說。否則黎先生所期待的『扶持正氣』與『鼓吹中與，』是難免不要落空的。

最後，我還要在這裏補述一個故事：去年有一位在台灣敎國文的老師，在香港買了幾十種書帶回去，全部被查檢員扣留，交涉了好幾個月，至今未予發還，有人問這位老師：『您買的書究竟有那幾種是犯禁的？何以至今不發還給您？』他回答：『我是以敎國文為專業的，我買的書以敎國文用得着的為限，但內中有一部『馬氏文通』和一部『列子』，却是大陸出版的，或許他們懷疑我是馬克思列寧的崇拜者，所以要給我這一嚴重懲罰！』大家不要以為這僅僅是一個笑話，我是得自一位新近從台灣回港，在台曾見過這位老師，而又從來不說謊話的人親口告訴我的。近年在台灣發生過不少的寃獄，大抵可作如是觀，一言以蔽之：兒戲！

日本應向何處去？

——我提議把俄國在亞洲的土地割予日本

劉裕畧

在許多方面，日本的國是很像德國，雖然它們兩個，一個在歐洲，一個在亞洲。

無可否認，德國是一個文化水準很高，科學和技術都很發達的國家，工業生產力亦在一般國家之上。像這樣一個國家，在着重工業生產的二十世紀，似應和平繁榮下去。然而回顧二十世紀以來的世界歷史，德國卻在最近五十年間兩度發動世界大戰。這是德國人民殘忍好戰嗎？當然不是。主要原因，乃在德國有人口七千萬，而其本土所生產之糧食卻不足供應所需，遂不能不向外擴張，以尋求生存空間。按諸德國建國之歷史，德國之强大，實不幸而來遲了一步，當俾斯麥把幾十個邦統一而成德意志帝國時，已是十九世紀。而在此之前，歐洲方面早已有西班牙、葡萄牙、法國、英國等向外殖民，在世界各地擴張了它們的殖民地。德國雖是一個後起之秀，但它起來時，世界各地已無適當土地可供德國擴張。這是德國不得不提出重新分割殖民地要求的眞正背境。但要既得利益者自動讓與，談何容易！由德國發動的第一次世界大戰遂終於爆發。但在第一次世界大戰中，德國戰敗了，並且被迫締結了凡爾賽和約，不僅限制了德國的軍備，且對德國作了種種預防。然時隔不久，希特勒登高一呼，德國又重新站起來，又發動第二次世界大戰了。我常常在想：希特勒不過是第一次世界大戰時的一個勤務兵，在社會上素無偶像作用，他何以具有如此魔力，他何以能夠迅速煽動德國人民之熱情，而再度發動大戰呢？雖然希特勒本人亦有才能，但最大的原因卻還在德國的基本需要。德國雖在第一次世界大戰中戰敗，但德國的需要並未解決，故只得出於再戰，這是德國的國是使然。

日本的情形，亦頗與此相類。日本的人口多而土地面積小，其需要擴張的情勢正與德國同；日本眞正强大起來的時期，始自明治維新以後，至今不及百年，亦與德國在歐洲來遲了一步的情勢同；日本的科學技術水準在亞洲首屈一指，工業發達程度亦凌駕乎亞洲所有國家之上，這些情勢；亦與德國在歐洲的情勢同。數十年來，日本不斷對外擴張，中日之戰，日俄之戰，以及日本在第二次大戰中侵畧中國大陸和在太平洋廣大地區作戰，都是日本向外擴張的具體事實。而日本的這些事實，正與德國一樣，亦是國是使然。

值得特別注意的，是德國與日本在第二次大戰中雖同歸失敗，但兩國的國是未變，兩國的基本需要未變，因此，若不予以適當解決，它們仍可能再向外侵畧。

當然，放眼曠觀整個世界和人類社會的全盤情勢，無論以人爲單位，或以國爲單位來說，財富分配不勻，財富分配不够理想，原係鐵的事實。整個人類都需要運用科學和技術以向大自然進軍，從征服大自然和更多更好的利用大自然才能眞正解決人類的需要，也係鐵的事實，因此，從全面看，需要擴張需要向外發展的國家又豈止日本與德國而已？不過，話說回來。德國與日本既是今日世界兩國極具現實作用的國家，故不宜忽畧它們的基本需要。何況，對於法國等國家來講，德國正是它的比隣；對於中國來講，日本亦正是我們的比隣。隣居失火，本身亦難免不遭殃，更何況德國與日本之隣國亦正常常是德國與日本之擴張對象呢！所以，從遠大處看，吾人不但不應懷記舊仇，且應面對現實，進一步謀求彼此問題的共同解決。

惟其如此，法國在第二次大戰後對德國的政策便不同於法國在第一次世界大戰後對德國之政策，第一次大戰後法國是以復仇與限制爲對德政策之中心。二次大戰後，法國則與德國建立歐洲共同市場以謀彼此經濟問題之逐步解決，德國亦不再以英法等國爲假想對象來準備第三次大戰，這是近年歐洲政治舞台上的最大進步。對於這種進步，無疑，應予讚揚與喝彩。在這一進步表現中，法國與德國都與有榮焉！

當然，共產黨的威脅是促成這種進步的一個因素，但不可否認，政治思想和經濟思想的比較遠大深入，也是促成這種進步的另一因素。

在德國本身的正確努力下，在歐洲共同市場的建立和發展下，在西德堅强反共因而獲得鉅量美援的情勢下，德國的問題，現在算是初步解決了。這可以從德國儲備金之富裕，貿易之大量增加，以及德軍已經成爲北大西洋公約之主力，甚至德國的優秀將領已一躍而成爲北大西洋公約軍事委員會主席諸事可以充分証明，但相形之下，日本雖也有許多進步，卻不能與德國之進步相比。最近，在經濟方面，亞洲地區雖亦開始了共同市場之醞醸，但前途未許樂觀。這主要原因在人口最多的中國大陸已陷於共黨之手，在鐵幕之下，它不但已無自由貿易可言，甚且還要與日本競爭東南亞的市場，東南亞市場原本有限，英美法等先進工業國家且早在此一市場中估有一定地位；再說，亞洲新興國家頗多，不久的將來，都可能在扶助其本身之民族工業的措施下，而阻拒日本工商業之大量貿易，更不必談中共還在此一地區不斷挑撥和製造對日仇恨了。所以，若中國大陸不獲自由，則可確定日本在亞洲的貿易出路將極有限。

然則日本應向何處去呢？對此，中共人民日報曾屢次發表評論及專文，謂日本應靠攏中共，進行反美，中共認爲日本只有反美，才有前途。這當然是中共企圖欺驅日本人民之詞，它乃基於毛澤東的戰畧思想而發，中共除在軍事上與蘇聯結盟，用軍事上的鉗形攻勢夾擊日本外，中共復用政治與經濟作爲另一攻勢之雙鉗，企圖把日本誘導到中立和反美的錯誤路綫上去，這就是中共以政治一鉗作爲攻勢重點的主要內容。嚴格說來，像中共這種明明含有陰謀的言論，原不足以誘惑日本人民。但最奇怪的，卻是日本社會黨竟恬不知恥，利令智昏的甘作中共這一陰謀的應聲蟲。殊不知，日本如果反美，便中了中共的圈套。因爲日本如果反美，卽無異走上左傾和放棄反共之路。而像日本和德國這一類戰畧政畧地位既舉足輕重，且其國是絕不同於瑞士與摩洛哥等類之國家，原本絕對不能超然世外而中立。日本工商業既已發達，就時時需要廣大的自由市場，否則日本國內之工廠將關門，工人將失業，日本豈是中立就能了事？所以，中共替日本想的辦法，中共替日本設計的出路，是圈套，不是善意，是死路，不是活路。

眞正的說：日本的眞正出路乃在反共，而且乃在澈底堅決的反共。日本應走的路是亞洲大陸之路，而非海洋。位置在太平洋中的菲律賓與澳洲等地早已獨立强大起來，與日本本土距離亦太遙遠，從今日世界大勢及日本現階段的國力看，已絕不可能在西南太平洋求得穩妥發展，若勉强從事，則亦惟有播下戰爭種子，日本自己再吃一次敗仗而已。

亞洲大陸則不然。在亞洲大陸上，中國大陸雖亦已不容日本發展，因爲中國人民民族意識昂揚，中國大陸之人口已有七億，中國本身尙須解決其土地不够的問題，故日本之惟一出路，乃在俄國在亞洲的土地。

俄國人口不多，但卻佔有世界上最大土地面積，且俄國在亞洲之土地，一向缺少經營，任其荒廢，而未能地盡其利，從全世界的整個資源分配來講，這已經很不公平。中國大陸人口多，原亦應向俄國在亞洲的土地想辦法。不過，中國將來還可從復外蒙，把人口從繁密的東南地區移向外蒙、內蒙、西藏和新疆等地，因而中國還可以把俄國在亞洲的土地優先讓與日本去發展。

說到俄國在亞洲的土地，容易使人想起廣大的西北利亞地區，說到廣大的西北利亞地區，又容易使人想起西北利亞的荒凉與寒冷。因而，就容易直覺的感到那一寒冷的西北利亞地區不是日本的好出處。其實，這完全是眼光淺短之談。須知，整個世界之土地面積極有限，而人口之增加則無窮。從日本本身講，日本人口今後必將繼續增多，日本本土之土地面積則已一定，因而土地之需求將更殷；從整個世界來講：總人口數量必將繼續膨脹，世界各地之人口密度因而亦勢必繼續加高，土地之需求量亦勢必加劇。所以，爲日本子孫萬代計，能在二十世紀及早佔有西北利亞地區之廣大土地，實爲日本子孫萬世之福。以言寒冷，則日本民族豈是怕寒冷之人？況地球上的氣候，不斷轉變，這一時代的溫熱地帶，將來必轉爲寒冷地帶，這一時代的寒冷地帶，將來必轉爲溫熱地帶，這已是常識，不必多所贅言；以言西北利亞太荒凉，這也不成問題。因爲荒凉與氣候有關，氣候一變，荒凉的景況自亦隨之而變，滄海變桑田，原本是常事。何況西北利亞地區之地上雖屬荒凉，地下的蘊藏則極富，地面上的荒凉雖不適宜於農業，地下卻蘊有工礦業之富藏，更何況原子能必將在不久的將來被人類利用來改變氣候和改變土壤。所以，從長遠看：西北利亞並非日本人的一個壞出處，而是一個好出處。

當然，一切問題原都不是孤立的，解決問題的時候，目的與技術原都得要兼顧。爲了公平分配世界資源，爲了適當解決亞洲內在的若干矛盾，爲了協助和支援日本求得出路；與日本相隣之亞洲各國，尤其中國，除應多方支援日本之外，如果能由中國、日本、韓國乃至亞洲其它許多國家共同組織一個亞洲聯邦，在政治、經濟各方面通力合作，有如未來的歐洲聯邦，則共同開發西北利亞的問題當更易奏效。

目前，正如全世界各地一樣，亞洲正遭受着來自俄國的蹂躪和威脅。如果日本人民果眞自負不凡，則中國大陸淪陷後的這一亞洲，實最需要一個替亞洲各國人民解除威脅的戰鬥武士，日本於第二次大戰時，曾在亞洲各地予人以不良印象，挽回亞洲各國之人心，此誠其時。

當然，沒有日本出來堅決反共，亞洲各國人民，尤其中國人民的反共鬥爭亦決不會中止。日本今天的反共行動難道不是顯然不及西德來得更堅定爽朗嗎？但亞洲各國的反共鬥爭何嘗中止呢！由此可見，縱然日本被欺騙，中了中共與蘇聯的圈套，有如日本社會黨的錯誤和幼稚，因而斷送了日本的前途，亞洲各國仍將堅決反共，實無可疑。不過，爲日本計，爲亞洲各國和整個世界的共同利益計，我仍以爲日本應該與亞洲各國攜手對共黨作戰，肅清亞洲的共黨份子後，亞洲各地必將自由繁榮；日本的工商業必將有最大的出路，把俄國打倒後，日本就更可擁有俄國在亞洲的土地了。

因此，我提議亞洲各國，尤其中華民國應聯絡各國做照雅爾達會議與日本協定，一俟把俄國打垮，卽將俄國在亞洲的土地割予日本。

中山新會鄉民又有多人逃澳

澳士

（本報訊）一月三十日凌晨二時許，又有五十六名大陸飢民，分乘小艇三艘，風航一艘，在南灣內港登岸，逃抵澳門。該批難民羣中，包括有中山、新會兩縣鄉民，其中由中山縣逃來之鄉民，屬於中山縣「沙欄公社」之男女社員，共爲三十七人，因不堪中共之暴政及飢餓，於十二月廿八日，偸得公社快艇三艘後，卽於晚上落船，開往香港，當船駛出沙欄涌口，出十八頃，而向淇澳進發時，由於風浪大作，天氣寒冷，各人以艇少人多，恐中途發生危險，迫得折返澳門。

至於由新會逃來之難民，則爲年在十八歲起至廿七歲之青年，共爲十九人，乃屬於新會縣「禮樂公社」之社員。渠等於一月廿八晚，奉公社之命，駕乘風航一艘，駛至中山縣第八區大小霖地方，刈割水草「積肥」，當船於廿九早抵達大霖時，他們臨時會商，決定乘此機會，逃往澳門，唯恐受中共防軍注意，不敢卽刻開船，迫得在大霖停留一晚，至三十日中午，先將水草堆滿船上掩護，俟至晚上，始望着澳門燈火爲目標，向着澳門進發駛達。

該兩批難民抵澳門後，先後由警察帶返警廳落案，並由天主敎福利會救濟，每人發給七天免費飯票，並給以布鞋、衣物等，並導往澳門難濟會申請領取急賑金云。

警備總部遊查組長涉嫌受賄

靜予

（高雄通訊）行駛高雄香港綫的船隻因進行大規模的走私，一向與「治安」機關及台南海關人員相互勾結，每來回一次，交付新台幣四萬元，另加送衣料及化裝品等禮物，即可通行無阻。多年以來，已成慣例。直至去年港口憲兵偶在海生輪上搜獲私貨一批，因其中有一包係註明贈送海關人員吳皖生，認為情形有疑，警備總司令部遊查第二組始根據此一綫索開始調查，果發現關員邱國光、邢鳳翔、吳皖生、畢學成、程志橋等十餘人，都有接受賄款包庇走私的重大嫌疑，乃予先後逮捕。台南關若干尚未被捕之關員，人人自危，乃計劃向遊查二組組長董維熙上校行賄，希望董組長追究包庇走私時，自海生輪開始，經建華輪、國孚輪、到光平輪為止，其餘船隻不予追究。

當時集議向董維熙行賄之海關關員，據說有六、七人，並推舉秦瑤、陳雲傑兩人負責找門路，作行賄的搭綫工作。秦、陳兩人查訪結果，獲悉董維熙與高雄克林旅社經理劉雲生私交甚篤，經常在克林旅社洗澡、休息，與劉雲生無話不談，故認為祇有劉雲生可以搭上向董維熙行賄的綫。繼又探悉前德茂船務行外交經理，現任高雄太平保險公司副經理胡少瑩可以搭上綫，秦、陳兩人與胡少瑩是好朋友，就拜托胡依照原定行賄計劃向劉雲生活動。

胡少瑩透過台北某報記者韋雄與劉雲生搭上綫，劉雲生開價美金一萬元，保証董維熙於辦理關員包庇走私案時，縮小偵案範圍，追究至光平輪為止。

去年農曆十二月廿九日下午四時，由秦瑤、陳雲傑及另一海關關員張叔聞三人，携帶美金三千五百元，新台幣八萬元至前金區胡少瑩家，交與胡少瑩轉交劉雲生，並言明另一半賄款美金五千元，將俟遊查二組停止偵辦包庇走私案時交付。

當時携款至胡少瑩家交款之三人中，張叔聞為防止賄款為胡少瑩或劉雲生吞沒，曾利用手錶錄音機及紅外綫照相機，將現場談話及景象，分別錄音、攝影，以備必要時作為揭發的証據。胡少瑩得款後，即至大同之家旅社打電話給劉雲生，約劉至大同之家商討已得賄款如何分配，經決定由劉雲生携美金二千元，台幣八萬元交與董維熙，另美金一千五百元及台幣二萬元，由胡少瑩作為向新聞記者及法院方面的活動費，以期從遊查二組的偵查，法院的審判，以致新聞的報導均能面面週到，使包庇走私的台南關員逍遙法外。不料以後之事實發展與預期情況並不相符，遊查二組對偵辦包庇走私案雖曾一度有稍呈鬆懈跡象，但至去年五、六月復加緊進行，並逮捕嫌疑份子。被捕之海關關員移送法院扣押後，不准交保；同時各報亦對此一件案件作真實而詳盡的報導。

此時，化錢行賄的海關關員家屬中，有人開始向最高治安當局告密，並停止交付以後賄款美金五千元。海關關員張叔聞亦向有關方面自首，並提供其在胡少瑩家交付賄款的錄音及攝影。該案經最高治安當局批交調查局高雄港站偵辦。

調查局高雄港站奉命後，於上月十九日一夜之間，將涉嫌行賄之台南關一等監察長秦瑤、二等監察長陳雲傑、克林旅社經理劉雲生及前德茂船務行外交經理胡少瑩等逮捕，經十一天的偵查，於本月二日移送高雄地檢處法辦。

據悉：胡少瑩在調查站之口供中，承認取得美金一千五百元及台幣二萬元後，除送給他的小老婆，大世界舞廳舞女大班夏美玲及他的朋友各新台幣二千元外，餘款大部為其吞沒。負責搭綫的某報記者袁華，亦被列為被告，指其自胡少瑩處分得賄款美金七百五十元及新台幣七千元。

劉雲生在供辭中承認賄款大部為其花用，其中並涉及董維熙上校。

該案牽涉甚廣，調查局高雄港站目前移送法辦部份，僅為全案中的一部份，可能尚有其他重大發展。

警備總部並表示：「該部對於部屬向本重賞罰的原則，絕不隱蔽自己的缺點，一俟真象查明，當依法辦理。」因此，董維熙上校涉嫌部份可能移付軍法偵查。

赫魯曉夫釋鮑何為？

許子由

蘇聯突然釋放美國「U二」機師鮑華斯事件，使美國方面發生了相當的轟動。美國的專家們，認為釋放事件有兩項意義：一是蘇聯對「和平共存」的有力運動，可以發展到邀請甘迺迪訪蘇，導致冷戰的「解凍」。一是蘇聯故意打擊中共，雙方衝突可能趨向高潮，爆發攤牌的行動。

把「U二」機師鮑華斯，與蘇聯間諜阿布爾上校交換釋放，正如美國檢察官湯金斯所說：「在技術上來說，是最壞的交易」，因為阿布爾是有十年在美國做間諜的經驗幹才，而鮑華斯「只不過是一名機師」。不過，從蘇聯慣常的行動來說，他們總是重視鮑華斯而輕視阿布爾的，主動地要求交換，當不是為了阿布爾，而是有其他的目的。

自赫魯曉夫女婿阿祖貝訪美，獲甘廼廸邀宴，蘇聯的「和平」姿態，實際已經開始。由阿祖貝邀請白宮秘書沙林格訪蘇，並先與蘇聯新聞局長商討「甘、赫交換電視廣播」——卽在蘇聯由甘赫向蘇人民錄音廣播，在美國由赫甘向人民錄音廣播的計劃，都是在外交談判以外展開，所謂「和談局勢」的接觸。釋鮑事件，只不過有加强這種姿態的作用而已。美國方面的過份重視，無非是當年「U二」事件使蘇聯撤銷邀請艾森豪訪蘇；但實際上艾森豪當時任期屆滿，訪蘇也無作用。蘇聯故意誇大譴責「U二」，並用為藉口罷了。且不說釋鮑事件能否發展到甘廼廼訪蘇，就算甘廼廼已經訪蘇，是否能够導致冷戰解凍，也還是有疑問的。過去，若干所謂「日內瓦精神」、「大衛營精神」，不都是蕩然無存了嗎？甘廼廸本人，又何曾沒有「半途迎合」地去與赫魯曉夫會面，但除了聽老赫的强硬恐嚇外，又有任何結果呢？

西方之所以「突感輕鬆」，無非是「長期緊張」的結果。因一提及柏林，英美便極度緊張。其實「與東德訂約」，不過是一句話，「延緩訂約」也不外是一句話，比諸中共的「炮轟金門」，「單日免擊」，有不及無過之。事實上，老赫說要與東德訂約以來，西方並沒有失去什麼，一再「延緩」訂約，西方也沒有得到什麼。

實際上，時局可以說是原封不動。蘇聯最近仍重申支持古巴，使古巴盡可能予美國以頭痛。蘇潛艇配有飛彈發射裝備的，正在駛往印尼，要挑起新幾內亞戰爭。蘇機不斷自河內空運武器至寮共區，裝備越共中共。美國外交家堅認蘇聯欲與美國對寮局和協，壓制中共，可是事實所表現的，是蘇聯與中共雙軌並行行動！

蘇聯與中共，不無歧見，尤其是思想上的爭論，雖未必如阿祖貝所說「家庭紛爭」那樣輕描淡寫，但要演變到在世界戰畧上分道揚鑣，是不可能的。不可能蘇聯要避免大戰而中共予以破壞至引起大戰，只可能中共揚言「大戰不可避免」，發動侵畧，而實際上仍極力避免大戰。

那麼，蘇聯的和平姿態，目的何在呢？這仍是實際問題：蘇聯恢復核試之後，迫得美英恢復地底及空中核試。聯合國差不多已敉平剛果左翼。美國開始强硬制裁古巴。而在越南，美軍設立司令部已豎立了「止步」的訊號。甘廼廸的「活力」使赫魯曉夫想從軍事恐嚇轉向政治騙詐，建議開十八國高峯會議便是他的新把戲。

議員生財有道

乃剛

（台北通訊）台南近來先後發生議員假借扶老育幼及慈善等名義，設立機關，騙取錢財的案件多起，頗足以反應今日台灣的政治社會風氣，茲分別報導如下：

一：郭泰山等的長壽慈善會

南縣議員郭泰山以台南縣長壽慈善會名義，廣收會員，辦理變相的人壽保險，因其身為議員，一般人信而不疑，紛紛繳費加入。郭泰山於收獲鉅款後，即潛逃無踪，該會乃宣告倒閉。省府議員查明其詐欺斂財屬實，乃飭令該縣政府嚴加取締，縣警察局長曹存一於一日向報界表示，有關該會倒閉的案件已移送法院辦理。又說：在台灣治安嚴密的環境之下，郭泰山要想逃亡，決無可能。他認為郭應出來投案，免得自討苦吃，並加重刑責。

二：陳秀雲等的扶老育幼互助會

南縣女議員陳秀雲約同男議員王石龍及另一人壽保險公司經理陳清木等以台南扶老育幼會名義詐騙會員的鉅欵，在其本鄉麻豆一地，被騙者即有三千人之多。該會發生糾紛經政府明令取締後，陳即於去年十二月逃匿，直到本月一日才向縣警局投案，即由該局移送台南地檢處偵訊。據供，她組織互助會並無詐財之意；祇因不斷向外付欵，而應收的錢又收不到，以致無法再付，故爾發生糾紛。她曾向該會會員表示願自動清理，將會費打折扣發還；但不為大家所接受，並先後在麻豆及南市三度被包圍，遭受恐嚇，所以不得不去外縣暫避風頭，實非有意逃匿云云。訊以該會共有會員若干及收入會費多少，她則答以記不清楚。檢查官章愚為恐串供及湮滅證據，乃飭將她還押；至於王石龍、陳清木兩人則各交保五千元候傳。又悉：麻豆鎮民李彩堂等多人已正式具狀向台南地檢處控告陳詐欺騙財。並醞釀罷免其議員的身分。

三：省議員的台省慈善事業協會

南縣省議員許寬茂、柯銀茂等人也以同樣手法，組織了一個規模更大的「台灣省慈善事業協會」，辦理「社會救濟」業務。其下又分生育會和老人會兩組，每人每月收取會費四十元。該會於去年八月在台南縣歸仁鄉宣告成立。開張之日，曾由許以省議員名義柬請各界領袖人物「光臨指導」。人們不疑其騙，入會者為數甚衆。未幾，許即將會址遷到台南市。從此，台南市治安機關欲加調查，又以會的主持為台南人，不屬市的轄區。縣治安機關亦以會址在市區，無從過問。而且該會是在省社會處立案，平素對縣市政府均採不理的態度；而省處又以會址遠在台南，鞭長莫及。因而該會在三不管的情形之下，大行其騙。報載：該會自去年八月成立至去年十二月無疾而終時，在此四個月間，究竟騙了多少錢，尚難確計。但依據其會員人數及所規定的會費估計，當在四千萬元以上。警備司令部以該會涉嫌不法詐財，令台南市警察局查報。該局先後傳訊該會總幹事柯廷根及職員黃南球等人。柯銀茂又於本月三日向台南縣胡縣長報告該會正在自動清理的情形。他說：該會在各縣市所設的辦事處中，新竹和台東等地清理工作，頗為順利。只有宜蘭的辦事處，尚待着手清理，在高雄所設的僅有一組的清理工作亦不困難。至於在台南縣境內的該會會員，據稱共有老人會兩組，育幼會一組。育幼組應發回會欵四萬餘元，老人兩組應發還會欵九萬餘元，共計須發還會欵十四萬餘元。又說：該會在南縣拖欠會員的欵項並不大，不會發生糾紛。

四：南縣各機關組設專案小組

台南縣政府、縣議會、縣警察及警備司令部南縣指揮所為了處理上述三個詐騙財的案件，特合組專案小組，據說有關當局決依戒嚴法擾亂金融條欵從嚴處理，但小組經一再開會討論，祇對台南縣長壽慈善會作了四項建議：（一）由警局加緊查緝郭泰山；（二）由警局向法院請領搜索票，搜索被藏匿的賬冊，嚴密查明其虧欠會員的欵項確數；（三）全面搜集南縣境內各慈善會活動的詳細資料，提供法院參考；（四）郭泰山挾欵逃亡後，該會的清理工作，應由其餘的六位幹事和三位候補幹事負責。

台灣簡訊

志清

一、行政院草擬下年度施政方針

報載，行政院釐訂下年度（自本年七月一日開始）的施政方針，其重點將在於革新政治和擴大團結，內容如下：

「政治方面，將繼續擴大海內外人士之團結合作，使反共力量得以充份發揮。同時並加強整飭政治紀綱，改革社會風氣。以革新與進步之事實，激發國人之努力與信心，並加強對大陸之政治號召。

內政方面，改進選舉制度，澄清吏治，輔導國民就業，研訂人口政策，並籌劃國際移民。

外交方面，將維護我國在國際上的合法地位，穩固民主國家反共陣營，以確保世界之安全。並加强國際間的反共工作，把握時機，制敵應變。同時協調外交、僑務、商務、宣傳各部門之對外工作，期收配合之效。

財政方面，力求政府收支平衡，繼續奬勵投資，加速經濟發展，並建立以直接稅為中心之稅制。加强糧食管理，以穩定糧價，協助建立中央銀行制度，適當調節貨幣之供應量，以穩定幣值。並酌量發行新公債，以配合國庫調度。

經濟方面，繼續執行第三期經濟建設四年計設及十九點財經改革措施。並努力開發資源，發展工業，推廣國際貿易，拓展外銷市場，並擴大國際經濟合作範圍。

教育方面，充實各大學研究院設備，加强高深學術研究，繼續執行長期發展科學計劃。

司法行政方面：將繼續保障人民權益，維護國家安全，並改進司法人事制度，合理調整機構與員額。

交通方面，改進國營交通事業之經營與管理，並加强民營交通事業之輔導。增進氣象設備，改善測報工作。

蒙藏方面，聯絡海外蒙藏反共人士，策進反共活動，並培植蒙藏青年幹部，輔導蒙藏人士生活。

僑務方面，健全僑民組織，加强團結反共力量，並輔導僑民，發展現代企業，配合當地建設。」

從以上各項看去，不但反攻大業，隻字未提，即所謂擴大團結與革新政治，亦沒有確切的內容。甚至早經司法院大法官解釋的各級法院改隸問題，連空話也不說一句，可見，儘管施政方針，年年都要照例釐訂一番，而事實上仍將是一切獨裁如舊的，絕不會出現奇跡而稍有所改進的。

二、蔣又向美國報人空言反攻

蔣「總統」夫婦於一月二十九日上午接見美國新聞界的一個訪問團，在回答他們所提出的問題時，他說，大陸上中國人民在對共匪政權的不滿和受苦難中呻吟，情勢日趨惡劣；中華民國反攻大陸的時機已日益接近，反攻的準備正在全力進行中。

又說：「中國反攻大陸的軍事行動毋須外國軍隊支援。」

有一美國記者問以他是否認為中共會使用核子武器以對付國軍的反攻，他答稱，他不以為中共會擁有核子武器。

蔣「總統」沒有向外國記者說要等待大陸人民起來革中共的命時，國軍再去響應他們，並申言反攻大陸不需外國軍隊支援，總算還不大丟中國人的臉。但不知他所謂正在全力進行的反攻準備，要等待到何時才能完成？遠在十二年前他自動復職之初，即宣稱「一年準備，兩年反攻」，如今卻反而尚有待於全力準備，可見他過去的所言與其所行並不一致。他今後是否將繼續準備下去，直到中共自行崩潰，再回去接收以實現其救國救民的大志呢？或將效法鄭成功老死在台灣，把反攻的大業傳之子孫呵？就非我們老百姓所敢問了。

三、體育協會抗議印尼稱我國為『台灣國』

第四屆亞洲運動大會將於本年八月在印尼耶加達舉行。由於印尼至今尚未向我國發出邀請通知；而且在前此寄來的資料中，均稱我國的國名為台灣。我國體育協會理事長兼我國奧林匹克委員會主席楊森將軍特於本月四日正式致函耶加達四屆亞運會籌備負責人勃孚諾提出抗議；並要求更正國名。據說，楊將軍已決定於日內再致函亞洲體育協會的兩位副會長印度的樂德和伊朗索潘拉，要求他們了解我國的處境，並主持正義，對我國的立場惠予支持。又悉：體育悉會，原準備參加多項比賽節目，包括足球和羽毛球在內；但鑒於印尼的邀請書遲遲不到，顯有排拒我國的企圖，關於選拔運動員的事宜，目前尚不能有所決定。猶憶前此羅馬世運會時，我國選手已經在「台灣國」的名義下參加，雖然背上貼着「在抗議中」的字條，但此不過聊以解嘲而已。因此，如今楊森將軍雖然乞憐於印度和伊朗的兩位副會長，恐怕也不容易達到我們預期的目的吧？觀察家認為當權者不圖反攻大陸，祇以偏安台灣一隅為已足；卒至中華民國在國際上的地位每況愈下。正所謂人必自侮而後人侮之也。

四、李連春吞沒佣金案續聞

台灣省議員姚冬聲指責粮食局李連春辦理食米銷日，涉嫌吞沒鉅額佣金一案，經周至柔於一月二十六日批交財政廳及主計處秉公查報。據聯合載：該廳處至今尚未開始行動。其原因是調查工作無從着手。因為國內既無門路可行；如要調查就非向日本方面進行不可。但日本政府向以作生意為主，是否樂意要日商將賬目公開，顯成問題。何況要向日商交涉，須先得透過外交部和我國駐日使館，他們是否協助，也還是未知數。因此，財政廳和主計處頗覺為難。另據權威人士透露：李連春收取佣金的傳說，早在一年以前就有一些人提過。當時有一個機構曾秘密向日本政府及民間調查過這件事，但毫無一點結果。事後，日本政府人員曾向李透露，李聞悉至為氣憤，並將這個消息告訴國民黨中央有關方面，那個調查機構的主管遂受了一頓責罵。由此看去，可見李連春敢於自請省府派員徹查，原來是有所恃而無恐的。

五、罷免台北市長的暗流

台北市議員張詩經、黃介信、李賜卿等八人為勸促黃啟瑞提出辭職，俾台北市民得以補選市長，於前月二十八日寫就一封聯名信，並親訪後者當面遞交。但黃則表示他目前正以全副精神進行上訴，每日廢寢忘餐，無暇顧及其他；因而對於辭職之事，不予考慮。據說：這是他們「先禮後兵」的預定步驟。如今黃既已不接受勸告而提出辭職，他們下一步的行動，將是直接發動罷免了。據說：曾經一度當選為台北縣省議員而以後又被宣判無效的李秋遠已將其戶籍移到台北市，就是準備取得台北市民資格後，出馬競選市長。

又據熟悉內情者透露：黃啟瑞拒不辭職，也有難言之隱的。他花了大批的錢和九牛二虎之力才得坐上台北市長的寶座，而竟因案迫得拱手奉讓與曾和他在國民黨內競爭提名最烈的周百錬，自然心有不甘，尤其是他眼見主子不予以掩護，更覺得他們有意拿他做犧牲品。因此，也曾一度決心辭職。假設張詩經等能及時相機勸促，他接受的可能性是很大的。可是，如今他先後被判處徒刑共六年又六個月，褫奪公權四年，此外還要追繳貪汚所得的賍欵，如此的重刑，他何能忍受？為了乞求主子在高院複審時予以緩和，他祇好奉命不辭職了。據報載：黃的上訴官司很可能拖上兩三年才作最後宜判，周百錬也就可能一直代到他任滿為止。也就是說：今後兩年半的期間，台北市長在名義上是人民選舉，在實質上則是官方委派的。這就是蔣「總統」的民主與法治。張詩經等議員要想罷免黃啟瑞，把官派市長恢復為民選市長，雖然理直氣壯；但在鐵腕統治下，又談何容易呵！

台北布商年關罷市

宣平

（台北通訊）台北市永樂市場中的布疋二盤商及廸化街一帶的批發布行，在舊曆年尾（本月一日）因不堪稅務人員的苛擾，迫得罷市。一時原本是鬧哄哄的市場突呈冷清清的景象，連飲食攤也無生意可做。有的店員閒得無事，就在店門口擲骰子或玩牌，也有拉胡琴，唱民謠的。

報載：是日清晨，各布店剛開始營業，即有八十四名來自各稽征機構的稅務人員，分為四十二組，分向商店及攤位調查營業狀況，存貨賬簿及統一發票等，街頭巷尾也佈滿了監視人員。聲勢兇兇，如臨大敵。各商店感於以全部精神應付他們猶恐有簡慢之虞；實無餘力再來招呼顧客，於是，不約而同的臨時停止營業，市議員王友祿等人聞悉此情，即陪同議長張祥傳前往實地視察，商民們紛紛訴苦，要求市議會設法制止稅務人員此項苛擾行為。張祇得以電話將此意轉達稅捐處長張國幹，希望其停止在歲暮數日查稅；否則布店停業，反將減少稅收。後者亦因各布店停止營業後，負責人員多已走開，事實上無法查稅，乃囑稅務人員暫停調查，並於當日下午召集布商公會理事長林升友及理監事談話，解釋此次查稅是全省性的，並有財政廳的指導員兩人前來指導；現為顧全商家困難，將暫為停止；希望勸導各布商安人復業云云。林理事長則答以各布商號店東已陸續返回中南部，是否能準時復業，沒有把握。有些店東更向往訪的民營報記者說，稽征處老是要在過年過節，生意最忙的時候才來查賬，不但使我們有應接不暇之苦；而且由於他們的聲勢兇兇，有時把顧客也嚇跑了，實在是有意為難。據熟悉內情的人士透露：平時商人對於稅務人員光臨查賬，無不各施巧妙小心應付，使其皆大歡喜而去。這次的查稅既格外嚴厲，而又浩浩蕩蕩，事出非常，使各商店一時不知所措。他們也許因為本年停發年終獎金，想藉此多收一些紅包以資補償，卻不料反而造成罷市的局面，也就祇好暫時鳴金收兵了。

大專「師生代表」宣誓「効忠總統」

見微

（台北通訊）日前中央社發佈一則肉麻當有趣的電訊，畧謂「代表全國二十八所大專學校師生的七十餘位校長、教授和學生，由東海大學校長吳德中率領，於本月六日上午乘船到金門最前哨的大胆島，在面對着厦門港的升旗台前，舉行向蔣總統宣誓効忠大會，請金門防衛司令官監誓。青年們以鏗鏘的聲調宣讀誓詞，全場充滿了熱烈奮發的情緒。金門防衛司令官對青年們說：此時此地向蔣總統宣誓効忠，是有無比的重大意義。他要求他們以眞實的行動，響應蔣總統革新，動員和戰鬥三大號召；並把宣誓効忠的行動擴大到全國和海外去。宣誓完畢，青年們曾激昂的在島上高呼口號，並將載着大會宣言的汽球放入高空，飄向大陸。」

稍為了解台灣內情的人們一看這個消息，就知道是蔣經國的玩意兒。他利用其所謂青年救國團控制青年的各項活動，並不惜把青年學生們當着猴子一般的玩；藉以點綴其家天下的門面。每年寒暑假，他都要花費鉅額公帑，舉辦所謂戰鬥訓練；其最後一項節目，總是千篇一律向蔣介石宣誓効忠。他們也許以為如此一來，這些受訓的青年們就將全心全力的為蔣家王朝作死黨了；實則他們在背後都引為畢生的最大侮辱。如今他又花樣翻新，要大專學校的校長和教授們也陪着學生來作這種「希特勒式」的肉麻表演，不知身為領隊的吳德中校長有何感想？

大陸短波

藍星

中蘇共簽文化協定

中共與蘇共一九六二年度的文化合作計劃，現在又於莫斯科簽訂了。

據新華社莫斯科一月廿三日電：「中國和蘇聯之間文化合作計劃的談判，於一月十五日至廿三日在莫斯科舉行。在談判過程中，對中蘇兩國一九六一年文化合作計劃進行了總結，商談並簽訂了一九六二年度文化合作計劃。計劃規定，雙方將互換藝術團、音樂家、戲劇家、以及其它創作工作者，還將繼續在高等教育、廣播、電視和體育等方面進行合作」。

新華社又說：「談判是在友好氣氛中進行的，代表中國方面在計劃上簽字的是中國駐蘇大使館臨時代辦張德羣，代表蘇聯方面在計劃上簽字的是蘇聯部長會議國家對外文化委員會主席茹可夫」云。

山東小麥發生病害

中共統治大陸十年以來，水災旱災蟲害等連年不斷發生，且其嚴重情況，更係年甚一年。現在新曆新年剛過去，農曆新年又已到來，但大陸春季小麥却又以病害聞了。

對此，一月廿五日中共人民日報曾有透露說：「銹病是小麥生長過程中危害最大的一種病害，每年在我國都有不同程度的發生。去年十一月十二月（指一九六一年十一月十二月），我們在臨清、冠縣、館陶、聊城、陽谷、高唐、范縣等七個縣市的二十二個公社進行麥銹病的調查。在我們檢查的八十七塊麥田中，有六十二塊麥田發病，佔百分之七十一點三，葉銹、稈銹、條銹都有，其中以葉銹最多，這一情況應該引起高度重視」。

按臨清、高唐等七縣均屬山東省，山東原是中國產麥的著名省區。俗話說得好，一年之計在於春，但中共統治下的今日大陸，竟在春初就發生了這樣嚴重的麥銹病，那末，今年山東小麥生產情況，勢必又會惡劣了。

中共與古巴簽電視合作協定

為了進一步宣傳共產主義和更廣泛的展開統戰工作，中共最近又與古巴簽訂了一個以文化交流為名的電視合作協定。

我們知道：共產主義雖然是一種錯誤的理論，但由於共產黨人善於講究偽善技術，且善用宣傳手段，故共產黨人要在某一地區發展實力，一向以所謂文化宣傳打先鋒。因為未曾親身受過共黨殘酷迫害的人，往往不明瞭共產黨的猙獰面目。故中共與古巴簽訂電視合作協定，實係中共擴張赤化宣傳的又一步驟。

據中共新華社哈瓦那一月廿七日電：「中國廣播事業局同古巴廣播指導統籌局今天在哈瓦那簽訂了一九六二年的電台和電視合作協定以及電台和電視合作議定書，以加強和進一步促進兩國的文化交流，擴大兩國人民間的相互了解和友誼」。可見，這一協定現已簽字了。

中共何故不參加東德展覽會

劉裕署

據東德當局公佈，中共沒有參加東德今年舉行的展覽會。

對此，柏林一月卅一日合衆國際社曾有報導說：「西方外交官們今天研究了共產中國之未能參加東德萊比錫展覽會，是出於經濟的還是政治的原因。東德說：中共未能參加展出，是因為『自然的災害』。但若干西方外交官們認為，中共之未能參加可能反映了中共與蘇聯集團的分裂，東德新聞社昨天在發表展出國家的名單時，沒有提到中共和阿爾巴尼亞」。

基本上講：西方外交家對中共問題雖常常缺乏真知灼見，但對於中共何故不參加東德展覽會這一問題，認為是政治原因，而非經濟原因，則尚屬正確。

這道理很簡單，中共乃是一個好大喜功，尤喜對外舖張自大的政權，雖在民窮財盡和連年災荒的情況下，中共的這種對外浪費，却從未更改。故至今尚在打腫臉充胖子，既在亞洲援助緬甸高棉等國家，又援助非洲若干國家，既援助歐洲的阿爾巴尼亞，又援助美洲的古巴，中共之舖張浪費既一直如此，豈有在東德舉行一個小小的展覽會而反有不肯花錢之理？況中共在東德舉行一個展覽會，不但有政治上的宣傳價值，抑且尚有經濟上的貿易引誘，更何況舉行這樣一個展覽會花費不多，若與它一向對外支付的鉅額援助相比，實屬微乎其微。所以，它不參加東德展覽會決非經濟原因，而乃由於毛澤東與赫魯曉夫發生衝突那一政治性質的原因。東德當局公開宣佈中共不參加東德展覽會是由於「自然的災害」，暗示中共是因為貧窮，是因為花不起錢而不參加，因而把中共形容成一個又貧又窮的政權，那就對中共完全是一種侮辱了。因為中共再窮，也不會窮到連參加東德展覽會的錢也沒有呀！如果中共稍有羞恥心，對於東德的這種侮辱性的解釋，應立即提出抗議，並應立即公開宣佈自己究竟為什麼不參加東德展覽會才對。

中共把宗教當作反美工具

黃標音

為了達到反對美國和誣衊美國的目的，中共不斷利用統戰工作一直在不遺餘力的進行。最近，中共除在大陸各地迫使各階層和各地人民舉行反美集會外，中共復於一月廿三日把陷身大陸的各種宗教一律當作工具來進行反美。其中，尤與以往不同者，是中共最近居然也把天主教的一部份失去自由說話的人當作工具來進行反美，而以往中共只常常把佛教基督教等當作統戰工具，今天中共竟把失去自由的少數天主教人士也搬出來當工具，尤見中共統戰範圍已更加擴大。

關於中共把宗教當作反美工具的情形，可從下列新華社一月廿三日北平電訊看出來。它說：「中國宗教界著名人士今天斥責美國政府迫害美共的暴行，指出這是向全人類和平和正義的挑戰。他們堅決抗議美帝國主義和肯尼廸利用宗教作為推行對內對外反動政策的工具。中國的佛教、道教、天主教、基督教、伊斯蘭教等各個宗教團體的負責人，今天在政府禮堂舉行了聲援美共正義鬥爭的集會。宗教界人士在會上一致表示擁護中共中央的聲明，指出肯尼廸政府迫害美共的暴行是無恥的，野蠻的觸犯了一切善良人們的感情和良知。他們說，儘管肯尼廸努力把自己打扮成一個虔誠的宗教徒，却絲毫也掩蓋不了他是全世界人民和宗教界的真正敵人」。

中共除強迫御用「中國佛教協會會長」喜饒嘉措，御用「中國道教協會會長」陳攖寧，御用「中國基督教三自愛國運動委員會副主席」丁光訓，御用「中國佛教協會副會長」趙樸初等在會上發表反美言論外，更強迫中共新製不久的御用「中國天主教愛國會主席」皮漱石及副主席李德培在會場發表激烈的反美講演。其實，宗教原本只是自由社會的產物，而且也只能在自由社會裏存在和發展，共黨政權既反對有神論，相信唯物主義，又不准人民有信仰自由，那末，可想而知，今日大陸的各種宗教，固早已名存實亡，其所以尚有佛教、道教、基督教之名，都不過只是中共用以欺騙自由世界天真的人們，和便於把它們當作政治工具來進行國際統戰吧了。今日大陸各宗教在中共強迫下舉行反美集會，都不能真正表達大陸各宗教人士之內心，那是再明白不過了。

僑鄉簡訊

鍾之奇

福建缺肥情形仍嚴重

肥料多寡與有無，是對農業生產關係極大的。若肥料缺乏，農業生產必將受到打擊，絕對不可能豐收。大陸連年災荒，農業生產大躍退，原因固多，中共未能充分供應肥料，實亦主要原因之一。

目前，中共已在福建多方設法，迫令人民就地取肥，但福建各地缺肥情況則仍極端嚴重。

關於福建各地缺肥，中共迫令人民就地設法的情形，可從一月廿四日中共新華社的報導看得出來。它說：「早從去年第四季度起，福建省各級供銷合作社就開始為今年春耕生產準備化學肥料等商品肥料，到目前止，全省準備的各種商品肥料已佔春耕供應計劃百分之五十六」。現在，春耕早已開始，中共已供應的不過百分之五十六，即是僅僅一半稍多而已，那末，其餘所差一半，就顯然尚無着落了。

迫令福建人民下海撈肥

正因為中共只能供應農民所需肥料之一半，所以，中共便迫令福建人民自己就地想辦法，去解決所需的另一半。

中共新華社一月廿四日福州電訊又說：「各地供銷社一般都注意從當地特點出發，廣闢肥源，盡量發掘當地的肥料潛力。例如，沿海地區的許多供應社，專門成立漁海肥經理部，並派出專職幹部協助各公社生產隊妥善安排勞力，大積海雜肥。連江縣供銷社組織專人和船隻，向菜舘和海島漁民收購魚骨、爛魚，加工成漁海肥。僅在最近兩個月就積製了二十五萬多担漁海肥，供應山區各公社，平原地區的龍海、閩侯等縣供銷部門一方面組織貨郎担，利用串鄉銷售貨物的機會，積極收購猪牛骨蹄等雜肥原料，一方面協助城鎮有關部門組織勞力和運輸工具，購運城鎮糞肥下鄉。龍海縣在一個月當中就從中廈門市購回四萬担糞肥」云。

由此可見，中共雖迫令人民積極就地解決肥料，但為數亦屬有限，與需要數字仍相差甚大，無法解決哩！

簽訂合同勒令順德增產魚蔗

中共勒索人民奴役人民的花樣真是層出不窮。以往，中共是就人民生產所得，予以全部搜刮，但因人民缺乏勞動熱情，加以種種天災人禍，遂使生產萎縮，故中共雖欲盡力搜刮，其奈民間已無物資可刮。於是，中共遂又想出與人民先訂合同，勒令人民完成某一生產指標，然後以「收購」之名，予以搜刮之辦法。此一辦法可從中共與廣東順德縣人民簽訂生產合同一事，可以明白看出來。

據一月廿五日中共人民日報載：「盛產甘蔗、塘魚的廣東順德縣昌教人民公社各生產大隊，在同國家商業部門簽訂了今年的產銷合同後，積極追加增產措施」，「根據產銷合同，全社出售給國家的甘蔗、塘魚等幾項主要生產品都將比去年有所增加。……魚塘面積佔總耕地面積百分之六十的麥北大隊，接受了全年向國家出售塘魚十九萬斤的任務以後，大大加快了魚塘的冬修進度」，這就可見一般了。

始興發現戰國時代鐵斧

廣東始興縣去年十二月間曾發現一件鐵斧，這只鐵斧，是在中共「文物工作隊」以發掘古代文物為名，而以發掘地下財為實的情況下發現的。這只鐵斧，據中共「中國新聞社」一月卅日廣州電報導說：「去年十二月在廣東始興縣城郊白石坪遺址，發現了戰國時代的一件鐵器——鐵斧，証明廣東在戰國時期已開始使用相當進步的鐵器」。又說：「在白石坪遺址的地層堆積中，還發現了鐵渣、窰磚、紅燒土，表明這裏可能還是一處冶鐵遺址」。

按照一般考古學家之往時說法，一向根據「南書、南粵王傳」認為金、鐵等比較進步的器具是西漢時始由中原輸入廣東地區的。但這一只鐵斧之發現則說明了上述說法之錯誤，因為廣東地區遠在戰國時代就使用鐵器了。不過，由於鐵幕低垂，一切說法都只是中共工作人員的片面說法。未經考古家之切實鑒定，這只鐵斧究竟是否戰國時代之鐵斧，則尚是根本問題。

錫蘭政變前因後果

慕禪

「世界唯一」也是「世界第一」的女總理錫蘭總理班達蘭乃克夫人的政府，上週末險些在一次未遂的政變中被推倒。被指爲陰謀政變者，可以說是「軍警集團」；雖然當局迄今尚未作此明顯的指責。不過自事發以來當局所拘捕者，都是陸軍、海軍、警察的高級官員，並且人們，甚至印度方面的政治或社會領袖，也知道錫蘭的軍警雙方極爲接近，幾乎有一個自己的系統。而他們對於六、七年來錫蘭政局的動盪或左傾，向來是深表不滿的。只是這次「政變」的詳情，由於當局的僅有簡畧公佈，迄今尚未明朗；同時拘捕和通緝也未停止，一時更說不到公開審訊以明責任。但政府當局既已採取非常的行動，且有興大獄的趨向，事情當然絕不簡單。

錫蘭雖是一個小小的島國，可是它的政局却很難得安靜得長久一點，「茶杯裏的風波」不斷傳出。原因是它有種族和宗教問題，種族經濟的富庶與貧乏對立問題，左右翼的鬥爭問題，而以後一問題爲其他糾紛的總滙，不斷作勾心鬥角的明爭暗鬥。政變的爆發，本來不過是時間問題而已。

印度總理尼赫魯於一九五九年錫蘭前總理班達蘭乃克被刺時，早就慨歎說「東方國家實行民主相當困難」，暗示錫蘭可能有軍人政府出現。（那時候，巴基斯坦由軍人執政，緬甸是尼溫將軍的政權，泰國乃沙立元帥進軍曼谷未久。）不過後來事情的發展並沒有如尼赫魯的預料，承繼班達蘭乃克的是過渡內閣──班氏的「自由黨」黨人，原任敎育部長達哈納雅克。和中立偏右的「統一國民黨」桑南尼雅克。桑氏組閣時在議會原已不能過半數，補選失敗下台。班達蘭乃克夫人便以承繼班氏政權的姿態崛起，當時標榜是「中間偏左」的。

因爲錫蘭黨派衆多──一九六〇年選舉時，便有八黨一派，競選各黨，很少能够超過過半數的議席，若干屆的政府都是多黨聯合政府，各黨分裂，政府就隨之垮台，政府基礎不穩，「政治危機」頻仍，但班達蘭乃克夫人於一九六〇年七月當選時，竟在一五六席的議會中獲得八十一席。共產黨（四席）及托派（十二席）都宣佈支持她的自由黨，所以班夫人的內閣，出現了她丈夫以來最長的任期。

但任期較長並不就是政局的安定，去年四月間，就曾發生一次劇烈的分離運動，以至當局宣佈全國進入緊急狀態，並派兵到北部去彈壓「泰米爾獨立運動」，這個運動在初發時，曾有泰米爾族「自組政府」的威脅，後來雖沒有成功，可是種族問題，附帶着經濟問題和政治問題，却仍然殘存着，成爲錫蘭與生俱來的病症。

泰米爾族約佔蘭錫人口（九百餘萬）的三份之一，信奉佛敎，班達蘭乃克夫人却是多數民族辛海爾族，信佛敎的人物。（據說這次政變陰謀者，便是企圖在上星期六夜班夫人赴卡達拉瑪拜佛時，把她却持，並拘捕其他部長，奪取政權。）但泰米爾却掌握可倫坡的財富，他們有茶園、膠園，以前做「買辦階級」，子弟多受西方敎育及較高敎育，軍警幹部以他們的人爲多，一部份辛海爾人而受西方敎育的，也與他們合流，不滿於政治的左傾。軍隊和警察雙方大部份力量的聯系，形成相當的強大，每次蘭錫政局波動，每次都有人希望或認爲軍人政府將告出現，便是基於上述原因。

表面上軍警是表示不干預政治的，可是由於他們有比較穩固的地位，不免在私下或公開表露他們對於「政客」的不滿。而在另一方面，政客們尤其是左翼政客，對於右翼軍警勢力的存在，當然認爲是眼中釘。這些明爭暗鬥的磨擦，經過「泰米爾獨立運動」後就更爲尖銳。

泰米爾獨立運動失敗，「泰米爾聯邦黨」部份領袖當即被捕。而在同時，軍隊中也分裂了，擁護政府派以威治冠少將爲首，領導了比較大部份的力量。威治冠是辛海爾人，得班夫人的信任，去年派他率兵到芬那佈防，防止泰米爾族人叛亂。

事實上泰米爾運動確實是種族問題，爲爭泰米爾語列爲國語之一而起，並非整個右翼的反政府運動。可是左翼却乘機向右翼份子下手，如「政變」被拘的前海軍司令萊斯，前陸軍副司令米爾，被控走私嫌疑而退職。不久就發生「政變」事件。

究竟是一些退職軍官勾引現任軍警要員陰謀叛變？抑還是因一、二人的事件遽與大獄？恐怕得再過一個時期，方才能下判斷。不過事先「托派」和「共黨」的議員，早已在議會警告，說要「提防軍事獨裁」。

最近這一階段，實際是左翼在向右翼進攻，右翼也許是意圖反攻而事機不密，也許是跌下預爲佈置的陷阱，被人栽誣，但無論如何，他們已吃了一次大失敗的苦果，可能連到向來在軍警中的系統潛力也被打斷。可以預見的是班達蘭乃克夫人的政府將從此進行整肅軍警的不穩份子，同時她的政權也將因此而更趨左傾。

·加爾各答通訊·

菲律賓的基本國策

（碧瑤通訊）·尤實·

菲律賓可以說是東南亞的「天之驕子」，她的政治局勢和人民生活，都較東南亞任何一個地區爲安定：這就是她的基本國策所奠立下來的成果。

那末，她的基本國策是怎樣的？副總統兼外交部長畢烈茲曾經說過：「自第一任總統羅哈斯擬訂了『和世界自由國家携手』的外交政策後，迄今始終一脈相承；從自由黨的羅哈斯，季里諾，以至國民黨的馬思思，加西亞，都依然沒有改變。至於內政方面，尊重自由，實施民主，也是同樣的切實執行；雖然在因地制宜的原則下，間或畧有調整，但在實質上，仍是毫無二致」。畢氏還坦白地承認：菲律濱的基本國策，由於若干年來都跟美國保持着密切的關係，所以在性質上和形態上，都是受到美國相當重大的影響。尤其是反共的立場，站得更爲穩定。

菲律濱的政府組織，現仍保留着自治時代的模型，精神和實質。憲法方面，則幾乎是以美國的憲章爲藍本。其與美國政制特徵相同的，有下列三項：一是總統制，二是兩院制國會，三是三權分立制。而與美國政制畧有差別的，則有下列五項：一是總統係由人民直接普遍選出，二是參議員不代表地區利益，亦由人民普遍選出，三是中央與地方權限之劃分，菲採中央集權制，美採聯邦分權制，四是國家主義的精神和經濟政策的限制，五是菲律濱的憲法是由全國人民直接投票修改。──三權分立制的菲律濱政府的最大特色，是國會代表人民公意，制定法律；總統對人民負責，執行憲法；而大理院（最高司法機構）則有權審議法律、命令、條約，以決定其是否侵犯人民權利，是否合乎憲法精神；它不受外界干預，不遭政治勢力侵犯，處在超然、獨立地位，保障人權。

菲律濱的基本國策，對人權是相當重視的。在憲法中，規定保障人權的條文，多達二十一項；其對平等保護權，生命安全權，思想自由權，尤爲訂定得詳盡，使人民獲得充分的享用。──這正是菲律賓國策在內政方面最偉大的精神；在四任總統中，都能予以發揚光大。

至於菲律濱的政黨，平時是沒有固定組織和基本黨綱的，祇是到了大選行將來臨，各黨派才劍拔弩張，四出活動，盡力爭取民心，拉攏實力份子，藉以充實陣容，加强得勝機會；而一般政客，則坐視風色，等到各黨各派宣佈了政綱，配定了候選人，他們才決定取捨，參加工作，迨至大選過後，各政黨的活動，便又停頓了下來。這種「奇特情形」，當地人士却稱之爲「優良的作風」。

民主國家都是以兩黨政治爲基本條件的；當然，菲律賓也不會例外。不過，她很少是兩黨處於勢均力敵的地位的；而執政黨大權在握，對少數黨施以政治壓力，却成爲司空見慣。這種風氣，直至戰後執政的國民黨內部分裂，變成國民、自由兩黨後，才告逐漸改變。國民黨和自由黨之間，自一九四六年起經過了三次競選，先由自由黨登上了寶座，繼而國民黨獲得政權，以至此次之自由黨擊敗國民黨而捲土重來，目前該兩黨已形成兩股主要的鬥爭力量。餘如民主黨，公民黨等，則由於組織鬆懈，勢力薄弱，業已成爲無足輕重的政黨。至於共產黨，自經過了一度公開叛亂後，早已被取締活動了。

在歷屆總統努力實施其基本國策之後，近數年來，外交和內政，都已有了很好的表現，和優良的成就，雖然官吏的貪汚曾使政府蒙上了一層陰影，但最高當局却能認眞、澈底的劃除了那些不良份子，刮垢磨光，不遺餘力；尤其新上任的馬卡柏佳，他具有遠大的眼光，精明的智慧，和偉大的政治抱負，在執政之初，卽已擬訂了消滅貪汚的具體方案，待其按步就班付諸實施了後，自然可以將卑劣的邪惡風氣撲滅，使他的政府放出廉潔光輝。

據馬卡柏佳的宣示，他將以堅强的決心，繼續執行菲律賓的基本國策，一方面聯同盟友，努力反共，一方面修明內政，闡揚民主精神。──當地人民，均對他同聲喝彩。

神女之夢（上）

椿雨

一個貧病交迫的寡婦，有着大堆嗷嗷待哺的孩子；她的丈夫在半個月前被山上滾下的巨石壓得稀爛，他是營造廠雇用的小工。

這不是傳奇，也不是了不起的新聞，但是當它被報紙的記者作爲「專訪」資料寫成一篇特稿刋出後，便有許多讀者紛紛來函，捐欵救濟。

看起來，這倒是社會未盡冷酷的好解說。

在逐日披露的人名與欵額中，有一筆兩百塊錢的數目，是林阿妹的義舉。論身份，她和別的熱心市民差得遠，她祇是一個乙級綠燈戶的妓女。

「發痴！」烏龜頭嘲笑她做了獃事。

「其實，捐幾十塊算了，何必花那麼多？」姐妹淘痛惜她的兩百塊——好不容易積起的皮肉錢。

「唉，人家眞可憐……」她不知道她如何替自己辯護。

她得到的是更多的冷嘲熱諷，更多的不以爲然。但她全部受得了，她一直是逆來順受的。

由於有着這副好脾氣，林阿妹雖然姿色平平，生意却很興旺。魚販子柯大疤，文士毛吟桐，以及若干沒有一一提出來必要的張四李四王二麻子，都是她的恩客。她從不表示憎惡魚販子的腥氣和文士的酸味，她總是甘之如飴地接待熟識或不熟識的尋歡者；她也從不爭取額外賞賜，只要够向老闆交賬就行。

林阿妹對自己瞭解比別人清楚得多，她不是美女，無法在這種行業中挺腰桿子，搭臭架子。再者，壓住她肩頭的担子又重得該死，癱瘓的母親和三個未成年的弟妹都要她負責。她必須承担超過容忍限度的屈辱，才扯得手光天的虧蝕——雌雄眼，獅子鼻，燒賣嘴，好的是，她還年輕，外加一身圓滾滾的肉，這就足够博取某些人的賞識了。

她的慷慨捐輸，漸漸的，不僅是烏龜頭和姑娘們的譏諷資料，也在她的嫖客羣中引起種種的論調。

「人家捐錢，因爲人家不是賣肉的；賣肉的跟賣魚一樣，有什麼資格去行善？」魚販子摸摸頰上的刀疤，想起了爲了爭奪攤位打了一場血淋淋的架，覺得賺錢眞是血淋淋的玩意兒。

「同情？哼哼，幾個錢一斤？」

文士談起這事，便聳聳肩，使得本來就嫌短的藏青色舊洋裝更短了些。「我的房租錢等着稿費來對付，編輯先生卻原件照退；識貨的朋友瞧了覺得可惜，說是應該得諾貝爾獎金的……哼，這就是同情，不值一文錢。」

林阿妹完全懂得柯大疤的意思，第一，他們在言語上無隔膜；第二，賣肉賣魚的譬喻，簡單明瞭、不傷腦筋。至於毛吟桐那套懷才不遇的牢騷，她就莫測高深了。儘管如此，她對他們的答覆倒是同樣的：

「那女人沒錢醫病，會死的；孩子挨餓，也會死的。唉，眞可憐……」

她的好心腸，在她生活着的環境中得不到喝采。這裏是風化區綠化區，綠燈戶的集中地；公娼與暗娼「和平共存」，花柳醫生跟流氓各有所司……大家都以爲是站在一片沃土上，肥得很。除非一聲令下，取締淫業，這裏的居民永不覺得有何遺憾，值得替自己或別人着急。

但是，林阿妹並未因此氣餒。

「捐欵的人那麼多，足見人家不像他們這般沒天良。」她首先根據報上一連串的名單，證明她的做法是符合公衆意見的。「再者——」她往下演繹；「我命苦，還有更命苦的，媽祖才會眞高興呢……」

一想到香火旺盛的媽祖廟，林阿妹就益發相信神仙總是樂意扶危濟困的，所以才有許許多多的人頂禮膜拜，祈求賜福。

「說不定，」她自然地觸動一種不算奢望的私心。「祇要天有眼，媽媽的瘋癱會好起來，日子也慢慢的好過些，我就不用在這裏了。」

然而，她所擬的這幅遠景，經不起烏龜頭一聲么喝——「阿妹！人客來！」——就像肥皂泡的消失無遺。直到偶爾又得着一些空閒時，它才趁隙出現，重新在她單純的腦子裏排演單純的喜劇。

有一樁不在任何人預料之內的事情，間接地充實了她的小小願望的內容。

接續多日的豪雨，使台灣南部的夏季哭喪着臉，沒得生趣。養魚的最倒霉，魚塭氾濫成災，前途未可限量的魚苗漂失殆盡。一向供過於求的淡水魚，市場價格突飛猛漲，變成了奢侈品。這就是說，魚販子柯大疤走運，買進賣出之間，賺頭着實不壞。

惡劣的氣候也影響到風化區的繁榮，嫖客的興緻大打折扣，懶得出門。於是，到了晚上，在掩飾醜惡的各色燈光下，露着胳臂和大腿的妓女就無事可爲。祇有林阿妹的營業幅度化較小，柯大疤仍舊走動得很勤，頂替着別人留下的空缺。

乙級綠燈戶多半是「茶室」改頭換面的產品，原先的茶座繼續保留着，號稱「接待室」。柯大疤一到，林阿妹自會替他端上一杯加糖的紅茶，並將他隨身携帶的雨具擱進櫃台，妥爲保存。

魚販子覺得他所受到的恭維是正當的。佔攤位，搶生意，都要費盡氣力；近來物以稀爲貴，虱目魚，吳郭魚，幫他大大的賺了錢，也還是拚命競爭的結果。他難道不該優待自己麼？難道不該舒服舒服麼？這樣一想，他就順理成章地拼棄潮濕的木屐，把他的泥足舉到侍坐身旁的林阿妹肥腿上。她不嫌他髒，她沒有嫌髒的觀念，雖然他的汗衫和黃布短褲都已邋遢到等於抹布的程度。魚腥、汗液、雨水，從他身上蒸發出陣陣惡臭，她似乎毫無所覺；她塗抹的廉價脂粉，却在他的鼻腔裏起了提神作用，剔除掉他的整日辛勞。

「唱一個聽聽。」他將她往懷裏扯。

「我的嗓子壞，唱起來刺耳。」她頗有自知之明。

「不唱，今天就不到後面去。」柯大疤擠着眉眼笑。

「你這個人……」林阿妹在魚販子肩膀上輕輕擰了一把，沒奈何，隨口哼出幾句歌仔戲。

這是有傳染性的，別的姑娘也跟着大唱特唱，頓時這間冷冷清清的「接待室」熱鬧起來。

「好啊，再來一個！」柯大疤可樂了。「你眞乖，我要你跟我回去做老婆。」

「你說過多少遍了，全是假話。」妓女都想從良，但不輕信這類諾言。

「這回不騙你，」魚販子從褲袋裏掏出一大疊鈔票，炫耀着。「再過幾時，我的錢更多！」

「要還老闆三千塊呢。」林阿妹在懷疑之外又添上憂愁，因爲三千塊不是一筆小數目。

「到下個月，你拿錢來，你跟我走。」

「口說無憑，天一晴，魚價一跌，你又賴掉了。」

「狗養的才賴！」柯大疤認眞地說。「我已經跟八家約好，做一個會，每人五百塊，共十個人；再加我自己留着的，拚拚湊湊，足有六、七千塊，還怕不够？」

「你要是眞心眞意的話，就先拿一兩百塊出來，捐給那寡婦，做證明。」林阿妹以爲這是判定虛實的妙計。

「你教我學你做傻事？」

「怎麼是傻事？菩薩知道了，會幫你發財，那裏傻？」

「我靠自己，不靠菩薩；我挨砍那一刀時，菩薩不會覺得痛……呃，到後面去吧。」

「罪過……」

無論如何，儘管柯大疤拒以施捨表明誠意，林阿妹却不願就此否決擺脫苦海的可能性。她估量他的討老婆計劃並非空中樓閣，他的進項正在逐日保證這事的具體化。她更信這種有利的跡象全是媽祖的意思，她的解囊行善必已感動了神仙，遂在冥冥之中替她安排着好收場。

她的樂觀使她漸漸發覺魚販子也蠻順眼，黑滋滋的，多結實，不比別人醜得多。他的生活能力特別值得她寬懷，他吃得苦，會賺錢，做他的老婆不愁餓肚皮。祇所提心吊胆的，她是怕他得意忘形，嫌她長得不漂亮，將來另外找女人。

「唉，媽祖啊，求求你，莫教他變卦」她常常私下裏祈禱，冲淡心中的恐懼。

她加倍巴結這個未來的丈夫，用她所知和所能的，討他的歡喜。

他的確歡喜她，就像喜歡所有令他快活的事物那樣歡喜，至於買她回去做老婆，他也不是說了玩的；在他的正視現實的腦袋裏，買人和買魚本質上並無差別。他買下來後，就有權支配她的一切；她必須替他燒飯洗衣生孩子，以及要作一名魚販子老婆不得不做的任何工作。好便罷，否則就押進妓院，連本帶利拿回來。

「你要是好吃懶做，就賣掉你，」他曾提出事前的警告。「我的鈔票難賺，血淋淋的，怎能白花？」

「沒天良。」林阿妹倒不認爲嚴重。「除非你變心，我不好，殺都行。」

就這樣的，他們算是訂立下口頭契約，以後的事全仗魚販子去料理了。

豪雨也間歇休止的時候，給予不甘寂寞之徒活動一番的機會。據警察統計，冷天和雨季犯罪案件較少，又熱又晴的氣候則是爲非作歹的溫床。

其實也不盡然，例外總是有的。文士毛吟桐在最近幸獲發表的一篇文章中就說過：「烈日當空有人懶得摸女人的屁股；雨意連綿，下走都悶得祇想扔炸彈……偶憶軍閥炮轟陰霾之舉，足證天凶人惡，古今如出一轍……」他對雨天的詛咒，並未削弱「尋找靈感」的興緻。因此，當他領到稿費後，就自然而然地出現在綠燈戶，藉着「文士風流」的外衣粉飾原始的醜態。

「多時不來了，爲什麼？」林阿妹獻給他的殷勤不遜於獻給別人的，她一直維持着良好的服務態度。

「你們那裏懂？我正着手寫一部巨著，洋洋百萬言，忙得很。」毛吟桐昂起下巴，傲視羣妓。從他那套經常進出當舖不合身的洋服裏，冒着一根安上瓢形頭顱的細脖子；他的襯衫領口又破又黃，強調着那根脖子的脆弱性。

文史漫談

關於蕭觀音案（三）

徐亮之

蕭觀音既因教訓重元妃激起了重元之亂，而使道宗滅親；復因「每於當御之夕」例行教訓，而使道宗翻胃；則道宗對她的印象，可以說基本上已經壞了。印象基本壞了，便不但只造成如「焚椒錄」所說「咸雍之末稀得幸御」的後果便算完事了；便簡直非動輒得咎不可的了。

然而蕭觀音却對此一點警覺也無，她只仍然是順着她的脾性兒——文學家藝術家脾性兒、無邪地、直綫地向前發展着。伶官趙唯一的侍彈琵琶，和公然把「迴心院詞」特付趙唯一彈奏，以及不惜以皇后之尊而與宮婢單登琵琶競賽等，便是她一味任性而毫無警覺的事實証明。「焚椒錄」記這事說：

「時諸伶無能奏演此曲者（指「迴心院詞」），獨伶官趙唯一能之，而宮婢單登故重元家婢，亦善箏及琵琶，每與惟一爭能，怨后不知己。后乃召登對彈『四旦二十八調』，皆不及后；單媿恥拜服。於時，上常召登彈箏；后諫曰：『此叛家婢；女中獨無豫讓乎？安得輕近御前!?』因遣直外別院。登深怨嫉之。而登妹清子嫁爲教坊朱頂鶴妻，方爲耶律乙辛所暱；登每向清子誣后與惟一淫通，乙辛俱知之，以爲不足証實，更命他人作『十香』淫詞用爲誣案云：

青絲七尺長，挽作內家妝；不知眠枕上，倍覺綠雲香。

紅綃一幅強，輕闌白玉光；試開胸探取，尤比顫酥香。

芙蓉失新艷，蓮花落故妝；兩般總堪比，可似粉顋香？

蝤蠐那足並，長須學鳳凰。昨宵歛臂上，應惹領邊香。

和美好滋味，送語出宮商；定知郎口內，含有腹甘香。

非關兼酒氣，不是口脂芳；却疑花解語，風送過來香。

既摘上林蕊，還親御苑桑；歸來便攜手，纖纖春筍香。

鳳鞋拋合縫，羅襪卸輕霜；誰將暖白玉，雕出軟鉤香。

解帶色已戰，觸手心愈忙；那識羅裙內，消魂別有香？

欬唾千花釀，肌膚百和裝；元非噉沉水，生得滿身香。

乙辛陰屬清子使登乞后手書。登時雖外值，常得見后。后善書，登紿后曰：『此宋國忒里蹇（遼語皇后）所作，更得御書，便稱二絕。』后讀而喜之，即爲手書一紙；紙尾復書己所作懷古詩一絕云：

宮中只數趙家妝，敗雨殘雲悞漢王。惟有知情一片月，曾窺飛燕入昭陽。

登得后手書，持出與清子云：『老婢淫案已得，況可汗性忌，早晚見其白練挂粉脰也。』乙辛已得書，遂搆詞命登與朱頂鶴赴北院陳首伶官趙惟一私侍懿德皇后（即蕭觀音），有十香詞爲証。」

由上引「焚椒錄」看來，關於本案的本質，雖然是一幕以耶律乙辛爲主角的宮庭權力鬥爭的悲劇，而蕭觀音的天眞任性，確也難辭其咎。

第一、以一個有教訓癖的皇后，而竟做出那樣富於春情挑逗的「迴心院」詞，這如光給也會哼幾句詩的漢化主義的道宗個人看，已難保沒有嘿心的危險；何況還公然廣試諸伶，被之管弦，等於俾衆週知，弄得滿城風雨？這樣一來，客觀上又豈能「回」君之「心」，直是彰君之惡而已。

第二、那樣的詞既因被之管絃等於俾衆週知，則敵方既已獲有現成藍本，因而僞造「十香淫詞」向她栽誣，以及道宗看了信而不疑，夫何足怪？

第三、「十香詞」淫而近於穢，豈是堂堂皇后所應書寫，更豈是常擺道學面孔的皇后所宜書寫？乃不惟輕信單登之言而欣然書寫之，還且而以自己的作品附其後以付之，又不幸而附作之中復鬼使神差地隱有「趙惟一」三字，則寃獄之成，直是百口莫辯而已！然如非平素天眞任性已慣，殊不至於此。

第四、由單登罵她「老婢」和「上常召登彈箏」看來，足証單登也相當美麗，而年齡却較她爲輕。因而她以女子豫讓諫道宗，實可謂乃酸素作祟的危言聳聽；但接着就令出法隨「遣直外別院」，實未免過於操切；倒也難怪單登「深嫉怨之」而終於橫決來。

至於耶律乙辛何以必苦苦和蕭觀音作對，必欲置之死地而後已，則不能不一畧述耶律乙辛之爲人。

抗戰回憶錄（六）

張發奎

二、從準備抗戰到開始抗戰

到民國廿六年，日本對中國的侵畧措施愈見緊迫，政府對日抗戰的決策遂亦通過國防最高委員會而確定立即進行。

我於廿六年七月廿一日在緊急的命令之下回到了嘉興，並接受了應預期於淞滬作戰作積極之準備的意旨，在這種情況與任務之下，我必須去指導下述二種行動：第一，我如何去運用轄區人民的熱烈情緒與不規律的意氣行動，使其導入於有計劃的發展與有秩序的鎮靜。戰爭是艱巨的任務，國民是戰力的源泉，軍隊對敵的作戰能力，胥視國內人民的能力而定，人民不但須有強烈的戰鬥意志，而其在戰時的工作與生活，必須適合於戰時的要求，而政府更須作適切的指導和有力的來維持國民這種生活與工作。第二，我必須預先判斷將來狀況的推移，和秘密部署軍隊與其他一切的戰鬥準備，俾便在任何緊急情況之下取得主動的地位，這是一種很困難的決心，因爲我必須有先知的計算和特別的慧眼來做這個計劃的基礎。

八月上旬，張治中和我接到了立即從事上海作戰左右兩翼部署的命令，我們計劃把軍隊儘量推進於上海的邊緣，一待上海的情況有所變化時，即以積極的攻勢行動，先殲滅上海駐留的日軍，俾取得先制之利，並使敵人海上增援的部隊，無法得到立足的地步。我們的理由，以爲只有從主動的方面，才能獲得勝利。我們認爲戰爭是政治的最後手段，戰爭的行爲只有勝負的爭奪，沒有仁義道德的存在，好像二個人的搏鬥，只有在體力與拳足上去用功夫，一切的禮貌和詞令，這時已失却效用了；奇襲的手段，是戰術上最卓越的行動，而勝利之冠，亦只有輝耀於攻擊者的頭上，我始終反對消極的作戰手段；猶憶民國廿一年「一二八」之役的第一晚上，蔣光鼐邀我和黃琪翔一同至虹橋商談作戰計劃時，他告訴我在上海駐留的日軍約三千人，我軍於本晚可得使用的兵力約爲二個團以上的狀況之後，我就曾對他說：「應不顧一切，採取迅速而澈底的攻勢，以車輛輸送部隊，突襲虹口之日軍司令部，並以商輪堵塞吳淞口，遮斷其水上之交通，只有這樣才可以殲滅上海的敵人，並引導戰鬥於我有利，如顧慮國際與外交，是戰畧上最大的錯誤。」但他終以「只有應戰，不能求戰」的見解，否定了我的建議，而遭受了失敗的命運。那正是對日戰爭採取消極手段的痛苦教訓。

這一次，我把轄區原屬我指揮僅有的兩個師，秘密地向上海附近推進，以李崧山師進出浦東及右側的沿海地帶，阮肇昌師進出於上海的龍華附近，我自己帶了必要的幕僚在南橋設立指揮所，如果作戰的重點在左翼方面時，阮師且可隨時轉用於左翼方面作戰；我當時非常興奮，並愉快的憧憬着一個輝煌的戰果，我覺得這個任務頗能自負，雖然所指揮的部隊，不能如從前自己創造的第四軍一樣的單純而熟識，但我決心以自己精力來克服這種困難。自己的任務雖艱巨，但當國家與民族在危難的時候，一個軍人只有去爭求最困難艱巨的任務，才是忠貞愛國捨身殉職的表現，怯懦與推諉，決不是一個忠勇軍人的應有行爲。

這一旬間，我以非常光榮緊張的情緒，靜候着戰鼓的擂動。

本刊已經香港政府登記
每逢星期五出版

聯合評論
週刊

United Voice Weekly
第一八一號
督印人：黃宇人　總編輯：左仲平
社址：九龍嘉林邊道二十三號地下　電話：68678
承印：嘉羅印刷有限公司　香港灣仔馬師道5號
總代理：友聯發行公司　售價每份港幣一毫
本報美洲版總經售處美國紐約中美出版社
CHINESE - AMERICAN PRESS, INC
199 CANAL STREET.,
NEW YORK13 N. Y. U.S.A.
美洲航空版每份零售美金一角

由高利貸與美金借欵說到裁兵

孫寶剛

這幾天港中許多報紙以大篇幅登載吳必彰醫生在台灣自殺的事。吳本來在香港行醫，是一個名醫，去了台灣不久，與名伶李湘芬結婚才半年，現在自殺了，好在還沒有自殺死。以自殺新聞而論，對於在香港住了十多年的人來說，不會引起十分注意，因為香港十多年來自殺的人太多了，十之九以上是為了錢。吳醫生這次自殺也為了錢，所以更不應引起人的注意。可是這次居然有許多報紙以大篇幅登載其事，大概因為吳是一個名醫，又娶了名伶做妻子的緣故罷！

究竟是不是這個原因且不談，無論如何，因為報紙以大篇幅登載其事，便使我這個素不甚注意社會新聞的人，也閱讀了這一大幅的新聞。新聞的內容是很平凡的。吳是一個名醫，所以積蓄了相當數量的錢，大概這個人對醫學雖有研究，但對錢是看不開的，所以有一家報紙說，他的離港，逃稅還是一個原因，去了台灣以後，收入不很好，又娶了一個名伶，把積蓄的錢托中央銀行的稽核主任放高利貸，這位主任從中漁利，但是高利貸和美金放欵在台是違法的，所以吳吃了虧也無法伸冤，竟至自殺，尚幸沒有自殺死。

這是一個沒有靈魂的愚蠢的智識份子的一種行徑。本是無足輕重的，不過由於吳的自殺，反映出台灣的高利貸，以及美金放貸問題，這倒值得討論一下的。

國民政府這幾十年來，始終以增發貨幣來解決其經濟困難，一面管制外滙十分嚴格，嚴格到不合理。所以這十幾年來中華民國的法幣，總是高速度的貶值，在大陸時的情形，使人言之痛心，國府遷台以後，由舊台幣而新台幣，幣值也貶得相當快，幣值貶得快，借貸的利息自然高，所以在台灣以放高利貸為生活的，大有人在，吳醫生當然是其中之一，但是正規的工商業，利潤是有一定的，怎麼可以頂得住高利貸呢？所以高利貸的風行，便是獎勵投機買賣，一個國家到了這個地步，經濟怎能上軌道呢？本來國家的收入，靠稅收較發行紙幣為可靠，可是台灣在這個情形下，正規工商業不易發展，稅收當然無法增加。

另有一部份人，認為高利貸還不能抵補其貸出的欵子的損失，所以就以美金作貸欵。但是美金貸欵是違法的，而況借去的人，還是要調換台幣來做買賣，結果受台幣貶值的損失必大，於是到期便不能清償債務，而美金借欵既係非法，不受法律保障，所以問題更形複雜，正如吳醫生所寫的遺囑內所說，吞沒和威脅等等非法行動，都繼之而起，這就在經濟問題之外，更引起了社會問題。試想在這一個情況之下，經濟社會都生了問題，台灣前途究將怎樣？我不知道台灣當局有沒有考慮過這些問題。

說到這裏，問題便來了，大量紙幣出籠，既不可行，工商業又如上面所說而不能發達，所以稅收有限，現在美援也在緊縮中，試問還有其他的方法來增加國家的歲收麼？當然在這三者以外，似乎沒有什麼方法了，因為在台灣銷國內公債，當然也不是很有效。不過我要問，國民政府不能減少支出麼？台灣六十萬的大軍，表面上說是要用來反攻大陸，這已經是幾年來一個爭論的問題，有見識的人都知道，不能祇靠六十萬大軍來反攻大陸。那麼年年養在那裏，豈不是大耗國帑，我相信，假如台灣能面對現實，把軍隊裁到合理的數量，台灣的經濟即可改觀，不特不需要靠大量發行紙幣來維持國家開支，外滙的開支也大量減少，不需要現在這樣不合理的管制，工商業自可大量發展，高利貸，美金借欵等自可絕跡，台灣的整個經濟，自然而然的日趨繁榮，幾年以後，時機一旦成熟，倒可以對大陸發生極大的反共作用。

政治經濟都是現實的，所以執政者一定要面對現實，在面對現實之下，來決定一切政策，才能解決許多現實的問題。我認為現在的台灣當局，似不甚注意現實問題，或知道現實而不去面對它，所以許多政策，徒然是一種口號，許多問題仍是沒有解決。也許當局者認為今天的現實對當局太不利了，所以不願把現實揭穿而去面對它，可是經濟政治總是現實的，惟有面對了它，決定確當的政策，才能改善現實而走上理想的路上去，不然，愈和現實脫節，後果是愈糟，終至不堪收拾。

記新春雜感與瑣事之二

左舜生

今年春節的正月初一，初二，初三，也和往年一樣，我這間簡陋的書房兼客座，便也添了一些生氣；而今年的糖果，卻比往年多了一些花色，因而引得一般孩子們，似乎也比較的感到興奮。說老實話，在這個年頭兒，除掉從孩子們的臉上，看到一絲天真的笑容，我也不覺得有什麼事更能使我愉快。

我的客人大率分為兩類：有的一到便走，有的卻願坐下來談談。話匣子一經打開，當然便是天南地北，包羅萬象。今年最突出的一種談話資料，便是大家都歡喜報告他們大陸親友們的近況，同時也不免向我問長問短。我告訴他們：去年年底，我收到大陸兩個青年愛侶一封超過兩千字的統戰長函，文字相當動人，也沒有完全隱瞞大陸近年發生的一些可悲事實，在信的末尾了，有着這樣的句子：『西子湖邊的春色，不減當年；』『故國河山，仍在向您招手；』……『我們總希望接您回來住住，也可到各處走動走動，即令不願久住，住半年也好，保証來得去得，一切都無問題；……』這個意思自然是可感的。不幸我這快近七十的老翁，已不感到人世值得如何留戀，『是處靑山好埋骨，』死便是死，『故國』不『故國』，倒沒有什麼關係。記得三十年前，一個深秋的清晨，我單獨一人，在巴黎近郊一處公共墳園散步，四面寂無人聲，只一陣陣襲來的鳥語花香，稍稍干擾我的孤獨。當時我私心有一個這麼的疑問：『我將來能不能走到一個自由最多的地方去死，而有幸福與這類的自由之鬼為鄰呢？』我們這份小得不能再小的『聯合評論』，台灣和大陸都是不許進去的，不過我們有真憑實據，這一每週發行兩小張連我們自己也不滿意的小東西，不只是台灣有，大陸也有，因此，對這兩位朋友的來信，我便不必正面作答，只希望看見我們這小玩意的人能轉告他們，知道我讀了他們的來信，有着這樣一種的感想便完了。

我的故事，正說到這裏，在坐一位姓張的好朋友，乃從他的皮夾子裏面，取出一長約三寸，寬約一寸的小條子，頭上兩個大字，『收條，』下面記着『冰糖一公斤，』再下用亞拉伯字，表示價格，五元六角！據這位朋友告訴我們：『共產黨有進步，現在寄糧食或日用品到大陸很方便，只要在香港購得一張在大陸取東西的條子，由郵局掛號寄交收件人，信到便可憑條子到指定的地方取件，如經過一定的時期不曾收到，這方面寄件人還可憑收條追問。既可免去到香港郵局擺長龍的麻煩，又可避免在大陸交稅的手續，損失有保障，還可除去帝國主義者從中剝削運費，一舉而數善備，真是簡便極了啊！』究竟共產黨富有打倒剝削階級的經驗，才虧他們能從一公斤冰糖的代價上，淨淨的剝削去四元以上的港幣，我相信，假如不是在他們『英明的毛主席』的領導之下，是決不會有這種輕鬆簡便的方法產生的。據說去年一年，共產黨從香港華人手上吸去的外滙，共為十八億港元左右，我們在這裏兩百萬以上的難民，對台灣，還只勉勉強強做到了『歲歲來朝』；對大陸，卻充分做到了『年年進貢！』這究竟為的什麼？還不是在發揮我們對六億同胞的熱愛，同時也還是看在『故國河山』和『西子春色』的分上啊！

另一件事，大約是在初二午前發生的吧。因為願意坐下來談談的朋友，一下子集中了七八人，內中有甲乙丙三位，卻因為胡適之先生去年十一月在台北那篇『科學發展所需要的社會改革』的講演，引起了相當熱烈的爭執。甲先生是一種刊物的主編，年最長，已六十開外；乙先生是一間大學的專任教授，頭髮也白了不少，大約五十七八；丙先生卻還是一位少壯派，面孔圓圓的，生氣勃勃的，大致才剛到四十的邊緣，他是一位必須經過長期思考和搜集充分資料然後敢於下筆的作家。這次爭執的起因，是由於甲先生在他的刊物上分期發表了徐復觀先生一篇反對胡先生對中西文化觀點的長文，乙先生看了非常憤慨，他原想打電話給甲先生，說明像他那樣一種立場的刊物，如徐先生這類超越理性，跡近失態，甚至還夾雜得有相當副作用的文字是不宜發表的。這一天他們兩位見了面，剛巧甲先生又向乙先生要稿子，因而引得乙先生大放厥辭，發揮了他一番祖胡抑徐的高論。這個時候少壯派的丙先生忍不住，也揷上幾句，他說：『我對胡先生近年的政治動態，確也有些地方不以為然。』我知道丙先生是另有所指，與胡先生最近一次的講演無關。所幸我這天是站在一個主人的地位，對甲乙兩先生間的爭執不便參加；同時在台北方面為這一問題所發表的文字，我也看得太少，對他們所爭執的論點更不大清楚，一直到最近見到台北出版的『文星』第九卷第四期李敖先生的一篇長文，才感到雙方的爭論相當激烈，因而不敢說話；但在我的內心，卻依然是站在胡先生一面的。據說胡先生這次講演所以引起反胡派的一種衝動，倒不是因為他提倡發展科學的這一主題，而是由於他在若干外國人的面前，又一次提到了中國女子的小脚。好像這是太丟了中國人的臉，因而激動了一種所謂民族的情緒，乃不惜藉題發揮，對胡先生大張撻伐。其實講起來，中國歷史上的小脚問題，並不是一個怎樣的小問題，在講話的時候偶然提到，又算得什麼罪大惡極？我平日勸一般朋友為爭取民主而遭受挫折不要灰心，也常常歡喜拿中國人的解放小脚做個例子。我常說：『儘管在一百六十年前，中國已經有了一個好色而不贊成小脚的袁子才（1715—1897），可是四十年前卻還有一位站在大學裡面歌頌小脚的辜湯生；康有為組織團體主張解放小脚是光緒九年（1883）的事，到現在快到八十年了，可是小脚至今也還沒有絕跡，可見為了解放中國女子的兩隻脚，至少也得花上一百年！中國人提倡民主從王韜（1828—1897），鄭應觀，馬建忠等到現在，最多也還不到一百年，而實現民主與解放小脚的難易，又不可相提並論，有什麼值得我們灰心呢？』至於一般至今仍在追隨他們的『張文襄公』實行『中學為體西學為用』的先生們，則更不值一談，發明了這兩句口號而且身體力行了一輩子的張之洞，到最後的歸結，也還只落得『辛苦李（綱）虞（允文）文（天祥）陸（秀夫）輩，追隨寒日到虞淵！』就儘他們去搞好了，又何必爭論？

毛澤東與赫魯曉夫

謝扶雅

說來慚愧，我們具有四五千年悠久歷史的龐大中華民族，到了今日太空核子世紀，依然任憑一個專制魔王在寫歷史，亦讓西方新聞家們在報導中國問題上，專以毛澤東為其浪費（依我看是「浪費」）筆墨的對象。自從老赫發表了他的所謂「新共產黨宣言」，以及最近中（共）蘇為阿爾巴尼亞事互鬧彆扭以來，一些西方學者式的論調，按上了「赫魯曉夫主義」及其匹敵的「毛澤東主義」兩個似哲學非哲學的名詞。毛澤東思想選集固早已全被英譯（我指的是美國國務院所譯的那種）了出來。一些高級學府裏的政治學教授以至漢學家們，相率敘述及競為論辯毛澤東的思想體系（最初的土地改良主義者或中國狄托那種論調，總算已放棄了）——什麼忠實的馬列主義咯，自有所創的共產主義咯，共產主義的左派咯，共產主義的右派咯，種種不一。記得前年香港方面也有一本刋物曾登過一篇文章談毛澤東的哲學。筆者吃哲學飯四五十年，覺得如毛澤東其人而亦有所謂「哲學」，則誠無非比例於美國名作家杜蘭（Wm. Durant）所曾說過的「房東太太的哲學」吧了。

本來在哲學派中，所謂辯証唯物論，或馬克思恩格斯的哲學是最粗率的，而已早過去了的一種哲學學說；但毛澤東又何嘗對它有所研究及絲毫了解。列寧在俄修改了馬恩學說，而集中於對外反帝國主義，對內無產階級獨斷政權；其在政治哲學中，只可認為最單純的一元絕對主義。史太林不過是個大特務頭子，恐怖主義者，根本沒有哲學思想。老早有的社會主義（可追溯至柏拉圖的「共和國」）則是一個極其廣泛而又曖昧不具定的名詞。至於「共產主義」這一怪名詞，其實，什麼是共產主義；世上只有共產黨，只有共產頭子。至少在哲學園地中決不能長出一種有系統的，貫通的所謂共產主義。毛澤東呢，可說其對西方哲學以至中國哲學完全外行，即使他也寫過一兩篇支離破碎冒充哲學的文章。你只消去問一聲內行文人：老毛所塡的幾首歪詞，是不是算詞？同樣，說他有哲學，能作哲學論文，實令我們研究哲學的人為之作三日嘔！

現實主義的西方政論家，重視及高估毛澤東，我們中國人則心中有數。我們懂得宋江是怎樣的人，洪秀全是怎樣一時造出太平天國，秦始隋煬是怎樣統一了神州而煊赫不可一世。成則為王，敗則為寇：是中國的一句老話，也確是班班的歷史事實。老毛抄襲了許多西方新名詞，不但在唯物論上的，也還有在唯心論上的。正如洪秀全告示中，滿口天父天兄，何嘗了解基督教一樣，呸，毛澤東了解馬克思主義或所謂共產主義！阿飛看了武俠影片，而模倣作打刦行為，同樣，毛澤東的那一手，十足是從水滸三國而來。中共政權可以說是太平天國的翻板。當年秦始皇的勝利，無非由中國人民久已厭於數百年間分崩混亂之局。要不是近數十年南北軍閥的割據混戰，以及後來蔣氏政權的腐敗無能，誰信毛澤東能霸佔大陸而登其寶座？與其說毛澤東思想受了西方的影響，毋寧說是繼承了本國法家的一些權謀左道。而我論先秦諸子哲學，總認為墨家思想的一部分滲入於其後的法家，一部分則流落到歷代民間的秘密社會，而如梁山泊者即其典型代表之一。秦始皇統一中國及中央集權的思想基礎是源於法家，此為人所共認。梁任公作墨子學案，稱墨翟為「小耶穌，大馬克思」。墨家的「鉅子」，正不妨說相當於今世的共產黨頭子，尤其是赫魯曉夫所已「鞭屍」的史太林個人崇拜主義。從前胡懷琛氏寫過一文，懷疑墨翟非中國產。說句笑話，怪人墨翟應是俄羅斯列寧兩千多年前的前身。赫魯曉夫倒是道地的俄羅斯產物。而俄國自彼得大帝以來，開始學習西方，頗受了一些歐化的影響。今日蘇俄比西方文化約尚落後五十至一百年（太空科學核子技術例外，但實得自德國俘虜之賜），而中國更落後兩百年。以此比例，中共視蘇俄，還差一百至一百五十年。在這一點上，中共稱蘇聯為老大哥，為先進，確是對的。

赫魯曉夫所頒布的共黨新綱領，志在於二十年後追過西方文化，並以爭取「和平共存」，不爆發核子大戰為先決條件。這種觀點和方針，尚勉強可稱為赫魯曉夫主義。但非驢非馬的毛澤東，只可說是史太林的冒牌，宋江洪秀全的再世，而墨翟的罪人，法家的不肖子弟吧了。老赫還理解到現代技術文明，知道只要一按電鈕，馬上可飛出巨量的核子彈，而把全世界人類半數毀滅，包含自己俄羅斯人在內。只有乳臭未乾，「狂」（喪心病狂的「狂」）胆包天的毛澤東小子，單知道任何核子彈總不能描準他本人射擊，所以胡說六億之半三億猶存，其奈我何的荒唐鬼話。對中國事情和歷史畢竟隔膜的西方人，喜歡用他們習戴的藍色眼鏡來看中共政權；何況毛澤東確實統一了而又牢牢統馭着全世界四分一的人衆。狡猾的赫魯曉夫亦正倚此以自重；而下流的毛澤東也只好甘鑽老赫的褲襠，彼此利用狼狽為奸。美國知道中（共）蘇有軍事同盟，既不能令老赫撕毀那張盟約，更沒有辦法把狂人毛澤東捉送神經病院或動物園，唯一的下策只是讓他進入聯合國來，使一百多個會員國或者可以合力扯住這個「爛仔」。中共大嚷美國是隻紙老虎，美國可真把毛澤東看作真老虎——甚至還有一套理論及思想的「老虎人」。孔子比喻得對：「苛政猛於虎」。毛澤東應該是只有中國人可以把他制伏。但是，慚愧得很，這一大羣良善的，但確是政治經濟及社會教育全面落後的中國老百姓，自己救死之不暇，惟有甘作「芻狗」。而那邊負責中華民國政府的蔣介石，又同樣與毛澤東為不學無術（除同樣具有一些子法家權「術」而外）。但前者實是昏蛋一個，後者則是狂人。天哪，華夏民族能勿倒霉！不過，畢竟到了二十世紀民主自由大潮澎湃的時代，專「以百姓為芻狗」的大盜魔王，究能刼持和壓制那眼明雪亮的人民於多久。難道這時中國真的還能重演秦始皇的一幕嗎？

一九六二、二、一一自美紐澤西寓。

馬來西亞計劃的來龍去脈（上）

王天行

值得重視的一個問題

提起馬來西亞計劃，香港人是陌生的，那就是說很少有人注意，即報章雜誌，亦以不重要的地位，偶爾刊載那麼一鱗半爪而已。也許人們以為馬來西亞計劃，不過是馬來亞聯邦一國的事，與我們無關，但這，雖是馬來亞首相拉曼所提出的計劃，在馬來亞國名中嵌進一個「西」字，意義就大大的不同了。「西亞」是英文「Sia」的譯音，有地區的含義。馬來西亞計劃是將星加坡，北婆羅洲，沙撈越，婆羅乃四邦與馬來亞合併。這樣一來，問題牽涉就大了，就複雜了。現代交通發達，噴射客機一日數千里，將國與國之間的距離縮短了，朝發夕至，任何一個角落，任何一個小國發生的事，其波幅很快就擴大到全世界。南非的剛果，東南亞的寮國，南美的古巴，可算是小而又小的國家，其距離是遙遠的了；這三個小國的糾紛，竟擾得整個世界不安寧，國際政治家們奔走駭汗，美國的總統與俄國的獨裁者爭論得面紅耳赤，劍拔弩張，大有觸發熱戰的可能。其初也，世人都忽畧輕視，等到事情鬧大了，感到與我們一切人都有關係啊！

同樣，馬來西亞計劃，現時不為世人所注意。星加坡有「歐亞十字路口」之稱，握太平洋與印度洋交通的鎖鑰；馬來亞與北婆三邦有豐富的石油，樹膠與錫等的軍事物資，亦據有重要戰畧基地，這五邦是太平洋安危所繫。未來的馬來西亞聯邦，人口有九百六十九萬七千多人，包括有馬來人，華人，達雅人，魯順人，摩洛人，馬蘭諾人，巴妖人，印度人；面積有十二萬一千六百六十八平方公里。將這樣多的民族，這樣廣的面積，一下子合併為一個聯邦，是世界一件大事，引發的問題將不可測：為禍為福，都有可能；如不幸其為禍也，又是一個影響全世界的問題。

拉曼妙計併五邦

馬來西亞計劃的產生，要遠從一九五八年北婆前總督湯堡爵士倡議北婆三邦聯合，與星加坡人民行動黨執政說起。所謂三邦聯合因婆羅乃的不同意已經流產，而星加坡人民行動黨得左翼份子的支持，推翻林有福而上台，標榜中間偏左，及待後來吃了共黨糖衣內的苦藥，才改變政策反共。自前人民行動黨任國家發展部長王永元被開除黨籍，在安順區複選立法委員獲勝；前星加坡首席部長，工黨領袖馬紹爾在芳林區補選立法委員當選後，左翼勢力威脅人民行動黨，李光耀政權搖搖欲墮。星加坡與馬來亞原為兄弟之邦，相隔僅一星柔長堤（堤長四分之三英哩），唇齒相依，如星加坡淪入左翼份子之手，赤潮將會淹沒馬來亞。李光耀總理為挽救本身危機，向拉曼首相提出星馬合併的呼籲。星加坡人口一百六十多萬，百分之九十為華人，星馬合併後，華人會超過馬來人，拉曼首相不能控制過多數的選民，在經濟上也要增加對星加坡的負担，因之拉曼首相遲疑未決。而星加坡情勢一天危急一天，馬來亞的背後又烽煙四起。迫得拉曼首相必須在華人的威脅，與共黨禍害之中，選擇其一。兩害相權取其輕，挽救星加坡亦即保障馬來亞的安全。拉曼首相想到了前總督湯堡爵士的北婆三邦聯合主張，知道北婆三邦的馬來人與士著多出華人數倍，如將北婆三邦拉入聯邦，便可平衡馬來人與華人的比差。於是拉曼首相於一九六一年五月二十七日在星加坡外國通訊員協會提出五邦合併的馬來西亞計劃。這是一石擊兩鳥的妙計。

葛量洪翩然訪問北婆

一九六一年六月廿一日前香港總督葛量洪爵士以蜆殼石油公司顧問身份，翩然訪問北婆首府亞庇，拜會北婆羅洲商聯會理事長曾慶德，提示英政府不久將給予北婆三邦獨立自治，須及早作政治上的準備，以迎接新時代的來臨。在一兩年之前，前北婆總督湯堡爵士，與現任總督顧德爵士曾一再宣示北婆組黨為期尚早，自治還未成熟。今葛量洪爵士雖為在野之身，然以其過去的政治地位，其來也必有所為，其言也當有所本，絕非無的放矢，信口雌黃。葛量洪之言，突如其來，有如向北婆古潭投下一石，激起了政治的漣漪，隨之洶湧澎湃起來。（未完）

勞動者不得食與高壓下無自由

李金畔

　　中共十二年來，一直叫囂「反對美帝」，把一個世界最富裕的國家，作爲其「假想敵國」，其原因，在我看，還不僅是因爲美國是所謂資本主義國家，也不僅是因爲她擁有現代的武備，而因爲她是一個道地的自由、民主的國家；同時她是一個名符其實的「生產過剩」的國家。（以有餘與共產主義的窮困相比，已不足爲病了。）如果美國祇是一個實行民主政治的國家，而不是一個生產力強大的富裕國家，不祇是中共，即是蘇俄，也不會把她放在眼裏。如果美國僅僅是一個窮兵黷武的國家，是一個徹頭徹尾的帝國主義者，我想共產黨也不會視之爲眼中釘，因爲美國如專事好戰、侵略，就必然會自行走向貧窮困乏，自無力量抵禦共黨的滲透與顛覆。

　　由於二次世界大戰的結果，世人不僅認識美國是切實地實行民主政治和保障人民的自由權利，而且也希望全世界所有的國家，都能逐步地實踐民主自由。但是單就這一點來說，我認爲還不是共產黨仇視她的主要原因，根本的關鍵是美國自立國以來，確乎是依賴民主自由而獲得富强康樂的。由於美國不僅自己富裕，而且還是一個施多於取的國家，全世界即使是共產主義國家如戰時的蘇俄，今日的波蘭、南斯拉夫等，也均曾深受美國援助的利益。放開政治理論和任何主義不談，相信任何一個國家主政的政黨，莫不希冀其國家能夠獲得富裕。豐衣足食，這是人人所企求的，但是共產黨執政的國家，卻沒有一個是能使人民豐衣足食的。

　　所以，我要突出地强調一點，反對共產黨固然需要各種方法，但主要的還是要人們能在精神上享受到民主自由，在物質上享受到豐衣足食。就現在的情況來說，捨民主與自由，就必然得不到豐衣足食；如想令人民豐衣足食，就必須實踐民主與自由。

　　也所以，我再要指出，中共和所有的共黨國家之仇美，就因爲美國是一個豐衣足食的國家，是共產黨無法生根，而又產生反共力量的國家。其它的反共和非共的國家，如果捨棄民主與自由，就無異是捨棄豐衣足食；不能令人民豐衣足食，這個國家終必會變爲共產黨的美食，爲共黨所吞噬！

　　現今的歷史事實，不僅証明蘇俄自一九一七年以來，沒有令老百姓有過豐衣足食的一天；中共統治大陸十二年的結果，更是搞到「一窮二白」，使家家戶戶無以爲炊！在我看，毛澤東現今最大的敵人固非甘迺迪先生，也非蔣介石先生，而是飢餓。假定，這十二年來，中共的統治眞個是「風調雨順」，毛澤東的氣焰，怕不是像卓別靈演的「大獨裁者」電影裏的大獨裁者那樣舞弄地球了。是以毛澤東現在面對的敵人，不是外在的「美帝」，也不是「蔣×」，而是爲數超過六億的內部飢餓人民！

　　現在，飢餓迫使無望逃亡的人民忍受；但也促使有一綫生機的人民力求逃亡。不論已逃亡出來的，或仍在忍受的，大家迫切需要的，不僅是麵包，而且還有自由。筆者曾有機會接觸過個別由大陸泅水渡海逃亡獲救的人，也曾接觸過藉各種小艇、船隻集體奔向自由的人，在開始談話時，他們無不表示逃亡祇是爲着忍受不了飢餓，但一經深談，便可以從各個角落體會到，基本上他們還是反對不自由和反對不民主。不論所受教育的深度如何，逃亡出來的人，幾無一不知道民主、自由的可貴。同時他們也認定，即使中共統治的初期，雖不至於日日飢餓，卻是無不日日生活在恐懼中。

　　今年二月十二日，有一個爲中共培養了七年的地方劇團——「海豐劇團」，由廣東的惠陽，乘機動帆船，藉春節在東江沿海演出的機會，全船六十三人（其中五十二人爲男女團員，十一人爲船員），原船逃抵香港。這是近年來集體逃亡人數最多的一宗。從他們向報界所訴說的情況中，獲知中共給他們的配粮，每人每天僅得一兩米，每月穀十二斤。

　　再較早一些時，筆者獲自可靠的消息來源，得悉鄰近香港的寶安縣某地，一名負責的地方幹部因爲失職而畏懼自殺。原因是這樣的，中共現在對廣東若干地區農村的徵購，已超出規定，以全年計，祇計劃留十個月的口粮（所謂口粮並非指米、麥，而是把所有可供充飢的全計算在內），不足的，必須自行籌劃，由於鬧荒不及，肥料不足，迫得局部燒山，以期開墾增產，但因不愼竟至焚及山林，地方負責幹部因見肇事，且受農民憤怒地指責，遂畏罪自殺。

　　這些事實，說明大陸上人民的忍受經已到達了最後極限，反抗與逃亡，將更使中共杌桯難安。中共前曾自己承認，三年之內難望改變缺粮情況，但是就現有各項有根據的資料觀察，由於中共農業政策的朝令夕改，和幹部執行政策習慣於寧左勿右，對農民生產情緒打擊極大，故粮食增產的希望甚微。其它財經和工業上的種種困難，所予農業的影響自也不小。保守一點說，大陸上的飢餓情況，即使再予以延長三年，也未會改觀的。

　　談到這裏，又須再提醒台灣當局了，今年實在是一個應該有所作爲的最好時機。如果眼看着六億人的飢火焚燒着毛澤東政權，而仍無所行動，將是不可寬恕的錯誤。當權派，你們是應該將迫害雷震、蘇東啟、許一君等的威力轉移到大陸上去的，不然長此株守，焉知台灣就不產生第二個雷震、第二個蘇東啟、第二個許一君呢？當你們把善良的愛國的人士都逼瘋了。你們心目中的內部「敵人」也就日見增多了。高壓下無自由的情況，比諸大陸上的勞動者不得食的情況，是同樣令人憎惡的。如不能率先反攻，則你們未來的情況，自也不會較毛政權樂觀到那裏去的！

刑警總隊長假冒名義
浮報公帑百餘萬元

見微

　　（台北通訊）台灣省警務處副處長李葆初，前於刑警總隊長任內，串通刑警總隊前副總隊長馮文堯（現任省警務處刑事科長）前主計主任林南洋（現任台北市警察局主計室主任）前總務主任余建華、出納吳南山、事務員蔡力軍（以上三人現均在省警務處服務）等五人假冒名義，僞造單據，浮報公帑新台幣一百餘萬元之多，事後經人檢舉，由省政府移送台北地方法院偵辦，經檢察官俞兆年偵查兩年有餘，認爲証據確鑿，始於本月十四日以瀆職及僞造文書等罪，提起公訴。

　　據起訴書稱：李葆初在刑警總隊長任內，因每月辦公費超支甚鉅，無法報銷，乃假手林南洋等五人，以僞造之單據，表面上仍依循會計處理之程序開支經費，實則在刑事活動費項下任意支取。計自四十四年一月至四十七年三月，先後以素不辦案之總務人員余建華等十人名義，報支辦案費四十萬〇一千五百十五元一角八分。又於四十四年十一、十二兩個月，藉辦理貴陽街搶案爲名，揑造徐世銳等四人名義報支一萬七千三百五十五元。四十五年二、三兩個月，藉辦理漳州街搶案爲名，揑造李謙儀等五人名義，報支二萬一千三百元。同一期間，又藉辦理許昌街搶案爲名，揑造蔣治平等四人名義，報支一萬二千七百〇五元。四十六年三月至九月間又藉辦理八德鄉兇殺案爲名，揑造葉玉淸等十九人名義，報支十二萬三千九百一十五元。四十六年十一月及四十七年一月，又藉辦理張昌年兇殺案爲名，揑造姜月福等五人名義，報支二萬三千〇四十三元。四十七年三月又藉辦理李蘭匪嫌案爲名，揑造羅維仲等三人名義，報支二萬〇四百一十五元。又自四十四年一月起至四十七年三月止，以特別工作活動名目，揑造林鵬等八十九人名義，報支五十七萬七千一百五十九元三角七分。又自四十四年五月起至四十七年四月止，以醫務室醫師車馬費及理髮室理髮師津貼費爲名，用劉保健等名義，報支六萬〇八百四十元。馮文堯於四十七年三月該總部改組時，積欠歷年預算薪金一萬四千六百元，尚未歸還，即由李葆初准其浮報辦案費一萬四千六百元，藉此冲銷其欠歀。

　　據共犯余建華、林南洋等在地檢處供稱：因辦公費不够開支，故爾如此辦理。李葆初對於揑造人名，報支活動費，則辯稱此等人均係線民之化名，故戶籍上無法查得其人。但所謂線名該處又無眞實名冊可供核對。且如許昌街搶案係台北警局獨力破獲，刑總無人參加，自無工作活動費可言。貴陽街搶案，張昌年命案，請獎人中，亦無所列的各個線民之姓名。八德鄉血案又已由警官隊長吳國藩名義報支工作活動費，何得又另以所謂線民名義支取巨額工作活動費。足証李葆初等實犯刑法一百三十一條第一項及第二百十三條之罪，應依同法第二十八條及第五十五條論處。

　　最堪玩味的，是起訴書的最後一段原文如下：「再被告在刑警總隊長任內，屢破要案備著功績，此次因公受累情殊可憫，應請從輕量刑，以勵自新。」既認爲李葆初瀆職及僞造文書應依法論處，又說他因公受累，情殊可憫，俞檢察官亦可謂面面週到矣。

蔣經國特務魔掌伸及美國

紐約趙宗文

讀者投書

聯合評論編者先生：我是中國留美學生，「聯合評論」的忠實讀者之一。我不能說對貴刋的每點意見都贊成，但是對貴社各位先生愛國家，爭民主自由的奮鬥精神，是非常非常欽佩的。貴刋在美國擁有廣大的讀者，尤其是在留學生和旅美知識份子中間，起了廣泛的共鳴。貴刋對於中國文化的努力，將會有深遠的影響。我是一個「不可救藥」的樂觀主義者，我相信，中國一定會成爲民主的中國的。大陸上的左翼極權會在人民的覺醒下倒下去的！而台灣的右翼極權者將也不會長久。

　　我這篇投書是向貴刋的廣大讀者報告一項事實，就是蔣經國的特務已經公開在美國活躍，並將魔掌伸到留學生及留美知識份子中間。現在我願將事實報導出來。中國留學生在美國分佈地區，大體來說是以東部的紐約，中西部的芝加哥和西部的舊金山、西雅圖爲集中地。現在蔣經國已經分別派其特務系統，在紐約、芝加哥及舊金山區設立專人，以僑務委員會名義或其他名義來美，從事活動。據可靠消息，紐約區爲王慶×，芝加哥區爲吳×鵬，舊金山西雅圖區爲某外交人員陸××。這些人利用金錢收買少數留學生敗類，從事課報活動，如留學生中有批評蔣氏父子者，即行打小報告給其主子，所用控制方法即不予延長護照或威脅其在台家屬。這種無法無天的行爲，引起許多留學生及旅美知識份子的痛恨。尤其甚者，即向美國聯邦調查局誣告某同學爲共產黨，企圖「借刀殺人」。但是，美國是民主自由的國家，這種詭計是無法得逞的。

　　還有一件值得國人所重視的，是這批蔣經國特務，在旅美同學中間大放厥辭，說什麼陳誠老了，不行了，將來一定是蔣主任（即蔣經國）繼任大統。從他們這種行徑來看，貴刋所說「傳子」的說法是相當有事實的根據的。談到這一點，眞使人欲哭無淚，我們中華民國豈不應改爲「中華帝國」了嗎！？「蔣總統」最好立爲「介石帝」，蔣經國封爲「經國太子」口口聲聲說打倒了滿淸，建立了共和，天天高呼民主自由的蔣先生，原來還是滿腦袋的帝王思想！這眞是令人百思不解的。

　　最後，我要向海內外的知識份子呼籲，我們必須團結起來；爭民主、爭自由、反特務、反「傳子」！我相信，蔣氏父子這種反時代，反潮流的醜行，必定會在人民的怒吼中銷聲絕跡！

元月十八日於紐約

台灣簡訊

志清

一、甘迺廸檢查長過台小停

美國聯邦檢查長羅柏．甘迺廸於本月十日下午從日本東京飛到台北，原來祇準備停留一小時，即轉飛香港。他下飛機時，我國外交部長和司法行政部長都前往歡迎。隨即在機場舉行了一個簡短的記者招待會；宣讀了一篇擬好的書面談話；主要的意思，是表示美國政府仍將支持中華民國政府。有一位記者問以紐約時報不久以前所提「兩個中國」的意見，是否代表美國政府的政策，他答以該報所云不能代表美國政府。另一位記者問以甘迺廸總統是否仍將協防金馬，他的答覆則是「最好去問總統本人。」還有一位記者問他美國政府是否支持中國政府反攻大陸，他聽了之後，霍然而起；但並未作答，招待會就結束了。

就種種跡象看去，甘迺廸檢查長此次東來，顯然無意訪問台灣的。也許是由於我們認爲過門不入未免有失面子，才勉强作了此項似訪問非訪問的安排。據他在記者招待會中的解釋：是因爲行程太緊，所以不能在台多留；並說在動身之前，就和中國駐美大使館有了諒解。但天氣似乎有意和他開玩笑，臨時卻因香港方面有大霧，飛機被迫在台北多停了兩小時。於是，他便利用此一時間，先在台北市上兜了一個圈子，然後又往陽明山公園遊覽；在園內並和遊山的人含笑招呼，更與一大羣本省籍的小姐合影。當他的坐車折向陽明山而與記者羣脫節時，許多美國記者都以爲他必然去向蔣「總統」作一次禮貌上的拜會；有的記者還駕車直趨總統官邸。但卻撲了一個空。直到他從陽明山公園步出時，才在門口相遇。

總計甘迺廸檢查長在台北停留了三小時以上，不但沒有拜會我國有關當局；甚至也沒有答謝親到飛機場歡迎的鄭部長彥棻。而沈昌煥反以導遊者的姿態陪他逛街和遊園，在沈也許還要引以爲榮，但不知蔣「總統」作何感想？

二、市議員醞釀對周百鍊提不信任案

台北市議會定於本月二十一日召開臨時會議七天，處理上次會議未及討論的議員提案一百餘件和市府附屬機構的事業預算。聞六十一位議員中已有二十餘人簽好一個對代市長周百鍊不信任的提案，準備以臨時動議的方式提出。本月十二日國民黨籍市議員舉行黨團大會時，當權派曾設法疏導，期望該案勿予提出；但因大家對周百鍊咸表不滿，情緒激動，黨團幹事且表示要全體辭職，迄今尚無結果。

不信任案的醞釀是在第三次臨時大會期間，始由議員張紫雲首先發起。該次臨時大會於去年九月下旬在保安街稻江會館舉行，張紫雲議員所以有此擬議，是因爲在討論「波密拉」風災後的違建處理問題，議員們與周代市長爭辯到非常激烈時，周氏一氣之下，突然用手中的公文夾子向他發言台的桌子拍了一下，露出生氣的神情。在發言中的張紫雲當即表示憤慨，隨即說了一句：「我是善意的建議，代市長用這樣惡劣的態度對待議員，我不能忍受，我要提不信任案，我們不能讓他再代理下去。」

張紫雲的話曾引起其他議員的驚異，但都以爲他只是隨便說說而已，也就未加注意。不料兩個月過後，第三次臨時大會在中山堂舉行時，張紫雲議員卻眞的發起簽署。張議員以是次大會同仁中對周百鍊不滿的氣氛較之上次大會情形尤甚，提議「不信任案」必獲支持；果然，在秘密進行的第一天，即有八位議員參與簽署，其中四人是國民黨籍，四人是「黨外人士」。

當張紫雲正欣喜提議獲得同仁支持時，卻因事機不密，爲周百鍊所悉。當天晚上親到他家裏一再解釋誤會，希望此案不要提出。張紫雲見「秘密」既已洩漏，就決定暫停進行。

最近由於張詩經等七人的主張本市市長應予重選，勸請黃啟瑞辭職未果，繼而奔走準備發動市民罷免黃市長。也許受此活動所影響，其他議員便又重新醞釀對周代市長提不信任案。準備發動罷免黃啟瑞的是七位非國民黨籍議員；而簽署對周百鍊提不信任案者，其中有不少人是國民黨籍議員。

依據議會組織規程及有關法令中規定，市議會只能對市屬單位官員提出不信任案，而却無權對市長提出。因爲市長與議員同樣由民選產生，議員沒有「不信任」的權限。可是，有些議員認爲周百鍊不是民選產生，是來自官派，議會應該可以對其不信任。

三、監察院將澈查各機關浪費情形

監察院財政經濟兩委員會於本月十三日舉行聯席會議，決定推派委員吳大宇、陶百川、熊在渭、趙光宸、金越光等五人成立專案小組，調查全國公教人員待遇不公平的問題，以備再度提出糾正。出席各委員除對大官員住洋房、坐汽車，一切家庭開支，均由公家供給，而小職員則沒有宿舍，仰事俯蓄都成問題的不平現象一致抨擊外，還指出提高待遇可以杜絕貪污；而節省浪費即可調整待遇，因而認爲專案小組應將各機關的浪費情形一併調查。

監察委員們的話雖然是很有根據的；可是他們如想調查各機關的浪費情形，似乎未免太不自量。莫說國防經費的開支在軍事機密的煙幕下他們不敢調查；即蔣經國的青年救國團，恐怕他們也不敢過問吧？除了這兩個開支浩大的機關而外，其他機關的浪費也就是小巫見大巫了。

四、省府通令各縣取締長壽慈善等會組織

自台南連續發生藉會騙財案後，刻已引起有關機關的重視；台南市黨部曾奉令於十三日召集南部地區行政及治安機關有關人員舉行秘密會議，就台南縣議員郭泰山、陳秀雲，及省議員許寬茂等所組織的各種慈善會、互助會等被控詐財眞相，具體交換意見，並研討「善後」措施。

台灣省政府又於日前發出通令，署謂：各縣市長壽慈善會等類似組織，未經核准舉辦金融業務，詐欺歛財，迭經令飭各縣市政府會向治安機關嚴予取締在案。茲爲恐各地慈善會轉入地下活動，造成惡性倒閉，特再令各縣市政府對該等組織應限期一個月內，償還所收會費。取締該等組織公告，應張貼於各該會會址門前，以廣週知；至各該組織會務辦理結束時，縣市政府應派員督導，並與治安機關取得聯繫，以防發生糾紛。

又悉：挾欵潛逃之郭泰山近以走頭無路，已托人向法院接洽，准其自行投案。至於日前被台南地檢處收押之南縣女議員陳秀雲，本月十三日經檢察官提審後，曾准以三萬元交保候傳。她在法警押解之下，打電話請人作保；但說了好幾個「拜托」，對方仍不應允，而且把電話掛斷了。因此，又復還押。

台灣有無集會及言論自由？

——市議員向市民演講也被禁止

靜吾

（台北通訊）台北市議員張詩經、李賜卿、何宗儀、黃介信、宋霖康、謝世輝、楊玉城等七人定於本月二十一日（市議會成立五週年紀念日）晚七時分別在本市梧州街及承德路舉行露天演講，他們表面的理由是宣導市政建設；但其用意，則在試探市民的反應，以便決定對罷免黃啟瑞應採取的步驟。據說：假如進行順利，他們還將邀集有關人士舉行座談，然後正式發動罷免簽署。但鑒於當權者常利用「台灣在戒嚴期間」爲名，限制集會結社，他們爲了鄭重起見特於本月十一日先向市議會報告，請轉函市警察局備案。據張詩經稱：去年九、十月間，本市自治協會及周代市長均曾先後在龍山寺前廣場發表演說，因此，市議員要向本市選民發表演說，報告市政，應該是沒有問題的。

聞市警局接到市議會的前項公函後，深感難於處理。因爲張詩經等的目的既在於發動市民罷免黃啟瑞，自非當權者所能容許；但若不准舉行，則市警局又處於市議會的監督之下，難免不因此招來更多的煩惱。最初原想避免採取公開禁止的方式而改用婉言勸阻張詩經等自動停止演講，以期顧全雙方面子，不傷和氣。不料張等不爲所動，於是，祇好轉向上級請示，希望由警備總司令部出面處理。本月十四日報載：警備總部已表示將依戒嚴法予以制止。後來當權者以最緊張的情緒，作最緊急的密議，覺得用警備總司令部來干涉市議員的演講，未免貽人口實。於是，決定改變策略，先由市警局函詢市議會該項演講會究係議會所決定，抑爲張等個人的行動。市議會於臨時會議的預備會中提出報告，國民黨籍議員在黨團的安排之下，競先發言，指其純係個人的行爲；張等亦坦率承認。警局乃據此函覆市議會，此項演講會既係個人行爲，應由演講人依照個人申請手續辦理。此時張詩經等已在街頭貼出舉辦市政建設演講大會的海報數千張，載明演講的地點和時間及演講人的姓名；接到此項通知後，乃於十六日下午再塡寫「台北市人民臨時集會申請書」兩份，分向梧州街及承德路的兩個警察派出所提出申請。十七日即接到市警局的不准通知，該局辦事如此迅速，足證我們的行政效能畢竟是很高的。

市警局除個別通知張詩經等不准舉行外，還於同日發表聲明如下：

「本月十六日下午發現台北市議員宋霖康、謝世輝、李賜卿、楊玉城、何宗儀、張詩經、黃介信等七人，在本市街頭張貼海報，擬於本月廿一日發表街頭演講。此不但爲法令規定所不許；且際此戒嚴時期，街頭聚衆有危害社會治安，並極易爲不良份子乘機利用；警局爲防止事端，對該項申請批復不准。如仍有故違法令規定者，當依法予以取締。」

從市警局的這一紙聲明看去，當權者顯然已下了嚴厲取締的決心；至於張詩經等的反應如何，在本文寫就時，尚不得而知。但日前某民營報曾刋出一則頗可參考的消息，畧謂：「關於罷免黃啟瑞的醞釀，雖然進行得很積極，但正式發起市民簽署行動的可能性不大。原因是八萬多市民簽署不容易。罷免投票通過與否且不說，案子要完成法定程序就有困難。但奔走罷免活動的人士多次研商，認爲無論如何，要先造成空氣，讓市民們充分瞭解市長需要重選之後，事情就比較順利了；而要造成空氣，必需作街頭政治演講。警備總部以戒嚴時期不宜作此活動，雖然已決定不准舉行；聞張詩經等人仍準備貼出海報，到時（廿一晚上）或者接受勸告中止舉行或讓治安人員到場取締和驅散聽衆。如此，他們也就收到「政治宣傳」之效了。」

這一則消息的可靠性以乎是很大的。

照法治的常軌而論，黃啟瑞既已被法院先後判處徒刑共六年又六個月，褫奪公權共四年，自無復任市長的可能。因此，台北市長自應立即依法改選。而且在政治風氣和中外觀感上，也唯有立即改選，才能挽救政府的聲譽。但當權者認爲在此時改選，於己不利，硬要保留他的市長名義，以便由周百鍊一直代理下去，既表示其目中無法，更暴露其不知羞恥的眞面目。因爲以一個貪污被處重刑的罪犯，居然仍繼續保持臨時首都市長的冠冕，何異示人以他們不但沒有是非之心，而且連羞惡之心也沒有了。當權者既決心不顧一切而使周百鍊得以代理下去，化台北市的民選市長而爲官派市長，所以他們一聞市議員有不信任周百鍊或罷免黃啟瑞的醞釀，便如臨大敵，將最後的法寶——戒嚴令拿出來使用；蔣家父子也許還自認爲處理有方；但這種暴政究竟能維持幾何，顯然大成問題的。

大陸短波

陸閘

中共醫療品贈突尼斯

連年以來，大陸人民已在貧病交迫，醫藥普遍缺乏的情況下向死神與飢餓掙扎，這已經是誰都知道的事實。

但中共政權殘暴不仁，對此毫不動心，不但仍然繼續奴役大陸人民，且又不顧大陸人民之死活，將大批醫藥用品贈送外國，以逞其好大喜功。據中共新華社拉巴特二月十二日電：「中國駐摩洛哥大使楊琪良最近代表北京市長彭眞把一批送給突尼斯比塞大人民的價值六萬元的醫療用品和藥品交給突尼斯駐摩洛哥大使館代辦阿摩爾．費扎尼，請他轉交給比塞大市長。這批醫療用品和藥品，是應比塞大市長和比塞大市政委員會的要求，爲了支持突尼斯人民反對法國侵略比塞大的鬥爭而贈送的」。可見中共侵略成性，在自己民不聊生的情況下，竟仍在支持突尼斯反對法國。眞是喪心病狂到極點了。

李克農去世

近年以來，參加過中共「長征」的老幹部，已經不斷的在走向死亡了。最近，中共特務頭子之一，中共人民解放軍副總參謀長李克農又去世了。據中共新華社二月九日訊：「中共中央委員、中國人民解放軍副總參謀長、全國人民代表大會代表、中國人民政治協商委員會常務委員李克農上將於一九六二年二月九日晚九時病逝於北京協和醫院，享年六十四歲」。又說李克農係「因腦溢血症不治」云。

新華社並說李克農死後，「中共中央副主席、國務院總理周恩來，中共中央政治局委員彭眞，中共中央書記處候補書記楊尙昆，中共中央候補委員孔原，中國人民解放軍副總參謀長楊成武上將，中國人民解放軍總政治部副主任蕭華上將等曾往協和醫院，沉痛地向李克農同志的遺體告別」。兎死狐悲，騎在中國人民頭上的一批高級共幹，自屬必然的了。

中共慶祝中蘇共友好同盟

在毛澤東與赫魯曉夫個人衝突聲中，中共與蘇聯的關係，尤其是中蘇共間的同盟關係將是否有變？頗爲各方所注目。玆據中共新華社二月十三日電：「首都各界人民今天晚上舉行集會，熱烈慶祝中蘇友好同盟互助條約十二周年。中共中央政治局委員、國務院副總理陳毅出席了大會。中共中央委員、全國人民代表大會常務委員會副委員長林楓和蘇聯駐中國大使契爾沃年科，在會上講了話。表示熱烈祝賀中蘇兩國間人民的這個共同節日。大會在中南海懷仁堂舉行。全場主席台上懸掛中蘇兩國國旗和『一九五〇——一九六二』字標。懷仁堂大門內一幅紅色屏風上寫着：『中蘇兩國人民永恒的牢不可破的友誼和團結萬歲』！」

新華社又說：「中蘇友好協會總會副會長廖承志宣布大會開始以後，林楓同志在會上首先講話，他代表中國政府和中國人民向蘇聯政府和蘇聯人民致以熱烈的祝賀和兄弟的敬意」。

對此，有人認爲這是中共與蘇共將不致分裂的徵兆，但亦有人認爲中共最重要的首腦並未出席，仍顯示有問題。實則毛赫衝突之演變尙須觀察其它情況才能定。

香港寄大陸糧包再創高峯
去年第四季度逾四百萬件

藍星

香港寄大陸糧食包數目之多寡，正是大陸人民飢餓的準確測量計。因爲，大陸人民愈飢餓，所需香港糧食包亦正殷。否則，大陸人民是不會需要這區區兩磅糧食包的。但據香港郵務司高旭一月十五日宣稱：去年第四季由本港郵局寄往中國大陸之小郵包，統計逾四百萬件。創一新紀錄。去年第三季度之小郵包，統計投計數字則爲三百八十九萬二千件。從上述數字看，顯然可知大陸糧荒正日益嚴重，大陸人民之挨餓程度正愈來愈甚。

中共海豐劇團全體逃港

黃標

大陸人民不堪中共虐待，不斷逃奔自由的，年來眞是越來越多了。僅在一九五九年那一年，大陸僑生利用暑假來港省親，因而不回大陸者，就有三千餘人之多，足見一般。

近年，大陸人民更千方百計冒險逃港，但大陸內地與香港距離遙遠，逃亡不易，故能够逃到香港者不多，只有廣東沿海地區，由於相隔較近，且中共缺乏海軍力量，故時有逃亡機會，這也就是近年廣東各地人民逃港人數特多的原因。

但在中共所控制之組織中，而能集體逃港者則以二月十二日中共海豐縣劇團六十三人集體乘船冒險越過海洋逃到香港爲第一批。

玆悉，此一海豐劇團所屬六十三人現已向有關方面請求准許在港居留，同時，香港自由工會及各反共愛國人士均已分別予以援助云。

中共否認邀請亞非共黨
結成陣線對抗蘇聯

張毅渠

在毛澤東與赫魯曉夫的個人衝突下，中共走向何處去呢？這是許多人關心着的問題。重新向赫魯曉夫低頭嗎？非毛澤東所願，亦非形勢所許，若毛澤東向赫魯曉夫低頭，毛澤東是必將被赫魯曉夫趕下台且予以淸算鬥爭的。所以，剩下的另一條路，便就應該是由中共出面來聯結亞非各地之共黨，另組國際共黨陣營，以與赫魯曉夫所控制的國際共黨組織抗衡了。本來，如果毛澤東眞有胆識的話，這原不失爲一條可行的路。

但據二月十日北平路透社電：「中共今天對於新德里傳出的消息，說它正邀請亞非國家的共產黨於四月間來此開會，以便組成一個對抗蘇聯的共同陣線一事，已予以否認。並指爲『純屬虛構。』中共外交部的一名發言人說：這些消息是企圖散布中共與蘇聯不和，『我可以向你保証，這項企圖不會成功。』」

路透社同一電訊又說：「此間並未宣佈此項計劃，而官員們大都不願意討論共黨的內部和國際事情。觀察家們說：在從事對抗『帝國主義和殖民地主義』的鬥爭當中，中共極端重視亞非國家共黨所扮演之角色。中共黨方雜誌『紅旗』，在一月份刋登的一篇署名的文章裏，曾表明中共的立場說：目前對抗帝國主義和殖民地主義的鬥爭是全世界的最重要的事情。這項立場同認爲戰爭與和平的問題才是最重要的問題，大相逕庭。中共首腦不曾公開指責赫魯曉夫採取後一立場。他們對這一問題的譴責，限於攻擊甘廼廸總統，狄托總統，尼赫魯總理，以及蘇聯集團以外的人」。

由路透社上述電訊來看：中共既已正式否認它有意邀請亞非共黨到北平開會，以便結成陣線來對抗蘇聯，可知毛澤東至少目前是確實未走這一條結成陣營以對抗赫魯曉夫的路。不過，人們要進一步研究的，卻是毛澤東目前何以不走這一條路呢？是無意這樣去做呢？抑或還是雖想這樣去做，而亞非各地共黨不肯來，因而根本不能這樣做到呢？這就尙待觀察了。

僑鄉簡訊

鍾之奇

福建全省普降大雪

據中共新華社福州專電：「元旦前夕，福建省北部地區普降大雪。這次大雪在福建的歷史上是罕見的」。「一九六一年十二月廿九日深夜，閩北各地氣溫驟降，氣溫最低的泰寧、屏南、建甌等縣降到攝氏零度，雨點夾着雪點下個不停，到三十日晨五時，雪團滾滾而下，直到三十一日下午二時，大雪方停，遠近萬山盡是皚皚白雪」。「降雪量最大的屏南縣，降雪達三十到四十毫米，地面積雪高達一尺二寸左右，到元旦一日下午二時，積雪尙未溶化」。又說「在閩北地區各地，從十二月三十日凌晨到三十一日晨二時也普降大雪。位於山區的壽寧、松正等縣降雪達二十五毫米。沿海平原地區的霞浦、福鼎、福安等縣積雪也有十二毫米」。「閩西地區的永安、長汀、寧化等縣和閩侯專區的閩淸縣，晉江專區的德化縣九仙山等地，也分別降了雪」云。

廣東又抽調萬餘幹部下鄉加强控制

據廣州出版的中共「南方日報」最近消息：爲了加强控制各人民公社之生產隊，「廣東省最近從省級機關、地委、縣委抽調了一萬多名幹部，深入農村，加强生產隊的領導，特別是後進地區的領導」。其目的在「爭取今年農業生產有個較好的收成。由省委主要負責幹部率領的省級機關幹部三百八十人，已經出發到高要、海豐、惠陽等十六個受災較重或困難較多的縣去協助工作。各地委、縣委抽調的一萬六千多名幹部也先後深入生產隊幫助基層幹部搞好當前工作」。

又據中共說：「在下鄉之前，他們又普遍學習了黨的有關農村的各項方針政策和指示」，以便「一面對社員進行思想政治敎育」。

廣東織布廠缺乏原料

據中共南方日報報導：「廣東原來就是一個苧蔴生產基礎薄弱的省份，三年連續自然災害，苧蔴產量減少，廣州苧蔴紡織遭到了原料供應不足的困難，廠裏有一部份人認爲沒有原料，無能爲力」。廠的黨委則提出了向野生纖維進軍的口號，因而工廠組織了一支由領導幹部、工人、技術人員組成的隊伍，分赴省內外開闢原料」云。

福建加緊管制茶園

福建茶園的生產情況，近年亦與一般農業生產一樣，呈現萎縮情勢。爲此，中共特驅迫福建人民及時加强對茶園的管理，以期增加生產。

據二月九日北平人民日報報導：「福建省產茶區人民公社社員，及時管理茶園。據松政、安溪、崇安、平和等十三個主要產茶縣的不完全統計，現已有二十四萬畝茶園進行除草、翻土，佔這些縣茶園總面積的百分之七十五以上」云。

福建繼續加强管理越冬作物

越冬作物能否豐收？自與肥料缺乏與否及人民是否熱心管理有關。只因中共剝削重重，人民痛苦不堪，故一般人民均無自發與自動的管理熱情，對此，中共不得不以「發動羣衆」爲名來强迫羣衆了。

據二月十日北平人民日報說：「福建入冬以來有百分之九十左右的大小麥和油菜已施過一次追肥，有一半以上除了一遍草。最近，這些作物進入生長發育盛期，許多公社發動羣衆繼續加强管理」。管理農作物而必須由中共「發動」，這就可見福建人民是如何在用消極怠工的手段來反對中共了。

中共驅迫福建漁民增加魚產

魚是可以運銷海外的物資，所以，魚也就是中共換取外滙的重要物資之一，爲了換取外滙，中共今天更提前運了一批打漁捕魚的工具到福建沿海，勒令，福建漁民迅卽增加魚獲。

據新華社福州電訊說：「福建沿海春季漁汛將到，有關部門正在提前生產，調運捕魚需要的物資，支援沿海春汛漁業生產。到一月底止，運往漁區各地的黃蔴、苧蔴已達三千二百多担，染網原料一千多担，桐油六百多担，以及大批漁浮、漁鈎、漁斧、船釘和修造船用材料」。又說「福建省供銷社在去年十一月間，就組織人員先後到南平、龍岩等專區和四川、貴州、安徽等省，採購調運春汛生產需用的物資」云。

克拉運河開鑿有期

乃沙立的提倡

何之湄

泰國總理乃沙立曾於一九六〇年聲稱「推行開鑿克拉運河計劃」，作為泰國建設的巨擘；當時沙立氏並乘赴泰南舉行普吉大橋通車典禮之便，到春蓬附近的克拉地峽一帶視察。那時一般人都以為運河計劃可能着手施行，可是後來却沒見實現。原來那個時候乃沙立元帥發表上項談話的背景，是有一家日本公司申請測勘，當局原則上是贊成開鑿運河的條件，所以正在很誠懇地跟他們洽談。不過後來究因條件不合，終作罷論。

當然泰國並沒有忘記開鑿運河的計劃，反而是相當積極地多方進行。困難的地方，是運河工程龐大，所需資金極鉅，技術和器材也是世界性的，每一項都不是泰國自力所能幹得了的，所以非與先進的外國合作不可，利用他們的技術、機械和資本。這種設計，正與事實及泰國政府最近吸收外資發展工業的原則相合，經過多時的醞釀，開鑿運河計劃終於具體化了。

去年年梢，國務會議正式宣佈「決定開鑿克拉運河」，邀請投資或承投開鑿。但據熟知內幕者說：閣議的決定不過是表面文章，實際上是開鑿運河的活動進行已久，在沒有禁止官吏當商的泰國，中央當局好幾位大員，對運河開發甚感興趣，泰南運河地帶的議員及地主等，為地方未來的繁榮，也贊成甚力，滙成一個有力的集團，終於把這麼七、八十年來「開運河」的理想，推動到發軔的階段。

泰國開發野心

自有蘇彝士、巴拿馬等運河後，泰國便有開克拉運河一說，但不過說說而已。因為蘇彝士等兩河，原來航運所繞過的，是整個非洲或南美洲；克拉運河所節省的航線，只是馬來半島北段到星加坡的一段路而已。再說，不但泰國無此財力，更因影響星洲地位，英國向持反對。一九四六年英軍進駐曼谷，（認為日、泰戰敗）與泰締結和約，尚有限制不能開鑿克拉運河之規定，八年後經泰方交涉，認為此乃內政問題，方獲取銷限制。運河開鑿可能性的加强，也不過是這七、八年間的事。

把印度洋和太平洋隔開的克拉地峽，自春蓬（華僑稱為「尖賁」。）至西岸加布里河上遊為六十三公里，但如自春蓬至加布里河口入印度洋處，與緬甸「維多利亞角」相對的彝廊府，則為一百二十公里。在此處開鑿運河，航運可自仰光直至曼谷，可毋須繞道星洲，可以縮短的航程為一千五百公里，節省時間三至四天，及相等的運費。當然它影響星加坡的轉口地位，但對泰國却有莫大的好處。不但春蓬這個鐵路中段小城會頓時改觀，就是曼谷在交通及貿易上的地位，也必受影響而趨於重要。在這種發展野心鼓勵下，「黃金半島有限公司」便宣告成立了。

數十年美夢實現

「黃金半島有限公司」將邀請泰國前總理，現任東南亞公約秘書長乃樸為董事長，據該公司總經理鑾南隆所說，他們為開鑿運河，與美、法的七家公司合作，已集資三億美元。運河計劃方面，全長為一百公里至百二十公里，一百五十至二百公尺寬，十四至十六尺深。長、深和寬都超過巴拿馬運河，只比蘇彝士短些。將來運河鑿成後，並在兩岸之一端設一自由港，「它將凌駕星洲香港而成為東南亞最大的海港」。

據鑾南隆的透露，泰國政府原則上已接受黃金半島公司開鑿運河的計劃，只有條件方面尚待陸續商定。公司方面向政府提出的，要求專利經營運河及自由港若干年，俾得收回資本及利息，收回後再續期若干年，此段時期內盈利可撥歸政府百份二十至二十五，運河兩岸的資源，如礦產木材等，倘非國營者，該公司有優先承辦權。

泰國政府根據歡迎外國投資條例，及協助該公司達成運河開鑿計劃，經已批准該公司對運入開河機器免稅入口，其經營在若干年內免納溢利稅，及准許滙欵出口，同時，運河所經地段及自由港範圍地區，政府可協助其向民間收回經營。專利權及優先承辦資源權，俟勘查工作展開後再議。

在泰政府鼓勵下，開發運河諸公司已於今春在紐約集會，參加者有西連公司，拉卡華公司，國際雷蒙，賀歐斯，波美來，威斯汀豪，黃金半島等。這次會議中已把開運河計劃的具體辦法修正，他們之間已簽定投資合約，也起草了準備與泰國政府簽訂的勘測運河合約的草約，這項草約由鑾南隆帶回曼谷，經已呈交泰國當局，經預計俟當局審查批准後，該各投資公司將於三、四月間再在紐約集會，着手進行勘察工作。

運河工作的正式着手，是泰國的七、八十年來美夢的實現，也主要是泰、美合作的成功，也許這比東南亞公約更為實際。

・曼谷通訊・

尼赫魯奸相畢露了

・咸明・

印度進軍果亞，雖然大功告成，但連任十五年總理的七十三歲高齡老頭兒尼赫魯，其偽君子的醜態，却因此而暴露無遺；他的聲譽，也從此一落千丈！

如所週知：尼赫魯這老傢伙是一向擺出和平主義的姿態的；他在國際上所担當的角色，是和平談判的「拉攏者」；在聯大裏，他也經常口沫橫飛地大放厥詞，主張國際紛爭應以和平方式謀求解決。然而曾幾何時？他自己却毫無保留地把假面具揭穿，竟露出了言行相悖的奸相，使西方自由國家都對他的人格發生動搖。同時，印度在國際上的地位，也因此而大打折扣；今後印度的前途，也將受到相當嚴重的影響。——擅演小丑的尼赫魯，這一齣把戲要得太失常了，他終將自食其惡果！

猶憶尼赫魯於中共赤化了整個中國大陸的時候，他便立刻卑躬獻媚，向中共恭維備致，並極力向中共表示親善友好，直至一九五九年，他的偽君子的行動，可以說是演至最高潮；可是中共的野心，終於使尼赫魯陷於極度尷尬的境地，不久中共便佔據了印度北疆的一部份土地，並拒絕了印度任何條件的談判，且運用巧妙的外交手段，唆使其隣邦和印度疏遠，藉以孤立印度。中共打向印度的悶棍，是精彩百出的。第一，中共和緬甸、尼泊爾，都已成立了協定；第二，中共也與巴基斯坦劃分了「中共與克什米爾的疆界」；於是，尼赫魯更顯得狼狽不堪，立刻採取了兩種不同的手法，來和美、蘇兩大强國打交道，一方面跟甘廼廸政府拉緊了友好的關係，另方面大力向蘇聯討好，拓展印蘇間的友誼，企圖藉此得以在直接上或間接上遏制着中共的野心。不過，尼赫魯這種奸謀，無論如何，都不能達成其如意算盤的，尤其是在他此次進軍果亞自動撕破了和平主義者的假面具之後，給予美國的印象固然相當惡劣，而蘇聯對他「岸然道貌」的觀感，也會因此再行掀起另一番評價；這麼一來，印度雖然取得了果亞，但其所遭受的損失，顯將更為重大。

「小人之道」，必然是心勞日絀的。

尼赫魯這次進軍果亞的行動，係完全受到國大黨的古老式民族主義所影響。國大黨的古老式民族主義者，以印度既擁有龐大的陸軍，而竟不能應付中共的威脅，在情緒不安、心神沮喪之餘，便力謀向外發洩，於是促使尼赫魯實行「取易不取難」，「擇弱而噬」，因而以葡萄牙為目標。可是尼赫魯却沒有想到，主張「國際紛爭應以和平方式謀求解決」最力的正是他自己，而此次之以武力攫取果亞乃最違背「和平方式」的行動，正是他自己狠狠地掌摑了自己的嘴巴；同時，這種醜態，也引起了西方國家的憤慨。

尼赫魯政府，原是仍然帶着很濃厚的英國型式的。而其內部分裂的醞釀，也就因這特殊的型式而越來越厲害。印度這個國家，是由很多「小邦」構成的，但尼赫魯却正在懊惱着沒有妥善的辦法把那些「小邦」緊湊在一起；曾一度統一全國的國大黨，到了目前，也逐漸失掉了它的「原動力」而陷於混亂。因此，尼赫魯在困擾之餘，就不得不要在大選之前，要出一套自己以為是「絕招」把戲來刺激一下民心，藉以打消分裂的危機，於是，他便硬着頭皮，祭起古老式民族主義的法寶，悍然進軍果亞；殊不知其結果是得不償失！內部分裂的醞釀能否就此消除？固然迄仍在未知之數；而印度的國際地位，則在現實的情況下首先受到嚴重的打擊！

當然，反殖民地政策是值得同情的。不過該怎樣地「反」？這就需要考慮了。

上文已說過：印度是曾經把「和平」二字叫得震天價響的；尼赫魯是大力主張「國際紛爭應以和平方式謀求解決」的；而今竟不以「和平方式」來繼續努力謀求解決，却憤然武力進軍，這一行動，即使是「辯証論者」，也必認為是違背和平，對他實難饒恕。

尼赫魯的奸相是徹頭徹尾地暴露了！從今而後，這個言不顧行、行不顧言的老傢伙，其在國際上的嬉皮笑臉，必然將更使人齒冷！

神女之夢（下）

椿雨

在「接待室」內，他的自豪非為無因。他是此時此地的唯一知識份子。這種優越感使得他不必再低聲下氣，謙卑自抑，而新近賣文所得，很夠他花個痛快，這就更助長了他的威風。

「去，買瓶高粱酒，一元花生米，二元牛肉乾！」他拿出錢，發號施令。

林阿妹照辦無誤。

然後，她就和服侍柯大疤一樣地服侍着毛吟桐，坐在旁邊，陪他笑說。

假如魚販子也揀在這個時辰來到，她的辦法是話分兩頭，東邊倚倚，西邊偎偎，不過泥腿子並未前來湊熱鬧，前天還說今天要來，却沒有來，她想，他大概是忙着收會錢，準備辦喜事。

「喂，給你喝一杯。」文士當然不知林阿妹的隱情，微醺之中，斜瞪着深度近視眼，把所有的女人都看成佳麗。

「喝不得，我一喝就醉。」林阿妹求饒。

「秀外須慧中，喝下去就聰明了。」

「哦，不行，你莫硬灌。」

「你是個傻瓜，沒智慧。」

「大家是熟朋友，你還沒家？」

「你捨得捐款救人，不懂得及時行樂，哈哈……傻，傻，傻……」毛吟桐這一笑，就使他夾在朝前平行發展的上額與下巴間的五官生動起來，有着戲劇化的尖刻表情。

「缺德，你才傻。」林阿妹一點不生氣，她慣於讓人家嘲弄，玩弄，侮弄。

「我說，你應該參加我的運動——報復運動。我決不憐憫這個患着第三期肺病的社會，它阿諛白痴，虐待天才！它給我的好處祗是一千字三十元，有時一元也不值，我得到感慨倒很多，但無補於事；比彷人家對你說，阿妹啊，你眞不幸啊……」結果你還是妓女，沒跳出牢籠。所以，不如乾脆莫理會，就連人家死活也莫管……哦，酒眞香，看我乾掉它……這就是報復，腐蝕自己！腐蝕社會！

「你有神經病，嘻嘻……」

「這個，你更不懂了。」文士闡釋他的本論。「整個宇宙就是一枚龐大的螺旋菌，人類祗是它的排洩物，沒得什麼了不起，看穿了，反被指為發神經，眞冤枉。」

「滿口瘋狂，菩薩會罰你的。」

林阿妹倣傚魚販子的作風，將她的肥腿翹到椅子上，搓捏腳丫。

毛吟桐牢騷和哲學跟他的脖子同樣脆弱，當他對着肉慾的挑逗時，那些屬於知識份子的調調兒就死亡了。他開始眼到手到，盡情享用……他的貪婪程度不亞於任何一名下層社會的色鬼，言語舉動都有着暴露狂的傾向。

就在文士的豪興急劇上漲之際，一聲口音渾濁的「發痴！」驚動了整個「接待室」。烏龜頭消息靈通，由外面帶進一個被他斥為「發痴」的故事：賣魚的柯大疤玩四色牌，輸掉幾千，跟人家打起來了，拉進了派出所。

「你們看，多不值得！」這是他的評論重點。「要花錢，此地來，何必去白送？」

林阿妹聽了好不心焦，魚販子這一垮，使她的小小願望沒得指望了。她又愁着他被關監牢，受磨折，更聯想起種種可怕的情形。

「你坐坐，我去去，馬上就回來。」她計劃到派出所去探望探望。

「不行，你如走開，我的靈感就失落了。」毛吟桐斷然拒絕。

「祗一會兒，看警察抓了些什麼人。」

「那不關你的事，就算媽祖被捕也不關你的事。」

「作孽，你這個人……」林阿妹不知如何才能在不得罪顧客的原則下脫身，她渴盼會見倒霉的柯大疤，好讓他知道她是有良心的，買了去不該再賣掉。」

「你是怎麼搞的？死板板的？」文士怪她分了神。「哼，你又打算發慈悲？呸，他媽的，婦人之仁，眞作孽！」

林阿妹在一瞬之間，對於文士的畸形發展的前額大為困惑，她從未像此刻這樣想要弄清楚它的涵義。他的「巨著」，他的瘋話，她可以置之不顧；她所着重的，乃是何以堅持反對她的至少無損於人的行為？誠然，柯大疤，烏龜，姐妹淘也都不贊成她把鈔票拿去救苦救難，但他們的固執的總和也及不上毛吟桐的。他似乎不僅是反對他所反對的事物，並且企圖傷害他們。

「還剩着點酒，要喝嗎？」林阿妹的好脾氣總是持之以恒的，儘管心神不安，也還是老樣子。

「掛吧，哈哈……今朝有酒今朝醉……看我乾！」文士端起杯子，仰着脖子往肚裏灌。

他的巨型額角頭像吸鐵石似的吸引着林阿妹手中的高粱酒瓶，她控制不住這股奇怪的吸力，竟讓酒瓶狠狠地撞了上去。

「哇，你謀殺！」毛吟桐的杯子跌落得粉碎，一手扶住掛彩的腦袋，一手揪住妓女的衣衫。「走，跟你去派出所！」

林阿妹倒像是挨打的，祇覺得天旋地轉，眼前發黑。她的確沒想到，祇不過試探試探一顆頭顱的意向，就惹出這麼大的岔子。好在她有逆來順受的習性，無需文士費多少氣力，就把她弄出接待室。

「又來兩個！」風化區的警察派出所經常受理這類案件，問案的主管有點嫌煩。「你們站在旁邊，等等再說。」

「她謀殺我，怎麼好等？」文士提出抗議。

「咦，你……」林阿妹從人縫裏瞧見魚販子，他正指手劃腳地申辯着。

「你也賭輸了？」柯大疤正沒好氣，趁勢發作。「掃帚星，就是為了你，老子倒了霉！」

「你們倒底搞什麼名堂？」警察摸不着頭腦。「欺詐，傷害，桃色糾紛，三角戀愛，唉，名堂眞多。」

「我沒做錯什麼……」林阿妹趁衆人推敲有利詞彙的片刻寧靜，輕聲地說。

「你沒錯？」文士叫囂着。「你最大的錯就是捐款行善，比打破我的頭錯得更厲害。諸位這個社會不需垂憐，更不懂感激，所謂同情，祇是一種滑稽，一種荒謬……」

「捐錢是不對的。」魚販子也重申立場。「她祇是妓女，有什麼資格捐錢？我為了湊合買她的資本，輸得精光，還打了架；她該幫我賠償醫藥費，不該捐他娘的款……掃帚星！」

在毛吟桐和柯大疤的夾擊下，在警察先生呼籲維持秩序的么喝中，林阿妹成了各種批評的中心人物。這些原告、被告，以及瞧熱鬧的，有的支持她的反對者，有的反對她的反對者，嘰哩咕嚕的展開了一場越扯越遠的論戰。

「靜些！靜些！」警察光火了。「現在，我問你，為什麼拿酒瓶砸客人的頭？」

「我……我……」林阿妹的燒賣嘴哆嗦着。「看看他知道不知道痛，知道自己痛的人，多半知道別人的痛。」

「什種意思？」

「從前——」這個綠燈戶的娼妓追憶起無數被遺忘的故事中一個。「我爸爸給東洋兵徵去做工，也是讓山上滾下的石頭壓死的，就跟那寡婦的丈夫一樣。但是報上沒登出來。也沒有人捐款救濟。我想，現在跟從前不同了；我爸爸要是死在現在，我就不致這般命苦……所以，知道自己可憐，就會可憐別人。他為什麼不呢？我眞奇怪，他為什麼不呢？」

「天凶人惡……」文士吟哦着他的神來之筆，他的傷勢平常，心裏却盤算着訛一筆養傷費。「謀殺！這個兇手……」

「喂，阿妹，拿兩百塊來，省得上法院。我以後不賣掉你，買了去一定不賣！」魚販子巴望他的情婦救個急，忘掉剛才他還抨擊過她的義舉呢。

於是，在林阿妹單純的腦子裏，又演出那幕單純的喜劇。

「媽祖啊，教我媽的病早些好，教我脫離綠燈戶吧……」她沒聽見警察說什麼，祇顧祝禱着。但當她憐憫地望望裝做祇差斷氣的文士和裝做懂得愛情的魚販子時，她却難禁自言自語地追問着：「人家都同情那寡婦，他們為什麼不呢？他們為什麼不呢？」

自由人語

香港的性報

趙慶餘

大概為時不久，這以英國紳士風為尚的地方，先後出現了兩種每天只出一張的報紙：一種是午報，一種是夜報。

香港報紙太多，我平素常看的只有兩三種，却從未知道有上面兩種報。春節假期，看電影買不到票，在王老吉嘆苦茶，竟然看到這兩種從未看見過的午報和夜報。

因為篇幅都不多，不消多少工夫，我就全看完了。我覺得這兩種報，無論在編排、內容、政治立場上都相同。

所謂編排上相同者，是指它們全在第一版刋本港的社會新聞，第二三兩版刋色情文字，第四版才是世界新聞。

所謂內容相同者，是指除了二三兩版的色情文字，全在談「性」、說「肉」之外，那四版的世界新聞和頭版的本港新聞，也大都從姦盜淫殺這些方面取材。似乎眞像最近上映的那張西片「熱情生活」裏說的，把這無奇不有的大千世界，縮小成只有彼此做愛的一奇。

所謂政治立場相同者，這從它們四版世界新聞的標題語氣或短評之類的詞句上可以看得出來。說句時髦的名詞是「中間偏左」，骨子裏却是共黨故意披上的偽裝。

在香港，一張報紙的編排和政治立場，似乎都不大為人重視。這由於許多編排太差的報紙照樣賣得動這一事實可以證明。在香港大多數人，似乎所服膺「在×言×」這句名言，發財第一，既不親蔣也不親毛，更不相信左報那些鬼話，因此政治立場是左是右是中是偏，早已放在「管他娘」之外了。這樣，為人注意的就只有內容，雖然內容與政治立場是有關的。

這兩張報的內容，上面說過，全是在散佈色情毒素。它們引導你犯罪，指導你怎樣做愛，介紹你港九一些秘密的色情架步，那文字的穢褻，簡直不堪入目，下流到不能再下流。在這個色情社會裏，一毫子買這樣一張報，銷路可能不錯吧。從前張競生出過性史，這兩張報紙可以說是香港的性報。

香港政府一向對助長淫風的玩藝兒是嚴厲禁止的。這些淫書淫畫、小電影之類的販子，都重罰不貸。色情影片不獲通過，有色情鏡頭的影片予以剪掉。我奇怪為什麼對於這兩種性報，却熟視無睹，而特予寬容。我敢說它們比「西洋潘金蓮」、「查泰來夫人之情人」還要那個一些。

如果拿這兩張報紙的內容聯繫起它們的政治立場來看，那就可以忽然了晤：這是共產黨用色情來毒害住在香港的人，一如他們輸出鴉片煙毒害世界人類。

抗戰回憶錄（七）

張發奎

三、淞滬會戰的經過及感想

淞滬會戰的徵候，於八月九日開始發現，敵人的兵艦集中於黃浦江和長江的江面，並以陸戰隊萬餘人在上海登陸，敵人以武裝士兵闖入我虹橋機場滋事爲藉口，要求我撤退駐滬保安隊，經我嚴詞拒絕後，遂於十三日正式揭開了淞滬會戰的序幕。

最高統帥部適時下達「淞滬方面軍隊的戰鬥序列，張治中担任左翼軍總司令，我担任右翼軍總司令。另以李崧山阮肇昌劉尚志各師及張鑾基的獨立旅，炮兵第二旅第二團編爲第八集團軍，集團軍的總司令也由我兼任，同時劉建緒的第十集團軍亦奉令入於右翼軍的序列，接受我的指揮，我即令張旅推進浦東接替李師的防務，李師移動於上海方面俾得適時策應左翼軍的作戰，並以劉尚志師推進至松江附近，作爲集團軍的預備隊，劉建緒集團則由衢州附近向杭州推進，作爲右翼軍的第二綫兵團。

十三日敵我在上海的警戒部隊發生戰鬥，我左翼軍按照原定計劃開始攻擊行動，經過數日的戰鬥，因爲我軍沒有摧破堅固術工物的火器，且對街市戰不熟練，雖曾一度進出於滙山碼頭，故終未能摧破敵人的整個防務組織。

右翼軍右面的情況較沉寂。因爲在南市的方面，隔着一個租界，暫時作了緩衝地帶。浦東方面，因黃浦江地障的關係，敵我均未作爲作戰的重點；左翼軍方面的戰況比較緊張。我必須用各種方法去策應支援，我除將阮師增援左翼軍外，我並時常以炮兵和步兵在浦東的洋涇附近襲擊敵人的側背，來策應左翼軍方面之作戰。

浦東炮兵對敵人的襲擊，是我在這次會戰中最愛回憶的一件事。這是一種新奇的行動，也是運用炮兵的一種特別有效方法。它在當時曾被人稱譽爲「神炮」，它打擊了敵人的出雲旗艦，它也轟擊了虹口的日軍司令部，它使敵人感受了最大的威脅，敵人且費了很多的偵察手段，企圖毀滅我炮兵陣地，但始終沒有辦法來拒絕每日黃昏與夜間又從洋涇我炮兵陣地送過去的禮物。

炮兵陣地的位置，在浦東的洋涇附近，該地正對着虹口的日軍司令部，它可以瞰制黃浦江面的敵艦及其後方部隊的行動。我們在對岸設置了一個秘密的觀測所，以海底電綫的秘密通訊法，來指揮我們炮兵的射擊和修正彈着的偏差，所以雖在夜間發射，亦毫不感覺困難。且爲避免日本空軍的威脅，常以夜暗作活動的時間，白晝我們把它巧妙的僞裝起來，藏匿於溝渠或竹林深處。亘會戰的全過程，神炮的陣地位置始終沒有被敵人發覺，故亦始終被敵人認爲是最感痛苦的威脅。我非常的愛護它，不但我親自去指揮它，而且在會戰終了最困難的時期，我還用盡了方法，把它安全的轉移於後方。

還有一個關於神炮更可回憶的故事：有一天，上海的幾個新聞記者來戰地參觀。他們爲着對神炮的特別羨慕，要求去看它的雄姿，在竹林隱秘的炮兵陣地裏，炮兵營長和他們攝了一張照片。次晨他們把訪問戰地的新聞，披露於報上，並把這一張相片也同時刋登出來。當我在時事新報上，看見了這段消息之後，我立即認爲這是一個軍事消息的洩露，尤其對於神炮，將有不可測的危險。我立即命令該營長迅速變換神炮隱秘的位置。到中午，果不出我所料，一隊敵機，把所有洋涇附近的竹林都炸光了，附近的居民遭受了不少的損失，不過神炮依然無恙。事後炮兵營長撤了職，報館受了查究，記者遭了扣押，這不僅對於新聞報導得了教訓，即一個指揮官，對於細密小事的留意，亦值得注意的。

我僅有這六門卜福斯山炮，假如能得較多的炮量與較大口徑的炮種，相信於本會戰中當得較多的幫助。我曾建議統帥部，由乍浦附近海岸建築一條可以運動重炮兵的臨時公路直達浦東，效法海岸遊動炮兵的使用方法，調一部重炮兵使用於浦東方面，惜統帥部以我們的炮兵過於缺乏而沒有採納。

八月廿二日，敵增援部隊第三師團第十一師團及第一師團第八師團之各一個旅團，同時在寶山獅子林登陸，向我左翼軍方面之寶山羅店劉河之綫進攻。我右翼方面之川沙及浦東各地，敵人亦作積極行動。我們亦同樣以京滬、滬杭兩鐵道輸送後續部隊，投入於左翼軍方面，雙方均以猛烈的火力作陣地戰的戰鬥，情況雖特別緊張，但我們原來預期以攻勢的作戰手段指導會戰的計劃，則已變爲一種純粹的防禦戰了。

最高統帥部儘量的抽注兵力於淞滬方面，企圖確保這個遠東最大的都市。京滬、滬杭兩鐵路綫，日夜不間斷的奔馳，把一師一師的部隊逐次加入塡補火綫。其情況好像一九一六年法軍爲挽救凡爾登要塞的危急，從巴黎運送增援部隊的狀況相似。敵人的裝備和戰術各方面，確已達到了相當的高度。它的空軍力量更取得了絕對的優勢。敵人大量的野戰炮兵配合着海軍的長射程炮的熾盛火力，與我們在戰壕裏僅憑血肉的士兵相戰鬥，而且我們僅有臨時構築的野戰工事，戰鬥的不利是可以想像的。爲着這過巨的犧牲與不利的狀況，我常常竭盡智慮的去搜求戰鬥的眞像，和思索將來的狀況及殲滅敵人的策畧。我很思慮在不利戰鬥進行之下，有沒有別的策畧可以改變這種不利的態勢。如果我們以大量的戰力投入這方面的決戰，倘無勝券可操時，則我們純粹的防禦計劃，應否加以考慮或修正？經過了二旬的戰鬥，欲把敵人殲滅或遏止它的攻勢，在我軍的現存條件之下，是確實很困難了。

（未完）

文史漫談

關於蕭觀音案（四）

徐亮之

由此看來，重元的反謀，實已蓄積了前後六年之久的了。他造反的動機，雖不一定即如「焚椒錄」所說單純由於蕭觀音敎訓他的妃子而起，但這一頓敎訓的結果，最少客觀上足以加强重元妃子和涅魯古挑撥的力量，主觀上足以激發重元的野心和皇帝舊夢的重溫，却又仍然是非常自然的一回事。我想：蕭觀音敎訓重元妃的一幕，道宗事後必然知曉。只消道宗知道這事，而又活生生受過重元反叛的敎訓，則蕭觀音的前途，也就不言可知了。

毫無疑問，蕭觀音乃有敎訓癖者。「焚椒錄」說：「后常慕唐徐賢妃行事，每於當御之夕，進諫得失。」王鼎乃一直仕遼而與蕭觀音同時的人，其爲此說，必有所據。若然，則蕭觀音眞乃可謂聰明反被聰明誤的了！理由有二：

其一：人如貴爲皇帝，所最不虞匱乏者便是女人。同時，在皇帝身邊的女人，所最引爲榮幸者便是「當御」。而蕭觀音却偏偏選擇「每於當御之夕」，作爲皇帝丈夫的受訓之時；試問這位「沈靜嚴毅」得連「老豆」都懼他三分的道宗如何受得了耶?!而且道宗乃中國正統文化的服膺者（其對中國正統文化的瞭解程度，乃另一問題），而中國正統文化自書牧誓「牝鷄無晨」的皇皇告示以來，所謂「婦人之言切不可聽」云云，便早已成爲中國丈夫家喻戶曉的普通敎條了。

而蕭觀音竟認爲其以敎訓一切人爲職業的皇帝丈夫，可以俯首受訓於自己的「當御之夕」，直不思之甚而已！

其二：徐賢妃雖有「進諫」唐太宗之事，但其「進諫」之時，據新舊唐書所載，也絕無即在「當御之夕」的痕跡。反之，與其認爲徐賢妃以「進諫」而得寵，轉不如「新唐書」本傳（卷七六）說她「手未嘗廢卷，而辭致贍蔚，又無淹思；帝益禮顧」的遙爲一切於事實。假使徐賢妃竟也如蕭觀音一般「每於當御之夕」絮絮叨叨；則我敢斷言：這位雄武天縱的唐太宗，不比半野蠻型的遼道宗倒胃口得更快，才眞是怪事。

（按此應排在第一段後第二段前）

寄書書目

朱文公校昌黎先生集	商務影印元刋本，八冊，四十元。
韓昌黎集	商務，兩冊，五元。
韓愈文	莊適等選註，一冊，五元。
劉夢得文集	商務影印宋本，八冊，三十五元。
樊川文集	商務影印明刋本，五冊，三十元。
註釋音辯唐柳先生集	商務影印元本，八冊，三十五元。
柳河東集	中華，兩冊，十二元五角。
司馬文正公傳家集	商務萬有文庫本，六冊，十五元。
司馬溫公集	商務叢書集成本，四冊，五元。
范文正公集	商務影明翻元刋本，十冊，四十元。
歐陽永叔集	商務，六冊，十五元。
王臨川集	商務國學基本叢書本，兩厚冊，十二元五角。
王荆公詩集箋註	李壁，受古書店影印，十冊，五十元。
王安石詩選	夏敬觀選註，一冊，五元。
王安石	柯敦伯著，商務，一冊，五元。
王安石	鄧廣銘著，一冊，二元五角。
嘉祐集	蘇洵，商務影印本，兩冊，十元。
又一冊	商務萬有文庫本，一冊，二元五角。
經進東坡文集事畧	商務影印宋刋本，十冊，五十元。
蘇東坡詩集註	掃葉山房本，白紙影印，二十冊，五十元。
東坡禪喜集	劉仁航編，商務，五元。
東坡和陶合箋	兩冊，十五元。
欒城集	蘇轍，商務影印明活字本，二十冊，七十元。
欒城應詔集	商務影宋寫本，兩冊，十二元五角。
斜川集	蘇過，古書流通處影印，三冊，三十元。

要者請向九龍鑽石山大觀路惠和園三號「卓如編譯社」洽購。大學，圖書館，及研究機構，一律八折優待。定價以此次所登出者爲準。

本刊已經香港政府登記

聯合評論

每逢星期五出版

週刊

United Voice Weekly

第一八二號

督印人：黃宇人　總編輯：左舜生
社址：九龍[illegible]道三十二號地下　電話68678
承印者：嘉華印刷有限公司　香港灣仔馬師道5號
本報美洲版總經銷處：美國紐約中美出版社
CHINESE - AMERICAN PRESS, INC
199 CANAL STREET.,
NEW YORK13 N. Y. U.S.A.
美洲航空版每份零售美金一角

我對胡適之先生的哀思

左舜生

二十五早晨起來看報，『胡適之昨晚逝世』七個大字，眞使我大吃一驚，到現在一連三天，也還使我非常難過。

我默數着民國以來去世的幾位著名學人，王靜安民國十六年自殺，僅僅活了五十歲（1877—1927）。民國九年我在上海看見梁任公，演說近三小時不倦，他的身體似乎是很好的，但也只活到五十有六（1873—1929）。嚴又陵以譯西洋名著多種，得名甚早，無端被迫牽入洪憲一幕，我不知道他晚年的心境怎樣；最奇怪的，乃是一位別署『天演宗哲學家』的學者，居然不承認白話文將代古文而起！假定他的思想，一如甲午以後戊戌以前那樣的鋒銳，他可能成爲後期新文化運動中一個更重要的人物。不幸入民國以後，他的態度乃一天天趨於保守，幾乎與時代脫了節，這大概與他的年齡，留學國，以及他早年所接觸的前輩有關。他是民國十年去世的，得年六十有八（1853—1921）。章太炎先生是我接觸得最多最久的一位，看他六十以後是那樣的爐火純青，還是那樣的健談，還有那樣強的記憶力，我總以爲他活着的年齡可能趕上他的老師俞曲園（八六）也不一定。他對抗日非常熱心，但在抗戰發生的前一年，他便已不幸長逝（1868—1936），得年正和嚴又陵一樣。

適之先生的身體自然不是太壞的，但他歡喜喝酒，我知道他在出國以前，即在上海街頭因酒醉而與巡捕發生過衝突的故事；再加上他非常用功，讀書作文往往搞到深夜，甚至天亮；可是他居然活到了七十一歲，僅僅只有蔡孑民先生（1868—1940）超過了他一年。就這一點來看，毋寧說是可以爲適之先生慶幸的了。

大家一談到近四十多年的新文化運動，第一個便會使人聯想到胡適之；但我想把中國的新文化運動分作三個時期：第一期應以容純甫（閎，1828—1912）爲代表。他在同治六年（1867）便已擬訂了一個遠大的教育計劃，要派遣大批的幼童和青年出洋，而這個計劃到同治十一年（1872）便已實現，能說這不是一個太有意義的新文化運動嗎？而且繼此以後，爲了中國的現代化，他還有過二十多年的努力哩！第二期當然以梁任公爲代表。可以說梁先生的新文化運動，戊戌以前在上海辦時務報，在湖南辦時務學堂，辦南學會，提倡地方自治便已開始。何況在戊戌以後他還活了三十年，一直到他臨死以前爲止，他眞是不斷的在一面自己學習，一面教育國民，他所主辦的報刋雜誌何止七八種，所寫和所發表的文字何止數千萬言！誠然，由今觀之，任公的著作或難免粗枝大葉（尤其早年是如此），但這一點我們應該體諒：他的時代，他的環境，不容許他接受現代正規敎育，對外國文字，也沒有深造的餘裕（第一次大戰後；他到歐洲，還在從丁文江補習英文），他自己已曾十分謙卑的說過：『我剛剛學到性本善，便要以人之初敎別人』，情況確有幾分是這樣，眞要去吹毛求疵，疵自然是不難發現的。議評任公只能坐而言不能起而行的人也曾有過（嚴又陵便是一個），可是實際眞是如此嗎？至少入民國以後，他曾親自參加打倒兩個在中華民國已經出現的皇帝！大家試想想，假定這兩個皇帝眞有一個做下去了，中國還更有什麼新文化運動可談呢？第三期我推胡適之。自然，和他同時，共事，對新文化運動也曾賣過大力的人還不少，但時間都沒有他這樣久，成績都不及他這樣優秀，所得到世人的譽和毀更不像他這樣多，也只有他，才像梁任公那樣的至死不懈。世間只有那種善於欺世盜名的人才有譽無毀，也只有那種平平常常勉勉強強混下去的人才無毀無譽，但適之先生外圓內方，決不肯這樣做，因此他所得到的，才眞正是『名滿天下而謗亦隨之。』『今之後生，喜謗前輩，』我默察今天的所謂『反胡』人物，其動機大抵不出三種：第一等的是對學術見解或政治態度確有與適之不同的地方，因而不願附和而毅然立異，但往往也有意氣用事不加分析，而輕於一筆抹煞的。第二等，則純粹出於好名爭勝，因而在心理上失去了平衡，既不能客觀的和別人互較得失，也不願檢討自身所具備的條件，甚至還不肯多下工夫，總以爲名可倖至而勝可苟得，殊不知在今天而談學術或思想，世界上的明眼人是不會太少的啊！最下一等的乃是無所知而『反胡』，又確有所爲而『反胡』，或迎合別人的意旨而『反胡』，或被別人牽着走而『反胡』，這就當然更不足齒數了。

我自己平日對一般學人的觀察，歡喜把他們大別之爲兩類：其一是以工力見長，往往冥心獨往，不輕於立說，可是一說既立，却也不容易動搖；這一類的學者，對於肯作精密研究的人，確也貢獻甚大，但影响不會怎樣廣泛。其一則造端宏大，啟發的力量極強，往往敢於批評，勇於假設，也時有創獲，而影响力之大，則眞是無遠勿屆，無孔不入。前一類的學者，如章太炎王靜安近似；後一類的學者，如梁任公胡適之近似。學風不同，結果互異，強而齊之，是大可不必的。

民國十一年，梁任公在北大哲學社有過一長篇『評胡適之中國哲學史大綱。』他對適之不同的觀點甚多甚多，但他却作了這樣恭維適之的話：『他那銳敏的觀察力，緻密的組織力，大膽的創造力，都是『不廢江河萬古流』的。』

前天在報上看見蔣先生有一幅親筆輓胡先生的對聯：『新文化中舊道德的楷模，舊倫理中新思想的師表，』假定胡先生還活着的話，我不知道他對這兩句話感想怎樣？照我想來，新文化決不盡排『舊道德，』新思想也決不盡排『舊倫理，』但『舊道德』，『舊倫理』在新文化新思想之下，却是不能無所變遷或無所修正的。

我對適之先生，在形跡上是相當疏濶的，一直到二十六年的『廬山談話會』才和他第一次見面；在他動身到美國任大使的前夕，才作過一度的懇談；後來幾次的國民大會，因爲同在主席團，才有了更多的接觸。不久以前，我因爲一篇不相干的短文：曾引起過多方面的非難，胡先生却爲我發表了『解圍』的談話，我記得他的談話中，曾用上『讀書人』，『愛國者』等語句，我眞感到慚愧無地！親愛的胡先生！這眞是您『大胆的假設』啊！假定我還有五年或十年不死，我應該如何使得您這一『假設』不完全落空呢？可痛惜的，乃是您已等不及『小心求証』了啊！二七、五、五一

敬悼胡適之先生

李璜

昨日（二十四）上午，剛剛接到台省友人轉來胡適之先生讀了我最近一篇文章而特向我致意的信；下午他便以心臟病忽發去世；紙上墨痕猶新，而宇內斯人已逝！東望台北，不禁愴然！

古人說：「蓋棺然後論定」。胡先生則四十餘年來，對中國學術思想上的貢獻，已是不待蓋棺，而早應有定論的。——他是自「五四」以來，在中國的啟蒙運動中，最能將科學的懷疑思想與求證精神普及於中國知識界的一位學者。

胡先生主張：「盲目跟着孔夫子走的不是好漢；盲目跟着朱夫子走的不是好漢；盲目跟着馬克思走的，更不是好漢。一切要證據。用大胆的假設，小心的求證的科學方法，去打倒一切敎條主義。」——這個主張，他從民國八年起一直到四十八年，還在不斷的強調；四十餘年間，這是對學術思想以及政治鬥爭上的影响都是非常之大的。雖然這主張不爲左傾與右傾的專斷的敎條主義者所喜，而且曾被加以清算過，然而今後中國的科學與民主如有前途，則胡先生啟蒙之功是不可磨滅的。

我尤其對於胡先生在科學思想與方法方面，能夠從事於「普及」，在這點上，特別認爲貢獻甚大：第一是他的白話文運動，第二是他的水滸傳考證與紅樓夢考證。

白話文對於科學思想普及之功，不待深說，盡人皆知。只舉一件事：如果沒有白話文的提倡與應用，這三十多年來，我們敎自然科學與社會科學的敎員，便無法去使學生們言下領悟，書看得懂。試去一讀徐光啟與利瑪竇合譯的自然科學的書，以至嚴復譯的社會科學的書，就知道，那種古文，非三十年來，一般學生，甚至一般敎員所能明確的了解的。利、徐、嚴復的文筆非不佳，所譯的內容也並沒有錯，然而這三十年來，能夠望文識義，透澈了解者，又有幾人？無他，學校的時代與學人的時間都不容許去咬文嚼字，先費十年工夫了！

近來有些人認爲胡先生的成績，無非是考證了幾部通俗小說，如水滸傳、紅樓夢之類，算不得甚麼學術貢獻。但不知，如果胡先生只談他的墨子新詁，詩三百篇言字解，諸子不出於王官論，淸代學者的治學方法等等，則至多無非爲大學國學系或哲學系的用功學生，添加一部份硏究資料與方法而已，又那能及水滸傳與紅樓夢等考證之能普及科學思想與求證精神的竟引起多數知識分子之注意於懷疑與求證呢！

只用以上這兩點，——自由思想的堅持與科學精神的普及——去論定胡先生對中國這一時代的貢獻，也就夠大了！胡先生實無負於這一時代所賦予的使命！不過，世變日亟，內亂與外患紛乘，三十餘年來，國中幾無寧日，去讓一位學者安心治學講學；而且胡先生爲堅持其自由思想與自由言論，乃是科學發展的社會環境所必需，不能不屢次離開他的象牙之塔，來辦報論政，故他的明晰的觀點與淸朗的文筆，用於批判方面比用於創作方面似乎還要多些；因此，有人說他，『破』多於『立』。其實，我們從五四前後長成出來的一班談學問的人，多少都爲這一顧來倒去，橫順要打倒思想自由，言論自由的政局所執誤了！沒有思想與言論的自由，則科學以及一切思想都無從發皇，所以胡先生不能不站出來爭，而且爭至臨逝世之前一分鐘，還在說『他非常歡迎表示言論自由』！

胡先生不幸因努力於『科學思想要在中國社會生根』，而過於勞頓的死了！後死的學人其能念及國家民族前途之所需要，不誇大，不躐等，脚踏實地去用工夫；而且對思想自由與言論自由更能一點不放鬆的去爭取，則胡先生死前的樂觀看法，纔能够眞正成爲樂觀的事實，而且這事實應不只實現於中央研究院一院之內。

臨了，個人敬悼胡適之先生，不能不把他與我的交誼略說兩句。適之先生對朋友是極其熱誠，而且對朋友有一技之長，乃是極其珍重的。他與我雖是民十四五在北大的同事，但彼時大家忙於講授，往還不多，我並不覺得他在那時候，便會把我在北大學生晚會所講演的 Durkheimien School 的研究古史的社會學方法留意到了。直至民十八，他在上海辦新月雜誌，他請我參加並作文，我表示我的政治色彩太濃，於他的『新月』不利。他說：『我不是要你談政治，我是要你將 Durkheim 的社會學方法論用於古史這方面的介紹出來！並且要求你說得不枯燥，對研究中國古史的學人給予他們社會學這一派的新觀點。』因之我曾用『古中國的舞踏及其故事』的題名，在『新月』發表過好幾期文字，後來在上海中華書局印出單行本，現在經『秦火』後，已絕版了。

從此我便與適之先生不斷往還，他總勸我不再去從事政治，多多努力譯述，我對之只有苦笑。因爲我那時只有租界可住，私立學院之書可敎，舉步艱難，業已『迫上梁山』了！說來慚愧，適之先生在民十九接受了中華文化基金會新設的編譯委員會主任的聘，去北平後，還與我寄了一大冊法國史的法文名著來，請我翻譯；我只譯了兩章，『九一八』事變一來，再加以淞滬戰爭，我便被捲入抗日義勇軍中，原書與譯稿都弄掉了，眞對不住他的好意！

民二十二的『何梅協定』，捉拿抗日義勇軍首領時，我曾得適之先生不避嫌疑的助力，機能危服逃出北平。民三十六年在紐約醫病，檢査身體時，又承適之先生介紹醫生，每週親來訊問一次，異常熱情，可感之至！

馬來西亞計劃的來龍去脈（下）

王天行

星婆砂汶的反應

拉曼首相這一馬來西亞計劃的提出，為各方矚目。英駐東南亞最高專員薛寇克於一九六一年六月九日在亞庇招待記者時稱：馬來亞首相建議之馬來西亞聯邦，係出自其私人意見，英國並未加以考慮，有關發展，應由當地人民自決。去年七月英首相麥米蘭在下議院說，英國政府考慮拉曼首相建議的反應。並謂五邦地區在經濟政治上發展不同，故有許多問題需要克服。

星加坡內情複雜，其反應有在朝與在野之分，右傾與左傾之別。約有下列三方面的主張：

一、人民行動黨主張在勞工及教育的基礎上進行合作。

二、社會主義陣線主張進行完全合併。（這是故意加重人民行動黨的困難，以引起人民的反感。——筆者註）

三、第三方面主張根本不是合併，要不是獨立的星加坡，就是國防與外交操在英國人手裏的內部自治的星加坡。

有東南亞石油王國之稱的婆羅乃（汶萊為其首都，亦有稱汶萊者），汶萊蘇丹，世襲土皇帝，財多志滿，對什麼聯邦，也不感興趣。這次拉曼首相移樽就教，前往汶萊向蘇丹遊說，許蘇丹可為未來馬來西亞聯邦的元首；北婆羅洲自由黨領袖張濟勳倡議三邦聯合，擁蘇丹為永遠國家元首；蘇丹始終緘默。婆羅乃唯一政黨人民黨（以牛頭為黨徽，亦稱牛頭黨）主席阿加哈利，極力反對，認為拉曼首相的計劃，欲使北婆三邦變為馬來亞的殖民地。

沙勝越人民聯合黨主席王其輝主張砂婆兩邦先合併後，以平等地位參加馬來西亞。

至於北婆羅洲，為葛量洪爵士與拉曼首相所掀起的政治熱潮之後，由一九六一年八月至十二月，四個月之中，成立了六個政黨性的組織。可謂快矣多矣！

首先成立的，為立法委員唐納領導的北婆嘉達山族聯合會，於一九六一年八月六日召開代表大會。為有政治性的民族組織。（嘉達山是北婆魯順族一部份的別稱）

其次，為立法委員馬斯搭華領導的沙白國家聯合黨。（「沙白」為「Sabah」之譯音，係馬來語。北婆羅洲之舊名。）於一九六一年十月十八日成立。該黨的黨綱，是先聯合土著民族之後，才與其他民族合作。

繼之，是華人陳彼得領導的民主黨，於一九六一年十一月廿三日獲准註冊。主張先謀求北婆獨立自治，十年後，以平等地位加入馬來西亞。接着號稱有八萬土著的巴索摩根機構，亦於十一月份成立。宣告與民主黨共結聯盟，同一主張。

第五個政黨，為前北婆商聯會理事長張濟勳所領導的自由黨。於一九六一年十二月一日公佈六大原則。反、馬來西亞計劃對。倡議北婆三邦聯合。並一連發表三封致拉曼首相公開信，抨擊拉曼企圖吞併北婆。

第六個政黨為山打根首名富翁華僑魏亞貴所領導的社會民主黨，於一九六一年十二月十八日成立。宣示該黨宗旨為非種族性的，主張自治之進展，應配合時間之需要，不草率達成，認為馬來西亞計劃，為北婆長久計劃所應達的目的。

小魚變大魚？大魚吃小魚？

綜觀上面所報導，星、婆、砂、汶各政黨對馬來西亞計劃的反應，有的堅決反對，有的主張延遲加入，有所謂「延遲」亦不過是外交詞令，亦有禮貌的反對而已。馬來西亞計劃既為增強團結，爭取獨立，防阻共產集團的顛覆，其為各邦所樂意贊成，乃為順理成章的事。然而為什麼各邦都有不同程度的反對呢？這裏面當然有共黨份子在暗中搗鬼；但也不能一竹竿打盡一船人，不如拉曼首相所說：「反對馬來西亞計劃的就是共產黨」。各邦的反對是有其因素在的。

一、馬來亞有土著特權。馬來亞聯合邦憲法規定巫人（即馬來人）擁有政府機關，土地，商業牌照權，獎學金及教育特權。拉曼首相解釋說，巫人擁有特權的原因，是馬來亞在殖民地時期，巫人利益未受到照顧，因此造成巫人遠較其他民族貧窮。扶持巫人取得經濟上的平等，是為了避免動亂，採取較合法的特權政策，來改善這個不平衡的現象，也是為了使馬來亞各族和睦。

馬來亞的公民權規定申請為馬來聯邦公民，須有初級的巫文程度。馬來亞聯邦憲法規定以巫文為國語；以回教為國教；學校以巫文為教學媒介。

拉曼首相要星婆四邦以「邦」的地位加入馬來西亞聯邦，將同受以上的不平等待遇。這是使四邦難於接受的。

二、拉曼首相亦如其他亞、非殖民地國家的領袖一樣，一朝獨立執政，便狂妄驕橫，對北婆三邦大言不慚，頤指氣使。當他去年訪問沙勝越首都古晉回到星加坡時發表談話說：「北婆要想獨立，祇有依賴馬來亞。」（大意如此）這種目中無人，自大自傲的言論，當然引起砂婆人士的反感。

馬來亞外交部常務秘書加沙里賓在去年八月廿四日訪問亞庇對記者稱：「馬來西亞計劃，是將一羣小魚變成大魚。」

而砂婆人士認為馬來西亞計劃，不過是由英國殖民地轉為馬來亞的殖民地，是大魚吃小魚。

俄共仇視馬來西亞計劃

莫斯科電台曾屢次評論說：馬來西亞聯邦計劃的目的，在於「打擊婆羅洲的民族獨立運動」。

共產黨統戰機構「亞非人民團結組織」秘書長，曾公然發表聲明，抨擊馬來西亞計劃，指責英帝國主義在東南亞地區擴張勢力計劃，將使英國長期保留設在星加坡的軍事基地，並進行這些基地以達英國的目的。

星加坡總理李光耀於一月廿六日記者招待會上稱：「在東南亞之共產黨刻正密切聯系，為反對馬來西亞計劃而工作。共產黨深恐馬來西亞獲得實現，將阻撓共黨在該地區擴張計劃。」

馬來亞與共黨持續作戰十二年之久，飽受共黨禍害。拉曼首相曾經說過：「歷史教訓我們，安撫政策是不足與共產主義對抗的，我們馬來亞人是不存任何幻想，堅決反對共產主義，因為我們現在所享有的生活水平、是任何共黨國家都無法與之比擬的」。這個由死硬反共的拉曼首相倡議的馬來西亞計劃，其為共產集團所反對，這是理所當然的。

由現在看未來

馬來西亞計劃所包括的五邦，馬來亞是積極反共的；星加坡內情複雜，左翼份子猖獗；婆羅乃的人民黨，僅從其命名來看，至少是中間偏左。全國人口只五萬人，文化落後，易為共黨所滲透；沙勝越，已有共黨的活動，早在一九六〇年七月廿二日沙勝越政府發表白皮書，指「外國主子所組織，所驅策的共黨機構，已在沙勝越積極展開秘密活動，以圖推翻現政府，而將砂勝越變為共產邦土」。在該白皮書內列述破獲共黨活動的經過與事實。

至於有「世外桃源」之稱的北婆羅洲，比較單純，然實際情形也並不十分穩定。在一九五一、五二年間青年學生與工人大扭其秧歌，戴紅星八角帽。曾經有一次，一批青年走進山打根白沙灣的自由工會，將總理遺像與青天白日國旗取下，當街焚燬。當是時，掀起回大陸的熱潮，有許多小學教員與青年學生回到大陸。如所周知，共黨份子的活動，是比較有技巧，而北婆的領袖人物久處殖民統治之下，缺乏政治認識與經驗，易為以「民族主義」偽裝的共黨份子所包圍，所迷惑，難免不墜入共黨陷阱。北婆總督顧德爵士於今年元旦文告中說：「我們已經捲入對共產主義作戰的漩渦中。」這是北婆最高當局第一次發出的警告，可見北婆已受到共黨的威脅。

馬來西亞計劃，一方面受到共黨利用「民族主義」從中挑撥破壞；另一方面，馬來亞有土著特權，公民法與語言教育的限制，有損其他各邦的尊嚴與權利，使其他各邦望而生畏。如拉曼首相不改變政策，英政府不加強支持，馬來西亞計劃的推行，是不可樂觀的。

英政府表示對馬來西亞計劃要「取決民意」，即將會同拉曼首相組織五人諮詢委員會，到北婆三邦徵詢民意之向背。砂勝越七十多萬人口中，華人只佔二十多萬；北婆四十五萬人口中，華人只佔十一萬多。佔多數的馬來人，在民族意識之下，自會贊同，而勉強聯合，忽視華人意旨，損害華人權益，固非華人之福，亦非馬來西亞聯邦之福，這是可以斷言的。

悼胡適之先生

劉裕畧

今天早晨，我從報上讀到胡適之先生於二月廿四日晚七時十分病逝台灣南港中央研究院的消息，哀悼之情，不能自已。

我與胡適之先生素無一面之雅，依常情常理，似無哀悼必要。但我讀過上述新聞後，內心確實充滿哀悼與歉然的心情。

記得五年前，我主編「再生」雜誌時，我曾經寫文抨擊過胡先生。那時我頗不同意「自由中國」半月刊的某些言論，我誤把「自由中國」半月刊的言論，都當作是胡先生的想法。為此，「再生」雜誌創辦人張君勱先生曾來函勸我不要抨擊胡先生，但我當時並不以為然。

及至最近兩年，我聞悉胡先生對「雷案」的真實態度，我對胡先生的政治態度和對人處世的觀感乃為之一新，我對胡先生公忠體國的精神和用心更有了進一步的了解。事實上，胡先生才可以說是一個真正不在人事上鬧小圈子的人。所以，這兩年來，我恰巧與許多人相反，當許多人私下抨擊胡先生的時候，我却轉而對胡先生肅然起敬了。

至於說到學術思想，論者有以胡先生未能獨樹一幟為病，實則他對中國社會的實際啟蒙作用，遠比同時代的任何一人為高。他所提倡的白話文和新文化運動，都像一顆石子投在平靜的池水裏，微波盪漾，由近及遠，正自作用無窮。

胡先生所著「中國哲學史大綱」卷上是我十六七歲時讀的。對我當時確有啟發作用；而胡先生所寫「杜威論思想」一文，則對我更有重大的教育價值，我應該感謝胡先生，因為他的這一篇文章的內容至今一直尚在被我思維和應用。雖然，胡先生這一篇文章的題目究竟是否叫「杜威論思想」，我已經記憶不清了。

當天下滔滔，數十年來，中國有許多政客都以「領袖」自命的時候，胡先生却屢次薄黨的領袖而不為，高風亮節，足資矜式！當天下滔滔，數十年來，中國有許多鄉愿以衛道的假面具，借中國傳統文化為名而行「德之賊也」為實的時候，胡先生却一直和而不流，自行其是，以歡迎心情，看一切言論上的園劇，更是君子之風！

尤其值得效法的，是胡先生一再告誡他的朋友不可放棄反攻復國的言論，甚至還在遺囑裏訂明在北平「有一百零二箱書籍，反攻大陸後，要捐給國立北京大學」。這顯然說明胡先生相信反攻必勝，切望大家反攻，切望大家向共產黨索回一切。胡先生這一遺囑，比之陸放翁「王師北定中原日，家祭毋忘告乃翁」，更有意義，更有金石之聲了。

所以，胡先生之死，不只是自由文化思想方面的重大損失，也是反共戰線上的重大損失。但後死者如何繼續努力呢？却是所有哀悼胡先生逝世的人應該深思篤行的！

安息吧，胡適之先生

李金暉

胡適之先生去世了！

相信，不論是他的敵人，還是他的朋友，都會爲之太息或一哭。他的敵人太息從此失去了一個堅強不屈的對手；他的朋友，則將猶如失去了親人一樣，痛哭失聲。

至於那些專以咒罵、嘲諷適之先生以自抬身份者流，他們也會感覺到這猝然的變故，眞的是令到他們若有所失了！他們會感覺到胡適之的存在，卽使是對中國人、對東方人完全沒有絲毫的價值，但對他們却具有無上的妙用?!這些包括了屬於精神方面的滿足，和屬於物質方面的利益。

誰說胡適之先生不該死呢？這個在各方面都不能討好旁人的人。如果他不做「過河的卒子」、當年北平陷落前夕，他沒有南下，中共能不折磨他，而讓他痛快地活十二年嗎？毛澤東爲了清算胡適思想，所發動和消耗的人力物力，大概不會少過編纂「毛澤東選集」；毛澤東對待一個不在他統治下的知識份子尙且如此，設若胡適之當年沒有及時出走，他不是早就不在人世了嗎？

當然，胡適之先生也不是一個最佳的轎夫，卽使他偶而也抬一抬轎子，可是他仍然是一個自由主義者，不失他的本來面目。因此，他也難逃「胡適與國運」的攻擊，和要把他看成是「中國人的恥辱，東方人的恥辱」。

在左右的夾縫中，他也沒有討好。不錯，他是一個崇尚民主與自由的人，但是他畢竟祇是一個學人，而不是一敢死隊員。如果你用敢死隊的標準看他，希望他有一天成爲一個爭民主自由的敢死隊員，當然也不免失望的。

胡適之，就是胡適之，他有他獨立的人格和他的信仰，他雖然有相當高深的知識，但他畢竟是個人，爲什麼大家不能對他寬容一點，對他的要求和希望少些呢？

胡適之誠然不錯是對中國近四十多年的歷史演變產生了影响作用的人，但卽使這四十多年的歷史裏，沒有他的存在，中國也就眞會沒有共產黨嗎？國民黨當權派就能够立於不敗之地嗎？近代的西方思潮，就不會傳播到中國來了嗎？

有人說，胡適之先生是個「學閥」，這當然不是因爲他擁有東西各國著名學府的數十個榮譽博士的學位。卽使他眞是「學閥」，比數十來軍閥、財閥之禍亂中國，又如何呢？胡適之先生在中外學術界享有一定的地位，眞如同其他學人之享有學術地位是一樣的，他既未以「教主」的姿態，在教育界出現，也未聞他任職教育界期間，有特殊森嚴的門戶壁壘，可見所謂「學閥」一說，祇是爲他扣一頂帽子而已。

有了第一頂帽子，第二頂、第三頂：帽子就不難繼續扣上去了。

說胡適之先生是「學閥」，那是污衊，但他是個自由主義者，乃是不折不扣的。於是共產黨說他是屬於「美帝」的，國民黨當權派有些人便誣他是親共的。

作爲這一時代的民主自由底導師，胡適之先生是當之無愧的，但他絕非是從事政治的能手。這就是他可以是「自由中國」的發行人，却不能是「自由中國」的實際負責人。也是他能够贊同產生一個新黨，而不能實際有助於新黨。

胡適之先生實在祇是一個時代的號角。我們幾曾見過一個號兵，是衝鋒陷陣的，他的任務祇是立定了，運足了氣，把衝鋒號吹得氣壯神足，鼓起大家一往直前的勇氣，他的任務便算是達成了。可是作爲一個號兵，他絕不能把號音吹錯了，對胡適之先生的一生，作任何批評，若是越出了這個範圍，我看不是失之太苛，便是失之太偏。

民主與自由是這一時代的產兒，沒有胡適之做褓姆，它還是要在中國長成的。共產主義和極權主義既已禍害了國族，爲什麼不能讓民主自由透一透頭呢？

在學術討論方面，胡適之先生的見解、立論，是可供人人批評指正的，凡對他作人身攻擊的，不過是徒然自行暴露其弱點。我們又幾曾見過他對任何人劍拔弩張地不禮貌過。他慈祥平易，曾使若干人以爲他可欺可侮，近於懦弱，那些專事對胡適之先生張牙舞爪的攻擊者，似已早將「內聖外王」之學扔到毛坑裏去了，從他們的言論與行爲上，那裏能聞半點中國傳統文化的氣味!!

胡適之先生的逝去，是不會把現代思潮同時帶去的，我們儘可以爲他的死哀悼，過度的悲傷是不必的。他已在民主自由的戰綫上，吹了四十多年的號角；我們還能希望他再堅持多久呢？卽使他能活到八十一歲，距今也祇有十年的壽命了。人總是要死的，他能死在他的工作崗位上，雖然是他的夫人和親人都沒有在場，但是環繞着他屍體流淚的，盡是中國著名的學者、專家，他是足以自慰的。

從另一個角度來看，可以將胡適之先生的死，看作是猶如老兵的退伍，老教授的退休。因爲他既不死於共產黨的清算，也不死於當權派份子的圍剿，而是死於猝發的心臟病，死在歡迎中央研究院第五屆新院士的酒會上，我們還不該爲他的安息額手稱慶嗎？

（五十一年二月廿五日）

台灣簡訊

志清

一：監察院『行不得也哥哥』

監察院費了九牛二虎之力和半年多的時間，調查唐榮廠案，不久以前總算提出了一個調查報告，並決議五項處理辦法如下：「（一）將政府處理唐榮公司的不當措施提出糾正案；（二）請大法官解釋政府引用總動員法是否恰當；（三）對若干公務員在唐榮公司兼任顧問職務者將提案彈劾；（四）唐榮負責人唐傳宗涉及刑事部份將移送司法方面處理；（五）有關部首長在處理唐榮案時有失職者將予彈劾。」

但直到現在爲止，第一項糾正案雖已提出，行政院却一直沒有答覆，有無效果，已甚屬顯然。第二項請大法官解釋案，近日經過冗長的爭辯，幾乎胎死腹中。其餘的三項，看情形，恐怕很難有下文了。據悉：國民黨有關方面最近曾多次邀請若干監委談話，示意唐榮廠案應適可而止。因之，若干監委當初的一股慷慨激昂之氣，已或多或少有了改變。據日前某民營報載，因唐榮案內情複集，牽涉甚廣，如果認眞追究下去，其後果是可以想像的。」該報更有一篇短評，把監察院處理本案的情形，說得非常清楚，特介紹如下：

行政院引用國家總動員法，救濟唐榮鐵工廠，已是"Long long ago"的往事。最近監察院大炒冷飯，爲了是否函送司法院大法官會議就此加以解釋一事，議論紛紛，莫衷一是，牽延時日，迄無決定。昨日爲了此事開會，討論時發言熱烈，表決時人數不足；聞今日將再度開會，重行表決。

關於引用國家總動員法，救濟唐榮鐵工廠一事，在其法理上是否允當，凡稍具法律常識者，莫不心中有數，肚裏明白；實無待大法官會議解釋已自明。監察院爲了這首"Long long ago"的曲子，唱起不和諧的三部合唱。一部高音組，專唱高調；一部低音組，專唱低調；一部中音組，專打圓場，雖腔調不同，但却同工，一言以蔽之：有忝職責。

、主張緩送或不送請解釋者，固不無「護航」之嫌；卽主張送請解釋者，也不過是打太極拳，放馬後炮，想將這顆「熱芋頭」抛到大法官手裏，要別人作難，而爲自己卸責；這與古代言官的「繡衣直指」精神，不知相去幾千萬里！

監委諸公多已年高德劭，處茲政風窳敗，法紀蕩然的今日，而猶徘徊瞻顧；一至於此，誠不知人生幾何？

二：粮食局長吞沒佣金案『查無實據』

省粮食局長李連春前經省議員姚冬聲在省議會省政總質詢時，指出他經辦食米外銷日本，吞沒佣金四十餘萬美元。當經周至柔批交財政廳和主計處調查具報。據悉：因內情複雜，無法着手調查，該廳處已奉命將以「查無實據」的傳統官樣文章敷衍過去。二月十八日聯合報，曾有一篇以「查無實據」爲題的短評，茲照錄於後，海外讀者於此當可知道台灣民間輿論對本案的一般感想了。原文是：

「不知始作俑者是那一位紹興師爺，發明「查無實據」這兩句公文用語，用在任何場合上都是四平八穩，無懈可擊，殆有「放之四海而皆準，百世以俟聖人而不惑」的永恆價值。

粮食局長李連春，前經省議員揭發其辦理食米銷日，涉有收取鉅額佣金之嫌。案經省府主計處、財政廳指派專人調查，在所收集的各項有關資料中，據說尚未發現有收取佣金的佐證。聞日內將可提出調查報告，了結此案。看情形，當不外乎是「查無實據」了。

正如諸葛亮所慣用的口頭語：「果然不出山人之所料」；李局長涉嫌收取佣金一案的「查無實據」，早在一般人的意料之中；如竟反乎常情，悖乎常理，出人意料的查「有」實據，則不僅是李局長個人的不幸，而且也將是國家的不幸。

粮政關係民食與軍需，爲當前庶政中最爲艱鉅、最爲繁雜的一環。李局長主持本省粮政，十有餘年，雖其功過與毀譽，殊難作過早的定論；然其不唯任勞，抑且任怨，以一究屬難得；尤以肆應有方，頗予人以「長袖善舞」之感。惟其長袖善舞，是否「袖」中有物？以及是否「久生弊」？難免啟人疑竇。倘此番確能「查無實據」，對李局長，不啻是一次「體檢」的「合格」，「派司」，誠可賀也！」

三：設會騙錢風靡一時

自台中議員組織慈善扶幼等會騙財案發生後，日來又接連揭發幾宗類似的事件，茲簡述如下：

一、孕婦互助會：佳里孕婦生產互助會原係某機關主管的太太發起；去年十一月始申請變更登記，由陳錦德任經理，吳雪枝任會計；另有股東李求神、張惠清等五人，連陳、吳兩人共有股東七人。變更登記後不久，該會卽宣告倒會。二月二日，陳錦德曾在民衆服務處與被騙人等見面，表示願將所收會費三十六萬六千八百七十六元分兩次償還，二月十五日先還一半，其餘一半，於三月底付清。但到期陳又表示無法籌付。前來取欵的人羣表示不滿，尤以遠道而來的百餘會員最爲憤激，乃決定依法控告該會全體股東。

二、岡山青年福利互助會：高雄縣青年服務處福利互助會設立以來，在高雄市內已有會員一千五百餘人，在岡山地區亦有會員四百餘人，其他各地區的會員則不詳；但相信均在數百人以上。據其會章所訂，凡入會者應先繳入會費四十元，其後每次納互助金二十。其所獲互助金之標準，則爲：「繳互助金一百次以上者，得五千元，繳互助金一百〇一次以上至二百次者，得七千元，二百次以上至三百次以下者，得九千元，三百次以上至四百次以下者，得一萬一千元，四百〇一次至四百九十九次者，得一萬三千元，但四百九十九次至五百次者，得付養老金一萬四千元，並且規定凡自殺、謀殺、或天災地變等不可抗拒之傷害者，一概不得領取互助金。」

由於該會有非法斂財行爲，高雄縣警局高山分局於二月十五日對其岡山代辦處採取行動，勒令停止營業，並罰鍰一千五百元。據說係依據儲蓄管理規則第二條第二項之規定辦理。該代辦處負責人林天賞在警局供稱：該會歡迎青年黨員參加；但非青年之黨員亦得加入。

三、鳳山亦有一龐大組織之類似機構，名爲高雄縣某某會某某互助福利會，經營地下錢莊業務。據此間銀行及信用業者稱：該會章程亦是以互助爲名，而辦合會業務，參加者士農商均有，會員遍佈全縣各地。

疑兇被刑訊慘死獄中，其他囚犯代呼寃

獨清

（台北通訊）自政府退守台灣後，當權者為了刻意傳子，實行家天下，為國人所不齒；乃作福作威，蹂躪人權，草菅人命，無所不用其極，以圖樹立其獨裁統治的威望。因而各軍警機關——尤其是與蔣經國有關的特務機構，每逢辦案無不以苦打成招為能事。多年以來，立監兩院，省縣議會及社會輿論雖曾不斷呼籲嚴禁刑訊，司法和治安當局也裝腔作勢，三令五申；但事實則是刑訊如故。前月十九日報上又出現一則有關刑訊的驚人消息，一個涉嫌謀殺的囚犯，因被刑訊重傷，暴死獄中；同一監獄的其他囚犯十四人聯名為他呼寃。連日民營各報均以顯著的地位詳加報導。聯合報還一再刊出特寫，並發表一篇社論，足証大家對本案的重視。

事緣有名鄔振中者，四十四歲，山東人，原在北市天主堂當厨師。去年五月該教堂三輪車夫郭建財被人謀殺，案發後，鄔曾協助警方將涉嫌重大的另一已被開革的三輪車夫林鰷照捕獲。林一口咬定郭為主謀，經警方捕交台北地方法院審訊判處死刑，鄔不服，現在上訴中。

鄔被判死刑後，依照規定應單獨羈押一室。據說：因為他有病，故移至病舍治療。現在代他呼寃的十四名囚犯，也都是因病被押在病舍，他們日夕在一起，常聽他談到被刑訊的經過，認為他死得寃枉，所以聯名替他呼寃。報載：由於此一呼寃書係在鄔死後才遞出，故該案縱能平反，對死者已經無益；而代呼寃的各囚犯，其所犯案件亦與鄔案無關，不但不能因鄔案之平反獲得任何好處；反而可能因此招來種種麻煩。因之，此一呼寃案極為各方所重視。

刑訊寫眞

一、反銬雙手，懸空倒掛。

二、辣椒煮水，灌入心臟。

據呼寃書稱：「台北看守所被告鄔振中，於農曆正月初三（二月七日）上午十時，在病舍因傷發致死一案，我們本諸良心，參証死者鄔振中在看守所內平日的言行，証明下列事實，希望能懲處草菅人命的警員和不盡職的法官，進而改良目前不合理的司法制度——這種落伍的沒有陪審員的司法制度，我們願為死者含寃而提出呼籲：

一、鄔振中是南京東路天主教堂的厨司，因天主教堂兇殺案嫌疑被捕，一、二審均不詳究，遂判死刑。事實上兇手為同案離職三輪車夫林鰷照一人所為。林因離職後數度潛入天主教堂行竊，為鄔振中發現追捕而挾嫌；其謀殺三輪車夫為失業後之洩憤嫉妬所致。案發後經研判，由鄔陪同刑警至其家中將林拘捕。林遂一不做二不休，挾嫌一口咬定鄔為幫兇。第六分局刑事組長不察，竟以刑求為手段，諸如反銬雙手懸空倒掛，灌辣椒水等等（傷之來源即為辣椒水灌入心臟和肺部），鄔迄未承認。最後於刑訊至暈迷時，由刑警握其手蓋用指模。案移法院，不幸檢察官，地院法官，高院推事蔣伯邢均不事調查，竟以刑求盜蓋指模之口供草率判決。在看守所時，難友同情其遭遇，經商諸兇嫌林鰷照，林亦祖然承認係誣陷，提出要求希望鄔予以新台幣一萬元始能消恨，鄔經難友勸告亦予照辦，書寫二千五百元條據交林收執（係穆萬森促成者）。以上是鄔振中平日一再告訴我們的事實，既無目的，自屬可靠。

二、鄔振中刑訊重傷致死之事實：自入所後即被拷打成傷，因心臟及肺部灌辣椒水及汽油之後果，使心臟擴大逐漸麻痺因而致死；其發時痛哭呼號，聲達室外，我們均親耳聽聞。

三、由於鄔振中刑傷致死這件慘痛的事實，依據我們的經驗，法官量刑容有出入，但矢口呼寃者必有寃情，希望法官們特別注意。聞鄔振中曾為監察委員郝遇林充任厨司五年，希望郝委員站在主僕和人道的立場，挺身而出為死者伸寃。

四、鄔振中刑傷致死，對社會「刑求」一說提出鐵証。我們認為防止刑求徒托空言絕無實效，應該從立法上着手。倘法律上明白規定：「經被告提出，其口供自白係刑求者一律不得採信」，則刑求惡習自可絕跡。

難友証明：蕭明、甘洪海、閔賢樑、唐國濤、趙學祥、林烈、黃愧義、蔡度、黃金生、嚴炳富、王利權、劉忠信、汪金貴、關山林。」

死者的遺文

鄔振中在未死時，還寫了一篇似乎是上訴的書，原文如下：

「我要有在場和林鰷照共同打死被害者郭建財，並裝成其自己上吊死亡等各情，國家的法律判我死刑，是我應得之罪。再說在法律上判一個被告有罪，要有確切不移的証據以構成法律之要素。可是此案僅是按照林鰷照在六分局因私仇怒咬我一口；接着就是不問青紅皂白，施予毒惡慘寒之無人道之刑罰，要我照林鰷照之口供招認一切之事。我雖受了毒辣惡刑，從九死復生之情況下尚未有供，警六分局刑事組將林鰷照口供擬作我供招，在用慘無人道之毒刑拷打我，在暈迷狀態之情況下，迫我按上手印（是按着林鰷照之口供，當為我自己的口供）。人都有父母妻兒；六分局刑事組刑警喪盡父母給其之人性天良，用此等可怕之毒惡之刑罰，强迫我招認。這傷天害理之惡事實，使我寒心害怕。現今自由中國反攻基地之刑事人員取供之方法，寃枉無辜拿人命開玩笑，實使我為自由民族之國家前途担憂。現我被寃上加寃，雪上加霜，伏乞審判長鑒核惠予詳究其事，洞察秋毫以昭雪寃，判我無罪。」

司法當局的姿態

本案發生後，司法行政部即將前述兩項文件交付調查處理。高檢處首席檢察官夏惟上，於十九日向訪問他的新聞記者說：刑訊迫供為法律所不許，司法機關曾一再嚴令禁止。他希望各界如發現刑訊之確實事証，應盡量向地檢或該處檢舉，以期消滅刑訊之惡習而保障人權。最高檢察署長趙琛亦說：司法機關對於刑訊迫供，已懸為厲禁，檢察署及各級檢察單位，每次在檢察聯席會議上均曾提出此事告誡司法警察不得用刑訊手段取供。並說：刑事訴訟法第九十八條規定：訊問被告應以懇切的態度，不得用強暴、脅迫、利誘、詐欺及其他不法方法。如司法人員在偵查或審理案件時，意圖取供而施行強暴脅迫者，則犯刑法第一百二十五條之罪，應處一年以上七年以下有期徒刑。而司法警察用刑迫供者，則係犯傷害罪，同時可依刑法一三四條規定，加重其刑至二分之一。趙檢察長對於鄔案雖以未閱過有關案卷不願表示意見；但認為刑警人員在偵辦案件時，如用刑迫供，自應負刑責。

台北地檢處王邀檢察官奉該處首席檢察官楊鳴鐸之命，於當日親到台北看守所傳訊簽名呼寃的十四名囚犯，他們均承認為鄔振中呼寃的事，並說：因看到鄔終日啼哭，並不斷向他們訴說寃枉及慘被刑訊經過。後來鄔傷勢發作，痛苦萬狀，他們均甚同情，但却感到愛莫能助。鄔死亡後，他們終於忍不住才聯名代鄔呼寃，他們做這件事，完全是於心不忍，並無任何企圖。

二十日王檢察官又偕同法醫楊日松，書記官及警察六分局長等多人，分乘兩輛小轎車及一輛吉甫車前往墓地開棺檢驗鄔振中的屍。據說：發現曾患肺肋膜炎，是否因傷而死，尚有待於進一步的鑑定。屍體的內臟，亦被法醫取出帶回。

楊首席檢察官於二十一日親向鄭彥棻報告本案初步調查的情形；鄭是否向他有所指示，則不得而知。但據楊首席向新聞記者宣稱：代鄔呼寃的各囚犯雖被羈，仍有表示意見的自由。也許他們是激於義憤而為，所以我們不能因為他們是在押而不重視他們的意見。甚至於在尚未調查獲得結論之前，就追究是否有人導演，準備如何追究他們的刑責，如此就失去了檢察官所應有的超然、客觀、公正的立場。

警六分局的辯白

台北市警察第六分局局長裴震於獲悉在押囚犯為鄔振中呼寃的消息後，即發表書面談話，舉出八點理由，証明鄔確係天主堂謀殺案的主犯，原文如下：

（一）本案偵破有鄔振中詳細自白書，敍述其犯罪經過，及其個人身世學歷。

（二）本案發生，因警方有鑑於人命關天，前後有三次詳細偵訊筆錄，均自白供認預謀殺人經過，並經報請台北地檢處張澄江檢察官親蒞該分局開庭，自認謀殺郭建財不諱，唐錦黃檢察官提訊被告鄔振中收押，亦供認謀殺郭建財。承辦本案檢察官起訴書均詳述其謀殺郭建財經過，均有偵訊筆錄附卷，並經台灣地方法院、高等法院宣判鄔振中、林鰷照死刑。

（三）鄔振中盜賣天主教堂奶粉、麵粉、及米均有收贓人犯詳細筆錄為証。

（四）偵訊時嫌疑犯曾經到現場表演，所作動作完全吻合，有現場照像存卷。

（五）嫌疑犯請求曾到天主教堂作彌撒向上帝贖罪。

（六）據林鰷照口供及對質鄔振中交予廿元購兇器和繩子。

（七）由林鰷照所偽造郭建財遺書內容係鄔振中授意（有林口供可查）。

（八）本案偵破經過，鄔振中口供筆錄、張澄江檢察官開庭均有錄音。

當時該分局負責偵查該案的刑事組長黃金生（現任八分局刑事組長）則說：該案在偵查期間，幾乎完全公開，鄔振中曾經在參辦該案的檢察官面前承認殺人，並捺下指紋，以後現場表演，在旁目睹耳聽的人很多，大家都知道沒有用刑。

聯合報的評論

聯合報於二十二日特著社論，以「再不能留下疑團了」為題，開首便說：「刑求究竟有沒有絕跡？這至今仍然是人人心上一個謎，恐怕除身歷其境者以外，即連司法界人士都不見得清楚。按理說，刑訊迫供，本已懸為厲禁，違法者可照刑法處以瀆職及傷害等罪，司法有關當局，也曾經三令五申，嚴行禁絕，辦案人員應不致知法犯法，為執行公務而使自己個人負刑事責任。但事實上，仍常常有刑事案件中涉嫌被告，在法庭上公開作曾受刑求的陳述，不僅命案、盜案等如此，甚至連侵佔、貪污等類案件，都非例外。這似乎又顯得刑求之風，依然普遍。要確定一件事，首重証據。刑求之類的事，不會在光天化日之下進行，証據搜集至為不易。因而每一次涉及刑求，總是事出有因而查無實據，而且此所謂「查」，也祗是淺嘗即止，未能深入。」

社論的最後一段，更指出：「鄔案的事實祗可能有一個：或者是確曾刑訊，或者是未嘗刑訊。如果事實屬於前者，則刑警人員應受懲罰；如果事實屬於後者，則蕭明等十四人應受懲罰。鄔案之最後審結，應逃不了這兩個後果。倘若兩者都不是，就等於沒有結案，等於留下一個永遠不能解決的疑團，這將是司法界聲譽的損失，也將是國家的損失。」

大陸短波

白帆

中共幫助高棉修鐵路

據中共新華社金邊二月十九日電：「金邊——西哈努克城鐵路的約五十公里長的土方工程已經完成，舖設鐵軌的工作也已開始。這條鐵路全長二百四十公里，它是從一九六〇年開始的柬埔寨第一個五年計劃中的一項重要工程。這項工程預計在一九六五年完成」。

新華社又說：「根據柬埔寨政府的要求，中國爲修建這條鐵路提供了鐵軌和技術援助。目前有一批中國鐵路專家正在這裏工作。」

在中共自己統治下正缺乏鐵軌的今日，中共不惜迢迢千里的去支援高棉，這很顯然的說明中共是不管內部困難如何，却一直沒有放鬆它的對外擴張的各種措施的。

中共文化挨罵團由埃回大陸

最近，在埃及開羅舉行的所謂「亞非作家會議」，中共曾有代表團出席。中共代表團團長矛盾曾在該會議席上被蘇聯代表痛罵了一頓，主要原因是蘇聯代表當場指責矛盾說話的態度沒有禮貌。其實，蘇聯是什麼東西？？有何資格在會議席上當着各國代表公開斥責中共的代表？不過，只因中共一向是蘇聯的附庸，一向仰望蘇聯代表的眼色，故蘇聯代表又在各國代表之前，公開顯示其主子姿態而已。茲據中共新華社開羅二月十九日電：「由中國作家協會主席矛盾和中國文學藝術界聯合會副主席夏衍率領的中國作家代表團在出席了最近在這裏舉行的第三屆亞非作家會議之後，今天下午離開這裏回國」。且看中共聽取矛盾回北平報告被蘇聯代表大罵一頓後作何反應？究竟是忍氣吞聲，唾面自乾呢？抑或還是正式向蘇聯提出抗議，以指斥蘇聯之當衆侮辱呢？

荷蘭駐中共代辦遞交委任書

二月二十一日中共人民日報刊登了一則「荷蘭新任駐華代辦巴嘉廸今天上午向我國外交部長陳毅遞交委任書」的消息。

我們曉得：中共是一直在指斥荷蘭乃帝國主義國家，中共並一直在支持和鼓勵印尼向荷蘭奪取新幾內亞的。今荷蘭反與中共僞政權維持外交，這不過說明荷蘭政府之自取其辱吧了。

外蒙貿易代表團抵達北平

外蒙本是中國領土之一部分，只因蘇聯的帝國主義的侵略行動，外蒙才在蘇聯的幕後策動下暫時叛離了中華祖國，但外蒙的這種叛國行動，是任何愛國的中國人所不能容忍的。

如果中共稍有良知，毛澤東稍有血性的話，中共原應向蘇聯索回外蒙才對。但最無恥的表現，却是中共一向認外蒙爲兄弟之邦，這就可見中共政權毫無愛國熱誠了。

茲據中共新華社二月廿一日訊：「同我國政府商談一九六二年度貿易的蒙古人民共和國政府貿易代表團團長、蒙古對外貿易部長貢布扎布，今晚乘火車到達北京，前往車站歡迎的有對外貿易部長葉季壯、副部長李强等」。

中共與外蒙之間的這種無恥行爲，說明中共不但想把中國分裂爲兩國，顯然還想把中國分裂爲三個中國，即中華民國，「中華人民共和國」，「蒙古人民共和國」哩！

中共解放軍報出專欄宣揚
中共軍隊慶祝蘇聯建軍節

綜觀

在傳說中共即將與蘇聯因赫毛衝突而攤牌的同時，中共最近於二月十三日特別在北平舉行了中共與蘇聯訂結同盟的十二周年紀念。僅隔十天，緊接着中共又於二月二十三日在北平慶祝了蘇聯建軍節的四十四周年。這都是頗值得玩味的問題。

據中共「中國新聞社」北平二十三日電：「蘇聯駐中國大使館武官華錫烈中將今晚舉行招待會，慶祝蘇聯軍隊建軍四十四周年。國務院副總理陳毅元帥，國防部副部長許光達大將應邀出席了招待會。……華錫烈中將在講到中蘇兩國人民和軍隊之間的友誼說，中蘇兩國軍隊之間永恒的、牢不可破的友誼，是任何一個膽敢發動第三次世界大戰的敵人必然滅亡的保証。……許光達大將講話說：光榮的蘇聯軍隊，在蘇聯共產黨和以赫魯曉夫同志爲首的中共委員會的領導下，現在已經掌握了現代最先進的技術裝備，不斷的提高了自己的戰鬥威力，成爲保衛蘇聯人民共產主義建設的可靠保証。……美帝國主義和各國反動派都越來越把它們的希望寄托在挑撥和破壞中蘇兩國的團結，社會主義陣營和國際共產主義的團結以及全世界人民的團結上面，但是，我們可以斷言，帝國主義和反動派的這種痴心妄想是注定要落空的」。

又據中共「中國新聞社」二月廿三日北平另一電訊說：「北京解放軍總部各機關和駐瀋陽、旅大、廣州、武漢等地區的部隊，先後在二十二日和二十三日舉行了電影晚會，慶祝蘇聯建軍節四十四周年。今天，解放軍報還出了『慶祝蘇軍建軍四十四周年』的專欄，以大半版幅刊登了反映蘇軍生活的文章、圖片和歌頌蘇軍戰鬥英雄的詩篇」。

從上述中共這許多諂媚蘇聯的無恥行爲看，毛澤東似無立即與蘇聯分裂迹象。除非赫魯曉夫對毛澤東再施壓力，否則，毛澤東還是想繼續當蘇聯的奴才的。

中共報紙自承人民公社弊病多

陸聞

雖然，中共一直在吹噓人民公社是最好的經濟組織和最好的戰鬥組織，但數年來的無情事實却早已揭穿和証實人民公社只是毛澤東胡作亂爲的荒唐措施而已。

只因人民公社的毛病越來越多，所以，中共自己辦的報紙有時也不免透露它那一塌糊塗的情形。據中共大衆日報的消息說：「最近，山東諸城縣的呂標、解留兩個公社黨委，分別召開了有生產大隊和生產隊幹部、勞動模範、老農參加的座談會，討論如何搞好今年的春耕生產。……根據最近的檢查，當前無論在先進單位還是一般單位，在備耕工作上還有不少的困難和問題。其中特別突出的是肥料不足。如解留公社的幹部反映，全社八萬畝春田，按每畝平均施肥五車，就需要用肥四十萬車，而現在只有十八萬五千車。在農具、種籽方面，犁、耙、繩索不齊全；部份種籽因爲保管不善，有的開始霉爛變質。在組織領導方面，生產隊的經營管理水平還較低，原有的許多制度需要根據新情況修訂。解留公社共有三百六十一個生產隊，管理制度比較健全的只有少數生產隊。加上今年新成立的生產隊多，新幹部增加，這一問題也就更加突出，有的生產隊一九六二年的生產計劃還沒有全面落實：有的還沒有落實到生產大隊；有的還沒有經過社員討論；有的只落實了糧食作物的面積，油料、棉花、黃烟等經濟作物的種植計劃則還沒有落實；也有的雖然確定了生產計劃指標，但是指標訂的偏低，或者還缺少積極可靠的保証措施」。

大衆日報又說：「座談會上大家深入檢查了這些問題，一致認爲，對今年的春耕生產準備工作萬萬不能有任何麻痺思想」。這就可見被中共强迫編組在人民公社內部的一般人民，早已普遍充滿所謂「麻痺」思想了。否則，人民公社的弊病，何至如此其多呢？

僑鄉簡訊

鍾之奇

中共驅迫廣東婦女集體下田勞動

下田耕種，需要適當的體力。這種工作，通常只適宜於有勞動的男子担任，婦女則除了體力强的少數以外，通常都不適宜下田。但爲了增加勞動力，中共却强迫廣東各地婦女也參加了下田的工作。

據二月十五日中共人民日報廣州電說：「廣東東莞縣塘厦公社各生產隊適時地提早春耕，現在漾滿春水的田野上，男社員吆喝着耕牛耙田，婦女們成羣結隊地送肥下田。作爲水庫田已開始播種水稻，山坡上、旱地上也都是栽種木薯、甘蔗的人羣」。這「婦女們成羣結隊地送肥下田」一句，正是中共集體奴役廣東各地婦女下田耕作的最好寫照。

中共在順德大養魚苗

魚，是可以換取外滙的物資。而廣東順德縣位居珠江三角洲水網地帶，魚塘約佔耕地總面積百分之四十。且其地氣候温和，一年四季都能養魚，塘魚生產便成爲中共剝奪人民勞動果實主要項目之一，按當地農民耕作習慣，每於冬季把大部份魚塘的水放乾，清理塘底草渣雜物後，修理塘邊，積塘坭肥，待立春過後，便引水灌塘放養，清明前後才放足魚苗。但中共今年爲了增加塘魚生產，以利外銷，故已命令「順德縣各公社把延長塘魚生長期作爲一項重要的增產措施，抓住立春前後初漲春潮的時機，把魚塘灌滿，隨後大量放養，雨水前後就能基本完成放養魚苗工作，使塘魚的生長期比往年延長兩個月」。

以上是中共新華社二月十五日廣州專電所報導，它並且說：「廣東順德縣各人民公社抓住春潮上漲的時機，全面引水灌塘，提早放養魚苗，到二月上旬止，佔全縣魚塘總面積百分之六十五的十六萬四千多畝魚塘，已放養了魚苗」云。

順德縣大種甘蔗

順德縣眞是一個好僑鄉！除了盛產塘魚之外，又盛產甘蔗。可惜順德縣在中共統治下，人民只有勞動的份兒，勞動者則完全不能享受勞動果實，所有勞動果實都被中共剝奪去了。這是海外順德僑民所深深心痛的事。

中共除在順德大量剝奪塘魚外，據中共二月十四日人民日報報導，中共又迫令順德人民大種甘蔗。它說：「盛產甘蔗的廣東順德縣桂洲公社，抓緊「大寒」、「雨水」間，適時種植甘蔗。目前全社每天有六百多人栽種，進度比去年快」云。

福建木材廠浪費率高

由於木材廠工人的工作情緒不高，加以設備不好，技術不佳，故中共雖在福州建立了一間木材綜合加工廠，但浪費驚人，木材利用率低。現因中共力加整頓，木材率始稍稍提高，但仍不過百分之七八十而已。

據二月十五日人民日報說：「福建省福州木材綜合加工廠製材車間，重視木材的合理加工和綜合利用，木材利用率不斷提高。大方厚板利用率達到百分之八十八，薄板利用率達到百分之七十二。」又說：「這個承担全廠木材加工主要任務的製材車間，經常教育工人認識節約木材，對國家建設的重要意義，把木材利用率作爲增產節約的主要目標」，又說「工人們還積極改革生產工具，減少鋸材時的損耗」，中共生產工具不佳，由此又得一佐証明。

福建共幹利用當地老農

列寧曾經也說過，農民是「反革命」的保守份子，中共對於農民的看法亦復如此，對於老農，中共尤特別提防，因爲中共認爲老農的保守性比年青農民的保守性更强。故中共以往的農村政策是一貫打擊老農，清算老農。但近年來，大陸糧食減產，共幹一味胡作亂爲，更使農業生產失敗，乃又轉而暫時利用老農，舉凡有關生產方面之問題，都使老農參加，只不許老農過問行政。

據中共新華社二月十四日福州電：「今年龍溪專區各地農民很重視育好秧。龍溪、詔安、雲霄、漳浦等縣許多公社生產隊召開老農座談會，研究今年氣候特點，交流育秧技術經驗，並建立有老農參加的育秧小組，專門負責育秧工作」云。

遠東英軍重新部署

山形依舊枕寒流

俊華

遠東英軍聯合總司令部，不日將在星洲成立。長久以來醞釀着的遠東英軍再部署問題，到此可算告一段落。因爲這項部署計劃的確定，也同時確定了星洲仍然作爲遠東英軍基地的地位，甚且是不但維持原狀，而是可能予以加強。同時這項計劃，對於星馬的政治，也發生了互爲影響的作用。

星加坡的作爲「遠東直布羅陀」，已有上半世紀的歷史，迄至上次大戰，才曾一度易手。可是由於形勢上的必然，戰後瞬又恢復爲英軍基地。日軍進攻星洲當時，是先入越南，再經泰國入侵星馬。現在星洲的英軍，却伸展至馬來亞，傾向支援泰國越南的狀態。儘管人事變遷，「假想敵」並不同於往昔，但「山形依舊枕寒流」，星洲的重要性並沒有退減。

幾年前英軍在查爾路頓（亞庇埠）附近設置訓練中心的時候，一時盛傳英國將經營北婆羅洲爲軍事基地，有「退出星洲」的計劃；適逢香港方面撤銷海軍船塢，外間不無種種推測，認爲英軍準備於必要時「縮短防線」，以婆羅洲爲最後基地；原因是香港太接近中共，而星洲在那個時候，自治獨立的談判已在進行，另一方面，暴動接二連三的發生，實在也令人有不可終日的感覺。可是幾年來政治和軍事實況的發展，使得以前那種消極看法成爲過於悲觀，也証實了設法調整及重新部署並不是不可能的。直至最近，政治上調整的成果已被確認，也就從而決定了軍事的部署。

政治比軍事重要

星馬的進入安定，馬來亞的獨立有絕大的影響。一九四八年馬共叛變，英軍及聯邦部隊、警察、地方團隊，以十四人對一人的比率與馬共叛徒角逐，達十年之久。但一九五七年秋馬來亞建國，很迅速地擴大「白區」，把馬共壓縮入山林，終於達到解除緊急狀態，成爲東南亞最富庶，最安定的國家。更由於馬來亞的安定，影響到星加坡的安定，像目前星馬這樣的政治社會狀況，當馬共猖獗，星洲暴動頻仍的時候，是誰也不敢想像，能够獲致像今天這樣的改善。

東南亞經濟性「東南亞協會」的成立，是拉曼總理與菲律濱前總統加西亞所發起的；新的大馬來西亞計劃的推動，也是拉曼所提倡的。呼籲對越南加以支援，更是從拉曼大膽而正確的見解所發出。但反之在印尼與荷蘭對西新幾內亞爭端上，馬來亞却宣佈嚴格的不作左右袒。不像星洲那樣，在朝者聲明支持印尼，在野有「援印志願軍」的組織。

就是由於馬來亞對越南的同情和支援的態度，使英國決定了在黃金半島上的軍事重新部署。就是大馬來西亞計劃有相當進展，使英國決定了以星洲爲遠東軍事中心。馬來亞獨立的成就，顯出政治比軍事較爲重要。

英美諮商的結果

英國是担負世界任務的重要國家，遠東防務不過是任務之一，它還有中東、歐洲的責任，而以歐洲本身爲最重要。柏林問題以來，增兵德國成爲必須；工黨議員，便一再倡議，撤退或減少自地中海至香港駐軍，改用於「歐洲正面」；尤以儘量撤退星洲香港兩據點駐軍，成爲野黨論客的爭持之點。他們認爲香港駐軍一萬，防守勢有未足；只要「締訂商業協定」——意謂與中共做生意，便可維持香港地位。撤軍或儘量調減，不但充實歐洲，且可節省經費云云。

英政府當時並沒有接受工黨的說法，只說國防計劃包括駐外軍調整，正在全盤審愼規劃。實際上，也有從遠東將認爲可調之兵，逐漸調至歐洲的打算。

不過此事也遭逢到阻力，其一是香港方面，議員及社會領袖不甚贊成撤減駐軍，認爲有英軍在，可以確保內部安全，更有恐懼撤減部隊，影響民心。另一方面，英國把撤減自中東至遠東部隊的意見向美國諮商時，美國却表示反對。在美國國會撥款小組秘密會議中，參議員以此事向國防部長質詢，麥納拉瑪部長即答覆謂：他與聯合參謀長，仍欲有機動的英軍力量，可用於印度洋及進入中國海的龐大地區。換句話說，保持自亞丁至香港的英軍軍力。

經過這一英美諮商，英軍調整問題，算是最後確定下來，這是見於英白皮書中的公佈，即香港之兵不再撤，同時，海陸空聯合作機動使用，以海軍流動巡邏，如有任何地區緊急，則使用空運軍隊，二十四小時內趕到。至遠東總部則定在星洲。

這一計劃的確定，事先與馬來亞有密契，即星馬英軍可爲東南亞公約而使用，這是重要之點。其次，星洲議會通過大馬來西亞計劃，壓倒左翼的反對，顯出星洲政治的安定，英方儘可把軍事中心安頓下來。

・吉隆坡通訊・

尼泊爾醞釀政變的導火線

・康六・

位於喜馬拉雅山麓的尼泊爾小王國，在去年秋間，業已開始醞釀政變；而在行動上表現得最爲明顯的，就是「革命份子」的襲擊警崗。

——這一宗流血事件，乃發生於去年十二月廿五日，是由馬漢特拉王的某一位政敵爲首，率領「大漢」數十人，圍攻西部區域的五個警察哨崗，擊傷三個警察，奪去了十枝步槍和兩枝手槍。自從這一「血案」爆發了後，於是人心就更爲浮動，政變的醞釀迅即踏進另一個新的階段中。迨至今年一月，第二次流血事件又告演出：「革命份子」曾於一月四日那一天的拂曉四小時內，在東部靠近印度大吉嶺地區，襲擊了十五個警察哨崗，雙方均有死傷；政府方面，曾派出直昇機運載軍隊趕往鎮壓，並拘捕了叛黨首領多人，其中還包括了前國會副議長尼狄希。此後，東部的索羅昆布地區，和西部的丹安市，都曾相繼發生叛亂：前者許多橋樑和路軌，都被撬毀，而後者則連飛機場也遭破壞，情形相當嚴重。其後，連意圖謀殺尼王的駭人事件，也於一月廿三日演出：四十一歲的馬漢特拉王於乘坐汽車出巡雅納浦爾途中，特被「恐怖人物」攔截其座駕車，拋擲炸彈，馬漢特拉王雖倖免於難，但警衛軍數名已肢離破碎，慘死血泊，還有一個名叫「蘇爾克漢」的重鎮，也被叛徒佔領，而西部四十平方哩土地，也控制在叛徒手中。於是醞釀政變的危機，就更震動了整個加德滿都，使尼國政府，大感惶惶然手足無措。

「印度快報」也這樣的報導過：尼國軍隊在表面上似乎是足够力量鎮壓叛亂，但其內部之不安情況，顯然已日在加深。事實上，尼國政府在一月十二日，確已在大吉嶺附近的印尼邊界地區實施過廿四小時宵禁，且曾以「反政府」罪名，拘捕了不少人民。這正顯示出：尼國的政局，其所籠罩着的動蕩和混亂的氣氛，誠然是愈益濃厚。

尼京的「祖國報」，也作過這樣的透露：現在尼泊爾獄中，四有五十名政治犯，他們曾一度集體絕食，以抗議政府的「虐待」。這不是也可以反映出尼國的政變目前正陷入「危機重重」的境地中嗎？

至於尼國政變的醞釀，究竟是怎樣引起的呢？

第一，是由於印度方面的慫恿。相信讀者諸君還會記得，在去年尼王馬漢特拉前往訪問「北平」時，已使印度政府大感不滿，認爲尼王此行係與中共勾結，將使到印度的安全受威脅；「藏尼公路協定」簽訂了後，更使印度堅決認定尼王馬漢特拉確已暗地裏對印度「不友好」；其後又加以尼國政府限制印人入境，規定凡欲進入尼境的印度人，必須先領得了「入境証」之後，才准進入尼泊爾。這一來，就促使了印度立刻進行報復，唆使着一些「革命份子」進行反政府，同時容納尼泊爾的「政治犯」逃亡，並容許尼泊爾的「革命份子」利用印度土地來作對抗馬漢特拉王的基地。尼國外交部基里，已向印方提出指責。

第二，是由於尼王之四禁前總理蓋拉拉及解散國會。繼而除了森爾將軍正訪問加爾各答而留在印度外，其他九名部長，亦遭拘捕。尼王那一次震動全國的不尋常措施，其理由是指蓋拉拉總理「佯披民主外衣」而不能維持國內的安定，並宣佈「尼泊爾將繼續維持中立政策」。其實，蓋拉拉於一九五九年獲選爲總理之後，他就有着鞏固的政治力量所支持，實施了一連串的所謂「發展計劃」，既接受西方國家的「友好」，也接受共黨國家的「盛情」，在「左援右助」中，令到尼泊爾的「中立」更爲顯著。那時蓋拉拉所領導的尼泊爾國大黨，在衆議院的一零九個席位中，佔了七十四席，而現在流亡在印度的「政治人物」，多數是那時的尼國國會議員，他們都是極度不滿意於尼王馬漢特拉的，印度要慫恿他們發動政變，當然是輕而易舉了。

上述兩項因素，都是尼泊爾醞釀政變的主要導火線；以目前尼國的不安情況來觀察，這項醞釀確已漸趨白熱化。換言之：就是政變的危機顯然是日益加深。不過，其將來的演變怎樣？其將來的結果又如何？目前還不能逆料。

二哥

符兆祥

我是海南島人，可是却生長在上海。因此，我一直不知道海南島究竟是怎麼一個樣子，直到抗戰勝利後的第二年，我才有機會回到我的故鄉。

我們一家，除了大哥因爲職務的關係不能回去以外，父親是獨自一人在廣州乘飛機先走。母親，二哥和我，則在香港搭船走的。

二哥是空軍官校的學生，畢業後到美國去了，學成歸國，剛好抗戰勝利，所以他有一段空閒的時間陪我們回去。

船經過榆林港，沿途看到許多船，都是運日本兵回國的船，身爲軍人的二哥，看了有無限的感慨。

在海口市住了沒幾天，我們便乘汽車到文昌縣，「文昌鷄」是最有名的，我們一家痛快的吃了一頓，解了多年來的嘴饞，然後才到父親的家——龍榜村。

那眞是一個貧乏的鄉村，遍地都是白沙，只能種些花生和番薯。一切都出乎我們想像之外，太糟。

母親第一個住不慣。但，因爲剛到家，當着父親那麼多親戚，不好說。

我却是忍不住，那裏連一家戲院也沒有，更不要談其他了，不過有一次，我們運氣好，不知那裏來了一個流動的戲班子要在村子裏演兩天的戲，那天我還記得很清楚，我們一家都興奮的趕去看了。可是，結果却令我們倒胃，他們在台上唱什麼我聽不懂，這倒不要緊，要命的那些戲子雖然身上穿得漂漂亮亮，下面可光着脚板，看過去又臭又髒，看了使人噁心，戲正演到緊時處，我們就不看了。

於是，在二哥休假期滿的那天，母親藉口要送他，決定到海口市去，父親雖不願意，但也無可奈何。

母親是住怕了，決心一走了之，不再回來，所以在臨走的前一天，把要帶的東西，全部裝進箱子，預備帶走。

父親在早上便到縣裏找車子去了，家裏除了我們母子三人外，三嬸也過來幫忙，那天我們收拾東西到很晚才一切就緒，差不多快兩點了，因爲第二天五點鐘就走，時間那麼短促，大家都無心睡覺，於是四個人便搓麻將消磨時間。

就在這時，遠處傳來一聲槍聲。

在寂靜的夜裏，槍聲顯得突別尖銳而淒厲，我們都吃了一驚，二哥首先把牌一推：

「什麼事？」說着，他便出去了。

我正輸得沒好氣，也趁機把牌往桌上一混，跟了出去，只見遠遠黑鴉鴉的許多人，有些人拿了小油燈、火把，有些人拿了鋤頭、木棒之類，正向着我們這邊跑過來。

「什麼事？」二哥抓往一個人來問。

「日本兵。」他說：「他們發現一個日本兵，拿着槍。」

「怎麼還有日本兵？」我奇怪的問。

「我也不知道。」那人說：「聽說山裏還藏了不少。」

「可是日本已經宣佈投降了。」我說。

「噓，別着聲。」二哥突然叱了我一聲，把我嚇了一跳。

「我看見有人……」說着，他躡足地走向不遠的竹林走了去。

我那時已經十九歲了，比起二哥，只小兩歲。但，我胆小。因此，站在門口發了半天獃。但，終於好奇心戰勝了害怕，我也緊張的跟了過去。

那竹林並不大，後面靠近山脚還有個深潭。

二哥走進去後，沒有一點聲音，我感到奇怪。同時，在黑暗中，老實說，我仍害怕。於是，我焦急的喚：

「二哥，二哥。」

二哥沒有回答我。但，自我這一嚷，林子裏便有奔跑的脚步聲。

「二哥，二哥。」我叫得更厲害了。

竹林裏除了淩亂的脚步聲外，仍沒有一點聲音。

這時，林子外的人，吵吵鬧鬧的已經追到這邊來了，聽他們說，有一個村民被打傷了。有了燈光，我忙告訴他們日本兵可能在林子裏，二哥已經追進去了。

我的話剛說完，竹林內便聽見噗咚一聲，有人掉進潭裏了，我一慌，搶了盞風燈便往裏面衝。

「別走進去」二哥在裏面出聲阻止我：「小心槍。」

「是誰掉進潭裏去了，我還以爲是你呢？嚇死我了。」

「大概是那日本人。」二哥說。

停了半响，沒有槍聲，只有划水的聲音，想來日本兵的槍掉進水裏了，大夥兒看沒有動靜，便一哄的擠了進去，同時都把燈高舉起來，果然看見日本兵在水裏掙扎着。

那個日本兵大概要向山裏逃，所以拼命的向那裏划。但，看來他並不會游泳，所以極吃力，只憑一口氣在井裏沉浮着。

村人看到，都檢起石頭往潭裏扔，喊打喊殺的聲音又鬧成一片。

二哥忙大聲的禁止他們，同時查問有人會講日本話沒有。

「你問這個幹嗎？」我問他。

「我們應當讓他知道日本已無條件投降了，我們不再是敵人，我們不會打他的。」

可是，大家都不聽二哥的話，大概都把日本兵恨透了，石頭棒子不斷的往水裏扔，看看，那日本兵已經沒氣了。

「淹死他。」有幾個人在嚷。

就在這時，二哥把帽子一脫，匆忙的說了一句：

「我去救他上來，不然眞會淹死了。」

說着便向潭裏一跳，身上那套漂亮的空軍衣服都來不及脫，我一個阻止不了，十分替他担心。

二哥這一舉動使四週的人都大爲驚訝，只見二哥迅速的游過去，伸出手拉着那日本兵，回過頭來向岸上游，在這一刹，我們聽見二哥一聲嚇人的狂叫，馬上，他背上冒出鮮紅的血，把水面染得殷紅。

我再也無法控制自己，瘋狂的跳進潭裏，我的眼淚已經流出來了。

「二哥。」

我實在想不到日本兵會用短刀刺入來拯救他的人的背，這人眞比禽獸而不如。

大家七手八脚把人救起，天色已亮，一陣晨風吹過，竹林裏的情景顯得很淒涼，母親和我抱着二哥在哭，他背上的血已經流了一地。

那日本兵一被拉了上來，即遭到憤怒的人羣一陣毒打，之後把他手脚綁好，推到二哥的面前跪倒，要等二哥親自殺他報仇。

「小弟。」他蒼白着臉，睜開眼，微弱地對我說：「叫他們不要打他。」

我望着那跪着的日本兵，大概躲在山裏很久沒有東西吃，很瘦，滿臉長着鬍子。身上那套軍服已經很破舊了，他閉着眼，任入痛打。

「小弟。」二哥又催我。

「不，我要打死他。」我傷心而激動的說。

「小……」看來，他是乏力了，叫了小字就叫不下去。母親哭起來，對三嬸說：

「爲什麼車子還不來，再找人去看看。」

我着急的爬起來，二哥又叫我：

「告訴他們，不要再打他，我們已經宣佈過。要以德報怨，小弟，把他放走，送他回國。」

「可是你救他，他却刺傷你。」我嗚咽着說。

「我們是中國人，這就是我們不同的地方。」二哥說。

當他說到我們是中國人時，我看到他的臉上，泛起一陣偉大而莊嚴的神色。

沒等到車子來，他就死在母親的懷裏。

海南島的太陽，炎熱逼人，母親和我都一身濕透，分不清那是淚水，那是汗水。

二哥的死，大傷母親的心，一夜的功夫，就好像老了十年，連呼吸也好像遲頓了不少。因此，當二哥下葬後，她不再提出離去的話，她說她要永遠伴着她第二的兒子。

那個日本兵在父親趕回來後，遵照二哥的意思，把他送到附近有關單位，二哥下葬後，想來他已坐在回國的船中。

二哥死後兩個禮拜，大哥趕了回來，他勸母親離開家鄉，那時共匪已經渡過長江，五指山上的土共活躍得更厲害，家鄉已不安全，更重要的一點，母親年紀大了，她不能悲傷過度，換一個環境對她有益。

可是母親很固執，她不肯走。

「我不知怎樣跟妳說。」父親憂愁地對母親說：「老二並沒死，妳用不着那樣悲傷。」

「你胡說。」母親回答。

「眞的。」父親向她解釋：「人的生命是有限的，誰都會死，只是遲早的問題而已，最要緊的是死得要有價值。」父親說：「妳要知道，我們對日本這場戰爭，不是爲了報復，而是爲了爭取正義和自由。因此，死了的許多人，都是不朽的英雄，老二明白這道理，所以他投考空軍，因爲他了解人生的眞諦。」說到這裏，父親黯然地嘆了口氣：「我們是一個有五千年悠久文化傳統的國家，我們一直講求恕道與仁愛，這就是我們對日本要以德報怨的原因，我們不但是口說，而且要實在的做，老二就是把自己溶合在這偉大的傳統裏，把它發揚光大了，所以我說他沒有死，妳還有什麼傷心的？」

從七月五日到九月廿六日，我們在海南島住了近三個月的日子。最後，終於離開了陌生而又熟識的故鄉。

船離開港口，我站在甲板上，遙望着遠山，有說不出的難過與悵惘。

難過的是二哥壯志未酬身先死，抗日的戰爭剛結束，反共抗俄的聖戰已起，如果他不死，他一定是位爭取正義、自由，爲人類尊嚴奮鬥的一位標準軍人。

悵惘的，則是這一離別，不知幾時再有機會回故鄉來，雖說我對它仍陌生。但，它終是我的故鄉，況且還有二哥在那裏，這一份戀眷的情懷，幾時才能酬償呢？

抗戰回憶錄（八）

張發奎

三、淞滬會戰的經過及感想

我和張治中曾建議最高統帥部，應對上海會戰使用兵力的最高點作一個精密的數字的計算。我們建議如超過這個限度仍不能制壓當時的敵人時，則我們的戰略，似應轉變為持久消耗戰，並先以十個師預行佔領蘇嘉吳福線之既設陣地，以為第二抵抗綫，此十個師之兵力除非用在擴張戰果方面，並不得為其他狀況而轉用。我們二人並願意負責自接受敵人攻擊起，固守此既設陣地三個月時間的責任。

最高統帥部否定了這個建議，它的意見以為上海是必爭之地，應不惜一切來確保這個地區，又當時敵人的後續部隊尚未全部到達，戰況亦有時稍為沉寂，因而有些將領乃為此種情況所眩惑，以為敵人攻勢已至頂點，馮玉祥當時亦有「淞滬方面的戰況已經穩定了」的報導。

九月中旬以後，敵繼續大量增援，已再發現其第一、第三、第六、第八、第十一、第十六、第一〇一、第一〇六、第一〇七、第一一四、第一一六等各師團的番號。估計當時敵人的兵力，總計約在廿餘萬，炮三百餘門、戰車二百餘輛、飛機二百餘架。敵人在淞滬與我決戰的決心，益加明顯了。我左翼軍方面已另劃為二個區分了，以薛岳將軍担任左翼，朱紹良將軍担任中央，與我右翼相連繫，左翼方面自九月上旬以來，戰況逐漸不利，陣地亦逐漸後移，雖賴我後續部隊的逐次加入，亦只能維持「寸土必爭」之狀況而已。

我右翼方面的戰況，始終沒有若何變化。敵人雖迭次企圖排除我浦東對它側背的威脅，但在我嚴密的戒備之下，敵人幾十次的登陸行動都沒有成功。不過我常常顧慮，敵人如在左翼軍正面突破企圖不能成功時，它是可能來個側面迂迴行動的，因此我右側的金山方面是一個最可注意的地區。當時我有一個直覺的靈感，和歷史上的回憶，那就是戚繼光於閩浙蕩寇的時代，日人曾經在金山登陸而擾亂浙境，如果敵人以歷史作依據，則敵人從此登陸，歷史實有重演的可能。同時，從戰術上來判斷，那裏亦為一個理想的登陸地點。那裏有四十呎以上的水位深度，和利於登陸運動的沙灘；及可作為灘頭陣地的金山據點。

為了這個側背的顧慮，我曾親自實地偵察那裏的地形，並在那裏配置了一連炮兵和一營步兵，再三叮囑他們對海面應特別警戒。我令他們編組了一隊漁船，遠出海面從事廣遠的搜索，和規定海面與陸上部隊連絡的信號。為欲澈底明瞭實地情況，我常親自或令幕僚於沿海地帶和浦東方面巡視警戒部隊和火綫的戰況，並把全綫的防禦組織嚴密起來。整個的右翼方面，雖無緊張的情況，但我必須在勤勞與謹慎方面去努力，俾使上級可以集中心力於左翼中央方面的作戰，和免去了右翼方面的憂慮。

整個十月的主作戰方面，始終保持在左翼軍的方面。十月下旬，敵人以全力攻擊我左翼軍的陣地，決戰的時期已經到來了，戰地悲慘的景況，亦一幕一幕的呈露在我的眼前。我們的增援部隊繼續向前挹注，他們由後方輸送到戰地後，沒有一刻的停留和準備，就加入了火綫。敵人的炮彈好像雨點一樣的散佈在我們的陣地，我們的炮兵在數量與火力上都無法和它對抗，只有英勇戰士們以血肉築成的長城，來抗拒敵人犀利的火器。制空權完全掌握在敵人的手上，敵人的飛機一天到晚飛翔在我戰地上空，部隊沒有立體作戰的經驗，僅憑着血氣的剛勇，不講求疏散與偽裝，招致許多無謂的損害。部隊的行動白晝大受限制，一切部署的調整和兵力的轉用都在夜暗，使指揮與時間的爭取都蒙受很大的影响。戰地是一片平野，不能徒涉的川渠，縱橫交錯，這於連絡與地勢的熟認，均感十分困難，各級指揮官，大家都深深的感覺着指導一個防禦組織不健全的大兵團作戰，確是一件不容易的事。而下級的幹部和士兵們，這時候才認識了現代戰鬥的形式，才明白僅靠精神力而忽畧物質科學的戰鬥，已是落伍的思想了。

壬寅元宵前夕，筆會同人團拜聚餐，黃天石會長出長律囑和，敬步原韻。·幼椿·

作客十年負此辰，鏡中白髮幾番新。尚餘意氣拚佳釀，暫喜絃歌報好春。星聚宿分占國運，花開陌上待歸人。斯文一脈無今古，（座中白話能手甚多，古文大家，亦不少，此之所謂「無今古」也。）筆硯荒疏愧側身。

吟後意猶未盡，復和一律　·前人·

尋芳寓近年宵市，往事豪情驀地新！元旦應懷丞相柏，百花爭賞少城春。（成都習俗：元旦必出錦官城外，一游武侯祠堂；予家少城，為成都之新住宅區，但家家庭院多舊種花樹，春來古梅，紅滿牆頭；少城在城內西南角上，而工部草堂又在少城之西，故杜句有：「東望少城花滿煙，百花高樓更可憐。」）青羊觀裏求仙侶，濯錦江頭買醉人。此日承平難再得，一枝桃伴客中身。

文史漫談

關於蕭觀音案（五）

徐亮之

關於耶律乙辛的為人和他所以和蕭觀音作對的原因，可以從左列幾方面去認識：

第一、他乃出身寒微而生性「慧黠」的人：遼史本傳說他的父親迭刺「家貧，服用不給，部人號『窮迭刺』。」又說：「乙辛幼慧黠，嘗牧羊，至日昃，迭刺視之，乙辛熟寢，迭刺觸之覺；乙辛怒曰：『何遽驚我！適夢人手執日月以食我，我已食月，啗日方半而覺，惜不盡食之！』迭刺自是不令牧羊。」乙辛的出身既只不過是一個窮家的牧羊兒，這和蕭家的門第是不可同日而語的。原來蕭觀音的父親蕭惠，乃遼太祖淳欽皇后弟阿古只的五世孫，「初以中宮親為國舅詳穩」，曾先後參與過征高麗，討回鶻，侵宋，伐夏等的大戰役，出將入相而終於晉封王位。老弟虛列也官至武定軍節度使。因此，雖然後來耶律乙辛權勢煊赫，蕭惠們是不會向他低頭的。所以焚椒錄說乙辛「威權震灼，傾動一時，惟后家不肯相下」云云，應該是事實；也便說明了他和蕭觀音一家的矛盾已是源遠流長。至於夢吞日月云云，自是乙辛情急智生編來哄騙迭刺避免捱打的鬼話，也正是乙辛的所以為「慧黠」處；而乙辛的「慧黠」，在「寬厚」性成的蕭惠的眼中，（惠本傳「性寬厚，自奉儉薄」。）必然早就看不慣了，此其所以「不肯相下」也。

第二、他早已打進了宮闈的核心了；本傳說：「重熙中為文班吏，掌太保印，陪從入宮，皇后（道宗母）見乙辛詳雅如素官，命補筆硯吏；帝（興宗）亦愛之。累遷護衛太保。道宗即位，以乙辛先朝任使，賜漢人戶四十，同知點檢司事，常召決疑議。陛北院同知，歷樞密副使。清寧五年為南院樞密使；改知北院，封趙王。」按遼史百官志一、筆硯吏屬於筆硯局，筆硯局為皇太后皇太妃帳著帳諸局之一。又「護衛太保」有左右，亦皇太后宮官。以乙辛的慧黠，既久執事宮闈，又得帝后寵愛，則道宗為太子時，他必已做了許多工作去博取道宗的歡心，實可想見。道宗一即位，他在仕途上立即青雲直上，而且成為「常召決疑議」的智囊人物，便可為他的工作業已做得十分圓滿的事實証明。

第三、他因曾參與平重元之亂，而獲得道宗進一步的信任，以致勢傾朝野。本傳說：「重元亂平，拜北院樞密使，進王魏，賜匡時翊聖竭忠平亂功臣。咸雍五年，加守太師，詔四方有軍旅，許以便宜行事。勢震中外，門下饋遺不絕；凡阿順者。蒙薦擢，忠直者被斥竄。」他這時既已如此「勢震中外」，卻偏有一個對他「不肯相下」的「后家」，則在「包藏禍心，待時而發」（遼史本傳評他的話）的他，又如何肯干休來？

第四、他因太康元年六月皇太子奉詔「總領朝政」，警覺着后家可能乘此機會使他的權勢基本動搖，故不惜先下手為強。而下手的第一個對象便是蕭觀音。因為以他和道宗關係的密切，道宗對蕭觀音的厭惡，原已知之有素。厭惡則讒言易入，同時，直接打擊蕭觀音，即間接打擊太子和后家，乃一自保權力之巧妙戰畧也。於是單登事件，在此一戰畧原則下遂被他巧妙地利用矣。

聯合評論 週刊

本刊已經香港政府登記

每逢星期五出版

United Voice Weekly

第一八三號

督印人：黃宇人　總編輯：左仲平

社址：九龍赫德道二十三號地下　電話 68678

承印：嘉羅印刷有限公司　香港灣仔馬師道5號

總代理：友聯發行公司　售價每份港幣一毫

本報美洲版總經售處　美國紐約中美出版社

CHINESE - AMERICAN PRESS, INC

199 CANAL STREET.,

NEW YORK13 N. Y. U.S.A.

美洲航空版每份零售美金一角

本報遷移社址啓事

敬啓者，本報社址，自三月十五日起，由九龍赫德道廿三號地下遷往九龍深水埗大埔道一六八號地下南亞書店內，特此敬告讀者。

聯合評論社啓

憶胡適之先生

黃宇人

胡適之先生逝世的消息傳來後，本刊左，李，劉，李四位先生都不約而同的爲文悼念。我現在再就個人所知的幾件事，作一簡單的敘述，希望能有助於讀者對他的回憶。

但在未寫到本題以前，我想先說幾句閒話。

自大陸變色後，我和淪陷在竹幕裏面的朋友，固已形同隔世；即在台灣者，亦絕少互通音問。原因是，在台北當權派的特務統治之下，任何人和我通信，都可能直接或間接招來若干煩擾。最近有一位朋友由台來港，我托他回台後代我找幾本過去出版的書刊。當我將另一位在港朋友的姓名和住址寫給他作爲我的通訊處時，他如釋重負似的說道：「這樣，我就可以寫信給你了。說老實話，今日在台灣的朋友要想和你通信，是不能不有所顧慮的。不說別的，單是小特務們的報告就够麻煩了」。因爲如此，這些年來，我絕少給在台灣的朋友寫信。每當在報紙上看見某一位相知有素的先進或同輩逝世的消息時，祇得默默的哀悼；從沒有寫過一個字寄去，更沒有寫過哀悼的文章。現在我提起筆來寫這篇回憶適之先生的雜記，更引起了無限的感慨。

我在初中時代就看過『胡適文存』；但當時貴州的風氣還很閉塞，我對它不感興趣，並未多讀；因而對於適之先生也沒有什麼印象。迄北伐統一後，適之先生發表了一篇「知難，行亦不易」的文章，引起國民黨各地黨部的抨擊。我當時正是三民主義的狂熱信徒，在情感上也很不快；但眼見現實的政治，正與三民主義的理想逐漸脫離，覺得他所說的也很有道理，故不但沒有出聲，反而開始對他的文章和言論特別留意。此後不久，適之先生又先後發表兩篇文章，一爲「少談主義，多談問題」，一爲「我們要什麼時候才能有憲法？」因爲不滿意現狀，我對前一篇文章的題旨，甚有同感；但對後一篇則仍不以爲然。其時正是胡漢民先生被扣留不久，關於憲法或約法的問題，我嘗聽漢民先生說，「法這樣東西，飢不能以爲食，寒不能以爲衣；要在於政府和人民都能守法，一經頒佈，全國上下一致實行，然後才能收到利國福民之效。現在人民尚無守法習慣，政府更不尊重法律，若不從根本上求改革，而祇圖有一憲法或約法之空名，頒佈以後又不遵守，對於法治的前途更有妨碍（大意如此）」。我當時很佩服漢民先生的這番議論，故不以適之先生的憲法主張爲然。可是，就是因爲他能在那種表面上是所謂黨權高於一切，而實則已逐漸步向軍事獨裁的高壓局面之下，連續發表這三篇獨排衆議的讜論，我對他的敬佩也就漸漸的由淺而深了。

但我和適之先生第一次見面，還是抗戰勝利以後的事。三十四年冬，我舉家遷往北平，住了八九個月，在平的國民參政員，發起每月聚餐一次，適之先生也來參加，我們很談得來。以後我移居南京，他每次南來，也有見面。三十五年制憲國民大會開會，開幕之日，適之先生和傅孟眞（斯年）先生一同到會，我們三人坐在最後的一排。當開幕儀式將近完畢時，代表某君忽起立大聲疾呼，說有一臨時緊急動議提出。聽他繼續說下去，却原來是主張「國民大會應即代表全國人民向我們的民族領袖和國家元首｜國民政府蔣主席｜致敬」。他還說了一大堆形容詞。當時大家都對他這種突如其來的，不倫不類的動作感到驚異，許多代表都交頭接耳，有所議評。適之先生問我：「他是誰」？我未及答，孟眞先生即以開玩笑的口吻搶着說：「一定是他的同學」。剛說了一句，就聽見某君說請大家起立致敬。於是，前排的人紛紛站起，後排的人繼之，適之孟眞兩先生也跟着起立了。我坐着未動，也以開玩笑的口吻向他們說道：「你們倆位才是他的同學呵」。適之先生笑而不答，孟眞先生則說：「在這樣的情形之下，胡先生怎好意思不起立呢」？我當時的感想是：適之先生對於科學與民主的原則雖然堅持不移；但在一般所謂人情世故的事務上，他還是很能從俗的。（下轉二版）

記新春雜感與瑣事之三

左舜生

我在本刊的『一八〇』和『一八一』兩期，曾發表了兩段記新春的雜感與瑣事，原想繼續發表我的最後一段，不幸胡適之先生突然去世，使我難過了好幾天。本刊上一期，我們一共寫了四篇追悼胡先生的文字，已沒有多餘的篇幅，所以我只好把這第三段移到這一期來發表。

我沒有意思反對這一過舊曆新年的習慣，但疲勞却也眞够疲勞：初一，初二，初三這三天，因爲白天的談話太多，以致弄得身心交困，幾乎把我多年來硬性規定，無特種應酬必於晚間夜闌人靜後讀書兩小時至三小時的自課表也給破壞了。幸而還好，去年除前兩天，李幼椿先生約我到他家去吃年飯；他盛讚羅香林先生的一本近著——『香港與中西文化之交流』，提供了不少有關中國近代史的切實資料；若干不容易見到的插圖，更能引起一般人一讀此書的興趣。於是我把它借了回來。

這本書共分八章，中文部份除目錄外二六五面，後附『英文提要』又四十面，插圖共五十二幅。插圖中的大部分都是我以前不曾見過的；尤其以一八七四年唐紹儀，梁如浩（均十二歲）以幼童出洋，在準備赴美前的一張合照，使我想起唐氏在甲午戰前與袁世凱在朝鮮的一段關係，以及他辛亥代表袁氏南下議和而首贊共和，一直到抗戰中他在上海被人暗殺，頗引起我相當的感慨。

初一初二的兩個晚上，我看了這本書的前四章；初三晚上乃深夜不能入睡，我只好起來，把後四章也一氣看完。本書第三章，述『王韜在港與中國文化發展之關係』，第四章，述『最早自香港留學美國之容閎及其所提倡之洋務』，第五章述『香港早期之西醫書院及其在醫術與科學上之貢獻』，都極端重要。假定我們不明白王韜，容閎等的種種活動，及其見解與抱負，則康有爲在光緒十四年即正式上書主張改革，乃至再過十年便有了一幕戊戌維新，我們便不會了解其來龍去脈；假定我們不知道孫中山在西醫書院正式受過五年的科學訓練，而成績又十分優秀，則中山何以有一個堅定主張革命的決心，乃至孫康兩派何以終於不能合作，我們也決不會有進一步的認識。

我們不可忽視同治初元迄光緒甲午以前三十年的洋務運動，洋務運動實際便是誘導中國人研究科學的一個初步工作。

王韜在同治年間已主張廢八股文；戊戌以前，康梁等對這一主張便表示得更爲堅決，結果卒告成功；到了民國七年，胡適之進一步主張『國語的文學，文學的國語，』也已經成功了十之七八；這個趨向完全是對的，我希望某一部分人最好不要繼續反動。劉百閔先生主張古文可讀而不必做，我同意；但我覺得古文可讀的也只有一部分，其他的一部分，便只好讓給專門研究中國文學和中國文學史的人們去下工夫，不必强迫多數青年（包括中學生和大學初年級的學生）濫費大部分學習西文和研究科學的時間，非讀韓文背杜詩不可；强迫中學生讀『哀郢』，『秋水』，和李義山『無題』一類的東西便更不必了。何況今天在中學大學教國文的先生們，眞正能把『哀郢』，『秋水』，乃至李義山的『無題』詩講解得清清楚楚的人已經不會太多呢？

太扯遠了，我想就羅先生這本書再說幾句話：羅先生這本書是爲紀念香港大學五十週年而寫的；我們讀歷史的人，最怕一位著者把時間和空間的觀念弄得不清楚，也怕敘述一件複雜或多件有關聯的事實弄得頭緒紛繁而又不具體。羅先生這本書便完全沒有這兩種毛病：他一切提出了眞憑實據，使人無可致疑；對一件事的時空關係，也交待得明明白白。假定他只說中山先生少年時讀書是如何如何用功，他的成績又如何優秀，便不能給我們一個深刻的印象，這因爲舊日用古文爲一位大人物寫傳記，往往只運用陳腔爛調給這位人物一番照例的恭維，其目的原在使我們相信這位不世出的人物『生有自來，』但結果却僅能使我們疑信參半。羅先生把中山在西醫書院記錄成績的原件也印了出來，這便使人感到確確鑿鑿，而自然使得我們加强了對中山的景仰。推而廣之，司馬遷寫項羽少年時代學書，學劍，學兵法都不肯下苦功，這固然會使我們覺得項羽是一位『才氣過人』的天才，但他後來所以留不下得力的幫手，如韓信，陳平，范增之類，以致陷於慘敗，也就正是由於他這種疏忽的性格所召致的當然結果。他記劉邦『左股有七十二黑子』，這自然只有他自己和他的老婆才能造出這種謊言，否則誰又能扯開他的褲子數得這樣清楚呢？再如說到劉邦住的地方頭上有雲，以及『赤帝子』『白帝子』這類鬼話，也自然都是他們兩口子搞出來的；再看下去，如後來的僞遊雲夢，這自然是劉邦的一貫性格；韓信彭越的被殺，多半也就是他們兩口子的預定計劃。我常說，劉邦是中國歷史上第一個怕老婆的人，乃至怕到她公開的養面首，他也不敢說話，其原因也就是因爲有許多的把柄早已抓在他老婆的手上了啊！司馬遷是第一個把古書上的文字改得較爲淺顯而又最能具體描寫的人，因而他的書至今也還爲我們所愛讀！

羅先生這本書是用明白淺顯的文言寫的，容易使人一氣看下去，以這樣老老實實的文言寫歷史，我覺得不必反對。

書後一個『英文提要』，這自然是爲不能看中文的外國人寫的，但對只注重看中文的人也還是有益，因爲使我們對全書容易記得一個大概。今後敘述一切與外國有關的歷史，我覺得他這個方法是可酌量採用的。

美蘇太空競賽的概畧比較

劉裕畧

據加拉佛拉爾角二月二十日美聯社電：「美國太空人格連在今晨三時四十三分（國際時間十九時四十三分）安全降落在大西洋美驅逐艦『諾亞』號的六哩附近。該艦已疾往搶撈，其着陸時間爲在發射後四小時又五十六分。後於香港時間四時零四分，被『諾亞』號撈起放在甲板上」。

以上是有關太空競賽美國方面新成就的一項重要報導。同日合衆社又有報導說：「美國今天把太空人格連射上軌道，這位四十歲的太空人報告說：『我覺得很好，景色妙極了』。這個把格連推上劃時代性太空飛行的塔形擎天神飛彈，係於國際時間下午二時四十七分（香港時間下午十時四十七分），自其放射台上昇，而於十三分鐘以後，進入軌道」。

合衆社又說：「這是美國第一次環繞軌道的飛行，也是自由世界裏的第一次。比諸蘇俄，第一次在太空中繞飛地球，計遲十個月。自今以後，美國載人太空飛行，在本年內將近每月兩次的進展」。

對於美國這一次放射太空人繞地球軌道飛行之成功，自足爲美國及整個自由世界祝賀！

誠如合衆社所說：格連中校這一次環繞地球三匝的太空飛行，確實是美國的第一次，也確實是自由世界的第一次，而蘇聯，則在十個月前，即一九六一年四月十二日由加加林繞地球作過一匝太空繞地球飛行了。

那末，是不是蘇聯的太空競賽絕對佔先呢？這就是值得研究和值得比較的問題。

不過，要對美蘇太空競賽作一詳確比較，却不是一件太容易的事。第一是因爲太空競賽不止太空飛行這一項目，所以，若僅就太空飛行這一項目在時間的遲早十個月來作比較，顯然不夠完全。其次是太空飛行乃一種高度科學技術的綜合成就；若不能對此高度科學技術的有關學術及工業生產力作廣泛精細的比較，自亦不能眞正全貌的觀察這一問題。再就是太空競賽原有高度的軍事意義和戰略意義，故美蘇雙方都各有其保密部分。因而欲作全面比較，勢亦不可能。但美蘇雙方的太空競賽就完全不能加以比較嗎？則又不然。因爲若就雙方已有的成就和已公開報告的部分加以比較，則仍可得其梗概。故本文乃是就雙方已有之事實表現和已公開報告者加以比較。雖然，雙方仍可能各有其秘密存在，但若就人造衛星發射之次數，重量，性能，以及太空人飛行的情形，加以比較，則其梗概畢，竟可綜述如下：

從時間來比較，蘇聯無論放射人造衛星或放射太空人繞地球軌道作飛行，確實均屬佔先。因爲蘇聯放射第一枚人造衛星即蘇聯所謂「人造衛星史普尼克一號」是一九五七年十月四日放射的，而第一枚美國人造衛星即「探險者一號」是一九五八年正月卅一日放射的。故第一枚人造衛星的放射時間，美國確比蘇聯遲了兩個多月。而且美國放射的人造衛星的重量亦確比蘇聯所放射的爲小，這說明美國放射人造衛星的推動力不及蘇聯放射人造衛星的推動力大。

但話說回來，二月二十日美國把格連太空人射上軌迹的水星頭罩，却是美國成功地射上太空的第六十九枚人造衛星，而蘇聯則自一九五七年十月四日以來，包括載人的和不載人的人造衛星在內，總共却只成功地射上太空軌迹十三枚。所以在放射成功的數量上比，截至格連繞地球飛行三匝這一次放射爲止，美國是以六十九比蘇聯的一十三，乃五與一之比，這又說明了美國的工業生產力龐大，美國能够迅速生產一個又一個的人造衛星，而蘇聯則因工業生產力不够强大而不能。這是蘇聯在放射時間上和重量上方面雖然佔先，而在數量及成功放射的技術以及人造衛星生產力方面却又都不如美國的地方。

當然，這其間，蘇聯還一定包含有許多次放射失敗的事實在內，僅因蘇聯未曾公佈，故不爲外間所知道而已。

再檢點美蘇雙方現今仍在太空飛行的人造衛星的數目，則美國方面現在仍然環繞着地球在飛行的人造衛星共爲三十五枚，蘇聯現在環繞地球飛行的人造衛星則只一九六〇年五月十五日放射的「人造衛星四號」那一個。因此，美國現仍在太空中飛行的人造衛星與蘇聯現仍在太空中飛行的人造衛星乃三十五與一之比。蘇聯顯然又瞠乎其後了。這從而說明蘇聯放射人造衛星的時間雖佔先，在重量上雖亦較大，但不僅放射總數不及美國，同時，人造衛星在太空中的續飛能力亦不及美國。

再以雙方墮毀的比例數量來看，美國總共成功地放射了六十九枚，而仍存有三十五枚在地球周圍飛行，至今只不過墮毀了二分之一，而蘇聯成功的放射總數是十三枚，而現今僅存一枚在地球周圍在繼續飛行，則蘇聯人造衛星已墮毀的數量竟高達十三分之十二，這當然又遠不能與美國較量了。

至於圍繞太陽仍在飛行的，則美國有三枚，蘇聯有兩枚，在數量上，仍是美國佔先。

以上是就一般情形而言，若僅就太空人的飛行來比較，則蘇聯第一次太空人加加林的飛行是一九六一年四月十二日，飛行軌道是繞地球軌道，飛行高度是二一八哩，飛行哩程是二六、〇〇〇哩，最高速度（每小時）一七、四〇〇哩，飛行時間一〇八分鐘，繞地週數——一次，火箭最初動力是八〇〇、〇〇〇磅；美國的謝柏德與格里松兩人則不過先後於一九六一年五月五日及一九六一年七月三日作兩次拋物線的飛行，爲時各僅十五分鐘及十六分鐘而已。至於蘇聯季托夫於一九六一年八月六日及美國格連於一九六二年二月二十日的兩次繞地球軌道飛行，季托夫的飛行高度雖爲一七二哩，格連却爲一六〇哩。季托夫的最高速度（每小時）爲一七、七五〇哩，格連爲一七、五四〇哩。季托夫的飛行時間爲廿五小時十八分，格連爲四小時又五十六分。季托夫繞地球週數爲十七次，格連爲三次，蘇聯放射季托夫之火箭最初推力爲八〇〇、〇〇〇磅，美國放射格連之火箭之最初推力爲三六〇、〇〇〇磅。顯見美國業已逐漸追及蘇聯，因上述各項數字業已相距不遠。尤以火箭最初推力這一最重要因素來看，則蘇聯於一九六一年四月十二日放射加加林上太空時，爲八〇〇、〇〇〇磅，蘇聯於一九六一年八月六日放射季托夫上太空時仍爲八〇〇、〇〇〇磅，而美國於一九六一年五月五日放射謝柏德上太空之火箭最初推力僅爲七五、〇〇〇磅，美國於一九六一年七月三日放射格里松時亦僅七八、〇〇〇磅，但美國於一九六二年二月二十日放射格連上太空時之火箭最初推力則已達三六〇、〇〇〇磅了。這火箭最初推力之增加尤屬美國方面之大躍進。

故美國在太空競賽方面，雖仍有部分落後，但總的趨勢，已極可樂觀。何況美國之工業潛力遠超蘇聯，若美國繼續努力，不稍懈怠的話，美國在太空競賽方面當不致失敗。何況，可以斷言的，是美國今後放射太空人飛行太空之次數，必多過蘇聯放射太空人飛行太空之次數。有如美國放射不載人之人造衛星之次數多過蘇聯一般。

當然，在比較美蘇太空競賽時，不可不將彈道飛彈等項目之發展包括在內，但本文限於篇幅，只好從略。更有一項值得美國驕傲的，則是美國對人造衛星之放射，無論載人或不載人，都一律公開，無論成功與失敗，亦皆爲人所目覩。蘇聯則不然，一向在偷偷摸摸下秘密進行，失敗和慘劇，必會迭次發生無疑！否則，何至藏藏隱隱！

本來，無論載人或不載人的人造衛星，今日均尚未達到軍事上和戰略上的直接重大效用之程度。但每一分鐘的太空競賽，却又都含有最後毀滅敵人和抗擊敵人的作用在內。而且，無論載人或不載人的人造衛星最後終必發展爲軍事上和戰略上的直接武器無疑，所以，爲了避免赤色魔王憑藉太空武器毀滅美國和統制整個世界，美國都必須努力太空競爭，不使蘇聯佔先。整個自由世界亦必須鼓勵和支助美國的努力才是。作爲一個中國人來說，當然高興有許多中國科學家在美國對美國的太空競賽中有卓然貢獻而欣慰！因爲偉大的中華民族的優秀子孫，原是應該對人類世界爭取自由的偉大鬥爭事業從各個角度作出重要貢獻的。

憶胡適之先生

黄宇人

（上接第一版）

三十七年行憲開始，國民黨中央舉行臨時全體會議，討論總統副總統的提名問題。蔣先生發表演說，聲言不願競選總統，主張由國民黨推舉一位黨外人爲總統候選人，並提出三項人選標準，大意如下：（一）愛國家者；（二）在學術上有地位者；（三）在國際間有聲望者。當時大家都認爲他所指的即是適之先生；有人還說他已由某政要徵得適之先生的同意。但事隔半日，陳布雷先生忽又在國民黨中央常務委員所組成的審查會中透露，「已商得莫德惠先生的同意，由他領銜向國民大會提出一項臨時條欵附於憲法之後，賦予總統在戡亂時期以某幾項權力。因此，蔣先生已允出任總統」。以後的事實，果然如此。

由於蔣先生對適之先生如此推崇，我和一部份朋友在立法院首次集會前數日也動過一個念頭，擬請他出任行憲後的行政院長。某日，蔣先生召集國民黨中央常務委員在官邸午餐，商討行政院長的人選問題，他提出張岳軍何敬之兩先生，要大家表示意見，久之無人出聲。我認爲時機已至，乃起立發言，我說，「總裁是否曾經考慮到第三個人？」他問，「你指的是誰？」我說，「我所想到的是一位在國際間——尤其是在美國有聲望的黨外人士。因爲今日之事，剿共爲主；但若無足够的外援，剿共戰爭必將困難重重。年來若干美國人對我們誤解甚多，如果於此時換一位在美國有信譽的黨外人來做行政院長，對於轉移國際觀感和爭取美援必較有利」。蔣先生再問：「你指的是誰？」我還沒有答覆，在場的另一位中央常務委員已脫口而出「胡適」。蔣先生聽了之後，立刻臉色一沉，用斬釘截鐵的語氣說道，「書生不能辦事」！於是也就無人再提了。

當時我和一部份朋友所以想到適之先生，還有另一用意，即認爲請他出任行政院長，較易爲我國的民主憲政樹立一個基礎，使後之來者有所依循。因爲第一，蔣先生必不便對他多所干涉，可使行政院成爲名實相符的國家最高行政機關；第二，他必能做到對立法院負責，可使立法院發揮對政府的監督作用；第三，他必能實行法治，確保自由，可使國家的庶政步入正軌。這是當時我們一部份人的想法。事後思之，實在太天眞了。

大陸淪陷前夕，蔣先生作下野談和的準備，在和談空氣瀰漫全國之時，適之先生又在北平圍城中發出「和比戰難」的名言，充分表現其臨危不屈的風格。後來他由北平到了南京，我去看他，他對蔣先生派飛機接他南來的事，認爲是把他救了出來，表示非常感激。又怎料去到台灣後，竟會一再遭受圍攻呵？

再說到適之先生與新黨的關係，外間雖有種種傳說；但據前年夏天雷震先生請人帶給我的信，他們很希望適之先生出來領導；但他不肯答允。可見適之先生祇是基於民主的原則，贊成並鼓勵他人組織新黨，而他自己則始終沒有介入之意。不意台北當權派竟疑神疑鬼，亦可謂自作孽矣。至於有些主張民主的朋友，也因新黨未能組成而怪適之先生的態度不够積極，那更是所謂「其責人也重以周，其責己也輕以約」了。

最後，我還想說一件小事。本刊是被禁入台的，每期出版後，除了台北駐港機構買了若干份，當作密件送與少數黨政要員「參考」而外；其他的人很難有機會見到。他們更不敢直接訂閱。可是，適之先生却特別請托朋友要我們按期給他寄去，據說，也能收到。足見他生前也是本刊的長期讀者之一。

「從速反攻大陸」打回老家去！

——從劉承司駕機投誠說起

李金曄

一個廿五歲的中共米格十五型機少尉飛行員劉承司，於三月三日上午十時，駕機自浙江省飛行至台灣投誠，人機在國府空軍的迎護與引導之下，安全地在台灣北部空軍某基地降落。

劉承司也是中共青年團的團員，他的投誠，不僅具有軍事上的價值，而且更具政治上的意義。在軍事方面；劉的投誠，所能供給國軍方面的第一手的情報，畢竟其價值是有一定限度的，而政治上的影響卻是無限的。一如一塊石子投在平靜的水面上，水紋慢慢地，慢慢地盪漾開去，逐漸地，逐漸地擴大！

劉承司是廣西省田東縣人，生於民國廿六年（一九三七），民國四十五年中學畢業後，即考入中共空軍學校，四十九年八月，在濟南中共第五航校畢業，旋即被分發至浙江省路橋空軍，戰鬥部隊，任少尉飛行員迄今。據他三日午夜十二時在台對大陸的廣播稱：他是隸屬於中共空軍第六師第十六團第三大隊第八中隊。他是一個百分之百，受中共的完整的思想教育和戰鬥訓練的軍人，但是他叛變了，背棄了共產主義，把槍口轉向毛澤東。

當大陸淪落鐵幕時，劉承司只有十二歲，最多只是一個小學畢業，剛入初中的一個少年，他是與中共政權共同呼吸了十二年，並且是毛澤東思想的「乳汁」所喂養長大的。依據中共的嚴格的規定，凡是能夠被吸收加入中共軍事幹部學校受教育的，若非幹部子弟，其家庭背景即應屬於工農出身，尤其是參加空軍部隊的，其「成份」絕非所謂資產階級或小資產階級，自可斷言。

像劉承司這樣的幹部，應該是屬於中共最親信可靠的子弟兵，但從他起義歸順到國府的行動，可知其對中共政權的厭惡，也可使我們想見，中共三軍的士氣，已是動搖。

劉承司的投誠國府，可以看作是「親離」的實例之一，既有「親離」，則「眾叛」的可能性不是沒有的。要是再深入一層看，只有在大眾皆具叛變動搖的情緒之下，才會導致「親離」。這一突然發生的事故，對中共的打擊是太大了。起碼的估計，將使中共在沿海軍事上作極大的調度和重新佈置，軍中（尤其是空軍）將因整風晉入一新的高潮，而帶來更大的不安與動亂！

近三年來，自從中共前「國防部」長彭德懷和參謀總長黃克誠等被黜之後，中共軍中的反抗情緒，一直是緊追着「人民公社」情況的惡化而高張。若是根據三年來中共經濟情況的持續惡化，則即使沒有彭德懷、黃克誠等反毛事件發生，軍隊也還是要逐漸不穩的。因此，中共軍心的動搖，並不是中共軍中的政治工作做得不够完密、思想教育不够徹底，而完全是受了客觀的「人民公社」的失敗事實而產生的。當「人民公社」最後也不能挽救中共的經濟破產時，共產主義和中共政權予人的幻覺，以及毛澤東個人的威望，便跟着同時破滅了。飢餓與破敗，所造成的沮喪，首先在廣大的民間傳佈開來；過去中共優待軍眷的辦法，因而次第被取消或削減，基本上當大家都已陷於不得食的景況時，惡劣的影响，也繼之傳佈到了中共軍中，即使中共仍能勉強維持軍隊的生活水準，却也難以維繫部隊的軍心了！

中共對人民的管制固嚴，但對軍隊的控制自必更嚴，但百密不免一疏，鐵幕如果沒有漏隙，又何能有那樣多的難胞從大陸逃亡到香港和澳門。若不是中共空軍已失去對毛澤東政權效忠的絕對傾向，劉承司又怎能藉列行的訓練飛行，掉隊轉向投奔台灣，而不遭受到任何截擊。

筆者最近曾接觸到一位中山縣的朋友，據他說：中山沿海的村子，幾乎已經只剩下老弱婦孺了，少壯的青年，若不是逃亡到了港澳，就被中共以勞改為名集中起來。沿海村子裏的船艇，全被幹部集中起來管理，大一點的船的船舵被取下，小艇的槳被沒收，除非獲得一定的任務，船艇不配舵、槳，用以嚴防沿海居民逃亡，但即使這樣，逃亡者仍竭盡心力製造逃亡的機會，甚至買通沿海佈防瞭望的共軍，一齊逃亡。

毛澤東迄今仍然在他的「獨木橋」上「孤芳自賞」地徘徊，事實是他的政策經已導使中共政權走入了死胡同。中共的起家，原本是依靠「小米加步槍」。小米與步槍，本是難以成大事的，其後是乘勢利用了全國上下對國民黨的失望情緒攫得了政權，毛澤東竟然以為這是共產主義思想已被普遍地接受，以為人民受了共產主義和毛澤東思想的洗禮，就可以忍受暴政和飢餓，以為建築了長江大橋、「人民大會堂」和培養了一些體育明星，就足以表示「中國已經強大」，認為只要一味向西方國家橫蠻無理和不斷叫囂「解放台灣」，其王朝就可以安枕無憂，庶不知他所認為的無對抗性底「人民內部的矛盾」，實在是最富爆炸性的，劉承司駕米格機逃亡，已不只是透露了中共政權垮台的消息，而是証明了這個殘暴政權之將必然被滅亡。

香港的居民，這幾天都在談論着兩樁事：一樁當然是劉承司的起義，而另一樁是香港大會堂的開幕。香港大會堂上蓋的造價是港幣二千萬元，而香港居民一個月寄往大陸的糧包，其數值却超過了二千萬元，而中共一年在香港居民頭上所搜括者，遂達到二億數千萬元。再舉一個實際的事例吧，一隻在香港值時價不到港幣一百元的手錶，如果寄去大陸，加上苛捐，得共付三百四十元。於此可見，中共斂財手段之狠！

同時現在也已沒有理由可以相信中共今年內可以改善人民的生活現況，春耕在即，而中共的報章却透露各地缺乏種籽、耕牛與農具，更重要的是農民缺乏生產的積極性。這些令人沮喪失望的情況，相信不只是駕機逃亡的劉承司看得清楚，知得明白，已為每一個中共軍隊幹部所洞悉。

「星星之火可以燎原」，這是毛澤東慣常說的口頭禪，而眼前，六億人民的飢火，已經火燒都門，毛澤東已經為中國大陸的大動亂，預備下了基礎，現在該是反攻的最好時機。陳誠最近曾說將「從速打回去」，我們但願這「從速打回去」的口號，能早日變為行動。「從速反攻大陸！」打回老家去！

台灣簡訊

志清

一·陳誠呼籲『團結反攻』

因病請假已歷四月有餘的行政院長陳誠，在多次謠傳倦勤之後，終於週前銷假視事。據說：在他未返台北以前，蔣介石曾到南部並和他長談數次，內容如何，無法獲悉；僅聞蔣曾勸他多多注意身體，不要太過勞累。

陳誠銷假後，即於二月二十三日出席立法院，報告施政。他說：「今天的局勢很明顯，擺在面前的祇有兩條路，一是從速打回大陸；一是由苟安萎縮而趨於失敗。當然我們所選擇的是前者。」因此，他呼籲全國加強團結，充分準備。又說：「我們決不可坐待共匪崩潰；必須充實自我條件，以自身的力量來摧毀敵人。否則共匪的失敗，並不等於我們的勝利。」他坦白承認目前許多事情做得不够，配合不好；並以肯定的句語，說將以行動求變革，從務實與力行中把過去一切不健全、不合理的思想、觀念、作風糾正過來。」

陳誠的這篇施政報告，不但認識了若不從速反攻，必然趨於失敗和滅亡的大勢，而且深知中共的失敗，並不等於我們成功的致理，總算不再存有所謂從大陸反攻大陸和希望大陸同胞起義，然後歡迎國軍回去接收的妄念了。而且，他能坦白承認許多事做得不够和不好，要以行動把過去一切不健全、不合理的思想、觀念和作風糾正過來。假如真的如此，則他所呼籲的全國團結，自是輕而易舉之事。但今日台灣最不健全、最不合理的思想、觀念和作風，厥為傳子和獨裁二者，誰又有力量把它糾正過來呢？因此，陳誠的這個聽來似乎還算不錯的施政報告，恐怕仍祇是說說罷了。

二·立委主張消滅『特權』

立法委員王長慧（女）於二月二十三日向行政院提出一項書面質詢，促請政府拿出決心來消滅特權。她說：「特權之門，是由政府中少數負責人員，在官紳勾結和官官相衛的作風下開啟的。於是，少數人享受到特權，多數人受到有形或無形的損害。」又說：「公帑的特權在台灣並不太多，隱藏的特權才最多，也最為可慮。」她舉出服兵役和納稅兩事為例，特權者有辦法使子女不經考試而到外國讀書或變更實體位而不服兵役。特權者的財富日增而納稅最少。他們的工廠又可以任意向國家銀行借錢不還，其申請外滙更容易通過。她指出由於特權者的存在和橫行，致使一般人對整個政府滋生怨望。她認為在高唱「革新、動員、戰鬥」的今日，陳院長應首先拿出決心，消滅特權。」

聯合報於二十六日以「弘揚法治消滅特權」為題，發表社論，對王委員所舉的服兵役和納稅兩個實例，認為是「眞有其人」和「實有其事」。並說：「特權在目前中國政治上所以形成一個無法消除的痼疾；「特權」的影子所以能夠籠罩着社會各角落，原因是由於今天玩弄「特權」與隨時隨地而企圖把自己造成特權階級，謀取非法利益的人太多了。……最可怕的是居於社會領導地位與負有監督政府的各級人物，動輒以自己的特殊身份，影響政府的施政，侵害法律的尊嚴與完整。於是，愛用「特權」的少數政府官員因而缺乏監督的力量；無所忌憚；而社會各階層的特殊人物，也樂於得天下之「特權」而玩弄之，「特權階級」滿街走，則政風之敗壞，就成為不可避免的事了」。該報更指出：「還有許多人利用地位，包攬訴訟，利用影響力在搞房產地皮，甚至延宕政府交議之議案，在講條件。凡此種種，是那些人在利用「特權」，所謂他們，他們也者，又是些什麼人物，還不是可以呼之欲出嗎？因此，今天要談消滅「特權」問題，不能單獨責之於政府，也不能寄期望於政府少數官員，而主要的是看社會上許多具有特殊身份與地位的人士，能不能從良知良能中覺醒。」

聯合報的這篇社論，除了響應王長慧委員呼籲消滅特權的主張而外，還指出不但政府官員中有特權存在，即監督政府的各級人物中也有特權存在。換言之，即立法委員中也所不免。其所謂包攬訴訟更顯然指的兼任律師的立委。該報於二十七日還有一篇短評其中有云：「依據司法院大法官會議釋字第廿四號解釋：「公營事業機關之董事、監察人及總經理，與受有俸給之文武職公務員，均適用公務員服務法之規定，應屬於憲法第一百○三條、第七十五條所稱公職及官吏範圍之內，凡監察委員、立法委員均不得兼任。」稍具法律常識者，莫不知大法官會議對憲法之解釋，與憲法具有同等效力，立法者當不致智不及此。惟利令智昏，甘犯違法乃至違憲的大不韙者，實有人在。如果美國參議員的議長先生，一旦就任紐約州政府公營事業機關的董事長，將成為不可思議的事情。但這種事情却擺在我們眼前，顯示出一個「特權」的典型。」

從這篇短評看去，可知不但許多立法委員都是特權人物，而該院的院長黃國書更是特權之尤者。孟子曾有「上下交征利」的話，而今日的台灣，則可謂上下交征特權矣。

但事實雖然如此，而那位在三屆非法總統選舉時，以「商人信用」獲寵的王雲五却於二月七日在立法院對王委員的質詢作了如下的答覆。他說：「據我看來，目前並無此種情事，如王委員前言，某些人享受特惠，祇要有具體事實，政府一定查明，秉公處理。」他公然把人所共知且為經濟部長楊繼曾所公開承認「確有特權存在」的事實，說為並無此種情事，具見其所以能從商人一躍而為政要，良非偶然。

（以下轉第四版）

胡適的哀榮

靜吾

（台北通訊）胡適之先生已於二月二十四日逝世了。他不早死於台大醫院的病床上，不遲死於赴美開會的旅途中（胡先生原定於本月初去美國開會），而獨死於中央研究院歡迎院士的酒會中，死者還作了一小時半的演說。這一切對於這位愛國學人，似乎都是最恰當的安排；使他多彩多姿的一生，到了最後的一瞬時，還是光芒萬丈。

胡先生的一生，適逢我們這個多災多難的國度發生了前所罕有動亂。他自始至終堅持科學與民主的原則。他在學術上，主張大胆假設，小心求証；在政治上，主張爭取自由，確保人權。他的思想與任何性質的集權主義或教條主義都無法相容。因此，不但中共視為大敵，在大陸上不斷推行「清算胡適思想」的運動；即在號稱反共的台灣，亦被當權者認為是獨裁統治的最大障碍，幾度掀起圍攻的暴風雨，直到他辭世時，台北的反胡溟潮還未平息。

哲人其萎，中外同悼

胡先生的去世，舉世的學者和名流都表示哀悼，認為我們失去了一位偉大的哲人。在我們自己的國度，大陸上的反應如何，筆者不得而知，台灣的情形，則可說極不平凡。當他健在時，雖然有些人似乎恨不得見他早死；有些人則正想對他作無聊的攻擊而討當權者的寵信。據說：數年前即有一位已經被棄而改行跟外國商人做跑腿的某君，就是因為在香港寫了一篇駁胡先生的文章，使龍心大悅，馬上就被召來台，榮任陽明山實踐學院的講座，隨時都有貴為部長的可能。可是如今胡先生一死，他們也就失去了一個進身的機會。因此，也不免有些悵然；就是蔣經國也得去靈前三鞠躬。至於青年的一代，則都對胡先生的死表現出無比的哀悼。本月二日報載：昨日一大早，人潮即隨着一陣陣苦雨湧向極樂殯儀館，瞻仰胡先生的遺容，四人一排的隊伍，連續了好多小時，直到黃昏後才漸漸稀少。據治喪委員會的初步估計，總數超過了兩萬人，其中以青年學生為最多，還有公務人員，普通市民和軍人。他們之中固然有許多人是胡先生的故舊和學生，但絕大多數却是和他素昧生平的。

本月二日胡先生的靈柩從極樂殯儀館移往南港中央研究院暫厝時，道路兩旁人山人海，沿途的學校自動停課，工廠自動停工，商店自動歇業，農人也自動停止耕作，數十萬羣衆佇立在暗淡的陽光下，向他的靈車低頭默哀或躬鞠致敬。南港境內更是家家戶戶設路祭、放鞭炮。一個學人的死，竟如此感人，不但在台灣是前所未有，即在大陸也是罕見的。

胡適與自由中國半月刊

胡先生對中國文化的偉大貢獻，可以說，不待蓋棺而論已定。但筆者却想藉此機會把他近十二年自發行自由中國半月刊以來的一些經過，作一個簡單的叙述，或可有助於海外讀者對他晚年的心境和對台灣的近情，增加若干了解。

前面說過，胡先生是一位愛國的學人，因此，他除畢生致力於學術研究而外，還隨時隨地不忘國是。他生前所做的文章，也有許多是談論國是的。遠的且不去說，當三十八年，中共以雷霆萬鈞之力繼續南侵時，全國人心惶惶，不可終日，胡先生乃發起創辦自由中國半月刊。時已宣告退休的蔣「總統」也表示支持，於是就在台北出版，由胡先生自任發行人。他還為該刊擬訂宗旨四條刊載於每一期的封面後頁。這時的自由中國半月刊與今日當權者的關係原是很好的；不而雷震更是不折不扣的忠貞分子。後來胡先生去美國，該刊仍由雷震主編。由於對當權者的某一經濟措施小有評諫，再加上蔣經國認為雷震非其嫡系，恐其在乃父前得寵，乃逐漸採取迫害的態度，卒至免去其在黨政方面的職務，並開除其黨籍，於是雷震也就逐漸被迫上梁山了。當時胡先生為了維護言論自由，雖然曾經來函對自由中國半月刊的主張表示支持；但却即時辭去發行人的名義，以示他無意捲入當權者與雷震之間的糾纏。直到總統第一屆任期屆滿，蔣介石召集舉行第一屆國民大會第二次會議時，才把他請回來捧場。

一言觸犯太子大忌『三無』招來羣犬圍攻

胡先生在所謂第一屆國民大會第二次會議開幕之日，還被推為臨時主席，他對當權者想利用他來撐持場面的用心，當然是知道的。但他仍自始至終祇因他在自由中國半月刊社的歡迎會上說了一句話：「不可用共產黨的方法來反共」，這雖是至理名言，而且對當權者並無惡意；但蔣經國及其手下的一羣却認為罪大惡極。並不是由於他們確信祇有用共產黨的方法才能反共；而乃是他們除了對共產黨的方法，尚能一知半解而外，別的就根本一無所知了。因此，胡先生反對不要用共產黨的方法，他們怎不寒心？

二屆總統選出後，胡先生重返美國，還向彼邦人士以蔣經國比擬已故參議員麥卡錫；但太子並未因此稍受感動。此後胡先生也就少談國是了。直到四十五年十月蔣介石七十大慶，傳令求言，中央日報社長胡健中和自由中國半月刊雷震都計劃出刊祝壽專號，不約而同的向胡先生徵文。他寫了一篇一稿兩投的短文，題目是「述艾森豪總統的兩個故事給蔣總統祝壽。」結論是：希望「蔣總統做一個無智而能御衆智，無能無為而能乘衆勢的元首。」胡健中接到這篇文章，不敢擅專，向蔣介石請示得到許可後，中央日報才予刊載。不料自由中國半月刊的祝壽專號一出，即遭受太子系人馬的猛烈圍攻，認為是對蔣介石大不敬。曹聖芬還在中華日報主張用暴力對付該刊。蔣經國旗下的軍中刊物更指胡文是中了共匪的毒計。這是政府遷到台灣後當權者向胡先生圍攻的開始。爾後也許由於國際局勢的演變愈來愈壞，蔣介石認為請胡先生回國任職於己有利，於是又發表他為中央研究院院長，胡先生亦欣然應命回台就職。但太子系人物則仍心懷忌恨。因此，胡先生才回到國門，「胡適與國運」一書即出現於台北市面。據說：國民黨中央某次開會時，某元老曾提出「既請胡適回來工作，就不應該攻擊他」的意見；但太子系的大將則說：「先給胡適一點眼色，以免他過於放肆而給他人利用，也是很必要的。」老蔣當時不表示態度，某元老察言觀色，也就不再提了；其他的人當然更不敢妄置一詞。於是胡適與國運一書，在一度停止發行之後反而再版了。

舉雙手贊成不修憲

四十七年十二月光復大陸設計委員會舉行全體會蔣介石蒞會演說，聲言反對修改憲法，胡先生當場表示雙手贊成。這本來是對蔣介石的支持和擁護；但由於蔣的一生，慣作違心之論，他雖然表示反對修憲，却期望他人向他勸進。因此胡先生贊成不修改憲法，即被認為反對蔣做三任總統。四十九年所謂第一屆國民大會第三次會議開會，胡先生雖然反對連任，但仍勉强出席，足証他還是頗能遷就的。迄後雷震等發起組織新黨，他表示贊成，固屬事實；但自始至終即無拋棄學術研究而出任新黨領袖之意。雷案發生後，他適去美國開會，曾大呼冤枉；回國後又表示願為雷震出庭作証，並聲言將去探監。繼以當權者要派人在旁錄音，他不接受，探監的事，故未實現。由此，可知胡先生之反對修憲和違憲連任及贊成籌組新黨，完全是基於民主自由的原則，並非對任何人有惡意。

最後的圍攻

去年十一月六日胡先生應邀在亞東區科學教育會議發表一篇演說，講題是由該會預先指定的。胡先生在演說中，强調「科學技術絕不是唯物的，乃是高度理想主義的，是精神的文明。」因為他同時提及東方文明中所含的精神成分實在很少，而且以女人纏足的事為例，某些人便對他環而攻之。如果他們的攻擊，是出於學術觀點上的爭論，自然還可稱為「好人好事」；但按之事實，則顯然有政治作用。據民主中國半月刊報導，台北還有一座司令塔，專負指揮反胡剿胡的責任。因而，在那些反胡的文章中，不但罵他不配作中央研究院院長，甚至還主張把他空投到大陸去。假如胡先生不於此時與世長辭，他們不但將繼續圍攻下來，而且有些人還可望藉此升官發財呵。如今胡先生已作古人，這些打手們如尚有良知，當有「士誠小人也」的感想吧？

台灣簡訊

（上接第三版）

三：台北市升為院轄市的先聲

自黃啟瑞貪污案發被判徒刑後，當權者即有將本市改為院轄市的擬議。其主要的用意，即認為民選市長於己不利；想以改院轄市的方式，把市長從民選變為官派。前月省議會開會時，曾通過一項議案，反對將台北市改為院轄市，即係為此而發。該案雖然是黨外的議員提出，但國民黨籍的省議員亦一致表示支持，足証其為公意所在。最近由於市議員張詩經等醞釀免黃啟瑞，主張立即改選本市市長；國民黨籍市議員亦有提不信任代市長周百鍊案的擬議，當權者深感原擬以周百鍊長久代理下去的預定計劃難以實施。三月二十六日中午，市議員陳阿龍突然提出一項二十餘人簽署的臨時動議：「建議中央將本市升格為院轄市」，提案內並對省議會反對改台北市為院轄市的決議表示「堅決反對」。因時近散會時間，黨外議員多已先退，該案一經提出，即以閃電的方式草草通過。張詩經等議員聞訊，乃於下午提請複議，並指出本市早經實行民選市長，一旦改為院轄市，則將改為官派市長，不但市民失去選舉市長的權利；且在民主政治的常軌上，亦屬開倒車的行為。主張改為院轄市者的理由，則為本市升格後，可得中央的鉅額補助，各項建設問題才能解決；而且還說民選市長，常製造地方糾紛，故不如由上級政府委派的好。另有一些議員則主張本市改為院轄市；但市長則必須民選。這派人的意見，顯然是存心和當權者開玩笑。因為當權者所以想將台北市升格，其目的完全是在於可以任意委派市長，假如市長必須民選，他們當然也就不會作此想了。

由於張詩經等的複議案引起激辯，市議會二十六日下午的會議未能獲得結論，將來如何演變，尚未可知也。

四：王雲五的兩個『不敢』

本月二日，立法委員在院會向行政院提出質詢：「如果中共介入南越戰爭，我們是否乘機反攻大陸？」王雲五答稱：「我不敢承認，也不敢否認。」許多立委都被他這兩個「不敢」弄得啼笑皆非。實則王雲五說的倒是老實話。因為今日的事，一切都是取決於蔣家父子，他全憑善於仰承意旨，才能貴為行政院副院長，自不敢對此等事表示任何意見了。

大陸短波

白帆

中共支持古巴第二個哈瓦那宣言

所謂哈瓦那宣言是古巴卡斯特羅政權第二次全國人民大會通過的一篇反對美國，並企圖拉攏各拉丁美洲國家一同反美的宣言。不消說，這宣言正是國際共黨從事國際統戰工作的陰謀產物。中共爲了達到支援古巴和反美的目的，特於二月十二日在北平舉行了一個「首都各界人民支持古巴第二個哈瓦那宣言的大會」。除古巴駐中共大使桑托斯曾在此一會議上發表反美和煽動拉丁美洲各國的反美言論外，中共國務院副總理兼外交部長陳毅亦在會上發表演說，說「這個宣言是聲討美帝國主義的檄文，是古巴人民和拉丁美洲人民團結戰鬥的旗幟，是保衛古巴革命維護拉丁美洲各國民族獨立和民主自由的鬥爭綱領。我們中國政府和中國人民對這個宣言表示熱烈歡迎和堅決的支持」云。

中共連續大罵吉田茂

在沒有掌握政權的個別外人中，日本元老政治家前首相吉田茂是中共攻擊得最多和最厲害的一個。可以說，中共實已把吉田茂看成是眼中釘。近年以來，中共人民日報已屢次發表專文抨擊吉田茂，二月二十七日人民日報復以專文抨擊他。人民日報痛斥吉田茂在日本產經新聞上連繼發表的「大磯閒談」。

人民日報評論說「吉田茂的這些閒談，清楚告訴人們，日本軍國主義勢力不僅已死灰復燃，而且越來越囂張和露骨地顯示了它的侵畧擴張和獨霸亞洲的野心」，「吉田茂之流，是美帝國主義的忠實走狗，日本壟斷資本的代理人，是日本民族的敗類」。

此外，人民日報還同時登載了吉田茂發表「大磯閒談」的消息。

中共何以如此嫉視吉田茂呢？其實這道理也很簡單，只因吉田茂反共態度堅決，且又時常發表打擊中共的卓越言論，不僅眼光獨到，而且時常擊中中共的要害，再加以吉田茂的言論，在日本內部影响力大，足以妨碍中共對日本的陰謀，故中共恨之刺骨耳。

中共警告美國不可援越

明明是共產黨在侵畧和顛覆越南，但中共却夥同蘇聯硬說是美國威脅越南，這眞可以說是一種惡人先告狀了。

中共外交部於二月廿四日發表了一篇胡說八道的聲明，正是這一惡人先告狀的鐵証。

中共外交部聲明說：「美帝國主義在越南南方一手點起的戰火已經燒起來。中國政府和中國人民對此不能不表示嚴重的關切」。「美國必須立卽停止對越南南方的武裝干涉，必須立卽撤出美國在越南南方的一切軍事人員和軍事裝備」。「美帝國主義對越南南方的武裝干涉是它在全世界加緊鎭壓民族解放運動的一個重要組成部分。肯尼地政府登台以來始終本着美國大壟斷集團的意志，玩弄各種和平姿態，同時，積極準備進行三種戰爭，……這是絕對不能容許的」。

不能容許又如何？毛澤東敢在越南動手嗎？美國國務卿魯斯克已判斷中共不敢在越動手，並謂各中立國已警告中共，且看毛澤東是否紙老虎，究敢動手否？

中共地方行政區劃變動無常
甘肅省忽然又變動三十六縣

陸聞

在全世界所有的政權統治下，在中國歷代政府統治下，說到地方行政區劃之零亂與變動無常，恐怕誰也不能與中共相比了。

照毛澤東的話說，凡事必先有調查研究，然後才能發言，才能決定問題。究其實際，中共對地方行政區劃則完全是盲動亂動。這不必舉別的什麼証據，只要看一看中共對地方行政區劃變動之頻繁，與乎反覆變動之大，就可完全知道了。

且不說以往中共隨意設置平原省，又隨意撤消平原省，隨意改變廣東省幾十個縣的行政區分，又隨恢復廣東省幾十個縣的行政區分，即以最近來說，僅在去年十一月與十二月內，據中共自己公佈，就又已隨意變動了廣西、湖北、河南、浙江、安徽、甘肅等省的許多縣市。

僅以甘肅省來說，據中共新華社二月十日報導，其在去年十一月及十二月份內變動的地方行政區分就有一、恢復酒泉、武威、慶陽、武都四個專員公署，設立臨洮專員公署；二、龍迭縣改名爲舟曲縣；三、設立迭部縣，撤銷西禮等六個縣、自治縣、市。並又恢復正寧縣，以合併於寧縣的原正寧縣行政區域爲正寧縣的行政區域。恢復華池縣，以合併於慶陽縣的原華池縣行政區域爲華池縣的行政區域。恢復合水縣，以合併於寧縣、慶陽兩個縣的原合水縣行政區域爲合水縣的行政區域。恢復華亭縣，以合併於平凉市的原華亭縣行政區域爲華亭縣的行政區域。恢復靈台縣，以合併於涇川縣的原靈台縣行政區域爲靈台縣的行政區域。恢復崇信縣，以合併於涇川縣的原崇信縣行政區域爲崇信縣的行政區域。恢復庄浪縣，以……。恢復永登縣、天水縣、甘谷縣、漳縣、宕昌縣、康縣、徽縣、成縣、兩當縣、西和縣、禮縣、清水縣、渭淸縣、景泰縣、古浪縣、民樂縣、金塔縣、臨澤縣、張掖縣、永靖縣、臨夏縣、廣河縣、碌曲縣、瑪曲縣、夏河縣、卓尼縣、皋蘭縣等，並又撤銷徽成縣、西禮縣、張掖市、洮江縣、烏德魯市及撤銷清水回族自治區，恢復張家川回族自治縣等。總而言之，中共把甘肅省地方行政區域，時而設立，時而撤銷，時而這一縣的此一部分合併於彼一縣的彼一部分，又時而以這彼一縣的彼一部分，合併於另一縣的另一部分，併來併去，居民既感無所適從，行政區劃尤見零亂之極。中共政權視變更行政區域爲兒戲，任意胡作亂爲，由此又得一個証明。

中共卽將舉行「全國人代會」

綜觀

中共所謂「全國人代會」，卽是中共所謂「全國人民代表大會」。在中共暴力統治下，在中共階級專政和共黨獨裁政治理論下，而仍有所謂「全國人民代表大會」，這本來就是一種諷刺，一種滑稽。不過，爲了裝點獨裁門面，以便對內對外進行所謂統戰工作，中共便又有所謂「全國人民政治協商會議」及所謂「全國人民代表大會」。事實上，這當然都不是眞有政治權力的機關，而只是一種裝飾罷了。

不過，「全國人代會」這一裝飾，既由中共「憲法」正式規定每年舉行一次，依理，中共總是應該依照它自己製定的所謂憲法如期每年舉行一次才是，因爲只有這樣，這所謂「全國人代會」的形式也才勉強說得過去。但中共畢竟沒有把所謂「全國人代會」放在眼裏，加上去年大陸各地之災害頻繁，與乎大陸人民之普遍貧病交迫，再加上赫毛衝突影響了中共的一切，大約毛澤東也不願看見那些面有飢色的各地代表來到「北京」開會，以免在外國人或外國記者面前丟臉，說來眞很奇怪，這由中共「憲法」規定必須一年舉行一度的所謂「全國人代會」竟在一九六一年度全年未舉行，直到最近，才又有在三月五日舉行一九六二年度「全國人代會」的消息，但是否眞能如期三月五日舉行呢？連日的消息，又有再延期到三月廿一日舉行之說，不管是否再延期，但只要就去年全年未舉行的情形來看，就知道中共對自己「憲法」所規定的會期亦無法遵守，就知道中共內部窘迫和手忙脚亂到何種稃度了。那末，就縱然延期三月廿一日舉行，又有什麼意義呢？還不是根本不能代表中國人民嗎？

僑鄉簡訊

廣東各地春耕運輸工具缺乏

鍾之奇

在中共統治大陸之前，春耕運輸工具不足原非嚴重問題，因一般農民個別從事生產，因而可以個別解決。但中共推行人民公社後，實行的是集體生產，於是，爲了供應同地同時的集體耕作，遂必須大量供應工具，因而需要大量的運輸工具，而中共目前則正普遍缺乏此類工具。

據二月廿三日中共人民日報說：「廣東積極製造短途運輸工具的配件，支援春耕生產，廣東省交通廳曾先後撥出一批鋼材製造或修配畜力車車軸，並利用一些舊輪胎來包蓋畜力車的木輪，這樣既可以加快車速，又能防止木輪損壞公路路面。全省兩萬多輛担負農村繁重運輸任務的自行車中，有不少因輪胎損壞不能參加運輸。省交通廳也專門撥了十一噸生膠，製成一萬多條內胎外胎，供應各地。各地還加强短途運輸工具的保養工作。汕頭、湛江、佛山等專區許多縣整頓了短途運輸工具的專業修配力量。許多短途運輸管理站、搬運站還教育有關人員愛護車輛、船艇，建立和健全維修保養制度，保証短途運輸工具在春耕生產中能發揮應有的作用」。

廣東各地春耕運輸工具之缺乏，於此可見一般。

中共迫令廣東各地提前進行春耕

「不違農時」，是中國社會的一句老話，意思是說要依照天時地利進行耕種，既不可太早，亦不可太遲，太遲或太早，都是有違農時，都會影响生產。但中共意想天開，竟在「密植」、「林間生產」等胡作亂爲失敗後，又勒令廣東各地今年提早進行春耕。

據中共新華社二月廿二日廣州專電說：「全省開耕最早的海南島，插秧已經過半，其它地區，也在春節以後把主要力量投入開耕工作」。又說「廣東各地農村今年的春耕生產，比往年準備的較早」。在太早的時間，提前從事春耕，對農業生產的影响如何呢？這就是問題。

湛江肇慶等地繼續開荒

開荒，是中共擴張生產的重要手段，故中共十二年來不斷强迫各地人民開荒。最近，廣東湛江肇慶兩專區所屬各縣的農民，亦在中共强迫下開荒不少。故新華社二月廿二日專電說：「湛江、肇慶兩個專區，今年開荒較多，春耕任務和農活較緊迫，春節剛過，兩個專區的公社就安排勞力大量送肥下田，把可以提早的種植的木薯等旱地作物提早種下，並安排畜力，提早放水拌田，使春耕期間需要完成的各種農活錯開，避免擠在一起互相影响」。

韶關專區派隊下鄉督查生產

農民怠工，消極反抗中共的殘暴統治，已是整個大陸的普遍現象，廣東省各地的農民情況亦復如此。

只因農民怠工，工作情緒低，中共乃又想出隊遣幹部，分駐各生產隊，就近「領導」、「檢查」以督促和强迫農民生產之辦法。

據二月二十三日中共人民日報說：「韶關專區各縣春節過後，抽調了二千多名幹部，組成『春耕生產檢查團』，分頭駐在生產隊，和社員一起勞動，加强春耕生產的具體領導」。顯然，所謂「春耕生產檢查團」，這正是中共一種强迫生產和督促生產的組織。

中共在廣東各處建「革命紀念物」

盜竊中國歷代祖宗的盛名，以粉飾中共政權的醜惡嘴臉，原本是中共一向的拿手好戲。最近，中共又厚顏無耻的用魚目混珠的辦法在廣東各地指定了十六處作爲所爲「革命遺址及命革紀念建築物」。

中共指定的這十六處紀念物中的第一處是「林則徐焚烟池，雅片戰爭時期（一八四〇年），東莞縣太平鎭」。這當然是值得保護和紀念的。但第八處却是「赤山農會舊址，第九處是「中國共產黨廣東區委會舊址。第十一處是「中華全國總工會舊址。第十二處是葉挺獨立團團部舊址，地點在肇慶市。第十三處是廣州起義烈士陵園（指中共廣州暴動死難人員），第十四處是彭湃烈士故居。中共勒令廣東人民必須保護上述各建築物。其實，有關中共黨員或暴動事件之建築，何能作爲中國之重要文物以與林則徐紀念物相比？中共此種措施，只足以使中國歷代文物含羞蒙耻而已。

西貢叛機喋血案的背景

替吳廷琰「算命」

林世賢

越南總統府被兩架叛機轟炸事件，加重了越南局面的爆炸性。北越共黨適在此時發表冗長備忘錄，指責美軍參加越南「戰爭」，直接威脅北越及東南亞安全。中共與蘇聯，也分別抨擊，說美國「不宣而戰」，將有「驚人後果」。究竟今天的越南「戰爭」，是一種什麼性質？美國是不是已經不宣而戰？假如是的話，所會引起的「驚人後果」是怎樣的呢？會不會如中共所說的，「引起世界大戰」？

南越國防當局，和在西貢的外國軍事家們，對叛機喋血事件的看法，也許可以解答這一疑問。

二月廿七日清晨叛機在「總統府喋血」轟炸的濃烟，和政府軍坦克出動彈壓的零落槍聲，並沒有給予西貢堤岸兩市的市民以任何恐懼之感，西堤兩市市民，對於市內巷戰已有不少的經驗。以前南越敎軍林立時代，各敎敎軍時有衝突開火；吳廷琰總統解決敎軍時候，西貢巷戰不止一夕，總統府也受過炮轟及襲擊，那次平川軍之變，死者達數千人。一九六〇年冬的傘兵叛變，吳廷琰總統被圍困在總統府幾達一晝夜之久，外圍駐軍及海軍陸戰隊奉令「勤王」，把傘兵打走，也曾發生過幾場巷戰。雖然砲火並不是好玩的事，往往殃及池魚；也不能說是司空見慣。不過在對於「政變」之類事件無能為力的市民，也只能以幽默的態度對之。

現在流行在華僑間的一種說法，說是西貢總統府「風水不好」，差不多兩三年就要發生一次事變。隨着的結論就是說吳廷琰的「八字大」，經過幾次的圍攻、炮轟、飛機轟炸，終於有驚無險。吳廷琰的「非凡」，殆成定論。

不滿意「個別行動」

「叛機喋血」案兩主角之一范富國中尉，在被拘後被審訊中迄未有進一步的口供，初步的承認只說是他與阮子占少尉兩人的個別行動。阮文固於轟炸總統府後駕機逃往高棉，在金邊附近軍用機場迫降，已被高棉軍警所拘捕。南越政府已要求高棉將該叛變軍官引渡歸案，可是因為高棉施漢諾王子與南越不睦，可能會拒絕引渡。

隨着西堤兩市狀況恢復正常，人們的恐懼心理也隨着消滅。當轟炸總統府的頭兩天間，有些人懷疑到這也許是越共進攻南越的訊號。也有人以為可能是大規模顛覆政府計劃的一部份。照現在看來，兩說都不能証實，除非范富國有什麼進一步供認。可是「個別行動」，說也不能令人滿意，因為兩人並不是與吳廷琰總統有什麼私仇，僅只以炸死吳氏及其家人以為快意，這是最大的疑點。

深入一步看問題的人們，仍然認為轟炸總統府事件必有政治背境。可能是因為一擊不中，以致其他的叛變計劃不能不中止。如果「喋血」成功，西貢羣龍無首，局面就不會是這樣穩定。比較開明方面的人士，認為這案徹究下去，可能仍是「共黨的傑作」。這一說法即否認叛變與「改革派」有關。他們表示，自美國加强援越後，已許諾展開政治經濟的改革，開明人士頗致寄期望，不至有採取決絕的恐怖手段的必要。

「局部」的顛覆事件

政府當局同樣顯然不滿意於「個別行動」的供認，而正在繼續從多方面探索究竟中。為了避免影響正在加强對共黨遊擊隊作戰的軍心，當局絕不願為此事而興大獄，枉涉無辜。但有若干嫌疑人物連日遭拘捕，繼續研訊；昨天還下令取消已簽准出口的護照証件，可能不到水落石出不止。

政府當局並不懷疑到叛機喋血會是共黨進攻的前奏，但也並不否定那會是共黨顛覆行動的一部份。因為美國加强援越的性質，內容絕不單純。除了原來的訓練越南軍任務而外。美軍軍官已參加越南部隊担任顧問，美軍機師也參加駕機在游擊區担負任務。在海上遊弋的美艦，防止自北越或中共區海南島運來共黨軍火或特務滲透南越。這些工作，固然很可能引起美軍與共方的衝突而發生戰爭，但美軍的態度，似乎是「發生戰爭也不在乎」。美方已有準備，最近在菲律濱舉行的東南亞演習，便是以登陸印支半島（包括北越）為演習的範本。

據說美國軍方檀香山會議決定，美軍不宜於在寮國與共黨打游擊，而在印支半島兩棲作戰則大有把握。另一因素是倘沒有中共支援、北越不敢輕啟戰端。中共在目前糧荒情況下，又與蘇聯發生歧見，不易得蘇方全力支援，形勢上不敢與美軍作戰。同時還傳說美軍此次援越，係與英國早有密契，英國譚普拉將軍現正在西貢協助南越對付游擊隊，一批南越部隊也迄在馬來亞英軍軍中，學習叢林作戰。英國對於中共的要求召開日內瓦會議，討論「美軍干涉」，認為沒有必要，可見英美的硬。共黨不敢作戰，便只有從顛覆方面想辦法。（堤岸通訊）

大馬來西亞計劃的展望

星加坡通訊・吉永先

大馬來西亞計劃的籌備工作，在「馬來西亞團結諮詢委員會」的一番努力後，現在已完成了第一個階段了。——上述那個委員會，是由馬來亞聯合邦，星加坡，沙撈越、北婆羅洲及婆羅乃等五個地區的代表所組成的，於去年七月間便已成立，八月即開始召開會議，互相交換意見，並解決了各項疑難問題，迨再經過了四次「衷誠的討論」，直至今年二月，在星加坡舉行了最後的一次會議，卒獲得意見一致，發表了一個詳細的「備忘錄」，送給由英國與聯邦所組成的「民意調查團」；接着，籌備工作的第二個階段，便又可宣告開始。展望其將來的成就，顯然是充滿樂觀。

大馬來西亞計劃中的婆羅洲地區（沙撈越、婆羅乃、北婆羅洲），在政治、經濟、文化各方面，都是比較星、馬較為落後的，故在著慮成立馬來西亞聯合邦時，對該地區的特殊情形，已予以統籌兼顧：而婆羅洲地區的代表參加諮詢委員會會議時，對於移民問題，亦已表示有所顧慮，他們是憂慮到將來成立了馬來西亞聯合邦後，星加坡與馬來亞半島，可能會有大批移民湧入婆羅洲地區，而他們則希望能够保障婆羅洲地區的固有土地貿易和職業地位，以免被外來的移民所侵佔。當時諮詢委員會對他們這一項顧慮，也深表同情，而聯合邦首相東姑阿都拉曼，也即對此問題，提出保証，聲明將來決不會毫無限制的任由馬來西亞各邦移民進入婆羅洲地區；至於怎樣的實施限制，這項辦法，則留待將來由憲法專家負責訂定。於是，很順利地澄清了婆羅洲地區代表的一項疑難問題。

公民權問題，也是相當重要的。當時諮詢委員會是同意所有星加坡公民和馬來西亞聯邦公民，於合併了後，即自動獲得馬來西亞聯邦國籍，將以國民一份子的身份，在馬來西亞的憲法下，享有同等的權利，負有同等的義務。汶萊蘇丹統治下的臣民，也將自動成為馬來西亞聯邦的公民。但有另一項規定，是關於北婆羅洲與沙撈越方面的，即是凡在上述兩地區出生的英籍人，或在馬來西亞聯合邦成立前即已歸化的英籍人，或在馬來西亞成立的那一天，他的出生地或歸化地在馬來西亞其他地區已經成為永久屬地的，則其人都將在馬來西亞聯合邦產生的那一天，成為馬來西亞聯合邦的公民。這幾項原則，諮詢委員會也表示接受；惟其他細節，則尚在研究中。

同時，諮詢委員會也同意國家的主權，應操在馬來西亞聯邦手裏，而外交、國防、安全等事務，則歸由中央政府掌理，但每一州則仍可以擁有一部份地方性的保障。如星加坡，它可以保留其敎育與勞工政策；又如婆屬三邦的移民管制，婆羅洲化，及賦稅、關稅、財政等事務，均可以保留其特殊的規定；一言以蔽之，就是各州的自主權，將獲憲法的保障，惟其形式如何？技術如何？則將來由專家訂定。

此外，聯邦國會和各邦立法機關的代表，其選舉的辦法，諮詢委員會也作出了彈性的建議。該委員會指出：北婆地區的政治進展，刻仍在各種不同的階段中，若在短期內即引用「聯邦」的一般措施，恐難獲致良好的後果，因此，沙撈越可以暫時保留其固有選舉制度，以選出代表，出席州的立法院，並由其議會議員中選出代表，出席聯邦國會。至於北婆羅洲的立法機關和聯邦國會的代表問題，則將再予以詳細考慮，務求能適應其當地環境、習慣、和法規；這項建議；也頗能獲得一般人同意，認為「尚屬可行」。

在大馬來西亞計劃中，是將以巫語來作為馬來西亞聯合邦「國語」的；但它將不妨碍其他語言（包括英語）的敎授和學習，也不損害任何一邦固有語言的使用權利。

大馬來西亞計劃也擬定了以回敎為聯合邦的「國敎」；但它不危害信仰宗敎的自由，也不加深聯合邦的宗敎化。從「國語」和「國敎」的擬定，更可以看出大馬來西亞計劃的完備和妥適，容易吸引當地人民的擁護。

由其第一個階段中展望下去，其前途確是充滿樂觀。雖然沙撈越曾一度反對該項計劃，但相信不難獲致妥協的。倘若星馬合併能够早日實現，則大馬來西亞計劃當然也可以早日順利完成。

家

金珂

今天我的心情特別愉快，我不時地抬頭望望掛在藍天上的太陽，我覺得她今天行走得特別慢，好像有意和我為難似的。平時，沒做什麼事，一會兒天就黑了，可是今天，却是再也等不到黃昏。我又小心翼翼地從衣袋內摸出買好的火車票來看着，票上清楚地寫着「上海——蕪湖。」看着這四個字，我打心眼裏歡喜。我又低下頭去看一下手腕上的表，也常常地計算着時間：「今晚七點鐘開車，明天中午可以到家了。我意外地回家，媽媽一定會感到特別的高興！」

十年了，一直投身在繁忙的學習和工作中的我，一提起家，就使我感到特別的親切。今天，能有機會讓我回去一下，能再讓我重溫一下童年幸福的夢，這該是件多麼幸福的事！我感謝上帝給我的恩賜，要不是生肺病，需休養三個月的話，我怎麼能有這樣幸運呢？

火車在原野上奔馳，車箱在微微地搖動，我望着倒退着的一排樹木，一片片田野。漸漸地，這一切都模糊了，夜已降臨人間，窗外已是一團漆黑了，可是田頭還亮着星星點點的火種，我在呆想，這到底是為什麼？「今年，安徽省的旱乾可厲害了。你看，這樣夜晚，社員們還是挑燈夜戰着抗旱呢！」聽了這些話，我回頭一看，原來是坐在我旁邊的二個老鄉，他們在這樣談論着。

「乾旱，挑燈夜戰！」這二個詞一直在我的耳邊迴旋。窗外田頭的燈光，以及潺潺的水車聲，在接連不斷着。我再抬頭望望藍黑色的天。「唉！晴空是萬里無雲，星星在不知疲勞地眨着眼睛，看上去這兩天還不會下雨。乾旱、災荒、將給農民們帶來了長期的飢餓！

蕪湖站到了，我跟着人羣蜂擁出車站。那正是陰曆五月分天氣，一下車就感到熱氣逼人。夏天的太陽很毒，像要把人烤乾似的，田野裏的莊稼都被烤得低垂着頭。已接近中午了，田頭是一片寂靜。我提着、挎着、背着行李，在狹窄的田埂上走着，沉重的行李壓得我不斷地喘氣，豆大的汗珠從額頭上不住地往下滴。霎時，汗水把衣服全浸濕了。雖已感到周身的筋疲力盡，但當我抬頭望望大路上的房子，想到離家越來越近了，馬上要見到媽媽了，我的力氣又大了起來。本來我走路就快，此時更快，三步併作兩步走。說實話，我恨不得一步跨到家啊！

「站住！上海人！」這一突如其來的喊聲，使我吃了一驚，我的兩脚不由自主地停了下來，抬頭一望，只見在田裏跳出二個大漢，一個腰間配着一把短刀，一個手中拿着一根木棍，氣勢兇兇地對我下着命令：「把你身上的粮票、鈔票、行李，都留下來，我們放你走路，不然……」那個拿木棍的在向我這樣說着，雖然低下沒講下去，但從他揚起的木棍和他那副兇狠的表情來看，我知道假如不給的話，將會對我不客氣。說實話，這些事，我在上海曾聽人說過，但我從來沒經歷過。那時我心臟狂跳，我真想叫聲「啊呀」，丟下行李回頭就跑。可是，另外一個念頭又飄入了我的腦海：「給他們吧！錢是小事，那麼粮票給他們拿去了，這一個月我自己吃什麼呢？而且我好容易買了些咸菜、醬瓜，放在行李內。是媽媽寫信來要的，我給了他們，豈不是空手了嗎？」於是，我咬咬牙齒，暗暗地下了決心：「也罷！讓我先和他們商量一下，實在不行的話，再作打算！」想到這裏，瞧了他們一眼，稍一停頓，把緊張的心情略為鎮靜一下，然後，我誠懇地和他們說：「老鄉，你們要我的東西，我可以給你們，但，我有一件事，需要和你們商量一下。」

這兩個人聽了我這幾句以後，呆了一下。因為根據他們以往的經驗來說，上海人，特別是單身的女客，被他們這樣一吓唬，早就扔下行李逃了。可是，今天面對着這樣意外的情況，使他們感到特別。那個帶刀的人，好奇地看了我一眼，然後，挑戰似地說：「你有事和我們商量？好吧！你說吧！假如說得好，放你過去，假如說得不好，哼！你別怪我們……」

我聽他講完以後，又偷偷地看了他們一眼，武器雖仍握在他們手中，可是，從他們的表情來看，已不像剛才那副兇神惡煞，恨不得把我一口吞下去的樣子，於是我輕鬆地噓了一口氣，繼續地說了下去：「我知道，你們這裏的生活很苦，跟我們上海人比，你們這裏是要苦得多了。當然，我也很願意幫你們的忙，但話得說回來，我這次到這裏來，一方面是因為好久沒回鄉了，回來看看鄉裏的親人，特別是我媽媽，最近害浮腫病，另一方面，我最近因為生肺病，準備回家住幾天。目前的情況，我相信你們一定知道得很清楚，無論那裏，粮食都是很緊張的。假如我把這些東西都給你們，你們總不忍心，看着一個六十多歲的老太太又在病中，沒有東西吃……」我說到這裏，又抬頭去看了他們一眼，只見他們二人，若有所思地站在那裏，眼睛一眨也不眨地聽我講着。於是，我知道，我的這些話，在他們的思想上已起了作用，我更壯了壯胆，又繼續地講下去：「在今天來看，表面上，我們的生活似乎比你們好一些，而實際上，大家都是做着別人的奴隸，一樣的受着苦。當然，對你們這樣的情況，我很同情，但我勸你們，最好別做那些事，萬一給政府捉牢了，還得去勞動改造，在那裏面，比外頭的生活，不知要苦上多少倍，有什麼意思呢？假如，你們實在要做這件事，我認為，你們不應該去搶和我們一樣的受苦人，應該……」我的話還沒說完，他們二人就跳了起來，有所醒悟地接下去說：「應該搶幹部，你說對嗎？」

「對呀！只有幹部，他們不但有錢，而且有粮。」我激昂地說着，那時已使我忘記了，我是在田野間，是在這樣一塊不自由的土地上，說着這樣的話。

他們二人感激地看了我一眼，興奮地說：「姑娘，謝謝你，提醒了我們，過去我們是搶幹部的。但最近來，上面有了規定，無事，幹部不許單身外出。有事，需成羣結隊而行，這樣一來，我們的買賣做不成了。因此，我們就換了目標，搶上海人，並不是，我們對上海人過不去，而主要的是，我們認為上海人生活條件比我們好，而忽略了，他們原也和我們一樣的受苦受難。姑娘，不是你，我們一直的錯下去。雖然，目前我們搶幹部還有一定困難。但，姑娘，請你相信我們，我們一定會千方百計地想辦法，從今以後，我們絕對不搶，和我們一樣受苦人！」他們說話的語氣是那麼堅決，兩眼中射出了閃閃的火花。我被他們這一真摯的感情所激動了，誰也不說話，大家都呆立在田頭。半晌，我才清醒似地說：「看你們這樣，不怕被別人看到去報告嗎？」聽到我這句話以後，他們二人相互地看了一眼，然後取下了小刀和木棍，藏在田埂旁的雜草中。

我看着他們這一動作，心中有說不出的感覺，是高興？還是激動？我感到，我雖只講了幾句話，却為受苦受難的老百姓做了一件好事。我正在高興。可是、另一個念頭又偷偷地爬進了我的腦海：「誰不願意做好人，做體面的事，今天他們二人如此，也是逼不得已的事。現在已經是中午過後了，他們在這裏弄上這半天，好容易碰上了我。雖然他們已經回心轉意了，但總不能叫他們空回。我主意已定，叫他們二人上來。」「你們二人也是可憐得很，說不定家中還有老少等你們回去做飯呢！我看這樣吧！我很窮，不能很好地幫助你們，而使我良心上感到不安，但我能在其他地方省一點，給你們幫一點小忙。」我說到這裏，伸手在袋內掏出了四斤粮票，和十元錢：「喏！這點東西，你們拿了去二人分，雖然不能解決大問題，但至小可以使你們家中的老少，少挨一頓餓！」

他們二人聽了我的話後，先是一楞，然後拿木棍的說：「姑娘，你今天和我們說了那麼多話，已經使我們感激的了，我們再不願意你做拼救了田鷄餓死蛇的事。姑娘，請你收起來吧！我們不要！」

他們這種真摯，淳樸的感情，更使我激動了，我背上行李，扔下錢和粮票，又飛快地走了。背上的行李，雖仍是那樣的沉重。可是，我的心情却是那樣的輕鬆！

走完了崎嶇不平的羊腸小道，來到了大路上，抬頭望去已看到家了。這熟悉的房子，這平坦的大道，這四周的田野，那一處不留下我童年的脚印。過去，小伙伴們在田間的蹦跳、追逐；小河邊的垂釣；傍晚，屋頂烟囱冒上一縷縷的炊烟，媽媽站在大門口，呼喚着我們回去吃晚飯……。這一切的一切，重又進入了我的眼簾。可是，今天，我又回到了闊別十年的家，這裏又完全改變了，莊稼被乾旱逼得低下了頭。再也看不到孩子們的嬉戲。偶然，在路上看到穿着破衣，極細的脖子上挑着個大腦袋，細瘦的小手抓了個破籃子，臉上沒有一點血色，兩眼在無精打彩地望着遠方。緩慢地在路上走着。飢餓逼得他們失去了天真，一個個的都成了未成熟的小老頭。

熟悉的板門已露在我的眼前，我舉手敲着門，一陣歡欣的心情又暫時代替了我內心的不安，門開了：「啊！孩子，是你回來啦！」聽到了這一喊聲，抬頭看了一下，除了聲音是我認識的以外，我已無法辨認。她，就是我的母親？面色黃而發青，面孔已浮腫得連眼睛都成了一條縫了，肚子是隆得那樣高，看了這一情景，不由我睜大了眼睛驚叫了起來：「啊！媽……」

「孩子，別難受了，快放下行李歇歇吧，你在上海看不到這樣的情況，所以使你怕了。」媽一面講，一面在氣喘着，略一停頓以後，又講下去：「這裏害浮腫病的人太多了，多了也就不稀奇了，醫生也沒有辦法，主要是沒有醫藥；再加上營養太差。孩子，自己去打一點水，洗個臉，看你走得滿臉通紅的，一定累了，休息一下。待媽去做一點點心來給你吃，最近來更好了，連米都沒有啦！就勉強吃一點連殼的大麥粉吧！」媽說完，吃力地站了起來。

「媽，別去忙了，我不想吃，」媽被我這一聲喊楞住了。然後我又接下去說：「媽，我幫你去收拾東西，今晚上咱們乘夜車回上海！」我怕媽不同意，所以斬釘截鐵地說。

傍晚，火車的汽笛在吼叫了，這滾滾的鐵輪，帶着我和媽媽離去這十年來我嚮往的家。我坐在窗口，凝望着遠方，「別了，我的家，過去你使我留戀。現在，我要向你作永遠的告別了。因為你不再是我理想中的家園，而已變成了人間的地獄！」

抗戰回憶錄（九）

張發奎

三、淞滬會戰的經過及感想

在這種戰況高度緊張中，最可歌可泣而又值得安慰的事，莫如人民對作戰的協助。他們不僅幫助軍隊的運輸和救護，他們更自動獻給他們僅有的粮食。一切好的東西，都送給軍隊使用。學生們自動加入戰地宣傳和通訊的工作，婦女們自動看護我們的傷兵，慰勞隊的歌聲，鼓舞了戰士們的熱情，工作隊的崇高情緒，消失了戰士們的疲乏。在大軍作戰最感困難的後勤工作，人民都幫助我們解決了。軍隊爲國家而流血，人民亦已貢獻了他們的一切予軍隊，這是民族戰爭的特質，是中華民族的光榮。

十月卅日，左翼軍方面的戰況已達到極度的不利。突擊我大場陣地的敵軍，已在周家宅姚家宅兩處强渡蘇州河。上海市區的我軍，已感受側背的重大威脅。敵人似有從大場以西向左右席捲的趨勢。朱紹良將軍這時更調爲甘肅省主席，所遺中央軍指揮任務，最高統帥部命令我去接任，把原來右翼方面的指揮責任則交給第十集團軍總司令劉建緒接任。這時劉集團的部隊，方從杭州向前推進，我一面躭憂沿海地帶的側背，和劉集團的部隊能否確實接防，一面感於上海方面的緊張戰況，將如何去挽救這危殆的局面。我心靈的躊躇和焦慮，是我生命史中最難忘的回憶。

十一月二日我的指揮部，由南橋移到龍華西側的北簳山，這是極接近火綫的位置。當我到達那裏的時候，情況又變化了；第一線的部隊已陷於紊亂的狀態；同時渡河的敵人，予我們側背的威脅，已在益加擴大；但第一綫已經沒有可以抽調的部隊，後續的兵團則遲遲未能到達。我除了竭盡一切努力來調整這個紊亂的態勢外，我對淞滬會戰開始發生了悲觀的心情。

十一月五日，一件數月來日夜焦慮的事情，終於發生了。敵人已以其第六、第八兩個師團於全公亭金山咀等地同時登陸。我薄弱的警戒部很迅速的被驅逐了。劉集團以行動遲緩，未能實施夾擊的行動，讓敵人一直向松江前進，我吳克仁軍集結未畢，倉卒應戰，又遭受了各個擊破的命運。九日松江被陷，我軍腹背受敵的失敗形勢已註定了。

從整個淞滬會戰的戰畧上着眼，敵人强渡蘇州河以後，我軍退却已是無可疑義而不能遲延的事。這雖需要最高統帥部作很困難的決心，和當機立斷的毅力；而指揮大軍作戰者，其最困難的條件也就在此。前敵總指揮陳誠將軍來到了我的司令部，他亦同意了我的意見；但最高統帥部仍猶豫未決，等到情況已到最危急關頭之際，始於九日下達退却命令，但這時機已不適切了。且當我奉命撤退時，前綫部隊已奉到上級的直接撤退命令，而開始撤退，而已陷於極度紊亂的狀態，各級司令部亦已難於掌握其部隊了，致演成了最後一幕的悲劇。

在遠東的戰史中，這是一個在日俄戰後最大的戰役，也是抗戰史中第一次最大的會戰。會戰時間將達三個月之久，敵我動員的兵力在百萬以上，一切現代的兵器，都已搬上了戰場，我們在此遭受了重大的失敗，損失了巨量的兵員，但稍可告慰的，是我們却也由此認識了現代戰爭的面目，使我們增加了許多戰鬥的技能，並從而使我們藉此產生新力，和澎湃我們的熱血。

（未完）

胡適博士挽詞　·亮齋·

英年高議作雷聲，
晚節峥嶸出性情。
左右對之皆曰殺，
風華如此備哀榮。
韓歐異代寧多讓，
楊墨當塗佇一鳴。
亂世爲儒三太息，
不留老眼看河清。

文史漫談

關於蕭觀音案（六）

徐亮之

乙辛的爲人和他所以和蕭觀音作對的原因既明，便可以進而一觀這一慘酷的宮闈鬥爭的實況了。焚椒錄寫道：

「乙辛已得書（指蕭觀音所手寫的十香詞和懷古詩），遂構詞命單登與朱頂鶴赴北院陳首伶官趙唯一私侍懿德皇后，有十香詞爲証。乙辛乃密詔上曰：

『太康元年十月二十三日，據外直別院宮婢單登及教坊朱頂鶴陳首：「本坊伶官趙唯一向要結本坊入內承直高長命，以彈箏琵琶得召入內，沐上恩寵，乃輒干冒禁典，謀侍懿得皇后。御前忽於咸雍六年九月駕幸木葉山，唯一公稱有懿德皇后旨，召入彈箏。於是皇后以御製回心院曲十首付唯一入調。自辰至酉調成，皇后向簾下目之，遂隔簾與唯一對彈。及昏，命燭；傳命唯一去官服，着綠巾、金抹額、窄袖紫羅衫、珠帶、烏鞾。皇后亦着紫金百鳳衫、黃金縷裙，上戴百寶花髻，下穿紅鳳花鞾；召唯一更入內帳，對彈琵琶，命酒對飲；或飲或彈。至院鼓三下，勑內侍出帳。登時當值帳，不復聞帳內彈飲，但聞笑聲。登亦心動，密從帳外聽之，聞后言曰：『可封有用郎君。』唯一低聲曰：『奴具雖健，小蛇耳！自不敵可汗眞龍。』后曰：『小猛蛇却賽眞懶龍。』此後但聞惺惺若小兒夢中啼而已。院鼓四下，后喚登揭帳曰：『唯一醉不起，可爲我叫醒！』登叫唯一百通，始爲醒狀。乃起拜辭。后賜金帛一篋，謝恩而出。其後駕還，雖時召見，不敢入帳。后深懷思，因作十香詞賜唯一。唯一指出誇示同官朱頂鶴，朱頂鶴遂手奪其詞，使婦清子問登，登懼事發連坐，乘暇泣諫；后怒，痛笞；遂斥外直。但朱頂鶴與登共悉此事，使含忍不言，一朝敗壞，安免株坐？故敢首陳，乞爲轉奏，以正刑誅。」臣惟皇帝以至德統天，化及無外；寡妻匹婦，莫不刑于。今宮帳深密，忽有異言；其有關治化，良非渺小。故不忍隱諱，輙據詞並手書十香詞一紙，密詔以聞。』

上覽奏大怒，即召后對詰。后痛哭轉辯曰：『妾託體國家，已造婦人之極；况誕育儲貳，近且生孫；兒女滿前，豈忍更作淫奔失行之人乎？』上出十香詞曰：『此非汝作手書，更復何辭？』后曰：『此宋國忒里蹇所作，妾即從單登得而書賜之耳。且國家無親蠶事，妾作那得有親桑語？』上曰：『詩正不妨以無爲有，如詞中合縫鞾，亦非汝所作，爲宋國服耶？』上怒甚，因以鐵骨朶擊后，后幾至殞。即下其事，使參知政事張孝傑以乙辛窮治之。乙辛乃繫械唯一長命等訊鞫，加以釘灼盪錯等刑，皆爲誣服。

聯合評論 週刊

本刊已經香港政府登記

每逢星期五出版

United Voice Weekly

第一八四號

督印人：黃宇人　總編輯：左仲平

社址：九龍大埔道一六八號亞書局 805641

承印者：嘉羅印刷有限公司 香港仔馬師道5號

總代理：友聯發行公司　售價每份港幣一毫

本報美洲版總經售處美國紐約中美出版社

CHINESE - AMERICAN PRESS, INC

199 CANAL STREET.,

NEW YORK13 N. Y. U.S.A.

美洲航空版每份零售美金一角

美國政府須留意

香港工人失業的嚴重後果！

李璜

自本月二日夜，香港工商處忽然宣布，香港棉織的工業半製成品及製成品共八種，停止發給運銷美國的出口証以來，香港工業界一致驚惶，輿論界也一致譁然，認為港政府與美代表商定的這一舉措，不啻向香港投擲了一枚氫彈！

一

查本年二月二十七日香港華僑日報經濟版所紀載，根據香港工商處的統計，去年一年，港產貨品出口共為二十九億三千九百萬元，日用製成品及半製成品二項在此出口總數中佔百分之八十四，共為二十四億七千四百萬元，而單獨紗布及衣物兩項又佔出口總數的百分之五十二，共為十五億三千萬元。因是紗布及衣物兩項的出口價值，在去年一年中，已經超過香港出口貨品價值總數一半以上。又查紗布及衣服兩項出口去處，美國要佔百分之六十以上，換句話說，其價值近十億港元。此次所謂限額與禁運，雖僅名為棉織品八種，其實所有紗布及大批的衣服均限制在內，只乳罩，T恤等小量未加限制，且傳言此等小量或也終不免於受限。

二

此次港政府之突然宣布於本月初停發棉織品輸美許可證，乃緣於日內瓦的協定：從一九六一年十月一號起至今年九月底止，只准香港輸美棉織品八種共七千萬碼。而事實上，從去年十月起至今年二月底止，輸美之實數已有一億三千多萬碼；明白言之，一年限定七千萬碼，而半年不到，事實上已超出將近一半，故美當局促港當局立刻宣布停止，而不給港廠商以商量的餘地。

但是，這個一年七千萬碼的輸美限額，香港廠商從來沒有承認過。自去秋以來，幾經開會爭辯，並派代表赴美說明。日本能自動接受限額，而香港以不能接受的理由為：一、香港是舉世所知的難民區域，難民有兩百萬之多，生活全賴新興的香港工商業；而棉織品實為新興工業之最大宗，以前面所舉之去年出品統計表數字而言，一眼便已看出此八種棉織品之輸美，關係香港難民生活實為鉅大。二、去年一年輸出之棉織製成品（即衣物）已較前年減少一億四千八百萬港元，製衣廠年來倒閉者不少；所賴以不發生工人失業的恐慌者，因棉織半製成品（即紗布）比一九六○年增加了一億一千四百萬港元；換句話說，紡織廠尚能吸收大部份製衣廠中失業的工人。三、照日內瓦國際紡織會議所議定，香港限額七千萬碼以對美輸出，並不合理；因美國本國自有之紗廠錠子為八百萬錠，而香港至今只有六十萬錠子；而且以美國機器之精良，工廠管理之合理化，以之織布、製衣，其生產率必大大高出於香港；因之港商估計，香港衣布等銷美，一年也無非減少美產百分之五而已，於美國衣布類工業家之損失，並不算大，又何致如此驚惶，認為我輩難民竟奪去美國工人之生活，到如何的嚴重情態！四、何況香港紡織業近三四年來之擴展，乃為美國進口商人之不斷大量定單所促成，方使二十萬以上之男女青年難民投身於紡織工廠當工人；今日美商人之定單仍不斷的在來，而美當局忽然禁運，不但廠家遭受損失，必致工廠被迫減產或甚至倒閉，而且工人無法一時轉業，又何以為生？

三

目前美當局對於限額與禁運，已一再表示無商量之餘地，紡織及製衣業廠家已決定減產裁人，據昨十三日各港報稱，已決定先裁二萬工人；陸續至少要裁去十萬以上。因之，香港輿論界大呼，香港有十萬工人行將失業，希望港政府特別留意，勿使釀成社會的大問題！

然而，豈但十萬工人失業將成大問題，百業都將受其影響；十萬工人豈無家口，而家口豈無消費！因之，以國民消費而言（美國政府的統計專家最懂得這個觀點的），香港工人失業，其影響於百業，甚至影響美國貨品，特別是美國香烟，問題都甚大甚大！

因之，本文願引起美國政府留意者有三：一、如此限額禁運，突如其來，且毫無商量餘地，在事實上，於美國的棉織等廠家所得到的保護利益並不大，而使香港中國難民對美國領導自由世界的感想便很不好！二、香港三數年來之特殊繁榮，全靠新興之工業，而新興工業大半集中於棉織品；其所以棉織品能夠暢銷美國，也無非價廉而已，價廉原因為廠家能吃苦，工資也微薄，要言之，不過我輩難民能特別奮鬥。其實所出之半製成品及成品多係粗貨，並未使US之漂亮貨受到排擠，盼美政府詳為研考，不宜只聽美國棉織與製衣廠家一面之辭，而對香港難民表現出惡辣手段的，以致影響美國的貨物在港銷路，實為弄巧反拙！三、香港繁榮了，難民多數有飯吃了，因之引起中國大陸的飢餓人民不斷逃來，大大足以影響中共政權之迅速解體，是為我輩反共者所洞見而引為樂觀者！今如因美政府之限額禁運，此一激底，不幸引起其二十萬人失業，而使香港走向下坡，大家餓飯，美國慈善團體在香港又供養得到幾多人咧，這實足使中共大為輕鬆稱快而已！

五二、三、一四

反攻與大陸革命

孫寶剛

自從劉承司由大陸駕「飛機到台灣投誠，並由他口中說出大陸的情形以後，「從速反攻大陸」和「大陸即將起革命」的兩個想法，又在許多人的腦中盤旋着，也有許多人寫了文章來鼓吹這兩件事。我當然也希望台灣能反攻大陸，和大陸的人民能自動地革命。不過作為一個從事於實際政治的人，腦子內往往有許多希望或理想，但是要見之行動，或鼓吹人們去行動，我認為要面對現實，在現實之下來求希望或理想的實現才對。不然便會被人議為不負責任或幼稚，所以我寫這篇文章，雖然有些掃興，但是我還要寫出來。

關於反攻大陸，我認為除了在大陸沿海去襲擊以外，很難用正規軍去正式向大陸作大規模的登陸戰的，但沿海的襲擊，當然不能作為反攻，所以我的結論是台灣在現階段無法反攻。我已經在本刊上寫過幾篇文章，所以不須再說，本文擬對革命亦不易，畧加說明。

革命兩字，在一般的說法，是把現政權推翻而代以新政權的意思，但也可作極大變動的解法，依乎前者，至少應把毛澤東的政權推翻而代以反毛的政權。依乎後者，則毛自己也可把他以往病民害民的和行不通的政策，一一加以大變動，使面目一新，雖然大體上仍是毛和現有的這一批人主政，但實質上已大大不同，這也可稱之為革命。以共黨陣容內的例子來說，今天赫魯曉夫和狄托的所為是有些類似的。

中共現在的情形，工農業的生產糟得不堪設想，是無可諱言的了，因為以往中共總是每年把生產數字，大大地誇耀一番，去年竟沒有公佈其數字，當然我們不能說，中共於去年沒有做統計工作，實在是數字糟得不能見人，所以才沒有公佈，反之，在海外的人，知道一些大陸消息的，都知道一般人民在飢餓線上，由飢餓而百病叢生，人民公社事實上雖近乎放棄，仍不能挽救人心，因此內部政治，也有了問題，使一年一度的全國人民代表大會，二年一度的全國黨代表大會都沒有召開。而對其本身陣容中父與蘇聯的關係弄得很惡劣，不特蘇聯的援助沒有了，蘇聯的國際政策，和理論的宣傳，還在在打擊中共，更使中共透不過氣來。

以這樣的一個政權，處於內外都走不通的情況下，革命的可能性本應很大的。那麼，為什麼我說亦不易呢？

我記得有一次在一個偶然的場合中，遇到國民黨的前輩熊克武先生，那時他正在做反蔣的工作，那天他恰巧很空閒。所以我們作了一次長談，他講起他怎樣參加辛亥革命，怎樣參加民國十六年的國民黨北伐，以及怎樣又在做反蔣的工作，他的結論是後一個敵人比前一個強，所以辛亥革命最容易，打倒北洋政府次之，反蔣的工作比較困難，因為在那時的蔣雖已為絕大多數的人民所唾棄，但蔣已經較為知道一些現代的統治方法，他組織了特務，他組織了擁護法西斯的黨徒，勢力已遍於全國，並假借了三民主義的外衣，實行其獨裁。已經不像北洋軍閥和滿清這樣脆弱，一擊即倒。所以要打倒他，不特需有較三民主義更動人的理論，而且要有一個嚴密組織，這個組織而且還須有相當大的力量、這是他的經驗談，我很同意他的見解。依此類推，我們今天要在大陸上發動一個革命，我們不能不承認，今天毛的共產黨，比熊克武那時的蔣，更知道現代化的統治方式，毛的特務，毛的擁護者，比那時的蔣[illegible]一步，毛以理論來誘惑人的本領[illegible]蔣強十倍乃至一百倍。今天的毛[illegible]核心，更不比那時的蔣的核心那[illegible]漫，我相信中國假如沒有中共，[illegible]能還在南京，儘管蔣是怎樣無能[illegible]裁，違背着一般人民的利益。那[illegible]可知我們今天的大陸人民要向毛[illegible]，不是一件易事了，因為今天在[illegible]上，還沒有一個反毛的集團出現[illegible]蔣那時的中共那樣有力的。縱然[illegible]今天大陸上絕大多數的人民已經[illegible]毛及其政府，可是他們還沒有不[illegible]到挺而走險，起而革命的。即使[illegible]，假如沒有一套較毛澤東理論更[illegible]人的理論，沒有堅強而秘密的組[illegible]並且其力量還沒有遍及全國，革[illegible]不易起來的。暴民式的革命，或[illegible]而起的把戲，已不適應於今天了[illegible]

一般人民起來革命在現階段[illegible]可能，那麼，希望毛澤東自己把[illegible]策大大變動一下，使面目一新，[illegible]有可能呢？我說也是不可能的。[illegible]這一年多來已經在大變，可是他[illegible]命傷是在與赫魯曉夫的歧見，使[illegible]會澈底的變。

我們知道赫氏以反史太林而[illegible]蘇聯人民以較大的自由，較高的[illegible]水準，和國際間要不太緊張，美[illegible]為和平共存。這是適合於蘇聯一[illegible]民的要求，這也是適合於人性的[illegible]是赫氏站在現實立場上以維持他[illegible]權，完成他的希望或理想的做法[illegible]如狄托當時在南斯拉夫，他也採[illegible]給人民以較大自由，較高生活水[illegible]和在國際間取中立主義，所以史[illegible]打不倒他，現在毛澤東不知仿效[illegible]反以堅持史太林路線自命，易言[illegible]是在走反於人性，當然反於中國[illegible]人的本性的路子，所以毛澤東一[illegible]無論怎樣變，決不是人民所希望[illegible][illegible]的改變，所以雖變也變不通的[illegible]

那麼，大陸將成怎樣一個狀[illegible]？依我看毛澤東將會繼續地走這[illegible]的路，終至國際的環境更劣，內[illegible]反感更甚，其核心必會進一步的[illegible]，到那時，人民間假如有一個反[illegible]力量在長成，且到了一定規模的[illegible]人民的革命才會起來。

說到這裏，我們居留海外的[illegible]人，尤其是台灣，應當怎樣去促[illegible]助長這個力量的興起和長成，才[illegible]們的唯一任務。但要這樣做，第[illegible]使台灣民主自由化，才可以成為[illegible]人民的希望的象徵，也才可以眞[illegible]協助他們。

公開與封鎖

謝扶雅

自去年十二月下旬起延期了十次，終於在今年二月二十日飛上太空的美國海軍中校格連，依政府太空署所委託的「水星設計」，以約五個鐘頭的時間共飛八萬一千哩，繞行地球三匝，安全回來，完成了一件歷史性的偉大任務。我們稱它歷史性，乃是特別指着科學知識完全公開，讓全世界可以人人共享，使賽先生和德先生兩位密切合作，求為人類和平幸福而服務這一示範行為。誠然，格連這次飛行的「成就」，還不及蘇聯季托夫少校去年八月六日所作環繞地球軌道十七次（以連續廿五小時共飛四十三萬七千五百哩）的飛行。所以到今天為止，美國在太空競賽上比之蘇聯仍為「落後」。可是舉世的科學家願公認美國這次飛行為科學上的大成就；因為水星設計和格連，不但在飛行期間，每秒鐘的動作和經過，以及中途如何控制失靈，如何補救，一一由廣播及電視公布出來（分由全球十八個總站分播），連在事前事後，如何準備起飛，如何降落地面，以及前幾次為何因天氣或因機件未全妥當的緣故，皆無不公開使人共曉。國內外六百新聞記者經常麕集於飛行出發地的南海岸迦奈浮拉岬（筆者房中的電視，即由紐約廣播台直接接駁該岬辦公的水星設計局），隨時探訪及報導消息於全世界。這，以視蘇聯於第一次加加林繞地球一匝的飛行，完全絕對秘密，於第二次季托夫的飛行十七轉，亦僅報告有人已在繞行太空，及其降落預定地點的某種「戲劇化的成就」，就不能斷說美國在這事上的眞正落後了。

當日上午九時四十七分，格連所坐的太空囊降落至大西洋，為驅逐艦所撈起，而自太空囊安然走出的俄頃，舉國歡喜若狂，不亞於十七年前接獲日本投降的消息。甘迺廸總統除立即發電致賀這位太空人之外，即對國人宣布說：『我們在太空賽跑中出發較後，我們有許多路程要趕。太空是一新海洋，我們必須航駛其上，而且必須達一不落任何人後的地步。』我們中國人倘逢給西方人論為落後國家時，便氣得衝髮脹面。大言不慚的毛澤東說要在幾年內追過英國，而詆美國不過是隻紙老虎。美國自己卻公然承認在太空競賽上，比蘇聯落後；他們和全世界的科學家雖皆致惋惜於蘇聯太空科學技術之不發表不公開，但從不懷疑蘇聯之已有超越的成就。美國當局今願與全國人民共勉，以其人力財力物力作征服太空的公開實驗。他們於這次水星設計而後，定在明年由雙子宮設計送兩個太空人同舟環行；以後再由太陽神設計担任送三人或以上同入太空，預期於一九六七年達到登陸月球的目的。由此更進而窺探其它行星，放大人的知識，開拓人的胸襟，俾可以作大宇宙的主人而免於諸般恐懼。這種科學企圖，比之印度對今年新正天上八星並列，以為世界末日將至，舉國皇皇，僧侶羣集拜佛念經，人民紛紛逃入山洞，其先進與落後的距離，自更不庸說了。

「事無不可對人言」。推心置腹，坦白公開，是處世為人的最好態度，也是為政的應有態度。專藉秘密警察特務來對待人民，處置公事，那不但在政治路程上落後萬丈，而且實已走入了歧途和絕途。我屢次譴責台北當局從不將全國預算決算案中佔百分八十以上的國防費交由立法院審查，及監察院稽核，是最明顯的反民主行為。像從前雷震的「自由中國」刊物通常被禁止閱看於軍公務人員之間，台灣地區以外的若干正當報刊亦被禁止入境。這種無聊的封鎖，猶是最拙劣的虐政之一例。至於非法逮捕人民，加以秘密鞫訊，以至荒唐判決，則又屬便飯家常，視為「戡亂」「戒嚴」題中應有之義。類如這樣掩耳盜鈴的自欺欺人勾當，以及經常高唱「團結反共」，「反攻復國」等等，都無非在寫中國傳統哲學中「誠」這一字的反面文章。既不布公，又不開誠，我不知如此當國者將怎樣做得下去。

目今我們的一些「賢達」，仍隨張之洞而倡導「中學為體，西學為用」。他們倒已認許西方有兩件法寶：「科學」和「民主」，不過堅決相信本國固有的孔孟道德應被置於主導地位。我固然不願一筆抹殺孔孟道德，可是眼看西方的德賽兩先生緊緊携手，不得不贊佩其具有高度的道德精神，而覺得這正是現代人及現代國家所應共有的康莊大道。同時，我眞不明白那種封鎖，秘密，禁錮，把持的作風，究合於孔孟道德經典的何章何節；要不過為中外歷代下流政治的渣滓而已！民主至少須以「天下為公」為基本的前提，而科學眞理是超國界、超種類、超階級、超宗派的。所以眞科學必定要求民主，而眞民主亦會歡迎科學，拒絕迷信及盲目崇拜。兩者合力同心，當然造福人類無限量了。

公開是象徵着光明，禁閉即等於黑暗，這其間的區別，不待辨而自知。電視格連飛舉之餘，乃深有感而書此。

一九六二、二、二二錄出於美紐澤西寄廬

緬甸應修改對內對外政策

劉裕畧

在國內國外不得人望的宇努親共政府，已在緬甸軍人政變的形式下垮台了。由奈溫將軍主持的軍人政府已以革命的姿態建立了緬甸新的政權。無疑，這正是各方矚目的一個好消息。也正是緬甸新生的一個契機。

本來，軍人政變並不是一個最好的方式。不過，在最近幾年，軍人政變已經很流行。土耳其、南韓等國都既已實行在先，那末，緬甸忽然發生軍人政變，又何能獨屬意外！

基本上講：要改變一個政府的方式，不外兩種途徑：一種是通過選舉；一種是通過武力。通過選舉的方式，以溫和的手段，憑民意的選擇，當然是最好的方式。但這只能行之於確已眞正建立了民主政治制度的國家。若在尚未眞正建立起民主政治制度的國家，則是否眞能行得通，便是問題。大抵，這就容易走上軍人政變的路。而以緬甸來說，前任緬甸總理宇努既以中立作標榜，而實則是一個喜歡與國際共產黨打交道的人物，緬甸內部的共黨勢力又日見膨脹，左傾人士甚且漸見掌握了各黨派的實權，那末，為了推翻親共政權，避免緬甸的最後赤化，軍人政變自亦不失為一種較好的方式。因為，以軍人政變的方式來打倒一個親共政權；總比讓該親共政權繼續被共黨分子所利用為好。

不過，緬甸今後是否確能新生呢？這卻不在政變的方式問題，而要看緬甸新政府的對內對外政策如何了。

從奈溫將軍新政府的初步行政措施看：新政府似將對內進行反共政策，這當然很正確，而且也絕對應該。但緬甸的對外政策，尤其是緬甸的中立政策和親中共政策是否亦將修改呢？目前尚無顯明迹象可斷。實則緬甸是不但應該修改它的對內政策而且亦應同時修改它的對外政策的。緬共與國際共黨原本息息相通，僅在內部進行反共，顯然不夠澈底。須知中立政策並不是一種眞正的好政策，中共對緬甸更只是僞善，中共更原本是亞洲的禍根，這一點，中共與印度、印尼、埃及等由交善而交惡，已是最明白不過的事實，難道緬甸新政府還不應該切實體認？根本放棄中立政策，在國際間完全參加反共陣營才是緬甸的眞正出路，這是緬甸今後應該確定的。

毛澤東衆叛親離之又一鐵証

中共空軍飛行員投奔自由 親駕米格十五型機抵台北

張行義

從中國的整個反共戰鬥形勢看，這無疑是一個極好極好的消息。這消息就是中共空軍飛行員劉承司少尉親駕俄製米格十五型戰鬥機一架於三月三日上午九時由中共控制下的浙江省東部路橋空軍基地冒險背叛中共，投奔自由，而於當日上午十時安全飛抵台灣，並在台灣飛行基地安全降落，這說明毛澤東目前確已衆叛親離，並完全證實本報一向認定的中共對內控制業已初步動搖的看法。所以，這是中共必敗，毛澤東必垮，反共必勝，大陸必可收復的鐵証。

據中華民國政府空軍總部於三月三日在我台灣省宣佈：「共匪米格十五比斯型戰鬥機一架，由劉承司少尉駕駛，於三日上午十時飛來台灣，向我空軍投誠。該米格機係由路橋機場起飛，我空軍當局於獲悉後，曾派機多架前往迎護，安全降落某基地，當我迎護飛機到達劉義士之飛機上空時，發現其一面向我台灣方面航行，一面發射紅綠黃信號彈三發，並以左右搖擺機翼後，我機即在上空隨護，直至飛抵我某基地降落」。

另據劉承士義士表示：自大陸淪匪後，他目睹大陸人民生活日益慘苦，尤其自匪實行人民公社後，暴政日亟，故早日立志，一有機會，即飛台灣，投奔自由。近年大陸飢荒遍野，人民生活日瀕死亡之邊緣，其本身雖為共黨青年團員，但對共匪痛恨已極云。

按劉承司少尉本隸屬中共海軍東海艦隊航空兵第六師第十六團第三大隊第八中隊，今年廿五歲，是廣西人，據他表示他早就想駕機來歸，但因中共控制太嚴格，另一方面他想能够駕駛一架性能更好的飛機，如米格十七或十九型飛機投奔自由，也一直沒有機會，故一直等到三月三日才利用飛行訓練的一個千載一時的機會，由浙江路橋起飛後，便駕着這一架機身上漆有「勤學苦練盛開五好之花」標語的米格機衝出大陸。

事實上，本報迭曾報導中共軍隊早已普遍滋長反共情緒，只因中共防範及控制嚴密，故中共空軍人員得以實現逃亡的機會極少而已。況戰鬥機的飛行時間有限，因之，只有駐在浙江福建等隣近台灣之地區，始可能飛往台灣起義，若駐在華北或東北、西北、西南之省份，則更難逃亡，這也就是去年九月曾有中共飛行員邵希彥高佑宗兩名自華北飛往南韓逃亡之原因。

不過，不管如何，中共軍隊業已內部動搖，正在繼續滋長反共情緒，乃係鐵的事實，他們一有機會逃亡，便將逃亡，也是鐵的事實。當然，蓄意逃亡的，正不止中共軍隊人員，中共各級幹部一有機會，便將逃亡，也是事實，上一個月，中共海豐劇團所屬六十三人整團集體逃港，便是一個典型例子。所以，中共必敗，反共必勝，這是毫無疑問的。

今日的問題，卻在中共內部既已確實動搖，那末，現在退避到台灣省的國民黨當權派究竟是在台北專門繼續等待「匪機繼續來歸」嗎？抑或還是大家團結起來，把台灣現局更加改革得更好，然後先行局部反攻，再行全面反攻的打回大陸去。

如所週知，自抗戰勝利到大陸淪陷那幾年，實是中共實力向上發展的幾年。在當時，由於國軍各級幹部頗多昧於中共的宣傳，遂時有投共的事發生，但最近幾年，已再不聞有人去投共了。反而，中共軍政人員逃出鐵幕投奔自由的則越來越多，劉承司這一次駕機飛台，則更是中共空軍人員反叛中共投入政府懷抱之典型例子，所以，這說明中共近年來，無論在那一方面，不但內部動搖，而且確已越來越走下坡，越來越走向崩潰與死亡邊緣了。

喜毛政權日暮途窮‧憂當權派苟安成性

李金暉

中共米格十五型機飛行員劉承司駕機投奔台灣後，在反共宣傳戰上，使國府取得了優勢。儘管香港的左報一字不提，但是就三月四日香港街頭報攤上各報銷售的情況來說，所有較具歷史的反共報紙，幾全部銷光。我絕不相信，像這樣動人的事實，香港的左派仁兄，和靠左吃飯的人、會不化一毫子買一份反共的報紙看看，即使不買不看，他們也難以充耳不聞的。這正猶如所有的靠左走的人，嘴上要奉命向人宣傳「祖國豐收」，却又不能不背着人掏腰包，賣粮包寄回大陸一樣，個中滋味自已知。

跑掉了一個劉承司，兩天後，香港左報旋即刊出了中共統一發佈的新聞，說是：第二批女航空員，經已訓練完成。對於這樣的宣傳稿，我相信所有靠左走的人，看完了也不感興趣的。中共當然明知道這樣的消息，未必能挽回宣傳上的下風，不過也是自己騙騙自己，聊以自慰耳。一個政權，當它朝着自己騙自己的方向走的時候，就無異是自尋死路了。

在上一期，筆者曾說：「在軍事方面，劉的投誠，所能供給國軍方面的第一手情報，畢竟其價值是有一定限度的，而政治上的影響却是無限的。」現在，台灣方面也是正在着手進行要擴大這一宣傳效果，使劉承司投誠的政治影響亟力擴大。八日台北的消息，即透露國府將安排劉承司出國訪問了。

當蘇聯的太空人和美國的太空人先後相繼遨遊太空之後，劉承司予國府的宣傳價值，雖不能與太空人相比，却也實在是不小的。

劉承司究竟爲什麼決心起義，從台灣報紙上可以得到一個最客觀的答案。

在劉承司於五日結束了中外記者招待會後，在空軍總部政治部他又會見了前往探望他的廣西籍國大代表李憲章等。李憲章和他是相隔卅多里路的小同鄉。在他們細談鄉事時，劉承司有這樣的一段談話：他說他和他哥哥是由辛勞務農的寡母撫養成人的。「大陸變色後他哥哥娶了嫂嫂，但生活仍未獲得改變，而且窮人雖然眼看以前的富人都死了或已變窮，可是本身的一切却未改善絲毫，而且比以前更苦了。到了一九五七年，他的母親也因勞苦過度而逝世。雖然他是「貧農出身」又是「人民空軍」，但是他的家屬並未因此得到任何好處。劉承司義士甚至認爲，他的母親是被餓死的。」（見民國五十一年三月六日台北「聯合報」）

根據劉承司的自述，他是一九五六年進入中共空軍學校的。他母親死的時候，正是他在校受訓的時候，對他的打擊當然很大。又根據過去中共報章的資料，在一九五七年間中共廣西省委第一書記陳漫遠的免職，就是因爲廣西省在一九五六與一九五七年間發生了飢荒，並有餓死人的事件。從報紙的記載和劉承司的口述，証明飢荒在若干地區是始於一九五六年。比中共所承認的缺粮和「天災」要早三年多。但其後，中共反而跟着將政策進一步地推行，到了「人民公社」，於是大陸農村的面目便全非了。農民因吃了樹皮草根和其它野生植物缺乏營養，普遍的患有水腫病、流行性肝病等，死亡率相應增高。天下誰無父母、妻兒，中共幹部因而心存怨懟的，自然不止是劉承司一人了！因此，若深究劉承司因何立下反共起義的決心，可以推論是在他母親餓死以後，他的反共意識便開始萌芽了。在劉承司招待記者時，他還曾說在大陸已是數年未聞鷄啼狗叫的聲音了。所以他說，當他「第一夜在自由祖國半夜裏醒來聽到鷄叫聲，驚奇不已。」（同上）這也足徵今日大陸農村之窮困到了何等境地。那末劉承司焉得不反，而所有的大陸同胞又焉得不想反呢！

劉承司的逃亡，並不僅止於証明大陸人民之反共，也不僅透露出多數中共幹部有反的決心，其重要者是反映出大陸上是有反共的客觀基礎存在，而這樣的基礎是毛澤東給打下的。換句話說，這也是反攻大陸的有利的形勢。

面對着大陸潛伏的動亂，國民黨當權派是否就將有所行動呢？很可惜迄今仍然是停留在談的階段。儘管陳誠已經表示了要從速打回去：但王雲五三月六日在立法院的答覆質詢中，祇是表示：「到了適當時機，我們絕不放棄。」可是究竟什麼樣的時機才是「適當時機」呢？有些立法委員認爲現在已是適當的時機了，「應將局部戰爭帶到大陸上去，」在王大任立法委員的發言中還透露：「聞美國也有此政策，希望政府下一決心，採取行動，切不可守株待兎，坐失時機。」並建議加強外交，「洽商美國修改中美共同防禦條約，刪除限制我反攻大陸的規定」等等。可見現在的人心的要求是一致的──反攻，一條台灣海峽並沒有把大陸和台灣人的共同願望和要求分開。

大陸上的形勢，是對中共不利的，但是毛政權，却不會在短期內自行滅亡，如果當權派還繼續用機會主義的心情等待「適當時機」，無異於給毛澤東政權喘息的機會；當權派若不主動作主觀上的努力，大陸的形勢即使再惡化，則其對毛政權不利也並不等於對國府有利。除非當權派能當機立斷，把戰爭帶到大陸上去，下定決心打回去，局面才會改觀。不過從現有的情況來觀察，當權派似乎仍以安於現狀的心情，欣賞陶醉於楊傳廣之得世運十項亞軍；李秀英之獲世姐亞后及劉承司之駕機來歸。

宣傳是必須的，尤其是像劉承司的駕機投奔自由，需要宣傳，也值得宣傳。但是反攻的勝利絕不決定於宣傳，設若當權派眞是自我陶醉於宣傳，則宣傳是會起自我麻醉作用的。尤其是在實行極權主義的國家，過分的宣傳，會變成自我欺騙的！因此，我們對劉承司的來歸，一則以喜，一則以憂。既喜毛政權的日暮途窮，但也爲當權派之繼續因循苟安憂！

陶百川寫的「兩幕官場現形記」

直夫

最近一期的「時與潮」雜誌，載有監察委員陶百川先生的一篇文章，題目是「從兩套電爐想到爲政之德」。陶氏在北伐統一後不久，即任國民黨上海市黨部委員，直到大陸淪陷之前夕。在抗戰期間，他還主編該黨中央黨部所發行的「中央週報」；並一度做過重慶中央日報的社長。其當選監察委員，也是由於國民黨的提名和支持。可見，他是該黨的忠實同志。因此，他這篇文章所透露的事實，自是寫實之談；絕不會有所浮誇的。茲將其中的「兩幕官場現形記」和「我彈劾了那位主官」兩段照錄於後，以作這一次的通訊。此非筆者存心偷懶，想做「文抄公」；而乃深覺介紹陶氏的原文，實比另寫一篇通訊文章更可使海外讀者明白事實的眞象。

兩幕官場現形記

「經濟部所屬的國營事業中，本有一個鐵工廠，叫做台灣鋼廠，廠址就在唐榮廠旁邊；可是五年前已經因爲不能與唐榮廠競爭，而由經濟部勒令停業了。在倒閉前，它本有兩筆很大的家產，假使讓它好好的利用，它絕對不致不能與一個民營廠競爭，至少可以共存共榮；可是「懷璧其罪」，它反爲這兩筆家產所害了。這兩筆家產，就是本文要說的兩套電爐。

這兩套電爐，每套一次可煉鋼十噸，所以叫做十噸電爐。它們都是日本賠償物資，台灣的鐵工廠，包括唐榮廠在內，本來都沒有這麼大的電爐。台灣鋼廠正想裝用其中一套的時候，台灣區生產事業管理委員會突然通知台灣鋼廠要把它讓給唐榮廠。台灣鋼廠雖加反對，然而「狂犬吠火車」，上級機關相應不理，那套十噸電爐終於讓給唐榮了。

那套電爐是日本大同製鋼株式會社的出品，原價是十五萬三千美元，依當時美元時價折合新台幣，約值三百萬元。可是經生管會等七折八扣的結果（減去使用三年的折舊和減去停放未用的折舊，再減去機件修理和火磚補充等費），僅賣五一七、三五八元，而且分二十個月免息付款。但唐榮廠接收以後，稍加整修（修理及補充費照原預算估計約十五萬元新台幣），作價即高達四、〇〇一、〇〇五元。這是說，扣除買價（五一七、三五八元），修理費和補充費（一四九、八九五元），那套電爐一轉手之後，唐榮廠就賺了三百三十三萬三千七百五十二元。

去年中華開發公司監查小組調查唐榮廠全部資產時，唐榮廠呈報那套電爐的價值是四、八四〇、〇〇〇元。經生產力中心按指數升值方法估價爲二、九五一、三五四元。這是說，唐榮廠以六六七、二五三元購入那套電爐，用了八年讓與新公司，唐榮廠還賺了一百二十八萬四千餘元。這也是說，我們的公營事業機關在八年前把那套電爐以五一七、三五八元（修理費和補充費一四九、八九五元除外）賣給唐榮廠；後者用去了八年之後，我們的另一公營事業機關（改組後的唐榮廠）又以二、九五一、三五四元把它買回來。照這樣的作法，我們的公營事業焉得不虧本，焉得不被人唾罵！

我彈劾了那位主官

受了這個教訓，台灣鋼廠乃積極準備裝用另一套大電爐。先是遭受電力的限制，後又請不到裝用的經費，這樣蹉跎了兩年的大好時光。等到第三年好容易請准留用它所賺來的經費，於是造房屋，打地脚，以備裝用那筆僅有的名貴的家產，但經濟部却又把它那套電爐也賣給唐榮廠。

「是可忍孰不可忍？」於是台灣鋼廠怒吼了；可是「狂犬吠火車」，那有什麼用！那位主管長官誥誡台灣鋼廠的總經理說：「你怎麼這樣傻！你能做一輩子的總經理麼？你這次賣了交情，我將來可叫唐榮聘你做一名顧問。」最後一套大電爐就是這樣又賣給唐榮廠了。

剩下一個很自然的步驟，就是把台灣鋼廠索性勒令關門。於是唐榮廠乃得「一枝獨秀」。

這最後一套電爐的狀況更好，所以台灣鋼廠賣價三、八〇〇、〇〇〇元。可是經濟部等把它出讓的結果，以二、三〇〇、〇〇〇元成交，較原價減去一百五十萬元；至於唐榮廠的付款方法，自然又是分期和免息。

以二、三〇〇、〇〇〇元買入的那套電爐，到唐榮廠，估價結果便以四、四七〇、九七八元入賬。這是說，一轉手之後，它便賺了二、一〇〇、〇〇〇元。後來監查時，唐榮廠自估的市價是四、八〇〇、〇〇〇元，經生產力中心依指數升值，估價結果是四、五一四、四一六元。這是說，我們的公營事業機關在五年以前，以二、三〇〇、〇〇〇元賣出的東西，被人家用了五年之後，又以四、五一四、四一六元把它買回來。減去折舊，買回來的價格，照理應少於二、三〇〇、〇〇〇元；現在却反超出了二、二一四、四一六元。言之令人髮指。

可是，我不怪唐榮廠，我也不怪生產力中心；千怪萬怪，我祇怪那幾位負責的官員。我之所以彈劾一位部長，近因誰不是這個案子；但它確是原因之一。」

陶百川先生在這篇文章裏面，指出前任經濟部長竟利用地位，所屬台灣鋼鐵廠先後將自己的兩套大電爐賤價賣與唐榮鐵工廠，使國家蒙受了三百萬元以上的鉅大損失；最後甚至勒令前者關門以便後者得以一枝獨秀。讀者讀了本文後，也許會驚異我們的政府大員爲何如此沒有良心和我們的「最好領袖」爲什麼不嚴加懲處。但須知今日的台灣，這正是升官發財的要訣。單看被陶先生所彈劾的那位前任部長，至今仍身居要津；而且是參與決定國家財經大計的要員，就可知道這中的奧妙所在了。

台灣簡訊

志清

一：劉承司談大陸慘況

日前駕了一架米格機投奔台灣的中共空軍少尉劉承司安全抵達台北後，即受到官方和民間的熱烈歡迎，一週以來的街談巷議，除了哀悼胡適之先生的死而外，多以此爲中心；台北市民更是以能一睹劉義士的風采爲慰。本月五日，他在中外記者招待會中，曾有幾段很重要的談話。他說：在大陸上的同胞是極端困苦的。吃的沒有，穿的也沒有，食用的油是用米糠榨出來的，每個人每月只配到二兩；還有連這種米糠榨的油每月僅二兩也配不到的，雖然這種油也不好吃。糧食嚴重缺乏，每人每月五斤，吃光以後就吃樹枝、樹葉。這造成大陸人民染患水腫病的特別多；年青人患水腫病就面黃肌瘦，老年人患了水腫病就只有死亡了。當他在路橋機場的期間，曾目睹過患水腫病死亡的人的薄棺抬過。

有一位記者問他：「大陸同胞和匪軍都心裏反共，都想投奔自由，何以採取行動的不多呢？」

他答：「所謂好漢不吃眼前虧。投奔自由的人各有不同條件。因此，只能在表面上與共匪在一起，骨子時却都向着自由世界這邊哩！」

劉義士除了忙於接受訪問和出席各種歡迎會而外，還向大陸廣播，向中共的空軍人員報告他已安全抵台和受到熱烈歡迎的情形；號召他們「起來反對共產獨裁政權，並勇敢的飛到自由祖國來。」

二：反攻大陸的呼聲

在劉承司駕機來歸之時，此間民意協會又以選舉方式辦了一次所謂「全國性的國民願望測驗」，據說：測驗的結果，顯示希望政府今年反攻者佔百分之七十五，整飭吏治與改善社會風氣者佔百分之二十。本月六日立法院繼續對行政院作施政總質詢，鄧公玄委員指出關於反攻大陸，現在實爲最適當的時機。王大任委員認爲大陸飢荒嚴重，人心思漢，共軍士氣低落，中共俄共矛盾日深。政府對於反攻大事萬不可過份遲疑，守株待兎，坐失良機。他主張應即將局部戰爭帶進大陸。郭登敖委員則提出行政院陳院長的施政報告，雖對國際局勢，分析至爲正確；但如何把握當前的良好時機，從事反攻，並未有明確的闡明。他希望行政院有所說明。郭委員又說：「陳院長在口頭報告中呼籲團結內部以應付非常，此一觀念值得重視；但不知政府有無更進一步，開誠佈公，謀立團結的具體辦法？」因陳院長沒有出席，王雲五在答覆時，僅說：侯各立委質詢完畢後，再作一次總結的答覆。

台灣省政府所屬的新生日報，本月八日也發表社論，指陳「中共從來沒有遭遇像今天這樣的苦境」，認爲「反攻的時機已經成熟」，並提出警告：「倘若我們不利用機會，則我們便會錯過了。」顯見官方的報刊，也認爲反攻不能再拖了。可是，當權者是否會迅速有所行動呢？請恕記者不作預測了。

三：省議會將提案爲胡適建永久性紀念物

台灣省議會於本月五日舉行臨時大會時，由議長黃朝琴領導爲胡適之先生默哀一分鐘。黃議長並報告胡與台灣的歷史關係甚詳。聞省議會將正式提案：選擇適當地址，興建一個永久性建築物，以紀念胡適。

四：聯合報談『石門之露』

台灣的石門水庫開始興建以至今日，已歷六七年的歲月，因其開支龐大，久無成績，社會上早有煩言。但主其事者則以笑罵由他笑罵，好官我自爲之的傳統態度處之。蔣經國派的人物，更利用機會，散佈宣傳攻勢，指其爲陳誠位置私人的機構。個中眞像如何，自非局外人所得而知。本月六日，聯合報發表一篇以「石門之露」爲題的短評，對石門水庫多所譏諷，其中所言，頗能代表一般人的感想，茲特介紹於後：以「多目標」爲號召的石門水庫，早在民國四十四年間，即已着手興建。國家爲此所耗費的財力、物力與人力，實在大得可觀。所謂「多目標」者，乃包括灌溉、發電、運輸，以及觀光等各項目標在內，一如美國田納西流域水利計劃的縮影翻版。惟時至今日，尚未見到其中某一目標業已實現。至於設置機構，安置人員，是否亦包括在「多目標」之中，則非外行人所能得知。

石門水庫的主要工程，在於修築一道大水壩。原先設計的藍圖是建造拱壩；既雄偉而又美麗，頗具觀光價值。後以水文、地質等勘測錯誤，發現該處不能建造拱壩，乃改弦易轍，變更設計，由新式的拱壩一變而爲老式的平壩。雖然在藍圖上只是一條弧綫改爲一條直綫；而爲此損耗之鉅，殆須以千萬乃至於億計。但總算「財去人安樂」，僅僅損耗錢財，尚未釀成災害，可謂不幸中之大幸。

久矣不聞石門水庫有何成就問世，人們對之，已覺淡然忘懷。但日昨忽又傳出石門水庫將有設市的新計劃，且將爲「自由中國第一個觀光都市」。乃使各方的注意力，復又轉向該處。至此，實使人不能不發問：究竟「多目標」建設是什麼一回事？到現在完成了多少計劃？花費了多少錢？

五：警備司令部的又一傑作——資料一冊，妙論連篇

台灣警備司令部於本月四日公佈了一冊資料，名爲「現階段共匪對台的統戰陰謀與滲透顚覆活動」，大意說：「朱毛匪幫直到今天，仍以「武裝鬥爭」與「統一戰綫」作爲對外擴張的基本武器，尤以「統戰」爲一切陰謀的中心。共匪運用「統戰」的方式之一，是以間接實施「廢物利用戰術」。共匪對台灣「工作」的方針，是準備羣衆力量，擴大「黨」的基礎，以「反美」，「反官僚資本統治」，「台人治台」，「要求地方自治」來煽動台灣各階層人民，並進而與內地來台灣的「基本羣衆」，結成廣泛的所謂「愛國民主統一戰綫」，準備「武裝起義」，「解放台灣」，完成「台灣人民民主自治運動」。

這本資料又指出：共匪對台灣的顚覆滲透活動，是多方面的，共匪認爲最好是利用僑生回國升學，華僑回國投資，漁民起義，攜械來歸，及反共義士投奔自由五種方式。共匪夢想：「只要能進到台灣以後，就可以吃國民黨的飯，拿國民黨的錢，利用國民黨的人，說我們要說的話，做我們要做的事。」共匪認爲對「爭取」對象「攤牌」的時間，應謹愼忍耐的等到國際局勢對台灣極度不利的時候，最好是等待最後「解放台灣」的時候。」

這本資料的結論是：「共匪現階段對台灣的統戰陰謀，與顚覆滲透活動，是採取合法的、非法的、秘密的、公開的、軍事的、政治的一切鬥爭手段。並指出：第一次上當的是忠厚，第二次再上當就是愚蠢；希望全國同胞要記取大陸失敗的教訓，不要再上共匪「統戰」的當。」

照這本所謂資料所說，今日在台灣不但反對官僚資本統治和要求地方自治有被認爲是爲中共作統戰或中了中共統戰毒計之嫌；即僑生回國升學，華僑回國投資，乃至漁民起義和義士來歸等等，都不能無疑。但最堪注意是中共在海外的報刊曾主張蔣介石非法連任，警備司令部並不把利用擁護連任爲中共的統戰方法之一。蔣經國曾在莫斯科受十年以上訓練，還娶了一個赤俄爲妻，至今猶在身邊，其手下的一羣嘍囉，大多數都是自首或根本未曾自首的共產黨黨徒或所謂托派，警備司令部也不把「利用自首或未自首的共黨作合法的活動」，或「派遣人員滲透台灣的特務系統」列爲中共統戰或顚覆的方法之一。顯見這本資料的目的，是在於恐嚇異己和一般的老百姓，準備隨時隨地再來製造「雷案」。因此，眞正有共產嫌疑應爲注意者，反而存心避而不提了。

六：銀行券務主任僞造儲蓄存單

年來國家金融和專業機構曾不斷發生監守自盜的案件。最近台灣土地銀行斗六分行券務主任鄭俊豪竟僞造大批定期儲蓄傳單，每張面額二萬元至十二萬元不等，總數達數百萬元之鉅，已有數十張在市面流通。據說：鄭在該行主管儲蓄存款，土地債券及公債兌現等業務；去年八月乘出差台北之便，向總行領取整存整付定期儲蓄存款空白存單一百張，迄未交到該分行。嗣後因經營商業失敗，乃勾串曾在土地銀行桃園分行任職的祁凌雲僞刻存單之騎縫章，計數章及該分行副經理之簽名章；並在台北小小工藝社私刻該分行鋼印一顆。即與祁凌雲及另一合夥商人陳汝壯假台北國民旅社第四〇五號房間，共同僞造上述之定期儲蓄存單。

去年年底，鄭俊豪因欠高雄商人尤天寶水泥貨款，乃以僞造儲蓄存單二張（面額各爲十一萬元）托尤押借現金抵償。後者因鑒於前者既無現款可付，何來鉅額存單；遂將存單請友好高雄商人蔣亭灝辦認。由蔣持往台北面請該行總經理陳勉修鑑定，因而全案揭發，鄭犯亦於三月八日被嘉義縣政地方法院檢查處扣留。

報載前月涉嫌放火焚廠套取保險金之立法委員雷鳴龍亦持存該項儲蓄存單數張，面額約八十萬元。他得悉此情後，即向陳勉修聲明：不承認這批存單出於僞造。其理由是：「存單是由土地銀行所印製，而其發出使用，又爲該行業務主管所爲，自不能使接受的人認爲是假的。」

七：學童行窃，爲求『消費業績』

本月九日聯合報的短評透露：有一學童因行窃被捕，據他向警方供稱，乃是爲了爭取「消費業績」。因爲他是台北板橋國民學校的學生，最近該校規定：凡向學校合作社買物最多者可獲得「消費業績」的獎勵。他曾將父母所給零用錢和偷東西賣來的錢都用於向合作社買糖果等物云云。聯合報在短評中並說道：「編班及補習常視有無升學的財力而定，已屬司空見慣，談起來平淡無味；但板橋國民學校所倡行的消費業績，却添一新章。」所謂編班及補習，即學校當局（尤其是小學）强索學生繳費若干，於課外配定教員爲他們補習（即所謂惡性補習），表面上的理由，是提高程度，便利升學；實際的用意則不過藉此收取額外的費用而已。數月以前，曾有一個學童因家貧無力繳補習費；被教員辱罵，卒致吞服安眠藥自殺未遂的慘事；如今板橋國民學校又想出消費業績的新法門，使得小小學生也去行窃。由種種跡象看去，如此的風氣恐怕還要繼續滋長的。

八：嘉義議員組會行騙

自台南議員設立所謂長壽、扶幼及慈善等會詐騙會費案被揭發後，其他各縣亦發現同類的案件多宗。本月十日嘉義縣議員黃國魂與市民代表陳川木等六人又因組織長壽慈善會騙財，被嘉義地方法院檢察官羅向陽以詐欺罪提起公訴，可見組會詐騙，已成了一時的風尚。

事緣黃國魂勾同陳川木、王應龍、廖柳桂、陳永藤、葉傳及張德波等六人組織嘉義縣長壽慈善會，自任總幹事，以王據龍管業務，廖柳桂管財務，陳川木管總務，陳永藤管雜務，並雇葉傳負責勸募會員及征收互助金。本年十月，嘉義縣政府曾通知該會停止活動，該會不但不遵照辦理結束，反而繼續徵求會員，收取會費，計截止本年一月止，已有會員一、四三七人，每人收入會費四〇元，共收五七、四八〇元。又規定每一會員死亡，其他會員應每人出互助金二十元。聞已收入二萬餘元。本年一月五日經會員呂條清提出檢舉，羅檢察官偵查屬實，乃依詐欺罪提起公訴。

又台南縣女議員陳秀雲因設立扶助會騙財於上月十三日被台南縣地檢處扣押，一時顯得案情十分嚴重；但日前地方法院審判終結，忽宣判不起訴處分。人們始恍然領晤年來省縣議員敢於設會詐騙，相習成風，原來是有恃而無恐的。

大陸簡訊

白帆

中共訓練女飛行員

由於思想不自由，加上中共政權殘暴本質所帶來的各種弊病，所以中共空軍飛行員的品質都不高。這已從台灣海峽歷次空戰戰果，中共皆處於下風之事實可以証明。但中共異想天開，竟又大批訓練女飛行員。據中共新華社三月五日電：「我國第二批女航空員經過嚴格鍛鍊，已經熟練的掌握了航空技術。這批航空員一九五八年由航空學校畢業到中國人民解放軍空軍部隊後，……當這批女戰士來到空軍部隊時，受到部隊官兵的熱烈歡迎，……現在這批女戰士鍛鍊得更加勇敢頑强、大胆潑辣。她們在保衛祖國的崗位上，與身經百戰的老戰士共同執行着各項任務」。其實，如要獲得自由，中共這些女飛行員是大可步劉承司後塵駕機直飛台灣的。

中共與外蒙簽貨物供應協定

外蒙傀儡政權派代表團到北平與中共賣國政權談判貿易的消息，已誌本報。

茲據中共公佈：「中華人民共和國政府貿易代表團和蒙古人民共和國政府貿易代表團在友好氣氛中進行了貿易會談。並於一九六二年二月廿五日在北京簽訂了中華人民共和國政府和蒙古人民共和國政府一九六二年互相供應貨物議定書。議定書規定，中華人民共和國將供應蒙古人民共和國綢緞、煤炭、水泥、化工原料、各種機器、機器零配件、日用百貨等。蒙古人民共和國將供應中華人民共和國馬匹、牛羊肉、麵粉、腸衣、各種皮張、呢絨等」云。

中共新聞代表團到智利等國活動

中共的新聞工作人員，嚴格的說來，並不是自由世界裏擁有自由言論自由編採的新聞工作人員，相反，他們只是中共的一種文化特務而已。所以，中共派他們出來，打的雖是新聞工作者的招牌，幹的卻是赤化宣傳和滲透顚覆活動。

據中共新華社二月廿三日聖地亞哥電：「以中華全國新聞工作協會副主席梅益爲首的中國新聞工作者代表團在訪問厄瓜多爾後於今天下午到達智利首都聖地亞哥」。

顯然，這正是中共協同蘇聯以滲透拉丁美洲爲目的的另一麻醉性質的活動，可惜拉丁美洲許多對共黨本質認識不清的新聞人員猶未了解。

中共貿易代表團到緬甸

緬甸業已發生政變了，但緬甸對親共外交政策則似尚未轉變，因爲中共最近派了一個以貿易代表團爲名的一批人到緬甸去試探緬甸新政府的外交政策。據中共新華社仰光三月一日電：「緬甸貿易發展部長吳敦今晚在這裏舉行宴會，招待以中國對外貿易部長葉季壯爲首的中國貿易代表團，出席宴會的有財政和稅務國家計劃部長德欽丁、貿易發展部秘書吳威季」等，中共駐緬甸大使李一氓亦曾參加。如果緬甸新政府仍與中共結交，則緬甸新政府對內雖採反共路線，對外則仍未澈底眞正覺悟哩！

且看今後之演變如何？但望緬甸新政府無論對內對外都能採取反共立場才妥！

達賴喇嘛發表談話 斥責中共迫害西藏人民 並謂已有七萬餘人逃出

藍星

達賴喇嘛雖然已經逃出西藏幾年了。但中共對西藏的控制和對西藏地區同胞的殘殺和迫害卻未終止，亦如中共對大陸其它省區的控制和迫害未曾停止，正是相同。

據新德里三月九日路透社電報導，達賴喇嘛三月九日特爲中共繼續迫害藏民事發表談話說：「日見加多的西藏人現正逃往鄰近的國家，以躲避非人道的虐待和迫害」。

路透社又說：「達賴喇嘛在拉薩反共事變三週年紀念之喜馬拉雅山麓的達姆撒拉流亡寓所發表的聲明說：有數逾七萬之藏人，在印度、不丹、錫金、和尼泊爾等地，覓得避難處所。他呼籲中共立卽停止對西藏人的鎮壓和迫害。他說：中共在西藏所採取的措施完全違背聯合國憲章之原則；並破壞一九五五年在萬隆重申的人權宣言。他說：唯一的解決，是給予藏人以一種基本人權和自由的和平解決」。

又說「達賴喇嘛除了往新德里作短時旅行以外，從沒有離開過他流亡的寓所。他將於本月底巡視印度境內的藏人難民營」。

看達賴喇嘛上述談話的聲明，似仍將解決西藏問題的希望寄託在聯合國和亞非集團身上，所以他的話特別指明中共的措施違背聯合國憲章及萬隆精神。實則聯合國早已不是一個能夠完全站穩正義立場的國際組合，更不可能爲西藏問題而對中共用武，參加萬隆會議的若干亞非國家，其中雖有若干反共國家，如馬來亞之能爲西藏說話者已不多見，況其中更有若干親共或中立國家，當然更不能爲西藏問題對中共用武。而中共政權建築在暴力統治上，除非用武將之打倒，決不可能使西藏問題獲得適當解決。所以，達賴如欲爲西藏求得出路，還應將希望寄託在中華民國之反攻復國大業上才行。因爲只有中國大陸光復，大陸上普遍實行自由民主制度後、西藏人民也才眞能獲得自由民主。

中共何故延遲開「人代」「政協」？

劉裕畧

所謂「政協」卽是中共所謂「全國人民政治協商會議」，所謂「人代會」，則是中共所謂「全國人民代表大會」。「人代」是中共憲法所規定中央政府的基本政治機構。但在實質上，中共人代會也只虛有其名，一切統治權固都操在中共中央政治局和毛澤東手裏。中共人代會的最高負責人是人代會委員長，第一任委員長是劉少奇，第二任卽現任委員長是朱德，朱德任人代會委員長，形同傀儡，更不如劉少奇有實權了。至於政協，則屬周恩來主持的臨時性統戰機構。這一點，中共所訂的「中國人民政治協商會議共同綱領」序言已說得很清楚。它說：「由中國共產黨、各民主黨派、各人民團體、各地區、人民解放軍、各少數民族、國外華僑及其他愛國民主分子的代表們所組成的中國人民政治協商會議，就是人民民主統一戰線的組織形式」。可知所謂政協更只是臨時性組合，更無權力而言，除點綴外，更無他意了。

依中共憲法規定，所謂人代會原應每年開會一次，但去年卻未舉行。這當然具體反映了中共內部去年確曾手忙脚亂，空前緊張，赫毛衝突及經濟生產萎縮，都是去年未開人代會的原因。

及至今春，中共始宣佈定期三月五日舉行全國人代會，並同時舉行全國政協。但直至開會之前才又宣佈各代表應在三月十九日及三月二十日報到，顯然又延期了。

那末，爲什麼延期呢？中共自己宣佈的理由是讓各代表到各地考察，這當然是遁詞。依我看：中共延期舉行人代會的眞正原因是蘇共中央委員會亦訂期三月五日開，而毛澤東不知赫魯曉夫是否將在三月五日開始舉行的蘇共中委會上對毛攤牌，而事前各方是盛傳赫將在該一會議對毛攤牌的，毛爲了瞭解情況，等候變化，以便應付起見，才將所謂全國人代會及全國政協會延期半個月舉行。現在，蘇共中委會已閉幕，赫魯曉夫本人並沒有直接抨擊毛澤東，而僅有一個次要的人曾經若隱若現的間接指責所謂「躍進」政策。那末，赫對毛將攤牌之說既未實現，中共人代政協兩會當不致再延期很久了，這是可以斷言的。

僑鄉近訊

鍾之奇

中共在湛江設有軍墾農場

由軍隊開墾和耕作的農場，通常只在邊疆地區才有，因爲，把軍隊調到邊地去既開墾又充實邊防，自不失爲一種辦法，但把軍隊調到內陸省區內開墾的則絕無僅有，有之，亦惟有中共而已。

在以往，中共從未宣佈中共曾將軍隊調到廣東省區內從事開墾，因爲廣東人口衆多，土地面積本已不足廣東各地人民之需要，更何可再把軍隊調往佔去人民之土地。但二月二十六日人民日報刊有馮定「訪粵雜咏」四首，其中「訪湛江湖光國營農場」一首說：「開闢農場似戰場，新林已改舊山荒，人鷄豚肥碩牛羊乳，稻薯充盈茅富香，公足才能私亦足，湖光原是國之光，間尙有風雲變，折疊戎裝仔細藏」。馮定又自註此詩說：「農場於一九五二年創辦，由一個營轉業，現人口已近六千人」云。由此可知此一農場實爲中共軍隊開墾之農場，其意一在對內鎭壓，一在防備國軍反攻，故馮定之詩乃有「人間尙有風雲變，折疊戎裝仔細藏」云云。

中共迫令廣東各地擴種油料植物

由於油料植物可以大量榨油，而油料又是可以外銷以換取外滙的物資，故中共今年特別注重在廣東各地擴種油料植物。據中共「中國新聞社」三月，四日廣州電：「今年全省各地都很重視發展油料生產，許多地區花生的計劃播種面積都比去年擴大三分之一左右，各地農村人民公社很早就注意籌集種子，積肥整地，提前播種。潮陽縣在春節過後不久就種下花生三成以上，海南島文昌縣公波公社在春節前已種下花生三千五百二十五畝，比去年同期多種一千五百多畝」云。

廣州培殖猪油果

猪油果是什麼東西呢？恐怕許多廣東人也不知道猪油果是什麼。原來猪油果乃是一種粵西山區瑤族和僮族人民居住地方的一種野生植物。只因這種猪油果富有油質，所以，瑤族和僮族的人民便一直利用它來解決吃油的問題。通常粵西山區的瑤族和僮族人民，「他們在屋前屋後種上一兩顆，每年收幾十個到一百個果子，一家人吃油的問題就大致可以解決了」（以上是中共人民日報三月二日的報導）。正因爲猪油果有此用途，而今日大陸則正缺乏油料，於是，中共廣東省共幹遂命令地方共幹及植物研究人員，前往山區研究栽培之法，然後在廣州實驗栽培，以便試種和擴種。

據三月二日人民日報說：「在廣州東郊華南植物園裏，我們看到一種生命力十分旺盛的植物，翠綠的藤葉爬滿巨大的木棚架，一個個沉甸甸像西瓜的木實，逗人喜愛。這就是人們稱道的猪油果。這個多少年來野生的植物，今天已經在人工培養下，開始在植物園裏生長繁育了」。這正是中共在廣州的試種猪油果的報導。對此試種，中共沾沾自喜。其實，二十世紀的人類社會，正向着物質生活的高度水平發展，中共倒行逆施，反欲將人民生活帶回瑤族和僮族的山區艱苦水平去，足見中共之所謂建設，實在完全是一種空談，且反而使大陸人民之生活水準更爲降低而已。

順德縣勞動定額極不合理

人民公社這一制度本來根本就不合理。不過，毛澤東既要堅持人民公社制度，所以不合理的現象便也隨處產生。

據新華社廣州二月廿八日電：「廣東順德縣光華人民公社光華生產大隊第三生產隊，發動社員修訂春耕春種勞動定額，健全各項農活的驗收制度，推動了春耕生產。」

新華社又說：「光華大隊第三生產隊盛產塘魚、蠶桑和甘蔗，這個隊在備耕時就製訂了春耕生產的各種勞動定額，但是有些農活偏低，有些農活偏高，有些農活還沒有定額。……調整了各項農活定額以後，這個隊又健全了各項農活的驗收制度」。

顯然，中共是想運用技術上的調整來補救人民公社的根本缺點的。但這種技術性的調整和所推行的驗收制度，既又不過是一種加强榨取的措施，那末，除了引起人民的更加憤怒而外，又如何能補救人民公社的根本缺點呢！

東南亞射擊線的形成

何之湄

乃沙立的興奮

泰國總理乃沙立元帥昨天宣佈：美國已決定「在二十四小時內」出兵援泰，如果泰國遭受共黨侵畧的話。乃沙立氏以向所未有的欣喜表情，在記者招待會中向約四十人的泰國及外籍記者宣佈上項消息。乃沙立並不諱言，過去泰國對於美國在寮國政策過份軟弱，深感不滿，也抱着杞憂，但現在，「杞憂減少了」，美國已決心出兵援泰，這「將是共產黨的當頭棒喝！」他們必須在侵畧之前，想一想才敢動手。

「美總統甘廼廸將有一封親筆函，證實此事」——證實泰國外長乃他納・高曼與美國務卿魯斯克的聲明，該聲明是「保証泰國安全」的。乃沙立說：我們久已希望美國有此一項保証。

在華盛頓，乃他納與魯斯克早一天發表的聯合聲明，為「抵抗共黨的侵畧及顛覆」，美泰雙方，檢討兩國在東南亞公約中的密切聯繫，認為東南亞公約機構對於共黨的侵畧，「應該有所作為」，但如果泰國遭受共黨直接侵畧的話，美國也準備「單獨履行條約所承担的義務」，採取行動應付共同危險，「毋須事先徵得東南亞條約中其他各方的同意」，因為條約是「單獨的」和「集體的」，兩者兼有。換句話說：美國將不俟英法同意，單獨出兵援泰。

「老虎鑲牙齒」

乃他納與魯斯克聲明，在東南亞可能是「劃時代」的——它賦予東南亞公約以戰鬥性。

東南亞公約，一向被稱為「紙老虎」。最先是共黨作如此譏誚。但近若干月來，連菲律濱外長，泰國國防部長外長，也有「紙老虎」之說；南越外長更有東南亞公約「紙老虎之不如」的憤慨。可能是這些刺激，使到美國決心「為紙老虎鑲上牙齒」。

寮國事件中，泰、菲力主東約應出兵援寮，泰軍且願為前鋒，但英法兩國公然反對，出兵終於罷議。自此寮共進入瓦瓶平原，建都川壙，奄有寮國一半以上的土地。寮南陷共，泰東北廊開諸府危急，泰共組地下政府陰謀，也於同時破獲。寮北南塔之戰，使泰北清萊清邊等府，突形緊張。泰國不得不星夜調兵至泰寮邊境佈防，他們不滿美國對寮政策軟弱，溢於言表。乃沙立及副總理乃他儂，以美國認傳馬為中立乃一錯誤，因「傳馬受寮共控制」。如果照美國在日內瓦所同意的，以國防、內政、外交三部交給傳馬及蘇發弩馮，則寮國「右翼將被消滅」，共軍即壓抵泰邊。所以當美國扣發本年一、二月份援寮經費時，乃沙立則聲稱單獨支持彭庵政府，並呼籲國民：「不惜單獨對共黨作戰」，顯示出寧為玉碎的決心。泰國對美不滿，已達極點。

挽救東南亞公約

最近由美國所提倡的東南亞公約海空大演習，內容是「假想兩棲登陸越南」，這演習多少有暗示性，表示東公約國將來可能出兵援越。但泰國決然拒絕參加這項演習。

東公約向來以演習為「老虎鑲牙」，但由於以前在泰國東北及北部舉行過模擬援寮陸空大演習，寮國危機擴大，東約並沒有把演習拿出來應用，泰國極表反感。當時因東約採「集體行動」須得全數會員國同意，英法一經反對，援寮即成泡影，故泰國菲國，強調應該修約，把「全體同意」改為「多數同意」，預期在本月巴黎東約部長會議提出，可是幕後接洽，仍未得法國首肯。乃他納因此憤然宣稱：倘在三月以前沒有改善，「泰國將不出席巴黎會議」。泰國是東約中心地帶，不參加理事會等於退出，那也就等於東約的解體。

剛在會議舉行之前，泰國竟決然不參加「假想援越」的演習，乃他納說是「經費不敷」。但乃沙立則憤然指責：一味演習，演習而不行動，演習何用？看來，泰國既實行拒絕演習，就可能是拒絕參加巴黎會議的前奏。倘若如此的話，雖不等於伊拉克退出巴格達公約，但情形也差不多了。

美決單獨行動

就在這時候，羅拔甘廼廸為印尼及印支問題訪泰，與乃沙立長談之下，據說乃沙立很表示採取「東約以外途徑」，欲與寮越共存亡的決心。適值「泰萊報告」實施，美國已介入越局，在東南亞採側面海空防衛。這麼一來，泰寮邊境的陸空正面防衛，也非建立不可。夏威夷會議決定後，美太平洋司令費爾特訪泰，與泰寮兩國防部長乃他儂、乃沙旺會商，除了加強泰國通至永珍轄區公路，由泰國積極先以物資支持寮國外，美國並迅速以武器、直升機、飛機援泰，本月七日移交泰方的二十架噴射機，只是其中的首批。東約除了集體行動外，會員國也有單獨援助被侵的會員國的自由。由於美國終於考慮單獨行動，東南亞的「射擊線」已在泰越寮邊境劃定，此後東南亞局勢可能改觀。

・曼谷通訊・

蘇加諾的「密底算盤」

・喬化・

印尼總統蘇加諾，眼看印度「順利」地攫取果亞，便立刻刺激起他對新幾內亞要求的雄心，並表現出強硬的態度，揚言將以武力收回這一地區；雖然戰爭尚未見諸實現，而且荷蘭和印尼雙方也還表示「仍可談判」，但這一個由一九五四年便開始吵嚷的糾紛，一直演進至現在，其惡劣情況，確已是在日益加深中。亞洲的局面，正陷於「多事之秋」，這一項危機，於焉更引起世界人士的注視。

新幾內亞乃世界第二大島，面積約三十一萬二千餘方哩，全島分為三部：西部面積約十六萬方哩，人口約有七十萬；東北部面積約七萬方哩，人口約一百二十萬，為澳洲的託管地；東南部稱為「巴布亞」，面積約七萬七千方哩，人口約五十萬，為澳洲的領土。遠在十六世紀時候，歐洲人已發現這個大島，葡萄牙人曾航經該島附近，但未登陸，至一五四五年，西班牙航海家依加，沿該島航行了二百餘哩，以其酷似非洲西部的幾內亞海岸，故名之為「新幾內亞」，而印尼人則稱之為「伊里安」。迨一八八二年荷蘭宣佈佔領該島西部後，越年英國即宣佈佔領該島的東南部。繼而英國與荷蘭於一八八四年進行會商，議定以東經一四一度為荷屬地界。而此時德國亦「不甘後人」，也宣佈佔有該島東北部，並於一八八五年，與荷蘭議定，亦以東經一四一度為界。一九零六年，英國將其英屬部份，交與澳大利接管。一九一四年，歐戰爆發，澳洲軍攻佔了德屬部份，至大戰結束，由「國聯」將該部份交由澳大利代管，現在則由聯合國交與澳大利接管。該大島內，刻仍有大部份為「處女地」，居民仍過着原始生活，而文化之落後，則尤以西新幾內亞為甚。荷人治理該地，雖每年都耗費了大量金錢，但仍未建立好其經濟的價值，惟在戰畧上，卻佔有相當重要的地位，她足以控制南太平洋的澳洲。荷人由十七世紀起；統治該島達三百四十餘年，至一九四二年，始一度被日軍佔據（第二次大戰期間，荷蘭本土及荷屬東印度均先後淪陷的）。其後日本戰敗投降（一九四五年），印尼即宣佈獨立，原日荷屬東印度的轄境，除西幾內亞外，均歸印尼所有。這一個重大的轉變，乃構成了印尼與荷蘭糾紛的主因。當年荷蘭曾與印尼舉行圓桌會議，談判主權的移交問題，那時雙方便發生了嚴重的爭執，旋由聯合國提出了折衷方案，將西新幾內亞暫時維持現狀；但當時雙方仍各持己見，未能達成協議。到了一九五一年，荷蘭修改憲法，將西新幾內亞改為荷蘭領土，印尼抗議無效，那時雙方糾紛的癥結就越來越大了。再過了三年（一九五四），印尼將西新幾內亞問題提到聯合國，列入議程討論，但印尼的要求，結果卒被否決。印尼政府對此，忿忿不平，乃於一九五六年宣佈廢除與荷蘭在一九四九年所訂立的協定，並將西新幾內亞劃入印尼版圖，且通知荷方，不承認荷蘭十億美元的債務，於是新幾內亞這一問題，就鬧得更嚴重了。一九五七年，印尼終於發動了反荷運動，接管了荷蘭的各大企業，地產，銀行，並與荷蘭斷絕外交關係。那時，雙方劍拔弩張，幾至觸發戰爭。自是而後，荷蘭與印尼對新幾內亞問題的爭持，仍時弛時緊，形成了「多事亞洲」的一個不容忽視的危機。

迨至最近印度獲得果亞之後，蘇加諾便又認為是「時機來臨」，立刻擺出強硬堅決的「備戰姿態」，調兵遣將，聲言印尼政府將不惜訴諸武力，實行進攻該島。

不過，印尼這種「揚威耀武」的態度，是依然含蓄着「彈性」的，所以蘇加諾雖然拒絕了美國的「以不附加先決條件與荷蘭談判」的建議，但其外長蘇班狄里奧卻接着便宣稱「印尼並未限期荷蘭接受先決條件的談判」。由此看來，印尼的「作戰準備」，無非是欲在新幾內亞問題中先爭取到有利的權益吧了；這就是蘇加諾所夢寐不忘的要荷蘭方面先行移交西新幾內亞的政權。也可以說，這就是縈廻於蘇加諾腦海中的「密底算盤」。荷蘭總理曾於本月三日透露過：荷蘭與印尼的談判機會已告增加。且看看蘇加諾的「密底算盤」收效如何吧。

傷疤

（希望抽得出時間的本刊讀者，不忽畧辛鬱的這個短篇。編者）

辛鬱

這一次，我回到一別經年的家。

從牆頂上看去，一切沒有太多的變遷，因為我認得出那些樹。

父親喜歡栽種一些並不十分高大的植物，而尤喜把種籽埋於地下，看它抽芽發葉，長育出許多向着天空祈求姿態的枝椏。

正中的一株是開白花的茶。父親喜歡栽樹，自己又無足夠的氣力——這茶樹是三尺高時移植來的——而我經常被叫去搬動沉重的磚石，或是挖出很深的用以種植的土坑。

牆不高，這株茶終於露出頂來。其旁，又多了一些或知名或不知名的樹木，一朵粉紅色的花，拖着身後的枝葉，探出牆外，寂寞地輕叩着灰色而較前頹落的牆。

第二扇窗仍開着；母親常常喜歡開這一扇的。窗頂的一塊已破的透明玻璃依然站在幾塊沙玻璃上，那是我無意中打破的，本來是用條紙糊的，現在卻易以一圈小的圓紙黏在幅射狀裂紋的中心。

這次回家，只見到父親和弟妹，而哥哥姐姐都因為各人的家都在忙着臘月的年節，未能團聚。

父親的背已傴僂了，母親鬢上添了更多的霜色。

這次回家，母親對我說了一樁令我詫異而感傷的事，那是：我曾有過另一個姐姐。

×　×　×

我一直不曾知道有這麼一位姐姐，而當我知道的時候，只剩餘下惆悵的追索，希冀去回想一些我泰半遺忘的遭遇。

這回想一如斷線的風箏，時而與人間接近，忽又飄忽天上，浮沉之間，彷彿在追尋歸宿，而歸宿仍然在浮沉之間。

這一個姐姐的出現，在我的生命中是突如其來的，除了增添我的無頭緒的追思外，更使白髮的母親在燈下說這故事時從她枯澀的眼中流着淚水。我在燈下望着她眼眶中晶瑩的淚光，我細看着，傾聽着，終於自己的眼也模糊了。

從來，我不知道自己有一個比我年長一些的姐姐，而當我年事已長而且回家的一天，母親從她的一盒裝置着精緻的手飾及紀念品的小箱裏，拿出一幀我們兄弟姐妹們合照的像片。那裏，我發覺多了一張未見過面而與我一般幼稚的臉，在她衣裳的邊緣有着父親吃力書寫的蠅頭小楷：

『愛女美雅染鼠疫而夭折，時年僅五歲。』

而且在她的樸質的上衣的正中有一十字架，想也是父親為她劃的。父親是沒有宗教信仰的人，然而他為自己的女兒盡力，願她在死後的日子能得着平安，不要再有着人間一樣的際遇。母親是在一個單獨的機會對我說的，在她以為，年齡要成長到我這樣，才應當知道這一段她認為自己有着一些罪過的往事，她像是向每一個兒女，每一個成長到如我這樣年齡的下一代，請求審判。而我知道，每當兄弟姐妹們與我一樣的年長時，母親便要用力的撕裂她數十年隱隱作痛的，心上永不能痊癒的瘡疤。

然而，我仍然企望母親最後能獲到解脫與安詳。

×　×　×

雙親對於兒女功與罪如何說呢？

×　×　×

在我這種年歲雖然母親以為應有完全理解的能力，而我對世界仍是陌生，一如我對美雅姐姐。我能知道些什麼呢？而母親用微顫的聲音說：

「你應當知道的美雅姐姐，雖然你們年齡都不滿五歲，相處的卻很好……」

之後，她便懺悔着自己，似是自悔未能有着回生的力量，我很想對她說些安慰的話，然而自己更其木訥了，只是緘默於母親的悲哀的翼下。

×　×　×

我四歲以前的日子是在外祖父家居住的，父親因為事業的奔走，到別處去了。母親帶着她一羣兒女，回到了娘家來，母親說：

「庭院樹木都長成了，這於我有着無盡的歡欣，因為我有着一堆的你們。當你外祖父抱起你和弟妹們時，我感到榮耀而不能抑制自己的歡喜了。」

母親的家庭原先是較豐裕的。而於今她離開那種優裕的生活，為我父親及她的兒女辛苦，卻沒有半點怨懟，而且自己承担下對女兒照顧不週以致於死的罪名。

「美雅姐姐是最聰穎的一個，當你在幾個月的時候，」母親很清晰的叙述着：「她也不過一歲多的樣子吧！路還沒有走穩呢！然而卻把你當作玩具的洋娃娃一樣拍着，咿呀着只有她自己懂得的言語，要你睡去，時而，你在甜睡之中被她驚醒了，而她又專心的安撫你，或者陪你一同啼哭了。」

母親說着，帶着愁慘的臉，竟而泛起一絲喜悅。而我沉浸於這一美好的夢幻的故事裏了。我想：幸福大抵是在無知的時候特意來賜予人的罷！

「你們兄弟姐妹總不免要爭吵的，為了奪一些玩具或母親的懷抱。一陣的爭吵之後，你的美雅姐姐總是讓步，不論是對大對小，而那時，終不過五歲呀！……」

母親聲音漸低了下去。這是一個冬天的夜晚，室裏有一盞不甚明亮的燈，室外更為黑暗的了，因為冷，母親叫我把四壁的窗戶闔緊。屋樑上的老鼠在放肆的跑着，厨房裏有鍋蓋落地的聲音，大約是一隻貓撞翻的，冷風發出令人欲睡的低響，我和母親對坐，她又被悲哀堵住了。我似是為了防避母親悲哀的傳染，長怯地端詳着我的姐姐美雅的相片。

她的稚氣的臉，寵為一層天真與恬靜所籠罩，有一雙如中夜般黑的眼珠子，流動於寬闊額際的散髮下，我彷彿記憶起一些事，一些受了美雅姐姐的影子與母親的悲傷所暗示的往事。為人子的道時又想說些安慰的話，卻堵在喉間，張開口，頓感空虛，終於不安的輕輕的移動了手腳，又長怯的看着相片，思想卻貧血得昏厥了：

我獲得一個名義上的姐姐，美雅姐姐，聰穎的……。

母親在悲哀，我在遼濶的想一些飄渺而純白色的故事……。

我在為新成立的概念——五歲的美雅姐姐——悲哀，歡喜，以及許多莫名的想像；而母親蠕動了身子時，籐椅發出吱吱的聲音，老鼠在咬着我不能望見的東西，放肆的奔跑：……。

×　×

隨後，母親又繼續說着：

×　×

「……就是這樣的，鼠疫傳染了故鄉，在那醫藥設備不全的窮鄉僻壞，這災禍屠宰了許多的生機與幸福。噢！燈怎麼了？……對街的也熄了……停電了。蠟燭在……」

×　×

這些言語音調的一節奏響後，我回想一遍母親剛才所說的，心裏又唸了一遍，猛然發覺燈滅了，然後聽見母親劃火柴的嚓的一重響，和隨後嗞一聲的沉重的尾音，四隻白蠟燭在桌心燃燒了。它們被母親安置在無形的十字架的四端，被門縫裏擠進來的一些凜冽的風煽動得興奮了。

四條火焰把燭身照耀得慘白，燭淚披掛其上，參差不齊，鐘乳般的凝結住。

「母親，這些不屬於誰人的過錯……」

我終於說出口了。然而她全然沒有聽見。我望見她眼中有燭光跳躍，銀髮帶着晦澀的閃爍。她臉上記載兒女過去的縐紋匍匐着，甚至刺入皮肉深處。那些縐紋在白色蠟燭的照耀下，顯得非常了然。

「母親：……」

「初時的病況引起了許多的忙碌，然而終究是無用的。美雅消瘦下去了……。」

燭光仍在燃燒，熖火卻低沉着。

「也算是所有的人都盡了力，先是有名的中醫開過方子，繼之有西醫，然後人力感到不敷，終於邀了一些手執鉦鈸的黃冠們，你外祖父那時還有這些能力，然而生命仍是不得挽留。兄弟姐妹一概隔離，大人們也躲避起來，都住到別處的鄉間，很早就有人說着準備後事的話，甚而有人不讓我接近她，要她一個人孤獨的鎖閉在房間裏，用稚弱與無知，抵抗流行的病，在死亡的邊緣上掙扎。

「她長久的發高燒，夢囈，乞求着水；病則加深了。幾天內便形狀出皮包骨的孱弱與瘠瘦，終於奄奄一息。美雅吐瀉時候，我用盡了床單，便搬出了一些鎖在皮箱裏的珍值的絨氈之類，然而下人們不屑了，婉惜的看着那些污損的珍物，而鄙夷我的無知。

「美雅未去世的時候，一直惦念着病前的遊戲，頻頻呼喚着你們的名字，和遊戲時說的話，一直到終了。」

「美雅可以不會死亡的。譬如在另一個環境或另一個家庭，和一個沒有鼠疫流行的地方。」

門縫裏又有很多凜冽的風，致使四隻無辜的燭劈拍作響。吐着令母親喪情絕望的照明。

我想說這些過去的事只應當歸咎於病，一些無法把握的力量。而母親的沉默堵住我口。燭燒得很快，我挑着很長的黑色的燭心，而老鼠像敲着我的頭蓋砰砰作響，我眯着瀰漫着燭烟的眼，止不住的昏沉了。我覺着兩隻腳很冷，如同立足於冰窖，在許多意外的騷擾後，自己覺着格外辛苦而笨拙了。

「歇息吧！」

母親終予收拾好照片，執了一隻蠟燭走開。

三隻短燭陪伴着我到火光死滅。黑暗張開口欲吞噬我。

×　×

我臨行的時候，父親從書房裏出來，給我一張他手繪的美雅姐姐的畫像。人物並不很生動與妙肖，然而從筆觸間，可以意味出父親對他亡女的情感。他說這是這些日子畫的，因為不信任畫工的炭精繪畫，所以自己着手。

燈下，我把置於行李中，父親傴僂着背的身影和遮蓋着我的行李和那張畫像。我忽然想到，父親也沒有見到臨終的美雅姐姐，然則她的病痛與呻吟，不也令父親負担麼？

我終於告別了那熟悉的牆所包圍的家了。

我把帽壓得很低，微冷的夜裏，行在路上，迷惘中一任許多陌生的軀體在我的帽沿來往。

抗戰回憶錄（一〇）

張發奎

三、淞滬會戰的經過及感想

回顧淞滬會戰之經過，我軍民族意識之昂揚，戰鬥精神之奮勇，與乎全國人民之同仇敵愾，精神物質各方面之熱烈支援，不僅表現得異常偉大，抑且感人至深。但對此戰役最使人縈迴思索的，則仍是有關這一會戰之戰畧問題。

蓋我國對日抗戰，為一種長期抗戰，此乃有識之士一致共同認識者。既是一種長期抗戰，一城一市的得失，自屬關係較小，把戰鬥力適當的保存下來，以便於長期抗戰之遂行，顯屬緊要。若在一城一市消耗過多兵力，是否適當？遂亦成為整個戰畧計劃中應慎密考慮之問題。猶憶淞滬會戰後期，蔣先生曾到松江車站，召集前線將領在火車上舉行軍事會議，商討淞滬會戰之戰畧問題。現任副總統兼行政院長陳辭修先生、現在台北的白崇禧將軍、我和孫元良將軍、宋子文先生、現已靠攏中共的張治中，當時均參加會議，蔣夫人宋美齡女士當時亦由上海趕來參加。在會議席上，曾有兩派意見：一派主張我軍在淞滬地區只作適當抵抗，即行撤退，以保存國軍實力，利便邇後之長期作戰。當時持這一主張的人頗多，我也是持這一主張的人之一；另一方面，宋美齡女士認為國軍如能在上海多打一兩個月，則將可引起國際方面的干涉和支援，因而認為我國應不惜犧牲，盡力在上海進行戰鬥。對於宋美齡女士的意見，當時亦有人贊成。蔣先生終於採納了後一意見。這就是我軍之所以在上海打了很久，最高統帥部不斷命令後續部隊增援前線，國軍主力之所以在淞滬會戰損耗極大的原由。淞滬會戰之後，前線之所以呈潰敗之勢，南京之所以不能久守，武漢之所以撤退迅速，以及邇後整個抗戰之所以陷於極艱難之境地，自亦與此戰有關。所以，我軍在淞滬會戰所採取之戰畧，究竟是否適當？當有待於歷史的判斷。

不過，我以為我軍在淞滬會戰前後，最不適當的措施，尤在戰畧部署方面。

我在前面已經說過，遠在抗戰開始前兩年，國民政府已在準備對日作戰。民國廿五年我所担任的蘇浙邊區主任的主要任務，便是在蘇浙地區構築國防工事。用以準備未來的對日戰爭。對於我所經手的國防工事，幸好在八一三戰爭爆發之前夕已趕築完成。依我和張治中兩人當時的判斷，若憑藉和利用這些國防工事進行對日作戰，至少可作戰三個月之久。但最高統帥部後來之戰畧部署，卻完全將那些已築好的國防工事棄置未用。我以為這是最高統帥部的重大失策之一。

檢討淞滬會戰之整個過程，最高統帥部與其下屬指揮部間，以及各級指揮部與其下屬間，通訊連絡之不夠靈便確實，蔣先生亦習於越級指揮，是當時最使人頭痛的事情之一。

記得民國二十六年十一月九日我軍自前線開始撤退的時候，一件使我吃驚的事情就曾經發生。那時，我身任淞滬會戰中央軍總司令，竟不知道前綫部隊已奉命撤退。當俞濟時將軍向後走過我的司令部門口時，我恰好從司令部望見他正在向後走。俞濟時將軍當時屬胡宗南將軍指揮，胡宗南將軍則屬我指揮。我於是問他到那裏去？他才報告我說已奉命撤退，難道總司令還沒有奉到撤退命令嗎？是的，他們撤退時，我確未奉到撤退命令，因而根本不知道前綫部隊業已開始撤退。對於整個作戰來說，通訊連絡如此不確實，固然是缺陷，如此越級直接指揮，更是一件極危險極不當的事。

因通訊連絡不當和不夠靈便確實，而對淞滬會戰所引起的嚴重後果，何應欽將軍在其所著「八年抗戰之經過」一書亦曾有所記述。他說：「十一月七日，敵後續部隊愈加增多，先是敵為迂迴我之淞滬陣地計，於十一月五日以其第六第十八兩師團，由杭州灣北岸之全公亭金山咀等地同時登陸，當時浦東我軍奉令夾擊登陸之敵。奈以連絡困難，行動遲緩，未克如期實施。敵直向松江方面進迫，我吳克仁軍因集結未畢，即與敵接觸，致被敵各個擊破。九日松江被陷，乃於是日施行全綫撤退」。「十一月九日晨，我淞滬之中央兵團，開始向青浦白鶴港之綫轉移陣地。因當時之連絡困難，下達命令較遲，各部準備未週，撤退秩序較為混亂。是以青浦白鶴港之綫，又於十一日不守。於是左翼兵團不得不與中央兵團同時向吳福綫之既設陣地綫撤退。當時以受敵機之威脅，掌握困難，各部隊撤退秩序更為混亂，故吳福綫又告不守，而向錫澄綫轉進。十一月廿四日敵迫至無錫附近。二十五日該處又被陷。我京滬各軍為將來作戰有利，二十六日乃以一部沿京滬綫向杭州，主力向浙皖贛邊境退却。江陰要塞由二十七日至十二月一日，與敵激戰五日之久，亦因援絕被陷。該處守軍突圍向鎮江方面轉進」。

由上可知當時潰亂的一般情形。事實上，由於撤退部隊之過於混亂，各部隊已陷於節節潰敗的情勢中。我撤退到蘇州後，又再轉移到嘉興，我原意想在撤退中命令各部隊進入蘇嘉綫我原先經手構築的國防工事，以資抵抗。但由於秩序混亂，軍事與民政之失調，再加以各國防工事未設守備部隊，因而根本未能使用。

說到軍事與民政之失調，可舉這些國防工事之鑰匙為例。當時的國防工事散佈在蘇浙地區，所以，八一三抗戰開始後，原在各該國防工事之部隊即奉命推進到前綫作戰；所遺留之各國防工事便責成當地保甲長負責維護和保管。開閉國防工事之鑰匙亦交各該保甲長保存。殊不知，戰事緊急時，保甲長相率逃亡，所有國防工事均因缺乏鑰匙而無法開啟。我由蘇州轉進到嘉興時，當時雖欲命令各部隊使用各該國防工事，遂亦不可得。我自己曾經想利用一處國防工事，亦因缺乏鑰匙而無從進入。乃不得不置身在國防工事之外，面對敵人之炮火。這件事的基本錯誤，固然由於最高統帥部根本未能事先適當地在各該國防工事配置少數守備部隊，以保管和維護這些國防工事；既交保甲長保管，而又未能使民政與軍事協調，當然就更容易發生過失了。所以，我覺得從這一件事也可看出，在戰時，軍政協調，對於作戰勝敗關係極大。

文史漫談

關於蕭觀音案（七）

徐亮之

獄成，將奏，樞密使蕭惟信馳語乙辛孝傑曰：『懿德賢明端重，化行宮帳，且誕育嗣君，為國大本；此天下大本，而可以叛家仇婢一語，動搖之乎？公等身為大臣，方當燭照奸宄，洗雪冤誣，烹滅此輩，以報國家，以正國體；奈何欣然以為得其情耶？！公等幸更為思之！』不聽；遂具獄上之。上猶未決，指後懷古一詩曰：『此是皇后罵飛燕也，如何更作十詞？』孝傑進曰：『此正皇后懷趙惟一耳。』上曰：『何以見之？』孝傑曰：『「宮中只數趙家妝」、「唯有知情一片月」，是二句中包含「趙惟一」三字也。』上意遂決；即日族誅惟一，併斬長命，勑后自盡。

時皇太子及齊國諸宮主咸披髮流涕，乞代母死。上曰：『朕親臨天下，臣妾億兆，而不能防閑一婦，更何施眉目靦然南面乎？』后乞更面可汗一言而死，不許。后乃望帝所而拜，作絕命詞曰：

『嗟薄祜兮多幸，羌作儷兮皇家。承昊穹兮下覆，近日月兮分華。托後鈞兮凝位，忽前星兮啟耀。雖釁纍兮黃牀，庶無罪兮宗廟。欲貫魚兮上進，乘陽德兮天飛；豈禍生兮無朕，蒙穢惡兮宮闈。將剖心兮自陳，冀迴照兮白日。寧庶女兮多慚，遏飛霜兮下擊！？顧子女兮哀頓，對左右兮摧傷。共西曜兮將墜，忽吾去兮椒房。呼天地兮慘悴，恨今古兮安極！知吾生兮必死，又焉愛兮旦夕！？』

遂閉宮以白練自經。上怒猶未解，命裸后屍，以葦席裹還其家。春秋三十有六。……聞者莫不冤之。皇太子投地大叫曰：『殺吾母者，耶律乙辛也。他日不門誅此賊，不為人子！』乙辛遂謀害太子無虛日矣。」（按：太子及妃後來也遭乙辛毒手，以非本文範圍，從畧。）

「焚椒錄」乃遼代現存僅有的一部著作，以上所述，實可補遼史之缺。而亦可見蕭觀音案之為冤獄，在她還沒蓋棺之前便早已論定了。後來在她的孫兒天祚即位的第二年（乾統二年）耶律乙辛和張孝傑都被剖棺戮屍，其黨徒子孫都被徙邊，其家屬都被分賜被殺之家，則只是此案的餘波；蕭觀音不但可如她絕命詞所說無罪於宗廟，即其貞魂亦可少慰於地下矣。

聯合評論 週刊

本刊已經香港政府登記

每逢星期五出版

United Voice Weekly

第一八五號

督印人：黃宇人　總編輯：左仲平

社址九龍大埔道一六八號南亞書局 805641

承印嘉羅印刷有限公司香港灣仔馬師道5號

總代理：友聯發行公司售價每份港幣一毫

本報美洲版總經售處美國紐約中美出版社

CHINESE - AMERICAN PRESS, INC
199 CANAL STREET.,
NEW YORK13 N. Y. U.S.A.

美洲航空版每份零售美金一角

反攻大陸與中美共同防禦條約

黃宇人

年來，由於大陸人心思變，共幹已開始動搖，中俄兩共又鬧不睦，海外輿論多主張乘時發動反攻。最近，台灣方面的輿論，亦有熱烈的呼籲。不但民間報刊如此，即立監委會和省縣議員亦多有此主張。甚至官報之一的新生日報，也發表社論，認為「反攻的時機業已成熟」；並指出：「倘若我們再不利用機會，則我們便會錯過了」。足証這是全國一致的公意所在。

說到反攻大陸，許多人便首先想到中美共同防禦條約問題。多年以來，官方人士在言談間，常把它當作不能反攻的擋箭牌。最近數日，台北的若干報刊更發出修約的呼聲。某晚報甚至要求「美國排除中華民國政府與人民發動反攻大陸的障礙」。其所謂障礙，即指的是此一條約。他們似乎以為祇要修約，我們便可即刻反攻了。但我對於此事的看法，則有所不同。

條約的成因

國人如非健忘，當還記得中美共同防禦條約，是四十三年十二月才簽訂的。蔣先生在三十九年初自動復職時，原已宣佈「一年準備，兩年反攻，三年掃蕩，五年成功」。這就是說，中美共同防禦條約，是蔣先生在他預定的反攻期限已過了差不多三年之後才簽訂的。可見，台北不能反攻大陸，並非來自此一條約。而且，如所週知，當時當權派不但沒有反攻的信心；即台澎亦唯恐不保，所以才要求美國協助我們防守台灣海峽。美國誠恐被拖下水，才限定協防以台澎為限。因此，今日若把不能反攻的責任完全推到美國的身上，實為一種諉過卸責的可恥行為。

讀者也許要問：「難道你擁護中美共同防禦條約嗎」？我可以很肯定的答道，我不但不擁護；而且厭惡這一類但求苟安，不講原則，不顧後果的條約。不過，我認為此時提出修約的問題，不但不易獲得美國的同意；而且還可能發生不良的影響。

修約尚非其時

甘迺廸總統在就任之初，號召美國人民繼續先烈的奮鬥，犧牲精神，以求建立一個維護人權，確保自由的法治世界，而非勢力的新均衡。我曾在本刊為文希望他能給予鐵幕後的人民以必需的支援，協助其自求解放。但一年多以來，他所致力的，則是以所謂實力談判為重點。也可說是以建立勢力的均衡為重點。在此形勢之下，倘若蘇俄再發動侵略，美國自不惜一戰。反之，假如赫魯曉夫適可而止，甘廼廸總統不但準備和他談判妥協；而且還將承認鐵幕現狀的。因此，我們若希望美國能於此時同意修約，並協助我們反攻大陸，豈不適足以自誤？

不修約亦可反攻

我認為中美共同防禦條約，尤其是換文，在形式上似乎對於我們反攻大陸大為不利；實則並無決定性的阻碍作用。而且假如運用得當，還可能發生某些妙用。因為依據條約及其換文的規定，美國協防我們祇以台澎為限。我們若使用武力（緊急性的自衛除外）須與美方協議；並不得未經協議即以美援所產生的「軍事單位」調離台澎地區「至足以實際減低此等領土可能保衛之程度」。它既未完全限制我們不得將軍隊調離台澎地區，更未限制我們不得發動大陸同胞起義。足見就在現行條約之下，我們仍然有很多的方式和途徑，將相當數量的部隊，分期分區運入大陸，發動當年中山先生起義式的反攻戰爭。假如我們能在事實上有所表現：不要說，爭城奪地；祇須能保持作戰能力，繼續奮鬥。不但與美國修約，即可望水到渠成；即英國一類的國家亦將對我們刮目相看。因此，我認為我們此時祇宜對盟邦將我的反攻意向有所表示，不宜輕率提出修約的問題。

有人也許會說，你所主張的，祇是中山先生起義式的反攻；但這種局部反攻，必須經過多次的挫敗和長期的苦鬥，然後才有成功的希望。殊嫌緩不濟急；而且也很冒險。如今當局所考慮的，則是你所謂的諾曼第登陸式的反攻。因為唯有這種全面反攻，才是最有效和最安全的反攻。但要發動全面反攻，就必須有足夠的外援；否則不說別的困難，單是兵員的運輸和補給的問題，我們就無法解決了。所以必須修改中美共同防禦條約，取得美援，才能從事反攻。

對於持此說者，我祇好佩服他為「天才的幻想家」。以今日的客觀環境和主觀條件而欲憑藉外援以作諾曼第登陸式的大舉，與其美其名曰全面反攻；毋寧謂之為懶蛤蟆想吃天鵝式的反攻，還較為恰當。我認為唯有先憑自己現有的力量，從中山先生起義式的反攻着手，才是腳踏實地，實事求是的正道。而且，讓台灣海峽的現狀暫時不變，不但對於反攻基地有利；更可以免除盟邦因為我們發動反攻而可能在外交方面遭遇的某些困擾。假如未有反攻的行動，即先强調修約；甚至指責美國有意阻礙我們反攻，其結果恐將不但於反攻無補；還可能導致國人對盟邦發生怨憤，而招致極嚴重的後果。我希望當權派慎之，戒之。

改革才是反攻的先決條件

以上的意見，我相信蔣先生也很深知的。然而他為什麼至今尚未發動中山先生起義式的反攻呢？我以為完全是基於內政的原因。要實施中山先生起義式的反攻，民心和士氣，是決定成敗的關鍵因素。以言民心，必須使人民確信反攻的目的乃是為了國家民族和他們本身的利益，而非以暴易暴；然後才能萬衆一心的支援和響應反攻的軍事行動。以言士氣，則必須使軍政人員確信多付一分代價，即為國家民族多作一分貢獻，為個人前途多奠一分基礎；然後才能犧牲奮鬥，百折不回。但今日的台灣，由於以一人一姓為中心，人民的自由和權益，當權派可隨心所欲，予取予奪；對政府的施政措施有所譏評者，還可能隨時被扣上「匪諜」或「反叛」的帽子，而招來無妄之災。甚至國民黨內部亦離心離德，派系之間，勢成水火。至於軍政人員，亦因升遷調動不是基於才能和努力而乃是以一人一姓的好惡為準。守正不阿者多被投閒置散；奸狡之徒則大行其道。以致政風敗壞，士氣消沉，日甚一日。長此下去，即欲維持台灣的現局亦不可能，自然不敢作反攻的嘗試了。因此，我認為海內外主張乘時反攻的反共人士，應即齊心協力，監督當權派迅作民主改革，俾得實現舉國一致的反共大團結，及早發動反攻大陸。

根據來自大陸的消息和自大陸逃來港澳的同胞透露，中共現已開始改善或撤銷「人民公社」的某些殘暴措施。假如再不發動反攻，則大陸同胞於絕望之餘，可能又將轉而對於中共的所謂改革寄予若干幻想。到時如再希望他們起來響應，也就更困難了。同時，再以我們眼見的事實為証，過去十二年中，也曾有不少的反共同胞不惜冒萬險，投奔自由；但到了港澳之後，深感報國無門，謀生無計，於是又迫得重返大陸。可知，今日大陸同胞雖已具有與中共「偕亡」的決心；但此種情形，並不一定是不會改變的。因此，我們決不能容許一人一姓為了自私和愚昧，而坐令反攻大業一誤再誤。

反攻的重點

左舜生

隨便從任何一個角度上去觀察，去體會，過去若干年中共在大陸上那種猖狂的氣燄，在最近兩年來，確確實實已在向後倒退中，而且這種倒退還要一直下去，決非短時期所能挽救。

基於中共那種咄咄逼人的氣燄，確曾使得國際上在心理方面本不健全，而又從來不肯或無法作深入研究的人們，引起了對他們種種的幻想。

這類國際人士的幻想，乃由於他們自來對中國缺乏理解，少數自命為『中國通』的人們，本來所通者原極有限，可是在任何場合，甚至在其國家面臨決策的關頭，一涉及中國問題的討論，他們卻又立即站在一極有權威的地位，幾乎使得他們的政府，無法不以他們的意見為意見，以致造成過去種種的錯誤。

中國大陸是一個地廣人衆的龐然大物，在習於數字迷信的這類國際人士，乃為這一龐然大物的陰影所嚇倒。在過去若干年，中共確實也曾把這一數字的幻術耍得相當到家，例如：所謂快到七億的人口，以及由這一龐大人口可能推想的消費力與購買力，乃至可能假定的無限兵源；所謂工業在十五年便可趕上英國；所謂農業生產部門那些滿列數字的表報；所謂共產集團的龐大陣容，再加上他們『兄弟般』的友好，乃至一切一切的有無互通；……如此烘雲托月，乃表現出一目迷五色的蜃樓海市。不幸得很，一般自命為『中國通』的國際人士，為了他們的國家，所想像，所擬定解決中國問題的種種謀劃與決策，即建築在這種海市蜃樓之上！

現在的情況，稍稍變了：這類最富幻想的國際人士，眼見中國大陸的人民已長期陷於無衣無食的恐慌而宛轉就死；已有一批一批的人們冒着生命的危險，向凡可暫避的地區逃命；眼見他們的軍人和共幹已經發生動搖；眼見他們的農工業已接近破產的邊緣無法重整，而出口數字也在加速的銳減；同時，還眼見共產集團的內部，又確實是矛盾重重。……於是依於他們過去所想像而定出來的一切謀劃與決策，也似乎不容許他們不加以修正。

不過，以我看來，這類國際人士，依然有一種難於醫治的痼疾：他們所見到中共陷於當前這種不了的現狀，只是由於他們經濟建設的破產，而沒有深察到實際是由於他們政治的無能！由於中共過去的宣傳與渲染，確曾使得若干國際人士幻想中共確有一個萬能的領導階層，由於這一領導階層的詭謀與設計，曾擊敗了蔣介石所領導的一個龐大力量，因而推想以他們這種能力去從事經濟建設與政治措施，也一樣可以應心得手而一切裕如。但依照我們所理解，所謂中共的領導階層，實際只是一個愚人集團，過去國民黨所以一度為他們所擊敗，其原因不存於中共，而實際乃存於國民黨的自身。截至現在為止，中共這個領導集團的代表人物，依然是毛澤東，而毛澤東只是一個不曾受過現代正規教育的蠻子！他只具備了一顆眞空的頭腦！一種頑固的個性，一套自大而浪漫的手法。他自命深通一切軍事，政治，經濟，外交，文教，乃至所有學術思想甚至文藝，因而幻出他許多離奇怪誕的具體措施，以為以他這一類幼稚可笑的一條鞭做法，在這一廣土衆民的中國大陸上，便可惟所欲為的平地起樓臺，只須最短時間，即會有一個像美蘇這樣的强大國家出現！現在由於鐵的事實，已宣告了他們這種虛幻的，誇大的能力完全破產。

現在我要正式警告一切富於幻想的國際人士：您們所看到當前中國大陸的經濟現狀，這只是由於毛澤東所領導的中共，在政治能力和治理一個現代國家所必需的高度常識方面非常缺乏，他們現在已病入膏肓，確確鑿鑿是難有起死回生之望的。假如您們考慮中國問題而不從這一基本上着眼，依然會為一些表面的幻象所迷惑，您們環是要繼續陷於錯誤的。

附帶的可說明一點：針對中共當前的現狀和國際形勢，台灣目前所高呼的『軍事反攻』時機仍未成熟，反而過去一度標榜過的『政治反攻』是比較不錯的。可是我們積有將近四十年的經驗，今天台灣的當權派，對於領導政治反攻的能力與決心又怎樣呢？我在這裏不想多說，請讀者以見仁見智的看法去自行判斷好了。

談談中共米格機飛台的前因後果（文責自負）

孫家麒

報載中共飛行員劉承司少尉，於三月三日上午十時，駕俄製米格十五式噴射機，飛抵台灣桃園空軍基地投誠。這確是一個值得令人興奮的好消息，也是自從一九五四年一月二十三日一萬四千多個共俘，自韓國投奔台灣之後僅有的一個好消息，無怪乎台灣當局要以美國人歡迎太空英雄格林自太空凱旋式的盛大歡迎來予以擴大宣傳了。

劉承司背棄中共駕機投向台灣的因素固然很多，但無疑地應以受邵高事件的影響為最大：

去年九月十五日中共飛行員邵希彥和高宗佑兩人，駕了一架「A四四二式」的民用螺旋槳飛機，從山東的膠縣起飛，投奔自由，降落在韓國的濟州島東方五哩的牛島上。後來中國空軍總司令陳嘉尚將軍，特地飛到漢城，商得韓國當局同意，於十月七日把該機和邵高二人一同接運到台北；一面從優把他們看作直接飛台投誠，發給黃金五百兩的獎金，一面將該機在台北市公開展覽藉以擴大宣傳（相信以此事件為中心的對大陸空投、廣播一定是全力以赴）。試想兩個民航機駕駛員，因為反抗中共的血腥統治，駕着一架螺旋槳民用的「老爺飛機」，飛到另外一個國家請求庇護，這事看起來似乎沒有什麼了不起；然而為什麼我們的陳嘉尚將軍，竟以空軍總司令之尊，立即親自赴韓交涉接運回台，並在重賞之後又那樣的大事宣傳呢？原來那是一項巧妙的心戰行動，也就是古人為求千里馬，不惜花費鉅金先買死千里馬的屍骨那套手法。

邵高事件無異告訴中共空軍：兩個民航機員駕了一架「老爺機」，飛到另外一個國家請求庇護，台灣方面尚且如此重視，假如一個正式的空軍飛行員，駕了一架優秀的米格機，直接飛往台灣投誠，那又將如何？兩相比較，豈不等於「死馬骨」之與「活千里馬」？其受歡迎的程度還用再說？果然這一心戰策略成功了。

古人「千金買骨」之後，所得到的千里馬不止一匹，所以想將來台灣所能得到的中共飛機也不應該祗此一架，台北行將舉行的「格林凱旋式」的盛大歡迎，正是向中共的整個空軍招手呢？

其實台灣當局如果不視錢如命，能在對敵鬥爭工作上慷慨一點，我相信中共的米格機早於北韓米格機投向聯軍之前，便已投向國軍了。這事要回溯到一九五四年去。

韓戰初期，俄製的米格機確是威風十足，使聯軍大感頭疼，後來美國雖然以最新式的戰鬥機投入戰場，並把米格機擊落許多架，但總無法獲得一架完整的飛機以供研究。當時中美心戰合作部份的美方代表是甘露德先生，經我們幾度商討，決定對中共空軍進行一項心戰攻勢：那便是懸賞美金十萬元，獎勵中共空軍駕米格機投誠。具體的辦法是由中國空軍總司令王叔銘將軍正式發佈公告，說明獎金數額及飛台投誠辦法（如路線、高度、動作表示等）製成傳單向大陸空投，獎金則由美方負責。空軍方面對這事最為興奮，公告很快的便辦妥了，我們馬上把它製版印成傳單，祗等美方上級批准，便可開始空投。不料美國方面不願擔負這筆獎金（事後証明乃是為怕引起麻煩，不願在台灣實施，改在韓國方面進行了），這樣一來，不僅我們大感洩氣，連甘露德先生也一樣沮喪非常，印好的億萬傳單又完全予以銷燬。於是這個本來應該是轟轟烈烈的心戰攻勢，就此宣告無疾而終。

其實這個心戰攻勢縱然沒有美方的支持，我們一樣可以單獨進行的，因為美方所能擔負的不過是獎金部份，難道我們堂堂一個國家竟連十萬美金也拿不出嗎？假使在八年以前能用十萬美金得到一架中共的米格機飛台投誠，豈不便宜之至？然而國民黨的錢似乎是專為某些特權階級準備的，他們貪污浪費則可，（僅是主持心戰工作的陳建中一個人的貪污所得，差不多便够一架米格機的獎金了），用在對敵鬥爭方面便又捨不得了。（近幾年才公佈了獎勵中共機艦起義辦法）

過了不久，聯軍總部卻在韓國戰場採用了這個辦法，接着便有一個北韓飛行員駕了一架米格機飛來投誠，聯軍便把那架飛機當作實貝似的運回美國研究去了。

這次劉承司駕着米格機向國軍投誠，確是一個非常英勇而明智的抉擇，但這並不足以證明大陸上的人心都已歸向了國民黨，因為國民黨留給大陸同胞的最後印象是：貪污、無能、退卻、以金圓券騙黃金，諸如此類的不光榮行為。劉承司之投向台灣，最足以說明中共的血腥統治已經使人無法容忍（國民黨雖然不好但總還比共產黨强一些），連他們一手教養出來的青年軍人也唾棄他們了，一葉落而知秋，相信在中共的各級幹部中唾棄他們的人一定不在少數。

至於「蔣家黨」方面也請你們且慢自我陶醉，前面我已說過劉承司之所以投奔台灣，並不是因為你們好，而是由於中共更壞了，比較之下才選擇了你們。中央社的三日電說：劉承司下機後第一句話就問：『蔣總統好嗎？』但查遍其他消息，都和此說不同，顯然，這又是你們擁護領袖的那一套，想藉此機會造成你們的「偉大領袖」在大陸同胞心目中，是如何的崇高與重要。但這些伎倆也祗能騙騙一無所知的小孩子而已。

關於你們「偉大領袖」的許多「不偉大」事蹟，我在『蔣經國竊國內幕』一書中已約畧談了一些，你們和中共都是一邱之貉，不過是五十步與百步的程度之差罷了，幸而現在中共比你們更壞，所以他們的幹部才會暫時看上你們，你們應該緊緊把握時機，痛改前非，努力向上，將來或者還有重返大陸的可能；如果蔣氏父子不及早放棄「竊國篡黨家天下」的罪惡勾當，實行民主，開放政權，停止迫害新黨人士，釋放無辜的雷震出獄，我敢斷言，你們遲早是會自食其果的！

一九六二年三月七日於香港

卡斯特羅的眞面目揭開了！

黃明遠

自卡斯特羅在古巴打游擊起家，進而建立古巴現政權以來，各方對於卡斯特羅政權的本質頗有不同的看法。共黨份子固一再揚言卡斯特羅不過只是一個民族主義性質的政權，左翼人士更從而附和之，以欺騙世人的耳目。有些憑主觀想像的人士，則更謂卡斯特羅政權不過是社會主義性質的政權，志在改革內部政治經濟，並以反美而已。實則這些說法和看法，都是中了共黨的宣傳毒或未能眞正深入問題的幼稚想法。事實上，卡斯特羅政權之為共黨政權早已從許多迹象可以看出來，而卡斯特羅自己及共黨分子之所以故意替它塗上一層民族主義和社會主義的色彩，則不過是國際共黨的慣用技倆，和毛澤東最先以土地改革者姿態出現，胡志明最先以民族主義者姿態出現，正是同一手法。

到現在，中共雖仍一直自誇它們一共有十二個社會主義國家，而尚未將古巴正式列為共黨陣營中之一份子，但這亦不過是手法而已，時間而已。卡斯特羅政權之為共黨政權則已無可疑。

卡斯特羅政權是否共黨政權？主要關鍵自不在它是否僅僅反美這一點，而在它所信奉的究竟是什麼？假如它所信奉的最高理念是民族主義，那末，它縱然在某一階段有反美親共姿態，有如埃及的拉撒，它仍不失為民族主義政權。但假若它所信奉的是馬克思列寧主義，而民族主義不過是它的外衣的話，那末，無可置疑，這一個政權便是共黨政權，而非民族主義政權，當然也不是民主社會主義性質的政權了。

卡斯特羅政權所信奉的最高理念究竟是什麼呢？筆者以為要了解此一問題，最好引卡斯特羅自己的話和古巴目前的事實來証明，而不要只憑自己的直覺和想像來作推斷，因為我們對任何問題固可大胆假設，但也不可胡說，必須拿出証據來小心求証才是。

遠在去年十二月二日，卡斯特羅就曾在古巴作電視廣播說：「沒有一個堅强的有紀律的革命組織，就不可能進行革命，特別是不可能推進革命」。「我們大家正在為組織和建立一個作為工人階級和古巴革命先鋒隊的堅强的、有紀律和堅定的政治組織而鬥爭」。「古巴革命組織所應該具有的準則首先的是精幹的準則，它不是一個追求數量的黨，而將是一個具有高度質量的黨」。「古巴社會主義統一組織的綱領將是一個適合於我國客觀條件的馬克思列寧主義的綱領」。

卡斯特羅又說：「馬克思列寧主義是唯一的眞正的革命理論」，又說：「我是馬克思列寧主義者，而且，直到我生命的最後一天，都會是一個馬克思列寧主義者」。又說：「今天世界上只有兩條道路，選擇資本主義的、帝國主義的政策，或是反帝的、社會主義的政策」。「那些頑固地相信和尋找第三種立場的人落入了一個眞正虛偽和烏托邦的立場」。

以上是卡斯特羅自己的廣播談話。此一談話曾由中共新華社發表，而由中共人民日報於去年十二月五日刊載。這難道不是卡斯特羅政權的本質的清楚說明麼？

再看卡斯特羅及其同志最近在古巴建立的黨——「古巴統一革命組織全國領導委員會」又究竟是怎樣一個東西呢？

據中共新華社哈瓦那三月九日電：「古巴報紙今天刊登了關於統一革命組織成立全國領導委員會的公報，公報宣佈『統一革命組織領導人在昨天下午舉行會議，決定正式組成統一革命組織全國領導委員會和向人民宣佈組成全國領導委員會的領導人的名單』。公報說：『馬克思列寧主義的革命組織，古巴工人階級和全體勞動人民的革命力量的體現者統一革命組織，在它的最高領導機構中反映了已經使得我們祖國實現偉大的社會主義革命成為可能的革命力量和領導人的緊密聯合。這意味着向組成古巴社會主義革命統一黨邁進了具有重大意義的一步，古巴民族的最優秀的男女將團結在古巴社會主義革命統一黨中』。公報宣佈：『統一革命組織全國領導委員會由下列同志組成：菲德爾·卡斯特羅、勞爾·卡斯特羅、埃爾內斯托·切·格拉瓦、奧斯瓦耳多·多爾蒂科斯、布拉斯·羅加、……』。」

以上是中共新華社的報導，且刊出於北平出版的三月十一日中共人民日報，自非虛假。由上述報導，已經很明白的証明古巴卡斯特羅現政權確實是一個信奉馬克思列寧主義的共黨政權了。這一個政權的性質初與中共、北韓、北越、匈牙利、保加利亞、東德、波蘭等共黨政權毫不任何區別。卡斯特羅口中所謂社會主義，乃指馬列主義而言，決非英國費邊社的那一類民主社會主義，這應該是稍有政治理論常識的人就可以知道的。所以，古巴卡斯特羅現政權的眞面目如何？實已由此揭露無遺了。世人難道還應該憑自己的直覺去看古巴問題嗎？

大陸的春耕與春荒！

李金暉

依照赫魯曉夫的說法來說，全世界的共產主義國家，現階段的情況，如同是大家圍繞着一張擺滿了空碗的桌子坐着，以背誦教條和幻想共產主義的「天堂」即將出現，來企圖忘却飢餓。事實也誠然如此，幾乎沒有一個共產黨國家是免於糧荒威脅的。南斯拉夫和波蘭的情況較好。但那是由於他們對農民和現實讓步，放棄了集體農場，而又接受了美援。

赫魯曉夫爲此自我嘲弄地說：「如果請人參加這樣的共產主義，就等於請人用乂來喝牛乳。」準此，我們不是可以推斷地說，全世界的各個共黨國家和組織，正由於理論與實踐的破產，它們的發展，經已受到了自我的限制。理由是沒有人願以參加一個用乂來喝牛乳的俱樂部。

「用乂喝牛乳」，那還是蘇聯的較好的情況。在毛澤東統治下，即使在以食聞名的廣州，多數人家祇能用一碗鹽水來撈粥。他們根本不知或早已忘記牛乳是什麼味兒了。

在蘇共中委全體會議上，赫魯曉夫承認「得不到足夠的肉類」，並且對七年農業計劃表露悲觀地說：「我們現在已不能確言，到了那一年，我們才能增加農業生產到黨的計劃所預期的數額」。就這方面的情況看，赫魯曉夫的焦慮，已遠甚於他與美國對太空發展的競爭了。

現在，我們把視線再轉注到中共方面來。

中國大陸的情況是正處於百年來所未有的飢荒境界！

農民飢餓，苦於無糧；土地也像農民一樣地飢餓，等待着肥料和種籽。春耕的季節經已來臨，但缺乏大量的農具和耕牛！中共曾宣傳承諾工業化後帶來農業機械化，而愚蠢的幹部也相信中央能够兌現諾言，但是拖拉機的數量運用作像徵的表演也不够；實行「人民公社」後，農具變爲公有；農民對於化了公的舊式農具，不再像過去對待私有財產那麼珍視，損壞的不得修理和補充，現在「人民公社」經已名存實亡，雖然大集體的形式正在逐步化大爲小，可是農民的生產積極性，已因久已乎飢腸轆轆，化爲烏有。因此今年春耕的前途黯淡，儘管中共不斷催促號召加强備耕，今年的秋收是難望有好景了！

實際上，春荒的嚴重，遠比春耕爲重！

幹部面對活生生的實際情況，對於上級的命令，熟視無睹，一方面鬆懈對農民的控制，另一方面自行搞副業生產。

以下一些具體情況，可供我們作爲了解全局的參考：

在河南郾城縣，中共的幹部和群衆對春耕有「麻痺和自滿情緒。」實際上據三月六日「人民日報」透露是因爲「春耕工作都還存在着許多問題。」例如「軍王公社」的「軍王大隊的七個生產隊」的「九百多畝大秋地，只備了不足兩千車肥料，每畝只合一車多「糞」；該報又說：「生產一般的生產隊問題更多。如居冢馬大隊的調查，不僅播種計劃沒有完成，落實種子不全、不純，而且春播肥料只備有百分之二十左右，只够紅薯育苗和烟葉等經濟作物的底肥。」「還有少數有困難的生產隊，幹部對搞好春耕生產抓得不緊，沒有認眞評工記分，使春耕生產流於自流狀態。」在水利方面，「多數隊沒有整修渠道工程。」這是對一個公社所作的比較全面性的檢查實情。

在浙江省平湖縣，由於缺少材料，農具的修理和供應發生了困難。據三月七日「人民日報」的報導：當春耕來臨，在具體組織生產時，供銷社又遇到材料不足的困難。修造竹、木農具需要的毛竹和木材，計劃供應量只達到百分之六十和百分之十八。」實際上綜合來說，造成缺乏農具的實況有三類：「一是有生產能力，而缺乏原料、材料；二是有原料材料，而生產能力不足；三是生產能力和原料、材料都缺乏。」據同一報導內反映，第一階段所缺乏的農具計有二十多萬件。

同樣的情況也發生在貴州省。據報導「貴州省商業部門最近舉行農業生產資料交流會，組織各地調濟春耕小農具。」據說晴隆縣缺乏六千多把鋤頭及其它鐵製農具；三月七日「入民日報」又說貴陽郊區缺少三千對糞桶和大批木製農具。該省「馳名的興義縣頂效斗笠，因缺乏扎邊的細鐵絲不能大量生產。」

在福建省，「人民日報」三月十二日的報導稱：「當前農具生產中主要問題有以下三點：一、各地區生產進度不平衡，有些地區沒有完成計劃。二、品種規格不齊全。按照計劃檢查：全省犁頭僅完成百分之七十，田刀僅完成百分之四十七，竹扁担完成百分之四十八，棕衣完成百分之六十二。這些產品生產計劃完成不好的主要原因，大多是原料、技術力量較缺。三、今年修補工作搞得比較差。實際上，各地農村應修的農具數量相當大。」

又據三月十三日「人民日報」轉載「江西日報」消息反映，農村幹部們對於備耕的號召，「成天開會，會議內容空空洞洞，不解決問題。」農民反映說：「春耕大忙到了，天天旣上不離會，怎麼不影響生產。」實則幹部們，終日羣議，是因爲困難太多，大家怕負責任，開會祇是爲了敷衍。

廣東省寶安縣有些地方的農民，對於春耕則「公然只講逸不講勞，顧私不顧公，講權利不講義務，講民主不講集中，認爲勞動定額是强迫命令。社員逢墟日自動放假不出勤，辛苦工作不幹，有定額的不幹，按制度的不幹，搞自留地三天三次佔用集體生產時間。」這是寶安縣中共「內部文件」，「寶安通訊」[illegible]無生產積極性的實況。各地農民消極怠工事實已是普遍的情況。

我們還需要用更多的事實來說明大陸春荒和春耕問題的嚴重嗎？語云：「一葉落而知秋」；「舉一可翻三」：而更有力的証明是香港寄糧包的生意，已經由店家的經營發展到街市擺設攤販了，如非春荒嚴重，而又有重利可供中共從中盤剝，香港的左翼商業機構和銀行，不會頃全力支持這一新興的行業的。

台北市議會的珍聞

宣平

（台北通訊）台北市議會現正舉行大會，妙事頻傳，玆簡報於後：

一、非國民黨籍議員組聯誼會，强索津貼：市議員中有二十一人爲非國民黨籍。他們於本月十二日成立「台北市第五屆議會國民黨外議員聯誼會」，並以記名投票方式選出蔡林萬爲幹事長，張詩經爲書記，林中爲財務幹事，廖鐘脈爲議事幹事，林謀祥爲總務幹事。據說：由於國民黨籍市議員所組織的黨團幹事會，每月有固定的活動費四千元，黨外市議員聯誼會成立後，乃依據人數比例，要求市議會每月發給活動費二千元。議長張祥傳以無此預算不能報銷，不允所請；但黨外議員則認爲國民黨籍市議員黨團幹事會的活動費，雖由該黨台北市黨部按月發給，而其來源，則出自市政府。且市黨部爲了商請黨外市議員通過該項預算，嘗多次邀宴，其所費用，平均每月亦在二千元以上。因此，他們十四日在市議會吵了一頓，後來有人提議，不如請國民黨市黨部將請宴費二千元按月發給該聯誼會作爲集會的經費，以後可不必再請客。張祥傳亦以爲然，乃轉商於市黨部；後者答以用招待友黨名義，雖可報銷，但按月發給，則碍於立場，不能應允。而黨外議員，則仍激烈要求，大有不得不休之勢。張祥傳無已，祇得口頭表示他個人願意盡量設法補貼。省財政廳長得悉此情，即以長途電話向市議會查詢如何撥付；該會有關人員則答以不能在議會公欵中開支。但黨外議員則說：「議長已經答應了；經費沒有問題。」觀察家一致認爲黨外市議員聯誼會向市議會要求發給活動費，雖屬國民黨議會政治史上的奇聞，但由於國民黨曾向市議會活動；請幫忙通過預算中所列該黨經費，的項目，當權者自己先有弱點握在他們的手裏，勢不能不付的，祇是採取何項方式的問題，也許尚須斟酌而已。

二、推荐罷免不掉的副議長爲市府秘書長：前次市議會舉行臨時大會時，曾有議員二十七人（其中十二人屬國民黨籍），提出罷免副議長周財源的議案，其主要的理由就是認爲他爲市政府「護航」。後來雖經當權者的百般活動，未獲通過；但由此已足證明周在市議會之人望不佳。但事隔一月，本月十二日市議會張紫雲等四十八人（市議員總數爲六十一人），忽又提出一項臨時動議，推荐周財源爲市府主任秘書；且提案人中，赫然有曾提罷免案的張詩經等人在內。他們推荐的理由有三：（一）周財源現任本市議會副議長，學歷大學畢業。（二）曾任台灣省農林廳特產課長，省農會常務理事，土地銀行董事，省合作社聯合社理事兼經理，本會第四屆副議長。（三）周氏學識經驗均豐，對本市情形尤其熟悉，爲適當人選。

市議會在討論此案時，周財源立即離開主席台，步入「市府主管列席位」，站着與市府秘書室主任賴春貴談話。下午，周百鍊到會作施政總報告離去時，周財源又站在他的汽車傍和他交談甚久，可能與此問題有關。市議會同時又通過另一臨時動議：決定推派代表前往慰問剛卸職的市府主任秘書侯暢，並致送紀念品。其理由是侯氏任職四年又九個月，任勞任怨，對本市建設貢獻良多。市議會向市政府推荐主任秘書，已屬越權行事；而其所推荐者却又是他們原想罷免的副議長，顯然是有意和周財源過不去。然而就本案提出後周氏的表情看去，他似乎非常樂意。既有如此的議員，又有如此的副議長，亦可謂相得益彰矣。

三、市政府各單位主管人員遲到，議會休會抗議：市議會自成立以來，由於議員和市府各主管人員向不守時，從未按時開會。本月十三日上午議程爲對民政、地政、社會、兵役、財政、工務、捐稅、主計、人事及秘書等十單位的質詢。其中民政局長因病請假，財政局長及捐稅處長按時到會列席；其餘各單位主管人員在市議會宣佈開會時（九時半），均缺席，頓時引起各議員的不滿。葉依坤議員首先發言。他說：質詢無對象，市議會應有所表示。其他議員紛紛提出指責。至九時三刻市議會乃決定休會，以示抗議。市府各主管人員聞訊趕來時，議員們已一哄而散。周百鍊得悉前情，立即在市府召集會議，查詢遲到的原因，並諄囑以後市議會進行各項議程時有關單位負責人員必須準時列席。同時又發表談話，向市議會表示遺憾。

據十五日聯合報透露：「台北市議員向來不按時開會，十三日因議長要發獎品給按時到會者，於是競先準時出席。但市府若干單位的負責人員却因去國防部參加物資動員簡報，到得較遲，於是議員們大呼「藐視議會」而休會抗議。根據此一消息，可知市議員們所以能一反向例，準時出席，其目的在於有獎可領。而市政府各單位的大多數主管人員則寧可對於市議會的施政質詢遲到，却不敢不儘先出席國防部的物資簡報，亦充分表現在他們的心目中，後者尤重於前者的。所謂市府受議會的監督云云，原來如此。」

三民主義實踐農村輔導費的妙用

靜

宜蘭市民代表林春光於本月六日在市民代表大會上揭發了一宗唯有「三民主義模範省」的台灣才有的奇聞。據稱：該縣政府爲推行「三民主義實踐農村」領有輔導費九萬三千元。去年府會不會，有人建議林縣長應給市議員們「幫幫忙」。於是想出一個妙計，每名市議員發給該項實踐農村輔導費三千元，藉以「輔導」他們「過年」。有的議員拿了錢，還不知實踐農村在何處？而實踐農村則因爲經費被議員們領去了，無法實踐云云。

台灣簡訊

志清

一，哈里曼訪台

美國國務院主管遠東事務助理國務卿哈里曼偕同他的夫人於本月十四日自菲律賓來台作二十四小時的訪問。他被調任現職之初，台北當權者曾引以爲慮，認爲他可能主張承認中共。他在飛機場所發表的書面聲明，雖讚揚台灣「已經成爲自由的象徵」；但顯然指的是土地和農業方面，這可由以下的一段看出。原文是：「自由中國的輝煌成果——由自由的人們，尤其是擁有自己田地的農民所得到的成果——是全世界的模範。同時揭穿了共黨自鳴共產主義乃是將來世界必經之路的荒謬說法。」他對於台灣在政治建設方面的成就，避而不提，足證其對我們的內情非常了解。他此行的目的，據書面聲明所說，是因爲他「一直注意此間工業，尤其是農業，發展情形；同時，很想再拜會蔣總統，並談論有關中美兩國的問題。」

哈里曼助理國務卿訪台之日，各報多發表談論，表示歡迎之意。聯合報並主張「政府應把握此一機會，提出反攻大陸的問題，雖然美國的同意也許不是短機所能獲得，但我們則必須從現在起就開始努力。」他先和蔣「總統」談了兩小時，然後再由沈昌煥陪同拜會陳兼院長；並聽取政府官員關於經濟發展的簡報。關於反攻問題，顯然並未談及。

二，陳誠痛斥飲宴之風

陳誠於本月八日的行政院例會中，對政府各機關年來盛行的酬酢飲宴之風，大加指責。他沉痛指出：目前國家的處境十分艱難，財政常感不足，在酒席桌上浪費公帑，最要不得；並告誡各部會首長：今後，除外交上的需要而外，必須儘量避免宴會云云。

某民營報特著社論，首述近四五年久不聞政府當局提倡政府節約之說，因而認爲陳兼院長所指的雖屬小事，但關係政治風氣甚大，足以發人猛省；希望他「除了限制飲宴酬酢而外，更能推而及於其他更大的浪費，如各種「大小工程和公營事業的種種浪費等。」最後，主張「澈底變更現行審計制度和公開政府預算決案，使人民能了解弊端所在。」這篇社論的立論雖然很能代表一般人民的意見；但在蔣「總統」主政之下，希望公開政府預算決案，豈不等於妄想？過去數年，立監委員們以職權所在曾不斷的提出要求，他們都聽而不聞；現在當然還是不會有所更張的。

三，省府令台灣銀行減少顧問

台灣省議會上次大會，以台灣省銀行有顧問六十餘人，開支太大，顯屬浪費；曾議決建議省府轉令裁減。事隔數月，省府乃於本月九日以一紙命令將該項決議轉知台灣省銀行。但令文不但沒有指明應裁減的名額和期限，而且並未限定必須裁減。可以說，完全是一篇傳統的官樣文章。觀察家認爲今後省議會如再追問，省府將答以已經轉令辦理。至於台灣銀行則仍可以毫不爲動；或將少數顧問改爲其他名義，藉此了事。因爲今日各公營乃至私人事業機構的所謂顧問或董事等等，都是有來頭的；唐榮廠的顧問問題，雖經監察委員們大吵大鬧，也要等到工廠改組後才不了了之。可知，省議會雖要台灣銀行裁減顧問，恐亦難以發生效力也。

四，農林公司冒領補償　議員檢舉遭受恐嚇

台北市政府在廣州街興建雙園堤防，台灣農林企業公司聲言有名貴水仙花五、七九六株受損失，依法要求補償。經民政局農林畜牧課估價，擬照每株六元的價格付款賠償；但該公司認爲太低，要求每株賠償十五元。本月一日提出地價評議會審核，發現疑點甚多；乃於次日由市議員鄞建信、肖聲、陳連祿三人會同農林畜牧課及地政科前往現場察看，未見有栽種水仙花之任何痕跡。詢問農林企業公司職員，亦支吾其辭。三位議員認爲顯有弊端，乃由肖聲議員於本月十二日在市議會提出質詢。據稱：他於次夕就接到兩次電話和一封無名的信，都說要對付他，叫他小心點。因此，他在十五日的市議會中，要求大會保障他的安全。市議會當即決定組織專業小組進行調查，並推定歐陽斌、洪禮錠、鄞建信、尹毅、黃光平、陳連祿、張詩經、黃衍樑、李賜卿等九人爲委員。

聯合報於十六日發表一篇短評，指出：「台北市興建雙園堤防，對堤外的地上物有所補償，做得天公地道，沒聽說有多少異議。如今，經市議員提出質詢「水仙花」案，頓使人又開眼界。已經決定予以補償的五七九六株水仙花，竟然是紙上圖畫，並無實物，如果不是市議員實地看了一下，這筆錢財已是憑空得定了。更奇怪的，一方是台北市政府，豈如此好欺？一方是台灣農產企業公司，豈如是無賴？農產公司的水仙花，只是補償費中的一小筆。還有什麼五花八門沒有？市議會如能一一清查，也許還可增添笑話。雖然這類笑話教人哭笑不得，還是值得一聽的。」

又：蕭議員在質詢中，也說：「雙園堤防補償案，有甚多浮報和虛報的情事。但該地曾經市政府有關單位實地勘查，何以竟未發現，仍然爲其申請補償？其中顯有弊端。」可知，除了水仙花問題以外，其他同樣或更大的舞弊還有的呢。

立委呼籲制止　台北美國學校招收中國學生

見微

（台北通訊）台北有一間美國學校，原是美國人爲居住在台灣的該國兒童而設立的小學。但我國若干高級文武官員和豪紳巨賈，都紛紛將他們的子女送入該校。多年以來，因社會輿論的指責，台北市政府當局曾擬加以制止，但以權力有限，但迄無效果。去年美國學校當局，亦應我方的請求，將中國學童名單及其家長姓名住址交與市教育局，以便該局據以勸告各該家長將其子女轉入中國學校；結果仍是勸者諄諄，聽者藐藐。最近，有顧某等五人甚至以所謂學生家長代表主席團名義發表聲明，痛詆我國國民學校辦理太壞，糟塌學童；並公然說：要向高層主管機關打通。

本月十三日，立法委員劉漢、趙惠謨在院會向行政院提出質詢，要求依照法律，制止美國學校招收我國學童。

劉委員認爲我國學童在本國境內入外國小學，不但有辱國體，而且違背憲法和教育法。他說：此事並不自今日始。任何國家，除非是亡國國民，決不容許國民在國內不受本國的基本教育而卻入外國學校。七八年前，立法院就曾提過多次；但拖延至今，有關當局始終無法解決，眞是國家的怪現象。他更指出：據報載，截至去年九月爲止，入美國學校的中國學童，計台北轄區內年齡在十二歲以下者有七十八名，超過十二歲及在陽山轄區內者約有一百名。這些學童中，有些是部長級及高級武官的子女。報上曾登出三十四名學童及二十五位家長的姓名；但都是無關重要的。其餘一百四、五十名學童的家長姓名，據說：因未經上級核准，不便宣佈。他問：「他們是不是政府的文武大員？不准宣佈的那位上級是誰？難道這位上級連如此有辱國體的事件都不懂？」

劉議員又說：所謂五位家長代表顧某等所組織的主席團痛詆「中國國民學校辦理太壞，如把子女轉到這些學校，無異是糟塌了他們的一生。尤其是各國民學校環境太髒，設備又差，星期六還要上課，簡直是摧殘孩子的身心。」不知最高主管當局對於這些民族敗類，認國家教育無一是處的妄言和臭罵，看了有何感想？該五人主席團還號召：「所有家長儘量利用社會關係，暗中向教育廳及教育部疏通。祇要高層打通了，市教育局的命令也就沒用了。」究竟最高主管機關被疏通了沒有？他認爲市教育局重提此事，足徵其具有國家觀念和民族意識；但教育部和教育廳反而袖手旁觀，坐視不理。他問：「這是上級主管機關對忠誠愛國的下級人員應有的作風嗎？他們不理的原因何在？」劉委員總結他的質詢，提出六個問題要求行政院答覆。

一、中國兒童在國內受外國小學教育，是否違背憲法？是否違背教育宗旨？是否違背國民學校法？是否有辱國體？爲何多年置之不理？

二、中國兒童在國內接受外國教育的，現在究竟有多少？爲何大多數人的家長姓名竟諱而不公佈？

三、市教育局盧局長爲愛國心驅使，才提出這個有辱國體的問題，這是他爲國家負責的表現，爲何最高主管當局，袖手旁觀，坐視不理，致使下級灰心，無法澈底執行？

四、顧某等痛詆中華民國教育無一是處，局外人都覺得是信口雌黃，不知最高主管當局看了有何感想？

五、顧某等五人發出號召「要利用社會關係，向教育廳及教育部疏通」，究竟疏通沒有？不然何以會無故停息下去？

六、今後最高主管當局對於這件有辱國體的事，究竟持什麼態度？有無徹底取締的決心？

教育部長黃季陸答稱：關於此事，去年六月間已作如下之處理：（一）根據私立學校管理辦法第廿八條規定，准予備案爲美國僑民學校；（二）不得招收中國兒童，並應將名冊報主管教育機關；（三）將中國學生轉中國學校就讀；（四）予中國學生轉學上之方便；（五）如仍就讀美校，則其學籍不予承認。嗣經調查原有中國學童九十餘人自該校核備後，七人已轉學，尚有七人在進行辦理中。教育部處理此事的基本方針爲使外國僑民學校有督導管理之權；至本國人送子女至美國學校自需有辦法制止，照强迫入學條例先予勸告或警告，再則處十元以下罰鍰，由地方教育委員會酌情辦理，並得就其家長姓名予以公佈。

黃季陸的答覆，顯然是避重就輕；而且自相矛盾。既說已限定該美國學校不得招收中國學童，又說：如中國學童仍得就讀該校，則其學籍不予承認，豈不是說明仍可招收嗎？至於所謂承認學籍及罰鍰十元等等，則更是自我諷刺。因爲這些達官巨富所以要將子女送入美國學校，原是爲了畢業後便於去外國升學，他們祇想外國學校承認，根本不需要教育部承認其學籍；更不在乎區區十元的罰鍰。何況至今並未聞有任何一個家長被罰？說道公佈姓名，也許這些家長由於良知尚未盡滅，未免有些覺得難以爲情；但「上級」既不核准公佈，也就等於零了。趙委員惠謨覺得黃季陸所說的各項辦法都難有實效，主張教育部應轉飭教育廳向美國學校交涉，請其停止中國學童繼續註冊。但黃部長仍說：「教育機關爲執行國家的基本教育政策，不能仰求外國學校，應仍就管理着手。」表面上，他似乎頗有氣概，實則說空話而已。假設教育部果能管理，既已限定美國學校不得招收中國學童，如今仍有以百計的中國學童在該校攻讀，顯見該校已公然違反我國當局規定，何不加以取締？

據悉：美國學校當局原也很爲合作，因而才將該校的中國學童及家長姓名住址開給教育局，希望我們能自己制止。繼見我們並不認眞，若干政府大員和豪紳巨賈又仍源源不斷的將子女送去；某夫人更有所示意，於是才繼續錄取中國學童。因此，不但市教育局無力取締，就是教育部長，也祇好以官話一篇，敷衍了事。

血淚千萬行糧包二百萬

港寄大陸糧包前月又創紀錄

白帆

由香港寄往大陸之糧包愈多，反映大陸人民飢餓狀況愈益嚴重，這是誰也知道的事了。而香港有關方面之統計則指出，本年一月份由港寄往大陸之小型糧食包，又繼去年十二月份而再創最高紀錄。

自一九五九年香港人民開始普遍郵寄兩磅裝小型粮食包以接濟大陸親友以來，去年十二月份的數字是一百四十萬零九千包，但本年一月則又緊接着再創紀錄，僅在本年一月份內由港寄往大陸之小型糧食包竟達二百萬包。

如所週知，中共從前是規定大陸人民每人每月接受海外寄往之糧食包爲數不得超過一包，同時中共又規定每一糧食包的重量是不得超過兩磅的。此等糧食包之主要內容則爲麵條、猪油、白糖、花生等。隨後，雖傳說中共取消大陸人民每人每月只准接受一包之限制，而改爲每人每月可以接受兩包或更多，但重量則仍規定爲兩磅。試想業已極度飢餓之大陸人民每月僅賴此兩包兩磅重之糧食又何足以維生？況中共平時雖揚言「社會主義制度」是最好的政治制度，是最有效率的政治制度，但事實表現殊不然，即以糧食包之寄遞而論，其有關細節，中共向無明確規定，使海外僑胞迷惑不解，因而使海外僑胞不知如何寄遞糧食包才好，這已經是中共辦事明明胡鬧明明無效率之表現。甚且由海外寄往大陸之包裏，有的要在收件地點使收件人納稅四五倍之多，有的要使收件人在收件地點納稅二三倍之多，而何物應納幾許稅？中共亦向無說明；且同一物資，有的在甲地納稅甚重，有的在乙地納稅甚輕，這都表明中共政權處理事務，初無一定之標準，僅由各地共幹任意胡鬧而已。再則，由於海外寄往大陸之糧包爲數既月達二百萬包，而每包又只重僅兩磅，故每包之包裝均不得不力求其輕，因而皆不得不用紙盒來作包裝材料。但每日每時均有人前往寄遞，故不但各方所寄遞之糧包堆如山積，即在中共接運後，路途上亦重重疊疊，堆之又堆。對此，香港郵局辦事尚有效率，故尚能及時交運，不致因遲滯而使堆積之糧包受損受毀。中共則不然，一方面中共既要因檢查而躭延了時日，二方面又因交通工具缺乏而長期堆在廣州，遂使若干糧包被壓碎，因而被毀，若干糧包因霉爛而變質，更有若干糧包因雨水潮濕而使收件地址及收件人之姓名浸毀不明。此外，更常有共幹在沿途乘機竊取（因下級幹部本身亦飢餓），大陸飢民更有在各交通線上及車站因飢餓而冒死搶奪糧包者。由上各種原因，遂使香港所寄許多糧包根本不能交到大陸親友之手。而由海外寄往大陸之糧包，固皆由大陸逃港人民及華僑所寄。這些逃港人民或海外華僑之金錢則又皆由千辛萬苦節衣縮食得來，許多婦女甚至爲了要與大陸親友寄糧包而被迫犧牲色相者，言之眞是辛酸，然中共對此寄糧包是否眞能交給收件人則並無若何保証，其幸而寄到者，時間之慢，更慢得驚人，以廣州鄰近地區而論，與香港相距原只一夜火車之時間，但由香港寄糧包交廣州鄰近地區之親友則皆需時在四十天左右，寄往大陸其它地區其時間之慢，更可想見。則中共辦事效率之低，由此益見証明。本來，海外僑胞必須寄糧食包往大陸始能接濟大陸親友之生活於萬一，這已經是中共政權大丟臉大失敗之事實。但大陸人民普遍嚴重飢餓既是事實，則中共原應面對事實，小心把糧食包保管好，把糧食包運送得快一點，中共尤應將海外寄糧食包有關問題坦白說明才是。但中共既想藉此斂財，又怕因此丟醜，遮遮掩掩，偷偷摸摸，使海外許多僑胞寄了幾年的糧食包，至今還不知道中共對糧食包究竟有些什麼規定，而只能到南貨店輾轉打聽，因而無所適從。難怪海外報紙一提到糧包問題，便不約而同的都大登特登「二百萬糧包，幾千萬行眼淚」了。

大陸物資奇缺　中共加緊清倉

陸聞

物資和原料奇缺，大大影響了中共的工業生產，這是今日大陸的嚴重問題。爲此，中共早就喊出找尋代原料來繼續生產的口號。但大陸各地使用代用品的結果非常不好，於是，爲了供應原料，中共又呼籲各地共幹切實清查倉庫，希冀找出一些原料來暫時供應需要。三月十五日中共人民日報更爲此發表社論，以「徹底清查倉庫，統一處理物資」爲題，告誡各地共幹說：「目前還有另外一個來源。這就是各部門、各地區、各單位倉庫中現存的物資。這方面有很大的潛力。現在散存在全國各個生產單位、建設單位、事業單位、糧食部門、商業和貿易機構，以至車站、港口、碼頭、機關、團體、學校、展覽館、國營農場的物資中，有不少是超過正常儲備量或者是今年計劃中不需要的。在這種情況下，十分必要在全國範圍內開展一次全面的物資清查工作，……把多餘的物資拿出來，由國家統一安排，使用到最需要的方面去」云。

共軍消息：

藍星

共軍官長技能不及士兵

如果不是中共新華社自己報導說共軍官的技能不及士兵，中共一定會說這是反共人士造謠。但是三月十三日北平人民日報卻實實在在的刊登了這樣一段消息說：「一天[illegible]南地區部隊炮兵某部三連的幹部組成了一個班，由連長當瞄準手，副連長當二炮手，三個排長分担三、四、五炮手，與戰士們進行射擊比賽。結果，幹部班比輸了。連長問評比小組的幹部，我們的幹部班爲啥輸啦？戰士們直爽的答道：你們的瞄準位置不精確？連長一看瞄準鏡，果然差頭髮絲的那麼一點，戰士們說：差之毫厘，失之千里。看來，鏡內差頭髮絲那麼一點，可到了實際距離，就差遠了。這不白白浪費一發炮彈嗎」？

由上述新華社的報導，再經人民日報刊登出來，顯然表示共軍幹部的技能是反而不及士兵的。那末，如此幹部而欲獲得士兵的擁戴，憂憂乎難矣！

共軍士兵爲父母貧病不安

今日大陸，所有人民，皆貧病交迫，這是誰也知道的事實。雖然，中共對高級共幹和軍隊官兵的待遇特別好，但所有士兵都來自民間，民間太疾苦，人民太飢餓，能不影響共軍士氣嗎？可以斷言，那是絕對會要影響的。

三月十三日中共人民日報也刊登了一則士兵爲其父親患病而憂慮的消息，這可窺見一般。

人民日報說：「一個星期日，北京地區部隊某部『猛虎連』的副連長張慶雲到菜園、倉庫看了看，正想去俱樂部和戰士們玩玩，突然一陣二胡聲吸引住了他。他知道八班戰士彭懷發是個二胡迷，可是今天拉出來的聲音吱紐吱紐地像是鋸木頭，失去了往常那種輕鬆愉快的情調。他走進房子，見彭懷發坐在床沿上心不在焉地拉着二胡，兩眼呆呆地望着窗戶。副連長親熱地拍拍他的肩膀說，你一定有啥心事，能對我說嗎？開始，彭懷發不肯說，後來才講他父親病了」。

僑鄉近訊

鍾之奇

廣東農民半天休息也沒有

中共迫害大陸農民，中共全力奴役大陸農民，這是誰也知道的事實。但究竟奴役到什麼程度呢？却是大家所不清楚的。

三月十三日中共新華社對此曾有一段透露。它說：廣東省電白縣電城公社濕水大隊黨支部書記葉養在春耕中，「不但注意對後進的生產隊加强領導，而且也注意到先進隊裏是否也有薄弱環節。……他便找隊長計算時間和勞動力的安排，結果算出從開耕到春種結果，一共是九十天，工作量需要二千九百個勞動日，平均每個勞動力要負担九十個勞動日」。

春耕時間一共是九十天，每個人被安排了九十個勞動日，那末，這很明顯，這不是中共整整强迫農民連續勞動九十日而何？在連續九十天的勞動中，連半天休息也沒有，眞是人間的大慘劇了！

福建趕種早熟作物

中共政權開支龐大，加以大陸普遍飢荒，中共遂又想出命令各地趕種早熟作物之辦法，以濟燃眉之急。

據新華社福州三月十三日電：「福建農村的許多人民公社，正抓緊春耕大忙之前的時機，適時播種早熟作物。截至三月三日止，龍溪、晉江、福安、南平和厦門地區，已種下馬鈴薯、春大豆、玉米、蕎麥等早熟作物十八萬多畝。」

又說「福建省各地種植的早熟作物品種繁多，由於這些作物可以在荒地、田邊隙地和果園、蔗園、林地種植，各地都把種植早熟雜糧當作一季收成來抓。南平專區各地公社在開墾的十二萬多畝的荒地中，已種下馬鈴薯二萬多畝。順昌、建甌等縣，也在幼林林間地種了六十多畝粟子、蕎麥等早熟作物」云。

福建等省仍嚴重缺乏農具

除了肥料缺乏之外，農具缺乏，也始終是中共各地人民公社的基本問題之一。

農具何以缺乏呢？一方面是人民公社的集體生產制度既規定所有農民同時從事生產，所需農具自必浩繁，再加以農民反共情緒高，大家都不小心保護農具，因之損毀重，而另一方面，中共又將鋼鐵等類物資集中使用到軍火工業方面去了，因之，數年來，中共亦很少撥鋼鐵來補充和製造農具。

茲據中共新華社三月十三日報導：「各地手工業工人正在加緊修造春耕生產需要的小農具。據最近十四個有關部門向中央手工業管理總局的匯報，到二月上旬止，湖南、湖北、四川、福建、江西、遼寧、吉林等九個省，已完成春耕小農具生產任務百分之五十到百分之七十。安徽、山東、河北、陝西、黑龍江等省完成百分之三十左右」。

根據以上中共自己所報導的數字來看，湖南、湖北、福建等十四省皆是大陸盛產糧食的重要省分，春季時間已過了一半，春耕農具却才不過平均製造了所需量的百分之五十，卽不過製造了所需量的一半而已，那末，春耕生產又那得不受影響呢？

中共獎勵福建前線女共幹

據新華社福州前線三月八日電：「三八婦女節前夕，通訊兵某部舉行慶功會上，十二名女戰士蒙獲五好戰士稱號，五十八名女戰士受到記功和其它獎勵。長途電話站第二班女話務員們團結一致，努力去鑽研通訊業務，去年接轉電話七萬多次，圓滿完成工作任務，獲得四好班稱號」，「前線文工團在授獎大會上，七名女演員獲得五好獎狀，二十二名女演員立功受獎，一年來，她們經常翻山越嶺，涉水跨海，到前綫沿陣地爲戰士演出」，「前線部隊還獎勵了一批五好（政治思想好、勞動生產好、儉勤持家好、教育子女好、團結互助好）家屬」。

這充分表明中共是在福建隨時備戰，所以才故意獎勵如此其多的共軍女幹部的。

尼溫政變的背景

緬甸在歧途上

沙溫

三月二日在不流血政變中奪得政權的尼溫政府，已經在穩定中經歷過最初兩個星期的階段。由於政變時所逮捕的只是有代表性的巨頭，絕不牽連到第二號人物；也由於政變行動只限於首都仰光，甚至只局限於幾條街道；絕對沒有影響到省區及地方。這種全國安堵的情況，堪稱是一次最成功的政變。

可是這次陸軍政變的所以成功，究竟不只是由於「軍力的控制」，而是由於尼溫將軍的德望——當四年前吳努總理引退而由尼溫將軍組織看守內閣那十八個月中，緬甸在軍事統治下的秩序，比政治統治更為良好，經濟情況也更穩定。而且，尼溫將軍並沒有企圖霸佔政權，他聲稱依時舉行普選，還政於民。而結果他果然拱手讓出內閣的權位。由於這些做法的公平和磊落，造成了人民對他的信仰和希望。所以這次尼溫將軍再度掌握政治，人民不但並沒有怪異驚惶的感覺，毋寧說更認為有「安石不出」的那種感覺。他們很盼望尼溫將軍，能够替徘徊歧途上的緬甸，找到一個確定的、良好的方向。

緬甸確是「在歧途上」——在左傾紊亂、與中立安定的歧途上；也在分裂戰爭、與統一和平的歧途上。如果沒有強有力的手腕加以挽救，可能不久便會有分裂性的政府出現，也許它是部落性的地方政府，也許是國際背景的赤色政權。

吳努要做和尚

緬甸基本上的主要困難問題，共有三次，每一次都是相當頭痛的。共黨問題，可以說是三項困難中首屈一指的：過去緬共的軍事威脅，曾使仰光政府命令不出都門，仰光與瓦城（曼德勒）的水陸交通中斷。其後共軍雖被政府清剿，一部歸降，一部逃至北面邊界或中共區內。但代之而來的，則是中共本身對緬甸的威脅，在長達一千二百多里的邊界上，緬甸是沒有馬奇諾防線的，因此她不能不以中立求安全。但中共並非真正對中立國「互不侵犯」，它豢養緬共軍以備他日取仰光之用，同時也採用滲透的方法，進行偷天換日，奪取政權。緬甸的少數民族，如撣族、喀倫族，都是強大的部落，他們在聚居的邊區中，有他們自己的軍隊，和不同的宗教信仰。撣族沒有「曼谷背景」，也不一定有「北平背景」，但他們是泰族人，與泰國人及中國滇桂的僮族是一族。喀倫在英國統治緬甸時代，屬於優秀民族，信基督教，多懂英文，傳統下來，他們人物佈要津，（被捕的總統宇溫貌，即是喀倫人）。他們保障了「高度自治權」，更要求更高的自治權，甚至「獨立」，換句話說，那便是「分裂」！

至於經濟，緬甸曾接受美援，拒絕美援，接受蘇聯中共經技援助，又指中共藉援助干預內政。總而言之，經濟找不到獨立自主的出路，接受外援，又有難以避免政治色彩的苦惱。

來不及剃度

吳努的宣稱他要在明後年退休，「去做和尚」；可能就是這些原因。但是客觀形勢的迫逼，來不及讓他從容剃度。因為一九五九年他的當選，（就是從尼溫手中接回政權那一次），是由左翼人民陣線對他的支持。這些有共黨份子滲入的左翼，配合那些根據北平經技援緬（約合八千多萬美元）而來的中共特務份子，逐漸攫奪吳努那個聯盟黨的黨權，在黨的九名執行委員中，他們佔了五席。於是緬甸有了「應聲虫」的表現：如藉着留緬「國軍」的問題，謾罵台灣並抨擊美國；說那些中國反共游擊隊使用美式武器，鼓動反對美國和平部隊在緬工作。拒絕寮王邀請緬甸參加調處內爭的三國會議，與中共簽訂邊界協定，無條件響應赫魯曉夫的十八國會議等。

這些還只是外交問題，短期中不會過份影響緬甸，而左翼的目的，卻必要使緬甸「轉變」，由所謂中立而轉為左傾，由比較安定而變為混亂。他們要在政治上肅清右翼，在經濟上實行企業國營；吳努已聽從他們的決定。撣族要求獨立，實行「聯邦制」，它並非共黨背景，但「分裂緬甸」符合共黨利益，左翼多方促成這項離心運動，吳努對之無能為力！

緬甸政治的由暗門轉入明爭，發生黨同伐異的清算；經濟的在貧乏之上，再加上混亂；國家在外形統一的情狀，變成公開的分裂；就在眼前快要出現。尼溫將軍的副手安吉准將所說：「革命在阻止分裂及混亂，否則緬甸將如寮國」，正是指此。

安吉准將宣稱，將「改革經濟，征剿叛部」，包括共軍，撣部、喀倫部等，然後還政於民。但這些任務，怕不是短期能達成的！

·仰光通訊·

泰共書記長乃鑾被捕經過

·姜松·

泰共頭目之一，出任泰共書記長的乃鑾·攀旺，終於被泰國政府當局逮捕了！事後，副警察總監巴碩即發表聲明，謂此次措施，係由於已獲得了充份的証據而執行。

乃鑾前曾在曼谷「啟光學校任教師」；一九四九年，赴北平受訓；一九五二年，返泰不久，又轉赴莫斯科，經過了三年的深造訓練後，始於一九五六年返泰担任「共黨總部」的主要任務。其妻娘巴立，也是一個「極度神秘」人物。他夫妻倆的秘密活動，因此也「相得益彰」。

乃鑾此次之落網，是在泰警突擊搜捕五府共黨份子時一併被擒獲的。泰國警察搜捕共黨的行動，係於去月廿三日凌晨四時開始，當時警員的出動，分成七十五小隊，人數逾五百名，搜捕地區包括五府（泰國共分七十一府，在編制上每一府即我國的一省），那就是首都所在地的京畿府，與曼谷隔湄南河相對的吞武里府，中部的素攀府，北部的程逸府，及西部的北碧府。搜捕的行動，直至廿七日才告一段落。捕獲的嫌疑共黨份子共二十八人。在此二十八人中，乃鑾夫婦赫然也在其內。而乃鑾的一位重要助手乃挽宗，也遭拘押。——乃挽宗係某「律師及會計師事務所」的職員；還在他的家裏檢獲許多重要文件。

除乃鑾夫婦和乃挽宗外，其餘被捕的人，有律師，商人，教員，前任議員，和普通居民（包括華僑和華裔）。

指揮這次大規模搜捕行動的，是副警察總監乃甲善中將。據乃甲善稱：乃鑾係泰共的首要人物之一，其地位的重要和影響力，不下於年前已被槍決的共黨首領素柏查及乃空。警方並已在乃鑾夫婦的住所裏搜出了泰國共黨的黨員名單，入黨申請書，泰共的地下刊物「愛國週報」，及中共、越共的來往文件和宣傳品。乃甲善中將並稱：乃鑾已承認他確係共產黨員，但拒絕透露其他。至於娘巴立，她被盤問時，並沒有說出她本身的「真正身份」；惟據警方偵悉，她極可能是泰共的一個核心份子。她在曼谷勝利紀念碑附近的披塞巷置有一間寓所，這寓所可能已供泰共利用作為集議場所。她在素攀所經營的養雞場，也可能供泰共用作活動中心。又據當地人士透露：警方在未展開大規模搜捕共黨之前，早已接獲線報，謂該養雞場經常有可疑的男女手持盛載雞蛋的紙盒進出，可能係替乃鑾傳遞「訓令」給其黨員，指揮他們工作，而那些蛋盒，可能就是收藏「訓令」的工具。此外，警方又接獲一項報告，懷疑素攀與北碧這兩個地方，就是共特偷運武器入境的轉運站。——素攀位於曼谷東北，距首都約一百六十公里，地域廣大，山脈延綿，到處有茂林密草，其西南部則與北碧接壤。北碧則在曼谷的西部，相距一百廿三公里，地勢頗與素攀相似，崇山峻嶺亦頗多，且西部地區與緬甸連接。警方獲悉：泰共準備暴動所需要的軍火，正是由那一地區運來。警方掌握了這許多線索後，於是就採取行動，展開了這一次大規模的搜捕。而在搜捕時，因為警方已有週全的計劃，故進行得很順利；所得的收穫，也可以說是「頗為滿意」。

泰國政府當局於這次搜捕了共黨之後，也採取了一項相當高明的措施：第一，國務院長兼正警察總監沙立元帥，親自提訊乃鑾；並親自審核警方搜捕經過的報告書。第二，批准警方發表一項正式公報，說明此次破獲共黨機關所獲悉的共黨顛覆陰謀，與以前所破獲的東北部分裂國土案，也互有關連。

至於警察方面的報告書，聞亦已清楚地指出：共黨在泰國的滲透和活動的策略，目前已略有改變。據謂：泰共過去以工人為宣傳及滲透的對象，現在則已改為針對農民，轉向農民來作欺騙誘惑的活動；這項轉變，是很值得注意。該報告書中並加以解釋，謂泰共此種轉變係含有兩個相反的意義，一是共黨認與對工人的滲透已告失敗，一是認為此種工作已獲初步成就，可以改向農民下手。警方對共黨今後的動向，現仍在繼續注視，並將再展開進一步的縝密偵查云。（曼谷通訊）

友聯新書

西遊記

吳承恩著　趙聰校點

西遊記是中國第一部神話小說名著，曾與水滸傳、三國演義、金瓶梅合稱為四大奇書。原著者吳承恩，乃明代一大文豪。此書在當時即已風行全國，迄今數百年來，一直為讀者所熱愛。書中所敘唐僧故事，以及孫悟空、猪八戒、牛魔王、蜘蛛精等等神話中的人物，全是大衆所熟悉的。自古迄今，不知有多少戲劇電影，從這部書裏選取素材。現在經由友聯出版社根據明清各種善本，精細校點重印出版，列為「中國典籍輯要」之一。卷首有校點者趙聰先生長達三萬餘字的序文，對西遊故事的來源演化，著者的生平事蹟，各種版本的流變異同，以及西遊記主旨和藝術成就諸端，均有極詳盡的析述，可為研究此書之一助。

定價：精裝十五元　平裝十二元

醫學心悟

程國彭著　費伯雄批

「醫學心悟」一書，是清康、雍年間名醫程國彭氏蜚聲醫學界的名著。刊行以來，傳播甚廣；初學中醫的多取以為參考。至咸、同年間，復經江南孟河名醫費伯雄氏詳加審閱，將書中隱而未顯及發而未盡，並症治闕漏錯訛和處方不當之處，逐一批眉，使之成為一部完善的醫學教科書。本書曾於民國二十六年由伯雄氏之嫡系曾孫，今在香港懸壺之名醫費子彬先生出資刊行，但不久即已銷罄。現因海外各地習中醫者，函電紛至，求索此一費批秘本，子彬先生遂特交由本社慎重重印出版。為避免初版時的魯魚豕亥之病，本社又仔細校勘了數遍；並加上標點，以便於閱讀。

定價：三元五角

友聯出版社出版
友聯書報發行公司發行
香港九龍塘多實街十四號　門市部：香港德輔道中二十六號A二樓
各大書店·均有代售

荒漠的故事（上）

沈歌

漫長的煩悶的旅途，湊上炎熱的天氣，已使頭髮花白了的韋嘉教授不勝其苦。然而抵達目的地後，又發覺這裏雖然是中國的西南方，却有點像北大荒一般的充滿了冒險和神秘。白天的太陽可能像燒紅的煤球一般的灼熱迫人，可是入夜後的天氣却會凉若晚秋。

就在幾天後的晚上，研究荒漠土壤開墾問題的會議，在帳蓬中央的空地舉行。韋嘉教授坐在竹椅上不斷地搖扇驅趕那些討厭的蚊蟲，對於剛從中國科學院來的那個年青的研究生莫志風的激烈發言並不感興趣，他的眼簾充滿了睡意般的不時搭拉下來。他在疲倦中想起處於故居的老妻和剛從香港回來和他相聚的孫兒韋英。他非常怨惱組織不給他和唯一的孫子生活多些日子，便命令他從千里迢迢的故居趕來這裏參加土壤開墾工作。

「嗨，韋嘉教授！」那個負責領導開墾工作但對土壤問題却完全外行的黨委書記說：「你認為這裏的土壤和莫志風同志所說的有開墾的價值嗎？」

「唔，」韋嘉教授停止了驅趕蚊蟲，依稀知道對方問自己的問題，便慢慢地斷啞地拖長聲音道：「我認為這裏大都是一些使植物頗難生長的中粒沙，倘使要將他變成肥沃的土壤，必須浪費極多的人力，和放進大量的微生物。」

「韋教授！我不同意你的說法。」莫志風忙着說。

「那麼，莫同志，你有什麼意見？」黨委書記問。

「我不同意的是韋嘉教授的一套古舊的從外國文獻中引用的關於土壤的理論，蘇聯科學家在最近幾年來已經創造出一種在沒有生物的荒漠地區上變為沃土的設備。」

「可是，」韋嘉教授不耐煩地却有涵養地道：「我們却沒有這種設備。」

「這不成問題，韋嘉教授，我們有人力。」黨委書記有力地說道：「我們共產黨一向相信人定勝天的，我們可以從各大城鄉中調來大批勞動力……韋嘉教授，目前我們十分需要食粮。」

韋嘉教授開始沉默和驅趕那些討厭的隨時可能使人害瘧疾病的蚊子。天空像一個黑色的羅網包圍着這兒方圓數十里的荒漠。雖然沒有風，却夜凉如水。遠處有些使人無法猜測是何種獸類的淒清的嘯叫。韋嘉教授又開始想着遠方的孫子。

× ×

韋英此刻正坐在城市郊區的那間古老的大屋的廳子裏，他和父母一別十多年了。他望着坐在他對面的滿臉縐紋的正在縫補一雙破襪子的祖母，他感覺到她老了很多。

「婆婆，我很担心爺爺。他年紀這麼大了。」韋英說：「事實上他該退休了。」

「千萬不要向外人這樣說，懂嗎？」韋英祖母透過老花眼鏡瞥了孫兒一眼說，但這時候她的手指却被針尖刺了一下，但她還是忍耐着不出聲。

「婆婆，我想，和你們一塊到香港去。」

「不要做夢，孩子。說實在話，你還是不要等你爺爺回來……先回香港去吧！」

「我惦念你們。」

「嗨……我知道。可是這裏一切都變了！」祖母喃喃地說。」

這時候門鈴悄悄地一响。韋英祖母慢慢地站起來走到門邊把鎖着的門柵弄開。門外站着的是個少女，約莫二十三、四歲光景，她很有禮貌地點頭笑道：「伯母，我是韋嘉教授的學生，聽說你們的孫子從香港回來，我想，他對我們國家的一切都很陌生哪！」

韋英祖母很勉強地一笑說：「這孩子雖然在香港生活，可是，他還常常惦念着祖國。姑娘，請進來坐吧！」

那少女很大方地走進大廳，見了韋英便先自我介紹道：「我叫陶玲，您呢？」

「我叫韋英。」韋英望着這個陌生的少女，謙遜地站起來道。

「不用客氣，韋英同志，你回來是打算參加祖國的社會主義建設嗎？」陶玲笑着，用她會說話的眼睛凝注着他。

「噢！我……我……」

「陶姑娘，」韋英祖母忙着替不知如何回答的處於尷尬中的韋英回答：「我的孫子在香港有了事業的基礎，恐怕暫時沒法：……他僅是回來探望我們而已。」

「噢！伯母，您誤會我的意思啦，我們不會對您的孫子……我的意思是說，我們尊重一些回國的僑胞的。」陶玲笑道：「不過，我想，韋英先生既然回到祖國，自然高興看看這裏的各種新面貌，倘使先生不介意，我可以陪伴你呀！」

「謝謝你，陶姑娘！」

……

第二天，韋英開始在陶玲陪伴下在城市遊覽了。韋英感到這兒一切都使他出奇。路人常用一種羨慕的眼光望看自己。在一些長途車站韋英還不時發覺一些面孔枯黃的人挨在牆垣中啃着黃褐色的餅子。人民食堂門口却出現像西片中的戰爭廢墟中等候配給粮食一般的人龍。一些像苦力一般的工友三三兩兩的坐在街角閉目養神。

可是，陶玲帶他走進一間高貴的食堂中，却和一般的地方有雲泥之別、處身於這間食堂的食客，大都是一些面色紅潤，談笑生風的人物。內中，還有一些神氣活現的外國貴賓。

「嗨，這兒眞不錯！」韋英道。

「當然，這可說是人民生活水準提高的一種証明，外國報章說我們人民的生活水準很低，這是不正確的。韋英，你說對嗎？」

韋英點頭。

「你覺得香港好還是祖國好？」

「……」

「過去你一直在香港生活？」

「是的。」

「有女朋友嗎？」

「沒有。」

「你在香港是幹哪一種工作的？」

「建築。」

「喲！原來你是個工程師。」

「說不上是工程師，不過是個剛從大學畢業出來的見習生而已。」

「你在哪一間大學唸書的？」

「××大學。」

「可是，誰給錢你唸書？」

「我是半工半讀的。」韋英開始討厭陶玲這種像審訊式的談話方式了。他陷於迷罔中，並且開始了一種莫名的恐懼。鄰座傳來一陣哈哈的高傲而狂妄的男人的談話聲，使韋英感到一陣噁心。他開始想念香港，可是，他仍想再見祖父一面……這恐怕是最後的一面了。韋英的眼睛開始陰沉而憂鬱。（未完）

辛亥革命史談（三七）

舜生

五．武昌首義當時的實況

依據以上這一決定，『鄂軍都督府』實為隸屬『中華民國軍政府』的一機構；其時對『軍政府』的組織還談不到，其重點乃在如何成立此一『都督府』。

都督府內分四部：一、參謀部，張景良任部長，楊開甲、吳兆麟副之；二、軍務部，孫武任部長，蔣翊武、張振武副之；（時孫武炸傷未愈，蔣翊武出亡未歸，其最初大權殆集中於張振武，另加一蔡紹忠負責辦事。）三、政務部，湯化龍任部長（未到），張知本副之；四、外交部，胡瑛任部長，王正廷副之（時王在上海，即派人前往邀請）。都督統轄軍民兩政，實高居此四部之上。

以大敵當前，兵力不够，且嫌散漫，乃統編為步兵四協：第一協統，吳兆麟担任（仍保留參謀部副部長名義）；第二協前由杜錫鈞，後由何錫藩担任；第三協，陳炳榮担任；第四協，張廷輔担任。每協成立後，各招補充兵一團。這些都是臨時雜湊的暫編性質，調度與作戰能力是談不上的。

八、居正歸來，條理漸具。

其時都督府在形式上已告成立，詹大悲、何海鳴且已組織漢口軍政分府，但黎元洪仍無決心。張彪在漢口大智門集殘部待援，河南援兵即將趕到；清廷已署明武漢情況，大為震動，一面命近畿陸軍兩師赴鄂，一面加派兵輪，命薩鎮冰督率前往，並命程允和指揮長江水師；武漢無充分準備，大戰即將爆發，形勢確實是非常險惡的。幸居正、譚人鳳於八月二十三日從上海趕回漢口，當夜即渡江面晤元洪，規劃全局，黎托言喉痛，僅點頭默認，不表示意見。居正深感事機緊迫，而元洪態度仍不可捉摸，與謀署處協商，為鼓舞民心，振奮士氣，並加强元洪決心，以應付大敵，因議定於二十五日請都督祭黃帝，誓師。是日集各軍於閱馬廠，黎都督軍服，騎馬到達，眼見場面壯濶，人心熱烈，革命空氣異常濃厚；居正登壇演說，更慷慨激昂，軍民歡聲雷動，於是由黎領導，行禮如儀，黎乃漸覺可為，心境也稍稍安定了。

六．各省次第響應的經過

一、湖南：九月初一日，黨人焦達峯、陳作新與新軍聯合，宣告湖南獨立。清防營統領黃忠浩，營務處總辦王毓江，長沙縣知事沈瀛，均被殺；另有候補道申錫綏者，則被誤認為勸業道王曾綬，亦被殺。巡撫余誠格逃，焦陳被推為正副都督，譚延闓任參議院長（譚原任諮議局議長），商務總會總理龍璋任民政部長，閻鴻飛任軍政部長。焦陳本為革命黨人，焦且為湖北『共進會』一有力分子，早與共進會議定在湖南響應有成約；陳則僅為一新軍被革排長。湖南紳權頗重，兩人均為紳士所不知，僅認焦為劉陽會匪頭目；加以焦陳辦事相當操切，招兵支欵，頭緒紛亂，尤其以殺黃忠浩一幕為軍民所不滿。蓋黃為湖南一有名軍官，資兼文武，曾官湖北，張之洞目為咸同後一人；在湖南倡辦實業，並一度任省教育會會長，其任防營統領，在武昌起義以後，經余誠格强而後出，任事甫數日即被害，故人心極為不平。同時新軍將領，以焦陳地位突出若輩之上，也深滋不服，尤其以五十標標統梅馨為然。更加以參議院、民政部、軍務部對焦陳行事監督甚嚴，時有牽掣。因是種種，焦陳頗感自危。陳自認資望太淺，並將副都督名義辭去，僅在軍務部辦事。但儘管如此，新軍終以去焦陳另擁他人為快。是月初十，北門外和豐火柴公司因發行小額鈔票過多，發生擠兌風潮，陳督隊騎馬出城彈壓，殺擠兌者二人。陳在途中為新軍所殺，並携其首級，徑到都督府，請焦答話，焦出，亦被殺，改推譚延闓為都督，秩序始漸趨安定。

二、陝西：陝西與湖南同日由新軍起義，佔領省城，旋攻克滿城，屠殺頗慘；將軍文瑞，投井自殺；護撫錢能訓隱匿民間，以手槍自戕，未死，由民軍遷置高等學堂，並延西醫為之療治。倡義的新軍管帶張鳳翽，為留日士官生，初被推為全陝興漢軍大統領，後改稱都督。都督下置軍政民政兩府，任軍政府府長者為張伯寅，任民政府府長者為郭希仁。郭本諮議局副議長，舉義之初，贊襄籌劃，總司一切，實為民軍內最盡力之一人云。

抗戰回憶錄（十一）

四、蘇浙線之轉進

張發奎

最高統帥部對淞滬會戰失敗後之退却命令，是於十一月八日未按正常指揮系統下達的，這是一種沒有計劃而又不適切的退却。退却在戰術上不是一個絕對失敗的名詞，在許多戰例中，有計劃的戰畧退却，仍可轉敗為勝。第一次世界大戰中，馬肯生將軍於華沙的退却指導，法軍於馬恩河以第六軍側擊德軍的右翼，都是轉敗為勝的退却戰例，關鍵僅在於高級指揮官，對於戰畧的眼光與戰術的運用，是否巧妙而已。

九日夜，一個黯淡而悲慘的夜，天空閃爍着稀疏的星光，沒有月亮，緊密的槍聲漸漸向我的司令部接近，後方的人員呈露出特別倉忙的神色，附近的居民扶老携幼的向西北方向逃，人聲像鬧市一樣的嘈雜，西北天空雖時有軋軋的機聲，但熄滅不了四週照耀的的燭光，這一切均充份顯露出前線的情況已達到了極度的緊張和混亂，我懷着萬分焦慮、驚駭、躊躇的心情，注視着事態的變化。

前面說過，我是發現兪濟時將軍向後走，經過我的司令部門口才聞知前綫已開始撤退的。事實上，我接到正式的退却命令，乃是經由我指揮的第九集團軍胡宗南軍長轉來的，他並且已經開折閱讀過。而在我接到這命令之前，並沒有得到上級預先應有的任何指示，而這一退却命令所規定的退却開始時間，却早於我接到命令的時刻。所以各部隊已先自直接得到了退却命令，而自動的開始行動了。不消說，這種傳達命令的方式的不當和下達的時間的計算的錯誤，都可以想像最高統帥部已是如何的慌亂了。尤令我懷疑的，是退却命令所選定的青浦白鶴港之綫，距現陣地僅約五十公里，試問這短短的五十公里的距離，如何可以作為百萬大軍之退却目標？但我仍基於上級的命令而下達了三個集團軍的退却命令，這可以說僅是一種手續的完成，對於我的命令各種規定，是沒有辦法實施的，因為各部隊，已早於我的命令下達之前，而自動開始其退却行動了。

當敵騎接近了北窰山的邊緣時，我們的軍隊雖已大部撤退，但仍有少數的落伍士兵和傷病者，仍呻吟於沿途的道側。我懷着萬分的悲痛心情向青浦轉進，在轉進途中，我看見了一些毫無規律而極度混亂的退却現象：行進的交叉，方向的錯誤，軍民的混雜，誤會的衝突，指揮官不能掌握部下，部隊尋覓不着自己指揮官的位置，一切退却行動可能發生的最壞現象，都已暴露無遺。這個責任，我雖不願歸咎於上級或部下，但我却相信我們最高統帥部仍缺乏大兵團指揮的修養，致造成許多戰畧指導和戰術行動的錯誤與失敗，乃係事實。

敵人的追擊行動，緊躡着我們的部隊，使我們在青浦不但未能部署陣地，而且沒有喘息的餘裕時間，於是青浦又於十一日失陷。此時松江已淪敵手，我雖奉令解除中央軍指揮的兼責，回復右翼軍的指揮，但已不能從滬杭綫轉進，只有一面電令第十集團軍迅速確實佔領乍浦嘉善綫之既設陣地，而自己則經崑山蘇州而繞轉杭州了。

乍浦嘉善之綫陣地，是我親自監督部隊，以八個月的時間構築的。尤其這裏一帶的地形，於我有特別的認識，我希望以最大的努力，來門阻敵人由滬杭綫的南下。我決心親赴嘉善親自指導部署，希望能有一個適切的防禦配備；雖然這時嘉善的情況，已在萬分的危急，幕僚們為担憂我個人的安全而力加阻止。十三日我到了嘉善，當我在彈雨之下視察陣地之後，我完全失望了！這裏僅有一師裝備窳敗的兵力，佔領了約卅公里的正面，而當面的敵情則為第十六師團和近衛旅團的一部，部隊無法利用既設的工事，機槍掩體作了步兵坑，輕機槍則放置於暴露的土堆之上；據他們說：「保存工事圖表之人員，與掌管掩體鎖匙的鄉保甲長，均已逃避了。」

文史漫談

行和走

徐亮之

「行」和「走」都是會意字，而所會的意却截然不同。說文：「行、人之步趨也；从彳亍。」而彳部彳下曰：「小步也，象人脛三屬相連也。」亍下曰：「步止也；从反彳。」足見「行」字含有出於自然而雅步從容的意思。所以「步」下曰：「行也」；釋名曰：「徐行曰步」。「走」則不然；說文「走」下曰：「趨也；从夭止。夭者屈也。」段注：「安步則足胻較直，趨則屈多。」又顧藹吉「隸辨」訂從犬從止；王筠「文字蒙求」「走」下曰：「犬止者、犬足也；犬能疾走。」（按「止」即「趾」字）可見無論从夭止或从犬从止，「走」字實均含有窘迫奔趨而非出於自然的意思。所以說文「趨」下「奔」下均曰「走也」。（爾雅釋言「奔、走也」。）後漢書蘇竟傳註亦曰：「走、謂馳走之人」；釋名更曰：「疾行曰趨，疾趨曰走」；而對「奔」字尤其說得嚴重，他說：「奔、變也，有急變奔赴之也」。杜預春秋釋例也說：「奔者窘迫而去，逃死四鄰，不以禮出也。」由此看來，「行」是安步，「走」是奔趨，乃兩字的本義，實非常明白。

因為「行」「走」的本義不同，所以古人對這兩個字的使用也大不相同。茲各畧舉數例如左：

（甲）「行」字使用例

一、詩谷風「行道遲遲」；毛傳：「遲遲舒行貌」。

二、詩黍離「行邁靡靡」；毛傳：「靡靡猶遲遲也」。

三、詩杕杜「獨行踽踽」；毛傳：「踽踽、無所親也」。

四、詩邱中有麻「將其來施施」；鄭箋：「施施、舒行伺間，獨來見己之貌」。孟子離婁下「施施從外來」；趙註：「施施猶扁扁，喜悅之貌」。按「扁扁」猶「翩翩」。

形容「行」的神態的多用遲遲靡靡、踽踽、施施、翩翩等疊字形況詞，足証「行」字的本義是指出於自然的安步的了。所以，廣雅釋訓說：「眐眐、霏霏、踽踽、趑趑、趦趦、施施、奕奕、浮浮、趫趫、冉冉、徠徠、儦儦、趞趞、裔裔、跛跛、踥踥、夏夏（王念孫以為乃「憂憂」之誤）、蹈蹈（疑即「滔滔」，楚辭七諫「年滔滔而日遠兮」註「滔滔、行貌」）、衍衍、章章、衞衞、行也」。這些疊字形況詞都以「行也」釋之，正表示都是由「行」字的本義所派生。

（乙）「走」字使用例

一、詩緜「來朝走馬」朱註：「避狄難也」。前漢書眭弘傳「好鬭鷄走馬」；曹植名都篇「走馬長楸間」；李義山無題詩：「走馬蘭台類轉蓬」。

三、管子中匡篇「管仲走出，君以賓客之禮，再拜送之」。（按此「走」字乃疾趨意）

四、史記管晏列傳「吾嘗三戰三走」。（按此「走」字乃戰敗逃走之意；與「棄甲曳兵而走」同）

馬曰走，獸曰走，戰敗而逃曰走，負氣趨出（「管仲走出」）曰走，足証「走」字的本義是指由於「急變」而不自然地奔趨的了。所以廣雅釋訓說：「駓駓（毛詩作伾伾，傳曰「有力也」；楚辭招魂「逐人駓駓些」，王註「走貌也」）、驅驅（博雅「走也」；說文「驅、馬疾步也」）、驫驫（說文「驫、衆馬行也」）、騤騤（說文「騤、驚走也」）、趪趪（同「迸」；說文「迸、走散也」；正韻「迸、逸走也，涌也」）、從從（字林及埤蒼均曰「走貌也」）、蹡蹡（同「蹌」；廣韻、集韻、正韻、均作「行不正貌」）、走也」。這些疊字形況詞都以「走也」釋之，也正表示都是由「走」字的本義所派生。

我們今日在說話時已很少用「行」字了，原應該說「行路」的，我們卻早已說成「走路」的了；「行」和「走」的分別，在我們的口頭上是早已消失的了。只有兩廣白話區域的語彙中，這古義却還依舊地保存着。我們在港九街上，每一聽到「行街」或「走鬼」或「唔好走」之聲，眞乃思古之幽情不期為之油然而生。最有味的是廣東佬說「你行先」，桂林人却說成「你走先」；話調是廣東式，字眼却是中原式（中原式的語調應為「你先走」），恰說明桂林在地理上乃廣東文化與中原文化交流的橋樑區。

聯合評論 週刊

本刊已經香港政府登記

每逢星期五出版

United Voice Weekly

第一八六號

督印人：黃宇人　總編輯：左仲平

社址：九龍大埔道一六八號 亞南書局 805641

承印：嘉羅印刷有限公司 香港灣仔馬師道5號

總代理：友聯發行公司 售價每份港幣一毫

本報美洲版總經售處 美國紐約中美出版社

CHINESE - AMERICAN PRESS, INC

199 CANAL STREET.,

NEW YORK13 N. Y. U.S.A.

美洲航空版每份零售美金一角

寫在中共開『人代』『政協』兩會的期間

對中共的首腦人物說話

左舜生

一、

大陸情況之糟，確實已經遠出我們三十五年前即已開始反共者的想像之外。

以我個人來說，我完全沒有半點幸災樂禍的心理，所念念不忘者，只是大陸六億人民的一個死活問題。

我們已經沒有心情與若干共產黨高層負責者去爭那些共產理論是否妥當的問題；也沒有工夫去指謫十多年來他們在大陸所造出的許多罪惡與過失；尤其沒有閒情逸致去嘲笑他們過去對老百姓所說那些聽來非常悅耳的美麗言辭。甚至我也還可以承認：中國確實需要改革；中國決不應該讓許多太不合理的事實；繼續存在；過去那些確有眞憑實據，作惡多端的個人或團體，就去掉一些，摧毀一些，也沒有什麼一定講不過去。甚至我還可以說：在中國這樣一個龐大的古老的國家，要發動一次空前的改造，偶然照顧不到，是有的；一個不小心，便出了毛病，這也尋常得很；更進一步，我還可以放寬尺度來諒解：您們從前那種要使得中國大多數的老百姓一舉而得到『翻身』，或要把中國這樣一個落伍國家，在最短期間便居然做到現代化，也並不是您們存心欺騙，而且您們的目標，或者說您們的志氣，也本來無可非難。

凡上舉種種，我自信是壓抑着一種沉痛的心情，力求平實，力求客觀，不願夾雜任何意氣，而只是想老老實實對您們——中國共產黨毛澤東以次的首腦人物，說幾句話，或提出若干使您們考慮的事實，而期待您們有所解答。

二、

您們在大陸取國民黨而代之，已經進入第十三年了！十三年，不算太長，畢竟也不算太短，您們把整個大陸鬧得『翻天覆地』，已成了如今天的這種樣子，您們現在究竟還有沒有，或有多少面對現實的勇氣？

您們這十幾年來的所作所爲，不只是得罪了所有的中國人，實際是得罪了整個人類，人類有權課您們以責任，您們了解不了解？

人類至少有求生的本能，所謂螻蟻尚且貪生，豈有人不愛惜生命？過去韓戰中的一萬四千人自決不回大陸，而要前往台灣；多少年來，不斷的有許多人跑到港澳；最近，他們乃至要冒着生命的危險要往外面飛；台灣港澳決不是什麼眞正的天堂，但究竟還可勉強掙扎着活，這是一種何等慘痛的心情？這類事實暴露了您們的醜惡，關係還小，因爲您們本來是醜惡的；可是這裏面包含了一個絕大的危機，事變之來不可知，已經演進到了令您們防不勝防的程度，您們是否也多少察覺？自然，即令繼續再逃出一百萬，一千萬，這比之您們那六億人口的大本錢也算不了什麼；可是，微風起於蘋末，一葉落而知秋，從此您們除對人民加強防備，加緊束縛，同時也就是加深了他們對您們的仇恨以外，已別無辦法；您們試想想，這對您們快要遭遇空前危險的這一趨勢是何等的深刻？

人，根本就是一種最工於自謀的動物，他們寧願自謀失敗而死，決不願別人越組代謀而活；何況您們的所謂爲他人代謀，也就正是您們自謀的一種，他們也明明白白，難道他們眞會衷心感激，多謝您們這種勞苦而功決不會太高的作法嗎？依照您們假定的估計，中國是一個擁有六億人口的國家，這比之於您們的老大哥蘇聯，也已經超過了兩倍以上，以您們少數首腦人物那一點點淺薄的知識與能力，加上用幾套簡陋的方式所訓練出來一羣各級幹部，呼風喚雨，撤豆成兵，便要公然把這六億人口的衣，食，住，行，娛樂，思想，文教，乃至戀愛，性交，……這一個您們絕對力不勝任的大包袱往肩上一揹，一切一切，都由您們去籌劃，去支配，去管理，去干涉，……這是您們的老大哥積四十五年的經驗所不敢澈底執行的，而您們却悍然不顧，居之不疑，要把這一舉世無匹亘古無比的大責任担負下來！您們是一羣無神論者，很好，但您們却爲什麼迷信會有這一種奇蹟出現呢？

以上還是就對內的情況說。

三、

前兩天，有一位頗有頭腦新近去過台灣的印度青年走來看我，他坦率的對我發問，說：『我們是中共一經佔領大陸，便首先對他們表示好感，而立即予以承認的一個國家，而且經過萬隆會議，周恩來與尼赫魯也曾信誓旦旦，成立了五點所謂和平共存的原則，他們究竟由於何種動機，根據何種必要，而要動用武力，突然入侵我們的邊境？』經他這樣的一個突襲，我只好閃爍其辭的對他說：『中共任何行動的動機我都不大明瞭，他們所認爲絕對必要的許多做法，我也根本認爲並無必要。』他還老實的繼續對我說：『我們過去對台灣是不大怎樣感到興趣的，但在中共態度突變以後，我們却已有不少的人對台灣引起了注意，我這次所以要到台灣去看看，其原因便在於此』儘管這位朋友只是他個人的一種看法，不一定代表印度的任何方面，但我却知道他是一個組織的負責者。

一九五一年，您們甘心做了別人的一次貓脚爪，犧牲了百萬以上的青年，來過一次所謂『反美援朝，』自以爲能夠與您們所目爲『紙老虎』的交過一次手，儘管以十比一的犧牲數字，也多少加了美國一些損害，可是並沒有改變朝鮮絲毫的現狀，結果只有促成南韓的格外加強，美國態度的更爲堅決，而且因此更加上了對蘇更多的債務，乃至到了如目前的緊迫狀態，蘇聯還是毫不客氣的索償，以致把中國老百姓所賴以活命的一點僅有資源，也非榨取去了對蘇的債務不可；而且因此引起了對內困難的更趨深刻，對蘇關係的更趨惡化，以致弄到牽動全局，可是您們不僅毫無悔心，反而以此爲莫大的光榮，儼然以反美的領導者自命，乃至連老大哥也不看在眼底。其實講起來，遠在六十年前，中國一個狂妄無知的老婦人，葉赫那拉氏，也曾同在一天，對世界十一個國家正式宣過戰（光緒二十六年五月二十五）！您們區區向一隻『紙老虎』去碰一碰，無知無恥則有之，那裏值得上什麼光榮啊！

可是，您們經過這一次嚴重的教訓以後，却依然不改故常，還要以機關鎗向各方掃射，援古巴，援阿爾巴尼亞，援北越，援寮，乃至援尼泊爾，……這好比一個病夫，[illegible]綿床褥，還要痛喝發狂的藥劑，您們是否也曾考慮到何以善後呢？

這是就對外的關係說。

四、

據我看，您們還有的是時間：台灣的反攻，短期內依然難於實現；大陸的老百姓，也還在隱忍待時；假定您們幡然改圖，放下屠刀，慨然給予大陸六億人民一條生路，也還來得及，這就要看您們這次在『人代會』和『政協會』如何交待，如何決定，最要不得的，乃是依然讓毛澤東這一已經不靈的偶像去獨斷獨行！

韓國近事感言

黃宇人

李承晚欲歸不得

最近，寄居於夏威夷的韓國前總統李承晚先生忽動鄉情，思歸故國。漢城當局則給這位曾以倔強著名於世的老人限定一個頗足以使其自尊心遭受打擊的條件：要他先向韓全國人民道歉。但李先生逆來順受，立即發表聲明，對其已爲國人所知或尙待歷史証明的過失，深致歉咎，請求准許以平民之身返國度其餘年。其言甚哀；其情甚苦；然而仍未獲准回國。前幾日，我在報上看了此一消息之後，不禁感慨繫之。

李承晚先生從少年時代起，就致力於韓國的復國運動。第二次世界大戰告終，韓國獲得獨立，他當選爲首任總統，並一再連任達十餘年之久。不但復國的願望完全實現；即其建國的抱負，亦獲得充分發展的機會。對韓國人民來說，李先生原應成爲舉國崇敬的民族英雄和開國元勛；對李先生個人來說，也應該功成身退，可以無憾了。然而，祇因一念之差：不知實行民主與法治，爲國家奠立長治久安的基礎；反而玩法弄權，以求確保個人的權位於久遠。甚至爲達連任目的，不惜違法舞弊，卒致激起巨變，不但他本人不得不黯然下台，且給韓國留下了無窮後患。

猶憶四十一年六月二十五日，我在獨立論壇半月刊「論南韓政潮」的社論中，曾有如下的一段：「韓國初行民主憲政，李氏爲首任總統，如能恪遵憲法行事，縱使其個人的權位和威望在目前遭受了若干損失；而憲法的尊嚴得以保存，民主與法治的常軌可以奠立，對於韓國的憲政前途、仍將有不可磨滅的貢獻。反之，若斤斤計較其個人的權位和威望，甚至不惜違憲以求之，其結果，即使能僥倖成功於一時，亦難免於最後的失敗；而且還可能爲國家種下將來的禍根。我們中國近四十年的歷史，可爲韓國最好的借鏡」。

十年以來，韓國局勢的演變和李承晚先生的下場，果如此而不幸言中。

朴正熙的軍人專政

韓國自前年四月學生革命運動暴發，李承晚先生辭職後，即修改憲法，重新選舉，結果民主黨獲勝，尹普善與張勉兩先生分別當選爲總統和內閣總理，結束了李先生多年以來的一人統治而代以責任內閣制，可謂已向民主憲政的常軌邁進了一步。然而，由於民主黨內部的派系傾軋和若干政府官員的無能乃至貪污，張勉先生所領導的民主政府未能有所建樹；於是，更釀成了去年五月的軍人政變。

數月以來，韓國的革命政府顯得頗有朝氣。對於安定社會秩序和清除政府貪污，均有相當的成效。從這一個角度看去，朴正熙先生發動軍人政變，似亦未可厚非。然而若就比較長遠的觀點言之，韓國是否即可從此步入長治久安的坦途，則仍大可懷疑。自革命政府成立後，韓國從中央以至地方，一律實行軍人專政：憲法被停止，政黨被解散，過去的軍政大員多被拘捕，有的還被判處重刑。如今雖然迫於國際環境，不能不定期恢復選舉；但朴正熙先生反而於此時因尹普善總統的辭職而以一身秉負國家元首和行政首長的重任。其權力之大，尤有過於當年的李承晚先生，因後者主政時代，尚有反對黨之存在也。而且，朴先生初則挾張都英先生以發動軍人政變，繼則逐漸取張而代之，最後，更以圖謀推翻革命政府的罪名予張以拘捕，並判處死刑。足証其手段亦較李承晚先生毒辣多矣。照此情形，縱然實施選舉，其結果必然仍是軍人專政，而由朴先生獨攬大權，已可斷言。我以爲由於各政黨之不健全，韓國實行政黨政治，固非易事，但不宜因噎廢食。當此民主憲政已成了不可抗拒的時代巨流之時，若竟以軍人專政來代替政黨政治，雖然也許在某些方面可能收到一時之效；而這種飲酖止渴的辦法，終必給國家民族和統治者自己造成更大的災害，則是勢有必至而理有固然的。我希望韓國的革命軍人們愼之，戒之。

更正

本刊上期反攻大陸與中美共同防禦條約一文，內「癩蝦蟆想吃天鵝肉」誤排爲「懶蛤蟆想吃天鵝」，特此更正。

評美商擬售麥中共事

何天誠

美國有商人兩家，擬售賣麥子給中共政權，這件事現在已經由甘廼廸總統透露出來了。這兩家美國商人何以意圖把美國麥子售給中共？其動機是只在牟利嗎？抑或尚有經濟意義以外的政治動機或政治內幕隱伏其中呢？筆者無法明瞭，自不願加以深論。但這件事關係中國，也關係美國對中共的政策，甚至也關係到美國的整個反共政策，所以，筆者有權而且也有義務來嚴肅的檢討一下這一問題。

基本上講，今日大陸之中國同胞在中共統治之下，普遍飢餓，乃是鐵的事實。正是由於這是鐵的事實，所以海外僑胞才把自己千辛萬苦找來的錢買一些糧食包寄回去。本年一月，僅由香港交郵之兩磅裝小型糧食包卽達二百萬個，而用其他方式寄遞者尚不在內，自香港以外地區寄遞者亦尚不包括在內，然這已明顯說明大陸人民飢餓情況之嚴重，與乎海外僑胞亟圖救濟大陸同胞和大陸親友期望之殷切爲如何了。以此而言，任何人若能對大陸人民之飢餓予以援手，無論是出於售賣，抑或是出於贈送捐助，在人道主義立場上，這都是必然將予喝彩的事情。所以，若就一般情況而論，作爲一個中國人，無疑是必然絕對歡迎任何人將糧食運送給中國人民的。

不過，話得說回來，這中間有一個極嚴格的限制，那就是說這些糧食必須是眞能分配到大陸人民之手才行。若大陸人民根本得不到，而皆被中共得去，那就完全不同了。

然則進一步研究如美國商人將麥子賣給中共，大陸人民究竟能否解除飢荒呢？研究的答案却是否定的。

何以否定的呢？

第一、是美國商人並非把麥子賣給大陸人民，而是賣給中共政權。故中國大陸人民能否獲得美國商人所售麥子，端視中共是否把所得麥子分配給大陸人民，而不作他用，然而按之以往之事實，和中共目前的作法，中共是並未將所買得的麥子分配給中國人民的。這一方面可以從大陸人民糧食配給越來越少，人民飢餓程度愈來愈甚可以証明；同時，又可從另一方面中共却在向加拿大與澳洲購麥的同時，將麥子轉運古巴及將麥子轉運阿爾巴尼亞等事實可以証明。

關於中共以向外所購小麥運濟古巴的事，英美各國，早有報導，中共以所購小麥，運濟阿爾巴尼亞的事實，美國合衆萬國社去年八月十日亦有專電報導說：「昨日獲悉，中共本年四月間向加拿大購買的二百二十萬蒲式爾（容量）小麥（花了三百萬美元），竟用以接濟共產小國阿爾巴尼亞。中共自己糧食短缺，較阿爾巴尼亞更厲害，却將該項購得之小麥運往阿國，加拿大農業部長哈密爾頓昨在渥大華披露此事」云。這就可見中共向外購買小麥之動機，並非用以救濟大陸人民，並非將此所購小麥分配給大陸人民，以解除大陸人民之飢餓，而是只在達成其對外的侵略目的而已。

第二、如果中共眞的有意解救大陸人民之飢餓，則中國大陸雖連年均有天災，但以今日大陸之生產以分配今日大陸之人民，則今日大陸仍不至達到今日大陸之普遍嚴重之飢餓狀態。蓋若以今日大陸之總生產量完全分配給中國人民，則大陸人民之糧食配給斷不至如今日之少。其所以少到如此之甚者，實因中共政權將壓搾所得，消耗在對外擴張和戰爭準備以及供養二千萬黨員，並又在對內對外各事舖張浪費之關係。倘中共眞的有意解救大陸人民之飢餓，則中共首先應行和可行的事，便莫如停止一切壓搾。又縱然要繼續壓搾，亦應減少共戰爭準備費用和對外擴張費用以及各種舖張浪費，更應立刻停止由人民負担之二千萬黨員之龐大開支。然而中共迄無此類企圖，相反，連年以來，且仍在變本加厲的在國際間冒充大亨，不顧大陸人民之死活，不顧自己「一窮二白」的事實，而打腫臉充胖子，到處援助別人。不但援助亞洲許多共黨份子或親共政權，更遠遠的跑到拉丁美洲和非洲去慷慨解囊，把中國人民的血汗去作赤化拉丁美洲和赤化非洲的資本，去作反對美國和反對整個自由世界的資本。所以，事態很明顯。美國若將小麥無條件售給中共，並不足以解救中國大陸人民之飢餓，反而只相助桀爲虐，並加強和充實中共這一敵人，以進行反美反自由反民主和鼓勵中共在世界各地造亂而已。

第三、若中共眞的意欲解救中國大陸人民之飢餓，則中共可行之道甚多。而立刻停止所有糧食、蔬菜、肉類、豆類、魚類等之輸出，卽可迅速加多大陸人民的糧食配給量。因而卽可迅速改善大陸人民之普遍飢餓現象。然而中共一向無此意圖，亦從未採取此項辦法，相反，而仍在繼續加緊輸出，繼續向民間壓搾一切可換取外滙之物資，而食物又是中共一向對外換取外滙之主要物資，這尤可見中共之無意解救中國大陸人民之飢餓了。

那末，試問美商縱然將小麥售給中共，對中國大陸人民之飢餓狀況又有何補益呢？

執筆至此，忽然讀到路透社華盛頓三月廿三日電訊說：「美國商務部長霍健士今日宣佈：該部已拒絕一間美國公司所提以價值四億美元之大小麥類運往中共及北韓兩個共產國家之申請。霍健士解釋拒絕發給輸出許可証之理由，是美國商務部並未獲得証明，中共及北韓兩政府有此需要之請求。是申請輸出之美國國際貿易公司並未獲得中共及北韓兩國之訂購合同，但已計劃將三百萬噸之小麥及三百萬噸之大麥於未來三年內運濟中共，每年運出大小麥各一百萬噸，三年共運六百萬噸。此外又計劃於未來三年內每年以七十五萬噸小麥及七十五萬噸大麥運北韓，三年合計四百五十萬噸」。讀完了上述電訊之後，不禁使人萬分感觸，美國這一家公司似乎早已忘記北韓與中共曾是美國之敵人，且仍一直是美國之敵人，且亦已忘記美國人曾在韓國戰場被中共及北韓共黨殺死殺傷十萬以上人數之事實。至於美國商務部拒發輸出証，那當然完全是對的。不過，僅以美商尚未獲到中共及北韓之購買合同，且以並未獲得証明中共及北韓兩政府有此需要之請求爲理由，則仍覺未達義正辭嚴之境。倘如美國商務部僅以此爲理由，假如美商取得中共及北韓之合同，又假如中共及北韓政權眞向美國請求，然則美國便允許嗎？

筆者以爲除非能取得一項行動上的保証，此項行動足以保証美國所售之麥子確能解救中國大陸人民之飢餓，美國政府是不應根據任何理由把麥子售給中共的。

然則如何始可成爲行動上保証呢？筆者以爲要使美國麥子確能解救大陸人民之飢餓，其必要之前提條件是要能使所有麥子直接交給中國人民，而非間接交給中國人民才可。因爲通過中共政權之手而間接交給中國人民，則是不可以的。能直接交給中國大陸之人民，則必須由美國政府或通過聯合國的安全理事會各國及聯合國的農糧組織，向中國大陸派出一萬名以上的工作人員，到中國大陸各地召集中國人民每縣至少組織糧食儲運和分配站一百個（全大陸大約共組糧食儲運及分配站二萬個），同時，中共並應將大陸各地之港口開放，以便船隻之運輸，大陸各地之鐵道亦應優先運輸糧食始可。否則，美國如果也像加拿大和澳洲一樣，只以售麥給中共而以救助中國大陸人民之飢餓爲名，實則中國大陸人民根本得不到這些麥子，以資助和加強中共政權之對內殘暴統治和對外擴張侵略爲實，則是美國政府的大錯了。

中共「人代」「政協」開始在平上演

中共舉行最高國務會議

據中共在本月初宣佈，原定三月五日舉行的中共「全國人民代表大會」及「全國政治協商會議」延期到三月十九日及三月二十日報到，因此，許多人都以爲中共「人代」及「政協」將在三月廿一日舉行。但據中共新華社北平二十一日電：「中華人民共和國劉少奇主席在廿一日召集了最高國務會議。出席的有中華人民共和國副主席宋慶齡、董必武，全國人民代表大會常務委員會委員長朱德、國務院總理周恩來和有關各方面人士共一百五十八人。劉少奇主席和周恩來總理在會上就當前形勢和工作中的主要問題作了重要講話。會議還就卽將舉行的第二屆全國人民代表大會第三次會議的主要問題進行了商討」。

這就可見中共的「人代」會及「政協」會雖然卽將舉行，但却未在三月廿一日開始，而要等待中共先行召開了「最高國務會議」，把中共人代及政協兩會的內容和主題規定後再舉行。

中共「政協」三月廿三日開幕

據中共「中國新聞社」北平二十二日電：「中國人民政治協商會議第三屆全國委員會第三次會議定於廿三日在北京舉行。政協全國委員會常務委員今天上午在政協禮堂舉行第廿七次會議，並作出上項決定。會議還通過第三屆第三次會議的議程（草案）和常務委員會向政協第三屆全國委員會第三次會議的工作報告。會議還決定政協第三屆全國委員會第三次會議協助主席、副主席主持會議的常務委員名單，並通過這次大會的提案審查委員會名單」。

從上述消息，可以顯然的看出中共在三月廿一日舉行的所謂最高國務會議作出了有關政協的主題和內容後，所以，由周恩來主持的所謂全國政協便也按着規定而規劃了政協的開幕日期和對政協的控制。事實上，中共所謂業已「通過這次大會的提案審查委員會名單」便無異乎是已由中共控制了這一中共統戰機構的提案內容和討論內容了。

人代會也在廿二日先行預備會議

中共控制會議的手法原本就是千篇一律的，先由中共中央政治局作出各種規定，然後黨政軍各級機構便按照上級意旨層層傳達，層層控制。自劉少奇根據中共中央之決定，召開所謂最高國務會議，作出各種規定後，中共的政協會議固已跟着開鑼，中共的所謂全國人代會，當然也跟着上演了。

據中共「中國新聞社」北平廿二日電：「中華人民共和國第二屆全國代表大會第三次會議今天下午在人民大會堂舉行預備會議。會議由人民代表大會常務委員會委員長朱德主持，在預備會議上，選出了第二屆全國人民大會第三次會議的主席團和秘書長，通過了這次會議的議程。通過了這次會議的提案審查委員會主任委員和委員名單。會議通過決議，追認第二屆全國人民代表大會常務委員會第四十六次會議在一九六一年十二月一日通過的關於延期召開第二屆全國人民代表大會第三次會議的決議。在今天的會議上，人大常委副委員長兼秘書長彭眞就大會的籌備工作和議程等作了說明」。

由此亦可明顯看出中共控制「人代」會的手法與它控制「政協」的手法正復相同。無論「人代」或「政協」都由中共一手產生，原未經過任何自由選舉，它之不能代表中國人民，自屬顯然可見了。（藍星）

從一九四三到一九六二

李金畔

自陳辭修先生在立法院提出「從速打回去」的口號之後，台灣的反攻大陸之聲，甚囂塵上；嗣又適逢劉承司駕米格十五型機天外來歸，歡欣與興奮，刺激人心，大家心頭幾乎都是火辣辣地；認為橫渡海峽，重回故園，已是指日可期。當局方面此時先後宣佈了在國防部內成立「戰地政務局」，及行政院設置「經濟動員計劃委員會」，凡此似可視為是反攻準備工作的起步。至於實際行動何時付諸實現，王雲五答覆，須待最高統帥決定。眾所週知，根據中美聯防協約，反攻的行動，是須經雙方同意的，最後決定權並不在於蔣先生。（按：條約本身並無上述規定，而是條約的另一部份的換文，明文載明：「凡經雙方訓練的軍事單位，不經雙方同意不能使用」。因此，反攻的主動權，就受到了約束。）

不過在一九五八年十月，中美聯防公報宣示不單獨使用武力之後，陳辭修氏曾說明，這並非意味不用武力反攻大陸。艾森豪政府的新聞秘書哈嘉第對此又解釋謂：「中國政府在為了自衛，以及大陸上有大規模的反抗起義時仍可使用武力」。據此，可見使用武力是基於上述的特定情況和經雙方獲得一致的意見。這樣的解釋到甘迺迪執政，似未有新的變更。

一九五八年十月後的近三年多來，大陸情況日非已為舉世共見，中共基礎顯然已呈動搖，大規模的反抗起義雖未曾出現，零星的抗暴活動已時有所聞，至人心厭惡中共政權，是為鐵的事實，不容中共否認。客觀形勢，對台灣無疑是日漸有利的。這便是促成台北方面主觀上躍躍欲動的主要因素。

陳誠的口號，當然也可以被看作是對美國現行對華政策的試溫器，但又不一定是行動的決心。尤其是在哈里曼出主國務院的遠東助理國務卿之後，台北與華府之間的關係頗為微妙。現在，事實經已証明，美國對於台北的反攻熱，似並不感到興趣。不感興趣的原因，管見認為是：第一、華府可能迄今仍不以為目前和未來，大陸會出現大規模的反抗起義，除非有生動鮮明的事實發生。甚至美國當局對所謂「大規模」的標準，定得比匈牙利革命還要高，因此不以為目前大陸的情勢，已達到可以反攻的地步。第二、美國迄今對毛澤東仍未絕對放棄直接交手的希望，乃屬事實。美國葫蘆裏賣的是什麼藥，我們不必去估計，但是有若干個不同的解決「中國問題」的方案，配合不同情況的出現以應用，已是公開的秘密，這與台北方面打回去的主張，有很大的距離。看來美國不會輕易贊同和支持越海的軍事反攻。

當然，我們也有理由可以推斷台北當局，是曾經向美國據理力爭過的，只是顯然難以說動白宮主人。因為無可諱言，就現在國府的基礎與形勢說，維持現局尚且艱難，遑論面對如怒濤駭浪的反攻局面。美國與當權派有過數十年的相處的經驗，對當權派知之甚深，對其估價不會太高，因此嚴格地採取審慎的態度，對台北提出的反攻口號，不正面表示任何意見。不僅此，美國還在此時此際發表了一九四三年的一部分中美外交關係文件，在此前且迅速批准駐華四年的大使莊萊德辭職，使他無機會參加在碧瑤召集的美國遠東使節會議。同時美國又未派出新駐華大使，可見目前華府台北之間關係是不甚圓滑的，聞蔣廷黻將應召回台述職；主要的當然還是為了要了解美國對反攻的真實態度。其實哈里曼於廿日抵港時，即已直率地表示並未與蔣先生談關於國軍反攻大陸的事，如哈里曼所言非虛，足証美國當局是厭煩於聽台北的反攻論的，可能由於苦於無計對付，於是就把相當於一九四九年發表的白皮書的文件，作為擋箭牌發表出來，令台北當局知難自退。

對於一九四三年的部份中美外交文件，現在已有二種看法，台北的輿論認為是一種傷害，不亞於白皮書；但香港的親台輿論，則又認為對國府是有利的，因為批評嚴責國民黨貪污、無能的事情已成過去，而當時中國致送給美國的外交文件中，所有有關揭露俄帝和中共的野心，卻均已成為事實，反可以証明造成歷史錯誤的責任在美國，用以冲淡人們對當權派的腐化無能的印象。就這二者來說，我寧可相信台北的論點，因為香港的親台輿謂，極可能是依循着宣傳指示落筆的。因此；我也覺得美國在現時際發表陳舊過時的外交文件，儘管原意不壞，可是對中華民國却有百害而無一利。基本上說是有傷感情的。

從一九四三年到一九六二年，是整整的廿年。國民黨當權派自身不僅未有進步與改善，且領導中華民國節節步入厄運。這廿年來，以美國對華的關係，主要是其與當權派之間的貼切相處，臨危相助，而竟亦未能產生影響力，促其改造，確令人難以理解。美國對國民黨當權派的策畧似乎祇是在「棄」與「扶」這兩個字內循環打轉，始而扶之，繼而棄之，再扶之，現在冷淡對之，是否又再欲棄之呢？說來不能不為當權派憂。

反攻誠然是刻不容緩的事。當權派在現狀之下希望美國全力支持反攻，那是妄想。等待大陸有大規模的起義事件之後行動，也只是曠日自誤。擺在眼前祇有一條路可走，那就是：必須一面就台灣現局面，實施民主政治，解開獨裁死結，然後進而實行局部反攻，打開隔開對峙僵局。不作改革不實行民主政治，單純的軍事反攻，不僅無成功的可能，即或僥倖有寸尺之進，也難期造成一日千里之勢。今日中國，已無人願為一姓家奴，願為蔣氏父子効死！！局部的反攻後，其勢若不能一日千里，如水銀瀉地，如雪中滚球，則必然被個別孤立消滅。而這或許可以說正是美國不積極贊同反攻有所顧慮原因之一，同時也是當權派缺乏反攻信心而遲遲不能行動的主要原因。

其實，自助而後人助。當權派如滿足于現狀，不發兵而喊反攻，實為欺人自欺。卽或反攻已有決心，但以準備不足，與其一味乞求美援，不如先行自求政治改造，先要有打破台灣現狀的勇氣，並著有成效，才能產生反攻大陸信心，鼓動全民一致行動。政治民主化了，反攻的旗幟才鮮明堂煌，局部反攻才有成功並擴大的可能。那時候，不僅美援不求自來，我相信全世界的自由國家都會踴躍地助我一瞥之力，何愁中共政權不垮。若捨此不由，不僅徒遺人白眼，恐還難望安保現局呢！

「特權」為害台灣

見微

（台北通訊）近年以來，立監委員和社會輿論曾不斷的呼籲取締特權；但事實上，有關特權的新聞卻層出不窮，最近又揭發了兩宗最具代表性的案件，茲簡報於後：

印染工廠迭借巨款不還

設於台北縣深坑鄉的美昌印染化工廠，於四十四年六月及八月先後以廠房及機器設備作抵，向中央信託局借款兩筆，每筆均為新台幣五十萬元，期限均為六個月。後經分別展期，至四十六年六月到期，除於請求展期時歸還本金五十萬元外，尚欠本金及利息共八十五萬元。迭經嚴催不還，該局乃訴請法院查封拍賣；但無人敢買。

此外，該廠又於四十七年間以有限公司名義，向台灣總行申請工廠營運資金臨時貸款三百三十萬元，事經貸款指導小組核定，於四十八年二月正式訂立透支契約，限期三年。並規定每月底結算利息一次，混入本金。如本息超過限額，該公司應隨時將超出之數還清。繼因其所提供之抵押品不足，台灣銀行僅核定透支現額為一．九七二．四六三．二三元。迄限期已過，該行迭次催請該公司償還，均無結果；始派員親往實地調查，發現除漂染部份尚有十餘工人工作而外；加工部份業已停工。總已面臨危境。台灣銀行乃委託林棟律師（亦立法委員）致函該公司，請其依據合同規定，於一個月內清償本息；但該公司置之不理。

本案被揭發後，監察委員大為憤慨。十六日，該院經濟委員會開會，張一中委員首先發言，他說：一家祇有十幾個工人的工廠，可以向公家行局借到兩三百萬元的鉅款，不是特權是什麼？他主張應進行撤查，並將眞相向社會公佈。鄧景福委員說：據他所知，此一破濫工廠當時向台灣銀行申請借款時，該行原未核准，後因有人包圍該行負責人，迫他非借不可。他主張調查時應將當時審查借款的經過情形一併查明。同時，警告金融機關不可再將國家的錢拿來做人情。其他出席委員亦紛紛對某方面的委員（按：指立委）利用特權，借款不還，猛烈抨擊。結果一致決議由經濟委員會會同財政委員會派員撤查。

在監委抨擊美昌印染化學公司憑籍特權借錢不還的消息經報章揭載後，立法委員于錫來於十八日分函各報，有所說明，原函如下：「報載監察院財經委員會提出關於美昌印染化工廠向台灣銀行及中信局貸款一事，本人為該廠股東之一，因而被推選為董事長，並非以立法委員身份參加。上項貸款，係以該廠財產作抵（按該廠於民國四十三年創設於台北縣深坑鄉，全部機器均自西德日本進口，廠房亦係新建，計費資一千餘萬元），機器廠房經台銀委託工礦公司機械公司估價，除去折舊，計值新台幣六百九十萬元，台銀常董會通過貸放新台幣四百八十萬元，以透支方式，逐次透支至二百三十萬元，純係銀行對一般工廠抵押放款之正常辦法。本人並無特權，至於該廠因紡織業不振，因而連年虧損，無力償付本息，當聽由銀行依法處理。」

益祥公司獨享長期運油『特權』

台灣有一個益祥運油公司，當年計劃造船運油時，曾向政府借貸美金三百三十九萬元；另由台灣銀行作保，向外國銀行借貸美金五十萬元。而造船所需的全部費用，則約為美金四百萬元。這是去年五月十九日經濟部長楊繼曾在立法院透露的。由此，可知該公司製造油輪僅出資約美金數萬元。但最奇妙的事，還是該公司的油輪尙未造好，而就獲得中國石油公司的運油優先權。迄後，船多油少，不能不停航，又與其他三個公司一同要求中油公司給予所謂停航補貼。去年五月立法院會予以猛烈抨擊。

本月十七日，該院財政、經濟、交通，預算等四委員會舉行聯席會議，討論中油公司與海灣公司所訂立合約的費率問題，周慕民委員又就經濟部同意中油公司與益祥公司訂立十一年的長期運油合約，運價特別優惠一事提出質詢。他說：「楊部長曾主張取締特權；但此舉則無異扶植特權。」另有委員則認為「聯席會議所討論者乃中油公司與海灣公司的合約，不應將益祥公司的事提出」。於是引起激辯。卒因多數委員均認為中油公司與益祥公司的運油合約，同是屬於運油問題，自可合併討論，仍決定繼續質詢。金紹賢委員說：「其他國輪運價，是照USMC減百分之四十，益祥公司的運價卻祇減為百分之三十三。卽每一噸油，可多得運費美金二十元多。政府每年卽多耗外匯四十萬美元，十一年就要多耗四百四十萬美元。政府如此自甘損失，其中原因何在？又楊部長曾說：政府將收購益祥公司的油輪，如今何以又以優惠的運費和該公司訂立十年以上的運油合約？」他要求楊繼曾答覆。莫萱元，郭紫峻，張其彭等委員也相繼質詢，或提出其他國輪的運油合約祇有四年，何以益祥公司獨能獲得十一年的長期合約？或認為國際運油價格都是依照USMC減百分之六十，其他國輪運減百分之四十，已屬不合理；益祥公司減百分之三十三，足証明是「特權」從中作祟。

楊繼曾答覆時，表示他本人原贊成收購該公司的油輪，後因行政院決議不買，改為分十一年付租金，祇好作罷。

王雲五以特權為特惠

立法委員王德徵（女）於二十日向行政院提出一篇文情並茂的書面質詢，指責政府對於立法委員的書面質詢，祇「限於口頭敷衍，書面塘塞」，她舉出數日以前，王雲五在答覆王長慧委員的質詢時，竟稱「特惠」不是「特權」的事為例，詢問「此二者有何區別？」她說：「賦予特權還怕別人援例；因人施惠，正好上下其手。今日政府之命令不能貫徹，法治精神之不能發揮，完全是特惠在作祟。」劉震東委員促請政府將銀行的二十餘億元呆帳和貸款人姓名公諸社會，然後才可表明其確無包庇特權的存心。

聯合報也於十八日在短評中對王雲五所謂「此時此地僅有特惠，並無特權」的說法表示疑惑。短評說：「王氏一向以生意人自居，說一算一，說二算二，頗有不二價之譽；但這一次，很可能甩掉了金字招牌。何謂特權？何謂特惠？其定義如何？區別何在？雖查遍王雲五大字典，仍不能求得詮釋。」該報更指出立法院的「台上人」，便是「一個藐視國家法令，始終無法制裁的特權階級」；並說：「在進行反極權的反攻前夕，倘不內除特權，得不令人有內顧之憂？」

台灣簡訊

志清

一：王雲五口中的反攻時機

在海內外輿論一致呼籲反攻大陸的聲中，行政院王雲五副院長於本月二十日在立法院答覆立委的質詢時作了如下的表示。他說：「反攻行動，無疑的是軍事第一，目前三軍準備已相當充分，在各次演習中均証明訓練精良，行動亦能密切協調，相信必能隨時適應反攻復國的需要。至於反攻時機應注意兩個條件：（一）為國際局勢，（二）為敵我情況，如二者均於我有利，自然是理想的時機。倘其一條件具備，另一條件處於劣勢，自不能不慎重。但如一個條件具備，另一條件，優劣各半，亦未嘗不可考慮抉擇。」又說：「現代戰爭是總體性的，軍事以外，還須有政治經濟的配合。最近行政院設置經濟動員計劃委員會，又在國防部設置戰事政務局，均為加緊反攻準備所必需。至於反攻的日期，應由總統兼最高統帥來決定，政府各部門惟有靜候命令而行動。目前固不能預知其日期；即有所知，亦不便洩漏。」王雲五的答覆，顯然認為目前敵我的情況，雖於反攻有利；但以限於國際形勢，當權者祇能「加緊準備」，尚不能確定反攻期限。二十一日，他又說：「假如中共向寮越進犯，政府即將揮戈反攻。」這無異是說：「如果中共仍像現在一樣的祇向寮越滲透而不作公開的介入，當權者也就無意反攻了。」可見，十多天以來，因劉承司之駕機來歸而掀起的反攻呼聲，不過是裝腔作勢而已。有人說：這是做給美國人看的，似乎不無理由。

二：美國發表秘密文件震撼台北

在哈里曼助理國務卿訪台之前夕，美國駐華大使莊萊德突然獲准辭職，並於奉命後，立即匆匆回國，已經使台北歡迎這位貴賓的心情，蒙受了很大的打擊。在他剛離台灣後，華盛頓方面忽又發表長達九百〇一頁的一批外交資料；其中包括許多當年在大陸時美國駐華人員批評國民政府貪污、無能及不民主的許多文件，更令朝野人士感到憂慮，疑是甘廼廸總統對近來台北當權者發動輿論，要求美國修改中美共同聯防條約，並援助我們反攻大陸的答覆。本月二十日，外交部發言人魏煜孫發表談話，指其為「美國政府經常公佈各項外交資料的例行事件」，暗示其不足重視；但同日美聯社的華盛頓電，則稱：「據美國官員們說，這些文件的發表日期，曾因可能觸怒中國政府而延擱了至少五年」，可見，美國在此時忽然發表，還是有其原因的。據說：莊萊德大使之去職，即是因為無另派大使的消息傳來，人們眞躭心他反對於此時發表此項文件。而且，中美關係又可能因此而趨於低潮。至今數日，美國尚

三：代市長浪費驚人　市議員提出質詢

台北市議員張紫雲在市議會提出一項驚人的質詢，據稱：他經過兩個多月的明查暗訪，發現代市長周百鍊浪費公帑的具體事實多件，舉其最著者有三：（一）去年農曆過年，周百鍊向各方面的送禮費，竟達三十八萬元之多，並分配市府各單位設法報銷，計工務局担負十五萬元，教育局担負十萬元，家畜市場五萬元，公車處二萬元，自來水廠三萬元。（二）去年聖誕節，周百鍊向外賓送禮，動支預備金六萬元；但實際購買禮品的僅花去一萬四千元，其餘的數目，則不知去向。（三）上次議會閉幕時，周百鍊在國軍英雄館設宴招待議員及新聞記者，原定十三席，因到的人數不多，僅開八席；但市政府的支出賬上仍是十三席，共為五萬四千元，由市政府各單位攤分，計教育局一萬五千元，工務局一萬元，社會局五千元，煤氣公司五千元，魚市場五千元，公車處五千元，自來水廠五千元，衛生大隊四千元。張議員又說：除此以外，他又接到一份市民投書，說周百鍊到任後已用去交際費八十餘萬元，其報銷並有變更單據情事。

周百鍊答稱：市府購物，都由事務股辦理，依法報銷，絕無任何貪污行為。至於張議員所指的浪費各節，則未作答。

四：市議會檢查市庫發現賬目相差兩千萬元

台北市議會日前通過一項臨時動議，推派議員詹金圳等八人檢查市庫賬冊。十九日詹等前往市府檢查，發現去年度的總收入為四億五千八百〇一萬八千四百五十六元七角，但決算數字，則為四億三千七百七十萬九千七百八十四元九角。兩相比較，相差二千〇三十萬八千六百七十一元八角。詹議員等對此筆鉅欵之去向提出質詢，主計室主任趙馥郁答以「要查查看」。

五：水仙花奇案

台北市政府建築雙園堤防，台灣農林企業公司聲言有名貴水仙花五千餘株，要求補償八萬六千餘元。經市議會推派議員蕭聲等三人前往實地察看，並未發現有水仙花之痕跡；詢之該公司職員亦答稱不知。市議員認為有冒領補償之嫌；農林公司則謂該項水仙花已移植於三重鎮。蕭議員等又按址前往，結果發現大小不同的「水仙花」幼苗二十株。帶返市議會時，有些議員疑為洋葱，有的說是洋蒜，市府列席官員則說是「外國種」。但就究竟出產於何國，農林公司又未註明。市議會討論很久，乃決議送請農業試驗場化驗。但多數議員認為這些花苗究竟是由雙園堤防移來或係該公司在該處所新栽，顯然大有疑問。而且既經遷移，至多祇能申請遷移費，何以要求補償全部水仙花的總值。聞市議會的專案小組將作進一步的調查。某民營報於刊載市議會討論本案的消息時，標為「水仙花奇案」。

民社黨的新分裂

靜吾

原已鼎足三分的中國民主社會黨，現在又因召開第三次全國代表大會而發生新的分裂。事緣數月以前，原屬蔣匀田派的「各省市黨部聯誼會」，即已與徐傅霖派和向構父派組成「團結委員會」。他們反對在團結問題尚未商妥以前召開代表大會。蔣匀田則以時間已屆，不便展期為理由，主張仍如期舉行。於是「團結委員會」乃於十九日上午派人前往該黨中央黨部，實行「接收」，並於同日在晚報上刊登啟事，發表宣言，以示與蔣匀田作公開的決裂。蔣匀田則向政府治安機關請求援助。北市警察局、刑警大隊及第四分區先後派人前往該黨部巡視。尚幸並未發生事端。

在「接收」事件發生後，向構父發表一篇書面聲明，畧謂該黨員所以要接收和平東路的總部，係因「少數分子一意孤行，定期三月二十一日召開片面的代表大會，以致激起同仁公憤，已於本月十九日以行動阻止。此種正義行為，應予全力支援。今後一本協議方式，謀求全面團結，共同籌開全黨大會。」

民社黨籍立法委員金紹賢、李祖謙二人亦有書面聲明，內稱：「本黨長期分裂局面，深為一般同仁所痛惡。一個政黨之存在，對於國家民族及歷史均負有重大之使命，並非供少數人作為政治活動的工具。不幸過去黨內有少數同仁未能深明大義，招致黨之分裂，此不但為本黨之不幸，且亦為國家之損失。若干年來，雖經熱心人士奔走調停，始終未能全面團結，深為遺憾。值茲多數同仁有全面團結之努力，本人等忝為民社黨之一員，亟願觀其有成。」此一聲明的措詞雖甚為含混，但其不贊成蔣匀田於此時召開代表大會之意，已極顯然。

蔣匀田派在此等情形之下，祇得暫告退却。乃以黨員代表大會秘書處臨時秘書長程文熙的名義發出通告如下：「茲因中央總部已無法執行公務，大會不能如期舉行，除呈報張主席並另定期再行通告外，特此通告。」

民社黨此次召開代表大會，曾盛傳張君勱先生將回國主持。現在竟因此而分裂為四，張先生幸而未來，否則實逼處此，恐他亦束手無策也。

殷台公司借貸易，覓保難

書成

（台北通訊）若干年來，當權者常自誇台灣的經濟日益繁榮；但事實上各大工廠均相繼發生困難。最近，殷台造船公司又因虧損甚鉅，無法維持，向行政院申請卡萊借欵新台幣五千萬元。所謂卡萊借欵，即係由美國國會議員卡萊主持修正的四八〇公法案而得名。依據該項法案，美國剩餘農產品在各國出售所得之外幣，可以借給美國商人或其分店作為發展商業或擴大對外貿易之用。同時亦可借與非美國的商人；但以其運用貨欵的結果，可使美國農產品獲得銷路為限。並規定此項貸欵，應由美國進出口銀行委託剩餘農產品出售所在地的國家銀行作担保。

行政院對殷台公司的申請，業已批准；並指定中央信託局代為担保。但中信局認為准許貸欵的命令係由經濟部轉來，即應由該部在借欵的文書上加蓋部印，以明主辦的責任。後者則以殷台公司並非公營事業未允加蓋；前者鑒於欵額太大，誠恐將來不能收回，不顧單獨負責，因而不肯担保。後來推到財政部，該部又以中信局非其屬下的機構，不便下令。如此推來推去，以致殷台公司至今未能拿到分文。

據內行人士透露：殷台公司自建造了自由號及信仰號兩艘三萬六千噸的大油輪以後，由於新的訂貨未能接上，大批工人等於坐吃山空，五年來淨虧已達二百萬美元，新的訂貨缺乏雖是原因之一，而該公司現任總經理柯克萊的不能稱職，亦大有關係。任何造船工廠，在業務方面均不能祇靠造船維持，一定要在修船及一般機械製造方面招攬生意，才能減輕造船成本及謀求利潤。原因是打造一艘新船，在機械技術方面需要四十八種各有專長的工人。在造船的過程中，勢不能每一種技術工人每天均有工作，他們沒有工作的時候，最好是利用其空閑及專長從事修船及一般機械的製造。台灣造船公司過去沒有將基隆船塢租給殷台公司以前，即是這樣維持生存的。他們在參加各公私機構標製機械工具的投標案件時，有時明明知道標下來不賺錢；但為了不使工人吃閑飯，祇要在材料方面不賠錢，亦就勉強標下來。而殷台公司現任總經理柯克萊不此之圖，外邊有很多業務，他去參加投標時，一定是將工資、材料費及合法利潤統統計算在內，一點不能吃虧，結果標價總是比別人高而不能將業務順利爭取到手。五年來，數千工人僅靠造船；而造船的業務又很少，試問怎能不賠錢？這位內行人又說：殷台公司此次申請卡萊貸欵，是計劃新建一個船台，以便增長現有船塢的空餘時間而發展造船業務，在此造船工業不景氣的時候，這個計劃是對的；但照柯克萊的作風，殷台公司的困難並不是增加一個船台所能解決的。

廣州發生六級地震居民死傷逾百

黃標音

三月十九日凌晨，香港曾發生地震。許多人都從睡夢中驚醒，香港居民密集地區如咸靈頓街一帶，許多居民當時更以為是房屋倒塌，紛紛從睡夢中跑到街上逃避，隨後始知為地震。但所幸香港各區並無房屋倒塌居民死傷情事發生。

廣州則不然，當日同時廣州亦發生六級地震，却發生了空前慘劇，除建築物有許多損毀外，居民亦死傷逾百。

對於居民死傷詳情，中共並未公佈。但廣州居民目睹及隣居或親友死傷，則係事實。在這一次的廣州地震中，城郊各區損毀均大。沙河小北一帶，地震山搖，三元里、芳村、花地、泮塘、東山以及河南各地均感劇烈震動，因是較古老之房屋，多因震動而破裂，瓦落牆塌者比比皆是。

據中共廣州市人民電台廣播：地震發生後，消防員及車輛出動了九次，並謂曾有人民死傷，可見傷亡情形頗為嚴重。

對此，中共方面僅由中共「中國新聞社」於三月廿五日自廣州發出電訊說：「廣東省文史研究館館長胡希明最近對記者說：根據歷史文獻記載，廣州在過去一共發生過五十多次地震。胡希明指出：廣州最早的一次地震發生在晉太康九年（公元二八八年），除了本月十九日凌晨發生的外，最近一次較强的地震發生在一九一八年。胡希明說：從公元二八八年到一九一八年，廣州共發生過較强的地震五十三次，其中以明洪武五年（一三八〇年）明萬曆三十三年（一六〇五年）和清康熙二十二年（一六八三年）發生的地震比較嚴重。明洪武五年八月和十二月，廣州先後兩次發生過地震，當時廣州西北區有打雷般的聲響，有兩里左右長的地方折裂。清康熙二十二年八月二十日夜間發生的地震，還有狂風」。

中共「中國新聞社」又說：「據中山大學地質地理系方瑞濂副教授等指出：一般地震有三種類型，一種是由於地殼運動造成的，一種是由於火山爆發引起的，另一種則是由於巨大崩塌引起的。廣州十九日晨發生的地震是因為地殼運動造成的」。

中共中國新聞社對於此次廣州發生六級地震（香港發生的是五級地震）所造成的人命傷亡和物質損毀雖隻字不提，但中共廣東省文史館館長胡希明却因這次地震而將歷史上廣州曾發生的幾次大地震重行敘述一番，顯然胡希明是有意把這次地震拿來與廣州歷史上的幾次大地震來相提並論，而這也就反映三月十九日這一次廣州發生的六級地震定有損毀和傷亡，僅因中共故意不肯公佈詳細數字，而恐怕在此人民飢餓普遍嚴重情況下，發生更不安的情緒了。

按諸我國歷史，在公元前十二世紀即周文王八年起便已有正式的地震記載了。到現在這三千多年中，歷史記載着的破壞性的地震共有八百八十餘次。最慘烈的一次是明嘉靖三十四年十二月，關中大地震，死傷總數達八十萬人之多。那時正是十五世紀。

到中華民國建立以來，一九二〇年，即民國九年十二月十六日，甘肅海原縣也曾發生過一次慘烈的大地震，波及安徽、河北、青海、四川、外蒙等省區，山崩地裂，河流改道，亦死傷居民達二十萬人之多。但我國史家對此向來採取秉筆直書力求其眞的嚴正態度，對此天災，只有中共隨便對歷史事實常因政治目的而隱飾眞象。

大陸簡訊

陸閒

華北小麥又有災害

近日中共又宣佈華北地區的冬小麥又受到霜的威脅。

這一消息據倫敦二十一日合衆國際社的電訊報導的。該社乃從中共的廣播收聽得來。合衆國際社的電訊說：「新華社今天說，中共的農業在近年來的天災之下，其冬季的麥子收成遭受了另一次的威脅。此地收聽到的廣播說：氣象預報者認為今後幾星期內長江以北將會下霜，那裏的冬麥已經將近成熟了。該社說：今年的麥子最怕霜，因為冬天缺乏雨雪，未能有足够的抵抗力」云。

四川發現春旱

四川省古稱為天府之國。蓋四川省乃一盆地，不但土地富饒，而且氣候溫和，水道縱橫，秦代益州太守李冰父子所治理之都江堰，尤為二千年來世界最老和最早之偉大工程，至今仍為世界各國水利專家所稱道。

但自中共控制大陸以來，四川亦已屢次發生災害了。

茲據中共新華社三月十八日成都電：「四川發生春旱的地區，許多人民公社正以灌溉、施肥和中耕為主，加强小春作物的管理，受旱較重的綿陽專區各縣已灌澆了半數以上受旱的小春作物，生長不好的三類苗，已有了百分之七十多施了一次水糞。」

新華社又說：「入春以來，四川許多地區，雨水較少，加以氣溫回升，先後有綿陽、內江、樂山、南充、遠縣、宜賓、溫江等七個專區的一部份縣出現了旱象。上月底，川南、川東部分地區降雨，但川西、川北雨量較少，不少地區旱象仍在發展」云。

中共與阿聯簽貿易支付協定

中共與阿拉伯共和國的貿易關係，現在仍在繼續加緊。

據中共新華社三月十七日報導：「中華人民共和國和阿拉伯聯合共和國貿易協定、支付協定和一九六二年貿易議定書，今天下午在北京簽訂。」

又說：中共「對外貿易部副部長盧緒章和阿拉伯聯合共和國貿易代表團團長、經濟部國務秘書侯賽因·哈立德·哈姆廸，分別代表兩國政府在協定上簽字。」

發掘秦代都城咸陽遺址

秦代都城咸陽的遺址，現在已被中共以考古為名，而以發掘地下財富為實的情況下發掘出來了。

據三月十八日人民日報載：「兩千多年前秦代都城咸陽的故址，已由陝西省社會科學院考古研究所作過部分勘察和發掘。」

又說：「咸陽故都的遺址，在今天咸陽市東北二十華里左右的長陵車站一帶，故址南部的一部分，已被冲入渭河中。考古工作者南至渭河灘、北至北源頭，面積達數十平方里的範圍內，發現了當時所遺留下來的一些古迹。」

「考古工作隊還在故址內發現了貨幣、壁畫、銅鐵製的工具和用具、日常生活用的陶器等秦代文化遺存。值得重視的是從這些器物中清理出一塊秦始皇統一全國度量衡的詔版。這塊詔版保存很完整，詔版上刻的銘文十分清晰，上面寫着：『二十六年，皇帝盡幷兼天下諸侯，黔首大安，立號為皇帝，乃詔承相狀綰，法度量則不壹，歉疑者，皆明壹之』四十個大字與文獻記載完全相同。這種詔版，在考古發掘中還是第一次發現」云。

僑鄉近訊

香港扒手在廣州受獎

據三月廿二日中共控制的香港大公報「羊城短簡」消息說：「昔日在香港過了十五年『扒手』生涯的仇治本」「十五日在廣州市民政局舉行的大會上受到表揚和物質獎勵。仇治本在香港曾因偸竊被捕七次，他是一九五三年回到廣州」的云。

英德共幹硬將旱地改為水田

據中共廣州出版的南方日報的最近消息說「英德縣為了增產糧食，曾將若干旱地改為水田，但多有失敗。南方日報說：「例如長榜大隊清遠塘生產隊，一九五九年晚造沒有充分考慮水的條件，勉强把三十畝不足的旱地改為水田，結果因水不足，秧苗全部死掉。這個材料說明，旱地改水田的前提條件在於水，不顧條件盲目硬改，沒有不失敗的。同時，大量的調查材料說明：有了水，還要看土壤、肥料、種子、秧苗、勞力、牛力等各方面的條件，才能收到增產的實效」。又說陂角壩生產隊「地是黃坭土，又耙得粗糙，去年秏田時撒的石灰，今年還一團團地堆在田中間，同時，耙後就揷，沒有充分灌田，有一部分揷的是白頭秧，田間管理也馬虎從事，結果畝產不過一百斤左右」云。

江門紅星機械廠共幹盲目亂幹

據三月十九日中共人民日報專訊說：廣東省江門縣紅星機械廠的共幹，竟自充滿盲目自滿情緒，因而使得紅星機械廠的產品品質低，全不合標準。

它說江門紅星機械廠「在江門市兩次機械產品零部件質量評比會上，由於零件加工粗糙，光滑度不够，某些重要零件部件公差不合標準，連續兩次被評為倒數第一。這件事使全廠職工議論紛紜，廠領導幹部組織羣衆廣泛展開討論，最後大家認為：產生這種情況的原因，一方面是部分幹部思想存在着盲目自滿情緒，自以為本廠生產的水泵效率高，用戶滿意，已經沒有什麼問題了，因而缺乏精益求精的進取精神，放鬆了抓產品質量的工作，另一方面，技術管理制度也不健全」云。

中共輪船在海南島附近失火

據廣州出版的中共羊城晚報最近報導：有一艘滿載酒精和松香的中共大貨輪「新昌」號，於三月六日在海南島港口附近三十餘浬的海面失火，這艘貨輪，是由廣州裝滿酒精與松香開赴海南島的。但中途失火焚燒，經呼救後，廣東省共幹雖曾立卽調動中共海軍「九二二號」炮艦及中共廣東公安部隊所屬「G三〇三」號炮艦乃至其它船隻前往搶救，但因火勢猛烈，而酒精與松香又係易燃及容易引起劇烈爆炸之物資，故卒至未能救出，終於沉沒海底，船上員工死傷甚多云。

廣州發生本年最大一次狂風暴雨

雖然，雨季尚未開始，但據中共羊城晚報的消息，則謂本年度最大的一次狂風暴雨却已在廣州發生。發生的日期是三月十七日。據羊城晚報說：三月十七日廣州市發生狂風暴雨時，因廣州人民事先未得到氣象觀察所的警告，故一般人民均無準備。迨狂風暴雨突然發生，人民已施救不及。故除水面許多船隻被吹沉及被吹損，水上人民頗多死傷失踪外，市區建築物，人民住戶之窗簷以及一般建築物上之電線與乎工商業裝飾亦多被吹壞云。

順德糖廠加工生產

順德糖廠本是廣東最老的現代化糖廠，原日設計能力本只日榨甘蔗一千噸。但自中共佔據廣東後，該糖廠便亦被中共攫為己有，正如廣東其它地區許多僑胞投資之工[illegible]中共或沒收或改為公私合營名義而實則全被中共攫為己有完全相同。[illegible]了增加該廠的每日生產量，復於一九五八年增加了設備，茲據中[illegible]消息，該廠「自去年十二月以來，每日榨蔗一千五百噸至一千[illegible]云。

哈里曼遊說乃沙立

「密月期」的訪問

何之湄

美國助理國務卿哈里曼，昨天自香港到達泰國，訪問乃沙立元帥。由於最近美國承諾單獨以武力援助泰國，不受東南亞公約決議的牽制，美泰關係，正在一種友好的密月期中，哈里曼的到達曼谷，受到泰方廣泛的歡迎；乃他納外長親自駕車到廊曼機場迎接哈氏，卽晚又有乃沙立元帥的邀宴，乃沙立元帥大讚美國「够朋友」的那種心情，充份在泰國官方招待哈里曼的熱烈行動中顯露出來。但是在這些熱烈歡欣的背面，泰方人士也並沒有抹煞他們暗中憂慮的心情。他們深怕哈里曼此來，主要是向泰國「施加壓力」——要求泰國支持寮國「中立」親王傅馬組成聯合政府，甚至爲了支持傅馬而切斷泰國給永珍右翼政府彭庵親王和諾沙旺將軍的援助。而美國對寮局的這種政策，却正是泰國一向所極感不滿的。

哈里曼在機場答覆記者的詢問，雖然避重就輕，只是官式地說「顧見寮國成立中立獨立的政府」。但美駐寮大使布朗，早已預先自永珍來到泰國，參與歡迎哈里曼的行列，據說哈氏也約見了諾沙旺將軍，顯見寮國問題是哈氏此來的重要任務。此間美國使館事先宣稱，哈氏來此乃爲就美泰聯合宣言加以討論。可是這項有關美國單獨武力援泰問題，主要是軍事範圍，而且目前泰國並不受共黨武裝侵畧，援助不過在武器援助的階段，實在沒有什麼展開政治談判的必要。哈里曼在機場說，「魯斯克——乃他納聯合宣言，將在華府繼續討論」，如軍援的具體問題等，倒是接近事實。

「保障安全」的安撫

泰寮關係，和泰寮關係對美泰關係的影响，本來就相當微妙。泰國根據事實的判斷，一向就絕對不信任傅馬能够中立，因爲傅馬在川壙成立政府，並非由於李江而是受寮共的支持。另一方面，泰國在朝人士，與永珍軍部却有分割不開的關係，除了政治態度相同外，他們還有親戚關係，商業上的聯合等等。他們支持寮國右翼，反對以蘇發弩馮爲背景的傅馬，是很自然也很正確的。

寮國右翼爲爭取聯合政府中國防內政兩部長席位·致與傅馬決裂，寮共卽揮軍閩攻南塔，威脅到泰國清萊的安全。泰國着急起來，一面考慮單獨出兵援寮，一方醞釀退出東南亞公約。泰國這種態度，却又使美國着急起來。

如果泰軍投入寮國的戰鬥，不一定可能消滅川壙共黨政權及收復桑怒、丰沙里等共黨老根據地；反之很可能引起越寮共對永珍的反攻，甚或進侵泰境，那個時候，美國卽使不想出兵，也非出兵不可。

假若泰國並不出兵援寮，而只是退出東南亞公約，循着不滿美國而至反美的路線發展的話，它很可能在一夜之間就變成中立主義國家，那也是美國所不願見。美國答允單獨武力援泰的「魯斯克、乃他納聲明」，便是美國用「保障泰國安全」撫慰泰國的方法。

「擺脫」政策的陰影

可是這項保障，當然只限於泰國國境。它的反面的意義，可能含有「卽使寮國糜爛也不影響泰國安全」的意思。雖說美國無意「拆散」泰寮親密的關係，但美國對泰安全保証，難免多少含有要求泰方不要過問寮局的意味。

美國對寮的政策，原則上仍是「擺脫」政策。最先美國曾作軍事援寮的考慮，但據軍方估計，派兵十萬以上，仍無必勝把握，因寮國多山，又距海岸太遠，美軍未習游擊戰，海軍支援作戰不便。於是便放棄了作戰計劃，從事政治談判，由日內瓦而產生出傳馬組「中立」內閣的想法，法國是親傳馬的，在東南亞公約會議中極力反對出兵寮國，馬上同意這項方案，英國也不願在寮作戰，也無異議同意讓寮國「中立」的立場。

更使華府和哈里曼認爲寮國可能中立的，是傳說中蘇聯的態度。長先，赫魯曉夫與甘廼廸在維也納曾談及寮國中立原則，其後哈里曼代表美國主持日內瓦會議，蘇聯迭次表示希望寮國中立能早達協議。美國官方更認爲這是「蘇聯中共歧見」的一個缺口，他們認爲中共「好戰、擴張主義」，美代表甚至在會議上公開指出。因此美國寧願採取表面讓寮國「中立」，實際等於「擺脫」的政策。「讓傳馬試一試」的說法，實際上是「讓蘇聯試一試」的美國想法——試試蘇聯的政治影響力，能否限制中共「在受飢餓壓迫下的武力擴張」。

最近據說蘇聯對寮局已感不耐，表示如果中立聯合政府不能成立，蘇聯就將「不負責任」。所以美國先以停止經援壓迫寮國右翼政府，現在又要遊說泰國，與美國同樣採取「擺脫寮國」的政策。

乃他儂說：雖然這是寮國自己的事，但「我們不願見共黨進入寮國政府」，泰國態度，預料仍是頑強的。

·曼谷通訊·

尼、印邦交惡化

·司馬毓棠·

這是無可諱言的事實：目前尼泊爾和印度的邦交，已陷入嚴重惡化的階段中了！——於是，尼泊爾的政局，立刻就受到影響，現出了空前動盪的情況；這不單祇威脅到尼泊爾的本身，而且更構成了亞洲地區一項新危機。

在今日的亞洲整個大局中，一般人的眼光，現正集中於越南、寮國、印尼三個國家的局勢上，可能忽畧了這個「世界屋脊」地區的火藥氣味；而其實這火藥氣味，刻正朝向危險的邊緣發展，並將使整個亞洲也爲之不安！

尼泊爾王早已率直地指出：尼國的反政府人物，是在印度支持之下活動的。因而尼國就立刻刺激起反感，迅卽與印度交惡；而瑪漢特拉爲着維護自己的王位，也就不能不要考慮「招接外援」。所謂「外援」也者，如所週知：就是中共的助力。中共的勢力，刻已伸展到印度心臟附近的毗區，假如尼國政府爲着對付印度而眞的正式要求北平政權的援助，那末，這個地區的衝突情況當然會更爲混亂起來了。

尼、印邦交的惡化，正是中共擴張勢力的最好機會。在中共來說，它必然地會把握着這一個有利的時機，加緊採取行動，去達成它多年來的「願望」——利用尼泊爾來打擊印度。猶憶在去年秋天尼泊爾王瑪漢特拉訪問北平時，中共已對這位「小孩子」慇懃招待，極盡拉攏之能事，同時，中共在劃分邊界線的工作上，也向尼王瑪漢特拉表示了「充份友好」，甚至在額菲爾士峯的問題上，也向尼泊爾作出了「相當讓步」。而尼泊爾外交部長則欣然作這樣的解釋：中（中共）尼（尼泊爾）雙方，現已一致認爲，珠穆朗瑪（西藏人所稱的額菲爾士峯）是在「中國境內」，而沙加瑪達（尼泊爾人所稱的額菲爾峯）則在「尼國境內」。尼泊爾政府感覺到，中共的外交手法，比印度高明得多。就在那時，尼、印間的邦交，顯然已有上一度裂痕；而更顯明的，就是尼泊爾已因此而逐漸轉向中共「親善」。迨至尼泊爾王公開准許中共建築一條道路將尼泊爾首都喀德滿都與西藏首府拉薩互相連貫，這時尼赫魯才震驚起來，印度官員於是倉皇聲言：「印度的安全，與尼泊爾的安全，是有直接連帶關係的」。可是尼泊爾外交部長却答復說：「如果說印度面臨共黨的直接及正面威脅的話，那乃印度咎由自取的結果」。後來尼泊爾政府還坦白作進一步的表示：如果印度總理尼赫魯能够阻止尼泊爾叛徒利用印度來做基地，則尼泊爾當然用不着中共的援助了。尼泊爾的外交部長說得更幽默：「祇要尼赫魯靜靜地向在印度庇護下的尼泊爾叛徒首領拉拿低聲說一句話，拉拿就會立刻把他們的叛亂行動停止」。——弦外之音，使人迅卽領悟到尼、印邦交惡化的根源。印度爲甚麼要准許拉拿在印度境內作出反對尼泊爾王瑪漢特拉的活動？當然，尼赫魯是有所企圖的。尼赫魯政府可能是學習到英國那種「統治的手法」，希望控制到這個小小的喜馬拉雅山區王國。然而瑪漢特拉於一九五五年登上大寶後，就一直被老百姓尊爲「神的化身」，他當然「不甘聽命」，並且連由印度一手訓練出來的「尼泊爾國大黨」首領拉拉，也加以摔掉。今日的尼、印邦交惡化，當然是由於「上文因果」。

直至目前爲止，印度不特沒有阻止拉拿活動的跡象，而且拉拿的活動反來得積極；據尼泊爾的消息報導：「以印度爲基地的反尼泊爾叛徒，最近曾向尼國邊境高拉巴斯鎮發動過一項大規模的襲擊，而這批尼國叛徒，實際上是由一位印度情報官員所領導。尼泊爾政府還指出：那位領導尼國叛徒的印度情報官員，名叫辭塔連星。又說：叛徒的經費也是來自印度，叛徒的宣傳品，也同樣的來自印度。

尼、印邦交繼續惡化下去的後果，當然是替中共製造機會。中共是擅於利用機會的！中共早已計劃着在亞洲地區再予擴展勢力，現在機會送到門上來；鷸蚌相爭，得利的自然是中共這個漁人了！尼泊爾政府已暗表着：「我們與另一個國家的交易可能會來臨」。如果尼泊爾眞的實行向中共提出要求，中共當然樂於馬上接受。到了那時，亞洲的局勢，將更不堪設想！

荒漠的故事（下）

沈歌

韋嘉教授在荒漠中的生活顯得很孤獨，他研究的關於這荒漠土壤不宜開墾的結論招致莫志風的駁斥後便越發使他感到苦悶。幾天之後這荒漠開始不寧靜了。他眼看着那些接踵而來的卡車把一批一批的不知從哪裏調來的老百姓運來這兒，準備開始像原始人一樣的開墾工作，不禁深深的感嘆起來。這天晚上他終於病倒了。躺在帳蓬裏的帆布床上，外面時而傳來一些么喝的聲音，和一些走獸在遠處飛奔的蹄聲。老教授在病中追憶着往事，他想起青年時在外國留學的時光，想起回國後的所遭遇到的幸與不幸……他想到那個在香港去世的兒子、和孫子韋英。他希望着能和孫兒多見一面，因為他老了，他感到生命已將接近盡頭。……

第二天，韋嘉教授仍在帶病中參加研究土壤的工作。毒烈日頭下的帳蓬內，熱氣使他幾乎喘不過氣來，可是這是社會主義建設工作，黨委書記命令不能對工作鬆懈下來。

方圓十里的荒漠中祇有一些野生的灌木叢，荆棘和長尾草。成千的男女在酷熱的毒陽下開始挖土工作，把那些硬蹦蹦的土壤一塊一塊翻過去，擊碎。

「韋嘉教授！」那個站在韋嘉身旁的莫志風說：「我相信奇跡將會在這片荒漠中出現了，我深信這兒不久將變成產糧區，像美夢一般的新樂園！」

「可是，在代價方面，我們耗費的勞動力太多了。」韋嘉教授抹抹額角那些豆大的汗珠說：「而且，像這種土壤，長出來的東西却不會出現奇蹟。」

「可是我想，黨委書記的說法是正確的，我們有的是人力……而且，他們還是做工不計酬的熱愛建設社會主義工作的人民。」

教授沉默不語。

這時黨委書記氣冲冲的走進來道：「這真不成話了！哼！想不到有人偷走！怠工！他媽的，我已命令管工的負責人，如果再有人破壞社會主義的建設事業，就是反革命！」

「黨委同志，」韋嘉教授道：「天氣問題我認為你應該考慮一下。」

「可是，韋嘉教授，你該明白，這是上級命令，我們得在最短的時間內超額完成任務！倘不能完成，你叫我怎樣交待？」

「那你可以將客觀情況報告一下。」

「客觀環境難道不可以克服嗎？目前我們國家最需要的是糧食！」

韋嘉教授對黨委書記的粗聲野氣表示沉默，他用手帕抹着額角的汗珠，又開始埋首於土壤的研究工作。

土壤的開墾工作的確在如火如荼中進行了。白天，你可以看到成千人在方圓十里的荒漠上洒着汗；晚上，你可以聽到那些從竹棚內發出的沉重的呻吟聲和鼾聲混合在一起。

時間不留情地一天一天消逝，但工程却因荒野的自然條件限制，沒有很順利的完成。被迫調來這裏工作的人又因心情和水土不服的關係潛伏着一股怠工的暗流，有人在烈日下暴斃，這裏充滿了死亡、恐懼……

這天下午從山麓的新闢的小公路上飛駛來一部汽車，汽車的後座，坐着一男一女。男的是韋嘉教授的孫兒韋英，女的是陶玲。汽車風馳電掣地駛到帳蓬前面停下來。

韋嘉教授這時正在帳蓬內進行研究土壤的工作，他聽到汽車的馬達聲，舉頭一望。

「嗨！英兒，你怎麼會來這裏的？」老教授韋嘉驚喜地從帳蓬內鑽出來說。

「爺爺，他們說你暫時不能回到家裏跟我見面，所以，我決定來這裏看看你，就回香港去。」韋英說。

老教授撫摸着孫兒的胳膊，把眼簾低垂了下來，嘴角的鬍子動了幾下，然後嘶啞地道：「我很好。」

「爺爺，我看你瘦啦！」韋英道。

「沒什麼！沒什麼！」教授地搖頭。

「嗨！這裏真熱鬧哪！」陶玲站在旁邊，指着在荒漠中工作的人羣道：「看！他們正在開始着偉大的社會主義建設工作哪！現在這裏雖是那麼荒涼，可是將來——這該是多美麗的遠景吻！」

正在這時候，遠處却有人大叫：「他跑啦！」「抓住！抓住！」

跟着是一陣痛哭的叫聲。轉瞬，人們又開始了艱苦的工作，好像沒有發生過什麼事情似的。

「什麼回事？」韋英好奇地問。

「噢！大概是他們在捉蛇吧！」陶玲道。

「捉蛇？」

「當然，蛇是害羣的東西，我們的國家對捉蛇的工作一向是很重視！」陶玲像有意無意地這樣說。

這天黃昏，陶玲沒有徵求韋英的同意便和他在荒漠中散步。韋英被迫和祖父分手，開始和她迎着西沉的太陽走着。

「韋英，我不希望你到香港。」

「為什麼？」

「祖國不好嗎？」

「我沒說不好，可是——」

「有思想上的顧慮？」

「或者是我對祖國認識得不够深刻吧！」韋英又開始招受心理上的威脅了。

兩個人雖然沿着走，可是像各懷心事似的，話不投機。陶玲盡在提出種種使韋英難以回答的問題。

「韋英，我想，將來這裏將會出現新的城市，你是幹建築這一行的，有什麼感想？」

「我想——我研究的是外國的東西，建築那些數十層的有昇降機和冷氣設備的大厦，大抵不適宜這裏的老百姓住？」

「為什麼？」

「那不是太奢華嗎？」

「……」

兩天後，韋英便和爺爺韋嘉話別，離開了這個充滿了恐懼和死亡的荒漠，和陶玲一起走了。老教授在一喜一憂的心情希望着孫兒順利而平安地回到香港去。

老教授韋嘉在荒漠中度過了四十餘天的時光，將土壤的研究工作完成後，正是夏末初秋的時分了。他又開始了漫長的歸途，火車上的生活煩悶而又單調，像他這種上了年紀的人實在不宜作長途的火車生活。

回到城市後，他首先便乘三輪車回市郊的古老屋子裏。

她的老妻看見他風塵僕僕地回來，便老淚縱橫地哭泣。韋嘉驟然的感覺到他的家一定發生了一件不尋常的事，他問：「怎麼啦？」

「韋嘉，你得想辦法！」妻子在不斷的抽泣中說。

「想什麼辦法？究竟發生了什麼事？」

「我們的孫子——韋英被扣留了。」

韋嘉道：「他犯了什麼法？」

「檢察廳控告他發出中傷祖國的言論！」老妻說：「要他勞動改造！」

「唉！……」

「你有什麼辦法沒有？」

「我老了，不中用了。還有什麼辦法？」老教授韋嘉渾身像被魔道纏繞着的，感到的是痛苦和迷茫。

開始為他的孫子奔忙了，可是，沒有人能替他營救那在獄中的孫子。在城市的街頭，老教授像被人們擯棄了似的，感到莫大的悲哀。

他望着街道那些古老的樹木被朔風吹掉下來的枯葉，他便感到自己的命運也將像殘葉一般……最後，他打算到監獄裏去見孫兒一面。他預測到那將是一幕悲劇的情景，之後，他連自己的命運也無法捉摸了……就像處身於一個可怕的荒漠中。

（完）

文史漫談

甄著「中國文學概論」（上）

徐亮之

近來香港出了兩本研究中國文史的好書，一本是向夏先生（即名小說家皇甫光）的「漢語文言語法綱要」；另一本是甄陶先生（即文之道先生）的「中國文學概論」。

甄陶先生和我是華僑書院的同事，見面的機會比較多；可是見了面，他如提起要我給他的大著說幾句話時，我却總是訥訥其詞地加以答覆。而我之所以如此，倒不是因為想偷懶，更不是甘於放棄他慷慨地給於我的這份光榮，而是話實在難說。至其所以難說，則最少有左列兩個原因：

第一、甄陶先生乃是一位悃樸無華型的朋友，其為學與著述的態度亦然；而我却是說慣了「漫談」式的話兒的人；對於一部比較嚴肅的學術論著，照例應該正襟危坐去讀去談才是；但這對我却未免是一個苦差使。

第二、本書乃以對中國文學作全面性的介紹為基本範疇，同時、復以對中國文學問題作全面性的檢討為特別出色；範圍這樣大，問題這樣多，說是憑了一席「漫談」便能探驪得珠，我自問確實沒有這本事。

不過、話得說回來，本書也確實有她不可抗拒的魔力；這魔力是：你越讀越能發掘出她的好處，越能發現編者的苦心孤詣和慘淡經營；因而也就使你越不想說話，越非硬着頭皮出來說話不可。

那末、本書的好處到底在那些地方呢？我以為最少有左列幾種好處：

第一、本書把中國文學演變史和文學批評史簡明妥貼地一爐而冶了。關於前者是：對於各種文體、包括過去中國文學編纂者所漠視的對聯和八股文，都曾窮源竟委簡要說明，標舉實例以相印証。關於後者是：對於前人重要的文話、詩話、詞話、曲話，都曾分門別類地加以扼要的介紹，小心謹慎地給以客觀的評價。因而其好處是：使讀者讀過本書之後，一方面可以知道，在我們祖先留下的豐富的文學遺產中，到底有着多少項目；另方面可以明瞭，在這些遺產項目中，那幾項可以取出繼續使用，那幾項必須拿去刮垢磨光，那幾項祇好當牠做肥田粉，那幾項祇好擺牠上骨董架。——本書的這一好處是不可抹煞的。

第二、本書對於中國新舊文學的葛藤加以小心而持平的處理了。例如本書第一章「中國文學的價值」節說：

「今天的新，是明天的舊；明天的新，又是後天的舊。所以舊的作品，許多是千古不朽，值得後世研究欣賞的。我們對於舊文學作品，要採用取長捨短的態度去批評研究，並加以整理才對。」（P六——七）

又說：

「中國文學有它的一脈相傳的整體，新的和舊的只是時代的不同，它們各有特殊的因素，也有一般的因素；比方父母子女，兄弟姐妹之間，彼此各有其特殊的個性，又有其共同的血緣關係，不可以斬斷的。一孔之士，由於『各以所長，相輕所短』之故，往往造成門戶之見，這適足為識者所笑而已。」（P五）

所以本書認為：

「所謂『新實現主義』者，要想腰斬了中國文學的整體生命、鹵莽滅裂地創造一套階級性文學，那是絕對不合理的。就是那些以新文學家自命，單從現代文學圈子裏說研究創造，而與古代文學絕緣的，也不能把文學完美地建立起來。至於抱殘守闕，專門掉古老書袋，以唸古註為研究，以仿造為創作的，那又不啻向劊子手爭奪被腰斬者的頭顱去營造墳墓，是更沒有出息的。所謂『過猶不及』，都不符合研究創造的原則。」（P五）

這話真說得痛快極了，持平極了；而其好處也正在持平與痛快。本書的這一好處是值得我們讚佩的。

抗戰回憶錄（十二）

張發奎

四　蘇浙線之轉進

他們在倉卒配置之下，摸不着散布於廣漠地區的工事位置，我發生了悲哀與怨恨，我感覺一個國家在平時的國防組織不健全的狀況之下，臨到戰時便一切弱點都暴露了。

在這個不利的狀況中，十四日失了嘉善，十九日失了嘉興，敵人已經踏進了杭州的門戶。

左翼京滬綫，亦陷於同樣的狀況，部隊的退却更加紊亂，沒有一個部隊作過有組織的抵抗，亦沒有一個部隊穩定的佔領過陣地。吳福、錫澄兩綫的預設陣地，均無兵力加以利用，任令敵人毫無阻碍而從容的跨過了這兩道南京的門戶。這時使我重復回憶起我和張治中的建議，沒有被採用的遺憾，否則我們不僅可以遲滯敵人向南京前進的時間，而從淞滬退却的大軍，亦決不致到達如此狼狽的地步。

十一月下旬，敵以主力沿京杭公路，一部沿京滬鐵道，以鉗形的戰署攻勢向南京前進；南京是我們的首都，其得失對於國際與國內的影響，比上海有着更重大的關係；最高統帥部最初原有意保衛南京，但滿盤之差，錯於一子，我們在淞滬會戰既已損失了精銳部隊的主力，從淞滬轉進的兵團，數量雖然仍是相當的大，但大都凌亂不堪，戰力薄弱，非有相當的整補，已難恢復原狀，況且在地形上又處於完全內綫作戰的態勢，而想在南京的外圍，先擊破在京杭與京滬兩路齊頭併進的敵人；依現有兵力及態勢來看，除非有一個奇蹟出現，已決不可能。因此我們必須從堅守據點着眼，來指導南京的戰鬥，這就於時間、兵員、彈藥、給養以及外援兵團的調動，轉移攻勢時間的策定，都值得我們作一個充份的準備和詳密的計算了。

無疑的，這是一個重要的決策，我最高統帥部召集我們在南京開了一個會議，會議的結果，唐生智自告奮勇，肩起丁保衛南京的責任。我被改派在宜興方面，去指揮剛從廣西調來的廖磊兵團，對由京滬綫前進的敵人，佔領一個側面陣地，以策應南京的保衛戰。杭州方面的指揮責任，交由劉建緒接遞了，但當我到達宜興的時候，廣德與常州又已發現了敵人，江陰要塞亦失陷了。

敵人的行進是迅速的，它以乘勝的姿勢，馬不停蹄的向南京前進，由京杭路前進敵人的主力，在吳興方面排除了廖磊軍，在安吉、泗安方面，排除了劉湘部的阻止之後，十二月四日已出現於句容及秣陵關了。由於外圍我軍兵力的脆弱，南京防禦組織的不健全，戰鬥的進行，僅有一週的暫短時間，在中華民族的首都，被異族侵凌的歷史上，又重演了明末以來，經過三百餘年的今日了。

南京於十二月十二日失陷了，太陽旗於十三日晨豎上了南京的城樓，這是一個最可悲痛的記憶，也是我中華民族最大的恥辱。不過南京的失陷，在淞滬會戰失敗之後，已註定了它失陷的命運，同時也早已為一般人意料所及。在軍事立場上說，南京的保衛戰，不能成為一次會戰，僅可認為淞滬會戰的尾聲，亦僅可認為是敵人的追擊目標最後的一次戰鬥而已。這固然是最可悲痛的紀念，然而我們已以大量的血汗，遍洒了南京的平野，在將來重見的時候，他將開着更光輝燦爛之花。

辛亥革命史談（三八）

舜生

六．各省次第響應的經過

三、江西：九月初二日，江西九江宣告獨立。先是駐九江新軍五十五標一二兩營范、何兩管帶，及炮台守將徐世法，合謀舉事，由教練官黃子卿就商於標統馬毓寶，馬表贊成。因於初二日夜間焚燒道署，九江道保恆，九江府璞良及防營張檢，均逃。新軍即舉馬毓寶為九江都督。時三十五標標統莊守忠，亦率一營在九江，馬派兩營脅其投降，莊允而卒逃去；惟湖口、馬當兩處炮台則全部歸順。馬因就九江道署成立潯軍軍政分府，並以徐世法為駐潯炮台統領。湖口、馬當均扼險要，武漢得此響應，乃無東顧之憂。南昌聞九江獨立訊，人心頗為恐慌，幸贛撫馮汝騤，協統吳介璋應付尚稱得體，秩序未亂，延至初十，乃宣告獨立。初擬舉馮撫任都督，馮固辭，因於十二日改舉吳介璋，並以劉起鳳任民政長，十三日馮將印信交出，即向各方辭行，携眷他往，紳士軍民且恭送如儀。但二十二日，有廣信府貴谿縣人彭程萬者，自稱由海外決議奉孫、黃命，即攝理贛軍都督，吳介璋以為實，即召集軍政各界開會，宣告辭職，並將都督印信交由彭程萬接管，彭亦居之不疑，惟又自稱全省公舉，以措辭前後矛盾，乃引起馬毓寶電責，軍民亦表疑慮。彭自知為清議所不容，形勢所不許，乃於十月初一日將都督辭去，由各界改推九江馬都督接充。馬任事後，頗能整理軍政，裁汰冗員，故雖一月三易都督，江西安堵。

四、山西：九月初八日，山西以新軍起義光復，殺巡撫陸鍾琦及其妻子，推新軍協統閻錫山為都督。清廷聞陸鍾琦死，命第六鎮統制吳祿貞（綬卿，湖北雲夢）為山西巡撫，吳本革命黨人，與第二十鎮統制張紹曾，協統藍天蔚有連，密謀合取北京，逼清帝退位；及奉命撫晉，到石家莊後，又單騎赴娘子關與山西民軍代表見面，約合攻北京；並扣留清軍南運輜重；以是大遭清廷之忌；因許重金買通吳部下馬蕙田、周符麟，於九月十六日深夜（按錢基博『吳祿貞傳』謂九月十七，十六日深夜與十七日固不衝突也），於石家莊鐵路站房將吳刺死，並割其頭去報功。當時傳說，主謀刺吳者為良弼，一說為袁世凱，至今仍為疑案。吳死，清廷改命張錫鑾代之，並命曹錕、盧永祥、段芝貴先後率軍攻山西，至十月二十三日，清軍更將娘子關佔領，閻錫山出走，張錫鑾乃進駐省城，一直到清帝退位後，始將都督府還設太原，仍由閻任都督。

五、雲南：九月初九晚、李根源、蔡鍔、羅佩金、唐繼堯等以新軍舉義，佔領省城，攻破督署。三十七標統帶丁錦逃，統制鍾麟同以抵抗被誅死，藩司世增為滿人，全家被殺。總督李經羲，匿巡捕蕭某家，以平日政績尚好，眾勸其出，初允而內不自安，卒去滇。蔡鍔被推為都督，李根源任軍政部長，唐繼堯任次長，周鍾嶽任參事，旋克蒙自，全省大定。

六、江蘇：九月十三日，上海已發動，十四日，由民軍攻佔製造局，推陳其美任滬軍都督，李燮和、黃郛、楊譜笙等任參謀，接收滬寧鐵路歸民軍管理，並照會各國領事及總商會共維秩序。同日吳淞光復，由李燮和組軍政分府。十五日，蘇州新軍與上海採一致行動，由紳商各界推舉代表勸蘇撫程德全保衛地方，並舉程為都督，程允諾，蘇州乃完全光復，以張謇任民政部，應德閎任財政部，伍廷芳任交涉部，鄭言任司法部。共餘常州、松江、鎮江、靖江各屬，均次第響應，松江由鈕永建任軍政長；鎮江設軍政府，以林述慶任都督，江北則舉蔣雁行為江北都督。時鐵良、張勳仍以重兵守南京，最後始下，另詳下文。

七、浙江：九月十四日晚二時，浙江新軍八十一、八十二兩標，與上海派來之敢死隊百餘人聯合舉義，攻燬撫署，浙撫增韞被拘禁。十五日設軍政府，舉湯壽潛為都督，褚輔成任民政部長。時旗營已被民軍包圍，由軍政府命增韞函將軍德濟勸降，不允，雙方遂開炮轟擊，互有死傷，由杭辛齋等出任調停，卒告和平解決。時代理八十一標統帶者朱瑞，八十二標統帶則為周承菼，由滬率敢死隊赴杭，並任先鋒隊臨時指揮官者，則蔣中正也。迄十一月二十七，湯壽潛赴寧就臨時政府職，都督由蔣尊簋繼任。

八、貴州：貴州也於九月十四日光復，初推巡撫沈瑜慶任都督，沈不就，乃改推新軍教練官楊藎臣為都督，趙純誠副之。

九、安徽：九月十五日，黨人已光復壽州；九月十八日，安徽諮議局乃宣佈獨立，推巡撫朱家寶為都督。次日，即有鄂軍都督黎元洪派來之王天培攘奪都督一幕，王以軍民不服去職，仍由朱負都督名義。二十五日，又有潯軍黃煥章騷擾的一幕，秩序大亂，朱家寶綰城出走，一時省城陷於無政府狀態，而淮上之獨立軍，復為倪嗣冲所敗，形勢頗岌岌。延至十一月初，孫毓筠履都督任，全局始漸趨安定。

十、廣西：九月十六日，廣西由諮議局議決獨立，擁巡撫沈秉堃為都督，王芝祥陸榮廷副之。二十日夜，陸以防營第二十四第二十五兩隊暴動，先刧藩庫，次佔諮議局，電報局，於是沈秉堃萌退志，藉口南方粗定，北虜方張，極願担任北伐，遂於十月初辭去都督職，去湖南（沈為湖南善化人），陸榮廷乃繼沈為都督。

本刊已經香港政府登記

聯合評論 週刊

每逢星期五出版

United Voice Weekly

第一八七號

督印人：黃宇人 總編輯：左仲平

社址九龍大埔道一六八號南亞書局 805641

承印嘉羅印刷有限公司香港灣仔馬師道5號

總代理：友聯發行公司 售價每份港幣一毫

本報美洲版總經售處美國紐約中美出版社

CHINESE - AMERICAN PRESS, INC

199 CANAL STREET.,

NEW YORK13 N. Y. U.S.A.

美洲航空版每份零售美金一角

武力干政不宜提倡

李璜

在有現代教育的今日國度中，卽以有現代教育設施的殖民地如香港，試去質諸受過教育的羣衆，問一問：武治好抑或文治好？則必然得到普遍的答案是：文治好！因爲徵諸歷史事實，鑒於兩次大戰，特別是曾受過二三十年的軍閥不斷內亂，現又正受中共軍警蹂躪的中國人，一經聽見武治，便要使人不寒而慄的！

一、

古希臘哲人曾認爲人是政治的動物，而同時又曾認爲人是有理智的動物。因爲理智之故，然後人類在其政治的歷史上，政治權力的設施，乃能逐次轉變，自武治而變爲文治；自一人一姓的打江山，而轉變爲選賢與能的動口不動手。於是有國家而設政府以來，由專制政體漸次趨向立憲政體；由政權治權集中而趨向分散行使；由有階級的政治趨向於無貴族與平民之分的平等選舉；這不能不稱爲由人類理智進步而有的政治結果。

中國儒家聖人的政治見地，卽本此理智進步觀，而奠定其禮讓爲國的理想。孔子崇王道，貶霸道，因作春秋；孟子尙仁義，薄武力，所以稱「五霸者，三王之罪人也；今之大夫，又今之諸侯之罪人也」！因之，我民族文化中的政治理想，乃有「天下爲公」之旨。

二、

近年以來，世界上時有軍人鬧政變，或以空軍，或以陸海軍；小之幾個中將上校之流，俄頃之間，竟以少數海陸軍，或幾架轟炸機，便轉變了一國的政權，如前年之土耳其與寮國；大之則以海陸空三軍首長之魁或多數，一夕易號，稱霸首都，放逐由選舉產生的元首或執政者，如前年之南韓、緬甸，如近日之叙利亞、阿根廷，而緬甸日前又再來過一次軍人政變。論者有認爲，這種不斷的軍人政變，雖不能稱作現代政治的常軌，然而這類主持政變的軍人，其動機不失爲愛國，其成績或者還不壞；且認爲，「在若干比較落後的國家，民智未開，民主缺乏良好基礎，與其把國家命運委之於品性不盡可靠的政客，則無寧是軍人主政，更能爲國家利益着想」。

三、

筆者曾於三月三十一日讀到這樣的一篇提倡武力干政的社論，且在香港接近我政府的報紙上，使筆者詫異其不像爲現當權者着想而應有之言！然而應與不應爲另一問題，姑不深論。茲只就其所論要點，曰動機愛國，曰國家利益，曰軍人比較品性不盡可靠的政客爲更能爲國家利益着想，一本事理，畧抒筆者之見。

不過，在發抒愚見之前，有一點必得先爲愼重說出的，卽中華民國的國本爲民主，其政本爲憲政，不可輕於去動搖它！如像南韓，則軍人一再以武力干政之後，愈來愈成爲軍政府：停止憲法；停止政黨活動，且將舊日政黨領袖們加以囚禁或處死；近更將所有國家機關首長一律以現役軍人充任之，直是十足的武治了！——南韓的國本與政本已根本爲之動搖，與我國北洋軍閥主政末期情況已無多大差別；似此，如不引起國民革命，誠哉其爲「落後國家」也！

四、

現在先談「動機愛國」一點。愛國愛鄉本於人的天性；古今來除了少數眞正的漢奸或如大陸的毛澤東泯滅了人性之外，筆者也相信如南韓軍人等用武力干政，雖其動機出於愛國，情有可原。但愛國是出於情感；情感如無理智加以控制，則不免流於衝動，變化無常；至少要用理智去調節着它，否則主政而恃武力，對異己者往往因衝動而做過了頭，則必又引起反動，政局便難穩定。

次言「國家利益」一點。今日而言國家利益，大別之，不外兩點：一爲如何從事工農建設，以裕民生；一爲如何進攻退守，以祛共禍。在前者言之，則係科學專家之事，要看主政者能否認識專家，尊禮而且信任之，使能發揮其長，久於其職，底於成功。在後者言之，則退守之際，國內秩序最爲重要，不宜政柄隨時動搖，使人民莫之所從，而共黨將易乘虛而入；在進攻之際，固重武力，然而對付共產邪說，要人民先有辨別，然後軍力始有依託，此「三分軍事、七分政治」說之所由來，爲國家利益着想，固非軍事第一，軍人萬能也！

五、

至於說到爲國家利益着想，與其把國家命運委之於品性不盡可靠的政客，則毋寧聽軍人主政，在這一點上，則更引起筆者家國之痛，感慨萬分！

自民初以來，四五十年之間，中華民國可以說是軍神當令，軍人萬能！試就民初以至今日數一數看，中國執掌政柄，甚至各省主持省政，又有幾個是品性不盡可靠的政客，百分之九十九都是軍人爲主，所謂政客，無非跑跑龍套而已！四五十年以來，我國家一亂再亂，終爲共黨所乘，弄到大陸成爲人間地獄，言之傷心，思之切齒！國亂民困，至於今日，我中華民國歷來的主政軍人實首應負其最大的責任！事實勝於雄辯：中華民國的今日主政軍人其速以贖罪的心情，拚萬死以反攻復國！國可復也，則軍人品性自會有人佩服的；國而不復，則一味推過於文人，也不足以挽回軍入的面子啊！

五一、四、三

反攻之路

胡越

反攻大陸這一呼聲雖然唱了十二年了，但是在一九五五年以前不過是主觀的幻想，在一九五八年也只是一種希望，可是現在已經是事實上的可能了。

當一九五八年，毛澤東決定實行「大躍進」時，在黨內曾有人反對，毛遂將這些人加上「促退派」的罪名加以清算，政治局委員陳雲自此失勢，山東省長趙健民、副省長王卓如、袁子揚，遼寧省委書記王錚、省長杜者衡、副省長萬濤、秘書長吳鐸，大連市長宋黎等皆被開除黨籍。當一九五九年，「三面紅旗」（社會主義建設總路線，大躍進，人民公社）所造成的危機已經暴露，黨內又有人起來反對毛澤東的左傾冒進政策，他再掀起「反右傾運動」，將國防部長彭德懷，參謀總長黃克誠（此二人都是毛的湖南同鄉，一向是毛的死黨和心腹）等清算。可是不到半年，他終於也發現大事不好了，一九六〇春，他喊出「大興調查研究之風」，親自到各地去了解實況，證明「促退派」及「右傾份子」確有先見之明，從此他就潛居杭州，很少在北平露面，同時中共報紙絕不刋載經濟建設的重要消息了。他在杭州苦思了半年多，決定「三面紅旗」總退却，在十一月他向各地發出「農村工作緊急指示」十二條，發還農民的自留地，重開自由市場，認眞實行「勞逸結合」，停止「大躍進」，並號召「放手發動羣衆、整風整社」。實際上是暫行解散了人民公社。十二月他以「黨中央給農村的一封信」展開了幹部整風。整風內容是反五風：（一）反共產風（沒收人民房屋耕具等），（二）反瞎指揮風，（三）反特殊風（幹部貪污腐化），（四）反命令風，（五）反虛假風（指的是共幹揑造生產數字，不反映實況）。整風時發動農民告密，並把少數劣跡昭彰的共幹交給羣衆大會鬥爭。毛澤東把「三面紅旗」的災禍推到共幹身上，其實他們不過是奉令行事罷了。

經過清算「促退派」，鬥爭「右傾份子」到「反共產風」，毛澤東的威信在黨內已徹底破產，從高層到下層都已開始動搖，縱然他仍緊握着軍隊和特務，鎮壓了公開的敵對與反抗，但是由於黨在思想上的動搖瓦解、與遍地的飢號與哭聲，軍隊和特務也勢必隨着動搖與瓦解的。毛澤東確是惡貫滿盈、氣數已盡了。

以上我們概畧說明了反攻大陸時機的成熟。現在我們面對的問題是如何反攻。多少年來，海內外愛國人士有一個想法；希望因專制腐敗把六億同胞棄於極權暴政之下的國民黨，能夠革心洗面，恪遵憲法，改革政治，實現反共團結，樹立反共復國的號召，然後併力西嚮，反攻大陸，光復中華；可是這一個希望，在當權派昏昧自私，倒行逆施之下，已被碾成片片碎了。爲了連任總統撕毀了憲法，爲了鞏固一姓政權，而毀新黨，囚雷震。今天我們與台北當局已經沒有周旋之餘地了。有時候某些人，也曾發過最消極的希望；卽暫行拋棄民主憲政不談，在目前的獨裁專制之下，也盼望台北當局能[illegible]陸。無論怎樣，國民黨治下的台灣，總比中共控制下的大陸，要使人可忍受一些；但是這種可悲的想法，經十二年的考驗，也証明是泡影的了。

關於反攻問題，台北當局最初是坐等第三次大戰，後來看三次大戰無望，竟在美國要求之下發表不以武力反攻大陸的聲明！五八年以後，他們看見大陸形勢日非，態度稍見積極，但是基本想法仍是「坐待」。以前是坐待三次大戰，而現在是坐待大陸起革命。這種坐待革命的想法，等於是負責緝拿綁匪的警員，眼看肉票手脚被細任，受匪人持槍監視，而現在他不去打匪，却坐待肉票起革命！他們把大陸同胞送給中共手裏，現在竟盼他們起革命，古今中外那有這樣不負責任的政府！

台北當局何以始終坐待不主動反攻？一因失敗主義，長共心理的作崇，二是沒有義無反顧的信心與士氣。要知道反攻大陸，是一塲轟轟烈烈的大流血，如果是在民主憲政基礎上打這塲戰爭，爲六億同胞的自由而戰，那麼人人可以奮勇爭先，死亦瞑目，如果是在獨裁統治基礎上打這塲戰爭，爲一姓政權而戰，是沒有人願意賣命的。國民黨被逐出大陸，並非戰力的不及，而是戰意的瓦解。今天問題的關鍵依然在此。這是他們缺乏信心和勇氣的根本原因。另一方面，他們缺乏獨立自主的氣概，在外交、經濟、軍事上，一味的依靠美國。反攻大陸是中國人自己的事，爲甚麼要看美國的臉色？因此最近台灣官方散佈的反美論調，實是推卸責任。「中美安全協定」，固然對反攻有所約束，但是當初爲甚麼簽這個協定？爲甚麼又聲明不以武力反攻大陸？往者已矣，可以不究，如果今天台北當局，眞的要反攻大陸，中美安全協定隨時可以廢除，可惜台北當局絕無此胆量！

從上述的分析，指望台北當局反攻大陸是極少希望了。我們今天必須在台灣之外，另覓一條反攻之路。那是孫中山辛亥革命，俄國十月革命所走的路。簡單言之，以國外的政治運動爲酵母，以國內地下工作發動武裝起義爲基本的革命運動。

從現在起，一切愛國反共力量，不要再等待台北的革新與反攻了，應該披荆斬棘，獨自開拓反攻之路。只要認定方向，鼓起勇氣朝前走，先驅者留下的血濆與足跡就是路標，後繼者就會蹈出一條路來！

從卡斯特羅清除異己談一段新聞報導

黃天誠

前幾天，許多報上都刊登同一新聞，說卡斯特羅在古巴清除了共黨分子埃斯卡蘭特。讀過這一條新聞後，很容易使人發生一種誤解，以爲卡斯特羅本人既在古巴內部清除共黨分子，那末，卡斯特羅本人便一定不是共產黨員了，便一定以爲卡斯特羅政權不是共黨政權而是什麼社會主義政權或民族主義政權了。其實，這一條新聞本身就是極不完全，乃至容易使人發生錯覺發生迷惑的。難怪許多人常常由於只因讀了這類不健全的報導而憑直覺亂判斷問題。

然則卡斯特羅清除埃斯卡蘭特事件的眞象和事件的性質究竟如何呢？我們只要仔細讀一讀中共新華社的報導便完全清楚了。原來，這完全不是因爲埃斯卡蘭特乃共黨分子，而被清除，而是由於埃斯卡蘭特在古巴共黨內部推行個人崇拜，樹立宗派主義，直接危害了和妨碍了卡斯特羅本人在古巴共黨內部的領袖地位才被清除。所以，這不過証明這一事件乃是古巴共黨的內鬨而已。

據北平出版的三月廿九日人民日報所刊出的中共新華社哈瓦那三月廿七日專電說：「古巴統一革命組織全國領導委員會第一書記菲德爾·卡斯特羅在昨天晚上發表電視講話中，譴責統一革命組織全國領導委員會成員阿尼瓦爾·埃斯卡蘭特在工作中犯了嚴重的錯誤和執行宗派主義的政策。這篇講話的題目是『統一革命組織工作方式方法的若干問題』。他在這篇講話中說：阿尼瓦爾·埃斯卡蘭特同志在担任統一革命組織書記任上濫用了對他的信任，奉行一種非馬克思主義的政策，奉行一種背離工人階級先鋒政黨的列寧主義組織原則的政策，並企圖建立一個機構作爲追求個人目的的工具。他說：我們認爲阿尼瓦耳·埃斯卡蘭特進行這些活動並不是一種不自覺的錯誤行爲，而是自覺的、蓄意的。他單純地放任自己追求個人野心，因此造成了一系列的問題，造成了國內眞正的混亂」。

卡斯特羅說，「阿尼瓦耳·埃斯卡蘭特同志想方設法以自己個人來代替統一革命組織」。

他說，「我永遠也不會不公正地把正直的共產黨人與這類人相提並論」。「我們對老共產黨員的態度應該是，尊重和承認他們的功績與戰鬥精神」。

卡斯特羅接着批評那些說攻打蒙卡達兵營和格拉馬號登陸是錯誤行動的人。他說「攻打蒙卡達兵營和格拉馬號登陸是正確的路線，是革命的和武裝鬥爭的路綫，不是政客路線或選舉路線，是歷史已經肯定爲正確的路線。難道能這樣充耳不聞、熟視無睹、目光短小和愚昧無知，以致把歷史的經驗教訓不當一回事，不會從歷史吸取應該記取的教訓」。

卡斯特羅說「在古巴，個人迷信問題也談得够多了。應該向部隊解釋個人迷信與領導人的威信和權威是毫不相干的問題。他說，我們知道，在我國不存在這種問題。」

卡斯特羅說，「關於馬克思主義，的問題，關於馬克思主義反對修正主義者、反對歪曲它的原則的人的鬥爭，我們應該討論的東西還很多，還應該好好向列寧學習，還應該好好學習馬克思主義從誕生到今天的歷史」。「我們對一個不是自己的問題，對一個蘇聯的問題，討論得這樣起勁，又是爲了什麼呢？他說「不應把個人迷信問題變成我們討論的中心問題。」

卡斯特羅接着說「討論這個問題已經在羣衆中造成混亂，把他們引入歧途。這個討論也使革命威信遭到損害。這種討論令人討厭地與反對某些最寶貴的同志的巧妙的運動相結合，這是宗派主義政策的一部分」。

卡斯特羅說「古巴革命已經絕對肯定是馬克思列寧主義的。誰也別痴心妄想！別以爲我們會倒退一分一毫，不，我們要前進。」

卡斯特羅最後宣布「統一革命組織全國領導委員會決定解除阿尼瓦耳·埃斯卡蘭特在全國領導委員會和書記處中的職務」卡斯特羅號召加强革命力量的團結。他說，「重要的是我們要共同完成的工作。」

由此可知，卡斯特羅清除埃斯卡蘭特問題，純係古巴共黨內部人事之爭。卡斯特羅加在埃斯卡蘭特頭上的帽子，與赫魯曉夫直接加在阿爾巴尼亞共黨首腦霍查、謝胡間接加在中共首腦毛澤東頭上的帽子正是一類貨色。當然，這並不奇怪，在共黨內部人事鬥爭中，彼此時常互相清算，互相加帽子，同時，每一個人都引用有利於自己的馬克思的話或列寧的話來作護符，更是司空見慣，而卡斯特羅在此古巴統一革命組織全國領導委員會成立不久卽以第一書記的資格清除黨內另一書記埃斯卡特羅，則不過顯示了古巴共黨內部的人事頗有問題，埃斯卡蘭特顯然威脅和妨碍了卡斯特羅的權力罷了。若說這就是赫魯曉夫與毛澤東權力衝突在古巴所引起的反應，自亦尙無不可。大抵，這就只是古巴共黨內部人事鬥爭的第一回合。

本來，共產黨的那一套，本就只足以欺騙天眞的人們。各國各地共黨首腦平時固無不以辨証唯物主義相號召，又無不以工人階級的利益相標榜，更無不以國際主義與愛國主義爲催眠藥。實則，所有共黨分子，都無不精於人事鬥爭，所有共黨首腦，無不旨在個人權利爭奪才是眞的。卡斯特羅指責阿尼瓦耳埃斯卡蘭特的罪狀說：「埃斯卡蘭特同志想方設法以個人來代替統一革命組織」不過說明卡斯特羅本人也正在想以個人來代替所謂黨和國家的利益而已。而史太林、赫魯曉夫、霍查、毛澤東之流又何嘗不如此呢？所以，共黨內部在沒有人事權力衝突時，大家都戴着同一頂馬列主義帽子，迨個人權利發生衝突時，宗派主義，修正主義，敎條主義，官僚主義，自由主義，個人主義，……等等帽子便彼此飛來飛去，飛得共黨內部滿天都是帽子，低級共幹目迷五色，終至無法辨別這些帽子究竟眞象如何？自由世界內天眞的人們則還以爲共黨內部眞有什麼理論之爭，於是，有人爲修正主義大寫文章，有人爲宗派主義大寫文章，大談其理論鬥爭，實則共黨內部只存在一種鬥爭，其餘鬥爭都是幌子，這一種鬥爭便是人事鬥爭。

毛澤東何故加緊爭取日共？

馮運雲

從近年來的種種迹象和事實看，毛澤東是正在加强爭取日本共產黨。日共也是國際共黨之一，毛澤東何以特別着意爭取日共呢？仔細分析起來，却有多方面的原因在。

在沒有分析其原因之前，不妨先看看三月廿八日毛澤東由北平打給日共中央委員會主席野坂參三，祝賀他七十歲的一封長電。賀電原文說：「日本共產黨中央委員會親愛的野坂參三同志：您是日本人民和日本共產黨的久經考驗的堅强不屈的戰士，是中國人民和中國共產黨的親密朋友。我以個人名義，爲您的光榮的七十壽辰，致以熱烈的祝賀！在第二次大戰期間，中國人民爲了反對日本侵略者，進行了艱苦的奮鬥，在這個時候，您從遠道來到了延安，同我們一起。您代表了日本人民的利益，代表了日本共產黨人的意志，認爲日本侵略者是中國人民的敵人，同時也是日本人民自己的敵人，認爲日本軍國主義給日本人民帶來了極大的災難。您不斷的揭露了日本軍國主義黑暗統治的眞象，指出了日本人民應該走的道路，您當時所寫的政論，敎育了日本人民，也幫助了戰鬥中的中國人民。第二次世界大戰結束以後，您回到自己的祖國，同日本共產黨其它領導人一起，高舉馬克思列寧主義的旗幟，高舉國際主義和愛國主義的旗幟，爲團結日本人民，反對美國佔領者，擺脫美國帝國主義者加給日本民族的枷鎖，反對日本軍國主義的復活，進行了巨大的工作和持久的鬥爭。美帝國主義是日本人民和中國人民的共同敵人，在反對這個共同敵人的鬥爭中，中日兩國人民的團結發展了，中日兩國人民的友誼加深了。人民是歷史的創造者，我們相信，堅決與人民爲敵的美帝國主義及其走狗終歸是要失敗的。日本民族是一個偉大的民族，在自己的前進道路上，不論還要經過多少曲折和困難，日本人民終歸要贏得勝利，日本共產黨和日本愛國者堅持的正義事業終歸要贏得勝利。當您七十壽辰的時候，我爲您祝福，同時也爲日本人民祝福。致以兄弟的敬禮」！

毛澤東之外，中共中央也對野坂參三給了賀電。在一般社會關係上，祝賀壽辰並不是一件突出的事情，但毛澤東一向極少以個人名義對他國共產黨領袖作如此這般的冗長賀電，所以這情形就顯得不尋常，而反映着毛澤東對日共的特別拉攏了。

當然，這也原不奇怪，毛澤東的這種作法，是有他自己的打算的。

首先，是日本這一個國家在政署戰署中的重要，它在亞洲的地位，實與西德在歐洲的地位相同。而西德與日本正是民主集團與共產集團從事世界性全面鬥爭的要點，十年來，中共早已對日本展開了軍事與政治的雙鉗攻勢，而日共又是赤化日本和在日本國內從事反美運動的急先鋒，所以，即使沒有別的理由，以此理由，中共也就應該加强對日共支持了。

何況，在日本內部，左傾工人的勢力很大，左傾的青年學生也很多，日本最大的工人組織——日本「總評」早已在中共的控制之中，日本的左傾文化人和左傾學生也有許多早被中共所收買，再加上日本的許多報刊，都眼光淺短，昧於世界大局，不知道反共意義之重要，素少發表具有遠見之評論，亦很少刊載對反共特別有意義的新聞，所以，在日本內部既提供如此有利於中共的客觀條件，毛澤東焉得不因利乘便，加以赤化的企圖。

再則赫魯曉夫對毛澤東的個人鬥爭，既早已存在和一直在發展，那末，毛澤東又豈有不小心拉攏亞洲各地共黨以爲自己羽翼，從而抗衡赫魯曉夫之理？

就日本的地位講，它除在世界性的反共鬥爭中具有舉足輕重的政署戰署地位外，在赫毛個人權利爭奪中，日共又何嘗不佔重要地位？因爲日共在共黨集團內的地位是隨着日本在整個世界戰署中的地位而重要的。如果日共傾向赫魯曉夫，則中共控制亞洲各地共黨的形勢就將不能完整，聲勢和實力都將不够浩大，因爲在亞洲各地共黨中，外蒙早已極明白的站在赫魯曉夫的一邊，北韓和印尼雖然也很明顯的是站在毛澤東的一邊，但北越胡志明的態度却未够十分明朗，且胡志明在蘇與赫魯曉夫一同渡假時，曾經一度有過調停赫毛衝突之說，是則胡志明對赫毛衝突，似乎比較超然和中立。寮共領袖蘇發努萬雖與中共交情不惡，但亦常往莫斯科，所以北越和寮共都還暫時不能算作毛澤東的走卒，而日共的地位既因日本的地位而重要，則毛澤東爲了避免自己在赫毛鬥爭中陷於孤立，並從而加强自己的羽翼，對日共的爭取，尤其對日共領導人野坂參三的爭取，自係必然的事。

縱觀赫毛衝突的大勢，毛澤東雖曾努力經營非洲和拉丁美洲，但截至目前止，顯然還沒有任何一個非洲或拉丁美洲國家的共黨是在赫毛衝突中完全站在毛澤東這一邊的。就以古巴來說，卡斯特羅也似乎是站在赫魯曉夫一邊，所以，毛澤東既不能不在赫毛衝突中繼續掙扎繼續鬥爭，那末，他之勢必繼續對外爭取與黨，亦係必然的了。

何況日共正在傳習「毛澤東思想」，日本左傾人士又正對毛澤東和中共的情形，多所迷惑，所以，毛澤東先對日共下一番功夫，正自順理成章的事哩！

不作政治改革難望反攻成功

道遠

來自台北的外電報導，美國參謀首長聯席會議主席藍尼茲將軍，上月杪訪台期間，蔣先生曾向之試探他於最近將來反攻大陸的計劃。

這項消息並不能因為在甘迺廸總統表示對反攻大陸之冷淡，而忽畧其價值。即使是屬於通訊社的想當然的消息，也還須予以正視。對華政策的決定權雖在白宮。但如果真有突然事件發生時，白宮的決策就必須立時更張，五角大厦的意見，是會對白宮起決定作用的。作為美國的一位參謀長，他更有必要隨時深切地去了解盟國軍方的意向，何況台灣正在高唱反攻，即使蔣先生無所表示，藍尼茲也會詳加詢問的。

上述的消息雖有其一定的價值，但却並不意味台灣就會立即反攻。因為問題還很多呢！

美國軍事當局的人員，對反攻大陸，大抵是態度積極的，但是白宮方面所顧慮的，並非僅是一個打字。這正猶如國民黨當權派內心的顧忌一樣。實質上，反攻大陸，並不是一個單純的軍事行動。白宮方面必須考慮到西歐盟國對此的反應，也要考慮到戰爭在擴大以後的後果，即使是反攻的軍事形勢節節勝利。更重要的是，在政治上看，獨裁的當權派，在反攻大陸後所能引發的新問題。

因此，三月廿九日甘迺廸在記者招待會中，坦率表示對於反攻大陸的問題，「吾人必須考慮吾人所負之一切責任。」並且認為「對可能的情勢進行探討，實無裨益。」這可以看作是，他對台灣方面所提出的各項有利反攻的因素所加的不利的評語。是以即使他也珍視「反回大陸，顯然為中華民國政府之願望。」也祇能推說「余對任何新之建議已在考慮中之一說，無毫所悉」了。換句話說，白宮並未對台灣所渴望的反攻，有新意見的商討或決定。

打回去是必要的，但如何改變美國當局的態度，顯已成為反攻前的必要步驟。迄今仍有人認為反攻是中華民國自己的事，是自己可以決定的。如果真是如此，台北方面是無須乎頻頻向美國作多種試探性的活動了。在台灣也有一種論調，認為打回去無須美國出兵協助，故美國之横加阻擾，實屬不智。其實戰火一啟，又豈容美國袖手旁觀。

由於哈里曼在處理寮國問題上碰壁後的憤怒，也可以想見，美國對整個的遠東政策，所希望的祇是現局的安定。因此他才力圖壓迫寮國的右翼政府贊同組織聯合政府，雖然他的壓力，已為諾薩旺的堅決意志所拒絕了，但哈里曼仍自信寮國右翼政府終於會低頭的。美國對寮國政策值得批評的地方固多，但於此也間接可以反映出美國誠不願現時台灣海峽有新的戰火發生。對於台北所需求的打回去的願望，遂採取了同情、尊重，而不加贊同支持的立場。

另一方面，對於反攻大陸問題，台灣也有力主審慎的，並且贊成把這個問題交由蔣先生個人去決定的，甚至正面反對立法院有人對何時反攻提出質詢。可見台灣內部對一個最緊要而現實的問題，也還未能取得上下一致的意見。

一句話說穿了，大家都在看風色，看美國方面的風色，而為當權派作留有餘地的打算。

打回去，原已是刻不容緩的事。不計成敗，作局部反攻的能力也是有的。當權派遲遲不想動的顧慮，實不在於敵人形勢的強弱，中共現今已是強弩之末，大陸的形勢祇有對反攻有利，但是當權派既久已乎依賴美援，則心理上已喪失了自信。這些年來，一意孤行的結果，當權派在政治上已成孤軍。打回大陸去也不能完全靠反共能吃飽飯為號召。若反共祇是一個吃飽飯的問題，中共固未能善為六億人民解決，同時也是把全民的要求看得太低了。

當人們深受毛澤東的荼毒，而想起蔣「總統」，乃屬一種自然的反應，不能錯看作是一心向着當權派。

就這一點來說，或許當權派自己對自己的估價很高，但是客觀的反應又究竟如何呢？且不論美國現在的政府，對此所持的看法如何，就以台灣內部來說，大家對蔣「總統」及其當權派的印象也不是一致予以好評的。

當權派迄今仍領導着中華民國，並且使之成為一個難以變更的形勢，但這祇能是在台灣的偏安局面之下，可以如此。一旦登陸大陸之後，當權派所恃的優勢條件，能否確保，便會成為問題的。對此，當權派或真有自知之明，所以也才影响了反攻的信心。

當權派既不思政治改革，且又拒絕民主政治，形式不變，內容不變，今日之蔣「總統」和昔日的蔣總統既無分別，而若一定說是憑蔣「總統」的號召就能打倒毛澤東，無異是神話了。

舉一個最簡單的例子來說。日本今之天皇，猶昔日之天皇，但日本今日的政制，已非昔日的政制。何況今之天皇在實質上已不同昔日之天皇。戰後的日本是經過如此大的改變才能得到復興的。

因此，即使反攻的一切都得完全由蔣「總統」來決定，但今天中華民國究竟仍應否實行一黨獨裁——當權派專政，還是應該實行民主政治這個問題，却必須要先作基本的解決。正如開舖子做買賣，字號不怕老，但貨色却要能不斷推陳出新。否則不足以號召的。值此高唱反攻之際，希望當權派對此真能好好考慮考慮。

（四月一日）

台灣簡訊

志清

一：特權之謎

三月二十一日立法委員王德箴曾因王雲五在立法院答覆詢問時，辯稱：「台灣並無特權，特惠則容或有之。」而提出一項書面質詢，指責政府對於立法委員的質詢，祇是口頭敷衍，或書面搪塞。並說：他稱特惠不是特權，顯然是因為「賦予特權還怕別人援例，而因人施惠，正好上下其手，今日政府政令之不能貫澈，法治精神之不能發揮，完全是特惠在作祟。」聯合報的短評，也指出王雲五的這番說法，可能將其平素引以自傲的「商人信用」甩掉。但事隔數日，經濟部長楊繼曾於日昨在立法院答覆胡鈍俞的質詢時，竟說：「特權和特惠都是沒有的，即使有也是假的。」顯見他比王雲五還勇於發言。曾憶去年十二月十八日楊繼曾在立法院的經濟委員會也曾談到「特權」的問題。他說：「我之所以要取銷特權，不但外國人有此主張，就是民間也有反應。取銷特權，就是要使我們能在台灣生存下去，免得死無葬身之地。最近美國駐華安全署長的批評，我曾看了好幾遍，他主張在政治方面取銷特權，我以為經濟方面的特權也必須取銷。特權問題，不必加以解釋，人人都知道特權是有的，不能以一手掩盡天下人的耳目。」他的這番談話，當時曾博得立委們的鼓掌；聯合報也稱為「有種」，而且還於同月二十日發表一篇「消除特權思想與行為」的社論，呼籲大家對於「楊繼曾部長的慷慨陳詞，不僅要幡然憬悟，更要身體力行。」如今言尤在耳，楊繼曾竟不惜自相矛盾至此。在今日的官場中，楊繼曾本來尚有想做事和說實話之譽，但從以上的說話看來，他如今也學會了蔣「總統」那一套說話不算數的傳統治術了。可是今日台灣之有特權存在，正如他所說，是不能以一手掩盡天下人耳目的。聯合報在刊載他答覆胡鈍俞的這番妙論之同日，也發表「此地無銀」的一篇短評以諷之，原文如下：

「特權」云云、「特惠」云云，據經濟部長楊繼曾日昨答覆立委胡鈍俞的質詢時稱，在此地都是沒有的；即使有，也是假的。部長大人既然已經這樣吩咐了，咱們小民當然應該這樣相信了。走江湖，大家都走老了；什麼是真的，什麼是假的，彼此心裏有數。凡事只要能交代得過去，打一個「過門」，也就够了。因此，咱們暫且撤開「特權」、「特惠」這類問題不談，不妨換換題目，掉掉胃口，試舉一二「特例」來談談，不知部長大人意下如何？

第一個「特例」是唐榮鐵工廠，為什麼其他廠家營運不靈，瀕於倒閉，而主管當局不予援手；唯獨對唐榮鐵工廠特加優渥，不惜引用國家總動員法，發佈緊急命令，進行特別救濟？也許作為「特惠」是假的，但作為「特例」却是真的；因為其他廠家援「例」聲請，莫不碰了個「應毋庸議」的釘子。

第二個「特例」是益祥輪船公司，它買了一條油輪，石油公司便得包租下來；它分多少年付淸船價，石油公司便得包租多少年。這種包人賺錢的長期運油合約，雖非「特惠」，但其他輪船公司援「例」聲請，却是未便照辦。當然，這兩件事祇是「特例」；在此地，既無「特權」，也無「特惠」。

聯合報所舉的這兩個實例，雖然可稱為証據確鑿；但顯然仍是避重就輕的。因為今日的最大「特權」人物原是蔣經國呵。王雲五之所以不敢直話，楊繼曾[illegible]故。

二：煤氣公司的濫賬

台北市議會於三月二十六日審查煤氣公司的賬目時，現發該公司的公款被其他機關「暫借」多筆，迄未歸還。最著的，計有市政府印刷所借去二十餘萬元，事務股借去三萬元；甚至市議會亦借去二萬餘元。各議員以煤氣公司常因週轉不靈，發生困難，而却有鉅款借出，不予收回，其中顯有弊端，紛紛提出指責。

三：美國有意贈送雷達　我國沒錢付運費作罷

據台灣氣象所所長鄭子政於三月二十三日向公論報記者透露：該所前曾提出一項計劃，擬建立雷達觀察站。美國政府曾表示願將兩套觀測氣候的雷達贈送我國；但我們須自籌裝運，安置及保養費共約八萬五千美元。我國政府因財政困難，無法籌措，於是被迫放棄。鄭所長對於這項失去的機會深致惋惜。

四：周至柔與垃圾箱

據三月三十一日聯合報透露：不久以前，周至柔巡視台北縣樹林鎮，鎮公所深恐路傍擸㩅箱有碍觀瞻，乃强令全鎮居民搬到家內。周視察後，對該鎮之清潔整齊，大為嘉許。最近周至柔又前往高雄縣巡視，該縣潮州鎮公所也認為路傍的㩅擸箱有碍觀瞻，强行拆除。據說：此項擸㩅箱係水泥製的，原是該鎮居民奉政府之命，每三戶共同購置一個，以重環境衛生。如今却因周至柔的巡視，又要全部拆毀，不但勞力傷財，而且政令出爾反爾，該鎮居民頗有怨言。聯合報對此種粉飾偽裝之風，亦認為與周至柔的「民主風度」不配合。

五：立法院長宜忍痛辭兼職

立法院長黃國書身兼台灣省政府所屬儲蓄合會公司的董事長，雖經輿論迭加諷刺，仍故作不聞，兼任如故。最近因立法委員郭登敖等在院會指責立委兼任律師及事業機關的董事或董事長等，弊端百出，主張來一個自我檢討，社會輿論亦認為立法院需要作一次自淸運動，黃國書[illegible]成為衆矢之的，乃决意忍痛辭去此兼職。

立法委員醞釀自清運動

省議員一語起波瀾

見微

（台北通訊）三月二十一日台灣省議員許金德在省議會財政小組討論使用牌照稅征收細則時透露：立法院通過車輛使用牌照稅法，將稅率改由汽缸排氣量課征，是受了我國唯一的汽車工業裕隆公司的銀彈攻勢所致；還有某項進口稅問題，有關廠商曾聯合以每人五萬元的活動費向某些立委活動。」公論報記者在散會時請許議員詳述其事，許則推說，這祇是傳說。二十二日，公論報以顯著的地位刊出此一消息，立即引起大眾的注意。立法委員王長慧（女）等八十四人即於二十三日向院會提出一項臨時動議，請院會交由有關委員會徹底追查，報請院會處理。」在提案文中，還指出：「如不加以澄清，不僅將使本院全體同仁蒙羞，也是國家的一大損失。」可見，提案人對於此事是如何的重視了。

本案提出時，王委員曾作簡單的補充說明。據云：她得知公論報所載的此一消息，乃由於朋友的傳告。同時，本日的聯合報，也有一篇顧聞其詳的短文，以選民的資格，請許議員詳道銀彈攻勢的內情。可見這件事已引起一般人的注意。她認為了全院的名譽，一定要弄個水落石出。出席委員多人曾報以熱烈的掌聲。

楊寶琳（女）委員繼起發言，她對本案表示支持；但主張交程序委員會排列時間再作討論，因為今天的時間已經不多了。吳延環委員則認為本案關係大家的清白，不像別的案子可以擺一擺。他說：「我們受了這樣的刺激，還麻木不仁嗎？」因此，他主張現在就討論。

魏惜言的妙語

魏惜言委員則獨有妙論。茲依據公論報的記載，將他的發言介紹於下；他說：「民主國家，議員在議會內發言，對外不負責任。議員如犯刑責，則依法處罰。此事除了新聞材料而外，沒有什麼了不起。許議員是有相當地位的議員（按：許為台省運貨業的大企業家，被認為可能繼任省議會議長，平素極少發言。）他的失言，我們聽了，相信都不高興。何況這件事討論下去，也不會有什麼結果。我們可以向許議員提出抗議，表示我們不滿就够了。同時，給他改過自新的時間，看看他和社會上的反應如何？」

陳海澄委員指出：許議員的談話，是在散會後匆匆回答記者的，這僅是許議員個人的意見，不必那麼鄭重其事，把它當法案來討論。不過，許議員既已說出這種話，與立法委員的名譽攸關，他認為也不能不過問。他主張交秘書處去函問問看，或交紀律委員會調查。

郭登敖主張自我檢討

郭登敖委員很沉痛的說：「我和各位的見解不同。王委員的這個臨時動議，是立法院多年以來的第一次。過去還沒有人提過像這樣的案子。今天我們不單是要澄清這件事，而且要藉此機會對自身切實檢討一番，看有沒有這種事實。外間對立法院的風風雨雨甚多；但我們還沒有機會來檢討。我們也不是對省議員有何爭辯。我們自身有無不檢點的地方，應該鄭重其事的徹底清查，才能澄清外間的視聽。」他的發言，曾贏得多次的掌聲。黃通委員也認為這件事不管是誰講的，祇要有此說法，就應該清查一下，他主張交紀律委員審查，或召開全院院務檢討會。

楊寶琳（女）委員又再度發言，她響應郭登敖委員的意見。認為把外間對立法院的風風雨雨徹底檢討一番，確有必要，並表示願意放棄交程序委員會的原議，主張馬上討論。

臧元駿委員也說：「這件事，不要說是省議員說的；就是老百姓說的，我們也得接受。」他主張交紀律委員會，開會時通知全院委員參加，並請許議員到會說明。

討論至此，因已屆散會時間，院會仍決議交程序委員會編入議程，定期討論。

程序委員會會有激辯

二十三日晚，該院程序委員會開會，某些委員竟主張本案提出院會時，應改開秘密會議，以免影響院譽。但剛正的委員則認為必須公開討論，才可使社會上明瞭眞象。經過激辯後，提付表決，總算以八票對七票通過「應於公開會議中討論本案」；並決定列入二十七日的院會議程。

王委員在立法院提出本案後，雖然若干有心的立委如郭登敖先生等，很想藉此機會來一次自清運動；但一般人的印象，則認為在蔣「總統」的賢明領導之下，根本無此可能。因為外間所說的「風風雨雨」，多半都與「忠貞」的立委有關，他們既有恃而無恐，誰還有力量去「清」呢？二十五日聯合報有一篇短評，其中有一段說：「關於部份立委的風風雨雨，殆已司空「聽」慣，不足為奇。同樣的，關於立委的自清運動，亦已屢有所聞，未見實效。倘此次因「銀彈攻勢」的傳聞，能由止謗而轉為自修，當為君子自重矣。惟立委會內發言，同樣的可以不負責任；故其結果如何，自須且聽下回分解。吾人願拭目以俟之，但願並非以俟河之清，則幸甚矣」於此，亦可見短評的作者也未對立法委員們的自清運動稍存奢望。同日該報還刊載許金德議員的一封來信，據稱：他當日在省議會，對新聞記者談話，僅說有此傳聞，亦未指明立法院。於是，很多人都認為立法院對王長慧委員的提案，可能又將以不了了之。

一片嚴查聲

二十七日立法院的院會進行討論本案，各委員的情緒都很激動，王長慧委員以提案人的身份首先發言。她說：「自從上週五的臨時動議案提出後，受到社會上各方面的重視，各報及電台不惜作詳細的報導。這是一件涉及立法委員聲譽及立法院名譽的事，希望對許金德議員在省議會財政審查會上所說的種種，由有關委員會調查。」她指出兩點：「（一）省議員許金德雖然寫一封信給聯合報，聯合報也以來函照登的方式登出；但是，許議員並沒有向刊載此一新聞的公論報更正。這是避重就輕的作法。過去社會上時有若干涉及立委聲譽的風風雨雨，立院是採不聞不問的態度，久而久之，積非成是。因此應把握此次的機會，查明事實眞相，以向國人有所交代。（二）與論界對此事的重視，連日新聞報導、短評、社論等等，對立法院提出善意的建議及殷切的希望。如果立法院對本案採不了了之的態度，就眞正使人懷疑，那才是一種重大的損失。」她表示很贊成郭登敖在上次院會所提的意見，把近年來各方面對立法院的風風雨雨，一併詳加檢討。並說：她願追隨各委員之後，努力到底。

立委自嘆品類不齊

陳海澄委員指出：過去美國國會有扒糞運動，我國也曾有過猪仔議員，這都是由於國會腐敗所致。年前的南韓革命，也是由於國會腐敗所引起。他認為如果立法院的決議案受到銀彈的形響，則為集體貪污；若僅立法委員個人受銀彈影響，則為個人行為，應由個人負責。他主張在此時作一自清運動，大有必要。

吳望級委員則說：近幾年來，同仁中有很多是道德、學問、人格都很好的；但也不能否認仍有人品不够的，現在應藉此機會檢討自己。他指出：年來在台灣各級民意代表的醜事太多，幾乎是年年有、天天有、太多了！馬路上隨時可以聽到各種最醜惡的名詞，都用到民意代表身上。現在，應是到了該檢討的時候，大家應以坦白的態度，向國家及老百姓交代。又說：「年來立法院的請願案太多，請客也接踵而至，有人說是立委去發動來的，如果這樣，那就太卑鄙了。」他認為：「少數立委，鬼鬼祟祟，為私奔走，放棄公務，不來開會，不僅老百姓罵我們，就是打我們，也沒有話講。」對於本案處理的方式，他主張交紀律委員會徹查。

侯庭督委員對吳委員所說立法委員中有好的也有壞的，表示不能同意，他認為誰是壞的，應指出名字來。他還說：本來，立法院可以以法人的地位控告許議員譭謗。不過，不必太重視算了。又說：如將本案交紀律委員會去查，可能沒有結果，成為「無花果」。因而主張組織一個調查委員會，並推王長慧委員為召集人，限一個月內提會報告。又說：本案是一事，檢討又一事，檢討應與本案無關。

榮照委員則說：「檢討起來，恐怕不祇此事。大家同事相處十餘年，很難說誰有過，誰無過，誰對，誰不對。」

郭登敖力陳立委弊端

郭登敖委員指出與其追究許金德議員的談話，勿寧來一個自我檢討；與其說是自清運動，勿寧說是為了建立更好的制度。他說：「立法委員當然不可以兼任公職，但是否應兼律師、會計師，商業是否可在外經營商業？像這些事，不能說是好是壞，依法來說，沒有什麼壞；但是，如果立法委員以一個董事長或總經理的名義，利用職權去敲詐，在制度上是很有問題的。如果立法委員整天在外辦私事，誰來院內開會？因為外邊有兼職，到立院來串一下門，又到外邊去打秋風，這對不對呢？立法委員代表商人向國營事業談買賣，可以嗎？立法委員任公營事業的房子，或是將房子租售給公營事業，說起來是合法，但在制度上却大有問題。如果用公司行號名義向銀行貸欵，這等問題，實在都是很複雜的。立法委員應不應受人之託，到院中來游說，這是見仁見智的。幾年來有意無意的，有形無形的，產生了許多風風雨雨，應加徹底檢討。那些事可做，那些事不可做，應加明確規定。」

郭委員認為如有修改有關法律的必要，也應不惜修法。他主張將本案交紀律委員會審議，並通知全院委員參加。

陸京士委員說：「對於這件事，相信很多人有感慨的意見，立法委員的職權是崇高的，可做的事也很多。但是，有幾百人之多，實在也不敢說都是奉公守法。政府首長，公營事業機關，法院，老百姓都很清楚，因為是非之心，人皆有之，老百姓的眼睛是雪亮的，大家知道放在心裏，雖然口中不說，但心裏有數。幾年前，陳紫楓委員曾領銜提出一件立委不應兼律師的提案，結果是石沉大海，無結果。現在希望大家與其自清，不如說自愛。其實，大家都希望好，但大家都怕事，現在案既已提出，就不要怕事。」

楊寶琳委員對於侯廷督所云控告許金德譭謗的意見表示不同意。她認為議員在議會發言，有對外不負責任的特權，因為唯有如此，才能使議員毫無顧忌的發言。他主張本案應交法制委員會審查。最好能修改委員會組織章程，或制訂一項公約，互相約束，以期建立良好制度。她說：「過去誰有許多風風雨雨，例如：審查筵席娛樂稅時有各種傳說，說某電影公司發動請客攻勢；又如審查海關稅則時，風傳裕隆公司請客游說，結果將汽車進口關稅自百分廿五提高為百分五十；又如人造纖維稅率問題，也曾傳有風雨；油輪案的風風雨雨最多。以上各項均查無實據，然而却事出有因。風風雨雨多少有些根據，因為無風是不起浪的。談到審查公營事業機關預算案，公營機關也不斷請客，一位委員曾在一個上午之內收到三張請帖，究竟請客是花誰的錢？」又說：「律師會計師雖然是自由職業，但公營事業機關的律師就不同了。像這許多事，都應該能有一個公約來約束。」

李文齋委員說：「翻開五千年的歷史，所有亡國的原因都是由貪污而起。貪污為國家民族存亡的關鍵，銀彈就是變相的貪污，在遍行貪污的今日，立法委員應遠避銀彈，應剷除銀彈。」

最後院會決定將本案交紀律法制兩委員會審查。

廣西大量培養少數民族幹部

十年來，已培養五千一百多名學生

綜觀

在中國，漢族是人數最多的民族，所以，漢族以外的各族，便相對的成了中國國內的少數民族，因為他們的人數都較漢族人數為少的緣故。

自中國之悠久歷史與傳統文化而言，在中國國內各民族上，雖仍可再分為漢滿蒙僮猺等數十民族，但這數十民族實則只是整個中華民族之分支，他們都在偉大的中華民族之內，並無高低優劣之分，亦無彼此之別。但中共佔據大陸後，却把少數民族問題特別強調了出來，並在政治上予以嚴格區分。中共早已將各少數民族另劃行政機構，名義上是予以自治，實則只是中共歧視和企圖分而治之的一種手法。故中共之此種作法，實為違背國家統一原則和中華民族不肖子孫的具體表現。

而中共為了分化和便於充分控制各少數民族，又鑒於各少數民族語言隔膜，交通不便，遂又想出以夷制夷之辦法，在大陸各地廣泛開設所謂民族學院，大量培養各少數民族之學生，以作中共控制各少數民族之骨幹。對此，中共之進行是不遺餘力的。因為中共知道若少數民族之統治地區發生戰亂問題，則足以動搖中共之統治，甚至顛覆中共之統治。

茲據中共新華社三月廿三日南寧電：「廣西民族學院建校十年來已經為廣西各少數民族地區培養了五千一百多名幹部。包括僮、漢、苗、瑤、侗、仫佬、毛難、水、彝、回等十一個民族之子女。三月十九日，這個學院師生集會慶祝建校十周年，一些畢業生也回到母校參加了慶祝活動。學院畢業出去的學生，許多已成為少數民族地區工作中的骨幹。一九五四年進入這個學院學習的瑤族學員蒙永仙，入學前是個副區長，共青團員，畢業回去後工作表現很好，當選為副縣長，並且光榮地參加了中國共產黨，現在又担任了黨的縣委書記的工作。……這個培養少數民族地區幹部的學院，一九五二年建校初期只有兩班——幹部輪訓班和文化班。根據社會主義革命和社會主義建設事業的需要，這個學院十年來已逐步有了發展，現在已經成為擁有政治、語文、歷史、數學、化學、物理六個專修科，以及政治幹部輪訓部和預科部的綜合性的民族學院，目前在校各民族學生有九百三十多人，相當於初建時的六倍以上」云。

事實上，中共不僅在廣西正如此大量培養這種控制少數民族的幹部，在其他各地也都在同時進行，中共更在北平設有更大規模的民族學院。反觀台灣方面呢？却一點準備也沒有。如果台灣方面不加緊培養國內各少數民族的幹部的話，將來在反攻復國的戰事過程中，是必將遭遇困難的。又縱然把中共打倒，在統治少數民族地區，亦必將遭遇困難的。所以，台灣方面，無論為了進行反攻復國的戰爭，抑或為了將來的民主建國，都必須放大眼光，對此多作準備，再不能像南京時代，任由行政院掛上一塊蒙藏委員會的空招牌就算了。

大陸紙荒嚴重

中共却將紙廠設備援助高棉

陸聞

大陸紙張嚴重缺乏的程度如何？早已從人民日報一再呼籲節約用紙和人民日報本身經常減版充分反映了。但最荒謬的，則是中共在此情況下，却仍將紙廠設備援助高棉（即柬埔寨）。

據中共新華社三月廿四日金邊電：「柬埔寨國家元首西哈努克親王昨天在桔井省的川龍主持了中國援助的柬中人民造紙廠的開工典禮。……他說：中國不斷給予柬埔寨的建設以援助，並幫助柬埔寨擺脫法國殖民主義九十年的統治遺留下來的困難」。

新華社又說高棉工業國務秘書普隆托在典禮上曾報告說：「這個工廠在一九五九年三月開始興建，到一九六一年二月建成。它每年可以生產各種紙五千噸，包括新聞紙、打字紙、包裝紙和紙板等」。「造紙廠是偉大友好的中國無條件地送給柬埔寨的四個工廠之一。設在磅湛省的紡織廠和設在干丹的膠合板廠已經開工一個時期了。據正式統計：它們去年生產了八百三十七噸棉紗，近五百萬米布，三十八萬六千平方米膠合板。第四個廠水坭廠的建設正在全力進行」云。

大陸簡訊

藍星

中共與波蘭簽換貨協定

外間正在一廂情願的傳說中共已與東歐衛星國之間的貿易關係已減弱甚至即將斷絕之際，中共又與波蘭在三月廿八日簽訂本年度貨物週轉和付款協定了。這說明上述傳說之不可靠，同時，亦說明中共與東歐衛星國之間的關係仍是很密切的。

據中共三月廿八日在北平公佈：「中波兩國今天簽訂本年度貨物週轉和付款協定。協定規定，中國將供應波蘭礦產品、各種機器、紡織品、輕工業品及其他商品。波蘭將供給中國煤礦，選煤廠，水坭廠的設備，以及甜菜種子和其他商品」。

甜菜種子素以農產著名之中國大陸，在中共統治下，其甜菜種子亦需波蘭供應，中共農業生產之嚴重失敗，於此又見一端。

中共新聞工作團在南美繼續活動

中共派出了一個以梅益為團長的新聞工作團，到拉丁美洲從事反美和國際統戰工作的消息，早誌本報。茲據中共新華社三月廿日報導，該新聞工作團顯然仍在繼續擴大其影響及工作。新華社說：「里約熱內盧巴西——中國文化協會昨晚在巴西新聞工作者協會設宴招待以梅益為首的中國新聞工作團。出席作陪的有巴西各界人士」。

新華社又報導梅益曾在宴會上說「中國人民為爭取解放、保衛和平和反對美帝國主義的侵略進行了鬥爭。他還指出，巴西人民在他們為爭取美好未來的鬥爭中決不是孤立的，他們必須取得偉大勝利」。

梅益的話，旨在煽動巴西人民反美，由此可見。

中共助緬築新公路

緬甸是中共現在對東南亞及亞非集團運用國際陰謀的一枚重要的政略和戰略棋子，在政略上，中共已與印度、埃及、印尼交惡，故特別重視緬甸，在戰略上，滇緬邊區反共游擊隊勢力龐大，益以緬甸又與高棉、寮國、泰國、越南等國鄰近，故中共對東南亞之通道，除重視越桂邊境之交通外，並同時重視自雲南到緬甸之交通。

茲據仰光三月廿六日法新社電：「中共之技術人員將助緬甸在中緬邊境之緬方建一公路。一『緬甸經濟發展合作』之發言人謂該路築在華邦，是中共財政及技術援助緬甸的十三項計劃之一」云。

中共在民窮財盡情況下仍不顧人民死活，努力向外擴張，固見其殘暴與侵略本性，而緬甸開門揖盜，則更示其愚昧了。

毛澤東思想繼續進侵日本

毛澤東思想本來就幼稚胡鬧，但值得奇怪和驚嘆的是竟有一部份低能的日本人民居然奉毛澤東思想如神聖，輾轉從事學習。

據中共三月廿四日人民日報報導：「據日中友好協會機關雜誌『日本和中國』報導，日中友好協會名古屋分會從去年夏天開始舉行毛澤東思想學習會，現在已經舉辦四期。參加學習的人數每期都有增加，第一期有六十三人，第二期有七十八人，第三期有八十四人。這一期是二百零一人，其中工人頗著增多。日中友好協會名古屋分會已在準備進一步擴大這個學習會，使它發展為經常有幾百人學習的學院」云。

似此，有一部分日本人是真的想把日本變為中國的一省了。

僑鄉近訊

鍾之奇

廣州共幹做黑市買賣牟利

在數年前，中共雖用三反五反的方法，對大陸貪贓枉法的共幹大大的整肅了一次，但共幹貪污之風，並沒有因此真正肅清，而正如白居易詩所說「野火燒不盡，春風吹又生」而已。近年因大陸普遍飢荒，人民固然吃不飽，中下級共幹又何嘗吃得飽？不過，有所不同的，是人民吃不飽，只有捱餓，共幹吃不飽，則尚可利用職權，進行貪污。所以，大陸貪污之風，又愈來愈熾了。

據最近中共出版的羊城晚報消息：三月七日曾在廣州東樂戲院公審一名市場管理組長董新，並判有期徒刑二年。

羊城晚報說：董新是越秀區廣大市場塘魚組組長，自去年八月起，即利用職權，連續勾結同組人員盧廣等，先後破壞市場管理規定數十次，進行各種非法牟利活動，獲取暴利達一千多元人民幣，僅在去年八九十三個月，董新就曾指使該組組員前後十多次把分配給該組的鮮魚，由每斤價格五角二分至六角二分，抬高每斤價格為一元五角至二元八角出售，取得暴利五百八十多元。同時，又將該組每斤價格五角或六角的鮮魚，私自加工成鹹魚，以每斤二元多的價格出售，並採取其它手法，又取得暴利六百七十多元云。

廣東農具缺乏幹部很少過問

春耕農具缺乏，是今日大陸各地的普遍情形。中共在廣州出版的南方日報最近則透露了廣東各地春耕農具缺乏的情形，並透露了「領導幹部對小農具的生產很少過問」的事實。

據南方日報說：「最近，廣州市有關部門對從化縣的春耕小農具供應情況作了檢查，發現在春耕需要的十一種小農具中，除了鋤頭，中山帽兩個品種準備較多外，其餘鐵耙、秧鏟、犁頭、秧盆等九個品種都差得很遠。從數目上看，按商業部門的供應計劃尚缺少百分之四十至八十。這個縣的棋杆公社小坑大隊第六生產隊，平均每三戶才有一個好的和一個壞的秧盆。良口公社甫林大隊有耕牛一百零七頭，但現在只有鐵耙八十九張。其中三十張還要待修理後才能使用」。「那麼問題出在那裏呢？相當重要的一條是：工作不夠扎實，一般號召多，具體深入少。雖然各級領導部門成立了機構，配備了幹部，但是情況掌握得很差，許多領導幹部對小農具的生產很少過問。灌林公社從主任到組長都忙於攪基建，城郊公社的兩位主任也很少到農具廠去檢查或瞭解一下犁頭的生產情況。棋杆公社的手工業從春節至現在還沒有安排秧盆生產，鐵器業的五個工人二十天中只生產了月鎅三張，修理鐵耙十四張和鈍六張」。

看南方日報上述報導，可知中共雖然天天在宣傳上高叫加緊農業第一線，以求千方百計增加生產，實則由於共幹低能，共黨制度太壞，再加上工人對工作不熱心，所以，春耕農具的缺乏和生產情況，都對中共政權內部的一場糊塗作了充分的反映。

廣東氣象人員亂測天候

天候關係農業生產很大，不僅冷熱晴雨足以影響禾苗生長，足以造成水旱災害，更重要的，是農民更須視天候如何而便於準備農事。

但中共廣東氣象局却時常亂測天候。以最近來說，中共「廣東氣象局工程師余汝南在分析了大量的氣象資料後說，今年廣東天氣預計比較正常，比較有利於爭取農業好收成。余工程師說，目前正是春播季節，在此期間，預計不會有強寒潮到來」。但在共報發佈余汝南這一預測的同時，中共新華社却於三月廿八日發出專訊說：「三月下旬，又續有冷空氣侵入我國。受此冷空氣影響，近日，東北、華北和江淮地區，再次出現五、六級或六、七級的大風，氣溫也有下降，部分地區發生了霜凍」。又說「據中央氣象台的分析，四月初還將有冷空氣影響我國」。

事實上，由大陸北部來的冷空氣現刻正在通過廣東地區到達了香港，証明余汝南在廣東所說「預計不會有強寒潮到來」的話完全是胡說。

星馬分裂的警告

俊華

當越南寮國前線稍形穩定的時候，東南亞中心地帶又醞釀着新的變動。印尼與荷蘭談判的決裂，荷蘭增兵西島，印尼空軍炸射荷蘭艦隻，並作偷渡式的暗襲，前線已短兵相接。這項戰爭氣氛，直接給予星馬的航運和貿易以威脅。星馬本身，由於合併問題的困難且趨於尖銳化，竟發生了「分裂」的危機，甚且有「戰爭、流血」的警告，新的恐怖的陰影，籠罩着人心。

星馬「戰爭」說

馬來亞拉曼總理三月二十七日發出了驚人的警告，說是倘若星馬之間完全決裂的話，則將會「招致戰爭」並且「牽涉西方國家在內」。

上項警告，已是在一週中的第二次。在更早的三月二十五日，拉曼總理已經有過一次警告說：倘若星加坡堅拒與馬來亞合併，則馬來亞爲了確保本身的安全，將會採取措施「禁止現時所存在着的（星馬）兩地人民自由來往活動」。

「戰爭」的警告，在一般人的心目中雖不認爲並不可能，毋寧說那是比較遙遠的，在可見的將來是不能想像其發生的。但「流血」的警告却很容易使人聯想到「種族衝突！」在馬來亞的歷史上，因部落式的種族內戰或械鬥，血流村莊的酷烈，正是「血蹟斑爛」，令人不寒而慄。

當然的，這種「種族衝突」也不是即將來到的事，而只不過是一種可能危險的陰影能了。可是對於「禁止星馬人民自由交通」的警告，却是切實而接近的，只要馬來亞政府一旦下令，派出一隊警士在柔佛與星洲聯繫的長堤盡頭，設置關卡檢查身份証，那就一方面形成了禁止星洲人民進入馬來亞，另一方面也禁止馬來亞人民前往星加坡。在目前星馬人民視兩地如一家，朝發夕至的時候，星馬的交通與兩地人民日常生活，簡直是不可分割。假如一旦眞的分爲兩國，而且「勢同敵國」的時候，那就眞的有如星洲執政黨所說：是兩地的人民「大禍臨頭」了！

破壞合併計劃

在差不多五個年頭的執政期間中，拉曼總理的方針是被認爲穩重的。這一次他爲什麼發出這麼嚴重的警告？聲言可能採取激烈的措施？譬如斷絕星馬目下的自由交通這些話呢？說將起來，也是「其源有自」的。

拉曼總理的嚴重警告，絕不諱言是由「星馬合併」問題而發——也即是爲了星馬不能合併而發。而實際上，代表某一背景的許多集團，却已出盡九牛二虎之力，實行破壞拉曼的「大馬來西亞計劃」，包括星馬合併計劃。而這些破壞力量的中心，發縱指示者，竟在印尼！

據馬來亞巫統機關報「馬來亞默廸卡」所發表，指責星馬若干左翼政黨，正「接受印尼共產黨的命令」，反對拉曼的大馬來西亞計劃，這些政黨，計有馬來亞的「社會陣線」，「回教黨」，星洲的「社會陣線」等黨派，「默廸卡」說：馬來亞「社陣」副秘書長英仄那沙隆，曾赴印尼與印共首領艾特地秘密會談，發動反對大馬來西亞計劃，

印尼接受蘇聯軍火而與荷蘭爭奪西新幾內亞，同時也得中共的支持，左傾的傾向已極明朗。而假如一個非共的大國「大馬來西亞」能夠成立，對印尼尤其對印共是不利的。他們寧願大馬來西亞的五邦長久處於各自孤立的狀態。所以他們——印尼、星、馬的左翼，煽動北婆羅洲、沙撈越、汶萊各邦，要求「先行獨立然後參加大馬來西亞」的合併，即阻撓合併。在星洲，由「社陣」出面，要求「政黨表決」及「全民表決」去決定星馬合併，以代替人民行動黨佔優勢的立法議會表決。

行動黨正式聲明

星洲一九六三年就要修憲，若不能及早合併，星洲就將由自治而進入獨立。又如果人民行動黨不幸垮台，而由「社陣」等左翼執政的話，則星馬必背道而馳，合併將成畫餅。傳說極端份子企圖在星洲建立一個「華共」、「小中共國」，就是鑑於上面這種可能的危險。這麼一來，直把拉曼急壞了。

拉曼氣急敗壞的警告，在星洲引起了不大滿意的反響。如馬紹爾說：在尋求合作的時候，「恐嚇殊不合時宜」。王永元說：團結須出誠意，「不能壓迫而成」。但執政的行動黨却頗穩重，該黨政治局正式聲明說：星當局已屢次申明，星馬必須合併，否則必引起種族及兩地之政經衝突。「社陣」中之親共份子雖不顧一切，煽動種族鬥爭，反對合併。但馬來亞切勿誤會「社陣」可以代表星洲居民。星洲居民絕非多數效忠中共，也無成立「小中共國」之意。「星洲相信星馬間之長堤將不會封閉」，致使兩地人民「面臨大禍」。

行動黨的聲明，相當負責任而作有把握的表示。那麼，餘下來的問題，將是行動黨如何對左翼鬥爭了。

·吉隆坡通訊·

尼赫魯繼續掌握印度政權

·布革·

在此次印度改選後，尼赫魯又再掌握着印度的政權。顯然，在今後數年內，印度的國策，決不會有特殊的改變。

競選的結果，似乎有點戲劇化：連梅農這個「奇異傢伙」也能以壓倒的多數票，在北孟買選區擊敗了其對手克里帕蘭尼；而國大黨則在十五個邦議會中，控制了十二個；同時，也在聯邦衆議院中，維持了多數的席位。

梅農係以民族主義者姿態競選的；他雖不尋求共產黨人的擁護，但也不拒絕共產黨人的支持；他還很狡猾地把中（共）印邊境糾紛的責任，推到美國身上，說是美國有意製造「兩國失和」。此外，果亞的佔領，也使他在選民中獲致了重大的聲譽，加强了他的民族主義的氣資，於是輕易地擊敗其對手。不過，若干有識人士，却因此更表示憂慮，認爲梅農再做了尼赫魯的左右後，必將助長共產黨的勢力的發展；在尼赫魯的身旁，將產生更大的危機。

國大黨的本身，壓根兒已有不少混亂。尼赫魯顯然是一個「近視者」，他並未能網羅到一批才識兼優之士，構成政治核心，藉以執行其政策，繼承其事業；反之，國大黨中的多數幹部，甚至連他自己的親信，也不關心他的「社會主義進步方案」。一般國大黨的黨員，祇是期求維持其權力於久遠吧了。是以尼赫魯儘管痛斥「名利主義」，儘管力竭聲嘶地指責「反動意識」，而國大黨人，却全不予理會，依舊不斷地追求現實的私人權勢和利便。爲求達成其目的，甚至不惜跟那些與國大黨宗旨抵觸的許多政治潛力合作。這些危機，早已顯著地暴露了出來；他日一旦失去了尼赫魯，國大黨便一定會迅即分裂爲無數小黨，湧起了分崩離析的狂潮；其後果將帶來了不堪設想的混亂與災害！

目前，尼赫魯之繼續執掌印度政權，使「議會民主」仍得延續下去；而國大黨多年來的經濟建設，相信也可以因此而繼續發展。這兩點，未嘗不可以予當地人士一種樂觀的感覺。不過，自一九五七年大選時出現了政治分裂的危機以後，直至現在，整個印度政治局勢，依然是籠罩着分裂的陰影，尼赫魯迄仍未能打破這個嚴重的「悶局」。

國大黨固然充滿隱憂，而在野黨的情況，更糟得如一篋亂麻。在普拉加社會黨，共產黨，自由黨，人民黨之外，還有無數小黨林立，其中絕大多數是地區性的政黨，雖然曾經有人致力於這些小黨逐漸合併而成爲較大的政黨，但它們早已給權力和利益冲昏了腦袋，始終無法消除其各懷異志的自私慾念。因此，不特各小政黨無法可以合併，而且各小政黨中的成員，也經常出現了同床異夢的行動，反更爲增加了分離、混亂的危機。尼赫魯雖然再當選了，但他對這種危機的如何應付，依然感到一籌莫展。

近年來，反對黨的右傾趨向，已日益顯著；而自由黨係代表保守勢力之再集結者，故該黨刻仍加强反對政府的社會主義色彩計劃。且該黨發展神速，有足够的黨員足以構成一個全國性的政黨。更有一點，尤爲值得注意的，那就是該會的新黨員，已有不少來自今日執政的國大黨。由此以觀，成立於一九五九年的自由黨，將可發展至成爲國大黨的勁敵。至於人民黨，則代表農村的保守勢力，它已在烏特·普拉底希，和馬德雅·普拉底希兩邦的鄉村中，早已打穩了基礎，也足以予國大黨以有力的打擊。尼赫魯今日對上述兩個政黨，顯然仍傷透腦筋。此外、普拉加社會黨和共產黨，目前的行動，仍是極不利於尼赫魯的。前者的「民主社會主義」，依然是國大黨的「福利國家社會主義的絆脚石；後者則繼續吸引着不少的激進份子，經常以不滿現實的情緒來抨擊國大黨，並不斷地把國大黨的許多「烏龍」公開暴露了出來，使尼赫魯手足無措。

尼赫魯繼續掌握了印度政權以後，對政治上種種分崩離析的危機，會獲得好轉麼？要在目前來置喙，雖嫌尙屬過早，但從尼赫魯過去的「政續」來觀測，他除了注意到在政治體制的發展上去應付外，似乎一時尙沒有可靠的方針。

牆裏牆外（上）

符兆祥

一

先是林老爹磨豆腐的聲音，接着，隔壁玲玲刺耳的哭聲，像拉警報般在黑色的天空凝聚不散。

「小香，小香，」吳太太迷糊着推了推身邊的小香。

小香咿唔了下，沒有醒。

不久，靈兒却忽然醒了，而且很快的和不遠的玲玲的哭聲酬唱着，在陋巷裏，像報曉的晨鷄。

吳太太醒了，只是還沒有完全清醒，用手輕拍着靈兒，想起小香，回過頭來，看見她那瘦小的身體，仍踡伏在那裏。

「死人，」她生氣地一巴掌打過去：「天都快亮了，還睡。」說完，哭聲剛和緩了些的靈兒，聲音又轉大。

「乖，別哭，」她一面輕拍，一面把奶頭塞到兒子的嘴裏。同時一面吩咐：「到林老爹那裏賒兩塊豆腐回來。」

「是。」小香摸索着穿好衣服，下了床。

「死人！輕點！」吳太太又輕叱了句。

小香拿了盤子，呀的一聲把門打開。

外面的天色仍昏暗，只不過東邊有一抹子魚肚白。

院子外面的路燈仍發出黯淡的光芒，照着小香的影子，那是一個瘦小的影子，頭髮蓬鬆着，映着燈光她的臉色蒼白而又憔悴。

拿了豆腐回來，小香便忙着生火煮稀飯。對這些，十二歲的小香可能比吳太太還熟練。找了些紙，放在枯枝竹片下，點着了火，便把煤放上去。然後，該是拿着破扇子拼命搧的時候。

「小香，」隔壁玲玲九歲的哥哥信信，背着老大一個書包出來了。

小香沒理他，用勁的搧着火。

「小香，」信信走過來：「等會放學，我們來玩跳房子。」

小香撇了撇嘴，不屑地：「賴皮，再也不跟你玩了。」

「怎麼賴皮!?」信信着急得揚着眉：「昨晚我的小石子是丟進格子裏了，後來是死玲玲把它抓出來的。」

「鬼……」小香沒說完。

「小香，」吳太太在屋子裏嚷：「火生到那裏去了？」

二

爹出去了，吳太太背起靈兒，拿了菜籃子。

「還呆什麼？還不洗衣服去，等我買菜回來，衣服還沒洗完看我不剁妳的皮才怪。」

說完，站在院子裏，朝林老爹的房子叫：

「林太，買菜囉。」

小香坐在小櫈子上，兩隻小手浸在肥皂水裏，盆子裏有幾件是靈兒拉了屎的尿片。

她發了會子獃，皺着眉，把尿片挑出來。這時，大雜院的人，像蜂窠裏的蜜蜂，都飛出來了。

玲玲讓她婆婆扶着，在地上屙屎，幾隻早起的蒼蠅，正繞着那堆冒着氣的屎嗡嗡的飛着。

吳家的小狗，遠遠的望着，好像是恨不得玲玲馬上拉好，牠好享受一頓新鮮的早點。

抽水機旁，朱太太在洗昨夜吃過飯的碗，林老爹正在打水洗抹他的豆腐担子。

她也想大便，便放下手裏的衣服，進屋子裏拿了兩張草紙。

這家大雜院的廁所，蓋在後面水田的旁邊，用兩塊破木門當牆，上面覆了片石棉板，小香跑進去，一股臭氣就衝面撲來。裏面除了兩塊比較高一點的墊脚石還乾淨外，其餘的地方，不是東一塊濃痰，就是西一堆起了白毛的屎堆。

小香吐了口口水，扯下褲子便蹲下去。

廁所很髒，平時不是到逼不得已，小香是不會到後院來的，加上廁所邊還有個大垃圾坑，在夏天，經過每天炎熱的太陽晒過後，夾着廁所的臭味，眞是薰得人把胆水也要吐出來。大家到院子裏來，都是做賊似的；連最不愛乾淨的朱太太，也會皺皺眉。可是，院子裏的垃圾仍在這裏照例不誤。

向這邊倒垃圾的還有隔壁有高圍牆的黃家，小香不清楚黃家的情形，不過聽信信說，黃家的小明和他同一個國民小學，知道黃家很有錢，對這一點，大雜院裏的人都沒有懷疑。

有一次刮颱風，黃家的高牆讓風打塌了一角，像看西洋鏡般，大雜院裏的人，才看清圍牆裏的情景。

那是一座彩色的小樓房，小巧得令人喜憂，韓國草鋪砌成的花園，種滿了花，一牆之隔，相差的程度令人吃驚，所以大家都牽老背小的擠到牆角來，小香站在櫈子上，獨自留心後面有一扇矮窗子，望進去，裏面全部用白瓷磚砌成的牆，還掛了面大鏡子，除了這，還有一座白色的圓桶，小香知道那叫抽水馬桶。

那還是在小學時老師告訴她的，小香在國民小學唸過四年書，後來因爲媽死了，家裏沒人，休學在家，不久爹又娶了吳太太進來，但小香仍是沒有上學。

爹要她叫吳太太做媽。她不肯，爹出去了吳太太狠狠的打了她一頓。以後，除了當着面外，小香的肚子裏，跟着院子裏的人一樣叫她爲吳太太。

老師說抽水馬桶又清潔，又合乎衛生，大便後一按，水便把穢東西衝走了，這很新奇，所以小香一直記着。

第二天，黃家找了幾個泥水匠來，把那缺了口的牆很快的就補好了。

可是那白色的抽水馬桶，一直留在小香的腦子裏，每次上廁所，她就想起黃家那天堂般的廁所。

她在廁所裏出着神，直到吳太太鬼叫似的聲音從龍塘傳過來，才把她嚇醒。

（未完）

文史漫談

甄著「中國文學概論」（下）

徐亮之

第三、本書對有志研究中國文學的人指示出正確的途徑了。例如本書主張在研究中國文學之先，「必要充實了現代社會科學知識，尤其哲學知識，才能够把握着進取的南針」（P九）云云，便是一個指示途徑的最好的意見。這意見的所以好，便是時至今日已是二十世紀的氫氣時代了，而却仍居然會有「抱殘守闕」者流，祇一味「抱」着「古書」，「守」着「古註」，自矜爲獨得的秘笈，不朽之盛事，去悍然以之自欺欺人，而茫不知今世何世；便足徵本書的這意見並非無根之談，而確爲補弊救偏的根本之道。王充說：「知古不知今，謂之陸沉」；「知今不知古，謂之盲瞽」；又說：「溫故知新，可以爲師」；細讀本書的議論，其旨趣正復如是，其好處也正復在是；這好處是值得我們欣賞的。

第四、本書對中國文學發展的前途描繪出輝煌的遠景了。關於這點，本書曾說：

「研究文學，決不是那些專門製造假骨董的學者們可以勝任的；也不是只爲了創作和批評就算了事；實在可以說：要負起領導國家民族乃至全人類的心靈而改進其命運才是。」（P九）。

又說：

「我們還得特別注意：研究各時代的文學，並不是爲了主張復古，也不是專門摹仿；而是在『溫故知新』，在發揚、在改進、在創造——從形式方面說：要綜合各時代的文學藝術而塑造出嶄新的文學藝術。」（P九）

這兩段話，可以說乃本書編者甄陶先生的洪誓大願，其好處也正因爲他居然能够提出這樣的洪誓大願；這好處是值得我們鼓舞的。

自然、我說本書有許多好處，並不等於說就全無缺點。我就曾發現了其中有左列兩個顯明的缺點：

其一、如所謂堯時的「擊壤歌」，乃出於晉皇甫謐所著的「帝王世紀」（原著宋末已佚，今本乃就諸書所引輯成者），其原文是：「有八十老人，擊壤於道，觀者歎曰：『大哉帝之德也』！老人曰：『吾日出而作，日入而息，鑿井而飲，耕田而食；帝力何有於我哉』？」足見「老人」所「曰」，祇是答覆觀者的話頭，並不是什麼歌；縱使老人擊壤時容或有歌，也決不能就拿這答覆「觀者」的話頭去濫竽充數。可是自明楊愼纂「風雅逸篇」，把「吾日出而作」的「吾」字去掉，下文照抄，再標上一個「擊壤歌」的題目，清沈德潛「古詩源」從之；後人不察，遂眞以爲唐堯之世便已有着這樣文從字順的歌謠了；而却不知恰是上了楊沈的大當。而本書竟也跟着說這乃「歌頌帝堯德化和天下太平的民歌」（P七七）；是難逃失檢之咎的。尤其奇怪的是：僞「列子」所載的所謂堯時的「康衢謠」，編者明明註明了「立我烝民，莫匪爾極」兩句，「見周頌思文」；「不識不知，順帝之則」兩句，「見大雅皇矣」；亦即明明知道全詩乃剽竊「詩經」而成；而却仍然斷定它和擊壤歌「都是歌頌帝堯德化和天下太平的民歌，比較以前歷史所載的似乎可靠；從這可以看到那時代人民優閑康樂的情況，很能表現我國國民性的優點」（P七七）云云；是在邏輯上說不過去的。

其二、「商頌」乃宋人之詩，自魏源王國維等以來，業已成爲定論；而編者却仍認爲是「殷代詩歌」（P七九），並沒對魏王之說提出任何反証；不能不說是一種疏忽的。又、既已認爲「商頌」乃殷代的詩歌，而同時又認爲「清代胡元儀的『毛詩譜』，把詩分配於上自周初文王，下至春秋中葉定王之世，比較妥當」（P七九）；也是在邏輯上說不過去的。

不過、話得說回來，天下並無眞正十全十美的東西；我認爲：本書雖然不無小疵，却不會妨碍其爲大醇；更不會妨碍其爲打開中國文學寶庫的鑰匙的功能與地位。它是一部好書；是值得有志於中國文學研究者人手一冊的好書。

五一、三、二三亮齋

抗戰回憶錄（十三）

張發奎

四、蘇浙線之轉進

由於南京失陷後，帶來的災難與悲慘，我誠不忍以筆墨來形容，數萬南京民衆被屠殺，保衛南京的戰士，爲着保存中華民族堅忍不拔的偉大精神，雖處於敵人包圍之下，亦不願作屈膝的投降，他們或冒着敵人的彈雨，而實施突圍，或隻身泅渡長江而歸隊，但在突圍與渡江中，千萬的戰士壯烈犧牲了，京滬一帶的民衆，爲着不願作敵人的奴隸，扶老携幼，舉家撤退，他們向後方無目的的流浪逃亡，他們只知保存忠義的氣節，至於流浪到什麼地方？逃亡到什麼地方？與將來的生活境地如何？他們是沒有考慮的。我從宜興向於潛轉進途中，在於潛附近，遇見了一個松江縣的人，他帶着妻子和幾個小孩，肩着一担行李，跟着我們向於潛去。他對我說：「我是松江人，在十一月九日，鬼子進了松江城，我就過着這逃亡流浪的生活了。」我問他爲什麼要離開家鄉？現在向那裏去？將來的生活如何打算等問題時，他流着眼淚說：「這於我是沒有考慮的，我不願作亡國奴，我不願在鬼子的統治下去做順民，我只知跟着你們跑，你們走到那裏，我就跟到那裏，不過我希望你們現在能穩住脚，使我不會流浪到很遠的地方，生活呢?!那裏能够計及，只有一天一天挨下去就是了。」這是戰爭帶來的災難，也是民族精神的表現，當時我非常的悲痛而慚愧，這一種可寶貴的國民活力，使我十分感動，而感想萬千。

南京失敗後，我們在長江下游有體系的大一戰術防禦已經解體，轉進中凌亂破碎的兵團，只能於皖北皖南附近，一面整補，一面從事游擊戰的行動了。在這一個階段的作戰中，我們損失了重大的兵員與裝備，許多作戰的物資也遺棄了，原來的戰鬥序列，也已紊亂而不適用，這一切均需要我們從新做起。我們要繼續建立作戰的基礎，尤其更重要的，是重新檢討我們的戰畧，和加强戰術戰鬥各方面的修養，我們儘管强調我們的持久戰畧，但這樣一個無計劃凌亂的戰鬥現象，是不能適合任何戰畧行動的。最高統帥部，時常眩惑於情況的變化，搖動了整個的決策，沒有一個堅强遠大決心的缺點，也須要檢討。總之，我們不可諱言的，這一階段軍事行動是失敗的，我們軍人不能像一般政客那樣，用帶着阿Q精神誇大或自慰的口吻，說這是我們持久戰畧的成功；說這已粉碎了敵人以四週征服中國速戰速決的迷夢。我們不可諱疾忌醫，我們需要虛心的接受教訓。而我更不能不作誠實的回憶。

南京失陷後，我在宜興方面的行動，已經無用處了。我奉令由廣德、宣城向於潛轉進，十二月廿二日副參謀總長白崇禧將軍到了金華，召集浙皖邊境的高級指揮官開了檢討會議，在作戰指揮機構重新調整編配的決議案中，在四閱月來顛沛流離，轉戰千里的第八集團軍總司令部這個指揮機構，同時宣告暫時結束，我懷了愴傷的心情，回故鄉去小住了。

辛亥革命史談（三九）

舜生

六、各省次第響應的經過

十一、廣東：廣州本爲革命策源地，本年三月二十九黃花崗一役，更爲武昌首義的導火綫。迄九月初四，又有李沛基炸斃新到任將軍鳳山的一幕（參看本書本講第三節），於是本省獨立的時機，已屆瓜熟蒂落的階段，雖狡黠如張鳴岐，殘暴如李準，也知道大勢已去，萬難抵抗，已暗中派代表赴香港與留港革命黨要人有所接洽矣。本來鳳山被炸的這一天（九月初四日），文瀾書院已開會宣佈獨立，未成。初八，愛育善堂及文瀾書院，又由九善堂，七十二行總商會兩度集議，並派代表，向香港黨人宣達意旨，並呈告總督，城廂內外各舖戶，且已懸旗張燈，鳴放鞭炮相慶賀，但仍爲張鳴岐所制止。從此又經過十天，到了九月十八，知道各省獨立者更多，於是羣情更無法遏止，仍由省中各善團行商在總商會集議，並派代表赴諮議局開會，張鳴岐亦有代表列席，經衆舉張鳴岐爲臨時都督，龍濟光副之（時龍任提督），協統蔣尊簋爲軍政部長，並決定十九日午前再於諮議局開大會，正式宣佈獨立。自來摧殘革命黨最力的水師提督李準，也於十八日一早，訂製新旗七十面準備懸掛。可是張、李兩人過去與革命黨積怨太深，張始終不敢就職，初逃沙面，繼去香港，龍也不願任副都督；李則以民團集省城者甚多，對他很不客氣，也於九月底決然捨去。

經衆改舉胡漢民爲都督，暫由蔣尊簋代理，九月二十日一早，漢民由香港偕港商十餘人上省，蔣即解除代理名義。二十七日又加推惠軍司陳烱明爲副都督，高州新軍參謀黃士龍爲參都督，於是廣東乃一時有三位都督了。

十一月初二日（十二月二十一日），中山乘英郵船到達香港，胡漢民、朱執信、廖仲愷由省前往歡迎，漢民等原決定留中山在粵，既見中山，則屏人密議，漢民畧謂：『清廷人心已盡去，惟尚有北洋數鎮兵力未打破，故得延其殘喘。袁世凱實叵測，持兩端，但所恃亦只此數萬兵力。此種勢力未掃除，則革命無由澈底。若先生一至寧滬，衆情所屬，必被推戴。政府當設南京，而兵無可用，何以直搗黃龍？何如留粵，就粵中各軍整理，可立得精兵數萬，鼓行而前，始有勝算。若務虛名，且貽後悔。』但中山則謂：『以形勢論，滬寧在前方，不以身當其衝，而退就粵中，以修戰備，此爲避難就易，四方同志正引領屬望，至此其謂我何？我恃人心，敵恃兵力，既如所云，何故不善用所長，而用我所短？鄂既稍萌歧趨，寧復有內部之紛擾，以之委敵，所謂「趙舉而秦强，」形勢益失，我然後舉兵以圖恢復，豈云得計？謂袁世凱不可信，誠然；但我因而利用之，使推翻二百六十餘年貴族專制之滿洲，則賢於用兵十萬。縱袁欲繼滿洲而爲惡，而其基礎已遠不如，覆之自易，故今日可先成一圓滿之段落。我若不至寧滬，則此一切對內對外大計主持，決非他人所能任。子宜從我卽行。』（參看『胡漢民自傳』）此一對話，漢民可謂能見其遠，中山乃能獨見其大，與後來一切演變，均有關聯，其是非得失，蓋甚難言之，故詳記於此。因有此一番討論，不獨中山未能留粵，漢民且須放棄廣東都督，去跟隨中山參加南京的臨時政府，於是廣東都督一席，乃改由陳烱明代理。

十三、福建：福建起義，與廣東同在一天，也是九月十九。其時任閩浙總督者爲滿人松壽，任將軍者爲樸壽。事前本由諮議局副議長劉崇佑提案，決定組織新政府，意在和平解決，並於十八日照會松壽，松壽知大勢已無可挽回，頗有允意；但樸壽堅執不從。十八日夜，旗兵放火，延燒民居；時任民軍總司令者爲二十協協統許崇智，乃發動向旗兵正式開火，旗兵死者以百計，乃於十九日夜懸白旗乞和，總督松壽自殺。二十日，旗兵仍向漢界攻擊，爲民軍擊敗，始相率來降，將軍樸壽被殺，都統勝恩被擒。成立福建都督府，由新軍第十鎮統制孫道仁任都督，任外交部副部長者，爲入民國後頗爲活動之林長民也。

十三、山東：九月十五日，山東人民在諮議局開大會，公舉汪懋琨、丁佛言向魯撫孫寶琦請代奏政府，提出八點要求，十九日得清內閣覆電，大部未予接受，因於二十日成立保安會；二十三日，更正式宣告獨立，卽舉孫寶琦爲都督。孫本不以獨立爲然，且與袁世凱關係密切，加以藩司張廣建，巡警道吳炳湘等，亦爲袁氏私人，同時軍隊態度也不一致，因之獨立旋告取消。但革命黨人仍繼續運動，至十月二十二日，乃於煙臺舉義，胡瑛稱魯軍都督。

十四、東三省：九月二十二日，奉天以保安會名義，與清廷脫離關係，推東三省總督趙爾巽爲會長，諮議局議長吳景濂及張紹曾部下第三十九標標統伍祥楨副之，吉林、黑龍江亦有此類似之組織。

十五、四川：四川以爭路風潮，本來發難甚早，但奏效最遲，至十月初二日，始將重慶光復，稱蜀軍軍政府，以張培爵爲都督，夏之時副之。十月初七日，成都光復，舉蒲殿俊爲都督，以新軍統制朱慶瀾副之，同日端方被殺於資州。時川督趙爾豐仍在省城，擁兵自固，十八日成都兵變，大肆刼掠，蒲朱均逃避，乃改舉尹昌衡爲正都督，羅綸爲副都督。十一月初三日，殺趙爾豐，川局始漸趨安定。

十六、其他各省：如甘肅、新疆，均先後宣告獨立，甘肅以黃鉞爲都督，新疆以楊增新爲都督。此外如河南直隸等省，則直到清帝退位後，始歸民國。

聯合評論

週刊

本刊已經香港政府登記

每逢星期五出版

United Voice Weekly

第一八八號

督印人：黃宇人　總編輯：左舜生

社址：九龍大埔道一六八號南亞書局 805641

承印：嘉羅印刷有限公司 香港灣仔馬師道5號

總代理：友聯發行公司 香港每份售價港幣一毫

本報美洲版總經售處美國紐約中美出版社

CHINESE - AMERICAN PRESS, INC

199 CANAL STREET.,

NEW YORK13 N. Y. U.S.A.

美洲航空版每份零售美金一角

反攻大陸的時機與準備

孫寶剛

有一天和幾個朋友茶叙，內中有個朋友說起在香港做生意競爭激烈，需要資本大，而利潤微，所以賺錢困難。另一個朋友便接口說，香港這幾年來地產生意這麼旺，地價直挺，每方尺地，一百元左右的漲到六七百元，甚至八九百元，每方尺地十餘元至數元的，也漲到一二百元，何不做地產，大可發財？首先說話的朋友聽了這位朋友的話，苦笑而已。因為一幅地產，動輒千平方呎以上，乃至幾萬平方呎。卽以每方呎百元計，也得有十餘萬資金，不要說買賣大幅的地產了。

幹國家的政治軍事，道理完全一樣的。我近來看見許多文章，論反攻大陸以今日為最好時機，但沒有論到台灣的力量夠不夠可以担起這個任務。這等於今天在香港做生意，以做地產為最有利。問題在你有沒有足夠的資本，假如你的資金不足，最小幅的地產買賣也辦不到，那麼，地產買賣的時機無論怎樣好，你却祗可以選其他比較用小資本而利潤不及地產買賣的生意做。我想一個成熟的商人，都知道和瞭解這個道理的，但是許多政論家和軍事批評家竟忽畧了這個道理，豈不怪尋。因此我聯想到一位英國議員，去中國大陸兩個多月後回來說：「大陸的一切措施，還沒有脫離中學生的作風。」眞是值得我們警惕。共產黨自執政到今天，一個運動接連另一個運動，一套口號接連另一套口號，我們如仔細想來，眞是沒有脫離中學生作風。眞正的政治家和軍事家，却是深謀遠慮，按照整個的情況，決定長期和短期的目標，然後按其目標以作成計劃和一切辦法，一步一步去實施，完全是實在在的，在現實上去追求理想，決不是高調，也不是空想，更不能發起了某一運動，而把其他的工作却忽畧了。可惜毛澤東以次的共黨領導層，缺乏這種頭腦，沒有脫離中學生的作風，所以把中國弄成今天這個狀態。而形成了今天的反共者的反攻大陸的最好時機。可是我們反共的人們，決不可犯同樣的毛病。

站在反共者的立場上，時機是時機，有沒有反攻的力量去反攻是另一問題。以我看今天台灣還沒有這個反攻的力量去反攻，我是說的老實話，其實我心中也在急，有着這麼好的時機，而無法利用，正如今天在香港，地產生意這麼好，而自己沒有資本，還是做個窮措大一樣。

假如有人說我不應說老實話，說老實話的人便是不愛國，那我又覺奇怪了，這不是也犯了中學生的毛病麼？我記得在第一次世界大戰時，德國原定是東西兩面作戰的，但是開戰以後，西線的兵力不足。德皇問毛奇參謀總長，能不能把兩面作戰改成一面作戰，毛奇說可以的。德皇問要多少時間，才能完成這個改變，毛奇答以兩年。這是老實話，也就是說戰畧的部署，幾年才可完成，一經部署，便無法立即改變的。所以德皇也祗有做一些小的改變，大體上還是要兩面作戰；誰都知道，第一次世界大戰是德國打了敗仗，假如德國在未發動大戰之初，做一面作戰的計劃，德國是不是仍打敗仗，我們當然不能遽下斷語。但我倒還沒有聽到德皇說毛奇不愛國。反之，人們仍承認毛奇不失為一個名將。我又記得蔣百里先生說過這樣一句話：宣傳能確到好處，可以使實際行動獲得額外的效果。但如宣傳過份，待一般人受宣傳的矇混的時期過去，發覺宣傳的和現實情形太脫節時，這時使人心的沮喪，失望，痛恨，反感，比不宣傳要壞許多，這就叫做宣傳中毒。我希望今天宣傳反攻大陸的人們要注意這一點。根據八日美聯社華盛頓電，哈里曼說：蔣總統不會自行對大陸攻擊，蔣氏多次稱，渠希望中共區可由政治方法而非以武力解決，渠將不胡亂行動，渠知悉不顧危險的軍事行動，將摧毀一切希望。

假如這段消息是確實的話，可見蔣氏是不贊成反攻大陸的，至少在現階段是如此。那麼，我們如過份的呼籲立即反攻大陸，這不特對蔣不過去，會被人戴上一頂帽子，說這是反蔣的人們在施詭計；同時也促成信服我們的呼籲的人們的沮喪，失望……而已。

所以我認為，我們應該說老實話，我們不要犯中學生的作風。更不可宣傳中毒。所以應使全世界的人，當然中國人為主，知道眞正的整個情況。這就是說，今天反攻大陸的時機雖好，可惜主觀的力量和準備還不夠，所以不能立卽反攻。我們應當有信心，不要害怕，中共在中學生作風之下，以其不合人性的主義和政策來奴役國人，反攻的時機是永遠存在的。以今天大陸的情形看，我們固然可以說是反攻的最好時機，相信再過一二年或三年五年，時機比較今天會更好。所以問題不在反攻的時機，而在反攻的人們，最緊要當然是政府，在不在眞正培養反攻的力量。依我看，反攻的力量不祗賴軍事，所有外交，文化，政治，經濟，都是反攻的力量，而這許多力量如能眞正的培養起來，也有助於軍事力量的培養，依照蔣「總統」的話，似應更注意於後者。當然軍事力量的表演是急性的，其他的力量的培養較為慢性，可是不要慢性的外交，文化，政治，和經濟，而專靠軍事，軍事便很難成功，卽使可以開成功之端，也難收成功之果。何況我以前說過，軍事力量也差得很遠！

中國有句老古話，『七年之病，求三年之艾』，功夫沒有到，急也急不來的。自國民政府被逐出大陸以後，至今十三年矣，今天還不能利用這個良好的反攻大陸時機，當然很可惜很痛心，所以我是同情那些呼籲立卽反攻大陸的人們的，不過事實這樣，還是大家努力去做些眞正反攻大陸的準備罷！

細看毛澤東的三面紅旗

劉裕畧

「天高雲淡，目斷南飛雁，不到黃河非好漢，屈指行程二萬。六盤山上高峯，紅旗慢卷西風，今日長纓在手，幾時縛住蒼龍」？這是毛澤東二十幾年前流竄時寫的一首詞。在這首詞中，他慣常的對他的紅旗吟詠了一番，但本文所說的紅旗不是他插在六盤山上那一面紅旗，而是他既得大陸後，最近幾年用以標幟他的領導方向和他的領導政策的三面紅旗。

這三面紅旗，據毛澤東自己和中共中央的解釋：一面是「社會主義建設總路線」、一面是「大躍進」、一面是「人民公社」。

對此三面紅旗，早就有人說過，它們都已褪色了。但這是從遠看的感覺，如果就近仔細看一看，當會發覺這三面紅旗豈只褪色而已，實已破濫不堪，而它所標幟的，更不是什麼進步或光明，而只是墮落、無恥、荒謬、虛幻、殘酷和愚昧無知罷了。

中國共產黨是國際共產黨的一部份，而馬克思、列寧主義又對國際共產黨的政治建立階段作了三種劃分。卽所謂「人民民主專政」、這是最初也是最低的階段，凡在這一階段中的政權，一概稱為「人民共和國」，如東歐衛星國和中共「中華人民共和國」便屬此類；第二階段，亦卽次高階段，則是所論「社會主義社會」，在這一階段的政權，則稱為「社會主義共和國」，蘇聯之所以稱為「蘇維埃社會主義共和國」者以此；第三階段，亦卽最高階段，則是所謂「共產主義社會」，在此階段的國家，則稱為共產主義國。但在共黨陣營內今天尚無此一最高階段的國家，而依照馬列主義理論，一切較低階段的國家都應該接受較高階段國家的領導，加以蘇聯乃是最先實行共產革命的國家，所以，蘇聯至今就以「蘇維埃社會主義共和國」的名義來領導較次階段包括中共在內的一切「人民共和國」了。包括中共在內的一切「人民共和國」既都應該向社會主義階段前進（蘇聯則由社會主義階段向共產主義階段前進），所以，表面看起來，毛澤東似乎是創造性的提出了「社會主義建設總路綫」卽由「人民民主社會」階段向較高的社會主義階段前進的一面紅旗，實則這一面紅旗仍不過是遵循馬列主義理論的必然產物，同時，也仍然不過是附庸於蘇聯，自居於蘇聯次下階段的一種作法。它並不是把國家和民族眞正推向自由平等獨立的正確步驟。所以，仔細一看，說它這一面紅旗是墮落是無恥，那也絕不過份。

中國傳統社會原有其根深帶固的傳統文化。這一傳統文化有其缺點，亦有其優點，中共既全般否定和掃蕩中國之傳統文化，代之以馬列主義，而中國工業生產落後，又無可否認，因此，中國的建國路線原不應該走共產主義的路，自無可疑。但毛澤東既憑自己的主觀顧望而非走此路不可，中國現實卻又與此[illegible]毛澤東為了配合「社會主義建設總路線」乃又祭起了「大躍進」一面紅旗。一面盲目的誣指美國是紙老虎，一面硬說中共十五年可以趕上英國；一面不顧內部一窮二白的現實閉着眼睛向外誇張和擴張，一面還妄想用深耕密植的方法就可鞭策農民達到千斤畝萬斤畝的產額；一面迫令工業增產，一面又強調土洋並舉毫無理性的推行土法鍊鋼，曾幾何時，這一切大躍進的幻想，都被現實打得粉碎，終至前兩年的中共廬山會議亦不得不厚額無恥的承認以前所公佈過的農業產量是謊報。於是；最近一年以來，十五年可以趕上英國的口號銷聲匿跡了，士法鍊鋼的運動全部停止了，千斤畝萬斤畝的新聞再也不在中共報紙上出現了；現在隨時可以看到的新聞乃是年產不過百畝的農田和工業原料普遍嚴重缺乏的消息了。許久以來，毛澤東本人和中共中央首要們簡直再也不敢提「大躍進」三個字了。這當然沒有說明別的，恰好充分說明「大躍進」這一面紅旗又全被事實証明是荒謬和虛幻罷了。在大躍進口號面前擺着的事實，乃是工農業生產大躍退，現在且已躍退到崩潰和傾覆的邊緣了。

至於「人民公社」這一面紅旗，帶給人民的不是什麼美好的生活，而是空前的災難，已為人所共知。帶給中共的不是什麼最好的生產組織或什麼最好的戰門組織，也是人所共知。大陸僑眷現今全靠海外親友寄一點點少得可憐的糧食包才能苛延性命，可說正是對毛澤東人民公社這一面紅旗最大諷刺。而人民公社內部矛盾之多，毛澤東之勢成騎虎，進退不得，大陸人民對人民公社制度消極反抗意念之濃，大陸各地人民公社至今缺乏農具、種籽、勞力、水利、肥料情況之普遍嚴重，更在在說明有關人民公社一切惡劣情勢，發生之絕不偶然，瞻看前途，且無良好展望。那末，人民公社這一面紅旗不是充分暴露了毛澤東愚昧無知，試問還是什麼？

所以總括說來，細看毛澤東這三面紅旗的結果，可以明白發現它不僅早已褪色，並且早已破濫不堪。這三面紅旗不同於六盤山上那一面紅旗，那一面紅旗皆把他導向暫時的勝利，這三面紅旗卻確定不移的把他導向了覆亡。

今日之中共已因毛澤東這三面紅旗的領導而自己掘好墳墓了。現在的問題還在我們怎樣創造可勝的條件來埋葬它！

『胡適與國運』

謝扶雅

當胡適之先生於距今恰整三年前，由美回台就任中央研究院長的時候，全台灣散播了一本『胡適與國運』的怪冊子。這怪冊子的捉刀人及其導演——當今國民黨當權派，認為十三年前整個大陸之所以淪陷是導源於胡適的反對舊禮教，打倒孔家店，以及五四運動中混有共產思想，因而判定他為共黨同路人，主張把他空投到中共大陸去。爾時台大殷海光教授準對着這，特特撰著了（繼着他於四十七年十二月十五日在台大公開講演之後）『胡適與國運』一長文，披露在現已被封——實際等於——的台北「自由中國」半月刊第二十卷九期，不啻（這意思是：在此重關係上，而不是指思想系統）柏拉圖所作「蘇格拉底的申辯」，值得後人再四諷誦。我這裏無意重抄舊賬，來介入近年發生一連串的「胡適圜剿」及反辯戰，不過在此客觀報導美國輿論界於胡適逝世之後所出現對中華民國命運，具爆炸性的威脅和絕大危機，不禁拈來這個應驗不祥之兆的『胡適與國運』的一文題。

胡適的在台灣受職，工作，確為國府直接間接保全不少，他確乎作了自由中國屹立的象徵。自從他所發起和支持的「自由中國」雜誌於四十九年秋間被迫停刊，及該刊主編人雷震被誣為參預共諜而坐長牢以來，美國的自由民主人士，為此屢對國府發出嚴厲的批評，並力促當時的艾森豪政權及時改變對華政策；同時，留此的台籍學生串同東京的廖文毅，乘機作「台灣共和國」的公開活動，配合美國朝野「兩個中國」的聲浪和籌謀。但胡先生於雷案發生以至判決之際，卻悄然由數月的紐約小住而重回至台北南港的任所了。他並不藉口「危邦不入，亂邦不居」。他自信，像他那樣一向力主民主自由的人而可在台灣工作一日，即表証着自由中國的存在一日。「大胆假設，小心求証」的適之先生，他這種自信不是主觀武斷的，卻是信而有徵，客觀有效的。以他的信譽和聲光，確實足以吸住美國一般，尤其是學術文化界。我不必在這裏詳為報導自他噩耗傳至此間之日，全國各大報誌和有關高等學府無不表示悼惜和追思。胡先生對最近立法院等人抨擊他的那種大放厥辭，肆行「圍剿」，不以為忤，卻還口口聲聲代為「圓謊」，稱道台灣的立監兩院的確具有充分的言論自由的。惜乎天不佑其衷，「保鏢」之巨星告殞。南港的屍骨未寒，國外的反响迭起！為節省篇幅起見，讓我單舉出下述的一個論調。

南卡羅林奈州大學國際研究所所長渥爾格（R. L. Walker）投函紐約時報（載三月廿四日社論欄），大意是：胡適本以「兩害相權取其輕」（比之中共政權）的態度而出任國民黨政府的工作，但曾不斷批評該政權的種種專制措施。他為杜威博士門下五大卓著名人之一，想用實驗哲學造成「中國文藝復興」運動，俾其加入現代工業化世界之林。胡適的死去，就美國來說，應視為國民黨政府已朝中無人，在自由中國前途投下了一塊陰影；因為胡適若存，以他的廣大而有力的影响，我們可以期望國府的民主改革，可以期望台灣的社會進步。所以胡適之死是敲响了美國考慮對國府關係改變政策的鐘聲。今後我們在台的代表人員必須特別加强，以代替胡適負起督促台北當局向民主寬容尊重自由人權的道途邁進云云。這可以代表此間輿論界對胡適去世後果的一般反應。

不只在野的輿論而已，三月二十日華府發表一項長達九百頁的白皮書，內容是一九四三年美國在華軍事及政治委員向羅斯福總統報告中國問題的一批秘密文件，主要指責蔣委員長領導下的軍政各方面種種腐敗情形，而推斷國共之戰將不可免，且預測中共必然獲勝。這項不利於國府的文書，不先不後，恰於胡適逝世不到四星期之內發表，其用意不問可知。同時，對「蔣總統」一味講好的駐台大使莊萊德亦於本月突然去職。其間的蛛絲馬跡，徵兆着華府對華政策將有極重大的變更。本來自甘廼廸前月任命一位重要角色的哈里曼担任遠東事務助理國務卿以來，我們已看出美國對遠東政策將大大地加强，而鑒於最近它在南越軍政經濟各方面作積極行動，就可以表明美國在這地區捍衛民主自由，掃除腐敗專制的强硬態度：而這涵義也就是美國今已懂得南越的眞問題。

美國對於中國問題的了解，雖然在中國古典方面的考查尚不及日本、英國和以前的德國，但近年來在現代中國的研究上確有驚人的進步。他們設計規模之大，蒐集資料之勤，研究方法之新穎，令人不能不予嘆佩。因而當代中國的演變情況，包含了所有「家醜」和各種古怪名堂，他們實頗瞭如指掌。即如此次悼胡文中，對胡氏的家世生平，以至他次子思杜在大陸的供「御用」，也都敘述到了。則適之本人在台的受冤抑，他們豈有不具知之。適之常常忠厚地懇勸海外民主人士到台灣去看看，可以說為欲保全及衛護國民黨政府。而民主自由人士之所以不惜屢作批評以至譴責國民黨，亦仍未嘗不有所厚期於他們。然而當局只愛「忠貞」的家奴，不要（而且憎恨）眞摯的諍友。『親賢臣，遠小人：此先漢之所以興隆也。親小人，遠賢臣，此後漢之所以衰頹也』。像阿斗那樣的庸愚，諸葛孔明鞠躬盡瘁至死，卒無裨於蜀漢之喪亡。而況今之當局，昏腐則愈於劉禪，蠻橫更不亞毛共；其何以勝反攻復國之大任？就今日甘廼廸的大刀濶斧作風，未嘗不願幫助中國人立即光復大陸，然而對於蔣氏政權，他實不敢抱任何信心。"I can forgive, but can not forget"（指其在競選時台灣陰助尼克遜事）。台北目前閙洋洋地，熱烘烘地，極盡大舉反攻姿態的能事，美國當局澆以一盆冷水，拿出一九四三年一束文件的鏡子給「蔣委員長」自己照照，反省反省，令其清醒一下！

厚道寬容的胡適，所以保全國民黨政府者甚厚且多，而當權派所以待之者甚苛且刻；如此，何以招徠民主自由的一班人，何以勸歸諍友，何以促致散在海外的高級知識分子和有志華僑，回去同心復國建國？甘廼廸復謝台北當局致賀太空人格連的成功時，說貴國的許多科學家也參預及分享我們這項成就：語出謙恭，意含惋惜。（下轉第三版）

值得注意的共軍內部問題

彭資證

由於從抗戰勝利到大陸淪陷，其間僅只經過三年的時間，同時，自徐蚌一戰之後，江南半壁江山，亦隨即輕易喪失，加以中共多年來之誇張與宣傳，所以，便在一般人腦中造成共軍極强，國軍極弱之印象。其實，國軍之失敗，並非由於國軍極弱，而乃由於國軍在指揮和戰畧方面犯錯誤太多，政治不上軌道，經濟混亂，社會不安，人心不穩，當然更是形成國軍表現得極弱的原因，實則共軍原本就是並不太强的。

大陸淪陷之最初五年，大體上講，正是中共政權不但外形龐大，而且也是在許多方面向上發展着的時期，但共軍當時却在韓戰戰場上有以萬計的共軍官兵紛紛脫離共軍，而向聯合國軍投降，而在志願遣俘過程中，堅決背叛共軍，選擇自由。這就可見，在那五年中，中共雖在許多方面在向上發展，共軍的向心力和鬥志却並沒有與那一情況作相應的提高，反而表現得很壞，可以說，那已說明共軍內部業已潛伏着重大危機了。

在中共統治大陸的最近六七年，中共軍隊已作了一個重大轉變，即由所謂舊日共軍逐漸轉變為講求現代技術的所謂現代化共軍。

然中共軍隊的黨性和品質，却也隨着舊的長征老幹部的退伍而急劇降低，反毛澤東戰畧思想和反政工制度的朱可夫式思想則又隨着新的知識青年而到了共軍內部。上述情形，是不僅見之外間的觀察，且更屢屢見之中共自己所辦的「解放軍報」。本刊過去對此亦曾屢有評介，這都顯示中共軍隊內部問題不但未較前消除，且較前更在向品質低劣方向發展了。

中共國防部長彭德懷總參謀長黃克誠等之遭整肅，決非個別事件，更非偶然發生，這從林彪一經接任國防部長，即强調共軍官兵必須學習毛澤東思想，毛澤東又以一向未曾負過實際作戰責任而只在搞共軍特務工作的羅瑞卿擢任總參謀長，以接替黃克誠，更顯示了中共內部人事不簡單。

迄乎最近，更有中共空軍中尉劉承司自共軍基地駕俄製米格十五型機投奔台灣，這當然更表明共軍內部實已普遍潛存着衆叛親離的因子了。

正因為中共軍隊內部業已潛存着這些因子，於是有機會逃亡的人，固然覓取機會逃亡，但共軍士兵在鐵幕內的嚴密控制要能像劉承司一樣幸運而能駕機逃亡的人畢竟不多，一萬人中也難有一人有此幸運機會，所以，共軍內部問題便又紛紛從別的方面和別的方式表現出來，共軍內部死氣沉沉，當然是一種表現方式，工作忙亂，當然又是一種表現方式。據中共新華社三月卅一日電訊說：「人民解放軍各級領導機關，派出大批幹部到連隊和基層代理職務，深入了解研究問題，及時總結推廣經驗，切實加强連隊建設，改進機關對連隊和基層的領導，使部隊工作呈現出生動活潑的局面」。

從上述一段報導，很容易看出共軍內部已黑漆一團，死氣沉沉了。否則，中共中央何必採取這些辦法才能「使部隊工作呈現出生動活潑的局面」呢？若不採取此等步驟，豈非死氣沉沉而何？

新華社又說「機關幹部下到基層代職，和軍官當兵，機關派工作組下連檢查工作，都是去年在全軍政治工作會議上被認為是搞好連隊工作，加强機關對連隊領導的有效方法。據不完全的統計，一年來，各軍種、兵種領導機關和軍師團機關分批下連代職的機關幹部已有兩萬多人」。

我們知道：在軍隊裏，無論是在西方或在東方，無論在理論上或在事實上，指揮官與參謀人員其品質與功能都是大有差別的。指揮官所需要的才能和品格是意志堅强，有責任心，有獨斷專行的能力，參謀人員所需要的則是思想周密，觀察周到，文化水準高，能夠隨時提出多種方案。故東西各國對指揮官與參謀人員之選拔與培養，標準向不相同，蓋適宜於作指揮官者，未必適宜於作參謀人員，適宜於作參謀人員者，未必適宜於指揮官，這也就是諸葛亮不能作劉備，張良不能作劉邦，劉邦不能作張良，劉備不能作諸葛亮的道理。近世東西各國乃至共產集團，對此無不明瞭，故不只在選拔指揮官與參謀人員上決別甚嚴，即在選拔軍令與軍政人員方面，亦各有不同的標準，此點，近代軍事學家蔣百里先生曾在「國防論」一書中析論甚詳。中共對此當然也很了解。但由於共軍內部問題越來越多，中共現在已不得不使共軍機關中的幹部在一年中即調了兩萬多人去代理連隊職務了，此種以牡鷄司晨之辦法，自屬完全違反軍隊常規和違反建軍原理，試想：今日之共軍首腦部門已不能從共軍之各級指揮系統了解問題，而必須由機關派工作組到連隊才能了解問題和改善問題，又共軍軍官竟不能在平日的職位上了解問題，而必須下連當兵才能了解問題，才能改進領導，則共軍官兵之間的隔膜之深，各級指揮官間心靈之不相屬，也就由此可見了。所以，我們可以確斷的指出，今日之共軍，雖揚言正在向現代化之路邁進，裝備與火力雖已加强，但組織渙散，精神崩潰，官兵矛盾，士氣衰落動搖，則已是鐵的事實了。

我們的道德價值在那裏？

讀者　悲天

編者先生：

今天我要向我們的「自由世界」質問：「我們的道德價值在那裏？」我要向香港當局、英國政府、自由世界，提出質問和控訴：為什麼香港官員，要把六名從共產大陸逃亡來港的青年，由邊界遣解回中共區去？這豈不是正如本港「星島日報」社論所說的：

既出生天，何忍將之驅回死地？

編者先生：我懇借貴報寶貴篇幅的一角，提出這重要的質問和控訴，文責自負，如果有「違例」或需要「驅逐出境」之處，我也甘受而不疑。我感到這次把六名奔向光明自由的青年，活生生地送往死地，簡直是我們這世界的黑暗。如果「民主窗櫥」沒有民主，「自由世界」沒有自由，對投奔光明的人給予以黑暗，否定了人道和人權的價值，我們又有什麼資格抨擊「飢餓的大陸」？我們又有什麼資格抨擊中共「草菅人命、殘民以逞」？如果我們認為，所謂「竹幕、鐵幕」者乃是一個廣大監獄牆壁的代名詞，那麼，我們所垂下的——像香港某些官員們所垂下的，又是什麼「幕」呢？

那是拒絕難民之幕？阻止求生之幕？封閉自由之幕？事實上，那不止是「拒絕、阻止、封閉」而已，因為，如果是拒絕、阻止、封閉，該拒阻於他們尚未入境之際，封閉於他們還未越過還界之時。現在却是把已經逃離極權土地而到達自由區域的難民，一手擲回必然死亡的大陸去，並且在要把他們遣解返回大陸的時候，明知此一遣解可能致令他們百分之一百趨於死亡，乃竟毅然予以遣解！做出這樣慘絕人寰的事情，眞是於心何忍？如果說這是「法例」，法例的執行有沒有過當或偏差？高級當局應予澈究！如果說「法例」規定必須如此執行，（把活人送入死地）那麼，社團們，市政議員們，必須廣為呼籲；立法議員們，須把這不人道的法例修改，庶免絕滅人道，使同情者痛哭，自由人士痛心，共產黨徒痛快！因為：

自由必須維護，不可分割！

我們決不能因為犧牲者不過六人，便以為事情甚小。須知葉落知秋，見微知著。本來我們自由世界是標榜「解放鐵幕」，救民水火的。原則上說：我們應該冒着大流血的戰爭之險，打破鐵幕竹幕，去解放被囚禁在鐵幕內的被壓迫被勞役被飢餓被任意戕殺的人民。就算是打破鐵幕那個日子還沒有來到，在理來說，我們應該能夠救多少就救多少，從鐵幕竹幕裏一個個地去救出來。現在這六名投奔自由的人民，千山萬水千辛萬苦地逃出了中共區域，到達自由的香港土地，就被活生生地從羅湖邊界解回共區深圳去，去受懲罰——必然地受殺戮。如果他們在逃出時，受共軍的炮火擊斃，他們會死而無怨。如果他們在平洲沉船時不幸沒頂，他們也會死而無怨。可憐他們既不死於共軍封鎖逃亡綫的炮火，沉船時又幸獲當地漁民同情救生，但竟於已履香港的自由土地後，交到世界上古老文明國家英國屬地官警的手中之後，自以為已出生天，重見天日之後，再度被驅解向地獄的門檻去！羅湖——深圳的鬼門關，何異閻王殿下的望鄉台。羅湖橋？奈何橋？奈何其難越？然而不得不越！共軍在前，港警在後，可憐的羔羊，竟羔虎吻！可憐的六名青年，正如電影裏野蠻時代「祭神」的童男處女，悲慘景況，動人心弦！只不知道的是，他們所祭的是什麼？

為什麼要六名青年，做代罪的羔羊？

為什麼呢？為什麼呢？香港基督教會一位領袖紀斯說：「我簡直不明白移民局此項行動，雖當然『沒有符合香港的精神』，唯一可能的理由，就是這宗事件有一種非常的環境，而其內幕非為大衆所知，故移民局乃迅速採取此行動。」

為什麼香港官員們要採取違背香港精神的行動？有什麼事情，那樣嚴重？以致必須違背香港的精神去遷就它？為「討好」嗎？一如工黨議員所謂「我們憑貿易合約留在香港」那樣幼稚嗎？受威脅嗎？受「香港不可守論」而有所顧忌嗎？如果眞有「內幕」而「非為大衆所知」者的話，請香港當局盡其可能，給大衆以更詳盡，合理的解釋或宣佈，因為僅是「請閱一九五八年移民（管制及違犯）法例」的解釋，是不能令大衆滿意的。我說「大衆」，最少包括二百萬人在十五年以內自大陸來港的大衆，和香港出生及久居香港而同情於大陸人民飢餓的大衆。

香港大衆的意見，往往是通過與論、社團領袖、或極少數的民意代表而表達的。除上述紀斯先生「不符合香港精神」的批評外，民選議員貝納祇大律師說：「移民局採取此項行動，無異對於此等不幸者宣判死刑。」是「令人震駭」的。聯合國協會主席馬文輝說：「這批冒死逃亡來港的難民，港府應本人道待遇對逃亡者給予同情合理的收容」。世界基督教聯會史福同牧師說：自由世界至今仍採取「關門」政策，而香港對於難民亦多少如此，（假如難民來港之後，仍睡於天台或街頭，則又何貴乎難民來港？）港府對於非法入境者所面臨之處境，自由世界應負一部分責任。」

好了好了；這總算獲得了表面的答案，（雖然不是「內幕」的答案）。原來這種令人震駭的違背香港精神的拘解難民返回原逃出地的行動，第一是因為：

自由世界，採取關門政策！

這項關門政策，不但見諸於香港的多少對大陸難民關門，抑也見諸於美國對大陸難民廉價勞力出產的棉織品之關門。香港對大陸難民關門，英國和美國，對香港關門。歐洲共同市場，對英國及英屬關門。美國對歐洲關門。對日本關門。「門」最多，便是最野蠻的地方。」以前鄉下市鎮，一屆晚上，每一條街都關上街門，因為要防止刼竊，各人只好自己把自己關在自己的小圈子裏，斷絕來往。現在的中共大陸，要過鄉過縣，便須申領路票，五步一關，十步一閘，那是為防止人民嘯聚，圖謀不軌，革共產黨的命。而這也是我們批評共產黨「沒有旅行自由」的地方。可是反觀我們自由世界，我們已有門，既已不少，還在繼續增設，或者使之更嚴緊、更厲害，（如香港官員們所採的「行動」。）並且把這許多的門，來實行關門政策，究竟我們自由世界的野蠻，與共產黨是不是「五十步與一百步之比？」

誠然，共產黨是不自由不民主，甚至沒有旅行的自由，沒有逃亡的自由。據逃出生天難民們的報導：中共為了防止逃亡，在寶安縣鹽田鄉外沙頭角對面的大山上，鑿成峭壁，下掘深坑，坑外繞以公路，路上用共軍及軍犬，晝夜巡守。在那峭壁之下，白骨纍纍，盡是逃亡者的殘骸；屍臭薰天，使後至者聞而却步！有歷十餘日始逃至此而被嚇返廣州者。可是雖然死事如此慘烈，死亡如此衆多，然而逃亡者接踵相繼，從空中、從水上、從水底，凡是可以逃奔自由——如像香港或台灣這樣自由並不完全的地方，人們都會「冒死生」地拼命以赴，這正足以說明人類對於自由的嚮往，因為在完全沒有自由的地區，就覺得即使得到並不完整的自由，也甘心以生命去搏取。而這也就是共黨所最感痛苦而「愛莫能助」的，他們有軍隊、有組織、有教條、有「不施行仁政」濫拘濫殺的狠忍手段，可是他們就沒有自由，而且絕不能有自由；而一旦有自由，也就是共產黨的完蛋，所以他們對此愛莫能助。於是，中共不得不在邊界設置逃亡封鎖綫，蘇聯不得不在東柏林建築圍牆、佈放地雷！防民之逃亡，甚於防潰堤。而這正是：

共黨最大弱點，自由的誇耀。

可是現在，我們把已逃到自由土地的青年，驅解回到共黨手裏，這是何等「親者痛，仇者快」的事。中共必然「正中下懷」，把六青年梟首示衆，以儆效尤。行見中共報紙，用大字標題報導：「香港遣解逃亡反動分子返回大陸。」固然的，香港或可因此一行動，而減少了面臨難民問題的困難處境。但中共亦將對香港此一行動，不勝感激涕零之至。因為經香港此一正面的協助，中共大可節省大部分的封鎖邊界巡邏隊，少養許多軍犬，少埋許多地雷。甚至，若果認為自由世界應該貫徹「關門」政策的話，不妨把年來從鐵幕逃至西德以至英美等難民，統統送回鐵幕，如此則阻隔可抉[illegible]而解決，不也美乎？

當然，這些不過是「憤激之言」。但，「無惻隱之心、非人也」，面對慘絕人寰的血淋淋的事實，誰能够不感到創痛、憤激呢，就算認為「往者已矣」，話說回來，這事也是可一不可再，無論是執行問題，法例問題，都非糾正、改善不可。自由世界既以自由為標榜，有自由可誇耀，那便不能自行戕賊自由！至於對自由的維護，無論西柏林之大，一難民之小，我們都應一視同仁，悉力以赴，不能以身居末曹、奉令行事而忽之。須知如此下去，有一天會出賣自由世界及我們自己的自由。倘因此事而能改善「關門」政策，解決香港難民問題，則六個青年的血，還不是白流的。（四月八日）

『胡適與國運』

謝扶雅

（上接第二版）

這一大批迴避宗邦，楚材晉用的現象，究為何來？今日舉世科學界多在預期中共大陸明年當可試爆原子彈，台北的清華原子爐進展如何？美國前所贈與的新式醫學儀器設備，今尚在台大醫院的庫房裏塵封着，為了沒有適當專家能夠運用。這些和這一類的事實，美國知道得太多了。失去目今反攻大陸千載一時的良機，美國也正在代我們乾急，然而眼看着台灣本身不但軍事力量不及，政治力量更不濟，如何拔刀相助呢？而且，他們更清楚一件事：人無百年不死，國無總統終身，七五高齡的蔣「總統」一旦「駕崩」，台灣的變亂必且立起。因此，凡寄國家大任於獨一無二的領袖，眞是預召滅亡之媒。縱知，自毀法制者即無異自毀其國家。立海岸遙觀逆浪危舟的我，無法不對中華民國的命運抱沉切的悲觀！

『人之云亡，邦國殄瘁』。為胡適先生之喪而哀慟流淚者，豈僅哀悼他個人而已啊！

一九六二、三、二八　自美東

寫上文竟，適又發現某報載及華府所發表一九四三年的秘密文件中，有赫爾利將軍，及史廸威將軍助手戴維斯的分別報告，同稱當時國軍已不注重對日作戰，只欲自己保持實力，俾能於戰後抓住政權，而一味靠賴其它國家去打倒日本；他們的將領都暗作黑市貿易，自肥私囊，…故斷定將來必被中共擊潰云云。由此，可以猜想台北當局正在透過美軍顧問團央求美國幫助反攻，『自己則欲保持實力，俾能於戰後抓住政權。』像現時日常生活上專靠美援一樣，至作戰時也想『一味靠賴外國去打倒』中共。這種不爭氣，不自强，不藉自力以謀光復大陸的行徑，實是對中華民族的一大侮辱！只請台北當局張眼看看海外全部華僑皆願絕對無條件地，即是，甚至「縱井救人」地一齊去解救大陸同胞的心情！美國人固不是中國人，但亦未嘗不欲在「某條件下」竭力援助我們復國。此點容下次詳為報導，以餉國人。扶雅又記。

白宮吹散了「反攻風」

白中原

（台北通訊）台灣這些日子來，猛烈地颳了一陣「反攻風」，風勢是頗為強勁的。各家報紙不論是民營的還是官營、黨營的，都從正面和側面加以鼓吹，這陣風當然也就吹到了美國。

美國的反應，現得很淡漠。在莊萊德回美之後，台北和華府間的關係，就像是瘸子一樣，祇有一條腿可供使喚，重心完全移到了華盛頓；台北外交部在哈里曼和甘迺迪先後表示了對反攻不感興趣的態度之後，對任何有關反攻的問題，尤其是涉及到中美關係的問題，均三緘其口，不作任何表示。不久前，曾盛傳駐美大使蔣廷黻將應召回國，然就現在情況看，美國既決定不與國府談反攻問題，蔣氏暫時是不回台北的了，尤其是正如前文所述，現在台北華府間的關係全憑一條腿走路，如非萬不得已，蔣氏自然不會輕易離開任所的。

中美之間的關係，看來要因為對反攻大陸所持的不同態度，而趨向低潮，不論低潮的時間是較長期的，還是短暫的，現階段的不愉快氣氛，已使人覺得中美雙方的蜜月期經已過去。如果雙方不能互相修正對反攻大陸的觀點，不同的意見和想法，終必會發展成為歧見的。但是觀察力較深的人士，經已意識到，祇要哈里曼有一天在國務院主持遠東事務，台北就休想能輕易說動他。哈里曼是持重而圓滑，但是也善於堅決執行甘廼廸的政策。新聞界人士說，觀乎其在離開寮國前後，對諾薩旺的態度，既充滿了自信而又帶着點驕氣，不能不說他對台北當局是竭盡禮貌的了。哈里曼離開台灣後，一口咬定從未與蔣總統談過有關於反攻大陸的問題，很使台北方面尷尬的，至於他把美國對這一問題的底牌留待甘迺廸自己揭開，則又正是他通達之處。在對待寮國問題上，他採取單刀直入地的態度，不留餘步地數說着諾薩旺，表示肯定諾薩旺最後終於會低頭接納組織聯合政府的。那是因為他認定寮國的右翼，除了依靠美國沒有出路。

鑑於此，我們已可以想見美國的對華政策，經已由哈里曼的絳尊出任遠東助理國務卿，而又回到了一九四九年時代民主黨的老路上去了。若此一推論確立，則美國於此時此際發表一九四三年中美外交文件，就不足為怪了。

橫渡台灣海峽反攻，是說來容易，做來難的事。美國人對敵前登陸作戰的經驗是太豐富了。二次大戰諾曼第登陸戰和韓戰期間的仁川登陸戰，都已成為有名的戰役，根據美軍的經驗，登陸大陸當然不是一椿簡單的事。半個月前，倫敦的「經濟學人」曾說：台北當局會用傘兵降陸作戰的。「紐約前鋒論報」也有專文評述說「單是中華民國空軍部隊所擁有運輸機實力來說，它最低限度可以空投一個師武裝部隊。」然而這些論調，不過是紙上談兵。如果是從軍事觀點周密地考慮，一個空降師能夠單獨作戰的機運是有限的。當然，如果是有這樣的條件配合，情況就可以改觀，那是說，必須在空降的地區內，國府方面已經成功地做好了地下工作。例如，能有相當數量的共軍，已先期策反成功，一俟空降部隊着陸之後，就起而作有效的策應，擴大戰果。另一方面還要有效地先由地下人員安置好社會工作，以便於佔領後立即控制社會秩序，組織羣衆，變有限的戰鬥力為無限的戰鬥力。同時又要能夠在極短暫的時間內打開通向出海口的通道，並佔領可供登陸的港口。這些一連串的作戰業務，確乎不是一般人所想象的那樣簡單。主要是空降地區的地下工作的成敗，關係最大，反共的民心雖可利用，但畢竟是無組織的羣衆，如果事前未能有效地完成政治工作，空降的部隊，在孤立無援之下，是很難長期立足的。

因此，儘管人心都熱切地希望能打回去，但祇要平心靜氣地想一想，大家也都體會到內內外外的條件，還未夠成熟。至少，是在今年內，若希望有什麼實際的行動出現，那才眞是奇蹟呢！當然，如果最高當局眞有孤注一擲的決心，或立意要作一次對大陸試驗性的反攻，這樣的條件是存在的，可是鑑於內外的形勢，草山老人似乎也不會出此一舉的。

草山老人無意於此，可從以下幾項迹象來觀察。

迄今為止，台灣並沒有出現政治大團結的可能。民青兩黨內部固然有些問題，但如果不是當權派決心加以分化利用，問題自會簡單得多。一方面政治上沒有較有力的在野黨與執政黨抗衡，而當權派內部的實力派與其它各方面之不協調，有增無已，至使當權派自身的力量，也難以集中運用。以現在的情況說，愈是距離實際政治遠的人，到還有一個反攻回去的願望，至於和實際政治靠得愈近的人，因為他們對現實情況「洞若觀火」，「心知肚明」，便一味在現實中打轉。

身在台灣的人，總覺得海外各方專注重國內的情況演變，和把希望寄託在實際政治上之能獲革新，這實在是很不切實際的。在我們的感觀，如果要促使國內政治作革新的變化，一定得由海外的形勢來催生。陽明山第三次座談會遲遲未能召開，正足以說明草山老人，並未斷然決意於有所改革，大開襟懷以邀納各方。有人說，這是受了蔣經國集團的包圍，如果蔣先生眞的凡事已經到了非就商於經國的地步，中華民國的前途，還有可為嗎？可見陽明山第三次座談會之難於召開，關鍵還在蔣本人。當然如蔣經國集團從中加以破壞，第三次座談，即使開，也無成效可言的。在台灣的民青兩黨迄不能團結，即為明証。是故也可以看得出當權派並無意於積極地從於政治革新。海外各方若對此也不能作實際的推動，就祇有讓當權派苟延現狀，繼續偏安了！

所以，國內政治能否有所改變，站在台灣來看，還有待於海外各方的努力。期望當權派固是要落空，期望蔣先生也一樣要落空的。

蔣先生及其當權派既不願有所改革、不願實行民主政治，反攻的力量是難以滙集的。再舉陽明山第三次座談難以召開為例，一方面固然主要是蔣先生缺乏誠意，另一方面也正是海外各方看透了當權派無誠意，而不顧冒然應景。

由台灣內部自力作政治改革的希望，實際上自雷震入獄後，已經幻滅了。現在的情況，不要說一個新的在野黨難產，即使一本可與「自由中國」平駕齊驅的刊物，也同樣是難產呢！「民主中國」是民社黨的刊物，早已被當權派視如「自由中國」了。就最近在台的民社黨內部的糾紛來看，「民主中國」的壽命，也是相當危險的。當權派既敢於協助民社黨的少數份子以霸佔民社黨的中央黨部，則隨時勒令「民主中國」停刊，也非無可能。就這一點來說，「民主中國」的幾位負責人，也是自知的了。

民主改革台灣的必要條件一在於要有一個強有力的在野黨；否則就祇有寄望於當權派自我大刀潤斧。現在則是上述的兩條路都無法走得通。精神上的苦悶不僅是一般人的現象，而且也是當權派內一部分人和緊靠着當權派的一些人共有的現象。

過去當權派習慣於陶醉台灣的建設成就，現在則習慣於陶醉大陸的天災人禍。習慣於陶醉建設成就時，尚有一些振作的氣氛；殆習慣於陶醉大陸的大災人禍後，就完全祇有等待回去的心情了。同時既明知大陸情況的惡劣，毛共無力用兵於台灣海峽，便更感覺偏安得可靠。美國的政策原本也就是在維持台灣的自保，現在當權派既久習於偏安，故須高喊反攻，美國也不以為是眞有決心的了。不僅此，抑且認為喊反攻喊得不是時候。因此美國也轉而代為宣傳農業成就，建設成就。實則在龐大的人口增殖壓力下，白米已需要進口，經濟當局正在呼籲要大家改吃麵粉。其它工商業的情況，祇要打開台灣報紙一看，也令人覺得前途難於樂觀。所以就實際的情形說，最好的一條路實在是無過於反攻了。祇是這一陣暖暖的「反攻風」吹到了華盛頓之後，就遇到了白宮的「寒流」而消散了。如果當權派不能振作有為，中華民國就祇有長期被凍結在台灣了。

參加胡適之先生追悼會小記

疑今

本月八日，筆者去香港大學陸佑堂參加北大同學會和香港大學所發起的胡適之先生追悼會。到會者多屬教育文化界人士，約有四百餘人。由香港大學中文系主任林仰山先生任主席。他用國語先作簡短的致詞，繼即全體肅立，向胡先生的遺像默哀。

默哀完畢，北大同學會的曾如柏先生報告胡先生的生平事略甚詳。最後則說，孔子是聖之時者也，胡先生到可謂「賢之時者也」，他解釋因為不敢以聖人稱胡先生，故稱其為賢人。他以為孔子所以為聖之時者，就是因為「孔子並不盲從古代之道，而以當代應走的路向指示國人，這便是時代精神，孔子所以不朽者在此。」胡先生主張「文章革命」，主張「科學與民主」，主張「整理國故」，也是「不盲從古代之道，而以現代應走的路向指示國人。這也是時代精神，胡先生之不朽者也在此。」曾先生總結他的報告時，又強調胡先生是「步武孔子的後塵，值得大家敬佩。」他將胡先生和孔子拉在一起，可說是對於胡先生的一種特殊認識。

其次是新亞書院院長錢穆先生演說，他先報告他和胡先生認識及以後在北大教書的一段故事。繼說，有許多人擁護胡先生，也有許多人反對胡先生；但無論反對和擁護，足見大家對胡先生都很重視。他惋惜大家祇知重視胡先生，却不知愛惜胡先生。因為胡先生是一個有多方面興趣的人，大家常拿許多事情去煩擾他。最近胡先生大病之後，仍得不到充分的休息，卒致舊病復發而去世。錢先生主張每個人祇宜站在自己的崗位對國家作一部分的貢獻，學人更應如此。我對錢先生的此一主張，在原則上是贊成的。但是，假如認為學人祇應專心致志於著作或講學，而不應過問國家的事，則不使苟同。因為政治本是衆人之事。尤其在中國，由於教育尚未普及，民智尚未盡開，倘若知識分子都不談國事，不過問政治；而聽任一班不學無術的軍人政客胡作亂為下去，民主與法治將永無建立之日。即以孔孟之學而論，除了修齊治平的道理而外，似乎所餘無幾了。過去五十年中，中國的學人論政，也曾發生過鉅大的影響。梁啟超那篇傳誦一時的「異哉所謂國體問題」的文章，就是一個顯例。祇惜爾後的許多學人或則對政治不聞不問，或則採取一種鄉愿的態度，或竟甘心為當權者作點綴品，甚至作應聲虫，以致學術界中，隨處都可發現攀龍附鳳的氣氛。在形式上，他們也是祇辦教育，不問國事；似乎與錢先生各人站在自己崗位上努力的主張並不抵觸；實則相距何止十萬八千里？我覺得胡適之先生的一生，除了在國家危難時，一度出任我國駐美國大使而外，都是講學，不做官，他可說正是站在自己的崗位上努力。但他對於國家的大是大非，則從不含糊，隨時發表嚴正的批評。雖然我對他的主張也不完全贊同；然而他這種關心國事的積極精神，我認為是每一個愛國的學人都應效法的。

繼先生之後，聯合書院院長凌道揚先生和崇基書院院長容啟東先生都作簡短的演說，對胡先生的人格，毅力及其提倡民主與科學的精神，認為足為後世的榜樣。

在追悼會的簽到處，分發香港時報和祖國週刊的紀念特刊。香港時報特刊所載胡先生的生平事略中，還有如下的一條「一九三二年五月，創辦「獨立評論」，獨力反對時人擁護獨裁的浪潮。該刊共出了二百四十四期，前後計共約二年。」胡先生創辦獨立評論，是衆所週知的；但「獨力反對時人擁護獨裁的浪潮」，則是香港時報的獨家按語。所謂獨裁的浪潮，不知是否指的當時國民黨裏面那兩個法西斯蒂的秘密組織，即所謂藍衣社和CC。香港時報能如此忠於史實，勇於立言，可佩，可佩。

在追悼會堂的牆壁上，貼了許多輓聯，我最欣賞劉百閔先生所送的一付。它是「師承得赫胥黎杜威之傳，論生物曰進化，論社會曰演變；不信為山可一蹴；名言藉斯鐸曼娜拉而作，為國家爭自由，為自己爭人格，未開建國出羣奴。」兩聯都是引用胡適文選裏面的詞句而作的。上聯是說胡先生主張漸進的改革，反對共黨所謂大躍進那一類的暴行。下聯是說，為國家爭自由，必須個人先有獨立的人格。胡先生的原文是「現在有人對你們說，犧牲你們自己的自由，去求國家的自由。我對你們說，爭你們個人的自由，便是為國家爭自由。爭你們個人的人格，便是為國家爭人格。自由平等的國家，不是一羣奴才建造得起來的。」

此外，聽說還有幾付輓聯，因為對台北當權者有所譏刺，負責佈置會場的人覺得有所不便，未予張貼。

中共與阿共貿易大增
—佔阿國輸出總額六成—

藍星

阿爾巴尼亞這一小國，雖與中國大陸遠隔重洋，而且交通也非常不便。但毛澤東為了其本人與赫魯曉夫的權力鬥爭，却視阿共領袖霍查為知己，連年以來，均予以大力的不斷支援。

在中共與阿共之間，除毛澤東近年不斷以糧食及各種物資由中國大陸迢迢萬里，運往阿爾巴尼亞之外，復以向加拿大所購小麥運濟阿共，亦早已為人所共知。但中共承購阿爾巴尼亞對外輸出之多，則尚不為世人所曉。而此一情況則是由阿爾巴尼亞首都地拉那的廣播電台報告的。

據維也納三月三十一日合衆社的電訊說：「據今天的地拉那電台報導說：阿爾巴尼亞的全部出口額中，幾乎五分之三是運往中共的。該電台說：四年以前，北平只佔去阿爾巴尼亞出口額的百分之二．三，當時半數以上是運往蘇俄的。但今年運往中共的數額，將佔百分之五十九．一，至於蘇俄所佔的百分比，該電台並未宣佈。該電台又說：中共與阿爾巴尼亞之間的貿易額，僅去年一年內就增加了一倍，從一九六一年的百分之二八增至一九六二年的百分之五九．一，該電台稱：中共在信用貸款和必需貨品兩方面，却曾予阿爾巴尼亞以珍貴的國際援助云」。

由上述數字，可以看出，毛澤東與阿共在未共同反抗赫魯曉夫之前，即四年前，其彼此間的貿易關係是少而又少，不過只約佔阿共輸出的百分之二．三而已。其後，毛澤東與霍查開始勾結，在秘密中共同反抗赫魯曉夫，貿易關係即隨之增加，到年前赫魯曉夫正式直接公開抨霍查間接公開抨擊毛澤東後，中共與阿貿易乃為大躍進，故在去年一年之內，又增加了一倍。卒至躍進到了百分之五十九．一，即佔阿共整個輸出額的六成了。

中共又進行新整肅

陸聞

中共的整肅運動，就像長江的波浪一般，正是「長江後浪推前浪，一輩新人斬舊人」，一個整肅運動之後，又接着再來一個整肅運動。

據東京四月五日美聯社電：「中共領導階層曾於星期四嚴厲批評了他們的黨員，稱他們已犯了官僚作風，專橫傲慢，和自滿自大的壞處。此種非常猛烈的指責，可能是這個中共統治集團中一次新整肅運動的前奏。可被整肅運動的份子，能即是目前中共農業上混亂情況的犧牲者。此種混亂已在大陸上造成了飢餓和不安，此種指責見於中共機關報人民日報。人民日報說：有些人已充分陷於官僚習氣中，表示出專橫驕傲和自滿自大的心理，忘記了現實，使自己與羣衆隔離，並不肯同羣衆討論事情。」

其實上述人民日報一段話，與其用來責罵中共中下級幹部和黨員，實不如責罵毛澤東及劉少奇等中共首腦人物為是。試想：大陸人民普遍吃不飽，中共一般黨員雖也騎在人民頭上，但畢竟有限，真正養尊處優，專橫驕傲，自大自滿的，不是毛澤東劉少奇等少數共黨首要，還有何人？所以，毛劉等人又以此罪名加在一般黨員和幹部的頭上，不過表明毛劉等人又欲以一般黨員和幹部作代罪的羔羊而已。

至於指責共幹不肯與羣衆討論問題，尤係欺人之談，試問毛劉等人何曾與羣衆討論過問題。況中共以黨專政，實行獨裁，既無民主制度可資遵行，更何從與羣衆討論問題之有？所以，這都是毛澤東意欲排除異己的又一手法罷了。

大陸簡訊

白帆

中共要求美國賠償撞沉船隻

遠在去年五月，中共有一隻漁船在海外捕魚，後忽沉沒。據中共說，這隻漁船之所以沉沒，是因美國商船撞沉的。

對此，中共新華社北平四月一日電說：「一九六一年五月十五日我國浙江省寧波海洋漁業公司所屬浙漁一一六號漁船一艘，在東經一二三度一五分北緯二九度一二分附近捕魚時，被美國拉克斯兄弟輪船公司所屬烈鐵堤禮士號商船撞沉。經過幾個月來的詳細調查，確証造成這次海上事故的原因是烈鐵堤禮士號商船在霧中航行時違反了國際公認的航行章程，由於中美之間的正常往來陷於中斷狀態，最近我浙江省寧波海洋漁業公司已通過中、美兩國紅十字會致函美國拉克斯兄弟輪船公司，要求賠償由此造成的一切損失」。

中國大陸在中共殘暴統治下，鐵幕低垂，一切都是秘密。中共是否曾有如此一條漁船沉沒？又是否確係美國商船撞沉？皆屬無人知曉之問題。今中共忽向美商提出賠償要求，顯屬片面之辭，自無疑問。

中共又與匈牙利訂今年換貨協定

在中共已與東歐附庸國貿易減退傳說中，中共又與匈牙利簽訂今年交換貨物和付款協定了。

據新華社說：該協定已於三月三十日在北平簽字。「協定規定：中國將向匈牙利提供各種礦產品、各種機床、輕工業品和化工原料品等。匈牙利將向中國提供鋼管廠設備、電站、拖拉機等」云。

中共「人代」「政協」均在秘密舉行

去年停開，今年又一再延期的中共「人代」會，雖然已於三月下旬勉強開幕，但迄今已過一週，中共報刊除了報導已經開幕，並說開幕之日，毛澤東、劉少奇、朱德、周恩來等均出席之消息外，迄今再無隻字提及。外國駐北平記者及外國駐北平使館之外交人員均被拒絕旁聽。不僅「人代」如此，中共在北平所舉行之「政協」亦復如此。所以，可以說該兩會都在中共嚴密控制下秘密舉行。何日閉幕？經過如何？外間均不得知。

但中共對此愈益注重保密，則愈益顯示中共內部問題愈益嚴重，必有其見不得人的苦衷在也。

大陸許多地區缺乏耕畜

大陸農村究竟缺乏了一些什麼？中共迄無詳確公佈。但缺乏肥料缺乏農具的情況，中共已屢屢透露了。三月卅一日中共人民日報則更透露了大陸許多地區現在又缺乏耕畜。

人民日報說：「吉林省白城專區許多人民公社出售大批馬、牛，支援缺乏耕畜地區的農業生產。到三月十五日止，全區運到四平、吉林和長春等地的耕畜已有一萬八千多頭」。

又說「四川省達縣專區各縣，最近調出五百七十多頭耕牛，支援綿陽、溫江等缺牛地區的春耕生產。……為了使這些售出的耕牛順利到達缺牛地區，在運牛線路上普遍設立牛棚車站，備足飼料，供過路牛食用。各地獸醫站也派出專人，給過路耕牛防治疾病」。

但我們知道，四川達縣專區在四川東部，綿陽和溫江則在川西及川東，達縣專區與綿陽溫江相距達四五百公里，即相距將近一千華里之遠，要由一千華里外運牛來支援春耕，則耕牛缺乏之嚴重，固然可知；但現在春耕已過大半，千里運牛，試問又如何能救春耕缺牛之急？再說：這些由達縣運往溫江綿陽之耕牛，要牛行蝸步，一站一站的運去，途中縱有牛棚草站，縱有獸醫人員，祇怕耕牛體力也不勝勞累罷！

中共之荒唐，於此又見一端。

僑鄉近訊

鍾之奇

廣東各地提早揷秧

「不違農時」是中國數千年來的一句古訓。這句古訓的意思，是叫人們不要違背季節，不要提早從事農產，亦不要過遲從事農產。但現在中共却因急切需要糧食，遂通令各地提早揷秧。

關於廣東各地提早揷秧的情形，中共「中國新聞社」已於四月五日自廣州發出報導說：「各地人民公社在揷秧前都由老農、幹部、技術員共同研究，安排好揷秧時間和制定揷秧規格，作到因地、因時、因種制宜進行早稻揷秧，因而許多地區今年提早揷秧，……在西江流域的高要、新會、台山、開平等縣，已在三月中旬開始揷秧。開平縣已揷下七萬多畝，向稱廣東糧倉的珠江三角洲，也是處處揷秧忙，……現在整個珠江三角洲每天揷秧進度達二十二萬多畝，預計在清明後穀雨前即完成揷秧工作」云。

中共迫令廣東各地人民提早揷秧的後果，當然很難逆料了。

鋼鐵缺乏廣州打撈百年前沉船

據中共廣州消息：由於鋼鐵缺乏，廣東共幹已決定在廣州海珠橋附近打撈一艘已沉沒了一百多年的舊船。據說：四月「二日上午，在海珠橋東約三百米，離南堤約六十米的珠江上，廣東省打撈疏浚公司的一個工程隊，開始打撈一艘相傳已沉沒了一百多年的船舶。據一個當了三十多年海員的老船長說：他小時候曾經聽長輩說過，大約一八四二年左右，有一艘名叫伏波號的英國船來到廣州，被強颱風打沉在那個地方」云。

華南種咖啡三十萬畝

中國大陸本不產咖啡，但中共最近却強迫華南人民栽種。據中共新華社四月三日廣州電：「在海南島的一片熱帶作物試驗田裏，可可正長得很茂盛，四五月間就可收穫春果。咖啡、胡椒也都已結出纍纍的果實。」「這些生機盎然，這些試驗田是華南亞熱帶作物研究所與隆工作站的研究人員們建立的」。「可可胡椒這兩種作物都是近幾年中才在我國南部引種成功的，咖啡的大面積繁殖也是解放後才開始的，解放前只有海南島上種植有幾十畝地，現在我國南部的種植面積已擴大到三十萬畝」了。

羊城晚報說搬運工人故意損壞蔬菜

大陸人民反共情緒原本很高，所以，大陸人民對中共實行消極反抗和蓄意破壞的事確實到處皆是。中共羊城晚報說：「近一個多月來，本市上市的蔬菜有相當一部的質量不好，殘次很多，其中除了有些是長得老以外，有的本來就是鮮嫩的，只是運輸裝卸時，或者是在收購和零售市場堆放時弄殘了。這不但影響廣大市民吃不到鮮嫩蔬菜，而且使國家遭受了不應有的損失。為什麼會發生這些現象呢？根據記者的調查，這種糟塌蔬菜的現象，是相當普遍而嚴重的，本月十九日上午十時半，市運輸公司——廿號汽車，從郊區運了八千斤蔬菜到江濟市場後，裝卸工人立即作了一場表演，把荷蘭豆、韮菜、芫茜等隨手亂扔亂拋，那裏頓時出現了天女散花，落紛繽英的場面。事後，市場派幾個人去揀拾，從上午十一時幹到下午五點多鐘，才算揀完。但八千多斤菜中，起碼有兩成損壞了。另外一天早晨，竹料公社一輛大卡車給這個市場裝卸蔬菜時，也如法泡製，亂拋亂擲，以致不少蔬菜摔傷壓壞」。

羊城晚報又說：「有些裝運工人，為了趕任務，一味圖快，往往不管汽車是裝過煤粉，還是石灰、水坭、化肥，不打掃乾淨，就把蔬菜胡亂裝上卡車，卸菜時，又連同這些雜物一掃光，結果，小青瓜變成烏黑的咸蛋，熟番茄變成柿餅，其他蔬菜也面目全非」。

「還有一些運輸裝卸工人，裝卸蔬菜時，不是用鏟去鏟，就是用脚去踢。本月六日，市第二商業局儲運公司第二車隊第四組的二十五號汽車，替寶華市場和龜崗市場卸菜，開始時，工人是二人攀着車緣，用脚去踢，踢了再撥，然後調轉身來，用手往地下猛扒，以致許多蔬菜遍體鱗傷」。

羊城晚報是中共在廣州出版的機關報，所言自非造謠，由此可見大陸情況之一般了。

美國在寮的迷惑

哈里曼的「歧途」

何之湄

美國的對寮國政策，在此間（曼谷）所給予人們的印象，似乎是「越來越不像樣」。美國出席日內瓦會議代理首席代表蘇里文前赴共區康開訪問一事，尤引起此間廣泛的不滿。雖然曼谷方面，尚在美泰友好的密月期中，沒有高級官員公開抨擊美國在寮的政策，但一般的不滿之情，卻並不能掩飾。這種情形，正如南越西貢所表現的態度一樣。

據泰國權威方面的透露，西貢多數重要官員，對於美國在寮施行的「中立」方針，深感頭痛。因為美國初期對寮共舉棋不定，以致寮共坐大，使南越在「十七線」以外再增加一條越寮邊境的前線。越共由寮南滲透入南越，形成西貢亂事擴大。南越當局因為此事與美國發生磨擦，已經不是秘密，或許可以說，是「公開的秘密」。

可是美國，直至目前為止，仍然堅持「中立」寮國；或者在可以預見的將來，好像沒有改變對寮政策的可能。自認對寮國事情有真知灼見的泰國，對於美國在寮的「迷惑」，實有不勝憂慮之感。他們看到哈里曼強調寮國「中立」的固執，而哈氏雖然不過是助理國務卿，等於外交部「司長」職位，但他曾任紐約州長在民主黨中地位很高，差一點出任總統候選人，所以他雖名為「主理遠東事務」，實際卻是美國遠東政策的決策人。但哈里曼的對寮決策，照曼谷的看法，是「已入歧途」了。

蘇里文的「失踪」

話說「前文因果」，是哈里曼前來曼谷，電邀諾沙旺到泰面談，被諾沙旺以「軍務在身」婉詞辭卻。哈里曼打破旅行計劃，親訪永珍，與諾沙旺會談仍無結果，哈里曼「一怒而去」。於是有哈里曼副手蘇里文在寮國的「失踪」。

哈里曼與諾沙旺會談的癥結，如所週知，是「國防、內政兩部的席位」，哈里曼同意「傅馬」支持李江出任國防部，但永珍認李江乃是叛亂份子，堅決拒絕。同時，哈里曼是在美國停止對寮經援期間中來訪的，永珍方面，更有一種在「要挾下談判」的感覺，據說諾沙旺因此感到悲憤，「言詞強硬」，致與哈氏會談，「不歡而散」。

哈里曼走後，卻放下蘇里文這一枚棋子，而蘇里文就在上星期五（三月三十日）神秘「失踪」。美國駐寮大使館，否認知道蘇里文現在何處。

原來蘇里文自永珍飛去泰北烏當空軍基地，再在那兒乘坐國際監察委員會的專機，飛到寮共區康開，他會晤了傅馬，蘇發努馮，李江，和寮共軍司令辛加甫。打破了美國外交慣例。

美國是承認永珍政府的，但她的高級官員，逕自飛到叛軍區域，與中立及共黨首領們會談！

要「請君入甕」

蘇里文飛康開那兩天，正是寮共猛攻南塔的時候。泰國乃他儂國防部長說：「越共又派六千人入寮，用重炮猛轟南塔」。蘇里文此行是否受南塔戰局的影響，不得而知，但他究竟到共區去了，去「表示美國助成聯合政府的誠意」。

表示誠意的作用有兩點，要川壙方面相信：仍可談判，不必打。而為了「恢復高級談判」，蘇里文曾要求傅馬，不要去法國。等他說服諾沙旺參加談判。

可是蘇發努馮一面與蘇里文敷衍，一面卻由「戰鬥部隊」的電台廣播，說蘇里文到康開，不外要「推行美帝的兩面政策」。寮共電台還說：美國要拉攏傅馬去永珍與諾沙旺作雙邊談判，「撇開寮國戰鬥部隊」。後者的說法，等於暗示傅馬「不要與美國妥協」。擺出後台老闆的姿態，表示在談判中不能對諾沙旺有任何讓步，甚至認為談判無用，因為美國「不誠意」，使用兩面手法。

事實上，蘇里文並沒有要求傅馬去永珍，他只要求傅馬暫不赴法。可是傅馬得着寮共的臉色，終於拒絕蘇里文的建議，飛經仰光赴巴黎了。他只告訴蘇里文，說他的助手人員仍可先行從事談判，又說如果有新發展，則他可以自法國提早回寮。本來他預定在法逗留到六月，他去法國探視親戚和醫病。

傅馬不肯[illegible]來，寮共又不[illegible]美國的誠意。蘇里文共區之行是失敗了。那麼，美國將何去何從呢？[illegible]——進一步表示誠意嗎？

照傅馬（[illegible]受寮共授意）[illegible]出來的條件是[illegible]國若是誠意，[illegible]停止經援以外，[illegible]停止對永珍軍[illegible]以迫諾沙旺屈[illegible]傅馬也（得寮[illegible]諾）答應，在[illegible]停止軍援諾沙[illegible]內，川壙不發[illegible]事進攻。

一個拖垮[illegible]政府的陷阱已[illegible]設了，向哈里[illegible]「請君入甕」[illegible]國如認為傅馬[illegible]立」，一如早[illegible]中共為「農村[illegible]者」一樣，則[illegible]在寮的慘敗，[illegible]不可避免的。

·曼谷通訊·

泰已獲得美國安全保証

·裘庸·

泰國總理乃沙立，已於去月公開宣佈：泰國政府已獲了美方的安全保証了。據乃沙立解釋，這個保証，就是美國方面明顯地表明，謂她的部隊可於廿四小時內開到泰國，協助泰國政府抵抗共黨的武力侵畧。乃沙立更謂：泰國可根據美國軍援計劃，在本年內獲得價值五千萬美元的軍火和軍事設備。此外，該項「保証」中，還有一項「特質」，那就是美國已聲明，若在危急時期，即使事先未有東南亞公約組織的其他會員國的同意，美國也將單獨行動，以實力援助泰國抗共。——這一來，泰國當局，自然感到無限興奮；對於抗共工作，也自然更為「安心」進行。

東南亞公約組織，確是早已表現得相當懦弱的了！猶憶東南亞公約國於去年在曼谷舉行會議時，為着挽救寮國這一問題，美國國務卿魯斯克便曾與英國外相和法國外長發生過不同的意見而引起劇烈的爭執，那時美國國務卿是強硬地主張於必要時準備採取「不惜一戰」的行動來將共黨侵畧者驅逐出寮國的，無奈英國態度猶豫，法國也十分懦弱，不願立刻採取行動，因而使東南亞公約的精神，陷於尷尬不振的漩渦中，引致泰國，菲律濱，澳洲，紐西蘭，及巴基斯坦等亞洲會員國，都大感失望。那一趟，東南亞公約的信譽，顯然大打折扣；共產集團，為之笑大嘴巴。自此之後，美國對東南亞公約的實質，也為之「睇低一皮」。迨至今年一月間，南越局勢復轉趨緊張時，美國便立刻在西貢設立「新軍事援助指揮部」，獨力擴大支持南越的實力；那就是說明，美國再不願寄望於東南亞公約可以負担怎樣的義務了。美國這項行動，是獲得許多亞洲國家歡迎的。

就泰國本身來說，她當前所面臨的環境，確是危機四伏。第一、中共固然對她虎視眈眈；第二，越共、寮共也對她張牙舞爪；第三，高棉、緬甸、印度不斷地向她播送「中立」的調子。幸而泰國還能固守反共的立場，雖備受威脅而依然屹立不動。無疑地，她在美國的心目中，成為東南亞反共堡壘之一；也是亞洲的「可靠盟友」之一。職是之故，美國乃於最近對泰發出進一步的諾言：保証泰國於遭受共黨侵畧時，可獲得安全。

美國對泰的「另眼相看」，是發軔於已故國務卿杜爾斯的。遠在一九五五年，杜爾斯便曾向泰國提出過一項共同安全的建議，而美國衆議院的外委特別代表團團長奧里及李查茲等，亦於該年訪問曼谷，向泰國政府當局面達共同安全的原則。當[illegible]欣然表示：泰國[illegible]原則極表贊同；並願意接受美國的大量援助；其後，泰國的陸軍便逐漸增加了美式的武器，包括彈藥以至新式噴射機。

迨至最近，在東南亞局勢日益嚴重當中，而東南亞公約更暴露出不健全的弱點；當此緊張關頭，反共堡壘的泰國，其處境就更引起了美國的重視。目前甘迺迪政府已堅決認定：不論挽救寮國也好，挽救南越也好，而在當前的形勢下，必須先充實泰國的實力，穩定泰國的局勢，然後才能夠發揮其效能。因此，美國即劍及履及，與泰訂立防衛協定，保証泰國的安全。

美國這一行動，當然是由下列三項大因素所促成：一、寮國的三派組織聯合政府計劃，夜長夢多，南越亦危機重重，而東南亞公約已表露出是一頭紙老虎；二、甘迺迪總統之弟羅拔訪問過東南亞後，目覩共黨勢力確已在東南亞擴展到足以威脅東南亞的程度；三、太平洋美軍總司令費爾特最近訪問曼谷時，並確已了解到泰國目前處境的嚴重性。有此種種原因，促使美國對泰的安全，不能不要獨力担承更重大的和更實質的援助。

至於泰國，她對東南亞公約既已失掉了信心，而在共黨勢力四方八面的威脅日益加重當中，事實上也必須立刻尋求抵抗之道。——此抵抗之道，最可靠的，當然就是獲得美國加強實質上的援助了。

現在，泰國已獲得了美國的安全保証了。泰國政府當局已公開表示：「我們所願望的一切，刻已完全達成」。

牆裏牆外（下）

符兆祥

三

劉奶奶好久沒有來了，上次她替玲玲的媽找了份工作，今天不知什麼風，又把她吹了來。

小香背着靈兒在抽水機旁洗菜，冷水浸着手上的傷痕，有一點痛，那是吳太太昨天用竹棍子打的，她忙把手抽出來。

這時，小靈兒忽然哭了。

吳太太正坐在林太太門前抽烟，遠遠便叫：

「死人，下賤的東西，小弟哭了，還不拍拍。」

她忙站起來，用手在背後輕拍着，嘴裏哼着不成調的曲子。

「就是隔壁黃家，」劉奶奶引着朱太太出來。

一聽是黃家，小香有興趣的在她們後面跟着。

「她們要一個洗衣服的，」專們介紹傭工的劉奶奶對朱太太說：「算妳的命好，前天拜托我，今天就有了消息。」

「謝謝妳，劉奶奶。」

工作也不多，只是洗五個人的衣服，有空擦洗一下地板。」

「五個人？」朱太太剛換了件乾淨的衣服，忙着扣鈕子。

「兩個大人，三個小孩子，都是些內衣內褲，好一點的衣服都送到洗衣店去，妳想洗還洗不着呢。」

「好是好，」朱太太就：「一個月多少錢呢？」

「聽說是兩百五。」

「才兩百五？」朱太太望着劉奶奶：「這麼少，劉奶奶，妳知道在大陸上我也是用人的，現在沒辦法了，厚着臉出來不是為了賺幾個錢，黃家這麼少……」

「妳急什麼？」劉奶奶說：「等會妳和黃太太當面談，說不定人家看妳中意，給妳五百呢，大家都是街坊，有什麼不好說，再說黃家離妳這麼近……」

說着，劉奶奶已經走到黃家那扇紅色的門前，按電鈴了。

朱太太這時緊張的掠了掠頭髮，把身上的衣服拉扯了下，小香也好奇的跟着進了去。

幻想了這麼久，一旦踏入黃家，小香好奇而又興奮，一路東張西望的跟着劉奶奶和朱太太的後面。

劉奶奶和朱太太進了屋子，她一個人更無目的到處亂轉，突然，她想起她夢裏的天堂，那間白色的廁所。

廁所的門開在屋子的長廊裏，小香轉了進去，看見長廊上鋪着淡黃色的地氈，看起來，比家裏的棉被還柔軟，她怯生生的踏上去，心裏實在有點慌，碰突碰突的聲音比劉老爹家的時鐘還響，可是，好奇的心比什麼都强烈。

躡手躡脚，推開了廁所的門，一陣耀眼的白色，使她的眼睛眨了眨。現在，她站在抽水馬桶的旁邊，呆了下，忽然下了決心，像小偷似的；又胆大又心慌，把門輕輕的關上，把褲子扯下，艱難的坐了上去。那裏大便都是一樣，可是小香想不到為什麼坐在抽水馬桶上卻那麼困難，費了半天勁，沒有家裏那又臭又穢的廁所來得順利。

坐了會，她實在蹩不出來，要命的背後的小靈，在一陣小睡過後，現在醒了，他可不管這是那裏，張開嘴便哭。

這一下又可驚動了黃家上上下下的人，連劉奶奶和朱太太也跟着找到廁所來。

小香咬着牙，忙把褲子扯上，紅着臉把門打開。

嗨、門口站了一大堆子人。

「這小孩子是那裏來的。」一位很漂亮的女人，挑着眉，义着腰的問。

「唷，這不是小香。」朱太太說。

「妳怎麼進來的？」劉奶奶着急的問。

「我，我，」小香期期艾艾的：「我只是想解個手。」

那位漂亮的女人對另外一個女人說：

「陳媽，把她帶出去，洗一洗廁所。」

陳媽，小香知道，每天把垃圾往外倒的就是她。她瞪着眼，指着小香罵：

「也不想想，妳是什麼身份，這也是妳亂闖的地方？」

小香一肚子委曲，沒有講話。到了門口，陳媽把門打開：

「快滾，看妳這一身，也配用抽水馬桶？」

說完，她「砰」的一聲把門關上。

四

晚上，洗完碗，小香和信信在院子裏玩。她悄悄把早上的奇遇告訴他。

「裏面眞的有，有那麼大？」她羨慕地問。

小香撇了撇嘴：「大倒是大，只是我感到她家的廁所沒有我們家的廁所好，」她向信信解釋：「坐在那裏怪別扭的，一點大便也解不出來。」

「可是黃小明人家怎麼大便的呢？」信信不解的問。

小香想了想，記起陳媽說的話，便老氣橫秋的：

「可能我們不配。」

從此，她再也不幻想黃家高圍牆裏的白色的廁所，她感到自己家的廁所雖然很臭、很穢，但，她知道可比黃家的廁所好。

九龍城渡海寄懷書枚亮之

．小夫．

霧開鯉魚門，日晒尖沙咀。西來蕭蕭風，吹此泠泠水。潛虬戰九淵，老鼈踞寒壘。誰能勝不驕！誰憐敗者餒!?山廔高百層，泰半居番鬼。夜夜歌聲喧，頓頓食猪矢。（粵俗稱西人為番鬼，支士為猪矢。）過我宋王臺，咄嗟嘆無已。有國不能守，千秋愧一死。東望海天秋，田疇蕪未理。種一頃禾豆，落箕不為米。哀哀北國鴻，繫書淚如雨。草根掘已盡，樹皮薄於紙。瘦骨如細柴，往來走蝨蟣。心冷不覺寒，襦裂不為恥。均分一尺布，聊以遮下體。望兒不須歸，望兒行千里。母亡兒勿悲，母在兒勿喜。所望孱孱魂，早入兒夢裏。迴飇海水翻，引頸吞蜃市。鵶鴉號崗巒，豺虎舐牙齒。天之苦吾民，何竟至於此!?奚其為為政？殺人而已矣！吾聞道可道，可道在尿屎。聖人多牛毛，盜賊乃蜂起。又聞家天下，伯益干夏啟。唐堯病丹朱，傳賢不傳子。兄弟鬩於牆，外侮不能止。海內有心人，其味乎斯旨。

次韻小夫渡海寄懷

．亮之．

港九時僕僕，神疲尖沙咀。教書為療貧，塵面慚海水。憶昔矜微尙，謂可竪一壘；乾坤著腐儒，憂道不憂餒；空持千載心，目送一車鬼。衆醉誰能扶？羣囂劇怒矢。國命久如絲，喧呶殊未已；方驚虓虎生，不見祖龍死。退而修初服，琴書粗料理；為愛三徑松，甘辭五斗米；寄傲北窗風，舒嘯東皋雨；筆耕而硯田，生涯倚廢紙；大杯覆塵埃，敗絮生蝨蟣。豈不曰無衣？庶幾為有恥；豈不勞肝腎？庶幾寬四體。臣壯不如人，老驥輟千里；但取己無違，安問人憂喜。我筆寫我懷，鞭辟或入裏。衆蚊忽成市，紛紛弄嘴爪，切切礪牙齒；孰知是與非，在彼不在此？積非以為是，徒勞而已矣！可道非常道，道或在溺屎。即此引與長，如跛不忘起；老莊信可兒，蓬塞一朝啟。況乃寂寞濱，而復得吾子？虛室純白生，靜定吉祥止。何時共一尊，相與暢斯旨？

（益智仁室近作詞稿）．遯翁．

卜算子　蜻蜓

點水看萍開，逐隊憑風送，顧影盈盈立釣絲，影向池中弄。陣陣約腰輕，欵欵應情重。碧玉搔頭欲下時，並作釵頭鳳。

醉花間　新秋

風蕭瑟，雨蕭瑟，都報秋消息。秋字上心頭，添作愁千百。秋愁怎解得，沒個淵明宅。花從何處開，酒向誰邊覓。

如此江山　題鶴琴展覽

如君腕底多神技。丹青篆蟲奇字。石鼓金文，江山草木，與到俱憑羅致。揮毫自恣，想雪竇嶔崎，鑑湖明媚。代有才人，正須海外闢天地。

悠悠香港一紀。歷滄桑變幻，風雨如晦。藻繪儒林，優游翰墨，松雪原傳家世。誰云老至。看畫壁刋經，鴻都車騎。踵接肩摩，藝林欣盛會。

踏沙行　登樓

銀燭高燒，湘簾四捲。珠船泊處臨清淺。記曾呼酒共登樓，當時處處傳歌管。舊夢如烟，豪情漸減。江關蕭瑟秋俱晚。相將邀月再登樓，如今故國空摩眼。

抗戰回憶錄（十四）

張發奎

五、武漢會戰

南京失陷後，許多失敗與悲觀主義者，有這種頹喪的論調，以為敵人的軍事行動，將告終止，而代以外交的談判；他們以為敵人的企圖，不是澈底的侵略，乃為取得某一種利益上的有限目標，或寓以懲誡的態度；他們更認為我們的野戰軍力，經過淞滬南京與平漢各會戰的損失，業已破碎支離，沒有餘力再行繼續作戰了。然而，從這一個經過四月餘的大會戰的事實，證明了敵人侵略的野心，沒有達到吞併整個中國的目的是不會終止的，而我們亦不能專從軍事的損失數字上，來估計中國抗戰的真正力量。

從戰爭帶來的災禍，雖然已印上了千百萬人民的心上和身上，我們的海陸空軍的力量，亦必須重新整理與新生。不過這次戰爭所要求於中國人民者，必須每一個人付出最後的一切，和流到最後的一滴血，我們有一千餘萬方公里的土地，和四億五千餘萬的人民，我們只須保持戰鬥意志與必勝信念，我們只須檢討和改正，和法國甘必大一樣的背城借一的精神，在持久抗戰的國策之下，最初會戰的失敗，並無關係。

我們的政府，已遷到武漢，並以遠後方的重慶為陪都。在武漢，我們重新建立了作戰的基礎，在西南大後方重新調整的生力軍隊，亦已集中於武漢外圍，最高統帥部於廿七年春改組了適合於統轄全國軍民作戰的機構，把一切軍政軍令及外交內政諸職權，均由最高統帥綜合指揮處理，這是一個新的戰時國防的措施，國軍的戰鬥序列，亦已加以重新調整與部署，將全國劃為一、二、三、四、五、八各戰區，並於武漢設立了衛戍總司令部，這時全國的總兵力，共有二一〇個步兵師，卅五個步兵旅；十一個騎兵師，六個騎兵旅，十個炮兵團，八個炮兵營，和其他的特種部隊，軍需和民生工業，亦已陸續搬運內地繼續生產。我們以這個新的戰時姿態，決心來和敵人作長久的戰鬥，我亦於廿七年二月間奉令在長沙恢復組織第八集團軍的指揮機構，並担任長江北岸鄂東一帶的指揮責任。

五月以後，敵人從徐州會戰的結果，打通了津浦綫，取得了由華北轉用兵力的便利，而敵人次一箭頭也就由南京而指向武漢。六月間敵人突破了我安慶馬當的江防要塞綫，七月初又進佔了我湖口，對於武漢門戶的九江形勢頓形緊張。最高統帥部乃將武漢及其他外圍，劃為第九戰區，分四個兵團，以鄱陽湖西岸南昌方面為第一兵團，薛岳將軍為兵團總司令；以長江北岸的廣濟黃梅英山羅田一帶為第四兵團，王纘緒為兵團總司令，孫連仲將軍為第三兵團總司令，對平漢鐵路方面的警戒，我則奉令為第二兵團總司令，指揮第廿五、六十四、八、七十、五十四、二、四、六十各軍，負有確保贛鄂門戶，固守九江以西至蘄春長江兩岸各要點的任務，我於七月十五日由鄂東移駐九江，指揮作戰。

辛亥革命史談（四〇）

舜生

七、清廷張皇失措與袁世凱的抬頭

自辛亥八月十九武昌首義，僅僅經過三天的工夫，武漢三鎮即告全部光復，當時由載灃所領導的滿清政府，便已陷於手忙腳亂。其時任清政府內閣總理大臣的為一著名貪污昏庸老朽的奕劻（慶親王），在內閣全體人員中，除奕劻本人外，還包括其他的四個皇族（度支部大臣載澤，民政大臣善耆，海軍大臣載洵，農工商部大臣溥倫），三個滿人（內閣協理大臣之一的那桐，陸軍大臣蔭昌，法部大臣紹昌），一個蒙古旗人（理藩大臣壽耆），而分給我們在中國佔最大多數漢人的，則僅僅四個（內閣協理大臣之一的徐世昌，外務大臣梁敦彥，學部大臣唐景崇，郵傳大臣盛宣懷），而盛宣懷且以迎合親貴意旨大借外債，將鐵道收歸國有，為漢人所深惡痛絕。

以陣容來說，這個內閣自然是一個最好的革命對象；以個人的能力說，也只有一個老奸巨猾的徐世昌，和一個更事甚多的盛宣懷，還有相當分量。

革命起來了，在他們的立場上，當然以趕快撲滅為第一義。因此，他們在八月二十一，便一面命瑞澂、張彪革職留任，帶罪圖功；一面命陸軍大臣蔭昌統率北洋新軍兩鎮南下，同時命薩鎮冰督兵艦，程允和督長江水師赴援。

可是，在奕劻心目中的人才，認為可以收拾當前這一難局的，僅僅只有一個袁世凱；蔭昌為一留德學陸軍的學生，與北洋軍隊的關係自來不深，他有自知之明，知道袁不出來，由他來指揮，未必有效；至於徐世昌，則自袁在小站練兵以來，即與袁一鼻孔出氣，可以說，自戊戌一幕開始，凡袁在清末的一切陰謀活動，能與袁共一部分最高秘密的，恐怕便只有徐世昌一人。因為當時的滿清政府是這樣一種背景，突然遭遇了這一空前的狂風巨浪，這位『袁宮保』的『東山再起』，即令是載灃所十分不願意，也非卑辭厚禮把他請出來不可了。

原來袁世凱是光緒三十四年在光緒帝載湉死後四十天（十二月十一）便被載灃驅逐，命其『回籍養痾』的。據當時傳說，隆裕太后和載灃，本想殺袁為載湉報戊戌一幕之仇，還是因為張之洞覺得溥儀『冲齡踐祚』，而皇太后啟生殺黜陟之漸，此端一開，為患不細，』向載灃反覆陳說，才給袁這樣一個『開缺』的輕微處分。據當時清廷所頒的諭旨說：

『內閣軍機大臣外務部尚書袁世凱，夙承先朝屢加擢用，朕御極復予懋賞，正以其才可用，俾效馳驅，不意袁世凱現患足疾，步履維艱，難勝職任。袁世凱着即開缺，回籍養痾，以示體卹之至意。』

袁世凱在這個時候的年齡，剛滿五十，得到這樣一個意外的打擊，儘管仍有人為他大抱不平（例如嚴修即曾抗疏訟言，謂：『進退大臣，應請明示功罪，不宜輕加斥棄。』疏上不報，遂乞病去官），但他自己，却只好倉卒出都，回到家鄉去養望待時，徐圖再起了。（參看沈雲龍著『現代政治人物述評』的『談袁世凱』）

『再起』的機會來得這樣快，這也許是袁所不及料的吧。清廷儘管於八月二十一即命蔭昌到湖北去平亂，但却已感到軍隊未必用命，因於二十三日，即起用袁為湖廣總督，兼辦剿匪事宜，除湖北原有的軍隊歸他節制調遣外，蔭昌及其他水陸各援軍，也命他會同調遣。袁眼見機會來了，也深深知道除他以外，清廷已別無可用之人，於是他樂得大擺架子，首先即以『足疾未痊』表示不幹！這一下載灃着了慌，第二步乃命徐世昌前往彰德去勸駕。經過清廷一再催促，袁乃以奕劻與徐世昌為介，有所謂六條件的提出：一、明年即開國會；二、組織責任內閣；三、寬容與此次事變之人；四、解除黨禁；五、須委以指揮水陸各軍及關於軍隊編制的全權；六、須與以十分充足的軍費。第一二兩點是敷衍立憲黨人，也為他自己取得政權的地步；三四兩點是敷衍革命黨人，同時也敷衍戊戌流亡海外康梁的一派；五六兩點是他自己要掌握全部的實力，作為他操縱全局的資本。他在充分明瞭清廷實況以後，與徐經過細詳熟商的一個結果，因此才有這樣老辣，這樣週到。自然載灃對這些條件是決不願痛快接受的，可是你不接受，他就總總不肯出來，延到九月，湖南陝西以及江西的九江均已紛紛獨立，於是載灃不得已，才於九月初六任命袁為欽差大臣，節制各軍，並將調到湖北的軍隊改為第一第二兩軍，以馮國璋統第一軍，段祺瑞統第二軍。九月初九，取消現行內閣章程，改組內閣，同日解除黨禁，立即將汪精衛、黃復生等釋放，承認革命黨為正式政黨。並下詔罪己，詔書內有：『朕用人無方，施治寡術，政權多用親貴，則顯屬憲章，路事蒙於僉壬，則動違輿論，……』等等可憐巴巴的話。奕劻的內閣於十一日解職，十二日，即任命袁為內閣總理大臣。本來袁在初六日被命為欽差大臣以後，已於十一日南下親赴前綫，二十一日，他在孝感接到授任為內閣總理大臣的諭旨以後，初尚電辭不就，經清廷再三催促，始於二十三日北上，二十六日，袁內閣即已組織完成，從此以後，革命黨的實際對手已經不是清廷，而是袁世凱個人了。